OUR TIMES

20世紀史

《OUR TIMES：20世紀史》

總策畫	郭重興
副總編輯	謝宜英
執行主編	龐君豪
責任編輯	汪若蘭　譚鍾瑜　史怡雲
編輯協力	王原賢　陳以音　陳穎潔　陳穎青　李佩芬　謝隆儀　魏寶貝　蔡東杰　陳系貞
	張玉珍　郭玢玢　朱孟勳　賴慧曼　邱維珍　黃妧俐　許文綺　郭于菡　林宗憲
	李哲全　黃伊惠　曾月卿　李曉青　黃才容
封面設計	郭世憶
排版	嚴致華（阿特米斯創意設計）
發行人	郭重興
出版	貓頭鷹出版社股分有限公司
發行	城邦文化事業股分有限公司
	台北市信義路二段213號11F
	電話：（02）2396-5698
	傳眞：（02）2351-9187
	郵撥帳號：1896600-4
	城邦文化事業股分有限公司
香港發行	城邦（香港）出版集團
	香港北角英皇道310號
	雲華大廈4F, 504室
著作權代理	博達著作權代理有限公司
印製	偉勵彩色印刷股份有限公司
登記證	行政院新聞局出版事業登記證：局版臺業字第5248號
初版一刷	中華民國87年12月
ISBN	957-9634-57-X

版權所有・翻印必究

貓頭鷹《OUR TIMES：20世紀史》編譯委員會
北京翹楚譯文工作室

主　任	李傳海
副主任	餘吉孝　左　亦
譯校人員	李傳海　左　亦　餘吉孝　卿紅梅　張亦兵　夏葉青　張海廷　左　元　邢英梅
	徐義忠　蘭文萱　董鴻賓　廖　飛　馬　寧　姜金根　曹富淼　周亞榮　安道臻
	游　海　郝田虎　吳紅亮　伍德海　魏　武

國家圖書館出版品預行編目資料

OUR TIMES：二十世紀史／龐君豪執行主編.
——初版.——台北市：貓頭鷹，民87
面：　公分
　　　含索引
　　　譯自：OUR TIMES：the illustrated
history of the 20th century
ISBN 957-9634-57-X（精裝）

1.世界史 - 現代（1900 -　　）- 年表
2.世界史 - 現代（1900 -　　）- 圖錄

712.8　　　　　　　　　　　87014779

榮譽編輯顧問

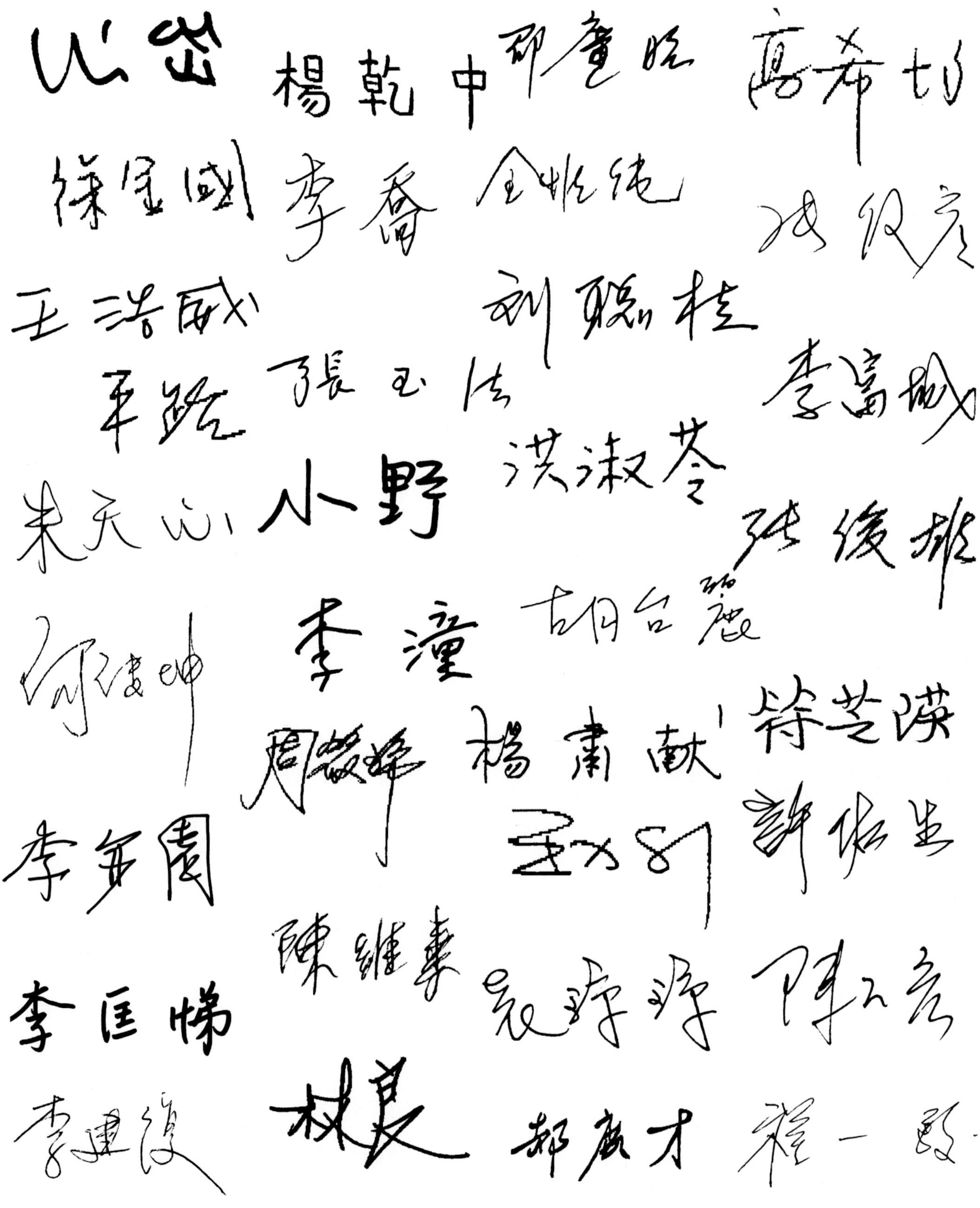

心岱　楊乾中　邵慶昭　高希均

徐金國　李喬　金姓純　沈君山

王浩威　　劉聰桂

軍路　張玉法　　李富城

朱天心　小野　洪淑苓

鄭清田　李潼　胡台麗

周嵩山　楊肅獻　蔣芝漢

李年園　　　勁尤釣　許佑生

陳繼業　　　　陳正志

李匡悌

李建復　林晨　郝廣才　程一郎

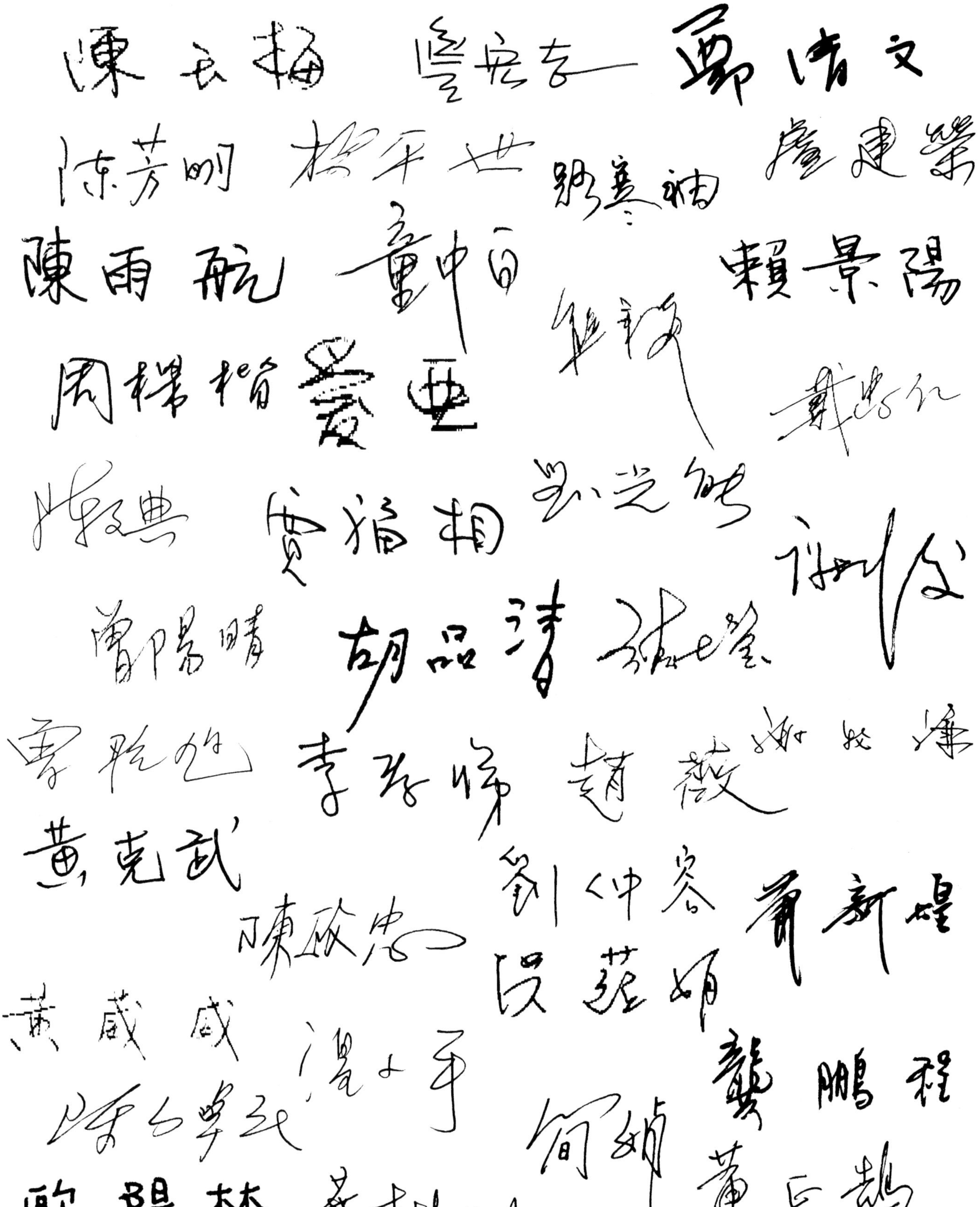

陳長樞　　詹宏志　　鄭清文

陳芳明　　杜平世　　邵�軸　　廖建榮

陳雨航　　童中白　　　　　　賴景陽

周樣楷　　養亞　　　　　　　　　戴啟c

　牧典　　費猶相　　柯之鶴　　　謝凌

　曾陽晴　　胡品清　林e鑒

雪聆e　　李春嬌　　趙薇　　如妨嫌

黃克武　　　　　　　劉仲容　　肖新煌

　陳政忠　　　吳莊婦

黃歲咸　　　鴻女平　　　　龔鵬程

　師台孚武　　　　向娟　萬正鵲

歐陽林　葉樹珊

中文版序

這是最好的時代，也是最壞的時代

余英時

十九世紀英國小說家狄更斯寫十八世紀末法國大革命時代的歐洲，爲我們留下了一部不朽的《雙城記》。他在全書的開場白中更寫下了幾句流傳天下的名言：「這是最好的時代，也是最壞的時代；這是溫煦的春天，也是嚴酷的寒冬……。」讀到這部《OUR TIMES：20世紀史》，我們更深切地感到：這幾句話應用在20世紀實在遠比十八或十九世紀更爲合適。

20世紀是人類文明──特別是以科技爲中心的文明──空前快速發展的時代。十六、七世紀與科學革命時期的夢想，如培根所預期的「征服自然」，差不多已完全實現了。1950年《登陸月球》的電影曾轟動一時，但當時的觀眾──包括我自己在內──不過是把它當作科學幻想來看待而已。不但普通人民如此，太空科學家也不敢推想得太遠。1951年，在英國星際協會的年會上，最尖端的專家也認爲他們的有生之年是看不到人類登陸月球的。誰會想到僅僅十八年後（1969）科幻竟化爲千眞萬確的事實呢？在70年代中，我們又親歷了一場電子革命，這在人類資訊方面的發展更投下了比原子彈爆炸還要巨大無數倍的影響。我們現在還完全無法估計這個影響在人類生活上所激起的變動將達到何種深度和廣度。但到目前爲止，整個人類已確實居住在一個「地球村」之內了。

以上我們僅僅提到了20世紀兩項最光輝的科技成就。此外，在基本科學、醫學、生產、企業組織、交通、音樂、舞蹈、藝術、以至服裝時尚等等多方面的突飛猛進或變遷流轉，簡直多得無法計算。如果我們以人的平均壽命作爲一個重要的文明指標，在科技先進的國家中，從美國、西歐各國到亞洲的日本，大體上都已從1900年的四十多歲增高到1990年的七、八十歲。僅從這一方面來說，我們不能不承認20世紀眞是人類最好的時代。

但是換一個角度看，20世紀整個人類所經歷的苦難也是空前的。在本世紀的上半葉中，便發生了兩次世界大戰；第二次世界大戰更是屬於所謂的「總體戰爭」。據本書的估計，這場戰爭中，平

民死亡有5000萬人，士兵則是1500萬人。但是我覺得這個估計也許還偏低，對中國平民和士兵的死亡數字未必準確。因爲本書中「總體戰爭」一文的作者有一點西方中心論的傾向，把第二次世界大戰的時間上限定在1939年，這是歐洲大戰的開始。但更嚴格地說，第二次世界大戰是從1937年日本侵華開始的，至少要推前兩年。除了世界大戰之外，革命也是20世紀的苦難根源之一，尤其是在俄國和中國所發生的革命。今天俄國已公開了前蘇聯時代的檔案，列寧所領導的暴力革命，其殘酷是以前所無法想像的。今天西方的冷戰雖告結束，但「文明衝突」卻又有代之而起的趨勢，暴力恐怖正在各處氾濫。人類的苦難仍在加深，而不是減輕了。本書曾提供了一些世界各地的難民人數：在1980年，非洲是260萬人，亞洲是210萬人，中東是180萬人。但在1991年，非洲已增至530萬、亞洲470萬、中東570萬。在十年之中，難民人數是兩倍到三倍的激增。這樣看來，20世紀又是人類有史以來最壞的時代了。

但無論是最好還是最壞，我們生活在20世紀即將結束的前夕，都必須對這一個世紀的全貌有一番清楚的認識和理解。從好的一方面說，我們知道了20世紀的一切正面成就，便可以在以往的業績上繼續努力，把人類文明推向更高的層面。從壞的一方面說，我們更應該對人類的愚昧、執著、偏狹等進行深刻而系統的反思，以爲進入二十一世紀的精神準備。這部《OUR TIMES：20世紀史》的重大價值便在這裏充分顯現出來了。

這是一部經緯萬端、交織而成的20世紀文明史，其中包括了我們的成功，也包括了我們的失敗。今天是一個知識爆炸的時代，我們的生活的每一角落都離不開正確而相關的知識的指引；「盲人騎瞎馬，夜半臨深池」的危險是絕不能重蹈的了。中國人在這一世紀中所遭遇的特別痛苦和挫折，基本上都是從知識不足而來。我們讀了本書，不能不發生一個很痛心的感慨：在整個20世紀的漫長過程中，中國人在文明方面的積極貢獻上竟然交了白卷。在有關中國的部分，我們讀到的主要是戰禍、混亂、破壞。只有在極權主義的建立、成長和解體這一方面，中國曾扮演過重要的角色。此外，似乎是一片空白。即使像美洲黑人在音樂方面的成就、在全面爭取公民權益上的努力，中國人也遠遠落在後面。這是不能不引起中國人的警惕的。

這部壯麗的20世紀文明圖像囊括了無數重要的史實——這是它的「緯」的部分。這些史實，從政治制度、經濟發展、文化流變、科技發明到日常人生，都和我們今天的實際生活密切相關。所以本書並不是無數不相涉的事實的堆砌，而是文明全貌的整體呈現。但是本書在「經」的一方面則由十篇「塑造本世紀的思想」構成的。這十篇文章的執筆者都是最有權威的專家，有些並且是各階段思想的參與者和領導者。每一個十年便有一篇鉤玄提要的論文揭出其最具代表性的文明趨向。它始於佛洛伊德的「潛意識之謎」，終於「自由冉冉升起——民主的挑戰」，中間有極權主義的興起、電子革命、環保主義的抬頭等，都是本世紀文明的重要里程碑。以此十篇爲「經」，本書無數的「緯」便一一綱舉目張，各有統屬了。

這個譯本是中國讀者人人必備的參考書。

本文作者爲美國普林斯敦大學教授暨中研院院士

從20世紀的變化汲取教訓

計算一個世紀，應由公元元年起算，不由零年開始，因此，公元20世紀的第一年，當是1901年，結束的一年，則是2000年。現在離世紀的結束只有兩年半了，《OUR TIMES：20世紀史》問世，真是對於這一世紀的總回顧。

本書的結構是編年的大事記，逐年記載當年大事。記事的範圍、項目眾多：政治、社會、經濟、文學、音樂、藝術、科學、風尚、思想……無不選擇其具有重大影響的事跡，縷列當年的紀事。每一紀事不是僅列條目，卻是有數千字的敘述。這一體例，使本書的內容也兼具百科全書的性質，可藉檢查索引，找到重要事項的簡要資料。本書中，每隔十年有一篇專文，介紹有重大影響的思想或源流，這一部分，都由名家執筆，可謂對於這一世紀的歷史，勾勒了發展的趨勢。單以這樣的十篇專文聯綴，讀者即可以掌握人類文明在20世紀走過的足跡了。

另一個可用的閱讀方法，則是將同一項目的資料逐年串聯，也可以組織為專題史。例如：如果將音樂項下的事跡逐年讀下來，從德布西讀到爵士、搖滾樂，讀者即頗能了解歷年來的音樂發展史。以科學的發展為主題，從20世紀初的原子論戰，經過百年來物理學的開展、量子論、相對論、核子構造……諸項發現與理論，到了20世紀中期，遂有了原子彈，人類釋放了核能，也在這一具大的毀滅能力之下不知所措。這一連串的事跡，雖然分散懸繫於不同年代，放在一起即是一章物理學知識與人類命運的專論了。

本書的十年總覽部分，列舉一些十年來的數據（例如：人口、生產量……），也將那十年的數字與今天的數字對比，使讀者體認長程的變化。總覽中更包括一篇專文，指示那十年的發展特色。這一部分凸顯每十年在這一世紀留下的影響，遂將平面的史事，重點提示了一個時段的歷史意義。

這種編排大事的體例，介於新聞與歷史之間，可說是我們這一代人，在回顧一百年來人類的活動，用我們的角度，評述自己走過的途徑。克羅齊曾說過，一切歷史都是現代史。若將劃分為幾個世代，這一百年來的變化，隨著世代的推移，每人有不同的記憶。活在1925年的人，他們當是我們這一代的祖父，未必能清楚理解原子理論的重要性；活在1950年的人，未必能預知資訊時代的來

臨；活在1975年的人，未必明白「現代」已全為人解構。活在今天的我們，則對世界的未來，不再有半個世紀以前的憧憬與信念，世界竟是進入充滿不確定的未來了。

一百年來，大英帝國由盛而衰；德國兩度挑起戰爭，又兩度失敗；共產政權席捲俄國與中國，卻又終於退潮。中國由帝制變成共和，又變成共產極權，又變成兩岸分治，然而中國不同時代的統治者都不能蛻下皇帝的心態……這些政治史，無非如走馬燈般的起伏生滅，也如沙灘上的潮水，在沙上留了痕跡，又將痕跡捲去。人類在這個地球上曾不斷演出同樣的戲劇，而且還一次又一次的重複排演。政治權力的轉換，其實只是短暫的事跡，人類似乎從來沒有從過去學到教訓。

社會經濟史與文化史的變化，相對於政治史，則是累積的。社會史的變化，在這一世紀內，是相當可觀的。這一個世紀，平民取得民主，接著又有婦女與弱勢族群的參政，人權的觀念，終於從政治參政權擴大為自由權、工作機會權與普遍的個人尊嚴，這一過程是人權內容的不斷擴張與深化。

經濟史方面，資本主義的市場經濟與社會主義的計畫經濟，各自在20世紀經歷了不少變化。20世紀將及終止時，這兩個制度其實已互相滲透。在工業革命之後，20世紀更有了大量生產與細密分工，其累積的效應普遍可見。

文化領域的變化，有兩條線索。在文學藝術與音樂方面，20世紀的創作，一代又一代不斷的突破上一代的風格與規律，這種現象，其實在歷史上經常出現。不過，20世紀的不斷變化，則較之過去同樣現象有了更多的省思，是更為有意識的辯證過程。

另一條線索則是在科學方面進展：物理、化學、與生命科學，在20世紀都有重大的進展，根本性的改變了上一代的理論與研究典範。這些改變，卻是一代又一代累積的成功，每一步進展都從上一代研究基礎上出發。更可注意者：許多重要理論之間的時間差距，越來越短，科學領域的發展，可說是加速度的進行。而且，20世紀的科學發展，是全球科學界的共同事業；他們的思維方式與證驗過程，是全球一致的，也沒有國界的區隔。科學文化已為世界的文化統一奠下基礎。與此相關的現象，則是科學研究成果迅速累積轉移於科技生產，而期間的時間差距，也越來越短，又是另一個加速度的進展！在20世紀的末期，實驗室中的理論研究不旋踵即轉化為實用的產品了！學術與實用之間的區隔，正在逐漸模糊，科學領域的變化，其影響是持久的。

法國年鑑學派的布勞岱爾將歷史變化分為長、中、短三種時期。政治只是表面而且短暫的變化，社會與文化的改變是中時段的變化；而地質與地理的改變則是緩慢的長時代變化。然而，人類對於生態環境的破壞累積至今，已有可見的效應，大自然對人類的行為要索取代價了！20世紀下半葉，人類開始驚覺這一因果報應，也許二十一世紀時，人類從20世紀的變化會汲取教訓。

本文作者為美國匹茲堡大學教授暨中研院院士

在歷史與政治的長流中

「歷史是過去的政治，政治是現在的歷史」，這是一句人人可以琅琅上口的名言，但在台灣，卻沒有多少人可以領會其中的意義。或許是長期與威權統治、惡劣的法律與生存環境對抗，讓我們太注重當下的現實。當我們全力以赴於眼前的紛擾而無暇他顧時，生命似乎是平面而短促的，因為我們既未藉由過去而獲得數百年甚或數千年的經驗與智慧，也時常疏忽當下的活動將會延伸至不可測的未來。

我不是歷史學者，但選擇政治作為志業，最初卻是出於對生存處境的好奇與疑惑。什麼造就了我們的處境？我們對抗的又是什麼？僻處海角一隅的台灣似與世界毫不相關，但究其實，我們的處境卻絕非只是「我們的」，而是一系列既是必然又是偶然世界的積累；如果中國共產黨不曾迫使國民黨退守台灣，我們不會有長期自成一國的政治經驗；當杜魯門政府發表白皮書明言放棄台灣時，如果金日成、史達林不因誤判而引爆韓戰，第七艦隊不會進

駐台灣海峽，台灣也就不會被納入「自由民主陣營」而持續生存五十年。「紅色恐怖」也會取代「白色恐怖」，成為大多數台灣人共同的政治經驗。再往遠推，如果德國納粹黨不曾在1933年掌權，並與日本結成世界性的法西斯主義同盟，或設若希特勒能稍微遏制其任意與狂妄，不將侵略矛頭轉向蘇聯，日本也不至於大規模侵略中國，甚而敢在太平洋地區挑起全面性的戰爭，終至全盤改變二次大戰的結局，中共也從長征後的零星部隊，擴張為席捲全中國的龐大勢力。再往遠一點推想，如果英國不曾發生工業革命？如果培理不曾駕「黑船」來到日本？如果伊藤博文不曾於幕末的一場暗殺中僅以身免？如果……。

我們不僅是歷史的產物，還是世界歷史的產物。

歷史哲學家會懷疑上面這些問題的正當性，他們會說：「凡是發生的就是必然會發生的。由於現在是過去的積累，既然現在是如此，那麼過去也必然是如此。」大哉斯言！但即使如此，我們還是必須提出這個假設性的問題，否則我們不但無法判斷歷史，也無法判斷當下的行動。作為行動

者，我們必須選擇，我們也必須追問過去的人們如何選擇；是什麼造成了這些選擇，有沒有別種選擇，這些選擇帶來什麼影響？這個問題對政治人物尤其迫切。一個來自田納西州的美國黑人士兵，永遠也無法理解是什麼使他死在遙遠的越南。是捍衛自由世界的堅定信念，還是白宮與國會山莊裏的骯髒政治運作？是美國人民的公益，還是「軍事工業複合體」的私利？同樣地，一個來自黑龍江畔的農村青年，也會對終生離家並老死於東台灣某個榮民之家感到大惑不解吧？

責任，是以政治作為志業者的基本要件，也是政治家與政客的分野所在。邱吉爾嘗言：「政客只關心下一場選舉，政治家則關心下一個世代。」但當世界變化越來越快，世代的長度從以二十年計算縮短為十年甚至五年時，政治所影響的豈僅是下一個世代，政治家所慮及的又怎能只是下一個五年？

踏足政治，最初只是出於對不義的憤懣與不平，想盡一己棉薄之力，為所應為，行所當行。當時的我雖然疲憊，心情卻是愉快的。然而，當肩負的責任越來越重大，力所及的範圍越來越廣，造成的影響可能越來越長遠時，「暢快淋漓」開始逐漸離我遠去。為了思考下一個十年、二十年，我必須嘗試理解過去的一百年、二百年。「歷史感」這個名詞看似空洞，卻是我不斷面對與省思的課題。

德國哲學家黑格爾曾說：「人從歷史中唯一學到的東西就是他從未學到任何東西。」這句話真切地指出了多數人慣常的怠惰與不知自省。然而，如果我們認為人類真的不曾從歷史中學得任何朝向未來的指引，卻也未免失之武斷。在經歷種種殘酷的實驗之後，我們至少已經知道共產制度的僵化與不合人性，也知道戰爭會帶來多大的毀滅，更知道人類與自然之間有緊密依存的關係。我們已經懂得如何控制核戰風險，也懂得如何管理國際貿易與金融以避免再次的經濟大恐慌，更開始致力於全球性的生態保育工作。我們確實學到了些什麼，而為了下一世紀，我們也必須做到什麼。

城邦集團出版《OUR TIMES：20世紀史》這樣一本20世紀史的巨著，是近年來國內出版界的一大盛事。較諸一般史學著作，本書具「廣泛性」與「臨場感」兩大特色。該書百科全書式的編輯方式，以編年紀事的方式彙整20世紀科學、人文、藝術、政治、軍事、經濟等各方面的重大事件與趨勢，透過清晰流暢的敘述，搭配珍貴的圖片史料，讓讀者彷彿親眼見證了這個世紀。「歷史感」之濃烈，絕非一般史學著作可以比擬，也饜足了我在其他著作中求而不得的東西。書中提到台灣的部分，只有1949年與1972年，而且是在「毛澤東宣佈成立中華人民共和國」和「尼克森在中國」兩篇中附帶一提。此外，書中對菲律賓、韓國的民主運動都有詳述，但對同時期的台灣民主化過程卻隻字未提。沒有獨立描述的篇章，反映出台灣受忽視的程度。不過本書只寫到1994年為止，倘若再版增至1996年，也許當年的「年度焦點」會是「中國導彈對準台灣，尼米茲號駛過台灣海峽」、「台灣首度民選總統」。

台灣，是我們的台灣，也是世界的台灣；我們正在創造歷史，我們也正在改變自己的命運。是以，樂為此序。

本文作者為台北市長

宏觀歷史的思維

杜正勝

貓頭鷹出版社規劃出版 Lorraine Clennon主編的 OUR TIMES（《OUR TIMES：20世紀史》）的中譯本，提供讀者一個津梁以了解20世紀歷史。出版社的編輯送書稿來，請我爲這本書說幾句介紹性的話。

我把書稿粗閱一過，覺得有責任，也很樂意承擔編輯的委託。最主要的原因是長年來我對歷史學和歷史教育的一些思考和期望，和這本書選擇的內容以及編撰的方式不謀而合。也就是說，我好像遇到可以促膝長談的故人，也好像看到我個人期望的落實，自然覺得有責任，也很樂意介紹給我們的讀者。

雖然人類文明代代相因，古老的成分對晚近存留著一些影響，但一般來說，愈晚近的部分對現代人的影響愈大。這不只是積存多寡的問題，而是因爲現代人其實即沐浴在晚近的波流中，不可能超然物外。這麼淺顯的道理應該明白易懂，然而由於文化的包袱和體制的約束，我們向來的歷史教育都是徹底地貴遠賤近，重古輕今，動不動從開天闢地講起，講到20世紀已是強弩之末，草草收場。如果說我們的青年不讀20世紀的歷史，不懂20世紀的歷史，恐怕也不誇張吧！這樣的教育怎麼能成爲現代人呢？又如何進入二十一世紀？

當然，我們的歷史教育也有20世紀的成分，它教我們不要忘記十九世紀晚期以來西方帝國主義對中國的欺凌，日本軍國主義對中國的侵略，這種「民族大義」即使在台灣仍然少有人敢攖其鋒。然而這種一管之見的歷史選擇並不一定能培養全面視野和掌握歷史潮流的青年。從教育的觀點來說，我們需要的是有見識、能思考、能前瞻的青年，而不只是咧嘴奮臂的狂熱分子。

對於這兩大疑慮，《OUR TIMES：20世紀史》可以給過去以及現行的歷史教育有些補充和矯正，讓我們的青年以及成年人不再是「井底之蛙」，或自以爲是的狂徒。我看只有當我們的歷史教科書或通俗書籍能編寫到如《OUR TIMES：20世紀史》的程度，我們才可能培養有國際觀的青年，也才可能在二十一世紀與世界先進的國家一較長短。

讀者或許會問《OUR TIMES：20世紀史》優點在哪裏，值得我這般揄揚？

單就編撰體例論，這本書以十年做一個單位，便有深刻的意義。十年一個段落，最大的功用是容易建立清晰的發展觀念，而「發展」，誰都承認是歷史學的重要本質之一。我們以前念中國歷

史，多以王朝和皇帝做時間的標竿，不但朝代複雜，帝名複雜，年號更複雜，難怪兩千年念下來，時間觀念一頭霧水。其實傳統中國的紀年方式，只適合專家使用，一般教學或推廣教育當採千年、百年或十年爲單位，才容易綱舉目張。現在世界通用耶穌紀元（雖然耶穌並非眞的在西元元年出生），中國文化感情深的人用孔子紀元也未嘗不可，只不過現實上，孔子紀元萬萬不如耶穌紀元之普及。

統一紀元，以百年、十年做單位，不是貪圖方便（其實學習應該以簡馭繁，貪圖方便未可厚非），而是容易培養清楚的發展觀念，並且知道自己在歷史洪流中的位置。如果歷史教科書能仿效孟子看歷史的辦法，以五百年作一單位，我們的歷史教育肯定會比較成功。當然時代愈近，單位年數應該愈短，像《OUR TIMES：20世紀史》所講的20世紀，全部只有一百年，以十年爲單位倒很合適。若再少於十年，那又是專家的事了，不適用於一般人的歷史教育。十年十年地看，正是戴高樂看歷史的辦法，我們要培養戴高樂這類的人才，應該先學他看歷史的方式。

一般的歷史教育須學諸葛孔明的讀書態度——觀其大略；不幸的是，我們的歷史教育總去除不了學究氣，所以很難培養宏觀通識之才。宏觀不是簡化，而是知所輕重，掌握時代的脈動。《OUR TIMES：20世紀史》每十年，選一種思潮，既代表這十年的歷史，又塑造本世紀的思潮，加以論述。譬如10年代選佛洛伊德的潛意識，20年代是大眾文化，30年代極權主義，40年代全球衝突，50年代太空時代的黎明，60年代兒童的頌歌，70年代環保主義抬頭，80年代電子革命，90年代民主的挑戰。這些課題是否適當，也許見仁見智，但這種編寫方式肯定可以培養宏觀的通識。

《OUR TIMES：20世紀史》按年代依次編撰，每年論述十二個課題。每一課題的文字不長，但始末具足，生動活潑，尤其偏重於社會、文藝和思想，呈現全民歷史的風貌。讀者把所列述的課題組織起來，大致可以勾勒出歷史流動的情狀。這種編法雖然近於新聞記者甄選年代要聞，而與一般歷史寫作習慣相去甚遠；但似乎兼容編年與紀事本末，也未嘗不可一試。這本書還做了本世紀末人口、勞動、醫療等變動的簡表，可以增強讀者對本世紀發展的概念。

我對這部書的介紹可能溢美了吧！因爲覺得它可以補我們現行歷史教育之不足，不覺興奮之情溢於言表，講了一些有「廣告」之嫌的話。但我喜歡這本書卻是出於眞誠之心，讀者毋庸置疑。

本文作者爲中研院史語所所長

預測新世紀要掌握本世紀歷史軌跡
解讀《OUR TIMES：20世紀史》

距離下一個千禧年愈來愈近，巴黎、倫敦、乃至於台北的倒數計時鐘早已啓動，全球各地打算用特別方式紀念新時代首日的人，也都老早展開動作，譬如有人選在撒哈拉沙漠過1999年除夕（參加者還必須舉證自己跟過去兩千年來的某件具代表性大事關係密切）；爲了那個國家可以最先看到千禧年第一個日出，斐濟、紐西蘭、東加等國正展開激烈的競爭。而未來學家和預言家更不會在這世紀的交替時刻甘於沈默，紛紛就下個世紀人類在各個領域可能的突破性發展和出現的時間提出預言。

在這些林林總總預言中，特別引人注目的包括：第一部無人駕駛的汽車希望在2019年由衛星全球定位系統指引；利用低溫基因靜止狀態的人體冰凍法以突破死亡大限的夢想可以在2050年成爲事實；肥胖、禿頭和宿醉等惱人問題也可望在二十年內出現救星；十年後戴上一種新出爐的虛擬實境眼鏡就可進入電腦的世界中遨遊；網際網路的快速發展將使目前的錄放影機和雷射唱盤遭到淘汰。太空科技方面，人類可能在2020年登陸火星。更令人觸目驚心的預言是，2040年全球人口將增加一倍，總數超過一百億人，而水資源之爭可能取代石油與土地，成爲國與國之間，甚至一國之內戰爭的引爆點。在政經發展上，由於民族主義抬頭，將在下個世紀點燃新一波的獨立風潮，但由於全球經濟相互依存，新世紀將更趨向無國界時代。比較令我們振奮的預測是，到二十一世紀中葉，世界四大語言依序是：中文、印度文、阿拉伯文、英文。

未來學家在人類邁向二十一世紀之際，是越來越受重視，人們對未來預測的興趣盎然，反映了他們心理上的期待、不安甚至恐懼。但是，預測也是一種最難的工作，即使是大科學家愛因斯坦也有預測錯誤的例子，他在1932年斷言核能是難以取得的，因爲「那表示原子將自動粉碎」。另一位著名科學家，英國的物理學家克爾文爵士甚至在1900年坦率指出「X光是騙人的東西」。過度樂觀的預測，「吾必察焉」，像美國盧耶特家電公司總裁盧耶特四十多年前預言，核能動力吸塵器會在

十年內問世，迄今人們還在等待。過度悲觀的預測，「吾必察焉」，英國皇家天文學會會長，物理學家理查‧伍萊1956年說「太空旅行是無聊神話」。依據數字所作的預言，也不一定可靠，1929年耶魯大學著名經濟學家艾旺‧費雪斷言華爾街股價已處於永久性的高峰，數週之後，股市狂跌。導致全球性經濟大蕭條。

名人或專家的預言，並不保證是金科玉律。想像力豐富的名設計家布克明斯特‧富勒在1966年基於對社會富足的觀察，認定政治會在公元兩千年消褪；哈佛大學著名社會學家大衛‧李斯曼在1967年認為到千禧年社會上如果還有什麼未見重大改變者，應該是婦女的角色。對人的預估，尤其容易看走眼。1931年德國總統興登堡公開指出希特勒是個怪人，不可能當到總理，頂多做個郵政局長。著名經紀人吉姆‧丹尼在1954年9月25日「貓王」普里斯萊首度演唱之後，與他解約，還勸他回家鄉開卡車去。另一個著名的模特兒經紀人史尼維利，也在1944年敦勸前來試鏡的瑪麗蓮夢露最好去學秘書工作或乾脆結婚去。

橫貫20世紀，許多有關社會趨勢的預言，也跟實際發展有極大落差。前述物理學家克爾文爵士在20世紀初預言「收音機沒有前途」。社會學家達利‧紮納克也在1946年預言電視不會持久，因為人們很快的就會對整夜盯著一個「箱子」感到不耐。米高梅電影公司總裁厄旺‧柴柏格則嘗試勸阻路易斯‧梅耶拍製《亂世佳人》一片，他認為有關內戰的影片「賺不到一分錢」。

預言失敗的事例真正不勝枚舉。那麼，如何做到預測正確（Prediction Correctness）呢？首先，預測未來需要有深厚的教育基礎和科學內涵，因為未來並非一成不變，而有各種可能性。更重要的是，未來會怎麼發展，歷史會提供最好的線索。因此，我們要有系統的回顧20世紀的歷史，掌握歷史的軌跡，以助擘建二十一世紀新生活。《OUR TIMES：20世紀史》以圖文整合編年紀事方式回顧我們走過的20世紀，舉凡政治、經濟、社會、思潮、科技、醫藥、人物、時尚、災難、音樂、繪畫、商業、產業、大眾文化、電影、運動、媒體等等，都做了詳實的記述和客觀的評價，同時每十年還有一篇由著名學者或思想家所撰主題專文，勾勒十年間發展的輪廓，並剖析其最深層的結構、價值和意義，包括：仍活在十九世紀餘暉中的最初十年，為托馬斯所撰「潛意識之謎——佛洛伊德主義的誕生」；隨著殘酷的第一次世界大戰結束進入現代世界第二個十年，由維托爾德‧雷布琴斯基撰寫「不停運轉的機器——量產的來臨」；大戰結束，交替著幻滅、繁榮與放縱的20年代，則由傑拉爾德‧厄爾利撰寫「融合的文化——大眾文化的誕生」；歡樂縱慾之後來臨的經濟大恐慌，以及孕育了法西斯主義滋長的30年代，由史蒂芬‧斯彭德大筆一揮「踢正步的國家——極權主義時代」；人類首次掌握通過按鈕來毀滅自己的40年代（第二次世界大戰），由羅伯特‧史東沈痛的寫下「總體戰爭——主宰人們生活的全球衝突」；戰後的繁榮改變人類觀察宇宙方式的50年代，係由阿瑟‧克拉克刻畫出「登陸月球——第一個太空時代的黎明」；充滿叛逆、追求根本改造的60年代，卻由瑪麗‧戈登撰寫「純真年代——對兒童的歌頌」；地球生態環境惡化到令人觸目驚心的70年代，由史蒂芬‧古爾德寫出警世的「門口之狼——環保主義已變得絕對必要」；科技發展製造財富，也幾乎複製20年代末虛無繁榮的80年代，則由詹姆斯‧格萊克撰寫「資訊超載——電子革命」；在冷戰結束之後對世紀末的省思，由泰勒‧布蘭奇撰寫「自由冉冉升起——民主的挑戰」。這十篇極具分量的主題專文，以歷史的巨視，檢視影響20世紀的主體思想，有宏觀，也有微觀，有橫切面，也有縱剖面，可以說是本書主要特色之一。

筆者有機會先讀到本書校樣稿，依編年紀事逐年閱讀，在享受閱讀樂趣的同時，仍不免隨著歷

史的軌跡而有著情緒上的起伏。94則「年度焦點」，刻畫出當年影響世人最深的事件，勾勒20世紀是如何形成的，也構成深入淺出的歷史教材。每一「年」結尾的「當年之音」，選載當年最震撼人心的文摘，省思人性的善與惡，也呈現了20世紀人性良知的聲音。1947年荷蘭出版一本遭納粹殺害的猶太裔小女孩海特‧阿赫特休斯的逃亡日記，記述她無法實現的夢想，刻畫殘酷戰爭中種族滅絕陰謀下，孩童心靈的孤寂與無助，有著令人刻骨銘心的痛，這不只是「當年之音」，也是「世紀之音」。貫穿全書數以千計的歷史事件和思潮發展，則提供了大量的史識，許多事件發展方向稍有不同，歷史就要改觀，但它就是那樣發生了，必有其必然性和邏輯性。而這也就是20世紀歷史的軌跡。

　　如果能夠掌握「經濟混亂是提供極權主義滋長的沃土」這個定律，興登堡總統就不會有希特勒不會竄起的錯誤預言。儘管在20世紀初期，人類仍活在十九世紀的餘暉中，上帝與國家真實性尚未受到世界大戰及共黨革命的影響，但早在本世紀初期就已成形的大量生產、大眾文化、大眾傳播及空中旅行，必然導致世界的日益縮小，及「市場」的急遽擴充，如果能夠掌握這個歷史軌跡，紮克納不會到20世紀中葉還在預言電視將不會持久，而一代「貓王」普里斯萊和一代性感女神瑪麗蓮夢露的早期經紀人也不至於犯錯看走眼，米高梅的柴柏格更不會對20世紀最賣座的電影「亂世佳人」做了錯誤的估計。而儘管全球在60、70年代經歷一次追求改造的叛逆革命，甚至在80年代末期經歷冷戰的結束，但民主仍在令人驚訝的地方、以令人驚訝的方式生根，而且還會延續到下一世紀，因此，富勒所作政治將在本世紀末消失的預言確實言之過早，甚至史上最悲慘的反烏托邦預言式小說《1984》（1949年出版），其揭述的超極權國家也並沒有出現，顯示作者喬治‧歐威爾對民主的信心不足，對極權主義的發展極限也有失算之處。而如果哈佛大學的李斯曼教授能夠更深入掌握西蒙‧波娃經典名著《第二性》（也是1949年出版）所展現的女性運動全球化、制度化的歷史必然性，則他對女性地位的預言，當不至於那麼悲觀。所有的這些，都在《OUR TIMES：20世紀史》這本鉅作中有詳實的記述和分析。要能更準確的預測未來，的確需要更精確掌握歷史的軌跡。

　　不過，歷史有時候很神祕、無奈，還不斷重演。就本書所載，舉四個例子。其一，導致第一次世界大戰發生的塞爾維亞民族主義問題，經過將近一個世紀，爭戰的悲劇仍不斷重演。其二，發動第二次世界大戰的德國和日本，德國在戰後在總理艾德諾的堅持下，於1951年完成對猶太人的贖罪、賠償，日本則迄未有全面而具體的做法。獲得諾貝爾文學獎的日本作家大江健三郎就說，日本因為未能明白道歉，故未能在國際間取得應有的發言地位。其三，人們對二十一世紀的健康長壽充滿憧憬，而20世紀對梅毒、糖尿病、結核病、小兒麻痺症等致命疾病的治療確實也有重大突破，但對有「20世紀黑死病」之稱的愛滋病，到了世紀末卻仍無具體對策，它在二十一世紀還要威脅人類多久呢？其四，當今全球的經濟規模，與30年代相比，當然不可同日而語，但在亞洲、俄羅斯及拉丁美洲相繼傳出經濟危機的今日，經濟大蕭條的歷史會不會重演，相信再樂觀的經濟學家都不會斷然排除其可能性。

　　歷史本身不會重演，而是人類的無知、固執、規避、野心、自私和貪婪導致歷史重演。80年代，當一位銀幕英雄（麥克‧道格拉斯）的名言──「貪婪是美麗的」──成為全球性信條之後，拜金主義便橫行全球。但不要忘了，貪婪帶來災難，而全球性的貪婪必然帶來全球性的災難。

　　讓我們拿這本鉅著作為自我省思的一面鏡子。

本文作者為中國時報社長

目　錄

目　錄

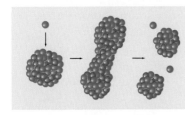

致讀者

巴勃羅‧畢卡索作品：
《亞維農的少女》

面對像20世紀這樣一個既具重大意義又廣大的主題，《OUR TIMES：20世紀史》的編輯認為，同時從幾個截然不同的角度去切入是最佳的方法。

本書的核心是按年月順序排列的主文(見下頁圖示)。這種逐年分成細目的結構方式，使本書不僅呈現1900至1994年全球發生的重大事件，簡述事件發生的經過，並且加以剖析肇因。這種編排的優點能為讀者提供至少3種閱讀途徑：一是按年代順序通讀全文；二是選取感興趣的內容，端賴目光停駐為依歸地進行隨機閱讀；三則利用相互參照系統為導引，尋找與某個主題有關的其他故事，在一個感興趣的領域中創立經過選擇的編年史。讀者也可藉著本書了解自20世紀初葉一直延伸到今天某一個恢宏、互相連貫的故事發展，如蘇聯的孕育、誕生及緩慢滅亡。

中國革命之父：孫中山

每一年所涵蓋的內容都能讓讀者更清楚地掌握20世紀這獨特時代的內涵，而每10年的每一「章」則又鼓勵讀者遠離些旁觀全局。每10年均以兩頁篇幅的圖表概述開始，以圖像化的統計調查，表達了世界在即將來臨的一年所處的狀態。另一特徵是將前10年發生的重大變革（也包括選擇性摘取的「我們所知道的」，或更確切地說，是「當時我們所知道的」）綜合起來，這個特徵為讀者提供理解本世紀重要潮流的背景。最後是一篇短文──10年一篇──由著名作家執筆針對「塑造本世紀的思想」之一進行深入探討。

安迪‧沃霍作品：《瑪麗蓮‧夢露肖像》細部

除了上述所及，《OUR TIMES：20世紀史》還不僅於此。沒有一個過去的歷史時期能像這個世紀為歷史學家提供如此豐富的圖像資料，而且本書的編輯也致力於充分利用這些豐富的材料。儘管本書圖文並茂，但卻只有一個單純的目的：生動地呈現這個喧譁混亂的世紀。

美國太空人：約翰‧葛林

如何使用本書

年度焦點
記敘該年度最重要的一個事件或研究發展。

引文
與該頁某一條目相關的引語。

邊欄
包括3個部分，即：
1. 每一年的第2頁，為本年誕生與去世的名人錄；
2. 在第3頁和第4頁，有當年的「新事物」，和一系列與美國有關的故事摘要，即「美國萬花筒」；
3. 第5頁上的「環球浮世繪」概述了國際上發生的有趣故事。

藝、體、政經及諾貝爾獎
係指當年藝術與文化——包括書籍、音樂、繪畫與雕塑、電影（1929年起，文中所列的第一部電影皆為當年奧斯卡的最佳影片）、戲劇、廣播（1930-1946年）和電視（自1947年起）；體育；政治與經濟（包括該年的美國國民生產毛額）以及諾貝爾獎方面所取得的卓越成就。（該內容在每頁的最下端）

條目
詳述國際上具有重大意義的事件或者發展。

參見
每一年中的每一條目後都至少有一個上接或下轉的年分，引導讀者參見另一年與該條目主題相關的條目。

當年之音
每年的最後一部分內容為一篇精心挑選的文章——一分「已問世」的轉載文字——它闡述了該年度的某一項重大事件或者當年文化的某一面向。

在20世紀初期，人類仍活在19世紀的餘暉中。上帝與國家的真實性尚未受到世界大戰、共黨革命，以及因空中旅行與大眾傳播所導致的日益縮小的世界等等變化的考驗。

1900
1909

1900年的巴黎香榭麗舍大道，與百年前如日中天的拿破崙建造凱旋門時一樣的蓊鬱青蔥。然而，在巴黎市區舉行的萬國博覽會，正展出許多即將迅速改變這座城市和整個世界面貌的高科技發明：汽車將取代全球各地林蔭大道上的馬車，綠意盎然的樹木將讓位給摩天大樓；而日益工業化、商業化的社會的喧囂繁鬧，將使都市的寧靜成為一種美好的奢望。

1900年的世界

世界人口
1890年：15億　　1900年：16億

1890-1900年：+6.7%

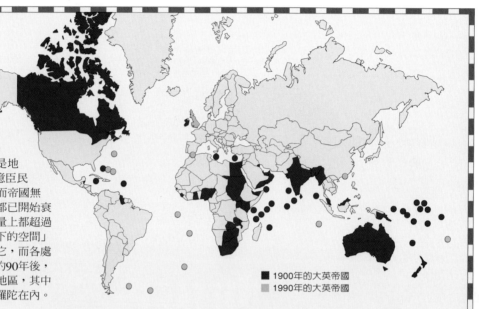

英國的統治

維多利亞女王統治著歷史上最大的帝國。正如克里斯托弗・諾思在其1829年所寫的《夜神餐》中敘述的：「陛下的領土上，太陽永不落。」她的領土遍布各大洲，共有1100萬平方英里（幾乎是地球陸地面積的五分之一）和4億臣民（世界人口的四分之一）。然而帝國無論在經濟上還是軍事上的實力都已開始衰落：美國在煤、鋼和生鐵的產量上都超過了英國，而專注於自己「太陽下的空間」的德國在武器裝備上也超過了它，而各處殖民地正變得日益動蕩不安。約90年後，英國所轄的領土已縮減為15個地區，其中包括福克蘭群島、香港和直布羅陀在內。

■ 1900年的大英帝國
■ 1990年的大英帝國

時尚

如果不在其服飾上添加些精心製作的配飾（就像圖中用羽毛和緞帶精製而成，具有本世紀初期風格的一頂帽子），女士就不敢跨出家門。

技術之光

到1900年，留聲機成為最流行的家庭娛樂設備。早期的唱盤大致為1分鐘的長度，後來被78轉／分鐘的扁平唱片所取代，而這些唱片又被後來的技術所淘汰。

	發明年份	#1993年在美國的銷售量
密紋唱片	1948	1,200,000
錄音帶	1964	339,500,000
雷射唱片	1983	495,400,000

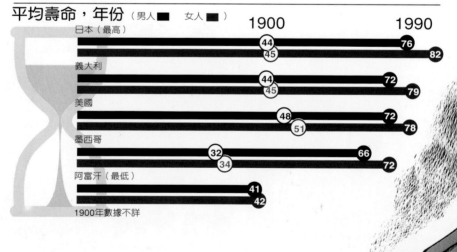

平均壽命，年份（男人 ■　女人 ■）

	1900	1990
日本（最高）	44 / 45	76 / 82
義大利	44 / 45	72 / 79
美國	48 / 51	72 / 78
墨西哥	32 / 34	66 / 72
阿富汗（最低）	— / —	41 / 42

1900年數據不詳

平均工作時數

小時/週

1900		1990
51.7	丹麥	35.3
51.7	法國	40.3
51.6	德國	39.9
51.7	日本	46.8
52.0	荷蘭	34.3
52.4	英國	37.2
52.0	美國	38.9

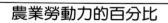

農業勞動力的百分比

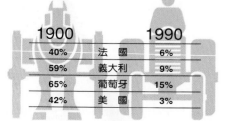

1900		1990
40%	法　國	6%
59%	義大利	9%
65%	葡萄牙	15%
42%	美　國	3%

鐵路的興盛

本世紀初期是鐵路的黃金年代，在第一次世界大戰之前主宰陸地交通。在以汽車為主並大建高速公路的第二次世界大戰後的時期，只有少數國家（如蘇聯和印度）繼續擴展鐵路的營運量。70年代後期，在日本和歐洲城市間出現的高速客運列車，有助於振興鐵路旅行。

已建好的鐵路英里數

########## 1900
########## **1990**

*為估計值

印度 ##################### 26,000*
################### 37,900

俄國 ##################### 42,000*
91,650

英國／愛爾蘭 ############## 17,000
######### 10,250

美國 ### 193,350
144,000

1960年法國特快車是54英里／小時

1990年法國高速列車(TGV)是160英里／小時

1990 年全世界 80 萬英里鐵路的分布

澳大利亞／紐西蘭 3.7%
非洲 6.8%
南美洲 7.5%
亞洲 17%
歐洲 35%
北美洲 30%

我們所知道的

空中旅行被認為是幾十年之後才可能實現的事。就在第一架飛機試飛成功的前兩年，威爾伯·賴特宣稱：「人類在50年內不可能實現空中飛行。」

汽車曾被廣泛認為是不實用、危險且曇花一現的東西。一位銀行總裁告訴亨利·福特的律師：「馬車仍將使用下去，汽車不過是件新玩意」，並建議他不要投資福特汽車公司。

1898年在德國合成並在許多成藥中使用的海洛因（由阿斯匹林生產廠商拜耳公司命名），被認為是一種治療嗎啡癮和咳嗽的良藥。《波士頓醫藥與手術雜誌》宣稱：「它沒有催眠作用，且無上癮的危險。」

大多數科學家還未曾想像過次原子的世界，並認為原子是物質的基本粒子。雖然英國物理學家湯姆遜發現了電子，但原子內含有大量空間，且其大部分都集中在一個微小的原子核內的理論，一直到1913年才被提出。

美國國會的地峽運河委員會一直是選擇尼加拉瓜做為美國開鑿橫貫中美洲的運河所在地。法國工程師菲利普·比諾－瓦里拉（支持巴拿馬從哥倫比亞獨立出來的倡導者）為使河道穿過巴拿馬而極力遊說，其藉口是頻繁的火山活動證明尼加拉瓜不宜開鑿運河。

黃熱病是流行了300多年的熱帶傳染病，被認為是由不衛生的生活條件所引起。醫學界一般認為，空氣中的細菌藉由呼吸系統進入人體，然後寄生在肺部。古巴醫生卡洛斯·芬利提出有關該疾病是由蚊子傳播的理論（這是1880年代以來最先進的理論），為醫學界所摒棄。

托馬斯

潛意識之謎

佛洛伊德主義的誕生

在1900年，一本書問世了，書前題辭引自維吉爾的《埃涅伊特》：「我若不能讓天上神祇低頭，也要使地獄的魔鬼讓路。」這本書就是《夢的解析》，作者是西格蒙德·佛洛伊德。

書及其選擇的精妙格言都是世紀交替的標誌。19世紀一直以似乎不會停滯的步伐前進，在科學、工業、醫藥和意識型態方面竭力追趕天上神祇；20世紀則在追求世俗幸福這一目標的同時看到了未來，並理解到在許多方面，這種追求行不通。馬克斯製造了苦難；工業化帶來冷漠和污染；科學不僅產生了奇蹟也培養出死亡集中營裏的納粹醫生。相較於馬克斯，現實主義、懷疑主義和慈悲是佛洛伊德更能久經時間考驗的原因。他告誡一位持理想主義的年輕社會主義者病人說：「不要強行使人幸福，他們不需要它。」

就像埃涅阿斯致力於冥界的研究一樣，佛洛伊德則精心探索人類的心靈，對20世紀人類的焦慮和夢魘（包括生活中的夢魘，如大屠殺）進行研究。他發現了一種除非我們勇敢正視，否則無法加以控制的潛意識力量。一個世紀或更長的時間以來，潛意識問題就已若隱若現地存在。身為傑出的作家和文學鑑賞者，佛洛伊德一直認為偉大的藝術家們早已走在他的前面，他們已經在無意中接觸到潛意識，就像利夫或布倫丹觸及美洲海岸一樣；而佛洛伊德就像是哥倫布，證明了潛意識確實存在，並揭開其多采多姿又驚駭恐怖的內容。

他喜歡把自己視為一名征服者、探險者，他不在乎是否會發現需要戰爭的敵人，有時也會化敵為友。當他的信徒，如阿德萊爾、蘭克和榮格與他觀念分歧時，他把他們打入18層地獄。只有一位修得正果，亦即永不停止思索的佛洛伊德。

他原先只是從事研究工作的科學家，後來為了賺取足夠的錢與未婚妻瑪莎·伯奈斯結婚，才轉向醫學。因此，愛情和欲望奇妙地推動他步入這個職業領域，而愛情與欲望也正是其偉大研究的主要課題之一。其他課題還包括了仇恨與侵略，因為他發現潛意識是極其矛盾的。若不是他非常冷漠和拘謹，他可能會把這種精神分析療法稱之為「愛情療法」。

他是透過傑出的維也納內科醫師約瑟夫·布羅伊爾（他的同事與良師），偶然發現精神分析學。布羅伊爾在治療名叫貝莎·帕彭海姆年輕女子的歇斯底里症狀時，發現在催眠狀態下，如果她談及某種精神症狀首次出現的情形，並說出當時感受到的情緒時，這種症狀就會消失。布羅伊爾和佛洛伊德得出的結論是：「歇斯底里症主要是因回憶而引起。」由於擔心這些「強烈性欲的資料」被披露，布羅伊爾在他的病人（1893年合著的《歇斯底里症研究》中的「安娜·O」）發生幻孕症狀且聲稱懷有他的孩子時便一起私奔了。

儘管佛洛伊德本人謹守道德規範，但他對貝莎和自己的病人傾訴的性行為毫不畏懼。用手按住病人額頭的方法取代了催眠術，後來又完全改以自由聯想的方法。在自由聯想中，他主要是傾聽，而病人則透過記憶、夢境隨心所欲地漫遊，創造她自己的「漫談療法」。病人與分析者（傾聽者）之間的關係，在幫助他了解她童年與其父母的基本關係方面也就變得至關重要。佛洛伊德沒有宣稱獲得了奇蹟。如果他曾幫助人們「將歇斯底里症

時間：1905年；地點：維也納貝熱塞19號；人物：精神分析的先驅西格蒙德·佛洛伊德。他旁邊是一尊米開朗基羅的《垂死的奴隸》石膏像複製品。文上方是一尊高38公分，大約公元前150-前100年製作的赤褐色希臘神話中愛神的塑像，在佛洛伊德廣泛搜集的古董中，至少有6件這類的古董。對佛洛伊德來說，愛神代表生命本能，而生命本能與死神（毀滅本能）則不斷地對抗。

的痛苦轉化為正常人的不幸」，那或許正是藉由病人的自知和一些人日復一日地關心並耐心傾聽他們的善意所獲得的。他的著名病人「狼人」在其漫長人生的晚年評論道：「如果你挑剔地看待一切，能成立的精神分析則屈指可數。但是它幫助過我。他是天才。」

反覆出現於病人回憶中的一個要素是童年的誘姦，一開始他就相信他們的故事，甚至認為他自己的父親可能與其姐妹犯過這一罪行；後來，在醞釀《夢的解析》時，他經歷了一次徹底、痛苦但又勇敢的自我分析過程，並得出以下重要結論：他的病人大多患有妄想症——兒子渴望母親並忌妒父親；同樣地，女兒在性方面對父親產生幻想。偉大的作家索福克勒斯在《伊底帕斯王》中曾直覺地不止一次率先反映了這一認識。「伊底帕斯情結」（即戀母情結）成為佛洛伊德信念的關鍵。

1900 1909

在具有亂倫意識的80和90年代，佛洛伊德被指責為因害怕攻擊其同一代的人，而故意掩飾童年誘姦的事實。實際上發生在維也納仕紳家庭的誘姦很可能比佛洛伊德所相信的更加頻繁。但抑制認知是與他那真理至上的性格完全相悖的，佛洛伊德所不知道的是，對中產階級紳士而言，光是想和母親上床的念頭，本身就和實際交媾一樣的噁心。

佛洛伊德的個人經歷對這項學說的發展很有影響。其父親雅各布是加里西亞猶太羊毛商人，與兩位成年兒子和神祕的第二任妻子麗貝卡遷居到摩拉維亞，這位妻子不久就從記錄中消失。雅各布再娶了19歲的阿馬利厄。西格蒙德生於1856年，是他們第一個兒子。他的玩伴是幼小的侄子和侄女（同父異母兄埃曼努埃爾的子女）。西格蒙德那位迷人、活潑的母親與其未婚繼子菲利普同齡，他可能比像祖父般大、沈悶迂腐的父親更適合分享這母親的床鋪。看來似乎是佛洛伊德所從不信奉的上帝給了他一個最易於愛戀母親的家庭。

佛洛伊德3歲時家庭解體了。同父異母的兄長遷居英國，而家族的其他人則遷至維也納。佛洛伊德在那裏又生活了79年，他總是將摩拉維亞的幼年生活回憶成失去的天堂。與瑪莎・伯奈斯結婚後，他們遷居到現在業已聞名的地址：貝熱塞19號。馬莎平靜地照看著寓所和6個孩子，也讓其丈夫不用自己動手在牙刷上塗牙膏。年輕時的情欲逐漸退化為「婚姻的不壞結局」；他日益轉而尋求與其最小的女兒安娜之間知性上及情感上的親暱，並與寄寓其家的瑪莎的妹妹米娜也有知性上的親密關係。

在接觸聰明和感性的女性之後，他與盧・安德烈亞斯－薩樂美和瑪麗・波拿巴公主結下了終生友誼。精神分析是天才女性能夠與男性平分秋色的第一份職業。根據佛洛伊德的評價，其女安娜也可以成為一名傑出的分析員，尤其在分析兒童方面。（她從未結婚；也許是「伊底帕斯情結」過於強烈而無法結婚。）

佛洛伊德認為，兒童的欲望受壓抑後會轉變成為神經質症狀，就像無處排泄其毒素的隱性瘤子一樣。成人會停滯在各種幼兒階段：乳房期、肛門期或生殖器期。男性幼兒對其母親的強烈欲望一般因害怕閹割而被淡化。本我（潛意識、本能）、自我（有意識的心理）和超我（父母的訓誨與禁令）這3種個性要素之間持續不斷衝突對抗。現代分析家幾乎不相信心靈能夠這樣呆板地加以分類，也不相信與之相關的問題一定是性欲方面的。作為那個時代的男人，佛洛伊德直到其行將就木之際，才對「母親」的極端重要性給予足夠的重視。他承認，對他來說女人仍是「一塊黑暗大陸。」

不過，一個人如果不增加知識和同情心，還是不能讀懂佛洛伊德關於女人的論述。部

精神分析最持久的象徵：躺椅。病人躺在佛洛伊德位於倫敦（1938年為逃離納粹控制的奧地利而到此）的最後居室中的這張躺椅上，能夠看到大量的東方、羅馬、伊特魯里亞和埃及古董收藏品。據說，佛洛伊德佈置該居室的目的，就像法老的陵墓一樣，是為了再生。

1900
1909

分是由於佛洛伊德十分女性化的性格，以及他深信人人都是雙性的。因此，他有關女人遭受「陽具崇拜」之苦的信念非常值得懷疑，他也沒有想到男人也可能遭受「子宮羨慕」之苦。儘管如此，用英國著名的分析家漢娜・西格爾的話說：「就他給予女性性欲適當地位的意義上說，佛洛伊德是將女人當人看待的第一人，他不認為她們是無性欲的人。」在他的「多拉」和「伊麗莎白・馮」的女性病例研究，把她們描述為具有力量和性欲的海達・加布勒或德伯家的苔絲。佛洛伊德是女權運動得以成長的沃土，但並非是為了兩性對抗。

即使當他是錯誤的，通常也會有某些可以激發思考和辯駁的直覺性論述。他所經手的病歷史都是優美的虛構小說，用埃米莉・狄瑾蓀的話說，是在「傾斜地」敘述真理。他在《延森小說「格拉帝瓦」中的幻覺與夢》中寫下了一個比原作（諾貝爾文學獎得主的作品）優美得多的「故事」。他於1930年贏得「歌德文學獎」。從他所有的作品來看，他是一位藝術家，而他卻誤認為自己是一名純科學家。

他對我們這個世紀的影響無論怎樣評論都不算誇張。他為我們指出了研究人性的方法。儘管他可以被視為是還原趨勢的一部分（達爾文告訴我們人類是動物中的一員，佛洛伊德則揭示出人類的行為是由動物的本能所驅使），但他探討「邪惡力量」的結果擴展了我們對精神生活的感受。佛洛伊德之前，夢是一天中所有事情餘留下的殘渣；今天，許多科學家仍把夢看成不過是「程式」而已。並非所有的夢都像佛洛伊德所認為的那樣都是性欲的；並非所有的欲望都像他相信的那樣要得到實現。他的解析常常顯得過於複雜。但是，沒有任何聰明的人在閱讀《夢的解析》之後，不會因潛意識心理的創造性力量而眩惑。佛洛伊德告訴我們，在睡眠中，我們都是詩人，是與自己有關的、有意義並富於想像力的虛構故事的創造者。當然，人類的精神也不會因我們體會到在我們單調的日常生活背後，正在發生可與希臘悲劇相媲美的虛構戰鬥，而有所減損。

一次大戰後，佛洛伊德自己的舞台開始變得黯淡。《超越享樂原則》（1920）一書中提出「死神」（死亡欲望）這一詞彙與「愛神」針鋒相對。佛洛伊德認為，人類具有強制重複的心理，這最終是對生命發生之前的原始狀態的思慕。我們的自我毀滅將變成對他人的侵略。儘管出版於1930年的《文明之不安》，在結尾以獨特的形式流露出愛神將戰勝「同樣不朽的對手」這種謹慎的希望，但該書對人類的毀滅表現悲觀的看法。後來希特勒在德國掌權，佛洛伊德又補充道：「但誰能預見到是什麼樣的勝利和什麼樣的結果呢？」

在他有生之年所出現的結果是奧地利被併吞、猶太人遭迫害和被迫從奧地利逃亡。他的晚年在倫敦的漢普斯特度過，死於1939年9月23日。「這是最後一場戰爭嗎？」他的醫生問。「至少對我是這樣」，佛洛伊德冷冷地回答。他的4位姐妹死於納粹死亡集中營。

對佛洛伊德的觀念有所啟發的是，法蘭克・薩洛韋備受推崇的關於佛洛伊德的研究，書名就叫做《佛洛伊德：心靈的生物學家》，另一本是黛安娜・休姆・喬治寫的《布萊克與佛洛伊德》。在薩洛韋看來，佛洛伊德是一位宿命論科學家；在喬治看來，佛洛伊德是神祕浪漫主義詩人中的一員。今天的佛洛伊德主義者幾乎不會盲目地接受他的理論，也不會全盤相信地接受。他的觀念曾經被愚蠢地輕視，但在我們這一世紀中，很少有人寫出過這麼多睿智、合理和具革命性的書；沒有人能比他闡述更多的人類狀況。許多人曾企圖將他一筆抹殺，但他卻依然故我，直到本世紀末的今日，還活躍如昔。

整個世紀中，佛洛伊德的理論和主題頻繁出現在大眾傳播媒體上。在阿爾弗雷德・希區考克的《符咒》（1945）中，精神病醫生英格麗・褒曼因擾於格利高利・畢克究竟是一位神經質的同事，還是一位行凶殺人的健忘症患者，「精神分析」為這一棘手問題提供了背景。這部電影中最令人難忘的情節是一場複雜的夢幻謀殺，這是由薩爾瓦多・達利特別製作的油畫所改編。這位超現實主義畫家深受佛洛伊德的影響，並在30年代開始創作他稱為「手工著色的潛意識照片」的作品。

「寫完《夢的解析》，我就完成了我一生的工作……我再也沒有什麼事可做的了……我能做的只有躺下並等待死去。」
—— 佛洛伊德致卡爾‧榮格的信中語

年度焦點

佛洛伊德揭開潛意識之謎

1 一本劃時代、驚世駭俗的書在本世紀初露曙光之際問世，它指出了一個新的學術研究領域，加速推翻了人類對於自身的過時觀點，並且以一種全新的、令人震撼且鞭辟入裏的人性理論取而代之。這一本書就是《夢的解析》，作者是西格蒙德‧佛洛伊德博士。

《夢的解析》發表於1899年（但一位機靈的出版商察覺到這本書的重要意義，而將發行日期定為1900年），它是佛洛伊德有關精神分析最重要的研究著作。他在書中詳盡闡述了其關於夢的獨創性概念，認為夢是「認識潛意識的重要途徑」——潛意識的來源、發生的原因及其如何運作的方法。佛洛伊德將夢中的情節區分為顯性及隱性兩種含義，並且認為在經過合理的解讀之後，夢將為人們開啟一扇通往潛意識之窗。他的觀點如：被壓抑的欲望、童年的性慾、閹割恐懼及戀母情結等等，引發了一場軒然大波。

在甫出版的前6年，《夢的解析》僅售出幾百冊。讀者之所以有限，是因為幾乎人人都厭惡它的觀

佛洛伊德：開啟精神分析新紀元的鼻祖。

點。佛洛伊德本人也承認他的思想「可憎」並「肯定令人們厭惡」。儘管如此，他在漫長的研究生涯中，一直對該書進行修訂和澄清，為夢的研究辯解，認為這是「精神分析領域中最可信賴的基石，而身在其中的每個研究者都必須學會如何論證並尋求訓練方式。」佛洛伊德認為，所有的人都會做夢，正常心理和異常心理一樣都可以進行解析。因此，以前只限於研究精神疾病的精神病醫生也可以著手探索一般心理分析。而其研究方法最可貴之處在於它的普遍適用性——而這也是遭致反對的根源。1900年，絕大多數保守、樂觀且自滿的歐洲人和美國人，根本還無法接受人的自我竟存在這些激進的、性妄想的觀點。直到第一次世界大戰血腥洗禮，才平息了大眾對於此一觀點的疑慮，並且對人類天性不再抱有太樂觀的想法。
▶**1909（3）**

大眾文化

報紙發行量突破100萬份

2 1900年時，有更多的人能夠透過報紙閱讀時事。19世紀時人們的識字率已大幅提升，伴隨而來的是對大眾報刊的大量需求。巴黎一家日報《小報》誇口擁有數十萬的讀者。紐約則有「黃色報刊」，其名稱來自連環漫畫中的人物「黃衣小子」，該人物曾出現在同是敵對報社——約瑟夫‧普立茲的《紐約世界》和威廉‧倫道夫‧赫斯特的《雜誌》中，還引發過一場轟動的讀者爭奪戰。在倫敦，當《每日郵報》成為英國第一份發行量達100萬份的日報時，渴求新聞的現象就十分明顯而驚人。阿瑟‧皮爾遜立即發行《每日快報》，並成為《每日郵報》的主要競爭者。這兩份報紙一直到90年代都還不相上下。

《每日郵報》較《每日快報》早4年創刊。當時英國的日報是屬於高級知識分子的產物，且通常與保守黨或工黨有關聯，而該報卻提供了不同的內容：新聞與小道消息有一目了然的摘要，並以照片取代素描的圖片說明——這些只要花半個便士就可以讀到。標題字體大而醒目，報導內容則男女皆宜。創刊第一天就賣出了25萬份，而備受尊崇的倫敦《泰晤士報》和《曼徹斯特衛報》才各賣出約5萬份。某雜誌批評其創辦人阿爾弗雷德‧哈姆

1900年《每日快報》的發行引發了與《每日郵報》持續整個世紀的競爭。

斯沃斯「根本不大關心輿論內容」，「但他倒是宣稱能讓讀者只消一眼就可獲得比其他報刊更多的新聞。」▶**1913（12）**

科技

大眾化相機

3 「你只需要按一下，其餘的包在我們身上。」這是伊斯曼‧柯達公司備受矚目的新型盒式相機「布朗尼」的一句廣告詞。該相機於1900年上市，可說是邁向攝影普及化的最後一步。照相技術已

「柯達的『布朗尼』」——出現於法國廣告中的照相機和小精靈。

經問世了半個多世紀，但是在1880年代伊斯曼研發出固定焦距的盒式相機之前，只有少數人會使用相機。「布朗尼」（柯達利用這個頗受歡迎的小精靈強調該相機的小體積並提高對年青人的吸引力）帶領伊斯曼這項創新技術步入另一個新層次，使得即使是兒童也能夠輕鬆學會拍照。

掌上型的「布朗尼」是一種只要對準標的物即可拍攝的相機，它的售價僅為1美元，拍出的照片品質值得信賴，並且無須大費周章地調整焦距和計算曝光時間。更好的是，柯達還負責沖洗底片，使業餘的攝影愛好者免於鑽研暗房技巧。傻瓜相機的時代來臨了，而這意味著生日舞會的照片將不會永遠一成不變。

第一年，柯達破紀錄地賣出了25萬台相機。在接下來的80年中，「布朗尼」持續以各種不同的款式上市。這是20世紀科技大趨勢初期的一個具體證明：技術革新、產品簡化、價格低廉，而且深入普及到一般中產階級家庭。▶**1902（13）**

藝術與文化 **書籍：**《吉姆老爺》約瑟夫‧康拉德；《嘉莉妹妹》西奧多‧德萊塞；《擁有與佔有》瑪麗‧約翰斯頓；《歐茲的奇才》法蘭克‧鮑姆；《小黑人》海倫‧班納曼 **音樂：**《金籠中的鳥》馮蒂爾澤和拉姆；《托斯卡》賈科莫‧普契尼；《野蜂的飛行》摘自《沙皇薩爾坦的故事》尼古拉‧林姆斯基-高沙可夫

「洋人入侵不斷，凌辱不止。上自王公大臣，下至百姓黎民，莫不深受其害，此誠不可否認者也。」

—— 中國皇太后的大臣榮祿

音樂
西貝流士獻給芬蘭的禮物

4 1900年，世界上偉大的作曲家之一尚·西貝流士送給芬蘭一項珍貴的禮物——即一首國歌，雖然是首非正式的。一如西貝流士其他多數的早期作品一樣，這首交響詩《芬蘭頌》結合了民謠與日耳曼浪漫主義及柴可夫斯基的深遠影響。

19世紀90年代，當芬蘭奮力反抗帝俄的統治時，西貝流士已成為一名民族主義英雄。到本世紀初，他的名聲已遠播其祖國之外。西貝流士的7首交響曲以動人的恢宏氣勢、典雅的結構和嚴謹的組織與貝多芬的交響樂齊名。但他最好的作品——最後的3部交響曲和交響詩《塔比奧拉》卻是在第一次世界大戰後創作的，此時他已放棄明顯的愛國風格。雖然他的樂曲變得日益嚴肅和抽象，但卻未曾停止歌詠古老的北歐英雄傳奇和緬懷家鄉斯堪地那維亞的風景。其後於1925年，西貝流士在聲望達於巔峰時停止了創作。他隱退30年後去世，享年92歲。▶1903（7）

中國
義和團的進攻

5 1900年，名為義和團（意指「正義的、祥和的拳術」或英語所說的「拳師」）的中國民間團體發起仇外暴動，最後為中國帶來一場真正的災難，同時動搖了其腐朽不安的政權，並導致慈禧王朝的落幕。

中國當時正陷於根深蒂固的仇外痛苦中，這是外國長久以來對其事務的干涉以及近來社會與經濟狀況衰頹的必然結果。祕密成立的義和團逐步加強活動，誓言要殺死所有外國人（義和團所說的「洋鬼子」）及同情他們的中國人（「假洋鬼子」）。1898年奪權的慈禧太后教唆了這次暴動。在慈禧的默許下，各省巡撫開始允許義和團在其轄區內的暴行。

受到鼓舞的義和團遂在中國各地搶劫掠奪：破壞鐵路車站和電報線路，最後殺死了231名外國人和數以千計的中國基督教徒。1900年6月21日，太后為他們的愛國行為所感動，於是向所有在中國圖謀私利的外國列強宣戰。隨後，義和團對北京的外國公使館展開了為期兩個月的攻擊，遭到攻擊的國家包括日本、俄國、德國、英國、美國、奧匈帝國和義大利。這些國家很快組成一支國際聯軍，並於8月14日抵達北京，輕而易舉地打敗了手持刀劍的義和團。

動亂結束之後所簽訂的和平協定——《辛丑和約》中的條款極為苛刻：中國支付3億3300萬兩的賠款；外國軍隊從北京至渤海沿線駐防；科舉考試中斷5年；處死3名同情義和團的官員（另有一名官員被迫自殺）。其大臣為義和團所刺殺的德皇威廉二世說：「再也沒有中國人膽敢睥睨德國人了。」

在國際上，中國的威信跌到谷底，鉅額的賠款賠掉了半數國家物資，清朝日漸衰頹。另一個始料未及的結果是俄國進佔滿洲。在義和團暴動期間，數千名俄國軍隊趁機進駐這一地區。《辛丑和約》於1901年簽訂後，俄軍在「保護鐵路」的藉口下仍然停留該地。不到3年，他們的駐留引發了日俄戰爭。▶1904（1）

這幅宣傳版畫中描繪的是義和團圍攻天津外國租界的景象。

誕生名人錄

喬治·安太爾　美國作曲家
路易·阿姆斯壯　美國音樂家
亨佛萊·鮑嘉　美國演員
路易·布紐爾　西班牙電影導演
赫伯特·巴特菲爾德　英國歷史學家

阿倫·科普蘭　美國作曲家
埃里希·佛洛姆　美籍德裔精神分析師

亨利克·希姆萊　德國納粹官員
魯霍·阿亞圖拉·柯梅尼　伊朗宗教與政治領導人

恩斯特·克雷內克　美國作曲家
約翰·威拉德·馬里奧特　美國旅館經營者

瑪格麗特·米契爾　美國小說家
路易·蒙巴頓　英國政治家
約瑟夫·尼達姆　英國科學歷史學家

路易·奈維爾遜　美國雕塑家
肖恩·奧法萊恩　愛爾蘭作家
普里切特　英國作家
安東尼·德·聖修伯里　法國作家與飛行員

斯潘塞·特雷西　美國演員
庫爾特·懷爾　德裔美國作曲家
托馬斯·沃爾夫　美國小說家

逝世名人錄

史蒂芬·克萊恩　美國小說家
戈特利布·戴姆勒　德國汽車製造商

馬庫斯·戴利　美國工業家
科利斯·杭廷頓　美國鐵路巨頭
約翰·「凱西」·瓊斯　美國鐵路工程師

威廉·李卜克內西　德國社會黨領導人

弗雷德里希·尼采　德國哲學家
約翰·魯斯金　英國藝評家
阿瑟·沙利文　英國作曲家
奧斯卡·王爾德　愛爾蘭作家

繪畫與雕塑：《女裁縫》亨利·德·土魯斯－羅特列克；《加萊特的冰川鍋穴》巴勃羅·畢卡索　電影：《百老匯破產案揭秘》、《加爾威斯頓》、《告慰亡靈》阿爾伯特·史密斯；《灰姑娘》喬治·梅列；《下坡路》馬文和卡琴；《奶奶的放大鏡》史密斯　戲劇：《有口難言》蕭伯納；《我們完全覺醒時》亨里克·易卜生

「多年來，我在日記中作了大量記錄，但我從未敢想像將爲人所知。」

—— 科萊特

1900年新事物

- 《米其林指南》出版（第一本系統化介紹歐洲旅館的書）
- 火石輪胎公司

- 巴黎地下鐵落成
- 美國大學入學考試（SAT）委員會
- 雛菊空氣槍（BB氣槍）
- 韋森石油公司
- 全國汽車展舉行（位於紐約市麥迪遜花園廣場）
- 台維斯盃（官方的國際草地網球挑戰盃）設立

美國萬花筒

鐵路英雄

約翰·「凱西」·瓊斯於4月29日死於「砲彈快車」的蒸氣節氣閥中而名垂千古。上午3時52分，這位36歲的工程師正駕駛列車快速橫越密西西比河，此

時一列停開的列車竟出現在彎道處。瓊斯在列車相撞前大聲叫火伕跳車，並竭力讓列車減速以拯救乘客的生命。

外島領土

美國政府吞併夏威夷的二年後，國會於1900年正式宣佈該地成爲美國領土。麥金利總統認爲這一連串群島將是對亞洲經貿的重要管道及理想的軍事基地。夏威夷的第一任州長是其前共和國的總理兼農耕地主桑福德·多爾。

▶1902（邊欄）

考古

克諾索斯的王國

6 1900年，英國考古學家阿瑟·伊文思爵士在地中海克里特島的克諾索斯發掘出相當先進的青銅時期文明的廢墟。根據邁諾斯國王(傳說中克里特的法典制定者和希臘神話中可怕的半人半獸的主人)的傳說，伊文思將該文化稱爲「邁諾安文明」。這一發現震驚了全世界。

伊文思是一位固執且不屈不撓的考古學家。正如一位同行描述的：「他身材矮小，高度近視，爲了探索前面的路總是拿著一根小手杖。」由於他極爲富有，因此買下了該發掘地，並花去25年的時間發掘和復原這一大面積的廢墟。此廢墟包括一座佔地2.2公頃的皇宮。它使人聯想起傳說中的邁諾斯國王的迷宮。宮內有色彩斑斕的壁畫、紋飾華麗的陶器、珠寶和數以千計的石碑。碑文因使用兩種線形文字而馳名於世。（伊文思終其一生未能破解這些文字）。顯然，在公元前2200-1500年之間達到黃金時期的「邁諾安文明」在古希臘興起的一千年以前一直是歐洲文化的核心。他們已能建築3層屋、衣飾華美、創造大量優秀工藝、從事體育活動，並與埃及人進行貿易。伊文思因此對豐富多樣的「邁諾安文明」大爲傾倒，他雇用了100名工人，發展出一套至今已成爲典範的發掘技術。由於其發現祕而不示人，伊文思或許也阻礙了科學研究（語言學家麥可·文特里斯直到伊文思死後10年的1952年才解開其中一種線形文字之謎），但他的發現卻是歷史上偉大的考古成就之一。

▶1904（邊欄）

文學

科萊特嶄露頭角

7 1900年，轟動巴黎文壇的是一名天眞而放浪的15歲鄉村姑娘，也就是《克洛迪娜上學》的敘述人暨主人公。評論家們盛讚作者文風的「純眞」，並稱克洛迪娜

該書歸功於「維利」，但卻是科萊特的形象出現在《克洛迪娜》的海報上。

爲新女性。一位評論家寫道：她那「既快活又憂鬱的不道德行爲並非墮落也非淫蕩，那是一種崇高的精神，發自於她那美好而知性的動物性本能。」這名被過分抬舉的情色作家，因這部純眞質樸卻又放蕩形骸的小說而聲名大噪一時。作者筆

名爲「維利」，但眞正的執筆者卻是其年輕的妻子——西多尼－加布里埃爾·科萊特。

科萊特本人在嫁給這位音樂評論家兼色情畫冊出版商「維利」（亨利·戈捷—維拉爾）之前是一位天眞無邪的勃艮第姑娘。儘管她寫了4本克洛迪娜的書，但她最初成名的動機只是爲了要給維利靈感。他最大的貢獻就是爲她的作品加入更多的性場面。這對夫妻於1906年離婚後，科萊特停止了寫作，並成爲音樂廳的表演者。但在次年，以她本人名義創作的小說再度捲土重來。

科萊特的24部小說包括《心愛的人》、《吉吉》和《母貓》等。這些小說的主題大多圍繞在愛情的歡愉和痛苦上，且書中內容對婦女充滿同情；又以如詩般的手法大膽地描述肉慾的感官世界，因而大受歡迎。直到1954年科萊特去世時，她的同胞仍將其視爲民族的瑰寶。

▶1921（4）

文學

王爾德在屈辱中辭世

8 奧斯卡·王爾德因臭名昭彰的雞姦罪和2年的牢獄生涯而弄得身敗名裂之後，這位一流的審美主義的天才劇作家在蕭伯納所稱的「靈魂狂喜的解放」的支撐下，於巴黎度過了最後歲月。1900年11月30日，年僅46歲的王爾德死於耳朵感染所引起的腦炎。新聞界對於這位鋒芒畢露的作家滿懷敵

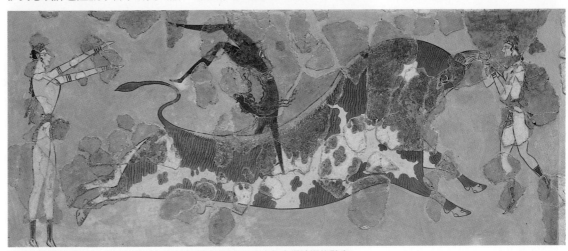

這幅描繪運動員跳越牛背的畫是伊文思在克諾索斯所發掘出來的青銅時期的壁畫。

「我一生的兩大轉捩點：一是我父親送我進牛津大學，二是社會送我入監獄時。」
—— 王爾德

意，他們爲王爾德之死深覺慶幸，並幸災樂禍於他的貧困和走向自我毀滅之途而不自知。

王爾德經常說，藝術並不在於模仿生命而是反其道而行。這一警訓成爲一個痛苦的預言。他的劇情常常圍繞揭露角色的神祕面紗；1895年，昆斯伯里侯爵（他曾爲拳擊這項運動立過法案）對王爾德與自己20歲的兒子阿爾弗雷德·道格拉斯勳爵的關係心懷不滿。他指控王爾德是一名雞姦者，而這在英國是非法的。正值聲譽顛峰的王爾德此時剛剛完成其喜劇代表作《溫德爾梅爾夫人的崇拜者》、《認眞的重要性》和小說《道林·格雷的肖

經常攜帶向日葵的怪人王爾德出現在這本歌曲集的封面上，永垂不朽。

像》。他魯莽地反控對方誹謗。聽證會上，事件眞相被揭發，王爾德經審訊證明有罪，遭判處兩年苦役。這一經歷孕育了他的詩歌《獄中吟》和不朽作品《德·普羅敦狄斯》。該罪行成爲眾人的笑柄，冷嘲熱諷一時像窺淫癖一樣瘋狂，並成爲國際性的消遣。從獄中獲釋後，這位一無所有的劇作家倉皇奔逃至巴黎，他在那裏經常變換旅館，過著與世隔絕的生活，未寫下任何一本劇作。

他那細膩的文學風格，對維多利亞式道德的嘲諷和超群的才華令大多數處於世紀交替的評論家如醉如癡，但他們卻未能給予王爾德的作品應有的尊重。他與他的作品，走在時代的前端。雖然王爾德與兩位20世紀的戲劇巨擘蕭伯納與薩繆

大眾文化
萬國博覽會

⑨ 部落村寨、來自異國的肚皮舞和類似於瓦爾德馬·浦耳森磁帶錄音機的神奇裝置，讓1900年的博覽會吸引了4000萬名觀眾爭相觀看。巴黎近代的地標如大王宮、小王宮和奧賽車站（今奧賽美術館）都是爲這次博覽會而建造的。這些建築之美讓塞納河兩岸如同幻境。由約翰·菲利普·蘇澤帶來的切分音節奏，稱爲繁音拍子的美國音樂（早期爵士樂）迴盪在空中並即刻風靡整個歐洲。人們成群結隊地觀看奧古斯特·羅丹創作的巴爾札克的塑像。羅丹被公認爲是米開朗基羅之後最偉大的雕塑家，也是本次博覽會上唯一擁有自己展館的藝術家。▶1904（邊欄）

爾·貝克特（這兩人和他同樣出生於愛爾蘭）氣味相投，但他認爲，智慧珠機僅能提供混亂人心一個象徵性的救贖。傑出的荒誕主義者貝克特比偉大的維多利亞主義者蕭伯納在精神上更接近這一認識。▶1904（7）

科學
孟德爾的理論面世

⑩ 科學史上最傑出的遺傳理論之一—— 格雷戈爾·孟德爾對生物兩代間遺傳方法的破解，遲至1900年才獲得舉世認可。孟德爾的眞知灼見於1866年發表在一家名不見經傳的刊物上，其後的34年，這些發現無人問津。直到1900年，3名植物學家分別發表了植物遺傳實驗報告，引用並證實了孟德爾的成果。

孟德爾從一名奧地利農家子弟成爲奧古斯丁修士後，在摩拉維亞修院中的小花園進行他的實驗。他在那裏培育豌豆苗。孟德爾讓圓形及有皺紋的兩個不同品種的豌豆苗雜交，第一代雜交品種長出的只是圓豌豆。自行授粉後，每個皺形豌豆苗上都結出了圓豌豆。孟德爾得

出了這樣的結論：圓豌豆品種爲「顯性」，而皺形豌豆品種爲「隱性」。

對顏色和形狀各不相同的品種進行雜交後，他發現：決定兩種不同特徵的父母系遺傳基因並不一定遺傳給下一代；相反的，在所有可能的雜交程序中，這些基因各自分門別類或進行重新組合。此後，遺傳學家已識別出各種例外狀況。這些特例與孟德爾所描述遺傳的精確模式不同，但他的最初發現——遺傳透過基因傳遞——仍是生物學中的根本原則。▶1902（邊欄）

表現「黃色皺形豌豆與綠色圓形豌豆雜交結果」的植物標本。

「人類是連結野獸與超人之間的一條繩——一條架在深淵之上的繩。」

—— 尼采《查拉圖斯特拉如是說》

環球浮世繪

被殺害的君王

7月，義大利國王翁貝托一世被一位旨在報復血腥鎮壓勞工起義的無政府主義者暗殺。翁貝托22年來統治的特點是：恐怖極權及經常失利的外交政策。幸而他的兒子維多利歐·伊曼紐爾三世帶來了一個自由化時期。但在第一次世界大戰中他選擇與德國敵對的陣營後，卻又轉而屈服於法西斯之下。▶1911（12）

大賽車

來自4個國家的5名賽車手參加了6月14日從巴黎至里昂的第一屆國際汽車錦標賽。所有的汽車都跑完了全程，獲勝的是法國的龐阿爾汽車，其平均時速為62公里。▶1910（2）

氪的發現

1900年，德國化學家弗雷德里希·多恩在研究鐳時發現除輻射線外，它還釋放無色、無味的放射性氣體。後來的研究證明，這種「鐳的發散物」（1923年正式更名為氪）是一種獨特的元素，就像鐳來自於衰變的鈾一樣，它是來自於鐳的放射衰變。80年代發現天然氪能夠從地窖中湧出，並且會導致嚴重的肺癌。▶1903（6）

悲劇性的政策

儘管英國軍隊在南部非洲奪取了土地，但波耳人的游擊戰術仍威脅英國的地位。霍雷肖·基欽納勳爵於11月下旬成為英國總司令後，他決定削弱游擊隊勢力。他驅離鄉間民眾，搜括所有牲畜食糧，並實施將婦女及兒童關入「難民」營的政策。直至戰爭結束時，拘留於基欽納集中營中的12萬波耳人有2萬人因疾病未能得到照顧而死亡。▶1902（1）

沉思的尼采，由表現主義的挪威畫家愛德華·孟克創作。

思想
德育大師

⑪ 弗雷德里希·尼采與世長辭了。上帝也會死去，儘管地球上其他人認識到此一哲理還需要時間。由於可能被重度梅毒折磨得精神失常，這位德國哲學家在歷經20年日益惡化的精神病和孤獨的漂泊之後，於1900年8月在不被理解和世人的蔑視中去世。

他曾寫道：有些人是在死後才算真正出生。這句話也許是這位思想家最恰當的墓誌銘。佛洛伊德曾這麼說他，尼采比其他任何人都更有自知之明。雖然尼采的著作完成於19世紀，但他關於人性的看法和動盪不安世界中的道德思想卻是極其新穎的。在其1886年的著作《超越好惡》中，他不僅反對基督教義，而且反對所有的道德信條。他將它們斥為虛假和人為的產物，同時主張「價值的變價」。《查拉圖斯特拉如是說》是一部故事體裁的小說，其中虛構了一位古波斯哲學家作為作者的化身。該書發展了尼采關於「超人」的理想，或者可說是一個「超人類」——一個肯定生命、英雄般的人物，他同時擁有「女性」和「男性」的優點、追求崇高而非傳統基督教的善性。尼采深知，「上帝之死」將產生一個真空，即一個目的與意義的空缺。他還看出其周圍令人生厭的民族主義

者懷有填補這一空缺的意圖，而他們只會讓事情變得複雜危險，而且徒勞無功。

尼采的思想複雜且有時幾乎令人費解，但他的著作在第一次世界大戰期間德軍的野戰包中卻隨處可見；其後的納粹為了支持其日爾曼民族是優等民族的觀點，利用他的理論隨意加以歪曲。▶1927（4）

醫學
發現血型

⑫ 威廉·哈維闡述血液循環觀點後大約3個世紀之後，奧地利免疫學家卡爾·蘭達施泰納發現並非所有的血液都是相同的。蘭達施泰納曾在十年制的維也納病理學院經由解剖4千具屍體學習病理學。他於1900年發現：從一個人身上抽取的血漿與另一個人的血混合在一起時，經常會凝固或黏結。次年，他發現這種凝固現象是由血液中的不同抗原引起的。抗原因不同血型表現出不同的特徵，蘭達施泰納將這些血型稱為A、B、O型（後來又增加了AB型）。他的發現使手術摒棄了粗野的放血和往往有致命危險的任意輸血。在此之前，外科醫生們輸血經常不分青紅皂白（經常使用獸血和牛奶），他們對自己的手術是治療病人還是殺死病人根本毫無把握。

大約在40年之後，蘭達施泰納在人血中發現了RH因子（該因子首先在恆河猴體內發現），這一重大突破使得現代醫學可以找出防止未出生嬰兒因母親缺少RH因子而受到惡性感染的方法。

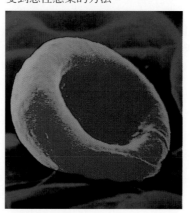

染色後的紅血球照片。

蘭達施泰納的傑出成就在第一次世界大戰之前幾乎未受到重視。第一次世界大戰時，歐洲的大規模殺戮帶來血液的迫切需求，他的血型理論才成為戰亂中大規模捐血運動的重要依據，並為現代血庫的建立奠定基礎。▶1994（邊欄）

科學
量子物理學的誕生

⑬ 歷史上極為罕見，恰與年代劃分同時發生的事件之一是：新世紀的開端成為傳統物理學與現代物理學之間的明確分界線。1900年之前，傳統物理學總是假定原子不斷地且均勻地釋放能量。直

因量子理論而成為1918年諾貝爾獎得主的蒲朗克以及象牙海岸為紀念他而發行的郵票。

到1900年，德國物理學家馬克斯·蒲朗克發現基態中的原子是以肉眼看不見的定量爆發或以量子的方式發射和吸收光能。蒲朗克的量子理論為該領域帶來了革命性的變化，並為愛因斯坦1905年光電子效應的解釋和波耳1913年的原子結構學說等理論發展打下了基礎。

在過去物理學家多次失敗的基礎上，蒲朗克發明一種方法：利用一個完全吸收體（所謂的「黑體」）來測量熱輻射的分布量；並經由計算光的非持續發射或吸收，確定出一個常數。這個常數——6.63×10^{34}焦耳/秒（以字母 h 表示）—— 是物理學上最著名常數之一，稱為蒲朗克常數。，於是，能量透過與原子的關係更加確定——換言之，能量變成了一件大事。

蒲朗克於1918年獲得諾貝爾獎。他的一生幾乎都在柏林度過。由於他在那裏與愛因斯坦共同進行實驗研究，柏林因此有幸成為第一次世界大戰前後全球理論物理學的中心。▶1905（1）

對新世紀的預測

小約翰·埃爾弗雷思·沃特金斯，摘自1900年12月的《婦女家庭》雜誌

居魯士·柯蒂斯於1883年所創辦的《婦女家庭》雜誌，在愛德華·博克（1889年至1919年的主筆）長達30年的主持下，成為提倡改革的重要機構。它發起爭取婦女投票權運動、要求乾淨無污染的城鎮、保護野生動植物、追求品質更好的婦科保健和質疑廣告的真實性。該雜誌擁有全球最豐富的資訊和公眾建議，是20世紀中最可信賴，成就極高的女性雜誌的典範。該雜誌曾於1900年為美國未來100年做預測。這些預測有的離奇古怪，但大部分則極具先見之明。只要想到預測者當時仍生活在蒸汽機與鑄鐵時代，這些預測就更加顯得難能可貴。

5億人口

到下一個世紀，美國及其領土可能將有3.5億至5億的人口。大運河竣工後，尼加拉瓜會要求加入我們的聯邦，墨西哥將步其後塵。在我們南方積極尋求更多領土的歐洲將迫使更多南美和中美洲共和國舉行公投以加入我們的聯邦。

我們的日常字母表中不再有C、X和Q

它們因不必要而被捨棄。報紙會率先採用以讀音進行拼寫的方式。英語會成為一種言簡意賅的語言，並比其他任何語言都流行。俄語位列第二。

來自管道的熱氣和冷氣

就像我們現在自水龍頭打開熱水和冷水以調節洗澡水溫一樣，熱氣和冷氣將能從類似的管道打開以調節室內溫度。

汽車價格低於馬匹將成事實

農民將擁有運草貨車、自動推車、自動犁、耙和耙草機。這些車輛的一磅動力可以完成兩匹或兩匹以上馬的工作量。孩子們在冬天可駕駛動力雪橇。汽車將取代所有現在已知的馬車，還有現今業已存在的靈車、警察巡邏車、救護車、街道清掃車，這些都將成為自動車。假如一切成真，那麼上了鞍的馬和套軛的牛會一樣稀罕。

人人皆可走上1.6公里路程

育嬰室將進行體操訓練，並有特殊設計的玩具和遊戲用以強化肌肉。學校會強迫學生做運動練習——無論男女，若無法一鼓作氣走完1.6公里將被視為病弱者。

空中戰船和輪子上的城堡

巨砲的射程將達40公里或更遠，並會投射到這一半徑內的任意之處，且毀滅整個城市……空中艦隊隱形在行進中自行散布的濃密煙霧中，於城市、堡壘、營地或軍艦的上空中飛行，以迅雷不及掩耳的速度，對下方的敵人投擲致命的霹靂彈……附有輪子的巨型堡壘將以如今日特快列車的速度快速通過任何開放空間，足可運載如現今騎兵隊那麼多的人數。大型自動犁挖掘深塹壕溝和士兵佔領戰壕一樣快捷。步槍將使用無聲彈匣。下潛數天的潛水船能夠深藏不露地消滅整個海軍。氣球和飛行機將攜帶能見度

161公里並附有照相機的望遠鏡，拍下這一範圍內敵人的一舉一動。這些照片就像身在實地拍攝對面街景一樣清晰，且大小一致，隨後並下發至負責下級部隊的指揮官手上。

人類將俯瞰整個世界

以電線相連結的屏幕與照相機將能攝入各色各樣的人事物，千里之遙將僅成一指之距。劇院中的美國觀眾將從他們面前的巨大布幕上看到歐洲國王的加冕儀式和東方的戰爭過程。這個能讓遙遠場景真實呈現在人們眼前的機器會與巨大的電聲設備相連結，鉅細靡遺將現場聲效忠實傳達給觀眾；當遙遠戰鬥中的大砲噴出火焰時即可聽見砲聲，當遠方演員或歌手的嘴唇動作時即能聽見其說話或音樂。

草莓將大如蘋果

距今百年後，距我們好幾代的子孫們將可以在聖誕大餐上吃到大如蘋果的草莓。覆盆子和黑莓也會同樣大。每人一次吃一枚就足夠了。

《婦女家庭》在1900年聖誕節當期雜誌中，對即將到來的新世紀提出眾多預測，有些極富先見之明，有些則千奇百怪，內容從飲食習慣到野生動植物滅絕各方面均有所涉及。

「無線電毫無前途。」

——洛德·凱爾文，英國數學家和物理學家

年度焦點

第一次遠距離無線電傳輸

① 在位於英國柯尼斯海岸的一座發射站中，電子工程師約翰·安布羅斯·弗萊明使用自己設計的無線電傳輸器敲擊出字母「S」的摩斯密碼。這是格林威治時間1901年12月12日正午時分。幾乎同一時間，遠在2897公里之外的加拿大紐芬蘭島上聖約翰城內一座接收站中，物理學家兼發明家古列爾莫·馬可尼通過緊貼在他耳邊的簡陋無線電揚聲器聽到了3聲短促的的聲音。馬可尼收聽到的是有史以來第一次跨越大西洋的信號。無線電報（無線電短波）的時代開始了。在短短幾年中，馬可尼在愛爾蘭和加拿大新斯科細亞省設立電台，開辦第一個跨大西洋商用無線電報業務。

1901年，無線電波本身已不再是新聞，但在馬可尼於1894年進行實驗之前，還沒有人能成功地把信號發射到幾碼以外的距離。剛剛走出校門，馬可尼就決定將無線電報技術發展完善。利用家族在義大利龐特切諾的一座莊園，他在此對地面天線做了偉大的技術革新。透過由地面直立到空中的電線將無線電發射器和接收器相連，發現可增大這些機器的有效距離。他把摩斯電報機與他的無線電系統結合，採用無線的方法成功地將信號傳送到兩公里外的接收器。搬到英國後，他繼續進行實驗，不斷擴大無線電的有效距離，直到這個歷史性的日子來臨，他和弗萊明一起完成了首次跨大西洋的無線電傳輸。

1901年12月12日，馬可尼在他的紐芬蘭接收站。

設立在康瓦耳的發射站和紐芬蘭的接收站，基本上是馬可尼後院那套無線電裝置的擴大翻版。他在聖約翰城的接收天線是由高空上的風箏所垂下的電線組成。馬可尼發現無線電波傳輸的距離和電波長度有關：波長最長的電波其接收的距離也最遠（短波傳輸技術直到20年代才臻於完善）。為發射跨大西洋的信號，他使用能夠處理波長為兩公里的電波設備，這樣，馬可尼就不須採用特別的科技，只不過把設備做得更大些就可以了。▶1904（8）

一位英雄：威爾第，由包地尼所繪。

音樂

受人愛戴的大師去世

② 整整5天之中，義大利人都在守候，等待一個震驚全國的新聞。靜默的人們聚集在米蘭大飯店外面，街道鋪上了稻草，以免過往馬車的聲響驚動了朱塞佩第·威爾第。在飯店裏面，威爾第因中風昏睡在床上，1901年1月27日，悲痛的時刻終於來臨：藝術大師逝世了。

威爾第是一位民族英雄，也是最後一名在世的義大利復興運動領導人。正是這運動促成了1861年義大利的統一。愛國者喊喚他的名字，「威爾第」（VERDI）正是「義大利國王維多利歐·伊曼紐爾」（Vittorio Emanuele, Re D`Italia）。

在他漫長的一生中，威爾第汲取了復興運動的精神並將它體現到音樂中，譜出《弄臣》、《行吟詩人》、《茶花女》、《阿依達》、《奧賽羅》、《法爾斯塔夫》等歌劇。這些作品激勵了他的同胞，並為他贏得3位卓越歌劇大師之一的榮譽（另兩位是莫札特和華格納）。從他的音樂中，義大利人聽到他們國家的聲音——它的理想、痛苦，特別是它的光榮。因此威爾第受到尊敬，並不僅僅因其音樂天才。他去世時，守候在他床邊的朋友暨詩人阿里戈·包伊托寫道：「光明和生命的溫馨與他同逝。」▶1904（4）

工商業

世界上最富有的公司

③ 「卡內基先生，我要祝賀你成為世界上最富有的人」，這是在1901年卡內基將其龐大的卡內基鋼鐵公司賣給摩根支持的一個工業財團時，摩根所說的一句話。當時成交價格是4億9200萬美元。這筆買賣成交後，安德魯·卡內基（66年前來自蘇格蘭的貧困移民）便從工業界退休，在其餘年中將財富投入慈善活動。摩根則繼續將卡內基公司擴張成美國鋼鐵公司，使之成為世界上第一個資產超過10億美元的托拉斯。

為完成美國鋼鐵公司的組建，摩根和他的合夥人又併購了其他幾個大型的金屬公司。擁有14億美元資產的美國鋼鐵公司控制許多礦山、礦廠和冶煉廠，每年能生產800萬噸鋼鐵，超過了美國鋼鐵總產量的一半，比世界上大多數國家的總產量還多。在法官阿爾伯特·蓋瑞的領導下，美國鋼鐵公司第一年就償還了9000萬美元的債務。蓋瑞後來以他的名字為其公司所投資興建的印地安納州蓋瑞市命名。蓋瑞在其管理美國鋼鐵公司的26年中，帶動美國鋼鐵工業快速發展，並在公開與幾個規模較小的工業鉅子談判以減少「不合理」競爭的同時，逃避了政府對其進行反托拉斯法的調查。

幾年之後，當他們在橫越大西洋的一艘客輪上相遇時，卡內基不滿足地對摩根說：「我應該向你多要幾億美元，」摩根則答道：「如

摩根向新聞攝影記者揮舞他的枴杖，這是他惡名昭著的魯莽舉止。

藝術與文化 **書籍**：《蜜蜂的生活》莫里斯·馬特林克；《重訪厄尼裏翁》薩繆爾·巴特勒；《耶路撒冷》塞爾瑪·拉格勒夫；《章魚》法蘭克·諾里斯；《里米尼的法蘭切斯卡》加布里埃爾·鄧南遮 **音樂**：《上流社會》波特·斯蒂爾；《我真的愛你》加利·雅各布斯-邦德；《C小調鋼琴協奏曲》謝爾蓋·拉赫曼尼諾夫 **繪畫**

「言語無法描述的事實……悲哀籠罩下的黑色倫敦、黑色英格蘭、黑色大英帝國。那種發生了世界劇變的感覺在我心頭縈繞。」
—— 雷迪·巴特西寫於維多利亞女王去世之際

維多利亞女王的靈柩在皇家送葬隊伍跟隨下經過溫莎大街。

果當時你開口要的話，我也會付給你。」▶1913（8）

英國
維多利亞女王葬禮

❹ 維多利亞女王於1901年1月22日去世時，她已當了64年女王，比歷史上其他英國君主統治的時間都長。維多利亞圓滿的典範生活是她那個時代和國家的象徵，是繁文縟節和帝國主義忠實擁護者的最佳楷模。在她的統治下，英國雖擴張了帝國版圖，但同時也變成更為保守的國家。維多利亞去世時，詩人羅伯特·布里奇斯寫道：「彷彿天堂的柱石已經傾覆。」英國臣民普遍沉浸在悲痛之中，就連倫敦的妓女都穿上喪服加入街頭的哀悼隊伍。

隨著愛德華七世的繼位，古板的維多利亞時代正式結束，代之以一種新的20世紀自由精神。矮胖、

禿頭、鬍鬚斑白的愛德華在繼位時已經59歲，並有放蕩之名。《泰晤士報》承認：「我們之中尊敬他的人雖然希望不是這樣，但我們不能假裝在其一生中什麼也沒有發生過。」他們暗指的是愛德華追求女性的風流史和奢侈的生活，這些都是眾所周知的。

愛德華或許是個浪蕩子，但卻也是個全然現代的浪蕩子。因此他最終還是受到英國人民的愛戴。他拋棄64年來過時的禮節，給皇冠注入了活力和新鮮有趣的感覺。他衣著華麗，說話隨便。當他的馬匹贏得「德比賽馬」冠軍時，民眾為其瘋狂喝采。人民唱道：「國王充滿活力」、「國王，跑來跑去的國王。」愛德華不像他的母親般積極地參與國家政策的制定，而只是滿足於扮演禮節性的角色，這正是他在活躍的個性之外對國家做出的更為持久的貢獻。愛德華時代僅持續

了9年，他於1910年去世。但幾年後即將飽嚐戰亂之苦的英國卻回顧這段時期為繁榮和振奮的黃金時代。愛德華奠定了現代君主立憲制的基礎。▶1910（邊欄）

慈善事業
首次頒發諾貝爾獎

❺ 阿爾弗雷德·諾貝爾是個成功的實業家，但不是成功的小說家和劇作家；是炸藥的發明者，卻又是有使命感的和平主義者。在一次誤刊這位瑞典鉅子的訃文中，他被稱為「死亡商人」，這使得仍硬朗健康的諾貝爾更下定決心要留下一筆遺產以供和平之用。當他在1896年真的去世後，親屬們對遺囑內容大吃一驚：巨額財富的94%將被用來設立一個年度獎，以獎勵全世界在物理學、化學、醫學、文學和和平事業中（1969年增加經濟學），「對人類做出巨大貢獻」的人。遺囑的文字十分含糊，使遺囑執行人花了5年時間反覆討論獎勵規則和金額，最後才在1901年12月10日，諾貝爾逝世5週年紀念日這一天，由瑞典國王頒發首次諾貝爾獎。

每年冬天，獲頒「桂冠」者（古代桂冠用來獎勵體育選手）會收到4萬2千美元的獎金，這比其他大獎的獎金或教授平均薪資高出數十倍。雖然諾貝爾獎的金額（現在接近100萬美元）少於幾種彩券獎金數目，但是諾貝爾獎仍被視為是專業的最高榮譽。▶1913（8）

諾貝爾和平獎章的正面和反面。和平獎是唯一可以授予機構或個人的獎項。

與雕塑：《橋上的姑娘們》愛德華·孟克；《金身》保羅·高更；《坐的裸體人》阿里斯蒂德·馬約爾　**電影**：《藍鬍子》喬治·梅里；《火》詹姆斯·威廉森；《日本東京街景》羅伯特·博寧；《奧伯恩監獄全景及對喬格西執行死刑》埃德溫·波特　**戲劇**：《三姐妹》安東·契訶夫；《死亡之舞》奧古斯特·史特林堡；《比尤凱埃先生》布思·塔金頓。

> 「到肯亞這個最新最迷人的英國殖民地去定居吧。用現在最便宜的價格就可以買到
> 肥沃的土地……用當地勞動力的優勢去擴展你的成就。」
>
> —— 報紙廣告，1900年左右

1901年新事物

- 即溶咖啡
- 第一次幻想之旅（布法羅泛美博覽會上到月球的冒險旅行）
- 電子助聽器問世

- 安全刮鬍刀（吉利牌）
- 電動打字機
- 駕駛學校（英國伯肯赫德的利文汽車站及駕駛學校）

美國萬花筒

古巴淪為被保護地

根據1901年普拉特修正案，美國國會事實上將古巴變成了美國的殖民地。根據這些條款，美國軍隊（從1898年幫助古巴驅逐西班牙人之後一直佔領該島）撤離古巴的條件是，古巴必須允許華府干涉其內政，並且在關塔那摩灣修建美國海軍基地。受到巨大壓力的古巴人只好妥協，並把這些寫入新憲法之中。美軍於1902年暫時撤離。▶1903（2）

戲劇世家

評論家對埃塞爾·巴里穆爾在1901年演出的《水上騎兵上尉金克斯》一劇大加讚揚，稱她是美國最傑出的年輕女演員。這是巴里穆爾首次在百老匯擔任重要

角色。在之後的50年中，她機智而傲慢的風格使觀眾為之傾倒。其後她的兄弟約翰和萊昂內爾相繼登上舞台，他們的父母也是演員，巴里穆爾一家成了表演世家。▶1922（當年之音）

手持斧頭的女人

卡里·納辛於1901年在堪薩斯州的托佩卡掀起了反酒吧戰役。在

容格推測畢卡索對藍色的使用——就像在這幅1901年的自畫像中對藍色的運用——是精神分裂的表現。

藝術

畢卡索的藍色

儘管人們提出各種理論來解釋巴勃羅·畢卡索從1901年開始的「藍色時期」，但沒有一種理論是圓滿的。這位20歲的藝術家前一年剛從西班牙老家第一次來到巴黎，他已是訓練有素的畫家，以描繪都市生活的畫作而在巴黎賺了筆小錢。受土魯斯-羅特列克的畫作鼓舞，他迷上巴黎五彩繽紛的夜生活，並畫下了餐館、咖啡館、妓女、音樂家、盲人乞討者等都市社會中各階層的形象。這是人們都熟知和理解的，但沒有一個人能夠解釋，為什麼從1901年底到1904年春天，畢卡索幾乎只用藍色作畫。藝術史學家們可以列舉出包括這位年輕畫家買不起其他顏料或患有憂鬱症等理由，但無一令人滿意。

比畢卡索的動機更有意義的是下列的事實：畢卡索開始熱切從事的事業在20世紀藝術界佔有支配地位。在持續的貧困之中（畢卡索一度想將畫室中的所有用品賣掉，以換取一張去西班牙車票的價錢，但沒有成功），畢卡索故意拋棄他已被認可的風格、主題和色彩，努力開闢出一條獨特的藝術道路，一種成為他長期藝術生涯特徵的風格。正由於此，畢卡索的朋友、詩人傑姆·薩巴提斯稱藍色時期是「一種良知的證明」。這一時期包括像《喝苦艾酒者》和《生活》這樣偉大的作品。▶1907（1）

中非

不列顛「瘋狂列車」

1901年12月20日，在烏干達的湖畔港口城市佛羅倫薩（現在是肯亞的基蘇木），一位工程師的妻子鎚下烏干達鐵路的最後一根鉚釘，標誌大英帝國東非公司的官員長期來珍視的夢想實現了。

官員從18世紀80年代就開始遊說興建這條鐵路。他們指出鐵路可以擴大商業和傳播基督教。另外，其他帝國也都在建築鐵路。英國國會在1895年以前一直猶豫不決，直到托利黨領導人提出一種可怕的假設：如果敵人奪取了烏干達（當時是英國領土中最偏遠的角落），並在尼羅河上游修建水壩，那將會是什麼樣的情形呢？埃及將會乾涸，英國將被迫從這個變成荒漠的國家撤離，並喪失對蘇伊士運河的控制權，最終則失去印度。儘管這樣一座水壩在技術上是不可行的，但最好還是不要冒險。鐵路可以加快部隊從肯亞的蒙巴沙（印度洋邊）向西移動到尼羅河上游維多利亞湖的速度。

這就是烏干達鐵路的由來。由於耗資巨大，抱持懷疑態度的人將它戲稱為「瘋狂列車」。英國在這條937公里的鐵路上花費了500萬英鎊，是原預算的兩倍多。募集了

3萬2千名印度工人進行施工，其中有2500人死亡，6千多人落得終生殘廢。獅子吃掉了28名印度人、100多名非洲人和1名歐洲監工。微生物造成的痛苦更大：變形蟲痢疾和蚊子攜帶的瘧疾猖獗，羌蟎鑽入工人的腳趾中，必須進行截肢手術。工程由於洪水和乾旱而延期，食物、水和建築材料的補給運輸十分困難，必須越過沙漠和2743公尺高山。

到1899年，鐵路修築至奈洛比村莊，大約是全程的一半距離，全線通車還是4年以後的事。和印度人簽訂的合約允許他們在當地居住下來。有記者預言這一地區將成為「非洲的旁遮普」。但事實上，殖民當局的政策使印度人不易購買土地，因此有7千人離去。這條鐵路為來自英國和南非的白人打開了通往肯亞高原的道路，然而由於天災和歐洲天花瘟疫造成基庫尤人大量死亡，肯亞高原變得十分空曠。這些殖民者逐漸控制了殖民地的政治和經濟，到1912年時，出口可可和西沙爾麻（由當地廉價勞工來種植）的收入，已經將建築鐵路的投資全部回收了。

至於烏干達水壩，終於在1954年由英國建成，埃及並沒有受到嚴重的影響。▶1904（12）

烏干達鐵路：一項花費巨大的爭議性工程。

「破壞我們安寧的人已經躺到他的棺材中了。」

—— 一家法國反對派報紙對美國總統麥金利遇刺事件的評論

文學

曼的處女作問世

8 「最近我正在準備寫一部小說，一部巨著，你覺得怎麼樣？」托馬斯·曼在1897年給他朋友的一封信中如此寫道。4年之後，在1901年，26歲的曼出版了《布登勃洛克一家》，這是他的處女作。在這一篇小說中，他使用了被稱為敘述式散文的文體，奠定他成為20世紀最傑出的德國作家的地位。

《布登勃洛克一家》描寫一個德國中產階級家庭四代人之間，由金融和社會名流趨於落魄而被人遺忘的故事。曼描寫的布登勃洛克一家，大都取材於他的親身經歷。他用這一家人來象徵生活和藝術之間的衝突，這是曼在長期著述生涯中不停探索的主題。

這一本書在德國出版之後立即贏得廣泛的讚揚，但國外對它的反應卻比較冷淡。主要的批評意見認為《布登勃洛克一家》仍採用傳統的現實主義風格，這在許多前衛作家和批評家看來是因循守舊，也和新世紀變遷中的社會與政治情況不相稱。

然而曼並不是反動保守的傳統派，在他的小說中充滿諷刺性超然的鮮明現代語法，與他文章中衰落和疏離的主題相結合，這使《布登勃洛克一家》成為一種由19世紀傳統文體邁向20世紀實驗文體發展的跳板。

曼的成就沒多久就獲得肯定，尤其在1929年，因其一系列作品而被授予諾貝爾文學獎，這些作品包括《威尼斯之死》（1912）和《魔山》（1924），已被全世界視為佳作。▶1902（3）

美國

麥金利遇刺

9 1901年在紐約州布法羅舉辦的泛美博覽會上，美國總統威廉·麥金利剛剛用手拍了拍一個小女孩的頭，一個男人突然衝向他。這個男人的右手裏著手帕，麥金利和他握手時，發出兩聲槍響，麥金利便向前倒下。警衛和旁觀者立即將兇手制伏。槍手名叫利昂·喬格西，28歲，是美國克利夫蘭市的一名失業鋼鐵工人，為無政府主義者。

總統被送到友人家中，在那裏躺了8天，一直處於彌留狀態。在槍擊事件發生後的歇斯底里狀況之下，全國有幾十名無政府主義者被逮捕，儘管他們極力否認與喬格西案件有任何關係。這些人當中包括艾瑪·高德曼，喬格西曾經宣稱這位黑人革命領袖是他的榜樣。其他敢於批評這位倒下的總統的人，從部長到警察全部都被免職並且受到毆打，有些甚至還被塗上柏油和羽毛示眾。

人群聚集在城市街角處的閱報欄前閱讀：受傷的總統日漸好轉，以注射方式食用一些威士忌、水和生雞蛋。但在9月13日星期五這天，醫生想餵他吃固體食物，麥金利的病情卻轉壞，次日凌晨兩點，在第二個任期的第6個月，他去世了。這是在不到50年中，美國第3位被刺殺身亡的總統。

總統遇刺時，副總統西奧多·羅斯福正在阿迪朗達克山中打獵，聽到消息後立刻趕回布法羅。在他就職數小時後，羅斯福發誓對前任總統的政策「堅定地保持其連續性」，其中包括擁護者和反對者都稱之為「帝國主義政策」的外交政策。在麥金利領導下進行的美西戰爭，使美國成為世界強權。古巴、關島、夏威夷、菲律賓、波多黎各和後來被稱為美屬薩摩亞的兩個群島都為美國所控制。在外交領域，羅斯福恪守了諾言，但對麥金利的經濟政策卻作了很大改變。麥金利的經濟政策雖然給美國帶來了前所未有的繁榮景象，但也帶來了寡頭壟斷（托拉斯）的急遽增長。在羅斯福政府期間，壟斷受到了抑制，這為羅斯福贏得了「托拉斯對頭」的綽號。

至於喬格西，他受到了憲法保障的「快速及公開」的審判。兩週之內被判死刑，過了一個月後，在26名目擊者（從總共1千名申請人中選出）之前，於紐約奧本監獄中以電刑處死。▶1903（2）

這幅作品描繪了當時的情況。雖然刺殺麥金利的兇手是天主教徒，但教宗利奧十三世卻用麥金利之死警告大眾，反對「來自共濟會和猶太教的危險」。

那裏，賣酒早已是非法的，但酒館仍到處林立。已是祖母歲數的納辛剛剛開始只是和平地抗議，但很快就改變策略。她領導數百名婦女組成「保衛家庭軍團」，將

堪薩斯境內酒吧搗毀，並迫使立法者加強執行禁酒法令。高舉著那有名的斧頭，納辛在全美國旅行、搗毀酒吧、遭到逮捕，並在節慶時演講。她告訴婦女同胞：「你只有開始砸毀、砸毀、砸毀時，你才知道你會多麼快樂。」▶1919（當年之音）

新問世的奧斯摩比汽車

美國商業上第一種成功的車型是奧斯摩比汽車，由36歲的蘭塞姆·奧斯摩比設計並於1901年問世。曲線型的儀表板和簡潔、轎車型的結構使其外表看來十分時髦，有人還寫了一首暢銷的歌曲《坐在我快樂的奧斯摩比上》。儘管其價格高達650美元，設在密西根州蘭辛的奧斯摩比汽車廠在1901年仍銷售了600輛，到1904年，這個數字幾乎增加了10倍。▶1903（8）

致命的黃熱病

1901年，一個被派到古巴調查黃熱病起因的美國委員會，證實這種熱帶瘟疫是由蚊子傳播的。古巴醫生卡洛斯·芬萊提出這種見解已有20多年了，但卻遭到醫學權威們的嘲諷。但是由沃爾特·里德博士率領的美國委員會，經過嚴格的科學方法和殘酷的試驗（一名成員被蚊子叮咬致死）後，證實了這一見解。在傳染病一度肆虐的地帶，將蚊子控制住後，疾病也隨之消失。▶1905（9）

「對吉卜林，我13歲時崇拜他，17歲時憎恨他，20歲時喜歡他，25歲時鄙視他，現在我又非常尊敬他。但忘記他卻是不可能的。」

—— 喬治·歐威爾於1936年

環球浮世繪

「骯髒老兄」

英國橋樑工程師胡伯特·布思於1901年申請第一台實用電動吸塵器專利。他開辦了吸塵服務，將真空泵置放在車上，由一組可以移動的軟管從窗戶插入房間清掃塵埃。他很快就誇耀白金漢宮是他的客戶（這使他的發明成為一種時髦）。到了1908年，美國馬具製造商胡佛生產的直立可攜式吸塵器上市，為布思吸塵器的改良型。

著名的進行曲

愛德華·埃爾加被認為是20世紀英國最偉大的作曲家。他的作品包括像《謎語變奏曲》這樣的不朽之作（由不知名的流行歌曲改編而成），1901年他又創作了

傑出的《加冕頌》（第一號）。這首進行曲是5首同名曲子中的第一首，經常被用在各種場合，包括從皇家加冕儀式到高中學生畢業典禮等，以烘托隆重莊嚴的氣氛。

俄羅斯人的反叛

「推翻沙皇統治」是新社會主義革命黨公開宣佈的目標，他們使用的策略是炸彈襲擊和暗殺。新社會主義革命黨在1901年由幾個左派團體組成，其基本目的就是團結農民共同反抗獨裁統治、官僚階級和地主階級。儘管該黨的領導人在1909年被發現是警察局的奸細，但到1917年該黨已經成為俄羅斯最大的非馬克思主義的激進團體。▶1903（11）

澳大利亞
聯邦成立

10 雖然維多利亞女王在前一年7月就同意澳大利亞獨立，但使6個殖民地正式組成一個聯邦制國家，則是在1901年元旦於雪梨世紀公園舉行典禮後生效。《雪梨日報》熱情地寫道：「地球上最年輕的國家，開始了憲政的時代。」

這個崎嶇不平、人煙稀少的國家是以美國（由英國殖民地所組成的另一個國家）為樣板而建立的。但有一點重要的不同之處：不像美國那樣有位民選總統，澳大利亞是由代表英國國王的總督來任命總理。擔任這一職務的是愛德蒙·巴頓（見上圖），他是獨立運動的資深領導人，這也是英國和其殖民地之間溫和妥協的結果。實際上，聯邦成立以後變化很小。雖然380萬澳大利亞人對自己的內部事務有更大的控制權，文化認同也更加鮮明，但大英帝國與澳大利亞在貿易和雙邊安全方面（澳大利亞在波耳戰爭中提供了1萬6千名志願軍）的聯繫仍很牢固，澳大利亞在大英帝國中的成員地位也由被迫轉成自願。英國（此時正在中國和南非陷入軍事上的困境）所管理的政府也剩下不到6個了。▶1902（1）

文學
吉卜林的印度頌歌

11 1901年《吉姆》一書出版，它講述一個愛爾蘭孤兒在印度聆聽一位西藏老喇嘛講授人生經驗的故事。這本書確立了拉迪亞德·吉卜林在詩歌和文學藝術殿堂中的英語作家地位。就像吉卜林其他優秀的著作一樣，《吉姆》不僅是一本娛樂性的兒童讀物，也喚起人們對大英帝國昔日榮耀的追憶，它充滿了吉卜林在殖民地印度長期生活的所見所聞，以及他對這塊土地和人民的熱愛。

吉卜林出生在孟買的一個英國家庭中，6歲時被送到英國，過了11年可憐的生活。他和孤兒差不多，先是住在一個寄養家庭，之後在一個二流的寄宿學校讀書，17歲時返回印度並成為一名記者。他那在英國統治下的印度生活故事，在英國大受歡迎，以至於當他7年後於1889年返回英國時，便迅速地得到了一種非正式的桂冠詩人地位。

1907年，吉卜林剛剛41歲，就成為首位獲得諾貝爾文學獎的英國人。但之後，他的聲望開始下降，部分是因他個人和政治上的偏見嚴重影響到其視野，以至和當時主要的評論家和作家不和。雖然他在《吉姆》一書中以同情的態度描述印度神祕主義，但在所有的作品中都抱有一種不可動搖的信念，這信念就像他在1899年寫的一首詩的名稱：「白種人的負擔」（殖民主義是完全正確的，英國人負有道德上的使命，必須向未開化的異教徒世界傳播歐洲優越的文化。）

英國漫畫家馬克斯·比爾博姆筆下的吉卜林，與「不列顛」女士手挽著手。

儘管如此，他在1936年去世時，沒有人對他被埋在西敏寺內提出異議。在吉卜林的讚頌者中包括喬治·歐威爾，他譴責吉卜林抱有維多利亞晚期的帝國主義思想，過於「濫情、愚昧又危險」；但同時又稱讚他是「在我年輕時最重要的小說家。」▶1920（5）

工商業
繁榮的開端

12 1901年初，史賓德勒拖普是位於東德克薩斯平原上波蒙特城附近的一座小山，標準石油公司剛剛放棄將其做為鑽井場，此時卻成為世界上人們最盼望擁有的一塊地產。史賓德勒托普下面蘊藏石油，當鑽井機鑽到油層時，噴湧而出的石油高達61公尺，在工人用管帽密封油井前的9天中，每天噴出的德克薩斯原油多達11萬桶。

盲目開掘油井的野貓隊、油井修建工人、一般勞工和碰運氣的人們紛紛湧到波蒙城，使其人口由1萬人增加到5萬人。從俄克拉荷馬州的土爾沙，往北直到路易斯安那，發現了更多的石油。但是到了夏天，有限的市場已經飽和（1901年時，石油的主要用途是照明），石油價格跌到每桶3分美元，石油投機商紛紛破產。少數有先見之明的資本家開始探索將石油用於加熱取暖或做為輪船和火車的動力，並因此而致富。這些公司包括海灣石油公司、太陽石油公司、德士古石油公司。▶1909（5）

全球每年石油產量

油桶數（百萬）

	1880	1890	1900	1910	1920	1930	1940

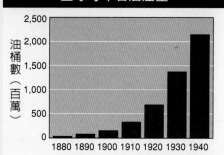

60年內，石油產量增加7倍，到1990年，達217億加侖。

諾貝爾獎　和平獎：尚·亨利·鄧南特（瑞士，日內瓦公約和國際紅十字會）、弗雷德里克·帕西（法國，法和平會）　文學獎：緒利·普呂多姆（法國，詩人）　化學獎：雅各布斯·範托夫（荷蘭，化學動力學和滲透壓）　醫學獎：埃米爾·馮·貝林（德國，破傷風和白喉免疫研究）　物理學獎：威廉·倫琴（德國，X射線）。

當年之音

一個少年奴隸的孤獨路

摘自《從奴隸中站起來》，布克·華盛頓著，1901年

布克·華盛頓雖然是他那個時代極具影響力的非裔美國人領袖之一，卻經常受到杜波伊斯等同伴的指責，認為他放棄黑人與白人社會平等的原則。華盛頓於1856年出生在維吉尼亞的一個農場裏，出生時就是個奴隸，長大後創辦了土斯基吉學院，這是一所專收黑人的工業和農業學院。華盛頓主張，為使黑人贏得社會和經濟上完全平等的地位，黑人必須先成為具有生產力的勞動者。他以這種沒有威脅性的的方式來爭取黑人平等地位，不但得到白人接納，並使他從富裕的北方人手中募集到數百萬美元的基金來建立土斯基吉學院。他的自傳《從奴隸中站起來》於1901年出版，在扉頁上，他回憶了被剝奪遊戲和教育機會的童年。
▶1903（當年之音）

前不久，有人問我童年時期參加過什麼運動和娛樂。其實，直到有人提出這個問題之前，我從來沒有想過我生命中曾有過一段遊戲的時光。從我能記憶起，我每天都被某種工作佔得滿滿的，雖然我也想過，如果有時間參加各種運動的話，我會成為一個更有用的人。在我作為奴隸的日子裏，我還太小，不能做很多工作，不過我每天的大部分時間仍然不停地打掃庭院，給農田裏勞動的人們送水，或每週一次將玉米帶到磨坊中碾碎。磨坊到種植場大約5公里，我對去磨坊幹活十分恐懼。裝滿玉米的沉重袋子橫放在馬背上，為了平衡，兩側的玉米盡可能放得一樣多。但在路上，玉米總會滑向一側而掉下馬背，我也會一起掉下去。因為我沒有那麼大的力氣將玉米袋重新放上馬背，只好等人來幫忙，有時一等就是幾個小時，直到路人

幫我擺脫困境。我總是在哭泣中度過等人的時間。由於路上的耽擱，我很晚才能到達磨坊，因此當我將玉米碾完回家時，經常已是夜深人靜了，路上空無一人，還得穿過茂密的森林。我每次都十分害怕。據說森林中藏有許多逃兵，這些逃兵見到黑人小孩後要做的第一件事，就是割掉他的耳朵。此外，我知道每次如果回去晚了，都會受到嚴厲的責罵和鞭打。

一個奴隸無論如何也上不了學的，雖然有時我也為主人家的小姐拿書包，一直送她到學校門口。幾十名男孩和女孩在一個學校裏學習的情景，讓我留下深刻的印象，我感覺到學校和他們一樣地學習就像到了天堂。

現在回想起來，我懂得的第一件事就是我們是奴隸。我聽到談論「解放奴隸」是在某天凌晨，我被吵醒，看到媽媽跪在孩子面前，熱切地祈禱林肯和他的軍隊能夠獲勝，將來她和她的孩子就都能獲得自由。有一點我始終不明白，整個南方的奴隸在完全沒有諸如書籍和報紙等大眾傳播媒體的情況下，居然能夠對這一震動全國的大事有真實和全面的瞭解。

當加里森、洛喬尹和其他人開始謀求自由時，整個南方的奴隸都與這一運動的進展有密切的聯繫。雖然在內戰的醞釀和進行時，我僅僅是個孩子，但現在回想起來，許多夜深人靜的夜晚，我都聽到母親和其他奴隸的竊竊私語，這些議論顯示他們瞭解事態的發展，而得到資訊的渠道則是所謂的「葡萄藤」電報。

華盛頓出生時是奴隸，自由後陷入赤貧；長大後，成為他那個時代最傑出的黑人領袖和教育家。

「飢餓、貧窮的人，披著獸皮和麻袋布，由於缺少鹽和食物，身上長滿了膿瘡。」

—— 橘自由邦總統馬蒂納斯·特尼斯·斯泰恩如是描述基欽納勳爵的集中營

年度焦點

波耳戰爭結束

1 儘管英國人贏得波耳戰爭，但1902年在南非小鎮費雷尼欣簽署的條約中，卻有許多對敵人非常有利的條款，以致於英國人不禁要問，「如果是像這樣的勝利，那還有誰願意打勝仗？」

1899年，當這場戰爭開始時，英國已居於無可爭議的世界領袖之位達80多年。然而3年後戰爭結束時，不僅死傷數萬名士兵，英國在精神上及經濟上都已衰竭；不僅如此，透過這場戰爭，其他歐洲國家，特別是德國，對英國一貫自吹的軍事實力都做出了自己的判斷。事實上，波耳戰爭就像美國的越戰，標示著大英帝國衰敗的開始。

衝突的起因是這樣的：南非共和國（現稱德蘭士瓦共和國）的波耳人為了保護其豐富的黃金礦藏不讓英國人開採，拒絕賦予外國僑民政治權利（英國僑民實際上比掌權的波耳人還要多，而這些波耳人大都是17世紀荷蘭移民的後裔），因而爆發衝突。當英國加強其南非殖民地（其最南端的領地）的軍力時，波耳人發動攻擊。

英國對波耳戰爭的動員，是其參加第一次世界大戰前規模最大的一次。

從檔案上看，南非共和國及其盟國橘自由邦只是個弱小的敵人，他們沒有海軍，沒有真正的軍隊，沒有強大的工業基礎，也沒有遼闊的疆土。面對英國動員的45萬人軍隊，波耳人僅僅集結了大約8萬7千人。但是儘管英國自以為佔盡優勢，這場戰爭卻拖延了將近3年。在初期打了幾場勝仗後，波耳人將部隊化整為零，分成游擊小隊，襲擊英軍要塞和鐵路。強大的英國軍隊就像是格列佛闖入了小人國一樣，處處受制，直到總司令霍雷肖·基欽納採取焦土政策，迫使波耳人因飢餓而現身，並切斷他們與領地的聯繫後，英軍才獲得最後的勝利。

《費雷尼欣條約》規定，為了使波耳人放下武器並且承認國王愛德華七世為其統治者，波耳人可以保留財產，而且不必繳納補償戰爭的特別稅款，學校裏可以同時講授英語和荷蘭語，英國還提供300萬英鎊作為重建之用。條約之中最重要的條款，是將非白人的參政權問題延遲至波耳人獲得自治後再解決。然而，當這一天真正到來之時，黑人卻被排除在外。

◀1900（邊欄） ▶1908（9）

在獄中，托洛斯基寫道，他渴望聞到「新報紙的油墨氣息」。

俄國

托洛斯基逃亡倫敦

2 1902年秋天，在西伯利亞的上揚斯克流放地裏，一個名字叫列夫·達維多維奇·布龍斯坦的23歲放逐者告訴警察他病了。此後警察每天都按時來查看，但漸漸發現他總保持一個姿勢：面朝牆壁側臥。有一天他們走近觀察，才赫然發現這個臥病不起的人原來是個假人。而此時，布龍斯坦正躲在一輛馬車的乾草堆中，前往伊爾庫次克的路上。

伊爾庫次克的朋友給他準備了一套花俏的中產階級旅行服裝和一本空白護照，在姓名欄他寫下托洛斯基這個名字，這可能源於德語中「挑戰」一詞。從此以後，他將以列昂·托洛斯基的身分出現，綽號「鋼筆」（指其高超的寫作能力）。

在蹲監獄和流放西伯利亞的4年中，托洛斯基絲毫沒有降低對革命運動的熱情。他為不同的地下報紙寫了大量的文章，並藉著閱讀從倫敦和日內瓦偷運至上揚斯克的激進文學書刊，一直保持與時代的發展同步。有一本叫《從何著手》的小冊子特別引起他的興趣，促使他下定決心逃離西伯利亞。這本小冊子的作者是當時一位名氣不大的理論家弗拉基米爾·列寧，他認為身為精英的專業幹部必須掌握無產階級革命的控制權，而將工人降至從屬的地位。托洛斯基不能確定他

是否同意這個觀點，但他從列寧身上看到了革命所需要的一種重實效的領導作風。

在新身分的掩護下，托洛斯基穿越各國，終於到達倫敦。從激進的同志那裏得到列寧的住址，並親自登門拜訪。開門的是列寧的夫人，她只看了這個站在門口的年輕人一眼，就興奮地向屋裏喊道：「鋼筆來了！」兩年來托洛斯基一直用筆攻擊列寧的觀點，但在1902年10月的這個早上，他以門徒和同志的身分，受到這位未來主席的熱情歡迎。▶1903（11）

文學

康拉德的黑暗故事

3 在西方列強爭奪殖民地的鼎盛期，異域冒險小說往往是最暢銷的，但也只有那些祖國被佔領而流浪國外且目光敏銳的作家，才能把這樣的故事演化成對邪惡和自欺的深層研究。生於波蘭的約瑟夫·康拉德是本世紀頗具影響力的作家之一，而發表於1902年的《黑暗之心》又是其最偉大的作品，既是一個扣人心弦的故事、一部文學上的傑作，也是一次哲學和心理學上的深入探索。

這部小說描寫的是乘船深入比屬剛果腹地的一次冒險旅行，目的是尋找一個住在叢林邊緣村落裏，名叫「庫爾茨先生」的神祕白人商人。船長馬洛是英國人，當他和同伴找到庫爾茨時，卻發現這個被認

「沒有理論，你只管聽，想像即是法則。」
—— 德布西

為一直在「教化」當地土著的卓越理想主義者和將象牙運回國的商人，已成了一個暴虐的土匪頭子，在他的房子裏裝飾著受害者的頭骨。最後，由於病痛和對自我的墮落感到絕望，庫爾茨死在往下游去的路上，臨終前還喃喃重複著「太可怕了，太可怕了！」

在這個歐洲人吹噓將文明帶給野蠻人的時代，康拉德向人們展示了極權與孤立（帝國主義經驗的兩個共相）怎樣將潛藏在每個人心中的殘忍天性誘發出來。

作者自身也曾歷經過極權的傷害。康拉德生於1857年，姓克爾澤尼奧夫斯基。他的童年有段時間是在寒冷的俄國小鎮度過的。其父是波蘭獨立運動中一位傑出的革命家和詩人，由於反抗沙皇統治全家被流放至此。康拉德8歲時，母親死於流放地。17歲開始在商船上當水手。在往後20幾年中，先後在英法的輪船上工作過。後來所撰寫的名作，如《吉姆老爺》（1900）和《諾斯特羅莫》（1904）等都是其親身經歷的再現。

康拉德寫作所用的英語，是在家中和後來在海上期間自學的。他的作品具有一種嚴謹、富有詩意的風格，這一點得到托馬斯·曼、威廉·福克納等作家的好評。但他也被一些無法領會其想像力的評論者說成是「一個畸形、用英語寫作的該死外國人」，康拉德為此悲嘆不已。◀1901（8）▶1929（3）

英國畫家沃爾特·蒂特爾畫的康拉德肖像。

德布西的歌劇（歌詞作者為馬特林克）中的一幕：梅麗桑德和她的情人佩利亞斯在一起時丟失了結婚戒指，而此時，她的丈夫戈蘭卻發生了意外。

音樂
印象派音樂大師

4　「這音樂完全將你征服，帶著一種我很欣賞但又不能完全理解的鼓舞力量深深潛入你的心田。」這是1902年巴黎一個著名的評論家在看完克洛德·德布西的歌劇《佩利亞斯與梅麗桑德》的首演後寫下的感想。然而其他人對德布西的激進改革（包括取消傳統詠歎調和歌唱對話，代之以整段的音樂）並不感興趣。德布西曾就讀的巴黎音樂學院院長要求學生離這齣歌劇遠一點，他執拗地認為這齣歌劇只會帶來使人墮落的影響。一些現場的音樂愛好者則用噓聲干擾演出進行，並嘲弄地喊道：「他們為什麼不給我們來點音樂！」

德布西是個自命清高的人，他蔑視公眾的敵視，認為這是一般市井之徒的庸俗所致。有一次他說：「現今這種事態是由於刻在所有公共紀念碑上的那句格言『自由、平等、博愛』。這句話至多僅適用於那些出租馬車的車伕。」由於對自己極高的品味非常地自信，德布西開始為自己作曲，試圖擴大西方音樂的辭彙，打破傳統慣例的束縛。隨著《佩利亞斯與梅麗桑德》（他唯一一部完整歌劇）及其他管弦樂作品，如1905年的《大海》和1894年那首著名的「交響詩」《牧神午後前奏曲》相繼完成，德布西發明了一種流暢、夢幻的音樂風格，即印象派繪畫在音樂上的完美體現。偉大的俄國作曲家伊格爾·史特拉文斯基就曾稱讚德布西是「本世紀第一位音樂家」。對許多評論家來說，他一直是最具獨創性的。▶1909（6）

「宗教，簡而言之就是人類利己主義歷史中不朽的一章。」

—— 詹姆斯，《宗教經驗的多樣性》

1902年新事物

- 影迷俱樂部（英國演員劉易斯·沃勒）
- 以汽油為動力的除草機

- 泰迪熊（以泰迪·羅斯福的名字命名的，原因是羅斯福在一次狩獵中拒絕射殺一頭熊）
- 自動販賣機（美國費城）
- 克拉約拉牌臘筆
- 泰晤士報文學副刊
- 百事可樂公司
- 納貝斯克的巴納姆動物餅乾
- 倫敦麗池大飯店
- 玫瑰體育場美式足球賽（後稱玫瑰盃）

美國萬花筒

基因線索

1902年，哥倫比亞大學醫學系學生沃爾特·薩頓宣稱，蝗蟲的所有細胞都包含了數對彼此不同的同源染色體。在光學顯微鏡下的這個驚人發現令人想起孟德爾的理論，他認為每種可遺傳的特性都是由一對遺傳單位控制。薩頓並提出假設，認為染色體包含這些遺傳單位（後稱為基因），在性細胞分裂時導致了遺傳的隨機性。他的研究為現代遺傳學說奠定了基礎。◀ 1900（10）▶1909（12）

美國控制菲律賓

為了鎮壓爭取獨立的菲律賓革命者，美國發動了一場歷時3年且異常激烈的戰爭。1902年戰爭結束，美國佔領這由7100個小島組成的群島（也是太平洋上的一個軍事戰略基地）。這場戰爭是由亞瑟·麥克阿瑟將軍（道格拉斯·麥克阿瑟之父）指揮的，是美國在東南亞遭遇的第一場游擊戰爭。菲律賓方面傷亡的統計數字非常驚人，低估約5萬

南部非洲

帝國代理人

5 1980年，在新獨立的辛巴威共和國首都哈拉雷（原索爾茲伯里），一群市民舉行集會，向一個死於1902年的人復仇。當局用一台起重機推倒了立於市中心的塞西爾·羅得斯的巨大銅像，然後群眾用鋼條和石塊將其砸爛。

羅得斯是一個令人難以想像的帝國主義的化身。小時候他的身體不好，也不是特別聰明，因此17歲第一次被送往非洲時，原本只是打算增強他的體質，結果最後卻成了一名自封為帝國在非洲大陸的代理人。1870年代，在多次返回英國期間，羅得斯開始獲得採礦權，最後並成立德比爾斯礦業公司，鞏固了權利。到1891年，羅得斯已經壟斷了世界鑽石總產量的90%。

他靠自己的財富和力量實現了旨在建立一個祕密團體的宏偉計劃，其真正目標則是擴張英國在全球的統治。他的夢想還包括「最終顛覆美國」，（該團體在牛津大學還設立了著名的羅得斯獎學金。）因此，他將非洲人從其土地上趕走，收買所有的反對派，在南非陰謀策劃反對波耳人的戰爭，並且暗中資助先遣突襲部隊向北方進軍。1895年，他新開拓的領地是英格蘭和威爾斯加起來的3倍那麼大，將其命名為羅得西亞，並澆鑄了那座85年後被辛巴威人民憤而推倒的紀念物。◀ 1901（11）▶1908（2）

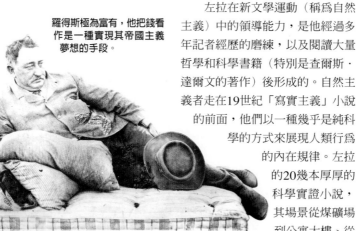

羅得斯極為富有，他把錢看作是一種實現其帝國主義夢想的手段。

一位同情德雷福斯的政治家拿著指控書來先賢祠祭拜左拉的骨灰。

文學

一個民族反傳統英雄之死

6 埃米爾·左拉生前曾引起強烈的憎惡，因此他的死很容易令人聯想到是暴力所致。不過，這位62歲的法國小說家卻是因煙囪被堵塞，而於1902年9月死於煤氣中毒。

作為阿爾弗雷德·德雷福斯（法國陸軍中有猶太血統的一個上尉軍官，於1894年被誣告犯有判國罪）最出色的辯護人，左拉受到了右派分子的攻擊，並以誹謗法國軍事當局的罪名而被判刑，只好逃往英國。他的小說，像是《娜娜》、《土地》這些極為坦誠的作品，遭到大多數評論家的譴責，被認為內容「淫穢」且充滿「色情」，在國內外都受到審查，連報紙上也登有他在便壺裏蘸筆的漫畫。儘管這樣，左拉仍然是法國最受歡迎的作家，他的書是一項主要的出口品。

左拉在新文學運動（稱為自然主義）中的領導能力，是他經過多年記者經歷的磨練，以及閱讀大量哲學和科學書籍（特別是查爾斯·達爾文的著作）後形成的。自然主義者走在19世紀「寫實主義」小說的前面，他們以一種幾乎是純科學的方式來展現人類行為的內在規律。左拉的20幾本厚厚的科學實證小說，其場景從煤礦場到公寓大樓、從小酒館到證券市場、從普通農舍到國會大廈……，用冷靜、生動的筆觸描述了人性的貪婪、嫉妒、懶惰以及欲望，也因而激怒了那些大眾口味的衛道人士。

然而民眾卻從來不會感到滿足，在左拉的葬禮上有5萬餘人為他送行。當局不得不召來騎兵，以免發生騷動。曾撰文說左拉本不該來到這個世上的作家阿納托爾·法朗士如今卻稱頌他是「人類的良心」。其後不久，左拉的畫像開始在一種煙囪安全裝置的廣告中出現。▶1906（12）

思想

威廉·詹姆斯的實用主義

7 就在1902年發表自己有關信仰的那篇論文《宗教經驗的多樣性》之後，詹姆斯碰到了哲學界的同儕喬治·桑塔亞那。「你肯定一直都在探訪貧民窟。」桑塔亞那說道。

詹姆斯的書闡述了廣泛的宗教經驗，都是來自第一手的資料。桑塔亞那反對詹姆斯相信傳統信仰範圍之外的信徒。他認為，這些人的極端主義使得他們的觀點受到懷疑。但詹姆斯反駁說，個別信徒鮮明的個人經驗比那些神學家乏味的抽象觀念更加發人深省。

體育　棒球：「小拿破崙」約翰·麥格勞成為紐約巨人隊的老闆　拳擊：167磅重的鮑伯·菲茨西蒙斯挑戰206磅重的重量級拳擊冠軍詹姆斯·傑弗里斯失敗（由此引出一句諺語：東西越大，越摔不動）。

「一瞬間，我看到了眼前的聖皮埃爾港，接著它就被可怕的熔岩流給吞沒了。」
—— 埃利里·史考特，「羅拉伊瑪號」汽船上的高級船員，培雷山爆發時的目擊者

身為神學家亨利·詹姆斯（與威廉當小說家的兄弟同名）的兒子，詹姆斯原來是學醫的，但他亦廣泛涉獵其他學科，包括動物學（伴隨著名的博物學家路易斯·阿加西斯去過巴西）、經驗心理學和哲學。

詹姆斯在哲學方面的主要貢獻是實用主義理論。該理論稱：在多元論的領域中，如果一種信仰是有用的，並與經驗相一致，那麼它就是正確的。因為人與人之間的經驗差異極大，所以任何確定的現實都可能有一個以上的真理。將這種理論應用於宗教上，詹姆斯得出一個結論：一個人信仰一位神靈（不論其源自何處），就某種意義上講，只要能給他帶來實效，如精神上的慰藉等，那麼這就是正確的。詹姆斯一直認為沒有絕對的真理，「真理是思想的活動，它是對行為的驗證。」▶1903（12）

外交
英國和日本結盟

⑧ 在1902年簽署英日同盟條約後，英國和日本結成了聯盟。在此後的20幾年中，此同盟一直是日本外交政策的基石。該條約的最初目的是對兩國在中國和朝鮮的利益進行戰略保護，因為這兩地一直受到俄國的威脅。日本認為控制朝鮮對日本國家安全是極為重要的；而英國在中國也有巨大的投資，該條約規定英國可以利用遠東的日本海軍，因此使其得以騰出手來，專心對付在家門口德國海軍的威脅。

1902年的日本是一個剛剛起步的現代國家，與之前700年的封建統治相比，其資本主義僅僅發展了33年。聯盟標示著日本終於步上世界舞台（《日本時報》將國家比作一個年輕人，一朝醒來，卻發現自己已經成了一個「身居高位、聲望很高、並負有艱鉅責任的成年人」）。日本嘗過苦楚，懂得擁有盟國的重要性：1895年，它雖然贏得中日甲午戰爭，但是由於外交上的孤立，不久即在俄、德和法3國

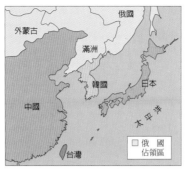

因害怕俄國對中國和朝鮮的侵犯，英日最終結成了同盟。

的共同干預下，被迫放棄兼併朝鮮的目標，並將遼東半島歸還給戰敗的中國。

1904年，當日俄戰爭爆發之後，英日同盟的存在使俄國不能從其盟國法國那裏得到協助，因為法國不敢冒遭受英國進攻的危險。最後日本獲得勝利，而這次沒有哪個歐洲列強再來干預雙方的和談。▶1904（1）

埃及
亞斯文水壩竣工

⑨ 英國建設埃及的計畫核心是在埃及的亞斯文城建一座橫跨尼羅河的大壩。1902年亞斯文水壩竣工，成為當時一項重要的建築壯舉，總長度超過2公里，高度為54公尺。這是歷史上第一次將尼羅河的大部分洪水貯存了起來，整個下埃及和中埃及的多數地區從此可以終年都得到灌溉，每年由僅1種增為2至3種。在很短的時間內，可耕地的面積增加了40多萬公頃，棉花產量增加了40%。

亞斯文水壩將埃及帶入了現代歷史，恢復了部分往昔的輝煌，並為其在20世紀取得區域霸權奠定基礎。在1970年亞斯文高壩完成之前，該水壩一直是埃及首要的灌溉系統。亞斯文高壩將整個系統的貯水能力提高30倍。▶1910（11）

只用了10年功夫，亞斯文水壩便將埃及的年出口額提高了33%。

災難
加勒比地區大災難

⑩ 1902年5月8日清晨，法屬西印度群島最大的一個城鎮馬提尼克島聖皮埃爾港的居民正在前往教堂的路上，突然一聲巨響，聳立在他們頭頂上的火山爆發了。一位目擊者後來寫道：「空中出現了一個巨大的火球，還有擰在一起的粗大煙柱，升至幾千公尺的高空，而後歪向一邊，開始徐徐下

11公里高的煙柱標示著馬提尼克島聖皮埃爾港的覆滅。

降。」幾分鐘內，這個17世紀殖民地的首府就被深埋在熔岩下。海嘯瘋狂地席捲了港口，易燃的蘭姆酒從毀壞的酒廠中流出，引起大火。逗留在船上的幾無人生還，而聖皮埃爾港的3萬居民，只有一個被關在牢房裏的醉漢躲過培雷山的這次噴發。

幾個小一點的城鎮也未能倖免。幾個小時後，聖文森島上的一個火山被培雷火山誘發，又有幾百人喪生。火山灰一直飄到牙買加。僅巴貝多一地就落下了200萬噸。後來儘管有美國和歐洲的援助，但聖皮埃爾港再也無法復原。到1970年，其人口僅恢復至原來的五分之一。◀1900（邊欄）▶1906（5）

人，高估則是200萬人。不管多少，這都是一場屠殺。在宣佈戰爭結束之後，羅斯福總統讚揚美國陸軍「成功地結束了敵對狀態」，然而，許多有名的美國公民對此都義憤填膺。威廉·詹姆斯痛罵道：「真該死！美國居然在菲律賓做出如此卑鄙的事。」◀1900（邊欄）▶1903（2）

拉格泰姆之王
偉大的繁音拍子作曲家斯科特·喬普林創作《娛樂》（1902）這首曲子70年後，成為轟動一時的影片《刺痛》的主題曲，並由此引發了一陣喬普林音樂熱。音

樂在喬普林心中的地位，超過了他一生中有的經歷。他在鋼琴曲《楓樹葉拉格》（1899）中使用了繁音拍子（流行全國的爵士樂之前身）的切分音節奏，但是他想讓人們將他的繁音拍子歌劇《特里莫尼沙》視為一部「嚴肅」作品的企圖卻徹底失敗了。在遭受了長期的打擊之後，他於1917年死在紐約一所精神病醫院裏。▶1917（5）

連環漫畫之頁
布朗尼兒和他的狗蒂格，使《紐約前鋒報》在1902年大受歡迎。漫畫家奧特考爾特（其前一部連

環漫畫《黃色小子》曾締造了一個新詞彙「黃色書刊」）將無害的惡作劇與善意的說教成功地結合在一起，對全國的數百萬小讀者來說，這種結合是極富吸引力的。▶1907（13）

環球浮世繪

新藝術

巴黎的全國美術協會舉辦了一次新的藝術展覽，使這種流行於歐美的裝飾風格到達鼎盛時期，其蜿蜒彎曲成波浪狀的線條令人想起花園和森林。這些線條出現在路易斯・沙利文、維克多・奧爾塔和安東尼奧・高迪設計的建築、埃克托爾・吉馬爾設計的巴

黎地鐵車站、路易斯・康福特・蒂法尼設計的燈具（見上圖）、汝內・拉利克設計的珠寶以及阿方斯・穆沙設計的海報上。
▶1925（邊欄）

發現荷爾蒙

在研究胃腸運作的過程中，威廉・貝利斯和歐內斯特・斯塔林發現了一種在人體內控制資訊傳遞作用的化學物質。他們認為當時已被廣為接受的伊凡・巴甫洛夫有關神經系統獨自控制消化程序的理論是不正確的。於是這兩位英國研究人員經過實驗，發現即使當胃神經被切斷後，腸的指令仍然能夠透過血液到達胰臟。他們把這種傳遞資訊的物質稱為分泌激素，並創造了一個新詞彙「荷爾蒙」（源自希臘語「興奮」）來為這種物質命名。▶1904（9）

封鎖委內瑞拉

委內瑞拉專橫的獨裁者奇普里亞諾・卡斯特羅將軍因拒償付外債，以及賠償因1899年率軍回國奪取政權的戰爭所造成的各國財產損失，終於激怒了英國、德國和義大利。3國的軍艦大膽闖入西半球，制服委內瑞拉海軍，封鎖了海岸，並砲轟聖卡洛斯兩個月。卡斯特羅最後還是投降，同意3國提出的解決方案。▶1903（2）

音樂

卡羅素灌錄唱片

⑪ 到1902年，恩里科・卡羅素的歌聲在其祖國義大利已流行4年，但不久前在蒙地卡羅的比賽中獲勝後，這位男高音歌唱家才首次遇到揚名國際的機會。如今他簽了在倫敦和紐約演出的合約，也更為人知了。

幫助他的是一個能幹的英國人弗雷德・蓋斯貝格，他專門為一家生產唱片和電唱機的前衛工廠物色演員。蓋斯貝格在米蘭斯卡拉劇院聽了卡羅素演唱阿爾貝托・弗蘭凱蒂的歌劇《潔曼妮亞》的首演後寫道：「我簡直都呆住了。」演出結束後，他在後台極力說服卡羅素錄製幾張詠嘆調的唱片，卡羅素的顧問則提醒他不要將才華浪費在一個機械玩具上，但卡羅素喜歡這個英國人的坦誠。第二天，當蓋斯貝格答應卡羅素這些唱片可以於首演前在倫敦銷售，而且這項前所未有的宣傳活動，可使得這位有點神經質的藝術家得以在上舞台面對觀眾前就征服他們。卡羅素完全被說服了。

蓋斯貝格給老闆發了電報，並告知已向卡羅素保證付給他100英鎊，但老闆給他的回電卻是「報酬太高，不許錄製。」蓋斯貝格沒理會這份電報，他在旅館的房間裏架設臨時錄音棚，請來伴奏的鋼琴師只好坐在一個裝行李的柳條箱上，卡羅素用兩個小時輕鬆唱完10首詠嘆調。蓋斯貝格這次的賭注押對了：唱片在倫敦引起轟動，總共獲利1萬5千英鎊。這是有

蓋斯貝格的勇氣為卡羅素帶來第一份錄音合約，同時也促進了初期錄音工業的發展。

史來第一批高品質並大賣的唱片，加速了圓筒蠟膜唱片（源自托馬斯・愛迪生的發明）的淘汰；另外也使卡羅素在其18年的演藝生涯中成為一個錄音星，是當代音樂家中最受歡迎、身價最高的一位。
▶1904（4）

文學

柯南道爾的妙計

⑫ 1902年發表的《巴斯克維爾家的獵犬》一書是阿瑟・柯南・道爾對9年前一個問題的回答。任何一個福爾摩斯迷都記得，在1893年的小說《最後的冒險》中，這位舉世無雙的大偵探在瑞士的賴興巴赫瀑布跌入深淵而死。但

直到上世紀結束，道爾才開始相信，這樣殺死他筆下的英雄的確太草率了。於是他寫了《巴斯克維爾家的獵犬》一書，巧妙地使福爾摩斯起死回生。

雖然此書意味作者的一個決定，但更是一部絕妙的推理之作——道爾將這本書的場景安排在福爾摩斯死前的那段時間。這故事異常成功，因此在《海濱》雜誌上連載時，為了買最新的一期，書迷大排長龍。故事的主角是一條據傳經常在巴斯克維爾沼澤地出沒、如幽靈般的獵狗。在故事結尾，道爾說了一個合乎情理的答案：這條狗其實是一條普通的狗，只不過嘴巴塗上一層磷，因而發出詭祕的光芒。後來，在他的兒子死於一次大戰後，這位維多利亞時代的推理大師變成一個虔誠的神祕主義者，與哈里・胡迪尼有段不尋常的友誼。

在下一部的《空屋歷險》中，道爾更清楚解釋福爾摩斯的死而復生：在將罪魁禍首莫里亞蒂打入深淵之後，他只是「像是」跌入了瀑布。為躲避莫里亞蒂手下的報復，福爾摩斯不得不讓全世界相信他已死了。當然這說法有點牽強，但書迷對其英雄的歸來早已欣喜若狂，

誰還會在乎這些呢？▶1926（11）

攝影

藝術界的重組

⑬ 阿爾弗雷德・施蒂格利茨在1897年寫道：「攝影快成為過氣的流行了，這一點上得感謝人們對自行車的熱愛。」他這個見解是一種慶幸，而非讚美。他相信隨著這種時尚的消退，攝影終將成為一門藝術。當時，許多畫家嘲笑攝影是機器的工作，而許多從事攝影的人則認為這不過是將照相機對準和按快門罷了。5年後，即1902年，已為國際知名攝影家的施蒂格利茨對其理論進行試驗，在攝影分離派的安排下，他舉辦了「美國攝影展」。

「攝影分離派」是一個帶有神祕色彩的詞彙，暗示與傳統攝影有別。在它的旗幟下，一群新攝影家開始對美國藝術界的固定結構進行重組。他們結合歐洲的前衛繪畫，藉由各種媒介，以新生代的名義推行改革。為了達到使攝影與繪畫作品並排展出的目的，這些分離主義者於1905年在紐約第五大道291號創辦自己的畫廊。

阿爾弗雷德・施蒂格利茨於1902年拍攝的紐約弗拉蒂倫大廈竣工後的照片。

多年來，「291畫廊」向美國愛好藝術的大眾介紹了歐洲一流畫家，前來參觀並受到影響的年輕藝術家中包括喬治婭・歐基芙（1924年嫁給施蒂格利茨）和保羅・斯特蘭德，他們的作品有助於讓攝影被肯定為一種藝術形式。◀1900（3）
▶1913（2）

當年之音

四隻小兔的故事

摘自《彼得兔的故事》，貝婭特麗克斯·波特，1902年

這本書的創作動機是波特寫給其前任女家庭教師的小兒子的一封信，信的開頭是這樣的：「親愛的諾埃爾，我不知道該給你寫些什麼，這樣吧，我給你講一個4隻小兔的故事，他們的名字叫弗勞普斯、毛普斯、白尾和彼得。」結果它成為有史以來最暢銷的兒童讀物。1902年，弗雷德里克·沃恩公司出版《彼得兔的故事》時，波特已經36歲，但仍住在父母家中。她渴望成為一名科學家，但因性別而受到阻撓。這本書的成功使她實現了一定程度的經濟獨立。繼《彼得兔的故事》之後，波特很快又完成了幾部精彩的作品，如《小鴨子傑邁瑪》、《湯姆·基特恩的故事》和《渦捲布丁》等。▶1926（6）

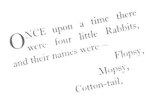

波特對其圖書的銷售把關極嚴，她堅持每隔一頁就要有一幅插圖，並且書頁要小，使兒童能很容易地用手拿著閱讀。

「成功。週四晨飛4次⋯⋯通知報界。回家過耶誕。」

—— 萊特兄弟在基蒂霍克首次飛行成功之後，給父親發的電報

年度焦點

萊特兄弟飛上藍天

1 1903年12月17日清晨，在北卡羅來納州基蒂霍克村附近的沙丘上，奧維爾和威爾伯握手告別。一位目擊者說：「他倆就像不知道還能不能再見面似地分手了。」陣陣冷風吹來，奧維爾臉朝下，把自己拴在木支桿、金屬線和棉布構成的格子中。一台自製的小型引擎在他身旁劈啪作響。他希望這架搖搖晃晃的裝置能夠載著他做改變世界之旅：首次由人類操縱、比空氣重的動力飛機。

然而奧維爾的飛行既短促又笨拙——他一頭衝進了沙堆裏。兄弟倆又各自做了一次嘗試，也都失敗了。中午時分，威爾伯在沙灘上空，勉強保持4.5公尺高度，滑行了161公尺，然後緊急著陸。這趟飛行持續59秒。

1896年，萊特兄弟獲悉德國科學家奧托·李連塔爾駕駛自己設計的滑翔機墜毀身亡之後，開始他們對飛行的探究。那時，兄弟倆在俄亥俄州達頓市，靠為顧客製造自行車為生。隨著自家工藝技能的成熟，對

裝有自製引擎的「基蒂霍克」號飛機，是萊特兄弟製作的第3架樣機。

人類飛行的興趣也愈加濃厚。李連塔爾墜機後，更由興趣變成著魔。他們讀遍找得到的航空書籍，製作試驗用風箏，與頂尖的科學家通信請益，還觀察鳥類。1900年，他們請求美國氣象局推薦一處地點，要有適中的風速和夠大的空間，以試驗大型滑翔機，並從此每一年一度前往基蒂霍克。在3個風暴頻繁的秋天裏，他們冒死試驗不穩固的無動力飛機；回到達頓之後，又藉助臨時製作的風洞和獨創的物理方法，以改進設計。

萊特兄弟終於達成動力飛行時，只有少數報紙報導這事。但是，再一次成功的飛行之後，他們便成了名人。他們和世界各國政府、工業家簽定合約，非法盜用他們技術的競爭對手，也如法炮製。12年後爆發的第一次世界大戰中，出現了激烈的空戰；到1939年，航空公司的飛機已在大西洋上空定期航行。當飛機投下第一枚原子彈時，奧維爾尚在人世。在他們的姪子、姪女有生之年，人類首次登上月球（萊特兄弟終身未娶）。▶1909（當年之音）

美國

羅斯福控制了運河區

2 「這是一項人類歷史上，前所未有的偉大工程」，1903年，西奧多·羅斯福總統在演說中，如此描述他力主修建、穿越巴拿馬地峽的運河。且不論他言辭的誇大，巴拿馬運河確實不僅標誌美國人民的聰明才智，同時還提供巨大的商業與軍事上的利益，尤其是後者。自1898年的美西戰爭以來，美國政府一直深信，必須修建這條運河。那時，一艘美國戰艦由菲律賓開往古巴，得繞過合恩角，耗時69天才能抵達目的地。

巴拿馬運河是羅斯福外交政策的核心，所以他在1904年提議，對美國「自明的命運」中的「門羅主義」加以擴充。「羅斯福定理」不但重申門羅主義，禁止歐洲國家介入拉丁美洲事務，而且還聲明對拉丁美洲的鄰國擁有「警察權」，以保證他們履行國際義務。1901年，羅斯福在明尼蘇達州博覽會上，發表對外政策演說，主張「講話和氣，但手持巨棒」的策略，使美國成為海軍強國。

1903年，巴拿馬地峽是哥倫比亞一個怨氣充塞的省分，反哥倫比亞的情緒已經醞釀了75年。巴拿馬分離主義分子不斷地造反，又不斷地被鎮壓下去。美國一直樂意支持哥倫比亞。但是到1903年，哥倫比亞仍拒絕授權美國修建橫貫巴拿馬

的運河。羅斯福決心不再繼續談判，「你無法再與哥倫比亞的統治者達成協議，就像不能把小葡萄果凍釘在牆上一樣。」他派遣戰艦到巴拿馬，那裏的分離主義分子已經得到美國默許叛變。11月2日暴動發生，次日，美國海軍登陸，阻止哥倫比亞軍隊鎮壓動亂。巴拿馬終於達成自治，而美國也贏得一個「囊中」的共和國，得以在這個蕞爾小國修建運河。

羅斯福宣稱，此次史無前例的軍事行動是合理合法而又迫切需要的。他認為，這不僅僅是為了美國或巴拿馬，而是「為了整個文明世界的利益」。司法部長法蘭德·諾克斯尖刻地回答：「噢，總統先生，有如此豐功偉績，何須在意合不合法。」

新的巴拿馬共和國是在美國支持下獲得獨立的，巴拿馬人非常清楚這一點。如果美國撤軍，哥倫比亞軍隊將迅速重獲控制權。因此，1903年11月18日簽訂巴拿馬條約（又稱海·布諾-瓦里亞條約），授予美國在運河區內的最高主權。◀1901（邊欄）▶1904（6）

社會改革

為選舉權而戰

3 1890年，艾米琳·潘克赫斯特的丈夫理查，提出一個令她終生難忘的問題：「妳為什麼不

戰艦在他的腳下，卡通巨人羅斯福鏟起一鐵鍬巴拿馬泥土，拋到哥倫比亞首都。

「主張婦女參政者相信，踐踏我們文明世界的可怕弊病，要到婦女獲得選舉權時，才會永遠消除。」

—— 潘克赫斯特

潘克赫斯特在1914年的示威遊行中被警察拘捕。

逼我們給妳們選舉權？爲什麼不像摳出眼睛般地，來些驚人之舉？」13年後，她建立的組織因總是採取暴力方式，使她在世界上聲名狼藉。當潘克赫斯特還是4個未成年孩子的母親時，她在倫敦女權主義者群體中，已是著名的女權聯盟創始人（與理查），和一個激進沙龍的女主人。1903年，即瑪麗·沃斯通克拉夫特發表《維護女權》111年後，潘克赫斯特建立了婦女社會和政治聯盟。它即使不是英國最重要的主張婦女參政的組織，也是當時最惡名昭彰的。

潘克赫斯特因爲不滿由男性支配勞工運動，而建立婦女社會和政治聯盟。1894年，她在家鄉曼徹斯特獲得左派支持，當選爲一項濟貧法的監證人；1898年理查去世後，她又擔任城市出生和死亡人口登記員。這些經歷加深了她對工人階級婦女的同情，也使她和她的大女兒克莉斯塔貝兒（和艾米琳一樣，是雄辯的演說家，鼓吹社會主義和男女平權）堅信「男性工人和其他階級一樣，不平等地對待婦女」。艾

米琳和克莉斯塔貝兒一起創辦了婦女社會和政治聯盟，以便對工會和獨立勞工黨施壓，要求它們支持婦女選舉權。

不久，她們的策略急遽改變。艾米琳和克里斯塔貝兒都認爲，英國的選舉權，建立在個人財產權的基礎上，40%的男性因而被剝奪了選舉權；婦女的選舉權，更直接地取決於富有階級。於是，婦女社會和政治聯盟摘下了無產階級的幌子，開始吸收上流社會的家庭主婦，以對付不支持女權運動的自由黨候選人。結果，就出現了家世良好的婦女，尖叫掙扎著被扔出公共會所的奇景。從自由黨開始執政以後，潘克赫斯特一家（包括二女兒西爾維亞）就升高了攻勢，她們那些富有的追隨者，開始砍斷電報線、毀壞珍貴的繪畫作品、燒燬空屋和板球比賽的正面看台。克莉斯塔貝兒寫道：「把每個有選舉權的男性都當作敵人，除非他們用積極的行動，證明是我們的朋友。」

▶1920（11）

電影

偉大的西部片

④ 1903年，埃德溫·波特在擔任湯瑪斯·愛迪生製片公司攝影師期間，拍攝了著名的電影《火車大劫案》，開創了動作電影的先河。在一部只有12分鐘的電影中，波特成功地運用了3種電影模式：剪輯、追捕鏡頭和美國西部。以前，大多數電影在現場採用長鏡頭拍攝眞實場景。波特的偉大創新是通過剪接膠片，把不同時間和地點發生的動作結合起來，以製造懸疑和戲劇性的效果，增強故事的吸引力。

《火車大劫案》中的奔跑場面，幾乎是史無前例的。40名演員按照部分編好的腳本，演出一個簡單的情節：在一連串的14個場景中，一群匪徒闖進鐵路辦公室，把不幸的報務員捆綁起來，搶劫了一輛火車，然後逃到森林中。此時，報務員的女兒在辦公室現身，解救了父親。報務員組織一隊人馬，在森林中追上匪徒，展開一場槍戰。劫匪被全部殲滅，正義最終獲勝。影片中最著名，也是最不相關的一個鏡頭是：一名拿槍的匪徒，面對著攝影機射擊，看起來就像是對觀眾開槍一樣。

波特帶來的技術變革，是在報務員和匪徒之間來回切換鏡頭，使同時發生的情節平行發展。其他導演（其中最值得注意的，有法國的喬治·梅里埃）曾採用把多個場面依次展現的方式。但是，他們的電影拍得像舞台劇的濃縮版，而《火車大劫案》才是一部眞正的電影。

▶1915（1）

《火車大劫案》中這個鏡頭，使戲院裏滿座的觀眾害怕得大聲驚叫。

誕生名人錄

西奧多·阿多諾　德國哲學家
布魯諾·貝特海姆
奧地利裔美國心理學家
厄斯金·考德威爾　美國小說家
康蒂·卡倫　美國詩人
約翰·迪林傑　美國銀行搶劫犯
沃克·伊文思　美國攝影師
雷德·格蘭奇
美國美式足球球員
鮑伯·霍伯
美國電影和喜劇演員
康拉德·洛倫茲
奧地利動物學家
克萊爾·布思·盧斯
美國作家和外交家
文生·明尼利　美國電影導演
阿納斯·尼恩　法裔美國作家
奧拉夫五世　挪威國王
喬治·歐威爾　英國作家
阿蘭·佩頓　南非作家
馬克·羅斯科　美國畫家
喬治·西默農
比利時裔法國小說家
班傑明·斯波克
美國作家和兒科專家
約翰·馮·紐曼　美國數學家
伊夫林·沃　英國小說家
納薩努爾·韋斯特　美國小說家

逝世名人錄

卡修斯·克萊　美國廢奴主義者
馮子材　中國清朝大將
理查·喬丹·加特林
美國發明家
羅伯特·加斯科因－塞西爾
英國首相
保羅·高更　法國畫家
喬賽亞·吉布斯　美國物理學家
榮祿　中國清朝大臣
利奧十三世　羅馬天主教教宗
卡蜜兒·畢沙羅　法國畫家
赫伯特·斯賓塞　英國哲學家
詹姆斯·阿博特·惠斯勒
美國畫家
雨果·沃爾夫　奧地利作曲家

泰勒；《科蘇特交響曲》貝拉·巴爾托克　**繪畫與雕塑：**《朱迪絲和霍洛弗尼斯》古斯塔夫·克里姆　**電影：**《一個美國消防員》《湯姆叔叔的小屋》《快樂的鞋店售貨員》艾德文·波特；《一次大膽的公開盜竊》　**戲劇：**《玩具國裡的孩子》維克多·赫伯特；《人與超人》蕭伯納；《那好極了》克萊德·菲奇；《羅絲·伯恩德》格哈特·豪普特曼。

「灰塵、室內的空氣和我們的衣服，都變得有輻射性……。在我們工作的實驗室裏，
有害的程度已經極為嚴重。」

—— 居里夫人談她實驗室中的鐳輻射效應

1903年新事物

- 在郵件上加蓋「郵資已付」的打戳機
- 金屬汽車牌照在麻州首度發行
- 山卡牌無咖啡因咖啡
- 完整的歌劇唱片問世（萊翁卡瓦洛的《醜角》）

- 自由車環法賽
- 福特汽車公司
- 斯托本玻璃公司
- 龔固爾獎（法國文學獎）
- 紐約證券交易所大樓

美國萬花筒

首屆世界大賽

在空前踴躍的觀眾的加油聲中，一隊從波士頓來的新銳美國棒球聯盟球員，在首屆世界大賽上，擊敗著名的匹茲堡海盜隊（見下圖）。1903年，新成立的美國棒球聯盟仍在努力設法，打破由全國棒球聯盟獨霸職業棒賽的舊規，拜紅襪隊勝利所賜，美國棒

球聯盟取得正式名分。從此，棒球成為全國性的娛樂活動，每年10月，兩聯盟一決雌雄，也成為一年一度的盛會。▶1920（6）

易洛魁劇院大火

12月30日，喜劇演員艾迪·福伊，在芝加哥豪華的易洛魁劇院演出時，大火席捲整個劇院，表演節目在恐怖中結束。雖然福伊一再懇求大家保持鎮靜，許多人還是在衝向出口時被踩死。大約600名觀眾死於這場大火，這是美國史上最嚴重的單一建築物火災。悲劇發生之後，美國許多城市採行新的公共場所消防法規。▶1911（邊欄）

藝術

一名後印象派大師在玻里尼西亞去世

⑤ 衰老、孤獨又半瘋癲的保羅·高更於1903年去世，享年55歲。12年前，他逃離「墮落而腐敗的歐洲」來到玻里尼西亞，尋求「原始主義，這對我就像返老還童。」雖然他運回巴黎如夢幻般美麗的作品，幫助一代畫家獲得新生，但高更從他的天堂中，不僅找到了自由，還找到了痛苦。梅毒使他殘廢與偏執妄想。他在最後那段痛苦的日子裏，仍持續作畫，其中有他的最佳作品如《我們來自何處？我們是什麼？我們向何處去？》（見上圖）。▶1906（6）

科學

居里夫婦獲得諾貝爾獎

⑥ 1903年諾貝爾物理獎授予瑪麗和皮耶·居里夫婦以及安托萬-亨利·貝克雷爾。他們6年前開始的研究工作，為核子時代奠定了基礎。

1895年，發現通電的真空管可發出X射線，但在自然界沒觀察到相似的輻射現象。後來，貝克雷爾發現鈾鹽可產生輻射線，但是對如何產生及為何產生，仍一無所知。這些難題對在巴黎讀書的瑪麗·居里來說，是難以抗拒的挑戰。1897年12月，瑪麗決定以「鈾的輻射線」為題撰寫她的博士論文。她的丈夫皮耶是個才華橫溢卻收入偏低

居里夫婦在實驗室。皮耶放棄了自己的水晶研究工作，來協助瑪麗。

的青年科學家，在他任教的物理和化工學院，為她找到一間寒冷的儲藏室，可免費作為實驗室。瑪麗把襁褓中的女兒托付給保姆後，就開始研究工作。

一開始，瑪麗利用皮耶和其兄弟查克斯設計的裝備，測量鈾的效能。但不久她認為，把注意力集中在鈾上面，顯得過分狹窄——其他物質也可能發出類似的輻射線。試驗過所有已知的元素後，她發現釷的特性和鈾非常相似。於是，她把這兩種元素共同的特性，取名為「輻射性」。然後著手分析帶有輻射性的礦石，測定其中鈾和釷的含量。結果使她驚訝：有些樣品的輻射性遠比其他的「燙手」，她的發現無法解釋這種情形。這差異只有一種可能：這是由某種含量極少，而輻射性奇高，令人難以置信的未知元素造成的。

於是，皮耶加入了妻子的實驗。他們聯手砸碎好幾噸瀝青礦（一種含鈾的礦石），最後提煉出兩種微量的高能新元素：釙（用瑪麗的祖國波蘭命名，當時被外軍佔領）和鐳。從1899年到1904年，居里夫婦共發表了32篇論文，闡述輻射現象及其生理效應。由於長期受到射線的灼傷和輻射病變，居里夫婦的病情逐漸加重。對他們的臨床觀察，形成了早期的核子醫學。貝克雷爾經歷一次輻射灼傷之後，曾對居里夫婦說：「我喜歡鐳，但我又憎恨它。」◀1900（邊欄）▶1908（邊欄）

音樂

雅納傑克完成了《耶努發》

⑦ 捷克作曲家利奧士·雅納傑克大器晚成。1903年，當他完成第一部成熟的作品——歌劇《耶努發》時已49歲。歌劇描述摩拉維亞農民的嫉妒和殺害嬰兒的故事，劇情震撼人心。雅納傑克吸收當地的風俗並結合現代派

的豪放，創作了跳躍式的節奏與高亢的旋律。

當《耶努發》於1904年在省會布爾諾上演時，雅納傑克還是一名默默無聞的音樂教授。直到1916年該劇在首都布拉格上演，他才功成名就（他的民族主義熱情，與捷克日益高漲的獨立運動相吻合）。兩年後的1918年，捷克獨立，《耶努發》在維也納上演，贏得國際讚譽。雅納傑克從此進入長達10年的快樂的創作高峰，並持續到他逝世。◀1900（4）▶1939（16）

體育 棒球：紐約巨人隊投球手克里斯蒂·馬修森贏了30場比賽，三振對手267次（該紀錄保持了50年） 拳擊：鮑伯·菲茨西蒙斯擊敗喬治·加德納，獲得輕重量級冠軍（第一位在3個量級比賽中獲勝的選手） 賽馬：紐約長島牙買加賽馬場開張。

「所有文明國家的後人，將嘲笑他們的先輩，爲限制汽車使用而做的笨拙且無意義的努力。」

——約翰·斯科特·孟塔古議員

大眾文化
汽車時代

⑧ 儘管有一批狂熱人士愛好汽車，但對1903年的大多數人來說，它只是富人的玩具——而且是嘈雜、粗俗和危險的。社論撰稿人指責這種「製造恐怖的機器」：撞倒兒童，且讓馬匹受驚奔竄。在一些城市，如比利時的安特衛普市，馬車的速度就是最高時限，不允許汽車超越四輪馬車；瑞士所有的行政地區禁止汽車通行；奧地利嚴令禁止女性開車。然而，其他地方悄然發生的事件，爲汽車時代開拓了坦途。

1903年，英國議會將最高速限從每小時19.3公里提高到32.2公里，以便在擁護汽車人士所持反對任何速限的立場，與農民希望宣佈汽車爲非法的的願望之間，作出折衷。也在這年，倫敦的快車服務公司推出第一輛汽油動力的出租車，在1萬1400輛出租車中，僅此一輛汽車。然而，到1914年，倫敦街頭的出租馬車，迅速減少到1400輛，汽車已經超出馬車5倍。

在美國，尼爾遜·傑克遜博士和他的司機休厄爾·克羅克首次進行橫貫大陸的汽車旅行。他們駕駛溫頓牌汽車，勇敢地翻越泥濘的山路，穿過荒無人煙的沙漠，從舊金山到紐約走了63天。同年夏季，密西根州一個農夫的兒子，亨利·福特，建立一家公司。它不僅爲羽翼未豐的汽車工業，也爲所有領域的工業，帶來革命性的變化。

40歲的福特，早先曾經營過兩個汽車製造廠，但都失敗。這次，無師自通的工程師，有了學習的榜樣——同住底特律的蘭塞姆·奧斯——他的工人，將鄰近機械廠生產的零件組裝成小而價廉的奧斯摩比汽車，每年生產3千輛，創下1903年世界紀錄。福特得到當地一名煤炭商2萬8千美元的資助，開始效法奧斯。到1907年，福特汽車的銷售量已獨步全球。第二年，福特推出構造簡單、耐用而價格便宜的T型汽車，這是首次爲大眾設計的標準尺寸車。1913年，爲應付不斷揚升的需求，他裝設第一條裝配線，發揮過去幾世紀只能夢想的生產力。

◀1901（邊欄）▶1904（10）

文學
原始的魅力

⑨ 傑克·倫敦在《野性的呼喚》裏，敘述1897年淘金熱中，一條拉雪橇的狗「巴克」在克朗代克的冒險經歷。牠在心愛的主人被殺後，逃到荒野中，最後成爲一群野狼的首領。這本書濃縮之後，好像是一本兒童歷險小說。但是，當它於1903年首次發行時，即被公認爲一部文學經典之作。從此以後，不論傑克的作品是否成爲評論的焦點，這部作品始終是暢銷書。它被譯成50多種語言，一直深受成年人的喜愛。

《野性的呼喚》中的一幅插圖。主人公「巴克」發洩「牠63.5公斤重的憤怒」。

當《野性的呼喚》一書發表時，27歲的傑克·倫敦已經出版了兩部小說和數十篇短篇故事，這些都來自他多彩多姿的生活。從14歲開始，傑克做過濱水區的偷獵者、阿拉斯加的淘金客和社會主義演說家。他描寫戶外生活的小說簡潔有力，使厭倦了多愁善感浪漫故事的讀者無法抗拒。此外，在《野性的呼喚》一書中，傑克追求的是某些更深刻的東西。

《野性的呼喚》以近乎神祕的緊張和情感的抒發，表達了在所謂的文明世界裏，「原始」所具有常令人驚駭的魅力。讀者深受震撼，傑克·倫敦也立刻獲得殊榮，使他一時難以適應。僅僅13年以後，他爲了抵抗酗酒引起的腎痛，過量使用嗎啡而死。此時，這位每天寫作15個小時、勤奮不懈的作家，已經完成了200篇短篇小說、400篇論文、和50部小說或非小說作品。

▶1926（2）

即使是技術最先進的早期汽車，暴雨過後，在爛泥路上也無能爲力。

哈雷上路

威斯康辛州的密爾瓦基，製圖員威廉·哈雷及其兄弟阿瑟、華特和威廉·戴維森合力製造了一種新式機器腳踏車（見下圖）。1903年，第一輛車身低、噪音大、汽油發動的哈雷-

戴維森機車出廠，很快成爲美國最受歡迎的機車。哈雷「大豬」機車，也成爲美國寬闊的道路上，一個歷久彌新的象徵。

作家的力量

從1903年起，《麥克盧爾》雜誌刊登一系列的文章，揭發大企業與政界的腐敗與貪婪，及公眾對此的無可奈何的文章，震撼了中產階級公民的良知。西奧多·羅斯福總統稱這幫人爲「揭發醜聞記者」（源於《天路歷程》，一個只忙於擦去污穢，而忘記抬頭看星星的人），其中有林肯·斯蒂芬斯、艾達·塔貝爾、雷·斯坦納德·貝克，和厄普頓·辛克萊等人。他們重新界定了新聞的使命，爲現代調查派新聞寫作播下種子。▶1906（11）

一座巧克力工廠

1903年，糖果製造商米爾頓·赫爾希在賓州德瑞車奇鎮，爲一座新工廠奠基，希望平民大眾吃得起巧克力。這個鎮不久

改名赫爾希，很快成爲世界上最大的牛奶巧克力生產地。（見上圖）這種糖果因赫爾希平價發售，而風靡全球。

「宗教迫害比戰爭更加邪惡、愚蠢。有時戰爭是必要、光榮且正義的；
宗教迫害卻無可辯解。」

—— 美國國務卿約翰·海致沙皇尼古拉二世的一封信

環球浮世繪

巴特勒最終獲勝

1903年，薩繆爾·巴特勒的遺作，諷刺小說《肉體之道》出版，預示在藝術和文學領域中，反維多利亞思潮的來臨。書中對英國中產階級的家庭生活、基督教信仰和過分嚴謹的態度，予以無情地剖析，從而掀起一場激烈的論戰。巴特勒死後，被公認是那個時代的先鋒。▶1918（4）

太空人

俄國航空理論學者康斯坦丁·齊奧爾科夫斯基，受朱爾·韋恩科幻小說的啟發，運用他廣博的知識去遨遊太空。1903年他發表《以反作用裝置探索宇宙空間》一文，以驚人的洞察力斷定：在太空中，只有液體燃料，才是火

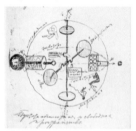

箭推進的唯一動力，並預見設計多節火箭的必要性（見上圖）。現代火箭的發展，已經證實齊奧爾科夫斯基的理論確有先見之明。▶1914（3）

測量心跳

1903年，荷蘭生理學家威廉·艾因多芬發明心電圖，揭開人類心臟的祕密。醫生臨床使用艾因多芬的儀器測量與記錄心跳時產生的電流脈動，能觀察到心臟的異常情況，從而診斷出心臟病。1924年，艾因多芬因心電圖榮獲諾貝爾生理及醫學獎，如今它已成爲心臟病醫療的基本工具。▶1910（邊欄）

一具嬰兒屍體，躺在1903年起夕諾夫大屠殺中，遇害成年人破碎的頭骨堆裏。

俄國

起夕諾夫大屠殺

10 1903年復活節星期日，在摩達維亞的起夕諾夫市，一夥暴徒接連兩天，瘋狂地屠殺城裏的猶太居民，並掠奪其住家和店舖。大屠殺是由政府支持的《比薩拉貝茲》反猶太報紙煽動起來的，它新近刊登了一系列典型的「種族誹謗」文章，指責猶太人舉行殺人以祭神的儀式。暴徒殺死45名猶太人，打傷大約600人，並且洗劫了1500戶猶太住家，而警察和民兵卻袖手旁觀。

早在大屠殺發生之前很久，反猶太主義的聲勢，已在俄國不斷升高。政府公然採行種族歧視政策，例如禁止猶太人擁有土地等；爲試圖轉移工人的不滿情緒，還殘忍地暗指：猶太人應對社會上種種不公負責。確實，許多起夕諾夫城的猶太人深信，暴行是政府組織的——政府在大屠殺期間坐視不理，就是無可辯駁的證據。

當起夕諾夫暴行的消息傳到世界各地時，國際社會一致譴責俄國政府。但是，從1903年到1906年，在俄羅斯的屠殺仍持續不斷地發生，以致引發20世紀初期，猶太人向美國和巴勒斯坦移民的浪潮。▶1904（邊欄）

俄國

俄國社會黨人分道揚鑣

11 1903年，俄國社會民主勞工黨在布魯塞爾和倫敦召開第二次代表大會。會上，列寧得以重申他在《火星報》上一向不留餘地、盡力維護的立場。俄國社會民主勞工黨的行動主義分子，在該報

有系統地明確闡述的意識型態，將在俄國革命中登峰造極。爲使黨內溫和派無話可說，列寧想藉這次大會鞏固他的勢力。

他宣稱：僅僅進行工資和工時的改革，根本是不夠的；任何非革命的行動，都是對沙皇支持者不合理的默許。因此，社會黨人應脫離其他的政黨，獨立工作；黨組織要實行「集中制」，限定只有精通馬克斯主義理論的人才能成爲黨員；列寧還提出：應授權讓他編審《火星報》。

出人意料的是，列寧的3點意見都遭到他的盟友兼編輯同事，馬托夫的反對。馬托夫希望組成一個權力不過分集中，向組織內的全體工人開放的政黨。他相信，社會主義者可以和自由派合作，共同改善俄國的狀況。此外，他強烈反對列寧對《火星報》的企圖。

列寧的觀點以些微多數佔上風。他的派系自稱「布爾什維克」——多數派；而把馬托夫和他的支持者形成的反對派，稱做「孟什維克」——少數派。社會黨不可挽回地分裂，也使所有後續的發展次第登場。同時被摧毀的，還有列寧和馬托夫之間的交情，他們始終保持著意識型態上的分歧。儘管在布爾什維克掌握政權之後，馬托夫仍繼續反對列寧，但列寧對他從前的夥伴，始終保留一些個人的好感。1924年，列寧中風發作行將歸西，他臨終前有一句話是：「聽說馬托夫也奄奄一息了。」◀1902（2）▶1905（2）

意識型態產生分歧前，列寧和馬托夫在聖彼得堡合影。

文學

亨利·詹姆斯的佳作

12 亨利·詹姆斯稱《奉使記》是「坦白說，可算是我所有作品中最好的一部。」1903年，當這本小說出版時，詹姆斯正處於他小說創作的高峰，是一位國際公認的英語散文風格大師。雖然有人惡意批評，指出在他的冗長的小說中，沒有一點真實的情節；但是他在作品中營造了一種近乎完美的結構形式，加之他對人物內心的刻劃

一個紳士的畫像：詹姆斯（約翰·辛格·薩金特畫）。

技巧無人可及，使他成爲經常被模仿的現代小說家之一。

《奉使記》是詹姆斯式題材的理想代表：新舊世界價值觀的衝突；自由和道德；頹廢和勤奮。詹姆斯戲劇化地由藍伯特·斯特列瑟的故事點出主題。主人公是一個自負的中年新英格蘭人，他去巴黎旅行，卻發現自己沉湎於此地的狂歡與聲色之中，迫使他重新考慮已習慣的所有道德準則。斯特列瑟告誡他未婚妻的浪蕩兒子說，「盡你所能地去生活，不然那就是個錯誤。」

詹姆斯出身美國最顯赫的家族之一，成年以後實際上都在國外度過。他發現，美國的文化顯得愚蠢不堪，而歐洲大陸又同樣地討人厭。他在試圖定居法國不成後說「我認爲，我該永遠是個局外人。」在英國，詹姆斯愉快地找到了折衷的辦法。1876年以後，他幾乎一直住在那裏，並且終於在1915年成爲英國公民。◀1902（7）▶1920（9）

膚色面面觀

摘自《黑人的靈魂》，杜·波伊斯，1903年

威廉·愛德華·布格哈特·杜·波伊斯，是20世紀前半，影響力最大的美國黑人領袖。他是位社會學家，也是第一個獲得哈佛大學博士學位的美國黑人。他認為如果黑人要在美國文化中享有真正平等，就必須把知識付諸行動。他帶頭反對布克·華盛頓遷就現實的方針；並指導成立全國有色人種促進協會（NAACP）。在《黑人的靈魂》一書中，杜·波伊斯描述同時身為黑人和美國人，所面臨的個人與社會的衝突：「他永遠都可以感受到自身的雙重性：既是美國人、又是黑人；有兩種靈魂、兩種思想、兩種無休止的抗爭；在一個黑色軀體中，兩種對立的理想，僅憑頑強的意志支撐，勉強得保完整。」1961年，杜·波伊斯95歲去世前兩年，他加入共產黨並移居迦納。不久之後，他宣佈放棄美國國籍。◀1901（當年之音）▶1905（邊欄）

作為一個黑人和美國人，身處19世紀的潮流中，卻又要與15世紀的逆流抗爭，他不得不過雙重的生活，因此必然激發出一種痛苦的自我覺醒，一種近乎病態的人格意識，以及一種足以摧毀自信的精神上的遲疑。雖然白人與黑人的世界正在改變，而且變化極為迅速，但是變化的速度和方向，卻不一致。這種差異必將造成靈魂的特殊痛苦，一種獨特的懷疑和困惑感。有兩種思想、兩種責任，和處於兩種社會階層的雙重生活，必然會產生出兩種語言和兩種理想，並引誘思想走向虛偽或叛逆，變得矯飾或激進⋯⋯

今天，在南方的黑人青年如果想出人頭地，可不能坦誠、率直、誠實而自信；相反地，他每天都巴不得能沉默寡言、小心謹慎、彬彬有禮而又靈活狡猾。他必須善於奉承並始終愉快，對卑下的侮辱一笑置之，對錯誤視而不見；在大多數情況下，他必須用欺瞞和謊言，取得個人的利益。他真實的思想和願望，不能暢所欲言，必須悄聲細訴，以防隔牆有耳；他必不能指摘，也不可有怨言。這些成長中的年輕黑人，必須以耐心、謙卑和機敏取代魯莽、豪爽和勇氣。作出這些犧牲，才能換來經濟上的機會，或者還有平安，以及些許成功。否則就是暴行、移民或犯罪。這不是美國南方特有的情形——這難道不是未開化民族，得以分享現代文化的唯一可行之道？這種文化的代價，根本就是一句謊言。

另一方面，在北方的趨勢，是強調黑人的激進思想。在南方他有志難伸，每一絲比較率直、固執的天性，都令他嫌惡這環境；而在北方，他發現自己身處無情的競爭與種族歧視中，很難掙得體面的生活。同時，由於學習和讀書，聽討論和演說，他的思想迅速成熟和覺醒。被長期壓制和禁錮的靈魂，突然進入一個嶄新的自由天地。每每出現過分的傾向，如過多的抱怨、過激的補償、嚴厲的譴責或是憤怒的沉默⋯⋯是沒什麼好奇怪的。

我努力想瞭解，這兩種極端的倫理態度——南北兩方有幾百萬黑人民眾，在其間搖擺不定；也想瞭解他們的宗教生活，和他們在社會階層的衝突中，所採取的行為方式。他們的教會相互區隔，一部分是冷漠而時髦的信徒，除了與白人的膚色不同之外，沒有區別；一部分組成大社會和商業團體，以迎合成員資訊與娛樂的需求，並極力避免討論黑人圈子內外不愉快的問題，而且即使不明說，實際上也是倡導人生須及時行樂。

然而，在這種不同表象的背後，還默默孕育著屬於真正的黑人內心、深厚的宗教情操；也孕育著強有力的人類靈魂所擁有的活躍卻不受控制的能力，這些靈魂雖失去往日的指引之星，但仍在黑夜中尋找新的宗教理想。總有一天，覺醒會來臨，到時候，1000萬個靈魂中被禁錮的活力，將不可阻擋地衝出「死蔭之幽谷」——那裏，凡使生活變得有意義的自由、正義和權利，都標著「只為白人」的印記——奔向目標。

杜·波伊斯長年累月奉行行動主義，為全世界黑人的理想奮鬥，變得越來越激進。

「成敗決於此戰，你們要全力以赴。」

—— 進攻旅順港前向日本艦隊發出的訊號

1904

年度焦點

日俄戰爭爆發

① 沙皇尼古拉二世「並不希望它發生」，「它」就是俄國與日本之間的戰爭。儘管日本對俄國軍事佔領中國東滿州省的敵對回應，以及害怕俄國伺機進攻朝鮮——因為關係到日本自身的國家安全，但尼古拉仍深信戰爭不會爆發。1904年2月，尼古拉遭到當頭棒喝。日本軍隊進攻位於遼東半島頂端具有戰略價值並由俄國人控制的旅順港（朝鮮以西的南滿州），日俄戰爭於是爆發。這場戰爭首次大規模使用自動化武器，是世界上空前最大的一次武裝衝突。

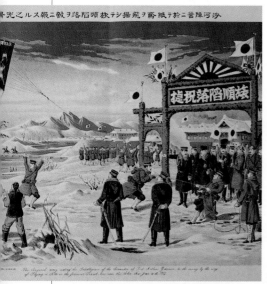

在一幅日本版畫中所描繪的奪取旅順戰況。

俄國在19世紀之中不斷向東擴張，打開了太平洋的通路。俄國的東進對日本造成威脅，這個正在崛起的國家認為其帝國藍圖受到沙皇及俄軍的破壞。敵對情勢的升高成為世界關注焦點，並紛紛臆測哪一方是在虛張聲勢。西方世界對日本此一小國所知無多，而俄國是歐洲強權國家。戰爭爆發時，除沙皇外一般人皆預料俄國可望擊敗日本島國。一位俄國軍官寫道：「日本並沒有能力向俄國發出最後通牒」，正反映當時一般的觀點。

然而在戰事開始後，日本表現得比俄國更有效率。它向俄國海軍的太平洋艦隊發動突襲，接著包圍旅順港。（尼古拉立即派遣波羅的海艦隊增援，卻引發災難性後果。）日本陸軍入侵朝鮮，越過鴨綠江進入滿洲，其士兵在前進時高唱：「我們進軍的時刻來到了。打倒俄國！前進吧，日本！」儘管俄國節節敗退，前線戰場全部失利，但尼古拉沙皇仍拒不退讓。帝俄的榮譽岌岌可危，尼古拉卻認為上帝會加以保衛。戰役也許失利，但最後的勝利屬於俄國。因此，他對日本的進攻不做立即反應。一位俄國大臣向對於沙皇不當回應感到困惑的同僚解釋：「神祕主義的迷霧扭曲了他看到的一切，並誇大了他本身的職務與個人。」到了1904年底，尼古拉才終於警覺到戰爭的現實，而日本已完全贏得了這場戰爭。◀1902（8）
▶1905（3）

劇作家暨人道主義者契訶夫。

文學

莎士比亞第二

② 1904年7月2日子夜後不久，安東‧契訶夫叫醒他的妻子，即女演員奧爾佳‧克尼佩爾，並讓她去請醫生。這位俄國劇作家和短篇小說家正在德國的黑森林療養，以治療日益惡化的結核病。當契訶夫對樟腦注射不再有反應時，醫生準備派人取來氧氣。「一切都沒有用了，」這位劇作家冷靜地說道：「在氧氣送抵前我將成為一具屍體。」所以醫生改點了香檳。契訶夫手持酒杯，笑著對奧爾佳說：「我好久沒有喝香檳了。」而這句話正是他的臨終遺言之一。他享年44歲，正處於劇作事業的高峰，在世界文壇的地位被公認為僅次於莎士比亞。

契訶夫的本業是醫生，在莫斯科就讀醫校時就開始寫作幽默風趣的雜誌專欄文章，以此收入來貼補其位於克里米亞偏遠村莊塔甘羅洛的破產家庭。獲得學位後，契訶夫持續寫作，但仍以行醫為主要職業。他的第一部劇作《海鷗》（1876）並不成功。兩年後，導演康斯坦丁‧斯坦尼斯拉夫斯基在新成立的莫斯科藝術劇團演出該劇，並受到評論界及大眾的歡迎。該劇團接著演出契訶夫的代表作《萬尼亞舅舅》、《三姐妹》和《櫻桃園》，以簡潔、抒情但堅定的現實主義風格取代了19世紀舞台的陳腔濫調和表演技巧。

在寫作中，契訶夫認為誠實是至高無上的美德。他說：「藝術的優點是它不允許你說謊。」他的劇作和小說是以同情及細微的人文觀察，描述普通人之遭遇和煩惱，刻劃出飽經挫折後仍夢想著光明未來的角色。契訶夫言簡意賅、結構平衡的散文和描寫失敗與尊嚴受損的主題，對後來的歐內斯特‧海明威和路易吉‧皮蘭德婁等多位作家產生深遠的影響。個性極為謙卑的契訶夫將會對自己所造成的衝擊感到驚訝。他曾對一位朋友說：「我的作品在7年內會有人看，也可能是7年半，然後我就會被遺忘。」
▶1926（10）

社會改革

劃時代的畢業典禮

③ 「我樂觀地相信，失聰和失明並非我生命中的必要部分，因為它們都無法代表我不朽心靈的一部分，」海倫‧凱勒於1904年畢業於拉德克利夫學院後寫道。此事成為一位女性生活的分水嶺，她透過寫作為婦女參政權、社會主義和殘障人士權利代言而成為國際象徵，並被無政府主義者艾瑪‧高

在畢業之前，沙利文（右）和凱勒就已合作撰寫了凱勒1902年的自傳。

德曼讚許為「人類意志中近乎無限的力量」。

即使如此，學院的邏輯學對凱勒來說幾乎是無法克服的困難，她在童年時期因患猩紅熱而失去聽力和視力。安妮‧沙利文老師讓凱勒感覺手上的水並告知其名稱，引她

> 「在心靈仙境中，我應該像別人一樣自由自在。」
> —— 海倫・凱勒。

走出童年的孤獨，並且陪伴凱勒上每一堂課。她將授課內容拼寫到凱勒的手上，並以閱讀來幫助她。如果課文沒有以點字方式譯出（這是常有的事），沙利文就利用觸覺來讀出。以這種艱難的方法，凱勒不僅熟習了英國文學、歷史和數學，還包括沙利文所不擅長的法語、拉丁語和希臘語。

雖然學習過程令人精疲力盡，但在學會第一個單字之後17年——確實，她學到「字」這種東西——24歲時，海倫・凱勒以優異的成績畢業。她唯一遺憾的是安妮・沙利文所扮演的重要角色未能獲得充分肯定——這個錯誤直到1960年才在威廉・吉布森的《奇蹟的創造者》劇作中得以更正，至少是部分更正。▶1931（邊欄）

音樂
《蝴蝶夫人》票房不佳

4 1904年時，賈科莫・普契尼的同胞已將他視為備受推崇之朱塞佩第・威爾第的繼承人。普契尼的《曼儂・雷斯科》、《波希米亞人》和《托斯卡》為他贏得聲望並因而致富。但在競爭激烈的義大利歌劇界，成功卻可能意味著麻煩的到來，正如普契尼於《蝴蝶夫人》在米蘭著名的斯卡拉歌劇院首演之夜所遭遇的。

混亂隨著幕起而開始。每次只要出現類似普契尼早期作品的劇情，廉價席上的觀眾都大喊：「《波西米亞人》，又是《波西米亞人》！」第一幕於是被層出迭起的嘲笑聲所淹沒，而當這位剛從車禍中復原的作家在中場休息一瘸一拐地走上舞台時，噓聲更加吵雜。觀眾的激動情緒隨著悲劇性高潮而逐漸擴大，這齣以一名日本女士與其負心美國情人為主的劇碼更在自殺結局時被喧鬧笑聲所打斷。次日，評論家們毫不留情，其中一位宣稱它為「糖尿病歌劇」，藉以譏諷音樂的甜美及這位美食藝術大師的疾病纏身。另一位則表示：「它讓人厭煩。」

普契尼的某些支持者則聲稱這

場惡作劇是由3名敵對的作曲家發起，米蘭也的確因為同行間的對立而騷動不安。然而該劇也有瑕疵：

在《蝴蝶夫人》這一幕中，海軍軍官平克頓——蝴蝶的情人——偕同其美國妻子回日本。

例如第二場便演出長達80分鐘。這位作曲家（通常是很會煩惱的人）無視他人的勸告，仍確信這是「我所寫過最好的歌劇」。但在斯卡拉歌劇院的演出結束之後，他為了取得更好的效果而開始拚命地改寫：經過改寫而大幅改善的《蝴蝶夫人》是目前是世界上最受喜愛的歌劇之一，並成為從奧馬哈到大阪等劇團演出劇目的一個標準戲碼。
◀1901（2）▶1913（5）

外交
《英法協約》

5 向為宿敵的英、法兩國經過長達數月的磋商後，終於在1904年簽訂《英法協約》（字面上是友好的諒解之意），此協約並不全然是盟約，但其重要性足以改變

全球的力量平衡。兩國乃基於情勢所迫而結合。擁有世界強權地位的英國正逐漸衰落，棘手的波耳戰爭損耗了帝國的資源和信心；同時，俄國、日本、美國、法國、尤其是德國都正在建設海軍，對英國的海上霸權形成挑戰。法國則說服英國不要阻止其在非洲的殖民野心。法國也不希望捲入其盟國俄國和英國所支持的日本之間的戰爭行為。

該協約包括紐芬蘭外海的捕魚權等瑣碎內容，但其最重要條款涉及英、法對於2個北非國家的長期爭端。法國對摩洛哥的「和平滲透」（即逐步接管）政策惹惱了英國，因為其船隻必須通過直布羅陀海峽才能抵達地中海。英國對埃及（曾為拿破崙帝國的一部分）的佔領則令法國不悅。協約聲明這些爭端已告一段落：此後，兩國都將不妨礙對方在上述地區的行動。

除協調某些政策方面的問題以外，該協約還有一個更微妙的用處——它表明兩國畢竟能夠進行合作。埃及和摩洛哥在決定自身命運的問題上無任何發言權。對英、法之間新建立之親密關係保持警惕並且急於擴張的德國亦持相同態度。

不久，德皇威廉二世試圖以摩洛哥獨立保護人的方式來考驗該協約。諷刺的是，考驗結果造成了德國的更加孤立及英、法之間的加深諒解。第一次世界大戰中對立的雙方屆此已經形成。◀1902（8）▶1906（9）

法國和英國決定分割它們之間的大陸。

畫與雕塑：《蒙聖維克多利》保羅・塞尚；《謝爾曼將軍紀念像》奧古斯塔斯・聖高登斯；華萊士・麥卡琴；《前科》埃德溫・波特　**電影**：《被遺忘的瘋子》華萊士・麥卡琴及法蘭克・馬利翁；《個人問題》　**戲劇**：《櫻桃園》安東・契訶夫；《約里奧的女兒》加布里埃爾・鄧南遮；《海上騎士》辛格。

「我感到連他的衣服都包不住他……他非常亢奮，隨時準備向所有事情，一切方向發動進攻。」

—— 專門報導醜聞的記者艾達‧塔貝爾評羅斯福

1904年新事物

- 時代廣場（在《紐約時報》遷至百老匯與42街之前一直稱為「矩形廣場」）
- 雙面留聲機唱片
- 金屬殼保溫瓶（熱水瓶）

- 普魯卡因（局部麻醉劑）
- 坎貝爾豬肉與豆子罐頭公司
- 茶包
- 全國滑雪協會（密西根州，伊什佩明）

美國萬花筒

紐約市地鐵

1904年，乾淨、明亮、車廂嶄新的紐約市地鐵首段通車。路線行經布魯克林橋至145街處的百

老匯，在通車的最初幾天就吸引了50多萬名好奇乘客。世界上第一條電氣化地鐵於1890年在倫敦通車；紐約市地鐵則是世界最大的地鐵系統。

百老匯的創新

喬治‧科漢的《小強尼‧瓊斯》於1904年突然在百老匯上演，充滿美式的粗獷活力，與當時執音樂舞台牛耳、手法細膩的英國戲劇完全不同。科漢的音樂以《問候百老匯》和《洋基少年》的流行曲調爲特色，融合歌曲、舞蹈和故事情節——這種努力在39年後由羅傑斯和哈默施泰因的《奧克拉荷馬》達到完全成熟的階段。▶1917（當年之音）

聖路易世界博覽會

1904年聖路易世界博覽會比原訂計畫延後一年才舉行，成爲新時代的盛大生活慶典。除了部分偏離主題（例如奧運人類學日，以非洲矮人、美洲印第安人和日

美國
羅斯福的崛起

6 極力主張土地分配的威廉‧詹寧斯‧布賴恩兩度使民主黨在選舉中失利，於是該黨於1904年改以一位溫和中間派人士賈奇‧奧爾頓‧帕克作爲其總統候選人。但此一戰略徹底失敗：帕克的對手贏得近30年來最大的壓倒性勝利。在3年前即繼任總統職位的西奧多‧羅斯福終於當選，他可以告訴妻子：「我不再是政治偶發事件了。」

但是羅斯福的崛起決非偶然，而且幾乎全歸功於他的機智、意志和勇氣——使這位一度令人生厭的曼哈頓富翁繼承人將自己塑造成有名的活躍分子和軍人。他從政的決定亦顯示出同樣的堅定性格，雖然受到同階層人士所輕視。年僅23歲時即以善於討好新聞界而成爲紐約州的革新派議員。1884年，他的第一位妻子去世，所以他暫時隱退到其位於達科他州的牧場，但不久即返回政治鬥爭中，而以魯莽、有意

改革的文職官員身分躍上華府政治舞台。羅斯福曾出任紐約市警局局長，在其任期內爲了突顯犯罪、腐敗和自我政見而公開走訪貧民窟。之後，他回到華府擔任麥金利的海軍助理部長。由於強烈支持美西戰爭，羅斯福辭去職務以領導一支名爲「狂飆騎士」的騎兵部隊。他解釋道：「戰爭期間，我不想坐在辦公室裏，我要站在最前線。」他在古巴的強勢行動使他成爲一位民族英雄，並且於1898年當選紐約州州長。

羅斯福的野心與魅力激怒了共和黨黨魁，他們將其視爲未馴服的牛仔。1900年，他們幸災樂禍地讓他和麥金利搭檔競選，置他於近乎被人遺忘的境地。但一名刺客的子彈很快地將羅斯福從政治「冷宮」中解放出來。他以特有品味取得總統任期，但其前任的陰影卻揮之不去。直到依實力被選爲總統之後，羅斯福才終於擁有屬於自己的職位。◀1903（2）▶1905（3）

1904年的羅斯福：一名有自信的重量級拳手，隨時準備接受挑戰。

戲劇
蕭伯納走紅倫敦

7 蕭伯納直到35歲時才完成一部可上演的劇作，之後又經過12年的埋首寫作，於1904年因

《約翰‧布爾的另一座島嶼》在戲劇界成名。當時，這位自學而成的愛爾蘭人早就以不厭其煩的社會主義論壇演說家和極其多產的作家而聞名，而且他繼續創作劇本、評論和論文，其主題從他支援的女權主義和素食主義乃至他反對的戰爭和動物解剖實驗等無所不包，直到94歲去世爲止。但他的早期劇作很少上演。蕭伯納企圖顛覆傳統習慣的獨創性劇本使得製作人望而卻步，審查員更是加以吹毛求疵。

《約翰‧布爾》是應葉慈之請而寫，他要求住在倫敦的蕭伯納爲都柏林的阿比劇院寫些東西。但是當該劇院導演們因不同意劇中對於愛爾蘭的無禮觀點而收回成命時，在倫敦享有盛名的皇家宮庭劇院（由蕭伯納的兩位夥伴經營）前來解圍。而令那些曾稱蕭伯納之作品過於知性的導演們震驚的是，《約翰‧布爾》在票房上相當成功——甚至愛德華國王也蒞臨觀賞。在此後3年中，宮庭劇院上演了蕭伯納的11部劇本，包括1890年代以來即被忽略的作品。所有的劇作都大受歡迎。

使蕭氏劇作——尤其是像《人與超人》（1903）和《芭芭拉少校》（1905）等代表作具有革命性的原因是其結合了嚴密的知性、高度的道德意識、社會關聯、形式實驗和嘲諷幽默。

作爲評論家，蕭伯納嘲弄當時能言善道的滑稽劇和多愁善感的通俗劇，支持亨里克‧易卜生的「理念劇場」。但易卜生的作品隱晦、沈重且日益過時。蕭伯納以其對戲劇的歌劇感（他的母親是一位歌唱教師）和在口語方面的雄辯天賦，創造了新世紀的理念劇場，並且賦

「當我解剖和摧殘一隻活的動物時，我會聽到自己內心痛苦的自責，我以粗暴而拙笨的手扼殺了一個無與倫比的藝術構造。」

—— 巴甫洛夫

予其幽默的風格。◀1900（8）▶1905（6）

科技
真空管問世

8 1904年當約翰·安布羅斯·弗萊明使弗萊明熱離子真空管（或二極管）普及於世時，大西洋兩岸經常定向發出摩斯電碼，但無線電傳播依然遙不可及。這位英國人發明第一支無線電真空管，在跳躍該領域障礙上佔有重要地位。他的跳躍源於愛迪生的發現，即燈泡中的電流能夠跳越帶負電的白熱絲與帶負電的冷「電極板」之間的空隙。弗萊明發現當電極板以金屬圈形式圍繞白熱絲時，變換電流就能夠進行「整流」（非直流電變成

二極管打破了無線電的「聲音禁區」。

直流電）並被收音器所接收。

眞空管的發明使美國物理學家雷金納德·費森登得以在1906年12月24日首次進行聲音廣播，並從麻州海岸播放音樂。當時他發出的並非摩斯電碼所需的短訊，而是其振幅（無線電波的高度）隨聲波不同而變化的連續信號。這種以振幅調節爲特徵的信號後來被稱爲調幅（AM）。

1906年，另一位美國人李·德福雷斯特發明了三極管——一種更先進的真空管——具有一種能增大或減弱信號強度，即又名「增幅」效果的第三電極。在它的諸多應用（包括在電視和公共演說系統中）中，三極真空管使得遠距聲音播送得以實現，讓無線電在往後20年中成爲新聞與娛樂的世界性資源。

◀1901（1）▶1907（邊欄）

1934年的巴甫洛夫，從不對他的實驗狗爽約。

科學
巴甫洛夫獲得諾貝爾獎

9 伊凡·巴甫洛夫獲得1904年諾貝爾獎時，使「巴甫洛夫」成爲家喻戶曉字眼的行爲實驗幾乎還沒有開始進行。（如將食物與鈴鐺聯繫在一起來訓練狗，此後它們只要聽見鈴聲就會分泌唾液，該俄國生理學家稱此爲「條件反射」。）確切地說，諾貝爾評審委員會所認同的乃是他自1890年起已從事多年的消化腺方面研究。

探討該領域的其他人都已對活狗進行實驗，並以解剖囊來觀察狗的胃，而這種手術必須切斷神經。由於巴甫洛夫認爲神經系統可以調節消化，這種殘酷（而且最終是致命）的解剖將會使實驗結果大打折扣。他建立了世界上第一個動物專門使用的手術教室，並發明「巴甫洛夫囊」，可用來觀察卻不損及狗的神經和健全機能。他還找出收集唾液及經由咽喉將其送出，並使任何吞食物從頸部小孔中掉出來的方法。這些至今仍爲人所採用的方法，它們使巴甫洛夫能夠監視從口腔到腹部的消化「化學工廠」。他發現食物的味道會引發胃液及胰液的分泌，而且唾液的成分隨攝取物質不同而變化。他的發現證明神經系統的確能大大地控制消化，而在1902年時以前卻似乎毫不相關。那時，威廉·貝利斯和歐內斯特·斯塔林發現荷爾蒙在沒有神經系統作

用下也能引發某些消化功能。巴甫洛夫非常頑強地堅持自己的「神經主義」理論，以致與貝利斯和斯塔林之間爭執多年。最後，彼此都接受了對方的部分修正觀點。同時，巴甫洛夫爲其唾液測量儀器找到另一個用處：即研究動物，並進而推廣到人的行爲。◀1902（邊欄）▶1948（7）

工商業
豪華汽車

10 1904年，當世界上大多數汽車製造商正設法使汽車普及於大眾時，一股製造豪華汽車的逆流也隨之興起。這一年，精力充沛的英國汽車駕駛人暨飛行員查爾斯·勞斯——第一位不停留、來回飛越英吉利海峽的飛行員——結識了電氣工程師暨試驗性汽車製造商亨利·萊斯，並且開始在高品質汽車方面合作。他們在兩年內成立了勞斯-萊斯有限公司，並引進很快就獲得「世界頂級房車」讚譽的「銀鬼」車款。美國汽車製造商亦打入這個新市場，於1904年推出優雅的「銳箭」車款。

◀1903（8）▶1908（1）

「心醉女神」——勞斯萊斯汽車的車蓋裝飾，由查爾斯·勞斯設計。

本蝦夷人共同參加非正式體育競賽活動爲特色），博覽會在總體上仍契合其「教育和技術」主題。最精彩部分包括：汽車展覽與首次推出受歡迎的漢堡、冰紅茶和蛋捲冰淇淋。◀1900（9）▶1915（邊欄）

爲童工陳情

爲了抨擊工業革命的暴行，改革人士於1904年成立了全國童工委員會。該委員會是美國第一個同類性質的全國性機構，他們爲使孩子們脫離不受法律保護且經常每週工作60小時以上的煤礦、工廠及條件惡劣的工作環境而四處奔走疾呼。▶1905（當年之音）

反托拉斯

爲了向工人承諾「公平交易」，泰迪·羅斯福向美國的大企業開戰。他的第一個目標是JP摩根公司的北方證路鐵路控股公司，於1904年被最高法院宣佈破產。這項決定在華爾街受到熱烈歡迎，卻使交易室驚愕不已，羅斯福則因而獲得托拉斯剋星的美名。◀1904（6）

「像原始人以兩根木棒來生火一樣，我將你們5人一起用力摩擦而創造出彼得‧潘。那就是他的全部，而我從你們身上得到火花。」 ——《彼得‧潘》的作者巴里致戴維斯一家人的信

1904

環球浮世繪

神聖的祕密

古馬雅城市奇琴伊察的水井、金字塔和球場被荒棄在叢林中近500年，但大多仍完好如初。雖然發掘工作在19世紀末已開始，

但由業餘考古學家及美國駐墨西哥領事愛德華‧湯普森所率領的考察隊於1904年才發現至今最有價值的出土物。他的探勘集中於著名的馬雅宗教遺址聖井，並挖掘到先進文明的工具、珠寶和金飾品（許多東西被非法偷運回美國）。◀1900（6）▶1911（4）

有心改革的研究

英國的健康惡化部門委員會發表了一項1904年報告，詳述了該國貧民窟的惡劣情況。除了指責嬰兒的高死亡率和母乳餵養減少（貧窮的母親必須工作，而且許多母親由於營養不良或患有慢性病而無法分泌乳汁）外，報告還披露有三分之一的受調查兒童處於饑餓之中。這些統計數字說服自由黨政府在兩年後通過一項為貧窮兒童提供食物的法案。▶1905（當年之音）

猶太復國運動（錫安主義）先驅

904年，西奧多‧赫茨爾於建立世界猶太復國組織的7年後去世，享年44歲。經過19世紀90年代的德雷福斯事件之後，這位奧地利籍記者不再相信他的猶太同胞能夠透過文化同化來消除反猶太主義。赫茨爾繼續使無數人轉向其猶太復國的幻想，並為尋找合適地點而和土耳其及英國進行談判。他的文章鼓舞了巴勒斯坦移民活動，但與其他同胞不同的是，他願意接受英國所提議的一塊烏干達屬地。▶1917（10）

戲劇

永保年輕的幻想曲

11 1904年，巴里在致美國女演員莫德‧亞當斯的信中寫道：「我為孩子們寫了一個劇本，我希望你能成為劇中的男孩、女孩、大多數的孩子和海盜船長。」這個劇本就是《彼得‧潘》——永保年輕的幻想曲。一年後，亞當斯在紐約公演中擔任主角，並且將其角色發揮得淋漓盡致。而接下來的20年，這位爽朗、活潑的女演員以演出《彼得‧潘》而成名，在總計達200多萬名的觀眾面前領銜演出無數場次。

亞當斯演活了舞台上的人物，但巴里的創作靈感卻來自倫敦的5名小男孩——喬治、傑克、彼得、尼古拉和邁克‧戴維斯。《彼得‧潘》源於巴里為取悅孩子們而編造的故事。他將這群孩子的白日夢變成劇本，他曾寫信給這些已長大成人的兄弟，卻感到漸漸無法像以前那麼吸引他們。事與願違，因為孩子們一直在長大——儘管《彼得‧潘》在某些程度上延緩了他們的進展。他們成為名人，他們的生命歷程都記載在英國報刊上：「彼得‧潘喜結良緣」，「彼得‧潘從軍」。彼得‧戴維斯日後成為極具名望的出版商，他稱此劇為「可怕的傑作」。1960年，63歲的戴維斯在一列倫敦地鐵列車前方跳下，

一位評論家談到亞當斯在《彼得‧潘》中的角色時說：「劇本似乎是為她而寫，而她似乎是為劇本而生。」

為故事增添了悲劇性註腳。當時報紙的驚人標題是「永遠長不大的孩子去世了。」◀1902（當年之音）▶1926（6）

俄國

西伯利亞橫貫鐵路竣工

12 耗費13年時間及2.5億美元，幅員遼闊的俄羅斯帝國終於在1904年擁有橫跨國土的鐵路。俄國財政大臣謝爾蓋‧維特負責監督修建這條長達8851公里貫鐵路，並稱它為「本世紀全世界最偉大的工程之一」。鐵路起自俄羅斯歐洲部分的烏拉山脈，跨越荒無人煙的西伯利亞，然後經滿洲直達位於日本海的海參崴。維特得意地說：「我的肉體和靈魂全都奉獻給這項工程。」批評家們則說他做了一流工作卻建造了一條三流鐵路。

由於鐵軌設計不良，加上貪圖便宜而使用低劣材料，因此容易坍塌。一名旅客表示：「春雨過後，列車就會像松鼠一樣地脫軌。」事實上，當西伯利亞橫貫鐵路的最後一段（位於貝加爾湖南部的危險地段）在9月最後接軌時，測試列車就曾出軌10次。

儘管如此，這位財政大臣仍聲稱鐵路相當成功。俄國無法再等待了：它急需以鐵路將士兵和補給品穿越歐亞大陸送往陷入日俄激戰中的滿州。

諷刺的是，鐵路本身就是日俄戰爭的一項主因。因為西伯利亞東部的地形崎嶇，鐵路建造者在中國政府的同意下取得經滿洲抵達沿海的捷徑。義和團事件爆發後，俄國

修建鐵路——西伯利亞橫貫鐵路的修建耗時13年之久。

調動數以千計的軍隊前往滿州以保護其利益，對此覬覦已久的日本則表示強烈反對。在最後的疆界標示確定前7個月，戰爭即告爆發。◀1904（1）▶1905（3）

思想

倫理學與資本主義

13 自1904年發表《新教徒倫理學與資本主義精神》一書以後，馬克斯‧韋伯引發了本世紀最偉大思想家之間持續對立的爭論。

韋伯論文的中心觀點是宗教價值與其他社會行為，尤其是經濟行為之間的關係。其理論與當時盛行的馬克斯主義形成對峙，韋伯反對單獨由經濟，或者更確切地說，由任何單一因素決定社會行為的觀念。相反地，他強調觀念往往使經濟制度具體化，尤其是宗教觀念。透過對歐洲、中國和印度之間的比較，他試圖確認資本主義在各個國家的「有利程度」。其結論是卡爾文主義（藉由對辛勤工作給與道德價值及尊嚴）是推動資本主義成長的背後動力。

以律師和經濟學者為業的韋伯在對近代官僚主義的後期研究中，將《新教徒倫理學》之內的許多觀念去蕪存菁。他被認為是本世紀最有影響的社會思想家以及社會學的奠基者之一，致力發展一種跨越文化、無價值觀的抽象模式或「理想類型」方法論來分析社會制度。◀1902（7）▶1928（12）

諾貝爾獎 和平獎：國際法學會（法國） 文學獎：弗雷德里克‧米斯特拉爾（法國，詩人）和何塞‧埃切加萊（西班牙，劇作家） 化學獎：威廉‧拉姆齊（英國，惰性氣體） 醫學獎：伊凡‧巴甫洛夫（俄國，消化生理學） 物理學獎：約翰‧斯特魯特和洛德‧雷利（英國，氣體密度與氬）

當年之音

書中的願望

摘自1904年的《蒙哥馬利・沃德公司商品目錄》

蒙哥馬利・沃德的座右銘是成為「全球各行各業的供應商」。若從該世界首家郵購公司於1904年免費發送300多萬冊2公斤重的商品目錄（之前售價為每份15美分）看來，這句話絕非誇大其詞。該公司位於芝加哥，1872年由亞倫・蒙哥馬利・沃德創辦，它使美國農民脫離對當地雜貨店的依賴，為他們提供豐富的週末晚間娛樂。商品目錄列出傢俱、時裝、農具與槍枝、玩具和寵物——所有商品都保證可退換。幾年後，西爾斯・羅巴克公司（創辦於1893年）的商品目錄超越蒙哥馬利・沃德公司而成為美國頭號的「願望之書」。▶1905（邊欄）

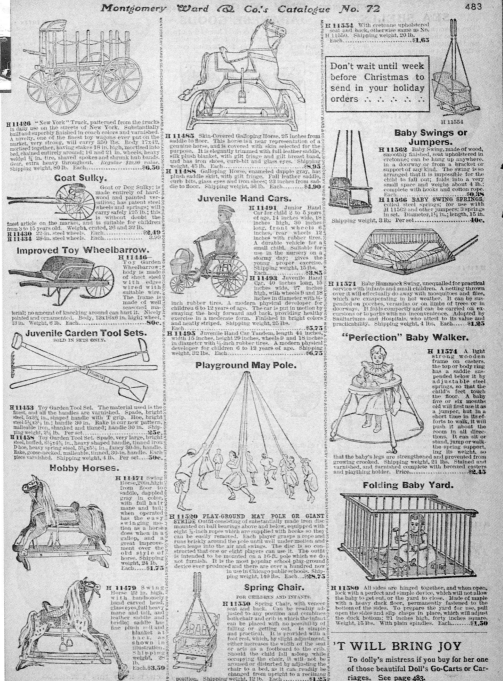

蒙哥馬利・沃德公司高聳的芝加哥總部照片印製在該公司1904年商品部目錄封面上。目錄中，兒童商品從園藝工具（25美分）、單座兩輪馬車（大號，3.99美元）到遊樂場的五月柱（28.75美元）等應有盡有。

「世界上最不可思議的事就是這個世界可以理解。」

── 愛因斯坦

年度焦點

愛因斯坦的相對論

1 1905年，瑞士伯爾尼國家專利局發生了科學界有史以來最大的震撼。一位從事專利檢驗工作，出生在德國的26歲年輕人，在德國科學雜誌《物理年報》上發表理論物理學界最重要成就的3篇論文。即使作者在此之前從未寫過一個字，憑這3篇論文也足以成為偉人。數年後，這位當代最傑出的科學思想家成為哥白尼再世。終其一生，他被公認為本世紀最傑出的思想家，而阿爾伯特·愛因斯坦也因此成為天才的代名詞。

他在1905年所寫的論文深入淺出，但非同一般論文，甚少涉及到數學和科學引證。文章的邏輯性自然而完整，好像有人給作者看過宇宙的運作程序，而他則是把看到的記錄下來。

在其中一篇論文中，愛因斯坦解釋了布朗運動——液體中懸浮粒子的運動。他將這種運動歸究於構成粒子的分子與液體的碰撞。在此之前，許多科學家對宇宙原子的結構尚存有疑問；在此之後，就沒有人再懷疑了。

第二篇論文使愛因斯坦獲得1921年的諾貝爾獎，主題是論述光電效應，即光是如何輻射的。為證實馬克斯·蒲朗克在5年前提出的假設，愛因斯坦說明光是以「光子」的形式輻射和吸收的，是一種小爆炸，而不是連續波。這篇著作為現代量子理論奠定基礎。

第三篇論文介紹了偉大的相對論原理。愛因斯坦論證時間和空間是相對的，之前人們認為是絕對的；光速在獨立於觀察者之外時，是個常數。愛因斯坦證明，當物體的速度接近光速時，其長度會減小，質量會增加，時間會隨之放慢。當物體的速度與光的速度相同時，其長度為零，質量不會再增加，時間也不再存在。愛因斯坦根據這種不可能性得出一個結論：任何物體的移動速度都不可能超過光速。相對論彌補了牛頓物理學長達兩個世紀的缺陷。愛因斯坦將時間與空間相結合，創造出新的、四維宇宙空間的學說。
◀1900（13）▶1911（3）

愛因斯坦在他偉大的理論中提出了歷史上最著名的方程式：$E=mc^2$。

俄羅斯

第一次革命

2 1905年1月9日，「血腥的星期日」是推翻俄羅斯王朝的開始。在激進牧師格奧爾吉·加龐的領導下，30多萬工人到聖彼得堡冬宮前遊行，向沙皇尼古拉二世請願。工人們要求提高工資，實行8小時工作制，擁有普遍的參政權、選舉權和召開立憲會議。請願書中寫到，「如果您不答應我們的請求，我們寧願死在冬宮廣場。」

對尼古拉二世來說，這次請願猶如一場噩夢。當他的父親於1894年去世時，他在日記中寫道，「我該怎麼辦？我並不想成為沙皇。」但當他登基後，卻發誓要

「波將金號」兵變透過此圖及之後的電影而永誌人心。

「繼承永誌不渝的先父遺志，像他一樣鞏固獨裁統治的基礎。」遊行隊伍扛著沙皇畫像和「士兵！別向老百姓開槍」的標語。尼古拉二世派出軍隊阻攔遊行隊伍，命令遊行隊伍解散。雙方僵持不下，軍隊開始射擊。當日，100多名示威者被打死，數百人受傷。這一舉動，使人民對他們的「小父親」沙皇尼古拉二世失去忠誠。

這起「血腥的星期日」事件震

驚了俄國和全世界。列寧等革命家利用這一機會將工人團結起來。大罷工使俄羅斯的各個城市陷入癱瘓。學校也陷入紛亂之中。農民群起暴動，焚毀農莊，並將之戲稱為「燃起光明」。6月，戰艦「波將金號」的水兵兵變，他們殺了艦長，升起革命紅旗。「波將金號」在20年後被俄羅斯電影製作人謝爾蓋·艾森斯坦搬上銀幕。港口城市敖得薩也以罷工的方式表示他們與沙皇對抗的決心。10月8日，俄羅斯在日俄戰爭中遭到慘敗，鐵路工會進行了大罷工，並發展為全國性的罷工。沙皇最後被迫讓步。

10月17日，他批准成立「皇家議會」，並賦予它立法權和監督權。他並且讓俄國人民享有言論、集會及結社的自由，給予每一階級的人民參政權。儘管尼古拉二世並不情願，他還是通過了「十月宣言」，使羅曼諾夫王朝走上覆亡的道路。◀1903（11）▶1906（4）

外交

俄羅斯輸給了日本

3 「他們都是英雄，表現得比預期的好多了。」這是在1905年1月，當日本從俄國手中奪取了滿州的旅順港後，沙皇所寫的日記。他認為「這可能是上帝的旨意。」這次失敗，註定俄羅斯的末日即將來到，但尼古拉二世仍盲目地樂觀。在8月末，日俄兩國外長在新罕布夏的樸資茅斯達成和平協議時，他還沒有完全接受日本已取代俄國成為遠東最具影響力的強國之事實。

與尼古拉二世的看法相反，旅順港的陷落既未顯現出俄國的英雄主義，也未出現預期的調停效果。該市在被困11個月後投降時，3萬名裝備精良的俄國士兵還在營房裏。倫敦《泰晤士報》寫道，「歷史上從未有過如此令人難以置信的投降。」

更羞辱的是俄國皇家海軍精銳波羅的海艦隊的失敗。它於1905年到達遠東，肩負起羅曼諾夫王朝的期望，卻在5月份被日本海軍中將

「親自看一下表演就可以感受到蛇蠍美人就在眼前。」

——一位觀眾對瑪塔·哈麗表演的評論

和平掮客羅斯福總統希望通過斡旋使日俄在遠東達成權力平衡。他的外交努力為他贏得了1906年的諾貝爾和平獎。

東鄉率領的艦隊所殲滅。之前它也曾取得小小的勝利，將英國的拖網漁船當作日本的魚雷艇炸掉。

波羅的海艦隊在遠離家鄉的地方覆沒，在俄國引發了反戰情緒。這一失敗無疑是俄國繼失掉了太平洋艦隊、旅順港要塞及兩個月前在瀋陽進行的大規模陸上戰役中敗北後又一重大挫折。在瀋陽戰役中，30萬俄軍與規模大致相當的日軍在149公里的戰線上正面對抗。經兩週的激烈戰鬥，日軍於3月份佔領了瀋陽。此次勝利對日本陸軍造成了極大損耗，而俄軍由於兵力部署過於分散，而且又失去了海軍，因而變得十分軟弱，無法利用此有利時機。至此，和平出現了曙光。

在西奧多·羅斯福總統的斡旋下，俄國與日本簽定了樸資茅斯條約，結束了日俄戰爭。該條約於1905年9月簽署，日本的3個基本要求得到了保證：按戰前俄國人所擁有的條件租借滿州的旅順港；將未被日本租借的滿州領土還給中國，日本則獲得價值很高的鐵路權；影響很大的另一條款是將朝鮮變為日本的保護國。俄國的擴張被制止，日本的地位提高。尼古拉二世在日記中透露：「在皇宮的宴會上，大家為和平的結局而祈禱。我必須承認我的感覺並不愉快。」

◀1904（1）1910（1）

間諜
瑪塔·哈麗在巴黎初次登台

4 因珍藏亞洲藝術品而知名的吉美博物館，其圖書室在1905年為了瑪塔·哈麗的首演，特地佈置成了印度廟。瑪塔·哈麗被人稱為「印度舞蹈家」，她身著透明的沙龍、鑲珠寶的胸罩和數條長長的圍巾，從陰影裏出來，開始在濕婆（印度的破壞之神）面前扭動起來。跳至興起時，長圍巾便一一飄落地。此時，便有人將蠟燭吹滅。過一會兒，觀眾（其中有爵士和夫人、企業家、文藝界的名流等）就發現她已是赤身裸體了。當燈光再次亮起來時，她又穿上了沙龍裝，向狂呼的

觀眾致謝。就連見多識廣的巴黎人也從未見過這樣的表演，而席間的學者也深深為其所迷惑而無法識破箇中玄虛。

其實那不是真的，但她的弄虛作假十分成功，這都歸因於「東方藝術」在此時席捲歐洲。不久，瑪塔·哈麗開始到歐洲各國首都最好的音樂廳進行表演。她在個人表演中以講述其經歷作為結尾：她是馬拉巴海岸的一個神廟舞蹈家的女兒，母親生她時就死了。後來被濕婆神的神職人員收養，以便繼承母職。名字的含義是「天空的眼睛」。

只有最後這句話還有點兒真實性，其他都是假的。真名瑪格麗塔·澤爾·麥克勞德的她，是阿姆斯特丹一位破產女帽商人的女兒。她在爪哇住過5年，很喜歡模仿爪哇當地舞蹈。當她被蘇格蘭丈夫拋棄後（連女兒一起帶走了），隻身來到巴黎當藝術模特兒。在一位貴族戀人的幫助下，她找到了一個更能賺錢的方法。很少有人知道她的過去，就連她那些情夫們也不瞭解，一直到12年後她被冠上德國間諜處以極刑時才真相大白。法國官方宣稱，瑪塔·哈麗應該為5萬人的犧牲負責。

▶1917（邊欄）

瑪塔·哈麗（其真名為瑪格麗塔·澤爾），是名脫衣舞女兼德國間諜。

雕塑：《雜要藝人》巴勃羅·畢卡索；《浴女》保羅·塞尚；《馬爾巴羅一家》約翰·辛格·薩金特　電影：《盜竊癖》埃德溫·波特；《查爾斯·皮斯的生活》；《狡猾的吉米》斐迪南·澤卡；《警察戀史》西格蒙德·盧賓　戲劇：《華倫太太的告白》蕭伯納；《米勒·莫迪斯特》維克多·赫伯特；《金色西部的姑娘》大衛·貝拉斯科。

「讓我們……挽救……這種珍稀動物，到目前爲止，牠們由於殘忍的捕殺而瀕臨絕種。」

—— 貝恩斯·歐內斯特·哈羅德，美國野牛協會第一任秘書

1905年新事物

- 挪威（在與瑞典組成聯合政體91年後）獨立
- 自測加油管（印第安納州宛堡）

- 扶輪社成立
- 電磁地震儀
- 化學滅火器
- 維克斯蒸氣按摩膏（商標爲維克斯神奇集團奴隸膏）
- 棕櫚香皂
- 雜耍劇團成立（Variety）
- 鏡報郵單目錄
- 全國奧杜邦協會成立

美國萬花筒

理性的倡議

喬治·桑塔亞那在1905年出版了他早期的傑作，題爲「假定人類智慧傳記」的書 ——《理性生

活》。這位西班牙裔美國哲學家在此5卷書中，對理性的本質有相當出色的研究，並提出有名的警告：「無法記取教訓者必將重蹈覆轍。」

專利藥品

在國會通過《純淨食品與藥物法案》之前，進口的成藥如「拉多麗豐乳食品」（「有助於乳房、雙臂和脖子的發育」）等開始在美國，特別是在缺少醫生的鄉下以郵購的方式造成大流行。這些合成的醫用營養品中最大的成分是酒精。1905年，《婦女家庭》雜誌的編輯愛德華·博克，連續揭發這些成藥，包括「溫斯羅太太口服糖漿」—— 這種含嗎啡的牙病藥在英國被認爲是有毒

環保

保護珍稀的動物

5 由於伐木工、礦工和農民紛紛湧向日益縮小的西部原野，美國人開始意識到自然資源並非取之不盡。20世紀初，「保護主義」在美國興起，但當時大多數的「原始環境保護主義」支持者 —— 其中最著名的便是西奧多·羅斯福 —— 只是以狩獵者的角度要求保護美麗的自然景觀不受破壞，而非以信仰者的態度尊重維護動物的權利。1905年，有14位前保護主義者組成了「美國野牛學會」，致力於「永久保護和增加」名貴的水牛，或稱「野牛」。

在1868年，美國高原上的水牛的數量還有上千萬頭，遊人常可遇上一望無際的野牛群，這些重達900公斤的動物成群結隊地出現，讓火車都不得通行。但不久之後，人類開始屠殺，以牛肉養活築路工人，以牛骨做焦炭，用牛皮做長袍，並且以獵牛爲樂。到了1889年，當自然主義者威廉·霍納迪在調查野生水牛的數量時，發現僅僅剩下85頭了。他寫道：「沒有理由相信，這種野生的，不受保護的動物能存活超過10年。」到「美國野牛學會」成立時，美國只有20頭野生水牛了。而1100頭被獵獲的水牛，其性命也危在旦夕。

美國野牛學會是世界上第一個專門爲保護一種動物而建立的組織。它提議政府將部分地區圍以柵欄，由學會推薦一種重要的動物，將該地規劃成聯邦保護區，禁止獵

殺，以保護該動物。國會同意了，並於1907年派紐約動物園15名最好的飼養員前往俄克拉荷馬州的韋其塔山地野生動物保護區。透過宣傳水牛具有肉食、皮毛和農業勞動的資源價值（沒有一項被證實是可行的），美國野牛學會贏得了人們的同情和支持。10年後，美國又建立4個新的保護區，水牛的數量也增加了兩倍。至1970年，北美已有3萬頭水牛，獵殺水牛又成了時尚。然而，美國野牛學會也由於使命已經完成，早在1930年即宣佈解散。▶1907（10）

愛爾蘭

蓋爾人精神覺醒

6 至1905年爲止，英國統治愛爾蘭已達700年之久。然而，沒有人真正地征服過它。文化反抗在這個被佔領的國家開始展開。蓋爾語聯盟鼓勵在說、寫、唱各方面使用愛爾蘭語（先前被英國官方制止）；蓋爾運動員協會提倡諸如愛爾蘭式曲棍球的本土運動，且一旦發現其成員玩足球即將其除名。都柏林的文化復興是以阿比劇院爲中心推展的。該劇院在1904年開始營業，並因其戲劇而聞名全球。其中最著名的當屬約翰·米林頓·辛和葉慈的作品，這些劇本具有愛爾蘭特點而且十分突出。

在這股復興民族文化的潮流中，鮮爲人知的是1905年成立，以建立「愛爾蘭自由邦」爲終極目標的政治團體。該團體稱新芬黨（蓋爾語「我們自己」），宗旨是將各

個鬆散的民族主義言論社團團結起來。這是由支持獨立的《愛爾蘭團結報》的編輯阿瑟·格里菲斯所倡議成立的。該團體的基本目的是恢復愛爾蘭自18世紀以來失去的主權。它主張如果沒有更現實的理由，應該以不抵抗的方式反對英國統治。格里菲斯寫道：「425萬赤手空拳的愛爾蘭人在戰場上並非大英帝國的對手，如果不相信這一點，我們的人民只能算是瘋子。」

神話中的梅維王后，阿比劇院的象徵。

新芬黨進行了長達12年相當祕密的的活動。在1916年復活節起義中，爲建立現代，非君主制的愛爾蘭共和國挺身而出，拿起武器已成爲其戰略的一部分。◀1904（7）▶1907（4）

社會改革

中間派掛上了標籤

7 在布爾什維克革命前，美國資本家較怕、較討厭的是稱爲中間派的組織 —— 世界產業工人聯盟。它於1905年由200名激進的勞工運動家在芝加哥集會成立，其宗旨是將國家最貧困、受剝削最嚴重的工人組成「一個大的聯盟」。這一組織其最終目標是挑戰資本主義制度。當時，幾乎無法活命的低工資和惡劣的工作環境十分普遍，左派團體如雨後春筍般在全球各地出現。但各國都不像美國那樣得對付多文化、多語言，又極端分裂的工人勢力。中間派的有給會員從未超過10萬名，其活動失敗多於成功。但不管怎樣，他們畢竟爲勞工運動留下了不可磨滅的印記。

在早期的美國邊疆，旅客從火車車窗槍殺數以千計的水牛。牛的屍體卻被棄置荒野任其腐爛。

體育 棒球：世界大賽，紐約巨人隊（克里斯蒂·馬修森，3次使對方出局）以4勝1負擊敗費城運動家隊；泰·科布成爲職業運動員　　　美式足球：由於前年的大學賽季中有18人死亡，159人受傷，因此美國成立了大學生美式足球協會（IAAFL）　高爾夫球：帶窩的高爾夫球在英國取得專利　網球：梅·薩頓是美國贏得溫布頓網球賽單打冠軍的第一人。

「只要數百萬勞動人民還在挨餓受凍，少數人組成的剝削階級還擁有生活的所有美好事物，和平就不會到來。」

—— 世界產業工人聯盟憲章

在各種宣傳品中，世界產業工人聯盟號召各地的工人都「加入到一個大聯盟」。

在美國，勞工運動一直是由美國勞工聯盟（勞聯）所主導。勞聯是由一位倫敦出生的煙草製造商薩繆爾·襲帕斯所領導，它只代表大部分北歐裔的白人工人。勞聯並不參與政治，其活動僅限於為提高工資和縮短勞動時間進行罷工。這種方式與勞聯以外的其他數百萬工人所採取的方式不同，也與主張尖銳的策略有所差異。

世界產業工人聯盟將歐洲的社會主義、無政府主義和無政府公會組織主義與獨特的美國精神混合起來。創始人包括：西部礦工聯合會的領袖威廉·「大比爾」·海伍德（從前的牛仔），他由於好鬥而被社會黨執行委員會踢了出來；70多歲的瑪麗·「老媽媽」·瓊斯，為煤礦工的組織人，曾發誓要「把地獄翻過來」；尤金·德布茲，具有領袖感染力的社會黨領導人，連年的總統候選人（他在1912年獲得了90萬張選票，是社會主義者在美國的最受歡迎時的代表）。

1907年，當海伍德被指控陰謀炸死愛達荷州前州長後，世界產業工人聯盟便由公會組織主義派掌制，並主張建立新的、跨國的組織。公會組織主義者主要是無政府主義者，後來參加了西班牙內戰，他們將罷工視為工人執政的預備動作及排練。世界產業工人聯盟雖然贏得了一些主要的罷工勝利（常常是流血的），但並未往其烏托邦夢想更靠近一步。它之所以重要是因其具有開路先鋒的姿態。以箱式貨車旅行，成員包括了俄勒岡的木材廠工人到賓州的鋼鐵廠工人，將黑人、白人、移民和當地人都聯繫起來，這些都是前所未有的，而且由中間派作曲家喬·希爾以幽默的民歌傳播理念。由於慈惠平民反對政府，許多中間派在要求集會結社權，爭取自由言論時被逮捕。

在世界產業工人聯盟的領導之後，「勞聯」愈來愈具有包容性及政治性。世界產業工人聯盟依靠產業工人而非手工業工人的想法成為後來產業工人公會（產聯）的核心思想，該組織在1955年與「勞聯」合併組成「勞聯-產聯」，成為本世紀後半葉美國公會聯合主義的主導力量。◀1900（邊欄）▶1911（邊欄）

建築
格拉斯哥的傑作

⑧ 1905年，當格拉斯哥藝術學院打算擴大其建築物時，找到了8年前為學校主體進行設計的建築師查爾斯·倫尼·麥金塔。這是一個合適的選擇：格拉斯哥藝術學院的西側因此成為建築史上的傑作。麥金塔蛻皮一般將他早期作品的表面去掉，讓新的建築部分呈現簡樸的風格，並將內部和外部的設計完美地結合起來，為未來的建築開拓了前景。該建築被比作帕德嫩神廟和沙特大教堂，不是在形式上，而是精神上。以上兩處分別

現代建築的象徵：麥金塔設計的格拉斯哥藝術學院的西側。

代表了古代和哥德式的建築風格，而格拉斯哥的作品則代表了現代風格。▶1909（4）

醫學
征服結核病

⑨ 德國內科醫生羅伯特·科霍因研究一種疾病而榮獲了1905年諾貝爾獎。這種疾病長期以來一直被視為是世界頭號疾病，科霍估計世界上三分之一的成年人都受其威脅——結核病，它主要是

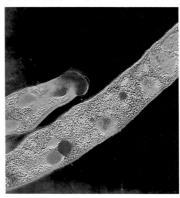

結核桿菌——導致人體感染結核的主要原因。

感染人的肺部，因而有駭人的名字：耗人症、白瘟、癆病（希臘語「化掉」）。有些科學家認為這種耗人症是由腫瘤引起的，有些人認為是遺傳，而科霍則認為是由細菌引起的。

科霍開始對結核進行研究時，已被尊為細菌學之父，因為早在1876年，他已將炭疽桿菌分離出來，並且證實微生物能導致疾病。為了解決此「燃眉之急」，科霍又開始分離結核桿菌的工作。經過272次試驗後，他終於有所斬獲。他對這種微生物進行了培養，而後注入動物體內；當動物感染了結核病後，他公佈他的發明，成為當時人人歡迎的頭條新聞。

從那以後，科霍研發出一種稱為結核抗體的血清，並誤以為能以此治療結核病。令他感到失望的是，這種血清對治療結核病被證實無效。但這種血清後來又被證實是有用的，因為其有助於診斷出潛伏的結核菌帶原者，這是控制結核病傳播的重要關鍵。◀1901（邊欄）▶1909（2）

的。次年年底，這些給人感覺很好的藥品均被列為非法。◀1904（當年之音）▶1906（11）

五分錢之樂

1905年，五分錢戲院在美國出現。它給美國人，特別是工人階級提供了一種廉價的娛樂。小店舖的門面改成了小劇場，人們只要花5分錢就可以看20至30分鐘的組合短劇。不出3年，美國各地就有了超過1萬家的五分錢戲院。▶1908（8）

棄醫拾筆

贊恩·格雷放棄牙醫的工作，開始進行小說創作，他在1905年出版《邊疆精神》一書，並因此成為描寫邊疆生活的先驅。根據當時的報紙報導，這部暢銷書使作者成為全新的西部文學領域的開路先鋒。格雷後來以這本書的精神及美國西部為背景完成了80多部小說。

尼加拉運動

1905年，在尼加拉瀑布靠加拿大的一側，一批傑出黑人知識分子舉行集會，發表宣言，要求所有美國人擁有平等的政治、民事和經濟權利。杜波伊斯領導的尼加拉運動是全國有色人種促進協會的前身，對布克·華盛頓的和解原則提供一項行動主義的修改方案。◀1903（當年之音）▶1910（7）

美國政治與經濟 國民生產毛額：251億美元；羅斯福總統促成《普資茅斯條約》，結束日俄戰爭；最高法院規定違反憲法的勞動時限；紐約市部分貧民區的人口密度高達每英畝1千人（超過了孟買的人口密度）；長島鐵路最先全面停止使用蒸汽動力。

「實踐證明，舞蹈應該能夠愉悅人們的視覺，並以眼睛為媒介滲透人們的心靈。」

—— 編舞家福金評巴甫洛娃《垂死的天鵝》的表演

環球浮世繪

中國取消科舉制度

2000年來，科舉制度一直是中國維持社會運作和皇家統治穩定的源泉。1905年，為使中國實現現代化，清朝的改良派決定取消科舉。這種固定形式的考試制度對過去思考及統治方面，形成了一種不可思議的統治架構。

◀1900（5）▶1906（13）

政教分離

由於對羅馬教廷在德雷福斯事件中扮演的角色普遍不滿，法國司法機構廢除了自拿破崙時代以來長達100年之久，由羅馬教宗與法國政府所定的契約。該契約規定天主教為法國國教。教宗的權力受到損失，在接踵而至的混亂中，羅馬教廷喪失許多財富。

▶1906（12）

比奈的智商測試

為找出區分智力超常兒童與智力普通兒童的方法，法國心理學家阿爾弗雷德·比奈（下圖，比奈與一名兒童在一起）與西奧多·

西蒙一起進行一系列測驗。1905年比奈在他創辦的心理學雜誌發表了智商測試方法，並成為鑑定人類智力的標準方法。

《靈犬救主》

英國電影導演塞西爾·赫普沃思在這個6分鐘的影片中，不僅以高明的手法處理老套的故事情節（家狗救出了被吉普賽人綁架的孩子），而且以一個新的編輯方法，使影片內容更加豐富而流暢（當狗在奔跑時切換鏡頭）。這部劃時代的影片是當時最成功的作品之一。◀1903（4）

馬蒂斯在1905年作的《科里尤爾風景》。

藝術

巴黎的野獸派

10 1905年，評論家對在巴黎秋天沙龍舉辦展覽的藝術家相當排斥，認為其展覽作品「散亂」、「無主題」。但路易·沃塞勒卻認為這些藝術家是「敢於創新的年輕一代」，且在看過主要展覽後，滿心激賞地稱之為「野獸派」。

野獸派沒有統一信條，亨利·馬蒂斯是此派的核心代表人物，他不只是本世紀傑出的藝術家，而且還是大膽進行藝術試驗的推動者。野獸派在兩年之後便過時了，但這是一個轉折點，它使得其他藝術家得以擺脫印象主義和後印象主義的影響而直接探索抽象藝術——一種完全屬於20世紀的藝術運動。

▶1907（1）

音樂

快樂滿人間

11 第一次世界大戰之前的短暫時期（在英國稱愛德華時代，在法國稱美好時代），是一個值得紀念的時期，當時全世界無論貴族或是中產階級都洋溢著歡樂、繁榮。所有音樂廳每晚都擠滿了

人，《鄉村女孩》或《阿卡狄亞》等音樂喜劇充斥英國舞台。在歐洲，切音爵士樂風行一時。但是，以上這些新時代的大眾娛樂都比不

《風流寡婦》以第二幕中的華爾滋最令人難以忘懷。

上1905年由法朗斯·雷哈爾所作，在維也納首演的《風流寡婦》。

一位評論家說，「雷哈爾的歌舞劇曲調傳遍了整個歐洲。」在紐約百老匯，好幾家劇院成功地連續演出422場。在阿根廷的布宜諾斯艾利斯，《風流寡婦》在5家劇院以5種語言進行演出。

《風流寡婦》之所以大獲成功，是因為它生動地將各種音樂與舞蹈融為一體，既有華爾滋，也有巴黎的康康舞。常去劇院的人禁不住大為讚賞，但多數評論家則抱怨情節過於簡單，即馬索韋亞（一位作家寫道，它在喜歌劇中是指月亮西邊，太陽東邊的國度）的大使請該國的一位紳士作媒，向一位富有的年輕寡婦求婚，以便將她的財富用於幫助貧窮的國家。即便如此，一位愛挑剔的評論家還是承認，「歌劇的音樂十分優美，我們還是想再聽一遍。」▶1911（11）

舞蹈

芭蕾舞開始流行

12 1905年聖誕節前，芭蕾舞演員安娜·巴甫洛娃請她在俄羅斯聖彼得堡皇家芭蕾舞學校的同學，編舞家米契爾·福金幫她寫一段芭蕾舞腳本。福金一直在研究法國作曲家卡米耶·聖桑的《動物狂歡節》，並決定將其中的《天鵝》改編為適合優雅的巴甫洛娃的舞蹈。不出半個小時，塑造兩顆芭蕾舞新星的《垂死的天鵝》宣告完成，並成為巴甫洛娃的象徵。

在往後的25年，一直到去世的1931年，巴甫洛娃以個人之力促成芭蕾舞的流行。她有一些常備劇目，但只有技術難度不太大，卻極有戲劇性和表現力的《垂死的天鵝》令觀眾無比折服。在獨舞中，巴甫洛娃成功地表現了一隻虛弱的天鵝從水面掠過的情景。她以雙臂模仿天鵝絕望地拍打，無助掙扎想起飛的動作，同時以身體和頭部的顫動表現天鵝臨死前的劇痛。當那欲飛的掙扎結束後，她本人也倒在台上。

▶1909（6）

為偉大的巴甫洛娃創作的《垂死的天鵝》，是本世紀最有名的芭蕾舞獨舞。

諾貝爾獎 和平獎：貝爾特·馮·祖特納（奧地利，奧地利和平友誼會）（德國，有機染料與芳香化合物） 醫學獎：羅伯特·科霍（德國，結核） 文學獎：亨里克·顯克維奇（波蘭，小說家） 物理學獎：菲利普·勒納（德國，陰極射線）。 化學獎：阿道夫·馮·貝耶爾

當年之音

殘忍的伯明罕

摘自《英國童奴》，羅伯特·哈伯拉夫·謝拉德，1905年

1905年，大約有100萬個學齡兒童放學後必需工作好幾個小時，這一數字與大西洋彼岸的美國同樣殘酷。羅伯特·謝拉德所寫的《英國童奴》，「公正無私地揭露許多英格蘭和蘇格蘭的兒童，其生活和勞動的悲慘境況」。因而引起許多要求改革人士的注意，並起而表示關心（但真正的改革姍姍來遲）。謝拉德花了半年時間，與他筆下的孩子們一同生活並廣泛採訪，記錄下來。這篇文章引自書中的「伯明罕的童奴」一章，描述的是鎖鈕眼和釘鈕釦的孩子。

◀1904（邊欄）▶1906（1）

一整天，星期一早上再接著繼續工作到晚餐時間，兩人總共可以拿到1先令6便士。如果一個人找針線完成一批貨，就可單獨賺得10便士。我的小女兒，她是我那5個孩子裏唯一可以幫忙的，我們兩人從昨天下午4點半直到11點多共掙了4便士。」這些人一整天也沒吃一口飯。房子裏只有一點兒茶和糖。嬰兒也餓得直哭。

一個可憐的婦女住在醫院街「有家具」的房子裏，為此她每週得付5先令3便士的房租，而她在孩子的幫助下做這種鎖

在理查街後面我發現一位婦女和一個女孩正在鎖鈕眼及釘鈕釦，從她們像紙一樣蒼白的臉上可以看出，她們長期處於飢餓之中。那位婦女說道：「我們兩人從星期六早上開始沒吃東西，辛辛苦苦工作了

鈕眼和釘鈕釦的工作，每天能掙8便士。

住在柯勒席爾街一位失去手臂的婦女，每週可掙2先令，她的兩個女兒掙2先令。這位婦女的丈夫每週可掙18先令，但他自己就花掉大部分了。

這一幕幕都十分引人同情，但最令人感到悲哀的，是在傑森街後面一處公寓樓後院廚房裏的一幕。一天夜裏，我看到有3個小孩兒在那裏忙著工作，桌上有好幾堆紙牌及許多的釦子和掛鈎。最大的女孩有11歲，另一個也不過9歲，而最小的男孩只有5歲。他們用小手盡快地幹他們的活兒，女孩子們負責縫，男孩子負責釘。他們忙得連頭也不抬一下，充滿稚氣的眼睛在燈光下閃耀著。在無知但是快樂中，人們將精力、利潤、青春投注於許許多多的工作，而在他們的眼前卻還有更多同樣的工作。

我看這些明亮的眼睛，敏捷而靈巧的小手，想到了那天早上在單元街所見到的90歲的老婦人。我還記得她那混濁的，失去生氣的眼睛和因勞累而變形的雙手。她的眼睛也曾經是明亮的，在年輕時也曾為了辛勤的工作而帶來利潤。日復一日，年復一年，機會和時間並沒有帶來任何的變化。

繁重的工作一成不變，連喘口氣的時間也沒有。一個人開始時還努力完成分配的工作，接下去步調就亂了，然後一直走向終點——無名的墓地。我從孩子們的眼中看到，他們對殘酷的現實和註定的貧窮生活毫不介意，但他們那明亮眼睛和喜悅的心情更令我難過不已，而可憐的孩子則視為理所當然。這樣的日子還要多久？多久呢？你們的一生，直到死亡。

London Match-makers at Work.

羅柏特·哈柏拉夫·謝拉德所著《英國童奴》一書的封面。謝拉德描述「愛德華七世國王陛下的臣民」時寫道，「這些小男孩和小女孩都很勇敢，他們希望能做點事，幫媽媽帶點錢回去。」他的書（如上圖及左圖所示），強烈譴責童工營養不足的問題。

「社會主義表徵著社會的進步，而不是一個階級的崛起。」

—— 未來的工黨首相詹姆斯・拉姆齊・麥克唐納在1905年說道

年度焦點

英國的政治混合體

1 創建於1906年的英國工黨，乃是20年來在世界各地風起雲湧之政治社會改革運動的一部分。在工業主義擴大了中產階級，並將前所未有的財富和權力賦予少部分人的同時，也爲大眾帶來包括擁擠的廉租公寓、致命的工廠，以及永無止境的勞動等等新的悲慘形式。隨著日益高漲的聲浪，被剝奪權利者開始要求公平待遇，而女權主義、工團主義、反教權主義與社會主義（不論採取議會或革命路線）等也都吸引了數以千計的追隨者。

在多數歐洲國家裏，政治反對力量的最主要媒介乃是社會主義政黨（例如德國的社會民主黨）；但此項任務在英國卻落在一個把工人放在首位，其次才論及意識形態之獨特的政治混合體——工黨身上。

「從小工廠到聖史蒂芬大教堂」：一幅描繪當代工黨發展的圖畫。

幾十年來，英國的國會一直掌控在保守黨和自由黨手中；自由黨人自詡爲改革派政黨，卻只將有錢人列入候選人名單裏。當一名叫基爾・哈迪的蘇格蘭煤礦工人遭自由黨拒絕提名爲候選人後，便建立了蘇格蘭工黨；其理念隨後傳播到其他地區。在哈迪和另外兩名地區性工黨候選人當選爲國會議員後，他們組建了一個稱爲「獨立工黨」（ILP）的聯軍性政黨。

爲爭取1900年選舉，獨立工黨的領袖聯合了其他工會、社會民主聯盟（一個馬克斯派政黨）以及立場明確的費邊社（一個由蕭伯納與碧翠絲與西德尼・韋伯夫婦所領導的自由派社會主義者團體）的力量。由此產生的勞工代表委員會（LRC）訂了一個目標，亦即與當選的勞工代表廣結友誼而不考慮其意識形態爲何。在1900年的選舉中只有兩位勞工代表贏得席位，但在1906年的選舉中，勞工代表委員會與自由黨達成祕密交易：後者同意讓勞工代表委員會候選人無礙地取得23席，以交換勞工在其他選區中對自由黨的支持。

最後自由黨以大幅度擊敗了保守黨，而勞工代表委員會也在國會中取得驚人的29個席位，並隨即宣佈更名爲工黨。在不到20年之後，工黨中產生其第一位英國首相，但自由黨卻日益衰微。▶1924（4）

愛德華・蒙克所繪，1906年上演的易卜生戲劇《群鬼》一景。

戲劇

挪威的思想性劇作家

2 亨里克・易卜生說：「我堅信站在眞理這一邊的人，是與未來作最緊密連繫者。」這位以78歲高齡於1906年去世的挪威劇作家，終其一生都遵循著自己所訂下的格言；非但爲此飽受貧困和背棄，並且忍痛自我放逐於德國和義大利，只爲了追尋他在意識上叛離19世紀「精緻戲劇」（指一種有意避開或只將社會議題藏諸通俗鬧劇中，並爲傳統道德觀所操控之曲折濫情的作品）模式而形成之「思想性戲劇」。

易卜生的作品有著驚人的坦率以及微妙的象徵意涵；其中心主題經常是主角爲追求眞實的自我而不計後果地進行抗爭。他的作品如《玩偶之家》（女主角勇敢地離開她受人尊敬的丈夫）以及《群鬼》（劇中遭受欺騙仍忠貞不渝的妻子所得到的回報卻是個染有梅毒的嬰兒）等，對多數維多利亞時代的戲迷而言都過度緊密地「與未來相連繫」。儘管保守的批評家們稱他的戲劇爲「離經叛道地挑逗暗示和褻瀆神靈」，然而對尊崇他的虔誠後繼者來說，易卜生乃是現代戲劇之父。◀1904（7）▶1926（10）

印度

統合少數派

3 印度的民族主義運動者將國內的團結視爲擺脫英國統治以爭取自由的先決條件。但對其中居於少數的印度回教徒來說，此意謂著對多數印度教徒的臣服。1906年，作爲36位回教領袖代表的阿迦汗三世建立了全印度回教徒聯盟以保衛回族利益，並據以對抗「印度國大黨」這個被印度教徒控制的印度民族主義組織。

建立於1895年的印度國大黨，最初目的乃是謀求增加本地人士在英國殖民政府中的參與度，直到一次大戰後才將獨立列入目標。由阿迦汗的觀點視之，國大黨所謂的本地人參政似乎等同於印度教徒參政，至於回教人民則被置於永久的弱勢地位；因此他建立回教徒聯盟以鼓吹「地方代表制」體系，使印度所有宗教和種族團體都將分配到一定名額的政治職位（這項條款被列入1919年所謂「明托-莫利改革」中）。

阿迦汗三世殿下穿著全副王者裝束。

藝術與文化　**書籍**：《黃色魔鬼之城》馬克西姆・高爾基；《白牙》傑克・倫敦；《詩集》謝菲爾・薩松；《魔鬼辭典》安布羅斯・比爾斯；《早發性癡呆心理學》卡爾・榮格；《有產業的人》約翰・高爾斯華綏　**音樂**：《海軍起錨曲》齊默爾曼

「在拓荒年代裏建築的低矮磚房，幾乎所有的門面都傾倒在狹窄的街道中，使它們內部裝潢的剖面也歷歷可見，如同玩具店裏見過的娃娃屋。」 —— 舊金山新聞記者詹姆斯·霍珀在《大眾雜誌》中文章

英國人有意助長印度教和回教徒間的分裂，並於1905年把孟加拉分割成兩個行政單位，讓回教徒在新的東孟加拉居於多數。印度教徒對此提出強烈抗議，結果卻促使回教徒聯盟的創建者接納英國人的存在，以作爲對抗尖銳的印度教民族主義運動之擋箭牌。在印度爭取獨立的漫長奮鬥中，回教徒聯盟與印度國大黨間的關係陰晴不定，時而重歸於好，時而公開敵對；但一直未變的乃是至深的相互猜忌。至今印度仍爲印度教和回教人民間的血腥對立所困擾。▶1911（7）

俄國議會成員在芬蘭一處森林裏祕密集會。

反抗運動不斷此起彼落出現。
◀1905（2）▶1912（12）

俄國
一個立法實驗

4 當現代俄國第一個實質立法代議機構於1906年召開時，幾乎所有513名來自各政黨的代表都表達了反對沙皇尼古拉二世的立場。這些皇家議會（Duma取自俄語「思想」一字）的議員來自於分爲孟什維克和布爾什維克兩派的俄國社會民主勞工黨，以及較溫和的人民自由黨；儘管黨派分歧，但更值得重視的是各種聲音都同時存在。而在1905年革命以前，任何政黨在俄國都是非法的。

宣告君主立憲時代來臨的俄國議會乃是由尼古拉在1905年所頒佈之《十月宣言》所創造的（它同時也保留沙皇的解散國會權）。尼古拉斯此舉是爲平息幾乎顛覆全國的暴亂而不得已做的讓步。雖然他希望僅此爲止，但國會議員卻另有一番盤算；他們迅速草擬了一系列的要求，包括沒收並重新分配大批土地在內。當尼古拉從中阻撓時，一位國會議員宣稱要「讓行政當局服從立法機構的決定」。

被深深激怒的沙皇及大臣發表了一項聲明，強調絕不考慮剝奪私有土地一事，國會則回辯說這將「把所有與此原則不符的提案拒於門外」。尼古拉於是決定遂行其選擇，亦即解散召開僅兩個月的第一屆國會；儘管俄國的首次代議政府實驗如此便猝然終結，但如尼古拉沙皇正開始要見識到的，有組織的

舊金山消防局長葬身瓦礫堆中。

但當大火從破裂的瓦斯管線、傾倒的掛燈和糾纏在一起的電線中竄出而開始蔓延後，木材卻成其大敵。消防隊員在各失火點間疲於奔命，結果僅發現所有的供水幹線都被切斷了。火燄肆行無阻地四處恣意吞噬，整整3天間毀滅了1376公頃的面積。最後，超過2萬8千處建築被毀，舊金山45萬人口中有一半以上無家可歸；約670人證實已喪生，另外350人下落不明。

舊金山原是個惡名昭彰的粗鄙邊城，到處充斥妓院、酒吧和歌廳，因此有人爲此明顯的毀滅而歡呼雀躍；在密西根州甚至有基本教義派人士展開遊行以示慶祝。但一位舊金山人卻以某座聲名狼藉的造酒廠安然倖存之事實以詩歌的方式提出詰問：

如果，誠如某些人所言，上帝懲罰了這個城市
由於她太過嬉鬧放肆
那麼祂爲何要燒掉那些教堂
卻獨獨保留霍特林威士忌酒廠呢？

舊金山市民以淡然處之的態度進行重建工作。至1909年，他們已蓋起2萬500棟新建築物，而且多數比原先的還要堅固。等到舊金山在1915年主辦爲慶祝巴拿馬運河通航而召開的「巴拿馬-太平洋國際博覽會」時，已幾乎找不到一絲震災的痕跡。▶1914（9）

災難
舊金山大地震

5 在分成1至10級的芮氏標準中，舊金山地震的強度高達9級。一位倖存者將地震比擬成一隻鬥牛犬，整座城市在牠面前不過是隻「牙齒打顫且全身發抖的老鼠」。地震於1906年4月18日清晨5時16分開始，歷時47秒；城市中大部分建築依然完好。在這個平均每年可能發生15場小型地震的地方，彈性佳的木料乃是建材的第一選擇；但耗資600萬美元的新建市政廳卻是磚石造的，並且宛若一棟巨大的撲克牌房子般頃刻瓦解。建在垃圾掩埋地上的旅館也順著山坡下滑；加州旅館的圓頂在倒塌中撞穿消防隊天花板，使得睡在其中的

比1871年芝加哥大火還要慘重的一場火災構成了這次地震的主要損失。

「我得在當美國總統以及管教艾麗斯這兩件事中擇一爲之，但絕不可能同時進行。」
—— 當羅斯福被問及爲何不對女兒更嚴格些時的回答

1906

1906年新事物

- 救生員（雪梨，澳大利亞）
- 洗衣機
- 手搖留聲機
- 紙盒裝牛奶（由舊金山的麥斯威爾引進）
- 「熱狗」的起名（源自於漫畫中夾在一個法蘭克福香腸麵包裹的臘腸狗）

- 燙髮技術（在英國問世，收費1千美元，耗時8至12小時）
- 富樂·布拉希家庭清潔用品公司（哈特福市，康乃狄格州）
- 瓦色曼氏梅毒測試法
- SOS呼救信號（取代兩年前採用的CQD）
- 麥克牌卡車
- 勒芒一級方程式大獎賽

美國萬花筒

高爾基訪問美國

享有國際聲譽的俄國作家馬克西姆·高爾基於1906年訪問美國，但是他卻未能達成此行爲俄國1905年革命謀求支持的任

務。利用在美國訪問的空檔，身爲俄國工人階級激昂鬥士的高爾基創作了其後被尊爲社會寫實主義的第一部作品《母親》。
◀1905（2）▶1932（8）

藝術
現代藝術之父

6 被畫家巴勃羅·畢卡索譽爲「我們所有人的啓蒙之父」的保羅·塞尚，在1906年去世於他在普羅旺斯艾克斯市之童年居所。儘管人們長久以來視他爲印象派的一員，但他在11年前離開巴黎搬到此處，並斷絕與該派畫家的關係。處於刻意的與世隔絕中，這位在創作生涯中始終受到批評家譏諷和公衆忽視的藝術家終於領悟了自己完全的創造能量。在此時期的風景畫作（包括上圖的《黑色莊園》）中，他以一種全面創新的手法來運用色彩和構圖，不但超越了19世紀具象派繪畫的傳統，並爲現代抽象藝術指引了方向。塞尚在一次解釋其靈感時說道：「風景畫變得更具人性，彷彿在我體內成爲一個會思考的躍動生命；我和自己的畫已融爲一體。」◀1905（10）▶1907（1）

電影
卡通動畫問世

7 人們長久以來便知道，快速且連續地顯示圖畫可以產生一種看似持續動作的效果。當一名叫斯圖爾特·布萊克頓的雜耍演員兼漫畫家在1906年將這種技術運用在事先拍攝好的連環圖畫時，他首創了一個至今仍被部分電影學者視爲「純粹」電影唯一形式的例證，亦即卡通動畫片。

出生於英國的布萊克頓在退出雜耍節目，並組建早期默片時代最大電影製片廠之一的維塔格拉夫公司後，又對定格動畫產生了興趣。

首部卡通動畫片：從技術到內容都仍粗糙。

這是一種特技攝影法，每次只曝光影片中的部分畫面，在兩次曝光之間，場景中的物體可以增加、移動或者改變。當完整的連續定格動畫影片放映時，物體將會出現，消失或者改變形狀和位置，彷彿魔術一樣。布萊克頓意識到這種技術能使一套連續圖畫栩栩如生動起來。

《滑稽衆生相》是他運用老套雜耍演技動作所完成之生澀但經苦心推敲的作品。生就一張滑稽臉的男人將雪茄煙圈噴到女人的臉上，使她整個人被淹沒掉，而這個似乎以他自己爲藍本之戴圓頂禮帽的男人隨即輕觸帽緣致意。「黑鬼」和「科漢」這兩個字分別幻化成黑人和猶太人面目可憎的畫像；至於布萊克頓本人也不時在影片中出現，以添加或刪改一點細節。

在今天看來，《滑稽衆生相》毫無驚人之處，甚至一點也不好笑；但是布萊克頓卻爲法國的艾米莉·科爾以及美國的溫莎·麥凱等更優秀敏銳的動畫製作者指引了方向。▶1908（邊欄）

美國
艾麗斯公主結婚了

8 繼母的朋友形容她是頭「披上華服的野蠻動物」，而她的親生父親在聽說女兒計畫結婚後更宣稱其未婚夫「簡直是瘋了」。但作爲第一公主，並被世人視爲歡樂的1890年代完美女性（吉布森女郎）化身的艾麗斯·羅斯福，仍然於1906年2月在白宮嫁給了她的夢中情人，美國國會議員尼古拉斯·朗沃斯。

羅斯福的這位長女可謂聲名遠播，例如日本便發行了一套印有其肖像並題上「美國公主」的明信

艾麗斯·羅斯福的婚姻無損於她在首都的尊貴地位。

片，以紀念她在1905年的訪問；而她在歐洲則經常與最有身價的公爵和王子出雙入對。德皇威廉二世不但偏愛「艾麗斯公主」，當皇室專用遊艇在第一次世界大戰期間被德國海軍徵用時，德皇更將其重新命名爲「艾麗斯·羅斯福號」。至於在美國，艾麗斯除公開抽煙、喝威士忌酒並賭馬外，同時也打撲克牌；大批美國婦女穿著「艾麗斯藍」，並哼唱流行歌曲「艾麗斯，你在何方？」

然而艾麗斯的私生活卻不如其社交生涯那般幸運；活在魅力四射的妻子及聲名顯赫之岳父的陰影下，朗沃斯終日酗酒並沉迷女色，直到1931年去世爲止。伶俐慧黠依舊的艾麗斯雖終生未曾再嫁，但仍於其後50年間在華府貴婦圈中繼續獨領風騷。◀1904（6）

體育　棒球：世界大賽，芝加哥白襪隊以4勝2負擊敗芝加哥小熊隊　**美式足球**：危險性戰術被禁止使用，向前傳球動作被採用　**拳擊**：湯米·伯恩斯（身材最矮的重量級冠軍，高170.18公分）將馬文·哈特擊下王座　**撞球**：18歲的「撞球神童」維利·霍珀在世界冠軍賽上以500:283擊敗60歲的莫里斯·維尼奧。

「他們說我傳播了一種我自己從未患過的疾病；但我一輩子還沒（因病）在床上躺過一整天。」

——「傷寒瑪麗」·馬倫的話

外交
德國灰頭土臉

9 德國雖是歐洲發展最快速的經濟和軍事強權，然而在1906年的殖民地爭奪戰中只能算是個新手。伯納德·馮·布勞首相發誓要讓其國家贏得「一片陽光下的立足之地」，但那些既有列強卻讓德國人覺得被拒之於外。由於布勞和德皇威廉二世懷疑曾尖銳敵對的英法之間存在著秘密勾結（1904年的《英法協約》便爲例證），乃決定在摩洛哥這個被《英法協約》劃爲法國勢力範圍的國家中輕微施壓以進行觀察。在導致因此而舉行的1906年阿爾及西拉斯會議，其結果不但使德國十分難堪，同時也爲促成第一次世界大戰中的各國結盟邁出重要的一步。

德皇在前一年曾搭船到丹吉爾，並在此重施英國故技，宣稱支持摩洛哥的獨立。他要求摩洛哥事務應交由該國年輕蘇丹阿卜杜勒-阿齊茲來處理。這位蘇丹在直布羅陀海峽對岸的西班牙阿爾及西拉斯召開國際會議；德皇預計的議程包括促進自由貿易（其實就是指德國對此的貿易）和剔除法國在摩洛哥

的特權等，並且希望因此重啓英法之間的嫌隙。而受邀與會的代表也加強了德國的自信；德國認爲，義大利和奧匈帝國當然會支援同爲「三國同盟」的友邦，美國和歐洲小國們無疑會被自由市場的說辭所打動，西班牙將遵循多數意見，至於英國則不太可能會爲法國而招惹是非。

但是以威脅動武來提出矛盾議論的德國代表幾乎得罪了所有人，而法國則相對地頗得眾望；此外法國還以承諾西班牙人在摩洛哥擁有一定勢力範圍並與義大利達成不插手利比亞事務的秘密協定，分別買通了兩國。至於始終保持中立的美國代表則接到羅斯福總統的訓令，不得破壞與英法兩國間的友好邦誼。而英國最終還是決定爲法國強行出頭。

到最後，德國人只不過贏得一個規定平等海關稅務的公約，而法國和西班牙人卻得以「徵收」稅金並維持港口的秩序。在這次會議之後，《英法協約》變得更爲緊密，而德國則愈形孤立。◀1904（5）▶1911（1）

法國漫畫中的摩洛哥：一隻被歐洲列強從四面八方拉扯住的驚恐兔子。

醫學
傷寒瑪麗

10 沒有人比「傷寒瑪麗」更能使大眾瞭解到，一個健康的人竟能傳播致命的疾病；她是第一個被媒體確認（同時惡毒中傷）的傷寒桿菌帶原者。外表健壯且對病菌一無所知，只知某種「瘟神」死纏她不放的瑪麗·馬倫曾在美國東北部的許多廚房裏工作。無論她到哪裏，傷寒病都如影隨形。剛開始只有瑪麗本人察覺到這跡象；直到1906年，當紐約市一名叫喬治·索珀醫生的衛生官員調查某戶富裕人

瑪麗被逮捕時拿叉子戳向一位衛生官員。

家爆發傷寒的原因後才找到線索。

索珀對已迅速消失無蹤的廚師提出質疑。由於熟悉德國諾貝爾獎得主羅伯特·科霍最新的傳染病學研究，索珀乃開始進行偵查，並發現在馬倫先前工作過的8戶人家中，除了其中一戶外都爆發了傷寒。當瑪麗在1907年3月被捕後，索珀聲稱她與25個傳染案例（包括1人死亡）有關。

「傷寒瑪麗」（這是報紙對她的稱呼）被安置在曼哈頓外的一家島上醫院裏，完全孤絕地被單獨禁閉起來；直到她保證會遠離他人的食物後，才於1910年獲釋。然而在4年後，傷寒病又在她當過廚師的衛生機構中奪去兩條生命，使這位無可救藥的帶原者於1915年再度被捕，並重新被遣回她在島上的隔離處所。她在那兒成爲一名實驗室助手，並搬進自己的小房子裏；最後於1938年逝於該處，享年68歲。◀1905（9）▶1928（11）

重佔古巴

陸軍部長威廉·霍華德·塔虎脫在1906年宣佈，美國在古巴的臨時軍事政府將繼續執政，「直到能重建秩序、和平及民眾的信心爲止」。換句話說，也就是直到相當1億6千萬美元的美國煙草業、糖業以及其他投資的安全獲得最終保障爲止。在美西戰爭結束後，美國原本已於1902年從古巴撤軍。然而在幾年後當古巴當地政府垮台時，塔虎脫派出海軍陸戰隊；美軍在此滯留兩年，進一步加深美國在加勒比海區的商業及軍事涉入。◀1903（2）▶1916（2）

納齊莫娃在美國初試鶯啼

俄國著名女演員艾拉·納齊莫娃在移民美國並接受6個月的英語速成課程後，於1906年在首次登台亮相，主演易卜生的《海達·加布勒》；熱情強悍且富異國風情的納齊莫娃很快地便成爲易卜

生作品最出色的詮釋者。其後，她往好萊塢發展成功，從1915到1925年之間共演出了17部影片。◀1906（2）

布朗斯維爾事件

位於德州南部的布朗茲維在8月13日被幾聲來福槍響打破了午夜的寧靜；其中一名白人喪命，另一名則負傷。在這個原本種族關係即已相當緊繃的城市裏，市長立即歸咎於駐守在附近布朗營地的黑人士兵。儘管這167名黑人士兵抗辯他們是無辜的，並有白人指揮官的證詞加以支持，但他們還是被不名譽地開除了軍籍；直到1972年才獲重判無罪。▶1931（9）

美國政治與經濟　國民生產毛額：287億美元；羅斯福總統訪問巴拿馬，成爲第一個在任內離開美國本土的總統；基安尼尼在舊金山地震後，因提供舊金山重建工作貸款而致富；威廉·倫道夫·赫斯特建立國際新聞署（INS）；美國玉米作物收成超過30億；蒲式耳哈洛伊德公司（後爲全錄公司）以及加州標準石油公司（雪弗龍石油公司前身）建立。

「我打扮得和那些工人們一模一樣，靠著一隻飯桶的簡單工具，我發現便能四處遊走。」

—— 辛克萊敘述他在芝加哥屠宰場的喬裝滲透

環球浮世繪

一盆冷水

到1906年為止，在力圖達到絕對零度（一個所有物質都失去了熱活動能力的溫度）的白熱化研究競賽中，最低者可以達攝氏零下14度。但德國科學家瓦爾特‧赫爾曼卻以他的熱力學第三定律為這些努力潑了一盆冷水；他認為研究雖能加以逼近，但任何科學程序都不可能達到絕對零度。
▶1911（2）

對公海的控制

隨著歐洲軍事緊張的加遽，英國在1906年先發制人，啓用一艘可怕而又快速的皇家「無畏號」戰艦；它所擁有的10門12英吋口徑的大砲立即使其它的戰艦顯得不堪一擊。不甘落後的德皇在柏林將一支新德國艦隊編入現役，並下令拓寬波羅的海和北海間的基爾運河，以便航行更大型的戰艦。◀1906（9）▶1907（2）

通向未來的橋樑

自稱其運動為「橋派」的4位德國建築系學生，在德勒斯登的一家燈廠的展覽中，向來賓展現了一種具表現主義畫風的新穎大膽

形式。這些從非洲和大洋洲藝術的內在力量掘取靈感的藝術家包括恩斯特‧路德維希‧科爾希納、卡爾‧施密特—羅特拉夫、弗里茨‧布萊爾和埃里希‧黑克爾（上圖木刻為其創作），他們宣稱其作品是通向未來的橋樑。
▶1910（6）

辛克萊揭露美國肉類加工業者對待消費者有若動物一般，不顧他們的死活。

美國

《叢林》推動了改革

⑪ 厄普頓‧辛克萊在《叢林》一書出版若干年後評論道：「我的目標是想喚起公眾的同情心，結果卻意外地擊中要害。」辛克萊原想藉這部小說報導芝加哥屠宰場工人的困境，但因暴露肉類加工業內部可怕的公共衛生弊端而引起轟動，並直接促使通過1906年《純淨食品法》；這是美國第一部管制食品加工生產的概括性法律，也是對盛行於該國工業界內無拘無束、自由放任的資本主義的重大打擊。

為一家社會主義週刊撰稿的辛克萊，佯裝成勞工在屠宰場裏度過兩個月。他目睹染有結核病的牛肉和帶有霍亂菌的豬肉被製成香腸，腐爛的肉品被用危險的化學藥物來掩飾，此外還有猖獗的老鼠和遍地髒污；受污染的產品正威脅消費者的生命。辛克萊將見聞以一名叫朱吉斯‧魯德庫斯的斯拉夫移民的虛構故事公諸於世。經由連載刊登，這個被傑克‧倫敦比作「苦悶薪資階層之《黑奴籲天錄》」的故事轟動一時，但在達博第佩吉公司將它付梓出版前，曾遭到5個出版商的拒絕。它很快地成為暢銷小說，而怒不可遏的讀者則開始向羅斯福總統投以洪水般的抗議信件。

《純淨食品法》在《叢林》一書出版6個月後通過，它不僅管制各種類型的食品加工，還包括了藥品製造在內；後者對那些以披露醜聞為業的辛克萊的同僚來說是個勝利，因為他們向來譴責藥局充斥著

以酒精和鴉片為主要成分的「藥品」。◀1905（邊欄）

法國

德雷福斯案落幕

⑫ 當民事法官駁回軍事法庭的判決，宣佈阿爾弗雷德‧德雷福斯叛國案無罪開釋後，法國史上最大的醜聞終於在1906年落幕。

這起歷時12年的「德雷福斯事件」起源於1894年，當時一名受雇於德國大使館的巴黎清潔婦在垃圾桶裏發現了法國的軍事情報。陸軍調查人員認定間諜是個砲兵軍官，於是身為猶太人且來自亞爾薩斯的年輕上尉德雷福斯便成為最合適的犧牲者。由於亞爾薩斯一直搖擺於法德兩國的統轄間，而亞爾薩斯人常被懷疑有傾向德國的情結，再加上當時法國反猶太風潮相當盛行，於是軍方乃藉由指控一名「外人」來避免自己受到質疑。

在新聞界、政府和梵諦岡教廷的處死呼籲下，德雷福斯遭到軍法審判並被處以無期徒刑。兩年之後，證據顯示另一名軍官牽涉此案，但加以揭露的新任法國情報部門主管不久就被解職。這名涉案軍官雖也接受軍法審判，但早已事先安排其無罪釋放。

在這次假軍法審判後，聲援德雷福斯的一小群辯護者中最引人注目的小說家埃米爾‧左拉，寫下《我控訴》這篇史上最著名的報刊文章；是致法國總統的公開信，直指德雷福斯案中所有的錯誤。左拉

「艱難的清洗」：德雷福斯靠母性的乳汁清洗不白之冤。

在被控誹謗罪後，只得逃往英國。

當德雷福斯案的一名原告（在坦承偽造證據之後）自殺身亡之後，法國政府終於重審此案。令人難以置信的是，德雷福斯竟再度被判有罪。儘管獲得政府赦免，但德雷福斯仍繼續為自己的完全清白抗爭，終於在7年後的民事法庭上勝訴。

這起案子為法國帶來永久的轉變；公眾對德雷福斯遭受迫害的反感導致1905年的政教分離，以及法國左派勢力的提升。◀1902（6）▶1921（1）

據估計，約有1億中國人染上鴉片毒癮。

中國

禁毒之戰

⑬ 在公眾要求採取行動的聲浪中，中國於1906年頒佈一套訂有長期規劃的法律，以減輕鴉片對約1億名中國癮君子的毒害。

這種毀滅性的惡習流行時間並不長。當英國意識到中國是其印度殖民地某項物產的巨大市場前，鴉片直到18世紀在中國仍相當少見。中國皇帝對日益升高之毒品買賣的反對態度造成1839至42年間的「鴉片戰爭」；英國輕鬆獲勝，鴉片的輸入則由細流迅即氾濫成災。

這部法律給吸食者、販賣者及罌粟農民10年的期限，到期必須完全終止；戒毒藥免費或低價分配。10年後任何人若繼續吸食，將被處以遊街示眾（在中國是很嚴厲的懲罰）。同時，中國也開始和英國及其他從事鴉片買賣的國家談判，意圖使他們撤出在中國的鴉片生意。

《紐約時報》預測，一個全新清醒的中國「已找回自我，她將重組政府」以抵禦外強。的確，在其他因素推波助瀾下，中國革命在5年後爆發。◀1905（邊欄）▶1911（9）

菁英名流聚餐之所

1906年戴蒙尼科餐廳的特製菜單

亞伯拉罕·林肯這位紐約戴蒙尼科餐廳的常客,有一次對老闆勞倫索·戴蒙尼科說:「在華盛頓有很多豪華宅邸,但可惜的是沒有比得上你們的廚師。」他並不是唯一有此感觸的人。從1825年以一家小酒鋪發跡以來,戴蒙尼科餐廳已發展為全國拔尖的餐飲企業,所接待過的顯要人物有查爾斯·狄更斯、詹妮·林德和尤利西斯·葛倫等人。至本世紀初,包括范德比爾特家族、洛克斐勒家族以及摩根家族等工業鉅子在內的美國新興貴族更常聚集於這個餐廳裏,一面啜飲甲魚湯,一邊互相恭維寒暄。在這個餐廳的全盛時期(終止於禁酒令的實施)中,在戴蒙尼科餐廳進餐便如同能在新港渡夏、在棕櫚灘避寒以及搭乘遊艇到倫敦一般,對於任何渴望提昇社交地位者都是必經之路。▶1908(10)

MENU

———

HUÎTRES

POTAGE
TORTUE VERTE, AMONTILLADO

HORS D'OEUVRE
JAMBON DE VIRGINIE
HARICOTS VERTS, NOUVEAUX

POISSON
ALOSE SUR PLANCHE À LA MANHATTAN
CONCOMBRES   POMMES PERSILLADE

RELÉVE
SELLE D'AGNEAU, COLBERT
CÉLERI BRAISE

ENTRÉE
TERRAPÈNE, MARYLAND
—
SORBET CALIFORNIENNE
—
RÔTI
CANARD À TÊTE-ROUGE
TOMATES FARCIES AU CÉLERI MAYONNAISE

ENTREMETS DE DOUCEUR
GLACES DE FANTAISIE

PETITS FOURS   FROMAGE
MONOPOLE, ENGLISH IMPORTATION
CAFÉ

GRAVES
SHERRY
APOLLINARIS

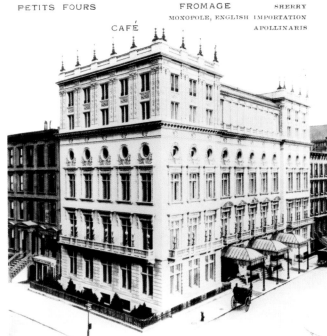

由原先位於市區偏遠處搬到第五大道和44街口(即紐約「黃金海岸」區的下端)後,戴蒙尼科餐廳和另一家同為富商巨賈們偏愛用餐的雪莉餐廳展開了激烈競爭。在一個特別為派屈克·法蘭西斯·墨菲舉行的高尚宴會上,他們採用第凡內珠寶公司所設計的,包括牡蠣、甲魚湯、維吉尼亞火腿、烤羔羊脊肉以及紅頭烤鴨在內的法文菜單。

「像畢卡索這種人，研究物體就如醫生解剖屍體一樣。」
—— 法國評論家阿波利奈

1907

年度焦點

畢卡索和布拉克創建立體派

1 一群巴塞隆納亞維農大街某妓院的女孩在1907年成為一幅畫的主題；由該幅畫所引發之藝術革命的深遠影響，套句藝術史家赫舍爾·奇普的話說：「這種能使意象在畫裏具體化的方法，於1907至1914年間所造成的變化，多過文藝復興時期以來的總和。」巴勃羅·畢卡索在《亞維農的少女》這幅不無爭議的本世紀最重要繪畫的傑作引進了立體派畫法，儘管「立體派」這個名詞在往後4年多裏並沒有多少人採用。

畢卡索從塞尚早期的類似作品和非洲雕塑（當時是法國藝術家與知識分子的時尚）中找到靈感；並採用大幅度分割的形式營造出令人心緒不寧的形象。相對於觀賞藝術的公眾所習於的，以近乎崇敬方式表現女性圖像，這幅畫成了一劑猛藥。

畫家喬治·布拉克在次年將其友人畢卡索分解傳統形象的作法做了進一步發揮，除展出一系列畫作外，並促使馬蒂斯去觀察這些「小立方體」。

《亞維農的少女》改變了二十世紀藝術的方向。

畢卡索和布拉克想透過解構物體以瞭解其「真象」；他們摒棄了光影、透視和平面表現等傳統技巧，將描繪對象拆開來分析，然後以幾何圖形表現其每一個角度與細節。到1912年他們又另闢蹊徑，僅以幾何圖形來構築意象。

這種畫法震撼了巴黎藝術界；其自由的審美方式也為各類藝術家如胡安·格里斯、瑪麗·洛朗桑、費南德·雷傑、羅伯特與索尼婭·德洛內夫婦，以及馬塞爾·杜象等人所接受。立體派不僅對外國的藝術發展扮演關鍵角色，它的精神更遍及本世紀所有藝術，包括雕塑、建築、舞台設計甚至文學和音樂等。在1911年的獨立派畫展中，當代文化界巨擘紀堯姆·阿波利奈便熱烈讚揚這種引起爭論的新風格與它一度受人嘲弄的名稱：「立體派」。他的讚許意味著將兩眼放在頭的同側，或將報紙貼在畫布上等令人震驚的創新畫法將長遠留存。◀1906（6）▶1913（2）

巨輪「盧西塔尼亞號」的總面積是美國國會大廈的兩倍。

工商業

巨輪遠航

2 20萬名歡呼的群眾於1907年9月聚集在英國利物浦港，歡送「盧西塔尼亞號」進行她橫越大西洋的首航。英國康納德輪船有限公司希望藉著這艘巨型郵輪的開航，及其2個月後下水的姐妹船「茅利塔尼亞號」，開創橫越大西洋航行的新紀元。這兩艘船是當時體積最大、速度最快，也是設備最豪華者；它們所擁有的6萬8千匹馬力，使其被設計在風浪不大時可維持24.5節的速度。「盧西塔尼亞號」只用了七成半的動力以及5天零54分鐘，便由愛爾蘭橫越大西洋到達紐約，比以前的任何紀錄快了6個小時。而在類似航程中，「茅利塔尼亞號」的平均速度又比「盧西塔尼亞號」快了1節。

康納德公司這兩艘經政府提供1300萬美元低利貸款建造的船，旨在對德國保持警惕。它們可超越該國船艦的速度紀錄，同時也用以抗衡戰時可改裝為武裝巡洋艦之德國商船的軍事能力。根據英國海軍規格建造的「盧西塔尼亞號」和「茅利塔尼亞號」可裝配12門6英寸火砲。為便於改成戰艦，兩艘船都由海軍支援部份操作人員，而海軍部也保有徵用權。

無論如何，德國最後終於勝過了「盧西塔尼亞號」。8年後，這艘名義上仍是商船的巨輪被德國U型潛艇的魚雷擊中，並且於20分鐘之後沉沒；船上的1200位乘客（包括128名美國人）均葬身海底。對此一事件之憤慨成為美國主戰派呼籲參加第一次世界大戰的口號。◀1906（邊欄）▶1915（3）

印度

瘟疫橫掃全國

3 在1894年源起於中國且極易傳染的鼠疫（黑死病）於1907年達到高峰，蔓延至各大洲的

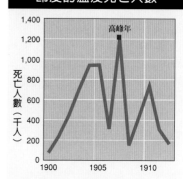

印度的瘟疫死亡人數

高峰年

死亡人數（千人）

1,400
1,200
1,000
800
600
400
200
0

1900　　1905　　1910

1894年至1916年間死於鼠疫的總人數超過650萬。

52個國家，其中以印度最為慘重。該年印度有120多萬人死於此一疾病，每千人中至少有3人得病。與

藝術與文化　　書籍：《三週》艾莉諾·格林；《祕密工作員》約瑟夫·康拉德；《母親》馬克西姆·高爾基；《警世故事集》希萊爾·貝洛克；《尼爾斯騎鵝旅行記》塞爾瑪·拉格勒夫；《實用主義》威廉·詹姆斯　　音樂：《螢火蟲》林克和羅賓遜；《學生時代》愛德華茲和科布；《前往曼德勒》斯皮克斯和吉卜林；《西班牙狂

「在一齣好戲中，每個對白都應像核桃或蘋果般耐人尋味，而這種對白是與對詩歌一竅不通的人爲伍之作者所寫不出來的。」 ── 米林頓·辛格在《西方世界的花花公子》的序言中說道

6世紀及14世紀的瘟疫一般，1894至1912年間流行病的肆虐使許多村子幾乎全無活口，只留下恐怖過後被踐躪的慘狀。當時一名在印度浦納的英國記者寫道：「只有送殯隊伍的喧鬧與敲擊聲，以及新近喪家所發出來的悲泣哭聲，才偶爾打破這片死寂。」至於英國人則主要因與當地人隔離及防鼠得當而得免受感染；如同一位在印度之英國婦女於家書中所說的：「我們白人非但不怕瘟疫，而且跟以前一樣每晚在俱樂部裏快樂地跳舞。」

然而許多印度回教徒拒絕撤出被傳染村莊的作爲，使得印度死亡率大幅地攀升。他們普遍認爲逃離瘟疫就等於逃離眞主阿拉的懲罰一般，這是《古蘭經》所明確禁止的。最後政府只得聲明說，阿拉要求信徒自我保護以免遭受瘟疫之苦。◀1901（邊欄）▶1918（7）

《花花公子》描寫勞工階級的方式以及對土語的運用都打破了禁忌。

戲劇
修道院裏的「花花公子」

4 在約翰·米林頓·辛格的《西方世界的花花公子》進行全球首演之前，戲迷們可能沒有聽過「反英雄」這個名詞；但是當他們看到一名叫克里斯蒂·馬洪的角色突然出現在台上並宣稱殺了父親時，這種角色便昭然若揭了。該劇的情節以及隨之而來的爭論雖集中在其他角色對克里斯蒂的吹捧上（在其父親活著出現後，克里斯蒂很快地便一文不名），但是由劇中的農夫角色所吟誦之純樸而輕快的愛爾蘭詩歌，更賦予了該劇持久性的力量。而辛格也一再地宣稱，在他戲劇中的對白只不過是將其盎格魯-愛爾蘭同胞們傳神的土語翻版過來而已。

無論是形式或其內容，《花花公子》一劇都駭人且不敬地偏離了當時的戲劇傳統。非但很難被歸類爲喜劇還是悲劇，它所涉及的暴力、愛情、社交及英雄主義的本質等，也都具有明顯的現代性。評論家認爲該劇頹廢而且下流，有人還稱它是「對愛爾蘭農民，更糟的是對愛爾蘭農家女孩的恣意誹謗」；

但該劇的確經得起批判。正如辛格所說，它迎合了「公眾熱烈、優美而溫柔的想像」。《花花公子》可以說是愛爾蘭文學之「文藝復興」時期的重要作品。◀1905（6）▶1923（3）

外交
軍備競賽降溫

5 隨著許多強國將國家收入的6%用於軍費，國際間的軍備競賽在1907年達到高峰，這乃是以前承平時期所未見的。各國紛紛指責其對手擴充軍備，且都聲稱只要和平。來自44個國家的代表在1907年6月15日保證要制止這種如同一位美國記者所稱的「非理性競賽」；他們齊聚荷蘭海牙召開爲期4個月的會議，旨在發動全球裁軍的過程。

第二次海牙會議是與前次由沙皇尼古拉二世在1899年召開者宗旨相同的後續會議；它成立了第一個國際法庭，就解決國家間爭端的法律條款達成協議，並制定了處理戰爭行爲的指導方針。1907年的會議雖更進一步，但無助於世界和平；它擴大了海牙法庭的權力（儘管被世界法庭和聯合國所接替，但至今仍然存在），並就中立國權利義務、佈設水雷、敵方商船地位，以及海軍轟炸行爲規範等達成協議。雖然戰鬥機即將使氣球戰無足輕重，但在第一次海牙會議對氣球戰的禁止仍予維持；至於先前對達姆彈與窒息性氣體的禁止使用條款則被廢止。

和1899年一樣，裁軍問題在第二次海牙會議中幾乎沒有被提及；相反的，這次會議的主要成就（即便是無心的）卻是制定了被7年後爆發之第一次世界大戰所遵循的規範。▶1914（1）

第二次海牙會議。第三次會議原訂1915年召開，卻因戰爭全面蔓延而取消。

「這些人希望得到油、肥皂和擁抱。但他們需要的，也會得到的乃是一頓好打。」

—— 教宗庇護十世

1977年新事物

- 電影字幕代替了旁白講解員
- 鮪魚罐頭（加州聖彼得）
- 直升機（由法國人保羅・科爾尼設計）
- 家庭用洗衣粉（珀西爾公司）
- 滑雪學校（位於奧地利阿爾卑斯山脈的聖安東）
- 阿姆斯壯麻油氈
- 加拿大薑汁淡麥酒
- 歐萊雅香水與美容產品（法國）
- 衛理公會聯合教會
- 俄克拉荷馬建州（第46個州）
- 布洛克百貨公司（洛杉磯）和內曼－馬庫斯百貨公司（達拉斯）

美國萬花筒

歐洲女士來到美國

「波羅的海號」輪船載運1002名未婚的「舊世界美女」於9月27日抵達紐約。當一群單身漢前往迎接這批美國新移民時，樂隊演奏出「丘比特的花園」。其中的一位少女說：「聽說匹茲堡的男人都是富豪，我要去那裏。」

▶1907（6）

柯蒂斯的美洲土著

愛德華・柯蒂斯著名的美洲土著生活照片集《北美印第安人》的第一卷於1907年出版發行。這個由摩根贊助的拍攝計畫最後共出版了20卷，且每卷售價高達3500美元；摩根希望其成為「迄今出版的最優美的照片集」。▶1955（邊欄）

廣場飯店

美國建築師亨利・簡威・哈登柏最新豪奢巨構的「廣場飯店」於10月1日開幕。這座擁有1千個房間的飯店建在中央公園南端的「大軍廣場」（范德比爾別墅舊

「拉法葉號」船上的移民。在船靠岸後，他們可能要等上幾天才能被送到艾力斯島。

美國

移民潮高峰

6 他們來自歐洲各地的農村或城市的少數民族聚居區；為了把對未來的美好憧憬寄托在「鋪滿黃金」的美國街道上，他們歷經10天顛簸之苦橫越大西洋，僅吃船上供應的鹹鯡魚和粗麵麭度日。在1900到1914年間，有超過1300萬名移民進入美國，直到第一次世界大戰在1914年爆發才阻斷了移民潮；光是在達到本世紀初移民高潮的1907年就湧入了120多萬移民。

「新移民」（如此稱呼以便與他們在19世紀的前輩區別）大多來自中歐與東歐，這種趨勢引起美國社會最嚴重的一次排外風潮，其中大部分是反猶太及反天主教分子。反動分子引用1890年人口普查結果，表明美國已無未開發地區，並擔心該國已難以容下新公民。大多數反移民言論充滿種族主義色彩；其中一位著名的史學家甚至聲稱盎格魯撒克遜人的血統含有特殊的民主特質。由於多數移民都自然地湧向都市，於是城市與都會工人階級同時暴增，使得部分公眾開始焦慮不安。

美國移民委員會在1907年開始

研究此一問題；在4年後所發表的報告中，委員會建議限制移民，成為日後制定反移民法的遠因，其內容包括規定限額並要求移民識字等。在戰爭以及隨之對無政府狀態的恐懼加深了人們的憂慮後，進入美國的通道也緩慢而無情地縮窄，致使移民潮再也不曾恢復到戰前的高峰。▶1917（2）

宗教

教會整肅現代主義者

7 教宗庇護十世發怒地道：「這些人指望得到擁抱；但他們需要的，也會得到的，乃是一頓好打。」在教宗於1907年7月出面鎮壓後，其整肅的手段震撼了教廷與兩個歐洲政府。

「這些人」指的是現代派天主教徒；他們（正如一位領袖所說

的）屬於調整自己信仰以符合「當代知識、道德和社會需要」之一股運動的部分。包含許多受尊敬之神學家的現代主義信徒，援引科學與歷史的新發現來質疑教

會信條。一位奧地利教規法教授懷疑「聖靈懷胎」的說法；法國的高級教士們把6天的創世紀故事詮釋為「歲月的6個時期」；另外一位宗教小說家試圖把天主教教義與達爾文主義融合在一起；至於其他一些人則勸告羅馬教廷與工人階級站在一起，一同反抗壓迫者。

教宗對此進行反擊；他認可從天主教大學和神學院開除異議人士，任命審查員檢查天主教出版物，並在每個主教區設立警戒委員會的行動；同時命令主教須匯報部屬的情況，「從信徒手中奪走所有壞書和壞作品」。此外，他讓教士們都簽署反現代主義的誓約；派間諜誘導傳教士談話以便蒐集罪證；甚至祕密拍攝神職人員的信件。任何匿名告發都足以令現代主義作家被逐出教會，或使神職人員的職位遭剝奪。

這些嚴厲措施徒然增強教會外的反對勢力，特別在德國和荷蘭。這兩國的多數人民都是新教徒，他們對教宗通論稱其教派創始人為「反基督教」和「唯物主義論者」而憤憤不平；儘管兩國都是聯合政府，且有賴於天主教黨派的支持以擯除社會主義分子，但這股怒火幾

體育 棒球：世界大賽，芝加哥小熊隊（包括喬・廷克、約翰尼・艾弗斯和弗蘭克・錢斯等3位野手鐵三角）以4勝1負（其中一場延長加賽）擊敗底特律老虎隊 **美式足球**：全美比賽中，吉姆・索普為卡萊爾印第安學校隊立功揚名 **冰上曲棍球**：加拿大康沃爾隊的歐文・麥科特在3月6日的比賽中被渥太華維多利亞斯隊的前隊友毆打致死 **賽車**：首次由北京出發至巴黎的長途耐力賽（希皮奧內・博爾蓋塞親王獲勝）。

「在黃金的誘惑下，托拉斯巨頭們已將人民的生命置於危險之中。」
——1907年大恐慌爆發前不久刊於1907年7月的《競技場》雜誌

乎使得政府垮台。整個歐洲的自由派媒體和非宗教政府也對梵諦岡的作爲表示惋惜。然而整肅仍持續至1914年，直到新教宗本尼狄克十五世就任才開始取消敕令並恢復某些現代派神父的職位。▶1929（10）

思想
生命力

8 「生命躍動」學說在1907年有若狂潮般地席捲世界。由法國哲學家亨利·柏格森在其極具影響力的著作《創造演化論》裏首次提出之「生命躍動」或「生命力」一詞，是使肉體和精神融合爲一的原則。柏格森認爲，生命的發展並非機械性的，而是有賴充滿各種事物且可衍生出種種生命型態的「生命力」來加以驅動。換句話說，演化是具有創造性的。

柏格森的理論不但影響了包括喬治·桑塔亞那和阿弗列·諾斯·懷海德等其他20世紀的偉大思想家，也捕捉了公衆的想像力。許多誤以爲「生命力」乃是流動於血管中某種性的本質之仰慕者，紛紛寫信或寄請柬邀約伯格森。致使柏格森經常變換在巴黎的住址以便躲避，而這種策略也使其被稱爲「流浪的猶太人」。

他在1932年發表一篇題爲《道德與宗教的兩個泉源》之有關宗教信仰的研究論文。幾年後他透露說：「我的內省使我越來越接近天主教義，這是在我徹底實踐猶太教義時發現的」；他自稱應轉信天主教，但仍想「留在未來將遭迫害的人群中」。

當維琪政府於第二次世界大戰期間實施

柏格森的書使他像今日的搖滾明星一般，贏得衆多「傾慕者」。

種族法時，儘管柏格森已年邁且行將就木，但仍拒絕豁免而向政府登記自己是猶太人。▶1923（邊欄）

華爾街上憂心忡忡的投資人等待1907年大恐慌結束。

工商業
1907年的經濟恐慌

9 經濟恐慌始於銅價的急遽下跌，由於市場中銅礦股票重挫，結果又侵蝕了與煉銅業關係密切的銀行；於是某些銀行將倒閉的傳言乃蔓延開來。最常爲人們提到的是位於曼哈頓、一向信譽卓著的尼克博克信託公司，其存款人在1907年10月22日開始大規模提領現金致使該銀行的現金儲備在一天內全部耗盡，迫使董事會決定暫停支付，於是引發了1907年的大恐慌。隨著擠兌狂潮從尼克博克蔓延到紐約其他機構，恐慌在幾天後便吞噬了全國。

在接下來的幾個星期裏，絕望的民衆包圍銀行成了司空見慣的景象。於此同時，德高望重的摩根領導一群志同道合的紐約金融家湊足資金，從歐洲進口價值1億美元的黃金支援飽受打擊的銀行。羅斯福總統同時在華盛頓向全國保證，美國的金融機構絕對安全可靠；爲兌現此一承諾，他授權財政部長喬治·科特柳直接移撥大量資金給陷入困境的紐約銀行，並發行1億5000萬美元低利政府債券。這些現金的挹注終於使得不安的存款人恢復信心，並停止從銀行提款。

這次大恐慌迫使美國正視其銀行與金融體系不足之處。在國會召開聽證會之後，終於在1913年創立了聯邦儲備制度。◀1901（3）▶1908（邊欄）

大衆文化
第一個現代動物園

10 在動物權與環境論尚未成爲大衆考慮的嚴峻問題之數十年前，一位名叫卡爾·哈根貝克的德國馴獸師於1907年將其極具野心的新式動物園對外開幕，並重新界定籠中動物與來參觀之人類間的關係。當時多數動物園都將動物放在

雖然北極熊仍關在鐵籠裏，但哈根貝克的動物園仍比以前來得自然。

小得可憐、外加欄杆且防護嚴密的籠子裏展示。哈根貝克一方面對此大加抨擊，認爲無須使用如此殘酷的方法來訓練野生動物，同時主張應把動物放在與其自然棲息地約略相近的環境中進行展示。

哈根貝克於1902年在漢堡郊外買下27公頃的土地，並花了5年時間加以經營；經過細心研究與多次試驗，終於在觀衆的安全與親近動物間找到最適當的平衡點。他以看不見的大坑，將動物間以及牠們與觀衆隔開，使設施既安全，又可給予觀衆自然的連貫視野。

但哈根貝克對動物棲息環境的重建乃是一項耗費昂貴的工程，這個理由使其方法儘管具有革新創意，卻未立即被其他動物園採用。不過時間仍舊凸顯其方法的優越性：1913年的倫敦動物園與1919年的聖路易動物園是兩個最先實現哈根貝克觀念的例證。時至今日，幾乎全世界所有動物園的建築都應歸功於哈根貝克對環境自然主義的努力。◀1905（5）

址上），極盡華麗鋪陳與精緻高雅，甚至超過了哈登柏所建造的其他如華爾道夫、韋勒德及阿斯特等豪華飯店。

全世界上最偉大的演出
就最炫耀眼的娛樂而言，應該沒有比馬戲團更壯觀的場面了。在巡迴全國的十餘個團體中，「巴納姆與貝利」馬戲團和「瑞林兄弟」馬戲團這兩家可算

是箇中翹楚。而「瑞林兄弟」更於1907年購併其主要對手，組成娛樂界有史以來規模最大且更轟動的馬戲團。

強大的白色艦隊
新近由太平洋所獲得的領土（夏威夷、菲律賓和關島）使美國的海軍戰備受到新的評價。在該年12月，16艘戰艦組成「強大白色艦隊」駛離維吉尼亞州的漢普頓羅茲進行環球航程。這趟長達一年的武力展示使世界各國深信：美國如今已眞的是兩洋強權了。◀1906（邊欄）▶1911（1）

廣播皇帝
當一名與衆不同的美國物理學家，李·德·弗雷斯特在1907年爲他所發明的可增大微弱無線電信號的三極眞空管申請專利時，無線電廣播便大爲普及。這種取名爲「奧迪恩」的眞空管由於構造簡單且價格便宜，很快就成爲各種收音機的標準配備。正如發明者所言：「我發現了一個隱形的廣播帝國。」◀1904（8）▶1920（3）

「這事亂瘋狂的。」
—— 當穆特遇上傑夫時

環球浮世繪

涇渭分明的同盟

當英俄結盟加入「三國協約」後，令人時而難以測度的歐洲地緣政治網便在1907年展現了新的面貌。作為早期「法俄協約」與「英法協約」間友好關係的自然延伸，「三國協約」在第一次世界大戰中成為協約國的核心所在。與此同時，德國、奧匈帝國和義大利也在第一次世界大戰前，多次續約作為祕密軍事協定的「三國同盟」。◀ 1906（9）▶ 1911（1）

石油公司合併

荷蘭油業巨人「荷蘭皇家石油公司」與其英國對手「殼牌石油公司」在1907年合併。荷蘭皇家石油公司總裁亨德里克·戴特鼎成為這家龐大跨國公司的董事

長，而殼牌公司的馬庫斯·薩繆爾則擔任總裁。它們的合作使全球任何能發現石油的地方都有這家公司的蹤跡。◀ 1901（12）▶ 1909（5）

國內統治

紐西蘭在1907年雖由英國授予自治領地位，但英國在此後40年間仍然繼續指導其外交政策。▶ 1926（9）

意外的協定

在一項引發全球側目的發展中，法國和日本簽署了一項協定，承認與尊重彼此在華利益，並遵守使各國在華商業機會均等的「門戶開放」政策。這項出人意表的《法日協議》在1907年6月10日正式生效之後，這兩個性格迥異且有時敵對的國家間便建立起友好的關係；前此不久，由於日本在日俄戰爭中打敗了作為法國長期友好的俄國，一度使兩國的關係降至最低點。◀ 1905（3）▶ 1914（2）

很多人發現拉斯普廷灼熱的目光使人難以忍受。

俄國

沙皇宮廷中的瘋和尚

⑪ 1907年，兩歲大的俄國皇位繼承人因血友病而在床上流血不止，御醫們由於缺乏醫學知識也全都束手無策。皇后亞歷山卓為此痛苦內疚不已，因為她的4個男性直系親屬都死於血友病，而獨生子亞歷克謝也得此遺傳；不顧一切想拯救他且迷信鬼神的皇后於是請來格雷戈里·拉斯普廷。拉斯普廷是位自詡為聖人之放蕩的西伯利亞農夫，他最近流連於聖彼得堡並受寵於貴族階層。拉斯普廷來到病房祝禱幾聲後，亞歷克謝的出血隨即停止。

亞歷山卓和尼古拉二世從前便見過拉斯普廷，並對其印象深刻，現在更將他納入中央集團。亞歷山卓將拉斯普廷奉若聖人，而後者則從她那裏獲得驚人的政治影響力。由於數度止住亞歷克謝的出血症狀，這個「瘋和尚」直至1915年非但成為俄國最有勢力的人物，同時還不斷在宮廷中安插他所任命的無恥之徒。

然而其放肆終成毀滅他的禍根；他的女性會眾敬畏地提到他灼熱的目光，他挑逗這些人的感情，聲稱與他進行身體接觸可以洗清罪孽。隨著有關他的淫逸故事四處流傳，僧侶們公開反對拉斯普廷，害

怕其影響力擴大的政治領袖們也懇求沙皇將他流放。當報紙譴責拉斯普廷時，儘管亞歷山卓說服丈夫宣佈這些負面報導為非法，但是公眾對「聖人」的敵意仍持續高漲。1916年，一批保守的政治領袖因為擔心他和皇后陰謀與德國媾和而決定將他處死。據說，他們將拉斯普廷誘入一間私人住宅並給他有毒的酒和麵包，在這位「和尚」拒絕服食之後，菲利克斯·尤蘇波夫親王以左輪手槍朝著他開火；拉斯普廷在身中數槍後卻仍然不死。最後，共謀者將他丟進冰冷的窩瓦河淹死。▶ 1917（1）

中國

孫中山的革命綱領

⑫ 在中國爆發革命前4年的1907年，通常被稱為「現代中國之父」的孫逸仙博士在東京一次有5千名同情革命學生參加的聚會上發表他的民主計畫。孫中山的「三民主義」包括主張所有中國人民一律自由平等的「民族」主義，主張中國人民都能夠擁有自治權的「民權」主義，以及主張在大眾間均分土地和財產的「民生」主義。

儘管孫中山的綱領只贏得中國革命菁英的有限支持，但學生們卻成千上萬地加入同盟會。這項歷史性宣言為醞釀中的社會變革確立了要旨，它宣稱：「早期歷史中的革命是由少數勇者所進行的英雄革命，而現在的革命則是全民革命。這意指人人都應具備自由、平等和博愛的精神，而且每個人都肩負著革命的責任。」◀ 1905（邊欄）▶ 1911（9）

大眾文化

漫畫登上日報

⑬ 批評是甚為嚴苛的，一位不滿的讀者來信寫道：「這些漫畫所要表達的東西實在不清楚，我們無法稱之為諷刺畫，因為後者

乃基於或針對既存的事物，但這些畫像……與世界上所見的一切均無實質聯繫。」無論如何，這些持否定態度者仍屬少數；而關於一個高大且倒楣的賽馬場廢品舊貨商不幸遭遇的漫畫《穆特先生》則於1907年登上了《舊金山新聞》，每週有6天刊在該報賽馬專頁上。漫畫家巴德·費希爾後來又為該漫畫增加了一個身材矮小、頭戴高帽且滿臉鬍鬚，名叫傑夫瓊斯的角色；在穆特和傑夫兩人相識於一家瘋人院之後，便開始了長期的合作。他們的高知名度確保了報刊上每日漫畫的地位，並且為美式英語增加了一條成語。

在《穆特與傑夫》之前，漫畫僅僅侷限於週日報紙的副刊上。最早出現的週日報紙漫畫是記述一個穿黃襯衫的街頭頑童「黃衣小子」的生活，於1896年開始刊登在約瑟夫·普立茲的小報《紐約世界》上，被用來作為促銷報紙發行量競爭手段的一部分。由黃衣小子進而產生了「黃色新聞」這個名詞，用以形容普立茲以及其主要對手威廉·倫道夫·赫斯特所喜歡刊載之危言聳聽的訊息。為了與「黃衣小子」一較高下，赫斯特也發行了自己的彩色週日漫畫副刊，並且稱它是「能使彩虹亦黯淡如鉛管之奪目燦爛的8頁」。從此以後，逗趣的漫畫就成為週日報紙的固定內容，而它們躍上日報的主要版面也只是遲早的問題罷了。◀ 1902（邊欄）▶ 1908（當年之音）

費希爾引入傑夫（左）後，穆特有了個小號的夥伴。

吉布森女郎走上法庭

1907年1月，伊芙琳‧內斯比特在哈瑞‧陶爾涉嫌謀殺案審判中的證詞

當伊芙琳‧內斯比特認識史丹福‧懷特這名以花天酒地與玩弄女性出名的紐約傑出建築師時，還是一名年僅16歲的歌舞女郎；至於與明艷動人之內斯比特發生戀情的懷特則已年近五旬了。在她隨後與男演員約翰‧巴里穆爾的短暫交往後，便遇上住在匹茲堡的哈瑞‧陶爾這名新情人；後者是個極為富有但精神不太穩定的施虐受虐狂。陶爾在1903年與內斯比特結婚並獲悉其從前的風流韻事後，妒火中燒。1906年6月20日晚間，陶爾在懷特設計的麥迪遜廣場花園大廈頂樓露天餐廳裏，走到懷特桌旁，從晚

禮服中掏出一把手槍由近距離朝他頭部開了3槍。

在其丈夫於年初的謀殺罪審判中（陶爾以精神異常為自己辯護），作為主要辯方證人的內斯比特一再向法庭覆述她告訴陶爾，有關懷特用藥迷昏她並加以強暴的經過，致使審判因陪審團意見不一而告終；至於陶爾則於第二次審判中以無罪開釋。在判決宣佈3星期後，兩人便協議離婚。內斯比特在1967年以82歲去世前，演藝事業可謂每下愈況；而陶爾的餘生則麻煩不斷且數度進出精神病院，最後在1947年以76歲去世。

伊芙琳‧內斯比特：懷特先生邀我去看密室，他穿過幾重帷幕，原來密室是間臥室，於是我坐到桌邊，那是張很小的桌子。桌上有瓶香檳酒，一小瓶，還有個玻璃杯。懷特先生拿起酒瓶並倒了滿滿一杯香檳；我沒有注意他，因為當時我正在看壁爐架頂上的一幅畫，那幅畫很漂亮，吸引了我。後來他告訴我，這屋子是他自己裝飾的，並且請我看那些與眾不同的擺設。房間非常地小。然後他走過來要我喝掉香檳，我照辦了，然後我不知道是一分鐘還是兩分鐘後，耳際響起一陣撞擊的聲響，就是一種敲打聲，接著整個房間似乎開始轉了起來。所有的一切都變得黯淡無光。（證人落淚）

辯護律師德爾馬斯：我不希望過分而無謂地使您就這件事傷心難過，但是您絕對有必要繼續說完證詞。

答：當我醒來時發現所有的衣服都被脫掉了，而自己則身在床上。我從床上坐起來並開始尖叫。懷特先生在那兒，他起身披了一件睡衣；那件衣服是搭在椅子上的，我向前抓了一些衣服蓋在身上然後坐起來，床的四周全是鏡子，周圍牆邊上和屋頂也是。我又尖叫起來。於是他走過來要我安靜，說我不該弄出這麼多噪音。他說：「都過去了，一切都過去了。」而我則大喊：「噢，不！」他遞一件睡袍給我，便走出了房間。下床後我再度大聲尖叫，他則又走回來想讓我平靜下來，我不記得自己是怎樣穿上衣服以及如何回家去的，不過是他送我回家的。然後他丟下我就走了，而我則是一夜未睡。

問：夫人，當您恢復知覺時，懷特先生在哪兒？您說您發現自己被脫光了衣服，您向陶爾先生描述了懷特先生在哪裏了嗎？

答：是的，懷特先生就在我身邊。

問：在哪裏？

答：在床上。

問：穿著衣服還是沒穿衣服？

答：一絲不掛。

問：陶爾先生對您的這些敘述有何反應？

答：他變得情緒很激動。

問：請您描述一下好嗎？

答：他站起來便開始在房間裏走來走去，大約一分鐘後又走過來坐下說道：「噢，上帝！噢，上帝！」就像這樣地咬指甲，同時還不停地抽泣。

問：抽泣？

答：是的，同哭泣不一樣，

是一種音調低沉的嗚咽，他不停地說：「說下去，說下去，把事情的全部經過告訴我。」

由照相機拍下之伊芙琳‧內斯比特的美麗形象（右圖），及藝術家丹娜‧吉布森（左上圖）筆下「吉布森女郎」的理想化描繪。在其丈夫受審時出庭作證的內斯比特（上圖）看起來沉著而鎮靜。

「汽車發展在實際上已達極致乃是出自於過去數年來未曾對於本質有所改良的事實。」

—— 《科學的美國人》1909年1月號

年度焦點

福特發明T型車

1 1908年，亨利‧福特在推出第一輛T型車時發誓說，「我要為社會大眾生產汽車」。該車款帶動了世界汽車工業及裝配線的大量生產，並因此掀起第二次工業革命。到本世紀末，這位農家子弟早期希望讓大眾擁有私人汽車的遠大夢想不僅已經實現，同時影響到生活各個層面——從城市市容到石油在國際政治中扮演的角色，乃至世人所呼吸的空氣。

T型車耐用而且靈活自如，能承受崎嶇的鄉間道路，1908年時美國農村就業人口所佔比例很高，因此也開創了汽車市場。更重要的是，定價850美元的福特汽車誰都買得起，不再只是有錢人的玩意兒（由於多年來的效率生產，汽車已經降價，使得1903年在底特律設立公司的福特更接近其革命性目標，以建造一輛「薪水不多也買得起」的車子）。在T型車問世一年內，美國各地已有1萬輛車在路上奔馳。到1927年停產時，全世界已銷售1500多萬輛。

由於採用四汽缸引擎、半自動「行星齒輪式」傳動裝置

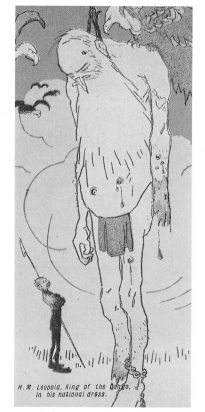

福特公司在第一次廣告後，收到了一千個詢問有關T型車的問題（上圖，1910型）。

（前進及後退踏板，能快速改變轉向）、懸吊鋼圈，以及取代沉重蓄電池的磁力發電系統，新發明的T型車成為當時最耐用的汽車。馬車所到之處都難不倒它，而且更快抵達。1918年，一位美國農婦在寫給汽車大亨的信中說道：「你的汽車把我們從泥濘中救出。」親切地讚揚了這位重視農民福祉的科技先知，以及該車的日常功用。

T型車為福特公司帶來財源的根本原因在於其零件可以互換。從1913年起，從車軸到齒輪箱的每樣零件都精確裝配，所以每輛T型車都完全一樣——它可以同時大量生產，其他車輛卻只能手工裝配。（零件生產也以維修低廉為主）1909年，由於面對越來越難以滿足的市場需求，福特在密西根的高地公園啟用大型工廠。幾年後，他為縮短生產時間而引進移動裝配線，開創現代汽車工業的先機——一切都是為了配合廉價的T型車。◀1903（8）▶1913（6）

英國漫畫中的利奧波德二世，罪有應得。

中非

利奧波德失去剛果

2 在不過20年之中，比利時國王利奧波德二世將相當於本國面積80倍的中非版圖納為私人財產。來自橡膠和象牙工業的巨額利潤也直接歸他所有。到了1908年，他對非洲人所採行的帝國暴行和殘酷統治引發了騷亂。比利時國會投票決定兼併剛果自由邦，並使其成為殖民地，盡力維護憲法和國王的統治權。

早在70年代末期，利奧波德就開始掠奪兼併非洲的土地，當時探險家亨利‧莫頓‧史坦利沿著剛果河航行，他最初將與非洲酋長簽定的協約交給英國，然而英國對此並不感興趣，後來才呈給貪婪的比利時國王。到了1884年，450位非洲酋長將領土主權拱手讓給了利奧波德（此時他雇用史坦利為代表進行協商）。在利奧波德修建一條貫穿非洲內陸的公路之後，「非洲爭奪戰」才逐漸升級。1885年的「柏林協議」規定了非洲各殖民地邊界和自由貿易原則，並要求改善非洲原住民的道德觀。但利奧波德卻無視

該協議的一切條款，對剛果實行血腥統治。

對他來說，剛果有如「一大塊非洲蛋糕」。國王橫征暴斂，等於廢除了國際貿易和外商投資，剛果人被剝奪所有權利，被迫無償收割橡膠。地方官被教唆指使人民做事：「籃子在這兒。立刻到森林裏去幹活，如果一週內交不出4.5公斤橡膠，我就放火燒茅屋，讓你們片甲不留。」約有1500萬人因此淪為奴隸，數十萬人被殺。各組織紛紛起而反抗，例如在英國的「剛果改革協會」。

利奧波德先是購置遊艇，又在地中海買別墅養情婦，之後開始投資比利時。他大興公共工程，如築路、建公園、蓋博物館等，設法在世界上其他人都譴責他之同時，讓比利時人民和他站在同一線上。當利奧波德意識到輿論已反對他，而兼併運動又難以停止時，他將自由邦的財富偷偷轉入私人帳戶，並沒收超出比利時政府權限的採礦權。他交給比利時的剛果儘管自然資源豐富，但早已破產。◀1902（5）▶1909（邊欄）

英國

男孩成為士兵

3 假如英國能更巧妙地贏得波耳戰爭，1908年成立的「童子軍」也許就不會存在。但是45萬大軍花了3年時間才征服了4萬荷裔農民。大英帝國有很多人對本國士兵的品質感到憂心忡忡，特別是自從五分之三的新兵因健康原因而退役以後。在國內，工業化使得犯罪率和貧窮急遽上升，勞工糾紛也不斷增加。以著名的社會達爾文主義觀點來看，英國似乎正在喪失生存適應力，更別說是統治了。

就在此時，波耳戰爭英雄暨騎

「傷亡人數可能達500人。確實情況則不得而知，因爲許多屍體都被扔進最近的礦坑或被狗吃掉。」
—— 德黑蘭戰役中的英國觀察家

兵檢查長羅伯特·貝登堡出現了。處於社會上層的貝登堡有了一個構想：即「一支由社會各階層（特別是低層）男孩組成的組織，而且具有愛國心、身體強健、敬重階級及自力更生等軍人情操。」1908年，他出版一本《童子軍》手冊，正式展開該項運動。

為了能得到競賽樂趣、林地冒險、效仿軍隊榮譽、求生技能及小隊歸屬概念（還有儀式口號），童子軍必須宣誓「效忠上帝和國王」。共分9部分的「童子軍法則」強調快樂、助人、誠實和無條件服從。它的座右銘「待命」是取自創立人名字的第一個字母。

到了1910年，英國已有10萬名童子軍，而全球各地也陸續有分支成立。根據統計，世界上110個國家中共有約1600萬名童子軍。

◀1902（1）

藝術
垃圾桶派

④ 甚至當舊世界的同儕向野獸派和立體派的領域推進時，美國的藝術家仍然因襲歐洲舊例，將自己侷限於優美或是振奮人心的主題。1908年開始有了改變，當時自詡為「八人畫派」的阿瑟·戴維斯、莫里斯·普倫德加斯特、歐內斯特·勞森、約翰·斯隆、威廉·格拉肯斯、埃弗里特·席恩、喬治·盧克斯和羅伯特·亨利（此畫派的代表人物）等8位畫家舉行油畫展，將新聞符醜聞或西奧多·德萊塞和傑克·倫敦的小說搬上畫布。「八人畫派」及「垃圾桶派」（正如一位嘲諷批評家所言）其他成員的畫作雖然技巧過時，但是內容大膽，所描繪的是上流社會寧可忽視的美國生活面：百老匯的粗俗人群，低級酒吧的酒鬼，湖濱區的髒亂居民。然而諷刺的是垃圾桶派運動很快就銷聲匿跡，這就必須歸因於他們自己。這個團體策劃了1913年的軍械庫博覽會，終於將歐洲抽象派藝術引進到了美國，就連最堅毅不屈的寫實主義都似乎因此黯然失色。

◀1907（1）　▶1913（2）

「垃圾桶派」作品：約翰·斯隆的《女傭》。

中東
波斯爭奪戰

⑤ 經歷了數世紀的獨裁統治後，波斯人於20世紀初開始邁向立憲政體之路。到了1908年，一部權利法案起草，國民議會（馬吉利斯）也已成立兩年。但國王穆罕默德·阿里決心效法前人的統治方法，擺脫憲法或議會的控制。1908年6月，他利用所屬軍隊解散國民議會，然後實施戒嚴法並將逮捕到的所有反對黨領袖處死：兩人被毒死，一人被絞死，另有一人受酷刑致死。

國王試圖血洗首都德黑蘭，但戰事出其不意地在各省爆發。起義領導人宣讀了一份宣言：「真主阿拉詛咒暴君。現在你可能贏了，但不會維持太久。」到1909年7月，護憲軍隊在數個省城擊潰保王軍，並向德黑蘭集結兵力。當他們抵達首都後，隨即席捲王宮，迫使穆罕默德·阿里逃到俄國公使館尋求庇護，將國家統治權留給叛軍。

立憲主義者任命12歲的王儲艾哈邁德·米爾扎為新國王，並嚴格限制其行政權。這個孩子本想跟兄弟姊妹及雙親逃到俄國。在他統治的最初幾天，賀電來自世界各地，但他只能痛哭，並曾經試圖逃出王宮。第二次國民議會在一個月內召開，波斯的憲政體制也真正開始。

▶1925（10）

悶悶不樂的君主：波斯的12歲王太子艾哈邁德·米爾扎（右），在叛軍迫使其父出逃後被立為王。

「她帶你一起回到原始森林，而牧羊神……（以及）林中仙女爲太陽、風及愛情癡狂。」

——一位紐約記者評鄧肯

1908年新事物

● 恐怖電影（短片《化身博士》）

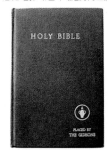

● 基甸聖經在旅館內出現
● 紙杯（由紐約的公用杯販售公司引進）
● 槍枝消音器
● 「全通」巧克力口味輕瀉劑
● 谷胺酸鈉（味精）
● 《基督教科學箴言報》（波士頓）

美國萬花筒

君子協定

加州的本土主義者擔心每月1千名日本人的湧入將有損於地方經濟，導致美國和日本之間在1908年簽署協定，日本政府因此停止發放護照給想移民美國的非技術勞工。美國方面則同意督促舊金山停止在校內隔離日本兒童。雖然法規已改，但加州的排日情結仍然有增無減。

婦女與菸草

在紐約市所倡導爲期不長的吸菸平權運動中，名叫卡蒂·馬爾卡希的少婦成爲第一位（也是唯一的）犧牲者。馬爾卡希於1908年在街道上吸菸時，因違反才頒佈兩天的《沙利文法令》被捕，而該法令禁止婦女公開吸菸。法令的發起人「小提姆」·沙利文認爲香菸損女性品格。（當被問及是否符合憲法時，他說：「我們可以把這點留給法院評斷」。）一位感到爲難的市長不久即廢除沙利文法，馬爾卡希無罪開釋。（圖中文字從上到下依次爲：魯莽的姑娘、危險的母親、惹人厭的妻子。）

A Venturesome Girl

Unsafe Mother

An Undesirable Wife

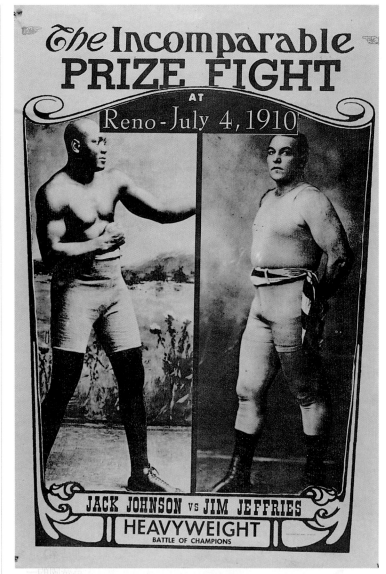

強生的拳王寶座並未被「白人希望」吉姆·傑弗斯所奪。

體育
強生奪冠

6 假若傑克·強生是白人，那麼他也許會成爲美國人的偶像。除了擁有傳奇般的左勾拳和一項閃躲的特異能力以外，強生還是位古典音樂迷、外國車收藏家，也是莎士比亞和雨果的忠實讀者。但處在「白人至上」的時代，這位偉大的非洲裔美國拳擊手是最受憎惡的人之一。1908年，強生成爲第一位贏得世界重量級錦標賽的黑人，在14回合比賽中擊敗衛冕者湯米·伯恩斯。但他的勝利普遍被輕視爲只是僥倖，並開始想要尋找一位「白人希望」來爭奪冠軍。

兩年後，各主辦人都遊說來自加州、已退休的前世界冠軍吉姆·傑佛斯向強生挑戰。傑佛斯公開抱怨必須跟黑人交手之事。比賽期間，樂隊演奏了一曲流行的種族主義小調，觀眾爲傑佛斯喝彩並嘲笑強生。強生則取笑傑佛斯說，「我想這傢伙是有兩下子」，並且毫不留情地出拳，在第15回合將對方擊倒。賽後全國出現暴亂，造成19人死亡及數百人受傷，其中大多數是遭白人歹徒襲擊的黑人。

強生一直保持冠軍頭銜至1915年，當時他在哈瓦那輸給了傑斯·威拉德，大概是故意將冠軍頭銜讓與白人，以此來換得刑事訴訟的撤銷（1912年他在美國被指控以莫須有的道德罪，並判處一年徒刑）。強生在等待上訴之際逃往歐洲，但於1920年返回美國服刑。獲釋後，

強生被降級參加三流水準的拳擊比賽，以擔任教練兼差，甚至出現在雜耍表演和狂歡秀（包括一次馴蚤表演）上。他於1946年死於車禍。

▶1937（9）

舞蹈
自由的愛情，自由的舞蹈

7 伊莎多拉·鄧肯在舞台上所表現的編舞、配樂、個人風格及演出技巧都是前所未見的。鄧肯將她所呈現的舞蹈稱爲「透過肢體律動對於人類靈魂的超凡表達」。1908年，她在征服歐洲之後衣錦榮歸出生地美國。

在與古典芭蕾的形式主義成強烈對比之下，鄧肯發展出一種即興、「自然」的律動模式。她能成功的兩個重要因素是：她向古希臘藝術尋求靈感以及採用古典音樂（她喜歡貝多芬、舒伯特和蕭邦），而不用當時流行的輕快芭蕾曲目。鄧肯還摒棄了佈景和精心製作的戲服，她身著改良式希臘長衫並赤腳表演，讓舞步能更自由發揮。鄧肯在演出後的談話中援引柏拉圖，使觀眾（和評論家）相信她完全個人的舞蹈風格確實具有歷史性；其裸露的四肢亦因此而免遭非禮之譏。

她的私生活不斷傳出醜聞。身爲著名的自由戀愛鼓吹者，她不願說出兩個小孩的父親名字（幾年後，他們乘坐的汽車掉入塞納河中而被淹死）。鄧肯的戀情甚至延續到她於1927年離奇早逝才宣告結束：她在駕車途中因圍巾被捲入後輪中被勒死。然而她的戀情通常總是被原諒。好幾個國家中的許多父

鄧肯（與一班「伊莎多拉」的舞者合影）接受希臘藝術的洗禮。

「任何來自外界的控制或干涉……對當地人民的權益都會造成極大損害。」
—— 英國首相赫伯特·亨利·阿斯奎斯（1908-1916年在職），對於英國同意南非聯邦成立所發表談話

母都把鄧肯當作自己的女兒。「伊莎多拉」舞團成員幾乎像她們的老師一樣受歡迎。雖然她沒有一貫的技巧可以傳承下來，後來的編舞者也與她的單純感覺理念相悖，但鄧肯將魯思·聖丹尼斯和福金等多位先驅從上個世紀的因襲常規以及限制中解放出來。◀1905（12）▶1909（6）

電影
愛迪生壓榨競爭對手

8 托馬斯·阿爾瓦·愛迪生的公司不僅於1893年建立世界首家電影製片廠，也逐漸發展出電影的早期技術及取得多項專利權。19世紀末至20世紀初時，新興電影公司如雨後春筍，通常他們有專屬的攝影機和放映設備。其中有些經過獨特改良並擁有專利；有些則是愛迪生產品的盜版。愛迪生對

新澤西州門羅公園的奇才愛迪生（繫蝴蝶結者）與其托拉斯的股東合影。

所有競爭者提出告訴，以鉅額訴訟費打垮小公司。

當愛迪生無法立即消滅其對手時，精明的他就提出交換條件：將雙方的專利集中在單一控股公司之內—— 即所謂的托拉斯—— 然後他就撤銷告訴。1908年12月電影專利公司成立，由愛迪生和前對手傳記電影公司持有絕大多數的股份。所有想在美國製作、發行和放映影片的人，都必須向該公司支付執照費用。

該托拉斯運用堪稱無賴的強制手段，以法律力量和腕力來打擊不遵守規定的公司。製片人卡爾·拉穆勒隨即創辦環球電影公司，公開與他們分庭抗禮，並且在祕密地點拍片以躲避托拉斯的暴徒和間諜。電影發行人威廉·福克斯（也就是20世紀福斯電影公司的老闆）於1912年控告他們箝制貿易，但後來在庭外和解。1915年，美國政府終於實行《謝爾曼反托拉斯法》並使其解散，然而那時的托拉斯早已四分五裂——部分是因為他們無法下達命令及收取費用，而且當時各獨立片廠紛紛製作大眾喜愛的長片，該公司卻仍從事短片拍攝。

但或許該托拉斯最偉大的遺產就是好萊塢本身。由於受到陽光充足的氣候和多變的地形所吸引，東岸的製片商自1907年以來便向西岸發動罕見攻勢。不過托拉斯讓許多獨立片廠更有遷址的客觀理由：好萊塢遠離愛迪生在紐約的律師和執法者，並恰好靠近墨西哥的安全區。這得部分歸功於該位發明家的自大與貪婪，讓此一臭鼬出沒、盛產柑橘的房地產開發地區成為今日的世界娛樂中心。◀1903（4）▶1913（10）

南非
一個聯邦的形成

9 英國帝國主義分子總是夢想使分裂的南非成為單一國家。1908年，亦即英國贏得波耳戰爭的6年之後，非洲南部的4個英屬殖民地代表——納塔爾、好望角殖民地、前波耳的特蘭斯瓦邦以及橘河殖民地（英國稱此地為橘自由邦）——召開立憲大會並舉行選舉以達成該項目標。但是南非白人代表們所建立的聯邦並不符合英國所需：因為它削弱而非鞏固大英帝國的權力。

在南非白人簡·斯穆茨（波耳戰爭的英雄暨特蘭斯瓦首要政治家）的指導下，大會代表迅速起草一部憲法，其中包括在南非未來方向具有決定性影響力的4個重點：4個殖民地成為南非聯邦的省分，而中央政府擁有地方管轄權；荷蘭語和英語定為聯邦官方語言；4省的各不同選舉權法（排斥黑人的有效法律）皆可成立，而且議會成員的資格局限於白人；設立人口稀少且由南非白人統治的鄉間選區。最後一點對南非歷史的影響最大，反動派南非白人政治家丹尼爾·馬蘭即拜其所賜，在1948年取得政權並實行種族隔離政策。

4個殖民地政府都批准了這部憲法草案。英國議會也居然在不多作討論之下就同意其大部分內容，並頒佈了《1909年南非法案》。次年，南非聯邦成為大英帝國的一個自治領。實際上，英國對南非的種族問題已經不再過問，任憑新領土上的150萬黑人居民（其中許多人在波耳戰爭中曾同英軍並肩作戰）被剝奪公民權，並且被人口僅有100萬左右的少數白人所統治。◀1902（1）▶1910（8）

這些殖民地經選舉後成為南非聯邦的省分。

通用汽車公司成立
世界最大的汽車公司老闆、「汽車製造之王」威廉·杜蘭特預見到未來將是動力化的時代，於是在1908將別克及歐茲合併為一家股份公司，取名為通用汽車公司。凱迪拉克與奧克蘭並於1909年加入該公司。

（福特汽車則因要求800萬美元現金，被認為太高而未被包括在內）。到了1920年，通用汽車公司又增加了雪佛蘭汽車公司，而成為領導汽車工業的主宰。◀1908（1）▶1913（6）

金融災難
1907年大恐慌之後，國會於1908年設立了國家金融委員會，負責對國內、外的銀行體系進行深入調查。參議員尼爾森·阿爾德里奇主持委員會，但專業方面是由年輕的華爾街銀行家（也是著名的猶太裔德國銀行家族成員）保羅·瓦爾堡來領導，他是

美國倡議銀行改革中最具影響力的人物。瓦爾堡（右上圖，與其弟費利克斯合影）說，美國的金融政策仍停留在「歐洲梅迪契時代和亞洲漢摩拉比時代的水準」。根據瓦爾堡的建議，委員會批准成立一家調節中央銀行，開始為1913年的聯邦準備制度鋪路，該制度旨在利用改善貨幣和信貸流通，以防止國家現金短缺。◀1907（9）▶1913（邊欄）

美國政治與經濟 國民生產毛額：277億美元；威廉·塔虎脫擊敗威廉·詹寧斯·布賴恩當選總統；最高法院在黑特案（洛伊對勞勒）中宣佈工會發動的第二次聯合抵制為違法；司法部內設立調查局（後來的聯邦調查局）；羅斯福召開第一屆全國資源保護會議。

「財富對我而言並不重要。」
—— 科爾內留斯·范德比爾特在其圖書館壁爐上所題的字，就位在羅得島紐波特市價值500萬美元的Breakers別墅內。

環球浮世繪

奇異包裝紙

瑞士化學家雅克·布蘭登伯格不斷嘗試創造耐髒織品，1908年他在一塊桌布上塗了一層液態纖維素。當桌布風乾之後，塗層剝落成半透明薄片。布蘭登伯格將其發明稱爲「玻璃紙」；而它成爲現代食品的奇異包裝紙。
▶1909（7）

輻射偵測儀器

德國物理學家漢斯·蓋格在英格蘭製造出著名輻射偵測儀器的第一具原型。如同煤礦坑裏的機械偵測器一般，蓋格計數器最後測得並記錄了釋出輻射能量。
◀1903（6）▶1911（3）

美西納的災難

1908年12月，義大利發生歐洲有史以來破壞力最強的地震。地震波及美西納海峽兩岸，使西西里島和義大利本土約有8萬5千人喪生，並摧毀無數的古建築。
◀1906（5）

中國的末代皇帝

隨著慈禧太后在1908年駕崩，兩歲的溥儀（下圖，已成年，與妻子合影）成爲中國的新皇帝，

也是最後一位皇帝。他在父親（一位滿州親王）的攝政下「統治」中國，但3年後，正當中國蹣跚地走向民主和改革之時，他被迫退位，正式結束了清朝的300年統治。▶1911（9）

港口國有化

在英國商務部自由黨領袖（後來的保守黨首相）溫斯頓·邱吉爾的敦促下，英國於1908年對早已失修的倫敦港實行國有化。新的世界最大港口——倫敦港港務局從私人公司手中接管了，面積1214公頃的水域和船塢地，並著手進行大規模重建工作，包括清除46艘沉船。◀1907（2）

美國
時尚婚姻

⑩ 1908年1月28日，400位親朋好友齊聚於阿爾弗雷德·范德比爾特夫婦在紐約的豪宅內，

嫁給一位徒有虛名的伯爵使格拉迪絲·范德比爾特成爲伯爵夫人。

一睹范德比爾特之女格拉迪絲與匈牙利伯爵拉斯洛·塞切尼的婚禮，場面說起來並不能算是十分盛大。但是新郎、新娘不過只是陪襯罷了，婚禮的實質意義在於：舊世界的高貴及「文化」與新世界的財富相結合。

對於美國的鐵路、造船和礦業鉅子來說，19世紀末與20世紀初是物價低、稅賦輕的「金色年代」，幾乎沒有足夠的銷售據點可以供他們揮霍萬貫家產。美國社會400大首富的成員們——由於約翰·雅各布·阿斯特夫人的舞廳正好能夠容納400人，因而得名——似乎想要證實經濟學家索爾斯坦·維布倫所說的「炫耀性消費」，於是競相建造宏偉的宅邸以及斥資百萬的「避暑山莊」，並且堆滿古老藝術大師的畫作以及旅遊歐洲時所購置的精美法國傢俱。

但是儘管他們試圖在大西洋彼岸重建歐洲貴族血統，美國的新貴族仍然清楚知道事實是無法替代的（這便是生活在一個無階級社會裏的挫折感）。所幸在歐洲不乏願意提供爵位以換取美金維持生計的沒落貴族。

格拉迪絲·范德比爾特和從婚禮中得到500萬美元的伯爵丈夫，不過是許多這種不自然聯姻中的最近一樁。但是到了最後，大多數的婚姻並未達到預期的效果。不僅美

國女繼承人在歐洲未被視爲伯爵夫人，其後代子孫也發現他們維繫階級制度的努力，在不知不覺中受到美國人天生的矛盾心態所破壞：他們想要保持俱樂部的私人特性，只要拿出鈔票，誰都可以獲准入場。
◀1906（當年之音）▶1913（8）

鄂圖曼帝國
青年土耳其黨起義

⑪ 在誕生了6世紀後，鄂圖曼帝國已逐漸衰落。1908年時，其版圖仍包括馬其頓、阿爾巴尼亞、賽普勒斯、巴勒斯坦、利比亞、敘利亞、美索不達米亞、半獨立的克里特、保加利亞，以及紅海與波斯灣沿岸土地。但300多年來，曾經擁有中歐和東歐、西亞和北非大部分地區的大帝國不斷失去領土。由於戰爭頻仍及昏君在位，向來以「歐洲病夫」聞名的土耳其實際上已經分崩離析。當時的蘇丹阿卜杜勒·哈米德二世已推翻憲法，並且成立一支令知識界聞之喪膽、邪惡的祕密警察部隊。他在1890年代屠殺了成千上萬的亞美尼亞人，因而惡名遠播。面對土耳其國民及其巴爾幹鄰國的民族主義情緒日益高漲，再加上列強覬覦其戰略地位，鄂圖曼帝國似乎已露出崩潰跡象。爲了拯救衰微的帝國並使之現代化，青年土耳其黨於1908年發動叛變，而且在短時間內好像會成功。

「青年土耳其黨」的運動發起於1860年代，以一群受到歐洲文化及哲學思想啓發的作家爲先驅；社會活躍分子隨即起而擁護，並且宣稱土耳其只能夠藉由採行憲政體制來擺脫西方的控制。當軍官們對於收入不穩和裝備落後感到灰心時，他們開始與被放逐的知識分子共謀起義，時機於是成熟。在經過幾次兵變之後，7月7日在馬其頓的薩羅尼加市正式起義。叛軍要求的不是阿卜杜勒·哈米德退位（蘇丹是世界上大部份回教徒的精神領袖，因此對他必須審慎處置），而是恢復憲法。7月23日，在叛變蔓延之

際，阿卜杜勒·哈米德出乎意料地答應要求，並因此將自己降爲立憲君主。

整個帝國歡聲四起。「從今以後我們都是兄弟。不再有保加利亞人、希臘人、羅馬尼亞人、猶太人和回教徒之分別，」一位青年土耳其黨的戰士宣稱：「我們都是平等的；我們因身爲鄂圖曼人而感到光榮。」但他的話說得太早了。利用帝國混亂之機，保加利亞不久即宣告獨立。緊接著，奧地利吞併了原來與土耳其共同統治的波士尼亞和赫塞哥維那。名義上歸土耳其所有的克里特則宣佈與希臘結合成聯邦。土耳其的威脅雖使得希臘未敢立即接受，但該地區的力量均勢已經動搖。

在後來的兩年裏，阿卜杜勒·哈米德策劃顛覆政局的反革命，一名克里特人成了希臘首相，義大利也入侵利比亞。由於缺乏統治經驗以及在多處戰線上受困，土耳其的新領導人變得喪失理智。他們壓制選舉以確保自己的黨佔多數席次，並且愈來愈仰賴恐嚇和武力。然而，他們的努力並未能阻止鄂圖曼帝國的瓦解。該帝國在1912至1913年的巴爾幹戰爭中四分五裂，並且在第一次世界大戰後滅亡。
▶1909（10）

1908年暴動成功後，青年土耳其黨黨員在馬背上歡呼。

當年之音

會走路的床

摘自《小尼莫在夢鄉》，1908年7月《紐約前鋒報》，溫莎・麥凱所作

美國漫畫家溫莎・麥凱的《小尼莫在夢鄉》刊登在詹姆斯・貝內特的《紐約前鋒報》上，是當時最受歡迎的喜劇連環漫畫之一。被譯成多國語言後，小尼莫跨足百老匯音樂劇、多部卡通動畫，還被作成玩具和遊戲。在著名的《會走路的床》單元中，麥凱打破連環漫畫大小完全相同的傳統來顯示其才華，以表現文靜又憂心忡忡的小尼莫（「尼莫」在拉丁語中為「任何人」之意）和夢中他那位頑皮、愛抽雪茄的同伴——菲利普的超現實夢境。◀1907（13）▶1950（6）

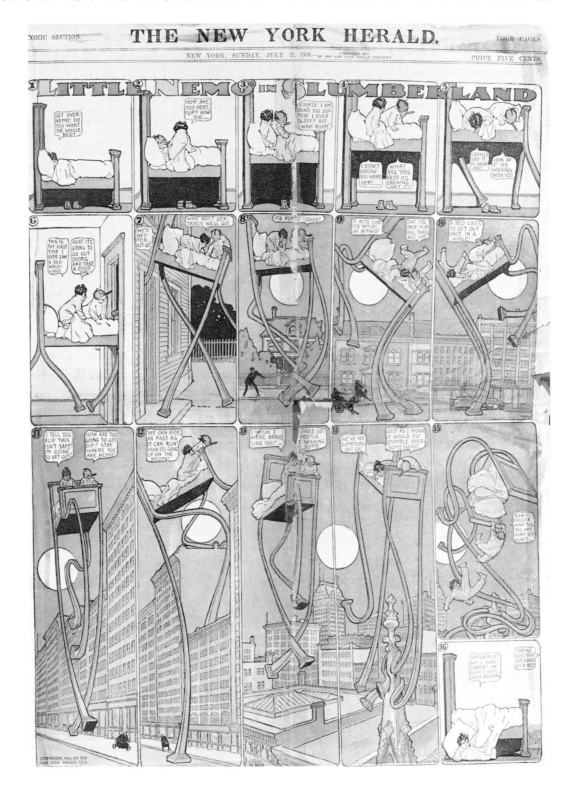

「終於成功了。我找到仰慕已久的北極。」
—— 皮里致妻子的電報

年度焦點

皮里聲稱抵達北極

1 自從亨利・哈得遜試圖尋找穿越北美洲的西北航道作為歐亞之間的捷徑以來,探險家們一直努力想要到達地球頂端。3個世紀後,該項使命突然顯得緊迫起來。地球上未知的地域日益縮小,而且沒有比極地更偏遠的地方了。這是件有關國家及個人榮譽的事:即使在冰帽上豎起國旗並不能為國家帶來任何物質利益,其聲望也是無價的。首次的此類遠征發生在1909年,當時美國海軍指揮官羅伯特・皮里抵達北極,或者說其距離已近到足以讓大多數的專家滿意。

在北極(或靠近北極):亨森(中)及遠征隊的4名愛斯基摩人嚮導,皮里攝。

20年來,52歲的皮里始終對北極念念不忘。他是一名土木工程師,曾在1880年代測量過格陵蘭,並確認它是一座島嶼。(他將發現物之一的37噸重隕石運回紐約市。)但皮里想要的歡呼正如他給母親信中所寫,即被認同為「各地上流文化界中的一員」。雖然他前兩次極地遠征(1898-1902年和1905-1906年)均告失敗,並付出失去8根腳趾的代價,但他從中獲得了雪橇、狗、服裝及糧食方面的寶貴經驗。

1908年中期,皮里再度向北極出發,而在翌年4月6日,經過36天長途跋涉的煎熬,他到達了目的地。與他同行的是4名愛斯基摩人及其非洲裔美國助手馬修・亨森。奇怪的是,當亨森走過去與皮里握手時,這位探險家卻轉身離去。亨森後來寫道:「這使我非常痛心」,並認為皮里是嫉妒他第一個到達。(亨森闖出通道,有時給老闆拉雪橇,會說流利的愛斯基摩語,與北冰洋地區土著相處融洽。)但有學者卻對皮里的心態另有解釋:他知道自己偏離了北極。

在他返回前爭論早已開始,當時一位以前的同行聲稱去年4月之前便已到達北極。此人很快就不為人所信,但皮里本人前來進行詳查:關鍵性的行程檔案遺失,重要的測量數據也有錯誤,而且旅途似乎不可能這麼短暫。國家地理協會(遠征的贊助人)及國會委員會都對其聲明表示肯定,皮里因此成為英雄。但論戰仍方興未衰,雙方都定期提出新的「佐證」。

然而幾乎無人懷疑皮里來到北極的1度(96.6公里)之內。大約兩年後,羅阿德・阿孟森將挪威國旗插在世界的另一端。▶1911(10)

醫藥

不名譽的疾病

2 在德國細菌學家保羅・埃利希於1909年發明「606」合成藥物之前,梅毒是到處肆虐的國際殺手。光是在巴黎,這種「不名譽的疾病」每年就造成3千人死亡。梅毒的傳播途徑幾乎全是性接觸,並被視為無法治癒。(有人試過用汞和鉀為主要成分的藥物,但無效。)其患者都得經歷一段難纏且往往拖延時日的感染過程,由皮膚糜爛到骨骼系統變質,接著毀壞循環系統直到死亡。但埃利希改變了這一切。他從事免疫學研究,並在一年前獲得諾貝爾獎。

埃利希在實驗室裡替感染梅毒的兔子注射各種劑量的砷基合成物。經過反覆試驗,兔子痊癒了。幾週後,他對病情更嚴重的兔子重覆進行試驗。3週內,也都不再發病。埃利希不僅發現了治癒梅毒的第一種有效療法,還使化學療法成為合法的現代醫療業務。

到了1910年,埃利希的「魔彈」已經治好了一萬個病例,並以「洒爾伐散」為藥名行銷市場。該藥需求量頗為驚人。截至本年年底,生產該藥之德國製藥公司的日產量是1萬4千瓶。此時的埃利希集榮譽和獎勵於一身,被大眾傳播媒體奉為「科學王子」。有些懷疑論者辯稱「洒爾伐散」有毒,但埃利希則認為這是合理的風險,和外科手術大同小異。他寫道:「外科醫

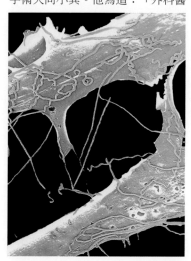

睪丸細胞被梅毒感染4小時後所形成的細菌。

生用手術刀工作,化學醫療師則用化學刀,以便將疾病從健康中分離。」「洒爾伐散」仍是治療梅毒的主要藥物,到40年代中期才被青黴素取代。◀1905(9)▶1928(11)

思想

佛洛伊德訪美

3 西格蒙德・佛洛伊德回憶起1909年訪問美國,他說:「在歐洲,我感覺像是被驅逐的人,而在此我受到一視同仁的盛情接待。宛如實現了幻想中的白日夢。」佛洛伊德的首次及唯一一次

一幅20世紀晚期描寫佛洛伊德訪美的畫。

訪美行程正好趕上麻州烏斯特的克拉克大學20週年校慶。該校邀請佛洛伊德就其引發爭議的精神分析理論發表系列演講,並授予他榮譽博士作為回報。這是佛洛伊德曾獲得的僅有殊榮。

佛洛伊德的早期鉅作——《夢的解析》、《性理論的三個貢獻》、《日常生活的精神分析》與《海斯特拉研究報告》——早使他在歐美學術界獲得認同,但在克拉克大學的5場演說之前,其影響及聲望依然有限。在克拉克大學,在格外友善的美國,他首次將其各種理論作了歸納。他的演講吸引了新聞記者、藝術家、東岸學者(包括身患絕症的威廉・詹姆斯,他只是來「看看佛洛伊德的長相」),以及對他好奇的人。佛洛伊德令人興奮的性理論、夢及富戲劇性的病例史抓住聽眾的想像力。精神分析幾乎無可避免地成了美國的熱門話題,這使佛洛伊德既高興又為難,因為他鄙視美國人生活中的許多事物。但他承認「在假正經的美國,

---

藝術與文化 **書籍:**《狂喜》埃茲拉・龐德;《加里波弟與千人軍》特里維廉;《人質》保羅・克洛代爾;《窄門》安德魯・紀德;《薩米達河》卡夫・納蓋 **音樂:**《我想知道誰正在吻她》霍華德及奧洛布;《凱西・瓊斯》牛頓及塞伯特;《在銀色月光下》愛德華茲及馬登;《五首管弦樂曲》阿諾德・荀白克 **繪畫與雕塑:**

> 「建築物正如人一般，首先必須誠摯、眞實，然後才可能雅緻和迷人。」
> ── 勞埃德・萊特

至少在學術界是可以科學且自由地討論任何事情，但在日常生活中則被視爲妨害風化」。◀1900（1） ▶1912（2）

建築
鋼鐵時代

❹ 「鋼鐵是這個時代的史詩，」法蘭克・勞埃德・萊特於1909年指出，「而我們的『文化』接受了它，正如古羅馬文化接受石拱的偉大獻禮一樣。」由於鑄鐵的熔點低又比較脆弱，所以鋼鐵在19世紀末取代它成爲建築材料，使建築師擺脫了舊式的楣、柱及拱頂等建築習慣，讓他們建造出不再受限於高度或寬度的建築。建築物變方格狀，而四週的牆像皮膚一樣地裹住它，萊特稱其爲「永久的肉體」。1909年，該建築師在芝加哥爲弗雷德里克・羅比建造宅邸，這正是建築界改革的縮影。透過懸樑的利用，羅比宅邸看起來像是一連串無支撐牆的懸吊平面。其最令人稱道之處就是柔和伸展的外

觀以及使用天然建材（如磚和未加修飾的木材）；如果沒有鋼材結構，萊特絕對無法營造出這種漂浮般的幻覺。

早在1890年時，芝加哥的丹克瑪・阿德勒及路易斯・沙利文（萊特曾當他的學徒）就抓住了鋼鐵的新穎、自由特性。在不斷工業化的文化中，阿德勒和沙利文的「摩天大廈」，如聖路易市的10層溫萊特大樓（建於1890年）以及水牛城的16層蓋蘭提大樓（建於1894年至1895年），提早滿足人們對空間、採光以及大規模倉儲的需求。爲適應這些改變，建築師開始找尋使建築人性化，使其融入大自然的方法。

他們的嘗試表現在本世紀最具創意的一些建築物上，包括安東尼奧・高迪在巴塞隆納的米拉公寓，以及風格迥然不同、由彼得・貝倫斯在柏林爲通用電氣公司所建造的大型渦輪機工廠。高迪的建築構造相當奇異，石塊般的外觀掩飾了繁複、以鋼樑支撐懸衍的樓層和陽台。貝倫斯則以122公尺長的鋼鐵

和玻璃來建造「工作的大教堂」（誠如其名），在目前看來可能像是日後非人性化裝配線工廠的原型。（沙利文的大廈也大致以相同的方式建造，因此常常受到誤解而被指責，認爲今日的城市到處充斥著空氣不流通的玻璃帷幕大廈。）然而，根據貝倫斯公司的建築師沃爾特・葛羅培亞斯表示，其設計動機是「要爲工廠工人提供光線、空氣和潔淨。或許他們沒受過教育，但都有權力喚醒與生俱來的美感」。◀1905（8） ▶1919（9）

高迪的米拉公寓大樓（上圖）由於大量使用石材而被稱為「採石場」。但其效果就和法蘭克・勞埃德・萊特的羅比宅邸（上圖）一樣，都是以鋼鐵為主要建材。

《吻》古斯塔夫・克里姆；《俱樂部的兩名成員》喬治・貝洛斯　電影：《皮巴山口》格里菲斯；《恐龍捷堤》溫莎・麥凱；《範度施的惡夢》艾米莉・科爾；《海華沙》威廉・拉努　戲劇：《利利奧姆》弗倫茨・莫爾納爾；《盧森堡伯爵》法朗斯・雷哈爾；《詛咒》列昂尼德・安德列耶夫。

「我立刻意識到有奇蹟發生，而且我所目睹是絕無僅有的。」

—— 某位贊助人在尼金斯基的《牧神午後的前奏曲》首演時發表的談話

1909年新事物

- 子宮內避孕器（由里奇爾博士發明，以蠶繭製成）

- 立頓紅茶
- 封閉式雙層巴士
- 集體農業屯墾區（巴勒斯坦境內）
- 烤麵包機
- 塞爾弗里奇百貨公司（倫敦）

美國萬花筒

過早的預言

美國軍事分析家霍默·萊亞於1909年出版了軍事分析著作《無知之勇》，32歲的作者預測：日本將會崛起成為世界海軍強國，並且以轟炸夏威夷作為導火線，使美國加入戰爭。
▶1941（1）

塔虎脫成為美國總統

威廉·霍華德·塔虎脫（下圖）是泰迪·羅斯福親手提拔的繼承人，於1909年3月4日宣誓就職，成為美國第27任總統，他在前一年秋天就已獲得共和黨選票而當選。但塔虎脫甫上任

就因其保守主義的作風而與羅斯福不合，因此羅斯福在1912年向他挑戰，將選票轉而投給民主黨的伍德羅·威爾遜。塔虎脫後來成為美國最高法院的大法官，也是唯一曾擔任該職務的美國總統。▶1912（邊欄）

丘比娃娃

紐約插圖畫家羅絲·歐尼爾繪頭髮上繫有蝴蝶結的可愛娃娃成為世界流行風潮：丘比娃娃。1909年歐尼爾公司申請專

達西探戡出石油後，印度勞工鋪設穿越波斯沙漠的輸油管。

工商業

渴望石油

5 中東情勢轉變是由渴望石油的西方所引起，1909年成立的英波石油公司即為其開端。該公司目前又名英國石油公司（或BP），創辦人是一位英國冒險家威廉·諾克斯·達西，他曾在19世紀末20世紀初的澳大利亞淘金熱中致富。

1901年，達西從一篇法國報導中得知波斯（現今的伊朗）可能蘊藏石油。他派遣兩名密使前往德黑蘭覲見其首相；他們以4萬英鎊的現金和股票，以及16%的利潤為條件，換取對方割讓的124.3平方公里土地，面積幾乎是德州的兩倍。於是由加拿大人、波蘭人及波斯人組成的探勘隊花了3年時間在沙漠中鑽井，但毫無所獲。達西的資金也用光了，他轉而向蘇格蘭人經營的緬甸石油公司尋求援助。1908年，探勘隊終於挖到15公尺高的噴油井。由達西和緬甸石油公司聯合經營的英波石油公司於翌年成立。

從一開始，英國當局就從帝國財富的新資源中獲利。（波斯在經濟上受英國和俄國控制，因為它與兩國有半殖民地的關係。）油井是由印度派士兵前來保護，印度勞工也被引進，於1910年修築中東第一條大型輸油管。當地的英國代理領事成為英波石油公司的非正式顧問，他的任務就是「在英國人和波斯人之間居中協調」，因為「前者

常辭不達義，後者則是不擅表達」。1914年，英國政府買下該公司的絕大多數股份，從而確保了皇家海軍在第一次世界大戰中充足的廉價石油。部分國有化是由第一位海軍大臣溫斯頓·邱吉爾首先提出。40年後，已任首相的邱吉爾則極力阻止該公司完全國有化，因為這次是由已取得獨立並敵視英國的伊朗政府所提出。◀1901（12）▶1922（邊欄）

舞蹈

佳吉列夫與尼金斯基

6 1909年5月17日，巴黎沙泰萊劇院舉行俄國芭蕾舞團的首演。有特殊天份的團員們齊聚一

尼金斯基的精湛技巧為他贏得「舞神」的美譽。

堂，如安娜·帕甫洛娃、瓦斯拉夫·尼金斯基、米契爾·福金，但該舞團創辦人謝爾蓋·佳吉列夫在藝術

整合視覺方面更具革命精神。俄國芭蕾舞團以全新方式將繪畫、音樂及戲劇運用在演出當中，為芭蕾舞重新下了定義。

佳吉列夫的劇團在全世界造成轟動，並接連不斷地上演了21季，直到1929年佳吉列夫去世才停止。這位舞團總監的偉大貢獻在於他能夠知人善任。幾年來，本世紀的多位先驅藝術家如巴勃羅·畢卡索、伊格爾·史特拉文斯基、尚·科克托都曾先後與他合作，不斷改編成俄國芭蕾舞團的演出舞碼。

佳吉列夫最具靈感的想法也許是讓明星舞者尼金斯基在《舞神》中設計自己的舞蹈動作。由克洛德·德布西譜曲的《牧神午後的前奏曲》於1912年首次登台。尼金斯基擔任的主角是半人半獸的農牧神，他看到了7位森林女神正在沐浴並被熱情所征服。他向來以高度跳躍動作聞名，他曾說：「這很簡單，只是跳起來並在空中停留片刻。」但是在《牧神午後的前奏曲》中，尼金斯基因一個截然不同的動作而變得聲名狼藉。在芭蕾舞達到高潮的一幕，他拜倒在一位女神的披巾上，並佯裝出性興奮的表情。在最初的爭論平息之後，評論家指出這是一齣劃時代的舞碼，它完全脫離了以往的所有演出。◀1908（7）▶1913（5）

科學

塑膠時代

7 1909年，萊奧·貝克蘭宣佈他發明了第一件合成聚合物——膠木，現代生活中所使用的材質也無可避免地隨之改變。4年以前，比利時出生的美國化學家貝克蘭便已經開始研發一種可以替換蟲膠的合成物，即一種用以增加物體表面光澤的有機聚合物。他終於生產出來一種堅硬又不能溶解，但可鑄成各種形狀的物質，它看來很有前途。他在日記中寫道：「我已經替

20年代用膠木製成的手提包，今日已成為收藏中的極品。

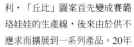

「我們要搗毀博物館、圖書館以及各類學術機構，我們要向道德主義、女性主義、各種機會主義或功利主義的怯懦小人宣戰。」
　　　　　　　　　　　　　　　　　　　　　　　　—— 《未來派宣言》

這種定名為膠木的物質申請專利。」此時的他步履蹣跚地邁進了塑膠時代。

商業用途的膠木在一年之內開始生產，而且很快地，從撞球到電子絕緣體等各種東西都是以廉價的新材質製造。受到膠木（「萬用材質」）成功的鼓舞，世界各地的科學家更加倍努力進行實驗，希望能發明出另外一個奇妙物質以致富。
▶1920（10）

科學
氨的合成

8 全世界天然氮肥料的供給日益減少，其速度幾乎與人口激增相等，化學家意識到這項危機，多年來費盡心思要合成一種可以用來生產硝酸鈣肥料的化學製品。但直到1909年都無人能有較具規模的突破，當時只有弗里茨·哈伯將氫和氮結合製成了氨，是一種在大型化學工廠和在實驗室都能輕易複製的反應物。

哈伯的成就使他在1918年獲得諾貝爾化學獎。但頒獎儀式延到第一次世界大戰結束後的1920年才舉行。他在演講中以「將石頭變成麵包」來說明此項發現的特點，卻引起科學界的憤憤不平。哈伯也許增加了全球供養人口的能力，但他在戰爭期間卻負責德國化學武器的研製。一位法國評論家譴責諾貝爾獎評審委員會頒獎給「為德軍發明並研製窒息性氣體的德國人」。一位美國化學家注意到合成氨使德國大規模生產炸藥（它和肥料一樣都需要硝酸），於是寫道：「如果沒有哈伯的發明，不知德國是否還會發動戰爭。」

哈伯堅持認為他的發現對人類有益。至於他在戰爭期間的工作，他說這只是為他所愛的國家服務。他擔任柏林的物理化學研究院院長，直到1933年因納粹的反猶太人主義（他們認為他是「猶太人哈

伯」）而被迫離開德國。1934年，國籍不明的哈伯在瑞士巴塞爾去世。▶1915（4）

義大利
新美學宣言

9 「我們將頌揚戰爭——世界上唯一能夠保持乾淨的方法——尚武精神、愛國主義……都是用來扼殺一切的好主意，還有對婦女的蔑視。」1909年，詩人菲利普·托馬索·馬里內蒂在巴黎《費加洛報》上發表揭幕宣言，他以煽動性散文作了如上宣稱。未來主義者是首批創造非藝術論點之意識型態並且致力於改造群眾的現代藝術家，他們提倡以「速度之美」、先進武器之威力及工業物力論為基礎的新美學。第二年，馬里內蒂

的一群畫家朋友發表了第二項宣言，要求一種將會「摧毀對過去崇拜」的無秩序動作的藝術。幾乎後來的每個藝術運動，包括達達主義、結構主義、超現實主義，甚至60年代的「即興藝術」，都反映出對未來派觀點與技巧的吸收。但是未來派也在義大利政治上產生影響，對於義大利擴張主義及後來法西斯主義的興起扮演了重要角色。

第一次世界大戰後，最初的未來主義者大多摒棄了該項運動。但馬里內蒂卻聚集了新的追隨者，他對於1911年義大利入侵利比亞及在戰時佔領奧地利的特倫提諾和伊斯特里亞等舉動，皆表現出狂熱民族主義和擁護。他是墨索里尼最早期及最突出的支持者之一，協助成立了後來發展成為法西斯黨的法西斯戰鬥團。▶1911（12）

來，丘比賀卡、餐具以及珠寶一直暢銷不墜。

林肯100週年誕辰紀念
2月12日在紐約市舉行亞伯拉罕·林肯100週年誕辰紀念典禮，吸引了大約100萬人參加。8月，費

城造幣廠發行林肯分幣，結束使用達50年的印第安人頭像分幣。

所得稅
憲法第16修正案旨在認可聯邦所得稅，其決議案在1909年送交各州執行前獲得國會批准通過。該決議案是因不滿聯邦政府主要財政來源——高關稅和消費稅——所引起。（早期的所得稅法被最高法院宣佈違憲。）1913年，修正案獲得批准，而在1913年10月31日首次開徵此稅，其追溯日以3月1日為準。對於年收入超過3千美元之單身公民，以及超過4千美元之已婚夫婦（當時平均收入為800美元）的統一稅率來看，說明了只有極少數的美國人被課稅。

未來派畫家吉諾·塞維里尼創作的《藍衣舞者》。

「個體的價值和祖先一樣，根本上是由他所屬類型來決定，而非由純粹的個人條件來決定。」
—— 約翰遜

環球浮世繪

糖人的改革

英國巧克力製造商暨改革家威廉‧凱德伯里在參觀了聖多美和普林西比的可可園後，於1909年出版《葡屬西非的勞工》一書，抨擊葡屬非洲殖民地的殘酷工作條件。凱德伯里敦促其他糕點製造商共同抵制葡萄牙的可可，直到該殖民地的奴隸制度廢除為止。◀1908（2）

幸福的青鳥

法國象徵派詩人團體發起一項運動，倡導應致力於表達往往無法表達的主觀事實，莫里斯‧馬特林克也因寫出《佩利亞斯和梅麗桑德》（1892）這類夢幻、迷

戀死亡的劇作而一躍成為文學明星。1909年，馬特林克出人意料地改變其路線，出版了他最具生命力的作品《青鳥》，書中的兩個小孩夢到仙女來訪，然後找到了幸福。◀1902（4）

泰戈爾獲認同

印度詩人暨神祕主義者拉賓德拉納特‧泰戈爾以孟加拉語出版的發人深思詩集《吉檀迦利》於1909年發表；3年後，威廉‧巴特勒‧葉慈推出《獻歌》英譯本並對其讚譽有加，使泰戈爾享譽世界。泰戈爾於1913年獲諾貝爾文學獎，他在印度一直是一股強大的文化力量。▶1923（3）

討厭的蝨子

斑疹傷寒與髒亂及擁擠的生活條件有所關連，但它確實的傳播途徑依然成謎，直到1909年法國細菌學家查理─朱爾斯─亨利‧尼科爾才證明其帶原者：人體的蝨子，即一種生存在人類皮膚、頭髮及衣服上的寄生蟲。經由其發現，尼科爾確定了唯有良好衛生條件才是預防疾病的關鍵。◀1905（9）

APRÈS VOUS, S'IL EN RESTE !...

法國政治漫畫上所描寫的多國集團瓜分鄂圖曼帝國。

鄂圖曼帝國

反暴亂鎮壓

10 1909年4月，蘇丹阿卜杜勒‧哈米德二世將他貶為立憲君主的青年土耳其黨進行反擊。身為一名回教領袖，他仍大權在握，君士坦丁堡內保守的阿爾巴尼亞軍隊亦以其馬首是瞻，試圖推翻政府。一股新的叛亂浪潮波及整個土耳其西部。起義行動被馬其頓軍隊（由穆斯塔法‧凱末爾指揮，他後來建立了土耳其共和國）鎮壓之後，鄂圖曼帝國的最高宗教官員聲言阿卜杜勒‧哈米德濫用職權，而由議會將他廢黜。阿卜杜勒‧哈米德被流放到薩洛尼卡，代表真正權力的聯合與進步委員會扶植其兄弟穆罕默德五世（另一位傀儡領袖）為王。

穆罕默德在就職時宣誓：「我對於國家的意志和願望將絲毫不變。」他說的「國家」是指帝國，各民族的願望並不包括在內。在阿卜杜勒‧哈米德被逐出後，贊成建立強硬帝國政府的青年土耳其黨壓倒了地方分權的提倡者。法律明令禁止民族主義和種族政治團體。土耳其語被定為「國家」語言，並強迫非土耳其人遵守。非回教徒被徵召入伍。

但這些措施卻產生了反效果：不但沒有統一帝國，卻使得非土耳其國民投入土耳其敵軍。在馬其頓，一場對抗希臘和保加利亞所支持游擊隊的殘酷戰鬥未能消滅反鄂

圖曼的抵抗力量。甚至一次鄂圖曼入侵都無法平息在門地內哥羅和奧地利支援下的阿爾巴尼亞起義。隨著青年土耳其黨對其臣屬民族的控制加強（並以戒嚴法和死刑來壓制內部敵對勢力），套在他們自己脖子上的絞繩也愈縮愈緊。到了1912年，土耳其的鄰國已使其受到箝制。◀1908（11）▶1911（12）

電影

帕泰兄弟攝製紀錄片

11 1909年3月，美國總統威廉‧霍華德‧塔虎脫宣誓就職，成千上萬的群眾在戶外的暴風雪中佇立觀看，其中一位就是法國帕泰兄弟電影公司的譯員萊昂‧法蘭克尼。這一場面使他萌生利用電影式

A LA CONQUÊTE DU MONDE
scène vécue PAR
PATHÉ FRÈRES 1894-19...

一張紀念明信片上手捧紀錄片攝影機的查理‧帕泰（與兄弟埃米爾合影）。

「雜誌」來報導新聞事件的念頭。幾個月之內，帕泰公司在其巴黎的戲院推出了《帕泰》雜誌，每週放映一次，由持續數分鐘的不相關內容所組成。

到第一次世界大戰爆發時，這種出現在長片放映之間的雜誌風格紀錄片已流行於各個工業化國家，也為帕泰公司帶來了競爭。攝影師冒著生命危險，使戰爭殘酷的實況場面首次呈現給觀眾。紀錄片是電視新聞的先驅，過去相隔遙遠的訊息如今已成即時報導，堪稱資訊工業縮短世界距離的早期典範。▶1956（5）

科學

改進遺傳學

12 1909年，發展中的遺傳科學有了重大突破。當時，自學而成的丹麥植物學家威廉‧路德維希‧約翰遜創造「基因」一詞來敘述遺傳性質的基本單位。大約同

時，美國胚胎學家托馬斯‧亨特‧摩根也在果蠅實驗研究中證實了遺傳染色體理論。

藉由觀察幾種不同代自我授粉豆科植物的變化，約翰遜能夠分辨出植物的不變遺傳本質（他稱之為遺傳型）與其外在變異特點（表現型）。表現型是環境對遺傳型影響的表現。約翰遜在他的創新性著作《遺傳的要素》中發表其理論，向所有歐洲科學家介紹了遺傳學。

摩根曾經是染色體理論的批評者，但在觀察果蠅的遺傳模式後改變了原先的觀點。他在一群正常的紅眼果蠅中發現了一隻白眼果蠅（見上圖），摩根以這隻白眼雄蠅與其他紅眼雌蠅交配繁殖。結果下一代全部是紅眼蠅。它們之間彼此繁殖便會產生部分白眼蠅，但所有白眼蠅均為雄性。摩根採用約翰森的「基因」專有名詞，但認為一隻果蠅的白眼基因應該和決定其性別的染色體有關。◀1902（邊欄）▶1937（6）

諾貝爾獎 和平獎：奧古斯特‧貝爾納特、保羅‧德斯圖爾內勒‧德‧康斯坦（比利時、法國，海牙仲裁法庭和海牙國際和平會議） 文學獎：塞爾瑪‧拉格洛夫（瑞典，小說家） 化學獎：威廉‧奧斯特瓦爾德（德國，化學平衡狀態） 醫學獎：埃米爾‧科赫爾（瑞典，甲狀腺） 物理學獎：吉列爾莫‧馬可尼、卡爾‧布勞恩（義大利、德國，無線電報）。

當年之音

貝萊里奧先生飛越英吉利海峽

路易斯・貝萊里奧著，摘自1909年7月26日，倫敦《每日郵報》

路易斯・貝萊里奧以一架比空氣還重的飛機完成首次的成功跨海飛行，當時他駕駛自行設計的飛機從法國的加來越過英吉利海峽抵達多佛，贏得國際聲譽以及倫敦《每日郵報》提供的1千英鎊獎金，該報並刊載其飛行報告。這架飛機看起來像隻優美的昆蟲，是一架由鋼管、桉木和竹子建造的單翼飛機，配上織物外殼及自行車式線圈著陸輪。它以25馬力的三汽缸引擎為動力，最高時速約64.4公里。飛機沒有副翼或輔助翼，是藉由扭曲整個機翼來操縱飛行。雖然貝萊里奧的飛行僅持續了37分鐘，但它使全世界注意力都聚集在其經濟和軍事潛力上。◀1903（1）▶1927（1）

我們在4點30分就可以看清四週的一切。已經天亮了。勒布朗先生努力向著英國海岸望去，但看不見。微風從西南方吹來，晴空萬里，一切準備就緒。我當時的穿著正如此刻的模樣，一件

襯有保暖羊毛的卡其夾克和斜紋呢布上衣，下身是我的藍色棉布工作褲。飛行帽緊緊繫在頭部和雙耳。從起床後我什麼也吃。心裏想的只有飛行這件事，而且我決定在今天早晨完成它。4點35分！一切準備好了！勒布朗發出信號而我立刻升空，我的引擎轉速達1200轉——幾乎是它的最高轉速——好讓我可以迅速飛越峭壁邊緣的電報電線。一飛過峭壁我就減速。現在沒必要去加強引擎的力道。

我開始穩定而自信地向英國海岸飛去。我沒有任何憂慮，沒有激動，什麼都沒有。護衛的驅逐艦已經看見我。它正在前面全速行駛，時速可能達到42公里。不要緊，我的時速至少有68公里……很快地，我超越了它，並以80公尺的高度飛行……。這是至關緊要的一刻，然而我很驚訝自己沒有一點得意。海水在我腳下，海面上風吹浪起，令人心曠神怡。在我之下的海浪擺動並不怎麼宜人。我繼續飛行。已經過了10分鐘。我已超過了驅逐艦，這時我轉過頭來看看飛行方向是否正確。我感到一陣驚訝。什麼也看不見，既看不到魚雷驅逐艦，也看不到法國或英國。我孤單一人，看不見任何東西，什麼也沒有！我迷失了10分鐘。在海峽中央的上空落單、沒有嚮導、沒有羅盤是個很奇特的情況。我什麼也摸不到。我的雙手和雙腳都輕輕地放在操縱桿上，讓飛機自己選擇航線。我不在乎它去哪裏。我在10分鐘內一直就這樣，不上升不下降，也不改變方向。然後，在我離開法國海岸20分鐘後，我看見了多佛的綠色峭壁、城堡，以及遠在西方的預定著陸點……飛行可以輕而易舉地再試一次。我還會做嗎？我想不會。我已答應妻子，在我報名參加賽跑後就再也不飛了。

上圖，起飛之前的貝萊里奧。左圖，選自巴黎《小報》的增刊插圖，貝萊里奧的飛機接近多佛。地面上一支由兩國人民組成的「交通管制隊」迎接他並為他的著陸導航。

這10年被有史以來最殘酷的戰爭打下了深深的烙印。隨著戰爭的終止,維多利亞純真時代結束,開始進入現代的世界。

1910
1919

第一次世界大戰給陳舊的大規模殺人術增加了新的邪惡手段,化學武器比舊式的機械式武器更為殘酷。包括氯氣、催淚瓦斯,以及殺傷性更強的芥子氣和光氣在內的各類毒氣在1914年被法國人試用(以槍榴彈的形式)。但是,首次大規模使用化學武器則是德國人於1915年伊普爾戰役開始的,協約國後來也使用它。圖為1918年4月,英軍在法國貝屯的利斯河進攻中遭德軍化學武器襲擊而導致失明,他們正步履蹣跚地互相扶持去接受治療。

1910年的世界

世界人口　　1900年：16億　　1910年：17億

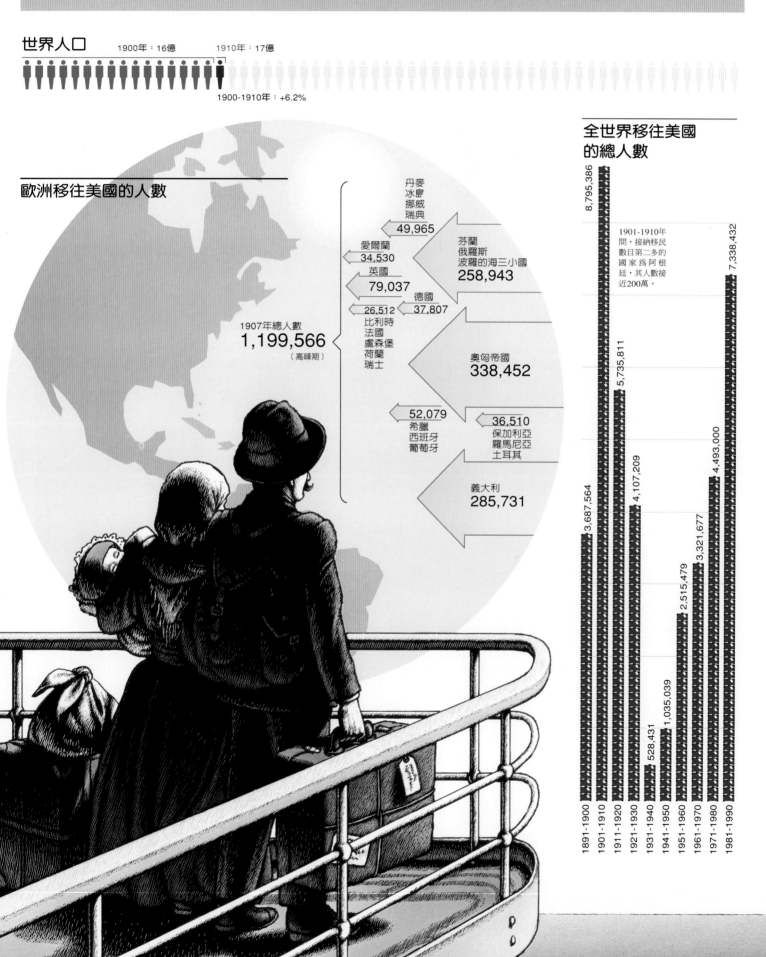

1900-1910年：+6.2%

歐洲移往美國的人數

丹麥
冰島
挪威
瑞典
49,965

愛爾蘭
34,530

芬蘭
俄羅斯
波羅的海三小國
258,943

英國
79,037

德國
26,512　　**37,807**

比利時
法國
盧森堡
荷蘭
瑞士

1907年總人數
1,199,566
（高峰期）

奧匈帝國
338,452

52,079
希臘
西班牙
葡萄牙

36,510
保加利亞
羅馬尼亞
土耳其

義大利
285,731

全世界移往美國的總人數

1901-1910年間，接納移民數目第二多的國家為阿根廷，其人數接近200萬。

年代	人數
1891-1900	3,687,564
1901-1910	8,795,386
1911-1920	5,735,811
1921-1930	4,107,209
1931-1940	528,431
1941-1950	1,035,039
1951-1960	2,515,479
1961-1970	3,321,677
1971-1980	4,493,000
1981-1990	7,338,432

美國的勢力範圍

在建國後的第一個世紀，美國擴張主義者的企圖是向西拓展疆界。至1910年，美國已從東邊的海洋擴展到另一端的陽光海洋，並向北半球的其他地區，包括中美洲、加勒比地區和太平洋地區繼續擴張。1916年，美國購得丹麥的西印度群島。這雖標誌著美國擴張領土政策的結束，但並不意味著對上述地區政治和經濟干涉的結束。

日報數量

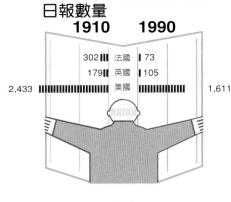

1910　　　**1990**

302	法國	73
179	英國	105
2,433	美國	1,611

技術之光

1910年，即在伊斯曼‧柯達發明第一部可供非專業人員使用的「布朗尼」照相機10年後，業餘攝影已大為普及。從1889-1909年，照相機和其他攝影器材的銷售量以年平均11%的速度遞增。

夏季奧林匹克運動會

倫敦 **1908**		巴塞隆納 **1992**
22	參賽國家數目	171
2,035	參賽選手數目	10,563
323	獎牌數目	815

體育競技逐漸變得更為複雜。1908年的奧林匹克夏季運動會有22個國家參加，雖然其規模和現今的奧運會無法相比，但它是首次由國際性的體育委員會組織和控制的運動會，而非由私人發起。

時尚

手錶成為男人和女人的標準飾物，它是在6年前才發明出來的。當時，有一位巴西飛行員向法國鐘錶匠路易-法朗索瓦‧卡地亞抱怨說，他在駕駛飛機時，掏出懷錶來看時間很不方便。於是，卡地亞便贈送他一支可以用皮帶拴在手腕上的小錶。卡蒂埃在1910年設計了如圖所示的白金手錶。

移民潮

本世紀最初的10年裏，歐洲人大批地向其他大陸遷移。雖然許多國家接納了大量尋求更好生活的外國人（如阿根廷1910年的人口中，有三分之一為歐洲人），但沒有哪個國家像美國那樣融合了大批移民帶來的政治、經濟和文化特徵。

我們所知道的

軍事戰略學家認為飛機的作戰用途有限。法軍元帥斐迪南‧福煦斷言，飛機「只是有意思的玩具，毫無軍事價值可言。」

■

德軍的總參謀長阿爾弗雷德‧馮‧施利芬將軍制定了一個旨在兩條戰線打贏戰爭的軍事計畫，其意圖是：重兵集團迅速取道比利時和荷蘭進入法國，以迫使法軍退至瑞士，或在德國邊界將其擊敗；以較少的兵力在南部牽制法軍，並在東部牽制俄軍。

■

除紐西蘭、澳大利亞和芬蘭3個國家外，世界上所有國家都認為婦女不應該有投票權。美國前總統格羅弗‧克利夫蘭曾說：「善解人意和有責任心的女人不想投票」，這表達了當時人們對婦女的一種普遍看法。他還說：「男人與女人……在我們的文明中所處的相對位置，是由比我們高明得多的智者早就定下來的。」

■

發明家托馬斯‧愛迪生預言，鎳-鐵電池所儲藏的能量會使汽油引擎很快變得過時。

■

儘管美國每週有2600萬人看電影，但《獨立》週刊仍斷言：「這一時尚幾年後就會過去。」

■

雖然都知道柑橘可預防壞血病及舒緩其症狀，但直到1912年才發現食物中含有維生素。

■

在法國，時裝設計師保羅‧普瓦雷推出了瀟洒舒適的新款式胸衣，把法國婦女從老式緊身胸衣中解放出來。而在世界其他地方，用鋼加固的支撐物仍是端莊女性內衣的重要組成部份。（當美國在1917年參加第一次世界大戰時，美國婦女緊身胸衣所用掉的鋼材足以用來建造兩艘戰艦）。

維托爾德‧雷布琴斯基

不停運轉的機器

量產的來臨

1910 1919

在1913年是20世紀歷史的一個分水嶺，亨利‧福特在這年組織了第一條生產裝配線。在密西根州的海蘭帕克，福特開始製造生產Ｔ型轎車。雖然第一條生產裝配線只是久磁發電機而非整輛車的生產線，但這個小規模的改進卻無疑地具有劃時代意義。就像其他少數幾個標示新時代的事件，例如15世紀中期，約翰‧古騰堡第一次使用活字印刷，以及詹姆斯‧瓦特研製並於1769年獲得專利的實用高壓蒸汽機一樣，分別被稱為「印刷時代」和「蒸汽時代」。因此，我們也可以將1913年以後的時期稱為「量產時代」。

　　實際上，福特並非第一個使用生產裝配線的企業家。早在130多年前，奧立佛‧伊文斯（一個來自德拉瓦的技工）就曾在費城建造了一座麵粉廠，利用各種水車動力裝置，以機械化方式將穀物依序輸送至不同階段的碾磨處；1804年，英國海軍建造了一個餅乾工廠來供應士兵所需，由5位烘焙工組成一條生產線，分別負責烘焙操作的各個步驟；瑞士發明家約翰‧喬治‧博德默爾於19世紀30年代在英格蘭建造了數家紡織廠，都設有由機械傳輸系統連接起來的固定工作站。甚至福特工廠裏，將汽車底盤由一處裝配線輸送至另一組裝配線的高架吊軌也並非福特創造的，而是根據以前在辛辛那提的包裝廠中輸送生肉用的裝置改進而成的，而且福特本人並未在科學或工程學方面受過正規教育，也未對汽車本身的科技發展有過貢獻。在這方面福特不同於戈特利布‧戴姆勒和卡爾‧賓士，他們在汽車科技方面都有重要的開拓；他也不像魯道夫‧狄塞耳發明了柴油機，並以其姓氏命名，事實上沒有任何汽車零件是以福特的名字命名的。

　　雖然福特並未發明生產裝配線或汽車，但他仍可視為一個先驅者。可以說，是他提出了把轎車作為普通交通工具的想法。福特宣稱：「它的價格如此低廉，有較好收入的人都能擁有一輛，在上帝創造的廣闊空間裏與家人共享歡樂時光。」以前，無論是在歐洲還是美洲，汽車都是一種奢侈品，主要供富人享樂。福特將汽車推向了更廣闊的市場。他不只是銷售廉價汽車供一般人週日「兜風」。幾乎是在一夜之間，Ｔ型車（福特稱之為「大眾汽車」）成為便宜、快捷的私人交通工具，送到了成千上萬的普通人手裏，甚至到偏遠的鄉村。

　　要了解福特的成就，就必須了解19世紀的美國充斥著為滿足私人用途而進行標準化量產的項目：麻州埃姆斯公司生產的鐵鏟、約翰‧蘭迪斯‧梅森有名的罐子、19世紀初康乃狄格州普利茅斯的埃利‧特里製造的大批家用鐘錶、伊薩克‧勝家生產的縫紉機。當然，Ｔ型車與上述產品不同。廉價的鐵鏟比舊式的手工鐵鏟好不了多少；梅森的罐子實際上還是不曾改變傳統的家庭儲物習慣；廉價的鐘錶還是鐘錶；儘管縫紉機使複雜的縫補工作變得較快、較容易，但用針線來縫更便宜。然而廉價的轎車卻是前所未有的。

甚至在福特（上圖）使用生產裝配線後，許多工業的個別工人仍在按照各生產程序依序循環操作。在威斯康辛州肯諾沙的納什汽車公司的車輪製造部門（右圖），每個工人都被分配一套複雜的機械工具。雖然福特多少有些鄙視自己量產的Ｔ型車所帶來的許多變化，包括促使美國漸漸地由鄉村轉變成都市化社會，他仍然是個幻想家。在晚年時，他熱衷於維護密西根州童年時期「常人」的、農村的價值。

汽車顯然比騎馬或乘馬車快得多。還有一點就是Ｔ型汽車比馬和馬車便宜得多。汽車只在開動時才耗費油料，而馬匹整年都要飼養。此外，騎馬或乘馬車旅行需要在事先安排下，不斷地將疲憊的馬匹更換下來，而不知疲倦的汽車給每個人提供了隨意出遊的機會。廉價地得到隨意和自由，這便是汽車暢銷的原因。

在生產Ｔ型汽車的短暫歷史裏，就締造了輝煌的成就。雖然第一輛汽車於1908年便從位於高地公園的工廠開出去，但一直到福特開始使用生產裝配線，也就是5年以後，大量生產廉價汽車的影響才展現出來。這幾年裏，組裝一輛車所需耗費的工時由12.5驚人地降至1.5。汽車的價格也由每輛850美元降至310美元，這使得Ｔ型車比其競爭對手便宜40%。

1910 1919

價格的下降不只是由於大量生產。之前量產的產品僅是傳統產品以大量的方式生產，而Ｔ型車則是刻意為量產而專門設計的。簡潔是Ｔ型車的基本風格，例如沒有門，沒有側窗，沒有速度表或雨刷，且沒有其他顏色可選擇（前12年裏，所有Ｔ型車均為黑色）。這種量產的簡潔性從商業角度來看有些無情，但福特汽車的設計是以用戶的需要為出發點。Ｔ型車最早的購買者主要是農民和小鎮的居民（城裏人可以搭乘市區電車或公共汽車），20馬力的引擎和結實的機械裝置特別適應鄉村崎嶇不平的道路。其機械系統很簡單，不需專門人員的協助，駕駛員自己就能輕而易舉地維修。這種汽車銷售量直線上升：在該車推出6年後的1914年，Ｔ型車賣出了25萬輛。到1927年停產時，總共售出了1500萬輛。

然而福特的天才不只是找到將更多的車賣給更多的人的方法。他在整個工業上的努力主要是基於一個簡單而重要的認知：量產只是供需關係中的一面，另一方面則是大量消費。像是鐵鏟、縫紉機等早期量產產品的製造商都清楚一點，如果要實現量產的優勢，就必須有大量的消費需求。但福特的認識更進了一步，很大的一步，即量產還可以刺激消費。人人都知道生產裝配線在增加產量的同時還可以降低成本；但福特首先認識到高額利潤可以給工人們帶來高工資。他的理由是，提高工資可以使工人提高消費水平；消費水平的提高，反過來又刺激了生產。

福特首先將雞與蛋的理論運用到實踐當中。1914年，工業界的工資平均為每天2.4美元，福特則付給5美元；到1929年，福特的平均工資提升到了每天7美元。提高消費不只意味著提高工資，而且意味著增加人們自由支配的時間。在1914年，福特將其工人的工作時間由每天9小時減至8小時。這樣，他的工人不僅有更多的錢，而且有更多的時間去花錢。福特的實踐並未到此為止。1926年，當美國工業界實行每週6天工作制時，福特宣布他的工廠將在星期六和星期日都休息。這使得福特汽車公司成為世界上第一家實現5天工作制的大企業。

一段時期之後，甚至連最有遠見的工業界人士也未預料到，量產不僅改變了製造消費品的方式，而且還改變了消費者本身。汽車買主厭倦了早期量產造成的品種單一現象，要求產品更為多樣化。福特頑固地抵制這一傾向，而其競爭者的成功使他最後不得不屈服。Ｔ型車的後繼型即Ａ型車面世時，有17種車款和4種不同的顏色。福特不得不面對量產的

到30年代中期，生產裝配線作業方式在大眾印象中被神化了。埃澤爾・福特在底特律接替其父，擔任福特汽車公司董事長的職務。他請墨西哥壁畫家迭戈・里維拉在底特律藝術學院的院子裏畫了一系列壁畫。這27幅畫既頌揚效率，也強調現代工廠的殘酷。當右派批評家指責里維拉的作品猶如《共產黨宣言》，個性「冷酷」、「生硬」時，這位藝術家反駁道：「我畫的是我所看見的東西……壁畫的主題是鋼鐵，而鋼鐵本身既冷酷又堅硬。」

根本缺陷：當開始量產大眾所需的商品時，也扼殺了向喜好不同的個人提供多種產品的選擇機會。這種提供選擇的能力，不論是汽車還是運動鞋，都是消費的基礎，也是遍及全球的消費主義膨脹的主要原因。

1910 1919

　　當然，不僅是消費者要求多樣性，就連工人在享受增加的工資之後，也開始厭倦生產裝配線上的重複性勞動。或許是他們不知足（工業時代以前的勞動更枯躁乏味），但這畢竟是人性的進步。1949年，在福特去世兩年後，耶魯大學發表了具有里程碑性質的汽車工業研究報告《生產裝配線上的人》。在接受調查的工人中，有90%稱他們樂意在生產裝配線工作的主要原因是高工資；絕大多數工人都討厭機械式的工作節奏及那種重複性的勞動，許多人對不需要更多技能的簡單勞動感到乏味。工業管理也因此大傷腦筋，對生產裝配線工作的不滿也成為勞動者不安定的主要原因。直到今日，這一問題才因工作團隊、工業民主和品質管理的引入而得到重視。解決生產裝配線枯躁乏味問題的最終辦法，也許是使用機器人代替人類去做那些最枯躁的重複性工作。

福特有句名言：「歷史多少有些瞎扯。」但也正是歷史顯示了量產汽車真正的影響。回顧一下20世紀的歷史，我們會因其影響之廣泛而大吃一驚。汽車改變了城市規劃，像是使市區擴張的速度加快（儘管最早的市區是電車和鐵路而不是汽車的產物）。汽車改變了購物的習慣，它使區域性購物中心和商場得以形成，反過來也使傳統的市中心商業區慢慢消失。追求休閒（這曾是福特所預見到的）進一步深化為汽車與週末的結合，使得週末別墅、週末營地和與公路相關的活動大為增加。汽車也改變了家庭生活，將更多的娛樂活動帶到戶外，並提供婦女和青少年前所未有的機動性。誰也想不到汽車會與女權主義產生關聯，這在一些基本教義派的回教國家中對女性司機的限制上體現得特別明顯。

　　福特以其在後半生所喜歡用的先知口吻說：「汽車是和平的產物。」但是相反的，汽油引擎增加了軍事的破壞力。沒有汽油引擎，就不會有第二次世界大戰的閃電戰。事實上，美國對汽車和汽油的依賴可以說至少造成了一場戰爭，即1991年的波灣戰爭。也許一般人最沒有想到的是，大量使用汽車的結果影響到自然環境，因為汽車排出的一氧化碳會導致一定程度的空氣污染，而且會破壞臭氧層。

　　當然，技術總是帶來出人意料的結果，這就像是活字的發明最後改變了北歐的宗教信仰，火炮改變了中世紀城市的形狀，或蒸汽機打開了美國西部。但是量產大大地加快和擴大了上述影響。也正是由於科技對人類生活的影響程度，才將量產時代區分出來。個人電腦對個人工作的影響、電視對政治力量的影響、錄影機對公眾娛樂的影響，都是量產如何改變人類生活的例子。總之，福特及其所開創的時代為我們留下的遺產，不僅僅是在生產裝配線上「流動」的物質產品，還有這些產品為我們生活帶來的轉變。

隨著電腦的出現，傳統的人工生產裝配線大多被機器人之類的高級工業方式所取代。在諸多自動化工廠裏，高度先進的程序控制設備全部代替了工人。右圖為1989年在西德的一家通用汽車製造廠，機器人在焊接車體，並由一個機器人自動地傳送給下一個機器人。這些機器人具有極高的自我調節能力，因此除維修保養外，不需要任何人力。

「日本天皇希望並要求：應盡一切努力使朝鮮人對兼併一事不感到恥辱，
而感到是一種解放。」

—— 兼併後，日本駐派在朝鮮的官方陳述

年度焦點

日本蹂躪朝鮮

1 日本帝國由於在滿州的日俄戰爭中獲勝而胃口大開，又貪婪地盯上位於其西部且具有重要戰略地位與經濟利益的朝鮮。1910年8月22日，隱藏在日韓表面關係下的現實終於暴露出來：日本完全併吞其毫無抵抗力的保護國朝鮮。日本的意圖自1905年起便日益昭然，朝鮮的大臣們被迫簽署使朝鮮成為日本保護國的協定，目標在使日本完全控制朝鮮。

在保護國的名義下，朝鮮的內政和外交全部是由日本掌握。兩年之後，朝鮮國王高宗被迫讓位給更順從的兒子。1909年，日本先是掌握了朝鮮的司法權，繼而又控制了警察權。1910年，在極端祕密的協商下，日本和朝鮮簽定了將朝鮮主權全部交給日本的日韓條約。在條約宣佈時，這已然是既成的事實。

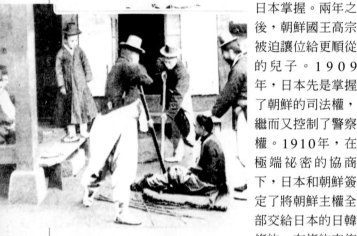

根據日本人的宣傳，兼併以前的朝鮮法庭是在簡陋的辦公室進行傳統的警察式審訊（上），而被日本兼併後的法庭辦公室既現代又乾淨且審判公正（下）。

日本對朝鮮採取了蹂躪性的恐怖統治，以防止如1905年和1907年的強烈抗議和自殺性暴動再次發生。軍隊在首都漢城各處巡邏以制止抗議活動，通過新聞檢查制度取締報紙上具反抗性的文章，動用警察鎮壓朝鮮愛國組織。

其他國家對此事皆採取觀望政策。美國在1905年的《樸資茅斯條約》中默許日本兼併朝鮮，該協定正式承認日本對朝鮮的統治。其他列強，特別是英國，只擔心兼併是否會影響其各自的權利和經濟利益。

日本成為亞洲最強大的國家，這也顯示出極端民族主義者已成為日本的當權派。同時，朝鮮人只能有最低限度的武裝，基本上沒有政治權力，只能讀官方張貼的文告，忍受日兵橫行霸道，倍受無權的恥辱。

◀1905（3）▶1921（5）

奧德菲爾德不斷創新速度記錄，但在晚年則主張安全駕駛。

體育

1分鐘3.2公里

2 經過不斷創記錄的10年後，賽車手巴尼·奧德菲爾德在1910年又創下了令人難忘的新記錄。他在佛羅里達州的代托納海灘駕駛一輛名為「閃電」的「賓士」車，時速達到了212公里，幾乎是他於1903年在印第安納波利斯一項試車中所創下時速96.6公里的兩倍速度。那時他所駕駛的是一輛「福特－庫帕999」型賽車。（像福特這樣的汽車製造商，在新車投入量產的前一年，通常舉行公路比賽以測試其性能。）

在奧德菲爾德締造1910年記錄的一年後，印第安納波利斯500英里車賽成了每年例行的賽事。而他在那條賽道上所創下的驚人記錄直到1937年才被打破。每年於退伍軍人節的週末舉行的印第安納波利斯500英里車賽，現已和1906年設立的「勒芒」汽車大賽及1911年的「蒙地卡羅」汽車大賽一樣，同為世界最重要的賽程。

奧德菲爾德僅在印第安納波利斯參加過兩次比賽，1914年和1916年均排名第5。由於他漸漸認為這種比賽不安全，稱其為「羅馬競技場」。他於1918年引退，並在餘生中致力於提高駕駛的安全性。

◀1908（1）▶1957（11）

葡萄牙

保守的革命

3 葡萄牙國內走向滅亡的君主立憲制及執政達270年之久的布拉剛薩王室在1910年不光彩地結束，年僅20歲的國王曼紐爾二世被共和黨革命分子推翻。這位不幸的國王是兩年前在其父、兄遇刺後剛被推上王位。他逃到英國並默默地收集書籍以度過餘生，直至1932年去世。很不尋常地，新生的葡萄牙共和國在所有革命國家中是最保守的。雖然新政府是在反對不斷衰敗的君主制度中建立起來的，但它卻是從過去而不是從未來中得到鼓舞。共和國的愛國歌曲表達了這一切：

> 海上稱雄，高尚國人，
> 民族勇敢運長存，
> 偉大的葡萄牙啊，
> 今日你雄風重振。

共和黨人只是在對付君主制度時才聯合起來，一旦國王被廢黜，這種聯合很快便分崩離析了。由於極渴望回復習日的輝煌時代，即恢

曼紐爾二世，20歲的葡萄牙君主，離開祖國逃往英國。

復在君主立憲時迅速瓦解的殖民帝國盛況，共和黨人對未來並沒有什麼

藝術與文化　書籍：《此情可問天》福斯特；《泥架》阿諾德·本涅特；《流浪者》科萊特；《河下游的小鎮》埃德溫·阿靈頓·魯賓遜　**音樂**：《愛人我為你而哭》弗里德曼和惠特森；《金色西部的女孩》賈科莫·普契尼；《弦樂四重奏，作品3號》奧爾本·伯格；《托馬斯塔里斯主題狂想》拉爾夫·伏昂·威廉斯　**繪畫與**

「我喜愛數學，因爲它與人無關，與這個星球或整個宇宙也沒有什麼特殊的關係——
這就像斯賓諾莎的上帝，數學不會以愛我們作爲回報。」

― 羅素

明確的目標，因而「第一共和國」陷入了政治上爭吵不休、經濟上混亂加劇的局面。這一局面一直到專制的「新國家」於1926建立以後才得以安定。葡萄牙在安東尼奧·德·奧利維拉·薩拉查的長期統治下，成功地置身於當時紛擾的國際事務之外。▶1933（9）

哲學
數學與邏輯學

④ 在《數學原理》第一卷（共分爲3卷，於1910年至1913年之間出版，嘗試將數學簡約爲純粹的邏輯學）於1910年問世之後，伯特蘭·羅素（上圖）與阿爾弗雷德·諾斯·懷特海（下圖）確立了將未來各種問題轉爲理論數學、解析哲學與數值邏輯的基礎。幾乎沒有什麼其他的作品能對現代思維產生像這樣深遠持久的影響。

羅素是個才智過人、反對偶像崇拜、深具人道主義精神的人，他是一個貴族家庭的孤兒，1890年入劍橋大學三一學院就讀。懷特海比他大10歲，當時已是數學講師。羅素在其導師穆爾（其著作《倫理學原理》奠定了現代倫理學的基礎）的影響之下，開始將數學視爲精確和絕對知識的哲學模型。他的第一部著作便是與懷特海合著的《數學原理》。雖然羅素是以其和平主義和進步的社會意識而

在公眾中享有盛譽，但是，毫不誇張地說，正是數學才使他名垂青史。他在晚年時（於1970年過世，享年98歲），認爲他的早年是天天與自殺在搏鬥，因爲「一直受瞭解更多數學內容的欲望所困擾」。

受到《數學原理》影響的理論家之中就有路德維希·維根斯坦。在讀了羅素的文章之後，他便來到劍橋，師事羅素門下。維根斯坦聲稱，其所撰寫、以完美而準確著稱的《邏輯哲學論》，解決了之前兩人在劍橋時提出邏輯學本質研究中的所有哲學問題。▶1918（4）

科學
哈雷彗星返回

⑤ 1910年5月18日黃昏，哈雷彗星經過君士坦丁堡上空時，有10萬人爬到自家房頂上。一些人擠在一起以求得安慰，還有一些人則不停地祈禱，希望能獲得到拯救。世界各地都出現這樣的場景，許多人都以爲世界末日就要到了。是什麼原因會引起這麼大的恐懼呢？那就是哈雷彗星經過75年的間隔又穿過太空返回。

科學家多年來一直盼望哈雷彗星再度出現，以利用這一機會增加天文知識。到1909年年底，世界上許多重要的天文台都在積極搜索它。德國海德堡的馬克斯·沃爾夫教授在1909年9月探測到了該彗星。彗星熱隨即傳開，人們期待能用肉眼看到它來臨的那一刻。科學家們進行了大量計算，其中包括預測哈雷彗星的尾部將在5月18日至

19日接近地球，並從右側掃過。

這一發現使人感到不安，各種小報令人不寒而慄地詳細描述了氣態的彗星可能給地球大氣層造成的災難性後果，這使得人們感到驚惶不已。一些美國礦工拒絕下井工

哈雷彗星的到來，使全世界憑添了許多與之有關的東西。因為哈雷彗星的降臨，來自世界各地琳琅滿目的彗星商品應運而生。

作，他們寧願與家人一道死在地面上。還有一些人由於害怕世界末日的來臨而企圖自殺。加州的一個牧場主人甚至將自己的雙腳和一隻手釘在自製的十字架上。

事實上，哈雷彗星的尾部根本就沒有在40萬公里以內接近地球，因而它在任何距離內對於人類都是無害的。《西雅圖郵報－情報員》寫道：「彗星來去匆匆，而古老的地球既沒有變得更好，也沒有變得更糟糕，更沒有變得更聰明。」▶1929（9）

附有望遠鏡頭的相機所拍的哈雷彗星照片，1910年5月12日於檀香山。

「藝術評論家是藝術最大的敵人。」

—— 瓦西里‧康丁斯基

美國萬花筒

天才診斷學家

芝加哥醫生詹姆斯‧拜倫‧赫立克發現了一種尚未見過的病毒。1910年在對一名西印度群島的學生檢查後，赫立克診斷為一種會引起痛苦的血液狀態：鐮狀細胞性貧血。這種病可以致命，它對3％的美國黑人會有影響。

◀ 1903（邊欄）

紅門開路德維希張

紐約的一位秘書佛羅倫斯‧南丁格爾受坦尼森的詩《伊諾赫‧雅頓》的影響，將名字改為伊莉莎白‧雅頓。她於1910年在第五

大道開了一家美容沙龍並經營得極為成功，於是便在其他地方開設分店，而且開發出不久即超過300多種的化妝品。她總是強調其化妝的女性特質。到1966年去世時，以其商標「紅門」註冊的美容沙龍已達100多家。

KANDINSKY 1910

藝術

抽象的視覺音樂

6 瓦西里‧康丁斯基是一位與色彩有不解之緣的藝術家，他於1910年創作了被大家認定為是現代藝術史上的第一幅純抽象畫——《即興作品14號》（上圖）。康丁斯基在30歲時，也就是在其祖國俄羅斯獲得法律和經濟學位後，才開始投身藝術創作，運用顏色和造型發展出一種如音樂般的圖像表現。他稱他的「即興作品」為一種「內在性格非意識的自發性的表現，也就是非物質性的」。

但康丁斯基的作品從抽象的角度來看並非抽象：他希望使繪畫從對物體描繪的束縛中解放，以便更適切地表達思想和抒發深刻的情感。他提醒說，純抽象會有流於裝飾的風險，「就像一條項鍊或一條披肩」。如《即興作品14號》，清晰地保留了具象的手法。1917年革命後，康丁斯基領導了俄羅斯的藝術潮流。但這位蒙古王族的後裔後來失勢，並於1927年離開俄國前往柏林。◀ 1907（1）
▶ 1913（2）

社會改革

全國有色人種促進協會領導抗爭

7 1910年，在反黑人的暴亂席捲美國之後，有60名黑人知識分子和一些深感同情的白人於林肯誕辰100週年之際，共同在紐約市集會，成立了全國有色人種促進協會（NAACP）。其

發起人之一瑪莉‧懷特‧奧文頓指出，該組織的目的是「將分裂世界上最大民主國家的不容忍、不公正、偏見與傲慢之牆推倒」。全國有色人種促進協會掀起了新的群眾運動，它最終鼓舞了全世界爭取人權的呼聲。

美國內戰將來自非洲的美國人從奴隸制度中解放出來，但是戰爭並未替他們贏得所有的公民權利。

南方各州實行了吉姆‧克羅法（依照由白人飾演黑人的說唱劇中典型的黑人笨蛋姓名來命名），黑人的權利被剝奪，被迫與白人隔離開來，只能夠使用專為黑人設立的（低劣的）學校、住屋、醫院、旅館、交通工具、休息室、劇場、甚至墓地，許多黑人常常受到治安人員的私刑拷打。在北方的情況也好不了多少。

多種族的全國有色人種促進協會源於一個於1905年成立的黑人組織「尼加拉運動」。建立這個組織的目的，是反對阿拉巴馬州塔斯奇基學院的院長布克‧華盛頓提出的安協主義，該主義要求黑人放棄社會平等的要求，以換取工作和商業的機會。尼加拉運動的積極活動者在歷史學家杜波伊斯的領導之下，堅持只有在贏得政治權力後才能夠真正參與經濟競爭。雖然全國有色人種促進協會的創始人除了杜波伊

斯（他負責宣傳與研究部）以外都是白人，但是在黑人會員與其共同努力之下，尼加拉精神朝氣蓬勃。

全國有色人種促進協會在兩條戰線上反對種族歧視：教育和司法。他們大量地向美國白人散發小冊子、傳單，並且發表演說，宣傳黑人遭受的苦難和獲得的成就。杜波伊斯進行深入的社會學研究，和其他黑人作家以及藝術家在全國有色人種聯合會的出版刊物《危機》上進行宣傳。

全國有色人種促進協會開始針對吉姆‧克羅法進行司法訴訟。美國最高法院在1915年取消了「祖先條款」，該條款只將投票權給祖先有投票權的男人。它事實上是將黑人排除在外，因為其祖先大多是奴隸。之後不斷有成功的反種族歧視運動，直到1954年的「布朗控訴教育委員會案」達到最高潮。該判決確認公立學校的種族隔離為非法。

「黨就是國，國就是黨。」
—— 波耳人的國民黨標語

從此以後，全國有色人種促進協會壯大至50萬人，成為站在世界最前列的人權組織。◀1905（邊欄）▶1915（1）

南非
波塔的脆弱聯邦

⑧ 南非聯盟在波耳戰爭結束後於1910年成立，屬於英國在南部非洲的4個殖民地之一，為大英帝國的自治領。作為這個由波耳人控制的殖民地首任總理，劉易斯·波塔（敗北的波耳軍隊指揮官）的棘手且完全不可能達成的任務是不但得在波耳人分裂的政治派系之間取得協調，還得和他們的英國對手共組聯盟。英國聯合主義者（波塔如今也是成員之一）認為，波耳人的民族主義可在帝國內部充分地展現。而在赫爾佐格領導下的波耳分裂主義者則只願接受獨立。英國出生的南非人對波耳人的一切都抱持懷疑的態度。而最先到達南非的非洲黑人被剝削奪公民權利，處於殖民社會最底層，完全排除在充滿敵意的爭論之外。

在英國總督格拉德斯通勳爵的組閣要求下，波塔組成了反映波耳人觀點的聯合政府，包括角省的南非黨、特蘭斯瓦的海特沃克黨和自由邦的奧蘭治聯盟。赫爾佐格被任命為司法部長，波塔為的是要調和英國人和波耳分裂主義者，結果卻是兩面都不討好。英裔非洲人認為他們被出賣了，因為政府中包括了分裂主義者。而分裂主義者則指責他偏向聯合主義者。在年底的國會選舉中，波耳人的3個黨派戰勝了兩個最大的英國人黨派。次年，波耳人各黨派合併為南非黨。

由於波塔的聯合政府從一開始就是拼湊而成，因此很快就分裂了。赫爾佐格不斷地主張獨立，使得政府十分尷尬，也讓英裔選民感到驚慌。1912年，赫爾佐格在德懷爾特車站的講演中宣稱：「不容非波耳人統治南非的時刻已經到來。」（這句話現在被當作是南非國民黨精神誕生的象徵，該黨在兩年後宣佈正式成立。）波塔在憤怒

南非第一任總理劉易斯·波塔，其對手赫爾佐格稱他為「帝國主義的擁護者」。

之餘，先是辭職，解散了內閣，而後又返回，重組沒有赫爾佐格參與的新政府。而分裂線已劃出來，儘管聯盟又維持了20年，但是從那時候起，其前途已注定是無望的了。◀1908（9）▶1912（10）

戲劇
齊格菲的天才

⑨ 大眾稱其為「頌揚美國姑娘的民俗劇」，事實上，它是一種帶有歐洲色彩和美國華麗風格的百老匯時事諷刺劇：誇大的行頭和化妝，變來變去的神話喜劇人物和歌手，一群半裸的女子合唱隊員，她們既令一些觀眾厭惡，但也使另一些觀眾神魂顛倒。齊格菲諷刺劇由佛洛倫茲·齊格菲創作，它為美國的音樂劇帶來的繁榮長達3年之久。1910年，齊格菲向百老

匯推出了3位齊格菲諷刺劇中最受喜愛的明星：芬妮·布萊斯、歐文·伯林和貝爾特·威廉斯。

芬妮·布萊斯是個18歲的猶太姑娘，具有與典型的齊格菲女郎完全不同的風情：大鼻子、大眼睛、寬薄嘴唇。她先是演唱帶有濃重猶太口音的喜劇角色，之後又唱令人心碎的感傷歌曲。她首次登台亮相時，演的是歐文·伯林的新穎方言劇《再見，貝基·科恩》。而伯林自己則在一年後，才因《亞歷山大的繁音拍子樂隊》這首歌一砲而紅。他為齊格菲的時事諷刺劇前前後後表演了許多年，並在1919年演唱了最令人難忘的《漂亮女孩像首歌》。

齊格菲在都是白人天下的百老匯舞台上，大膽地晉用黑人演員貝爾特·威廉斯，打破了既有的慣例。因為他極喜愛安排小丑這個角色，而且只網羅最好的人才，諸如：菲爾茲、威爾·羅傑斯、埃迪·坎托、埃德·溫恩等人。威廉斯是其中最傑出的一位，這也正是齊格菲聘用他的原因（然而，齊格菲確實也主張白人將臉塗黑以扮演黑人的表演模式）。菲爾茲稱威廉斯為「我見過最好笑的人，也是我認識最悲傷的人。」

齊格菲誇張的輕歌舞劇在舞台上演出了24年，雖然他還創作了其他形式的音樂劇，如《畫舫璇宮》，絢爛奪目與才華橫溢的齊格菲在美國演藝史上佔有無人可取代的地位。◀1905（11）▶1911（6）

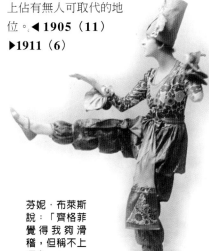

芬妮·布萊斯說：「齊格菲覺得我夠滑稽，但稱不上漂亮。」

曼恩保護婦女

為國際性妓女買賣這一未經證實的傳聞所觸怒，美國國會於1910年通過了「曼恩法案」，禁止為「不道德的目的」利用國家交通線運送婦女，即眾所周知的「白人奴隸運送法案」。該法案反映了美國對歐洲道德下降的關注。▶1922（11）

美國風格

溫斯洛·荷馬曾對友人講：「如果一個人想要成為藝術家，那麼他最好不要去模仿別人的畫。」的確，荷馬在他1910年去世那年

的所有的作品（包括上圖）反映出對歐洲種種限制的反抗，並確立了美國本土風格，具有美國藝術界從未有過的權威和優雅。▶1942（17）

基本教義派的基本原則

《原則：真理的箴言》一書於1910年出版，該書中堅持基督教的5條基本戒律，包括耶穌為處女所生和基督復活。它激勵了美國的現代基本教義派運動。▶1950（12）

白朗寧半自動手槍

槍械設計家約翰·摩西·白朗寧取得了其新設計的點45口徑半自動手槍——白朗寧1910型的專利。其市場型號為科爾特點45，為美國陸軍採用。該槍一直到第二次世界大戰時仍為美軍的標準配備武器。截至1935年為止，該型手槍共生產了100萬枝。

「所有現代美國文學都源於馬克・吐溫的一本書《哈克・芬歷險記》，它是空前絕後的。」

— 歐內斯特 海明威，1935年

環球浮世繪

愛德華七世去世

經過9年對維多利亞時代呆板的傳統進行改造，因而深深受到人民愛戴的英國國王愛德華七世於1910年5月6日去世，享年68歲。其次子喬治五世繼承王位，並且在一次大戰至二次大戰前夕領導英國。◀1901（4）▶1936（當年之音）

後印象主義

塞尚、梵谷、高更、馬蒂斯、畢卡索和其他藝術先驅的作品於1910年首次在法國之外的地區展出。這場被稱為「莫內和後印象派畫家」的畫展，在倫敦格拉夫頓畫廊展出時引起了英國的憤

怒，導致畫展的規劃者羅傑・弗賴伊所稱的「好鬥無知者的搗亂」。但這一新的藝術形式，即弗賴伊所稱的後印象主義，其後蔚為風尚，在藝術史詞典中佔有一席之地。▶1916（4）

克里特人領導希臘

1月份，希臘軍方在發動政變後，請埃萊烏瑟里奧斯・韋尼澤洛斯充當其顧問，以成立一個改革的政府；是年末，他被選為總理。韋尼澤洛斯為克里特人，具有雙重的公民身分，並且是克里特島與希臘結盟的領導人。他的新任命激怒了土耳其人（克里特島名義上受土耳其統治），因為土耳其的統治者害怕韋尼澤洛斯組成強大的聯盟去對付搖搖欲墜的土耳其帝國。▶1924（12）

推翻狄亞斯獨裁政權的一場革命，由墨國優秀的壁畫家大衛・阿爾法羅・西凱羅斯所畫。

墨西哥

馬德羅領導革命

墨西哥獨裁者波菲里奧・狄亞斯以鐵腕統治33年，而革命領袖法蘭西斯科・馬德羅（一位具有改革思想和政治敏感性的貴族）在1910年的總統選舉中公開向他挑戰。狄亞斯由於將墨西哥改變成為現代工業國而贏得發達國家的敬仰。不幸的是，他所取得的經濟成就是以農人的利益為代價。農人已淪落到幾乎是農奴的地步，工作所得僅足餬口，卻養肥了少數菁英地主階級。狄亞斯無情地鎮壓所有與其經濟計畫對抗的人，不是將其關入監獄，就是判處死刑。

獨裁者在總統選舉中作弊獲勝，並將馬德羅抓了起來。馬德羅經交保獲釋，逃至德州並組織武裝部隊。他在南方和北方分別得到埃米里亞諾・薩帕塔和土匪佛朗西斯科・「潘喬」・維拉的支援，組織反對狄亞斯的群眾起義。起義者燒燬了農作物，炸壞了礦井和鐵路，使國家陷入一片混亂。狄亞斯終於同意改革，但是為時已晚。起義者毫不妥協，堅決要其下台。1911年5月，狄亞斯下台，並說道：「馬德羅將老虎放出來了，看他怎麼收拾！」

狄亞斯隨後流亡到巴黎。經歷短暫過渡期之後，馬德羅成為總統。但是由激進分子組成的聯合政府極不穩定，沒過2年他便被謀殺

了，國家再次陷入了叛亂和流血之中。▶1913（邊欄）

埃及

死於尼羅河上

在英國統治埃及的27年期間，布圖魯斯・加利是第一位被任命為總理的埃及人。1910年，一名激進的民族主義者咒罵布圖魯斯是英國的合作者，因而將其槍殺，主要的罪名是協助達成英國

人提倡的蘇伊士運河會談，將運河的管轄權延至2008年。對於多數埃及人來說，運河的租讓代表英國監管埃及的錯誤。

由於布圖魯斯是埃及的基督徒、外來統治者的合作者，因此當他在1908年被任命時，埃及的民族尊嚴受到了傷害。回教徒控制的國民黨並將此事看作是回教徒進一步受壓制的標誌。隨著蘇伊士運河的爭論越趨激進，國民將憤怒全集中到布圖魯斯的身上。

在他被暗殺之後，英國開始鎮壓埃及的民族主義者。1914年，英國向鄂圖曼帝國（德國的盟友）宣戰，使得埃及成為英國的保護國。這種情況一直持續到1922年埃及接受了「修正式的」獨立為止。
◀1902（9）▶1922（5）

文學

小說界失去兩位大師

兩位文壇巨人，利奧・托爾斯泰（上）和馬克・吐溫（下）似乎植根於不同的時代，但是兩人的生命際遇卻大致相似。他們都是於1910年去世，也給後人留下了登峰造極但又各有千秋的藝術典範。

托爾斯泰可說是描寫19世紀俄羅斯生活史的能手，他的兩部鉅作《戰爭與和平》和《安娜・卡列尼娜》，使得寫實小說得以躋身於藝術成就之列，而其小說所蘊含的社會以及形上學的探討，足以與索福克勒斯的戲劇和莎士比亞的詩歌相提並論。

至於馬克・吐溫（薩繆爾・克萊門斯的筆名），從寫作技巧的角度來說，他是一位被稱為20世紀美

國最重要的作家，但是實際上卻生活在19世紀並且是在19世紀寫作。他的《哈克・芬歷險記》（1884）使美國的作家得以從歐洲的傳統中解放出來，帶給讀者一部原創性的作品：一部生動熱鬧、諷刺意味十足的譏諷長篇小說。這部作品是馬克・吐溫以口語化的美式英語寫成（就一個撰寫「嚴肅」作品的作

家而言，這是一項革命之舉），描述一個沒大沒小、無拘無束、沒有母親的小男孩哈克・芬，在密西西比河沿岸的童年生活。
▶1926（2）

諾貝爾獎　和平獎：永久國際和平局（瑞士）　文學獎：保羅・海澤（德國，小說家）　化學獎：奧托・瓦拉赫（德國，樟腦和香精）　醫學獎：阿伯里希特・科塞爾（德國，蛋白質及核酸結構）　物理學獎：約翰內斯・範德瓦爾斯（荷蘭，改進焦耳-湯姆遜氣體定律）

青少年的冒險故事書

摘自《頂尖週刊》1910年3月5日的「鑽石國的法蘭克‧梅里韋爾」，布爾特‧斯坦迪什

法蘭克‧梅里韋爾是每個男孩子夢中的無敵手和最好的朋友，是他所處的時代最受歡迎的故事主人翁。這是由讀者所熟知的喬治‧巴頓（布爾特‧斯坦迪什的筆名）創造出來的人物，他出奇地厲害、聰明、強健、愛國和善良。喬治‧巴頓以每期從不超過150美元的酬金，每週為《頂尖週刊》寫2萬字，推出一系列冒險故事，以吸引大批小讀者。

法蘭克‧梅里韋爾突然拉住了韁繩，讓馬停下來。他聽到了喊叫聲，好像一個或幾個激動的人在放聲叫喊。他收韁細聽，卻聽到更遠處的叫聲，這次是個女人的聲音，聲音裏充滿了驚恐和哀求，但聽不清內容。

很顯然，聲音來自灌木叢，這個灌木叢位於梅里韋爾和一座荒山的峭壁之間。

梅里韋爾縱身下馬，把韁繩繞在灌木上以防馬匹走掉。做完這些，他鑽入灌木叢，撥路前進，毫不顧及荊榛木刺的劃傷和枝條的扯絆。

似乎聽到了他的到來，那女人叫得更尖更響了。這種求助的聲音使梅里韋爾更加快了速度，他在灌木叢中使勁地向前猛闖，結果一下子就衝進了峭壁下的一小片空地。

他一眼就看到了空地上驚人的一幕：有兩個男人，其中一個上了歲數，好像體力不支，頭髮和鬍子幾乎都像雪一樣白了；另一個是年輕人，壯的像頭豹子，皮膚黝黑，目露凶光，兩人正在搏鬥。年輕人正用粗壯的手抵住老者的喉嚨，同時用膝蓋壓住對方。老者顯然由於窒息，臉都脹紫了，引起梅里韋爾注意的那第一聲喊叫肯定是他發出的。

地上躺著一個身材修長的姑娘，年齡不超過20歲。她的雙手和雙腳被捆得緊緊的，動彈不得。在梅里韋爾從灌木中衝出來時她還在喊叫。一看到梅里韋爾，姑娘上氣不接下氣地向他呼救：

「先生，先生，快救救我父親，快把他從卡雷加斯那兒救出來！」

梅里韋爾說時遲那時快，一個箭步衝上用雙手扼住了那個年輕人的脖子。

「放手，你這個狗東西！」

那個年輕人吃了一驚，把手鬆開了，梅里韋爾實際上是把他拎了起來並用力甩到一邊。

老者此時粗聲喘氣，筋疲力盡地癱倒在地。

梅里韋爾走過去彎下腰。

姑娘又尖叫一聲：

「先生，當心卡雷加斯！」

這個從北美來的好青年一下子便繃緊了每一根神經，使每一塊肌肉都處於準備狀態。那個名叫卡雷加斯的人像惡狼一樣向他撲來，雙眼通紅充滿怒火，呲牙咧嘴地咆哮，與被激怒的狼別無兩樣。

巴頓描述他的英雄角色：「他那健壯有力的身材，高雅英俊的外貌，以及他所具有的男子漢氣質……，表明他是個思維敏捷，朝氣蓬勃的小伙子。」

「帝國已決定派一艘戰艦到亞加的爾港……以保護在當地的德國重要利益。」

—— 德國對於「豹號」進入亞加的爾港發表的聲明

1911

年度焦點

亞加的爾危機

1 就像凱澤‧威廉所描述，「豹」是一艘不起眼的戰艦，「船上只有兩三隻玩具氣槍」。但當它在1911年駛入摩洛哥南部的亞加的爾港時，卻引發了一場危機。這場危機即使遠在墨西哥，也成為頭條新聞。很快地，有3個國家的軍隊進入備戰狀態，世界各地謠傳戰爭即將爆發。這場所謂的「第二次摩洛哥危機」持續了151天悲慘的日子。

「第一次摩洛哥危機」發生在1905年，凱澤親自率一艘砲艇來到摩洛哥，反對法國宣佈當時仍為獨立的摩洛哥為其所有。結果促成了1906年「阿爾及西拉斯會議」的召開，但會談只是加強了法國對摩洛哥的佔有。然而德國戰略家力求在已被列強瓜分的世界上擴大其領土範圍，因而仍希望利用摩洛哥達成其目的。1911年，當部族的動盪遍及摩洛哥

亞加的爾的壁壘防禦：德國戰艦的入港幾乎挑起戰爭。

時，法國的回應是佔領菲茲（摩洛哥北部的城市）——德國人也開始有進一步行動。

德國稱其在亞加的爾附近地區的利益受到威脅，而派出「豹號」戰艦去「保護德國人的生命和財產」。其真實動機是讓法國陣腳大亂——而且正如1905年一樣，試圖破壞法國與英國令人不安的聯盟。德國人算準一旦法國人受到武力威脅，英國人肯定會撒手不管，因此就讓世人認為他們可能會採取進一步的海上行動。史學家到現在還搞不清楚，德國當時到底要幹什麼：某天他們可能要摩洛哥的某個區域，改天他們還可能會要其他地方（如整個法屬剛果）作為補償。雖然這種勾當在列強間是常有的，但德國的要求顯然太過分了。談判拖了數個月。

德國人想一邊繼續這種邊緣政策，一邊與英國進行海上軍備競賽，這種念頭使英國外交大臣大衛‧勞合‧喬治憂慮不安。他發表了一篇火藥味十足的演說（不過沒有提及德國），而英國海軍也動員準備作戰。德國股市暴跌。數週內，危機結束：德國得到剛果內陸大約26萬平方公里的土地，並放棄對摩洛哥的野心。

英、法開始簽訂正式的共同防禦協定，而德國官方則是悲痛地抱怨，他們的國家已被敵對的列強「包圍」。第一次世界大戰的導火線很快就引燃了。

◀1906（9）▶1912（8）

現代超導發生器可以在比海克‧卡默林‧翁納斯進行實驗的絕對零度更高的溫度下運作。

科學

超導的發現

2 荷蘭的物理學家海克‧卡默林‧翁納斯在1911年戲劇性地擴展了科學知識，他發現某一些金屬或合金在極低的溫度之下會產生新的物理特性，他稱之為超導性。物體在接近絕對零度（攝氏零下273.15度）時，就會出現超導性的狀態，也就是會處在沒有電阻的狀態。為說明這一現象，卡默林‧翁納斯臨時趕造了世界上第一個超導電路。他先將電路充電，然後拿掉電池，電路中仍然有電流的存在。事實上，只要能維持超導的低溫條件，電流就會永遠一直流動。

卡默林‧翁納斯的信條是：「知識是由測量而來。」他的實驗是在荷蘭萊登大學的低溫實驗室進行的。他的第一項重大突破是在1908年，當時他在製取液態氦時，離絕對零度只差5度（氣體在低溫下會變為液體，到19世紀末，多數氣體均可被液化。但是在卡默林‧翁納斯以前，還沒有人能夠製取足夠的液態氦。）這一項成就使得他可以將物質冷卻至前所未有的低溫，導引他發現了超導現象，為以後的超導磁鐵和強粒子加速器的發展奠定了基礎。◀1906（邊欄）▶1986（邊欄）

科學

類似太陽系的原子

3 英國物理學家歐內斯特‧盧塞福被稱為「原子能之父」，這個稱謂是他在1911年得到的。他當時論證原子是由位於中央的原子核和環繞軌道運轉的電子組成。他還發現，原子核中蘊藏巨大的能量，是輻射能存在的原因。

早在3年前，紐西蘭出色的盧塞福就因首先發現並命名從鐳中射出的粒子，以及確定阿爾發射線粒子為氦原子，而得到諾貝爾化學獎。盧塞福利用該粒子對原子結構作進一步的研究。他證明原子不像多數物理學家所認為的是固體，因為當他將一束阿爾發粒子——帶正電的氦原子——射向一張有兩千個

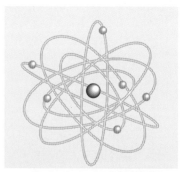

盧塞福是將緊密的原子結構畫出來的第一人：帶負電荷的電子沿軌道環繞帶正電荷的原子核。

原子厚的金箔時，大部分粒子很容易就能穿過。這證明一個原子所佔空間大多是空的。也有一些粒子反射回來，這說明至少原子有一小部分是團狀的。

盧塞福假設，原子的正電荷集中在比整個原子小一萬倍的原子核中。也就是說，如果原子核有一個籃球那麼大，電子的軌道則在2.4公里以外——這對於原來被認為近似固體的東西來說，是一個非常大的空間。為說明整個原子為中性電荷，盧瑟福論證：原子核中的正電荷必有另一個在軌道上運行的電子，其所帶的負電荷與之平衡。如果沒有電荷將電子吸附在軌道上，電子就會四處亂飛。

在之後對其他元素所進行的實驗中，盧塞福發現，若使一束阿爾發粒子穿過一個氮原子，氮原子便

藝術與文化 書籍：《伊坦‧弗洛姆》伊迪絲‧華頓；《祖里卡‧多卜遜》馬克斯‧比爾博姆；《白孔雀》勞倫斯；《德國公寓》凱薩琳‧曼斯菲爾德；《佩林先生和特里爾先生》休‧沃波爾；《新馬基維利》威爾斯；《祕密花園》法蘭西斯‧霍奇森‧伯內特 音樂：《我想找個女孩，就像親愛的老爹娶的那一位》馮蒂爾澤、

「我是十足無家可歸的人：在奧地利我被當作波希米亞人，在德國我成了奧地利人，世人則認爲我是個猶太人。我總是個外來者，從不受歡迎。」
—— 馬勒

會轉變爲氧原子。這一項實驗是第一次人工原子反應，爲原子能的研究發展奠定了基礎。◀1905（1）▶1913（1）

探險
印加古城

4 1911年，海勒姆·賓厄姆正在尋找祕魯古印加文明的最後首都時，無意之中發現了馬丘比丘的遺跡，這是前哥倫布時期文明保存最好的城市之一。賓厄姆是耶魯大學的拉丁美洲史教授，也是一個卓越的登山家。當其他動作較慢的探險隊員還留在營地時，他們的隊長已在一名武裝保衛人員的護送和一名印第安嚮導的陪同下，奮力攀上灌木叢生的陡坡和峭壁，在兩座陡峭的安地斯山峰間發現了一座鬼城。這座城市可以說是石造建築的奇觀，房子、花園梯壇（大約有3千級階梯）和廟宇全都是利用石頭巧妙地砌成的，根本不必使用灰泥。

馬丘比丘的年代和所屬到現在仍然是一個謎，但是這座城市令人嘆爲觀止的富麗堂皇是無與倫比

的。賓厄姆後來成爲美國的參議員；50年代時他擔任公務員忠誠審查委員會的主席，專門負責裁決涉嫌共產黨滲透美國政府的案子。◀1904（邊欄）▶1927（邊欄）

音樂
現代派馬勒

5 馬勒是一個音樂天才，在其短暫的一生中，他作爲指揮家的偉大成就遠比其前瞻性的樂曲創作還著名。直到他於1911年5月18日以50歲之齡去世後，人們才能完全了解古斯塔夫·馬勒隨興而異於正統的交響樂（以及這些作品讓後來的作曲家受益匪淺之處）。

馬勒在其音樂生涯中，處處受到排斥。這位奧地利音樂大師曾經在歐洲各地找尋指揮家的工作，但是每到一處，無論是布拉格、布達佩斯或是漢堡，都引起非議。音樂家們害怕馬勒爲追求完美的嚴苛要求；想撈一筆的製作人又討厭其不妥協的藝術氣質。儘管困境阻撓，

馬勒在歐洲最著名的一些歌劇院都有不錯的發展，最後擔任維也納歌劇院的指揮，達到事業的頂峰。他在維也納成就斐然，不過10年之後受到反猶太的壓迫而被迫離開。

儘管馬勒在指揮台上的成就非凡，但他只將其視爲謀生的副業，作曲才是他眞正想要追求的事業。他的音樂作品非常具原創性，飽滿而且沈重地表達人類的經驗感受。馬勒是一個非常多產的作曲家，力求把一切都塞進他9首完成的交響樂中（過世前正在寫第10首），展現生活的陳腐與庸俗，以及生命中十分難得的超然時刻。他在作品中融入了日常生活中的聲音——流行歌曲、號角聲、軍隊進行曲和鳥叫聲的片段。雖然其作品常常打破傳統編曲方式，而且結構特殊，但是感情洋溢、意味深長。對崇尚浪漫寫實主義的19世紀批評家來說，馬勒的作品幾近瘋狂。但這位音樂家一直認爲，「我的時代就要來到了。」的確，套用爲他作傳記的庫爾特·布勞考夫的話說，馬勒是「未來的現代人」。◀1900（4）▶1911（11）

安地斯山脈裏的寶藏：祕魯人很久以前就知道馬丘比丘的存在，世人卻宣稱是海勒姆·賓厄姆「發現」的。

> 「歐文・伯林無法被歸類爲哪一派的美國音樂，因爲他就是美國音樂。」
>
> ── 作詞者傑羅米・克恩

1911年新事物

- 飛機有了密閉的客艙（「貝林納號」，路易斯・貝萊里奧製造）

- 橫越大陸的飛行（由卡爾布里斯・羅傑斯駕駛，從紐約州的希普斯海德灣飛到加州的長堤）
- 克里斯科氫化植物油酥
- 多米諾牌的糖
- 印第安納波利斯500英里車賽
- 英國下議院議員的年薪訂定爲400英鎊
- 水上飛機

美國萬花筒

美國第一位女飛行員

在艾蜜莉亞・埃爾哈特之前，有一位名叫哈麗雅特・昆比的女子（是位雜誌撰稿人），是美國第一位、世界上第二位有執照的女性駕駛員（世上第一位得到飛行執照的女性是法國的雷蒙德・德

拉羅什男爵夫人）。昆比成爲第一個飛越英吉利海峽的女性，當時她駕駛的是路易斯・貝萊里奧借給她的單翼飛機。是年下半年，在波士頓舉行的航空會上，迷人的昆比在一次意外中喪生。

◀1909（當年之音）▶1927（1）

標準石油公司分裂

如果是石油，那一定是約翰・洛克菲勒生產的。直到1911年，美國最高法院決定，由於洛克斐勒龐大的標準石油公司幾乎完全壟斷石油的鑽井、運輸、提煉和銷售，形成貿易限制，遂命令標準石油公司解散。兩週後，最高法院同樣也命令詹姆斯・杜

音樂

歐文・伯林的美國音樂

6 以色列・巴林童年時就在紐約的下東城街頭賣唱。22歲那年，他改名爲歐文・伯林而且寫了一首歌，重新界定了流行音樂。《亞歷山大繁音拍子樂隊》並非完全是繁音拍子的歌曲，其作者也不是連續切分音旋律的發明人。但這首歌使伯林成爲世界知名的「繁音拍子之王」。人們太喜歡聽這種大膽、具現代風味的爵士樂歌曲。該曲在1911年春季發行後不到7個月，就賣了100萬張，到該年底，伯林已因此致富。他從此以作曲爲業，並靠他賺錢。

在伯林70年的音樂生涯中，一共發行了一千多首歌曲，其中包括有《沒有什麼比演藝事業更重要》、《白色的聖誕》等經典之作。《亞歷山大的繁音拍子樂隊》一直是其最重要的作品，是使美國

歐文・伯林稱切分音為「每個美國人的靈魂」。

本土音樂流行起來的一大突破。伯林對一個批評家說，「美國作曲家之所以寫不出什麼像樣的東西，是因爲他們不寫美國的音樂。就像鄉下親戚一樣引以爲恥。所以，他們只是模仿歐洲的音樂來作曲，沒有任何的意義。就他們的觀點來看，我可能是無知，因爲我做他們不願意做的事：我譜寫美國音樂。」

◀1910（9）▶1917（5）

印度

喬治五世加冕稱帝

7 英國國王喬治五世戴上閃亮、價值6萬英鎊、專爲慶典製作的皇冠（是由印度人付錢），站在他數以千計的印度子民面前，正式登基成爲印度皇帝。1911年這場在印度宮廷的登基典禮，標示著英國現任君王首次出訪這個廣大的次大陸殖民地──「英國皇冠上最大的寶石」。喬治五世

刻意令人印象深刻的穿著：喬治五世和皇后瑪麗在德里的觀見儀式上。

這種展現君權威嚴的安排，不只是要讓當地人產生敬畏之心，並且爲搖擺不定的英國王權支援者打氣。（1911年，印度獨立運動也正在進行。）

喬治五世曾經以威爾斯王子的身分訪問印度，他一直夢想以國王的身分再次凱旋歸來。喬治五世滿腦子想著此次造訪的政治使命，他寫道，希望此行「能安撫不安──我很遺憾這麼說── 和煽動的靈魂，很不幸地，它存在於印度的某些地方。」101響禮砲和5萬軍隊閱兵式的盛大慶典，的確激發了當地的一些人對英國國王的熱情，但是這個壯觀場面並不能抑制民族主義者實現其願望。獨立運動繼續向前發展。

喬治五世宣佈兩項相當受到印度主要族群歡迎的新統治政策，來掩蓋其政治的企圖，一是結束1905年孟加拉的分割，二是將首都由加爾各答遷往新德里。之後，他到尼泊爾進行兩週的大型狩獵活動（某些譏諷他的人說，這才是喬治五世出訪當地的真正目的），一共打到了21隻老虎、8隻犀牛和1頭熊。「這是一項記錄，」他自豪地宣稱，「而且我認爲是空前絕後了。」◀1906（3）▶1914（4）

體育 棒球：世界大賽，費城運動家隊（弗蘭克・「全壘打」・貝克）以4勝2負擊敗紐約巨人隊　冰上曲棍球：全美職業冰上曲棍球聯盟成立，加拿大所有球隊皆參加　高爾夫球：9歲的巴比・瓊斯贏得他第一個高爾夫球獎項──亞特蘭大少年冠軍　賽車：第一屆印第安納波利斯500英里賽的冠軍是雷・哈隆（時速爲每小時74.59英里）。

「我們都應關心未來，因為我們要在未來度過餘生。」
—— 凱特林

科技
汽車電動化

8 或許這是汽車發展史上最為重要的一項發明。1911年，查爾斯·富蘭克林·凱特林研製出電子自動點火器，改革了汽車傳動方式，使得開車變得更安全、更方便。凱特林的不凡發明取代了麻煩、不可靠而且沒有任何安全保障的搖柄。

汽車業界發明電子自動點火器的動機，是因為凱迪拉克公司總裁亨利·馬丁·利蘭的一個朋友在使用搖柄啟動時，搖柄從插孔中彈出來，擊中他的臉部而喪生。那時，凱特林就已經在俄亥俄州達頓市的一個農場穀倉中努力研發一項設計。懷疑者一直認為電子啟動裝置實際上是不可行的。問題在於，用來啟動一部汽車引擎的馬達得要夠大才行；大家一致認為，這樣的馬達以及電池會過重，使得車子無法載人。然而，凱特林的想法是：馬達的作用在於啟動車子，而不是讓車子跑動。

他設計了一組小型的馬達與發電機。其中，馬達由蓄電池傳動，便可產生足夠的能量來啟動引擎。引擎一旦轉動便可使發電機驅動，發電機則又可為蓄電池充電。在凱特林剛剛介紹了他的新裝置之後，一位美國電機工程學會的會員說，「這個人破壞了電機工程的每一條基本規則。」但是，這一系統卻真的很管用。不到一年，凱迪拉克公司出產了第一輛電子啟動的汽車。
◀1908（1）▶1913（6）

凱特林（旁邊是一輛別克新車）趕走了啟動車子的恐懼。

除舊：中國革命軍替一位農民剪去滿清王朝的象徵——辮子。

中國
清朝結束

9 中國革命將共和政府的體制引進中國，結束了2千年的帝王統治。1911年10月10日，在中國中部湖北省的武漢市，革命的軍人佔領武漢的軍火庫，逼使黎元洪旅長領導他們暴動。黎元洪將軍機敏地將對滿清王朝的忠誠轉向起義者，這一轉變促使兵變的影響迅速地擴大。

腐敗的滿清王朝在中日甲午戰爭（1895）和損失慘重的「義和團運動」（1900）接連吃了敗仗後陣腳大亂，企圖藉著實行維新運動來挽救其命運，但為時已晚。中國革命黨人（特別是同盟會的領導人孫中山）決心將其徹底推翻。反清的情緒進一步高漲，因為許多中國人都認為清朝是異族建立的王朝，即滿人部隊在1644年從滿州南下入侵並征服中國後建立的。250年後，滿人仍無法與中國社會融合。這使得清廷在企圖舉兵鎮壓兵變時處於不利的地位。

滿清王朝向已退休的將軍袁世凱強索支持，因為許多中國北方的軍官都效忠於他。同時，孫中山也結束了16年的海外流亡生活，回國領導革命。12月，共和會議在南京召開，與會的代表推選孫中山為在南方剛剛成立的共和國總統。孫中山意識到袁世凱在北方的強大勢力，察覺到國家易陷於分裂的脆弱性，於是向袁世凱建議，只要將清朝推翻，他願意將總統位置讓給袁世凱。袁世凱很快就接受了。他以武力脅迫毫無反抗能力的年幼皇帝溥儀退位。

1912年2月12日，溥儀正式退位。次日，孫中山退位，由袁世凱就任中國總統。◀1908（邊欄）▶1916（8）

克的美國煙草公司解散。洛克斐勒領得龐大的財富退休，並從事大型慈善活動。他的企業組織解散為30家名義上獨立的公司。
◀1904（邊欄）▶1914（5）

三角牌女用上衣公司失火
3月25日，紐約市的三角牌女用上衣公司的工廠發生大火，造成146人死亡，其中大都是移民美國的女裁縫師。由於大門上鎖，許多工人從樓上窗戶跳下逃生時摔死；其他人則因消防雲梯維修

不良，人多超載時坍塌致死。這場火災慘劇引起大眾對工廠環境條件的關切，呼籲改進消防措施和勞動法。◀1900（邊欄）▶1917（7）

「廉價商店之王」
伍爾沃斯在1911年敲定一筆使之名震美國零售業界的大買賣：以6500萬美元買下4家他的最大競爭對手。是年，他聘請建築師卡斯·吉爾伯特，在紐約市興建了

一棟不朽的建築物標誌他的成功——60層的伍爾沃斯大廈（上圖）。這座大廈有荷蘭哥德式裝飾、綠色的銅製屋頂和鍍金的尖頂飾。在1913年竣工後的17年中，它一直是世界最高的建築物。▶1930（7）

「每個誠實的社會主義者都應該反對這場在利比亞的冒險。
它只意味著無謂且愚蠢的流血。」

—— 墨索里尼，在成為法西斯主義者之前

環球浮世繪

改革家與暴君

1911年9月，帝俄保守的首相彼得·阿爾卡季耶維奇·斯托雷平，在與沙皇尼古拉二世觀看一齣歌劇時，被一個利用與警界交情而進入劇院的革命分子刺殺。斯托雷平曾著手進行農村改革，包括使農奴有權離開地主莊園並獲得自己的土地，這使他因此疏遠了俄羅斯的極右派分子。他也使俄羅斯的左派分子對他產生敵意，因為他解散了第一和第二屆國會，並不經審判就絞死數千名可疑的「叛亂者和恐怖分子」。（絞架被稱為可怕的「斯托雷平的領帶」） ◀1906（4）▶1917（1）

威爾遜的雲室

蘇格蘭物理學家查爾斯·湯普森·里斯·威爾遜，在實驗室進行再造雲時觀察發現：在無塵的大氣中，凝縮帶電的原子粒子可以形成雲。威爾遜利用這一點製造了一種裝置，即雲室。在雲室

中，以離子進行凝縮形成的痕跡可用來追蹤其軌跡。雲室是核子研究中不可缺少的工具。威爾遜因為發明雲室而獲得了1927年的諾貝爾獎。◀1911（3）▶1913（1）

英國改革

從來沒有一個國家採用如此廣泛的社會法案。1911年，英國工黨政府採行全民保險法案，為大約1400萬人（實際上是整個工人階層）提供健康、傷殘和一定額度的失業保險。這是由後來成為首相的大衛·勞合·喬治在年輕的溫斯頓·邱吉爾的協助下提出的。這一法案為英國福利國家制度奠定了基礎。◀1906（1）▶1948（13）

探險

羅阿德·阿孟森到南極

⑩ 羅阿德·阿孟森1911年在南極的探險成功，與其說是證明挪威人高超的航海技術和求生技能，不如說是展現其事前的準備和先見之明。阿蒙森的五人探險隊從其南極停泊地威爾士灣出發，經過2993.3公里的艱苦跋涉，順利到達南極，並完全按預定計劃返回。其裝備十分精良，故在險象環生的冰川和山巒上，於華氏零下76度的低溫中進行4個月的探險後，每個人的體重反而增加了。

對阿孟森來說，征服南極是他個人的奇緣。從小，北極就深深地吸引著他，在1906年，他便已航行過西北航道。而羅伯特·皮里卻比他早一步到達北極。因此1910年8月，阿孟森率領19人，帶了97條強健的拉雪橇狗，4頭豬，6隻鴿子乘船向世界的另一端出發了。

阿孟森的出發等於對英國探險家羅伯特·費爾康·史考特提出強力的挑戰。當時史考特已在往南極的路上。但史考特的探險以悲劇告終：他的探險隊是在阿孟森（到南極後留下了記號）之後36天才到南極的，在返回途中，探險隊飢寒交迫全部殉難。

阿孟森和另外4名隊員於1911年12月14日抵達南極。他們確立南極點的位置，並意氣洋洋地聯手將懸掛挪威國旗的旗桿插在南極。◀1909（1）▶1912（當年之音）

南極的第一張照片：阿孟森為其探險隊副隊長、挪威國旗和「一些幫忙樹立旗幟的的狗」拍照。

史特勞斯（站立著，前為其子）自稱「一流的二等作曲家」。

音樂

史特勞斯最成功的作品

⑪ 理查·史特勞斯從25歲起就被捧為繼布拉姆斯之後，德國最重要的作曲家。史特勞斯早期的作品刻意追隨華格納的風格，充滿浪漫主義的誇張色彩。1911年，他47歲時，以一部精緻的維也納歌劇《玫瑰騎士》轟動音樂界，在德勒斯登大獲成功。

史特勞斯兩年前即開始創作這部歌劇。當時，為了尋求新的表現方式，他寫信給這部歌劇的作詞者，奧地利詩人暨劇作家雨果·馮·霍夫曼斯塔爾，要求他寫像「莫札特歌劇」的作品。詩人便以愉悅、戲謔的情節和歌詞為他寫出了《玫瑰騎士》。大受感動的史特勞斯為歌劇譜寫了柔和輕快的華爾滋舞曲和抒情的情歌二重唱。結果這部歌劇深受觀眾的歡迎。在德勒斯登首演的幾個月中，《玫瑰騎士》在歐洲各大劇院上演——慕尼黑、漢堡、維也納、米蘭、柏林。

史特勞斯之後的歌劇作品再也無法與《玫瑰騎士》相提並論，他也無法接受第一次世界大戰之後古典音樂上的創新。在第二次世界大戰爆發前，由於這位年老的音樂家隔絕在自己的音樂世界中，而對政治一無所知——因此輕易地被納粹所利用，擔任國家音樂局的局長。大戰之後，他被肅清納粹分子的審判法庭驅逐出境，流亡瑞士。◀1905（11）

義大利

掠奪利比亞

⑫ 自1881年起，義大利就已覬覦利比亞了，因當時法國從鄂圖曼帝國得到了突尼西亞。1911年，法國又控制了摩洛哥，而此時鄂圖曼土耳其人正忙於對付葉門的叛亂。因此義大利打算奪取北非最後一片尚未被歐洲人染指的地區。首先，義大利人強調他們一直對的黎波里的混亂和不受重視十分不滿（這會危及住在當地的義大利人）。鄂圖曼蘇丹察覺到有麻煩發生，於是送槍炮給利比亞的首領。義大利則宣稱這項舉動顯然是在挑釁，於是在9月開始入侵。

戰爭開始的數週內，義大利攻佔了幾個重要的沿海城鎮（該國的戰術——首次進行空中轟炸，引起了全球一片譁然。義大利飛行員從駕駛座艙向下扔手榴彈。）但義大利人低估了利比亞人在回教世界的尊崇地位。沙漠戰士在內陸地區，以老式步槍阻住了義軍的進攻。

即使達成和解，利比亞游擊隊對義大利的抵抗仍持續到30年代。

1912年10月的和解協定打破了僵局：土耳其人由於捲入巴爾幹半島上的戰爭，因此同意將利比亞的政治控制權讓給義大利；義大利則保證尊崇鄂圖曼蘇丹為精神領袖（如同教宗的地位）。但在土耳其、奧地利和德國提供武器的情況下，利比亞游擊隊繼續作戰，並於1915年將義大利人逐回海岸地區。

在義大利，利比亞戰爭使右派軍國主義者一片混亂，社會主義者產生分裂（強硬的反戰派人士本尼托·墨索里尼因此得勢），自由主義者政府垮台。鄂圖曼帝國則由於喪失利比亞，加速其衰亡，從而迅速促使了第一次世界大戰的爆發。◀1909（10）▶1912（8）

諾貝爾獎 和平獎：托比亞斯·阿塞爾（荷蘭，制定國際法）、阿爾弗雷德·弗里德（奧地利，和平出版物） 文學獎：莫里斯·馬特林克（比利時，詩人和劇作家）
化學獎：居禮夫人（法國，發現鐳和釙） 醫學獎：阿爾瓦·古爾斯特蘭德（瑞典，屈光學） 物理學獎：威廉·維恩（德國，關於熱與放射的研究）。

一個非凡貞淑女性的淪落

摘自西奧多·德萊塞的小說《珍妮姑娘》

作為一個承襲左拉風格的自然主義文學家和政治改革運動者，西奧多·德萊塞以無以倫比的有力和辛辣筆觸（雖然文筆仍嫌粗糙），描寫美國人的生活。他的處女作是《嘉莉妹妹》（1900），內容是關於一個中西部的女孩，犧牲她過去很富有的情夫，在紐約表演舞台上名利雙收的故事。這部小說本來可以奠定其名望，但在其出版商的妻子說這部書「會受道德的譴責」後被查禁。《珍妮姑娘》（1911）是德萊塞「東山再起」的作品，為讀者塑造一個更討人喜愛的女主角。與嘉莉不同，珍妮簡直就是個聖潔的女神，在冷酷無情和缺乏正義的社會中倍受折磨，而這個社會根本配不上她的貞潔德行。珍妮不幸成了一個年輕的未婚媽媽後，不但被嚴厲的父親趕出家門，她獻出一切的情人萊斯特也無情地拋棄她。下面這一段描寫的是珍妮看到萊斯特和後來與其結婚的女子跳舞的情景。◀1902（6）▶1920（8）

萊斯特和麗蒂緩緩步入舞池。他們是令人注目的一對——傑拉德夫人身著深酒紅色的綢緞，上面綴著閃亮的黑色珠子，她那修長的手臂和頸子裸露著，額前的黑髮中還嵌著一個閃閃發光的大鑽石，她的雙唇殷紅飽滿，微笑時露出兩排整潔的皓齒，親切而迷人。萊斯特得體的晚禮服襯托出他那強壯、充滿活力的身材，使他顯得格外出眾。

「那樣的女人才配得上他，」當他們離去後，珍妮自言自語道。她陷入了回憶中，想起過去的點點滴滴。有時她覺得自己過去好像一直是活在夢境裏面，有時又覺得好像還在夢中。真實生活的聲音在她耳畔縈繞，就像今晚這樣。她聽到了它的呼喚。她知道這是人多的嘈雜聲，但在背後還有其他漸漸聽不出的細微聲響，忽而變成這樣或那樣，就像夢境的轉換一般。為什麼她曾這麼讓男人心動？為什麼萊斯特曾這麼想要追求她？她還能使他回頭嗎？珍妮又想到了在哥倫布（俄亥俄州首府）的日子，那時她在運煤；可今晚她卻在埃及，在這家旅館裏，是豪華套房的女主人，全身戴滿珠寶，萊斯特仍深愛著她。他竟為她而忍氣吞聲！難到她真的那麼好嗎？伯蘭德曾這麼說，萊斯特也曾這麼對她說過。但珍妮仍覺得自己寒愴，格格不入，戴著一大堆不屬於自己的寶石。她又一次體驗到第一次跟萊斯特到紐約時那種突如其來的特殊感覺——也就是，這種美妙的感覺不會一直持續下去。她的生命早已註定了。某些事將發生，她將回到平淡的生活，回到偏僻的街道，破舊的房子裏，穿上破舊的衣服。

她也想到了芝加哥的家鄉，想到了他朋友對她的態度，她知道一定會這樣。她永遠不會被大家接受，即使是他娶了她也不會。她能明白為什麼。她可以從眼前這個正與萊斯特在一起的女人那迷人的笑臉上看出來，也明白或許她覺得自己非常好，但不是萊斯特喜歡的那種。當那女人與萊斯特跳舞時，她對自己說，毫無疑問地，他需要的就是像她那樣的人。他要她那種出身自他所熟悉的環境，他實在無法指望在珍妮身上發現這種熟悉感，一種他已熟悉地對優雅精緻事物的欣賞。她知道這些是什麼。她很快就注意到，家具、服裝、擺設、裝飾、舉止、禮儀、習俗的細節，但她天生就不屬於這種環境。

如果她走了，萊斯特就會回到他往日的世界，那個迷人、教養良好的、此時正在他懷中的聰明女子的世界。珍妮的眼眶中充滿了淚水；此刻她真希望自己死了，真那樣就太好了。而這時萊斯特正與傑拉德夫人共舞，或在華爾滋舞曲的間奏時，聊聊往事、舊地和老朋友。他在端詳麗蒂時，對她的年輕和美貌驚豔不已。她比以前豐滿，但還是很苗條、勻稱，像戴安娜一樣。她那光滑的身體內仍具魅力，那雙黑色的眼睛水汪汪地非常誘人……

樂聲停時他們去了花園，他溫柔地緊緊挽著她的手臂。他情不自禁；她使他感到好像已擁有了她。

德萊塞（左）詳細記述了一個嚴酷的美國社會。《珍妮姑娘》的成功（上為書名和封面）也使其被查禁的《嘉莉妹妹》（1900年著）得以重新出版。

「即使上帝也無法弄沉這艘船。」
——「鐵達尼號」船員對乘客有關該船安全問題的回答

年度焦點
鐵達尼號在處女航中沉沒

❶　「鐵達尼號」在當時乃是一大奇蹟。如果將這艘長272公尺的船豎立起來，其高度可超過當時最高的摩天大樓。這艘被記者稱爲「流動宮殿」的巨輪是世界上最大也是最豪華的船舶；船上的特等艙、餐廳、交誼廳、游泳池以及室內花園等均可媲美世界上最華麗的旅館。由於船體底部特別的雙層設計，再加上被隔爲16個水密艙，使得「鐵達尼號」同時被認爲是永不沉沒的；然而這艘巨型郵輪的處女航（從英國的南安普頓航向紐約）竟也是它的終航。在1912年4月14日的午夜前夕，亦即它在海上航行的第5天，正在紐芬蘭外海冰山出沒地區以全球速度全力推進的「鐵達尼號」，右舷突然撞上一座了冰山。此

報紙上有關船難的插圖在旁註說明中寫道：「她在緩慢地傾斜後，垂直地沒入水中。」

時多數已就寢的旅客只感到輕微的震動，但在不到3個小時後，「鐵達尼號」便沉沒了。

在船上的2224名乘客中，有1513位喪生；在凌晨4點鐘左右被「喀爾帕西亞號」郵輪救起的倖存者描述了奮勇救人和混亂求生交織的場面。由於「鐵達尼號」上的救生艇只夠半數人使用，船上人員乃指揮婦女和小孩先行坐上；許多乘客和船員自願犧牲，將座位讓給別人。但因撤離工作過於紛亂，許多救生艇在人未乘滿時就離開了。一些最窮的乘客，亦即擠在下等艙裏的移民，根本未被告知事故發生；等到過晚才發現時，船已傾斜沒入水中。一些貴族和工商鉅子陪著他們一同殉難，而頭等艙的樂隊則冷靜地演奏樂曲，直到同葬海底。

這次海運史上最嚴重的災難促使了許多重大變革。第一屆國際海上生命安全會議於1913年召開，所通過的要求包括：船隻應提供足夠所有乘客使用的救生艇，在航行中應進行安全訓練，而船上的無線電亦須24小時警戒，以防再度出現如「鐵達尼號」發出求救信號後，最近一艘船竟未收到的情況。國際冰山巡邏隊隨後也建立起來，以便警告過往船隻有關北大西洋危險的浮冰情況。（編按：1997年，美國導演詹姆士‧柯麥隆將此事件拍成電影，票房橫掃全球。）

◀1907（2）▶1915（3）

思想
榮格自立門戶

❷　在瑞士心理學家卡爾‧古斯塔夫‧榮格於1912年在《潛意識心理學》一書中提出其革命性

的潛意識理論之前，他一直是以作爲西格蒙德‧佛洛伊德的門人而著稱。此書代表了榮格已經脫離了佛洛伊德的概念，建立起自己的心理分析學派。對於佛洛伊德而言，這不僅是其親手栽培的學生對他之背叛，亦是一種無恥和不可饒恕的侮辱。於是，這兩位曾是朋友及合作者的心理學界最耀眼的領導人，從此未再交換過一語。

榮格除了將性衝動的涵義延伸到性及無性的能量，並且把佛洛伊德有關個人潛意識（個人受壓抑之記憶與經驗的集合體）的概念擴充到第二個普遍共有的集體潛意識層面。所謂集體潛意識是人類據以產生神話、幻想和夢寐的內在符號與意象庫。在心理分析中，特別是表現於幻想和夢境的潛意識最爲重要，而對它的解釋則是治療的關鍵所在。榮格認爲某些典型的意象來自集體潛意識，是超越個人經驗的。這也是爲什麼佛洛伊德反對他的原因：因爲榮格的概念威脅了他畢生的心血。

基於學識淵博、條理分明且好學不倦，榮格繼續發展出各種有關內向與外向的理論，以及在兩性潛意識中有關對方性別意象的組成要素。長期的研究使他將精神心理治療的任務重新定義爲並非僅僅在於診療神經機能方面的病變，而是力圖使人類行爲要素的潛意識和顯意識達到完整和諧。◀1909（3）▶1913（3）

考古
達爾文所失落的環節

❸　當英國一位律師兼業餘地質學家查爾斯‧道森在1912年宣稱於英格蘭皮爾當鎮附近一處礫

石坑中發現了人類頭骨和類人猿下顎骨後，英國終於有了自己的遠祖。在此之前，除英格蘭外好像到處都有原始人類（例如爪哇、克羅埃西亞、直布羅陀與德國等）。受查爾斯‧達爾文在《物種起源論》（1859）書中對「失落的環節」敘述之鼓舞，世界各地紛紛掀起一股化石熱，而英國在本土考古史方面的明顯欠缺更經常遭致世人（特別是法國人）的譏嘲，他們將英國古生物學家稱爲「找石頭的人」。不過道森的發現制止了這種冷嘲熱諷；專家們立即宣佈又稱爲「皮爾當人」的「道森原始人」（估計生活於30萬到100萬年前）乃是本世紀的重大發現，而達爾文的失落環節也得到確認。

這種看法持續了大約有40年。到了50年代初期，在古化石熱潮逐漸消退以及新的測試法出現後，由於發現骨頭的礫石坑已被證實不如先前估計的那麼古老，科學家也開始懷疑此一考證是否錯誤。

此種猜疑在1953年被一項爆炸性醜聞所取代：所謂「皮爾當人」乃是個騙局。碳放射試驗證實，那具頭骨是600年前一個女人的，而下顎骨則屬於500年前一隻東印度

英國報紙在1912年所刊登的「皮爾當人」復原圖。

群島的大猩猩。儘管幕後黑手至今成謎（雖然一些理論證明是道森本人所爲），但這個惡作劇仍足使演化論的研究混亂了近半個世紀。▶1925（3）

「將蛋糕砸在臉上代表了一種愉快與願望滿足的共通想法，尤其當蛋糕
落在如警察或岳母等權威人物的臉上時。」
　　　　　　　　　　　　　　　　　　　　　── 製片人兼導演森納特

瓦格納的假說

大約在二億年前，只有盤古大陸這塊「超大陸」。

盤古大陸分開後所形成的陸塊，有點像今日的各大陸。

目前各大陸的位置還在緩慢漂移中。

1912

科學
漂移的大陸

4 從地圖上看來，大西洋位於兩個半球的海岸線似乎可以像拼圖般接合起來。不過一直到德國氣象學家兼探險家阿爾弗雷德‧韋格納在1912年提出大陸漂移論之前，無人能解釋此一現象。韋格納假設地球的7塊大陸曾共同形成一片被他稱為「盤古大陸」（引自希臘文「所有陸地」之意）的超大陸，其後它們慢慢地漂移分開。他將只出現在巴西和南非的化石和古岩石作為經驗性論據，並藉由將大陸按圖索驥恢復到原來接合的位置，而重組了原先被削斷的山脈。

對韋格納來說不幸的是，在許多科學家相信地球物理學已有了最後堅實基礎的情況下，本世紀的前25年並非介紹一種激進之新模式的適當時機。一位考古氣候學家幾近嘲諷地說他是「得了地殼移動症和兩極漂流病，因而發出語無倫次之囈語者」；至於韋格納的批評者則堅持固定的地球板塊，以及存在著神祕下沉之「亞特蘭提斯大陸」等觀念。

雖然絕少鼓舞，但韋格納仍在其後10年間增修他的理論；只可惜還是缺乏對大陸漂移的圓滿解釋。他認為可能是與地球自轉有關的某種力量推動著大陸的移動，但他在證實此點前便撒手人間（1930）。

當科學發現證實其想法站得住腳後，韋格納的理論在60年代受到廣泛支持；他的概念可說替今日作為地質學統一原則的板塊構造新研究開啟了一扇門戶。▶1963（4）

電影
森納特建立「啓斯東」公司

5 對一些電影迷來說，默片時期是銀幕喜劇的黃金年代。喜劇再也見不到像10和20年代那般肢體動作節奏明快，表情豐富有趣，而且滑稽地令人喘不過氣來的作品。該時期最突出的人物是當過滑稽劇丑角，並為格里菲斯門徒的製片人兼導演麥克‧森納特（1880-1960）；他在1912年與兩位前書商創辦了「啓斯東工作室」，這個好萊塢當年最大的喜劇製片廠。

森納特為美國喜劇電影帶來令人耳目一新的熱鬧與活力。短片的題材從日常家庭生活舉動（專制的妻子是常被模仿的對象）一直到流行的音樂通俗劇；除諷刺範圍相當廣泛且粗鄙外，步調也極為繁亂。觀眾不但喜愛這種粗鄙的生命力，也常常被其滑稽模仿引得哄堂大笑。森納特的作品甚至被人們融入語言中：例如一批到處搖晃的瘋狂而無能的「啓斯東警察」，總是在急忙趕到現場後卻把事情弄得更糟，因而被人們泛指各種災難的代名詞。

森納特同時也是一大批極有影響力之天才的發掘者，其中最著名的便是英國音樂廳喜劇演員查理‧卓別林，他在啓斯東公司

啓斯東警察們在《啓斯東飯店》片中的一幕。

一共拍攝了35部喜劇片。

許多最好的演員由於厭倦森納特在藝術上的獨裁性格和拒絕加薪，紛紛轉往其他公司發展。為迎合觀眾品味漸高的需要，啓斯東也逐漸減少鬧劇數量，而製作「起士蛋糕」式電影（指森納特的美女出浴片），一些葛羅莉亞‧斯旺森主演的浪漫喜劇，及一系列預告未來《我們這一幫》短片雛形的「喜劇小子」電影。

隨著20年代末有聲電影時代的來臨，觀眾開始偏好如卓別林等森納特愛徒另立門戶後較精緻的作品，以及由森納特對手哈爾‧羅奇所製作，以故事和人物為中心的勞萊與哈台影片。儘管森納特的事業開始江河日下，最後更在一家療養院中窮困潦倒地度過餘生，但他的傳奇卻永遠存留在銀幕前的笑聲裏。◀1908（8）▶1913（10）

誕生名人錄

查爾斯‧亞當斯
美國卡通製作人

米開朗基羅‧安東尼奧尼
義大利電影製作人

約翰‧凱奇　美國作曲家

約翰‧奇弗　美國作家

勞倫斯‧達雷爾　英國作家

米爾頓‧弗利德曼
美國經濟學家

尤金‧尤涅斯科
羅馬尼亞裔法國劇作家

金凱利　美國舞蹈家、演員

金日成　北韓領導人

瑪麗‧麥卡錫　美國作家

基姆‧菲比　英國雙面間諜

傑克遜‧帕洛克　美國畫家

格倫‧西博格　美國化學家

山姆‧斯尼德
美國高爾夫球球員

喬格‧蕭提
匈牙利裔美國指揮家

史塔茲‧特克爾　美國作家

阿蘭‧杜林　英國數學家

維恩赫‧馬‧布勞恩
德裔美國航太工程師

拉烏爾‧瓦倫貝格　瑞典外交家

逝世名人錄

克拉拉‧巴頓　美國護士

丘逢甲　中國詩人

薩繆爾‧柯立芝-泰勒
英國作曲家

約瑟夫‧利斯特　英國外科醫生

朱爾斯‧亨利‧龐加萊
法國數學家

哈麗雅特‧昆比　美國飛行員

羅伯特‧法爾康‧史考特
英國探險家

布朗姆‧斯托克　英國作家

奧古斯特‧史特林堡
瑞典劇作家

威爾伯‧萊特　美國飛行員

畫與雕塑：《多心的托馬斯》埃米爾‧諾爾德；《馬喬利》巴勃羅‧畢卡索；《水果盤與玻璃杯》喬治‧布拉克　**電影**：《伊麗莎白女王》路易斯‧梅爾坎頓導演、莎拉‧貝納德主演；《看不見的敵人》格里菲斯導演，莉蓮‧基什和桃樂絲‧基什主演；《何去何從》恩里科‧瓜佐尼　**戲劇**：《螢火蟲》魯道夫‧費里莫爾；《死亡與詛咒》法蘭克‧魏德金德。

「規則如同蒸汽火車一般，它會毫無顧忌地將擋道的人壓扁。」

—— 索普對於國際奧委會作出收回其金牌決定時的意見

1912年新事物

- 環球電影公司
- 自助式食品雜貨店（加州的沃德商場，阿爾法貝塔食品超商）
- 奧利奧巧克力夾心餅和洛納多恩餅（納貝斯克食品公司）
- 傑克餅乾盒中的獎品
- 新墨西哥州和亞利桑那州（第47和第48州）

- 由飛機上進行跳傘
- 海爾曼美乃滋醬
- 美國女童子軍成立
- L. L. Bean 郵購時裝公司（緬因州的自由港）

美國萬花筒

《詩歌》雜誌

作為最早且最偉大的小型雜誌之一的《詩歌：韻文》雜誌於1912年創刊，由芝加哥哈麗雅特・門羅出版公司發行。因致力追求原創新意，數年間一直是現代美國文學界的中心。在《詩歌》雜誌上推出的作家有：哈特・克蘭、卡爾・桑德堡、瑪麗安妮・摩爾、華萊士・史蒂文斯、威廉・卡洛斯・威廉斯。
▶1930（當年之音）

布爾・摩斯黨幫了威爾遜

西奧多・羅斯福喜愛吹噓自己有著雄麋鹿的活力。因此當意見相左的共和黨人另組進步黨此一第

三勢力，支持他迎戰其親手選定的接班人威廉・霍華德・塔虎脫總統時，問題便出在這個綽號上。在11月份的總統大選中羅斯福屈居第二，儘管已是歷來第三黨人之最佳成績，但是因票源分散，布爾・摩斯黨反而助民主黨人伍德羅・威爾遜入主白宮。
◀1904（6）▶1915（9）

這是利用現代偏光顯微鏡所看到的維生素B1晶體結構。

醫學

芬克發現維生素

6 壞血病在海上蔓延，腳氣病流行於整個東南亞，而糙皮病則威脅著全世界。在卡西米爾・芬克於1912年發表了開創性的論文《營養不良疾病的病因學》之前，除了英國海軍著名的壞血病解毒藥外（使用大量的石灰，這也使英國水手得到「石灰人」的綽號），尚無防止這些可怕病症的良策。芬克這位20歲便獲得學位，而當時也不過28歲的傑出波蘭生化學家，在文中論證上述疾病乃導因於營養不良。他寫道：「其中缺乏的物質，我們稱之為維生素。」經過一連串的研究，芬克提出4種對身體健康至為重要的物質（後來確定為維生素B1、B2、C和D）。

和先前其他人一般，芬克觀察到營養不良多發生在人們飲食十分單調的地方。他在倫敦里斯特研究中心進行一項給小鳥連續餵食脫糠白米的實驗，牠們很快便有了類似腳氣病的症狀，這種疾病在長期攝取單一類似食物的人中十分普遍；當芬克再給這些鳥吃帶糠糙米時，牠們的症狀消失了。在其他科學家們皆認為病症是因糙米去殼時產生的毒素所致（因此他們認為被打掉的米殼是種解毒劑）時，芬克卻正確地推斷：問題不在於白米裏有什麼，而是它缺少了什麼。

在進一步研究後，芬克已能將某些有機物質（即他所稱的「維生素」）與防治特定疾病聯繫在一起，並提到有關對抗壞血病和腳氣症的維生素。其結論是：「所有營養不良病症都可以透過均衡的飲食來加以預防。」這些話改變了全世界的飲食習慣。◀1906（11）▶1928（9）

體育

索普在奧林匹克的勝利

7 當瑞典國王古斯塔夫五世對吉姆・索普說：「先生，您是世界上最偉大的運動員。」時，索普正在找合適的措詞；接著他答道：「謝謝您，國王。」對1888年生於克拉荷馬州的美國印第安原住民索普而言，這是最輝煌的時刻。索普稍早以8412.955分的成績在1912年斯德哥爾摩奧運十項全能項目（在筋疲力竭的3天中完成10種競賽）裏創下世界記錄；此一突出成績即使是在一個世代後，照樣可以在1948年倫敦奧運會上取得銀牌。

這位金牌得主回到美國後以首位奧運英雄而受到熱烈歡迎，可惜好景不常；6個月後，一家報紙披露索普在1909年和1910年大學放假期間，曾以週薪25美元的報酬為北卡羅來納的小

聯盟棒球隊效力。索普的業餘資格受到質疑後，他向「業餘運動員聯盟」（AAU）提出希望「從輕發落」的請求也被斷然拒絕。儘管該聯盟取消索普的紀錄，而「國際奧林匹克委員會」（IOC）也收回金牌和獎杯（包括他同時取得的五項全能冠軍），但索普的同僑都支持他，與他一同參加這兩項比賽的銀牌得主也拒絕繼任冠軍。

在美聯社1950年由體育記者進行的投票中，索普被選為本世紀前半期最偉大的運動員。至於索普則在3年後去世，享年64歲；葬於賓州一個不久後更名為吉姆・索普的小鎮。國際奧委會於1982年重新將他名字寫入記錄，並於次年1月將奧林匹克金牌也頒給他的小孩後，索普終於獲得完全平反。◀1908（6）▶1920（6）

精於各種運動的索普乃是位耀眼的運動員；他曾以大學校隊中衛的身分，入選為全美美式足球隊的一員。

「我們可以看到許多鼻子受傷的官兵，因為他們在開火時連槍都沒握好。」
—— 德國大使旺根海姆對沒有經驗的土耳其軍隊之描述

鄂圖曼帝國
巴爾幹的聯合

8 鄂圖曼土耳其帝國至1912年已明顯地走向下坡，特別是在受到1908年革命動盪並窮於應付在利比亞的義大利人後，更瀕臨崩潰邊緣；因此巴爾幹各國決定暫時摒棄彼此的敵意，聯合起來對抗鄂圖曼帝國。這也是俄國利用斯拉夫統一的口號（以便取得該地區霸權）在長期活動卻遲遲未見成功的目標；但是很明顯地，如今時機已然來臨了。

首先是塞爾維亞和保加利亞在3月簽署了一項祕密協議，接著是保加利亞和希臘在5月份的協商，而門地內哥羅則在秋天加入。雖然在新生的巴爾幹聯盟中各國目標相當迥異，但不滿卻是相同的；它們都力圖阻止土耳其人在馬其頓和阿爾巴尼亞部分區域中，對希臘人、塞爾維亞人、保加利亞人和門地內哥羅等少數民族區在政治和文化上所強加之「鄂圖曼化」。門地內哥羅無視於歐洲列強（包括惺惺作態的俄國）絕不容忍該地區邊界有所變化的警告，在10月8日對駐馬其頓的土耳其人發動了攻擊；而巴爾幹聯盟其他國家也在10天後加入戰事。

土耳其人幾乎是立即兵敗如山倒，其4萬名士兵非但是居於三比一的劣勢；更糟糕的是，這些部隊大多是在新當選的自由派政府對軍隊右派勢力進行整肅後所招募的新兵。因此聯軍在一個月之內便幾乎佔領了鄂圖曼帝國在歐洲所有的立足點。儘管和平談判於12月開始，同時並呼籲停火，然而，在土耳其國內的鷹派在次年一月藉由發動政變取得政權之後，戰火迅即又全面引燃。

巴爾幹戰爭於1913年5月結束，鄂圖曼土耳其帝國只剩下其原先領土的一部分。巴爾幹聯盟各國多數的願望都實現了，包括克里特島終於和希臘結成聯邦，而阿爾巴尼亞在奧地利與義大利的堅持下也獲得獨立。

唯一不滿的是保加利亞，因為它所希望瓜分的馬其頓已被希臘和塞爾維亞搶先取得，這導致保加利亞在6月對往昔的盟國發動了第二次巴爾幹戰爭。隨著烽煙的散盡，

馬其頓與阿爾巴尼亞：第一次巴爾幹戰爭的戰場。

地緣政治版圖也產生了重大的變化。巴爾幹戰爭的餘燼還在繼續燃燒，隨時有可能會再次引發戰火。
◀**1911**（12）▶**1913**（11）

醫學
庫興症候群

9 作為現代神經外科先驅的哈維·庫興，在治療了超過兩千名病人後，發展出一些可將手術死亡率由40%降至5%的拯救生命技術，其中最有名的是透過脊液減壓來制止手術中的腦出血；然而，使這位出生於克利夫蘭的外科醫生得以享譽世界的卻是他在1912年對腦下垂體的研究。庫興相信腦下垂體的功能可影響人體的生長，以及至今仍被稱為「庫興症候群」的面部及軀幹肥大症。在透過顯微鏡觀察腦下垂體細胞時，庫興發現這種細胞可分泌出生長激素，其中分泌過多會導致巨人症，過少則為侏儒症。

某一年夏天，庫興為了試圖更加瞭解腦下垂體系統，於是結識了一些在馬戲團或街頭賣藝的侏儒和巨人，並且進一步整理出他們的病歷；許多侏儒滿懷著希望，盼望庫興能夠解決他們的窘境，但是由庫興的一位同事所分離出來的生長激素，對於那些接受注射的侏儒卻毫無作用。一直到今日，所有不正常的生長狀態仍然只能（於童年早期）加以控制，絕不可能在發育成熟之後才改變。◀**1902**（邊欄）▶**1922**（2）

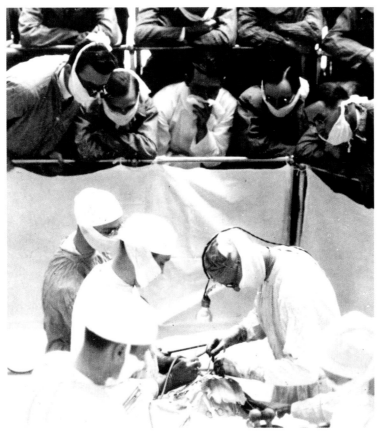

庫興（戴頭燈者）是現代神經外科最傑出的人物。

1912

「我們發現非洲人在他們所出生的土地上，只被當成是伐木者或掘井者。」

——「非洲民族議會」創立者皮克斯利·卡·伊札卡·塞梅

環球浮世繪

橡膠鐵路

長度為410公里的馬迪拉至曼摩羅的鐵路於1912年竣工；修建這條鐵路花了6年時間並犧牲了6千條生命，目的是為了挽救巴西的橡膠工業，只可惜代價太大也太遲了。這條耗資相當於3噸黃金且穿過19處瀑布的鐵路由巴西的橡膠大王投資興建，深入亞馬遜河盆地，橡膠工人由那裏割取野生橡膠再將其出售給經銷商。此一看天吃飯的系統眼看就要被東南亞大量計畫耕種的橡膠園超過，而鐵路並未能阻止這一趨勢：不到6年時間，巴西便不再是世界上主要的橡膠生產國了。

◀ 1904（12）▶ 1920（10）

社會民主黨大勝

在德國國會於1912年1月的選舉中，社會民主黨取得空前勝利，成為國會中的最大黨派。但他們反對軍國主義的立場（作為社會主義者，他們敦促全世界工人階級的團結）並未能阻止德國走上戰爭之路。▶ 1914（1）

非傳統學校

義大利心理學家瑪麗亞·蒙特梭利在1912年以她致力於羅馬貧

民區兒童閱讀教學的成功經驗寫成《蒙特梭利教學法》，幫助孕育了全球長期反對傳統學校教育的潮流；正如蒙特梭利所說的：「孩子像標本蝴蝶般地，一個個被釘死在座位上。」這部書不但成為世界暢銷書，且且強調自我教育與個人啟發的蒙特梭利教學體系鋪設了康莊大道。第一所按照蒙特梭利教學法施教的學校於1912年在紐約州塔利當市創立。▶ 1916（3）

塞梅的哥倫比亞大學1906年畢業照。

南非

一個尋求變革的議會

10 祖魯人皮克斯利·卡·伊札卡·塞梅從紐約市的哥倫比亞大學畢業，並在牛津大學獲得法律學位後，便回到祖國南非，希望透過執業生涯來重建祖魯國家。但是在他到達約翰尼斯堡後卻發現自己不能在人行道上行走，離家時必須隨身攜帶12份官方通行證，晚上9點以後不能上街，同時也沒有投票權。

塞梅在震驚和憤怒之餘，組織了一個藉以將所有南非黑人族派聚集成一股政治力量的會議。在塞梅的指導之下，各派的領導人於1912年1月8日在布隆泉集會，建立了南非黑人民族議會，也就是後來的非洲民族議會；這是第一個由非洲殖民地黑人所組成的統一政治實體。

阻礙塞梅實現其願望的是各部族之間數百年來的敵對和衝突，因此，他呼籲道：「我們都屬於同一個民族，而彼此的隔離和妒忌則是所有苦難的根源。」在體認到共同境遇之後，與會代表通過了一項動議，亦即經由成立工會、進行「和平宣傳」和甘地式非暴力運動來成立議會，以迫使南非政府停止種族歧視的政策。布隆泉的氣氛是令人振奮欣慰的，正如一位大會代表所言：「我們感到前景一片光明，自由彷彿就在眼前。」◀ 1910（8）▶ 1926（7）

音樂

一種新奇的語言

11 當阿諾德·荀百克的《月光下的小丑》在1912年進行全球首演時，一位樂評家說：「如果這也算音樂，我會祈禱造物主別再讓我聽到它。」這位樂評家的話至少有部份是對的：它並非傳統式的音樂。在這位生於奧地利的音樂家向世人引介無調性此一現代音樂獨特概念的同時，他更渴望全面再造音樂這一門藝術。配上21首詩的音樂和為8件樂器進行編曲的《月光下的小丑》，乃是荀百克早期的正式試驗之一，它大膽地擺脫浪漫傳統，並尋求一種全新而特異的音樂語言。

樂評家和聽眾的反應極其狂暴；在荀百克的音樂演奏會上，騷動乃是常有的事。當《月光下的小丑》混亂的首演結束後，一位在打鬧中受傷的聽眾向攻擊者提出告訴，而一位醫生則在法庭上作證時說，荀百克那鬼魅般的音樂是罪魁禍首：它可導致聽眾神經錯亂。

然而，荀百克仍舊對無調性（他自己更喜歡稱之為「泛無調性」）作執著的奉獻；在對自己的創新進行了幾年的琢磨之後，終於在1923年推出了嚴謹的12音列體系。它與前3個世紀的西方音樂的主要區別是，不以單一的音調來組織音樂：以半音階組成的12音列體系能夠創造出音樂旋律線，沒有一

與其說受到喜愛，不如說受到尊敬的作曲家：由理查·格斯特爾所畫的荀百克。

個音比其他的更為突出，只有在12個音全部使用後，才會重複。

身為20世紀作曲界中最有影響力的人物，荀百克擯棄了旋律的對稱性，而把不和諧音與和諧音放在同等重要的地位。◀ 1902（4）▶ 1913（5）

俄羅斯

布爾什維克創辦《真理報》

12 1912年，列寧在奧地利的流放生活中對布爾什維克進行指導。由於專斷的出版品管制最近才剛放鬆，因此列寧希望透過一份

列寧（左）任命約瑟夫·史達林為該報編輯，但無法控制其所寫的內容。

在俄羅斯發行，寫作風格可以使工人理解的廉價日報來宣傳他的觀點，此即是《真理報》的緣起。他發誓要使這份工人的日報成為「在群眾之中鼓動馬克斯主義的主要途徑」。

但黨內的派系鬥爭卻使得他在遠方遙控指導的方式不太有效。當1912年4月22日出版的第一份《真理報》送到在奧地利的列寧手中時，他赫然發現這不是一份宣傳布爾什維克意識形態的報紙，而是公開地討論黨內分歧的報紙。

經過兩年的奮鬥後，列寧終於使《真理報》達到其所預想的要求，並且在此後的6年間，完全控制了這份報紙。至第一次世界大戰時，該報已成為布爾什維克主義的喉舌。一直到1991年蘇聯解體之前，《真理報》不只是共產黨中央委員會的機關報而已，同時它也是世界上發行量最大的報紙之一。

◀ 1911（邊欄）▶ 1917（1）

1912

當年之音

紳士探險家的最後歲月

摘自羅伯特·法爾康·史考特於1912年3月的日記

從紮營基地向南極荒原出發的81天後，英國皇家海軍上尉羅伯特·史考特和倖存的4個同伴於1912年1月18日到達南極點。但他們想成為第一支到達南極隊伍，並為英國贏得榮譽的夢想破滅了，因為挪威的羅阿德·阿孟森比他們早到了36天（挪威人給他們留下了一封信）。而該支隊伍跋涉1287公里返回營地的路途也成了緩慢的死亡之旅；他們的補給品逐漸耗盡，而氣溫則一直在攝氏零下40度左右。一支救援隊於11月在離其目的地18公里遠的帳篷中發現他們凍僵的屍體；史考特身旁的日記勉強記錄到最後一刻，潦草地寫著「最後的話」。◀1911（10）▶1928（邊欄）

史考特上尉在向南極出發前，於南極洲羅斯島伊文斯角的臨時營房中寫日記。下圖是臨時營房的外觀，攝於1992年。

3月16日，星期五或17日，星期六

不記得今天的日期了，但後者可能是對的。一路上悲劇不斷重演。前天午飯時，可憐的泰特斯·歐帖斯說他走不動了；他提議我們把他留在睡袋裏。我們當然不能這麼做，並在下午說服他繼續前進。儘管惡劣天候對他多所折磨，但他仍和我們一起掙扎好幾公里。他的情況在晚上更糟了，我們也知道他離大限不遠了。如果這日記將來被尋獲，我盼望事實能為世人記錄下來。歐帖斯最後想起的是他母親，但旋即想到團隊會因他大膽面對死亡而欣慰時，又不免自豪。他的勇敢我們可以證實。數週來他默默忍受煎熬，直到臨終前仍有能力並樂於討論其他事物。他一直到死都未放棄過希望。他是個勇敢的典範。這是他的終點。前天夜裏他睡了一晚，並希望不再醒來；但昨天早晨他還是醒過來了。老天正吹著暴風雪。他說：「我想到外頭待一會兒。」他就這樣走入風暴中再也沒回來。

我想藉此機會說，我們總陪著生病的伙伴到最後一刻。就像埃德加·伊文斯的例子，在完全斷糧時，他又不省人事地癱著，似乎只有遺棄他才能保住其他人的生命。但造物主在我們萬分為難時慈悲地帶走他，我們在他自然死亡兩小時後才離開。我們知道歐帖斯正走向死亡，雖然我們都勸阻過他，但此乃一位勇敢的人與英國紳士的作為。我們都希望以相同的精神結束自己，而且無疑地這種結局不遠了。

3月18日，星期日

我的右腳沒了，差不多所有腳趾都不行了，兩天前我還以擁有最好的雙腳自豪。這象徵一步步邁向滅亡。像傻子一樣將刺激的咖哩粉與融化的乾肉拌在一起，吃了使我劇烈地消化不良。我夜裏痛得無法入睡，醒來後繼續行進時感到隨時都會垮掉。腳不靈了都沒發覺。僅是很不經意的忽略，卻換來一隻慘不忍睹的腳。鮑爾斯的狀況反成為最佳，但這事也由不得人。其他人仍有信心可以撐過去，但是否裝出來的只有天知道！

3月19日，星期一

午飯。昨夜紮營費了好大勁兒。我們感到奇冷無比，直到晚飯吃了點冷乾肉和餅乾，喝了半杯熱過的可可後才感到舒服點。和預期相反地，我們都感覺溫暖起來並好好睡了一夜。今天又以一貫的蹣跚步履出發。現在離紮本部只有25公里了，3天後應可到達。這是多麼令人振奮的進展啊！我們只剩兩天的食物和不到一天的燃料了。

3月22日和23日，星期四

仍然是糟糕的暴風雪。威爾遜和鮑爾斯不能動了，明天是最後機會。沒有燃料了，而食物也只剩一兩餐。末日近在咫尺。我們決定一切順其自然：我們將向本部前進，不管還有沒有食物及燃料，然後或許死在路上。

3月29日，星期四

從21日起，從西南偏西和西南吹來的暴風就未停過，而20號那天我們只剩煮兩杯茶的燃料和兩天的食物。每天我們都等著開始邁向本部的那18公里的路程，但帳外風雪總颳個不停。我想現在不能再有什麼指望了。我們將會貫徹到底，但我們更虛弱了。當然，末日離我們不遠了。

很遺憾地，我覺得再也寫不動了。

——史考特

最後的話

因主的慈悲，請照顧我們所有的人。

「我可能解決了一些問題……這可能……是眞理的一小部分。」

—— 波耳在開始撰寫有關原子結構內容的論文14天後，給妻子信中的話

年度焦點

原子解謎

尼爾斯·波耳於1913年所發表有關原子結構的量子理論，大幅改變了科學家對原子微粒之不可見世界的看法。在波耳突破性的看法之前，他的老師歐內斯特·盧塞福已建立了包括帶正電荷的原子核，以及其外圍小顆粒且帶負電荷的電子雲如行星和恆星般按一定軌道圍繞其旋轉的原子結構理論。但是若按古典物理學法則來解釋此一模型的話，原子應是不穩定且會崩潰的。波耳以馬克斯·蒲朗克與阿爾伯特·愛因斯坦概念為基礎，認為原子在處於穩定的狀態時將不會釋放出能量（以光子的形式，光的最小單位存在），只有當電子突然跳向另一軌道時才會釋放（或吸收）一堆「量子」。除此之外，任何特定的原子都有其限定的電子軌道數，這精確地決定了該原子與其他原子合併的能量。蒲朗克發現了一個可用來量化能量與物質關係的恆定數值，波耳利用這個蒲朗克常數創造出一個純數學方法來描述電子行為模式，終於確定了原子本身真正的特性。

波耳（上）是一位科學家中的科學家，當盧塞福在遇到理論上的難題時總是說：「問問波耳。」

包括愛因斯坦在內的其他科學家經由分光實驗確證了波耳的理論後，很快便認識到這是個偉大的成就。波耳因此獲得1922年的諾貝爾獎，而他在哥本哈根的理論物理研究所於整個20世紀一直是此領域中極富盛名的國際研究中心。在40年代領導製造出第一顆原子彈的小組而成名的科學家羅伯特·歐本海默回憶道：「這是一個英雄的時刻。雖然在整個過程中包含了各國大批科學家的合作結果，但波耳富有創造性的敏銳且具評論的精神，指導、限定並深化此一研究，最後改變了這一領域。」波耳是一位相當謙虛的人，而且還同時是位科學家與哲人；他繼續發展他的對應性原理，將古典物理學（適用於巨觀世界）的概念與量子理論的抽象概念完美地結合起來。◀1911（3）▶1917（邊欄）

藝術

前衛派衝擊美國

當第一屆國際現代藝術展於1913年2月在紐約的「第69軍團軍械庫」開幕後，一位看過保羅·塞尚、文生·梵谷和保羅·高更作品的參觀者輕率地做了下列結論：「一個衣不遮體的法國乞丐，一個遁世而有自殺傾向且半瘋狂的法蘭德斯人和一個聲名狼藉的世界浪人。」但這些畫家的作品比起其他參展作品其實還算是溫和的，這也是美國人對歐洲前衛派作品的首次接觸。

這次軍械庫展覽是美國繪畫與雕塑協會會長阿瑟·戴維斯的點子；該協會擁有25名最前衛的藝術家（包括來自垃圾桶派和阿爾弗雷德·施蒂格利茨的「２９１畫廊」）。戴維斯和他的朋友，藝術家沃爾特·庫恩，在看過去年夏天的奧托納沙龍展後，便為其藝術發展成就所震動，因此誓言要舉辦一個歐洲人也承認是「有史以來世界上最大的展覽」。

超過30萬人買票看了1300件繪畫和雕塑，其中作家包括畢卡索、布拉克、杜象、馬蒂斯和布朗庫西。美國觀眾怎麼也沒料到展出的是非具象派之作品，對他們來說，這些作品對拉斐爾、林布蘭及提香的傳統是出乎意料的不敬。

杜象的作品《下樓梯的裸女》被比做「木瓦工廠裏的爆炸」，成為軍械庫展覽作品的代表。

但對藝術家而言，這次的軍械庫展覽卻是一個轉捩點，除打擊他們自滿的情緒外，並要求他們以新的方式看待和思索藝術。雖然歐洲前衛派的曝光使藝術家紛紛湧向巴黎，並讓這個城市在以後數十年間成為現代藝術的中心，但美國文化從此也不再故步自封。事實上，在此次展覽會上出售的歐洲作品和美國的比例是四比一。◀1908（4）▶1920（4）

文學

回應佛洛伊德的小說

正當西格蒙德·佛洛伊德的理論開始風行英語系國家時，一部英國小說有力地闡明了佛洛伊德學說的主旨，亦即伊底帕斯情結。小說家勞倫斯直覺地表現了這一主題。在出版於1913年的《兒子與情人》這部自傳體裁小說中，他描述一位母親和她的兒子間超乎倫常的愛；雖然這是勞倫斯的第3部小說，但卻是奠定他成為本世紀主要作家的第一部。

《兒子與情人》一書敘述有關保羅·莫里爾的故事；他那極有修養且受過良好教育的母親嫁給了一個粗野而酗酒的礦工，而兒子則因母親對他堅定不移的摯愛而感到壓抑困窘。當保羅與兩個迷人的姑娘有了戀情時，與母親的情結卻使他無法對其中任何一個投入更多的情感；保羅瞭解到，若是要尋求解脫的話，則必須割斷與母親的這種聯繫，甚至是殺了她。

批評家對勞倫斯如詩一般的景色描述和人物刻畫大加讚賞。和他後來的小說《彩虹》及《查泰萊夫人的情人》（這兩部書都被視為色情作品而被禁止）相比起來，這部小說對性的描述較不隱晦，對工業文明的指責也不是那麼有力。但如同那兩本，《兒子與情人》揭示了一種逃避現實的願望。勞倫斯於

「我不由自主地成了革命者。」
—— 史特拉文斯基對《春之祭》的評論

1912年與弗莉達·馮·里希特霍芬（第一次世界大戰空軍英雄的妹妹）私奔，先後在歐洲各地、錫蘭、澳大利亞、大溪地島、墨西哥和新墨西哥州居住。

他不僅在尋找一個能治療其結核病的氣候，而且還尋找真實生命的文化。勞倫斯與卡爾·榮格及其他人一般，都宣揚西方社會必須釋放「原始」的本能、想像和象徵，以重新激發其熱情。這些思想雖使他成為法西斯主義的工具，但在法西斯主義者的試驗尚未自食惡果前，他便於1930年去世了，享年44歲。◀1912（2）▶1922（1）

中美洲
聯合水果共和國

④ 瓜地馬拉人將美國人擁有的聯合水果公司稱為「章魚」，而該公司在1913年也展示了與其綽號名實相符的行動：它建立了熱帶電台和電報公司。隨著後者壟斷瓜地馬拉的通訊業，聯合水

剝削農業勞工的現象在整個中美洲和加勒比海區（如上圖，在古巴）十分嚴重。

果公司對該國的基礎建設和政治可說已經完全地掌控，而瓜地馬拉乃成為所謂「香蕉共和國」（儘管其主要出口產品是咖啡）。

聯合水果公司是美國「金元外交」的頭號大使，它以新的便利手段展現了良好的舊式帝國主義。以自由貿易和資本主義作為幌子，美國可在無須建立殖民政府的情況下，透過大型出口公司在中美洲和加勒比海區推展業務，為其謀取更多的利益。

1899年由波士頓水果公司和熱帶貿易及運輸公司合併而成的聯合水果公司，以幫助該國修築鐵路作為交換，攫取了免稅權、大面積土地，以及瓜地馬拉的主要港口。在美國可能進一步投資的誘惑下，瓜地馬拉的統治菁英將該國鐵路的控制權全部轉讓給聯合水果公司；同時，該公司的貿易船隊也主宰了瓜地馬拉的航運。

如同在其他中美洲國家一樣，聯合水果公司的作用有如一個影子政府；就像在宏都拉斯的標準水果暨商務船運等其他大型水果公司一樣，該公司在當地的員工供應站迫使農民陷入負債累累的地步。它還從牙買加及西印度群島輸入黑人勞工，並施以美國式的種族隔離政策。雖然該公司也蓋了醫院和少數學校，但識字率仍相當低。農民只擁有少量耕地，而聯合水果公司卻閒置數十萬畝的土地。到1930年，聯合水果公司在兼併了20家對手後成為中美洲最大的雇主。由於農業的優先性阻礙工業化發展，瓜地馬拉到現在仍只能向世界輸出咖啡和香蕉等現金作物；這也是整個中美洲地區迄今還無法獲得改善的困境。◀1912（邊欄）▶1954（9）

音樂
史特拉文斯基騷動

⑤ 作為本世紀最重要的音樂作品之一，伊格爾·史特拉文斯基的《春之祭》於1913年5月29日在巴黎的香榭麗舍劇院進行首

史特拉文斯基（上圖）與尼金斯基（下圖為其素描）描述春天的粗獷手法在聽眾間引發騷動。

演。批評家對其作品中散亂和多節奏的描述，同樣也適用於聽眾粗野、富攻擊性且大發雷霆的反應。演奏到最強音的樂聲不時被起閧聲和口哨聲所淹沒，而在台前就座的史特拉文斯基本人也被迫退到了後台。

巴黎的聽眾對這位俄國作曲家以前的作品，特別是為謝爾蓋·佳吉列夫的巴蕾舞劇《火鳥》（1910）和《彼得魯什卡》（1911）所配的傳統浪漫樂曲倍加讚賞，但對《春之祭》中瓦拉夫·尼金斯基充滿活力的芭蕾舞設計所造成的野性、未開化印象，以及史特拉文斯基將傳統音調的界限向前推動的方式卻毫無準備。歐洲式音樂（如同文學和藝術一般）總是以柔和而圓潤的音調來描述春天的降臨，但史特拉文斯基卻希望使聽眾感受到春回大地時的盎然生機；他事後表示：「我所要傳達的是對大自然重生的熱烈讚揚。」

不過聽眾和批評家也表現了令人吃驚的適應性：不出一年，當蒙特先生再次擔任指揮，在巴黎賭場以交響樂形式演奏《春之祭》時，這次史特拉文斯基勝利地被其崇拜者用肩膀抬出了音樂廳。這種場面象徵著浪漫樂時代的結束和現代派音樂時代的開始。◀1909（6）▶1918（9）

《丹尼男孩》韋瑟利改編；《第二弦樂四重奏》查爾斯·艾夫斯 繪畫與雕塑：《小美人魚》愛德華·埃里克松；《穿無袖衫的女人》巴勃羅·畢加索 電影：《布拉格的學生》斯特蘭·萊伊；《靈魂的交通》喬治·洛恩；《大峽谷之戰》格里菲斯；《安德羅克萊斯與獅子》蕭伯納；《情花》哈辛托·貝納文特；《心肝寶貝》維克多·赫伯特。

「這種想法大體來說是來自於芝加哥包裝廠處理牛肉時的高架吊軌。」

—— 福特談及其生產線起源的靈感

1913年新事物

- 美國癌症協會
- 伯奈伯里斯反誹謗聯盟
- 駱駝牌香菸
- 迪森貝格汽車
- 桂格爆麥與爆米
- 消費者物價指數（美國勞動統計局出版）
- 美國包裹郵件服務

- 「救生圈」牌薄荷糖
- 演員公平協會成立

美國萬花筒

大車站

世界最大的鐵路車站於1913年2月在紐約市揭幕，具有大型新古

典結構的中央車站使賓州車站相形見絀，而且它擁有48條軌道。

▶1966（邊欄）

紓解洛杉磯水荒

洛杉磯市政工程師威廉·馬爾霍蘭在打開歐文斯河分水閘時說：「水來啦，快去取水吧！」這條長達377公里的分流工程花了5年時間，每天可向這座小城市輸送11億8000萬公升的水，使其在數十年後發展成為現代大都市。這項工程也使得馬爾霍蘭的同事們發了橫財，他們事先瞭解到計劃的進展，並透過地產的投機炒作獲取好處。▶1974（12）

現代胸罩

由於厭倦由鯨鬚所撐起的胸衣和緊身束腹，年輕的紐約女子瑪麗·費爾普斯·雅各在1913年縫製了一種新型的內衣，亦即胸罩的雛形。在法國女僕幫助下，雅各布（後來以卡雷塞·克羅斯比聞名）從兩塊手帕和一條粉紅的絲帶發展出引起流行的設計。由於較柔軟，具支撐性，且是分開式的，因此胸罩很快地便在活躍的現代中產階級女性中成了時髦貨。▶1921（當年之音）

引進生產線後，福特公司高地公園廠的汽車日產量達1千輛。

工商業
生產線投入使用

⑥ 亨利·福特位於密西根州高地公園之大型工廠的汽車產量，至1913年已達到高峰。利用由許多工人辛勤地將汽車零件安裝到固定底盤上的傳統作業方式，福特汽車公司的年產量幾乎接近16萬輛，平均每個工人製造11輛車。

福特在此時引進了生產線；以勝家（縫紉機廠）和科爾特（武器生產廠）首先使用的「作業線」為樣板，福特公司的生產線包含一項關鍵性革新：亦即當作業線將待安裝零件送至特定工作站時，將做短暫停留至加工完成，而整條生產線則「從不」停止運轉。輸送帶不停地走動，工人每天必須重複數百次特定的小動作，並得配合輸送帶的速度。

福特公司首先在磁石發電機部門嘗試進行生產線作業。原先一名熟練技工裝好一部磁電機輪要20分鐘，但在使用生產線後，29名非熟練工人每13分鐘便可裝好一部機輪；而在進一步改善後，裝好一部機輪的時間減少到了5分鐘。在引擎部門隨之也使用機械化生產後，最後連底盤也上了生產線；這使得裝配一整部車的時間由12.5小時減少到了93分鐘。以人時計，現在每名工人所做的事相當於過去的4個人。經過不斷的改進，高地公園廠生產一部T型車所須花費的時間最終降低到只需24秒；這使福特汽車公司得以大規模提高產量，同時削減售價。T型車的單價由1908年的850美元，在6年後降至440美元。至1915年，福特公司非但成為沒有競爭對手的公路之王，其汽車產量更幾乎佔了全世界的一半。

福特公司的工人飽嘗了不斷重複性工作和工廠老闆有時蓄意調快生產線速度的煩惱。不過生產線也帶來了8小時工作制和每天5美元的工資，相當於以前平均工資的兩倍。◀1908（1）▶1915（邊欄）

西非
史懷哲到蘭巴雷內

⑦ 雖然阿爾伯特·史懷哲所具備任重道遠的高尚品行與現代人的價值觀念有些格格不入，但這位德國醫生終其一生乃是世界人道主義的楷模。史懷哲在1913年以年輕人的熱情，發誓要在30歲之後將畢生奉獻給人類，隨即由歐洲航行到法屬赤道非洲（即現在的加彭），並在蘭巴雷內村創設一所醫院。在這塊叢林中的淨土上，史懷哲以其餘生與痲瘋病、瘧疾和梅毒等對抗，也因此榮獲了1952年的諾貝爾獎。

史懷哲認為對他所治療的非洲人而言，「我就像一位弟兄那般，或許更像是位兄長。」

史懷哲在蘭巴雷內建立醫院時已是個知名的學者和音樂家。他不但擁有史特拉斯堡大學的哲學博士學位（也修了神學），同時還是當時最好的風琴師之一。他在1905年出版了有關作曲家巴哈最為完整翔

實的傳記；次年又出版了一部相當具影響力的神學著作《耶穌史探究》。他在書中指出，耶穌是個「無與倫比的偉人」。他創立了凡間人道主義的理論架構。在到了為自己規定的期限後又轉而學醫，用稿酬和音樂會收入支付教育費。

他後來寫道：「我們必須與世人同甘共苦。」並用此解釋放棄在音樂和學術上追求的原因。然而在其生命的最後時刻裏，史懷哲家長式作風的傾向卻使自己變得有些無可救藥地遺世獨立；並因不願將其私人醫院現代化（甚至在他成名而可能獲得增加投資時）而使他飽受批評。對此，他認為：「普通老百姓只需要普通的治療方法即可。」史懷哲於1965年死於蘭巴雷內。▶1979（11）

慈善事業
慈善基金

⑧ 安德魯·卡內基曾寫道：「百萬富翁真是可憐，就連想當一個慈善家也不容易。」巨富約翰·洛克斐勒在建立有史以來最大的慈善機構時也有同感；擁有5000萬美元的洛克斐勒基金會在與多疑的國會進行長達3年爭論後，才於1913年成立。

洛克斐勒想建立一個類似卡內基在1911年所捐贈的新式機構（他們兩人數年來一直致力於傳統的慈善事業）與單一用途（如建立圖書館或痲瘋病院）或只幫助需要者不同，洛克斐勒的基金會將資助許多專家，以研究如何改善人類的生活條件。由於洛克斐勒認為這個基金會應要有官方監督，因此他提出要有聯邦特許可。但不久後其標準石油公司被最高法院裁定為非法壟

斷機構，使進步黨分子指責他計畫的非營利性法人社團只不過是用以收買人心和對政府施壓的組織而已；他們認為這個工商業大亨的錢乃是巧取豪奪來的「贓錢」。最後洛克斐勒終於向國會屈服，將他的基金會給了紐約州。到1900年，其資產已達20億美元；雖然它不再是最富有的基金會，但仍在世界上排行前10名。

在經過另一次論戰衝突後（當他旗下一個公司野蠻地鎮壓礦工的罷工後，該基金會在1914年資助了一項勞資關係研究），洛克斐勒遂將該機構大致轉向了醫療方面。他將錢花在62個國家的鉤蟲病與瘧疾控制項目上，並更新或改善其醫藥學校。由於專注於公共衛生，從而迴避了政治。

由生於蘇格蘭的鋼鐵大王所創立的卡內基基金會對華盛頓也有深遠影響，即便是進步黨也歡迎它。該法人社團主要將關注焦點放在英語系國家的教育和社會研究上；數十年來，它提供的資助對美國

$100,000,000,000 GIVEN FOR THE PUBLIC GOOD

TWO EXAMPLES FOR

The American by choice

生於蘇格蘭的卡內基在全國的圖書館和教育設施上顯示了他的財力。

學校和種族關係的研究導致了許多重要的改革。雖然卡內基曾經預測其「科學慈善」模式將成為各地大亨的模仿對象，但它大致上也僅是美國現象罷了。時至今日，或許是因為國家稅制或價值觀念的原因，超過1000萬美元以上的基金會有95%都在美國。◀**1911**（邊欄）▶**1982**（邊欄）

文學
普魯斯特的里程碑

9 馬塞爾·普魯斯特在其回憶散記《追憶似水年華》的第一部《斯旺之路》於1913年出版前，在巴黎以軟木塞隔音的公寓房間的靜謐中，花了一年的時間將它完成。41歲的普魯斯特在書中以複雜而冗長的句子，對其身為中產階級的往事進行了包括時間、個性和

普魯斯特的筆記本，其中有《追憶似水年華》的部分原始段落。

社會地位之意義等哲學性探索，以求解開人類存在之最根本的祕密。這本書最後是由普魯斯特自費出版的，因為所有出版商都拒絕他的書稿；其中有人還納悶為什麼「會有人用30頁的文字來敘述他由於睡不著覺而在床上輾轉反側的情形」。

然而，正是這熱烈的語句使得普魯斯特長達520頁的書充滿了力量。雖然慢性病使得普魯斯特由社會菁英淪落為潦倒的隱士，但養病的這段時間也意外給了他將生活中所發生的一切全盤托出的機會。小甜餅的味道激起他的回憶。在《斯旺之路》書中的講述者（其名字像作者一樣，也叫馬塞爾）描述了其父母的鄰居查理·斯旺與高級妓女奧黛蒂·德克雷西的愛情故事，同時藉由此一步步地重構了他的童年生活。在心理分析時代的初期，該書可以說是從未寫過的最深刻地進行自我反省的一部小說。在舊世界正站在即將使其自我毀滅的戰爭邊緣時，這部書以最細緻入微的觀察記錄下了最細小的角落中所發生的一切。

尚·科克托和其他前衛派作家都讚揚該書是部天才的著作，但保守的批評家卻對普魯斯特「糟糕透頂」的句法和妄想般詳細的描寫加以指責。其中一位寫道：「我們不禁要擔心，如果普魯斯特把他的整個一生都寫出來，那將塞滿多少個圖書館？」在作者去世5年後的1927年，隨著其7卷本《追憶似水年華》（總共3千頁）的出版，這個問題有了答案。多虧史考特-蒙克里夫以大師的筆觸將其譯成英文，該書才得以成為本世紀最有影響的文學著作之一。▶**1922**（1）

聖誕季狂熱

在紐約市此起彼落建築熱潮啟發下，同時身為兩次奧運會撐竿跳冠軍、魔術師，以及耶魯大學醫學博士的康乃狄克州玩具商吉爾伯特，發明了「智高系列」裝配玩具；吉爾伯特在一場全國性的廣告活動中介紹了它的螺母、插梢和微縮且帶有多孔的全樑。這是首次對玩具進行大規模宣傳。由於美國的男孩子們對它投注了史無前例的熱情，使得「智高系列」玩具成為一種歷久不衰的娛樂產品。

聖母大學隊與往前傳球

原先沒沒無聞地工作於印第安納州南本德的一家小天主教學院的大學美式足球球員克努特·羅克尼（如下圖）和古爾·朵萊斯，他們採取一種新辦法以彌補其球隊規模太小的缺陷。在與陣容強大的陸軍隊比賽時，往前傳球方式不但以35：13的比數使聖母大

學隊在美式足球史揚名立萬，而且也為這種運動本身帶來革命。◀**1912**（7）▶**1920**（6）

聯邦準備金形成

國會於12月通過聯邦準備法，並且依據此法成立了12家區域性銀行，其中又由213家商業銀行組成。這個體系使數家區域性聯邦準備銀行得以控制貨幣流通量，進而調整現金和債券的使用。◀**1908**（邊欄）▶**1929**（1）

「已到達加州。須有權以每月75美元在一個名為好萊塢的地方租一處倉庫。
請代我向山姆問好。」

—— 地密爾致拉斯基的電文

環球浮世繪

馮・施蒂爾克執政

奧地利外長卡爾・馮・施蒂爾克在1913年根據憲法而片面地掌控了政府；其原因是分裂匈牙帝國的民族主義情緒在帝國成員匈牙利、波希米亞、斯洛伐克、摩拉維亞和奧地利等國中爆發。當奧匈帝國皇太子斐迪南在隔年遇刺後，甚至連絕對主義也無力挽救這個聯邦。至於馮・施蒂爾克也在1916年遇上相同的命運。
▶1914（1）

馬德羅被殺

在1913年2月的「悲劇十天」中，右派軍官維多利亞諾・韋爾塔利用內戰的混亂而掌控了墨西哥。他殺害了受歡迎的民選總統馬德羅並解散國會，使墨西哥陷

入暴力浪潮之中。一年後，韋爾塔被墨西哥革命家埃米里亞諾・薩帕塔和帕丘・威勒及美國政府聯手推翻。◀1910（10）
▶1916（6）

赫羅圖

荷蘭天文學家伊那爾・赫茲斯普龍和美國天文學家亨利・諾里斯・羅素分別找到了利用星體溫度繪出其磁場的方法；此種方法在1913年被命名為赫羅圖，它揭示了行星組織的類型及演變的程序，成為現代天文學的基本工具。▶1914（10）

女權主義者的犧牲

英國女權主義者艾米莉・戴維遜在1913年7月4日為女權運動獻出了其生命；她在德爾比因闖到國王喬治的馬前而被踐踏致死。在另外一個地方，艾米琳・潘克赫斯特則由於試圖燒燬財政大臣大衛・勞合・喬治的房子，而被判處3年監禁。◀1903（3）
▶1920（11）

電影

劇情片走入真實西部

⑩ 雖然10分鐘的短片仍十分流行，但是電影迷（在美國一天就有500萬人次）到1913年後仍然喧囂著要看更長的劇情片。就在該年，一位喜愛電影的手套製造商人和他妹夫及一位負債累累的作家，聯手創造一支生動的西部片；奠定了加州好萊塢成為世界電影之都的地位。

這位叫山姆・戈德費西的雄心勃勃的紐約手套貿易商在看了他的第一部影片後，為其未來展望而激動不已，於是威嚇他那不情願的妹夫（輕歌舞劇作家傑西・拉斯基）成立一家公司，專門製作劇情長片；至於拉斯基則將一位平庸的劇作家西席・地密爾拉進來，讓他負責美術效果。

傑西・拉斯基影業公司選擇《印第安妻子》作為出產的第一部作品。這部1905年上演之通俗歌劇的故事大意是，一位英國貴族在蠻荒的美國西部娶了一名搭救他的印第安女子。當時大部分西部片都在紐澤西拍攝，但地密爾認為應反映「真實的西部」，因此將外景設定在亞利桑那的夫拉格斯塔；不過在看到當地枯燥的景色後，他又下令整組人馬重新上火車並直奔鐵路線的終點站：洛杉磯。

雖然短片從1907年起便開始在洛杉磯拍攝，但《印第安妻子》應算是第一部長片。不過在葡萄大街的一個倉庫拍片時，他們遇上了麻煩；就在影片開拍後，一名破壞者（可能是電影專利局的人）闖入倉庫，將地密爾的腳本給毀掉（幸好

長達6卷的《印第安妻子》是好萊塢所生產的第一部長片。

他還存有副本）。還有另外兩次，狙擊手的槍彈甚至從他們的頭頂上飛過。

儘管如此，所有抱怨都獲得了補償；因為《印第安妻子》一片不但引起轟動，大體上也為劇情片和拉斯基電影公司帶來了光明前景。地密爾後來轉向拍攝調情喜劇和宗教故事片，並成為大人物與暴君；好萊塢終於成其為好萊塢；而手套商人戈德費西則改名為戈德文，並與手套永遠告別了。◀1908（8）
▶1919（3）

鄂圖曼帝國

大戰的前奏

⑪ 在第一次巴爾幹戰爭於1913年5月結束時，巴爾幹聯盟的成員從鄂圖曼帝國幾乎得到所想要的一切。保加利亞人得到馬其頓的一部分，但戰略上的需要使其將

這些非正規部隊是為對付保加利亞，由鄂圖曼土耳其帝國組織和武裝起來的。

戰火引向色雷斯。希臘和塞爾維亞雖瓜分了馬其頓，卻都不想自己的割讓領土；至於幫助建立巴爾幹聯盟的俄羅斯則未能成功地從中斡旋。6月29日，保加利亞在奧地利（俄羅斯的對頭）的慫恿下，向兩個前任盟友開戰。

第二次巴爾幹戰爭是次短暫而血腥的混戰。沒有參加第一次戰爭的羅馬尼亞這次加入了反保加利亞的陣營；土耳其人則集中全力從保加利亞人手中奪回了亞得里亞堡。隨著戰爭演變成一場大屠殺，被擊敗的保加利亞人只好四處逃竄。至於整個戰爭則在8月份結束。

巴爾幹戰爭重劃了東南歐的版圖；鄂圖曼帝國失去其三分之二的

歐洲人口；希臘、塞爾維亞、門地內哥羅大約都擴張了一倍，甚至保加利亞也增加了20%；其結果導致民族主義情緒空前高漲。由於帝國的崩解，權力平衡變得十分脆弱而危險。保加利亞投入奧地利陣營，羅馬尼亞則退了出來。塞爾維亞由於覬覦奧地利控制下的波士尼亞、赫塞哥維那和克羅埃西亞，於是和俄國結盟，而希臘與門地內哥羅也是如此。只要稍有不當就會使奧地利與俄羅斯發生直接衝突，並將廣泛結盟的其他歐洲國家捲進一場大戰。這種情況在不到1年後便出現了。◀1912（8）▶1914（1）

大眾文化

填字遊戲首次出現

⑫ 「縱橫填字字謎」首次出現在1913年12月21日，《紐約世界報》的星期日副刊上，其形狀為菱形而非方形。由於許多線索會重複，因此當時的排版工人為其複雜的排列而煞費苦心。由於字謎遊戲在短時間便風靡一時，以致於當它因第一次世界大戰爆發，而被軍事態勢圖短暫取代後，讀者們紛紛提出強烈抗議。

在10年之內，縱橫填字遊戲幾乎出現在美國所有報紙裏，並且自1924年起由星期日的「休閒版」移到平日的版面上。列車為旅客們提

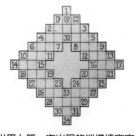

世界上第一次出現的縱橫填字字謎，雖然簡單，但排版卻相當困難。

供縱橫字謎，校園中也到處舉行填字比賽。連扒手都在旅館大廳裝做熱心於解填字遊戲而趁機行竊。

縱橫填字遊戲於1930年也出現在倫敦《泰晤士報》上；在1942年更打入了《紐約時報》的週日版。直到本世紀末為止，世界上99%的日報都曾經出現過縱橫字謎。◀1900（2）

諾貝爾獎 和平獎：亨利・拉方丹（比利時，國際和平局局長）　文學獎：泰戈爾・拉賓德拉納特（印度，詩人）　化學獎：阿爾弗雷德・韋爾納（瑞士，無機元素的結構）　醫學獎：查理・里希特（法國，過敏性休克）　物理學獎：海克・卡默林・翁內斯（荷蘭，超導性）。

樂觀主義與白色塗料

摘自埃爾西·德·沃爾芙的《風雅屋》

埃爾西·德·沃爾芙宣稱:「我非常喜愛樂觀主義與白色的塗料,在安樂椅旁邊亮著盞燈,在壁爐中燃著火,到處花香四溢,滿室都是鏡子與陽光。」這種居住環境對現在來說雖不足為奇,但在沃爾芙於1913年出版《風雅屋》(她使「品味」一詞流行起來)後,她改變了美國人的生活方式。沃爾芙把房屋設計變為一種時尚,並成為該國第一位專業室內設計師;她一改維多利亞時代色調昏暗、厚絨布,而且到處都是小擺設的陳舊模式,代之以法國古董、現代色彩和最新的便利設備。除了有像亨利·克萊·弗里克這樣富有的資助人(沃爾芙為他在美國創造了類似倫敦華萊士公司的設計)出大筆資金請她重新裝修房子之外,她同時也為預算有限的太太們提供藝術裝飾方面的諮詢。沃爾芙具有相當的魄力與本位意見(她曾凝視帕德嫩神殿,並大叫:「它是米色的,這是我的顏色!」),原本是女演員的她還積極地參與了藝術、商業和女權運動。

◀ 1908 (10) ▶ 1921 (4)

當有人為了裝修新房子而向我諮詢時,我首先想到的是合適與否,然後則是佈局。我時常將簡潔的重要性牢記在心……。我們總是從第一次到其家中所見的環境來判斷一個女人,由其家庭內部來斷定她的脾氣、習慣和愛好;我們可能談論著天氣,但同時也看著室內傢俱。對那些甘於在佈置庸俗的房子中居住的人,我們自然也不會有好的評價。但當我們到一個色彩和諧、佈局得當、有如置身畫中的家庭時,便會感到耳目一新,特別舒暢。還有什麼會比品味更能反映一個女人天生或養成的,與內在或繼承的秉性呢?這個評價標準決不會錯。她也許有些缺點,愚蠢、追求時尚;也許會犯錯;甚至也許是個任性而為的人。但一個有品味的女人總不會讓人笑話!

從女人佈置的環境可以看出她的生活,不管她喜不喜歡這種看法。我們怎麼能相信一個真誠的女子會把藝術贗品掛在家裏牆壁上,或樂於使用假花和假絲織品呢?能說有著紙糊地板和鐵皮天花板房子的女人有品味嗎?我們也不會對太隨便的佈置有好感,因為若是要簡單一些,為什麼不把房子收拾得更舒服些呢?如果擺上簡單而舒適的傢俱,配上從傳統市場買來

的幾塊有光澤的絨布,然後再掛上幾副好畫,難道不比弄一些贗品來強多了嗎?由於房間的裝飾能反映出你的為人,所以應該把它佈置得好一些,如此一來,當人們從你的房間來判斷你的人品時才會感到安心,而不會覺得表裏不一。

沃爾芙(左上圖,與她的兩隻小狗在一起)被認為是「把新的美國錢花在舊的法國式家具上」。她一度被稱為「百老匯穿著最得體的女演員」,其室內裝飾也如同其人一般。上面為她書中的兩幅照片,包括用黑色印花棉布佈置的化妝室和《安妮·摩根小姐的路易十六半身塑像》。

「全歐洲的燈就要熄滅了，在我們的有生之年，將再也看不到它重放光明。」

── 愛德華‧格雷爵士，英國外交大臣

1914

年度焦點

薩拉耶佛刺殺事件

皇儲和其妻子：他們被刺是戰爭的催化劑，而不是戰爭的起因。

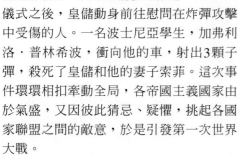

遇害皇儲濺血的外套。

① 法蘭茨‧斐迪南皇儲深知，他首次正式造訪薩拉耶佛將極為凶險。薩拉耶佛是波士尼亞和赫塞哥維那的首府，如今已成孳生泛塞爾維亞民族主義的溫床。這兩個省先是塞爾維亞的一部分，之後為土耳其征服，再遭奧匈帝國佔領之後終被吞併。雖然皇儲支持該地區擴大自治權，但身為奧匈帝國皇位的繼承人，他仍廣受憎恨。1914年6月28日，當皇儲乘坐的敞篷車開到市區時，一名刺客向他投擲一顆炸彈，皇儲把炸彈打到一邊，結果在另一輛車旁爆炸。然而，他的運氣並不總是那麼好。在市政廳參加歡迎儀式之後，皇儲動身前往慰問在炸彈攻擊中受傷的人。一名波士尼亞學生，加弗利洛‧普林希波，衝向他的車，射出3顆子彈，殺死了皇儲和他的妻子索菲。這次事件環環相扣牽動全局，各帝國主義國家由於氣盛，又因彼此猜忌、疑懼，挑起各國家聯盟之間的敵意，於是引發第一次世界大戰。

事件很快宣揚開來。7月中旬，一位奧地利調查員宣稱，刺客與恐怖組織「黑手社」有密切關係，而這個組織是以塞爾維亞為基地（後來發現，他們得到塞爾維亞官員協助，這些官員企圖把波士尼亞-赫塞哥維那變成「大塞爾維亞」的一部分）。

7月23日，帝國政府發出最後通牒，限塞爾維亞於48小時內，取締一切「威脅君主政體安寧的陰謀行動」。維也納開出的條件中，塞爾維亞拒絕了諸如：要求貝爾格勒查禁反奧地利的出版物、拘捕反奧地利的積極分子等項，卻接受了其他條款，並建議國際仲裁。奧地利當局決定制服不聽話的塞族人，所以拒絕外部干涉。

塞爾維亞有俄國撐腰，還有俄國在《三國協約》中的盟邦英、法為後盾。德國則有所保留地支持它的盟國奧地利。一陣忙亂的外交活動，仍未能打破僵局。7月28日，奧匈帝國向塞爾維亞宣戰。

第二天，俄國動員其軍隊，明顯是為了保護塞爾維亞和它自己免受奧匈帝國侵略。8月1日，德國因怕東部邊境受威脅，乃對俄宣戰。8月3日，法國開始動員之後，德國也隨之對法國宣戰。德皇的部隊侵入盧森堡，宣佈他們要借道中立的比利時，進攻法國。這刺激英國於8月4日對德宣戰。在一個月內，門地內哥羅和塞爾維亞並肩作戰；日本站在其英國盟友這邊；土耳其則為援助日耳曼人而戰。漸漸地，一個接一個國家捲入這場災難。不久後，歷史上最大的戰爭，就在三大洲展開。

◀1913（11）▶1914（2）

第一次世界大戰
列強動員

② 薩拉耶佛事件後兩個月內，8個國家在國內和其廣闊的殖民地動員1700萬士兵。戰爭初期，協約國（法、英、俄等國）和同盟國（與德國、奧匈一起作戰的國家）的戰略家，都預計這是一場速決戰。法國新兵開出巴黎時高呼「打到柏林去！」德皇則向他的部隊保證「你們在葉落之前就能返回家園。」但是直到1914年的耶誕節，各方都已有大約150萬名士兵受傷、陣亡或被俘，而戰爭的結束還是遙遙無期。

德國根據施利芬計畫尋求速勝。該計畫設想：以一部分兵力在東線牽制俄國，其餘兵力借道中立的低地國，對法國邊境防衛最薄弱處實施閃電戰。法國一旦垮台，俄國的一群烏合之眾，就將被訓練有素且裝備精良的德軍打得落花流水。這個計畫幾乎奏效。到8月中旬，儘管比利時部隊和一支英軍頑強抵抗，比利時還是淪陷了。德軍迅速推進到巴黎附近的馬恩河，但是法國在「馬恩河奇蹟」一役中把德軍擊敗，迫其退守埃納河，雙方在那裡改採壕溝戰。

由於現代武器的巨大殺傷力，短短幾星期內，就有數十萬人喪生。將領們了解，在空曠地形上作戰，無異自取滅亡，於是每支軍隊都修築一道又一道的塹壕，不久這些塹壕就從英吉利海峽，曲折蜿蜒數百公里直抵瑞士。當連續不斷的轟炸摧毀周圍的一切，把沃土都變成廢墟時，那裏的前線卻已維持了4年，鮮少移動。

第一次世界大戰的歐洲盟國分布圖。

藝術與文化 書籍：《都柏林人》詹姆斯‧喬伊斯；《剛果》韋切爾‧林賽；《樹》喬伊斯‧基爾默；《波士頓以北》羅伯特‧佛洛斯特；《巨人泰坦》西奧多‧德萊塞；《潘洛德》布思‧塔金頓；《The Smart Set》喬治‧尚‧內森和孟肯共同編輯 音樂：《卡斯爾宮爵士樂》歐文‧伯林；《聖路易藍調》漢迪；《倫敦交響

「傷員，到處都是傷員，每個中繼站裏都是重傷致殘的人；醫院裏擠滿了失明和垂死的人，呻吟聲不絕於耳。」

—— 英國戰地記者菲利普·吉布斯在第一次世界大戰爆發6個月後寫道

在東線，俄軍的進攻遠比預期的要迅速得多。保羅·馮·興登堡元帥（1870年普法戰爭中的英雄）指揮的德軍，雖遏止了敵人對東普魯士的攻勢，但卻被驅離波蘭的重要城市羅茲。在巴爾幹半島，奧匈帝國費盡九牛二虎之力，從塞族手裏奪取貝爾格勒，但又得而復失。隨著多天的來臨，戰爭也陷入僵局。

戰鬥在歐洲列強利益所及的各處爆發：印度軍隊為英國統治者取得美索不達米亞（現在的伊拉克）的巴斯拉；南非親德的波爾人挑起叛亂；日軍（8月23日加入協約國一方）攻佔德國在中國佔據的勢力範圍——膠州灣的港口城市青島；一艘德國巡洋艦轟擊英屬馬來西亞的檳榔嶼。

廣闊的海洋上，因狂熱的軍備競賽而鉅資建造的砲艦，在零星的遭遇戰中互相擊沉，但英國優越的海軍，很快封鎖了德國海岸。德國針對英國商業運輸，即將報以潛艇攻擊。◀1914（1）▶1915（3）

科學

火箭學初步

3 從17歲開始，羅伯特·高達德就念念不忘要（這位年輕人在新日記中寫道）「製造一種甚至能登上火星的裝置」。1914年，他朝實現這夢想邁進一大步。剛從研究所畢業，高達德就申請了兩項現代火箭學基本概念的專利。其中包括以液體燃料推進和多節式火箭。在12年內，高達德將把他的發明送上天空，開啓了火箭時代。

在試驗期間，高達德儘量避免引人注意。在所有的國家補助研究計畫中，他僅僅提及正在尋求一種收集大氣資料的方法。一家地方報紙風聞其太空旅行的夢想，封這位離群索居的克拉克大學教授一個綽號：幻想家。在他進行實驗的麻州的農場中，不時因試爆發出閃光，似乎可證明了他的瘋狂。然而在1926年，萊特兄弟首次飛行成功後大約四分之一世紀，事實證明他是對的——雖然只有他自己知道。

一位被誤解的天才：1926年，高達德在麻州的農場上，與他的液體燃料火箭在一起。

高達德劃時代的火箭長達23公尺，不裝燃料時還不到2.2公斤重，利用液態氧和汽油推進。它共上升12.4公尺、飛行56公尺。整個飛行持續2.5秒。高達德在第二天的日記中寫道：「它飛起來時真是太神奇了，沒有太大的噪音和火燄，好像是在說：『我待在這兒的時間夠長了，如果你不介意，我要到別的地方去了！』」◀1903（邊欄）▶1944（2）

印度

甘地返回故鄉

4 「聖徒離開了我們的海岸，」南非政治領袖簡·斯穆茨1914年寫道：「我希望他永遠不再回來。」這位聖徒就是莫漢達斯·甘地。他1893年來到納塔爾做律師，本打算只待一年，但面對種族歧視和政治不公，他滯留20年，並組織印度移民團體，反對迫害。這位印度獨立之父，就是在南非發展出「堅持真理」的非暴力的消極對抗行動。

甘地到達非洲後不久，其真理的時刻來臨：在從德班到普勒多利亞的火車旅途中，他被白種人列車長轟出頭等車廂房；另一次更慘，他搭乘客車時，因為拒絕讓座給一位歐洲的遊客，而遭到司機的毆打。後來甘地寫道：「我實在難以想像：對一個人來說，有什麼損失是比喪失自尊更糟。」1907年，特蘭士瓦政府通過了一項決議，具強烈的歧視作風：所有當地的印度人，都必須強制登記入冊。甘地發起抵制運動，誓言反抗這項法律，並平靜地承擔一切後果。起初，有幾百名印度人效法他，後來人數增加到好幾千人。1913年，開普敦殖民地高等法院宣佈：非基督徒的婚姻無效後，這場運動於是進入一個新階段，影響層面更廣了。法庭宣佈：印度妻子是姘婦，不受法律保障，她們的孩子是非法的。於是連婦女也積極參加甘地的「非暴力戰爭」了。

甘地多次被捕入獄（在一次監禁期間，他還為他的對手斯穆茨做了一雙涼鞋），但他成功地贏得了

在倫敦學完法律之後，莫漢達斯·甘地（中）在南非開業當律師。

全世界的關注。結果南非議會在英國政府的壓力下，與甘地談判，在1914年頒佈《印度人救濟法案》，廢除婚姻條款與其他相關的條文。

「他是個危險的敵人，教人寢食難安，」一位英國評論家說道：「雖然能征服他的軀體，卻影響不了他的精神。」在南非的歲月，使甘地更加堅定自己的決心，累積許多經驗教訓，為他以後在祖國建立不朽功勳奠定了基礎。◀1911（7）▶1916（12）

曲》拉爾夫·伏昂·威廉斯 **繪畫與雕塑**：《風的另一半》奧斯卡·科克西卡；《馬》雷蒙·杜象 - 維隆；《新城計畫》安東尼奧·聖埃利亞 **電影**：《蒂麗情史》麥克·森納特；《復仇之心》格里菲斯；《寶琳歷險記》珀兒·懷特 **戲劇**：《皮格馬利翁》蕭伯納；《留心腳步》歐文·伯林；《兩張床》菲爾茲和梅歐。

「我們正不擇手段地威脅、阻止貿易的正常發展，使投資人面臨懲處，以致人人自危。」

—— 詹姆斯·曼，在敦促國會否決克萊頓反托拉斯法案時說

1914年新事物

- 汽車地圖，海灣石油公司出版
- 國家四健會俱樂部
- 《新共和》雜誌創刊
- 電傳打字機

- 箭牌口香糖
- 古羅新格度假村（在紐約州卡斯基爾山脈）
- 喜劇長片（麥克·森納特的《蒂麗情史》）

美國萬花筒

槍林彈雨中的勞工

喬·希爾（下圖）生於瑞典，是世界產業工人聯盟（IWW）的領袖，同時也是舉世無雙的作曲家。1914年6月，在一場政治色彩極濃的審判中，他因謀殺鹽湖城一店主，被判罪名成立。儘管證據自相矛盾，並且缺乏殺人動機，而伍德羅·威爾遜和瑞典政府也懇求法庭開恩，猶他州還是於1915年絞死了希爾。他的遺言是：「不要浪費時間悼念我，組織起來。」同時，在1914年4月，科羅拉多州的礦工罷工，要求承認礦工聯盟，國民軍向他們開槍，造成勒德羅慘案，有21人喪生，其中包括11名孩童。

◀1905（7）▶1917（7）

提倡種花生的人

因為棉蟲危害且棉花種植過度，南部的農業遭受沉重的打擊。喬治·華盛頓·卡弗出面化解危機。他是位植物學家，母親曾為奴隸。1914年，卡弗於是在阿拉巴馬州的塔斯克基學院工作，他公佈對兩種替代作物——花生和甘薯進行實驗的結果。這兩種農作物不僅能補充土壤肥力，還能製造出數百種副產品，包括麵粉、乳酪、人造橡膠和肥皂。到1940年，花生已成為南方主要的經濟作物，僅次於棉花。

◀1901（當年之音）

工商業

自由和自由企業

❺ 美國總統伍德羅·威爾遜宣稱：「本國的法律縱容弱肉強食。」為了履行競選時的承諾，進行改革，1914年威爾遜簽署《克萊頓反托拉斯法案》，以補強1890年通過、千瘡百孔的《謝爾曼反托拉斯法案》。克萊頓法禁止跨公司的控股、不正當的削價和規定買主只能向獨家廠商進貨的合同，就是為了遏阻那些長袖善舞的公司進一步膨脹——它們各自控制一種行業中，從產品製造到分銷的每個部門。

在美國大企業空前成長的20年裏，幾乎每一種工業——煙草、鐵路、公用事業、農機具，都被一個個多角經營的公司獨佔。約翰·洛克斐勒和他的標準石油公司，控制了美國國內85%內銷和90%的外銷石油生意；詹姆斯·杜克以他的美國煙草公司佔據80%的煙草市場；喬治·普爾曼的公司，則製造全國85%的鐵路車輛。財富的集中允許多美國人感到震驚，因為這似乎違反民主原則。小商人和勞工領導人抱怨，他們得不到公平的對待。華爾街的金融家則主張，商業的目標

就是不停的成長。美國不斷地努力，以求達成自由企業與機會均等間的公正平衡，克萊頓法案正顯示早期努力的極致。◀1914（邊欄）▶1982（邊欄）

西部非洲

英國拼湊的殖民地

❻ 1914年，英國政府出於帝國霸權心態，大舉將西部非洲的兩處殖民地，北奈及利亞和南奈及利亞併成一塊，以簡化殖民機構。這個新殖民地、保護領，叫奈

新合併的奈及利亞，人口超過1700萬，使用多種語言。

及利亞，把許多非洲王國、城邦、種族群體和貿易集團收編，而沒有考慮它們千差萬別的語言、宗教信仰和社會傳統。統一的奈及利亞受

英國統治，直到1960年取得獨立，同時爆發內戰。

1914年合併的兩塊大領地，原本也是拼湊而成，彼此之間爭鬥不休。北部由信奉回教的富拉尼酋長控制；西部是約魯巴和貝寧王國；東部由講伊格博語的民族掌握；這些領地中，共有一百多種不同的語言。英國靠原已存在的社會結構，維持殖民地的統一，世襲的首領仍統治各自的轄區，但必須直接向英王負責。英王喬治五世對這種安排頗為滿意。「在奈及利亞合併之際，」他給他的總督寫道，「希望你向酋長、首領以及新保護國、和殖民地所有臣民，轉達我對他們未來幸福的美好祝福。」◀1967（6）

大眾文化

舞蹈狂熱

❼ 本世紀第二個10年，是美國的繁榮時期，人們喜歡以跳舞為樂。由於當時《風流寡婦》極其流行，交際舞廣受喜愛，因此形成一股跳舞熱潮。1914年，隨著狐步舞風靡一時，這股風潮熱到頂點。狐步舞把爵士樂的奔放與上流社會音樂的流暢結合在一起，完美

標準石油化身圖中的章魚，觸手圍捲美國政府的各部門。

體育　棒球：世界大賽，波士頓勇士隊（「夢幻勇士隊」，喬治·斯托林斯率領）以4勝0負擊敗費城運動家隊；國家聯盟開賽　美式足球：耶魯球場開放，有6萬個座位（將擴建容納7萬5千人）　拳擊：傑克·登普西（被稱為「小黑人」）初次登場　高爾夫球：沃爾特·哈根開始他的職業生涯，21歲贏得美國公開賽冠軍

「人們反對跳舞，是因為在他們心目中，舞蹈是不正當的、不道德的、粗俗的。其實，只要跳舞的人遵守禮儀，絕對不致如此。」

—— 艾琳和弗農·卡索在《現代舞蹈》上說

奇妙的舞步：狐步舞（圖解中的步法，下圖）席捲美國。

無缺地反映美國人的形象——趕得上時代。在歐洲，它也深受喜愛，跳起來無憂無慮，對戰爭中的人們特別有吸引力。

這種舞因一位雜耍演員哈利·福克斯而得名。他在演出齊格菲諷刺劇時加入一種快步。跳舞時，通常是一男一女擁著對方，隨著切分的四四拍旋律起舞，從交際舞廳的傳統位置起，向前邁兩步、橫跨一步，然後再轉身90度。

狐步舞的無數變體中，有種一步舞，是由艾琳和弗農·卡索帶動流行風潮的。據傳說，這兩個失業的百老匯演員在巴黎度蜜月時，曾盛裝前往一家豪華酒店跳舞。因為艾琳的衣裙妨礙她的動作，無意中創造了一種稍快而簡略的狐步舞。回到紐約後，這對新婚夫婦在百老匯的歌舞劇裏、酒店的歌舞表演及舞廳的示範中，成功地演出他們的「卡索舞步」和當時流行的其他舞步。由於兩人極受歡迎，也對文化起了很大的影響。他們很早便迷上爵士樂，在將黑人音樂與舞蹈融入白人文化的努力中，貢獻良多。艾琳也推動了婦女解放運動：幾百萬婦女學她榜樣，剪短了頭髮，扔掉了令人窒息的緊身束腹。◀1905（11）▶1915（8）

社會改革
賈維建立UNIA

⑧ 1914年馬庫斯·賈維在牙買加成立全球黑人促進協會（UNIA），這是第一個國際性的黑人群眾運動。這個組織起初是一個商會、佈道團（UNIA希望使「落後」的非洲人皈依基督教）、互助會、教育基金會的綜合體。賈維認為：如果黑人不再做帝國的魚肉，而是建立自己的公司、國家甚至帝國，他們就能實現這個組織的目標。經濟獨立是它的首要任務。賈維是位報人，在英國研究了非洲人歷史後構想出UNIA。他說：「黑人靠借來的東西過活」，「假使愛迪生關掉電燈，我們就會同處黑暗中。」1916年，賈維從牙買加向美國進軍。他在那裡的激昂演說吸引了成千上萬的人。不久他創辦了幾家企業，最著名的是「黑星航運」輪船公司。

UNIA日趨壯大（1925年時宣稱有600多萬會員），它集中力量把黑人送回非洲，以建立一個理想的國家。黑星航運公司成為這個計畫的核心，但也由此導致賈維身敗

馬庫斯·賈維的「返回非洲」運動，抓住了黑人後代的想像力。

名裂。因為美國當局以涉嫌郵政詐欺為名起訴這家公司。由於經常穿著拿破崙式的制服露面，這個自學成才的肥胖牙買加人成了眾人嘲弄的對象。對於像杜波伊斯這類黑人知識分子來說，他是個煽動家；在美國政府眼裏，他是個騙子。但在千千萬萬非洲移民的後裔看來，他是個先知；他的思想影響了如麥爾坎·X和牙買加雷鬼樂歌手鮑伯·馬雷之類的夢想家。◀1910（7）▶1928（13）

現代神話

保羅·班揚和其大藍牛「寶貝」今年頭一次出現在明尼蘇達州、紅河木材公司的促銷宣傳冊上。

班揚的神話，取材於北部林區的民間故事，諸如這個高大的伐木工人用尖嘴鋤挖開大峽谷等傳說，立刻流傳開來。

母親節

6年來，安娜·梅·賈維斯一直在努力奔走，希望制定一個全國性的節日以尊崇母親，今年她如願以償了。威爾遜總統正式指定，5月的第二個星期天為母親節。賈維斯是費城的女性參政權論者、禁酒會會員與教師，自感在母親生前疏於盡孝，於是她在母親的追悼會上，向每一位到場的母親都獻上一朵康乃馨，從此開始了她的運動。之後，她的思想傳遍全國。

漢迪其人

1914年，黑人作曲家漢迪以《聖路易斯藍調》，把鮮為人知的南方民間音樂發展為舉世矚目的音樂形式。這首曲子如今已成經典之作，融合了爵士樂和稱為「藍調」的新曲調，把傳統管弦樂引介到黑人民間深沉的懷鄉曲中。漢迪雖然失明，還是成立自己的樂隊。他的技巧是用「藍色」音符——在長短音階之間連結或降半音。漢迪的音樂提供了即興和音演奏的架構，是早期爵士樂演變為現代爵士樂的過程中極為重要的一環。◀1902（邊欄）▶1917（5）

「太空不是由一些密集的點組成的，而是由許多錯綜的時空距離所構成。」

—— 愛丁頓爵士

1914

一戰風雲

戰爭開始

8月14日至25日的邊境交戰，開闢了第一次世界大戰的西部戰線，25萬法國人喪生（這些數字一直密而不宣，直到戰後才公佈）。德軍不僅奪回洛林地區，而且在比利時的沙勒瓦擊敗法軍，在蒙斯擊敗英軍。在亞歷山大·馮·克盧克將軍率領下，德軍推進到巴黎附近。

法蘭德斯之役

協約國軍隊退過馬恩河，加強防禦工事。9月5日至12日展開馬恩河戰役，遏阻德軍進逼巴黎。法國在埃納河、索默河反攻，並發動第一次阿拉斯戰役，但未能

擊退德軍。隨後雙方競往北海開拔。法蘭德斯之役是西線最後一次在開闊地形的野戰。

俄國攻勢受阻

8月26日至30日坦嫩柏之戰，使俄軍在東普魯士與加里西亞的一連串勝仗告終。保羅·馮·興登堡將軍指揮德軍包圍俄國軍隊，俘虜10萬人。

塹壕戰

10月30日至11月24日，第一次伊普爾戰役，顯示塹壕戰開始。人數佔優勢的英、法、比聯軍，阻擋德軍向加來和敦克爾克進攻34天。

福克蘭群島之戰

12月8日，在猛烈轟擊、嚴重損毀南太平洋上英、法諸港之後，海軍上將格拉夫·馬克西米連·馮·施佩返回大西洋，但與英國海軍少將弗雷德里克·查爾斯·多佛頓·斯特迪爵士率領的分遣艦隊遭遇，5艘巡洋艦中，折損了4艘。

美國

巴拿馬運河開通

⑨ 泰迪·羅斯福自豪地宣稱他的心愛計畫——在巴拿馬瘴癘叢林裡開鑿運河，為歷史上「最重要……最艱難」的偉大工程。1914年新巴拿馬運河順利完工，連接太平洋和大西洋，為西方的運輸船隻進入亞洲市場提供一條捷徑，使美國東西兩岸的海軍首度得以交流。一位英國政治家稱譽這條82公里長的運河為「人類從自然得到的最大自由」。

雖然羅斯福是開掘運河的發起人，但運河開通時卻是在伍德羅·威爾遜擔任總統的時候。命運的作弄使這位剛愎的前總統悵恨不已。於是當威爾遜提議：美國因奪取運河區，應向哥倫比亞賠償2500萬美元時，羅斯福激憤而顫抖地抨擊這個計畫是「公然與美國作對的罪行」。美國國會懾服於他的怒斥咆哮，否決了威爾遜的提議。直到1921年羅斯福死後，美國才付給哥倫比亞2500萬美元。羅斯福和威爾遜之間所流露出的情緒，彰顯了整個世紀以來美國與這條寶貝運河的關係：一方是獨佔的自豪，另一方則有些尷尬的愧疚。◀1903（2）▶1921（邊欄）

科學

愛丁頓的星球事業

⑩ 1914年，阿瑟·斯坦利·愛丁頓爵士受命出任英國劍橋天文台的台長。從那時起，這位

近代理論天體物理學的創始者就熱切地開始30年職業生涯，改變了人類對星空的看法。他的第一部書《星球運動和宇宙結構》，概略討論一切已知與星體運動有關的事。出版之後，愛丁頓更深入地鑽研，並且解開一些宇宙最深奧的謎：星星如何輻射能量、它們是由什麼東西組成的，及其光度與質量的關係。

由於總是對龐大的數字感興趣，愛丁頓孩提時就曾試著數出《聖經》的字數。後來，他懷著特有的自信，預測宇宙中質子的總數為 136×2^{256}，這就是「愛丁頓數」。

1919年，愛丁頓率團遠征進行實驗，以測試愛因斯坦的廣義相對論。最初，非洲西海岸普林西比島上空的雲雨，阻礙了愛丁頓觀察日蝕，但他的小組觀測到，星光在接近太陽時發生偏斜，正如愛因斯

坦所預測。幾個月後，其小組在巴西做的測量證實了這些觀測結果。一位同事後來對他說：「你肯定是世界上，能理解廣義相對論的3個人之一。」愛丁頓對這些恭維一笑置之。「別再謙虛了，愛丁頓！」另一位科學家斥責道。「恰恰相反，」愛丁頓回答，「我正在想，誰是那第3個人。」◀1913（1）▶1916（9）

醫藥

打開心臟

⑪ 1914年，亞歷克西斯·卡萊爾醫師在美國外科學會年度大會上宣佈：曾為一條狗實施心

一位法國諷刺畫家對卡萊爾醫師的移植試驗，持懷疑態度。

臟外科手術，實驗結果手術成功。他的美國同行聞訊，都大表驚訝。法國出生的卡萊爾，在紐約洛克斐勒醫學研究所工作。他夾住實驗室動物出入心臟的血管，小心地阻止了血液循環達兩分半鐘，使他有足夠的時間進行幾個小型的心臟瓣膜手術。

這名外科醫師解釋，實驗目的是要證明為人體動心臟手術，在醫學上是可能的。卡萊爾因首倡血管縫合法和器官移植所作的努力，而獲得1912年諾貝爾獎。他說：「希望這項技術，能夠逐漸應用到人類外科手術中去。」◀1912（9）▶1952（12）

1913年正在建築中的巴拿馬運河下游閘門東段。

諾貝爾獎 和平獎：從缺　文學獎：從缺　化學獎：西奧多·理查茲（美國，多種元素的原子量）　醫學獎：羅伯特·巴拉尼（奧地利，內耳平衡器）　物理學獎：馬克斯·馮·勞厄（德國，X光折射）。

名揚四海的民間英雄

摘自《人猿泰山》，艾德加・賴斯・巴洛斯著，1914年

THEN HE LOWERED A FOO RAISED DICK DARTLY FROM THE CHURNINC STREAM, AND BORE HIM ASHORE.

著名小說家艾德加・賴斯・巴洛斯是美國富商之子，經商14年，失利之後改行寫小說。1914年巴洛茲發表《人猿泰山》。他不僅在書中構思了引人入勝的冒險故事，而且創造了一個名揚四海的民間英雄：泰山，一個英國貴族之子，在非洲叢林裏成為孤兒，被一群大猩猩撫養長大。這部小說和它的許多續集，被譯成56種文字，在全世界銷售超過2500萬冊。下面敘述的，是泰山和珍第一次會面的故事。珍是一位美國科學家之女，聰明而任性。她被一隻大猩猩逮住，帶到深山老林裏。這隻凶惡的猩猩叫特寇茲，離群獨居，是泰山的大敵。
▶1924（10）

珍在一旁觀看大猩猩和原始人為了她一個女人而血戰。她那年輕柔軟的身子緊貼在一株大樹幹上；雙手緊按著一起一伏的胸脯；圓睜的大眼睛裏充滿了恐怖、迷惑、疑懼和愛慕。

當這個男人肩背上粗大的肌肉因使力而緊繃、糾結在一起時；當那壯碩的二頭肌和臂膀扼制了強大有力的獠牙時，這位巴爾的摩姑娘雙眼迷濛，千百年來的禮教心防瓦解了。

特寇茲被長刀連捅十幾下，龐大的軀體血肉模糊地滾在地上，一動也不動。珍張開雙臂，像個原始女人似地，衝向那個原始男人，投進他的懷裏——他為她搏命拼鬥，也贏得了她。

至於泰山呢？

他做的事，凡是熱血男兒都自然通曉：他把珍妮緊緊摟在懷裏，狂吻起來，弄得珍透不過氣。

珍眼睛半開半闔，躺在那裏，這輩子第一次嘗到愛的滋味。然而褪去的禮教矜持又突然回防。她羞慚成惱，臉燒得緋紅，猛地推開泰山，雙手捂住臉。

泰山大吃一驚，他心中崇拜和追求的姑娘，剛才還熱情縱身入懷，現在怎麼忽然排拒了？

他又走上前，拉著她一隻胳膊，哪知她竟像母老虎一樣，用小手拼命捶他寬闊的胸膛。

泰山被弄得莫名其妙，片刻之前，他還想催促珍妮回到自己人那裏去，可是現在已經不可能了。

就從那時起，泰山感到一副溫暖、柔軟的身軀緊壓著他的。吹送到他臉頰和嘴裏那滾燙而香甜的氣息，燃起他胸中的火慾。完美的雙唇緊黏著他的嘴熱吻，更在他的靈魂中留下深深的烙印，使他變成一個嶄新的泰山。

他又伸手去拉珍妮，又一次給打掉了。這時人猿泰山就像他的祖先那樣，抱起他的女人鑽進野林裏。

巴洛斯的人猿英雄，在電影上、廣播劇裏、電視上、連環畫中，有許多不同的化身（左上圖）。第一個被搬上銀幕的泰山，是1918年的愛爾默・林肯（右上圖）。最著名的是前奧林匹克明星強尼・韋斯摩勒（上圖，在1934年的《泰山和他的情人》中和珍（莫琳・奧・蘇利文飾）在一起）。邁爾斯・奧基夫（小插圖）在一部不出名的《人猿泰山》（1981）中扮演主角泰山。

「請記住在我到來之前，這個世界有多麼小。是我讓它鮮活起來的：我把整個世界搬到一塊6公尺的銀幕上。」

—— 格里菲斯，《國家的誕生》之導演

年度焦點

一種傳播媒介的誕生

1 1915年3月3日，格里菲斯的《國家的誕生》，在紐約首次公演即引起爭論。一方面，該影片當時就宣稱：是第一部把初期電影製作原則，充分體現出來的「藝術」作品。格里菲斯在這部聲勢浩大，橫掃千軍的史詩電影中，完美地運用多項電影製作中的重要技術：如特寫鏡頭（演員就得有一種能適應銀幕，而非舞台的、全新、較內斂的表演風格）；全景；淡入和淡出；交替切入——意在顯示同一時間、不同地點進行的動作。片中一位主要演員，莉蓮·基什後來說：格里菲斯「給了我們製作電影的基本規則」。另一方面，影片藉倒敘歷史公然支持白人優越主義。爲此，美國全國有色人種促進協會（NAACP）發起抗議，力圖阻止該片在國內各城上演。這是該協會成立5年半以來，意義最重大的運動。

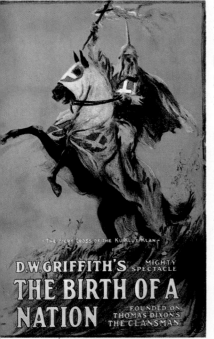

《國家的誕生》的宣傳海報，公然把三K黨人奉爲英雄。

格里菲斯是內戰中一位南軍上校的兒子。他在1908年到1913年間，爲拜奧格拉夫公司共製作400多部1至2卷長的電影。其中關於南北戰爭的有11部。他的《國家的誕生》製作規模十分龐大，製作成本高達11萬美元，前所未聞；同樣的，門票價格2美元，也是前所未有的。影片長達3小時，集中描述兩家人：北方的史東曼一家和南方的卡梅倫一家。家庭變遷與當時的歷史事件緊密地交織在一起，如林肯解放黑奴、謝爾曼進軍亞特蘭、南北戰爭（該片中，當年的戰況極爲逼眞）等。最令人反感的，是描述三K黨組成時，持贊同的角度。

該片留下雙重遺產：一方面，電影一推出立即成爲巨構，成就無與倫比；另一方面，卻爲美國性格中，社會最令人悲哀的一面辯護。該片製作人不久就發現，隨著國家政治環境的改變，與電影製作技術的進步，他們與該片已經失寵。然而，大約30年後，評論家詹姆斯·艾吉卻讚揚這部影片：「如同布雷迪的攝影，林肯的演講，惠特曼的戰爭詩一樣，這是一部偉大的史詩，一部悲劇性的電影。」◀1910（7）▶1919（3）

節育先驅桑格與兒子格蘭特在一起；她有3個孩子。

社會改革

桑格和節育運動

2 1915年9月，瑪格麗特·桑格逃避法律訴訟一年後，決心回到紐約面對審判。她被控以郵寄方式散佈猥褻思想，違反了1873年的《反妨害風化法》。桑格身爲護士，同時也是激進分子，一年前開始出版政治雜誌《女叛徒》。在其中一些關於婦女參政與勞工權利的文章中，她呼籲避免懷孕，以恐嚇「資產階級」。桑格首開先例，將避孕的觀點叫做控制生育，儘管文章中並沒有明確的建議，卻仍招來麻煩。當時的紐約郵政局長決定禁止郵寄這份雜誌，而桑格卻照寄不誤。8月她被起訴。在候審期間，她又出版了一份小冊子——《計畫生育》，對節育提出相當具體的建議。

由於桑格是政治新手，並沒有爲自己準備任何保護措施。當法院提審她的案子時，她驚慌失措，於是躲到倫敦。她在那兒遇到哈夫洛克·埃利斯，這位性學專家成了她的戀人和良師。隨後的一年中，在埃利斯的輔導下，她縮小自己過分廣泛而散漫的左派議題範圍，專注於節育這一項，研究所有找得到的相關資料，並牢記埃利斯對她的忠告：想改變法律，「需要技巧，更甚於需要力量」。

她回到紐約，希望能迫使法庭就避孕是否爲猥褻思想作出裁決。然而，經過幾個月的爭論，地區檢察官卻擱置她的案子，很令她失望。幾個月後，即1916年10月，全美第一座節育診所在布魯克林開張，由桑格主持。

開張的頭9天，診所共接待464人次。第10天桑格再次被捕。法官提出交換條件：法庭可以網開一面，但桑格從此不得再傳播有關避孕的主張。桑格拒絕了。她被判在監犯工廠服刑30天。此後10年，她繼續巡迴演講。1921年，她成立美國節育聯盟，並幫助組織1927年第一次世界人口大會。▶1960（1）

第一次世界大戰

同盟國推進

3 1915年，隨著戰爭的擴大和升級，第一次世界大戰變得越來越可怕。德國軍事組織無與倫比，使同盟國幾乎在每條戰線都佔

英法本擬重擊同盟國，但在達達尼爾海峽卻損失慘重。

盡上風。儘管協約國兵員數量與海軍較優，卻屢遭挫敗。

年初的形勢對協約國有利，但好景不長。1月，在英格蘭東岸外海的一場戰鬥中，英國巡洋艦擊沉一艘德國軍艦，並重創另兩艘。此後不久，一支英法聯合艦隊出發，旨在打通達達尼爾海峽，該海峽連

藝術與文化　**書籍：**《美國的成熟》范·懷克·布魯克斯；《斯蓬河選集》艾德加·李·馬斯特斯；《彩虹》勞倫斯；《好兵》福特·馬多克斯·福特；《天才》西奧多·德萊塞；《日晷》保羅·克洛代爾；《中國》埃茲拉·龐德　**音樂：**《我可不要養大孩子去當兵》皮安泰多西、布萊恩；《讓家中爐火長燃》諾韋洛、福特；

「他們作戰時滿懷恐懼，在瀰漫的毒氣中，漫無目的地四處亂跑。好幾百人倒下死去，其餘的人無助地躺在地上，口吐白沫，身體扭曲並猛烈地嘔吐……」

—— 一位英國軍官描述部隊遭毒氣（氯氣）攻擊時之慘狀

接地中海和黑海，現遭土耳其封鎖。當英法聯軍砲轟扼守海峽的要塞，使得守軍看起來快投降時，他們便向要塞逼近，卻遭敵人砲火的毀滅性打擊。還來不及撤退，艦隊此時已經損失2千名士兵和數艘戰艦。8月，由陸路進攻加利波利半島——就是它扼住達達尼爾海峽，協約國傷亡7萬，損失更加慘重。到12月，又有4萬名士兵傷亡或被俘，協約國終於放棄攻佔海峽。

同樣，俄國人的優勢也急轉直下。從1月到4月，俄軍就橫掃加里西亞。該地以前是奧地利的王室領地，後為波蘭佔有。但到秋天，德國和奧匈帝國聯軍奪回該地區的大部分，包括重要城市華沙，還在俄西諸省佔領幾條寬廣的帶狀區域。俄軍傷亡人數高達150萬。9月，沙皇尼古拉二世親自指揮俄軍。雖然他沒有作戰經驗，但希望親自坐鎮能提高軍隊的士氣，因為有三分之一士兵缺乏武器可用。

在西線，協約國在比利時與法國發動一次春季攻勢。但好幾千士兵才躍出塹壕，就被敵人射殺；協約國軍隊充其量只推進一公里。英印軍隊向土耳其屬美索不達米亞挺進500公里。然而在到達巴格達之前，這支1萬9千人的遠征軍，卻遭敵人有力的反擊，被趕回庫特，且英軍遭到圍困。

新的交戰國加入混戰。5月，義大利放棄中立，向老對頭奧匈帝國宣戰，並沿伊松索河發動一系列攻擊。但它並沒有佔到多大便宜，反而損失不止20萬士兵。10月，保加利亞加入奧匈帝國及德國，與協約國對抗，征服塞爾維亞。

2月，德軍逐步加強攻擊英國船艦，宣稱：所有在英國及愛爾蘭周圍水域航行船艦，都將受德軍潛艇攻擊。幾十艘商船，分屬許多國家，均被擊沉。其中，5月7日英國客輪「盧西塔尼亞號」沉沒，最是惡行昭彰，為人詬病。1198人因此喪生，其中128名為美國人。這個事實終於扭轉美國民意，贊同介入戰爭。◀1914（2）▶1916（1）

第一次世界大戰
新式殺人武器

④ 新興的兵器技術增添了戰爭的恐怖。每一次兵器革新都產生相應的反制措施，進而導致更進一步的革新。如此反覆，兵器的殺傷力漸次升高，無休無止。從19世紀80年代起，潛艇一直擔任沿海防禦，但英國的海上封鎖，卻促使德國依賴潛艇攻擊，並因此開了先例。1915年，聲納發展出來。當德國潛艇接近時，這種水下麥克風會發出警告，然後再用新發明的深水炸彈炸沉德國潛艇。而後協約國對付德國潛艇的能力增強，卻促使德

國人更草率地實施攻擊，於是非武裝船隻被擊沉的可能性大大增加。

空投炸彈——1911年義大利在北非對鄂圖曼帝國土耳其人的戰鬥中，曾零星地投過一些。2月，德

德國軍火商古斯塔夫·克魯伯和他的兒子。他們是德國發展新式武器的先驅。

國齊柏林飛艇轟炸英國時，第一次大規模使用。儘管德皇命令只准轟擊軍事目標，但以當時的技術，卻無法達到這麼高的精準度。到年底為止，在55次轟炸中，有700人死傷，大部分為倫敦平民。3月，英國空軍開始轟炸載運德軍的火車。炸彈綁在機身的炸彈架上，飛行員拉扯繩子來完成投彈。到1918年，雙方都出動巨型飛機，有4具引擎，上載成噸炸藥。轟炸機有小而靈活的戰鬥機護航，有些由王牌飛行員駕駛，如德國的曼弗雷德·馮·里希特霍芬男爵、法國的汝內·方克、英國的愛德華·曼諾克，以及1918年出馬的美國飛行員埃迪·里肯巴奇。在這大規模、非關個人的戰爭中，空戰卻使飛行員有難得的機會表現個人英勇。

另一種新武器——毒氣，更無所偏愛地一視同仁。1915年1月，德國人在俄軍前線破天荒使用毒氣。4月，在比利時的伊普爾，德軍頻頻使用毒氣進攻。協約國方面馬上以牙還牙。雙方士兵都開始配戴防毒面具，於是又發明能滲透皮膚的各種新式毒氣。人和老鼠一樣被困在塹壕裏，在痛苦中慢慢死去。◀1911（12）▶1916（10）

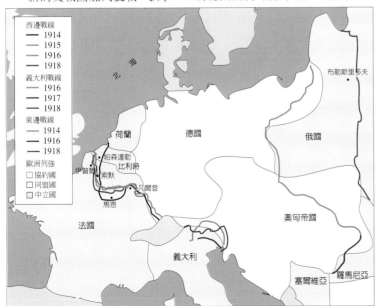

第一次世界大戰戰線：在整個戰爭中，除了東部，戰線幾乎沒有移動。

圖例：
西邊戰線
—— 1914
—— 1915
—— 1916
—— 1918
義大利戰線
—— 1916
—— 1917
—— 1918
東邊戰線
—— 1914
—— 1916
—— 1918
歐洲列強
□ 協約國
□ 同盟國
□ 中立國

地圖標示：北海、布勒斯里多夫、帕森達勒、比利時、伊普爾、索默、貝爾登、黑海、馬恩、荷蘭、德國、俄國、法國、奧匈帝國、義大利、塞爾維亞、羅馬尼亞

「誰還記得100萬名亞美尼亞人？」
—— 希特勒在1939年進攻波蘭前講的話

1915年新事物

- 拜爾推出阿斯匹靈藥片
- 毒氣（氯氣）
- 防毒面具

- 派萊克斯（一種硬質耐熱防震玻璃）
- 卡拉夫起司

美國萬花筒

泛太平洋的節日

1915年巴拿馬-太平洋國際博覽會，吸引將近1900萬名遊客雲集舊金山，這座「全球鍾愛的城市」最近重建完成。博覽會名義上是爲慶祝巴拿馬運河的完工而舉行，實際上是藉此讓經歷地震

災劫的舊金山，好好展現一番重建後的現代化面貌。該博覽會吸引人的有：約翰·菲利普·蘇薩的樂隊演奏和全美第一次空中飛行表演（後來由於領頭的特技飛行員墜機身亡而功虧一簣。）
◀1904（當年之音）

私刑命案

8月17日，在喬治亞州的瑪麗耶塔，州長把工廠主管利奧·法蘭克的死刑減爲終身監禁，卻煽起種族主義暴徒的怒火。他們從獄中拖出猶太裔的法蘭克，毒打一頓，繼而把他活活吊死。法蘭克因被控在亞特蘭大美國鉛筆公司謀殺一名14歲女孩瑪麗·法根，而被捕入獄。他死於私刑70年之後，喬治亞州法院終於對他的錯判翻案。

布萊恩辭職

自「盧西塔尼亞號」在5月7日被德軍擊沉後，主張和平的美國國務卿威廉·詹寧斯·布萊恩，眼見總統威爾遜有意與主張參戰

第一次世界大戰
美國備戰

5 第一次世界大戰爆發時，美軍僅有9萬2710名士兵。其中幾乎半數駐紮在菲律賓、巴拿馬運河區和其他美國領地，駐守美國本土的士兵約有2萬5千人（另有12萬訓練不精的人民自衛隊）。剩餘的「機動部隊」僅2萬4602人，是自南北戰爭未起之前，人數最少的一支。但美國總統伍德羅·威爾遜卻覺得這個人數挺適當；他曾發誓保持中立，也不相信會有人自海外進攻。但這支軍隊的數量之少，還是使得許多「有影響力的公民」大爲惱火。他們都認爲美國加入大戰不可避免，而且值得一爲。在前總統西奧多·羅斯福的倡導下，他們推行「軍備」運動。到1915年後期，已發展爲一場全國性的運動。

羅斯福曾是美西戰爭英雄，現在急於東山再起，重整政治生涯。他直斥威爾遜爲「專職不抵抗主義者、蠢蛋、嬌生慣養膽小怕事者」的同夥。因組織國家安全同盟、美國國防學會、美國軍團等軍備團體而聞名的萊昂納德·伍德將軍，積極支持羅斯福的「擴軍」主張。一些頗有名氣的漫畫家和作家，自稱爲義警隊員，也積極地爲擴軍宣傳。一部長達700頁的學術著作《美國沒有軍事準備》轟動一時。以德國入侵美國爲背景的電影，如《戰事呼喚和平》等，則引起觀衆的恐懼心理。

支持反戰的人注意到，大部分推動擴軍備戰的人爲工業家、軍官、右派政客，以及其他一些能從軍化中獲利的人。但是這場混雜著揮舞大旗、製造恐怖氣氛及號召人們拿出男子漢氣概的運動，卻被證明極富成效。私人的軍事訓練營在全國各地成立，吸引成千上萬的人參加。在大城市的主要街道上，也充斥著要求擴軍的遊行隊伍。

不久威爾遜自己也帶頭做這類遊行。雖然他仍然反對參戰，但是他說：「如果在14個月中，我還沒能學到什麼，我將會引以爲恥。」12月，他要求增加一半的正規軍及3倍的後備軍。到1917年美國參戰爲止，軍隊人數爲20萬8千人，仍不足以參戰。後來，美國採行徵兵，終於在戰爭裏投入超過400萬兵力。◀1915（3）▶1916（1）

鄂圖曼帝國
土耳其屠殺亞美尼亞人

6 自1915年4月開始，延續到戰爭結束爲止，鄂圖曼帝國的亞美尼亞臣民，成爲一場有計畫屠殺的受害者，在納粹開始消滅猶太人之前，其規模無出其右。19世紀90年代，蘇丹懷疑俄國人鼓動亞美尼亞分裂主義者騷亂；亞美尼亞人因此慘遭土耳其人暴力相向。1908年，青年土耳其黨奪權上台時曾許諾：所有人皆自由、平等，這使亞美尼亞人高興不已。但是新政府殘酷地違背諾言，並強迫非土耳

波士頓婦女爲軍隊製作防毒面具濾器而採集桃核。

其的少數民族同化。回教徒統治者針對信奉基督教的亞美尼亞人特別嚴厲。自鄂圖曼土耳其帝國在第一次世界大戰中加入德國那一方後（鄂圖曼帝國之外的亞美尼亞人和俄國站在一邊），對亞美尼亞人的壓迫便轉變成屠殺了。

土耳其蘇丹阿卜杜勒·哈米德二世屠殺亞美尼亞基督徒。但在青年土耳其黨手中，他們的命運更加悲慘。

一開始屠殺並不明顯。軍隊中的亞美尼亞人被解除武裝，然後被分配去做粗工重活。他們得不到食物和棲身之處，也不給休息，好多人因此勞累而死，也有的是被直接殺死。土耳其人還命令鄉村裏的亞美尼亞成年男子集合，繳出武器，然後把他們押走，加以槍殺或是用刀刺死。知識分子與涉嫌顛覆的人，在遭處決前都被痛苦的折磨。女人、孩子和老人則被迫爬大山，穿沼澤，過沙漠，長途跋涉數百公里，最後被送到敘利亞和美索不達米亞的集中營。一路上她們不斷遭到武裝押送人員與當地居民的強姦和搶劫。好多人死於飢餓、乾渴、曝曬，或是土耳其人的殺人遊戲。「我們見過大屠殺」，一位亞美尼亞的牧師曾這樣寫道：「但像這樣的折磨是前所未見的。無論如何大屠殺會很快地結束，但漫無止境的心靈痛苦，簡直教人無法忍受。」在亞美尼亞少數幾塊地區，曾有過

「她崇拜性；她熱愛藝術；她禮拜上帝；她還常爲不忠實而向某個人懺悔贖罪。」
—— 舞蹈評論家華特‧泰利對聖‧丹尼斯的評語

芝加哥電話公司的高級職員展示橫貫美國大陸的電話線（該線於6月延伸到芝加哥市）。

很激烈的抵抗，但終歸是徒勞。最後，250萬人口中，約有60萬至150萬人死亡。◀1909（10）▶1915（邊欄）

科技
電話的延伸

7 1915年1月25日，在紐約電話大樓第15層樓上，紐約市高級官員、商界名流及美國電話電報公司（AT&T）的高層人物，齊聚在亞歷山大‧格雷厄姆‧貝爾的周圍，而貝爾則坐在他發明的電話機旁。在美國大陸另一頭的舊金山市，托馬斯‧沃森也在等待著。周圍同樣圍著一群商界及政界人士。東部時間下午4:30分，貝爾博士拿起他面前的電話筒說道：「沃森先生，你在那兒嗎？」沃森把聽筒貼近耳邊，忙答：「是」，以使他的前老闆貝爾確信他已清楚地聽到問話。貝爾於是重複了1876年他與沃森在波士頓一家寄宿舍中，相隔一層樓進行世界第一次電話交談時說的那些話：「沃森先生，到這兒來，我想見你。」沃森的回答從4139公里外傳來：「這次我可得花一個星期，才到得了你那兒。」就這樣，橫貫美國大陸的電話通訊成功了。

爲這次跨越美國大陸交談而鋪設的電話線，約重3千噸，搭架在13萬根電線桿上。其主線有支線通往吉柯島、喬治亞和華盛頓特區。該主線爲一條大的合用線，可使數百人同時聽到在4個城市中的任何兩城之間，兩名客戶的談話。當貝爾和沃森在作第一次橫貫美國大陸的電話交談時，電話電報公司總裁西奧多‧維爾從吉柯島插話進來，

向他們表示祝賀。過了一會兒，美國總統威爾遜自華盛頓切入電話，他宣稱：「這樣穿越大陸的交談，實在不可思議。」

到3月，橫貫大陸的商用電話線已正式開始運作。一通紐約至舊金山的電話，頭3分鐘收費20.7美元，隨後每分鐘加收6.75美元。◀1901（1）▶1927（邊欄）

舞蹈
丹尼斯肖恩舞蹈學校開辦

8 1915年，當魯思‧聖丹尼斯和特德‧肖恩開辦他們的第一所舞蹈學校時，他們已名留20世紀舞蹈史。與同時代的伊莎多拉‧鄧肯一樣，聖丹尼斯自創一種頗有章法，而又高度個性化的風格，汲取古老傳統，卻避開芭蕾舞的規範。與鄧肯較古典的風格不同，聖丹尼斯的風格源於通俗文化。最初的她是一名表演歌舞、雜耍的職業舞女。一張香煙海報上的「埃及女神」，觸發她的靈感，才開始探索亞洲舞蹈。在她被美國國內接納之前，已在歐洲卓然有成。而且，也像鄧肯一樣，她並沒有建立一套體系，足以留傳於世，是肖恩從聖丹尼斯那神奇又瘋狂的表演中摸出路子。他們共同建立第一所正式學校，致力於現代舞蹈。

肖恩曾是個運動員，後因治療身體需要，而改學芭蕾舞。自從1911年看了聖丹尼斯的表演後，他把她奉爲偶像。其他舞者，如美國的「小埃及」和歐洲的瑪塔‧哈里，利用舞蹈來表現流行的東方風格，但大多數不過是被美化的脫衣舞女。而聖丹尼斯卻很嚴肅地研究非西方的舞蹈。她把非西方舞蹈與

本土風格的動作形式、戲劇化的舞台設置和富有感染力的燈光融合在一起。她的舞曾使肖恩感動流淚。

他追隨他的偶像到紐約，希望拜在她的門下。聖丹尼斯則希望，肖恩之於她，能像弗農‧卡索之於艾琳一樣，能使他們造成風潮，轟動一時；於是雇用他爲夥伴。在巡迴演出中，正如她後來所寫的，他們「甜蜜的生活開花結果了」。儘管他小她14歲，兩人還是結了婚。

在巡迴演出時，肖恩就擬定計畫要成立舞蹈學院。1915年，「丹尼斯肖恩學校」在洛杉磯落成。後來它的分校遍佈全國。20年代，丹尼斯肖恩學校的表演團，使美國的嚴肅舞蹈受到前所未有的青睞。它最早的門生，如瑪莎‧葛蘭姆、多麗絲‧韓福瑞和查爾斯‧魏德曼，後來都成爲兩次世界大戰間，最有名氣的現代舞蹈家。◀1914（7）▶1931（12）

特德‧肖恩身著別具一格的東方服裝。1931年，他與聖丹尼斯分手之後，在麻州雅各市的皮妻，創立一個舞蹈團，所有成員均爲男性。

的強硬派妥協，便憤然辭職以示抗議。然而美國一參戰後，他卻極力支持爲這場戰爭奔走的團體行動。▶1917（9）

和平之船

1915年，汽車大王兼政治孤立主義者亨利‧福特包租一條「和平之船」駛往歐洲。福特打著「走

出塹壕，在聖誕節之前，讓士兵回到家鄉」的口號，希望以此勸說各國領袖結束這場戰爭。這番大張旗鼓但卻毫無結果的遠征，一時間讓和平主義者振奮不已。◀1913（6）

最早的「蕩婦」

1915年，西達‧巴拉以蕩婦形象

出現在影片《那兒有個傻瓜》中。此舉讓觀眾震驚不已，同時讓他們大呼過癮。她在那10年裏最媚惑的影片中要求：「親親我，小傻瓜。」在這以後的5年中，當道學家爲巴拉對公眾價值觀產生的影響感到苦惱不安時，觀眾卻仍然蜂擁前去，看她的幾十部片子。▶1921（10）

劇團

紐約的芳鄰劇團、華盛頓廣場劇團和麻州的普洛溫斯鎮劇團都成立於1915年。這3個劇團在探索嚴肅戲劇方面堪稱楷模。它們的成立促使美國劇院合法化。1916年，普洛溫斯鎮劇團上演尤金‧歐尼爾的第一部戲劇。▶1926（10）

「魯珀特‧布魯克的死越來越使我感到茫然。或許是菲玻斯（太陽神）把銀箭射向他，以便維持他一貫的開朗，而這是他姿態的真正最高點。」 —— 勞倫斯寫給奧托琳娜‧莫雷爾夫人的一封信

一戰風雲

攻擊哥利治

5月2日，奧匈帝國和德國聯軍在波蘭哥利治鎮附近的東線出其不意地向俄軍發動攻擊，粉碎了俄軍的中心防線，將俄軍一分為二。到5月14日，同盟國軍隊已向前推進129公里。儘管同盟國

方面在4個月內捕獲75萬名俘虜，但是它未能發動一次大膽的鉗形攻勢，以摧毀俄軍繼續作戰的能力，讓俄國人得以撤出了包圍圈。

土耳其兵敗亞美尼亞

1月，土耳其對高加索卡斯－阿達漢俄軍防線的攻擊終告失敗。因酷寒和補給匱乏而累死或凍死的土耳其士兵，遠超過戰死人數（第3軍原有19萬多人，3萬人死於戰鬥，僅1萬2400人倖存）。破壞土軍補給和通訊的是其戰線後方的亞美尼亞人。6月11日，土耳其政府決定驅逐亞美尼亞人，並利用這場戰爭為大規模屠殺亞美尼亞人的藉口。

卡維爾事件

1915年10月12日，德國軍官槍決伊迪絲‧卡維爾。這位住在德佔比利時的英國女護士，被控協助偷運協約國士兵進入德佔荷蘭。卡維爾利用她工作的醫院，提供這些士兵庇護與資金，然後安排他們進入荷蘭。到她在8月被捕為止，已有200名英、法及比利時人被轉移到安全地帶。儘管國際上有當時中立的西班牙和美國反對，並請求寬恕，卡維爾仍被行刑隊槍決。她的死成了協約國士兵在以後戰鬥中的一股召喚力。

美國

一個幻想家的盲點

⑨　美國總統威爾遜，向伊迪絲‧博林‧高特求愛的事，成了1915年美國的大醜聞，舉國譁然。這件事突顯出他性格上的缺陷，荒唐可笑，使這個20世紀首要的幻想家沮喪難堪。話說一年前，威爾遜新喪偶，情緒十分低落。為了讓他開心，朋友介紹一位漂亮寡婦——高特給他。當時，即使威爾遜的政敵也不忍見他哀痛。但是，當他喪偶6個月就開始向高特求愛時，民意普遍不以為然。

威爾遜的求愛行動又一次與他的「清教徒」形象背道而馳。批評者急於把威爾遜塑造成「偽君子」，拿醜聞笑話嘲弄他；還散佈謠言說，在他妻子纏綿病榻時，這段羅曼史就已開始；甚至說他謀殺了妻子；此外還挖出另一樁緋聞，使人信以為真。威爾遜，這位長老會牧師的兒子，卻對這些謠言不屑一顧。他拒絕為自己辯護，且對顧問的警告——要求他把婚禮延到1916年大選之後再說，也置之不理。儘管威爾遜據稱有那些錯失，美國百姓最先想到的，還是他在位時的政績。就這樣，威爾遜打著「他讓我們置身戰爭之外」口號，競選連任成功。

面對美國國會議員，威爾遜卻沒有那麼走運。在國家主義盛行時期，威爾遜獨倡國際主義，在許多人眼中，是裝腔作勢、故作公正。西方國家領導人對他的評價也好不了多少，許多人認為他是個美洲大陸的老天真。1919年，他最得意的計畫——國際聯盟，被譏為：一個理想主義者的發明，對於「現實」

威爾遜和妻子伊迪絲‧博林‧高特在1916年美國職棒世界大賽上。

世界來說陳義過高。對於心懷疑慮者，威爾遜不僅不好言相勸，還頑固地嚴厲抨擊。就在國會不出所料地否決他的「國聯」建議之前，威爾遜卻中風發病，始終沒能完全恢復。其間3個月，他的妻子扮演代理總統的角色，聲望還超過身為總統的威爾遜。◀1912（邊欄）▶1920（1）

文學

戰爭詩人

⑩　1915年，英國士兵兼詩人魯珀特‧布魯克（下圖）的死，象徵著各交戰國在第一次世界大戰開始後不久，幻想的破滅。27歲的布魯克年輕、英俊且出身高貴。他寫的十四行詩《1914》使他迅速成名。在詩中，他用華麗的觀念性詞藻描繪這場戰爭。布魯克的同胞

們則把他理想化，視之為協約國挺身而戰的信念化身。然而在開往達達尼爾海峽的戰艦上，他並非英雄般地壯烈犧牲，而是被敗血症奪走了生命。

「假如我戰死，」布魯克曾如此寫道：「請這樣記得我：/在異國沙場的某個角落/那是永遠的英國。」他的詩篇流露出一種舊式的特質。然而，塹壕戰那苦悶難捱而又不可言狀的恐怖現實，卻一點一滴地吞噬了人們對榮耀的企盼。布魯克生前不曾經歷塹壕戰，而威爾弗雷德‧歐文是塹壕戰時期，英國偉大的戰士、詩人，他是「那些人如牛一般死去」的輓歌作者。

歐文嘗試不同的作詩技巧以為實驗。他愛用押頭韻的半諧音來作為詩的韻律。他的作品對戰後的詩人有著重要的影響。歐文生前藉藉無名，是謝菲爾‧薩松對他鼓勵有加。薩松本人的詩，描繪那些「註定滅亡、應召入伍、勝利無望的人們」，讀者對之反應冷淡，他們仍然渴望讀到熱情洋溢的愛國詩篇。1917年，兩人都因彈震症入院治療，因而結識。薩松因作戰英勇獲

頒勳章，實際上是為強烈的反戰思想所苦。歐文陣亡後——就是休戰前一個星期——薩松集結歐文的詩作付梓。然而此刻，布魯克所代表的清平世界，已經一去不復返了。
▶1916（當年之音）

文學

毛姆的苦難故事

⑪　1915年，威廉‧薩莫塞特‧毛姆出版的《人性枷鎖》使他從一個二流英國輕喜劇作者變成國際性人物。這本書為毛姆開闢了一個新天地，但就其對個人道德及心理發展的探索而言，卻與同時代的作家：佛斯特、勞倫斯和喬伊斯等人的手法如出一轍。

對毛姆來說，這本書是他撫平過去——母親亡故，家庭破碎及孤獨、隔絕的青年時代——的一種方式。這本小說講述菲利普‧凱瑞的故事。他是個飽受性和孤獨折磨的孤兒，反抗家庭及宗教價值觀——有部分說的其實是他自己。

在《人性枷鎖》中，毛姆描寫他的情人愛支配別人，使他備感束縛。

書中所呈現的19世紀晚期自然主義的風格，與當時流行的「溫室散文」迥然不同。它那愁眉苦臉的主人翁，對一個忙於戰爭的國家來說，根本算不上是個英雄。但在美國，卻有更多人接受它。西奧多‧德萊塞稱它為：「這是一本我們所喜愛的、完美的作品。雖然我們並不能理解，但我們還是必須承認它是一件藝術品。」◀1913（3）▶1922（1）

宣傳的力量與陷阱

摘自德軍暴行調查委員會報告。該委員會由英國皇家政府派任，布賴斯子爵主持

SOUVENEZ–VOUS DE LA BELGIQUE ET DU NORD DE LA FRANCE

N'ACHETEZ RIEN AUX BOCHES

在第一次世界大戰期間，人們發現「宣傳」在大眾媒體有心的推動下，可以作為號召人心的工具，於是「宣傳」便進入一個更詭譎的新階段。英國是最早充分利用這股新力量的國家。英國的各種日報上，充斥著對殘暴行徑的描繪；但同時期最聳人聽聞的宣傳，要數一份由布賴斯撰稿的官方報告，描述德國人在比利時的種種暴行。這份報告由英國國王授權，發表於1915年，恰值「盧西塔尼亞號」沉沒5天之後。報告長達300頁，詳細地記錄目擊者（居留英國的比利時難民）的見聞。強姦、謀殺、摧殘，所有細節歷歷如繪，但讀起來又官方報導意味十足。其中許多素材全無事實根據，也未經查證，但一般民眾急於相信敵人的惡行，對此並不在意。

布賴斯報告留下惡劣的影響，經久不衰：許多歷史學家引用它扭曲失真的描述，來說明為什麼許多人拒絕接受對初期納粹德國的報導——認為不過又是宣傳罷了；當時希特勒很明顯地效法英國人，也在為自己製造宣傳資料。這些宣傳資料使布賴斯看起來完全是個外行。▶1935（14）

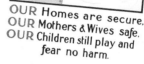

THE HUN AND THE HOME

A BIT OF ENGLAND

A BIT OF BELGIUM

OUR Homes are secure.
OUR Mothers & Wives safe.
OUR Children still play and fear no harm.

THEIR Homes are destroyed.
THEIR Women are murdered & worse.
THEIR Children are dead or slaves.

BACK UP THE MEN WHO HAVE SAVED YOU

圖文並茂的戰爭宣傳品，在交戰雙方都很盛行。然而，像布賴斯的報告及荷蘭藝術家路易斯‧拉馬克斯的反德政治漫畫（見上）等宣傳資料，最後卻使得平民百姓產生懷疑。

見證人一：我的女主人立刻走進來。其中一個坐在地板上的軍官站起來，用他的左輪手槍，抵住她的太陽穴開火。這個軍官顯然是醉了。其餘的軍官則繼續喝酒、唱歌，對我女主人的死，根本沒在意。那名殺人的軍官，命令我的男主人，挖個墳把女主人埋掉。我的男主人與那名軍官走進花園，那名軍官用手槍脅迫男主人，使他不得不挖了個坑，把女主人埋進去。我不知道他們為什麼要殺女主人，那個殺人的軍官一直不停地唱歌。

見證人二：一天，德國人沒有轟炸。我離開自己的房子，到我母親那兒去，她住在「大路街」。我看見8個喝得醉醺醺的德國士兵。他們一邊唱歌，一邊手舞足蹈，喧嘩不已。當德國士兵沿街走來的時候，一個小孩從一間房子裏走出來。小孩大概兩歲左右，是男是女我沒看清。後來這個小孩走到大街中間，把德國人的路給擋住了。當時德國士兵兩個兩個走一排。第一排的頭兩人越過了小孩，但第二排左邊的德國兵走出來，雙手握刺刀，扎進小孩腹部，把他舉到半空。然後他們仍邊走邊唱。刺刀扎進去的那會兒，小孩還大聲尖叫，但後來就沒聲了。

見證人三：大約在9月20日，我們的軍團加入與德軍的戰鬥。我們撤退到塹壕幾分鐘後，德國人也撤入他們的塹壕。敵我塹壕間隔約366公尺。我方的人，大概有50或60個，還躺在離我方塹壕不遠的地上。我們回到塹壕後，很清楚地看到德國人從塹壕裡爬出來，走到我方的人躺著的地點，然後用刺刀捅他們。有些人就躺在雙方塹壕之間。

「人類……現在這樣做一定是瘋了。」

── 摘自凡爾登一名法國中尉於1916年5月23日所寫的日記

1916

在山姆大叔登陸海地之後，該國成為一個真正的保護國。

年度焦點

第一次世界大戰中最血腥的戰役

① 大戰第3年發生了兩場極為恐怖、慘絕人寰且毫無價值可言的戰役，其名稱成為形容20世紀戰場如同煉獄的同義詞，而此種說法並不誇張，因為士兵們在塹壕裏藏匿長達數月之久。關於第一場戰役，一名德軍士兵在法國馬士河畔的戰略要地凡爾登鎮這樣寫道：「任誰只要在這到處是瀕死與慘叫的困境中掙扎過……都已超越了生命的最後極限。」另一場沿著索默河展開的戰役則更加血腥。

1916年2月，在經過了一年半的僵持之後，凡爾登戰役終於開打。盟軍由於有充足的英國新銳部隊（得自於1月開始實施的徵兵制）以及大量的軍需物資為後盾，因此一直策劃沿著西線和東線發動全面的攻勢。但是德軍不顧義大利和俄國的威脅，搶先發動了攻擊。他們企圖藉由凡爾登戰役使法國陷於劣勢，同時將英國人置於絕望的孤立之境。

血染索默河：4個月來，約有300萬名士兵沿著37公里的前線廝殺，但戰線總計只移動了8公里。

這場發生在凡爾登鎮及其鄰近山丘的戰役持續進行了6個月。但亨利·菲利普·貝當將軍頑強抵抗──而且在德軍攻陷凡爾登要塞之前，盟軍沿著索默河發動攻勢。大戰中最為慘烈的第一次索默河戰役轉移了德軍軍力，從而使凡爾登的盟軍部隊收復部分失地。然而法軍兵力已嚴重耗損，以致當11月大雨將戰場化為泥沼時，索默河攻勢成為強弩之末。

而在法國之外，甚至幾場主要戰役都沒有太大成就。俄軍最重要的攻勢是對布柯維納和加里西亞所發動之夏季突擊，起初戰績輝煌，卻在喀爾巴阡山脈受挫；到了9月，俄軍已損失100萬兵力，其中大部分不是被俘就是潰逃，使得國家的士氣低落。義大利在伊松索河畔的戰役損失慘重，雖然使敵軍轉向，但實際上收效甚微，對於門地內哥羅和阿爾巴尼亞遭到入侵也只能袖手旁觀。羅馬尼亞加入了同盟國並且入侵外西凡尼亞地區，但是在12月時自我潰敗。在美索不達米亞，一支被圍困且饑餓的英國遠征軍向敵軍投降。俄國人失去大部份的波斯領土。盟軍「解放」塞爾維亞企圖也幾近失敗。

交戰雙方的都期盼在這一年能夠儘速地獲得勝利，但是最後卻同樣陷入膠著的困境。◀1915（3）▶1916（邊欄）

加勒比海地區

砲艦外交

② 在操縱多明尼加共和國事務幾十年之後，美國對該國因接二連三革命所導致的政局不穩失去耐心，於是在1916年5月決定訴諸武力，派遣海軍陸戰隊前往恢復秩序及保護美國在該國的政治和經濟利益。（美國是多明尼加共和國唯一的國外債權人，而且從1905年以來就管理他們的海關作業。）在美軍從南部登陸以加強首都聖多明哥的防務時，胡安·伊西德羅·希梅內斯總統（美軍介入行動的名義上受益者）辭去職務以示抗議。這使美國政府陷入尷尬處境，因為它入侵了友邦並推翻其領導人。此次入侵擴大成為軍事佔領，然後軍事佔領逐漸演變成一種半永久性狀態，又因為一次大戰將華府方面的注意力轉向歐洲而得以延續。儘管美國對於統治該國顯然沒有連貫性的計畫，卻直到1924年才恢復其憲政統治。

至於多明尼加共和國以西、位在希斯潘諾拉島上的海地，情況可能更糟。（海地曾被一位美國國務院的官員稱之為「公害」）美國政府擔心海地政局的持續不穩將影響其歐洲債權人，因此決定進行干預。它也希望能接管海地的海關，同時建立政治和金融秩序。美國船艦「華盛頓號」於1915年7月27日駛進太子港，正好目睹了維爾布倫·紀堯姆·山姆被趕下台，並被一群憤怒暴徒肢解的血腥場面。於是美國海軍陸戰隊登陸，而山姆的繼承人菲利普·敘德爾·達第可納夫則被迫接受將海地納入實質保護國地位的條約。這次的軍事佔領持續了20年，但仍未能建立一個政治基礎架構。

美國向拉丁美洲強加秩序所引發的災難性事實，終於在希斯潘諾拉島上得到充分體現。美國對多明尼加共和國進行干預所得到的好處，美國國務院官員薩姆納·韋爾斯寫道：「和該軍事佔領在美洲大陸各地引起的猜忌、恐懼以及仇恨相較之下，實在是微不足道。」◀1913（4）▶1926（8）

思想

杜威的教學方法

③ 哲學家約翰·杜威的啟發性教育理論著作《民主與教育》於1916年發表，並且在教育界引起震撼。杜威反對舊式、專制的教育方法，提倡開設能培養獨立思考和解決問題能力的課程，並有助於改變美國教育制度的發展方向。

杜威是這一代最具影響力和爭議性的思想家之一，他提出名為工具主義的哲學理論，與威廉·詹姆斯的實用主義十分接近。根據工具主義的觀點，哲學只不過是人們用來解決實際問題的一種工具。杜威說，真理當然不是絕對的，但它卻是衡量一個觀念是否有效的標準。

「麥克多納和麥克布賴德，以及康諾利和皮爾斯，從現在到未來，只要在有綠意的地方，都被改變了，都被徹底地改變了。於是，誕生出一種悲壯之美。」
—— 威廉·巴特勒·葉慈《1916年的復活節》

杜威將工具主義應用到教育理論中而歸納出，學校所教授的東西必須和學生的經驗有所關聯。一個孩子不應該只是背誦抽象的事實和數字，而是要「停下來想一想」，將課堂知識融入其對於生活和文化的理解之中。杜威主張這種學習對於完全參與瞬息萬變的民主社會來說極具關鍵性。

杜威深信民主，寫下了不少關於利用理性思維以改良社會之必要性的論述。他表示，正如自然科學是必須透過觀察和實驗而有進展，所以公共政策亦必須有所進步。杜威畢其一生積極從事民權運動，曾經協助成立了美國公民自由聯盟。◀1902（7）▶1920（邊欄）

藝術
莫內的傑作

④ 1916年，克洛德·莫內開始創作壁畫，藝術家安德烈·馬松後來讚譽其作品為「印象主義的西斯汀禮拜堂」。《睡蓮》是莫內的巨幅油畫系列，以其在吉維尼家中的蓮花池為主題。藝術家莫內終其一生努力以色彩在畫布上記錄自然和光影的瞬間印象。（他的1873年畫作《印象·日出》使印象主義運動因而得名。）他在解釋時回想起第一次戶外寫生的情景：「我的眼睛終於張開並領悟到大自然；同時我學著去愛它。」

莫內每天都在不同時刻反覆地畫下相同主題，他的習作充滿詩意

與情感，已超乎科學實驗的範疇。儘管健康情況欠佳和幾近失明，但是他仍一直畫著睡蓮，一直到1926年辭世為止。◀1906（6）

愛爾蘭
復活節起義

⑤ 1916年復活節翌日的星期一假期，當大部分都柏林人都去觀賞賽馬時，一群愛爾蘭民族主義分子突襲了大半已廢棄的郵政總局，並聲明愛爾蘭已脫離英國獨立。由於許多好奇的路人吃驚地在旁觀看，所以叛變首領暨詩人帕特里克·皮爾斯站在大樓前的台階上宣讀一份聲明：「愛爾蘭的人民們：以上帝之名，及以那些使愛爾蘭獲得國家獨立古老傳統的犧牲者之名，愛爾蘭正透過我們來召喚她的孩子們聚集在她的旗幟下，為她的自由而戰！」

復活節起義持續不到一個星期。到了週四，英國軍隊已在都柏林完成佈署，並開始砲轟郵局；到了週六皮爾斯就已經投降。這次起義造成了逾450人死亡，2614人受傷。剛開始時，很少有人支持這場註定會失敗的叛亂（當叛亂分子被囚禁時，都柏林人還嘲笑他們）。但是英軍總指揮官約翰·麥斯威爾爵士在平定叛亂之後卻犯了嚴重錯誤：他下令立即處決15名叛亂分子，並且繼續搜捕和拘留新芬黨的成員，因為他猜測該民族主義組織是此次起義行動的主謀（其實，愛

爾蘭共和兄弟會和愛爾蘭志願軍才是幕後主謀。）麥斯威爾的急促嚴厲政策激起愛爾蘭人民的新興愛國

《愛爾蘭生活》雜誌出版的1916年愛爾蘭叛亂特刊。

主義。愛爾蘭公民紛紛加入新芬黨，因而使其擴大成為愛爾蘭最強有力的政治組織。

「儘管皮爾斯在起義之前只不過是一名二流的詩人，但是在這種情況下處決他，無疑地將使他成為一位民族烈士和英雄，」愛爾蘭獨立運動支持者蕭伯納如此寫道。「被處決的愛爾蘭人現在將可以和羅伯特·埃米特以及在愛爾蘭犧牲的曼徹斯特烈士們相提並論……而且沒有任何力量可以阻止這件事發生。」◀1905（6）▶1920（7）

《睡蓮：清晨》的細部。莫內在開始他的大型畫作之前，用了10年時間畫蓮花池。

他》科恩戈爾德；《羅馬的噴泉》奧托里諾·雷斯皮吉　繪畫與雕塑：《福音書靜物畫》喬治亞·德·基里科；《船上的魔鬼》保羅·克利　電影：《忍無可忍》格里菲斯；《文明》托馬斯·英斯；《地獄鎖鏈》威廉·哈特　戲劇：《我們的麥克傑斯尼夫人》埃德納·費伯；《魔幻都市》佐薇·阿金斯；《初見美國》科爾·波特；《小魯賓遜·克魯索》阿特雷吉和史密斯。

「夫人，我應該死於舞台，那兒才是我的戰場！」

—— 貝納德，當她被英格蘭瑪麗皇后問及為何繼續演出時的回答

1916年新事物

- 導盲犬（德國）
- 擋風玻璃雨刷
- 金屬匣口紅

- 美國職業高爾夫協會
- 露天擴音系統
- 收音機調頻裝置
- 凱茲運動鞋
- 「好彩」牌香煙
- 林肯積木
- 美國國家公園服務處（美國內政部）

美國萬花筒

為童工請願的歐文·基廷法

鑑於近13%的紡織工人年齡在16歲以下，國會於1916年立法禁止州際商品貿易製造工廠雇用14歲以下的童工，或禁止14歲至16歲之間的童工每日工作超過8小時。這項法律於1918年被最高

法院否決，因他們認為國會管理跨州商業已超越其權限。
◀1905（當年之音）

8小時工作日

就在代表40萬名員工的鐵路公會準備進行罷工之前的數小時，伍德羅·威爾遜簽署法律，規定鐵路工人每日工作8小時的制度。威爾遜在緊急關頭迫使鐵路所有人接受工人的要求，因而避免了一場全國性災難：因為在1916年，州際間的食物和燃料完全是倚靠鐵路來運輸。之後，每日工作8小時的基本制度成為一項標準工業法令。◀1913（6）▶1917（7）

墨西哥
威勒越過邊界

6 在1916年3月9日破曉前的幾個小時內，墨西哥革命家法蘭西斯科·威勒率領其游擊隊烏合之眾越過邊境襲擊美軍駐防的新墨西哥州哥倫比亞鎮。就軍事方面而言，威勒游擊隊的此次進攻是失敗的，因為他們損失了100多人，但該行動卻使威勒的民間英雄傳奇得以鞏固，並為他獲得普遍支持以繼續其對於墨西哥領導人貝努斯蒂亞諾·卡蘭薩的反抗運動。威勒這次襲擊的具體目標並不明確，但有兩種可能性：即報復總部設在哥倫比亞鎮上的一名美國軍火商，收了威勒的錢卻沒有提供武器；還有就是意圖使美國政府捲入墨西哥內戰，他希望能藉此證明卡蘭薩政權的弱點。

約翰·「黑傑克」潘興將軍率領1萬2千人的部隊追擊威勒。當他的討伐深入墨西哥境內時，墨西哥人的反抗情緒逐漸升高，同時向卡蘭薩施壓要求他抵抗美國人。巧妙逃脫的威勒贏得國家主權捍衛者的政治形象。鄉民支持他並協助他逃亡，還數度將搜捕的軍隊引開。

經過一年毫無結果的追捕之後，威爾遜總統的國防部長不得不承認「在墨西哥境內盲目地追逐一名匪徒是很愚蠢的。」威爾遜於是撤回了軍隊，這意味著向1917年上台的卡蘭薩總統和因愚弄強大美國軍隊而被譽為「機智惡棍」的威勒讓步。◀1913（邊欄）▶1917（11）

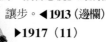

當數百名威勒游擊隊員襲擊新墨西哥州哥倫比亞鎮時，「萬歲！威勒」的口號聲響徹全鎮。

這張標有「最後訪問」的海報比貝納德實際上的最後一次巡迴演出早了6年。

戲劇
「神聖莎拉」的最後一次美國巡迴演出

7 1916年，身無分文、體力漸衰的71歲法國著名女演員莎拉·貝納德開始她生涯的第8次、也是最後一次美國巡迴演出。她的一生中有許多不平凡的經歷：巴黎法國國家喜劇院的首席女演員；世襲王子亨利的情婦；她也是法國貴族反猶太主義的受害者，他們曾譏諷她為「黃毛丫頭」。更糟的是，1915年她不得不切除生壞疽的右腿，但這並不能阻止她在一次大戰期間前往探望前線戰士。這就是她，一個在54歲時首次飾演哈姆雷特的女人。

「神聖莎拉」的身體狀況使她無法演完一齣完整的戲；因此，她的演出大部分都是觀眾熟悉且叫座的幾場戲，例如拉辛之《菲德拉》劇中的主角，《茶花女》劇中的死別場面，以及19世紀末法國通俗劇作家維克托里安·沙杜部份為她所寫的戲劇。在一位年輕法國士兵所寫的新戲《戰場》中，貝納德扮演一名面對敵人誓死保衛軍旗的年輕

旗手。這部作品將美國觀眾的注意力集中在歐洲戰爭的起因並且征服了評論家，他們推崇該位女演員為「法國或其他任何國家派往國外的最偉大使者。」

貝納德自己卻持懷疑態度。「我又一次戴上面具和丑角的帽子及鈴噹，並開始在美國四處流浪，」她在給兒子莫里斯的信中寫道，「美國醜陋和名不見經傳的城市還真不少。有些還不錯，有些卻糟透了。」多位評論家指出，她的這次巡迴演出本身比戲劇更讓人好奇。「人們之所以斷言莎拉·貝納德女士依舊是位偉大的女演員，只不過是以騎士精神來掩飾批評罷了，」一名貶抑者寫道，「民眾到劇院並非為了去仰慕女演員莎拉·貝納德，而是去看怪人莎拉·貝納德。」

這一系列巡迴演出對貝納德來說是相當吃不消的。她患尿毒症已經多年，在紐約還被送進醫院急診進行腎臟手術。但她卻沒把病痛當作一回事。她說：「他們只要留下我的腦袋，想切除什麼其他的都行。」在緩慢地康復之後，貝納又繼續她的輕鬆歌舞劇巡迴演出，直到1918年秋才返回法國。之後她再也沒拜訪過美國，並於1923年過世。▶1922（當年之音）

中國
權力移交軍閥

8 1916年，中華民國第一任總統袁世凱在度過了紛擾的4年執政生涯之後去世。他彌留時並沒有為中國留下確定的政治領導接班人，因而使羽翼未豐的民國推入封建軍閥割據的混亂局面。在辛亥革命以前，袁世凱一直指揮中國最強大的陸軍。由於他軍事支援革命領導人孫中山而得以推翻滿清王朝，於是在1912年被推舉為總統。然而才一上任，袁世凱就出賣其共和支持者。當孫中山的國

「最近這一個月是我畢生所經歷最爲興奮與最不可錯過的時期：
而且更是我一生中收穫最豐碩的時期。」

—— 愛因斯坦，1915年11月

民黨在國會選舉中贏得多數席位時，袁世凱插手干預並企圖奪取政府領導專權。不到一年，他宣佈國民黨爲非法，並迫使孫中山逃亡日本，然後又宣佈解散國會。

到了1916年初，孫中山在日本政府支持下發動一次反獨裁者的武裝暴動，並鼓勵那些不甘受縛的軍閥宣布所控制的省分獨立。對袁世凱來說，最致命的一擊就是1916年他的兩名親信將領拒絕再支持他。兩個月之後，這位專制獨裁者終於因病抑鬱而死。辛亥革命取得了勝利，但共和制卻遲遲未能在中國紮根。在缺乏穩定的憲法統治下，軍事實力將決定中國的權力繼承。

◀1911（9）▶1921（6）

科學
時間、空間和物質

9 1916年阿爾伯特·愛因斯坦發表廣義相對論，完成了他於11年前開始對牛頓物理學的修正。繼其在狹義相對論描述的時空延續性後，愛因斯坦又加入「物質」概念，他認爲物質可用來解釋時空的彎曲現象，亦即萬有引力或加速度。愛因斯坦主張，物質也是一種無法與時間分割的空間屬性。他以這種令人困惑的言論開創了一門新的宇宙幾何學。此一抽象物理理論不管是對是錯，皆隱喻著20世紀人類生存的現狀，充滿不確定性、孤立以及對意義的探求。

愛因斯坦在戰時柏林是一位物理學教授暨德國軍國主義的反對者。當他的廣義相對論被悄悄地從柏林帶出後，經由英國天文學家阿瑟·埃丁頓爵士加以傳播，立即在全球科學界引起騷動。愛因斯坦著作的驚人之處，在於他幾乎是以個人獨到的智慧來從事純理論領域的探究。他的主張並非源於觀察，而是推測。愛因斯坦表示，如果他的理論正確，那麼當一道光線通過太陽表面時，其彎曲度爲牛頓物理學系統所計算的兩倍。在1919年出現的一次日蝕中，這個假說得到證實，同時也驗證了相對論的正確性。◀1905（1）▶1924（2）

在寫給美國天文學家喬治·埃勒里·黑爾的一封信中，愛因斯坦描述了一道光線如何在重力場之內彎曲，以及太陽如何影響從星球上發出的光。

第一次世界大戰
心靈的創傷

10 從某些方面看來，第一次世界大戰實爲19世紀的最後一場戰役。軍官依然佩戴長劍，騎兵則縱馬馳騁，國王和貴族在軍事事務上仍扮演重要角色。然而從技術面觀之，它無疑是20世紀的一場衝突。碉堡再也無法抵擋巨大的榴彈砲攻勢，步兵的衝鋒槍在機槍面前也不過是自取滅亡。這時的戰鬥大多都是士兵坐在一個狹小泥洞裏，任憑外面砲彈傾瀉而下。塹壕戰令人恐懼而絕望，並引發一種發作頻率空前的失調病症——彈震症。其症狀包括麻痺性焦慮和出現幻覺等。剛開始時，彈震症被認爲是由於爆炸威力所引起的大腦受損。到了1916年底，醫生認爲它是心理上的問題。

法國方面將患有彈震症的傷兵都集中在離前線不遠處，由受傷而在復原中的軍官負責照料。英國方面則通常將傷兵送回英國。奇怪的是，大部分回國傷兵的病情惡化；許多人成了永久性殘廢。法國士兵卻迅速康復並且回到戰場。一支美國調查團被派到歐洲專門研究彈震症，以備日後捲入戰爭所需，結果法國技術得到肯定，很快地就被所有盟軍採用。

在這次大戰中，精神醫師首度成爲軍隊醫護人員的主要成員。但是他們所學到關於彈震症的經驗卻在第二次世界大戰時被遺忘了。40年代，盟軍的精神醫師以欠缺「精神纖維」爲由將可能發病的士兵予以過濾，試圖預防彈震症候群的爆發。雖然和第一次世界大戰時期比起來，第二次世界大戰中精神病治療的駁回更爲常見，但是在這場更爲猛烈的衝突之中，由於積鬱而造成所謂的「戰爭神經精神病」比平常多出2到3倍。於是不得不再學習如何將士兵安頓於前線療養。

◀1916（1）▶1918（1）

在擁擠的戰壕內，被防毒面罩緊緊包裹住的德軍士兵即將陷入前所未見的彈震症失常狀態。

美國最富有的女人

孤僻的金融家、人稱「華爾街女巫」的赫蒂·格林於1916年逝世，享年80歲。格林年輕時繼承了一筆財富並以倍數地擴張，成

爲全美最富有的女人。她過於節省，曾因拒絕支付醫療費而使兒子失去一條腿。格林在荷波肯市的公寓內過著儉約生活，身後留下整整1億美元的財產。

哈里森藥物法案

1916年伍德羅·威爾遜簽署通過哈里森藥物法案，點燃了藥物戰爭的初期砲火。該法案以國會議員法蘭西斯·伯頓·哈里森來命名，要求藥劑師向國內稅收處登記麻醉劑的庫存量，以達控制其供應之目的。◀1906（11）

德國人在美國的陰謀破壞活動

7月在新澤西州托木斯河島貨運碼頭的一次軍火爆炸中，造成了7人死亡、35人受傷及4000萬美元的損失。爆炸起因則疑爲德國人的陰謀破壞。

戰爭飛行員

7位美國志願飛行員在美國飛行大隊爲法國執行戰鬥飛行的任

務。5月18日，基芬·羅克韋爾取得了該小組的首次勝利，但是德國駐華盛頓大使卻抱怨這些飛行員破壞了美國的中立地位。

◀1916（1）▶1917（9）

「就像雪萊、波德萊爾一樣，可以說他個人遭受了整個世代的神經官能症折磨。」

—— 克里斯托弗・伊修伍德評勞倫斯

一戰風雲

日德蘭大海戰

多年來德軍一直儲備戰力以便和英軍在海上交鋒。5月31日，他們終於如願以償。德國公海艦隊爲了打破盟軍對德國海岸的封鎖，襲擊英國光榮艦隊。雙方的主力艦和戰鬥巡洋艦從深夜開始激戰直到隔日清早才撤退。雙方都宣稱獲勝，但英軍損失較爲慘烈，被德軍擊毀了11萬7025噸的戰艦（德軍的損失只有他們的一半）。戰役結束之後，盟軍對德國海岸的封鎖依舊持續。

軍事巨頭之死

國防部長防務大臣霍雷肖・赫伯特・基欽納勳爵是英國軍事力量的化身，他公開主張民主社會應該並且能夠組織精銳的志願軍。他的臉龐還出現在英國招募新兵的海報上（見下圖），但私底下逐漸被釋權的基欽納對不靠徵兵制度而能取得勝利表示懷疑。

1916年6月5日，在拜訪俄國沙皇尼古拉的途中，他因搭乘的船隻在奧克尼群島附近撞上德國水雷（15分鐘後沉沒）而遇難。他的接班人大衛・勞合・喬治在12月繼任首相之後即刻下令實施徵兵制。

當年最新傷亡人數

根據當時的估計，截至1916年底，戰爭死亡人數已高達475萬人，受傷和被俘者也達到1900萬人。

中東

阿拉伯騎士

11 軍人兼作家的托馬斯・愛德華・勞倫斯曾經有過很多名字，但是最後卻以「阿拉伯的勞倫斯」之名留駐史冊。他的傳奇經歷

勞倫斯穿著他所鍾愛的阿拉伯裝束。

開始於1916年，當時麥加的酋長胡薩因・伊本・阿里爲了換取英國人支持他擴張王國，於是向鄂圖曼帝國發動一場阿拉伯暴動。28歲的英國情報員勞倫斯便成爲英軍與胡薩因兒子費瑟之間的聯絡官，而英軍後來也捲入了鄂圖曼土耳其帝國的戰爭。

勞倫斯學過阿拉伯語，早在他還是牛津大學學生時就從考古探險中產生對阿拉伯地區的浪漫仰慕之情。他身材瘦削且長相稚嫩，一點兒不像是英雄人物。然而當他披上阿拉伯伯特印人的袍子時，叛軍即接受他爲同黨中的一分子。按照他在其暢銷書《七根智慧之柱》中所述，他很快地就將紀律渙散的部落幫派改造成一支有效率的游擊隊。他成爲整個叛軍的主要策略軍師，使目光窄淺的叛軍首領暫時轉移到統一阿拉伯國家大業的夢想，並勸說英軍將領支持他們。勞倫斯以願意與手下同甘共苦的態度來激勵他們；甚至在被土耳其軍隊百般凌辱之後，仍然意志頑強地與之戰鬥。

他說的這些也許是眞的。但他時而自褒、時而自貶的回憶錄是否可信，仍然值得懷疑。毫無疑問的

是，他在將土耳其軍隊趕出敘利亞和阿拉伯西部一事上扮演了關鍵角色，然而卻拒絕接受英王喬治五世所頒發的勳章。他也曾爲溫斯頓・邱吉爾（當時的殖民事務大臣）擔任短期的阿拉伯事務顧問，但1920年代在爲阿拉伯獨立進行遊說失敗之後，他化名應徵英國皇家空軍和坦克部隊，擔任一名普通士兵。最後於1935年死於一次摩托車事故。

胡薩因也是不明就裡地死去。他統治漢志一直到1924年，當時紹德佔領該地區並將他驅逐到賽普勒斯。然而胡薩因的兩個兒子費瑟和阿卜杜拉卻當上了國王——費瑟統治伊拉克，而阿卜杜拉統治現在所稱的約旦，胡薩因王朝在兩地仍繼續統治了80年之久。▶1920（2）

印度

民族主義者尼赫魯

12 莫漢達斯・甘地和賈瓦哈拉爾・尼赫魯是兩位印度獨立運動的卓越領導人，他們於1916年在甘地領導的印度國民大會黨年會上首次碰面。尼赫魯身爲一名年輕

的婆羅門貴族以及曾在哈羅公學和劍橋大學深造過的律師，長久以來即對政治抱持興趣，並冷靜地支持獨立運動。但直到比他年長20歲的甘地喚醒他去關注那些遠不及他優越之同胞們的困境，他才化冷靜爲行動。在1919年阿木里查屠殺事件中英軍向政治集會人群開槍之後，尼赫魯決定加入印度國民大會黨，並將自己完全奉獻給民族主義運動。他的領導生涯在1947年達到頂點，當選爲印度獨立後的首任總理。

尼赫魯從外表看來相當現代，他最後捨棄了甘地想要恢復印度昔日輝煌的夢想，認爲那像「故作單純的鄉下人生活」一樣地不切實際和奇怪。他倡導發展工業以拯救印度。後來，兩人在獨立的技術性問題上產生分歧。甘地願意接受自治領地位，尼赫魯則起草一份1930年

法案，要求印度無條件獨立（後來基於實用主義及身爲總理的身分而修正立場）。印度國大黨一致通過尼赫魯的提議，這等於默認他是居領導地位的印度政治活動家。甘地仍然是獨立運動的精神領袖，而尼赫魯擔負起傳統政治的重任。◀1914（4）▶1919（10）

美國

加勒比海的「直布羅陀」

13 政治時事雜誌《當代觀點》把聖湯姆斯、聖約翰和聖克羅伊島稱爲「3個小污點」，然而1916年美國國務院卻視其爲加勒比海的直布羅陀。美國在付出昂貴代價的版圖擴充中，同意支付丹麥2500萬美元以取得丹屬西印度群島。（在包括新墨西哥州和亞利桑那州大部分領土的「加茲登購地」中花費了1000萬美元；阿拉斯加只花了720萬美元即購得。）

雖然美屬維京群島在此次交易後漸爲人所知，但它除了提供海灘和貝蘭香水外一無所有。購地旨在阻止維京群島於一次大戰時落入德國手中。如果德國合併丹麥，這些島嶼將成爲其海軍基地，更危險的是它們還與巴拿馬運河近在咫尺。國務卿羅伯特・蘭辛警告丹麥：「美國非常有必要奪取並合併維京群島，雖然我們非常不願這樣做。」結果美國和丹麥雙方都如願達成交易。◀1914（9）▶1921（邊欄）

丹麥漫畫：山姆大叔（面孔是伍德羅・威爾遜）帶領他的3位新託管人：聖湯姆斯、聖約翰和聖克羅伊。

當年之音

一位詩人來自「地獄」的報導

摘自1916年約翰・梅斯菲爾德寫給妻子的信

1916年，38歲的約翰・梅斯菲爾德隨美國志願救護服務團到法國，為英軍執行一項研究任務。梅斯菲爾德後來成為英國桂冠詩人（從1930年至1967年辭世為止），但他早已因《鹽水謠》等作品而成名，此乃依據其年少時的水手經歷所寫。他曾在長篇敘事詩《永恆的寬恕》中使用粗鄙方言而遭到非議。但梅斯菲爾德所曾創作，或在他出海遠航日子的所見所聞都無法像他在西線所目睹的一切那樣令人震撼。他對戰爭的敏銳觀察都發表在《古老前線》（1917）之類的書中。以下文章摘自他寫給妻子的信件，它們記錄了第一次索默河戰役帶來的駭人後果。◀1916（1）▶1929（11）

【在訥伊的一間軍事牙醫診所內】，「臉部在此開始整型」，1916年9月4日：

他們抓住那個人，清洗他傷口發炎的部分，然後為他塑造新的顎骨架構（顎骨是從他瘦弱的肋骨，或從他的腿骨中所取出），以安裝他未來的臉孔。當臉孔架構完成後，醫生們開始進行手術，覆蓋上一層從其他病人臉頰上或其他地方割來的皮肉……他們有許多像這樣的病例，其中有些人實在是慘不忍睹。有些人是在5公尺距離被步槍子彈擊中，顯然是用達姆彈，而這些在早期是非常可怕的……我看到有人剛裝了新鼻子，這是為了能夠說話，但仍不堪一擊。我看見有人沒有嘴巴，有人則是嘴巴在耳朵和喉嚨之間，有人甚至除了嘴什麼都沒有，而且位在喉嚨和胸口之間，還有人只有小孔卻沒有嘴，其他人則是半邊嘴唇才安裝好，另一半卻才開始長出來，一切情景極其駭人。然後有一個人已經被手術整得醜陋至極，使這個可憐的傢伙幾乎痛不欲生；但他又被迫躺在手術台上，醫生要為他造一個新鼻子，矯正眼睛，並再給他一張嘴；他們認為手術後的他會變得風采翩翩。

梅斯菲爾德（見上圖）用可怖但富有詩意的意象描繪了傷兵及滿目瘡痍城市的一幕幕畫面。
上圖：兩名精疲力竭的士兵沿著拉布瓦塞勒到亞眠的公路運送受傷戰友。
中圖：受傷的英國海軍戰士從比利時前線撤回。
下圖：在訥伊，一座殘破的教堂成了臨時醫院。

【在一個廢棄村莊的墓地】，1916年9月21日：

離我不遠處的一片廢墟佈滿泛白的魚卵石，幾乎和月光一樣慘白，而墳場上林立的十字架都灑下影子。有人說了句什麼使我低頭往下看，而就在我腳邊，平放在墓地的擔架上躺著兩名法國士兵的屍體，身體還留有餘溫，應該是不久之前才被安置在此。其中一位仰臥，另一位則側躺，彷彿熟睡一般，而他們死後仍保有的那份安詳與尊嚴令我心碎。他們一位被子彈貫穿心臟，另一位則被擊中頭部，兩人必定是當場就身亡。我想仰臥的那位是都市人，另一位是鄉下人，長得魁梧、強壯而嚴肅，看上去比另一位的年齡來得大些，性情也較好……他們很可能在幾個小時前曾看到我經過，並且和其他的士兵一起讓開讓我經過。

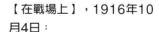

【在戰場上】，1916年10月4日：

如果想像一下你所知道任何有21公里長乘以14公里寬的地方，比方說從哥陵到亞平頓……你也許就會對這樣的大小範圍有點概念。然後想像一下在這樣的範圍內竟沒有一棵完好的樹，它們要不是支離破碎，就是被削短半截，或是被燒得焦黑。然後再想像一下在這樣大的範圍內，除了一扇鐵門和半座紅色小禮拜堂之外，沒有一間房屋或者任何房屋的殘骸遺留下來，所有的建築都被夷為平地，以至於沒有人知道村莊在哪兒，如何不見的，或原本是什麼樣子……等。若要說地面被砲彈「犁了個底兒朝天」未免有些幼稚。它是被戰爭病挖鑿、破壞和折磨得千瘡百孔，你所走的每一步都踏著戰爭的殘骸，而站在山脊上往下看，根本就見不著平地，只剩3公尺寬和3公尺深的醜陋大坑洞，污物、屍體、殘肢、焚燬的舊制服與破爛的皮革等狼藉遍地、觸目可見，此乃全世界所絕無僅有。

「對於資本主義者散佈我們將與德國進行單方面和談之謠言，我無力加以抗辯。」
—— 列寧在他的政府簽署《布勒斯特-立托夫斯克條約》4個月前，即1917年11月時的講詞

年度焦點

列寧領導俄國革命

1 1917年4月，弗拉基米爾·伊里奇·烏里雅諾夫，也就是以革命爲招牌而聞名於世的列寧，從芬蘭搭乘一輛密封的火車祕密抵達俄國。（唯恐俄國不亂的德國爲了幫助列寧安全通過歐洲，而大開方便之門）。這位布爾什維克的領導人提出了三大要求：「結束戰爭！所有土地交還農民！所有政權歸蘇維埃！」此時因判斷力失誤而自食其果的沙皇，已放棄王位，俄國這條千瘡百孔的破船現正處在以亞歷山大·克倫斯基爲首，卻同樣搖搖欲墜的臨時政府手中。在這場似乎永無休止的世界大戰中，原本以爲革命的希望已經逐漸熄滅的列寧，明白奪權的時機已經成熟。

幾十年來，沙皇的無能已經對俄國經濟造成極大的破壞，第一次世界大戰更使其徹底崩潰。到1917年爲止，各地食物短缺，戰時的通貨膨脹，則使那些激進的城市工人辛苦得來的工資化爲烏有——2月時，有20萬人湧上彼得格勒的街頭進行抗議，又冷又餓的國民軍僅作了敷衍了事的抵抗。當整個城市都被罷工和暴動的風潮捲入了無底深淵時，尼古拉棄權退位，結束了長達3個世紀的羅曼諾夫王朝統治。

列寧用了整整30年來建立一個可以完成革命的政黨，而在他47歲時終於成功。

試圖制定普選權、女權平等和基本公民權利的克倫斯基臨時政府徒勞無功，直到列寧於10月25日的夜晚作出決定性的出擊時才有所改變。武裝的布爾什維克工人、士兵和水手猛攻彼得格勒，並佔領了多宮和所有的政府機構。第二天早上，列寧成立了一個以他爲首，列昂·托洛斯基爲輔的無產階級專政蘇維埃政府。新政府迅速沒收了地產，並將土地、銀行、交通和工業收歸國有。1918年3月，托洛斯基與德國單獨媾和並簽署了一個屈辱的和平條約《布勒斯特-立托夫斯克和約》，才使得俄國擺脫了第一次世界大戰。

然而，這一切對民眾來說並不意味著和平的到來，內戰隨之席捲了整個國家。以沙皇海陸軍上將爲首的反布爾什維克白軍，在受到拒絕承認蘇維埃政府的協約國豐沛支援下，爲了推翻紅色政府而不惜孤注一擲。農民遭到了雙方軍隊的蹂躪，隨後二年的大屠殺則造成了數以百萬的冤魂和無法計數的損失，使得這個已被沙皇統治的災難和世界大戰弄得滿目瘡痍的國家雪上加霜。◀1916（1）▶1918（5）

美國

限制移民

2 經過長達20年的辯論和3次的總統否決，美國國會於1917年通過一項法律，要求16歲以上的移民在進入美國前，必須通過識字測驗，以證明他們至少能讀

Class No. 5　　Serial Number　2674　　Armeno-Turkish

His substance also was seven thousand sheep, and three thousand camels, and five hundred yoke of oxen, and five hundred she asses, and a very great household; so that this man was the greatest of all the men of the east.

(Job 1:3)

新法律規定，任何不具備某種語言讀寫能力的移民將被驅逐出境。

寫一種語言或方言。該法案旨在排除那些會危及美國制度的無政府主義者或通緝犯。

由仍持續中的討論顯示，這種識字要求可以限制來自於東歐和南歐、亞洲、非洲和拉丁美洲的人潮，而非北歐和西歐的移民。年復一年，國會永無止境地討論識字能力和無政府主義之間的關聯性。「難道那些受過教育的陰謀家，就從來沒有對美國政府造成過傷害和威脅？」一位國會議員在1902年曾經這樣提出疑問。「一個越是目不識丁的外國人，一旦到了這兒，對於『產業破壞』就學得越快。」另一位議員則這樣反駁。

對於這項測試所隱含的種族主義弦外之音，其反對者並不爲之所動。相反的，他們認爲這樣的做法會嚴重削弱廉價勞工的來源——這在工業擴展時期是件急迫的大事。一位國會議員曾說，這樣的法律將把「這個國家所需要的苦力勞工」拒之門外。如此一來，移民委員會有責任設計一種政策——在實質上不減少新的廉價勞動力來源的同時，篩選掉那些「不受歡迎之人」（包括精神病人，身體有缺陷者及「墮落者」）。

2月，威爾遜總統的最終否決權被置之不理。國會的懼外症暴露

無遺，因爲該法案同時也包含了排斥來自「亞洲閉塞地區」的人民，擴大「不受歡迎之人」界定範圍和把移民的人頭稅從4美元增至8美元等條款。正如該項法律制訂人最初所期望的，它有效地減少移民的數量，那些被允許入境的移民主要爲白人，在文化上與大多數美國人相似。◀1908（邊欄）▶1921（8）

音樂

阿根廷探戈

3 1917年，當卡洛斯·卡德爾推出其第一張唱片《我悲傷的夜晚》時，阿根廷最有名的輸出品——探戈——掀起了流行的新浪潮。深情的歌聲在手風琴和小提琴搭配之下，和高昂卻又從容不迫的節奏交織成優美的旋律，這首探戈逐漸爲世人所知。

在guardia viela（老守衛）探戈中，聲音不若舞蹈動作重要。作爲一種舞蹈形式，它最初起源於布

在卡德爾的墓前聳立著一座他的大型青銅塑像。

藝術與文化 書籍：《汽車上的帕那薩斯》克里斯多夫·莫利；《普魯弗洛及其他觀察成果》艾略特；《煤炭王》厄普頓·辛克萊；《阿貝爾·桑切斯》米格爾·德·烏納納穆諾 音樂：《爲我和我的女孩》邁耶、格茨；《再見了，百老匯；你好，法國》巴斯克特、賴斯納和戴維斯；《遊行》埃里克·薩蒂；《古典交響曲》謝爾蓋

「我把瓶架和尿壺扔到他們的面前，現在他們開始讚美它們的藝術美了。」
—— 杜象在1962年對其現成品藝術躍為高格調藝術時的講詞

宜諾斯艾利斯的貧民區中。融合了刀刃格鬥與性愛動作，表現出如戲劇般的男子氣概和女性的嬌弱。而經淡化後較柔緩的形式，在10年代到20年代之間，成為紐約、倫敦、巴黎的中產階級中最受喜愛的舞步，最後在阿根廷的中產階級中也是如此。

這阿根廷的化身，通常以傳統古巴風的舞曲為旋律，但不加上歌聲，或配上描寫不忠女人、酒鬼、妓院及社會殘酷面的歌詞。這一形式與墨西哥的坎修內斯和美國的布魯斯等民間舞蹈有許多共同之處。但到了第一次世界大戰，一種更新、更抒情、樂音更優雅的探戈逐漸形成，《我悲傷的夜晚》就是最佳的例子，卡德爾的演唱更是格外的成功。

卡德爾成了一名聲名遠播的歌星（平·克勞斯貝說他從來沒有聽過如此美妙的聲音），在國內，其名聲幾乎有如神話。對阿根廷人來說，他就像探戈舞一樣，表達出這個移民佔絕大多數的國家的靈魂。他在電影中的台詞仍然被人所引用，一個格外出色的人總是被稱為「卡德爾」。的確，從一個貧窮的非法移民蛻變成為富有、飽經世事卻又迷人的歌手，他就是數百萬阿根廷人的具體夢想。當他於1935年死於空難時，參加他葬禮的人潮創下空前的記錄。▶1935（7）

藝術
杜象的現成品藝術

④ 儘管馬塞爾·杜象在25歲時停止繪畫，並把他生命中的最後幾年花在學棋上，他卻仍不失為20世紀最具革命性的藝術家。（1913年他那轟動一時，在紐約軍械庫的展出的《下樓梯的裸女》，實際上已為前衛派這一名稱下了註腳。）1917年，他在一個普通的尿壺上簽上「R·Mutt」，將之命名為「泉」，並在紐約市的一個畫展上展出。經由這些舉動，杜象宣告藝術不再是以技巧或是訓練方面的問題，而是究竟藝術家該如何去呈現藝術的問題。

自1913以來，杜象一直在創作他的「現成品藝術」，藉由將《泉》置於美術館般的背景中，他因而消弭

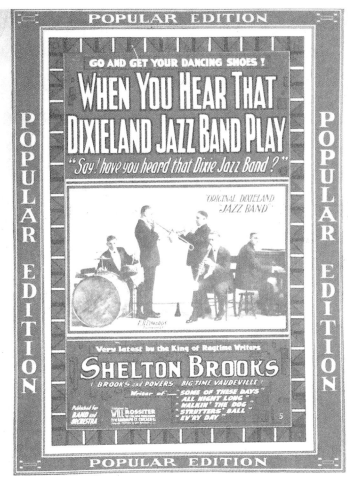

第一張爵士樂唱片：「獨特的迪克西蘭」爵士樂隊的音樂雖然平庸，但卻十分流行。

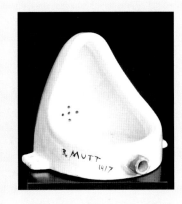

了高雅文化與低俗文化之間的界線。所有繼杜象之後將其定義延伸的藝術運動，如20年代的達達主義和超現實主義，60年代的普普藝術，80年代的表演藝術等，幾乎都不如其光彩。

音樂
爵士唱片問世

⑤ 由「獨特的迪克西蘭」爵士樂隊灌製，史上第一張爵士樂唱片於1917年在紐約問世。該樂隊恰好來自過去20年來孕育爵士樂的新奧爾良（這種爵士樂融合了散拍音樂、藍調、進行曲和歌劇等多種來自非洲、美洲和歐洲的音樂形式。）這支「獨特的」樂隊由一群二流的白人樂師組成，團長是一個在加拿大出生，名叫尼克·拉羅卡的小號手。

爵士樂可說是由黑人音樂家所孕育發展而成，代表人物如巴迪·博爾登和傑利·羅爾·莫頓等人。然而，據說在這些偉大藝術家中有人拒絕接受錄製唱片的提議，因害怕自己的即興之作在灌錄成唱片後會被他人抄襲。「獨特的迪克西蘭」爵士樂隊抓住了這個機會，而且拉羅卡也一直努力不懈，試圖在爵士樂創作上成為重要的演奏者。事實上，拉羅卡的即興音樂在旋律上顯得誇張平庸，但卻具有很強的感染力並受到舞者的青睞。因此到年底為止，爵士樂能成為一種風靡全球的音樂，主要歸功於他們這張唱片的推動。▶1925（6）

普羅高菲夫；《庫普蘭之墓》莫里斯·拉威爾　繪畫和雕塑：《一個女孩的肖像》阿梅迪奧·莫迪里阿尼；《愛的炫耀》法蘭西斯·畢卡比亞　電影：《移民》查理·卓別林；《可憐的小公主》瑪麗·璧克馥；《泰耶·維根》維克多·舍斯特倫　戲劇：《你認為對，你就對了》路易吉·皮蘭德婁；《親愛的布魯特斯》巴里；《我們的上司》薩莫塞特·毛姆；《五月時節》西格蒙德·龍伯格

1917

「這只是一場商人的戰爭，我們不明白爲什麼我們要踏出國門去挨子彈以挽救已經享有的大好形勢。」

—— 世界產業工人聯盟的審判大會上一位被告的答辯

1917年新事物

- 寶馬汽車廠（BMW）建成
- 星期日棒球賽的出現（在紐約波洛球場，由辛辛那提紅人隊對紐約巨人隊）

- 短髮風行
- 普立茲獎設立（有傳記、歷史、新聞三項獎）
- 世界大百科全書

美國萬花筒

反傳統的詩人

在反傳統的生活表現，沒有人能比得上身兼詩人、劇作家及臨時演員多種角色於一身的艾德娜·聖文生·米萊。1917年，她搬到格林威治村，其第一本書《新生與其他的詩》湊巧也在此時出版。在那個時代最偉大的詩人約翰·濟慈和傑拉德·曼利·霍普金斯等的影響之下，米萊在其名詩中，以一種傳統的風格來讚美

那些不因循守舊的人們。她在第二本書中寫道：「我的蠟燭兩頭燃燒。」她絲絲入扣地表達出當代文學家的情感，捨棄了上一代維多利亞式的傳統方式，而就戀愛和表達的新自由。

《群眾》雜誌

在新聞業中堪與米萊那詩人般的敏感纖細相媲美的，當數格林威治村的週報《群眾》。這份由馬克斯·伊士曼主編的雜誌爲左派知識分子的喉舌。1917年，19歲的多蘿茜·戴（社會主義者，

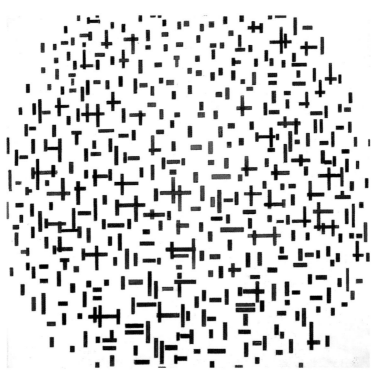

皮特·蒙德里安的黑白作品（始於1917年）。他所領導的風格派繪畫運動，成爲包浩斯和國際風格建築的先驅。

藝術

蒙德里安與《風格派》

⑥ 1917年夏天，一群荷蘭先鋒派畫家聚集在一起，謙恭地提議「讓現代人接納視覺藝術中的新事物」，並且出版了一份名爲《風格派》的雜誌。這份銷售量從未超過300份的小型藝術雜誌，萌發了現代藝術與建築中最具影響力的運動。該雜誌由煽動藝術家西奧·范·杜斯伯格主編，畫家巴特·范·德·列克及維爾莫什·胡薩爾爲特約撰稿人。但是主要的推動者卻是激進的抽象畫家皮特·蒙德里安。他在雜誌中所闡述的藝術理論變成了風格派的運動。

固執、苦行僧般而又狂熱的蒙德里安是現代藝術的聖者。他的代表畫作——以濃粗的線條爲輪廓，含有純紅、純藍和純黃方格子的著名作品——表達了他對「和諧」有著宗教般的信仰：個人的成分剝離到最本質的地步，然後再完美地結合成爲一個聚合的統一體。蒙德里安說，在未來，宇宙的和諧將在地球演化成爲一個社會烏托邦（當時，在1917年，對於一個飽受戰爭摧殘的世界來說，是一個動人的理念。）到了那時，畫家的工作就是

詮釋和揭示大自然規律。而相信藝術家所創造的和諧，堅信科技具有拯救世界的力量，以及履行藝術對社會的責任，就成爲風格派的中心思想。

戰後，蒙德里安的「新造型主義」繪畫甚引人注目，它具有完全抽象化的特性：在非彩色的背景下僅使用原色，水準線與垂直線構成嚴格的角度。它推動了風格派的傳播，並且促成了如包浩斯及國際風格建築等典型現代藝術的發展。 ◀1910（6）▶1919（9）

社會改革

世界產業工人聯盟的瓦解

⑦ 從獨裁專制的國家到民主國家，戰爭加劇了政治壓迫，幾乎每一個國家都是如此。1917年，美國通過了嚴厲的法律以打擊煽動騷亂者和阻撓戰爭者，成千的人因鼓吹和平而遭到起訴，而且幾乎毀了一個重要的組織，世界產業工人聯盟。

這一激進的勞工聯盟因戰時的生產熱潮而興旺，會員曾達到10萬人。儘管曾屢次遭到私刑、屠殺、毆打和逮捕，他們仍繼續罷工和怠工，並大力鼓吹革命。雖然此一聯

盟在戰爭中並沒有官方發言權（其成員在高薪的軍火工業中安靜地工作），但是報紙散佈謠言說這一組織得到德國人的資助，並且策劃破壞性的活動。甚至連總統威爾遜也告訴他的首席檢察官，對於這些世界產業工人聯盟的會員「應當實行壓制」。

9月5日，司法部官員突擊了48個世界產業工人聯盟聚會點，查獲了5噸的書面資料（無可否認的，

世界產業工人聯盟詆毀者認爲，該組織的英文簡稱字母代表的意思是「德皇威廉的武士」。

其中有許多是反戰的）。下半月，165名工會領導人因陰謀阻撓徵兵、煽動逃兵、和脅迫他人參與勞工糾紛等罪名被捕。隔年4月，法院偵訊了他們當中的101人——這前後長達5個月的艱苦審判同時成爲美國有史以來歷時最長的一次刑事審判。

陪審團宣告所有被告罪名成立。其中世界產業工人聯盟創始人「大比爾」威廉·海伍德和其他14人被判刑20年。海伍德棄保潛逃到蘇聯，10年後卒於當地。

世界產業工人聯盟已經瓦解，但仍然繼續進行一些微弱、零星的活動，但已無法起死回生。諷刺的是，許多滿懷怨忿的會員轉而投入正在發起的美國共產黨（成立於1919年）的懷抱，而這個組織與原先持無政府主義的本土的世界產業工人聯盟比起來，更不民主，也有更深的國際聯繫。 ◀1912（邊欄）▶1919（6）

體育 **棒球**：世界大賽，芝加哥白襪隊（埃迪·奇科特與雷德·費伯）以4勝2負擊敗紐約巨人隊　**冰上曲棍球**：多倫多各比賽場地首先使用人造冰　**賽馬**：純種馬「曼奧沃」在肯塔基產下一駒。

「美國兵萬歲！」
—— 美軍抵達歐洲時法軍的歡呼

文學
瓦萊里歸來

8 由於創作受挫再加上情場失意而放棄寫詩25年的保羅‧瓦萊里，於1917年46歲時重返詩壇。他於該年推出一部長達512行，名為《年輕的命運女神》的自

當瓦萊里被問及他為何要當一名作家時，他說：「因為喜歡。」

省性獨白體新詩。這首在其友安德魯‧紀德的敦促下開始成形的詩篇，並沒有採用傳統的敘事手法。瓦萊里在詩中描繪出一位年輕女子——名義上是神話中命運三女神中最年輕的一位——她坐在黃昏時刻的海邊，沉思著人類生活的歡樂與痛苦心中連續的精神狀態。瓦萊里宣稱他對詩並無太大的興趣，他的文學創作猶如科學家利用數學一樣，是一種作為快速記錄思想活動的手段。瓦萊里還說，詩是他要用來表達以喊叫、眼淚、撫摸、親吻和嘆息來朦朧呈現的東西。

《年輕的命運女神》鞏固了瓦萊里在法國文壇中的地位。他後來的作品則把19世紀的象徵主義與20世紀的現代主義緊密地結合在一起。▶1918（9）

第一次世界大戰
美國宣戰

9 伍德羅‧威爾遜曾努力使美國置身於第一次世界大戰之外。不僅是因為他不願讓他的同胞

戰死在一場是非不清的戰爭中，而且也是因為和平畢竟有利可圖。當那些歐洲大國在相互殘殺時，美國卻靠出口和國際銀行借貸發了大財。但到1917年上旬為止，當威爾遜為了使各交戰國坐到談判桌前而作的不懈努力宣告無效時，他發現已別無選擇。

迫使他插手戰爭有兩個因素。第一個是德軍對商船的攻擊。兩年以來，為了報復協約國對德國水域的封鎖，德國也對英國水域的非武裝船隻實行攻擊。就在1月，德國宣稱自次月的1日起，他們將擊沉所有鄰近協約國的船隻。到5月中旬為止，德軍潛水艇已擊沉3艘美國非戰鬥船隻，及大約130萬噸位的協約國船隻。有許多美國人因而無辜犧牲。隨後，美國情報機構破譯了一份所謂「齊默爾曼電報」，這份發自德國外長的機密情報（很可能是捏造的）指示德國駐墨西哥大使幫助墨西哥，從美國手中奪回新墨西哥州、德克薩斯州及亞利桑那州。4月，聲明「為了民主，世界必須安全」的威爾遜乃要求國會宣戰。

6月，美軍抵達法國，並在10月投入戰鬥，剛好及時填補了由俄國革命引起的空缺。俄軍此時正一

片混亂，到秋季為止，失去的土地遠多於去年所爭奪到的。叛軍四起，不久，布爾什維克政權就請求停戰。同盟國因而把矛頭對準了他們最弱的敵人——義大利。奧匈帝國聯合德國的一次軍事出擊，把義大利軍隊從伊松索河地區幾乎趕到了威尼斯，法國與英國不得不從西線分出兩支軍隊以保護義大利的心臟地帶。

這些軍事上的挫敗遠遠超過了協約國所取得的勝利，其中包括把同盟國逼退至索默河、埃納河一帶數公里及凡爾登、阿拉斯、坎布累和法蘭德斯等地。即便如此，協約國的損失仍十分慘重，市鎮和田地也遭到撤退德軍的破壞。聚集在美索不達米亞的英軍擊退了土耳其人，並於12月攻佔了耶路撒冷。同時，在托馬斯‧愛德華‧勞倫斯的協助下，英國人還在阿拉伯半島策劃了一次暴動。然而，這些成果大部分只是象徵性的，並不具有戰略意義。隨後，中國、暹邏（泰國）和其他幾個拉丁美洲國家也都仿效美國對德宣戰，在6月下旬，希臘也如法炮製。但是，這些國家在軍事上並不佔有決定性的優勢，協約國在隨後一年的命運還是決定於美國。◀1916（1）▶1918（1）

美國步兵在巴黎受到法國同袍的歡迎。

也是女權主義者，後來《天主教工人》雜誌的創始人）也加入了這個由著名藝術家所組成的班

底，包括約翰‧斯隆、喬治‧貝洛斯和博德曼‧魯賓遜等，他們都創造過尖酸的政治漫畫。次年，《群眾》雜誌因其反戰立場而遭政府查禁。▶1917（7）

「我要你」
紐約插畫家詹姆斯‧蒙哥馬利‧弗拉格在募兵廣告上把自己的臉描繪成「山姆大叔」的形象。美

國陸軍一共散發了400萬份他的「肖像」。

密立根的《電子》
芝加哥大學物理學家羅伯特‧密立根於1917年出版了《電子》一書，描述他在原子粒上所做的實驗。曾是馬克斯‧蒲朗克學生的密立根在1912年首次精確地測定電子所帶的電荷。4年後，他又證明了愛因斯坦的光電效應方程式。◀1916（9）▶1919（5）

盒式無線電設備
大衛‧薩爾諾夫（美國無線電報務員，因偶然接收到「鐵達尼號」沉沒的訊號而廣為美國報紙讀者所知），在1917年向美國馬可尼公司推銷一種很簡單的「收音機式音樂盒」。他預測這項產品將來會成為每個家庭的必備品。◀1912（1）▶1920（3）

「我們這些到這兒來的人並不抱任何幻想。之所以這樣是因爲
我們知道政府、教會和資本家是工人的天敵。」

—— 尼古拉斯·卡諾（1917年墨西哥憲法會議的代表之一）

一戰風雲

協約國的進攻

3月16日，預料到協約國會在西線重新發動攻勢的德國與奧匈聯軍，沿埃納河撤到了預先準備好的興登堡防線（見下圖），從而使得協約國的作戰計畫落空。加拿大軍隊在這次阿拉斯進攻戰役（4月9日至5月4日）中攻克了重兵防守的維米嶺。英軍向德國佔領區推進了6公里，但卻未能

鞏固。莽撞的法軍在埃納河及香檳戰役中損失慘重，再加上俄軍3月陣前倒戈的消息，導致法軍令人震驚的兵變。

第三次伊普爾戰役

從7月31日到11月10日，英軍在伊普爾這一小村莊發動第3次的主要攻擊，並成功地奪得梅西納的高地。但後來這一優勢卻由於暴雨和經協約國軍隊砲轟後已成泥潭的戰場，而使軍隊推進受阻。

致命的女間諜

已被確認爲間諜的脫衣舞孃瑪塔·哈麗，於10月15日被押赴刑場。法國官員早已得知她與德國人有聯絡，但一直苦於缺少足夠證據，直到後來破譯了一份足以讓哈麗上刑場的電報。協約國至少有5萬人因她的叛國而喪生。◀1905（4）

坎布累戰役

11月20日，英軍的324輛坦克發動了集體進攻。在這場戰役中，於1916年推出的坦克首次以集體進攻的方式加入戰場，從而建立了一種新的作戰方式。

中東

建立家園的願望

10 1917年11月2日的貝爾福宣言只是英國外交大臣阿瑟·貝爾福勳爵寫給一位英國猶太人領袖萊昂內爾·瓦爾特·羅思柴爾德男爵的一封信，聲稱英國支持在巴勒斯坦建立一個猶太人的國家。然而，這份看來簡單的文件卻巧妙的掩飾了它背後的國際政治陰謀。這封信成爲長期受迫害之猶太人的希望，也爲萌芽中的阿拉伯民族主義埋下了禍根，並且以一種從未料想得到的方式，成爲大英帝國賴以維繫其日益縮小版圖的臍帶。

1917年，協約國開始爲戰後中東制定計畫，英國和法國爲爭奪主控權，雙方爾虞我詐。同時，新成立的猶太復國組織及其領導人錢恩·魏茨曼和內厄姆·索科洛夫爲了爭取在巴勒斯坦建立一個猶太人家園的歷史主張而爭取支持，其所作的努力也達到了最高峰。

英國人安撫猶太人和阿拉伯人有其政治上的利益考量。英國人相信，一個由來自於波蘭、革命後的俄國，對英國懷有感情的猶太人所組成的巴勒斯坦猶太人政體，將有助於英國在中東的商業、貿易，並保障蘇伊士運河和通往印度商路的安全。而如何獲得阿拉伯領導人的合作也相當重要。

最後，這份宣稱「贊成在巴勒斯坦建立一個猶太人國家」的貝爾福宣言，在對此政權的公開承認上，卻又突然沒了下文。它特別強調儘管英國支持猶太人的強烈願望，但要因而抹煞其他當地族群的權利也不合情理。

雖然如此，世界猶太復國組織仍然滿腔熱情。自上個世紀末以來，與猶太人維持和平

試圖安撫各方的貝福爾勳爵。

狀態的阿拉伯人如今民族主義日漲，他們對大量猶太移民湧入巴勒斯坦的前景表示不安。

到1922年7月爲止，在國際聯盟的認可下，貝爾福宣言使得巴勒斯坦成爲英國託管地的一部分。◀1904（邊欄）▶1920（2）

墨西哥

卡蘭薩大吃一驚

11 1917年5月1日，貝努斯蒂亞諾·卡蘭薩在革命後的第一次選舉中當選爲墨西哥總統。與領導農民反抗運動的法蘭西斯科·威勒和埃米里亞諾·薩帕塔不同，卡蘭薩是一個來自中產階級的溫和主義者。在前一年召集憲法會議以制定新憲法時，爲了鞏固他的權

迭戈·里維拉壁畫中的埃米里亞諾·薩帕塔：卡蘭薩對革命領導人避之唯恐不及。

力，他特別親自挑選代表，刻意迴避農民及其領袖。

當律師、工程師、學校教師、將軍、記者、醫生、商店售貨員和商人這些代表出乎意料地制定了一部激進的憲法時，卡蘭薩著實大吃一驚。憲法第27條廢止了將農民束縛在農奴制度之下，惡名昭彰的大莊園制度，並且設立了重新劃分土地的合法機構。憲法第123條，即墨西哥勞工大憲章，確立了一些世界上最爲開明的勞工規定：一天8小時工作制、最低工資限度、工會合法化和嚴禁雇用童工等。憲法中反教會條款規定沒收天主教會的巨

額財富，並嚴格限制它插手教育和政治。

卡蘭薩在壓力之下勉強接受了這部新憲法，但任職期間，冷淡地拒絕執行土地改革和勞工規定。威勒和薩帕塔的擁護者則繼續製造騷亂，墨西哥本就脆弱的穩定狀態不久就搖搖欲墜。直到1920年卡蘭薩被刺身亡時，爭奪國家領導權的激烈內戰於焉展開。◀1916（6）▶1919（邊欄）

科技

冷凍與保鮮

12 在拉布拉多做了數年皮貨生意的克拉倫斯·伯宰於1917年重回其故鄉紐約，決心發揚他在愛斯基摩人中看到的食物保鮮法。他發現愛斯基摩人在低於零度的環境中所用的高速冷凍法，對於食物的保鮮度遠比長達18小時的慢凍法更爲有效，後者易產生損壞細胞壁的冰晶，並破壞食物中的組織和纖維，使食物失去鮮味。而伯宰發現在攝氏零下57度的鹽水混合物中冷凍食物，其味道和質地均能保持數月不變。爲了驗證他的方法，他花

雖然克拉倫斯·伯宰於1929年出售他的公司，但他的名字卻成爲冷凍食物的同義字。

了7美元買電風扇、冰塊和鹽。後來，伯宰的一位朋友提供他冰庫的一角，讓他繼續實驗。1924年，他和3個合夥人在麻州的格洛斯特成立了一家急速冷凍及出售魚片的大眾海鮮公司，並由此發展成數10億美元的工業，大大地改革了食物的保鮮及世人食用食物的方式。1929年，波斯塔姆公司，即後來的大眾食品公司，向伯宰支付了2200萬美元購買其公司及伯宰冷凍法的專利。▶1923（11）

當年之音

美國戰士之歌

《就在那一方》，喬治‧科漢作，1917年

1917年4月6日早晨，報紙以頭條新聞宣告美國已向德宣戰。演員、音樂製作人兼流行歌曲作者喬治‧科漢在紐約州大內克的家中正準備上班。「我讀了這些宣戰的頭條新聞，」他後來回憶道：「然後我開始邊想邊哼，過了一會兒，我想我可以跳起舞來了。當我到鎮上的時候，我已經完成了詞曲，還取了歌名。」這首《就在那一方》獲得了驚人回響，並且與第一次世界大戰的記憶緊緊相繫。

歌舞全才的科漢（左圖），原來在百老匯《小強尼‧瓊斯》（1904）的歌舞劇中，就扮演過「美國小子」。《就在那一方》也灌注了相同的愛國精神。

在3個月內，這首歌的散頁樂譜賣出4萬份，到戰爭結束時，創下了200萬份的銷售記錄。當時許多知名歌手如歌劇明星恩里科‧卡羅素等將之灌錄成唱片，銷售量超過100萬張。伍德羅‧威爾遜總統形容這首歌「真正地激勵了美國所有的男子漢的心。」其對勝利的期待及對敵人的藐視，激勵了西線戰場戰壕中的英國、法國及美國步兵，並傳誦一時。1940年，科漢因這首歌得到了一枚遲來的國會榮譽勳章。

◀1904（邊欄）▶1918（1）

約翰拿起你的槍，拿起你的槍，拿起你的槍
拿起它奔向前方，奔向前方，奔向前方
聽到他們在向你我呼喚嗎

每個自由之子，
快來吧！就是現在，就在今天，別延遲
讓你父親歡喜有一個這樣的兒子
告訴你的心上人不必憂傷
她會因你身在前線而驕傲

就在那一方，在那一方，
把話傳送過去，傳到那裏去告訴他們
美國人要來了，美國人就要來了
戰鼓咚咚響徹四方

那麼作好準備吧，再作一次祈禱
並把話傳送過去，傳到那裏作警告
我們就要來到，我們就要來到
我們不會回頭，直到戰爭終了就在那一方

約翰拿起你的槍，拿起你的槍，拿起你的槍
約翰亮給德國佬看，你就是一桿神槍
揚起旗幟吧！隨風飄舞
美國兵從來就不畏艱難險阻

打好你的軍包，拿出你的勇氣，肩挑你的職責
鎮上的小夥子們，軍中的好男兒們
讓你的母親為你感到自豪
還有那紅、白、藍的國旗也會因你而驕傲
就在那一方，在那一方，
把話傳送過去，傳到那裏去告訴他們
美國人要來了，美國人就要來了
戰鼓咚咚響徹四方
那麼作好準備吧，再作一次祈禱
把話傳送過去　傳到那裏作警告我們就要來到，我們就要來到
我們不會回頭，直到戰爭終了就在那一方

「恐怖的結局總好過永無止盡的恐怖。」

—— 德國社會主義者菲利普‧謝德曼論德國在第一次世界大戰中的投降

年度焦點

協約國的勝利

1 1918年11月11日，德國在法國的貢比涅附近簽定了停戰協議，被伍德羅‧威爾遜樂觀地稱爲「爭取人類自由之最極致且最終一役」的第一次世界大戰正式落幕。經過浴血奮戰，協約國終於獲勝，但這不只要歸功於政治上的努力，軍事戰略也同樣是關鍵所在。

德國希望在美國調集充分戰鬥力之前擊垮對手，於是在3月到7月間於西線發動了5波大規模攻勢，使協約國遭受重大挫折。這些攻勢突破了僵持幾達4年之久的戰線，使雙方都有成千上萬人喪生。處於防禦態勢的協約國頑強抵抗，在德軍所到之處與其艱苦纏鬥。隨後，美軍以每天1萬人的速度投入戰場，協約國開始展開反擊，很快地，入侵的德軍被迫撤退到原防線後。

在此同時，保加利亞人被趕出了塞爾維亞，奧軍則被逐出義大利。受到協約國入侵威脅的保加利亞於9月30日投降，而鄂圖曼土耳其因其近東的領土已被英國和阿拉伯軍隊攻佔，本土情勢也告急。土耳其在10月30日投降，奧匈帝國也於11月3日開始求和，孤立的德國再也支撐不了多久了。

駐於法國坎布累的美國士兵（來自紐約）以代用的自由鐘慶祝停戰協議簽定。

400萬美軍參戰並不是同盟國潰敗的唯一原因。是年夏天，交戰雙方都已疲憊不堪，且物資極度短缺。然而處境的艱難反而使得協約國（不包括已脫離的俄國，它於3月份已與先前的敵人單獨媾和）團結起來，全體軍隊終於同意服從由法國的斐迪南‧福煦元帥所擔任的總司令，而各國內的政治歧見也有消弭之勢。然而，在協約國的敵人之間，分歧卻日益擴大。在德國和奧匈帝國，和平運動蓬勃發展，德國官員更公開爭論作戰方式。德軍和奧軍部隊裏叛變四起，同盟4國又就他們預期勝利後的利益分贓問題爭吵不休。10月份，德國爆發了革命，迅速蔓延至奧匈帝國全境。人們再也不能忍受殺戮了。◀1917（9）
▶1918（6）

福特公司的福特森改變了農耕型態，但競爭對手國際收割機公司終究還是將其逐出曳引機市場。

科技

曳引機掀起了農耕革命

2 一種未曾承受戰火洗禮的機器，竟爲第一次世界大戰的勝利作出了貢獻。1918年3月，曳引機才發明一年，就以每天80輛的速度生產著。在駄馬和人力都被送到戰場的情況下，亨利‧福特這種輕便、廉價的福特森型曳引機使美國農民足以應付逐漸攀升的戰時需求。而不過就在3年前，曳引機還因爲既笨重，價格又高，只有不到百分之一的美國農田在使用。

曳引機革命一直到二次大戰後才蔓延至歐洲（蘇聯除外），並受到政府政策控制。而在美國，這場革命在整個20年代不斷加速變革與發展。在初期，轉變的狀況看來不錯。以前保留的飼料地開始能種植穀物；農作物過剩反成了正常現象，這在歷史上還是頭一遭。

然而，伴隨過剩現象而來的是農產品價格下跌。問題是農民又無法減產，因爲必須儘量生產以償還購買機械的貸款；當農田規模越趨擴大與專業化，就越依賴昂貴的化學肥料和殺蟲劑。越來越多家庭農場宣告破產；銀行拍賣農民抵押的土地或財產，集團性「農產企業」趁虛而入。經濟大恐慌時期，政府開始提供農民補助金，但最大受益者竟是大地主。此外，城市也因轉行的農民和受機械化影響而失業的農場工人大量湧入，而規模日益膨脹。1910年，有32.5%的工作人口從事農業，到1920年，已下降到25.6%，1990年，則僅有2.4%。
◀1913（6）▶1944（邊欄）

文學

亞當斯的自傳

3 1918年3月，學者、傳記作者、歷史學家亨利‧布魯克斯‧亞當斯去世，卻促成其自傳《亨利‧亞當斯的教育》得以廣泛發行。在他充滿悲觀與晦暗的學術研究歷程中，這部作品可說是登峰造極之作。

亞當斯擁有19世紀的美國所能提供的一切有利條件：他的祖父約翰‧昆西‧亞當斯和曾祖父約翰‧亞當斯都曾是美國總統；父親，查爾斯‧弗朗西斯‧亞當斯爲外交家和國會議員；母親，亞比吉爾‧布朗‧布魯克斯出身於波士頓最古老的家族之一；亞當斯本人則畢業於哈佛大學，最後又回到母校教授中古史。

然而，在他同儕發現自由和特權的地方，他所找到的卻只是深沉的失望和駑鈍的智能。他寫道，他的同胞「沒有時間思考；他們所見到，以及能夠見到的，只有自己的日常工作；他們對外在世界的了解程度，有如井底之蛙」。

《亨利‧亞當斯的教育》一書（12年前已私下出版過）輕描淡寫地否定了作者所擁有的書香門第背景和菁英主義教育。亞當斯採用「發電機」來隱喻這個充斥著科技而不信上帝的新世界。他描述自己追求啓蒙的過程是一場徹頭徹尾的失敗，他的教育存在著無可彌補的

「這個世界永遠不會知道，我們對他們做了什麼。」

—— 羅曼諾夫家族遭處決時，一名布爾什維克人民委員的自誇之辭

缺陷。這樣深遠而廣泛的自省（雖然僅止於知性層面，而非感情層面：例如他從未提及其妻在1885年自殺一事）在美國文學界乃是首開先例。《亨利·亞當斯的教育》開闢了文學新領域，也為美國自傳文學重新定位。◀1902（7）

文學
布魯斯貝利的斯特雷奇

4　維多利亞女王雖已去世多年，但維多利亞時代的一切仍持久而衰，直到一次大戰才遭到致命的一擊；然而實際將之埋葬的，則是1918年出版，由利頓·斯特雷奇撰寫的《維多利亞女王時代名人傳》一書——這是一部以不甚恭敬的筆觸記敘佛羅倫斯·南丁格爾和查爾斯·戈登將軍（綽號為「中國戈登」）等偶像生平的傳記文集。之前也有人曾撰文譏評維多利亞時代的浮華奢侈、矯揉造作和皇室的自以為是，但沒人能像斯特雷奇一樣，以如此博學素養、為文神韻和帶點惡毒的鬼才，處理得這般精妙。該書博得戰後年輕一代的好感，也為傳記的寫作模式帶來轉變。傳統的大部頭傳記文學多為歌功頌德，而且讀來如同嚼蠟。《維多利亞女王時代名人傳》則是一部為文簡鍊的傑作，主要是在探究人物的性格及人際關係，而非羅列其豐功偉績。

斯特雷奇以精巧的語言與文筆抨擊傳統偶像與信仰，這一向是布魯斯貝利團體的特色。他們是一群1907至1930年間在倫敦布魯斯貝利區，經常於畫家凡妮莎·貝爾和作家維吉尼亞·吳爾芙姐妹倆家中聚會的左傾知識分子。這些「布魯斯貝利人」熱中於鑽研劍橋大學教授莫爾的分析哲學，大多數在劍橋接受教育，並曾參加劍橋使徒社（這所大學頂尖的討論社團），屬當時最具影響力的英語系思想家。除了吳爾芙、貝爾和斯特雷奇，經濟學家約翰·梅納德·凱因斯、小說家福斯特、評論家羅傑·弗賴伊和克萊夫·貝爾（凡妮莎之夫），還有散文家萊昂納德·吳爾芙（維吉尼亞之夫）也都是這個團體的成員。▶1929（當年之音）

蘇聯
羅曼諾夫王朝的覆滅

5　俄國的新興政權原本計畫要堂而皇之地公審被罷黜的沙皇，而列昂·托洛斯基這個知識界革命寵兒，則是預定的起訴代表。然而，1918年夏天爆發的內戰迫使這些新領袖匆促做出新決定。當反布爾什維克的白軍逼近烏拉山的葉卡特琳堡這座扣押沙皇尼古拉二世及其家族成員的城市時，蘇維埃政府便批示立即將他們處死。

7月16日傍晚，尼古拉、他的妻子亞歷山德拉和5個孩子——4個女兒和14歲的王儲阿歷克斯——奉命來到地窖。衛兵告訴他們，附近的戰火使得樓上很不安全，而皇室成員也不疑有他地聽從了命令。在地窖裏，一支倉促組成的行刑隊在近距離內向羅曼諾夫皇家成員投以一陣彈雨，4個僕人也同遭厄運。沙皇和皇后當場死亡，一些孩子則沒那麼幸運。在一份官方備忘錄中曾經提到阿歷克斯的「頑強生命力」；他的姐妹則受到了藏在緊身胸衣裏的珠寶所提供的某種程度保護，於是行刑人員使用了刺刀來完成這項慘無人道的任務。

為防止新蘇維埃政府的敵人拿羅曼諾夫家族的屍體當作殉難者的遺骸拿來大作文章，這些遭蹂躪的屍體被扔到一個礦坑中，後來又被移到森林的一個淺墓裏，並澆上酸液腐蝕，以防被辨認出來。政府三緘其口，因此這些屍體的去向成了這場革命中最惡名昭彰的謎團。謠傳阿歷克斯或是他的姐姐安娜斯塔西亞似乎逃脫了。這一整個世紀，有許多女人都自稱就是安娜斯塔西亞，而其中最著名的就是安娜·安德森。1920年，她在柏林現身說法，口操俄語，身上有遭殘酷攻擊所導致的傷疤。而她於1984年去世時，一般人早已淡忘她的聲明。後來1991年時，位於葉卡特琳堡的一個無名塚被正式鑑定為羅曼諾夫家族的墓穴。當局在此發現9具屍體，比預期的總數少了兩具。雖然1994年時，安德森的腸細胞組織切片曾接受DNA測試，並與英國菲利普親王（其母與亞歷山德拉有血緣關係）提供的血液樣本作比對，而證實了安德森並不是安娜斯塔西亞，但有關羅曼諾夫家族之死的故事仍是一團迷霧。◀1917（1）▶1919（8）

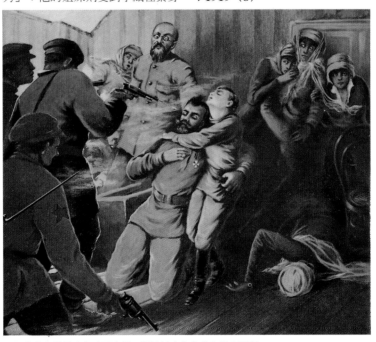

一個藝術家描繪出處決尼古拉二世及其家族的草率拙劣過程。

1918

誕生名人錄

英格瑪·柏格曼　瑞典電影導演
李奧納德·伯恩斯坦　美國作曲家及指揮家
尼古拉·西奧塞古　羅馬尼亞總統
理查·費曼　美國物理學家
艾拉·費茲傑羅　美國歌唱家
比利·葛拉翰　美國福音傳道者
納爾遜·曼德拉　南非總統
賈邁勒·阿卜杜勒·納塞　埃及總統
傑羅姆·羅賓斯　美國編舞家
安瓦爾·沙達特　埃及總統
亞歷山大·索忍尼辛　俄國小說家
繆里爾·斯帕克　英國作家
米基·斯皮蘭　美國小說家
賈桂琳·蘇珊　美國作家
庫爾特·華德翰　奧地利總統
邁克·華萊士　美國電視新聞記者
泰德·威廉斯　美國棒球球員

逝世名人錄

亨利·亞當斯　美國歷史學家
紀堯姆·阿波里耐　法國詩人
弗農·卡索　英國舞蹈家
克洛德·德布西　法國作曲家
雷蒙·杜象-維隆　法國雕塑家
古斯塔夫·克里姆　奧地利畫家
尼古拉二世　俄國沙皇
威爾弗雷德·歐文　英國詩人
格奧爾吉·普列漢諾夫　俄國社會主義理論家
埃德蒙·羅斯丹　法國劇作家
埃貢·希勒　奧地利畫家
蘇曼殊　中國詩僧

《白上之白》卡西米爾·馬列維奇；《十字架上的耶穌》喬治·魯奧；《坐著的青年》威廉·萊姆布魯克　電影：《夏洛爾從軍記》查理·卓別林；《世界的核心》格里菲斯；《低音合唱》西席·地密爾；《塞吉西斯神父》雅科夫·普羅塔札諾夫、伊凡·莫札希　戲劇：《神祕滑稽劇》弗拉基米爾·馬雅可夫斯基；《勝利歡呼》歐文·伯林；《小姐啊！小姐！》克恩、博爾頓、沃德豪斯。

「自食惡果！」
—— 奧匈帝國崩潰後，薩克森國王腓特烈給德國的告別書

1918年新事物

- 航空郵遞服務
- 美國聯合信義會
- 紅黃綠三色交通號誌燈（紐約市）
- 日光節約時間
- 《星條旗》雜誌
- 顆粒狀洗衣粉（利威爾兄弟公司的「潤舒」）

- 破衣「安」布娃娃
- 自動烤麵包機（由美國發明家查爾斯·斯蔡特申請專利）
- 里普利的「信不信由你」博物館
- 靠得住衛生棉
- 英國30歲以上的婦女及所有21歲以上的男子取得選舉權

美國萬花筒

自由債券

儘管利率不高，人民還是認購了價值超過180億美元的自由債券以支援戰力，使得債券銷售量在1918年達到最高峰。而查理·卓別林、瑪麗·璧克馥和道格拉

斯·范朋克等好萊塢超級明星的拋磚引玉，更是增加了債券的吸引力。

現代哥白尼

1918年，天文學家哈洛·薛普利在加州威爾遜山天文台任職時，因一項天文發現而贏得了「現代哥白尼」的稱號。薛普利

在柏林暴動期間，德軍使用一輛剛俘獲的英國戰車在城內巡邏，保護警察總部。

第一次世界大戰
帝國的崩潰

6 1918年，奧匈帝國和德意志帝國分別在幾天之內，以截然不同的方式相繼崩潰。一向動盪不安的種族大熔爐奧匈帝國，其瓦解方式乃是境內各民族分別建立起了自己的國家。這個進程是由查理皇帝於10月中旬所開啟：在罷工與示威浪潮中，他終於頒佈法令規定他的王國是個半獨立國家組成的聯邦。就在一個月內，他的屬國又把事態再向前推進。南部斯拉夫人與塞爾維亞人共組塞爾維亞－克羅埃西亞-斯洛維尼亞王國（即後來的南斯拉夫）；捷克、斯洛伐克和羅塞尼亞宣佈成立捷克共和國；奧地利、匈牙利、波蘭等地則各自分裂成獨立共和國。帝國皇帝查理遭到流放。

相反的，當時的德意志帝國已被削減為只剩今日德國的版圖，它在非洲、中國和南太平洋的領地都在戰爭期間被奪走了（只有在東非的殖民軍隊還堅持奮戰到底）。10月底，大多數德國人都知道徹底失敗已成定局。為了向協約國謀求寬厚的投降條件而進行的一連串倉促改革，充分暴露了帝國政府的軟弱無能。

當德國海軍接到命令，要與英國艦隊進行背水一戰時，水兵開始叛亂。11月3日，在水兵控制了主要海軍基地基爾港後，軍人和平民在全國境內均掀起了反叛狂潮。他們以俄國蘇維埃為師組織了委員會，而且幾乎沒有遭受任何抵抗。很快地，反叛者就衝進了柏林的皇宮。11月9日，德皇威廉的總理巴

登親王馬克斯召見了國會第一大黨社會民主黨的領袖弗雷德里希·艾伯特，並向他說道：「我把德國託付給您呵護了。」翌晨，德皇威廉二世便逃往荷蘭。

中間偏左的社會民主黨人聯合較激進的獨立社會民主黨人，共同組成所謂的「人民代表委員會」政府，它的一切動聽名目及編制，像極了東邊的俄國布爾什維克政府。但如此快速地掌握政權，確實出乎這些社會主義者意料之外，而他們還沒作好改造社會的準備。他們在接下來幾個月採取的行動，雖使德國免於遭受俄國式革命的茶毒，卻也為另一種截然不同的危機埋下伏筆。 ◀1917（1）▶1919（2）

醫學
全球流行性感冒

7 1918年春季，一種神祕且異常猛烈的流行性感冒在沒有

流行性感冒致死人數估計

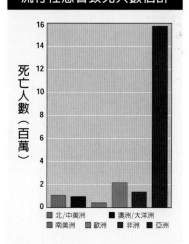

死亡人數（百萬）

北/中美洲　澳洲/大洋洲　南美洲　歐洲　非洲　亞洲

全球流行性感冒在一年內使得2164萬2274人喪生，遠超過第一次世界大戰4年中的傷員總數。

任何預警的情況下突然爆發，第二年又繼續以3波高潮之勢肆虐全球。之後，它卻又突然銷聲匿跡。

這種因橫掃西班牙而得名的「西班牙流行性感冒」因第一次世界大戰而加速傳播。流行性感冒從3個相距遙遠的軍事港口——獅子山共和國的自由港、法國的布勒斯特、麻州的波士頓——向四面八方擴散，由水手和士兵傳染給平民百姓。很快地，6大洲的人們都受到感染，眾多士兵患病更是大幅影響了戰力。

在美國，舊金山市通過法令，強制一般民眾戴上衛生口罩，芝加哥電影院則和衛生部合作，拒絕咳嗽的觀眾進入。儘管全世界人類嘗試了各種努力，據估計全球還是有半數以上的人口遭到1918年這股流行性感冒的戕害。◀1907（3）▶1955（1）

捷克
馬薩里克宣佈成立共和國

8 父親是斯洛伐克人，母親則是捷克人的湯馬斯·馬薩里克，在戰爭爆發之初逃往倫敦前，是一名哲學教授和奧匈帝國的國會議員。在倫敦，被其崇拜者稱之為「塔蒂瑟克」（小父親）的馬薩里克，成立了捷克民族會議，負責遊說協約國各政府，並組織一支流亡軍隊與軸心國作戰。當1918年哈布斯堡王朝皇帝查理宣佈奧匈帝國是半自治國家組成的聯邦時，馬薩里克正在美國。10月14日，在費城的獨立廳，馬薩里克宣佈捷克為共和國，民族會議則改組成臨時政府，並選他為總統。兩星期後，和平革命席捲了波希米亞首府布拉格，歡欣鼓舞的群眾推倒了300年前哈布斯堡王朝為慶祝征服捷克而樹立的石柱。

12月，馬薩里克回國面對境內的1350萬人口。由波希米亞、摩拉維亞、斯洛伐克和其他較小區域拼湊起來的這個國家，有著社會文化背景懸殊的組成分子：捷克的城市居民、斯洛伐克和羅塞尼亞的鄉下農民及一大群身在曹營心在漢的少

體育　棒球：世界大賽，波士頓紅襪隊（貝比·魯斯此時主要擔任外野手）以4勝2負擊敗芝加哥小熊隊　**美式足球**：克努特·羅克尼被任命為聖母大學隊總教練（隨後13年並創下105勝12負5和的戰績記錄）　**拳擊**：被稱為「馬納薩拳擊家」的傑克·登普西，在14秒內將卡爾·莫里斯擊倒　**賽馬**：「掃蕩者」在賠率1:30的形勢下大爆冷門，獲肯塔基德貝賽冠軍。

「19世紀是自然科學的世紀；20世紀則是心理學的天下。」
—— 史賓格勒

數民族。這種生硬的組合，根本不像同處一個屋簷下的成員，更何況這個新國家還被野心勃勃的鄰國包圍著。儘管如此，在外交部長愛德華‧貝奈斯的協助下，馬薩里克仍然打算把捷克建設成「歐洲心臟地帶的自由堡壘和向東方推進的民主前哨」。

哲學家、政治家、人本主義者馬薩里克。

捷克共和國曾有20年的興盛時光，但是自1935年馬薩里克退休之後，該國便在德國的施壓下開始崩潰。而它的衰落也成為引發二次大戰之連鎖反應中的重要一環。
◀1918（6）▶1936（8）

文學
詩的新精神

9 紀堯姆‧阿波里耐窮其短暫的一生，以他對藝術所扮演

之角色和強調唯真更甚於唯美的激進觀點動搖了文學的基石。1918年，當38歲的阿波里耐辭世時，已是公認的現代美學大師。他的美學「新精神」乃是要求詩去檢視人生各層面，並將之轉化成當代時興語言，不受拘束地表現出來。他認為詩必須去挖掘、探索新思想，方可跟上時代的步伐。

阿波里耐的早期著作受到19世紀法國象徵派作家——魏爾蘭、蘭波、馬拉梅——的影響，但1903年左右，他則接納了畢卡索、布拉克和早期荒謬劇作家阿爾弗雷德‧雅里等巴黎前衛派藝術家的觀點。阿波里耐浮誇招搖的性格和與眾不同的怪癖吸引了許多追隨者。這些人組成一個完整的戰前世代，打開心窗向外探索這個在汽車、飛機、電影、收音機等新發明助長下而充滿創作素材的世界。阿波里耐相信這樣的新經驗需要採用新的表達方式，因此他建構了所謂的「同時性」體系。這種與立體派繪畫有異曲同工之妙的文學形式，是把知覺和思想並列在一起，並迫使讀者跟隨著詩人將兩者加以合成。

阿波里耐以其短篇小說、韻文與戲劇作品（他的劇作《蒂蕾西亞的乳房》被公認為是第一部超現實主義文學作品）知名於世；此外，他還撰寫過不計其數的論文、譯著、書籍導讀、新聞專欄和評論文

章。他一直未曾中斷寫作，甚至身處在戰時壕溝中也是如此。他在戰場上頭部受了重傷，在逐漸康復之際，又不幸染上西班牙流行性感冒，而被奪去了生命。◀1907（1）▶1924（3）

思想
文明的訃聞

10 一位揚棄傳統與偶像，並曾任學校教師的哲學家奧斯瓦爾德‧史賓格勒，其精心鉅作的首卷自1918年夏天出現於德國的書店後，隨即引發一場延續10餘年的激烈文學論戰。若不用嚴苛角度來批判，史賓格勒這部《西方的沒落》倒是在商業層面上立見斬獲。書中提出，文明具備著鮮明的有機體生長形態，會根據預定的歷史週期發展、成熟與衰落。他認為，西方已經從創造性階段過渡到進行反省和

擁有物質享受的階段；而隨後出現的即是由帝國主義和戰爭彰顯出來，不可逆轉的沒落階段。極其自負的史賓格勒，堅信自己的哲學乃是整個19世紀思潮發展匯聚之後所形成的世界觀。評論家譴責他的錯誤事實舉證以及膚淺無能，而史賓格勒則提出了反擊，宣稱他們只注意到他的悲觀主義，卻忽略了他的「倫理」觀念。

不過，德國民眾則是普遍接納了這本書。史賓格勒對人類未來作出的晦暗預言，以及堅信世界上所有國家——甚至包括德國先前的敵人——都是劫數難逃的觀念，皆給予這個想為戰後的絕望處境尋求合理解釋的國家些許安慰。（後來儘管他個人嫌惡納粹主義，但是納粹的宣傳部長約瑟夫‧戈培爾仍尊他為先知而緊隨其左右）1936年，他孤獨離世，但這項有關文明發展是一種循環週期，而非直線進程的觀點，已經為阿諾德‧湯恩比、皮季里姆‧索羅金和阿爾弗雷德‧克羅伯等學者採納。◀1900（11）▶1934（邊欄）

測量了由上百萬顆恆星密集形成的各球狀星團間的距離，注意到大多數已知星團在射手座周圍組成一種球形排列。在研究過此一特別模式後，薛普利推論：太陽並不是我們所處銀河系的中心，而是位於距離中心5萬光年之遙（後來修正為3萬光年）的地方。他對銀河的規模與外形所做的觀察研究，提供第一批有關我們這個銀河系的實際測量資料。
◀1914（10）▶1929（9）

步兵英雄

阿爾文‧卡勒姆‧約克原本曾因戰爭違背道德與信仰而拒服兵役，但田納西州徵兵委員會對其免除入伍的請求則予以否決。後來在馬士-阿爾岡攻勢中，士兵

約克成功地帶頭襲擊了德軍的一個機槍陣地，並擊斃德軍25名；接著，他又幾乎是單槍匹馬地俘獲132名敵軍與35支機槍。他為此獲頒國會榮譽勳章和法國戰爭十字勳章，並於11月1日晉升中士。後來，這位戰爭英雄並於1936年代表禁酒黨競選副總統。

勇猛的空戰英雄

埃迪‧里肯巴奇在9月25日的驚險空戰中擊落了7架德軍飛機，而穩居美國首席空戰英雄的寶座。弗蘭克‧盧克則運氣稍差。在僅僅16天的戰鬥中（已擊落16

架敵機），他違抗命令，前去迎擊正在空中進行搜索的10架德國福克三翼機；而他只摧毀了兩架敵機，就被高射砲火擊落於敵後區域。臨死之前，盧克朝逼近的德軍打光了自己手槍中的所有子彈。▶1927（當年之音）

這是瑪麗‧洛朗桑1908年的作品，圖中所畫的是她本人與她的伴侶阿波里耐（中），還有他們的朋友巴布羅‧畢卡索和其妻費爾南蒂‧奧立佛，以及小狗弗里卡。

美國政治與經濟　國民生產毛額：764億美元；威爾遜總統提出「十四項原則」和平計畫；最高法院裁定《歐文-基庭法》違憲；郵局開辦常態航空郵遞服務；開始實行食糖配給（每人每週8盎司）；食品管理局建議星期一、三不食用小麥，星期二不食用肉類；泡菜成為「自由蔬菜」。

「對於那些不能理解本作品的人，我要求他們保持絕對謙遜和卑躬的態度。」

—— 薩蒂在《蘇格拉底》首演時撰寫的曲目簡介

一戰風雲

美軍參戰

德國於3月21日至7月15日在西線向英法軍隊發動了大規模攻勢，企圖在美國增援部隊抵達之前打敗對手。德軍不僅從英軍手裏奪取了梅西納嶺，並在埃納河奇襲法軍，而再度突進至距巴黎64公里內的地區。而美軍則幫助協約國在蒂耶里堡阻擋了德軍的攻勢。美國海軍陸戰隊於6月6日佔領了貝羅森林，並在德軍持續進攻下堅守了19天。

紅男爵之死

率領德國空軍「飛行馬戲團」的曼弗雷德·馮·里希特霍芬男爵

於4月21日被擊落。這位以擊落80架敵軍飛機而揚名天下的英雄，最終由協約國敵人以隆重的軍禮安葬。

潘興大舉推進

亞眠戰役迫使德軍於8月退回興登堡防線。美國的約翰·「黑傑克」·潘興將軍則於9月12日至13日率領美軍首度展開單獨行動，在聖米耶勒一役中俘虜了敵軍1萬5千人，並迫使德軍交出自1914年就一直固守的陣地。在馬士-阿爾岡戰役中，美軍終於把德軍逐出阿爾岡森林，但卻也因這場戰鬥僵持超過6週而傷亡慘重。

支離破碎的奧地利

在10月24日至11月3日的維多里奧-維內托戰役中，奧軍大部分均被殲滅，有數十萬名士兵遭協約國軍隊俘虜，其餘殘部則逃回奧地利。

在戰後的廢墟中，共產黨的組織日益發展壯大。此圖中，正有一支德國赤衛軍部隊通過勃蘭登堡城門，進入柏林。

第一次世界大戰

戰爭後遺症

11 戰爭的深遠衝擊不僅超越死者、殘疾者、孤兒寡母、家破人亡者所付出的代價，也超越它對歐洲版圖和權力平衡所發揮的轉型作用。它同時也改變人們，使其以全新角度看待自己及其在世界上的定位。

歸鄉的士兵徹底改變了：數百萬名涉世未深的年輕人已被迫投身於兇殘殺戮、強顏歡笑的軍旅生涯以及從未涉足的陌生異域。那時一首美國歌曲曾問道：「在他們看過巴黎後，你要如何讓他們安於務農？」

然而，態度的變遷不只發生在那些穿過軍裝的人身上。交戰雙方都聲稱要維護的文明也陷入一片狂亂顛覆的風潮中。接下來的10年，詩人、小說家與畫家創造出以迷惘和幻滅為主題的藝術，另一些人則透過極端的生活方式表達出類似的態度。不管是20年代風行的狂放享樂主義，或是歐洲的納粹突擊隊、法西斯衝鋒隊、極左派街匪與美國幫派分子的大張旗鼓等當代暴力現象，在在都反映出人類已喪失共有的純真特性。

由於要動員全民參戰，宣傳的力量也以史無前例的規模，有系統地被運用。海報、手冊、新聞報導，甚至「科學」論文研究都把敵人描繪成嗜探可恥暴行的低等野人。對協約國來說，德國人就是匈奴，是古代野蠻民族在人種和精神上的近親；德國人則高唱「恨之歌」反對英國。這種大量灌輸的仇恨陰影久久未散，為第二次世界大戰預先種下了敵對情結。

此外，所有交戰國家的官僚制度和工業體系也都大幅擴張起來。勞動力的缺乏使婦女扮演起新的角色——美國黑人也是如此，數千人離開了美國南方鄉村，前往北方工廠謀生。然而就在這些被壓迫族群崛起之際，社會的分化態勢也逐漸升高。戰爭使美國人陷入了仇外的狂熱狀態，而後來這種情緒就透過政治迫害和新興的三K黨表現出來。不遠千里前往歐洲作戰的黑人士兵返回家園後，卻發現他們不惜性命維護世界秩序以確保的民主政治，根本沒有容納他們的餘地。在歐洲，左右派的兩極化因受到經濟混亂和俄國革命的夢魘激盪，而越形尖銳。各國都有人呼籲恢復舊秩序，但在戰後，各種激進新秩序的支持者所挑起的纏鬥，才是最具殺

傷力的競爭活動。◀1918（1）
▶1919（1）

音樂

超現實主義作曲家

12 隨著《蘇格拉底》這首由柏拉圖《對話集》改編而成的前衛室內管弦樂及歌曲在1918年問世，埃里克·薩蒂突破了他原為奇幻戲劇配樂作曲家的聲望，轉型成功。簡樸無華、精鍊有力、未見絲毫殘存的19世紀浪漫主義氣息，這首充滿現代感的《蘇格拉底》，代表薩蒂已擺脫他那位才華洋溢的朋友和咄咄逼人的對手克洛德·德布西的陰影；3年來薩蒂受尚·科克托的啟發而對自身作品所做的「再突破」，其成果也因此曲發表而更形鞏固。（薩蒂、科克托、畢卡索和佳吉列夫協力完成了1917年的芭蕾舞劇《遊行》，而其中樂曲是根據打字機、電報機、飛機螺旋槳和警笛的聲音編寫而成；阿波里耐在為此劇所寫的簡介中，並首度使用了「超現實主義」一詞。）

完成《蘇格拉底》之後，薩蒂本就欠佳的健康狀況迅速惡化，但他的音樂概念並未因他的去世遭到埋沒，繼續影響了莫里斯·拉威爾和約翰·凱奇等作曲家。1925年，薩蒂在巴黎一家旅館的房間裏凝視自己鏡中映出的影像，手裏把玩自己裝設來操縱燈和門的線控裝置，就這樣度過生命中的最後幾個月。

◀1918（9）▶1924（3）

畢卡索為他的朋友兼同事薩蒂所畫的人像。

當年之音

驕者必敗

摘自《偉大的安伯森》，布思‧塔金頓著，1918年

布思‧塔金頓是當時最受歡迎的小說家之一，在1902至1932年間，他的著作有9次登上年度暢銷書排行榜。今日，他主要是以其為年輕人所寫的經典作品——尤其是《彭羅德》——而著稱於世，然而為他贏得普立茲獎的重要作品，則是他為成年人所寫的兩部小說：《偉大的安伯森》和《艾麗斯‧亞當斯》。《偉大的安伯森》發表於1918年，塔金頓用帶有嘲諷意味的口語式散文體裁，敘述印第安納州有財有勢的安伯森家族三代的故事，描繪出他們的顯赫尊貴、貪婪無度，他們的完美無瑕、自戀陶醉，以及他們的無比自信和徹底失敗。在以下節錄的內容中，備受寵愛而剛愎任性的喬治‧梅納弗爾，也就是安伯森斯少校的獨孫，正在慶祝他由大學返家的舞會上接待賓客。▶1942（邊欄）

戴著白手套，西裝扣眼處並別著梔子花的喬治，跟母親、少校一同站在樓下這個金碧輝煌的大廳中迎接著賓客。站在一起的這3人，生動地體現出這個家族三代來一脈相承的美貌特徵。上校、他的女兒和他的愛孫，皆有著安伯森家族的典型外表：高大挺拔而勻稱的體格，烏黑的眼睛，短短的鼻子，還有線條漂亮的下巴。而無論是祖父或孫子，那一模一樣的表情中都微微透露出洋洋自得的優越感。

站在父親和兒子之間的伊莎貝爾，引發了她兒子內心中難以言喻的驚愕之感……。這個女人……在她兒子看來就像是個陌生人，一個他從未與之謀面或攀談，徹徹底底的陌生人。而就在今晚和她並肩站著「接待賓客」時，他才捕捉到這個自己剛邂逅的陌生人眼中那抹不安憂慮的神色……。這種突如其來的莫名印象使喬治煩躁不安，而他所能察覺到的，只是她有一雙閃耀著光芒的眼睛，而且既優雅又青春。總之，她是如此地美麗，引人遐想……。

那段奇幻的片刻消逝了。就算在神遊的同時，喬治也仍在善盡今晚的任務，招呼著兩個據說是他青梅竹馬玩伴的漂亮女孩，並親切地做出保證，表示自己還牢記著她們——這種保證若出自他人之口，可能沒啥稀奇，但要是換成喬治‧梅納弗爾來說，可能就要讓她們受寵若驚了！不過這似乎是多此一舉，因為就在不久前的8月，他才和這姐妹倆相處了不少時日。

這次與她們同行的還有父母和一位外地來的叔叔。喬治心不在焉地用同樣的話問候了她們的父母，但是對那個素未謀面的叔叔，他則還絮叨了些別的話。他漫不經心地注意到這個人就像隻「怪模怪樣的鴨子」……。

薛倫家的小姐帶著怪模怪樣的鴨子叔叔走了過去，而當母親提醒出神的他招呼下一位等著和他握手的白鬍子客人時，喬治不禁感到羞憤而臉紅。這是喬治的叔公，老約翰‧梅納弗爾。老約翰總是愛吹噓，自己儘管和安伯森斯家族有姻親關係，卻從未穿過，而且以後也絕不會穿燕尾服……。喬治想刻意忽視這個老頭，但還是得和他握握手，客套一番。而這時老約翰便開始誇喬治氣色真好，還說他才4個月大時，可是又小又弱，沒人以為他活

得了。喬治一時惱羞成怒，便大力甩開老約翰叔公的手，然後緊握住下一位賓客的手。「我真的記得您！」他狠狠地說道。

喬治漸漸平復了早年的打擊帶給他的羞辱感，而令他徹底恢復正常的則是一位身著時髦亮眼的藍黑相間服裝，還有一雙烏黑眼睛的19歲小美人。一看到眼前的行伍中有這樣一位耀眼入時的嬌客，喬治馬上又變回了標準的安伯森斯家族。

「我真的記得您！」他說道。這可是他表現得最認真有禮的一次。伊莎貝爾在聽見他的話之後，卻笑了起來。

「喬治！」她說，「你根本還沒機會記得她，不過以後你當然會！摩根小姐是從外地來的，這恐怕是你們第一次見面。你不妨請她去跳舞吧；我想你已經善盡今晚的職責了。」

如同塔金頓的大多數小說一樣，《偉大的安伯森》也是以他的家鄉印第安納州作為故事背景。在奧森‧威爾斯那個命運多舛的1942年電影改編版中，喬治‧安伯森‧梅納弗爾是由提姆‧霍爾特飾演（上圖，左）；而露西‧摩根這名喬治在以上節錄內容中初次相識的女子，則是由安妮‧巴克斯特飾演（上圖，右）。

「這個莊嚴的勝利時刻，這個世界歷史上最偉大的時刻之一……
將把人文精神提昇至更高層次，流傳於後世。」

—— 英國首相大衛・勞合・喬治於1918年11月11日發表的停戰演說

1919

年度焦點
《凡爾賽條約》結束第一次世界大戰

1 1919年6月28日，薩拉耶佛刺殺事件引爆第一次世界大戰整整5年後，交戰雙方終於簽署協議，結束敵對狀態。而以簽署地點法國凡爾賽宮為名的《凡爾賽條約》，則是巴黎和會的重頭戲。此條約旨在建立美國總統伍德羅・威爾遜所主張的「國際新秩序」——威爾遜希望能依據「十四點」和平原則進行戰後規劃，藉由公民投票與公開討論，實現非懲罰性的「不分勝負和平狀態」。然而歷時6個月的和談，主要都在勝戰「四巨頭」法、義、英、美操縱下祕密進行，而其中的歐洲3國都希望能削弱德國實力，因此威爾遜最後只有被迫讓步。

該條約根據威爾遜計畫中最重要的第十四條原則，成立全球性的「國際聯盟」，然而德國卻未獲准加入。此外，德國還須割讓大約6萬5千平方公里領土給鄰國，而這些區域中住有600萬居民和德國一半的煤、鐵礦藏。東普魯士與德國其他地區則遭「波蘭走廊」一分為二，加以隔離。協約國佔領萊因河谷，並經由國際聯盟授權，佔領所有前德國殖民地。德國陸軍編制不得超過

1919年6月28日，威廉・奧澎爵士，在凡爾賽「鏡廳」簽署和約。

10萬人，海軍只准有少數小型艦艇，空軍則完全被廢除。包括德皇威廉二世在內的戰犯，還要接受國際法庭的審判。

而德國最嚴重的損失乃是協約國要求它支付的戰爭賠償款項。賠款的具體數字雖未發表，但英國經濟學者約翰・梅納德・凱因斯評估協約國應是要求400億美元。凱因斯曾警告，超過100億美元的賠款將意味「德國經濟生活的完全崩潰」——這將是德國人民絕對無法忍受的結果。

德國首相菲利普・謝德曼和全體閣員提出總辭，拒簽條約，但德國國民議會卻順從地接受了。法國人民認為條約條件過份寬大，而以選票力量迫使首相喬治・克里蒙梭下台，以示抗議。儘管條約內容與本身理想不符，威爾遜仍予以支持，但卻未能說服國會接受。（因其為維護世界和平的努力，獲頒1919年諾貝爾和平獎）於是另一場世界大戰又準備開打了。

◀1918（1）▶1920（1）

德國
斯巴達克斯同盟的叛亂

2 1919年初，德國宛如實行列寧主義的國家。德皇威廉二世已退位，整個國家由6人組成的「人民代表會議」控制；工人「委員會」（蘇維埃）則佔領工廠。但這裏可不是俄國。國民議會選舉已定1月19日舉行；而境內也不曾發生奪取財產和整肅舊政權官僚或軍官的事情——這幫人理應為德軍打輸一次大戰承擔羞辱。其實對控制「人代會」的溫和派社民黨人弗雷德里希・艾

伯特來說，那些軍官是用來防範布爾什維克式政變的最佳工具。就在選舉前幾天，政變眼看將爆發，艾伯特於是向軍官們求援。他們則大行殺戮，為納粹日後的崛起鋪路。

事變源於1918年12月，1千名水兵與數目相當的支持者組成「人民海員師」開進柏林，試圖「保護」政府，並支援「人代會」中3名激進的獨立社會民主黨議員，對抗其他較中立的同僚。在艾伯特要求水兵離開卻遭反抗時，他召入效忠政府的部隊。然而，數千名示威者卻逼退了部隊，同時「人代會」中的獨立社會民主黨議員也辭職抗議。接著，隸屬獨立社會民主黨的柏林警察首長遭到解職。1月5日，激進分子佈滿街頭，並接管各報社時，一週前剛成立的共產黨（前身是規模甚小，極為左傾的斯巴達克斯同盟）宣佈罷黜「人代會」。而這次叛變即被稱為「斯巴達克斯同盟叛亂」。

共產黨人其實不如外表團結。對是否能在德國展開全面革命亦意見分歧，而很多人均反對採用布爾什維克戰術，其中包括「斯巴達克斯同盟」的創始者，也是歐洲最辯

才無礙的左派領袖之一羅莎・盧森堡。然而盧森堡的同志卡爾・李卜克內西（同盟之名「斯巴達克斯」即取自其筆名）領導的贊成激進暴動的派別，聲勢卻高上一截。驚恐莫名的艾伯特於是授權國防部長古斯塔夫・諾斯克召來新組成的「自由兵團」——該部隊是由舊日德皇麾下軍官指揮。領命時諾斯克便說：「我想有人該倒楣了。」盧森堡（上圖）和李卜克內西（下圖）與其他人皆迅速遭處決。隨後兩個月中，「自由兵團」又屠殺1200名柏林人，並鎮壓了巴伐利亞的一場叛亂。

至此，選舉才得以順利進行，艾伯特則當選總統。這個新共和國定都於詩人歌德的故鄉威瑪。而其憲法所蘊含的自由精神，在全世界可說是數一數二。然而掌握該國軍隊的，卻是一群對自由主義、社會主義、共產主義與民主體制都不屑一顧的人；而也正是這群人，在日後將希特勒拱上了政治權力舞台。

◀1912（邊欄）▶1921（7）

電影
天才掌權

3 1919年，好萊塢3大巨星查理・卓別林、道格拉斯・范朋克和瑪麗・璧克馥，再加上聲望最高的導演格里菲斯，聯手組成了「聯美電影公司」，這是第一家由才華洋溢的藝人共同掌控經營的電影公司。

當時，這4人在演藝圈的成績可謂傲視群倫。電影院只消貼出卓別林的流浪漢扮相海報，旁邊寫上「我在這兒」，就能廣招影迷排隊觀賞。格里菲斯則是因其作品《國家的誕生》而倍受敬重。偶像影星范朋克主演的一系列輕鬆諷刺劇，也風行一時。而即將成為他妻子的瑪麗・璧克馥（兩人在1920年結婚）被譽為「美國甜心」，既是影壇最具票房吸引力的女星，又是商場女強人。與她甜美而稚氣未脫的女性銀幕形象造成強烈對比的是，璧克馥不僅敢挺身對抗好萊塢巨擘，還帶頭為演員爭取更多的酬勞

藝術與文化　書籍：《凡爾賽和約的經濟後果》約翰・梅納德・凱因斯；《山城故事》舍伍德・安德森；《田園交響曲》安德魯・紀德；《行為主義》詹姆斯・華生
音樂：《你如何能教他們安心務農在他們到過巴黎之後》劉易斯・揚和唐納森；《穿藍禮服的艾麗絲》提爾尼・麥卡錫；《斯萬尼》格什溫・凱撒；《三角帽》曼紐・

「這麼說，那些瘋子已經掌管起瘋人院了。」

—— 影業大亨理查·羅蘭在聽聞「聯美公司」創立的消息時所言

好萊塢「四巨頭」（從左至右）：范朋克、璧克馥、卓別林和格里菲斯。

以及主導電影藝術的權力。

由於這些負責人與其他片廠尚訂有合約必須履行，因此「聯美公司」一開始營運並不順利，20年代一直處於虧損。格里菲斯不久就宣佈退出。不過范朋克的暴徒形象及卓別林的喜劇路線都塑造得十分成功，且多虧經營得法，這家片廠於是能夠維持下去。到了50年代，僅存的兩個合夥人璧克馥和卓別林將「聯美電影公司」賣給一群商人。

◀1915（1）▶1924（邊欄）

阿富汗
獨立與地位

4 一次大戰期間，哈比布拉汗統治下的阿富汗嚴守中立，而此舉乃是為討好英國與俄國——這兩國一直與波斯競相欲控制阿富汗，而結為世仇（為了爭奪霸權以控制這個位居戰略要津的緩衝國，3國曾兩度大動干戈；阿富汗則持續受困於部族爭鬥的紛擾，始終未曾有明確的政治地位）。一次大戰結束時，哈比布拉汗寫信給英國的印度總督，要求巴黎和會承認他的國家獨立。但哈比布拉汗卻在1919年2月遭到一群從事抗英運動的激進成員暗殺身亡。

之後，哈比布拉汗的第3個兒子阿曼努拉汗奪權成功，自立為王，並宣佈阿富汗獨立，但英屬印度拒絕承認，於是第3次阿富汗戰爭在5月3日爆發。這場戰爭不到一個月就宣告結束，交戰雙方都沒取得顯赫的軍事戰果，但阿富汗卻獲得可自行處理外交事務的權力。兩年後，停戰條約完成修訂，英國承認阿富汗為獨立國家。

在與英國簽署最後的停戰協定前，阿富汗已先與俄國新成立的布爾什維克政府簽訂友好條約，而成為世界上最早承認蘇俄的國家之一。這兩國間的特殊關係一直持續至1979年，兩國在另一場阿富汗戰爭中兵戎相見為止。◀1917（1）▶1978（7）

科學
同位素原理得到證實

5 法蘭西斯·阿斯頓以前是釀酒廠的化學工程師，後來轉而研究物理。1919年，一次大戰結束後，他回到劍橋，發明了質譜計，而他憑藉這項儀器，解決了一個核子物理學的基本難題。

直到1905年，人們都還以為原子的重量不同就會產生不同的化學變化，因此就應是不同的元素。後來科學家發現，釷元素的放射性衰變會產生射釷，而射釷的原子量比一般釷元素輕，但兩者的化學性質卻一樣。進一步的實驗證明其他放射性元素也有類似現象。1913年，物理學家弗雷德里克·索迪提出一個術語「同位素」（isotope，源自希臘文，意指同一位置），藉以描述某些明顯有相同數目的電子但原子量（或稱質量）卻不同的化學物質。即使如此仍有個關鍵問題尚待解答：那些穩定元素（即非放射性元素）也有同位素嗎？

劍橋大學的物理學家湯姆森爵士（於1897年發現電子，其設計的「葡萄乾布丁」模型首度從理論角度描述原子結構），差點在1912年解開此謎。當他把穩定元素氖的原子射過一個磁場時，發現90%的原子偏離軌道，從其偏離的角度，可算出這些原子的質量是20個單位。但其餘原子的質量卻是22個單位。

阿斯頓的質譜計分離了同位素，也因而確立了週期表內容。

不過他並不敢斷定自己已發現同一元素的不同變體，只是推測那第二種物質也許是種不知名的化合物。

7年後，阿斯頓改良老師湯姆森發明的裝置，使其能更精確地分離粒子，並讓這些粒子轉射到相片上。這台質譜計不僅證實了氖有兩種主要的「同位素」，也確認同位素原理的基本正確性。他並進一步說明，許多元素都是多種同位素的集合體：在自然出現的287種同位素中，他就發現212種。其研究最後導致鈾-235同位素的發現與濃縮，使人類能夠控制核分裂過程。

◀1913（1）▶1930（14）

誕生名人錄

納京·高 美國歌手
梅爾斯·坎寧安 美國編舞家
瑪戈·芳婷 英國芭蕾舞者
麥爾坎·福布斯 美國出版商
埃德蒙德·希拉里 紐西蘭登山家
米哈伊爾·卡拉希尼可夫 蘇聯槍械設計家
多麗絲·萊辛 英國作家
利伯雷斯 美國音樂家
普里莫·萊維 義大利作家
艾里斯·梅鐸 愛爾蘭裔英國小說家、哲學家
穆罕默德·雷莎·巴勒維 伊朗國王
沙林傑 美國作家
皮特·西格 美國民謠歌手
伊恩·史密斯 羅德西亞總理
皮埃爾·杜魯道 加拿大總理
喬治·華萊士 美國州長

逝世名人錄

威廉·沃多夫·阿斯特 美裔英國出版商
法蘭克·鮑姆 美國作家
安德魯·卡內基 蘇格蘭裔美國實業家、慈善家
詹天佑 中國鐵路之父
馮國璋 中國軍閥
亨利·克萊·弗里克 美國實業家
奧古斯塔·茱莉亞 美國音樂贊助人
亞歷山大·高爾察克 俄國海軍上將
魯傑羅·萊翁卡瓦洛 義大利作曲家
皮埃爾·奧古斯特·雷諾瓦 法國畫家
西奧多·羅斯福 美國總統
法蘭克·伍爾沃思 美國零售商
埃米里亞諾·薩帕塔 墨西哥革命家

在第3次阿富汗戰爭中，英軍以超過25萬名的兵力，對抗阿富汗叛軍。

1919

德·法雅　繪畫與雕塑：《城市》保羅·克利　電影：《男性與女性》西席·地密爾；《落花》、《真心的蘇西》大衛·格雷菲斯；《盲目的丈夫》埃里希·馮·斯特羅海姆；《美國人陛下》道格拉斯·范朋克；《杜巴萊夫人》恩斯特·劉別謙　戲劇：《雙座四輪馬車》布思·塔金頓；《失去社會地位的人》佐薇·阿金斯；《伊琳娜》提爾尼和麥卡錫。

「說實話，我們自己都如此缺乏民主精神，又怎麼能將它施與全世界？」

—— 美國無政府主義者艾瑪‧高德曼

美國萬花筒

棒球醜聞

大家看好的芝加哥白襪隊，在1919年世界冠軍賽中輸給了辛辛那提紅人隊，傳言也因此喧騰四起。為了釐清職業賭博是否曾介入球賽，調查於焉展開；第二年，有8名白襪隊球員遭起訴。這些觀眾謔稱為「黑襪」的球員，雖免於因在冠軍賽中放水而背負刑責，但隨後仍遭到終身禁賽的處分。受罰的球員中，也包括綽號「無鞋喬」的喬‧傑克遜

（見上圖）在內，而他在冠軍賽中表現出色，讓人一點也看不出其收賄行跡。球迷們於是向他哀告：「快點說不是那麼回事，喬。」▶1920（6）

赤色里德

報導過第一次世界大戰後，激進的美國新聞記者約翰‧里德前往俄國旅行，醉心於布爾什維克主

美國
赤色之年

⑥ 1919年是美國人慣稱的「赤色之年」。這一年中，血腥的種族暴亂不斷發生，「赤色恐怖」也導致幾千名涉嫌顛覆破壞的人被驅逐出境。儘管軍隊中種族歧視嚴重，黑人士兵在第一次世界大戰中依然英勇奮戰；黑人勞工對戰力的維持也是功不可沒。然而，戰後經濟衰退，工作與住宅不足，大家競相爭取，種族關係更形緊張。好登聳動新聞的報紙，大肆渲染駭人的故事，將黑人描寫成強姦犯和匪徒。白人住宅區附近的黑人住家經常被燒毀；濫用私刑處決黑人的案例，也從1917年的38起，增加到1919年的83起。

4月，有25個城市爆發了動亂。芝加哥有處湖濱實行種族隔離，白人向游過界的黑人青年投擲石塊，並淹死其中一人。不久後，白人暴徒開始在全城各處攻擊黑人。7月，在華盛頓特區又有一名白人婦女據稱遭到強暴，警方隨即宣佈，將對每一個夜晚上街的黑人進行搜查。白人士兵於是認為，當局允許他們向黑人射擊；警察也常常未取得拘捕令，就闖入了黑人家

中。然而隨著這些騷亂發生，新的現象也出現了：黑人開始抵抗，甚至使用槍枝反擊。在黑白兩種族各有幾十人遇害後，軍隊才使全國各地秩序得以恢復。黑人領袖警告，將要進行一場種族戰爭；白人政客則大聲疾呼「這是布爾什維克主義！」

勞工運動也同樣被指控為「布爾什維克主義」。鋼鐵、煤礦和紡織業的罷工狂潮，席捲全美。2月份，大多數西雅圖居民均加入為期5天的總罷工。夏天，芝加哥的左派知識分子和工會活躍分子成立了美國共產黨。在華盛頓，恐怖分子炸毀好幾名高官的府邸。總檢察長米契爾‧帕爾默為施以報復，便在12月份逮捕249名俄裔移民，把他們運回蘇聯，而其中就包括著名的無政府主義者埃瑪‧高德曼（見左圖）。正如一名聯邦法官所說的，許多「安分守己的無辜勞動群眾」也遭受了同樣的厄運。在1920年1月，數千名「赤色外僑」遭到逮捕，有些還在祕密聽證會上因煽動叛亂罪受審。由於戰後美國境內瀰漫著仇外氣氛，因此大多數人都支持所謂的「帕爾默襲擊」。諷刺的是，左派分子卻在布爾什維克革命議題上產生歧見；勞工對種族問題爭論不休；連黑人也對該不該分，各執一詞。這一場美國境內的革命，最後就這樣亂哄哄地收場了。

◀1917（7）▶1920（1）

「帕爾默襲擊」和其他各種懲罰，迫使美國的布爾什維克成員東躲西藏。

義大利
法西斯主義的基石

⑦ 1919年3月23日，120名民族主義者、未來主義者、退伍軍人、工團主義者及前社會主義者在米蘭集會，會中本尼托‧墨索里尼發起了法西斯運動。這幫極端主義者與投機分子於是宣佈成立第一個「法西斯戰鬥團」（fascio

年輕的墨索里尼由社會主義的信徒轉變成法西斯分子。法西斯分子相信，只有他們這群「少數精兵」，才是真正的革命家。

dicombattimento）。這個名稱源自於古羅馬的權力象徵「權杖」（fasces）——這是一束捆在斧頭上的木杖。不久法西斯分子就遍佈義大利全境，縱火犯罪、打架滋事，並展開強力宣傳，反對社會主義者和共產主義者。

第一次世界大戰爆發前，墨索里尼是個傑出新聞工作者，信奉社會主義，起初反對戰爭。然而他始終認為，暴力最能有效導致根本的變革，並且也一直期望，能有一位精英領袖來點燃革命的火花。而他迅即領悟到，這場戰爭是項嚴酷考驗，足以造就出革命領袖，於是轉而大力鼓吹義大利涉入戰爭。遭社會黨逐出後，墨索里尼轉而樹立起另一道政治旗幟。

1919年8月宣佈的第一個法西斯主義計畫，和社會主義有著許多共同點，其中包括：要求擴大公民選舉權、廢除君主制、建立部分集中經濟體制。然而這些政策後來卻退居於聊備一格的陪襯地位，被突顯出來的則是擁抱浪漫的民族主義、頌揚戰爭、崇拜強人領袖與「少數精兵」（受到墨索里尼鼓

「如果我交出彼得大帝所贏得的一切，歷史將永遠不會饒恕我。」

—— 白軍領袖高爾察克在布爾什維克同意芬蘭獨立後，拒絕承認此事實而做的發言

舞，詩人兼戰鬥機飛行員加布里埃爾·鄧南遮在9月率領了300名身著黑衣的追隨者——即「黑衫軍」，佔領紛擾不斷的達爾馬提亞港口非尤梅。鄧南遮在那裏建立的獨裁「共和國」，維持了一年多。）

當法西斯分子對左派人士的攻擊得到了實業家、地主、警察和軍官的支持，此運動的其他目標已變得十分模糊，只剩奪權企圖。1921年，法西斯分子成立政黨，並將成員送進國會。◀ 1911（12）▶1922（4）

蘇俄
內戰席捲全國

8 1919年冬天，亞歷山大·高爾察克自任為反布爾什維克的「全俄羅斯政府」的「最高統治者」，並指揮他的白軍越過烏拉山脈。在西方盟國的訓練與後勤支援之下，高爾察克攻了一個又一個城市。與此同時，蘇維埃的軍事領袖列昂·托洛斯基則放低姿態，靜待冰消雪融，以爭取時間集結紅軍。4月，當白軍推進到窩瓦河畔的喀山和沙馬拉市時，托洛斯基開

當紅白兩軍激烈交戰時，俄羅斯農民正飽受可怕的饑荒折磨。

始反攻。由於防線很長，兵力散布得過於單薄，白軍不得不撤退。俄國內戰局勢開始逆轉，盟國於是撤回了對高爾察克的支援。11月，高爾察克反革命政府的首都鄂本斯克淪陷，他於是東逃至伊爾庫次克。在那裏，他的軍隊因敗逃而人數銳減，而他則被送交紅軍監禁，並於2月遭祕密處決。

在高爾察克於東線作戰的同時，安東·鄧尼金則率領白軍在南

線挺進。相繼拿下卡爾可夫、波塔瓦、敖得薩、基輔和庫斯克之後，鄧尼金的部隊在1919年10月進抵奧列爾，距莫斯科只有402公里遠。然而那時，他的部隊已是軍心渙散、補給不足，兵力又過於分散。鄉間已成一片廢墟，紅軍則堅守奧列爾，奮力頑抗。雙方激戰之後，白軍不敵敗退。鄧尼金在春季辭職，將他那疲困不堪的軍隊，交給同是前皇家軍官的彼得·弗蘭格爾。此時，克里米亞半島上的糧食奇缺和農民暴動問題，阻礙了軍事行動，戰線於是就被侷限在飽經戰禍的此地。到了4月，內戰幾近告終，但整個夏季紅白兩軍仍繼續進行小規模交戰；直到進入秋季，弗蘭格爾才撤出克里米亞，逃到君士坦丁堡。

鄉村居民被趕出飽受蹂躪的田園，城市被摧毀得只剩下斷垣殘壁；道路上難民充斥，瘟疫與饑荒肆虐橫行。當布爾什維克分子在內戰後幾年忙於鞏固權力時，境內有數百萬人餓死，饑荒成了威脅這個新國家的大敵之一。◀ 1918（5）▶1919（11）

建築
包浩斯學校創立

9 對20世紀的建築與設計界來說，最重要的運動始於1919年。在這一年裏，主張「設計者應為死板的機械製品注入靈氣」的建築師沃爾特·葛羅培亞斯，在德國的威瑪建立了「包浩斯學校」（意為「建築之家」）。

葛羅培亞斯在設計教育方法上所採用的「新」方法，和中世紀的

《包浩斯的樓梯》（1932），這是該校教師奧斯卡·施勒麥的作品。

行會雷同。在這所學校中，老師的頭銜是「師傅」，學生則是「學徒」。保羅·克利在校內開闢了一個彩色玻璃工場；瓦西里·康丁斯基負責教授壁畫課程；馬塞爾·布羅伊爾則主講室內裝潢設計。學生被要求在實用工藝課程中，熟悉所有建築材料與程序，以厚植技術面的能力與素養。葛羅培亞斯試圖結合精緻的人工技藝與生產裝配線量產的作業方式。他主張，充滿美感的迷人設計，應成為日常生活的一部分，而不是專為菁英顯貴生產的奢侈品。

然而要學生把才華浪擲在「難登大雅之堂」的工藝製作上，這種想法實已引起傳統人士的不滿；而戰後德國境內紛亂擾攘，通貨膨脹一發不可收拾，也使得學生難以負擔食宿開支，因此這所包浩斯學校在遷至柏林後，即於1933年遭納粹關閉。

然而，這所學校表現的精神及對後世的影響，卻是延續不輟。設計師拉斯洛·莫霍伊-納吉在芝加哥創建了新的包浩斯學校（後更名為設計學院）；短暫主持過包浩斯學校的路德維希·密斯·范·德·羅厄在伊利諾州理工學院設立建築學系；葛羅培亞斯則出任哈佛建築學院院長。而包浩斯學校主張的典型風格，如實用樸素的設計，簡單的幾何形式，平滑的外表及原色和現代材料的運用，在20世紀的生活中更是隨處可見。◀ 1909（4）▶1923（8）

義，並於1919年出版《震撼世界的十天》這本描寫十月革命現場實況的著作。回到美國後，里德這個哈佛畢業的富家子，當上了美國共產主義勞動黨的領導人。後來他因被控觸犯煽動叛亂罪而逃回俄國，並於1920年去世，成為唯一埋葬於克里姆林宮牆旁的美國人。◀ 1919（6）

圓桌上的才智

從1919年開始，包括喬治·考夫曼、羅伯特·本奇利、亞歷山大·伍爾科特、多蘿茜·帕克、富蘭克林·亞當斯以及羅伯特·舍伍德等人在內的一群作家，每天都在紐約市的阿爾貢金族飯店相聚一堂，圍桌而坐，共進午餐。這

個聚會也因而成為本世紀最負盛名的文學與戲劇交流圈之一。阿爾貢金族圓桌會議以其煥發才氣和辛辣諷刺（考夫曼的名言「諷刺不屬於週末夜」即是出自此處）之特色著稱於世，雖然後來大多數主要成員都已不再出席，它仍然一直維持到1943年。▶1920（當年之音）

第一條修正案的限制

在1919年的一項劃時代決定中，最高法院法官奧立佛·文德爾·霍姆斯，明確地界定了憲法第一修正案保護言論自由的限制：當某項言論具有明顯而迫切的危險性，能導致國會有權禁止的實質災害時，該項言論即屬違法。而霍姆斯舉出的實例為：「在戲院大聲謊報失火」。此項決定是因戰時保安措施引發反彈而產生，也因而為憲法第一修正案建立了永久的判例。

三冠王榮銜

1919年，栗色小馬巴頓爵士締造空前大捷，贏得賽馬界的「三冠王大賽」：肯塔基德貝賽、普利克內斯大獎賽和伯蒙特大獎賽。牠是頭一匹囊括三冠王榮銜的美國純種賽馬，而此紀錄一直保持到1930年。▶1920（邊欄）

「對我來說，法國戰場和阿姆利則都是一樣……乖乖聽我命令，開門做生意，如果想開戰，儘管明說。」

── 雷金納德‧戴爾准將為自己在阿木里查下令開槍一事做的辯解

環球浮世繪

薩帕塔之死

4月10日，埃米里亞諾‧薩帕塔在摩雷洛斯州奇納梅卡農場遭到墨西哥總統貝努斯蒂亞諾‧卡蘭薩的特務人員伏擊，於是他所領導的這場充滿幻想、激情和血腥的農地改革運動，就在一陣彈雨中宣告夭折。在世人眼中，薩帕塔有著典型墨西哥革命者的形象：頭戴大大的墨西哥帽，留有濃密大鬍子，肩上斜披著彈帶。在全盛時期，他曾控制墨西哥南部大半地區。他在勢力範圍內徵收大批私有土地，分發給農民，並建立了墨西哥第一個農業信用融資機構。◀1910（10）

THE CABINET OF DR. CALIGARI

銀幕上的表現主義

1919年推出的《卡博士的密室》一片，以憂鬱、緊張的氣氛和強烈的視覺震撼力，描繪出一個精神錯亂者的狂想生活。這部影片因而成為德國表現主義的經典之作。然而儘管有其不凡之處，但若就電影畫面來評析，卻被認為是乏善可陳，而未對電影藝術的進展有何建樹與影響。▶1926（5）

庫恩的政變

1919年3月20日，匈牙利共產黨人貝拉‧庫恩獲釋出獄，並即刻著手集結一支軍隊，以推翻政府，重新奪回被羅馬尼亞和捷克侵佔的匈牙利領土，然後建立一個正統共產黨政權。然而他的激進政策，卻使得農民和軍隊與他為敵。8月1日，庫恩遭到驅逐，拋下了他未竟的理想國大計逃到維也納。▶1944（11）

印度

阿木里查大屠殺

10 1919年4月13日，1萬5千名示威者聚集普省的阿木里查，抗議實施《羅拉特法案》；而當軍隊出現驅散他們時，似乎鮮有人感到意外。印度人進行抗議已數週──新法律授權英國人可不經審判，將任何涉嫌參與革命的人拘捕入獄。在一些城市中，示威甚至演變成暴動。不過4月13日，在阿木里查一個大公園裏舉行的抗議活動倒十分平和。那是個星期天，聚

在阿木里查大屠殺後，就出現公開鞭刑，這原是英國公然譴責的行徑。但是，英國上議院卻對這項措施的主導者讚賞有加。

集的人群中還有些是附近村莊的農民，欲前來慶祝某個印度節日。

當軍隊到達後，群眾裏有許多人喃喃說道：「他們來了，他們來了。」在毫無預警狀況下，英籍地區指揮官雷金納德‧戴爾准將下令開火。抗議群眾或狂亂地爬過公園圍牆，或擠向狹窄出口，但出口早已被軍隊或成堆死屍堵住。軍隊用步槍連續掃射10分鐘之後撤走，留下約500具屍體和1500名傷者。

印度人曾代表英國和協約國在大戰中犧牲慘重，而《羅拉特法案》帶來的傷痛尚未撫平，阿木里查慘案更雪上加霜，對他們造成難以忍受的侮辱。在隨後暴力充斥的日子裏，戴爾將軍頒布戒嚴令，下令公開執行鞭刑。有些印度人就曾因一名英籍女醫生在騷亂中被毆，而被迫爬過她挨揍的那條街。

1919年末，要求讓更多印度代表參與政府的《印度政府法》終於通過。然而如此仍安撫不了此時的印度民族主義者。他們堅信自治是他們擁有的權利，而不是獲贈的恩惠，即使那是最開明君主給予的賞賜。◀1916（12）▶1921（12）

蘇聯

共黨第三國際召開第一次大會

11 1919年，為鞏固對全球共黨的控制，莫斯科布爾什維克領袖列寧、尼古拉‧布哈林和格里戈里‧辛諾維也夫，在莫斯科召開第三國際第一次代表大會。這個組織有來自19國的60名代表參加，而名為「第三國際」，乃接續第二國際之義──在一次大戰時，第二國際因各組成黨派對是否支持母國參戰意見分歧而解散。

一開始布爾什維克黨人就支配著第三國際代表大會。他們奉行好戰政策，制訂崇高目標。莫斯科領導人把第三國際設計為醞釀全球無產階級革命的組織，尤其此時歐洲戰禍傷痛未平，勞工騷亂蔓延，這種無產階級革命不僅該當出現，且迫切需要。第三國際的各黨被迫遵循俄國模式，自稱「共產黨」；拒絕暴力革命的黨則被掃地出門。成員們也保證對蘇聯效忠，並允諾在其國內代蘇聯引發騷動。第三國際一直維持到1943年才被史達林解散。◀1919（8）▶1921（2）

文學

赫塞的突破

12 1919年，赫曼‧赫塞發表《徬徨少年時》，描寫精神崩潰及後續「重生」的過程，使他晉身為本世紀重要作家之列；在這

之前，赫塞已寫過不少傳統暢銷書。幾年前，德國出生的他，對自己在瑞士的安適中產階級生活感到煩躁，於是出外旅行，卻仍然無助於改善現狀（他的行程包括一次亞洲之遊，促成後來創作《流浪者之歌》）。隨後第一次世界大戰爆發，他遭逢一連串危機：他寫反戰文章，遭到強烈敵視；父親過世，妻子也瘋了。他沮喪消沉之餘，向一位榮格派心理分析學家尋求諮商，而寫出第一部小說，有系統地探討自己的代表性主題：一名遺世獨立的英雄試圖解決自身面對的靈魂與肉體、情感與理智、行動與默想等普遍而矛盾的雙元問題。

《徬徨少年時》深獲受到戰禍摧殘的一代認同，而他們也正是書中描寫的人物。在這部作品中，主人翁由於無法接受前人講究理性、權威與秩序的精神準則，於是試圖尋找一個「具有魔性的神」──也就是既有貪慾，又明理的神。赫塞在這方面的探索，在《玻璃珠遊戲》之類的作品中發揮得淋漓盡致；他因此書獲得1946年諾貝爾獎，並且受到60年代叛逆青年的忠誠擁護。◀1901（8）

LONG LIVE THE THIRD COMMUNIST INTERNATIONAL! EVVIVA IL TERZA INTERNAZIONALE COMMUNISTA! VIVE LA TROISIÈME INTERNATIONALE COMMUNISTE! ES LEBE DIE DRITTE KOMMUNISTISCHE INTERNATIONALE!

第三國際號召世界各地的工人起來反抗壓迫者。

諾貝爾獎 和平獎：伍德羅‧威爾遜（美國，國際聯盟） 文學獎：卡爾‧施皮特勒（瑞士，詩人與小說家） 化學獎：從缺 醫學獎：朱爾斯‧博爾德（比利時，免疫學和血清學） 物理學獎：約翰內斯‧斯塔克（德國，在電場中分裂譜線）。

儲酒迎接禁酒日

摘自1919年5月4日《紐約時報》廣告

1919年國會批准第18條修正案，禁止「製造、銷售或轉運能使人喝醉的酒類」。這項新法律獲得廣泛的民意支持──大戰期間，媒體一直強調清醒、自制方能克敵致勝；此外酗酒也被公認為是導致暴力、貧窮和家庭崩潰的根本因素。在禁酒令正式生效前，擁有全美63%人口的33個州早已開始禁酒。禁酒令多少算是實行成功了。由於私販酒商及地下酒吧猖獗氾濫，要做到全面禁酒實有困難，但酒類的消費量的確已下降（直到1975年，酒類消費量才又回升到禁酒前的水準））。不過禁酒令也飽受譴責，因為它帶來了種種社會弊端──有組織犯罪的興起、政府的腐敗及對法律的普遍蔑視。在1920年1月禁酒令生效之前，賣酒商店的廣告（如下圖，摘自《紐約時報》的廣告）力促民眾趁著仍有酒類供應時，趕快去買酒儲備。

◀1901（邊欄） ▶1930（邊欄）

大戰之後，接踵而來的是幻滅，隨後是繁榮，再來便是毫無節制的放縱。當藝術家和作家宣佈一個敗壞的文化死亡時，那些不受傳統約束的少女和她們的情人則隨著爵士時代強烈的節拍瘋狂起舞。直到1929年席捲世界的經濟危機爆發，這場舞會才宣告結束。

1920
1929

20年代的藝術騷動主要表現在美國城市。在那裏，爵士音樂正在改變通俗文化的形象。同時在法國首都巴黎，一批外來的卓越群體正在革新藝術和文學。巴黎的咖啡館，經常有諸如海明威、喬伊斯、施泰因、費茲傑羅等藝術天才光顧品飲、思考、寫作並參加社交活動。咖啡館成了這個時代的標誌。右圖為匈牙利移民安德烈‧克提斯拍攝的蒙帕納斯大道的穹頂咖啡館，他那頗富新意的攝影將巴黎的生活情景公諸於眾。

1920年的世界

世界人口　　1910年：17億　　1920年：19億

1910-1920年：+11.8%

歐洲版圖的重新組合

第一次世界大戰改變了歐洲的面貌。由德國人、匈牙利人、波蘭人、捷克人、塞爾維亞人、克羅埃西亞人、義大利人和羅馬尼亞人組成，歷史長達636年之久的奧匈帝國，在它點燃戰火4年後，這個不穩定的混合體解體了（法蘭茲·約瑟夫皇帝不幸忽視了哈布斯堡王朝歷代相傳的箴言：「讓其他國家去進行戰爭；你是如此愉快的奧地利」）。在凡爾賽的和平締造者重新組合中歐和巴爾幹，重劃德國、奧地利、匈牙利、羅馬尼亞邊界，造就出波蘭、捷克，以及塞爾維亞、克羅埃西亞和斯洛維尼亞聯合王國（即後來的南斯拉夫）。這種人為製造邊界的作法，為70年後才浮現的民族主義復甦和暴力的領土收復主義的滋長埋下禍根。

芬蘭
愛沙尼亞
拉脫維亞
立陶宛
德國
波蘭
捷克
奧地利
匈牙利
羅馬尼亞
義大利
南斯拉夫
俄羅斯

— 1914年的奧匈帝國、德國和俄羅斯帝國
— 1920年的國家邊界

每100對夫婦的離婚數

	1920	1990
奧地利	0.6	34
義大利	0*	7
日本	9.8	22
英國	2.1	43
美國	13.6	48

*該國在1970年之前離婚仍屬非法

技術之光

到1920年，將近有半個世紀歷史的電話，更進一步將人們緊密聯繫在一起。（美國在1915年建立第一個橫貫美洲大陸的電話網路。）當時，每100人之中約有12部電話。今天，電話幾乎遍及全球，可以在地球上任何兩個不同地方（即使雙方都走在街道上）進行通話。

時尚

戰後婦女日益解放，與燈籠褲配套的精美泳衣被現代的泳衣所取代。早期樣式的特色是：一件羊毛緊身的無袖束腰短上衣和一件繫有帶子的羊毛短褲。

每100人電話擁有數

	德國	西班牙	英國	美國
1910	1.7	0.1	0.3	8.2
1920	2.9（1925年）	0.3	2.2	12.3
1990	67.1/11.5（西德/東德）	32.3	43.4	50.9

人口最多的都會區（人口以百萬計）

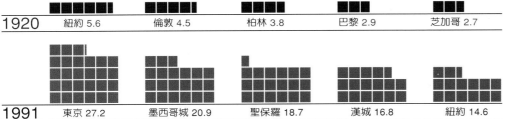

| 1920 | 紐約 5.6 | 倫敦 4.5 | 柏林 3.8 | 巴黎 2.9 | 芝加哥 2.7 |

| 1991 | 東京 27.2 | 墨西哥城 20.9 | 聖保羅 18.7 | 漢城 16.8 | 紐約 14.6 |

婦女及其選舉權

1893年，紐西蘭的婦女首先在世界上獲得選舉權。直到第一次世界大戰後，歐洲和美國婦女才獲得選舉權。當男人們走上戰場時，許多婦女走出家門工作，戰爭讓婦女首次取得經濟上的獨立；更重要的是，這次殘酷而無意義的戰爭，動搖了關於男性在處理政治與外交事務方面，具有天生優越性等許多古老的假定。到1994年止，除科威特外，世界上所有國家的婦女都有了選舉權。

婦女選舉權
按獲得選舉權的年代順序排列

| 1901 澳大利亞 |
| 1906 芬蘭 |
| 1913 挪威 |
| 1915 丹麥 冰島 |
| 1917 俄羅斯 |
| 1918 英國 奧地利 加拿大 愛爾蘭 |
| 1919 荷蘭 盧森堡 德國 |
| 1920 美國 |

文盲率

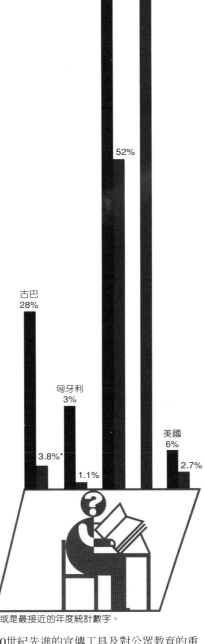

■ **1920**
■ **1990***

印度 92%

索馬利亞 88%（1920年無數據）

52%

古巴 28%

匈牙利 3%

3.8%*

1.1%

美國 6%

2.7%

* 或是最接近的年度統計數字。

20世紀先進的宣傳工具及對公眾教育的重視，使人類的文盲率降到歷史上最低點。儘管對文盲的定義在不同國家有不同解釋（例如一些國家認爲文盲是指不能讀或寫一個簡單的句子，其他國家則規定學校教育少於5年爲文盲），但消除文盲已成爲各國引以爲傲的事，也是評估其發展狀況的重要指標。

我們所知道的

1919年《凡爾賽和約》的簽訂和國際聯盟的成立（美國未參加），使歐洲領導人深信他們已建立了一個持久的國際新秩序，用當時英國首相大衛·勞合·喬治的話說，「這將讓人類在未來可以提升至更高的生存境界。」

■

俄國革命進入第三年，專家們預言，蘇維埃將立即滅亡。美國前國務卿伊萊休·魯特引證說：「大量證據顯示，布爾什維克的恐怖統治正在逐漸走向崩潰。」

■

太陽系已知的行星僅8顆。第9顆冥王星，直到1930年才被發現。

■

在美國，第二種致命的主要疾病是肺結核（僅次於心臟病），每年導致15萬人死亡。當時所採用的治療方法只是長期臥床休養（有時需數年）和偶爾採取外科手術，切除損壞的肺部組織。兩者實際上都沒有什麼效果。僅知的預防方法是隔離。

■

「這種無線廣播、或無線電話、或無論稱它是什麼，實在不值得一提。」在匹茲堡的威斯汀豪斯的卡德卡（KDKA）無線電台首次廣播後，一位報紙評論家如此說。對無線廣播的蔑視還不僅止於此，一家商業貿易雜誌甚至宣布：「任何試圖利用無線廣播作廣告的嘗試，都將……證明絕對是對大多數人的冒犯。」紐約市的威福（WEAF）於1922年作了第一次商業廣告（10分鐘50美元）。

■

酒精飲料的生產和銷售在美國剛剛被認爲是非法的，紐約的反酒吧聯盟即宣稱，「意識清醒和潔身的時代」開始了。

傑拉爾德・厄爾利

融合的文化

大眾文化的誕生

當我們想到20年代，不可避免地會想起維多利亞文化障礙開始崩潰的情景。雖然在歐洲各國首都，作家、藝術家雲集，他們正在竭力消除高尚的和庸俗的、神聖的和凡俗的文化之間的差異，但是我這裏想談的主要不是指那種高尚的文化（包括繪畫、文學及嚴肅音樂和戲劇）。你確實可以在某個晚上，在格特魯德・施泰因的巴黎沙龍裏看到喬伊斯、海明威、龐德、畢卡索等人正在爭論現代主義的眞諦。值得注意的是，對一般大眾而言，文化經驗的日益增長，已發展到跨越舊有階層和人種的界限（黑人和白人之間，工人和雇主之間的物質界限基本上還是不可逾越，但並不影響這種潮流）。

這10年是電影開始眞正成爲「電影藝術」的10年（電影甚至開始能夠說話）。窮人和富人都在有如宮殿般的電影院外排隊，只爲一睹原來的工人飾演富翁、眞正的富翁飾演工人的機會。同時，這也是拋開禮教束縛的少女，扔掉緊身胸衣，穿著不過膝短裙，一隻手拿香煙，另一隻手拿著非法的威士忌的時代。總之這就是爵士時代——白人百萬富翁、工人、流氓、教授和初入社會的女子湧進紐約、芝加哥、堪薩斯城的夜總會，去親眼目睹像艾靈頓「公爵」和路易斯・阿姆斯壯等黑人的精湛表演。從舊金山到柏林，白人正跳著早期爵士樂查萊斯頓舞和黑人搖擺舞。

在人類歷史上，使20年代有別於以往任何一個年代的關鍵，正是大眾文化的興起。這是種因大量生產、大眾消費和大眾媒體所造成的流行文化。爲尋求新穎，大眾文化趨向於包容，從社會邊緣汲取素材匯入主流文化，也爲產品尋求更廣泛的觀眾（或市場）。它的巨大力量無法阻擋，改變了流行文化，也改變了邊緣文化和高尚文化。沒有重大的社會變革，這種文化上的革命便幾乎不可能出現，事實上形成20年代文化的事件正是一次大戰。

在很多方面來看，第一個最具代表性的大眾文化英雄，就是在第一次世界大戰中被稱爲「阿拉伯的勞倫斯」的托馬斯・愛德華・勞倫斯。他是愛爾蘭貴族的私生子，從一個默默無聞的小人物一舉成爲領導一支貝都因人游擊隊與土耳其人作戰的指揮官。藉著專寫聳動新聞的美國記者洛厄爾・托馬斯的描述和巡迴講演，他成爲英美家喻戶曉的人物。托馬斯認爲，一個裝扮成阿拉伯王子並率領黑人野蠻部落戰士對抗強大敵人的白人，有不可抗拒的浪漫吸引力。但眞正使勞倫斯成爲明星的則是由托馬斯的攝影師亨利・蔡斯所拍攝的電影。由於勞倫斯的故事被搬上銀幕，眞實地再現他騎著駱駝穿越沙漠，打垮土耳其軍隊的情形，所以該片大獲成功，吸引了眾多觀眾。「阿拉伯的勞倫斯」成爲正在縮小的世界裏第一位多媒體英雄。勞倫斯是整個20年代的著名人物，是在充滿矛盾的時代裏的矛盾英雄。他是一個行動家，但又爲自己的行動感到恥辱。他是一個士兵，卻痛苦地意識到自己既是一位阿拉伯解放戰士，又是大英帝國的代理人。他還是一位渴望成名的作家（1926年他著名的回憶錄《七根智慧之柱》描述了他的傳奇經歷），但又隱姓埋名，裝成一名普通士兵。就像海明威在《妾似朝陽又照君》一書的主角傑克・巴恩斯（「迷惘的一代」的具體化人物），戰爭的恐怖和對自己理想的背叛使勞倫斯精神逐漸崩潰。總之，勞倫斯成

20年代華麗宏偉的電影院能容納數千名影迷，不僅反映了電影的魅力，也體現了一種異質精神，即大眾文化正日益崛起的標誌。建於1926年的西雅圖第五大道電影院（右圖）可作爲典型代表：它提供令人眩惑的藝術（由一些大公司製作）和「眞實的」異國情調（它的天花板是依照北京故宮皇家的太和殿放大兩倍複製而成）。大亨和流浪漢們都能夠同坐在這裏欣賞神奇的藝術，並且覺得像皇帝一般。

爲在嚴酷戰爭考驗下，維多利亞時期階級制度逐漸解體的化身。

　　1915年，由格里菲斯所執導的《國家的誕生》，證明了電影具有把人們對歷史的想像轉換成最生動的大眾神話的力量。但是，雖然格里菲斯的電影盡量將媒體從原始的娛樂轉變成複雜的藝術，另一方面卻也頌揚了19世紀的「三K黨」，堅持維多利亞時代有關種族純潔的思維模式。相反地，由於勞倫斯曖昧的身世，以及與阿拉伯人的密切聯繫，因此他在戰後入伍成爲普通士兵，正象徵所有種族的融合。他是一個自創的，且對「不純潔」泰然自若的英雄，是大眾文化時代創造的新人物。

1920 1929

　　勞倫斯得之不易的成功反映出一次大戰促進人們平等的機會，使出身卑微者也能出人頭地。這次戰爭在其他方面也展現了這種平等主義的影響。許多年輕人第一次離開家園，出外看世界（同時又被世界其他地方的人所認識）。在此過程中，美國比其他任何國家受到的影響更深刻；反過來說，也沒有一個國家的文化比美國的文化更深刻地影響全世界。

　　雖然學者常訴說其不滿和絕望，這種不滿與絕望又矛盾地導致這個時代的享樂主義和廣布的極端保守主義，例如芝加哥的非法酒店和柏林的酒吧，「三K黨」復甦和墨索里尼上台等等。但20年代也標示著美國10年前就已開始的平等主義傾向邁入高潮。1913-1920年，民主化的潮流促成4項憲法修正案，即1913年的聯邦所得稅、參議員直接選舉、1919年的禁酒令（將下層階級從邪惡的蘭姆酒中拯救出來）和1920年的婦女選舉權。

　　但是對於美國黑人而言，這些措施（除禁酒令外）只是一種將他們排除在社會利益之外的手段。使黑人覺醒的是戰爭。多數美國黑人士兵從來沒有離開過南方或城市的貧民窟。他們在爲一個否認他們基本權利的國家而戰，甚至在戰壕裏也被隔離。因此，許多黑人返回家鄉後，決心改變自己和同胞的地位。黑人社區第一次廣泛地關注國際事務，以國際的層次來審視他們的困境。許多黑人集結到出生於牙買加的激進民族主義者馬庫斯·賈維，或主張泛非洲主義的「全國有色人種促進協會」溫和的領導人杜波依斯的旗幟下。一時間，一般黑人再也不是處於卑微地位，沒有歷史也沒有前途的無用之人；他們成爲跨越東西半球的偉大且光榮的國家的一員。如果說白人正在以自己的收入炒作瘋狂上升的股票，那麼越來越多的美國黑人則正投資在他們的種族上。

　　與此同時，美國白人的文化界限被戰爭和對新奇事物的渴望（留聲機和收音機等大眾傳播媒體滿足了這需求）打破，所以他們也開始隨著美國黑人的音樂搖擺起舞，比20世紀初期追逐拉格泰姆時尚更爲恣意沉溺。黑人文化成爲美國白人知識分子痴迷的對象。格特魯德·施泰因和卡爾·范韋克滕等作家甚至以黑人作小說的主角。美國哈林文藝復興時期優異的黑人，包括詩人朗斯頓·休斯和康蒂·卡倫，小說家佐拉·尼爾·赫斯頓和瓊·圖默，第一次使美國黑人文學和藝術眞正成熟。

　　美國黑人對世界的最大衝擊是他們的音樂，是形成大眾文化的一個主要部分。甚至在戰前，高尙文化的前衛派實踐者就已意識到西方世界舊的道德和美學眞理已趨枯竭，開始轉向尋求各種新的靈感源泉。馬塞爾·杜象展示了一些工業產品，並稱之爲雕塑；畢卡索則從非洲雕塑中得到啓發。一次大戰的風暴，使一般人對「文明」價值的神聖性產生懷疑後，高尙和庸俗這兩種藝術的融合（按西方的定義，黑人的藝術品是庸俗文化）愈見熱

20年代幾乎所有的前衛人士都嘗試採用混合的形式和主題：高尚與庸俗、神聖與世俗。但是具有最深遠持久影響力的「混血」藝術形式是爵士音樂。左圖是美國黑人藝術家羅馬勒·比爾頓於1974年創作並名爲《在拉斐特包裝起來》的拼貼作品，取自其《藍調系列》。該作品重新體現了30年代初期的興奮狂熱景象，那時紐約市因洋溢著爵士樂團的音樂而生意盎然。這些樂團是由威廉·巴錫·切克·韋伯等人指揮的，並由次中音薩克斯風獨奏家萊斯特·揚和歌手艾拉·費茲傑羅擔綱演出。

絡。達達派讚揚混亂，未來派稱頌汽車的速度，艾略特和詹姆斯・喬伊斯則摒棄句法和觀念，而將神聖的玄奧語言和最粗俗的街頭俚語融合使用。但是，只有爵士音樂這種由完全被忽略的社會邊緣人所創造的最爲庸俗的藝術形式，眞正對整個社會產生廣泛的影響。

1920
1929

　　之所以如此，部分是因爲美國黑人被認爲具有某種天賦能力——擁有「自然」的詩意和韻律感，亦即天生對官能的敏感，這正是最近才造成歷史上最具毀滅性戰爭的文化所欠缺的東西。不過，爵士樂的流行更是因爲它並非爲了表現某些藝術理論，而是爲了娛樂聽眾，給予直接的激情感受。爵士樂產生歡樂，讓苦惱變得微不足道。它的美學原則相當簡單：採用切分音的節奏和藍調的「感覺」；樂團的組成結構自由；在藍調、進行曲、神曲和流行歌曲的範圍內及邊緣即興創作。簡言之，爵士樂恪守平等和民主信條，並影響了所有高尚藝術——最初是史特拉文斯基和蓋許文的音樂，繼之是超現實主義的繪畫，爾後是瑪莎・葛蘭姆和她追隨者的舞蹈，最後到「垮掉的一代」的詩作，而且這種影響還在繼續下去。

　　一些知識分子對爵士樂引起的狂熱感到惶恐，認爲爵士樂是反智的、無政府主義的，是大眾對文化的敗壞。但是由於爵士樂爲高尚文化和通俗文化所接受，而且中產階級也逐漸認可，因此他們反對爵士樂的企圖失敗了。20年代出現交響樂風格的爵士樂的怪現象可爲之代表，它是爵士樂和古典音樂的混合形式，主要代表人物爲白人樂隊指揮保羅・懷特曼，他試圖讓那些對孩子們跳這種放肆的、「非洲化」的爵士舞不放心的白人及中產階級成人尊重爵士樂。大眾文化日益顯露出這種融合的趨向。（的確，「爵士樂」一詞原本就意味交媾，許多保守主義者擔心這種音樂會讓黑人和白人在文化上及性欲上交流混合。）不僅如此，這種變化正以令人眩目的速度演進，甚至批評者——先前力主高尚品味的人也不得不急步跟進，否則將被遠遠拋在後面。

　　諷刺的是，爲「爵士時代」命名的小說家史考特・費茲傑羅，既對爵士樂不甚了解，也不喜歡爵士樂。他想使這10年充滿平等、坦率、自由和速度的氛圍，追求能避免因繁榮和幻滅時代帶來煩惱、災難的空想。

　　在妓院（在那裏，許多性交上的種族融合現象仍在繼續）發展起來的爵士樂，從其出身開始就是商業性音樂，儘管它反對傳統中產階級的商業性音樂。爵士樂是由熱衷的年輕人（包括黑人和白人）共同努力創造出來的。在這方面，他們與勞倫斯、費茲傑羅本人（儘管使他感到不愉快），及費茲傑羅的作品《大亨小傳》的主角傑伊・蓋茨比有些相似。傑伊・蓋茨比也是位自我創造的英雄，是個背景神祕乃至有些可疑的鉅子，以自己的魅力、爵士舞會和華麗的汽車（20年代大眾文化中的另一有力象徵），勾引許多名門貴媛。

　　然而，對爵士樂懷著既愛又恨矛盾心理的費茲傑羅，已經意識到蓋茨比代表的這些變化，甚至認爲在以後的數十年間，這些變化將加速到來。的確，大眾文化已日益成爲一種全球性的文化，從布宜諾斯艾利斯到北京等地的文化都深受其影響。大眾文化的來臨應該不會令人驚訝，因爲我們這個時代最流行的，也是最有影響的文化產品就是MTV。由於它具有驚人的剪輯技巧、高科技的表現手法，並混雜各類音樂（如搖擺舞曲、打擊樂以及爵士樂等等），所以MTV就成爲發端於20年代的文化革命在邏輯上必然的產物。無論費茲傑羅還是勞倫斯都不曾想像過這種現象，但他們都以各自的方式預測它的到來。

20世紀的大眾文化，不僅孕育了文化的融合物，孕育了像MTV這樣的現代藝術形式，而且產生了具世界影響力的超級巨星，這在之前幾個世紀是無法想像的。麥可・傑克遜也許是歷史上最廣爲人們所公認的著名人物（當然此人具有打破傳統禁錮，特別是種族和性別藩籬的公眾形象），他於1982年推出的14分鐘MTV《戰慄》（見右圖）是對好萊塢恐怖電影的公開讚美，該作品將MTV形式發揮到登峰造極的程度。

「有時人們稱我為理想主義者。那麼，因此我知道自己是美國人。
美國是世界上唯一的理想主義國家。」
—— 美國總統威爾遜

1920

年度焦點

國際聯盟會議在日內瓦召開

❶ 第一次國際聯盟全體大會於1920年11月19日在日內瓦召開。美國並沒有派出任何代表，雖然其領袖是該組織的創始人和熱烈擁護者。

國聯（聯合國的先驅）是美國總統伍德羅·威爾遜最美好的夢想：一個可以推動全球裁軍、實現民族自決以及促進良好勞資關係的國際性團體。其會員國將保證相互尊重領土完整和獨立，而且假如彼此之間戰火一觸即發時，服從協商、仲裁及冷卻期。它與以往的同盟國和協約國不同，在實質上承認世界各國。但是，美國參議院卻3次都沒有通過包含國聯盟約在內的《凡爾賽條約》。

諷刺的是威爾遜本人也極力主張「否決」，因為條約的修正條款是由其勁敵，即保守派共和黨參議員亨利·卡伯特·洛奇所追加。1919年夏天，洛奇建議將一組「保留條款」附在關於國聯條約的部分中；他們強調條約內容不具法律約束力，以及總統未向國會諮詢不得宣戰的事實。威爾遜則在西部各州展開激烈的巡迴演說，鼓動民眾支持無條件批准和約。他在率領美國談判團赴法國的幾個月以來已經疲憊不堪，身體狀況在9月出了問題，緊接著又中風發作。

威爾遜由於幾個月無法行動，故沒有被提

AND STILL THE CART HAS PRECEDENCE.

LEAGUE OF NATIONS

AFFAIRS OF THE WORLD.

PEACE

END OF THE WAR.

《紐約前鋒報》漫畫家以圖文來諷刺國際聯盟。

名參加1920年的總統大選。（他從未完全康復，並於1924年去世。）民主黨候選人詹姆斯·考克斯擁護國際聯盟會員國地位，但選民寧願支持其共和黨競爭對手沃倫·哈丁以避免爭端。在第二年的就職演說中，哈丁宣佈美國將不再捲入歐洲事務。該年稍後並與德國締約單獨講和。當世界再次開始陷入戰爭時，美國卻正退向孤立主義。◀1919（1）▶1921（7）

中東

國聯成立託管

❷ 德國和鄂圖曼土耳其帝國在第一次世界大戰中失敗，意味著那些往昔帝國之龐大及各式各樣殖民地將被瓜分殆盡。1920年，當壽命不長的國際聯盟在中東瓜分鄂圖曼帝國財產並裁定由英國和法國託管時，殖民主義進行了最後的掠奪，為現代世界留下其少數永久印記。託管體系給予協約國控制領土的行政管理權（也包括對非洲的控制），是國聯所設想作為允許戰勝國獲取「戰利品」的一種妥協，而同時在技術上支持他們反對領土併吞的戰時聲明。

英國的曖昧獎賞是伊拉克和巴勒斯坦兩地，它將後者分為外約旦（現在的約旦）和巴勒斯坦（現在的以色列，包括約旦河西岸和加薩走廊）。由於英國人為取得對其戰爭目的之支持，曾經向阿拉伯人和猶太人作出承諾，致使此地的統治權比原先所預期的更為複雜。1932年，英國同意伊拉克獨立，然後只要等待巴勒斯坦問題的爆發就好了。由於阿拉伯人和猶太人之間的民族主義的衝突，加上在歐洲迫在眉睫的大屠殺，所以等待是不會太久的。

法國獲得黎巴嫩和敘利亞的控制權，這同樣是一項考慮到地區動盪的不明確獎勵。直到第二次世界大戰，法國仍控制兩國，唯有在德國人佔領的威脅下才鬆手。在美蘇的支持下，敘利亞及黎巴嫩皆於40年代中期獲得獨立。到了第二次世界大戰爆發，殖民化被兩次戰爭之

土耳其

1920年後歸土耳其

賽普勒斯

敘利亞

地中海

黎巴嫩

巴勒斯坦

伊拉克

外約旦

阿拉伯半島

■ 英國
■ 法國

由國際聯盟在1920年重建的新中東。

間幾年的政策所削弱，再也沒有恢復。◀1920（1）▶1921（邊欄）

大眾文化

利用無線電收聽聲音

❸ 1920年11月2日晚上，數百位無線電廣播業餘愛好者把他們自家裝配的收報機頻率調至匹茲堡發出的KDKA，並且聽到了美國總統大選報告的第一次現場廣播。到了半夜，這些小部分聽眾已

聽眾需戴上耳機收聽商業電台首次開播。

知道了大多數美國人在晨報上將會看到的消息：沃倫·哈丁在大選中擊敗了詹姆斯·考克斯。西屋公司在其匹茲堡工廠的屋頂上裝置了100瓦的KDKA，成為美國家喻戶曉的公司。無線電廣播收報機的需求量驟然大增。

無線電廣播在戰前就已開始吸引業餘愛好者，隨著凡爾賽條約簽定後的軍事限制取消而正式受到歡迎。歐洲和美國的業餘愛好者利用自設發報機將訊號傳到空中，其他愛好者則以原始設備來接收。在英國，馬可尼公司於1920年2月從它位在辰斯福的1萬5千瓦新發報機上開始每天兩次、每次半小時的廣播。6月15日，歌劇名伶內莉·梅爾巴（梅爾巴桃子和梅爾巴吐司即以她來命名）的音樂會現場轉播使廣播達到了頂點，但卻於11月宣告結束，因為當時政府對於試驗性的廣播仍感懷疑，可是廣播迷不會被否定。1922年英國國家廣播公司（BBC）在政府的監督下成立。5年後，該公司被重組為一家由政府控制的公共企業體，BBC也一直壟斷英國的無線電廣播，直到1973年引入商業無線電廣播為止。

在美國，無線電廣播依循著嚴格的商業路線發展。受到1920年大

藝術與文化 **書籍：**《世界史綱》威爾斯；《珍愛》科萊特；《人間天堂》史考特·費茲傑羅；《荊棘之果》艾德娜·聖文生·米萊；《戀愛中的女人》勞倫斯；《幸福》凱瑟琳·曼斯菲爾德 **音樂：**《尋找銀襯裏》凱恩和德西爾瓦；《艾瓦隆》德西爾瓦、羅斯和約爾森；《與你相逢在蘋果花季》馮·蒂爾澤和弗里森；《艾默里

「藝術已死。這是新機械藝術。」
—— 藝術家格羅茨在第一屆國際達達主義展覽會時所持的標語

選新聞報導成功的激勵，西屋公司迅速地在其他的工廠設立電台，為不久要將投入製造的收報機市場鋪路。一年以後，成千上萬的棒球迷收聽到西屋的世界大賽現場實況報導。無線電廣播成了大企業。
◀1917（邊欄）▶1928（3）

藝術
被達達主義所震驚

4 參觀者穿過一間公共廁所進入畫廊，並且由一名身穿首次領受聖餐服裝及朗讀淫穢詩的女孩接見。一隻穿著德國官員制服的模型豬懸掛在天花板上。在他處還有一面旗幟聲明出：達達主義正站在無產階級革命的一邊戰鬥。這是1920年在柏林舉行的第一屆國際達達主義展覽會——有史以來最大規模的反藝術展。當柏林當局逮捕了幾位藝術家及暫時停止展覽時，沒有人感到驚訝。

達達主義在4年前由一群來自歐洲各地的異議藝術家和作家組成（包括劇作家雨果·巴爾、詩人特里斯坦·查拉和藝術家喬治·格羅茨及尚·阿爾普等人），他們在第一次世界大戰期間聚集在中立的瑞士蘇黎士。（查拉隨意選擇了達達這個字，這在法文的兒語中是指

「馬」。）達達主義者在觀眾參與的鼓動下，結合歌曲、跳舞、朗誦、雕塑和歡呼來進行無政府主義的表演活動。他們利用廢物製作藝術品，以剪報內容胡亂拼湊出詩句。格羅茨後來則指出其用意是「有組織的利用瘋狂行為來表達對已破產的世界的蔑視」。

達達主義在傳到柏林之後明顯地變得政治化。戰爭及其後果使得此地的藝術創作除了表達直言不諱的抗議以外，似乎是自戀而猥褻。格羅茨為貪婪的資產階級畫了醜惡肖像；約翰·哈特菲爾德發展出整合照片的技術，用它來產生毀壞性的諷刺效果。在德國其他的地方，達達主義吸引了拼貼畫名家馬克斯·恩斯特和庫爾特·施維特斯。在巴黎的主要代表人物是作家安德烈·普魯東和保羅·艾呂雅；在紐約是藝術家法蘭西斯·畢卡比亞和曼·雷。

1920年以後，這些先驅者大多放棄了令人震驚的達達主義技巧，改為超現實主義的心理學研究。達達主義已死，但其精神一次又一次地掀起浪潮：在嬉皮「事件」、龐克—搖滾唱片封面以及80年代表演藝術等方面，藝術家無論在何處都想要刺激現狀，這比什麼都來得重要。◀1917（4）▶1924（3）

約翰·哈特菲爾德和喬治·格羅茨為國際達達主義展覽會製作的目錄。

文學
克莉斯蒂塑造了波洛

5 阿嘉莎·克莉斯蒂的姊姊聲稱每次讀到偵探故事就直覺反應是「推理小說」，於是她以此作為挑戰，在一次大戰擔任護士期間寫下她的第一部小說《各種類型的神祕事件》。手稿接二連三被出版商退回，然後才被博德利·赫德接受（他後來乘機騙走應屬於作者的高額版稅）。當這本書終於在1920年問世時，讀者見到了最著名的小說偵探之一，即矮小、愛挑剔又自私自利的比利時人——大名鼎鼎的赫庫拉·波洛。「他的頭完全如雞蛋形，而且他經常把頭略為傾向一邊」，克莉斯蒂寫道，「他的衣著乎是令人難以置信地整潔；我相信一點灰塵對他造成的痛苦會比一顆子彈來得多。」

克莉斯蒂在10年內寫過許多大受歡迎的書，之後推出另一位著名偵探簡·瑪普爾小姐，是個對於凶殺案具有敏銳見解的老處女。在下半個世紀所寫的80多部小說中，這兩位人物共同成為克莉斯蒂型謀殺故事的代表：在英國的安逸有閒階級之中佈置一樁情節複雜而巧妙的疑案。克莉斯蒂擅長描寫家庭犯罪，而且沒有任何犯罪比她小說裏的犯罪更家庭化，其特色是少有真正的暴力或恐怖細節。

或許評論家埃德蒙德·克里斯平最能概括說明她的持久魅力：「你知道，與克莉斯蒂輕鬆相處一或兩個小時就可以忘記現實生活的醜惡，並且使你自己陷入一個本來處於理想之境的世界，不管有多少件謀殺案發生。」◀1902（12）▶1930（11）

1920

昆斯》埃德加·瓦雷茲　繪畫與雕塑：《凱里特的風景》哈伊姆·史丁；《斜依的裸像》阿梅多·蒙迪格里安尼　電影：《東方之路》格里菲斯；《關卡》威廉·哈特；《一週》巴斯特·基頓；《喜新厭舊》西席·地密爾　戲劇：《鍾斯皇帝和地平線盡頭》尤金·歐尼爾；《心碎的家》肖

「我今年過得比較好。」

—— 1930年「貝比」魯斯在被問及是否意識到他賺的錢比美國總統還多時的回答

1920年新事物

特洛伊避孕套

- 小型輕衝鋒槍（約翰·湯普森的專利）
- 墮胎合法化（蘇聯）

- 貝比魯斯巧克力棒
- 博伊森漿果（黑莓、大楊莓和木莓的雜交品種，由魯道夫·博伊森所開發）
- 國際電話與電報公司（ITT）
- 澳洲航空公司（昆士蘭及北領土航空有限公司）

美國萬花筒

曼奧沃退休

曼奧沃僅需四季的時間就成為本世紀前半美國最偉大的賽馬。在1920年退休前，這匹栗色年輕牡馬贏得了21場比賽中的20場（牠被一匹名為「顛覆」的馬所

擊敗，因而有「顛覆的勝利」一詞產生），並獲得普利克里斯和貝爾蒙特賽馬獎金以及締造5項速度記錄。他繼續繁衍了64匹賽馬，其中最突出的「戰神」是1937年三冠王大賽的得主。

◀1919（邊欄）▶1973（9）

成衣工廠罷工

12月，10萬名美國聯合成衣工人開始對紐約、波士頓、巴爾的摩的廉價工廠老闆進行罷工。當罷工在6個月後結束時，資方損失1000萬美元，而工人接受15%的工資縮減並約定提高相同數量的生產力。但勞工確實有所獲益：成衣製造商同意工會工廠並且放棄對於按件計酬申報的要求。

◀1919（6）▶1936（邊欄）

美國公民自由聯盟成立

由於不忍見到權利法案被輕視而使「印第安人」受到壓迫，律師羅傑·鮑德溫召集著名人士（其中有海倫·凱勒、克拉倫斯·達

體育

黃金時代的開端

6 他的名字是美國部分地區的日常用語，而他的聲望已遠播國際：例如日本就曾經有個為紀念他而命名的「魯斯先生節」。的確，喬治·赫爾曼·「貝比」魯斯大概是歷史上最著名的運動員了。而當紐約洋基隊在1920年為其合約支付12萬5千美元時，他們開創了一個空前絕後的體育黃金時代。

20世紀之中各個運動場上都有傑出的男女選手。雷德·格蘭奇、克努特·羅克尼和聖母大學的「四騎士」，他們成為第一批美式足球超級名星；游泳選手（後來在好萊塢成名的人猿泰山）強尼·韋斯摩勒以及長跑選手帕沃·努爾米締造了奧林匹克的歷史；比爾·蒂爾登、蘇珊娜·列格朗和海倫·威爾斯，其戰績使網球成為國際焦點；巴比·瓊斯於1930年從高爾夫退休時已囊括了13項冠軍；傑克·登普西和吉恩·滕尼的1927年「長秒計數」拳擊賽仍是該項運動最受爭議的比賽之一。但是，凌駕所有人之上的莫過於具有傳奇性的魯斯。1921年他擊出令人吃驚的59支全

「貝比」把體育運動推向前所未有的高潮。

壘打，而由於其名氣已是如日中天，所以1923年紐約啟用了洋基體育館，並稱之為「魯斯所蓋的房子」。洋基隊在20年代表現非凡，先後贏得1923年、1927年及1928年的世界大賽冠軍。1927年的球隊仍被傳誦為有史以來最偉大的球隊。魯斯就是在那一年擊出60支全壘打，保持了一個球季154場比賽的記錄。1935年，他的職業分數達到714支，直到1974年漢克·亞倫擊出第715支全壘打。魯斯的浮浪作風——如追求女色和狂飲作樂；他的高薪（20年代的標準）——都更加煽動球迷處心積慮地想得知其心目中英雄的一舉一動。

隨著30年代的來臨，體育的黃金時代開始消逝。但是緊扣著狂嘯的20年代的體育激情卻從未減退。

◀1919（邊欄）▶1920（邊欄）

愛爾蘭

星期天，血腥星期天

7 英國議會試圖解決令人困擾的愛爾蘭問題，通過不幸的《愛爾蘭政府法》，將愛爾蘭島殖民地劃分成兩個行政區域，各自享有一定限度的國內自治權。1920年的這項措施為日後宗派之間的暴力衝突埋下了種子。

英國的決定多半是為了平息國際共產主義對其不斷的挑剔，但在愛爾蘭，英國設法不要滿足任何一個選區，結果導致了流血和混亂。愛爾蘭共和軍對於北愛爾蘭的劃分以致新教徒成為多數的作法感到憤怒，因而對英國軍隊展開了游擊戰；英國則以強制戒嚴法並建立一個特殊警察單位——即惡名昭彰的「雜色狗」，其名得自他們混合了卡其色和黑綠色的制服——作為報復。由於愛爾蘭共和軍與「雜色狗」進行的殘忍攻擊，情勢很快地演變成一場恐怖主義活動。

1920年1月21日的一個血腥星期天，暴力達到了令人膽戰心驚的頂點。早上，愛爾蘭共和軍行刑隊在都柏林暗殺了11名有嫌疑的英國間諜；那天下午，「雜色狗」向在都柏林公園內觀看足球賽的人群開

英國軍隊俯視都柏林。

槍以示報復。射擊持續了幾分鐘，結果有12名觀眾喪生，60人受傷。在愛爾蘭境內，對英國統治的敵意明顯地增強。由於游擊戰的繼續，英國首相勞合·喬治被迫修改愛爾蘭問題的法案。他於1922年的回應就是授予南愛爾蘭26州在大英國協中享有自主權。但這些州及北方的6個新教州之間依然很快就劃分出來。◀1916（5）▶1922（12）

文學

放逐於大街上

8 1920年辛克萊·劉易斯備受爭議的小說《大街》出版。在此之前的幾年，美國農村代表著大城市所沒有的一切：乾淨、美德和關懷個體的居民。劉易斯的小說可能永遠粉碎了這種形象。年輕的新娘卡蘿·密爾佛和她體貼但乏味的醫生丈夫來到明尼蘇達州的高弗牧場（跟劉易斯在明尼蘇達州家鄉的薩克中心非常相像），他們很快發現看似悠閒的城鎮其實是頹廢、自滿、不容許有變化，並對豐富文化生活毫無興趣。《大街》無可否認是一部現實主義作品，雖然受到樂觀主義潛移默化的影響，但甚至其幽默也是對中產階級及其行為的一種控訴。

《大街》使劉易斯成為一位重要作家和不屈不撓的社會評論家。劉易斯以前在報社工作，對於身體細節觀察入微並且使自己沉浸於令人疲憊的研究中，花幾個星期時間和人相處以塑造小說中人物，寫下

體育 棒球：世界大賽，印第安克利夫蘭隊以5勝2負擊敗布魯克林道奇隊；布魯克林道奇隊和波士頓勇士隊進行歷時最長的比賽（26局，1:1平手） 奧林匹克運動會：在安特衛普舉行 美式足球：美國職業美式足球協會（後來經NFL）成立。

「我從來沒有向你求愛……將來也不會。但如果有可能的話,你是我所要娶的人。」
—— 華頓的《純真年代》

他們的行話、癖好及穿著和習慣的獨特性。在後來的小說,如《巴比合金》(1922)、《箭匠》(1925)和《艾爾摩跨線橋》(1927)中,他斥責一般的美國商人,譴責科學家的物質主義,並且揭露了種族歧視及宗教虛偽。一些讀者抨擊劉易斯為賣國賊,但是有更多人喜歡他的書。在二次大戰之間所謂的「揭穿事實」作家中,他是最受歡迎的一位。

劉易斯的《箭匠》雖沒能獲得1926年普立茲獎,但1930年諾貝爾委員會選擇他成為第一位獲得文學獎的美國人。劉易斯的許多同時代人都離開美國前往歐洲,但他從

未遠離中西部地區。1951年他在遊覽羅馬途中去世。◀1911(邊欄)

文學
一個受挫的愛情故事

⑨ 正當辛克萊·劉易斯嘲諷高弗牧場之際,伊迪絲·華頓對美國生活截然不同的一面提出了悲喜劇性的批評:即她年輕時代的紐約上層社會。《純真年代》是一個受挫的愛情故事,由華頓在1920年所著,她也是第一位獲得普立茲獎的女性。

這部小說探索了一段被大戰改變成古老歷史的不久之前的年代,並衡量美國和歐洲菁英分子之間的

華頓看透大西洋兩岸的光輝燦爛。

道德隔閡——兩個「部落」的領地雖有交錯,但其價值觀仍然互異。華頓書中的紐約人崇拜歐洲文化,但對歐洲風俗卻步不前:儘管與劉易斯的「大街人」有所差距,儘管他們有修養,但他們仍是鄉下人——而且是老實人。小說主角紐蘭·阿切爾所愛的人(他妻子的歐洲血統表妹)問他是否想把她當作情婦,他結結巴巴地說:「我想跟你離開這裏,到一個沒有這種字眼,也沒有這種等級的世界。」她回答:「噢,親愛的——這樣的國家在哪兒呢,你去過那兒嗎?」

華頓所選擇的國家是法國,她從1907年到1937年去世一直住在那裡。(在戰爭時期她救濟600名比利時孤兒,因而獲得十字榮譽勳章。)但是以祖國為背景的著作使她成為當時最能深入人心的作家之一,其中有《伊坦·弗羅姆》和《歡樂屋》。就像她的良師益友和移居國外的夥伴亨利·詹姆斯,她是一位對於美國性格的超然、世界主義觀察者。

她也像詹姆斯一樣具有根深蒂固的保守思想(儘管她觸怒了「禮貌」社會),在《純真年代》結尾,57歲的阿切爾對長大孩子的行為方式感到迷惑不解。「新一代,」他若有所思地說:「把所有的舊地標都已掃除,還有那些路標和危險信號。」◀1903(12)

羅、厄普頓·辛克萊和後來的最高法院法官菲利克斯·法蘭克福特)組成美國公民自由聯盟。在一系列著名案件中——從1925年的斯科普斯「猿猴審判」到1978年在斯科基舉行的納粹遊行,該聯盟保護了左派、右派分子和介於兩者之間每個人的憲法權利。◀1919(6)▶1924(10)

蒂爾登的成功

「大比爾」·蒂爾登於1920年成為首位贏得英國溫布敦錦標賽的美國人,並繼續主宰世界網壇達10年之久。光鮮亮麗、高2公尺的蒂爾登將這項運動從鄉村俱樂

美國小鎮:劉易斯揭露其健全美德的神祕性。

部的消遣轉變成受歡迎的表演,但他因同性戀被除名,並於1953年窮困潦倒而死。◀1920(6)▶1926(邊欄)

華爾街炸彈

9月16日,當放在JP摩根公司總部附近的一顆炸彈爆炸時,鮮血和碎玻璃如雨點般地落在曼哈頓金融區,結果造成30人喪生,200人受傷。當局懷疑是無政府主義者發動的一次陰謀——而且有好幾位想要藉此出名的人聲稱對此次爆炸事件負責——但一直都沒有發現令人信服的證據。▶1993(邊欄)

蓬齊的反對者

「金融奇才」查爾斯·蓬齊向波士頓投資者提供一種有巨額利潤可圖的特殊商品:外國郵券。但在8月,投資者發現郵券是偽造的;蓬齊的名字成為欺詐性投機的代名詞,他以從別處取得的部分金錢來支付給一些客戶,並將其差額飽飽私囊。醜聞爆光後,成千上萬人賠掉他們的儲蓄,並有6家銀行破產。▶1989(10)

美國政治與經濟 國民生產毛額:915億美元;人口總數:105,710,620;沃倫·哈丁擊敗詹姆斯·考克斯,當選為美國總統;美國油田為世界提供65%的石油;美國鐵路總長達到407,153公里;國家婦女選民聯盟、美國公民自由聯盟和美國聯邦農業局成立;第10項修正案(禁酒令)生效。

「沒有一個領域可以讓我們視它爲有如愛情一般的女性特殊領域。然而到目前爲止，
沒有一個領域能使文明女性擁有調整中的很小一部分。」
　　　　　　　　　　　　　　　　　　　　　　　　　　　── 埃利斯的《論性與生活》

環球浮世繪

卡蘭薩遇刺

墨西哥總統貝努斯蒂安諾‧卡蘭薩雖以革命取得政權，但他已不再是一位革命家。在拖延社會改革之同時，他面臨了埃米里安諾‧薩帕塔等激進分子所領導的武裝對抗。但是當卡蘭薩試圖強

行選出一位理想的繼承人時，連他的同盟者也進行叛亂。5月，當卡蘭薩逃過了阿爾林瓦羅‧奧夫雷貢將軍──後成爲墨西哥共和國的第二任總統──所領導的叛變，他被自己的一名衛兵殺害。
◀**1917（11）** ▶**1926（邊欄）**

卡普暴動

當右派的國防軍──他們的頭盔有卍字標記──在柏林暴動時，德國政府試圖在3月解散他們。由於得到一次大戰總指揮埃里希‧魯登道夫的支援，他們控制了主要的建築物並提出讓在美國出生的沃夫岡‧卡普出任國家首腦。當軍隊拒絕撲滅暴動時，政府流亡到司徒加發動一次大罷工。大罷工使首都陷於癱瘓，兵變失敗了。卡普流亡瑞士。然而，一個類似的兵變在巴伐利亞獲得成功，在那兒右派奪取了統治權。◀**1919（2）** ▶**1921（7）**

特里安農條約

米克洛什‧納吉巴尼埃‧霍爾蒂將軍從匈牙利共產黨人那裏攫取政權後，在凡爾賽的特里安農宮簽訂一項條約，把匈牙利的四分之一割讓給鄰國。這項條約的簽訂徹底完成了爲結束一次大戰同盟提出的條款，使奧地利、捷克和南斯拉夫的領土得到擴大。
◀**1919（邊欄）**

科學

聚合物之謎

⑩ 自1860年以來，化學家已經製造出合成物來代替橡膠，即一種自然發生的聚合物，但其結果並不令人滿意──主要是因爲化學家對聚合物的分子結構並沒有完全理解。之後在1920年，德國化學家赫爾曼‧施陶丁格揭示了一個新的基本理論，並被證明爲是塑膠發展過程中的決定性突破。在一篇題爲「厄布聚合」的論文中，施陶丁格提出自然聚合物並非如先前所認爲的是由個別分子相互連接組成，而是由巨大的「大分子」鏈組成，它們是數千種較簡單物質之中進行化學作用的結果。由於科學家習慣於視分子爲無數的物質細點，所以施陶丁格剛開始時被當成怪人。在1925年至1930年舉行的一系列科學專題研討會期間，他開始居於優勢。在一次會議後，一位化學家很勉強地承認施陶丁格的觀點：「如此龐大的組織分子並非我個人所喜歡的，但是似乎我們都必須熟悉它們。」

藉由建立聚合化學的充分理論基礎，施陶丁格的突破終於使得科學家能夠在實驗室裏製造人工大分子。在美國，華萊士‧卡羅瑟斯很早就改用施陶丁格的理論（並在後來因發明尼龍而聞名），以施陶丁格的研究工作爲基礎，同時研究聚酯、聚酐、聚酰胺和其他聚合物的構造。直到1953年，施陶丁格才受到諾貝爾獎的肯定。◀**1909（7）** ▶**1934（9）**

經過80年之後，終於打破了男性壟斷選舉的局面。

社會改革

婦女獲得選舉權

⑪ 雖然紐西蘭、芬蘭、挪威等國家的婦女在本世紀初就已享有選舉權，但第一次世界大戰加快其步伐，在相當不同的程度內，蘇聯於1917年，加拿大和英國於1918年，而奧地利、波蘭、德國和捷克皆於1919年賦予婦女參政權。美國也跟隨著戰後的潮流，並於1920年8月成爲給予所有21歲以上的女性公民與男性享有同等選舉權的第一個國家。美國婦女參政權論者的80年鬥爭於此達到頂點，美國憲法第19條修正案確立了普遍婦女選舉權。

由於國會中的意見分歧，修正案要得到批准的道路窒礙難行。反對者辯稱選舉權將會擾亂社會秩序、使女性變得粗俗以及腐蝕其溫柔特質。眾議院於1918年初同意參政權修正案的決議，但該項議案並未在參議院獲得通過，多半是因爲南方立法者害怕如果所有黑人都可

以投票的話，白人對南方的控制將會瓦解。決議在兩次遭到駁回之後，於1919年6月被採納；修正案以全國各州三分之二的所需票數獲得批准，正好趕上了1920年的總統大選。

許多國家都步其後塵，尤其是在二次大戰之後。但直到70年代，某些國家的婦女包括瑞士和敘利亞，才開始獲得19世紀偉大婦女參政權者蘇珊‧安東尼所說的「關鍵權利是所有其他權利的基礎。」
◀**1903（3）** ▶**1959（邊欄）**

思想

性學家哈夫洛克‧埃利斯

⑫ 如果西格蒙德‧佛洛伊德爲第一次世界大戰後發動的性態度革命提供了理論架構的話，那麼許多基本研究就是由一位帶有書卷氣的外科醫生哈夫洛克‧埃利斯所進行。埃利斯比佛洛伊德先研究了青春期前的性行爲，並創造出「自戀」和「自欲」兩個名詞，後來被佛洛伊德和其他人引用。或許

最重要的是埃利斯首倡對於性教育和女性主義的支持──包括他所宣稱的「婦女之愛的權利」，這是他在1920年《論性與生活》一書中所創造的詞句。

《性心理研究》（1897-1928）是埃利斯7部主要著作之一，書中探討了諸如同性戀、手淫和性生理學等課題。然而在學術上，這些書是當代的議論焦點：一位英國法官把第一冊書視爲「淫穢出版物」而加以禁止。

埃利斯不像早期性學家是爲了譴責而將「變態性行爲」編列出來，他認爲任何性習慣都是健康的，只要不傷害其他人。埃利斯的觀點是由他自己的怪癖所形成。他在32歲結婚時仍是處男，他的妻子偏愛女性，而這對非常恩愛的夫妻成爲最早維持「開放性關係」的一對。◀**1915（2）** ▶**1948（10）**

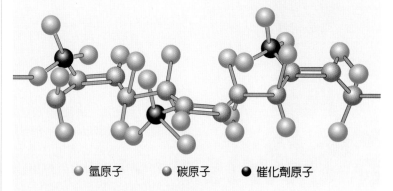

　　●氫原子　　●碳原子　　●催化劑原子

成千上萬個分子連接在一起形成單一的橡膠「大分子」。

當年之音

我們偉大的美國運動

摘自多蘿茜‧帕克的《浮華世界》，1920年1月

「在我看來，直到去世我都應該擁有3種東西，」多蘿茜‧帕克寫到：「笑聲、希望和金錢！。」很少有幽默家在迴避生活的挫折上——或創作辛辣的諷刺詩——能比帕克更富機智。她尖刻的觀點、詩和文章為20年代美國最好的雜誌增添了光彩。與小丑羅伯特‧本奇利和劇作家羅伯特‧舍伍德一起，她在紐約城的阿爾貢金賓館裏建立「阿爾貢金族圓桌」，一個不正規的午餐俱樂部。他們的能言善辯使其發行的報紙很快享譽全國。帕克仍繼續從事更為嚴肅的行業——悲喜劇的短篇故事、詩、戲劇電影劇本（《一顆明星的誕生》）、西班牙內戰報導和左派的政治。下面的節選（由菲什製圖說明）被新聞界熱烈推崇，其內容論及的是在一戰的影響下，國家的離婚率已上升到前所未有的高度。◀1919（邊欄）▶1922（當年之音）

喜聚

對新郎來說能夠見到他妻子的前夫們聚集在一起是多麼的美好；這也是他蜜月期間所期望的。這些小家庭的聚會充滿歡樂的親切感——這常使你放心地感到你們是同一個俱樂部的成員。那些缺少思想的男人娶了一個至今沒有結過婚的女孩會在生活中失去很多，他們沒有機會遇見兄弟般的「同黨」，也無法花費一個小時來交換各自的體驗。

新生活的曙光

在年輕女孩子的生活中，最甜蜜的時光可能是當她獲准第一次離婚時那個玫瑰般的時刻。這是一個女孩從過去解放出來的時刻。當她最終拿到離婚判決書時，如同站在新生活的入口，天真地感到驚喜。她擁有多麼美好的少女般的夢想，她懷著新希望走進這個大世界，尋找最近的牧師以便可以又一次地重新開始生活。不，這絕不是第一次離婚後的一陣激動——從第二次以後，她會有如沐春風的感覺。

回到起點

這個小畫面說明離婚會導致的一些結果——希望春天能持續並永遠是春天。離婚僅僅使人進入要在婚姻上有一個新開端的正確思想狀態。總之，沒有什麼事情像愛情那樣，來去無定，這也是離婚律師和情人旅館的主人之所以成功的緣由。

「了解這雙手臂的人都很明白我不需要……去殺人然後拿走他的錢，我能靠自己的雙臂過活而且過得很好」

—— 萬澤蒂在1927年被宣判死刑前

1921

年度焦點

薩科及萬澤蒂

❶ 這僅是一椿普通罪行，儘管手段殘忍：1920年4月，匪徒從麻州南布倫斯垂的一家鞋廠偷走了1萬6千美元，並殺害出納員和一名警衛。但這所謂的罪犯相當特別：他們是兩名被收押的無政府主義者——尼古拉·薩科及巴爾托洛梅奧·萬澤蒂。他們於1921年的審判引起自德雷福斯案以來所未見的國際騷動。

對於在美國的激進分子來說，時勢相當艱難。隨著海外的革命爆發，許多美國人將無政府主義者、社會主義者和共產主義者概括爲一個無論如何都會被粉碎的「紅色威脅」。左派分子移民特別受到懷疑（在第一次世界大戰後有數千人被驅逐）。在這種氣氛下，只有無上公正廉明的法官才能保證對兩名義大利裔革命家的公平審判——韋伯斯特·泰耶顯然不是這樣的法官。在法庭之外，他嘲笑「那些無政府主義的私生子」；在法庭上，他毫不考慮被告的英語程度，而允許檢察官在這件以間接證據（部分證人說他們看見匪徒之中有兩名長得很像被告）爲主的薄弱起訴案件中反複強調他們的顛覆意識形態。

薩科（右）以及萬澤蒂：殺人凶手或是政治替罪羔羊？

兩名被告都缺乏可靠的不在場證明，被捕時皆攜帶武器，而且在警方偵訊時撒了謊。但是在他們身上不曾搜出贓款，而且兩人都沒有犯罪紀錄。他們都有工作：薩科是一名熟練的鞋廠工人，萬澤蒂則是魚販。本國陪審團仍然指控他們犯有搶劫和謀殺罪——應予以處死。薩科則高喊：「我們是清白的。」

在接下來的6年當中，兩人爭取重新開庭審理。但即使在一名被判有罪的凶手坦承犯案之後，當局仍不願放人。1927年4月，泰耶法官宣判他們要被送上電椅。

由於遊行示威爆發，以及愛因斯坦、居里夫人等一流知識分子和成千上萬百姓從世界各地紛紛寄來的抗議信函，麻州州長仔細考慮了一項寬厚的上訴。儘管遭到強烈抗議——以及斥責泰耶法官在審判期間之偏見陳述的一份官方報告——州長仍支持其判決。美國最高法院拒絕審理最後上訴。

1927年8月23日，薩科及萬澤蒂在波士頓的查爾士敦州立監獄執行死刑。在向獄官的關照致謝之後，萬澤蒂說：「我希望原諒某些人現在對我所作的一切。」◀1919（6）

蘇聯

列寧放鬆革命

❷ 弗拉基米爾·列寧爲促使蘇聯景氣復甦所採取的新經濟政策於1921年宣佈實施，與共黨領導人所一再重申的革命教義背道而馳。但是依列寧所見，新經濟政策是對於困擾其國家之饑荒、百廢待舉和持續落後狀況的必要矯正方法。列寧承認：「當你和狼群生活在一起時，你必須像它們一樣地嚎叫。」

新經濟政策不比修正資本主義激進；它建立了一個混合經濟——共產主義、私有農業、有限制的私人貿易和製造業。該項政策減緩了革命之後所開始的工業完全國有化，並給予小規模私人企業以政府的優待。部分社會化商業也歸原來的主人所有。最引人注目的是新經濟政策取消了國家從農民手中沒收剩餘農產品的政策，改以一種固定農業稅來代替。此舉默認了私有財產的合法性：擁有耕種所得的是農民，而不是國家。

饑荒、運輸系統的不完善以及缺乏組織的救濟制度使得饑餓現象觸目皆是，改革行動因而勢在必行。強硬派分子猛烈攻擊列寧，而列寧則坦白地回答他們。「俄國，這個在經濟上屬於最落後的資本主義國家之一，」列寧寫道：「它在『風暴攻擊』中並未成功，並且發現自己不得不訴諸於緩慢和漸進的『圍攻』行動。」完美的共產國家必須等待時機到來。◀1919（11）▶1924（1）

羅爾沙赫試驗：墨水污漬的形狀透露了精神狀態。

思想

墨水污漬的想像

❸ 瑞士心理學專家赫爾曼·羅爾沙赫在1921年出版著作《精神診斷學》中介紹了其新奇的診斷試驗，他寫道：「主題陸續呈現並問道：『這可能會是什麼東西？』」

「這」是個對稱的墨水污漬，黑色和灰色輪廓加上若隱若現的亮彩。試驗關鍵在於每個污漬的形狀都不明確，可能被解釋爲一隻蝴蝶或蝙蝠、一名舞者、小丑或一張面孔。病人則提供內容：他所看到的東西以及如何陳述其幻想，羅爾沙赫（卡爾·榮格的學生）堅稱即爲其精神狀態的直接表達。「此項實驗，」他說明，「是在於對偶然形式的解釋。」

儘管目前幾乎是流行文化的口頭禪，但羅爾沙赫試驗仍爲一種被廣泛使用的診斷工具。或許它最有紀念意義的應用是在1946年，當時用於紐倫堡的納粹戰犯身上。結果顯示：其他人可能看到毛絨絨的動物和熱帶花卉，但創立蓋世太保和首批集中營的赫爾曼·戈林卻看見魚眼睛和凶惡巨人。◀1912（2）▶1946（當年之音）

隨著數百萬人排隊等候麵包，列寧決定共產主義也必須等待。

藝術與文化　　書籍：《鉻黃色》奧爾德德斯·赫胥黎；《艾麗絲·亞當斯》布思·塔金頓；《酋長》伊迪絲·赫爾；《三名士兵》約翰·多斯·帕索斯；《愛洛綺斯和阿貝拉》喬治·穆爾；《雞蛋的勝利》舍伍德·安德森；《1918-1921年詩集》埃茲拉·龐德；《維多利亞女王》利頓·斯特雷奇　　音樂：《我迷上了哈利》、《緩

「好品味毀壞了一些眞正的精神價値：就如品味本身。」
―― 香奈兒

攝影師霍斯特捕捉到香奈兒不經意流露出的絕代風華。

時尚
「香奈兒5號」問世

④ 設計師加布里埃爾・「可可」・香奈兒於1921年已是高級時裝界近乎傳奇的人物，當時她賣出有史以來上市品牌中最成功的香水。

香奈兒和化學家因斯特・博共同配製了一款香料，含有80多種成份，包括茉莉。（被告知茉莉的價格昂貴時，香奈兒回答：「假如那樣就放入更多的茉莉」）。當香水問世時，其簡單包裝和大膽名稱「香奈兒5號」格外引人注目。簡單俐落和果敢乃是領導高級時尚走向20世紀婦女的特徵。

香奈兒捨棄那些使今日大多數衣服變得累贅的「過度裝飾」，她將一種簡樸優雅又空前舒適的風格引進了有錢婦女的衣櫥：例如呢料套裝、毛呢平織衫、風衣、套頭毛衣以及「黑色小禮服」。在她的認可下，一些仿造珠寶逐漸被社會大眾接受，特別是成串的假珍珠。香奈兒套裝――即一件裙子上面搭配無領鑲邊的開扣短上衣――可能是唯一最常受到抄襲的流行設計。在其鼎盛時期，香奈兒企業雇用了3500名員工，但該帝國的獲利成功仍以「香奈兒5號」為重要基礎。香奈兒的榜樣激勵了許多後進設計師，他們認知成功的香水生產線所賺取利潤可能比服裝生產線的好幾季還多。

香奈兒生長於貧困無依的法國鄉下，她對社交生活正如對生意一樣地精明而有現代感。她的社交圈包括畢卡索、邱吉爾、科克托和史特拉汶斯基等名人。少女時代她曾與一名年輕的騎兵軍官私奔，這是許多軼事中的第一件。她最著名的私情是和威斯敏斯特公爵休・理查・阿瑟・格洛斯維諾的交往，他也是歐洲首富之一。但從未結過婚的香奈兒並不想成為他的妻子。「公爵夫人有很多位，」她指出，「但香奈兒只有一個。」◀1900（7）▶1947（12）

日本
謀殺與瘋狂

⑤ 在1921年一個戲劇性的月份裏，日本的主要自由派改革家被謀殺，而保守派天皇則發瘋。11月4日，第一位非皇室出身的首相暨日本現代主義象徵原敬實被一名右派刺客所殺。幾天後，精神失常的大正天皇被迫退位；他效仿西方的兒子裕仁太子成為攝政人。

原敬是當時最具威望的日本平民政治家，在1918年出任首相之後，他藉由立憲政友會（他所建立在美式政策機關內的政黨）進行權力分配來鞏固其地位，放寬了選舉的財產資格要求，並且抵制軍隊的權力擴張。他的遇刺舉世震驚，同時散播了日本可能回到「幕府時代」的恐懼。事實上，他的立憲政友會在接下來10年依然大權在握，而軍隊缺少了原敬的制衡，勢力不斷地蔓延、茁壯。

20歲的裕仁天皇打破先例，在成為日本第一位太子時就離開家鄉。經過6個月的歐洲之旅後，返回日本――旅途中有3個星期是與威爾斯親王愛德華八世一起度過――並且對於高爾夫球和培根蛋早餐表現出新嗜好。之後，裕仁從精神不穩定的父親手中接掌了皇室政府。裕仁在5年後被加冕為天皇，執政63年當中目睹了國家從島國到現代世界強國的轉變。◀1910（1）▶1928（5）

裕仁太子，世界上最古老皇室的後裔，日本首位天皇的第124代子孫。

步而行》西斯萊和布萊克；《二手玫瑰》亨利和克拉克；《我們並不開心》懷丁、伊根和哈恩　　**繪畫與雕塑**：《紅、黃、藍三色構圖》皮特・蒙德里安；《多樣圈》瓦西里・康丁斯基；《三位音樂家》巴勃羅・畢卡索　　**電影**：《孤兒流浪記》查理・卓別林；《啓示錄四騎士》雷克斯・英格拉姆和魯道夫・范倫鐵諾　　**戲劇**：《達爾西》考夫曼和康奈利；《R.U.R.》卡雷爾・恰彼克。

「你可以依靠無產階級來解放你，與它合作，接受其領導，或者注定成為
英國、美國、日本奸黨的奴隸。」

—— 格里戈里·辛諾維也夫在莫斯科蘇聯共產黨代表大會的演說

1921年新事物

- 懷斯薯片
- 貝蒂罐（為促銷金獎牌麵粉而創）
- 測謊器

- 自黏急救繃帶
- 彼得·保羅的莫林糖果棒
- 範胡森牌無漿硬領襯衫

美國萬花筒

無名烈士

他就像一次大戰的其他許多陣亡將士一樣，躺在泥濘的法國戰場上而無法辨識。但是休戰3年以後，一名美國無名士兵屍體被運回國，代表所有死難將士接受國家致敬。他被安置在黑色棺木內，是停放在國會大廈的第一位無名士兵，而過去只有遇刺的總統才會停放此處。接受過民眾悼念以後，他於11月11日被葬在阿靈頓國家公墓。他的墳墓成為美國所有陣亡將士的紀念碑。

◀ 1918（11）

這就是她

9月舉行的第一屆美國小姐選美大會沒有引人的宣傳花招，其目的是擴展大西洋城在勞動節之後的旅遊季。僅有的8位參選佳麗是各城鎮而非各州的代表；選美會由武器工業小開哈德森·美欣

主持，以泳裝表演為特色（甚至所有男性樂團成員都身穿泳裝），但沒有才藝表演。優勝者是16歲的瑪格麗特·戈爾曼。儘管《紐約時報》予以譴責，但它迎合了爵士樂時代的口味。接下來幾年，57個城市都派出年輕佳麗來參加角逐。

年輕時的毛澤東（右）及其接班人林彪。

中國
共產黨成立

6 1921年夏，隨著一連串密談在上海及附近召開，中國朝向共產主義國家之漫漫長路以低調開始。後來成為所謂第一次黨代表大會的此次會期是在上海郊外湖泊的一艘船上召開——亦是代表們唯一感到可以免受警方監視的處所。共產黨從不穩定的基礎起家，到了本世紀末卻將成為世界上最強大的共產黨。

1916年，由共和淪入軍閥混戰，以及國家隨即恢復封建制度，使中國出現革命激情。尤其是剛剛接受新思想啟蒙的青年學生，不願讓國家的些微進步付諸東流。軍閥所留下的空隙被激進會談所填滿，而許多年輕活動分子受到布爾什維克黨的勝利鼓舞，將俄國作法引以為榜樣。第三國際是布爾什維克對世界進行革命的工具，它趁此機會派員至中國協助組織其社會主義集團成為統一的共產黨。第三國際在中國的聯絡人是中國共產黨創始人之一的陳獨秀，他積極召募新黨員並派他們到蘇俄受訓作為革命發起

人。（中國共產黨後來在1921年投桃報李，當時共軍協助蘇俄打敗自去年起即佔據蒙古的白俄羅斯人。）

新一代的中國激進分子迅速綻現出來。毛澤東是一名27歲的教師，在他的家鄉湖南縣開始培育共產黨；16歲的鄧小平和23歲的周恩來皆為在巴黎的學生，並加入了法國共產黨。後他們一同回到上海，各就其位，並確定了一致目標。

◀ 1916（8）▶ 1924（邊欄）

德國
戰後賠償的確立

7 德國的財政狀況和領土主權受到協約國勝利的壓力所影響，四分五裂的社會秩序因緊張而開始崩解。

1921年1月，德國終於收到第一次世界大戰的賠款帳單。英國和法國之間曾對於適當金額展開冗長且激烈的爭執（法國的估算金額較高），之後歐洲協約國向戰敗敵人要求630億美元（金元）的現金和貨品，限42年內付清。德國還價以70億美元。當談判進行時，協約國

軍隊佔領了德國部分領土，以證明債權國並非在開玩笑。3月，德國官方勉強同意修改為320億美元。然而金額似乎依然過高，沒有一個國家承擔過如此龐大的債務，於是政府制定了一項「履行償債」政策：德國會償還賠款，直到協約國也能了解到該項負擔是無法忍受的，然後重新協商。

但這項政策有賴於在物資匱乏之下德國人民的合作。除了來自左派的不斷抨擊外（在普魯士發生的一次共產黨起義在3月被激烈鎮壓），政府還面臨了右派民族主義者的高漲反對聲浪，他們認為任何戰爭賠償協定都不能接受。

與此同時，德國仍正在喪失領土。在東南部上西利西亞省的公投（凡爾賽和約中所要求）支持與德

希特勒的軍官（這是1923年在慕尼黑的納粹行軍）在當時比街上打架的人略多。

國統一之後，該地區的大部分波蘭少數民族開始反抗；儘管德國國防軍平息了騷亂，但協約國在10月決議德國應將該省工業最發達的部分割讓給波蘭人——更進一步激怒民族主義者並剝奪了國家支付龐大賠款的主要資源。而通貨膨脹也隨著政府情勢的緊張而加劇。

激進的右派開始對政治人物和新聞記者進行謀殺。在慕尼黑，附

體育 **棒球**：世界大賽，紐約巨人隊以5勝3負擊敗紐約洋基隊（9場中最精彩的一場）；裁判凱納索·蒙頓·朗迪斯成為首任棒球協會會長 **拳擊**：傑克·登普西擊敗喬治·卡本鐵爾保住了重量級冠軍頭銜 **高爾夫球**：沃爾特·哈根贏得5項美國職業高爾夫球協會（PGA）冠軍的第一項 **西洋棋**：庫班·何塞·卡帕布蘭卡贏得世界錦標賽冠軍。

「我瞭解河流：／我知道河流像世界一樣古老／比人類血管裡的血液還要古老／我的靈魂變得像河流一樣愈來愈深沉。」
—— 休斯的《黑人談河》

屬於新成立之國家社會主義工黨（即納粹）的一支準軍事化團體「衝鋒隊」展開恐怖統治。「衝鋒隊員」都是由退役士兵和保衛納粹並壓制反對者的現役國防軍組成。他們擅闖政治會議，毆打演說者，並在納粹領袖阿道夫·希特勒上台時恐嚇群眾。然後希特勒會抨擊猶太人及日耳曼「種族」的其他敵人，直到警察抵達並將每個人遣送回家為止。

大多數德國人當時還不知道希特勒的名字。然而，僅是兩年後，他便首度嘗試以武力接管德國。
◀1920（邊欄）▶1922（7）

美國
關上美國的大門

8 美國國會受到無政府狀態和共產主義所刺激，加上有組織勞工的慫恿，於1921年制訂一項臨時配額法案，此乃限制合法入境美國之移民人數的最早法令。它是公開的種族歧視政策，其目的在於削減不斷增加的南歐及東歐移民，他們被認為會對美國政治體系和美國工人構成雙重威脅。

新政策將亞洲和歐洲移民的總數限制在每年15萬人，而且，每年能夠移居美國的任何外籍人口數量不得高於該國籍已定居美國之人數的3％。在那期間，70％以上外國出生的美國居民都來自德國、英國及愛爾蘭。因此，配額的累積對他們相當有利，卻犧牲了以義大利人、猶太人和斯拉夫人為主的所謂

「新」移民，這些國家的領導人在國會裏被形容為等著把激進危險的不受歡迎人物運到美國。

1924年，一項新的法令使歐洲配額固定化（在1965年的移民及國籍法中被取消），禁止所有的東亞移民並建立西半球為「非配額地區」。◀1917（2）▶1946（12）

文化
哈林文藝復興

9 哈林區是紐約市附近曾經風靡一時的「偉大黑人城區」（在朗斯頓·休斯的詩句中），是北美最貧窮的市區之一，但在20年

「我是一名黑人，」哈林文藝復興最早期的詩人休斯寫道，「而且很優秀！」

代是哈林文藝復興的藝術輝煌時期起源地。

第一次世界大戰後的幾年間景氣好轉，喜愛瘋狂玩樂的年輕白人

聚集到上城尋求音樂、酒和一種他們認為是非洲-美洲特有的享樂主義，於是俱樂部和夜總會如雨後春筍般出現。同時期在康蒂·卡倫、詹姆斯·威爾登·約翰遜、克勞德·麥凱、佐拉·尼爾·赫斯頓、瓊·圖默和杜波伊斯等多位作家之中，出現了一種頌揚（特別是都市）黑人經歷的詭辯文學審美觀。麥凱的《返回故鄉哈林》是關於一名黑人士兵在一次大戰後返鄉的故事，傾向於傳統性格描寫，而同年出版由魯道夫·費希爾所著的《傑利科牆》探究了哈林區的複雜階層，書中的黑人無產階級對於衣冠楚楚又「傲慢」的典型中產階級表示憤怒。

但是最具獨創性並超脫這個社會環境的文學作品是朗斯頓·休斯的詩，他的第一首詩《黑人談河》於1921年在《危機》雜誌上發表，是他剛從中學畢業的那年夏天所寫。4年後，他在華府的一家飯店餐廳工作時悄悄將3首詩放在美國詩人韋切爾·林賽的餐盤旁邊而被「發現」。第二天報紙上吹噓林賽的驚人發現，即一名會寫詩的「黑人飯店服務生」。

休斯採用了他所喜愛的藍調和爵士樂節奏，並使用直接的慣用語，在《頹廢藍調》（1926）和《守夢人》（1932）等詩集中考證都市美國黑人的經歷。他擅長於各種文學體裁，不斷地創作詩、散文、翻譯作品、劇本、報章雜誌投稿和短篇小說，直到1967年去世為止。他所創造的最受喜愛的文學人物可能是近乎傳奇色彩、綽號「單純」的傑西·塞普，這位沒有受過教育的哈林街頭哲學家是休斯為一份黑人報紙撰稿時所創造的詼諧角色。

哈林文藝復興就像大部分的20年代文化，隨著1929年的股市崩盤而搖擺不定及消逝。休斯後來認為該運動不過是曇花一現，一股風潮而已，但它毫無疑問地為理查·萊特、詹姆斯·鮑德溫和其他重要美國黑人作家的出現打下根基。
◀1910（7）▶1927（9）

頭號殺手
10年來名列死亡病因第二位（僅次於肺結核）的冠狀動脈硬化於1921年躍升為第一位。心肌梗塞佔美國死亡率的14％，這個數字在未來50年內將達到39％。
◀1914（11）

美國贖回巴拿馬
1921年，即巴拿馬在美國支持下脫離哥倫比亞的18年之後，華盛頓方面將贖款全額付清。由於這2500萬美元，哥倫比亞同意其舊有之省分獲得自治。該省曾於1903年發生暴亂，因為當時哥倫比亞的參議院拒絕讓美國完成及操控巴拿馬運河。從那時起，巴拿馬就從山姆大叔收取運河租金——現在連哥倫比亞也獲得報償。
◀1914（9）▶1926（8）

哈丁執政
第一次世界大戰的巨變之後，共和黨總統候選人沃倫·加梅利爾·哈丁允諾使美國「恢復正常狀態」，他於1920年的大選中以

空前的60.3％得票率當選總統。哈丁是平庸但和藹的人，他被提名為妥協候選人，因此極不適合擔任這個職務。他於3月4日走馬上任，1923年卒於任內，正值「蒂波特山醜聞」爆發之際。
▶1923（9）

立法前後，移往美國的人數

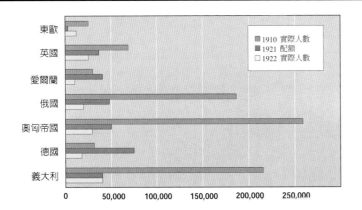

	■1910 實際人數 ■1921 配額 □1922 實際人數
東歐	
英國	
愛爾蘭	
俄國	
奧匈帝國	
德國	
義大利	

新配額法將洶湧的移民浪潮變成涓涓細流。

「每個女人夢中的小白臉。」
—— 約翰·多斯·帕索斯對范倫鐵諾的評論

1921

環球浮世繪

二度爲王

法軍於1920年入侵敘利亞時將國王費瑟一世驅逐，但他很快又登上另一個王位：1921年，英國任命他統治新的伊拉克王國，並獲得96%的伊拉克選民同意。在一次大戰期間，費瑟的反抗鄂圖曼功績使他成爲民族英雄，同時受到英國政府的厚愛，而英國承接伊拉克作爲戰後託管地。費瑟領導國家於1932年走向獨立。◀1920（2）▶1922（5）

卡羅素之死

恩里科·卡羅素是歷史上最著名的歌劇演唱家，他在48歲那年的8月去世。自從1900年在米蘭的斯卡拉劇院首次登台以來，這位紅得發紫的男高音已經扮演過50多個角色。他那充滿力量、抒情與溫暖的無與倫比嗓音以及幽默風趣都倍受人們喜愛。卡羅素向

來是紐約大都會歌劇院的重頭戲；錄製唱片和不停的巡迴演出更使他揚名世界。他出生於那不勒斯貧民區，因肺炎死於故鄉，葬禮在該市的皇家教堂舉行。通常只有君王才能夠享此殊榮。◀1902（11）

皮蘭德婁的戲劇人物

義大利劇作家路易吉·皮蘭德婁的作品《六個尋找作者的劇中人》於1921年首次公演，他因此成爲本世紀最富有創新戲劇想像力的劇作家之一。在劇中，來自一部被遺棄劇本的6個角色出現在演員們正準備排演的舞台上；他們堅持披露其不爲人知的故事。皮蘭德婁利用這種技巧來探索他最喜愛的主題：被視爲「事實」的許多層面與面向。皮蘭德婁的許多作品對後來的「荒繆劇場」產生了有力的影響。▶1950（7）

范倫鐵諾在銀幕出現時，婦女皆爲之傾倒。

電影

飾演酋長的范倫鐵諾

⑩ 在今天，魯道夫·范倫鐵諾老練好色閃閃發亮的眼眸、引人注目的鼻孔似乎是粗鄙又荒誕可笑。但對於20世紀初的成千上萬婦女來說，他是甜美的肉慾化身。一名女記者滔滔而談：「提到情人，百科全書會告訴我們有洛塔里奧、羅密歐、卡沙諾瓦、唐璜；但我發現大多數人會認爲是范倫鐵諾。」他於1921年所拍攝的電影鞏固了他的名聲，並創造出一位新型的銀幕英雄：殷憨、瀟灑並且熱情如火，他就是《酋長》。

在以前，銀幕英雄是衣冠楚楚的喬斯，很有禮貌地向女孩求愛。但是《酋長》要的不只是一次約會，而且女人們都表示同意。

電影敘述一名英國良家婦女在阿拉伯發生的故事，她被一位心情鬱悶的酋長所劫持，最後與酋長墜入情網。主角是一名26歲的義大利移民，從前以開計程車爲業，他把冗長的姓名改爲魯道夫·范倫鐵諾。范倫鐵諾從1918年起就在好萊塢等待機會，1920年因電影《啓示錄四騎士》獲得好評，他在片中舞出的狂熱探戈令人難忘。

但並非所有的人都被吸引。商業報紙《變化》即封范倫鐵諾是「毫無才智的演員」，並稱呼酋長爲「無能」。幾年後，當范倫鐵諾

濃妝艷抹、身穿古怪戲裝在劇中出現時，一位《芝加哥論壇報》的專欄作家指責他讓美國男子氣概一蹶不振：「這位理想情人，」作家憤怒地說：「實際是個虛飾的娘娘腔。」（被激怒的這位明星還向記者提出決鬥挑戰。）

1926年，范倫鐵諾死於胃穿孔時，約有3萬名婦女參加了葬禮。幾十年來，一名身穿黑衣的神祕女子每逢祭日便來到他在好萊塢的墳前悼念。即使今日，范倫鐵諾的影迷俱樂部依然熱絡不已，他的墓旁也總是鮮花不斷。◀1919（3）▶1922（11）

醫學

肺結核疫苗

⑪ 肺結核是世界上最致命的疾病之一（直到世紀中仍無法治癒）。一種能增強兒童對該疾病抵抗力的疫苗於1921年首先在歐洲學童身上使用。法國科學家阿爾伯特·萊昂·卡爾梅特和卡米勒·介

卡爾梅特（上圖）和介蘭：他們的疫苗具有抵抗力但無免疫力。

蘭經過近15年的實驗，以一種含有少量肺結核菌的「卡爾梅特-介蘭疫苗」（BCG）注入人體來預防肺結核。

卡介苗在歐洲很快被接受，在美國和英國則直到1940年才被接准使用。在使用上的一個障礙就是1930年的德國呂貝克事件，該年之中接受疫苗的249名嬰兒中有73名死於這場災難。（後來發現這些疫苗是意外受到污染。）

1961年介蘭去世時，世界上已有兩億多人接種疫苗。如今在西歐和美國已經很少使用該疫苗了，因爲肺結核病一度被認爲滅絕，直到與它類似的愛滋同源疾病於80年代後期再度捲土重來。◀1905（9）▶1944（17）

印度

不合作運動的開始

⑫ 對掌理大英帝國的人而言，印度的政治變革代表著一項重大讓步。然而對大多數有獨立思想的印度人來說，1921年進行的殖民政府重組是受到1919年蒙塔古-

強烈反對印度殖民統治的甘地和英國女王一同出現在郵票上。

切姆斯福德改革條款所認可，但幅度太小也爲時已晚：一個兩院制的國家立法機關，其中僅有部分成員經選舉產生，而且權力有限，各省政府則隸屬於大英帝國。在莫漢達斯·甘地的領導下，印度國大黨（專屬於地方自治的政治組織）拒絕參與立法選舉，並對英國當局實行不合作運動政策。甘地呼籲同胞抵制英貨，從政府學校退出，辭去英國官職，最後並抵制納稅。他警告說，英國機構「就像寓言中頭上鑲有燦爛寶石的蛇，但是到處都長滿毒牙」。藉由不合作運動，甘地成爲領導獨立運動的不二人選。◀1919（10）▶1924（5）

諾貝爾獎 和平獎：卡爾·布蘭廷（瑞典，和平運動分子）和克里斯蒂安·朗格（挪威，議會間同盟） 文學獎：阿納托爾·法朗士（法國，小說家） 化學獎：弗雷德里克·索迪（英國，放射性元素和同位素） 醫學獎：從缺 物理學獎：阿爾伯特·愛因斯坦（德國，光電效應）。

當年之音

美國婦女的困惑

摘自1921年11月的《柯夢波丹》，艾莉諾·格林

英國小說家艾莉諾·格林的大膽激情小說在當代略顯驚世駭俗。她在《3個星期》（1907）中對於一名英國人與一位巴爾幹皇后的戀情描寫造成了轟動，而她的小說「它」（她為好萊塢影片所寫，由「克拉拉·鮑」主演）變成性饑渴的代名詞。但是當20年代的輕佻女郎首次出現在銀幕時，格林卻引起了公憤。她在1921年的《柯夢波丹》雜誌上和讀者分享了對於美國婦女慘況的觀點。▶1923（5）

輕佻女郎的角色充滿矛盾：既有公然反抗的獨立性又極具誘惑；既有健全充沛的精神又有肆無忌憚的墮落。

對於一個有同情心又在10年後再次來到美國的陌生人來說，似乎在各階層年輕婦女之間流傳的不滿和不安情緒是多麼強烈……在困擾她們的某些無名欲求之後有一種狂熱的追求……

前幾天有位著名雕塑家對我說：「這是一個肉體的年代，一切興趣都圍繞著肉體，它的需要、它的感覺、它的保存、它的外觀、它的情緒。根本沒有一個人對精神感興趣。」

在性別之間有一種對立。它們經常只是在肉體上結合，將藉著自由戀愛、做合法的事來自我表達——並且僅在名稱上迴避它，在離婚主義的保護下則縱情於改換丈夫和妻子。

消磨時間而非怡情養性的娛樂成了每天追求的目標。必須藉不同的形式來仰賴毒品，以產生新的感覺。簡單地說，過度充沛的精力必須以浪費方式來排除——這些精力是上帝賦予年輕人的財富，應當用於有建設性而非破壞性之目的。

想像一下在美國各村鎮各城市所見到的摩登少女。她們是希臘時代以來最迷人的生物，而且擁有最聰明的智力——如果曾經用過的話……

這些漂亮女孩是否曾經想過？是否曾問過她們從何處來，往何處去？看來沒有。她們的目的似乎是誘惑男人，而且獲取金錢……

一個有頭腦的男人應如何抑制自己，在這些不斷遇到的可愛、愚笨、不平衡、抽煙的美女中不受引誘？美國女孩難道沒有與生俱來的道德準則——沒有潛意識的自尊、沒有節制，沒有尊嚴嗎？我知道自己對她們的看法。

「喬伊斯先生，我承認您是極爲優秀的作家，我就是這麼認爲。而且我承認您的這篇作品是貨眞價實的文學。你要相信我，我是評審。」

—— 埃茲拉·龐德致喬伊斯的信

1922

年度焦點

喬伊斯的現代主義經典

1 「儀表堂堂、結實豐滿的巴克·穆里根出現在樓梯口，手裏端著一碗肥皂泡，上面交叉放著鏡子和一把刮鬍刀。」幾乎被公認爲本世紀最重要的英語小說就此拉開序幕，它就是詹姆斯·喬伊斯的《尤里西斯》。該書於1922年在巴黎限量發行，其語言技巧精湛、富人情味、坦誠宣洩，一出版便被奉爲曠世鉅作。但美國和英國卻視之爲淫穢作品，指責作者是性變態。

本書主要描述1904年6月16日這天，愛爾蘭猶太人，報紙廣告代理商利奧波德·布盧姆和他的妻子摩麗，以及斯蒂芬·達迪勒斯（此人是喬伊斯1916年作品《青年藝術家的肖像》的主要人物）等人的日常生活情形。雖然喬艾斯涉及其他內容，如羅馬天主教神學和吉普賽俚語等甚至更爲難解的引喻，但書中結構有和《奧德賽》（奧迪修斯的19年流浪生涯壓縮成布盧姆在都柏林的一日漫遊）匹敵的企圖。布盧姆的精神之旅是因其對性、淨化、空虛和其他世俗問題的冥想而完備，以縝密、強烈直接的華麗辭彙來描寫，成爲語言自身的宴饗。這種「意識流」體裁在本書著名的最後一

喬伊斯和他的朋友暨贊助人，西爾維亞·比奇在巴黎莎士比亞書店内。

章達到最高境界，即摩麗·布盧姆沒有標點的長篇獨白，結尾一句是：「是的——我說是的我將會——是的。」

自從《尤里西斯》於1918年在美國前衛派雜誌《小評論》連載以來便一直引發爭議。翌年美國郵政局沒收了一期雜誌，後來又沒收過3期，而1921年法院宣判其題材淫穢，即使3位法官中有兩人承認無法理解喬伊斯深奧難解的寫作風格。《小評論》以出版色情文學罪名被處罰款；當時在巴黎的喬伊斯則因爲不能在美國（當然英國也不例外）出版此作品而感到絕望。

不久，莎士比亞書店暨巴黎僑民藝術中心的美國老闆，西爾維亞·比奇出面幫他度過難關。比奇主動要求用書店名義來發行該書，喬伊斯因而感激地接受。在1922年2月2日的40歲生日時，喬伊斯接到初版書。美國和英國則直到1934年和1936年才分別予以解禁。▶1922（9）

醫學

糖尿病患接受胰島素治療

2 在加拿大內科醫生弗雷德里克·班廷和助手查爾斯·貝斯特分離出胰島素以前，糖尿病這種異常高血糖的失調疾病被認定是慢性不治之症。1922年胰島素首次用於人體，可延長糖尿病患的生命並讓他們能過比較正常的生活。

由於實驗室動物在摘除胰臟之後會引發類似糖尿病的症狀，因而向來以此作爲研究重點。胰臟內的細胞塊又名朗格漢斯氏島（以發現者命名），它們被認爲可以分泌一種叫「胰島素」（在拉丁語中意即「島」）的荷爾蒙。胰島素有顯著控制身體葡萄糖分子代謝的功能。但是試圖將胰臟搗碎以分離荷爾蒙的傳統方法並沒有成功，因爲胰臟也含有消化酵素，會破壞由蛋白質構成的胰島素分子。

班廷在研讀一篇論文後忽然想到取代方法，文中描述如何在狗身上進行實驗，將消化酵素進入小腸的輸送管紮緊而使胰臟退化。由於朗格漢斯氏島細胞並未參與消化，班廷猜想這樣的程序可能會讓它們在酵素枯竭、皺縮的胰臟中保持完整。在獲得多倫多大學生理學教授約翰·麥克勞德所提供的實驗室和助手（當時還是大學生的貝斯特）之後，班廷重複論文中的狗實驗，並且等待7週以證實假設的正確性。實驗結果是朗格漢斯氏島細胞的外形依然完好，而從中萃取的液體減輕了狗的糖尿病症狀。胰島素自此被分離出來；不到一年即應用於人體（再過43年之後才在實驗室

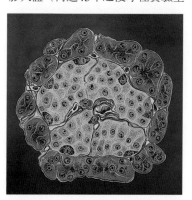

胰臟組織：黃色細胞是產生胰島素的朗格漢斯氏島。

人工合成出來）。班廷和麥克勞德獲得1923年諾貝爾獎，但班廷不大情願與僅提供實驗室的人分享殊榮，因而對接受與否猶豫不決。後來他堅持要與貝斯特平分諾貝爾獎金。◀1912（9）▶1982（邊欄）

考古

開啓圖唐卡門王的陵墓

3 手持蠟燭，吸進有3千年歷史的空氣，英國埃及學家霍華德·卡特透過小孔窺視一座古老

霍華德·卡特（跪者）正要進入墓室。

地下樓梯的底部。「你看到什麼了嗎？」提供金錢資助的合夥人喀那芬伯爵問道。「有，不可思議的東西，」目瞪口呆的卡特囁嚅答道。

經過兩年多的徒勞無獲後，卡特終於在1922年11月26日挖掘到圖唐卡門國王墓穴的前廳，這位少年國王自公元前1333年開始統治古埃及，9年後去世。前廳藏有大批珠寶，包括黃金護身符、塑像、武器和儀式用的床等零亂地堆集在一起。（最後，卡特推斷該墓在圖唐卡門死後幾年之中曾被盜過。）但是墓穴中最重要的珍寶直到幾個月後才陸續發現：從未開啓的墓室內有圖唐卡門的巨大石棺。棺蓋被橇開時，3千多年來毫髮無損的國王躺在3層似人類的棺木內，最內層則是純金打造。在現代史中，埃及學家首次見識到古代法老的埋葬方法。

藝術與文化　　　書籍：《美麗與詛咒》史考特·費茲傑羅；《克洛迪那的房子》科萊特；《流浪者之歌》赫曼·赫塞；《巴比特》辛克萊·劉易斯《花園舞會》凱薩琳·曼斯菲爾德；《巨大的房間》肯明斯　　音樂：《一路往新奧爾良那邊去》萊頓和克里默；《芝加哥》弗雷德·費希爾；《早晨的加州》唐納德遜和卡恩　　繪畫與雕

「羅馬，昔日的世界女王，以創造光榮之日的先烈爲名，我們向您致敬。」
—— 墨索里尼進軍羅馬後所發表談話

由於圖唐卡門的名字被繼承人從皇室名單中剔除，因此在早期的勘察中未發現其墓穴。另外，公元前1156年至1148年統治埃及的拉美西斯死後，由於工人不知道此地已建過墓穴而隨即在圖唐卡門的墓穴上修墓，使它被埋於瓦礫之中。1903年，喀那芬在埃及皇陵谷地養病時就對圖唐卡門國王的傳說很著迷。不久遇到了卡特，兩人開始潛心挖掘圖唐卡門的陵墓。但第一次世界大戰迫使挖掘工作中止，直到1917年才重新開工。

到了1922年，卡特的挖掘小隊因一無所獲而日漸絕望，喀那芬則爲了龐大財務支出疲於奔命。11月2日在探勘整個皇陵谷地最後一塊仍未得證實的區域時，卡特終於在工寮下方發現一座樓梯。他抑制住繼續挖掘的衝動，下令停工等待喀那芬從倫敦趕回。

考古學家所挖掘出土的不只是金子。許多人認爲開啓陵墓會放出古老的詛咒，打擾法老王者必遭天譴。就在一年後，喀那芬因蚊子叮咬感染而死，其他與挖掘古墓有關連的人也都早早死去。然而神必定是寬恕了卡特，因爲他又活了17年，到了65歲才去世。◀1912（3）▶1922（邊欄）

阿爾弗雷多·安布魯斯將墨索里尼的臉印在羅馬地圖上。

貼金箔及華麗鑲嵌的棺木是圖唐卡門國王三層棺木中的第二層。

義大利

黑衣黨員進軍羅馬

4 義大利不像其他同盟國國家，它在凡爾賽和約的豪奪瓜分之中幾乎沒有得到什麼，只留下一次大戰造成的貧困混亂。其通貨膨脹率僅次於德國，議會腐敗及紛爭陷入僵局，公共工程衰退，左派暴力促使了布爾什維克主義的擴張。義大利人渴望激進的變革，卻對俄國式革命懷有恐懼，因此許多人轉向法西斯主義。這是帶有神祕色彩的國家主義運動，要求國家必須在一位「優越」人士的支持下團結。即使在取得35個國會席位後，法西斯黨徒仍利用恐怖手段來對抗左派分子。

本尼托·墨索里尼正是這樣的立法者，亦即該運動具有政治魅力的領袖。1922年，墨索里尼認爲法西斯掌權的時機成熟。10月28日，約4萬名身著黑衣的法西斯信徒進軍羅馬，沿途侵佔地方官邸、郵局和火車站，也因爲大多數軍隊皆深表同情而很少受到抵抗。

在大雨中宿營羅馬城外的黑衣黨員裝備不良、缺糧以及組織混亂；羅馬守備隊應該輕易就可以驅逐他們。但國王維多利歐·伊曼紐爾三世驚慌失措，不肯簽署發佈戒嚴令。他的助理致電在米蘭的墨索里尼，提議給予新內閣的部分控制權，卻被墨索里尼掛斷電話。第二天，墨索里尼被要求組織新政府，他搭乘火車赴羅馬，但是城外的鐵軌已被防軍拆毀。國王派車前來迎接法西斯領袖，率其軍團進入羅馬城。

新政權的第一項宣言是：「從此刻開始，墨索里尼就是政府。」然而當政府將變革付諸實施，即由法西斯黨來控制警察、官僚、銀行和商會，以及建立新的民兵組織之時，多數事物仍然保持原狀。過了兩年後，墨索里尼對義大利的全盤規劃依舊含混不清。◀1919（7）▶1924（8）

塑：《鬼怪，隨我的輕柔歌聲起舞吧！》保羅·克利　電影：《愚蠢的妻子》埃里希·馮·施特羅海姆；《殺人者》西席·地密爾；《諾斯佛拉圖，一首恐怖交響樂》穆爾諾；《羅賓漢》道格拉斯·范朋克　戲劇：《重返瑪士撒拉》蕭伯納；《安娜·克里斯蒂》尤金·歐尼爾；《安提戈涅》尚·科克托；《阿比的愛爾蘭玫瑰》安妮·尼科斯。

「如果能得到果實，何必介意果皮？」

—— 英國外交大臣寇松勳爵對英國政府准許埃及「有保留」獨立一事的評論

1922年新事物

- 3D立體電影（完美影片公司《愛的力量》）
- 維生素D

- 蘇維埃社會主義共和國聯盟
- 空中廣告

1922

美國萬花筒

地下酒吧女王

尖牙利嘴的吉南·德克薩斯是美國「禁酒令」時代的首位夜總會女老闆。她於1922年在紐約以開設「美術咖啡館」為業。38歲，身材高大，曾在電影中扮演女牛仔，並受雇為歌手，但她真

正的本事是招引人群狂舞豪飲。她無懼於禁令，經營非法連鎖酒店，而名流和普通人皆為了違禁的威士忌酒不惜支付高價——當然也是為了能夠聽到吉南吹她的警哨及有名的招呼叫喊：「嗨，笨蛋！」◀1919（當年之音）▶1923（5）

社交禮儀夫人

1922年埃米莉·波斯特出版了長達619頁的《社交界、商界、政界和家庭禮儀》，使她成為美國最富聲望的社會禮儀權威。以前有關禮儀方面的作者都是為了錢財和名聲，但波斯特提供常識忠告給希望舉止得宜的人。

《讀者文摘》創刊

《讀者文摘》第一期在2月發行，訂戶有1500名。該期刊是由青年夫婦德韋特·華萊士和萊拉·艾奇遜·華萊士創辦（一位前明尼阿波利斯州書商暨女繼承人），每月發行一期，內容皆為

埃及
和緩的獨立

5 經過幾個世紀的外國統治，埃及於1922年取得名義上的獨立。長久以來，除了被拿破崙軍隊短暫佔領之外，這個曾由法老王統治的強盛國家在名義上一直是鄂圖曼帝國的自治省，直到1882年英國入侵並開始佔領它。1914年，英國廢黜了鄂圖曼任命的埃及總督，並宣佈埃及為保護國。英國將蘇丹的新頭銜授予總督的叔叔胡桑·卡米勒，一次大戰期間更對此具有重要戰略性的領土實施戒嚴法。

1917年胡桑·卡米勒去世，由更具野心的兄弟艾哈穆德·福阿德繼位。這時，戰時的鎮壓和剝奪使埃及民族主義升高。幾乎就在戰爭剛結束，即鄂圖曼帝國瓦解之時，埃及政治家們向英國請願准以自治。英國不僅拒絕接受民族主義者派代表團赴倫敦，而且將他們所推崇的領導人紮格盧格·帕夏逮捕，因而引發了罷工和襲擊英國人員的事件。

曾帶領英軍在巴勒斯坦打敗鄂圖曼的艾倫比勳爵與埃及民族主義者談判。1922年2月，英國宣佈承認埃及「有保留」（包括保護外國利益和英國繼續承擔防禦監督）的獨立。蘇丹福阿德被加冕為福阿德一世，埃及成為君主立憲國家。但由於英國軍隊仍駐紮在埃及，而且獨裁的福阿德和投機主義的民族主義者競相尋求英國的支援，埃及的合法性和獨立仍未能付諸實施。◀1910（11）▶1936（邊欄）

外交
裁減海軍軍備

6 戰爭粉碎了舊世界的權力平衡，世界各大強權之間開始一場軍備競賽。企圖奪取海軍優勢的有：英國，傳統上擁有海上霸權；日本，太平洋的新主宰；美國，擁有廣泛商業利益的經濟動力。隨著情勢日益升高，這幾個國家和次要強國在華盛頓召開會議，於1922年閉會時就穩定國際關係及減緩因海軍競賽所造成財政浪費達成4項協定。

最重要的是《海軍限武條約》，規定戰艦重量不得超過一萬噸（見上方圖表）。英、美、日、法還簽署《四強公約》，承諾尊重彼此在太平洋地區的屬地，並透過外交途徑解決爭端。

然而在往後的幾年內，各強國都忙於建造不受《海軍限武條約》限制的各型戰艦。因此在1930年，倫敦海軍會議盛大召開，旨在達成裁軍協議。（喬治五世以世界上第一場實況錄音演說來開始議程。）

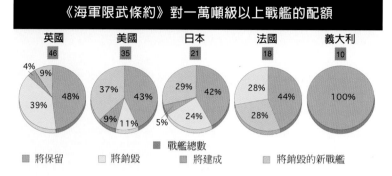

《海軍限武條約》對一萬噸級以上戰艦的配額

英國 46	美國 35	日本 21	法國 18	義大利 10
4% 9% 39% 48%	37% 43% 9% 11%	29% 42% 5% 24%	28% 44% 28%	100%

■ 戰艦總數　■ 將保留　□ 將銷毀　■ 將建成　■ 將銷毀的新戰艦

限制各國最大型戰艦的數量旨在平衡各國海軍軍力。

英國、日本和美國討論出一項有弱點的協議，但法國和義大利拒絕簽署將和其他一方保持均等的任何協議。不久，所有軍備管制的偽裝均被捨棄，瘋狂地建造軍艦直到第二次世界大戰爆發。◀1906（邊欄）▶1936（11）

德國
德國每況愈下

7 對於崇拜者而言，德國實業家暨社會理論家瓦爾特·拉特瑙（下圖）是位善於獨立思考的愛國人士。在一次大戰期間，他負責監督原料的分配；戰後擔任重建部部長，處理戰勝國的賠償事宜（遭到右派人士的責難），堅定地拒絕協約國許多苛刻要求。1922年1月出任外交部長後，他和蘇俄簽署條約，與協約國（這些國家都不承認共產主義政權）抗衡，並得到蘇俄同意取消戰爭賠款。拉特瑙出身名門，

開羅的皇家國會廣場。在裏頭開會的政府仍然聽命於英國。

「他寫了一首新詩,一首眞正的新詩,與眞正的舊詩建立關連。」
—— 史蒂芬·斯彭德評艾略特

父親是德國電器公司AEG的創辦人,他坦承熱愛金髮碧眼的德國民族。對於日益擴大的德國右派國家主義運動來說,拉特瑙卻是靠不住的猶太人,因此他擔任德國發言人的職務是一項諷刺。

6月20日,拉特瑙驅車上班時遭到機槍和手榴彈殺害。他的死是一連串右派暗殺行動之一,引起全國性的罷工和示威。威瑪共和國國民議會立即通過「共和國保護」法案,對結黨謀殺和提供手段給不法極端團體等行為加以嚴懲。中間派總理約瑟·維爾特對該項措施辯護,他聲明:「敵人在右邊!」(由於大多數法官來自前任凱澤政權,所以法律多半用來反對左派分子)。數月後,維爾特政府成為威瑪共和國議會黨派聯合更迭的犧牲品,而由船業大王威廉·庫諾領導的溫和右派政府取代。

在暗殺行動之後,一般投資人的信心驟降,已經下滑的德國匯率開始暴跌。政府取消了拉特瑙的「履行政策」,並宣佈賠款將延期償付。德國與最無情的債主法國之間,敵對態勢升高。◄1921(7)▶1923(1)

電影
彩色電影問世

⑧ 1922年,銀幕閃耀著新鮮亮麗色彩,因為好萊塢製作出第一部彩色影片:改編自《蝴蝶夫人》的《海上鐘聲》。但儘管豐富的色彩廣受好評,彩色影片卻因成本昂貴,多年後才成為影片製作的主流。

電影從一開始就利用了手工著色或單色暈染。到了1910年代,英國和法國製片公司嘗試著把兩種或三種原色調和成全彩影片,然而其製作過程十分繁瑣,而且畫面會造成眼睛疲勞。1915年,美國麻省理工學院的兩位科學家赫伯特·卡爾馬斯和丹尼爾·康斯托克成立特麗電影公司(以他們學術研究成果來命名),著手解決這些問題。1917年,他們發行第一部改良的彩色影片,但是不夠理想。隨後,為了調

《海上鐘聲》:彩色影片的造價依然過高而無法普及。

和紅、綠兩種原色以呈現舒適自然的效果,他們試著在攝影機內裝上兩捲底片,一捲拍紅色,一捲拍綠色,並用稜鏡把拍攝光線分割到原色之中。顯影沖洗時將兩捲底片結合起來,所以不用特別的放映機。到了1922年,製作程序幾近完善,就等好萊塢來採用。▶1927(5)

文學
孤獨詩人

⑨ 1922年是現代文學的分水嶺,所出版的作品有:赫曼·赫塞的《流浪者之歌》、尤金·歐尼爾的《安娜·克里斯蒂》和《多毛猩猩》、約翰·高爾斯華綏的《福賽德世家》,而最為重要的是詹姆斯·喬伊斯的《尤里西斯》。至於詩作方面,在倫敦銀行工作的34歲美國人艾略特(見圖左)發表一部向傳統挑戰的激進敘事詩,共長達433行,足以和喬伊斯的小說傑作匹敵。《荒原》鞏固艾略特作為第一

位現代主義詩人的威望,與他在1917年創作的《阿爾弗雷德·普拉弗盧克情歌》相呼應。

《荒原》將個人象徵與具有文化意涵的廣博語彙連結。它反映時代的片段,拼湊出圖像及聲音,舉凡工人階級的俚語乃至中產階級的優雅,教會的修辭乃至荷馬式的雄辯等無所不有。其節奏包括短長格五音步詩及繁音拍子,聲調從敲板到啟示音階都有,因此寓意晦澀難懂。的確,艾略特將晦澀引入現代詩,要求讀者必須認眞方能理解。他引經據典使詩句隱晦,詩句中既有聖杯傳說,又有印度《吠陀》和但丁的《神曲》及通俗歌曲。但儘管《荒原》內容晦澀(艾略特遵照埃茲拉·龐德的意見,將原詩長度縮減將近一半),它仍明白地提醒眾人城市生活的醜陋與非人性,也表現出艾略特對人類文明由輝煌歸於平凡的絕望。

保守的評論家認為該詩篇晦澀難懂,只不過徒增前衛人士的熱愛而已。但是艾略特的保守主義形象使他受到仇視,特別是在1927年成為虔誠的基督教徒之後,而詩人威廉·卡洛斯·威廉斯稱他是「一名狡猾的英國國教徒」。1948年艾略特獲得諾貝爾獎之前,年輕一代有許多人都錯誤地宣稱他的詩作已經過時。◄1922(1)▶1925(8)

書籍和其他雜誌的摘錄精華。到了50年代,它成為世界上最暢銷的雜誌。

神槍手安妮

在北卡羅來納州射擊俱樂部的一場射擊表演中,富有傳奇色彩的女神射手安妮·奧克莉輕易就將100隻飛靶泥鴿擊落98隻,打破女子飛靶射擊的世界紀錄。奧克莉於1890年出生在俄亥俄州的小木屋,頭戴牛仔帽的她在水牛比爾·科迪的荒野西部秀中演出17年之久。她能在30步開外擊中一張撲克牌的窄框,或是一枚拋向空中的銀幣;在柏林,她曾擊中未來的德皇威廉二世口中所叼的香煙。

林肯紀念堂落成

經過7年工程,耗資294萬美元的林肯紀念堂於1922年在華盛頓落成。建築師亨利·培根仿效雅典的帕德嫩神廟結構,但融合了美國象徵主義:36根柱子代表著美國內戰時期聯邦的36州。紀念堂內高6公尺的林肯雕像由丹尼爾·切斯特·弗倫奇設計,並以來自舊聯邦喬治亞州的大理石建成。◄1909(邊欄)

完美的人

1922年,健美文化雜誌宣稱28歲的查爾斯·阿特拉斯(原名安吉諾·西西利亞諾)是「世界上最完美發達的人」。阿特拉斯原本是44公斤的瘦弱男子,透過「機能緊繃」而達到驚人體格。「機能緊繃」又稱為等比例鍛練,是一種將一組肌肉向相反方向緊拉至另一組肌肉或固定物體上的技術。到1927年,他的健美術成為商機:郵購業務每天為他帶來1千美元收入。▶1978(13)

美國政治與經濟 國民生產毛額:741億美元;麗貝卡·拉蒂默·費爾頓成為美國第一位女參議員(兩天後,選出的參議員沃爾特·喬治取代了她);《福特尼-麥克卡勃稅收法案》提高利率至保護主義標準;《糧食未來法案》有助於遏止造成糧價波動的投機行為;聯邦麻醉劑控制局成立。

「喜劇演員胖子阿巴克爾已不存在……他是羅斯科·阿巴克爾先生，現今最認真表演的人。他的動作和表情……讓哈姆雷特和馬克白及尚·瓦勒尚（雨果悲慘世界的男主角）有如馬戲團的小丑。」

—— 《洛杉磯時報》

環球浮世繪

委內瑞拉油田

1922年在委內瑞拉東部的馬拉開波湖附近，國際石油探勘家有了意外收穫。在荷蘭油井噴出原油後9天，英國和美國亦隨後開始鑽井。到了20年代末期，委內瑞拉成為世界石油的主要出口國，並維持其地位直到70年代。

◀1909（5）▶1935（邊欄）

愛斯基摩電影

1922年隨著布萊頓·羅伯特·弗萊厄蒂的《北方的南努克》影片問世，紀錄片的類型被重新界定。先前的紀錄片都呈現出不連貫的片段；《北方的南努克》則有一個中心主題，即一個愛斯基摩家庭在北極荒蕪中求生存的掙扎情形。而且弗萊厄蒂是第一位在紀錄片中使用小說電影技術的製片人：捕獵場景充滿懸疑，家庭場景溫馨感人。雖然人類學家對弗萊厄蒂把事件舞台化感到惋惜，但當納努克用魚叉又住龐大的北極熊時，觀眾喝采叫好。

烏爾發掘報告

世界上最早的文明只不過是一種傳說，直到1922年英國考古學家查爾斯·萊昂納德·伍利開始考古挖掘才得以證實。

伍萊花了12年時間挖掘位於伊拉克沙漠有6千年歷史的蘇美國都烏爾（由他的同事霍爾在第一次世界大戰後首次發現）。（左圖是挖掘出土的一座雕像。）聖經上亞伯拉罕的出生地也被證明是城邦、成文法、文字和車輛運輸的發源地。◀1922（3）

保護無尾熊

由於無尾熊可能面臨絕跡，澳大利亞於1922年立法保護本土的有袋類動物。由於無尾熊的毛厚實且柔軟，所以牠的皮毛一直在北美市場上銷售，自1918年以來大約有800萬隻無尾熊遭到捕殺。◀1905（5）▶1987（9）

艱苦獲勝的條約將所屬土地歸還給土耳其人。

土耳其
為自決而戰

⑩ 穆斯塔法·凱末爾（後來稱為土耳其國父）是第一次大戰的指揮官，曾是鄂圖曼帝國的英雄，兩次在加利波利擊敗英軍。但是當600年歷史的帝國隨著德國戰敗而崩潰時，這位前青年土耳其黨黨員領導戰鬥將其徹底廢除。1922年，他新建立的土耳其取而代之。

大戰之後，有人建議讓土耳其成為英國或美國的保護國，但凱末爾獨排眾議，決心使土耳其核心地帶成為主權國家。軍隊追隨他參與叛亂。聲望日隆而遍訪全國之後，他在安卡拉設立臨時政府，與君士坦丁堡（今伊斯坦堡）的蘇丹政權分庭抗禮。

君士坦丁堡的眾議院於1920年批准凱末爾的獨立方案，並促使英國出兵佔領城市及解散眾議院。英勇無畏的凱末爾為新的大國民議會舉行選舉，將凱末爾想要統治的國家定名為土耳其。軍隊敉平了效忠蘇丹地區的反抗。

凱末爾願意讓出非屬於土耳其種族的土地，但要求索回其他國家佔領的許多領土。他以武力從亞美尼亞和喬治亞人手中收復東部的失土，並將法國人逐出南方。然而英國拒絕讓步，結果造成民族主義者和英國所支持的希臘之間爆發為時一年的戰爭，因為後者垂涎土耳其的大片領土。

最後希臘在安納托力亞遭遇一場血戰，同意撤退。1923年於洛桑簽定一系列條約後，盟軍幾乎答應土耳其的所有條件。凱末爾廢除蘇丹地位，鄂圖曼末代皇帝則逃往馬爾他。◀1920（2）▶1923（12）

電影
好萊塢自律

⑪ 不論銀幕上下，電影業都充斥著性與醜聞。首先是頗受歡迎的滑稽喜劇演員「胖子」羅斯科·阿巴克爾在1922年8月無罪開釋，他被控在一年前的瘋狂聚會中姦殺了一名好萊塢童星。隨後是導演威廉·德斯蒙德·泰勒的謀殺懸案，他在涉及毒品和兩位知名女星的神祕情形之下，於洛杉機的寓所遭到槍殺。幾乎正如他們的影片一樣的淫亂。

全美的衛道人士動員起來，不過好萊塢則先發制人：在呼籲聯邦審查和參議院調查電影業之際，憂心忡忡的電影製片人組成美國電影製片與發行人協會，是個由前郵政

阿巴克爾一案促使好萊塢開始嚴格掌握影片內容的標準。

部長威爾·海斯將軍所領導的自律團體。

海斯把道德條款引入電影合約，並設定影片內容的非官方規定許可標準。但是製片人置之不理，影片依然充斥性愛。最後在1934年，由於天主教會、華爾街及其他保守團體恫嚇要揮舞正義之劍，海斯才下定決心，著手推行新的限制規定。從此，影片內容必須遵守《海斯法》；未經許可的電影不得上映。製片人默許此規定，而且在往後30年間，好萊塢影片禁止婚外性愛的內容（婚內性愛不受限），尊重教會和國家，並強調惡有惡報。◀1910（邊欄）▶1947（5）

愛爾蘭
建立自由國家

⑫ 1922年愛爾蘭自由邦成立，但在國家爭取認同的過程中飽受破壞。結束英國和愛爾蘭之間游擊戰的條約，英國給予南愛爾蘭（今日的愛爾蘭共和國）26郡的自治權。自由派人士接受自治權，視為邁向完全獨立的一個進程，但激進的共和派人士則視為屈辱。當前愛爾蘭共和軍的精神領袖麥可·科林斯（上圖）簽署條約並協助設立臨時政府時，他受困於交叉攻擊之中。

科林斯啟發了日後的武裝領袖如毛澤東、伊札克·夏米爾等人，成為超越生命的象徵。當游擊小隊公開伏擊英國工人時，他曾騎著自行車在都柏林附近巡視。「在我自己的國家裏，他們不會射殺我。」他曾經宣稱。

然而，他的舊朋友卻害了他。歲末之際，年僅31歲的科林斯在家鄉科克郡遭到伏擊遇難。愛爾蘭共和軍拒絕接受北愛爾蘭的分離，退出臨時政府並發誓將繼續戰鬥直到全愛爾蘭島都歸於自由和統一。

◀1920（7）▶1949（9）

第一位佛洛伊德式的哈姆雷特

亞歷山大・伍爾科特等人評約翰・巴里穆爾所演出的哈姆雷特，1922年11月

1922年，美國當代戲劇王朝的新血約翰・巴里穆爾重新詮釋莎士比亞的作品，利用20年前由佛洛伊德創立的精神分析學說來塑造以混亂著稱的角色。在此之前，對哈姆雷特的詮釋全靠莎士比亞的詩，或是明星的演技。巴里穆爾和製作人刪除1250行詩句並創造出一位哈姆雷特，其悲劇正如海伍德・布龍所觀察的，在於「沒有勇氣正視本身的戀母情結」。簡單地説，巴里穆爾所塑造的哈姆雷特愛上自己的母親。某些評論家對該劇的現代主義大發牢騷是可以預見的（還有它的低限主義：羅伯特・埃德蒙德・瓊斯的簡陋舞台背景和巴里穆爾精心調整的演出都備受爭議）。但是大多數人立即理解到他們正在做戲劇的歷史見證。以下文章摘自3家紐約日報所登載的評論。◀1901（邊欄）▶1944（18）

亞歷山大・伍爾克特，《紐約前鋒報》，1922年11月19日：約翰・巴里穆爾於週四晚間演出《哈姆雷特》，台下觀眾因由衷滿意而歡呼，爲演員們再度發揮精湛演技而感到滿意，爲今天能在紐約看到最真實的哈姆雷特而感到滿意。巴里穆爾所扮演的丹麥王子富有男子氣概、儀態高貴，當他倒在霍拉提歐的腳下時卻渺小、瘦弱、死去。你們痛惜好人逝去，這麼親切有趣的人竟遭

致最惡毒的詛咒。如果哈姆雷特有機會再說一次劇中所說的話，你們還是會感到痛惜。此次在霍布金斯執導下，以其本身無窮豐富且超乎我們曾經有幸發現的生命，它將更加清晰鮮明而且更加刺痛。

海伍德・布龍，《紐約世界》，1922年11月17日：約翰・巴里穆爾的哈姆雷特是迄今所見過最完美的演出。他超越我們所知道的一切，除了溫文雅馴、富有激情、機智和清晰以外……巴里穆爾的演出解釋劇中所有疑點，其內容連註腳及附在書後詮釋的最深入研究也相形見絀。他以簡明而直接的手法處理全劇。哈姆雷特內心複雜，這一點是毫無疑問的，但是觀眾只需聆聽、細看便可以理解。

巴里穆爾對這個角色最獨創的貢獻可能在於他突顯哈姆雷特王子本身都未意識到的動機。當他演出與王后最親密的情節時宛如戀愛場景。我們知道這並不是異想天開。莎士比亞並不懂精神分析，但是比現代人更像佛洛伊德，他只記述事實。在看了巴里穆爾對哈姆雷特的詮釋之後，我們意識到巴里穆爾沒有添加任何東西，只是掌握已經存在的暗示。

約翰・柯爾平，《紐約時代》，1922年11月16日：歷史事件的氣氛環繞著約翰・巴里穆爾昨晚演出的丹麥王子；他是如此精確清晰又難以言喻。從觀眾鼓掌的聲音和程度，從觀眾席之中在劇情高潮處的竊竊私語，從劇院門口通宵達旦靜靜守候的人群即可得知。在眾望所歸下，我們有了全新永恆的的哈姆雷特……（1922年11月23日）如果約翰・巴里穆爾無法繼福布斯──羅伯森和埃德溫・布思之後塑造自己成爲這一代的哈姆雷特，這並不是他缺乏表演技巧和內在天賦，也不是缺乏忠實和理解的研究。他的演出會使戲迷回味無窮。

約翰・巴里穆爾（又名偉大的形象），1922年演出的哈姆雷特將該劇重點從莎士比亞的詩轉換到王子的靈魂。上圖，與康斯坦斯・科里爾合影，她曾在倫敦上演時扮演格特魯德。

「希特勒大叫：『未經我許可，沒有人可以活著離開。』」
—— 巴伐利亞警方的啤酒館暴動報告

年度焦點

啤酒館暴動

① 阿道夫·希特勒可能是從巴伐利亞開始第一次嘗試征服德國。當時治理該省的君主主義者贊同他所持的理由，而且由於希特勒是擔任巴伐利亞右派非正規軍事組織的協調人，因此他與當地軍隊關係良好。（這類的組織在其他大多數州是被查禁的，希特勒以慕尼黑為據點、擁有5萬5千名成員的納粹黨即是非法的。）1923年9月，巴伐利亞政府在希特勒的敦促下宣佈緊急狀態，授予省行政官里特爾·馮·卡爾獨裁權。該行動將是實現「進軍柏林」——仿效墨索里尼進軍羅馬——以建立納粹統治的第一步。卡爾與巴伐利亞陸軍司令奧托·馮·洛斯夫雖表示願意參加這樣的進軍，但他們不信任希特勒，並且感到時機不對。

11月8日，希特勒脅迫他們就範。當時卡爾正在一家慕尼黑啤酒館勃格布瑙主持一場「愛國」集會。希特勒帶600名衝鋒隊員將啤酒館包圍，之後率領武裝衛隊衝進酒館內，並宣佈廢黜巴伐利亞和國民政府。他迫使卡爾、洛斯夫和省警察局長漢斯·馮·賽斯爾進入一間側室，用槍逼他們加入政變。隨後希特勒回到酒館，跳到一張椅子上，朝天花板開了一槍，以聳動演說說服眾人：必須立即佔領柏林。他自己將擔任新政府的領導人。參與希特勒這項陰謀的同夥，即第一次世界大戰英雄埃里希·魯登道夫將軍亦趕到，而3名人質也誓言支持希特勒。然後，暴動分子當夜返回當地陸軍司令部（此時已被他們的部屬親信佔領）。

希特勒（左邊第一人）說他「在監獄中幸福無比。」右邊第二人是魯道夫·赫斯，希特勒口述的《我的奮鬥》即他筆錄。

第二天早晨，卡爾、洛斯夫和賽斯爾宣佈他們已改變主意。但是，那些打算發動政變的領導者仍率領3千名武裝追隨者向城裏推進。一陣槍擊後警察接踵而來，叛亂分子（除了溫文儒雅的魯登道夫之外）四處潰散。希特勒被擊中肩部逃走，第二天在附近的一幢別墅被逮捕，身上還穿著睡衣。

所謂的啤酒館暴動失敗了，但希特勒受審時的辯才無礙使他聲名大噪。政變謀劃者被右傾的法官或無罪釋放，或從輕量刑。希特勒只被判處8個月徒刑。在蘭德斯堡監獄裏，希特勒被當作是一位來訪的顯貴要人；他就是在此撰寫了第一部納粹聖典《我的奮鬥》。◀1922（7）▶1923（2）

德國

法國入侵魯爾河谷

② 啤酒館暴動發生時，德國正開始從數月以來的混亂中恢復過來。混亂始於前一年秋天。當時柏林暫停了戰爭賠款的支付。1923年1月，法國以派遣10萬人部隊進入魯爾河谷工業區來進行報復。德國當局敦促魯爾居民以和平方式抵抗入侵。而為了制止罷工、怠工和蓄意破壞，法國人逮捕產業人士和工人領袖；15萬居民被趕出家園，有些抵抗者被殺害。

德國兒童正在用無價值的馬克鈔票堆成金字塔。

法國佔領魯爾河谷的負擔卻刺激更嚴重的通貨膨脹。在最嚴重時，德國馬克由1914年1馬克兌換0.25美元變成4.2兆馬克兌1美元。麵包價格在一天內由2萬馬克漲到500萬馬克。人們只好用手推車裝錢。在德國陷入貧困之際，萊茵區和神聖羅馬帝國選帝侯領地內由法國支持的分離主義集團趁機發起激烈暴動。儘管他們在大眾的抵抗下未能成功，但加劇了柏林的災難。在薩克森和圖林根，左派分子控制的省政府允許「紅色」民兵組成，於是另一次暴動又開始醞釀。而在巴伐利亞，由右派分子控制的省政府也一直令人頭疼不已。

9月，令人失望的總理威廉·庫諾辭職。其繼任者是中間偏右派的古斯塔夫·斯特來斯曼，他下令結束魯爾河谷的抵抗運動，恢復戰爭賠款的支付，並請求協約國戰爭賠償委員會調查德國的困境。他建立了一個新的、較穩健的貨幣體系。然後他宣佈戒嚴令。薩克森和圖林根政府被廢黜，庫斯特因地區的右派分子政變被敉平，並以可怕的暴力方式平息一次規模較小的共黨叛亂。憤怒的社會黨議員迫使斯特來斯曼辭職以支持中間派的威廉·馬克斯。但是主要危機似乎已結束，直到啤酒館暴動謀劃者以向法國「投降」作為他們暴動的藉口為止。◀1923（1）▶1924（11）

文學

葉慈獲諾貝爾獎

③ 1923年諾貝爾文學獎頒給威廉·巴特勒·葉慈，他是第一位得獎的愛爾蘭人，瑞典學院稱讚這位詩人暨劇作家「創作一貫富有情感的詩，以最嚴格的藝術形式表達一個民族的精神。」如此的讚譽只點出這位20世紀文學巨匠的全心貢獻。葉慈的詩充滿有力的意象和深沈的憂鬱，如啟示錄般的《第二個來臨》（1919），哀歌式的《航向拜占庭》（1927），展示了他的高瞻遠矚、神祕傾向和語言中不斷趨於完善的音樂性。及至創作晚期，葉慈的詩表現出一種真正哲人的疲倦感受。

葉慈為一個民族主義者，他對激進的愛爾蘭愛國者默德·岡尼有著滿腔熱情。葉慈認為他的創作生涯和政治生涯是密不可分。在與辛格和格雷戈里夫人共同建立都柏林

沈思中的愛爾蘭抒情詩人葉慈。

藝術與文化　　書籍：《好兵帥克》雅羅斯拉夫·哈謝克；《當代話題》何塞·奧特加·加塞；《自我與本我》西格蒙德·佛洛伊德；《馬斯登案》福特·馬多克斯·福特　　音樂：《是的，我們沒有香蕉》科恩及謝弗；《查爾斯頓》強生及麥克；《現在誰說對不起？》斯尼德斯、卡爾馬及露比；《黑西卡爾的玫瑰》滕尼及史東；

「新的一代要比上一代人更害怕貧窮而渴望成功；當他們長大時卻發現所有的
神都已死去，所有的戰爭開打，對人類所有的信心動搖。」

—— 史考特・費茲傑羅的《人間天堂》

阿比戲院時，葉慈扮演了核心角色。他們努力打造一個獨特的愛爾蘭「文化統一體」，是他在諾貝爾頒獎儀式上演說的主題，他在發表演說前一年成為愛爾蘭自由邦的參議員。

葉慈還沉迷於玄學並接受通神論的許多學說。他曾說，他的散文《幻景》大多是神靈透過其妻子的「自動寫作」向他口述完成的。他的妻子喬芝・海德・莉斯是一位超自然主義的靈媒。◀1905（6）▶1930（9）

思想

兒童如何學習

4 1923年，瑞士心理學家尚・皮亞傑出版了他的第一本著作《兒童的語言和思想》，對兒童的學習方法提出革命性見解。這部被他謙稱「只是收錄初步研究」的著作成為本世紀關於人類發展最具影響力的理論的基礎。

皮亞傑於27歲取得動物學博士學位，之後他在卡爾・榮格等先驅的指導下研讀心理學，但他最感興趣的是認識論，即知識哲學。為了找出支配兒童思考的普遍性原理，

他觀察並訪談自己和別人的子孫。皮亞傑的理論認為，學習包括4個階段，從感覺運動的技巧發展到抽象推理，其時間表（最後一個階段大約始於12歲）是由遺傳基因設定。

皮亞傑的見解對教育來說具有深遠意義。他主張兒童只能學習他們準備好要學習的東西，而教師與其強迫灌輸知識，不如想辦法鼓勵學生進行探索。◀1912（邊欄）▶1943（12）

大眾文化

開始興旺的20年代

5 美國「興旺的20年代」是指成為全球繁榮和太平象徵的10年。在1923年，戰後的經濟蕭條結束，而新任總統卡爾文・柯立

芝（在沃倫・哈丁死後繼任總統）宣佈「美國事務第一優先」。股價上揚，國民生產毛額較前一年成長14個百分點，失業率下降到2.4%。雖然縮短工時，但是新技術提高製造生產率，經濟成長也使信用貸款放寬。

古老維多利亞時代的禮節觀念，已在殘酷戰爭中式微，取而代之的是一種新的商業趨勢，鼓勵消費者藉由量產的汽車、服裝、香煙和化妝品來追求幸福。新道德規範使得禁酒令幾乎才實施就廢弛。美國人在戰時的淒涼沈寂之後盡情歡樂，狂熱地尋求解脫。他們在地下酒吧、爵士樂、短裙和短髮中找到解脫。輕佻的狂野女郎沿著紐約第五大道上大跳查爾斯頓舞。貝比・魯斯、比爾・蒂爾登和傑克・登普西等體育英雄在一片奉承聲中成為神化的英雄。

但是改革的程度要比浣熊皮毛大衣和口袋裏的小酒瓶更深入。在爭取平等的鬥爭中，婦女成就非凡，但表面上只反映在輕佻女郎的短髮、扁平胸脯，以及隨意口出髒話和抽煙喝酒上。由於戰時男性勞動力的短缺，婦女在勞動市場中得到一席之地；隨著第19修正案的通過，她們獲得了選舉權。

但爵士時代並非只是魅力無窮和自由解放。戰後，美國把注意力轉到國內，傾向於孤立主義，並對所有的外來事物抱持懷疑態度。國會頒佈了限制移民的律法。柯立芝總統的放任主義政策慫恿大型企業剝削勞工和抑制工會。佔人口五分之二的農民及其家庭成員皆因為農產品價格下跌而不再享有一般的富足生活。同時，由於受到禁酒令的刺激，已有組織犯罪開始滋生。◀1919（當年之音）▶1923（9）

狂野女郎的畫像，由爵士樂時代最重要的插圖畫家約翰・赫爾德繪製。

《黑假面人》羅傑・塞欣斯　　**繪畫與雕塑**：《農夫之妻》瓊・米羅；《女人與狗》皮埃爾・勃納德　　**電影**：《逢車》詹姆斯・克路茲；《十誡》塞西爾・狄密爾；《鐘樓怪人》朗・錢尼；《大街》卡爾・格倫尼　　**戲劇**：《年輕想法》諾埃爾・科沃德；《計算機》埃爾默・賴斯；《聖女貞德》蕭伯納；《冰封鎖》歐文・戴維斯。

「建築是將形式以卓越、正確和壯麗的手法組合表現出來。」

—— 科比意

1923年新事物

- Milky Way和巴特芬格巧克力棒
- 增你智收音機（芝加哥）

- 泛美航空公司
- 橡膠膜（避孕裝置）
- 赫茲租車
- 媚登峰胸罩
- 華納公司
- 旋翼式直升機（西班牙飛行家胡安·德拉席爾瓦發明）

美國萬花筒

麻將狂熱

麻將也許是第一個風靡全美的流行狂熱。第一次世界大戰後，一名美國傳教士修改了（並取得版權）古老的滿清賭博遊戲，並將它從上海帶到加州。在1923年最狂熱時，約有1000萬婦女定期聚在一起打麻將。麻將牌由牛骨製成並刻上中國文字，這種娛樂消遣為日常單調的生活提供一種解脫，也刺激了諸如女用絲綢晨袍和紙扇等相關用品的銷售。

查爾斯頓舞

查爾斯頓舞是1923年改編供百老匯演出的美國黑人民俗舞蹈，它掀起一陣舞蹈狂熱，讓爵士時代的舞蹈高手有了最喜愛的舞廳娛樂，但也遭到衛道人士的嚴厲斥責。在音樂劇《狂奔》中出現的拍膝蓋、搖臀、擺腿舞蹈席捲全國。神職人員則加以譴責。

◀1914（7）▶1960（13）

在新澤西州戴上面具的三K黨人：「南方問題」來到北方。

美國

三K黨的崛起

⑥ 1923年7月4日，正當美國人在慶祝147年國慶之際，印第安納州的一個小鎮上發生一件不祥的事：三K黨有史以來最大型的集會在北方的一個州召開。參加者有1萬到20萬名男女和兒童（估算人數相去甚遠），許多人身穿白色長袍，戴上尖頂頭罩，歡愉地參加野餐、演講、表現恐嚇黑人和「天主教徒」的花車遊行，並焚燒一個巨大十字架。

三K黨成立於美國內戰之後，目的是藉由恫嚇黑人來保護南方白人至尊地位。三K黨銷聲匿跡已近50年，於第一次世界大戰後死灰復燃，其組織遍佈全美。1925年鼎盛期時宣稱有400萬名成員。此團體的主要目標一直是非裔美人，但現在又擴及猶太人、天主教徒、外來移民、走私酒類的人和沈溺於不正當性行為者。

儘管仇視外國人，三K黨卻模仿歐洲的右派民族主義運動。其領導人崇拜墨索里尼並深知神話、儀式和略帶血腥的力量。他們和墨索里尼一樣，只提出一個模糊不清的政綱，但卻擅長取得政治力量。在三K黨會員地位較高的各州，他們在政府各階層都「擁有」官員。

但在幾次醜聞被公開後（如1925年印地安納州的三K黨首領被判二級謀殺罪），美國人終於對三K黨感到厭惡。到了1930年，其黨徒銳減至10萬人——和以前一樣大多數聚集在南方。◀1919（6）▶1931（9）

文學

哀愁的里爾克

⑦ 1923年，德國出生的流浪詩人雷納·馬利亞·里爾克完成其非凡傑作：《杜伊諾哀歌》的10首詩。奧地利作家暨人文主義者

斯蒂芬·茨威格說：「唯有在他的身上，純粹文字即是完美的音樂。」里爾克經過多年的長久努力才寫出這些詩，其間他穿越歐洲和北非以尋求靈感和啟迪。

《杜伊諾哀歌》的前二首詩寫於1912年，那時他正在義大利的港附近的杜伊諾城堡作客。翌年，他在巴黎完成了「第三首哀歌」；第4首則於1915年在慕尼黑寫作。直到1922年2月，里爾克最後一次詩興迸發，一口氣完成其他偉大傑作《獻給奧耳菲斯的十四行詩》，並

且完成了《杜伊諾哀歌》。這兩篇作品的雋永語言，顯示詩人創作力正值巔峰，闡明了關於時間、身分認同、生命和死亡等基本問題。▶1925（8）

建築

科比意的建築

⑧ 瑞士裔法國建築師勒·科比意在他1923年發表的《走向新建築》一書中宣稱：「住宅是一部供人居住的機器。」科比意（原名查理·愛德華·尚納里特）是國際風格的提倡者，他主張一種樸素、嚴謹的現代美學。對一些評論家來說，他早期設計的建築實用、稜角分明、簡樸，看起來像放大的大厚紙板盒，打幾個洞權充窗戶。其他人則從這些建築嚴謹的幾何設計發現一種獨特的現代美感。

1924年，在靠近波爾多的法國佩薩克鎮，科比意受雇為工人建造住宅社區時，他才得以大大實現其構想。他不顧當地的建築風格，建造了一系列立體混凝土房舍，有標準制式的條紋窗戶和屋頂花園。各式各樣房屋的每一邊都漆上不同的鮮豔色彩。工人們厭惡這些為他們設計的房子，地方政府多年來亦拒絕供水以表不滿，但佩薩克鎮最後還是被認定為是一項重要的建築實驗地。

科比意不僅是建築師、畫家，也是都市規劃者，他倡導以垂直方式來規劃城市。他認為每個時代都會產生自己的建築形式，而現代形式就是摩天大樓。他設計出未來派

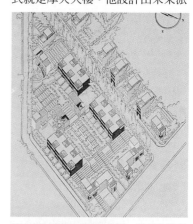

科比意的佩薩克鎮設計圖稿。唯美主義者要比居住者滿意其設計。

「當一個傢伙被自己朋友出賣時該怎麼辦？」

—— 有人在門外無意間聽到，美國總統哈丁如是說

的烏托邦，其中有大樓群集，四周是自由開放的公園，交通則限於以軸線連接各建築物的高速公路。

雖然他從未充分實現其都市設計概念（或者諷刺地，建造一座摩天大樓），但他的設計，尤其是後期的作品，被廣泛地模仿，並且精確地預測出以辦公大樓公園、廣場及來往道路為特徵的現代城市。◀ 1919（9）▶ 1930（7）

美國
醜聞震撼華府

9 在70年代初期水門事件發生之前，蒂波特山事件是美國政治史上最引人注目的醜聞——最後還牽涉到總統的神祕死亡以及他兩名顧問的自殺。1923年這個事件整個爆發出來，當時參議院調查披

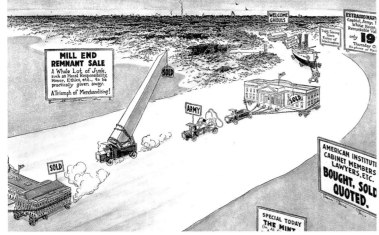

「華府的交易日」：內閣成員廉價賣掉政府。

露了總統沃倫·哈丁的內政部長阿爾伯特·福爾，非法將位於懷俄明州蒂波特山以及加州埃爾克山和布埃納維斯塔山的海軍石油蘊藏區租借給私人石油企業，從中獲取巨額利潤。

此項貪瀆交易在哈丁任期之初，就在福爾勸說總統和海軍部長埃德溫·登比將政府的珍貴石油蘊藏區轉交他的內政部管理之後開始浮現。轉交確定後，福爾很快就將保護區的土地地的開採權以總值40萬美元現金和政府債券賣給兩位石油大王。福爾任職期間負債纍纍，突然他為其在墨西哥的農場購進大筆土地和牛隻，從而引起參議院的懷疑。

在調查期間，福爾辭職，但是調查工作仍持續進行多年。「蒂波特山」成為哈丁內閣普遍貪瀆的代名詞。一般認為總統是個正派人士，但是在職位上完全無能，無視於他那沒人監督的內閣所發生的醜行。正當醜聞的骯髒細節即將大白之時，總統的兩位顧問，司法部的傑斯·史密斯和美國退伍軍人事務局的查爾斯·克蘭默均開槍自殺。心煩意亂的哈丁，在從阿拉斯加到舊金山的途中神祕染病（有人認為是食物被下毒及疲憊，但有些人懷疑是被謀害），而於1923年8月2日在舊金山去世。

結果，福爾、美國退伍軍人事務局主任查爾斯·福布斯和財產轉讓信託管人馬斯·米勒因為陰謀詐騙政府而全被判刑入獄。大規模的訴訟使該案對外公開近10年。但奇怪的是，醜聞並未對共和黨造成什麼傷害；哈丁死後，卡爾文·柯立芝繼任美國總統，他在1924年選舉中獲得壓倒性勝利。◀ 1923（5）▶ 1972（10）

大眾文化
《時代》週刊雜誌創刊

10 「在美國，大部分人都是孤陋寡聞，」一份新的週刊內容介紹宣稱：「因為沒有適合忙碌人們撥出時間就能夠得知消息的刊物。」

兩位年輕的耶魯大學研究生，亨利·盧斯和布賴頓·哈登填補了眾人的空白。1923年，他們的《時代》週刊首次出現在書報攤，出版日期為3月3日，定價美金15分。哈登在布魯克林出生，1929年死於鏈球菌感染。盧斯是中國一個長老會傳教士之子，後來掌管一個包括《生活》、《財星》和《體育畫報》在內的出版帝國。

《時代》週刊的第一篇封面故事是關於伊利諾國會議員約瑟夫·坎農的退休。

起初，《時代》週刊從許多日報上摘錄新聞，著重於全球性事件與文化動態。但在10年之中，時代公司已建立起自己廣大的新聞蒐集組織。《時代》週刊的成功招來不少仿效者：在美國有《商業週刊》（1929）、《美國新聞》和《新聞週刊》（均為1933）；在德國有《明鏡》（1947）；在法國有《特快週刊》（1953）；在義大利有《全景》（1962）。

《時代》週刊內容翔實，富權威性，而且風格獨特。「倒寫句子直至心眩意轉，」沃爾科特·吉布斯在一篇著名的詼諧詩文中寫道。盧斯的政治傾向常常出現在雜誌中，而且往往顯露在封面故事中。盧斯（死於1967年）是一位激進的反共產主義者，他支持蔣介石和吳廷琰，以及墨索里尼和佛朗哥。著名的美國記者西奧多·懷特在中國問題方面與盧斯的意見不合，因而丟掉了在《時代》週刊的工作。即使如此，懷特仍說：「替一個能夠同時討論聖經、孔子，以及在雜誌中用聳動八卦內幕討好讀者的人工作，是一件令人十分開心的事。」◀ 1900（2）

最滑稽的四眼田雞

卓別林是「走江湖的小人物」，基頓是「面無表情」，但20年代好萊塢身價最高、也最受歡迎的喜劇演員是哈羅德·勞埃德，他長相平凡，戴著一副過大的黑色

角框眼鏡。1923年的電影《安全在最後》是他拍過最好的影片之一。影片中他懸晃在鐘塔上的場景展示出驚人的動作絕技（他從未用過替身），讓觀眾又驚又喜地尖叫不已。◀ 1912（5）▶ 1936（9）

藍調女王

貝絲·史密斯被認為是有史以來最偉大的藍調女歌手，1923年以《憂傷藍調》和《海岸藍調》一

炮而紅。舉止莊重、嗓音低沈的史密斯是美國頂尖黑人歌手，走紅近10年。但在她1937年因車禍去世前，酗酒和聽眾喜好的改變使她只在南方做了一場簡陋的巡迴演唱。◀ 1914（邊欄）▶ 1925（6）

美國政治與經濟 國民生產毛額：851億美元；總統沃倫·哈丁去世，副總統卡爾文·柯立芝繼任；美國鋼鐵公司的每日工時由12小時減至8小時；愛麗絲·保羅在紐約塞內卡佛斯召開的全國婦女黨大會上草擬了《平等權修正案》；聯邦稅收公開法通過；最高法院裁決華盛頓特區規定的婦女及兒童最低工資標準違憲。

1923

「我們不要以軍事上的勝利沾沾自喜，我們還不如努力
在科學與經濟上有新的成就。」

—— 穆斯塔法·凱末爾關於使土耳其現代化的計畫

環球浮世繪

自救的精神導師

早在戴爾·卡內基和諾曼·文生·皮爾之前，法國藥劑師埃米爾·庫埃已於1923年出版了《透過有意識的自我建議達到自我控制》一書。他在書中說：「我每天在各方面都變得越來越好。」庫埃主張藉由催眠和不斷地重複一個樂觀的片語，病人可以學習幫助自己。
◀1907（8）▶1936（邊欄）

《小鹿斑比》

奧地利作家菲利克斯·札爾滕以《小鹿斑比》一書而聞名全球，這是描寫森林中一頭鹿的生活以

及它與人類威觀爭鬥的故事。1923年該小說成爲兒童文學的經典作品，並於1942年由華德·迪士尼公司拍成十分受歡迎的電影。就在那時候，納粹迫使猶太籍的札爾滕逃往瑞士。
▶1928（10）

保加利亞政變

保加利亞右派分子暗殺首相亞歷山大·斯塔姆博利伊斯基，並於1923年建立獨裁政權。斯塔姆博利伊斯基以實行土地重新分配、普選及其他改革措施，而成爲國內大多數農民心目中的英雄，但卻也因此激怒了軍隊和沙皇鮑里斯的朝廷。1931年，他的盟友在一場選舉中東山再起，但1934年的另一場政變使保加利亞恢復了保皇派的軍事獨裁統治，並且在第二次世界大戰中選擇支持德國。◀1911（12）
▶1944（11）

日本地震

9月1日，相模灣的一次地震摧毀了本州南部沿海地區，東京和橫濱有14萬3千人喪生，60萬間房屋被毀。此次地震造成有史以來規模最大的一次陸地位移（水平位移4.6公尺，垂直位移1.8公尺）。11公尺高的海嘯和3天的大火使兩座城市變成廢墟。
◀1906（5）▶1985（4）

弗雷基代爾冰箱：冰涼、乾淨，而且容量大。

科技

冰人歌德

⑪ 1923年，當時還是通用汽車公司分廠的弗雷基代爾，引進新的機械式冷藏器具。在此之前，冰人在美國是個全國性組織及人們的笑柄。冰人通常是行動笨拙的大塊頭，在送巨大冰塊時總在人家地板上留下泥濘腳印。這些來自北方湖泊並儲存在隔熱倉庫裏的冰塊不僅含有雜質，使用者也總是抱怨其重量不足。

接著改革出現了：1902年，紐約布魯克林一家石版印刷廠中，一個名叫威利斯·卡里爾的工程師設計出一種能控制溫度和濕度的機器。地下皮毛儲藏室主人和酪農業者進一步開展出機械式冷藏技術。大約在第一次世界大戰期間曾短暫出現過一種體積較小的家庭用冷藏器具，它是種噪音大、會漏水的新發明，在舊式的「冰盒」內安裝馬達和傳動皮帶。但1923年的弗雷基代爾電冰箱是設計一個特製的櫃子，裏面有儲存易腐爛食品的「冰盒」和冷藏的機械。這種裝置巧妙、方便，且輕便。至此，一種新的冰箱式樣和隨處可見的商標名稱誕生了。

此後，冰箱價格下跌且數量激增。到了1944年，約85%的美國家庭都有機械式電冰箱。而「冰盒」這名稱後來僅成了一種比喻。
◀1917（12）

土耳其

凱末爾的改革

⑫ 1923年7月，由於《洛桑條約》的保證，土耳其在全球矚目下成爲正式的主權國家。（這項條約還規定將100萬名希臘人遣返土耳其，將35萬名土耳其人遣返希臘。）土耳其國民議會宣佈土耳其爲共和國，這乃是回教世界第一個共和國家。但是對於總統穆斯塔法·凱末爾來說，最重大的使命才要開始。希望建立一個自由民主國家的凱末爾利用專制權力慢慢地把土耳其帶向現代。

首先，他將政府與教會分離。自1517年以來，土耳其蘇丹一直也是大多數回教徒的哈里發，即精神領袖。現在，凱末爾採取措施廢除哈里發的權位和宗教法庭，並引進歐洲式的立法體制，同時由國家接管教育。

凱末爾授予婦女選舉權。他廢除一夫多妻制並鼓勵婦女摘下面紗。他同時努力試圖消除土耳其與西方之間的隔閡。在他的倡導下，土耳其文用羅馬文字拼寫而不用阿拉伯字體（凱末爾會隨時巡視各個省府鼓勵、指導和堅持推行簡體字母。）全國規定採用英國喬治王五世時代的曆制，頭戴的帽子須有帽沿。並宣佈戴無邊氈帽爲非法，違者處死。

1933年通過必須使用姓氏的法律；國民議會稱凱末爾爲阿塔圖爾克，意爲土耳其之父。1938年凱末爾去世時，土耳其還未完全實行民

一名崇拜者將凱末爾和其功績合成製爲這幀照片。然而，凱末爾常常採用的血腥方式卻遭到世人批評。

主政治。儘管如此，其改革仍鼓舞許多發展中國家的領袖，包括印度的賈瓦哈拉爾·尼赫魯和埃及的安瓦爾·沙達特。◀1922（10）
▶1925（10）

宗教

布貝爾的《我與你》

⑬ 馬丁·布貝爾於1923年出版的《我與你》是世界上讀者最多的哲學論著之一。該作品是以猶太主義爲基礎，假設人類和宇宙產生關連的兩種基本方式。「我—

它」是功能性的、單方面與非個人的：是指人與有機體（包括其他人）和作爲「事物」對象之間的日常關係。「我—你」是一種和宇宙創造自發性、相互性、私密性的神交：是指人感覺上帝存在的狀態。沒有「我—它」生命是不可能存在，而只有「我—你」有可能使生活美滿乃至社會和諧。布貝爾寫道：「在我們這個年代，我—它關係劇烈膨脹，已經搶占優勢和統治地位。」

希特勒上台後，布貝爾成爲德國全國猶太成人教育中心負責人。但布貝爾批評納粹主義神化「我—它」而激怒當局，最後禁止他發表言論。1938年，60歲的布貝爾獲准赴巴勒斯坦旅行。被派去監視布貝爾收拾行裝的蓋世太保在讀了一本他關於研究哈西德主義的書之後深受感動，還請布貝爾爲他簽名。布貝爾作品的吸引力如此廣大，使得各種信仰的哲學家和神學家都受其影響。

布貝爾的哲學引導他在巴勒斯坦鼓吹建立一個兼容阿拉伯人與猶太人的社會主義國家。他的哲學也讓他在1953年回德國接受一個和平獎項，這種接受懷柔的做法遭到許多猶太人譴責。他拒絕譴責德國人對種族滅絕的支持。相反地，他把罪過歸咎於個人的良心——其才能曾被希特勒嘲笑爲「猶太人的發明」。▶1932（7）

諾貝爾獎 和平獎：從缺 文學獎：威廉·巴特勒·葉慈（愛爾蘭，詩人） 化學獎：弗里茨·普列格爾（奧地利，有機化合物的微量分析法） 醫學獎：弗雷德里克·班廷、約翰·麥克勞德（加拿大，胰島素） 物理學獎：羅伯特·密立根（美國，電子電荷和光電效應）。

《論愛情》

摘自《先知》，卡利爾·紀伯倫

黎巴嫩裔美國詩人，散文家兼藝術家的卡利爾·
紀伯倫對大眾來說是位神祕主義者。1923年他出版
了浪漫詩文《先知》，而成為偶像享譽全球。這本
散文詩是對愛情和唯心論的禮讚，將東、西方信仰
的要素融入欣喜的抒情文字中，不僅吸引了20年代
追求真諦的人們，40年後也受到嬉皮的喜愛。《先
知》被譯成13種語言，多年以來一直是暢銷作品。
▶1968（11）

接著愛爾美差說：「和我們談談愛吧。」
他抬頭看著大家，他們便肅靜下來。他用
一種莊嚴的聲音說：
當愛召喚你時，跟隨他，
儘管路途艱辛險峻。
當他的雙翼擁抱你時，順從他，
儘管藏在他羽毛中的劍會刺傷你。
而當他對你說話時，信從他，
儘管他的聲音會粉碎你的夢，如同北風使
花園荒蕪。

因為就如愛為你加冠，他也會將你釘在十
字架上。就如他要栽培你，所以他要修剪
你。
正如他升到你的頭頂，愛撫你顫動在陽光
下最柔嫩的枝葉，
同樣地他將降到你的根部，搖撼抓緊大地
的根。
他將你像一捆捆玉米收割起來。
他舂打使你去葉。
他篩分使你脫殼。
他磨碾使你潔白。
他揉搓使你柔韌；
然後他把你送到他的聖火中烘烤，使你成
為上帝聖餐中的聖餅。
這些都是愛會對你做的事情，使你可以知
道自己心中的祕密，並在瞭解中成為生命
之心的一部分。

但假如你在懼怕中你將只能尋求愛的平和
和逸樂，
那不如遮掩你的裸露，離開愛的打穀場，
走入沒有季節的世界，在那兒你將歡笑，
卻不是盡情大笑，你將哭泣，卻不是盡情
流淚。
愛只施予它自身，並只收取它自身。
愛不佔有，也不被佔有。
因為愛是自足於愛的。

紀伯倫的自畫像（上圖）及他為《先知》所繪的插圖之一。文字不是他唯一表達熱情幻像的媒介。

1923

「你不能戴著絲質手套去進行一場革命。」── 約瑟夫・史達林

年度焦點

史達林繼承列寧之位

1 就像頑皮的孩子一樣，新近成立之蘇維埃社會主義共和國聯盟的共產黨領導人間相互爭吵，以謀求繼承該黨垂死創始人之職位。到了1924年，當弗拉基米爾・列寧最後一次中風而去世時，黨內已劃定明顯界線。一方是該黨的高層三人小組：亦即約瑟夫・史達林、列夫・加米涅夫及格里戈里・辛諾維也夫。與之對立的一方則是軍事人民委員列昂・托洛斯基，他曾被普遍地視為列寧眞正的哲學接班人。共產黨、蘇維埃國家及1億4500萬俄國人民的前途就寄託在這兩大陣線的平衡之上。

這可以勉強說是一場競爭。在與防守堅固之三人小組的意識對抗之下，受限於智力，理想主義的托洛斯基顯然不是對手。黨內人士，尤其是史達林，由於擅長積極表現對列寧的崇拜，其勢力在該領導人逝世後迅速崛起。（儘管在列寧的幾篇遺作裏曾警告史達林的偏執野心，但都隨即被史達林扣壓而不發表。）在葬禮上，史達林四處表達頌詞，宣誓忠誠。其間托洛斯基則在數公里之外接受醫療。（他稍後宣稱史達林謊報了列寧葬禮日期。）不管是什麼原因，其暗示已經很清楚：托洛斯基處於圈外。他早期反布爾什維克黨的著作（可以追溯到他偏袒孟什維克派之時），現在被用來攻擊他本人爲一名反列寧的異教徒。

1925年，托洛斯基被免除軍事人民委員職務；之後不久，加米涅夫與辛諾維也夫也明白史達林的祕密計畫並不包括他們，這眞是痛苦的打擊，因爲他們認爲自己在智力和學識上都比史達林略勝一籌。在除去唯一可與史達林匹敵的對手托洛斯基後，他們無力再抵抗獨裁者的陰謀。兩人都從黨的統治機構政治局中被驅逐。他們不情願甚至有點絕望地加入托洛斯基；由於已經控制了黨，史達林毫不費力就使這個同盟的名譽掃地，使它看起來像是一個絕望、賣國叛逆者的聯盟。仍然在夢想世界革命的托洛斯基於1929年被永久放逐，加米涅夫與辛諾維也夫被允許在國內苟延殘喘，但卻被史達林愈來愈緊密的圈子排拒在外，直到1936年二人以叛國罪受審並被處決。◀1921（2）▶1929（4）

列寧（中）之死使史達林（左）與托洛斯基（右）發生分歧。

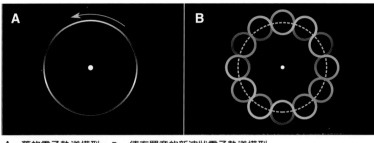

A，舊的電子軌道模型；B，德布羅意的新波狀電子軌道模型。

科學

德布羅意的波動力學

2 物質與能量相互分離且截然不同是伊薩克・牛頓於17世紀提出的一個正統物理學基本原理。然而，20世紀初愛因斯坦卻歸納出物質與能量是可以相互轉換的（即公式$E=mc^2$），且光是由叫做光子的亞原子微粒所構成。之後在1924年，一位叫做路易－維多・德布羅意的法國貴族青年推論，正如波可以變成微粒一樣，諸如電子與質子的微粒也可以像波一樣地作用。他的公式爲波動力學的新領域奠定基礎，並不無衝突地主張物質與能量只不過是同一亞原子微粒的不同狀態。

德布羅意是革命性新領域的先驅思想家之一。但是他在40年代轉變了立場，聲稱即使電子呈現出波狀特性，也不一定就是能量。他與愛因斯坦共同攻擊該項新科學過於強調數學以作爲其結果。代數公式已被證明在預測亞原子微粒作用時是不可或缺的，但它在發掘其潛在本質方面卻不太能發揮。持相反意見的物理學家聲稱科學家能夠或需要知道的一切就是公式，德布羅意與愛因斯坦則認爲重要的是洞悉公式背後的事實。◀1916（9）▶1925（7）

藝術

第一次超現實主義宣言

3 「想像或許正要收回權利」，安德烈・普魯東在1924年10月出版的《超現實主義宣言》中寫道。由於受佛洛伊德理論啓發，巴黎的超現實主義藝術家及作家希望發動一場不亞於莫斯科和羅馬正在發生之政治革命的美學革命──一場藉由解放無意識來矯正西方文化弊病的革命。藉由根據心理的而非邏輯的標準來並列文字或意象，他們旨在摧毀夢境與現實之間的界限。對於創作者和觀眾而言，結果將是投入「超現實」狀態，一個自由與自覺的精神領域。

超現實主義在視覺藝術方面的表現更勝於文學，成爲兩次大戰之間的主導性藝術運動，以充滿無政府奇想與怪誕縈繞的作品來取悅無數人。然而就像大多數革命，超現

超現實主義畫家馬克斯・恩斯特所繪的《兩個被夜鶯嚇壞了的孩子》（1924）。

實主義並未一直具有革命性。儘管普魯東（因其正統說法而被冠以「超現實主義教宗」之雅號）批評夥伴迎合文化設施，但超現實主義藝術仍符合了主流口味：博物館紛紛搶搭超現實主義列車；汝內・馬格里特設計儲存目錄；薩爾瓦多・達利爲時裝設計師埃爾莎・斯基亞帕雷利設計了「鞋帽」和「龍蝦裝」。

超現實主義者是本世紀最後偉大而具創造性的前衛派；大眾文化已變得太過強而有力，能輕易將這樣的反叛轉化爲時尚。超現實主義趨勢定期在藝術界重現，但該運動

藝術與文化 **書籍：**《阿拉伯的勞倫斯》洛厄爾・托馬斯；《魔山》托馬斯・曼；《綠色帽子》麥克・阿倫 **音樂：**《加州，我來了》邁耶、德西爾瓦和喬爾遜；《印第安愛的呼喚》弗里莫爾、哈巴克和哈默斯坦；《這一定是你》瓊斯和卡恩；《兩人份的茶》于曼斯和西澤 **繪畫與雕塑：**《登普西與霍普》喬治・貝洛斯；

「神似乎像是被廢黜了。讓我們在內心恢復祂的地位吧！」
—— 甘地在宣佈他21天絕食的談話

的影響在今日的廣告與音樂電視方面表現最為明顯。◀1920（4）▶1928（6）

英國
首屆工黨政府

4 英國工黨成立18年來，早就渴望能有機會治理國家，而且是世界上最龐大的帝國。然而英國還沒準備好要接受工黨領導，而且英國的首次民主社會主義試驗在1924年中持續不到10個月就結束。

英國工黨於1923年10月被推上台，當時保守黨首相史坦利·鮑德溫由於遭到同僚反對，於引進一項保護主義貿易政策後要求進行新的議會選舉。（鮑德溫正在向選民兌現他支持任何此類財政變革的諾言。）保守黨失去約90個席位，而工黨在議會中第二大黨的地位得到鞏固。工黨與自由黨所獲得席位加起來破天荒地超過保守黨。自由黨同意支持工黨創立人之一的拉姆齊·麥克唐納擔任英國首相。

麥克唐納是一位自學的蘇格蘭人，也是一名未婚女傭的兒子，在執政之初行事謹慎。他避免進行工業國有化，並巧妙地避開在愛爾蘭自由邦的一次爆炸事件，取消其負債以交換其放棄對北愛爾蘭六郡的要求。但是1924年8月，麥克唐納的厄運開始了，當時他同意承認蘇聯政府並提供其貸款及給予最惠國待遇。

與「蘇聯人」簽訂的條約引起騷動；自由黨和保守黨議員都拒絕批准條約。其間，保守黨指控首相祕密干預一名被控犯有煽動叛亂罪之共黨記者的起訴。麥克唐納否認指控但又阻撓對此進行調查，反而提出對國會的信任投票。工黨在此役中失敗，鮑德溫重新擔任首相，由主張自由貿易的溫斯頓·邱吉爾擔任財政大臣。

在1929年至1935年間，麥克唐納再度擔任首相，但那時經濟大恐慌已全面肆虐。這位工黨的先驅者被迫削減工資和社會福利，引起了憤怒工人暴動。◀1906（1）▶1926（4）

下台之前的工黨首相拉姆齊·麥克唐納。

印度
甘地為團結而絕食

5 就像他在一生中面對暴力時所不斷做的事，1924年莫漢達斯·甘地為了和平而進行21天的絕食。他最近才獲釋出獄，之前因煽動叛亂罪判刑6年並已服刑2年。

在他被監禁期間，印度的局勢急轉直下。他對英國政府的非暴力不合作政策已被獨立運動領導人所放棄；派系之爭已使印度國大黨發生分裂並降低其效能；他的政治影響力也跌到了谷底。最令人不安的是回教徒與印度教徒之間不容異己的現象使得印度人相互敵對。

回顧到1922年3月，狂熱分子在偏遠的喬里喬拉村參加暴動並殺害多位英國公務員之後，甘地就取消了他的全國性非暴力不合作運動。此舉有損其政治威望：他對非暴力（正如他自己所說，此乃其信念的第一條，也是最後一條）的嚴厲主張使得國大黨的許多同僚感到喪氣，因為他們渴望行動並立即得到結果。英國當局認知甘地的政治威望下跌，因而對他進行審判，這一點是他們在甘地之影響力處於巔峰時所不敢做的。甘地被控以煽動叛亂罪，因為他在報紙上發表的文章對英國「拉傑」（印地語，意為總督）帶有敵意。甘地則辯護說：「依我看來，與邪惡不合作所承擔的責任就如同與善良合作一樣重大。」

這次審判乃是重大事件，甘地與判刑法官都互相表達出極端的禮貌與尊重。在監獄服刑兩年後，甘地患了嚴重的闌尾炎，而政府擔心甘地若死於監禁將會引發災難性的公眾反應，於是為他提供醫療並無條件釋放了他。

即使「拉傑」正確地估計出甘地政治影響的下跌，但他沒有能認知甘地在民眾中持續不衰的聲望。從監獄釋放出來後，甘地很快重新獲得政治力量，而且他以絕食來謀求印度人民的團結與宗教寬容，使他再度成為獨立運動的中心人物。

◀1921（12）▶1930（4）

已被其追隨者稱作瑪哈他瑪（梵文，意為「聖雄」）的甘地，在絕食中找到力量。

1924

《戴花的土耳其宮女》亨利·馬蒂斯　電影：《鐵馬》約翰·福特；《小謝勞克》巴斯特·基頓；《巴格達竊賊》道格拉斯·范朋克　戲劇：《光榮的代價》安德森及斯托林斯；《各行其是》路易吉·皮蘭德婁；《榆樹下的欲望》尤金·歐尼爾；《朱諾與帕考克》肖恩·奧凱西；《女士萬歲》喬治·艾拉·蓋許文和蓋伊·波爾頓。

「你可以在卡片上打一個孔……此後你無需再抄錄了。機器可以做例行工作。人們沒有必要去做那類工作。」

—— IBM公司創辦人華森的談話

1924年新事物

- 義大利米蘭至瓦雷澤的高速公路通車（第一條高速公路）
- 喜瑞爾麥片

- 可麗柔紙巾（金伯利·克拉克）
- 自動上發條手錶
- 梅西百貨公司感恩節遊行（紐約）

美國萬花筒

美式足球群英

體育專欄作家格蘭特蘭德·賴斯於1924年杜撰了「飛奔的鬼魅」的綽號來形容伊利諾大學美式足球中衛雷德·格蘭奇在球場上的非凡功績，他在伊利諾州舉行的20場比賽中共有31次底線得分。（在他加入芝加哥熊隊

後，每次出賽便使觀眾人數加倍。）賴斯當年新造的另外一句「新約啟示錄四騎士」則形容在聖母大學的開場後衛（如上圖的4位騎者），傳奇般的教練克努特·羅克尼在此重演了比賽，並使他的戰鬥愛爾蘭隊幾乎所向披靡。◀1913（邊欄）

出眾的大人物

艾德加·胡佛於1924年出任調查局局長，並著手整頓毫無效率、醜聞不斷的機構，使其步入正軌。他的革新包括：一所培訓學院，一間指紋檔案室（逐漸發展爲世界最大的指紋檔案室），以及一間科學犯罪實驗室。到了1935年，當「調查局」的原名加上「聯邦」二字時，胡佛與他的屬下都成了民族英雄。身爲美國最有實力的人物之一，胡佛追捕罪犯、極端分子並公報私仇，直到1972年逝世為止。

《琴鍵邊的作曲家》，一位狂想曲音樂家的自畫像。

音樂

蓋許文的《狂想曲》

6 當《藍色狂想曲》於1924年在紐約的風神音樂廳首演之時，美國作曲家喬治·蓋許文終於達到他終生追求的目標，從「通俗」音樂的世界昇華並進入「嚴肅」音樂的天上王國。《狂想曲》被廣告宣傳爲一次「現代音樂的實驗」，由保羅·懷特曼交響樂團擔任演奏；儘管一些評論家對於在音樂廳裏演奏「通俗」音樂頗為不安，但這首曲子仍爲蓋許文帶來名聲、財富，以及最重要的尊敬。

雅各·蓋許文於1898年出生在紐約市布魯克林區，這位作曲家從12歲起便展現了在鋼琴方面的驚人天賦，並且爲了他將來的客戶，而藉由在「錫盤巷」（Tin Pan Alley）演奏其他作曲家的曲調來磨練技巧。然而，不久他便譜寫自己的音樂。他的第一部百老匯音樂劇《拉拉露茜爾》在1919年公演。一年後，蓋許文又創作他的第一首暢銷歌曲《斯萬尼》，該曲由阿爾·喬爾森演唱，賣出了200萬張唱片和100萬本散頁樂譜。

作爲爵士樂的一位早期欣賞者（自從他在哈林區一家夜總會門外聽到音樂傳出來的那一天起就迷上爵士樂，而他曾在該區住過短暫時日），蓋許文在《藍色狂想曲》中將爵士樂的和聲、旋律以及唱腔和19世紀浪漫交響樂相混合，因而創造了獨特的韻味。當傑利·羅爾·莫頓和金恩·奧立佛及其他音樂家正大受歡迎之時，爵士樂被視爲明顯的個別流派。藉由爵士樂與更廣大音樂界的整合，蓋許文賦予爵士樂新的表現力。

在創作《藍色狂想曲》之後幾年，蓋許文又和他的兄弟艾拉共同創作一系列令人難以忘懷的作品，其中包括歌劇《乞丐與蕩婦》（1935）。該劇在當時雖只是頗受

華森與他的箴言。他的兒子使思考機器成為IBM的專利。

歡迎，但它後來卻成爲歷久不衰的美國音樂經典之作。◀1917（5）▶1926（邊欄）

工商業

IBM公司命名

7 1924年在接管「運算－製表－記錄公司」（CTR）之後，公司總裁湯馬斯·華森所做的初步新決定之一就是爲它重新命名。該公司的新名稱「國際商用機器」（IBM）充分反映出新總裁全盤考量、野心勃勃的樂觀主義。正如事實所證明，沃特森的樂觀主義不僅正確，IBM公司也成爲世界上生產計算機以及日後之微電腦的最大製造商。

CTR公司於1910年由兩家商用機器製造廠合併成一家具有競爭性的大型聯合企業，華森在1914年加入該公司擔任總經理，他之前在工業巨人「國家現金出納機」公司任職銷售人員時便已享有盛名。在沃特森接管時，CTR公司的年銷售額爲400萬美元。由於集中生產該公司最好的產品，即一種能在打孔卡片上將統計資訊譯成電碼的製表機（由赫爾曼·霍勒里希爲美國人口統計局所發明），華森在3年內使營收增加了一倍。

這雖不是華森的個人技術，卻是他自己的行銷方法。他許諾終身雇用，並且引進考績獎金的革命性方法。他動員了一支銷售人員的大軍，穿著藍色西裝和白襯衫的制服，以共同奮鬥的歌曲（「我們不能失敗，因爲所有的人都看得到／造福人類是我們的宗旨」）教戰，派他們去使猶疑不定的總裁改用機械化的記錄器。到了20年代中期，IBM公司控制了85%的新興製表機市場和85%打孔卡片市場。

1956年華森死後，他的兒子小湯馬斯·華森繼承其職位。他謹遵父親著名的「思考」信條，使「藍色巨人」（Big Blue）進軍電腦市場，取得壓倒性的成功，一直到80年代新型微電腦公司出現後才黯然失色，失去了市場的主導權。▶1930（1）

「如果我們要把5500年從你們身上抹去，那好，我們將把每個該死的
英國人趕到海裏去，這樣，你我就會成為朋友。」

—— 福斯特的《印度之旅》

義大利
墨索里尼採取鎮壓措施

8 1924年4月，義大利舉行自法西斯黨奪權兩年以來的首次選舉。在短時間內，墨索里尼的極權主義野心似乎可以在各方面和民主共存。但是之後發生的一次謀殺事件使法西斯主義黨的真正面目表露無遺。

這次投票的發生非常引人注目。「領袖」（指墨索里尼）經常嘲笑選舉過程，說它純粹是任意而行，因為他沒有使議會建立「一處我所屬部隊的軍營」。然而投票結果使法西斯黨獲得65%的選票，甚至反對黨也無話可說。

由於地位比以往更為牢固，墨索里尼說他希望與昔日同志（即社會主義者）恢復友好關係。但是當左派議員賈科莫·馬特奧蒂認為選舉是一次欺詐，並威脅要揭露法西斯領導階層中的腐敗行為時，這位狡詐的獨裁者在議會中叫囂說這樣的叛國者應該被處死。之後不久，馬特奧蒂被謀殺。案件很快被偵破，殺手聲稱他們乃是奉墨索里尼之旨意。

大多數反對派議員退出議會以示抗議。儘管墨索里尼譴責謀殺案並發誓說自己是清白的，但他仍受到新聞和國內、外的抨擊。示威者要求驅逐墨索里尼。他則徘徊於鎮壓（第一次強制實施新聞檢察制度）與企圖和解之間。他的威信驟然下滑，但是沒有人以行動來推翻他。次年1月，當一支民兵代表團的官員警告領袖他的猶豫不決等於是拿他們的支持去冒險後，墨索里尼以發表象徵其統治之轉捩點的演說作為回應，宣佈顛覆活動是不被容忍的。接下來數月，他改組議會並建立一個警察國家。此後，異議分子不是被放逐便被關進監獄。而謀殺馬特奧蒂的凶手則逍遙法外：2名被判無罪，另3名因大赦獲釋。◀1922（4）▶1926（1）

法西斯主義只允諾「責任與戰鬥」，墨索里尼如此吹噓。

文學
福斯特的人道主義作品

9 在歇筆14年之後，英國小說家愛德華·摩根·福斯特於1924年創作了他最後且最偉大的小說《印度之旅》。小說以他1912年至1921年間的印度之行為

依據，生動地描繪了在英國統治下印度的回教、印度教和基督教文化，以及它們之間幾乎無法跨越的鴻溝。在福斯特的所有作品中，《印度之旅》最能充分表達他的自由人道主義思想，這種信念不僅重視人與人之間的寬容，還有對不同於自己的人的坦誠和理解。

在《印度之旅》問世之前，福斯特已是一位受推崇而且很有知名度的作家，出版過4本小說和許多短篇小說及散文。（第6本小說《莫里斯》寫於1913年，但直到1971年才問世；因為它探討的是同性戀題材，福斯特堅持讓這本書到他死後才出版。）但是當《印度之旅》終於大受歡迎之時，福斯特卻首先被指責在此書中隱含了反英情緒。書中描寫英國上流階層精神貧瘠與壓抑的主題雖說不太明顯，但確實貫穿於作品之始終。他以義大利為背景寫的兩本書，《天使不敢涉足之地》及《窗外有藍天》，對他來說代表了其同胞所缺乏的溫暖與激情。福斯特並不反對英國的實用主義哲學，但他更欣賞自發性、創造力、同情心以及對自然的敏感性—— 這些素質在《印度之旅》真正的女主角，一位叫摩爾太太的英國老婦人身上全都具備。

對習俗與傳統基督教信仰抱持嘲諷態度的福斯特是一位浪漫主義者，他相信人際關係的聖潔性；在他所寫的兩本描述義大利的小說中，唯有憑藉著愛才能得救。或許對福斯特的世界觀的最好總結，就是他在其小說《此情可問天》中反覆引用的格言：「只是有關連。」◀1901（11）▶1929（當年之音）

米高梅電影公司與《貪婪》

好萊塢最大的電影製片廠米高梅電影公司（MGM）於1924年由相互競爭的高德溫與梅耶電影公司和實力雄厚的「洛」連鎖劇院，即米特羅電影公司所有人合併而成。該公司迅速推出號稱電影現實主義里程碑的影片《貪婪》（下圖），取材於埃里希·馮·斯特羅海姆反映人類墮落的劇本。（該劇以令人難以承受的10小時影片剪輯而成。）米高梅電影公司的名冊上最終包括了嘉寶、蓋博、阿斯泰爾、克勞福

德、加蘭、特蕾茜、赫本、泰勒及馬爾克斯兄弟——甚至還有靈犬萊西。◀1919（3）▶1929（2）

首次使用毒氣室

歷史上首位被關進毒氣室處死的罪犯是一名中國移民姬江，他因為殺死敵對幫會成員而被判刑。姬江的死刑於2月8日在內華達州卡森市的州立監獄中執行。內華達州採用毒氣以作為比電刑、絞刑和其他方法更為人道的另一處決選擇。

傑出建築師

1924年，羅伯特·摩西被任命為州立公園委員後開始改變紐約市的景觀，並影響了全國的都市規劃家。摩西掌握了數十項公共土木事業職位達44年之久（而且比經選舉產生的官員上司擁有更多權力），他建造了一系列宏偉工程，包括75座公園、11座橋樑、774公里的公路、各種綜合國宅、謝伊體育館以及1964年世界博覽會的會場。▶1956（邊欄）

「他像芬蘭的嚴冬一樣冷酷，像冰柱一樣陰冷；有如易卜生戲劇第二幕般的憂鬱。」

—— 吉姆·默里在《洛杉磯時報》上對努爾米的評論

環球浮世繪

祕魯反叛者

由於祕魯政府把自己抵押給美國銀行與石油公司，並違背其保護國內土著印第安人的承諾，所以1924年被放逐的異議分子在墨西哥市組成「美洲人民革命聯盟」（APRA）。在維克托·勞爾·阿亞·德拉托雷的領導下，該組織成員鼓吹印第安人的團結和非蘇維埃標記的馬克斯主義。在數十年內，祕魯在民主與獨裁之間搖擺不定，「美洲人民革命聯盟」有時是該國最爲強大的政黨，卻常常是非法的。

▶1968（7）

阿爾巴尼亞的國內鬥爭

1924年，使阿爾巴尼亞自1920年獨立以來深受其害的權力鬥爭愈演愈烈並達到高潮。一次群眾暴動迫使保守派的回教領導人索古（下圖）逃往南斯拉夫，而自

由主義的希臘正教主教範·諾利出任首相。但是6個月後，索古（在貝爾格萊德的協助下）推翻了諾利。身爲一位宗教族長之子，獨裁者索古統治阿爾巴尼亞達14年之久——4年擔任總統，其餘時間則爲國王索古一世。

蒙古人民共和國

隸屬中國達4個世紀的蒙古並未磨滅其獨立願望。1924年，在擺脫了滿清政府與白俄入侵，並驅逐（蘇俄紅軍提供了援助）最後的中國人之後，蒙古宣佈獨立。新成立的蒙古人民共和國擺脫了中國，並與蘇聯建立密切的政治、文化聯繫 ◀1921（6）▶1927（2）

體育

斯堪地那維亞人的成就

🔟 在無與倫比的花式溜冰選手索妮婭·赫尼率領下，芬蘭人和挪威人於1924年在法國阿爾卑斯城鎮沙木尼舉行的第一屆冬季奧運會中佔盡優勢。當夏季來臨時，芬蘭又在巴黎獨領風騷，這全得歸功於世界上前所未見最偉大的長跑選手帕沃·努爾米。外號「芬蘭飛人」的努爾米（左圖）在4年前就已令觀眾眩目了，但在巴黎奧運會中，他的光芒更加奪目。他締造了一項5千公尺奧運記錄（14分31秒2）。在1萬公尺越野賽中，他以2分鐘差距的成績贏得冠軍，而比賽當天的酷熱天氣使得39位參賽者中有24位未達終點前便已倒下。他在芬蘭贏得的3千公尺接力賽和1萬公尺越野賽中具有關鍵性作用。努爾米的職業爲技師，陰鬱孤僻的他據稱靠黑麵包和魚乾來獲得體力，可是當一名記者問到這個問題時，他怒罵道：「我幹嘛要吃這些東西？」

在巴黎奧運會中唯一能和努爾米相提並論、表現同樣傑出的就是美國游泳選手強尼·韋斯摩勒，他創造了100公尺自由式的奧運記錄及400公尺的世界記錄。（他日後又因在電影中演出人猿泰山一角而大爲出名。）此外，高潮連連的奧運會中也加入了好戰的國家主義暴動。例如，美國在對法國的英式橄欖球賽中獲勝，結果觀眾席內發生群毆。而當一名義大利劍術家與裁判爭論不成時，其隊友則高唱法西斯進行曲揚長而去。◀1920（6）▶1936（1）

外交

德國獲得喘息機會

⓫ 1924年8月，德國從它的戰後經濟混亂中緩解過來，而該困境曾因法國的部分佔領和支付戰勝國賠款而更加惡化。在一次倫敦會議上，同盟國列強聽取了賠款委員會調查組關於德國的報告，並同意由調查組長，即美國財政官員（未來的副總統）查爾斯·道威斯所建議的一個折衷辦法。

道威斯計畫被接受是因爲法國總理雷蒙德·普恩加來的強硬派政府在選舉中失敗，改由愛德華·赫里歐領導的左派聯盟取而代之。在美國和英國的壓力下，赫里歐同意在一年內結束法國對魯爾河谷的佔領，取消對萊因區的制裁，並且在未得到賠款委員會同意下不再對德國採取進一步的制裁措施。法國必須爲自己的重建提供資金，而不能依賴德國的賠款。

德國的欠債情況依舊。但它每年的付款卻減少到10至25億馬克，直到1929年付款條件重新談判爲止。此外，美國（並非德國的債權人之一）向德國提供2億美元貸款以「促進經濟復興」。這看起來似乎是一筆好生意：德國付給英法的賠款最終大多落到美國的保險箱裏，因爲其盟國必須償還戰爭貸款。

最後，德國得到的錢比它所付的賠款要多。但是道威斯計畫有助於穩定歐洲與美洲各國貨幣；短暫的國際性經濟成長也因美國的信用貸款而出現。德國的威瑪民主政權也走向繁榮，一直持續到經濟大恐慌使世界經濟陷入混亂的狀態。

◀1923（2）▶1929（12）

希臘

一個不平靜的共和國家

⓬ 這塊在2千年前創立共和國的土地於1924年統一了，而接下來令人頭暈目眩的11年裏，它仍然保持完整。

3月時，議會再次廢黜了君主——他自1917年以來就一直斷斷續續地被放逐。選舉使前首相埃萊烏瑟里奧斯·韋尼澤洛斯的勢力重新

執政。但相當奇怪的是，韋尼澤洛斯贊成國王復位，擔心國家還無法適應沒有國王的狀況，但其支持者並不這麼認爲。於是就任僅兩個月的首相韋尼澤洛斯掛冠而去；一年之後，西奧多·潘加洛斯將軍發動政變，以殘暴的獨裁政治取代了共和國。

1926年，潘加洛斯被另外一位將軍即喬治斯·康蒂利斯推翻。康蒂利斯恢復了共和國，而1928年韋尼澤洛斯再度出任首相。

韋尼澤洛斯具有長期以來希臘人對土耳其人所持的惡感。但是如今他卻與土耳其的新領導人奧塔圖爾克（凱末爾）進行和解，後者向國際社會施壓並爲希臘帶來了急需的外援。不過韋尼澤洛斯的經濟改革受到世界經濟大恐慌的破壞，他並且在1932年最後的選舉中失利。兩年之後，共和國再次垮台，而被放逐的國王喬治二世回國復位。

◀1923（12）▶1935（2）

MOTHER'S LITTLE SUNSHINE — FATHER'S LITTLE SHADOW
一位英國卡通畫家描繪出道威斯計畫在賠款上對德國的讓步，使英國陷於陰影而德國陽光普照。

1924

呼喚同情

摘自克拉倫斯・達羅爲利奧波德和勒布之審判作的辯護詞，1924年8月23日

利奧波德（左）、勒布（右）和他們的救命恩人——當時最著名的律師達羅。

19歲的納森・利奧波德和18歲的理查・勒布都是20年代紈褲子弟的代表：富裕、英俊、才華洋溢，而且非常輕浮。所以當這兩名芝加哥青年供認是1924年殺害14歲男孩博比・弗蘭克斯的「駭人凶手」時，該案件成了轟動一時的頭條新聞。兩人的辯護律師克拉倫斯・達羅知道以精神失常爲由來進行辯護是無望的。但是他創造一個史無前例的論點來拯救他們免於幾乎確定的死刑：即兩人雖然神智清楚，但由於遺傳和環境造成損傷而心理異常。法官的宣判是無期徒刑加上99年徒刑——此結果被視爲達羅的一次勝利，他在審判期間還成功地抑制了別人對這兩名罪犯的猶太教信仰和同性戀偏見。▶1925（3）

這件可怕罪行的發生是有原因的。正如我所說，世界上所發生的任何事情都有其原因。戰爭是一部分原因；教育是一部分原因；出身是一部分原因；金錢是一部分原因——所有這些都共同促成這兩名可憐孩子的毀滅。

法庭有權利重視除了這兩個孩子以外的任何事情嗎？國家說過庭上有權重視大眾的福利，就像您所擁有的一樣。如果說這些生命被剝奪就會促進大眾的福利，那麼很好。我想它將導致無人可以衡量的邪惡。庭上是否有權重視這兩名被告的家庭？我一直很難過，並且爲弗蘭克先生和夫人的喪失親人以及爲那些無法補救的斷裂聯繫而難過。我能希望和想要的是從整個事件中得到一些有益的東西。但是與利奧波德和勒布的家庭比起來，弗蘭克一家又是值得羨慕的——每個人都明白這一點。

我不知道這兩名孩子還有多少拯救價值。我討厭當著他們的面說出來，但是能指望的又是什麼呢？我只知道如果庭上將他們繫上絞繩，這是對他們的仁慈；但卻是對文明的殘忍，也是對被他們留在身後的人的殘忍。只希望能讓他們在監獄中度過後半生，如果說希望什麼的話……我知道這些孩子不應該逍遙法外。我相信他們直到過了後半生，在45歲或50歲時才能自由。到那時他們是否能自由，我也不敢說。雖然我確定這一點；但我不會在這兒幫他們。就我個人而言，事情已經結束……。

我爲生命、理解、慈悲、善良以及重視一切的無限同情辯護。我爲了我們以善良來消滅殘忍，以愛來消滅恨而辯護。我知道未來和我站在同一邊。庭上站在過去與未來之間。您可以絞死這些孩子；您可以用絞繩拴住他們的脖子至死。但是這樣做您會將臉轉向過去；這樣做您將使其他每個處於無知和蒙昧之中而正在摸索走出童年迷宮的孩子感到爲難；這樣做您將使尚未出生的嬰孩難以承受未來。您可以拯救他們並使處境有時相同每個孩子更容易面對未來。您會使每個具有抱負、眼光、希望以及幸運的人類感到未來更易承受。我爲未來辯護；我爲憎恨及殘忍將無法主宰人類心靈之時日的到來而辯護。到那時，我們能藉由理性、判斷、理解和信念來得知所有生命都值得拯救，而且同情心是人類最崇高的特徵。

「看在上帝的份上，就接受他的觀點以便擺脫這個瘋子吧。他竟然說他發明了一架無須電線就能觀看的機器。看看他——他身上或許藏了把剃刀。」 —— 倫敦《每日快報》編輯對貝爾德的看法

1925

年度焦點
貝爾德用電視播放了人的形象

1 蘇格蘭發明家約翰·洛吉·貝爾德於本年成為第一個向遠處接收器傳送現場移動影像的人；但這時只有少數工程師和幾個有遠見的商人曾聽說過此一即將催生現代文化的革命性新技術。

但在那些早期有遠見者之間，發展電視的競賽已日趨激烈。在一間倫敦閣樓上的臨時實驗室裏，默默無名且長期缺乏資金的貝爾德建造了一架能以集束光線掃瞄物體的攝影機。他利用光電管把被掃瞄物體的光與影轉換成為電流，此外又建造了一部顛倒上述程序的接收器。10月2日，他掃瞄了一個木偶頭部，並欣喜若狂地看到其臉部被閃爍不定地複製在他安置於另一個房間的螢幕上。接著他跑到對街的一座建築物中，雇了個辦公室小弟坐在他的攝像機前，於是年輕的威廉·泰因頓成為第一個出現在電視上的人。

貝爾德的系統是個原始的機械裝置，它用上面鑽了些孔的旋轉碟子來掃描物體，把光分解成掃描線後再將其轉化成原來物體的投射圖像。它的確管用；但閃爍搖曳的影像卻給觀眾帶來引發噁心的頭痛。

當貝爾德正在修補其機械模型時，其他先驅者卻在探索電子系統。電子電視機由英國物理學家坎貝爾·史溫頓於1908年加以理論化。他寫道：「如果發現合適的東西，我認為遙遠的電子影像將在可能範圍內出現。」他所暗示的發現被出生於俄國的美國物理學家弗拉基米爾·科斯瑪·茲沃爾金與猶他州學生菲洛·法恩斯沃思所實現，兩人都發展出早期的映像管。1927年法恩斯沃思首次發表一套不使用貝爾德所依賴的那種會發出鏗鏘聲的尼普考（Nipkow）碟子系統；由於法恩斯沃思的發明，所謂「可能範圍」已增加了可行性。◀1904（8）▶1941（14）

手執木偶頭部的貝爾德展示其發明。

北非
摩洛哥的激烈反抗

2 一群「舊式的」戰士能擊退一支現代歐洲軍隊，的確值得大書特書，然而穆罕默德·卡達

德國漫畫家描繪下的里夫叛軍。

畢的勝利影響更深。他不但在1921年反抗西班牙統治的起義中領導摩洛哥山地的里夫地區部落，還成功地將分裂的部族人民結合成里夫共和國，同時建立一套以柏柏爾人習俗與回教法規為基礎的法律體系。對殖民時期的其他革命者來說，卡達畢是個英雄。不過除一小塊西班牙控制區外，統治全摩洛哥的法國害怕他將成為一股鼓舞力量；於是卡達畢在1925年春天發現自己正與一個新的敵手交戰。

為挑起戰鬥，法國部隊在這個反叛共和國南界建造了幾個據點，並拒絕所有談判要求。但是當里夫人發動進攻後，法國卻不知所措，因為卡達畢軍隊的凶悍與勇猛確如所聞，而非如法國所認為僅因西班牙的無能所致。法國前哨站迅速崩潰，而里夫游擊隊已在數日內便於距菲茲城32公里的地方安營紮寨了。惱羞成怒的法國人與西班牙人共組聯合防禦，並且提出一個允諾里夫人享有除名義外實質獨立的聯合和平計畫。但因卡達畢堅持絕對自治，於是戰爭繼續進行。

局勢在8月份開始改變，這應歸功於新指揮官亨利·貝當元帥以及10萬名新加入的法國部隊。西班牙人在100架飛機的支援下，於9月份將99艘船開進阿路瑟馬斯灣。（西班牙未來的獨裁者法蘭西斯科·佛朗哥上校指揮這次兩棲進攻。）里夫人在持續數月的戰鬥後失利，這也是他們最後一次頑強抵抗。卡達畢在1926年5月投降後被流放到留尼旺島；1947年被移往開羅，一直到1963年去世為止。甚至在摩洛哥於1958年獲得完全獨立後，他仍拒絕返回祖國，因為法國士兵還駐留在北非。◀1911（1）▶1931（13）

美國
達爾文受審

3 到了20年代中期，曾塑造美國之農村清教徒價值觀已陷入危機。移民、都市化（美國城市人口首次超越農村人口）以及戰後享樂主義使許多來自農村的美國人相當不安，其中許多人便在基督教基本教義中尋求解脫。對這些拘泥於聖經創世紀真理的人來說，由查爾斯·達爾文在1859年所提出的演化論是褻瀆神明的，而其廣為接受只證明了社會的墮落。在基本教義

創世紀論者威廉·詹寧斯·布賴安在一家雜誌的封面上受到諷刺。

派勢力最大的南部各州更立法禁止講授演化論；當一個叫約翰·斯科普斯的田納西州教師於1925年觸犯此一法律時，他的受審成為新舊交戰的國際象徵。

在10天的「猿猴審判」（記者的謔稱）中，克拉倫斯·達羅與基本教義派的威廉·詹寧斯·布賴安

藝術與文化 書籍：《美國人的性格》威廉·卡洛斯·威廉斯；《黛洛維夫人》維吉尼亞·吳爾芙；《美國悲劇》西奧多·德萊塞；《曼哈頓渡輪》約翰·多斯·帕索斯；《箭匠》辛克萊·劉易斯；《美國水星》開始印刷 音樂：《如果你知道蘇茜》梅耶與德錫爾瓦；《是的，先生，這是我的孩子》唐納森與卡恩；《甜蜜的喬

「巴黎眞是不可思議，每個裁縫師都棒透了。」
—— 貝克談自己的巴黎之旅

進行唇槍舌戰。前者在去年爲利奧波德和洛布進行之令人眩目的辯論中已恢復了他作爲全國頂尖辯護律師的聲譽；而後者曾3度競選總統且是前國務卿，這一回他要爲這場起訴提供服務。由於法官禁止達羅討論演化論的確實性，於是達羅就逼使布賴安採取守勢。而被迫捍衛其所信仰之聖經眞理的布賴安則含糊其詞且邏輯混亂，其證詞不但未能提高辯論熱度，反而使創世紀論者顯得荒謬可笑。不過一些記者（包括政治評論家沃爾特·李普曼在內）仍認爲暴躁的達羅對布賴安進行的無情「砲轟」，使後者在審判結束後5天便死於心臟病突發。

因爲斯科普斯自豪地承認講授演化論，他被判有罪，並且罰款100美元（後來減至1美元），但是演化論者無疑地在這場審判中獲得了勝利。而這套從未被執行的田納西法律也一直持續到1967年爲止。

◀1924（當年之音）▶1943（當年之音）

大衆文化
巴黎甜心

4 約瑟芬·貝克於1925年以羞澀但活潑的19歲之齡到達法國。但在3個月內，她就成爲巴黎最鍾愛的女人。

這位美國黑人舞者是從百老匯被選出到巴黎首度上演黑人歌舞時事諷刺劇的團員之一。她在「黑人諷刺劇」中性感而奔放的表演風靡了全城；男人渴望得到她，而他們的老婆與情婦則效仿她把頭髮塗得光滑照人，並將自己泡在核桃油中以使皮膚變黑。對貝克而言，在巴黎最令人愉快的事情是在她一生中首次做到在自己國家所不能做的事：亦即在飯店、火車和劇院中坐到任何想坐的位置。

身爲洗衣婦的女兒，貝克在伊利諾州東聖路易的貧民窟長大。13歲時已是出色的舞者，之後離家加入一個巡迴表演的雜耍團。由於在百老匯尤比·布萊克和諾貝爾·西斯爾的黑人節目中扮演喜劇角色而在紐約竄紅；下一站則是到巴黎。

貝克熱愛法國。在第二次世界大戰期間，她幫助法蘭西抵抗運動。

將淫慾的殖民式幻想與前進派美國爵士樂結合的「黑人諷刺劇」創造了一種文化情緒，而其核心則是貝克半裸、狂野且精力充沛的舞蹈。一位評論家激動地說：「從她劇烈顫動的身體、大膽的錯位與跳躍的動作中，似乎放射出一股情感澎湃的韻律泉源。」她可說是「黑色維納斯」。

「黑人諷刺劇」在3個月的演出後收場，貝克繼之來到瘋狂的牧羊女夜總會，首度演出其著名的香蕉舞。除了由搖動的蕉串編成的裙子外幾乎全裸，貝克夜復一夜地傾倒全場觀衆。◀1905（4）

文學
一個悲劇性的巨擘

5 當他在1925年出版《大亨小傳》這部本世紀公認的小說傑作之一時，29歲的史考特·費茲傑羅已出版了4本書（包括極成功的頭一本小說《人間天堂》），而另一部劇作也在醞釀中。這本書像他大多數的作品般，關注著他所謂「爵士樂時代」之富有魅力的創造物：亦即那些穿梭於宴會與羅曼史之間的富裕、輕率且憤世嫉俗的年輕男女。在這一本講述一位神祕而且出身低微的百萬富翁傑伊·蓋茨比與野性、美麗但是已婚的苔茜·布坎南之間命中注定的理想戀情的書中，他探討了美國夢在精神上的毀滅。

苔茜的原型是聰穎而有朝氣的塞爾達·塞爾，她在《人間天堂》出版的1920年和費茲傑羅結婚。往來於里維耶拉遊憩勝地和紐約長島及巴黎的家之間，不停遊歷的費茲傑羅一家人過的就是他在小說中進行無情剖析的生活類型。

費茲傑羅一家在法國自由出入於包括歐內斯特·海明威和格特魯德·施泰因等移民國外的藝術家團體間。但這對金色夫婦的生活到了30年代顯然開始褪色，並陷於瀕臨財務破產、精神疾病（對塞爾達而言是不可治癒的，她也因此終老於精神病院）和酗酒狀態中。在一次精神崩潰後，費茲傑羅嘗試創作電影劇本。就在他快於1940年完成那部關於好萊塢的小說《最後的大亨》（許多書評家認爲是他的最好作品）時，費茲傑羅突然患心臟病逝世，時年44歲。◀1923（5）▶1926（2）

不管是否帶著微笑，史考特和塞爾達（還有他們的女兒斯各蒂）和《大亨小傳》中的人物一樣飽受折磨。

治·布朗》伯尼、平卡德與凱西　**繪畫與雕塑：**《三個舞者》巴勃羅·畢卡索　**電影：**《戰地之花》金·維多；《淘金記》查理·卓別林；《歌劇魅影》朗·錢尼；《新鮮人》哈羅德·勞埃德；《靈與肉》奧斯卡·米紹與保羅·羅伯遜　**戲劇：**《最可愛的敵人》羅傑斯、哈特、菲爾茨；《乾草熱》諾埃爾·科沃德；《陽光》克恩，哈巴克、哈默斯坦。

「夥計，如果你一定要問的話，那麼你將無法知道。」

—— 阿姆斯壯被要求為爵士樂下定義時的回答

1925年新事物

- 新藝綜合體（寬銀幕電影）
- 全國拼字比賽

- 《紐約客》雜誌
- 乾冰（進行商業販賣）
- 傳真照相機（傳真機前身）

美國萬花筒

佛羅里達的繁榮

佛羅里達搶購土地的風潮不但令人回想起「西部開拓」時代，同時也反映出繁榮、樂觀主義與投機狂熱的全國性趨勢。數以萬計

的人在開發者「地中海式天堂」的頌讚吹捧下湧入該州搶購土地。有的人想定居於此，而有些人只想賤買貴賣；許多人盲目購入不動產，結果買到的卻是沼澤地。這種景象在1925年達到高潮，其後因1926年的颶風影響而結束。

耶穌基督，廣告商

沒有人能比廣告天才布魯斯‧巴頓更能表現出爵士時代資產階級的趾高氣昂了；其關於耶穌基督的傳記《沒人知道的人》是1925年和1926年的暢銷書。作為貝蒂羅珀粉總廠和世界上最大的廣告公司之一（「巴騰、巴頓、德斯廷、奧斯本」，即今日之上通／伊登BBDO廣告公司）的創立者，巴頓聲稱耶穌本人就是現代商業之父，也是他那時代最偉大的推銷員。巴頓寫道：「耶穌的廣告已存在了20個世紀。」

音樂

即興的「薩切莫」

6 路易斯‧阿姆斯壯與爵士樂幾乎在同一時間與地點誕生：1900年，新奧爾良。他長大後曾在流動樂隊與河船上吹奏小喇叭，並從一個小神童一躍而在芝加哥最受歡迎的樂隊裏演奏。當樂團領隊弗萊徹‧亨德森把他請到紐約並使「薩切莫」（「小背包口」的縮寫）開始自1925年領導自己的樂隊後，他幫助改變了爵士樂的面貌。不久，哈林區的所有上流人士都開始摹仿這位來自內地且具有超凡魅力的年輕小喇叭手的音樂和衣服剪裁樣式了。

在他們的表演與錄音中，阿姆斯壯的「五人即興樂隊」與「七人即興樂隊」挑戰了所有音域與曲調的既有觀念。在阿姆斯壯之前，多數爵士樂隊都先由單簧管、小喇叭和伸縮喇叭製造一堵音牆；但「薩切莫」以革新的獨奏破除這些習俗，他把聽眾帶入由號角中傾瀉出來之悠長動聽的旋律中。在唱出一些無意義的韻律間，他首創了一種之後由艾拉‧費茲傑羅和其他歌手所表現的即興歌唱技巧。簡言之，他是爵士樂第一位真正的革命家。

◀1923（邊欄）▶1927（9）

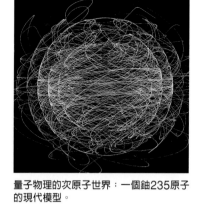

量子物理的次原子世界：一個鈾235原子的現代模型。

科學

物理學的量子躍動

7 在德布羅意提出物質的次原子微粒能夠像能量波那樣運動之大膽理論的一年後，維爾納‧海森堡在1925年證明，量子物理學和嘗試將上述事件視覺化並不必然相關。24歲的海森堡提出了量子力學的第一個架構，量子力學是用來描述、解釋和預測因量子躍動所帶來能量轉化現象的理論公式。作為德國格廷根大學馬克斯‧鮑恩教授的助理，他對此一系統的研究僅奠基於光的頻率與強度的可見變化上，從而迴避了使其他人深陷其中的光本質爭論。

被海森堡自己稱爲矩陣力學的系統依賴於一種奧祕之「自產的」

計算方式。但其他物理學家正在設計其他形式的量子力學；例如以德布羅意概念爲基礎並於海森堡之外獨立研究（兩人長期不和）的埃爾溫‧薛丁格則提出了波動力學，這種系統被證明與海森堡同等精確。而一位名叫保羅‧狄瑞克的英國人也得出了另一個甚至更有用的波的公式。然而奇怪的是，儘管這些公式都非常管用，但是都缺乏一種完美的連續性，同時也沒人能理解何以這些理論管用。

鮑恩藉由發表論文向前跨出了勇敢的一步。他認爲，既然次原子層次（在此層次中波可能是微粒，反之亦然）並不遵循一般的因果規則，所有量子力學眞正能提供的乃是對一個既定結果之「可能性」進行估計。這個概念公然違背了自牛頓時代以來所堅持的沒有本質上不可知之現象的科學信條，但它卻構成了1927年海森堡在哥本哈根所公佈的革命性的「測不準原理」的基礎。◀1924（2）▶1927（6）

文學

現代主義的推動者

8 想誇大讚美埃茲拉‧龐德在文學上的重要性是十分困難的：經由他的作品及其支持的作家，他決定了現代文學的方向。他帶領詹姆斯‧喬伊斯、艾略特、威廉‧卡洛斯‧威廉斯、溫德罕‧劉易斯、瑪麗恩‧穆爾及歐內斯特‧海明威走上文學之路，發現了羅伯特‧佛洛斯特和勞倫斯；說服葉慈採用一種更簡樸的風格。儘管其作品矇矓晦澀得令人畏懼，而政治上的走火入魔也使其風華盡褪，其詩作仍影響了世界各地的詩人。他最著名但未完成的作品《詩篇》是一部長達2萬3千行，充滿了神祕歷史暗示、古怪經濟學內容以及反猶太囈語的敘事史詩。第一卷於1925年問世，其他則於1968年才告完成。

在1908年從印第安納州移居倫敦後，龐德逐漸成爲一位文藝批評家、編輯以及被稱爲「意象主義」運動的奠基者，後者提倡充滿強烈意象的詩作，摒棄傳統結構與情

阿姆斯壯（中立者）與其「五人即興樂隊」一起錄製了《短號雜燴》等歌曲。

「如果你是一座村莊，那麼他就是村莊的傑出解釋者；但是你若不是，他也就不是。」
—— 施泰因評龐德

緒；但第一世界次大戰後其作品開始被抨擊爲「縫綴拙劣的文明」。在諸如《休·塞爾溫·莫伯利》等極其辛辣的詩作中，他譴責戰爭、商業主義以及放債行爲。他在1921年36歲時搬到巴黎，成爲旅居海外藝術家的領袖，之後又在1924年移居義大利的拉波羅。

他在10年前就開始創作《詩篇》，作爲按社會秩序來累積自己思想的方式（在1920年後他幾乎沒寫過其他詩作）。正如其意圖一般，這部詩作乃是各種觀念的混合物，其間聯繫只有願意下功夫的讀者才能弄清楚。其語言大幅跳躍於通俗口語以及聖經與荷馬風格之間，蘊含豐富的美感與幽默感；至

《龐德和他的圈子》。由他從前的門徒，畫家兼作家溫德姆·劉易斯所作。

於有關理想社會的冥思則縱橫於儒家中國與傑弗遜式美國之間。但他的詩歌越來越反映出對法西斯主義的同情，此傾向極不名譽地表現在他於義大利電台上所作的300次雜亂無章且不連貫的宣傳廣播上。

1945年被美軍關進拘留營後，龐德創作了被許多人認爲是其最優秀的作品的《比薩詩篇》。無論如何，他被判決因精神狀態不適於以叛國罪名受審，其後在華盛頓一個精神病院裏待了12年。他在1958年獲釋後回到了義大利，在那裏直至1972年逝世前又創作了兩卷《詩篇》。◀1922（1）▶1926（2）

電影
艾森斯坦的《波將金號戰艦》

⑨ 查理·卓別林稱謝爾蓋·艾森斯坦的《波將金號戰艦》是「有史以來最好的電影」。道格拉斯·范朋克也激賞地說，觀看這

《波將金號》的「敖得薩階梯」片段：該片中最有影響力的10分鐘。

部電影是「我生命中最緊張、最深奧的經歷」。這一部在1925年由蘇所聯拍攝的影片，對革命的頌歌引入了敘事技巧，並且改變了電影的本質。

艾森斯坦當時是個只有一部記錄片值得讚揚的導演，受蘇聯政府委託拍攝這部電影以紀念1905年革命失敗20週年。他以1905年發生在停泊於敖得薩之沙皇戰艦「波將金號」上的真實叛變故事來作爲整個革命的象徵；市民群聚支援受虐的船員，但是當帝國海軍在岸邊集結後，士兵在港邊台階上屠殺人民。在片中，「波將金號」的船員決定對抗前來鎮壓的艦隊，而艦隊的水兵則放下武器拒絕在叛變船隻駛離時向其開火。（實際上，叛變者產生內鬨，最後投降；有些人逃走，另些人則遭處決。）

艾森斯坦的技巧將煽動宣傳變成了藝術。他在影片中注入蒙太奇式的宣傳力量，這一技法直到現在都在力求不引人注目。他設計了一種方法，成功地表現在片中「敖得薩階梯」的片段上：快鏡頭並置在一起，以創造強烈的感受或知性效果；同時，藉由從不同的角度反覆播放同一幕場景，艾森斯坦將關鍵性場景加以擴張，並驟然使之達到高潮。

艾森斯坦式的蒙太奇在抑制並減去馬克斯主義色彩後，已完全溶入主流電影語法中。（MTV也證明此點。）作爲一個革命性的成就，《波將金號戰艦》經常在影評家所謂最佳影片的名單中佔據一席之地。◀1915（1）▶1926（5）

伊朗
列汗使伊朗現代化

⑩ 列汗於1925年被選出登上伊朗（當時爲波斯）王位。在建立巴勒維王朝後，他發誓要將國家帶向20世紀；在很大程度上，他成功了。

長期以來作爲英國、德國、俄國進行帝國主義角逐場的伊朗已到達轉型的成熟關鍵。在第一次世界大戰結束時，英德勢力都競相企圖控制伊朗的最高議政會（成立於1906年的國會）。當英國於1919年放棄伊朗後，等於爲列汗這位波斯哥薩克旅的軍官清除了奪權之路。1921年他發動一場軍事政變，儘管回教教士強烈反對，他仍然於1925年推翻了卡札爾王朝，建立了自己的王朝，取號巴勒維。

如同他仿效的對象凱末爾·阿塔圖爾克一般，列汗·沙阿·巴勒維企圖使其國家現代化。他修改了

古回教離婚法以裨益於婦女，同時取消婦女蒙面的要求，並下令男女採用歐式服裝。他的統治爲伊朗帶來了第一條鐵路，以及教育與公共衛生的改善。他亦透過談判取得更平等的石油協定，使得外國勢力對伊朗的控制得以放鬆。但其統治方式過於殘酷，而且常將大塊土地攫爲私有。儘管名義上中立，其實他在第二次世界大戰中支持德國；這促使渴望爲蘇維埃陣線建立道路的英蘇入侵並迫其退位。◀1923（12）▶1941（15）

伊西和莫

美國在1925年失去了兩個最有效率，也是最受現的禁酒警察。在5年的勤務中，這對以紐約爲根基的搭擋伊薩多·愛因斯坦和莫·史密斯執行接近4400次逮捕，並查扣了價值1500萬美元的酒類。莫和伊西經常化裝成漁夫、足球員、患凍瘡的病人以及腐敗的司法人員混入非法酒店，但他們誇張的噱頭終於使其受到槍擊。「伊西和莫，」一位警官憤怒的說：「應屬於雜要舞台。」這些警官之後都去保了險。◀1919（當年之音）

一個飛行員的改革運動

美國陸軍在1925年藉由將比利·米契爾將送上軍事法庭以除去其眼中釘。作爲第一次世界大戰協約國空軍指揮官，米契爾相信制空權乃是勝利關鍵；但思想保守的軍事部門拒絕了他建立獨立空軍的要求。當美國一艘最新發

展的飛艇毀於風暴時，米契爾指控那些詆毀他的人是「愚蠢無能，犯了輕忽職守的罪行，對國防的管理方式幾近是叛國的。」在被裁定抗命並取消其軍職5年後，米契爾死於第二次世界大戰無情地證明其論點之前。即至1947年，美國空軍部才正式創立。◀1941（1）

「這裏面（《伍采克》中的人物）有一部分就是我，因爲戰後這麼多年我一直依賴於我所憎恨的人……我身受束縛，惡病纏身，形同囚徒，聽天由命，含悲忍辱。」

—— 伯格給妻子的一封信

環球浮世繪

英國重回金本位

爲使英國從第一次世界大戰後的蕭條中走出來，英國財政大臣溫斯頓‧邱吉爾在1925年決定以戰前惡性膨脹的匯率使英國重回金本位。隨著英鎊超升到了1：4.87美元，英國出口價格整整高了世界價格10%。其結果是貿易失衡、失業率居高不下，以及工資削減；這些在1926年的災難性總罷工時達到了高潮。
▶1926（4）

裝飾藝術

一種在30年代時最引人注目的結構——從紐約帝國大廈到法國「諾曼第號」郵輪內部（圖中爲其頭等艙餐廳用椅）——增添風采的設計風格，於1925年誕生於法國巴黎的現代工業和藝術裝

飾博覽會中。這種設計最初只用於原料珍貴的手工奢侈品，但在經濟大恐慌期間，裝飾藝術將其優雅的特性延接從廚具到火車站的每樣東西。▶1930（7）

洛迦諾公約

歐洲主要國家於10月在瑞士洛迦諾談判並簽訂了5個協定，企圖消弭第一次世界大戰後的敵意。法國、德國和比利時誓言尊重彼此邊界，英國和義大利宣誓將對抗任何破壞非軍事區的萊因區的國家，而德國和其鄰國則同意將未來的爭端提交仲裁。英國外長在會談結束時喜極而泣；而報紙頭條新聞宣告：「法德兩國將永遠止戰！」但是所謂的「永遠」只持續了13年。◀1920（1）
▶1928（1）

文學
焦慮的大師

11 馬克斯‧布羅德在1925年出版了其友法蘭茲‧卡夫卡的小說《審判》，書中講述一個只知道叫做「K」的人發現被控犯了一

種他自己無法辯解的罪行。布羅德違背了其友的願望，後者於前一年在病床上要求布羅德在其死後燒掉手稿；但他的決定使卡夫卡迅速獲得了國際性的文學聲譽。

卡夫卡自己從未打算發表作品。他過著雙重生活，白天在一家意外險公司鬱鬱寡歡地辛勤工作，而晚上則寫些有關疏離和絕望的奇特故事。他與父親不甚和睦，憎惡自己的工作，在愛情上也不成功，並遭受疾病之苦。他一直認爲自己是個被遺棄的人：在基督教社會裏的猶太人，住在布拉格但卻只會講德語。

當布羅德（他自己也是個小說家）開始發表他朋友更多的作品時，卡夫卡的名字變成了似是而非和荒誕不經的同義語；代表在一個人際關係、群體，包括自我存在都全無意義的世界徒然地追尋生命意旨。他書中的人物都爲經常性且不可言喻的焦慮所苦，並發現自己陷入種種惡夢般的境遇中。其短篇小說《變形記》中的首句：「當格列高爾‧薩姆沙一早從惡夢中醒來，他發現自己在床上變成一隻巨大的甲蟲。」可謂刻畫了典型的「卡夫卡式」情境。

其後20年間廣受好評的卡夫卡作品被納粹加以查禁，後者譴責他是個「頹廢的」猶太人。大戰過後，他迅速地再度被其他作家重視，特別是法國的超寫實派；他們發現在看似荒誕的焦慮意識中有著與他們一樣的精神。

批評家總是沈迷於他的模稜兩可中，直到今天還津津有味地爭論其作品到底是深奧的存在主義式的嘲諷，抑或是卡夫卡自己所謂「夢境般內心世界」的簡單而直接

了當的描寫。作品本身無可非議的力量使這樣的問題變得微不足道。
▶1942（13）

音樂
奧爾本‧伯格的《伍采克》

12 在1925年12月14日奧地利作曲家奧爾本‧伯格的《伍采克》進行首演前，此一令人興奮的消息早已傳開了。不但歌劇的節錄廣受好評，以古斯塔夫‧馬勒遺孀阿爾瑪爲首的一些大人物也出資印製樂譜。此外，儘管柏林國家歌劇指揮埃里克‧克萊伯帶領成員進行幾乎無止盡的排演，其對工作的投入甚至影響了自己的本職工作。但大眾對於整部歌劇品質的臆測仍不斷昇高。不過當第一個音符終於奏出且升起帷幕時，觀眾聽到了對無調性、不和諧性與抒情性的大師級融合，這些都鞏固了伯格作爲現代音樂領先革新者的聲譽。

受到喬治‧布希納19世紀劇作《伍采克》的啓發，伯格那受蹂躪士兵陷入殺人和自殺的故事，生動捕捉到第一次世界大戰後的歲月裏，作曲家及其德國表現主義同行的情緒。

對這個歌劇的回應並非都是正面的。「我覺得自己不是坐在公共劇院而是在瘋人院裏，」一位評論家嚴厲地說：「所有這些大量的攻擊與樂器的襲擊都與歐洲音樂和音樂革命無關。」

儘管如此，《伍采克》已被證明是源於阿諾德‧荀百克（伯格的好朋友兼良師）圈子的第一部廣受歡迎的作品。伯格在享受了短暫的成功後，便因納粹譴責其藝術而告終結。但他繼續作曲直到1935年50

在英國國家歌劇院上演的《伍采克》：音樂極難演奏且場景混亂。

歲去世爲止，那時他尚未完成第二部歌劇《魯魯》，該劇完全以荀百克的「十二音列體系」來創作。
◀1912（11）▶1961（邊欄）

科學
現代煉金術

13 尋求以煤爲基礎來取代石油作爲汽油來源的需要，推動了兩次世界大戰間許多德國化學研究的進步；在1925年出現兩種不同的方法。

德國化學家弗雷德里希‧伯吉尤斯早在1912年便運用化合煤與氫的方式直接從煤中提煉汽油，但是他花費了12年才使其氫化法適合工業應用。於此同時，其他兩個德國化學家法蘭茨‧費歇爾與漢斯‧拖羅普則發明了另一種較間接的方法，亦即由一氧化碳與氫來合成液態燃料。

此一新技術迅速遍及全球；在短短幾年裏，日本、法國和英國都

伯吉尤斯製造出合成汽油，並因而獲得1931年諾貝爾獎。

開設了大型合成工廠，但德國仍居領先地位。至40年代早期，德國已有12座燃料廠正在運作（大多數採費歇爾-拖羅普程序）以滿足戰爭需要。

伯吉尤斯程序最終被證明較適於生產汽油，而費歇爾-拖羅普途徑則在合成甲烷和其他化學物質方面較有效。第二次世界大戰刺激了國際上對合成燃料的興趣，特別是在歐洲，因爲它缺乏像美國那樣巨大的石油蘊藏量。但是在50年代時，中東開始成爲廉價原油的盛產地後，對替代方法的需求便不那麼緊迫了。▶1960（邊欄）

諾貝爾獎 和平獎：奧斯汀‧張伯倫（英國，洛迦諾公約）與查爾斯‧道威斯（美國，德國賠款問題）　文學獎：蕭伯納（英國，劇作家）　化學獎：理查‧席格蒙迪（德國，膠體溶解）　醫學獎：從缺　物理學獎：詹姆斯‧法蘭克與古斯塔夫‧赫茲（德國，原子和電子碰撞能量轉換定律）。

創造廣告詞

米爾頓・弗斯利爲李斯德林漱口水所作的廣告，1925年

「常做女儐相，無緣當嫁娘。」像許多「跨越時空」的辭句一般，這句話第一次也是出現在廣告中。它是由撰稿人米爾頓・弗斯利為李斯德林漱口水（這種產品在3年前曾創造了另一個辭彙：口臭）所創造的；這則廣告的成功使其多用了10年之久。▶1960（當年之音）

1925

「我絕對要停止一再嘗試刺殺我的企圖。這麼説不是爲了我自己，而是爲了義大利人民，
雖然我確實喜歡生活在危險之中。」

—— 墨索里尼遭第3次刺殺未遂後

1926

年度焦點

墨索里尼革命的第一年

1 本尼托·墨索里尼加快將義大利轉變爲極權國家的步伐乃是因一連串偶發事件所致；亦即從1926年4月到10月間4次刺殺他的嘗試。

第一次是個精神錯亂的愛爾蘭婦女，她打傷了墨索里尼的鼻子；政府在指責此事件爲國際陰謀後關閉了數家反對派的報社。第二次是由一個社會主義議員及一個左派共濟會員所引起，結果導致溫和的統一社會黨及所有不爲當局所容的協會（例如共濟會）都被禁止活動，而包括著名的《晚間郵報》在內之數家獨立的報紙也被法西斯黨接管。第三次是個曾住在法國的無政府主義者，這引發了一場反法宣傳戰；因爲法國領導人與英國不同，對「領袖」不屑一顧。

墨索里尼受傷的鼻子上纏著繃帶，冒險在公共場合露面。

至於第四次據說是一個16歲的男孩幹的，他被當場打死後放在波隆那市區示眾。至此墨索里尼決定完全攫取絕對權力；而在此之前，他已宣布1926年爲革命的第一年。隨著反對派的抵制國會，他輕易地通過限制人民言論自由的法律，並使自己無須顧慮國會便可進行統治；此外，他以親手指定的官員取代民選地方政府。同年，他廢止國會並以一個法西斯組織提名產生的機構取而代之；公眾只准對候選人投贊成或反對票。他還建立了對付政治犯的特警部隊與進行迅速祕密審判的「革命法庭」，而且不允許上訴。

最後，他規定了下列死刑罪：包括叛國、叛亂、煽動內戰，當然還有企圖行刺獨裁者和王室成員。墨索里尼告訴法西斯最高委員會說，死刑將「使義大利人更爲堅毅，並使他們習慣於血腥和死亡。」

許多義大利人稱讚「領袖」的鐵腕政策；儘管許多人不願意受壓迫，但認爲這是對付混亂的唯一辦法。自此，異議分子只有保持緘默，否則就有性命之虞。◀1922（4）▶1929（10）

海明威。他的朋友曼·雷攝。

文學

登峰造極的散文藝術

2 1926年，歐內斯特·海明威的《妾似朝陽又照君》出版，立即成爲美國「迷惘的一代」的聖經；「迷惘的一代」乃27歲的作者在小說前言中引自格特魯德·施泰因的話，用來描述在遭一次大戰摧殘之道德環境中長大的一代。大學生開始以海明威式簡潔而有厭世意味的語調談話，而其他青年作家也紛紛仿效其粗獷但敏銳的敘事風格。而身兼文學天才、運動員和戰地記者的海明威不久便成爲國際文壇巨星。

《妾似朝陽又照君》以一群旅居巴黎的僑民團體爲中心，其原型是作者社交圈中的作家、藝術家和尋求刺激的名流。此一散漫團體的資深成員爲施泰因和埃茲拉·龐德，他倆的文學理論幫海明威發展出一種散文形態，既包含具體意象又有催眠式的反覆；加入者還包括巴勃羅·畢卡索和史考特·費茲傑羅。無論如何，小說人物取材自較不爲人知的對象。

敘述者爲美國人傑克·巴恩斯（像海明威一樣也是記者），他愛上了率直的布雷特·阿什萊女士，但戰爭傷害導致他性無能（儘管書裏未曾提過）；而另一個美國人，無可救藥的理想主義小說家羅伯特·柯恩也愛上了阿什萊女士，但她已和破產的蘇格蘭商人邁克·坎貝爾訂了婚。這群不快樂的靈魂經常光顧城裏的咖啡館和夜總會；後來他們到潘普羅納觀看鬥牛，在那

兒布雷特和一個年輕的鬥牛士私奔了。可是當小說結束時，她卻和傑克坐在馬德里的計程車裏。「我們原本能非常快樂地待在一起。」她因兩人無法相愛而感傷。「不錯，」他回答道：「這樣想不是很好嗎？」

海明威筆下的放逐者儘管形形色色，但都受過創傷且無生氣的。他們無法投身於任何偉業，只能以英勇、絢麗但有時殘酷的姿態去尋求生命意義；例如他們所讚佩的鬥牛士。《妾似朝陽又照君》以敏銳的準確度捕捉到該時代的氣氛。直至今日的讀者仍爲其陰鬱的力量所震懾。◀1925（8）▶1933（10）

文學

紀德的道德診斷

3 當安德烈·紀德晚年時被問到什麼給了他最大的快樂時，這位打破舊傳統的法國小說家回答說：「《一千零一夜》、《聖經》、肉體之樂，以及天國。」其回答反映了他毀譽交加之作品中固有的難解的矛盾。

在他於1926年出版之最有名的

小說《僞幣製造者》裏，紀德審視了人類的虛矯與自我欺騙的能力，這兩者都是社會精神淪落的象徵。由於其挑釁的坦白與充沛的求知慾，紀德因抗拒傳統宗教禁忌（包括對同性戀的譴責）而遭致了許多批評；例如1920年出版的小說《背德者》便遭梵諦岡查禁。不過紀德在根本上仍是位道德感極強的作家，他所付出的巨大努力乃是爲了解決精神與肉體間的衝突；他認爲兩者都必須得到滿足。1947年獲頒諾貝爾文學獎的紀德寫作了80多部題裁與主題都各具實驗性的作品，並以此引導20世紀法國文學的進程。他的同胞尚-保羅·沙特總結了他的貢獻：「他一再地教導我們言無禁忌，這是他的大膽之處；但必須根據適當措辭的特定規則來說，這是他的審慎之

藝術與文化　書籍：《英國史》特里維廉；《七根智慧之柱》托馬斯·愛德華·勞倫斯；《借與貸》拉迪亞德·吉卜林；《城堡》法蘭茲·卡夫卡；《軍餉》威廉·福克納；《不共戴天之敵》威拉·凱瑟　音樂：《再見吧，黑鳥》亨德森與迪克遜；《看管我的人》喬治·蓋許文與艾拉·蓋許文；《娃娃臉》阿克斯特、戴維斯；

「不增加一分鐘工時，不減少一分錢工資。」
—— 英國煤礦工人在1926年大罷工時的口號

處。」這種雙重性或許在紀德自己的習慣中做出最好表達：他總在其喜歡披戴的奢華斗篷下揣本聖經。

◀1913（9）▶1943（10）

英國
罷工帶來衝擊

④ 繁榮並未隨著英國在一次大戰中獲勝而來。1920年以後（除了在1924年短暫好轉之外）不但經濟衰退，失業率也一直超過10%。經濟停滯的第一個受害者乃是一度爲世界上最強大的英國工人運動。工會成員在1920年達到800萬人的高峰，幾乎佔了全國勞工數的一半；但如今工會地位日漸低落，許多產業的雇主亦開始取消工人的既得利益。當煤礦業主在1926年要求礦工們在更低的工資之下延長工時之後，全國工會委員會（TUC）掀起了英國史上規模最大的罷工運動。

大約有400萬名勞工參加此次總罷工；而政府則以建立補給維持組織（OMS）加以反擊，組織義工和士兵一起維持食物供應無虞，並提供旅客運輸服務。財政大臣溫斯頓·邱吉爾迫使《晨報》印刷反工會報紙，刊載關於工會領袖不肯讓步和罷工者復工的錯誤報導。

雖然罷工沒有達成癱瘓國家的目標，但其所帶來的不便利確實造成公眾的疏離。而政府官員暗示說這次行動是違憲的，可能將導致工會基金被沒收。全國工會委員會的領導者在沉不住氣之下，建議以皇家調查委員會主張將煤礦業部分國有化的報告來解決此事件；但因報告中建議減薪，於是遭致礦工們的反對。

由於認爲形勢無望，全國工會委員會在罷工開始9天後宣佈中止。然而另有100萬礦工繼續堅持了7個月之久，直至瀕臨餓死才投降。儘管外國媒體盛讚衝突雙方的高度克制，但其中一方顯然失敗了。工會在此後5年中一直處於低潮，其成員在1933年跌至440萬人的最低點；直到第二次世界大戰後英國工會組織才完全恢復元氣。

◀1924（4）▶1945（邊欄）

電影
朗的表現主義史詩

⑤ 佛烈滋·朗在1926年完成了《大都會》這部關於未來城市中工人叛變的史詩式幻想曲，這同時也是20年代具影響力之德國電影黃金時代的高峰。

表現主義主宰了戰後的德國藝術。這種以光影高度對比，透過扭曲與角度奇特的空間來表現藝術家情感的手法，是由羅伯特·韋納1919年的德國恐怖片《卡博士的密

《大都會》是以充滿階級鬥爭的未來派城市為背景。

室》奠定其基礎；該片是以夢魘般破碎的佈景呈現一個瘋子的心態。20年代最好的一些德國電影則以柔化並更寫實的表現主義呈現出催眠式的怪異與絢麗：包括穆爾諾的《諾斯菲拉圖》（第一部吸血鬼影片）、杜邦的《變化》和朗的《博奕者瑪布斯博士》。

朗自1924年從美國回國後便投身於《大都會》的製作。由於他被紐約市的「龍蛇混雜與混亂的勢力彼此利用，以及生活中永無休止的焦慮」所震驚，因而在本片的未來派城市中，我們可看到道德敗壞的工人在地球內部做工，而無情的老闆們則住在奢華的摩天大樓裏（階級鬥爭最後由毀滅性的洪水所終結）。《大都會》中有著高聳入雲與極富想像力的佈景設計，充滿表現主義意味的光影與線條，以及氣勢磅礡的鏡頭；片中的邪惡資本家密謀做出一個壞蛋機器人以做爲受愛戴之女性勞工領袖的替身。上述特色啓發了整整一代的電影導演。

◀1919（邊欄）▶1933（邊欄）

誕生名人錄

拉爾夫·阿伯那希牧師
美國民權運動家

查克·貝里 美國音樂家
菲德爾·卡斯楚 古巴總統
約翰·科爾特蘭 美國音樂家
邁爾斯·戴維斯 美國音樂家
伊麗莎白二世 英國女王
米歇爾·傅柯 法國哲學家
約翰·福爾斯 英國小說家
艾倫·金斯堡 美國詩人
瓦萊里·季斯卡·德斯汀
法國總統

休·海夫納 美國出版商
伊凡·伊利克 奧裔美籍教育家
瑪麗蓮·夢露 美國演員
瓊·薩瑟蘭 澳大利亞歌手

逝世名人錄

約翰·摩西·勃朗寧
美國發明家

盧瑟·伯班克 美國園藝學家
瑪麗·卡薩特 美國畫家
張謇 中國企業家
埃米爾·庫埃
法國心理治療專家

尤金·德布茲 美國勞工領導人
菲利克斯·多辛斯基 蘇聯官員
羅納德·弗班克 英國作家
安東尼奧·高迪 西班牙建築師
哈里·胡迪尼 美國魔術師
克洛德·莫內 法國畫家
安妮·奧克莉 美國娛樂家
雷納·瑪麗亞·里爾克
德國詩人

愛德華·斯克里普斯
美國出版家

魯道夫·范倫鐵諾
義裔美籍演員

倫敦的士兵慶祝歷史上最大的罷工結束。

「我是隻沒腦子的熊，我討厭太長的單字。」
—— 小熊維尼

1926年新事物

- 灰狗巴士公司
- 普利斯通防凍劑

- 美國國家廣播公司（NBC）
- 好情緒公司
- 迷你高爾夫球（在田納西州的格雷斯蘭旅舍問世）

1926

美國萬花筒

傑利的爵士樂

當傑利・羅爾・莫頓在1926年組織了第一支他稱爲「紅辣椒」的小型樂隊之後，便揭開了音樂史的新頁。這位桀驁不馴的鋼琴師和作曲家是第一個把散拍音樂的改編曲和其家鄉新奧爾良銅管樂隊之即興式慵懶風格結合起來的樂團領隊，結果創造了一種混合音樂，爲爵士樂革新的關鍵。莫頓與其夥伴推出了一系列在20

年代十分暢銷的唱片；時至今日，樂迷仍可透過錄音欣賞其出色的音樂才能。◀1925（6）▶1927（9）

梅隆減稅

財政部長安德魯・梅隆（美國首富之一）以低稅收可刺激經濟增長爲由，成功地說服國會通過大幅降低公司與個人所得稅的法案。1926年的「歲入法」雖然有助於減低一次大戰後的國家赤字，但除了有利於富人外，並未出現梅隆所預期的精確滴入效應。而在減稅中受益的富人則將這筆意外之財投入股市，使之迅速暴漲，後因1929年大崩盤而終結。▶1929（1）

文學

米爾恩的經典小熊

6 當倫敦的《晚報》於1925年聖誕夜刊載了劇作家、偵探小說家和通俗詩人米爾恩的一篇短篇故事後，兒童文學中最著名的角色便問世了。故事主角是一隻奇蹟般被賦與走路和說話能力的絨毛玩具熊，與其小主人克里斯托弗・羅賓（米爾恩的兒子的名字）一起探險。其後維尼在1926年的足本書中再度亮相，同時伴隨著來自克里斯托弗・羅賓房間中的其他動物：有小豬、老虎、依鷚、坎加和魯。《小熊維尼》詼諧、親切與明快的情節使其暢銷於英國和美國。米爾恩在1928年以《維尼角落的屋子》一書使小熊與其夥伴再度與讀者見面，同樣極受歡迎。

　　儘管《小熊維尼》迅速成爲兒童文學的經典之作，但其新維多利亞式的甜美與知性偶爾還是讓現代的鑑賞力覺得生厭。在1963年以文學批評術語進行嘲弄模仿的《維尼難題》一書中，弗雷德里克・克魯斯以他對諸如「《小熊維尼》中英雄主義的等級」和「尋覓失去的維尼」等深奧的「探究」來攻擊米爾恩和現代學院派的書評。然而，例如小說家和兒童文學作家阿里森・盧里等批評家，仍不由自主地對該書的不朽魔力進行分析：盧里認爲，米爾恩「在索賽克斯鄉下的幾畝地中打造出一個同時擁有歷史與傳說的黃金時代，以及童年失落天堂特質的世界；根據心理學家的說法，這兩者在潛意識中經常是合而爲一的。」◀1902（當年之音）▶1957（當年之音）

維尼和小豬漫步走入童年的天堂。

歐本海默和種族隔離的設計者把黑人礦工排斥在高技術的行業之外。

工商業

市場操縱者

7 出生於德國的工業家歐內斯特・歐本海默10年來一直試圖躋身於南非德比爾斯聯合礦業公司的董事會中，該鑽石帝國於1870年代由塞西爾・羅得斯所創辦。1926年7月，歐本海默終於當選董事，並於3年後成爲董事會主席。在其運籌帷幄之下，德比爾斯最後控制了世界上95%的鑽石。他於1957年去世時，已經成爲世界首富之一。

　　歐本海默是個精明的市場操縱者。雖然鑽石早自1867年就已進行開採，南非在1926和1927年仍發現了兩座新的沖積鑽石礦脈；而無限制的過量開採則使價格直線下跌。隨著經濟大恐慌的來臨，少數仍購進鑽石的買主在知道新礦脈發現後乃靜觀其變；整個鑽石市場可謂岌岌可危。

　　歐本海默對此採取雙管齊下的方式：一方面，他囤積了價值1300萬英鎊的鑽石，其後以4000萬英鎊高價賣出，並利用這筆資本陸續建立了銅、鋅和鉛等控股公司；另方面，他限制生產並於30年代初期關閉了德比爾斯的礦場，直到30年代中期才小幅開放生產。（如此可確保對市場的緊密控制並使價格居高不下。）

　　歐本海默並非唯一在1926年進行權力鞏固的人，所有的南非白人都是如此。他們通過「礦山與工廠

> 「在創作的過程中，劇作家是父親，孕育角色的演員是母親，
> 而即將誕生的人物則是小孩。」
>
> —— 康斯坦丁‧斯坦尼斯拉夫斯基，《一個演員的準備》

修正案」，將非洲黑人排拒在具技術性採礦行業之外。◀1902（5）▶1948（1）

尼加拉瓜
桑定的叛亂

8 美國在1926年逐步將對尼加拉瓜的軍事干涉升高為不宣而戰的游擊對抗，乃是外交上的絕大錯誤。這使得美國和拉丁美洲的關係在數十年間始終烏雲密佈；其情勢也直接導致了雷根時代伊朗軍售醜聞案事件的糾葛。

尼加拉瓜到1920年代已成為香蕉共和國的典型：其金融體系、關稅及鐵路都由以美國商業利益為中心的紐約銀行家所操縱。雖然這種安排對北美石油大亨、礦業鉅子和農園的持有者十分有利，但尼加拉瓜內部對於自1912年以來由美國駐軍保護的傀儡總統阿道夫‧迪亞斯有著普遍不滿。當迪亞斯領導的保守黨於1924年選舉中落敗，但美國國務院卻於兩年後恢復其名義上的權力時，尼加拉瓜自由黨便起而進行武裝反抗。而美國則以共產主義

身材高大的卡爾文‧柯立芝從他在古巴的基地，聆聽自附近的尼加拉瓜傳來的槍砲聲。

勢力威脅美國的「投資和商業利益」為由派出海軍陸戰隊。

不到一年之後，自由黨和保守黨就在美國居間協調下達成維持現狀的和平。但有一名叫奧古斯托‧凱撒‧桑定的自由黨年輕將領聲稱自由黨和保守黨領袖是「一夥流氓、懦夫與叛國者，根本沒有能力領導英勇而愛國的人民」，並拒絕放棄戰鬥。桑定把自己比為喬治‧華盛頓，帶領一支由下層人民組成

的叛軍進入尼加拉瓜北部山區，並發動一場旨在結束美國干涉的游擊戰。貓捉老鼠的遊戲隨即展開，而狡詐的桑定則使6千名美國海軍陸戰隊陷入鄉間的追蹤戰中。他雖然未在主要戰役獲勝，但的確贏得了一大部分尼加拉瓜人民的支持和欽佩。在美國佔領軍撤退的一個月後，桑定於1933年2月與迪亞斯的民選繼任者簽訂了和平條約。一年之後，尼加拉瓜國民衛隊綁架並殺害了桑定；但其鬥志仍由桑定陣線的追隨者繼續下去。◀1913（4）▶1934（邊欄）

英國
自治領的定義

9 由於全球大戰導致了世界局勢的徹底轉變，為確定帝國的功能，英國政府於1926年在倫敦召開了帝國會議。此時，以溫順衛星國圍繞英國及其君主的大英帝國舊觀念，早已失去了維多利亞時期的熠熠光輝。母國及其新成員間如何互相防禦是個迫切的問題，但癥結在於如何協調包括澳大利亞、加拿大、愛爾蘭、南非、紐西蘭和紐芬蘭在內各自治領的內政自主權，及其在外交事務上的從屬性。

1926年對自治領的定義是：「大英帝國內的自治群體；儘管共同效忠於英王並自由結合為大英國協成員，但彼此地位平等，且在內政與外交事務的所有方面互不從屬。」▶1949（9）

戲劇
「體驗派表演法」之父

10 偉大的俄羅斯戲劇導演和理論家康斯坦丁‧斯坦尼斯拉夫斯基在1926年發表了《一個演員的準備》一書，首

次以寫作來解釋了改變20世紀表演藝術的技術。這種之後被稱為「斯坦尼斯拉夫斯基體驗派表演法」（簡稱「體驗派表演法」）的技術於1898年首度被援引；在斯坦尼斯拉夫斯基同年創辦的莫斯科藝術劇團中演出安東‧契訶夫的劇作《海鷗》。與當時裝腔作勢與朗誦式語調的演技比起來，戲迷看到了極精簡的心理真實面。（而劇作家自己也因十分滿意而改變了先前想放棄寫作的決定。）

斯坦尼斯拉夫斯基一直認為，演員的終極目標應是在舞台上成為一個活生生的人，必須擁有複雜的心理和精神生活。而他最令學生害怕的斥責是：「我不相信你。」

當莫斯科藝術劇團於1922年至1924年間在歐洲與美國進行巡迴演出期間，斯坦尼斯拉夫斯基的表演法便開始風行世界各地，尤其是美國。劇團的3個成員留在紐約傳授技藝；他們的學生於1931年創辦了同仁劇團，而後在1947年創辦了著名的演員工作室。在李‧斯特拉斯伯格的指導下，演員工作室培訓出了一些本世紀後半葉最為傑出的戲劇和影視演員。◀1904（2）▶1947（13）

往昔的宗教

「世界上最美麗的福音傳播者」艾米‧塞普‧麥克弗森在5月份於洛杉磯遭綁架後，轟動全國。在洛杉磯由其忠實追隨者捐造、造價150萬美元且能容納5千人的天使堂中，麥克弗森擁有眾多的信徒。穿上舞臺式服裝並伴以百老匯式歌舞演出的「四方福音團」，在被得知所謂「綁架」乃是與已婚情人祕密幽會時，受到嚴重打擊。▶1950（12）

偉大的冷面笑匠

巴斯特‧基頓在1926年以《將軍》一片開始其傳奇的一生，一般認為該部喜劇是其代表作。身為雜耍演員之子，從6歲起就精於表演鬧劇的基頓乃是在舞台上成長的。（走江湖賣膏藥的夥伴哈里‧胡迪尼在基頓6個月大時從樓梯摔下被救活後，送給他一個「跌跤」的綽號。）由於其驚人的特技、面無表情的舉止，以及無人能及的時間掌握，基頓成為堪與卓別林媲美的默片時代巨星與電影史上少見的喜劇天才。◀1923（邊欄）▶1936（9）

特魯迪的勝利

在運動的黃金時代裏，她是最偉大的英雄之一：葛特露‧「特魯迪」‧埃德勒在1926年成為游泳橫渡英吉利海峽的第一位女性。這位美國奧運選手以14小時31分完成這段50公里長的泳程，比前一個（當然）由男性所保持的紀錄整整縮短了兩小時。強健、敏捷且意志堅強的埃德勒曾是29項全國與世界的游泳紀錄保持者。◀1920（6）

帝國會議絞盡腦汁作出反映戰後世界局勢的解決辦法。

美國政治與經濟 國民生產毛額：970億美元；美國慶祝獨立150週年；私酒一年淨賺35億美元；美最高法院規定：總統可在無須參議院同意下免除行政人員職務；美國林業部劃定5500萬英畝的自然保護區；《商業航空法》為航空公司及機場提供聯邦資金援助。

「親愛的寶貝，請不要悲傷。我將躺在深愛的父母身邊，等妳到來。」

—— 胡迪尼於去世前幾天寫給妻子的信

環球浮世繪

克里斯特羅叛亂

墨西哥總統普盧塔科‧埃利亞斯‧卡耶斯因執行1917年革命憲法中的反教條款，在1926年引發一場宗教動亂。卡耶斯關閉天主教學校、神學院和修道院，強迫神職者登記，並將教會財產國有化；被稱為「克里斯特羅」憤怒信徒乃揭竿而起，但政府在1928年敉平了血腥的叛亂。
◀1920（邊欄） ▶1934（2）

世紀之戰

曾拿下6次溫布頓冠軍的法國選手蘇珊娜‧列格朗（下圖）在坎城與年輕的美國單打冠軍海倫‧威爾展開環球「世紀之戰」。巔峰期的列格朗贏得這場比賽。

其後成為職業選手（第一位由業餘轉職業網球選手）。至於因極嚴肅而被稱為「小撲克臉小姐」的威爾則繼續邁向本時代最偉大冠軍之路。◀1920（邊欄）
▶1938（邊欄）

自由放任

劍橋大學教授約翰‧梅納德‧凱因斯在1926年出版了《自由放任的終結》一書。其中政府干預市場的主張成為經濟大恐慌時期復甦經濟的國際模式；此後該理論更進一步發展，尤其是在1936年出版的《就業、利息和貨幣一般理論》一書中。
◀1919（1）▶1946（4）

最傑出的創造者

俄羅斯前衛畫家卡西米爾‧馬列維奇在1926年論文《非客觀的世界》中敘述絕對主義的理論基礎；此運動由他在1913年發起。他的畫由精確優雅的直線和幾何圖形構成；和康丁斯基類似，但不同於好友弗拉迪米爾‧塔特林（結構主義的創立者）。他是個神祕主義者，相信在藝術中有「純粹感覺的絕對性」。
◀1910（6）▶1950（4）

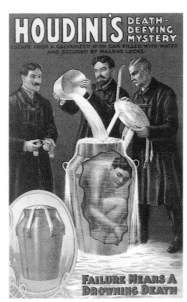

生於布達佩斯的胡迪尼能逃脫一切，除了死亡。

大眾文化

偉大的逃脫大師

⑪ 雖然與讀心者、通靈人和其他靈媒中的假內行對抗過，哈里‧胡迪尼仍承諾其妻子在死後會設法與她保持聯繫。於是當她的丈夫在1926年萬聖節夜裡去世後，貝絲‧胡迪尼懸賞1萬美元給第一個能指出她和丈夫約定的祕密暗語的通靈人；結果沒有人去領賞。

胡迪尼是逃脫術大師、變戲法專家和魔術師，更是一位從不信奉超自然力量的演員；他認為只需力氣、機智和驚人的本事就可以破解鎖匙背後的機關與大魔術師的祕密。他那從鐐銬、囚室，和從扔在深水中鐵鍊纏繞的棺材裏挑戰死亡的逃脫術迷惑了無數觀眾；就算把他倒吊在23公尺高的空中，他也能從緊身衣中成功脫身。胡迪尼似乎天下無敵，直到某天一個年輕人趁其不備在他堅如磐石的腹部猛搗幾拳為止。這意外的打擊使其盲腸破裂，但是他仍拖了許多天都沒進行治療。

胡迪尼最後的戲法是安排他自己的葬禮。他在紐約麋鹿俱樂部的保險櫃裏留了一封信，囑咐只有在他死後才能開啟；信裏指示把他埋在他的母親塞西莉亞旁邊，並且將他母親寫的信放在他的頭下。
◀1902（12）

波蘭

畢蘇斯基再度掌權

⑫ 當約瑟夫‧畢蘇斯基在1926年5月發動政變後，許多波蘭人滿懷感激地歡迎他捲土重來。畢竟曾於1890年代為波蘭獨立而奮鬥，並在一次大戰中指揮波蘭軍隊的畢蘇斯基不但是波蘭國父，並於德國戰敗後成為波蘭新政府的總統。1923年引退後，畢蘇斯基這位非馬克斯派的社會主義者目睹其國家每次歷經經濟急遽惡化時，就在右左派政府間擺盪。

由於對政局不穩深惡痛絕（僅在4年內便更換了14次內閣），對政府的保守主義也深感失望，再加上對自己的號召力深具信心，畢蘇斯基乃召集意氣相投的部隊開進華沙。在幾天的巷戰後，他建立了一個延續10年的非正統獨裁政權。

畢蘇斯基拒絕就任總統，只以國防部長身分進行幕後統治。他並不推行一黨專制，而是與政府組織無黨派合作集團，並結合左派政黨以控制議會多數。一開始少有政治壓迫，而技術專家對工業和基礎設施的重建也為波蘭帶來繁榮。但1930年的經濟大恐慌引發了政治動盪，於是當局拘捕了數以千計的反對黨成員。

儘管如此，政黨並未被解散；因為畢蘇斯基不像希特勒和史達林

蘇聯於1920年的反畢蘇斯基海報，當時波蘭人正與紅軍作戰。

是徹底的極權主義者。他在1934年與德俄簽訂互不侵犯協定，希望藉此保全他長期為之奮鬥的獨立。不過他在次年就去世了，而波蘭再度於1939年陷於侵略者的鐵蹄之下。
▶1939（1）

外交

流放者的歸來

⑬ 1926年9月，亦即挺進巴黎的德軍受阻於馬恩河整整12年後，國際外交社會重新接納德國。當該國在去年秋天於瑞士洛迦諾與歐洲其他國家簽訂了互保條約後，這曾為人所摒棄的國家便開始了加入國際聯盟的過程。因為德國必須加入國聯，上述條約才能生效，這也就意味著它必須被其他成員國接受。

作為世界強國之一，德國要求成為國際聯盟統治機構（理事會）

法國總理兼外長阿里斯蒂德‧白里安在國聯演說。

的常任理事國。在此之前常任理事國只有英國、法國、義大利和日本；有一席保留給美國，如果它加入的話（可是它沒有）；另一席則留給蘇聯（它於1934年加入）。但西班牙、波蘭和巴西則堅持新增加的常任理事國應該是他們。

巴西在要求遭拒後完全退出了國聯；而西班牙也隨之跟進（但不久又重新加入）。至於波蘭則放棄了它的要求。最後國聯大會一致同意接納德國。由於國聯試圖限制德日增長中的軍國主義，7年後兩國在抗議下宣佈退出。◀1920（1）
▶1929（12）

讓開些，瑪丹娜

摘自《性》，梅·韋斯特作於1926年

在一本名為《性》的書籍為其作者帶來轟動的66年前，一齣同名劇作使梅·威斯特同樣名聲大噪。雖然演了25年的雜耍與低級歌舞表演，韋斯特從未成為舞台和銀幕上的大明星，直到1926年的一齣喜劇（筆名為珍·馬斯特）才使其以色情文學家而出名。《性》是一名粗魯但世故的蒙特婁妓女，瑪姬·拉蒙特的歷險記（韋斯特以其典型之自我嘲諷與滿口粗話風格親自演出），其中充斥著性暗示與逼真的動作。該劇在紐約上演

了375場後，因被控不道德而遭到警方禁演；韋斯特及其經紀人和製作人則被拘禁10天。

在下面的這場戲中（全劇最惡名昭著的場景之一），瑪姬和想娶她的英國海軍上尉葛雷格進行了語帶雙關的對話。在說出台詞「你得小心別把它弄彎了」後，扮演葛雷格的演員在把手伸進口袋並掏出一根駝鳥羽毛之前，做了一個被批評家稱為「表現某種解剖學技巧之拉伯雷風格的姿勢」。▶1982（8）

葛雷格：噢，我要給妳樣東西，不過等等，先看這個。

瑪姬：嗯，快拿出來看吧。

葛雷格：你會得到的，你會得到的。我可以告訴妳，為了把它留給妳還真不好受。唉，所有的女人都為了它而爭得頭破血流。

瑪姬：這東西可真好啊。

葛雷格：當然好啦，放心吧。它肯定是妳可得到中最好的，但你得小心別把它弄彎了。

瑪姬：好漂亮的鳥，好漂亮的鳥。你怎麼知道我想要？

葛雷格：噢，我知道妳那小小的缺點。

瑪姬：你知道得太多了。在哪兒搞到的，親愛的？

葛雷格：在遙遠的南方。

瑪姬：我要是戴上這個，那幫女人還不氣瘋了嗎……

葛雷格：現在妳高興就好了，管它會惹什麼麻煩……

瑪姬：我討厭死這個鎮了，什麼都討厭。見鬼去吧。

葛雷格：噢，是指那個紳士朋友嗎？

瑪姬：紳士？才怪呢。你是頭一個這麼叫他的。

葛雷格：噢，當然了，我從沒見過他。你怎麼不甩了這傢伙？離開他然後到外頭旅行一陣子，妳很快就會忘記他了。小妞兒，信不信我就這樣忘掉他媽的一大堆人……

瑪姬：我倒願意去地獄玩一趟，要是能弄到回程票的話。

體態豐滿肉感的梅·威斯特（左圖；上圖與同案被告伯利·奧尼爾在一起）與20年代時髦且男孩子氣摩登女郎正好相反。她對性行為之幽默而不同流俗的頌讚可謂走在時代前端。

「我看到一隊漁船……我低飛到幾乎碰到他們的桅桿，然後向他們叫喊問道，我是否在飛往愛爾蘭的正確航線上……一小時後我看到了陸地。」
　　　　　　　　　　　　　　　　　　　　── 林白從紐約獨自飛抵巴黎之後說

年度焦點

林白飛越大西洋

1 查爾斯·林白既不是駕機飛越大西洋的第一人，也未首創不著陸飛行記錄（兩項成績都已在1919年實現），但他是獨自駕機不著陸飛越大西洋的第一人。停戰協議簽定後的歲月裏，一直沒有什麼大事發生，因此他的大膽嘗試引起了全世界的矚目。

1927年5月20日上午7點54分，林白從紐約長島的羅斯福機場起飛。33小時30分後，當林白降落在巴黎的布爾傑機場時，10萬名興高采烈的群眾正恭候他的到來。想得到紀念品的人群幾乎把他的「聖路易精神號」飛機撕成碎片。6月，400萬紐約人舉行盛大遊行歡迎他凱旋返鄉。新聞界把這位26歲的中西部人比作新哥倫布──一個與他的雄心很相稱的形象。因為林白立志要把人類推進到一個新的時代──跨洋飛行的時代。

在聖路易與芝加哥間的航空郵遞航線上飛行時，林白就已經有這個打算。「想一想能夠隨心所欲地從地球上起飛，」他後來寫道，「在這個半球或那個半球著陸，那該有多好！」當他得知有個法國出生，後來移居紐約的旅店老闆，為紐約到巴黎間不著陸飛行設立2萬5千美元獎金時，林白決定一試身手。得到聖路易商人的資助後，他四處尋找製造商，以製造一架符合他要求的飛機。有幾家廠商認為他是逞英雄而加以拒絕，最後終於有加州的瑞安航空公司同意為他製造飛機。

人們叫他「幸運的」林白，但技藝和意志才是他的護身符。

「精神號」是匆忙趕製的，因為包括北極探險家理查·伯德等其他飛行員，也在5月份參加了獎金的角逐。但只有林白打算獨自飛行，因此新聞界對他格外關注。在這次彪炳史冊的航行前夕，他輾轉反側，夜不能寐。等到開始這次長達5816公里的飛行時，他已精疲力竭了。他努力保持清醒，熬過了一個小時又一個小時。暴風、濃霧加上飛機性能不穩（因節省重量和空間所作的修改引起）使他的任務更加艱鉅。

後來，林白成了名揚四海的英雄，向國王、銀行家及任何願意聆聽的人，倡導海外商業航行。他和妻子安妮·莫羅一起進行勘測飛行，開闢了使用至今的航線。1935年，泛美航空公司開始提供跨太平洋的客運服務，林白的夢想終於實現。◀1909（當年之音）▶1929（6）

在上海，這些士兵雖已做好開火準備，但大砲仍寂靜無聲。

中國

蔣介石掌權

2 1927年3月，蔣介石將軍和他的國民革命軍昂首闊步開進了中國的工商業中心──上海。由於事前中國共產黨（CCP）組織的罷工，已經使城市陷於癱瘓，因此國民革命軍未遇到任何抵抗，不發一槍一彈即佔領了上海。蔣介石的軍隊──中國共產黨和中國資產階級革命政黨國民黨合作的產物──控制了全國大部分的地區。內戰看起來像是結束了，共產黨獲得極高的聲望。只有軍閥張作霖控制之下的滿洲還在蔣介石的影響範圍之外。

在莫斯科，與托洛斯基爭奪布爾什維克領導權而展開一場苦戰的史達林為此欣喜若狂。中國共產黨在內戰中的勝利被認為是史達林的勝利，全球人口最多的國家眼看就要到手。但蔣另有打算，佔領上海之後，他採取了各種行動：迅速調動他的軍隊來反對工會、整肅國民黨中的共產黨人、將共產黨視為非法，建立國民政府並自任總統。共產黨被驅逐，蔣介石一個人執掌了大權。

遭到嘲弄的莫斯科，與蔣介石的反共政權斷絕了外交關係，在中國的第三國際代表逃回俄國。蔣介石將軍重新把矛頭對準張作霖──他統一中國夢想的最後一塊絆腳石。在1928年前夕，這個軍閥被刺身亡，他的兒子繼承了事業並與蔣議和，國民黨完成了中國的統一。

◀1921（6）▶1929（14）

科學

勒梅特的宇宙

3 雖然喬治·勒梅特的思想改變了現代宇宙起源論，但直到1927年這位比利時的天主教牧師兼物理教師在科學界仍然藉藉無名。在該年的物理學會議上，勒梅特與愛因斯坦進行了接觸，但愛因斯坦告訴他「你的計算正確，但你的物理學卻是拙劣的。」然而不出3年，物理學界發生了翻天覆地的變化：在加州威爾遜山天文台的另一次會議上，愛因斯坦聽了勒梅特的報告之後，馬上跳起來宣佈：「這是我所聽過對萬物最優美、最令人滿意的詮釋。」

這個突破就是勒梅特的宇宙擴張理論，亦即日後眾所周知的「大霹靂理論」。稍早，一位名叫亞歷山大·弗里德曼的俄國數學家，提出了一個與愛因斯坦及其他科學家

宇宙的誕生，根據勒梅特的推測。

所用的靜態模型相悖的宇宙動態模型，但他的論點幾乎是純數學的。勒梅特靠著自己的獨立研究，把物理學及天文學的最新發現融入自己的理論中。他倡言，既有證據顯示各星系正在互相飛離，那麼必有一個時期，它們全都集中於他稱為「古原子」的一點。這種物質和能量的高度集中可能導致了一次大爆炸，碎片四散並使宇宙開始了擴張的進程。

然而，「大霹靂」理論還有一個問題尚未解答：會不會有一天宇宙再次塌陷而成為另一場大爆炸的前奏？對此勒梅特也不能確定。幾

藝術與文化　　**書籍：**《聖路易·萊之橋》桑頓·懷爾德；《荒野之狼》赫曼·赫塞；《到燈塔去》維吉尼亞·吳爾芙；《死神來迎接天主教威拉·凱瑟；《美國》法蘭茲·卡夫卡；《艾爾摩跨線橋》辛克萊·劉易斯；《根源嶺的財寶》特拉文　　**音樂：**《我和我的影子》喬爾森、德雷爾、羅斯；《我在尋找幸運草》伍茲、狄克遜；

「在思想的領域裏，不能證實任何事物，但思考卻能指出許多事情。」
　　　　　　　　　　　　　　　　　　　　—— 海德格

年後，他寫道：宇宙在某個時候，方向逆轉而開始收縮是有可能的。但他又補充說：「很有可能宇宙的擴張已超過它的平衡半徑，因此不會有再一次收縮，」倘若如此，則「恆星將變冷，星雲將後退，原燃燒物的餘燼和煙塵將會冷卻飄散。」▶1929（9）

思想
思想家

4 在《存在與時間》一書中，曾經是耶穌會見習修士的馬丁·海德格提出一種探求存在本質的新方法。這本有系統、有創見的書出版於1927年，它摒棄了理性人與其所處無感知世界之間傳統的二分法，而把人看作非物質世界的積極參與者。

這本巨著儘管深奧得幾乎無法讀懂，但仍被視爲哲學上的重大貢獻。他的方法論（主要是對思考的挑戰）成爲20世紀完美的無神論哲學的基石。

海德格受到齊克果和尼采兩位哲人的影響，但他那種混合了希臘語、德語、新創詞彙以及奇異語源學而更爲深奧的文體，卻是他所獨有的。海德格寫《存在與時間》時是夫來堡大學的教授，後來他加入納粹黨，希特勒崛起掌權期間，他是夫來堡大學的校長。他在1934年退休，並在戰後宣佈與納粹主義斷絕關係。在晚期著作中，海德格探討了工業社會以及現代生活中人性的淪喪。
◀1910（4）　▶1943（10）

電影
默片的結束

5 「等一下！等一下！你什麼都還沒聽到！」阿爾·喬爾森在1927年的影片《爵士歌王》中說出這句台詞後，電影永遠改變了，默片成了歷史，有聲片的時代

《爵士歌王》的純表現主義海報並未提及對話。

開始了。《爵士歌王》幾乎馬上就被稱爲是「第一部有聲片」，但是這一種說法並不完全正確而且有待斟酌。

當然，對於那些力求正確的人會說電影從來都不是無聲的。在劇院裏，現場音樂早就與無聲片的放映同步進行。而且從19世紀90年代以來，已經嘗試了各種聯繫畫面與錄音的系統，並在短片中有了相當的成功。到20世紀20年代，大多數技術性問題都已解決——貝爾實驗室改進了唱片留聲系統，把攝影機與留聲機唱片結合起來；個人發明家開發了多種膠片留聲系統，使得聲波能夠轉錄到幻燈式影片上。對於貝爾裝置，首先有華納公司，其後有好萊塢一家新成立的攝

影棚相繼採用。這個被命名爲維他風的系統被應用在1926年的《唐璜》，該片中有紐約愛樂交響樂團的音樂。但是影片中的對話仍然未列入計畫74。

華納公司決定根據《爵士歌王》這個成功的劇本，製作一部維他風電影。該片講述一個猶太人唱詩班領唱的兒子，必須選擇在猶太教堂或在百老匯演唱的故事。他們打算繼續用默片講述故事，影片中僅有歌曲的聲音。但扮演主角的演員阿爾·喬爾森（後來成爲美國最走紅的明星），在兩個場景中臨時穿插了對話。當《爵士歌王》12月6日在紐約首次公演時，觀眾們欣喜若狂。電影從此便有了聲音。
◀1922（8）　▶1927（邊欄）

1927

「上帝狡猾聰明，但他不會惡意傷人。」

—— 阿爾伯特・愛因斯坦如此評論海森堡的測不準原理

1927年的新事物

- 正餐蛋糕
- 自動唱片機
- wonder麵包
- 博登的均質牛奶
- 格柏嬰兒食品
- 自動交通號誌燈（在倫敦）
- 富豪汽車

美國萬花筒

性感女郎

在1927年同名電影巨片放映之後，被稱爲性感女郎的克拉拉・鮑樹立了摩登女郎的形像：短短的蓬髮、瘦削的臀部、豐滿的嘴唇、長長的珍珠項鍊、風流韻事不斷。婦女在鮑的身上瞥見了女性解放的可能，而男人則瞥見了

她的玉腿。身爲爵士時代的默片巨星，鮑卻在有聲片中每下愈況（她的布魯克林口音無助於她的事業），到1933年，她退出影壇。◀ 1921（當年之音）

第一次遠洋通話

越洋電話服務開始於《紐約時報》的出版商和《倫敦泰晤士報》主編在1月份進行的跨越3千海浬的對話，3分鐘的談話花了75美元。◀ 1915（7）

福特推出A型車

到1927年，福特也不得不承認曾經獨佔鰲頭19年之久的T型車已過時了。爲了和那些更新的汽車製造商競爭，福特關閉工廠5個月，進行設備更新，然後推出A型車。這種新型車只比老式的T型車稍有改進，因此銷售狀況如故。福特在汽車工業中的領導地位江河日下。◀ 1908（1）

科學

海森堡原理

6 1927年，德國優秀的青年物理學家維爾納・海森堡發表了物理學中最著名的概念之一。這個理論是在1月份一個寒冷的夜晚所形成的。當時海森堡正在哥本哈根一個花園裏散步，試圖解決一個被現代理論物理學家視爲雞生蛋、蛋生雞

的問題：如果一個數學公式正確地預測了某個次原子微粒的運動，那麼是公式本身正確無誤或者它只是湊巧命中而已？突然，海森堡記起了愛因斯坦說過的話：「理論決定被觀測的一切。」

不久，海森堡發表了一篇題爲《運動與機械關係的量子理論解釋》（簡稱「測不準」原理）的論文。文中，海森堡提出一種正式途徑，使物理學家接受次原子世界（一個牛頓的經典物理學無法解釋的世界）的基本不可知性。海森堡用測不準原理證明了科學想測定次原子微粒的位置而不影響微粒的速度，是不可能的。換句話說，同時測量位置和速度是不可能的。

顯然，這個原理在物理學的內外都有極大的哲學含義。如果觀測者始終是被測程序的一部分，那麼人們長久以來所謂的客觀性就不再正確。任何觀測者，例如研究另一文化的田野考察人類學家，或報導一場火災的名新聞記者，都必須意識到他的在場，已經成了故事的一部分。

如果海森堡的理論對舊有的客觀性觀念提出質疑，那麼對舊有的眞理觀念也是如此。海森堡覺得今後物理學應該界定在「認知間關係的形式描述」的範圍之內，並且放棄探究可解釋認知的眞理。雖然，測不準原理深深地困擾著愛因斯坦（他花了多年時間試圖證明海森堡是錯的），但大多數物理學家都稱讚它是一次理論上的大突破。

◀ 1925（7）▶ 1930（14）

醫學

X射線（X光）引發突變

7 1927年，赫爾曼・約瑟夫・穆勒將他有關X射線和紫外線能引發遺傳變異（即突變）的發現公諸於世後，科學家就能自己製造突變而不再坐等它自然產生了。穆勒和其他遺傳學家用人工製造的突變，來觀測基因在染色體中怎樣直線排列以及在兩性生殖中怎樣交雜（或重新組合）。

穆勒有先見之明地指出基因必定是細胞其餘成份的製造者。他的推理建立在基因不同於別的細胞成份，它能再造自身的變異這個事實之上。他還主張生命起源於自我更新的分子，或他認爲類似「病毒」的「裸基因」。

由於信仰社會主義，穆勒於1933年從美國移居到蘇聯，希望在那兒繼續他的研究。但是一直到史達林去世爲止，反對「孟德爾」基因學並且在政治上位高權重的農學家特羅菲姆・丹尼索維奇・李森科始終控制蘇聯的基因學。李森科相信父母透過習慣、疾病與環境影響而獲得的特質，將會遺傳到子女的身上，這也就阻礙了穆勒的進一步研究。

由於急欲離開蘇聯，因此在1937年時穆勒自告奮勇地參加了西班牙內戰。他越來越擔憂突變可能在人類的基因中累積，並將影響其後代。因此在回到美國後，他呼籲社會大眾注意輻射與工業製程的危險。穆勒同樣熱心於深具潛力的優生學或「遺傳改良」——這可能招致「納粹的得意計畫之一」的污名。穆勒的目標是有意識地引導人類進化。爲達此目標，他提出頗具爭議性的主張，即把特別健康者或天才的精液冷凍並保存起來，以此繁衍優良的後代。◀ 1909（12）▶ 1934（18）

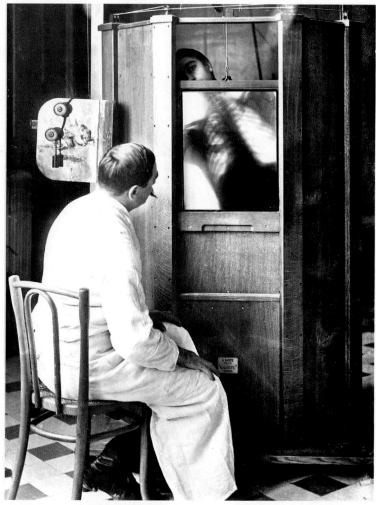

早期放射線專家不知道他們的機器會引發突變。

體育 棒球：世界大賽，紐約洋基隊以4勝0負擊敗匹茲堡海盜隊；貝比・魯斯一個球季創60支全壘打的成績（此記錄保持了34年）　　美式足球：NFL組織了12支球隊

高爾夫球：沃爾特・哈根贏得美國職業高爾夫協會四連冠　　游泳：強尼・韋斯摩勒創造新紀錄，51秒游完100碼　　西洋棋：亞歷山大・阿勒欽擊敗何塞・卡帕布蘭卡，獲得國際西洋棋冠軍。

「在布景被抬到倉庫裏放置後，那些絮聒的老頭會喋喋不休地談論25年之久的劃時代作品之一。」

——《紐約時報》評論家布魯克斯·阿特金森如此評論《畫舫璇宮》

戲劇
密西西比河上的歌舞劇

8 戲劇藝術學者邁爾斯·克羅伊格評論說：「美國歌舞劇的歷史可分爲兩個時期：《畫舫璇宮》之前和《畫舫璇宮》之後。」1927年12月27日，由傑羅米·克恩與奧斯卡·哈默斯坦根據埃德納·費伯的小說改編而成的《畫舫璇宮》首次公演前，百老匯的歌舞劇仍不脫男孩女孩邂逅的不用大腦的愉快故事、上流社會的勾心鬥角及賞心悅目但不切題的歌舞等。很明顯地，《畫舫璇宮》與眾不同。

本劇在一段獨特的序曲之後開場。它不是傳統中一排高踢腿的女孩們合唱，而是以黑人河岸裝卸工的合唱，憤怒地控訴「黑人都在密西西比河上做工，黑人都在做工，白人卻在玩樂。」《畫舫璇宮》記述了密西西比河一個水上劇場從19世紀80年代後期到1927年的歷史，平實地處理了種族主義、異族通婚、婚姻失敗、酗酒、賭博以及美國白人對黑人音樂所積欠的文化債務。克恩與哈默斯坦把通俗鬧劇、高尚戲劇、喜劇、爵士樂、黑人靈歌、藍調和輕歌劇巧妙地融匯在一起，展現了美國社會和演藝事業的歷史全貌。哈默斯坦的對話與抒情詩中的每一個字眼，以及克恩音樂中的每一個音符，都推動了劇情的發展、表現了人物的性格。

這一回，創舉得到了回報，《畫舫璇宮》獲得極大的成功。其總樂譜創造了不計其數的流行樂曲：《情不自禁地愛上那個男人》、《比爾》（二曲都由著名的女歌手海倫·摩根演唱）、《僞裝》、《邪惡舞台上的生活》、《你是愛神》，還有一直是歌劇經典曲目的《老人河》（由朱爾·布萊索在紐約演唱，後來傳奇般地由保羅·羅伯遜於1928年在倫敦的演出中演唱）。

《畫舫璇宮》雖然很成功，但它只是一個特例。它的經驗要到好幾年後才被後來的「成人」歌舞劇所吸收，如蓋許文的《乞丐與蕩婦》、羅傑斯與哈特的《好朋友宙

美國歌舞劇隨著《畫舫璇宮》跨入了新的時代。

伊》和《俄克拉荷馬！》、《狂歡宴會》、《南太平洋》以及《國王與我》等（這些都是羅傑斯與哈默斯坦的作品）。◀1904（邊欄）▶1943（11）

音樂
頭號夜總會

9 樂團領隊、作曲家兼鋼琴家的艾靈頓「公爵」把棉花俱樂部變成了爵士樂的首都，而在爵士時代，那就等於是世界的中心。1927年12月，這位黑人音樂的首席改革家首度與他的樂團在哈林夜總會開始連續3年的演出。艾林頓與一幫即興表演的大師共同創作了複雜的樂曲，他們用一些不尋常的樂器（包括單簧管等冷門的樂器與人聲）創造出華麗的樂章與多變的風格。雖然他的「叢林之音」名過其實，但是他運用原始人的概念，頗有畢卡索般的智慧。

如同艾靈頓的音樂般，棉花俱樂部用一些低劣的玩意兒，更增添它的迷人魅力。這個裝飾豪華的夜總會由混混管理，他們恐嚇同行對手，要他們「慷慨一點——不然必死無疑」，而使藝術家解除與其對手原先的契約。這個裝潢帶著熱帶風格的夜總會以肉排、龍蝦以及偶爾的火拼聞名，另外，它那皮膚光潔的美女合唱團遠近馳名，以致於白人婦女也想加入。雖然它雇用黑

人表演和服務，並且座落在美國最大的黑人區中心，但是俱樂部的主顧都是白人，管理階層也是由白人一手包攬。

在艾靈頓「公爵」帶領下，樂團由領隊和歌手卡布·卡洛韋領銜，在哈林區著名的棉花俱樂部演出。

由於禁酒令的執行並不嚴格和美國黑人文化風行一時的影響，全國各地的白人都到黑人區去尋歡作樂。（當然哈林文藝復興也是一個重要原因。）雖然黑人區夜總會的顧客三教九流，但是越來越多的夜總會只對白人做生意。對於喜愛冒險的白種人——不管是盜匪、知識分子、農場遊客還是歐洲皇族——來說，到棉花俱樂部一遊等於是一趟難忘的朝聖之旅。而對黑人來說，能夠到那些知名度較低的場所就已經算是不錯了。◀1921（9）▶1934（10）

「長時間計數」的回合
15萬名聲嘶力竭的觀眾，於9月22日擠在芝加哥的「戰士體育場」觀看世界冠軍吉恩·滕尼（下圖）和被他擊敗的傑克·登普西之間的較量。滕尼在10回合

賽的第7回合中，被瘋狂進攻的登普西擊倒在地，但是由於登普西沒能退到中立角，因此滕尼獲得喘息的機會。過了3至5秒後，裁判才開始按傳統計數，滕尼在數到9時站了起來，並在最後贏得了這場臭名昭彰的「長時間計數之役」的勝利。◀1920（6）▶1937（9）

一對笑星
英國出生而且曾經模仿查理·卓別林的斯坦·勞萊（亞瑟·史坦利·傑斐遜）與美國雜要演員奧立佛·哈台在1927年合作演出《給菲利普穿褲子》（下圖），

是這對搭檔近90部喜劇中的第一部。「勞萊先生」瘦弱、溫順，而「哈台先生」肥胖、高傲。他們透過劇中人物極端愚蠢的行為，把最簡單乏味的境況升級為十足的大災難，創造廣泛而歷久不衰的喜劇。▶1945（當年之音）

「敖得薩是一個傷心小鎮。每個人都知道他們對俄語作了什麼……
但不管怎樣，此地仍是如此趣味盎然。」

—— 巴別爾，《敖得薩的故事》

環球浮世繪

吉爾庫克發現石油

鑽井工人在伊拉克吉爾庫克附近的沙漠鑽探出石油之後，原油在10月時控制不住地噴洩了10天。法、英、美和伊拉克的聯合工程公司每天可開探出原油8萬桶之多。因為所鑽探到的藏油最為豐富，吉爾庫克成了中東石油貿易的中心。◀ 1909（5）▶1960（邊欄）

前哥倫布時期之謎

祕魯一名飛行員在飛越南部的不毛之地時發現高地的沙漠上刻有奇怪的圖案。這些神祕的納斯卡

線畫繪於印加文化之前，描繪著長數百英尺的動物、爬蟲和幾何圖形。但是這些圖案到底是什麼時候、為什麼和由誰所繪製的仍不得而知。◀ 1911（4）

英國與蘇聯斷交

英國稱其與蘇聯政府的關係為「虛情假意」，而於1927年與莫斯科斷交。「我們的容忍已到了再繼續下去就會成為軟弱和欺詐的地步。」英國外交大臣奧斯汀·張伯倫在解釋驅逐蘇聯官員的原因時說。英國的行動預示冷戰已為時不遠。▶1939（3）

奧地利暴亂

7月份，當陪審團宣告在社會黨人與準法西斯民團衝突中，殺死一名老人和一個兒童的3名右派分子無罪時，維也納人憤怒了。群眾的示威變成暴動，左派分子佔領了維也納大學（納粹主義的溫床）並焚燬司法部，近100人被警察打死。持續4天的總罷工過後，維也納回復了平靜，但獨裁統治的舞台已經就緒。▶1931（1）

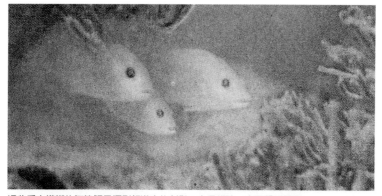

這些看來模糊的灰笛鯛是攝影報導中的創舉，也是雜誌一流品質的明證。

科技

水下照相技術

🔟 世界上第一張水下彩色照片於1927年發表，它奠定了《國家地理雜誌》在攝影雜誌界中的地位。在編輯吉爾伯特·格羅夫納領導下，這份雜誌從枯燥的科學刊物，茁壯為「登載大千世界中鮮活真相」的刊物。透過簡明的敘述與突破的攝影技術，格羅夫納把阿根廷大草原上的牧人和北極圈內的白熊帶進了讀者的生活中。1903年，他採用一張半裸菲律賓工人的照片，震驚了大眾；1906年，74張夜間拍攝的野生動物照片，導致兩名雜誌的董事會成員怒斥其為「圖畫書」，並忿而辭職。格羅夫納深知讀者的獵奇心理，並用攝影來滿足它。

水下照片是他最絕妙的一招，編輯部的攝影師查爾斯·馬丁和科學家朗利設計了水下攝影裝置，再

加上鎂粉，締造了這一輝煌的事蹟。當時，萊卡照相機（使攝影家擺脫沉重的照相機與蹩腳的三腳架）與35厘米的柯達彩色底片都還沒有問世，因此他的事蹟更顯得分外耀眼。

後來《國家地理雜誌》發表第一張顯示地表曲率的照片和第一張自然色彩的地下照片。（運用2400盞閃光燈來照亮新墨西哥州的喀斯巴德洞窟。）◀ 1900（3）

文學

歡慶亂世

⑪ 席捲舊俄羅斯帝國的革命風暴，在伊薩克·巴別爾1927年問世的作品《敖得薩的故事》裏有深刻生動的描繪。他的偉大地位，在前一年所發表的《紅色騎兵隊》——描寫革命風暴中的社會的系列短文中——已經證明。而在由4個相互關連的故事所構成的《敖

醫學

鐵肺的發明

⑫ 在鐵肺（由哈佛大學醫生菲利普·德林克爾發明的人工呼吸裝置，問世後很快得到「鐵肺」的綽號）發明之前，對於脊髓灰白質炎（俗稱小兒麻痺）患者因為肺部的麻痺而慢慢窒息，醫生們只能束手無策。德林克爾用舊真空吸塵器的零件製造了一個呼吸器，透過真空管有節奏地把空氣吸入和排出這個箱型的機器中（病人躺在箱中），病人由於被迫吸入空氣，因而能活命直到康復。

問世後的20年裏，鐵肺是脊髓灰白質炎患者的唯一希望。直到50年代初，神奇的疫苗出現，才幾乎消滅了這種疾病。▶1955（1）

得薩的故事》中，巴別爾回到了年輕時所居住的擁擠的猶太區——一個令肖洛姆·阿萊赫姆這樣的意第緒語作家魂縈夢繫的地方。但是，巴別爾（他用俄語寫作，和阿萊赫姆不同）揚棄了這個傳統。他說，猶太區雖然多采多姿，但卻也相當落後閉塞。

巴別爾捨棄倫理道德與心智舊鬥之類的陳腐猶太主題，轉而頌揚匪徒本雅·克里克的無政府主義的生命力。他那諷刺而不煽情的筆調，是布雷希特探索相似主題的《三便士歌劇》的先驅；他的文句洗練，一如當代的海明威。

巴別爾曾經獻身於布爾什維克運動。1918年，他加入契卡（蘇維埃的政治警察），並且參與為饑餓的工人奪糧的行動。內戰期間，他在布德尼的第一騎兵團中（由革命家謝苗·米哈伊洛維奇·布德尼率領的一支哥薩克部隊，對抗反布爾

巴別爾與小孩：他樂於面對未來，且不抱持幻想。

什維克者）擔任宣傳工作。但是他對社會巨變的興趣中，存在著自相矛盾的情結，他對共產主義的正統觀點也抱持謹慎的懷疑態度。

像《紅色騎兵隊》裏講故事的人一樣，巴別爾「試圖預期列寧那筆直路線中神祕的轉折。」當史達林展開文化整肅時，巴別爾受到這個「轉折」的劇烈衝擊。由於與當局立場漸行漸遠，巴別爾於1939年被捕，1941年3月死在勞改營中。到60年代，他獲得平反之後，蘇聯的讀者才終於有機會得以拜讀他的作品。◀ 1926（2）▶1928（4）

德國雄鷹

摘自《德國紅色男爵》，佛洛伊德·吉本斯，1927年

吉本斯的書裏，由克雷頓·奈特為德國的一次空襲所繪的插圖，其圖解為「這架飛機墜毀撞到一排房子上。」下圖是曼弗雷德·馮·里希特霍芬男爵像。

20年代的飛行狂熱中，美國年輕人對一次大戰傳奇王牌飛行員的冒險故事，表現出無限狂熱的興趣，也因而產生了許多通俗文學的新體裁，像《比爾·布魯斯和他的長空鬥士》之類的書，滿足了將在下一次世界大戰中成長為戰鬥機飛行員的這一代年輕人的幻想。1927年發表的《德國紅色男爵》，則風靡了老少讀者。這本曼弗雷德·馮·里希特霍芬（他擊落了無人可比的80架敵機）的傳記，是由前戰地記者佛洛伊德·吉本斯在曼弗雷德被擊落後旋即出版的。在敵人眼裏同樣不失為英雄的紅色男爵（得名於他的紅色三叉戟戰機）受到英國隆重的軍禮安葬。數十年之後，漫畫家查爾斯·舒爾茨以一隻叫史努比的虛構出來的狗，使其無敵的形象再度風行一時。◀1918（邊欄）▶1929（11）

當戰鬥把雙方最優秀的青年帶到空中時，世界大戰恐怖的故事裏，閃現出一絲讓人欣慰的老式騎士精神的光芒。在蔚藍的天空中，里希特霍芬被他的戰友和敵人授以最高的榮譽。

陣亡英靈紀念堂裏，安息著如蓋尼默、霍克爾、巴爾、麥庫登、伊麥爾曼、魯夫伯里、昆廷·羅斯福等眾多英靈。他們都曾在高空作戰，如今卻長眠於地下，除了憎恨，心底更多的是壯志未酬的豪情。男爵的存亡勝敗，愛欲與恐懼為這座宮殿帶來了新的光彩。

當他們駕駛戰機凌雲御風，面對生死勝敗時，年輕、勇敢無畏的熱血在他們的血管裏沸騰。嗒嗒作響的機關槍後，年輕敏銳的眼神閃耀著。當他們短兵相接，扣動扳機將對方擊落時，他們都看到了對方的靈魂深處。

有些像閃亮的彗星從天而降，在燒焦的殘骸撞到幾千英尺下的地面之前就已經燒得不可辨認；有些劃破長空，喝醉了似的搖搖晃晃衝向地面，而他們被打得千瘡百孔的屍體一動不動地趴在方向盤上；有些在可怕的高空跌出殘破的飛機，就像破紙袋裏的東西被倒出來一樣；有些被炸成了碎片，衝向地面，最後長眠於地下。

這就是里希特霍芬送給對手的死亡，而這也是他們回敬給他的。他既已擊落了這麼多人，因此也必須接受此現實。既然他戰鬥，就免不了死亡。

「真心誠意永久放棄將戰爭作為國家政策工具的時代已經到來。唯有如此，
各國國民間的和平友好關係才能永遠保持下去。」

—— 《凱洛格-白里安公約》

年度焦點

多國宣佈放棄戰爭

1 在那些充滿不切實際、慷慨陳辭的歷史文獻中，《凱洛格-白里安公約》佔了舉足輕重的地位。1928年，被威爾斯稱作「一場將終結戰爭的戰爭」已過去10年，而不到12年將有另一場使第一次世界大戰看起來像小兒科的全球性戰爭將要爆發。就在這樣的背景下，8月27日，15個國家在巴黎簽署了一項協定，正式廢止戰爭。

取代1925年《洛迦諾公約》的《凱洛格-白里安公約》，源自法國外長阿里斯蒂德·白里安的呼籲。他提議美國應和法國簽訂一項互不侵犯條約，以保護法國不受德國擴張主義復活的威脅。美國國務卿法蘭克·凱洛格不願看到美國（美國不願加入國際聯盟）又重新捲入國際權力鬥爭中。然而在逐漸壯大的「戰爭非法化」運動的壓力下，凱洛格決定把法國的提議，擴大為一個更宏大的目標：簽訂一項多邊條約，以國際法來禁止戰爭。

「如果我能使這項條約通過，」凱洛格在談判期間寫信給妻子說，「我想很有可能我會得（諾貝爾）獎。」（第二年他如願以償。）在公約完成草簽之後（這種儀式第一次以影片的方式被紀錄下來），幾乎全球所有國家都通過了這項公約。然而卻有兩個問題被忽視了：一個是該公約沒有條款來規範其強制力；另一個問題則是簽約國被賦予了各式各樣的特權和解釋權，例如公約不禁止自衛戰爭，也不禁止門羅主義、國際聯盟公約或各種戰後聯盟條約所允許的軍事義務等等。

該公約第一條中，簽約國一致同意「放棄使用戰爭作為國家政策的工具」。11年後，這些簽字國將再動干戈。◀1925（邊欄）▶1938（2）

這幅漫畫的標題是「再度蜜月」。然而和平維持不久。

文學

最後的維多利亞人

2 1928年，87歲的托馬斯·哈代去世，英國失去一位偉大的作家，他的去世也象徵英國與較純真、樸素的維多利亞時代之間的聯繫就此斷絕。這位《黛絲姑娘》、《還鄉》和《卡斯特橋市長》的作者，其小說和詩歌中賦予了壯實的農民、原始的村莊、荒涼的土地及他家鄉多塞特郡的林地（在1840年剛出生時，這片土地已無情地跨入了工業化時代）不朽的生命。年輕時，哈代就聽過鄰居老人講述關於拿破崙戰爭的故事；而在他死時，二次大戰的魅影已日益逼近。

哈代所虛構的英國西南部韋塞克斯郡在時間和風俗上一直是一成不變的。在這個地方，每個形象鮮明的個體在具有現代人的自我身分意識後，為了維護自身權益而與大自然和社會搏鬥，但結局總是一定被征服。哈代這種哲學屬於19世紀的科學宿命論，具有一種感傷的傳統命運觀：人類不過是神的玩物，在宇宙力量面前是無能為力的。

愁悶、悲觀的哈代還有一種深刻的洞察力，這使他的作品超越了一般通俗鬧劇，而他也由此成為民族英雄。◀1910（12）

大眾文化

美國的「宮廷弄臣」

3 「非常高興來介紹一下我們這個國家，」1928年1月4日在國家廣播公司（NBC）的廣播節目裏一個模仿總統的聲音這樣說道，「整體說來，這個國家一片繁榮，但一個彈丸之地能有多大財富呢？」這個播送「國家狀況」資訊的聲音，透過一個由45個廣播站聯成的跨洲廣播網傳送四方，它的聲

音聽來像是卡爾文·柯立芝，但其實它屬於另一個絕對更受歡迎的人——威爾·羅傑斯。

從20世紀初到1935年死於阿拉斯加的飛機空難事故，羅傑斯一直是當代首屈一指的政治諷刺家。而無線廣播這一新興的娛樂媒介，為他提供了最龐大的論壇，使他能將那些奇蹟般糅合在他身上的通俗智慧、不成熟的民粹主義和對政府善意的懷疑主義等廣為傳播。他的崇拜者很高興見到他的一則笑話甚至被收錄進《國會檔案》。羅傑斯這樣譏諷道：「對國會來說，每次他們開了一個玩笑，就成了一項法律。而每次他們制定一項法律時，其實不過是個玩笑。」

羅傑斯是俄克拉荷馬州契羅基印第安人的後裔，他最早涉足娛樂界，是擔任表演雜耍的牛仔與耍繩的魔術師，後來他把諷刺時政趣事融進他的表演中。在時髦的「齊格菲諷刺劇」中，羅傑斯的表演引起轟動；《紐約時報》把他和阿里斯蒂芬相提並論。除了20年代從廣播事業外，他也為報紙寫系列專欄，還經常出現在默片中。30年代早期，由於他一個嶄新、評價一流的每週娛樂廣播節目及在有聲片中一

威爾·羅傑斯綽號叫美國的「套馬索詩人」——他抨擊精英名流的言論常能吸引很多聽眾。

「一個男人靠什麼而活？他靠別人而活。他喜歡毆打他們，欺騙他們，如果可能，他還要生吞活剝他們。」

——《三便士歌劇》的「男人靠什麼而活」

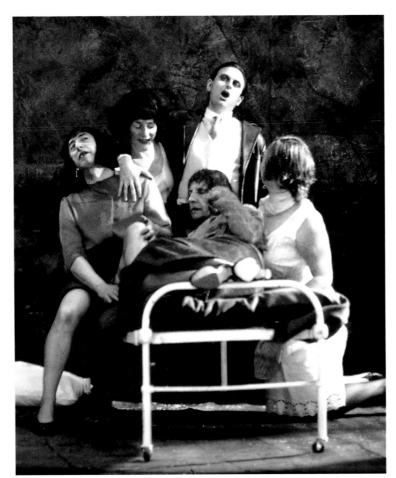

《三便士歌劇》：這部諷刺作品如此引人入勝，連被它所諷刺的人也對它推崇備至。

系列的成功，使他成爲好萊塢最有票房價值的明星。◀1910（9）▶1943（當年之音）

戲劇
乞丐的盛宴

4 該劇排演過程相當不順利。原準備飾演乞丐王的彼得·洛利病倒而不得不陣前換將；在劇中飾演他妻子的女演員因拒唱「性奴隸民謠」而同樣被撤換；彩排也是在爭吵中結束。然而在1928年8月31日公演的晚上，在反軍國主義的「大砲之歌」歌聲中，觀眾開始用腳踏起拍子來。從那一刻，《三便士歌劇》一砲而紅，成爲戲劇狂熱的德國威瑪時代最成功的舞台劇，迄今仍是世上最受歡迎的作品之一。劇中粗獷、通俗又帶爵士風格的歌曲，從《帶刀的麥克》到《海盜傑尼》，一直被流浪歌手、民謠歌手乃至搖滾明星相繼傳唱。

這部歌劇在兩個人的短暫合作下誕生：伯托特·布雷希特，一個身穿皮夾克，背吉他的劇作家詩人；另一位是庫爾特·懷爾，以其實驗性的管弦樂章聞名的戴眼鏡且害羞的作曲家。這二人都是馬克斯主義者，都渴望一種新型態的歌劇：它沒有多愁善感與自然主義者的矯飾造作，它應該極富現代感，應進行政治教導，而且面對的應該是勞動階級。這二人的共同努力完美地抓住了戰後德國人心，那時的德國既存在通貨膨脹所導致的犯罪和腐敗，也有著自由主義和憤世疾俗，以及歡樂和絕望。

《三便士歌劇》將1728年約翰·蓋伊的諷刺作品《乞丐歌劇》中描寫的倫敦下層社會搬到了1928年柏林的下層社會。它描寫一個叫馬希斯的黑幫成員試圖與一位乞丐頭目的女兒結婚，後來卻為一個妓女而毀約。在布雷希特看來，馬希斯代表墮落的中產階級——但這個細節卻沒有阻止那些常光顧劇院的中產階級成群地去看這個演出。◀1927（11）▶1966（8）

日本
左派遭沉重打擊

5 戰前日本社會已有的各種矛盾在1928年戲劇性地浮現出來。在1925年通過男性普選權，日本於1928年舉行了第一次大選，政府開始嚴厲鎮壓剛萌芽的反對運動。根據惡名昭彰的1925年《維護和平法案》，所有試圖推翻日本政府的舉動以及「危險思想」都在禁止之列。政府據此法案襲擊所有左派團體的辦公地點並逮捕1千多人。在選舉中，心驚膽戰的左派團體總得票數不到50萬張。同年，一項皇家法令又把政治顛覆的刑罰從10年監禁加重到死刑。日本已開始走向法西斯主義的深淵。

日本20、30年代日益加劇的反動政治氣候是急遽工業化的結果。在當時，一個被稱爲「財閥」的大型商業聯合組織控制了日本。中日甲午戰爭（1895）和日俄戰爭（1905）的勝利，使日本開拓了一些新的出口市場，這更促使日本開始從農業經濟轉向工業化經濟。1920年以後，由於農產品價格下降，以及越來越多的勞動者湧入城市尋找穩定收入，此經濟革命更加勃發。隨著工業生產力不斷發展，工會組織、社會主義者和共產主義政黨也不斷發展壯大。1925年選舉的自由化，就是對這些新興政治聲音的直接讓步。然而到那時眞正的

黨派成員們慶祝他們在第一次男子普選中的勝利。然而民主力量很快就遭到挫敗。

政治權力仍集中在財閥（它們控制全日本資本的60％）以及令人恐懼的獨立軍方手中（未經他們同意，沒有哪個政治家能組閣）。緊接著男性普選後的《維護和平法案》禁絕了民主概念。唯有工業和軍隊才能代表這個國家。◀1921（5）▶1931（4）

誕生名人錄

愛德華·阿爾比　美國劇作家
瑪亞·安熱盧　美國作家
秀蘭·鄧波兒·布萊克
美國演員，外交官
諾姆·喬姆斯基
美國語言學家，政治活躍分子
加布里埃爾·加西亞·馬奎斯
哥倫比亞作家
歐內斯托·「切」·格瓦拉
阿根廷革命家
古斯塔沃·古鐵雷斯
祕魯神學家
葛麗絲·凱莉
美國演員，摩納哥王妃
史丹利·庫布里克　美國製片
漢斯·金　瑞士神學家
波布·布特　柬埔寨獨裁者
莫里斯·山戴克
美國插畫家及作家
安妮·塞克斯頓　美國詩人
愛德華·謝瓦納澤
蘇聯政治領導人
阿龍·施佩林　美國電視導播
卡爾海因茨·施托克豪森
德國作曲家
安迪·沃霍　美國藝術家
詹姆斯·華生　美國生化學家
埃利·魏瑟
羅馬尼亞裔美國作家

逝世名人錄

羅阿德·阿孟森　挪威探險家
文生·伊瓦涅斯·布拉斯科
西班牙作家
張作霖　中國軍閥
托馬斯·哈代　英國作家
萊奧什·雅那切克　捷克作曲家
黎元洪　中華民國總統
查爾斯·倫尼·麥金塔
英國建築師
詹姆斯·帕卡德
美國工程師及汽車製造者
艾米琳·潘克赫斯特
英國主張婦女參政者

和盧比；《一個美國人在巴黎》喬治·蓋許文　**繪畫與雕塑**：《第三大街的六號高架路》約翰·斯隆；《有主見的人》喬治·格羅茨　**電影**：《芸芸眾生》金·維多；
《婚禮進行曲》埃里希·馮·斯托海　**戲劇**：《奇妙的插曲》尤金·歐尼爾；《羅薩利》喬治和艾拉·蓋許文，隆伯格、沃德豪斯；《交出手臂》羅傑斯及哈特·菲
爾茲；《大標題》赫克特·麥克阿瑟

「事實上，伊夫林長期鬱積心頭的情結以及他大部分不幸的根源都在於：他不是一個6英尺高、風度翩翩的富有公爵。」

——攝影師塞西爾·比頓對沃的評論

1928年新事物

- 苜蓿葉式高速公路立體交流道（新澤西州伍德布里吉）
- 花生醬（彼得·潘）

- 布羅伊爾型椅子
- 花椰菜（從義大利引進美國）
- 泡泡口香糖（弗里爾的雙泡牌）
- 哥倫比亞廣播公司成立（簡稱CBS，由27歲的雪茄公司總經理威廉·佩利建立）

美國萬花筒

泰·科布引退

1928年，在向游擊區擊出了一個短促的高飛球之後，美國棒球史上一位最傑出的打者結束了他的職業生涯。在底特律老虎隊的22個球季以及費城運動家隊的兩個球季中，科布所締造的3成67打擊率紀錄一直無人打破，他的

4191分打點、2244次跑壘以及892次盜壘的紀錄一直保持了幾十年。遺憾的是，除了他的高超球藝之外，大家也都同樣記得他的火爆脾氣。◀1920（6）▶1939（當年之音）

克萊斯勒躋身巨人行列

1928年當沃爾特·克萊斯勒買下了道奇公司之後，汽車製造業的舞台上又出現了一家新的超級企業。如虎添翼的克萊斯勒集團立即推出中低價位的生產路線——Plymouth與DeSoto車款來和福特及通用兩家公司競爭。

電影

銀幕超現實主義

6 1928年，由於影片《安達魯之犬》，導演路易·布紐爾和畫家薩爾瓦多·達利在傾刻間聲名狼藉。這是一部早期的超現實主義影片，也是布努爾50年世界級電影大製片生涯的開端。該片表現出兩位定居巴黎的西班牙人之間，連續3天的幻想與夢境的交流。影片中有長達17分鐘一系列混亂的幻覺形象——一隻爬滿了螞蟻的手，一個正在被刮鬍刀切割的年輕女人的眼球（見上圖）。這部影片讓大多數觀眾驚駭不已，但卻使其編導在當代最重要的藝術運動中贏得了先驅的地位。◀1924（3）▶1930（10）

音樂

拉威爾的大眾化作品

7 作為一名嚴肅的作曲家，莫里斯·拉威爾相信音樂應發自靈魂最隱祕之處。他因《波麗露》而聲名大噪，但自己卻並不怎麼看重這部廣受歡迎的作品。拉威爾認為這部1928年11月在巴黎初次發表的《波麗露》，毫無對比和創新，它只有一個借自西班牙民謠曲調的簡單主題，再由這個主題慢慢發展成一個管弦樂譜。

拉威爾：他那向高潮漸進的音樂手法最受歡迎。

然而，聽眾卻從它的第一聲鼓響就迷上了它。鼓樂聲之後有長笛加入，接著是單簧管，然後是巴松管、小號和薩克斯管。每個樂器聲相繼出現，以強化那不斷重複的鼓聲。音樂逐漸上揚至情感的高潮，接著聽眾便爆發出排山倒海的鼓掌聲。這部作品蜚聲全球，好萊塢甚至以它為題材拍攝了一部電影。

拉威爾是一個細心的工匠和完美主義者，他那帶有些許機械式的曲風，使伊格爾·史特拉文斯基稱呼他是一個「瑞士鐘錶匠」。拉威爾在音樂上的成就為史特拉文斯基以及20、30年代後期的反浪漫主義學派奠定了基礎。◀1913（5）▶1934（5）

文學

諷刺大師

8 1928年，詼諧、辛辣、精妙的《衰落與瓦解》，宣告了一個重要的文學新才子的誕生，他就是伊夫林·沃。沃的這部處女作小

說，在倫敦最時髦社團中立刻引起了轟動。《衰落與瓦解》被許多評論家認為是沃早期諷刺作品中最傑出的一部。這是沃對於「生機勃勃的新興事物」進行觀察諷刺的生涯的開始。這個短語是他為他所來自的社會背景所起的名字，它指的是20年代牛津大學和劍橋大學中花稍的上流社會。

牛津大學畢業後，沃從他正在寫的前拉斐爾派詩人兼畫家但丁·加布里埃爾·羅塞蒂的傳記，轉向小說創作，他這樣做最初只是為了消遣。《衰落與瓦解》這部犀利的黑色喜劇由於牽涉到同性戀、雞姦以及亂倫，因此被第一個出版商認為猥褻而拒絕出版。第二個出版商

沃被另一個「生機勃勃的新興事物」所捕捉：攝影師塞西爾·比頓。

則在沃將手稿大改了一遍之後，才接受了它。當沃之後的小說開始大發利市時，這個小插曲成了一段文壇軼事。《衰落與瓦解》和受評論家讚賞的《羅塞蒂》同時在1928年問世。這一年，沃和與他同名為伊夫林的第一任妻子結婚。

在第二次世界大戰中服完役之後，沃放棄了為他贏得早期聲譽的諷刺文體，開始在他的小說中探討宗教問題，其中包括一部也許是他最為著名的作品《舊地重遊》。他隱居到英格蘭西部的一個鄉村別墅中，大量酗酒，變得保守且憤世嫉俗，脾氣暴躁得令人恐懼，至1966年去世。▶1956（12）

體育 棒球：世界大賽，紐約洋基隊以4勝0負擊敗聖路易紅雀隊；吉米·福克斯在費城運動家隊開始其職業生涯　**奧林匹克運動會**：在阿姆斯特丹和聖摩立次舉行
拳擊：吉恩·滕尼引退（76勝1負）　游泳：強尼·韋斯摩勒引退，他一生創下67項世界紀錄，贏得5枚奧運金牌。

「我愛米老鼠更甚於愛我所認識的任何女人。」

—— 迪士尼

醫學

分離出維生素C

9 1928年，維生素C被分離出來，是營養科學革新的重大關鍵。這成就歸功於波蘭裔美國生物化學家卡西米爾·芬克在1914年發現了維生素B1，缺乏這種物質將導致可怕的腳氣病。

芬克的發現使營養不良理論的擁護者受到極大的鼓舞。20年代初，芬克對另一個「營養不良症」——壞血病的研究開始集中在一個稱爲維生素C的不爲人知的物質上。但在這種維生素被分離與結晶出來前，科學家無法對它進行研究，甚至不敢斷定它是一種物質或只是一群化合物。

同年，一個在英國工作的匈牙利生物學家阿爾伯特·森特-哲爾吉在他的研究過程中得到重大突破。他從一頭公牛的腎上腺裏提取的白糖般物質中，分離出被他稱爲六糖酸的晶體，這種晶體呈現出維生素C的典型特徵。幾年後，當森特-哲爾吉定居匈牙利時，他已能證實六糖酸和抗壞血酸（維生素C的另一名稱）其實是同一物質。1932年，維生素C成爲可在實驗室裏合成的第一種維生素。

生物學家第一次明白了不僅人類依靠攝取某些物質爲生，而且這些物質還能以人工取代。接著其他各種維生素被相繼分離出來——1933年維生素A，30年代末到整個40年代，又有維生素E、G、H和K，在1948年到1949年間又分離出抗惡性貧血的維生素B12。除了一些個別的猛爆性病例之外，壞血病已成爲過去。◀1912（6）

森特——哲爾吉分離出使橘子成爲壞血病剋星的物質。

電影

米老鼠初次亮相

10 1928年9月19日，紐約市殖民劇院裏的觀眾正津津有味地盯著銀幕。銀幕上的主人翁駕駛

華德·迪士尼酷愛老鼠，他甚至將活著的小老鼠放進抽屉裏以便描繪。

一艘汽船，擠過那些穀倉前空地上的動物而弄出所謂的「音樂」，直到那些動物牛哞、驢嚎、雞鴨叫亂成一片才罷休，然後他從一個無惡不作的壞蛋手中救出女友。這部影

多年來，米老鼠變得越來越聰明伶俐、青春煥發，而且越來越不像一隻齧齒類老鼠。

片就是有聲動畫片的里程碑《汽船「威利號」》。那個多才多藝的主人翁是一隻老鼠，名叫米奇。創造它的天才是華德·迪士尼。

聲音是米老鼠成功的關鍵因素。片中主人翁（由迪士尼和他的搭檔卡通設計者烏布·艾沃克斯共同創造）在之前的兩部默片中就已出現過了，然而沒有電影院老闆願意買。把音樂和音效融合進它的幽默後，迪士尼在所有競爭者中脫穎而出。在迪士尼早期的卡通影片中，經常出現像米老鼠把農場動物當作樂器來用的那種生硬笑料（但從技術上講卻是很大膽的），這種設計有其必要——尤其對那些將迪士尼的名字與後來影片中的甜蜜情感及相當寫實的風格聯繫起來的觀眾而言。

不到10年的時間，米老鼠已成爲全世界最受歡迎、家喻戶曉的人物。對生活在經濟衰退陰影下的人們來說，個性鮮明的米奇已成了大家的愛鼠。電影院將它的短片插在放映影片之前播放；富蘭克林·羅斯福和英國的喬治五世都是它的影迷，就連墨索里尼也不例外；《大不列顛百科全書》也給了米奇一席之地。當時有本雜誌的漫畫中，畫了一個沒看成電影的戲院常客，一邊走出戲院，一邊黯然垂淚：「看不成米老鼠了！」◀1906（7）

▶1940（10）

胡佛的競選活動

百萬富翁赫伯特·胡佛在1928年的總統競選活動中，成功地運用新科技來對付民主黨人阿爾·史密斯。胡佛透過電波將他的廣播演講傳送到各方，並且利用電影和無線廣播傳送他的競選資訊。選舉結果顯示，胡佛以絕對優勢擊敗了史密斯（史密斯的天主教信仰使他的支持者寥寥無幾）。

▶1930（6）

基安尼尼的義大利銀行

在令人頭暈目眩的經濟擴張時代，阿梅迪奧·彼得·基安尼尼——一個移民農產商的繼子，建立起世界上最龐大的銀行連鎖網路。基安尼尼的事業發跡於1904年，一個以舊金山爲基地的義大利銀行。在工人、小農場主及羽翼未豐的動畫片工業等客戶支持

下，基安尼尼建立了第一個橫跨全美的銀行連鎖體系。1928年，將美國銀行連鎖體系併入他那不斷擴張的網路之後，基安尼尼又成立了泛美集團（總部設在舊金山，如上圖）作爲他的兩個銀行連鎖體系的總公司。到1929年，這位金融鉅子的財產已經達到了10億美元。

博德水壩

國家對電力的大量需求在1928年被提上了美國國會的議程，他們決議通過了《博德水壩工程法案》。這項立法是聯邦政府進行水力發電建設的開始。1930年，在亞利桑納州和內華達州交界處，黑峽谷中的科羅拉多河上，水壩開始破土動工，並於6年後完成。1947年，這個龐大的建築採用了前總統胡佛的名字，改名爲胡佛水壩。◀1913（邊欄）

▶1933（邊欄）

「埃及的公侯要出來朝見神；古實人要急忙舉手禱告。」

——《詩篇》68：31，在慶祝海爾‧塞拉西加冕為衣索比亞皇帝的儀式時這句話被塔法里教徒們引用

環球浮世繪

這是一隻鳥！

美國海關在國際藝術界激起了一陣騷動，因為他們控告雕塑家康斯坦丁‧布朗庫西試圖將一件用途不明的銅製工業設備走私進美國。事實上，這個「設備」名叫《空間之鳥》，是布朗庫西從1912年開始創作的系列雕塑中的一件。1928年，這位出生於羅馬尼亞的法國藝術家，在本案中擊敗了聯邦調查員。而被讚譽為完美飛翔化身的《空間之鳥》，也被評為現代派中的傑作。▶1932（13）

德萊厄爾的激情

1928年丹麥名導演卡爾‧德萊厄爾的第一部經典影片《聖女貞德的受難》評價毀譽參半。這部無聲長片對貞德這位法國神祕主義者生命中最後一段的有力刻劃，奠定德萊厄爾嚴肅而脫俗的導演地位。法國女星汝內‧法爾康涅蒂在本片中的演出，被許多人認為是有史以來最好的，她也因此贏得爵位封號。

阿孟森遇難

7月份，羅阿德‧阿孟森在援救義大利探險家翁貝托‧諾比萊時，遭遇到他極地探險的最後一次失敗，並因而喪生。這位挪威人的北極探險目標，在1909年受挫於先一步抵達的羅伯特‧皮爾。1926年，佛洛伊德‧貝內特和理查‧比爾啓首先駕駛飛機飛越了北極，以兩天之差擊敗了阿孟森。曾在那次航途中，與阿孟森以及美國探險家林肯‧艾爾斯沃斯並肩飛行的諾比萊，後來於1928年墜毀在北極一座浮冰上。阿孟森從挪威駕機前去尋找，但卻和他的一名同伴一起消失在海洋上。而諾比萊後來卻意外被別人救起來，並一直活到90多歲。
◀1912（當年之音）
▶1929（6）

醫學

弗萊明發現青黴素

11 亞歷山大‧弗萊明醫生發現濟世救人的青黴素（盤尼西林），一半是靠運氣，另一半是靠他超凡的訓練與技藝。1928年，倫敦聖瑪麗醫院附屬學校的醫學細菌學家弗萊明發現他的葡萄球菌培養物已被黴菌感染，而在黴菌周圍，細菌正在迅速分解。一種空氣中滋生的孢子，極其幸運地落到他的載玻片上。他將黴菌分離出來研究，發現是其中的活躍物質抑制住細菌的生長，他將它取名為「青黴素」（因為這黴菌來自於青黴菌類）。這位謹慎的蘇格蘭低地農夫後裔，在1929年報告說，這種青黴素「似乎比廣為人知的化學抗菌劑更為有效。」

弗萊明曾於第一次世界大戰期間，在皇家軍隊醫療團中服役，他痛切地目睹那些抗菌劑效用有限。它們不僅無法為嚴重的傷口消毒，而且可能比細菌更傷害白血球。理想的殺菌劑應該在消滅細菌的同時，不損害已受感染的組織。弗萊明的青黴素似乎就能做到這點。

弗萊明用很保守的措詞，毫無誇耀地公佈了他的發現，引起的矚目並不多。雖然他繼續對青黴素進行實驗，但由於這種物質化學性不穩定，使他無法將它純化。直到1940年，當牛津大學的醫學研究人員恩斯特‧錢恩與霍華德‧弗洛里，將青黴素加以穩定之後，弗萊明才終於得到應有的報價。當青黴素在二次大戰期間成為神奇的抗生素時，他被讚譽為一個獲勝的英雄。1944年時他被授予爵位，而1945年更和錢恩及弗洛里共同獲得諾貝爾醫學獎。
▶1941（16）

當培養皿被塗上青黴素後，細菌瓦解了。

思想

米德的成熟

12 文化在決定人類行為方面，到底有什麼樣的作用？這個問題已被人類學家法蘭茨‧博厄斯和盧斯‧本尼狄克爭論了很多年。然而在學術圈外，卻很少有人注意它，直到1928年瑪格麗特‧米德出版了《薩摩亞人的成年》。這本書是對美屬薩摩亞塔烏島上的村落裏的青春期女孩所作的開創性研究。

米德主張「性的隨意程度」是一個社會整體健康的指標，引起了一陣騷動，使更多人注意到以前鮮為人知的社會人類學理論。

米德寫道，和西方社會的女孩不同的是，塔烏女孩的青春期並不是「充滿危機或壓力的時期……，而是一個興趣與行為緩慢成熟的有秩序發展過程。」她們「一致並感到滿足地希望能成為一個女人，盡可能擁有很多情人，然後在自己的村子裏靠近親戚的地方結婚，再生很多的小孩。」米德說，在這個快樂無爭的社會裏沒有西方的精神疾

米德去薩摩亞村的時候，還是一個24歲的研究生。

病。在這裏「如果一晚上只能性交一次，就被認為是衰老不中用」，而且「除了重病所導致的暫時情況外，沒有性冷感和陽萎」。

不久，有人類學家對米德關於塔烏島的樂觀看法提出挑戰，認為她的資料蒐集是有選擇性的，分析也過於簡化。另外有些人則認為她是個過於絕對的文化決定論者，然而很少有人質疑她的影響力。作為一名田野考察的專家，米德積極促進了一項原則的成熟——正如傳記作者尚‧霍華德所說，人類學在過去不外男性研究男性，或者男性去測量骨骸和遺物。但米德卻是一個研究女性的女人。◀1904（13）
▶1929（邊欄）

北非

衣索比亞王朝的現代化推進者

13 塔法里‧馬康南王子聲稱他是聖經中所羅門和示巴女王的後裔。身為衣索比亞女王佐迪圖的攝政王，他控制了這個古老王國的實權。但見多識廣的塔法里想將他的領土現代化，卻遭到佐迪圖女王的斷然拒絕，於是他在1928年9月策劃一起宮廷政變。在他的軍隊把效忠佐迪圖的司令官困在皇家陵墓時，另一支女王的軍隊包圍了他們。然而又有一隊士兵（這次是塔法里的手下）將整個王宮包圍起來，女王宣佈退位，並用舊約中的儀式為她30歲的表兄加冕，這個儀式讓西方外交官看得眼花瞭亂。

塔法里國王用轟炸的手段鎮壓了接踵而至的農村暴動，很明顯用現代手段取得的勝利。1930年佐迪圖死後，塔法里不再受到限制，只剩一個問題，就是長期資金匱乏。身為海爾‧塞拉西一世，他開始興建道路、學校、醫院；試圖使軍隊現代化；從電話系統到廢奴運動等各方面都聘請外國顧問前來，並頒布一部新憲法，建立了國會（暫時還是任命產生）。

然而海爾‧塞拉西的這些努力，被1935年義大利的入侵所打斷。面對強大的侵略者，在抵抗了幾個月之後，他逃到了日內瓦（1941年在英國的幫助下又回到衣索比亞）。

海爾‧塞拉西是本世紀非洲第一位偉大的政治家，然而在塔法里教徒眼中看來，他絕不止於此，他們將塞拉西尊奉為救世主。直到1974年他被推翻（他於第二年死去）後很長一段時間，他的名字還依然在鮑伯‧馬雷名為「塔法里人」的雷鬼流行歌曲中出現。
◀1914（8）▶1935（4）

灑牛奶的趣事

摘自1928年3月19日，WMAQ廣播節目「阿莫斯與安迪」

1928

扮演黑人的丑角弗里曼·戈斯登（左）和查爾斯·科雷爾注視著他們自己改變後的白人化身。下圖是他們於1935年在一張經他們同意拍攝的照片中，兩人正在電台表演金弗希和安迪。

在20年代末到30年代，每週都有5個晚上，收音機裏可以聽到由兩個飾演黑人的小丑表演的節目《阿莫斯與安迪》。這個節目的成功值得細加推敲。在實行種族隔離的美國，要瞭解這個節目在白人中受歡迎的程度，比瞭解它對黑人的影響要容易一些。阿莫斯、安迪、金弗希、薩普費爾，以及其他一些人都是種族保守主義者，但他們卻很可愛，而且，就當時不太開化的水準來看，他們也很有趣。這個節目於1928年在芝加哥WMAQ首播，很快就擁有國家廣播公司（NBC）網的4000萬聽眾。這一對搭檔的的喜劇角色（阿莫斯很熱情、勤勉，而安迪卻總吊兒啷噹、開小差）從他們第一段節目（見下圖）開播就固定了下來。這套節目就這樣在電視和廣播日益強烈的抗議種族主義色彩聲浪中延續到1958年。

主持人：阿莫斯和安迪這兩個來自迪克希的永遠的夥伴，在亞特蘭大度過他們一生的大部分時光。阿莫斯是個工作很努力的小伙子，他總盡一切所能去幫助別人，磨練自己。但他的朋友安迪，卻不怎麼喜歡艱苦的工作，他常讓阿莫斯代他作自己份內的事。節目開始後我們就會看到這兩人提著一桶牛奶走在回農場房子的路上，他們正為即將去芝加哥而興奮不已，因為他們聽說在芝加哥可以找到不錯的高薪工

作。瞧，他們來了。

阿莫斯：我坐在那兒一直夢想著芝加哥，所以我沒能把牛奶倒進桶裏，我潑了一半在地上。

安迪：你心不在焉，活該！要是我去擠那頭奶牛的話，我的老弟，我才不會浪費一滴牛奶。

阿莫斯：如果我告訴霍普金斯先生，說我潑了一半的牛奶，他會氣瘋的。

安迪：就讓他氣瘋吧。你本來就不該把牛奶灑在地上。

阿莫斯：我還是得告訴他這事兒，因為他知道我擠的牛奶應該比這多。

安迪：你沒有留神你手上的工作，你在作白日夢。

阿莫斯：嗯，要是當時我不想到芝加哥的事，我會把牛奶都擠到桶裏去的。

安迪：好了，這都是你自作自受。這就是我想說的。

阿莫斯：你搞清楚點，你才是他叫去擠牛奶的人。

安迪：對啊，怎麼啦？

阿莫斯：這就是了。他讓你去擠牛奶，並沒讓我去。你才該把這些牛奶送去給他。

安迪：再好好想一會兒吧，我們最好不要告訴他灑了些牛奶的事，因為我不想他對我大發雷霆。

「美國的產業狀況十分穩定。」

—— 國家城市銀行主席查爾斯‧米歇爾於股市崩盤前一星期的講話

年度焦點

股市崩盤

1 1929年10月24日，星期四，中午，20年代的經濟繁榮在紐約證券交易所徹底粉碎。成千上萬的美國人，從貧困的寡婦到大亨，失去了終生積蓄；當天結束時，已經有11個金融家自殺。

回顧以往，導致「黑色星期四」的跡象還歷歷在目：股價自1925年以來飆漲了二倍多；9月份，道瓊工業指數在瘋狂的交易中創下了381點的紀錄。但是世界性經濟衰退的信號已經隱隱出現，專家也警告股價過高，促使一些主要的投資者開始從股市中抽出資金。10月19日，大眾像被傳染了一樣，瘋狂賣出股票，股價開始暴跌。這種情勢持續著，5天後股市陷入了空前的恐慌。

正如這本雜誌封面所描繪的，在股市風暴中，世界陷入了蕭條。

股市首次崩盤後，持續下跌了好長一段時間，引發了全球的連鎖反應。由於投資資金枯竭，公司不是減產就是關閉，數百萬的工人因而失業。薪資、物價和消費一路下滑。銀行收回貸款並取消贖取抵押品的權利；很多銀行乾脆破產，使其存款人連帶破產。歐洲那些過分依賴美國信用貸款的國家也強烈地感受到這次崩潰。全球貿易受創，徵收保護性關稅使事態進一步惡化。

傳統觀念堅持資本主義制度是一個自我調節的系統，任何干預都是有害的，所以政府袖手旁觀。1933年時，工業化國家的失業人口據估計已達3000萬，是1929年的5倍多。在美國，社會福利計畫只是提供一些救濟處，胡佛總統卻仍頑固堅信繁榮「近在咫尺」，結果以他命名的貧民窟——「胡佛鎮」在主要的城市紛紛湧現，資本主義不但未自我調節，反倒奄奄一息，左派和右派的革命運動在農村開始蓬勃興起，直到近來，他們的影響力才趨於衰微。

爵士時代草率的樂觀（信用寬鬆，股市投機成風）終於自食惡果。嚴峻而難以控制的大蕭條開始了，直到史上最大的戰爭開打，情況才有所改觀。

◀1923（5）▶1930（3）

最佳女演員珍妮特‧格納，身旁為好萊塢最有權勢的人。

電影

首屆奧斯卡金像獎

2 1929年，成立才兩週年的電影藝術與科學學院頒發傑出貢獻獎給1927-1928年間攝製的影片時，頒獎只是5分鐘的簡單儀式，不像今天這樣的冗長浮華。而即使是那時也如同現在，頒獎典禮最重要的事項為公關而非獎賞。這個學院是米高梅電影公司大亨劉易斯‧邁耶反工會的產物，是由製片人控制的泛產業公司聯盟，事實上是確保將工人的牢騷轉化為片廠的利益，而此獎是邁耶對他想解除權力之人的賄賂，同時提醒大眾這種新興藝術形式的合理性。

獲獎者中有女演員珍妮特‧格納，她主演了《七重天》、《馬路天使》以及《日出》；男演員埃米爾‧詹寧斯因他在《最後的命令》和《肉體之道》中的表演而獲獎；最佳影片獎一分為二：最佳製片獎授予商業巨片；製片藝術品質獎授予高品味的專業影片。《翅膀》獲頒最佳製片獎，穆爾諾的《日出》則贏得了後者。之後，兩個獎又合而為一，只是藝術方面通常都未受到重視。

1931年 一個學院的秘書叫道：「他像極了我的叔叔奧斯卡！」從此，這個表面鍍金的小人像就被稱為「奧斯卡」。奧斯卡獎的有眼無珠是眾所周知的：阿爾弗雷德‧希區考克和奧森‧威爾斯從未得過最佳導演獎；李察‧波頓和卡萊‧葛倫也未曾得過最佳男演員獎。不過也有實至名歸的：例如凱瑟琳‧赫本得過4次大獎，導演約翰‧福特也獲得4次獎，而頭兩部《教父》也都得到了最佳影片獎。◀1924（邊欄）▶1939（8）

文學

聲音的四重奏

3 對密西西比州牛津大多數的鄰居來說，即使在第4部（是最好的，但具爭議的一部）小說初版的1789本正默默奠定他在文

學上的不朽地位時，這位古怪的「比爾先生」仍是一個謎。威廉‧福克納的《癲人狂喧》出版於1929年，一些讀者因晦澀難懂而放棄，但另一些人卻對其悲涼、憂鬱之美而愛不釋手。

故事發生在虛構的密西西比州歐卡托巴郡（以福克納真實生活中的拉斐葉郡為原型）。《癲人狂喧》藉由三兄弟痛苦尖刻的聲音，表達出康普遜家族的崩解。智能不足的班直（暗示著本書引自《馬克白》的標題：「白癡講的故事充滿了喧囂和狂熱」）、內向的昆汀和厭世的傑森，還有第4個人的聲音，以第三者，就是家族中的黑人廚師狄絲的角度來敘述。在這種形式中，福克納又融入了喬伊斯才率先運用的意識流手法。

《癲人狂喧》出版於預示大蕭條的股市崩盤前的幾個星期，書中

「我要讓莫蘭過一個永生難忘的情人節。」
——「疤臉」卡彭

那不確定、衰落和惡運的主題在南部各州以外的地方引起廣泛共鳴。這部小說是福克納最得意的作品，也充分展現了他的才華。之後，他又創作了很多小說，很多以歐卡托巴為背景，來挖掘他所說的「南方歷史的悲劇故事」。福克納於1949年獲諾貝爾文學獎。◀1922（1）▶1950（當年之音）

蘇聯
無情的政策

④ 為了使自己衝突不斷、落後的國家工業化，史達林瘋狂地推動5年計畫，第一個5年計畫實際上4年就完成了。這項1929年完成的「自上而下的革命」，使蘇聯的工業生產力大幅增加，然而代價是殺戮、饑荒和大批的人口遷移。對史達林而言，為進步付出的高昂代價是微不足道的：「我們落後先進國家50到100年，」他說，「要麼我們急起直追，要麼就更為落後。」

這項計畫取代了20年代初列寧的自由新經濟政策，制定了不實際的宏偉目標——煤的產量加倍，生鐵產量增加兩倍，並不斷地向上修訂。龐大的鋼鐵工廠、牽引機製造廠建造了起來，作為蘇聯向全球誇示的才智殿堂。因為這些工廠由不熟練的工人操作，又因燃料長期短

缺而癱瘓，所以實際上此時期的產量是很少的。在欣欣向榮的表象之後，工人不用微微發光的新型傳送帶（為了超越美國大資本家福特而裝置），卻慢慢地用雙手來裝配牽引機。

為了提供這個新蘇維埃工業國的糧食，史達林展開大規模的農業集體化，他沒收糧食，把屬於農民的獨立農場組織成國營的集體農場（私人農場佔蘇聯農業的97%）。

反對集體化的懲罰是遭處決或送進勞改營。又一次陷入奴隸境地的農民，殺掉了自己的牲畜，燒掉了莊稼。數百萬農民離開自己的土地，到城市中的工廠求職，進而忍受食品、住房、電力和水的短缺。集體農場生產出的東西比獨立的農場少，而大部分產品又被國家掌控。到1932年，蘇聯的半數農場已集體化。由於在達不到口糧定額的情況下被迫向當局交出糧食，無數農民在曾經是他們自己的土地上餓死，甚至在蘇聯的「穀倉」烏克蘭也是如此。

史達林試圖向世界掩蓋災難，宣稱集體化和5年計畫獲得徹底的勝利。而災難卻降臨到自家門口：1932年危機最盛時，他年輕的妻子，納迪婭·阿利盧耶娃自殺身亡。◀1924（1）▶1931（3）

一幅慶祝第一個5年計畫的寓意海報。

犯罪
情人節大屠殺

⑤ 到1929年為止，20年代的芝加哥幫派鬥爭已將「疤臉」阿爾·卡彭推上頂峰，他統治了一個5000萬美元的犯罪王國。只有一個幫派還對他控制的地下王國構成挑戰：「臭蟲」喬治·莫蘭的北區幫。卡彭選定情人節這天給予對手致命的一擊。

這次計畫的成功仰仗於化裝成警察的殺手。雖然大多數警察都收

迄今為止最大的黑社會仇殺給卡彭帶來了不利後果。

黑錢，但他們還是做一些表面搜查的例行公事，這就為卡彭的計畫開了方便之門。2月14日，一輛偽裝成警車的卡迪拉克停在莫蘭的總部——在一個車庫前。4個人走下車子，2個穿著巡邏警察的制服，2個扮成便衣警探。在車庫中，2名假便衣讓6名幫派分子和一位來訪的當地配鏡師萊因哈特·施維梅爾靠牆站成一排。突然，他倆用衝鋒槍掃射，另外兩名殺手則用散彈槍殺死尚在抽搐的人。

有一個莫蘭幫的人奇蹟般地活了幾個小時，當真警察問他是誰開的槍時，他遵守江湖規矩，說：「沒人。」但是恰巧逃過這殺身之禍的莫蘭就不那麼謹慎了。（因他晚到，看到「警方」搜查，就決定在外面的咖啡店裏等待搜查完畢。）在被記者追問時，他大叫：「只有卡彭才會那樣殺人！」莫蘭作為黑幫人物的威信全毀，不久便退出江湖。

公眾對卡彭的義憤日甚一日，胡佛總統下令不惜一切代價將其繩之以法。兩年半後「疤臉」坐了牢，罪名卻是逃稅。◀1923（5）▶1931（邊欄）

誕生名人錄

亞西爾·阿拉法特
巴勒斯坦政治領導人

羅傑·班尼斯特
英國醫生和賽跑運動員

賈克·布雷爾
比利時裔法國歌手和作曲家

布里吉德·布羅菲 英國作家

安妮·法蘭克
以日記成名的荷蘭女孩

默雷·蓋耳曼 美國物理學家

於爾根·哈伯馬斯 德國哲學家

羅伯特·霍克 澳洲總理

奧黛麗·赫本
比利時裔美國影星

米蘭·昆德蘭 捷克作家

馬丁·路德·金恩
美國民權領袖

克拉斯·奧頓伯格
瑞典裔美國藝術家

賈桂琳·甘迺迪·歐納西斯
美國第一夫人

約翰·奧斯本 英國劇作家

阿諾德·帕瑪 美國高爾夫球員

阿德里安娜·里奇 美國詩人

貝弗利·西爾斯 美國歌唱家

逝世名人錄

大衛·別克 美國汽車製造商

喬治·克里蒙梭 法國總理

謝爾蓋·佳吉列夫
蘇聯芭蕾舞團總監

班傑明·杜克 美國煙草大王

懷亞特·厄普 美國執法官

斐迪南·福煦 法國軍隊領導人

羅伯特·亨利 美國畫家

雨果·馮·霍夫曼斯塔爾
奧地利劇作家

莉莉·蘭特里 英國演員

梁啟超 中國學者

古斯塔夫·斯特來斯曼
德國政治家

奧斯卡·安德伍德 美國參議員

索爾斯坦·維布倫
美國經濟學家

高菲夫 　繪畫與雕塑：《喬治亞摘棉花的人》托馬斯·哈特·本頓 　電影：《百老匯的旋律》哈里·博蒙特；《失蹤女孩的日記》帕布斯特及路易斯·布魯克斯；《敲詐》阿爾弗雷德·希區考克 　戲劇：《街景》埃爾默·賴斯；《臭蟲》弗拉基米爾·馬雅可夫斯基；《吉普賽》麥斯威爾·安德森；《六月的月亮》考夫曼、拉德納；《五千萬法國人》菲爾茲、波特。

「第一道彩虹形成時，每種顏色幾乎都恢復了其自身應有的情趣。」

——美國藝術家查爾斯·德穆思對歐基芙繪畫的評論

1929年新事物

- 前輪驅動汽車
- 大力水手（漫畫人物）
- 美國新澤西州出現天體營
- 家用染髮劑（雀巢染劑）
- 拖車活動房屋

- 漫畫人物丁丁
- 鋰鹽檸檬汁（後來的「七喜」）

美國萬花筒

林白航空

1929年3家公司開闢了橫貫美國的旅客航線，部分旅途要使用火車。橫跨大陸航空公司（被稱為「林白航空」，因林白為其技術顧問）提供最迅捷別緻的服務，從紐約到洛杉磯的單程收費在337美元到403美元之間。但旅行時間常常比廣告上宣傳的48小時要長，而且還有諸多不適和相當大的風險。所以橫跨大陸航空公司只強調其迷人之處：影星為飛機命名；空服員用黃金餐盤上菜，但乘客還是要在那無加壓、

沒有暖氣設備的飛機上受罪。多次兼併使這個公司最終成為環球航空公司（TWA），古怪的億萬富翁霍華德·休斯又使它成為世界上最大的公司之一。

◀1927（1）　▶1938（5）

望鄉

1929年，托馬斯·沃爾夫發表了一部美國傑出的自傳體小說《天使望鄉》。用尖刻有時甚至是無情的筆觸，描述阿爾特芒鎮的生活。阿塔蒙鎮就是以沃爾夫的家鄉北卡羅來納州的阿士維爾為原型的。馬克斯韋爾·帕金斯是

企鵝：探險者理查·伯德和不會飛的南極朋友。

探險

伯德飛越南極

6　理查·伯德1924年飛越南極的歷史性壯舉，結束了最後一塊極地處女地，同時也實現了這位美國海軍中校成為第一個坐飛機勘測南北兩極的飛行員的宿願。

1926年，伯德由傳奇人物佛洛伊德·貝內特駕機，花了15個小時又30分飛越北極，此舉使得他聲名鵲起。在準備這次橫越南極洲的旅行時，他輕易就取得埃茲爾·福特和約翰·洛克斐勒等大亨的資助，還有公眾捐助的約40萬美元。他的80人的隊伍裝備精良，以致有人譏諷這次行動是趟輕鬆舒適的「百萬美元遠征」。儘管小美洲（伯德在南極洲羅斯冰棚的基地營）較為舒適，航程也很短，但這次飛行仍危機四伏。

飛機在一般情況下就不可靠，在南極的極寒條件下更是死亡冒險。伯德和他的伙伴花了幾個月測試他們經過改造的福特單翼機，在引擎熄火時的處理越來越熟練且在機油凍結的溫度下也能進行修理。此外，有一個競爭對手也可能在任何時刻嘗試極地飛行，因而他們更加焦慮。

伯德的飛行是11月28日，在美國的感恩節那天開始的。當飛機到達環繞極地高原的群山時，引擎熄火了。冒著迫降後可能和其他3名組員挨餓的危險，伯德不得不把兩個57公斤的救急食物包扔了出去，飛機才在兩座山峰間衝天而起。在

0.8公里的高度，探險者向雪地上擲了一面美國國旗。9小時後，他們返回了小美洲。◀1927（1）▶1931（10）

中東

宿怨重現

7　1929年8月，本世紀阿拉伯人對猶太人的第一次大規模攻擊，震動了耶路撒冷。騷亂中，巴勒斯坦人殺死了133個猶太人，而阿拉伯人也死了116人，一大部分是英軍打死的。這事件起因於對「哭牆」使用的爭論（哭牆是猶太人第二聖殿的遺蹟，牆的一部分又圍著回教的兩座聖堂，因此它對猶太人和回教徒而言都是聖地）。但是這次暴亂還有更深層的原因：阿拉伯人害怕急速發展的猶太復國運動，這個運動旨在至少使英國統治下的部分巴勒斯坦地區成為一個猶太國家。

英國人向阿拉伯人和猶太復國主義者都做過許諾。1917年的《貝爾福宣言》支持猶太人在中東建立「民族家園」，同時保證將不做任何損及阿拉伯人公民權和宗教權的

騷亂過後，耶路撒冷街頭的阿拉伯人遭搜身以檢查是否有違禁武器。

事情。但阿位伯人卻堅稱猶太人家園的存在會侵害到阿拉伯人的權利。在試過讓託管區獨立後（巴勒斯坦人反對一部擬議的親猶太復國主義者的憲法），英國人設立了分別代表兩個民族的諮詢「辦事處」。阿拉伯人棄權以示抗議，猶太人則把辦事處當作影子政府。同時，猶太人也買走了越來越多的阿拉伯人的土地。

調查8月騷亂的英國委員會警告為數漸增的「因無地而不滿」的巴勒斯坦人，也建議猶太人暫停擴展，但是復國主義者的壓力和阿拉伯人拒絕同猶太領導人討論新憲

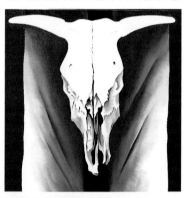

歐基芙畫的牛頭骨：《紅、白與藍》，為遷居道斯後兩年所作。

法，使得託管當局無法頒佈禁令。30年代，當希特勒的迫害使猶太人的移民潮劇增時，巴勒斯坦地區爆發了全面性的衝突。◀1920（2）▶1930（邊欄）

藝術

一位素雅的感覺派畫家

8　喬治婭·歐基芙的繪畫非常個人，帶有素雅的官能味道，能夠把一朵花畫成具有震撼（一些批評家認為具有明顯性慾）力量的物體，或是把一副老牛的骨頭畫成具活力和優雅的圖畫。歐基芙時常在不經意處發現美，尤其是美國西南部的沙漠景色。由於感到紐約那些給她帶來成功的素材已無可挖掘，她於1929年5月搬到了西南部。

歐基芙的丈夫，即大名鼎鼎的攝影師阿爾弗雷德·施蒂格利茨，從1916年起就在其「291畫廊」中展出歐基芙的作品，她畫的花和都

體育　**棒球**：世界大賽，費城運動家隊以4勝1負擊敗芝加哥小熊隊；貝比·魯斯擊出第500個全壘打　**美式足球**：1萬1千人觀看玫瑰盃大賽　**網球**：海倫·威爾斯連續第3年贏得美國網球公開賽和溫布頓冠軍（整個職業生涯中贏得了8個溫布頓冠軍和6次公開賽冠軍）　**賽馬**：英國賽馬登記賭注員在賭馬中採用了派利分成法。

「為反對文學對參與世界大戰的士兵的背叛，支持國家求真精神的教育，我把埃里希‧雷馬克的作品付之一炬。」

——1933年5月11日在柏林公開焚燬雷馬克作品時的演講

市景色受到大眾和評論家的熱情接受。歐基芙自己也是施蒂格利茨成千萬張照片的主角。但她自己的想像力卻絕不歸入其丈夫或其他任何藝術家之列。歐基芙具有反叛的獨立性，在新墨西哥州陶斯附近的新家，她發現那不安定的意象，這意象在她漫長的餘生中支配、滋養、界定了她的作品，直到她在1986年以98歲高齡去世。◀1902（13）▶1942（17）

科學

膨脹的宇宙

9 自十七世紀的伽利略以來，埃德溫‧哈伯比其他任何一位天文學家更深刻地改變了人類對於宇宙的觀念。首先他證明了宇宙除銀河系以外還有其他的星系，從而提出了關於地球在宇宙中角色的全新觀點。5年後的1929年，哈伯發表論文證明「宇宙正在擴張」的偏激理論，引發了天文世界另一場革命。

身為加州威爾遜山天文台台長，哈伯使用新的254公分的望遠鏡（當時是世界最大的），可謂得天獨厚（1990年從亞特蘭提斯號太空梭發射的太空望遠鏡即恰當地以「哈伯」命名）。通過測量紅位移（紅位移是多普勒效應的結果，多普勒效應——和根據聲源是否靠近或遠離，聲調發生變化一樣。在此效應中，遠處恆星的光移向光譜的紅色一端。）他斷定星系減退的視速率與星系和觀察者之間的距離直接成比例。這個定則稱作哈伯定律，是宇宙起源於「大霹靂」理論的支柱，也是判定宇宙年齡、大小和未來的基本工具。哈伯的速度和距離的運算方式，近年來已經大幅修正，但其基本的發現和嚴格的定律卻絲毫未動搖。◀1927（3）▶1930（邊欄）

哈伯定律：星系越遠，它減退得越快。

義大利

教會與政府的聯盟

10 1929年簽定的《拉特蘭條約》打破天主教教會與義大利政府59年來的僵局，使天主教成為義大利國教，梵諦岡城也成為獨立的國家。

教會和政府的宿怨源於1870年，國王維多利歐‧伊曼紐爾二世的軍隊佔領了羅馬和周圍的教宗轄區，並宣佈它們成為新義大利王國的一部分。教宗庇護九世拒絕承認這個王國的存在，並自稱為「梵諦岡的囚徒」，不再跨出梵諦岡的圍牆之外，其繼任者也是如此。

當墨索里尼（早年狂熱的反教權者）開始建立獨裁政權時，了解到他需要教會承認其合法性，而教宗庇護十一世也急於結束教會的孤立，得到保護以對抗更具極權精神的法西斯分子，這些人認為在義大利除了他們之外沒有任何組織的容身之處。

墨索里尼和教宗的國務秘書彼德羅‧加斯帕里一同簽署協議。

因此，這份在拉特蘭宮（中世紀教宗的佳處）簽定的協議對雙方來說都是勝利。協議中心是教宗承認義大利政府，政府也承認教宗對梵諦岡城方圓4.4公頃的統治權。教會和政府的聯盟，搖搖擺擺地度過了法西斯的歲月，一直保持到墨索里尼倒台後的近半個世紀的1985年。◀1926（1）▶1933（3）

雷馬克小說中的插圖。他書中的士兵所知道的唯一平安就是死。

文學

剝去英雄主義外衣的戰爭

11 1929年德國出版的《西線無戰事》，使仍受一次大戰震撼的一代為之深深感動。第一年這部小說賣出了空前的150萬本。好萊塢根據它拍攝的影片，獲得了1930年奧斯卡最佳影片獎。有那麼一小段時期，這部史詩般描述一戰的小說的年輕作者，埃里希‧瑪麗亞‧雷馬克成了德國的名流。但1932年時，雷馬克遭到流放。翌年，書和電影遭禁，並被指責為反戰情緒的象徵和削弱祖國形象之作。這個轉變是納粹使德國文化迅速轉型的無情標誌。

雷馬克18歲時入伍，曾在西線為榴霰彈所傷。目睹的屠殺縈繞心頭，他決定寫一本書，描述「即使僥倖避開了炸彈，但仍為戰爭所毀的一代。」他在一篇對於當時來說相當呆板的散文中，把這個衝突描繪成機械化的大屠殺，在大屠殺中，英雄主義和愛國主義已為求生的本能所代替。

身處德國之外，雷馬克不僅活了下來而且飛黃騰達。他先去了瑞士，後又到了美國。在那兒他跟瑪琳‧黛德麗約會，後來則娶了她的同行，電影明星波萊蒂‧高達德。◀1915（10）▶1948（11）

查理‧斯克里布納出版社的名編輯，海明威及費滋傑羅都是該社的作家。在《天使望鄉》成書過程中，帕金斯扮演了重要角色，否則那只是一堆大部頭的草稿而已。◀1926（2）

美國大街

1929年，社會學家羅伯特和海倫‧林德發表了關於美國城市前所未有的調查——《中城——當代美國文化的研究》，將法蘭茨‧博厄斯開創，並由瑪格麗特‧米德進一步發展的人類學研究方法實際應用到美國文化的研究上。林德夫婦分析了中西部城市阿肯色州的中城和印第安納州的蒙夕，發現美國的兩大信念——社會平等和個人自由至上，已經淪為階級結構與溫和的同質性的犧牲品，而這種同質性是被工業化和整合經濟的需求所支配的。◀1928（12）

現代藝術博物館開放

1929年，一座專門展出19世紀晚期和20世紀繪畫與雕塑作品的博物館，在紐約開放。該博物館展出塞尚、高更、秀拉和梵谷的作品。這座博物館由阿比‧奧爾德里奇（約翰夫人）‧小洛克斐勒、瑪麗‧昆（科內利烏斯夫

人）沙立文和莉莉‧布里斯所創立，其中布里斯的個人收藏成為博物館的第一批遺贈。第一次展覽（見上圖）是由27歲的小阿爾弗雷德‧巴爾經手舉辦的，地點在第五大街730號的一棟辦公大樓裏。在巴爾的管理下，現代藝術博物館得到了世界上最好的，但有爭議的現代藝術收藏品。▶1959（邊欄）

「我們克羅埃西亞人和塞爾維亞人是一個民族，尤其是我們這些住在一起的克族人和塞族人……
作爲一個民族我們應該有一個自由的國家。」

——克羅埃西亞農民黨領袖斯捷潘·拉迪奇關於南斯拉夫需要民主的講話

1929

環球浮世繪

「齊柏林號」的冒險之旅

「齊柏林伯爵號」飛船搭載16名乘客和37名機員，完成了首次環球航行，航程30,577公里，歷時21天零7小時。◀1927（1）▶1937（當年之音）

統一場論

當其他的物理學家埋頭於新開闢的量子理論時，阿爾伯特·愛因斯坦卻要在自己的領域中發現一則單一簡潔精確的公式來解釋從電子到星系的宇宙萬物的運動。1929年，普魯士學院發表了他的第一部關於統一場理論的書。這本書轟動一時，但很快就被一流的物理學家所摒棄，他們勸愛因斯坦和他們一起研究不是那麼高深的東西，但終其一生，愛因斯坦還是固守著他那孤單、有趣，最終卻不成功的工作。
◀1927（6）▶1967（10）

澳洲奇蹟

1929年，剛轉爲職業選手一年，澳大利亞板球隊員唐納德·布拉德曼就以452分未出局的成績寫下世界紀錄。他從未輸過一場比賽，是板球史上最偉大的擊球手。布拉德曼還是一位出色的外野手和鼓舞人心的隊長。由於

他的明星魅力，板球在整個大英帝國內成了受人喜愛的運動。1948年，布拉德曼帶領澳洲隊以4：0擊敗英格蘭隊。翌年，這位以對著水池擊打軟球起家的運動員榮膺爵位並退休，他是第一個被授予這項榮譽的澳洲板球隊員。◀1920（6）

離開巴黎時，揚與德國代表賈馬爾·沙赫特握手。

德國

揚氏計畫使賠款減少

12 對於充滿情緒化的德國戰爭賠款的問題上，在嘗試過多年拼拼湊湊的解決途徑之後，1929年協約國賠償委員會組織了一批國際的財政金融專家，爲德國制定了一項直到1988年的戰後賠款計畫。這項以美國工業家歐文·揚爲首，首次包括德國代表的專家小組所制定的計畫，不僅減輕大大了這個戰敗國的債務負擔，而且也鞏固了它分崩離析的社會及它與世界各國的關係。

6月份在巴黎出籠的揚氏計畫是對德國人做出的最大讓步。該計畫不再要求德國承擔戰後重建的全部費用，這使德國每年的賠款削減了三分之一，只要4億700萬美元左右。協約國對德國經濟的監管將隨賠款委員會的解散而終止。賠款將交付給一個新成立的國際銀行，而德國將成爲其中一員。在經濟衰退時，德國人可以宣佈延期償付部分賠款。

這項計畫得到了協約國和德國政府的認可。一位美國特使寫道：「自停戰以來充斥的一切不信任和仇恨終於完全地消失了。」不過，3年後賠款就永遠地停止支付。
◀1924（11）▶1930（12）

南斯拉夫

組織一個鬆散的聯邦

13 1929年1月，已經醞釀了數月的國會危機，終於在這個

由塞爾維亞、克羅埃西亞和斯洛凡尼亞組成的鬆散王國中全面爆發了。爲了把這個難以駕馭的王國統一成一個南斯拉夫國家，國王亞歷山大一世中止憲法，宣佈自己爲絕對的統治者，並重新將其國家命名爲南斯拉夫王國。

這始終是個前途無望的國家。第一次世界大戰後協約國將塞爾維亞、門地內哥羅和瓦解的奧匈帝國一部分組成了新的國家，結果是把幾個互不信任的斯拉夫民族硬扯到一起。只有塞族人有和自己政府打交道的經驗，可是許多克羅埃西亞人和馬其頓人痛恨他們並想要獨立。國民會議常常爆發爭吵，1928年，一個門地內哥羅的議員竟然開槍打死好幾名克羅埃西亞議員，亞歷山大一月份的強制性行動就是針對克羅埃西亞威脅要脫離王國而做出的。

亞歷山大一世，新南斯拉夫王國的統治者。

政府允諾只要研究和實現走向民主的措施，獨裁就會結束。政府成立了新聞檢查機構和政治論壇，但少有逮捕和屠殺。因爲避免了內戰而鬆了一口氣的各種反對組織接受了這次鎮壓，亞歷山大及其謀士開始以自然而非種族界限來重組這個國家。他們實行了早就該實現的改革。但是全球的經濟蕭條破壞了很多努力的結果，不久民族主義者和擁護民主者又鼓噪起來。

1931年，亞歷山大開始恢復公民的權利，卻再也不得民心；1934年他便遇刺身亡。而已然四分五裂

的民族主義者，在1943年共產主義者掌權前也沒有達成他們的目標。
◀1918（6）▶1943（9）

中國

滿洲危機

14 1929年7月中蘇關係的惡化，威脅到這個地區脆弱的均勢，並且將歐洲和亞洲推向戰爭的邊緣。事件導火線是西伯利亞橫貫鐵路橫貫滿洲直達蘇聯海參崴港的一段。這條在沙皇時代由俄國出巨資在中國割讓的土地上修建的鐵路，理論上由雙方共管，但實際上蘇聯卻堅持自己對鐵路和土地都有主權。由於國內軍閥割據，連年混戰，中國雖然對其決定憤怒但只有強忍。

西伯利亞橫貫鐵路是中蘇爭議的焦點。

在滿洲的軍閥張作霖（他有獨立的軍隊並實行自己的對蘇聯外交政策）被刺殺身亡之後，其子——也是其繼任者——張學良，和蔣介石的國民政府達成暫時的妥協。5月，滿洲軍隊以武力收復了這條鐵路，蘇聯則立即在滿洲邊境集結了大量軍隊。

中國政府立即照會國際社會，尤其是日本和美國，指責蘇聯用鐵路掩護他們的共產主義活動。由於日本在滿洲有很多有價值的產業，故站在蘇聯一邊，並警告美國少管閒事。

在全世界緊張的觀望中，激烈的爭議持續了6個月，期間不時爆發軍事衝突。1930年1月，危機緩和得如同它升高時一樣快，互相疏離的兩國同意重新共管這條鐵路。但永久和平卻如鏡花水月。翌年日本開始在滿洲佈署軍隊。
◀1927（2）▶1931（4）

諾貝爾獎 和平獎：法蘭克·凱洛格（美國，《凱洛格-白里安公約》） 文學獎：托馬斯·曼（德國，小說家） 化學獎：阿瑟·哈登、漢斯·馮·歐勒-切爾平（英國、瑞士，糖的發酵作用及其酵素） 醫學獎：克里斯蒂安·艾克曼、弗雷德里克·霍普金斯（荷蘭、英國，維他命） 物理學獎：路易斯-維克多·德布羅意（法國，電子波動理論）。

詩的常識

摘自《自己的房間》，維吉尼亞·吳爾芙，1929年

以《航向燈塔》和《奧蘭多》等實驗性小說聞名於世的維吉尼亞·吳爾芙，在1929年出版了一部非小說的散文文學作品《自己的房間》，有著對人情事理的精彩見解。本書基於這樣一個前提：「如果女人要寫小說，她必須有錢和自己的房間。」這本由其前一年的演講集結而成的書對「為什麼幾乎沒有偉大的女性藝術家」這樣的問題，提出了女權主義者的回答。

吳爾芙既是一個偉大的藝術家又是一個有頭腦的經理人。她和她的丈夫列奧納德創立了霍加斯出版社，出版艾略特的早期作品和佛洛伊德著作最早的英文版。她還和妹妹，畫家凡妮莎·貝爾，共同主持了布魯斯貝利團體——倫敦一個具有反叛意識的左派知識分子的文化圈。◀1918（4）▶1949（13）

知性的自由要有物質基礎，而詩又全靠知性的自由。但女人向來貧窮，並不僅是200年來，而是有史以來就窮。女人的知性自由比雅典奴隸子孫的還少。所以女人毫無寫詩的機會。這就是我之所以這麼強調金錢和自己的房間的理由。不過，多虧了以往那些無名婦女的辛勞，我希望我們能多知道一點關於她們的事。很奇怪，還多虧了兩次戰爭，那把佛羅倫斯·南丁格爾由客廳裏釋放出來的克里米亞戰爭和約60年後替一般婦女打開家門的歐戰。由於這些戰爭，這些弊端才漸漸在改進。要不然今天晚上你們就不會在這裏，你們一年賺500鎊的機會——我猜想現在仍是如此——就更要小到極點了。

也許你們還要反對，說你為什麼認為女人寫書這麼重要？既然你自己說寫書是需要這麼努力，也許會引起謀殺自己的姑母，又總使人吃午餐時遲到，而且使人和一些善良的人起很嚴重的衝突？讓我承認我的動機一半是自私的。像大多數沒有受過教育的英國女人

一樣，我喜歡大量的閱讀。最近我的精神糧食變得有點單調：歷史裏的戰爭太多；

雖然如吳爾芙所述，戰爭解放了一些婦女，她自己卻被第二次世界大戰拋進了可怕的抑鬱之中。1941年她投水自盡。

傳記太注重大人物；詩集，我想也漸漸變得貧乏；小說——不過我已經在批評近代小說裏獻夠了醜，所以不再發表什麼意見。所以我要你們寫各式各樣的書，不論題目是小是大都不要猶豫。不論用什麼方法，我希望你們能攢足了錢去旅行，悠然地消磨時光，去冥想世界的過去、未來，看著書夢想，在街頭巷尾閒逛，而讓思想的釣絲深深地沉入溪中。我絕不把你們限制在小說裏。假使你們願意使我高興——而且還有成千上萬像我這樣的人——你們可以寫旅遊、探險、研究及學術的書，還有歷史、傳記、評論、哲學及科學的書。這樣一來，你們寫小說的技巧一定會進步。因為書有一種互相影響的力量。小說若能和詩歌、哲學攜手並肩，一定會好得多。而且假如仔細觀察過去的任何一位大人物，如薩福、紫式部、埃米莉·勃朗特，你們就會發現她是繼承人，也是創始人，而且之所以成名只因婦女自然而然地有了寫作習慣，所以即使是詩的序曲，也會是非常有價值的。

世界各國的相互依賴日益增長，在由美國波及全球的經濟大恐慌中，展現出它殘酷無情的一面。在隨之出現的經濟混亂中，法西斯主義找到了肥沃的土壤。到30年代末，歷史上最大規模的衝突爆發了。

1930
1939

經濟大恐慌在發生地——美國大陸造成的危害：到1932年，美國高達30％的勞動人口失業。翌年，富蘭克林・羅斯福就任總統後，提出了許多旨在為美國人提供就業機會的計畫。在多蘿茜・朗格拍攝的作品《1937年印象》中，一位舊金山的失業者期待好時光的來臨（右圖）。朗格是本世紀最有影響的紀實攝影師之一，他參與了一項委託藝術家記錄美國貧窮狀況的聯邦計畫。

1930 年的世界

世界人口

1920年：19億　1930年：21億

1920-1930年：+10.5%

軍閥佔領的地區
國民黨佔領的地區
國民黨名義上控制的地區

東北九省

北京

南京
上海

香港

中國為實現統一而努力

到1930年，蔣介石將軍的國民黨軍隊已經成功地統一了中國北部和東部地區。那些使中國陷入十多年持續混亂狀態的軍閥被制服。1926年開始，國民黨從南方發動統一中國的戰爭。到1927年，國民黨軍隊已占領了漢口、南京和上海。1928年，北京也落入國民黨手中，接著是東北地區（即滿州，儘管只是名義上歸順國民黨）。蔣介石建立政府後，藉由「整肅」共產黨人，鞏固了他的權力，但自1931年日本軍隊入侵東北地區後，蔣介石的統一大業便受挫。

技術之光

人們只需轉一下旋鈕，便可待在客廳裏透過無線電廣播了解全世界。無線電廣播爲經濟大恐慌時代的家庭帶來了自由的娛樂。後來，在第二次世界大戰期間，無線電廣播又把在歐洲和太平洋地區打仗的士兵的消息傳送回大後方。由於無線電廣播直到本世紀末依然普及，因此幾乎沒有人注意到電視後來取代了無線電廣播。

家庭擁有收音機的比率

英國　美國

1930	30%	
	46%	
1940*	71%	
	82%	

*最接近該年的統計數字。

1990	90%	
	99%	

航空歷史上的第一次

1921 在一次示範表演中，海上船隻首次被飛機擊沉。
1923 首次不著陸橫跨大陸的飛行（紐約到加州）。
1924 首次環球飛行（耗時175天）。
1926 首次跨越北極的飛行。
1927 首次不著陸的跨大西洋單人飛行（34小時內飛行約 3600英里）。
1928 首次由東向西橫跨大西洋的飛行（都柏林到紐約）。
1929 創造了持久飛行的紀錄（在空中飛行150小時40分鐘）。
1929 首次盲目飛行（起飛和降落全靠儀表操縱）。

世界盃足球錦標賽

參觀這項世界上最受歡迎的體育運動錦標賽的觀眾人數

1930
43萬4500名現場觀眾

1994
350萬名現場觀眾
320億名電視觀眾

飛機時速

1904	萊特兄弟的飛機是32.6英里／小時。
1919	科蒂斯公司的NC-4飛機是118.5英里／小時。
1927	洛克希德公司的「維加」式飛機是150英里／小時。
1940	波音公司的運輸飛機是200英里／小時。
1953	道格拉斯公司的DC-7飛機是300英里／小時。
1990	

夢工廠

有聲電影（早期的有聲電影還很粗糙）的出現加深了世界對好萊塢電影的迷戀。早在1920年，在歐洲、非洲、亞洲和南美洲等地所放映的影片中，90%以上來自好萊塢。到1930年，美國電影業的規模是世界最大的。到1990年，美國電影對世界的影響仍然最大，但是印度，這個世界上拍攝最多電影的國家將要超越美國和日本（日本也是世界上較大的電影王國）。

美國每週看電影的人

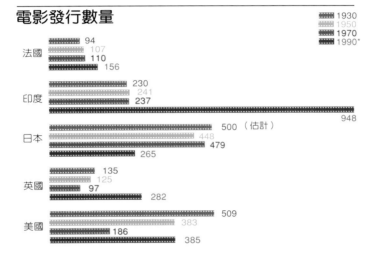

1930 ······ 9000萬

1960 ······ 4000萬

1990 ······ 2200萬

電影發行數量

		1930	1950	1970	1990*
法國		94	107	110	156
印度		230	241	237	948
日本		500（估計）	448	479	265
英國		135	125	97	282
美國		509	383	186	385

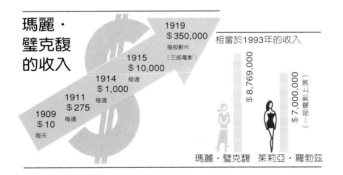

瑪麗·璧克馥的收入

1919 $350,000 每部影片（三部電影）
1915 $10,000
1914 每週 $1,000
1911 每週 $275
1909 $10 每天

相當於1993年的收入

$8,769,000

$7,000,000（一部電影上演）

瑪麗·璧克馥　茱莉亞·羅勃茲

時尚

到1930年，化妝品已被人們廣泛接受。而在此之前，它還爲人們所避諱，或被認爲至少與「某一類型」的婦女有關。《時尚》雜誌寫道：「即便是最保守的人現在也得承認，一位打扮出衆的婦女可能也是一位忠實的妻子和熱愛子女的母親。」到90年代，化妝品已成爲年營業額達800億美元的世界性產業。

洛克希德公司的SR-71飛機是2,124.5英里／小時。

我們所知道的

1929年的股市崩盤半年後，胡佛總統向美國大眾保証：「經濟大恐慌結束。」胡佛的樂觀想法得到哈佛大學經濟學家的支持。其中一位經濟學家寫道：「基礎條件都很健全，因此我們相信，不景氣的局面……短期內就會被遏制住，春季時經濟便會復甦。」

■

儘管人們普遍認爲美國憲法的第18條修正案《禁酒令》是失敗的，但幾乎沒有多少人相信它會被撤銷。德州參議員莫里斯·謝潑德說：「撤銷禁令的機會很渺茫，就像在蜂鳥的尾巴綁上華盛頓紀念碑，讓它飛到火星一樣不可能。」

■

與無聲電影相比，影評家對有聲電影的低劣品質（尤其是燈光和攝影工作）深感憂慮。第一架電影放映機的發明者之一路易－尚·呂米埃說：「有聲電影是個很有趣的發明，但我不認爲它會流行多長時間。」

■

飛機仍然只是喜歡冒險的探險家和想打破紀錄的冒失鬼的領域。然而，載客飛艇卻是飛越大西洋的最迅捷、最安全（到目前爲止，還沒發生過乘客死亡事故）和最豪華的工具。

■

儘管德國納粹黨在1930年的全國選舉中顯示了強大的實力，但人們認爲阿道夫·希特勒的影響正在減弱。德國總統保羅·馮·興登堡已將希特勒摒棄在一邊，他認爲希特勒是撑「古怪的傢伙，絕不會當上總統，他所能期望的最好職位就是郵政部長了」。

■

物理學家阿爾伯特·愛因斯坦宣稱：「毫無跡象顯示可以獲取核能。如果可以將意味著原子可以遭到隨意破壞。」

史蒂芬·斯彭德

踢正步的國家

極權主義時代

在查閱《牛津英語辭典》中的「極權主義」詞彙時，我驚訝地發現它只在1926年才被收入這部綜合性參考書。它引用了倫敦《泰晤士報》最初下的定義：「一種對代議制政體的反動，贊成建立極權主義或中央集權國家，不論其是法西斯或共產黨政權。」在此時，墨索里尼已統治義大利4年，但法西斯主義才正在證明本身是獨裁統治的新形式。墨索里尼率領軍團首次進軍羅馬時，這位領袖看上去也只是像文藝復興時期捲入權力鬥爭的那類唯利是圖的雇傭兵首領。1926年，發生一連串針對他的暗殺事件，促使他強制推行全面鎮壓計劃，這個右派極權主義國家的真面目至此才暴露出來。到了30年代，墨索里尼、希特勒和史達林都掌握了統治權，而且法西斯主義和共產主義比歷史上任何時候都要強大，變成政治潮流的兩極，這時可說世界已進入了極權主義時代。

如果說極權主義意識型態來自19世紀達爾文、馬克斯和尼采等人的著作，那麼只有到了20世紀這種思想才有可能付諸實踐。這時，大眾傳播媒體和量產方式的出現使得社會和經濟能為單一目標動員起來。不論左派極權或右派極權主義，其核心思想都在於極權化的野心，亦即將生活的各個領域都置於中央集權的監督下。在義大利，法西斯分子控制羅馬4年後，開始認真推行極權化。在蘇聯，共產黨贏得1917年革命勝利後，就開始了這一進程（但最初幾年遇到挫折）。在德國，納粹於1933年奪取政權前就顯露了極權化的企圖。早在1928年，納粹宣傳部頭目約瑟夫·戈培爾就利用納粹的出版機構和刊物來塑造德國人的觀念，不僅在政治問題上，也在迄今被認為是非政治的領域，例如兒童教育、音樂、體育和文學等方面。當納粹黨成為德國的執政黨後，政府就成了各方面的獨裁者。

法西斯主義和納粹主義都保證要維護不朽的或近乎不朽的民族榮譽：恢復羅馬帝國和有千年歷史的德意志帝國。不論是義大利人還是德意志「雅利安人」都是超人，命裏注定有權統治其他民族。同時，對於真正出類拔萃的人（領袖）而言，他們又只不過是黏附在其身上的泥土。在義大利和德國，所有政策都是由一個被當成上帝般的人來制訂，並由明確負責轉達其意志且階級森嚴的人員和機構來貫徹執行。

蘇聯的獨裁者也像希特勒一樣殘酷無情，成了被大肆吹捧的對象。不過，右派和左派政權仍存在重大差異。史達林並沒有被當成是不朽政策的化身（如同希特勒被稱為「天才的元首」），而只是世界共產主義發展中過渡階段的無產階級專政的化身。共產黨認為，這種專政是資本主義敵人迫使蘇聯採取的防衛措施。按照馬克斯主義理論，只有當所有國家都牢牢地控制在工人階級手中，進而國家（國家的邊界）消失後，這種專政才會終結。

共產主義公開宣稱的平等主義和國際主義，與納粹法西斯主義篤信的權威和民族主義（最終引發了第二次世界大戰）以及納粹強調的種族偏見（導致600萬猶太人被屠殺）相去甚遠。這種區別有助於解釋為什麼在30年代，如此多的知識分子（從像我這樣的詩人到物理學家）會群起參加本國的共產黨組織。這種區別也有助於解釋為什麼一些公開反對平等主義（偶爾反對猶太人）的知識分子，如最著名的埃茲拉·龐德，會贊成法西斯主

對於形形色色的極權主義者來說，盛大儀式一直被是最重要的方法，用以證明一個民族團結在其不會出錯的領袖之下的神話的重要方式。1933年，在紐倫堡一次精心策劃的納粹集會上，剛被任命的德國總理希特勒對25萬名德國人發表演說（右圖）。翌年，一次更大規模的集會被萊尼·里芬史達爾冷靜地攝入了紀錄片《意志的勝利》中。

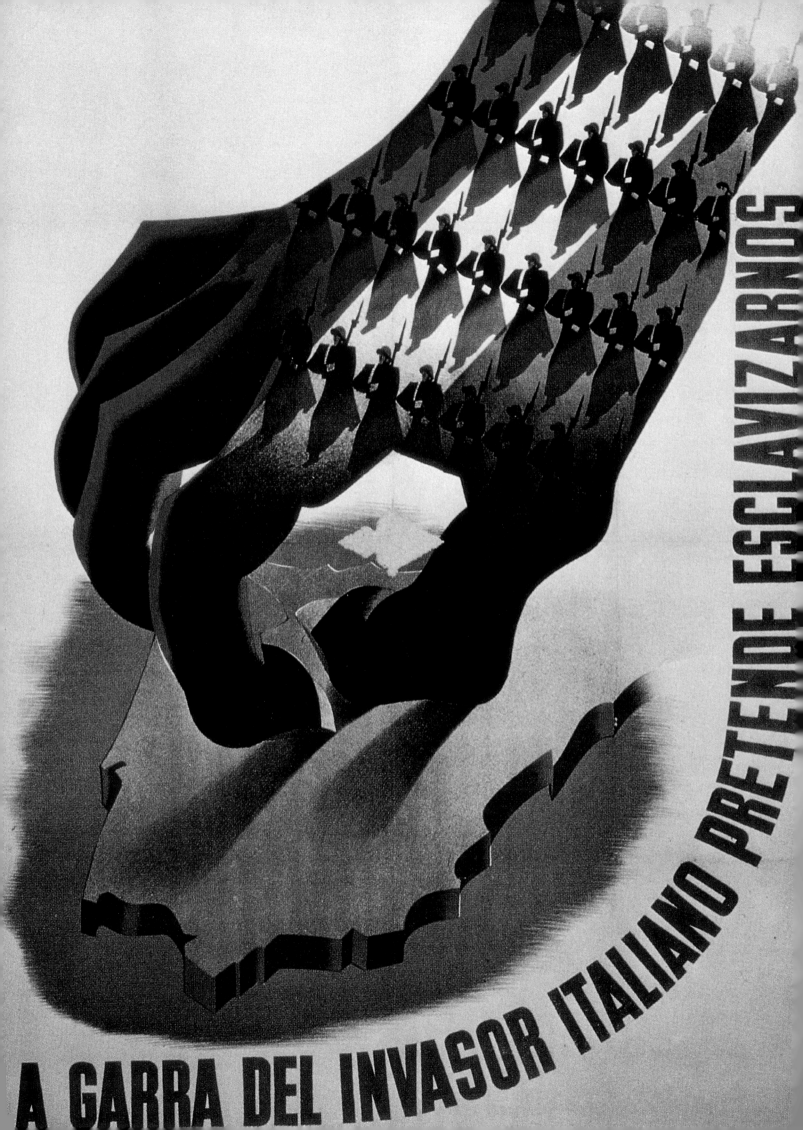

A GARRA DEL INVASOR ITALIANO PRETENDE ESCLAVIZARNOS

義。的確，就是左派激進分子也能感受到法西斯主義的黑色魔力——享有殺人特權的誘惑。我們感到更有必要抵制這種思想。

經濟大恐慌給人一種資本主義制度就要滅亡的感覺。我的祖國英國，像其他西方國家一樣，不斷擴大的貧窮和失業促使人們開始議論革命，出現遊行示威和騷亂。但在德國，這個我30歲以前大部分時間在此度過的國家，在希特勒崛起時的混亂局面確實極爲嚴峻。經濟大恐慌來臨時，那裏的經濟還未從一次大戰的失敗和其後的戰爭賠款中恢復。不得人心、陷於絕境的威瑪政府在一次又一次的危機中苦苦掙扎，而29個黨派的議員則在國會上互相攻訐。在民主的名義下，布呂寧總理以行政命令維持著不民主的統治，但也沒能下令制止兩個發展最快的政黨（納粹和共產黨）的好鬥者進行巷戰。原屬中產階級的年輕婦女，在街頭巷尾或富人進餐的華麗飯店前賣淫。事實上，每個人都把自己看成是某個政治利益團體的一員。這種政治利益團體間的敵意不斷加劇。對於像我和克里斯托弗·伊休伍德（不久即以其《柏林故事》而出名）這樣的年輕作家而言，德國的氣氛特別刺激，而且在藝術、建築、音樂、戲劇，甚至社會關係等領域上活躍的前衛主義，也比在我們自己的國家中自由得多。但這也並非好現象。對許多西方知識分子來說，德國就是個預兆，人類似乎面臨兩種抉擇：要麼是法西斯主義的地獄，要麼是共產主義可能達到的天堂。

我信仰共產主義是由多種因素促成的；我讀過納粹的大量著作，發現納粹既殘忍又邪惡；納粹信奉種族主義、反猶太主義和擴張的軍國主義；納粹領袖公開把撒謊（戈培爾稱之爲漫天大謊）當作不可少的工具。同時，我開始被柏林幾乎整夜放映的蘇聯新電影所吸引。像《鮑特金》，既表達了我對希望、美好事物和英雄主義的渴求，也激發了我現代主義者的感受。我出席政治會議，參與酒吧和咖啡館裏無休止的爭論。而當伊休伍德的一位朋友懷著對史達林取得成就的滿腔熱情從莫斯科回來後，我也開始了信仰的轉變過程。

出於對窮人的憐憫、對被壓迫者的同情和對和平的渴望，我長期以來一直抱有模糊的左傾觀念。如果社會主義「發生」了，我願應該會欣然地接受它。然而，現在較合適的似乎是一種更爲積極的分析方法。我在德國的經歷使我意識到，世界確實像馬克斯所說的那樣，分成資產階級和無產階級兩大敵對陣營。儘管法西斯主義自稱是國家社會主義，但它主張將生產工具集中在資產階級手中，剝奪無產階級作爲一個階級應享有的權利。納粹顯然希望在資本主義的英國和美國的支持下進攻蘇聯。爲阻止可怕的戰爭爆發和在隨後全球各地可能出現的法西斯主義暴政，大家必須支持工人。

1936年，在英國支部負責人哈里·波立特邀請下，我加入共產黨。他讀過我的《自由主義前進》，我在書中主張調和自由主義者的自由觀念和共產主義者的社會正義觀念（後來我理解到這是徒勞的）。波立特卻有不同看法，例如，他爲莫斯科的公開審訊辯護，但要求我聲援西班牙的反法西斯鬥爭。那裏的內戰剛開始。然而，在遊歷西班牙期間，我對共產主義（尤其是共產主義的道德）長期的保留態度，開始急遽轉向反對此思想。

西班牙是法西斯主義首次遭到協同一致的武裝抵抗的地方。1936年7月，當佛朗哥的國民軍從摩洛哥發動進攻時，人們普遍認爲西班牙共和國會向極右的反叛分子投降，就像義大利出現的局面一樣。當西班牙海軍、部分陸軍和成千上萬的公民起而捍衛這個民主國家時，世界各地的人民受到震驚和鼓舞。義大利和德國向民族主義分子提供資金和武器，

**1930
1939**

1936-1939年的西班牙內戰，是一個民主共和國與法西斯德國和義大利支持的軍隊之間在本世紀首次展開的鬥爭。這幅西班牙共和國的傳單，號召西班牙人與「企圖奴役我們的義大利入侵者」戰鬥。具有諷刺意味的是，西班牙共和國對抗佛朗哥將軍領導的民族主義者的反叛，則主要是得力於自身也是極權主義強權的蘇聯幫忙（法西斯主義者所憎恨的敵人）。

並派去了部隊。蘇聯爲共和派提供武器和資金，並通過共產國際建立起一支主要由來自各地的非共產黨志願者組成的部隊──國際旅。

1930 1939

蘇聯所扮演的角色引起了「西班牙內戰是否最終會成爲兩種極權主義之間的衝突」的問題。不過對於共和派的大多數支持者而言，這場戰爭所象徵的莫過於他們爲之英勇奮戰的民主；而對於馬克斯主義者而言，西班牙代表的是對一種比較民主且不太極權化的共產主義的期望。

共和派包括了無政府主義者、種族分離主義者、自由主義者，以及像安德烈·馬勒侯和喬治·歐威爾那樣的個別知識分子；共產黨陣營則顯得較單純。然而，他們這種一致性常常是藉由血腥強制手段來實現。

1937年7月，我參加共產黨在馬德里召開的作家代表大會。在集會上，嚴重分歧的問題是安德魯·紀德剛出版的《蘇聯之旅》。它描述了他最近應政府的倡議訪問蘇聯的情形。紀德發現許多值得稱讚的東西，但也對一些現象，尤其是對史達林的盲目崇拜提出了批評。他還記述了那些批評政府的人士被加以迫害的恐怖情形，他曾祕密會見這些人士。

這次大會發生了分裂。一些人支持紀德自由表達他的觀點，另外一些人則指責他是「法西斯惡魔」，爲正一直不停地炮擊馬德里的法西斯分子提供了「道德彈藥」。一些人認爲，俄國爲建設公正社會而進行的鬥爭，證明史達林的「鐵腕」手段是正確的，正如反法西斯主義活動證明共產黨人在西班牙爲對付無政府主義者和其他極左派分子而採取的法西斯策略是正確的一樣。我發覺我傾向於與此相反的觀點──不道德的手段必將導致不良的後果。令我感到震驚的是，更加教條主義的共產黨人拒不承認「我們這邊」（不只是佛朗哥一派）犯下了暴行。回到英國後，我脫離了共產黨。

1939年後，使知識分子支持蘇維埃模式社會主義的理想主義變得更加難以爲繼了。當時，西班牙共和國滅亡了（至少部分原因在於共產黨策略的失敗），而莫斯科和柏林簽定了臭名昭著的互不侵犯條約。5個月後，當希特勒入侵波蘭時，只有資本主義的英國和法國出面干預。此後，反法西斯的抗爭成了軍隊而不是個人的事情。

到了1945年，歐洲的擴張主義法西斯國家在恐怖的世界大戰中被擊敗，儘管還有不太好戰的各種法西斯主義在西班牙和葡萄牙維持了幾十年的統治（並在其他大陸繼續滋長）。左派極權主義在東歐和蘇聯的統治，幾乎到本世紀末才終結。這種極權主義並不是被武力所戰勝，而是因人民對制度的普遍不滿而崩潰。這個制度從未丟棄建立之初「不得不有」的殘忍和欺騙。早在其未滅亡的時候，專制國家就已演變成一個實行高壓統治的怪物。戈巴契夫當政後壓制有所鬆動，蘇聯社會被抑制的種種弊端便迅即暴露無遺。

近些年最奇特的政治現象之一就是兩種極權主義趨於一致。例如，在70年代的阿根廷，墨索里尼的信徒胡安·貝隆發動了猛烈且互相對立的左派和右派運動。在後蘇聯時期的俄羅斯，前共產黨特務人員紛紛參加保守的極端民族主義運動。這種運動與法西斯主義簡直是如出一轍。也許人們的極權主義衝動以及在可怕的混亂時刻對絕對秩序的渴望，超越了哲學上的分歧──誰應當掌握生產資料，國家至上還是階級至上。這種分歧曾使得法西斯主義和共產主義看來是那麼水火不容。消除政治混亂局面的良方還未找到，於是國家便又回過頭來再三求助於以前那種猛烈的、極具破壞性的對策。

「從巴斯卡的加法機到今天的穿孔卡片計算器，一路走來漫長而艱辛。」
—— 布希

年度焦點

第一台現代電腦問世

1 1930年，在電機工程師萬尼瓦爾·布希的領導下，麻省理工學院的一群科學家開始研發一種「微分解析器」。一年後，布希設計的這種機器已經可以使用了，它比機械加法機更進一步，也是電子計算機的前身，成為第一台現代類比電腦。

電腦與汽車和飛機一樣，也曾經讓科學家和數學家苦思多年，才成功地研發出技術而將它付諸實行。在17世紀時，法國哲學家兼科學家布萊茲·巴斯卡構想出一種精巧的機械加法機。18世紀的德國哲學家兼數學家戈特弗里德·威廉·巴龍·馮·萊布尼茨，設計出一種解析代數方程的儀器。19世紀中葉，英國數學家兼發明家查爾斯·巴貝治（被公認為是現代電腦之父）則設計出數種可進行複雜的數學運算的裝置。到19世紀末，巴貝治的貴族同胞凱爾文已著手製造一種以蒸氣為動力的計算機。他的類比計算機預示了未來的潮流，但是由於維多利亞時代硬體條件的限制，使他的「微分解析器」的夢想未能實現。而50年之後，布希用同樣的基本設計，首先解決轉矩問題，做出了一台可運作的電腦。

布希的機器與當今速度快、噪音低、體積小的電腦完全不可同日而語。它佔用了麻省理工學院裏數十平方公尺的室內空間，由幾百根旋轉的鋼條組成，模擬數值來加以運算。當時還沒有現代化的鍵盤，每次開機時，程式設計者都必須使用用螺絲起子和鎚子來啟動。儘管這種設計還很原始，卻很快就證明了它的實用性。它能解析冗長的微分方程式，一次最多能處理18個獨立變數。

第二次世界大戰期間研發出來的下一代電腦，所採用的並不是布希的電機學方法，而是改以電子科技。例如，在40年代搭建於英國布萊特利公園中的「COLOSSUS」電腦，就是使用1千多個真空管來破解德軍密碼。由於電晶體、固態電路和微晶片陸續被開發，最後終於出現了體積更小、速度更快、功能更強的電腦。▶**1937（11）**

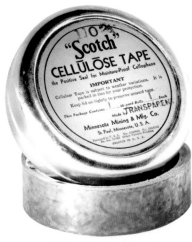

布希（左）和他的「機械頭腦」。程式設計師「一手拿扳手，另一手拿齒輪」工作。

最早的蘇格蘭膠帶裝在防水的金屬盒裏。

科技

節儉膠帶問世

2 和大多數史上的大災難一樣，也有人從經濟大恐慌中獲益不淺。例如，明尼蘇達礦業與製造公司（3M）的老闆為該公司1930年推出的一種專業新產品——透明黏貼膠帶，開拓了驚人的市場。這種膠帶原本要用來黏貼玻璃紙包裝的貨物，但在杜邦公司改善了熱密封技術後，原本的用途很快就被捨棄了。不過當時經濟拮据的美國人已發現了蘇格蘭膠帶（商標名稱源自蘇格蘭人出了名的節儉）的用處，如修補破的衣服和窗簾，修理斷裂的玩具，將剝落的灰泥固定在天花板上，以及黏貼撕破的鈔票等。到1935年，增設了自動販賣機後，該產品更加普及。

透明膠帶的需求量不斷擴大，而3M公司不久就面臨其他製造商的競爭。但不管是哪種品牌，它都叫蘇格蘭膠帶。◀**1908（邊欄）**
▶**1938（6）**

經濟

經濟大恐慌日益嚴重

3 在1929年經濟崩潰的一年內，工業國家的失業人數增為4倍，約有2100萬人。工資直線下降，銀行和企業紛紛破產倒閉。千百萬人為食、衣、住的問題日益掙扎。從澳大利亞到阿根廷，城市地區出現了貧民窟。阿肯色州擁有住宅土地的居民遷到山洞，而加州的居民則住進了下水道。一度富裕

的英國人用紙板補鞋，從鐵路邊揀煤渣取暖。大城市中排隊領取救濟食品的窮人隊伍長達幾條街。儘管真正餓死的人不算多（1934年紐約市約有110人餓死），但營養不良卻很普遍。

社會型態也反映出日益擴大的貧困現象。結婚、離婚和生育的費用昂貴，因此比率全面下滑，但自殺率和遺棄率卻節節高升。家庭和階級的角色也顛倒過來，失業的男人待在家中，妻小卻去當傭人，銀行家則在街頭賣起水果。小鎮裏空空蕩蕩，因為居民都外出找工作。為了抒緩工作的競爭，美國驅逐了40萬名墨西哥裔的公民（包括後來歸化的和在美國土生土長的）。法國也驅逐了同樣多的波蘭、西班牙

失業的英國人獨自示威，抗議經濟大恐慌。

和義大利移民。巴西將4萬名失業的城市居民遷入鄉村。

經歷了經濟大恐慌的人發生了轉變。工人從20年代的遲鈍狀態清醒過來，發動了激烈的罷工。有的失業者遊行示威或發動暴亂，有的則變得漠不關心。小說家變成針砭時事的新聞記者。自由派人士者被蘇聯顯著的繁榮所吸引，成了馬克斯信奉者。由於最懼怕布爾什維克主義，保守派日益投奔法西斯主義。

◀**1929（1）** ▶**1932（1）**

藝術與文化 書籍：《奄奄一息》威廉·福克納；《42度緯線》約翰·多斯·帕索斯；《人民起義》何塞·奧爾加特·加塞；《西馬倫河》埃德納·費伯 **音樂：**
《喬治亞常在我心》卡爾邁克和戈雷爾；《靈與肉》格林、海曼、蘇爾和艾頓；《走在街上的陽光面》麥克休和菲爾茲；《馬羅塞克舞曲》佐爾坦·柯達伊 **繪畫與**

「不要因為我被捕而使我的同伴和廣大人民受到牽連，因為主導這場運動的不是我，而是上帝。」

—— 聖雄甘地

印度

甘地為鹽而遊行示威

4 聖雄‧甘地在完成了322公里的向海邊遊行後，於1930年4月6日抵達印度西岸的丹地，非法收成海鹽。他的舉動充滿象徵意味，是波士頓茶葉事件的翻版，因為當局壟斷了鹽的生產，並徵收可憎的鹽稅。為反抗英國政權，甘地樹立了自給自足的榜樣。

甘地和志同道合的改革者薩羅吉尼‧奈都夫（國大黨第一位女性主席）在甘貝灣。

他引人注目的舉動是為了回應1927年賽門委員會的成立，該委員會是按照1919年蒙塔古－切姆斯福法案的規定。此舉引發了第二次全民不合作運動。理論上，賽門委員會是個調查機構，負責評估英國在印度進行的改革，展現出英國對印度的親善。但英國議會沒有任命一位印度人參加該委員會，激憤的印度國民大會黨領導人不承認該機構，首次要求完全獨立。印度獨立後，1月26日成為國慶日，即國大黨通過這個決議的日子。

英國人有意漠視甘地以鹽進行的抗議，卻阻止不了由此引發的反抗浪潮，如示威、遊行、盜鹽、抵制英國貨、罷工及令甘地驚愕的暴動。面對這種形勢，英國政府逮捕了6萬多名印度人，包括甘地、尼赫魯和其他民族主義領導人。甘地的被捕自然使不合作運動浪潮更加高漲，坐牢和挨打成了光榮的象徵。英國政府權威受到嚴峻考驗，6月便採取更嚴厲的鎮壓措施。

◀1924（5）▶1931（邊欄）

戲劇

喜劇天才

5 劇作家諾埃爾‧科沃德的傑作多半是對兩次大戰之間英國上流社會生活的冷嘲熱諷。其中最優秀的作品《私生活》，於1930年9月24日在倫敦首演，由科沃德親自扮演男主角。

這個劇本是科沃德在上海的一家旅館患流行性感冒期間，用4天寫成的，劇情是描述一對已離異的夫婦埃略特和阿曼達之間連珠炮似刻毒又詼諧的對話，他們剛好和自己的新配偶在同一家法國旅館度蜜月（阿曼達由格特魯德‧勞倫斯扮演，而阿曼達喜歡挖苦人的丈夫維克多，則由年輕的勞倫斯‧奧立佛扮演）。整部戲沒有多少情節，深度也不夠，但像「真奇怪，音樂感染力強卻便宜得很」和「有些女人就該像鑼一樣經常敲一敲」這樣的台詞確實引起了共鳴，隨時被人引用。正如一位批評家所說，埃略特和阿曼達刺激又危險的共處，流露出些許悲哀。

儘管評論對《私生活》不是很熱烈，但這部戲還是轟動一時。第二年，科沃特、勞倫斯和奧立佛又把這部戲帶到百老匯演出。至今此劇仍常重演。▶1934（當年之音）

美國

《斯默特‧霍利關稅法》無法保護美國經濟

6 1930年制定的《斯默特-霍利關稅法》不但沒緩和經濟大恐慌對美國經濟的衝擊，反而加重了美國的災難，並使災難擴大到全世界。按照這項稅法，進口貨物的平均關稅率由已經很高的33%提

高到創紀錄的40%。1千多名經濟學家擔心這會造成國際貿易嚴重的衰退，敦促胡佛總統（上面的漫畫像）否決該法案。但胡佛認定，美國工業因1929年股市崩盤而搖搖欲墜需加以保護，以免遭外國的「不公平」競爭。

經濟學家是對的。世界貿易額從1929年的每月29億美元衰退至1933年的每月不到10億美元。出口虧損造成了世界各國減產，從而加劇了失業現象，只有蘇聯得以倖免。從1930年到1932年間，美國失業人口從300萬人竄升至1300萬人。到1932年，整個工業世界有3000萬人失業。徵收保護關稅非但不是解決之道，反而使問題惡化。

◀1929（1）▶1932（1）

諾埃爾‧科沃德和格特魯德‧勞倫斯在《私生活》中的一幕。

雕塑：《星期天清晨》愛德華‧霍珀；《站立的婦人》加斯騰‧拉歇茲　電影：《西線無戰事》路易‧邁斯東；《摩洛哥》約瑟夫‧馮‧施特恩貝格；《小霸王》茂文‧李洛埃；《動物餅乾》維克多‧赫爾曼；《黃金時代》路易‧布紐爾　戲劇：《廉價商場》瑪麗‧鮑默；《如你所願》路易吉‧皮蘭德婁　廣播：《信不信由你》羅伯特‧里普利

「人們清醒時看嘉寶的感覺，就像醉了一樣。」

—— 影評家肯尼士‧泰南對嘉寶的評論

1930年的新事物

- 有機玻璃
- 彈球機（又名障礙彈珠，由大衛‧戈特里布發明）
- 白朗黛（作者為奇克‧揚）

- 航空公司啓用空服員（聯合航空公司的埃倫‧丘奇）
- 士力架巧克力棒
- 切片麵包（Wonder牌麵包）上市
- 閃光燈泡

1930

美國萬花筒

美國的哥德式建築

1930年，格蘭特‧伍德一幅肅穆的繪畫作品在芝加哥藝術學院展出時引起轟動，這幅畫描繪一對面無表情的農民夫婦，筆直地站在他們的哥德式農舍前面。在這幅反映美國強健的農家習作

中，伍德用的模特兒其實是他的姊妹和牙醫。伍德和其同行，中西部人托馬斯‧哈特‧本頓，都成爲美國地方畫派的一員。
◀1908（4）▶1942（17）

克拉特法官哪裏去了？

這是紐約政界的一大懸案。事發於1930年8月，當時他已在4月被任命爲紐約州最高法院法官的坦慕尼協會律師約瑟夫‧克拉特突然失蹤，未留下任何線索。這位花名在外的法官，中斷了與妻子在緬因州的休假，趕回紐約市。他從辦公室拿了一些檔案，去銀行提5千美元，並且賣掉價值1萬6千美元的股票。在與朋友聚餐後，搭上一輛計程車，從此再也沒露面。有些報紙認爲，他的失蹤與他調查市政府貪污案有關。

裝飾藝術建築之最：紐約克萊斯勒大廈。有位當代批評家說：「該大廈是用金屬和磚石實現一個人的夢想。」

建築

工業美學盛行

1930年，威廉‧馮‧艾倫設計的克萊斯勒大廈落成，高319公尺。有段很短的時間，它是世界上最高的建築物。該大廈的裝飾藝術風格（鍍鎳的放射狀鋼帽和鷹面怪物承霤口）及其摩天塔，名正言順地提升了大廈主人沃爾特‧克萊斯勒的地位，也使資本主義戴上了一圈光環。的確，裝飾藝術使美國建築師能將他們設計的摩天大樓打扮成現代的帕德嫩神廟，並且飾以山形牆和描繪工業文明的橫飾帶。（1916年的紐約城市規劃法規定，爲了加強殿堂效果，達到一定高度的摩天大樓必須與馬路保持一段距離，以維持空氣和光線的暢通。這項法案導致街上充斥著光怪陸離的廟塔式建築物。）

1931年落成的帝國大廈高達381公尺，超過了克萊斯勒大廈。帝國大廈沒有贅飾，並且擴充有利

可圖的租賃空間，因而受到稱道。經濟大恐慌最後迫使不少宏大的建築計畫中止，如建於30年代的洛克斐勒中心。不過在邁阿密海灘和好萊塢等地，較小的藝術裝飾建築物仍然很盛行，作爲「對悲觀主義的反擊」。但這種建築風格逐漸失寵，因爲市場改變和第二次世界大戰使這種風格變得浮誇、過時和昂貴。約翰‧豪威爾斯和雷蒙德‧胡德等建築師逐漸默默無聞。在往後的半個世紀，以勒‧科比意、米斯‧馮‧德‧羅尼爾和菲利普‧約翰遜設計的建築爲代表，純正的國際風格建築從法蘭克福到洛杉磯拔地而起。◀1919（9）▶1931（邊欄）

電影

嘉寶開口講話了

⑧ 1930年3月14日，紐約首映了根據尤金‧歐尼爾的劇本《安娜‧克里斯蒂》拍攝的同名有聲電影。這一天嘉寶開口說話了。批評家認爲，自有聲電影誕生以來，這是「電影界最令人期待又怕受傷害的事」。

米高梅公司已有兩年多不讓旗下的巨星葛麗泰‧嘉寶用麥克風說話。早期的錄音技術易失真，又不可靠，嗓音較輕或口音較重的浪漫偶像，聲音不是變得滑稽可笑就是聽不清楚。瑞典裔的嘉寶有天使般的面孔和憂鬱的氣質，她在《妖婦》、《肉體與惡魔》、《愛情》等片大放異彩，成了世界最受歡迎的愛情女神。但這位斯德哥爾摩昔日的女店員聲音如何呢？

嘉寶（上圖，和瑪麗‧特雷斯勒出演《安娜‧克麗絲蒂》）成功地將電影由無聲轉變為有聲。

米高梅公司爲了保險起見，選定歐尼爾的這個劇本，內容描寫一個瑞典出生，美國長大的妓女愛上

一位水手的故事。嘉寶在電影開場半小時後登場，她佇立在一家海邊沙龍的門口，臉上一副疲倦、不屑的表情。她蹣跚走到桌旁，跌坐在椅子上，用沙啞滄桑的北歐腔說道：「給我一杯威士忌，再加一杯淡啤酒，別太小氣了，寶貝。」有位電影史學家打趣地說：「全世界又喘過氣來了。」

嘉寶被稱爲影壇最偉大的明星，也是最偉大的女演員（較有可議之處）。儘管她在《大飯店》（片中她渴望地說：「我想一個人清靜一下。」）和《茶花女》的表演傑出，但面對現實的經濟大恐慌，她畢竟異國情調太重了，到了30年代中期，她已失去美國觀眾。1941年，她退出影壇，此後往返於紐約和瑞士，直到1990年去世。◀1921（10）▶1941（邊欄）

文學

艾略特的接班人

⑨ 在夢想幻滅、頹廢的20年代，英詩由《荒原》的作者艾略特獨領風騷。但由於經濟大恐慌加劇和國際情勢發生變化，疏離感與焦慮的情緒逐漸被激進的政治氛圍取而代之，艾略特遁入了宗教信仰和保守主義。但1930年出現了一位新的詩壇接班人，奧登的第一

本著作《詩集》由艾略特編輯，費伯出版社出版。

奧登的詩詼諧動人、寓意深刻，和艾略特一樣取材豐富，包括盎克遜魯-撒遜詩句、復辟時期的宮廷抒情詩、音樂廳裏唱的民歌、拜倫、葉慈、里爾克甚至艾略特的詩。但奧登還是個模稜兩可的馬克斯主義者，此外佛洛伊德和尼采對他分析社會弊病的思想產生重要的影響。奧登屬於一個左派詩人團體，其中最著名的成員是牛津大學時的同學塞西爾‧戴‧劉易斯和史蒂芬‧斯彭德。他往後10年的10冊詩集都與當代的迫切問題有關。他寫道：「在黑暗的惡夢中，歐洲所有的狗在吠，一息尚存

> 「沒有所謂的流派，只有個人風格」
> —— 科克多

的國家在等待，彼此都被隔絕於仇恨中。」

西班牙內戰期間，奧登擔任救護車司機，導致幻想破滅。奇怪的是，到40年代初，他的生涯竟逐漸和艾略特不謀而合。艾略特是美國人，後移居英國，改信英國國教。奧登是英國人，卻移居美國，沉迷於新教的神學。兩人熱衷宗教後便失去許多擁護者。但他也成了偉大的文壇宿將，並擔任《耶魯青年詩人》叢書編輯和評論家，為美國詩壇樹立準繩。從1965年艾略特去世到1973年奧登去世期間，奧登是許多人心中最偉大的在世英語詩人。

◀1922（9）▶1946（11）

電影

多才多藝的尚

10 1930年，多種傳播媒體的前衛大師尚·科克多開始投入電影，而後成為他最受懷念的藝術形式。《詩人的血》和他的多數作品一樣，沒什麼情節，而是把夢幻

般的意象編成創作過程中的思考。片中的「詩人」（其實是畫家）畫了一幅肖像，但它的嘴巴卻動了起來。當他慌忙把它擦掉時，嘴巴卻黏到手上，並開始講話。嘴巴變成一尊塑像，命令他走進一面鏡子裏。詩人在鏡子裏經歷了兩次自殺和一次復活。

儘管科克多的電影（尤其是《美女與野獸》和《奧爾菲》）、小說（《可怕的孩子們》）、戲劇（《人類的呼聲》）和繪畫常被認為是超現實派，但他卻將超現實派斥為政治教條主義，並且拒絕一切藝術標籤。他是個自學的天才，連高中也沒畢業。他以芭蕾舞劇《遊行》（1917）嶄露頭角，網羅了一批人才，包括製作人謝爾蓋·佳吉列夫，編舞者萊奧尼德·馬辛，作曲家埃里克·薩蒂，美術設計巴勃羅·畢卡索。佳吉列夫用激將法使這位年輕的作詞者走上成功之路。直到1963年科克多逝世前，佳吉列夫那句「量你也不會令我刮目相

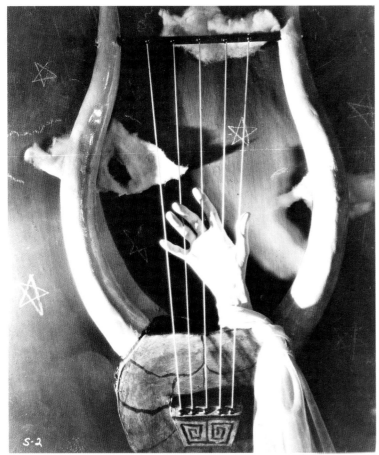

S-2
《詩人的血》用電影描述科克多的內心世界。在這幅劇照中，有隻游離的手在彈奏古希臘豎琴。

看」，一直是激勵他的座右銘。

◀1918（12）▶1959（7）

文學

私家偵探山姆·斯佩德

11 由阿加莎·克麗絲蒂和阿瑟·柯南·道爾開創的英國經典偵探小說基本上是樂觀的，一旦疑團解開後，一切又恢復正常。後來的偵探小說深受美國作家達許·漢密特的影響，他的小說冷峻又憤世嫉俗，展現顛簸無情的世界，正常情況根本不存在，懸案也從未真正偵破。1930年，他出版的《馬爾他之鷹》，塑造出他最著名的角色——言簡意賅、飽經風霜的「私家偵探」山姆·斯佩德。

這部小說書名指的是一座一再被盜的小雕像。騙局不斷擴大，最後唯一誠實的人只剩最早的存在主義男主角。在斯佩德向美麗的布麗

姬·奧蕭納西解釋為何必須告發她是凶手時，他以職業道德擔保，並說：「我們查到的事實是也許你愛我，我也愛你。」這句話的重點在也許。在充滿欺騙的世界上，唯一可靠的是人的良心。套句劇作家莉蓮·海爾曼（漢密特多年友伴）的話，《馬爾他之鷹》和1932年的《瘦小的男人》，使漢密特成了「好萊塢和紐約炙手可熱的人物」。《馬爾他之鷹》三度搬上銀幕。最著名的是最後一部，由亨佛萊·鮑嘉主演。《瘦小的男人》拍成5部系列電影，由威廉·鮑威爾和默納·洛伊扮演尼克和諾拉·查爾斯，這一對破案的夫妻喜歡喝馬丁尼，機智詼諧且老於世故。

漢密特在30和40年代是左派分子。1951年，因拒絕到眾議院反美活動調查委員會作證而入獄半年。他一向煙酒成癮，這次經歷令他更加憔悴，直到1961年去世。

◀1920（5）▶1951（當年之音）

私酒販子

「私酒販子」一詞可能源自美國邊疆地區的習俗，也就是將非法釀造的瓶裝酒藏在長統靴內。這種藏酒的地方及其稱呼，在南北內戰時期也很流行。但1930年，賣私酒的行為創下了新高。2月10日，31個犯罪組織中的158人，因參與大規模賣私酒活動而在芝加哥被捕，這次賣私酒活動向全國的地下酒店售出3000多萬公升的威士忌，價值約5000萬美元。但到了5月，最高法院作出買酒不違憲的裁決，使得禁酒令更難徹底實行。◀1923（5）

瓊斯贏得大滿貫

在1930年的美國業餘高爾夫球錦標賽的最後一洞，亞特蘭大律師兼業餘高爾夫選手羅伯特·泰爾·「巴比」·瓊斯，以他最喜愛的推桿「卡拉米蒂·簡」，成為高爾夫球歷史上第一位贏得大滿貫（美國和英國的公開賽和業餘賽）的選手。此後瓊斯便退出了賽事，沒有轉向職業發展。

◀1920（6）▶1964（邊欄）

發現第九顆行星

24歲的業餘天文學愛好者克萊德·湯博，受雇於亞利桑那州夫拉格斯塔的洛厄爾天文台，搜尋第9顆行星。天文學家已推斷出它位在海王星之外。1930年2月18日，湯博幸運地發現了這顆行星。他在洛厄爾天文台檢視由裝在望遠鏡上的天文照相機拍攝的照片，僅用了一年時間便發現了這顆「暗淡的行星」，即是冥王星。它繞行太陽一周須248年，途經雙子星座。◀1929（9）▶1963（11）

「他的話一針見血；他觸及每個人的痛處……喚醒了大眾的意識，表達了他們內心深處的渴望，說出了他們最想聽的話。」 —— 流亡的德國記者奧托·施特拉瑟對他的舊同事希特勒的評論

環球浮世繪

盟軍撤出萊因區

1930年6月，最後一批盟軍部隊（當時只剩法國軍隊）撤離萊因區，比《凡爾賽條約》規定的時間提前了5年。提早撤軍是第一次世界大戰後，德國與盟國短暫的關係正常化的重要里程碑。

◀1919（1）

馮·施特恩貝格的天使

電影界最著名的一次合作始於1930年，當年約瑟夫·馮·施特恩貝格指導瑪琳·黛德麗演出《藍天使》。黛德麗演活了率性

的酒店歌女蘿拉·蘿拉，因此黛德麗幾乎等於是這個角色的化身。同年稍後，這位柏林出生的女演員到好萊塢發展，派拉蒙公司（該公司發行了英文版的《藍天使》）開始著手把她塑造成足與米高梅電影公司的嘉寶相提並論的明星。◀1930（8）

帕斯菲爾德白皮書

1930年，阿拉伯反巴勒斯坦猶太人的騷亂，促使英國託管的巴勒斯坦連續進行兩次民意調查。兩次調查均顯示，阿拉伯人擔心如果猶太人繼續移入，他們會失去自己的土地。這兩次調查還建議限制猶太人的移入及對土地的取得。英國政府發表的帕斯菲爾德白皮書於是主張這種政策，但是在巴勒斯坦猶太人和世界猶太復國運動領導人的強烈反對下，英國被迫收手。◀1929（7）
▶1937（12）

天主教的節育觀念

1930年12月30日，教皇庇護十一世發佈了他對基督教婚姻的通諭。他宣佈節育「有違上帝的戒律和自然法則，已犯下了大罪」。他要求希望避孕的基督徒要完全禁慾，或定期禁慾（亦即婦女排卵時不可有性行為）。
▶1968（邊欄）

德國

納粹崛起

12 在1930年的德國大選中，納粹總共獲得了650萬張選票，在國會的557個席位中取得107席，成為該國的第二大黨。然而僅僅在兩年前，納粹在國會裏仍只有12個席位。納粹的轉運大部分要歸功於經濟大恐慌。

希特勒自1924年出獄以後，一直想使用合法手段奪取德國的領導權。但國家日益繁榮使得極端的右派和左派對選民缺乏吸引力。1928年，納粹雖然在巴伐利亞的立法機構選舉中取得優勢，但在全國仍然是個小黨。

之後景氣繁榮的局面（主要仰賴美國的信用貸款）逐漸消失。自嚴重的通貨膨脹開始之後，一種無形的怨怒像流行病一樣，隨著經濟大恐慌而傳播開來。共產黨得以死灰復燃，但納粹所訴求的不只是針對某個階級，而是民族自尊、怨怒與恐懼，因此它所吸引的選民層面更廣。德國人民被納粹吹捧成優秀的「亞利安族」最傑出的代表。人民的意願具體地表現在元首身上，國家應該是貫徹領袖指令的機器。民主只是個幌子，主張國際主義和階級鬥爭的馬克斯思想更是窮兇惡極。納粹說，就像操縱德國的世界金融體系一樣，一切左派勢力的活動都是由化身為邪惡的猶太人所發起的。人民必須將猶太人和其他「外僑」逐出德國，並且與鄰近地區的日耳曼兄弟結成「大德國」。

在一幅珍貴的早期照片（戰後在一位希特勒信徒的相簿中發現的）中，希特勒和他的主要將領合影。

除了公開反猶太人（這是一種普遍的偏見，正好為納粹頭子所利用）外，納粹思想和義大利的法西斯主義十分相似。納粹黨人與法西斯分子一樣，崇尚軍國主義，並動用穿軍服的暴力團隊鎮壓反對分子。兩者都承諾要實現社會正義，結束議會的無能狀態，恢復國家的崇高地位，成為國家的救星。對越來越多的德國人而言，這位善於蠱惑人心、舌燦蓮花的希特勒似乎最合乎他們的需求。◀1929（11）
▶1932（2）

體育

世界盃足球錦標賽舉行

13 現代體育運動中最令人垂涎的世界盃足球賽冠軍獎盃，1930年7月在烏拉圭蒙特維的亞初登場時，不過是個寒傖的小錦標賽，參賽國只有13個。然而，對主辦的烏拉圭人來說，卻是一件大

事，9萬人（有許多人6小時前即已趕到）擠在蒙特維的亞尚未完工的百週年體育場，觀看本國的1924年和1928年奧運足球冠軍隊，如何後來居上以4比2戰勝對手阿根廷隊。烏拉圭政府宣佈全國放假一天以慶祝勝利。在布宜諾賽利斯，烏拉圭領事館遭到石塊襲擊。

早在兩年前，國際足球聯合會即已創立了世界盃比賽，讓業餘和職業選手得以跨國相互較勁（另外一項國際足球比賽是在奧運會上，職業球員不准參加）。起初南美洲以外的國家，只有美國、法國、南斯拉夫、羅馬尼亞和比利時等5國參加世界盃比賽。到兩屆後的1938年（比賽每4年舉行一次），參賽國已增至39個。

由於第二次世界大戰爆發，比賽因而一度中斷，直到1950年才又恢復。現代世界盃足球賽得先經過選拔賽篩選出22支隊伍，再加上地主國和上屆冠軍，一共有24支隊伍。▶1958（11）

科學

轟動一時的發明

14 物理學面臨最棘手的一個技術難題是，如何將次原子粒子加速，使其能穿透結合緊密的原子核，並將其分離，以便科學家研究其結構，更瞭解放射線的本質。1930年，年僅29歲的加州大學柏克萊分校的物理學家歐內斯特·勞倫斯發明了一種解決辦法。以前的實驗使用的是英國物理學家約翰·道格拉斯·考克洛夫及其愛爾蘭同事歐內斯特·沃爾頓研製的直線型加速器，這種加速器借助一種或多種爆破性能量撞擊粒子。這種儀器最大的問題是，它必須要有很長的長度才能達到足夠的動力使粒子接近光速。

勞倫斯的構想很簡單，新的加速器不再使粒子按直線軌跡運行，

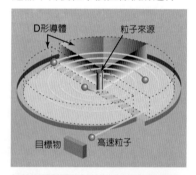

勞倫斯將其原子擊破器稱為迴旋加速器，因為粒子按環形軌跡運轉——這是重大的突破。

而是使其呈環狀旋轉。逐漸透增的能量運用於兩個電極之間形成的磁場中，而非用於短促有力的脈衝。磁場每推動一次，粒子的旋轉速度便越快。

1930年9月，這種被稱為迴旋加速器的裝置，成功地將質子加速到每秒5萬9544公里，也就是光速的五分之一。迴旋加速器很快被冠以「原子擊破器」的綽號。如同顯微鏡對微生物學，望遠鏡對天文學一樣，迴旋加速器對於正在萌芽的亞原子物理學也是種不可或缺的設備。後來，勞倫斯在原子彈的研發中扮演極重要的角色。◀1919（5）
▶1932（10）

諾貝爾獎 和平獎：內森·塞德布洛姆（瑞典，全基督教會團結運動）　文學獎：辛克萊·劉易斯（美國，小說家）　化學獎：漢斯·費歇爾（德國，合成氯化血紅素）　醫學獎：卡爾·蘭達施泰納（美國，血型）　物理學獎：錢德拉塞卡拉·拉曼（印度，光的傳播）。

工程頌歌

摘自哈特‧克蘭1930年出版的《橋》

克蘭原希望他的詩作配上美國現代主義畫家約瑟夫‧史特拉（生於那不勒斯）的油畫《橋》（上圖）。但是由於出版商無法取得該畫的複製權，只好改以沃克‧伊文思的攝影作品搭配。

若說美國僑民艾略特是將現代工業世界的意象與神話、哲學和古代的熱情聯繫起來的第一位大詩人，那麼哈特‧克蘭就是以美國特有的樂觀、開拓精神將二者聯繫起來的第一位詩人。1930年出版的《橋》，是克蘭的代表作，也是本世紀最傑出的詩作之一。該作品長約75頁，用布魯克林大橋象徵人類貫通古今的創造力（右邊是從該書前言中摘錄的大橋頌詩）。《橋》中的人物包括哥倫布、沃爾特‧惠特曼（他的詩也表現了美國特有的活力）、埃米莉‧迪瑾蓀、脫衣舞者、辦公室職員、流浪漢和美國原住民等。但克蘭對現代化的熱衷，並不能使他免於失望，1932年，這位32歲的詩人從加勒比海上的一般船跳海自殺。◀1922（9）▶1936（邊欄）

序言：致布魯克林橋

多少個黎明，寒風吹拂你平靜的水面
翱翔的海鷗低潛盤旋
在橋墩間留下一圈圈白色的騷動——

然後海鷗以完美的弧線，飛離我們的視線
像過眼的帆船般，稍縱即逝
往事如煙，故人在眼前一個個閃過
一直到電梯將我從回憶中喚醒……

我腦海浮現電影的全景畫面
眾多人物一個接一個在鏡前閃現
雖不甚清晰，速度卻越來越快
想必他人也有如此觀感——

橫亙港口的大橋啊，你健步如飛
彷彿太陽也踏著你的步伐，
卻在腳步間略有保留——
你的自由暗中阻止了你！

從某列地鐵的天窗、隔間或車廂
衝出一個狂人，飛奔到你的欄杆，
在那兒斜倚片刻，呼嘯的襯衫鼓脹如球
無言的列車發出了嘲弄。

底下的華爾街，從大樑到正午陽光的縫隙，
像是明亮的天空缺了一顆牙；
雲中的起重機轉了一下午……
你的鐵索仍呼吸北大西洋的空氣。

你應得的榮譽
如猶太人的天堂般飄渺
就連豐碑也難以樹立：
你卻體貼地赦免與原諒了。

噢，你是點燃怒火的豎琴與聖壇
（苦難又怎能僅由歌聲表達）
先知誓約的美妙門檻，
邊緣人的祈禱，情人的悲鳴——

又見交通燈迅速地在你身上閃爍
與天上純潔的星光交相輝映
串串路燈如珍珠裝點路旁，延至無窮
夜幕已脫離你的懷抱。

我在你陰影籠罩的碼頭旁等待；
只有在黑暗中你的陰影才清晰。
紐約市各項事務進行得如火如荼，
這嚴酷的一年以大雪結束……

如你身下湍急的海水，我度過了這失眠的夜
你橫跨大海，像草原夢中的故鄉，
而渺小的我們自上而下掠過你之時
你那優美弧形似借給上蒼的神話。

1930

「我們明白，如果安斯塔特銀行被迫清算，奧地利工人和支薪雇員將遭逢前所未有的大災難。」

—— 社會民主黨主席奧托·鮑爾

年度焦點

安斯塔特銀行倒閉

第一次世界大戰中，奧匈帝國瓦解，但維也納仍是中歐的金融中心。所以，當奧國最大的安斯塔特銀行在1931年春天倒閉時，德國也深受影響。這對兩國都產生了不良後果：反民主的右派勢力得以壯大。

早在1929年股市崩盤前，奧地利的金融體制就一直不穩定，這種現象主要是因管理不善。當銀行紛紛倒閉，就被實力更強的金融機構兼併。但是，安斯塔特銀行在購併一家負債纍纍的對手後，便發現經濟大恐慌使它無法再消化吸收這家銀行了。在面臨破產的情況下，安斯塔特銀行向政府求助。由於奧地利70%的工業和貿易的營運均須依賴它，因此情況變得十分緊急而危險，但政府本身卻早已破產。

當官員為尋求國外援助而四處奔走，安斯塔特銀行和其他奧地利銀行的儲戶惶惶不安，爭相提領存款。恐慌波及德國，使那裏的銀行也出現擠兌現象。7月，規模龐大的達那特銀行倒閉，其他銀行也陸續關門。之後，德國政府才急忙宣佈要放兩天銀行假（事實上大部分的銀行都已停業數週），但為時已晚，數百萬人就此喪失畢生積蓄。此時，奧地利已取得一些國際貸款，並與國外債權人洽定延期償還債務。為了換取法國的合作，奧地利只得放

奧地利的安斯塔那銀行和德國的達那特銀行相繼倒閉，使得柏林人爭相提領存款。

棄與德國成立關稅同盟的計畫，這也打破兩國期待經濟復甦的美夢。

在德國，金融恐慌使納粹吸收了不少新成員——從對舊政治的失敗大感激憤的年輕人，到擔心這些失敗會引發共產革命的中產階級保守分子。在奧地利，儘管這項危機促使國會因情勢嚴苛而團結一致，卻也讓一名法西斯主義者的地方領袖瓦爾特·普弗里摩博士發起叛亂行動。9月，他領導的準軍事性部隊向格拉茨進軍，但因組織不良而未獲成功。不過許多文職和治安官員的積極或消極支持，及軍隊的冷淡反應，顯示出奧地利的民主體制已是搖搖欲墜，若再施以重擊即可能宣告瓦解。最後，這些叛亂分子未受懲罰，還獲准帶著武器撤回。自此之後不到兩年，一名獨裁者就統治了這個國家，合法地實現了普弗里摩用武力未能實現的目標。◀1930（12）　▶1932（2）

中國

馬克斯主義轉向農村發展

1931年末，8萬名學生在蔣介石領導的國民黨政府首都南京發起暴動，抗議蔣介石將軍對日本入侵滿洲所採取的不抵抗政策。廣州一個分離主義政權的領導人汪精衛和孫科於是便利用蔣介石面臨此困境的時機，表明贊同抵抗日本的立場（實際上又同時向東京獻媚）。12月，蔣介石（上圖）宣佈下野，讓位給孫科。

蔣介石的讓位實為一項精心策劃的計謀。在下野期間，他仍得到他麾下軍隊（中國規模最大者）、幾個省政府和財政部長宋子文（蔣介石的連襟）的支持。宋子文故意讓國庫運作陷入混亂，使得一開始就處於不利環境的孫科政府，註定要垮台。下野一個月後，政局的發展證明不可一日無蔣介石，於是他又重掌大權。

另一方面，在這段決定中國正邁向現代的歷史中，即將成為蔣介石頭號對手的毛澤東，也強化了自己的權力。在江西省活動的毛澤東，於1931年冬季和春季逐退了蔣介石的國民黨人發動的一系列反共攻勢。這些勝利讓人相信「在山區發展馬克斯主義」——也就是毛澤東的本土農村共產主義——是可靠的。毛澤東的思想體系幾近異端，偏離了馬克斯和列寧的城市無產階級意識，但其成功卻不容置疑，因而促使設於上海的正統中國共產黨中央委員會重新考慮其政策。

同年11月，在紀念列寧領導俄國革命14週年之際，中國共產黨選出毛澤東擔任第一任中華蘇維埃共和國政府主席。這個期望中的「共和國」所代表的僅僅是中國中南部地區一些很小的共產黨基地；於真正的意義為彰顯毛澤東的支配地

位。漸漸地，經歷了重重的困難，中國共產黨的權力天平由城市偏向山區，也從接受莫斯科訓練的理論派分子偏向土生土長的活動派分子。◀1927（2）　▶1931（4）

蘇聯

壓制知識分子

當史達林鞏固了他在共產黨內的指揮權力，他便對異議分子施以越見強硬的懲罰措施。到1931年時，俄國革命已進入保守的退卻時期，這個國家開始走回頭路，擁抱傳統的價值觀。為確保舉國上下的一致服從，這名獨裁者使了一個新詭計：他將過去主要是用以對付反對派的祕密警察活動擴大施行到整個社會，包括共產黨自身在內。在這樣的極權鎮壓行動中，性喜高談闊論將會造成致命的後果。藝術家和知識分子被迫保持沉默。「這個國家沒有一個會思考的成人，」小說家鮑里斯·皮涅克評論道，「不曾想到自己可能被槍殺。」（皮涅克在1938年被槍殺）

在革命初期充滿希望的歲月裏，俄國曾出現一段輝煌的藝術興盛時期。像安娜·阿赫馬托娃、奧西普·曼傑利什塔姆和弗拉基米

史達林的攻擊對象阿赫馬托娃，這幅肖像畫是奧爾特曼的作品。

爾·馬雅可夫斯基之類的詩人，嘗試用新的形式和思想進行創作；皮涅克和伊薩克·巴別爾這些小說家則寫出了真實大膽的作品；電影導演謝爾蓋·愛森斯坦開始探索他所運用的新興媒體的可能發展性。這些藝術家中，尤其是阿赫馬托娃，

藝術與文化　　**書籍：**《帽商的城堡》克羅寧；《聖殿》威廉·福克納；《棕色幾十年》劉易斯·芒福德；　　**音樂：**《我的所有》馬克斯和西蒙斯；《西班牙女郎》蒂爾斯利、達默雷爾、伊文斯、哈格雷夫斯；《靛藍色的心情》埃林頓和比加德；《電離》埃德加·瓦雷茲　　**繪畫與雕塑：**《記憶的持續》薩爾瓦多·達利；《弗莉達和

「氘的原子核是科學家當前最喜愛的玩意兒。」
—— 尤里，《哥倫比亞大學季刊》

雖對共產主義表示懷疑，但仍願給它一個機會；而另外一些人，包括馬雅可夫斯基、曼傑利什塔姆和愛森斯坦，則毫不掩飾自己對共產主義的反感。到了20年代後期，史達林已迫使藝術成為替國家服務的工具，扼殺了文藝復興的生機。平板、濫情、官方認可的「蘇聯寫實主義」成了唯一可接受的藝術形式。像曼傑利什塔姆這樣進行抵制的藝術家常常會失蹤；而其他如馬雅可夫斯基和俄羅斯「最後一位鄉村詩人」謝爾蓋·葉賽寧則遭到祕密警察脅迫恫嚇，被迫自殺。

那些倖免一死的藝術家，最後只有違背自己意願按照官方觀點進行創作，或者保持沉默。俄羅斯最傑出的詩人阿赫馬托娃則被痛斥為「賣淫的修女」和「蘇聯人中的特異分子」，其作品被禁止出版將近20年。然而，阿赫馬托娃仍繼續祕密寫作，並在她的名作《安魂曲》中，對絕望的俄羅斯人民表達追思之意。◀1929（4）▶1932（8）

日本
入侵滿洲

4 日本在1931年佔領滿洲，並繼之發起一連串的行動，使世界大戰達到最高潮。日本為了報復其所控制的南滿鐵路（1905年，日本依相關條約規定獲得了該條鐵路的控制權和防衛權，是日俄戰爭的戰利品）遭到轟炸一事——據稱是中國軍隊所為，因而對中國東北部領土發動了大規模入侵。然而，鐵路被炸只不過是一個藉口。日本其實早已視人口較稀、資源豐富的滿洲為絕佳的原料供應地；而在日本人口正穩定增加的此時，也是一處適宜的殖民地。

9月，滿洲南部城市瀋陽境內的鐵路遭到日軍轟炸，接著掌控這條鐵路的日本關東軍便迅即向瀋陽推進，奪取中國軍隊的兵營並強佔這座城市。這次入侵並未獲東京的日本軍事當局或文官政府正式批准。關東軍迅速向北推進，期間只遭到負責防衛滿洲的中國元帥張學良的輕微抵抗。在數天的時間內，

這幅美國漫畫痛斥日本不遵守國際條約的行徑。

日本已佔領了朝鮮（當時是日本的殖民地）以北和以西的滿洲省分遼寧和吉林的大部分城市。

有消息披露，張學良已得到中國國民黨政府領導人蔣介石的命令，要將他控制的領土讓給日本侵略者。蔣介石勸告張學良：「在這個時候，為了不給日本人藉口，我們應當遵守嚴格紀律和絕對秩序。」這位將軍顯然相信，消極忍受可以讓他向國際聯盟發出的控訴更添力量（他也未握有足夠軍力可戰勝日軍）。的確，國際聯盟派往中國調查蔣介石控訴內容的委員會是抨擊了日本的侵略行動，但如果蔣介石指望國際聯盟開出什麼更有效的藥方，那他就要失望了。國際聯盟表現出固有的軟弱本質，未對日本採取任何制裁措施。日本雖遭到嚴厲譴責，但仍被允許佔有侵略所得的領土。◀1929（14）▶1932（5）

科學
發現重氫

5 在本世紀的頭幾十年裏，科學家們看著有關原子結構的慣用學理一個接一個被推翻。1931年，打破了物理學中最受重視的一項定論：一個氫原子是由一個圍繞原子核旋轉的電子和原子核中的一個質子所構成。當時，哥倫比亞大學的一位化學家哈羅德·尤里發現，在5千個氫原子中，大約

會有一個氫原子還含有一個中子，明顯地使其重量增加一倍。

由於一般氫的沸點為絕對溫度13.9度（攝氏零下259度），然而較重的氫，其沸點則為絕對溫度18.6度，因此尤里只要將溫度維持在略低於較高沸點的狀態下，就能夠使較輕的氫耗散（藉由蒸發），而剩下的就是一種濃縮的新物質——氘。

儘管氘還不算是第一個被發現的同位素（一組同位素中的各原子有著相同質子數，但中子數不同），但它和現存一般最基本的原子之間的關係是一項非比尋常的發現。從氘又發現了另一種更稀有的氫同位素——氚。在每100億個氫原子中，大約有1個氫原子是這種同位素，而其結構為1個質子、1個電子和2個中子。後來這2種物質成為氫彈的基本成份。這兩種同位素可融合成含有2個質子、2個電子和2個中子的氦原子。融合的過程中，喪失的質量轉化成賦予氫彈致命破壞力的能量。◀1919（5）▶1932（10）

氘和氧發生化合作用後，就形成了「重水」。

迪哥的肖像》弗里達·卡羅　　電影：《壯志千秋》韋斯利·拉格爾斯；《城市之光》查理·卓別林；《吸血鬼》陶德·布朗寧、貝拉·盧格西；《M》佛烈茲·朗；《舐犢情深》金·維多；《禁忌》穆爾諾和弗萊厄蒂　　戲劇：《哀悼》尤金·歐尼爾；《溫波街的巴瑞特父女》魯道夫·貝西爾；《我為你歌唱》喬治和艾拉·蓋許文、考夫曼和瑞斯金　　廣播：《埃迪·坎托秀》。

「我真高興我們吃的不是煎蛋捲。」

——《人民公敵》一片中，賈克納將葡萄柚壓到配角梅·克拉克臉上時所說的台詞

1931

美國萬花筒

社會工作者

珍·亞當斯因終身從事社會公益事業和致力促進世界和平，而榮獲1931年諾貝爾和平獎。亞當斯1889年在芝加哥貧民區建立的福利機構赫爾之家，是美國最完善的教育與社會公益組織。

最高的建築物

4月30日，胡佛總統在華盛頓按下按鈕，曼哈頓的帝國大廈頓時燈火通明起來；而它381公尺（其中包括一座飛船繫留塔）的高度，像是在對經濟大恐慌提出反抗。由於又加裝了電視廣播天線，這座屬於裝飾藝術風格的大廈一直到1972年時都是世界上最高的建築物。◀1930（7）

放蕩不羈的內華達州

為了增加收入，內華達州州議會

將賭博合法化，並通過全國最寬鬆、且有助於「快速離婚」的居留條件。隨著暫住居民——有些人是來賭場擲金尋樂，有些則是來擺脫不中意的配偶——不斷湧入，內華達州開始繁榮起來。而

文學

賽珍珠的中國史詩

6 儘管中國曾出現過像魯迅這樣優秀的本土作家，但世界其他地方的人卻是透過西維吉尼亞

州的一位婦女所寫的小說才開始瞭解這個國度。賽珍珠隨著當傳教士的父母在中國長大，她根據聖經欽定譯本和年少時期喜愛的中國傳奇小說寫出了風格引人入勝的《大地》，並於1931年出版。

這部史詩般的作品，是賽珍珠描繪勤勞農民王龍及其子孫生活的三部曲中的第一部，出版後極受歡迎，但有些批評家卻認為該作品扭曲了中國文化。她在報紙上駁斥這些指責，在獲得1938年諾貝爾文學獎後，也在頒獎典禮上發表的一場以中國小說為主題的演講中，間接傳達了這樣的反駁訊息。

她獲得諾貝爾文學獎一事（第一位獲此獎項的美國婦女）在當時備受爭議。惡意批評她的人認為，女性不配得到諾貝爾獎（或許只有美國小說家威拉·凱瑟除外），而

電影

「當面」修理人的影星

8 在1931年上映的《人民公敵》一片中，當故事接近尾聲時，只見滿身彈孔的詹姆斯·賈克納氣喘吁吁地說道：「我不是這麼粗暴的。」相反地，賈克納扮演的這名邪惡的執法殺手，乃是銀幕上最粗暴、最真實、也最令人驚駭的一個。在罪犯充斥於現實和影片中的那個年代裏，賈克納所表現的真實感和強烈的無道德觀，就連最意興闌珊的觀眾也深覺震撼。其在第5部的電影中，他搶劫、敲詐、行凶、以惡謀殺人，而且始終不悔。片中最令人難忘、也最駭人的鏡頭，就是他將早餐吃的葡萄柚砸在他那嘮叨的女友臉上。就因為這顆變形的葡萄柚，賈克納變成了明星。

且賽珍珠當時只有40歲，無論從年齡或是作品的數量來看，都無資格獲此殊榮。但當時正值日本入侵中國，世界局勢也日漸紛擾，賽珍珠對人道主義的聲援，正好符合諾貝爾設立此獎項時的初衷。她創辦了兩個國際兒童福利組織，著有85部作品。◀1901（5）

科技

第一部電子顯微鏡誕生

7 將近500年的時間，有關顯微鏡的基礎科技沒有什麼重大改變。1931年，德國科學家馬克斯·克諾爾和恩斯特·拉斯克，對顯微鏡進行了自16世紀荷蘭人加裝第二片透鏡以來的最重要革新：他們研製出一部電子顯微鏡，能將物體放大17倍，是透過電磁場或靜電場將電子束聚集於真空中，從而達到放大物體的目的。而後在10年內，又出現一種改良型顯微鏡，可將物體放大10萬倍。

有兩項發現為克諾爾和拉斯卡所取得的突破奠定基礎。1924年，法國物理學家路易·德布羅格里證明電子束具有波動性質，但其波長要比光的波長短得多。德布羅格里的發現意味著，如果能找到使電子

束聚焦的方法，就能用它來放大物像。二年後，德國物理學家漢斯·布希則發現電磁場或靜電場對電子所具有的聚焦效果。實際上，電磁場或靜電場就像是透鏡，電子則變成了光。而由於電子波長比光的波長短，因此電子的放大功能相當的驚人。

在現代電子顯微鏡下被放大380倍的一根頭髮。

30年代，諸如德國西門子公司、英國的大都會－維克爾斯公司和美國無線電公司等大型科技企業，又對電子光學的基本原理做進一步研發。◀1924（2）

美國

被羅織入罪的斯科茨伯勒少年

9 在經濟大恐慌期間，有成千上萬的美國人非法跳上貨運火車外出找工作。1931年3月，在一列行經阿拉巴馬州的火車上，一群白人青少年和一群黑人青少年發生爭吵。後來這群白人青少年被趕下了火車，於是在下一站向當地提出控訴。當地的郡保安官派人追上這列火車，圍捕到這9名年齡介於13至20歲之間的黑人青少年和二名年輕白人婦女。可能是害怕被控以遊蕩和賣淫的罪名，這二名婦女聲稱遭到這些黑人強姦。最後原告和被告都被帶到斯科茨伯勒，而接下來的訴訟成為本世紀最具爭議性的案例之一。

4月，這些「斯科茨伯勒少年」開始接受審判。儘管二名所謂的受害者所提供的證詞互相矛盾，醫生也證實二人未遭強姦，但全由白人組成的陪審團卻在審判首日就判處二名被告有罪（法庭外有1萬名旁觀者為判決而歡呼，連管樂隊也來演奏助興）。接著其他少年也迅即被判有罪，而且除了一名13歲

「我們玩得開心極了。」
—— 波斯特在記者佛洛伊德·吉本斯要求他描述這趟創記錄飛行時所做出的答覆

9名被告及其律師薩姆·萊博維茨在斯科茨伯勒監獄內。

少年外，其餘一律被判死刑。那名少年原是因年幼而倖免一死，然而有7名陪審員仍堅持他無論如何都要坐上電椅。法官後來於是宣布此案審判未決。

在國際的強烈抗議下，此案提請上訴。1932年，最高法院以被告辯護律師不適任爲由，推翻此案判決。此後在一次審判中，由於檢察當局對被告律師發起明顯反猶太色彩的攻擊，因此9名被告中又有一名再次被判有罪。1935年，最高法院又推翻了這個新判決，裁定阿拉巴馬州組織陪審團時故意將黑人排除在外。

儘管最高法院做出權威性裁決，而一名原告也已撤訴，但他們仍一再被審判。而全國有色人種促進協會和共產黨則爲爭取擔任這些少年的代表而相持不下，公開對立。最後在政治壓力不斷增加的情況下，阿拉巴馬州於1937年撤銷了對5名最年輕被告的指控。其後，除一名被告外，其餘均獲得假釋。而這最後一名被告克拉倫斯·諾里斯也於1946年獲得假釋，並在1976年獲阿拉巴馬州州長赦免。◀1923（6）▶1941（邊欄）

航空
8天半環球飛行

⑩ 1924年，乘飛機環繞地球一周需時半年。而隨著查爾斯·林白飛越大西洋和多項航空創舉的接連出現（包括「齊柏林伯爵號」21天牛的環球飛行），個獨眼的奧克拉荷馬人威利·波斯特於1931

年宣布能在10天內完成環球飛行。而實際上費時不到9天。

波斯特曾當過特技飛行員、洛克希德公司試飛員和掘油井工人。那時，他是一名私人飛機駕駛員，雇主是位石油大亨，將飛機（一架洛克希德公司製造的單引擎「織女」式飛機，並命名爲「溫尼梅號」）借給波斯特，讓他去實現夢想。波斯特雇用了在澳大利亞出生的領航員哈羅德·加蒂，並改造溫尼梅號，使其適於遠程飛行。

波斯特和加蒂兩人於6月23日從紐約飛抵紐芬蘭，隨後到利物浦。在柏林，成千上萬的人歡迎他們到來；但在遭遇一場暴風雨後，他們在莫斯科暫停行程。在西伯利亞，馬匹將溫尼梅號從泥淖裏拖了出來。波斯特在阿拉斯加的海灘登陸後，用榔頭和石塊修復了一具彎曲的螺旋槳。接著飛越加拿大境內的洛磯山脈，抵達艾德蒙呑，那裏有條街道拓寬一倍以充當跑道。飛

圖為身穿飛行服的波斯特。他打破了「齊柏林伯爵號」在1929年以12天完成環球飛行的舊記錄。

完最後一段航程後，他們返抵紐約（從起飛到返回共用8天15小時51分鐘）。有1萬名情緒激昂的民眾觀看他們著陸。波斯特後來寫道，這次的冒險經歷證明了「一架設備普通、小心駕駛的好飛機」可以勝過任何飛船。◀1929（邊欄）▶1938（5）

文學
批評的重要性

⑪ 埃德蒙·威爾遜在年僅22歲時便曾如此寫道：「我唯一的目標就是文學。」能這樣深明自我性向之人，實屬少見。

威爾遜是詩人、小說家、劇作家、記者、編輯和歷史學家，尤以社會和文學批評家的身分著稱。從20年代中期到50年代，他一直是美國知識界的引領潮流者；在1972年去世前，也是世界上頂尖的學者。他的第一部文學批評著作《阿克塞爾的城堡》於1931年出版，探討象徵主義對葉慈、瓦萊里、艾略特、普魯斯特、喬伊斯、蘭波和格特魯德·施泰因等人的影響。就像他大部分作品一樣，這部作品也塑造了當代的思想。

任《新共和》和《浮華世界》雜誌編輯時，威爾遜已幫助海明威、福克納和費茲傑羅建立名聲。在《去芬蘭車站》（1940）中，他把共產主義的歷史描繪得像偵探小說一般引人入勝，因而使這種意識型態風行美國知識界。在《創口與弓》（1941）中，他把焦點從馬克斯轉向佛洛伊德，首開探討藝術與經神疾病之間關聯的先河。

同樣也是在40年代，當他任《紐約客》雜誌首席評論家時，亦確立文學創作準則，並出版自己的短篇小說集。50年代，開始學習希伯來文，準備撰寫關於死海古卷的書。儘管屬激進派陣營，但這時他已成爲喻戶曉的名人：他1953年獲頒總統自由勳章。◀1925（5）

後，該州寬鬆的婚姻法卻也導致婚姻破裂的現象激增。

吹小號的青年

8月6日，傳奇性的小號演奏家比克斯·貝德貝克因罹患肺炎（嚴重酒精中毒所引起）在紐約皇后區去世，得年僅28歲。這位對他幾乎完全不懂的交響樂深深著迷的德裔小號演奏家，可以說是首位偉大的抒情爵士獨奏家。他創造出極爲細膩而內斂的完美音樂形態，與路易斯·阿姆斯壯及其追隨者表現的帶有強烈新奧爾良樂風的爵士樂大相逕庭。

廣播裏的安娜

「孤兒安妮」原就是深受喜愛的漫畫人物，而在3月6日國家廣播公司更推出一齣廣播劇，描寫的即是這個「紅色捲髮的聒噪女孩」和她那富有的恩人奧立佛·沃巴克斯，及她那隻忠心小狗桑迪間的故事。此後這齣廣播劇就和原先的漫畫一樣，成了捍衛政治保守主義的堡壘。該劇一直播至1943年。◀1928（當年之音）▶1932（邊欄）

難忘的怪物

鮑里斯·卡洛夫以扮演恐怖電影的典型角色建立起他的演藝事業。在1931年的《科學怪人》一片中，他刻劃出一個善感極令人

驚嘆的怪物形象（這是「吸血鬼」貝拉·盧格西推都演出的角色）。▶1974（當年之音）

人民公敵

與阿爾·卡彭所犯下的其他罪行相比，這次他入獄的罪名其實在平淡無奇。這都要感謝28歲的司法部調查員埃利奧特·尼斯的努力，這名頭號惡徒終於在10月時因逃漏所得稅而被判處11年刑期。◀1929（5）

美國政治與經濟 國民生產毛額：763億美元；國民收入自1929年以來已下降33%；失業率接近16%；加拿大提高關稅，希望將從美國進口的貨品數量降至60%；阿肯色州的哈蒂·卡拉威成爲第一位當選美國參議員的婦女；美國小麥產量創下最高記錄，堪薩斯州的一些郡放棄稅收，以阻礙取消抵押品贖回權；《星條旗》成爲美國國歌。

「她跳躍時猛烈震顫；她緩進時碎步蹣跚；她奔跑時橫衝直闖；她彎身時纖腰款擺。她的舞蹈語言中少有凌空飛躍的動作，卻出現大量在地板上翻滾的場面。」　　——舞團贊助人林肯・柯爾斯坦論葛蘭姆

1931

環球浮世繪

高空極限

5月27日，瑞士物理學家奧古斯特・皮卡德和他的同事保羅・基普弗率先駕駛著大氣球飛入了地球平流層，高度達15,777公尺。以前的飛行經驗明白地顯示，極高空的低壓能使乘客致命。因此皮卡德設計了一種鋁製球形密閉艙，而這也就是未來壓力艙的雛型。◀1958（6）

英國的法西斯主義者

1931年，奧斯瓦爾德・莫斯利爵士以他所創建的社會主義政黨名義參加國會議員競選，結果鎩羽而歸。後來他又建立了另一個政治組織——英國法西斯主義者同盟。該聯盟成員鼓吹反猶太思想，在倫敦東區的猶太人社區示威遊行，擺出極右政治姿態。莫斯利辯才無礙，極力為希特勒辯解。第二次世界大戰爆發後不久，他即遭到拘留。1948年，莫斯利發起了同盟運動，繼續宣揚他的右派觀點。

城市的象徵

1931年，在巴西里約熱內盧南邊704公尺高的科克瓦多山頂上，矗立起了一尊《救世主》巨

大的混凝土塑像。巨像高約38公尺，其伸展的雙臂長達28公尺，是法國雕塑家保羅・馬克西米連・蘭多斯基作品。

《甘地-歐文協定》

3月5日，調解態度積極的印度總督歐文爵士和莫漢達斯・甘地（獲得特釋出獄）結束漫長的談判，共同簽署了《甘地-歐文協定》。儘管甘地做出了較多讓步（反對派人士指責他接受了某些限制印度自治的條款），但他能坐在談判桌旁進行交涉的事實，象徵一種新秩序即將出現，印度人可能將會與英國人享有一樣的平等待遇。◀1930（4）▶1932（4）

舞蹈
超越柔美

⑫ 在1923年離開著名的丹尼斯肖恩舞蹈團之後，編舞家暨舞者瑪莎・葛蘭姆一直在摸索自己的藝術定位。1931年，她以《原始神祕》在創作以及舞蹈事業上取得突破，終於確立了自己的舞蹈風格。

葛蘭姆曾是丹尼斯肖恩舞蹈團的耀眼舞星，但她已對該團以民族舞蹈為基礎所表現的異國情調風格感到厭倦。在自己的舞蹈中，發展出生硬、多稜角的舞蹈動作（以大膽的肌肉收縮來表現），與當時最前衛舞蹈的流暢精緻風格形成鮮明對照。她身穿管狀針織緊身衣，採用灰白色系化妝（她戲稱那是「我的長毛衫時代」），隨著不和諧的現代音樂起舞。觀眾和批評家都對她的作品冷嘲熱諷。

然而，她的探索恰好與逐漸被認同的抽象派藝術家的探索相呼應。1929年股市崩潰後，她作品中蘊含的嚴肅性和社會意識（有部作品即稱為《起義》）吸引了一群狂熱的崇拜者。葛蘭姆領導的這個全由女舞者組成的舞蹈團，就像軍隊一樣整齊劃一地表演舞蹈，摒棄柔美的動作，展現出原始拙樸的生命力，為這個由個人主義走向集體主義的世界帶來適宜的美學觀念。

《原始神祕》是葛蘭姆旅居新墨西哥州時，從當地原住民中的一群神祕主義者中擷取靈感而完成的創作。然而，作品中所描繪的宗教儀式場面，並非取材自任何特定宗教傳統，而是為創造一種共同神祕語言所做的成功嘗試。這部作品以及其他4部系列作品，均獲得極佳評價。葛蘭姆已找到其創作的基本素材。

在漫長的舞蹈生涯中（1991年去世，享年96歲），葛蘭姆繼續從古希臘或美國邊區的神話傳說中發掘類似的精神特質。但是很快地，

她脫下長毛衫，以華麗的裝扮活躍在現代舞蹈史上。◀1915（8）▶1944（14）

西班牙
共和派力抗時潮

⑬ 當納粹在德國興起，史達林主義在蘇聯當權，以及法西斯主義在義大利逐漸得勢時，西班牙卻在1931年反其道而行：在7年的獨裁統治後，廢黜其國王，並且成立共和國。

1923年，西班牙國王阿方索十三世幾乎在一連串軍事和政治危機中失去王位，但米格爾・普里莫・德里維拉將軍救了他。德里維拉中止實施憲法，並遂行獨裁統治。左派對他採取的高壓政策憤憤不平，右派也對他所嘗試的社會改革（雖然都是些溫和措施）嗤之以鼻。大家都譴責他平庸無能，使國家的財政赤字在5年裏增加了一倍。

1930年1月，德里維拉宣佈辭職（並於數週後去世），但阿方索十三世的處境卻更加險惡。西班牙當時已是歐洲最貧窮的國家之一，經濟大恐慌使得情況雪上加霜。12月，國家已經陷入動亂。國王被迫向民主制度做出些許讓步，於1931年4月舉行地方自治選舉。令他驚訝的是，選民都一面倒地支持反對君主制度的候選人——正如其內閣總理所驚呼的：「一個我們認定是君主制的國家竟然在24小時內就變成了共和國」。當軍隊拒絕保衛阿方索及維持其統治後，他便逃往法國。

在6月的選舉中，社會工人黨（PSOE）成了最大的贏家。自由主義者曼紐爾・阿薩尼亞就任總理，中間派人士尼塞托・阿爾卡拉・

中間派人士尼塞托・阿爾卡拉・薩莫拉（中）成為西班牙新共和國的總統。

薩莫拉則成為總統。這些新領導人創建學校，使離婚合法化，實行政教分離制，並且保證讓加泰隆尼亞省實行自治。然而，由於內部分裂和缺乏資金，政府難以兌現其重新分配土地的承諾，因而激怒了左派人士。而右派也對神職人員、王族和富人遭到明目張膽的攻擊，及政府甘心「肢解」西班牙而深表憤慨。大多數西班牙人都對重建民主政體表示歡迎，但在共和國成立5年後，西班牙還是爆發了內戰。◀1925（2）　▶1933（7）

思想
不完備理論家

⑭ 「所有的克里特島人都是騙子；克里特島人埃庇米尼得斯如是說。這則陳述是錯的。」

每個人對這個邏輯難題都很熟悉。這是自相矛盾的陳述，是既正確又不正確的命題——數學家可能會將其歸於「不可判定的」命題，因為它並不存在於任何已知數理邏輯體系的定則之內。1931年，維也納大學的數學家（後任教於美國的普林斯頓大學）庫特・哥德爾提出一項定理，證明任何數學體系都難以擺脫這種自相矛盾的詭論。說得更恰當些，每一個數學體系都存在著「漏洞」，在某方面都是「不完備的」。

儘管哥德爾提出的不完備定理顯得抽象，卻對數學產生了革命性的影響。以前數學家曾花費極大的精力，企圖建立無懈可擊的數學體系（這在羅素和懷特海合著的《數學原理》中尤其明顯），以解決數學中存在的詭論、矛盾和模稜兩可之處；而這種不完備定理使他們體認到，開放性的結局不僅不可避免，而且有其效益，可能從中揭示出意想不到的真理。哥德爾的理論有力地證明在開拓新研究領域上，尤其是語言學和人工智慧方面大有可為。◀1927（6）▶1957（13）

王侯般的厚皮動物

摘自尚・德・布呂諾夫1931年作品《巴巴的故事》

要是塞西爾・德・布呂諾夫的丈夫尚不是畫家，而尚的家族也不是從事出版業，那麼塞西爾為她兒子洛朗和馬蒂厄所講的床邊故事也許就這樣被埋沒了。1931年，尚・德・布呂諾夫將這故事的圖畫本變成了《巴巴的故事》，該書出版後就迅速創下暢銷佳績，並成為兒童文學的經典之作。巴巴是一頭小象，母親被獵人所殺。他逃到一座城市中（此處頗像德・布呂諾夫眼中的巴黎），

學會了文明的生活方式，後來又回到叢林統治他的同類。也許這本書及之後出版的「巴巴」系列作品不免會被批評為是在宣揚殖民主義和種族主義，但該系列表現出簡樸卻精緻的美術風格，並以巧妙手法揭示成長的經驗與教訓，已使其成為風行全球的作品。◀1926（6）▶1957（當年之音）

這裏翻印的幾幅圖畫是尚・德・布呂諾夫為《巴巴的故事》所創作的水彩畫原稿，其中並搭配他親手所寫的文字敘述。在右圖中，城市的一切讓巴巴大開眼界（右圖）。文字敘述中寫道：「這是他第一次看到這麼多的房屋。」當他偕同在城市裏認識的塞勒絲特和她的表親亞瑟返回叢林時，象群對他乘坐的汽車和他們3人的穿著驚嘆不已。巴巴和塞勒絲特很快就結了婚，成為國王和王后。

「在這不幸的時期需要制定計畫，使處於金字塔底層被遺忘的人重拾信心。」

—— 羅斯福

年度焦點

富蘭克林‧德拉諾‧羅斯福擊敗胡佛

1 受到經濟大恐慌最嚴重打擊的國家皆陷入政治混亂局面。在英國，工黨創始人拉姆齊‧麥克唐納取代最大黨保守黨成為議會領袖。在德國，大蕭條讓商業界人士支持公開（雖然是偽善的）反對資本主義的阿道夫‧希特勒。在美國，它使得貴族出身的富蘭克林‧羅斯福以工人階級擁護者身分競選總統。羅斯福的對手赫伯特‧胡佛曾以改革主義者和人道主義者而為人所知（在第一次世界大戰期間他曾領導美國對歐洲的救濟活動）。但在1932年，即執政3年後，民眾普遍認為他是反動分子，對其國內陷於貧窮的民眾毫無建樹，而且這個形象一直維持至今。

其實，胡佛對經濟的干預比歷任總統都廣泛得多。他提出的經濟計畫核心就是1932年1月成立的復興金融公司。該公司將15億美元（後追加為35億美元）借貸給各儲蓄機構和鐵路公司。該計畫之目的在於提供商業資金以便重新雇用員工。儘管胡佛不太情願，但復興金融公司不久也開始向公共工程提供資金。而雖然胡佛向來反對為失業者提供直接補助（當時美國尚未建立聯邦社會福利制度），但他最後仍授權聯邦農業局分配多餘的小麥給貧民。

但即使實施這些前所未有的努力還是於事無補，也為時太晚。銀行仍依舊紛紛倒閉，失業率持續攀升。批評家抨擊復興金融公司為「商業補給線」，而許多美國人民正在飽受饑餓。胡佛則認為情況尚未到嚴重的地步。

羅斯福的競選政見並不激進（他批評胡佛預算超支），但他為「被遺忘的人」實施「新政」的承諾深獲人心。小兒麻痺症雖然使這位紐約州州長必須以輪椅代步，但他熱情奔放，與鬱鬱寡歡的現任總統胡佛形成鮮明對比。在11月大選中，羅斯福以壓倒優勢獲勝：2280萬票對胡佛的1580萬票。在往後的幾十年中，FDR（羅斯福的略稱）改變了美國，並和它共同改變了世界。◀1930（3）▶1932（12）

洛杉磯的競選活動中，幽默作家威爾‧羅傑斯（右一）介紹富蘭克林‧羅斯福（左一）。圖的上部，汽車反射鏡上的競選宣傳字樣。

德國人的家庭觀：一幅競選海報懇請婦女惠賜希特勒一票。

德國

希特勒跨越權力門檻

2 1932年的德國選舉象徵其民主末路的開端。經濟大恐慌瓦解了議會中社會黨和中產階級黨派之間的舊有聯盟。中間派總理海因里希‧布呂寧（只有他可以拯救威瑪共和國）不得人心，因採取高壓的嚴厲措施而喪失威望；唯有納粹黨日益活躍。4月，納粹黨控制了4個州政府，而其領袖阿道夫‧希特勒贏得37%的選票，僅次於勉強連任的保守派總統保羅‧馮‧興登堡。接著布呂寧宣佈辭職，繼任的法朗茲‧馮‧巴本要求在7月舉行議會選舉。

選舉使納粹黨在議會的席位增加達到230席，成為其中最大黨派。身穿褐色制服的納粹議員幾乎將議事辯論演變成騷動。而在德國各地，納粹衝鋒隊員和共產黨準軍事戰鬥隊員之間的街頭戰鬥每晚層出不窮。巴本仍需要納粹的支持才能統治德國。他勉強提議希特勒擔任副總理，但希特勒要求擔任總理一職。

絕望之下，巴本解散議會並要求在11月舉行新的選舉。在此次選舉中，納粹黨失去了61席，但仍是最大黨派。巴本差一點說服興登堡宣佈實行獨裁以阻止希特勒奪權，但興登堡卻認為軍隊無法鎮壓共產黨，也不能阻擋納粹黨的50萬名衝

鋒隊員。此外，有太多的軍官支持希特勒。興登堡解除了巴本的職務，任命國防部長庫爾特‧馮‧施萊謝爾接任總理。施萊謝爾提議由納粹黨的左派領導人擔任副總理，但此舉只是讓追隨其領袖的黨員更加團結。

施萊謝爾試圖與社會黨和保守派民族黨組成聯合政府，但未能如願，之後在1933年1月28日宣佈辭職。這時，施萊謝爾和巴本（他們在議會中仍大權在握）都意識到，如果希特勒被溫和派閣員所包圍，他就會受到「制約」。

經過激烈談判後，希特勒於1933年1月30日就任總理，巴本則成為副總理。內閣中只有兩名納粹成員——赫爾曼‧戈林和威廉‧弗里克。顯然地，希特勒並不打算受到任何「制約」。◀1930（12）▶1933（5）

文學

赫胥黎的未來

3 奧爾德斯‧赫胥黎的反烏托邦小說《美麗新世界》於1932年初出版，書中將科技樂觀主義和精神悲觀主義結合在扣人心弦的單一主題之內。在赫胥黎對於福特汽車問世後632年的夢魘般幻想中，人們進入一個物質生活豐富、

整潔有序的世界，其戰爭、疾病和貧窮等現象已經消除，而且拜優生學所賜，人人都根據其生活地位受到完善的養育。孤獨、不安和疑慮都被趕走，歷史和藝術已消失，焦慮和沮喪也得以用藥物抑制。由於政治及經濟自由減少，政府明令禁止的性亂交蔓延擴大以填補空虛感。

這部小說在赫胥黎的故鄉英國相當暢銷，但在美國，這種對於物質生活豐富導致靈魂毀滅的悲嘆似乎是自相矛盾。然而，二次世界大戰後美國景氣突然好轉，在大眾生活模式的整齊劃一及政治上的歇斯底里中，大眾對該書產生新的共

藝術與文化　書籍：《1919年》約翰‧多斯‧帕索斯；《八月的陽光》威廉‧福克納；《少年羅尼根》詹姆斯‧法雷爾；《國際風格：1922年以來的建築》亨利-拉塞爾‧希區考克及菲利普‧約翰遜；《征服者》阿奇博爾德‧麥克利什　音樂：《兄弟，給點錢好嗎？》戈內及哈伯格；《夜與晝》科爾‧波特；《雙鋼琴協奏曲》伊

「我們就算沒有印度國大黨的善意回應也能做到，而且實際上我壓根兒就不相信
我們會贏得他們的友誼。」
—— 某位英國大臣對威靈頓爵士所陳述的話

鳴，因為該書警告說，一個過度享
樂的社會將麻木地成為奴隸狀態，
赫胥黎也就因此被奉為近代預言
家。1954年，赫胥黎出版了有關他
對梅斯卡林（一種會引起幻覺的藥
劑）體驗的著作《感覺之門》，後
來成了搖滾樂團「門」命名由來。
▶1949（4）

印度
鎮壓抵抗

④ 1932年初，印度國大黨理解
到英國故意拖延印度主權的
問題，在失望之餘發動了全國性的
公民不合作運動。一年前歐文爵士
和聖雄莫漢達斯·甘地之間才商妥
的脆弱停戰協定已經結束，取而代
之的是雙方惡毒的攻訐。後來強硬
派的威靈頓爵士接替歐文出任印度
總督，他極力想阻止1932年的嚴重
罷工和抵制運動重演，因而毫不猶
豫地對印度人的抵抗採取鎮壓措
施。幾個月之內，甘地、賈瓦哈拉
爾·尼赫魯和其他3萬4千名異議分
子再度被捕入獄，國大黨被宣佈為
非法機關，其財產也被沒收。

該運動的起因乃是1931年9月
在倫敦召開的第二屆圓桌會議未能
建立起印度永久主權的架構。該次
會議一無所獲。當時英國正忙於應
付國際性的經濟大恐慌，因此無暇
亦無心理會印度的獨立要求。對於
唯一與會的國大黨代表甘地而言，
未能達成談判是他個人的一次重大
失敗。他返國後立即面臨了決心以
公民不合作運動來逐步推進國大黨
以及不安的擁護者——不管他同意
與否。

與歐文不同的是，威靈頓拒絕
讓甘地充當英國與國大黨之間的聯
絡人。在浦納的監獄裏，甘地再度
關注自由運動，並宣佈以無限期
「絕食到死」來贏得印度被壓迫階
級，即所謂賤民或「上帝之子」的
選舉改革。不知所措的民族主義領
導人感到甘地忽略了當務之急。不
過，在甘地絕食5天之後，英國政
府同意增加較低階層印度人的代表
人數，並且在稍後的一個選期將不
再按照選舉人種姓階級的高低分開

賤民（甘地稱其為「上帝之子」）遊行隊伍公開反抗種姓階級制度。

投票（這也是甘地絕食所要達到的
最終目標）。◀1931（邊欄）
▶1935（13）

外交
日本擴張的危害

⑤ 在第二次世界大戰即將爆發
之際，滿州和世界其他地區
一樣，外交策略根本阻止不了好戰
國家。美國於1932年獨自採取行
動，國務卿亨利·史汀生警告東京
說美國不會承認日本征服滿州。這

被日軍俘獲來自中國北方的年輕共產黨
員。

個舉動相當大膽，但成效不彰。英
國、法國和蘇聯等其他強國由於在
中國享有商業利益，無法支持美國
反對日本的侵略行為。其言外之意
則是：只要不侵害到西方國家的貿

易，日本就可以為所欲為。

西方的姑息使日本有恃無恐，
日軍在1月28日對中國最重要貿易
中心之一的上海（與滿州相距遙
遠）發動驚人攻擊。中國發起抵制
日貨，以致日本經濟嚴重受損。為
了結束抵制行動，日本不斷地轟炸
城市，造成數千名百姓喪生。上海
事件使歐洲意識到日本擴張主義的
威脅。英國（在該地區擁有龐大既
得利益）、法國和義大利此時也和
美國一起對日本提出抗議。其間，
日本軍隊出乎意料地遭到中國頑強
的抵抗。在西方強國調停下，中、
日雙方於5月5日達成停戰協定，重
新劃定上海為非軍事區並各自撤出
軍隊。

儘管在上海受挫，日軍仍頑固
地盤踞於滿州，並在此成立偽滿洲
國。在東京的日本合法政府對此態
度謹慎，不願引起國際間的憤慨。
停戰協定簽署的10天後，反對滿洲
戰役的日本首相犬養毅遭到暗殺。
此後，日本政府實際上由軍隊所控
制。在一個月內，遭到恐嚇的國會
正式承認滿洲國。◀1931（4）
▶1933（8）

1932

「我們作品中的基本英雄人物應當是工人，也就是被勞動過程組織起來的人。」
—— 高爾基在1934年蘇維埃作家代表大會上所發表的談話

1932年新事物

- 茲波牌打火機
- 費里托牌玉米片
- 吉比（Skippy）花生醬
- 三劍客糖果棒

- 無線電城音樂廳
- 《家庭圈》雜誌（第一本由雜貨店獨家銷售的雜誌）
- 路華濃美容美髮產品
- 燃料稅

美國萬花筒

傑出的女孩

米爾德雷德·「巴比」·迪德里克森普遍被視為迄今最優秀的女子運動員，在1932年全美業餘運動員聯盟的田徑錦標賽和奧林匹克選拔賽上締造佳績。兩週後在洛杉磯奧運會上，這位18歲女孩又奪得兩面金牌，並刷新了標槍和80公尺跨欄兩項世界紀錄。她本來還能贏得跳高冠軍，但因為她使用未被認可的「西部翻滾」技巧，所以屈居亞軍。到

了1950年，迪德里克森至少各贏得一次所有的女子高爾夫錦標賽冠軍；她在籃球、游泳和棒球（曾在一場表演賽中將喬·迪馬喬三振出局）等方面表現也很出色。◄1920（6）

為勞工投出好球

內布拉斯加州的共和黨參議員喬治·諾里斯以憑良心投票而知名，因為他寧可成為右派議員，也不肯做忠於黨派的議員。諾里斯和紐約州參議員菲奧內羅·拉加第亞《諾里斯-拉加第亞法案》，並於3月23日通過。這項新法律禁止管理機構要求雇員簽訂不參加工會的雇傭契約。《諾里斯-拉加第亞法案》也限

小查爾斯·林白（「寶貝林迪」）在週歲生日會上拍下的一張照片。

犯罪
林白之子被綁架

6 1932年3月1日晚上，查爾斯和安妮·莫羅·林白夫婦年僅1歲8個月的兒子在新澤西州鄉下新建豪宅內被人綁架，其手段殘忍的黑暗命令全球矚目。該案也成為當時最著名的案件之一，並引發一場仿效風潮，為人父母者皆惶恐不已。

綁架者在孩子臥室的窗戶下放置一座自製梯子，並在窗台處留下一張用不標準英文書寫的贖金條（但沒留下詳細指示）。自稱擁有內幕消息的陌生人信件紛至沓來，其中包括被監禁的阿爾·卡彭及曾騙取林白10萬美元的前聯邦調查局幹員。接著一位操德國口音的男子打電話聲稱他有綁架者的消息。這名德國人和一位中間人在墓園內碰面，以5萬美元代價交換一張紙條，上面寫著孩子在483公里以外的馬撒葡萄園島。但經搜尋後卻仍一無所獲。

即至5月，有人告訴林白說孩子被關在一輛篷車上，但他外出尋找仍然毫無結果，而在此同時，一名卡車司機在林白豪宅附近的公路旁發現孩子的屍體。警方直到1934年才偵破此案，當時有一位德國出生的木匠布魯諾·理查·豪普特曼在紐約某加油站所用的一張10美元現鈔正是來自那次墓地交易。之後

在他的家中還搜出約3萬美元，以及與作案梯子相符的木料。儘管豪普特曼到最後都堅稱無罪（許多人至今仍抱持相同看法），但他還是被判謀殺罪，於1936年被處決。
◄1927（1）

宗教
神學革命

7 卡爾·巴特的《教會教義學》（1932年出版之4部作品的第一部）對新教神學的影響足以和愛因斯坦理論對物理學的影響相提並論。正如愛因斯坦改革了科學家的時空觀念，巴特推翻了基督徒關

於上帝和創世紀的信念。就像愛因斯坦將其龐雜工作植基於單一常數的光速上一樣，巴特將其哲學體系建立在一個概念上，即耶穌基督。而且就像愛因斯坦的公式一樣，這位瑞士籍牧師的著作對於一般大眾來說雖難以理解，卻間接地影響到千萬人的信仰。

自19世紀以來，神學家把上帝描繪成本質上與人類相似的道德人物；他們試圖透過歷史、自然和心理學作品來瞭解上帝。在《羅馬書》（1919）中，巴特呼籲把上帝看成是「完全不同的另一類」，只

有當祂決定在耶穌身上顯示自己時才被人類認知的神。巴特博大精深、富於雄辯但是反神學的神學很快就有了追隨者。在《教會教義學》中，巴特將其「以基督為中心」的意識形態幾乎擴大到基督教教義的各個方面。（他於1968年去世，當時他正著手一部有關贖罪的作品）。

這位神學家的觀念對於正在反抗納粹「德意志基督徒」運動的德國人很重要，而該運動取代了主流的德國福音派教會。當時在德國任教的巴特與他人共同撰寫懺悔教會的會章，其成員反對希特勒以救世主自居。巴特被驅逐到瑞士（他在此加入軍隊）後，繼續鼓勵懺悔派信徒進行反納粹的地下活動。
◄1923（13）►1943（邊欄）

蘇聯
新藝術正統觀念

8 隨著史達林的獨裁統治從政治和經濟領域擴大到了藝術領域，他將一種新的正統觀念強加在其年輕的國家身上。1932年，剛成立的蘇維埃作家代表大會詳細闡述了社會主義寫實主義的官方學說：「它要求藝術家在其革命發展過程中對於事實予以真正、歷史性的具體描繪。」

一本新聞雜誌封面描繪出高爾基流亡歸來後要透過藝術為革命服務的情景。

很少有國家能像蘇聯如此注重藝術家創作自由的限制。意見及表達的多樣性不復存在。讚美史達林、紅軍、集體農莊、牽引機和工

1932

「我認爲我們必須認眞著手研究中子。我相信我有一個可行計畫。」
—— 查德威克於1924年致盧塞福的一封信

廠成爲藝術的特有功用。在文學方面，新蘇維埃人被認爲是英雄的不二人選。抽象和實驗均不被接受。在蘇維埃作家代表大會第一次會議上，普羅斯特、喬伊斯和皮蘭德婁的作品都遭到指責。

反藝術壟斷運動的領導人是馬克西姆·高爾基，這位作家是在沙皇統治下從赤貧一躍成爲俄羅斯下層百姓的最偉大見證人。高爾基（此乃筆名，意即「苦難之人」）性情暴躁、熱情、無政府，與列寧過從甚密並投身於革命之中；他於1907年寫的小說《母親》可以說是馬克斯主義語錄。1921年，革命對俄羅斯文化傳統產生的負面影響使他覺醒，於是自願流亡歐洲，爲了顯示愛國精神又於1927年回到俄羅斯。頗受推崇的高爾基對社會主義寫實主義給予肯定。他表示：「就其繪畫作品的主題而言，我寧願看到更多孩子的面容、更多的笑容和更多發自內心的歡樂。」令擔心史達林主義者報復的畫家對此感激不盡。◀1931（3）▶1934（14）

外交
史達林討好西方

⑨ 經過多年的自我孤立以後，史達林於1932年開始向西方盟國示好，並與法國、波蘭、芬蘭、愛沙尼亞和拉脫維亞等國簽訂互不侵犯條約。這種突然的大轉變並不難理解：蘇聯與德國長期友好關係受挫，因爲德國顯然不會走向共產主義，而蘇聯需要在本身和日益茁壯的法西斯主義者之間建立緩衝地帶。在過去，蘇聯幾乎完成一項企圖征服波羅的海諸國和波蘭的祕密計畫。而今卻突然需要它們繼續保持獨立。

蘇聯的經濟狀況使其難以應付戰爭。飽受饑荒的農民被迫離家並趕入集體農莊，實在無法指望他們犧牲生命以保衛政府。互不侵犯條約讓史達林在國內獲得喘息的機會，也緩和了某些國際緊張局勢（波蘭和蘇聯的關係暫時得以改善）。

1933年，美國注意到這個布爾

國內經濟狀況使史達林別無選擇，只能從外交上尋找出路。

什維克國家有發展商業的新意願，於是與其建立外交關係（美國拒絕承認蘇聯達16年之久，比其他任何強國的堅持時間都來得長）。蘇聯佔地球表面極大部分的事實不容忽視。資本主義和共產主義者進入了審愼的和解狀態，其關係在本世紀大部分時間內左右了全世界的安全。◀1931（3）▶1934（14）

科學
物理學成就最突出的一年

⑩ 卡文迪什實驗室座落在劍橋大學的中世紀尖塔和中庭之內，在整個20和30年代成爲物理學先驅的薈萃之地。但由歐內斯特·盧塞福領導的這間實驗室以1932年

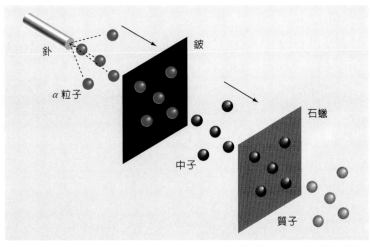

能量巨大的中子足以將質子撞出粗石蠟，證明可以用來撞擊核子，因而對戰爭的勝負和核能的發展都至關重要。

的成就最爲突出，當時盧塞福研究小組成員詹姆斯·查德威克在歐內斯特·沃爾頓和約翰·考克洛夫協助下證實了中子的存在，成爲首批分析原子核的科學家。

盧塞福於1920年就已假設，在

所有的原子核（普通的氫則除外，其核子只有一個質子）存在著質子以外的另一種成分，成爲用來解釋同位素（一種元素的較重或較輕變體）的方式。但由於中子不帶電荷而未被發現，所以也無法加以證實。查德威克利用放射性元素釙的大量α粒子來撞擊輕金屬鈹的原子核，藉以分離出傳聞已久的粒子；在相互作用中會射出不帶電荷的粒子束。當查德威克使粒子穿透含氫量豐富的粗石蠟時，它們的巨大能量足以輕易撞出可辨認的質子。

其間，沃爾頓和科克羅夫特以一部早期的亞原子微粒加速器做實驗，將加速的質子束對準由3個質子、3個電子和4個中子構成的鋰原子發射。鋰原子和質子短暫結合，然後分裂成兩個碎片，每個碎片都由包含2個質子和2個中子的一個鋰原子核組成。這次核反應（歷史上首次人工核反應）迸發出巨大能量，有可能成爲一項新能源。

牛津大學的另一位教員保羅·狄瑞克在早先就曾預言帶正電荷電子的存在，名爲正電子（但大部分人持懷疑態度），並於1932年得到證實。加州理工學院的一位美國物理學家卡爾·大衛·安德森在霧箱中發現到這種粒子的存在，確定了狄拉克的推測。正電子是第一個被確認的反物質實例，一個粒子與另一個粒子在各方面都完全相同，除非它帶有負電荷。◀1931（5）▶1938（1）

制使用命令手段解決勞資糾紛，繼而賦與工人罷工的權力。◀1919（6）▶1936（邊欄）

無線廣播的時代

由於家用無線電收音機的流行，美國人可從收聽的節目中得到資訊和娛樂，甚至是在經濟大恐慌時期。1932年，廣播界兩大巨星開始播出他們的喜劇節目。國家廣播公司（NBC）推出《傑克·班尼秀》，38歲的班尼對其角色很快就駕輕就熟：即一位小提琴家，永遠都39歲的吝嗇鬼。哥倫比亞廣播公司（CBS）則以前歌舞雜要魔術師弗雷德·艾倫（下圖右，與班尼合影）擔任演出，其挖苦、簡潔的表演風格和掌握時機的絕佳能力堪稱「喜劇中的喜劇」人物。同一年NBC的西部

電台也推出廣播劇「一個男人的家庭」，該劇的長期播放成爲無線廣播中最受吸引聽衆的「肥皂劇」之一。所謂肥皂劇是因爲這些極受歡迎的連續劇（到30年代末已超過了40集）是由肥皂公司所贊助。12月，報紙專欄作家瓦爾特·溫切爾開始透過空中波段播出他相當受歡迎的商業新聞和名人隨筆專欄，其開場白便是「晚安，美國的女士和先生們，及航行在大海上的所有船隻。」◀1931（邊欄）▶1938（邊欄）

佃農的悲哀

1932年，厄斯金·考德威爾出版了有關於喬治亞州白人佃農生活的小說《煙草路》，細述佃農吉特·萊斯特的悲慘遭遇（其中也有詼諧片段），他和際遇不幸、行爲魯莽的家人住在煙草路上。不幸的萊斯特一家成了家喻戶曉的人物（尤其是1933年這部作品被改編成舞台劇上演造成轟動後），「煙草路」也名符其實地成爲農村污穢的同義詞。

「在一塊石頭上鑿出的第一個空洞是個啟示。」

—— 摩爾，「傾聽者」雜誌的「雕塑家對談」，1937年

環球浮世繪

黑暗的旅程

1932年，路易-斐迪南·塞林出版了憤世嫉俗、冷漠無情的悲觀主義小說《午夜終點之旅》，透過一幅不堪入目的戰亂風景畫來描述孤獨主人翁漫無目的的遊蕩過程，而作者採用粗俗的無產階

級語言立即被指為低級庸鄙。塞林（巴黎內科醫生路易·斐迪南·德圖什的筆名）在年輕時就是左派分子，後來因為反猶太主義的激進觀點而傾向於法西斯主義。他被指控（之後被宣判無罪）在第二次世界大戰期間與納粹互相勾結。

大查科戰爭

佔地25萬9千平方公里的查科山區位於玻利維亞和巴拉圭之間，大部分都是森林茂密、無人居住的荒地，但在1932年成了血腥戰場。被陸地環繞的玻利維亞需要一個位在拉普拉塔河上的港口，以便將最新發現的石油運往大西洋。但巴拉圭在查科地區所擁有的土地構成阻礙。玻利維亞（人口是巴拉圭的3倍，還有一支由美國支援的軍隊）似乎做好了征服的準備，但該國許多士兵都是缺乏紀律的印第安徵召兵，在瘧疾橫行的低地中往往因疾病和被蛇咬傷致死。在1935年衝突結束時已有10萬人喪生。

免除戰爭賠款

1932年6月在瑞士洛桑召開的會議中，德國的鉅額戰爭賠款其實已經一筆勾銷。洛桑會議建議將德國的總債務由２６０億美元（1929年《揚計畫》所提出）削減至僅有7億1400萬美元，並得於3年後分期付清。洛桑會議議定書從未獲得批准。但無論如何，德國不再支付賠款了，而希特勒上台後，德國更明白表現出無意償還賠款。◀ 1929（12）▶ 1935（邊欄）

匈牙利

一位失敗的元首

11 希特勒在德國上台執政之前幾個月，匈牙利首相企圖使他的國家轉向納粹路線。奧地利金融體系瓦解導致較溫和的前任首相辭職後，海軍上將米克洛什·霍爾蒂·德·納吉巴尼埃領導的攝政團於1932年9月任命久洛·根伯什將軍為首相。

匈牙利已是極權主義國家，以霍爾蒂為終身統治者，並在名義上代替流亡在外的哈布斯堡皇帝行使職權。根伯什曾在1919年協助推翻共產黨獨裁者貝拉·庫恩，現在則想要更進一步。就像希特勒一樣，他也極欲成為至高無上的領袖，並聯合各階層為「種族」個體以對抗共同敵人：猶太人、勞工聯盟、左派分子和任何反對匈牙利收回第一次世界大戰失土之要求的國家。

匈牙利雄心勃勃的法西斯主義者根伯什（左）與墨索里尼在威尼斯會晤。

根伯什就任首相後對猶太人的迫害變本加厲。他與法西斯黨統治下的義大利加強外交關係，並在納粹上台後試圖說服德國同意匈牙利參加「羅馬-柏林軸心」（當時所杜撰出來的詞句在日後成為正式用語）。

但匈牙利人並沒有絕望到要讓不得民心的根伯什擔任首相。在受到操縱的1935年議會選舉中，其國民統一黨內的右派控制了議會，但他從未取得基層民眾的支持。而且無論德國或義大利都不願讓匈牙利成為平等夥伴，也不想幫助它收復失土。1936年根伯什病死時，霍爾蒂正準備任命一位更馴服的首相取代他。經過幾任首相後，匈牙利才加入軸心國，完全淪為希特勒的附庸國。◀ 1931（1）▶ 1938（3）

麥克阿瑟率領的軍隊焚燒退役津貼征討隊的河畔棚屋區。

美國

退役津貼征討隊遭鎮壓

12 如果說有那件事結束赫伯特·胡佛之政治生涯的話，那就是他動用聯邦軍隊攻擊第一次世界大戰退伍失業老兵在華府的營地。1932年5月下旬，在俄勒岡州一位失業的罐頭食品廠工人沃爾特·沃特斯的領導下，這支由1萬5千名退伍老兵組成的退役津貼征討隊從美國各地陸續抵達華府。他們在阿納科斯蒂亞河畔搭起棚帳並佔領了國會議廳附近的廢棄建築物，發誓要等到國會授權立即發放第一次世界大戰服役津貼（每人幾百美元）後才離開，而這筆錢原計畫在1945年才發放。

起初，警方對他們保持容忍，甚至寄予同情。但參議院在6月否決了該項退伍津貼議案後，來自征討隊的批評壓力使沃特斯變得更加好鬥。在他召開群眾大會並採取獨斷權力後，征討隊與警方的對峙越來越充滿敵意。不久，征討隊的規模縮小為原來的一半。

7月28日，一群人攻擊在一家舊兵工廠內驅逐征討隊成員的警察；警察局局長在衝突中受傷，而兩名退伍老兵身負重傷。當晚，胡佛調集了軍隊。陸軍參謀長道格拉斯·麥克阿瑟率領騎兵在坦克和機關槍的支援下衝入征討隊的河畔營地（胡佛命令步兵將抗議者趕出被佔領建築物後即停止行動，但麥克阿瑟無視其命令），他們揮舞軍刀，毆打以及用催淚瓦斯驅散大批退伍老兵和旁觀者。到了午夜時分，帳棚區一片火海，退役津貼征討隊也被擊潰。

胡佛事後為麥克阿瑟辯護，聲

稱征討隊中攙雜了罪犯和革命家。但民眾都同意受傷警察局局長的看法，他秉持公正立場認為大多數抗議者皆來自中產階級家庭。3個月後，胡佛在大選中落敗而失去總統寶座。◀ 1932（1）▶ 1933（1）

藝術

亨利·摩爾的空心雕塑

13 亨利·摩爾對於現代主義在英國藝術中被廣為接受的貢獻良多。他所屬的藝術圈還包括雕塑家芭芭拉·赫普沃思和她的先生暨畫家本·尼科爾森等人。到了1932年，摩爾已有一批不太多的追隨者，並從此時開始有系統地在其雕塑作品中融入他的註冊商標——空洞。

摩爾的婦女塑像有小巧的頭部及壯觀、扭曲的軀幹，使人聯想到舊石器時代的大地女神；她們的曲線則令人想起丘陵或岩石。摩爾加入了似乎腐蝕而成的開口，從而確立其作品的主題：將風景與軀體、自然與人類之間連結在一起。這位礦工之子最後成為英國最受歡迎的現代藝術家。

摩爾的空心雕塑為好幾代的諷刺漫畫家提供創作素材，他們從中發現抽象藝術的醜陋、晦澀難懂和優越意識。但這些雕像及英雄式永恆的風範使摩爾享有不朽的聲望。◀ 1928（邊欄）▶ 1944（16）

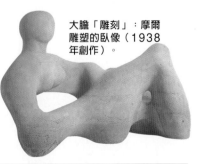

大膽「雕刻」：摩爾雕塑的臥像（1938年創作）。

黃昏後的南區少年

摘自詹姆斯・法雷爾於1932年出版的《少年羅尼根》

在一個普遍貧窮與社會崩潰的時代裏，「無產階級小說」——與厄普頓・辛克萊和法蘭克・諾里斯的揭發內幕虛構小說一脈相承——成為一種領導文學。詹姆斯・法雷爾是此種形式的大師，其《斯塔茲・羅尼根》三部曲之一的《少年羅尼根》於1932年問世。這部冷酷無情的現實主義小說描述他本人在芝加哥南區愛爾蘭天主教貧民窟的成長經歷，並因赤裸裸地對性加以探討而令許多讀者感到震驚，但它的社會學敏銳度及悲劇力量贏得不少批評讚譽。威廉・斯塔茲・羅尼根成為大恐慌年代的一個圖像——對於「一名具有愛爾蘭天主教徒背景的美國少年」而言，法雷爾寫道，教會、學校和家庭制度「已經崩潰，而且無法發揮人們所期望的功能」。在以下摘錄中，少年斯塔茲得到允許進入在他看來是人間天堂的鄰居彈子廳。◀1906（11）

　　7月的夜晚在第58街上釋放出熱氣，而落日餘輝呈現柔和色彩，如薄霧般有魅力地瀰漫在街道，並將白天裏清楚突顯的嚴酷和商業醜惡都化為一片寂靜。街上似乎有一種隨著生活反映出來的美感。灰塵、碎紙片、堆積的商店櫥窗和第一批電燈發出的絲絲光亮。賣報人薩米・施馬爾茲高聲叫賣著最後份棒球得分紀錄號外，一名男孩的斷鐵環被遺忘在高架大樑上，人們匆忙走出高架鐵路車站，有些人則懶散地四處遊蕩，全都體現了社區的生活，那些生活、工作、遭受痛苦、生兒育女、渴望名利、度過短暫生命並死去之人的生動氣息和喜怒哀樂。

　　這個社區的精英就是年輕人，他們聚集在彈子廳周圍，堵住外面的部分走道……老態龍鍾的納特在一天辛苦工作後拖著腳步走回家……

　　「女僕們長得怎麼樣？」少年斯塔茲・羅尼根問道，他與大個子站在一起，為能結識他們感到自豪，也為自己的身材、年齡和瘦小的屁股而自慚形穢。較年長的傢伙子們都嘲笑少年羅尼根說的俏皮話……

　　波森蒂治告訴納特說他有一包上好的新煙草，可以讓他試抽看看。納特問起煙草的牌子和價錢。波森蒂治說這是祕密，不能透露，因為還沒有上市，但他願意給他抽一煙斗。波森蒂治向納特要他的煙斗……並開始在口袋中摸索起來。他向斯旺使了個眼色，斯旺又用手肘碰了碰其他傢伙。他們圍在納特身邊好讓他看不見，並轉移注意讓他說些關於送貨時所發生的雞毛蒜皮小事。波森蒂治把煙斗丟給了斯塔茲，並指了

指大街。斯塔茲心領神會，很快就在煙斗裏填入乾糞便。

　　波森蒂講了一長串笑話，並將煙斗遞給納特。這些傢伙強忍住不笑出聲來，而幾乎所有人都掏出了手帕。斯塔茲感覺很好，因為他被允許加入他們一起對別人惡作劇了；這表示他已被認同。

　　納特笨手笨腳地點煙，劃了6根火柴都沒能點著。他開始大聲詛咒起來。波森蒂治說這是上好煙草，但不太好點著，接著他們趕緊又把臉埋在手帕裏……

　　納特拖著步伐，一邊吃力地點著煙，一邊不住地自言自語。

　　波森蒂治帶領斯塔茲穿過理髮店然後回到彈子廳去洗手。斯塔茲漫不經心地向經常幫他理髮的法蘭克問聲好；法蘭克正在為鄰居新來的一個傢伙子理髮，而這傢伙一邊理髮一邊看著《公安報》。彈子廳又長又窄，像個熔爐，空氣中還瀰漫著濃厚的煙味。6張桌子中有3張正在使用，桌子後面有一群少年坐在牌桌旁玩撲克牌。這情景令斯塔茲激動不已，他想到能夠進入大廳玩彈子球並且直呼查理・巴塞勒名字的那一刻。他一邊在污穢不堪的洗臉盆中洗手，一邊感到洋洋自得……

　　斯塔茲觀察過往行人。其中一些是肥胖傢伙，昏昏欲睡的表情就像他們老爸外出散步時一模一樣……那些頭腦遲鈍的傢伙一定會羨慕這群人，和他們一樣年輕自由……而他們才是真正有錢、有地位的人；他不久也會成為他們其中一員，到那時他將成為真正有錢、有地位的人。

本世紀初期的芝加哥。就像愛爾蘭天主教的作者一樣，斯塔茲・羅尼根也經常出入南區的一些街道，如第63街的高架鐵路及哈爾斯蒂德（上圖）和馬克斯韋爾街市場（右上圖）。

1932

「這可能是美國最後一次總統選舉。對美國來說，新政就等於德國納粹主義和義大利法西斯主義的早期階段。」

—— 記者馬克・沙利文在《水牛晚報》的報導

1933

年度焦點

富蘭克林・德拉諾・羅斯福執政的百日革新

① 對美國人而言，1933年是陷於絕望的一年。四分之一家庭的一家之主失業。儘管農業生產過剩，但饑荒仍隱約可見。一場新的金融危機使原本脆弱的銀行體系雪上加霜。但在3月富蘭克林・羅斯福接任總統後，他的就職演說打動無數人的心。他一字一句地說：「我們唯一害怕的事情就是『害怕』本身。」在宣佈「貨幣兌換商已從文明殿堂的高位上逃走」之同時，他警告國會若不批准他所要求的資源，他將要求如同「遭到外敵入侵時授予的龐大權力」。他誓言「採取行動——而且是立刻採取行動！」

在首屆任期的前幾個月內（後來又名百日革新），羅斯福頒佈一連串前所未有的新法律和行政命令以履行其諾言。首先，他下令實行為期一週的「銀行假日」，以阻止人們因恐慌而擠兌及囤積黃金。當仍有支付能力的銀行重新開業後，存款劇增：也恢復了人們的信心。其間，羅斯福總統利用國會非常會期推動一系列的社會立法和金融改革措施。

在執政百日革新期間，含酒精飲料的禁令被解除，對於人心士氣及經濟發展皆具帶動作用。華盛頓方面免除了地方政府為貧民提供衣食救濟的任務。調節機構和公眾事務部門相繼建立起來，其中許多是由羅斯福的非官方顧問小組所設計（其成員以教授居多，稱為「智囊團」）。國家復興署將負責制定法則，將最低工資、最長工時和勞工權利等加以組織

《名利場》雜誌的一幅諷刺漫畫將山姆大叔描繪成受到小矮人攻擊的格列佛，並且被羅斯福新政下的「字母麵湯」機構所束縛。

化。公共資源保護隊將雇用沒有經驗的年輕人從事環境計畫。農業調整總署將負責協助農民。田納西河流域管理局將興建水壩和水力發電廠。

記者們故意將公共資源保護隊（CCC）、農業調整處（AAA）、田納西河流域管理局（TVA）和類似的計畫稱為「字母麵湯」；評論家則提出美國正逐漸走向法西斯主義或共產主義的警告，而最高法院最後裁定國家復興署違憲。但是這項在歐洲行之有年的行動主義聯邦政府原則已在美國產生，儘管此後幾任總統都曾試圖加以改變，卻仍被保留下來。◀1932（1）▶1933（邊欄）

電影

馬克斯兄弟無政府主義的電影風格

② 場景：故事發生在1933年，一名留著鬍鬚、愛饒舌的矮小男子在一個破產的歐洲國家中獨攬大權，並挑起與鄰國的戰爭。地點：虛構的弗里多尼亞，由魯弗斯・菲爾弗利統治。電影：馬克斯兄弟的

從左至右為基科、澤波、格勞喬和哈波・馬克斯。

《鴨肉湯》。這部評價不高的反戰諷刺影片很有說服力——馬克斯兄弟以一段黑色幽默表現「愛國」的情節裏，異口同聲地唱：「上帝的所有子民都扛著槍砲」——在法西斯政黨統治下的義大利也實際遭到禁演。

馬克斯兄弟是輕歌舞劇和百老匯的資深演員，他們在有聲電影《椰子》（1929）中首次露面。劇中的他們也不難區別：格勞喬的特徵在於他的鬍鬚、眉毛和抽雪茄煙；哈波則是豎琴、頭髮及沉默寡言。基科是假移民；澤波則是討人喜歡的直性漢子。在《鴨肉湯》及其他影片（如《馬鬃》、《歌劇院的一夜》和《賽馬會的一天》）中，主張無政府主義的馬克斯兄弟極力貶低當時講究豪華排場的風氣。◀1926（邊欄）▶1936（9）

德國

希特勒討好教會

③ 儘管德國的新獨裁者拋棄他少年時信奉的天主教（他鼓吹一種全新的信仰，將古代挪威神話與種族主義意識形態混合而成為新宗教），但為了突顯其政治家形象並在政治上牽制教會，他明白自己必須與梵諦岡達成協議。教會本身也想在可能的敵對政權之下尋求

合法保護。1933年7月，希特勒與教宗派往柏林的特使樞機主教歐根尼奧・帕切利簽署一項宗教協定，保證天主教學校及機構的自由運作，並在公立學校中繼續施

以宗教教育。但德國政府很快便食言，開始對不忠於祖國和元首的宗教信仰發動宣傳戰。到了1936年，許多牧師、修女和天主教領導人都被捕入獄。

起初，教宗庇護十一世（上圖）及其他教會官員壓抑著怒火，但在1937年，一份題為《燃燒的怒火》的教皇通諭被偷偷帶進德國。庇護十一世指責納粹主義為瀆聖，怒斥希特勒的追隨者將其元首置於上帝之上——但「住在天堂的祂正嘲笑他們」。德國政府則以新一波的逮捕行動作為回應，許多人因叛國罪被捕。

1938年庇護十一世去世之後，更加順從的樞機主教帕切利便成為庇護十二世。他因為在戰時保持中立以及未能譴責納粹的暴行而受到嚴屬批評。其辯護者則聲稱任何的抗議行動將只是助長火勢而已。◀1929（10）▶1962（1）

美國

「睦鄰」政策

④ 自1823年門羅主義提出以來，美國常派遣軍隊前往拉丁美洲及加勒比海地區建立或援救對華盛頓方面順從的政權。但在1933年3月的就職演說中，富蘭克林・羅斯福暗示將有重大轉變，並承諾推行「睦鄰」外交政策。同年稍後在烏拉圭蒙特維的亞舉行的一次會議上，美國國務卿科德爾・赫爾正式宣佈：睦鄰政策意味著美國將不再干預西半球事務。

這項新方針在8月受到考驗，當時古巴總統傑拉爾多・馬查多・莫拉萊斯企圖使古巴擺脫美國的經濟控制，但其拙劣手段卻引發了內戰。莫拉萊斯在民眾暴動中被趕下台，並暫時由卡洛斯・曼紐爾・德

藝術與文化 書籍：《逆境中的安東尼》赫維・艾倫；《墓地》厄斯金・考德威爾；《寂寞芳心》納薩努爾・韋斯特 音樂：《那只是個紙月亮》阿倫、哈伯格及羅斯；《煙霧模糊了視線》凱恩及哈巴克；《世故的女士》艾靈頓及帕里什；《暴風雨天氣》阿倫及克勒；《阿拉貝拉》理查・史特勞斯；《短篇交響曲》阿倫・科普蘭

「當共產主義的危險消除後，一切都將恢復正常。」

—— 希特勒在1933年2月28日頒佈緊急法令後所發表的談話

新政策：伸出友好的手。

塞斯佩德斯接任。在此後4個月的政變、反政變和社會動盪中，美國政策搖擺不定。美國駐古巴大使薩姆納·韋爾斯支援反對馬查多的政變，接著又支持試圖推翻其中一位繼任者的親馬查多官員。美國戰艦駛入哈瓦那港，但並沒有採取進一步的軍事行動。相反的，在危機結束後，華盛頓方面宣佈廢除賦予美國入侵權的《1901年普拉特修正案》。3年後，美國政府不僅正式放棄對拉丁美洲及加勒比海地區的武裝干涉，並放棄了任何形式的干涉。在往後20年中，古巴真正的統治者是陸軍參謀長富爾簡西奧·巴蒂斯塔·薩蒂瓦爾，他曾領導反對塞斯佩德斯的政變。◀1903（2）▶1952（7）

德國
國會大廈縱火案

5 1933年1月，阿道夫·希特勒被任命為總理後立即著手取得專制權力，以便從政治上和種族上「淨化」德國。他首先下令舉行新選舉，確保納粹在國會的多數優勢。投票日期定為3月5日。隨著日期逼近，國營廣播電台不停地為納粹進行宣傳，由於警方袖手旁觀，納粹衝鋒隊員大肆騷擾反對派人士。接著在2月27日夜，柏林的國會大廈被燒成廢墟。這場大火提供納粹採取鎮壓措施的必要藉口，而許多歷史學家都認為是納粹分子自己蓄意縱火。一名德國年輕人被捕，並誣指他涉及共黨陰謀。政府中止了公民權，查封反對派的報紙，並將4千人關進監獄。

然而，預期的壓倒性多數並未實現：納粹只得到44%的選票。但右派的民族主義黨同意與納粹黨結盟，而兩黨聯合後在議會中以些微差距形成多數。幾天後，在逮捕和驅逐所有的81名共產黨議員及中間派議員之後，希特勒促使議會通過《授權法案》，賦予他實行獨裁統治的合法基礎。

除了納粹之外，所有政黨都被解散。州政府被廢除，警察和大學則受到整肅。公務員必須證明自己對政治忠實且沒有猶太人血統。工會被改組成傀儡性質的的德國勞工陣線。為了雅利安人種的「完美」，法律允許滅絕「有缺陷」的人民。政府倡導抵制猶太人的生意，鼓勵焚書。第一座集中營也在達考開始出現；到了8月，已有大約4萬5千名政治犯被關進條件極為惡劣的集中營。

最後德國在10月退出了國際聯盟，宣佈重新武裝的企圖。希特勒

隨著國會大廈被焚，拯救威瑪共和國的一絲希望也為之破滅。

宣稱，世界各國再也不能對待德國有如「二等公民」。但是究竟該怎樣對待德國，隨即就成為世界所面臨的最迫切問題。◀1932（2）▶1934（1）

經濟
放棄金本位制度

6 1933年4月，為回應銀行的相繼倒閉以及情緒日益緊張的民眾，羅斯福總統決定讓美國退出金本位制度。這項行動部分是受到1931年英國脫離金本位制度所影響，英國原本指望藉此來推動國內

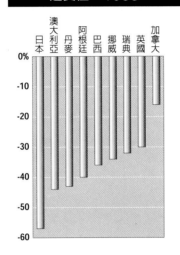

通貨值，1933

1929年，外幣對黃金大幅貶值。有鑑於此，羅斯福決定讓美國脫離金本位制度。經濟復甦，卻導致外國投資大幅度減少。

在羅斯福在3月就職的前幾個月當中，一般都猜測他將步上英國的後塵。憂心忡忡的投資者趁銀行仍可兌換貨幣時紛紛前往提取現金。聯邦儲備局的黃金以驚人速度流出，於是羅斯福強制實行為期一週的「銀行假期」，有效地凍結了兌換黃金的風潮。一個月後，羅斯福終止以美元兌換黃金；該年年底以前，黃金價格穩定在一盎司35美元（一直到1951年都維持不變）。

在往後幾年，歐洲國家都受到貨幣及兌換收支平衡問題所困擾，也紛紛放棄了日趨崩潰的國際金本位制度。到了1937年，國際金本位制度已經不存在。◀1931（1）▶1944（12）

> 「民主對我們來說並非目的，而是一種征服手段。」
>
> —— 西班牙自治權同盟（CEDA）領袖荷西・吉爾・羅布萊斯

1933年新事物

- 麗池薄片餅乾（納貝斯克公司）
- 《一週新聞》雜誌（後來的《新聞週刊》）

- 大富翁遊戲
- 男人的雜誌《君子》
- 《天主教工人》
- 歐內斯特和朱利奧・加洛釀酒廠
- 法國航空公司
- 穩潔玻璃清潔劑
- 免下車露天戲院（新澤西州坎登）

美國萬花筒

金髮「炸彈」

1933年，金髮碧眼的性感女影星珍・哈露在尖銳諷刺演藝界的影片《炸彈》中現身說法，扮演一位金髮碧眼的性感女影星。這位充滿魅力的超級明星具有一種漫不經心的喜劇表演風格，但其個人生活卻飽受曲折：她與電影製片人保羅・伯恩的短暫婚姻因後者自殺而告終。1937年，她死於尿毒症，享年26歲。

佩里・馬森登場

1933年，由於兩部小說《溫柔魔爪訴訟案》和《憂鬱女孩訴訟案》（皆以一位名叫佩里・馬森的陪審律師暨偵探為特色）都獲得成功，陪審律師暨低級雜誌作家厄爾利・史坦利・加德納乾脆離開律師崗位，全心投入寫作。加德納最後以其浮誇的法庭偵探為中心創作出80多部作品。

西班牙

內戰的前兆

7 正如德國和奧地利，西班牙在1933年也學習到民主可能被反民主力量所利用。11月，西班牙自治權同盟在議會選舉中獲勝。該同盟是由君主主義者、長槍黨（法西斯主義者）和其他右派分子共同組成，仿效納粹並誓言將西班牙從「馬克斯主義者、共濟會會員、分離主義者和猶太人」手中拯救出來。

新共和國對待天主教會的嚴厲使得右派團結起來。西班牙人民在名義上雖是天主教徒，但由於教會堅決為財主和君主制辯護，因此多數人都鄙視教會。但左派地方政府

1933年，加泰隆尼亞農民慶祝第二個西班牙共和週年紀念

對宗教的限制又使虔誠農民和富裕地主成立共同戰線。1932年5月，議會禁止設立教會學校、解散耶穌會並將教會財產收歸國有，其合作關係因而確定。

其間，由於土地改革速度緩慢，居議會領導地位的社會主義者和自由主義者聯盟就此分裂。無政府主義暴動愈演愈烈，並遭到暴力鎮壓。在西班牙自治權同盟中扮演重要角色的無政府主義者（這時勢力與社會主義者不相上下）抵制秋季選舉。

選舉過後，儘管西班牙自治權同盟獲得較高票數，左派議員卻禁止其成員入閣。當非西班牙自治權同盟的右派分子亞歷簡德羅・萊爾羅克斯・加西亞成為總統後，他領導的政府一反前任總統之改革，派遣軍隊中的國民衛隊將重新分配土

地上的作物連根拔除，並逮捕採集橡實的饑餓農民。1934年，在萊爾羅克斯邀請西班牙自治權同盟成員入閣後，左派起而反抗政權。在馬德里，一度溫和的社會主義者拿起武器，但他們在一天內即遭失敗命運。在巴塞隆納，加泰隆尼亞民族主義者的叛變也迅速被鎮壓。然而，在阿斯圖里亞斯省有5萬名無政府主義者和社會主義者共同起義，弱小的共產黨亦加入行動。叛軍大多是礦工（因此在使用炸藥時被炸死），他們佔領了奧維多市，但摩洛哥及西班牙外籍軍團司令法蘭西斯科・佛朗哥將軍採取十分殘酷的手段迎戰。死去的起義者被閹割。俘虜則遭到槍殺或嚴刑拷打。

婦女被強姦並切去手足。兩星期後，阿斯圖里亞斯省的起義宣告失敗。

到了1935年，西班牙已有3萬名政治犯。左派和中間派本有機會奪取統治權，後來卻被全面內戰所吞噬。◀1931（13）▶1936（1）

日本

厚顏無恥的行徑

8 就在國際聯盟考慮在中日衝突中扮演適當角色之際，日本卻將其在東亞的侵略活動擴展到中國領土的北端。日本在佔領滿州後扶植了偽滿州國，而日本宣稱中國軍隊對日本所謂的獨立滿州國構成威脅，於是在1933年2月入侵熱河省。

儘管日本與3個滿州省（分別於1931年至1932年淪入日本手

諷刺漫畫家塔爾伯特以這幅譴責日本蔑視國際條約的漫畫榮獲普立茲獎。

中）關係密切，但是距離北京僅161公里的熱河省向來被視為中國領土的一部分。

日本厚顏無恥地為侵佔行徑辯解，聲言在熱河駐紮的「反滿州國軍隊既與滿州國的主權不相容，也無助於恢復熱河省的和平與秩序。」在美國領頭之下，國際聯盟最後拒絕承認滿洲國；現在它將「熱河省和平與秩序」的任何損失直接歸罪於日本入侵。但日本仍堅持其不實之辭，並採取強硬攻擊措施。3月27日，日本天皇以日本在尋求根據「遠東邪惡之源」時滿洲國需要獨立為由，宣佈退出國際聯盟。◀1932（5）▶1936（11）

葡萄牙

一位缺乏自信的獨裁者

9 1933年3月，由公民投票通過的新憲法使葡萄牙成為勞資協會主義國家，其一黨政府則由現代歐洲最不稱職以及統治時間最久的獨裁者安東尼奧・德・奧利維拉・薩拉查所掌握。勞資協會主義憲法確立了新國家，其中國民大會只包括執政黨成員，所有政府部長的任命都須經薩拉查同意，而且政府（實際上是薩拉查）「為了共同利益」有權中止個人的公民

自由。這種嚴密的獨裁統治方式使薩拉查順利執政直到1968年。

薩拉查是一位思想保守、不善交際的經濟學教授。1926年，軍隊

「要完全理解格特魯德·施泰因，並不像讀一本冗長不堪、印刷品質低劣的娛樂小說那樣困難。」
── 理查·布里奇曼《格特魯德·施泰因瑣憶》

發動政變推翻腐敗的議會政府後，薩拉查拒絕出任財政部長一職。兩年後，安東尼奧·奧斯卡·德·弗拉戈索·卡莫納總統再次推荐薩拉查出任該職，而且此次持有全權委任狀。薩拉查接受任命，並著手平衡葡萄牙長期以來的預算赤字，使該國在本世紀首次出現盈餘。1932年，卡莫納任命薩拉查為總理，而這位對工作狂熱的單身漢按照自己意願，將葡萄牙建設為一個因循守舊、謹慎封閉的保守國家。

接下來的36年，薩拉查沉迷於提出年度預算盈餘，而忽略了再投資的必要。經濟增長停滯不前；文盲和農村貧困人口比例仍然很高。由於普遍存在著政治冷漠（只有一小部分葡萄牙人有投票選舉資格；婦女們直到60年代後期才享有選舉權），準法西斯主義的葡萄牙成為西歐最為奇特的落後地區。薩拉查是位很少見諸報刊媒體的專制統治者，過著令人好奇的隱居生活，且從未採取個人崇拜手段。1968年他因中風而癱瘓，由馬塞羅·卡埃塔諾接任。之後薩拉查又活了兩年多，但受到威脅的部長從未告訴薩拉查說他早已遠離權力中心。

◀ 1910（3）▶ 1974（2）

文學
施泰因的影子自傳

⑩ 格特魯德·施泰因寫自傳，寫的就像那是她情人的自傳──這是使其珍貴自我得以隨心所欲的一種方法。《艾麗絲·托克拉斯自傳》於1933年出版，全部採用詼諧、往往惡毒的筆調描述經常出入施泰因在巴黎沙龍的藝術家、作家、知識分子和社會名流。書中最吸引人的是對作者的自我描述。「在我一生中只遇見過3次天才，」這位敘事者宣稱，「而每次在我內心都會有鈴聲響起。」第一位搖鈴者是格特魯德·施泰因。第二和第三位則是巴勃羅·畢卡索和哲學家阿弗雷德·諾思·懷海德。

施泰因或許是本世紀最著名的藝術贊助人，她曾在畢卡索、馬蒂斯、布拉克和格里斯等人還默默無

施泰因（左）及其同事暨文學知己艾麗絲·托克拉斯於1934年抵達紐約時所合影。

聞時支援和提拔他們，也庇護過海明威、費茲傑羅和龐德等移居國外的作家。（施泰因創造了新詞彙「迷失的一代」以形容這些作家及和同時代的人）。這部自傳使施泰因理所當然地成為文學明星，而她早期較為實驗主義（而且更難以令人理解）的著作並沒有使她成名。

◀ 1926（2）

電影
柏克萊的美女

⑪ 歌舞女郎們如萬花筒般不停地旋轉。金格·羅傑斯身穿巨大的錢幣，以顛倒歌方式唱出「我們很富有」。露比·基勒在時代廣場的一輛計程車車頂上跳著踢踏舞。這類表演都是歌舞片導演巴

柏克萊精心製作的歌舞小品（如1933年的《淘金者》片段，上圖）使音樂片由呆滯視覺中解放出來。

斯比·柏克萊的得意作品，他所導的歌舞片膾炙人口，囊括了1933年華納公司的3部賣座電影：《淘金者》、《第42街》和《舞台生涯錄》。

柏克萊從未接受過舞者或舞蹈動作設計師訓練；事實上，他的作品很少以舞蹈為特色。相反地，當表演者做起伏跳躍、旋轉、行進和上下前後搖擺動作時，柏克萊的攝影機也隨之舞動。它能在數秒鐘內從18公尺高處或是在一排歌舞女郎的大腿之間來回拍攝。稍後，他透過剪輯將距離和範圍加以調整，形成攝影機所特有的空間聯繫。

柏克萊從歌舞小品逐漸轉向拍攝完整的影片，執導了1935年的《淘金者》，及1944年最著名而瘋狂的彩色鉅片《群匪》。一位評論家在描述電影結束的最後主題曲「The Polka Dot Polka」時說，「在聲嘶力竭的歌聲中，所有演員的小頭都脫離了身體並在銀幕上跳動。」後來，柏克萊飽受個人問題所困擾，包括酒後駕車、過失殺人的指控（他被宣判無罪）及精神崩潰，而隨著好萊塢節省製作成本及觀眾對音樂片的口味改變，他也逐漸銷聲匿跡。但其獨特的創造力仍帶給人愉快感受。▶ 1934（6）

河流改造
5月18日，國會批准成立田納西河流域管理局（TVA），負責監督在田納西河及其支流上的水壩、水力發電廠和水道等興建工程。田納西河流域管理局最後為阿帕拉契山脈的居民帶來了電力、新式農業生產技術和急需的工業。◀ 1933（1）

描寫黑猩猩的電影
在1933年所拍攝影片《大金剛》的片尾中，白人獵人看著被他帶到紐約的黑猩猩在帝國大廈外被

機關槍射殺時說道：「是美女害死了這頭野獸。」羅伯特·阿姆斯壯扮演捕獲大金剛的製片助理，費伊·雷則飾演非主動激起金剛情慾的美女。

淫穢作品的界定
12月，聯邦法官約翰·伍爾西撤銷了對詹姆斯·喬伊斯於1922年所出版小說《尤里西斯》的禁令，並聲明「我沒有發現任何肉慾主義的色彩」。一位市長也同樣認為厄斯金·考德威爾的《墓地》總體來說並非淫穢作品。
◀ 1922（1）▶ 1934（邊欄）

狂熱的崇拜者
1933年的芝加哥世界展覽會計有2200萬人參觀，主要得歸功於擁

有狂熱崇拜者的舞蹈家薩利·蘭德在「巴黎街道」的動人表演。蘭德扛著一只不透明的巨大氣球，隨著克洛德·德布西的樂曲《月光》在舞台上四處走動，因為只露出她的臉、手臂和腿而造成轟動。▶ 1939（7）

「如果人不準備冒生命危險，那麼他的尊嚴何在？」

—— 馬勒侯《人類的命運》

環球浮世繪

沙漠王國

1933年，沙烏地阿拉伯王國宣佈成立一年後，內志蘇丹和漢志國王伊本·紹德允許加州標準石油公司（該公司不久即成立阿拉伯美國石油公司）享有60年特許權，得以在沙烏地阿拉伯沙漠中開採石油。這筆交易使沙烏地阿拉伯成了世界上最富裕的國家之一。但紹德是極為虔誠的回教徒，後來感覺到自己和魔鬼簽訂了協議：他發現古老的回教價值觀正被石油和財富的新信仰所取代。◀1909（5）

對亞述人的大屠殺

1933年夏，派系分歧在剛剛實現統一的伊拉克境內愈演愈烈。1932年，費瑟國王已與英國達成結束伊拉克託管的協議，以保障伊拉克少數民族的權利作為條件。但是費瑟尋求國內和平與統一的努力卻遭遇挫折。儘管他當時身在歐洲，但他以前的一位政敵下令伊拉克軍隊屠殺居住在伊拉克北部摩蘇爾地區數百名亞述基督徒。費瑟於9月去世，他精心籌劃的聯盟也陷入混亂中。◀1920（2）▶1941（3）

朗逃離德國

佛烈茲·朗於1933年拍攝的電影《馬布博士的遺囑》表達了這位德國導演對納粹主義的蔑視——影片中最邪惡的人物（包括頹廢的片頭文字）滔滔不絕地宣揚納粹口號。這部電影被禁演，但宣傳部長約瑟夫·戈培爾傳喚朗到他的辦公室，先是向朗道歉，接著要求他領導納粹的電影事業——顯然是應希特勒本人的要求，因為他極為讚賞朗執導的《大都會》（1926）。母親是猶太人的朗警覺到這是個圈套，於是連夜搭乘火車逃到巴黎，拋下所有財產和妻子。後來他的妻子為納粹拍攝宣傳電影。◀1926（5）▶1935（14）

科技

阿姆斯壯發明調頻（FM）

12 從本世紀初無線電廣播誕生以來，美國無線電公司（RCA）和美國電話電報公司（AT&T）等電信業巨頭就雇用大批工程師尋求解決靜電干擾的良方。1933年，美國發明家埃德溫·阿姆斯壯取得調頻廣播線路方面的4項專利，其傲人成就正是因為他勇於反傳統。當專家們以調幅（AM）來笨拙修補現有的無線電系統時，阿姆斯壯卻設計出一種調整無線電波頻率，而非其大小的系統。在實際運用中，阿姆斯壯的系統不受靜電干擾，並可接受各種聲域的測試，超乎想像地提高了無線電的清晰度。

以前許多工程師也曾利用調頻進行實驗，卻因為調頻會使聲音失真而只得放棄。阿姆斯壯發現當調頻波段變寬時，失真現象就會消失，也不再有靜電干擾。大多數廣播電台都認為波段越窄即表示產生的靜電越少。阿姆斯壯則證明靜電是調幅的自然作用，因此減少調幅靜電的原理並不適用於調頻。

面對這種改變，無線電工業採取故步自封的辦法。無線電是大型企業，而且商業廣播網已在調幅投下巨資；阿姆斯壯的系統將迫使標準的輸出和接收裝置面臨淘汰命運。1939年，阿姆斯壯（以前的發明已使他致富）終於建立自己的調頻廣播電台，並藉以促進該系統的成長。此一系統慢慢拓展開來，但病魔纏身的阿姆斯壯卻在有關調頻控制權的訴訟中用盡家產，並於1954年自殺身亡。◀1920（3）▶1941（14）

1935年，康乃狄格州一家調頻廣播電台的宣傳看板。

被納粹分子殺害前幾個月，多爾富斯總理在奧地利一座體育場舉行的集會上發表講話。

奧地利

陶爾斐斯進退兩難

13 儘管阿道夫·希特勒仿效本尼托·墨索里尼開始在德國政壇崛起，但這位義大利法西斯黨領袖將希特勒視為危險自負的人。到了1933年，兩位領袖（也是未來的盟友）已是公開競爭對手，而夾在其間者正等待自身悲慘結局——奧地利總理安格柏·多爾富斯很快就學到這一點。

多爾富斯為避免國家被希特勒合併，於是和義大利結盟並對奧地利本身日益強大的納粹勢力採取鎮壓措施。多爾富斯是護國會（由保守主義者及反對德奧合併之法西斯主義者組成的聯盟）領導人，但奧地利的納粹分子和社會民主黨人都對他嗤之以鼻。1933年3月德國納粹上台後，多爾富斯擔心奧地利的納粹分子也會在即將舉行的選舉中獲勝。由於他不願意和社會主義者結合力量，於是採取先發制人。在德國選舉兩天後，多爾富斯凍結議會並訴諸戰時法，以便依據政令來統治。公共集會被禁止（只有護國會的集會照常舉行），也不准穿著準軍事制服（法西斯護國隊的衝鋒隊員除外），對新聞實行檢查制度，並在軍隊中驅逐納粹分子。

奧地利的納粹分子以恐怖主義的爆炸活動作為回應。德國開始對奧地利採取破壞性的抵制行動，並且在邊界一帶展開猛烈宣傳攻勢，煽動奧地利民眾推翻他們的政府。6月，多爾富斯宣佈納粹黨為非法政黨，將其領導人驅逐出境並把數以千計的納粹分子送進拘留營。但是暴力活動仍繼續。

在墨索里尼的催促下，多爾富斯開始按照法西斯主義路線重建國家。1934年初，他制定新憲法，以獨斷獨行的祖國陣線取代奧地利的政黨並授予自己絕對權力。但7月時，一群維也納的納粹分子襲擊多爾富斯的辦公室並將他殺害。接著，納粹的暴動遭到忠誠的護國隊部隊鎮壓，義大利軍隊也開始在邊境集結以阻止德國入侵。司法部長庫爾特·馮·許士尼格接替多爾富斯擔任總理。德奧的合併延至1938年才完成——當時希特勒和墨索里尼已決定擺開歧見進行合作。◀1933（5）▶1934（1）

文學

馬勒侯的宿命論小說

14 安德烈·馬勒侯是一位知識分子和冒險家，曾因偷竊柬埔寨寺廟內的淺浮雕而被捕，引發一場國際醜聞。1933年，馬勒侯出版的小說《人類的命運》使他成為戰亂時期那一代的發言人。

故事發生在1927年的上海，當時蔣介石將軍改變立場並屠殺他的

前共產黨盟友。《人類的命運》敘述在朋友成為敵人和死亡迫近的情勢下，一群國際革命家奮力搏鬥的情景。這部小說充滿悲劇性的宿命論色彩，預示了導致第二次世界大戰的政治鬥爭，以及戰後幾年內出現左傾、違背道德的存在主義。以馬勒侯的觀點來看，人類面臨的處境殘酷無情，然而人性卻別無選擇，只能參與政治鬥爭。▶1942（13）

諾貝爾獎　和平獎：諾曼·安吉爾（英國，作家）　文學獎：伊萬·布寧（俄國，詩人暨小說家）　化學獎：（從缺）　醫學獎：托馬斯·亨特·摩根（美國，遺傳學）　物理學獎：埃爾溫·薛丁格和保羅·狄瑞克（德國、英國，量子力學）。

當年之音

巨人的衝突

納爾遜‧洛克斐勒和迭戈‧里維拉的書信往來，摘自《紐約時報》，1933年5月

紐約市奢華的洛克斐勒中心是資本主義最顯赫的紀念碑，所以或許當這座綜合大樓董事納爾遜‧洛克斐勒委託自稱革命家的墨西哥壁畫家迭戈‧里維拉為70層樓高的美國無線電公司大廈的大廳繪製一幅長19.2公尺、寬5.2公尺、題名《面臨抉擇的人》的壁畫時，他們之間的衝突就已無可避免。里維拉在壁畫中加入列寧的肖像，兩人因此產生歧見。經過他們在《紐約時報》上交換信件（下文）後，洛克斐勒取消計畫並用帆布遮蓋這幅幾近完成的作品。不到一年，洛克斐勒又下令從牆上除去這幅作品

◀1930（7）▶1954（11）

1933年5月4日，洛克斐勒致里維拉的信親愛的里維拉先生：

昨天我在洛克斐勒中心第一大樓觀看您令人激動的壁畫進展情形時，我注意到您在剛完成的那部分加入了列寧的肖像。這部分畫得很漂亮，但我覺得他的肖像出現在這幅壁畫中可能很容易就嚴重地冒犯到許多人。如果是出現在私人宅邸內，那又另當別論，但這幅壁畫是位在公共建築之中，因此情況可就不同了。儘管我很不願意這樣做，但仍不得不要求您在列寧畫像出現的地方用不知名的人物畫像代替。

您知道我對您一直所創作的這幅作品是多麼熱衷，至今我在題材和處理方面從未限制過您。我確信在這種情形下，您將會理解我的感受。如果您採取我們的替換建議，我們將不勝感激。

1933年5月6日里維拉致洛克斐勒的信親愛的洛克斐勒先生：

為了答覆您1933年5月4日的來信，經過深思熟慮後，我願就您所提出問題來談談我的真實想法。

列寧頭像原本就包括在我的草圖中……而且我一開始就在牆上畫了他的素描肖像……我完全理解一座商業公共建築在商業事務的觀點，儘管我確信該階層人士可能被一位過世偉人肖像所冒犯，也可能因為畫中的整體構思而覺得心理受創。因此，與其破壞構思，我寧可對構思作全面的實質毀棄，但至少保持其整合性……

如果可能的話，我願就您所提出問題找到一個可接受的解決辦法，我認為我可以改變社會界人士玩橋牌和跳舞的畫面，代之以歷史上某位偉大的美國領袖人物，以便與列寧的肖像呈現完美平衡，例如象徵美國統一和廢除奴隸制度的林肯，周圍再畫上約翰‧布朗、納特‧透納、威廉‧勞埃德‧加里森或文德爾‧菲利普斯和哈麗雅特‧比徹‧斯托，或許還可以加上某位科學家，如「麥考米克」收割機的發明者麥考米克，這種收割機為北方軍提供了充足的小麥，有助於反奴隸制度軍隊的勝利。

我確信我提出的辦法將完全闡明像林肯這類領袖所代表的歷史意義，而且沒有人能夠反對他們，除非反對人類愛心和團結一致等最基本情感，以及這類人物所代表的建設性社會力量。

里維拉（最上圖，正在描繪列寧肖像）在墨西哥城的帕西奧‧德‧貝拉斯藝術館畫下洛克斐勒中心的該幅複製壁畫，只是略作修改以強調墨西哥文化和歷史。他還刻意描繪了納爾遜‧洛克斐勒之父親小約翰‧洛克斐勒的肖像。

「我可不敢妄想阿道夫・希特勒會按照我自己的模式發動一場革命。
德國人最後會毀了我們的想法。」

—— 墨索里尼，1934年

1934

年度焦點

希特勒加緊抓權

1 1934年，阿道夫・希特勒整年在爲德國征服歐洲紮根鋪路。在國內，希特勒需要軍方的支持，以便臥病的保羅・馮・興登堡總統去世後，奪取掌控權。但各將軍堅持他得先約束衝鋒隊——因爲它一直恐嚇反對納粹的人士，現在又要求領導軍隊。在6月29日這個「整肅之夜」，希特勒以「陰謀政變」爲由發動整肅。希特勒的左右手赫爾曼・戈林和黨衛隊（納粹的精銳衛隊，日後成爲政府的警察機關）頭目亨利克・希姆萊，指揮黨衛隊圍捕並處決了衝鋒隊頭目恩斯特・勒姆和其他400人，包括左傾納粹分子和著名的保皇黨分子；還解除了衝鋒隊武裝，並且將其他大部分的職務，如管理集中營等，轉移給黨衛隊接管。

各將軍心滿意足，實業家也感到滿意，因爲他們一向擔心納粹的革命過於激進。8月，興登堡死後，身爲總理的希特勒，根據自己前一天頒發的法律，就任總統，他因此也成了武裝部隊的最高統帥。官兵都得宣誓效忠元首。九成選民在一次公民票決中，投票贊成這種新安排。

在外交方面，希特勒也獲得了兩次明顯的勝利。1月，他與波蘭簽署了爲期10年的互不侵犯條約，波蘭軍隊有25萬人，在數量上以2.5：1超過德國軍隊。此項條約誘使波蘭人夜郎自大，使其5年後因此付出重大代價。同時這條約也使希特勒能一邊扮演和事佬，一邊暗中重新武裝德國。6月，希特勒宣佈德國不再付戰爭賠款給盟國——居然沒事：另外有13國，因飽受經濟大恐慌之苦而無法還債，使盟國沒有對德國作出積極反應。

在其他方面，希特勒則顯得有些不順利。他與偶像墨索里尼（他私底下稱希特勒爲「丑角」）的首次會面毫無所獲。之後不久，在維也納的納粹黨人謀殺了墨索里尼的盟友，奧地利獨裁者安格柏・多爾富斯之後，希特勒企圖在奧地利扶植傀儡政權，卻因當地人抵制及義大利軍隊集結而受阻。但希特勒狡猾抵賴，不承認多爾富斯的遇刺與他有關（儘管確實是他煽動的）。希特勒不斷討好墨索里尼，兩年後有了回報，終於形成了羅馬－柏林軸心。最先蒙受其害的就是獨立的奧地利。◀**1933**（5）
▶**1935**（3）

1934年的希特勒：排除異己，鞏固權力。

墨西哥

革命的救星

2 1934年，墨西哥革命的最後一位大英雄產生了。當時，拉薩羅・卡德納斯就任總統，並根

據於1917年所制定的憲法，終於實施了徹底的改革。他之前的幾任領導人，對土地改革和保障工人權利等革命目標，無所作爲。在卡德納斯執政的6年間，他將1781萬公頃土地，從墨西哥有錢地主的手中，移轉到愛喜多（農業合作社）。再透過農業合作社，將土地分配給大約80萬農民。卡德納斯說：「革命陷入困境，必須振興。」

卡德納斯的又一作爲是在1938年將外國石油公司收歸國有。石油業中長期存在的墨籍工人與外國雇主（多數爲英、美籍）間的勞資糾紛，促成了這項驚人的行動。1937年，墨西哥最高法院作出對工人有利的裁決；外國公司不予理睬，拒絕加薪和改善工作環境，於是卡德納斯下令沒收這些外國公司。美商懇請羅斯福總統加以干預，但總統不願再迫使一個拉丁美洲政府轉向德國（第一次世界大戰期間，德國曾討好墨西哥，允諾將美國西南部劃歸墨西哥），便以推行「睦鄰」政策爲由而回絕。墨西哥石油的國有化成了既成事實——在70年代油價暴漲期間，它影響經濟極大。
◀**1933**（4）▶**1982**（5）

法國

醜聞推翻政府

3 1934年1月，塞爾吉・亞歷山大・斯塔維斯基遭槍擊身亡。警方宣稱他是自殺，但許多法國人相信他是被人謀殺，以保護他那些有權有勢的朋友。1925年，斯塔維斯基因詐騙投資人700萬法郎被捕，入獄18個月等待審判。但不知何故，法院一再地延遲開庭。同時，他又另外騙取投資人2億法郎，還用這些錢去收買報界和政

客。1月，有人發現他死在阿爾卑斯山區的一座別墅中，這樁醜聞才爆發，使法蘭西共和國幾乎垮台。

斯塔維斯基事件涉及幾位與卡米耶・肖唐中間偏左政府有關的人士。由於「法國行動」（反猶太的保皇團體）成員發起暴動，右派議員要求肖唐辭職，他很快地照辦

右派分子的宣傳海報，指控左派分子與斯塔維斯基共謀行騙，並暗殺了一位重要的目擊者。

了。新任總理愛德華・達拉第埃擴充內閣，任命了幾位右派人士。但是，2月6日，因爲一位警察局長對暴亂者過於寬大，受到達拉第埃處分；此舉引發5千名右派分子和法西斯分子向議會挺進，沿途焚燒房舍，並以磚塊猛烈襲擊警察，至少有15人喪生。類似的動亂波及全國。第二天達拉第埃便宣佈辭職。

社會黨人擔心會發生政變，於是發起了24小時的總罷工，聲援議會民主。他們的老對頭共產黨人也參加了（雙方的聯盟產生了「共同陣線」，這是30年代中期形形色色時興陣線的先驅）。於是另一個聯合政府宣佈成立，而來自內部的威脅也消退。但1935年皮耶・賴伐爾受命擔任總理後，法國受德軍所迫，走上了法西斯主義的道路。
◀**1906**（12）▶**1936**（5）

美國

「塵暴區」

4 到1934年，美國中西部地區綿延39萬平方公里的農田淪爲沙漠，巨大的塵暴吹走了表層土壤。這種現象是久旱所引起，但病根卻是20年代的經濟過度開發。戰後穀類價格高漲，農民受此激勵，開墾大片草原作爲農田。當久旱不雨而風起時，地上沒有野草護持，土壤便無可避免地被風吹走。

藝術與文化 　書籍：《溫柔的夜晚》史考特・費茲傑羅；《約會薩馬拉》約翰・奧哈拉；《讓它睡吧》亨利・羅思；《再見，奇普斯先生》詹姆斯・希爾頓；《我，克勞迪厄斯》羅伯特・格雷夫斯；《文化模式》盧思・本尼狄克　音樂：《藍色

「不會演戲，也不會唱歌。微禿，會一點舞蹈。」
—— 百老匯明星亞斯坦1928年的試鏡報告

新墨西哥州克萊頓吹起黑色塵暴，一位業餘攝影師立即逃入屋內，拍下這幀照片。濃密的沙塵使得對街一片黑暗。

這片稱為塵暴區的區域，涵蓋了堪薩斯、科羅拉多、俄克拉荷馬、德克薩斯和新墨西哥州的部分地區，已幾乎不能種莊稼。由於無法進行農墾，當地的商業也隨之沒落。沙塵不僅帶來貧窮，也帶來特有的危險和困頓。塵沙滲入房舍，破壞食品、家具和醫療設備；致命的呼吸系統疾病盛行。「黑色暴風」吹來時，火車司機根本找不到車站；在室外玩耍的孩子們，常悶得透不過氣來。

多數「塵暴區」的居民堅持不願搬走，還養成一種堅忍的幽默感，經常開玩笑說，曾經有個人，當雨點滴到頭上時，竟然暈了過去；在身上澆一桶沙子，才甦醒過來。但還是有成千上萬貧窮的家庭逃離這個地區。約翰·史坦貝克的小說《憤怒的葡萄》，就描述了這種逃難的慘況。

到1935年，隨風飄移的灰塵常使遠在1600多公里外的華盛頓特區不見天日。羅斯福總統敦促國會成立土壤保護機構，協助農民恢復及保護他們珍貴的表層土壤。另一個機構「公共資源保護隊」，也種植幾百萬棵樹作為防風林。兩年之內，遭受塵災蹂躪的地區已明顯縮小。1940年，「塵暴區」終於降下甘霖，這地帶又成為美國的穀倉。
◀1930（3）▶1939（15）

音樂
俄國浪漫派音樂家

⑤ 1934年6月，謝爾蓋·拉赫曼尼諾夫剛開完刀，正逐漸康復中。他是那個時代的頂尖鋼琴演奏家，也是俄國碩果僅存的浪漫派作曲大家。他誓言說：「回家後我就開始認真工作。」當時，「家」指的是瑞士，而不是拉赫曼尼諾夫深愛的俄羅斯。自1917年革

一位批評家說：拉赫曼尼諾夫的音樂「只有真正的俄羅斯人」才能創作出來。

命以來，拉赫曼尼諾夫一直在歐洲和美國痛苦地流亡，沒有寫出夠分量的作品。多數批評家認為，這位作曲家快要江郎才盡了。然而，就在這年下半年，拉赫曼尼諾夫終於恢復功力，寫出他流傳最廣的作品《帕格尼尼主題狂想曲》。

拉赫曼尼諾夫繼承柴可夫斯基浪漫主義的傳統，其音樂風格與19世紀密不可分。在1917年革命爆發的前夕，他離開祖國前往瑞典演出，從此再也未曾回去。後來他流

亡美國，生活極為孤獨。他不擅英語，不斷旅行，一年要為崇拜他的聽眾演奏多達65場。1931年，拉赫曼尼諾夫公開批評蘇維埃政權後，他的音樂就被冠上「頹廢派」的帽子，整整兩年，在他的作品中所讚美的那塊土地上，沒有任何一首曾經被演奏過。◀1931（3）▶1936（13）

電影
弗雷德和金格崛起

⑥ 1934年，銀幕上最迷人的一對搭檔開始正式合作。當時弗雷德·亞斯坦和金格·羅傑斯首次在影片《快樂的離婚女人》中領銜主演。（這對搭檔雙雙首次出現在前一年拍攝的影片《飛到里約》。）《快樂的離婚女人》和片中極具特色的「大陸舞」（這種舞太複雜，不易跟上），開創了一種表演類型。經過此後接連8部影片的拍攝，這種類型才日臻完善。

亞斯坦和赫米斯·潘負責舞蹈設計，宏大的舞台表演製作手法減到最低程度，取而代之的是在非舞台布景中加入舞蹈，並與故事情節融為一體。在連續的長鏡頭中，可以拍到舞蹈者全身；並以獨唱和雙人舞為主。亞斯坦和羅傑斯為這部歌舞片帶來一種親密無間的氣氛，尤其是增添了浪漫色彩。（這部片子是在強制執行「海斯法」的年代拍攝的，片中的歌舞成了一種精巧的求偶儀式。在《快樂的離婚女人》中，亞斯坦唱完科爾·波特寫的《日夜》後，甚至彈開煙盒，遞給嬌弱無力的羅傑斯一支煙。）

羅傑斯在舞蹈方面始終難與亞斯坦匹敵，卻仍是他最好的搭檔。他很酷地實驗嘗試，她則熱情地展示技藝。他優雅輕靈，她則新潮機敏。據傳凱薩琳·赫本曾說，「他使她優秀，她則跟他燕好。」◀1933（11）▶1935（邊欄）

亞斯坦和羅傑斯跳大陸舞。

誕生名人錄

亨利·亞倫　美國棒球球員
勒羅伊·瓊斯（阿米里·巴拉卡）　美國作家
碧姬·芭杜　法國演員
帕特·布恩　美國歌手
羅伯托·克萊門特　美國棒球球員
范·克萊本　美國音樂家
貝蒂諾·克拉克西　義大利總理
瓊·迪迪恩　美國作家
尤里·加加林　蘇聯太空人
珍·古德　英國動物學家
瑪麗琳·霍恩　美國歌手
賴利·金　美國電視訪談節目主持人
蘇菲亞·羅蘭　義大利演員
卡特·米勒特　美國作家
拉爾夫·納德　美國消費者辯護人
瑪麗·匡特　英國時裝設計師
卡爾·薩根　美國天文學家
諾曼·史瓦茲科夫　美國將軍
沃萊·索因卡　奈及利亞作家
巴特·斯塔爾　美國美式足球球員兼教練
格洛麗亞·斯坦納姆　美國作家和女權運動領袖

逝世名人錄

艾伯特一世　比利時國王
亞歷山大一世　南斯拉夫國王
克萊·巴羅　美國罪犯
瑪麗·居禮（居禮夫人）　波蘭裔法國化學家
約翰·迪林傑　美國罪犯
愛德華·埃爾加　英國作曲家
弗里茨·哈伯　德國化學家
邦妮·帕克　美國罪犯
雷蒙德·普恩加來　法國總統

月光》羅傑斯和哈特；《我只鍾情於你》華倫和杜賓；《基耶中尉組曲》謝爾蓋·普羅高菲夫　繪畫與雕塑：《普羅米修斯》保羅·曼希普　電影：《一夜風流》法蘭克·卡普拉；《瘦削的男人》范戴克；《二十世紀號快車》霍華·赫克斯；《人性枷鎖》約翰·克倫威爾、貝蒂·戴維斯　戲劇：《兒童時光》莉蓮·海爾曼；《惡魔機器》尚·科克托　廣播：《鮑伯·霍伯秀》。

「迪林傑不打劫窮人。他打劫的對象是靠掠奪窮人致富的那些人。我支持強尼。」

── 印第安納州一家報紙的讀者投書

1934年新事物

- 狡猾的戈登、《利爾‧阿布納》和唐老鴨
- 阿爾卡特拉斯島（加州舊金山）的美國聯邦監獄建成
- 西格拉姆的七王冠威士忌
- 自助洗衣店（德州沃斯堡）
- 風琴（哈蒙德）
- 瑞士銀行開設祕密賬戶（銀行保密法）

美國萬花筒

邦妮與克萊

邦妮‧帕克和克萊‧巴羅，遠不如在電影中扮演他們的演員迷人。他們是一對生活貧苦的盜賊與殺人犯，從密蘇里到俄克拉荷馬州和德州，一路上搶劫加油站、小鎮銀行和小餐館，共犯下12起謀殺案，但每次作案，到手

的贓款都不超過1500美元。5月23日，由於「巴羅幫」一名嘍囉的父親告密，他們在路易斯安那州的吉布斯蘭遭5位副警長和一位德州巡警伏擊射殺，結束了21個月的瘋狂犯罪。▶1934（8）

傷風敗俗的肉慾

1934年，亨利‧米勒的小說《北回歸線》一出版，美國海關官員就以「淫穢」為名查禁。這部小說根據米勒本人在經濟大恐慌期間，根據從美國流浪到巴黎時，交替過著挨餓、閒逛和參加舞會的放蕩日子寫成，將赤裸裸的肉慾與對卑賤的戲謔認命參雜在一起。《北回歸線》直到

中國
長征

⑦　1934年，中國江西省的共產黨部隊，遭蔣介石的國民黨優勢兵力包圍，因而放棄了被圍困的營地。10月16日，約8萬人藉著夜色掩護，從贛州和會昌附近突圍，衝過蔣介石的封鎖線，逃出江西。他們拋妻棄子，留下一支2萬8千人的後衛部隊，其中2萬人非病即傷。但這次難堪的失敗，卻是中國共產黨「長征」的開始。

國民黨部隊與敵對的軍閥窮追不捨，共產黨則一路退卻。跋涉9656公里，翻越18座高山，渡過24條大河，最後抵達中國北方的陝西省延安，才算安定下來。經過長達一年的艱苦跋涉，原來出發時的部隊已折損過半。但長征的事蹟，卻強有力地象徵了共產黨的勝利。他們沿途宣揚中國社會主義的未來，經過的地區居民多達2億。他們還鞏固了自己的革命身分，創造了傳奇，使「中國共產主義」賴以建立。長征的總策畫者毛澤東寫道：長征「向世界表明，紅軍是一支英雄組成的軍隊，而帝國主義及其走狗蔣介石之輩卻軟弱無能。」

9656公里的長征路線。

對毛澤東而言，長征也是他個人的勝利。在長征途中，他將紅軍的逃竄扭轉為「機動戰」，對蔣介石的追擊部隊展開致命的游擊戰。共產黨內與他爭奪軍、政大權的周恩來和博古等人，也承認了他的領袖地位。到長征結束時，毛澤東可以誇言，他與死敵蔣介石不相上下。◀1931（2）▶1936（10）

犯罪
衣冠楚楚的亡命之徒

⑧　「經濟大恐慌」使過氣的美國民間好漢──亡命之徒重

在13個月中，迪林傑到處橫行，搶劫銀行，成為美國最惡名昭彰的頭號通緝犯。

出江湖。銀行搶犯如小帥哥佛洛伊德、邦尼‧帕克和克萊‧巴羅（都死於1934年）等，橫行全國；他們打劫富人，有時也接濟窮人。許多窮人還當他們是英雄。其中最著名的是約翰‧迪林傑。他在短時間內連續犯案，膽大妄為聳人聽聞，最後在7月被格斃。

迪林傑曾因企圖搶劫印第安納州一家雜貨店而坐牢9年。1933年5月假釋出獄後，隨即搶了5家銀行。每次搶劫時，都衣著整齊，談吐詼諧幽默，還敏捷地躍過銀行的旋轉門，勁力十足。9月被捕後，強尼紳士（他的綽號）被以前的難友營救出來，這些人早先是由他策劃而越獄脫逃的。迪林傑率領嘍囉從佛羅里達州到亞利桑那州，沿途攔路打劫，襲擊警署的軍械庫。在亞利桑那州再度被捕。這次，他用木製手槍威脅監獄警衛，然後駕駛當地警長的汽車揚長而去。

迪林傑和新入夥的「娃娃臉」納爾遜，從威斯康辛州某個躲藏處一起脫逃，驚惶失措的調查局人員卻向圍觀者開火。在他多次擺脫聯邦調查局的跟蹤後，調查局局長艾德加‧胡佛便向國會要求更大的授權。之前，探員只有調查權，而無逮捕權；使用武器還得擔著被控分的風險。兩個月後，一個在羅馬尼亞出生的老鴇安娜‧塞奇，因恐被驅逐出境，自願交出這名匪徒。於是迪林傑與這名「紅衣女郎」離開芝加哥電影院時，遭一群聯邦調查

局探員伏擊。幾十年後，有證據顯示，被伏擊的只是一名「誘餌」，根本不是迪林傑。（但聯邦調查局卻堅持他們的說詞）。胡佛因這次行動成了英雄，舉國知名。第二年，調查員就獲得授權，可以逮捕乃至殺死所有惡名昭彰的亡命之徒。此後30年中，胡佛積聚的個人權力，有時甚至超過他的總統老闆。迪林傑就這樣協助建立了現代的聯邦調查局。◀1934（邊欄）▶1950（邊欄）

科技
杜邦公司的神奇纖維

⑨　第一次世界大戰期間，橡膠嚴重短缺，讓全球的科學家警覺到，必須研製一種合成橡膠，取代昂貴且收成不易的天然橡膠。20年代，化學家就發現了天然聚合物的某些祕密，現在更全力以赴研究人工聚合物。在德拉瓦州維明頓的杜邦公司裏，華萊士‧卡羅瑟斯領導的研究小組研製出氯丁橡膠，為第一種商用合成橡膠。3年後，1934年，這小組又製造出合成纖維──從煤、空氣和水中提煉出來的超級聚合物，比絲綢更牢固，可做成細如髮絲的纖維。這種簡稱「尼龍」的合成纖維，對世界未來的發展影響重大。

尼龍第一次上市，是用來製造「時髦用品」。經過努力不懈地研製和市場行銷，1939年杜邦公司在維明頓推出女用尼龍絲襪，一上市

卡羅瑟斯拿著一片氯丁橡膠，這是第一塊研製成功的合成橡膠。

便供不應求。但在第二次世界大戰期間，市面上幾乎見不到長統尼龍襪，因為尼龍具有極寶貴的軍事用途──從降落傘、傷口縫合線到繩索、機器零件和絕緣材料，都用得

體育　棒球：世界大賽，聖路易紅雀隊（煤氣廠隊）以4勝3負擊敗底特律老虎隊　　美式足球：NFL，紐約巨人隊以30:13擊敗芝加哥熊隊　　拳擊：馬克斯‧貝爾在11回合中擊倒普里莫‧卡內拉12次（比賽中止，貝爾獲得冠軍）　　高爾夫球：首屆名人賽舉行　　冰上曲棍球：在NHL中引入罰球規則　　足球：在世界盃足球錦標賽中，義大利隊以2:1擊敗捷克隊。

「一天晚上，我在哈林附近閒逛的時候，順便走進了薩沃伊劇院。跳過幾支舞後，我聽到了一個刻骨銘心的聲音。」 —— 鋼琴家兼編曲者瑪麗·洛·威廉斯第一次聽到費茲傑羅演唱時的感受

到；如果沒有尼龍，盟軍或許贏不了這場戰爭。

卡羅瑟斯則命運不濟。1937年4月29日（41歲生日後的兩天，也是尼龍製品在商店販售前兩年），他住進費城一家旅館，心情極度鬱悶，在房間裏吞食氰化物自殺。◀1920（10）▶1949（邊欄）

音樂
無可比擬的艾拉

10 在哈林歌劇院舉行的業餘表演者之夜上，一位個子瘦高的16歲姑娘登上舞台，準備表演舞蹈，雙腿卻因恐懼而抖個不停。她決定不跳舞，改為表演她會唱的兩首歌：《我鍾愛的對象》和《茱迪》。這家歌劇院的觀眾常愛貶損演出者，絲毫不留情面，以致聲名狼藉；這時卻聽得入迷。艾拉·費茲傑羅後來回憶起1934年的那個夜晚，她說：「3次安可後，我得到頭獎25元。」

她的音域寬闊、音質澄澈、發音完美無瑕，令人讚嘆，為平庸的樂曲注入了生機。她錄製的一首童謠《A-Tisket, A-Tasket》，曲調新穎，使得這張專輯成為1938年極度流行的唱片之一。後來，費茲傑羅運用靈活多變的嗓音，在爵士歌曲中即興加入一些無意義卻有趣的音節，成為爵士歌曲即興演唱名家。1956年時，她與音樂製作人諾曼·格蘭茲開始長期合作，以詮釋演唱美國流行歌曲，而達到她藝術生涯的頂峰。費茲傑羅為格蘭茲的神韻唱片公司製作她令人喜愛的《歌曲集》專輯，灌錄了她演唱的格什溫、艾靈頓、阿倫和凱恩等人的經典歌曲。音樂學校至今仍用她最佳的唱片作品教唱，但她的演唱卻難以模仿。1957年她那劃時代的好萊塢圓形劇場音樂會過後，一位歌迷說：「艾拉·費茲傑羅能用不連貫的音「歌后」費茲傑羅。

調，演唱凡奈斯電話號碼簿，而且聽起來還很棒。」▶1937（5）

通俗文化
漫畫書問世

11 儘管自上世紀末、本世紀初以來，漫畫就一直在報紙上刊載（1896年首次在《紐約世界》刊登），但直到30年代，才成功地出版報紙刊載之外的連環漫畫。德

第一部漫畫書除了具有連環漫畫的特色外，還包括了「戲謔、猜謎和戲法」。

爾出版社的喬治·德拉科特試著改變過兩次。頭一次，他出版一份類似報紙的週日專刊，單獨放在報攤上出售，內容則純粹是連環漫畫。結果失敗了。第二次，他在1934年發行一本68頁的連環畫冊，獲得成功。德拉科特的「著名滑稽連環漫畫」用新式20×28公分的版式刊印，在大百貨公司直接公開銷售，

每份售價10分錢。初版的3萬5千冊銷售一空。於是現代連環漫畫冊誕生了。

隨著其他公司相繼介入，漫畫的題材和人物也日趨多樣化。1936年，費城的麥凱公司以週日連載的漫畫人物「狡猾的戈登」和「大力水手卜派」為主角出書。接著在1938年6月，連環漫畫書出現了最重大的突破：《情節漫畫》中引進了「超人」，是由兩位失意的漫畫家傑里·西格爾和喬·舒斯特共同創造的角色。「超人」使漫畫書的內容有了天翻地覆的變化，帶動了許多廣播劇、電視劇和電影的製作，更產生大批的超級英雄，包括蝙蝠俠、神力女超人及現代神話中的其他許多偶像。◀1907（13）▶1939（邊欄）

1961年才在美國出版。這本書因內容猥褻一再遭到審判。1964年，最高法院終於作出有利於這本書的裁決。◀1933（邊欄）

好萊塢使「消弭加州貧窮」計畫泡湯

1934年，專門揭發醜聞的作家厄普頓·辛克萊以「消弭加州貧窮」為政綱，贏得民主黨州長提名初選。眼看這位公開宣稱的社會主義者可能在政壇得勢，讓劉易士·邁耶感到坐立不安，於是這個電影鉅子操控新聞媒體，發動一場政治攻勢。這在美國尚屬首例。他放映的「新聞短片」中，貧窮的移民湧向加州，指望從「消弭加州貧窮」計畫中獲益。他捏造的街頭採訪顯示，少數民族和貧窮的受訪者準備投辛克萊的票，而「正直」的公民則宣稱忠於共和黨候選人。結果辛克萊落選了。◀1906（11）

蓋博與考伯特

讓克拉克·蓋博扮演這個角色，是米高梅給他的下馬威。這位名角心高氣傲，對公司指派的角色，越來越看不上眼，因此被下放給沒什麼名氣的哥倫比亞電影公司，在《一夜風流》中，扮演一位在各地採訪的記者。這部影片由法蘭克·卡普拉執導，影星克勞蒂·考伯特在影片中飾演一位離家出走的豪門之女。這部1934年拍攝的影片（為當時「怪人」喜劇的典型）在風評上和商業上都大獲成功，一舉囊括奧斯卡5項大獎。在影片中著名的

「傑里科牆」（這「牆」是繫在繩子上的一條毛毯，把合住在一家汽車旅館房間內的這對未婚男女隔開。）一幕中，蓋博把襯衫脫掉，露出赤裸的胸膛。隨著這部影片風行一時，內衣的銷量暴跌。▶1938（11）

「我很小的時候就不再相信聖誕老人的存在了。媽媽帶我去一家百貨公司看聖誕老人，而他卻向我要簽名。」

—— 鄧波兒

1934

環球浮世繪

湯恩比的歷史

阿諾德·湯恩比是本世紀最有影響力的歷史學家之一。1934年，他出版了其12卷巨著中的第一冊《歷史的研究》。這位在牛津大學受教育的英國人，主要的觀點是文明興衰的循環論：在開明的領導人統治下，文明會興旺發達，而當領導人棄絕創造力，轉而實行民族主義、軍國主義和暴政時，文明只會走向崩潰。
◀1928（12）▶1962（12）

不可思議的保姆

澳洲出生的莎劇女演員潘蜜拉·特拉弗斯28歲時出版的第一本書《瑪麗·波平斯》（保姆包萍），敘述一位具有魔法的保姆。這本書成了1934年英國兒童最喜歡的讀物。1964年，迪士尼公司根據這本書及其續集，拍了一部十分賣座的電影。

迪翁五胞胎

5月28日，奧利佛和伊莉澤·迪翁成為五胞胎的父母。以前所有五胞胎都活不過幾天，她們是第一批活下來的。這對安大略省的貧窮夫婦已有9個子女，因一時疏忽將這5個嬰兒過繼給一名泰然行惡的推銷商。五胞胎艾米莉、伊馮娜、塞西爾、瑪麗和安妮特·迪奧納成了國際名人，收

到從燕麥片到汽車等各種捐贈物品。為了使這五胞胎不再被人利用，加拿大政府採取了監管措施，將一歲大的五胞胎暫時安置在一家醫院裏，離他們的父母家只隔一條街。8年後，迪翁夫婦終於帶回了女兒。

桑定遇刺

1934年，也就是在尼加拉瓜下令終止游擊戰，以結束美國長達7年的佔領之後一年，一支敢死隊奉國民衛隊司令阿納斯塔西奧·蘇慕沙·賈西亞之命，刺殺反對派領袖奧古斯托·凱撒·桑定。這次謀殺為蘇慕沙和諸子長達40年的獨裁統治先鋪了路。
◀1926（8）▶1936（7）

舞蹈

巴蘭欽先生建立芭蕾舞團

12 1934年，富裕而酷愛舞蹈的美國人林肯·柯爾斯坦，邀請喬治·巴蘭欽赴紐約設立美國芭蕾舞學校。在此之前，雖偶爾也有巡迴舞團來美國演出，但古典芭蕾在美國還是乏善可陳，完全沒有自己的傳統。巴蘭欽生於俄國，1925年投奔到巴黎，與謝爾蓋·佳吉列夫一起合作。他使得美國芭蕾舞出現生機。

巴蘭欽的舞蹈源自俄國的傳統，卻現代感十足。他強調動作和音樂，而非情節，並使整個芭蕾舞團成為明星，大出風頭。在過程中，他改變了舞蹈的風格形式。所有後繼的編舞家都受其影響。

1948年，美國芭蕾舞團舉行伊格爾·史特拉文斯基的《奧爾甫斯》首次公演，接著又遷到較寬敞的場地，之後改名紐約市芭蕾舞團。此後到1964年間，公認是巴蘭欽藝術生涯的鼎盛時期。在此期間，因舞團資金長期不足，讓人對其印象總是舞台簡陋、沒有道具，表演時，舞者穿著排練時穿的緊身衣代替劇服。1964年舞團遷入林肯中心後，巴蘭欽的作品變得越趨誇張，但始終保留著冷靜的新古典主義基調。

一般人所熟知的「巴先生」（Mr. B）是位20世紀的大師，與畢卡索和史特拉文斯基齊名，於1983年去世，享年79歲。◀1931（12）▶1943（11）

巴蘭欽在美國芭蕾舞學校授課。亨利·卡地亞-布列松攝於1959年。

1934年的影片《明眸》中，鄧波兒和詹姆斯·鄧恩（右）及一名臨時演員演出的一景。鄧波兒一邊在機艙走道走動，一邊吱吱喳喳唱著：《在棒棒糖船上》。

電影

票房當紅的小姑娘

13 數百萬電影觀眾都對布萊克·秀蘭·鄧波兒一見鍾情。6歲的鄧波兒有著一對酒窩和一頭捲髮。1934年，她在《起立喝彩》中載歌載舞，這是她第一部大賣座的電影，使她一躍而成為明星。此後3年中，她是全世界票房身價最高的影星。在一張電影票只賣15分美金的時代，她一年可為所屬的製片廠賺進約500萬美元。玩具製造商也賣出600萬個洋娃娃，每個都帶有她那可人的模樣。

1934年底，福斯公司簽下了鄧波兒。她還另外拍了9部影片，包括《明眸》——是第一部使她成為巨星的片子。由於鄧波兒這一年的「傑出貢獻」，影劇學院在1935年頒給她一座特別獎。之後4年中，在《小上校海迪》和《桑尼布魯克農場的莉貝卡》等轟動一時的影片裏，她演活了銀幕上的小精靈角色，為煩惱的大人們排憂解悶。飽受「經濟大恐慌」摧殘的觀眾覺得意猶未盡，還想多看；嚴格的影評人卻認為她的魅力難以捉摸，甚至令人不太舒服。當時一位影評家葛蘭姆·格林曾暗示，鄧波兒演的角色是個狡詐的小騷貨，把老頭子迷得團團轉。福斯公司控告格林的雜誌誹謗，還打贏了這場官司。1950年，鄧波兒嫁給商人查爾斯·布萊克後退出影壇。婚後鄧波兒開始積極參與共和黨的政治活動。
▶1938（邊欄）

蘇聯

消滅反對派

14 1934年12月1日下午，約瑟夫·史達林的心腹列昂尼德·尼科拉夫溜進列寧格勒共黨總部，在謝爾蓋·基洛夫的辦公室外等著。基洛夫是蘇共頭號人物，不久前還對史達林的領導多有異議。當他來到辦公室門口時，尼科拉夫從暗處走出來，開槍射殺。世人稱基洛夫的遇刺為「世紀之罪」。表面上基洛夫是史達林親密戰友，他死後，史達林便掌握了絕對權力。

史達林假裝十分悲痛，為基洛夫舉行英雄式的葬禮，然後迅速將其對手捲進本案。史達林與其手下的祕密警察共謀，指控這次謀殺是反對派核心集團策劃的。之前，唯有反對派能約束史達林的暴行。史

在基洛夫的葬禮上，史達林（車輪後居中者）沒有任何內疚的神情。

達林藉這次事件令許多同志相信：其對手都是危險的反革命分子。

經過首輪的公審、逼供和處決，這捏造出來的陰謀成了真的罪名。這讓史達林有了必須進行「大整肅」的理論基礎。這是一個國家統治者做過最惡毒血腥的整肅。
◀1932（9）▶1936（6）

1934年前後的文化目錄歌

摘自科爾·波特1934年創作的《過去的一切》中的「你是巔峰」

迷人、詼諧、溫文爾雅的科爾·波特是美國流行歌曲大師。無論什麼主題，從爵士時代的魅力、大學生的真摯（波特是耶魯大學研究生，寫過「伊萊」戰鬥歌曲）到纏綿的愛情，他那才華橫溢的歌詞和難以抗拒的美妙旋律，帶給百老匯高雅的格調。他對流行音樂的最大貢獻，恐怕要算他幽默詼諧、帶有隱喻色彩的文化目錄歌曲，就像1934年《過去的一切》中的「你是巔峰」。

第一段
對於詩詞，我有強烈的感受，
總覺得最好，
與其將心中的話說出來
倒不如留著不說出來。
我討厭炫耀
我演唱的小夜曲。
因為我可能忽略一個小節，
但如果這首歌曲
不是這麼優美的話，
它至少會告訴你，
你是多麼偉大。

副歌 1
你是巔峰！
你就是那羅馬圓形競技場。
你是巔峰！
你就是那羅浮宮博物館。
你就是史特勞斯交響樂中的優美旋律。
你是一頂本德爾女帽，
一首莎士比亞的十四行詩。
你是米老鼠，
你是尼羅河，
你是比薩斜塔，
你是蒙娜麗莎臉上的微笑，
我不過是一張空頭支票，一個徹底的破產人，一個大失敗，
可是寶貝，如果我是谷底，
你就是巔峰！

副歌2
你是巔峰！
你是聖雄甘地。
你是巔峰！
你是拿破崙白蘭地，
你是西班牙夏夜的紫光，
你是國家藝廊，
你是嘉寶的薪水，
你是玻璃紙。
你是崇高的，
你是一頓火雞晚餐，
你是大賽馬會贏家勝利的時刻。

我不過是注定將爆破的氣球，
可是寶貝，如果我是谷底，
你就是巔峰！

副歌3
你是巔峰！
你是杯麗池酒店濃烈棕櫚酒。
你是巔峰！
你是布魯斯特的身軀。
你是靜寂須德海中蕩漾的小船，
你是納珍的苛評，
你是曼寧主教，
你是青花椰菜，
你是一個獎品，
你是一個在科尼島上的夜晚，
你是艾琳·博爾多尼的明眸。
我不過是一個破舊的玩偶，一個不重要的裝飾品，一個刺耳的聲音，
可是寶貝，如果我是谷底，
你就是巔峰！

副歌4
你是巔峰！
你是箭牌襯衫的衣領。
你是巔峰！
你是一張印有柯立芝頭像的鈔票。
你是弗雷德·亞斯坦輕巧的舞步，
你是歐尼爾的戲劇，
你是惠斯勒的媽媽，
你是法國的鬆軟乳酪。
你是一朵玫瑰花，
你是《煉獄》中的但丁。
你是偉大的杜蘭特臉上的鼻子。
我不過是擋路的人，就如法國人所說的「多餘的人」，
可是寶貝，如果我是谷底，
你就是巔峰！

副歌5
你是巔峰！

在百老匯，威廉·加克斯頓和劇場區最佳歌手艾瑟爾·梅爾曼在演唱波特的當代文化目錄歌。

你是一盤華爾道夫飯店的沙拉，
你是巔峰！
你是一首柏林民謠。
你是淑女和紳士的小型鋼琴，
你是一位年老的荷蘭大師，
你是阿斯特夫人，
你是派普索登特。
你是羅曼史，
你是俄羅斯大草原，
你是羅克西招待員穿的褲子，
我不過是就要投宿的懶惰鄉巴佬，
可是寶貝，如果我是谷底，
你就是巔峰！

副歌6
你是巔峰！
你是一支峇里島的舞蹈。
你是巔峰！
你是一個熱乎乎的墨西哥角黍。
你是天使，你簡直太·太·太美了，
你是波提切利，
你是濟慈，
你是雪萊，

你是阿華田。
你是恩賜，
你是胡佛大壩，
你是梅·衛斯特肩上的月亮，
我不過是共和黨的被提名人，
可是寶貝，如果我是谷底，
你就是巔峰！

副歌7
你是巔峰！
你是巴別塔。
你是巔峰！
你是萊茵河畔的惠特尼馬廄，
你是一大杯啤酒，
你是一套薩克斯百貨公司的洋裝，
你是來年的稅收，
你是同溫層。
你是我的上帝，
你是一支鼓槌牌唇膏，
你是一個佛教徒，
我不過是一隻嚇壞了的青蛙，
找不到圓木可跳
可是寶貝，如果我是谷底，
你就是巔峰！

「灌輸對純正德意志血統的認知，是德國民族得以繼續存在的先決條件……
德國國會已施行以下這條法律。」

—— 1935年制定的《德意志血統和德意志榮譽保護法》

年度焦點
紐倫堡法

1 一位英國報紙專欄作家曾這樣形容紐倫堡法：「自中世紀以來，從未有過如此徹底剝奪猶太公民的繼承權，對其實行種族隔離政策的作法」。這個法案是希特勒於1935年9月15日簽署的。此法案的出現，對於歐洲的猶太人來說，只是厄運的開始，讓他們作好準備接受此後更多更加殘酷的事實。

紐倫堡法使60萬德籍猶太人失去公民權，接著，各國德軍佔領區中數以百萬的猶太人也相繼失去了公民權。這代表希特勒「徹底滅絕」歐洲地區猶太人的第一步。紐倫堡法主要分為兩部，即《德國公民權法》和《德意志血統和德意志榮譽保護法》。除了這些還有其他附屬法令規定：猶太人無德國公民權（如禁止參加選舉或擔任公職，甚至不准升德國國旗等）；不准猶太人從事專業領域的工作；禁止猶太人與非猶太人通婚、發生性行為或有任何往來等。這些法律也適用於那些有猶太血統的人（只要祖父母其中一方為猶太人，即被認定為有猶太血統）。猶太人與非猶太人的婚姻被認為是非法的，若不離婚就得坐牢。但是這一項「種族純化」的企圖卻無從阻止德國士兵強姦數以千計的猶太婦女、女孩和男孩。

紐倫堡法的實行，使猶太人失去立足之地，成為被社會排斥的人。由於德國不斷透過廣播、報紙、教科書和演說進行反猶太宣傳，這種合法的貶猶手段無可避免地更加深早已根深蒂固的反猶太情緒。德國的新聞記者貝拉‧佛洛姆當時曾寫到：「由於邪惡的納粹主義已深植德國的成年人、青年和孩子的心中，所以恐怕

紐倫堡法迫使大批猶太人離開德國。這幅由本‧沙恩製作的壁畫，描繪一些傑出的德籍猶太人到達紐約時的情景。

還要好幾年，德國人才能夠回頭找到人類生命的倫理規範。」在即將到來的黑暗年代裏，當猶太人被迫以不公平的價格賣掉房屋、生意和其他財產時，很少有德國人敢站出來反對。當在大白天或夜晚，整個猶太家族突然消失不見時，更少人敢表示不滿，後來便再也沒人站出來反對。◀1934（1）▶1938（10）

希臘
君主復辟

2 經過12年的英國流亡生活，國王喬治二世終於在1935年11月回到了希臘，重新統治這個君主國家。喬治二世曾在父王君士坦丁一世之後短暫執政，因與土耳其交戰失敗聲望大降。

後來，反對派在全國大選中獲勝，喬治二世被迫放棄王位。1924年，希臘成為共和國。除了1926年西奧多‧潘加洛斯將軍血腥獨裁統治時期之外，希臘一直維持共和體制。但在1932年的大選中，前總理埃萊烏瑟里奧斯‧韋尼澤洛斯領導的自由黨被擊敗，政權落入了右派聯盟之手。3年後由於右派分子欲迎回喬治二世，韋尼澤洛斯支持者發動一場政變，但被鎮壓下去，這使得喬治二世的復辟成為必然。

諷刺的是，主導這場回復君主制的人物正是國防大臣喬治斯‧康蒂利斯。他曾領導推翻專橫的潘加洛斯專制政府並恢復民主政體。但是這一次，已轉向右派的康蒂利斯派軍鎮壓了韋尼澤洛斯領導的政變。6月大選後，康蒂利斯成為第一任副首相，之後擔任首相。他安排了一次全民投票，通過廢除共和制和國王復辟。

接著，民主政體也被廢除。1936年選舉後，自由黨和右派黨派在議會的權力鬥爭達到高潮。同時，共產黨正在醞釀全民罷工。為防止局勢混亂，喬治二世任命前總參謀長約安尼斯‧梅塔克薩斯為首相。不久，徵得喬治二世的許可，梅塔克薩斯宣佈自己為獨裁者。

新政府一方面鎮壓異己，一方面進行社會和經濟改革，到處標榜法西斯政治。當第二次世界大戰來臨時，大多人認為梅塔克薩斯會支持軸心國（第一次世界大戰時他曾是親德派）。然而，1940年他卻加入同盟國行列，率領希臘人民抵抗義大利入侵，直至1941年逝世。

◀1924（12）▶1941（4）

德國
希特勒與各國的安撫政策

3 1935年，已恢復元氣的德國藉口阻止另一場世界大戰爆發，開始明目張膽地藐視為永久抑制德國發展的《凡爾賽條約》。1月，薩爾區（位於現今法國和德國之間）舉行了《凡爾賽條約》規定的全民公決，決定這個煤炭豐富地區的歸屬問題，結果90%的居民同意薩爾區重新併入德國，結束此區長達15年的法國佔領時期。兩個月後，希特勒的軍隊開進此區的工業重鎮薩爾布魯根。緊接著希特勒宣佈德國重新武裝（實際上這已是公開的祕密），恢復徵兵制，擴編軍隊。這些舉動公然違反了《凡爾賽條約》。柏林的頭條新聞誇稱要「廢止《凡爾賽條約》」。

在1934年紐倫堡的一次集會上，希特勒青年軍拼出「薩爾」一字，德國於1935年得到這一地區。

國際聯盟對此提出抗議，但歐洲一些國家的領導人不太願意得罪希特勒，都未有什麼回應。英、法、義的政治家在義大利的斯特雷薩集會，大致上大家都反對德國繼續破壞《凡爾賽條約》，否則「將危及歐洲的和平」。英國對於限制德國海軍力量的條約感到滿意。法國和蘇聯、蘇聯和捷克簽訂了雙邊軍事互助條約，但都含義模糊。

這一時期，沒有一個大國領導人像法國總理皮埃爾‧賴伐爾（後來在法國的德國佔領區執政）那樣對希特勒採取懷柔政策。賴伐爾原是個有獨立見解的社會主義者，這時卻開始右傾，把原外交部長路易斯‧巴爾都的反德政策完全倒轉。1934年10月，克羅埃西亞民族主義分子刺殺南斯拉夫國王亞歷山大時，巴爾都也一同被殺。賴伐爾相信希特勒不侵佔法國領土，只要薩

藝術與文化 　**書籍：**《托蒂亞平地》約翰‧史坦貝克；《最後審判日》詹姆斯‧法雷爾；《情理與現實》卡爾‧賈斯珀；《飛行理論》莫里爾‧魯凱澤；《詩選》瑪麗安娜‧穆爾　**音樂：**《愛的心緒》麥克休、菲爾茲；《夏季》蓋許文、海沃德；《小提琴協奏曲》羅傑‧塞欣斯　**繪畫與雕塑：**《黃桌巾》喬治‧布拉克；《埃科

「今天是我們，明天將會輪到你們。上帝和歷史會銘記你們的裁決。」
—— 衣索比亞皇帝海爾·塞拉西

爾地區的保證。他努力地想與德國建立一個「絕對、體面又真正的友好關係」。他的懦弱外交政策最終導致希特勒和墨索里尼的勢力迅速膨脹。◀1934（1）▶1936（4）

義大利
墨索里尼入侵衣索比亞

4 本尼托·墨索里尼把衣索比亞看成「一個未開化的國家」，但1935年他仍企圖征服衣索比亞，為的是復仇和虛榮心。早在1896年，義大利軍隊曾在衣索比亞慘遭重創。如今，義大利要成為強國，就必須有更多的殖民地。德國重整軍備的舉措使墨索里尼不得不加快腳步，因為墨索里尼不僅搶在希特勒之前先發制人，而且可能不久必須把防禦的重點放在國內。

墨索里尼決定入侵衣索比亞，是由於兩起誤會造成的。一次是1月在羅馬的會議中，法國總理賴伐爾私下對墨索里尼許諾不會在衣索比亞謀取任何利益，但義大利必須與法國一起遏制德國。另一次是4月的斯特雷薩會議上，英國的與會代表雖已知道墨索里尼當時的計畫，但根本未提及衣索比亞，更不用說對義大利的入侵提出反對。

賴伐爾後來辯解說，斯特雷薩會議只討論經濟問題，英國代表的緘默並非意味同意，而是因為優柔寡斷。之後幾個月，墨索里尼派遣成千上萬的軍隊進駐衣索比亞的鄰邦厄立特里亞（已是義大利的勢力範圍）。10月，義大利不顧英國遲來的抗議，開始入侵衣索比亞。

就軍事上而言，義軍的進攻是成功的：儘管裝備不良的衣索比亞軍隊奮勇作戰，但根本無法抵禦義軍坦克和毒氣的攻擊。從外交角度來看，除了希特勒之外，所有關注這場戰爭的人都認為它是一場災難，而希特勒最後也得到一個找尋很久的盟友——義大利。

國際聯盟（衣索比亞是會員國之一）對義大利進行貿易制裁。但有幾個會員國拒絕合作，另幾個會員國（包括非會員國德國和美國）僅部分執行。英國則提出禁運石

義軍入侵前6個月，衣軍騎兵列隊恭迎皇帝海爾·塞拉西。

油，法國認為除非談判失敗，否則不同意英國提議。後來，英法兩國協商出一個方案，只讓衣索比亞保持名義上獨立，義大利可以控制更多的領土。但是，這一方案激怒了英國大眾，衣索比亞皇帝海爾·塞拉西（沒有人先問過他的意見）一口拒絕。國際聯盟則認為此方案有損形象而予否決。

1936年5月，義大利吞併了衣索比亞這個古老的王國。但義大利與法英兩國關係也完全破裂。墨索里尼只得與希特勒這個傲慢的對手聯合。◀1926（1）▶1936（4）

美國
社會安全體系形成

5 經濟大恐慌激勵了美國政府推行西歐國家早在19世紀就已實行的社會福利制度。1935年，美國國會通過「社會安全法」——即羅斯福總統後來所稱美國政府的「偉大成就」。這項法案對於民眾因死亡、老年、失業和失明造成的經濟匱乏，提供一項聯邦政府的保護措施。（後來範圍擴大到因疾病

這是工程進度管理署設計的木刻版畫海報。

或受傷而導致終身殘障的人。）

同時，數百萬身體健全的人仍面臨財政赤字和社會蕭條的威脅。儘管自1933年以來他們可獲得一些補助，但是杯水車薪，羅斯福斥其為「對人們精神一種麻醉、陰險的摧殘」。5月，羅斯福提出一項議案，下令成立工程進度管理署（WPA），這是各國政府曾經嘗試進行的最大型公共工程計畫。

在哈里·霍普金斯的領導下，工程進度管理署取代並合併了公共工程署（PWA），後者是負責監督「重大的」工程計畫。工程進度管理署部分仿效史達林和墨索里尼的大型工程計畫（和義、蘇不同的是，美國人員都是志願參與），修建8千座公園，1600所學校，800個機場，3300座水庫，7萬8千座橋樑，104萬6045公里長的公路。

不論是製作動物標本的師傅還是護士等專業人才，一旦有機會，政府會安排他們在各自的領域內各盡其才。經濟大恐慌對那些藝術家、音樂家和作家的衝擊最大，所以工程進度管理署擬定文化發展計畫。聯邦劇場方案讓約3000萬人欣賞了現代和經典的戲劇演出；聯邦藝術方案招雇藝術家為公共建築進行裝飾工程；聯邦作家方案則出版旅遊指南、區域研究和歷史書籍。

儘管工程進度管理署大受好評，但它的潛力從未完全發揮出來。即使在就業人數最高的月份，受雇人員也只有320萬人（仍有800-1400萬人待業）。1943年，戰爭物資的製造刺激經濟復甦，幾乎達到充分就業，工程進度管理署也就功成身退了。◀1933（1）▶1937（邊欄）

「說真的，我想自己是發揮了才能，但我的才能是如此淺薄，經過這許多年，幾乎要被識破了。」

—— 克勞斯比

1935年新事物

- 日光燈（美國通用電子公司）
- 蓋洛普民意調查
- 16厘米電影攝影機的軟片
- 罐裝啤酒（美國新澤西州牛頓市克呂格爾啤酒廠）
- 胸罩罩杯尺寸（A-D）
- 日本豐田汽車公司
- 波斯更名為伊朗
- 停車收費計時器（美國奧克拉荷馬州奧克拉荷馬市）

- 四輪溜冰鞋
- 芮氏地震儀（測量地震強度）

美國萬花筒

最活躍的人士

埃莉諾·羅斯福一直想將美國第一夫人的角色轉變為活躍分子的形象。1935年12月30日，她開始撰寫「我的日子」，這是每星期6天在各報刊登的專欄。在專欄中，她和全國的讀者分享了她的想法和日常生活點滴。在她擔任第一夫人的12年中，羅斯福夫人不辭辛勞地為人權運動努力奔波，特別是著重於城市改建、兒童和家庭的協助及為少數民族和婦女爭取平等權利，而成為本世紀美國最受敬愛的人物之一。丈夫死後，羅斯福夫人於1946

年至1951年間擔任聯合國人權委員會主席之職，在國際事務一直扮演十分活躍的角色，直到1962年逝世。

《我愛你，波吉》

這首歌是由喬治·蓋許文作曲，他哥哥艾拉·蓋許文與杜波塞·海沃德作詞，是蓋許文兄弟創作

這些是萊恩選出作為「首批企鵝叢書」的作品。

文學

經典文學作品暢銷

⑥ 1935年，英國倫敦出版商艾倫·萊恩想要出版高品質平裝本的名家作品，當時只有偵探和冒險小說或低廉的翻印本才出平裝本。後來，萊恩告訴人們，他是與阿嘉莎·克莉斯蒂及其丈夫到得文共度週末後，在火車站等車回家時想到的。他到書攤逛逛，看到的都是一些精美的雜誌、價錢昂貴的新書以及破舊的再版書，沒有發現什麼可讀的作品。於是，他和他的兩個兄弟理查和約翰覺得這是個好機會，於是著手取得某些知名作家，例如坎普頓·麥肯齊、歐內斯特·海明威和多蘿茜·塞耶斯等精裝本的有限出版權。

這個新的平裝書系列第一批推出10本，同一年出版，三兄弟將其命名為「企鵝」。到第二年年底前，共推出70本。新版本的推出，對於識字能力的提升影響深遠，使閱讀更普及化：過去一本書要花半天的薪水才買得到，現在只需20分鐘的工資就可擁有。印有南極水鳥圖案的「企鵝叢書」，非常容易辨識，而且這些書是放在煙草店和大百貨公司販售，而不是在讓很多英國人覺得勢利、有威脅感的書店銷售。書的封面簡單明瞭，色彩豐富，沒有過去書衣設計的過分裝飾，當時購書人口增加很多，是自古騰堡那個時代以來成長最快的。◀1920（5）

音樂

完美無缺的歌手

⑦ 賓·克勞斯貝來自華盛頓州的塔科馬城，是一個親切有禮的男孩，他可以毫不費力、神奇地以他那渾厚的男中音演唱歌曲。

他時而高歌，時而低吟，確實是一位原聲派（由魯迪·瓦利於20年代後期創立）大師。1935年12月，克勞斯貝開始在美國國家廣播公司（NBC）的《克拉夫特樂廳》主持每週一小時的節目，這是他主持的廣播節目中最受歡迎的一個。當時他已是一個知名的歌星，由於擔任這個節目主持人將近10年之久，使得他的演藝事業達到新的高峰。

儘管擴音器和無線電的出現，對當時許多歌星來說是個無法避免的挑戰（如麥克風的使用，讓喬爾遜一類的表演變得十分可笑），然而卻很適合克勞斯貝聲音中的自然共鳴。他質樸謙遜的外表和輕喜劇的天分，讓他在廣播和螢幕上大受歡迎。但私下他的舉止卻完全相反，不但冷漠，甚至可說是冷酷的。他與鮑伯·霍伯一起拍攝的7部「公路」電影創票房新紀錄。他

在電影《走我的路》中扮演一個天主教教士，讓他獲得了奧斯卡金像獎。但由於他的演唱，《安打先生（Der Bingle）》令人記憶深刻（德國人曾在二次大戰期間竊聽美軍廣播電台，而以此歌名稱呼他）。在1942年歌舞片《假日旅館》，他已是當代最紅的明星，低唱出歐文·伯林的《白色的聖誕》（有史以來最受歡迎的歌曲）。他於1977年逝世，留下了數億美元的財產。▶1943（16）

醫藥

磺胺類藥物的發明

⑧ 自1909年保羅·埃利希發現治療梅毒的「神奇藥丸」以後，用於抑制細菌感染的藥物發展遲滯下來。不過到20年代末期，德國細菌學家格哈德·多馬克開始檢測新染料，找尋醫療新藥。當時，他在規模龐大的法本製藥公司負責研究工作。1935年，多馬克將其實驗結果公諸於世：他發現一種稱為「普浪多息」的紅色皮革染料毒性小，能有效地抵禦老鼠所感染的鍊球菌。

多馬克的女兒希爾德加德是第一批試用「普浪多息」的人之一。她因為被針扎到而感染鍊球菌。在使用了各種藥物均無效後，多馬克為垂死的年幼女兒注射了大量的「普浪多息」。她很快痊癒了。

1947年，多馬克領取希特勒迫使其婉拒的1939年諾貝爾醫學獎。

「普浪多息」的療效（後來發現是因為其中含有一種可以抑制細菌的重要成分氨基苯磺）轟動各方，大量的「磺胺類藥物」隨後發展出

來，用來治療腦脊髓膜炎、肺炎和淋病。儘管由於盤尼西林（其療效和磺胺類藥物差不多，但毒性較低）的問世，磺胺藥的使用因而減少，但是磺胺類藥物的發現無疑是醫藥史上治療法的最重要的突破之一。◀1928（11）▶1941（16）

蘇聯
共產第三國際轉變戰略

9 1919年列寧創立共產第三國際，目的在於鞏固和發展全球共產主義。由於歐洲法西斯主義的興起，迫使第三國際重新思考

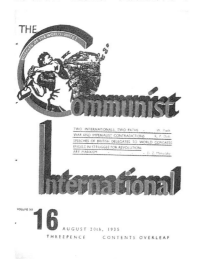

1935年8月，第三國際出版的英文報告書。

成立的目標。1935年7月，第三國際第7次代表大會在莫斯科召開。大會擱置了其不斷強調的煽動全世界無產階級革命的目標，而誓言「要將法西斯與資本主義從地球上根除」。綱領的改變顯示：受到法西斯黨控制德國的威脅（第三國際領導人原希望共產黨能在德國紮根），第三國際必須得採取防禦姿態，和其資本主義對手一樣亟欲防止戰爭發生。

第三國際認爲法西斯是一種「反革命政變」，爲了對抗法西斯，第三國際第7次大會主席決定採取自己的反革命策略：結合人民戰線中的資產階級的力量，引導各國（像西班牙和法國一樣）與蘇聯建立軍事聯盟。儘管第三國際的保守派認爲人民戰線是異端邪說，但是人民戰線仍是第三國際抵抗法西

斯最好的防禦手段。大會代表甚至認爲第三國際應當支持反法西斯的資本主義政府，因爲資本主義與法西斯相較之下還沒那麼邪惡可怕。爲了在逆境中主動出擊，第三國際宣告說：「我們今天要史無前例地緊緊團結在一起。」

堅信世界革命的托洛斯基預言，1935年的第7次代表大會將由於是第三國際的「整肅大會而變成歷史」。他說對了。第三國際一直無法再恢復其革命的熱情，終於在1943年解散。◀1919（11）▶1943（邊欄）

音樂
搖擺樂之王

10 爵士樂起源起於新奧爾良的妓院和美國禁酒時期的地下酒館，它通常給人挑逗、不太正當的感覺。隨著禁酒令的取消，爵士樂也傳播開來，探索新的風格和發掘新的廣大聽眾。本尼·古德曼顯然兩者兼具。早在孩提時代他就在芝加哥一幢由簡·亞當斯建立的胡爾屋會堂吹單簧管。1935年，古德曼決定帶著他在美國國家廣播公司《讓我們來跳舞》節目中演奏通俗舞曲的樂團到街頭表演，讓美國中部民眾體會一下眞正的爵士樂。但聽眾反應冷淡，直到去了洛杉磯，他們才受到狂熱的歡迎。搖擺樂很快便發展成熟，風靡全美。

搖擺樂團比老式爵士樂團的人數多，編曲較爲格式化（古德曼樂團的樂曲大多是由弗萊徹·亨德森編寫，他與艾靈頓公爵同樣都是

戴眼鏡的「搖擺之王」班尼·古德曼（左）和鼓手吉恩·克魯帕。

「大型樂團」音樂的主要開創者。搖擺樂不強調獨奏，主要是由銅管樂器、木管樂器或與節拍相互競賽，有時候是對位旋律，有時候是對話，不同於戰後流行的比波普音樂。搖擺樂著重於彈撥樂器，它使聽眾，特別是青少年聞聲起舞。

搖擺樂的鼎盛時期，是1938年古德曼在崇尚古典主義的卡內基音樂廳演奏。《紐約時報》稱這場音樂會「非常無趣」，但也描述了音樂會中觀眾高興得「搖頭晃腦」的情形。古德曼穩居「搖擺之王」的寶座，直到1941年才讓位給更具商業性的格倫·米勒。◀1927（9）▶1941（18）

文學
史蒂文斯的文學之花

11 美國詩人華萊士·史蒂文斯曾向朋友透露：「作詩最困難的事是確定主題」。1935年，隨著他完成創作詩集《秩序的概念》，他也找

到自己的主題：美學是對秩序的追求。史蒂文斯特別關切對經驗的了解，而欲以詩作透視現實中眞相與認知的混亂。他認爲想像力「能使我們在反常中看出常態，在無序中找到頭緒」。他在哈特福特意外賠償公司工作近40年，對他來說，每天枯燥的工作與藝術工作是互補的，如此才可能滿足他所謂的「現實-想像的複合體」。

史蒂文斯完成《秩序的概念》（被譽爲是他第一部成熟的詩作）時已經56歲，是現代少數大器晚成的作家之一。他說，自己起步得晚，因爲雖然年輕時熱愛寫詩，但是他「討厭貧困，所以就像大家一樣去工作，而且工作了許多年」。但他仍然利用晚上、週末和下班的時間，以英文創作一些非常好的現代詩。直到1955年去世前，他一直都是美國詩壇泰斗。◀1922（9）▶1946（11）

的通俗歌劇《乞丐與蕩婦》的主題曲。《乞丐與蕩婦》根據海沃德的小說改編，描述南卡羅來納州查理斯敦黑人住宅區鯰魚巷裏居民的生活。這部歌劇將音樂風格各異的爵士樂、福音音樂、藍調、流行音樂和歌劇融合在一起，結果產生了一種全新的、富有挑戰性的音樂劇。《乞丐與蕩婦》在1935年10月10日首演，上演不到16週，但這部作品已被認爲是喬治·蓋許文的傑出代表作。◀1927（8）

大頭目遇刺

「大頭目」休伊·朗是路易斯安那州眞正掌權的獨裁者，在州議會重兵部署，並且利用大量贊助的方式吸引民眾注意。他原是該

州的州長，後來成爲參議員。即使這樣，他仍然能遙從華盛頓遙控著路易斯安那州。1935年9月8日，朗在路易斯安那州眾議院準備籌組第三黨參加總統競選時，被政敵的女婿槍擊腹部致死。▶1946（邊欄）

甜美的二重唱

納爾遜·艾娣和珍妮特·麥克唐納原是教堂合唱團團員。1935年，兩人首次合作演唱了《淘氣的瑪麗埃塔》。他們先後在8部電影中合作演唱，被認爲是歌舞片史上最成功的二重唱團體。這8部電影現在也被全球公認是通俗作品重新包裝的重要作品。

爵士王演出成功

1935年，威廉·巴錫終於發揮本事，既擁有一個新的頭銜（「伯爵」是堪薩斯城電台DJ給他的封號），又有了自己的樂團。原樂團團長本尼·莫坦死後，巴錫組建了自己的樂團「節奏男爵」（不久改爲「巴錫伯爵樂團」）。這個樂團以無懈可擊的和弦、和諧的音調和鮮明的節奏感而知名。接著，巴錫先後在芝加哥和紐約市以跳躍彈法演奏鋼琴，吸引了大批樂迷。

1935

「我們相信電影是影響人們最現代、最科學的手法之一。因此任何政府都不應忽視它。」

——納粹宣傳部長約瑟夫·戈培爾

環球浮世繪

藝術買賣

1935年，本世紀最有影響力的藝術經紀商，65歲的約瑟夫·杜維恩出版了純爲私利的回憶錄《藝術珍寶及陰謀》。作爲國際藝術品味的創造者，杜維恩的事業建立在超凡的推銷技巧，以及和美國藝術史學家伯納德·貝倫森的合作。貝倫森負責鑑定杜維恩收購的古代大師作品（有些人則說他作僞），再賣給一些新的百萬富翁，如亨利·克萊·弗里克、約翰·洛克斐勒和安德魯·梅隆等。他們購買的珍品成了美國眾多博物館的主要收藏品。
◀1908（10）

安地斯山的暴君

委內瑞拉總統胡安·文森特·戈麥斯於1935年12月17日過世。戈麥斯統治委內瑞拉長達27年，是個不折不扣的獨裁者。具有近乎純種安地斯山印第安人血統的戈麥斯，透過龐大的間諜網和軍隊的濫用武力，對人民實行高壓

恐怖統治。由於1918年委內瑞拉境內發現石油，使他成爲南美地區最富裕的人之一。在位期間，戈麥斯精打細算地與外國公司談判石油開採權，使他得以償還全部國債。◀1922（邊欄）
▶1945（邊欄）

前額腦葉切除手術

葡萄牙神經科醫生安東尼奧·埃加斯·孟尼茲讀到關於將黑猩猩前額腦葉摘除，情緒不再那麼煩躁不安的報導後，推論認爲類似的手術對長期痛苦的精神病人也應該有所幫助。1935年，莫尼斯開始進行前額腦葉切除手術。他在病人的頭蓋骨鑽洞，將前額兩片腦葉之間的神經通路。手術結果使病人溫順多了，但也使許多病人變得有如植物人。

科技

戰時雷達的發展

12 在這場即將爆發的戰爭中，很少有新的科技發明像雷達那樣有如此深遠的影響。1935年12月，英國核准建造首批使用不可見光束跟蹤飛機的雷達站（爲防禦北海到倫敦的通路）。到了1938年，德國也有類似的雷達偵測網。

第二次世界大戰中，盟國空軍在B-18A轟炸機的鼻翼裝上雷達，改成反潛飛機。

雷達本身的概念其實並不新。早在18世紀80年代，海因里希·赫茲就發現了利用無線電波在物體間的反射來確定其位置的原理。1904年，一位德國工程師根據這一原理發明了一種簡陋的航海裝置並獲得專利。隨著30年代長程轟炸機裝載量的發展，美國、歐洲和日本科學家都開始嘗試利用雷達追蹤船隻和飛機。

雷達（原名全稱爲無線電探測和測距系統）可使戰鬥員確定目標位置，即使有像霧或黑夜等障礙也無妨。但科技發展是需要時間的。1940年，英國的雷達網阻止了不列顛戰役的災禍。但一年以後，珍珠港的美軍指揮官卻誤解了雷達偵測到日軍大舉入侵所發出的警訊。

1940年，空中雷達（不須高空無線電傳送和接收塔）開始有了重要改革，當時受困的英國將一批傑出科學家和一個他們研發的傳導裝置——空腔磁控管送到美國與麻省理工學院的學者一起進行研究。他們最後發展出來的微波雷達比以前的雷達裝置更強、更精準。後來，這種微波雷達裝置的體積也可縮小，配備在飛機的鼻翼上；到1943年，多數盟軍飛機都有此設備。德軍也在發展空中雷達，但遲至1945年才研發出來，這使得盟軍在戰爭中得以大顯身手。▶1940（11）

印度

平靜改革

13 儘管英印關係不久前才出現倒退情形，但1935年，英國國會通過了《印度政府法》，這是一項徹底的憲法改革措施，也是一次最爲大膽的嘗試。對英國來說，該法案顯示了其善意；對印度而言，則和期待已久的獨立願望又靠近一步。

這一法案讓印度新增兩個省分，共計有11個省，並且賦予各省在國內事務的自主權——當然如果有突發的緊急事件時，主權仍歸英國總督。這一法案也明定，緬甸脫離印度統治，並保證回教徒和印度其他少數民族可在聯邦的立法機構中推派代表。由於英國仍保留所有軍事、外交和財政的控制權，這項法案對印度中央政府並沒有特別的影響。

印度國大黨的批評家認爲，這項堪稱平靜改革的法案離目標還有一段距離，英國國會的批評者則認爲太過頭了——特別是溫斯頓·邱吉爾，他稱《印度政府法案》是「由侏儒所建、用來表彰虛僞的紀念碑」，除了看法上的歧異，此法案是印度和巴基斯坦早期作爲獨立國家的重要憲法依據。直到1950年印度正式獨立前，這項法案實行的改革大多還算恰當。◀1932（4）
▶1937（3）

《印度政府法案》：《笨拙》雜誌刊登了一幅漫畫，畫中母雞擔心「她的」小鴨能否獨自游泳。

里芬史達在紐倫堡拍片現場，左爲攝影師塞普·阿爾蓋厄

電影

希特勒的大導演

14 阿道夫·希特勒意識到宣傳若要達到真正的效果，就必須加以美化包裝一番。於是熱愛電影、以前也學過藝術的希特勒找來32歲的導演萊妮·里芬史達，希望她將1934年納粹在紐倫堡召開的年會拍成紀錄片。這部名爲《意志的勝利》紀錄片，1935年在德國首映，立即引起很大爭議。影片表現形式令人震驚，以新奇的手法對希特勒及納粹政權進行邪惡的讚頌。

里芬史達原是位舞者兼演員，1931年首次執導《藍光》，是兼具藝術與商業價值的成功之作。面對德國領導者令人麻木的空話演說、受壓抑的大眾和永無止境的遊行，里芬史達以純熟的剪輯技巧、不斷變換攝影角度、令人暈眩的視覺印象組合，伴以熱鬧的華格納風格的配樂，創作了《意志的勝利》這部新潮的作品。該片中的希特勒是個神：全片從頭至尾都以仰角特寫角度拍攝希特勒，一開始，只見他如天神般從座機走下來。他說的每一句話和每個手勢都讓群眾如癡如狂。儘管就道德而言，此片令人厭惡，但在風格上卻不失爲佳作，是政治宣傳者必讀的範本。

里芬史達從未加入納粹黨。她宣稱自己是無黨派人士，不關心政治，無視殘暴。她感興趣的只有藝術。但這種刻意漠視道德的作品，必然會因無視真理的存在而大形失色。◀1933（邊欄） ▶1936（1）

當年之音

戰勝惡魔蘭姆酒

戒酒的12個步驟

「匿名酗酒者」協會創立人威廉·格里菲斯·威爾遜和羅伯特·霍爾布魯克·史密斯醫生，1935年

也許有史以來最成功的自我療法是在1935年問世的。當時，一位名叫威廉·格里菲斯·威爾遜的紐約證券經紀人是個酒鬼，他準備到俄亥俄州的亞克朗出差。為了不要讓自己酒癮發作，威爾遜請牛津教派（福音派基督教會）當地的一位教友幫他介紹一個也在痛苦掙扎的酗酒者。威爾遜這位同病相憐的朋友羅伯特·霍爾布魯克·史密斯是亞克朗當地的外科醫生，他對威爾遜「幫助別人戒酒，肯定能幫助自己戒酒」的理念印象深刻，於是與他共同設計了一套戒除暴飲的方法，主要分為12個步驟（見下文）。到1945年，他們創立的「匿名酗酒者」協會已有1萬5千個會員（全部以假名參加）；1992年估計有200萬會員。「匿名酗酒者」的原則是遵循基督教告解、赦罪、贖罪的模式，但也帶有卡爾·榮格和威廉·詹姆斯理論的色彩，而這些原則已成為用來戒除毒癮、暴飲暴食和縱欲過度等不良習性的完整治療計畫的典範。▶1961（14）

1. 承認我們無力抵抗酒精的誘惑, 這使得我們的生活變得一團混亂。
2. 相信萬能的主，祂能幫助我們恢復理智。
3. 下定決心將我們的意志和生命交給上帝，因為我們相信祂。
4. 仔細並勇敢地對自己作一次道德的反省。
5. 向萬能的主、自己和他人承認我們的錯。
6. 準備好祈求主去除我們性格中所有的缺陷。
7. 謙卑地祈求主去除我們的缺點。
8. 寫下我們曾經傷害過的人，並願意誠心向他們謝罪。
9. 盡一切可能向這些人謝罪，除非這麼做會傷害他們或其他的人。
10. 繼續反省自己，有錯就馬上承認。
11. 透過禱告、沈思來增進我們與上帝意念的溝通，祈求了解祂的神意與實現神意的力量。
12. 經過這些步驟而醒悟之後，我們試著告訴其他酗酒者這些步驟，並且也將這些步驟應用到其他各方面。

在亞克朗首次碰面的晚上，「比爾和鮑勃醫生」（「匿名酗酒者」協會檔案以這兩個別名稱呼他們的創辦人）就是喝了一整夜從這個咖啡壺倒出的咖啡。這個咖啡壺後來成為酒的替代品和創辦人友誼的象徵。

1935

「我在最後一段距離時屏住呼吸。我凝視著跑道，保持自然呼吸，直到距終點只剩30碼時，才深吸一口氣，縮緊腹肌，開始衝刺！」

—— 傑西‧歐文斯短跑技巧的有關講話

1936

年度焦點

歐文斯在1936年奧運會上大放光采

1 他們從未在賽跑中較勁。他們從未握過手。但當美國黑人運動員傑西‧歐文斯，這個阿拉巴馬佃農之子在1936年柏林奧運會上贏得4面金牌時，希特勒輸了，他的亞利安種族最優論不攻自破。（希特勒原本的確相信德國運動員將會在奧運會上有卓越表現，他甚至派遣德國導演萊尼‧里芬史達去拍攝關於他們的記錄片。）

這位來自美國俄亥俄州的田徑明星一舉奪得了100公尺（成績10.3秒）、200公尺（成績20.7秒）和跳遠（成績8.06公尺）的金牌，同時是打破400公尺接力賽世界紀錄的美國隊隊員之一（成績39.8秒）。早在前一年，歐文斯就在密西根州安亞伯以8.13公尺的成績刷新跳遠世界紀錄。這一紀錄直到1960年才被雷夫‧波士頓打破。

希特勒顯然拒絕表達祝賀之意。當歐文斯上台接受花圈和領取獎牌時，他惱怒地離開體育場。頒獎儀式後，歐文斯告訴記者說：「站在領獎台上的那種感覺真棒，我從來沒有過這種感覺。」歐文斯身旁的友人稍後表示，歐文斯對希特勒故意避開他感到鬆了一口氣：這樣他也省了必須假裝真誠接受討厭的人道賀詞的難堪。與此同時，納粹的宣傳人員在約瑟夫‧戈培爾的指揮下持續宣傳活動。他們在發行的《攻勢》小冊子評論說：「美國佬在本次運動會上真令人失望，要不是靠這些黑人的幫忙，德國早就奪得跳遠冠軍了。」這些所謂的「援手」實際上佔了參賽選手的大多數。10位非裔美籍選手總計贏得了13面獎牌，其中包括8面金牌。

可惜歐文斯這些轟動的光榮事蹟並沒有換來財富。回國後，為了生計，他和

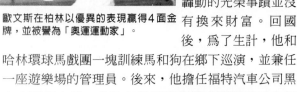

歐文斯在柏林以優異的表現贏得4面金牌，並被譽為「奧運運動家」。

哈林環球馬戲團一塊訓練馬和狗在鄉下巡演，並兼任一座遊樂場的管理員。後來，他擔任福特汽車公司黑人人事部主任，並曾在伊利諾州體育運動委員會任職。他於1980年去世，終年66歲。◀1935（14）▶1937（9）

佛朗哥領導民族主義者先在北非的加納利群島謀劃叛亂，1939年時已從北非一路向西班牙馬德里挺進。

西班牙

內戰爆發

2 對極權國家而言，西班牙內戰是一場代理人的戰爭，也是第二次世界大戰的預演；在全球知識分子的眼中，它是法西斯主義和共產主義在世界資本主義這個垂死軀殼上的第一場較量；但對西班牙人民來說，這場戰爭意味著3年的英雄主義、恐怖活動，之後則是長達35年之久的獨裁統治。雖然衝突爆發於1936年7月，但其背景由來已久。

西班牙右派在1933年贏得大選，並在1934年弭平左派勢力的武裝暴動後，建立了一個天主教的保守共和政府，從而成為保皇黨和長槍黨（法西斯）分子的眼中釘、肉中刺。與此同時，全世界的共產黨員——一度為左派中的挑撥者——已經奉莫斯科方面的命令加入其他反右派的政黨。1936年2月，左派和自由黨聯盟的人民陣線在大選中獲得勝利。

一旦執政，聯盟就開始引起不斷的紛爭：一向溫和的社會黨意圖技術性地剝奪右派在國會的席次。社會黨和共產黨青年團合併，接著長槍黨學生在街頭打架鬧事；教堂被燒；農民接收土地；無政府主義分子佔領了工廠。面對如此形勢，政府只是在旁監視留意。7月，保皇黨的一位領導人被政府保安部隊暗殺。由此，保守派的將軍們認為他們已忍無可忍。

叛亂從保守派將軍法蘭西斯科‧

佛朗哥率軍從摩洛哥進入西班牙開始。不久，右派叛亂分子——民族主義者——接受德、義兩國的軍隊、彈藥和飛機等軍事援助，很快控制了西班牙的南部和西部。蘇聯接著提供軍火和軍事顧問援助共和政府禦敵，其他國家對於西班牙的求援則觀望不前。（法國原先提供了300架飛機，後來在英國強烈要求下宣佈中立。）不過，來自50個國家的志願者組成國際軍隊，加入西班牙軍隊共同作戰。國際軍隊的成員包括了工人和知名作家諸如喬治‧歐威爾和安德烈‧馬勒侯等各階層的人士。西班牙很快就被各地的戰火吞噬。◀1933（7）▶1937（7）

西班牙

詩人殉難

3 西班牙內戰的暴亂遠遠超出了戰場的範圍。積壓在人們心頭數十年的怨恨一發不可收拾。

共和政府執政期間，屠殺了許多教士、修女和長槍黨員；而民族主義軍隊（其中許多是教士），又殺害左派人士和知識分子。到內戰結束時，雙方各殺害約5萬名平民。這些無辜的民眾當中，最著名的就是38歲的詩人暨劇作家費德里可‧加西亞‧洛卡。洛卡是在內戰爆發一個月後，即1936年8月被殺害的。

洛卡是20世紀最負盛名的西班牙作家。他以作品中結合民俗、古典和寫實的成分，以及犀利嚴苛的表現主義而享譽國際。他的詩作如《吉普賽民謠集》（1928）和劇本《血腥婚禮》（1933）等，加上個人的魅力，讓許多讀者對他崇拜不已。但是保守主義者斥責他為頹廢派作家，特別是當他宣稱自己是社會主義者之後。

洛卡於佛朗哥發動政變前幾個小時，已經到格拉納達的別墅渡假。（當時，他剛剛完成劇本《貝爾納達‧阿爾巴的家》。該劇描寫

藝術與文化　　書籍：《押沙龍‧押沙龍！》威廉‧福克納；《吉薩的蒼涼》奧爾德斯‧赫胥黎；《就業、利息與貨幣一般理論》凱因斯；《和父親一起生活》克拉倫斯‧戴　　音樂：《放妳在心中》科爾‧波特；《意外之財》強斯頓和伯克；《妳今夜的樣子》凱恩和菲爾茲；《美麗的墨西哥》阿倫‧科普蘭；《弦樂慢板》薩繆爾‧

「團結起來，反抗法西斯黨可能發動的突襲和統治我們的意圖……解除人民的苦難，
消滅不平等的現象，使法西斯主義無立足之地。」
—— 法國總理萊昂·布魯姆闡述人民陣線使命的有關講話

的是5個姊妹在她們專橫的母親控制下過著囚犯般的生活。）當叛亂分子佔領該鎮，逮捕鎮長和大批平民準備處決時，洛卡逃往一位保守派朋友家躲藏。但該朋友的兄弟卻在長槍黨人敲門之際交出了作家。洛卡在格拉納達政府所在地關了兩天後，於8月18日晚上被槍斃。（許多讀者認為他的死亡就像是其作品中的常見暴力與凶兆的悲劇高潮。洛卡遇難後，屍體被拋進亂葬崗，遺骸從此無蹤。◀1936（2）▶1937（7）

外交
羅馬-柏林軸心形成

4 阿道夫·希特勒非常敬佩本尼托·墨索里尼。他模仿墨索里尼扮演的角色、政治企圖，甚至連法西斯敬禮手勢他也模仿。但是，墨索里尼卻不喜歡希特勒，背地裏稱希特勒「是個好鬥的小人……八成是個騙子，一定是個瘋子」。墨索里尼不滿納粹主義「反對任何事和任何人」。他的帝國主義旨在消滅「劣等」的人，而不同於納粹的反猶太主義，因為猶太人是義大利法西斯主義的創始人之一。但墨索里尼卻於1936年決定支持希特勒。

此一決定純粹是為了現實考量。義大利冒險入侵衣索比亞（衣國在5月陷落）的舉動已使英法與其疏遠。墨索里尼也覺得無論如何已不能依賴英法兩國。3月，德軍公然違反《凡爾賽和約》和《洛迦諾公約》，進駐萊茵非軍事區，英法兩國對此並未作出反應。對於希

墨索里尼因現實因素不得不與希特勒合作，那不勒斯人卻大肆慶祝。

特勒違反相關條約重新武裝，英法兩國也默認了。希特勒更得到了他垂涎已久的，這是義大利和德國爭奪勢力範圍的唯一一緩衝地帶。儘管義大利對德國吞併奧地利的企圖有所防備，但是一旦德國人侵入奧地利，義大利還是得做出選擇，若非與德國交戰，不然就是被迫與德國聯盟。義大利還是選擇先與德國達成協議較為有利。（況且在衣索比亞問題上，希特勒曾支援墨索里尼）。

7月，希特勒承認奧地利的主權（奧地利承認是德國的一個「省」）。4個月以後，義大利與德國終於達成一項協議：擴大德國在衣索比亞的特權；在西班牙、多瑙河流域國家、蘇聯和國際聯盟問題上，德義採取共同的方針。墨索里尼將這個新的結盟稱為「羅馬-柏林軸心」。

11月25日，德日簽署反共產國際協定，承諾共同抵禦蘇聯。1937年11月，墨索里尼也簽字加入此一協定，使得軸心從羅馬擴展到東京，形成了第二次世界大戰中對抗同盟國的一支隊伍。◀1935（4）▶1937（14）

法國
社會黨掌舵

5 皮埃爾·賴伐爾右傾內閣在1936年1月垮台後，暫由自由黨領袖阿爾伯特·薩羅特出任總理並組閣。但春季大選產生了一重大轉變：法國第一位社會黨總理誕生了。萊昂·布魯姆於6月宣誓就職，領導包括中間偏左的政黨在內

的《人民陣線》。左派勢力一直在議會中佔多數，但自1920年以來，只有激進社會黨（實際上是由中產階級及自由派組成）曾組閣主政；社會黨和共產黨拒絕與其或雙方共同聯合組閣。然而如今在法西斯黨的威脅下，大家只好同舟共濟。

布魯姆內閣除共產黨外，包括人民陣線所有主要和次要的黨派。對於布魯姆內閣，共產黨表示支持，但不參與，因為他們擔心右派將其視為革命的先驅。共產黨在此

脆弱的結盟：社會黨人萊昂·布魯姆（右）和人民陣線中傾共黨激進分子尚·齊羅米斯基。

時並不願發動革命，因為社會進一步失序——連串的選後大罷工已癱瘓法國的工業——可能讓法西斯黨有機可乘。

作為官方主要的談判代表，布魯姆夾在罷工者和雇主之間感到左右為難。他支持勞工發動罷工的理由，但又不敢得罪雇主。他對右派及極左派的要求不理不睬：右派要求武力鎮壓（右派也以反猶太的輕蔑言詞中傷這位法國有史以來的第一位猶太裔總理），極左派則促其將工廠收歸國有。6個星期內，他努力設法大幅提高工資並促使法國有以來史最大型的社會立法案通過：政府此後保證勞工有勞資談判協商權、每週40小時工時，以及不扣薪休假等權利。而收歸國有的只有法蘭西銀行和軍工廠。工潮終於平息。

後來，布魯姆因拒絕干預西班牙內戰而激怒許多同志，經濟大恐慌又使法國的經濟每下愈況，政府的聲望逐漸下滑。1937年6月，布魯姆辭去總理之職。1938年3月復職，4月又被迫辭職。至此，人民陣線已經四分五裂。◀1934（3）▶1940（7）

「我所做的事，是任何一個真正熱愛自己祖國的尼加拉瓜人早就該做的。」

—— 1956年刺殺尼加拉瓜獨裁者阿納斯塔西奧·蘇慕沙的刺客口袋裏的筆記

1936年新事物

- Polaroid太陽眼鏡
- 馬賽終點攝影機

- 食品攪拌器
- 籃球名人堂
- 止血棉球
- 跳躍床（彈簧墊）

1936

美國萬花筒

勸善懲惡

伊利諾州出生的卡爾·桑德伯格是「草原詩人」中最知名的。1936年，他發表著名的敘事詩《人民，是的》。該詩採用自由詩體的形式，謳歌民主政治的可貴及美國人民的充沛活力。「人

民會活下去」，桑德伯格寫出對經濟大恐慌的深刻體認。「美國人民將重新振作並東山再起。」桑德伯格也是《林肯傳》的作者，這部6卷的傳記為他贏得普立茲獎。◀1930（當年之音）▶1949（8）

美國早期南方再現

6月出版的小說《飄》是作者瑪格麗特·米契爾10年心血的結晶。這位曾擔任《亞特蘭大雜誌》的記者當年因踝傷必須臥床休養而著手寫下這部小說。出版第一年即賣出破記錄地1400萬本。美麗倔強的郝思嘉、放蕩不羈的白瑞德，以及書中其他許多鮮活的角色，皆是米契爾從父親那兒聽來關於早期南方及內戰時期的故事得到靈感創出來的。▶1939（8）

蘇聯
史達林的大整肅

⑥ 史達林為了確立個人崇拜，消除異己，自1936年開始有計畫地對舊布爾什維克黨員進行整肅。至1938年，整整3年期間，史達林和其祕密警察拘捕了500萬人，其中數百萬人被處死，僅莫斯科一地，就有好一陣子每月上千人遭處決。未被處決的人犯則流放古拉格。古拉格是史達林在全國各地所籌建的大型勞改營，因為當時原有的相關設施（仍留有帝俄統治的恐怖痕跡）已無法容納這麼多的囚犯。在大整肅期間被處死的蘇俄人，總數超過美軍自獨立戰爭到越戰期間的陣亡人數。

整肅依然以控告、拘捕和判決的官方程序。在恐怖的公開審訊被叛有罪之後，通常又會有另一回合的反控。史達林於1936年8月開始進行第一次整肅，將自列寧死後，與他一起三頭統治的列夫·加米涅夫、戈里果里·基諾維，以及其他14名共黨大老通通送上斷頭台。罪名是參加托洛斯基陰謀集團，策劃謀殺蘇聯重要部長，例如殺害謝爾蓋·基洛夫即為已遭狙殺者（史達林故意將這位共黨官員1934年的死安排成遭暗殺的樣子）。16名罪犯對指控均供認不諱，處以死刑。當時，參加審判的外國記者並不知道，被告在審判之前的囚禁期間，曾遭逼供刑求，且他們的供詞是捏造的。而西方國家正急著找到盟友對抗日漸囂張的法西斯主義，因此

都願意相信史達林。

7月，蘇共中央委員會向基層組織發佈新的命令：「在目前形勢下，無論敵人如何偽裝，每個黨員絕對要有識別敵人的能力。」黨員若未辨別出敵人，就是觸犯了法律。經過大整肅後，共黨內人人自危，只有史達林一人受祕密警察的保護，安全無虞。◀1934（14）▶1938（邊欄）

尼加拉瓜
蘇慕沙上台

⑦ 以軍隊權勢作為政治力量的後盾，尼加拉瓜國民衛隊領袖阿納斯塔西奧·蘇慕沙·加西亞將軍，於1936年在尼加拉瓜舉行了一次他不可能會輸的大選。在這場總統選舉中，沒有正派的政治家，也沒有

選民可以抵擋得蘇慕沙的槍桿子。將軍大獲全勝，馬上廢除自由選出的前任總統胡安·薩卡薩——他的叔叔。

蘇慕沙出生於尼加拉瓜聖馬科斯一個地主家庭，展開其政治生涯前曾在美國攻讀商業課程。1933年，美國任命他領導尼加拉瓜國民衛隊，這支軍隊之前曾向尼加拉瓜革命分子奧古斯托·塞薩爾·桑定開戰。同年，美軍從尼加拉瓜撤軍，桑定也撤離到一個政府資助的農場。尼加拉瓜暫時恢復和平，擁

莫斯科工人投票支持處死殺害基洛夫的嫌犯。

兵自重的蘇慕沙和眾望所歸的桑定勢均力敵。蘇慕沙在雙方休戰的那一年裏除掉了桑定，又花了兩年的時間豢養軍隊，讓軍中人員藉由敲詐勒索、賣淫案和賭博等手段致富，以保證軍隊效忠於他。接著，權勢已超過政府的蘇慕沙，自己宣佈就任總統。

這位獨裁者一直統治到1956年，搜括了近5千萬美元的個人財富。這段期間，他和那些附和者輪流擔任總統。蘇慕沙並透過巴結美國來保住自己的地位。首先他歡迎美國在尼加拉瓜建立軍事基地；接著跟著美國採取反共立場。後來他被一名年輕的詩人槍殺身亡（詩人隨即遭蘇慕沙的衛隊射殺），但是蘇慕沙早已預作防備，以保證其王朝延續。他已先讓在美國唸書的一個兒子接掌國民衛隊，讓另一個擔任國會議長。因此，蘇慕沙王朝在1956年以後仍統治了尼加拉瓜25年。◀1934（邊欄）▶1978（8）

捷克
希特勒覬覦蘇台德地區

⑧ 在《我的奮鬥》這本納粹的聖經中，希特勒叫囂要建立「大德意志」。這個「大德意志」包括凡是有日耳曼人存在而歸其他國家所有的全部地區。同時，希特勒還強調德國要爭取生存空間，把侵略矛頭直接指向中歐和東歐地區的國家。捷克正好符合這兩項主張的要求，其境內的蘇台德工業地區長久以來大部分的居民皆為德語人士。為了防備德國侵略，從1936年開始，捷克沿捷德邊境建造防禦工事；這些防禦工事是仿造法國看來非常鞏固的馬其諾防線興建的。馬其諾防線確保法德邊界的安寧，但事實證明這些坦克障礙物卻無法抵擋威脅捷克的生存的軍隊。

早在1919年，捷克成立共和國時，蘇台德地區便被排斥在外。此地區的居民也常遭斯拉夫人的歧視排拒。經濟大恐慌更進一步嚴重打擊這個地區。至此，傳播分離意識的條件已然成熟。在1935年的選舉中，希特勒祕密資助的蘇台德日

體育 棒球：世界大賽，紐約洋基隊以4勝2負戰勝紐約巨人隊；喬·迪馬喬與紐約洋基隊簽約；第一批棒球選手列入名人堂（主要有：泰·科布、沃爾特·強生、克里斯提·馬修森、貝比·魯斯和霍努斯·華格納等）　奧林匹克運動會：在柏林舉行　美式足球：NFL，綠灣包裝人隊以21勝6負戰勝波士頓紅人隊　拳擊：馬克斯·施梅林戰勝喬·路易斯。

「那個王八蛋是個芭蕾舞演員⋯⋯他是當今世上最優秀的芭蕾舞演員。
但是，一旦有機會，我將親手掐死他。」
—— 菲爾茲對查理·卓別林的有關評述

耳曼人黨贏得該區三分之二的選票，一躍成為該當地第二大黨。日耳曼人黨領袖提出蘇台德地區自治，捷克當局則希望能達成和解。

納粹抓住這個機會，向國際宣傳他們在蘇台德區同胞的苦日子，其中有些是真的，有些則是捏造的。宣傳重點只是在強調捷克的情勢不穩。儘管蘇聯曾簽訂條約保證

捷克士兵在捷克版的馬其諾防線練習射擊。

保護捷克的安危，但規定只有在法國先出面調停時才生效。而這是不可能的，因為德國正好夾在法國和捷克之間。最後，英法兩國為避免大戰爆發，於1938年慕尼黑會議上逼迫捷克將蘇台德區割讓給德國。此舉導致法國最終玩火自焚：德國將領藉由視察「仿造」的馬其諾防線而知曉法國防禦工事的祕密，兩年後法國淪陷。▶1937（2）

電影
卓別林機器時代的諷喻影片

⑨ 有聲電影誕生9年後，查理·卓別林集製片、編、導、演、作曲於一身，推出了最後幾部精彩的默片。1936年的《摩登時代》中已包括了一些對話、配樂和音效，代表卓別林正式向默片和他的喜劇形象——小流浪漢告別。

1914年，卓別林為啓斯東製片公司拍攝了一部短片《威尼斯兒童賽車記》。在這部影片裏，卓別林扮演一個頭戴圓頂高帽，留著牙刷般的齊平小髭，身著不合身的西裝，腳踩一雙過大的皮鞋，手持藤杖，脾氣急躁卻優雅的流浪漢。第二年，他的《小流浪漢》創造了當時全球影片最高票房紀錄。

就像卓別林的其他電影——他曾拍過60多部的短片以及諸如《孩

卓別林針對工業文明帶來的災禍所創造出的「經濟大恐慌時代寓言」是他最棒的搞笑作品。

子》（1921）、《淘金記》（1925），和《城市之光》（1931）等影片——一樣，《摩登時代》融合悲哀、搞笑和社會批評。《摩登時代》是一部諷刺機器時代的影片，描繪了一個流浪漢的遭遇。他原是個裝配廠的工人，由於不守紀律，胡作非為，最後琅璫入獄。影片最後流浪漢和他那位在貧民窟遊蕩的女友相偕背離殘酷的社會，縱身跳入高速公路一同成了攔路大盜。

儘管這部影片非常受歡迎，但其社會主義傾向卻讓右派分子不安，覺得不滿，後來就連影迷也被他的私生活所迷惑。卓別林曾有過幾次失敗的婚姻，一件私生子認父的著名官司，54歲時與劇作家尤金·歐尼爾18歲的女兒結婚。1952年，生於倫敦，仍為英國公民的卓別林，想回到美國，但聯邦政府以正在大肆搜捕共產黨員為由拒絕他入境。20年後，風聲平息，卓別林才得以到美國領取特別頒發的奧斯卡獎。1975年，獲英國伊麗莎白女王封為爵士，兩年後逝世，享年88歲。▶1919（3）

中國
西安事變

⑩ 1936年的中國正處在內憂外患時期，內有國共兩黨爭鬥，外有日本入侵。在這種形勢下，為了逼迫總統蔣介石（左）對日宣戰，第十二路國軍綁架了蔣介

石，爆發「西安事變」。此前，由張學良（東北前軍閥之子）領導的東北軍奉蔣介石的命令，到陝西剿共。然而東北軍受共黨影響，勸蔣與共黨合作全面抗

日，但遭到拒絕。在蔣巡視西安時，張學良率部隊將蔣軟禁。

當時，蔣實行「攘外必先安內」的政策，在國內不得人心。在北京、上海和其他幾個主要城市，學生常常集結，抗議遊行，要求政府結束內戰，團結抗日。但蔣不肯讓步。他認為中國軍隊無法與日本軍對抗。他堅持，「共黨是我們最主要的敵人」。必先剷除共產黨，才能對日抗戰。張學良和他的盟友（包括張的共產黨員周恩來）要求蔣停止剿共，重整政府，「接受所有黨派，共同擔負拯救國家危亡的重任」。但蔣不為所動。

1936年12月25日，當南京政府正準備派軍對付叛亂者時，危機突然化解了。張學良及同謀讓蔣承諾會重新考慮國家政策，然後將他放回（另一說是宋子文用贖金誘張將蔣釋回）。成千上萬的民眾夾道歡迎他回到南京，令蔣感受到人民對他的崇敬，也讓蔣意識到他應該挺身而出抵抗日本了。（編按：事變後，張學良被幽禁55年，於1991年3月才偕夫人趙一荻赴美探親。）◀1934（7）▶1937（1）

通用汽車公司工人獲勝

1936年12月，全美第三大公司通用汽車公司的工人舉行了為期44天的靜坐罷工（一種新的罷工手段，從前罷工向來是離席抗議的）。最後是通用工人勉強同意工人有組織工會的權利，這場罷工才得以結束。在這段美國勞工激進的年代裏，最大的推動力量來自是約翰·劉易斯。他是個煤礦工人，只唸到7年級，愛好古典文學。在劉易斯強有力的領導下，產業工人工會（CIO）將汽車、鋼鐵、橡膠和其他行業的工人全部組織起來，成立公會。◀1919（6）▶1955（邊欄）

《生活》雜誌創刊

由於體認攝影及時且真實地捕捉新聞事件和人情故事的發展潛力，亨利·盧斯繼成功地創辦《時代》週刊和《財星》雜誌

後，又在1936年推出《生活》攝影雜誌。為了創刊號，盧斯派攝影記者瑪格麗特·博爾克-懷特（一位工業方面的專家）到蒙大拿拍攝水壩工程興建的照片。首期封面（上圖）是博爾克-懷特所攝派克堡水壩的照片，內文還有9頁她拍攝水壩工人和家人的照片。這在全美平面媒體業界開創了一種新的報導型態。◀1923（10）▶1941（當年之音）

永遠保持微笑

密蘇里州出生的戴爾·卡內基經過鍥而不捨的努力，擺脫幼時的貧窮鄉下生活，搖身一變成為一名成功的作家、報業集團旗下的專欄作者、電台明星，和固定巡迴各地的演講者。1936年，卡內基出版《如何贏得朋友和影響人們》一書，揭示成功的奧祕，他的忠告之一是：化不利為有利，變劣勢為優勢。這部書成為本世紀最暢銷的非小說類作品（僅次《聖經》）。◀1923（邊欄）▶1952（邊欄）

美國政治與經濟 國民生產毛額：830億美元；羅斯福以壓倒性的票數蟬聯總統；最高法院否決農業調節法和煙煤資源保護法，支持田納西河流域管理局；政府宣佈對西班牙戰爭保持中立；道格拉斯飛機公司開始生產DC-3型飛機。

「只要能讓我平靜地寫曲，馬上出版我的所有作品，並且演奏我筆下的每一個音符，對我來說就是一個好政府。」

—— 謝爾蓋·普羅科菲耶夫

環球浮世繪

末代法老王

1936年，年僅16歲的法魯克繼承王位，成為埃及最後一位登基的國王。法魯克一世在位期間始終受到WAFD政黨的民族主義聲浪和英國的殖民企圖兩方牽制，英國雖然已不再是埃及的保護者，但在第二次世界大戰期間仍牢牢地控制著埃及。儘管法魯克著手推動土地改革和社會計畫，但是糜爛的生活卻讓他聲望大減。多年來，法魯克因沈迷賭博、在夜總會喧鬧，和盡情地尋歡作樂而名聲狼藉。1952年賈邁·阿卜杜勒·納塞領導發動一場軍事政變，推翻法魯克政權。◀1922（5）▶1945（邊欄）

馬卡姆的驚險時刻

1936年9月，貝里爾·馬卡姆完成從東向西獨自橫越大西洋的飛行，成為史上第一位單獨飛越大西洋的女性。這位勇敢的女飛行家，在英國出生，肯亞長大，20多歲時為了能於空中偵測大象和其他野生獵物而開始學習飛行。這次歷史性的飛行是從英格蘭的亞平敦出發，經過21小時後，降落在加拿大新斯科細亞布里敦角島上的一塊沼地裏——離原目的地紐約市還差好幾公里。但無論如何，她還是在當地受到熱烈的歡迎。◀1911（邊欄）▶1937（邊欄）

德國的「T型車」

1936年2月上市的福斯汽車（意為「國民車」）由斐迪南·保時捷設計，乃是希特勒為了回應亨利·福特簡單價廉的T型車而製造的。翌年，德國政府開始大量生產這款泡泡型、引擎在後的汽車（因貌似金龜而被命名為金龜車）。福斯汽車工廠在二次大戰期間被毀，但隨後在西德又加

以重建。到了1960年，造型始終如一的金龜車已是世上最受歡迎的車種之一了。此款車於1978年停產。◀1908（1）▶1960（當年之音）

一位《Evening Standard》的漫畫家抨擊日本「海軍戰艦規格合於條約規定」的想法。

外交

日本退出海軍會議

11 1936年，日、義、美、英、法5國召開第二次倫敦海軍會議。這是兩次大戰間第3次，也是最後一次重要的裁軍會議。但日本半途退出，使得形勢急轉，國際裁軍因而無望。然而，其他與會國家仍強顧面子地繼續進行，但是，義大利也退出了，於是只剩下3個友好的民主國家簽訂這項新的裁軍條約。

第二次倫敦條約承續了1922年《華盛頓條約》和1930年《倫敦條約》的有關內容，但由於日、義、德早已採取行動從中破壞，使裁軍行動無法進行，這項條約也隨即成為一張廢紙。日本在做好侵略中國的準備之後，開始製造兩艘世界上最大的戰艦，重達7萬噸，是條約所限定的二倍。此時墨索里尼也進攻衣索比亞，希特勒則公然違反《凡爾賽和約》，不斷擴充軍備朝萊因河地區進軍。

英國研究本項條約的有關規定後，很快地知會美、法其準備著手打造38艘新戰艦的龐大計畫。這是自第一次世界大戰之後軍備競賽以來規模最大的海軍發展計畫，所有對和平所作的努力和期望至此打住。◀1922（6）▶1937（1）

日本

軍方佔上風

12 1936年2月，日本軍力的不斷增長到了可怕的巔峰。當

時，一群極端民族主義的軍官渴望重定國家政策而陰謀政變，企圖暗殺首相岡田啓介溫和派內閣的重要大臣。雖然這些叛變者殺死了4名內閣大臣，傷及1人，但政變仍告失敗。參與政變的有13人被處死。政變後，日本宣佈戒嚴，岡田啓介和他元氣大傷的內閣失勢下台，廣田弘毅繼任成為新首相，但實際大權掌握在軍方手中，不但干涉廣田弘毅的內閣任用，還安插軍方人員擔任內閣重要大臣。形同傀儡的廣田採納了軍方所擬的含糊的侵略主義政策：堅守國家主義，增加軍事費用，調整外交政策，穩定國內經濟。

廣田執政不到一年便下台，之後繼任的都是軟弱的首相。在他們領導下，日本軍費預算不斷增長，

在慶祝1937年新年的傳統儀式上，廣田弘毅和他的父親寫下新年的新決心。

1937年，國防費用超過國家總預算一半，同時日本也展開前所未有的工業發展(其中大部分是重國防工業)。一位政府官員說：「當前的形勢是不利於曾主導全國的自由主義和民主政治。」軍事和工業利益的結合取代民主，建立了法西斯主

義的獨裁統治。◀1936（11）▶1937（1）

音樂

普羅科菲耶夫的兒童古典音樂

13 1936年，當他說：譜寫兒童音樂「最重要的是找出能與年輕人溝通的共同語言」。謝爾蓋·普羅科菲耶夫正在構思《彼得與狼》一部為兒童所作的交響樂故事

時，一個星期後，這位多產的作曲家完成了這部作品。多年來無數的小聽眾藉由說故事者的情節描述，加上普氏巧妙編寫的音樂，而了解音樂詮釋的要點。《彼得與狼》的故事是這樣的：被禁止離開祖產（祖父以吵鬧的低音管代表）的彼得（快樂的弦樂四重奏），不顧一切冒險前去捕捉一匹曾威嚇小鳥莎莎（橫笛）、小貓依凡（豎笛）和小鴨桑雅（黑管）的狼（不祥的號角聲）。這個含有獨立精神的故事由於其愉悅、以民謠為基本架構的音樂語言，多少避免激怒史達林社會寫實主義教條的奉行者。這些人的淫威連偉大作曲家諸如季米特里·肖斯塔科維奇也不得不屈從。

1917年俄國大革命後，這位創作力豐沛的俄羅斯之子為了藝術（而非政治）自由的緣故旋即離開他的祖國。普羅科菲耶夫寫歌劇、交響樂、協奏曲、芭蕾劇（在巴黎與戴格希列夫合作），也寫電影配樂。在放逐國外的期間裏，這位作曲兼鋼琴家（上為藝術家兼「俄國芭蕾」編舞家娜塔莉亞·岡查洛娃為他畫的素描）風靡了亞洲、北美洲和歐洲的聽眾。直到1934年，他才被允許回國，定居在莫斯科。儘管剛開始普羅科菲耶夫的作品被懷疑受西方思想的腐化，但不久這些作品就被評論體現了俄國革命的精神。1948年，他再度受到批判，一直到1952年他完成最後一部作品《第七號交響樂》，還未獲平反。◀1934（5）▶1941（12）

當年之音

浪漫愛情的典範

摘自愛德華八世暨威爾斯王子暨大不列顛及愛爾蘭、大英國協、印度皇帝的廣播演說，1936年12月11日

「不要難過，我並不後悔」，在聽完弟弟加冕成為英國喬治六世的廣播後，溫莎公爵告訴華莉絲・沃菲爾德・辛普森說，「我只知道，幸福就是永遠和妳在一起」。這位前任英國國王自願放棄王位，即便痛苦，卻也是他不喜權位的天性使然。在擔任國王的11個月任期裏，愛德華八世努力帶領大英帝國跟上時代的腳步。他廢除了舊時的宮廷禮俗，而且表現比他的父親喬治五世更親民。雖然在「迎娶離過兩次婚的美國女子辛普森」一事上，他獲得了廣大子民的支持，但仍招來了教廷、國會以及王室的驚慌、惱怒與責難。被迫在王位和個人幸福間作一抉擇的愛德華最終選擇了後者，英國為此在戰事逼近歐洲的當兒爆發了一場憲政危機。他在1936年12月11日發表的退位演說震撼了全大不列顛，但全世界都為這段浪漫情史深深著迷。

◀1901（4）▶1952（1）

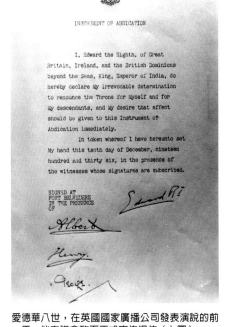

愛德華八世，在英國國家廣播公司發表演說的前一天，他向議會致函正式宣佈退位（上圖）。

我終於可以講幾句自己的心裏話了。並不是我想隱瞞什麼，而是按照憲法現在我才可以發言。

幾個小時之前，我完成了自己作為國王和皇帝的最後職責，由我的弟弟約克公爵接替。首先，我要對他表示由衷的誠服擁戴。

你們都知道，是什麼驅使我放棄王位的。但我要你們了解，在下定決心的時後，我並沒有忘記身為威爾斯王子和大英國王，在這25年來，我所服務的國家或帝國。請你們相信我的話，雖然我希望我能夠繼續承擔身上的重任，履行國王的義務，但是如果得不到我所愛的女人的幫助和支持，這一切都是不可能的。

我還要你們知道，放棄王位是我的選擇，是我一個人的決定，完全是我自己權衡後做出的決定。另一位相關當事人直到最後都還試著說服我選擇不同的道路。我在做這個一生中最重大的決定時只著眼於一個念頭；就是怎樣做對大家最好。

做這樣的決定，對於我來說沒有什麼困難。因為我確信以我弟弟長期擔任公職的鍛練，以及他的才德兼備，必能立刻接替我的職務，而無損於帝國的延續和進步。他還擁有一項無上的恩賜，你們當中許多人亦享有而我卻未被賜予的──一個有妻有子的美滿和睦的家庭。

在這段艱難的日子裏，母親和家人給了我安慰。帝國大臣，特別是首相鮑德溫先生，一直以體貼包容我。對於憲法的規定，我和他們以及我和國會之間沒有任何分歧的看法。我在先父教導下於憲政傳統中成長學習，自然絕不容許有類似的事情發生。

從被封為威爾斯王子，到後來擔任國王，無論在何處居住或旅行，國內各階層人士都以最大的熱忱款待我。對此我非常感激。

現在，我宣布辭去所有的公職，卸除我的重任。我可能會離開祖國一些時日，但是我會一直關注大不列顛民族和帝國的命運。如果將來任何時候國王陛下需要我，必竭誠戮力，不負所託。

現在，我們大家已有新的國王。我忠心地希望他、你們──他的臣民快樂、幸福、繁榮昌盛。上帝祝福你們大家！天祐吾王！

這是愛德華八世（新溫莎公爵）和公爵夫人於1937年6月3日在法國結婚當日拍攝的照片。

「這場戰爭的結果並不取決於南京或是其他大城市；結果取決於
我們這個廣大國土的農村和我們人民的不屈意志。」
　　　　　　　　　　　　　　—— 蔣介石在日本入侵中國後的談話

1937

年度焦點

日本入侵中國

1 1937年2月，日本首相林銑十郎將軍在接任時宣佈「無意採取好戰的對外政策」。對他和整個世界而言，十分不幸的是：其他的日軍領袖卻背道而行。幾個月後，他被親王近衛文麿取而代之，新內閣是親軍方的，於是日軍迅速推行了其醞釀已久的征服中國計畫。

7月7日，日本挑起了被稱為第二次世界大戰第一場戰役的導火線。日軍在北京以西16公里處，橫跨永定河的蘆溝橋附近進行演習時，一名士兵失蹤了。日方指責對岸的中國軍隊綁架了該士兵。那名士兵不久後露了面，但日軍指揮官卻早已下令攻擊。

戰爭迅速升級。幾個星期之內，日軍已經控制了從北京到渤海灣畔天津的東西走廊。蔣介石放棄了使他丟掉滿洲的姑息政策，聲稱「如果再丟一寸土地，我們應為對整個民族犯下不可饒恕的罪行而感到恥辱。」作為第二次世界大戰序幕的第二次中日戰爭開始了。

日軍從北京向南方推進，直攻蔣介石的國民黨政府所在地南京。中國軍隊在上海進行了英勇的抵抗，戰至幾乎最後一兵一卒（25萬名士兵犧牲），一直到10月才陷落。

儘管有國際上的呼籲，無能的國際聯盟拒絕調停這場不宣而戰的戰爭。12月，日方佔領南京後（這迫使蔣介石將其政府遷往偏遠的四川重慶），開始進行現代戰爭史上最駭人聽聞的大屠殺。足足兩個月之內，士兵

「一塊一塊」，是這幅關於日本佔領中國意圖的美國漫畫的標題。

成了殺人狂，強姦7千名婦女，殺死成千上萬手無寸鐵的軍人和平民，並燒燬南京三分之一的房屋。但1946年只有一名日軍將領因為南京的暴行遭到處決。
◀ **1936**（10）▶ **1938**（4）

英國

綏靖政策

2 在3屆首相的任期中，史坦利·鮑德溫已經引導英國渡過了1926年的大罷工和1936年的王室危機。雖然這個保守黨人進行了重大社會改革，但在對外事務上卻是出名的軟弱。對義大利入侵衣索比亞的猶豫反應，甚至連他的支持者也感到無力。1937年5月，當國外形勢變得更加不妙時，鮑德溫讓位於他的財政大臣，有決斷力、能判明細節的內維爾·張伯倫。但正是張伯倫的綏靖政策除去了希特勒征服之夢的最後一道障礙。

張伯倫上任前曾強烈支援英國重整軍備，並敦促對義大利入侵衣索比亞進行制裁，但是他也是英國第一個要求解除制裁的政治家。他認為希特勒和墨索里尼能被小心的妥協安撫。作為首相，他與兩個獨裁者都修好，給「領袖（墨索里尼）」寫私人信件，向「元首（希特勒）」派出慇勤的特使。

1938年2月，他拒絕與法國一起抗議德國對奧地利的政治干涉；3月，當希特勒入侵奧地利時，張伯倫立即承認了那個新政府（外交大臣安東尼·艾登因此憤然辭職）；幾星期後，他又承認義大利對衣索比亞的統治以換取墨索里尼在西班牙內戰後撤兵的承諾。最後，9月份，張伯倫擺出安撫希特勒的典型姿態：他簽署慕尼黑協定，將捷克的蘇台德區割讓給德國。不到一年，希特勒佔領了剩下的捷克，這時，張伯倫才改變他的政策。◀ **1936**（8）▶ **1938**（2）

偉大的安撫者：慕尼黑之行後，張伯倫宣稱「我們贏得了這一代的和平」。

印度

省治時期開始

3 依照《印度政府法》產生的11個新的省議會舉行了大選，大選結束後，印度盼望已久的政治改革於1937年鄭重地開始了。這些立法機構的自治權僅限於地方，但要聽從英國總督的指揮。因此印度的民族主義者對這個新安排深表懷疑（賈瓦哈拉爾·尼赫魯甚至稱其為「奴隸制的新特許狀」），害怕這會轉移他們的真正目標：徹底獨立。

在大選中，印度教控制的印度國民大會黨取得了決定性的勝利，並迅速在8個省建立了黨的政權。他們將非國大黨人排除在各部之外——這證實了回教徒的最大恐懼。於是回教政治家全力支援少數黨回教徒聯盟的領袖穆罕默德·阿里·真納（如上圖）以作為回應。他宣稱：「在國大黨政權下，回教徒毫無公正和公平競爭可言。」

儘管氣氛緊張，省議會在其掌權的兩年之內還是做出了很大的成績。到1939年因第二次世界大戰而終結省治時期為止，議會已經改善了教育、衛生和土地改革的問題。但是當尼赫魯領導下的國大黨將繼英國之後統治印度這一事實漸趨明朗後，印度教徒和回教徒的關係便又愈形惡化了。◀ **1935**（13）▶ **1942**（邊欄）

巴西

超黨派的獨裁者

4 30年代出現了一種新的政治制度：官僚威權主義國家。這樣的國家可能左傾（如：畢蘇斯基統治下的波蘭）或右傾（如：薩拉查統治下的葡萄牙）或在中間擺動——像1937年的巴西。巴西總統熱圖利奧·瓦加斯——一個能偽裝成左派的右派強人——宣佈他的國家為「新國家」（The Estado Novo）。

藝術與文化　　**書籍**：《他們的眼睛在注視著上帝》佐拉·尼爾·赫斯頓；《人鼠之間》約翰·史坦貝克；《蒸蒸日上的新英格蘭》範·懷克·布魯克斯；《擁有和失去》歐內斯特·海明威；《餅和酒》伊格納齊奧·西隆內；《帶藍色吉他的人》華萊士·史蒂文斯　　**音樂**：《她是一個流浪女》羅傑斯與哈特；《我可笑的情人節》

「我歌唱的全部立足點就是感覺，除非我有所感受，否則我不會唱。」

—— 哈樂戴的自傳《藍調夫人》

這個南美最大的國家從1889年以來就是個共和國，但在咖啡豆栽培者主政和迂腐的政治家掌管下發展緩慢。巴西內部，城市中產階級和年輕軍官渴望政治改革已久——即使那意味著擱置憲法。1930年，大蕭條使咖啡價格大跌，軍隊叛亂並推出南格蘭德河州的執政者瓦加斯為總統。

起先，瓦加斯絲毫沒有觸動巴西的政治結構。但是當1935年「統一者」（以綠衫著稱的準法西斯主義者）在街上跟左派衝突時，他嚴厲斥責，並將成千上萬的左派拘捕

在瓦加斯被兩位準法西斯主義者推上台後，他很快就揚棄了意識形態的統一。

入獄。當1937年他自立為獨裁者時，統一主義者欣喜若狂。但不久，瓦加斯也沒放過他們——在一次企圖叛亂後，統一主義者就消聲匿跡了。

在瓦加斯的「新國家」裏，工會、出版和經濟都由政府控制。新聞出版檢查、即時逮捕和行刑成了家常便飯。瓦加斯解散了所有政黨，但並未建立一黨體制。他既沒有統一意識形態和樹立個人崇拜，也不鼓勵擴張。為謀求援助，他在第二次世界大戰中支援美國。1945年他又釋放了左派政治犯，打擊外國投資者。當「共產主義者」為表感謝而宣佈支援他時，狂怒的官員將之廢黜並恢復民主。

瓦加斯1950年再次當選總統，但是通貨膨脹和貪污卻使他的聲望下跌。1954年，他被牽連進一個對手的暗殺事件，軍隊因而強迫他辭職。幾個小時後，他自殺身亡。

▶1960（9）

音樂
「戴夫人」和「總統」

⑤ 1937年1月，爵士樂歷史上偉大的合作之一開始了。主唱比莉·哈樂戴和次中音薩克斯風手萊斯特·揚，由泰迪·威爾遜樂隊伴奏，在紐約市錄製了《今年之吻》。哈樂戴那令人難忘、半苦半甜嗓音下的含蓄表演，完美地配合揚飄渺、簡潔的獨奏（和當代首屈一指的次中音薩克斯風樂手寇曼·霍金斯厚實、充滿顫音的吹奏方式大不相同），於是「戴夫人」和「總統」一起（他倆互稱的綽號）開創了「冷爵士樂」的先河。

童年當過女僕，後又做過妓女的哈樂戴於1933年和單簧管演奏家、樂隊領班本尼·古德曼一起開始她的錄音生涯。兩年後，她加入了巴錫威廉伯爵的樂隊。她與揚的事業和生活夥伴關係維持7年。揚曾離開巴錫威廉樂隊許久，再度歸隊後兩人才在一起。他們那時錄製的唱片表現兩人令人眩目的配合。

兩人都死於1959年。揚這位酒鬼在紐約一家旅館房間裏獨自渡過最後幾年，從巴黎完成一場演出回來後幾小時去世，年方49歲。三不五時沉溺於海洛英的哈樂戴44歲時死於警察局羈押之中。對於世界各地的爵士樂迷來說，他們是不朽的。◀1935（10）▶1945（15）

科學
達爾文與孟德爾結合

⑥ 在他1937年出版的《遺傳學與物種起源》一書中，烏克蘭出生的美國遺傳學家西奧多修斯·多布贊斯基將孟德爾的遺傳學和達爾文的進化論合二為一，在進化遺傳學領域中進行了探索。在多布贊斯基之前，進化的機理難倒了很

多科學家，他們認為達爾文的自然選擇須歷時長久，才能產生理想化的適應物種。多布贊斯基則另闢蹊徑，藉由研究果蠅，他觀察到這個物種的遺傳多樣性。他認為，這種遺傳多樣性實際上增加了一個物種的生存機會，使它對環境的變化更加適應。

多布贊斯基是一位熱情的作家、研究家和旅行家。除了南極洲以外，他在各大洲都進行過實地探訪。他曾於1927年來到美國哥倫比亞大學和染色體的發現者湯馬斯·亨特·摩根一起工作。他的綜合進化理論得到英國數學遺傳學家霍爾丹、費希爾，美國的休厄爾·萊特及生物學家恩斯特·梅耶和朱利安·赫胥黎的支持。◀1909（12）▶1943（18）

1937

哈樂戴（1945）之後的每位爵士樂女歌手都很難擺脫她的影響。

「我從未恨過任何人，即使在拳擊台上也不，要恨人並不容易。」

── 喬·路易斯

1937年新事物

- 超市購物手推車（俄克拉荷馬州）
- 免下車銀行出現（洛杉磯）
- 罐頭豬肉（火腿）（喬治·霍梅爾公司）
- 連鎖餐廳（霍華德·強生）
- 美國血庫出現（芝加哥的庫克鎮醫院）
- 抗組織胺劑問世（法國化學家丹尼爾·博韋）

- 金門大橋建成（1280公尺，到1964年為止世界上最長的吊橋）

美國萬花筒

自然之美

法蘭克·勞埃德·萊特在1937年完成了美國建築史上最傑出的成就之一：在賓州的阿利根尼山為埃德加·考夫曼建造的別墅。這所帶米色混凝土陽台的懸架石砌房屋由於其座落於一個瀑布之

上被稱為「落泉」。它包含了萊特的「有機建築」思想，與其周圍的自然景致融合為一體。
▶1959（邊欄）

「木偶」佔據了廣播

打著白色領帶、戴著單片眼鏡的查理·麥卡錫是廣播裏最討厭的人物了。幸好，他只是個木偶。5月，麥卡錫在國家廣播公司（NBC）的「蔡斯和桑伯恩小時」中首次亮相，由腹語師埃德加·伯根播他的台詞。麥卡錫同嘉賓諸如菲爾茲和梅·韋斯特之間無法無天的機敏應答迎合了大眾口味，使得該節目1940年收聽率一直保持第一。

西班牙

希特勒轟炸格爾尼卡

7 西班牙內戰之初，當民族主義者法朗西斯科·佛朗哥請求援助時，法西斯義大利和納粹德國的統治者立即應允。他們期望一個迅速的勝利能讓他們以很小代價換得一個盟友；同時，他們也可以趁機試一試自己的新式武器。1937年4月，德國裝備精良的神鷹編隊轟炸了格爾尼卡省府近4個小時，破壞了70%的建築物，襲擊了市場和田地裏的農民。格爾尼卡7千人死了1千多，許多是在逃跑時被擊倒的。

雖然在這之前的戰爭，雙方都曾以平民為攻擊目標，但格爾尼卡轟炸卻是短短的空戰史上最野蠻和持續時間最久的襲擊。而且格爾尼卡的地位十分特殊，對於強烈要求獨立的巴斯克人民來說，這是一座聖城。

這場暴行激怒了一個西班牙人──巴勃羅·畢卡索。當被要求為巴黎世界博覽會的西班牙館創作一幅畫時，他揮筆畫出了這幅震撼人心的壁畫──《格爾尼卡》，以紀念這次轟炸。這幅畫在巴黎展出時極為轟動。內戰結束後運到美國，再一次震驚了美國。這幅畫在紐約現代藝術博物館存放了43年，遵照畢卡索的願望──畫應當在西班牙恢復民主時回歸故里，終於在1981年回到了馬德里的普拉多美術館。
◀1936（2）▶1939（9）

沒有共同的語言，雷諾瓦的戰俘們以吹小笛交流。

電影

雷諾瓦的和平主義經典作品

8 「因為我是一個和平主義者，所以我拍攝了《大幻影》。」1937年，尚·雷諾瓦在這部電影出爐時如是說。《大幻影》可能是電影史上對戰爭最淋漓、尖銳的控訴。在這部關於第一次世界大戰中法國戰俘和他們的德國看守的電影中，雷諾瓦（法國印象派大師皮埃爾·奧古斯特·雷諾瓦的兒子）引發了人們對於不同國家、不同階級和不同宗教間界限的敏銳、動人的思考。正是這種界限，比戰爭更能使人們無法做到博愛。

對於這部使埃里希·馮·斯特羅海姆、皮埃爾·弗雷奈和尚·迦賓成為明星的影片，富蘭克林·羅斯福說過：「每一個崇尚民主的人都應該觀看這部影片。」約瑟夫·戈培爾則稱它為「大眾電影攝影的頭號敵人」並在德國和奧地利禁演這部片子。此片在義大利和比利時

也遭禁演。比利時外交大臣保羅·亨利·斯巴克的兄弟查爾斯正是這部電影的編劇之一。

但是雷諾瓦自己在評價這部片子的政治震憾力時卻很謙虛。多年以後他說：「拍這部片是為了試圖表達出我對和平的深刻體會。這部影片非常成功。3年後戰爭爆發了，那就是我能找到的唯一答案。」▶1939（8）

體育

黑色轟炸機

9 自1937年8個回合擊敗詹姆斯·布雷多克後，號稱「黑色轟炸機」阿肯色州的喬·路易斯成為世界重量級拳王，稱霸12年。對這個非裔美國拳擊手來說，在芝加哥擊敗布雷多克摘冠是令人欣慰的（前一年和德國馬克斯·施梅林進行的12回合決賽中，首嚐職業賽敗績）。更令他欣慰的是1938年在紐約洋基體育館與施梅林再度交手。

畢卡索的《格爾尼卡》。畫中痛苦的人和動物形象被用來抗議戰爭的殘酷。

「我有一種感覺：在我的世界裏還有一次好的飛行。我希望這次就是。」

—— 埃爾哈特最後一次飛行前的講話

那場比賽幾乎局勢逆轉，他在前124秒中打出了50多拳，擊倒了所謂雅利安優等人種的施梅林。施梅林的失敗對於德國人簡直無法忍受。比賽還沒結束，他們就中斷廣播，還插播二人首次比賽的鏡頭以修改底片。

雖然路易斯並不是摘取重量級拳王頭銜的首位黑人（傑克·強生1908年曾獲冠軍），但他卻是將該事件賦予社會意義的第一個黑人。報界津津樂道路易斯的形象：一個出身於底特律街道上身無分文的拳擊手。但是路易斯卻從未忽視他爭

路易斯台下平易的作風與台上的凶猛形成鮮明對比。

取公民權的努力。他拒絕坐在「僅限黑人」座席，1942年參軍以後，他又幫助消除軍隊棒球和美式足球中的種族隔離。

1949年路易斯榮身而退。兩年後爲了還清未付的稅款他被迫重返拳台。1951年10月26日在一個8回合較量中體面地輸給了洛基·馬其安諾之後，他的職業生涯永遠結束了。◀1936（1）▶1956（邊欄）

航空
埃爾哈特失蹤

10 到1937年時，環球飛行已是家常便飯。泛美航空公司開闢了舊金山到香港的航線，連接了太平洋航線的最後一環。但是還沒有沿赤道環繞過地球。艾蜜莉亞·埃爾哈特決心成爲第一個這樣的飛行員。

她知道這是在冒險。1932年那次飛行使她成爲首位單獨橫越大西洋的婦女。由於雷電損壞了她的飛

機，她不得不在愛爾蘭緊急降落。但她勇敢非凡，當時只是爬出座艙問了一下自己在哪兒。帶著同樣的精神和決心，這位39歲的飛行員和她的領航員弗雷德·努南，1937年6月1日在洛杉磯登上雙引擎飛機「洛克希德·伊蕾克特拉」型飛機，開始這次環球航行。

在波多黎各停留一下後，他們掠過南美的北海岸，穿過非洲和印度，越過了東南亞，於6月28日到達澳大利亞，第二天到達新幾內亞。7月2日，他們開始越過浩瀚大洋，飛向豪蘭島的跋涉，旅途長達2556公里。豪蘭島是1935年被美國劃爲殖民地的一個小珊瑚島，爲了埃爾哈特的降落已經修建了一個臨時機場。

但她卻從未到達目的地。埃爾哈特和失蹤的飛機，兩者下落始終成謎。歷史學家們曾猜測太陽的反光使小島辨不清楚，或是飛機的燃料用光了。最近，強有力的證據表明埃爾哈特是爲美國履行一次間諜使命，被日本擒獲並關在馬里亞納塞班島的日軍基地中。據說她的飛機配備了最先進的軍事導航系統，她的飛行也是由海軍情報部門嚴格監控的。其他研究者聲稱已在豪蘭島563公里外的荒島上，發現了和她的鞋子一樣的鞋跟以及一塊可能來自她飛機上的鋁板。但是事情還是不確定，官方宣佈此事無法解釋。◀1936（邊欄）▶1938（5）

艾蜜莉亞·埃爾哈特坐在她最後一次飛行駕駛的「洛克希德·伊蕾克特拉」機頭上。

科技
預見電腦

11 1937年阿蘭·杜林發表論文，建構數位電腦的理論基礎時，還是劍橋的研究生。數位電腦憑借其高效、多功能最終會使類比電腦（爲萬尼瓦爾·布希30年代早期所創）在很多功用上成爲過時之物。杜林的《論可計算的數，及其對判定問題的應用》解答了本世紀初偉大的德國數學家大衛·希耳伯特提出的一個問題：是不是所有的數學題都能夠用一套固定明確的程式解答？

杜林經過高深的代數運算，對這個問題的回答是否定的。爲了進

行具體的演示，他勾勒了一幅自動解題機的草圖。他寫道，這樣一個裝置裏含有一條被分割成很多正方形的無限長的帶子，每個方格裏都印有「0」或「1」——代表「是」或「否」的單位，而所有資訊都能最終被分解到這些單位中。來回移動帶子，機器會掃描這些方格，並擦掉或記下那些數字，對操作者所輸入的編碼問題提供正確解答。

二次大戰期間，杜林繼續領導這個小組設計世界上第一台電子數位電腦。1954年因同性戀而接受了法庭要求的雌性激素療法後，自殺身亡。◀1930（1）▶1941（6）

最美的女人

華德·迪士尼於1937年製作的《白雪公主和七個小矮人》不僅是第一部完整動畫片（82分鐘），而且代表了迪士尼主題（部分改編自格林童話）的創

新：劇中主角不再是吵鬧的動物而是人——雖然不是確切意義上的凡人。◀1928（10）

考爾德的活動雕塑

在1937年的巴黎世界博覽會上，賓州出生的亞歷山大·考爾德的一件活動雕塑《水銀噴泉》，卓

立於其他的前衛派創作之外。在30年代初期，考爾德就發明了他的電機驅動「活動雕塑」（馬塞爾·杜象發明的說法）；1932年以後，這些以細金屬線掛著一組抽象的罐頭盒兒似的東西的雕塑就以氣流驅動了。◀1917（4）

交響樂巨星

1937年國家廣播公司總裁大衛·薩爾諾夫爲阿圖羅·托斯卡尼尼在廣播中設立交響樂團時，托斯卡尼尼已是舉世聞名的指揮了。這位國際大師在國家廣播公司擔任首席指揮長達17年，並透過廣播贏得了最廣大的聽眾。◀1912（邊欄）▶1957（9）

憲法危機

由於擔心最高法院會反對懸置《社會安全法》和《華格納法》（保護工人集體與廠主協商），第二次新當選的羅斯福總統建議在最高法院增加6個新法官。甚至羅斯福最死心塌地的支持者也驚詫於這項向最高法院塞人的計畫。幾個月內，國會否決了這項建議，同時法院也同意了這兩項立法措施。◀1935（5）

「上帝！好傢伙！我一定是發昏了──它沒有螺旋槳！」

── 1941年一位皇家空軍官員觀看英國首架噴射格洛斯特Ｅ.28/39試飛時的講話

環球浮世繪

超級大國姑息日本

12月，日本飛機在中國的武漢港轟炸了英國船隻。同一月，美國砲艇「班乃號」也在長江被日本擊沉。即使如此，這兩個西方大國還是拒絕介入日本對中國的侵略。英國不採取報復是基於害怕失去在中國的既得利益。雖然美國最終譴責了日本的入侵，它還是接受了日本的道歉和賠償，仍堅持不干涉政策。◀1937（1）▶1938（4）

「頹廢」藝術

1937年，一個希特勒指定的專門委員會從公共和私人收藏中搜集了5千多幅現代「頹廢」藝術的作品。經濟部長赫爾曼·戈林

小心地在14幅畫上打上了他自己的標記，其中4幅是梵谷的。7月19日，在慕尼黑，「頹廢藝術展」（上圖是漢堡大街的海報）與納粹許可的「偉大德國藝術展」同時開幕。200多萬人來觀看達達主義、立體派和德國表現主義的巔峰之作，而只有6萬人參觀了那個國家許可的展覽。◀1920（4）

非洲回憶錄

丹麥出生的作家凱倫·布利克森從1914年到1931年住在肯亞的一個咖啡種植園。1937年，她那感人的回憶錄《遠離非洲》（以筆名伊薩克·迪內森發表）同時以英文和丹麥文發行。迪內森的書哀悼了她在肯亞失去的寶貴的一切──她的農場、她的丈夫（很久以前她就和他離婚了）、她的情人（死去的探險獵手丹尼斯·芬奇-哈頓）、純樸的生活方式和她所愛的人。

中東

放棄一切希望

12 自從1917年支援在巴勒斯坦建立猶太國（巴爾福宣言）之後，英國政府就一直在努力使猶太人和阿拉伯人的衝突達成和解（英國是在國聯的命令下管理巴勒斯坦的）。

1937年7月，以羅伯特·皮爾勳爵為首的皮爾委員會發表報告後，讓相信兩造能和平共處人士希望破滅，委員會認為：巴勒斯坦的託管法根本行不通。那兒沒有希望建立任何合作的統一國體，能包括阿拉伯人和猶太人。

該委員會成立的動機起因於巴勒斯坦人大量的暴力行為。整個20年代和30年代，騷亂和阿拉伯人反對猶太人的抗議活動一直在升級。30年代中期，更有成千上萬的猶太人從歐洲湧入，巴勒斯坦的阿拉伯人因而成立了「阿拉伯高等委員會」來對抗他們認為的「猶太佔領」。一場大罷工演變成暴動。英國人急於解決，指定皮爾勳爵進行

巴勒斯坦的阿拉伯人舉著抗議的旗幟，宣告他們在巴勒斯坦的統治地位。

調查，而阿拉伯的上層則共同抵制比項調查。

在排除了阿拉伯人和猶太人友好相處的可能性後，委員會接著建議將巴勒斯坦的一部分成立一個猶太國家，一部分成立一個阿拉伯國家，還有一個中立的「聖地」則由英國統治。然而短短兩年裏，英國人發現自己處於一個兩難的境地，直到第二次世界大戰前夕才頒佈了那部臭名昭著的「白皮書」，大量縮減進入巴勒斯坦的猶太人數量。◀1930（邊欄）▶1939（邊欄）

航空

試驗噴射引擎

13 當希特勒明目張膽重整軍備時，其他一些國家也以改良自己的武器系統當作回應，尤其是被大多數戰略家視為下次大戰的致勝力量的空軍。從俯衝轟炸機到小而靈活的低翼戰鬥機，各種新型飛機相繼問世。就在1937年，兩個年輕的德國和英國工程師埋下了一場飛機革命的種子：他們倆各自獨立地在地面試驗了世界上第一台噴射引擎。

那個英國人，前飛機試飛員法蘭克·惠特爾在1930年剛滿23歲時就為自己的設計申請了專利。德國人漢斯·馮·奧海因是在1935年24歲時拿到了專利。奧海因的引擎裝設在一架He-178戰鬥機上，於1939年進行首次飛行檢測。惠特爾的引擎是1941年在一架專門訂製的格洛斯特Ｅ.28/39戰鬥機上檢驗的。

噴射引擎的革命性優點一開始就顯而易見：動力大為增強、重量輕、低震動以及穩定性高。但是備戰的噴射機發展很慢，直到1944年才有幾個中隊的英國格洛斯特流星戰鬥機和德國的梅塞希米特Me-262加入現役。同時，德國人正要完成另一種噴射動力航空器──V-1火箭，該飛彈後來使倫敦處於長達數月的恐懼和破壞。◀1903（1）▶1944（2）

義大利

一批互相吹捧的人

14 本尼托·墨索里尼1937年的兩次旅行公開聲稱義大利已退出第一次世界大戰的盟國組織並與納粹德國結盟。3月，他拜訪利

洛弗西的油畫：法蘭克·惠特爾和他的第一台實驗引擎「惠特爾裝置」。

比亞的義大利殖民地，聲稱自己是回教世界的保衛者並開通了一條直達英屬埃及邊境的戰略海岸高速公路。9月，又對德國進行了5天的訪問，從希特勒看不起的幫手變成他聽話的爪牙。

希特勒為接待他的貴賓在慕尼黑舉行了盛大的閱兵式。又在梅克倫堡進行了軍事演習。「領袖」在埃森參觀了極為現代化的克魯伯兵工廠，接著又坐特別列車到柏林向群眾大會演說。兩個獨裁者所到之處，都有無數受過訓練的、崇拜的人群向他們致敬。墨索里尼被徹底征服了。

回到義大利，他宣佈義大利軍隊將採德國人的正步走。3星期後，德國特使約阿希姆·馮·里賓特洛普到羅馬，勸說義大利加入《反共產國際協定》，此協定是一年前德國和日本達成的。墨索里尼向里賓特洛普透露：他不想再保護不感恩的奧地利獨立。12月，像4年前的德國，義大利退出了國聯。隔年，曾長期反對納粹的反猶太主義的墨索里尼，對義大利的猶太人實施了嚴酷的法律。希特勒這位更緊迫、更無情，更老謀深算的人，現在正隨意擺佈這個曾是他榜樣的人。◀1936（4）▶1939（5）

墨索里尼在與德國和解之行前到利比亞巡察。

大空難

摘自1937年5月6日，赫伯特・莫里森關於「興登堡號」著陸的廣播

1937

這看起來沒什麼不平常的——德國飛船「興登堡號」在美國新澤西州萊克赫斯特的海軍基地作例行的降落。這艘豪華的「興登堡號」是當時最大的飛船，也是正在興起的第三帝國的光輝成就。自從前一年開始使用，已進行了10次橫越大西洋的旅行。為芝加哥無線廣播電台報導著陸的是記者赫伯特・莫里森。他正對著留聲機錄音以供當天晚上播放（只有重大新聞才以現場轉播處理）。當莫里森和他的錄音技師查爾斯・內爾森站在那兒觀看「偉大的空中宮殿」準備著陸時，飛船突然爆炸了。幾分鐘之內，船上97名乘客中死亡36名。莫里森的報導（見右）就此聲名大噪，因為在對這場災難的現場反應中，他打破了新聞報導以前引以為豪的「上帝之音」客觀性——報導一度中斷，當時他在嘔吐。◀1929（邊欄）

調查者認為「興登堡號」尾部的爆炸（頂圖）是大氣中的電火花點燃洩漏氣體造成的（飛船的燃料是極易燃燒的氫氣）。另有人認為標有「（卐）反萬字記號」的飛船是被反納粹破壞者擊毀的。在3小時20分鐘後拍的一張照片上（見上），這艘飛船燒焦的骨架塌落在地面。

它過來了！各位女士先生們，這可真是激動人心、不可思議的一幕。它正從空中朝著我們，朝著繫塔直降下。巨大的內燃機轟鳴著，螺旋槳絞打著空氣，形成旋風一樣的漩渦，三不五時，陽光下螺旋槳平滑的表面閃閃發亮……後面有這麼強力的發動機，沒人懷疑這艘偉大的空中宮殿會在空氣中以這樣的速度行進。太陽射在東向觀察甲板的窗子上，在黑色天鵝絨底的襯托下像寶石一樣閃爍。

它現在靜止不動，著陸繩扔下來了，地面上的一些人已經抓住了。又開始下雨了。雨已經緩了一點兒。飛船的後發動機正使她保持……（爆炸發生了，錄音間斷了，因為衝擊波把擴音器臂衝開了，內爾森正在修理。）

閃開！拿著這個，查理！請閃開！它正在著火！太可怕了！世界上最壞的災難。火燄噴向天空，足足有152公尺高。可怕的爆炸，各位女士先生們，現在它已經被煙和火籠罩了。哦，人！那些乘客！我講不下去了，各位女士先生們。說實話，現在它已化為一團灰燼了。女士，對不起。說實在的，我幾乎做不到——我正準備向前到可以看得到它的地方。查理，太可怕了！聽，大家，我不得不停一分鐘，因為我嗓子已經啞了。

（背景噪音）

我又回來了，我已經從這可怕的大爆炸中恢復了一點兒。飛船就在它即將被拉到繫塔之前爆炸了。我不知道它墜落下來時地面上有多少人。他們肯定沒救了！船上乘客的親友們正等著他們所愛的人走下飛船好去迎接，但是他們就這麼被炸碎了。他們正攙扶著受傷的人，給他們急救，幫助他們恢復。他們當中有些人已經昏倒了，人們正拿著滅火器奔向燃燒的飛船，試圖撲滅一點兒火，由於大量的氫氣在裏面，火燄燒得非常可怕。

「哦，我們真愚蠢！但這太美妙了！正是應該如此！」

—— 尼爾斯‧波耳在聽到哈恩、斯特拉斯曼與邁特納發現原子核分裂的消息時表示

年度焦點

原子分裂的發現

❶ 從30年代中期開始，法國、德國和義大利的著名物理學家在分裂重原子方面展開競爭。法國物理學家費德希‧約里奧-居禮於1935年因發現人工放射性而獲頒諾貝爾獎（和妻子伊蓮‧約里奧-居禮同獲殊榮）（編按：伊蓮‧約里奧——居禮即著名

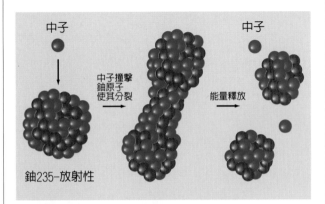

一個鈾原子核的分裂，利塞‧邁特納稱之為原子分裂。

科學家居禮夫人的長女。），這場競賽的序幕就此揭開，而當時他宣佈「爆炸性核子鏈反應」將導致「可用能量的大量釋放」。在柏林，包括奧托‧哈恩、弗里茲‧斯特拉斯曼和利斯‧邁特納等人在內的研究小組開始以中子來撞擊鈾原子。科學家們期望此過程能產生類似鈾的放射性重元素——即恩里科‧費米在一次類似實驗中所假設的結果。然而在1938年底，哈恩和斯特拉斯曼（邁特納因為是猶太裔奧地利人，在希特勒進軍奧地利後逃到了瑞典）驚訝地發現他們對鈾的撞擊產生了放射性很輕的元素——鋇。

哈恩和斯特拉斯曼把結果轉達給在斯德哥爾摩的邁特納，她和外甥即物理學家奧托‧弗里奇須試圖解開謎底。他們歸納出鈾原子核並沒有放射出粒子或粒子束，反而變長了，形成一個「腰」，然後斷裂成兩個較輕、幾乎相等的碎片，其總質量小於最初的鈾核子。重量的落差就轉化成能量。

邁特納為這個程序取名為「原子分裂」。約里奧-居禮進一步發現鈾的分裂會另外釋放出中子，它們可以用來依次分裂其他鈾原子。該基礎研究說明了日後構成原子彈基礎的爆炸性連鎖反應性質。

戰爭期間，哈恩和斯特拉斯曼留在德國。哈恩於1945年春被盟軍逮捕；在被拘留於英國期間，他得悉自己獲得1944年諾貝爾化學獎。在領獎時，他不再因自己的科學成就而躊躇滿志，因為原子分裂裝置摧毀了日本的廣島和長崎，這使他深深感到苦惱。戰後，哈恩成為核武控制的主要倡導人士。◀1932（10）▶1939（邊欄）

德國

希特勒併吞奧地利

❷ 既然義大利已成為其盟友，阿道夫‧希特勒就能夠完成他統治世界計畫的第一步，即德奧合併——與奧地利組成聯盟。為了安撫奧地利的保護者墨索里尼，希特勒於1936年簽署協議以承認該國主權。但他迫使奧地利總理庫爾特‧馮‧許煦尼希（一位思想獨立但意志薄弱的右派人士）宣佈其國家為「德國的一州」作為回報，並且保證與「國家反對黨」共享權力。這些條款使支持德奧合併的納粹分子合法化，並為希特勒在兩年之後，即1938年所實行的接管提供了藉口。

一連串的事件始於2月，當時許煦尼希前往德國抗議一場反對他的納粹政變，希特勒則脅迫他以書面保證給德國「道義、外交和出版

希特勒在維也納。他的首次征服無需閃電戰即獲成功。

支持」，停止告發納粹煽動者，並任命一名加入納粹的律師阿瑟‧賽斯-因克瓦特為內政部長。回國之後，許煦尼希恢復冷靜並就奧地利獨立問題發起公民投票，但是投票權僅限於24歲以上的公民——這樣就可以將大部分的納粹同情者排除

在外。

希特勒的二號頭目赫爾曼‧戈林要求將投票延期。許煦尼希同意之後，戈林繼而要求許煦尼希請辭。許煦尼希被迫屈服。接著戈林要求由賽斯‧因克瓦特擔任總理。在這一點上，奧地利總統威廉‧米克拉斯與他們劃清界限。德軍於3月12日長驅直入，許煦尼希敦促軍隊不要反抗——但此舉未能使他擺脫7年的牢獄之災。

德軍和奧地利出生的希特勒本人受到群眾熱烈歡迎。（許多奧地利人受到希特勒的魅力演說所影響，而認為合併是重振條頓民族雄風的最佳途徑）。很快地，反納粹的異議分子就被迫擦洗維也納的人行道。猶太人遭到放逐，如西格蒙德‧佛洛伊德等人，或被關進了集中營。

倫敦和華盛頓方面迅速接受了這次征服；羅馬也致來賀電。「告訴墨索里尼，我決不會忘記他的功勞，」心懷感激的希特勒向墨索里尼派來的密使表示，「決不會，不管發生什麼事。」在納粹操縱的4月公民投票中，99.75%的奧地利人贊成德奧合併。◀1937（2）▶1938（3）

德國

慕尼黑陰謀

❸ 隨著奧地利被希特勒牢牢控制，其北鄰捷克的處境更是岌岌可危。3年來，希特勒一直在煽動蘇台德地區日耳曼人的不滿情緒，他已作好進攻的準備。但是在1938年5月，有關德國軍備的謠傳促使英、法警告德國，他們將防守被圍攻的國家。希特勒不認為他們是虛張聲勢，轉而著手削弱和孤立捷克。結果在幾個月後簽署慕尼黑協定，此一讓步舉動使希特勒得以自保。

希特勒的策略乃屬機緣巧合：捷克的所有防禦工事都設置在講德語的蘇台德地區，該國325萬德國人中大多數都居住此地。希特勒授意納粹支持的蘇台德德意志黨提出地區獨立要求，同時也升高反捷克

「此時想到我們的民族仍大部分受到所謂民主之士的威脅，
真是令人難以忍受。我指的就是捷克！」
　　　　　　　　　　　　　　　　　　　── 希特勒

捷克蘇台德地區的親納粹恐怖主義者。慕尼黑協定將他們的祖國拱手讓給了希特勒。

人的宣傳運動，並且譴責他們對條頓少數民族的血腥暴行。希特勒堅稱蘇台德是他想取得的最後一塊歐洲領土。他發表好戰演說，企圖嚇阻法國和英國的介入。這個策略確實奏效：文字彈幕使得閃電戰無須進行。

9月，英國首相內維爾‧張伯倫和法國總理愛德華‧達拉第埃在慕尼黑會見希特勒。墨索里尼充當調停人。英、法兩國不僅同意將蘇台德地區讓與德國，並將捷克所有德國人佔多數的地區一併附送。（捷克總統愛德華‧貝奈斯未被徵求意見，於是辭職以示抗議）。張伯倫宣稱已贏得「光榮的和平」；他和達拉第埃回國時受到群眾熱烈歡迎。

德軍於10月1日抵達蘇台德地區。在德國的支持下，波蘭和匈牙利二國隨即吞併了捷克的其他地區。最後，希特勒於1939年脅迫斯洛伐克脫離中央，並威逼捷克政府投降。

捷克已名存實亡；其軍備和強大工業落入德國手中，法國和英國也意識到遭受朦騙，但為時已晚。波蘭顯然會是希特勒的下一個目標，但這次，勝利並非唾手可得。
◀1937（2）▶1939（1）

日本
中國反擊

④ 1938年底，日本對中國的侵略在奪取華中地區的工業重鎮武漢之後達到頂峰。經過數個月鏖戰，日本目前控制了中國東部的大部分地區。隨著傀儡政權在中國佔領區內建立，蔣介石的國民政府被迫西遷重慶，完全斷絕其正常通訊。日本建立「東亞新秩序」的目標似乎就要實現了。

全面佔領中國的唯一障礙是中國的廣大幅員。到了1938年底，日本派到中國的部隊已超出預期的數目，但游擊隊的抵抗在東部鄉村地區依然活躍。中國的中北部掌握在毛澤東領導的中國共產黨手中，而東南地方是由蔣介石的國民政府控制。在一次蔣稱之為「民族情感重於其他一切因素的勝利」當中，兩黨暫停其內戰以組成統一戰線抵抗外國侵略者。蔣是一位精明的軍事戰略家，他認知到國家幅員廣大就是最重要的資產。由於了解日本不可能佔領整個中國，所以他決定持久作戰。

他的戰術導致這一場可怕長期戰爭中最令人震驚的行動：1938年6月，中國軍隊炸開了河南省的黃河大堤。此舉連帶造成的洪水使成千上萬百姓喪生，並且衝毀數百萬間的民宅，但是成功地阻止了日本向華南滲透。同時，被孤立在沖積平原西側的國民政府開始一項通往世界其他地區的補給線計畫：著名的滇緬公路。數十萬名中國勞工胼手胝足，一年之內就在荒山峻嶺中鑿出一條從中國昆明通往緬甸曼德勒的1151公里道路。第一批供應物資於1938年12月抵達昆明。
◀1937（1）▶1940（15）

儘管日本進行軍事滲透，中國軍隊仍然控制大部分的鄉村地區。圖中，紅軍在中國西北捍衛長城。

誕生名人錄

李奧納多‧博夫　巴西神學家
傑瑞‧布朗　美國政治領袖
胡安‧卡洛斯一世　西班牙國王
吉奧給‧吉烏加羅
義大利工業設計師
彼得‧詹寧斯
加拿大裔美國新聞廣播員
羅德‧拉弗　澳大利亞網球選手
三宅一生　日本時裝設計師
魯道夫‧紐瑞耶夫　蘇聯舞蹈家
喬伊斯‧卡羅爾‧歐茨
美國作家
阿瑟‧斯卡吉爾　英國勞工領袖
羅米‧施奈德　奧地利演員
特德‧透納　美國企業家
傑里‧韋斯特　美國籃球球員

逝世名人錄

凱末爾‧阿塔圖爾克
土耳其總統
卡雷爾‧恰彼克　捷克作家
班傑明‧卡多佐　美國法學家
費奧多爾‧夏里亞賓
俄國歌唱家
加布里埃爾‧鄧南遮
義大利作家暨政治領袖
克拉倫斯‧達羅　美國律師
哈維‧費爾斯通　美國工業家
威廉‧格拉肯斯　美國畫家
恩斯特‧科希納　德國畫家
蘇珊娜‧列格朗　法國網球球員
瑪麗‧馬倫　美國傷寒帶原者
金恩‧奧立佛　美國音樂家
康斯坦丁‧斯坦尼斯拉夫斯基
俄國演員暨導演
托馬斯‧沃爾夫　美國小說家

1938

「從德州出發對環球飛行的人特別合適……在飛越德州2、3次以後，
環繞世界的距離似乎就沒那麼遠了。」

　　　　　　　　　　　　　　　　　　　　　── 飛行員休斯

1938年新事物

- 家用蒸汽熨斗

- 超人（動畫）
- 客機的加壓艙
- 即溶咖啡（雀巢咖啡）
- 電擊療法
- 傑佛遜頭像硬幣
- march of Dimes國家基金會
- 領取結婚許可證前的健康檢查（紐約州）
- 玻璃纖維（歐文斯-科爾寧公司）
- 惠普公司（HP）

美國萬花筒

超級大滿貫賽

唐・巴奇是來自加州的一位業餘網球員，在1938年贏得了澳洲、法國、英國（溫布頓）、美國公開賽等多項冠軍，他因此成為獲得網球大滿貫賽中最令人稱羨頭銜的第一人。在溫布頓公開賽中，他個人包辦3項冠軍──單打、雙打和混合雙打。巴奇也是第一位以反手拍擊球作為進攻武器的球員，靠著具戰術的頭腦和致命的發球而獲勝。1939年，轉為職業球員，後來稱霸網壇長達20年。◀1926（邊欄）
▶1969（邊欄）

百分之百的美國羅曼史

在1938年的《愛神找上了安迪・哈迪》片中，由18歲好萊塢資深影星米基・魯尼飾演的美國

航空

休斯結束了一個時代

⑤　霍華德・休斯總是心比天高。他是年輕英俊的電影導演（「地獄天使：亡命之徒」、飛機製造商及百萬富翁，也是破記錄的飛行員。然而，當休斯於1938年7月14日以3天19小時17分鐘的時間完成環球飛行──只有威利・波斯特於1933年個人飛行所用時間的一半，將其雙引擎洛克希德飛機降落在紐約的弗洛伊德・貝內特球場時，他結束英雄飛行員的時代。休斯後來說：「本國的任何一位飛行員都能做到同樣事情。」

休斯並非開路先鋒，他得益於前輩的經驗及無限的資金。他的洛克希德14號配備最新式導航儀器；有無線電裝置的飛機及在航線上沿途設立地面塔台。6個預定中途站及其他緊急起降點都有備用零件。

飛機於7月10日飛往巴黎。途中在西伯利亞遇到唯一的困擾，有座航空圖上繪製不清楚的山脈突如其來地聳立面前。在阿拉斯加的費班克和明尼蘇達的明尼亞波利稍作停留後，飛機降落在紐約，而2萬5千名尖叫的熱情群眾在此守候。對於非常害羞的休斯來說，面對群眾是這次飛行中最痛苦的經歷。他嘀咕了幾句，然後溜進一輛豪華轎車。這是飛行史上最後的一次。
◀1938（邊欄）▶1958（6）

科技

卡爾森的第一台影印機

⑥　在紐約皇后區的一家工廠裏，一位叫切斯特・卡爾森的前專利管理人及其助手將一塊金屬板表面塗上硫，並用墨在玻璃幻燈片上印下日期和地點：「10-22-38阿斯托立亞」。他們用棉布磨擦塗有硫的金屬板使之帶電，將幻燈片放在上面，然後以強光將兩者曝光。幾秒鐘後，移開幻燈片並在金屬板表面灑上黑色粉末。一個幾乎完美的銘刻影像出現了。他們將一張蠟紙壓在板上然後再撕下，粉末的影像就轉印到紙上。當紙受熱而蠟開始融化，結果得到了第一份電子照相（xerographic，拉丁文「乾寫」之意）影印文件。

卡爾森藉由在廚房火爐上焙煮化學藥品來開始他的研究；他持續了5年，直到精疲力竭並且資金用罄。他和巴特爾紀念學院（俄亥俄州的一個私人研究基金會）接洽，該學院以3千美元買下此發明的75%股份。1946年，紐約洛契斯特的一家小型相紙製造商哈洛伊德公司也加入。該公司於1949年完成第一台電子照相影印機，機器本身古怪又脆弱（實際上是3台機

器），使用之複雜令人望而卻步。

在往後10年的研發過程中，卡爾森的獨自探索變成合作進軍，因為哈洛伊德公司結合一批工程師、設計師和行銷人員參與研究方案。到了1959年，一種較為實用的影印機──Xerox（全錄）914──才準備上市。雖然比卡爾森原始設想的桌面型機器要大得多，但使用簡單，連小孩都會操作。的確，有支電視廣告就是一名小女孩用這台機器影印信件。（當父親問她何者是原件、何者是影本時，她搔了搔頭然後大叫：「我忘了！」）基於對影印機實用性的懷疑，經銷商在1960年撤除對哈洛伊德公司（很快就成為全錄公司）的1萬美元投資，而其市價到了1972年已超過100萬美元。▶1988（11）

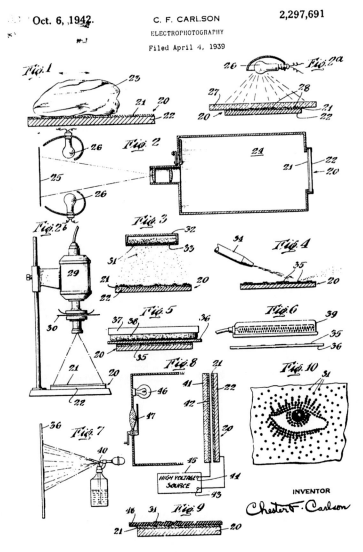

卡爾森獲得專利之「電子照相」過程的圖稿。

「我對於像牙科醫生姦情這種轉瞬即逝的題材不感興趣。我對那些在千萬人生命中反覆出現的事物感興趣。」
—— 懷爾德

與亨利·方達聯袂演出的《蕩婦》為戴維斯量身訂製了叛逆者形象。

電影
令人生畏的貝蒂

7 就像30、40年代的其他電影演員一樣，貝蒂·戴維斯也是攝影棚體制下的一名奴隸。其銀幕處女作是《壞姐妹》（1931），因演出《人性枷鎖》（1934）而一舉成名，並以《危險》（1935）贏得奧斯卡獎。但由於對合約不滿，她於1936年離開好萊塢前往倫敦。華納公司控告她違約並且打贏官司。但戴維斯也是真正贏家：她一回到好萊塢就得到更好的演出機會。第一部是1938年發行的《蕩婦》，由威廉·惠勒導演及約翰·休斯頓合寫的《蕩婦》正如其片名所示，似乎就是為這位明星量身訂製的角色一樣——即一位意志堅強、魅力無窮、野心勃勃的南方美女。精湛的演技為她贏得第二座奧斯卡獎。

在60年的演藝生涯中，戴維斯創造了許多在愛情、愛慾或極端中令人難忘的堅強婦女形象。她那聚光燈般的大眼睛，清晰的咬字以及叼著香煙的誇張方式都使她在影壇佔有一席之地，即使是在年華老去之後（銀幕下的她一樣難纏：傑克·華納親切地稱她為「頗有兩手的小婦人（具爆發力、擅長左直拳的小女人）」）。戴維斯能夠得心應手地扮演冷面殺手（《小狐狸》）、垂死的名流（《黑暗的勝利》），或灰姑娘般的未婚女子（《航行者》）。她曾扮演過的角色中最少有3種已成為經典：《森林那邊》中受挫的醜老太婆，《彗星美人》中暴躁以及步入中年的百老匯名伶瑪果·錢寧和《珍妮貝比的遭遇》中瘋狂的過氣童星。▶1961（11）

戲劇
一位美國改革家

8 桑頓·懷爾德的1938年創新劇作《小城風光》受到大眾歡迎，它是1900年初期美國鄉村生活的洛克威爾式描寫，實際上則表現作者獨特的美國存在主義。懷爾德捨棄了傳統戲劇的佈景、道具和清楚的故事方向，創造出個人生死

懷爾德在麻州威廉斯城彩排1959年製作的《小城風光》。

與無情世界相對抗的寓言。這部富有創意的劇作贏得普立茲獎，並成為美國戲劇的經典。

在毫無佈景的舞台上，舞台經理坐在一旁介紹現場。《小城風光》從「日常生活」（第一幕）、「愛情與婚姻」（第二幕）到「死亡」（第三幕）來審視新罕布夏州一個無情又平凡的小城格若佛角。

該劇反常地將怪異與孤寂結合。懷爾德以早逝之女主角的口吻說，「她死，我們死，他們死」，讓評論家大為困惑，並誤解此劇為天真的樂觀或是概括性的悲觀。該劇很容易使人感傷：在往後幾年的數百次演出中，它往往改編成懷爾德所抱怨的「怪異農家生活」的描寫。他自己則頗能和普羅斯特、喬伊思以及日本戲劇（其備演spare staging形態影響了「小城風光」）產生共鳴。其實，正如其崇拜者埃德蒙·威爾遜所觀察，懷爾德「一方面在經典著作與巴黎式詭辯之間有其獨特位階，而在娛樂事業方面也佔有一席之地」。◀1931（11）▶1949（當年之音）

科技
鋼珠原子筆問世

9 1851年，《科技美國》雜誌的一名記者寫道：「人人都想要的東西包括了鋼筆和墨水的替代品。似乎應該是具備功能性的單一文具。」願望雖不大，但是直到87年後才得以實現，當時來自匈牙利的兩兄弟——拉迪斯拉歐·拜羅和喬治·拜羅發明了鋼珠原子筆。

拜羅兄弟所發明的筆在蓄滿墨水的細管末端有一顆鋼珠。管內的毛細管作用潤滑了鋼珠，使它能均勻地分佈墨水。後來，住在加州的奧地利化學家弗朗·西希改進了墨水，使它一接觸到紙就會變乾。

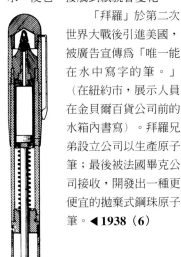

「拜羅」於第二次世界大戰後引進美國，被廣告宣傳為「唯一能在水中寫字的筆。」（在紐約市，展示人員在金貝爾百貨公司前的水箱內書寫）。拜羅兄弟設立公司以生產原子筆；最後被法國畢克公司接收，開發出一種更便宜的拋棄式鋼珠原子筆。◀1938（6）

拉迪斯拉歐·拜羅的原始鋼珠原子筆專利圖稿。

英雄享受兩位新女友——拉娜·透納和茱蒂·迦蘭（上圖，和魯尼合影）所飾演——對他的青睞。此一瘋狂受到歡迎的15部系列影片於1942年獲得認同，米高梅電影公司亦因「在表現美國生活方式方面的成就」而獲頒奧斯卡特別獎。

都市先知

《城市文化》是劉易斯·芒福德所著《新生》系列叢書的第二部，於1938年發表並備受好評。芒福德概述了現代城市的歷史，表達出他對科技可能吞噬文明的憂慮，並呼籲小心所有設計拙劣又破壞都市景觀的大規模非人性化公共建設。▶1960（9）

科里根失靈的羅盤

由於未被獲准橫越大西洋（據權威人士表示，他的飛機「不適於飛行」），道格拉斯·科里根只得擬定一項從紐約返回洛杉磯的飛行計畫。但起飛後，科里根將飛機轉向，於28小時13分鐘後降落在愛爾蘭。這次噱頭為他贏得「飛錯方向」科里根的綽號。◀1938（5）

招牌歌

透過每週四晚上在哥倫比亞廣播電台的無線電廣播表演，凱特·史密斯成為知名的「廣播界第一夫人」。在第一次世界大戰休戰紀念日，這位出生於維吉尼亞州的歌手——以其圓胖身材和歡樂

表情著稱——向聽眾介紹了這首後來成為美國的象徵和她的終生代表歌曲——即歐文·伯林的《上帝庇祐美國》。的確，史密斯對歌曲的闡釋是如此完美，以致於有段時間，伯林只允許她一人演唱。◀1911（6）

「就好像有數百名男子揮舞著粗大警棍，他們從載貨卡車上跳下來
並開始搗毀我們周圍的商店。」

— 彼得·厄斯特賴克，在水晶之夜與母親逛街的一名年輕猶太男孩

環球浮世繪

最後的敵人

仍然住在蘇聯的尼古拉·布哈林是史達林最後一位政治權力鬥爭的對手，在1938年的一場可怕公開審判之後被依叛國罪名處死。布哈林曾是布爾什維克衛隊的一員，在列寧死後與史達林結盟擁護列寧的溫和新經濟政策，反對托洛斯基、季諾維也夫及加米涅夫支持的激進計畫。但在整垮了左派反對派之後，史達林便於1929年將布哈林逐出第三國際和政治局，到了1937年又以「托洛斯基派」的罪名將他祕密逮捕。後來布哈林被處決一事成為阿瑟·凱斯勒小說《正午幽暗》的寫作依據。◀1936（6）▶1941（邊欄）

活化石

1938年12月，南非海岸的一位漁民捕獲了7000萬年來最不平凡的漁獲物——他釣到一條 *Latimeria chalumnae*，又名腔棘魚。（這個3億5000萬年前的品種與其原始外形實際上並無改變。）科學家們認為這種有裂狀

鰭的魚在7000萬年前就已絕跡，但多年來它一直是科摩洛群島居民的食物。

興德米特的熱情

當保羅·興德米特的歌劇《畫家馬蒂斯》改編成管弦樂在1934年與柏林交響樂團同台首演時，這位德國作曲家被納粹的宣傳部長約瑟夫·戈培爾指責為「人文的布爾什維克主義者」和「精神上的非雅利安人」。1938年全劇終於在蘇黎世上演時，興德米特獲得實至名歸的讚揚。雖然興德米特是一位現代主義者，但他以支持原音來反對前衛潮流——此概念被其他現代主義作曲家如阿諾德·荀百克視為陳舊不宜。▶1912（11）

「水晶之夜」的翌晨，柏林人觀看一家遭到破壞的女裝店。

德國

碎玻璃之夜

⑩ 恩斯特·沃姆·拉斯是一位不甚重要的德國外交官，赫舍爾·格林斯潘則是一名猶太裔波蘭學生，其父母自1914年以來就住在德國。他們二人都住在巴黎。1938年11月9日晚上，他們本來互不相干的命運交集在一起，點燃了又名「水晶之夜」（指這場殺掠中破碎的玻璃）的動亂。所引發的大屠殺逐漸升級並且歷經7年都未曾稍歇。

納粹對付猶太人之暴行的第一次真正爆發事件是沃姆·拉斯（被懷疑對國家不忠）遭到格林斯潘槍殺。德國與波蘭向來對於德國境內猶太裔波蘭人的責任歸屬問題爭執不休，格林斯潘的父母在10月被納粹驅逐至波蘭邊境。格林斯潘深深為父母的困境所苦惱，他衝進德國大使館，剛好選上了沃姆·拉斯並

將他射殺。他在兩天後的11月9日死去。

沃姆·拉斯的死訊傳到慕尼黑（希特勒正和其密友在此慶祝啤酒廳暴動15週年）後，納粹的宣傳部首腦約瑟夫·戈培爾便下令全國性摧毀猶太人的商店、住所及猶太教會堂。納粹衝鋒隊、精衛隊和希特勒青年團衝到街上，將大約200座猶太教會堂夷為平地，並褻瀆墓地，打破商店窗戶，攻擊遇到的任何猶太人。不過24小時之內，就有91名猶太人遇害，36人受重傷，有3萬人被捕並送往布亨瓦德、達考和薩克森豪森集中營。

許多免於被驅逐和死亡的猶太人被趕到燒成灰燼的猶太教會堂廢墟，他們在此遭到毆打，並被迫背誦《我的奮鬥》中的章節。那些被送到集中營的人則遭受到更殘酷的對待：剛抵達薩克森豪森集中營就有62人遭到鐵鍬、棍棒、皮鞭的毒

電影

畸形的性感

⑪ 多虧有《一夜風流》之類的電影和像卡蘿爾·倫巴德這種瘋狂的影星，30年代的電影愛好者才能有機會見識到「滑稽也可以是性感」的激進新主張。霍華·赫克斯在1938年所執導的《育嬰記》就是又名「畸形」的喜劇類電影原型。卡萊·葛倫飾演一位拘謹的動物學家，而凱薩琳·赫本（反典型角色）飾演一位魯莽卻可以令他情緒放鬆的女繼承人，還有一隻豹扮演主角。這部快節奏而又瘋狂的電影雖未締造出可觀的票房，但此後的電影觀眾都賦予它經典名片的地位。◀1934（邊欄）▶1949（邊欄）

打。有12人因而喪生。「解決猶太人問題的終極手段」已作好準備。一年之內，希特勒便將其注意力轉向東歐的猶太人。◀1935（1）▶1939（18）

科技

不沾性物質

⑫ 羅伊·普倫基特是一位才從研究所畢業兩年並為杜邦公司工作的年輕化學家，1938年4月他打開一罐四氟乙烯氣體，當時他聽到的並非氣體逸出容器的嘶嘶響，而是什麼聲音都沒有。普倫基特於是好奇地用鋼鋸切開罐子，發現這種被簡稱為TFE的氣體已變成一種滑膩的白色粉末。以技術用語來說，它自發地進行聚合作用；也就是說分子以某種方式重新排列成長鏈。

普倫基特做了一些測試，結果證明該聚合物具有化學惰性且絕對穩定。它不受電、酸和溶劑的影響；抗腐蝕；而且是已經發現的最光滑的物質。

這種聚合物被杜邦公司命名為鐵氟龍，最後成為多用途的工業原料。它在第二次世界大戰期間被祕密採用，以作為能夠承受鈾六氟化物的墊圈，亦即在製造鈾235（原子彈的基本成分）時所使用的強腐蝕材料。1948年鐵氟龍首次被運用到商業用途，亦即電路絕緣和電子零件上。到了50年代，麵包師發現其另有妙用，而1956年，第一批表面塗有鐵氟龍的炒菜鍋（在法國尼斯）上市。但是鐵氟龍容易從所覆蓋的金屬上脫落，使得一般人對它的熱情銳減。然而在杜邦公司找到一種使它更牢靠地粘附金屬的方法後，這種炒菜鍋在全世界的廚房都佔有一席之地。此後，鐵氟龍更廣泛地滲入日常生活中；從Goretex（一種保暖排汗的材質）到人工動脈和韌帶，皆無處不見其蹤跡。◀1934（9）▶1941（邊欄）

諾貝爾獎 和平獎：南森國際難民處（瑞士） 文學獎：賽珍珠（美國，小說家） 化學獎：理查·庫恩（德國，胡蘿蔔素和維生素；德國政府下令拒絕領獎） 醫學獎：科爾內耶·海曼斯（比利時，呼吸調節） 物理學獎：恩里科·費米（義大利，中子產生的核反應）。

火星人來了

摘自空中水星劇院的廣播劇《星際戰爭》，哥倫比亞廣播公司，1938年10月30日

1938年10月30日星期日，23歲的演員、導演兼製片人奧森·威爾斯及其空中水星劇院搞了一場萬聖節惡作劇，引發有史以來最荒誕的大恐慌。那天晚上，威爾斯和他的班底演出霍華德·克克根據威爾斯小說《星際戰爭》改編成的廣播劇，內容是描寫火星人入侵地球。該廣播劇模擬了一則新聞報導，並有外星人在新澤西州登陸然後征服美國的插播消息和現場報導。儘管廣播已預告說這個

節目純屬虛構，但是仍至少有100萬名聽眾倍受驚嚇。全國有許多家庭搭機遠離；數以千計的民眾在祈禱，還有一些人準備與外星人放手一搏。威爾斯從未預料到這樣的強烈反應，所以他向聽眾致歉。以下是節選自「記者卡爾·菲利普」在新澤西州葛樂福磨坊鎮威爾姆斯農場所作的「現場」報導。◀1932（邊欄）▶1941（11）

1938

菲利普：等一下！有狀況發生！先生、女士們，這太可怕了！那東西的尾端開始剝落！頂端開始像螺絲一樣轉動！那東西一定是中空的！

眾人的聲音：她會動！看，那個該死的東西鬆動了。退後！我叫你退後。也許裏面有人試著逃跑！那東西熱得發紅，他們會被燒成灰燼。退後！叫這些白癡退後！

（突然發出一大塊掉落金屬的鏗鏘聲）

眾人的聲音：她下來了！頂端鬆脫了！小心！往後站！

菲利普：各位，這是我親眼見過最可怕的事……等一下！有人正從中空的頂端鑽出來，是人或……什麼東西。我可以看見從黑洞中出現的兩個發光圓盤……那是眼睛

嗎？它可能是一張臉。也可能是……

（人群中發出恐怖叫聲）

老天，有東西正像大灰蛇一樣在陰影中蠕動。現在還有一個，又有一個。在我看來好像是觸角。就在那兒，我可以看見那東西的身軀。它像熊一樣大並且如濕皮革般地閃閃發光。但是那張臉，它……它實在難以形容。我幾乎無法勉強自己繼續看下去。它的黑色眼睛像蛇一樣幽幽發光。嘴是V字形，口水從似乎抖動的無邊嘴唇上滴下來。不管是怪物或任何東西，它幾乎無法移動。它似乎很沉重……也許是因為地心引力或其他原故。那東西站起來了。群眾開始後退。他們看夠了。這是最不尋常的經歷。我也說不上來……等

等！有狀況發生！

（嘶嘶聲及嗡嗡聲越來越強）

一個駝形物從坑裏升起來。我可以確信是一道射向鏡子的小光束。那是什麼？從那面鏡子噴出火，正好落到走向前的人們。它打到他們的頭上！天啊，他們著火了！

（叫喊聲和可怕的尖叫）

現在到處都著火了。（爆炸聲）木材……穀倉……汽車油箱……火到處蔓延。它朝這兒來了，在我右方約18公尺處……

（麥克風的碰撞聲……然後一片死寂……）

威爾斯開始在空中向熱門廣播劇《查利·麥卡錫秀》挑戰。（「樂觀的孩子，這只不過證明，」評論家亞歷山大·伍爾科特在播出後拍電報給威爾斯說，「聰明人都在聽一個蠢蛋說話，而所有的蠢蛋都在聽你說話。」）後來，威爾斯（上圖）為他引起的騷動公開道歉。

「我只擔心在最後一刻，有些豬玀還會向我提出調停方案。」

—— 希特勒在入侵波蘭之前

年度焦點

希特勒入侵波蘭，挑起第二次世界大戰

1939年8月22日，阿道夫·希特勒對德國最高司令部作了一場重大演說。有位在場人士摘要記下其要點：「徹底摧毀波蘭……殘忍無情地進擊。」經過連日來的外交爭論，希特勒極力排除英國對他侵略計畫的反對，連墨索里尼也無法勸服他繼續與波蘭談判。但是8月31日，希特勒命令軍隊開始行動。（他同時下令殺害德國醫院內所有的垂危病人，以便為傷兵挪出房間。）當天晚上，為了製造希特勒所說的「宣傳藉口」，黨衛軍偽稱波蘭的軍隊襲擊德國邊境的一座無線電台。入侵的行動在黎明時分展開。9月3日，英法兩國向德國宣戰，第二次世界大戰於焉爆發。

當時，希特勒的軍隊已深入波蘭境內抵達維斯拉河。縱然英國轟炸了德國北部基爾港內的船隻，而法國突襲德國西部邊境要塞，但政治和軍事的準備不周使盟軍無法實際地營救波蘭。波蘭終究不能免於淪陷。它的軍隊布署不當，騎兵面對最新型的德國裝甲車則是一籌莫展。德國轟炸機使波蘭的運輸系統為之癱瘓，摧毀了空軍基地，並且封鎖各大城市。9月6日，克拉考失陷。到了9月9日，波蘭殘餘的抵抗軍完全被包圍。戰事即將結束時，蘇聯開始從東部進軍。9月18日，波蘭政府逃亡後，俄軍與德軍在布列斯特－立陶夫斯克會師。10天後，華沙有條件地投降。

波蘭的百萬士兵中約有70萬名被俘，另外有8萬名逃往國外。（傷亡總數不詳。）德國的150萬名遠征軍中僅有4萬5千人傷亡或失蹤。根據一個月前和蘇聯簽訂的協定，希特勒將三分之二的波蘭領土割讓給了史達林，並承認波羅的海三小國和芬蘭是屬於蘇聯的勢力範圍。希特勒的下一步目標將是向西進攻。◀1938（3）▶1939（2）

1939年10月5日，勝利的德國第8軍團齊步通過華沙街道。

第二次世界大戰

布拉格淪陷

1939年初，奉行中立政策的歐洲軍事強國捷克解體之後，為希特勒入侵波蘭鋪平了道路。在前一年的慕尼黑會議將捷克改制為3個共和國的聯邦國家。3月中旬，匈牙利侵佔了喀爾巴阡-羅

在布爾諾，一名德國士兵在重新命名的阿道夫·希特勒廣場上張貼告示。

塞尼亞，斯洛伐克也退出聯邦成為一個獨立國家（但由德國統治）。

捷克共和國最後宣佈獨立。該國總統埃米爾·哈加企圖以頒佈反閃族及反共產主義法來勸解德國。但是，德國國防軍已經開始在邊境集結。3月14日，也就是斯洛伐克宣佈獨立當日，哈加前往柏林為共和國的生存抗爭。他和下屬在凌晨1點15分被召喚晉見希特勒。元首則宣佈將在6:00開始入侵行動，隨後就大步離開。

留在會議室的是內閣大臣赫爾曼·戈林和約阿希姆·馮·里賓特洛甫，他們告訴哈加一行人除非捷克簽訂投降條約，否則德軍將無情轟炸布拉格。此時，哈加突然因為心臟病發作而暈倒。希特勒的醫生給他打了一針，好讓他甦醒過來簽署文件。

之後，希特勒擁抱他的黨羽，並高喊道：「孩子們，這是我生命中最偉大的一天。」當天晚上，他率領德軍進駐捷克首都。哈加則留任新的德國保護國——波希米亞和摩拉維亞共和國的傀儡總統。在往後的戰役中，前捷克成為德國的戰爭機器，提供其重要的軍需物資。◀1939（1）▶1939（3）

藝術與文化 書籍：《為芬尼根守靈》詹姆斯·喬伊斯；《灰色騎士，灰色馬》凱薩琳·安妮·波特；《老負鼠和狡猾的貓》艾略特；《蝗蟲之日》納撒努爾·韋斯特；《大睡》雷蒙德·錢德勒 音樂：《你是所有的一切》凱恩和哈默施坦；《啤酒桶波卡舞》維耶沃達和布朗 繪畫與雕塑：《中產階級的畫像》大衛·阿爾法羅·

「我無法向你們預告蘇聯會採取什麼行動。這是謎中之謎。」

—— 海軍大臣邱吉爾，於史達林和德國簽訂互不侵犯條約之後

第二次世界大戰
史達林擁抱希特勒

3 希特勒入侵波蘭以便闢出一條通向蘇聯的道路——但僅在試圖透過談判使波蘭中立不成之後。1939年3月，他提議保護波蘭以防範蘇聯，要求歸還德國在第一次世界大戰中失去的但澤（即今天的格但斯克）作爲交換。由於對兩大強鄰心存疑慮，波蘭接受了英國提供的保護。

希特勒對此表示憤怒。他一直期望倫敦方面能知曉他對付蘇聯的計畫。當英國開始徵兵，他也意識到在征服蘇聯之前可能必須擊敗英國。但首先他要利用蘇聯對付波蘭。在廢止1935年和英國、波蘭簽訂的條約後，他派遣外交大臣約阿希姆·馮·里賓特洛甫抵達莫斯科。

由於不確定西方在德國一旦進攻時是否能援助蘇聯，因此蘇聯領導人約瑟夫·史達林渴望與希特勒達成暫時協議。爲了表示誠意，史達林甚至撤換了猶太裔外交部長。8月23日，新任外交部長維亞切斯拉夫·莫洛托夫和馮·里賓特洛甫會晤，並簽署互不侵犯條約——此舉令西方世界瞠目結舌，因爲他們曾認爲法西斯主義和共產主義是水

約瑟夫·史達林（左）和未來的敵人馮·里賓特洛甫握手。

火不容的。當條約的秘密議定書生效後，更大的打擊隨之而來：在該地區的「領土和政治改制」時，德國和蘇聯將會瓜分東歐。

幾天後，希特勒開始該項轉變，蘇聯因此獲得所承諾的三分之二波蘭領土，作爲反抗德國入侵的緩衝地帶。德國則逐步達成入侵目標。◀1939（1）▶1939（6）

印度軍隊在埃及，由戰地攝影記者瑪格麗特·博爾克-懷特拍攝。

第二次世界大戰
大英帝國參戰

4 德國入侵波蘭後，大英帝國及其國協紛紛武裝起來，全球隨即陷入第二次世界大戰。1939年9月，印度總督林利思戈宣佈參戰，不顧印度國民大會黨（控制全國11省中的6省）的反對。加拿大議會以壓倒性的表決通過加入盟軍，即使其軍隊只有4千人受過正規訓練。澳大利亞首相羅伯特·孟席斯根本沒有徵詢議會意見，只是以廣播宣佈：「英國參戰了，因此澳大利亞也參戰。」紐西蘭也加入了盟軍。

12月，加拿大第一師在英國登陸，而印度士兵則在法國加入英軍。印度最後派出200萬人的軍隊，相當於英國其餘自治領和殖民地出兵的總數量。加拿大的海軍迅速擴大爲世界第三大海軍。澳大利亞派出50萬名士兵，並將作爲美國在西南太平洋的指揮基地。而且紐西蘭（其士兵死傷率在大英國協中最高）供給英國大部分糧食，使其人民得以度過戰爭。◀1937（3）▶1940（1）

第二次世界大戰
鋼鐵協定

5 本尼托·墨索里尼對希特勒在捷克的不流血勝利深以爲恥。他的學生不費一槍一彈便超越他而成爲征服者。爲了迎頭趕上，墨索里尼決定吞併阿爾巴尼亞（從1934年起，義大利已實際加以控

制）。但由於該次毫不光榮的戰役，促使墨索里尼比以無比卑屈的態度來籠絡希特勒，於1939年和德國締結他所謂的（出於無意識的反諷）《鋼鐵協定》。

根據協定，德國和義大利士兵在阿爾巴尼亞首都地拉那商談軍事。

4月7日，攻擊在一片混亂中發動。義軍統帥並沒有進軍首都地拉那，反而停下來和阿爾巴尼亞國王索古派來的特使談判。在此同時，索古逃到希臘，地拉那所有的監獄被打開，而歹徒把首都洗劫一空。義大利領事向羅馬發出求救信號，但是完全無效。（最後是阿爾巴尼亞的志願軍恢復了秩序。）但是無能又缺乏裝備的義軍並未遭到有組織的抵抗。4月16日，阿爾巴尼亞駐羅馬代表推翻了索古，該國遂成爲義大利的一省。

英國對此次行動表示抗議，但是德國卻發出賀電。由於堅信希特勒所向無敵，墨索里尼接受了德義長期同盟的提議（1937年的反共產國際協定只是一次協商）。5月簽署的《鋼鐵協定》使義大利在任何情況下都必須和德國同仇敵愾。◀1937（14）▶1940（2）

1939

「一名芬蘭人抵得上10名蘇聯人。」
—— 芬蘭諺語

1939年新事物

- 微縮片相機
- 食物券（紐約的洛契斯特）
- 東京涉谷電器公司（東芝）
- 自動洗碗機
- 空調汽車（Packard）

- 橫越大西洋航空郵遞服務
- 壓力鍋（國家快速工業）

美國萬花筒

皇室出訪

6月9日，英王喬治六世和王后伊麗莎白從加拿大搭乘火車抵達華府，這是英國王室首度訪問美國，目的是鞏固英美關係，以便在戰時共同防範德國。王室家族從悶熱的華府出發，北上抵達羅

斯福所鍾愛的紐約海德公園宅邸，英王在此首次嚐到熱狗，並請求羅斯福增加對歐洲的援助。
◀1939（12）

不得了的漫畫

由18歲的平面藝術家鮑伯‧凱恩所創作的神祕人物《蝙蝠俠》，襲捲了1939年的偵探漫畫。蝙蝠俠漫畫陣容不久又有神童羅賓的加入，他們專門降伏各式各樣的惡魔。這位漫畫英雄受歡迎的程度後來只有超人才能超越它。
◀1934（11）

考夫曼有技巧的機智

1939年，曾獲得兩屆普立茲獎的劇作家喬治‧考夫曼以《來吃飯的人》再度揚名。這部喜劇是與其長期合作夥伴莫斯‧哈特所合著。主角Sheridan Whiteside係以考夫曼的阿爾貢金族圓桌步兵亞歷山大‧伍爾科特為依據，特色在於考夫曼的機智和尖銳諷刺，使他成為阿爾貢金印第安人的壞分子，以及百老匯的大人物。◀1919（邊欄）

曼納林線
1940年3月割讓給蘇聯

挪威
芬蘭
瑞典
蘇聯
英斯默斯亞加區
卡累利阿-伊斯默斯
赫爾辛基
拉多加湖
列寧格勒

芬蘭將十分之一的領土割讓給蘇聯，但仍保持獨立。

第二次世界大戰
蘇芬戰爭

6 儘管和希特勒簽訂了互不侵犯條約，約瑟夫‧史達林仍不敢掉以輕心。為了防止德國越過芬蘭對列寧格勒發動閃電攻擊，他希望能在這個小鄰國的邊境內駐紮蘇軍。1939年12月，他向芬蘭政府要求讓渡領土（主要在東南部）以利防禦——在遭芬蘭拒絕後，史達林下令空襲赫爾辛基作為報復，摧毀了該國首都並使成千上萬的市民流離失所。蘇芬戰爭於是爆發。

大眾文化
明日世界

7 就在有史以來最具破壞力的戰爭爆發之前5個月，1939年世界博覽會在紐約皇后區揭幕，主題是「建設明日世界」。無數的社會大眾成群結隊地參觀前所未有的最大型國際展覽，有60個國家、1300家公司參與科技（包括電視）、藝術和文化方面的展出。展示品從別針、鈕扣乃至桌巾（上圖）等無所不包，大多數都印有本次博覽會的醒目標誌——213公尺高的方尖碑和直徑61公尺的圓球。羅斯福總統致開幕詞，宣佈此次盛會「開放給全人類」。實際上，德國很引人注目地沒有參展，而許多公開陳列的新奇技術在被應用於建設新世界之前將先被戰爭所利用。
◀1933（邊欄）

芬蘭防守軍隊沿著卡累利阿-伊斯默斯地區的曼納林線（以其統帥卡爾‧古斯塔夫‧曼納林為名，他曾在1918年內戰中擊敗布爾什維克黨人）掘壕據守。大約12萬5千名的芬蘭軍擊退了蘇聯50萬的先頭部隊及1千輛坦克。在伊斯默斯地區以北，從拉多加湖到北極海長達1127公里的蘇芬邊界線上，芬蘭只靠著由10人一組的越野滑雪戰士來捍衛。滑雪巡邏隊利用夜間出擊，阻撓蘇聯紅軍的行進，聲稱造成重大傷亡。當氣溫降到華氏零下50度時，許多蘇聯士兵在荒涼的北部森林中凍死。芬蘭軍隊以1：5的懸殊比數，將侵略者困在海灣中整整3個月。芬蘭人開玩笑說：「他們的人數那麼多，而我們國家那麼小，我們到哪兒找地方來埋葬這些人呢？」

1940年2月，史達林再次發動強大攻勢。芬蘭尋求外援，但西方強國害怕德國對於任何盟國插手堪地那維亞半島的反應，所以遲遲不肯出兵。等到英、法決定經過挪威和瑞典向芬蘭派兵時，已經太晚了。3月12日，在蘇聯和芬蘭分別損失25萬及2萬5千人之後，芬蘭簽下和平協定，將十分之一的領土割讓給蘇聯。芬蘭保住了國家獨立。
◀1939（3）▶1940（12）

電影
奇蹟之年

8 對電影而言，1939年是奇蹟的一年。全世界共發行2012部電影，其中美國製作了483部——是電影史上最驚人的數目。再也沒有什麼比入圍奧斯卡獎最佳影片的名單更令人印象深刻：《黑暗的勝利》、《再見，奇普斯先

費雯麗和克拉克‧蓋博分別扮演《亂世佳人》中的郝思嘉‧奧哈拉和雷特‧巴特勒。

生》、《戀情》（改編為《追憶往事》）、《史密斯先生前往華盛頓》、《尼諾奇卡》、《鼠與人》、《公共馬車》、《虛構的奧茲國》、《最高志願》，當然還有獲獎的《亂世佳人》。但是許多佳片卻甚至沒有被提名，例如：《天使才有翅膀》、《少年林肯》、《女人》、《幕間插曲》、《甘葛‧迪恩》、《老處女》和《1920》。這一年的奇蹟也波及歐洲：英國製作了《四片羽毛》和《星星俯瞰》等經典之作；而在法國，尚‧雷諾導演了另一部傑作《遊戲規則》。

但是在大多數人眼裏，《亂世佳人》無疑是意味最深長的一部。（《虛構的奧茲國》緊隨其後。）美國人花了3年時間就把瑪格麗特‧米契爾這部極其成功的小說搬上銀幕。南北戰爭中的女傑郝思嘉‧奧哈拉成為報紙頭版的話題。12月，當影片在亞特蘭大首映時，該市要求放假一天，而製片人大衛‧塞爾茲尼克以及明星克拉克‧蓋博、費雯麗和奧利維亞‧德哈維蘭沿著亞特蘭大的林蔭大道遊行，向歡呼的

體育　棒球：世界大賽，紐約洋基隊以4勝0負擊敗辛辛那提紅人隊；泰德‧威廉加入波士頓紅襪隊；世界少棒賽在賓州威廉斯波特開始　美式足球：NFL，綠灣包裝人隊以27:0擊敗紐約巨人隊；新大學規則要求配戴頭盔　汽車賽：1938年的冠軍弗洛伊德‧羅伯特在印第安納波利斯的500英里賽中死亡　網球：博比‧雷格斯獲得美國公開賽和溫布頓單打冠軍。

「如同所有的新手一樣，我們開始製造直升飛機……但不久就發覺它行不通而只好放棄。」

── 威爾伯‧萊特寫於1909年的文章中，奧維爾‧萊特於1942年出示給西科爾斯基

影迷致意。

觀眾們欣賞影片的敘述能力、獲獎記錄、影星的演技以及浪漫的手法，即使它把不幸的黑奴描寫得幼稚而幸福。此片的票房成功25年來一直無人能及。《亂世佳人》共贏得八項奧斯卡獎，而且由於不斷在各大戲院重映，它成為有史以來最賣座的電影。◀1936（邊欄）▶1941（11）

西班牙
內戰結束

9 1939年3月，法蘭西斯科‧佛朗哥率領他的國家主義部隊進佔馬德里，西班牙內戰在將近3年的殺戮之後終告結束。1938年夏，沿著厄波羅河進攻的共和軍陷入困境，未能突破在加泰隆尼亞的國家主義要塞。該項失敗促使蘇聯政府──精疲力竭之共和國的唯一盟友──斷絕了援助。1939年1月，佛朗哥的軍隊奪下無政府主義者（當時被認為是最具代表性的共和國抵抗勢力）位於巴塞隆納的根據地。其餘的也就所向披靡了。

由於大多數的軍隊都加入右派的反叛勢力，所以共和國的防禦從一開始就交給經常公然違抗命令的國民軍，以及訓練不良的國際縱隊。儘管配有蘇聯武器，但這些戰士抵擋不住由6萬名德國和義大利士兵支持的國家主義部隊。西班牙共產黨透過它與蘇聯的緩和政策及關係來取得優勢，主張把國民軍變成一支有紀律的常備部隊，並且要求享有幕後操縱政府的權力。這兩個目標在流血衝突之後才得以實現，其代價則是軍隊士氣的低落。1937年底，裝備匱乏和國家主義空軍的優勢漸漸使共和軍不堪一擊。1938年9月，當英、法與德國簽訂慕尼黑協定（民主國家的不干涉政策）之後，他們的最後一線希望也破滅了。

這次戰爭的死亡人數，國家主義者共計9萬人，共和軍11萬人，並有100萬名士兵終生殘廢。成千上萬的平民死於饑餓和轟炸。將近50萬名西班牙人流亡在外，其中半

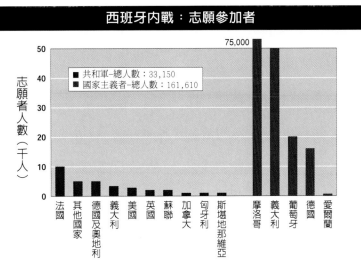

西班牙內戰：志願參加者

志願者人數（千人）

■ 共和軍-總人數：33,150
■ 國家主義者-總人數：161,610

75,000

法國／其他國家／德國及奧地利／義大利／美國／英國／蘇聯／加拿大／匈牙利／斯堪地那維亞／摩洛哥／義大利／葡萄牙／德國／愛爾蘭

國家主義者雖然獲得較少數國家的志願人力支援，但其人數遠甚於共和軍。再者，金錢、武和其他軍需的貢獻也都超過共和軍。

數都不曾返回祖國。

對於共和軍來說，戰爭是為了抗拒納粹──法西斯控制西班牙。但令人費解的是，當成千上萬的共和軍被殺害或關進監獄，希特勒和墨索里尼對佛朗哥的勝利暗自慶幸時，這位大元帥並沒有把西班牙變一個法西斯國家。他的長槍黨（西班牙的唯一合法政黨）並不是能控制一切的極權主義機器。天主教會取回原有的權力。佛朗哥和軸心國保持友好的關係，但是讓西班牙在第二次世界大戰期間保持中立。他說：「西班牙人已經對政治厭倦了。」他一直統治到1975年，但不是身為元首或者獨裁領袖，而是一名指揮官──也是備受傳頌的西班牙典型軍事強人。◀1937（7）▶1945（邊欄）

航空
兩大航空里程碑

10 1939年，美國人兩度締造了航空歷史。6月28日，泛美航空公司的3架波音高速班機首次跨越大西洋展開載客服務。狄西快速飛機可搭載22名旅客（每人來回票價為675美元），從紐約的華盛頓港飛往葡萄牙的里斯本，中途在亞速群島短暫停留──飛行時間22個小時。

泛美航空公司經營太平洋航線已經3年，但是新航線所代表的，正如《紐約時報》所言：「人類對

地球上海洋的最後一條航線，也是商業上最重要航線的征服。」

9月，在康乃狄格州的斯特拉特福附近，俄裔美國航空工程師伊戈爾‧西科爾斯基拉動他VS-300原型座艙中的槓桿，並且在空中垂直上升了好幾次。直昇機以前曾試飛過（第一次試飛成功是1936年德國的雙翼旋翼福克Fa-61飛機），但是西科爾斯基的飛機具備了未來直昇機的基本雛形：一具主要的水平旋翼，以及另一具在機尾的小型垂直旋翼。這種結構提供了最佳的控制平衡、盤旋能力以及水平速度。對西科爾斯基來說，此次飛行（他的第一架直昇飛機至1942年才出現）實現了童年的夢想，他當時受到李奧納多‧達文西人力直昇飛機奇妙草圖的啟發，使他立志製造引擎動力直昇機。 ◀1937（當年之音）▶1958（6）

The System of the Flying Clippers
PAA
PAN AMERICAN
WORLD AIRWAYS

泛美航空公司把過去的豪華飛艇應用於航空旅行。

核子鏈鎖反應信函

1939年8月2日，一封署名給羅斯福的信中提到：德國科學家已經完成原子核鏈鎖反應。因此，「根據這種情況，美國政府應該和研究鏈鎖反應的物理學家經常保持聯繫。」這封信是由阿爾伯特‧愛因斯坦、愛德華‧泰勒和亞歷山大‧薩克斯共同簽名。◀1938（1）▶1940（8）

美國當代奇人

1939年，一位紐約藝術收藏家在內地某藥房看到安娜‧瑪麗‧羅

伯特森‧摩西的純真農村風景畫之後，他將15幅畫全部買下，並在現代藝術博物館展出其中幾幅，使素人畫家摩西奶奶（她開始作畫時已78歲）一夕成名。▶1942（17）

霍克的號聲

寇曼‧霍金斯重新改造了次中音薩克斯風，把原來刺耳的音樂笑柄轉變成重要的爵士樂器。他在1939年錄製《靈與肉》時，以優美和聲、豐富的抒情音調以及專業技巧達到登峰造極的地步，奠定主流派爵士薩克斯風的規範。◀1937（5）▶1945（15）

艾夫斯之音

查爾斯‧艾夫斯於30年前左右著手創作的《第二號鋼琴奏鳴曲》（諧和）終於在1939年演出。它分為4個樂章──「埃默森」、「霍桑」、「奧爾科特」以及「索羅」──內容從激情的不諧和音到田園式的和諧都有，反映出這位新英格蘭作曲家認為所有聲音都可以成為音樂的觀點。▶1952（13）

「我見過戰爭而且……我恨戰爭。我總是一說再說，我希望美國不要捲入這場戰爭。」

—— 富蘭克林・羅斯福在1932年重申美國中立的國情咨文

二戰風雲

希特勒的藉口

為了入侵波蘭時師出有名，黨衛隊司令亨利克・希姆萊便為希特勒捏造了一個藉口。8月31日天黑之後，身著波蘭軍服的黨衛軍「佔領」邊境格來維茲鎮的一家德國電台，並用波蘭語廣播說波蘭已經入侵德國。那天深夜，黨衛隊讓12名德國罪犯打扮成波蘭士兵然後殺掉他們。他們把屍體放在邊境附近，佯裝入侵的波蘭士兵已被射殺。第二天，德國武裝部隊便湧進波蘭。

第一槍

9月1日德國陸軍踏上波蘭國土時，「石勒蘇益格－荷爾施泰因」號戰艦已在但澤港附近就位，並砲擊韋斯特雷特半島上的波蘭海軍設施。清晨4時45分大局已定，世界大戰將在兩天內全面爆發。

騎兵的末日

入侵波蘭中的一次慘烈戰鬥：海因茲・古德林將軍的坦克師與波蘭波摩斯卡騎兵旅遭遇。騎在馬上、戴著白手套的波蘭人雖然風度翩翩且士氣高昂，但是德國侵略者卻擁有強大的戰爭機器。當騎兵旅揮舞軍刀向前衝鋒時，古德蘭的裝甲車勢如破竹地將人馬橫掃一空。德國的前進未曾受到阻礙。

華沙抵抗

幾週以來，德國空軍對華沙持續轟炸，使它成為廢墟以準備武裝佔領。但是華沙仍奮力抵抗，平

民和士兵一起掘壕據守，向德軍展開地面巷戰。（上圖，德軍解除波蘭士兵武裝。）為了表示他們的英雄事業還沒有失敗，華沙廣播電台不停地播放蕭邦的波蘭舞曲。9月25日，希特勒加倍對華沙進行地毯式轟炸。3天之

名義上在圍籬的另一邊，土耳其（英文指「火雞」）並不反對德國的「求愛」。

第二次世界大戰

不穩固的聯盟

⑪ 1939年10月，具有重要戰略地位的土耳其（位於蘇聯和中東邊境）加入了同盟國陣營，《時代》週刊將此稱為反對希特勒戰爭的「最大勝利」。但是，這個勝利事實上並不如廣告宣傳所說的那麼大。

5月，義大利入侵阿爾巴尼亞之後，土耳其官方與英國展開會談。但是當蘇德在8月簽訂了互不侵犯條約，土耳其——儘管軍容壯大——開始擔心會疏遠莫斯科。為了敷衍與同盟國的談判，它提出無理的財政和經濟要求。最後，土耳其表示只有在領土受到威脅時，它才會捲入戰爭。

當納粹德國征服其鄰國之後，土耳其更趨向於中立——它甚至和德國簽訂了友好條約。直到1945年軸心國即將被擊敗時才宣佈參戰。
◀1939（5）▶1941（9）

第二次世界大戰

美國中立法案

⑫ 入侵波蘭的另一項變故是美國嚴守中立政策。在過去4年間，國會曾通過法律以防止曾讓美國捲入第一次世界大戰的這類糾紛。但是當第二次世界大戰爆發，群眾的心理開始改變。雖然大多數美國人仍反對直接參戰，卻贊成援助同盟國。11月，國會通過1939年中立法案。新法案和以往類似，

除了一項重要細節：它不再對所有交戰國實施武器禁運。只要用自己的船隻運送回國，英、法都獲准從美國購得武器。

這個脫離孤立主義的嘗試舉動多半歸功於羅斯福總統。兩年來，他一直激勵國人要放眼世界，同時小心別讓國內的敵人指責他干涉外國事務。當波蘭發生戰事，而一名新聞記者問他美國是否能避免捲入時，他回答：「我不僅如此希望，也相信我們能夠做到。」但是不久他就召開國會的特別會期，討論是否要撤銷武器禁運。

一些有力的國會議員反對撤銷，包括飛行員查爾斯・林白和查爾斯・庫格林神父（一名激進的右派天主教神父，他的電台佈道在美國有廣大的聽眾）等公眾人物。贊成武器禁運的大批信件湧進國會辦公室。但是透過政治手腕，羅斯福設法說服了他最堅定的對手。經過6星期的辯論，絕大多數都投票贊成撤銷武器禁運。

「供應同盟國任何能夠抵抗侵略之所需，」羅斯福辯稱：是「保證我們不捲入戰爭的上策。」實際上，當美國不斷提供援助給同盟國時，美軍確實沒有加入戰爭——直

到日本偷襲珍珠港使它無法再袖手旁觀。▶1940（邊欄）

第二次世界大戰

德國的兵力

⑬ 到了1939年，德國對發動戰爭的準備——不管在心理上還是軍事上——比世界上任何國家都要充分。希特勒的5年軍備重整

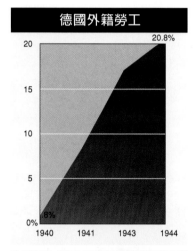

德國外籍勞工

外籍勞工（引入工廠以運轉德國戰爭機器）在德國總勞力中所佔百分比在4年之內迅速上升。

計畫鞏固了德國戰線：藉著加速武器生產及相關的防禦公共工程，他一改1932年以來的大量失業而成為勞工短缺，並贏得國人熱烈感激。

在對全國的廣播中，羅斯福向美國人陳述中立法案。

二戰動態 1月：張伯倫與墨索里尼會晤；羅斯福提出5.52億美元的國防預算；巴塞隆納失陷 2月：日本佔領海南島；英、法承認保持中立的西班牙佛朗哥政府

「她實在了不起！她不僅知道什麼是對的，並且親自去實踐。」

── 安德森聽到埃莉諾・羅斯福退出「美國革命女兒」時說的話

在軍事方面，新的進攻戰術反映出德國的將領已從第一次世界大戰的失敗中吸取教訓。入侵波蘭是一場具有革命性的閃電戰。希特勒的快速移動坦克和動力大砲突破了波蘭防線，被孤立圍困的敵人只有投降被俘；同時，俯衝轟炸機散播恐慌，並阻斷了補給行動和交通。這種策略使盟軍指揮官明瞭所面對的敵人是如此強大。之前他們從第一次世界大戰的勝利中錯誤地認為，只要挖戰壕並和軸心國拖延，打一場靜態的防禦戰即可獲勝。

英、法、波蘭三國的軍隊、人口和工業資源加起來遠勝過德國。他們還有較多的飛機和巨型戰艦，以及幾乎同樣多的坦克。但是在重點方面，德軍佔有明顯優勢。希特勒軍隊的訓練和紀律是無與倫比的──這要歸功於納粹的軍隊榮譽和戰鬥精神。在火力方面，每一支德國步兵師都比盟軍強得多。德國國防軍將坦克編制成師，這種安排使它們發揮更大的效能。而且德國空軍的飛機配備了標準化（以便於修復）的引擎和機身，因此比大多數東拼西湊的盟國飛機來得優越。

◀1939（1）▶1940（16）

美國
被拒絕的女歌唱家

14 瑪麗安・安德森是她同時代最優秀的女低音歌唱家之一。她曾在歐洲王室之前演唱；尚・西貝流士曾特地為她寫了一首單曲《孤獨》。但是1939年，當她想租下憲法大廳作為華府首演場地時卻被斷然拒絕。此棟建築的所有人是全為白人的「美國革命女兒」（DAR）──一個由美國建國士兵後裔組成的婦女團體。而安德森是黑人，並且是「奴隸」的後代。

該事件激起群眾抗議。其中最引人注目的是埃莉諾・羅斯福（總統夫人，世界女權運動的領袖之一），她在新聞聯合組織的報紙專欄中宣佈退出DAR。包括內政部長哈羅德・伊克斯在內的一些知名人士為安德森在林肯紀念堂前安排了一次戶外演出。約有7萬5千人到

被「美國革命女兒」拒絕後，安德森在林肯紀念堂前演唱。

場聆聽，該數目足以塞滿許多棟憲法大廳。

後來（1955年）安德森又成為第一位在紐約大都會劇院演唱的黑人。她並且和羅斯福夫人同獲殊榮：雙雙被委派為聯合國的代表。羅斯福夫人是在1945年，而她是在1958年。▶1949（11）

文學
史坦貝克的草原故事

15 約翰・史坦貝克的《憤怒的葡萄》於1930年出版，再也沒有比此更能反映出逃難者悲慘遭

在銀幕上，湯姆・喬德由方達扮演（左）。父親由拉塞爾・辛普森扮演。

遇的文學作品。這部無產階級小說是30年代特有文學類型的最佳典範之一，史坦貝克以中西部人逃離美國的乾燥地區為題材，敘述俄克拉荷馬州一個家庭遷移到加州鄉下的故事。農人不得不四處打工，喬德一家人面臨饑餓、警察施暴和無情剝削。但是史坦貝克的寫實主義──及其左派鼓吹──被一種深沈的神聖感覺所緩和。他筆下的俄克拉荷馬人都具有近乎聖經般的高貴，景觀也如迦南一般地神聖。他對季節遷移工人社會的描述兼具人類學的尖銳及詩意的感動。

史坦貝克害怕大眾不喜歡這麼冷酷嚴肅的主題。他的出版商維京出版社則擔心書中的語言和意象太過強烈，尤其是結尾：喬德家的少婦被丈夫拋棄，新生兒死去，還要贍養一名垂死的老人。但是，他們的擔心是多餘的。以前很少有小說能這樣喚起社會的憤慨。

此書直到翌年都還名列暢銷書單。後來，20世紀福斯電影公司將它改編為電影，由約翰・福特導演，亨利・方達主演。◀1934（4）▶1940（18）

後，電台停止播放舞曲，取而代之的是蕭邦的《死亡進行曲》。華沙淪陷失敗，有如血肉模糊的屠殺場。

大西洋之戰

9月3日，二次大戰中最長的戰役──大西洋之役的序幕由德國人揭開。德國潛艇向英國客輪「雅典娜號」發射魚雷，使112名乘客喪生。在海軍司令卡爾・德尼茨指揮下，德國潛艇艦隊使北起冰島南至南非的盟軍船隻聞風喪膽，幾乎扼殺了仰賴進口的英國。

倫敦疏散

為了防範希特勒的空襲，倫敦的父母們紛紛把孩子送到鄉下避難。脖子上掛著名牌和住址的大約65萬名兒童，在1939年戰爭

爆發的第一天離開世界上人口最稠密的都市。到了新年，由於大轟炸並沒有發生，150萬的疏散兒童中有將近一半又返回倫敦。1940年夏天不列顛戰役開打，孩子們再一次走避農村。

普雷特河之役

3艘一組的英國巡洋艦決心打破德國對英國南大西洋航線的封鎖，於1939年12月對德國袖珍戰艦「施佩伯爵海軍上將號」展開追殲。此次在烏拉圭普雷特河口外海的戰役中，噸位較輕的英國戰艦受到重創。德艦則躲進孟都港，且在希特勒的命令下自沉，使英國軍隊士氣因而大振。

「自從知道自己是一名作曲家之後，我已能完全意識到人們之間的手足之情……而在我的音樂中極力表現這個概念。」
　　　　　　　　　　　　　　　　　　　　　　— 巴爾托克

環球浮世繪

喬伊斯的實驗

耗費17年的時間，詹姆斯·喬伊斯終於完成他的鉅著——《爲芬尼根守靈》——幾乎就是20世紀最著名、顛覆以及富革命性的小說。喬伊斯在書中用一種完全原始的語言來鋪陳整個人類的故事，與撰寫愛爾蘭歷史和流行歌曲的語言出處截然不同。
◀ 1922（1）

DDT問世

1939年，一種便宜、迅速、藥效持久的殺蟲劑終於研製成功，這就是瑞士化學家保羅·穆勒發明的二氯二苯三氯乙烷（DDT）。它被噴灑在各種害蟲上，包括馬鈴薯甲蟲以及傳播

疾病的蝨子和跳蚤等等（在二次大戰期間還用於軍隊床鋪和衣服的薰蒸消毒），DDT可望爲20世紀的農業立下大功。但是在20年之中，許多害蟲已經對其毒性發展出抵抗力。同時，它因爲殺害有益的昆蟲和捕食者，而大肆破壞了食物鏈。▶1962（11）

白皮書

麥克唐納白皮書企圖爲巴勒斯坦的猶太殖民地中制定英國政策，它宣佈在10年內將建立一個阿拉伯-猶太國家（雖然阿拉伯人佔多數）。它同時還規定移民配額：在未來的5年之內，只允許7萬5千名猶太人定居巴勒斯坦；之後，該數目將由大多數阿拉伯人決定，猶太人購買土地則由英國控制。對於在歐洲到處受迫害的猶太人來說，英國的「解決方案」（後來被雙方廢除）來得實在不是時候。◀ 1937（12）
▶1945（14）

音樂

巴爾托克的第六號四重奏

(16) 貝拉·巴爾托克正如他的朋友（有時是合作者）匈牙利人佐爾坦·科達伊一樣，同時是具有影響力的民族音樂家和作曲家。身爲聞名世界的鋼琴家，他花了30多年時間來研究東歐的民俗音樂。

他在不同種族和民族傳統中尋找靈感和基礎和諧，將其發現運用到管弦樂、室內大合唱、聲樂和獨奏鋼琴曲等至今仍被廣泛演奏的許多創作之中。1939年，他寫下第六號弦樂四重奏——所完成的系列作品被美國作曲家暨指揮家弗吉爾·湯姆森稱爲「巴爾托克的藝術寶庫精華，其最深刻思想和感情的結晶，其最有力和人性的告白。」

母親的死以及納粹主義的囂張令巴爾托克悲痛不已，在他最後一部的四重奏中感染了深沈的憂鬱。每個樂章都是以麥斯托（mesto，悲痛的意思）作爲開始。然而整個作品的複雜優美——其壯闊的音質以及抑揚頓挫的衝擊結構——將悲哀化爲超越。完成該作品之後，巴爾托克於1940年離開布達佩斯，自我放逐到美國。在抵達美國時，他的身體已非常虛弱，1945年患白血病逝世。他的遺體直到1988年才送返匈牙利安葬。◀ 1936（13）
▶1941（12）

第二次世界大戰

阿爾卑斯堡壘

(17) 1939年開始燃遍全球的戰火並未波及夾在3大交戰國之間的瑞士。它自1648年以來即保持中立，二次大戰期間亦是如此，成爲中歐唯一倖存的民主國家。

爲了避免戰爭，瑞士官方既不冒犯軸心國也不惹惱同盟國，並審查兩邊的新聞評論；瑞士企業（爲了獲利）向雙方都提供補給品。但更重要的因素是該國擁有強大的陸軍、空軍以及有利的地勢。400萬人口當中，可以動員的軍人達85萬

一名瑞士士兵在德國邊境上防守。

之多。偏僻的阿爾卑斯山堡壘的武器、食品、醫療設備、水力發電廠、工廠等樣樣俱全，所以即使城市被圍困，瑞士人也能夠抵禦侵略者。潛在的敵人都明白瑞士人一旦遭到攻擊就會逃往山區，並且毀壞公路和鐵路，使國境無法通行。

在戰爭期間有40萬名難民移往或途經瑞士，但往往遭到冷落。此時進入瑞士的難民必須出示護照，禁止工作，並被送往拘留所。但是對於軸心國的亡命領導人，瑞士人的立場依然堅定：決不收容「不值得庇護的人」。▶1940（邊欄）

第二次世界大戰

猶太人被限制在隔離區

(18) 1939年，納粹重新在歐洲實行一種19世紀就已廢除的社會控制形式：隔離區。雖然這個名詞常用來描述貧窮、孤立的市區，但它原指歐洲城市中築有圍牆以合法限制猶太人的地區。德國人征服波蘭之後，他們重新建立猶太隔離區。首先是在洛次市，接著在華沙，而最後在每個擁有相當數量猶太人且被納粹控制的城市都可能發現隔離區。

典型的隔離區都圍有高牆，牆頂佈滿鐵蒺藜。入口處全天都有警衛，進出必須經過嚴格管制。其中

的生活條件極差：每個破舊不堪房間內的平均密度是13人。衛浴設備嚴重不足，惡臭使空氣變得混濁。饑餓更是司空見慣：在華沙的德國人平均每人每天消耗2310卡的能量，而猶太人只有184卡。母親們常常將死去的孩子隱藏起來，以便獲取其食物配給。華沙隔離區負責人亞當·切爾尼亞科夫在他的日記中寫道：「無法掩埋死人的抱怨不斷。他們赤裸裸地被放在地上，連一張紙都沒有，更別說布了。」

不久，還沒有病死或餓死的猶太人便被運往奧斯維辛、卑爾根-伯森、特雷布林卡、馬伊達內克等死亡集中營內。◀ 1938（10）
▶1942（6）

盧布林的隔離區——廣設於波蘭的猶太人限制地之一。

諾貝爾獎　和平獎：從缺　文學獎：法蘭斯·埃米爾·西倫佩（芬蘭，小說家）　　化學獎：阿道夫·布特南特、利奧波德·盧齊卡（德國、瑞士，研究性激素，布特南特在德國政府命令下拒絕領獎）　醫學獎：格哈德·多馬克（德國，研究磺胺製劑療法，在德國政府命令下拒絕領獎）　　物理學獎：歐內斯特·勞倫斯（美國，回旋加速器）。

再見，格里克

摘自臨別致辭，盧・格里克，1939年7月4日

身為紐約洋基隊的一壘手，亨利・路易斯・格里克從未錯過15多個球季中的任何一場比賽，儘管他在接近2130場球賽記錄的尾聲時並沒有全程參與。由於堅忍的耐力而被稱為「鐵馬」，但是1939年春他出現嚴重顫抖，不得不前往瑪友診所接受檢查，結果證實是肌肉營養側柱硬化，即一種神經系統退化的疾病（現在又名盧・格里克症），因此只得退出棒壇。在1939年7月4日舉行的一場假日聯賽當中（號稱為格里克感謝日），他過去和現在的洋基隊隊友以及6萬1808名球迷在洋基體育館為格里克獻上無數的禮物和讚美。他非常地激動，以致有人懷疑他是否還能說話。但是他打起精神，走到麥克風前，發抒了體育界最感人的一次告別演講。然後，在眾人的歡呼聲中，他摟住老隊友貝比・魯斯的脖子，並微笑地面對攝影師的閃光燈。他在兩年後去世。◀1920（6）▶1941（邊欄）

紐約洋基體育館的格里克感謝日：格里克正接受隊友的感謝致詞，他曾率領洋基隊共獲得6次世界盃棒球聯賽冠軍。這位一壘手在生前的平均打擊率是3成4。上方為他在1939年全美聯盟明星賽中所獲得的徽章（正面與背面）。

球迷們，過去兩個星期以來，你們一直聽到我的壞消息。但是今天，我卻認為自己是世界上最幸運的人。在我17年的棒球生涯中，我從你們身上得到的只有慈愛和鼓勵。

看看這些偉大的人，你們當中誰不認為即使只和他們交往一天便是一生中的輝煌時刻？的確，我很幸運。誰不認為認識雅各・魯波特是一項殊榮？還有建立最偉大棒球帝國的埃德・巴羅？和米勒・胡根斯那個完美的小傢伙相處了6年？然後和傑出領導者、聰明的心理系學生、當今最佳棒球經理喬・麥卡錫共事了另一個9年？的確，我很幸運。當紐約巨人隊── 一個你要舉起右臂痛擊的球隊，反之亦然，送你禮物時，那真是了不起。當每個人都走向場地管理員，而穿著白上衣的孩子們仍記得你贏得獎盃的樣子時，那真是了不起。當你的父母一輩子工作，好讓你能受教育並發展自己時，這是天大的幸福。當你可靠的妻子給你超乎想像的勇氣時，這是我所知道最棒的事。最後我要說雖然不能再打球了，但是我活得非常值得。

肆虐全球的第二次世界
大戰使20年前的那場戰
爭看起來僅僅是一場熱
身運動，舊有的作戰方
式已經永遠地退出戰爭
舞台；平民和士兵一樣
隨時面臨死亡的威脅；
世界末日的武器問世更
影響了相繼而來的萬
物。因為人類首次掌握
了用按鈕來毀滅自己的
手段。

1940
1949

隨著男人走上戰場，越來越多的
婦女開始進入傳統上由男人主導
的行業，甚至包括防務。在華盛
頓州的連頓波音飛機公司製造
廠，一名女工正在「B-25超級
空中堡壘」轟炸機閃閃發光、均
勻堆積的垂直穩定器中間，填寫
存貨清單（該飛機被美國空軍用
於對日轟炸）。

1940 年的世界

世界人口

1930年：21億　1940年：23億

1930-1940年：+9.5%

1939年戰前的權力平衡

	人口	每人平均收入（美元）（1938）	作戰飛機（架）	主力軍艦*
同盟國				
法國	41,600,000	$248	735	155
波蘭	34,662,000	$92	390	9
英國	47,692,000	$498	1,144	315
軸心國				
德國	68,424,000	$487	2,765	74
義大利	43,779,000	$157	1,500	241
日本	70,590,000	$81	1,980	212
中立國				
美國	129,825,000	$520	800	366
蘇聯	167,300,000	$188	5,000	215

*包括戰艦、航空母艦、巡洋艦、驅逐艦和潛艇

軍事力量

1939年常備軍隊　　二次大戰軍隊人數最多的顛峰期

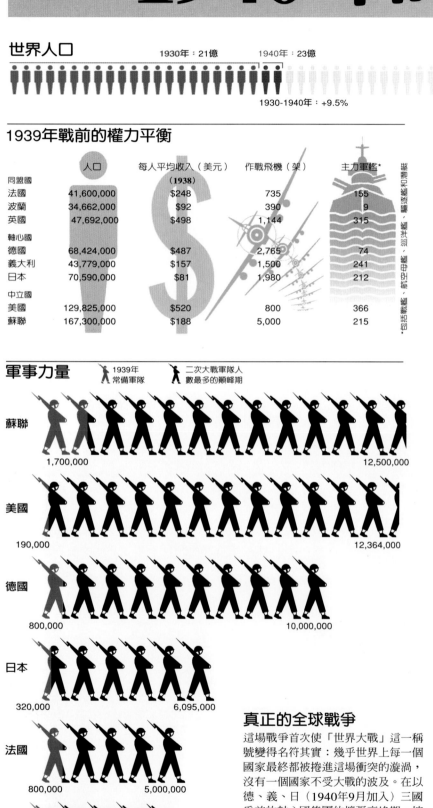

蘇聯　1,700,000 — 12,500,000

美國　190,000 — 12,364,000

德國　800,000 — 10,000,000

日本　320,000 — 6,095,000

法國　800,000 — 5,000,000

英國　220,000 — 4,683,000

義大利　800,000 — 4,500,000

真正的全球戰爭

這場戰爭首次使「世界大戰」這一稱號變得名符其實：幾乎世界上每一個國家最終都被捲進這場衝突的漩渦，沒有一個國家不受大戰的波及。在以德、義、日（1940年9月加入）三國為首的軸心國集團的擴張高峰期，控制了歐洲絕大部分、北非、中國和亞洲的大部分地區。直到1941年12月7日，日本襲擊珍珠港後，美國才捲入戰爭，它加入同盟國陣營，不僅對日宣戰而且同時對德、義開戰。大戰以德、義法西斯主義和日本軍國主義的失敗做終結，但全球很快又被一種新的意識形態對抗所籠罩，亦即是「冷戰」。

技術之光

19世紀末打字機被廣泛使用於辦公室，使婦女也能勝任長期由男性壟斷的書記工作。這種新型機器的使用並不拘男女，因此沒有立即被限定爲「婦女不宜」。由於戰爭本身及其造成的戰時男性工人嚴重不足，更加速了辦公室工作女性化的進程。而由IBM公司於1935年研製並暢銷的新機種——電子打字機，又大幅地加快了打字速度。

第三帝國

德國橫跨歐洲的擴張始於1936年，即希特勒下令重占萊因區時（這次行動是對《凡爾賽和約》的直接挑戰）。兩年後，德國吞併了奧地利，隨之又在英、法默許下兼併了捷克的蘇台德區。接著，在1939年希特勒掃蕩了捷克的殘餘地區，並和蘇聯一起瓜分了波蘭。希特勒對波蘭的入侵終使英、法對其宣戰，第二次世界大戰正式爆發。到1940年5月底，經過一連串令人眩目的勝利之後，德國的勢力範圍已從英吉利海峽延伸到巴爾幹和蘇聯的烏克蘭。兩個夏天之後，在其鼎盛時期，第三帝國的版圖已超過自古羅馬帝國以來的所有帝國。

■ 1930 年的德國
　 非軍事區的萊因區
－ 1940 年的德國
▦ 德國佔領的地區

時尚

一次科技的突破很快會帶來時尚的革新。1934年合成尼龍出現後，杜邦公司很快於1939-1940年利用它生產出尼龍襪。第一年賣出約6400萬雙（上圖為女演員貝蒂·格拉布爾的生活照片，她正在穿襪子）。戰爭期間，軍事上對尼龍的需求使得尼龍襪的產量銳減，但戰爭結束後急遽回升。到1990年，美國婦女對尼龍襪和褲襪的需求量上升到每年15億雙之多。

夜生活

百老匯		倫敦西區
1,384	1910-1919	3,278
2,194	1920-1929	3,980
1,421	1930-1939	4,256
425	1980-1989	1,115*

經濟大恐慌並未對戲劇業產生明顯的影響。30年代倫敦西區演出的場次比以前和以後的任何10年都要多，雖然由於戰爭的傷亡，倫敦劇院被迫於1939年停業。百老匯的演出高峰是在20年代，之後則不斷地下降。

羅伯特‧史東

總體戰爭

主宰人們生活的全球衝突

就代價而言，第二次世界大戰無疑是歷史上最可怕的災禍。像第一次世界大戰一樣，平民死亡超過士兵，前者為5000萬人，而後者則為1500萬人。然而比「一戰」更甚的是，這次大戰是一場總體戰爭，不僅全部人力都被動員起來投入戰鬥和軍需生產，而且所有平民都被列入軍事打擊目標。1914年第一次世界大戰爆發時，英國外交大臣愛德華‧格雷勛爵曾想像戰爭將使「整個歐洲陷入黑暗」。而這次幾乎波及全球的屠殺，其慘烈程度要遠遠超出格雷的任何想像之外。

首先，總體戰之所以得以實施，主要得助於現代技術——武器、通訊和工業生產的進步。然而，戰爭的勝負則依賴其他諸多因素，包括有形的和無形的。充當頭號元凶的德國，之所以在戰爭初期佔優勢，是由於它具有一整套完全為應付戰爭的生產體系，一批能製造先進飛機和武器的兵工廠，以及一批戰術思想（藉由認真總結「一戰」失敗的經驗教訓）遠遠高於對手的將領。而這樣一部銳不可擋的戰爭機器（包括德國人民），又控制在一位盲目自信且具有超凡政治敏銳力和魅力的狂人手中。

雖然二次大戰不是希特勒一手挑起的，但大戰的戰略情勢和道德尺度卻依其思想而形成。他正是葉慈詩裏所寫狂暴的化身，像從古老殘破帝國的廢墟深處升騰出來的幽靈。他宛如第二個惡魔般的拿破崙，也是喪失道德觀念而只崇拜可能性的信徒。對於德意志這樣一個戰後遭受軍事羞辱和經濟蕭條的國家，希特勒提出低廉的菁英主義，主要是奠基於古怪的種族觀念（此為早在學者間被廣泛提到之學說的誇大說法）和生命本身即為戰爭的想法（主張優秀的「雅利安人」應以達爾文優勝劣敗的方式消滅劣等民族，尤其是猶太人和斯拉夫人）。希特勒援引傳說中德國人為北歐狂暴戰士的神話，將本來遵紀守法、理智健全的同胞轉變成種族滅絕的劊子手。起初，希特勒的魯莽之舉頗有收穫，其閃電攻勢使得其他國家措手不及且士氣低落，而極其不願冒著觸發另一場世界大戰的危險來對抗德國。

此外，希特勒沒有忘記在第一次世界大戰末期因物資極度短缺而出現顛覆德皇的反叛行動。因此，他在征服歐洲的同時，也設法將國內混亂的可能性降到最低。德國很晚才實施食物定量配給，富裕的德國家庭還能保有他們的傭人。不像其他歐洲交戰國，第三帝國在戰爭中很少使用女性勞工。德國統帥部依靠掠奪、壓榨被占領國家來解決飢荒問題。然而，納粹政權儘管崇尚效率，它在組織死亡集中營方面的才能，要遠優於對軍隊的補給。德國空軍缺乏遠程的重轟炸機，陸軍則在俄羅斯的嚴冬裏不能及時得到冬裝。更有甚者，納粹領導人們無知且傲慢。當一名助手向德國空軍司令赫爾曼‧戈林報告美國一年可製造4萬架飛機時，戈林譏諷他應該去看精神病醫生，他說：「他們也許可以造出這麼多汽車和冰箱，但決不會是飛機。」

希特勒錯誤地判斷了自己和敵人之間的實力對比，將德軍優勢誇大到歷史學家所稱的「荒謬的自滿」程度。納粹意識形態核心中不合理性的思想無不顯現其個性，即狂熱的樂觀主義和虛弱偏執狂的混合物。他那些堅持自己直接指揮作戰的行為，使他最初的優勢，

1935年12月，當柏林出生的藝術家約翰‧哈特爾德（其原名為赫議穆特‧赫茨費德，為抗議祖國在一次大戰中所扮演的不光彩角色而將名字英國化）製作的這幅合成照片在一份德國左派報紙《AIZ》刊登時，許多觀察家所關心的並不是戰爭是否會爆發，而是何時爆發。其標題為：「好哇！奶油用光了！」，諷刺納粹領袖赫爾曼‧戈林所宣稱的「鋼鐵使人強壯，奶油只是讓人發胖」的謬論。但是，儘管戈林叫囂要槍炮而不要奶油，希特勒在重整軍備和稍後來臨的戰爭期間，仍精明地盡其所能讓人民生活舒適。

Hurrah, die Butter ist alle!

...ering in seiner Hamburger Rede: „Erz hat stets ein Reich stark gemacht,
...tter und Schmalz haben höchstens ein Volk fett gemacht."

在付出人力及物力的可怕代價中被濫用始盡。

如果德國陷入因元首自鳴得意所造成的痛苦的話，那麼軸心國的其他成員也因其領袖的欲望、野心和虛弱而倍感艱辛。緊步希特勒後塵，墨索里尼在1940年將他的人民拖入對波蘭及法國的戰爭中，這兩國都不是義大利的傳統敵人。儘管他的臣民非常崇拜領袖，但對前景抱樂觀態度的義大利人卻很少。當蘇聯和美國相繼加入他們敵對的一方後，義大利人的熱情更是委靡不振。他們的國家曾一度喪失對自己命運的控制，並在戰爭後期成為德軍和盟軍搏殺的戰場。

1940
1949

日本領袖和大多數國民都對其國家的命運懷著一種像德國人一樣強烈且不可思議的情結，甚至還帶有深深的宿命論。在30年代軍方迫使國家更進一步陷入冒險和帝國主義期間，他們以暗殺和恐怖手段壓制持異議的民眾。但當日本帝國軍隊成功地征服亞洲和太平洋的大部分地區時，許多日本領袖卻開始私下對自己的軍力能否對抗美國表示悲觀。這個島國僅僅依靠海上運輸是很危險的，而且日本的生產力僅及美國的十分之一。一些高級軍官，尤其在海軍中，對戰爭前景持保留態度。然而，卻無一人堅決地反對戰爭。

正是這種虔誠的習俗和義務所形成的僵化思想（日本人傳統的奉獻精神和對武士道的崇敬），推動太陽帝國一如既往地走向災難。假如不是這種可怕的民族特性，戰爭本可以以一種體面的方式結束。即使到戰爭末期，當失敗成為注定事實之際，仍沒有人能依靠權威說服狂熱的日軍停止戰鬥。

喬治‧費弗爾在《天王山：沖繩島之戰和原子彈》一文中披露了一段鮮為人知的內幕。1945年3月，當美軍向日本本土以南483公里的沖繩島接近時，日本戰時內閣正在皇宮集會。會上，海軍參謀長及川向天皇裕仁作了戰情報告：日本的防禦主要依靠3500架飛機的神風特攻隊（人力操控的彈道飛彈），以自殺方式攻擊美國船艦（到這時神風特攻隊已被普遍應用在整個太平洋島嶼戰爭中，日本士兵和平民經常實施自殺性攻擊）。裕仁問：「我們的海軍在哪裏？還有多少船隻？」雖然帝國海軍的殘餘力量已無力阻擋美國的入侵，但突然深怕丟臉的艦隊司令決定派出6艘戰艦（包括世界上最大的戰艦「大和號」），向美軍實施一次自殺攻擊。結果，所有日艦均被擊沉，4千名水兵喪生。

蘇聯，這個希特勒最蔑視的敵手，是這次大戰中遭受損失最大的國家。在克服早期的挫折之後，史達林利用獨裁政權使國家重新振作。在1943年2月於史達林格勒阻止了德軍的推進之後，蘇聯紅軍開始了一場漫長的大反攻，雖然反攻時有中斷，但注定這次反攻要在柏林的廢墟上完成。正如上個世紀拿破崙所言：俄羅斯帝國可以被侵擾，但它廣袤的領土、眾多的人口以及殘酷的嚴冬，使得哪怕占領其中任一部分領土都變得極為困難。然而，這些自然條件並不是蘇聯取勝的唯一因素，史達林長期優先發展重工業而使其生產力超過德國，這也是勝利的關鍵（許多工廠被分解成許多部分，然後運到東部，在德軍推進的範圍之外得以繼續生產）。俄國人民對祖國所懷有的一種類似宗教的摯愛也激勵他們英勇地抵抗入侵的敵人。此外，蘇聯共產主義這個長期被認為是最不堪一擊的極權主義體制，卻擁有無可比擬的號召力：史達林的大部分臣民都願以死來捍衛革命成果。

蘇聯的戰爭方式主要為正面推進，由一波接一波的步兵實施連續攻擊。這些攻擊以高

隨著戰爭升級，各種暴行、武器的複雜，以及針對平民大規模攻擊的頻率都越演越烈。1945年8月9日，美國對日本的長崎（左圖）扔下了歷史上第二顆原子彈。3天前，第一次核子攻擊是在日本廣島市上空完成的。不久，蘇聯也研製出同樣的武器（上圖為蘇聯第一顆原子彈的核心部位）。它們的存在和恐怖的效果，賦予了「總體戰」這一概念全新的意涵。

昂的代價迫使德軍節節敗退。雖然所有的人都認為俄國人在對待生命價值上過於輕率，但無疑這是一個絕對有效的作戰方式。據歷史學家約翰·埃利斯統計，1941年6月到1945年3月，紅軍殲敵數量占德軍全球傷亡總數的80-90％。

在第二次世界大戰期間，雖然英國人無法維持其帝國，但仍贏得尊敬和榮耀。數個世紀裏，英國人證明了其征服異族方面的特殊能力（這點和德國人很相似）。如今，這次大戰證明他們的防禦能力一樣好。在孤軍奮戰的幾個月裏，英國人雖經歷了希特勒持久的空襲、飛彈以及因封鎖而造成令人絕望的物質缺乏，卻將其視為道德的黃金歲月——儘管有犧牲和不幸，但都是大無畏的英雄主義。當時的燈火管制、配給記錄簿、勝利廣場和地下防空洞等，在今天仍然是民族的象徵。戰時王室傳統階級界限的消除和工人階級在大戰中力挽狂瀾、匡扶社稷的表現，使社會黨得以在1945年大選中獲勝，令世人驚訝地把溫斯頓·邱吉爾這位大戰的統帥和頑固不化的貴族政治論者趕下台。

1940 1949

希特勒對美國的態度就像當時及現在的許多歐洲人一樣，把美國看成一個粗俗的、充滿男性崇拜的庸俗國度，沒有權威、歷史、思想或偉大人物。而美國混雜的血統更似嘲弄了他的種族理論。也許這位受挫的藝術家天生憎恨這個國家堅持的實用主義（所有極權主義思想均植根於唯美主義以及那種通過鬥爭實現淨化的荒誕理論）。無論如何，他對美國應戰能力的低估是最終導致其毀滅的致命原因。美國受兩大洋保護免遭戰火劫掠，且有世界上獨一無二的龐大人力、工業、農業和技術資源（尤其是一批科學家從軸心國避難而來），給了盟國確保戰勝其敵人所需要的優越條件。

但是，當戰爭雙方將憤怒對準非戰鬥人員時，美國的聲譽因向平民實施了一次最引人注目的暴力行動——向廣島和長崎投擲原子彈，而陷入理不清的褒貶之中。這次結束戰爭的致命一擊，確立了美國身為地球上最強大國家的地位。

大戰的勝利使美國充滿生機。到40年代末，由於戰爭的刺激，其生產已占全球工業產量的一半，它援助的美元使西歐和日本得以重建。戰前美國已經開始疏遠國際事務，但現在一躍成為「自由世界」的領袖。的確，美國在戰爭中的崛起使大多數美國人都感到應將他們的價值觀（一種由傳統的自由主義、新教徒的耿直、專家政治的理性主義和自私自利的個人主義所組成的獨一無二的混合體），推銷至整個世界。但是，蘇聯也相信他們的意識形態戰無不勝，這就導致了兩強為保護其利益和擴張其實力而對壘。就某種意義上說，「冷戰」代表了總體戰的制度化，亦即整個國家在全球爭霸中以軍事、經濟和心理總動員來對抗另一個不相容的敵人。

但是美國原子彈的試驗成功已經不可挽回地改變了戰爭的性質。隨著華盛頓和莫斯科展開核子武器競賽，已清楚地表示可能發生的第三次世界大戰將意味全人類的毀滅。在隨後的幾十年中，雖然二個超級強權有時幾近劍拔弩張，但總能及時地懸崖勒馬。伴隨著殖民體系在亞洲和非洲的崩潰，美蘇雙方為爭奪未來而發動了一系列代理人的戰爭。這種有限衝突主要是在當地人之間進行，而且大體上來說，「親西方」的一方並沒有比「親蘇聯」的一方來得民主。最終，這種競賽拖垮了蘇聯，使第二次世界大戰形成的基本國際格局，在90年代根據地緣政治而重新組合。

「第二次世界大戰」結束後近半個世紀裏，美蘇這兩個超級強權為確保雙方在未來的總體戰中力量平衡，其經濟建設都是為生產武器做準備，其宣傳機器以令人窒息的方式舌戰，其軍隊隨時準備交火。在「冷戰」結束後（兩國都背上幾乎無法容忍的債務），雙方都銷毀了數以百計的炸彈和飛機，就如同這些在亞利桑那州一個空軍基地裏被大卸八塊的B-52轟炸機。這些飛機每架在建造時需花費6400萬美元，而拆毀後的金屬碎片每磅只能賣到16分美元。

「情勢極度絕望……我個人認爲英國遠征軍已無望脫身。」

—— 英國總參謀長威廉・埃德蒙德・艾恩賽德1940年5月21日關於英國遠征軍自敦克爾克撤退之日記

年度焦點

敦克爾克撤退

1 若非由英國策劃的營救行動奇蹟般及時實施，30餘萬盟軍很可能在納粹於1940年對法國及低地諸國的閃電戰中，全軍覆沒於法國港口敦克爾克。當時快速推進的德軍已將約20萬名英軍和14萬名法、比軍隊，圍困於靠近比利時邊境的這個港口。爲了拯救這支部隊，英國海軍部幾乎集中了可以徵調的所有水上交通工具，包括軍艦、渡輪、單桅小帆船及遊艇。第一批船隊在皇家空軍的掩護下，於5月26日穿越英吉利海峽，出現在受困於敦克爾克海灘和碼頭上的盟軍士兵眼前。

這個代號爲「發電機計畫」的撤離行動，在極度艱難的處境中歷經10天。英國皇家海軍驅逐艦及部分法國船艦火速將士兵及其隨身武器搬運至甲板後再運

查爾斯・昆達爾用油畫生動重現了盟軍在敦克爾克撤退的一幕。

載至丹佛，而小型船隻則負責將海灘上士兵運至停泊於港口外海的大型船艦上。德國轟炸機對灘頭與海面發動持續攻擊，四處彈雨紛飛，英國皇家空軍共擊落159架德國戰鬥機。敵人的步步進逼讓情勢更爲危急，在撤退開始的第3天，德軍攻陷鄰近港口加來，次日比利時宣佈投降。撤退行動之所以能夠成功，主要是因爲希特勒做了兩項錯誤決定：他中止了德軍向敦克爾克的推進，並將注意力轉向其他目標。

在大撤退中盟軍損失243艘船艦和無數噸軍事裝備，但僅有2千人死亡，其餘的人在家鄉父老的歡呼聲中安全登上英格蘭海岸，並在不久又投入了新的戰鬥。始終關注撤退行動的英國首相溫斯頓・邱吉爾評論說：「戰爭雖然不是靠撤退贏得勝利，但無疑這次營救行動是一次勝利。」他並向內閣保證更偉大的勝利就要來臨：「我們決不屈服……我們將在海洋戰鬥，將以堅定的信心和日益強大的力量在空中戰鬥，我們將誓死保衛家園，無論付出何種代價都在所不惜……我們將在田間、在城區戰鬥，在山間戰鬥，我們決不投降。」◀1939（1）▶1940（6）

第二次世界大戰

義大利宣戰

2 第二次世界大戰爆發之後的前幾個月中，本尼托・墨索里尼一直爲是否參戰及何時參戰而苦苦思索。由於他一方面渴望獲取榮耀，另一方面又害怕在奪得任何地盤之前德國就先贏得戰爭，因此這位渴望戰爭的獨裁者急於加入戰團。然而他卻受到好幾項因素的制約，義大利國內的和平主義思潮以及軍隊準備不足的事實使他猶豫不決，而希特勒和史達林簽訂條約以及野蠻虐待波蘭人的行爲又使他憤怒；而同時他還擔心若德國戰敗，義大利將會孤立無援。

但是在希特勒的慫恿下，墨索里尼漸漸拋開顧慮。當1940年3月這兩個獨裁者爲雙方結盟事宜在布里納山口會晤時，墨索里尼允諾他的部隊將在德國進攻法國且勝利在望時參戰。6月10日，當法國在德軍的鐵蹄下哀鳴時，墨索里尼毫不猶豫地向盟國宣戰。

儘管墨索里尼明知力有未逮，仍設法讓希特勒誤以爲他實力堅強，但是義大利這隻紙老虎很快就被戳破了。義大利在法國南部發動的第一次進攻，僅往前推進數英畝；8月，4萬名義軍對英屬索馬利蘭發動攻擊，雖然最終獲得勝利，但其表現卻令人恥笑，在四比一的優勢兵力下，義軍損傷達2千人，英軍卻只損失260人，而且戰事拖延了兩週之久；9月，8萬名義軍從利比亞向埃及進擊，希望奪取蘇伊士運河，結果卻被3萬名英軍擊退，反倒喪失了利比亞東部的大片

土地；10月，因爲不滿希特勒未事先徵詢其意見就佔領羅馬尼亞油田區，墨索里尼也逕自派遣15萬5千名義軍從阿爾巴尼亞入侵希臘，不僅遭受挫敗，又將阿爾巴尼亞三分之一的國土讓給希臘，同時還讓英國控制了戰略要地克里特島。

依照原訂計畫，義大利應設法征服地中海，而德國則全力投注在北方戰區。但是到了第二年，希特勒就不得不伸出援手來替他的盟友收拾爛攤子，墨索里尼也就因此淪爲希特勒的附庸。◀1939（5）▶1941（2）

第二次世界大戰

海戰

3 在入侵波蘭後的整整7個月內，希特勒一直在謀劃嚴冬過後的下一波攻勢，這段時間內歐陸幾無任何戰事。因此英國人嘲諷地稱其爲「假戰」，法國人稱爲「奇怪的戰爭」，而德國人則稱爲「靜坐戰」。然而交戰雙方在海上卻戰事頻仍。

爲了反制英國海軍的封鎖，到1940年1月爲止德國轟炸機和U型潛艇擊沉許多商船，其中包括有112名乘客喪生的英屬「雅典娜號」客輪和許多中立國的船隻。戰艦的交戰海域不僅遍及歐洲洋面，且已遠及南美的烏拉圭，例如一個月前，德國「施佩伯爵號」戰艦船員因不願被英國巡洋艦俘獲，而在此海域自鑿沉船。

2月，英國「哥薩克號」驅逐艦的水兵泅水攀爬上一艘運載戰俘的德國船隻，並且徒手擊斃4名船

希特勒和墨索里尼在義大利邊境的布里納山口視察義國近衛隊。

1940

「我能奉獻給人民的只有熱血、勤奮、淚水和汗水。」
—— 溫斯頓·邱吉爾在成為首相後的首次演說，1940年5月13日

航空母艦的加入使第二次世界大戰的海戰擴展至新的規模。

員，救出處於飢餓狀態下的299名戰俘，他們的船隻大都是被「施佩伯爵號」戰艦所擊沈。在同一天，英國政府宣佈在北海海域的所有商船和漁船都必須自行武裝。另一方面，德國則立即宣佈將這些船隻視爲戰艦來對待，並正式訂爲持續貫徹的一項政策。不久後，英國拖網漁船開始向德國飛機開火，偶而也取得一些勝利。◀1939（邊欄）▶1941（1）

第二次世界大戰
入侵丹麥和挪威

④　爲了征服西方，希特勒決定先鞏固北翼安全。德國所需的鐵礦砂大都來自瑞典，且主要途經挪威的那維克港。雖然瑞典和挪威兩國均宣佈中立，爲切斷德國鐵礦砂的供給，盟軍仍計畫入侵挪威。但是在1940年4月9日，德國卻於英國軍艦在挪威港口佈下第一批水雷的24小時之後採取先發制人的行動。借助濃霧的掩護，德國砲艦駛抵挪威各主要港口，數千名步兵並隨之登陸。與此同時，大戰中首次使用的傘兵部隊也佔領各重要機場。雖然同時發動攻擊，德軍以兩個月的時間才征服挪威，而影響北方交通安全的小國丹麥卻只花4小時就將其攻陷。

雖然入侵的德軍在進入挪威之時遇到頑強抵抗，但大部分目標仍很快得手。在德軍宣稱將以數百架飛機轟炸的威脅下，首都奧斯陸在一天內投降。納粹扶植挪威法西斯黨頭目維德昆·吉斯林爲獨裁者，他的姓名在英語中成了賣國賊的同義詞。但是國王哈康七世和其內閣成員否認戰敗，他們逃到積雪的山區並藏身於洞穴內，至於挪威那些裝備不良，由倉促成軍的民兵所組

成的弱小軍隊則同時以游擊戰的方式對抗佔領者。

自遭德國入侵時起，挪威就宣佈加入同盟國，但英、法兩國部隊卻花了幾乎一週的時間才趕來增援。即使以5倍的優勢兵力，英法聯軍仍直到5月27日才將德軍逐出那維克。而在那時，法國本土卻已陷入戰火，亟須這裏的盟軍前往救援。於是他們不得不在數日後撤出挪威，國王哈康和政府成員也隨船

一支法國巡邏隊在防衛挪威納爾維克附近的一條鐵路。

逃往倫敦。挪威戰役的勝利，讓陷入孤立的瑞典無力抗拒德國的要求，不僅爲希特勒取得一條暢通無阻的鐵礦砂運輸線，也奪得若干攻擊英倫三島的基地。但是這次勝利卻也產生負面影響，30萬德軍不得不遠離作戰前線，駐紮在此，而挪威和丹麥還是不斷發生反抗活動。◀1939（6）▶1940（6）

第二次世界大戰
同盟國的新領袖

⑤　隨著時間的迫近，原本應該早就作好防備的同盟國英、法元首卻開始驚慌失措。愛德華·達拉第埃和內維爾·張伯倫數年來一直對希特勒採行綏靖政策而遲遲無法堅定立場，因此他們都無法成爲鼓舞人心的領袖。要求達拉第埃和張伯倫下台的呼聲日漸高漲，達拉第埃在1940年3月21日下台，由財政部長保羅·雷諾接替。而張伯倫則在德國開始蹂躪低地國的時候，於5月10日讓位給溫斯頓·邱

吉爾，並於8個月後去世。

新上台的雷諾希望改採更積極的戰略，取代達拉第埃以馬其諾防線爲中心的消極被動軍事策略，這322公里防線原被認爲是固若金湯。但在法國國會政治壓力下，迫使他仍舊啓用達拉第埃爲國防部長，並接納極右派爲內閣閣員。當德國入侵時，法國因作戰思想陳舊而被擊垮，同時政府也因是否應繼續戰鬥下去而出現分歧。法國戰敗後，雷諾及其內閣成員都被關入納粹集中營，達拉第埃也在其中。

相對於雷諾處處受制，邱吉爾在出任國會領袖時獲得充分授權。自從1900年初入議會以來，他的政治生涯一直起伏不定。在波耳戰爭時，他就以軍事記者的身分贏得首次聲望，而且從未失去尚武精神。第二次世界大戰爆發的當天，張伯倫就讓其恢復了第一次大戰時的海軍大臣之職。邱吉爾很快就成爲英國堅持對抗希特勒的最高官員。他以首相的身分組織了一個包含各黨派的戰時內閣，只排除極左和極右分子。

無論對其國民或是對全世界而言，邱吉爾都成了英國決心的象徵。他那鬥牛犬般的面孔、粗大的雪茄、象徵勝利的V手勢、無與倫比的口才都令人印象深刻，並在英國被圍困時期遍訪各地，激勵國人將戰爭變成他們一生最引以爲傲的時刻，而英國人民確也不負邱吉爾所望。◀1940（1）▶1940（7）

富有挑戰精神的首相及其部隊在英格蘭海岸。

「我們已無話可說了嗎？我們已喪失希望了嗎？失敗已成定局了嗎？不！……無論發生何事，法國人民抵抗的信念決不熄滅，而且永遠不會熄滅。」

—— 戴高樂1940年6月18日從英格蘭對法國同胞的廣播講話

1940年新事物

- 自動變速器（通用汽車公司）

- 吉普車（由卡爾・帕布斯特設計）

- 彩色電視機（第一次實驗性廣播由哥倫比亞廣播公司從紐約市的克萊斯勒大廈發射）

- M&M巧克力

- 英國海外航空公司（BOAC）

美國萬花筒

酒鬼和蕩婦

銀幕上兩個最富特色的喜劇演員酒糟鼻菲爾茲和豐滿健美的梅・韋斯特聯袂創作，並且主演了

《我的小寶貝》。這兩個過去是歌舞雜耍明星的演員，於1940年開始塑造成令人喜愛的喜劇角色：他扮演酗酒的憤世嫉俗者；她則塑造了一個有傷風化的女主人。◀1926（當年之音）

發放救濟金

佛蒙特州35歲的寡婦愛達・梅・富勒，是美國社會安全保障金的第一個接受者。1月30日，美國向第一批合格領取撫卹金的人共發放了7萬5844美元的金額，其中艾達・梅・富勒獲22.54美金。到1975年她去世為止，艾達共收到了2萬餘元的救濟款，這期間政府發放的總額超過10億美元。◀1935（5）

尼龍騷動

尼龍長統襪的銷售在1940年繼續風靡全國。當杜邦公司宣佈德拉瓦州威明頓市的尼龍長統襪有一批產品銷售僅限於當地市民時，發生了因尼龍長統襪引起的歇斯底里的行動。許多郊區農民

第二次世界大戰
閃擊西歐

⑥ 1940年5月10日，希特勒揮師閃電攻擊荷、比、盧三國——位於世仇德、法兩國之間的中立低地國。「今日開始的戰鬥，」希特勒宣稱「將決定日耳曼民族今後數千年的命運！」西線戰爭於焉爆發。

藉由入侵低地國家和法國北部，德軍繞過法國所謂「不可逾越的」馬其諾防線，並將盟軍逼入敦克爾克一隅。

黎明前，德國空軍轟炸了低地國的軍事目標，法國境內的幾處空軍基地也未能倖免，阿姆斯特丹和鹿特丹稍後也被轟炸，儘管在此稍早荷蘭已經投降。接著，空降部隊（有些身穿荷軍制服）自天而降，滑翔機同時也載著步兵直抵亞伯特運河的比利時邊境。部隊潮水般越過邊界，速度之快防禦者來不及炸毀主要橋樑。雖然荷蘭人打開大壩水閘使洪水氾濫遍野，但德軍以橡皮艇克服此一障礙。「施圖卡」俯衝轟炸機響著尖銳警笛向軍隊和平民掃射。裝甲師隆隆駛過村鎮，所經之處皆被夷為平地。

德國人獲得低地國反叛者之助，預謀破壞了發電廠和空襲警報系統，而低地國無力防禦也使損失慘重。盧森堡因太弱小幾乎未曾抵抗就豎起白旗。比利時國王利奧波德因堅持中立，拒絕與荷、法軍隊整合，荷蘭軍隊缺乏裝甲車和戰術訓練，英法軍隊則因倉促上陣，其裝備和機動性方面都遠遜於德軍。

因而盧森堡第一天即陷入敵手，荷蘭堅守了4天，比利時一直戰鬥到5月28日。在那之前，希特勒的部隊已蜂湧入法國北部。

◀1940（1）▶1940（7）

第二次世界大戰
法國淪陷

⑦ 1940年5月12日，即在入侵低地諸國兩日後，德軍坦克從比利時穿過阿登森林隆隆進軍法國。法軍司令官們堅信阿登茂密的森林是裝甲部隊無法逾越的天險，故幾乎未給防守部隊配備反坦克砲或防空武器。德軍很快地於色當橫渡馬士河，同時俯衝轟炸機向防禦者無情砲轟，被誇張的馬其諾防線證明形同虛設：入侵者已輕易繞過北端。法軍在震驚中幾乎喪失鬥志。由於法軍坦克部隊組織極差，飛機數量也遠遠少於敵方，因此失敗的厄運已無法避免。

6月3日，200架飛機轟炸巴黎。11天後，納粹部隊正步穿過凱旋門，如入無人之境般地進入這座城市。此時法國政府已遷往波爾多。6月16日，總理保羅・雷諾因不願投降而辭職。

總理之位由年逾八旬的副總理亨利・貝當元帥接替。雖然貝當發動的防禦策略導致戰鬥失利，但他仍被視為一次大戰英雄而倍受尊敬。6月22日，在貢比涅城裏一次大戰德國俯首稱臣的同一節車廂裏，貝當簽署了停戰協定。法國北部和西部五分之三的土地淪為德軍佔領區，其餘部分也僅是名義上的獨立。

貝當將首都南移至維琪。7月，英國為防止駐守在阿爾及利

亞的法國艦隊落入德軍之手而搶先發動攻擊，貝當斷絕了與盟國的外交關係，並將法國非佔領區轉變為法西斯式獨裁政體。

與此同時，前國防部次長夏爾・戴高樂將軍，透過廣播呼籲同胞繼續戰鬥。逃亡倫敦的戴高樂發起了「自由法國運動」，他的軍隊是從流亡愛國者或法屬殖民地中挑選出來的，在戰爭期間曾助盟國一臂之力。◀1940（6）▶1940（4）

科學
發現錼元素

⑧ 成功點燃第一枚核武器的元素，於1940年由美國科學家發現。諷刺的是，這項突破之所以成為可能，是因為他們借用了德國人的研究成果。1938年，兩位德國科學家奧托・哈恩和弗里茲・斯

特拉斯曼進行中子撞擊鈾的實驗，其目的旨在證實義大利物理學家恩里科・費米所提出的該程序將產生新的超重元素理論。然而他們卻意外地發現了原子核裂變（經過其流亡同事利斯・邁特納確認）。在這一程序中鈾原子一分為兩。

兩年後，加州柏克萊大學的一群年輕科學家示範此一實驗，然而卻出現了另一種現象，即一些被撞擊後的鈾原子「吸收」了中子，衰

戰爭中最令人難忘的場景之一：一位法國男人目睹自己國家戰敗的軍隊手持法國國旗列隊經過時，流下了眼淚。

變出費米曾預測過的物質種類。

在這次由柏克萊大學研究人員埃德溫·麥克米倫和菲利普·阿貝爾森設計的實驗中，一種元素誕生了，它比鈾的質子數更多，因此原子序數排位第93。它被定名爲錼，其意爲位居海王星之後，天王星的外圍。然後，這一研究小組在同事格倫·西博格的領導下，又發現錼原子可進一步衰變成一種原子數爲94的新元素。

該元素緊隨冥王星之後命名爲鈽。第一種被發現的同位素是鈽238（見左頁圖）。第二種同位素是鈽239，它是由鈾235三次分裂所產生的。鈾235後來用於投擲在廣島的原子彈上。理論上僅300克的鈽239就可以產生相當於二萬噸TNT的能量。物理學家歐內斯特·勞倫斯在該元素發現數週後曾稱鈽擁有被點燃「超級炸彈」的能量。勞倫斯此一不祥預言在1945年隨著一枚這種「炸彈」在新墨西哥州沙漠中引爆而證實。數週後另一枚同型「炸彈」摧毀了日本的長崎。

◀1938（1）▶1942（15）

考古
一座埋藏地底的史前寶藏

9 1940年9月，4名法國男學生在多爾多涅省的蒙提涅克村莊附近獵野兔時，他們的狗掉入一座洞穴中。爲救出獵狗，他們爬入洞穴，卻發現四周繪滿精美絕倫的動物壁畫——許多動物在該地區已絕種或極稀有。一幅壁畫上繪有一名男子落入一頭北美野牛和受傷的犀牛之間；其餘則繪有公豬、馬、狼、野牛、馴鹿和一些無法辨認（也許是神話傳說中的）的獨角獸。考古學家檢視了這個拉斯科洞穴，一座稱之爲「巨獸大廳」的宏偉主洞穴，並有通道連接至邊廊。他們推測這些繪畫完成於於公元前1萬8千年左右，並宣稱該洞穴是迄今爲止所發現的舊石器時代中最有價值的藝術珍品之一。

專家們推測，繪於一些動物之前的長方塊代表覆蓋著毛皮的陷阱，而附加在某些動物身上像梳子

馬、鹿及四頭牛（3.3公尺長壁畫的一部分）環繞於拉斯科主洞穴中。

般的東西則可能表明該種動物可飼養於圍欄中。壁畫大部分以黑、棕、紅和黃褐色顏料混和動物脂肪所繪製。但繪畫目的迄今仍不得而知。這些畫也許是爲了宗教或是某種與狩獵有關的巫術，也許只單純爲了裝飾。

該洞穴很快地成爲旅遊熱門景點。但在1963年，當壁畫色彩開始變淡且綠色眞菌污點損壞一些壁畫後，該洞穴便停止對外開放，但是另外在附近建造了一座可供旅遊者參觀的仿製洞穴。◀1900（6）▶1947（6）

大眾文化
迪士尼並非獨霸天下

10 在螢幕上，一位碩大光亮腦門的獵人轉向觀眾，咬舌道：「小心，輕點——我在打野兔呢！」爲了準確擊中目標，他倚在一棵樹上，舉槍瞄準。這時，那隻野兔以調皮的腔調道：「哎，太高了吧，先生？」隨著這一聲反問，動物偶像兔寶寶巴格斯於1940年開啓了他在華納公司的首次演出，並在後來成爲米老鼠最有力的競爭對手。

巴格斯這一活潑的角色由動畫天才特克斯·阿維里小組所創造。該小組是華納公司超群的藝術家和作家群體之一，包括查克·瓊斯、弗里茨·弗勒朗、鮑伯·麥克金森、鮑伯·克拉姆皮特和邁克·馬

爾他。巴格斯的布魯克林腔調由多才多藝的「語音天才」梅爾·勃朗配音。這些幕後的天才合作產生的6分鐘片段的高品質流行藝術，足以向好萊塢卡通藝術大師華德·迪士尼的盟主地位挑戰。

迪士尼的藝術形象熱情可愛，而巴格斯和他的夥伴小鴨達飛則聰明、狡詐且神經過敏（只有豬小弟波爾基接近迪士尼的角色）。迪士尼的動畫形象力求充滿「生活幻

兔寶寶巴格斯和小鴨達飛團結起來爲戰爭作貢獻。梅爾·勃朗分別爲這兩個角色配音。

想」，而華納則喜歡瘋狂的速度、粗獷的畫面和令人驚奇的變化。巴格斯和他的朋友們毀損公眾信譽並對看電視者粗魯無禮。他們時而變成卡門·米蘭達，時而旋轉耳朵飛翔空中。迪士尼的幽默是美國中部人謹小愼微型的，而華納的幽默卻有紐約輕歌舞劇式的鮮明活潑。

◀1928（10）▶1950（6）

蜂擁入市區，租用旅館或公寓以求與市民有同等待遇。到了1941年，大部分的尼龍都被留給了軍工部門。

美國第一委員會成立
爲使美國保持孤立主義的立場，一群傑出的商人和政客於1940年4月9日組織了「美國第一委員會」以進行孤注一擲的努力。在《芝加哥論壇報》的支持下（共和黨間接予以該報社支持），該委員會堅決反對介入歐戰，同時組織了一個不可靠的和平主義者聯盟，包括《天主教工人》及「婦女和平自由國際聯盟」。

◀1939（12）▶1941（1）

一位孤獨的獵人
喬治亞州出生的卡森·麥卡勒斯撰寫了她第一部、也有人說是最好的一部小說《心靈是孤獨的獵手》，這一年她僅23歲。該書於1940年出版，它透過一雙聾啞人的眼睛講述一個南方小鎮的故事。書中主人翁受到一位少女（以麥卡勒斯自己爲原型）的熱情幫助。它表達作者孤獨和渴望人類以愛相待的內心世界。

◀1929（3）▶1953（當年之音）

洛杉磯迷宮開始了
1940年12月，當阿羅約·塞科高速公路投入使用時，現代都會典

型的惡夢也無意的出現了。這條連接洛杉磯和帕沙第納的9.7公里長的高架橋，是加州第一條高速公路，不僅對捉錢沮喪的居民來說是一座拜占庭式的迷宮，還衍生出阻塞不已的快速道路和大停車場。◀1908（1）▶1956（邊欄）

美國政治與經濟　國民生產毛額：997億美元；人口：1億3216萬4569人；緊急管理局和國防顧問委員會成立；國會通過義務兵役法案（第一個美國和平時期法案）；約翰·劉易斯投共和黨人票並辭去羅斯福再次競選委員會主席之職；古德里奇首先將合成輪胎引入商業用途。

1940

「在人類戰爭史上，從未有如此多人的生命依賴於如此懸殊比例的戰鬥。」

—— 邱吉爾在皇家空軍以1比30的劣勢和德國空軍英勇戰鬥後之語，1940年8月20日

二戰風雲

馬其諾防線

由國防部長安德烈‧馬其諾憑空想像出來，避免第一次世界大戰重大傷亡的「馬其諾防線」，是史上耗資最巨大（5億美元）、有最堅固防禦工事的一條防線。

這條從比利時延伸到瑞士邊境「不可逾越的」複雜地下堡壘群，是法國自1929以來對德國進攻高枕無憂的精神支柱——許多戰略家都堅信這一點。當希特勒的德國國防軍於1940年閃擊法國時，它輕而易舉地繞過了「馬其諾防線」，穿過阿登和低地國家，將法國北部攔腰斬斷。法國軍隊一直為持久戰而努力，故對德國出乎意料的阿登突擊毫無準備。

一條新的地下運輸線

希特勒春季入侵後，約兩萬餘名生活在法國、比利時和荷蘭的猶太人，在富有同情心的平民幫助下逃到瑞士、西班牙和葡萄牙，這些平民為他們提供偽造的證件，並掩護其進入中立國。許多丹麥猶太人被偷帶到瑞典。在法國，許多猶太人轉入地下並參加了反抗組織。

法國艦隊覆滅

征服法國給德國留下了一支潛在的新銳力量——令人生畏的法國艦隊。7月3日，英國開始收繳活動在其範圍內的法國艦船。大部分法艦都因此就範，但在阿爾及爾的凱比爾港，一支法國主力艦隊拒絕投降。英國戰艦對其開火，約有1200名法國水兵被打死，這支艦隊直到兩星期後才歸順盟國。

第二次世界大戰

不列顛戰役

⑪ 隨著法國投降，不列顛成為歐洲反納粹入侵的最後堡壘。無敵的英國海軍和英吉利海峽之天然屏障保護了英國免遭德軍閃電攻擊。希特勒在發起「海獅作戰行動」（一項1940年9月15日入侵英國的野心勃勃計畫）之前，他意識到必須摧毀皇家空軍。

德國空軍向英吉利海峽港口和機場進行了為期數週的零星攻擊後，又於8月初發動一場更激烈的戰役，每日出動數百架飛機轟炸英倫本土機場與飛機製造廠。德國空軍為此役部署了1300架轟炸機和1200架戰鬥機，而英國只有600架戰鬥機應戰。但德國轟炸機裝備較差且載彈量少，其戰鬥機也幾乎到達了活動範圍的極限。此外，英國新設立的雷達站也使德軍無法驟然突襲。

儘管如此，英國仍損失了大批飛機和飛行員。因此在8月28日，他們開始主動出擊：轟炸柏林。雖

燒焦的哥德式尖塔聳立在舊科芬特里教堂的廢墟上，該教堂毀於1940年11月14日最猛烈的「閃電攻擊」期間。

然盟軍飛機曾攻擊德國境內其他目標，但轟炸首都卻是首次。希特勒不顧後果進行報復，將攻擊目標轉向英國人口稠密地區，倫敦、科芬特里、利物浦和一些小城鎮都遭到了無情的轟炸。儘管白金漢宮受創和科芬特里教堂被毀，但轟炸並未達成戰略目的。由於英國民眾都做好準備（兒童已疏散到鄉村），雖然傷亡數以千計，但士氣並未崩潰，勇敢的倫敦人仍夜宿地鐵站。9月，當希特勒含糊地決定延遲「海獅作戰行動」時，德國損失的飛機為英國的兩倍。但英國人所稱的「閃電攻擊」並未結束。為迫使英國投降，希特勒加強了轟炸行動。儘管中途幾經停頓，轟炸卻持續到1941年俄國戰場需要德國空軍的火力支援為止。◀1940（1）▶1942（3）

第二次世界大戰

波羅的海諸國淪陷

⑫ 被夾在蘇聯和納粹德國之間的波羅的海三小國——立陶

宛、拉脫維亞和愛沙尼亞，都藉由維持中立試圖在逐漸升高的歐戰中保有獨立地位。1940年8月，蘇聯將其全部吞併。一年前，希特勒和

6月17日，蘇聯軍隊進入拉脫維亞首都里加的主要廣場。

史達林就蘇聯和納粹德國各自在中歐和東歐的勢力範圍簽署了一項祕密互不侵犯條約：德國佔領波蘭西部和中東歐南部；蘇聯則得到波蘭東部、芬蘭和波羅的海國家。在1939年德國征服波蘭後，莫斯科急於將獵物抓牢，於是提議與芬蘭和波羅的海諸國簽署「互助」條約，實際上這僅是紅軍對其佔領的委婉說詞。

芬蘭獨自拒絕了史達林的條件，為主權獨立進行了一場血腥之戰。3個波羅的海小國則悲哀地接受蘇聯的提議。「此一與波羅的海諸國的條約」，蘇聯外交部莫洛托夫宣稱：「絕不包含蘇聯對其內政的干涉。」幾個月後，紅軍以三國存在一個暗中破壞蘇聯安全的陰謀集團為藉口強行開入。佔領者在波羅的海三國扶植了傀儡政府。但是這些政府很快的決定併入蘇聯。◀1939（6）▶1941（7）

美國

羅斯福走向戰爭

⑬ 隨著戰爭愈演愈烈，富蘭克林‧羅斯福面臨一個兩難的困境：即如何在不危及總統寶座的情況下，幫助盟友擊敗軸心國。隨著1940年11月大選的逼近，他不得不小心行事。許多美國人懷有強烈的孤立主義情緒，共和黨候選人文德爾‧威爾基（雖然實際上他贊同羅斯福的外交政策）正在爭取這些人的選票。幸運的是，一項被稱

「生命中已經發生的事情，我們既不能抹去也不能解釋。過去就是現在，過去也是未來。」
—— 歐尼爾《長夜漫漫路迢迢》

為「意見調查」的新競選文宣攻勢，反映民眾觀念的轉變。1940年中期後，多數美國人願意幫助遭受納粹入侵的受害者，即使為此陷入戰火也在所不惜。在這種情況下，羅斯福才得以將其兩項大膽的措施付諸實施。

9月，他同意邱吉爾的建議，以50艘舊驅逐艦交換在英國西半球領地修築軍事基地的權力。兩週後，羅斯福簽署了《義務兵役法案》，開創了美國和平時期徵兵之先例。他提出對英事務應為一項不受立法機構約束的行政協定。徵兵提案引發了激烈爭議，但為使該法案國會中通過，羅斯福不得不使出渾身解數，在公開和私下場合進行遊說行動。

雖然威爾基也支援這一軍事草案，但他仍指責對手過於熱情。然隨著以艦換基地交易的實施，

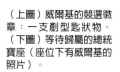

（上圖）威爾基的競選徽章：一支劇型匙狀物。
（下圖）等待歸屬的總統寶座（座位下有威爾基的照片）。

總統已有能力說服立法機構將視該法案為一項純防禦性措施而加以批准。「你們的孩子不會被送到任何海外戰場」，羅斯福為史無前例的第三次競選回到辦公室後向選民做了如上的允諾。◀1939（12）▶1941（1）

戲劇
歐尼爾的苦惱旅途

14 當劇作家尤金·歐尼爾1940年創作《長夜漫漫路迢迢》劇本時，常被劇情感動得以淚洗面。該劇描寫一個家庭令人苦惱的一日生活：家庭成員包括一位吝嗇且自虐成性的演員父親，一位膽怯且染有毒癮的母親，一位借酒消愁的兒子，以及另一位患末期肺結核的兒子。對許多極度傷心的觀眾而言，也許他們會感到該劇如同他們的自傳。

西德尼·盧梅於1962年導演的由歐尼爾戲劇改編的電影劇照。主要演員（左起）為：賈森·羅巴茲、迪安·斯托克韋爾、凱薩琳·赫本和拉爾夫·理查森。

這是一部最偉大的戲劇傑作，除了莎士比亞和蕭伯納之外，該劇被翻譯和演出的次數遠遠高於所有劇作家的作品。無論是自然主義或是表現主義作品，歐尼爾的劇作大都冗長（《長夜漫漫路迢迢》約3小時30分），然而，最引人入勝之處乃是根源於希臘式悲劇的憐憫心、心理洞察力和憾動人心的感染力。

為完成《長夜漫漫路迢迢》，52歲的歐尼爾既要與如惡夢般童年往事掙扎，同時又要與帕金森症抗爭。他要求該作品在他去世25年後再與世人見面，以避免其兄弟因見到其中的描寫而痛苦。但在1956年，該作品卻於斯德哥爾摩首次呈現在觀眾眼前——比他要求的時間整整提前了22年。
◀1904（7）▶1947（13）

第二次世界大戰
不列顛撤出中國

15 1940年，當英國在本土展開史詩般的防禦戰時，他們卻在中國領土大失顏面。近百年來，各國在中國這塊土地上持續的開發掠奪中，英國一直居首要地位。然而，如今日本卻佔據了中國大部分，而他們還堅持控制中國的所有事務。

日本人採取的第一步行動是切斷通往重慶的補給線，那裏是蔣介石的國民政府軍隊司令部所在地。同年6月，日本向法國維琪政府施加壓力，要求關閉法屬中南半島通往重慶的鐵路，僅剩下滇緬公路——從英國殖民地緬甸蜿蜒而來的山路，作為國民政府軍隊的唯一補給線。隨後，日軍封鎖了香港（另一個英國殖民地）以迫使英國封閉滇緬公路。在德國對英國境內逐步升高的攻擊壓力下，英國不敢冒險在亞洲開戰。同年7月，英國被迫答應日方要求，但聲稱有權在3個月內重新開放公路主權。

蜿蜒21道彎的滇緬公路，它由中國延伸到緬甸。

雖然滇緬公路重新在3個月後如期開放，而且直到1942年日本佔領中南半島後才徹底切斷，但這一事件無疑削弱了作戰能力和英國聲望。更糟的是，英國還在同年8月份從中國大陸城市撤離駐軍。多數西方國家維持這樣的駐軍保護其經濟利益，縱使在日本的佔領下亦行之數十年，而大部分駐紮在上海的英國2850名官兵是西方國家駐華軍隊中最大的一支。最後這支軍隊在日本人施壓下撤離，結束了英國歷史中顯赫的一頁。◀1938（4）▶1941（13）

皇家空軍保衛不列顛

7月1日，為實施「海獅計畫」（希特勒入侵英國的計畫）納粹空軍開始轟炸英國。年輕（平均年齡23歲）勇敢的皇家空軍飛行員嚴陣以待，借助於快速的「逆火式」與「颶風式」飛機，一次次挫敗德軍，他們保住了制空權。9月7日，希特勒在一次受挫後轉而轟炸倫敦。「大空襲」摧毀了100萬幢住宅，造成了4萬平

民傷亡。然而，城市卻保住了，皇家空軍取得了勝利。在不列顛之戰中，皇家空軍以損失900架飛機的代價，擊落德機1700餘架。希特勒不得不取消「海獅計畫」。

偽裝之戰

在大西洋之戰中，德國有一種祕密武器：將武裝快船偽裝成商船使用。1940年初，6艘偽裝的戰艦避開盟國護航船隊專門襲擊獨行船隻。到年底，6艘戰艦將約36萬噸級的盟國商船送入海底。

「零式」戰機

快捷、靈活、裝備有機槍和火砲、載彈量大並配備有超航程飛行附加燃料罐的「零式」戰機，將戰機提升至一個新境界。該飛機於1940年開始生產，生產了2600架。在往後的3年中，盟軍的飛機始終沒有能與其匹敵者。

「勝利」象徵

由倫敦BBC電台工作的兩個比利時人發起，一場挑戰性塗鴉戰役席捲歐洲。在比利時，「V」代表「自由」；在法國，「V」則代表「勝利」。無論代表什麼，一個草率亂塗的「V」字在歐洲隱含了一點：人類不屈不撓的精神。

「我們住在這裏他們住在那裏，我們是黑人他們是白人，他們可得到的東西我們得不到，他們能做的事情我們不能做，這簡直像生活在監獄。」
—— 萊特的《土生子》

環球浮世繪

哈瓦那宣言

隨著法國、荷蘭相繼淪陷於納粹魔掌及英國受到強大威脅，美洲國家開始擔心德國可能接收這些國家在西半球的殖民地。7月，由美國主持的泛美聯盟集會在哈瓦那舉行，此地區的21個共和國代表一致同意採取強硬反德的立場。這些殖民地將由美洲進行內部託管，直到它們獨立或重回它從前的宗主國。◀ 1933（4）
▶ 1941（9）

第十四世菩薩

1940年，年僅5歲的單增嘉措繼位為西藏第十四世達賴喇嘛，這

一職位代表的是西藏精神和世俗領袖，10年後中國共產黨統一中國時，他也被任命為王。到了1959年，他領導西藏進行一次反對中央政權的叛亂失敗後，便逃亡到印度。▶ 1950（3）

托洛斯基被暗殺

在對他從前的同志進行數年全球性追捕之後，約瑟夫·史達林終於成為蘇聯共產主義的唯一繼承人。8月20日，列昂·托洛斯基在其流亡地墨西哥的科約阿坎市，被他的「朋友」法蘭克·傑克遜（拉蒙·梅爾卡德）用冰鑿刺殺身亡。列寧衣缽的最後競爭者托洛斯基，曾透過其第四國際提倡世界的「永久革命」。蘇聯政府否認與凶殺有任何關係，最後梅爾卡德被判處20年監禁，這是墨西哥所能宣判的最高年限。
◀ 1938（邊欄）

剛到達上海日軍部隊服役的大阪男學生。

第二次世界大戰

日本的戰爭機器

16 1940年，日本政府將50%的預算用作軍費開支，同時接管民營工業以利於備戰。由於中日甲午戰爭戰線延長始料未及，政府決定緊縮開支和控制物價，同時徵集勞工以加強軍品生產，並開始對食物和其他補給用品採配給制。對平民而言，諸如米、醬油和布匹漸形短缺。

日本在很大程度上依靠自美國運補資源來支撐其戰爭機器，但是美國領導人正考慮終止對日出口。1月，華盛頓宣佈1911年同東京簽署的貿易協定失效。然而貿易卻並未中止，部分原因是由於一些美國官員害怕禁運會導致日本入侵東南亞。事實上，日本的戰略家早已將這一地區視為其經濟命脈，英、法、荷三國於此區域所屬殖民地蘊含豐富的石油和橡膠資源正處於無保護狀態，它們的宗主國已被歐洲的戰爭纏擾得無暇他顧。9月，日本從虛弱的法國維琪政府手中強行奪得法屬中南半島北部基地（越南）。（日本也在三國公約上簽了字，同德國、義大利正式結盟。）次年7月日本又進一步向南從法國人手中贏得租借基地，顯然意在吞併整個中南半島。

名義上仍保持中立的美國在1941年以凍結日本在美財產和禁運石油作為對日本的回擊。由於原料嚴重短缺，同時又受與蘇聯簽署了

互不侵犯條約《1941年中立條約》的鼓勵，日本開始加速向東南亞前進侵略，並且準備對美開戰。
◀ 1940（15）▶ 1941（1）

文學

格林的榮耀

17 大多數著名的現代小說家曾都提出「人類在沒有宗教的情況下如何循規蹈矩」這一疑問。但對英國作家格拉漢·格林而言，問題卻恰恰相反，轉而探討「如何在邪惡世界中侍奉上帝？」1940年出版的小說《權力和榮耀》，便是他第一部以宗教信仰為主題的作品。

數十年來，雖然格林虔誠信仰天主教，但他卻將心血花費在撰寫世俗小說上——像《一支待售的槍》和《斯坦布爾列車》都被改編

成驚險刺激的電影，而這本書（被公認為是其60年寫作生涯中的極品）也是一本「神學」驚險小說。《權力與榮耀》的主人公是一名逃亡的神父，在反教的墨西哥被一位殘忍的理想主義革命黨人追殺。然而，當他不顧自己的生命為一名垂死的匪徒做禮拜時，這位酗酒好色的神父依然重歸聖徒之列。

《權力和榮耀》最初銷量不大，但戰後卻吸引了世界各地的大批讀者。格林後來寫了一系列「天主教小說」（如批評者所稱），而

後期作品如《喜劇演員》和《沉靜的美國人》更是赤裸裸地提及宗教，將罪惡和獻祭的概念作為主題思想。在將作品投注於海地和越南等紛亂地區後，格林終於發現無私是人類的最佳美德（有時包括共產主義者），而利己則是萬惡之源。
◀ 1928（8）▶ 1942（邊欄）

文學

美國的《土生子》

18 1940年美國最引人注目的暢銷書是由名為理查·萊特的黑人共產主義者所著。《土生子》是一部關於比格·湯馬斯的家世小說，主角是一位年青的非裔美國人，他意外地悶死了白人雇主的

女兒，當警察圍捕他時，他又殺死了自己的女友，最後在死亡的道路上，他得到自我醒悟。部分是為了對杜斯妥也夫斯基式內疚和絕望的探索，部分是為了檢討種族和階級關係，部分是為了對轟動事件的關注，這部小說探索了國家精神中最深處的傷痛領域，深深地影響了一代美國作家。

32歲的萊特從南部農村移居芝加哥，開始時以做僕役為生，直到聯邦作家工程（一個大恐慌時期的就業工程）實施，方使其一圓作家夢。他的第一本書《湯姆大叔的孩子》是一部被讀者譽為「催人淚下感情真摯」的悲劇性中篇小說集。他希望《土生子》能從心靈深處給讀者帶來震憾，而不僅僅是流淚。

這部小說反映了萊特的馬克斯主義思想：雖然無知使比格成了殺人犯，但後來在一對白人共產主義者的幫助下，他明白了正是壓迫才形成了他現在的生活。然而，在共產黨指出《土生子》存在意識型態錯誤後，1944年他退出了該黨。在出版另一本暢銷自傳《黑男孩》之後，他移居巴黎——他認為這裏的一個方形街區都要比整個美國更自由。◀ 1921（8）▶ 1952（8）

諾貝爾獎 本年度未頒發諾貝爾獎。

這裏是倫敦

摘自1940年12月24日愛德華‧默羅在CBS哥倫比亞廣播公司的播音

對廣播記者而言，愛德華‧默羅是盡善盡美的化身。他洪亮、優雅的聲音和具有很高文化素養的報導使他通過CBS世界新聞綜述節目成為美國人家喻戶曉人物（該節目是他從戰火肆虐的歐洲向國內直播的）。從1938年德國吞併奧地利到大戰結束，默羅準確詳盡地報導了這次大戰的整個過程，也表現了他個人的英雄主義行為：當炸彈在他身邊爆炸時，他仍在英國國家廣播公司（BBC）倫敦總部被炸毀的屋頂作現場直播報導。默羅的報導（包括他激動人心的「這裏是倫敦」）第一次將不列顛戰役的實況直接帶到美國人的居室。在飛行的盟軍轟炸機上，伴隨掃雷艦出征並現場報導了布亨瓦德集中營的恐怖場面。在尚未有電視新聞的日子裏，默羅用他精巧製作的文字畫面緊緊吸引了被佔領國家聽眾的聽覺、情感和視覺。在1940年聖誕之夜的廣播中，默羅向數月來默默忍受德國大空襲的英倫人民表示最崇高的敬意。◀1940（11）▶1956（5）

這裏是倫敦，天空晴朗。雖然下午有一架德國飛機從英國東部經過，但今晚沒有德機來襲的報告。這種暫時的間歇是由於良好的意願或是惡劣的天氣，我不得而知。此外，我也不知道英國皇家空軍今晚是否有空襲行動。聖誕節剛剛在一小時前降臨倫敦。教堂的鐘聲並未在午夜敲響。因為當它們鳴響時，將意味入侵的來臨。如果鐘聲響起，英國將進入全面戒備狀態。今晚，像往昔一樣，伏在平頂房屋頂上的警戒目光正穿過倫敦林立的煙囪凝望著天空；防空火砲嚴陣以待；沿著英格蘭島嶼海岸，觀測員斜倚座位堅守崗位，傾聽德機來襲的聲音；戰鬥機已發動引擎，救護飛機駕駛員在原地待命。雖然從伯明罕到伯利恆都實行了燈火管制，但今夜不列顛的天空卻繁星點點。

對倫敦來說，這不是一個快樂的聖誕節。在這3天中我只聽到兩次「聖誕快樂」的問候。今天下午，當商店關門，顧客和辦公室工作人員匆匆趕回家時，聽到更多的是「再見，瑪米」和「祝你好運，傑克」的問候，而不是「聖誕快樂」。這不可能是一個快樂的聖誕節，因為那些待在家中火爐邊度過今夜和明日的人們明白，這個聖誕節是他們用意志、身體和古老的房屋換來的。這只是因為他們的意志還未動搖，他們的傷亡還不太大，他們古老的房屋還未受到損傷。從現在起到下一個聖誕夜之間漫長的12個月中，苦難和犧牲無疑還會增加，這將是英國人生活中一段艱難的日子。他們大多數人都明白這一點。今晚這個危急的平安夜不是過去一年艱難困苦的繼續，而是未來的寫照。

在近幾個月中，英國人也有足以自豪之處。他們相信有能力將義大利帝國瓦解。到目前為止地鐵防空洞的生活還未引起預料中的任何流行病。人民的健康水準同一年前相比並未下降。最主要的是他們堅信勝利終會來臨。

今夜的倫敦幾乎沒有聖誕聚會，只在幾家著名的飯店內設有奢華的晚餐，而且沒有花俏的紙帽和多彩的煙火。空軍大隊的小伙子們在檢查了潛艇和夜間轟炸機出沒的規律標圖後，決定放鬆一下自己。幾個大膽的傢伙將全家從地鐵防空洞帶出來慶祝平安夜。在地下隱蔽部裏，聖誕頌歌迴響在每一個角落。地下的人們大都不知道今夜倫敦未遭轟炸。在這些人天亮走出防空洞之前，他們將在地下打開收到的聖誕禮物。得到微縮「逆火式」或「颶風式」飛機模型的小男孩，興奮地模仿著火車汽笛和飛馳汽車的噪聲將剛入睡者吵醒。

至於今晚的其他新聞，我們已獲悉希特勒的副手赫爾‧赫斯祈求上帝助希特勒一臂之力，使德國永保輝煌，以不辜負上帝恩賜。我們還獲悉在聖誕來臨之際，義大利國王向他的軍隊表達了祝福和謝意——沒有力量能阻止義大利光榮的崛起。國王維克多‧埃曼紐爾堅信義大利有一個光輝燦爛的未來。

我還想將我的聖誕祝福送往我遠在家鄉的朋友和同僚們。「聖誕快樂」的說法在這裏已不合時宜，因此我正好使用倫敦的時髦用語——「再見」和「好運」。

身為首批在廣播領域嚴謹工作的其中一位記者，默羅（見左圖，以雪茄不離手著稱）後來對參議員約瑟夫‧麥卡錫進行了無情披露，並在甘迺迪總統領導下指揮美國情報機構。他1965年死於肺癌。

「我們不僅要盡全力保衛自己，還要確保今後這種陰險的行為永遠不會再威脅我們。」
—— 1941年12月8日富蘭克林·羅斯福請求國會對日宣戰時的演說

年度焦點

偷襲珍珠港

❶ 「昨天，」富蘭克林·羅斯福通知國會道：「1941年12月7日將永遠是個惡名昭彰的日子——美國遭到日本帝國海空軍突然蓄意襲擊。」在不宣而戰的情況下，日本對珍珠港發動的毀滅性襲擊震撼了美國，甚至使長期奉行孤立主義的人士也贊同進行報復。美國國會於是迅速對日宣戰。「不管我們要花費多長的時間抵抗這場預謀的入侵，」羅斯福總統說：「美國人民都將秉持正義的力量戰鬥下去，直至獲得絕對勝利。」

這場對美國太平洋艦隊的突襲是由日本海軍上將山本五十六策劃，其後果極具

在對珍珠港進行先發制人襲擊的同時，日軍還攻擊駐在馬來亞與香港的英軍，以及位在菲律賓群島、關島、中途島和威克島的美軍設施。12月8日，太平洋已為日本控制。山本五十六與日本首相東條英機都相信這場戰爭其實已經結束：英國和美國這兩個軟弱的民主政權已無力違抗日本的軍事意圖。希特勒對此也表示滿意。「我們不可能輸掉這場戰爭，」他私下對一名顧問透露，「我們現在有一個3千年來從未被征服的盟友。」12月11日，希特勒貿然向在此之前一直保持中立，未介入歐洲戰局的美國宣戰，而這也等於宣告軸心國最終的敗亡命運。接著義大利隨之跟進對美宣戰，而美國也予以回敬。與此

在聽到無線電指令後，日軍飛行員於12月7日早晨襲擊位在夏威夷珍珠港的美國海軍基地。圖為美軍驅逐艦「蕭」號在乾船塢上爆炸的情景。

破壞性：美軍有4艘戰鬥艦被擊沉，另外4艘拋錨；11艘其他戰艦則被擊沉或嚴重受損；188架飛機在希卡姆機場地面上被摧毀；共有2330名軍人與100名平民喪生。還好，太平洋艦隊的3艘航空母艦當時因出海而逃過一劫。在這個剎那間風雲變色的星期天早晨，倉促展開防衛的美軍僅擊落日機29架，擊斃日軍64人。

同時，英國正式對日宣戰。美國終於參戰，使得同盟國在大戰中的前景戲劇性地大放光明。這「彌補了一切」，鬆了一口氣的溫斯頓·邱吉爾說道，「時間與耐心將帶來必然的勝利。」——必然但並非立即到來的勝利。在這個血腥的冬天剩餘的時日裏，日軍橫掃太平洋，擊敗所有對手。

◀1940（16）▶1942（1）

「沙漠之狐」隆美爾，非洲戰場上的德軍司令。

第二次世界大戰

非洲戰局

❷ 義大利在非洲的慘敗在1941年繼續加劇，直到一名膽大蠻勇的德國戰車指揮官出現，才挽救局勢。1941年1月底，英軍已追擊墨索里尼的部隊，越過半個利比亞。同時，衣索比亞皇帝海爾·塞拉西結束流亡生涯和兩個衣索比亞步兵營一塊回到祖國（以及英國游擊戰專家奧德·溫蓋特少將）發動起義。英國部隊（包括使用燃燒彈弓箭的蘇丹弓箭手）在衣索比亞會合，並於途中奪取義屬索馬利蘭與厄立特里亞。義軍並未奮力抵抗，5月5日，這位皇帝在流亡5年後，再度回到阿迪斯阿貝巴。

然而2月時，埃爾溫·隆美爾踏上了利比亞西部海岸。隆美爾曾領導過令人生畏的第7裝甲師入侵法國；這次他則要指揮北非的兩個機械化部隊，奉命固守戰線，力抗英軍。但是，隆美爾為他的「非洲軍團」擬定的計畫不止於此。儘管英軍在數量上遠遠超過他的軍隊（他曾建造木製戰車欺騙偵查機，以掩瞞兵力薄弱的事實），他還是發動了一次奇襲。

3月31日，隆美爾的50輛裝甲車已將英軍擊退161公里，使其撤至馬薩布里加。3天後，他不管停止前進的命令，繼續追擊——這次並得到兩個義大利師的支援。到了4月中，除托布魯克外的利比亞全境又被德、義奪回；堅守托布魯克這個設防港市的澳大利亞部隊抵擋住3次攻擊和一段長期圍攻。11月

藝術與文化　**書籍**：《最後的大亨》史考特·費茲傑羅；《柏林日記》威廉·夏勒；《神話學》伊迪絲·漢密爾頓；《追尋》奧登　**音樂**：《深入德州中心》史萬德、赫希；《乘上A列車》比利·斯特雷霍恩；《查塔諾加的查查舞》華倫·戈登；《保衛科林斯》艾略特·卡特　**繪畫與雕塑**：《克來德河的造船業》史坦利·斯賓

份，盟軍發動反擊，將隆美爾驅離利比亞東部。但是這隻「沙漠之狐」在1942年又捲土重來，取道埃及攻佔托布魯克。◀1940（2）▶1942（8）

第二次世界大戰
同盟國控制中東

3 當軸心國與同盟國軍隊在北非打得難解難分之際，另外3個阿拉伯國家於1941年落入盟軍之手。

4月，伊拉克前總理拉希德·阿里·蓋拉尼（左圖）發動親德政變，推翻親英的伊拉克攝政王阿卜杜勒-伊拉。根據1930年的條約，英國聲稱英軍有權穿越伊國境內，

於是派兵在巴斯拉登陸；阿里則下令包圍位於巴格達以西80公里哈巴尼耶一地的英國空軍基地。哈巴尼耶當地的英軍遂向伊軍開火，殺出重圍，向首都巴格達進軍。5月30日，阿里及其支持者一起逃往伊朗。阿卜杜勒-伊拉重掌政權，英軍則駐留伊拉克以鞏固他的統治地位。

德國由法國託管地敘利亞——最高行政長官登茨將軍是由維琪政府派任——運送軍事物資給阿里。這些補給雖太晚運抵而沒派上用場，但同盟國也開始擔心敘利亞與黎巴嫩（也由維琪政府管理）不久後將完全受控於軸心國。6月，自由法國部隊在英國、澳洲以及印度軍隊支援下攻入這兩個國家。經過1個月的激戰，黎巴嫩終於被攻陷；登茨的軍隊則多撐了一週，在7月14日——法國國慶日當天——才投降。◀1925（10）

第二次世界大戰
軸心國佔領巴爾幹及希臘

4 在1941年中，非洲並非唯一讓希特勒替墨索里尼收拾殘局的地區。義大利軍隊在前一年曾笨拙地入侵希臘，而在1941年4月份，德軍佔領了這個國家——還有南斯拉夫。

1940年11月，希特勒開始準備入侵希臘。把匈牙利與羅馬尼亞網羅進軸心國之後，希特勒便確定他的軍隊可通過匈、羅國境，向入侵希臘的跳板保加利亞推進。然而，保加利亞國王鮑里斯三世一直到1941年3月，當土耳其這個搖擺不定的同盟國成員撤回要介入的威脅之後，才答應與希特勒合作。接下來，南斯拉夫的攝政者保羅親王勉強地讓他的國家加入軸心國陣營。然而，他的默許態度卻引發一場軍事政變。由17歲的國王彼得二世掛名所主掌的這個新政權，公開違抗希特勒。等到它做出讓步時，勃然大怒的希特勒已決定要入侵南斯拉夫。匈牙利總理帕爾·泰萊基不久前才和南斯拉夫簽訂條約，要與之建立「長遠友誼」，由於對即將迫近的大屠殺深感沮喪，於是自殺身亡。

這兩項入侵行動於4月6日展開。南斯拉夫在2週內即告陷落。此後不久，儘管5萬名英國部隊浴血奮戰，納粹德國的旗幟也飄揚在雅典衛城。5月中旬，除了克里特島之外，所有希臘領土均淪入德、義之手。接著德國傘兵於5月20日襲擊克里特島，歷經12天激戰後，將最後一批英國守軍逐出該島。

此時的南斯拉夫已是分崩離析：塞爾維亞、克羅埃西亞以及門地內哥羅變成「獨立」的傀儡共和國；其餘部份則遭佔領者或鄰國瓜分。接著，一場壓抑已久的內戰爆發了。克羅埃西亞屬於烏斯達莎派（即法西斯主義者）的統治者屠殺境內的少數民族塞爾維亞人；塞爾維亞民族主義抵抗運動份子「赤特尼克」游擊隊也不時屠殺克羅埃西亞人及回教徒。由共產黨頭子約瑟普·布羅茲·狄托領導的多種族游

德軍在希臘雅典衛城架設高射砲。

擊隊則和烏斯達莎、「赤特尼克」及佔領軍展開正面衝突。到戰爭結束時，南斯拉夫將歸狄托所有。◀1940（2）▶1943（9）

第二次世界大戰
美國政策——援助戰爭短缺所需

5 在珍珠港事變發生前，美國對待同盟國的政策可用一句話概括：「援助戰爭短缺所需」。1941年3月，美國國會加快援助步伐，通過《租借法案》，授權羅斯

由於美國的《租借法案》，羅斯福成為歐洲同盟國的親密戰友，並有助於結束美國的經濟大恐慌。

福總統得以在不堅持現金付款和限期償還的條件下，提供戰略物資給同盟國。羅斯福宣稱：「《租借法案》將使美國成為民主國家的兵工廠。」（它同時還將恢復美國的工業生產活動，結束經濟大恐慌。）

在接下來的幾週裡，羅斯福下令扣押停在美國港口的軸心國船隻，開放港口供英國戰艦使用，並授權海軍攻擊越過西經25度線的德國U型潛艇。5月份，他宣佈美國進入緊急狀態後，凍結了軸心國的資產，並關閉軸心國的領事館。此外，美國海軍在4月佔領格陵蘭島，7月又拿下冰島，以防它們落入德國之手。

羅斯福曾發誓竭力不讓美國捲入這場戰爭。然而8月在紐芬蘭外海的一艘軍艦上，他與邱吉爾簽訂了《大西洋憲章》——這是一項「和平」公約，呼籲各民族應有民族自決權，並允諾「徹底摧毀納粹暴政」。◀1940（13）▶1942（7）

誕生名人錄

保羅·安卡 加拿大歌手
瓊·拜亞 美國歌手
斯托克利·卡邁克爾
千里達裔美國政治活躍分子
格雷厄姆·查普曼 英國演員
奇克·科里亞 美國音樂家
普拉西多·多明哥
西班牙歌唱家
鮑伯·狄倫 美國歌手
史蒂芬·傑伊·古爾德
美國古生物學家
傑西·賈克遜
美國民權運動領導人
布魯斯·李（李小龍）
華裔美國演員
威爾遜·皮克特 美國歌手
皮特·羅斯 美國棒球球員
薇薇安·威斯特伍德
英國時裝設計師
喬治·威爾 美國新聞記者

逝世名人錄

阿方索十三世 西班牙國王
舍伍德·安德森 美國作家
伊薩克·巴別爾 俄國作家
羅伯特·貝登堡
英國童子軍創立人
弗雷德里克·班廷 加拿大醫生
亨利·柏格森 法國哲學家
格曾·博格勒姆 美國雕塑家
路易斯·布蘭代斯 美國法學家
阿瑟·伊文思 英國考古學家
盧·格里克 美國棒球員
西蒙·古根漢
美國製造業者及慈善家
謝晉元 中國將軍
許地山 中國作家
詹姆斯·喬伊斯 愛爾蘭作家
傑利·羅爾·莫頓
美國音樂家及作曲家
伊格內斯·帕岱萊夫斯基
波蘭音樂家及政治家
拉賓德拉納特·泰戈爾
印度詩人
瑪琳娜·茨維塔耶娃 俄國詩人
威廉二世 德國皇帝
維吉尼亞·吳爾芙 英國作家

塞；《煤氣燈下的紐約》斯圖爾特·戴維斯 戲劇：《歡樂的心靈》諾埃爾·科沃德；格什溫·哈特 廣播：《雷德·斯凱爾頓秀》。 電影：《翡翠谷》約翰·福特；《小狐狸》威廉·惠勒；《馬爾他之鷹》約翰·休斯頓；《砒霜與老酒》約瑟夫·凱塞林；《守望萊茵河》利蓮·海爾曼；《夜間衝突》克利福德·奧德茲；《黑暗女士》威爾、《聆聽不列顛》漢佛萊·詹寧

「你只要對著門端一腳，這幢腐朽的破建築就會整個垮下來。」

—— 摘自希特勒於「紅鬍子作戰」開始前的發言

1941年新事物

- 銀鋅電池

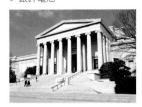

- 華盛頓國家畫廊
- 噴霧殺蟲劑
- 奇利歐（Cheerios）早餐玉米片
- 漫畫「霹靂女超人」

美國萬花筒

佛洛姆的「逃避」

在他1941年的《逃避自由》一書中，哲學暨心理學家埃里希‧佛洛姆（是個逃離納粹德國的難民）充分將心理分析學說應用到社會現象。他的結論是：現代工業社會常無法滿足人類渴望和諧與安全的基本需求；結果個人在權威主義中尋求解脫孤寂。佛洛姆推翻了正統佛洛伊德學說信奉者的理念，聲稱社會需求和生物衝動及智力發展一樣，影響著個人心理發展。▶1943（邊欄）

「聯合汽車工人組織」勝利

強烈反工會的亨利‧福特，終於在1941年屈服了，與「聯合汽車工人組織」簽訂合約。他是美國三大汽車製造商中最後一個抵

制勞工組織的人。在一次短暫罷工後達成的這一協議，涵蓋了1萬3千名員工。◀1936（邊欄）

嘉寶一去不返

葛麗泰‧嘉寶或許從未打算永遠息影，然而當她在1941年的喜劇片《雙面女郎》中的表演評價普遍不好後（觀眾並不喜歡米高梅電影公司將他們心目中的瑞典神祕女郎美國化的嘗試），她的確這麼做了。她原本已漸走下坡的演藝事業因此更陷入低潮。宣佈退隱後，儘管一直有謠言傳說嘉寶要復出，但她始終再沒回到銀幕展風采。◀1930（8）

第二次世界大戰
解開謎語

6 盟軍1941年在克里特島的戰敗說明一項戰爭基本原則：如果不會利用軍事情報，那它就毫無價值。

多虧一次了不起的破譯密碼，同盟國軍隊才能獲悉德軍計畫對克里特島進行該島首次的全面空降攻擊。但是，預先得到警報並不意味著就能預先做好武裝防備。

德國擁有自認是牢不可破的密碼系統：「謎語機」（如上圖）。它有轉動的鼓輪，打散字母並形成幾兆種組合，產生毫無意義的聲音，只有用另一台特別設定的「謎語機」才能破譯。但德國人並不知道，波蘭密碼分析家已研究「謎語機」很久了，正與同盟國分享研究結果，英國人也已得到「謎語機」的複製品。他們更不知道，同盟國「超級」破譯計畫發展至極盛期時，雇員曾經達到1萬人之多。

英國情報組織，軍事情報第6處（MI-6）在1939年開始執行「超級」計畫後，聘請頂尖的西洋棋高手和其他理則學專家設計破譯密碼的機器（數學家阿蘭‧杜林領導的小組發展出最早的電子數位電腦之一：Colossus）。「超級」計畫提供的情報在不列顛戰役、敦克爾克撤退以及諾曼第登陸中都發揮重要的作用。然而，在克里特島的盟軍卻因為缺少足夠的部隊與軍事物資，而未能將知識轉化為勝利。◀1937（11）▶1944（邊欄）

第二次世界大戰
蘇聯與同盟國和解

7 1941年5月，當希特勒左右手魯道夫‧赫斯在一次自告奮勇的和平任務中迫降蘇格蘭時，蘇聯與同盟國的關係——自蘇聯與納粹德國瓜分波蘭以來一直跌於谷底——又再次惡化。儘管德國宣稱

赫斯神智不清，英國也將他囚禁，但史達林還是堅信英、德在密謀對抗蘇聯。（長期來，他一直懷疑英國意圖煽動蘇聯和德國進行一場自殺性戰爭。）6月，當邱吉爾與羅斯福把德國將進攻蘇聯的情報送給他時，史達林仍認為他們在撒謊。但當德軍開始攻擊時，強權間一次重大的重新結盟也展開了。

英國與蘇聯很快承諾，保證雙方都不會單獨與德國媾和。8月，英印聯軍與蘇軍共同入侵中立的伊朗，以防當地的港口和油田落入德國之手。他們在4天內就擊敗伊朗軍隊，更換了伊朗國王，並分區佔領該國。9月，英美代表前往莫斯科，擬定每月運送給蘇聯的物資補給清單。

以往被罵為「紅色威脅」大頭目的史達林，不久後被英語系國家稱為「喬大叔」；從前被抨擊為帝國主義者的羅斯福和邱吉爾，現在卻被蘇聯宣傳成反法西斯主義的同志。然而，史達林的盟友拒絕承認蘇聯在東歐的權利，而這點正如他們無法在法國開闢「第二戰線」（直到1944年才成功）以緩解俄國壓力一樣，激怒了史達林。雙方互不信任的心結始終沒有化解。◀1939（3）▶1941（8）

第二次世界大戰
紅鬍子作戰

8 當希臘和南斯拉夫不再成為阻礙後，希特勒便轉向自20年代起即念念不忘的目標：征服俄國。儘管他曾打算擊敗英國後再進行，但他惟恐史達林會先發制人，

德國佔領區
前線：—1941年9月 —1941年12月

「紅鬍子作戰」是歷史上最大規模的陸戰。12月時，德軍已逼近莫斯科。

使他無法等下去。1941年6月22日，史上最大規模的侵略部隊——300萬德軍，加上20萬軸心國部隊後援——開始沿著2897公里長的戰線進攻蘇聯。

蘇軍的規模堪稱全世界之冠，共有400萬現役部隊及300萬預備役部隊。但是蘇軍也有致命的缺陷：蘇聯戰機大部分已老舊，而史達林在1937至1938年的整肅軍官行動則嚴重削減蘇軍的領導階層。

一次重大的重新結盟：希特勒的侵略使英國與蘇聯成為盟友。

體育 **棒球**：世界大賽，紐約洋基隊以4勝1負擊敗布魯克林道奇隊（不承認第3個好球）；布魯克林打者開始戴上打擊頭盔 **美式足球**：NFL，芝加哥熊隊以37:9擊敗紐約巨人隊；埃爾默‧雷登被任命為第一屆NFL總幹事 **高爾夫球**：克萊格‧伍德獲得名人賽和美國公開賽冠軍（最後一次舉辦的公開賽，直到1946年才恢復舉行） **賽馬**：由艾迪‧阿卡羅所騎的「疾旋風」贏得三冠王大賽。

「這塊領域是不容被干預的，因爲它的命運已由上天決定了。」

—— 1941年11月30日，日本首相東條英機在日本宣告東亞「新秩序」主張的週年紀念日所做的發言

儘管同盟國再三警告，這名獨裁者還是沒有動員他的部隊。希特勒從蘇軍最近在芬蘭的拙劣表現來判斷，認爲「紅鬍子作戰」（此次入侵的代號）可望在兩個月之內結束。但事實上，軸心國部隊只花了3個星期就向前挺進644公里，並攻佔了幾個大城市。

然而，蘇聯人民卻以出人意料的韌性抵抗不屈。不像以前遭納粹閃電戰攻擊的國家，蘇軍鮮少逃跑，即使是撤走，援軍也會立刻趕來；斯摩棱斯克則是大力阻礙德軍攻勢後才告陷落。農民燒掉房子與穀物以防被敵人所用；工人則拆解所有的工廠設備，往東運出重新組裝。就連大自然也在抵抗：7月中旬，大雨使得泥土路難以通行。之後希特勒又和麾下將軍因戰略問題發生爭執，浪費了時間。

不過，蘇聯指揮官的平庸無能，及史達林對優秀軍官的妨礙干擾，使得德軍在1941年底擊斃、重創和俘虜一半的蘇聯紅軍。入侵者常槍殺俘虜；但饑餓造成更多人死亡。被佔領的城鎮裏，疑似游擊隊員的人當街被絞死；健壯的平民則被送進勞改營。第一次猶太人大屠殺在夏季開始，特別小組一次就槍殺數以百計的男人、婦女和兒童。

敵人的暴行（以及9月起令人喘不過氣的列寧格勒攻防戰）只會讓蘇聯人民更加奮戰不屈。接著，新盟友出現了：數十年來最早降臨，也最嚴酷的寒冬到來。大雪與零度以下的氣溫使德軍車輛動彈不得；凍傷則讓衣衫單薄的德軍腳步蹣跚。12月，當德軍逼近飽受砲彈攻擊的莫斯科時，俄國開始反攻。習慣嚴冬氣候，衣著保暖的蘇軍開始逐退德國大軍。◀1940（12）▶1942（11）

第二次世界大戰
拉丁美洲與同盟國

9 一旦美國參戰，防止拉丁美洲成爲納粹勢力範圍，對同盟國而言即十分重要。幸運的是，羅斯福的「睦鄰政策」已消除了當地對美國數十年來橫加干預所產生

智利（由左派分子統治）的一幅告示警告大家，納粹主義是「最猛烈的毒藥」。

的敵意。墨西哥在1941年12月8日（珍珠港事變的第二天）即與軸心國斷絕關係，6個月後，幾艘墨西哥商船被擊沉，墨西哥進一步對軸心國宣戰。巴西的半法西斯政權隨之跟進，藉此換得武器與援助（這類援助計畫即源自於此一時期）。這兩國最後都派出軍隊前往海外。

玻利維亞和巴西一樣作了類似交易，並在1942年1月與軸心國斷交。但在1943年12月由「國民革命運動」（MNR）發動的政變卻使該國立場變得不甚確定。爲抑制MNR的影響，英國間諜早已捏造證據，聲稱此民族主義組織（它因經濟原因反對猶太難民遷居該國）是納粹附庸。新任總統瓜爾貝托·維拉洛耶爾少校雖答應援助盟軍，但美國政府卻堅持他得清除政府中的MNR成員，否則就拒絕承認他的政權。他於是在1944年6月照辦。（他因這項讓步而顏面掃地，兩年後被推翻及殺害）。

最後，所有拉丁美洲國家都加入同盟國陣營——儘管阿根廷、烏拉圭、巴拉圭和委內瑞拉一直到1945年戰爭顯然已快結束之際才對軸心國宣戰。但是在二次大戰之後，納粹難民大批湧入這幾個政權型態與敗戰軸心國極爲近似的拉丁美洲國家。◀1940（邊欄）

第二次世界大戰
東條英機上台

10 日本軍事大臣和前駐華日軍司令東條英機在1941年10月16日取代近衛文 成爲日本首相。東條上台後，立即向美國挑戰。他聲稱日本在東南亞的擴張主義政策是「不容改變和勢在必行的」。日軍將駐留在中南半島（對荷屬東印度群島的儲油區造成威脅），直到美國停止凍結日本資

產，確保日本的石油運輸不受阻礙，並且不再援助中國。此外，中國還必須向日本投降。從美國的觀點來看，東條的苛刻要求等於對美宣戰。（事實上，東條已開始準備進攻珍珠港。）

身爲忠誠的軍國主義者，東條在30年代曾致力進行重組日軍及征服滿洲。終極構想是建立「全面性戰爭經濟」，亦即將日本工業與軍事力量緊密結合。在態度較溫和的近衛內閣時期，日本也曾動搖，不願向美國挑釁。隨著東條上台，日本的猶豫全一掃而盡。擔任首相後說：「我們必須在不斷對外擴張的過程中尋求發展，我們沒有退路。」◀1941（1）▶1942（1）

創紀錄的一年
喬·狄馬喬與泰德·威廉斯把1941年的職棒球季變成一場漫長的打擊表演。洋基隊的喬（Jolting）連續在56場比賽中擊出安打——這項成績在歷史上可說是獨一無二。而威廉斯這位紅襪隊的頂尖打擊手也加入較量，但只締造連

續23場擊出安打的成績；不過他這年的打擊率是4成6，是最後一位全季打擊率突破4成的大聯盟球員。◀1939（當年之音）▶1951（邊欄）

紀念之山
1941年，隨著拉什莫爾山國家紀念園區開放，大批遊客湧入南達科他州，從152公尺高的黑丘上觀看高15至21公尺的華盛頓、傑佛遜、林肯及羅斯福頭像。愛達荷州的雕塑家格曾·博格勒姆1927年受南達科他州委託進行這項龐大的雕鑿工程，採用現代機

械工具、炸藥和氣動錘。就在即將完成的數月前，博格勒姆卻過世了。由他的兒子林肯完成最後的工作。

平等工作權
勞工與民權領袖菲利普·倫道夫注意到美國黑人正爲海外受壓迫人民奮鬥，而自己卻在國內受到法律壓制，於是在1941年發起一項前進華府的遊行抗議活動。這位「臥車侍者兄弟會」的創始人威脅說，如果國防工業中的就業歧視狀況不改善的話，他將要發動5萬人進行抗議。羅斯福總統在也是活躍分子的妻子埃莉諾·羅斯福敦促下，命令國防工廠進行整合，並於6月25日成立公平就業委員會，來監督消弭種族歧視的成效。▶1948（當年之音）

美國政治與經濟 國民生產毛額：1245億美元；美國生產與物價管理處成立；宣佈全國各州進入緊急狀態（凍結德、義資產）；最高法院確認聯邦工資與工時法；羅斯福創立科學研究發展處（萬尼瓦爾·布希被任命爲處長）；財政部發行戰爭債券。

VENENO NAZI MUY VIOLENTO CUIDADO CHILENOS

1941

「若非神保佑，上帝也會落得那種下場。」

——《大國民》編劇之一者赫爾曼·曼凱維奇談奧森·威爾斯

二戰風雲

馬塔潘角之役

3月，當英國攻擊部隊逼近希臘南端的馬塔潘角時，海上的義大利海軍已被殲滅。由於截獲義大利的無線電信號，駐於愛琴海的英國艦隊獲悉了義軍主力的確切位置。英軍這次突襲的勝利——義大利損失5艘巡洋艦，3艘驅逐艦以及2400名海軍人員，除去了義大利在愛琴海及亞得里亞海的強權勢力。

傘兵降落

在一場展現空中優勢的毀滅性攻擊中，德軍於5月攻佔了克里特島，摧毀兩個英國空軍基地，並擊潰英國、澳大利亞、希臘以及紐西蘭聯合部隊。克里特島入侵行動是二次大戰第一次完全空降襲擊，對德國來說是一次喜憂參半的勝利：雖然德國傘兵將同盟國部隊逐出該島，但有一半的傘兵在這次作戰中傷亡。

德艦「俾斯麥號」被擊沉

重達4.2萬噸，全世界最重的船舶俾斯麥號戰艦，乃是德國人的驕傲。1941年5月，英國飛行員發現了這座浮動堡壘正在丹麥海

峽巡航，英國皇家海軍遂以猛烈的砲火追擊此艦。被包圍的俾斯麥號也展開還擊，並擊沉英國巡洋艦胡德號。然而，在遭到3艘裝載魚雷的英艦轟擊兩天後，俾斯麥號完全癱瘓，並失火燃燒，於5月27日早晨沉沒。大約有2300名德國海軍滅頂。

電影

一項電影傑作

⑪ 當雷電華電影公司（RKO）用一份保證享有空前藝術創作自由的合約把廣播與舞台奇才奧森·威爾斯請到好萊塢時，他還算是電影界新手。在對大型片廠的設施資源深表滿意的情況之下——「這是我玩過最大的一組電動火車！」，這位25歲的導演迅速地打破了商業電影的不成文規定。當威爾斯執導的《大國民》在1941年舉行首映時，影評人都被其作品弄得眼花撩亂：支離破碎的敘事結構；場景之間顯著的時間跳接；攝影角度戲劇性地忽高忽低；前景、中景、背景的情節拍攝；以及由伯納德·赫爾曼編寫，說明和詮釋劇情的緊湊配樂。《紐約時報》誇讚說：這部片子「可以說是好萊塢所拍攝過最令人刮目相看的電影作品」。小說家約翰·奧哈拉則在《新聞週刊》中寫道：「這是我看過最好的片子。」

然而，如果威爾斯的個人風格是《大國民》一片的榮耀所在，那影片的反英雄色彩卻幾乎成了致命傷。這影片的劇本由威爾斯與赫爾曼·曼凱維奇合寫，敘述的是一個虛構的報界鉅子查爾斯·福斯特·肯恩的浮沉錄。而肯恩這個角色是以媒體大亨威廉·倫道夫·赫斯特（肯恩由威爾斯本人扮演）所塑造的。電影一開始的情節是記者們嘗試要找出肯恩臨死前所說的「玫瑰

在諸如這樣的場景中（肯恩正在競選州長），攝影師格雷格·托蘭的長景深鏡頭讓威爾斯強調出肯恩的真實性格。

花蕾」一詞之意——威爾斯把這當作是一個低俗、吊人胃口的噱頭，之後並未加以解釋。（隨後記者放棄查證，但從一個場景觀眾自然會了解「玫瑰花蕾」是肯恩幼時的一部雪撬）。當赫斯特的爪牙風聞這部片子要拍攝時，他們威脅好萊塢，要在報上揭露這塊電影殖民地的各種醜聞。米高梅公司老闆劉易斯·邁耶甚至願意向RKO公司購得這部片子，再予以銷毀。大多數主要電影院線也拒絕放映此片。但RKO公司毫不動搖。

《大國民》是部賠錢的片子（至少剛上映時），但它一問世便被公認是一部傑作，是自《國家的誕生》以來最具有影響力的美國電影。法國導演法朗索瓦·楚浮評論道：「這部電影要比其他任何片子激勵了更多人投身全世界的電影事業。」 ◀ 1938（當年之音）
▶1942（邊欄）

音樂

一個城市的紀念交響曲

⑫ 1941年9月，當德軍開始轟炸列寧格勒時，作曲家季米特里·肖斯塔科維奇正在此地創作《第七交響曲》。食物越來越少，

許多藝術家都被疏散到安全之地。但肖斯塔科維奇還是留了下來，不時跑進防空洞躲避轟炸。12月底，當他終於奉命離開列寧格勒前往古比雪夫（今日的薩馬拉）時，已於27日完成這首交響曲。他把此曲獻給列寧格勒，而這座城市還要在敵人圍困下度過另兩個年頭。

這首《列寧格勒交響曲》有著強烈情緒變化，恢弘的第一樂章旋律漸強，為蘇聯抵抗行動鼓舞人心的象徵。因列寧格勒的電台交響樂團成員大都已經死亡，當3月5日這作品在列寧格勒首演時，演奏者多是餓得半死的業餘者以及從前線遣回的軍人樂手。兩週後在莫斯科的

首演則是向全球播送。雖然演出時敵機進行轟炸，演奏仍持續進行。樂聲悄悄穿越軸心國的戰線後，經由美國的無線廣播，這首曲子的首演乃得以傳送到紐約市。

肖斯塔科維奇成為官方英雄的時間很短。之前他就因其前衛主義理念而被譴責，直到近期才獲平反；但在1948年，他又再次遭到詆毀。（數十年之後，他曾寫到：「《列寧格勒交響曲》不僅是對納粹暴行，也是對史達林主義的抗議。」）多年來，他一直任由這殘酷的政權擺佈。就連1953年之後，當史達林已死，而作曲家謝爾蓋·普羅高菲夫的逝世讓他成為俄國首屈一指音樂大師時，他仍得不到認同。1962年，他根據葉夫根尼·葉夫圖申科的詩《娘子谷》（該詩描寫有關納粹屠殺烏克蘭境內猶太人的暴行）所創作的《第十三交響曲》，在演出一場後即遭查禁。直到葉夫圖申科澄清了作品中提及蘇軍共謀這場屠殺的部分，這首交響曲才得以重見天日。◀1936（13）
▶1961（邊欄）

第二次世界大戰

中國遇到的挑戰

⑬ 對中國來說，1941年是在一場兩敗俱傷的殘殺中開始的。由於國民黨領導人蔣介石（受納粹分子慫恿）開始認為德國是未來支持中國獨立的靠山，並煩惱共產黨的佔領地會不斷地擴大，國共兩黨建立的抗日聯盟兩年來已不斷惡化。在前一年10月，國民黨指揮官已經下令共產黨員自長江下游地區撤走。1月，當共產黨的最後一批部隊撤退時，國民黨軍隊對其進行伏擊。

反諷的是，蔣介石部隊的傷亡人數達到2萬人，而共黨部隊則只有3千到6千人。大規模的內戰已儘量避免，但持續的敵對局面以及國民黨內部的分裂，嚴重妨礙了中國抵抗日軍佔領行動。雖然共黨游擊隊一直阻撓侵略者，國民黨軍隊還打過幾場防禦戰，不過直到1944年為止，中國戰場一直相當平靜。

「競爭促進產品的精進，也導致人們的惡行。」
—— 大衛·薩爾諾夫，商業電視的開創者

頗令人好奇的是，一直到了珍珠港事變發生，美國繼而對日宣戰之後，蔣介石才正式對日宣戰。

飛虎隊隊員在一架繪有該部隊顯目鯊魚標誌的飛機前留影。

（在珍珠港事變隔天，2萬名日軍入侵香港，1萬2千名英國、印度、加拿大以及中國的軍隊奮力堅守了18天）。在這一年稍早，第一批美國志願部隊到達中國——即「飛虎隊」，總共有200名退役和平民飛行員及技術人員。由退伍少將克萊爾·陳納德將軍率領這些美國飛行員，開著過時老舊的飛機，讓中國和緬甸境內的日軍損失慘重。
◀1940（15）▶1942（2）

大眾文化
電視時代開始

14 1941年7月1日，當大衛·薩爾諾夫的國家廣播公司（NBC）及威廉·帕利的哥倫比亞廣播公司（CBS）各自從紐約市每週播出15小時的卡通、體育和新聞節目，現代商業電視正式誕生了。薩爾諾夫在67位共同贊助者的協助下製作了148個節目。「我們的希望是，」他說：「美國人民自由和崇高理想的形象，能透過電視予以強化。」無論這個希望已得以實現還是遭到揚棄，電視已成為美國文化的中心，而且讓這個世界變成一個地球村。

希特勒政府首先在1935年定時安排電視節目播出，1936年，英國國營的英國國家廣播公司也開始跟進。在美國，有22家私人的實驗電視台在1939年開始營運，但是技術水準差別極大。該年，當美國無線電公司（RCA）（該公司主要生產收音機和早期的電視機，並擁有NBC電視廣播網）自紐約世界博覽會開始進行現場直播時，社會大眾燃起了期望。在這同一年，該公司在其所屬的紐約實驗電視台，首度播放電視史上的第一個廣告：電視體育主播雷德·巴伯在一場棒球比賽中推銷「寶鹼」牌肥皂和「小麥」牌餅乾。

1940年，RCA試圖強制美國的電視機製造工業採用其規格。由於敏感地意識到RCA/NBC公司可能龔斷電視媒體，聯邦通訊委員會於是出面進行干預，延後商業電視的播出，直到所有電視公司達成協議為止。由聯邦通訊委員會同意的製造規格——每秒鐘30幅圖像和525條掃描線，以及調頻廣播音效——至今仍然採用。◀1925（1）▶1951（9）

中東
一位被推翻的國王

15 1941年8月，英國與蘇聯軍隊入侵伊朗這個戰略意義重大的國家，並迫使其統治者雷沙·巴勒維退位。這位國王名義上雖奉行中立政策，其實卻與在戰爭中強

RCA所屬的NBC首批製作的節目中，有一個是專為家庭主婦設計的。

大起來的德國有著緊密聯繫。在國內，他的聲望已跌到最低點。儘管這位國王推行現代化建設，並展開必要的改革，但他的統治地位還是

因無情的鎮壓、貪污腐敗以及日益擴大的貧富差距而飽受威脅。「絕大多數人民都痛恨國王，」英國駐德黑蘭使館的新聞專員評論道：「對這些人來說，就算戰事擴展到伊朗境內，也比忍受現今的政權要好。」

為了防範親德派的伊朗軍官會驅逐國王，並且讓伊朗加入軸心國的陣營，因此同盟國遂決定入侵伊朗。而對盟軍來說，值得慶幸的是許多伊朗人都把他們視為救星，而非侵略者。雷沙退位並開始流亡生涯，他那沒有經驗的兒子——25歲的穆罕默德·雷沙·巴勒維（上圖）則登上了王位。由於1979年的伊朗革命，這位新國王的統治最後也是以流亡告終。◀1925（10）▶1951（12）

「狼群」
這些U型潛艇是大西洋戰場上的掠奪者，由於經常結隊攻擊，而被稱為「狼群」。這種襲擊技法是德國海軍上將卡爾·德尼茨所

創。U型潛艇分散在水面下日夜跟蹤盟軍艦隊，聚集起來時破壞力十分驚人。1941年，德國除了原有的57艘潛艇，又部署了200多艘。

U型潛艇以魚雷攻擊美國驅逐艦
1941年10月，美國雖然正式而言仍保持中立，但其實已在其大西洋艦隊中納入英、法船艦。是月，U型潛艇以魚雷攻擊兩艘美國驅逐艦：「卡尼號」與「魯本·詹姆斯號」。後者被擊沉，100人喪生。不過美國人民仍支持孤立主義政策；但羅斯福總統並不支持。雖然未表明立場，美國此時已是反德海戰中的一名堅定戰鬥者。

機動屠殺
閃電戰使得德軍每天向俄境挺進40公里。跟在德國前進隊伍之後的則是3千人的特遣部隊——「胡狼部隊」——他們的任務是屠殺共產黨人、猶太人和這次入侵行動中倖存的其他非亞裔安民族。到1941年底，該部隊已經屠殺了將近200萬納粹主義的特定敵人。

珍珠港事變前
1941年12月7日，美國驅逐艦沃德號遭逢一艘日本迷你潛艇並將其擊毀。這場戰鬥就發生在夏威夷海岸邊。一個小時後，第一發砲彈擊中珍珠港內的俄克拉荷馬號。沃德號向艦隊發出的警報在層層上報時不見了。一名陸軍雷達收發員發現日機正接近珍珠港的報告，被他的長官一笑置之，而沒有傳送到指揮總部。

1941

「美國尚未出現過成功的樂團……其實這並不困難──任何人都能改良蘇澤的音樂。」

── 格倫‧米勒在擔任美國空軍樂團團長的發言

環球浮世繪

良知的崩潰

狂熱的反共作家阿瑟‧凱斯勒曾這麼寫道：「我離開了共產主義，就像是一個人從一條漂滿遭洪水肆虐的城市殘骸與溺水死屍的有毒之河爬上來。」他在1941年的暢銷書《正午幽暗》中，為這段文字做了解釋。透過虛構故事，《正午幽暗》描寫1917年革命老英雄，俄國革命分子魯巴舍夫（根據真實人物尼古拉‧布哈林塑造）遭到逮捕、

審訊、招供，隨後處決的經過，從而探討服膺意識形態與遵從個人良心間的矛盾性。本書一直是本世紀對極權主義所提出最有力的控訴之一。◀1938（邊欄）

不再起皺

約翰‧勒克斯‧懷因菲爾德這位英格蘭帝國化學工業公司的化學家，在1941年發明一種大大革新時裝工業的聚酯纖維。透過合成對苯二甲酸與乙二醇，懷因菲爾德製造出滌綸。這種纖維可以紡織，可以編結，也可以與羊毛或棉混合，生產出一種既不會拉長變形、也可防蟲咬、褪色或起皺的織品。二戰結束後，杜邦公司以「達克龍」這個商標名在美國銷售這種布料。◀1934（9）

祕魯入侵厄瓜多

隨著德、日在歐亞為奪得更多領土奮戰，祕魯也經歷其民族統一主義者燃起的欲望。厄瓜多由於深受經濟落後之累，幾乎無力維持一支常備軍，而祕魯利用這個鄰國的弱點，在7月入侵。原在厄瓜多駐有軍隊的美國因正忙於投入二次大戰，無暇進行干涉。1942年，有利於祕魯的《里約公約》簽訂，才平息此事──這等於是打了厄瓜多一記耳光，也導致該國總統卡洛斯‧阿羅約‧德爾里奧下台。

電子顯微鏡下的一種青黴素。

醫藥

仙丹

16 1941年，青黴素首度被應用於醫學上。這是約在6年前偶然展開的一項研究的成果。青黴素被稱為「神奇子彈」，能治療二次大戰期間在士兵間肆虐的性病傳染。牛津大學細菌學家霍華德‧弗洛里雇用了一個名叫恩斯特‧錢恩的德國猶太難民來研究抗菌物質的特性。在錢恩翻閱了所有可取得的文獻資料，碰巧發現亞歷山大‧弗萊明在1928年發現青黴素時所寫的原始報告。儘管弗萊明已預測到這種物質可能的醫療功能，但卻因為無法製造出足夠的青黴素進行臨床研究，而放棄了他的研究計畫。

整整3年，這種不安定的化學藥品讓這位牛津科學家和他的同事傷透腦筋。後來，生物化學家諾曼‧希特利想出一種方法，利用冷凍乾燥的新技術來濃縮青黴素。到了1940年，已有足量的青黴素可用來測試受感染的老鼠。雖然研究者發現這種藥物殺死了培養皿裏的細菌，但是他們擔心它可能也會讓動物送命。不過事實正好相反，受測試動物的健康狀況異常地穩定。弗洛里驚喜地說道：「這簡直就像是奇蹟。」

1941年青黴素對人體進行的測試，證明了它是當時已知最有效而無毒的抗生素。由於戰時的英國缺乏大規模生產青黴素的資源，於是弗洛里和希特利便把他們的研究發現帶到美國。美國製藥工業於是與政府合作，保證在同盟國軍隊攻入諾曼第時，絕對有青黴素可用。
◀1935（8）▶1944（17）

大眾文化

演藝界人士上戰場

17 在1941年，美國演藝界開始奉獻為盟軍服務。根據美國聯合服務組織（USO）的資料，該年約有4千500名USO成員到世界各地為官兵們表演，以鼓舞士氣。這些成員包括下列明星：鮑伯‧霍伯、賓‧克勞斯貝、安德魯姊妹、丹尼‧凱、米基‧隆尼、瑪琳‧黛德麗樂團團長格倫‧米勒、凱伊‧凱澤以及艾靈頓「公爵」。百老匯戲劇監製比利‧羅斯也安排勞軍演出，一些紅星相繼登台亮相，包括：阿爾‧喬爾森、埃迪‧坎托、比爾‧「寶洋哥」‧魯賓遜、喬治‧伯恩斯及格蕾西‧艾倫。

好萊塢電影導演與政府官員通力合作，以創造激勵人心的戲劇角色來支持戰事進行。在銀幕上，美國人是正直不阿，英國人是堅毅果決；俄國人是善良溫和，德國人是殘暴無情；「小日本」是滅絕人性，法國人全積極參與抵抗運動。

有2萬9千名以上的影星投入勞軍活動，包括克拉克‧蓋博和詹姆斯‧史都華等。其他明星如格勞喬‧馬克斯、詹姆斯‧賈克納以及茱蒂‧迦蘭在兜售戰爭債券，貝蒂‧戴維斯和約翰‧加菲爾德幫忙張羅「好萊塢餐廳」開幕事宜──這是軍人嚮往之地。電影導演約翰‧休斯頓、約翰‧福特及威廉‧惠勒拍攝戰爭記錄片；法蘭克‧卡普拉‧華德‧迪士尼及B級片影星隆納德‧雷根則拍攝軍事訓練影片。

有的演藝界人士奉獻更多：卡羅爾‧倫巴德在1942年進行巡迴債券銷售活動時，因飛機失事而喪

電影明星海蒂‧拉瑪爾在好萊塢餐廳庭院的水泥地上簽名。

生；萊斯利‧霍華德在1943年擔任英軍間諜時，座機被擊落而犧牲；1944年，格倫‧米勒的座機則在英吉利海峽上空失蹤。▶1941（18）

音樂

米勒的百萬暢銷樂團

18 當米勒樂團掀起的狂熱在1941年達到最高潮時，美國夏天儼然成了「搖擺樂之夏」。當時，艾靈頓「公爵」、多爾西兄弟、阿蒂‧蕭、威廉「伯爵」‧巴錫、本尼‧古德曼、吉米‧倫斯福德、克勞德‧桑希爾及哈里‧詹姆斯在全國各地巡迴演出，為樂迷演奏，或在大飯店的華麗舞廳進行廣播現場演奏。但是全國最著名的樂團首推格倫‧米勒管絃樂團。米勒樂團原就以充滿感情的流行樂曲和響亮輕快的舞曲而聞名；1941年，當電影《太陽谷小夜曲》上映，介紹該樂團，並以其《查塔諾加的查查舞》為主題曲，其聲譽達到了巔峰。這首新歌很快就締造了百萬張

在電影《太陽谷小夜曲》中，吹奏伸縮喇叭的格倫‧米勒，以及赫妮‧索妮亞與約翰‧佩恩。

的銷售成績。而RCA維克公司則頒給米勒一張金唱片，以示謝意。

米勒樂團演奏的音樂節奏過於嚴謹，不能稱為爵士樂，但很有爵士樂的味道──特別適合跳舞。諸如《月光小夜曲》、《想要》、《賓夕法尼亞6-5000》等輕快的歌曲，很快就征服了剛從經濟大恐慌復甦過來的美國人心，在所年輕白人大學生之間掀起一股狂熱風潮。

1942年，米勒自願擔任駐歐美國空軍航空隊樂團團長。1944年，他搭飛機從倫敦飛往巴黎時，座機在空中失蹤。一直找不到失事殘骸。◀1935（10）▶1943（16）

1941

氣味、貧乏的擺設和空間安排

摘自《讓我們讚頌名人》，作者詹姆斯·艾吉、沃克·伊文思，1941年出版

1936年，作家詹姆斯·艾吉與攝影師沃克·伊文思由於受《財星》雜誌委託，撰寫一系列關於美國南部棉農的報導文章，而展開一次旅行。隨著這趟旅程，一幅美國的貧困景象也首度被揭露出來。儘管伊文思形容艾吉是個「帶著哈佛與愛塞特大學生特質」的年輕人，但出身於田納西山區的艾吉透過親戚，對「偏僻內地的窮困生活」十分了解。艾吉以極其動人、抒情優美的筆調敘述了3個貧困的阿拉巴馬佃農家庭6週來的生活──搭配上伊文思的著名攝影作品相輝映，反映出他要把見到的每個生命世俗、堅毅的點點滴滴，以散文體裁詳盡記錄下來的熱情。（伊文思寫給艾吉的信上說：「人類的靈魂至少可能為不朽且絕對是神聖的。」

《財星》的新主編拒絕刊登這些文章，而艾吉則把這些文章擴充寫成一本書，在1941年出版。直到1960年，在艾吉去世後5年，他那充滿人飢己飢情懷的傑作（《紐約前鋒報》稱之為「當代文壇中最著名的一部不為人知的作品」）才於再版時獲得肯定。下文是一段艾吉對一個佃農之家所做的精準而引人共鳴的代表性描寫。

與一般白人佃農住家比起來，古傑家的房子要新一些（屋齡只有8年），聞起來較乾燥、清潔，它的木材味道尤其明顯。這個房子還有一種我在其他這類房屋未曾發現過的氣味：除了這些鮮明但細微的差別之外，它散發著每一個赤貧的南方白人農家的典型氣味。只要根據這種氣味，你就算閉著眼睛，也可以在世界上的任何地方，在各種氣味之中，辨識出這種房子。這氣味是由多種氣味組合而成，在空氣中顯得相當輕淡，細微得似乎很難加以分析，但它又是十分明顯，常會被察覺到。以下是這種氣味所含的成份：松木的氣味──是那種寬而薄的木材切片，在陽光下曝曬過的，而絕非是被堆疊或隔絕住封閉、陰沉的空氣中；燻燒木頭的味道──燃料主要也是松木，不過還有些山胡桃木、橡木以及杉木；還有烹飪的氣味──其中最濃的要數炸醃豬肉和炸煮豬油的氣味，其次是煮玉米的味道。不同年齡層的人們發出的汗味──這些汗味是由豬肉、豬油、玉米、木材煙燻、松木以及氨水集聚蒸餾而成。你還可以嗅到睡眠與呼吸的氣息以及床褥的味道，因為屋內的通風條件很差。還有床墊被褥上年積月累的塵垢味，掛著或亂塞的未洗衣物散發的陳腐氣味。我應該再描繪一下玉米的氣味：當人們吃了許多玉米後，他們的汗水、呼吸和齒縫間都會帶有玉米味。那是一種帶著甜味、有點腐敗的特殊惡臭，若打個最近似的比方，它就像是嬰兒黃色糞便的氣味。所有我提到的氣味融合成一種味道，隨時均勻瀰漫於四周。它一點也不濃烈，但卻極具滲透力，滲入所有的床褥和衣服裏。它還有著很強的黏附力，即使剛洗好的衣服的纖維中，也明顯柔和地散發出這種氣味。這種氣味的成分中有的怡人，有的噁心，但聚合起來卻傳達出一種顯著的懷舊感。要是這些氣味是出現在一幢黑暗、潮濕的舊房子裏，並且被所有木材吸收進去，再因長年累月使其中陳腐的部分不斷堆積──就像里克茲家裏一樣，那麼它們就會讓人難以適應，甚至無法忍受。在伍茲家裏，這些氣味則有些潮潤和骯髒。而在古傑家裏，就像我前面提及的一樣，它較為新鮮，輕淡

伊文思的攝影作品（這張照片攝於1936年夏，地點是阿拉巴馬州荷姆海爾郡古傑家的盥洗室）與艾吉的散文，為他們的這本報導文學作品注入濃厚的詩意。

些，聞起來也稍稍清潔一些。古傑家中還有另外一種非常乾燥刺鼻的特別氣味：有點介乎舊報紙和維多利亞式臥室散發的氣味──那間臥室曾有人久臥病榻和長期服藥後，不幸魂歸西天；儘管整個房間已經用煙燻消毒過，但那深棕色的藥物、折磨人的重病以及虎視眈眈的死神所散發的氣息，依然強烈地留存在床墊和彩色的壁紙中。

屋內的簡單陳設與空間安排是如此難以形容，而且對我來說大得使我甚至無法用謹慎的筆調將其充分描寫出來。不過我還是針對這兩個臥室著墨描繪一下吧。

臥室的地板是由寬木板鋪成，透過木板間的空隙，你可看見陽光照射過的泥土。地板既未塗上油漆，也沒有鋪上布或油布之類的覆蓋物，而人們的赤腳已在上頭磨出痕跡。在有點不太平坦的地板表面上，木板的節瘤處被磨得很光滑，顯得十分好看。由寬木板組成的這片完全素淨的地板，讓房間看起來要比地板鋪上東西時更大些。放在地板上的家具也以自成一格的簡潔方式擺置。牆壁如我所說沒什麼裝飾，其中一個房間的天花板也是如此。這些房間有1.1平方公尺大，沒幾件家具。它們是如此地廣大，顯得完全不加修飾而樸實簡單，使得架子上擺滿的物品看來零零散散的，並且每一件都非常突出在架上。此外，所有純樸天真的人們都特別偏愛精確的對稱感，並且有點直覺地討厭東西堆疊在一起──除了它被擺設的位置外，因此椅子、床鋪、梳妝台、箱子、花瓶、小裝飾品、一般的雜物都井井有條地一個個不靠牆放好，盡量放在中央或靠近中央的位置。這種空間安排讓每樣物品具備一種在別的地方不會有的力量，並在它們被置於房內的架上或各種物面上時，讓其之間的相對位置關係展現出這樣的關係所具備的最純正的力量。對於古傑家這樣的人們來說，這一切會顯得更為真實，因為他們依然懷有一個真誠的小小心願，希望生活中的一切都盡可能適意而愉快。然而像伍茲和里克茲這兩家，情況就不同了。他們散亂邋遢，疲乏地喪失了這種希望與心願。

「各位記著，後頭的兄弟對我們寄予厚望。如果我去轟炸飛行甲板的話，我一定會打中。」
—— 美國海軍上尉約翰・詹姆斯・鮑爾斯在珊瑚海戰役中，在離地不到61公尺的高度向日軍的航空母艦投擲炸彈之前

中途島戰役：美軍在此以及珊瑚海兩地摧毀日本帝國海軍。

年度焦點

美國在太平洋反擊

1 1942年春天，在遠離祖國數千公里的蔚藍海面，美國和日本兩國海軍進行兩次決戰，徹底轉變二次大戰的形勢。中途島和珊瑚海戰役的勝利，使太平洋戰場的優勢轉向同盟國。

美國破解日本入侵新幾內亞的莫爾茲比港和所羅門群島的圖拉吉計畫的密碼，派遣一支海軍前去攔截日軍的護衛艦，揭開為期4天的珊瑚海戰役的序幕。雙方艦隊從未接觸，甚至沒有進入視線範圍，但從5月2日到6日，雙方的艦隊派出一波又一波的戰鬥機和轟炸機。硝煙落盡時，日軍共損失70架飛機及「祥鳳號」輕航空母艦；美軍損失66架飛機和價值非凡的海上城市「列星頓號」航空母艦。如果以船艦沈沒噸位來論勝敗，日本略勝一籌，但是日軍損失太多名戰鬥機飛行員，影響侵略行動的進展，因此日軍南向進軍受阻。

一個月後，美國在中途島大獲全勝。由於再次獲悉日軍戰略，美軍設下埋伏，等待擁有86艘戰艦的日本龐大艦隊前來進攻這座太平洋中央的小環礁。6月3日，日軍佯攻阿留申群島最西部的基斯卡和阿圖兩島（在戰爭期間，日軍唯一佔領的美國領土）。次日，一批從航空母艦起飛的艦載機轟炸中途島。美軍連續4次對日本艦隊進行反擊，每次都失敗，大量美國軍機遭到擊落。6月5日美軍第5次轟炸，擊沉3艘日本航空母艦。由於艦隊受創，日本海軍上將山本向西撤退。中途島戰役的損失情況為：日軍方面為4艘航空母艦、1艘巡洋艦、332架飛機、死亡3500人；美軍方面為1艘航空母艦、1艘驅逐艦、147架飛機、死亡307人。太平洋上最血腥的戰鬥尚未發生，但是日本海軍已經元氣大傷，再沒有機會恢復了。◀1941（1）
▶1942（14）

第二次世界大戰

佔領東南亞

2 1942年，日本軍事機器席捲東南亞。1941年12月，在轟炸珍珠港的當天，日軍就先襲擊英屬馬來半島。第二年年初，英軍撤退到新加坡的島嶼要塞，把馬來半島的橡膠和錫都拱手讓給日軍。1942年2月，新加坡陷落，日軍飛機轟炸澳大利亞達爾文市的同盟國基地。3月，荷蘭軍隊從爪哇撤退，英國軍隊撤離緬甸。（滇緬公路落入日本手中，蔣介石的國民黨軍隊仰賴從印度越過喜馬拉雅山脈送來補給物資，這條險惡的路線被稱為「駝峰」）

叢林作戰是極其野蠻的，之後的戰鬥也是如此。日本士兵依慣例折磨並殺害俘虜的敵軍，在新加坡投降的9萬名印度、英國、澳大利亞軍隊的俘虜，有一半以上在被俘時死去。在馬來半島，撤退的英國軍隊發現同袍吊在樹上，許多人身上貼著令人毛骨悚然的留言：「這人撐了很久才死去。」日軍控制緬甸之後，讓澳大利亞、英國、荷蘭的士兵修築緬甸和泰國（日軍在前年12月即已佔領）之間的鐵路，總共有1萬6千名同盟國的戰俘和5萬名的緬甸平民葬身在這條「死亡鐵路」。

1943年，日本為得到被佔領區當地的支持，宣佈緬甸和菲律賓獨立。雖然，不少人受到日本許諾的

「共榮圈」的誘惑，歡迎亞洲的帝國主義，認為它不似歐洲帝國主義那樣邪惡，但是，大部分本土居民仍然對其懷有敵意。◀1941（13）
▶1943（7）

第二次世界大戰

用書本決定轟炸地點

3 1942年3月，英國空襲德國古老的魯貝克港，蓄意挑釁。除了破壞戰略設施，英軍還故意摧毀成百上千的房屋和商店，不僅希望動搖德國民心士氣，還希望激怒希特勒進行反擊報復。英國的天空近來比較平靜，因為德國飛機湧向蘇聯，在此風平浪靜的時刻，英國強化空防並擴充轟炸機隊。溫斯頓・邱吉爾想分散德國空軍的注意力，減輕蘇聯的一些壓力。這項不討好的策略奏效了：德國為了報復魯貝克空襲，轟炸埃克塞特和巴斯，造成將近500人喪生。

這次襲擊是稱為「貝德克」空襲的第一樁，目標是英國歷史古城。這個名稱源自一本旅遊指南，據說德國從這本指南上選擇攻擊的目標。隨即雙方開始以牙還牙，殺到眼紅。4月，英國皇家空軍襲擊羅斯托克，200人喪生；德國空軍摧毀諾里奇和約克的大部分地區。5月，英軍對科隆展開「千機空襲」，這是二次大戰開戰以來最大規模的空襲，接著也對埃森和布來梅進行攻擊（效果稍差）。德國雖

1942年8月，即日軍在中途島戰役失敗後兩個月，日本帝國擴張達到巔峰，版圖接近澳大利亞和夏威夷。上圖是日軍的決定性戰役。

藝術與文化　　書籍：《去吧，摩西》威廉・福克納；《強盜新郎》尤多拉・韋爾蒂；《冬天的故事》伊薩克・迪內森；《有關一場超級騙局的札記》華萊士・史蒂文斯　　音樂：《不要再規避了》埃靈頓和拉塞爾；《不要坐在蘋果樹下》斯特普、布朗和托拜厄斯；《白色聖誕》歐文・伯林；《協奏舞曲》伊格爾・史特拉文斯基；

「我逃出來了，而且我會再回去。」
——麥克阿瑟將軍對巴丹半島部隊的談話

然繼續轟擊英國小型城市，但因在蘇聯惡運連連，軍力越來越少，10月，德國以30架轟炸機對埃特伯雷進行的空襲毫無效果，貝德克空襲落幕。

雖然雙方都損失了數目眾多的飛機和飛行員，但都沒有因空襲轟炸而嚴重削弱戰力。在科隆進行的空襲提高了英軍的士氣，不過，只有480名德國人被殺死；這些城市儘管受到嚴重的破壞，但在兩個星期之內幾乎都恢復如初。然而，邱吉爾對有「破壞效果」的空襲充滿信心，在1943年3月恢復了此類空襲。空襲的高潮是用燒夷彈襲擊德勒斯登，這是同盟國在二次大戰中最駭人、最受爭議的行動之一。

◀1940（1）▶1945（3）

英國人的觀點：失敗的藝術家希特勒打算轟炸倫敦皇家學院。

第二次世界大戰
巴丹和柯里幾多

4 在堅守了很長一段時間後，被圍困在巴丹半島的7萬4千名菲律賓和美國士兵，於1942年春天向日本投降。整個菲律賓群島只剩下馬尼拉灣的柯里幾多島還在盟軍手中。幾個星期前，道格拉斯‧麥克阿瑟將軍撤退後才接任指揮的喬納森‧溫賴特中將，堅守柯里幾多島直到5月，後來因彈盡糧絕，才被迫投降。至此，日本控制了菲律賓群島。

1941年12月8日，日軍第一次

溫賴特在柯里幾多投降的情景，由一位日本佚名藝術家所繪。

空襲菲律賓群島。雖然接到情報部門的警告，麥克阿瑟對這次進攻並無準備：半數的飛機被摧毀，大部分還停在機場上。將軍把指揮部移到柯里幾多島，把部隊調到其後方的巴丹，宣佈馬尼拉為不設防城市。儘管如此，日軍仍空襲馬尼拉，並在1月2日進駐當地。

麥克阿瑟將軍向受困在巴丹的士兵保證，援軍已經出發。事實上，什麼也沒有。這位臉部稜角分明的指揮官，由於在柯里幾多島上的英勇表現（他經常用他的左輪手槍射擊日本零式戰鬥機）而備受美國媒體崇拜。他的部屬飽受疾病、營養不良和敵人砲火等折磨，卻沒有人記得。

2月，麥克阿瑟受命離開，留下部隊。國防部長亨利‧史汀生在華府說：「很多時候，有人必須犧牲。」麥克阿瑟帶著妻子和4歲的兒子航行了901公里，穿過日軍所控制的海域到達民答那峨島，然後再飛抵澳大利亞。言論常常被引用的麥克阿瑟，發表了他這一生中最著名的聲明：「我逃出來了，而且我會再回去！」◀1941（1）
▶1944（8）

第二次世界大戰
杜立特空襲東京

5 這是富蘭克林‧羅斯福的主意：空襲日本以報復珍珠港事件。1942年4月，詹姆斯‧杜立特中校從「大黃蜂號」航空母艦上起飛，帶領一支美國轟炸機中隊襲擊東京、橫濱和其他城市的軍事目

標。由於日本海軍巡邏艦隊把同盟國的航空母艦攔阻在離海岸805公里以外，超出標準海軍飛機所及的範圍，因此杜立特和其隊員選擇典型以陸地為基地的B-25轟炸機。襲擊者在雷達無法偵測到的高度猛烈攻擊，杜立特後來談道：「飛機低飛到可以看見人們臉上的表情。我應該說，這是一次激烈的突襲。」

杜立特在1942年完成一次鼓舞士氣的飛行使命。

16架飛機都到達攻擊目標，但沒有一架返回，因為沒有足夠的汽油回航，只好繼續向西飛行，一架墜毀在海參崴附近，機員獲救，但被扣留一年多。有兩架落在日本領土，剩下的落在中國。5位在用降落傘降落時被殺，3名以上被日軍俘虜並處死。杜立特（在一次大戰獲頒動章的飛行員，好幾項飛行速度紀錄的保持人，並在麻省理工學院獲得博士學位）則平安歸來。他被拔擢為空軍准將，並授予「國會榮譽勳章」。

雖然這次空襲在戰略上無足輕重，但是卻激勵了低落的同盟國士氣：日本絕對不是堅不可摧的。

◀1942（1）▶1945（3）

1942

「今天，我們站在離亞歷山卓和開羅僅80公里的地方，控制著通向整個埃及的大門。」

—— 德國將軍埃爾溫·隆美爾，1942年10月3日的記者會

1942年新事物

- 火箭筒
- 汽油彈
- 凱洛格葡萄乾

- K號口糧（由芝加哥里格利公司包裝）

美國萬花筒

棒球得到了核准

棒球委員會凱納索·蒙頓·朗斯裁判預測美國戰事的進行會影響到國內的娛樂活動，於是向羅斯福總統提出繼續進行大聯盟球賽的建議。總統在1942年「核准」信中回答：「我真誠地認為繼續進行棒球比賽對國家大有好處。」辛勤工作並被戰爭弄得疲憊不堪的大後方的確需要消遣一下，甚至可以由年老的球員和被軍隊剔除者組成球隊參加比賽。

瑟伯的男主角

那些曾渴望成為叢林探險家或想解救落難少女的人，在詹姆斯·瑟伯的短篇故事《沃爾特·米提的私生活》中可以找到類似的角色。瑟伯的男主角是一個默默忍受妻子作威作福的丈夫，他夢想著逃離他那位愛挑剔的妻子，去過一種充滿冒險、更令人興奮的生活。

格拉貝爾的美腿

像所有精明商人為保護一個無價之寶會做的那樣，20世紀福斯公司為好萊塢美女貝蒂·格拉貝爾的腿在倫敦的勞埃德保險公司投保100萬美元。格拉貝爾的修長美腿使她的玉照成為美國士兵最喜歡的「美女照片」，他們說這些大受歡迎的相片使他們知道為什麼而戰：長腿美女。「美女照片」成為一種戰爭現象，到1943年止，每個兵營的牆上都貼滿這種照片。

在特雷布林卡死亡集中營的拘留犯，這裏有將近80萬猶太人被殺。

大屠殺

種族滅絕政策

6 1942年1月20日，納粹高級官員在柏林城外的大萬塞召開會議，討論「猶太人問題的最後解決辦法」，在此之前的「解決辦法」（指種族滅絕）還未能完全協調好。特遣部隊正在射殺從波蘭和蘇聯抓來的成千上萬猶太人，但這種方式需要太多的人力和彈藥，而且參與的部隊常會精神崩潰。納粹控制地區的猶太人大多已經送往集中營或猶太人區，但其最終命運仍然是個未知數。

萬塞會議由黨衛隊副頭目萊因哈德·海德里希主持，確立將歐洲所有的猶太人送往東方國家的集中營，身強體健的猶太人將成為奴隸（由黨衛隊頭子亨利克·希姆萊負責）。來自佔領區的奴隸勞動力是德國經濟不可缺少的，因為大部分勞動力都應召入伍，有額外的人力當然更好。另外，奴役猶太人有另一個好處：就像海德里希所說，許多猶太人將「無疑地被自然淘汰」。挨餓、過度疲勞、被遺棄和缺少衛生設備是集中營的「自然」環境。

不能勝任工作的人都將被「適當地處理」。會議記錄上沒有確定這句話的含義（雖然所有出席者都明白）。不久，特定集中營的猶太人以及吉普賽人、共產主義分子、同性戀者、和其他「不良分子」，全都被毒氣集體殺害，然後焚化。

◀1939（18）▶1943（1）

第二次世界大戰

歐洲的美軍

7 1942年初，美國在太平洋以外的戰場上所扮演的角色還模糊不定。1月，羅斯福和邱吉爾在華盛頓的談話（阿卡迪亞會議）就某些重要的議題達成了協議。英美兩國的司令官將在新的參謀長聯席會議領導下共同作戰。美國並會在不久後協助英國在北非登陸。不過，歐洲的解放將會是最優先考慮的事項。

4月，羅斯福力勸邱吉爾放棄進攻北非的想法以利於秋季在法國登陸。邱吉爾最初同意了，然後又覺得這項行動為時過早。6月，他再度拜訪羅斯福，為在北非採取行動施加壓力。美軍將領（由美國駐歐洲部隊司令德懷特·艾森豪少將領導）表示反對，但拗不過邱吉爾的頑固。由於開闢「第二戰線」無限期擱置，損失最大的是史達林，他主張在西線作戰，把德軍趕出俄羅斯。

計畫揮軍歐洲所面臨的問題是：美國空軍從未遭遇希特勒的空軍。英國戰略學家認為美國空軍的「飛行堡壘」轟炸機慢到無可救藥，武器裝備又差。8月，第一批全部由美國人組成的飛行中隊攻擊德軍控制的法國盧昂鐵路調車廠，雖然發生鴿子撞壞擋風玻璃造成兩名飛行員受傷的意外，基本上這還算是一次成功的任務。不過，真正的考驗是在1943年，此時英、美聯軍開始空襲德國。◀1941（5）▶1942（9）

第二次世界大戰

托布魯克和阿拉曼

8 1942年1月，英軍把隆美爾的非洲軍團和的義大利的援軍逼到利比亞西部。但是隆美爾隨後反擊，強迫對手東撤354公里。在加札拉城外開始一場殘酷的戰

這張海報敦促北非軍隊用偽裝「困惑德國人」。

鬥。一開始，英國有700輛坦克，隆美爾有525輛。但是不到兩個星期，比例變為英國70輛，隆美爾150輛。英軍落荒而逃，退回埃及，棄守利比亞的重要港口托布魯克要塞。

隆美爾只花了4天就佔領這座城市（包括俘虜3萬3千人）。溫斯頓·邱吉爾在好不容易通過議會的不信任投票後，任命中東地區總司令克勞德·奧金勒克爵士直接指揮北非第8軍團，撤換指揮官奈爾·里奇中將。在奧金勒克指揮下，英軍撤退到埃及城鎮阿拉曼。

美國波音B-17轟炸機，即知名的「飛行堡壘」，正飛往法國。

CAMOUFLAGE NETS. Baffle the Hun

體育 棒球：世界大賽，聖路易紅雀隊以4勝1負擊敗紐約洋基隊　美式足球：NFL，華盛頓紅人隊以14:6擊敗芝加哥熊隊；唐·哈德森（綠灣隊）以138分創下NFL當季得分記錄　拳擊：因衛冕冠軍的喬·路易入伍，世界重量級的冠軍賽暫停。

「這種污穢消除得越多，帝國就越安全。」
—— 納粹宣傳部長約瑟夫·戈培爾在對利迪西報復行動時的講話

隨著隆美爾逼近尼羅河，墨索里尼飛往的黎波里，計畫帶著軍隊進入開羅。但是，阿拉曼的第一場戰役粉碎軸心國迅速佔領埃及的希望。由於士兵疲憊不堪，補給短缺，隆美爾到8月時已陷入困境。謹慎的奧金勒克堅持延到9月才反攻，邱吉爾因此將他免職，任命哈羅德·亞歷山大大將軍為地區指揮官，伯納德·勞·蒙哥馬利將軍為第8軍團司令。

蒙哥馬利反而延遲到10月23日才進攻。此時英國的武裝力量擴增至23萬人和1230輛坦克，德、義聯軍只有8萬人和210輛同級坦克。阿拉曼的第二次戰役開打時，隆美爾正在奧地利養病。他在兩天後抵達利比亞時，他的坦克已經有一半被摧毀。1943年1月，他的軍隊被迫撤往突尼西亞。◀1941（12）▶1942（8）

第二次世界大戰
「火炬」行動

9 一支幾乎全由美國人組成的10萬人軍隊，1942年11月8日在法國殖民地摩洛哥和阿爾及利亞登陸，11月25日在突尼西亞登陸，從西側給非洲軍團壓力，同時英國軍隊從東側夾擊。「火炬」行動試了法國維琪政府中立政策的極限。

貝當元帥為此斷絕與華府的關係，同時命令部隊反擊。但是只抵抗兩天，摩洛哥的法軍同意停戰，阿爾及利亞則幾乎沒有抵抗。只有突尼西亞，在德國軍隊的防禦下，堅守到1943年5月。

登陸行動開始時，維琪政府的最高司令尚-法朗索瓦·達爾朗海軍上將正造訪阿爾及利亞。達爾朗雖然表面上親德，私底下卻支持同盟國，但此次行動讓他大吃一驚。這個地區的法國軍隊有些忠於貝當，有些傾向戴高樂，還有些忠於美國支持的亨利·吉羅將軍。在這一團混亂中，達爾朗在11月9日下令停火。

次日，為了阻止維琪政府立場更加偏離，希特勒下令進攻先前未

達爾朗與美國人達成協議後，貝當（左）宣佈與達爾朗劃清界線。

佔領的法國南部。此種羞辱讓阿爾及利亞和西非的法國指揮官贊同達爾朗與美國人的協議：以承認達爾朗為法屬非洲的政治領袖作為交換，達爾朗則承認吉羅的軍事權力。11月27日，心懷報復的德軍企圖攻取停駐土倫的法國艦隊。為擺脫納粹的控制，尚-約瑟夫·德·拉博德海軍上將下令鑿沉戰艦。

達爾朗不久被法國保守主義分子謀殺，由吉羅接替其職位。維琪政府失去非洲帝國和海軍，也沒有任何希望獲得希特勒的特殊對待。◀1941（2）▶1943（4）

第二次世界大戰
納粹殘酷報復

10 在納粹統治的地區，對反抗運動的懲罰都極為蠻橫殘忍（特別是在斯拉夫國家裏，當地人被看作是下等人）。最為惡名昭彰的懲罰行動發生在1942年6月，當時德軍為了報復黨衛隊副頭目萊因哈德·海德里希遇刺，剷平了捷克

的利迪斯村。

作為「最後解決」的主要籌劃者，海德里希素有「劊子手」的封號。他還有一個頭銜是波希米亞和摩拉維亞的德國庇護者（擔任捷克的「庇護者」）。5月27日，三名捷克的反抗運動分子（由英國的情報單位用降落傘送到這個國家）在布拉格用自製的炸彈伏擊海德里希座車，海德里希被炸成重傷。德國立即進行報復：在薩克森豪森集中營殺害數百名猶太人，動員兩萬名士兵和警察搜查捷克人的房屋，只要有人受到指控協助謀殺，全家都被槍斃。一星期之後，海德里希不治死亡，3千多名猶太人被送進以他命名的毒氣室。

但是屠殺猶太人已經不稀奇，納粹領導人想要有更驚人的表現。他們把目標定在利迪斯，因為蓋世太保宣稱反抗分子在這裏短暫停留過。6月9日，村子裏所有15歲以上的男性村民200人，以10人為一組輪流進行槍決。婦女和兒童運往集中營，除了8名小孩要「德意志化」乃交給黨衛隊家庭撫養（全村在戰後只發現16名倖存者）。村莊被焚毀並用推土機夷為平地，然後在上面種植農作物。德國的宣傳人員在全世界到處吹噓此項作為。由於一名同夥無法承受報復行動而洩密，伏擊「劊子手」的刺客很快被逮捕並遭到處決。◀1942（6）▶1944（邊欄）

黨衛隊的軍官在利迪斯視察成果：把村莊夷為平地來為「劊子手」報仇。

婦女參戰

當國會在1942年5月14日建立陸軍婦女輔助隊（WAAC）時，軍隊中的兩性平等待遇又往前邁進一步。在WAAC（1943年，婦女獲得完全平等地位時改為WAC，陸軍婦女隊），海軍的

WAVES（婦女參與自願救護服務）及其他機構的女性編制人員中，共有35名婦女參加了除戰鬥外的各種勤務活動。

食物配給開始

在國內，美國在1942年開始準備決心打贏戰爭。糖的定量配給在5月開始，咖啡在11月29日，汽油在幾天後，肉品在1943年，接著，麵粉、魚、罐頭食品都受到

限制。因為蔬菜短缺，家庭菜園在各處興起。部分是由於對西岸日裔美國人的拘留，加州三分之一的農產品都是由他們生產的。

電影的破壞

1942年，正是RKO（雷電華公司）全權委任奧森·威爾斯拍片（他完成了《大國民》）3年之後，電影製片廠接管原可能成為其代表作的《偉大的安柏森》，並把它修改得支離破碎。由於害怕這部電影的賣座不好，RKO重新拍攝了電影中的部分情節，總共刪減了43分鐘，而此時威爾斯正在阿根廷為政府拍攝一部片子。威爾斯原作的131分鐘版本沒有電影拷貝留下來，但是對影迷來說，這部電影仍然「可能會是」最偉大的作品之一。甚至被修改後的版本依然被認為是非常出色的。這位天才神童的電影生涯從此便一直不是非常的順利。第二年，RKO打出新的標語：「以演出技巧來代替天才」。◀1941（11）

1942

「史達林格勒保衛戰後，我們會冷酷無情，討回公道。」

—— 蘇聯戰地記者康斯坦丁‧西蒙諾夫

二戰風雲

突擊隊的襲擊

3月28日，在大膽的「戰車行動」中，英國突擊隊襲擊了在法國聖納澤爾的德國海軍設施。突擊隊員將一艘舊的美國驅逐艦滿載炸藥，讓它衝上聖納澤爾的海上閘門，撞毀大西洋的重要乾船塢，使其在戰爭的剩餘時間裏無法使用。大約400名的突擊隊員和英國水兵在這場突襲中喪生，100多名被俘。德軍方面也損失了400人。

巴丹死亡行軍

1942年4月9日，同盟國的「巴丹戰鬥孤兒」投降，日軍司令部強迫7萬6千名美國和菲律賓士兵進行105公里的殘酷行軍，走到一座監獄集中營。因痢疾和饑餓而非常虛弱的5千名菲律賓士兵

和600名美國士兵死在行軍途中，許多人在走不動時被刺刀刺死，其他人則被隨意折磨死。只有5萬4千名戰俘完成這次恐怖的徒步行軍（1萬人逃入叢林）；在這些人中，又有1萬7千名餓死在集中營裏。

佔領馬達加斯加

1942年5月7日，英國和南非的軍隊在馬達加斯加登陸，打敗維琪政府的守軍，並攻佔迪戈蘇亞雷斯港。由於日本曾在1941年與維琪法國達成一項協議，同盟國的行動是為了阻止日本奪取這個島嶼並把其作為印度洋上一個重要基地。

將軍脫險

法國的亨利‧吉羅將軍曾被德軍俘獲過兩次：一次是在第一次世界大戰中，另一次在第二次世界大戰初期。1942年4月，63歲的吉羅從柯尼希施泰因監獄城堡中勇敢地逃了出來——用一根繩子從牆上滑下來。他偷渡出德國，很快成為同盟國法屬非洲的軍事領導人。

蘇聯軍隊在瓦礫遍佈的史達林格勒。到11月，饑餓的德國士兵開始吃自己的馬匹。

第二次世界大戰

蘇聯的倖存

⑪ 到1942年3月，在蘇聯一些戰區，紅軍的反擊已經迫使希特勒的部隊後撤241公里，但是蘇聯付出400萬人的慘重代價，德軍只損失100萬。5月，侵略者重整旗鼓，向克里米亞進軍。6月，他們襲擊斯摩稜斯克，經過幾個星期的戰鬥，斯摩稜斯克陷落。月底，希特勒開始進攻俄國南部，企圖奪取高加索山區的石油，爆發第二次世界大戰最大的戰役——史達林格勒攻防戰。

史達林格勒（現稱伏爾加格勒）是個工業城市，沿著伏爾加河綿延48公里，其重要性在於精神象徵：城市以蘇聯領導人為名，史達林將這次戰役視為他生命的保衛戰。弗雷德里克‧馮‧保盧斯元帥率領30萬名士兵在8月19日開始進攻，蘇聯軍隊在瓦西里‧崔可夫將軍領導下奮勇抵抗，不過德軍很快突破郊區防線，砲火炸毀城市中大部分的住屋。居民只好遷移到附近的山洞，冒著生命危險幫助守城將

士。9月中旬，崔可夫的軍隊被圍堵在一條長15公里、寬5公里的狹長地帶，但他們仍奮戰德軍，死傷十分慘重。

11月時，100萬蘇聯軍隊在格奧爾吉‧朱可夫元帥的領導下前來解圍。他們包圍國軍並擊退援軍。馮‧保盧斯不顧希特勒的命令，在1943年1月31日和24名將軍與9萬1千名飢寒交迫的士兵一起投降。幾天後，蘇聯的另一次反擊收復德軍在春季佔領的所有地區。希特勒沒有因此結束在蘇聯的征戰，不過史達林格勒戰役是個轉捩點：德國一次重大的挫敗，證明蘇聯人已從過去的失敗記取教訓。◀1941（8）▶1943（2）

第二次世界大戰

維琪政府的交易

⑫ 1942年4月希特勒逼迫獨裁者亨利‧貝當元帥任命皮埃爾‧賴伐爾為總理，使得法國的政治陷入緊張狀態。貝當遵循法西斯路線建立維琪政權，部分原因是要對其保護國德國姑息（德國已佔領法國大部分地區，拘留成千上萬的法國戰俘）。他把國家的宗旨「自由、平等、博愛」變為「工作、家庭、祖國」，制訂反猶太人的法律並囚禁異議分子。不過他維持了一點自主權——法國保持為非交戰國，並私下說服佛朗哥拒絕軸心國部隊借道西班牙。

賴伐爾在維琪政府成立最初幾個月擔任副總理，後來圖謀反抗貝

美國漫畫家筆下的法國新總理皮埃爾‧賴伐爾。

當遭到罷黜。他遠不如貝當（他是一次大戰的英雄，對德國鞠躬哈腰，裝得很忠誠愛國）受歡迎，但是賴伐爾要求和德國建立更親密的合作關係而受到希特勒的賞識。

新總理上任之後，貝當的權力大大地削減，德國給維琪政府施加更大的壓力。法國開始支付佔領者的費用。此時的農場和工廠被迫將收入的80%貢獻給德國。賴伐爾為了讓德國釋放一些戰俘，同意派工人到德國，並且圍捕猶太人，送往集中營。

7月，共有1萬3千名猶太人集中在巴黎的一處運動場，等待不幸的命運降臨。儘管賴伐爾曾規定只有外國出生的猶太人會被遣送，但是還是有2萬3千名法國猶太人才在戰爭結束前被驅逐。◀1940（7）▶1943（6）

文學

荒誕的謀殺

⑬ 1942年的巴黎實在不是發表處女作的好地點。然而《異鄉人》還是讓29歲的阿爾伯特‧卡繆成為法國大作家，爾後揚名世界。戰後這本書陸續在美國和英國出版。書中的主角梅爾蘇特是一名法屬阿爾及利亞人，他毫無動機地

殺害一名阿拉伯人，並否定善意謊言和撫慰人心的信仰可幫助多數人抗拒存在的荒謬，皆在維琪時代的法國引起共鳴。許多讀者表面上接受法西斯主義和軍事政府，對梅爾蘇特的疏離、苦悶，以及對日日偽善的憎惡感同身受。

卡繆這種宇宙缺乏重要意義的觀點，並沒有讓他鬆懈絕望。他與人合辦地下反抗組織報紙《戰鬥報》；法國重獲自由之後，他成為關切正義與道德超過政治理論的左派人士發言人。《薛西弗斯的神話》也是他在1942年發表的文章，是他的哲學精華。薛西弗斯受眾神懲罰，永無止境地把大石頭推上山頂，又眼睜睜看它滾下山。雖然沒

1942

「第一次，我第一次對宇宙善意的冷漠敞開心扉。」
—— 阿爾伯特·卡繆的《異鄉人》

有希望，但他確實有掙扎與自覺，而這正是人所需的意義。

在反抗組織中，卡繆和存在主義思想家尙-保羅·沙特一起工作，後來他自己也標榜爲存在主義者。但是卡繆反對沙特對共產主義的妥協，蔑視馬克斯主義及基督教的教條。他在獲得1957年諾貝爾獎的3年後，很荒謬地因車禍喪生。▶1943（10）

第二次世界大戰
瓜達卡納島之戰

(14) 同盟國在太平洋的反擊從1942年8月7日開始，美國海軍陸戰隊1萬6千名士兵在所羅門群島的瓜達卡納島登陸，攻佔日軍的機場。這座距離澳大利亞1609公里，位於珊瑚海上，人口稀少的小島，在接下來的6個月是二次大戰最慘烈的戰場。到1943年2月日軍投降時，共損失了2萬1千名士兵（一半是病死和餓死的），美軍損失2千人，澳大利亞爲1千人。

「這是一場前所未聞的激烈戰鬥」，一位美國士兵在戰役中寫道：「這些人拒絕投降。」由於是近距離戰鬥，而且經常是肉搏戰，這場戰役極其野蠻。日軍在同盟國軍隊剛登陸時就失去了簡易機場，

隨後在島周圍挖壕固守，頑強抵抗，常常戰鬥到最後一兵一卒。陣地被攻破時，許多人寧願自殺，也不願被俘。9月，美國援軍在瓜達卡納島登陸，擴大美軍控制區。一個月之後美國海軍在密碼情報的協助下（這個密碼情報提供敵人進攻的實際調動訊息），攔截一支載著援兵駛向瓜達卡納的日本護航艦隊。美國擊沉其中3艘驅逐艦和1艘重型巡洋艦。

接下來的幾個月中，美國的海軍一再阻撓日軍登陸的企圖，常造成人員武器的重大損失。這些海戰證明是具有決定性的，使得被圍困的日軍得不到應有的支援。2月，瓜達卡納島及所羅門群島的所有島嶼都歸屬於同盟國。◀1942（1）▶1944（19）

第二次世界大戰
曼哈頓工程

(15) 羅伯特·歐本海默是高大削瘦的理論物理學家和自由主義者。萊斯利·格羅夫斯准將是體重近136公斤的軍事工程師，政治上右傾。1942年當美軍開始進行核武研究時，這兩位攜手共同主持眾所周知的曼哈頓計畫（以其第一總部所在地命名）。格羅夫斯運用官

僚技巧來協調統籌10萬名工作人員、13個州的37處設施及12座大學實驗室的工作。歐本海默則負責

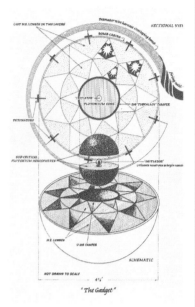

原子彈圖解：棒球大小的鑄球體會產生毀滅性的力量。

領導科學家，把高級研究人員帶到新墨西哥州洛斯阿拉莫斯附近的秘密基地之中。

格羅夫斯那時才剛監管過五角大廈的工程，這是華盛頓特區外一棟五角形，如堡壘般的美國軍事總部。9月，他希望承擔作戰任務，可是卻發現是另一項建設工程。當他問及詳情時，對方回答道：「如果你好好做，這會贏得戰爭。」幾個星期之後，歐本海默提出建立隔離的研究機構，科學家可以在軍警保護下自由地合作。到了年底，這個建築在海拔2256公尺的帕哈里托高原動工。

洛斯阿拉莫斯和其他地方的工作不到3年即達到巔峰：一次破曉前的爆炸，新墨西哥州的沙漠籠罩著一層眩目的光芒。在深達地下10公里的掩體中，歐本海默記起印度經典《薄伽梵》的一句話：「我成了死神，世界的毀滅者。」格羅夫斯比較樂觀，當有人說這次爆炸比星星還亮時，他會指指左右肩膀上的兩顆陸軍准將星說：「比這兩顆星更亮！」不久，他帶著第一顆原子彈誕生的消息前往華盛頓。◀1940（8）▶1942（18）

美國兵工廠

1942年，美國總統羅斯福召生產6萬架飛機，4萬5千輛坦克，2萬門高射砲，及完成600萬噸的載貨量。「羅伯特·皮里」號是在西岸凱撒造船廠製造的1460艘自由輪的第一艘，11月9日下水，3天後準備啓用，即安裝龍骨7天半之後。

澳大利亞的第一次勝利

在新幾內亞叢林艱苦環境下作戰的澳大利亞軍隊抵住日軍的進襲，日軍在9月中旬已前進到離莫爾茲比港52公里處。精疲力盡的日軍往後撤退到戈納和布納。12月9日，澳大利亞軍隊在戈納決定性地擊敗日軍，5天後美軍

在戈納擊敗日軍。作爲同盟國第一次在陸上戰勝日本的戰役，澳大利亞軍隊的堅挺非常關鍵：日軍可能由莫爾茲比港控制珊瑚海並入侵附近的澳大利亞。

相互交流

美國戰略任務處與英國的特別行動局在1942年聯合起來，共同發起反抗運動，雇請1萬1千多名情報人員收集資訊，並在軸心國佔領的國家內支持顛覆活動。儘管兩個組織有摩擦，但後來在艾森豪將軍的領導下聯合起來，成爲同盟國遠征軍最高總部作戰分隊的一部分。

美軍登陸瓜達卡納島。在蛇蟲出沒的叢林裏，面對孤注一擲的敵軍。

1942

「當我們對付高加索人時，我們有辦法來考驗……忠誠。但是，當我們對付日本人時，我們將採取完全不同的方式。」

　　　　　　　　　　　　　　　　　—— 加州首席檢察官厄爾·華倫在遣送日裔美國居民時的講話

環球浮世繪

甘地和邱吉爾對峙

1942年，同盟國對軸心國的反擊已到一個重要轉折點，聖雄甘地大膽假定，作為依從英國戰略上聯合反擊東南亞日軍的回報，英國應讓印度獨立。雖然甘地輕蔑法西斯主義，但反對英、印意識形態的聯合，要求英軍立刻從印度全部撤走。憤怒的邱吉爾立刻監禁整個印度國會，並警告說，他不會成為「了結大英帝國孽債」的首相。◀1939（4）
▶1947（3）

捍衛基督教

劉易斯是劍橋大學研究中世紀和文藝復興時期英語的教授、凡人神學家和科幻小說家，1942年以捍衛基督教的小說《螺旋帶信件》吸引大批讀者。劉易斯小說中的「作者」是位老態龍鍾的魔

鬼螺旋帶，他在寫給姪子苦蘇的一系列信中描述了引誘人的最有效的方式。8年後，在劉易斯的《獅子、女巫和衣櫥》中也顯現出其怪誕的特色，故事背景設在虛構的納爾尼亞，是全系列7本書中的第一本。◀1940（17）

牛津賑災委員會成立

一群牛津大學學者對飽受戰亂的希臘孩子挨餓的困境感到震驚，在1942年成立一個組織，致力提供災難救援來幫助窮困國家。這個組織稱為牛津賑濟委員會（OXFAM），它於二次大戰後在分配和安置難民方面中扮演了重要的角色。◀1941（4）
▶1943（邊欄）

日裔美國人抵達加州的一個拘禁營。

美國

拘禁日裔美國人

16 日本偷襲珍珠港，為美國帶來仇外的浪潮。自1942年，美軍強迫西岸地區的日裔居民遷出家中，將他們安置在內陸的拘禁營。戰爭期間，在日軍入侵的所有威脅都已經排除之後很久，11萬名日裔美國人仍然被扣押在10個監獄般的「安置中心」，生活條件非常簡樸，找工作和受教育都受到很嚴格的限制。

　　第二次世界大戰期間，所有外國人都必須向政府登記，但這項拘禁政策要求拘留者在通知的48小時之內，賣掉房屋和出讓商店，反映

出普遍的反亞裔偏見，在太平洋沿岸尤為嚴重。「驅逐加州附近的所有日本人！」《舊金山考察家報》高呼。雖然沒有日裔美國人做出可疑的事情，而大部分人對拘禁的反應是：決心證明自己愛國。為了考驗忠誠，1萬7600名第二代日裔美國人參加美國武裝部隊，許多人戰績突出。▶1941（1）

科技

核子時代的曙光

18 1942年10月，由移居美國的義大利物理學家恩理科·費米所帶領的一組科學家，在芝加哥大學運動場的看台下建造原子反

藝術

霍珀的孤寂光線

17 愛德華·霍珀否認他企圖以其繪畫作為對當代社會的評論。「我試著畫我自己，」這位出生於紐約的畫家說。然而，從1920年代到1967年去世為止，他捕捉了其他藝術家所沒有捕捉到的現代城市內心的孤寂。霍珀是垃圾桶派創始者羅伯特·亨利的學生，他常以一種孤寂的光線籠罩著畫中主角（就像他在1942年完成的名作《深夜的人們》（上圖）一樣），看起來要把他們圈限於孤獨寂寥之中。◀1908（4）▶1948（邊欄）

應堆（把鈾塊堆積在純石墨磚之間）。在美國努力製造第一種核武的曼哈頓計畫支持下，這些科學家正在試驗一項重要的理論：鈾原子分裂時，釋放的中子可以用於分裂其他的鈾原子，形成自發的「鏈鎖反應」，產生比起始反應所需更大的能量。石墨磚的作用是讓中子變緩，有更大的機率穿透鈾核，而釘在木棒上，用來吸收中子的鎘條，在反應太快時可以插入，反應太慢則拉出。

　　當工作人員把石墨層層堆高，中子的強度則增加。12月1日，6公尺高的反應堆到達「臨界」。隔天，費米小組慢慢地把鎘控制棒

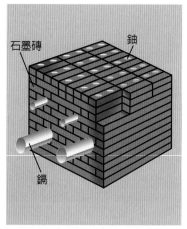

費米核反應堆，現代核子反應器的始祖，是製造原子彈的關鍵。

拿掉，做完每個步驟就暫停一下，測量放射性增加了多少。義工拿著大量的鎘溶液在上方觀察，一旦反應失控，他們就把溶液潑灑在反應堆上。

　　終於在下午2時20分時，成功地達成一次鏈鎖反應。一位觀眾觀察到儀器指示有淨能量外流。在發出半瓦功率的28分鐘之後，反應堆平息下來。芝加哥大學的物理學家阿瑟·康普頓打電話給另一位曼哈頓計畫的科學家、哈佛大學的校長和國防研究委員會主席詹姆斯·科南特，用預先安排的代號宣佈說：「義大利的航海家剛剛登陸新世界。」科南特問：「當地的人和善嗎？」康普頓回答說：「每個人都是安全而愉快地上岸。」◀1942（15）
▶1945（1）

「巴黎永在你我心中」

《北非諜影》，華納公司，1942年

《北非諜影》的西班牙文海報。流亡的演員——包括保羅·韓瑞、彼得·洛利和康拉德·法伊特——為好萊塢式的電影技巧中增添一絲真實感。下圖是亨佛萊·鮑嘉和英格麗·褒曼。

《北非諜影》無疑是二次大戰中最了不起的電影，曲折浪漫的劇情打動人心。由亨佛利·鮑嘉飾演李克，一位在飽受戰亂的摩洛哥憤世嫉俗的酒館老闆；英格麗·褒曼飾演其舊情人伊莎，主題曲「時光流逝」（是他們請李克的鋼琴師山姆演奏的），以及令鐵石心腸也動容的自我犧牲的高潮戲，這部由麥可·寇蒂斯執導的間諜故事加上失意愛情，用影評家安德魯·薩里斯的話是：「巧合的極致」。幕後的諸多曲折和票房的成功成了強烈的對比：製作上有很多問題，劇本（茱麗斯和菲利普·愛潑斯坦和霍華德·寇克執筆，由另外4位劇作家改編）在開拍之後還在拼命修改。電影於1942年感恩節在紐約上映，恰好是在同盟國登陸摩洛哥的兩星期之後。影片總結了那個時代，並且指明了大戰後電影的出路。下面是摘自電影的結局，李克懇求伊莎和她擔任反抗軍領袖的丈夫一起飛往安全地帶。

▶1945（7）

李克：路易，叫你的人跟著雷滋洛先生，看好他的行李。

雷諾：當然，李克，我會照你所說的辦。去找雷滋洛先生的行

1942

李，送上飛機。

傳令兵：是，長官。請往這邊走。

李克：如果你不介意的話，請填一下名字，這樣比較正式。

雷諾：你考慮得真周到，嗯？

李克：名字是維克多·雷滋洛先生和夫人。

伊莎：可是，為什麼填上我的名字？

李克：因為妳要上飛機。

伊莎：我不懂，那你呢？

李克：我們留在這兒，直到飛機安全離開。

伊莎：不，李察，不！你怎麼了？昨天晚上，我們說——

李克：昨晚我們談了很多。妳說，我應該為咱們倆考慮。嗯，從那時起我想了很多，總結起來只有一個結論。妳應該和維克多一起上飛機，這是妳的歸屬。

伊莎：可是，李察，不，我，我——

李克：現在妳得聽我說，妳知道待在這兒會怎麼樣嗎？十有八、九我們都會被關進集中營，是不是？路易？

雷諾：恐怕斯特拉瑟上校會堅持這樣做的。

伊莎：你們這樣說，只是要我走。

李克：我這樣說是因為這是實情，我倆都清楚，你是屬於維克多的，你是他工作的一部分，讓他能夠奮戰不懈。如果飛機起飛了，而妳卻沒有跟他走，妳會後悔的。

伊莎：不會的。

李克：可能今天不會，明天也不會，但不久以後，妳會後悔。

伊莎：我們呢？

李克：我們會永遠擁有巴黎。我們曾失去過，一直到妳來到卡薩布蘭加。昨晚我們又再度擁有。

伊莎：我說過我永遠不會離開你的。

李克：妳永遠不會。但我有工作要做，我要去的地方妳不能去，我要做的妳不能參與。
伊莎，我並非故作崇高，但不難發現，在這亂世，3個小人物的問題是微不足道的，總有一天妳會明白。
好了，好了，全看妳了，親愛的。

「在飢餓的驅使下，我們在黑夜裏匍匐爬行，像老鼠般地在瓦礫下到處扒尋
麵包皮或馬鈴薯皮。我的力氣逐漸衰竭，而身上也充滿潰瘍。」
—— 某位從下水道逃生的華沙猶太區起義者如是說

年度焦點
華沙猶太隔離區起義

① 1943年華沙猶太隔離區之所以發起一場毫無希望起義的心理因素，可由一名參與者的日記中找到端倪，猶太復國主義運動的組織者赫什·貝林斯基寫道：「我們不能指望任何人；既不能依靠蘇聯，也不能依靠盟國。就讓我們孤注一擲的行動成為對這個世界的一種抗議吧。」

幾個月來，德國人正慢慢將被封閉的隔離區內約50萬名猶太居民送到特雷布林卡滅絕集中營。由於殺

華沙起義後，一隊納粹士兵正將隔離區內倖存者押往死亡集中營。

死任何一個德國人都將招致血腥報復，故大多數猶太人乃儘可能地遠離那些侵略者，另外一些人則為了生存而不惜與德軍勾結。但每天經由飢餓、疾病和隨意槍殺仍會奪去幾百人的性命，再加上被納粹宣稱是愉悅之地的特雷布林卡卻傳來遍佈毒氣室的消息，使得越來越多的猶太人開始感到已無路可退；於是部分人乃藉由走私他們能買到或偷來的武器以組成半軍事化團體，而波蘭地下組織也斷斷續續的加以協助。

第一次武裝反抗發生在1月，當時50名德軍正包圍一群猶太人並企圖將其押上船，運往死亡集中營，卻被反抗者殺死；不過猶太人也為此付出了一千條人命。趕來支援的兩千名德國士兵接著在4月19日（逾越節）開始將剩下的6萬名猶太人驅出隔離區，結果又遭到1500名飢餓的猶太男女反擊；他們持手槍、手榴彈、莫洛托夫燃燒彈及兩三挺輕機槍，和德軍的坦克、榴彈砲、毒氣和火焰噴射器對峙數星期之久，並擊斃幾百名德軍。

當指揮部在5月8日被包圍時，許多僅存的起義者寧願自殺也不願被俘；部分人藉由下水道逃到「雅利安人」居住區，一些波蘭的同情者在此對其伸出了援手；至於其他多數人不是被當場擊斃就是被叛徒出賣。之後戰鬥又持續至少8天以上。當事件結束後，在華沙剩下的猶太人不是被殺，就是被驅逐或躲藏起來。這次行動的指揮官精衛隊（SS）少將朱爾根·施特魯普命令炸毀這個城市的猶太教大教堂，並在報告中寫道：「猶太區已經不存在了。」◀1942（6）▶1944（10）

第二次世界大戰
規模最大的坦克戰

② 紅軍在以史達林格勒的勝利和反攻高加索區迎接1943年的到來後，又於1月18日在納粹對列寧格勒的封鎖線上突破一個缺口，終於為這個被圍困數月的城市運進一些救濟物資。但德軍仍沿著2897公里長的蘇聯邊境布署重兵；希特勒於3月再次奪回卡爾可夫和貝哥羅後，接著在7月5日又遣軍向突出於庫斯克區域軸心國戰線的紅軍發動進攻。

庫斯克戰役是有史以來最大的一次坦克戰，德軍出動90萬人和3千輛裝甲坦克（包括史上最大的新型「虎式」坦克）對抗火力相當的蘇軍；戰場上到處瀰漫的濃厚硝煙甚至使雙方都無法使用戰鬥機。由於紅軍的坦克在機動性及可靠性方面略勝一籌，而德軍爬行於泥濘和地雷區中的龐然大物又常因通風孔遭火焰噴射器襲擊而毀損，使得德軍於一週後在紅軍追擊之下開始敗退。儘管雙方都損失了將近一半的坦克，但是挾著強大生產力的蘇聯顯然比日漸窘困的德軍更能夠承受損耗。

在希特勒於7月17日下令停火，但是蘇軍仍大力挺進；哈爾科夫和貝爾哥羅德在8月底又重回紅軍手中，德軍則在不久後又丟了斯

陸軍元帥弗雷德里克·馮·保盧斯在史達林格勒投降。

摩稜斯克和高加索。11月份，尼古拉·瓦圖丁將軍的部隊收復被佔領兩年的基輔。儘管在蘇聯國土上的戰鬥仍持續當中，但希特勒企圖奴役斯拉夫人並使其土地成為雅利安人殖民地的夢想卻已然破滅了。
◀1942（11）▶1944（3）

第二次世界大戰
卡廷森林大屠殺

③ 1943年4月，德國佔領軍在靠近蘇聯斯摩稜斯克城的卡廷森林挖出埋有4400具波蘭軍官屍

德國邀請外國報界前往被挖出的卡廷墓地。圖中地上躺滿了受害者僵硬的屍體。

體的墓地，受害者均以下跪姿態被從腦後射殺。在納粹譴責蘇聯這種屠殺行為的同時，蘇聯則反控納粹，並堅稱那些軍官在德軍兩年以前入侵時就已在這個地區工作。

波蘭官方早就想知道在蘇聯1939年佔領波蘭東部時，所俘虜的1萬5千名軍官之下落。當德軍在1941年進攻蘇聯時，流亡的波蘭政府同意在蘇聯境內組織一支反納粹部隊，但波蘭指揮官要求蘇聯從戰俘營中釋放被俘軍官。不過蘇聯辯稱不知道他們的下落。

卡廷森林的發現似乎揭開了這個謎團，特別是在波蘭紅十字會調查人員確認那些軍官死於1940年之後。（證據包括屍體口袋的編號以及一些農民指證曾看到蘇聯祕密警察將那些官兵載入廂式貨車內。）但蘇聯拒絕批准國際紅十字會進行研究的要求，並指控波蘭人和希特勒勾結。

「在盎格魯撒克遜的威脅於西方不斷增長的同時，我懷疑不斷在俄國遼闊地域進行持續戰爭是否太過冒險。」
— 本尼托‧墨索里尼對希特勒忽略地中海威脅而熱衷於蘇聯戰場提出看法

事實上史達林一直在尋找藉口來分裂位於倫敦的波蘭流亡政府，企圖代之以蘇聯資助的「國家委員會」；而他在卡廷事件爭論開始後不久便實現了此一目標。在其後近50年間，他的後繼者（包括波蘭的共黨政權）一直否認蘇聯應對這次屠殺負責。直到1990年，莫斯科才承認此事係史達林手下所為；他們同時謀殺了另外一萬名波蘭軍官，但屍體從未被發現。◀1939（3）▶1944（6）

第二次世界大戰
同盟國在北非獲勝

4 1943年5月7日，哈羅德‧亞歷山大將軍從突尼斯致電溫斯頓‧邱吉爾說道：「敵人的所有反抗都已停止，我們現在是北非海岸的主人了。」而德軍則在兩天後正式投降。這次艱苦開展的突尼西亞戰役由英國肯尼士‧安德森將軍率盟軍第一軍團在1942年11月

盟軍在突尼西亞的攻勢。德軍於5月9日投降，而盟軍則在7月在義大利海岸展開登陸。

的登陸拉開序幕，大部分美軍部隊發現德軍的抵抗比預期中頑強；其中最糟的是，當隆美爾的「非洲軍團」於1943年2月在凱薩琳山口擊敗經驗不足的美軍後，大約有2400名士兵投降。

經過這次挫敗，美國大兵從英國軍官那兒接受了一些特殊訓練，而暴躁的喬治‧巴頓則成為新的美軍指揮官。由於戰線拉得太長，非洲軍團旋即被迫從凱薩琳山口後撤，而最近剛把隆美爾部隊逐出利比亞的蒙哥馬利第8軍團也從東面封鎖其退路。雖然隆美爾試圖進行反擊，但仍在損失50輛坦克後撤

退，並且於3月9日虛脫疲憊地回到德國，懇求希特勒放棄北非戰場；不過他在被斥為懦夫之後遭到解除指揮權。

德義聯軍在漢斯‧朱爾根‧阿尼姆將軍的指揮下撤退到比塞大和突尼斯，並在兩座城市周圍的環形防禦圈內堅守了幾個星期。不過當盟軍在5月6日發起總攻擊後，突尼斯隨之在次日落入英軍之手，而美軍和自由法國部隊也佔領了比塞大‧阿尼姆和25萬名士兵最後一起被俘。由於北非脫離軸心國的控制，同盟國船隻在地中海已可通行無虞；換言之，可以開始進攻西西里了。◀1942（9）▶1943（5）

第二次世界大戰
進攻義大利

5 被艾森豪將軍稱為「解放歐洲大陸序幕」的西西里戰役，在出乎軸心國指揮官意料的情況下於1943年7月10日展開；在此之前，一具穿著英軍制服的屍體帶著假的作戰計劃漂流至西班牙海岸，成功地達到誘騙目的。隨著美國的空降部隊在黎明前於島嶼南端著陸，同盟國步兵隨後掩至。雖然進攻者遭到撤退中的德軍以猛烈砲火反擊，但義軍卻成群地投降，而

當地民眾則給予熱烈歡迎。美軍在巴頓率領下於7月22日佔領了巴勒摩，並於3個星期後在美西納和蒙哥馬利的英軍會師。至此，已有10萬名軸心國部隊逃往本尼托‧墨索里剛被解職的義大利本土。

當人民被無望的戰爭拖得精疲力盡時，對獨裁者的不滿便爆發出來；但苦惱的墨索里尼由於害怕希特勒發怒而拒絕投降。在法西斯黨的大議會於7月24日將墨索里尼罷黜後，翌日維多利歐‧伊曼紐爾國王便將其軟禁在家裏，由曾在20年代反對墨索里尼的高齡戰爭英雄馬歇爾‧彼得羅‧巴多格里歐元帥組織新政府，並立即與同盟國進行祕密談判。當蒙哥馬利的軍隊登陸本土後，義大利在9月3日宣佈投降；艾森豪則在5天後將這個消息公諸於眾。

儘管如此，義大利戰爭仍在持續中；納粹的突擊隊救出墨索里尼之後在阿爾卑斯山腳下建立了一個傀儡「共和國」；同盟國部隊雖然沿著義大利半島推進，但遭到德軍頑強抵抗；而希特勒的部隊則在空襲下繼續據有羅馬。至於德軍在該年底橫亙義大利中部所建立的一條防線更使盟軍受阻達數月之久。◀1943（4）▶1944（5）

在離開突尼西亞後，同盟國士兵繼之猛攻一個被撤退中軸心國部隊作為據點的西西里火車站。

誕生名人錄

亞瑟‧艾許　美國網球球員
諾蘭‧布什內爾　美國發明家
凱薩琳‧丹妮芙　法國演員
勞勃‧狄尼洛　美國演員和導演
鮑比‧費希爾　美國西洋棋手
喬治‧哈里森　英國音樂家
胡立歐‧伊格萊西亞斯
　西班牙歌手
米克‧傑格　美國歌手和作曲家
珍妮絲‧喬普林　美國歌手
尚‧克勞德‧基利
　法國滑雪運動員
比利‧瓊‧金恩　美國網球球員
詹姆斯‧萊文　美國指揮家
喬‧納馬斯　美式足球球員
薩姆‧謝潑德
　美國劇作家和演員
萊赫‧華勒沙　波蘭總統
貝蒂‧威廉斯
　愛爾蘭政治活動家
羅伯特‧伍德沃德　美國記者

逝世名人錄

史蒂芬‧文生‧貝尼特
　美國作家
喬治‧華盛頓‧卡弗
　美國植物學家
洛倫茨‧哈特　美國抒情詩人
馬斯登‧哈特利　美國畫家
萊斯利‧霍華德　英國演員
卡爾‧蘭達施泰納
　美國病理學家
貝婭特麗克絲‧波特　英國作家
謝爾蓋‧拉赫曼尼諾夫
　俄國作曲家
瓦迪斯瓦夫‧西科爾斯基
　波蘭軍事和政治領導人
哈伊姆‧史丁
　立陶宛裔法國畫家
法茲‧沃勒　美國音樂家
西蒙‧韋伊　法國哲學家
亞歷山大‧伍爾科特
　美國記者和作家
山本五十六　日本海軍上將

協奏曲》貝拉‧巴爾托克　繪畫與雕塑：《百老匯的布基烏基爵士樂》皮特‧蒙德里安；《冬日的胡西克瀑布》格朗馬‧摩西　電影：《北非諜影》麥可‧寇蒂斯；《戰地鐘聲》山姆‧伍特；《恐怖伊凡，第一部》謝爾蓋‧艾森斯坦；《憤怒的歲月》卡爾‧德雷耶　戲劇：《塞特祖安的好女人》伯托特‧布雷希特；《接觸維納斯》韋爾和納什；《為孩子們作的一些事》科爾‧波特　廣播：《佩里‧馬森》。

「捷克斯洛伐克正走在軍事勝利與勝利的和平所需之正確道路上,並屬於正確的陣營中。」

—— 愛德華・貝奈斯在1943年12月21日簽署蘇捷條約時如是說

1943年新事物

● 年滿18歲的公民具有選舉權
（喬治亞州）

● 美國廣播公司（ABC）成立

● 傑佛遜紀念館落成

● 美國的聯邦所得稅開始實施自動扣除（在1943年6月簽署實施）

美國萬花筒

小羅斯福（FDR）奪取鐵路控制權

為了確保「對我方作戰人員的補給不受干擾」,羅斯福總統在1943年12月命令陸軍部將全美鐵路充公；此舉正值一次勞工爭論進行當中。根據一次個別仲裁的決定,羅斯福同意鐵路經營者可將每小時運價提高9美分以代替加班費。◀1942（邊欄）▶1952（邊欄）

戰爭漫畫化

比爾・莫爾丁於1940年加入美國陸軍。在1943年跟隨所屬師團搭船到西西里島後,他開始參與地中海版《星條旗》雜誌的編輯工作,並創造了煩惱的美國大兵漫畫人物威利和喬；這兩個人

物很快地便成為夾在戰爭恐懼和高高在上且不體卹部屬的軍事官僚間,但仍努力保持自身幽默和人性的所有美國軍人之代表。

帕帕尼科拉烏的探索

在一塊陰道抹片上發現癌細胞生長現象的16年後,喬治・尼古拉斯・帕帕尼科拉烏於1943年出版其題為《根據陰道抹片對子宮癌之診斷》的論文,並確信其利用「子宮頸細胞抹片」對於探索子宮頸癌所進行診斷性試驗的有

在《笨拙畫報》的一幅漫畫中,爭取左派抵抗運動支持的戴高樂向右俯身而使史達林蒙上陰影。

第二次世界大戰
戴高樂統一抵抗運動

6 對自由法國領導權的爭奪最後集中到亨利・吉羅和夏爾・戴高樂這兩名將領身上。1943年5月,當「民族抵抗委員會」（一個非共黨法國抵抗團體的總括性組織）在巴黎第一次集會時,戴高樂邁出了決定性的一步。這個組織的14名創立者投票選舉以阿爾及爾為基地的戴高樂為「國家利益的管理人」,而法屬非洲的盟軍指揮官吉羅則被委任負責軍事。儘管此組織最終仍與這兩人分道揚鑣,但其最初的表白已使同盟國領導人確信法國的命運掌握在戴高樂手中。

戴高爾自1940年起就得到溫斯頓・邱吉爾的後援,而認為他是個傲慢自大狂的羅斯福則支持其對手。以從納粹俘虜營中逃出而聞名的吉羅較保守且缺乏政治頭腦；儘管他對德國人充滿憎惡,卻仍效忠於持觀望態度的貝當,同時也因選擇可靠的維琪政府人物作幫手而遭致許多法國愛國者的憤慨。

另方面,戴高樂也得到法屬非洲和太平洋諸島等殖民地總督的支持。儘管他幾乎和吉羅同樣保守,但他卻願放下意識型態以爭取左派反抗領袖的臂助。1942年1月,他派出勇敢的抵抗運動組織家尚・穆蘭前去統一法國地下組織的戰士；到了1943年6月,當納粹將穆蘭拷

打致死時,這項任務已大致完成。作為民族抵抗委員會的第一任主席,穆蘭甚至曾說服共產黨人至少是暫時地支持戴高樂。不到一年後,吉羅在戴高樂巧妙運作下宣佈引退。◀1942（12）▶1944（4）

第二次世界大戰
溫蓋特深入敵後

7 作為英國卓越軍事傳統中的奇人以及勞倫斯精神繼承者的奧德・查爾斯・溫蓋特准將,在1943年率領一支由3千名英國、廓爾喀和緬甸人組成的游擊隊進入日本佔領下的緬甸。這些被溫蓋特稱為「更的宛部隊」的士兵在2月跨過更的宛江進入敵區。3個月後,他們在僅靠皇家空軍空投支援下潛越叢林,並實施摧毀鐵路、破壞公

溫蓋特准將（中立無帽者）攝於進攻緬甸前。

路與炸掉橋樑等活動。溫蓋特說：「沒有任何東西具有如斯破壞力,就像在暗夜襲擊敵人,痛擊他的臀部和大腿,然後靜靜地在黑夜裏消

失一般。」溫蓋特的突擊隊員每天步行40公里,通過無線電、鳥笛和信鴿進行通訊聯絡,同時對暈頭轉向的日軍施以沉重打擊。

在1930年代末期被派到巴勒斯坦情報單位之後,溫蓋特由於組織猶太防衛巡邏隊（後來發展成以色列陸軍）而首度引起公眾的注意。在1941年,他又率領由衣索比亞和蘇丹突擊隊員所組成的雜牌軍把,佔有優勢的義大利部隊逐出阿迪斯阿貝巴。

以唱阿拉伯小夜曲自娛而出名的溫蓋特提倡在飲食中加入生洋蔥,以及用髮刷在灌木叢中刷洗身體以保持清潔。儘管他的不拘軍隊禮儀使其他軍官感到不快,但他勇敢無畏的精神的確鼓舞了士兵效忠。一篇非正式的報導說道：「當你看見他戴著舊木髓頭盔在濃密草叢中穿行時,你會不由自主地跟隨他。」1944年,溫蓋特在率領「更的宛部隊」乘滑翔機進攻緬甸時,因飛機墜毀而喪生。◀1942（2）▶1945（邊欄）

外交
打造鐵幕

8 捷克流亡政府領導人愛德華・貝奈斯為求國家在戰後歐洲中保持完整,乃於1943年與蘇聯簽署了條約。此約以曾在1939年瓜分捷克的德國為假想敵,規定締約雙方在20年內結成軍事同盟並進行經濟合作。值得注意的是,由於蘇捷條約要求締約者不得加入「任何直接反對另一締約方的聯盟」；以此條款為基礎,蘇聯乃取代了英法兩國和原先同屬小協約國的南斯拉夫和匈牙利,成為捷克在戰後唯一的盟友。

貝奈斯希望戰後的捷克能成為東西方之間的橋樑,他並向西方國家保證蘇聯的善意：因為史達林個人曾經向其承諾尊重東歐國家的自主權,而同盟除對抗德國外亦別無他圖。不過英美外交官對此仍抱持著懷疑的態度,他們擔心蘇聯的計畫將反轉西方傳統上利用緩衝國來圍堵俄國的「防疫線」體系。至於

「除非人們首先認識到除了自己外無法依賴別人，否則將一事無成。」
—— 尚-保羅・沙特的《存在和虛無》

捷克統合的鬥士：愛德華・貝奈斯和他的妻子攝於約1935年。

蘇捷條約為西方所帶來的最大恐懼則在於：該條約鼓勵那些與蘇捷兩國交界並曾遭德國侵略的國家加入，而這將涉及絕大多數的東歐國家。總而言之，捷克在蘇聯建構其與西方間的高牆時已不自覺地成為其第一道封鎖線。◀1939（2）▶1944（11）

第二次世界大戰
狄托的游擊隊

9 南斯拉夫游擊隊在1943年由抵抗轉向革命。本年初，在躲過軸心國3次以「最後肅清」為目標之攻擊的第一回後，游擊隊開始將焦點擺在擊敗由塞爾維亞民族主義者組成的「赤特尼克」（正式名稱為南斯拉夫祖國軍）上，該支軍隊由德拉戈爾加布・米哈伊洛維奇率領。在因義大利垮台而使南斯拉亞得里亞海岸大部分地區落入游擊隊之手後，他們在11月建立了一個臨時政府，同時禁止赤特尼克的支持者彼得國王從流放的狀態下返國；至於游擊隊的領袖約瑟普・布羅茲・狄托則變成了元帥兼國家元首。

作為克羅埃西亞鐵匠之子，狄托在1941年德國入侵時雖僅是個非法的南斯拉夫共黨領袖，但他呼籲各民族和政黨「像個男人般地站起來」對抗侵略者；他的游擊隊在幾個月內便解放了半個南斯拉夫。英國支持的「赤特尼克」最初也反抗德國人，但是很快就把主要注意力轉至游擊隊身上。（雖然赤特尼克與納粹的合作使得米哈伊洛維奇在1946年被處死，但是史學家對此一指控仍然爭論不休。）儘管傷亡慘重且缺乏外援，狄托的部隊仍然繼續戰鬥，並至1943年9月擴張到25萬人。

於此同時，溫斯頓・邱吉爾派了一個委員會到南斯拉夫調查「誰殲滅最多的德國人」；在獲得解答後，英國轉而支持狄托。其餘盟國在12月的德黑蘭會議後也隨之跟進。游擊隊繼1944年6月粉碎了納粹最後的攻勢後，更藉由次年5月一次游擊隊和蘇聯的聯合行動將佔領者完全驅逐出去。◀1941（4）▶1948（6）

狄托（與其愛犬在山區總部內）領導南斯拉夫的游擊隊抵抗運動。

文學
存在主義者的反抗

10 尚-保羅・沙特的《存在和虛無》使法國思想家成為存在主義最有影響力的理論者。這本寫於1943年的書（該書顯然受了德國哲學家馬丁・海德格的影響，因為沙特在戰爭初期被德國人囚禁時曾讀過其受納粹稱許的作品）宣稱：意識與物質不同，它不受決定論的影響。儘管存在本質上是無意義的，但人們可自由地透過活動來創造自我。對於從德國越獄並加入抵抗運動的沙特來說，自由和責任與政治行為（以及創作）是密不可分的。至於同樣寫於1943年的劇本《蒼蠅》在改編一個希臘神話之餘

知識分子中的知識分子：沙特在巴黎。亨利・卡地亞-布列松攝。

也諷刺了維琪法國（雖然經過掩飾以迴避政府的出版檢查）；劇中的篡位者伊吉撒斯代表德國的佔領軍。克萊登妮絲特拉這個不忠的皇后代表維琪合作者，至於最後殺死上述兩人的奧瑞斯提斯則是代表抵抗運動。

後來沙特雖轉變為一位「準馬克斯主義者」，不過他在1956年莫斯科派兵粉碎匈牙利暴動後便與共產主義決裂了。在隨後的幾十年中，他仍保持著智識創作和參與政治事務，諸如反對冷戰和聲援阿爾及利亞和越南革命，以及使毛澤東主義在1960年代風靡法國等。沙特與同樣傑出的夥伴西蒙・波娃一起為世界留下了法國知識分子在咖啡館討論的印象，並因此鼓舞了好幾代積極的思想家。◀1942（13）▶1949（13）

效性足以成為美國的醫學成就之一。透過對陰道分泌液或者對子宮頸、子宮或卵巢細胞的抹片加以染色，帕帕尼科拉烏可發現子宮頸散發出的不規則癌細胞。▶1960（1）

艾克就任最高指揮官

作為美軍歐洲部隊指揮官，德懷特・艾森豪將軍被任命為同盟國

遠征軍最高指揮官。到了1943年12月，他開始計劃進攻諾曼第，並在北非、西西里和義大利取得了一系列令人印象深刻的勝利。

世俗的神學家

賴因霍爾德・尼伯爾乃是一位現代奇人：他是個在世俗領域具有非凡影響力的牧師。在其完成於1943年的《男性的本質與宿命》一書中，他試圖將傳統的改革派神學理論與文藝復興之樂觀主義結合為一，並且強調只要人們相信自身的完美，人性便享有「不確定的可能性」。尼伯爾不但一直關注著宗教和政治的相互關係，同時也協助政府擘畫戰後的美國外交政策。◀1932（7）▶1951（13）

一位美國吟遊詩人

卓越的美國民謠音樂家伍迪・格思里是個傳奇人物，在1943年出版了自傳《走向輝煌》，時年31歲。出生於俄克拉荷馬州的格思里儘管在15歲時便離家，但是從未放棄這家鄉勤勉工作的傳統。他在1920年代乘火車遊歷了全國各地，期間體驗的諸多勞苦困頓都被他編寫進後來的上千首歌曲中，其中包括了像《艱難的旅程》和《這塊土地是我的土地》等民謠典範。至於格思里之子阿洛則成為一名傑出的民歌搖滾舞曲好手。

美國政治與經濟　國民生產毛額：1916億美元；戰時人力資源委員會禁止任何「不可或缺」的工人脫離崗位，此決定涉及2700萬人；底特律、洛杉磯和紐約爆發種族暴亂；最高法院裁定由學校自行決定是否向國旗致敬禮；羅斯福下令生產工業的每週工作時數不得少於48小時；美國醫療協會因破壞反托拉斯法而被指控有罪。

1943

「沒有大腿，沒有笑料，也沒有機會。」

—— 瓦爾特‧溫切爾的祕書在康乃狄格州新哈芬看過《俄克拉荷馬》預演後向其老闆所發出的電報

二戰風雲

同盟國的會商

盟國領導人在1943年舉行了數次戰略會議（史達林只參加最後一次）。1月，卡薩布蘭加會議中，邱吉爾和羅斯福決定於7月進攻西西里（已付諸實施）並由海上襲擊仰光（未真正行動）。5月的華盛頓面晤中，兩人同意在1944年5月實施進攻法國的「霸王行動」；但其後在魁北克將日期加以推遲。至於「三巨頭」則於11月在德黑蘭首度會面。史達林承諾，只要「霸王行動」發起，蘇軍將在東線發動進攻（他的確做了）；他同時許諾對日本進行干預（這點他也做到了，但不過只是在日軍投降的前一天派蘇軍攻入中國東北）。

希特勒最致命的敵人

在美國參戰後便一手包攬了德國軍事決策的希特勒，經常無視於其下卓越戰略家們所提出的建議。他的誇大妄想往往使德軍陷入無法取勝的窘境，但在德軍面臨無可避免的失敗時，他卻又對那些不敢表達意見的將領們大加責備。其中最富戲劇性的事件是：他在1943年命令裝備低劣的部隊堅守東線以抵抗550萬蘇軍；德軍的確奉命行事，結果全軍覆沒。

山本五十六身亡

當美國戰鬥機群在太平洋上空擊落海軍上將山本五十六（下圖）後，日本失去了最傑出的一位軍事指揮官；作為攻擊珍珠港策畫

者的山本當時正在巡察駐所羅門群島日軍的途中。由於盟軍情報單位截獲他的行程，因此戰鬥機於4月18日當天早已在空中待命，只等山本五十六的座機進入伏擊圈。

阿圖島和基斯卡島

為轉移盟軍對其即將發動對中途

阿格內斯‧德米勒著名的「夢境芭蕾」：當蘿莉在夢裏徘徊於柯利和胡德之間時，初開的少女情懷隨之躍動起來。

戲劇

一種藝術形式的再造

11 1943年3月31日，當一齣百老匯新音樂劇的帷幕升起時，吃驚的觀眾們所看到的並非以一群有著修長美腿的歌舞女郎作為開場，而是一位中年農婦正靜靜地操縱著攪奶器；一個牛仔隨之在舞台上漫步，並一邊對「美麗的早晨」唱著輕快的歌曲。大約3個小時後，觀眾紛紛起立鼓掌。理查‧羅傑斯和奧斯卡‧哈默斯坦二世這對新搭檔引起了轟動，而一種藝術形式也再冉升起；《俄克拉荷馬》可說永遠地改變了音樂劇。

除了一些如1927年的《畫舫璇宮》（也是由哈默斯坦創作，並由傑羅米‧克恩配樂）等稀少作品外，百老匯音樂劇長期把注意力集中於明星、插科打諢和美女之上；這使得動聽的歌曲和迷人的舞蹈經常與那些不合韻律的的情節毫不相關。在《俄克拉荷馬》中，抒情詩人哈默斯坦、作曲家羅傑斯、編舞者阿格內斯‧德米勒和導演魯本‧馬穆利安決定使包括對白、歌曲、布景和舞蹈在內的每個細節都經過戲劇化處理；該劇描寫一位善良的農村少女蘿莉和魯莽的牛仔柯利，以及善嫉成性的農場工人胡德間在世紀之交發生的故事。包括「噢，

多美好的早晨」、「頂上有穗飾的四輪馬車」、「我無法說不」和令人振奮的主題曲等配樂都充分表達出細緻的情緒與音樂的燦爛性。而德米勒在第一幕中的芭蕾更是革命性的：這幕充滿蘿莉對性、愛情和冒險之渴望的芭蕾舞，使她較當時典型的音樂劇女主角更加複雜。

當俄克拉荷馬准州原先爭鬥不休的農民和牧場主人團結起來熱切期盼安寧和成為獨立州時，甚至原先許多冷嘲熱諷的旁觀者也被人們不尋常的力量和鄉村的金色希望所感動。在5年的公演期間裏，觀眾一直熱愛著《俄克拉荷馬》，而其所帶來的創新也一直持續下去。

◀1927（8）　▶1965（12）

思想

邪惡的分析

12 曾作為猶太集中營囚犯的維也納心理學家布魯諾‧貝特海姆藉由以臨床眼光觀察周遭可怕事物，使自己保持頭腦清楚；在埃莉諾‧羅斯福和紐約州長赫伯特‧勒曼的介入下，他後來移居到美國。貝特海姆將他的發現記錄在一篇名為「極端情況下個人和集體行為」之令人傷感的文章中，該文於1943年10月發表在《變態和社會心理學雜誌》上。

貝特海姆對囚犯面臨難以想像的恐怖、剝奪和侮辱等情況時（這些情況不僅目的在瓦解其意志，同時也是殺雞儆猴）所作反應的觀察，對戰後如何恢復那些倖存者之心理狀況是相當重要的。該文非但使得這位40歲的作者聲名大噪，最後更成為同盟國在歐洲佔領當局的必讀著作。

在被捕前曾受到安娜‧佛洛伊德鼓勵的貝特海姆特別擅長治療自閉症小孩。自1944年起擔任美國芝加哥大學索尼亞‧沙克曼兒童矯正學校校長後，他為患有精神障礙的年輕人創造一種寄宿環境，並使用各種能將因集中營生活所導致之精神創傷加以轉化的技巧。有關他被描述在諸如《僅有愛是不夠的》等書中的方法不僅影響廣泛，也爭議不斷；其他如《一對好父母》中關於培養孩子的觀點，甚至他的童話故事《魔術的運用》也遇到同樣情況。然而無論其洞察力多麼重要，貝特海姆也未能擺脫自身的厄運；由於妻子因疾病纏身而去世，再加上達考及布亨瓦德集中營夢魘未能盡褪，貝特海姆終於在1990年自殺身亡。◀1923（4）　▶1944（10）

二戰動態 1月：盟軍攻佔巴布亞紐幾內亞；德國由高加索區撤退；卡薩布蘭加會議召開；列寧格勒攻防戰在歷經900天後結束；英軍進入的黎波里　2月：德軍兵敗史達林格勒；美軍再度奪回瓜達卡納島；隆美爾經由凱薩琳山口撤退　3月：隆美爾被召回德國　4月：華沙猶太隔離區暴動　5月：盟軍佔領突尼西亞；華盛頓會議召

> 「文明就是把個人從人群中解放出來的程序。」
> —— 艾恩·蘭德的《源泉》

文化
對個人主義者的讚揚

13 艾恩·蘭德的說教式小說《源泉》在1943年出版前曾到處碰壁。這本內容長達754頁的大部頭著作（她其後另一本暢銷書《被忽視的亞特拉斯》也有該書的一半厚度）不久便成為本世紀最受歡迎的小說作品之一。雖然從文學角度上來看並不出色，但該書乃是蘭德客觀主義哲學的工具，其中毫不妥協的個人主義與絕對的自我乃是她的根本信念。

蘭德在1926年從俄國移居到美國，那時她才21歲。當她第一次從船上看到曼哈頓的天際線時，便發誓要寫一部以摩天大樓為主題的小說。《源泉》頌揚了那些「成就的象徵」；在該書中，精力充沛的建築師霍華德·羅克在其計劃遭官僚擅自干預後便炸掉了一座國民住宅，並宣稱：「以二流人才進行管理就如同將古代的妖魔釋放出來到處肆虐一般。」作為客觀主義者具體化身的羅克相當蔑視那些受利他主義、宗教信仰和群體意識污染的「集體主義者」。

客觀主義雖然受到主流哲學家的摒棄，但是仍在伴有研習會、講座和具鼓舞力的錄音帶之下而自成

作為激進的個人主義者，艾恩·蘭德厭惡現代福利國家。

一格。宣稱自己是「激進資本主義者」的蘭德推動了一種憧憬，也就是「每個人若想成為英雄的話，就應該把自我的快樂作為人生的道德目標，把具有生產力的成就視為最高尚的行為，並且把理性視為唯一的絕對準則。」◀1943（10）

雅克-葉維斯·庫斯托展示「水肺」的最初設計。

科技
打開海洋世界

14 1943年1月，一個叫雅克-葉維斯·庫斯托的年輕法國海軍工程師和他的同伴埃米爾·加南攜帶一個比標準鐘還小的機械裝置（由加南原先設計以廚房瓦斯來驅動戰時車輛的設備進行修改），和兩個充滿壓縮空氣的罐子來到巴黎城外的馬恩河。他們正在測試發明家們企圖影響整個世紀的一個創造物：不必有露出水面的粗陋水管便可自動把空氣傳給潛水夫的背負式裝置。

庫斯托的妻子在他滑入寒冷的水中時快速地拍了些照片。一分鐘之後，他一邊咒罵地浮上來；「水肺」（發明者如此稱呼它）失敗了。但在當天不久經過小幅調整後，庫斯托再次捆綁上它潛入室內的水箱，並在呼吸順暢下進行水下翻滾表演；這種整套的水下呼吸器（簡稱水肺）終於獲得了成功。

水肺為水下探索帶來了革命性的進展。在其後的幾年間，當瑞典的「信天翁」號和丹麥的「加拉希」號這兩艘研究船在空前的海床深處進行疏濬、挖掘和繪圖時，水肺裝置使人們得以在從未到過的海底中生存和工作。

加南這位退休的排字工人並未從這次重大成就中獲得太多榮譽。然而庫斯托卻因此成為深海攝影藝術先驅並指揮自己的研究船「克呂普索」號而越來越出名。透過電影、電視和書籍，庫斯托船長引領全球觀眾進入了璀璨的海洋深處。
▶1977（邊欄）

文學
小王子

15 安東尼·德·聖修伯里是個從未對任何事情感到滿意的飛行員兼作家。但一次迫降證明他還是相當幸運的；他原先企圖在巴黎和西貢間創造一項飛行記錄，結果卻在利比亞沙漠墜機，同時差點在那兒被渴死。幾年之後，此一經驗成為他在1943年寫作兒童書《小王子》的基礎；這篇講述墜機飛行員遇到一位來自B-612號小行星王室小孩的寓言式故事，乃是同時針對成年人及他們的孩子所寫的。在敘述其星際旅行經歷時，小王子把他所遇到大多數成年人描畫成貪婪、自私且缺乏想像力的。相較之下，永遠長不大的小王子本人則充滿了善良、天真和樸素的智慧。

聖修伯里十餘年來一直是個成人書的作者，他利用飛行的炫麗和嚴酷作為素材，對只有透過冒險才能獲得的紀律、正直、友愛和歡樂進行哲學冥思，並以經此寫出的小說（特別是《夜間飛行》）和回憶錄《風、沙子和星星》聞名；而這篇他唯一寫過的兒童故事則使其得以永遠名留人間。作為一個沒落貴族之子，他在孩提時代就熱愛飛行且曾裝配過一輛裝有翅膀的自行車；後來成為最早開闢南美洲商業航線的人之一。當《小王子》發表時，聖修伯里正在北非擔任盟軍飛行員；但翌年在偵察任務途中不幸犧牲。
◀1931（當年之音）▶1957（當年之音）

小工了為他「最瀟灑的肖像」擺姿勢。

島攻擊的注意力，日本於1942年派部隊登陸阿圖島和基斯卡島這兩個阿留申群島最西邊的島嶼。但美國對此置之不理，讓入侵者獨自在這片不毛的太平洋礁岩待到1943年為止；這也是美國在大戰期間唯一被佔領的領土。美軍在5月登上阿圖島，2500名日本駐軍除少數均被美軍擊斃，且大部分死於自殺式衝鋒中。在基斯卡島，一塊指出被擊落且由日軍加以埋葬之美國飛行員墳墓的告示（上圖）

寫著：「這裏安息著一位為祖國奉獻青春和幸福之勇敢的空軍英雄，7月23日，日本陸軍。」日軍在美國兩棲部隊於8月登陸前從基斯卡島撤離。

普洛什特油田被炸

富藏原油的羅馬尼亞普洛什特油田對德國的戰爭努力是至關重要的，於是深諳此理的盟軍乃設法加以破壞。一波美軍轟炸機從利

比亞起飛，經1448公里的飛行後於8月1日以低空飛抵普洛什特並炸毀了近半數的煉油廠（上圖為阿斯特拉的羅馬納煉油廠）。一共有177架飛機參加了這次「海嘯行動」，其中有54架被擊落，飛行員傷亡達532人。

日夜轟炸

儘管方法不同，但效果卻同樣致命：英國轟炸機偏好在夜間列成長隊進行低空線狀轟炸，而美國則選擇在白天進行高空緊密點狀轟炸。在1943年的夏季和初秋，盟軍的空襲已在魯爾、漢堡和柏林等戰場造成4萬人死亡。儘管絕望的地面防禦者在環繞柏林和漢堡郊外建造了一些誘敵用假城市，但炸彈卻仍無誤地找到自己的目標。

「我猜想，若莎士比亞今天還活著的話，搞不好會成爲一個爵士迷。」
—— 艾靈頓公爵

環球浮世繪

酸性物質測試

瑞士化學家阿爾伯特・霍夫曼在以一種致病性眞菌進行實驗時，於1943年攝取出能產生麥角菌的化合物，並在其後聲稱：「當我閉上眼睛後，由超乎尋常之適應性與強烈色彩所組成的幻想式畫面便似乎向我洶湧撲來。」在水瓶座時代來臨的20年前，霍夫曼就已偶然地發現了麥角酸二乙酸胺（一種迷幻藥）所具有之能導致幻覺的特質。

聯合國糧食會議

「聯合國」此名稱最初只是指與軸心國作戰的國家（一般被非正式地稱爲「同盟國」）。1943年5月，包括31個盟國和12個

「聯合」國家（指至少與一個軸心國家斷絕外交關係者）的代表雲集維吉尼亞州熱泉市的荷姆斯特渡假區以參加聯合國糧食和農業會議。爲提高戰後全球的營養和生活水準，本次會議設立了一個過渡性委員會來研究國際糧食生產和分配問題。當聯合國以一個國際維持和平組織而於1945年重新建構時，這個糧食委員會便成聯合國第一個專門性機構，也就是糧食與農業組織（FAO）。▶1944（13）

第三國際解體

當史達林於1943年解散第三國際時，便已放棄了所謂的世界革命。爲了平息盟友們對蘇聯擴張主義的擔憂，史達林以此使它們確信有關顚覆的設想是在他腦中最不可能的一件事。無論如何，現實情況卻是大多數外國共產黨此時仍處於莫斯科的控制之下。◀1935（9）▶1976（14）

法蘭克・辛納屈在《迎接丹妮・威爾森》（1952）中的劇照，他在該劇中扮演一個涉及幫派的歌手。

音樂

偉大的聲音

⓰ 隨著美國男人的從軍，年輕的美國婦女們在一名來自新澤西州荷波肯，骨瘦如柴的藍眼小子身上找到了性感顫抖的新來源。法蘭克・辛納屈在1943年以《所有或一無所有》創下個人首度百萬張唱片銷量紀錄。此時27歲的辛納屈雖然剛與過去3年來和他共同取得一連串成功的湯米・多爾西樂隊分手，但亦隨即自1942年12月起在紐約派拉蒙舞廳登台展開其獨唱生涯，並造成轟動。當他擺動身軀憂鬱地低聲吟唱情歌時，大批少女們爲其「偉大的聲音」所傾倒。辛納屈狂熱席捲全國，成群的青少年如癡如醉。多爾西（其細膩的伸縮喇叭表演可謂辛納屈技巧的典範）回憶道：「他是個長著大耳朵的瘦傢伙；有時他對女性的行爲實在相當糟糕，同時他不但夜夜如此，甚至隨處爲之。」

辛納屈所作的就是在這種親密關係下吟唱情歌，使得屋裏所有女人都以爲他是專爲她而唱的一般。1944年10月，將近3萬名大多數均近乎歇斯底里的女歌迷湧入了派拉蒙舞廳，這可說是後來對艾維斯・普雷斯萊和「披頭四」反應的預演。在大樂隊時代結束後，自由歌手隨之當道，而辛納屈則成了無可爭議的歌王。

雄霸歌壇近10年後，「偉大的聲音」在1952年開始沉寂。隨著聲帶出血和個人生活的波折（他結婚4次），辛納屈終於結束其天才生涯。之後他以電影明星身分引人注目地捲土重來，除於1953年因主演

《從這裏到永恆》獲得奧斯卡獎外，並特別爲「國會大廈」唱片公司錄製十大名曲唱片。儘管音樂風尙變化莫測，一再擔任音樂委員會主席的辛納屈到90年代仍魅力四射。（編按：辛納屈已於1998年過世。）◀1935（7）▶1951（11）

音樂

艾靈頓效應

⓱ 艾靈頓「公爵」所創作的大型管弦樂《黑色、棕色和褐色》，於1943年1月在紐約卡內基音樂廳以僅售站票的方式進行首演。這個被視爲非裔美國人歷史之「音樂平行線」的組曲分爲三部分：第一部分在很大程度上以靈歌爲基礎，將人們帶回奴隸時代和黑人教堂的發展；第二部分充滿藍調和西印度群島的旋律，回憶奴隸的解放並頌揚在美國內戰中黑人士兵扮演的角色；至於第三部分則在喚醒哈林區以及（艾靈頓所謂的）「所有美國境內的小哈林人」。雖然仍遭到一些評論家吹毛求疵似的挑剔，多數人都宣稱這是一場革命：亦即爵士樂作爲「嚴肅」音樂的時代來臨了。

這場57分鐘的音樂會不但是艾靈頓在卡內基音樂廳進行8次年度管弦演出的第一次，同時開啓了作曲家兼樂隊指揮此一多元化職業最輝煌的時期（他所擅長的音樂型式涵蓋了從適於跳舞者一直到聖歌等）。在卡內基音樂廳所留下的唯一錄音還是私下錄製的，直到30年以後才正式出版；而自從一場在波士頓的音樂會後，艾靈頓管弦樂隊

風度翩翩且多才多藝的艾靈頓公爵攝於1933年第一次歐洲旅行前。

再也沒有完整地演出過《黑色、棕色和褐色》組曲。事實上沒有人會再次聽到當天晚上的表演：雖然艾靈頓比以前任何一位爵士樂作曲家更注意結構，但他仍僅將手寫樂譜視爲樂曲輪廓的素描而非藍圖；他不斷改寫，直到他去世都未曾發表。

對「公爵」來說，管弦樂本身就是一種可鼓舞精神的巨大樂器。崇拜者把他對洗鍊與自然的綜合稱爲「艾靈頓效應」；此形式後來由一些世界級的即興演奏家如中音薩克斯手哈里・卡尼與伸縮喇叭手「高超的山姆」喬・南頓加以改進。◀1927（9）▶1945（15）

科學

遺傳學的破譯

⓲ 在對問題進行長期而系統性的探索後，生於加拿大，名叫奧斯瓦德・艾弗里（下圖）的科學家和兩名助手確認了負責在上下兩代轉移遺傳訊息的媒介。艾弗里這位由紐約洛克斐勒中心資助的細菌學家將研究焦點放在肺炎雙球菌上。這些微生物以兩種形式存在，其一與人類的肺炎有關，另一種則

否；奇怪的是，即使在它死後，第一種形式的存在也能將第二種形式的衍生物轉變爲病毒形態。

儘管生物學家到30年代中期已能設法隔離出傳導遺傳訊息的化學物質，但是卻仍未能對其成功地加以識別。

透過持續將近10年的消去過程，艾弗里的小組終於能決定此一物質「不是」什麼。其眞正面目讓原先期盼傳導者是蛋白質的遺傳學家們大爲吃驚：亦即一個長久以來被認爲與遺傳毫不相干的分子——去氧核糖核酸（DNA）。在艾弗里的研究成果於1944年公佈後，科學家們才開始認眞研究DNA。最後，他們發現，DNA攜帶了地球上所有生命的遺傳密碼，從細菌和大多數病毒一直到紅杉與鯨魚。◀1937（6）▶1953（1）

美國政論權威

摘自「自己靈魂的主宰」，沃爾特‧李普曼作於1943年7月31日

連續9任總統的必讀作品：沃爾特‧李普曼（上圖，1956年攝於華盛頓家中）從不曾將陳腐的智慧帶給讀者。下圖是他在1942年與擔任美國紅十字會護士救援隊主任的妻子海倫合影。

沒有一位政論專欄作家比沃爾特‧李普曼更具影響力；其所著的《美國外交政策：共和國的盾牌》在1943年上市後便成為一本頗具震憾力的暢銷書。這本曾為《讀者文摘》所摘錄並以漫畫形式刊載在《仕女家庭雜誌》上的書籍雖單薄卻內容充實，且對美國在盟軍一旦贏得戰爭後所可能獲致的世界地位提出實際的觀點。由於對現實主義政治進行旁徵博引的論證，以及反對瀰漫在政客間之理想化單一世界主義的立場，該書顯然不屬流行文化作品之列。但李普曼仍是個全國知名人物：在畢業於哈佛大學哲學系後，他自威爾遜以來便不斷對各屆總統獻策，而其獨家專欄《今日與明日》更為千百萬人的必讀作品。強烈主張獨立性的李普曼曾指責羅斯福的新政，其後對林登‧詹森升高美國涉入越戰程度的作法亦多所非議。在下面這篇摘自他發表於1943年7月31日專欄的文章裏，李普曼以特別提高分貝的語氣闡述了美國人在戰爭勝利後將所面臨的另一個問題：亦即軸心國家人民是否須為其領導人所犯下的罪惡承擔責任。

◀1940（當年之音）▶1948（當年之音）

　　我們敵人的最極端的邪說在於，他們已冷酷地下了否定人類的個人責任及其人性尊嚴的邏輯性結論……。對此，我們通常以維護人們和國家權利的形式對這些專制暴君及其擁護者的謬論提出反駁；但這只不過是真理的負面或局部而已。對於那些從奴役下被釋放出來的人而言，事實上他們仍未真正地自由，而僅是獲得解放罷了。只有當他們成為自己靈魂的主宰，並且瞭解自己擁有在良善和邪惡間進行選擇的權力和義務時，才能成為真正的自由人。

　　這種差別是至關重要的。如果能把此點銘刻於心，我們就可避免如下對義大利人、德國人或其他任何人所言裏頭的道德錯誤：「被迫服從暴君之下的你們都是無辜受害者」；因為否認人們的道德責任乃是一種致命的濫情。此外我們也不應這麼對他們說：「因為你順從這些暴君，所以你和你的孩子們個個都將天生並永遠地受到詛咒」；因為這正是我們敵人最可惡的謬論，他們否認人類靈魂、存在於信念的古代語言中、以及上帝慈父般的神聖不可褻瀆性。我們亦不應當說：「把它留給我們，而我們便將自由還給你」；這可說是因不瞭解自由乃是個人責任所導致的道德盲目與智識錯誤。我們更不能說：「投降吧，我們將以自由代替頂在你們喉嚨下的刺刀」；因為這不過是種讓自由變得既無意義亦令人可憎之教條式的自以為是。

　　正確的概念應是人們必須對其職責內和失職行為負責的古代觀點，因此德國和義大利的成年人須為其政府的作為承擔責任……我們應以愛心善待動物、兒童與愚人，但我們乞求的正義僅存在於有責任感的人們之中。

　　正義的原則……應以慈悲心加以調整，而後者最終源自於我們也都是罪人，以及用己心度人的認知……。

　　這些概念並未遠離實際政策……我們所應不斷秉持的認知是，我們的權力就像所有的權力一樣，僅在符合道德秩序的範圍內才是對的。

「你們將毀滅德國的戰爭機器，解救受納粹暴政壓迫的歐洲人民，為自由世界提供安全保障。」

—— 德懷特‧艾森豪在諾曼第登陸前對同盟國遠征軍的談話

年度焦點

D日盟軍聖戰

1 這是有史以來最大規模的渡海攻擊行動，動員2千艘戰艦，4千艘登陸艦以及1萬1千架飛機。1944年6月6日，盟軍越過波濤洶湧的英吉利海峽航向諾曼第，軍官宣讀歐洲盟軍最高統帥的命令。艾森豪將軍的聲明開頭這麼說：「你們將參加一場偉大的聖戰。」這次行動代號「大君主」，旨在收復納粹佔領4年之久的歐洲北部。

此次登陸在1942年就開始策劃，卻一再延期，最後還因25年來最大的暴風雨而延後24小時。D日（用來指任何軍事行動的第一天，現在成為一般稱呼這次進攻的同義字）由破曉前的空降行動掀開序幕。掃雷艇清除水域，同時戰艦和轟炸機對敵方陣地發動猛烈攻擊。事先建好的浮動港口進入定位。早上6時30分，在蒙哥馬利將軍的指揮下，美國、英國、加拿大軍隊從登陸艇上蜂擁而出，猛撲向以「猶他」、「奧馬哈」、「黃金」、「朱諾」和「劍」這5個代號命名的海灘。戰士或涉過冰冷的海水，或乘水陸兩用坦克直衝灘頭，努力穿越堅硬的防禦工事和鐵絲網，試圖先收復法國一小部份領土。到這天傍晚，已有15萬5千名盟軍上岸。

雖然登陸的準備工作過於龐大而無法隱瞞，但是納粹高層內部的爭吵延誤了德軍的應變行動。希特勒和隆美爾（負責監督法國境內的軍事行動），與西線總司令倫德施泰特在可能的進攻地點以及最佳防線兩個問題上爭論不休。攻擊開始時，希特勒認為諾曼第登陸是佯攻，因此保留部隊等待「真正」的進攻。起初只有在奧馬哈海灘的德軍頑強抵抗，戰鬥的第一天美軍傷亡3千人。進攻部隊沿著161公里的海岸迅速散開。不過納粹佔據的諾曼第城市要比海岸更難攻下，經過10天苦戰，盟軍攻克瑟堡。康城的

美國士兵離開登陸艇後涉水上岸。這裏是「奧馬哈」海灘。希特勒雖然把這些進攻者貶為「笨蛋」，但他的失敗已指日可待。

德軍則堅守了一個多月。

不過，到了8月中旬，盟軍突破諾曼第半島，席捲整個法國。下一個目標就是低地國家和德國。

◀1943（5）▶1944（4）

第二次世界大戰

希特勒作困獸之鬥

2 在盟軍進入德國以前，納粹的戰爭機器早已運轉不靈。主要是由炸彈造成的：有飛機投下的砲彈，還有一枚由刺客安放的炸

一顆沒有爆炸的V-2火箭豎立在倫敦的特拉法爾加廣場。

彈。這兩種情況，希特勒均以恐怖行動來回應，不論敵人究竟是真還是假。

1944年中，盟軍的長期空襲最終使德國的飛機和燃料生產陷於癱瘓。同時，英、美工廠出產性能大幅改良、數量史無前例的飛機。當成群的飛機轟炸德國的城市時，德國空軍無力以牙還牙。不過德國人發明一種祕密武器：飛彈。

最先出現的是V-1火箭。這些噴射動力的「嗡嗡炸彈」在6月開始襲擊英國，一直到1945年3月最後一顆導彈爆炸為止，它們共造成5500人死亡，其中大部分是倫敦人。1944年9月，盟軍攻佔了加萊附近的幾個主要V-1火箭基地。接著火箭動力的超音速V-2火箭出現，具有更大的殺傷力（一顆即足以把整個街區夷為平地）且更難加以攔截。V-2火箭從荷蘭發射，共造成2500人死亡。V型火箭的連續轟炸比1940年的閃電戰更可怕，但並未使英國喪失鬥志。

德國的民心士氣卻逐漸渙散。7月，一群文武官員不滿戰場失利和暴行加劇，預謀發動政變。陸軍

上校格拉夫‧克勞斯‧馮‧施陶芬貝格把炸彈藏在公事包裡頭，安放在希特勒的東普魯士軍事總部。有人無意中移動公事包，結果希特勒只受了點輕傷。8位政變領袖被吊在肉鉤上勒死，另外還有5200人被處死，包括政變者家屬。埃爾溫‧隆美爾是政變者選定的希特勒的繼承人，希特勒命他選擇接受審判或自殺，他選擇自殺。希特勒本來就是個妄想狂，現在他再也不相信任何人，連那些殘存的將軍也不例外。◀1940（11）▶1945（10）

第二次世界大戰

納粹退出俄羅斯

3 1944年蘇聯驅逐納粹侵略者。經過現代史上為時最久的包圍之後，列寧格勒（布爾什維克革命的發源地）解放，蘇軍揭開勝利的序幕。

1941年入秋以來，德芬聯軍一直把列寧格勒緊緊包圍在「鋼圈」裏。單是1942年就有65萬居民死於飢荒、疾病以及轟炸。冬天情況最糟，連鞋子都吃盡，傢俱也燒光，人們擠在一起，等待死神降臨，凍僵的屍體隨處可見。

1943年初，蘇聯軍隊在封鎖線上打開了一個缺口，但卻無力突圍。1944年1月14日，戰爭再度喚醒列寧格勒，1月27日包圍結束。緊接幾個月內，蘇聯軍隊收復一座又一座的城市。5月，希特勒命令全面撤退；9月，蘇聯越過波蘭把

列寧格勒居民屠宰一匹死馬，這場戰役結束長達900天的圍困。

「對！我們沒有喀息諾／今天沒有喀息諾／我們有阿爾韋薩、卡塞塔、米尼亞諾、明圖爾諾／
還有親愛的老拿波里／可是，沒有喀息諾／我們今天沒有喀息諾。」
　　　　　　　　　　　　　　　　　　　　　　　　　　　　　　　── 流行於義大利的美軍歌曲

侵略者逼到德國邊界，只有在拉脫維亞軸心國還佔據一點蘇聯領土。

紅軍的矛頭轉向納粹統治的鄰國。蘇聯一進攻，羅馬尼亞國王米哈伊爾就罷免法西斯鐵衛團的獨裁者艾恩·安東內斯庫。米哈伊爾在與蘇聯簽訂停戰協議之後，向德國宣戰。在保加利亞，左派的基蒙·格奧爾吉耶夫上校也步羅馬尼亞的後塵，奪取了權力。史達林的軍隊湧入南斯拉夫，與狄托所領導的游擊隊會師，然後又向阿爾巴尼亞進軍。年底時，蘇軍打敗匈牙利，新興帝國逐漸成形。◀1943（2）▶1945（2）

第二次世界大戰
巴黎重獲自由

4 到1944年8月中旬，在諾曼第登陸的盟軍已達百萬，成千上萬的盟軍正穿過德國防線缺口。自由法國部隊和美軍抵達里維埃拉河，正向北挺進。為了協助盟軍，反抗組織戰士破壞橋樑和電話

賣國賊的恥辱，只因孩子的父親是德國佔領軍。由傑出的戰地攝影師羅伯特·卡帕所攝。

線，阻擊德軍，並佔領地方政府。8月19日，巴黎爆發武裝叛變，希特勒下令焚城，但衛戍長官迪特里希·馮·切爾蒂茨抗命不從。8月25日他向剛剛抵達的法國第二裝甲師雅克·菲利普·勒克萊爾將軍投降。德軍佔領4年之久的法國首都終於重獲自由。

稍後巴黎人民向夏爾·戴高樂

將軍歡呼，他所領導的民族解放委員會宣佈成為法國臨時政府。但是當反抗組織領袖請他在市政廳陽台上宣告新共和國成立，他予以拒絕。他說：「共和國從未滅亡！」

反抗組織的確保持了共和國的精神，各個個派別對於國家的未來各持已見。反抗組織有好幾個不同的派別：「戰鬥法國」主要由專業人員、商界人士、軍官組成；「解放法國」主要動員工人；「自由射手」由左派知識分子領導；「基督見證人」是以教會人士為主。還有一支游擊隊「馬基團」活動於山區，由德國逃脫的年輕勞工組成。法國北部勢力最強的派系是共產黨領導的民族陣線。新政府必須防止派系內鬥升高引起內戰。

當然，大部分法國公民對反抗納粹出力不多，不論他們有多麼想反抗。至於被控叛國通敵的人，命運掌握在法庭還有憤怒的鄰居手上。約有9千人就地正法，另外700人在審判後處決。最隱私的叛國行為則是接受大眾羞辱：上百名婦女因和敵人發生關係，被剝光衣服、剃光頭、遊街示眾。◀1943（6）▶1945（2）

第二次世界大戰
喀息諾、安濟奧和羅馬

5 1944年，英國哈羅德·亞歷山大將軍的部隊（馬克·克

隨著美軍坦克隆隆駛過羅馬圓形競技場，又一個羅馬帝國瓦解了。

拉克中將率領的美國第5軍團和奧立佛·利斯少將率領的英國第8軍團）終於了解，一度稱為歐洲「下腹」（未防衛之處）的義大利其實是固若金湯。他們奮力穿過崎嶇地形，卻被陸軍元帥阿爾伯特·凱塞林的山地軍擋在「古斯塔夫」防線之外。

這條戰線把羅馬以南的義大利一分為二，以喀息諾為樞紐。那裏有座6世紀的城堡修院矗立在2736公尺的高崖上，仍有本篤會的僧侶居在修院中。雖然盟軍轟炸機炸毀了小鎮及其顯要建築物，但凱塞林的部隊依然堅守陣地。1月22日一支盟軍部隊從古斯塔夫防線背後的安濟奧港登陸，經過123天的浴血奮戰才得以脫困。5月，波蘭軍隊進擊喀息諾山，與此同時，在安濟奧的盟軍從被困的灘頭出擊；6月5日盟軍進入羅馬。永恆之城羅馬城相形之下保存完好，人們夾道歡迎盟軍的到來。但是羅馬的價值僅具有象徵意義，並且沒有實際的戰略意義。

凱塞林向北退至佛羅倫斯，到8月中旬德國都還掌控這個地區。納粹把保存該城歷史古蹟的諾言置之於腦後不顧，炸毀了文藝復興時期建的橋樑，而美軍的「點炸」並非總是精確無誤，他們也破壞了一些地方。到了10月時，秋雨使得雙方暫時停戰，盟軍停滯在新的戰線上，亦即從利久立海到北亞得里亞海的哥德防線。◀1943（5）▶1945（2）

誕生名人錄

卡爾·伯恩斯坦　美國記者
梅雷亞德·科里根
愛爾蘭政治活躍份子
羅傑·達爾特雷　英國音樂家
安琪拉·戴維斯
美國政治活躍份子
約翰·恩特衛斯爾　英國音樂家
朱迪絲·賈米森　美國舞蹈家
亨利·克萊維加　美國金融家
理查·利基　英國考古學家
喬治·盧卡斯　美國導演
希科·門德斯
巴西政治活躍份子
賴因霍爾德·梅斯納
義大利登山家
吉米·佩吉　英國音樂家
戴安娜·羅絲　美國歌手
湯姆·西弗　美國棒球球員
西爾漢·西爾漢
巴勒斯坦裔美國投手
艾麗絲·沃克　美國作家

逝世名人錄

利奧·亨利克·貝克蘭
美國化學家
亞歷克西斯·卡萊爾
法裔美國外科醫生
尚·季洛杜　法國作家
瓦西里·康丁斯基
俄裔法國畫家
凱納索·蒙頓·朗迪斯
美國棒球經紀人
埃德溫·勒琴斯　英國建築師
艾米·塞普·麥克弗森
加拿大裔美國傳道人
阿里斯蒂德·馬約爾
法國藝術家
格倫·米勒　美國音樂家
皮特·蒙德里安　荷蘭畫家
愛德華·孟克　挪威畫家
雷汀沙·巴勒維　伊朗國王
埃爾溫·隆美爾　德國軍官
安東尼·德·聖修伯里
法國飛行員、作家
艾達·塔貝爾　美國記者
汪精衛　中國政治家
文德爾·威爾基　美國政治領袖

海托爾維托·洛博斯　**繪畫與雕塑**：《白色的平衡》瓦西里·康丁斯基；《黑格子牆》費南德·雷傑　**電影**：《走我的路》李奧·麥凱里；《雙重保險》比利·懷德；《怒海孤舟》阿爾弗雷德·希區考克；《亨利五世》勞倫斯·奧立佛；《國家天鵝絨》克拉倫斯·布朗　**戲劇**：《我想起了媽媽》約翰·范·德魯滕；《密室》尚-保羅·沙特　**廣播**：《羅埃·羅傑斯》；《奧西和哈麗特歷險記》。

「雖然可能讓我憂心如焚，甚至體力不支，但戰鬥到底的決心已定，最後我們這一方會佔優勢。」

—— 希特勒在突出部之役的講話

美國萬花筒

鉚釘工人羅絲

戰時大量女工投入勞動生產，在1944年達到最高峰，當時幾乎一半的美國婦女都在外工作。鉚釘工人羅絲在後方支援前線的美國大兵，流行歌曲加以歌頌之，

諾曼·羅克韋爾則將之刊登在《週末晚郵》的封面。上百萬的鉚釘工人羅絲手持鉚釘槍，身穿工作服，她們進入傳統上以男性工人為主的軍火製造工業。

制勝絕招

匈牙利出生的美國數字高手約翰·馮·紐曼1944年出版了《博奕理論與經濟行為》（與奧斯卡·摩根斯頓合著），在書中運用高深的邏輯來解決實際生活中棘手問題。馮·紐曼的理論體系不僅涉及經濟學，還把外交、軍備競賽和其他複雜的社會互動視為遵循規則約束的遊戲，在遊戲中競爭的參與者努力去爭取最大利益；個人、集團、國家都能藉運用數學原理來得到理想結果。他用的名詞「零和遊戲」指的是在競爭中（如西洋棋）一方所得即為另一方所失。◀ 1948（12）

反叛者和紅十字官員在華沙的廢墟中祈求和平。

第二次世界大戰
華沙被出賣

6 在5年的納粹佔領期內，波蘭20%的人口被屠殺。但隨著1944年7月末蘇軍抵達華沙郊區，希望之火重新燃起。地下的波蘭國家軍受到蘇軍勝利的鼓舞，8月1日在首都起義，反抗德國侵略者，幾天內就控制整座城市。不可思議的是：蘇聯紅軍在維斯瓦河的對岸駐足觀望，不但未前去支援，反而向後撤退。沒有蘇軍的阻擋，於是德軍開始進攻華沙。波蘭起義者缺乏補給，堅持63天後投降。約有20萬人死亡，城市淪為一片廢墟，忠於波蘭流亡政府的國家軍遭受重創。

對於背叛波蘭的指責，史達林堅稱，經過整個夏天的戰事，紅軍是心有餘而力不足。但他隱含的動機很明顯，蘇聯紅軍在華沙起義前不久才在盧布令建立親蘇政府，在紅軍的支持下，盧布令委員會宣佈自己為解放波蘭的唯一政權。1945年1月，蘇軍終於將德軍逐出華沙，隨後，內戰在殘餘的波蘭國家軍和盧布令派之間爆發。

在2月的雅爾達會議上，邱吉爾和羅斯福與史達林討價還價後，最後有條件地承認盧布令的波蘭政府。在這個春天，蘇聯邀請16位波蘭政治軍事領導人赴蘇參加「會議」，以解決分歧。談判並沒有舉行，在虛應的審判後蘇聯把這些人關進監獄，一舉消滅反對運動核心。波蘭解放了，但稱不上獨立。
◀ 1943（3）▶ 1944（11）

德軍突圍盟軍防線（如上圖所示），戰役由此得名。

第二次世界大戰
突出部之役

7 1944年8月25日巴黎解放，盟軍隨即收復法國、盧森堡和比利時領土，只剩法國最東部的地區。但接近德國邊境時，盟軍遲滯下來。收復荷蘭城市安海姆的行動失敗，一個英國空降師的官兵大部分陣亡或被俘虜。德國城市亞琛經過一個月包圍，成為第一個落於盟軍之手的德國城市。到11月初，

當盟軍挺進薩爾盆地時，希特勒動用全國的力量，進行一項大膽的反擊計劃，這就是突出部之役。

10月18日元首希特勒下令，徵召所有16歲到60歲體格強健的男性入伍。這支奮不顧身的地方團隊連同正規軍在12月中旬發動大規模反攻。這次反攻推入盟軍防線105公里，戰役由此得名。由於天雨，盟軍飛機無法升空，德國人利用這個機會奪回盧森堡和比利時，在巴斯托尼包圍了安東尼·麥考利夫準將率領的美軍101空降師。

當哈索·馮·曼陀菲爾將軍派出代表要求101空降師投降，麥考利夫的回答是「呸！」12月23日天氣轉好，戰勢也跟著扭轉。成千上萬的盟軍飛機猛轟德軍，破壞補給供應。巴頓率領第3軍團於26日解巴斯托尼之圍。1945年1月3日，盟軍地面部隊開始反攻。5天後，受寒冷、疾病困擾的德軍開始後撤。這場戰鬥造成德軍12萬人、盟軍7萬5千人傷亡。西線的主控權完全落入盟軍之手。◀ 1944（4）
▶ 1945（2）

第二次世界大戰
麥克阿瑟回來了

8 1944年10月20日，10萬名美軍在菲律賓群島的雷伊泰島上登陸。麥克阿瑟將軍和士兵一起涉水上岸，實現兩年前說過的著名承諾：「我會再回來！」到聖誕節，美軍完全掌握此島。5萬5千名日軍陣亡，隨後還有2萬7千名日軍死於肅清行動。美軍僅損失3500人。麥克阿瑟用雷伊泰島作為奪回菲律賓群島的基地。

儘管島上戰鬥慘烈，成敗關鍵

麥克阿瑟（中）戲劇性地實現他的諾言。

體育 棒球：世界大賽，聖路易紅雀隊以4勝2負擊敗聖路易布朗隊；大部分參賽隊伍都由年老球員組成，因為年青球員在當兵　　美式足球：NFL，綠灣包裝人隊以14:7擊敗紐約巨人隊　　冰上曲棍球：「火箭」莫里斯·理查（蒙特婁加拿大人隊）在50場比賽的球季中創下進球50次的紀錄。

「我回來了，感謝上帝的恩寵，我們的部隊又回到菲律賓的土地。」

—— 麥克阿瑟將軍。

還是在海上。史上最大規模的海戰，為期3天的雷伊泰灣戰役，使日軍損失36艘軍艦。除了斷絕島上日軍的供應以外，該戰役也排除帝國海軍在太平洋的主控權；另外，引人注目的是日本神風隊的攻擊。日本飛行員駕駛著飛機衝向美國軍艦，試圖撞沉敵艦。

1月，美軍猛攻呂宋島，進逼馬尼拉，麥克阿瑟想來場盛大的解放閱兵。這位想出風頭的將軍在2月6日發表假造的捷報。事實上，奪取首都的戰鬥又繼續持續了一個月。守方日本部隊明白如果戰敗，那麼美軍與日本本土之間就只剩下沖繩島和硫磺島，因此在菲律賓群島上的日軍頑強抵抗，還殘害大約10萬名的居民。首都於3月3日被攻下，已是廢墟一片。◀1942（4）▶1944（9）

第二次世界大戰
跳島進攻

(9) 1944年日本在太平洋的損失遠大於菲律賓。日本戰前佔領的島嶼中，馬紹爾群島在2月首先陷落。在夸賈林和埃尼威托克環礁，寡不敵眾的日本駐軍戰至最後一兵一卒，讓美軍體會到往後戰鬥的艱難。

4月，8萬4千名美軍在新幾內亞登陸，兩年來澳大利亞軍隊為了保衛南方805公里外的祖國，而在此與日軍寸土必爭。美國大兵一到，立即扭轉形勢。在3個月的戰鬥中，守島的1萬5千名日軍大約有1萬3千人喪生，殘餘部隊大多躲進山洞，美軍用火焰噴射器驅趕。

6月，美軍進襲馬里亞納群島的塞班島。戰鬥持續3星期，日軍損失2萬人，美軍損失3500人。另外7千名日軍在指揮官齋藤義次將軍用劍自殺後也跟著自殺。剩下的4千名守軍，幾乎都死在最後的自殺性攻擊中。

在附近的關島和提尼安島上的戰鬥也同樣殘酷。關島在1941年落入日軍之手，1944年8月美軍收復關島，日軍死亡超過1萬8千人，其中許多是自殺身亡。最後一名日本

士兵橫井庄一下士1972年在關島被人發現，他為了逃避被俘後的羞辱在叢林中躲了28年之久。

一名海軍陸戰隊員在埃尼威托克的珊瑚海岸將戰友的屍體拖上岸。

苦惱的東條英機在失去塞班不久便辭去首相職位。美國已經排除進攻的威脅，為攻打日本奠下基礎。◀1944（8）▶1945（4）

第二次世界大戰
匈牙利大屠殺

(10) 德軍於1944年3月佔領匈牙利，在此之前匈牙利官方的反猶太主義還搖擺不定。6年前，為了討好希特勒，政府制訂剝奪猶太人大部分公民權的法律。匈牙利在1941年正式加入軸心國後，匈牙利士兵在新近從南斯拉夫割讓過來

的地區，協助德國人集體屠殺了約1萬7千名猶太人（這些人挖好大坑後就被機槍掃射，許多人被埋時還在呼救）。不過匈牙利政府和納粹合作，投機的成分大於意識形態，曾堅拒將猶太人送往集中營。

德國為了防止弱小國家倒向同盟國，出兵匈牙利，勸誘攝政米克洛什·霍爾蒂（該國政府領袖）組織傀儡政府，情況急轉直下。匈牙利的猶太人和其他納粹佔領國的猶太人一樣，被剝奪財產，強迫戴上黃星，聚集至猶太區等待運往集中營。雖然霍爾蒂在7月中止遣送，但在匈牙利賣國賊的協助下，43萬4千名猶太人被送到奧斯維辛集中營，多半是直接送進毒氣室。

10月，恐怖活動加劇，極右派的箭十字黨不滿霍爾蒂的作法，發動政變（德國人支持政變，綁架攝政以強迫他退位）。箭十字黨徒在猶太區四處橫行，燒殺擄掠。成千上萬的猶太人（其中大部分是婦女）被迫強行軍去奧地利修築防禦工事，許多人被槍殺後拋入多瑙河。1945年4月蘇聯紅軍將最後一批德軍逐出時，匈牙利75萬名的猶太人已經有超過55萬人遭到屠殺。◀1943（1）▶1945（9）

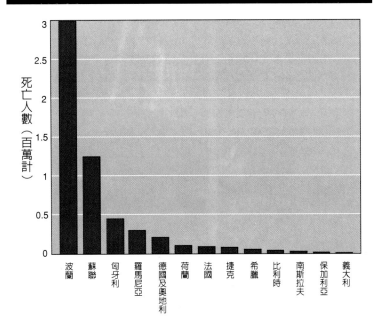
各國猶太人死於大屠殺人數（估計）

（長條圖，縱軸：死亡人數（百萬計）0至3，橫軸由左至右：波蘭、蘇聯、匈牙利、羅馬尼亞、德國及奧地利、荷蘭、法國、捷克、希臘、比利時、南斯拉夫、保加利亞、義大利）

除了猶太人以外，另外還有約700萬人死亡，包括：330萬蘇聯戰俘，300萬非猶太波蘭人，超過50萬的吉普賽人、同性戀者和耶和華見證人。

世界上最大的計算器

1944年哈佛的數學家霍華德·艾肯和IBM聯手生產了第一台電子機械式計算器「馬克一型」。它是數位電腦的原型，能進行基本的算術運算，在幾秒鐘內乘除很大的數字。最大的缺點是體積十分龐大：長15公尺，重35噸。◀1941（6）▶1946（邊欄）

拯救藍嬰

約翰·霍普金斯大學的小兒科心臟病專家的海倫·陶希格和外科醫生阿爾弗雷德·巴拉洛克在1944年進行首例「藍嬰」手術。陶希格研究先天性心臟病後認為：藍嬰（出生時血液中氧氣不足的嬰兒）能夠通過手術挽救其生命。她和巴拉洛克發明一種方法另接一條肺動脈，讓氧氣自由進入血管。陶希格後來的研究對美國禁用會導致新生兒缺陷的「沙利竇邁」有極大影響。▶1962（9）

貧困在美國

瑞典經濟學家兼社會學家貢納爾·米達爾受雇於卡內基公司研究美國的種族關係，1944年他出版了一部影響久遠的社會科學著作《美國的難題：黑人問題與現代民主》，書中討論了美國民主理想主義與實際種族主義之間的對立。米達爾還引進了累積原因的概念（貧困引起貧困）來解釋處於劣勢的非裔美人是如何被一個經濟的惡性循環所犧牲。

1944

美國政治與經濟　國民生產毛額：2101億美元；羅斯福史無前例第4次當選總統（競選口號：「不要中途換馬。」）；國會通過《軍事人員再調整法案》；軍隊特殊訓練計劃結束（共有11萬多人服役）；物價管理局取消肉的定量配給；戰時生產委員會下令恢復部分民用物質生產。

「攸關數百萬人的命運，如果我們就這樣處置這些議題，可能會讓人家訕笑。」

—— 邱吉爾建議史達林燒掉關於瓜分巴爾幹半島的「不存在文件」

二大戰風雲

墨索里尼處決齊亞諾

1月，義大利前外長加利亞·齊亞諾伯爵和其他一批前法西斯分子因反對墨索里尼而被處決。下處決令的正是齊亞諾的岳父——墨索里尼自己。

蘇聯人報復

5月，蘇聯紅軍把德軍趕出塞瓦斯托波，從而結束了這個克里米亞市長達兩年的德國佔領。征服者已經把這個城市夷爲平地，蘇軍沒有放過投降的6萬到10萬名左右的德國後衛部隊，他們全部被殘殺。

另一個利迪斯村慘案

6月10日，200名黨衛軍摧毀了法國小鎮格拉納河畔的奧拉杜，以報復法國抵抗運動攻擊向諾曼第進軍的德軍。他們把全鎮的人都集中起來，將男人關在穀倉裏，女人關在教堂裏，然後鎖上門，把整個城鎮炸毀。活的人都被槍殺，只有10個人倖存。1951年200名黨衛軍中的21名被送上法庭，除一人之外其他人都被判處死刑。

天皇萬歲

美國大兵與日軍在太平洋上的逐島交戰，遇上一種古怪嚇人的戰術：自殺性攻擊。極端國家主義的日本士兵決不投降，他們毫不畏死地向敵軍衝去，直到全部戰死。在塞班島上，戰鬥達到了高

潮。7月的決戰中，有4300名日本人（包括伙伕、打字員、平民），手持刺刀棍棒向美軍衝鋒。只有幾個人沒死，倖存者多半皆當場自殺身亡。

安妮·法蘭克被出賣

8月，安妮·法蘭克和她家人的藏身之所被蓋世太保發現，他們

在這幅美國漫畫中，國務卿科德爾·赫爾將羅斯福總統介紹給莫斯科控制的史達林主義傀儡政權。

外交
分享勝利果實

⑪ 1944年初，蘇聯從受難者翻身成爲勝利者。邱吉爾對這位盟友垂涎東歐與南歐日漸憂心，他問外務大臣安東尼·艾登說：「難道我們撒手不管巴爾幹半島的赤化嗎？或許義大利也快了。」首相的醫生寫道：「他夢見紅軍像癌細胞一樣從一個國家蔓延到另一個國家。這個憂慮深植在他腦海。」最初邱吉爾建議，爲了阻止紅軍前進，英、美在亞得里亞海岸的港登陸，然後穿過留布利安納峽谷，迫使蘇軍退到維也納。美國人回應冷漠，義大利又還受德軍控制。邱吉爾受挫之餘只好另謀他計，在10月飛抵莫斯科，向史達林提交了一份關於戰後劃分勢力範圍的計劃。

邱吉爾建議英、蘇兩國瓜分巴爾幹，他在一小張紙上隨便畫了一下草圖（眨眼示意這是「不存在的文件」）：由蘇聯控制90%的羅馬尼亞，英國控制90%的希臘，保加

利亞的控制權75%歸蘇聯；在南斯拉夫和匈牙利兩者均分勢力範圍。後來，外長艾登和莫洛托夫調整數字，蘇聯在匈牙利和保加利亞的勢力範圍增至80%。這個建議打破了地緣政治的穩定，不過並沒有實行，而且到了年底就已經跟不上形勢發展。

羅斯福忠於他的「首要」原則（美、蘇對全世界各地都有興趣，兩國可以一塊把各種細節搞清楚），接受蘇聯的擴張，毫無警覺。沒有美國的軍事支援，邱吉爾只能眼睜睜看著紅軍在1944年11月橫掃波蘭、羅馬尼亞、保加利亞、匈牙利，進入捷克斯洛伐克。

◀1943（8）▶1945（5）

外交
經濟和諧

⑫ 1944年夏，44國的經濟特使聚集新罕布夏州的布雷頓森林，商討戰後的世界貿易型態。美國財政部長亨利·莫根索在會議最後發言，他說：「我們齊聚一堂，是要找出方法消弭存在於戰前的種種經濟弊端，如競爭性的貨幣貶值和破壞性的貿易障礙。我們在這方面的進展順利。」

會議的最主要成就是決定建立國際復興開發銀行和國際貨幣基金組織。國際復興開發銀行（即世界銀行）由各會員國提供基金，最初幫助重建被戰爭破壞的各國經濟，之後資助第三世界國家的開發計劃。國際貨幣基金組織（簡稱IMF）是爲了穩定貨幣匯率和防止

新經濟秩序的締造者：各代表團團長在布雷頓森林合影。

款項支付的不均衡。

布雷頓森林協定主要是反映約翰·梅納德·凱因斯的經濟理論。他是英國代表團的團長。他一直批評第一次世界大戰後在凡爾賽制訂的各種引起不和的政策。新的貨幣體系帶來空前的世界經濟成長。到了70年代，許多國家對向國際借貸放款機構借債已經不抱希望，這一次會議的成果才開始失去光輝。

◀1921（7）▶1971（4）

外交
醞釀建立聯合國

⑬ 1944年夏秋，美國、英國、蘇聯、中國四強，在美國華盛頓特區敦巴頓橡園聚會，計劃成立二次大戰結束之後維護世界和平

敦巴頓橡園會議與會者在戶外用餐。

的國際組織。

國際聯盟的失敗殷鑑不遠，敦巴頓會議的參與者一致認同需要強有力的組織來防止未來的世界大戰，這個組織必須擁有足夠的軍事力量，方能執行決議。權力問題是關鍵：四強作爲整體應得到多少，各國又願意放棄多少？會議進行中，羅斯福設想由4個國際警察維持世界治安顯然行不通。四強都不願放棄本國權力去遵循群體法規。

經過6週的討論，在會議中達成基本的共識。新的組織應有愛好和平的國家以諮詢顧問的立場召開的大會，還有由永久性會員國所領導的強勢理事會，最初的永久性會員是四強。細節問題將在1945年的雅爾達和舊金山會議上商討決定，但敦巴頓橡園會議埋下種子，爾後發展爲聯合國。◀1943（邊欄）▶1945（邊欄）

二戰動態　1月：喀息諾山戰役；盟軍登陸安濟奧　2月：美軍前進太平洋　3月：日本入侵印度；德國入侵匈牙利　4月：蘇軍奪回敖德薩；進入羅馬尼亞；科希馬戰役　5月：美軍收復威克島；盟軍攻下喀息諾　6月：盟軍解放羅馬；諾曼第登陸；蘇聯進攻芬蘭；V-1火箭轟炸倫敦　8月：盟軍攻下佛羅倫斯；日軍撤離印度；德軍

「音樂不能用簡單和複雜來論定好壞。」
——阿倫·科普蘭

瑪莎·葛蘭姆和埃里克·霍金斯歡愉起舞。

舞蹈
美國舞蹈的春天

14 1944年田園芭蕾舞《阿帕拉契之春》在華盛頓特區的國會圖書館表演廳首演，讓在漫長戰爭中苦熬的觀眾又驚又喜。芭蕾舞家瑪莎·葛蘭姆以幽暗、情緒化的舞蹈著稱，但這次阿倫·科普蘭悅活潑的音樂啟發她有別於以往孤寂冥想的靈感。這個愛情故事的場景設在謝克鄉間，作品動人刻畫了早期美國精神，用簡單、溫情的舞蹈，直接而又感性頌揚田園價值與文化。觀眾反應熱烈，評論人士宣告美國現代舞總算發展成熟。

這部獨特的美國作品，是葛蘭姆首次大受歡迎之作，布景由年輕的極限主義藝術家野口勇設計，他後來成為世界上最受敬仰的雕塑家之一。葛蘭姆鼓勵舞者有自己的想法，參與《阿帕拉契之春》演出的舞者有梅爾斯·坎寧安、埃里克·霍金斯、梅·奧唐奈和皮爾·朗等，這些人如今都是美國現代舞的傳奇人物。

和科普蘭之後創作的管弦樂組曲一樣，《阿帕拉契之春》也在世界各地陸續上演，而該劇的舞蹈則成為葛蘭姆的代表作之一。1985年，91歲的葛蘭姆和84歲的科普蘭在紐約出席作品第41次的年度演出。1987年在為葛蘭姆舞團舉辦的慶祝活動中，魯道夫·紐瑞耶夫和米哈伊爾·巴里什尼科夫上台演出，向作曲家（因病缺席）和芭蕾編舞者致敬。

文學
波赫士的小迷宮

15 喬治·路易斯·波赫士對於時間、空間、命運本質的執著，正足以說明——這本讓他名揚於世的作品，在1944年出版之後，有將近20年在阿根廷以外的世界對它一無所知。《偽裝》是一部怪誕、充滿黑色幽默的哲理性短篇小說集，公然違抗當時流行的寫實主義文學以及情節安排和人物個性的傳統概念。

波赫士的每個故事都是一個小迷宮（他在作品中經常用這個意象），事件由另一種邏輯體系主導。在其中的一個故事裏，失眠的病人回憶起發生過的每一件事而痛苦不堪。在另外一個故事中，警探和謀殺犯有如幾何方程式連續轉換角色相互追殺。波赫士的主角中還有位基督教的異端分子，推斷出不是耶穌而是猶大才是救世主；還有位猶太劇作家，在被納粹槍殺前一刻，構思出平時要用一年才能完成的創作。

波赫士在阿根廷知識界以詩和散文聞名。1938年，當他39歲頭部重傷險些喪命後，才全心投入小說創作。直到1961年和薩繆爾·貝克特共同贏得著名的國際出版家獎後，他的作品才開始被譯成各種文字（自《偽裝》開始），在國外廣為流傳。有人稱波赫士是本世紀最偉大的作家之一，他的作品讓全世界「發現」拉丁美洲文學。波赫士集博學多才、語言精確和魔幻於一體，深深影響了拉丁美洲文學。

◀1925（11）▶1967（7）

1960年代波赫士舉世聞名時，已經完全失明。

被用牛車送到奧斯維辛集中營。他們曾在阿姆斯特丹的閣樓上藏了兩年，15歲早熟的安妮留下一部掙扎活命的記錄。這部感人的日記保存了下來，年幼的安妮卻死於納粹集中營。

飛彈

倫敦人根據飛彈可怕的聲音，給希特勒的V-1火箭取了個綽號「嗡嗡炸彈」。更可怕的是他們攻擊目標之前，關掉引擎的駭人肅靜。1944年當飛彈如雨點般落在英國，皇家空軍的飛行員學會了如何攔截。即使是最快的新型噴火式戰機也趕不上V-1火箭

644公里的最高時速，但飛行員偶爾能用機關砲把它擊落，或更勇敢地用自己的機翼尖端滑向飛彈的翼下，將它推出預定的航道而墜毀。

海底輸油管

海軍上將路易·蒙巴頓伯爵在詢問「能不能在英吉利海峽下面鋪一條輸油管」時第一次提出了這個想法。隨後海底輸油管計劃開始醞釀。這是世上第一條水底輸油管，穩定地為同盟國在歐洲大陸作戰提供汽油，這在北歐戰場上是十分重要的。

諾曼第登陸的供應

同盟國把諾曼第登陸用的儲備物資都堆在英國，使其成為一個巨大的戰備物資儲藏室。在田野、公園裏、鄉間的大草坪上，美軍儲備了槍枝、彈藥、登陸艇、飛機、吉普車，還有治暈船用的幾噸口香糖。

1944

從蘇聯撤退；盟軍解放巴黎、馬賽；羅馬尼亞投降　9月：芬蘭與蘇聯議和；盟軍解放安特衛普、布魯塞爾、盧森堡；V-2飛箭轟炸倫敦　10月：德軍鎮壓華沙起義；英軍解放雅典；雷伊泰灣戰役　11月：盟軍進入薩爾盆地　12月：突出部之役。

「奧立佛的表演出神入化，而沃爾菲特卻顯得矯揉造作。」
—— 女演員赫米奧娜·金爾戈德評論兩位英國最著名的莎氏演員勞倫斯·奧立佛和唐納德·沃爾菲特之間的差異

環球浮世繪

向飢荒開戰

1944年，由洛克斐勒基金會資助、美國農經學家諾曼·博勞格主持的「墨西哥農業合作計劃」，提出了一個以雜交、化肥、灌溉來增產的農業計劃。由於這個「綠色革命」，墨西哥的農業產量到60年代增加了一倍以上。

希臘內戰開始

德軍在10月時放棄希臘，國王喬治二世的政府從倫敦遷回雅典（喬治本人直到1946年才回國）。共產黨領導的民族解放陣線（EAM）拒絕解散其武裝部隊國民解放軍（ELAS，希臘最強的反納粹游擊隊），臨時聯合政府遂告分裂。12月內戰爆發（下圖為國民解放軍的兩名游擊隊員在搬戰友的屍體），英軍抵

達希臘來支援保皇派。激戰持續了40天，游擊隊奪取了大片土地，但由於沒有蘇聯援助（史達林已答應讓希臘成為英國的勢力範圍），因此未能取得政權。他們承認失敗後，國民解放軍正式解散。但1946年又重啟戰火。
◀ 1941（4）▶1947（4）

法國瘋子

尚·季洛杜於1944年在完成《薛洛的傻婦》的劇本之後去世。這部戲講的是一老婦的奇異經歷，她把巴黎的投機商和金融專家搞垮了。該劇展現了季洛杜誇張的戲劇風格。曾任外交官達30年的季洛杜，經常把普遍存在的衝突——戰爭與和平、男人與女人、貪婪與人性，隱藏在機智荒誕的對話中。該戲於1945年12月在巴黎首演。

藝術
20世紀的哥雅

15 英國畫家法蘭西斯·培根寫道，身為藝術家，他最關注的是「現實的殘酷」。在培根的藝術生涯中，此意念一直縈繞在心，畫了許多令人毛骨悚然的孤獨、畸形殘缺的人物形象。1944年之前他尚默默無聞，但在這一年他發表了《三件釘形圖台基人物習作》（上圖），立刻聲名狼藉，人們將他與法蘭西斯科·哥雅等陰慘幻影繪畫大師加以比較。其作品本質表達對人類狀況的憎惡和反感，他不斷顛覆這種價值觀，否定死亡對他個人有任何意義。他詰問道：死亡如何有意義呢？我們只不過是一團肉。

培根自學成才。出生在愛爾蘭，16歲離家。他後來回憶說，「是因為父親看到我穿媽媽的內衣」。他去過柏林和巴黎，1928年在倫敦定居。到40年代中，其成熟作品的特徵已經定型：狂烈的色彩，扭曲的、漫畫式的人物，墮落和恐怖。1992年他去世前，許多人即認為他是本世紀英國最偉大的畫家。◀ 1932（13）▶1950（4）

醫學
對抗結核病的抗生素

17 1944年青黴素總算能夠大批量產，足夠供應同盟國的軍民所需。即便是這種神奇的藥品也不能治療結核病。1月拉特格斯大學的微生物專家塞爾曼·瓦克斯曼

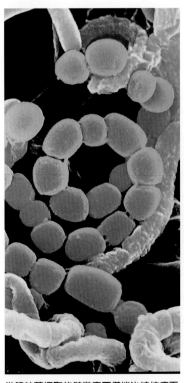

從鍊絲菌提取的鏈黴素不僅能治結核病而且還能治傷寒、肺炎和脊髓腦膜炎。

宣佈他發現一種新的抗生素（這個名詞他在1941年創立，用來描述能選擇性殺死或抑制微生物的物質，如青黴素），稱為鏈黴素。明尼蘇達的梅尤醫院旋即對該藥做了動物試驗，發現治療結核病療效顯著。

55歲的瓦克斯曼是土壤微生物學家。為了尋找能治結核病的藥，他和助手阿爾伯特·舒爾茨分離了約一萬種生活在土壤中的微生物，測試殺菌性。他們把範圍縮小到1000種，再到100種，再到10種。最後在1943年，瓦克斯曼專注研究一種類似細菌的微生物，他稱之為鍊絲菌，具有明顯的抗生素特性。

從這種微生物提取的鏈黴素大幅改進了結核病的治療。以前只能用預防療法（一般使用卡介疫苗）或進入療養院治療（這種療法花費巨大，療效不穩定，病人需要休養很長一段時間，呼吸新鮮空氣），現在醫生們能直接與結核病戰鬥。科學家們很快就發現單獨使用鏈黴素效果不是很好（因為結核病菌能迅速產生抗藥性），就把鏈黴素與其它抗生素搭配使用。該藥在歐洲使用5年後，全世界的結核病罹患率明顯的下降。◀ 1941（16）
▶1955（1）

戲劇
光輝歲月

18 盟軍的勝利在望，老維克劇團決定於1944年重新在倫敦的老家演出。兩位英國最主要的戲劇演員拉爾夫·理查森和勞倫斯·奧立佛退役回到舞台，帶動戲劇風潮，許多人認為英國現代戲劇於焉誕生。

才華出眾的理查森在老維克新上演的兩部戲中擔任主角。但奧立佛的經歷截然不同。他戰前就是著名的劇場演員，扮演過哈姆雷特、伊亞格和科里奧雷納斯，還曾在威廉·惠勒的《咆哮山莊》和阿爾弗雷德·希區考克的《蝴蝶夢》中演出。在老維克劇團的演出使他名聲不朽。

奧立佛在蕭伯納的《武器和人》中的演出不盡人意，事後他對他的同事蒂龍·格思里說他不喜歡塞爾吉烏斯這個角色。格思里的回答很有名：「當然嘍，如果你不能喜歡他，演這個角色對你就沒什麼用，是不是？」這句話徹底改變了奧立佛的表演風格。

在這段戲劇興盛期的最後一部戲《理查三世》中，奧立佛對角色的詮釋有明顯轉變。諾埃爾·科沃德說：「這是我在劇場中所看過最好的男性表演」，他稱奧立佛是「最偉大的演員」。奧立佛和理查森演了三部戲，其他演員還有格思里、西比爾·桑代克夫人、瑪格麗特·萊頓，他們為老維克劇團添增傳奇般的色彩。19年之後，皇家國家劇團在老維克劇院成立，導演是勞倫斯·奧立佛。◀ 1930（5）
▶1947（13）

在老維克，理查森（左）飾理奇蒙伯爵，奧立佛飾理查三世。

普通士兵的讚揚

摘自《瓦斯科上尉之死》，厄尼·派爾著，《華盛頓日報》，1944年1月10日

記者厄尼·派爾從義大利發來的評論：「全世界的戰爭似乎由這幾千名前線戰士承擔著，他們受命運擺佈，為他人受苦、喪命。」派爾以報導他們的事蹟為己任。派爾長得精靈古怪，重50公斤，和他想報導的士兵生活在一起。他是當時最受歡迎的戰地記者，報導刊載在美國200家報紙上，擁有500多萬讀者。1944年榮獲普立茲獎，第二年春天死於沖繩島戰役。在1944年的那個嚴冬，他報導了西西里戰役，下面節選的是發自義大利前線的稿子，是他最有名的一篇報導。◀1940（當年之音）▶1967（當年之音）

戰爭中我認識了不少深受士兵愛戴的軍官，但以來自德克薩斯州波爾頓的亨利·瓦斯科上尉為最。

瓦斯科上尉在36師擔任連長，在從美國出發前，就已經帶領這個連一段時日。他非常年輕，只有二十五、六歲，真誠和溫和贏得部下的愛戴。

士官長跟我說：「在我心目中，他僅次於我父親。」

一位士兵說：「他關心照顧我們，總替我們說話。」

另一個說：「他為人一向公正。」

當他們把瓦斯科上尉屍體運下來的那天晚上，我就在山腳下。快要滿月了，你能一眼望見整條小路，甚至橫過下面山谷的部份路段也清晰可見。戰士們行走在月光下，留下一排陰影。

整個晚上，犧牲的士兵被綁在騾子背上從山上運下來。他們臉朝下橫躺在木製馬鞍上，頭懸在騾子的左側，僵直的腿彆扭地從另一邊伸出去，隨騾子的走動上下晃盪。

義大利趕騾人害怕走在屍體旁邊，美國大兵們只好自己牽著騾子下山。就算美國人也不願意把屍體從騾背上解下來，軍官只有自己親自動手，再要求其他人幫忙。

清晨第一具屍體運到。他們將他從騾背上放下來，讓他用腳站著，同時緊抓著他。在半明半暗中他好像病人站在那裏，只是靠在別人身上而已。然後他們把他放在地上路邊矮石牆的陰影裏。

我不知道這第一個屍體是誰。在死人面前，你會感到自己很渺小，為活著而羞愧，所以就不會問些蠢問題。

我們讓他躺在路邊，所有的人都回到牛棚裏，有的坐在水罐上，有的躺在稻草堆上，等待下一批騾子。

有人說那人已死了4天，接著別的人也沒說什麼。我們談論著當兵的常說的話題，講了約一個小時。那死屍孤伶伶地躺在路邊的矮石牆下。

有個戰士走進牛棚裏說又有些屍體運到了。我們走到路上，月光下，4匹騾子站在下山的那條小路上。那些領騾的士兵等在那裏。有人平靜地說：「這是瓦斯科上尉」。

有兩個人把他從騾上解下來，抬到石牆邊放著。其他人把另外的屍體抬下來。最後5具屍體在路邊頭腳相連排成一排。這裏是戰區，死屍不需掩蓋，他們躺在那裏，直到別的屍體堆上來。

卸下屍體的騾子向橄欖園走去。路上的人似乎還不想離開，他們佇在那兒，然後我發現，慢慢地他們一個接一個走向上尉的屍體。我想，他們並不是去看看，而是去向他訣別，也對自己作出承諾。我站在能聽見的地方。

一個戰士走過來，看著地上，大聲說：「他媽的！」說完就走開了。另一個走上來說：「真去他媽的！」他向下望了最後幾眼，然後轉身離開。

又來了一個，我覺得這是個軍官。昏暗中分不清哪個是軍官，因為他們都留鬍子，身上又髒又破。那人低頭盯著上尉的臉，對著他說話，彷彿他還活著：「老兄，我很難過。」

接著一個戰士過來，站在軍官旁，他彎下腰，對死去的上尉不是小聲而是非常傷痛地說：「連長，我真的很難過。」

那軍官蹲下去，伸手握住死人的手，他蹲在那兒足足有5分鐘，握著上尉的手，直愣愣地盯著上尉的臉，一句話也沒說。

最後，他把那隻手放下，接著伸手輕輕地把上尉的衣領拉直，又把傷口處的制服破洞邊緣整理好。他站起來一個人沿著路在月光下走遠。

派爾（攝於諾曼第）因記錄下本來默默無聞的前線美國大兵的姓名、長相、生活、夢想而成名。

之後我們剩下的幾個回到牛棚，那5具屍體在矮石牆下排著一行躺著。我們在牛棚裏的草堆上躺下，一會兒便睡著了。

1944

「16小時前，一架美國飛機在廣島扔下了一顆炸彈……如果他們現在不接受我們的條件，
他們將會遭逢地球上前所未見，從天而降的一連串毀滅。」

—— 哈里·杜魯門

B-29型「埃諾拉·蓋伊」號轟炸機地勤組及駕駛員保羅·蒂貝茨中校（居中）。下圖，轟炸後的廣島。

1945

年度焦點

原子彈在廣島、長崎爆炸，戰爭結束

1 1945年8月6日黎明前，一架名為「埃諾拉·蓋伊」的美國B-29型轟炸機從馬里亞納群島的提尼安島起飛，於早上8點15分抵達日本廣島上空，投下機上唯一的「炸彈」。刹那間，8萬人喪生，廣島市幾乎全毀。4天後，美國在長崎又投下了第二顆原子彈，造成4萬人喪生。8月14日，日本投降。在一種難以置信的暴力威脅下，歷史上最殘忍的戰爭結束了。此時，人類已經獲得了毀滅世界的力量。

對於是否有必要採用核子武器反擊日本，一直是眾說紛云。批評這項行動的人認為，裕仁天皇已經促請其內閣進行停火談判；他們認定同盟國要求日本「無條件投降」、天皇（為日本人民心目中的神聖人物）退位，是阻撓和平的唯一障礙。支

持者則認為日本雖然終將失敗，但仍準備無限期地打下去，這一點可以從太平洋上士兵和居民的自殺性抵抗，及許多高級官員拒不讓步看出來（一位官員鼓舞全國人民「像朵美麗的花般」戰死沙場）。他們指出，同盟國的燒夷彈在同時殺死的日本人比原子彈還要多，卻沒有效果；而且，對日本本土的攻擊將會使雙方損失千萬人的生命。

然而，在爭論以外，原子彈爆炸引發了前所未有的恐怖景象。地面上的人都化為蒸氣，只留下燒焦的痕跡。由於輻射破壞人體的細胞，最初倖存的人也很快痛苦而死。較輕劑量的輻射導致癌症和畸形兒。僅在廣島，爆炸後幾年間約有14萬人陸續死亡。

在原子彈轟炸廣島兩天後，蘇聯向日本宣戰（雅爾達會議達成的協議），並侵入日本控制的滿洲。8月15日，裕仁天皇第一次透過廣播向全國發表聲明。他宣佈日本接受同盟國的條件，並解釋道：「敵人開始採用一種新型的、極其殘酷的炸彈，其爆炸所造成的損失無法估量。」9月2日，麥克阿瑟將軍在東京港的美國「密蘇里號」戰艦上接受日本政府交遞投降書。

◀1942（18）▶1945（邊欄）

第二次世界大戰
歐洲的勝利

2 1945年1月12日，當紅軍在波蘭發起強大攻勢時，歐洲軸心強權的末日開始到來。德國軍隊被長1127公里的東線分散了兵力，側翼在巴爾幹半島遭到包抄，在立陶宛也被包圍，已陷於崩潰邊緣。蘇聯很快佔領了華沙和洛次。希特勒從西線的阿登撤出兵力增援布達佩斯，妄想堅守匈牙利。到2月，蘇聯的一些部隊已抵達距柏林64公里處。

德國陸軍為了抵擋蘇軍而東移，致使德國的西線暴露。3月23日，盟軍橫渡萊因河。隨後，加拿大第一軍向荷蘭奮力推進，英國第二軍邁向波羅的海方向，美國軍隊則從馬德堡到捷克及奧地利邊境呈扇形佈署。

與此同時，蘇聯施加更大壓力，進行殘酷的報復，將大批難民驅趕在前方應敵。到了4月中旬，

紐約市民從報上的標題得知德國在1945年5月7日投降。

蘇聯軍隊佔領了維也納、但澤和柯尼斯堡。4月25日，他們在易北河與美國軍隊會師，一起舉杯慶祝、擁抱。

柏林在5月2日攻陷。在義大利和奧地利的軸心國軍隊在同一天投降。5月4日，在希特勒自殺後5天，德國北部、荷蘭和丹麥的軸心國軍隊也紛紛投降。5月7日，在法國的蘭斯，德國最高司令部（以阿

藝術與文化 **書籍：**《罐頭廠街》約翰·史坦貝克；《動物農莊》喬治·歐威爾；《基督停留在埃博利》卡洛·萊維；《傑克遜時代》阿瑟·薛里辛格；《舊地重遊》伊夫林·沃 **音樂：**《漫長歲月》斯泰恩和卡恩；《蘭姆酒和可口可樂》阿姆斯特丹、培根和沙利文；《聖塔菲的時間表》恩斯特·克雷內克 **繪畫與雕塑：**《引誘

「這完全是一種恐怖行為。不僅使我們對戰爭目標的所有聲明變得沒有意義……
也使得戈培爾在這方面的說詞都有了官方的憑證。」
——《每日鏡報》的塞西爾·金恩對德勒斯登空襲的評論

爾弗雷德·約德爾將軍和漢斯·弗萊德堡海軍上將為代表）無條件投降。只有盤踞在捷克的德軍繼續抵抗了幾日。5月8日，即二次大戰開始後的5年8個月，歐洲部分的戰爭正式結束。

在接下來的幾個星期中，同盟國以犯下戰爭罪行的指控逮捕所有的納粹官員。希特勒幻想的「千年德意志帝國」提前988年告終。
◀1944（1）▶1945（7）

第二次世界大戰
德勒斯登和東京的煉獄景象

3 在戰爭的最後幾個月中，同盟國空軍逐步採取「區域性轟炸」，猛烈地襲擊人口聚集中心以打擊士氣。這並不是一種新策略。在1943年，英國對漢堡空襲時，已使5萬人喪生。但是，在1945年，對德勒斯登和東京的燒夷彈空襲使得英美備感內咎。

德勒斯登是歐洲最美麗的歷史名城之一，到1945年初，居民超過60萬，包括許多盟軍戰俘。由於在戰略上並不重要，該城過去幾乎沒有遭到轟炸，以致高射砲都已撤走。但是，英國空軍指揮官認為恐怖的空襲能夠戰勝，而且，邱吉爾想展現空軍力量讓史達林大開眼界。因此，在2月13日晚上，將近800架英國「蘭開斯特」飛機轟炸德勒斯登，大部分是用燒夷彈空襲的。第二天，300架美國「飛行堡壘」把目標定在鐵路轉接站，但主要卻擊中房舍。估計死亡人數為3萬5千人至13萬5千人。

這次攻擊引起各界抗議，特別是在美國，戰略家們一向鄙視地毯式空襲。但是在太平洋戰場上，美國空軍司令柯蒂斯·勒梅卻決定效仿此法。

他第一次下令大規模空襲是在3月10日。半夜後，250架「超級堡壘」轟炸機襲擊了東京，大約有10萬人死於這次恐怖轟炸，許多人是在隅田川逃難時淹死的。到8月為止，66座日本城市受到轟炸。由於接受多數戰爭在日本本土發生的說詞，很少有美國人表示抗議。

對沒有戰略價值的德勒斯登進行轟炸，讓這座歷史名城化為廢墟，並使成千上萬居民喪生。

（國防部長亨利·史汀生私下稱他們的沉默是「可怕的」）。但在最初的東京空襲後（二次大戰中傷亡最慘重的轟炸），許多人私下省思他們的士兵是否變得與敵人一樣殘忍了。◀1945（1）▶1945（10）

第二次世界大戰
美國控制太平洋

4 美國在太平洋戰場上的跳島戰術（一個接一個攻佔日軍控制的島嶼，並把每一個攻下的島嶼作為襲擊敵船和領土的空軍基地），隨著1945年初在硫磺島和沖繩島的登陸而達到高峰。由於日軍幾乎抵抗到最後一人，這兩次戰役使美國付出了2萬條人命的代價。

2月19日，美國軍隊進攻硫磺島，這是火山群島中一個21平方公里的環礁。經過3天惡戰，美國的國旗終於插在硫磺島的最高點折缽山上。美聯社的攝影師喬·羅森塔爾為這次事件拍下了生動照片（或許可說再度重演），成為這次太平洋戰爭最有名的圖像。但後來，照片中6名海軍陸戰隊員有3名喪生。這個被美國人稱為「血腥的峽谷」和「絞肉機」的地區，在日本投降之前還持續了一個月激烈的戰鬥，2萬1千名日軍已死了2萬人。美國轟炸機立刻利用硫磺島為基地轟炸日本主要島嶼。

4月1日，復活節。美國軍隊在距日本579公里的沖繩島登陸。此後3個月內，日本軍隊用包括神風自殺式攻擊和刺刀肉搏等各種方式來堅守1176公里的沖繩島，許多人在山洞和地道裏作戰。浴血戰使15萬名日本人喪生，包括85名躲在山洞裏的女護士，她們被美軍誤以為是士兵而被燒死。沖繩島在6月陷落時，太平洋上的戰爭也快結束了。◀1944（9）▶1945（邊欄）

在硫磺島上豎起美國國旗。由美聯社攝影師喬·羅森塔爾拍攝，這是太平洋戰爭的照片中翻拍最多的一張。

「（羅斯福）是鞠躬盡瘁而死的，我們也可以說他是在戰場上殉職的，就像他的陸軍、海軍、空軍戰士一樣……他的死多麼令人欽羨」 ── 溫斯頓‧邱吉爾在1945年4月17日在下議院的演講

1945年新事物

- 法國婦女開始擁有選舉權
- 汽車保險桿貼紙出現
- 自來水加氟（大湍城，密西根州）
- 變焦鏡頭
- 冷凍柳橙汁
- 蠟筆

- 保鮮盒
- 全國轉播梅西感恩節遊行

美國萬花筒

巴頓之死

巴頓將軍，兩次世界大戰的倖存者，1945年在德國佔領區的一次致命車禍中喪生。他是一名冷酷、嚴峻的軍官（他在1943年參觀一家軍事醫院時打了一名受到彈震的士兵，因此差一點被解職）。這位「血膽老將」曾指揮盟軍在法屬北非、西西里島登陸，並且從諾曼第突圍進入德國和捷克。◀1943（4）

英雄凱歸

艾迪‧墨菲中尉是戰爭中獲頒最多勳章的美國軍人（24枚勳章，包括一枚國會榮譽勳章），在1945年凱旋歸國，並頂著盛名投身好萊塢。在電影中，這位德州出生，略帶稚氣的英俊小生，主演的多是成本低廉的西部片。

1955年，他的電影事業因主演依本身經歷所改編（根據他寫的書）的電影《地獄去來》而如日中天。這個故事是關於他從下士一直爬升到中尉的傳奇性經歷。墨菲在1971年的一次飛機失事中喪生。

決定歐洲的未來：（左起）邱吉爾、羅斯福、史達林。

外交
三巨頭在雅爾達會晤

5 在克里米亞的觀光勝地雅爾達，邱吉爾、羅斯福和史達林進行了第二次會晤，也是最後一次聚會，以計劃打敗軸心國並謀劃歐洲的未來。1945年2月，歷經一週的會議，三巨頭就德國佔領區的劃分、聯合國安理會的投票程序及其他主要事務上達成協議。雅爾達會議被各方推崇爲邁向世界和平的一大步，但英、美領袖被指責爲了確保史達林繼續在戰事合作而讓他加入。

爲了回報史達林保證在德國投降後對日宣戰，蘇聯因此獲得了庫頁島和滿洲的部分領土（分別在1875年和1904年被日本侵佔），以及保證外蒙古保持親共的狀態。在歐洲事務上，西方領袖作出了更大妥協。雖然他們和史達林一起發表了《關於歐洲獨立的聯合宣言》，呼籲在東歐實行民主，但是他們誤信蘇聯的意圖：隨著紅軍佔領該地區，聲言變成一紙空文。

波蘭是個最好的例子。邱吉爾和羅斯福皆承認蘇聯扶植的盧布林委員會爲波蘭的臨時政府，該政府必須包括非共產主義的流亡政府成員。但是一直到1948年，波蘭才進行選舉，當時，波蘭已經是一個一黨專政的國家。◀1944（11）▶1945（8）

美國
富蘭克林‧羅斯福之死

6 1945年1月，羅斯福在其第4屆總統就職儀式上，面容憔悴，令觀眾感到驚訝。雖然他因小兒麻痺而跛腳，但是他總是站著發表演說。然而，現在的他卻在講台上顫抖不已。2月份雅爾達之行使他的身體更加虛弱。回國後，羅斯福前往小兒麻痺患者經常光臨、也是他最喜愛的喬治亞州的溫泉鎮度假。4月12日，當他坐著拍照時大叫：「我頭痛死了」，隨即失去知覺。幾個小時後，他因中風而逝世。在勝利在望的時刻，這位63歲的總司令嚥下最後一口氣。

羅斯福是任期最久的美國總統，經歷了歷史上最嚴重的經濟大恐慌和最慘烈的戰爭。在國內，他積極推行新政計劃，成爲工人和窮人心中的英雄；他還因美國投入軍力對抗軸心國而受到同盟國崇敬。他克服身體殘障的勇氣激勵了千百萬人，甚至他的政敵，共和黨參議員羅伯特‧塔夫特，也頌揚他爲「我們時代最偉大的人物」。貧民窟的居民聚集在里約熱內盧的美國大使館中表示哀悼。法國外交部長喬治‧比多稱羅斯福的逝世爲「巨大的災難」。

羅斯福的繼任者是60歲的副總統杜魯門，他出生於密蘇里的一個農場，曾作小生意失敗，但後來在政治上飛黃騰達。轉眼間，他成爲世界三大強國之一的舵手。後來結束戰爭及開創新時代的決定，大多出自杜魯門之手。◀1940（13）▶1948（邊欄）

第二次世界大戰
獨裁者之死

7 雖然法西斯主義和納粹主義的最高領導人都非常講究華麗排場，但是在1945年他們卻死得十分凄慘。

在衛兵、待從、庸醫和情婦愛

墨索里尼和他的情婦佩塔奇在米蘭死狀狼狽。

娃‧布勞恩的陪伴下，希特勒在柏林的帝國首相官邸花園的地下碉堡度過了他的末日。由於恐懼被謀殺，加上藥物的混合作用使身體極度衰弱，他研究起占星術並狂熱地談論想像中的軍隊進攻。4月28

美國海軍在報上讀到他們總司令逝世的消息。

「寫一首關於奧斯維辛的詩是殘酷的。」
—— 德國哲學家西奧多·阿多爾諾

日，柏林大火，希特勒和愛娃在一位市府官員的主持下結婚。希特勒寫下遺書，把他的財產全部留給納粹黨（如果黨滅了的話就留給德國），並任命卡爾·德尼茨元帥為其繼承人。

同一天，墨索里尼和他的情婦克拉拉·佩塔奇在盟軍進逼而逃離時被義大利的游擊隊捕獲。雖然他懇求道：「讓我活下去，我會給你一個帝國。」但他們倆仍在簡短的審判後被槍決。隨後，和另外兩具不甚重要的屍體被倒吊在米蘭的廣場上。

4月30日，希特勒和他的新娘與其屬下握手後消失在他們的私人居室中。在那裏，希特勒把槍管伸進嘴裏開槍自殺；同時，布勞恩吞下了氰化物。他們的屍體被抬到樓上被砲彈打陷的花園，被灑上汽油焚燒，大量的納粹檔案也付之一炬。◀1945（2）

外交
同盟國的最後會談

8 1945年7月，同盟國最後一次大會在柏林城外的波茨坦召開。後來參與談判的人和先前的三巨頭不同：杜魯門接替了已故的羅斯福，英國新首相克萊門特·艾德禮則在開會後數日代替邱吉爾。討論的氣氛也就不同了。

史達林的人民最先遭受納粹蹂躪的受害者，故嚴厲要求向德國索賠作為懲罰。美國和英國擔憂他們未來必須資助長期衰落的德國，故希望處以較輕的懲罰。此外，對波蘭的邊界問題和東歐的蘇維埃傀儡政權的合法性都存在嚴重分歧。

原子彈是波茨坦會議一個新的變數。美國剛剛在新墨西哥州試驗了這種武器，杜魯門告知了邱吉爾這項祕密（只稍稍暗示史達林）後，西方的領袖們警告日本，除非無條件投降，否則會受到「迅速而徹底的毀滅」，但日本拒絕。原子彈的出現使蘇聯參加對日戰爭的重要性減小，杜魯門對史達林的口氣明顯轉趨強硬。

最後，與會者同意各強國可以

在波茨坦三巨頭會議開始時，史達林問候邱吉爾。

從所佔據的德國佔領區獲得補償，蘇聯則可從他國戰利中再分到部分利益。波蘭國界線向西移241公里，從德國獲取領土，而自己的部分領土則劃給蘇聯。三巨頭國發誓要在「民主」的基礎上重建德國，但沒有定義何謂民主。◀1945（5）▶1949（2）

大屠殺
納粹恐怖

9 同盟國軍隊在1945年攻入德國領土時，發現了納粹駭人聽聞的犯罪證據：有計劃地殺害600萬名猶太人，及其他許多種族上、政治上、性別上、宗教上的「不良分子」。士兵們在解放特雷布林卡、馬伊達內克和奧斯維辛（正門口上的標語嘲諷地寫著：勞動使人自由）等死亡集中營時，發現成堆的屍體、塞滿五層床鋪的污穢營房、露天的茅坑以及在惡臭中蹣跚搖晃、瘦如骷髏的存活者。

倖存者描述了他們的遭遇。他們一到集中營就被區隔開來。大部分人被帶進「浴室」用毒氣毒死；看起來身強體壯的人身上被刺上號碼，發給監獄臂章，分配到奴工組。一些人為大公司工作（包括生產毒氣室毒氣的法本公司）。一些

人被當作虐待性的醫學實驗品。德國士兵強迫婦女、女孩、男孩供其洩慾。當犯人們因飢餓、寒冷和疾病而虛弱不堪時，便被送進毒氣室。特殊的工作組把屍體裝運到焚屍爐或大墓場裏。這些屍體也可以利用：用人的脂肪製造肥皂，用人的頭髮填塞床墊。

同盟國由於以戰略為優先考量，幾年來一直忽視各地猶太領導人關於轟炸毒氣室的請求。戰犯審判雖懲罰了一些得為恐怖活動負責的人，但對集中營的受害者來說，正義來得太遲了。◀1944（10）▶1946（當年之音）

布亨瓦德集中營的奴工，由美軍第80師發現。

1945

「蔣介石已經靈魂出竅……（他）只是一具軀殼，沒有人會再相信他。」

—— 毛澤東

二戰風雲

死亡產業

布亨瓦德、奧斯維辛、達考是為人所熟悉的恐怖場所，但它們只是大浩劫死亡產業中的3個地方。同盟國解放了100多個集中營。在德國東部的奧爾德魯夫是第一個獲得自由的營區。美國軍隊在1945年4月3日進入該集中營時，發現成千上萬乾瘦的屍體靠牆堆疊，據一位士兵描述：「像一堆扁平、泛黃的舊物。」當消息傳出時，在全球各地引起譴責的聲浪。

希特勒的焦土政策

希特勒激動地向軍工部頭子阿爾伯特‧施佩爾解釋道：「如果戰敗的話，德國也將滅亡。所以，不必去考慮人類繼續生存將需要什麼。」據此，希特勒在3月命令將所有工廠、發電廠、農場全數毀掉。任何可供進中的盟軍利用的東西都要摧毀。施佩爾雖然未執行命令，但德國已是一片混亂。

佔領柏林

在雅爾達會議中，同盟國同意戰後將德國劃為佔領區：蘇聯佔領東部德國；柏林本身則被分為4個行政區域：由蘇聯、美國、英國和法國各佔一席之地。艾森豪總統勉強接受這項協議，在4月

就讓盟軍在距柏林80公里外的易北河停止進軍。但是，蘇聯軍隊在5月獨佔首都後，禁閉大門直到7月才開放，以便有足夠的時間來掠奪已成廢墟的城市，並開始建立將統治東柏林達45年的政權。

滇緬公路重新開通

對美國將軍約瑟夫‧史迪威而言，1945年重新開通中國與緬甸間這段滇緬公路是準備好好報復一番：1942年美軍在緬甸被日軍打敗後，「尖酸的喬」發誓要重新奪回失去的領土。這條雷多公路穿越茂密叢林，把印度和

科技

戰爭的智能戰利品

⑩ 歐洲戰爭結束時，戰勝國爭相搜捕那些設計德國先進飛機（特別是襲擊英國的V-1和V-2型火箭）的科技人才。這樣做並不是為了懲罰這些應對千萬平民百姓之死負責的人，而是雇用他們。在1945年春天，美國和蘇聯競相網羅艾森豪所稱的「戰爭的智能戰利品」。

在波羅的海沿岸的佩訥明德研究中心，沃爾特‧多恩貝格爾將軍和物理學家（暨精衛隊軍官）維恩赫‧馮‧布勞恩曾在德國火箭計劃中指導過上百名科學家。當紅軍接近時，這兩個人和他們的同事帶著包紮好的14噸設備檔案逃往南部。5月，他們向美國投降，以期得到更優厚的待遇。

一個月前，美國軍隊已經突襲納粹位於哈次山脈諾德豪森附近的地下火箭工廠，這個地區在雅爾達會議中劃定為蘇聯佔領區。為了搶在6月1日蘇聯來接收之前攻下這個地區，美國雇用獲得自由的諾德豪森奴工（在工廠裏，每天都有100名奴隸死亡）搶運飛彈設備。到了

期限日，100座V-2型火箭、佩訥明德的檔案和115名德國科學家被運往美國。馮‧布勞恩和多恩貝格爾的罪行被赦免，協助美國擬訂了太空計劃。

蘇聯也捕獲了部分德國的科學家。在韓戰中，他們的米格-15型戰鬥機和美國佩刀式F86型戰機在空中對陣，而這兩種飛機都是由德國的工程師設計的。◀1944（2）▶1957（2）

殖民主義

阿爾及利亞和越南的起義

⑪ 對法國來說，第二次大戰的結束意味著帝國終結的開始，1945年在越南和阿爾及亞的叛變預示了這一點。

戰爭使阿爾及亞人極度貧困，而且法國殖民者又限制了當地人對公民權的要求。在塞提夫城的一次勝利遊行中，一些阿拉伯人舉著標示「阿爾及亞自由和獨立萬歲！」、「我們要與你們一樣平等！」等非法標語的牌子。憲兵隊奪走了標語牌並向人群開火，殺害了一些遊行示威者。隨後一群心存報復的阿爾及亞人謀殺了100名

最先進的科技：納粹佩訥明德研究中心的德國V-2火箭。

歐洲人。為了報復，法國的砲艇、戰鬥機、軍隊及保安人員向阿拉伯村莊襲擊。叛亂被鎮壓了，但獨立運動卻依然十分激進。

雖然越南在戰時大部分時間由日本佔領，但名義上卻是法國維琪政府統治。同時，流亡中國的越南共產黨領導人胡志明（下圖，左）組織了一個主張獨立的聯合陣線，

稱為越盟。（當蔣介石囚禁胡志明時，美國人因感激越盟游擊隊協助反擊日軍而使其獲釋。）1945年3月，日本將法國人全部驅逐出境，並假裝應允法國扶植的越南皇帝保大獲得獨立。8月日本戰敗後，法國還沒重新獲得控制權之前，越盟發動了一次叛變。

「八月革命」使越盟輕易地掌握政權，並把保大趕下台。但是，同盟國在波茨坦會議中同意法國仍然擁有越南。在英國軍隊幫助下，法國在年底重新控制了南部城市。然而，在其他地區，反抗運動仍然持續。雖然協商導致暫時停火，但是在1946年11月，第一次中南半島戰爭還是開打了。◀1942（9）▶1946（邊欄）

中國

玩弄和平

⑫ 中國國民黨和共產黨無感情的結合只是為了共同抗日，隨著日本在1945年戰敗，這種結合便告解體。國民政府的總統蔣介石和共產黨主席毛澤東的軍隊立即爭相宣稱，裕仁天皇的敗軍所放棄的大片中國領土為己所有。此關係到這個世界上人口最多的國家未來的政治前途。

起初，國民黨和共產黨僅零星交戰，而且，蔣和毛在厭戰的中國人民和世人眼前上演一場外交遊戲——特別是華盛頓和莫斯科，他們對一方或另一方的支持將決定鬥爭的結果。在1945年和1946年，兩位領導人都忙著進行高姿態的和平

1945

「這是遠東版的波蘭問題。」
—— 美國國防部長亨利‧史汀生對韓國問題的談話

協商。美國居中調解，希望在中國建立一個聯合政府。蔣和毛只是在口頭上贊同，但是他們都知道彼此對中國未來的理想是互不相容的，兩人也無意分享政權。就如蔣介石曾對其副官說：「天無二日。」

中國女兵保衛南方領土，抵抗日本侵略。

1947年初，雙方各佔領了大片土地，全面的內戰重新開打。內戰持續了3年，造成300萬人喪生。
◀1941（13）▶1949（1）

韓國

在韓國的對峙

13 1945年，日本已經在韓國嚴酷地實行殖民統治35年。但是，當日本在第二次世界大戰中戰敗時，2600萬韓國人仍然是強國的抵押品。

7月，日本即將戰敗，在波茨坦會議上，同盟國訂明韓國南部的

美國士兵在南韓檢查從日本敗軍收繳的武器。

日軍向美國投降，北部的日軍向蘇聯投降，北緯38度線爲分界線。8月9日，在史達林向日本宣戰的第二天（6天後世界大戰結束），20萬名蘇聯紅軍和流亡的韓共軍隊川流不息地進入北韓。士氣消沉的日軍在他們抵達前就逃之夭夭。當美國軍隊在一個月後到達韓國南部時，蘇聯已開始封鎖其佔領區並建立起一個共產體制。

美國人不能確定他們是征服了一個日本帝國的殖民地還是解放了一個被佔領國，他們很嚴格地管理南韓，但態度不明。他們唯一明確的目標是阻止蘇聯佔領整個國家。隨著日軍的撤退，韓國的殖民經濟也告崩潰，使得問題更形複雜。罷工、遊行示威及農民叛亂席捲了美國統治區。美軍司令約翰‧霍奇寫道：「我的軍政府完全不能夠應付這種形勢。」但是蘇聯既然已經穩固勢力，美國人也得努力。波茨坦會議許諾的韓國獨立還須等候。
◀1945（8）▶1948（3）

中東

英國在巴勒斯坦的窘境

14 隨著第二次世界大戰的結束和納粹死亡集中營公諸於世，猶太復國主義者進一步要求英國開放其巴勒斯坦託管地，讓猶太

人無限制地移入。在巴勒斯坦，猶太人游擊隊「國家軍事組織」和「斯坦恩幫」加強活動迫使英國攤牌。（當地由錢恩‧魏茨曼爲主的溫和派猶太領導人特別指出，猶太復國主義的一個義勇軍旅曾協助過同盟國，這一點讓英國頗爲良心不安。）這個地區的阿拉伯人雖然反對猶太人湧入，但巴勒斯坦本身卻缺乏統一的領導。所以，在1945年3月，沙烏地阿拉伯、敘利亞、黎巴嫩、伊拉克、外約旦、葉門和埃及組成了阿拉伯國家聯盟，從另一方面向英國施加壓力。

搭戴德國難民的「出埃及號」在海法靠岸，只不過英國拒絕其進入巴勒斯坦。

英國新的工黨政府非常贊同猶太復國主義者的目標，然而，同時也希望與阿拉伯人保持友好的關係。杜魯門總統讓英國更加困窘，因爲他明顯支持猶太復國主義。1946年4月，迫於美國的壓力，英國派了另一個調查團研究這個問題。英美調查委員會建議立即接收10萬名歐洲猶太難民，解除猶太人在巴勒斯坦購買土地的限制，在聯合國託管制度下建立一個猶太－阿拉伯人的雙民族國家。英國因面臨管轄巴勒斯坦所付出的政治、經濟代價，故樂於將這件事轉交給聯合國處理。

1947年，聯合國派遣調查團尋求解決巴勒斯坦問題的辦法。結果第二年建立了以色列，同時也引發猶太國家和其阿拉伯鄰國之間的戰爭。◀1939（邊欄）▶1948（9）

原來的緬甸補給路線連接在一起。藉由這條公路，同盟國把順利地戰爭物質源源不斷往東運送，從而結束了日本3年來對中國的封鎖。

「光榮之死」

在太平洋戰爭最後絕望的幾個月中，越來越多的日本飛行員成爲神風特攻隊隊員，駕駛他們的飛機像導彈一樣直接猛撞向美國艦隊。1945年有1萬3千名盟國海軍士兵在太平洋上喪生，其中四分之三是「神風隊」的受害者。其他日本人選擇切腹自殺走向「光榮之死」。其中一個自殺失敗的是東條英機，他是在9月朝自己的頭部開槍，卻自殺未遂，很快又被指控爲戰犯，而在1946年4月28日處以絞刑。在德國，許多人選擇自戕，包括眾多平民百姓，希特勒和戈林只是其中兩個。

一名英雄消失了

在德國佔領匈牙利和紅軍1月到達期間，瑞典外交官拉烏爾‧瓦倫貝格從奧斯維辛集中營拯救了10萬名匈牙利猶太人的生命，其中幾千名被安置在懸掛瑞典和其他中立國旗幟的「受保護的房屋裏」，並辦理了無數的瑞典護照。紅軍席捲布達佩斯時，瓦倫貝格卻被當作間諜逮捕。幾年來，蘇聯一直表示對他的下落一無所知；最後，他們宣稱瓦倫貝格在1947年死於獄中。但是獲釋的蘇聯囚犯卻說直到1975年他還在勞改營。

第二次世界大戰傷亡總數

3500多萬人死於第二次世界大戰。在同盟國一方：蘇聯，1800萬人，是最爲慘重的國家；波蘭，位列第二，580萬人；南斯拉夫，150萬人；法國，56萬3千人；英國，46萬6千人；美國，29萬8千人。在軸心國一方：德國，420萬人，位居首位；義大利，39萬5千人；最後投降的日本197萬人。

1945

「我已經導了23部電影。噢，我願用所有的電影交換完成《天堂的小孩》的機會。」

—— 導演法朗索瓦‧楚浮

環球浮世繪

最終宣戰

1945年2月，埃及首相艾哈邁德‧梅爾被一個親納粹分子刺殺後不久，埃及向軸心國宣戰。一項未經證實過的謠言迅速傳開：是埃及好戰的民族主義者組織「回教兄弟黨」下令執行暗殺行動，因為這個組織認為是梅爾促使埃及繼續接受英國統治。◀1936（邊欄）▶1952（3）

異類的人被排斥

聯合國10月成立時，西班牙明顯地被拒於門外。第二次世界大戰時，這個國家雖然保持中立，但由於獨裁者法蘭西斯科‧佛朗哥同情法西斯分子，因此西班牙遭到勝利的同盟國排斥。面對國內

和海外不斷升高的壓力，佛朗哥用他的孤立外交來撫慰民族主義者。後來，由於北約渴望結盟，不計前嫌，於1982年接納西班牙為其成員。◀1939（9）

邱吉爾下台

隨著第二次世界大戰在歐洲結束，邱吉爾領導的內閣也宣告倒台。在1945年7月大選中，他的保守黨被工黨輕而易舉地擊敗後，這位領導英國走向勝利的首相宣佈辭職。他曾經擊敗過納粹、拯救過國家，但對於工黨大力抨擊他在和平時期進行的經濟和社會改革，這位戰時英勇的領袖卻無力招架。

委內瑞拉的改革

1945年的一場政變結束了伊薩亞斯‧麥地那‧安格里塔將軍的政權，由一直流亡在外的政治領袖羅慕洛‧貝坦科爾特出任委內瑞拉總統。這位自由主義的、非共產黨的民主行動黨的創立者，在28個月的掌政期間，積極推行溫和的社會和勞工改革。1947年，他倡議一項新憲法，建立普選制度。◀1935（邊欄）

偉大的查理‧帕克（旁為薩克斯風演奏者弗利普‧菲利浦斯），大約在1949年。

音樂

查理‧帕克的比波普爵士樂

⑮　在紐約哈林區，像明頓和上城俱樂部的小型夜總會，一群青年音樂家摒棄了時下流行的舞曲，發展出一種新型的爵士樂。包括鋼琴家特德‧德梅隆和西洛紐斯‧蒙克，鼓手肯尼‧克拉克，吉他手查理‧克里斯蒂安，小號演奏者「令人眩目的」約翰‧伯克斯‧吉萊斯皮等，都投身其中。但是，把這種憂鬱的、理性的美感新形式賦予個人風格的，是中音薩克斯風演奏者「院鳥」查理‧帕克。1945年，「小鳥」（他以此聞名）和吉萊斯皮合作灌錄首批唱片，捕捉了這種形式單純、節奏新穎、旋律婉轉、和聲複雜的音樂時，比波普爵士樂也隨之大放異彩。

帕克剛開始並不順利。15歲時，他在堪薩斯城的爵士樂現場表演圈剛展露頭角，已染上毒癮（20年後他因此而喪命），從高中輟學。由於遭到老一輩音樂家的嘲笑，帕克閉門加緊練習好幾個月。復出時，他嫻熟的技巧令那些貶低他的人大感驚訝。但直到1939年到達紐約後，他的風格才開始突破，成為傳奇人物。

帕克是一個創作力無窮的即興演奏家，他非常喜愛如荀白克和興德米特等現代作曲家，後來漸漸成為繼路易斯‧阿姆斯壯之後最有影響力的爵士樂獨奏者。音樂評論家

剛開始覺得帕克——吉萊斯皮的前瞻性音樂並不悅耳（包括《就是現在》、《可可》和《鹹花生》）。但是到1955年派克逝世之時，比波普已經風行一時。◀1937（5）▶1955（7）

音樂

英國的布瑞頓

⑯　班傑明‧布瑞頓的《彼得格林》1945年6月在重新開放的倫敦薩德勒威爾斯劇場首演，由布瑞頓的搭檔男高音彼得‧皮爾斯主唱。這是首齣現代英國歌劇在倫敦之外的地區造成影響。劇中沈鬱的旋律傳達了心胸狹窄的漁村村民和格格不入的《彼得格林》之間衝突迭起（取材自詩人喬治‧克雷布的《市鎮》），使布瑞頓贏得了17世紀以來英國最重要的音樂劇作家的稱號。

布瑞頓一共寫了13部歌劇，但他的才華還不只限於此。他重要的成就還包括在輕歌劇《保羅‧班揚》中與詩人奧登的合作；《男高音、法國號和弦樂小夜曲》被評論家認為是「本世紀最完美的音樂作品」；大合唱《戰爭安魂曲》則是根據詩人威爾弗雷德‧歐文的詩改編的；此外還有一些為大提琴演奏家姆斯季斯拉夫‧羅斯托波維奇創作的曲子。在布瑞頓為小朋友創作的作品中，《青少人的管弦樂入門》一直是非常受歡迎的曲子。在1976年他去世時，伊麗莎白二世封他為「終生貴族」。他是第一個獲此殊榮的音樂家。◀1936（13）▶1956（邊欄）

在1991年英國全國歌劇創作會上，菲利普‧蘭格里奇扮演彼得格林

電影

一部不朽的影片

⑰　由馬塞勒‧卡內導演、詩人雅克‧普維編寫的《天堂的小孩》在第二次世界大戰法國被佔領時期拍成電影，於1945年上映。這部3小時的電影表現了對愛情、色慾、權力以及藝術的反思。一位評論家說：「它是歷來最具美感的影片之一。」

《天堂的小孩》中3位主角從左上起：布拉瑟爾、巴羅和阿列蒂。

卡內和普維以前合作的作品《怪誕》（1937）和《日出》（1939）都是以宿命論的寫實主義手法拍成的現代故事。由於這種涉及當代絕望的主題被納粹禁止，故製片人在名電影演員兼導演尚-路易‧巴羅（亦為該片主角之一）建議下拍成歷史劇。場景設在聖堂大道——1840年代巴黎的劇院地區，在那兒，龍蛇混雜。《天堂的小孩》描繪了一些歷史人物：如受人喜愛的小丑巴普蒂斯特‧德布勞、偶像演員弗雷德里克‧勒梅特及罪犯拉森納爾。巴羅飾巴普蒂斯特的表演備受影迷推崇；飾淘金者加蘭斯的阿列蒂被奉為偶像。

拍片過程十分艱辛，同盟國的勝利和市區的燈火管制阻礙了拍攝工作，猶裔工作人員也必須祕密工作。雖然不是有明顯政治色彩的影片，但是由於對法國戲劇所流露的感情、故事敘述的激情和犧牲的精神，以及其創作的環境，使《天堂的小孩》成為法國不朽精神的代表作。◀1937（8）

當年之音

錯誤的喜劇

摘自巴德‧艾伯特和路易斯‧科斯特洛的《誰在一壘》，1945年

威廉‧「巴德」‧艾伯特和路易‧法蘭西斯‧「路」‧科斯特洛可能是舞台、銀幕、廣播及電視上最受歡迎的一對喜劇演員。他們的搭擋關係從30年代初直到1957年。開始時，科斯特洛是紐約帝國劇院的雜耍喜劇演員，艾伯特是科斯特洛把收票員找來頂替他生病的搭擋。1938年艾伯特和科斯特洛首次在廣播中搭檔演出，次年在百老匯首演「巴黎大街」。迄今為止，他們令人印象最深的滑稽劇是一齣名為《誰在一壘》的錯誤喜劇。這個劇名如今已成為美國口語中一個常用比喻。以下選自他們的例行表演，從其中會看到棒球和雜耍是如何「混為一談」。◀1927（邊欄）

巴德：你知道，聽起來好像很奇怪，他們如今給球員取一些奇特的名字……在聖路易球隊，我們有「誰」守一壘，「什麼」守二壘，「我不知道」守三壘。

路：那就是我想要搞清楚的。請告訴我聖路易球隊隊員的姓名。

巴德：我正在告訴你。「誰」守一壘，「什麼」守二壘，「我不知道」守三壘。

路：你知道那些傢伙的名字嗎？

巴德：是的。

路：噢，那麼守一壘的是誰？

巴德：是的。

路：我的意思是指守一壘的那個傢伙叫什麼名字。

巴德：「誰」。

路：聖路易球隊在一壘防守的傢伙。

巴德：「誰」。

路：守一壘的傢伙。

巴德：「誰」守一壘。

路：噢，你問我什麼？

巴德：我沒有問你，我是在告訴你。「誰」守一壘。

路：我是在問你，誰守一壘？

巴德：那是那個人的名字！

路：那是誰的名字？

巴德：是的。

路：那就告訴我！

巴德：「誰。」

路：那個守一壘的傢伙。

巴德：是「誰。」

路：那個一壘手。

巴德：「誰」守一壘。

路（往前靠近了一下）：你知道那個一壘手是誰？

巴德：當然…

路：那麼，我只是想弄清楚，那個守一壘的傢伙叫什麼名字？

巴德：噢，不對，不對，「什麼」守二壘。

路：我沒問你誰守二壘。

巴德：「誰」守一壘。

路：那正是我想要弄清楚的。

巴德：那麼，別把那些隊員搞混了。

路：（猛地緊張起來）我沒把任何人搞混。

巴德：不要緊張。

路：守一壘的那個傢伙叫什麼名字：

巴德：「什麼」是那個二壘手的名字。

路：我沒問你守二壘。

巴德：「誰」守一壘。

路：我不知道。

巴德：他是守三壘。我們又沒有談到他。

路（懇求他）：我哪有談到三壘手呢？

巴德：你剛才提到他的名字。

路：我沒有提到三壘手的名字，我說的是誰守三壘？

巴德（堅持地）：不，「誰」守一壘。

路：我們別再爭了，好嗎？

「巴德」‧艾伯特（左）和「路」‧科斯特洛。在1945年的電影《老頑童》中，他們的著名表演被拍成電影。他們的名字也被刻在紐約庫柏斯敦國家棒球名人堂的飾板上。

「當你告訴他，你認為他是世界上最優秀的孩子，那會使他的精神成長，
就像牛奶能使他的骨骼成長一樣。」

―― 斯波克博士的《嬰幼兒養育常識》

年度焦點

斯波克世代

1 「相信自己，你比自己想像的知道更多。」兒科醫師班傑明·斯波克在《嬰幼兒養育常識》一書中，以令人振奮的開場白，使戰後的父母重拾喪失的信心。這本書於1946年出版，匯集了大量實踐經驗，從膿腫到烤麵包，鉅細靡遺。他駁斥呆板的育兒經，主張以直覺和彈性作為健康養護的要領。由於通情達理，斯波克博士受到人們的愛戴。到1990年，他的手冊已印行了第六版，售出4000萬本，被譯成38種語言，也因此成為至今美國最受歡迎的作家之一。

出生新英格蘭的斯波克接受了嚴格的美式撫育，這一事實使一些業餘的心理學家把他的主張歸咎於叛逆。斯波克自己聲稱：「我贊成父母的大部分想法和他們的一半做法。」他真正反對的是像行為主義者約翰·華生之類的傳統兒科理論家。沃森建議家長像對待成人一樣對待他們的孩子：「決不要擁抱和親吻他們，決不要讓他們坐在你的膝上。如果必須這樣，你只需在對他們說『晚安』時親吻一下他們的額頭。」斯波克尋找闡明撫養幼兒的方法，以便駁斥專家們冷漠而且往往嚇人的建議。他說：「保持自然和舒適，並且喜愛你的孩子。」他不提倡讓孩子們在特定的年齡學會特定的事（如廁訓練、通宵睡眠），這有時被曲解為婦人之仁。在後來的版本中，斯波克修正了錯誤印象，強調家庭的權力屬於父母，而不是孩子。

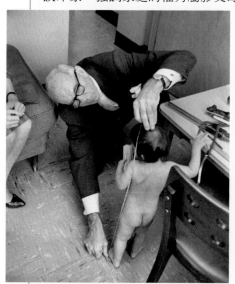

斯波克博士在繪圖記錄一名兒童的成長狀況，60年代早期亨利·卡地亞-布列松攝。

在動盪的60年代，當第一批斯波克兒童成年時，批評家指控他培育了「一代軟弱、無骨氣的和平主義者」。作為一位永不知疲倦的反越戰活躍分子，斯波克在稱讚年輕的反越戰抗議者的理想主義時，又拒絕為此承擔責任。雖存有很大的爭議，但為人父母者還是信賴他這本書，並有成千上萬的人購買它。一名崇拜者毫不掩飾地寫到：「你一定深愛孩子，所以才如此深入理解他們，我真希望你是我孩子的醫生。」事實上，就某種意義而言，他就是。

◀1923（4）▶1948（7）

外交

世界和平的新希望

2 為了避免讓歷時7年的第二次世界大戰悲劇重演，1946年1月10日，51個國家的代表雲集倫敦，參加了第一屆聯合國大會。

加拿大人亨利·伊夫利在聯合國第一屆「年度海報」競賽中的得獎作品。

沉浸於理想主義但有軍力做後盾的聯合國，成為旨在阻止未來世界大戰的機構，取代了喪失信譽的國際聯盟。

成立一個新的國際維持和平組織的構想，在1941年由羅斯福和邱吉爾提出，並且在翌年的《聯合國宣言》中得到其他同盟國的支持。在1943年的《莫斯科宣言》中，中、英、美、蘇4國確認取代國際聯盟的必要性，並在1944年的敦巴頓橡園會議上，由這4國的代表提出一份草案。1945年6月，50個國家代表在舊金山草擬了一份憲章，並在同年批准。憲章號召成立一個最高權力機構，一個所有會員（「愛好和平」的主權平等國家）都參加的「聯合國大會」，再成立由11個會員國組成的「安全理事會」（其中的中、法、英、美、蘇5國為常任理事國）。安理會獨自享有干涉國際爭端的權力，但需要常任理事國的一致同意。

聯合國的事務將由秘書長領導的秘書處執行（第一任秘書長是挪威政治家特呂格弗·賴伊，他是挪威戰時流亡政府的外交部長）。在美國國會的邀請下，聯合國決定永久定居在紐約市。家財萬貫的約翰·洛克斐勒慷慨解囊，捐出東河沿岸的曼哈頓黃金地段給聯合國。1952年，聯合國總部主樓竣工。
◀1945（邊欄）▶1953（8）

日本

美國的軍事佔領

3 同盟國為重建戰後日本所提出的藍圖，其首腦為擔任同盟國最高統帥的道格拉斯·麥克阿瑟上將，很快發展成一個排他性的美國計劃。美國的目的是解除對日本殘破經濟的軍事管制，並使日本的戰敗政府民主化。這項目標在1946年1月1日裕仁天皇宣佈放棄他的神權後有彌足珍貴的進展，並展開通往新憲法之路。

同年11月，由盟軍最高統帥部（SCAP）制訂，而後提交日本國會（立法機關）的憲法使天皇成為虛位領袖，由「享有至高權力的人民意志」加以約束。這部憲法亦提出了一項包含31條條款的權力法案，言明放棄軍隊及宣戰權，並建立包括一個兩院制的國會、由國會

1946年5月，裕仁天皇在放棄他的神權後，向國民發表談話。

議員中選出首相和獨立司法制度的政府組織。古老的皇室統治傳統崩解，現代的日本政府變成俗世和民主的政府。

盟軍最高統帥部在處理經濟事務上也同樣地激進，試圖以解除日本大財閥的壟斷，來破壞日本的軍事力量，這是因為家族操縱的托拉斯是日本戰時經濟的基石。但是冷

藝術與文化 **書籍：**《三角婚禮》尤多拉·韋爾蒂；《婚禮出席者》卡森·麥卡勒斯；《菊花與劍》盧斯·本尼狄克；《柏林故事》克里斯托弗·伊休伍德；《威利爵爺的城堡》羅伯特·洛威爾 **音樂：**《Zip-a-Dee-Doo-Dah》韋拉貝爾和吉爾伯特；《在66路獲得活力》鮑伯·特魯普；《聖誕頌》托爾姆和威爾斯；《美狄亞》

「長期而言，我們都將死去。」

—— 凱因斯當被問到關於他的經濟理論「長期而言」的含義時說

戰爲日本的經濟復甦增添了新的政治變數，盟軍最高統帥部開始將財閥視爲「反共產主義的堡壘」。在原先要將其解體的325家企業中，只有18家被解散。剩下的企業則組成了合作組織，造就日本戰後令人矚目的經濟奇蹟。◀1945（1）▶1959（邊欄）

經濟
凱因斯革命

4 早在30年代中期，社會情況迥異的納粹德國以及美國就開始了政府干預資本主義經濟的新時代。這種經濟傾向的理論基礎（戰後在全球普遍流行）是由英國經濟學家約翰・梅納德・凱因斯提出的。美國是最熱衷於凱因斯革命的國家，它在1946年（凱因斯去世的那一年）就批准了充分就業法案。據此，美國聯邦政府允諾調整支出以達到最佳就業、生產和購買力的狀態。這項法案包括凱因斯經濟學派的根本原則，是他在10年前發表的劃時代鉅作《就業、利息與貨幣一般理論》中提出的，他在書中大力抨擊自由放任的經濟政策。

傳統的經濟學認爲，就業水準和利率的波動長期而言是可以自我調整的。凱因斯則強調個人的儲蓄和減少消費無法調整劇烈的經濟衰退。根據他革命性的觀點，增加資本的關鍵是增加需求，而這有賴於大量、穩定的就業，僅僅靠私人投資是不夠的。因此，政府必須進行干預以確保健康的經濟平衡。凱因斯是一名徹底的反社會主義者，對資本主義市場經濟充滿信心，然而他也提出要透過政府直接消費以達到「投資」的廣範「社會化」。事實上，第二次世界大戰期間巨額的政府開支促成高就業及結束經濟大恐慌，也確實證明凱因斯這種非正統經濟觀點有效。

在高經濟成長、低失業率的50和60年代，凱因斯主義及其所衍生的宏觀經濟理論，其效果的確令人刮目相看。後來，重新出現的通貨膨脹和不斷增長的政府財政赤字，才促使人們對凱因斯的有關論述重新評價。然而，在「柴契爾－雷根」時代，政府扮演越來越重要的經濟角色卻遭到「供給面」理論經濟學家的尖銳指責。◀1944（12）▶1957（7）

菲律賓
有限制的獨立

5 1946年，遭異族統治425年的（1898年之前是西班牙人，其後是美國人）菲律賓贏得獨立。菲律賓共和國仿效美國的政府組織，在通過新憲法並選出曼努埃爾・羅哈斯（下圖）爲首任總統

後，於7月4日正式宣告成立。但菲律賓人漸漸發現伴隨自由而來的卻是束縛，其中大部分與美國有關。

美國政府在1898年從西班牙人手中接管菲律賓後，強調無意把這個島國建成永久的殖民地，在菲律賓人被教導學會民主自治後，美國的佔領就告結束。這種「訓政」持續了36年，與此同時，菲律賓向美國提供廉價的原料，美國則把這個島國發展成爲美國產品的市場。隨著殖民時間的延長，菲律賓人變得不耐煩了。愛國者曼紐爾・奎松說：「我寧願生活在一個由菲律賓人統治的地獄中，也不願生活在美國人統治的天堂裏。」

1934年，美國國會承認了菲律賓的聯邦地位，奎松獲選爲總統，但完全的獨立卻一直拖延到日本在第二次世界大戰投降後10個月才實現。此時，奎松已經去世，態度較爲軟弱的羅哈斯取而代之。爲換取美國的資金，羅哈斯（日本佔領菲律賓時與日本勾結的人）作出了危害國民的讓步，允許繼續保留美軍基地，並同意爲保護舊有的殖民措施所作的種種貿易限制。然而，在遠離馬尼拉的山區，一場左派反美運動開始萌芽。◀1902（邊欄）▶1965（邊欄）

凱因斯和他的夫人芭蕾舞演員麗迪婭・洛浦科娃在一起。威廉・羅伯茨畫。被凱因斯所處的上層社會蔑稱爲「歌舞女郎」的洛浦科娃是凱因斯一生的至愛。

誕生名人錄

鮑伯・比蒙　美國運動員
史蒂夫・比科　南非政治活動家
何塞・卡列拉斯　西班牙歌手
康妮・鍾　美國廣播記者
威廉・柯林頓　美國總統
雷納・韋納・法斯班德
德國電影製片
里吉・傑克遜　美國棒球球員
約翰・保羅・瓊斯　英國音樂家
彼得・馬丁斯
丹麥芭蕾舞者、編舞者
莉莎・明尼利　美國演員、歌手
伊利耶・納斯塔塞
羅馬尼亞網球球員
卡倫・西爾克伍德
美國政治活動家
唐納德・川普　美國商人
安德烈・瓦茨　美國鋼琴家
布魯斯・韋伯　美國攝影家

逝世名人錄

約翰・洛吉・貝爾德
蘇格蘭發明家
康蒂・卡倫　美國詩人
曼紐・德・法雅　西班牙作曲家
菲爾茲　美國喜劇演員
赫爾曼・戈林　德國納粹領導人
格哈特・豪普特曼　德國劇作家
傑克・強生　美國拳擊手
約翰・梅納德・凱因斯
英國經濟學家
保羅・郎之萬　法國物理學家
戴蒙・魯尼恩　美國作家
格特魯德・施泰因　美國作家
阿爾弗雷德・施蒂格利茨
美國攝影家
約瑟夫・史迪威　美國將軍
戴笠　中國情報單位首長
布思・塔金頓　美國作家
吉米・沃克　美國政治家
威爾斯　英國作家

薩繆爾・巴伯；《歡樂序曲》羅伯特・沃德　　繪畫與雕塑：《激情》傑克遜・帕洛克　　電影：《黃金時代》威廉・惠勒；《擦鞋童》維托里奧・狄西嘉；《美女與野獸》尚・科克托；《美人計》阿爾弗雷德・希區考克　　戲劇：《昨日誕生》加森・卡寧；《安妮接過你的槍》歐文・伯林　　廣播：《二十疑問》。

「阿根廷是一個由肥胖的警察和營養不良的工人所組成的國家。」

── 貝隆，1946年在阿根廷

1946年新事物

- 泰德洗衣粉

INTERNATIONAL
Film Festival

- 坎城影展設立
- 天美時手錶
- 比基尼泳裝
- 戰後嬰兒潮（凱薩琳·凱西·威爾肯斯於1946年元旦午夜零點零分一秒誕生）
- 印有羅斯福頭像角幣投入流通
- 富爾布萊獎學金設立
- 「機靈鬼」玩具
- 日本婦女擁有選舉權

美國萬花筒

南部傳奇

傑出的詩人和文學評論家羅伯特·佩恩·華倫終於因小說《當代奸雄》而實至名歸，得到大眾的喜愛。這本出版於1946年的小說可謂是現代道德理論的里程碑，把南部古代群眾領袖威利·斯塔克（以路易斯安那州的休伊·朗為範本）塑造成一位「墮落的」人類的原型。斯塔克認為「人類在罪惡中孕育，在腐化中出生，而後一路從兒時尿布的惡臭走向死時裹屍布的腐臭」。華倫成為美國第一位桂冠詩人。

◀ 1935（邊欄）

海華絲的全盛期

在《吉爾達》的經典一幕中，性感的麗泰·海華絲脫下她那副黑色的長手套，同時作出「要怪就怪梅姆吧」的口型。這部1946年的電影確立海華絲好萊塢性感尤物的地位。

義大利

廢除君主，實行共和

6 1946年6月，義大利國王翁貝托二世流亡葡萄牙之時，薩伏依這個有900年歷史的老皇室

在流亡過程中，義大利的末代君主採用薩雅伯爵的稱號（1979年攝）。

就此永遠地垮台了。屈從於盟國的和平條件，翁貝托的父親維多利歐·伊曼紐爾三世從1944年起便不再過問政事，把所有的權力全部交給臨時政府。1946年5月，正當義大利人民準備透過投票決定是否保留君主制度時，這個老國王（由於與法西斯主義結合並且戰敗，他並不受歡迎）退位，把他的兒子翁貝托推上了王位。在公民投票的前一天，教宗庇護十二世敦促選民選擇基督教，摒棄唯物論，以使翁貝托留任。但是，卻有54％的選民贊成共和制。

被拒絕的王室對選舉結果提出異議，但是盟國佔領軍當局卻不表同情。阿爾奇德·德·加斯貝利首相命令翁貝托離開。這位在位只有一個月的義大利末代君主只好流亡葡萄牙。

選民還選出了立憲會議，為新共和國制訂憲法。義大利後法西斯時代的政治力量逐漸成形：新基督教民主黨贏得35％的選票，社會黨21％，共產黨19％，其他選票分屬另外幾個小黨。

儘管義大利共產黨是西歐各國中規模最龐大的，但由於物資短缺、通貨膨脹和反右派主義的反彈，革命的威脅僅持續一年便逐漸減退。藉由阻止對法西斯主義同夥的整肅，德·加斯貝利及其中間派基督教民主黨贏得了大多數義大利中、上階層的擁護。務實的共產黨人也仿效這種做法。這三大黨制訂了一部憲法並於1948年正式頒佈實行，不過它其實只是一種妥協的方案，部份是馬克斯主義，部分則是資本主義；保障言論自由，但又允許審查制度存在；保護宗教自由，卻又賦予天主教會一系列的特權。

◀ 1945（7） ▶ 1976（14）

美國

試驗致命武器

7 1946年，美國在馬紹爾群島的比基尼環礁引爆一枚原子彈後，一則狂熱的報導說：這是一種由「令人眩惑的光和桃色的雲」構成之「雄壯毀滅」的展現。這項被稱作「十字路口」行動的比基尼島實驗是測定原子武器全部威力的首次科學實驗。在廣島和長崎原子彈爆炸之後，人們對其不可思議的力量仍感到恐懼而不是厭惡。從1946年到1958年這段期間，美國在馬紹爾群島進行了60多次原子彈試驗。

1946年1月，美國軍方選擇地

處偏僻的中太平洋比基尼島供海軍試驗超級武器。翌年春天，美國國會正式批准。儘管美國在馬紹爾群島的託管地位又過了一年才得到認可，但「十字路口」計劃的準備工作（即把比基尼島上的162位居民撤離到其他島上）很快就開始了。在接下來的12年裏，每當原子幅射塵如雨般降落到馬紹爾群島上居民的家園時，美軍便將他們從一個環礁趕到另一個環礁，而且經常是趕進勞動營。

這兩次「十字路口」的實驗都引爆了一枚像投向長崎那樣的原子彈，相當於2萬噸黃色炸藥的威力。

第二次是在海底引爆，一艘停泊在500公尺外、排水量為2萬6千噸的戰艦傾刻之間沉入海底。這是第一艘未被原子彈擊中但被摧毀的船隻。比基尼島上的這種科學冒險一直進行到1949年，那一年，蘇聯人引爆他們的第一枚原子彈，打破了美國的壟斷。此後，在原子能委員會（成立於8月）的領導下，這類實驗開始呈現出一種不祥之兆。

◀ 1945（1） ▶ 1951（3）

阿根廷

貝隆的崛起

8 1946年，胡安·貝隆上校當選阿根廷總統，在歐洲遭到挫敗的法西斯主義卻在南美流行。

二次大戰時被派往義大利的貝隆，1946年回國時滿腦子都是新的思想。1943年，當軍隊推翻文人政府之後，他要求擔任勞動部長，許諾進行社會改革。這位具有領袖魅力的上校，吸引一大批「穿不起襯衫的」追隨者。到1945年，他設法使自己被提名為副總統和戰爭部長。

貝隆夫婦向人群致意。

在比基尼環礁原子彈實驗中，目瞪口呆的觀看者以新詞彙描述了所見到的景象：覃狀雲、花椰雲等。

> 「法蘭克，如果你想把我的自殺改編成電影，劇中有一個名叫克拉倫斯的沒有翅膀的天使，我就追隨你。」
>
> —— 史都華，在卡普拉談及《風雲人物》故事之後

貝隆的崛起引起許多阿根廷人的恐懼，他們不滿貝隆的國家干預經濟的號召，害怕失去獨立的工會，並且憎惡他的專制傾向。1945年10月，貝隆被他的敵人關進了監獄，他年輕的情婦伊娃．「艾薇塔」．杜瓦蒂（一個二流的電台和舞台演員）救了他。艾薇塔召集了50萬名布宜諾賽利斯居民支援她的愛人。貝隆獲釋後，當晚就宣佈競選總統，3個月後，和艾薇塔結婚。在經歷一場以暴力恫嚇對手為特色的競選以後，貝隆贏得56%的選票。

貝隆在通過授予他絕對權力的法律之後，提高了工資和福利；興建醫院、學校和住宅；為窮人提供免費醫療。阿根廷人為大部分公共服務事業的國有化和婦女獲得選舉權而歡呼。而艾薇塔也為人們所擁戴，因為她賑濟貧民，四處活動，幾乎成了當時人們崇拜的偶像。

然而在同時，貝隆鉗制報紙的言論，整肅教授和法官，並破壞對他不友好的組織和政黨。腐敗日熾，阿根廷成了納粹分子的避難所，經濟政策使得國家面臨財政的災難。1952年，艾薇塔去世後，貝隆便開始迅速失勢。◀1937（4）▶1952（9）

電影
被誤解的傑作

⑨ 法蘭克．卡普拉執導的黑色喜劇於1946年初次上演時，影評家詹姆斯．艾吉寫道：「《風雲人物》是繼《聖誕頌歌》之後又一部有力的感傷劇作。」實際上，由於聖誕節期間在美國電視上連續不停地播映，卡普拉的聖誕贖罪故事當時或許比狄更斯的著作還要出名。

這部電影中的英雄人物喬治．貝利（詹姆斯．史都華飾演），是貝德福特福爾斯小鎮的銀行家，慷慨大方，備受敬愛。喬治放棄離開他所處的「破舊小鎮」去闖世界的夢想，但挫折日深。在一個聖誕夜，一場經濟災難幾乎讓他瀕臨自殺邊緣。天使克拉倫斯略施小技，

比利叔叔（左邊，由托馬斯．米契爾飾演）在財政上的無能幾乎使貝利家的聖誕節都過不好。唐娜．里德（中間）扮演瑪麗．貝利。

幫助卡普拉領悟到，即使一個待在家裏的普通人，也能為世界做出貢獻。影片雖以幸福喜劇收場，然而這場「非真實」的情節卻讓整個故事走調（克拉倫斯告訴喬治，如果沒有他，這個恬靜的小村莊將成為貪婪和性慾的溫床）。

但戰後憤世疾俗的觀眾對這種諷喻無動於衷，也未被這種進取精神所感動；《風雲人物》在票房方面遭到重大挫敗，而卡普拉這位曾是好萊塢最成功的導演也從此一蹶不振。◀1934（邊欄）

伊朗
在亞塞拜然問題上攤牌

⑩ 第二次世界大戰中，遍佈全球的軍事行動所遺留的紛紛擾擾，無限期地延宕任何恢復常態的努力。1946年，由於蘇聯拒絕放棄在伊朗的佔領地，戰爭威脅提前降臨。伊朗是與德國有密切經濟聯繫的中立國家。為此，盟軍於1941年攻入伊朗，先是蘇英共同佔領（後來美國加入英國的行列），以保護英國在波斯灣地區的石油特權，並防止德國封鎖盟軍從伊朗到受困的蘇聯的補給線。為了緩和伊朗被征服的恐懼，同盟國在《三國條約》裏同意戰爭結束6個月後撤離。然而，蘇聯在伊朗西北7省的紮根已深。1946年3月，撤離日期到臨，蘇聯卻只撤出東部佔領地帶，根本就沒有撤出西北部亞塞拜然省（與蘇聯一個同名的共和國接

壤）的打算。

蘇聯早就垂涎伊朗西北部豐富的石油儲量和亞塞拜然富饒的小麥產量。1945年12月，蘇聯在亞塞拜然建立了共產黨政權，西方視此為蘇聯有意侵吞的前兆。伊朗向聯合國提出抗議，杜魯門總統警告莫斯科（它在某種程度上被解釋為核子威脅）在伊朗問題上頑抗是不能容忍的。史達林被迫作出讓步，和伊朗首相艾哈邁德．昆塔斯達成協議。作為撤軍的回報，蘇聯將得到較大的石油特許權，並且堅持其親蘇的政府將保持自治。

史達林對此協議表示滿意，於是自5月9日開始撤軍。然而，同年秋季，英、美支持下的昆塔斯推翻了亞塞拜然共黨政權，接著伊朗國會也否決了石油協議。

蘇聯陷入了困境，而同時伊朗也陷入了一場危險的遊戲之中；它剛剛擺脫了莫斯科，卻又不得不開始接受西方的控制。冷戰戰線正在形成，而小國則選擇依附的陣營。◀1941（15）▶1951（12）

戰時佔領伊朗期間，蘇聯紅軍和英國士兵在伊朗梅科哈帕德大街上談天說笑。

數位電腦

賓夕法尼亞大學的科學家們建造了世界上第一台多用途電子數位電腦，這是一個重30噸的龐然大物，名叫「電子數字積分儀電腦」，簡稱ENIAC（英格蘭在戰時所建立的巨型電腦「Colossus」，也是全電子式的，但只是為了破解電碼而設計）。ENIAC裝備有1萬8千支真空管。貶抑者嘲諷它熄滅了費城西部所有的燈。然而，這台儀器比起早期的電子機械式電腦，已經邁進一大步，它每秒能進行5千次數字運算。受美國軍隊委託計算彈道方程式，ENIAC在1946年被安裝在馬里蘭的亞伯丁試驗場中。《普遍力學》雜誌預言：「未來的電腦可能只需1千支真空管，重量也許還不到1.5噸。」◀1944（邊欄）▶1951（1）

值得展覽的椅子

1946年在現代藝術博物館舉辦了查爾斯．埃姆斯的個展，這是家具設計者首度獲此榮耀。這次展覽最引人矚目的，是埃姆斯和他的妻子6年前合作設計的一把椅

子。這把埃姆斯椅是由鉻板鋼管和合板構成，兼備舒適、堅固和美觀大方的優點。它迅速被量產（有的是用合板，有的則用塑膠），並且成為等候室的常用品。▶1981（11）

一位美國的聖人

1946年，當教宗庇護十二世宣告法蘭西斯．澤維爾．卡布里尼修女為聖徒時，美國可以宣稱自己有了第一位聖人。她出生在義大利，締造了「聖心姐妹會」。1889年到美國，在貧窮的義大利移民中工作，主要在芝加哥和紐約。她在全球建立了67個教會。

美國政治與經濟 國民生產毛額：2085億美元；杜魯門迫使羅斯福任命的貿易部長亨利．華萊士辭職；所有的工資和物價管制結束（除了房租、大米和糖）；美國加入聯合國教科文組織；《國立學校午餐條例》成為法律。

「別空想，幹實事。」
—— 威廉・卡洛斯・威廉斯

環球浮世繪

卡桑扎契斯的英雄

希臘作家尼克斯・卡桑扎契斯於1946年出版的小說《希臘佐巴》贏得舉世稱頌。小說描寫一

個窮人和他對生命的熱愛，主要是探討理智和情感上的衝突，這是他許多著作的中心主題。該篇小說在1946年改編成電影，由安東尼・昆主演（上圖）。

鐵幕落下

在5月5日的一次演說中，前英國首相溫斯頓・邱吉爾警告英國和美國必須阻擋蘇聯的擴張。他說了一句雋永短語：「從波羅的海的斯德丁到亞得里亞海的的港，一塊鐵幕已經穿過歐洲大陸落下。」◀1945（5）▶1947（4）

長期戰爭開始

越南和法國在進行了8個月小規模戰鬥之後，在3月達成不穩定的和平協議：胡志明領導的越南北部，成為法蘭西聯邦內的一個自由邦，交趾支那（越南南部）成為一個獨立的共和國。11月，法國海軍砲擊海防，戰爭在河內爆發，停戰協定立即崩潰，本世紀最長的戰爭之一於焉展開。◀1945（11）▶1949（7）

一院制國會

7月，波蘭戰後的第一次無記名投票（一場舞弊和恐怖的選舉），選出一個共黨臨時政府：選民贊成一院制的國會。透過秘密警察肅清異議分子的方式來確保公民投票的勝利，使得波蘭共產黨得以牢牢地掌握政權。◀1944（6）▶1956（4）

第四共和

1946年草擬的法國憲法，確立了第四共和的建立。第四共和期間，政府在風雨飄搖中進行了徹底的社會改革。◀1944（4）▶1962（3）

文學

白話詩

（11）威廉・卡洛斯・威廉斯以新澤西城現實生活為題材的長篇自由詩《派特森》有5卷，第一卷於1946年出版。《派特森》反映了作者亟欲將美語從純正英語中解放出來的意圖，詩中不但讚揚鄉土語言也稱頌詩人在社會的角色，是繼埃茲拉・龐德的《坎托斯》和艾略特的《荒原》之後，現代詩壇又一不朽傑作。

由於受過兒科醫生的訓練，威廉斯便在出生地新澤西的盧瑟福行醫，業餘以寫作為樂。在賓夕法尼亞大學學習時，他結識了同學龐德，並在其影響下成為一名意象主義的鼓吹者。意象主義是一種詩歌理論，它強調精確的表達和有節制的自由詩句。日臻成熟後，威廉斯發展出自己美學上的客觀主義，更重視直率平凡的語言和生動樸素的比喻。

身兼劇作家的威廉斯（中間）和演員德朗・凱爾西（左）及萊斯特・羅賓在一起，重閱他1949年的劇本《愛之夢》。

威廉斯的大部分寫作生涯都是默默無聞的，在50年代時，當《派特森》最後一卷問世的時候，他突然竄紅。之後，他成為那個時期的名人和被廣泛模仿的詩人之一。◀1925（8）▶1949（8）

澳大利亞

一塊大陸的成長

（12）地廣人稀的澳大利亞在1946年發起了一場大規模的移民運動，它不僅迅速地為那些第二次世界大戰中流離失所的難民提供了居所，又滿足了澳大利亞戰後經濟繁榮所需的勞動力。移民部部長阿瑟・卡爾威爾為主要的發起者，這

一艘裝滿逃難移民的船開往澳大利亞，船上掛出一面向資助者致敬的旗子。

個計劃最後把250萬移民帶到這個島國大陸。

卡爾威爾的辦法是提供遷移費和供應食宿，而每一個移民都要在分配的崗位上工作兩年。傳統的「白澳」政策對申請移入加以限制（亞洲的移民在一個世紀前被禁止）。所有的移民必須是白種人，90%是英國人。卡爾威爾露骨的譏諷道：「兩個姓王的不等於一個白人。」當英國人供不應求時，卡爾威爾轉向了東歐和中歐的難民，他發現這些難民「是紅頭髮、藍眼睛的人」。

最後，當第一波「新澳大利亞人」逐漸被同化後，有補助的遷移開始開放給希臘、義大利、西班牙、葡萄牙和土耳其。到70年代早期，這個計劃不再繼續的時候，澳大利亞的人口已經增長了一倍，從700萬人增長到1400萬人，移民和他們的後代佔了增長人數的一半以上。◀1901（10）

音樂

飛翔的百靈

（13）1946年，伊迪絲・比亞夫因她的唱片《玫瑰人生》而走紅國際。繼《我絲毫不懊悔》之後，成為她眾所週知的招牌歌。在她的祖國法國，她充滿辛酸的一生已經是傳奇的素材。從小被母親遺棄，得不到父親的照顧，在少年時

生了一個女兒（但很快便夭折）。20歲時，流落巴黎蒙馬特區賣藝，生活十分困頓。1935年，一位名叫路易・勒普利的酒吧老闆（他把這個歌手稱為比亞夫，意即「小百靈」）讓她在酒吧演唱。一位在座的歌迷是受人尊敬的法國演員莫里斯・謝瓦利埃，他跳起來喊道：「那位姑娘有真本事！」

比亞夫對法國流行香頌的詮釋，將法國歌曲提昇到受全球敬重的程度。她孤獨地站在舞台上，穿著獨樹一格的黑色衣服，頭髮蓬亂，用昂揚、顫抖、咆哮的聲音傾訴愛情，經常引得歌迷傷心落淚。50年代，比亞夫聲名日噪，但接二連三的失敗戀情、汽車意外以及毒癮，進一步增添圍繞她的悲劇色彩。1963年10月11日，她死於肝硬化。▶1961（12）

比亞夫的造型使她的人生更富傳奇性。

審判希特勒的親信

摘自1945－1946年德國紐倫堡的「紐倫堡審判」

1945年10月到1946年10月，在德國紐倫堡進行了本世紀最重要的審判──24名犯下史無前例集體謀殺罪的前納粹頭目。紐倫堡法庭由美、英、法和蘇聯4國組成。被告人被控犯有4種罪行：破壞和平罪（煽動武裝侵略）、泯滅人道罪（滅絕種族的屠殺）、戰爭罪（違反戰爭規則）以及陰謀罪。最後在1949年9月30日法庭宣佈判決時，一名被告自殺，另一名被宣判無行為能力。其餘3名被宣告無罪，12名被判處絞刑（失蹤的官僚馬丁·鮑曼也被缺席審判），3人被判處無期徒刑，4人被判處10-20年有期徒刑。下面摘錄的就是這次審判中的證言和呈遞的文件。◀1945（9）▶1947（當年之音）

安東·帕紹勒格的證言（安東是達考集中營的一名囚犯，曾擔任實驗基地的文書。在那裏，其他的犯人被當作「醫學實驗」的材料）：

德國空軍提供了一種木頭和金屬做的櫃子，長寬各1公尺，高4公尺。在這個櫃子裏，可以任意增減壓力……一些實驗就是在人的頭部加壓，這樣，人會發瘋並拔光自己的頭髮以減少氣壓……他們會用手指和指甲撕扯自己的頭臉……用拳捶牆，用頭撞牆，並且歇斯底里地尖叫，大笑……最後這些實驗通常使受測者死亡。

當一組人被殺後，他們大腿和臀部的皮膚會被剝下來……這些皮在鞣製成皮革之前，將通過拉舍（最高科學家）的檢測……我曾親眼見到拉舍夫人提一只人皮製成的手提包，大部分人皮用來給營中的納粹德國黨衛隊隊員作開車用的手套。

喬伊姆·馮·里賓特洛甫的供詞，他是希特勒的外交部長（被判死刑）：

問：你希望我們了解至少在一般狀態下，你根本不知道在那些集中營裏所發生的事情？

答：我敢向你保證，我一點也不知道曾發生這些事情……

問：你難道不記得羅斯福總統曾對集中營、猶太人及少數民族的待遇提出過抗議嗎？

答：是的，我記得，我想起來了，是的。

問：當你調查這些事情，並且知道正在進行的事情時，你難道沒盡一點力嗎？

答：完全有可能。我通常只關注一件事情：即呈上來的每一份類似的報告，都要呈到元首面前。但是我可以告訴你，在1938年時，連跟元首提到有關猶太人的問題都非常困難。他是……我不知道你是否能了解他那種強勢不可違抗的個性……

如果他不想談論一件事情時，向他稍微提出也是不可能的。

魯道夫·赫斯的供詞，他是希特勒的前任代理人，曾聲稱喪失記憶（被判處無期徒刑）：

問：你知道猶太人是什麼嗎？

答：是的，他們是人──是一個種族。

問：你不是很喜歡他們，是嗎？

答：猶太人嗎，不喜歡。

問：於是你通過了一些關於懲治猶太人的法律，不是嗎？

答：如果你這樣告訴我，我不得不相信是這樣的……

問：你不記得和猶太人法律有關的任何事情了嗎？

答：不記得。

尤利烏斯·施特賴歇爾的供詞，他是激烈的反猶太納粹宣傳報紙《衝鋒隊員導報》的編輯（被判處死刑）：

問：你是如何宣傳猶太人應被趕出德國的？

答：我並未公開提出建議。

問：你曾經用過「滅絕」一詞嗎？

答：我想我的總編用過一次……滅絕可以藉由絕育做到……「滅絕」一詞並不一定意味屠殺。

魯道夫·何斯（奧斯威辛集中營的司令官，被判處死刑）的書面誓詞：

特雷布林卡集中營的司令官是用一氧化碳殺人，我不認為他的辦法很有效。於是當我在奧斯威辛集中營建造滅絕房時，我們把一種結晶的氫氰酸從一個小孔中滴入太下間，只需3-15分鐘就能殺死所有人。當這些屍體被移開之後，我們的突擊隊員就會從屍體上摘下戒指，並且取出金牙。

我們的另外一項改進措施是，特雷布林卡集中營的受害者幾乎都知道他們將被滅絕，但在奧斯威辛集中營，我們想辦法愚弄受害者，讓他們認為只是去進行一道除去虱子的程序。當然，很快地，他們意識到我們真正的意圖，而且，有些時候，會有一些困難或發生一些暴亂，……我們受命祕密地執行這些滅絕行動。但當然了，不斷燃燒人體所散發出令人作嘔的惡臭，瀰漫在整個地區上空，所有住在附近的人們都知道奧斯威辛集中營正在進行慘絕人寰的屠殺。

1946

在紐倫堡正義宮受審的戰犯。席上，左起：赫爾曼·戈林（正在記錄）、魯道夫·赫斯、喬伊姆·馮·里賓特洛甫。

「在亞洲平原上的遊牧者，僅僅依靠轉動收音機的旋鈕，就能掌握世界各地的消息……一旦這個平凡人有一個公平的機會瞭解正在發生的事，他就有了控制自己命運的機會。」
—— 布萊坦談電晶體的重要性

年度焦點

「貝爾實驗室」將電晶體公諸於世

1 1947年聖誕節前夕，37歲的物理學家威廉·肖克萊寫了一張措詞謹慎的非正式便束，邀請新澤西州中部「貝爾電話實驗室」的幾位同僚到他的實驗室，觀察他和合作者約翰·巴丁及沃爾特·布萊坦最近取得的「一些成效」。6個月後，「貝爾實驗室」把結果公開，啟動了至今仍在發展的電子革命。

這3位發明家演示了電流通過一個名為「整流電晶體」（這樣命名是因為它可以使電流穿越一個電阻）的小發明。儘管用現代標準衡量，這個發明原始且笨重，但在當時卻是重大突破。「貝爾實驗室」成員經過一致努力，終於開發出一種真空管（易碎且以玻璃包裹住）的替代物。與真空管相同的是，電晶體能放大微弱的電子信號；而不同的是，它廉價、耐久、耗費極小的能量，並且在往後的幾年中顯示出能做成無限小。

和工作中會產生巨大熱量的真空管相反，電晶體能在冷卻狀態下工作。它使用半導體，即一種處於絕緣體（如玻璃）和導電能力強的物體（如鐵和金）之間的固態導體。「貝爾實驗室」的成功，主要在於它確定了適合的材料（開始是非金屬元素鍺，然後是矽）。用這種材料，電晶體就能像真空管（在真空管內熱陰極的電子因沸騰而進入真空）一樣，對電子產生相同的作用。

「電晶體效力」在正負電荷的交接擋板處形成；擋板會因來自第三方向的微小電流而明顯減弱。這個結果就像打開一個開關，使巨大電流通過擋板，把第三訊號擴大到4萬倍。

「貝爾實驗室」的第一個電晶體，它將電子訊號通過固態半導體而達到擴大的效果。

「貝爾實驗室」為申請專利權而把這項發現的消息封鎖了6個月。當消息洩露時，電子學專家們都積極利用相關的資訊。可是重要的新聞媒體，卻不屑一顧：《紐約時報》把這個消息放在一個無線電專欄之中；《紐約前鋒報》稱「這項發明在技術上的引人之處超過其普及性」。然而10年後，袖珍半導體收音機卻像藍色牛仔褲及口袋裏的梳子一樣，同時成為青少年的隨身物品。肖克萊、巴丁和布萊坦也因他們的貢獻而在1956年獲得諾貝爾物理學獎。◀1904（8）▶1971（5）

在這幅海報中，「馬歇爾計畫」成為扶助新歐洲成長的夾板。

經濟

馬歇爾計畫

2 為了打敗德國，英、法二國已耗盡了財力。美國國務卿喬治·馬歇爾為振興歐洲而提出的宏偉計畫，使美國從此進入了西歐戰後的權力真空。1947年6月，在哈佛大學的一次演講中，馬歇爾首次提出了他的觀點：以美元建立的國際經濟將「使自由制度得以存在的政治及社會環境」出現。簡言之，美國將提供資金和技術以重建歐洲，促使共產主義陷入絕境，並建立美國的出口市場。1948年，國會批准了這項計畫。在隨後的4年中，由於美國政府的幫助，「馬歇爾計畫」總共為西歐挹注了130億美元。它是迄今為止，任何國家在和平時期所發動的最大規模的經濟援助。

一位持懷疑態度的英國財政部官員說：「美國人希望出現一個整合得像美國一樣的歐洲。」這一普遍的想法一針見血。「馬歇爾計畫」第一次把一個國家的國際援助和本身戰略利益（至少在自己的半球之外）的擴展聯繫在一起。而美國的利益和西歐各國的利益大部分是一致的，即形成一個繁榮的經濟共同體以制衡蘇聯。1947年間，西歐飄搖的經濟助長了本土共產主義政黨的成長，特別是在法國和義大利。馬歇爾計畫是為剷除這些運動

的根基而制訂的。

經濟已經開始復甦，馬歇爾的援助計畫又提供了額外的動力。在執行這項計畫的4年當中，整個西歐的工業生產增長了40%，共同體國家的國民生產毛額增長了32%。

◀1944（12）▶1947（4）

印度

獨立

3 印度第一任總理賈瓦哈拉爾·尼赫魯在德里對政府發表演說時說：「一個歷史上罕見的時刻到來了，我們從舊時代邁入新時代的時刻來臨了。代表一個時期結束，也是一個民族的靈魂在經過長期壓抑後重新再起的時候。」這一時刻就是1947年8月14日至15日，

尼赫魯舉著在獨立前一個月由制憲大會通過的的新國旗。

當午夜的鐘聲響起時，亦即是印度和巴基斯坦從英國殖民統治下獨立的時刻。

雖然已經獲得主權，但是印度的分治卻引起了一場前所未有的暴力浪潮。回教徒在信奉回教的巴基斯坦（烏爾都語意為「純淨的土地」）驅逐印度教徒和錫克教徒，而印度教徒和錫克教徒則從信仰印度教的印度驅逐回教徒。在強制施行的人口遷移中，有100萬人死亡，約1000多萬人流離失所。處於兩個不同宗教領地之間的錫克教徒，則傷亡最多，怨恨也最深。一位錫克教的領袖說：「回教徒有了他們的巴基斯坦，印度教徒也有了

藝術與文化 書籍：《浮士德》托馬斯·曼；《通向蜘蛛巢的小路》伊托洛·卡爾維諾；《南太平洋傳說》詹姆斯·米舍內；《冷戰》沃爾特·李普曼；《日復一日》薩爾瓦多·夸齊莫多；《憂慮的時代》奧登 音樂：《諾克斯維：1915年之夏》薩繆爾·巴伯；《追求》羅伊·哈里斯 繪畫與雕塑：《達什·馬特豪恩》奧斯卡·

「尋找壞人或英雄毫無意義，因為這兒根本沒有，這兒只有受害者。」
—— 電影編劇特朗博，「好萊塢10人幫」之一，1970年，為《作家指南》致詞

他們的印度，但錫克教徒得到了什麼？」

英國曾企圖阻止分治，但印度最後一位總督路易斯·蒙巴頓勳爵於1946年開始協商獨立時，回教徒聯盟的領導人穆罕默德·阿里·真納執意成立一個回教國家。真納對蒙巴頓說：「我並不在乎你給我如何的少，我只要你能把它完全給我。」尼赫魯和印度國大黨的同僚願意放棄回教統治的地區，只有聖雄甘地堅決反對印度被「肢解」。

為了避免內戰，1947年6月3日，國大黨、回教聯盟和錫克教領導人簽署了蒙巴頓倉促制訂的協議。在最後的協議中，巴基斯坦由旁遮普、信德、西北邊遠地區和俾路支省組成。東部的孟加拉被強行分作兩半，其中東孟加拉成為東巴基斯坦，並於1971年獨立為孟加拉國。巴基斯坦歸真納領導。蒙巴頓所期望的權力和平轉移終告無望。

◀1942（邊欄）▶1948（5）

美國
冷戰開始

4 1947年，冷戰開始。邱吉爾警告說一道鐵幕正在東歐降下，史達林則譴責西方是無情的帝國主義，並拒絕加入世界銀行和國際貨幣基金。美國外交官喬治·坎南從莫斯科發出著名的長電，告誡華府「克里姆林宮對於世界事務的觀點太過於神經質」，並使得戰後雙方的友好諒解不可能達成。聲望處於最低點的杜魯門總統則保持沈默，直到3月12日才向國會提出「杜魯門主義」。這一反共聲明左右了美國往後40年的外交政策。

支持縮減經費、厭戰的共和黨國會一直希望恢復常態，但總統卻極力主張根除任何可能浮現的共產主義的昂貴的全球計畫。杜魯門用4億美元來開展他的運動，著手打擊土耳其（和蘇聯接壤）和希臘的共產主義。他的政策轉變源於一個月前英國的聲明，即英國不能再提供希臘政府對抗共產主義游擊隊的資金。為了爭取共和黨的支持，杜魯門把這些游擊隊員描述為史達林

的爪牙（儘管美國大使林肯·麥克維私下稱其為希臘「最好的人」，他們實際上是受南斯拉夫異議分子狄托支持），卻稱讚保守、殘忍的希臘政府為一個自由的堡壘。史達林則重建其全球革命網路「第三國際」，改名為共黨情報局，並且加強反美宣傳活動以作為反擊。東西方意識型態的兩極化正式形成。

◀1947（2）▶1948（2）

美國
好萊塢10人幫

5 好萊塢是「共產主義的溫床」——這項右派分子的指控從第二次世界大戰之前就開始流傳（工會中的活躍分子更是備受懷

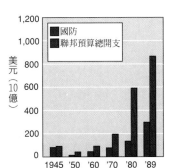

美國在冷戰的支出

第二次世界大戰後，美國國防支出降低，只有在冷戰時期穩定上升（雖然不似其他聯邦預算上升得那麼劇烈）。

疑）。在大戰後紅色陷阱的氛圍之中，眾議院反美活動調查委員會（HUAC）加緊對電影業的調查。

1947年5月，HUAC在好萊塢的一個旅館建立了據點，專門聽取健談的名流講述一連串所謂共產主義對電影業滲透的故事。委員會在受到鼓動後，不斷發出大量傳票，設下舞台，演出美國人民前所未見的政治劇。

十月，聽證會從呼籲以堅定行動反對莫斯科陰謀家的友好證人開始。但是，最確鑿的證據從那11位「不友好的人」而來，他們以憲法第一修正案的保障，拒絕回答關於他們的政治活動的問題。其中劇作家伯托特·布雷希特隔日就前往瑞士。剩下的就是為人所知的「好萊塢10人幫」。電影編劇多爾頓·特朗博在被下令撤職時喊道：「這是美國集中營的開始。」當電影編劇小林·拉德納被問到：「你現在或曾經是一名共產黨員嗎？」他說：「我可以回答，但第二天我會恨我自己。」這10個人都被證明藐視國會，列入黑名單並受到4－10個月的監禁。

10人中只有導演愛德華·德米特里克宣佈放棄信仰而被允許繼續工作。其中有好幾個人再也無法復職；另幾個人則先是藉由「掩護」（如特朗博，化名羅伯特·里奇，後因為《勇敢者》獲得1956年奧斯卡獎），然後才恢復真名工作（如拉德納1971年因他的《外科醫生》電影劇本獲獎）。▶1950（5）

亨佛利·鮑嘉、洛琳·白考爾和其他明星抗議反美活動調查委員會的調查。

誕生名人錄

盧·阿爾辛多 （卡林·阿布杜·賈霸） 美國籃球球員

安娜·貝蒂 美國作家

強尼·本奇 美國棒球球員

大衛·鮑伊 英國歌手

大衛·黑爾 英國劇作家

彼得拉·凱利 德國政治領導人

史蒂芬·金 美國作家

大衛·賴特曼 美國脫口秀主持人

大衛·馬默特 美國劇作家

麥可·米爾肯 美國金融家

丹·奎爾 美國副總統

詹姆斯·奧斯特貝格 美國歌手

諾蘭·瑞安 美國棒球球員

薩爾曼·魯希迪 印度裔英國小說家

阿諾·史瓦辛格 奧地利裔美國演員

辛普森 美國美式足球球員

史蒂芬·史匹伯 美國電影導演

羅恩·伍德 英國音樂家

逝世名人錄

翁山 緬甸政治家

史坦利·鮑德溫 英國政治家

皮埃爾·勃納德 法國畫家

埃托雷·布加蒂 義大利汽車製造商

阿爾·卡彭 美國黑幫

威拉·凱瑟 美國小說家

亨利·福特 美國汽車製造商

菲奧內羅·拉加第亞 美國政治領導人

恩斯特·劉別謙 德國裔美國電影導演

馬克斯韋爾·柏金斯 美國編輯

馬克斯·蒲朗克 德國物理學家

維多利歐·伊曼紐爾三世 義大利國王

阿爾弗雷德·懷海德 英國數學家和思想家

1947

科克西卡；《歐幾里德深淵》巴尼特·紐曼；《折磨》阿希爾·高爾基 電影：《君子協定》伊力·卡山；《34號街的奇蹟》喬治·薛頓；《沉默是金》瑞納·克萊爾；《諜網亡魂》卡洛·李 戲劇：《全是我的兒子》阿瑟·米勒；《布里加東》勒納和洛韋；《菲尼亞的虹》萊恩和哈爾貝格；《高鈕扣靴子》斯蒂尼和卡恩 電視：《新聞相會》；《你好，杜迪》。

「沒有人會稱他們美麗，或寬廣、雅致……訣竅在於屋簷和屋頂輪廓線，以木瓦做屋頂或塗以不同色彩，但它們基本上是相同的，就像福特汽車一樣。」
———《財星》雜誌，評論萊維特鎮的房屋

1947年的新事物

- 「不明飛行物」（幽浮）（UFO）
- 德國「明鏡週刊」創刊
- 「冷戰」一詞出現（由金融家伯納德·巴魯克創造）
- 「新力」公司成立

- 艾弗格雷茲國家公園建立
- 「阿賈克斯」清潔劑

美國萬花筒

突破礙障

10月，老練的戰鬥機飛行員查爾斯·艾爾伍德·「查克」·耶格爾駕駛美國空軍x-1型噴射機超越「1馬赫」的速度。1馬赫是次音速和超音速的分界線。身為第一位打破音速障礙（約1127公里/時）的飛行員，耶格爾後來又創造了2655公里/時的記錄。

聯邦的龐然大物

6月，國會宣佈杜魯門總統的否決無效。通過了引起爭論的塔虎脫-哈特萊勞資關係法，使有組織的勞工遭受挫敗。這項法案是12年來，第一次用立法制約工會權力，它取締排外的商店（限雇用工會成員），禁止工會基金用於政治活動，允許政府獲得法院強制令來制止危害國家健康和安全的罷工活動。◀1936（邊欄）▶1952（邊欄）

天堂的樂聲

1947年，34歲的福音歌手馬哈利亞·傑克遜因《再向上動一點》（第一張福音唱片，賣出

這張「公社規則」羊皮卷有許多不同的詮釋。

考古
死海古卷

⑥ 1947年夏，一個年輕的貝都因人在死海西北部海岸尋找一頭丟失的山羊時，偶然發現了本世紀最驚人的考古發現之一。他注意到四周是石灰岩的峭壁上有一個狹窄的洞口，於是他爬上峭壁進到洞裏，發現了幾個巨大陶罐。其中一個裝著用腐爛的亞麻布捆捲的3張羊皮卷，上面布滿古老的手蹟。

死海羊皮卷的第一張很快被辨識出來，它提供了前所未有的驚人發現，使人們瞭解到約2千年以前，早期的基督教初具雛形時，猶太人遭異族壓迫而反抗的情景。

這一發現引發了長達20年的深入搜尋，並在附近4個遺址又有了其他發現，包括8張羊皮卷和成千上萬碎片，時期從大約公元前3世紀中期一直到公元132年至135年猶太人第二度反抗羅馬的時期。羊皮上還包括《聖經》經文，且比任何以往知道的早了近1千年。大多數學者相信，這些原始遺址（基耳巴·庫姆拉恩）上的羊皮卷屬於一個禁慾主義、公社制的猶太分支艾賽尼派，他們居住在這個地區一直到約公元68年。其中一個檔案，是艾賽尼派的教導手冊，即「公社規則」，上面還提到一位遭「邪惡教士」敵視的「正義導師」。一種理論認為，「正義導師」指耶穌的兄弟雅各，他是早期某一基督教派系

的一員（後來從教會歷史上被除去），堅持一個猶太人的宗教組織並反對那些像教徒保羅一樣拒絕猶太人而贊同一種全新宗教的人。學者們的爭論仍很激烈，部分是因為多年以來，研究羊皮卷的國際小組拒絕給予任何局外人接近的機會。
◀1940（9）▶1959（5）

探險
「孔-蒂基」號航行太平洋

⑦ 在太平洋上的馬克沙斯群島，一位年輕的挪威人類學者托爾·海爾達爾看到風和海水總是由東向西而去。這一現象加上他曾聽過的兩個故事（一個是關於當地從東方來的有鬍鬚的白人祖先的

海爾達爾命名這條船為「孔-蒂基」號是為了紀念傳說中的前印加酋長，相信他曾在公元500年領導了跨太平洋的遷移。

傳說，另一個是關於一個白人酋長為逃避大屠殺，乘著一只木筏向西航行的秘魯傳說），海爾達爾懷疑這兩個傳說可能是同一個。他假設也許居住在太平洋島嶼的人，並非如多數人類學家所認為是從印度尼

西亞來的船員，而是從相反方向而來的南美探險家。1947年，他和5個斯堪的納維亞人檢驗他的理論：海爾達爾和他的全體船員，駕駛14公尺的遠洋航行木筏「孔-蒂基」號，從秘魯的沿海城市卡亞俄下水，朝著太陽落下的方向出發。

「孔-蒂基」號航行了約6920公里後，觸到土木土群島的暗礁上。這次登陸（在1947年8月7日，即航行的第101天）成了全球的頭條新聞。精明的海爾達爾隨即推出一本暢銷書來擴大影響。他的冒險使讀者受到激勵，但學院派的人在承認從西半球遷移的可能性的同時，對此仍維持著懷疑的態度。
◀1929（6）▶1953（5）

建築
首批萊維特鎮房屋

⑧ 亞伯拉罕·萊維特和他的兒子威廉和阿爾弗雷德為郊區作出的貢獻，直可媲美亨利·福特

萊維特鎮房屋的組件。這項工程被謔稱為是當地出生的嬰兒的「兔子籠」。

對汽車的貢獻。他們一家人用量產的方法，為退伍軍人在坐落於曼哈頓東40公里的1619公頃馬鈴薯農場上，建了1萬7400棟鱈魚角和牧場風格的家。1947年10月，當這項計畫公開後，就開始破土興建。這是美國政府戰後大規模發展郊區的首次嘗試。

工程計畫得有如軍事行動，萊維特家人調遣一隊推土機夷平地面，一群卡車把建築材料倒在正好18公尺間隔的路面上，每間房子建在一個標準的混凝土地基之上。新式電動工具加速了工程進度。裝滿木材的貨車直駛切割場，在那兒一

體育　棒球：世界大賽，紐約洋基隊以4勝3負擊敗布魯克林道奇隊（首次電視轉播）　籃球：BAA和NBL，費城勇士隊以4勝1負擊敗芝加哥小馬隊　美式足球：NFL，芝加哥紅雀隊以28:21擊敗費城老鷹隊　拳擊：傑克·拉莫塔被比利·福克斯擊倒在地（這是他比賽生涯中的第一次）。

「使我最感興趣的不是平靜的生活或風景，而是人物形象。透過它，
我成功地表達我對生活近乎宗教的感情。」

—— 馬蒂斯

個人一天能切割12間房子所須的木料。也有專門人員負責塗上紅白色油漆以及舖地磚。結果，成千戶出人意料的廉價房屋滿足了難以饜足的住屋需求。（成本只有6990美元，買家只需付極少的頭期款，政府則提供低利貸款）。

萊維特鎮因其外觀冷漠的一致性而受批評，但是仍有許多人排隊等候尚未建造的房子。過了些年，屋主以具個人風格的裝飾「訂做」他們的房子。但是，大量郊區化的危險，包括交通事故、空氣污染、不自然的公共工程體系，以至於實際的種族隔離（萊維特鎮在60年代中期以前拒絕出售給黑人），逐漸遭到來自社會學家和決策者的抨擊。▶1960（9）

羅馬尼亞
蘇聯再添衛星國家

9 1947年，克里姆林宮在鄰國羅馬尼亞扶植了一個共產黨的政府，同時強迫羅馬尼亞27歲的君主麥可（左圖）退位，因而增加了一個衛星國家。蘇聯宣佈羅馬尼亞獲得「解放」，並於次年建立羅馬尼亞人民共和國。

羅馬尼亞落入蘇聯的勢力範圍是在1944年，當時麥可國王特意安排了一次軍事政變，反對艾思·安東內斯庫（一個法西斯獨裁者，與德國聯盟）。麥可希望藉由驅逐安東內斯庫（他曾權宜性地支持他）來阻止蘇聯入侵。但1944年8月，就在安東內斯庫入獄之後，蘇聯紅軍即揮軍入侵。

政治上的混亂接踵而至：共產主義者和反共產主義者展開激戰；恐怖主義、酷刑和暗殺猖獗。在莫斯科的幫助下，共產黨在1946年選舉中奪得政權。到麥可退位時，與共產主義者對立的政治勢力已被肅清。◀1944（3）▶1965（邊欄）

體育
魯賓遜衝破了膚色障礙

10 1947年，布魯克林道奇隊的總經理布蘭奇·里基考慮了很久，才選拔傑克·魯賓遜作為第一個進入全白人領域的大聯盟棒球隊的黑人球員。他在辦公室裏對這個喬治亞出生的內野手（前一年在蒙特婁加入小聯盟）進行長達3個小時的嚴格盤問，里基對魯賓遜不畏懼種族歧視的剛毅性格表示滿意。他用一個月600美元的薪資，加上3500美元獎金簽下他。1947年4月15日，魯賓遜在布魯克林埃貝茲球場參加了生平第一場大聯盟比賽，防守一壘。

正如里基所預料，面對魯賓遜的是巨大的敵意。在春季訓練中，有好幾個球隊的成員提出申請，反對他加入這個俱樂部。5月，謠言傳來，如果魯賓遜參加比賽，聖路易紅雀隊球員將杯葛和道奇隊的比賽。懷有敵意的球員試圖在他跑壘時踩傷他，也有威脅要置他於死地的。儘管有種種的干擾，魯賓遜還是表現驚人：他這個球季的打擊率達2成97，被選為國家聯盟「年度新人王」，並帶領道奇隊參加世界大賽。

魯賓遜很快確立了自己的棒球明星地位。10年共參加了1382場比賽，打擊率達3成11。1949年，他被提名為聯盟「最有價值球員」，並在1962年成為第一名正式進入「棒球名人堂」的黑人球員。

他勢不可擋的勝利，促進了棒球界實現種族平等。在魯賓遜參加職棒球賽後的2年內，大多數球隊都在大聯盟或小聯盟增加了黑人球員。◀1908（6）▶1957（邊欄）

藝術
馬蒂斯的最後獻禮

11 亨利·馬蒂斯富於表現力的鮮麗油畫使他成為野獸派藝術家中的翹楚。40年後，這位創造力旺盛的畫家仍在探索繪畫表現的新方式。1947年，近80歲且因病臥床不起而不能再作畫的馬蒂斯創

馬蒂斯使用剪刀有如揮灑畫筆，在長久而流暢的活動中，創作他的剪紙作品。

作了最後一件熱情澎湃的藝術獻禮，即出版《爵士》這本以他如夢似幻的抽象剪紙為主體的書。

馬蒂斯亮麗且風格獨特的油畫像是汲取了生活喜悅的精華。同樣地，他用可剪貼式手工著色紙所雕刻出的形狀，則探索光和空間的複雜關係。◀1905（10）

100萬張）第一次在國內引起轟動。傑克遜是一個黑奴的孫女，在獲得國際公認之前，已廣為黑人教會熟知。作為一個虔誠的浸信會教友，她只唱宗教讚美詩，迴避夜總會。不過，她仍將藍調節奏和爵士樂技巧併入自己的詮釋表演中。

電吉他

1947年，第一次上市銷售的吉布森·萊斯·保羅吉他，將成為搖滾樂手的必要裝備。保羅堅實的電吉他（外號「原木」）改良自1931年亞多夫·里肯貝克的「炒鍋」。保羅還發明了自己的8音軌磁帶錄音機（對流行音樂的發展同樣重要），並引進原帶配音。作為一個有才藝的爵士吉他手，直到50年代保羅和他的妻子瑪麗·福特仍繼續其錄音工作。

居住穹廬

「以最少結構提供最大強度的設計」的提倡者巴克敏斯特·富勒，在1947年建立了他的第一座多面體圓頂建築。這項應用幾何

學的突破，使得這新潮的球型建築兼備最理想的結構強度和材料效率。

中央情報局開張

1947年，當國會通過重新組織軍隊和創立中央情報局的《國家安全法》時，廢除的戰略任務處（即由傳奇人物威廉·「野比爾」·多諾萬領導的戰時情報局）的老「暗探們」有了一個新家。這項法案賦予新機構的任務非常廣泛，特別是中央情報局的偵探可以自由地收集國際情報，並為高度機密的政治提案做政治分析。中情局所執行的較出色間諜行動有：1953年顛覆伊朗總理穆罕默德·穆薩德和1954年推翻瓜地馬拉總統雅各布·阿本茲·古斯曼。▶1953（4）

魯賓遜，棒球界最具天份的跑壘者之一，順利滑進三壘。

美國政治與經濟 國民生產毛額：2313億美元；美國國會通過40億美元減稅；國防部成立；取消蔗糖配給；國務院分析專家喬治·坎南在《外交事務》期刊的文章中提出「圍堵」戰略（以筆名「X」發表）；亨利·福特死後，留下90%的公司股票給「福特基金會」（成為世界上最富有的慈善事業）。

「時尚來自夢想，而夢想是對現實的逃逸。」
—— 迪奧

環球浮世繪

默劇表演者

受到查理·卓別林無聲電影的鼓舞，法國表演者馬歇·馬叟在1947年創造了一個名叫「比

普」的默劇角色。馬叟扮演一個憂鬱的白臉小丑，穿著水手褲和一件條紋衫，成為最頂尖的默劇演員。他接著又創立了一個國際著名的旅遊公司。

在墨西哥的窮困潦倒

麥爾坎·勞里的《在火山下》於1947年出版時並未引起太多的注意，但是在作者英年早逝10年之後，這本書成為反英雄角色的傑作。小說以鬆散的自傳性內容和實驗的形式（勞里使用的並列想像技巧常被認為如電影技巧一般），描述一位酗酒的英國駐墨西哥前領事落拓的餘生。英國出生的勞里稱這本書是一本「醉神喜劇」。

吉亞柯梅蒂的瘦子

經過多年的實驗，瑞士雕塑家阿爾伯特·吉亞柯梅蒂在1947年開始創作極度細長、如骸骨般幾乎無形體的人物「透明雕塑」，而達到獨樹一格的風格。經常和存在主義作家交往的吉亞柯梅蒂，是本世紀最具獨創性的藝術家之一。◀1932（13）

鬥牛士之哀悼

馬諾來特，那個時代最偉大的鬥牛士，於1947年在利納雷斯鬥牛場被牛牴傷致死，西班牙失去了一位民族英雄。30歲的勞雷亞諾·羅德里格斯以其優美的姿態、高貴的風度，以及當鬥牛很近地衝過他的斗篷時的鎮定，成為受人崇敬的人物。

時尚

迪奧「新式樣」

12 1947年2月，隨著「花冠」款式的推出，服裝設計師克里斯汀·迪奧摒棄了7年來戰爭時期的嚴謹簡樸，很快把巴黎重建成世界流行服裝之都。這些被美國時尚雜誌《哈潑時尚》稱作「新式樣」的系列作品，實際上什麼也不是。它根源於「美麗世代」，亦即奢侈和隨心所欲的20世紀初期社會。當時時裝界的特色便是虛華與富裕。迪奧以一個法國的紡

織品製造商作後盾，1946年在蒙田大道開設服飾店。為了將那些已消逝的精神注入急於追求奢華與浪漫的世界，迪奧放低衣裙下襬（戰時曾因紡織品配給而被迫上提），重新設計長而飄垂的裙子、窄肩、填襯胸部和臀部，並掐緊袖口。他對女性軀體的讚美及設計，不僅受到女士喜愛，而且受到男士的歡迎。女士熱心地在全世界購買（或模仿）他的式樣。當一些人稱道迪奧帶來的自由代表一個經濟復甦的信號時，另一些人則批評他的奢侈（那些紡織品）和把持女裝設計界，並排擠年輕且更受歡迎的設計者的做法。

實際上，新式樣標誌著女裝設計界全盛期的結束，但迪奧自己仍持續獲得驚人的成就。他的「布袋裝」成為50年代的典型風貌。直到1952年以52歲之齡去世時，「迪奧服飾」已在24個國家設有分店。▶1965（2）

戲劇

威廉的詩劇

13 1947年10月3日，田納西·威廉的新劇《慾望街車》，描述高雅而焦躁的南部美女布蘭奇·杜·博伊斯和粗俗而又殘忍的

姊夫斯坦利·科瓦爾斯基的災難性衝突。由伊力·卡山導演，傑西卡·坦迪和馬龍·白蘭度分飾布蘭奇和斯坦利，這部揭示醜惡、充滿色慾的傑作，震驚了百老匯。它不僅撼動了影迷，並且使這位年輕卻備受批評的劇作家聲名不墜。他曾在3年前因感人的家庭劇《玻璃動物園》而引起人們的注意。

威廉對於現代世界對美和雅致的衝擊所作的原始而抒情的召喚，被一個戲劇史專家稱為是「用詩來敘述的情節劇」。的確，《慾望街車》故事中的醜惡（包括強姦、女性色情狂、酗酒、自殺和毆妻）被隱藏於難忘的華麗語言之中：神經錯亂的布蘭奇在這齣戲的結尾對好心把她送進瘋人院的醫生說：「無論你是誰，我總是相信陌生人的友好。」

《慾望街車》這齣戲還改變了美國的表演風格。作為布蘭奇的隔代人，穿著T恤的折磨者馬龍·白蘭度成了「體驗派表演法」的典範。他藉由心理上的洞悉而不是外在個性的觀察來詮釋他的角色。體驗派表演法是30及40年代由李·斯特拉斯伯格發展，而後由卡山大力鼓吹。1947年卡山與他人合創「演員工作室」，斯特拉斯伯格亦於1949年加入，這種表演法很快就成為美國主流模式。◀1926（10）▶1949（當年之音）

一位科學家在取下馴鹿化石的削片，以便用放射性碳技術測定年代。

科學

測定古文物年代新方法

14 1947年，芝加哥大學化學家威拉德·法蘭克·利比首次利用放射性同位素碳14來準確而科學地測定曾經存在的有機體年代。這種方法根據的是下列的事實：曾生存過的有機體會得到不斷供應的碳14，一旦有機體停止進食和呼吸，就無法再從空氣中的二氧化碳得到補充。這種不穩定的碳14原子仍滯留在有機體中，根據他們已知的半衰期（大約5730年）開始衰變。這樣，根據碳14放射性的級別，可測定任何有機體樣本（一塊骨骼或一塊植物化石）的年代。例如，放射性衰減一半，表示約有5700年的歷史。

儘管還有技術上的問題，利比的放射性碳技術對於考古學家、海洋學家和地球科學家仍是一個巨大的貢獻。它為測定無生物（例如，瓷器）年代方法做了準備工作。▶1959（5）

馬龍·白蘭度飾演斯坦利，為角色詮釋立下楷模。（上圖，潔西卡·坦迪飾布蘭奇）

一個小女孩不可能實現的理想

摘自《海特·阿赫特休斯》，安妮·法蘭克，1947年在荷蘭出版

「我希望我能夠向你完全吐露祕密，因為我以前從沒能向任何人吐露」。1942年6月12日，在13歲生日那天，阿姆斯特丹的少女、安妮·法蘭克（出生在德國，但在她4歲時，和家人一起逃離納粹魔掌）用這些話開始寫日記。就在一個月後，安妮、她的姐姐瑪戈，他們的父母和另一個家庭躲到她父親奧托在阿姆斯特丹的公司倉庫中隱蔽的屋子裏（後來又加入了一個牙醫）。兩年零30天後，由於荷蘭告密者出賣，他們被蓋世太保抓獲並被帶到奧斯維辛集中營。從那兒，安妮和姐姐被押到卑爾根-伯森集中營，兩人都死於斑疹傷寒。法蘭克一家，只有奧托倖存。

奧托在戰後回到荷蘭，曾幫助他們藏匿的老婦人把安妮的日記本和紙張歸還給他。他打出女兒寫的東西，在朋友的幫助下，於1947年用《海特·阿赫特休斯》之名出版，這個名字來自安妮稱作「祕室」的藏身之所。這本書於1952年發行英文版，書名改作《小女孩的日記》。以讓人覺得她可能獲得和成人作家一樣成就的驚人直覺、早熟的洞察力和非凡的幽默，安妮展現了在面對恐懼、惡劣的居住條件和種族滅絕時，那種令人心疼的仁慈。她的日記已被譯成30多種文字，這篇摘自1944年6月15日的日記，是大約在他們被發現前一個月寫下的。◀1946（當年之音）▶1960（8）

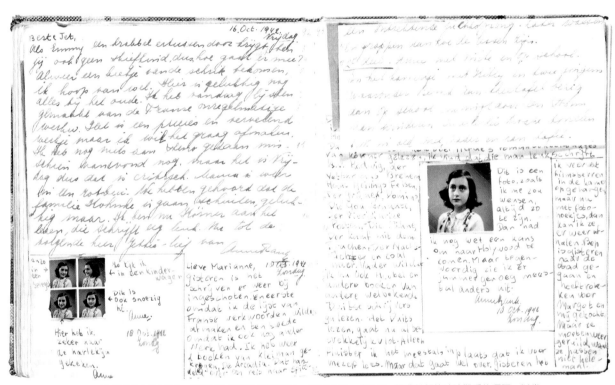

1942年10月18日，在日記上自己的照片旁邊，安妮寫道：「這是一張我希望能時時觀看的獨照。以當時的我，可能還有機會成為好萊塢的明星。但現在，恐怕無望了，因為我通常看起來和別人不太一樣。」

1944年7月15日，星期六　：「因為在內心深處，年輕人比年紀大的人更孤獨。」我曾在一本書中讀到這句話，一直銘記在心，而且發現這是實情。在這裏，成年人真的比我們過得艱難嗎？不，我知道不會。年紀大的人已經對任何事情都有自己的觀點，行動之前並不猶豫。但是當所有的理想都被粉碎摧毀，當人們展示他們最壞的一面，當不知道是否應相信真理、正義和上帝時，要我們年輕人堅守立場和固執己見卻是加倍困難。

誰要是說在這兒大人比我們日子過得更艱難，他肯定沒有瞭解壓在我們身上的問題的嚴重性。我們還太年輕，許多問題無法解決，但它們不斷強加於我們身上；直到過了很長的時間，我們認為已找到解決辦法，然而這個辦法似乎無法與事實相對抗，在事實面前，它無能為力。這就是這些時間裏的困難：從我們心中升起的理想、夢想和抱持的希望，只會在可怕的現實面前被打碎。

我居然沒有拋掉我的理想，這真是一個奇蹟。因為，它們看起來是那麼荒謬、不切實際。但我仍然保留它們，因為不管怎樣，我仍相信人們在內心深處是善良的。我無法將理想建立在一個由混亂、痛苦、死亡組成的基礎之上。我看到這個世界逐漸變成一片荒原；我聽到迫近的雷聲，它將毀掉我們；我感受到數百萬人的苦難；然而，如果我仰望上天，我想一切都將恢復正常，殘酷也會告終，和平與安寧將重新回到我們身邊。

在此期間，我一定要堅持我的理想，因為，實現它們的時刻也許就將到來。妳的安妮。

「我們的主要任務就是確保白人在這兒佔優勢。」

—— 南非總理亨德里克·韋伍德博士於1958年

年度焦點

開始種族隔離政策

❶ 由於在波耳人佔優勢的農業區域中，選舉制度有利於少數族裔，使得保守的國民黨在1948年的南非選舉中儘管總得票數大幅落敗，仍可贏得最多的國會席次；而該黨領導人丹尼爾·馬蘭也取代簡·斯穆茨就任總理。76歲的馬蘭為波耳人，且是希特勒的信徒；他上任後便立即實行了種族隔離政策，計劃透過立法將南非變成種族分隔且不平等的國家，以維護白人的優越地位。

ANY KAFFIR TRESPASSING WILL BE SHOT.

在最基本的公民權遭剝奪後，南非黑人根本無力抵抗維護治安所帶來的恐怖。

自從1910年成立以來，荷裔波耳人便與英國人聯合統治著南非聯邦。不過到第二次大戰結束後，波耳人間普遍瀰漫著一種受圍困的心態：他們覺得自己的存在和繁榮受到越來越政治化之佔多數的非洲黑人、人口略少於波耳人的英國人，以及在40年代擴大批評南非種族政策之國際社會的多重威脅。在馬蘭藉助波耳人的反動浪潮而贏得勝利之後，南非首次出現了純由波耳人組成的內閣。它的政綱包括：實施種族隔離，反共產，以及賦予波耳人自決權。

種族隔離制度把南非人民分成4個截然不同的族群，包括因為較「文明」而擁有統治權利的白人、非洲人、歐非混血後裔的有色人種，和主要是印度人和巴基斯坦人的亞洲人。在1948年，黑人、有色人種和亞裔合計約有1100萬人，而白人僅有250萬人。馬蘭的國民黨政府很快便經由國會通過一連串壓迫性法案，其中最早也是最明顯的一個是1949年的《禁止異族通婚法》。一年以後，當黑人在鑽石礦坑的不人道情況下工作一天只能賺到17分錢的同時，《共產主義鎮壓法》公開宣佈罷工是非法的。至於同樣在1950年通過的《人口登記法》則強制性地對每一個男人、婦女和小孩進行種族分類，並規定不同的種族各自有特定之居住區域（佔多數的黑人只分配到南非土地面積的13%，而且若無工作通行證的話，黑人不得擅離其「族群區域」）；此外，該法還推翻了法院關於各種族隔離區的公眾設施如醫院、學校和公園等必須平等的決定。

儘管1949年在約翰尼斯堡便爆發了首度因種族隔離所激起的暴動；但該制度的犧牲者直到1990年代才有了真正平等的希望。◀1912（10）▶1960（6）

德國

在柏林的對抗

❷ 當駐東德的蘇聯佔領軍封鎖了所有柏林與西方間的鐵公路和水運時，一座通往西柏林的巨大「空中橋樑」迅即在1948年6月26日開始運作。往柏林的緊急空中補給是相當具有野心的：每3分鐘就有一架飛機進出，而且24小時全日無休。在接下來的318天中，英國和美國嚴格執行了這項計畫；它們向受圍困的城市出動將近20萬架次的飛機，並輸送了150萬噸補給物資。

由於西方國家在3月決定把他們各自的德國佔領區組成單一經濟實體，蘇聯便以封鎖進行報復；並且因害怕在美國陣營內出現一個強大的西德，蘇聯乃試圖把柏林與非共產世界隔離開來。當西方的空中運輸補給於7月1日開始後，蘇聯單方面解散了在柏林的四國共管當局，對外宣佈對該城有單獨的管轄權。於是戰爭似乎迫在眉睫。駐德美軍司令盧修斯·克萊將軍預測說：「一旦柏林陷落，西德就會隨之失去，而共產主義將變得更為猖獗。」

在盟國決定不向蘇聯的壓力屈服後，美國將載有原子彈的戰鬥機部署在英國；但因蘇聯並未進一步發動戰爭，這次紛爭乃演變成東西方爭取柏林主導權的政治對抗，而每一方都想證明自己能決定這個城市的命運。

在漫長的炎夏裏，250萬柏林人只能仰賴「空中橋樑」提供的各種食物、燃料、藥材和消費品補給；當蘇聯的封鎖行動持續到秋天

一架載運補給物資的美國飛機降落在西柏林的滕珀爾霍夫機場。

和多天時，柏林便開始食物配給，停止供應電力，而工廠也紛紛跟著關閉。

西方對此以反封鎖作為回應；他們同時對東德和蘇聯集團的出口物資實行禁運；而柏林沒有因饑餓而投降更可視為西方的一次勝利。到了來年春天，在西方禁運下損傷慘重的蘇聯終於退讓，並於1949年5月12日取消了封鎖。西柏林也以作為對抗蘇聯擴張的堡壘而倖存下來。◀1945（邊欄）▶1949（3）

朝鮮

冷戰的意外受害者

❸ 「蝦子在鯨魚的戰鬥中被壓得粉碎。」此句古老的朝鮮諺語在這個久經患難的半島成為美蘇對抗的焦點時可說是應驗了。隨

著在38度線兩邊各自建立起意識形態相反但名義上都是民主的國家時，統一的朝鮮已經不復存在；它成了超級強權冷戰陰謀之下的犧牲者。

由於美蘇的態度均不積極，因此前一年在被佔領的朝鮮建立統一政府的努力便告失敗。蘇聯建議撤軍並讓朝鮮人民來組建自己的政府，但美國因擔心北方的共產黨將直截了當地接管美軍撤退後的南方，於是建議在聯合國監督下進行全國大選後再行撤軍。不過蘇聯對此卻橫加阻撓，並禁止聯合國官員進入北方。

聯合國在1948年進行只限於南方的選舉。5月10日，在暴力和美國脅迫的謠言嚴重破壞下，38度線以南的朝鮮人選出了國民會議，並由73歲的李承晚（上圖）擔任總統；在美國待了33年後剛回到朝鮮的李承晚長期以來一直是個主張朝鮮獨立的行動家（在二次大戰期間曾領導朝鮮流亡政府）以及狂熱的反共分子。在他組織政府的同時，蘇聯則指定共產黨員金日成為其佔領區（現稱朝鮮人民民主共和國）下的政府領導人；莫斯科並宣稱所

藝術與文化 **書籍：**《別的聲音，別的房間》杜魯門·卡波特；《哭吧，親愛的祖國》阿蘭·佩頓；《七重山》托馬斯·默頓 **音樂：**《琴鈕和琴弓》李文斯頓和伊文斯；《自然男孩》艾登·阿貝茲；《奏鳴曲與間奏》約翰·凱奇；《諧謔狂想曲》歐內斯特·布洛克 **繪畫與雕塑：**《作品第一號》傑克遜·帕洛克；《統一》巴

「就個人而言，我將盡我所能幫助朝鮮人民並保護他們，就像保護美國或加州免受攻擊一般。」
—— 道格拉斯‧麥克阿瑟將軍對新當選的南韓總統李承晚說

有蘇軍將在年底前撤出北韓。儘管對金日成訓練有素的軍隊頗為忌憚，美軍仍於1949年6月撤離，只留下500名負責訓練南韓軍隊的軍事顧問。在接下來的幾年中，當分隔引起戰爭後，美軍的人數也隨之增加。◀1945（13）▶1950（1）

科技
LP唱片問市

④ 改變戰後生活的許多創新發明之一由哥倫比亞唱片公司在1948年推出。該公司可長時間播放的12英寸乙烯基唱片不但比其先驅者面積更大，紋路更細，而且將速度由原先每分鐘78轉改為33又1/3轉。這種（正如他們被命名的）LP唱片除提供比以前唱片更接近原音的「高傳真」音效之外，而且容量更大，每一面可播放25分鐘，不像從前只有3到5分鐘；其結果使造成家庭視聽革命的高傳真音響蔚為一時風潮。聽眾不再購買個

哥倫比亞的工廠生產了成排的LP唱片以因應迫切需求。

人「暢銷曲」，而代之以投資到夜間的娛樂設備上。對於營造氣氛多過旋律動聽的歌手如佩吉‧李和法蘭克‧辛納屈等人而言，LP唱片可說是一大福音。至於對約翰‧科爾特蘭和邁爾斯‧戴維斯等爵士樂手而言，錄音室也變得和演出大廳一樣重要。

雖然RCA維克多公司在1949年推出每分鐘45轉的7英吋唱片作為LP唱片的競爭對手，但兩家公司仍在經過多年競爭後達成協議，亦即每分鐘45轉的唱片只用來發行單曲。於是LP唱片乃繼續保持其優勢，直到1980年代被雷射唱片（CD）取代為止。◀1902（11）▶1983（邊欄）

聖雄甘地在遇害前兩年攝於紡車旁。甘地堅持要攝影記者瑪格麗特‧博爾克－懷特先學會紡紗才准拍照。

印度
甘地遇刺

⑤ 儘管若無莫漢達斯‧甘地的話，印度為爭取獨立所進行的劃時代抗爭無疑地仍會成功，但他在政治論述方面所作的道德貢獻卻是獨特且影響深遠的。終其一生，甘地同時扮演著精神層次與政治領域的雙重角色；他也因此被尊稱為「聖雄」。1948年1月30日，一名印度教狂熱分子因不滿甘地安撫回教徒的作法而加以刺殺，結果使甘地死於他一輩子深惡痛絕的暴力之下。

「聖雄」甘地逝世的消息震驚了世界；包括首相與總統，及國王與獨裁者都為這位78歲的謙恭苦行者同聲哀悼。甘地的老同志，同時也是印度首任總理賈瓦哈拉爾‧尼赫魯說：「光明遠離了我們的生命，而黑暗則籠罩了一切；我們的國父已不存在了。」◀1947（3）▶1965（8）

南斯拉夫
狄托和史達林決裂

⑥ 南斯拉夫總統狄托在愈來愈極化的戰後世界中仍保持了其獨立自主性。在把他的國家轉變為包括克羅埃西亞、斯洛維尼亞、塞爾維亞、波士尼亞－赫塞哥維納、門地內哥羅和馬其頓在內的聯邦制共產國家後，他不僅孤立於西

方之外（後者因狄托在希臘內戰中支持共黨分子，以及在二次大戰末試圖佔領的港而加以韃伐），而且也孤立於莫斯科這個表面上的盟友之外。由於決心阻止史達林控制南斯拉夫，在南斯拉夫共產黨於1948

在《笨拙畫報》漫畫中的狄托與南斯拉夫：他在「邪惡的俄羅斯魔鬼」和「西方精靈」間取得平衡。

年被逐出蘇聯控制下的共黨情報局後，狄托便成了第一個與史達林決裂的共黨領導人。儘管面臨經濟封鎖和入侵威脅，南斯拉夫人非但團結在領袖身旁，其古老的反抗戰爭歌曲也響徹於山林鄉間：「嘿，斯拉夫人，地獄深淵的威脅終將徒勞；噢，斯拉夫人，你們依然是自由的。」

由於狄托大膽地實施國家憲政改革，致使南斯拉夫和蘇聯漸行漸遠。他並且下放政府的權力，使每個共和國有更多的經濟和行政自由，同時允許工人自治和開放有限的市場自由。其獨特的「狄托主義」模式使南斯拉夫成為歐洲最自由的共產主義國家。◀1943（9）▶1991（2）

尼特‧紐曼 電影：《哈姆雷特》勞倫斯‧奧立佛；《碧血金沙》、《蓋世梟雄》約翰‧休斯頓；《萬花錦繡》查爾斯‧華特士；《蛇穴》安納多‧李維克 戲劇：《一千天中的安娜》麥斯威爾‧安德森；《高加索的白堊圈》伯托特‧布雷希特；《和母親在一起的日子》林達賽和克勞斯；《吻我凱特》科爾‧波特 電視：《坦直的相機》；《城鎮的祝酒》；《霍普拉‧卡塞迪》。

「我要公開宣稱的一樁事實是：幸福的生活正等著我們，就在此時此地。」

——斯金納的《第二個沃爾登湖》

1949年新事物

- 注射用可體松（可減輕關節炎）
- 保時捷汽車

- 魔鬼粘（Velcro）（以「天鵝絨」與「針織品」二字合成，由喬治斯·德梅斯特拉爾發明於瑞士）
- 世界衛生組織成立
- 蘭羅佛四輪驅動吉普車

美國萬花筒

杜魯門擊敗杜威

由於杜魯門的失敗是意料中的事，致使《芝加哥論壇報》乃自信地將它準備在頭條付印（如下圖）。但幸虧有來自激進反私刑

和反種族隔離等行政法令的黑人、擔心塔虎托－哈萊法案的工人和害怕減少補貼的農民等選票的挹注，哈里·杜魯門終使民意測驗全盤落空，並在1948年正式當選為總統。◀1945（6）▶1948（當年之音）

米爾蒂大叔

藉由國家廣播公司在1948年所推出的「德克斯科明星戲院」，米爾頓·伯利由失敗的電台演員搖身一變成為「電視先生」。每週都有數百萬人等著收看伯利包括誇張表情、雜耍特技、臉上貼餡餅和反串動作等小丑綜藝演出。沒有電視的家庭很快也買了，就只為了一睹美國最受歡迎的演員。▶1951（9）

「大霹靂」

在俄羅斯流亡物理學家喬治·加莫和其學生拉爾夫·阿爾法發表於1948年的劃時代論文《化學元素的來源》中，他們詳述了在20年代由喬治·勒梅特首先所提出的宇宙大霹靂理論；該理論認為所有物質在數

思想

斯金納的行為主義小冊子

7 試圖把人類的混亂事務根據有條理且具邏輯性方式加以重新安排的理性主義衝動，在實驗派哲學家斯金納於1948年出版了烏托邦式小說《第二個沃爾登湖》（大衛·梭羅同意其借用《湖濱散記》的名稱）後達於極致；該書描述了一個平順運作的公有社會。這本作為斯金納行為主義工具的小說聲稱，只要透過「行為的巧妙設計」，人們將習慣於以合作和具生產力的方式來運作，如同實驗室的老鼠為獲取食物而被引誘去推動槓桿一般。第二個沃爾登湖的居民接受該社區的理性主義，並被以工作少、閒暇多和有充分機會實現自我的生活作為回報。用斯金納的話來說，亦即他們為了得到自由而失去了自由。

儘管這本書極其成功，仍被同時貼上了妄想與法西斯主義的標籤；至於那位高大且戴著眼鏡的哈佛教授則遭到人鼠不分的譴責。在第二個沃爾登湖中的確沒有選舉，沒有爭執，也沒有不滿分子與反叛者，而其中人物也毫無深度可言；因為斯金納認為所謂深度只是種幻象。這本與其說是部小說，還不如

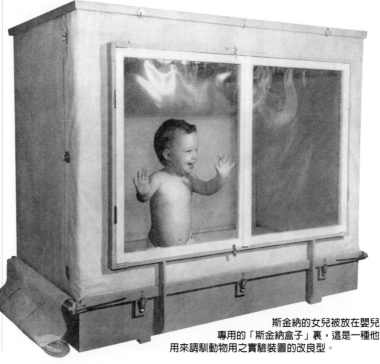

斯金納的女兒被放在嬰兒專用的「斯金納盒子」裏，這是一種他用來調馴動物用之實驗裝置的改良型。

說是本小冊子的書（此與斯金納陳述的意圖正好相反）廣泛地被當成現代生活的諷刺寓言來閱讀，書中想像裏頭的自由人被說服必須跟其他人的行為一致。◀1932（3）▶1957（13）

捷克

共產黨人推翻貝奈斯

8 當共產黨在1948年發動政變推翻愛德華·貝奈斯總統脆弱的聯合政府，並代之以史達林式政權後，捷克的民主運動便告壽終正寢。這也是外來侵略者在10年內第二度對捷克殘加蹂躪。

繼二次大戰期間於倫敦領導捷克流亡政府後，貝奈斯在1945年返回祖國並決心重建被納粹取代的民主政權。在承諾保證「個人、集會結社或用演說、出版和書寫等形式表達言論之自由」的同時，他被指派組織一個跨政黨的臨時政府；其中捷克共產黨（CPC）領導人克萊門特·哥特瓦爾德出任副總理，而致力於民主的簡·馬薩里克則如同在倫敦政府中一般擔任外交部長。1946年5月，捷克選出了臨時國民會議（任期一直到簽署新憲法為止）；由於捷克共產黨在抵抗運動中的角色以及它取得史達林協助而驅逐300萬德國人的作為獲得認同，

「勝利的二月」：哥特瓦爾德的支持者群集於布拉格的溫瑟斯拉斯廣場上。

因此贏得了38%的選票，而哥特瓦爾德也成為總理。

當捷克於1948年準備根據新憲法進行首屆大選時，儘管共黨內閣官員已在關鍵部門安插了自己的人馬，貝奈斯仍自信地預測說：「共產黨將會失敗，而且必然如此。」但是，自由選舉根本就不存在。為了抗議共黨接管軍隊和警察的企圖，許多民主派內閣成員在2月宣佈辭職。當貝奈斯拒絕批准辭呈時，哥特瓦爾德立即煽起一次暴動；他一方面掌握那些被放棄的部長職位，趕走民主派人士，同時關閉媒體並強迫貝奈斯同意由共黨組織政府；而蘇聯也以全力支援捷克共產黨。

在指責民主派人士為「外來的反動派」之後，共產黨開始展開政治迫害；他們逮捕和驅逐了數以千計的知識分子和非共產黨人。簡·馬薩里克的屍體在3月10日被發現於其辦公室的窗戶底下；幾乎可以肯定的是，他的「自殺」根本是蘇聯人員的蓄意謀殺。由於5月份選舉中的候選人都屬同一黨派，貝奈斯因而辭職並由哥特瓦爾德接任；在拒絕簽署新憲法的3個月後，貝奈斯離開了人世，而捷克的「史達林化」也終告完成。◀1943（8）▶1968（2）

中東

以色列宣告建國

9 有關聖經中猶太家園在1948年的重建乃是經過近2千年的宗教性渴盼，50年的政治組織努力，以及數年零星戰爭後所達到的高潮。諷刺地是，若非阿道夫·希特勒謀殺了600萬猶太人並製造出

體育 **棒球**：世界大賽，克利夫蘭印第安人隊以4勝2負擊敗波士頓勇士隊　**奧林匹克運動會**：在聖摩立次和倫敦舉行（1936年以來的第一次）　**美式足球**：NFL，費城老鷹隊以7:0擊敗芝加哥紅雀隊　**籃球**：BAA-NBL，巴爾的摩子彈隊以4勝2負擊敗費城勇士隊，兩協會合併　**賽馬**：「傳令兵」贏得三冠王大賽（艾迪·阿卡羅是第一位兩次贏得三冠王的騎師）。

「在我寫作時，書桌上總放著《安娜・卡列尼娜》、《時間與河流》、《美國》以及《斯塔茲・羅尼根》等4本書。」

── 諾曼・梅勒有關《裸者與死者》的談話

大批猶太難民，以致於激發了全世界在戰後對其復國運動之同情的話，以色列的建國絕不會發生。

整件事開始於1947年11月，當時聯合國贊同一份提議將英國巴勒斯坦託管地分成兩個獨立（但經濟上聯合）國家的委員會報告：其中一大半交給猶太人，其餘則屬阿拉伯人。此項決定對於自第一次大戰前以來便是猶太復國運動最重要組織者的大衛・本-古里安而言，可謂不朽的勝利；但是對那些試圖阻止本-古里安和其他移居者建立其中東家園的阿拉伯國家聯盟領袖而言，分割就意味著戰爭，他們發誓要幫巴勒斯坦人抵制聯合國的「解決方案」。

到了1948年2月爲止，小規模衝突與恐怖分子的爆炸事件已奪去了數百條猶太人和阿拉伯人的生命。當衝突升級爲全面性戰爭時，「哈加納」（猶太民兵部隊）不僅控制了聯合國劃給猶太人的土地，而且奪取了部分被劃分給阿拉伯人區域內的據點。

至巴勒斯坦/以色列的移民

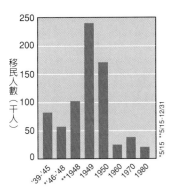

從1939年到1980年間，有超過73萬2千人移民到這塊英國的前託管地，其中絕大部分是猶太人。

隨著以色列在5月14日宣告建國，本-古里安成爲臨時政府總理（並於1949年1月正式當選），而華盛頓和莫斯科則立即給予承認。在英國於次日撤出後，5個阿拉伯國家馬上對這個新國家發動攻擊。聯合國派遣瑞典籍的福爾克・巴納多特伯爵做爲調停特使，然而在經談判達成兩次短暫停火後，他在9月份遭猶太極端分子暗殺；於是

金賽堅稱：「我是一個事實的探索者。」（與妻子攝於印第安那的家中）。

爲聖地帶來和平外貌的任務就落到其繼任者，非裔美籍外交官拉爾夫・本奇的身上。◀1945（14）▶1949（6）

思想

金賽對性的研究

(10) 阿爾弗雷德・金賽博士是個靦靦害羞，具有方下巴，戴著個蝴蝶領結的印第安那大學動物學教授，專長是研究癭蜂。然而當他發現無法回答學生所提有關人類的性問題時，他就開始著手編撰人類的性生活歷史。在經過10年的研究與大約9千次訪問調查後，其代表作的第一卷《男人的性行爲》終於在1948年出版，而且很快就成爲熱門的暢銷書。《新聞週刊》寫道：「在達爾文理論爲世界開啓了廣闊的視野後，這是再度震驚科學界的東西。」

令人震驚的不只是金賽所報告的各種性經驗種類，同時還包括研究本身清楚陳述的性質；甚至像瑪格麗特・米德這種性自由支持者亦將其方法稱爲「窺探」。三分之一的受訪男性承認有過某種成年人間的同性戀經歷；30%至45%的丈夫坦承曾對妻子不忠；90%的男子承認曾經手淫。至於在5年後出版針對女性之性行爲的第二卷中，相應的比例則分別是八分之一；26%；62%。

金賽遭到牧師、報紙編輯，甚至參議院的譴責（麥卡錫曾暗示這種研究將增加共黨接管美國的機會）；而其他學者和醫生對他的態度更不用說。這份報告的缺點在今日已得到廣泛的認知：亦即它們偏

向於白人、中西部中產階級和大學生，至於提供資訊者包括囚犯和性犯罪者，而且全都是些可能說謊的自願者。無論如何，金賽仍是揭開男女兩性生活神祕面紗的先驅者。◀1920（12）▶1966（邊欄）

文學

梅勒的有關戰爭的書

(11) 很少小說家能像諾曼・梅勒那般在文學舞台上初出茅廬便引起如斯轟動；其生動有力的戰爭小說《裸者與死者》於1948年出版時，他才25歲。該書不但用語直率驚人（包括梅勒隨意運用的獨創新詞：「ｆｕｇ」，意思是空氣悶濁），同時以作者在二次大戰中的

親身經歷爲基礎，描述一個美軍步兵排攻擊被日本佔領之太平洋島嶼的經過。書中對戰爭尖銳的憤世嫉俗主義震撼了整整一代讀者的心靈，使他們對戰後年代中的擴軍信條產生不滿並抱持敵對態度。對《裸者與死者》毫不吝嗇的稱譽很快便使其被宣稱爲美國從戰爭中產生的最佳作品，同時也使該書出身於布魯克林區的年輕作者一夜間聞名遐邇。

梅勒後來的努力幾乎無可避免地受到他第一次巨大成功的影響。不過在他其後包括小說《鹿苑長春》與《美國夢》，以及作爲「新」新聞主義代表作品的《黑夜大軍》與《劊子手之歌》等書籍中仍探討了類似的道德問題；而它們也毫無例外地充斥著「梅勒式」的性和暴力。▶1951（11）

十億年前都濃縮在一塊稠密且超高溫的團塊中。加莫和阿爾夫假設，在一次熱核爆炸使集中的物質飛散開來後，造成不斷膨脹但迅速冷卻的次原子微粒混合物；幾分鐘內，這些微粒便聚合成質子和中子，然後形成氫和氦這兩個最輕的元素；它們乃是組成原子核和宇宙的基礎材料。◀1927（3）

拍立得相機

拍立得相機在1948年甫推出上市便取得巨大的成功。它首先在去年由其發明者埃德溫・赫伯特・蘭德加以展示；由於本身兼具即時暗房的功能，使其能在60秒之內完成沖洗照片。◀1900（3）

藝術自由

美國最高法院在1948年確認好萊塢的大製片廠正對電影生產、發行和播放進行壟斷，並命令其放棄自己的連鎖戲院以使播放者可自由選擇無論來自何人何地的影片。此一決定加上電視的興起，使那些老製片廠開始衰落。◀1908（8）

魏斯的世界

插圖畫家魏斯之子安德魯・魏斯在1948年完成其最著名的一幅畫《克里斯蒂娜的世界》。他使用現實主義的筆觸爲一位

來自緬因州庫興的中年病人，亦即畫中主角安娜・克里斯蒂娜・奧爾森的周圍營造了一種超現實的氣氛。◀1942（17）▶1986（邊欄）

現代音樂混合

出生於密蘇里州的作曲家弗吉爾・湯姆森，由於爲羅伯特・弗萊厄蒂於1948年出品的紀錄片《路易斯安那的故事》進行配樂而獲得普立茲獎。湯姆森活潑、率直，而且總是充滿魅力的音樂風格揉合了很多不同的影響，包括了傳統英裔美國人的讚美歌和民間歌曲等。◀1939（邊欄）

美國政治與經濟 國民生產毛額：2576億美元；杜魯門戰勝托馬斯・杜威當選爲總統；《義務兵役法》（要求所有18歲至25歲的美國公民都須登記）；《反通貨膨脹法》和《難民法》（允許在美國安置40萬名無家可歸者）獲得通過；婦女宣誓成爲美國海軍正式成員。

「房舍、健康、教育和社會安全——它們全是你與生俱來的權利。」

── 英國衛生部長比萬如是說

環球浮世繪

緬甸獨立

緬甸在被英國接管63年後,於1月4日終於獲得獨立;但長年的貧困使這個國家很快便陷入分裂和內戰的局面。1962年的軍事政變建立了一個社會主義政府,它在提倡快速工業化和國有化的同時,仍堅持文化和政治上的孤立。不幸的是,緬甸的經濟衰退仍在持續當中:緬甸到90年代仍是世界上最貧窮的國家之一。

▶1989(邊欄)

閔增蒂被逮捕

匈牙利的羅馬天主教領袖,樞機主教約瑟夫‧閔增蒂由於公開反對共黨政權而在1948年被捕。

他在公開審判中受盡折磨並且被認定叛國後,被處以死刑;其後又減為終生監禁。他在1956年的反共產暴動中被釋放出來,但因共黨很快地又重新控制局面,只好躲到美國駐布達佩斯使館尋求庇護,並在那兒住到1971年。最後在1975年死於維也納。▶1956(4)

美洲國家組織(OAS)成立

21個美洲國家在4月齊聚哥倫比亞首都波哥大,為這個致力於相互安全與經濟合作的組織奠下基礎。作為聯合國下第一個區域性防禦集團,美洲國家組織取代了原先龐大的泛美聯盟(一個在1889年建立之紊亂的官僚與外交團體),擔任區域事務仲裁者的角色。

芭蕾舞狂熱

世界各地的芭蕾舞者都認為,米高‧鮑威爾和埃默里克‧普雷斯伯格在1948年推出的電影《紅菱豔》,乃是他們選擇職業的關鍵。在片中莫伊拉‧希蕊兒飾演一名必須在兩位迷人男性間進行抉擇的年輕芭蕾舞者。本片不但首次由寫實性的幕後角度來觀察芭蕾舞的世界,同時還在銀幕上呈現一些最好的芭蕾舞片斷。

▶1951(7)

科學

控制論的誕生

(12) 在麻省理工學院數學家諾伯特‧維納於1948年所出版的著作《控制論:動物和機器的控制與溝通》中,他創造了源自於希臘語「舵手」一字的「控制論」這個名詞,來描述一個用於檢驗活有機體和機器間對應控制系統之新的科技整合學門。維納認為人們的行動如同機器一樣,理論上是可被預測也可以被規劃的;人與機器都尋求穩定性,使用資訊,並根據所接收的「反饋」來調整行為。反饋機制的經典例證即是普通的家用恆溫器,它可以藉由調節供熱對不適宜的溫度作出回應;與此類似的是,人們在降溫時也會有自動穿上外套的反應。

儘管結構不佳且有些印刷錯誤之處,但《控制論》仍是本充滿想像力的著作,而且也為同時代另一些開拓性概念提供了關鍵性的補充,其中最著名的便是克洛德‧香農的「資訊理論」(一種把布氏代數之邏輯同時運用到機器和活有機體資訊處理上的數學體系)。此外,控制論使得像「反饋」和「輸

神童維納在不同學科間建立起聯繫。

入」等名詞成為常用詞彙,其改進更導致了「具思考性」機器的發展。在1961年,第一部工業用機器人開始在工廠裏取代人力後,維納本人卻對狂熱的自動化抱持著懷疑態度;他寫道,在第一次工業革命期間,機器的競爭曾貶低了人類雙手的價值,而現代工業革命則「將類似地使人腦變得一文不值」。

◀1937(11) ▶1951(1)

當衛生部長比萬散發新的社會藥方時,醫生們緘口不言。

英國

確保全民健康

(13) 給予每位公民從「搖籃到墳墓」之免費醫療服務的全民健保制度在1948年誕生,這象徵了英國從狄更斯筆下「狗咬狗」式資本主義邁向準社會主義的長期演變已達到高潮。由於工黨於3年前首度在國會中贏得多數席位,因戰爭而耗盡精力且瀕臨破產的英國人乃賦與工黨行動自由,以實施其追求了40年的政策。

在克萊門特‧艾德禮首相的政府將鐵路、公路運輸、煤礦、港口和電力都收歸國有後,醫療保健將是此過程中的最後一步。國會早在1946年便批准威廉‧貝弗里奇爵士的全民健保計劃,但因醫生、政客和公眾對其最終形式仍爭執不下而延遲實施。最後在衛生部長安奈林‧比萬(一個威爾斯礦工之子)激昂的演說與高超的談判技巧下,才使立法順利進行。

正如德國、奧地利、法國、義大利、丹麥和紐西蘭一般,英國也正轉變成一個「福利國家」,即一個認為食物、住宅、教育和醫藥衛生應由政府立法保障的基本權利的資本主義國家。像比萬這種反蘇左派人士均將全民健保這類計劃,視為清除共產主義對厭戰歐洲人吸引力的最佳途徑;至於透過馬歇爾計劃基金使那些政策成為可能的美國也如此認為。但諷刺的是,美國本身的福利制度卻比它的附庸國要落後的多。◀1945(邊欄)

電影

義大利的新寫實派

(14) 作為電影藝術中最具影響力形式之一的新寫實派,從義大利戰後廢墟中冉冉升起。為免於好萊塢式描繪人們在惡劣環境中進行奮鬥而耗費巨資的樂觀主義,像羅伯托‧羅塞里尼(《同胞,不設防的城市》)與盧契諾‧維斯康提(《地球顫抖了》)等新寫實派導演都選擇在城市的工人居住區和貧窮的農村拍攝電影,並選用一般人擔任主要角色;而維托里奧‧狄西嘉在1948年所執導的《單車失竊記》更使新寫實派達於高峰。

這部講述一位貧窮海報張貼工安東尼奧單車遭竊的電影,乃是有關一連串因經濟災難而抹滅人性的寓言;主角和他的兒子在羅馬充斥著黑市商人、罷工者、瘋狂足球迷

狄西嘉讓工廠工人蘭貝托‧馬焦拉尼來扮演安東尼奧的角色。

和粗俗暴徒的破爛街道上,開始了漫長而令人沮喪的搜尋;最後他們終於圍住了偷車賊——是一個連警察都不願逮捕的窮困癲癇患者。在絕望而羞辱的情況下,安東尼奧決定去偷一輛自行車,結果卻被憤怒的人群抓住。看在他兒子的份上,群眾釋放了安東尼奧;而抽噎的主角只好帶著年幼的兒子遊蕩地回到了城裏。

《單車失竊記》被認為是「戰後那幾年中最重要的電影」。影片在國際公開發行的當年,義大利政府也透過禁止影片出口而有效地遏阻了新寫實派;但從那時開始,狄西嘉和其它的導演已藉由證實受歡迎的電影可以是花費成本低廉、批判尖銳、具道德探索性以及有政治敏感度,而將電影的發展推向了成年期。▶1956(10)

去除三K黨的遺跡

亨利·路易斯·門肯，摘自1948年9月9日《巴爾的摩太陽晚報》

喜歡攻擊偽善、陳腐和膚淺思想的亨利·路易斯·門肯可說是美國的伏爾泰。在1899年寫作第一本書的門肯或許是美國最重要的新聞記者（但肯定是最幽默機智的）。由於其深切懷疑主義的力量及諷刺逗弄的天賦，他很快便成為該領域中的頂尖人物，並撥出時間與戲劇批評家喬治·讓·內森共同創辦了《時髦階級》和《美國的莫丘里》兩份雜誌，同時還撰寫了篇名為《美國的語言》之開拓性分析文章。1948年11月9日結束《巴爾的摩太陽報》43年的任職生涯時，他正負責一個有關種族關係的專欄，撰寫緣由部分出自對杜魯門總統終結軍隊和行政機構種族隔離及繼續要求國會就工作、住宅和教育採取行動的回應。經常被指責在種族觀念上過於僵化的門肯並非自由派人士，也不是杜魯門特別的追隨者，但他在68歲時開始檢視種族隔離政策，並發現它全然愚蠢且令人厭惡。◀1948（邊欄）▶1956（6）

當一群所謂進步分子的白人和黑人在去年7月11日到德魯伊德山公園舉行一場種族間網球對抗賽，結果被警察粗暴地逮捕並監禁起來時，很快地在報紙上便不可能有任何人討論這件事了⋯阻力來自於最高法庭的規則，其目的在於避免刑事審判受到大眾喧囂與譴責的影響。我相當而且一直贊同這個目的⋯

但這裏隱含著一個值得嚴肅考慮並與最近法庭中案例毫不相關的問題；也就是：如果白人和黑人市民很希望一起在公共娛樂場所進行無害的遊戲，那麼公園當局有任何法律權力去加以禁止嗎？再者，就算我們假設這種禁止是合法的，從常識和一般禮節中找得到支持基礎嗎？在此我不回答第一個問題，因為我對法律所知無多；但是我對第二個問題的回答卻是響亮而且毫不含糊的「沒有」。對我來說，只要不騷擾公共安寧的話，一個自由國家裏的自由公民似乎應該有想跟誰玩就跟誰玩之不可剝奪的權利。如果任何其他公民攻擊此種現象而引發騷亂，那麼遭警察逮捕的應是引發騷亂者，而非那些行使他不可剝奪權利的人。

令人驚奇的是，喬治亞州貧窮白人的精神竟在馬里蘭自由州保存了下來，同時還得到官方的支持。大眾用的公園是由包括

巴爾的摩的吟遊詩人門肯，由大衛·萊文所畫。

有色人種在內的納稅人，為了全民健康和休閒目的而加以贊助的，為何警察要被派去不顧人民意願而將他們分成兩群呢？為何法律要建立人們所反對之差別待遇與歧視呢？如果公園網球場是對任何人自由開放的，除非白人不在意，否則他不會被強迫與有色人種對打。如果它們都被包含進杜魯門總統閣下之《公平就業法》裏的話，就不會有這些煩惱和無謂的壓力了；而每個人的隱私亦不將受到侵犯。任何白人選手都可自由決定是否接受有色人種的挑戰，反之亦然。但是當他們都願意時，為什麼還有別人出來橫加阻攔呢？

現在正是把三K黨殘存精神趕出馬里蘭州的時候了。自從1895年政治革命以來，有色人種的地位在該州正逐漸提昇中，甚至高到僅有少數其他州能比擬的地步。但需要改進的地方仍然很多，而看到那些愚蠢官員的阻攔實在更令人氣憤。公園當局的管理條例既不合理又極惡毒，應立即加以撤消。

同樣不合理（甚至更糟）的是關於在公共球場上打高爾夫球的規則；它們規定有色人種只能於一定日子在一定的球場上玩，而白人則在另些日子裏玩。我們實在很難想像比這個更荒謬的事。為什麼某些種族的窮人可以花納稅者的錢免費打球，同時卻不允許其他種族的人一起打呢？為什麼乞丐要被轉變成如此令人不悅的選擇者呢？⋯高爾夫球是種奢侈的運動，應該只是有能力支付的人才去玩。對窮人而言，穿上球服做起愚蠢的旋轉動作就像把他打扮成軍隊裏的將軍一樣荒唐；如果負擔不起就應該避免去玩它，正如自我尊重的人躲開他們付不起的東西一般。那種認為納稅人應花錢讓自己偽裝貴族的看法，說到最難聽便是所謂新政主義。

看到公共高爾夫球場吸引了那麼多有色人種的光顧讓我感到相當驚訝。儘管白人騙子繼續努力地愚弄有色人種，但後者一般都能冷靜並保持其幽默感。如果他們中真的有一部分能玩得起高爾夫，那麼他們應買下一塊適宜的牧牛場並建立起自己的球場。而那些靠納稅人的錢裝模作樣的白人也應如此做。

對上述所有問題的回答，我肯定會聽到這樣的觀點：最近那次混合網球賽是另一回事，它可能是共黨有意安排來引起騷亂的⋯這個觀點或許是對的，但卻有些文不對題。共黨機會之所以存在正由於有公園當局的管理條例；如果公園管理更為合理的話，共黨便無從下手了。破除共黨詭計的方法是：當他們正確時就不要與其交鋒。

「我們不但善於破壞舊世界，我們還善於建設新世界。」

—— 毛澤東，1949年

年度焦點

毛澤東宣佈成立中華人民共和國

1 在美援停止之後，蔣介石的軍隊遭共軍擊潰。1949年1月21日，蔣辭去了國民政府總統職位，10天之後，毛澤東所領導的共軍開進北京。秋末，中共佔領首都南京等各大城市，獲得此次內戰的勝利。1949年10月1日，在北京紫禁城入口的天安門，毛澤東向集會民眾宣告中華人民共和國誕生。毛出任國家主席，共軍元帥朱德任副主席，中共外交首席周恩來擔任總理兼外交部長。

毛澤東出身農家，意圖讓中國人民專政。共黨政府承諾保障思想、言論、宗教等自由，給予婦女平等權利，只有「資本主義的走狗」不被這個全新的烏托邦所認同，此社會依照蘇維埃模式建立在國有化農業及國營重工業的基礎上。蘇聯及蘇維埃集團國家立即正式承認中華人民共和國，而與中國毗鄰的緬甸和印度，以及英國在內的一些歐洲國家，也在稍後幾個月內相繼予以承認（但是毛拒絕了英國的承認）。美國拒給中共外交承認，繼續支持在台灣重建國民政府的蔣介石。

12月毛澤東首次出國訪問，前往莫斯科去尋求蘇聯的援助，卻受到史達林冷淡的接待，先是漠視他，稍後提供的實際援助也少得可憐。毛澤東回國時只帶回了3億美元貸款的承諾，還要分5年兌現；另外允諾協助中國對抗在1949年已不存在的日本軍國主義。更有甚者，毛澤東被迫在蒙古問題上讓步，他原本想把該區併入中國。讓蒙古保持獨立亦即表示那是蘇聯的勢力範圍。

國內政策進展得也不順利。在全國實施的土地改革，因為地主和佃農之間的

支持毛澤東的學生。1949年秋人民解放軍在中國各地獲得勝利。

衝突造成高達100萬人喪生。同時，中共偏袒富農的作法（中共無法承受因疏遠富農必須付出的代價）盡失人心。人民專政演變成毛澤東個人的獨裁統治。◀1945（12）▶1952（2）

北約是西方圍堵政策下的產物，創始於1949年，到1982年共有16個成員國。到了1992年，甚至那些原為華沙公約的國家也考慮加入北約。

外交

北約的誕生

2 強大的蘇聯軍隊征服中歐及東歐國家之後，12個西方國家出於重啓戰端的恐懼，於1949年4月4日簽署條約，建立了世界上最廣泛的集體防禦聯盟。北大西洋公約組織（簡稱北約NATO）的名稱出自北大西洋公約的第5款。在該公約中，所有締約國家宣稱「任何針對其中一個或多個國家的軍事攻擊……將視為對其所有國家的攻擊」。

北大西洋公約部分模仿《里約公約》（1947年由中南美洲國家以及美國所建立的地區防禦集團），並由聯合國憲章第51條加以合法化。該條款確保集體防禦的權利。1948年比利時、盧森堡、法國、荷蘭和英國簽訂了布魯塞爾公約，建立歐洲防禦聯盟，為北約的建立奠定了基礎。但是該聯盟缺乏美國的軍事與經濟資源，因此關於建立北約的談判隨即進行。

軍事力量薄弱的西歐國家在美國武力的支援之下，共同和蘇聯對抗。美國的官員稱北約是一劑「治療恐懼的解藥」，但北約的建立卻促使世界分化為兩大軍事陣營。◀1948（邊欄）▶1955（4）

德國

分裂為兩個國家

3 在列強佔領的陰影下，德國分裂成兩個對立的新國家，兩國都採用了類似各自占領國的國體。奧得河—奈塞河以西是親北約的德意志聯邦共和國，以東則是依附蘇聯的德意志民主共和國。1949年成立這兩個分裂的德國原只是一項臨時措施，但後來卻成為長久痛苦的冷戰延續。

四強在德國原本就很脆弱的合作關係在前一年徹底崩潰，蘇聯對

西德的新憲法首頁強調公民權利。

柏林的封鎖明顯地表示他們不會讓全德國進行自由選舉。由西德各州自由選舉所產生的議會，在1948年組成議事委員會，開始起草臨時憲法（打算起延續至統一的德國制定憲法為止）。最後產生的《基本法》堪稱政治工程的一大傑作，包含一項廣泛的人權法案，並成立一個既有彈性又穩定的聯邦政府。該憲法輕易也獲得各州批准。1949年5月24日，德意志聯邦共和國誕生。康拉德·艾德諾被選為政府總理，任職14年之久。經濟部長路德維格·艾哈德，即刻施行「社會市場經濟」，這項政策使得西德的經濟明顯復甦。

在德國的東部地區，蘇聯一手策劃此區的選舉：編列了一張候選人的「統一名單」，然後給予選舉

「天才分兩種：普通天才和魔術師……理查・費曼是一位不世出的魔術大師。」

── 數學家馬克・卡克

人一次贊同或反對該名單的機會。五月，以這種方式選舉產生由共產黨支持的人民議會；1949年10月7日，人民議會確認德意志人民共和國為「德國土地上第一個工人和農民的政府」。共產黨官員威廉・皮克成為首任總理。實權落在沃爾特・烏布利希的手裏。作為東德唯一政黨的首腦，烏布利希一直控制這個國家，直到1971年。◀1948（2）▶1953（7）

文學
喬治・歐威爾的極權故事

④ 喬治・歐威爾的《1984》可能是史上最悲慘的反烏托邦小說。出版於1949年（在柏林空運和朝鮮半島爆發戰爭之間），這部小說立即成為一部冷戰經典。該書背景設定在35年之後的超極權國家，那裏沒有愛情、隱私、性歡

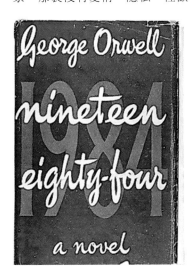

愉、獨立思考的權利，甚至連美也被摒棄。在「老大哥」無時無刻地監視下，人民生活在恐怖中，任何逾越成規的行為都將通報給全能的「思想警察」。書中主角溫斯頓・史密斯在真理部工作，負責宣傳工作，當他開始反叛，又和與他一樣有相同看法的女同事墜入愛河後，就遭到逮捕，飽受折磨，經由「再教育」直到完全順從為止。

這本研究20世紀國家恐怖主義的作品，作者是英國人埃里克・布萊爾。他曾在伊頓學院唸書，從30年代中期開始用喬治・歐威爾的筆

名創作。歐威爾不迎合任何黨派教條，始終維持人文主義者的本色。在西班牙內戰中為共和派作戰，由於所屬的民兵部隊不贊同馬克思主義，因而遭到蘇聯支持的共和派軍隊攻擊，任務乃告終止。和史達林主義恐怖分子的衝突，一直伴隨歐威爾的一生，並在《1984》與《動物農莊》（1945）的創作中扮演重要的角色。《動物農莊》是關於一些住在穀倉中動物的政治寓言，這些動物推翻了壓迫它們的人類，但是卻又被篡奪權力的豬所壓迫。

大眾對《1984》的反應非常熱烈。歐威爾自己都擔心，他「揭示中央集權經濟的可靠性是建立在扭曲的基礎上」（他這樣寫給一位朋友），會被一些激進右派的反共產主義份子曲解。然而他還來不及親眼見到最後這部作品在其身後所引起的更大的迴響，出版6個月後，已是全球知名作家的歐威爾，在英國的一家療養院中死於肺結核，享年46歲。◀1932（3）1954（13）

科學
費曼體系

⑤ 理查・費曼是一位出生於紐約的物理學家，曾經參加過曼哈頓計劃。1949年對高能粒子碰撞提出決定性的精密推論，建議用

「費曼圖」來說明在空間中和磁場相互作用的運動。對這些相互作用應用量子力學的或然率，費曼創立了稱為量子電動力學的全新領域。

著名的費曼圖和費曼積分，不僅闡明粒子經歷何種變化，還簡化分析和預測該程序所需的計算。費曼是個活潑外向的人，無止境的求知慾讓他從事各式各樣的活動，例如作畫、打小鼓、研究馬雅象形文字等。因此在闡明他的方法時，習於將它說得無所不能。他宣稱該方法描述「物理世界中除重力作用外的一切現象」。此項成就讓他在1965年和美國物理學家朱利安・施溫格及日本物理學家朝永振一郎（他們各自獨立地得出了類似的推論）共同獲得諾貝爾獎。

費曼參與了由13人組成的總統委員會，調查1986年挑戰者號太空梭爆炸事件之後，成為家喻戶曉的人物。他的結論是：這個世界上最精密複雜的機器，失敗的機率接近百分之一，而不是美國國家太空總署所認為的十萬分之一。費曼在一群參議員和科學家面前用一杯冰水證明：挑戰者號固態火箭推進器的一個O形塑膠墊圈，在溫度降低幾度的條件下，由柔軟變為僵硬。他的表演天才在此得到了充分的展現。◀1925（7）▶1964（12）

1978年費曼在加州理工學院的研討會上講解粒子相撞。

馬瑟韋爾；《盲人引導盲人》路易絲・布爾茹瓦　電影：《當代奸雄》羅伯特・羅森；《白熱》拉烏爾・沃爾什；《錦城春色》凱利和杜寧；《獨留青塚向黃沙》亨利－
喬治・克魯曹；《黑獄亡魂》卡洛・李　戲劇：《雞尾酒會》艾略特；《在星球中消失》韋爾和安德松；《自由小姐》歐文・伯林　電視：《庫克拉、弗蘭和奧利》；
《寂寞的突擊隊員》。

1949

「詩人從不作筆記，因爲無人會沈醉於愛河中還作筆記。」
—— 佛洛斯特

1949年新事物

● 萬能油灰
● 電視肥皂劇（《這些是我的孩子》，國家廣播公司）
● 電視搞笑劇：（《金山》，哥倫比亞廣播公司）

● 拼字遊戲板出現
● 環繞世界不落地飛行（美國空軍「幸運夫人」二號）
● 長時間電視節目出現（米爾頓·伯利在14個小時內為癌症研究籌集了100萬美元）
● 聯合國兒童基金會聖誕卡
● 自由歐洲電台開播
● 蛋糕粉（大衆食品公司及皮爾斯伯里公司）
● 艾美獎設立

美國萬花筒

崔西和赫本

1949年擅長「女性電影」的導演喬治·寇克對兩性平等的主題作了喜劇的發揮。《金屋藏嬌》由史賓塞·崔西和凱薩琳·赫本領銜主演。這對夫妻在片中扮演一樁謀殺案中雙方的律師。由加

森·卡寧和露絲·戈登合作的劇本，爲這對銀幕上最具熱情才華的夫婦編寫了一個慧黠、挑情、巧妙、發人深省的脚本，讓他們詮釋許多人認爲是其電影生涯中最好的角色。◀1938（11）

搜捕共黨分子

1949年，堅信11個共產主義國家將致力於推翻美國政府的冷戰偏執妄想達到了頂峰。同一年，卡內基國際和平基金會主席阿爾傑·希斯（原聯合國臨時秘書長，雅爾達會議時爲美國顧問，

中東
以阿戰爭結束

⑥ 第一次以阿戰爭初期，埃及、外約旦、伊拉克、敍利亞、黎巴嫩的軍隊以及非正規的阿拉伯解放軍，佔領聯合國沒有劃分給以色列的巴勒斯坦土地。雖然阿拉伯軍隊在數量上略微超過以色列的3萬防禦軍，但由於領導人不和而掣肘難行，且軍紀渙散（沒有鬥志的伊拉克士兵有時還被鍊條鎖在機關槍上）。而此時以色列人不分男女，都在作殊死搏鬥。在戰爭爆發數週以後，得到了法國、捷克，及來自世界各地私人支持者所提供的武器。至1949年初，這個新國家擊退筋疲力盡的進攻者，並開始收回失地。

從2月一直到7月敍利亞最後投降爲止，經聯合國調停人拉爾夫·本奇的多方斡旋，終於促成以色列和阿拉伯國家間的停火。以色列保住所佔領的土地，包括加利利、整個巴勒斯坦沿的海岸區（除了被埃及佔領的加薩走廊）以及內蓋夫沙漠。在總統錢恩·魏茨曼和總理大衛·本-古里安的領導下，以色列經歷戰火的洗禮並贏得勝利。然而，以色列並未完全勝利，聯合國原先劃歸爲阿拉伯巴勒斯坦，現未被以色列佔領的地區，包括建有回教、猶太教、基督教聖殿的耶路撒冷舊城，則落入了外約旦（往後稱作約旦）。

巴勒斯坦的阿拉伯人是最大的輸家，70%的人（高達72萬人）流落爲難民。他們離去後，猶太人便在以色列變成多數民族。之後10年，由於阿拉伯國家報復性地驅逐大約50萬猶太人，以色列的猶太人口急劇增長。事實上，阿拉伯人和猶太人正在進行另一回合的報復行動。◀1948（9）▶1951（5）

越南
精心安排的獨立

⑦ 至1949年初，胡志明領導的國民政府控制了約80%的越南土地。但在這塊各方爭奪的殖民地上，法國仍保住少數但主要的城市。法國對共產黨領導的越盟游擊隊的戰爭持續3年，法軍傷亡約3萬人左右，仍沒有絲毫進展。3月，巴黎的官員制定稱爲保大方案的計畫，想從政治上擊敗越盟。

35歲的保大帝（下圖）曾爲法國的傀儡，在30年代統治前安南王

國。後來，也成爲佔領其祖國的日本人傀儡。1945年奪取實權，卻又被迫退位，僅作爲新政權的顧問。

不久之後流亡到香港，後來去到法國。法國人很快又催他回國，去建立和胡志明抗衡的政府。不過保大問過顧問的意見，認爲除非巴黎允許越南獨立，否則他寧願留在國外（尤其喜歡待在法國里維耶拉的夜總會裏），巴黎方面卻不同意。

山雨欲來的冷戰態勢改變了雙方的計畫。法國人逐漸相信：保大政權可以吸引那些非共產黨的民族主義人士離開越盟；而保大更想妥協，算準美國會支持他抵禦共黨分子（毛在中國的勝利使中共軍隊在1948年底到達越南北部邊界，這更加深了美國人的恐懼），因此會向法國施壓，迫其斷絕和越南的殖民關係。經過9個月的談判，法國承認保大爲名義上獨立的越南領袖；然而國防、外交和財政大權仍掌握在法國人手中。

對保大不利的是，幾無國民認爲這種安排是眞正的獨立。當保大回國時，一幫腐化的投機者都湧到身邊，而那些重要的民族主義人士全都聯合起來抵制他的新政府。胡志明大罵保大爲賣國賊，越盟則繼續戰鬥。甚至保大自己也抱怨這個方案不過是個「法國方案」。1955年，保大又回到了里維耶拉。◀1946（邊欄）▶1950（2）

文學
美國的農民詩人

⑧ 「我願爲新罕布夏平凡的農民／從紐約的書商那裏／得到千元現金一筆／……／現時佛蒙特卻是我的生息之地」。這些詩行中所蘊含的弔詭矛盾（出自一首名爲《新罕布夏》的詩）正是詩人羅伯特·佛洛斯特自身的寫照。他喜歡把自己比作是質樸的新英格蘭農民，但看似單純的詩句經常隱含更

這幅諷刺畫的標題是問：「還有其他方案嗎？」

「若想如鄉下人一樣歌唱，就得先聞夠騾子糞的氣味。」
—— 威廉斯

自然詩人羅伯特‧佛洛斯特，1939年於他的花園中。

深沉幽暗的奧祕。佛洛斯特1949年出版的《詩歌全集》包含所有完成的詩作，展現了這位典型美國詩人所洞察的全部境界。

佛洛斯特所擁有的讀者也許比20世紀的任何一位詩人都多。讀者熱愛他純粹的抒情風格（通常讚美大自然），以及傳統的詩韻結構。除了希臘文和拉丁文的古典作品之外，佛洛斯特還受到了華茲沃斯和勃朗寧的啓發與影響，常被看作是繼亨利‧大衛‧梭羅和拉爾夫‧瓦爾多‧愛默生之後的後期超越主義者。但是他從不投身於任何特定的詩學運動，這一點和他保守的格律，讓許多學者與前衛派人士將他摒除，到爲傳統派。但是佛洛斯特淺顯平易的詩作，例如，那些初級中學學生必讀的作品《下雪向晚林邊暫停》、《從沒走過的路》及平淡的《給吧，給吧》，表現出其高深玄妙之處，以及個人獨特平實、口語化的語言用法。因此，他最佳的詩作中都同時包含至少兩層的含意（他曾經說過：「找到文詞後，就要弄一番。」）。瀏覽佛洛斯特的作品，先會浮現出新英格蘭粗獷的民間智慧；若是再更深一步地探究，便可體會其中所包含的對人類境遇中，「可愛、幽暗、深沈」的曖昧特質的一種細微的、幾乎接近宗教性的覺察。◀1946（11）▶1969（當年之音）

愛爾蘭
確立共和國地位

9 在受英國統治將近800年之後，組成愛爾蘭自由邦的26個郡終於脫離大英國協。自都柏林

愛爾蘭南部的獨立加深了南北分裂。

血腥的復活節叛亂發生33年後，愛爾蘭共和國終於在1949年4月18日宣佈獨立。然而這並不值得慶賀，1920年形成的分裂狀態仍然存在，北愛爾蘭6個新教徒佔多數的郡還是英國的版圖。

經過12年的實質自治，英國承認愛爾蘭的獨立。1937年，總理埃蒙‧德‧瓦勒拉領導的政府違背忠於英國的誓言，宣佈愛爾蘭爲自治國家。（德‧瓦勒拉長期領導愛爾蘭獨立運動。他生於紐約，曾因參與1916年的暴亂而差點被處死。憑其美國公民身分而獲免。之後，又

因反對1922年承認愛爾蘭爲大英自治領的協議而坐牢。）在接下來的12年期間，雖然愛爾蘭在英國眼中仍是大英國協的一部分，其實已爲主權國家。1948年，愛爾蘭議會宣布將在1949年復活節星期一完全獨立。此時，它在國協的成員國身分被公認只是外交上的虛設。英國最後終於讓步了。◀1922（12）▶1968（10）

音樂
漢克‧威廉斯的藍調音樂

10 1949年6月11日在田納西州納士維的大奧普里電台節目邀請特別來賓漢克‧威廉斯演出時，電台經理特別留神，因爲他耳聞威廉斯經常光顧酒吧豪飲。但是這位當代富有傳奇色彩的西部鄉村歌手，開始用那清純、毫不修飾的嗓音哼唱起「相思藍調」時，（當他的嗓音跳到更高的音域時又具有眞假嗓音互換的哀婉痛切的特點）爆滿的觀眾紛紛歡呼致意，連續要求他演出6首安可曲。把他推向短暫的盛名期。

1953年元旦，威廉斯在他的凱迪拉克後座上死於心臟病，年僅29歲。當時他才因多次缺演被大奧普里電台踢出來，結束一場吵鬧的婚姻又再婚，經過痛苦掙扎才在療養院裏戒掉酒癮和吃止痛藥的習慣。不過也寫了100多首描述愛情憂鬱的名作，如「你那騙人的心」、「我太孤獨，我想哭」、「冰冷的心」等等。威廉斯以他自己的痛苦經歷，寫出後人稱爲「民歌詩體」的歌詞，影響各類歌曲作家。他的兒子小漢克‧威廉斯憑自己的本事成爲鄉村歌手。▶1955（邊欄）

鄉村音樂史上的巨星威廉斯。

也曾爲法官奧立佛‧文德爾‧霍姆斯的書記）因僞證罪而被審訊。由加州議員理查‧尼克森領導的眾議院反美活動委員會進行調查後，以在1937年和38年向自首爲蘇聯情報員的惠特克‧錢伯斯提供祕密的政府檔案的罪名起訴希斯。希斯否認曾爲共產主義間諜，甚至宣稱在1937年1月後就沒見過錢伯斯。首次審判陷入僵局。11月17日重新開庭，宣判有罪，判刑5年。他服滿3年，始終堅持自己是無辜的。◀1947（5）▶1950（5）

玻璃屋
菲利普‧約翰遜以響應歐洲主流派建築家的概念，具體闡釋何謂「國際風格」。1949年他在康乃狄格州鄉間爲自己蓋了一棟線性特色的玻璃帷幕建築。由此創造出一種以歐洲先衛派爲基礎的本土衍生風格。◀1947（8）▶1954（5）

審判「東京玫瑰」
被太平洋地區千百萬士兵稱作「東京玫瑰」的艾娃‧戶栗，1949年在舊金山以8項叛國罪名被審判。東京玫瑰是13位在日本的電台向美國士兵進行心戰宣傳的播音員之一。這位出生於洛杉磯的美國公民被控慰藉敵軍。她申辯說她在戰爭開始時就在東京被捕，被日本人逼迫在電台服務。經過3個月充滿起訴陋習的審判之後，東京玫瑰以較輕的罪名被判有罪，服刑6年。1977年傑拉爾德‧福特總統宣佈對她的判決錯誤並致歉。

1949

「農民辛苦地拔除雜草，只有水和陽光才能使玉米生長。意志於靈魂是毫無益處的。」
—— 韋伊

環球浮世繪

經互會

為了和西歐經濟合作相抗衡，1949年莫斯科創立了經濟互助理事會，統合蘇聯和它的附庸國的貿易、金融和工業發展。經互會從來沒有真正足以和歐洲經濟共同體競爭的實力。它被自身的價格控制所牽累，使市場價格混亂，最終導致了各成員國間以物易物的體系產生。◀1942（2）▶1955（4）

荷蘭放棄印尼

在蘇卡諾和穆罕默德·哈達片面宣佈印尼獨立4年之後，原先還妄想恢復戰前殖民統治地位的荷蘭最終還是屈服。二次大戰以後，戰敗的日本把在印尼的權力移交給蘇卡諾和哈達，但是英國

和荷蘭有其他打算。印尼人和英國人戰鬥了一年（上圖為爪哇革命分子），直到1947和1948年荷蘭軍隊的兩次「逮捕行動」遭世界的譴責為止。1949年12月，在聯合國的壓力下荷蘭最終同意印尼獨立。◀1966（13）

希臘戰火平息

希臘內戰於1949年10月結束，估計約有5萬人喪生。1946年，在停戰一年後，共產主義的希臘民族解放陣線游擊隊和保羅國王的政府間又重燃戰火，狄托領導的南斯拉夫支援反叛分子。但是當他和史達林鬧翻以後，孤立的狄托停止了援助。因此正接受美國的大力支援的雅典政府取得了決定性的勝利。◀1947（4）▶1967（2）

音樂

歌劇之星的力量

⑪ 和許多抱負遠大的歌唱家一樣，紐約出生的女高音瑪麗亞·卡拉絲（本姓卡洛耶羅普洛斯）在二次大戰後不久就遷居歌劇之鄉義大利。她早期的演出並不出眾，直到在威尼斯演唱華格納的《崔斯坦與伊索德》和普契尼的《杜蘭朵》後，才逐漸廣受注目。1949年，她在威尼斯的鳳凰劇院參加一次高難度的歌劇連唱，以其精湛的演出大獲成功。

由於義大利出類拔萃的花腔女高音歌唱家瑪格麗塔·卡羅西奧因病不能飾演貝利尼《清教徒》中的埃爾維拉，導演圖利奧·塞拉芬便盛邀卡拉絲扮演這個迥然不同（對卡拉絲而言也是毫不熟悉）的角色。而此時她已經簽約在華格納的《女武神》中飾演布呂尼爾德。一夜之間，全義大利的歌劇愛好者都在稱頌卡拉絲的非凡技藝，簽約邀請紛至沓來。人們很快就把她和那些傳奇的歌唱家，如莉莉·萊曼和瑪麗亞·馬利布蘭等相提並論。雖然歌劇學者一直爭論卡拉絲的發音技巧，然而對於她的音域、變化，或是她融於每個音符中非凡的戲劇效果與情感，卻無可非議。她不容置疑的明星魅力使那些鮮為人知的作曲家的歌劇作品得以流傳。

在生活中，卡拉絲完全是急躁易怒的藝術家形象。在一連串激烈的爭論之後，她被紐約的大都會歌劇院的魯道夫·賓解雇，和羅馬劇院以及米蘭的斯卡拉劇院的關係幾乎也是同樣緊繃。新聞界熱衷於報導她和搭擋之間在舞台下的爭吵。豪奢的生活方式，以及和希臘船業大亨亞里士多德·歐納西斯的長期婚外情，讓流言廣為流傳。其實卡拉絲是位對自己要

急躁易怒的著名女歌唱家卡拉絲，1955年。

求嚴苛的藝術家，也因此結束她短暫的藝術生涯（但她總共演出了40多個角色和錄製了20張歌劇唱片）。1965年因嗓音問題退出舞台前，她在倫敦柯芬園參加一場歌劇表演，扮演托斯卡，作了最後一次舞台演出。於1977年逝世，享年53歲。◀1939（14）▶1959（6）

思想

自勉之聖者

⑫ 經過30年代的政治幻滅，眾多西方知識分子轉而信仰宗教，但很少有像西蒙·韋伊那樣渴望了解宗教和自己。1949年在她死後出版的《根的必要》，展現了這位猶太裔的基督徒嚮往以個人為中心，而又根植於上帝與家庭上的社會。在這樣的社會中，「善」將取代財富權力成為追尋的目標；言論自由只限於個人，而不給予群體；教會不參與政治，而政黨也將被廢除。

1950年代，韋伊因為著作（還包括《等待上帝》和《莊重與仁慈》）和個人神祕色彩而具有高度影響力，包括艾略特在內的許多人都認為她是個「聖人」。雖然她出身於巴黎富豪家庭，卻過著簡樸清苦的生活，沒有結婚。她曾在一所省立學校任教（同時是左派活躍份子），然後在許多工廠作工，但由於身體虛弱而不得不中止。西班牙內戰期間，她在共和派軍隊內當戰地廚師，後因嚴重燙傷而返回老家。西班牙內戰雙方的殘忍讓她大為沮喪，健康情形大壞，經歷神祕的啟示導致信仰轉變。但她再也無法說服自己加入教會。

二次大戰期間，她和全家一道逃到了倫敦。在那兒，她要求加入自由法國的抵抗運動，他們卻派她撰寫有關重建法國社會的建議。這些文章集結成為《根的必要》。1943年，她堅拒不吃超過法國淪陷區戰時的食物配給量而死於營養不良，享年34歲。◀1923（13）

思想

一部女性主義經典

⑬ 西蒙·波娃本來在巴黎文藝界已有相當的地位（她著有數本小說和哲學著作，同時還是尚-保羅·沙特的親密伴侶），1949年研究女性在社會中地位的作品《第二性》發表後，她成為全球蓬勃發展的女性運動代表。《第二性》一書中洋溢著波娃的學識與智慧，是一部女性歷史的百科全書。該書從伊甸園中的夏娃談起，論及有史以來的各個時代，坦率地記錄了女性是如何在男人世界裏「相對地存在」。

波娃對女性地位感到悲觀，她在書中爭辯道：女性自幼年起就註

1945年的西蒙·波娃。

定要成為任由男性擺佈的獵物，「沒有過去，沒有歷史，也沒有自己的宗教」。而男人最怕的就是女人不再是男人最珍貴的「幻夢」，而和他們一樣成為人。作者在書中最著名的一句話是：「女人並非天生，而是後天變成。」

雖然《紐約時報》把《第二性》讚譽為「當代少有的巨著之一」，但它還是遭人詆毀。《時代》週刊悲嘆道：「縈繞女性的神祕溫暖氛圍，已經變得刺骨地寒冷。」然而對眾多女性主義者來說，波娃是一位英雄。「相對於任何其他個人」，格洛麗亞·斯坦納姆在幾十年後評論道：「只有她才促成了現在全球的女性運動。」◀1943（10）▶1963（8）

一齣美國悲劇

摘自阿瑟‧米勒的《推銷員之死》（1949）

在《推銷員之死》中，阿瑟‧米勒（左圖）以一個尋常男子為主角，意圖創造一幕現代版的經典悲劇。經濟大恐慌影響了米勒的一生，塑造出他藝術家的敏感性。而在這段恐慌時期，他父親小本經營的生意陷於破產，使他明白了所謂的美國夢是多麼地脆弱。

《推銷員之死》於1945年2月10日首演。其中的主角，年老的推銷員威利‧洛曼，就經歷美國夢徹底破碎的命運。威利63歲時丟掉推銷員的工作，最後不僅僅要承受自己的失敗，還要面對兩個兒子畢夫和哈比的失敗，在所有幻想破滅後，威利選擇自殺，長期飽受折磨的妻子琳達對此悲劇表示：「要留心」。該劇獲得了普立茲獎，作者成為當時名噪一時的劇作家。

威利：您想害我啊——不要以為我不知道你在幹些什麼！

畢夫：那好。你這騙子！我們現在就說清楚吧。（他猛地從口袋掏出那段橡膠軟管，放在桌上）

哈比：你瘋啦……

琳達：畢夫！（她上前想搶那段軟管，但畢夫緊緊抓住不放）

畢夫：放手！不要動它！

威利：（不敢看）什麼東西？

畢夫：你他媽的會不知道這是什麼東西？

威利：（窘迫，想要逃跑）我從沒見過。

畢夫：你見過。老鼠才不會把它拖到地下室去！你這是幹嘛，想要作英雄？想讓我為你而感到難過？

威利：我沒說。

畢夫：我根本不會同情你，聽到了嗎？毫不同情！

威利：（對琳達）你聽他有多狠！

畢夫：不，你馬上就會知道事實真相——你和我究竟是怎樣的人！

琳達：住嘴！

威利：太過分了！

哈比：（朝畢夫走來）不要再說了！

畢夫：（對哈比）老頭子根本不明白我們是怎樣的人！那就讓他知道吧！在這家裏我們從沒有說過十分鐘的真話！

哈比：（對威利）我們一直是講真話的！

畢夫：（轉向哈比）你亂說！你是助理採購員？你不過是助理的兩個助手之一，是不是？

哈比：嗯，實際上我是…

畢夫：實際上就是！我們都是！我受夠了。威利你聽清楚：這就是我……我不是個領導人才。威利，你也不是。你只不過是個辛勤工作的推銷員，跟其他的推銷員一樣生活清苦！我一個小時只值一塊錢，威利！我試了7個州，無法再多掙一點。一個鐘頭一塊錢，你明白我的意思嗎？我再也不會為家裏賺半毛錢了，你不要指望我會掙來更多錢。

威利：（對著畢夫）你這口出惡言、心懷報復的笨蛋！（畢夫掙脫了哈比。威利驚慌地朝樓上跑去。畢夫抓住了他）

畢夫：（在極端憤怒中）爸，我什麼都不是！什麼都不是，爸。你難道不明白嗎？我沒有什麼惡意。我只是我自己，就這樣。（畢夫的憤怒平息，整個人崩潰，抱住威利哭，而他則拙笨地撫摸畢夫的臉。）

威利：（大驚）你在幹嘛？（對琳達）你們在幹嘛？他為什麼哭了？

畢夫：（大哭，崩潰）看在上帝的份上，你讓我走吧。請你把虛假的夢想在沒出事前先毀了。

death of a Salesman

米勒想把他的主角推銷員描繪成是一齣凡人的悲劇。該劇在紐約首次上演時，李‧科布飾演這個美國戲劇上最著名的角色之一威利‧洛曼。該劇由伊力‧卡山執導。

戰後對正常社會秩序的
渴求，促成了一種與日
益繁榮的西方世界相適
應的文化產生——甚至在
冷戰使東西方之間空氣
冷凝之時也不例外。同
時，一股新興力量從舊
有帝國的廢墟中崛起，
這就是「第三世界」——
一批企圖擁有自主性的
前殖民地國家。

1950
1959

第二次世界大戰後是歷史上經濟
最活躍的一段時期。美國政府同
意以便宜的價格和較低的貸款利
率出售組合式房屋，大批退伍軍
人蜂擁購買（右圖即為位於紐約
州萊維特鎮正在興建中的這種房
屋）。此一措施受到社會許多的
嘲諷。民歌手馬爾維娜·雷諾茲
在歌曲《俗氣的小盒子》中稱這
些房屋一如它們的居住者，「全
都一模一樣」。它成了這10年
中市郊的一個特殊景觀，與許多
美國家庭後院裏為防核子襲擊所
挖的輻射塵掩體並無二致。

1950 年的世界

世界人口

1940年：23億　　1950年：25億

1940-1950年：+8.7%

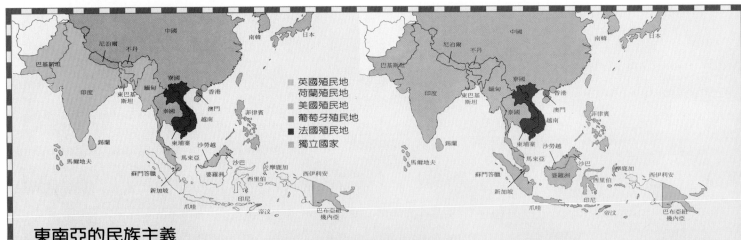

英國殖民地
荷蘭殖民地
美國殖民地
葡萄牙殖民地
法國殖民地
獨立國家

東南亞的民族主義

第二次世界大戰結束後，盟軍的勝利喚醒了東南亞的民族獨立運動。這些殖民地戰前是由英國、法國、荷蘭、葡萄牙所統治，大戰期間則被日本佔領。英國和荷蘭在戰爭中意識到他們在殖民地統治力的脆弱，日本戰敗後，他們認為要在這些地區重建有力的統治須付出昂貴、血腥的代價且終將失敗。因此，他們不得不讓大部分殖民地獨立。但法國與葡萄牙則選擇繼續殖民統治。然而，到1976年葡萄牙允許東帝汶獨立後，除香港與澳門外，所有前歐洲殖民地都已獲得了獨立。

梅毒發病率（每10萬人中梅毒患者人數）

1940　　　　　　　　　　360

1943　　　　　　　　　　447

1950　　　164

1991　　　170

40年代末期，由於青黴素（又稱盤尼西林）廣泛使用，使美國在戰爭期間一度居高不下的性病發病率得以大幅度地降低。

時尚

在二次大戰期間，牛仔褲是美國政府公佈的軍需品之一，而且僅供防務人員穿著。戰後，牛仔褲成為美式休閒服的代表，並風靡全球。

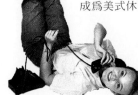

技術之光

可用於商業錄音的第一批「雙捲盤」卡式錄音機於1948年在紐約、芝加哥與好萊塢的美國廣播公司工作室中組裝成功。翌年，新力公司引進該技術，在日本推出售價400美元的錄音機。此後20年間，卡式錄音機產業在美國的產值達3億美元。

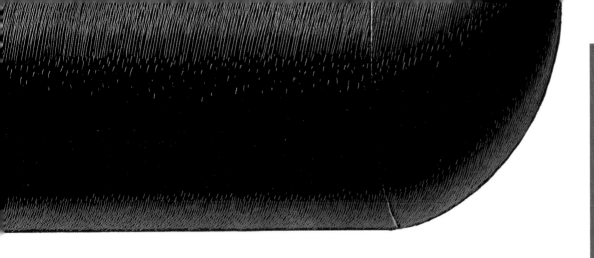

嬰兒潮：出生率（每千人）

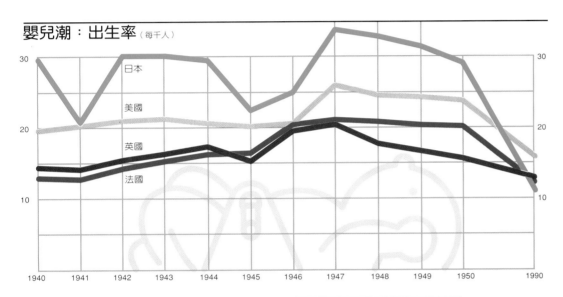

日本
美國
英國
法國

30											30
20											20
10											10
1940	1941	1942	1943	1944	1945	1946	1947	1948	1949	1950	1990

核武器競賽

		1950	1960	1989
美國	彈頭數	350	18,700	22,500
	TNT數量（百萬噸）	77	19,000	11,000
蘇聯	彈頭數	5	1,700	32,000
	TNT數量（百萬噸）	0.1	500	4,500

廣島原子彈＝15噸TNT
到1989年＝地球上每人有3噸TNT數量

原子彈的陰影

美國在二次大戰期間使用了原子彈，蘇聯也宣布它已成功試驗了原子彈（且加速了氫彈研製的進程，氫彈的威力相當於原子彈的數倍），這都給戰後的全世界人民──尤其是兒童，投下了不祥的陰影，從此，他們每天都面臨著核毀滅的威脅。

我們所知道的

有人認為，法國為保有中南半島的領土，因而持續與胡志明軍隊（他想要自己的國家完全獨立）進行戰爭。法駐中南半島軍總司令尚·德·拉特·德·塔西尼將軍說道：「我們將在15個月內獲勝。」

深黑色皮膚是健美和魅力的象徵。兜售防曬霜的廣告公佈了最新的研究成果（太陽光含兩種射線，一種灼燒皮膚，另一種晒黑皮膚），並且宣稱他們的產品將「阻止有害的光線」和「幫助90%有利皮膚黝黑的光線的吸收。」

瑞典運動員岡德·黑格的1英里賽跑紀錄保持了5年之久，成績是4分01秒4。許多運動專家認為4分鐘是1英里賽跑「不可逾越的極限」，倘若突破便會導致選手死亡。

扁桃腺切除術是美國最常見的外科手術，5到15歲的兒童大多數做過此手術。醫生認為扁桃腺是沒有用的，且通常是直接有害的，於是提倡摘除兩個部分──上增殖腺及咽扁桃腺，以減少咽喉、普通感冒和耳痛的發病率。

第一代電腦的出現給觀察家極大的鼓舞。他們認為電腦的實用性和複雜性將與它笨重龐大的程度呈反比。「ENIAC電腦裝配了18萬個真空管，重30噸」，《大眾機器》樂觀地預測道：「未來的電腦將僅有1千個真空管，重量可能僅有15噸。」

阿瑟・克拉克

登陸月球

第一個太空時代的黎明

1950
1959

我想，第一個太空時代揭幕的日子是1957年10月4日，那天，蘇聯發射了第一顆人造衛星「史潑尼克一號」。它是人類邁向太空的創舉，將永遠改變人類觀察宇宙的方式。整個世界都禁不住爲之驚嘆——儘管事實上太空航空學還未成爲一門新學科，但已被當成一項課題，進行嚴肅的科學研究達半個世紀之久，同時也是科幻作家最熱衷的主題。

的確，在「史潑尼克一號」發射的前一年，科學界和太空旅行愛好者就掀起過一陣熱潮。這種熱情大多是50年代文化的產物：時代的繁榮振興、冷戰的狂想、對工業技術的崇拜（這種技術幫助打敗了希特勒，還爲廣大公民提供了一系列節省勞力的裝置和以電視爲新型媒體代表的娛樂設施）。如果說汽車和飛機影響了過去幾十年的美學觀念，那麼太空船即使是在蘇聯衛星升空之前，也已經成爲領導50年代現代化觀念的先驅。太空是這10年最吸引人的目的地。然而，抵達目的地的過程，卻是屈指可數的思想家苦苦思索和數百名科學家及工程師夜以繼日進行著枯燥的信息交流工作。

儒勒・凡爾納的著名小說《從地球到月球》（1865）可能是第一部以「非純幻想」的形式探索太空旅行的書，凡爾納成功地把太空旅行描繪成一項可行的工程計劃。他指出了飛離地球所需的精確速度（每秒鐘11公里），甚至還指出火箭必須在太空的眞空中航行。凡爾納著作的主要思想源於3位太空先驅。第一位是俄國人康斯坦丁・愛德華多維奇・齊奧爾科夫斯基（1857-1935），他在著作中先見之明地詳細描述了太空飛行器乃至太空站等，而當時萊特兄弟正在試製他們的飛機。他把自己的思想濃縮在一句家喻戶曉的警語中：「地球是思想的搖籃——但人類不能永遠活在搖籃裏。」

第二位是羅伯特・戈達德（1882-1945），他於1926年天才地設想到使用液體燃料火箭完成第一次太空飛行。但他天性拘謹，與出版商打交道並不順利，他們認爲他是個幻想狂並送給他一個「月球狂」的綽號。因此，戈達德終究未能出版他描繪太空旅行之夢的書，他的著作在他死後才被發現。

第三位是羅馬尼亞出生的德國人赫爾曼・奧伯特（1894-1989），他沒有遇到這些障礙。1929年，他發表了具里程碑地位的論文《邁向太空旅行之路》，得到了與齊奧爾科夫斯基同樣的結論——當然其中還有許多創見。這本書激勵了當代的探索者，十幾歲的德國青年維恩赫・馮・布勞恩就是其中之一。13年後，在布勞恩指導下，V-2火箭首次進入太空邊緣。抵達月球所需的技術因此得到了論證，儘管這也造成了災難——韋恩赫爾・馮・布勞恩的V-2火箭最後掉在英國，造成數百人死亡（稍後美國政府原諒並雇用了他）。

雖然大多數人仍認爲太空旅行的念頭太離譜，但到1950年，火箭研製還是不斷吸引越來越多的科學家和工程師。當年9月，第一個國際航太會議在巴黎召開，許多火箭先驅（包括5年前國家間還彼此敵對的許多人）結下了永遠的友誼。翌年，在倫敦的第二個會議上，來自11個國家的太空組織，包括專業研究人員，以及像我一樣的科幻作家和業餘

切斯利・博恩斯蒂爾的繪畫（50年代早期刊登在《科利爾》雜誌上，是維恩赫・馮・布勞恩一系列影響深遠的文章中的一幅插圖），描繪了火星探險者在15個月的火星探測後準備返回地球的情形。在題為《我們能到達火星嗎？》文章中，作者警告道：「第一個準備去火星的人，最好確信他們能在家做好一切準備工作。他們至少有兩年半時間回不來……有一年以上的時間，探險者將待在那顆火紅的行星上，等待它旋轉到適合於返回地球的位置。」

愛好者，建立了國際航太聯盟（90年代的今天，國際航太聯盟代表了100多個組織，包括政府與民間團體，每年仍在最新的理論和實驗成果的誕生地舉行會議）。

　　作爲英國星際協會的新任主席，我主持了1951年的年會，並邀請奧伯特教授擔任貴賓。如果有人能告訴我，18年後我們倆將看到第一艘宇宙飛船飛向月球，我們肯定會開懷大笑。我們堅信這一天終會到來，但也都以爲在我們有生之年是看不到了。「最早在下世紀初」，這是我們最樂觀的估計。

1950 1959

　　50年代早期有兩件事情在引導西方大眾認眞看待太空飛行上起了重要作用。第一件是喬治‧帕爾的電影《抵達月球》（1950），由他和科幻作家羅伯特‧海因萊因（技術工藝知識極爲豐富）共同編劇。這是一部破天荒、充滿特效且場面壯觀的影片。它還製作了許多迷人的畫面，儘管其中許多場面，被好萊塢人認爲是「電影膠捲外的世界」中無法實現的。而另一件更具影響力的是題名爲《人類將馬上征服太空》（1952年3月-1954年4月）的系列文章，這些文章最初刊登在非常流行的《科利爾》雜誌上，隨即被印成3本書：《穿過太空前線》、《征服月球》、《火星探險》。

　　當大眾在慢慢受到各種構想的影響時，在美國軍隊與工業界中，有一個太空愛好者「第五縱隊」正在努力工作。到1955年，高空火箭在新墨西哥州的白沙飛彈基地點火升空並突破上大氣層，在短暫的飛行結束後，它在沙漠裏撞出一個大坑。顯而易見地，太空飛行需要一個能長時間運作的火箭，換句話說，一顆衛星。

　　衛星的需求是1951年國際航太聯盟會議的主題。一篇題爲《最小的衛星運載器》的文章，對以後的發展起了相當重要的影響。它提出並回答了這個問題：「能把有效負載發射到太空軌道的最小火箭是什麼？」而其中一個設計和以後的美國海軍「先鋒號」火箭大致相符。

　　但有些科學家仍抱持懷疑的態度，甚至包括一些很可能在太空科技中獲利的某些人。1954年的紐約海登天文館第三次太空旅行研討會，就是這種懷疑的極好例子。在天文館邀請我籌組這次會議時，我認爲其中應有一篇有關衛星對氣象學作用的文章。於是，我寫信給美國氣象局的首席專家哈里‧韋克斯勒博士，請他寫一篇論文。出乎我的意料，他認爲衛星對氣象學毫無價值。我反駁道：「這樣的話，你就有責任向大眾解釋爲什麼太空研究被你說得一文不值。因爲數年來，我們一直說衛星將改變氣象學。」這位信譽卓著的人接受了我的挑戰。但在他完成反駁之論前，他已變成了一個狂熱的太空愛好者，並在幾年後領導了美國的氣象衛星計劃。

　　是的，時機已經成熟，1955年夢想和現實已融爲一體。隨著國際地球年（IGY，1957-1958）即將到來，科學家進行了史上最大規模的合作，以便用各種可能的辦法來研究地球。人造衛星提供了極大的前景。1955年7月，美國宣佈準備在國際地球年發射一顆衛星。蘇聯（剛剛加入了國際航太聯盟）也很快宣佈了同樣的計劃，但沒有人對此更爲關注。看來似乎只有美國才有實力創造出這種奇蹟。當時美國軍隊的高級火箭工程師在馮‧布勞恩的領導下，正加緊地研製遠程彈道飛彈，這種飛彈短暫的壽命將大部分花在太空飛行上。

　　然而，艾森豪總統拒絕了馮‧布勞恩小組的太空計劃，他不願將核導彈發展方面的資

美國最後一次載人登月飛行是「阿波羅17號」，時間是1972年12月。這是一幅10年前還屬於純科幻令人驚異的圖：「阿波羅17號」的指揮官尤金‧塞爾南在「月面車」上探勘月球上的陶魯斯‧利特羅峽谷。該照片為地理學家兼登月飛行員哈里森‧施密特所拍。「月面車」在月球上旅行了約35公里，塞爾南和施米特在月球表面度過了22小時。當時第3位太空人，海軍軍官羅納德‧伊文思，留在軌道中未出艙。

1950
1959

源用於支持顯然實用目的較少的火箭研究。海軍研究實驗室被指派負責研究衛星運載裝置的任務，以作爲替代措施（這是最令人窘迫的，雖然最後「先鋒號」獲得高度成功）。蘇聯經過精心組織，搶在美國之前發射了第一枚洲際彈道飛彈，證實了他們的宣言。他們在應用軍隊資源開發太空探索方面沒有任何障礙，「史瀩尼克一號」及隨後的衛星都是由改良後的彈道飛彈發射的。但直到1958年1月31日，第一顆「先鋒號」火箭於發射塔上爆炸的兩個月後，美國自己的「探險家一號」衛星才綁在馮‧布勞恩的「火星-C型」火箭上進入太空。

　　但是不管衛星在通訊、氣象、航空、地球觀察、航海及間諜方面的作用如何之大，太空競賽的內涵仍遠遠超過衛星競賽。在「先鋒號」火箭失敗之前，莫斯科又發射了「史瀩尼克二號」，並載著一條小狗萊卡。這證明了太空旅行並不是致命的試驗，正如報界評論家預測，它清楚地表明蘇聯不久將計劃發射載人衛星。3年後，太空人尤里‧加加林成爲第一個太空人。1958年10月，懊喪的艾森豪建立了美國國家航空暨太空總署；1959年4月，他宣布了水星計劃，第一批7名太空人——阿蘭‧謝瀩德、約翰‧葛林、沃爾特‧希拉、斯科特‧卡本特、唐納德‧斯萊頓、維吉爾‧格里索姆和戈登‧庫柏成爲家喻戶曉的名人。

　　甘迺迪總統於1961年承諾要在60年代結束前，把美國人送上月球，並任命馮‧布勞恩爲月球之旅火箭改造計劃的全權負責人。諷刺的是，假如美國未曾遠遠落後於蘇聯，甘迺迪可能不會提出這個挑戰，他深知擺出一些高姿態是有必要的。登陸月球在1969年實現。然而就在3年後，隨著「阿波羅17號」的發射，第一個太空時代也隨之結束——直接原因是越戰爆發，不僅耗盡了美國的財政預算，也耗盡了公眾對政府贊助高科技計劃的熱情。

　　第二個太空時代何時到來？我只能預測那將在2020年左右，動力裝置的改進和整個航太科技的發展，將使到月球與其他行星旅行更爲便宜和安全。當然，第二個太空時代是否到來？何時到來？不僅取決於科技因素，同樣也取決於政治和社會因素。沒有人預料到冷戰的壓力使太空時代提前半個世紀到來。也許後冷戰時代的某些發展，例如更嚴峻的生態危機，將激勵我們的後代向外太空進行新的探索；或者在「核發展優先」失去它的緊迫性後，太空探索的精神（屆時將成爲一個不分國界的努力）將有蓬勃的發展。

　　太空時代開始前5年，在《太空探索》（1952）一文中，我試圖構想公元3000年的歷史學家將如何看待我們現在的時代：「20世紀無疑是……人類歷史上最重要的里程碑。它開創了太空征服的時代，在此之前，人類文明的最高挑戰——對原子能的控制成功後，邁向太空之路便成功了一半，雖然這些成就不久就顯得不那麼醒目。對我們而言，人類在20世紀之前的整個歷史就像是一些大型戲劇的序幕，只在狹小的前台演出，幕未拉開，場景也還沒出現……然而朦昧世紀結束了，幕緩慢而毫不猶豫地拉開了……火箭的研製成功地結束了上百萬年的與世隔絕。隨著第一艘太空飛船在火星和金星登陸，人類的童年時代結束，而新的時代也開始了……」

　　我想，金星（在那裏鉛會熔化）可能還必須等待，但我確信在火星上行走的第一位先生或女士已經誕生了。

美國贏得了第一次太空時代登月競賽的勝利，但蘇聯在發射太空站的競賽中則略勝一籌，這些太空站可以持久地繞地球運行，使其他太空船上的太空人可前來訪問並離開。1986年蘇聯繼發射「沙留特」太空站之，又發射了「米爾」太空站，作爲第一個永久的載人太空站。雖然蘇聯解體了，但它還在太空不停地運行。太空人在狹小的空間（右圖）待了一年多。1993年底，曾經敵對的兩個超級強國簽署了一項協議共同致力開發太空站。第一階段預定美國太空梭與「米爾」太空站在1995年至1997年之間至少接軌10次。

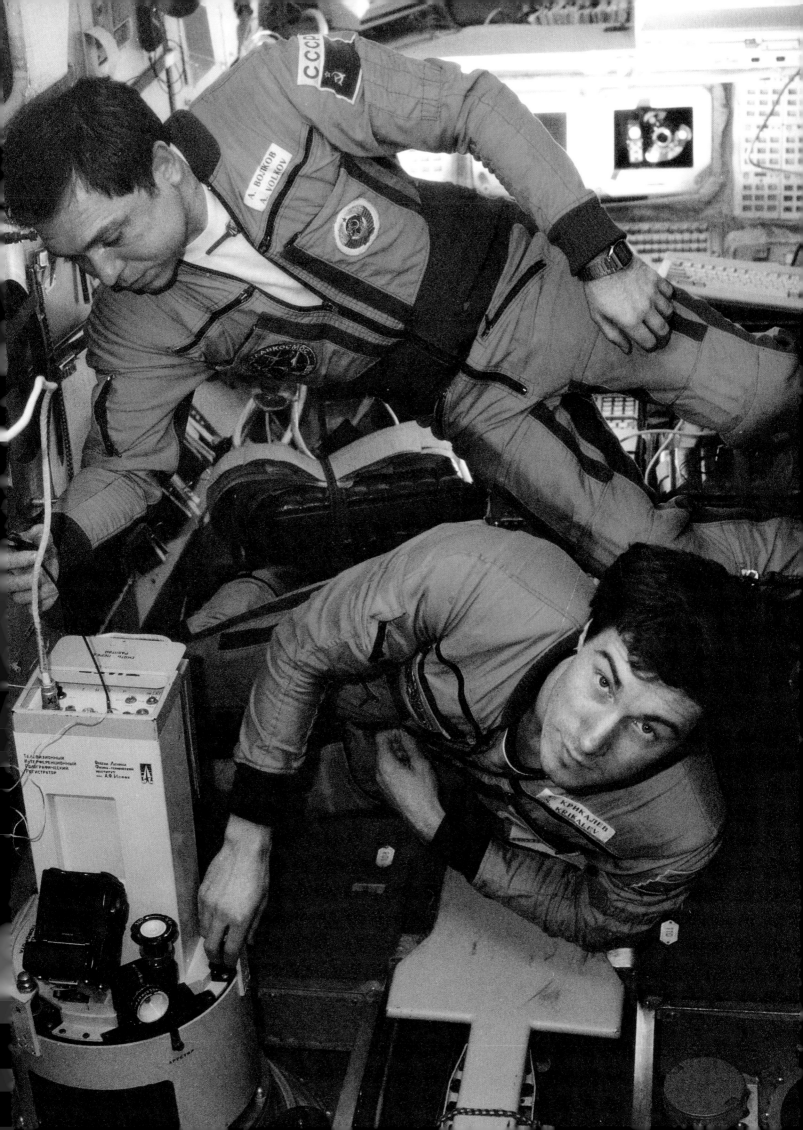

「若坐視韓國遭此無正當理由之武裝攻擊而亡，可能引起一連串事件，造成重大災難，並極可能導致世界大戰」。

—— 美國特使約翰・福斯特・杜勒斯給杜魯門總統的信

年度焦點

韓戰爆發

1950年6月25日拂曉，配備蘇式裝備的北韓人民軍越過北緯38度線，攻入南韓。兩天後，聯合國安理會召開緊急會議（蘇聯代表團自動缺席），要求其會員國援助韓國，抵抗北韓的侵略。杜魯門總統立即下令：美國海、空軍介入衝突；數日後，更加派地面部隊。名義上這是一次聯合國的「警察行動」（聯合國史上首次類似行動），朝鮮戰爭實具有象徵性的重要意義。對華盛頓而言，是一次冷戰的範例：即在遙遠的國度，民主力量與共產主義者正面對抗。「上帝作證」，杜魯門說：「我要給他們一點屬害嘗嘗。」儘管事實上仍未正式宣戰，但衝突不斷升高，最後共有20個國家捲入這場衝突。然而，真正的戰爭，公認是由美國對抗蘇聯與共產中國。

戰爭爆發的最初幾個星期，北韓人民軍以銳不可擋之勢，向南韓縱深挺進，攻占韓國的港口城市仁川和首府漢城（李承晚總統政府撤離），同時也給聯合國軍的灘頭堡——位於朝鮮半島東南角的釜山造成壓力。之後，性格怪僻、年逾70的第二次世界大戰英

1950年夏，洛東江戰役時北韓人向南方奔逃。

雄，道格拉斯・麥克阿瑟將軍，被任命為聯合國軍最高指揮官。麥克阿瑟在仁川進行一次奇跡般的登陸，並於9月重新奪回漢城。美國因勝利所鼓舞，隨即宣布新的目標：統一兩韓。10月，聯合國軍隊攻入北韓境內，占領它的首都平壤，並一直推進到中國邊境。

這一行動大大地刺激中國，於是派出18萬部隊進入北韓。共黨軍隊發動新攻勢，在12月份奪回平壤。到年底，整個北韓重新為共黨控制。之後，在12月31日，中國人發誓「解放南韓，把戰爭販子麥克阿瑟趕下海」，並向漢城方向進攻。到次年1月15日，中國人占領漢城。◀1948（3）▶1951（邊欄）

越南

美援開始

第二次世界大戰期間，胡志明是美國的堅定支持者。1945年，當他宣佈越南民主共和國成立時，還引用了美國的《獨立宣言》。但是到1950年，美國仍把他看做是被國際共產主義利用的人。如果他贏得對法國殖民者的戰爭，就會掀翻第一塊骨牌，將使其他亞洲國家都像骨牌那樣紛紛倒下。毛澤東與史達林於2月承認胡志明的「越盟」（當時仍深藏於叢林中）之後，美國承認了法國支持的西貢保大政權。5月，國務卿迪恩・艾奇遜（上圖），這位美國越南政策的首要策劃者，力勸杜魯門總統授權，提供1500萬美元軍事援助給法國，以抵抗「越盟」。年底，在共產黨入侵韓國的刺激下，杜魯門提供的軍援，增加到1億3300萬美元。此外，另有5000萬美元非軍事援助，以贏得越南人的忠誠。

美國就此步入困境無法脫身。越盟由名將武元甲指揮，他受毛澤東軍事著作啟發，進行3階段的戰爭：這場戰爭是場耐力消耗戰，已經使法國國庫枯竭，又使法國人民分化歧見日深。在戰爭的第一階段，武元甲避免軍事對抗，同時訓練了10萬軍隊。自1947來，越共軍隊神出鬼沒的游擊戰術，使對手的士氣極度低落。現在毛澤東的勝利，又提供軍隊的集結地區，及中國與蘇聯的後勤支援。進行全面戰爭的時機已經成熟。到12月，越盟正規軍已打下北方6個要塞。

當月，法國撤換它在中南半島的主要官員，任命尚・德・拉特・德・塔西尼為本地區軍政長官，他是身經兩次世界大戰的英雄。德・拉特成功地擊退越盟的幾次主要攻勢，但1952年當他死於癌症時，越南三分之二的領土，仍在越盟之手。這結局最後導致法國慘敗，加深美國的捲入。◀1949（7）▶1954（1）

紅軍建造橋梁，用木筏運送卡車渡過西藏的河流。

中國

征服西藏

當新成立的中華人民共和國提議1950年解放西藏時，西藏政府抗議說：西藏這個崇山峻嶺環繞的國家，早已是自由的了。但由於中國堅信：西藏實際上是由帝國主義者控制著的，所以10月裏，中國派出大約兩萬名人民解放軍越過川藏邊界。達賴的部隊微不足道，只做了微弱抵抗。15歲的達賴喇嘛（西藏的世俗與精神領袖，被尊為神聖的西藏先賢轉世）向聯合國請求援助——卻徒勞無功。

西藏原來是一個游牧地區，每6名男子就有一個是佛教喇嘛（和尚）。18世紀時就已併入中國的版圖。1912年，當中國的清政府垮台後，西藏人驅逐所有的漢人，並且宣布獨立。但其主權從不曾得到國際承認，而且，無論是中國國民黨還是共產黨，都堅持西藏屬於中國。1949年，當毛澤東的部隊打敗國民黨後，他們發誓要把革命推展到中國最偏遠的角落。

1951年，在答應尊重西藏文化與宗教傳統的情況下，入侵者迫使西藏領袖同意兼併。8年之後，積壓已久的怨憤，終於爆發出來，藏人開始抗暴，旋即被殘酷地敉平。其後，中國加強高壓統治，宣佈佛教為非法；而達賴喇嘛則流亡到印度。◀1940（邊欄）▶1959（3）

藝術

抽象表現主義者

在1950年的威尼斯雙年展，這個展出當代藝術的國際藝術展覽會上，人們看到繪畫藝術不斷推陳出新，異彩紛呈。越來越多

藝術與文化 書籍：《過河入林》歐內斯特・海明威《短暫的生命》胡安・卡洛斯・奧內蒂；《月亮與篝火》塞薩爾・帕韋澤；《將軍之歌》巴勃羅・聶魯達；《人類的作用》諾伯特・維納；《幾隻馴服的瞪羚》芭芭拉・皮姆　音樂：《雪人弗洛斯蒂》羅林斯與納爾遜；《如果知道你會來，我會烤好麵包》霍夫曼、梅里爾和瓦

「繪畫是自我發現，每一個好的藝術家畫的都是他自己。」
—— 帕洛克

作品受野獸派、立體主義、未來主義、表現主義等流派的影響，顯示歐洲各種最大膽的藝術實驗，都已幾乎成爲主流。現在最驚人的革新，要在美國展覽館裡才能見到：傑克遜·帕洛克和威廉·德·庫寧參展的少數幾幅繪畫樣品，示範了一種新的激進運動，被稱爲「抽象表現主義」。

這群藝術家以曼哈頓爲大本營，逐漸嶄露頭角，顯示第二次世界大戰已根本上改變了藝術世界。

德庫寧的《女人一號》（1950-1952）系列之一，他用了5年多時間創作這一系列。

許多歐洲最有創意的天才，例如生在荷蘭的威廉·德·庫寧等，紛紛離開祖國投奔美國，使紐約畫派得以勝巴黎畫派一籌。紐約日益活躍的知識界、藝術品交易，以及美術館、博物館，即使對空想家、騙子之流而言，其誘惑力也無可抗拒。

藝評家爲如何恰如其分地評價帕洛克而意見分歧。這位生活拮据的畫家（他1956年死於車禍，時年

42歲），自從40年代晚期創造了一種「滴流」技法（也稱作「行動」繪畫，因爲他繞著攤在地上的大帆布作畫）之後，就成爲公眾注目的焦點，令他很不自在。《時代》週刊譏諷他爲「滴流者傑克」，但到了1950年，他已備受諸如《國家》雜誌的批評家克里門特·格林伯格和現代藝術博物館的阿爾弗雷德·巴爾等人推崇，而這些人都是領導風向、舉足輕重的人士。他們稱讚帕洛克由斑點、漬痕組成的圖景，是「對視覺的積極探索……充滿焰火、陷阱、驚奇和欣喜」。帕洛克與德·庫寧（他的《女人》系列畫，混雜著同樣粗獷的風格，與可辨識的意象）以及其他抽象表現主義者所創造的藝術，已被譽爲「自立體派以來繪畫方面第一次重大變革」。在這過程中，他永久地擴展了繪畫的定義。這些畫家還包括：法蘭茲·克萊恩、阿德·賴恩哈特、羅伯特·馬瑟韋爾、李·克拉斯納（帕洛克的妻子）、克利福德·斯蒂爾、海倫·弗蘭肯沙勒等人。
◀1944（16）▶1958（5）

美國
麥卡錫搜鬼打鬼

(5) 1950年，隨著共產主義在中國和東歐得勢，以及革命行動在整個第三世界出現（「第三世界」是馬克斯主義作家法蘭茲·法農，用來形容不屬於兩大冷戰集團的經濟不發達國家的新詞，後來廣爲人知），使美國陷入歷史上最嚴重的恐共症中。杜魯門政府調查聯

麥卡錫擅長運用各種道具，利用地圖向國會說明所謂共黨「同路人」的區域分布情況。

邦公務員的親共「傾向」。眾議院反美活動調查委員會負有根除顛覆分子的任務，有一起重大斬獲：前國務院官員阿爾傑·希斯，被一名前共產黨人指控，曾爲蘇聯進行間諜活動，他答辯時矢口否認。而間諜罪的法定追訴期已過，因此1月份被控作僞證，罪名成立。之後，在2月9日，威斯康辛州參議員約瑟夫·麥卡錫跳出來，帶領搜共隊。在西維吉尼亞的一次演講中，他手揮一紙文件，聲稱爲滲透國務院的共黨分子名單，共有205名。

麥卡錫並未提出證據，但他的指控仍然造成轟動。這位以前無足輕重的共和黨人（僅僅4年前，他還稱頌史達林），利用他驟得的名氣大肆攻訐，極盡煽動之能事。頭一批遭他攻擊的是民主黨人。他指控他們「受共黨蠱惑」，是共產黨的「同路人」。但是兩黨政客仍急著搶搭順風車，表態支持他。於是，國會通過《麥卡錫法案》，要求共黨分子及定義不明確的「共黨陣線」團體向政府登記，並要求：全國進入緊急狀態，把顛覆分子都趕入集中營。成千上萬的人，因爲過去的交往關係（不管是真有其事，或只是傳說流言），被列入黑名單；有的鋃鐺入獄，有的被迫自殺。電影與雜誌也感染到這股風潮，警告人們「每張床底下，都躲著個共產黨」。

麥卡錫與同夥的恐怖作法，使得原本就已盛行的盲從因襲之風更加猖獗，成爲50年代美國一大特色。這種恐怖使麥卡錫變得不可一世，他甚至開始對付共和黨同僚。之後，他又把攻擊矛頭指向神聖不可侵犯的美國軍隊。◀1947（5）
▶1954（當年之音）

誕生名人錄

約翰·坎迪
加拿大裔美國演員

尤里烏斯·歐文
美國職業籃球球員

彼得·蓋布里爾 英國歌手

小亨利·路易斯·蓋茨
美國作家

珍妮·霍爾澤 美國畫家

約翰·休斯 美國電影導演

尼爾·喬丹 愛爾蘭電影導演

蓋里·拉森 美國漫畫家

傑伊·雷諾 美國喜劇演員

比爾·默里
加拿大裔美國喜劇演員

馬克·施皮茨 美國游泳健將

溫蒂·瓦瑟斯坦 美國劇作家

史提夫·汪達 美國歌手

史蒂文·沃茲尼亞克
美國發明家

逝世名人錄

馬克斯·貝克曼 德國畫家

萊昂·布魯姆 法國政治領袖

艾德加·賴斯·巴洛斯
美國小說家

威利斯·卡里爾 美國發明家

傅斯年 中國教育學家

古斯塔夫五世 瑞典國王

卡爾·揚斯基 美國工程師

阿爾·喬爾森 美國娛樂演員

麥肯齊·金 加拿大政治領袖

艾德加·李·馬斯特斯
美國作家

艾德娜·聖文生·米萊
美國詩人

費茨·納瓦羅 美國音樂家

瓦拉夫·尼金斯基
俄羅斯芭蕾舞蹈家

喬治·歐威爾（艾里克·布萊爾） 英國作家

蕭伯納 愛爾蘭戲劇家

簡·斯穆茨 南非政治領袖

亨利·史汀生 美國政治家

庫爾特·懷爾
德裔美國作曲家

埃爾西·德·沃爾夫
美國內政設計者

1950

帕洛克1948年創作的「一號作品」。他在一幅5'8"×8'8"大小的素淨帆布上，滴撒油彩及亮漆。

「他表現了我們的集體意識，成為我們日常生活的一部分。」

—— 1990年，在羅浮宮展出《花生》時，法國文化部長賈克·朗評論史奴比

1950年新事物

- 貝蒂罐的圖解烹飪書
- 信用卡（大來俱樂部）
- 港務局公共汽車站（紐約市）

No other rice is this easy!

Minute Rice is already cooked –
just add to boiling water and remove from heat!

- 速食米
- 世界汽車錦標賽（大獎賽）

美國萬花筒

納京高的魔力

納京高因鋼琴演奏風格清純，而受純粹派爵士音樂家推崇，是紅得發紫的納京高3人合唱團的領隊。40年代，納京高從一名愛逗樂的歌手起家，之後，他發現觀眾喜歡他宏亮圓潤的嗓音，與輕鬆而帶爵士風味的唱腔。1950年，納京高甜蜜的《蒙娜麗莎》唱片，賣出300多萬張，事業達到頂峰。

對幫派不法案件的調查

5月，在參議院犯罪調查委員會的電視聽證會上，主持人參議員

FREE to PUBLIC
KEFAUVER TV
SENATE CRIME HEARINGS

艾斯蒂斯·凱福弗，開始揭露美國罪犯坐大的事實。幾百萬電視觀眾，看到諸如法蘭克·科斯特洛和喬·阿多尼斯等頭號黑幫老大的罪證時，驚得目瞪口呆。凱福弗調查標誌電視新聞的濫觴。
▶1952（5）

布林克劫案

1月17日晚上，當年最大的持械搶案，在波士頓的布林克裝甲卡車公司總部得手。7名身著粗呢上裝的蒙面歹徒，以手槍制住警衛，搶走270萬美元。美國聯邦調查局局長艾德加·胡佛懷疑，是共黨分子的陰謀。但這件

大眾文化

好傢伙查理·布朗

6 「快樂並不能產生幽默，快樂沒有什麼好笑的」，查爾斯·舒爾茨如是說。他因創造一系列適應不良而迷人的卡通人物，而成為億萬富翁。舒爾茨是明尼阿波利斯當地人，透過函授課程學習繪畫技巧。他抗議聯合圖片公司把他的喜劇連環漫畫由《小傢伙》改名為《花生》（暗指攝影棚裏年輕的現場觀眾，在電視節目《你好杜迪》上被稱為「花生美術館」）。但是，1950年10月2日，當這連環漫畫在7家報紙上首次出現時，無論是這個名稱，還是舒爾茨尚未發展完全的風格，都無法阻止他迅速地成功。

由於塑造了老是感到不安的查理·布朗、他愛做白日夢的狗史奴比、頤指氣使的露西、好沉思的里納斯和一群小傢伙，《花生》幫名噪全世界，其知名度僅比華德·迪士尼的卡通動物差可比擬。米老鼠及其伙伴，是以無拘無束的好心情擄獲觀眾；而舒爾茨創作的人物（儘管也有諸如「快樂是一隻溫柔的小狗」之類有名的觀點），卻沒完沒了地擔憂從考試到幅射落塵之類的問題。

到90年代中期，《花生》已被譯為20多種文字，在2千餘種報紙上刊登，並被「阿波羅10號」太空人採用，還出現在廣告、書刊、電影、電視專輯、舞台製作、錄音帶、告示、賀卡及無數其他產品。舒爾茨甚至允許查理·布朗獲得片刻的完全勝利：在投手板上連輸40年後，這個運氣不佳、愛把「真糟糕！」掛在嘴邊的小男孩，終於贏了一場球賽。◀1908（當年之音）▶1970（當年之音）

戲劇

尤涅斯科荒謬劇首次登台

7 尤金·尤涅斯科頭一齣戲劇（或他所稱的「反戲劇」）《禿頭歌女》的創作，靈感來自一本英語會話入門手冊上的詞句。當時這位流亡巴黎的羅馬尼亞人，正用這種手冊努力地學英語。1950年《禿頭歌女》在巴黎一家光線昏暗的劇院首演。作者時年38歲。這是早期荒謬劇的一個例子。作品的主人公是一對英國中產階級夫婦，老是機關槍似地聒噪一連串毫無意義的廢話（例如「地板在我們腳下，天花板在我們頭頂上」），他們住在一個小鎮裏，那兒的居民似乎都叫鮑比·沃森。在劇中那恐怖、喧囂的塵世裏，陳腔濫調都被賦予新

荒謬而喧囂，尤涅斯科的戲劇是人類彼此疏遠的寓言。

的意義，人都變成機械般動作的人。知覺、意志以及交流的可能性，都被社會習俗所扼殺。

尤涅斯科的戲劇，綜合了沙特和卡繆的見識——存在了無意義，但個人得負責決定自己的一生——以及從超現實主義者和馬克斯兄弟那裏學來的技巧，製造突如其來的高潮。從某種程度上說，他的戲劇是社會諷刺劇。在他以後的作品《犀牛》中，可敬的小鎮居民變成頭上長角、渾身披甲的動物——乃是他因30年代羅馬尼亞法西斯興起，有感而發所寫成的寓言。

但是，與他同時代的尚·紀涅

與薩繆爾·貝克特一樣，尤涅斯科實際上也是一個人類與自然關係的批判者，他劇中喋喋不休的人物，與不合理的故事，都意在激發觀眾重新思考諸如時間、死亡、自由與自我等基本概念。◀1943（10）▶1953（11）

戲劇

一部「很行」的音樂喜劇

8 當50年代來臨時，正是百老匯音樂劇的鼎盛時期。1950年11月24日，這種藝術形式臻於完美：是日，一團伶人扮演時代廣場的賭徒和宣傳基督福音者，接管第46街劇院，演出熱衷賭骰子的納珍·底特律，和他飽受苦難的女友歌舞團團員艾德雷德小姐、城市騙子斯凱·馬斯特森，以及古板的佈道團團員莎拉·布朗之間的羅曼史。這部由阿貝·伯羅斯創作（儘管由喬·斯韋林正式掛名），由法蘭克·萊瑟作曲、喬治·考夫曼編導的《少男少女》，成為百老匯歷史上最受歡迎的劇作。

《少男少女》是根據前新聞記者戴蒙·魯尼恩寫的故事改編，充滿俚語，風趣地描述百老匯騙子和迷戀他們的女人。伯羅斯是參與這齣戲的第12個作家，歌詞措詞巧妙，諷刺辛辣，洞察敏銳。盧瑟的音樂也同樣鮮明刻畫了人物的性格——那尖銳刺耳的開場歌曲《賭徒賦格曲》（由3個賭馬客演唱，每個人都吹噓自己的馬「很行」），那浪漫熱烈的《我從未愛過》（斯凱與莎拉唱），那急促緊迫的《運氣，做個淑女吧》（斯凱與眾賭骰者唱），那嬉戲歡鬧的復活讚美詩《坐下，你使小艇搖晃》（悔過的賭徒唱），那哀怨悲痛的《艾德雷德的哀慟》（由納珍失戀的未婚妻演唱，這人有慢性身心冷感症）。

舒爾茨早期的漫畫，並沒有塑造後來才在《花生》系列中出現的角色，也沒有塑造出查理·布朗各種令人喜愛的性格。

1950

「電療法的發明，是人類的里程牌，足堪與人類發現火相比，且勝過人類發明輪子與弓箭。」

—— 哈伯德：《電療法：精神健康的現代科學》一書

他們把賭局轉移到曼哈頓的下水道之後，納珍・底特律（薩姆・萊文扮演）和眾賭骰者，看著斯凱・馬斯特森（羅伯特・阿爾達扮演）祝禱唱出「運氣，做個淑女吧」。

「《少男少女》最大的缺陷是」，一篇給予熱烈好評的文章寫道，「演出只持續一夜，它應該持續一週才對。」42年之後，一場完整的百老匯重演，引起熱烈反響，《紐約時報》在頭版刊登了該劇劇照。◀1943（11）▶1956（8）

土耳其
民主的衝擊

9 1950年5月，土耳其經歷一場和平變革：自該國1923年建國以來，選民第一次拋棄共和人民黨。凱末爾・阿塔圖爾克這位共和國的締造者，總把土耳其看做西方式的民主政權，然而他仍壓制所有反對黨，聲稱他的人民還未準備好進行這樣的實驗。凱末爾的繼任者伊斯梅特・伊納尼，在初上任時還維持其政策。但到第二次世界大戰末期，人們普遍對一黨統治不滿。

資產階級嫌土耳其官僚作風令人窒息，嘖有煩言；工人抱怨通貨膨脹和罷工的禁令，牢騷滿腹；地主不滿新的土地分配政策；農民抱怨耕地不足；固守傳統主義的回教徒則痛恨凱末爾的世俗主義改革；自由主義者責怪現政權壓制不同意見。1945年伊納尼放寬政策，除共產主義和社會主義黨派外，使他反對黨都成為合法。儘管1946年的選舉舞弊頻傳，羽翼未豐的民主黨卻在國民議會獲得61席。

民主黨最傑出的人物是前總理和前共和人民黨領袖傑拉勒・巴亞爾（下左圖）。他是凱末爾30年代的財政部長，曾引進國家對經濟的控制。如今他又允諾企業自由化和罷工合法化，放寬世俗主義法令。由於伊納尼放鬆新聞管制，民主黨得以迅速發展。1950年，在土耳其史上首次無記名秘密投票選舉，該黨贏得議會487席中的396席。

在成為總統後，整個50年代巴亞爾統治著土耳其。他使土耳其與北約和美國結盟，派出2萬5千名土耳其士兵參與韓戰，從而贏得慷慨的貿易讓步。然而罷工仍屬非法，而且通貨膨脹與壓迫又恢復了。1960年改革派軍官，以凱末爾的名義，罷黜巴亞爾，並予以監禁。◀1923（12）▶1960（10）

宗教
寫科幻小說的神學家

10 難道5萬名信徒會錯？根據法官、政府機構、執法官員、研究教派的專家所言，答案是肯定的。他們針對羅恩・哈伯德總壇設在洛杉磯的「科學教派」，聯手發動一場戰役。1950年，當哈伯德這位不入流的科幻小說家出版《電療：精神健康的現代科學》一書，作為他教會的頭一本神聖教義時，就受到質疑。「科學教派」提供一種計劃，藉電子方法進行心理治療，因此贏得成千上萬信徒（估計有5萬至800萬人之譜），並為開派教主帶來大量財富。

用「科學教派」的術語來說，電療通過對患者「監聽」，而達到「清除」不愉快的效果，就是把他們和測謊儀連在一起，以鑑定並消除「陷於蠱惑」，或者精神失常的現象。在解釋他為何設計這一系統時，哈伯德談到他在閱讀傳統哲學時的失望：「我發現，真是奇怪，沒有人能告訴我人是什麼。」哈伯德公開說，他自己的研究導致一個發現：即人類是在極遠古時代，被一星球獨裁者放逐到地球的宇宙生物。他還聲稱自己造訪過天堂。哈伯德與教民一起分享他的智慧之光——當然要付錢。經歷8個階段而進入電療法創造的妙境，可能要花費超過40萬美元。

當1967年財政部取消該組織的免稅地位後，哈伯德（曾私下鼓勵教會幹部「掙錢，掙更多的錢。教其他人生產，以便掙錢」）藉非法情報活動之助，與美國政府機構對抗，打了一系列官司。後來他的許多助手，因詐欺和勒索罪被關進監獄。但是，「科學教派」仍留存下來。到1993年，哈伯德死後7年，美國政府恢復該教的免稅地位。▶1982（4）

「科學教派」創始人拉法葉・羅恩・哈伯德在倫敦的一個實驗溫室。

大案乃是一群波士頓小混混幹的。聯邦調查局追緝這幫劫匪6年，毫無所獲。後來，其中一名成員密告，聯邦調查局才逮捕10名罪犯，但是僅起出5萬美元贓款。

因襲盲從的文化

1950年社會學家大衛・里斯曼與納珍・格拉澤爾及魯埃爾・丹尼合著的《孤寂的人群》出版。其書名已成為當代疏離的中產階級的代名詞。里斯曼聲稱：美國最值得注意的社會品質是「因襲盲從」：即個人習於「受外力支配」，被出身背景、社會地位相同的群體所塑造，而非「自我研判、決斷」或者個人主義的。這兩個詞都被收入日益擴增、準科學的大眾文化新詞典中。

作為科學的哲學

德國出生的美國哲學家魯道夫・卡納普，在他的《機率的邏輯基礎》一文中，闡述了一種歸納邏輯理論（從一個特別例證，推導出一個總體假說）。卡納普是一名邏輯實證主義哲學派的主要倡導者，力圖把哲學歸結為一種純粹是數理和科學的調查研究方法。◀1910（4）

創新的滾石音樂

1950年，穆迪・沃特斯，本名奈・麥克金利・摩根菲爾德，推出《滾石》歌曲。後來的英國「滾石」搖滾樂團，與美國的《滾石》雜誌都得名於此。沃特斯生於密西西比河三角洲——熱情的民間音樂「藍調」的發源地——附近，他趁著40年代黑人遷徙潮，來到北方的芝加哥，將鄉村藍調與大都會舞蹈的狂勁合而為一，創造了一種嶄新的、具有強勁風格的芝加哥藍調，並成為現代音樂中最具影響力的類型之一。▶1955（13）

1950

「非常可怕，如果人們不講眞話，不相互信任，那麼地球就眞的會變成地獄。」

—— 黑澤明《羅生門》

環球浮世繪

一位現代繆斯

1950年，納迪婭·布朗熱被任命爲法國楓丹白露的美國音樂學校校長，在音樂界名垂不朽，但並非她的創作，而是因爲她培育的門生：阿倫·科普蘭、馬克·布利茨斯坦、沃爾特·皮斯頓、弗吉爾·湯姆森及其他主要的美國現代派音樂家。1918年，與她同樣有天分的姐妹莉莉——第一位榮獲衆人夢寐以求的羅馬大獎的女性——死後，布朗熱就不再譜曲。納迪婭還是位知名指揮家——是第一位指揮紐約與波士頓交響樂和費城管弦樂團的女性。

◀1948（邊欄）▶1957（9）

蘇格蘭人竊取加冕石

一夥年輕的蘇格蘭民族主義者，在耶誕節闖進倫敦西敏寺，短暫地取回一件古老的蘇格蘭王位繼承權的象徵。從9世紀起，蘇格蘭歷任國王就一直是在這塊重達152公斤的加冕石上加冕。但到1296年，英格蘭國王愛德華一世侵入蘇格蘭，將這塊「天命之石」移往南方後，就終止這傳統。石頭被放在英格蘭新王登基時，坐著接受加冕的椅子下面，成爲英格蘭統治蘇格蘭的象徵。失竊4個月後，這塊受覬覦的石頭被尋回，重新安置在教堂裏。

萊辛的教訓

生於波斯，長於羅德西亞殖民地的英國婦女多麗絲·萊辛，是個熱衷政治、且富同情心的作家，擅長按年代描寫殖民主義造成的悲劇。1950年出版第一本小說《小草在歌唱》，敘述一位痛苦的殖民者妻子，以及她可能是被非洲僕傭與舊情人所謀殺的事件。她的第一本小說，和後期作品（包括1962年鼓吹男女平等的經典小說《金色的筆記本》）一樣，生動的寫實主義風格和對婦女生活的敏銳洞察力，最引人注意。▶1991（邊欄）

電影

日本影片的到來

⑪ 1950年，黑澤明導演的古裝劇《羅生門》在日本發行時，評價不高，票房平平。這個令人猜不透的哲學之謎，也令製作人對它的模稜兩可感到迷惑，懷疑外國觀眾能否理解這部不是專爲外國人拍攝的影片。次年，製片人很勉強地把此片呈交威尼斯國際影展。可是當《羅生門》贏得大獎和影劇學院頒發的最佳外國影片獎後，電影成爲日本的重要出口產品之一。

《羅生門》以16世紀爲背景，是一部思考事實、欺人與自欺的影片，故事以一次刑事調查爲主軸：一名貴族婦女遭人強姦，她的丈夫也顯然死於謀殺。在審訊中，涉嫌的各個人物，包括代死者說話的靈媒，對這雙重罪行的陳述，都相互矛盾。每個人都承認種種要不得與怠忽的行爲，卻自認乃因別無他法，才不得不這樣做。正當影片表現出道德墮落，悲觀絕望時，另一個人物站出來，證實了人間向有憐憫與希望。這一部氣宇不凡、表演

黑澤明（圖前）藉《羅生門》，向西方引薦日本影片。

逼眞的影片，震撼了萎靡不振的西方電影觀眾。

日本並不缺少偉大的導演（溝口健二和小津安二郎，都是世界上最優秀的導演），但黑澤明仍是第一個被西方承認，乃至廣泛仿效的日本導演。疾病與對日本電影製片廠的失望，曾使黑澤明在1971年試圖自殺。但這位年逾花甲的多產導演還是活下來，製作日、蘇合作拍攝的《德蘇·烏札拉》（1975），並獲得奧斯卡獎；以及改編自沙翁的《李爾王》、場面恢宏的《亂》（1985）。（編按：黑澤明已於1998年9月過世。）▶1991（12）

1957年，倍受尊崇的葛拉翰，在紐約市麥迪遜廣場佈道。

宗教

葛拉翰的電子講壇

⑫ 從1950年，浸信會教士比利·葛拉翰主持每週一次的廣播節目《決定時刻》起，便開始逐漸嶄露頭角，終至成爲多種媒體的超級明星。葛拉翰31歲，他從十幾歲起，就巡迴各地在帳蓬裏佈道；但幾個月前他交了鴻運：在洛杉磯講道時，他感化一個聲名狼藉的表演者、一個幫派分子，及一個前奧林匹克田徑明星皈依基督教。報業鉅子威廉·倫道夫·赫斯特感覺到，這個傳教士有潛力，可能成爲明星，於是命令他的記者「吹捧」葛拉翰。到1950年年初，他已是全國最知名的傳道士，到處規勸罪人，把靈魂託付給耶穌基督。

傳教士並非從30年代起才有如此聲勢。葛拉翰的前輩——比利·森戴和艾米·塞普·麥克弗森，都是派頭十足的宗教販子，公開向信徒索取「愛的奉獻」（捐款）。然而葛拉翰乃是另一種人：爲人誠摯，德行無瑕，衣飾得體。他溫和的領袖氣質，對因襲古板的50年代，再適合不過。他也是精明的商人：《決定時刻》迅速成爲史上最受歡迎的宗教廣播節目，有1500萬聽眾；1951年葛拉翰開始在電視上佈道，宣傳他的信仰復興；不久他的「帝國」便擁有一份雜誌和一家出版公司，成爲國際知名人物，並和許多電影明星及總統結爲密友。

除溫和地支持民權運動、溫和地反對越戰早期的和平運動外，葛拉翰不願公開表明特定的政治立場，與他經常態度強硬的右派同事不同。在「水門事件」時期，由於與理查·尼克森私交甚篤，使他的形象受損失色，但是他避免捲入個人醜聞。而學他榜樣，上電視佈道

的那一代人，卻不像他那樣幸運。

◀1926（邊欄）▶1987（邊欄）

音樂

卡薩爾斯打破沉默

⑬ 1950年，本世紀最著名的大提琴家，巴勃羅·卡薩爾斯，經4年「罷演」之後，重新登台演奏。1936年，由於他熱烈支持民主，法蘭西斯科·佛朗哥領導的民族主義叛軍威脅要處決他，使他不得不逃出西班牙。1946年，佛朗哥的類法西斯政權贏得國際外交承認，卡薩爾斯乃放下琴弓以示抗議。但4年之後，爲了紀念約翰·塞巴斯蒂安·巴哈逝世200週年，他再次拾起琴弓。一些世界上最受歡迎的音樂家，都前往卡薩爾斯居住的法國小城普拉德爲他伴奏。

卡薩爾斯自幼稟賦優異，在鋼琴、管風琴和小提琴方面，都表現不凡，但直到11歲時，才接觸到大提琴。不過10餘年，他已在維多利亞女王御前表演大提琴了。他對樂曲的詮釋，特別是巴哈的無伴奏組曲，時而溫柔、時而火熱，樂音精妙無與倫比。到1919年，卡薩爾斯已是這領域中最傑出的音樂家。同年，他在巴塞隆納成立自己的交響樂團，還與人共同創立巴黎的師範音樂學院。然而，他仍然是一個樸實、謙遜的人，在西班牙內戰前，常爲工人舉辦音樂會，在第二次世界大戰期間，又爲難民提供協助。

卡薩爾斯，攝於1946年，在放棄演奏，以抗議對佛朗哥政權的承認之前。

卡薩爾斯繼續自願流亡國外，1956年遷往波多黎各。他繼續演奏，也爲世界和平努力奔走，一直到1973年，以97高齡逝世爲止。

▶1971（9）

諾貝爾獎　和平獎：拉爾夫·彭區（美國，調停巴勒斯坦衝突）　文學獎：伯特蘭·羅素（英國，哲學家）　化學獎：奧托·狄爾斯和庫爾特·阿爾德（德國，狄氏合成劑）　醫學獎：菲利普·亨奇、愛德華·肯德爾（美國）和塔德烏斯·賴希施泰因（波裔瑞士，可體松）　物理學獎：塞西爾·法蘭克·鮑威爾（英國，原子核攝影技術及介子）。

詩歌與人類精神

1950年12月10日威廉·福克納接受諾貝爾獎時的致辭

威廉·福克納曾經說過：「如果你心中有個故事，就得要發表出來。」他的頭幾部小說，可花了好一會兒才出現：在開始認真寫作之前，福克納在他心愛的南方四處漂泊。第一次世界大戰時，他加入加拿大皇家空軍（他要為民主，而不是為美國佬而戰），並曾在故鄉牛津的密西西比大學讀過一陣子。一旦開始寫作時，他的小說卻一鼓作氣滔滔不絕。小說中，故事迂迴曲折，年代雜亂，充滿著心理透視和小說形式上的探索。在他接受1950年諾貝爾文學獎的致辭中，這位經常神祕莫測的作家，以水晶般剔透的語言，談他對文學與人類的見解。◀1929（3）

瑞典科學院讚揚福克納（上圖靠右就坐者，下圖，在密西西比牛津的家中）「對當代美國小說做了有力的、從藝術上說是獨一無二的貢獻」，稱他為「20世紀小說家中最偉大的實驗主義者」。

我覺得，這個獎不是頒給我這個人，而是頒給我的工作——處理了一輩子的人類精神痛苦與煩躁。我這樣工作不是為名，更不是為了利，而是要從人類精神的資源中，創造出一種以前未曾有過的東西。所以，這個獎只是由我來托管。要找到一件事，能將這份獎金奉獻，而可與諾貝爾獎的本來宗旨及其重要意義相符，這並不難。但我也願意同樣對待這一片喝彩聲，藉助此刻的崇隆之聲望地位，或許能使我的意見，傳達給那些早就致力於這痛苦而艱辛事業的年輕男女；將來這些人之中，會有人站在我現在站的地方。

我們今天的悲劇，是一種常見的、廣泛的肉體恐懼，它持續的時間是那麼長，以至今天我們還在承擔。現在已不再有精神上的問題。僅有的問題是：我將在什麼時候爆發？就因為這個，所以今天從事創作的年輕男女，已忘記了「人類內心自我衝突」這一問題。可是，只有這個問題才會產生優秀的作品，因為只有人類心靈的自我衝突，才值得寫，才值得付出痛苦與汗水。

他必須重新學習這一點。他必須教會自己：所有的事物中，最要不得的是恐懼；必須教會自己，要把它永遠忘掉。在他的工作室裏，除了心靈的確證與真理，不要存有任何別的東西。任何故事若缺少普遍的真理，都不能

長久，注定要完蛋——包括愛情、榮譽、憐憫、驕傲、同情和犧牲。不這麼做，他的辛苦努力都不會有好結果。他寫的不是愛而是色慾；他寫的是失敗，卻誰都不會失去任何有價值的東西；他寫的是勝利，但沒有希望，尤其糟糕的，是沒有憐憫與同情。他寫的悲傷只是浮淺的假象，並沒有留下實質的苦痛。他不是用心而是用肉體去寫作。

他得學會這些東西，不然他寫作時，就仿佛看到了人類的末日，並置身其中。我不願接受人類的末日。人類之所以不朽，只不過因為他會忍耐下去，這話說得何其輕鬆：即使當最後的喪鐘，在最後血腥、垂死的夜晚響起，從最後沒有潮汐漲退、一無可取的岩石上，消褪下去時，仍有一縷聲音在訴說，雖然微弱卻清晰可聞。我拒絕接受這一點。我相信人類不僅僅是在忍耐下去，他還會戰勝一切。他是能不朽，卻不是因為在眾生靈中，唯有他獨具不可磨滅的聲音，而是因為他擁有靈魂，具有一種能夠給予同情、做出犧牲和堅持不懈的精神。詩人與作家的使命，是寫這些事情。他的特權，是使人類的心靈更加高尚，使他記起勇氣、榮譽、自尊、希望、同情、憐憫及犧牲等等——這些一向是往昔的榮耀——以幫助人類忍耐。詩人的聲音不必僅僅是人類的記錄，它可以是一種支柱和棟梁，協助人類生存、戰勝一切。

「謹獻上2.4公尺長的『天才』」
——《紐約時報》標題，1951年6月15日，對UNIVAC的評論

年度焦點

電腦商業化

① 在普通人的想像中，霍克斯利安的「機器大腦」和「機器人」仍是可怕的東西。但是第一代電腦在第二次世界大戰期間就已顯現它的功用（主要是在解碼方面），而且優秀的工程師意識到電腦能在千分之一秒內解決問題的巨大潛力。到了1951年，全電子式電腦（以真空管取代活動的組件）在美國和英國開始供民間使用。資訊時代開始萌芽。

由雷明頓‧蘭德資助的全電子UNIAC電腦有一間屋子那麼大。

英國萊昂斯茶葉公司是世界上第一家電子電腦的商業投資者。1951年，它的LEO機器（萊昂斯電子辦公室）——以EDSAC（電子延遲自動儲存計算器）為基礎，此乃由莫里斯‧維克斯和他在劍橋之工程師小組所開發出來的原型儲存程式電腦——開始在該公司總部處理文書工作。但電腦工業真正逐漸成為一種重要的經濟力量是在美國，那裏的電腦商業發展歸功於兩位具有遠見的科學家約翰‧埃克特和約翰‧莫奇利。1946年在賓州大學期間，埃克特和莫奇利為美軍研製了ENIAC電腦，這是第一部多用途的全電子數位電腦。他們有感於學院式研究的速度緩慢和目標會彼此相衝突，不久便離開了賓州大學並合組埃克特－莫奇利電腦公司（EMCC）。他們二人雖是傑出的工程師，卻也是時運不濟的商人，至1950年為止，他們已瀕臨破產，此時一家專營辦公設備的大公司雷明頓‧蘭德買下他們的產業。次年，兩位工程師為費城的美國人口統計局研製出了UNIAC電腦（環球自動電腦）。

UNIAC電腦使用磁帶替代龐大的打孔卡片來作為資料的輸入和輸出，每一秒能夠讀出7200個數字，還可以像處理數據一樣輕而易舉地處理文字，無疑地成為當時最好的電腦。它的成功在商業機器產業中（仍仰賴機械設備）產生了極大迴響，迫使銷售領先的企業IBM公司改變了對電子電腦的低調評價。為了保護市場，「藍色巨人」（因它的藍色標誌而得名）開始研發自己的「思考」機器。在往後的30年裏，電腦逐漸風靡全球，其中大多數都貼上IBM的品牌。

◀ 1946（邊欄）▶ 1971（5）

美國

羅森堡夫婦被判有罪

② 距德雷福斯事件發生半個世紀之後，尤利烏斯‧羅森堡和埃塞爾‧羅森堡一案成為西方最轟動的間諜事件之一。羅森堡夫婦由於組織了國際間諜同盟，向蘇聯提供美國最高軍事機密原子彈設計圖，於1951年3月被判有罪。一年前，德裔核子物理學家克勞斯‧富克斯供稱為包括曼哈頓計畫在內的美國武器計畫工作時曾擔任蘇聯間諜，羅森堡一案從此被揭露。富克斯證實他在美國的聯絡人是一位化學家，名叫哈里‧古爾德。哈里和在洛斯阿拉莫斯實驗室（曼哈頓計畫的實驗室）擔任機械師的大衛‧格林格拉斯有所牽連。格林格拉斯則牽連出他的姐姐和姐夫——羅森堡夫婦。

羅森堡夫婦溫文爾雅，帶著兩個兒子住在曼哈頓下東城的一幢擁擠公寓裏，很難把他們和冷血的共產間諜連想在一起。此外，他們毫不隱瞞其左傾思想（事實上，1945年尤利烏斯的政治傾向使他無法繼續擔任美軍通信隊的文官職位）。

尤利烏斯‧羅森堡和埃塞爾‧羅森堡：間諜還是冷戰歇斯底里症的犧牲品？

然而，在當時的白熱化氣氛中，他們極為平常的舉動卻使處境顯得更加危險。如果羅森堡夫婦是間諜，那麼肉販、麵包師父、做蠟燭的人都可能是間諜。儘管他們極力為自己辯白，而且還有國際輿論的支持，還是被判有罪。政府方面的主要證人是格林格拉斯，而且他以作證為交換條件被判處15年徒刑。富克斯本人僅被判處14年徒刑。但是羅森堡夫婦被判死刑。歐文‧考夫曼大法官誇張地說，因為羅森堡夫婦把原子彈送到蘇聯手中，鼓勵了共產主義在韓國的侵略，他們的罪行「比謀殺更可怕」。

有關他們夫婦倆是否有罪的爭論仍在繼續（1990年代蘇聯間諜檔案的公開也未能解決爭端），但是大多數專家都同意富克斯的行為可能為蘇聯在突破美國核子壟斷進程中節省一年的時間，但所謂羅森堡夫婦洩露的情報並無價值可言。

◀ 1942（15）▶ 1953（邊欄）

科技

原子能用於和平目的

③ 在原子彈摧毀廣島和長崎6年以後，美國科學家首次將核子技術用於發電。1951年，利用「和平原子」來產生動力激發了人們擁有廉價和豐富能源的夢想，並從對煤的依賴中解放出來。

此次突破發生在愛達和州的阿科，一個由原子能委員會贊助的阿爾貢國家實驗室建造的發電所中。實驗性反應器的發電力足以用來操作自身的照明系統；核芯的熱度將水煮沸以使蒸氣推動渦輪機，這可能成為所有核能電廠的標準模式。但阿科的電廠比這更進一步：它實際上產生了額外燃料。核能長期存在的障礙一直是找不到足夠用來推動反應器的裂變物質。鈾235的存量極其有限。鈾裂變的副產品鏷239更具裂變性（因此也更有效），但更為稀少。解決方法就是設計一具滋生反應器，它生產的鏷比燃燒鈾所得還多。阿爾貢發電廠首開先例。

1954年，世界第一座民間核電廠由蘇聯啓用，是小型的500萬瓦設備。兩年後，英國開始運作第一座大規模的工業用核電廠，4000萬瓦的反應器可以同時供應民間用電和製造軍事用途的鏷。很快地，核

「沒有人在對德國人說：你們付我們錢，我們原諒你。我們什麼也不承諾，我們什麼也不提供。
我們只要求道義和法律上我們應得的東西。」
—— 內厄姆·戈爾德曼博士，以色列與西德和談的一位主要發起人

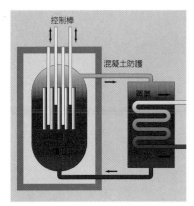

加壓水式反應器成為世界各地核能電廠的標準模式。

電廠在世界各地都紛紛出現。

但對核能未來的預測被證明是不現實的，核能電廠的建造和維護費用極高，也使得人們對放射性廢棄物的儲存以及可能發生災難性毀滅的恐懼與日俱增。◀1946（7）▶1952（邊欄）

外交
德國的贖罪行為

④ 第二次世界大戰結束前夕，許多猶太領導人提出德國應對大屠殺進行賠償。但直到1951年12月，即以色列建國3週年及西德建國兩週年後，祕密會談才開始進行。（共產統治下的東德否認它對希特勒的罪行負有任何責任。）賠償對雙方都有明顯的實際利益：以

色列正面臨極度資金短缺，50萬名難民有待安置；德國可以藉由慷慨援助改變它在國際社會中的低等地位。然而，道義問題和付款細節都含糊不清。

世界上多數猶太人都反對與德國簽訂任何合約，他們強調德國的罪行是無法補償的。西德的極右派號召與阿拉伯世界團結一致（阿拉伯人正在全面抵制以色列）；極左派則譴責猶太國家是美國霸權主義的工具。在波昂，西德財政部長提醒說支付賠償表示西德有能力償還其他債務。但西德總理康拉德·艾德諾堅決認為德國人民應對以他們名義所犯下的暴行表示慚愧，而以色列總統錢恩·魏茨曼亦不甘心讓德國人擺脫經濟責任。

1952年3月，在荷蘭的瓦瑟納爾鎮開始直接談判，以色列要求相當於10億美元的賠償，而世界猶太人社團代表為其他地區的受害猶太人要求5億美元賠償。當年9月，在盧森堡簽署最後協議，西德賠償價值8億2000萬美元的物品和現金給以色列（分期付款），賠償1億700萬美元給其他地區的猶太人救濟組織。即使對條約有異議的人士在耶路撒冷發起暴動也無損其重大意義：2千年來，猶太人的迫害者首次試著予以補救，儘管賠償遠遠抵

消不了損失。◀1946（當年之音）▶1965（9）

中東
一位實用主義君主被刺

⑤ 1951年7月，約旦國王阿卜杜拉在進入耶路撒冷的奧馬清真寺時被暗殺。阿拉伯同胞頗為

不滿這位君主的所作所為：他控制敘利亞的野心、與英國關係密切、支持在巴勒斯坦建立一個阿拉伯——猶太國家（一項公開的祕密），以及對國內異議分子的鎮壓等等都為他樹立不少政敵。謀殺者立刻被王室衛隊緝捕。他是一名巴勒斯坦人，隸屬於強硬派的聖教鬥爭組織。該組織刺殺阿卜杜拉另有原因：在剛結束的以阿戰爭中，阿卜杜拉並未加入其他阿拉伯國家試圖爭取聯合國劃分給猶太人的領土的行動，反而在英國的堅持之下，為了獲得包括耶路撒冷舊城區在內的一長條阿拉伯巴勒斯坦土地而與以色列達成協議。

阿卜杜拉的繼任者不僅要面對約旦名義上的盟友的敵意，還要面對國內佔多數的巴勒斯坦人（此乃由於新近兼併約旦河西岸的人口及數萬名難民湧入所增加的人口）。阿卡杜拉的哈希密特王朝是貝都因人所建，而非巴勒斯坦人。然而阿卜杜拉死時，他的兒子塔拉勒卻被當作精神病患。塔拉勒即位後不久，約旦國會便認為他無法勝任。1953年5月，塔拉勒的18歲兒子胡笙王子成為國王。

胡笙和祖父一樣，儘管想加入反猶太國家的戰爭，但仍與西方建立良好關係並對以色列保持「溫和」態度；他同樣仰賴高壓統治來維持權力。他在幾次政變中都倖免於難，至1990年代仍是中東地區的主要政治人物之一。◀1949（6）▶1967（3）

在台拉維夫反對德國－以色列賠償協議的一場抗議示威。

1951

「在英國，他就像風景中的某些奇異特徵，如針葉或亂石堆，當地人長久視而不見……
外來客卻不太容易忽略他的古怪。」
—— 戈倫韋·雷斯對他的朋友伯吉斯的評價

1951年新事物

- 《噴射機》雜誌
- 動力方向盤（克萊斯勒公司）
- 搖滾樂（由克利夫蘭的DJ亞倫·佛瑞命名）
- 淘氣阿丹

- 純品康納（果汁）系列產品
- 泛美運動會
- 彩色電視節目（CBS每天1小時的特別節目）

美國萬花筒

一名美國保守主義者

1951年，25歲的小威廉·巴克利在他的著作《上帝與人在耶魯》中對於母校裏普遍流行的自由主義提出嚴厲批判，使他很快就聲名大噪。巴克利身為《國家評論》的創刊編輯和電視談話節目《火線》的主持人，逐漸成為美國最知名且可能是最直言不諱的保守派評論家。

甜蜜的勝利

一拳又一拳，休格·雷伊·魯賓遜也許是拳擊場上最優秀的拳擊手。魯賓遜在1951年世界中量級錦標賽中擊敗了號稱「狂怒公牛」的傑克·拉莫塔。8年前，

拉莫塔擊敗了魯賓遜，而這次比賽，魯賓遜報了一箭之仇。自1946年贏得次中量級職業拳擊冠軍後，魯賓遜曾5次贏得和失去中量級冠軍頭銜。◀1937（9）▶1956（邊欄）

永不輕言死亡

1月，終於在漢城南部抑制住中共軍隊的進攻之後，美軍駐韓國最高指揮官道格拉斯·麥克阿瑟將軍準備發起一場針對中國的全

間諜

雙面間諜失蹤

⑥ 蓋伊·伯吉斯（上圖）和唐納德·麥克萊恩分別是英國駐華盛頓大使館檔案室的二等秘書及負責人，兩人個性活潑——有點太過活潑了。他們從不隱瞞左傾觀點，尤其在喝醉時（而且經常喝醉酒），伯吉斯也不太掩飾他是同性戀者。1951年初，他們由於舉止輕率而雙雙被召回倫敦，但在5月時失蹤。這比他們稍早的古怪行徑更讓英國政府窘迫：兩人在麥克萊恩將因蘇聯高級間諜罪名被捕前就逃走了。他們的逃脫以及發現兩人從事雙面間諜工作已達十幾年之久的事實震驚了整個西方。

在30年代，他們曾是劍橋精英組織「使徒」的成員，安東尼·布倫特也是其中一員。3人全都被蘇聯情報組織收買並滲入英國情報網。當時劍橋還有另一名蘇聯間諜新成員基姆·菲比。大戰期間，布倫特進入了國家安全局軍情五處；其他人則加入海外情報支局軍情六處。戰後，菲比幾乎晉升至軍情六處的領導高層，伯吉斯和麥克萊恩則成為成功的外交人員，布倫特成為王室藝術收藏館的館長並逐漸減少與蘇聯情報組織的聯繫。1951年，菲比請伯吉斯警告麥克萊恩說他已受到懷疑，並由布倫特幫助他們逃走。

對逃亡間諜的追蹤持續到1956年他們在莫斯科露面為止，菲比在這次事件中的「第三者」身分直到1963年他本人也逃往莫斯科時才被確認。1964年，軍情五處指控布倫特（此時的安東尼爵士）為「第四者」。他供認不諱，而且最後被判無罪。1979年當祕密公諸於世後，他的爵位也被取消。◀1951（2）▶1963（3）

電影

伊林探索

⑦ 1951年，英國電影業正處於戰後復興當中。自1945年起，它就表現得非常出色，一流作品如大衛·連的《孤星血淚》和《苦海孤雛》、卡洛·李爵士的驚險恐怖片《黑獄亡魂》和米高·鮑威爾及埃默里克·普雷斯伯格的芭蕾舞悲劇《紅菱豔》。而倫敦的伊林電影製片廠出品了一系列出色的諷刺輕喜劇——《善心和冠冕》、《威士忌大老爺》、《穿白衣的人》——表現出日常生活中英國人如何古怪地反對資本主義、階級制度和官僚主義。伊林的喜劇片由麥可·鮑爾康製作，通常由受歡迎的滑稽性格演員亞歷·堅尼斯主演；並由克拉克編劇，查爾斯·克立頓、亞歷山大·麥肯里克、亨利·科內利烏斯或羅伯特·哈默導演，是尖酸刻薄的迷人影片。

由克立頓導演的《薰衣草丘強盜》於1951年出品，是伊林製片廠的最佳作品之一。一名待人和善的銀行職員（堅尼斯主演）在銀行工作了20年，密謀偷走所看管的其中一批黃金。在一位紀念品工匠和兩名強盜的幫助下，職員完成了搶劫計劃，將黃金融入艾菲爾鐵塔的小模型中，然後運到巴黎。他們打算在巴黎將黃金復原並開始享受奢華的生活。然而，劇情漸漸複雜起來。《薰衣草丘強盜》對於中產階級沈悶平淡的不滿做一個輕鬆活潑且與道德無關的註解，並額外提供影迷們一個驚喜：堅尼斯的女友

（僅在影片開頭出現不到一分鐘）是由光芒四射的22歲比利時模特兒所飾演，這是奧黛麗·赫本第4次在銀幕亮相。◀1948（邊欄）▶1961（11）

思想

媒介中的媒介

⑧ 馬歇爾·麥克盧漢的第一本書《機器新娘：工業人的傳說》在1951年出版時僅銷售數百本。也許因為此書太前衛了，幾乎沒有人看過像這樣對現代神話（從

「電視講話」，麥克盧漢分析「冷、熱媒介」之間的差異。

格式專欄到廣告）的有趣深奧研究、用雜誌頁面做插圖並充滿一位評論家所稱「令人毛骨聳然的雙關語」。但20年後，它的初版本成為珍藏對象。原因何在？諸如《蓋登堡顯赫家族：印刷工的組成》（1962）和《了解媒介：人的擴展》（1964）等著作的發表使這位加拿大教授成為資訊領域的權威人物。這位「媒介大師」的追隨者包括商界及政界舉足輕重的人物，其中包括尼克森在1968年總統大選時的顧問群。

亞歷·堅尼斯和史坦利·霍洛韋在《薰衣草丘強盜》中密謀偷走黃金。

「我在這片大原野上想像所有這些小山羊……（如果）它們不看清楚要往哪裏去，我便從某個地方跑出來並抓住他們。這就是我整天做的事。我只是個麥田捕手而已。」
—— 沙林傑《麥田捕手》

麥克盧漢成名的主要原因是他創造了兩個新詞彙，第一個是「地球村」。他認為15世紀印刷術的引進其實帶來了民族國家——以個人主義及疏離為基礎的生活方式取代了緊密的部落文化——而電子媒介開始扭轉其過程。電視、電話、電腦及其他人類感覺的擴展在整個世界中逐漸將人性與其獨特文化結合。在這種文化中，「媒介就是訊息」（第二個新詞彙）；也就是說，通訊的形式決定了觀眾從中獲取的意義，而非由內容來決定。

在他的書剛開始問世時，麥克盧漢不是被當大家成瘋子就是被譽為先知。然而到了90年代，他的遠見卓識在錄影傳送的社會中開始變得平庸起來。◀1950（邊欄）▶1952（5）

大眾文化
空中波段女皇

9 在數十部二流電影中演出各種角色之後，露西·鮑爾贏得了「二流電影女皇」的稱號。但當她的喜劇連續劇《我愛露西》於1951年出現在電視節目以後，她又成為電視女皇，操控了哥倫比亞廣播公司每個星期一晚間的節目，直至她於1974年從每週一次的演出中退休。

當鮑爾的廣播劇《親愛老公》被改編為電視版並決定由她主演時，鮑爾堅持由她真正的丈夫德西·阿納茲飾演劇中露西擔任樂團指揮的丈夫（她的合約中也要求，他們夫婦二人的製作公司Des ilu可保留重播權利金，該條件使她成為演藝界最富有的婦女之一）。由於精心的編劇和耗資巨大的拍攝（在現場觀眾前採用了3部35厘米鏡頭攝影機，由頂尖攝影師來拍攝，而其他的現場節目還是錄在初級的電視影帶上），《我愛露西》在放映首季的收視率便達到60%以上。在它整個長期播映中（共179集，1957年全部播畢），該連續劇的收視率一直位居榜首。1953年，露西生小里克的那一集，收視率竟高達令人難以置信的92%。

在早期的一集連續劇中，正直的阿納茲在觀看露西的滑稽表演。

《我愛露西》的陣容中包括不少客串明星，有威廉·霍爾登、鮑伯·霍普和哈珀·馬克斯。然而，使全劇生輝的始終是鮑爾和她那一頭「古里古怪的紅頭髮」。沒有人能像她一樣地吃義大利麵，在葡萄上跳踢踏舞，拉太妃糖，或是用可愛且裝扮亮麗的愚笨言行來計劃惡作劇。她與阿納茲的婚姻於1960年結束，但她的獨角戲《露西秀》和《露西在這裏》仍得到忠實影迷的喜愛。◀1948（邊欄）

文學
典型的青春期少年

10 當《麥田捕手》於1951年出版後，成千上萬的讀者從苦惱的少年主角身上發現自己的影子。沙林傑塑造了文學史上最具說服力的孤獨少年形象——霍爾登·

考爾菲爾德，一名私立中學的逃學生，在他身上有對於純真的渴望並對其周圍的成人進行嚴厲批判（「如果你想知道真相，他們都是一群大騙子」）。在描述他在紐約成人社會的兩天冒險時，霍爾登時而善辯，時而激動，時而厭世，時而天真，宛如美國大戰之後中上階層的「哈克·芬」。

32歲的沙林傑是一位成熟的年青人，在久負盛名的《紐約客》雜誌發表過作品，曾經入伍並在猶他海灘的D日登陸行動中作戰。《麥田捕手》中對少年不滿情緒的敏銳洞察力和同情心奠定了沙林傑成為名譽青少年的地位。一些評論家認為霍爾登對成年人性行為不懈的體察和他的瀆神行為等於是倡導青少年不法行為。有人擔心「像這樣的書……可能使這種人大為增加」——而事實上，該小說成為50年代叛逆少年的流行讀物。

沙林傑是個相當孤僻的人，面對隨之而來的聲譽，他斷絕與曼哈頓的聯繫，在新罕布夏州的鄉間隱居起來。往後十幾年內他又出版了兩本書，然後真正地銷聲匿跡。雖然不斷被所謂的傳記作家和希望見他一面的崇拜者追蹤，但沙林傑直到90年代仍保持不與外界接觸。◀1910（12）▶1955（9）

面反攻。在麥克阿瑟公開批評美國高層領導人堅持局部戰爭的決策之後，杜魯門總統認為韓國不可能統一，並認為麥克阿瑟的言論可能導致第三次世界大戰，因而解除了麥克阿瑟的職務。4月11日，麥克阿瑟由馬修·李奇微將軍接替，他的牽制戰略只要求中國軍隊退回38度線。回美國後，麥克阿瑟在國會聯合委員會前舉行聽證會。他聲言對於30多年軍旅生涯的依依不捨，並引用一首軍中流行的老歌，歌詞中自豪地唱道「老兵永遠不死，他們只是逐漸凋零。」◀1950（1）▶1951（邊欄）

曼特爾和梅斯

1951年，紐約棒球界獲得了兩位最出色的新星，威利·梅斯加入了巨人隊，而米基·曼特爾加入了洋基隊。在長期的職業生涯中，兩位進入名人堂的球員一直保持得分記錄，共擊出1196支全壘打。然而，1951年球季卻屬於另一位紐約選手：巨人隊的鮑

比·湯姆森。他的打擊力無人能比，在第九局下半兩人出局滿壘的情況下，從球運不佳的布魯克林道奇手中贏得勝利。洋基隊在世界大賽中擊敗了巨人隊。◀1947（10）▶1956（邊欄）

歌劇在電視中出現

1951年，義大利作曲家吉安·卡洛·門諾蒂製作的歌劇《阿馬爾和夜客》，是首批電視「特別節目」之一。這個感人的故事描述一位跛腳牧童跟隨3名智者前往伯利恆的旅途經歷，《阿馬爾》是專為電視製作的首齣歌劇。▶1957（9）

> 「我不打算與任何人達成協議。與其和英國人達成協議，不如用泥土將油井封住。」
>
> —— 伊朗總理穆薩德

環球浮世繪

韓國的僵局

新年才一開始，聯合國駐韓國部隊便全面撤退，漢城再次進行疏散（1月4日）。但中共軍隊在城南48公里處停止前進。到了1月底，聯合國軍隊發動一次反攻；3月31日，他們重新佔領38度線。由於雙方都不願將衝突擴大，聯合國與共黨指揮官於7月開始協議停戰，而戰鬥仍在零星進行。◀1950（1）

紀念性建築的整建

十幾年前被納粹轟炸機毀壞的英國14世紀哥德式科芬特里教堂於

1950年開始重建。獲勝的設計是由英國建築師巴西爾·斯彭斯所構思，他將原大教堂的廢墟和新教堂合併在一起，於1962年完工。◀1940（11）

邱吉爾歸來

溫斯頓·邱吉爾利用下班開暇時間完成他的名著《第二次世界大戰回憶錄》（共6卷），並領導英國議會反對黨，於1951年成功出任英國首相。80歲高齡的邱吉爾將許多國內事務託付他人，以便專心於對外交政策上。他鼓吹（但並不成功）歐洲聯盟並努力加強英美關係。◀1945（邊欄）

徐滿計劃

法國、西德、比利時、義大利、荷蘭與盧森堡於1951年同意建立歐洲煤鋼組織。歐洲煤鋼組織由法國外交部長羅伯特·徐滿正式提議，旨在消除歐洲煤鋼貿易障礙。歐洲煤鋼組織於1952年被批准，設想到歐洲政治及經濟的最後整合，並且是歐洲共同體的前身。▶1957（5）

文學

瓊斯的殘酷戰爭史詩

⑪ 「我記得我是帶著一種最衷心敬畏的感覺來思考，在我們生活中從未有過相同的敬畏。」作家詹姆斯·瓊斯在回憶日本偷襲珍珠港時這樣寫道。他以在夏威夷的戰爭經驗（他於日本襲擊時在此駐防）創作了第一部小說：《從這裏到永恆》，於1951年出版，榮獲國家書卷獎。

該書洋洋灑灑861頁，它的無情坦率甚至超過了諾曼·梅勒的《裸者與死者》，對於軍隊生活之粗俗語言、酗酒和亂搞性行為的描述，以及對於「舊軍隊」編制之鬥爭和腐敗的揭露震驚了許多讀者，也逐漸破壞美國的戰鬥準備根基。

瓊斯的殘酷寫照只有在1953年被哥倫比亞電影公司改編為電影時才被略為加以淡化，該片獲得8項金像獎。影片雖被視為傷風敗俗（主要因為有一個場景是畢·蘭卡斯特和黛博拉·寇兒躺在沙灘上纏綿俳惻的鏡頭），但是飾演無可救藥的理想主義者羅伯特·李·普魯伊特的蒙哥馬利·克利夫和飾演其愛侶的唐娜·里德（原著中的一名妓女，片中女配角）卻一舉成名。法蘭克·辛納屈由於飾演同樣命運的士兵安傑洛·馬吉奧而獲得一座奧斯卡獎，並扭轉了正走下坡的演藝生涯。

瓊斯的第二部小說《他們跑來了》描寫的是小鎮生活。但從《細紅線》（1963）起，他繼續進行二次大戰三部曲寫作計畫。1977年瓊斯逝世，而當時該系列的最後一部《哨聲》尚未完稿。此書於翌年由他的朋友威利·莫里斯予以完成。◀1948（11）▶1957（邊欄）

伊朗

石油工業國有化

⑫ 伊朗總理阿里·拉茲瑪拉於1951年3月遇刺在伊朗掀起了軒然大波，直到兩年後在美國的干預下才平息。穆罕默德·雷沙·巴勒維國王在華府的敦促之下才於

6個月前任命拉茲瑪拉為總理：由於國民黨（成員包括共產圖德黨）力量興起，美國希望這位右派的將軍能嚴加處理。但他普遍受到蔑視，當他被刺身亡後（為一名回教激進分子所殺，理由是「為什麼你把國家獻給外國人？」），民眾的壓力迫使國王任命國民黨立法委員穆罕默德·穆薩德（上圖）來取代他。

自由黨人穆薩德是一項國會運動的領袖，要求英國持有的龐大英-伊石油公司（AIOC）國有化。令國民黨人士悲哀的是：伊朗只接收了AIOC公司的一小部分股份，而當時其他國家給與外國的石油特許權都是協議以五五分帳；公司的重要部門仍拒絕伊朗人於門外。議會在拉茲瑪拉死後幾天就通過了國有化法案，舉國歡騰。但英國人立刻要求抵制伊朗石油，伊朗經濟隨即陷入困境。

衰弱、年邁的穆薩德以熱淚盈眶的演說（經常是在帶進國會立法議事廳的一張床上發表，這是一個

使他受伊朗人喜愛但又使西方人士為難的小花招）、專制措施，並與共產主義達成和解來回應不斷加深的危機。但這些策略都未取得太大的效果。1953年，在英國支持及美國領導的一場政變下使得穆薩德時代以流血告終。◀1946（10）▶1953（4）

宗教

無宗教的基督教信仰

⑬ 在第二次世界大戰的餘波中，神學家對希特勒的興亡進行深思。對新教徒而言，這個問題尤為緊迫。德國畢竟是以新教為主的國家，而且其人民採行過納粹主義。如何在未來避免這種現象？基督徒在震動世界的新意識形態鬥

爭中應持何種立場？1951年，一本書的出現深入地影響了這場爭論：迪特里希·潘霍華的遺著《上帝的囚徒：來自監獄的信函和檔案》。

數年前，當主流的德國教堂接受納粹人士就任主教，使納粹主義融入禮拜儀式及排斥非雅利安人時，潘霍華協助成立與主流派分離的懺悔教堂。1937年以後轉入地下活動，該教派只聽命於神聖權威，許多成員幫助猶太人逃離德國。1943年，他因微不足道的煽動罪名入獄，但調查人員將他與刺殺希特勒的高層陰謀串連在一起。他於1945年盟軍逼近時，在弗洛森堡集中營被吊死。

潘霍華起初是瑞士神學家卡爾·巴特的追隨者。像巴特一樣，其神學強調耶穌的神蹟而非神職人員的教條。但巴特（本世紀最主要的正統新教思想家）致力於改革教會的教義，然而潘霍華鼓吹「無宗教的基督教信仰」，以仿效基督作為「替他人受難的人」為唯一基礎。他在監獄裏的著作與存在主義有許多共通之處：在道德不明確的世界裏，唯有從以助人為目的並基於此信仰的所作所為中才能產生美德。◀1932（7）

蘭卡斯特和寇兒在沙灘上，影片無聲地表現了小說中最動人的場景。

諾貝爾獎 和平獎：萊昂·儒奧（法國，勞工領袖） 文學獎：帕爾·拉傑克維斯特（瑞典，小說家暨詩人） 化學獎：埃德溫·麥克米倫和格倫·西博格（美國，鈾元素） 醫學獎：馬克斯·泰累爾（南非，黃熱病疫苗） 物理學獎：約翰·道格拉斯·考克洛夫和歐內斯特·沃爾頓（英國、愛爾蘭，原子核遷變）

邁克·哈默在鎮上

摘自《孤獨的夜》，米基·斯皮蘭，1951年

在一個正經八百的電影和電視秀的時代裏，通俗作家米基·斯皮蘭提供了未經加工的驚險快感。快節奏而充滿暴力的偵探小說在50年代打破銷售記錄，定期售出100萬本以上。斯皮蘭聲明他純粹是為賺錢而寫作，保留了美國犯罪小說中的普遍要素（粗暴的偵探、長腿女人、威士忌、香煙、耍槍等），但摒棄繁瑣細節，在驚險轟動的小說中以虐待狂取代現實主義，以原始性慾取代色情。他的小說《孤獨的夜》（1951年）將10年來的反共狂熱推向新的階段：偵探邁克·哈默吹噓道，「我今夜殺的人都數不清了，我冷血地對他們開槍並享受其中的分分秒秒⋯⋯他們是共產黨員⋯⋯母狗養的紅星崽子，早就該死。」在以下章節中，哈默陷入困境：曼哈頓的一個黑夜、一座廢棄的橋、一名絕望的女人和一名殺人狂。◀1930（11）

我以前見過恐懼，但從未見過像這樣的。

她就在離我幾步遠的地方，而我跑過去，用手扶起她的手臂好讓她站起來。

她的眼睛像茶碟似的，四週充血，淚眼朦朧。她看了我一眼並抽泣道：「閣下⋯⋯不，請不要！」

「放輕鬆點，親愛的，別緊張，」我說。我攬著她靠到橋樑上，她透過淚水用雙眼搜尋著我的臉。她想說話，而我打斷了她：「別說了，小姑娘，以後有的是時間。只要放輕鬆一點，沒有人會傷害你的。」

我的話彷彿觸動了她的心事，她的眼睛再次睜大，然後轉過頭盯住斜坡下方。

我也聽到了。腳步聲，只是不太急。又輕又均勻，彷彿知道在幾秒鐘內就能到達目的地。

我感覺到嘴角有一絲寒意而且我半閉著雙眼。也許你可以給身邊那些你想打的女人一巴掌並讓她的生活像地獄般悲慘，但沒有人有權利使任何女人驚惶失措。不能像這樣。

她抖得很厲害，我只好抱住她的肩膀讓她鎮定些。我看到她想說話，但無情的恐懼已籠罩了她的臉，於是她沒有出聲。

我拉著她離開橋樑。「跟我來，我們很快就能擺脫它。」她太虛弱，以致無法站立。我用手臂扶著她並開始向腳步聲走去。

他從白牆後走出來，是一個矮胖、穿著厚重皮大衣的傢伙。寬邊帽子滑稽地戴在頭的一側，而即使是這樣的距離我都能看見他唇邊的微笑。他的雙手插在口袋裏，走路搖搖擺擺。他看見我們倆人時一點也不吃驚，一道眉毛微微上揚，但僅此而已。對

了，他的口袋裏有把槍。

那把槍正對準我。

不用說，我就知道他是那個人，甚至不用想就知道他手上有槍，女孩看到他後全身嚇得僵直起來就足以說明這一點。當時我的臉色可能不太好看，但那傢伙絲毫不受影響。

槍在口袋裏移動，所以我想那一定是槍。

他的聲音和身材倒是很配，又短又粗厚。他說：「聰明的話就別逞英雄，這一點也不聰明。」他的厚嘴唇扭擠出得意和自負的笑容，心意如此明顯，我彷彿親耳聽到他說了出來：女孩跑了起來，盲目地跌進一個陌生人的懷抱裏。她求他幫忙，而那傢伙答應保護她，可是現在卻只能低頭看著槍身發呆。

事情的發生一點也不是這麼回事，但這正是那傢伙所想的。他笑得更開心並冷酷地說道：「那麼明天他們會在此找到你們倆。」他的眼睛像魔鬼魚一樣冰冷死寂。

他太自信了。他所能看見的只是自己能完全支配的情況，應該再仔細看我一下，也許就能看到我也有這種眼神，可能就會看出我也是身手不凡的殺手，而且明白我知道他只是那種一拔槍就會給自己惹麻煩的人，而不只是毀損一件好外套而已。

我並未真正給他機會。我只不過移動手臂，而且在他拔槍之前，握住點45手槍，拉下保險並扣動扳機。我只給他一秒鐘去體會死是什麼滋味，然後讓他面無表情。

他從未想過英雄也會有把槍。

在我將手槍放回槍套之前，女孩掙脫我並退到欄桿旁。她的眼睛現在能看清了。她看著地上的混亂，我手上的槍和使我臉上看來像是戴著殺手面具般的緊張線條。

她尖叫起來。天啊！叫得好大聲。彷彿我是剛從地獄裏出來的怪物一般！她尖叫並發出聲音，好像在說「你⋯⋯你是他們一夥的⋯⋯不要！」

我看出她要做什麼並試著抓住她，但剛才短暫的休息讓她有力量做想做的事。她掙扎並奔向欄桿頂端，大衣從我手中鬆脫，因為她跳入了橋下白茫茫的水中。

恐怖封面設計有助於《一個孤獨的夜》的銷售。斯皮蘭（上圖）被塑造成小說中英雄邁克·哈默一般的冷酷人物。

1951

「可憐的、甜美的小麗莎──現在成為我們的女王了。」

── 伊麗莎白二世的叔叔，蒙巴頓・路易伯爵1952年2月7日的日記

1952

年度焦點

女王萬歲

1 就像他當初即位時一樣，英王喬治六世去世時十分地平靜。這位飽嘗肺癌末期和心臟病之苦的56歲統治者，去世前已退隱到他的桑令罕皇家園林，從事他最喜愛的休閒活動──狩獵。1952年2月5日晚上，國王獵獲了9隻兔子和1隻鴿子（說他過了「非常快樂的一天」）後，在睡夢中去世。他的長女，25歲的伊麗莎白・亞歷山大・瑪麗與丈夫菲利普親王，匆匆中斷至肯亞的親善訪問，返回英國。伊麗莎白被宣佈為「本王國及其他王國與領地的女王，大英國協的領袖，忠誠的衛士」。

1953年，27歲的英國女王伊麗莎白二世在加冕典禮上戴上王冠。

國王的遺體先在桑令罕停放3天供人憑弔（放在由園林中的大橡樹做成的棺木中），然後在倫敦西敏寺教堂大廳中停放了3天。30多萬名英國人排隊瞻仰國王的遺容。許多人為了看到國王的遺體，排了一列長達5公里的隊伍，徹夜等候。100萬倫敦人目送移靈隊伍，另外20萬哀悼者（包括7名在位君主、3位總統和1千名其他國際知名人士）參加了在溫莎堡舉行的葬禮，850年來，這裏是英國皇室先祖的最後歸宿。

在1936年的皇室危機中，喬治的哥哥愛德華八世為了與一個美國離婚女子結婚而退位，由喬治繼位執政。他成為英國渡過經濟大恐慌後半期和第二次大戰的精神支柱，儘管敵軍不斷轟炸白金漢宮，他仍堅持留在倫敦。他平靜地目睹了這個福利國家的誕生和帝國的衰落（新女王的封號反映英國與其昔日原殖民地關係的變化，喬治是大不列顛王國的國王，而不是大英國協的首領）。

現在，伊麗莎白二世繼承她父親形式化但仍很沉重的職責：任命首相，批准法律，向政府建議，並向她的子民和世界各地展現英國古老的思想。她即位17個月後，加冕典禮於1953年6月舉行；盛大的慶祝典禮和一年前悲戚的葬禮一樣隆重。◀1936（5）▶1981（4）

中國婦女在採收茶葉。1952年後，毛將更加注重工業發展。

中國

向工業化躍進

2 經過幾十年的戰爭和革命，中國終於安定下來。1952年，中華人民共和國已成立3年。土地改革在進行之中，但工業卻落後。毛澤東政府認為該是把革命擴大到城市的時候了。蘇聯的改革（目前已40年）對於中國希望實現的社會、政治、經濟轉變，雖不是個完美的模式，但卻是唯一可資借鏡的前例。儘管仍持保留態度，毛澤東和他的同志還是向莫斯科尋求指導。8月時，周恩來總理訪問蘇聯，與蘇聯官員討論中國的前景。他回國後的數月之內，中國便開始它工業化的第一個五年計畫。

這個計畫促使傳統的農業經濟轉變為現代的城市經濟。向現代化邁進意味著中國必須採用史達林的經濟和管理思想。1953-1957年間，80%的中國人口住在農村，但同樣比例的政府支出卻用於城市。重工業如鋼鐵、水泥、生鐵的生產每年成長約20%，但農業卻停滯不動。農民透過納稅和限額承擔工業化的費用。約3000萬中國人離開農村，而城市工人階級的人數增長了一倍。

這種集約化的經濟得需政府有新的政策配合。然而由於偏向蘇聯式的官僚體制，便得捨棄毛澤東革命理論中靈活性這項重要的原則。這使得西方各國擔心中國將成為克里姆林宮的傀儡。但是毛澤東從未失卻他對於蘇聯原有的警惕心。中蘇很快失和，終於，莫斯科切斷一切的援助，放任中國自己去尋找自己共產主義的道路。◀1949（1）▶1958（2）

埃及

反叛及政變

3 1952年，經過30年的「有限」獨立之後，埃及人毅然決然起來反抗英國人的統治。自前一年要求完全自治的談判破裂後，衝突事件開始愈演愈烈。埃及議會迫於廣大民眾要求撤走所有英軍的壓力，宣佈1936年簽定的英-埃條約無效，並宣佈法魯克國王為蘇丹統治者（當時英國控制蘇丹但打算讓其獨立）。英國對此以在蘇伊士運河沿岸集結大量軍隊作為回應；埃及當局接著允許民族主義團體組

埃及民族主義者在開羅集會，反對英方干預內政。

建民間自衛隊。1月，發生幾次暴力衝突後，開羅沸騰了。暴動者破壞750個英國機構並殺死了11個歐洲人。

雙方政府畏於他們將引發暴力事件，都開始退縮。法魯克政府宣佈戒嚴。但一群激憤的埃及軍人認為時機成熟，民族主義的熱情使得「自由軍官」運動的謀反者聯合起

藝術與文化　書籍：《老人與海》歐內斯特・海明威；《呆頭呆腦的人》伯納德・馬拉默；《智血》佛蘭納里・奧康納；《夏綠蒂之網》懷特；《龍與獨角獸》肯尼士・雷克斯羅思　**音樂：**《你不忠的心》漢克・威廉斯；《空中的幻想和發明》奧托・呂寧；《秩序觀》阿瑟・伯格爾；《紀念物》薩繆爾・巴伯　**繪畫與雕塑：**

「這就是我們所擁有的和我們應得到的，並不很多，但我和帕特很滿足，
因爲我們所得的每一分錢都是正當得來。」
　　　　　　　　　　　　　　　　　　——尼克森的「花格子」演講

來，認定埃及軍人的可憐現狀以及最近對以色列戰爭的失敗，都是猖狂的政府官員腐敗貪污造成的。7月，他們的軍隊控制了政府機構。法魯克無言地下台並離開埃及。

這場沒有流血的政變是由34歲的民粹主義者賈邁勒·阿卜杜勒·納塞上校策劃的。但他此後就把政府交給一批較年長、更有名望的人來管理。以阿戰爭中的英雄穆罕默德·納吉布將軍成了革命指揮委員會的主席，這個委員會很快即進行土地改革，解散議會，廢除所有政黨（許諾最終轉向自治）。同時，納塞則悄悄鞏固自己的勢力。1954年，納塞重新執政，正好趕上英國結束統治，成爲當時最有影響力的阿拉伯領導人。◀1949（6）▶1954（2）

東非
茅茅叛變

④ 西方記者對這場受迷信或共產主義陰謀蠱惑暴動的描述，使英國殖民地肯亞動盪不安，成了一個恐怖混亂的「原始社會」。實際上，肯亞茅茅流血暴動的原因並不難理解：多數的肯亞人希望自己的國家脫離歐洲人統治。

後來擔任肯亞總統的肯雅塔由兩名英國傭兵押至監獄。

1952年殖民地總督宣佈進入緊急狀態時，已有成千上萬的基庫尤人（肯亞人數最多的部族）加入「茅茅」（這個名字的由來至今仍在爭議中）。英國運來大批軍隊，而在持續到1956年的戰爭中，共有1萬1500名基庫尤人和2千名由非洲人組成的反茅茅武裝部隊斃命。一度有8萬名非洲人入獄。即便如此，

要求自治的呼聲仍越來越高漲。

歐洲從19世紀中葉就開始對肯亞進行滲透活動。爲了推行殖民經濟，英國殖民者將基庫尤人趕離肥沃的高原。一無所有並被剝奪公民權的肯亞人要求改革殖民制度。第二次世界大戰後，基庫尤人的政治領袖喬莫·肯雅塔從倫敦經濟學院畢業歸來，就擔任剛成立的肯亞非洲聯盟主席，此後肯亞人才開始改變鬥爭策略。

肯雅塔將肯亞非洲聯盟改組成一個大型民族主義政黨，並成立自己的教育機構。1952年暴亂爆發，肯雅塔因被控領導茅茅運動而被捕，但他始終不承認這項指控。肯雅塔一直被監禁到1961年。當他獲釋時，也到了肯亞準備展開獨立條件談判的時候。▶1963（6）

美國
美國人民喜歡艾克

⑤ 在1952年總統競選中，承諾會結束韓戰的退休將軍德懷特·艾森豪，使民主黨候選人阿德萊·史蒂文生陷入苦戰。艾森豪得益於諸多因素：在第二次世界大戰中的戰績、令人傾倒的魅力、其競選夥伴理查·尼克森的反共名聲，以及大眾在民主黨連續20年執政後對革新的渴望。當然，像他的繼任

者甘迺迪一樣，他的成功也拜新興的電視媒體所賜。

在每一處歡迎艾森豪的地方都可以聽到「我喜歡艾克」的歌曲，他的競選文宣部門由此得到靈感，設計了一系列遊行樂隊高唱「我喜歡艾克！你喜歡艾克！人人喜歡艾克！」的簡短電視廣告。較之史蒂文生博學高深的冗長演講，這些廣告效果更驚人。但是傳播媒體上最大的贏家卻是尼克森。當有消息透露加州一群商人曾私下向尼克森提供一筆1萬8千美元的行賄基金時，面臨在選舉中被淘汰的尼克森藉由廣播媒體來挽救他的政治生命。

6000萬名美國人收看了這場後來稱爲「花格子」的演講。尼克森在妻子帕特的陪同下，爲基金的合法性辯護並否認將任何行賄基金移爲私用。他將自己描繪成一個出身寒微、辛勤工作以出人頭地的男孩。他說，帕特穿的是「可敬的共和黨的大衣制服」。他唯一收下的禮物是一條小狗，名叫「花格子」，「是我們的小女兒，6歲的特里西爲小狗取的名字。」尼克森以一種嘲弄的口吻說，「我們會把它留下來。」觀眾熱淚盈眶，支持者的信件如雪片般湧來，艾森豪和尼克森的選票立刻大幅回升。◀1948（邊欄）▶1960（2）

在1952年芝加哥的共和黨全國會議上，加州參議員尼克森（左起第二位，旁邊是他的妻子帕特）出人意外地以艾森豪的競選夥伴身分出現。

《女人和自行車》威廉·德·庫寧；《高山與大海》海倫·弗蘭肯沙勒　電影：《戲王之王》西席·地密爾；《薩巴達傳》伊力·卡山；《蓬門今使爲君開》約翰·福特；《小春的一生》溝口健二　戲劇：《椅子》尤金·尤涅斯科；《密西西比先生的婚姻》弗雷德里希·迪倫馬特　電視：《今日節目》；《法網》；《奧齊與哈麗雅特的冒險》。

「這個計畫……從技術上講是很容易完成……爭論純粹集中在一旦真正擁有它，在政治上、軍事上、人道上你想用它來做什麼的問題上。」
——歐本海默對發明氫彈的言論

1952年新事物

- 麗都假日飯店（曼非斯，田納西州）落成

- 袖珍型電晶體收音機（新力）
- 《瘋狂》雜誌創刊
- 無糖無酒精飲料
- 蘇聯第一次參加奧運會

美國萬花筒

雨中歌唱

在1952年的電影主題曲《雨中歌唱》中，金·凱利的表演堪稱是熱情、熟練、優雅的上乘之作，為好萊塢一幅不朽的畫面：

金凱利踏著輕快而充滿活力的舞步，跳上街燈的基座，撐著一把雨傘，面帶笑容歌唱著，全然不顧暴雨打濕了全身。這部喜劇彩色片是對早期有聲電影混亂局面的諷刺，代表歌舞電影片全盛期的經典作品。◀1934（6）▶1965（12）

最暢銷的書

1952年，單行本的舊約和新約全書的標準修訂版在各大書店大賣，並持續兩年高居暢銷書排行榜第一名，被稱為是「341年來關於聖經最重要的新聞」。這個最新修訂版是由美國新教全國教會委員會製作的，反映出近代的研究結果和現代語法，但仍保留了1611年詹姆斯王版本的高度文學水準。

立體電影熱

30年前第一部3D立體電影的無聊劇情並未對人們造成太大影響，1952年11月當《布瓦納惡魔》上映時，觀眾如潮水般湧向

氫彈試爆產生的蘑菇狀雲在馬紹爾群島上空升起。

技術
第一枚氫彈

6 1952年11月1日，一個直徑5公里的火球在馬紹爾群島的埃尼威托克島環礁上空騰起，臨近的埃拉格拉伯小島消失了。第一枚氫彈（取了一個平淡無奇的名字——麥克）的爆炸威力相當1000萬噸的黃色炸藥，比當初摧毀廣島的原子彈高出500倍。在太平洋對岸的加州，美國氫彈之父、物理學家愛德華·泰勒監控了這次地震般的爆炸。他十分欣喜，歡呼道「這小子太棒了！」

1942年，物理學家恩里科·費米首次提出熱核氫彈的構想，即一種由核子融合而非核子分裂來提供能量的裝置，泰勒一直將此作為他個人的研究目標。但許多一流的原子彈專家，包括羅伯特·歐本海默和費米本人基於道德考量反對美國政府這種做法。1950年，蘇聯試爆自己的原子彈之後，杜魯門總統中止這場爭論，命令原子能委員會盡快研製出氫彈，由匈牙利移民泰勒負責試爆計畫。仍持反對意見的歐本海默（原子能諮詢委員會主席）被控為顛覆分子並於1953年被撤消忠貞證明。

在蘇聯原子彈的研發人耶格爾·庫爾恰托夫的領導下，以及安德烈·沙卡洛夫和伊戈爾·曼理論研究工作的推動下，蘇聯科學家很快便迎頭趕上，1953年8月引爆第一枚氫彈。一年之後，美國在比基尼島（馬紹爾群島的另一環礁）試爆了3枚氫彈，1955年在3個月內又試爆了17次。這些試爆使比基

尼後來成為女人三點式泳裝的名稱，因為女人三點式泳裝所帶來的震憾不亞於比基尼島核子爆炸對男性的衝擊。氫彈還帶來了另一個難看的產物：在美國建造地下防幅射塵的掩體風靡一時。◀1946（7）▶1961（5）

古巴
巴蒂斯塔的罪惡之島

7 在古巴曾以打字速度最快著稱的富爾簡西奧·巴蒂斯塔（他是在擔任陸軍速記員時開始竄升）扶搖直上，成為古巴島上最有權勢的人。他兩度統治這個國家：1933-1944年，他努力想建立一個賢明的政府；他自願退休後，在1952年捲土重來時卻建立一個令人又怕又恨的獨裁政權。雖然古巴脫離他的統治僅幾年光景，但這個國家的發展和氣勢與過去出現了極大差異。

巴蒂斯塔以「中士叛亂」（一些野心勃勃的少壯軍人控制了腐敗

的政府並加以改革）的領導人開始掌權。1933年，巴蒂斯塔成為古巴實質的統治者，並於1940年當選總統。他的施政綱領很得人心，改進了教育，還發展經濟，雖然他和夥伴們中飽私囊（這是當權者的傳統特權），但國家也相對地繁榮起來。在蔗糖和煙草種植園中辛苦耕作的無產農民多少還有一點所得。他退休之後，古巴陷入混亂可怕的政治腐敗，人們請求巴蒂斯塔復出。他透過一場軍事政變來重新掌權。這次卻沒有改革，只有對政治自由的完全剝奪和貧富差距的進一步擴大。

從1952到1959年元旦菲德爾·卡斯楚將巴蒂斯塔驅逐下台的這段期間，巴蒂斯塔像統治殖民地一樣統治古巴。統治者是他本人和與他同流合污的地方鄉紳，還有在古巴投資近10億美元的美國企業以及控制哈瓦那島繁榮賭場的黑手黨（50年代中期約2萬7千名職業賭徒及1萬3500名妓女藏匿在古巴）。

古巴變成了一個觀光的好去處，一個倫巴舞曲縈繞、享受亞熱帶雞尾酒的勝地，同時這國家也是一個可怕的居住地。大多數反對巴蒂斯塔苛政的人都被抓進監獄或處死，其餘的人則被悄悄地免職。◀1933（4）▶1953（邊欄）

文學
關於隱形的名著

8 像其他現代主義盛期的作品一樣，拉爾夫·埃利森的

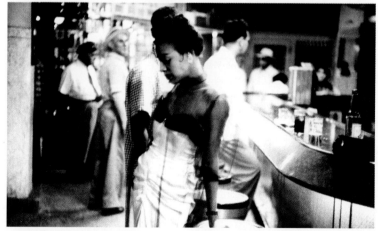

巴蒂斯塔統治下的古巴是尋歡客的天堂。類似這樣的夜總會讓哈瓦那成為「世界上最充滿色情的城市」。

1952

「我是個隱形人。我是看不見的，懂嗎？因爲人們根本不想看我。」
——埃利森的《隱形人》

《隱形人》是從自然主義到超現實主義、從貧民窟俚語到高超的雄辯、從歡鬧到悲劇之間來回跳躍的作品。它的文學淵源可從杜思妥耶夫斯基追溯到福克納。但藍調、爵士樂和非洲傳統的民間故事也混合在其中中。1952年，這本書一出版便被視爲是革命性的作品，原因就在於此書的主要人物以及38歲的作

者都是黑人。

正如埃利森早期一篇短文中抱怨的一樣，小說家很少描寫「擁有人性完整的、複雜曖昧性的黑人主角」。雖然埃利森的老師理查·萊特由於他鏗鏘有力的《土生子》（1940）而被視爲名流，但它嚇人的風格和馬克斯主義決定論則屬於另一個時代。埃利森爲存在主義小說開闢新的領域，探討一個孤寂的普通人努力想在荒誕世界中作有意義的表現。

儘管故事的自傳色彩濃厚，埃利森的小說著重於探索美國黑人經驗中宇宙人類共存的意義。無名的小說敘述者描述他一生的故事：從南方鄉村的少年時代到哈林黑人區的成年期（其間一段曾經在黑人大學和北方的工廠待過），從早年對布克·華盛頓自救理念的信仰到一度沈醉於共產主義，到他的幻滅——他了悟到不僅對這個種族主義的社會而且對他自己而言，他都彷彿是不存在的。

《隱形人》獲得1953年國家書卷獎。後來的諾貝爾獎得主索爾·貝婁（他風格鮮明的語彙也源於優雅和低俗兩種語言的混合）讚揚埃利森用「非常複雜和艱難的經驗……而只有極少數人願意從道德和知識角度去呈現」。埃利森於1994年逝世，享年80歲，直至此時，他的第二部小說仍尚未完成。
◀1940（18）▶1953（13）

阿根廷
貝隆走下坡

9 處於鼎盛期的阿根廷獨裁者胡安·貝隆是整個第三世界民族主義者心目中的英雄。一些人儘管爲其與納粹的關聯和高壓政策感到惋惜，但也爲他雄心勃勃的社會經濟改革以及對美國佬的蔑視而喝采。在國內，貝隆黨有數百萬的成員。但自1952年起，貝隆的威信開始下降，此時，他的第二任妻子，33歲的伊娃死於癌症（他的第一任妻子貝隆夫人也奇怪地在同樣的年紀死於同樣的疾病）。

當過演員的伊娃其個人魅力和從貧窮到富有的經歷，使她成爲那些「一無所有」的人們的偶像。透過電台廣播和個人露面，艾薇塔（她以此名著稱）促使貝隆主義被定爲國教。她還由於主導通過了一項法令，強制公立學校開設宗教課程，而贏得勢力龐大的天主教組織的好感。她非正式地領導孚眾所望的勞工部和衛生部，同時也透過伊娃·貝隆基金會捐款（錢可能都落入了她自己的腰包）。她還爲婦女爭取到選舉權。在她的葬禮上，擁擠的人群爭相瞻仰她的遺體，有16人因此喪生，總統後來將她的遺體存放在總統府邸中。

但艾薇塔的鰥夫老公卻行爲不檢，令天主教徒們非常憤慨：他廢除有利於教會的法律，使賣淫合法化，與少女約會。民族主義者對他

伊娃·貝隆在布宜諾斯艾利斯機場向崇拜她的人致謝。

爲尋求經濟援助而向華府獻媚大爲憤怒。屈辱換來的貸款未能彌補通貨膨脹、腐敗以及貝隆工業計畫帶來的損傷。面對不斷增長的不滿，貝隆以更張揚的宣傳和加強警察殘酷暴力來應付。他逮捕了幾十位神父，羅馬教宗庇護十二世因此將他逐出教會。1955年貝隆被逐下台，流亡到馬德里，在那裏他開始謀劃捲土重來。18年後，他如願以償。
◀1946（8）▶1973（3）

醫學
男人變成女人

10 當過兵的喬治·喬根森離開紐約的布隆克斯去丹麥時，還是一個高瘦的年輕小伙子。1952年，記者爲了找他來到哥本哈根時，他已在兩年之間做5次大手術，注射過2千次荷爾蒙，他（更確切地說是她）已成爲克莉斯汀·喬根森，一個漂亮的金髮女郎，向保守一代的性別觀念提出挑戰（上圖，喬根森手術前、手術後和20年後的照片）。幾個月後，喬根森回到紐約，她說：「我很高興回到家。」又頑皮地加上一句「有什麼事會難得倒美國女人？」

雖然變性手術早在20年代就已開始進行，但喬根森是第一個公之於眾的變性人。她說，她小時候完全是個正常的男孩，除了經常感覺自己應該是一個女孩之外。當喬根森讀到丹麥醫學界對性分泌學的興趣之後，即遠渡重洋去尋求幫助。雖然喬根森的例子從醫學上而言並非奇跡，但在新聞界卻掀起了軒然大波。它爲日後的許多電影和小說提供了素材（從《洛基的恐怖圖片展》到《沉默的羔羊》），也爲其他想變成女人的男人樹立了榜樣。◀1948（10）

影製片家想以立體電影重振已被電視影響而大爲衰退的好萊塢。直到一年以後，觀眾才發現，立體電影是低級的騙人玩意，立體電影也因票房不佳而消聲匿跡。
◀1922（8）▶1953（邊欄）

杜魯門將鋼鐵廠收歸國營

1952年4月，杜魯門總統認爲鋼鐵工人罷工將嚴重危及美國對韓戰的進展，爲防範未然，他將鋼鐵廠收歸國營。從年初就未簽定工作合約的鋼鐵工人大肆慶祝，但主管階層卻沒那麼樂觀，主要的新聞媒體也支持他們（紐約日報稱杜魯門的做法就如同希特勒）。6月，最高法院裁決杜魯門的法案違憲。隨後53天的罷工期間，美國的國防並未受到嚴重影響。最終，在達成一項協議後工廠復工。美國克服了一場憲政危機。◀1943（邊欄）

正面思考

1952年，諾曼·文生·皮爾牧師的《積極思考的力量》出版，給處於增長初期的工業注入了強心劑。皮爾這本發人深省的書，充滿了鼓舞人心、單純實際的基督教精神，成爲長期的暢銷書之一。◀1936（邊欄）

波多黎各聯邦

1898年波多黎各由西班牙割讓給美國，1952年它正式通過一項新的憲法條款，成爲美國的一個獨立的聯邦。地位的改變使島上的居民獲得美國公民權，但沒有聯邦選舉的投票權。▶1967（邊欄）

1952

「多妙的偽造品！是的，但偽造的是什麼東西？」
—— 美國作曲家內德‧羅萊姆關於凱奇的評論

環球浮世繪

玻利維亞革命

4月，由於玻利維亞軍政府阻撓民選總統帕斯‧埃斯滕索羅任職，城裏的叛亂分子群起反抗，掀起一場駭人的暴動。玻利維亞國民革命運動領導了這場革命。國民革命運動在1952年的戰鬥中擊潰了整個軍政府。埃斯滕索羅上台後進行了一系列的社會改革，玻利維亞革命也成爲南美洲歷史上最徹底的一場革命。
◀1941（9）▶1980（6）

致命的大霧

倫敦的工業和家用火爐每天排出2千噸二氧化硫和其他的有毒污染物。在12月初，一種少有的氣象型態凝聚了大氣層中的污染物質，使得整個倫敦籠罩在骯髒的煙霧中。天空由黃變黑；能見度只有幾英尺。3週後，這種有毒的煙霧散去，「殺人霧」在當時

造成4千人死亡，另外8千人看來似乎康復了，但後來仍死於呼吸衰竭。◀1951（3）

世界首件核子事故

1952年在加拿大安大略省東南部的白堊河原子能研究中心（距渥太華153公里）發生一起核子事故，展現了核能毀滅性的威力。核能發散出一團致命的放射性雲團，核子反應爐中約455萬公升的水被污染。◀1951（3）▶1979（7）

上演最久的戲劇

11月，阿加莎‧克里斯蒂的《捕鼠器》在倫敦的大使劇院上演。30年後（轉到另一劇院演出，但演出時間一直未變），它已經是世界上上演時間最長的戲劇。
◀1920（5）

即將出征緝匪，法警威爾‧凱恩與他年輕的新娘（葛麗絲‧凱莉）道別。

電影

西部老片的榮耀

⑪ 1952年上映的電影《日正當中》是一部經典的西部片：主角是一位法警威爾‧凱恩，他在結婚典禮也是退休的那天，冒著生命危險去營救哈德利韋爾鎮的鎮民，這些怯懦的鎮民被一群來復仇的槍手挾持。但故事的情節把重點放在馬歇爾良心的起伏上，其實也是對在冷戰早期的反共狂熱中，左派分子和自由主義者被好萊塢列入黑名單這一情況的諷喻。作者卡爾‧福爾曼說：「它是我這個圈子被恐懼腐化的寫照。」不久，卡爾本人也被列入黑名單之中。後來他移居英國，匿名創作了一些電影劇本，其中包括由大衛‧連執導的《桂河大橋》。

諷刺的是，凱恩這個角色是由賈利‧庫柏飾演。庫柏是一位保守派，他曾自願到議院的反美活動委員會作證，譴責共產主義侵蝕美國電影工業，但是並未公開揭發任何同行的名字。這位演牛仔片的老牌演員並非導演佛烈‧辛尼曼的第一人選：庫柏已經50歲，顯得太老了。歲月已在他臉上刻下了痕跡，他還患有嚴重的胃潰瘍，臀部也受過傷。儘管他曾是奧斯卡獎得主（1941年的《約克軍曹》），並一度是票房寵兒，但他最近的幾部片子慘遭失敗。儘管如此，由於《日正當中》的出資人（加州的一個生菜萵苣種植商）是個狂熱的庫柏迷，因此，這位蒙大拿出生、原爲漫畫家的演員得到了這個角色。

事實證明這個選角是對的。比起好萊塢電影中常見的英俊牛仔形象，庫柏那飽經滄桑的面容令人耳目一新。他自然的表演——極富表情的臉部抽搐、凝視、遲疑和沉默，爲他贏得了第二個奧斯卡獎，並刷新了票房記錄。◀1947（5）▶1962（7）

醫學

拯救心臟

⑫ 從1952年開始，一連串的醫學突破大大降低了心臟手術的危險性。其中一項突破使心臟外科醫生不必在一灘不斷湧出的血中「摸索」（憑感覺）進行手術。9月，明尼蘇達大學的佛洛伊德‧劉易斯博士爲一位5歲的小女孩修補心臟上的小洞，當時，女孩的體溫已降到華氏79度。冷凍（用橡皮毯子裹住小女孩，再注入低溫酒精）使她心臟的氧氣需求量減半，從而可讓血液循環停止5分多鐘。

次年，一種使心臟保持更長乾燥時間的方式——心肺機出現了。費城傑佛遜醫學院的外科醫生約翰‧吉朋博士花了近20年時間，研製出這種裝置，它接上心和肺，不只運送血液，還補充氧氣，排出二氧化碳。最後，外科醫生發展出一種體外冷卻法，將降溫法和心肺機結合運用，同時另有一個機器負責冷卻血液。

同樣在1952年9月，華盛頓喬治敦大學醫學中心的查爾斯‧胡夫納格爾，首次實行人工心臟瓣膜的

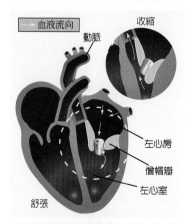

人工心臟瓣膜在心臟收縮時能阻止血液倒流進入左心室。在健康的心臟中，天生的瓣膜與左心室是隔離的。

移植。一根3.7公分長的樹脂玻璃管中裝有一個塑膠小球，它代替了病人主動脈中有問題的瓣膜。這種裝置的特點是不論何種姿勢它都能運作如常。查爾斯博士說：「病人如果高興，他也可以倒立，不會發生任何問題的。」◀1914（11）▶1967（1）

音樂

凱奇的寂靜之音

⑬ 作曲家約翰‧凱奇對概念的興趣高於樂器，他說他最喜歡的音樂是《我們靜默時聽見的聲音》——凱奇有名的《4'33"》，

1952年首次演出，特色是鋼琴家始終未彈一鍵。音樂家走進演奏大廳，打開琴蓋，靜靜地坐了4分鐘33秒，然後合上琴蓋。音樂由這段時間內所能聽見的「背景」噪音組成。

一些評論家認爲凱奇是美國20世紀中期最重要的作曲家（而另一些評論家認爲他根本稱不上是作曲家）。他十分愛好打擊音樂，也愛寂靜以及隨意性。他早期的作品以「預置鋼琴」來演奏，指撥和隨意彈奏被阻隔及加重的琴弦，產生一連串奇異別具風味的聲音。而後，凱奇以收音機、錄音機和花盆爲主題寫曲，經常參考《易經》（中國古代的占卜書籍）來決定曲子結構。「我盡力在安排自己的作曲方式，」他說，「所以我不知道最後會變成怎樣。」

有人說，如果說肖恩解放了不和諧音的話，那麼，凱奇也就解放了噪音，但對凱奇來說，噪音並不存在——只有聲音。他的理論（尤其是音樂本質上是一個「空的容器」的理論）也許比他的音樂更具有影響力。然而，他的一些作品甚至適合跳舞：從30年代至70年代，凱奇一直是編舞者梅爾斯‧坎寧安的音樂指導。◀1948（邊欄）▶1976（10）

貝西・麥考爾的洋娃娃

摘自《麥考爾》雜誌，1952年9月號

對於成千上萬美國50年代中產階級家庭中的小女孩來說，貝西・麥考爾娃娃是一個理想的知心朋友。當然，這些小女孩的母親們都是《麥可爾》雜誌的忠實讀者。貝西娃娃還是一個了不起的促銷手段。貝西是一個紙娃娃，在這本倡銷的婦女雜誌，每個月她與媽媽、爸爸，她的小狗諾瑟，或是她的玩伴們都有不同的故事。她穿著各式各樣的漂亮新衣出現——由麥考爾公司廣告商製造的相同衣飾，可在雜誌上所列出的商店中買到。1952年9月號這一期（下圖）介紹了貝西・麥考爾的洋娃娃，這個洋娃娃有「柔軟的膠料臉孔和軟頭髮，這頭髮能洗也能捲」。這個洋娃娃衣物的縫製圖樣（「非常簡單，手巧的孩子也能縫出來」）刊登在後兩期中。

Betsy McCall gets a doll

DRAWINGS BY KAY MORRISSEY

Betsy and her mother were buying a new dress. "Eeny, meeny, miney, mo," said Betsy. "Oh, Mummy," she broke off, "they're so pretty! Can't I have all three?" "All right," Mummy relented, "and you may wear the red dress home, but let's save the others for school. Now," she said, "shall we see about that new doll?" They took the escalator to the toy department. "I want a doll," Betsy told the clerk.

NEXT MONTH
BETSY McCALL MEETS A WITCH

"Now this is a *lovely* doll," said the salesgirl. "No," said Betsy, "she's too big. Besides, I want a doll that looks just like me!"

"Why I have *just* the doll!"—and the clerk led Betsy to a counter where there was a row of dolls— and they all looked *just like Betsy*

And they wore dresses exactly like Betsy's! "Oh, my," she said. "Let me have the one in red so right away everyone will see she's mine"

This is Betsy McCall

BETSY McCALL'S COTTON PANTIES BY CARTER'S
BETSY'S DRESSES BY YOUNG LAND
MAY BE SEEN AT MACY'S, NEW YORK,
AND STORES LISTED ON PAGE 156

© Copyright 1952 McCall Corporation

Try these dresses on Betsy's doll and see which one you like best

Betsy's striped dress has a red belt, white piqué collar and cuffs

Betsy looks like a Gibson Girl in her red dress with push-up sleeves

Betsy's gray-and-white checked dress has a scalloped bib of solid red

洋娃娃、蕾絲邊的洋裝、以及溺愛小孩的家庭主婦、是貝西・麥考爾的美國少女生活。

1952

「我有一個感覺，如果你的結構正確……那麼所有僵化的問題都會化解，
理論生物學將進入一個最動人的時期。」

—— 馬克斯・德爾布呂克評論華生和克立克的雙螺旋

年度焦點

雙螺旋

1 到1953年，雖然世界上許多優秀的微生物學家都在試圖測定去氧核糖核酸（DNA，攜帶所有生命形式遺傳密碼的分子）的結構，但此工作卻由科學界一對奇異的夥伴詹姆斯・華生和法蘭西斯・克立克獲得突破。華生是美國的天才，22歲時就獲得博士學位。當1951年他們兩人相遇時，克立克這位35歲的英國生物物理學家也獲得博士學位。華生體形瘦小纖細，他的搭檔則高大飽滿。但在智力與技能方面，他們卻是完美的搭擋。

克立克（左）和華生綜合許多科學家的研究成果，建立起他們革命性的DNA模型。

令人詫異的是，他們之間相對的經驗缺乏卻反而成為一個優勢。與他們的一些同僚相反，華生和克立克不害怕分享觀點，努力尋求建議，且不擔心犯錯。克立克說：「我們並不局限於吉姆研究生物而我研究物理，我們一起做並變換角色互相批評」。DNA是已知最大的分子，於1869年被發現，1943年微生物學家奧斯瓦德・艾弗里揭示出它有一種遺傳功能。使科學家們感到困惑的是DNA運作的方式：它怎樣檢測細胞的屬性，換句話說，基因如何複製。華生和克立克這對劍橋大學著名的卡文迪什實驗室（華生已在此進行博士後的研究工作）搭檔著手進行揭開此謎的工作。

工作從研究英國生物物理學家莫里斯・威爾金斯和羅莎琳德・富蘭克林的X光衍射圖片開始（富蘭克林為此而抗議他們未經允許就擅自使用），華生和克立克拼合出DNA的結構。他們展現出這是一個雙螺旋形狀（兩股纏結在一起的螺旋形聚合物鏈）。當DNA分裂為單一鏈時，每一個鏈便開始成為一個基礎，在此之上一個新的相同鏈開始形成，新鏈和舊鏈組成新的DNA分子。每一個新的分子包含了與原鏈相同的遺傳資訊，這便是基因，而最後則藉由染色體被複製，讓基因的特質得以再生。1953年4月，克立克和華生在英國科學雜誌《自然》上發表他們的發現，造成生物學的革命，現代遺傳科學誕生了。克立克、華生和威爾金斯共同獲得1962年諾貝爾醫學獎。富蘭克林未能享此殊榮：因其於1958年去世，而根據諾貝爾獎規則，該獎不可以在死後授予，也不能把該獎分為3份以上。◀1943（18）▶1955（邊欄）

聯合國停火線形成了南北韓的新邊界。

朝鮮

戰爭結束

2 未經宣戰的韓戰經過3年戰鬥之後於1953年結束，死傷慘重。這場戰爭估計約有400萬人死亡，包括近100萬的中國人，5萬4千名美國人，其他幾千名聯合國部隊人員和約200萬的南北韓人民。不過各自的領土幾無變動。

和平談判於1951年春就開始進行，卻被兩個主要問題所阻礙：在何處劃定二韓的停火線以及如何處置戰俘。共產黨人建議維持北緯38度線的邊界（他們曾越過此線開始戰爭）。聯合國則堅持現存的戰線，這樣可給予南方多一點的土地。至於戰俘問題，聯合國支持「志願遣返方案」：只有那些希望回到北韓和中國的戰俘才會遣返。聯合國軍俘獲13萬2千名戰俘；調查顯示幾乎有三分之一的人更願待在南韓。（許多戰俘是被入侵的北韓軍隊徵募的南韓人；另外則是被毛澤東軍隊收編的前國民黨士兵。）共產黨拒絕這一建議，消耗戰重新開啟。

1953年6月，當敵對雙方對於聯合國的邊界提議和由一個中立調查團裁決不願被遣返的戰俘問題最終達成一致協議時，善變的南韓總統李承晚試圖破壞和平進程，命令他的部隊不理睬任何未來的條約，並安排2萬5千名不想回北韓的戰俘大規模「逃亡」。當共產黨軍隊以強力攻擊作為回應後，美國軍方對

李施加壓力迫使其合作。停戰協定於7月27日簽署。◀1951（邊欄）▶1968（6）

蘇聯

暴君之死

3 1953年3月5日，73歲的約瑟夫・史達林在患腦溢血4天之後死去時，他的國家不知道該是悲傷還是慶賀。被抨擊為獨裁者，也被尊為實質上帝的史達林統治蘇聯長達29年，帶來了戰爭的勝利和工業化的驕傲，但也促成大屠殺、饑荒並強制實行集體化。在史達林鼓勵下所形成的官僚偏執的氛圍中，他的所有可能繼任者馬林科夫、莫洛托夫、貝利亞、布爾加寧、赫魯雪夫都小心翼翼地各使手段圖謀權位。民眾一次又一次被要求保持冷靜和團結；對分裂、混亂和叛亂的恐懼氣氛瀰漫在群龍無首的克里姆林宮。

當史達林的遺體躺在莫斯科供人憑弔的時候，由馬林科夫（部長

據說史達林臨死前正在策劃另一次整肅。

會議主席，為史達林一手提拔的繼承人）、內政部兼祕密警察負責人貝利亞和外交部長莫洛托夫組成的三人領導小組表面上控制局勢，而赫魯雪夫（共產黨中央委員會首腦）很快地成為僅次於馬林科夫的第二號人物，而同時貝利亞也陰謀奪權。馬林科夫和赫魯雪夫聯手將其擊敗，並在7月以史達林恐怖迫害的同謀罪名將其逮捕，只經過簡短審判的程序，貝利亞便被判有罪並槍決。

這一行動舉世震驚，相當於譴責史達林本人。然而如果貝利亞有罪，赫魯雪夫和馬林科夫也同樣有

1953

「哦，我們擊敗這個傢伙了！」
——希拉里在到達珠穆朗瑪峰頂後返回營地的路上

罪。因此當共產黨謹慎地邁出否定史達林主義的第一步時，仍然很難確定國家的領導人到底是正在進行一場革命還是單純的另一次整肅。

◀1947（4）▶1956（2）

伊朗
中央情報局支持一場政變

4 在1953年8月推翻伊朗的民選政府之後，美國中央情報局這個模糊的新角色登上了世界政

在德黑蘭，反國王的伊朗人以推倒其父親雕像來慶祝他的下台（暫時的）。

治舞台。兩年前，伊朗議員們在穆罕默德·穆薩德的領導下，將英-伊石油公司（AIOC）收歸國有，而後穆薩德成為總理。華府起初拒絕了倫敦要求其幫忙主持談判以反對伊朗國有化政策，並支持對伊朗石油的杯葛行動。在忠於英國和支持伊朗民族自決之間，杜魯門政府處於左右為難的處境。但杜魯門的繼任者，保守的德懷特·艾森豪則警覺到穆薩德可能領導伊朗走向共產主義。

穆薩德為一個年長的貴族式自由主義者，既反對蘇聯的干預，也反對英國支持的國王巴勒維。但是當杯葛行動使伊朗經濟衰敗，其民族主義者政治聯盟亦遭受到損害，穆薩德於是逐漸依靠獨裁手段及共產圖德黨的支持。1953年初，他將國王趕下台，然而在那時甚至圖德黨也轉而反對他。艾森豪和英國首相邱吉爾認定實施反擊的時刻已經來臨。

行動中的關鍵人物（兩個政府都加以保密）包括美國國務卿約翰·福斯特·杜勒斯、他的弟弟，中央情報局局長艾倫、及中央情報局駐地局長，已故羅斯福總統的兒子克

米特·羅斯福。政變一開始就不妙：穆薩德被國王撤職，卻拒絕離位；他的追隨者開始暴動，國王逃往羅馬。然而中央情報局卻雇用暴徒及組織軍事叛亂。在一週的巷戰中，300名伊朗人被打死。最後穆薩德被逮捕，國王凱旋歸來。

隨後，伊朗陷入了軍事統治之中。AIOC（1954年重新組建的英國石油公司）成為名義上為伊朗所擁有的國際聯合企業，而美國石油公司順理成章地獲取主要的股份。不過反美主義在伊朗的社會中卻成為一股強大的力量。◀1951（12）▶1971（邊欄）

探險
征服珠穆朗瑪峰

5 這是一個古老夢想的實現。1953年5月29日，紐西蘭登山家埃德蒙德·希拉里和尼泊爾的雪爾帕人嚮導唐津·諾凱到達珠穆朗瑪峰頂——海拔8848公尺，為地球的最高點。希拉里以一貫含蓄的語氣說：「那真是一個偉大的時刻」。他們兩人皆為一支英國探險

隊的成員，在到達這山頂後，兩人彼此握手慶賀，並打開一串旗幟（聯合國旗、英國國旗、尼泊爾國旗和印度國旗）。諾凱為珠穆朗瑪峰之神供奉巧克力和餅乾，希拉里則贈送一個十字架。他們在零度以下的嚴寒中逗留了15分鐘，吸取瓶裝氧氣，而後開始下降到空氣較不稀薄的高度。

在希拉里之前，珠穆朗瑪峰一直是許多人試圖征服的目標。1924年英國探險隊兩名登山員在失蹤之前上到8575公尺創紀錄的高度，1934年麥可·威爾遜獨自攀登，由於精疲力竭而喪生。1950年尼泊爾對外訪者開放，希拉里得以進入珠穆朗瑪峰那時仍不為人所知的南坡，這裏的地形遠沒有北邊那樣不可逾越。

1953年探索的成功，在英國受到空前熱烈的祝賀，希拉里和探險隊的領隊約翰·韓特被授予爵位。而後希拉里回到喜馬拉雅山協助雪爾帕人建立學校、醫院和機場，如果沒有他們，他是不可能成功的。◀1947（7）

1953

諾凱（右）和希拉里在為征服珠穆朗瑪峰作最後階段的準備。

「潛在的玩伴是無處不在的：你辦公室的新秘書、昨日午餐時坐在你對面的漂亮女郎、
在喜歡的商店中賣給你襯衫和領帶的女孩。」

——1955年第7期《花花公子》中對「本月玩伴」的介紹

1953年新事物

- 愛爾蘭咖啡（在舊金山的布納維斯塔咖啡館）

- CORVETTE跑車
- 《電視指南》出版
- 日本航空公司（JAL）成立
- 即溶冰茶（白玫瑰紅茶）

美國萬花筒

鮮豔的色彩

國家廣播公司（NBC）於1953年開始為少數擁有彩色電視機的觀眾定期播放彩色電視節目。雖經多年的廣告宣傳，彩色電視仍遭到大量消費者的抵制：這種電視機太貴（500-1000美元）、彩色圖像也經常出血（圖像的邊超出螢幕而被切去）和歪斜，彩色節目一天也只有兩小時，實際上彩色節目也都在國家廣播公司電台上（其母公司RCA壟斷所有彩色映像管的製作）、調整色彩又需要不斷扭動旋鈕。直到60年代，彩色電視才開始真正能對黑白電視市場形成挑戰。◀ 1941（14）

寬銀幕電影

面臨民眾轉向家庭劇場（特別是電視），好萊塢1953年又使出舊的技術手法來誘使觀眾回到劇院。20世紀福斯電影公司推出的《長袍》是第一部寬銀幕電影，這種影片在製作中將一超寬圖像壓縮在標準的35厘

米底片上，並以2.5倍的寬、高投射到銀幕上（傳統比例為1.33：1）。和3D不同的是，大銀幕格式是一種轟動性革新。◀ 1952（邊欄）

大眾文化

花花公子

⑥ 《花花公子》雜誌的首期封面上刊登瑪麗蓮‧夢露的照片。這期雜誌沒有登載發行日期，因為它的出版者27歲的休‧海夫納並不能肯定是否還會再出第二期。這本新雜誌被設想成《現代人》（槍枝、女孩和汽車的流行雜誌）與《風格》雜誌（海夫納曾工作過

在第一期上，瑪麗蓮‧夢露是「本月甜心」（後被稱為「玩伴」）。

的月刊）的混合體。它於1953年開始發行，很快便獲得成功，在3年內發行量就超過了《風格》雜誌。它精巧的編輯設計包括「每月玩伴」（將裸體照刊登在雜誌的中間插頁上）、嚴肅的新聞報導、品質較高的色情小說和針對年青人的大量建議。這些建議告訴不斷增長的年輕「汽車世代」如何去享受美好生活——雜誌中的廣告刊登了許多奢侈的用品。

在這個守舊的年代裏，成功男人的表象是以其家庭及家人為評斷標準，海夫納提供了另外一種極具誘惑的選擇。《花花公子》中的男人是敏捷的單身漢，衣著講究、喝上等威士忌，性生活充滿激情而又富於變化。海夫納本人被設想成花花公子一號，在擁有48個房間的芝加哥豪華宅邸的環形床上出版他的雜誌。他在不久之後就將《花花公子》的魅力擴展到全世界採會員制的夜總會上，被稱為「兔女郎」的夜總會女服務員身著統一暴露的制服，帶著兔耳朵和棉製尾巴。到70

年代末，《花花公子》的魅力逐漸減退，公司也開始走下坡路。《花花公子》雜誌受到女權主義者（她們認為它利用女性）和右派（他們認為它太醜陋）兩方面的攻擊。而且喜歡欣賞裸體女人照片的男性在那時也擁有更多可挑選的雜誌了。
▶1962（當年之音）

東德

工人起義

⑦ 1953年6月東德全境約30萬工人罷工。這場戰後蘇聯集團內首次大規模的群眾起義引起全世界的注意，從勞工的抗議行動發展成爭取民主的示威暴動，最後以蘇聯坦克開進東柏林鎮壓暴動而告終，至少21人死亡。在隨後的整肅過程中，1300人入獄，好幾個人被處死。

東德正式的稱呼為德意志民主共和國，但實際上卻是一黨專制的國家，從1949年成立以來，一直依照蘇聯的模式來規劃它的經濟體制，以犧牲消費財的代價來發展重工業。由於工業化的需要，個體戶農民被徵收重稅。雖然工業發展迅速，農業卻深受其害。上萬農民逃往西德，導致1952年東德面臨嚴重糧食短缺。

雖然後史達林時代的克里姆林宮領導人建議東德放慢其發展的速度，但東德共產黨領導人沃爾特‧

烏布利希仍決定在3月將工業產值提高10%。這項行動迫使工人走上街頭。蘇聯譴責「外國雇傭者」造成了這場動亂，並拒絕美國援助東德的1500萬美元的「資本主義宣傳」。但工業產值的增長很快地回落，1954年蘇聯宣佈東德為自治國家，且對蘇聯的戰爭賠償結束了——幾年後，消費財的生產增加，集體化速度減緩，對言論自由的限制也放寬了。◀ 1949（3）▶1961（1）

外交

不可能的任務

⑧ 1953年4月，特呂格弗‧賴伊很高興達格‧哈瑪紹承接「世界上最不可能的任務」。賴伊在擔任聯合國第一任秘書長時，成為兩面不討好的人物：蘇聯在賴伊支持美國干涉朝鮮事務後對他很冷淡，美國強勢的右派則認為聯合國已成為共產主義陣線而吵嚷著要美國退出該組織。隨著參議員麥卡錫著手調查聯合國工作人員是否有顛覆行為，聯合國士氣為之低靡。在筋疲力盡的賴伊辭職之後，花費了6個月才找到一位能讓蘇聯和西方國家都能接受的新秘書長。

47歲的哈瑪紹是典型的中立派，是瑞典前總理的兒子，也是一位喜歡登山、文學及其他單人娛樂的單身漢。擔任瑞典在聯合國大會

反共的東德工人在萊比錫焚燒蘇聯報攤。

體育　棒球：世界大賽，紐約洋基隊以4勝2負擊敗布魯克林道奇隊（五連冠）　美式足球：NFL，底特律獅子隊以17:16擊敗克利夫蘭布朗隊　籃球：NBA，明尼阿波利斯湖人隊以4勝1負擊敗紐約尼克隊　網球：莫琳‧康諾利戰勝格朗‧斯拉姆（第一位婦女）　高爾夫球：本‧霍根贏得美國公開賽大師稱號（5桿破紀錄）並贏得他第一個英國公開賽。

「詩的快樂和功能現在是、從前也是對人類的讚揚，對神的歌頌應即是為人慶祝，也是為神慶祝。」
——托馬斯

新任聯合國最高官員哈瑪紹位於紐約聯合國總部前。

的主要代表時，總是力圖避免捲入政治紛爭。作為聯合國秘書長，他將自己稱作「技術人員」，主要工作是促使各會員國間關係和睦。他在幕後默默地工作，消弭外交上的摩擦，重建起聯合國的團結精神。

但是當1955年哈瑪紹為了確保15位美國戰犯得以釋放而飛往北京時，他突然一躍成為世界的領導人。在1956年的匈牙利和蘇伊士危機中，他避開繁瑣的聯合國決策程序而採取果斷行動，這給他帶來讚揚和批評的二極化評價。到1961年死於剛果飛機失事時為止，他幫助聯合國樹立起解決世界糾紛的形象。如同他的前任一般，莫斯科對他也有些許的敵意。◀1946（2）▶1961（邊欄）

文學
007情報員

⑨ 他的名字是從一位默默無聞的鳥類學家那借來的，但在英國超級情報人員的嘴中，它意味著優雅和危險：龐德……詹姆斯·龐德。1953年作家伊恩·弗萊明在他的小說《皇家賭場》中塑造了這個角色，於是007情報員便成為一系列暢銷書和廣受歡迎的電影男主角。伊恩家世顯赫，「詹姆斯·龐德」就是脫胎於他在第二次世界大戰期間擔任英國海軍情報官員的經歷，但是故事大部分都是虛構的。是打擊魔鬼的英雄，也是四處留香的多情種。

龐德是在現實生活中的間諜活動逐漸猖獗時出現，他的行動使冷戰的嚴酷性大打折扣。他看似漫不經心又詼諧風趣，配帶設計精巧的武器、殺人執照和旺盛的性慾，將世界上的核戰瘋子一一清除，同時也贏得美人歸。然後他會點一杯馬丁尼並且說：「搖一下，但不要攪拌。」

弗萊明以驚險動人的情節和傑出的創造力來彌補他不擅寫散文的

在第一部龐德電影《「NO」博士》（1962）中，扮演007的史恩·康納萊（左）與烏蘇拉·安德魯斯。

弱點。他還有一套命名的方法，創造出許多受人喜歡的姓名，諸如奧里克·戈爾丁格、雨果·德拉克斯、普西·加洛羅和基西·蘇祖基。他直言所寫的書是給「飛機、火車或床上的熱血異性戀者們」看的，「純粹是為了快樂和賺錢」。▶1963（9）

文學
詩人之死

⑩ 一直到迪倫·托馬斯於1953年11月9日夜晚去世為止，他只出版了不到100首詩，但這位39歲的威爾斯詩人早已被認為是他那個時代最傑出的英語詩人。世人瘋狂地喜愛他的《詩集》，《牛奶樹下》被稱為新的「聲音樂章」，也獲得同樣的成功。他極具影響力的作品展現了他的藝術——一種濃烈的、充滿雙關語的超現實主義憂慮，以及佛洛伊德主義和古怪的基督教信仰。

托馬斯在紐約創作《牛奶樹下》，他於作品完成前去世。

但他被自己生活的惡習毀掉了。在前往北美的第3次創作旅行中，早就有酗酒、財務混亂和好色惡名的托馬斯在曼哈頓格林威治鎮的白馬酒店大醉，在回旅館的路上，他倒下了，並說出一生中最後幾句話：「我喝了18瓶純威士忌，應該已創下紀錄。」然後他陷入昏迷之中，再也沒有醒來；驗屍報告將他的死歸因於「大腦受損」。

在寫給父親的墓誌銘中，托馬斯也描繪了他自己：「不要在這良宵中彬彬有禮……搏鬥，與這昏暗的燈光搏鬥」。◀1922（9）▶1969（當年之音）

厄爾·華倫是一位溫和的保守派政治家（前加州州長及湯姆·杜威在1948年搭檔的副總統候選人）。1953年，艾森豪總統任命他為美國最高法院首席大法官。出乎意料的是，華倫主持下的最高法院是歷史上最自由、活躍的時期。在他的領導下，法庭處理了諸如布朗控訴教育委員會案、米蘭達控訴亞利桑那州案及貝克控訴卡爾案（再次確定了「一人一票原則」）等著名的案件。▶1954（6）

羅森堡夫婦被處死

因間諜罪而被宣判死刑的羅森堡夫婦一直透過各種管道向最高法院上訴。雖然他們對法官的判決

有所不服，世界輿論也同情這對夫婦，法庭還是以6比3票同意了死刑判決。艾森豪總統收到豁免死刑的請求，但他還是決定堅持原判。6月19日，羅森堡夫婦在辛辛監獄的電椅上被處死，留下二名稚子。他們是第一次（也是唯一一次）由間諜罪而被處死的美國平民。◀1951（2）

政治迫害繼續進行

羅森堡夫婦被處決並未減少政府對鎮壓共產黨分子及其他「顛覆分子」的狂熱。1953年的主要目標包括銀幕傳奇人物（英國公民）查理·卓別林和羅伯特·歐本海默。由於卓別林的危險觀點及「不健康」的銀幕角色，美國禁止他以後再入境。羅伯特·歐本海默為曼哈頓計劃的負責人（反對製造氫彈），被指控有同情共產主義的嫌疑。對歐本海默的指控最後並未成立，但原子能委員會仍撤銷他的忠貞證明。◀1950（5）

美國政治與經濟 國民生產毛額：3646億美元；衛生、教育和社會福利部建立（奧維塔·卡爾普·霍比被任命為部長）；淹沒區土地法案使國家對近海石油擁有所有權；艾森豪總統建立「原子和平」計劃，鼓勵對核能的非軍事使用；紐約場外交易所改名為美國證券交易所。

「表達就是沒有什麼可表達，沒有什麼可用來表達；沒有什麼可從中表達，沒有力量表達，沒有欲望表達，但是有義務去表達。」
—— 貝克特在解釋作為一個作家面臨矛盾狀態的話

環球浮世繪

菲德爾的首次「叛亂」

7月26日，青年律師菲德爾·卡斯楚反對古巴獨裁者富爾簡西奧·巴蒂斯塔的首次起義以大失敗告終。165名「叛亂者」有半數被殺死、受傷或在莽撞進攻古巴聖地牙哥的戰鬥中被捕。卡斯楚出面自首，被判15年徒刑（他服刑11個月）。他在法庭上仍堅持己見的說：「歷史將證明我無罪」。稍後在被稱爲「七·二六運動」的革命中，這句話成了影響重大的口號。◀1952（7）▶1959（1）

無畏的主教

波蘭天主教大主教斯特凡·維辛斯基常直言批評該國的史達林政權，且因爲抵制共產主義壓制教會的罪名而於1953年被捕。但是這位在第二次世界大戰中反納粹的領導人並未因此而改變立場。1956年獲釋後，仍然繼續抗議國家的政策，他稱共產主義者爲「沒有上帝的野蠻人」。◀1948（邊欄）▶1956（4）

柬埔寨獨立

在法國支持使他成爲柬埔寨國王的12年之後，諾羅敦·施亞努親王認爲是切斷與殖民地支持者臍帶的時候了。他解散議會並實施戒嚴法，宣佈柬埔寨爲一個獨立國家。在一次爭取世界支持的著名皇室旅行中，施亞努的權力遊戲得到回報，法國同意撤出。獨立後的15年中，柬埔寨享有相對上較平靜和繁榮的時期。在此期

間，施亞努堅決的、中立的姿態使得柬埔寨沒有捲入越南衝突。1970年龍諾將軍在美國支持下發動政變，結束極受人民愛戴的施亞努政權。▶1969（6）

《等待果陀》1953年首次用英語演出。上圖，1991年的英語演出。

戲劇

果陀來臨

⑪ 1953年1月5日晚，一小群巴黎學者和社會人士湧入巴比倫小劇院中，在觀看由一位古怪的愛爾蘭人以法文寫成的處女作首演時，同時也見證了戲劇史上的一次劃時代事件。對當晚的觀眾來說，《等待果陀》帶點雜要，又有對生存意義的悲嘆，全然和他們所習以爲常的戲劇不同。在光禿禿的、半明半暗的舞台上，只有一棵樹打破了令人沮喪的單調。兩個流浪漢出現了，朗頌著單音節的散文，在空蕩的背景中回響。在兩幕中，主角們等待著果陀（果陀始終未出現，只有兩個路人經過），他們爭吵，考慮自殺、繼續等待。

當全劇結束時，許多觀眾認爲他們上當了。但出席的劇評家立即體認到這部戲劇的重要性並承認該劇作者薩繆爾·貝克特爲戲劇大師。《等待果陀》成爲現代戲劇中最有名的也是最有影響力的作品。針對這部戲劇所引發的各種令人眼花繚亂的分析——有人把它當成一個基督教諷寓，有人把它當成虛無主義的宣言——作者拒絕作任何解釋。「我要說的都已在我的劇本中。」這是他的唯一評論。

貝克特生於愛爾蘭並在該地受教育，1937年31歲時移居巴黎，與愛爾蘭流亡作家詹姆斯·喬伊斯締結深厚的友誼。在《等待果陀》出名以前，其作品被人忽視。即使

是《等待果陀》（他稱之爲「壞劇本」）在找到出版商之前也塵封了4年，屢遭退稿。貝克特認爲他最有名的小說三部曲《莫莉》、《馬洛內之死》和《無名者》是他的主要作品。他於1969年獲諾貝爾獎。◀1922（1）▶1957（12）

思想

維根斯坦的現實世界

⑫ 哲學家伯特蘭·羅素曾注意到對英國20世紀哲學界最重要的三大影響是邏輯實證主義和兩本書——《邏輯哲學論》和《哲學探索》。一群思想家合作演繹出邏輯實證主義，但後兩本書則是奧地利猶太裔天才路德維希·維根斯坦單獨寫成。矛盾的是，維根斯坦於1953年出版的第二本著作幾乎全部否定第一本書中的觀點。

《邏輯哲學論》寫於第一次大戰期間，是一本完全的經驗主義著作，當時維根斯坦是一位奧地利軍官。現實被說成是由無數祕密的，不可推斷的事情組成，而人類通過語言試圖進行交流。《哲學探索》寫於1936年至1949年間，由相反的假設進行論述。語言不是代表現實，而是決定現實。哲學問題並不從自然產生，而是從語言內部令人生畏的邏輯中產生。維根斯坦認爲「哲學的複雜性並不是事物本質的複雜性，而是由於我們錯綜複雜的理解力所造成。」

他的一生和他的智慧一樣卓越。他是一位富有的鋼鐵大王的兒子，在軍中服役時閱讀托爾斯泰的小說並有了神祕的轉變；之後，他放棄財產而成爲一名鄉村教師。1929年他重回哲學界，在劍橋任職。第二次大戰期間，又到倫敦一家醫院中做雜工。於1947年退休後，定居在愛爾蘭一個偏僻的小村莊，1951年去世；根據他的遺囑，《哲學探索》在他過世後出版。◀1910（4）

文學

鮑德溫告訴它

⑬ 詹姆斯·鮑德溫的《在山上告訴它》，出版於1953年，這是一位敏感的哈萊姆青年在宗教、家庭以及同性戀中掙扎的故事。儘管鮑德溫後來成爲美國民權運動中最有影響力的文學發言人，但在他這第一本小說中，強調主角爲一般人，只是湊巧是黑人。對於習慣將黑人小說視爲「抗議」小說的讀者來說，鮑德溫的自傳故事則是一個啓示。一位著名的評論家把29歲的鮑德溫稱爲「相當成熟的」作家。

鮑德溫在瑞士創作了這本小說，是當地方圓幾公里內唯一的黑人。他於1948年從紐約搬到巴黎，如同20年代的海明威和30年代的理查·萊特（他的導師）一樣，他發現在歐洲最能夠好好地思索家鄉的種種。爲了掌握非裔美語中的節奏，他傾聽貝絲·史密斯的藍調唱片並努力回憶自己因差恥而學習白人腔調之前的口音。

身爲奴隸的後代，克服自卑是尋找藝術之聲的第一步。他終於找到了，於1957年搬回美國並積極參與民權運動。在往後的30年裏，他在小說、戲劇、文章和演講中不斷探索種族歧視帶來的心靈傷害。◀1952（8）

鮑德溫在24歲時遷居歐洲。1969年後，他來回歐洲和美國之間。

1953

老祖母和社會邊緣人

摘自《好人難尋》，1953年出版，佛蘭納里·奧康納著

玄奧的宗教信仰賦予作家佛蘭納里·奧康納可怕的想像。她筆下的怪異、身心都有缺陷的主角，探尋對宇宙的初步理解，若遭到拒絕，他們常訴諸暴力，而這種暴力經常變成一種不太真實的優雅手段。在這個短篇故事《好人難尋》（第一次於1953年出版）中，她藉由一個完全走樣的家庭旅行來探討這個主題。在從喬治亞州到佛羅里達州的路上，這個常起口角的家族繞道去找尋一個不曾存在的老舊農場宅第。肥胖的祖母堅持說它就在那兒。乳臭未乾的小子們都發牢騷和頂嘴。沈默的父親發火了。母親和嬰兒都坐立不安。當車子開離滿是轍跡的泥路上時，「社會邊緣人」，一個在逃罪犯，冒出來幫助他們。他不是一個好人，和他的同謀殺害了這一家人。作為一位傑出的諷刺作家兼形上學家，奧康納以其南方當地的文化和方言，編織出一個現代美國的苦辣滑稽形象 ◀ 1929（3）

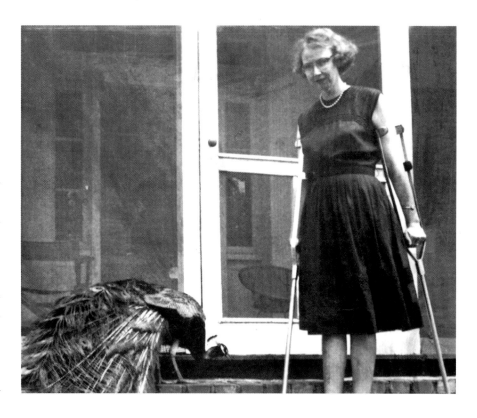

「是的，老太太」社會邊緣人似乎同意地說，「上帝把一切都搞得一團糟，我也是一樣，只不過祂未犯任何罪，而他們能證明我犯罪，因爲他們有關於我的犯罪記錄。當然，他們從未讓我看我的犯罪記錄。這就是爲什麼現在會簽字。很久以前我就說過，你會有自己的簽名並爲所有做過的事簽名和複製保存。而後你會知道你做過什麼，才能脫罪，避免刑罰，並可知道刑責是否恰當，最後你就可以有資料證明你受了不公平的待遇。我稱自己爲社會邊緣人。因爲我無法將所有我犯過的錯和曾受到的懲罰劃上等號，我本應逃脫處罰」。

樹林裏傳來了一聲刺耳的尖叫，緊接著是一聲槍響。「您認爲這公平嗎，老太太，一個人遭受許多懲罰，而另一個人卻根本未受懲罰？」

「上帝呀！」老太太哭喊著，「你是個好人，我知道你不會向一個老太太開槍！我知道你來自教養良好的家庭！求求你，上帝！你不應該向一位老太太開槍。我會把我所有的錢給你！」

「老太太，」社會邊緣人看著樹林深處說，「從來沒有死人給殯葬人員小費」。

又有兩聲槍響，祖母抬起她的頭，像一隻乞水喝的乾枯老火雞，喊道：「小貝利，小貝利！」好像她的心就要碎了。

「只有上帝能使死人復活，」社會邊緣人繼續說，「祂不應該做。祂把一切都搞得亂糟糟。如果祂真的言出必行，那你也沒有選擇餘地，只有拋棄一切跟隨祂，而如果祂食言了，你也沒什麼好選擇，只有以你最好的方式享受生命中剩下的短短幾分鐘，像殺了某人或燒掉他的房子或對他做些其他卑鄙的事情。沒有樂趣那就卑鄙了吧。」說這些話時，他幾乎咆哮起來。

「或許祂並沒能讓死者復活。」老太太喃喃自語，不知道自己在說什麼，只覺得一陣暈眩，就掉到水溝裏，還扭傷腳。

「我不在現場，所以我不能說祂沒有。」社會邊緣人說。「我要是在那兒就好了。」他說邊用拳頭捶地。「我不應該不在那，因爲如果我在我就會知道了。聽著，老太太，」他高聲說，「如果我在那，我就會知道，我也不會落到現在的下場。」他的嗓子似乎要啞了。祖母的頭腦一下子也清醒起來。她看到這個人的臉扭歪來貼近自己的臉，似乎他要哭出來了。她嘟囔道：「哦！你是我的寶貝，是我自己的一個孩子！」她伸出手來撫摸他的肩膀。社會邊緣人向後跳開，好像被蛇咬了一下，對著她胸膛開了3槍。然後把槍扔在地上，摘下眼鏡擦乾淨。

海勒姆和鮑比·李從樹林中回來，站在水溝邊，向下看到祖母半躺半坐在血窪裏，像個孩子雙腿交叉，臉朝上對著無雲的天空微笑。

摘下眼鏡的社會邊緣人眼框發紅，臉色蒼白，一臉無助的表情。「把她弄走，跟其他人扔在一起。」他說，邊把一直在他腿邊摩蹭的貓抓起來。

「她真囉嗦，不是嗎？」鮑比·李說，怪叫著滑到溝底。

「她是一個好女人，」社會邊緣人說，「如果有人在這裏，在她的生命裏每分鐘向她開槍的話。」

「開玩笑。」鮑比·李說。

「閉嘴，鮑比·李，」社會邊緣人說，「生命中沒有真正的快樂」。

「我想不出有比美國捲入中南半島戰爭更大的悲劇。」

　　　　　　　　　　—— 美國總統艾森豪1954年2月的演講

年度焦點

法國在越南的挫敗

1 胡志明曾預言，當他的損失超過法軍在越南的損失10倍以上時，法國將會先投降。胡的預言在1954年奠邊府戰役後應驗。

　　亨利‧納瓦爾將軍深信他能在傳統戰爭中打敗胡志明軍隊，因此他力圖誘使越共（在武元甲將軍的率領下）放棄游擊戰術而發動大規模進攻。他下令在奠邊府建立一個要塞作爲誘餌，要塞爲地處山谷中的一個小村莊，西北臨寮國邊界，這樣一個要塞在戰事擴及寮國時可防禦越共在當地的援軍，同時切斷當地鴉片的走私進口。1953年11月，法國傘兵攻佔這個村莊並開始建造圍繞有防禦據點的堡壘。一旦越共軍隊攻擊這個山谷，他們必遭法軍的屠殺。

　　納瓦爾將軍本來以爲周遭的山脈會阻止敵人運送重型武器，但是他錯了。20萬名挑夫背著拆卸的大砲進入山區，他做夢也沒想到敵人會用鏟子挖出一條隧道直達要塞的大牆。到1954年3月，奠邊府陷入了重圍，只能靠法國和美國空投補給支撐。巴黎請求華府介入（美國當時已支付法國大部分的軍費）。但是儘管艾森豪警告說中南半島的淪陷將會導致「東南亞如骨牌般全面陷落」，而副

1954年，在中南半島的法國軍隊用船隻撤離死傷者。

總統尼克森也準備使用原子彈，但美國政府最終仍然反對。

　　5月7日，奠邊府淪陷，1萬名倖存的法軍被俘，法國總理約瑟夫‧拉涅爾內閣也下台，他的繼任者皮埃爾‧孟戴斯-法蘭斯保證不再在中南半島開戰。8年的戰爭使9萬5千名法國人（包括5萬名來自法屬非洲殖民地、阿拉伯殖民地及加勒比殖民地的軍隊），與130萬越南人（包括100萬居民）喪生，法國人已經受夠了。協商者7月時在日內瓦達成協議，越南獨立，暫時以北緯17度爲界分成南北兩部分。胡志明統治北方，因爲他在當地的勢力最強，由法國支持的前任皇帝保大統治南方。1956年舉行的選舉將決定由誰來統治全國。但越南的苦難並未就此完結，美國人又開始干涉。◀1950（2）▶1955（3）

倍受人民敬愛的埃及獨立之父納塞。

埃及

納塞掌權

2 在穆罕默德‧納吉布將軍任總統和總理期間，陸軍上校賈邁勒‧阿卜杜勒‧納塞在兩年之間，悄悄地領導一場上層階級的革命。1954年2月，上校從幕後走向台前。他公開指責納吉布與被禁的回教弟兄會有聯繫且意圖恢復舊有的政府體制，迫使納吉布辭職。隨後由於群眾的抗議才使得納吉布重返執政，納塞便指使軍政府核準反對黨的成立以顯示他順從民意。但他又很快地逮捕親納吉布的官員，並命令政府執政黨（解放聯盟）組織一場反對恢復議院統治的罷工。4月，納吉布屈服；納塞將其貶爲傀儡總統，自任總理。

　　10月，納塞與英國達成將駐紮在蘇伊士運河兩岸的剩餘英軍逐步撤離埃及的協議。埃及終將獲得自由的消息使許多人把納塞當作英雄。但協議中允許英國人在某些情況下干涉埃及事務，這對基本教義派的弟兄會來說是一種出賣。一位弟兄會的暗殺者在納塞於亞歷山大港演講時行刺他，並差一點成功。

　　他大喊說：「如果我死了，你們都是賈邁勒‧阿卜杜勒‧納塞。」納塞這位獨裁者的倖存和他的勇氣使他更受愛戴。這次襲擊事件讓他有了藉口處決6名弟兄會的領袖，羈押了數千人，並將納吉布軟禁。在國內的對手都被他一一擊

敗後，納塞可開始在世界上發揮影響力。◀1952（3）▶1956（3）

殖民主義

阿爾及利亞戰爭開始

3 繼中南半島戰爭失敗後，法國在阿爾及利亞也陷入同樣困境。在9年之前最後一次暴亂發

阿爾及利亞的難民在革命期間往拘留營行進。

生，這個殖民地的民族主義者在法國政府鎮壓和內部衝突下欲振乏力。直到1954年11月，新成立的民族解放陣線才又發動了一場革命。剛開始他們謀殺了幾名法國移民和親法的回教徒官員。爲了迫使埃及有所反應，法國囚禁了好幾千人並洗劫了整個村莊。這些報復行爲使民族解放陣線群情激憤。1955年8月，反叛者放手一搏，屠殺菲力浦斯維爾鎮的123個居民（包括71名歐洲人）。基於報復，法國軍

藝術與文化 **書籍**：《在網下》艾里斯‧梅鐸；《庫爾的懺悔》托馬斯‧曼；《日安‧憂鬱》法蘭絲娃‧沙岡；《學院小景》蘭德爾‧賈雷爾；《1923-1953詩集》肯明斯 **音樂**：《搖滾不停》弗瑞德曼和德‧奈特；《盡情搖滾》查理‧卡爾霍思；《帶我去月球》巴特‧霍華德；《第5號交響曲》沃爾特‧皮斯頓 **繪畫與雕塑**：

1954

「唯一可能的協商方式就是戰爭。」

—— 法國內務大臣法朗索瓦‧密特朗在1954年就阿爾及利亞問題的看法

隊和警察隨後屠殺了約1300名回教徒。這些零散的暴亂最後演變成一場真正的戰爭。

像中南半島戰爭一樣，阿爾及利亞的複雜局面是在左傾的法國政府統治下開始的。自由黨的法國總理皮埃爾‧孟戴斯-法蘭斯願意考慮讓發生叛變的摩洛哥和突尼西亞自治（它們都在1956年取得獨立）。但阿爾及利亞不一樣：它不只是一塊保護地，法律上它是法國的一部分，它870萬名回教徒是法國的臣民。而且在那兒才剛剛發現了石油。雖然許多法國人了解改革的必要（回教徒深受政治和經濟的歧視），但讓其獨立是不可能的。

1955年1月，法國總理孟戴斯-法蘭斯任命賈雅克‧蘇斯戴爾這位富有同情心的人種學家為阿爾及利亞總督。蘇斯戴爾力圖提高回教徒的地位，但解放陣線不斷的暴力活動使他變成一個強硬派。1956年法國新政府召他回國。法國軍隊（人數增加了5倍，將近50萬人）開始將游擊隊地區的居民驅趕至重置營。解放陣線在阿爾及爾發動了一場恐怖分子的轟炸作為回應。有史以來最大規模的鎮壓階段開始了。
◀1945（11）▶1958（4）

科技

第一艘核子動力潛艇

4「鸚鵡螺」號（不僅得名於一種海洋生物，而且是為紀念1800年羅伯特‧富爾頓發明的潛航船隻以及凡爾納的小說《海底兩萬浬》中雷蒙船長駕駛的那艘船）

克佛的核子潛艇「鸚鵡螺」號使美國海軍具備極大的水中優勢。

於1954年1月在康乃狄格州新倫敦下水，它是世界上第一艘核子潛艇，長97公尺，能裝載95名船員，早期的潛艇與它相比即相形見絀；它的航速為20海浬，比以前的潛艇快一倍以上。但它最重要的地方是它的動力來源。艇上的核子反應爐不像內燃機，它不需要空氣作動力。早期的潛艇基本上是一種能暫時潛入水中的水上艦艇；而這種新型的潛艇卻很少須浮出水面。它的鈾燃料可維持數年。最初呼吸用的空氣由傳統的氧氣筒供應；後來，海水電解提供了幾乎用之不竭的氧氣來源。

「鸚鵡螺」號由美國原子能委員會的海軍核子反應爐部門研發（由美國海軍少將海曼‧里科弗領導），通用動力公司製造，共歷時一年半，花費了3000多萬美元。1955年1月，經過各項初步測試後，這艘潛艇駛離新倫敦，開始了它的首航。它平均時速達16海浬，在海底連續航行了2222公里到達波多黎各，在時速和航行距離方面都創下了紀錄。3年後，指揮官威廉‧安德森駕駛「鸚鵡螺」號創下了另一個世界記錄：這艘潛艇在11公尺厚的冰下，從阿拉斯加的巴羅角無導航航行到北極的格陵蘭海。◀1951（3）

建築

米斯現代主義風格的大型建築

5對路德威希‧米斯‧馮‧德爾‧羅厄這位德裔的包浩斯大師（1937年遷居芝加哥）來說，設計西格拉姆烈酒公司辦公大廈的工作，讓他在美國一個絕佳地點向世人展示他建築的概念。他的合作夥伴菲利普‧約翰遜在其開創風潮《國際風格》（1932）一書中就對米斯的作品推崇備至。這個計畫對約翰遜而言正好是和米斯合作的一個千載難逢的機會。於1954年開始動工，4年後完工，它為本世紀最

西格拉姆大廈表現了摩天大樓極致的優雅。

大膽的建築革新（摩天大樓）建立起一個新的典範。這座高達157公尺幾何造型、線條簡潔的大廈所融入的特點很快成為世界各大城市的榜樣：噴泉廣場、通體的窗戶、有色玻璃。

米斯曾說：「上帝顯現在每處細節。」西格拉姆大廈這個米斯第一個重要的辦公大廈建築計畫，證明了他的能力。架高於基台上的西格拉姆大廈莊嚴地遠離街道，在鋼筋混凝土的架構上聳立著素面玻璃與大理石構成的矩形建築體，切割成薄片青銅窗框減低了表面的冰冷感。強生設計了一個從大廈後部突出的低亭台作為優雅而莊重的四季餐廳及酒吧。儘管整座大廈宏偉挺拔，但並不會與周圍的建築格格不入。西格拉姆廣場是紐約市中觀賞另一個早期大型建築（聳立在公園大道對面麥金、米德和懷特富麗的義大利文藝復興風格的網球俱樂部）的最佳地點。◀1919（9）
▶1965（13）

誕生名人錄

克莉絲‧艾芙特　美國網球球員
馬特‧格勒寧　美國動畫大師
里基‧李‧瓊斯　美國歌手
哈尼夫‧庫雷什　英國作家
沃爾特‧佩頓
美國美式足球球員
丹佐‧華盛頓　美國演員
歐普拉‧溫弗里
美國脫口秀節目主持人

逝世名人錄

萊昂內爾‧巴里穆爾　美國演員
馬克斯韋爾‧博登海姆
美國作家
雅克‧布蘭登伯格　瑞士小說家
西多尼—加布里埃爾‧科萊特
法國作家
安德烈‧德蘭　法國畫家
恩里科‧費米　美國物理學家
哈里‧「巴德」‧費希爾
美國動畫大師
威廉‧富特文格勒　德國指揮家
查爾斯‧艾夫斯　美國作曲家
奧古斯特‧呂米埃　法國發明家
雷金納德‧馬什　美國藝術家
亨利‧馬蒂斯　法國藝術家
阿蘭‧杜林　英國數學家
熱圖利奧‧瓦加斯　巴西總統
格倫‧斯科比‧瓦納
美國美式足球教練

1954

「我感覺像一個爆炸的閃光燈……在那一刻肯定是失去知覺。」
—— 班尼斯特在衝過終點後所說

1954年新事物

- 文鮮明在南韓創立統一教
- 體育畫報創刊

- 冷凍電視晚餐（史旺森）
- 太陽能電池（貝爾電話實驗室）
- 燃油噴射系統（賓士300SL）
- 附加增值稅出現（法國）
- 電視轉播美國小姐花車遊行
- 在宣誓效忠誠時開始使用「以上帝的名義」這句話

美國萬花筒

午夜漫談

9月27日，國家廣播公司（NBC）第二個稱爲沙發和椅子節目的《今夜話題》開播了。在接下來40年中，這個節目曾由

4個不同的明星主持過，爲夜間節目收視之冠。《今夜話題》首位主持人史蒂夫·艾倫（上圖）也是節目的製作人之一，談話隨性但枯躁。繼任者傑克·帕爾（1957－1962）是個有創意的主持人，會略帶黃腔開開玩笑。1962年，強尼·卡森上任，他冷靜、嘲諷，充滿中西部氣息。卡森成了美國流行文化的權威人士。在主持了30年之後，卡森將主持棒交給傑伊·雷諾。雷諾是第一個從小看《今晚話題》長大的主持人。▶1992（邊欄）

第一屆新港爵士樂節

爵士樂史上的各派音樂家——從新奧爾良迪克西蘭的爵士樂先

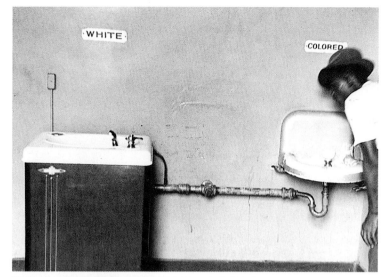

根據吉姆·克羅法，黑人得忍受 隔離且永遠不平等的待遇。

社會改革

對吉姆·克羅的死刑宣判

6 近一個世紀以來，美國「吉姆·克羅法」（主要出現在美國南方）區隔黑人與白人的公共設施（從醫院到洗手間）。1954年5月，美國最高法院宣佈公立學校的種族隔離爲違憲，贏得全世界的讚揚。「布朗控訴教育委員會案」的決議使吉姆·克羅法失效，但種族隔離的陰影一時仍揮之不去。

1896年高等法院就「普西控訴弗格森」案判定種族隔離，裁決憲法認定「隔離但平等」的設施爲合法。有色人種發展委員會的全國協會於50年代搜集的大量資料顯示，實際上黑人學校是不平等的——資金不足，師資不足，過於擁擠。這個組織通過法律訴訟贏得了一些個別改善。但在1952年，最高法院開始重審了這個委員會的5件訴訟案（曾被低層法庭駁回），認定隔離政策實質上是不平等的，並且傷害了黑人學生。

這些案件全部以第一件被重審的案件——11歲的林達·布朗案命名。林達的父親控訴堪薩斯的托皮卡教育委員會，要求允許林達至附近的白人學校就學，而不必每天得穿過鐵路調車場搭乘巴士去黑人學校。有色人種發展委員會的律師，後來擔任最高法院法官的瑟古德·馬歇爾辯護說，除了設施和建築普遍較差以外，只收黑人的學校還排

斥林達和其他的黑人兒童，傷害了他們的自尊心並剝奪了他們一般社交的機會。

這次，法庭一致同意律師的看法。首席法官厄爾·華倫寫道，在公共教育方面，「『隔離但平等』的教條是不可能存在的」。在這個劃時代的判決後，宣佈第二年將盡可能消除學校的隔離措設。但喬治亞州長赫爾曼·泰爾麥治仍爲許多支持種族隔離者辯解，說布朗案判決「只是一張廢紙」。民權運動仍得經過多年奮鬥才能得到更進一步的成果。◀1948年（當年之音）▶1955（2）

美國

杜勒斯將對抗升級

7 1954年1月，國務卿約翰·福斯特·杜勒斯（下圖）提出一項美國遏止蘇聯擴張的新軍事

政策，被稱爲「大規模報復戰略」，在全球掀起一股恐怖和混亂的風潮。美國此後將依賴「一項強大的能力，立即用我們選擇的地點和方式來進行報復」，預留了未來在局部戰爭中使用核子武器的權力。

大規模報復戰略是艾森豪總統精簡「新視野」軍隊的重要策略，

也是對杜魯門政府「圍堵」蘇聯政策的一大突破（曾作爲杜魯門顧問的杜勒斯早就抨擊他的前任老闆的政策是無可就藥的被動行爲）。艾森豪主政的白宮決定縮減預算，但它卻打算積極地維持世界和平，阻止共產主義蔓延。用傳統的方式來防禦每一個重要的地區將會花費過大，但氫彈的威脅就會使這種方式顯得沒什麼必要。

許多國際觀察家跟本不認爲大報復會有恐嚇作用，嘲笑華府想把一些殖民地的小規模紛爭擴大爲核子戰爭。但其他許多人確實很認真地看待大規模報復這項策略。在強烈的反對呼聲下，杜勒斯發表聲明，解釋說氫彈「不是在所有的情況下都最有效的武器」。然而，他又說，美國軍隊在抵抗「共產世界」時，任何武器都會有它「想像得到的用處」的。◀1947（4）▶1957（2）

體育

劃時代的4分鐘

8 數十年來，體育專家認爲，沒有人能夠在4分鐘之內跑完1英里。當牛津大學醫學生羅傑·班尼斯特在1954年開始準備挑戰這個極限時，有些教練曾擔心他的努力將會致命。但在5月6日牛津隊與英國業餘體育協會的運動會上，班尼斯特跑出了1英里3分59.4秒的成績，比1945年創下的紀錄快了整整2秒鐘。這件體壇大事鼓勵了世界各地的體育愛好者們去突破各種極限。

與其他也有相同目標的人相比，班尼斯特得面臨令人恐懼的障礙：他的課業壓力使他每天只有一小時的練習時間，而且他沒有正規的教練。但他的決心十分堅定。在牛津教練弗蘭茲·施坦普弗爾的影響下，他有了一個新概念，堅信信念是在運動比賽中獲勝的關鍵因素：稟持著這個使他成爲一名成功的神經學專家的信念，班尼斯特堅信自己可以達成目標。他認爲如果因此喪命，那只不過是不幸而已。他後來說「我已準備好一死」。

「如果英國和法國認爲他們應當採取獨立的戰線來擁護瓜地馬拉現存的政府,我們也大可以採取同樣獨立的戰線來對付埃及和北非。」

—— 美國大使給聯合國官員亨利·卡伯特·洛奇的信

班尼斯特做到了「不可能的事」。

班尼斯特倖存下來了,雖然他在衝過終點線時暈倒,而且後來又患了暫時性色盲。或許他最終突破4分鐘極限所導致最爲怪異的結果是後來所說的「班尼斯特效應」。6週後,澳大利亞的選手約翰·蘭迪在芬蘭的土庫創下3分58秒的記錄。隨後,許多運動員都突破了曾經是一度不可逾越的4分鐘極限。◀1924(10)▶1960(邊欄)

瓜地馬拉
美國一手策劃的政變

⑨ 美國中央情報局在伊朗煽動政變一年以後,又開始插手鄰國事務。瓜地馬拉總統雅各布·阿本茲·古斯曼強佔美國的聯合水果公司所有的23.4萬畝土地分給農民,並且也開始向當地共產主義分子靠攏。華府方面想讓阿本茲下台,但美洲國家組織禁止其干涉。中央情報局於是在尼加拉瓜和宏都拉斯祕密訓練和武裝右派的瓜地馬拉流亡分子。1954年6月,在瓜地馬拉收到了從捷克運來的一船武器(當時躲過了美國的禁運),艾森豪下令叛亂分子進攻。

政府軍隊很快阻止了他們的攻勢,但叛亂分子擁有兩樣重要的武器:戰機和無線電通訊器材。由美國飛行員駕駛的6架戰機重創了瓜地馬拉城明顯可見的目標(瓜地馬拉空軍總司令向叛軍投誠,使原本欠佳的空中防禦更形癱瘓),而地下的電台網(由後來的水門事件密謀者霍華德·韓特主持)則廣播叛軍得勝的不實消息。叛亂分子僅有400人,但瓜地馬拉人卻以爲他們有好幾千人。

由於預測會發生大屠殺,瓜地馬拉軍隊不再支持阿本茲。經過兩個星期的混亂後阿本茲辭職(後來流亡在外)。他自1951年開始執政,是瓜地馬拉的第二位民選總統,也是1944年革命的領導人。這

瓜地馬拉右派分子對著阿本斯的假人像練習射擊。它頸上掛的牌子寫著:「我將和荷西·阿雷瓦洛(前瓜地馬拉社會主義黨總統)一起滾回俄羅斯。」

場革命不僅爲國家帶來民主和言論自由,還立法制定了最低工資、最高工時以及勞工罷工的合法權利。在叛軍領袖卡洛斯·卡斯蒂略·阿馬斯的獨裁統治下,瓜地馬拉人失去了這一切。拉丁美洲人根本不相信美國中央情報局否認涉及此事的說辭,整個地區的反美情緒急劇高漲。◀1913(4)▶1992(13)

文學
荷比特之主

⑩ 托爾金的三部曲《戒指魔王》中的龍、巫師和其他怪物吸引了想要逃離現代社會的年輕一代讀者。1954年出版的《戒指同盟》是三部曲中的第一部,當時並未引起太多注意,但10年後這本書卻大爲暢銷,在1965-1968年間就銷售了300萬冊。

《戒指同盟》封面。

托爾金是牛津大學中世紀文學的教授,英國神話給了他靈感創作出幻想的世界。他1937年的小說《荷比特》描寫了一種稱爲荷比特的精靈——中世紀地球王國的生物,並且嘲弄又博學地介紹了他們的語言、歷史、宇宙觀和地理。《戒指魔王》三部曲是一部完整的荷比特史詩,英雄(比爾博、巴傑斯和他的姪兒佛雷多)、神祕的寶藏和保護這些寶藏的怪獸全部包括在內。

許多評論家指出,在60年代這個三部曲的再度流行和吸毒者數目上升有明顯關聯。社會評論家奈傑爾·沃斯利深信吸食迷幻藥LSD「會導致對原始與少數民族有優於現代的評價」,因此才使得托爾金的作品恰好契合這個社會文化環境。當然那十年間的嬉皮文化——包括它的公有群居,低技術的手工製品和長髮鬍鬚,都是荷比特文化的寫照。但托爾金的著作在嬉皮年代之後仍然一直吸引新的讀者。◀1942(邊欄)

驅、搖擺樂大師到比波普樂的革新者——與東岸貴族富豪7月時在陽光燦爛的羅得島新港殖民地一起慶祝第一屆爵士樂節。這個音樂節由新港的一對夫婦策畫並由波士頓的爵士樂經紀人喬治·維恩主辦,參加者數以千計,從門外漢到名門貴族,大家對音樂充滿熱情。爵士樂時代到來了。這個活動發展成每年一度的大事。1972年,慶祝活動遷至紐約舉行。▶1955(7)

迷人的節奏

「曼波依塔里亞諾」和「爸爸愛曼波」是1954年美國最流行的歌曲。似乎人人都愛曼波這種爵士樂風的重節奏古巴黑人舞蹈。古巴的樂團領隊蒂托·普恩特,馬基托和佩雷斯·普拉多都出過曼波舞曲。曼波熱後來轉化成「恰恰」熱。節奏更輕盈、明快、易學(12恰恰恰)的恰恰熱引發了國際舞熱潮。◀1914(7)▶1956(13)

瓦茲民間藝術

西蒙·羅迪利亞將他最後一部分作品置入他的雕塑塔群中。這個塔群是他33年前在洛杉磯瓦茲區開始創作的,未受過雕塑或建築訓練的羅迪利亞用城市垃圾——廢棄的鋼和木頭、汽車零件、石頭、錫箔紙、玻璃、瓶蓋建成了這個高聳入雲、神奇怪異的樓塔。他依據某種內在的幻影將這

些廢棄物堆積,塑形並加以組合。瓦茲塔樓能與加泰隆尼亞建築師安東尼奧·高迪在巴塞隆納建造之風格大膽、未完成的聖家堂大教堂媲美。◀1909(4)

美國政治與經濟　國民生產毛額:3648億美元;施特羅姆·瑟蒙德(南卡羅來納州)是第一位以記名投票方式選出的參議員;《間諜和顛覆法》規定在承平時期從事間諜活動處以死刑,無任何限定法規;美國空軍學院建立;英-伊石油公司改名英國石油公司。

「我們必須有原則並加以遵守。畢竟，我們不是野蠻人，而是英國人。英國人在各方面都是最棒的。」
—— 高汀的《蒼蠅王》

環球浮世繪

斯特羅斯納掌權

1954年，阿爾佛雷多·斯特羅斯納將軍奪取巴拉圭政權時，這位德國移民後裔結束了軟弱的獨裁統治時期。他在選舉中舞弊，中止公民權，鎮壓政治反對勢力，將巴拉圭變成一個黑市交易點和國際亡命之徒的庇護所。斯特羅斯納統治了35年，在西半球只有卡斯楚比他統治時間更長一些，是在位最久的獨裁者。他是一名狂熱的反共分子，因此享有美國的長期支援。▶1989（7）

攝影記者先鋒

羅伯特·卡帕，這位傑出的攝影記者，5月時為《生活》雜誌報導中南半島戰爭，因在越南踩到一枚地雷而喪生。卡帕和他的同伴攝影記者亨利·卡地亞-布列松、大衛·西摩以及喬治·羅傑（上圖，右邊，與卡帕在那不勒斯）是大作攝影社協會的創始成員。他是一名勤奮、勇敢的攝影記者，在奔走全球的攝影生涯中，記錄了許多戰爭的駭人場面。◀1936（邊欄）

作者電影論

法國批評家（後來是電影製片）楚浮在1月份的一本很有影響力的電影雜誌《電影筆記》上發表了《法國電影中的某種傾向》一文，促使電影正式成為一門學院的學科。楚浮認為電影（一種完美地集體創作的藝術形式）創作權，屬於導演。他批評法國電影中溫和、文學性濃厚的傳統，在電影中導演的性格乃隱含在劇本中。楚浮的作者電影理論被美國1960年初期的電影評論家安德魯·薩里斯引用並加以推廣，對好萊塢商業片開始有新的評價。▶1959（7）

弗里達·卡羅的《兩個弗里達》（1938）右邊的弗里達手持她丈夫迭戈·里維拉的小畫像。

藝術

卡洛的超現實世界

⑪　「我希望離去是快樂的，」弗里達·卡羅在她的日記末頁寫道，「而且我希望永遠不再回來。」集夢想家和現實主義於一體的卡羅，於1954年7月13日過逝。卡羅一生大多活在她的丈夫——墨西哥壁畫先驅迭戈·里維拉的陰影下，如今被認為是墨西哥最偉大的藝術家之一。1990年，她成為第一位作品在拍賣會中以超過100萬美元成交的拉丁美洲藝術家。

卡羅的作品以她那些精心描繪的，充滿象徵的自畫像為主，將墨西哥民俗和殖民地傳統融入一種強烈，常常是觸目驚心的個人幻象。超現實主義的開創者與評論者安德烈·普魯東宣稱卡羅為超現實畫家，並將她的家鄉稱作「超現實的國度」。超現實主義者是和夢境影像打交道，但卡羅堅稱她「從未畫過夢境，我一直在畫我的現實世界」。這個現實卻常常如惡夢一般。18歲時，她的骨盆在一次車禍中碎裂，從此半身不遂。她與不忠的里維拉的不幸婚姻（他們離婚一次，一年後又再婚）是她另一個痛苦的來源。她也以自己的婚外情來補償，她的情侶（包括了流亡的蘇聯領導人列昂·托洛斯基）男、女性都有。

卡羅從藝術上、性觀念上和政治角度（她和里維拉都是墨西哥共產黨先鋒）多方面探索自我——她的自我和祖國的自我。個人形象和民族歷史混合在她的作品中，其作品比里維拉那些令人激動的大型公共藝術更為細膩尖銳。1985年，墨西哥政府宣稱卡羅的作品為國寶。◀1933（當年之音）

醫學

第一個移植成功的案例

⑫　1954年，波士頓彼得·本特·布里厄姆醫院的一個外科醫師小組首次成功地移植人體器官。早先的移植都因看來像感染，其實是由於人體對外來器官的排斥現象而失敗。1952年器官移植有了進一步重要的進展，法國外科醫生（在腎病學家瓊·哈姆伯格的支援下）將一位巴黎婦女的腎臟移植給她受傷的兒子。兒子看來是復原並存活了3個星期，最後因器官發生排斥而死去。哈姆伯格的實驗過程顯示在腎臟的捐贈者與接受者有某種關聯，而且人體接受器官移植的可能性是存在的。

兩年後，一位名叫理查德·赫立克的病人出現在由約瑟夫·默里領導的波士頓醫療小組面前。赫立克24歲，由於腎衰竭而生命垂危，他有一位孿生兄弟唐納德。默里和他的同事認為，既然雙胞胎是同卵雙生，他們的細胞組織蛋白質可能也是相同的，所以，其中一位免疫系統可能不會把另一位的器官視為外來器官。12月23日，醫療小組將唐納德的左腎移植給理查。器官立即開始運作；兩個赫里克都活了下來。理查8年後死於與此無關的疾病。在雙胞胎之間的器官移植手術成功了。對於其他人來說，免疫系統仍然是移植手術的一個大障礙，直到將近十年之後，抑制免疫藥品問世，這個問題才得到解決。
◀1952（12）▶1967（1）

手術後的唐納德（左）和理查及他們的護士在一起。

文學

高汀的殘酷寓言

⑬　作家和曾任海軍軍官的威廉·高汀曾說過：「在大戰之前，當我年輕時，我對人類的確有一些不切實際的看法，但經歷了戰爭以後，我的想法改變了。」高汀的這種幻滅思想在他於1954年出版的第一部小說《蒼蠅王》中表露無遺。

高汀的小說部分受到巴蘭坦的青少年文學名著《珊瑚島》（1858）的影響，描述一群英國學童在一場空難中倖存，困在一個荒蕪的小島上。但《珊瑚島》的主角是典型的乖乖牌，而《蒼蠅王》中的男孩們卻是殘暴的，甚至包括儀式性謀殺，他們在被一位海軍軍官援救之前甚至還幾乎自相殘殺。當這位海軍軍官將他們帶回小艇並重回被戰爭蹂躪的世界時，軍官很震驚他們並未仿效《珊瑚島》上的主角，相反地，高汀暗示，人類和國家行為中殘暴的原始本性是非常明顯的。

《蒼蠅王》在遭到幾次拒絕後終於出版，在英國立即大受歡迎。在60年代吸引了更多的讀者，因為當時反戰情緒和核子時代對人類未來的無望使本書的關聯性不言而喻。高汀的「寓言」（他本人這樣稱呼它）在1963年被彼得·布魯克拍成頗受好評的電影。這部小說最終也在英語文學經典中占有一席之地，與約瑟夫·康拉德的《黑暗之心》以及喬治·歐威爾的《1984年》等反烏托邦名著相提並論。高汀在1983年獲得諾貝爾文學獎。
◀1902（3）▶1985（13）

諾貝爾獎　和平獎：聯合國難民署（瑞士）　文學獎：歐內斯特·海明威（美國，作家）　化學獎：萊納斯·鮑林（美國，化學粘合劑）　醫學獎：約翰·恩德斯、托馬斯·韋勒和弗雷德里克·羅賓斯（美國，小兒麻痺症病毒）　物理學獎：馬克斯·鮑恩（英國，機械定量）和瓦爾特·博特（德國，原子射線測量）。

粉碎麥卡錫的魔咒

摘自1954年6月9日，參議院常設小組委員會調查陸軍部的麥卡錫案聽證會證詞

威斯康辛州平庸的參議員約瑟夫‧雷蒙‧麥卡錫在華盛頓待了兩年之後，找到了最合適的「職務」：反共狩獵人。他在1948年當選參議員，1950年宣佈令人震驚的消息，指稱共產黨分子已滲透進國務院內部。從此，麥卡錫成為美國名人。雖然他無法證明他所提出的指控，但幾乎人人都深信不疑。在之後的4年裏，麥卡錫挾其參議院運作的政府委員會主席和參議院調查小組委員會的主席（保守的青年律師羅伊‧科恩是他的主要顧問）的身分，進行政治迫害活動。他的工具包括含沙射影、虛張聲勢和人身攻擊。他毀掉許多清白的人。曾有一段時間，他的危言聳聽使全美惶惶不安。但是當他在1954年指控軍隊包庇間諜時，遇到了對手。在一場電視聽證會上，麥卡錫拙劣的把戲完全被揭露。這場衝突在6月9日達到高潮，在軍隊極具威望的特別法律顧問約瑟夫‧韋爾奇駁斥麥卡錫對一名雇員弗雷德‧費希爾的誹謗，粉碎了麥卡錫的惡意攻擊。當韋爾奇結束發言時，委員會大廳如雷的掌聲持續不斷，藉由電視轉播，數百萬人在家中觀看全部過程。魔咒被解除了，參議院迅即對麥卡錫大肆譴責，他於1957年不得志地死去。◀1950（5）

麥卡錫議員：韋爾奇先生要求提出證據……我們知道任何人都有可能為共產黨工作，我想我們應告訴他，來自他的法律事務所並經他推薦進入委員會的年輕人費希爾，恰巧做了這件事。費希爾多年來一直為一個組織工作，這個組織名叫……哦，多年以前，作為共產黨的合法掩護，這個組織一直向任何敢揭露共產黨分子的人施加迫害。

韋爾奇先生：麥卡錫議員，我想直到此時……

麥卡錫議員：等一等。讓我說，吉姆，你聽過這個人隸屬共產黨掩護組織的消息嗎？

韋爾奇先生：我會告訴你，他「過去」是屬於那組織。

麥卡錫議員：你願意得到傳訊嗎？傳訊會上寫這組織是共產黨的合法分支，他長期屬於這個組織，而他是由韋爾奇先生推薦的。我想這應記錄下來。

韋爾奇先生：在我告訴你以後你將不需要任何記錄了。直到現在，參議員，我才知道你是多麼的殘忍和無情。

費希爾是一位哈佛法學院的畢業生，他來到我的事務所並準備和我們一起開創美好人生。當我決定為委員會工作時，我請吉姆‧克萊爾，就是坐在我右邊的這位，擔任我的

第一助手。我對吉姆說：「在公司裏找個你喜歡的人，擔任你的助手。」

他選擇了費希爾，他們乘下午的班機前來。當晚，我們一起晚餐並初步討論了這個案子的有關問題。

我後來對這兩位年輕人說：「小伙子們，我不知道你們的任何事情，可是我一直喜歡你們，不過如果你們任何人中過去所發生過的經歷會在這件事情上傷害到其他人，請你們趕快告訴我。」

費希爾說：「韋爾奇先生，我在法學院的時候，曾有一段時間屬於律師同業工會」，如參議員你所暗示的……

我必須說，事實上我認

為他將因你不必要的傷害而烙上永久的傷痕。如果我有權饒恕你的粗魯和殘忍，我就會這樣做。我希望自己當個紳士。但如果有人饒恕你的話，那只會是別人，而不是我。

麥卡錫議員：韋爾奇先生把這稱為殘忍和粗魯。他只是在引人上鉤，他已經誘使科恩先生在這坐了好幾個小時了，又要求科恩先生在日落前找出政府任一部門中信仰共產主義的任何人。

現在，我將展示這個人的檔案，韋爾奇先生，我必須說的是，早在此人於1944年成為該組織會員之前，就有案底了。

韋爾奇先生：議員，可以不談這個嗎？我們都知道他是律師同業工會的成員。

麥卡錫議員：讓我說完。

韋爾奇先生：科恩先生在向我點頭。我想我沒有傷害到你，科恩先生。

科恩先生：沒有，先生。

韋爾奇先生：我無意傷害你，如果有的話，請原諒。參議員，我們不要再進一步傷害這個小伙子。你做的夠多了。你難道沒有寬容的心嗎？經過那麼多麻煩後，你還是沒有寬容的心？

「根本就沒有什麼專利，你能把太陽申請為專利嗎？」

—— 沙克在愛德華默羅問他誰會擁有脊髓灰質炎疫苗的專利時如此回答

年度焦點

沙克疫苗防治脊髓灰質炎

1 脊髓灰質炎（一般稱作小兒麻痺症）是最後一種可怕的兒童傳染病，也是當時最令人恐懼的疾病。它肆意地入侵人體，使幼小的肢體萎縮，病童必須依靠鐵肺，甚至在襁褓之中便被奪走生命。（最

沙克為一名小學生注射疫苗，美國各地的學校都進行過這種疫苗的試驗。

有名的患者或許要算富蘭克林·羅斯福，他在1921年已是成人時染上這種疾病。）一直到1955年，人類對這種傳染性極高的疾病仍一籌莫展。4月12日，一種新的免疫藥劑在經過大規模人體試驗之後宣佈結果：喬納斯·沙克的疫苗能安全而有效地預防脊髓灰質炎。這條新聞就像祈禱者獲得應驗般地受到歡呼；年輕的沙克也成了家喻戶曉的英雄。

在國家小兒麻痺症基金會的贊助下，沙克在1947年就展開研究工作。一般來講，疫苗是由仍存活且能注射到人體中的病菌菌株構成。其作用在使這種疾病輕微發作，結集人體的自然抵抗力，從而產生免疫。30年代，由於數起實驗性接種的死亡事件，使大眾充分認識到活菌脊髓灰質炎疫苗的危險。然而大多數的脊髓灰質炎研究者仍寄望能培植出一種經過弱化但仍然存活的菌株。沙克於是開始探索死菌疫苗的可能性，也參與流行性感冒疫苗的研發。到了1952年，他成功地研製出一種死菌的脊髓灰質炎疫苗，能激發實驗室動物的免疫力而不引發任何病症。

在談到決定讓自己做新疫苗的首例人體受試者時，沙克說：「我把它看成是一種儀式和象徵，因為己所不欲，勿施於人。」在他的同僚也經過接種試驗之後，沙克於1952年開始大眾試驗。當時脊髓灰質炎的流行正處於巔峰，在美國即有5萬8千起病例，歐洲和亞洲的情況也同樣地嚴重。整個夏天，紐約有份報紙每天在頭版的專欄刊載脊髓灰質炎統計數字。父母警告孩子遠離游泳池和公共噴泉，而且睡覺時要關緊窗戶，以防這種病從窗台爬進來。1955年獲得使用許可的沙克疫苗平息了這場恐慌，世界各地無數的孩童排隊等候注射。在之後不到10年的時間裏，沙克的競爭對手阿爾伯特·沙賓推出一種安全的活菌疫苗，取代了前者。◀1927（12）▶1960（邊欄）

美國

蒙哥馬利抵制公車事件

2 美國的民權運動可以說是始於1955年12月1日，當天在阿拉巴馬州的蒙哥馬利，一名黑人婦女羅莎·帕克斯在市公車上拒絕把座位讓給一名白人男子。蒙哥馬利的法令禁止黑人坐在公車的前面，並要求黑人將公車中間的座位讓給任何站著的白人。而這位43歲的女裁縫（她是全國有色人種促進協會的義工）沈默地拒絕了司機的命令，於是馬上遭到逮捕。當地的黑人領袖針對帕克斯事件策劃了一場史無前例的群眾運動。黑人占蒙哥馬利公車乘坐人數的75%，積極份子希望在審判當天（她被判罰10美元）共同抵制公車，好將某種訊息傳遞給白人官員和實業家。

這場抵制持續了一年，儘管當中曾發生過警察騷擾、密謀審判以及領導者家裏發生爆炸等事件，蒙哥馬利4萬8千名黑人幾乎全都參加了這場運動。數千人雲集教堂，把讚美詩和黑人靈歌改寫成「自由頌歌」。然而當局拒絕了他們並不過分的要求：禮貌對待黑人乘客、雇用黑人司機、以及即使有白人站著，黑人也可以繼續坐著的權利（示威者甚至沒有對黑人必須待在公車後頭的規定提出異議）。最高法院最後打破了僵局，裁決所有公車上的種族隔離都違反憲法。即使白人至上主義者開槍射殺黑人乘客，他們還是輸了這場戰役。

於是在蒙哥馬利引發了歷史上最大的一次非暴力革命，抵制運動的領導人成為這場革命的精神領袖。牧師馬丁·路德·金恩博士，時年26歲，從聖雄甘地身上得到啟發。他向追隨者許諾：「如果你願

被捕後的帕克斯在按指印。

意勇敢地、並且以尊嚴和基督之愛去抗爭，在未來的世代中，歷史學家將會在我們這一頁停下來說：『當時有一群偉大的人民——黑人人民——在文明的血脈裏注入新的意義和尊嚴。』」◀1954（6）▶1956（邊欄）

越南

南北浴血

3 1955年，由於南、北越臨時政府的領導人企圖鞏固各自的權力，暴力又重返中南半島。在共產主義的北越，成千上萬的地主和富農在一場失敗的土地改革中遭

在1955年的秉川派暴動中，一位西貢母親和她的孩子倉皇地尋找避難所，這些叛亂後來被吳廷琰敉平。

到處決（軍政府立即承認它的「錯誤」）。在南越，美國所支持的吳廷琰總理敉平了3次叛變，同時也肅清了法國統治時期的大部分殘餘勢力。

身為民族主義者的前內政部長，吳廷琰一直是法國指派的國家元首保大的宿敵。不過保大仍於1954年將吳廷琰從流放中召回並任命為總理，他擔心政府如果完全保持法國統治時期的老樣子，將會引起民眾和美國的憤怒。而吳廷琰實際上看起來也不致對保大構成威脅：他缺乏個人魅力，又是佛教國度裏的天主教徒，所以幾乎沒有什

「我們主張和解，但如果有人因而認爲我們會忘掉馬克斯、
恩格斯和列寧，他就錯了。那是永遠不可能的。」　　——蘇聯總理赫魯雪夫於日内瓦的言談

麼追隨者。此外，他還受到3個武裝的政治宗教派系的挑戰，這3個派系是農村的和好派、高台派，以及城市的秉川派（其黨徒控制西貢的罪惡交易、警察勢力和聯邦祕密機構）。

吳廷琰收買了幾個和好派及高台派的領導人加入他的政府，秉川派則屢屢與政府軍發生衝突。1955年5月，在一次街頭的戰役中喪失數百人之後，該派的主要抗爭終告結束。是年夏天，吳廷琰打壓了一次由法國支持的將軍所發動的政變，並且平息了強硬的和好派首領的反叛。

保大（時已遷至里維耶拉）不久在一場廢除君主制的全民公決中被罷黜，並推選吳廷琰爲總統。吳廷琰的美國支持者當時完全相信他能把南越變成一個永存的國家以及對抗共產主義的堡壘。可是，當1956年決定誰將統治越南的投票如期舉行之際，北方領導人胡志明依舊是這個分裂國度的幸運兒。吳廷琰的結論很簡單：拒絕進行選舉。於是，胡志明爭取統一的奮鬥遂以軍事的手段展開。◀1954（1）▶1961（6）

外交
兩大聯盟的結合

4 經過一系列重大的外交事件，戰後的歐洲格局到了1955年底已經大致底定。5月份，爲了履行1954年10月簽訂的巴黎協定，西德被容許加入北大西洋公約組織。西方盟國對其佔領的結束及預料其重新武裝的可能，使蘇聯感到苦惱，40年裏它兩次成爲德國侵略的受害者。克里姆林宮於是迅速做出回應，成立華沙公約組織，這是一個共同防禦協定，參與的有阿爾巴尼亞、保加利亞、捷克、東德、匈牙利、波蘭和羅馬尼亞。除了與北約抗衡之外，該公約還允許莫斯科在這些國家維持強大的軍事部署，以確保蘇聯的權勢。同月，莫斯科還簽署了《奧地利條約》，奧地利被四強佔領的局面因而結束並得以重獲主權。一直是東西方之

四巨頭齊聚日内瓦，氣氛親切溫馨。（由左至右）布爾加寧（蘇聯）、艾森豪（美國）、佛爾（法國）和艾登（英國）。

間主要爭議的蘇聯撤軍問題，幾乎立即展開。

7月，英、法、美和蘇聯的領袖在中立的瑞士集會，討論東西方並存的幾個關鍵性問題。日内瓦的新聞大標題是空氣中洋溢著後史達林主義者的樂觀情感。艾森豪宣稱美國不打算「參加侵略性戰爭」，這使得仍在核子屠殺陰影中的世界人民無不額手稱慶。但大會沒有達成任何實質的結果，如何實現德國統一這個惱人的問題仍懸而未決。◀1949（2）▶1961（1）

外交
第三世界的首次會談

5 1955年4月，來自23個亞洲國家和6個非洲國家的政治家在印尼的萬隆集會，爲一股新興的全球性政治力量（第三世界）謀劃未來的藍圖。根據最新的地緣政治理論（由法國社會學家阿爾弗雷德·紹維於1952年提出），每個國家都屬於下列3個「世界」之一：第一世界，工業化的資本主義民主國家；第二世界，蘇聯集團；第三世界，那些正在形成的後殖民地國家。後者大部分都是非白人國家，因此印尼總統蘇卡諾稱萬隆會議爲「人類歷史上有色人種的首屆洲際大會」。

然而，除了貧窮，與會國並沒有多少共通之處。大會就蘇聯的東

歐和中亞政策是否應歸類於西方的殖民主義展開激烈辯論。最後，大會通過決議，譴責「以各種形式存在的殖民主義」，同時隱含對莫斯科的非難。然而才剛剛佔領西藏的中國，卻在萬隆受到熱烈歡迎。

菲律賓的卡洛斯·羅慕洛（左）與美國編輯諾曼·庫曾斯在萬隆會議上。

代表們達成的具體成績是包含10點的「促進世界和平與合作的宣言」，其係以聯合國憲章和印度總理賈瓦哈拉爾·尼赫魯（一位較年長的與會者）提出的道德原則爲基礎。萬隆會議促使更廣泛的不結盟運動誕生，數十個國家透過這個運動，力求避免成爲冷戰中兩個衝突大國的爪牙，並取得程度不等的成功。會議還把少數人物推上國際舞台：蘇卡諾、調解本領驚人的中國總理周恩來，和精力充沛的埃及總統賈邁勒·阿卜杜勒·納塞。萬隆會議還爲已對超級大國政治絕望的第一世界理想主義者點燃新希望：或許打破東西方僵局的答案就在這些充滿活力的領導者，及其正在覺醒的國民身上。◀1955（4）

1955

「我的小說的確包含對一個性變態者生理衝動的種種暗喻，
這一點非常真實。但我們畢竟不是孩子。」
—— 小說家納巴可夫論及《洛莉塔》

1955年新事物

- 賽賽看（肯納玩具）
- 福特公司雷鳥汽車

- 肯德基炸雞
- 氣墊船
- 電視轉播總統記者招待會
- H & R Block 報稅公司
- 《金氏世界紀錄》出版

美國萬花筒

AFL-CIO合併

1955年美國勞工聯盟（AFL）與產業工人工會（CIO）合併，一個組織化的勞工超級霸權從而誕生。這項重大的措施是由勞工聯盟領導人喬治·閔尼協議達成的。他是個叼著雪茄的大城市（紐約）鉛管工，經濟大恐慌以前就是工會成員。這個龐大的新組織代表百分之九十的美國工會會員。在接下來的25年中擔任該組織主席，閔尼（一個直言不諱

的反共產主義者）掌握著強大的主流政治影響力。1972年他拒絕支持喬治·麥高文競選總統，因而中斷了勞工組織與民主黨的傳統聯繫。◀1952（邊欄）▶1957（邊欄）

馬庫斯與新左派

赫伯特·馬庫思的《愛慾與文明》一書奠定了這位德裔美籍社會哲學家在新左派運動中的導師地位。透過對佛洛伊德、黑格爾和馬克斯的縝密分析闡釋，這部出版於1955年的著作把工業社會看成是抑制性、經濟、政治的機制。馬庫斯被60年代的激進分子熱烈擁抱，因為他「反對顛覆」的主張說到了他們心坎上。這位來自納粹德國的流亡者，認為美國的大學是學術自由的「大本營」。

大眾文化

麥當勞風靡美國

⑥ 1955年4月，曾經是爵士樂鋼琴師的雷·克羅克在芝加哥近郊的得斯普雷恩斯開辦了一家速食加盟店。當時沒有人料得到一場美國飲食習慣的革命、一個遍及全球的帝國就要降生了。身為一種能夠攪拌五份奶昔的攪拌器獨家經銷商，克羅克早在前一年就與理查和莫里斯·麥克唐納兄弟設在加州聖伯納迪諾的一家免下車餐館會過面。透過一貫作業的技術準備牛肉餅、油炸食物和奶昔，這對兄弟已把他們路邊攤的麥克唐納一變而為每年20萬美元營業額的事業，並且已經在加州徵求加盟店。克羅克急於獲取股份的收入（同時又能賣掉更多的攪拌器），便勸這對兄弟讓他為該餐廳申請全國性執照。

不久，克羅克賣掉攪拌器事業，以便全力經營漢堡生意。到了1961年，他買下麥克唐納兄弟的家產時，連鎖店已迅速發展到200多家分店。自詡為「超級愛國者」的克羅克要求加盟店懸掛美國國旗，他憑著產品和服務表現近乎軍事化的一致性而贏得成功。到80年代，擁有了1萬個分店，麥當勞公司已是全球最大的食品服務公司、美國最大的商業房地產擁有者，也是美國主要的雇主之一。其金色的拱型商標貼遍了從巴黎到北京的自然和文化勝地，成為美式消費主義的最高象徵。▶1990（邊欄）

音樂

邁爾斯的五人樂團

⑦ 自從1955年獲得新港爵士音樂節大獎以後，爵士喇叭手

年輕的戴維斯在錄音室中休息，他的音樂生涯達40年之久。

邁爾斯·戴維斯一躍而至演奏的顛峰（之前只有鑑賞家知道他）。有史以來，一名黑人首度躋身當代最成功的爵士樂音樂家。戴維斯隨即組織了一個明星五人樂團，包括薩克斯風手約翰·科爾特蘭、鋼琴師雷德·加蘭、低音提琴手保羅·錢伯斯、鼓手費利·喬·瓊斯，他們在爵士樂殿堂裏博得永恆地位，並把冷爵士樂發展至成熟階段。這種新風格將原來比波普爵士樂狂勁有如飛瀑般的旋律變為柔和、靜遠、哀怨而又難以言喻的感傷音樂。一位樂評家這樣寫道：「孤寂從未以如此不妥協的方式被檢視。」戴維斯經過消音而顯得親切的喇叭聲彷彿暗色透明玻璃，而且如同呼吸般自然。

戴維斯是伊利諾州奧頓一位牙醫的兒子，青年時期就崇拜比波普

1962年新澤西州的一家麥當勞加盟店。截至當時，已售出近一億個漢堡。

爵士樂手「令人眩目的」·吉萊斯皮和查利·帕克（40年代末他曾與二人同台演出）。雖然知道自己缺乏他們那樣的技巧，但他並不灰心，反而著手嘗試一種不加渲染、更朝內心自省的風格。1949年，他夥同一群志趣相投的樂手，包括著名編曲家吉爾·伊文思，錄製了《冷之誕生》。這張專輯標誌著他與30年來熱烈而又繁複急促的爵士樂背離，同時暗示這個劃時代的5人樂隊即將誕生。脫胎於冷爵士樂之後，戴維斯在這些新音樂上繼續開拓路標。5人樂隊中薩克斯風手換成坎農博爾·阿得勒，在50年代末嘗試以「調式」（與和聲相對）的方法詮釋爵士樂；60年代末，他開創出融爵士和搖滾於一體的音樂形式。60年代的戴維斯5人樂團——韋恩·肖特吹薩克斯風，赫拜·漢考克彈鋼琴，朗·卡特演奏低音提琴，東尼·威廉斯打鼓——也和它50年代的前輩一樣成為傳奇。◀1945（15）▶1959（邊欄）

文化

納巴可夫聲名狼藉

⑧ 弗拉基米爾·納巴科夫年輕時即被迫離開革命的俄國，在40年代遷往英國之前，他曾用母語寫出詼諧而博學的小說。40年代末，他被紐約北部的康乃爾大學聘

為俄羅斯和歐洲文學教授。儘管納巴可夫身為知識分子，美國出版商還是拒絕出版他所寫的《洛莉塔》，因為他們認為這是一本猥褻的小說。書中主角休姆伯特是個世故的歐洲流亡者，半認真半開玩笑的「告解」，自己迷上一個不滿10歲的美國女孩。1955年，納巴可夫滿腹不快地把小說讓巴黎一個色情文學專家出版之後，在法、英、美等國引起強烈爭論，《洛莉塔》因此得以列入挑戰西方世界對描寫性慾出版品的心態之名著（諸如喬伊斯、勞倫斯和許多其他作家的作品）。由於史坦利·庫

「不是詩人，而是他所觀照的世界呈現出淫穢。《狂吠》中的淫穢垃圾，正是這個
迷失在原子彈和瘋狂民族主義之中的機械化世界的可悲垃圾。」
　　　　　　　　　　　　　　　　　　　　　　　　　　　　── 費林海蒂

布里克在1962年將之改編爲電影（詹姆斯·梅森主演休姆伯特），爭論又延伸到電影界。

納巴可夫怨嘆說：「我個人的悲劇是不得不放棄與生俱來的母語，那不受束縛、豐富而又無比溫馴的俄語，而選擇二流的英語。」再沒有別的散文能比這位流亡貴族的作品更受推崇和讚揚。文學家稱頌《洛莉塔》是「爲藝術而藝術」的優秀作品，是諷刺、仿照、雙關和隱喻的出色結合。小說成了暢銷書，他因此能放棄教書而移居瑞士，把更多的時間投入寫作和收集蝴蝶興趣上。◀1913（3）

狄恩擁抱《養》片中的女主角娜姐麗·華。她和電影中的另一影星薩爾·米內奧也像狄恩一樣很早便過世。

電影
偶像的誕生

⑨ 24歲的詹姆斯·狄恩是最常被人論及的好萊塢新興天才。專欄作家赫達·霍珀這樣寫道：她從未見過一個年輕演員「能力如此之強，能在那麼多方面創新」。狄恩倒對名聲日隆看得很淡。他說：「對我來講，唯一的成功、唯一的偉大是永垂不朽。」1955年9月30日，在加州的一個十字路口，一輛福特轎車撞上狄恩的保時捷，他當場身亡。

大眾對狄恩的了解來自一些百老匯舞台劇、幾部電視劇和3部小電影的小角色，以及他在《天倫夢覺》裏飾演一個苦悶的殺害兄弟者考爾，這使他成爲閃亮的明星。在他身亡4天之後，華納公司如期發行《養子不教誰之過》，一部由尼古拉斯·雷導演的青少年犯罪片，由狄恩領銜主演。十幾歲的孩子強烈認同他那備受煩惱折磨的吉姆·斯塔克的形象，一個對驕橫的母親和懦弱的父親深感失望的中產階級子弟。《養》片的賣座轟動一時，華納公司一週就收到8千封寫給死去影星的信件。

狄恩扮演的最後一個角色──《巨人》（1958）中一個脆弱的不良少年牧場員工，鞏固了他的傳奇故事。他的影迷俱樂部遍佈世界，至今還在發展。成千上萬的人前往他在印第安納的墓前朝拜。他有意無意地被貓王艾維斯·普雷斯萊及傑森·普里斯特利等青少年偶像所模仿。他的形象充斥在各種T恤、海報以及廣告上。除了是好演員之外，事實還證明他更是個好偶像。
◀1921（10）　▶1956（1）

文學
閱讀革命

⑩ 「眼看著我們這一代的菁英爲瘋狂、飢渴而歇斯底里的裸露……所摧殘」1955年11月，艾倫·金斯堡在舊金山第六美術館誦讀作品《狂吠》的第一行文字時，標示著另一個美國大詩人的出現，以及一場開創性運動的誕生。1940年代中葉以來，金斯堡和幾個夥伴──傑克·凱魯亞克、威廉·巴洛斯、加里·斯奈德等人，即一直在倡導他們稱之爲「垮掉的一代」（這個術語涉及消沉、音樂和精神祈福）的美學。「垮掉的一代」揚棄中產階級（「舊派」）的價值觀而崇尚本能、自然和意識的拓展，他們透過性、迷幻藥、爵士樂和東方宗教來尋求這些東西。他們的言談、寫作和穿戴都像是先知，只是加入了現代的扭曲：喜歡詛咒，服裝則仿自救世軍。

《狂吠》創作於一個靈感突發的下午，它是「垮掉的一代」世界觀的精確表達，是一篇對當代美國（吃人的發電機）史詩般的訴狀，以及對勇於摧毀以發現更高眞理的「頭頂光環的前衛人士」的讚美。金斯堡念咒般的表演成爲傳奇的核心。當詩作印成《狂吠及其他》（1956）發行時，出版商勞倫斯·費林海蒂（也是「垮掉的一代」的詩人）卻被控以猥褻罪。該案以費林海蒂的勝訴告終，這使得金斯堡及其同夥聲名大噪，也使得該書成爲本世紀的暢銷詩集之一。

除了公開的同性戀（在當時被視爲大逆不道）之外，金斯堡在接下來的數十年裏仍不時成爲話題。

1957年金斯堡（右）與「垮掉的一代」同夥彼得·奧洛夫斯基和格雷戈里·柯索在紐約。

從60到90年代，他擁護嬉皮運動，支持激進的理想和佛教啓蒙。1974年他以《美國的沒落：賓州詩抄》榮獲國家書卷獎，即使是主流批評家也不得不承認他的詩作天賦。
◀1917（邊欄）　▶1957（8）

核糖核酸（RNA）被分離出來
塞韋羅·奧喬亞，一位出生於西班牙的紐約大學醫學院生物化學教授解開了遺傳之謎。1955年，他分離出一種細菌酵素，而得以催化核糖核酸（RNA）反應。這項技術關係著遺傳訊息如何從基因傳遞到酵素，因爲各個細胞的特質和功能即此控制。奧喬亞的重大突破爲將來合成核糖核酸和破解遺傳密碼闢出道路。
◀1953（1）　▶1967（11）

施泰肯之家
富於開拓性的美國攝影家和藝術館館長愛德華·施泰肯於1955年在現代藝術博物館舉辦了一次展覽，以強調人類的差異和一體性爲主旨。「人類之家」從來自世界各地約200萬張作品中精選出來503幀照片，成爲空前受歡迎

的一次藝術展，總共有900萬人參觀。（上圖是最後一張照片，爲尤金·史密斯拍攝的兩個孩子的照片。）◀1902（13）

凱許初試啼聲
強尼·凱許對他歌唱的內容體驗深切。經濟大恐慌時期出生於阿肯色州的一戶棉花小佃農家庭，50年代早期在底特律爲人拖地板。服完4年空軍兵役後，他在1955年與曼非斯有名的太陽唱片公司簽下合約。極富特色的男中音，讓他第一批單曲：《叫，叫，叫》和《福爾松監獄藍調》還在宣傳期間便立即走紅。◀1949（10）

美國政治與經濟　國民生產毛額：3980億美元；最低工資由75分美元提高到1美元；通用汽車公司宣佈3比1的股票分割；IBM推出第一台商用電腦IBM752。

「如果你真想給搖滾樂再起個名字的話，叫它『查克・貝里』好了。」

——約翰・藍儂

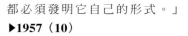

環球浮世繪

一個新的中國

中國被罷黜的國民黨政府領導人蔣介石一直是美國的友人，更重要的是，他是共產主義的死敵。1月時，他的忠誠得到回報：美國國會通過了福爾摩沙決議案，促使美國承諾保護台灣的國民黨政府（也是美國承認的中國唯一合法政府），使其免於中國大陸共產主義的威脅。◀1949（1）▶1972（2）

基督徒調解者

一直到他1955年去世時，天主教神父、古生物學家、哲學家皮埃爾・德日進的主要著作才得以出版。德日進試圖促使科學和基督教和解，但教會卻禁止他出版

演化沉思集（他辯稱在其中展示著上帝之手）。其代表作《人的現象》陳述了他樂觀主義的理論，認為透過科學，人們終將被導向信仰，並且完全認識基督。◀1925（3）▶1962（1）

淫猥的愛爾蘭非正統派英雄

就和他都柏林的同鄉詹姆斯・喬伊斯一樣，唐利維寫了一部出色的小說，卻落得被羞怯的出版商們以淫穢為理由給拒絕了。《華而不實的人》是迷糊的塞巴斯蒂安・丹傑費爾德（和其創作者一樣，是個移居都柏林的美國人）暴笑滑稽的淫猥故事，1955年在巴黎出版。這部被視為現代喜劇傑作的全文版本在美國一直到1965年才解禁。唐利維另外還寫了幾部小說、短篇故事劇本。兩年之後他成為愛爾蘭籍公民。◀1922（1）

大眾文化

米老鼠王國

⑪ 對華德・迪士尼來講，這一年再好不過了。他在美國廣播公司新播出的影集《迪士尼樂園》得到最高收視率、由費斯・帕克飾演拓荒者大衛・克羅克特的《邊疆樂園》節目創下一炮而紅的紀錄，並掀起戴浣熊皮帽的熱潮。其他產品如漫畫書刊、故事長片、卡通片、紀錄片等，都以驚人的速度從公司的廠房源源推出。1955年7月17日，迪士尼為他最大的成就——迪士尼樂園揭幕。

位於加州安納海姆的主題公園佔地65公頃，是同類中最引人入勝者。較之迪士尼樂園，老式遊樂園顯得寒酸而缺乏想像。一家人可在這多媒體的狂想劇中流連數小時，或者親臨模擬的登月發射現場，或者徜徉在潔淨的大溪地島，或者是遊歷精簡版的老西部。在名為冒險樂園、奇幻樂園和邊疆樂園的領域裏，可以乘坐巨型茶杯或是大海盜帆船。這個魔術王國（人們這樣暱稱它）足以讓每一個年齡層的人眼花繚亂。

隨後於當年10月，迪士尼在美國廣播公司推出一個課餘電視節目，用他的話講就是「直接針對孩子」。米老鼠俱樂部為嬰兒潮的世代冠以另一頂帽子，就是老鼠的眷顧者。在此期間，迪士尼樂園連同其在佛羅里達州、日本和法國的子樂園，在接下來的年代裏，一直吸

引大批遊客來訪。◀1928（10）▶1956（當年之音）

文化

小說的再發明

⑫ 阿蘭・霍格里耶創作於1955年的小說《窺視者》，是一個旅遊推銷員強姦並殺害一個小女孩的故事。該故事也許真有其人其事，但也可能完全出於虛構。對他來說，這些細節無關緊要，重要的

是傳達出人察覺時間、空間和事件的方式。於是《窺視者》像他所有的作品一樣充滿了矛盾和重複，尤其是那些他刻畫入微得能讓人瘋狂的「東西」。這位受過統計員訓練的法國作家，在小說裏為清單、時間表和度量衡找到了用武之地，雖然並不是出於習慣性地對情節和人物的刻劃描寫。

霍格里耶先前寫於1953年的小說《橡皮》，搞得所有讀者都摸不清頭緒；而《窺視者》卻獲得有名的文藝批評獎。60年代，他被公認為所謂「新小說」流派的代言人。一個包括米契爾・比托爾、瑪格麗特・莒哈絲、克勞德・莫里亞克、納塔莉・薩羅特和克勞德・西蒙等人在內，組織鬆散的新小說家運動開始成形，成員們探索知覺本質和嘗試敘事極限的決心將之結合為一體。霍格里耶寫道：「每一部小說

都必須發明它自己的形式。」▶1957（10）

音樂

搖滾樂的鼻祖

⑬ 與後來搖滾樂的恢宏氣勢相比，創始人查克・貝里的表演或許顯得粗糙。他的《媚比琳》在1955年節奏與藍調的排行榜上獨佔鰲頭，在流行歌曲排行上榜名列第5。但後起的搖滾歌手無不受到他急促激動的吉他伴奏、有勁而別出心裁的嗓音與活躍的台風（其商標就是「鴨子走路」）影響。他那獨創而易琅琅上口的歌曲——關於約會、駕駛和學校歲月，風靡了廣大群眾和同類學生自組的樂隊。

貝里崛起於聖路易，白天以理髮為業，晚上則在小俱樂部裏表演。當藍調巨星穆迪・沃特斯讓他參加芝加哥的特約演唱之後，他就此時來運轉，被推薦到切斯唱片公司試唱。《媚比琳》是貝里第一支走紅的歌曲，由一首名叫《艾達・雷德》的鄉村歌曲以節奏與藍調風格改寫而成。接下來還有幾首歌躋身前10名，包括《隨貝多芬搖滾》和《強尼・古德》。

1986年的貝里——年屆花甲仍在搖滾。

但貝里身為超級歌星的壽命並不長，1962年，在一次將一名白人演員判為緩刑的曖昧審判中，他因為出於「不道德意圖」將一個未成年人運過州界而被送進監獄關了兩年。不過，貝里還是在1972年一次成功的拉斯維加斯之行中東山再起。他第一支登上流行歌曲排行榜榜首的歌曲，是猥褻而曲調嶄新的《我的小傻瓜》。◀1950（邊欄）▶1956（1）

迪士尼樂園的城堡入口。美國廣播公司贊助迪士尼樂園的開創費用。

跑錯車道的賽車浪漫史

摘自「您的問題」，安·蘭德斯，芝加哥《太陽報》，1955年10月16日

直到她們雙雙結婚時，這對雙胞胎還是形影不離：埃絲特·波林·弗里德曼和波林·埃絲特·弗里德曼什麼事都在一起做。埃絲特年長17分鐘，也搶先投入弗里德曼這對姊妹自己開闢的事業。身為37歲的芝加哥家庭主婦，埃絲特在1955年接下芝加哥《太陽報》的忠告欄。自擔任安·蘭德斯的第一天（10月16日）起，她就以其特有的坦誠、對雙關語的偏好和對專業的尊重著手開闢《婚姻顧問》專欄。後來有幾十家報紙都選用這個熱門專欄。受到鼓舞的灣區家庭主婦波林，憑三寸不爛之舌在《舊金山新聞》謀得工作。1956年1月9日，她以阿比蓋爾·范布倫的名字首度亮相。因為她傳統而又不拘禮數，「親愛的艾比」很快便聯合刊登於東西兩岸。40年過去了，這對姐妹（一半是斷案的所羅門國王，一半是治病的精神醫生）還在為無數的失戀者、困惑者，或者只是好奇的熱心者提供建議。

親愛的蘭德斯女士：

我一直密切地在讀您的專欄，而且向來認為大多數亂點的鴛鴦譜都很可笑——直到此刻，也就是我脖子上這條絞索正越纏越緊時。我們結婚已有10年，有兩個男孩。我喜歡賽車，但我太太完全不感興趣，所以我在出門時也就沒帶她一起去。我迷上了一個有3個孩子的女人，她也喜歡賽車。她丈夫既無知又令人無法忍受。這件事可能聽起來很陳腐，但我認為她會是我的如意伴侶。我想你會認為我是個小人，但我真的是十分迷惑。我希望在這個問題上得到您的忠告。

K先生

善有善報，惡有惡報。你是否意識到在你一個小小的賽車道浪漫史裏，有5個孩子受到牽連？如果有一天你幡然悔悟，希望妻子和孩子回到身邊的話，絕對不要驚訝。你是在黑色星期五的一條泥濘車道上調情，你所選的這條路將使你得到應有的報應。

親愛的蘭德斯女士：

我剛從小學畢業，而我喜歡的男孩正在當兵。他寫信說他不久就會休假回家，而媽媽不准我見他。我努力解釋，我們只是去看場電影，而且早早就會回家。媽媽說我不能去，我還太小，不知道自己在做什麼。請您幫幫我。

E·V·

如果妳「小學剛剛畢業」，妳大概13歲，小姑娘，山姆大叔需要男人——但妳不需要。聽媽媽的話，她是對的。至於妳那個男孩朋友——他的腦袋瓜肯定

安·蘭德斯，一位家庭主婦搖身變為忠告專家。

是壞掉了。

親愛的蘭德斯女士：

我已經結婚4年，有2個孩子，而且馬上就要有第3個了。在過去的7個月裏，我丈夫一直在城裏到處尋花問柳。我告訴他我準備跟他分開時，他發誓說要痛改前非，規規矩矩做人。我沒錢付律師費，也不能工作。我是應該向親戚們借這筆錢呢，還是等等看會發生什麼事呢？

苦惱的妻子

你完全有跟他拆夥的權利。這種傢伙不配擁有家庭——就現在而言是如此。不過既然答應改正，就再給他一次機會。試圖說服他一起去找婚姻顧問，看看你們的婚姻中有什麼出差錯的地方。還得讓他知道，他再有外遇的話，你就

會把他給休了。

親愛的蘭德斯女士：

兩個月前我碰到一個男人，他看起來非常喜歡我。他有兩份工作，這就是他從來不打電話給我或者約我出去的原因。他很忙。他告訴我他非常在乎我；而我只在他每天送食物到我家時才見得到他。我不想倉促跟他建立任何關係。您認為呢？

忠實的讀者

這個人正往你家送東西聽起來像是一篇鬼話……我心底潛藏著一股疑慮，這走後門的羅密歐有妻子和家庭，還有另外幾位非常要好的「顧客」。最好把他忘了，並告訴他：把送來的任何東西擺在順手的地方就可以了。他應該抱著他的佣金作為銷售的「紅利」才對！

親愛的蘭德斯女士：

我是個14歲的女孩。我喜歡一個男孩，而且我敢肯定他也喜歡我。可是到了我願意和他約會的時候，他卻害怕逃開了。我真是苦惱極了。

S.V.

別擔心；他還只是個孩子。很快他就會不怕的，而你也將有機會去發現你們是否真的彼此喜歡。同時，你還能和別的年輕人一起度過很多美好時光——既有男孩也有女孩！

O.E.B.小姐親啟：

妳有掌握自己生命的任何權利。妳對母親和家人的付出已遠超過妳該負擔的。搬出去住，免得他們把妳逼瘋。

1955

「我走下舞台，經紀人告訴我觀眾因我的扭動而大喊大叫。我只好再回到舞台上，應他們要求再唱一首歌。我，我只是多一點扭動，可是越扭動，觀眾就越興奮。」 —— 普雷斯萊在1956年的《電視指南》上描述首次登台的盛況

年度焦點

搖滾之王—艾維斯

1 於1956年3月發表的《傷心旅店》，是有史以來最具影響力的搖滾歌手首張名列榜首的流行暢銷專輯。到該年底，艾維斯・普雷斯萊除了獲得3項以上排行榜冠軍，在電視台的表演還引起轟動（例如埃德・蘇利文秀中剪掉他的扭動動作，只拍他的上半身），並被公認為青春偶像。搖滾樂早在50年代初從黑人的節奏藍調和白人的西部鄉村歌曲發展演變而來，並非普雷斯萊首創。然而他超越其他歌手，成了年輕人獲得解放的希望化身，並對那個墨守成規的年代提出難以言喻的反抗。普雷斯萊的魅力和他表演中粗糙的美感——驚世駭俗的肉慾，但卻動人心扉的真誠——為他贏得「搖滾之王」的美譽。儘管最初受衛道人士嚴厲批評，後又被痛斥利用黑人文化圖利而又未對黑人有所貢獻，他的風格仍風靡世界，啟發了一代代的音樂家。他那種對個人特色的狂熱追求至今仍十分盛行。

普雷斯萊從小開始唱歌，夢想成為大明星，但成名前一直都在田納西州的曼非斯開卡車，直到一次他玩票性質地在太陽唱片公司老闆薩姆・菲利普萊開的小錄音室中錄製了一首鄉村歌曲。菲利普萊早先曾為BB金和霍林・沃爾夫等藍調歌星灌製唱片，他具有一種企業家的眼光，希望發現一名具有黑人聲調與氣質的白人來發財。他鼓勵普雷斯萊（黑人音樂與服裝風格的愛好者）向這方面發展。1954年，普雷斯萊以一首藍調音樂家阿瑟・克留達普作詞的《好吧》，在當地大為走紅。普雷斯萊到南方巡迴演出，他渾厚的男中音、搖擺的臀部、冷笑的嘴唇使青少年觀眾為之瘋狂。在一次佛羅里達州的演唱會上，過分興奮的歌迷發生暴動。

他在1955年以《神祕列車》勇奪鄉村歌曲排行榜冠軍後，實力雄厚的RCA公司以史無前例的3萬5千美金高價從太陽公司挖走普雷斯萊。（在他許多傳奇性的慨贈活動中，第一次便是買了一輛粉紅色的凱迪拉克送給母親。）他的歌曲支支暢銷，在之後的16年中，共計有83首成為流行歌曲。由於他那善於推銷的荷蘭裔經紀人托姆・帕克讓他在光芒消逝後許久仍是全球知名人物。但聲望的壓力卻導致了可怕的衰頹。◀1955（13）▶1977（6）

搖滾之王艾維斯，曾主演一連串票房長紅的電影。這是他在1956年的影片《溫柔的愛》中的劇照。

蘇聯

赫魯雪夫批判史達林

2 尼基塔・赫魯雪夫批判史達林的「祕密報告」，是從體制內對共產主義最嚴重的譴責。1956年2月莫斯科召開的第20屆黨代表大會中，赫魯雪夫在一次特別的午夜會議上（外國人與新聞界禁止參加）發表這長達4小時的謾罵，動搖了黨的基礎，並宣示新蘇維埃時期開始。

赫魯雪夫終結了對史達林的崇拜，在冷戰時期重新定義共產主義。

在1953年史達林死後，赫魯雪夫就謀劃得到領導地位。之後幾年，他謹慎地偏離上一任獨裁者的政策，進行細微的刑法改革，放寬對外政策。1955年，他甚至試圖與南斯拉夫的異議分子狄托元帥和解。在這種情況下，黨代表集會時，與會的1350位共產黨官員就預期會聽到一些意識形態修正論，而當發言者公然抨擊「個人崇拜」時，幾乎沒有人感到震驚。

然而在開幕式上，他宣稱「戰爭不是必然的宿命」，這與階級鬥爭的教條理論完全相反，使黨的守舊派感到不安。然後，第10天夜裏，他將與會代表召集到會堂，關上門，滔滔不絕地批評他前任的長官，攻擊史達林為「狹隘偏執、凶殘無道、濫用武力」。貶史行動的步伐隨之加快。第二年，800多萬名政治犯從可怕的集中營釋放出來，幾千名被整肅的黨員死後得以平反。

史達林主義頑固分子多次企圖殺害赫魯雪夫：1958年，維亞切斯拉夫・莫洛托夫、格奧爾吉・馬林科夫和拉札爾・卡岡諾維奇領導的強硬派密謀驅逐他。赫魯雪夫消弭了這次政變，不但撤消叛變者的職務，將他們流放到邊遠地區，並且在蘇共中央主席團內安插他的支持者。他在史達林調教下歷練成熟，知道怎樣運用權力。◀1953（3）▶1956（4）

中東

蘇伊士運河危機

3 賈邁勒・阿卜杜勒・納塞蔑視西方列強。他將埃及建設為一黨制社會主義國家，拒絕加入反蘇聯的「巴格達條約」，承認中共。由於西方對他實施武器禁運，他於是向蘇聯購買軍火，但聲明不與冷戰的任何一方結盟。當這個獨裁者的膽識讓他成為第三世界的英雄時，卻同時也激怒了別人，導致1956年的蘇伊士運河危機：雖在軍事上遭到挫敗，但是在外交上卻贏得勝利。

危機爆發的原因是美、英兩國背信棄義，拒絕貸款給埃及建造亞斯文水壩。納塞極為憤慨，他宣佈將把蘇伊士運河的國際使用權收歸國有，並以其稅收來營建水壩。英、法（法國因為埃及支持阿爾及利亞叛亂分子而惱怒）祕密安排以色列通過西奈半島入侵埃及，這樣一來他們就可以用分隔交戰雙方的藉口佔領運河地區。10月29日，以色列部隊大舉進攻埃及。英國轟炸

以色列入侵埃及後，一位以色列軍官審問埃及俘虜。然而最後納塞取得勝利。

機摧毀了埃及空軍，英、法傘兵部隊佔領了塞德港和福亞德港。戰鬥持續了一週，埃及死傷2700人，以色列死傷140人。

藝術與文化 書籍：《流動歌劇》約翰・巴斯；《秋天》阿爾伯特・卡繆；《愛的藝術》埃里希・佛洛姆；《鮮明的勇氣》約翰・甘迺迪 音樂：《會怎樣就怎樣》利文斯頓和伊文斯；《為什麼傻瓜要戀愛》林蒙和列維；《狂熱》達文波特和庫利；《對傳道書的沈思》諾曼・德洛・喬伊奧 繪畫與雕塑：《究竟是什麼使當今的

1956

「匈牙利青年們，你們的願望已經達成了。……納吉回來了。
他會建立一個新秩序。你們爲什麼還要繼續打仗呢？」　── 匈牙利共產黨在布達佩斯廣播電台發表的廣播公報

聯合國譴責這次的侵略行爲，派遣部隊強制實施停火。很快地蘇伊士運河便恢復航運，爭端平息：埃及同意給以前的蘇伊士運河公司一些補償，而保有這條盈利頗豐的運河（在蘇聯的幫助下，水壩於1970年建成）。以色列被迫歸還佔領的土地，英、法在中東勢力大減。納塞同時抵禦三方敵人的進攻，仍能輕鬆地達成協議，這使得他的聲望更加高漲。◀1954（2）▶1958（1）

東歐
波蘭與匈牙利動亂

4　對蘇聯的附庸國來說，放棄史達林主義似乎就意味著結束對莫斯科的屈從。然而這卻是短暫的。赫魯雪夫的新路線（他對自己貶史政策的稱呼）允諾承認「通往社會主義的國家道路」。1956年，這項放寬控制的政策在波蘭和匈牙利引發動亂。在波蘭，只是勉強避免了大規模的反共產主義改革。匈牙利則反應較爲激烈，他們認爲新路線意味著新秩序，直到蘇聯強烈反彈，粉碎其幻想。

波蘭的動亂在10月爆發，當時大批群眾強烈反對莫斯科支持的政府統治。赫魯雪夫飛往華沙，而當蘇軍開入進行「演習」，他與波蘭自由派領導人瓦迪斯瓦夫‧哥穆爾卡逐達成協議：波蘭保有某種程度的自由，但要留在蘇聯陣營內。同時，10月23日，在布達佩斯，上千名學生湧上街頭，聲援波蘭叛亂活動。抗議者前往國家廣播電台遊行示威，要求蘇軍撤出匈牙利、言論自由、自由選舉，並且讓匈牙利政治改革家伊姆雷‧納吉重新執政。

當警察向人群開槍時，遊行示威轉變爲大規模暴動。匈牙利鎮暴部隊和蘇聯軍隊對布達佩斯發起猛烈攻擊。但是匈牙利軍隊倒戈，士兵帶著武器站到反對派那邊時，政府瓦解。一天之內，叛亂席捲全國，匈牙利共產黨任命納吉爲總理。他宣佈結束一黨制政體，並且退出華沙公約組織。蘇聯部隊撤出布達佩斯。慶祝活動僅持續一週；

史達林頭像，在布達佩斯被反蘇聯遊行示威者從塑像上打落。

11月4日，2500多輛蘇聯坦克衝進首都。數以千計的反抗者死於巷戰，15多萬人越過邊境逃往奧地利。納吉躲入南斯拉夫大使館避難兩年。1958年，他被新的匈牙利傀儡總理亞諾什‧卡達爾騙出大使館，即刻遭到處決。◀1956（2）▶1968（2）

大眾文化
新聞播報的新方式

5　1956年10月，國家廣播公司（NBC）開創了新聞媒體的新紀元。切特‧亨特利和大衛‧布林克利共同主播《亨特利-布林克利新聞報導》，在晚間播報15分鐘（後來延長到半小時）。第一季的收視率令人沮喪，但這兩個人很快成爲電視台新聞主播明星，該節目的形式也成爲全球新聞播報的一個模式。

在開發電視潛在發展方面，新聞節目過去一直落後於戲劇與喜劇。大多數節目都由資深廣播新聞記者（像亨特利和布林克利接替的約翰‧卡梅倫‧斯韋茲）主播，他們只是一邊播放事先編排好的新聞鏡頭，一邊讀文稿。而亨特利和布林克利則不斷增加由全國廣播公司記者拍攝剪輯的現場鏡頭；他們就時事發表評論，透過輪流播報讓報導活潑生動。

亨特利心直口快，聲音洪亮，播報由曼哈頓傳來的重要新聞；布林克利尖酸機智，表情豐富，播報來自華盛頓的政治新聞。無論新聞內容多麼嚴肅，他們每次播報都是以親切的話語結尾：「晚安，切特。」；「晚安，大衛。」到1970年停播時，亨特利-布林克利的新

亨特利（左）和布林克利是最早期的晚間新聞「明星」。

聞節目在美國已是家喻戶曉，只有哥倫比亞廣播公司（CBS）在1962年開播的「晚間新聞」主播沃爾特‧克朗凱特可以與之媲美。◀1940（當年之音）

1956

家庭如此不同，如此動人？》理查‧漢密爾頓　　電影：《環遊世界八十天》麥可‧安德遜；《探索者》約翰‧福特；《怪獸之王庫斯拉》莫爾斯和本田；《掠屍者的侵襲》唐‧西格　戲劇：《拜老婦還鄉》弗雷德里希‧迪倫馬特；《最快樂的小伙子法蘭克‧萊瑟　電視：《隨世界轉動》；《深夜的邊緣》；《價格很公道》。

「我可以肯定地說，音樂使蕭伯納的劇本增色不少。」

—— 艾略特在《窈窕淑女》首演之夜的講話

1956年新事物

- 橫貫大西洋的電話纜線
- 財團法人國際母乳哺育推廣聯盟

- 彗星牌清潔劑
- 美國貨幣印上「我們相信上帝」
- 磁帶錄影機
- 幫寶適紙尿布

美國萬花筒

天下無敵

當重量級拳擊冠軍洛基·馬其安諾（來自麻州的布羅克頓的打手）步入拳擊場時，拳擊就不再是什麼「溫柔的技術」。他無情

地攻擊，衝向對手，兇狠出拳，擊敗他們。馬其安諾1956年退出拳壇，在49場職業比賽中獲得全勝（43次擊倒對手），成為唯一創此佳績的重量級冠軍。

◀ 1937（9）▶1964（11）

開闊的公路

1956年，兩項法案成為法律：《聯邦政府資助公路法》和《高速公路稅收法》，它們改變了美國的面貌。前一項法令授權建造64372公里長的大型州際高速公路網，用以連接大多數主要城市（也是供戰時軍用車輛行駛的最佳道路）。4年之內建成16093公里；貨車因而取代鐵路成為主要的運輸方式，美國上班族一般也都是開車上下班。在此同時，公共交通運輸則被忽視；50年代到60年代期間，75%的聯邦運輸基金用於營建高速公路，卻只有1%用於城市大眾運輸設施。

◀ 1940（邊欄）

災難

「安德烈亞·多麗亞」號沉沒

⑥ 1956年7月25日那一晚，從熱那亞開往紐約的「安德烈亞·多麗阿」號輪船，在即將到達目的地前的幾個小時，被瑞典客輪「斯德哥爾摩」號的船頭在它的側面撞開一條大裂縫，造成海運史上最具爭議、損失最大的災難之一。船長皮埃羅·卡拉瑪伊和船員指揮慌亂的旅客疏散，附近船隻（包括「斯德哥爾摩」號）也幫助營救旅客。到上午10點09分這艘義大利豪華輪船完全沉沒時，大約有1700人得救，52人喪生。

這是大型遠洋輪船在公海上首次發生相撞事故，它提醒人即使是最新科技也有其局限性。與一個月前在大峽谷上空兩架班機相撞不同（死亡128人，是迄今為止最慘痛的空難），這兩艘船都裝備有雷達設施，但是近年來許多曾發生相撞的船隻上也都有雷達設施。「安德烈亞·多麗阿」號的船體分為11個防水隔室，被認為是不會沉沒的，然而卻遭到和「鐵達尼」號一樣的命運。

是什麼原因呢？誰又該承擔責任呢？在法庭聽證會上，焦點集中在卡拉瑪伊和「斯德哥爾摩」號的三副約翰-恩斯特·卡斯滕-強納生身上，他們對相撞前的可見度和船隻方位等基本狀況持不同意見。有人質疑「斯德哥爾摩」號一位不可靠的舵手，但一直未得出結論。海難後6個月，兩家航運公司捐棄前嫌，建立了一個基金會為受害人提供賠償。包括「安德烈亞·多麗阿」號沉沒、「斯德哥爾摩」號受

「安德烈亞·多利亞」號在楠塔基特島附近與「斯德哥爾摩」號相撞後沉沒。

創，以及其他3300多起法律訴訟和解在內，此次海難總計損失達4000萬美元。◀ 1912（1）

電影

新一代性感女神

⑦ 賈利·庫柏看到她其中一幕色情場景時，窘迫地喃喃說：「我想我該在臉上蒙個袋子。」教會領袖聯合抵制她。但是西蒙·波娃卻為她叫好：「男人是

芭杜在他丈夫瓦迪姆引起轟動但卻附庸風雅的電影中扮演一位前衛大膽的新娘。

她的玩物，就像她是男人的玩物一樣。這正是傷害男性自尊心的地方。」22歲的碧姬·芭杜展現了銀幕上甚少出現過的放縱情慾。1956年由她丈夫羅傑·瓦迪姆執導的《上帝創造女人》一片中，芭杜一舉成名。這部影片還引起美國人與英國人對歐洲「藝術」影片的興趣，並使影片的拍攝地點法國漁村聖特羅佩成為熱門的旅遊勝地。

影片講敘一個陳舊而低俗的故事：一個活潑性感的少女嫁給一個老實而呆板的男人，然後卻與他的兄弟睡覺。引起轟動的是芭杜放縱的性慾和她縱慾時脫掉的衣服。她一出場便全身赤裸；之後有許多幕，只見她裹著床單或者是懶洋洋地躺在男人的睡衣上。瓦迪姆是一個著名雜誌攝影師，他的第一部電影創作充滿了高超的視覺效果，賦予它一層藝術氣息。

銀幕外的醜聞（她與片中合作的影星尚·路易·特蘭蒂尼昂有染；不久即與瓦迪姆離婚）使國際票房大漲：《上帝創造女人》在法國成績平平，卻風靡倫敦；在美國，票房總收入達400萬美元，創下歐洲影片收入紀錄。瓦迪姆小規模獨立製片的成功，激勵了高達、楚浮和其他法國新浪潮導演推出個人新作。▶1959（7）

戲劇

改編的賣花女

⑧ 當一位業餘導演建議將他的名劇《賣花女》改編為音樂劇時，蕭伯納大聲斥責道：「我堅決反對這樣亂搞。」然而在他過世6年後（即1956年），百老匯上演了這齣音樂改編劇，恐怕蕭伯納本人也會原諒。該劇由艾倫·傑伊·勒納編寫作詞，弗雷德里克·洛伊

朱莉·安德魯斯在《窈窕淑女》中扮演倫敦的賣花女伊麗莎·杜立特。這部膾炙人口的音樂劇在百老匯上演了6年之久。

作曲，莫斯·哈特導演。《窈窕淑女》在形式或體裁上並無新的突破，它只是完美無缺。

「她像在高空鞦韆上的女孩一樣，輕鬆地盪來盪去，她從鞦韆上下來的
表演舞台是否太小，我就不知道了。」

——阿爾弗雷德·希區考克在葛麗絲·凱莉和雷尼爾親王婚禮上的致詞

勒納的劇本保留了蕭伯納喜劇中社會批判的主要內容：暴躁的語言學教授亨利·希金斯（雷克斯·哈里森扮演）教一位滿口倫敦方言的賣花女伊麗莎·杜立特（朱莉·安德魯斯扮演）談吐舉止像公爵夫人一樣，並且安排了一個更加圓滿的結尾。（這一點是《窈窕淑女》自原著改編最引起爭議的部分，但其實是最無可爭議之處，因為蕭伯納在1938年拍攝的電影《賣花女》中同意導演安排了一個同樣的喜劇結尾。）安德魯斯表演出色，哈里森唱說也十分得宜。歌曲也一下子成為經典之作，包括：《我要通宵跳舞》、《我已習慣她的面容》、《把我按時送到教堂》、《在你居住的街上》，還有用來練習發聲的探戈《西班牙之雨》等等。

《窈窕淑女》在百老匯連續演出2717場；1958年在倫敦演出時（仍由安德魯斯和哈里森主演）同樣大受歡迎。1964年，由哈里森和奧黛麗·赫本主演的電影版共獲得7項奧斯卡大獎，包括最佳影片獎和哈里森獲得的最佳男主角獎。
◀1904（7）▶1961（11）

大眾文化
葛麗絲成為王妃

⑨ 1956年4月，統治世界最豪華的賭博勝地的摩納哥王儲，迎娶曾為伊佩納牙膏拍攝廣告的模特兒，有3000萬歐洲觀眾收看電視現場轉播。媒體驚呼他們的結合為一個真實的童話和「世紀婚禮」。

小國摩納哥以地中海氣候、考究的賭場和不徵稅而聞名世界。新郎為其32歲的元首雷尼爾三世親王，新娘是26歲葛麗絲·凱莉，費城工業家的女兒（她父親最早是一名泥水匠），是一位當紅電影明星，以其沈靜的金髮美女形象，和在電影《日正當中》、《電話情殺案》、《後窗》和《鄉村女孩》（獲1954年奧斯卡最佳女主角獎）中明快、內斂的演技蜚聲影壇。

1955年，凱莉應一個記者朋友的請求，同意造訪摩納哥，為拍

葛麗絲和雷尼爾在摩納哥大教堂的天主教儀式上交換誓言。

攝雷尼爾和其官邸的雜誌圖片增添好萊塢的光彩。他們就這樣相遇，並很快成為好朋友。同年年底，雷尼爾訪問美國時向凱莉求婚。她拍完最後一部影片《上層社會》後即前往蒙地卡羅。

他們婚後育有3個孩子。雷尼爾將摩納哥建成一個中產階級的旅遊勝地和人間天堂，葛麗絲則放棄電影事業，投身慈善工作。1982年，她在里維耶拉彎曲的山區高速公路上，因駕車失控而不幸去世。
▶1952（11）

電影
雷伊的傑出作品

⑩ 很少有導演的電影生涯像薩蒂亞吉特·雷伊一樣一開始就十分順遂。他首部作品《潘查利神父》在1956年的坎城影展上被譽為「最佳的人類紀錄」。該片是雷伊拍攝的「阿普三部曲」（與同年的《阿帕拉基多》和1959年的《阿普的世界》並稱）的第一部，敘述一個孟加拉男孩長大成人的傳奇故事。雷伊馬上被認為是世界上最偉大的導演之一。

這部大受財務問題所困擾的影片，基本上取材於比布蒂·布尚·班納吉的小說《潘查利神父》，寫實地描寫印度農村的生活，許多人還以為是一部紀錄片。但從細微的攝影角度到從容慵懶的節奏，以及雷伊誘導兒童演員所作的精彩表

演，使影片處處可見一個藝術家的手法。拉維·尚卡爾的音樂和雷伊營造的象徵意象：跳動的火焰、滂沱的大雨，表達了零星對話所無法表達的內容。印度出生的英國導演林賽·安德森說：「《潘查利神父》以一種顯而易見的無形式表現手法，描繪生存的偉大安排。」

孟加拉政府提供資金幫助雷伊（上圖）完成《潘查利神父》的拍攝時，他幾乎已準備放棄這部片子。

與一般俗麗的印度電影迥然不同，雷伊細膩的寫實主義（受維托里奧·狄西嘉1948年的代表作《單車失竊記》啟發）影響了全球的電影導演。1961年，雷伊為諾貝爾獎得主拉賓德拉納特·泰戈爾拍攝了一部紀錄片。泰戈爾是雷伊的世交好友，他的作品也是雷伊其他影片的題材。◀1948（14）

投球區的精湛表演
1956年10月8日，在紐約洋基隊與布魯克林道奇隊7戰4勝制比賽的第5場，洋基隊的唐·拉森投出美國職棒史上第一個（也是唯一的一個）完全比賽。拉森只投97球，讓27人連續出局。洋基隊以2：0贏得這場比賽，並以4勝3負贏得冠軍。▶1951（邊欄）

阿拉巴馬開除露茜
阿拉巴馬大學校長和董事會違抗聯邦法院判令，拒絕恢復奧瑟琳·露茜的學籍，並開除她。露茜是該校第一位黑人學生，儘管在1954年聯邦最高法院判定公立學校中的種族隔離政策違憲，但她還是被開除了。同時，南方的國會議員們發誓，要用「任何合法的手段」維護種族隔離制度。
◀1954（6）▶1957（邊欄）

電視劇
戲劇曾是電視節目的主要內容，但是到了1956年已經寥寥無幾。為了阻止這種趨勢發展，哥倫比亞廣播公司開闢了《90分鐘劇院》節目，每週播放90分鐘適合搬上螢幕的最佳戲劇。在《90分鐘劇院》中首次上演的戲劇有：羅德·塞林的《大人物的安魂曲》，米勒的《美酒與玫瑰花的日子》和威廉·吉布森的《奇蹟創造者》。◀1971（10）

文學色慾
《佩頓宮殿》是格蕾絲·梅塔利烏1956年創作的小說，它講敘的是一個小鎮醜三的故事，因其內容醜惡而引起公憤而立即惡名昭彰。這部小說算不上文學作品，但卻一版再版。1964年，美國廣播公司根據這部小說拍攝了一部每週在黃金時段播放的肥皂劇（下圖）。這一部敘述一切，展現一切（至少以當時的標準來說）的鬧劇，改變了小螢幕的節目編排。

「我希望讓人們去感受，讓他們學會感覺。他們以後就會思考了。」

—— 奧斯本

1956

環球浮世繪

馬卡里奧斯入獄

賽普勒斯（1914年被英國吞併）的英國殖民當局在1956年以煽動叛亂罪逮捕了賽普勒斯東正教教會大主教馬卡里奧斯三世。主張與希臘聯盟的馬卡里奧

斯，被指控支持喬治斯·格里瓦斯上校領導的賽普勒斯希臘游擊隊組織。馬卡里奧斯被流放之後，格里瓦斯擴大恐怖活動，而土耳其（土耳其主張把此島分爲獨立的希臘地區和土耳其地區）、希臘以及英國的談判則破裂。馬卡里奧斯後來接受了妥協方案：脫離大英國協獨立，既不聯盟，也不分割。1959年，大主教被選爲賽普勒斯獨立後的第一屆總統。▶1960（10）

北非獨立運動

摩洛哥、突尼西亞和蘇丹於1956年獲得獨立。1955年底，被流放的蘇丹西迪·穆罕默德回到祖國，掀起了摩洛哥民族主義的高潮；隔年春天，法國承認摩洛哥獨立。因爲法國陷於阿爾及利亞而動彈不得，因此也從突尼西亞撤走。非洲最大的國家蘇丹於1953年取得自治，但還要再等3年才能脫離英國和埃及統治而獨立。與此同時，南方基督教與北方回教間的緊張關係爆發，引發一場內戰。◀1954（3）▶1960（邊欄）

普朗克的抒情風格

1956年，多才多藝的法國作曲家法蘭西斯·普朗克（才華洋溢、反浪漫主義的一次世界大戰戰後法國作曲家團體「六人團」的成員之一），完成了《加爾默羅修女會對話集》，該劇講敘了法國大革命時期一群修女的悲劇，展現了普朗克慣有的抒情風格（他的抒情是現代最好的作品）、宗教情操和深刻的悲憫，被列爲是他的上乘之作。

音樂

古爾德的奇才

⑪ 巴哈的《郭德堡變奏曲》是他最莊嚴雄偉的創作之一，就在此變奏曲幾乎從一般的演奏曲目中消失之際，一位名叫格倫·古爾德的23歲加拿大小伙子重新將它發掘出來，並在其1956年由哥倫比亞唱片公司灌錄的首張唱片中演奏。古爾德的《郭德堡變奏曲》成爲當年最暢銷的古典唱片，他讓聽眾覺察到鋼琴的可能性。「古爾德比任何戰後的北美青年鋼琴家更具有才華」，一位熱誠的評論家如此寫道。

如果說古爾德對於巴哈作品充滿感情的詮釋處理是具有啓示性的，那麼他的性格卻是不可捉摸的。觀察家們驚嘆於他的奇特僻

一篇雜誌文章把古爾德描寫爲「虛弱，動作敏捷，一頭淡褐色短髮的加拿大人。」

好：從他穿戴圍巾、大衣的習慣（不論任何天氣）到他古怪的姿勢（他坐在36公分的椅子上）、手勢和他演出時的喃喃自語。他的音樂品味也是別具一格。古爾德鄙視大多數18世紀和19世紀早期的浪漫主義作品；實際上，一些評論家認爲他對貝多芬和莫札特鋼琴奏鳴曲的演繹簡直是一種褻瀆。他擁護幾個無名的20世紀作曲家，但他對巴哈情有獨鍾。（在「航海家」太空探測船中選用了古爾德演奏巴哈的《平均律》）

1964年，古爾德開始厭倦於舞台上「殘暴」的表演，他將自己封閉在錄音室裏不再登台演出。最後在1982年50歲時死於中風；他的墳墓爲鋼琴形狀，刻在墓碑上的是《郭德堡變奏曲》開始的幾個音符。◀1950（13）▶1958（10）

憤怒青年約翰·奧斯本。就像他劇本中的反英雄人物一樣，也是勞動階級，並受過大學教育。

戲劇

憤怒青年

⑫ 1956年5月8日，導演湯尼·李察遜和舞台劇團在倫敦皇家劇院首演約翰·奧斯本的劇本《憤怒的回顧》。該戲由肯尼思·海格和艾倫·貝茨主演，是英國文化的一個轉折點。由於英國劇團安排上演的都是平淡無味劇作，長久以來觀眾人數日漸減少。小說家兼傳記作家安格斯·威爾遜10年後說道：「奧斯本的熱情，透過文雅教養拯救了英國戲劇免於滅亡。」

劇中的英雄人物，或者更確切地說是反英雄人物吉米·波特，是一個出身勞動階級、受過大學教育的年青人。吉米虐待他中產階級的妻子，藉以表達他對既定的英國家庭體制的不滿。奧斯本描寫他的主人翁是：「一個既誠懇又惡毒，既溫柔又殘酷的胡亂混合體。」然而無論波特的行爲多麼令人厭惡，他清晰刻薄的怨恨觸及戰後英國人的內心痛處。

金斯利·艾米斯1954年的諷刺小說《幸運的吉姆》同樣描寫一位出身低賤的大學講師身陷學術界虛僞的上層階級圈子中，書中的主角與波特非常相似，兩位作家因此贏得「憤怒青年」的頭銜。這個稱呼後來用來指受奧斯本的成功啓發、就社會問題抒發怒氣的一代英國劇作家與小說家。◀1915（11）▶1958（13）

音樂

克呂普索大受歡迎

⑬ 克呂普索（即興諷刺歌）是本世紀初在加勒比海國家千里達發展起來的，但卻是由名叫哈里·貝拉方特的美國人帶入流行樂壇。貝拉方特的專輯《克呂普索》主打歌包括後來成爲流行經典歌曲《再見，牙買加》、《香蕉船曲Day-O》等，在1956年的美國排行榜上位居榜首達31週之久；到1959年，它成爲第一張銷售量達百萬張的密紋唱片（LP），克呂普索這種即興諷刺歌也因此風靡全球。貝拉方特帶有百老匯風味的男中音最爲人熟知；而像米蒂·斯佩羅和洛德·基奇納等真正的克呂普索歌手在加勒比海和非洲地區以外則鮮爲人知。

貝拉方特天生就對西印度群島文化懷有興趣。他出生於紐約的哈林區（哈林也是快速切分的克呂普索音樂中心，歌詞常是批評嘲諷當前社會議題），小時候和親戚在牙買加住了5年，帶有當地口音，也愛上了源於非洲的加勒比音樂。然而，貝拉方特最初的成名卻與克呂普索音樂毫不相關：他在音樂劇《卡門·瓊斯》的舞台版和電視版擔綱演出，一舉成名。首批單曲《紅絲帶》和《申南道》等民謠大爲暢銷。

貝拉方特的名字將永遠與千里達風格的歌曲連在一起，但他還涉獵其他領域。到90年代，他已錄製各種令人眼花撩亂的專輯（其中9張打入排行榜前10名），主演幾部電影，包括連續劇《陽光下的島嶼》和喜劇《美元和傳道士》，並聲援民權運動，1984年還參加幫助非洲「救濟」饑荒的活動。◀1954（邊欄）▶1984（4）

貝拉方特渾厚的男中音使克呂普索廣受歡迎。

諾貝爾獎 和平獎：從缺 文學獎：胡安·拉蒙·希梅內斯（西班牙，詩人） 化學獎：西里爾·欣謝爾伍德和尼古拉·謝苗洛夫（英國、蘇聯，反應動力學） 醫學獎：迪金森·理查·安德烈·庫爾南和沃納·福斯曼（美國、美國、德國，心臟病） 物理獎：威廉·肖克萊、沃爾特·布萊坦和約翰·巴丁（美國，電晶體）。

當年之音

電視的黃金年代

摘自1956年6月16－22日麻州波士頓《電視指南》的當地節目表

為了在日益擴大的電視市場中佔一席之地，各電視網的製作人在1955年至1956年度都盡其所能絞盡腦汁。那年首次進入美國家庭的節目和人物有：勞倫斯·韋爾克的「香檳酒音樂舞會」；「大口袋」鮑伯·基山，是深受千百萬小影迷喜愛的「袋鼠船長」；《米老鼠俱樂部》（安妮特·芬尼賽羅和唱歌的小老鼠深受歡迎）；從廣播劇改編而成的《槍火硝煙》更創下電視播放20年的記錄；《傑基·格里森》寫的是勞動階級好友拉爾夫·克雷姆登和艾德·諾頓，以及他們受苦受難的妻子；《阿爾弗雷德·希區考克秀》，由矮胖的大師親自主持黃金時段的謀殺和犯罪節目。週末的晚上從未有過，大概以後也不會提供如此多的節目使人們迷戀於電視機前。▶1951（9）

SATURDAY JUNE 16

③⓪ Range Rider—Western
"Outlaw's Double." Range Rider tries to clear himself of a murder charge.

⑤⑤ Cisco Kid—Western
A man is murdered for his newly discovered mine. Duncan Renaldo.

7:00 ④ YOU ASKED FOR IT—Baker
(1) A visit to the headquarters of the Mission Aviation Fellowship, Fullerton, Cal., which transports supplies to missionaries in remote corners of the world. (2) A demonstration of cine-radiography, X-ray movies. (Film)

⑥ MAN BEHIND THE BADGE
"The Quiet Guest." An inspector must find a man who has a key that fits every lock in town. (Film)

⑦ BOB CUMMINGS—Comedy
"Scramble for Grandpa." When grandpa's "Old Jenny" keeps fouling up Joplin's air defense filter system, authorities appeal to Bob to keep grandpa's crate out of the air around Joplin. (Film)

⑧ ROBIN HOOD—Adventure
"The Knight Who Came to Dinner."

⑧ RHYTHM RANCH—Lindell

⑨ ADVENTURE THEATER

⑩ CAVALCADE THEATER

⑫ YOU TRUST YOUR WIFE?
Edgar Bergen welcomes Steve and Dorothy Rowland on their tenth visit to the program. (Film)

⑬ DEATH VALLEY DAYS

⑱ ORIENT EXPRESS—Adven.

㉒ BREAK THE BANK—Quiz

㉚ SAN FRANCISCO BEAT

⑤⑤ FAVORITE STORY—
"The Man Who Sold His Sh[...] Devil bargains for a ma[...] DeForest Kelley, Anne Kimb[...]

7:15 ⑧ POLITICAL TALK
7:30 ④⑥⑩㉒㉚ DO[...] YOU GO—Panel
Dr. Bergen Evans and hi[...] cluding Arthur Treacher, [...] Big Surprise spot for the [...]

⑦⑬⑱⑤⑤ BEAT[...]
⑧ ALFRED HITCH[...]
Ruth Hussey stars in "[...] purchases a mink stol[...] price and takes it to a [...] appraised. (Film)

⑧ STAR TONIG[...]
Deirdre Owens stars in [...] story of the daughte[...] minister. The father i[...] end of the world is im[...]

⑨ OZARK JU[...]
Emcee Red Foley's s[...] Rusty Draper. Othe[...] Carlisles, a comedy [...] square-dancing Jubilee Tadpoles. (Spri[...] field, Mo.)

⑫ WATERFRONT—Adventure
"Shakedown Cruise." A freighter captain denies the friendship of a derelict. (Film)

8:00 ④⑥⑩㉒㉚ PATTI PAGE
DEBUT Filling in the time spot for vacationing Perry Como this summer is a series of variety shows. Patti Page stars tonight in the first of the four shows she will do. Her guests include singer Eddy Arnold, comedienne Jean Carroll, comedian-magician Mr. Ballantine and the Wazzan Troupe of Acrobats. The theme of the show is "Do-it-yourself," and Patti opens with a production number, "Deed I Do." Her solos include "The Strangest Romance," "When Your Lover Has Gone" and "Then I'll Be Happy." The Spellbinders, a vocal group which will appear regularly on the show, harmonize "Shine On, Harvest Moon" and back up Patti's rendition of "April in Paris."

Like to talk to the folks back home?

TELEPHONE TONIGHT

Boston to St. Louis $1.35
After 6 o'clock every night.

Station-to-Station rate, first 3 minutes. Add 10% tax.

TV GUIDE

A-10

SATURDAY JUNE 16

⑦⑧⑧⑫⑬⑤⑤ JACKIE GLEASON—Comedy
Ed Norton accompanies friend Ralph Kramden on a business trip. Art Carney, Audrey Meadows. (Film)

⑱ STORIES OF THE WEST
8:30 ⑦⑧⑧⑫⑬ STAGE SHOW—Variety
The music-making Dorsey Brothers introduce three music-making acts: the zany Treniers, songstress Connie Francis and the piano-novelty trio known as the Edwards Brothers. And the June Taylor Dancers do their routines.

⑤⑤ LONE WOLF—Adventure
9:00 ④⑥⑩㉚ PEOPLE ARE FUNNY—Stunts
Art Linkletter conducts an experiment to test the compatibility of a woman and her future son-in-law. In another stunt an engaged man is asked to call up an old flame and make a date with her. (Film)

⑦⑫⑬⑱⑤⑤ TWO FOR THE MONEY—Quiz

⑧⑨㉒ LAWRENCE WELK
The Lennon Sisters, teen-age quartet, will make a guest appearance. (Hollywood)
Highlights
"Lavender Blue" .... Lennon Sisters
"Zippity-doo-dah" .... Lennon Sisters
"Anything Goes" .... Orchestra
"Ivory Tower" .... Lon
"Poor People of Paris" ...... Merrill

⑧ TURNING POINT—Drama
"Go Away a Winner." An ex-convict plots revenge on his wife who divorced him while he was in prison. Ellen Drew. (Film)

9:30 ④⑥⑩㉚ DURANTE
Jimmy pays a visit to the estate of actor George Sanders, only to learn George's twin brother doesn't want Jimmy around. Jimmy retaliates by inviting George to the Club Durant. Jimmy sings "All-girl Band." Sanders' numbers are "Such Is My Love," "After You're Gone" and "I Want to be Eddie Jackson."

⑦⑫⑬⑱⑤⑤ IT'S ALWAYS JAN—Comedy
Jan is torn between loyalty and fame

when a big-time agent offers her an important engagement if she agrees to leave her present agent. Janis Paige, Sid Melton, Patricia Bright. (Film)

⑧ LAWRENCE WELK—Music
"Moonglow" .... Burke, Hooper
"Blue Suede Shoes" ...... Orchestra
"Rock and Roll Ruby" ...... Buddy

10:00 ④⑥⑩㉒㉚ GEO. GOBEL
Special guest Arthur Treacher joins George in a sketch set in Merrie Olde England. George plays Tootie Flimbone, a British bank clerk, and Treacher appears as a most aristocratic burglar. Peggy King's song is "Lover." John Scott Trotter's orchestra. (Film)

⑦⑫⑬⑱⑤⑤ GUNSMOKE
Marshal Dillon meets a giant of a man to settle a dispute with only his fists. (Film)
Cast
Matt Dillon .... James Arness
Ham Keeler .... Chuck Connors
Kitty .... Amanda Blake

⑧ CHANCE OF A LIFETIME
⑨ GUY LOMBARDO—Music
Helena Scott sings "A Thousand and One Nights" and "The Hero of All My Dreams." Kenny Gardner does "Little White Lies." (Film)

10:30 ④⑥⑩㉒㉚ ADVENTURE THEATER—Drama
DEBUT Paul Douglas is host for this new half-hour suspense series filmed in England. "Thirty Days to Die," the first play, concerns a disappointed playwright who blames the failure of his

Jimmy Durante
on
TEXACO STAR THEATER
SATURDAY NIGHT
④⑥⑩㉚
9:30 P.M.
Presented by
YOUR TEXACO DEALER
...the best friend your car has ever had!

TV GUIDE

A-11

1953年由媒體鉅子沃爾特·安尼伯格創立的《電視指南》已成為美國讀者最多的雜誌之一（1994年的發行量超過1千4百萬份）。雜誌最初發行10個地方版本，現在已有114個版本，除登有節目表外，還有一些專文。在1956年6月16-22日的一期封面為在電視銀幕飾演父親的羅伯特·揚及他3個劇中小孩，另有文章介紹。揚的電視劇《知子莫若父》1954年在哥倫比亞廣播公司首次播出，一直播至1963年。

1956

「只不過是一個小小的球到了太空，根本不值得我擔心，一點不值得。」

—— 艾森豪總統對蘇聯成功發射「史潑尼克一號」的談話

年度焦點

史潑尼克引發太空競賽

1 1957年10月4日，蘇聯發射世界上第一顆人造衛星「史潑尼克一號」。當這一個直徑58公分、重83公斤的鋁製球體繞著地球旋轉時，美國人大感震驚：一個他們一向認爲技術落後的國家先發制人，超前他們。11月，更令人驚慌失措的是：蘇聯人又發射了一顆半噸重的「史潑尼克二號」，還載了一隻小狗「萊卡」。

美國對於「史潑尼克一號」（意爲「旅伴」）的驚懼有兩方面：蘇聯的成功在宣傳戰中佔了上風；而太空技術很容易就可以應用於武器的研製。美國曾難以相信蘇聯近期宣布已測試第一枚洲際彈道飛彈（ICBM，一種能夠飛越海洋，自行驅動的核子武器）的消息。現在，莫斯科的領先地位無可爭辯，美國大眾大聲疾呼要研製自己的衛星。太空競賽於是拉開了序幕。

「史潑尼克一號」升空後一個月，「史潑尼克二號」載著「萊卡」——第一隻進入太空的動物——升空。

其實太空競賽早已鄭重展開。美國的3個火箭研製計畫已經開始進行。在1955年，艾森豪總統曾選擇「海軍先鋒號計畫」來進行太空研究；而空軍才開始進行的阿特拉斯計畫（目標是研製一枚洲際彈道飛彈）則和陸軍另一個類似的計畫一樣，已被延緩。但「先鋒號」的資金不足，而且美國最傑出的火箭科學家維恩赫·馮·布勞恩仍在陸軍服役，他發射的實驗性火箭幾乎未引起人的注意。

1957年12月，在經過一番大吹大擂後，美國發射了一枚載著1.6公斤重衛星的「先鋒號」火箭。但它卻在發射台上爆炸了。尷尬不堪的官員馬上請來馮·布勞恩；一個月後，他就用自己過去設計的一枚火箭成功地發射了「探險家一號」衛星。衛星上的科學儀器立刻有了一項重大的發現：地球大氣層上方有兩個從幾百公里到6萬4千公里不等的輻射帶——「范艾倫輻射帶」。

隨著美蘇持續進行衛星發射，美國軍方在德州參議員林登·詹森的支持下向政府施壓，要求建立登月軍事基地。1958年10月，艾森豪成立美國國家航空暨太空總署（後改爲太空總署）。不久這個機構招募了7名太空人，並聘請馮·布勞恩為火箭總工程師。

到1961年莫斯科把首位太空人送入軌道爲止，美蘇兩國用了大量的太空動物作犧牲品。在這兩個大國，太空競賽已成了全國投入的活動。◀1903（邊欄）▶1957（2）

科技

遠程毀滅性攻擊

2 美國人不會受到核子武器攻擊的神話在1957年8月破滅了，這一年蘇聯成功試射了世界上第一枚洲際彈道飛彈。儘管華府一開始還不相信莫斯科這項宣稱，認爲只不過是宣傳，但是蘇聯隨後發射的「史潑尼克二號」卻引起了「飛彈落後差距」的恐慌，並且刺激了美國加緊進行其飛彈研製計畫。幾個月內，美國向世人展示了自己的洲際彈道飛彈：「阿特拉斯」飛彈。

在蘇聯飛彈問世之前，美國不僅比蘇聯擁有更多的炸彈，並擁有更好的載運方法。由於美國在阿拉斯加、格陵蘭島、冰島、日本、摩洛哥、沙烏地阿拉伯、西班牙，以及土耳其都有空軍基地，在西歐還佈署了短程戰略性武器，美國因此在蘇聯集團國家的周圍設有一條核武警戒線。同時，蘇聯已設計出並試爆了威力空前的氫彈，但缺乏適合的方法投向美國。這兩個超級強國之間的戰爭可能會在歐洲展開，至少在1957年時是這樣。於是，歷史上第一次，一場啟示錄戰爭極有可能在最遠的距離內爆發。

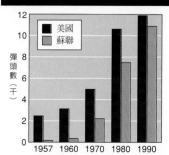

戰略性核子彈頭

（圖表：縱軸「彈頭數（千）」0–12，橫軸年份 1957、1960、1970、1980、1990；■美國 ▨蘇聯）

50年代，許多國家開始計算核子彈頭的數目。到1990年，只有英國開始拆除核子彈頭。

由於軍備競賽到了這個新的階段，兩個超級強國都宣稱有必要管制核武的擴充。赫魯雪夫首先採取行動：他在1958年8月宣佈單方面停止核子試爆。但是，到了10月，第三次裁軍會議在日內瓦召開時，蘇聯又恢復了核子試爆（而美國從來沒有停止過）。日內瓦裁軍會議確實制定了一項停止試爆的自願性協定，但這一協定僅持續了幾年。在「相互保證摧毀」（MAD）——亦即雙方永遠不使用核武的最好保證——這個危險邏輯的推動下，軍備競賽更加速進行。◀1957（1）▶1963（2）

海地

杜克老爹奪取政權

3 主張進行社會改革和實施黑人國家主義的法朗索瓦·杜華利，在1957年9月被選爲海地總統後，一個恐怖的王朝於焉誕生。自從獨裁者保羅·麥格勞被迫辭職，這個國家就一直處於動盪之中。10個月裏先後有6位臨時總統

1969年法朗索瓦·杜華利（「杜克老爹」）辦公時桌上放著兩把手槍。

上台後又下台，而暴民們佔據著街道。杜華利，這位醫生、前衛生與勞工部長，在此之前就曾領導過反對麥格勞的地下反抗運動。但是「杜克老爹」（海地人都這樣稱呼他）卻向海地人民證明了，他才是海地歷史上最專制且統治時間最長的暴君。

這世界上第一個黑人共和國，自1804年擺脫法國的統治（經過一場是毀滅性的獨立戰爭）以來，一直運氣不佳。可耕種的土地極少；居民曾經歷長達一個世紀的奴役；而政府一直由一小撮生活奢侈豪華的精英分子（逐漸受到美國投資者的資助）所統治，大多數的人都是窮困潦倒一貧如洗。獨裁政權和短暫嘗試的民主體制輪替出現，美國的軍事佔領（1915-1934）也只是維持現狀。

杜華利曾允諾要推翻古老的、主要由黑白混血人種所控制的統治制度，並且要約束軍隊。但是，當

1957

「我們寧願要一個危機四伏的自治政府，也不要被人奴役的和平。」
—— 恩克魯瑪

1958年他消弭一起政變企圖後，他建立了自己的親衛隊（Tomtons Macoutes，海地混合語意為「妖怪」），其恐怖統治是史無前例的。正如杜華利本人一樣，這些親衛隊也利用起源於非洲的民間宗教——巫毒教，使得許多海地人相信他們像神一樣是刀槍不入的。這批打手總是戴著墨鏡，穿著便衣，任意地進行謀殺或施酷刑。由於杜華利的對手若非被殺掉，就是被驅逐流放，他就和他那批貪贓枉法的同夥把國家剩餘的財富全部中飽私囊了。加強外交孤立使得「杜克老爹」更加頑固，1964年，他宣佈自己終身連任總統。◀1916（2）▶1986（4）

東非
迦納獲得獨立

4 1957年，原英國殖民地的黃金海岸獨立成為迦納，歐洲在非洲撒哈拉沙漠以南地區的殖民統治劃上句點。這一轉變比7年前所預期的還順利，那時民族主義領袖克瓦姆·恩克魯瑪因發動暴亂和罷工而身陷囹圄。但英國早已決定讓其殖民地自治，而且當恩克魯瑪的人民大會黨在1951年贏得全國大選後，他獲釋並掌理黃金海岸的政府事務。獨立後，由於恩克魯瑪之前即是殖民統治時期的總理，因此順理成章繼續當政。

迦納似乎是非洲後殖民前景中一個充滿希望的實驗地。由於英國政府需要可可子與黃金（迦納的主要出口產品），迦納才有進行基本建設的基礎。其領袖擁有美國大學3個學位。恩克魯瑪是出身寒微的鄉人之子，他稱自己是一個非理論派的社會主義者、民主主義者，為了取悅於西方，還說自己是基督徒。恩克魯瑪的雄辯口才以及迦納獨立的實例，大大地鼓舞了第三世界的民族主義者。

5年內，非洲大陸上絕大部分的歐洲殖民地都已獨立。有些是透過和平的方式，有些則是經過爭鬥；有些獲得扶持以適應新局面，有些則忽遭遺棄。但所有獨立的國家一般都處於工業化之前的社會狀態，立刻就陷入與工業強國的競爭之中，並都遭受殖民主義後遺症的折磨——包括武斷的邊界劃分（這引發或加劇種族之間的敵意）、依賴幾種原料出口的經濟、依靠國外援助的財政、烙下奴隸買賣傷痕的歷史，以及由數代殖民帝國監督者形成的政治文化傳統。對於迦納和其兄弟國來說，獲得自由的幸福不會持續太久。▶1966（12）

經濟
共同市場

5 在那一場毀滅性的戰爭結束12年之後，6個歐洲國家（某些原來還是敵人）組成一個確保和平和繁榮的聯盟。1957年，由

法國海報所做的宣傳：「大家來建設歐洲」。

比利時、法國、西德、義大利、盧森堡、荷蘭6國簽署的《羅馬協定》，建立了歐洲經濟共同體（EEC，共同市場）。歐洲經濟共同體很快就化解了法國與正在重建中的德國之間日益升高的緊張關係。10年之內，這個經濟聯盟讓其會員國的貿易水平提高4倍。

戰爭剛結束時，歐洲經濟一片蕭條，很明顯，只有聯合起來才能度過難關。1950年，法國外長羅伯特·徐滿提議建立一個煤和鋼鐵的共同市場。法國、西德、義大利以及比荷盧經濟聯盟在1952年批准了徐滿計畫（由法國發展局局長尚·莫內起草），並成立歐洲煤鋼組織（ECSC），在一個中央高層單位統一管理下，鞏固了會員國的煤礦和鋼鐵業生產。會員國之間的鋼鐵貿易出現了從未有過的繁榮景象。

歐洲經濟共同體還把歐洲煤鋼聯營的原則應用於其他工業（敏感的農業問題例外）。這6個簽約國還成立了歐洲原子能共同體（EURATOM），這是一個核能共同市場。1960年，7個非歐洲經濟共同體的國家：奧地利、英國、丹麥、挪威、葡萄牙、瑞典以及瑞士，成立了較鬆散自由的貿易集團，稱為歐洲自由貿易聯盟（EFTA）。7年之後，歐洲經濟共同體、歐洲煤鋼組織及歐洲原子能共同體合併為歐洲共同體（EC），不久，英國、愛爾蘭以及丹麥也加入。◀1951（邊欄）▶1958（邊欄）

迦納首都阿克拉市的遊行車隊，預示了大眾教育的光明前景。

誕生名人錄

伯克萊·布雷思德　美國漫畫家
卡洛琳　摩納哥公主
卡蒂·庫里克　美國廣播記者
吉娜·戴維斯　美國演員
梅蘭尼·葛莉菲斯　美國演員
史派克·李　美國電影導演
蜜雪兒·菲佛　美國演員
傑恩·托維爾
英國花式溜冰運動員
馬里奧·范·皮布爾斯
美國導演

逝世名人錄

阿迦汗三世　回教領袖
亨弗萊·鮑嘉　美國演員
康斯坦丁·布朗庫西
羅馬尼亞裔法國雕塑家
理查·伯德　美國探險家
齊白石　中國畫家
克里斯汀·迪奧
法國時裝設計師
吉米·多爾西　美國音樂家
哈康七世　挪威國王
奧立佛·哈台　美國演員
愛德華·赫里歐　法國政治家
米克洛什·納吉巴尼埃·霍爾
匈牙利政治領袖
尼克斯·卡贊扎基斯　希臘作家
麥爾坎·勞里　英國小說家
劉易士·邁耶　美國導演
約瑟夫·麥卡錫　美國參議員
加布里埃拉·米斯特拉爾
智利詩人
歐內斯特·歐本海默
南非工業家
迭戈·里維拉　墨西哥畫家
多蘿茜·塞耶斯　英國作家
尚·西貝流士　芬蘭作曲家
阿圖羅·托斯卡尼尼
義大利指揮家
亨利·范·德·懷爾德
比利時建築師及設計師
約翰·馮·紐曼
匈牙利裔美國數學家
勞拉·英戈爾斯·懷爾德
美國作家

1957

「我的作品也是一本厚厚的書，就像普羅斯特的《追憶逝水年華》，
只不過我的追憶是在奔忙中完成，而不是在之後的病床上。」 —— 凱魯亞克

1957年新事物

- 達爾豐（Eli Lilly牌）

- 飛盤（Pluto Platter牌）
- 手提式電動打字機（Smith Corona牌）
- 全國癌症協會
- 南方基督教領袖會議（由馬丁‧路德‧金恩及其他黑人牧師在阿拉巴馬州的蒙哥馬利城成立）
- 美國進行地下核子試爆（內華達州）

美國萬花筒

艾森豪主義

由於蘇聯在蘇伊士運河危機期間，不斷介入中東局勢，引起了美國的警惕，1月5日，艾森豪總統向蘇聯發表了一封措詞嚴屬的公開信。倘若蘇聯勢力擴展到中東，總統已獲得國會授權，必要時可動用國家武力。艾森豪主義（對其政策的稱呼）把杜魯門主義中的圍堵政策擴至中東地區。◀1947（4）

吉布森的網球冠軍

傑克‧魯賓遜在棒球場上的輝煌成就，由艾西婭‧吉布森在網壇重現。1950年，吉布森第一次打破種族差別待遇，參加在紐約森林山（離她的出生地哈林區幾公里遠）舉行，參賽者全為白人女子的網球巡迴賽。7年之

後，她成為第一位贏得溫布頓網球冠軍的黑人運動員。她結合優雅與爆發力的表現，在1956年到1958年間縱橫女子網壇，囊括溫布頓公開賽，以及法國、義大利、美國及澳大利亞網球公開賽的單打冠軍。

柏格曼的沈鬱寓言描繪了十字軍騎士（馬克斯‧馮‧敘多飾）（右）與死神（本格特‧埃克羅特飾）兩人下的一場西洋棋。

電影

瑞典新電影大師

⑥ 1957年，以《夏夜微笑》轟動坎城影展的一年之後，瑞典電影導演英格瑪‧柏格曼又推出了一部沈鬱的電影，奠定其全球最佳導演之一的地位。對於這部《第七封印》，一位評論家在頗具影響力的《電影筆記》雜誌上讚嘆說：「它簡直就是一首詩，是銀幕上出現過最美的詩篇。」這也是商業電影中最經濟的經典之作——以35天拍完，只花費了大約12萬5千美元。

以岡納‧費歇爾引人注目的黑白影像為特色，《第七封印》敘述一個14世紀十字軍勇士（馬克斯‧襲的瑞典時，在路上與死神（本格特‧埃克羅特飾演）相遇的故事。這兩位主角以下西洋棋鬥智，比賽的結果將決定其他幾個角色的命運。這部電影表現了柏格曼對永恆和時事問題皆感興趣。他指出：「在中世紀，眾人生活在瘟疫的恐懼之中。今天大家則生活在原子彈的恐懼之中。」他把這部電影描繪為「一部主題非常簡單的寓言：人類，永遠在尋找上帝，只有死亡是其唯一確定的事」。

這部寓言電影由於有拜比‧安德杉及岡納‧比約恩斯特蘭得等演技派演員而生動逼真。其中岡納‧馮‧敘多、哈瑞特‧安德杉、英格麗‧圖林以及麗芙‧烏爾曼因為演出柏格曼的電影而聞名於世。

儘管柏格曼一直與疾病及瑞典稅務當局對抗，這位導演仍活躍影壇數十年，並因幾部佳作如《假面》、《哭泣與耳語》、《婚姻生活》和《芬妮與亞歷山大》等贏得讚賞。▶1976（2）

經濟

弗利德曼作用

⑦ 「錢是什麼？」這是米爾頓‧弗利德曼攻訐公認的經濟學理論所提出的第一個問題。第二個問題是：「錢的作用是什麼，人如何用錢？」他的理論和絕大多數經

濟學家的觀點都不相同。在其1957年的論文《消費功能理論》中，他對主宰西方戰後經濟學理論的大師約翰‧梅納德‧凱因斯的觀點提出了截然相反的看法。弗利德曼與他「芝加哥學派」的經濟學家（因為都與芝加哥大學有關聯）意圖恢復貨幣主義——一種被凱因斯主義和大恐慌時期推翻的經濟理論。

弗利德曼認為：貨幣供給及利率，而非政府的稅收與開支（如凱因斯所鼓吹的）影響了經濟的成長。增加貨幣的供給，支出也將隨之增長，並帶動較高的物價。「通貨膨脹無論何時何地都只是一種貨幣現象。」他在書中寫道。他正試圖恢復貨幣數量理論，這種理論認為：貨幣的需求與貨幣流通的速度

都是恆定不變的。這一主張恰恰是凱因斯在本世紀30年代所反對的。這位英國經濟學家認為，貨幣的需求量隨利率的變化而波動：當利率上升時，人們就把貨幣兌換為投機性的債券。

為了恢復貨幣數量理論，弗利德曼不得不對貨幣重新加以定義。他寫道：「最有效的方法就是把貨幣看成是相當於債券、股票、房地產、耐久性消費品等資產的結果。」換句話說，貨幣可以轉化成任何數量的消費品，包括債券在內。利率的變化只會對貨幣的需求量產生很小的影響。由中央銀行流出的貨幣量來控制的個人收入，才是決定性的因素。

凱因斯主義一直流行了20年。但到80年代，弗利德曼這位政府經濟干預理論的頭號敵人，已是總統及首相的指導宗師。◀1946（4）▶1958（9）

文學

「垮掉的一代」之王

⑧ 傑克‧凱魯亞克的寫作方法與其作品皆非正統。為了完成他的自傳體小說《在路上》，他把一卷紙裝進打字機中，整整打了3個星期，以每分鐘100個字的速度寫出一篇華麗、史詩般的散文小說。凱魯亞克等了6年，直到1957年，他的作品才得以付印，不過直到印刷時，這部作品只做過小幅度的修改。

這部作品記載作家薩爾‧帕羅戴斯及其陰險的夥伴迪恩‧莫理亞提周遊列國的事蹟——從接近佛教哲學的探討到墨西哥妓院裏混有大麻氣味的冒險。《在路上》很快就廣受讀者喜愛，同時也遭到許多知識分子輕蔑。但令凱魯亞克灰心的是：他的支援者總是不如詆毀者那樣能夠理解他在讚頌自由以及「垮掉的一代」的生活方式時，想傳達的藝術價值以及道德觀。除了他之外，「垮掉的一代」運動中的代表人物還包括詩人艾倫‧金斯堡，格雷戈里‧柯索，及加里‧斯奈德和小說家威廉‧巴洛茲。

「沒有什麼是與神話無關，神話可從毫無意義中發展出來。」
—— 巴特的《神話學》

作為惠特曼及梭羅的後繼者，「垮掉的一代」還對媚俗文化進行浪漫派的反抗。可是，媒體卻稱他們為「垮掉的一代」，並且把焦點集中在他們怪僻的舉止：敲手鼓、戴貝雷帽、蓄山羊鬍、滿口時髦的俚語；批評他們不講衛生、性生活不檢點並吸毒。

自述為「瘋狂的天主教神祕主義者」的凱魯亞克，將《在路上》寫成如一部神話。

敏感的凱魯亞克獲得了「垮掉的一代」之王的綽號，但他卻無法接受自己有這樣的一個惡劣的名聲。他陷入痛苦之中並且用酒精麻醉自己。他搬去和他母親同住，死於1969年，時年47歲。他那些自由奔放的小說（包括《孤獨天使》以及《達摩流浪漢》）已經成為嬉皮運動的聖經。◀1955（10）▶1959（當年之音）

音樂
才華橫溢的伯恩斯坦

9 由傑羅姆‧羅賓斯導演並編舞，史蒂芬‧桑德海姆填詞，加上李奧納德‧伯恩斯坦的音樂，《西城故事》這部取材於紐約街道幫派的現代版羅密歐與茱麗葉，在1957年9月於百老匯首演時令觀眾感動不已。對伯恩斯坦來說，這部作品是他在音樂劇（包括《美妙的小鎮》和《憨第德》）工作上的最高成就。但正如11月他被宣佈擔任紐約愛樂首席指揮所顯示的，這只是他多才多藝生涯的其中一項。

伯恩斯坦在1943年突然成為萬眾注目的焦點，當時他年僅25歲，擔任紐約愛樂的副指揮，因名指揮家布魯諾‧瓦爾特身體不適，由伯恩斯坦在最後關頭替換他上場。這年輕人充滿激情的指揮風格吸引了卡內基音樂廳所有的觀眾，《紐約時報》頭版上對他首次演出的報導使他一夕成為知名人物。「列尼」（人們對他的暱稱）是愛樂交響樂團第一位美國出生的指揮。他在擔任指揮的12年間，因在音樂詮釋上的洞察力和大膽以及熱情洋溢的魅力而成為傳奇人物。他與世界知名樂團的合作更為他增添了不少樂迷。

作為古典音樂的推廣者，他經常出現在電視節目上或演講廳裏。他的「年輕人音樂會」節目（星期日下午播出）讓好幾代的少年都成為樂迷。其創作作品各式各樣，有受猶太教禮拜儀式音樂影響的《耶利米交響曲》，也曾為客觀理性的電影《外灘》配樂等。由於他親左派的緣故，而出現了一個新的語詞（套用《新新聞記者》，湯姆‧沃爾夫所稱的）「偏激的高雅」。▶1956（11）

即使是在彩排，伯恩斯坦也同樣情感洋溢。

思想
巴特與符號學

10 羅蘭‧巴特在他1957年出版的《神話學》一書中寫道：一塊肥皂，並不僅僅是一塊肥皂；而一輛汽車也不僅僅只是一輛汽車。在大眾文化表面之下還有各種隱含的意義，是一種有待譯解的密碼式語言。巴特在法國因其文學研究而知名（他在1953年寫的《寫作的零度》，已為阿蘭‧霍格里耶的「新小說運動」提供理論的素材）。但他對一些不受重視的工藝品的分析，使他成為法國文學界的

明星，足以與尚-保羅‧沙特相抗衡的河左岸卓越知識分子。這本書並讓符號學（巴特用這個名詞來描繪其嘗試）成為西方流行的研究領域。

正如瑞士語言學家斐迪南‧索緒爾（1857-1913）設想的，符號學是一門假設的學科，它主要研究一個社會組合符號（從字母到服裝式樣）來創造意義的所有方法。巴特在日常事物和事件中尋找其意義，並發現由神話中固有傳統所傳遞的意識形態的訊息。例如職業摔跤，既是一種熱鬧且作假的運動，同時又是善良與邪惡之間一種儀式性的對抗。當巴黎的一家雜誌上刊載一張黑人士兵向法國國旗敬禮的照片時，這張照片就傳達了一種愛國主義的迷思，那就是法國殖民地的臣民非常高興能為帝國服務。

巴特或許是位愛開玩笑的散文作家，正如其《神話學》中所表現的。他也可能是位讓人害怕的理論家；開始時他被認定為結構主義者（為思想家一項廣大運動的一分子，從索緒爾開始，他認為意識是區分相反事物的過程），後來又把他認定為後結構主義者。不論是哪一個身分，他都是令人爭議的人物：對某些人來說，他是揚棄俗名而與之閒話家常的人，對另一些人來說，他則是典型的學術騙子，能把有意義的東西分析得毫無意義。◀1943（10）▶1962（12）

貨車司機惹上麻煩
根據參議院的調查結果，美國勞聯－產聯於1957年解散了貨車司機聯盟，這是美國自1940年以來規模最大、勢力最強的聯盟。貨車司機聯盟主席戴夫‧貝克因個人所得稅問題以及盜竊兩項罪名被關進了聯邦監獄，但其繼任者吉米‧胡佛（因和黑社會關係匪淺而出名）並沒有改善此同業公會的不良形象，而且胡佛之後的兩位繼任者也都被起訴。貨車司機聯盟於1987年重新加入美國勞聯－產聯。◀1955（邊欄）▶1975（邊欄）

電視轉播短襪舞會
「顛覆性」的搖滾樂（或相關音樂）在1957年得到正派人士的大

肆宣揚，主要是態度誠懇、衣著保守的迪克‧克拉克在美國廣播公司電視網向全國介紹。除了現場佳賓外，「美國音樂台」這個源自費城當地電視秀的節目，主要播放那些精心打扮、梳著包頭的青少年隨著最新單曲起舞。有「美國最老的青少年」美譽的克拉克一直主持這個節目。這是電視史上歷時最久的綜藝節目，前後超過了30年。

小岩城危機
9月2日，也就是9名黑人學生去阿肯色州小岩城中央中學（學生全為白人）註冊前一天，州長奧瓦爾‧佛勃斯宣佈說，他無法保護這幾名黑人學生不受白人種族隔離主義暴徒襲擊。9月3日，「小岩城9少年」全部留在家裏。第二天，當他們試圖進入學校時，阿肯色州國民警衛隊用刺刀驅離他們。9月23日這些黑人學生終於被允許入學，卻由於騷動的白人不理會政府的中立政策，這9名學生只好又被送回家——為此事艾森豪派遣了聯邦軍隊。此種搖擺不定的種族平等待遇政策持續了一年；1958年，州長佛勃斯關閉了市區所有的學校。1959年法院裁定這些學校重新開學。◀1956（邊欄）

1957

「即使是現在，一想到那場比賽我還心有餘悸。我知道自己在做什麼：我抓住了機會。」

—— 凡吉奧在1957年獲德國大獎賽冠軍後這樣說

環球浮世繪

萬克爾引擎

在德國林道市他的私人工作室裏，工程師菲利克斯·萬克爾研製出19世紀以來第一台新式內燃機。在1957年試驗成功後，這種萬克爾的迴轉機械不用抽動活塞與推桿，而是用一個三角形迴轉輪將燃油吸入引擎的汽缸內，先進行壓縮，然後經由排氣孔將廢氣排放出來。這種萬克爾引擎被日本的汽車製造商馬自達公司採用，但卻未受其他汽車製造商青睞。◀1911（8）

大衛·連的戰爭史詩

透過電影《桂河大橋》，英國導演大衛·連開創了壯觀的、史詩般的電影表現方式，使他成為

英國戰後電影復興的重要人物。這部根據皮埃爾·布勒的小說改編，1957年殺青的電影，描繪了二次大戰期間緬甸一座日本戰俘營的野蠻荒唐。亞歷·堅尼斯因飾演一位偏執但極富感召力的英國戰俘司令，而獲得奧斯卡獎。◀1951（11）

麥克米倫上台

1月10日，英國首相安東尼·艾登因蘇伊士運河危機而被迫辭職，由哈羅德·麥克米倫接任。麥克米倫這位歷經第一次世界大戰的沙場老將，原是下議院議員，也是邱吉爾與艾登兩屆內閣中的保守黨政治家。他成功地中止了英國與美國的緊張關係（他和艾森豪自二次大戰以來一直交情不錯），在莫斯科會見了赫魯雪夫，並率領保守黨在1959年的大選中獲得了壓倒性勝利。他的口號是：「我們以前從未生活得這樣好！」◀1956（3）▶1963（3）

凡吉奧和他的多年伴侶在1954年的英國國際長途賽車大獎賽上。

體育

偉大的賽車手

⑪ 在賽車史上從未有人能與阿根廷賽車手胡安·曼努爾·凡吉奧所創的紀錄相提並論。凡吉奧是1957年世界賽車冠軍，自這個獎項成立7年來，這已是他第5次得到冠軍。第二年凡吉奧47歲退休時，儘管曾在1952年的一次事故中扭斷脖子，他在51次國際長途賽車大獎賽中獲得24次冠軍的佳績仍無人能敵。

凡吉奧的父親是一個貧窮的義大利移民。孩提時凡吉奧曾做過技工的學徒，少年時代開始賽車。但在40年代由於戰爭的緣故使得汽車零件和汽油短缺，他不得不中斷了前程大好的賽車生涯。他38歲時，貝隆總統（也是賽車迷）送他到歐洲參賽為國爭光。凡吉奧旋即在重要比賽中獲勝。但是他最輝煌的勝利，卻是他賽車生涯快結束時才獲得的。

1957年在尼爾堡林舉行的德國國際長途賽車大獎賽是當時世界上最漫長艱苦的比賽之一（自從20年代舉辦以來，已有數十人在比賽中喪生）。凡吉奧駕駛一輛破舊的Maserati賽車，其他年輕氣盛的對手則駕駛著速度要快得多的法拉利賽車。一開始就取得領先的凡吉奧，在中途停車加油時被對手超過。遠遠落後的他展現了急起直追的技術，在後來的幾圈不斷縮短與對手的差距，最終直線加速時，以4秒之差領先對手獲得冠軍。後來人們才知道：在502公里的漫長賽

程中，凡吉奧是坐在破舊的椅子上，用膝蓋頂住車門撐完比賽的。

◀1910（2）▶1969（邊欄）

戲劇

偽裝之夢想

⑫ 尚·紀涅自幼即被人遺棄，30歲前大部分時間以偷竊和賣淫為生，而後在寫作中找到反社會體制的救贖方式。儘管他被法國右派人士斥為性變態和政治顛覆分子，他創作的荒謬主義戲劇仍影響了各地的劇作家。1957年在倫敦藝術劇院首演的《陽台》是紀涅首次成熟展現其「仇恨戲劇」的作品。

和紀涅其他的劇本一樣，《陽台》也是與幻覺有關：幻覺如何影響社會角色，如何引誘那些即使是決心反抗的人（為了增強效果，劇中人摹仿古希臘劇場人物，穿上高蹺似的鞋子，戴上厚厚的墊肩，使他們看起來比真人高大）。故事發生在一家叫作「大陽台」的妓院，裏面的客人特別喜歡裝作像是主教、法官或將軍之類的大人物。不過有一個顧客——真正的警察局長——覺得很傷心，因為沒有人想化裝成警察局長。此時，外面正在進行一場革命，「大陽台」裏這些故意穿著華麗的人們最後被找來嚇唬叛亂者，讓他們乖乖投降。這一招果然奏效，結果叛亂頭子希望能扮演警察局長。當妓院那天晚上關門時，另一場革命又爆發了。

紀涅在出版3部小說之後轉向劇本創作。他的第一部小說《繁花聖母》（1942）是在獄中完成，令尚·科克托、沙特和西蒙·波娃大為讚賞。1948年，這3位知識分子

1987年皇家莎士比亞劇團，演出熱內的作品《陽台》。

與其他人聯名向法國政府請願，請求暫緩執行紀涅因盜竊罪而被判處的無期徒刑，請願得到了批准。紀涅的劇本（包括《女僕》和《黑人》）至今仍是某些現代戲劇中最常上演的劇目。◀1953（11）▶1958（13）

思想

喬姆斯基的句法結構

⑬ 語言學家諾姆·喬姆斯基在1957年完成的《句法結構》一書，引發一場學術革命。其理論完全反對斯金納的看法，後者在其同年出版的《言語行為》一書中認為，人類學習語言的方式本質上和老鼠學習通過迷宮的方法相同，均是透過刺激與制約反應的交互作用來達成。喬姆斯基（他是一位猶太學者之子）指出，人常常並

不是經由學習方式來使用語言，因此他斷言：語法能力實際上是人類與生俱來的特性。在接下來的幾年中，喬姆斯基精妙闡釋具言語行為體系，稱此為「轉換生成語法」，在此體系中，語言表達的「表面結構」自「深層結構」顯現出來，而又加以掩蓋。這種深層結構使人有能力分辨出特定的句子在句法和文法上是否正確，哪怕這些句子在語義上毫無意義。喬姆斯基引用一個句子作為範例：「綠色的想法憤怒地睡著了」。

喬姆斯基以句法結構為導向的方法還引出了其他生成語義的理論（包括他自己的「通用語法」概念），但這位麻省理工學院的教授仍然是其學科最重要和最富具獨創力的思考者。在60年代中期，他還因為是直言不諱的社會批評家和反戰活躍分子而聲名大噪。1975年印尼侵佔東帝汶後，他試圖呼籲大眾注意那裏人權遭受侵犯的情況，聲稱因為美國支持反共的蘇哈托政權，所以他們根本收看不到什麼相關的媒體報導。◀1948（7）▶1975（9）

1957

不一樣的下雨天

摘自《戴帽子的貓》，瑟斯博士著，1957年

作家暨插圖畫家西奧多・瑟斯・蓋澤爾，曾用筆名「瑟斯博士」發表作品，他認為傳統的「迪克和珍」之類的幼兒讀本十分無趣，而學習識字應該是充滿樂趣的。因此在1957年他出版了《戴帽子的貓》，這是一本詞彙不多的故事書，韻文簡單有趣、不拘泥於詩律，故事滑稽，還配有彩色的插圖。正如書中那調皮而神祕的貓主角，在一個雨天的下午突然光臨，為書中兩個孩子的生活平添不少歡樂，這本極為暢銷的故事書使得原來單調的兒童書變得生動有趣。這本《戴帽子的貓》以及瑟斯之後其他的作品（包括《貓》之續集）成了美國人孩提時代無法忘卻的一部分。

◀1943（15）▶1963（邊欄）

> We looked!
>   Then we saw him step in on the mat!
> We looked!
>   And we saw him!
> The Cat in the Hat!
> And he said to us,
> "Why do you sit there like that?"
> 6

> "I know it is wet
> And the sun is not sunny.
> But we can have
> Lots of good fun that is funny!"
> 7

這隻貓反常的滑稽行為（像下圖令人驚異的雜耍動作）只出現在父母看不到的時候。這本書吸引人之處在於，孩子們不按常理亂搞，而這隻貓總會在媽媽回來前神奇地把混亂局面收拾乾淨。

1957

> "Look at me!
> Look at me!
> Look at me NOW!
> It is fun to have fun
> But you have to know how.
> I can hold up the cup
> And the milk and the cake!
> I can hold up these books!
> And the fish on a rake!
> I can hold the toy ship
> And a little toy man!
> And look! With my tail
> I can hold a red fan!
> I can fan with the fan
> As I hop on the ball!
> But that is not all.
> Oh, no.
> That is not all. . . ."
> 18

「阿拉伯聯盟萬歲！巴勒斯坦不解放，我們的幸福就不完整。」

—— 敘利亞人慶祝阿拉伯聯合共和國成立時的頌歌

年度焦點

阿拉伯國家聯合功虧一簣

1 1958年，敘利亞和埃及組成阿拉伯聯合共和國，中東地區開始一連串戲劇性的再結盟運動，由賈邁勒·阿卜杜勒·納塞的激進觀念所鼓動。1954年右傾的軍事政權垮台後，敘利亞承襲埃及獨裁者的思想體系。由社會主義復興黨領導的新政權追隨埃及，承認中共並得到蘇聯的軍火。在華府（當時支持反蘇聯的阿拉伯政府來對抗未結盟的鄰國）和國內不斷擴大的共產主義運動的雙重壓力下，敘利亞領導人決定考驗他們的泛阿拉伯主義思想。畢竟，國界是西方的產物，敘利亞和強大的埃及合併不會有任何損失，卻能因此獲得強大的力量。

局勢變化接踵而至。由保守君主統治的葉門，為尋求安全而加入阿拉伯聯合共和國，組成了阿拉伯聯合國。親西方的伊拉克和約旦則結成與之抗衡的同盟。在沙烏地阿拉伯，國王紹德由於捲入一起謀殺納塞的陰謀，被迫將權力轉交給親埃及的費瑟親王。在黎巴嫩，敘利亞所支持的阿拉伯民族主義者和親西方的卡米勒·夏蒙總統的追隨者之間發生了一場內戰。在伊拉克，總理阿薩德決定支持夏蒙總統時，親埃及的軍官發動叛變，殺死了阿薩德和國王費瑟二世以及大部分王室成員。伊拉克與約旦的聯盟不復存在。

美國擔心納塞主義蔓延至黎巴嫩，派出了一萬名士兵並促使交戰雙方舉行談判。雙方和解之後舉行了全國大選，不似夏蒙總統那樣親西方而較親納塞的福阿德·謝哈布將軍當選為總統。

當時除約旦外，所有阿拉伯國家都或多或少地加入了開羅的陣營，但很快地又都離開。伊拉克強人阿卜杜·克里木·卡塞姆和埃及領導人之間展開了一場激烈的個人對抗。敘利亞人反對納塞的獨裁主義，而沙烏地人和葉門人則反對他的社會主義。1961年，敘利亞退出阿拉伯聯合共和國，阿拉伯聯盟徹底瓦解。

◀**1956**（3）　▶**1964**（5）

納塞（右）與敘利亞總統庫瓦特利在開羅簽約正式合併。

中國

大躍進

2 毛澤東稱為大躍進的運動，旨在推動中國工農業迅速齊步發展的計畫。大躍進開始於1958年，毛的計畫是展開一場經濟戰。這一場由數億農民帶著鋤頭和耙子所參加的戰鬥，是場日以繼夜的勞動大軍總動員。結果卻是一場大災難，不僅是遍地饑荒，而且使經濟遭受嚴重破壞。

中國的第一個五年經濟計劃剛剛結束。大躍進師法20年代的蘇聯

毛澤東視察天津附近的農村。

模式，犧牲農業生產來發展工業，造成數百萬的農民從貧瘠的農村逃到城市。同時，蘇聯的貸款也到期，而中國希望能用糧食來償還貸款。另一個五年計劃顯然根本無法進行。毛澤東建議對農村勞動力進行大規模重組，農民不僅要耕種賴以為生的農地，還要開渠築路，開荒造田。其他人民則加入了一場煉鋼大戰，在每家後院建造熔爐煉鋼，以提高產量。

依靠中國豐富的自然資源和眾多的人口，大躍進似乎獲得暫時的效果。1958年全國農作物豐收（儘管產量數字常被狂熱的公社幹部灌水），政府的徵糧不斷突破記錄。隔年發生的天災及農村勞力的流失摧毀農業生產，但是政府要求的徵糧數量仍然很高，農民上交公糧後便開始忍饑挨餓。1959年至1962年，大約2000萬人餓死，其中有一半是兒童。毛澤東承認這是一場災難，但是卻堅決不道歉。他告訴追隨者，孔夫子、列寧、馬克斯都會犯錯，他也不例外。◀**1952**（2）

▶**1959**（3）

科技

新型電玩

3 1958年在紐約長島布魯克哈芬國家實驗室工作的物理學家威廉·希金巴頓，發明了世界上第一個視訊遊戲，用來使實驗室的招待會氣氛活潑。使用類比電腦連接示波器和一堆電子硬體，發展出電子乒乓遊戲的原型。14年後這種模擬乒乓球的遊戲，成為第一種公開上市的視訊遊戲。

遊戲在圓形的5英寸螢幕上進行，有球桌和球網，看上去就像倒「T」字形，不過那一豎短一些。每個玩家用盒子控制球（一個白點），在盒子上有按鈕和旋鈕。擊球時，就按一下按鈕；想要改變球路時就轉一下旋鈕。儘管用今天的標準來說，這個遊戲實在是太原始了，但是在當時布魯克哈芬的招待會卻大受歡迎。數百人繞過許多科

布魯克哈芬實驗室招待會陳列希金巴頓發明的遊戲機。

學儀器展覽，在此視訊遊戲上一試身手。

希金巴頓早期曾經參與研製雷達，並且為第一顆原子彈設計過定時電路。雖然他擁有20項專利，但是想不出有什麼理由要為這個視訊遊戲申請專利。就算申請也沒有多大的意義，因為他是政府雇員，發明專利權理當是屬於山姆大叔。

◀**1930**（1）

藝術與文化　　書籍：《第凡內早餐》杜魯門·卡波特；《管教所的少年》布倫丹·貝漢；《鐘聲》艾里斯·默多克；《出埃及記》列昂·尤里斯；《結構人類學》克勞德·李維史陀　**音樂：**《紫色的食人者》夏伯·伍雷；《黛安娜》保羅·安卡；《他手中有整個世界》吉奧夫·拉弗；《假如我有把鐵鎚》西格、海斯；《歐萊爾》

1958

「一百多年來，阿爾及利亞好像是法國實驗室裏的一隻白老鼠。當法國人做試驗時，就把它綑起來。」

—— 流亡的阿爾及利亞共和國地方政府領導人法赫特·阿伯斯

阿爾及利亞人深受法國影響，在1958年5月舉行支持法國的遊行。

阿爾及利亞
救星戴高樂

④ 1958年，法國軍隊好像就快擊敗阿爾及利亞民族解放陣線游擊隊，但是他們的戰略卻成為政治上的災難。一年前，有消息傳出戍守阿爾及利亞的雅克·馬索將軍的部隊有計劃地折磨犯人，震驚全法國，輿論要求政府加以檢討。2月又傳出驚人事件：法國軍隊越過突尼斯邊境炮轟阿爾及利亞民族解放陣線砲兵，造成80名無辜村民喪生，引發全世界譴責的聲浪。法國輿論開始反對這場旨在保衛殖民地特權階級的戰爭，主張舉行談判的溫和派人士皮埃爾·富林敏林當選為總理。但是在阿爾及利亞，殖民者以及軍方支持者寧可犧牲法國第四共和政府，也不肯交出手中的權力。

他們於5月發動叛變，聚集在阿爾及爾的一個公園，強佔政府機關，宣佈馬索是叛軍首領。馬索要求退休的夏爾·戴高樂將軍拯救法國。叛亂者向科西嘉派遣了一支小分隊，受到當地政府的歡迎。在法國，總統汝內·科蒂擔心巴黎也會發生叛亂（甚至內戰），邀請戴高樂出任總理。這位第二次世界大戰的英雄接受任命，條件是讓他以政令管理國家半年並且擬定一份新憲法。就任之後，戴高樂趕到阿爾及爾向殖民者保證：「我了解你們的意見」。

私底下，戴高樂則認為殖民主義注定要失敗。他為法國第五共和設計的憲法，賦予法屬殖民地選擇獨立的權力。新憲法亦加強行政部門，結束法國14年來更迭26屆政府的動盪局面。連殖民地在內的全國選民通過這份憲法（只有幾內亞決定脫離法國獨立）並選舉戴高樂為總統。但是阿爾及利亞民族解放陣線反對戴高樂計畫給予回教徒同等選舉權、社會改革權、以及在法國議會的完全代表席位。他們組織臨時政府，從中國購買武器，並在1960年再度掌權，而殖民者則繼續反抗。◀1954（3）▶1962（4）

藝術
找尋象徵和物件

⑤ 經商失敗改行當藝術經紀人的利奧·卡斯特利，以及為生計掙扎的藝術家賈斯伯·瓊斯，前途好像都是黯淡無光。1957年羅伯特·羅森伯格介紹他們認識後，一切才有了轉機。從那時候開始，他們變成藝術界合作最久的黃金拍檔。1958年1月，卡斯特利在紐約為瓊斯舉辦了一場作品展，展覽非常成功，除了一幅油畫之外，其他的作品全部售出。卡斯特利後來評論說：「我的畫廊自1958年舉辦瓊斯作品展後才算真正開張」。這個偶成的合作關係持續了幾十年。

在瓊斯的畫展之前，抽象表現派大膽浪漫的作品主導紐約的畫壇，儘管其代表人物傑克森·帕洛克已在1956年死於車禍。然而評論家對瓊斯的作品如《石膏模箭靶》（1955）的熱愛，宣示了另一種更

瓊斯的現成物品藝術：《箭靶與四張面孔》（1955）由蠟畫、報紙、塑膠和木材構成。

為理智的風格興起。箭靶和美國國旗都是現成物品的象徵，但人們常常是視而不見（藝術家語）。而非常崇拜現成物品藝術大家杜象的瓊斯，將這些東西變得超凡脫俗。這些熟識的物像若加以仔細觀察，就會產生難以言喻的驚奇：描繪箭靶的筆觸之下也許巧妙拼貼上字跡模糊的剪報；層層白色顏料覆蓋的旗幟上，也許若隱若現地包含好幾排數字。

就在瓊斯成名後不久，卡斯特利又為羅森伯格舉辦了一次同樣轟動的個展。羅森伯格在真的床單上潑濺顏料的作品《床》則更為聳動，是50年代常見的藝術作品類型。他喜好將日常物品如此亂七八糟地穿插在一起（一位批評家對於羅森伯格喜好在自己的作品中放入街上的垃圾，尖刻地說，「他好像沒有養成衛生習慣」），正好與瓊斯所選物品的靜謐相得益彰。在卡斯特利的幫助之下，瓊斯和羅森伯格為緊接的60年代普普藝術家開闢了一條新的道路。◀1950（4）▶1962（8）

1958

「要走到生命的盡頭並非簡單的事。」
—— 巴斯特納克《齊瓦哥醫生》

1958年新事物

- 立體聲唱片
- 代糖

- 美國運通卡
- 美國銀行卡，後稱為VISA卡

美國萬花筒

呼拉圈熱潮

在50年代流行風潮中，呼拉圈是最狂熱的一項。由威猛公司（生產飛盤的廠家）於1958年率先生產，每支1.98美元的塑膠圈風靡全國。遊戲者先套上呼拉圈，

讓其在身上不停的「呼拉」轉個不停。這種流行運動從加州東部蔓延到全國。4個月內全美售出2500萬個，到夏天這種風靡一時的運動熱潮冷卻下來，11月《華爾街日報》敲響喪鐘說：呼拉圈已經過時。

棒球熱

1958年棒球真正成為全國的休閒活動。當時紐約的兩支球隊，道奇隊和巨人隊分別遷到加州的洛杉磯和舊金山。棒球曾一度是東岸的主要運動，近年來向西岸移動，席捲全美。接下來幾年裏，更多的球隊加入兩個主要聯盟，電視轉播讓更多的球迷沉浸在這項偉大的美式運動中。

鮑林的呼籲

分子化學家、後來成為維生素C倡導者的萊納斯·鮑林於1958年出版了名為《停止戰爭》的反核子試驗的書。該書充滿激昂論述，詳細討論輻射外洩的危險，並預測不斷的核武試驗在未來會導致500萬新生兒身體缺陷。鮑

航空
噴射機時代來臨

6　1958年10月4日，英國海外航空公司首創飛越大西洋的噴射機載客服務，哈維蘭彗星四號從倫敦飛往紐約，另一架則從紐約飛往倫敦。英國海外航空公司比泛美航空公司搶先3週開始行動，是英國航空工業值得歡慶的勝利。早在1952年英國航空業就開始用彗星一號噴射機飛航非洲至亞洲航線，但在幾次飛機失事之後於1954年停飛。彗星四號到倫敦只要花費6小時12分，是螺旋槳式飛機所花時間的一半。噴射機旅行的平穩、安靜和速度使首航的旅客讚嘆不已。一位乘客說：「我飛了一趟，其實根本好像沒飛。」

直到50年代中期，在噴射客機發展方面，英國人一直領先美國人。美國的生產廠商擔心噴射式飛機耗油量大，航程長，因而對生產遲疑不決。但彗星一號的初期成功改變了經營者的主意。道格拉斯公司在1958年生產出DC-8型機；波音公司則推出707型機競爭，泛美公司即在倫敦到紐約航線上使用波音707飛機。到60年代中期，美國生產的噴射機壟斷了非共產國家的市場。

噴射機使天涯若比鄰，前所未有。1959年，艾森豪總統登上新近啟用的「空軍一號」，史無前例地

在18天時間內走訪11個國家。富人間冒出一群叫做「噴射機乘客」的人，喜愛在週末越洋購物。而對普通乘客而言，到遙遠的地方渡假一週，很快就變成稀鬆平常的事情。
◀1939（10）▶1972（6）

文學
巴斯特納克拒領諾貝爾獎

7　「我想寫一些深刻真實的東西。」俄國小說家鮑里斯·巴斯特納克在著手創作《齊瓦哥醫

生》時寫道。這是部反映布爾什維克革命的史詩，劇力萬鈞，文辭優美。他成功地完成自己的理想抱負，因而瑞典諾貝爾獎委員會在1958年，也就是《齊瓦哥醫生》出版的第二年，就頒給他諾貝爾文學獎。但政治因素阻礙他領取這一獎項。

從20年代早期開始，巴斯特納克便公認是蘇聯著名詩人。起初他對革命為俄國文化帶來的影響抱持樂觀態度；但隨著共產黨的壓迫而逐漸感到希望破滅。他停止創作活動多年，專注於單純的翻譯工作，成為蘇聯翻譯莎士比亞作品的重要譯者。然而到了1946年，巴斯特納

克決定寫一本關於滿腔熱情的詩人齊瓦哥醫生與一個要求所有人都遵循理性法則的組織抗爭的故事。《齊瓦哥醫生》對馬克斯主義的批判，及對基督教的同情態度，使其無法在國內出版。不過在1957年，巴斯特納克設法讓它在義大利問世。不久，這部長篇小說便成了十多種語言的世界暢銷書。

巴斯特納克成為第一位獲得諾貝爾獎的蘇聯作家後，赫魯雪夫政權感到非常地困窘。官方馬上開始攻擊，把他斥為叛徒，趕出蘇聯作家協會和蘇聯翻譯家協會。巴斯特納克是世界上第一位拒絕接受諾貝爾獎的作家，在給該委員會的信中寫到：「考慮到此獎對於我所屬社會的意義，我必須拒絕這項我不應得的獎項。這個決定出於自願，懇請見諒。」

巴斯特納克於1960年去世，許多人參加他的葬禮。但直到1987年，蘇聯作家聯盟才重新接納巴斯特納克為成員，允許在國內出版這本他最知名的著作。◀1931（3）▶1961（邊欄）

電影
波蘭鑽石

8　波蘭導演安德烈·華伊達是位理性的意象型詩人，其作品討論了在戰爭和壓迫籠罩下生命的困境。由於質疑祖國共產主義者的正統性而備受爭議，但卻因其在電檢利齒下的作品主題錯綜複雜、意象豐富、道德性完整，而在國外盛名遠播。1958年，繼《世代》和《地下水道》之後，華伊達推出其三部曲的代表作《灰與鑽石》。該片描述第二次世界大戰的世代在戰後的幻滅。

表面上看來，這部電影是一部精彩的懸疑劇。二次大戰末，波蘭反抗運動的一名民族主義成員，受命刺殺一名當地的共產黨官員。這位年輕的殺手和年老的刺殺對象，在地方旅館的勝利酒會上共度一天一夜。凌晨，這名民族主義者殺死了這名共產黨官員，然後中槍死在垃圾堆上。另一方面，這部電影倡

搭乘英國海外航空公司彗星四號首航的旅客，從紐約抵達倫敦。

「錢與情婦、汽車、痼疾等等事物不同之處是：不論你擁有與否，錢都一樣重要。」

—— 經濟學家加爾布雷斯

波蘭的詹姆斯·狄恩：《灰與鑽石》中年輕的殺手（由齊布爾斯基飾演）死於垃圾堆上。

導民族統一，兩個人的死既荒謬又可悲，暗示原本皆反納粹的雙方在戰後的敵對只會導致悲劇。不過由於此片似乎犧牲老弱的共產主義者，美化這位性感憂慮的殺手（由茲比格涅夫·齊布爾斯基扮演，後成了詹姆斯·狄恩一樣的明星），因此《灰與鑽石》一片在國內引起爭議。

後來，在影片《大理石人》（1977）和《波蘭鐵人》（1981）中，華伊達因支持反共勞工運動（後成為波蘭團結工聯）被軍政府禁止擔任電影導演。然而，他一直都是波蘭電影界最有天分的鬥士。◀1955（9）

經濟

加爾布雷斯的藥方

9 1958年，在《富裕社會》一書中，經濟學家約翰·肯尼士·加爾布雷斯抨擊傳統的「涓流」理論，集中精力分析大多數其他經濟學家忽略的現象：美國社會個人財富和道德腐敗間的差距越來越大。

他的解決方法是：提高政府對經濟的管理。

加爾布雷斯認為：在美國，繁榮已經代替貧窮成為經濟常規。生產量提高導致市場上物質商品過剩，因而造成人為廣告刺激的經濟，富裕的人購買並不真正需要的東西。正如他後來向他的自傳作者解釋的：「你不能向某人解釋為什麼他需要食物，卻可以說服某人買一輛豐田汽車，而不是一輛自行車。」加爾布雷斯建議，錢最好花在公共事業上。

加爾布雷斯生於加拿大安大略省，在加州大學柏克萊分校就讀，是一名經濟學家，也是一名堅定的凱因斯派學者。在長期擔任哈佛大學教授和民主黨總統的經濟顧問前，他指導美國二次大戰期間的價格控制。他的智慧和尖銳的左派思想，在50年代中期觸怒了執政的共和黨，遭到聯邦調查局的調查。該局斷定這名教授不是共產主義者，只不過「自負、自大、勢利」。讀者大眾比較喜歡他，《富裕社會》一書將近一年在暢銷書排行榜上名列前茅。◀1957（7）

音樂

克萊本在莫斯科

10 蘇聯發射史潑尼克號人造衛星6個月之後，23歲的德州人范·克萊本在第一屆柴可夫斯基國際鋼琴比賽獲勝，使這位鋼琴家的生涯以及美國的民心士氣達到最高峰。克萊本以傲人的成績到莫斯科參加比賽，他曾和基輔音樂學院研究生羅西娜·萊維納一起就讀於茱莉亞音樂學院，在1954年贏得萊芬奇基金會比賽大獎後隨著名的北美管弦樂團演出，但他的演奏生涯卻無法再突破。

克萊本在蘇聯的事蹟廣為傳誦，成了轉機。從抵達蘇聯開始，這位年輕的親俄分子吸引群湧而來的聽眾。據說評審委員獲得赫魯雪

克萊本從莫斯科光榮返國，回國後在電視上首次亮相是在國家廣播公司的《史蒂夫·艾倫節目》中。

夫的批准，才把最高榮譽授給這位資本主義文化培養出來的選手，對他演奏的柴可夫斯基第一鋼琴協奏曲，以及拉赫曼尼諾夫第三鋼琴協奏曲都驚嘆不已。作曲家哈恰圖良說，他對第二支曲子的處理可與創作者相媲美。

回到美國，克萊本受到盛大的歡迎，白宮招待，上電視，錄音簽約，密集演出計畫。他演奏的柴可夫斯基鋼琴協奏曲唱片（RCA Victor出版），成為第一張銷售百萬張以上的古典音樂唱片。不過此曲和拉赫曼尼諾夫協奏曲，一直出現在其演奏曲目，因此有批評家警告道，克萊本正漸漸變成一名「有血有肉的自動點唱機」。大肆宣傳的結果激發許多新的比賽（包括克萊本在德州沃斯堡協辦的一項比賽），但他演奏的衝勁到1978年引退之前都未曾稍減。他在80年代後期的復出演出，在蘇聯比在美國國內更受到歡迎。◀1956（11）
▶1986（13）

林帶領國際各方支持者限制核子試驗，並向聯合國呈送了一份由1萬1千名科學家簽名要求禁止試驗的請願書。被保守派詆毀為反美的鮑林，於1962年獲得諾貝爾和平獎。這是他第二次獲得諾貝爾獎，在1954年他曾獲諾貝爾化學獎。

倫特和芳婷

生於英國的林恩·芳婷和美國的阿爾弗雷德·倫特是第一對舞台佳偶，縱橫英美大陸的舞台40多年。1958年，他們在紐約剛開幕的倫特-芳婷劇院做了最後一場演出，演出的是弗雷德里希·迪倫馬特的《拜訪》。

葛萊美獎設立

好萊塢有奧斯卡金像獎，百老匯有東尼獎，電視有艾美獎，而在1958唱片業方面有了葛萊美獎。大量的宣傳噱頭，開幕典禮的爭奇鬥艷，展現出大眾化的音樂口味，預示了開支的浮濫。法蘭克·辛納屈被提名12項，結果只得了最佳唱片封面獎。多梅尼科·莫杜尼奧因「沃萊爾」而獲最佳唱片獎。

謝天謝地

一位米高梅經理埋怨說：「為什麼阿瑟想拍部關於妓女的電影？」但1958年，製片人阿瑟·弗里德根據科萊特一部敘述巴黎交際花的香豔小說，拍成了音樂影片《金粉世界》，卻成了米高梅最後一部抒情力作。明尼利·文生風格獨特的導演手法令巴黎為之傾倒，科萊特的好友莫里斯·謝瓦利埃（下右）唱了一首嘻皮笑臉的《感謝上天造就美女》，是片中煽情的精彩好戲。該片獲9項奧斯卡獎，包括最佳影片。◀1900（7）

「如果我的小說能夠告訴讀者，在歐洲人假扮上帝來教化他們之前，
不盡完美的過去並非漫長的野蠻之夜，我就很滿意了。」　　——阿契貝，《分崩離析》

環球浮世繪

比荷盧經濟聯盟

比利時、荷蘭、盧森堡三國1958年在海牙簽定一項條約，創立世界上第一個完整的自由國際勞工市場。這是由3個歐洲低地國家之間成立10年的關稅聯盟衍生而來的合約，旨在協調各會員國的財政、農業和社會福利的計劃，允許貨物、人員、資金過境自由流通。◀ 1957（5）
▶1985（11）

尼克森在南美

理查·尼克森1958年的南美洲親善訪問顯然是失敗的。他在烏拉圭被噓，在祕魯被丟石塊，最後在委內瑞拉遭到暴徒襲擊。身為美國副總統的他只得縮短行程，回到華府。尼克森在拉丁美洲受到憎恨，被視為是對美國支持尼加拉瓜的蘇慕沙和多明尼加的特魯希略這兩個讓人恨之入骨的獨裁者的反彈。◀ 1933（4）
▶1961（7）

米羅的聯合國教科文組織壁畫

很難對瓊·米羅的作品歸類，因為他的藝術融入立體主義、野獸派風格、達達主義、超現實主義和原始主義的元素。這位多才多藝的西班牙加泰隆尼亞人，在繪畫、版畫、雕塑等方面一會是隨性嬉戲，一會又循規蹈矩。他豐

富多彩的抽象作品詩意抒情，荒誕奇異。1958年他為聯合國教科文組織巴黎新總部完成兩幅精妙的陶製壁畫，是他最偉大的作品之一。

處決納吉

1958年，溫和的共產黨人伊姆雷·納吉被處決，蘇聯對匈牙利的鎮壓告一段落。蘇聯為了誘騙納吉現身，許諾他可在南斯拉夫使館避難，結果卻逮捕他，之後沒有任何消息，一直到傀儡總理亞諾許·卡達爾宣佈：納吉已因叛國罪被處決。◀ 1956（4）

體育

世紀運動員

⑪ 在1958年世界盃決賽開始時，17歲的比利才只有20個月的職業足球歷練。儘管在祖國被視為巴西前途無量的球員，但是其他地方的球迷對他則一無所知。但比賽結束時，他個人踢進6球，吸引全場目光，巴西首次獲得世界盃冠軍。不久他成為世界聲名最響、酬勞最高的運動員。

比利縱橫這項全球最流行的運動比賽將近20年。從1958年到1974年，他每年隨聖多斯球隊踢將近180場球，總計出場1362次，踢進超過1千個球，幾乎打破每一項紀錄。他出神入化的球技讓觀眾目不暇給，根本無法用統計來加以分析。有一次，他單刀帶球穿過全場，閃過里約熱內盧弗魯門斯隊的防守球員後進球，這項豐功偉業就是著名的「馬拉卡南最漂亮的進球」。比利代表巴西參加4次世界盃比賽（巴西3次奪冠）。教宗和總統競相接見他；奈及利亞和比亞夫拉甚至為了能讓他踢球而停止敵對狀態。

1975年，從聖多斯球隊退休後，比利和紐約宇宙隊簽約。讓這個對足球一直不甚熱衷的國家，開

巴西人稱國家英雄比利為黑珍珠。

始關心這項運動。他帶領宇宙隊於1977年獲得北美足球聯盟球季冠軍後再次退休。1980年比利被稱為世紀運動員。◀ 1930（13）

文學

阿契貝的故事

⑫ 幾百年來，外來者將非洲大陸傳奇化卻又加以污蔑，大

舉掠奪這片土地的資源，不僅使其傷痕纍纍，而且造成非洲人民心靈的創傷。但第二次世界大戰後的民族主義運動興起，激發一場殖民意識的革命。正如奈及利亞作家和政治活躍分子基努瓦·阿契貝所說：「我們突然發現有一個故事要講。」隨著1958年《分崩離析》一書的出版，阿契貝開始用小說的方式來講述這個故事，這是第一本一系列描繪從19世紀中葉至今奈及利亞人生活的小說。

阿契貝在英國統治下成長，親身經歷了殖民主義的創傷。生於1930年，父母都是基督徒（取名為阿爾伯特·切魯阿路摩哥），在8歲學英語之前說的是伊博語。橫跨在殖民者和被殖民者之間的文化界線，他和許多同輩都認為自己優於其非基督教的同胞，但是卻又劣於指導他們接受正規教育的歐洲人。阿契貝後來才明瞭這是一種危險的態度。

《分崩離析》（該書名仿自葉慈的啟示詩篇《基督復臨》中的一句）是以混合奈及利亞句型和成語的英語寫成，記述一名伊博人奧康庫的悲劇故事，他的村莊在英國人的影響下分裂。小說中的一個人物悲嘆道：白人「在讓我們凝聚在一起的東西上一刀插下去，我們就分崩離析了。」一位批評家評論道：「沒有一個歐洲的文化人類學者能如此貼切地描述伊博部落的各類風俗和詳細地記述該部落生活的禮節儀式。」但是該書在心理學、哲理和歷史方面的卓見已完全超越了當地人的憂慮：它是第一部被國際公

認為文學名著的黑色非洲小說。
▶1986（12）

戲劇

品特的晚會

⑬ 當英國劇作家哈羅德·品特的第一部長篇劇本《生日晚會》1958年在倫敦首次公演時，評論家評為「令人迷惑不解」和「胡說八道」，只演了幾場便停演。但幾年後，品特的劇本被稱譽為本世紀最新穎、最富挑戰性的作品。

在《生日晚會》劇中，兩名暴徒到海邊一個寄宿房屋，沒說他們是誰，也沒有交代任何動機，對一名房客加以審訊和痛打。戲劇以兩個侵入者開車帶走受害者結束，房客的屈從和暴徒毫無理由的霸道一樣令人不安。怪異地混合寫實主義、荒謬主義和神祕的恐怖是品特作品的典型特色，充滿著緘默和規

沈思的劇作家：1992年賈斯汀·摩蒂默為品特所作的畫像。

避的對話，是這位劇作家著稱的獨創之處。在這部和他後來的劇本中（包括《看房者》，他的第一部成功之作，創作於1960年），劇中人根本是各說各話：陳腔濫調，避免直接陳述，好作隱喻。有時，他們根本不說話。

一位評論家稱品特的作品為「威脅喜劇」，認為佛洛伊德、聖經、20世紀的殘暴歷史都可能被其大膽引用。不過這位劇作家卻拒絕證實這個說法。他說：「我不能對這些劇做什麼結論。我只能說：事情就是這樣！」◀ 1957（12）
▶1985（13）

當年之音

麗莎擊敗黛比

摘自《洛杉磯時報》，1958年9月11日赫達·霍珀的《婚姻破裂——歌手追求泰勒小姐》

讀來好像是一場肥皂劇：原本年輕美麗的寡婦變成魔女，偷走好友的英俊丈夫。1958年，性感的伊麗莎白·泰勒扮演這名悍婦，情歌王子埃迪·費雪是她私通的對象，清新的黛比·雷諾，美國電影界的甜心，是那位被拋棄的妻子。這個三角關係不是虛構的。當時泰勒26歲，第3位丈夫麥克·托德才因飛機失事喪生，費雪和雷諾受人注目的「美滿婚姻」也還不滿3年。群眾變得狂熱起來，這項好萊塢的婚姻危機把嚴肅新聞擠出頭版。泰勒從此惡名昭彰，卻沒有影響票房收入，受到詆毀的費雪也在事業上走紅。至於年輕的母親雷諾，受到大家的同情。在一篇直言無諱的專欄裏，長舌的赫達·霍珀說出了她對黛比-埃迪-麗莎三角關係的看法。▶1963（邊欄）

伊麗莎白9歲時我就認識她，很喜歡她，也總是保護她。

她根本不想成為演員。那是她媽媽的願望。

我看著她和尼克·希爾頓，麥可·威爾汀和麥克·托德結婚。托德不幸去世後，大家都很同情她。

3個月前，我和她一起飛到紐約。我們一直聊到凌晨三點，都在談她和托德在一起的幸福往事，這種幸福快樂是她從前不曾體會過的。

她給我看托德的結婚戒指，托德去世後，她便把這枚戒指從他手上摘下來。她說：「我要一直戴著它。除非把我的手指切斷，否則我是不會脫下的。」

和麗莎的談話

我無法把這段插曲和埃迪·費雪湊在一起，我就問麗莎這一切是怎麼回事。

我不能公開她的回答。

接著她說：「你知道我不想破壞婚姻。而且誰也不能破壞一樁幸福的婚姻，但黛比和埃迪從來沒有幸福過。」

我問她是否愛費雪。

她回答說：「我非常喜歡他，自從麥克死後，只在最近這兩個星期我感覺比較快樂，較像個活人。」

「你有沒有想過麥克會怎麼想？」我問道。

擁有美好時光

「他和埃迪是好朋友。」她回答。

「不，你錯了。」我說，「麥克是喜歡埃迪。但依我看，埃迪誰也不愛，只愛他自己。」

「嗯。」她回答說，「麥克死了，我還活著。」

「過去兩週在紐約，你常常和費雪在一起，」我斥責道，「除了把他從黛比那兒奪走，不是什麼？我還聽說你們還一起去他的住處，他和黛比結婚的地方。」

「是呀！我們玩得很愉快。」

「阿瑟·洛呢？你知道過去半年他一直愛著你，你的孩子還在他家呢。」

「他怎麼想，我管不著。」

黛比愛他

「因為黛比愛他，所以你不能這樣傷害黛比，而且你自己會受傷更深。」我說。

她的回答是：「他不愛她，也從未愛過她，一年前，他們準備離婚，但當他們發現她又懷了一個孩子時才沒離。」

「讓我告訴你吧，麗莎！」我說，「這對你的傷害要比對黛比造成的還大，人們非常喜歡她，因為她是個誠懇、非常好的女孩。」

她哭道：「那我該怎麼辦？叫他回到她那兒去？他不會的。他如果回去，他們會彼此折磨。我沒有從黛比那兒奪走任何東西，因為她從未真正擁有過他。」

「嘿，麗莎，你也許會因此而恨我一輩子，但我卻不能不說。我恐怕你會失去理智。還記得那些晚上嗎？當你做惡夢要和人傾訴心聲時，凌晨2、3點打電話給我？剛剛對我說話的人一點也不像那個女孩。唉，她到那兒去了？」

1958

以蒐集帽子出名的赫達·霍珀（上圖），28年來一直撰寫好萊塢閒話專欄。埃迪-麗莎-黛比的誹聞是小報和雜誌好幾個星期的頭條新聞。

「古巴已不再獻身於服侍百萬富翁了。」
—— 卡斯楚評論古巴革命的勝利

年度焦點

古巴革命勝利

❶ 這些頭髮灰白的年輕反叛者被稱作「絡腮鬍子」。他們離開山區，與強取豪奪的古巴獨裁者富爾簡西奧‧巴蒂斯塔的軍隊作戰。他們發起的戰役贏得各階層民眾的廣泛支持，支持者包括無地的農民、城市工人和中產階級商人等。革命領袖是位年輕火爆的律師菲德爾‧卡斯楚，他曾在1953年領導過一次起義，但是功敗垂成。在獄中時，他曾聲稱：「歷史會赦免我的。」古巴人欣賞卡斯楚的膽識。赦免的這一天順利到來：在1959年的元旦，「菲德爾派」佔領哈瓦那。巴蒂斯塔先把國庫搜括一空，在前一天捲款潛逃。

卡斯楚在前往哈瓦那的途中向支持者致意。這位革命領袖會不會對執掌巴蒂斯塔下台後的古巴感興趣，當時還沒有人清楚。

巴蒂斯塔於1933年執政，1952年開始成為真正的獨裁者。在他的統治下，古巴這個世界最大的甘蔗生產國，受到了種種野蠻的壓迫和嚴重的剝削。這位腐敗的強人囚禁、殺害其反對者，從國庫竊取4000萬美元，把國家出賣給外國資本家。美國人投資古巴的蔗糖和礦產，並且分別佔有其40%和9%的股份，還控制了公共設施（佔80%的股份）、煉油業、銀行業和觀光業。投資者發了財，島上600萬人民卻沒賺到什麼錢。卡斯楚1955年出獄後去了墨西哥，開始策劃推翻巴蒂斯塔。1956年，當他歸國展開游擊戰時，「古巴人的古巴」成為他的革命口號。

1959年，卡斯楚完全掌權後，頒佈了一系列積極的工農業改革措施，終於向美國產業徵收了10億美元的稅收。他的反對者私下議論，革命已不再是卡斯楚所說的橄欖綠（單純的民族主義色彩），而是西瓜的「外綠內紅」。1960年2月，卡斯楚與蘇聯達成了一項500萬噸蔗糖的交易，之後當古巴的美國煉油廠不肯使用蘇聯原油時，卡斯楚便將這些工廠收為國營。艾森豪的回應是貿易禁運；一年後他又斷絕了與古巴的外交關係。卡斯楚因而與蘇聯走得更近。在美國入侵未遂後，卡斯楚宣佈其革命是共產革命——這在西半球尚屬首例。◀1953（邊欄）▶1961（5）

科技

政治與工程

❷ 艾森豪稱此為「民主國家致力於共同福利、和平攜手所獲成就的偉大象徵。」伊麗莎白二世女王稱讚它是「當今世上最傑出的工程成就」。1959年6月由這兩位領袖題獻的聖羅倫斯航道，是政治和工程兩方面的勝利。這是美國與加拿大近60年協商和5年技術合作的成果。

美加在1896年首次討論將聖羅倫斯河改造成一條能完全通航的水道，以溝通五大湖與大西洋。但第一次世界大戰延緩了協議的進度，直到1932年才簽署了動工的協約。即使到那時，鐵路公司和海運部門所支持的遊說活動仍在阻礙協約的批准，他們擔心生意會被大湖區的港口搶走。

第二次世界大戰又給這個計劃帶來了希望，因為美國人開始相信這條航道對國防非常重要。1954年，興建工作終於展開，由2萬2千名勞工開挖新運河，挖深舊運河，疏濬河渠，修建水閘、堤壩、水壩和水力發電廠。在航道啟用的最初6個月，聖羅倫斯河的交通量增加了67%，有些港口的貨運量增加近150%。今天，這條3701公里長的水路仍是北美最重要的商業通道之一。◀1914（9）▶1994（11）

西藏

中共鎮壓動亂

❸ 1959年3月，在毛澤東的軍隊強佔西藏9年後，武裝暴亂席捲了西藏首府拉薩。多年以

達賴喇嘛流亡後，在印度的特茲浦。

來，漢人的存在造成仇恨日深。而不久前毛澤東對坎斯地區（部分土地於1956年被中共吞併）動亂的鎮壓導致難民潮湧入西藏中部，殘暴的故事不斷發生。伴隨難民潮而來的還有零星的游擊戰。而拉薩全面動亂的起因是謠傳中共準備逮捕達賴喇嘛。

身為封建統治者的達賴喇嘛十四世被視為是活佛轉世，為西藏人心目中的神王。他出生在貧農家庭，兩歲時被立為有600年歷史的王朝繼承人（喇嘛解讀神祕的徵兆，在當地無數嬰孩中選中他）。中共軍隊入侵西藏時，他才15歲。身為活佛，他深信人性本善，期盼能和武力取向的毛澤東達成協議，但希望卻落了空。截至1959年，中共已派了數千名移民進駐西藏；中共當局除了現代化基礎設施，還企圖集中聲牛牧民，削弱當地文化影響和神權統治，但效果不彰。

中共快速而殘暴地平息了拉薩的動亂（到1988年為止，估計約有120萬名西藏人在持續的鎮壓行動中遇害，10萬人流亡在外；6200座寺院被毀）。達賴喇嘛帶領幾百名信徒逃亡國外，承諾他的子民有

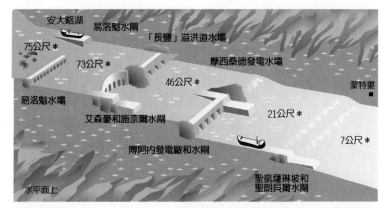

安大略湖　易洛魁水閘
75公尺＊
「長鹽」溢洪道水壩
73公尺＊
摩西桑德發電水壩
46公尺＊
蒙特婁
易洛魁水壩
艾森豪和施奈爾水閘
21公尺＊
博阿內發電廠和水閘
7公尺＊
水平面上
聖凱薩琳坡和聖朗貝爾水閘

聖羅倫斯航道分為5部分，有7個水閘，涵蓋了蒙特婁和安大略湖之間295公里的地區。

1959

藝術與文化　　**書籍：**《死亡紀念》繆里爾‧斯帕克；《再見，哥倫布》菲利普‧羅斯；《九點半鐘的撞球》海因里希‧伯爾；《夏威夷》詹姆斯‧米契爾；《風格的要素》斯圖恩克與懷特　**音樂：**《你真有個性》普萊斯、洛根；《我會說什麼》拉伊‧查理；《詩歌集》弗吉爾‧湯姆森　**繪畫與雕塑：**《理性與卑微的結合》法蘭

「我找到了！它是人類起源的線索，我們人類。快過來。」

——瑪麗·利基發現「東非人」時所言

朝一日，必返回重獲自由的西藏。他在印度北部建立起流亡政府，從此展開歷時數十年、恢復西藏自決權的漫長征途。◀1950（3）▶1966（1）

外交
「廚房辯論」

4 蘇聯總書記尼基塔·赫魯雪夫與美國副總統理查·尼克森之間即興的「廚房辯論」，是世界上兩大超級強國代表之間的一場舌戰。1959年7月，尼克森到莫斯科主持美國國家展覽會開幕儀式。這是俄國罕見的美國文化展覽。而赫魯雪夫根本不想來參觀，因為美國國會剛通過一項戰敗國決議，譴責蘇聯未善待其附庸國。這位蘇聯領袖認定這次展覽和尼克森的來訪是要來羞辱他的。

在巡迴展出之前，尼克森與赫魯雪夫私下會見，在戰敗國問題上雙方針鋒相對。尼克森在回憶錄中回顧這件事指出，當時赫魯雪夫暴跳如雷地說：「它比剛拉出來的馬糞還要臭，沒什麼東西比它更臭了！」尼克森道：「還是有比馬糞臭的東西，那就是豬糞。」（赫魯雪夫年輕時當過養豬的農民）兩人隨後都怒氣沖沖，火藥味十足地抵達展覽會場。赫魯雪夫對一群西方記者預言，蘇聯很快會在科技領域超越美國。他說：「我們超過你們時，會向你們招招手的。」尼克森反駁道：「你什麼都不懂。」赫魯雪夫說：「我要是什麼都不懂，那你對共產主義也一竅不通，只知道怕。」

這場唇槍舌劍的高潮發生在參觀一間標準美式廚房時。赫魯雪夫瞧不起一些小裝置，如檸檬搾汁器、嵌入式洗衣機等，認為它們引發了「對婦女的資本主義態度」。他懷疑美國工人能不能買得起這類沒用的奢侈品。尼克森則用手指戳赫魯雪夫的胸口，為這棟1萬4千美元的房子辯解：每個美國煉鋼工人都能買得起。一場資本主義和共產主義的即席辯論隨即展開，從飛彈講到洗碗機，把每樣東西的優缺點

赫魯雪夫老謀深算、多變，非常耿直（他在一次訪美行程中說過：「我們將埋葬革命的敵人。」），當他與副總統理查·尼克森在莫斯科會晤時，兩人針鋒相對。

都拿來辯論。兩個世界級的領袖，這樣當面針鋒相對，直言不諱，在現今時代即使有過，也實屬罕見。◀1956（2）▶1960（2）

考古
利基夫婦發現了一條線索

5 達爾文逝世近百年之後，英國的人類學家路易斯·利基與瑪麗·利基夫婦發現了一條解答人類演化過程中一個重要問題的線索。這個問題是：現代人類在演化過程的哪一個環節上，脫離了黑猩猩與大猩猩？1959年，瑪麗從坦尚尼亞塞倫蓋蒂平原的奧杜瓦伊峽谷之中，發現了「東非人」的顱骨化石。「東非人」其實並不算是真正的人類，但顯然與人類相似。根據新式的溴化氫檢測法，東非人可上溯到175萬年前，比先前發現最早的人類遺骸要早100萬年。

由於「東非人」的臼齒極粗大，因此俗稱「胡桃鉗人」。它的出土讓利基夫婦名揚國際，並且獲得大批資金。數年之內，這對夫婦發現不少考古遺跡，其中包括「類人」，它與「東非人」不同，是現代人的直系祖先。1978年，在路易斯去世6年後，瑪麗挖掘出一對350萬年前半人類的足印。他們的兒子理查則在肯亞遺址中花費10年的時間，挖掘出400多個原始人類的化石。利基家族的發現提供了豐富的

證據，證明人類歷史比前人想像的還要源遠流長，而且並非如早期發現的化石所顯示，源頭最先起於非洲，而不是亞洲。利基家族的影響不只帶動搜尋早期人類的風潮，而

利基考古家族的大家長路易斯·利基，在坦尚尼亞工作。

且引領珍·古德和戴安·福賽展開黑猩猩和大猩猩的開創性研究的，正是路易斯。◀1912（3）

音樂
澳大利亞歌劇女伶

6 1959年由義大利導演法朗哥·柴非萊製作的董尼采第作品《拉美莫爾的露西亞》，在倫敦柯芬園皇家歌劇院上演。這是歌劇史上具有劃時代意義的時刻。雪梨出生的女高音瓊·薩瑟蘭詮釋瘋狂一幕的炫目表演，展現出精湛的技巧和細膩的表演。這使她成為

「電影是一秒鐘內表現24次的眞理。」
—— 高達

1959年新事物

- 女用褲襪
- 阿拉斯加和夏威夷建州（美國的第49和第50州）

- 古根漢博物館落成（位於紐約市，由法蘭克·洛伊德·萊特設計）
- 彈道飛彈潛艇

美國萬花筒

葡萄乾的榮譽

1959年，29歲的洛琳·漢斯伯里以《日光中的葡萄乾》獲得紐約戲劇評論獎的最佳劇本獎，成爲美國獲此殊榮最年輕（也是第一個非裔美國人）劇作家。該劇以犀利的個人觀點，描寫一個黑人家庭在芝加哥貧民窟力爭上游的過程。在漢斯伯里34歲癌症去世之前，只出版了另一部劇本，還有兩個劇作則在死後出版。

◀ 1953（13）

男性情誼

緊跟在偷搶襯褲的風潮之後，1959年的美國大學校園又興起了一股新的熱潮：擠電話亭。這想法來自南非的大學，做法是把人（大部分是男性）儘量塞進2.1

公尺高的標準公用電話亭中。加州的莫德斯托學院創下擠進34人的紀錄。

芭比娃娃問世

3月時，馬太爾玩具公司推出了日後成爲有史以來最暢銷的洋娃娃：芭比青少年時裝模特兒。芭比娃娃曲線玲瓏，29公分高，每個售價3美元。在往後的30年中，她獲得難以計數的衣服、配飾，還找到了不少男伴（最著名

內莉·梅爾巴的繼承者，並且足與瑪麗亞·卡拉絲相提並論，同時重新讓人們對18和19世紀寬亮圓潤的演唱方式感到興趣——這種風格強調明亮的高音和完美的語法。

薩瑟蘭起初認爲自己是次女高音（音域在於女高音和女低音之間），一直沒意識到自己的音域潛力。在和母親遷居倫敦之後，她年輕的顧問（後來成爲她丈夫）理查·博寧慫恿她朝如露西亞之類花腔女高音所需的高音域發展。

60年代仍是薩瑟蘭的全盛期。她在威尼斯演出韓德爾的《阿爾齊

薩瑟蘭在1959年柯芬花園演出《拉美莫爾的露西亞》

那》後，被封爲「奇女子」，並在巴黎、米蘭和紐約表演《露西亞》時，風靡一時。她對角色的詮釋愈來愈深入細膩，即使晚年風濕纏身時也是如此。這位端莊的女高音無論在電視、廣播或舞台上，都盡力推廣歌劇。她於1978年榮膺大英帝國的爵位，1990年63歲時退休。

◀ 1949（11） ▶1974（邊欄）

電影

新浪潮

⑦　多年以來，法朗索瓦·楚浮、尚-呂克·高達以及其他批評家在《電影筆記》雜誌上，抨擊傳統法國電影沉悶且毫無特色。他們捧出一批國際級導演，視這些導演爲其個人化作品的「作者」（這些導演多半輕視美國電影業者）。50年代後期，這批影癡與志同道合的同胞開始製作自己的低

成本電影，其特徵爲曲折的敘事手法，對其他電影的冷嘲熱諷，以及創新的電影拍攝技術。他們的努力形成了一股「新浪潮」，並因1959年坎城影展時阿蘭·雷奈的《廣島之戀》和楚浮的《四百擊》獲獎而達到巔峰。同時，高達也即將完成他的第一部劇情片《斷了氣》。這部片子後來於60年代初發行，和前幾部作品共同成爲一種典型，即小規模、反傳統，卻具商業競爭力的影片。

《廣島之戀》記敘了一個法國人和日本人之間撲朔迷離的愛情故事，以及對原子彈的省思，編劇是前衛派的「新小說家」瑪格麗特·莒哈絲。雷奈透過倒敘、重複和片中片，模擬了「思維的複雜性」。《四百擊》是系列電影的第一部，這一系列作品回顧楚浮虛構的另一自我，安東·多瓦奈爾（尚-皮耶·利奧飾）從年少輕狂到安定成家的過程。這部電影對童年的描繪不帶感傷色彩卻極其動人，至今仍是頗受歡迎的經典之作。它用個人手提式攝影機運鏡和最後的停格畫面，影響了後代的電影導演。

《斷了氣》是採用楚浮慣用手法的嘲諷悲劇，放蕩不羈的揚波·貝蒙飾演巴黎的無賴，而亮麗的珍·西寶則飾演他玩世不恭的美國女友，後來還出賣他。這部片子是對好萊塢黑社會電影的善意諷刺模仿（揚波·貝蒙的角色和亨佛萊·鮑嘉酷似）。快速的剪輯使這部電影產生動人心弦且自然流暢的感覺，

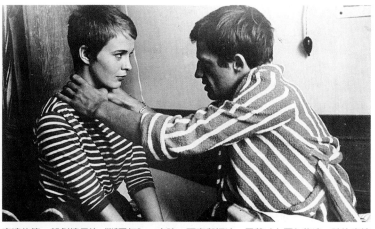

高達的第一部劇情長片《斷了氣》，由珍·西寶與揚波·貝蒙（上圖）飾演。該片直接的敘事架構，是高達往後電影典型的特點，而在此片尤爲明顯。

這種風格不僅出現在好萊塢的主流電影，後來也成爲廣告片和音樂錄影帶的標準手法。◀1956（7）
▶1971（12）

電影

懷德的狂野喜劇

⑧　1959年的《熱情如火》是電影界最有趣、最犀利、最聳動的性別倒錯喜劇片之一，片中敘述兩個芝加哥爵士樂手倒楣的遭遇。他們無意中目睹了艾爾·卡彭1929年的情人節大屠殺。爲了躲避，兩人喬裝打扮，和一支女子樂隊一道前往佛羅里達。其中一人（湯尼·寇蒂斯飾）偶爾脫掉女裝，假冒富翁，和樂隊中的性感女歌手（瑪麗蓮·夢露飾）大談戀愛。另一人（傑克·李蒙飾）則沉醉於自己的新性別，樂於接受一位傻乎乎的男性大人物的青睞。兩個人最後都坦承自己在僞裝——讓那

比利·懷德性別顛倒鬧劇中的瑪麗蓮·夢露（左）和傑克·李蒙（右）。

「我們原以爲『至尊』是3個活潑的黑妞。你們卻一身輕巧的毛皮大衣，一本正經的。」

—— 喬治・哈里森初見「至尊」時所言

位大人物在影片結束時令人回味無窮地說：「好啦，沒有人是十全十美的！」

導演兼編劇之一的比利・懷德是出生在維也納的猶太裔記者（他曾經探訪過西格蒙德・佛洛伊德）。懷德從納粹的魔掌中逃到巴黎，然後到了好萊塢。他首次執導的作品《長歌短調》（1942）和《熱情如火》一樣，也是部隱瞞性別的喜劇。故事中敘述一個成年女子假裝只有12歲，以隱藏自己對一位英挺軍官的愛戀。懷德有許多影片的格調都比較灰暗：《失去的週末》和《公寓》描繪了酗酒的危險；《紅樓金粉》則是關於一位過氣默片女王的絕望心境。懷德的作品往往都流露出痛苦和深切的懷疑——其中蘊涵了犀利的幽默和超凡的電影技巧。◀1933（邊欄）▶1962（2）

大眾文化
媒體醜聞

9 赫伯特・斯坦普爾感到自己被拋棄了。他曾在電視益智節目《21點大滿貫》中獲得冠軍，但有人事先提供他問題的答案（其中多數答案他自己也知道），告訴他應該跳過哪些問題，教他如何作答（「假裝搜索枯腸」）。經過兩個月的比賽，他被英俊的英文教授查爾斯・范多倫「擊敗」。在同樣的指導下，范多倫在4個月內「贏得」了12萬9千美元，成爲全國的知名人士。當斯坦普爾大曝內幕後，引起極大的公憤，促使國會在1959年就這項美國電視益智節目重大的作弊案召開聽證會。

製作人辯稱，沒有人因他們的欺騙行爲而受到傷害，而且該行爲並非違法。國會不爲所動，還擴大了調查，將廣播「受賄」（即唱片公司向電台DJ送錢送禮，以期播放他們的歌）也納入調查。這種自有廣播以來就有的做法，確屬違法（屬於賄賂的一種，爲非法手段），但理由卻很充分：擁有忠實聽眾的大城市電台DJ，可以締造或打破紀錄。在搖滾樂風行的時代，獨立的唱片公司要衝破大公司的商業壟斷，行賄更加普遍。

受賄的醜聞，更加深父母認定搖滾樂讓人墮落的影響。全國約200名電台工作人員最後承認有罪（其中包括了傳奇人物，紐約電台DJ亞倫・佛瑞。他被擠出這一行業，被控逃稅，43歲時窮困潦倒而亡）。受賄成爲違反聯邦法的行爲，可處以一萬美元的罰款。至於

冒牌冠軍范多倫在《21點大滿貫》節目中假裝苦思的樣子。這項醜聞是1994年電影《益智遊戲》的題材，該片由勞勃・瑞福執導。

電視益智節目中的欺詐行爲，國會宣佈其爲非法。各電視台取消了大部分的益智節目，以新的「輕鬆、有趣」遊戲節目取代，而不須一本正經視之。◀1941（14）

音樂
車城之聲

10 1959年，前拳擊手貝利・高迪成立了一個企業，不久便成爲世界上由黑人經營最成功的音樂事業。高迪曾經開過一家唱片行，但經營失敗；曾是個成功的節奏藍調作曲者，也自組過製作公司；他旗下的一位歌手斯墨奇・羅賓遜說服他將製作公司轉變成唱片公司。公司原名塔姆拉，後來很快擴展成爲車城公司，是一家綜合錄音、發行、管理和歌曲出版的企業。它使非裔美國人的音樂得以順利成爲流行音樂的主流。

「車城」的名稱是由於此地爲汽車製造的故鄉（密西根州的底特律，「汽車城」）。它發展出一種獨特的音樂類型，混合了黑人藍調與節奏、福音聖歌風格，以及令人心醉神迷的浪漫小調。製作人兼作曲者小組，拉蒙特・多齊爾和布利安及埃迪・霍蘭，合稱作H-D-H，以顯著的符鉤音和循環反覆的曲調創作歌曲，配上叮噹的鈴鼓、低沉的貝斯以及甜膩的弦樂伴奏。高迪是個追求完美的人，他在音樂和其他方面都是如此。他如嚴父般統領旗下那批精心挑選的歌手，細心管理他們的財務，還建立了一所精修學校，讓藝人們可以在那裏學習溫文典雅的舉止。這所學校最成功的畢業生是戴安娜・羅絲。她是女子三人合唱團「至尊」的主唱，並成爲歷久不衰的巨星，出過12首冠軍歌曲。

60年代中期，車城的「暢銷歌曲比率」是無以倫比的：該公司有75%的唱片進入全國的熱門排行榜上。而「誘惑」、「至尊」、「奇蹟」等合唱團、瑪莎和凡得拉家族、小史提夫・汪達・馬文・蓋伊和後期的格拉迪斯・奈特、匹普斯以及傑克遜家族等一起創造「美國青春之聲」（高迪的宣傳人員所取的合適稱號）。◀1955（13）▶1961（邊欄）

最早的「至尊」合唱團：（從左至右）弗羅倫絲・巴拉德；瑪麗・威爾遜和戴安娜・羅絲。

的是她的玩偶男友肯，於1961年上市）。到1991年止，全球售出7億個芭比娃娃，頭腳相連足以環繞地球3周半。

自白者之王

1959年，波士頓知識份子的叛徒兼普立茲獎得主羅伯特・洛威爾出版了自傳體詩歌散文集《人生寫照》。該文集爲下個世代的詩人提供了一個典範。《人生寫照》極具內省性（洛威爾剖析了他顯貴的祖先、他在一間精神病院住院的歷程、他的離婚經過）。瞠目結舌的批評家稱其爲

「自白詩體」。技巧生澀的詩人寫出的自白體詩歌（由於從事該文體創作的三大才子，約翰・貝里曼、西爾維亞・普拉斯和安妮・塞克斯頓逐一自殺，所以這種詩體有時被稱爲「謀殺的藝術」）往往淪落爲一種自我放縱。▶1965（當年之音）

自由爵士

中音薩克斯風演奏家奧爾內蒂・科爾曼，把自己的音樂比喻爲傑克遜・帕洛克的繪畫，科爾曼的音樂節奏起伏不定、結構曲折複雜、無調性突然進發。1959年，這位自學成功的音樂家發表了3張專輯，每張專輯的名稱頗具預言意味：《明天會有問題！》、《世紀的變遷》和《未來的爵士形式》。科爾曼試圖在其自由爵士的結構中跳脫傳統曲調、和音與節奏的限制。（他甚至以非正統的調音來演奏薩克斯風）。自由爵士剛開始被鄙視爲是欺世詭人的音樂——甚至最前衛的人士也如此認爲——不過到了60年代中期卻風靡各地。◀1955（7）▶1964（6）

「我同事中的頭號庸才。」

—— 保羅・科恩在1956年將霍利踢出德卡唱片公司時所言

環球浮世繪

《南極洲協定》

12國的代表齊聚在華府，一致同意要保護世界上最後一個未開發的大陸。《南極洲協定》於12月1日簽字，使這塊冰封的大陸成爲非軍事區，而留作科學上的合作研究。阿根廷、澳大利亞、比利時、智利、法國、英國、日本、紐西蘭、挪威、南非、蘇聯和美國等簽約國承諾將避免在南極地區進行武器測試和丟棄放射性廢料。1991年，原協定又附加了50年內禁止開礦和探勘石油的條款。◀ 1958（邊欄）▶1963（2）

皇室婚姻

世界上最古老的皇室後裔，日本皇儲明仁，出生時即命定要登上皇位。身爲現代國家的皇儲，根據戰後日本憲法所示，他的地位來自「人民的意願」。1959

年，明仁與平民正田美智子結婚，無言地反抗並衝擊1500年的歷史傳統。對許多日本人來說，這樁非正統的皇室婚姻象徵日本社會和政治平等的新紀元。◀ 1946（3）▶1993（11）

瑞士婦女沒有選舉權

中立、民主的瑞士選民在1959年毫不掩飾地表現出大男人主義的思想，投票通過將選舉權保留爲男性的特權。直至1971年才修改憲法，允許瑞士婦女參加聯邦選舉或在聯邦政府任職。◀ 1920（11）

《滾石》雜誌稱霍利爲「對60年代搖滾樂壇影響重大的人」。

音樂

搖滾樂的第一批烈士

(11) 後來的搖滾明星往往因吸毒過量喪生。而搖滾樂最早的烈士——巴迪・霍利、里奇・瓦倫斯和比格・波普爾，1959年2月3日在搭機巡迴演唱途中，於愛阿華州梅森市附近墜機喪生，從此永垂不朽。這個悲劇爲搖滾樂第一波的創作潮劃下休止符。50年代剛結束時，廣播中充斥著那個年代早期乏味而如出一轍的反叛音樂。

瓦倫斯是第一個進入搖滾殿堂的墨西哥裔美國人，他因一首排行榜第二名的歌曲《多娜》而知名（這張唱片的B面是一首傳統的墨西哥舞會歌曲，《La Bamba》，如今更爲流行）；比格・波普爾（亦名理查森），是一個胖胖的唱片DJ和新潮歌作曲者，以低沉的嗓音說唱《錢提利花邊》而聞名。霍利的才華則屬於另一類。在大批暴發的歌手中，這位來自德州勒波克，戴眼鏡的22歲青年，在作曲和演出中都表現出罕見的才智、敏感與眞誠。

霍利是搖滾技巧的開創先鋒，是第一位運用節奏與藍調沉重後拍的白人搖滾樂手，也是第一位嘗試重複轉錄的搖滾樂手（這種錄製方式使表演者可以爲自己伴奏）。霍利那高亢、哽咽的聲音非常獨特，不過仍被廣泛仿效。墜機時，他在

英國比在本國受歡迎。但英年早逝使他成爲被崇拜的對象。他的歌曲如《佩姬・蘇》、《咆哮不息》、《就這一天吧》等等，一直流行到90年代。從利物浦來的一支樂團甚至依據爲他配聲的團體「蟋蟀」之名，而取名爲「甲殼蟲」（披頭四）。◀ 1956（1）▶1962（6）

戲劇

《吉普賽》結束了一個時代

(12) 1959年，在《吉普賽》銅管樂的高亢音符中，百老匯音樂劇的黃金時代宣告結束。在黃金時代，情節的鋪陳、展現角色個性的歌曲以及舞蹈，交織出文學味濃厚的歌劇劇本。這部音樂劇改編自脫衣舞孃吉普賽・羅絲・李妙趣橫生的回憶錄，刻劃了偏執的母愛與誤導的野心，過程有趣、動人，甚至可怕。吉普賽的母親是嚴厲的羅絲，爲了能使兩個女兒成爲舞台巨星，她犧牲了一切。當女兒長大離開她時，羅絲陷入了顧影自憐和狂言囈語的境地。

《吉普賽》的來頭不小。它是由大衛・麥立克（前後的名作有《妙女郎》和《我愛紅娘》）和李蘭・海華（《南太平洋》的製作人）所製作，阿瑟・勞倫茨編劇（《西城故事》作者），傑羅姆・羅賓斯編曲及編舞（《西城故事》），朱爾・斯泰尼（導過《紳士金髮女郎》）導演；歌詞則由史

埃塞爾・默曼（左，右爲瑪麗亞・卡尼洛娃，她扮演年老色衰的脫衣舞孃）在舞台上扮演羅絲媽媽。

蒂芬・桑德海姆（《西城故事》）填寫。此劇的中心人物是埃塞爾・默曼，飾演羅絲媽媽，這是她所扮演的最後一個角色。有些歌曲如《有些人》和《萬物顯現成玫瑰》都成了經典。但《吉普賽》代表一個時代的結束：在往後的歲月裏，優秀的作家和作詞家逐漸減少，音樂劇場也轉而以高度概念化和華麗場面的劇作爲主。◀ 1956（8）▶1964（9）

文學

格拉斯的力作

(13) 岡特・格拉斯生於但澤市（現今格但斯克），14歲參加希特勒青年軍；二次大戰中，他是德軍的坦克砲手，在戰爭中負

傷，被美軍俘虜。參觀過達考集中營之後，他才開始拋棄自己的納粹價值觀。這個心靈洗滌的過程使他寫出第一部作品《錫鼓》（1959），此作品也是自30年代以來首次榮獲國際讚譽的德國小說。

這個故事由主角奧斯卡敘述，發生在希特勒執政之前、之間和之後的年代。奧斯卡不信任成人，造成他3歲時就不願再長大。奧斯卡在瘋人院裏回顧自己的青年時代：當時他能用聲音震碎玻璃，用鼓聲號令群衆，還是一幫烏合之衆的救世主領袖（希特勒早年的綽號就叫「鼓手」）。《錫鼓》脫離了戰後「廢墟文學」一本正經的寫實主義傳統，不但是生動的回憶錄，也是典型的德國成長小說的嘲諷仿作，並且交錯著種種超現實的寓言（往往淫穢而不敬），震驚了作者的衆多同胞。

這篇小說同時也使得格拉斯被譽爲他那個世代的代言人。除了源源不斷地創作出小說、劇本和詩歌之外，他還熱衷於社會主義活動，爲左派的各項目標和候選人而奔走，但是他卻堅決反對60年代革命熱情高漲時所流行的種種暴力行爲。◀ 1929（11）▶1961（10）

頹廢主義者眼中的全景

摘自威廉·巴洛斯1959年作品《裸體午餐》

威廉·巴洛斯於1959年完成其充滿迷幻色彩的小說《裸體午餐》，並引起國際議論之前，艾倫·金斯堡和「垮掉的一代」運動中其他頹廢派的同伴，早已視他為導師和偶像。（下圖為巴洛斯在紐約大都會博物館與「人面獅身兒」的合影，由金斯堡拍攝並題字。）巴洛斯與世隔絕以及亡命生涯（他是計算機發明人巴洛斯的孫子，哈佛大學的學生。他拋棄了地位，情願混跡於陋巷貧民窟），正好投合了「垮掉的一代」的顛覆心

理。有的人則發現這位憔悴、深不可測的作家有一種後天養成的嗜好：有些批評家對《裸體午餐》不屑一顧，認為它不過是一個吸毒者脫離現實的慘痛故事，描寫作者到貪慾橫流的中界城虛擬世界旅行，是雜亂無章的劣作（巴洛斯吸食海洛因長達15年）。《裸體午餐》首先在法國出版（謹慎的美國出版商則等到1962年才出版），終究在文學界取得一席之地，更重要的是，它同時影響了小說可能的形式和可能的內容。◀1957（8）

市　場

　　中界城的全景。聖路易東部開門的酒吧。再見啦……有時聲音大而清晰，繼而微弱斷續起來，像音樂飄過風吹的街道。

　　屋子好像搖晃顫慄起來。各種族——黑人、玻里尼西亞人、山區蒙古人、沙漠遊牧民、通曉多語的近東人、印度人——還有各種尚未成形、出生的種族，各類尚未成真的組合，他們的血和實體穿過你的身體。遷移，穿越沙漠、叢林和山脈的奇異旅程（停滯和死亡，在封閉的山谷中，那兒的植物從生殖器長出來，巨大的甲殼動物在裏面孵化，擠破軀殼）。遷移，划獨木舟穿越太平洋到復活節島。合成市中，人類所有的潛能在沉靜廣大的市場上擴展。

　　清真寺的尖塔、棕櫚樹、山脈、叢林……緩慢流動的河流裏有凶惡的魚在跳躍；荒草叢生的廣袤公園裏，有男孩躺在草地上，玩著隱祕的遊戲。城裏門不掩戶，任何人隨時都可以到你房裏來。警察局長是個中國人，他在剔牙，聽一個瘋子投訴。這個中國人不時把叼在嘴裏的牙籤拿出來，盯著牙籤頭看。頹廢主義者臉色光亮帶有古銅色，倚在門邊，扭動金鍊條皺縮的栓頭，面無表情，帶有昆蟲視而不見的平靜。

　　在他們身後，從敞開的門，可以看到桌子、小房間、吧台、廚房和浴室，在一排排銅床上交媾的男女，上千張縱橫交錯的吊床，嗑藥族綁手臂準備注射毒品，吸鴉片的，抽大麻的，人們在

We went uptown to look at Mayan Codices at Museum of Natural History in N.Y. & later to the Metropolitan Museum of Art to view Carlo Crivelli's green-hued Christ face with Crown of thorns stuck symmetric round his skull — here in Egyptian Wing William Burroughs with a brother Sphinx, Manhattan Fall 1953. — Allen Ginsberg.

煙霧和水氣氤氳中吃東西、談話、洗澡。

　　牌桌有人玩牌，下注之大令人難以想像。過不一會兒，就會有個玩牌的人跳起來絕望地大喊，因為把青春輸給了一個老頭子，或是敗給對手成了神經病。但還有更高的賭注，這種賭局世上只有兩個賭徒才知道下的是什麼賭注。

　　城裏所有的房子都是相連的。有草泥屋——高山蒙古人在煙霧濛濛的門口眨著眼睛——竹子和柚木屋，泥磚、石頭和紅磚屋，南太平洋的和毛利人的房子，樹屋和船屋，30公尺長、遮護所有部落中的木屋，箱型屋和鐵皮浪板所做的房子，老人們衣衫襤褸地坐著烹煮罐裝熱氣，61公尺高的巨大銹鐵架聳立在沼澤和垃圾堆之中。岌岌可危的隔間建造在一層又一層的平台上，吊床憑空地懸吊著。

　　目標不明的探險隊，正在向未知的地方前進。陌生人乘筏而來，筏子是用爛繩子把裝貨的舊板條箱捆成的。他們從叢林蹣跚而來，眼睛被蚊蟲叮咬得腫脹張不開。他們沿山間小徑而來，雙腳龜裂出血，穿過風沙瀰漫的城市邊緣，在那裏人們一排排地沿著泥磚牆大便，禿鷹爭食魚頭。他們乘著綴滿補丁的降落傘落在公園裏……他們由一名醉醺醺的警察陪同，到一個大公廁那兒登記。登記下來的資料放在木樁上，準備當作衛生紙用。

這是反叛的10年。由於在東南亞爆發了一場有爭議的戰爭，各地的青年都起而反對現行體制——他們追求的不再僅僅是和平，而是一種對世界的根本改造。

1960
1969

1967年，當這位示威者和她的同志在華盛頓特區面對軍隊時，「花的力量」（表示用仁愛可以在某種程度上戰勝軍事政府）這一概念在反越戰人士當中還很流行。但到了第二年，全世界反叛的學生便開始採用更富戰鬥性的手段。不論是在資本主義國家或共產主義國家，他們用戰鬥對抗當局——有時幾乎取得勝利。

1960 年的世界

世界人口

1950年：25億　　1960年：32億

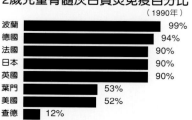

1950-1960年：+28%

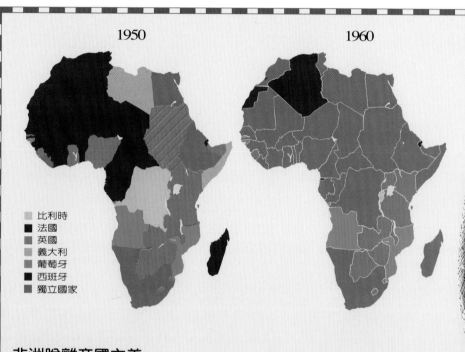

1950　　1960

探險家 1 號

非洲脫離帝國主義

比利時
法國
英國
義大利
葡萄牙
西班牙
獨立國家

隨著18個新生主權國家的突然獨立，1960年歐洲殖民主義在非洲的逐漸結束已成定局。到了1970年，又有16個新的獨立國家產生，到1990年，當那米比亞（前德國的西南非殖民地，1915年起爲南非占領）獲得獨立時，在

這塊大陸上已不再有歐洲國家的殖民領土。由於戰後蘇聯和美國兩個超級大國將非洲大陸視爲冷戰的較量場，從而使歐洲各國在非洲的影響降到了次要地位。

戰勝脊髓灰白質炎（小兒麻痹症）

一種對抗脊髓灰白質炎的高效疫苗的開發，幾乎根除了這種可怕的、使人（特別是對於青少年）發育畸形的疾病。

年度平均病例數報告

	1951-55	1961-65	降低率%
澳大利亞	2,187	154	93%
捷克	1,081	0	100%
丹麥	1,614	77	95.2%
瑞典	1,526	28	98.2%
英國	4,381	322	92.7%
美國	37,864	570	98.5%

2歲兒童脊髓灰白質炎免疫百分比

（1990年）

波蘭	99%
德國	94%
法國	90%
日本	90%
英國	90%
葉門	53%
美國	52%
查德	12%

時尚

像布羅克兄弟公司生產的這種式樣的灰色法蘭絨西裝（如圖）是企業界男性所選擇的統一制服。由於斯隆·威爾遜1955年的小說《穿灰色法蘭絨西服的男人》成了人們的口頭禪，無處不在的商人服飾便成了該時代一致性的一個象徵。

信用卡帶來的方便

第一批信用卡是爲消費者在不帶現金的情況下，能夠支付購物款項而提供的一種簡易方法。但這樣便鼓勵了人們的消費，也促使債務增加。到1990年，美國家庭平均抵押借款和消費債務達7萬1500美元。

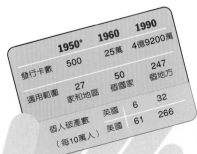

	1950*	1960	1990
發行卡數	500	25萬	4億9200萬
適用範圍	27 家和地區	50 個國家	247 個地方
個人破產數 （每10萬人）	英國	6	32
	美國	61	266

* 第一張就餐者俱樂部卡發行；僅多用途卡仍持續發行。

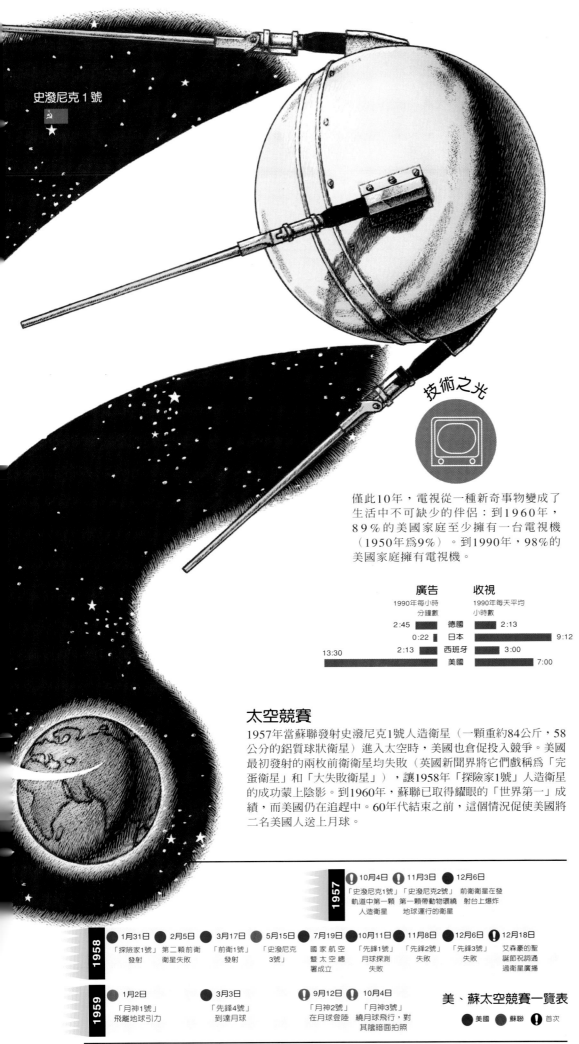

史潑尼克 1 號

技術之光

僅此 10 年，電視從一種新奇事物變成了生活中不可缺少的伴侶：到 1960 年，89％的美國家庭至少擁有一台電視機（1950 年為 9％）。到 1990 年，98％的美國家庭擁有電視機。

	廣告	收視	
	1990 年每小時分鐘數	1990 年每天平均小時數	
德國	2:45	2:13	
日本	0:22	9:12	
西班牙	2:13	3:00	
美國	13:30	7:00	

太空競賽

1957 年當蘇聯發射史潑尼克 1 號人造衛星（一顆重約 84 公斤，58 公分的鋁質球狀衛星）進入太空時，美國也倉促投入競爭。美國最初發射的兩枚前衛衛星均失敗（英國新聞界將它們戲稱為「完蛋衛星」和「大失敗衛星」），讓 1958 年「探險家 1 號」人造衛星的成功蒙上陰影。到 1960 年，蘇聯已取得耀眼的「世界第一」成績，而美國仍在追趕中。60 年代結束之前，這個情況促使美國將二名美國人送上月球。

1957
- 10月4日 「史潑尼克1號」軌道中第一顆人造衛星
- 11月3日 「史潑尼克2號」第一顆帶動物環繞地球運行的衛星
- 12月6日 前衛衛星在發射台上爆炸

1958
- 1月31日 「探險家1號」發射
- 2月5日 第二顆前衛衛星失敗
- 3月17日 「前衛1號」發射
- 5月15日 「史潑尼克3號」
- 7月19日 國家航空暨太空總署成立
- 10月11日 「先鋒1號」月球探測失敗
- 11月8日 「先鋒2號」失敗
- 12月6日 「先鋒3號」失敗
- 12月18日 艾森豪的聖誕節祝詞通過衛星廣播

1959
- 1月2日 「月神1號」飛離地球引力
- 3月3日 「先鋒4號」到達月球
- 9月12日 「月神2號」在月球登陸
- 10月4日 「月神3號」繞月球飛行，對其陰暗面拍照

美、蘇太空競賽一覽表
- ● 美國
- ● 蘇聯
- ❶ 首次

	1957	1993*		蘇聯	美國
軌道中人造衛星數	1	7,347	1990年前登上月球人數	0	12
軌道中衛星所有國家數	1	24	1990年前送入太空人數	82	158

*3月31日

瑪麗・戈登

純真年代

對兒童的歌頌

**1960
1969**

個社會對孩子們的看法和感覺，往往是其對許多事物（包括知識、權力、性別及未來）所持態度的表徵。孩提時代是從孤弱無助開始，而以獨立自主告終，至少我們現代人這麼認為。標示我們和祖先截然不同的徵兆之一，就是我們對孩提時代的認知：一個獨特的實體，一個正在邁向下一個不同階段（成年時期，在本質上與現在不同）的狀態。

這種認知是來自工業革命對兒童勞力的剝削和社會的保護性反應，在19世紀逐漸受重視，在20世紀的前60年成為主流。在成年人的監護下，孩提時代的兒童就像一塊可捏塑的黏土；當他（她）完全成形時，自然就期望更上層樓進入獨立成人的領域。但在60年代，對孩提時代卻有不同的看法：它被認為是人生中與未來無關連的一個寶貴階段，大概在歷史上也是第一次吧，年長者認為自己要向年青人學習某些事物。

佛洛伊德於19世紀末向全世界宣稱孩子也有性欲，他所說過的其他言論從未像這樣受到猛烈的抗拒。儘管社會表面上接受佛洛伊德的理論，在整個20世紀前50年中，孩子們被認為不應碰觸性知識，這樣才可以保持他們的純真、無憂無慮、幸福的生活狀態。但這種保護必須嚴格劃分成人時期與孩提時期的界限；隱瞞有關性知識的作法，最終轉變為隱瞞一切麻煩事（如父母婚姻中的緊張關系、金錢、工作、政治等）的理想方式。孩子被要求待在他們自己的圈子裏，亦即類似療養院的安全範圍內，以便能和這個骯髒的、染缸似的真實世界隔離開來。

保護兒童的這道屏障在二次大戰到60年代之間最有成效，那是一個繁榮而強烈渴望常態與和平的時代，是一個以核心家庭為主且相信個人世界是美好幸福的時代。但到60年代，這道屏障開始動搖，或許是受這10年裏的政治和社會動亂的餘波影響。「60年代開始於50年代，而在70年代終止」這句話似乎有點多餘，但是或許只有透過這種說法，我們才能掌握這10年產生的所有衝擊影響。據我估計，有3種獨特的文化，每種文化都主張青年至上，但以不同方法來詮釋。我將第一種文化稱為甘迺迪年代，第二種文化為披頭四年代，第三種文化則為越南年代。

1961年甘迺迪家族入主白宮並使大放光彩，他們的力量大多來自其年輕旺盛的活力。一時間，年長者必須重視年輕人想法的觀念突然流行起來。但甘迺迪家族所代表的只是在過渡時期的青年。雖然他們年輕，但對年長者不構成威脅。他們的年輕形象代表理想主義的責任，而與享樂無關。在總統和時髦年輕的妻子及孩子如偶像般的照片上，他們看起來只是作作樣子，使人想到即使甘迺迪家族的後代長大進入青春期後，他們的生活圈子將與父母的活動領域沒有什麼共同之處。如果好幾代人在一起，也只有是父母輩偶而擺低姿態，才會紆尊降貴地對一個他們根本不想了解的世界表示一絲興趣。在那些年代裏，「孩子們應該被關注，但他們的話不能聽」這句話幾乎成了至理名言：父母是智慧的寶庫，幾乎不需要向他們的孩子學習任何事物。像是「任何真正有價值的東西可能是由孩子傳輸給

縱觀大部分歷史，孩子（特別是那些上層社會以外的孩子）被視為是小大人。但到本世紀初，工業勞動給正在發育的身體和心智帶來的損害，開始改變這種認知。藉由向群眾展現孩子在棉紡廠（右圖）、煤礦場和罐頭食品加工從事成人勞動這類令人不安的照片，先驅圖片新聞記者路易斯・海因在美國激起制訂童工法律的運動——並協助開創了一個更注重兒童保護的年代。

他們的父母」這類的觀念幾乎無法想像。

　　雖然在甘迺迪年代，孩子們還被限制在「他們該在的位置」裏，但是類似皮亞傑和蒙特梭利等思想家的心理和教育理論，已經引起討論的風潮，認爲孩童時代本身就是一段很有價值且珍貴的時期，而不僅僅是未來成年時期的訓練階段。父母和老師都認爲學校不應再是他們記憶中的監獄形象。孩子們的快樂（當然也包括他們輕鬆愉快的社會化過程）成爲和學會讀寫、計算獲得技能同等重要的教育目標。當教室牆上的繪畫越來越生動活潑，孩子也被鼓勵恣意塗鴉上色，大眾文化開始對傳統觀念中與孩童時代有關的特質——自發性、熱情和率眞給予新的評價。世界已在等待披頭四樂隊的來臨。

1960 1969

人們對於1956年和1964年分別出現在電視上的貓王艾維斯·普雷斯萊和披頭四有截然不同的反應，具體顯示出這8年間世界變化的程度。艾維斯露骨的性欲激起許多憤怒的譴責，政治家和報紙媒體都攻擊他，大人們認爲他荒謬且危險；另一方面，年青人則爲他歇斯底里和神魂顛倒。兩者之間幾乎沒有任何交集。但在1964年，德高望重的成年人，甚至知識分子都在聽披頭四的歌曲。事實上，令人羨慕的是，這些「來自利物浦的孩子們」更像孩子，而不像成人。充沛的精力、玩樂似的愛情及慷慨大方，他們把世界當成了遊樂場。就他們而言，青春不再因爲年輕而虛度。

　　那些歲月裏嬉戲促成了嬉皮運動，最後完全拋棄成年時期最令人討厭的僞裝虛飾。但是當越南越來越爲人們重視時，嬉皮的幸福憧憬也逐漸瓦解。之後我們對於「純眞」以至於「孩提時代」的概念，變得更爲似是而非和複雜。

　　大學生和他們的許多教授一樣，認爲越戰全是那些穿西裝和制服的人說謊與貪婪造成的。他們在辦公室裏做出危險的決定，並編造聳人聽聞的惡果。這種感覺造成一些複雜又矛盾的觀念，這些觀念是有關純眞的本質、隱瞞的後果及資訊造成的解放與詛咒。有些人開始認爲政府（領導階層）爲了更能進行其骯髒交易而隱瞞事實眞相。以林登·詹森和迪安·魯斯克（及其幕僚和警方爪牙）爲代表的頑固封閉階層的成年人，都有見不得人的祕密，也造成了恐懼。因此，所有的隱瞞都惹人懷疑，只有眞相才能使我們獲得解放。

　　許多支持60年代解放運動的父母開始認爲，在他們成長階段所承受過的那種隱瞞事實的情況，對他們自己的孩子是有害的。他們相信，沒完沒了的規定和對中產階級文明的壓制，是與孩提時代的純潔狀態（一種會持續很久的信念）相抵觸的。然而，即使這些希望減少他們孩子壓力的父母，也想以一種新的坦誠方式和較不具命令性質的父母親風格，讓他們的孩子更參與他們的生活。一種開放的氣氛被認爲是較理想的。在所有可能的領域裏，孩子不僅是健康、富裕和聰慧的，而且最終是自由的。

　　然而自由具有兩面性，當代的文化氛圍也正在發生驚人的變化，揭開了父母的矛盾心理。在重視享樂、政治承諾與公眾事務甚於私人世界的環境中，諸如換尿布和擦臉等日常工作（更不用說賺錢了）不再是生活的重心所在。貝蒂·弗里丹在1963年出版的《女性的祕密儀式》中讓許多母親說出過去她們認爲可怕的祕密：她們對懷孕有悲喜交集的感情。口服避孕藥（1960年獲美國食品藥物管理局的核准）產生了更具革命性的改變：婦女首次幾乎能夠完全控制自己何時，甚至是否願意成爲母親。然而理論上，孩子仍是被捧在手心的。純眞赤裸地戴著花環的父親、母親、小孩子，出現在這個時期的許多照片中。

理想核心家庭：攝於1965年加州。到60年代末，孩子或許已能掌舵，爸爸媽媽說不定已分道揚鑣。在界限分明的時代裏，托爾斯泰的名言「幸福的家庭都是一樣的」逐漸被一項疑問所代替：「到底什麼才算是一個家庭？」

但是成年後不一定就得結婚生子，而且傾其所有去盡到父母責任的做法，也與時代精神相悖。

1960
1969

更多的婚姻破裂，更多的母親開始工作（幾年後這種情形更為普遍）。為適應和接受這些改變，家庭生活的結構變得更鬆散，成人與孩子的代溝變得更窄。孩子們被認為有能力作出更多的決定並承擔更重的責任，因此也應獲得更多的自由。只要不影響父母附帶的自由，孩子們的自由也是很好且有益處的。然而，兩者必然會發生衝突。這也難怪，隨著60年代的結束，像《大法師》（該片將小孩描繪得有如惡魔一般，一點也不純真）一類的電影開始出現。

隨著60年代的繁榮結束於70年代的緊縮政策，快速發展的80年代轉入樸實的90年代，我們對孩提時代的觀念也漸漸變得支離破碎。社會對於享樂與責任兩者關係的認知，依賴於整個社會對富有的定義。純真是很昂貴的。我們不再知道什麼是我們能負擔得起或能負擔多久。我們不能確定是否讓我們的孩子為數學成績拼得死去活來，以便能趕上他們同齡的日本學生，或是就放任他們，「像孩子一樣」地去玩（彷彿我們知道這到底是什麼意思）。更為困難的是，我們不能確定我們的孩子是否還天真單純。由於一個禮拜都花很多時間看電視，很顯然，今天的孩子比他們的父母在他們這個年紀知道得更多。在電視影像中，他們看到像自己一樣的孩子性感十足，轉成了性愛的對象。當大多成年人在看到這些影像感到不自在時，我們不知道小孩的想法是什麼。如果把所有的資訊不斷丟給孩子，小孩到底真正知道多少？這個問題曾真實地出現在我自己的生活中，當我那9歲的兒子告訴我他的疑惑時：他知道你如何解決性需求，是異性戀、同性戀，還是召妓或強暴；他說他不了解的是，當你做愛時是怎樣的情形？我清楚實際上是有人告訴過他，我就告訴過他。但就像我們腦中爭論著孩子應該知道什麼，應該告訴他們什麼，小孩同樣一定內心也有分歧的想法。

當然，窮人的孩子和有錢人家的孩子之間差異懸殊。窮人家的孩子營養不良、未受正常教育、無處安身；而富人的孩子，常被父母當作掌上明珠，總是要最時新、最昂貴的服飾，如此他們的學業表現和用品價值才會受人注目。忍飢挨餓的孩子與那些離不開任天堂遊樂器的有錢孩子之間的鴻溝是一項全球性醜聞。然而，或許在某種基本標準上，處在兩個極端的孩子都同樣是無處不在的侵蝕的受害者：一種理想主義的受害者，這種想法認為孩提時代是一段絕對純真的時期，也是遠離那個不友善的世界的避難所。我們這些出生在二次大戰後嬰兒潮的人，在這項被珍視的理想仍盛行的文化氛圍中長大，而我們也是摒棄這個理想的一代。我們抱持懷疑的態度，知道充其量，這種理想不會完全實現；在最壞的情況下，它不過是一種用掩藏隱私、凌虐和欺騙的弱點的神話。然而，我們並不願意完全放棄它——只因為尚未找到可用的替代品（也並不想嘗試去找）。在性泛濫和愛滋病陰影揮之不去的年代，許多人都感到我們已不能讓孩子什麼都不知道。但是，如果我們告訴他們——如果不是媒體或見識多廣的同儕者先我們告知——我們也會擔心自己正在剝奪他們的童年。孩提時代現在就像螺旋槳飛機或手搖式電話一樣已經過時了嗎？沒有人知道。但我們可以確知，我們不能再退回到60年代以前那種強迫性假設——假裝成人和孩子各有獨立著的領域，兩者無任何交集，而且在晚餐、洗澡、睡覺前，沒有什麼問題不能解決。

在全世界的窮人中，在孩提時期大都有無法實現的奢華夢。他們很早就為了生活而奮鬥，幼時的玩樂常伴以令人感嘆的魯莽大膽。1989年，這張照片拍自里約熱內盧貧民窟，十幾歲孩子在玩一種危險的游戲——「火車衝浪」（蹲在飛馳的火車車廂頂部）。

「對所謂文明人的持平的觀察就可發現，人基本的性行為方式與靈長目動物一樣，
只是人類的性行為顯然受社會和精神的因素的影響而有所修正」。 —— 羅克博士

年度焦點

第一顆避孕藥

1 一場性革命即將爆發，而科學加以推波助瀾：1960年，美國食品藥物管理局核准世界上第一顆口服避孕藥上市。由美國內分泌學家格里戈里·古德溫·平卡斯開發研製的這種藥丸，是有史以來對文化和人口統計學影響最重大的藥品之一。凱薩琳·麥考密克（接續及協助平卡斯進行研究工作）認為其效果將使婦女能夠控制「女性自古以來的折磨，即女性生殖系統」。

在30年代，平卡斯因為成功地在試管中讓兔子卵細胞受精，而首次聲名狼藉。他的成果招致各方毀謗，說他就像一個科學怪人妄想建立一個「女人能自足，男人無價值」的世界（一名記者如此寫道）。平卡斯在未獲得哈佛大學終身教職後，他和內分泌學家哈德遜·霍格蘭成立自己的研究室，即伍切斯特實驗生物學基金會，並接受私人、政府及製藥界的資助。1951年，在生物學家張明秋的幫助之下，平卡斯開始

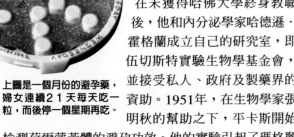

上圖是一個月份的避孕藥，婦女連續21天每天吃一粒，而後停一個星期再吃。

檢測荷爾蒙黃體的避孕功效。他的實驗引起了瑪格麗特·桑格（20年代以來美國倡導節育的領導人）的注意。桑格將此實驗計劃告訴她的朋友麥考密克。麥考密克和塞爾（芝加哥藥物公司）成為平卡斯最慷慨的捐助者。

一般都已知道，黃體素在實驗動物身上有抑制排卵的作用，顯然是因為產生假懷孕。為了測試荷爾蒙對女性的影響，平卡斯請來正在研究不孕症的波士頓婦科醫生約翰·羅克。羅克是天主教徒，他很謹慎地將「醫學的避孕」和「節育」區別開來。不過他仍以該避孕藥的代言人身分出現。「作為一個好的天主教徒，並且像上帝一樣寬宏大量」，桑格寫信給一個朋友說，「幾乎任何事他都可以獲得成功」。

在羅克－平卡斯實驗當中，一批合成的黃體素無意間被一種類似雌性激素的物質污染，但結果證明這是個幸運的意外。科學家發現這兩種荷爾蒙聯手可以抑制懷孕。塞爾公司開始生產一種黃體素——雌性激素的化合物，進行更廣泛測試。這便是1960年美國食品藥物管理局核准的藥品，很快便成為全球無數婦女日常生活中的一部分。◀1915（2）▶1974（邊欄）

美國

甘迺迪的勝利

2 在1960年的總統競選中，民主黨候選人是來自麻州的43歲參議員約翰·甘迺迪。在50年代後期的經濟蕭條之後，他許諾「使整個國家重新運轉起來」，他駁斥外界所謂美國與蘇聯之間的「飛彈差距」論，而把美國帶往社會改革的「新前線」和國際社會的領導地位。但約翰·甘迺迪勉強戰勝理查·尼克森的關鍵點因素不只在於政治問題。甘迺迪的天主教義也起了作用，而其家長約瑟夫·甘迺迪（前羅斯福政府成員）則為他提供了大量的資金。但首要的因素還在於電視。

甘迺迪是統治階級中的特異分子，是在美國佔優勢的盎格魯撒遜新教徒菁英中的愛爾蘭天主教成員。他高超地利用自己的背景，坦然處理普遍存在的反天主教歧視，並以波士頓貴族的魅力將自己製造為受壓制的平民當然領導人。他在第二次世界大戰中的英雄行為及其美麗的妻子賈桂琳也都為他增添光彩；他爭取選票的競選搭檔林登·詹森也以其德州式的隨和贏得南方選民。在與理查·尼克森（相當受歡迎的德懷特·艾森豪政府的副總統，其本人也以一個反共產主義鬥士的身分受到廣泛讚譽）競選的關鍵時刻，是4場電視辯論賽（一種新政治論壇）的第一場。在電視上，尼克森看起來眉頭深鎖且神情不安，與稜角分明、英俊瀟灑又信心十足、上鏡頭的對手甘迺迪相比，顯然不是對手。

11月，甘迺迪僅以11萬8千張選票（包括在伊利諾州和德州的一些有爭議性的選票）獲得勝利。就職典禮在1961年1月舉行，新總統（選舉史上最年青的）展現其獨特的魅力和充沛的活力激勵了美國人，也風靡全世界。甘迺迪時代，不管是更好或是更壞，從外太空到越南戰場，都算是一種冒險。◀1952（5）▶1961（2）

喀坦加試圖脫離剛果是走向內戰的第一步。

中非

剛果的戰爭

3 在75年的殖民統治期間，比屬剛果的土著居民一直不能參與政府工作；直到1960年，領地內1300萬黑人中只有14人受過大學教育。然而那年6月，經過倉促的選舉之後，比利時急於避免與民族主義反叛者的戰爭，遂宣佈該殖民地獨立，讓新的剛果共和國自決前途。

甘迺迪在芝加哥（上圖）的第一次電視辯論使尼克森相形見絀。而收音機的聽眾在收聽辯論後感到尼克森表現更好。

藝術與文化 **書籍**：《分離的和平》約翰·諾爾斯；《私情》斯諾；《飛越杜鵑窩》安妮·塞克斯頓；《第三帝國的興衰》威廉·夏勒 **音樂**：《初戀》保羅·安卡；《黃色點式比基尼》萬斯和波克里斯；《一手橋牌》巴伯和梅諾蒂 **繪畫與雕塑**：《浴缸》約瑟夫·博伊於斯；《散步的男人》阿爾伯特·吉亞柯梅蒂 **電影**：

「甚至對研究它的人來說仍感到不可思議，它竟能有這麼多項實際的功能。無疑許多仍有待探索。」

—— 湯斯有關雷射的演講

幾十個種族組織之間的戰鬥立刻爆發，剛果軍隊也起來反抗白人長官。為了幫助歐洲人逃命，比利時派遣了傘兵部隊接應。而後，在比利時的支持之下，礦藏豐富的喀坦加省脫離剛果。聯合國派遣大部分為非洲人的兩千個士兵幫助被圍困的剛果政府；3個月之內，他們恢復了表面上的秩序。

而此時，政府又產生分裂：總統約瑟夫·卡薩武布希望剛果成為一個鬆散的聯邦，反對強迫喀坦加歸於統一；而總理帕特里斯·盧蒙巴卻持相反的觀點，引進蘇聯顧問作為後勤協理。9月，一個支持卡薩武布的陸軍上校約瑟夫·莫布杜奪取政權，盧蒙巴不得不隱匿起來。莫布杜驅逐了蘇聯人；比利時人也被遣返回國，但卻留下外國傭兵以幫助喀坦加人。

12月，也就是卡薩-莫布杜政權獲得聯合國席位的兩個星期之後，莫布杜的部隊捕獲了盧蒙巴。戰爭的新階段開始。◀1957（4）▶1961（4）

科技
雷射一舉成名

4 1960年，物理學家西奧多·梅曼和佛羅里達州邁阿密的休斯研究室率先建造世界上第一個可操作的雷射儀器。梅曼的設計是利用一個強力閃光燈來刺激在紅寶石晶體裏的鉻原子，從而產生一條高密度的纖細紅色光束，當它對某一點加熱時，可達到的溫度比太陽還高。

梅曼的突破對日常生活產生深遠的影響。CD（雷射唱片）、條碼掃描器、雷達探測器以及電腦印表機等都依賴雷射技術。一個雷射光束可以銲接鋼並可在一個針頭上鑽200個孔。在通訊方面，由玻璃纖維組成的電纜經由雷射光束傳送電話、電腦和電視訊號。一條光纖電纜可以載負相當於2萬根電話銅線所負載的資訊量。在外科手術上，一個雷射切口的流血量比手術刀的切口還少，利於進行眼部和腦部手術。雷射也曾被用來測地球到

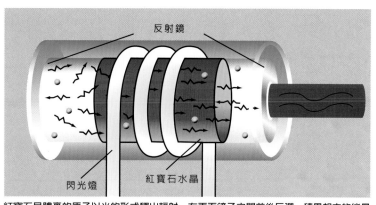

紅寶石晶體裏的原子以光的形式釋出輻射，在兩面鏡子之間前後反彈。積累起來的能量隨後集中在纖細的雷射光束裏。

月球的距離。

儘管梅曼是第一個運用雷射技術的科學家，但法庭上關於誰發明這項技術的爭辯成為專利法中一個重要案例。當事人之一的戈登·古爾德，是創造「雷射」（「受激發射輻射光放大器」的簡稱）一詞的科學家，這是1957年他在哥倫比亞大學攻讀博士學位時提出的。因不知道申請專利需要提供實際模型，古爾德把自己的概念記在筆記本上並作了公證。

同時，微波激射器（雷射的前身，是使用微波而不是光）的研發者查爾斯·湯斯也正在哥倫比亞與其連襟阿瑟·肖洛一起發展雷射概念。雖然古爾德後來也意識到自己的錯誤並向美國專利局提出申請，但湯斯和肖洛又比他早9個月送出。20年以後，古爾德因一些其他與雷射有關的概念獲得專利權，但法律訴訟在此後一直持續了好幾年。▶1983（邊欄）

間諜
U-2事件

5 1960年5月1日，美國中央情報局飛行員法蘭西斯·加里·鮑爾斯正在蘇聯上空16公里處巡航飛行時，其駕駛的Lockhead U-2偵察機被一枚蘇聯飛彈擊落。儘管艾森豪政府極力解釋這件太不湊巧的意外（該事件發生於籌劃多時的巴黎四強高峰會前幾星期），但是美蘇關係仍然降到冷戰以來的新低。

自1956年開始，美國飛行員就一直在蘇聯上空執行例行偵察飛行任務。雖然蘇聯當局知道此事，但也無法阻止，因為U-2飛機飛行的高度超出早期蘇聯飛彈的射程。但到了1960年，鮑爾斯從巴基斯坦起飛時，蘇聯的軍事技術已發展到可以追上U-2。

5月5日，蘇聯總書記赫魯雪夫宣佈了此事件，不過省略了生擒鮑爾斯的部分。美國官方憤慨地宣稱，被擊落的U-2飛機屬民航機，在土耳其上空展開氣象研究時不慎

被捕飛行員鮑爾斯檢查他的飛機殘骸，等候蘇聯審判。

進入蘇聯領空。赫魯雪夫於是打出了他的王牌：鮑爾斯被捕且已承認。艾森豪雖允諾停飛U-2也未能挽救巴黎高峰會，它因赫魯雪夫提議彈劾艾森豪而結束。

在對全世界播送的審判中，蘇聯認定鮑爾斯犯有間諜罪，並判處10年監禁。鮑爾斯因認罪而受到美國大眾的責難，許多人認為，他應該吞下放在身上的「自殺藥丸」，如此才算是一種愛國的行為。1962年，鮑爾斯與在美國被捕的蘇聯間諜魯道夫·阿貝爾交換回國。◀1959（4）▶1962（5）

「野獸已上鐐銬。」

—— 祕密人員在捕獲艾希曼之後給以色列總統本-古里安的訊息

1960年新事物

- 心律整律器
- 退休團體（亞利桑那州太陽城）
- 利眠寧（藥品）
- 毛氈筆（飛龍牌）
- 鋁罐飲料

- 氣象衛星（泰羅斯觀測衛星一號）發射成功
- 核子動力航空母艦（企業號）
- 全晶體手提式電視機（新力）

美國萬花筒

靜坐抗議開始

2月，4名來自北卡羅來納一所黑人學校的中學一年級學生，格林斯伯勒走進當地的餐館坐在白人午餐櫃台邊，一動不動，直到他們得到服務為止。第二天，又有85位積極分子加入這個抗議。靜坐運動從格林斯伯勒蔓延到其他城市，並擴張到其他場所：商店、劇院，展開公民權利運動的新階段。◀1957（邊欄）▶1961（邊欄）

奧比森孤獨的哭泣

為了融合鄉村、西部、節奏及藍

調的曲風，搖滾民謠歌手羅伊·奧比森加入了他特有的激情，高音式的嘶喊。這首歌名為《只是孤獨》，是1960年第一首風行全球的歌曲。◀1955（邊欄）

沙賓疫苗

波蘭出生的美國內科醫生阿爾伯特·沙賓，世界上名列前茅的免疫學家之一，1960年獲得FDA表彰他最偉大的貢獻：從存活的

警察在沙佩維爾向地方抗議者開槍，造成69人死亡。

南非

沙佩維爾大屠殺

6 作為政府所吹噓的黑人社區典型（有些家庭甚至有自來水），南非沙佩維爾黑人區在1960年成為種族隔離殘暴政策的象徵。3月21日，警察向和平示威反對實行種族隔離政策的黑人開槍。一陣掃射之後，69人死亡，178人受傷。沙佩維爾事件讓國際社會注意到南非，促使反種族隔離運動結束了依賴非暴力的抗議方式。

大屠殺後，所有的黑人居住區一時席捲了示威的風潮。亨德里克·韋伍德總理的國民黨政府強制實施戒嚴法並宣佈非洲民族議會（ANC）和泛非洲主義者議會為非法。到5月止，已有二萬名黑人被監禁，反種族隔離組織的活動也被迫轉入地下。1960年，非洲民族議會主席阿爾伯特·魯瑟利獲得諾貝爾和平獎，但他年輕的副手卻在尋求另外的道路。「繼續鼓吹和平和非暴力是正確的政治取向嗎？」33歲的納爾遜·曼德拉問道，「特別是當我們在對付一個其野蠻行徑給非洲人帶來許許多多的悲劇、苦難的政府時？」新一波的恐怖統治和高壓政策很快又開始了。

由於國際日漸增加對南非的孤立和排斥，1961年南非退出大英國協。1963年，當警察襲擊一個非洲民族議會支派時，韋伍德和黑人運動積極分子的鬥爭達到高峰。曼德拉也是被抓及被判無期徒刑的領導人之一。3年以後，韋伍德遭一個發狂的白人刺死在議會的地板上。

然而其政黨和政策仍然統治南非。◀1948（1）▶1976（4）

環保

野獸回歸叢林

7 描述野生動物生活的《生來自由》一書，是當時最暢銷的作品，被譯成25種文字，可以說是新興生態環境保護運動的一個催化劑。該書於1960年出版，由喬伊·亞當森執筆（後來被拍成電影，主題曲風行一時），主要記敘她和丈夫喬治對非洲動物進行的研究工作，特別是名叫埃爾莎的可愛母獅。

亞當森夫婦並不是接受過訓練的博物學家，而僅是對野生動物抱有熱情的歐洲移民。喬伊是奧地利人，喬治是英國人，兩人一起為肯亞狩獵部門工作。由於被迫殺死了一頭經常對村民造成威脅的母獅，

作家兼熱愛動物者喬伊·亞當森和因她出名的母獅。

喬治便收養了她的小獅子。亞當森夫婦並未將這頭幼獅埃爾莎送到動物園，而是慢慢訓練她重新在野地生活。這個大型貓科動物的傳奇故事感動了許多人。但亞當森夫婦之間的感情最終卻變得冷淡：喬治到肯亞的偏遠地區進行野生動物重建區的計劃，而喬伊拒絕和他同往。但兩人都一直致力於保護瀕臨絕種動物，甚至到了願為之犧牲的地步：喬伊於1980年在她的豹子營地被不滿的工人所殺，喬治則在1989年被偷獵者殺害。◀1905（5）▶1987（9）

大屠殺

艾希曼落網

8 1960年5月11日晚上，在布宜諾斯艾利斯，以色列情報人員制服一個中年人，把他塞進一輛汽車帶走。數天之後，那人在以色列雅法的法庭上確認了自己的身

分，說：「我是阿道夫·艾希曼。」這位蓋世太保猶太人事務辦事處處長，是負責大屠殺的官員，甚至還為希特勒的毒氣室挑選過毒藥，而現在，在猶太人自己的國家裏成了階下囚。

第二次世界大戰結束時，他從拘留營逃跑，用化名四處躲藏。1950年他逃到阿根廷，那時的阿根廷由希特勒的崇拜者胡安·貝隆統治。兩名納粹搜捕者（集中營裏的倖存者）西蒙·維森塔爾和圖維亞·弗里德曼僱用優秀偵探到處找他。然而綁架艾希曼以及在一個他犯罪時還不存在的國家裏審判他是否適當一直有爭議，甚至遭到世界猶太人復國組織的反對。以色列總統大衛·本-古里安仍不為所動，引用「至高無上的道德理由」來解釋他們擁有侵犯艾希曼和阿根廷的權利。

1961年，在耶路撒冷的一個3人法官特別法庭上進行了長達4個月的審判。證人詳細描述了艾希曼如何有效地屠殺數百萬人的情形。

體育 **棒球**：世界大賽，匹茲堡海盜隊以4勝3負擊敗紐約洋基隊 **奧林匹克運動會**：在加州闊谷和羅馬舉行 **美式足球**：NFL，費城老鷹隊以17:13擊敗綠灣包裝人隊；AFL，休斯頓油人隊以24:16擊敗洛杉磯軍馬隊（1961年2月2日） **籃球**：NBA，波士頓塞爾提克隊以4勝3負擊敗聖路易老鷹隊。

1960

「絢爛的破曉之中，快樂似孩子的笑臉，好夢成眞，夢幻之城就在眼前，巴西利亞，希望之都。」

—— 巴西利亞讚歌「希望之都」

但艾希曼辯稱他只是在執行命令。「我並不是一個生來凶殘的人」，他說，「這次大屠殺應由政治領導人負責」。他最後被判有罪，1962年5月31日在台拉維夫附近的監獄被絞死。◀1946（當年之音）▶1963（14）

巴西

一個都市夢幻城

9 法國作家安德烈·馬勒侯稱巴西利亞爲「希望之都」。1960年4月這座新型城市首次與世人見面，象徵一個長期的國家目標（將首都由里約熱內盧遷往內地）得以完成，而且也似乎證明總統胡塞里諾·庫比契克所承諾的一個民主化的巴西將在「5年內獲得50年的進步」。

在庫比契克的民族主義魅力的激勵之下，工人們在偏遠的草原中間建設巴西利亞。法國出生的建築師盧西奧·科斯塔，（勒·科比意的門徒），把整個城市設計爲飛機形狀，政府辦公建築（許多都是由巴西第一流的建築師奧斯卡·尼邁耶設計）是機身，綜合居住區是翅膀。人行道環繞統一樣式的公寓街區將會消除階級的差別。爲了防止交通阻塞，街道將爲高架公路所取代，有斜坡通往各個建築。世界名流如馬勒侯、菲德爾·卡斯楚、艾森豪威爾以及奧爾德斯·赫胥黎都前來目睹巴西利亞的揭幕。

但這個空想的完美城市（烏托邦）很不適宜居住。相似的建築物，連號的地址及密佈的公路網均不利於散步休閒及社交活動。不動產投機及貧富分明的郊區也使無階級差別的理想幻滅。正如科斯塔後來觀察到的一樣：「僅僅遷都並沒有解決國家貧窮、城市人口過多和蔓延的污染等社會問題」。到1964年，庫比契克的樂觀主義及民粹主義已爲高壓的軍事統治所取代。◀1937（4）▶1964（邊欄）

賽普勒斯

難以駕馭的共和國

10 經過4年的游擊戰爭和希臘、土耳其之間一年多的談判之後（由英國斡旋），英國於1960年承認其殖民地賽普勒斯獨立。然而，賽普勒斯人卻幾乎未被徵詢過對此安排的意見。島內爭鬥的種族組織也只是暫時放下了他們的武器。

賽普勒斯的希臘裔多數民族和土耳其裔少數民族之間的敵對與不和，源自英國分而治之的政策（在政治上對土耳其賽普勒斯人有利），以及一個世紀之久的合併運動—— 爭取原希臘領地與祖國統一。地理上的問題更使問題複雜化：賽普勒斯離土耳其僅64公里，而與希臘772公里之遙。自從1955年以來，希臘裔賽普勒斯人就爲爭取統一而同英國人戰鬥。但當地土耳其裔游擊隊爲爭取分割賽普勒斯，使土裔領土統一於土耳其而戰。最後，英國脫身這種混亂局

大主教馬卡里奧斯回到賽普勒斯，歡呼的人群便圍住了他的汽車。

面，但保留了兩個軍事基地和進行干預的權力。

賽普勒斯新憲法規定希臘裔人擁有總統職位，土耳其裔人擁有副總統職位；在政府中，希臘裔與土耳其裔的比例爲2：1。但希臘裔賽普勒斯人認爲他們的對手所分配到的權力比例不當（在6萬5千賽普勒斯人當中僅有18％是土耳其後裔）；反之，土耳其裔賽普勒斯人則抱怨政府的民族分配額並未得到實施，並堅持擁有獨立的軍隊（後來，軍隊沒有建立起來）。當總統（亦是希臘東正教會大主教）馬卡里奧斯三世試圖減少土耳其裔人的特權時，賽普勒斯又重回到戰爭狀態。◀1959（邊欄）▶1974（5）

病毒衰弱菌株中抽取出口服小兒麻庫疫苗。這種疫苗比由死病毒製成的沙克疫苗更有效且持久。◀1955（1）

全國美式足球聯盟委員長

今年1月，羅澤爾被選舉爲全國美式足球聯盟委員長。在他的管理下，職業美式足球（前一年職業美式足球的發展促使了全國美式足球聯盟的誕生）在美國發展爲受歡迎且高收益的運動，羅澤爾也成爲全國最優秀的運動主管。他最顯著的作爲包括1961年遊說聯邦立法機構，允許全國美式足球聯盟向一家電視網出售廣播權。▶1967（邊欄）

爵士樂進駐大學

1960年，戴夫·布魯貝克四重奏的唱片集《時光流逝》使得爵士樂保住在中產階級中的地位，並進入大學校園。此專輯包含不同

時代的特色歌曲從巴哈到荀百克（鋼琴家布魯貝克曾曾向他學習）都有。此唱片集獲得「襲捲性」的成功，其中歌曲《拿五個》展現中音薩克斯風手保羅·德斯蒙德的技巧，進入排行榜前25名。◀1959（邊欄）▶1964（6）

美日條約

日本戰後與美國聯繫緊密，並且刻意與主要的共產國家蘇聯、中國、北韓間保持距離，這種狀況在這個禁止建軍的島國造成緊張的形勢。1960年，美日雙方就1952年簽訂的雙邊安全條約（日本恢復主權後簽訂）進行重新會談。雙方達成新協議，允許美國在日本保持廣泛的軍事設施，並對外國（特別是共產主義國家）入侵有干預的權利。許多日本人對軍國主義帶來的後果感到不自在，怨恨這個破壞與中國和北韓貿易的條約。但地緣政治勝過一切。◀1946（3）▶1988（12）

科比意曾讚譽巴西利亞的「創造精神」。後來，一個批評家稱之爲「很不情願的鬼魂居住的鬼城」。

美國政治與經濟 國民生產毛額：5037億美元；人口：79,323,175人；約翰·甘迺迪擊敗尼克森當選爲總統；7萬多人分別於100多個美國城市參加了靜坐議活動。

「如果我成爲灰姑娘，觀眾只有到四輪馬車裏尋找屍體的份了。」

—— 希區考克

環球浮世繪

石油輸出國家組織誕生

1960年石油輸出國家組織的形成是受到一年前兩件事的刺激：主要的石油公司在未與東道國協調的情況下兩次削價及美國採取保護限額，大幅度削減進口。這些主要依靠石油收入的國家伊朗、伊拉克、科威特、沙烏地阿拉伯及委內瑞拉等，決定聯合起來統一出口政策。此事反映出全球經濟快速變化，但在當時，石油輸出國家組織的成立卻未能引起國際重視。直到12年後，這個組織才被當成攻擊性的武器。

◀1933（邊欄） ▶1973（1）

馬拉松長跑記錄

這可說是奧林匹克運動史上偉大

的成就之一：光腳跑步穿過羅馬的大街，默默無聞的衣索比亞長跑運動員阿貝貝·比其拉獲得了1960年馬拉松冠軍，創下了2小時15分16.2秒的新記錄。比其拉（第一個在奧林匹克史上獲得冠軍的非洲黑人）說：「我還可以再跑一屆馬拉松（42公里）。」4年以後，比其拉又再次創下輝煌紀錄，這次是穿著鞋子跑的。

◀1954（8）

斯里蘭卡人的創舉

被害的斯里蘭卡總理班達拉奈克的遺孀，西麗瑪沃·班達拉奈克在1960年步入政壇。在國家選舉中，帶領其已故丈夫的政黨以壓倒性的優勢獲取勝利，成爲斯里蘭卡（也是世界上）第一位女總理。▶1987（邊欄）

勞倫斯解禁

1960年，由於受到前一年美國法庭作出判決的影響，企鵝出版社決定出版或許是英國中最著名的「色情」書——勞倫斯長期被禁止發表的《查泰萊夫人的情人》。倫敦的一家法庭同美國法庭作出的結論相似：這部小說具有贖罪的價值。這個判決也預告了出版自由新時代的來臨。

◀1934（邊欄）

珍妮·麗在《驚魂記》中著名的淋浴時的情景——這是電影中最恐怖的鏡頭之一。

電影

票房大賣的窺淫狂電影

11 1960年，兩位電影票房賣座，又贏得批評家讚賞的英國導演各拍了一部關於窺淫癖性的暴力影片。其中一人的事業因此毀掉，另一人則獲得重振。兩部電影現在看來都被認爲是經典作品。

一位評論家說：「處理《窺視者湯姆》最令人滿意的方式，是把它倒進陰溝裏去。」這些尖銳嚴厲的評語出自《紅菱艷》的導演米高·鮑威爾之口。但《窺視者湯姆》不可否認地激起了風浪。主角是片場的攝影技工，他刺殺年輕婦女，拍攝他們臨死時的痛苦，並從放映這些片段中獲取快感。製片人和批評家對該片叫好，認爲這是對電影製片者和觀眾、殺人者與受害者之間聯繫的一個驚人探討。但其令人反感至極的內容卻使其導演受到排斥，並且不可避免地結束了其事業。

對於《驚魂記》，大多批評家都認爲驚悚片大師阿爾弗雷德·希區考克（拍過「後窗」，「北與西北」）做得太過火。該片圍繞諾曼·貝茨（安東尼·柏金斯主演），一個溫和的汽車旅館業主展開，他穿上已故母親的衣服，殺害那些到他旅店的不幸旅客。在《驚魂記》最轟動的情節中，諾曼通過一個小孔偷看一個年輕的婦女（珍妮·麗）脫衣服，幾分鐘後，「母親」就用刀在浴室裏劈了她（這也是電影中最著名的場面之一。在不到1分鐘內有70個鏡頭）。如同在《窺視者湯姆》中，觀眾可以分享窺淫謀殺者的刺激和恐怖感。隨筆作者和評論家德懷特·麥克唐納

認爲該類影片反映出「低級、狡詐、性虐待狂及缺乏理性的精神狀態」。但《驚魂記》的票房卻極成功。今天，學者們倒讚賞其視覺效果的純熟度、主題複雜性及涼人脊骨的恐怖感。◀1951（7）▶1967（9）

文學

大眾化的厄普代克

12 雖然對優美文句的熟練運用以及對人物性格的細微刻劃使厄普代克穩固處於文學界菁英的地位，但他最關心的還是美國鄉土文化的主流。「當我寫作時」，他宣稱「我的焦距不是對準紐約，而是有點靠近堪薩斯東部的一個不明確的地方。」1960年出版的《兔子，快跑》，以其批判性和大眾化的特點而使厄普代克一舉成名。

厄普代克——鄉村憂思派作家，在麻州他的庭院裏。

在經濟大恐慌後的經濟復甦中成長，厄普代克感到社會腐敗的逼近。他的劇中主角兔子就是這種恐懼的縮影。兔子是個退伍軍人、前高中籃球明星，生活在一個工人階層通勤的小鎮中，他發現在50年代裏，家庭生活、宗教及追逐美國夢等靈丹妙藥已沒有幫助了。他深覺被作丈夫和父親的責任綁得死死的，渴望呼吸到自由的空氣，因此他拋棄了懷孕中酗酒的妻子投向另一個女人的懷抱，咨意地享受生命。當妻子生產時，他回來了，但悲劇也接踵而至：他的妻子喝醉酒，意外溺死了他們的新生女兒。

《兔子》以創新且現在式手法表達的焦慮感和艾森豪威爾時代在

不可捉摸的未來中尋找出路，兩者表達的心境是相同的。直到90年代，厄普代克都處於日正當中，穩定而大量地創作小說、故事、小品文及詩歌，並推出3本傳奇系列——《回家的兔子》（1971）、《致富的兔子》（1981）和《休息的兔子》（1990）。▶1969（13）

舞蹈

讓我們跳扭扭舞

13 1960年風行全球的舞蹈展現兩項特質，揭開了10年革命的序幕，預告了具革命性、不受拘束的個人主義時代即將來臨。扭扭舞形式自由，並可不需要夥伴單獨表演，動作主要集中在下腰部的扭轉上，是一種開放的舞姿，反對傳統中男女有別的觀念。扭扭舞由一個與漢克·巴拉德同名，爲搖滾歌曲伴舞的黑人青年發明，由查比·切克爾推廣普及。當他發表自己的改編曲並在美國音樂台展現此舞蹈後，扭扭舞立刻爲白人青少年所喜愛。切克爾的唱片雖不及巴拉德的精緻但卻更乾淨利落和富有朝氣，在美國暢銷歌曲中高居榜首。一年後，這首歌曲又名列第一，此時這種舞蹈蔚爲成年人的流行風尚。

扭扭舞也激起其他多種扭擺式舞蹈：薄荷扭扭舞（以曼哈頓薄荷廳爲名，社會名流如伊麗莎白·泰勒、李察·波頓均曾在此配合節奏起舞）、馬鈴薯泥扭扭舞以及其他數不清的種類。這股舞風隨即加入披頭潮流中。這些舞蹈也使夜總會（新型、高科技夜總會強調音樂而非現場表演）充滿活力，從倫敦到盧安達到處都在流行。後來在60年代，扭扭舞影響更爲深遠，無名的舞步加上不拘形式的舞蹈動作成爲主流，配合無政府的嬉皮時代精神，從而使得所有的標準舞步都顯得過時了。◀1957（邊欄）▶1978（5）

20歲的切克爾，來自費城，他使扭扭舞風靡國際。

1960

麥迪遜大街偏好小車

摘自1960年赫爾穆特·克羅內和朱利安·柯尼希爲福斯汽車製作的廣告

豪華汽車製造商斐迪南·保時捷早在20年代就夢想作國民汽車。1945年，第一輛戰後式樣汽車從一家德國工廠出爐。但在美國，直到60年代初期，國民汽車才真正生產出來，這主要得助於多伊爾·戴恩·伯恩巴克公司舉辦的一場激奮人心的廣告活動。在車界文化強調大就是好的觀念下，DDB公司直率而機智的宣傳廣告顯示出金龜車的優點：一則廣告這樣講，「想想『小車』的好處，它價格小，修理費用小，保險費開支也小」。相較於豪華汽車（例如別克汽車，鍍鉻合金就有18公斤）。其優點突出，這種簡單而可靠小巧的交通工具，用一公升汽油可以跑11.3公里。（美國汽車平均每公升汽油只能跑3.5公里）。另則廣告「檸檬」，1960年由DDB藝術導演赫爾穆特·克羅內和廣告撰稿員朱利安·柯尼希設計，鉅細靡遺地吹捧汽車的精密打造過程。◀1936（邊欄）

Lemon.

This Volkswagen missed the boat.

The chrome strip on the glove compartment is blemished and must be replaced. Chances are you wouldn't have noticed it; Inspector Kurt Kroner did.

There are 3,389 men at our Wolfsburg factory with only one job: to inspect Volkswagens at each stage of production. (3000 Volkswagens are produced daily; there are more inspectors than cars.)

Every shock absorber is tested (spot checking won't do), every windshield is scanned. VWs have been rejected for surface scratches barely visible to the eye.

Final inspection is really something! VW inspectors run each car off the line onto the Funktionsprüfstand (car test stand), tote up 189 check points, gun ahead to the automatic brake stand, and say "no" to one VW out of fifty.

This preoccupation with detail means the VW lasts longer and requires less maintenance, by and large, than other cars. (It also means a used VW depreciates less than any other car.)

We pluck the lemons; you get the plums.

1960

「今天分裂的柏林就是自由主義受到威脅的最前線。」

—— 柏林圍牆建立3星期前，1961年7月22日，甘迺迪總統的講話

年度焦點

一牆橫斷柏林

1 1961年8月13日黎明前數小時，一隊坦克軍隊蜿蜒穿過東柏林。日出時，東德軍隊已在柏林拉起了一道帶鉤鐵絲網，將共產主義與資本主義分割開來。很快的，水泥牆和電網取代了鐵絲網，加上軍犬、雷區及武裝士兵——這一道長達4.8公里的屏障從此把德國分開。邱吉爾對鐵幕的形容就此成為事實。

很顯然的，建造柏林圍牆說是為了防止破壞和顛覆，實際上是意味著將西柏林圍在裏面。自1949年起，有250萬人從經濟困境以及充滿政治壓力的東德逃離，造成勞動力短缺，教授、專家及熟練工人等「人才外流」的狀況。西柏林則是民主世界和資本主

東德士兵用帶鉤鐵絲網隔斷東西柏林。

義在東德中間的一個島嶼，是主要的逃跑路線。（建牆之前有幾千個東柏林人在西柏林工作，叛逃者經常可以躲過檢測）。

之前幾年蘇聯不時要求將整個柏林化為「自由城市」，也就是西方和蘇聯雙方的佔領軍全部撤離。但西方大國又擔心共產主義者趁機接管，便拒絕了。1961年6月1日，赫魯雪夫威脅說，如果不能迅速解決「柏林問題」，他將會啟用核子武器。緊張氣氛高漲促使非法逃亡的人潮更加湧現——7月時逃走的東德人高達3萬，共黨當局於是決定以武力堵住這股洪流。建造圍牆便是他們的解決之道。自此之後，到東德旅行將要受到嚴格的限制，而到西德旅行更是受到禁止。

憤怒的西柏林人向建造圍牆者抗爭，結果被催淚彈和水龍頭驅散；美國雖然以象徵性姿態加派軍隊，但由於擔心受報復而沒有採取更強有力的措施。例如美國曾考慮針對東柏林實施貿易禁運，但東德也誓言封鎖西柏林以為報復。最後，東德架設有瞭望塔的柵欄把整個西柏林圍了起來。到80年代，對西方人的旅行限制已有所放鬆，而柏林圍牆則一直完整存在將近30年之久。◀1955（4）▶1989（1）

1961年1月20日，甘迺迪總統發表就職演說。

美國

甘迺迪的挑戰

2 1961年1月，冰冷的一天，在一個高爾夫球愛好者、上年紀的退役將軍統治了8年之後，約翰·甘迺迪步上華盛頓的就職典禮台。他年輕而有修養，碩壯而樸實，魅力十足，富有活力和使命感。甘迺迪打破先例接受詩人（邀請歷練豐富的新英格蘭人羅伯特·佛洛斯特獻辭，並在貴賓席上與成群的藝術家和學者共聚一堂。新時代已經到來。在他的演講中，甘迺迪向他的國家和全世界提出雄辯的挑戰。

「火炬已傳給了美國的新生代」，甘迺迪宣佈，「這一代人在本世紀出生，受戰爭的洗禮，在和平時期艱難困苦的生活中接受磨練。」他告誡同胞要「不惜任何代價，承受任何壓力，度過各種難關，支援朋友，反對敵人，確保生存與自由的成功」。他還激勵人們「不要問你的國家能為你做什麼，而要問你能為你的國家做什麼。」

儘管他的講演使用冷戰好鬥的語氣，甘迺迪還是決心與蘇聯進行談判，並提出具有轟動性的號召——利他主義，誓言「幫助那些住在茅屋和鄉村中，正奮力打碎苦難鐐銬的地球另一半人口」。甘迺迪首先採取的行動之一就是建立和平部

隊，一個選派數以萬計的理想主義青年到發展中國家（大多是作教師）來幫助那裏的人們自救的機構。在行刺者將他擊倒前的1007個日夜裏，甘迺迪以其就職演說中所表現的好戰性格、外交手腕、人道主義和非凡魅力來主持政府。此間，他引發了全球性的政治動盪。◀1960（2）▶1961（5）

太空探索

太空第一人

3 1961年4月12日，蘇聯空軍少校尤里·加加林成為進入太空的第一人。在繞行地球一周後（用了1小時48分鐘），27歲的加加林利用降落傘成功降落在俄國的一個牧場，他乘坐的「東方1號」氣密小座艙則在返回大氣層時由於摩擦生熱而冒煙。喜愛交際、性情隨和的加加林成為了國際英雄和莫斯科的友好使者。

5月5日，第一個飛上太空的美國人——阿蘭·謝潑德司令官，乘著「自由7號」進行了15分鐘，接近地球軌道一整圈的飛行。不過，太空競賽中的第二名是毫無意義的。為提升國家的尊嚴，就不能不再努力。5月25日，甘迺迪總統發下了宏願，發誓美國要在10年之內登陸月球。

然而，蘇聯仍長期居於領先。7月，維吉爾·格里索姆空軍上尉作了一次接近地球軌道整圈的飛行，但降落在大西洋時座艙門栓易爆鈕發生意外爆炸，勉強得以逃生。8月，蓋爾曼·狄托夫第一次在軌道上飛行一整天。1962年2月美國空軍中校約翰·葛林終於成功的繞地球飛行一周，但就

在東方集團中，太空人是英雄人物。右圖所示為羅馬尼亞發行的加加林和狄托夫紀念郵票。

「不管怎樣，盧蒙巴對政府都是有害的。如果他失敗，他將破壞它；如果他勝利，他會吞噬它。」
—— 剛果總理盧蒙巴被殺害之前，一個比利時官員的說法

在同一年，蘇聯又將兩個單人氣密座艙送入軌道。1963年，蘇聯將第一位女太空人瓦蓮蒂娜·捷列什科娃送入太空；次年再將一個3人小組送入軌道；1965年阿列克謝·列昂諾夫成為第一個在太空行走的人。蘇聯在當時的航太科技上是處於長期領先地位的。

但到了1966年3月，在利用兩個飛行器成功地建立第一個軌道站之後，美國從此開始處於領先的地位。◀1957（1）▶1963（邊欄）

中非
盧蒙巴被殺害

4 1961年，剛果內戰演變為三方戰爭：強人約瑟夫·莫布杜控制下的政府軍、忠於被監禁總理帕特里斯·盧蒙巴的軍隊以及莫伊塞·沖伯的喀坦加人分裂主義者三方混戰（在卡西省種族分裂戰鬥激烈，其中莫布杜的部隊站在多數民族盧盧斯一邊，而聯合國軍隊則保護少數民族巴盧巴斯）。但反蘇聯的莫布杜支持喀坦加和其他省分的有限自治，這和具有比利時背景的沖伯的主張有較多的共同點，而蘇聯支持的盧蒙巴則主張建立一個中央集權制的國家。1月，莫布杜和沖伯聯手除掉了他們共同的敵手。沖伯的雇傭兵將被監禁的盧蒙巴「抓獲」，送往喀坦加並予以殺害，對外則宣稱他是試圖逃跑而被殺的。

盧蒙巴遇害激起了第三世界以及蘇聯集團的憤怒，並促使聯合國安理會考慮大規模干預。受到嚴厲懲罰之後，交戰各方（除了盧蒙巴繼承者安托尼·基贊加外）開始談判，但談判毫無結果。4月，沖伯又被中央政府逮捕。在監獄裏，他同意喀坦加成為剛果的一個聯邦，但一經釋放就出爾反爾。9月，聯合國秘書長達格·哈瑪紹命令部隊與喀坦加及其比利時支持者作戰。但這些設備極差的維持和平部隊並沒有什麼進展；哈瑪紹在飛往剛果為部隊鼓舞士氣的途中，又因飛機失事而遇難。

華盛頓和莫斯科雙方都支持聯

在開羅盧蒙巴的追思彌撒上，其追隨者哀悼被害的總理。

合國的努力。（雖然蘇聯希望基贊加而不是具有美國背景的莫布杜受益）。戰爭直到1963年沖伯認真同意加入聯邦時才停止，次年他也獲得報償。莫布杜的傀儡總統，約瑟夫·卡薩武布上任，而喀坦加人則擁有總理的職位。◀1960（3）

古巴
豬玀灣入侵事件

5 自1959年奪取權力以來，卡斯楚就一直預言美國必將武力鎮壓其反帝國主義的革命，並且發誓要消滅入侵者。1961年4月17

自己的誓言：72小時之內，400名進攻者被打死，存活下來的也都投降。「美國人，」一位評論者悲哀地說：「對我們的朋友就像白癡，對敵人又像流氓，而對其餘的人則顯得無能。」

甘迺迪在內閣冗長討論之後批准豬玀灣入侵行動（這是從艾森豪時代承襲下來的計畫）。中央情報局官員稍早還預料，以逃離古巴到美國的幾千個富裕古巴人來看，這場進攻必將激起大規模的暴動。然而大部分的古巴人實際上都熱心擁護卡斯楚。卡斯楚沒收美國財產的行動以及反美演說激起了民族優越感。他提出了加強文化教育、免費醫療、擴大住屋建設、土地改革、種族和男女平等一系列計畫，允諾提高大多數窮人的生活水準。此外，他還關閉了哈瓦那的賭場與妓院，處死了巴蒂斯塔血腥獨裁統治集團的550名官員。早先的騷擾，包括恐怖主義者的爆炸以及美國的經濟封鎖等，只是更堅定了古巴人的意志。

甘迺迪接受了對笨拙入侵的譴責，但仍向那些投降的古巴流亡者承諾有一天他們將會光復古巴。美國最終以5300萬美元的食物和藥品

卡斯楚和一群記者檢查在古巴吉隆灘墜毀的美國飛機殘骸。

日他們真的在豬玀灣出現了。1500名在美國中央情報局接受訓練、攜帶美國武器的右派古巴流亡者，由美國艦艇運送上岸。卡斯楚實現了

來換取他們獲得釋放。卡斯楚這方面則宣佈與蘇聯結盟，並首次宣稱他的國家正在向共產主義邁進。

◀1959（1）▶1962（5）

誕生名人錄

韋恩·格里斯基
加拿大曲棍球球員

克里格·萊蒙德
美國自行車運動員

卡爾·劉易士 美國田徑運動員
丹·馬里諾 美式足球球員
溫頓·馬薩利斯 美國音樂家
伊薩克·米茲拉希
美國時裝設計師

艾迪·墨菲 美國喜劇演員
伊西哈·托馬斯 美國籃球球員
史蒂夫·揚 美式足球球員

逝世名人錄

泰·科布 美國棒球球員
賈利·庫柏 美國演員
瑪麗昂·戴維斯 美國演員
李·德弗雷斯特 美國發明家
伊諾第·盧基 義大利總統
米麗亞姆·華萊士 美國州長
達格·哈馬舍爾德 瑞典外交官
達許·漢密特 美國法學家
李奧納德·漢德 美國新聞記者
莫斯·哈特 美國劇作家
歐內斯特·海明威 美國作家
喬治·考夫曼 美國劇作家
帕特里斯·盧蒙巴 剛果總理
奇科·馬克斯 美國喜劇演員
梅蘭芳 中國京劇大師
摩西奶奶 美國畫家
穆罕默德五世 摩洛哥國王
埃羅·薩里南
芬蘭裔美國建築師

埃爾溫·薛丁格
奧地利物理學家

詹姆斯·瑟伯 美國作家
拉斐爾·特魯希略
多明尼加總統

馬克斯·韋伯
俄羅斯裔美國畫家

艾哈邁德·索古
阿爾巴尼亞國王

「我預料你將會逐漸陷入一個無底的軍事和政治泥沼。」

—— 1961年在越南問題上戴高樂對甘迺迪如是說

1961年新事物

- 電動牙刷
- 美國和平工作隊

- 定存單
- 奶精
- 為你安（鎮定劑）

美國萬花筒

自由騎士

為了凸顯法律與實際存在的種族隔離並不一致，由7位黑人和6名白人組成的「自由騎士」為種族平等委員會（CORE）選中。5月他們乘坐兩輛巴士從華盛頓特區出發到新奧爾良。其中一輛巴士在遭石頭和燃燒彈襲擊之前到

達安尼斯敦，另一輛在阿拉巴馬州伯明罕受到一群偏激分子的粗暴歐打。政府由於未能有效阻止凶惡事件的發生而激起國人的憤怒，夏天結束前，又有300多名自由騎士冒生命危險踏上尋求種族平等之路。◀1960（邊欄）
▶1962（邊欄）

電腦時代音樂

美國由數學家轉為音樂家的米爾頓·巴比特是運用電腦技術探究音樂結構的第一代作曲家。1961年他的《電子合成音樂》成為電子音樂的里程碑。將1920年代由阿諾德·荀百克開關的12音調系統應用到音樂的每一個組成部分——音色、節奏、動感、和聲和旋律，巴比特創作出了「完全的和諧一致」。
◀1912（11）▶1964（邊欄）

勇敢地面對社會批評

倫尼·布魯斯1961年因為猥褻行為而在舊金山第一次被捕。個性激進、諷刺與褻瀆的布魯斯是

定居點——南越的「戰略村莊」之一。

越南
美國增加投資

6 甘迺迪總統想要透過在亞洲設立防線對抗共產主義，以彌補豬玀灣慘敗的政策，於1961年將美國帶入了一場最有爭議的戰爭。在甘迺迪之前，美國為援助吳廷琰政權已投注10億美元的援助，希望能將南越從一個臨時政府變為親西方的堡壘。雖然吳十分忠於其贊助者（將3萬名顛覆分子送往監禁營），其聲望卻如同南越的經濟搖搖欲墜。在西貢，數千民眾投身於軍事叛變；而在鄉下，民族解放陣線（以共產主義北越作後盾的左派民族主義團體）則發動游擊戰。

新戰略的第一個跡象發生在5月，500名美軍特種部隊加入在南越的700名軍事顧問的行列，共同訓練吳的部隊的反暴動技能，並在戰鬥中實施指揮。很快的，他們宣佈將南越軍隊從15萬人擴充至25萬人的計畫。但軍力仍然不足，美國的軍官認為人民還是相信民主政治優於共產主義，應該將民族解放陣線（即越共）的後勤基地剷除；在游擊隊出沒的地區，農民應被遷往「戰略村莊」，村莊周圍用帶鉤鐵絲網圍起來，接受地方部隊的保護、美國慷慨的補給和宣導。

1963年，美國對南越的援助增長3倍；其中包括1萬6千名的美國顧問均駐守鄉間，而戰略村莊的計畫也開展順利。然而，民眾還是不斷地造反，越共還是不斷地拓展疆土。華府方面認為，這裏的問題應

該是吳廷琰自己。◀1955（3）
▶1963（邊欄）

拉丁美洲
進步聯盟

7 在籌劃入侵豬玀灣的同時，甘迺迪亦試圖在西半球採取某種和平途徑來抵制共產主義。1961年，他推出了進步聯盟，這是旨在將拉丁美洲轉化為「一個革命思想和實踐的巨大熔爐」的援助計畫。22個拉丁美洲國家的代表齊聚烏拉圭，簽訂聯盟憲章，設定包括民主化、經濟成長、歲收的公平分配，土地改革，穩定進出口價格，

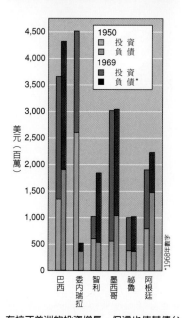
拉丁美洲：投資和負債

在拉丁美洲的投資增長，但這也使其債台高築。到1969年，只有委內瑞拉的債務有所下降（由於石油）。

提高健康和福利服務水準等目標。

在這地區的一次走訪中，甘迺迪為無數人所歡迎。然而儘管他有關改革的談話投大眾所好，但真正的目標是用自由主義的改革來消除潛在的革命。正像結果顯示的那樣，除了建築一些學校和醫院外，聯盟基金在消除貧富不均方面根本無所作為。美國國際發展署負責管理聯盟，撥付大量的資金給那些美國自己人開的公司（例如瓜地馬拉聯合水果公司），而不給當地的同業，其餘的受益者是腐敗政府以及土地和商業寡頭。

隨著革命風潮的增長，聯盟的焦點逐漸集中在擴充武力方面。訓練警察使用精密的反暴動裝備，讓士兵學會反暴動技術。一年的軍事援助增長達50%，因而改變小國家的預算，並使軍隊加強力量和威信。從1961年到1967年，拉丁美洲共發生17次軍事政變，比該地區歷史上任何時期都要多。相對的，民主與繁榮也取得無與倫比的突進。◀1959（1）▶1965（11）

多明尼加
特魯希略遇刺

8 在拉斐爾·特魯希略·莫利納統治的31年當中，多明尼加共和國幾乎沒有政治活動。1961年他被對手刺殺後產生了繼承危機：除了緊密圍繞特魯希略的親信人員外，這個加勒比海國家缺乏經驗豐富的政府官員。

特魯希略，一個1916-1924年美國佔領期間接受美國海軍陸戰隊訓練的陸軍軍官，像統治個人封地似的治理他的國家，以其家庭成員組成政權，並對土地擁有絕對的所有權。首都被改名為特魯希略，國內最高的山也成了比利·特魯希略山，日曆上帶有「特魯希略時代」的箴言。在「他耀眼的優越感下」，整個國家享受著相當的繁榮和政治的穩定，而穩定是由祕密警察所維繫。特魯希略的特務人員透過監禁、拷問及殺害等手段來威嚇真正的和假想中的敵人。

而之前一直扶植獨裁者的美國

體育 棒球：世界大賽，紐約洋基隊以4勝1負擊敗辛辛那提紅人隊　美式足球：NFL，綠灣包裝人隊以37:0擊敗紐約巨人隊；AFL，休斯頓油人隊以10:3擊敗聖地牙哥軍馬隊　籃球：NBA，波士頓塞爾提克隊以4勝1負擊敗聖路易老鷹隊　賽車：富瓦在印第安納波利斯500英里車賽中，創下每小時224公里的新紀錄。

「反殖民化總是一種猛烈的現象。」
—— 法農《世界上不幸的人》

特魯希略遇刺引發一場危機。

也煽動後特魯希略民主主義轉型，造成了混亂的過渡時期。右派分子華金·巴拉格爾（特魯希略的名義總統）篡奪了權力。當死者家族開始抗爭時，美國開來軍艦以威懾力量阻止政變。1962年，左派領導人胡安·波希在1924年以來多明尼加共和國歷史上第一次自由選舉中獲勝，但一年後就被保守黨人推翻。1965年試圖讓他重新恢復執政的企圖導致內戰，並引來更多的美國軍隊。◀1916（2）▶1966（邊欄）

思想
革命心理學

9 法蘭茨·法農寫道，對於殖民地的人民而言，暴力「是一種淨化的力量，它把人民從卑微，絕望和懶散中解脫出來，使他們變得無畏並恢復自尊」。融合了心理學和政治學是法農1961年出版的《世界上不幸的人》一書的重心。該書是60年代最具煽動性的著作之一。

出生在馬丁尼克島的法農，對殖民主義和暴力並不陌生。他在第二次世界大戰期間，因在自由法國服役而獲十字軍功章獎。戰後，他研究精神病學，寫出《黑色皮膚，白色面具》（有關種族歧視的研究）並加入阿爾及利亞民族解放陣線。因為致力於阿爾及利亞革命事業中的醫學和政治工作，使得有報復心理的法國殖民者以他為迫害的目標：在一次汽車爆炸中，他的脊椎受傷，爾後又在義大利醫院裏復健時被刺殺但仍倖存下來。

1960年，法農得知自己得了白血病。在生命的最後一年裏，他倉促完成了《世界上不幸的人》。這部書是發展中國家社會分析的里程碑。傳統思想一度認為非洲沒有階級體制，而法農揭示了它們的存在。不像正統的馬克斯主義者，他探究心理學、經濟學以及有關殖民主義的某些方面；他強烈提倡「集體精神解放」，深深打動讀者的心靈。他的理論——即精神的壓抑會導致精神疾病，精神的健康也可從槍管裏成長，已成為第三世界反抗運動的指導原則。◀1958（12）▶1965（11）

文學
海勒反偶像崇拜者的經典之作

10 《第22條軍規》1961年出版，是本世紀偉大史詩般的諷刺文學。內容源於作者本人在第二次世界大戰中作為轟炸人員的親身經歷。小說的作者是約瑟夫·海勒，一位38歲的雜誌推銷經理。他惡意而滑稽地表現了美國軍方的官僚主義（並引申地諷刺了所有想將現代社會恢復秩序的龐大機構）。故事從假想的皮亞諾沙島，約翰·約薩利安上尉企圖在戰爭中活下來開始。當他的同志們在身邊倒下時，轟炸機中隊司令還不斷地在增加起飛作戰任務，以作為獲得休假的條件，約薩利安一心想發瘋逃避任務。這種策略失敗了：一條空軍規章（第22條軍規）規定，一個人精神錯亂都可自願從事轟炸勤務，而根據自己神志不清而申請免出勤務本身就證明其神志清醒。

海勒將其風格描述為「刺耳的控告或醜惡的諷刺」。1994年的續集中，在其生命的最後日子裏，他又重新回味了這種諷刺風格。

因為稀奇古怪的超現實幽默和文字的加工，《第22條軍規》很受越戰時期和平主義者的擁護。赫勒點出制度病態的觀念，蔚為主流，「第22條軍規」一詞也就成為任何扣大帽子的惡毒規則的代名詞而融入交際語言。◀1951（11）

電影
赫本·戈萊特利

11 小精靈般的雅緻，輕盈的體態，活潑的性格，高貴的音調，卻不知操何種方言（她生在比利時，父親是英國銀行家，母親是荷蘭女男爵），奧黛麗·赫本是影史上最攝人魂魄的女人。1961年，找到了她的代表角色：布萊克·愛德華執導的《第凡內早餐》（改自杜魯門·卡波特的故事）中漂亮的晚會女孩荷莉·戈萊特利。她在沃爾沃思當快樂的商店竊賊，在雞尾酒會上又故作世故的閒聊，或在太平梯上若有所思低聲吟唱「月河」。赫本飾演的荷莉成為60年代早期婦女的偶像：看似少女但女人味十足；反叛性地追求獨立卻又小鳥依人的依賴著富裕的男人；有著冷漠的世界主義，而內心深處又像是一個淘氣的男孩。赫本很成功地融合了這些幾乎不可能結合在一起的性格。◀1951（7）

憤。這位60年代反社會文化的先鋒在1966年因用藥過量而死去。▶1980（邊欄）

一個喜劇演員式的文化批評家。對於一個藝瀆性、宗教以及政治的奸細，他走到哪裏都引起公

進入「至尊」

佛羅倫斯·巴拉德、瑪麗·威爾遜、黛安娜·羅絲這3位來自底特律房屋業的十幾歲女孩，1961年與車城唱片公司簽訂合約並自稱「至尊」合唱團。幾年後，她們推出排行榜上風行一時的歌曲《我們的愛到哪裏》（1964）。在此後6年之間，她們又推出了12首暢銷歌曲。「至尊」合唱團如此的成功，使得傳統的黑人音樂與白人音樂兩種體系變得毫無意義：「至尊」女子合唱團的歌曲在兩個排行榜上都名列第一。◀1959（10）

1961年得61分

1961年夏，連美國不朽的超級明星米基·曼特爾在與其隊友羅傑·馬里斯相比之下也黯然失色。馬里斯在這個賽季共擊出了61支全壘打，比1927年貝比·魯斯所創的紀錄還多一場。然而曼特爾也並沒有萎靡不振，他共擊出54支全壘打，他們共同創造了新的雙人紀錄。◀1920（6）

克萊因的排行榜名次上升

即使是謹慎擅長分類的唱片製作人也無法歸類帕奇·克萊恩的作品。1961年，她榮獲全國流行歌曲的第一名，《我摔成碎片》名列排行榜冠軍。下一首單曲《瘋狂》（威利·納爾遜為克萊恩所寫），比以往的成績更漂亮。克萊恩的事業生涯剛嶄露頭角便很快結束，兩年後她在一次飛機事故中不幸身亡。◀1955（邊欄）▶1971（邊欄）

1961

「當茱蒂・迦蘭在舞台上闊步時，不用張口，便獲得雷娜塔・泰巴爾迪
要花兩個小時才贏得的持續5分鐘的起立鼓掌與歡呼。」

——《時代》週刊有關迦蘭在卡內基音樂廳的報導

環球浮世繪

宇譚領導聯合國

緬甸教育家和政治家宇譚，一個冷戰對抗的批評者，原本只是個妥協後的人選（起初美、蘇在頂替達格・哈瑪紹的人員上意見不一），但是在擔任聯合國秘書長後證明他是一個天才的領導者和世界和平的鬥士。在重要矛盾與衝突之中，他協助解決了古巴導彈危機、剛果內戰和1965年印巴戰爭等問題。◀1953（8）
▶1982（邊欄）

超越感性

國際性感明星蘇菲亞・羅蘭在《拉・喬恰拉》中扮演二次大戰時戰火下義大利一位十幾歲少女的母親，展現潛在的精湛演技。

1961年由義大利大師維托里奧・狄・西嘉執導的這部影片（英語片名為「烽火母女淚」），為她60幾部的電影生涯提供最好的角色。◀1948（14）

個性諷刺者

由於出版具濃厚情感且伴隨濃郁喜劇色彩的第4部小說《比斯瓦斯先生的房子》（1961），奈鮑爾成為國際文壇新星。奈鮑爾是印度裔特立尼達人，在倫敦定居，在那裏他用一個外僑批判的眼光，觀察後殖民地時代變幻莫測的人的身分、私人隱密和文化。對心理的敏銳剖析及根深蒂固的悲觀主義使他常被比作約瑟夫・康拉德。◀1902（3）

來自蘇聯的勇敢聲音

詩人葉夫根尼・葉夫圖申科對史達林主義的譏諷使他在國內成為一種文壇風潮（他的戲劇作品遍及於各大講台）。1961年他的長詩《娘子谷》（有關1941年納粹屠殺幾萬烏克蘭猶太人的情況）在國外受到歡呼與喝采，也因為同時影射蘇聯的反猶太主義，使得蘇聯政府十分不悅。葉夫圖申科的自傳1963年在法國出版後也受到更多的責難。◀1958（7）
▶1966（11）

迦蘭與狂熱的觀眾打招呼，她走在舞台上時，萬象雜誌報道，「地獄也會迸發出掌聲來」。

音樂

迦蘭在卡內基音樂廳

茱蒂・迦蘭，好萊塢最優秀的歌唱演員，短暫的一生充滿耀眼的成就（例如在經典影片《虛構的奧茲國》、《聖路易相遇》及《巨星誕生》中的角色），也有驚人的災難（吸毒成癮，4度離婚，多次企圖自殺）。1961年4月23日，在紐約卡內基音樂廳的傳奇音樂會是她的諸多成就之一。

前兩年她幾乎被避孕藥和酒精所引起的肝病奪去生命。但還是恢復過來，投入工作並創造了佳績，在倫敦舉辦了兩場成功的音樂會，並在德國的美軍基地為甘迺迪拉選票。卡內基音樂廳的音樂會是回到美國後的演出。

當她走上舞台，擠滿大廳的3165名觀眾，包括幾十位名人都起立5分鐘鼓掌歡呼。她為狂熱的觀眾獻上26首歌曲，包括必然的標準歌曲《手推車之歌》，《走開的男人》及《彩虹之上》。整個音樂會上至少有6次起立鼓掌。著晚禮服的男女站在椅上；好幾百人衝向舞台。兩個半小時後，迦蘭問「你們還想聽嗎？你們累嗎？」「不」他們叫喊，於是她又接著演唱一首。

音樂會的原聲帶「茱蒂在卡內基音樂廳」在流行音樂排行榜上連續73週前40名，獲得5項葛萊美獎。然而迦蘭以後再也沒有如此風光過。她的嗓音衰竭，毒品也毀掉了她的身體。1969年，因服用巴比士酸鹽過量而死。◀1939（8）

舞蹈

紐瑞耶夫最偉大的一躍

蘇聯最有希望的年輕舞者魯道夫・紐瑞耶夫脫離了波瓦修劇院芭蕾舞團，因為舞團約束太嚴，而後成為列寧格勒基洛夫芭蕾舞明星。由於自戀且具叛逆的性格，他拒絕加入共產主義青年團；他抨擊劇團的政策並與外國人混在一起。在歐洲旅行期間，紐瑞耶夫知道他因為紀律將被送回莫斯科時，於1961年6月17日越過巴黎機場的柵欄請求政治避護。

他的叛逃對西方的宣傳與紐瑞耶夫本人都是漂亮的一擊。一星期之內，他成為歐洲身價最高的舞者之一，在巴黎圭瓦斯侯爵芭蕾舞團演出的《睡美人》中他扮演男主角，以後又與世界主要芭蕾團體一同演出（並編舞）；在倫敦，作為皇家芭蕾劇團唯一的永久客座藝術家，他成為傳奇人物瑪歌・芳婷（比他大18歲）的最好搭檔；他們的雙人舞重新燃起了她的事業並使他贏得了觀眾的崇拜（一個崇拜他們的維也納觀眾給了他們89次謝幕的掌聲）。

紐瑞耶夫如火如荼的藝術生涯以及鬱積在心中的個人主義魅力使他被拿來和其前輩尼金斯基相比；他還抓住舞台下大眾的注意焦點，在60、70年代經常去光顧迪斯可舞廳，然而因為某種原因，他保留大

紐瑞耶夫於投誠後在倫敦科芬花園表演廳作獨舞表演。

部分的個人生活隱私，並且逃避大眾的眼睛。1993年，他在感染愛滋病的傳聞中死去。◀1934（12）
▶1974（邊欄）

大眾文化

體重檢測者舉足輕重

在1961年以瘦為美的文化風氣下，37歲體重97公斤，飲食無度的家庭主婦珍・尼德克，因減肥而成就了一個百萬元的事業王國。當她被嘲笑問到何時才

儘管她已減肥成功，尼德克（上圖前、後）仍稱自己為「先前的胖主婦」。

能生產時，她決心要減肥。她來到紐約衛生部門主辦的一家肥胖症診所，卻發現健生法很難持久。於是就邀了6個朋友和她一起減肥，希望藉相互的支援和幫助能夠使她堅持下去。一年以後，她減了32公斤，高興地將喜訊傳遍整個大都會地區。1963年她和兩個組員加入國際體重監視者組織，節食與健康活動興旺起來，一時蔚為風潮。

尼德克的方法很簡單：飲食上特別要求低脂肪蛋白質和大量的水果及蔬菜；每週由結業的會員主持聚會，鼓舞士氣；會員費非常低廉。此法大獲成功，到1968年，體重監視者獲得87項美國政府代理權；70年代末，這家公司被實力雄厚的海因茲食品聯合大企業併購。到了90年代，體重監視者已在24個國家擁有分部，且在全球都有大批的追隨者。◀1935（當年之音）
▶1981（當年之音）

美國夢遇到原子夢魘

摘自「非常事件，非常處理——你該學會什麼」，《生活》雜誌1961年9月15日

1961年的夏天和秋天期間，美國和蘇聯在柏林直接對立造成情勢緊繃，人們對冷戰的焦慮再次高漲。7月，甘迺迪總統在電視直播節目中告誡：「一旦遭到攻擊，如果每個家庭都有防空掩體，就可以有效的防備核子爆炸和大火，那麼這些家庭成員的生命就有保障。」總統的演講，再加上大眾傳媒的推波助瀾，（如同以下生活雜誌所刊登的應變之道）引起原本不必要的恐慌。美國約20萬個家庭，表現出擔心原子戰爭迫在眉睫，又自信他們可以活下去的複雜交織心理，投資建造家庭放射性塵埃掩體。隨著掩體成為郊區家庭的必要輔助設施，在全

美，一時冠以「和平記憶掩體公司」名稱的夜間飛行作業如雨後春筍般興起。

雖然並不是每個人都接受這種宣傳，但是在10月蘇聯爆炸了一顆600萬噸級氫彈（曾爆炸過的足以毀滅全人類武器中最大的一顆）之後，人們都開始懷疑自己在核戰爭之下能否存活下來。慢慢地，甘迺迪和赫魯雪夫逐漸減緩了他們的言辭爭執，12月，在柏林雙方開始削減他們的坦克數量。掩體成為和平紀念館及美國之夢和原子夢魘混和下的遺物箱。

◀1961（1）▶1962（5）

多年以來，大多數人都有一種宿命論的觀點：認為對核爆採取任何的保護措施都無濟於事。他們認為即使衝擊波殺不死你，核輻射也一定會。住在街上的人後院有個掩體，看起來是很奇怪，但實際上這是很實際且值得我們正視且尊重的。

如果敵人發動攻擊，他將可能先襲擊諸如導彈和SAC基地等軍事目標；大城市和工業中心沒有反擊能力，將會成為第二個目標。如果現在針對一個沒有準備的國家進行軍事攻擊，預計會有四分之一的人口喪生。有些人會在爆炸中死亡，但最大、最多的危險來自於放射性塵埃及遍佈大地的碎片。

離目標幾百公里的地方仍會受到破壞性放射塵埃的影響，即使人們沒有看見、觸摸或聞到，落在人們皮膚上的放射性塵埃足以使其燒焦和發病。放射性塵埃還會

污染人們的食品和水，並破壞他們的生命組織器官。

如果美國人能夠小心防備放射性塵埃，死亡數將會大大的降低。這樣大約會有500萬，不到3％的人會死亡。這個數字看起來是很恐怖的，在沒有準備的情況下，你和你的家人4個人中會有一個人會死亡；而有了準備，你和你的家人將有97％以上的機會生存下來。

基本上，放射性塵埃防護包括覆蓋住你的身體，食品和水，這樣輻射微粒就污染不了它們。如果在你與放射性塵埃之間有足夠的防護，你將會很安全。而你至少要在覆蓋的情況下度過兩星期。

顯然這並不容易做到。假如生活在像紐約一樣的城市該怎麼辦呢？雖然也採取了積極的措施，但大多數的城市還是無法做好防放射塵埃的準備。人們必須要馬上知道該往哪裏去。不過生活在大城市裏，在放射塵埃下存活的機率會少些。如果在

公寓或辦公大樓裏，你可以鑽地下室或待在中層的走廊裏。

地鐵系統或城市坑道是很好的避難所。不管你在哪裏生活或工作，千萬記住要準備便於攜帶的水。你在沒有食物的情況下可以生存幾星期，但沒水不行。

襲擊可能是在夜間你在家的時候來臨，這樣敵人就可以在白天再次攻擊（當紐約是半夜的時候，莫斯科正是早上8點）。如果你有個家，就可以建造家庭掩體。而任何民用的掩體都不能對抗在本地或附近地區的爆炸。97％倖存下來的人都有會多少歸因於有好的防護措施與時時保持警惕。沒有人能保證你的防護（甚至是國家的防護）在敵人發動全面性襲擊時會夠安全。不過他們還是可以增加你存活的機會：所有的家庭都有掩體能構成國家整體的威懾力量。如果美國準備得相當充分，不會被徹底打垮，敵人就絕不會輕易攻擊。

卡爾森一家在他們的掩體中。這種不牢靠的避難所通常是鋼筋水泥洞或埋起來的鋼鐵坦克，裏面儲存了應急的用品如罐裝食品、水、棋盤遊戲，並且多半要有一兩支槍。

「全球最高的精神領袖很高興，甚至自豪他只是一位卑下，強健誠實的勞工之子。」

— 教宗若望二十三世

年度焦點

梵諦岡二次會議：教會現代化

距上次世界天主教領導人聚會（梵諦岡一次會議）已過去90多年，教宗若望二十三世認為是該討論教會在此變動世界中的定位的時候了。梵諦岡二次會議於1962年10月開始，1965年12月結束。經過會議的4個階段的歷程，羅馬天主教果斷地進入了20世紀。

向以溫順著名的遵奉者若望，1958年繼承武斷的保守主義者教宗庇護十二世（那時他76歲），從此便打亂現狀。在他獲選幾個月內便號召第二次梵諦岡會議，使謹慎的教士們感到驚慌。1961年透過通告方式，他成為支持工會、福利國家和憲政民主的第一個教宗。若望史無前

教宗若望二十三世是天主教教會20世紀偉大的改革者。

例地與新教徒及猶太人主動接觸。他還接見了赫魯雪夫的女婿和神道新僧。

若望的目標，正如他告訴2500名與會者的，是要達成一個現世基督王國的向前大躍進，也就是說，使教會重新回到世界事務的中心。為此，他進行宣講，這對與其他信仰的和解很有必要，且有助於使教會成為東方與西方，已開發國家與開發中國家的橋樑，並可更新舊有的傳統。

梵諦岡二次會議發表了16個有關基督教會改革的文件。或許最轟動的就是禮拜儀式不必完全使用拉丁語的裁定。它鼓勵俗人更積極地參與禮拜儀式，學習聖經，而不是僅僅依靠教會教義。會議支持教宗與主教的「共同主政」，降低了教宗的絕對權威（但若望教宗堅持對避孕和神職人員獨身的態度不變）。最後，與會者達成協議，認為天主教徒必須與非天主教徒一起來醫治社會弊病。

教會的革新在拉丁美洲反應最激烈，該地宗教與革命兩者激烈競爭。但到了60年代末期，由於許多第三世界國家的神父採納了一種激進的「解放神學」，使得保守主義者反彈聲浪再度興起。◀1933（3）▶1968（12）

電影

美人之死

瑪麗蓮‧夢露的經歷是一個典型的灰姑娘故事。本名諾瑪珍的她出生在一個貧苦的家庭，童年時代在遭受虐待、飽受凌辱中度過，而後變成了她所處時代最受崇拜的銀幕美人。她將一系列漫畫似的花瓶角色注入了萬種風情，又在影棚裏與李和寶拉‧斯特拉斯伯格交流演技，而之後在《車站》（1956）、《熱情如火》（1959）中，又成功地拓寬了自己的戲路。然而，紅顏依然薄命，1962年8月5日，女管家發現她已香消玉殞，身邊有一罐鎮靜劑空瓶。這一年她36歲。

「對全世界來說，」李‧斯特拉斯伯格在她的葬禮上評論說，夢露是「永恆女性的象徵。」染色的頭髮，整容的外形，演戲的天賦使她成為激起無數人幻想的白膚金髮碧眼的形象。但她並不得意於自己

瑪麗蓮‧夢露在她最後完成的電影《亂點鴛鴦譜》的片廠。

的形象，而是經常為其不完美、青春易逝、缺少尊貴而痛苦。她雖曾嫁給兩位知名英雄般的男性（棒球明星喬‧迪馬喬和劇作家阿瑟‧米勒），都未能給她帶來她所渴望的安全感。

1961年她還未拍完《亂點鴛鴦譜》時，就已嚴重嗑藥又酗酒。該片導演約翰‧休斯頓都預料說「不

用多久，她不死也要進精神病院。」密集的心理治療也無法將她從惡魔也無法將她從惡魔，或者說從她的情夫手中挽救出來（據稱這些人之中包括甘迺迪總統），他們與她同床卻不給她真心。◀1959（8）

法國

戴高樂新時代

隨著阿爾及利亞戰爭的結束，戴高樂總統又得以繼續進行建立第五共和國的工作：以強勢總統的政府形態代替不穩定的議會體制。原先，總統由選舉人團選舉產生。但戴高樂相信，只有直接民選的行政機構才能有真正的權力。1962年，不顧幾乎所有政治體制的反對，戴高樂開始採取步驟。

4月，戴高樂的第一個行動是起用親民的銀行家喬治‧龐畢度來替換總理米歇爾‧德布里耶（在阿爾及利亞問題上經常與他意見相左）。政治家們都蔑視對龐畢度的任命，他代表法國在阿爾及利亞進行停戰談判，但從未擔任過選舉的公職。但是缺乏政治糾葛（除了自1944年以來一直做戴高樂的顧問外），卻能確保他對戴高樂的絕對忠誠。他的後殖民法國的觀點，富有主動且獨立自主的對外政策，以及適合大企業與國營計畫的經濟發展政策都與總統理念吻合。

隨著龐畢度主政，戴高樂便開始暗示要修改憲法。但法國人將直接的總統選舉與獨裁專制劃為等號，因為他們前一次的直接選舉導致了拿破崙的獨裁。所以戴高樂一直等到9月，在一次預謀刺殺他的事件後讓他獲得公眾熱情支持，才將其觀點提交討論。議會的反應是以投不信任票將龐畢度趕下台。

戴高樂針對總統職位舉辦公民投票，並且重新進行議會選舉。10月，由於國家電台和電視台的強力造勢宣傳（許多報紙鼓動投「否決」票），選民都贊成直接選舉；11月，戴高樂陣營的候選人打敗了傳統政黨，取得壓倒性的勝利，獲得議會幾十年來從未得到的最多數票。龐畢度又重任總理，現在，戴

「中國人說我嚇壞了。當然我是嚇壞了……如果害怕即意味我有助於避免如此瘋狂之事發生，那麼我將為我的害怕而高興。」
—— 赫魯雪夫在古巴飛彈危機中講話

1962年，戴高樂欽點的總理龐畢度。

高樂就可以自比為路易十四了。
◀1946（邊欄）▶1963（5）

阿爾及利亞
回教反抗軍的勝利

4 1962年3月停戰協定簽署時，歷經8年之久的阿爾及利亞戰爭使法國部隊傷亡1萬7千人，也使上百萬的回教徒喪生。這場戰爭本可望更早結束，在1959年戴高樂總統就提出阿爾及利亞自決的說法。

但戰爭發展不是一個人能夠控制的。戴高樂在提出和平作法時又不得不以反獨立演講來安撫軍隊、右派分子以及殖民者。1960年，反對與阿爾及利亞妥協的殖民主義者發動反叛，直到當戴高樂發表了要求忠於國家的激動人心的講演後才平息下來。雖然回教徒的民族解放陣線（FLN）游擊隊的力量不斷增強，且戰爭不得人心，迫使他在當年稍後展開談判，但那時的談判還是破裂了。他公開呼籲一個屬於阿爾及利亞人的阿爾及利亞國家，法國和阿爾及利亞選民在一次公民投票中也支持他。但殖民主義者死硬派又起而反叛。1961年4月，他們的祕密軍事組織（OAS），由4名右派將軍率領，控制了阿爾及利亞首都多數的地區。但戴高樂的雄辯（及忠誠的憲兵）又一次卸下了反叛者的武裝，領頭的將軍也都被捕或逃亡。

幾週後，在法國埃維昂又重新展開和平談判。由於談判一直拖至1962年，祕密軍事組織為報復回教徒游擊隊的暴行，在阿爾及利亞及法國安置炸彈，屠殺幾千名回教徒百姓且不斷試圖刺殺戴高樂。甚至祕密軍事組織領導人拉烏爾·薩蘭將軍被捕並判終身監禁之後，這些襲擊行動仍然不斷。然而7月5日，法國統治了132年後，阿爾及利亞終於獲得獨立。選舉之後國內爆發了一次短暫的內戰；9月，執政的議會主席艾哈邁德·本·貝拉宣佈成立中立的社會主義共和國。一時，大部分的殖民者紛紛移民國外，許多人在離開之前，惡意地破壞醫院、工廠、圖書館以及其他設施。◀1958（4）▶1993（9）

冷戰
古巴飛彈危機

5 由於蘇聯與美國間易於引起爭執，所以彼此都很謹慎，在意識形態和勢力範圍的鬥爭中，雙方一直都避免直接的武裝對抗。但1962年令人恐怖的兩週中，兩個超級強國正面對峙，幾乎將彼此乃至全世界捲入核子戰爭的深淵。古巴飛彈危機開始於10月14日。這天一架美國間諜飛機在離美國海岸僅145公里的古巴島上偵察到彈道飛彈（赫魯雪夫曾宣稱他送往古巴的武器都是防禦性武器和非核子武器）。

在美國的古巴難民觀看甘迺迪總統有關古巴飛彈危機的講話。

以前蘇聯從未在西半球部署過核子武器。甘迺迪總統及其顧問群討論如何因應時意見很多，甚至有的主張不聞不問：國防部長羅伯特·麥克納馬拉分析說，「無論你是被一顆來自蘇聯或來自古巴的飛彈所殺，並無任何不同。」有的主張立即進攻古巴。甘迺迪選擇了封鎖的策略（美洲國家組織也加入了該陣營）。10月22日，他在電視上通報情況。他警告說：「我已經命令軍隊，準備應付任何不測事件的發生。」這條訊息很清楚，這個世界已迅速做好戰爭的準備。

赫魯雪夫沒有派遣任何載有核武禁運品的艦隻向封鎖提出挑戰，但他起先拒絕拆除已在島上的武器。局勢又驟然緊張起來，20萬名美軍在佛羅里達集結。一名在古巴上空執行偵察飛行任務的美國飛行員被擊落並遭到殺害。後來證明，這是唯一的傷亡事件。10月28日，為回報美國承諾不入侵古巴和從土耳其拆除飛彈，赫魯雪夫同意撤回武器。◀1961（5）▶1963（2）

阿爾及利亞回教徒慶祝被殖民132年後，脫離法國的統治而獲得獨立。

1962

世人矚目的披頭四（從左至右）林哥·史塔、約翰·藍儂、保羅·麥卡尼和喬治·哈理森60年代初在巴黎合影。

「我把約翰·韋恩演進每個角色，不管其個性特徵，我一直做得很好，不是嗎？」

——約翰·韋恩

1962年新事物

- 杜勒斯機場建成（華盛頓特區，第一個專門為噴射機設計的民用機場）
- 伊夫·聖羅蘭時裝店
- K-馬特和瓦爾-馬特量販店

- 李爾噴射機
- 核子動力潛艇問世（美國「薩凡納」號）
- 英國的氣墊船運輸（從英國到法國）開啓

美國萬花筒

取消種族隔離

詹姆斯·梅雷迪思成為在密西西比白人大學註冊的第一個黑人學生，而這所大學在過去是種族隔離政策的堡壘。9月初，聯邦法院命令該大學接收梅雷迪思之後，州長巴尼特表示拒絕。他激勵白人起來反對民權運動。他認為梅雷迪思的註冊為「南北戰爭以來最大的危機」。當梅雷迪思

（由聯邦探員保護著）9月30日祕密來到校園時，暴徒開始投擲石塊和瓶子（上圖）。甘迺迪總統在國家電視台露面，試圖平息這種險惡的情況。但種族主義者卻群起騷亂，兩人被殺，160名聯邦探員受傷。最後，動員了聯邦軍隊前往維持秩序。梅雷迪思面對不斷的騷擾，終於在1963年完成學業。◀1961（邊欄）▶1963（7）

布穀鳥凱西

他嘲諷式、愉悅化描寫社會與心靈崩潰的黑色小說《飛越杜鵑窩》問世後，言詞華麗的作家肯·凱西也因此嶄露頭角。這本1962年出版的書（後來改編成電影，傑克·尼克遜飾演主角麥

音樂

推崇「披頭四」樂團

⑥ 披頭四樂團1962年9月推出第一首單曲《可要愛我》在英國流行歌曲排行榜中名列第17名。第二首《請請我》名列第2名，第三首《從我到你》則名列第1名。到1963年底，披頭四樂團成為英國歷史上最受歡迎的樂隊，樂迷包括英國女王的母親，以及一群愛大喊大叫的青少年。到1964年初，一趟美國之旅（最先兩場演出是在《蘇利文秀》）將披頭四旋風帶到美國。他們的經紀人布萊安·愛潑斯坦預言實現了：這個樂團比貓王艾維斯影響還大。

50年代中期，樂團成員約翰·藍儂、保羅·麥卡尼、喬治·哈理森一直在其故鄉利物浦和漢堡的不入流俱樂部演唱。1961年愛潑斯坦發掘他們時，他們已經留著「馬桶蓋」髮型，搖滾曲目也增加了自己創作的歌曲，在利物浦熱鬧的音樂舞台上，它已成為高居榜首的樂團。愛潑斯坦讓他們作花花公子的打扮，用林哥·史塔替較不上相的鼓手彼得·貝斯特。愛潑斯坦的包裝手法極為成功。從音樂角度來講，披頭四樂團是很引人注目的，藍儂和麥卡尼的樂曲創新而機智（大多數搖滾音樂人以前都依賴外面的作者作曲）；他們的和聲動聽無比，他們的表演也給人強烈震憾。他們是國際上第一支成功的搖滾樂團，發動了「英國人入侵」，結束美國人在這個領域裏的支配地位。從文化上講，他們是新生代的嶄露，以前的搖滾音樂人都歌誦少

年激情，披頭四樂團是純粹的表演。他們中性的外表以及馬克斯兄弟式喧鬧唱法，預示60年代後期的多元化的無政府狀態的來臨。在那些年月裏，正因察覺到麻醉劑和神祕主義的影響，他們成為反傳統文化的號手。

披頭四樂團的詞曲穩健發展。1967年的《胡椒下士寂寞芳心俱樂部合唱團》——被稱為有史以來最棒的搖滾唱片——是第一張「概念唱片專輯」（一套相關的歌曲而不僅是各個單曲簡單結集），結合電子混音效果，用一把西塔琴和40件管弦樂器。該樂團在發行幾張新專輯唱片後，於1970年解散時，搖滾樂已無可爭議地獲得嚴肅音樂的地位。◀1959（11）▶1965（10）

電影

公爵

⑦ 約翰·韋恩從1927年的《踢落地球》到1976年的《槍手》共拍攝了超過250部影

韋恩在《雙虎屠龍》中。觀眾看法兩極化，有人認為這明星是愛國英雄，有的則認為他是侵略成性的惡魔。

片。在他90多部的西部電影中，1962年發行，由約翰·福特執導的《雙虎屠龍》是最優秀的一部。該片對自由與秩序之間的衝突進行的一種動人的反省，哀痛美國城市化後的失落。韋恩在影片中扮演一個牛仔神槍手，犧牲個人幸福來消滅地方惡棍並促成該地的文明。他與眾不同的腳步（步幅緊湊，然而特別輕盈似快滑舞步），對事敏銳懷疑的眼神，對劇本的咬文嚼字，生動地演活了書面上乏味的人物；具有堅韌的男子漢氣概，但從不隱藏英雄情感上的弱點。

除了征服印第安人和暴徒之外，韋恩這個最具票房吸引力的演員，幾乎在銀幕上參加過美國所有的戰爭，從獨立革命到越戰都有。而在銀幕下的他是個右派軍國主義者，儘管他從未在軍中服過兵役。在觀眾印象中，他電影中的個人形象與他的政治觀點不謀而合。對全世界而言，帶槍的韋恩靠在美國西南的界碑峽谷的形象（使他成為明星的福特導演通常為他設計的場景）已成為美國自身的象徵。◀1952（11）

藝術

流行藝術明星

⑧ 「我試圖用一種陳腐象徵——一個強而有力的陳腐象徵，以安排的形式呈現。」羅伊·利希滕斯坦如是說，他是1962年3位主張用流行藝術揭穿藝術世界假象的主要藝術家之一。他們借用大眾文化中的技巧和想像，使觀賞者能用新的眼光看待大眾文化和藝

1962

術本身。儘管抽象表現主義者只專注於油畫，但是利希滕斯坦、克拉斯·奧頓伯格和安迪·沃霍這些流行藝術家卻宣告了現代生活中喪失靈魂的誘惑。當年底的紐約展覽會上，3人的作品都頗轟動。

奧頓伯格的巨形「軟雕塑」：融化的冰淇淋甜筒、漢堡、一片蛋糕（在綠色藝術長廊裏展出），結合傢具技巧和玩具製作技術。經紀商利奧·卡斯特利為利希滕斯坦舉辦了個人首展，主要取材於連環漫

坎貝爾湯罐頭，1962年，沃霍最後手工製作的作品之一。

畫中的繪畫，完全是低俗趣味，畫中人物講話都框在氣球狀線條中且有集中打點的式樣。

沃霍的作品在雪梨的賈尼斯畫廊與利希滕斯坦一起聯展，引起了極大的轟動。沃霍曾經是商業藝術家，他用絹網印花法和其他的機械方法讓作品絲毫不帶個人色彩。他不斷重複創作商品及名流肖像（例如：可口可樂瓶、坎貝爾湯罐頭）而斐聲世界。這位戴著淡金黃色假髮的藝術家總結他的看法（偶而激進民主與偶而明星架式），「將來，每個人紅不過15分鐘。」這句話也已成為陳腔濫調。
◀1958（5）▶1965（7）

醫藥
導致畸形的藥

⑨ 一度被廣告稱為「世紀安眠藥」的沙利竇邁是藥物史上

最黑暗章節中的惡棍。1962年被禁止上市時，該藥已造成1萬2千個嬰兒畸形（大多在西德）；幾乎半數的畸形嬰兒出生不久即死去。該藥常用來治療失眠、緊張、懷孕期的噁心感，在46個國家由14家公司推銷上市。人們認為沙利竇邁沒有副作用，但不幸的是，當時卻沒測試過它對胎兒的影響。1957年引入歐洲後，幾千名新生嬰兒出生時有的是鰭狀肢而不是胳膊和腿，另外眼睛、耳朵，以及內臟器官也常受到損害。

當歐洲已有幾千嬰兒畸形時，美國只有大約12名嬰兒受到影響。這事件的揭發大部分要感謝食品藥物管理局的檢驗官法蘭西斯·歐德海姆·凱爾西。她上任不久就收到美國沙利竇邁製造商的上市申請，由於已經有報導指出該藥物會引起神經炎，而且在動物身上也不能達到睡眠的效果，於是，她拒絕了該廠商的申請，並承受14個月之久的壓力（後來她獲得甘迺迪總統頒發獎章）。然而儘管未得到食品藥物管理局的核准，1200名美國內科醫生還是收到了3件免費試用藥，有2萬名女病人服用了。

沙利竇邁的醜聞事件促使許多國家都開始從嚴訂定藥品檢驗的規

一群「沙利竇邁畸形兒童」在西德科隆一個特殊幼兒園的院子裏玩耍。

範。然而，這種藥品本身後來被證明在其他意想不到的方面有其效用，沙利竇邁成為麻瘋病的治療藥物，並且可以防治骨髓移植後所產生的排斥效應。◀1906（11）▶1974（邊欄）

戲劇
阿爾比可怕的《吳爾芙》

⑩ 《動物園故事》這類戲劇的出品奠定了愛德華·阿爾比最有希望的美國荒謬劇作家地位。

但這種首先給他帶來公眾喝彩的工作，也束縛了他在傳統劇方面的才幹。1962年在百老匯首映的阿爾比的《誰怕吳爾芙》是一種情緒激盪的內心劇，他機智敏銳地將古代歐吉爾與史丁柏格的角色大幅度現代化。

阿爾比將三幕劇構思為「荒謬的喜劇」，用「人為的價值取代真正的價值」。就像他許多缺乏自然主義的作品一樣，它探究了日常關係中支配與屈從的驟然變動。劇中描述兩對夫婦離開大學裏舉辦的教師聚會去喝酒。主人喬治和馬莎誘使客人尼克和霍尼多喝，也使自己多喝，他們在酒醉的心理劇中，表現出渴望、挫折、憤怒以及生活中的痛苦。戲名來自阿爾比在格林威治鄉間酒吧看到的牆上塗鴉，捕捉住他們痛心改變的幼稚智識主義。

被《紐約時報》譽為「本年代美國最佳戲劇」的《誰怕吳爾芙？》共獲得東尼獎和紐約戲劇評論獎，其1966年的電影又獲5項奧斯卡獎。阿爾比大量使用褻瀆手法，及米開朗基羅·安東尼奧尼導演的《春光乍洩》，促使美國電影建立分級制度。◀1949（當年之音）▶1983（10）

考菲）奠定了他在文學中的聲望以及他在舊金山嬉皮中的領導地位，使他成為一個反文化的英雄。▶1968（當年之音）

西格證明自己的實力

遭受麥卡錫主義者多年的迫害後（包括把他列入黑名單而無法被大唱片公司接受），民歌音樂家和社會活動家皮特·西格於1962年報復式地在廣播界出名，雖然

是假他人之手：歌手保羅和瑪麗演唱的《如果我有一把榔頭》非常流行，即為西格1949年的勞動歌曲；而《所有的花都去了哪裏？》是他的一首反戰歌曲，由民歌團體金斯敦三重奏唱紅。
◀1943（邊欄）

威爾特高蹺

當1959年至1973年的NBA籃球明星威爾特·張伯倫進入籃球場後，原有紀錄皆黯然失色。3月2日，在對費城勇士隊的比賽中，他令人難以置信地（在傳統比賽場中）獨得100分（這個紀錄仍然保持至今）。是第一個到退役時平均每場得分超過30分的球員，也是第一個職業總紀錄超過3萬分的球員。▶1979（邊欄）

尼克森的最後講壇

1960年僅以微弱劣勢將總統職位輸給約翰·甘迺迪後，理查德·尼克森於1962年回到家鄉加州競選州長，對手是當時州長「牧師」埃德蒙德。結果以30萬張選票的差距敗北。尼克森召開記者招待會，在會上告訴記者「你們別再想要尼克森到處跑來跑去了。因為，先生們，這是我最後的新聞記者會。」◀1960（2）▶1968（1）

「有史以來第一次，幾乎每個人從生到死都被迫與危險的化學藥劑有所接觸。」

—— 瑞秋・卡森《寂靜的春天》

環球浮世繪

革命策略

在有限的市場內，巴西革命者卡洛斯・馬里格赫1962年的小冊子成了某種經典，雖然它從不具有足以使那些害怕的政府所指控的影響力，但各地都禁止《城市游擊隊手冊》。該書建議：「城市游擊隊生存的因素及基本的活動和存活的方法便是射擊。」他的戰略便是誘使憤怒的拉丁美洲政權進行軍事鎮壓，或許邀請美國干預，從而引起巨大混亂。馬里格赫1969年在聖保羅遇害。

▶1965（11）

中印戰爭

儘管有和平共處5項原則（互相尊重，互不侵犯，互不干涉內政，平等互利，和平共處），中國和印度之間於1962年還是兵戎相見。爭議地區在喜瑪拉雅邊界，一在西藏邊界阿薩姆附近，

另一處在麻煩不斷的喀什米爾地區。兩處都是1914年英國從中國拿來給予印度的。為了對自己聲稱擁有主權的地區立下界標，印度派部隊（上圖）進入該地區。中國也以軍事入侵回應。印度總理尼赫魯向國際社會求援，並從美國和英國那裏得到武器和飛機。於是中國很快地撤退了。

▶1965（8）

厄立特里亞併入衣索比亞

衣索比亞國王海爾・塞拉西很久以來就覬覦紅海港口厄立特里亞，此地是衣索比亞北部的具有歷史意義的地區，11月終將整個厄立特里亞兼併入衣索比亞帝國。他的行動是在這塊前聯合國託管地成為衣索比亞附屬的「自治地區」10年後。幾乎與此同時，脫離主義者組織便開始長達30年的游擊戰爭。◀1935（4）

▶1974（7）

環保

反殺蟲劑預言者

11 1962年出版的《寂靜的春天》，瑞秋・卡森讓讀者想像一個沒有鳥鳴、雞蛋不能孵化、蘋果樹不能結果的地方，牛在田野裏離奇地死亡，孩子在操場上去世的景象。而後她告訴大家這個地方確實存在，雖然是結合各種事件而成。這些描述取材於確實發生在美國及其他使用人工殺蟲劑的國家的不幸事件。

《寂靜的春天》警示數百計的人們最近幾十年殺蟲劑已危及全球農場和家庭。農業和化工業相關人員或許是受惑於她優美的文詞，因此攻擊她的科學可信度。事實上，她是一個受人推崇的海洋生物學家，她用心追蹤兩個主要殺蟲劑種類，一種是氯化碳氫化合物，另一種是磷酸鹽組織對環境生態系統的影響。

卡森主張控制殺蟲劑之使用，而非全面予以禁止，她透露在極地冰原中都可發現DDT（最普通的毒劑）。她解釋處理過的物品仍有的殺蟲劑殘留物，如何儲存在人體組織，並且會藉由母親傳給未出生的胎兒。她另外還協助推動現代環境保護運動。「她的千言萬語」，評論者說：「使這個世界走向了新的方向。」甘迺迪政府的一份研究報告也肯定卡森的報告。1972年，美國環保署禁止使用DDT。其它許多國家也紛紛跟進。即使如此，用在食品上的殺蟲劑仍然繼續增長，80年代僅在美國每年用量即達到近4

環境保護主義預言者瑞秋・卡森。阿爾弗雷德・艾森施泰特拍的人物照。

億5360萬公斤。◀1939（邊欄）

▶1970（5）

思想

文化對立面

12 在1962年出版的《野性意識》一書中，人類學家克勞德・李維史陀——法國知識界的領

導人——駁斥對手尚-保羅・沙特有關個體能自由地創造他們自身的概念，以及由此途徑，人類已從野性進化到文明的理論。李維史陀認為人的行為根源於天生的心智結構，而這種進化是一種幻想。他從澳洲土著居民的圖騰崇拜研究著手，試圖證明「原始人」的心智與「文明人」心智一樣理性；文明人的心智也與原始人心智同樣野蠻（根據神話理論）。

這本書對李維史陀的智慧結晶——結構人類學（本世紀影響最大的理論之一）提供了詳盡的說明。40年代他對巴西的印第安人進行田間調查後，就發展出這一套自己的理念，此時，納粹佔領了法國，他被迫來到紐約。在那裏，語言學家羅曼・雅克慎將結構語言學介紹給他，後來李維史陀將這些概念應用到人類學當中。他開始將神話和風俗當作系統中的系統，而不僅僅研究其內容。

他推斷，每一種文化都建立在相對性事物上（例如：生食與熟食），再由大腦迴路支配如何與其他相對事物聯繫起來。社會不是以原始及現代作劃分，而是「冷」與「熱」為劃分：前者強調和諧與靜態，而後者強調變化和擴張。任何種類的文化都同等豐富、複雜、合理及神化性。李維史陀的著作從動人的自傳性書籍（1955年出版，該書使其聞名於世）到純技術性的書籍都有。這些書至今都相當引人爭議：他和沙特這兩派學說的擁護者至今仍然各執一詞。◀1957（10）

▶1967（12）

科技

美國電話電報公司發射通訊衛星

13 英國科幻小說作家阿瑟・克拉克曾準確地預言傳真機、行動及電子郵件之產生。此次再度預言，通訊衛星「將把世界迅速地聯結為一個或好或壞的文化共同體。」1962年他的預言成真。美國電話電報公司發射了第一顆通訊衛星電星號進入軌道。在距地球上空805到5633公里橢圓形方向運轉於地球上空軌道上，這個87.6公分的球體接受微弱的電視信號，而後將其加強100億倍（用太陽能）發送回地球。霎那間，美國觀眾可以看到從英國和法國發射出的影像，反之亦然。電星號同樣也可處理電話

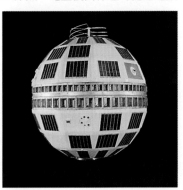

「電星號」，第一顆提供全球通訊網的人造衛星。

信號，這也預示了全球性個人間（包含和電腦與電腦之間）的聯繫將有一個長足的進展。

這顆「電星號」還僅是一個實驗的裝置，其最初資訊的傳達還未造成世界性轟動（歐洲人看到在緬因州美國電話電報公司大廈上，飄揚著美國國旗。法國演員尤・蒙頓表示了祝賀）；但興奮之情仍然遍及全球。在美國，掀起了對未來衛星系統和地面站的所有權的爭論：控制衛星系統的是政府（可能使用高軌道系統僅有3顆衛星就可涵蓋全球）還是美國電話電報公司（計畫用一個功能較少但利潤較大的低軌道系統）？為了趕緊在通訊戰爭中擊敗蘇聯，甘迺迪政府支持美國電話電報公司，促使這家巨大的通信公司擴展到前所未有的規模。

◀1957（1）　▶1988（11）

怎樣做一個時髦的單身貴族

摘自《性與單身女郎》，海倫‧格利‧布朗，1962年

廣告撰稿員海倫‧格利‧布朗以手冊的形式寫了《性與單身女郎》一書，以幫助上班的單身女人「在生活中要放開些，別太介意，不管你將鼻子貼在玻璃時你會發現什麼。」本書出版於1962年，正值性革命剛剛興起之時。該書讚揚單身，攻擊當時流行以婚姻及母親身分來評價一個女人是否成功的社會精神，並坦白地認為沒有結婚的女人也能有性生活。這是一個激進的前提，即使女性主義者貝蒂‧弗里丹，一年以後出版她的《女性的祕密儀式》，也批評布朗只從與女人與男人之關係的角度給婦女單身下定義。當月暢銷書《性與單身女郎》總共在28個國家出版。在下面的摘錄中，布朗清楚地說明「單身女郎」特別之處何在。◀1921（當年之音）▶1963（8）

坦白講，這些雜誌和那些婚姻統計數字使我很心痛。

雜誌沒有探討一個更重要的事實，單身女人被洗腦到想不通、而已婚女人知道也不願承認、已婚和單身男人都會認可，這就是單身女人決不是那種讓人感到可憐和加以庇護的對象，反而以這時代最眩的女人面貌出現。

她靠施展自己的聰明過日子因而可愛迷人。她自給自足。她不得不將自己的個性和智力源泉訓練得敏銳而且光彩奪目，以便在這個充滿競爭的世界中生存下來，並且增加外表的魅力。從日常生活的角度講，她簡直是個夢。她不是寄生蟲，不是依附於人，不是小偷、吃閒飯或一個遊民。她是給予者而不是索取者，她是贏家而不是輸家。她還有什麼其他的吸引力呢？因為她未婚，這便是原因！她在男人的生命裏自由地做女孩（或者至少在他的眼光裏她是個女孩），不管他是已婚或是單身。

當男人想到已婚女人時，不管她多可愛，他不可避免地要想像她手拿馬丁尼酒在門口與丈夫打招呼或來一個熱烈擁吻，照應小孩吃午餐或因孩子掉到泥坑為他們擦洗。她是別人的妻子，別人的母親。

當一個男人在想單身女人時，他就會想像她一個人在公寓裏，粉紅色褲裏光滑的大腿令人心跳，在一堆緞子靠墊裏很撩人地躺著，想讀書卻念不下，他要是能在那房間該多好啊，感受這些念頭充滿在她的思想，她的夢，她的生命。

作為單身女人還有哪些其他魅力呢？她有更多的時間，而且常常有更多的錢花在自己身上。她有多餘的20分鐘時間每天運動，有一小時時間來化妝以便赴約。她星期六一整天縫製漂亮的棉花鍛暖茶套以便隔天招待他，或花上幾個小時在大拍賣中買到。

除了使自己的身體更迷人之外，她還可以自由地充實自己的思想。她可以閱讀小說，學習西班牙語，研讀《時代》週刊、《新聞週刊》及《華爾街日報》。

更重要的是，單身女人，即使是名檔案管理員，都能進入男人世界。她知道他們的語言——銷售、廣告、動作影片、出口、造船等的語言。她的世界豐富而多彩，遠勝過家長與教師協會、星際大戰的史波克船長和塞的滿滿的烘乾機。

1965年，布朗（上圖，在她的辦公室裏），被任命為《柯夢波丹》雜誌總編，並將它改為《性和單身女郎》月刊。4年之內，先前困窘的雜誌廣告收入迅速增長，報攤銷量比《觀察》雜誌與《生活》雜誌合起來還大。

「不要讓它被人遺忘，曾有一個地方，僅存在一短暫閃亮的時刻中而為人所知，像加美樂。」

—— 艾倫·傑伊·勒娜，摘自《加美樂》，被賈桂琳·甘迺迪引用描述甘迺迪的總統任期

年度焦點

甘迺迪在達拉斯遇刺身亡

1 居民亞伯拉罕·札普魯得正用家庭攝影機拍攝畫面時，不經意記錄下這個恐怖的場面，他驚嚇地失聲尖叫：「他們殺了他！他們殺了他！」。在達拉斯迪利廣場上這可怕的幾秒鐘，一顆殺手的子彈似乎使時間凍結了。當黑色林肯敞篷車載著總統、夫人和德州州長約翰·康納利夫婦穿過市區時，祕密安全人員嚇呆了；甘迺迪中彈受傷，向前倒下。隨後便是一片混亂。轎車飛速向帕克蘭德紀念醫院駛去，總統頹然倒在後座上。這是1963年11月22日，星期五中午12:30。30分鐘後，院方宣佈甘迺迪不治死亡。

小約翰·甘迺迪對其父的棺木敬禮，這是甘迺迪葬禮儀式中最令人沈痛的場景。

下午1點45分，警方逮捕一名嫌犯：24歲的李·哈維·奧斯瓦爾德，他是德州學校圖書保管處雇員，有人說看到他從館內6樓的窗戶開槍。兩天後，上千萬美國人觀看電視轉播奧斯瓦爾德從達拉斯市監獄押送到一所郡立監獄的情形。突然，一個叫傑克·魯比的夜總會老闆從人群中走出來，用點35的左輪手槍擊中他的腹部。幾分鐘內奧斯瓦爾德便死了。

對暗殺者古怪、暴民式的「沉默」和其他曖昧不清的刺殺細節（包括對紮普魯得所拍錄影帶的各種解釋，這捲帶子也是唯一的影片記錄）的報導馬上又引出許多誰該負責的說法（官方的解釋，即1964年的華倫報告並未消除民眾的迷惑）。事實上，甘迺迪遇刺成了全國關切的焦點。「甘迺迪遇刺時你在哪裏？」已成為美國迷失的一代在尋求自我認定時的問題。

刺殺案發生3個小時後，林登·詹森在達拉斯空軍1號上宣誓就任第36任總統。有關甘迺迪的傳說已多得不可勝數，遮掩了某些嚴酷的現實：較為明顯的是美國國內關於公民權的激烈爭執以及美軍在越南越陷越深。往後幾年，由於美國使用暴力手段的傾向一再得到證實，勒娜和羅威的神話烏托邦加美樂（編按：傳說中亞瑟王的宮廷所在地）音樂劇（賈桂琳·甘迺迪將其比作她丈夫的短暫任期）看起來越發奪目，成為一個幾乎成真的世界的象徵。◀1961（2）
▶1964（邊欄）

外交

第一項禁止核子試爆條約

2 自從原子武器競賽開始，蘇聯和美國之間有關限制武器生產的談判努力總是在監督問題上受挫：雙方都不相信對方會遵守任何條約，也都不願意開放自己的軍事設施來接受對方監督。但在1963年時，全球結出了第一個核子外交的慘淡果實——有限禁止核子試爆條約。

該條約是經過17年的失敗之後才得以簽署的。1946年，杜魯門政府推出巴魯克計劃，建議將所有的原子發展項目都統歸於一個國際組織管理。蘇聯由於當時缺乏自己的原子彈，拒絕了這個計劃。與此類似，艾森豪於1953年倡議「原子換取和平」，號召全世界的核子合作，1957年又提出「開放天空」建議，並主張由美國和蘇聯進行空中偵察，但此議遭到莫斯科的懷疑，而美國人也以模稜兩可的態度對待之。而赫魯雪夫主張的「和平共存」和無論是不斷提倡的全面裁軍或較謹慎的全面禁止武器試驗也無法說服華盛頓。這兩個超級強國（到60年代包括英國和法國）繼續囤積原子彈和飛彈。

60年代初期，間諜衛星的發展使得不侵犯對方領土、領空就可相互監督成為可能。真正打破武器管制僵局的事件則是1962年古巴飛彈危機，這是一次原子啟示錄的可怕

核子裁軍的支持者在英國首相麥克米倫（正在與甘迺迪會面）鄉下的住所外。

小衝突。第二年，100個國家（不包括中國、法國，而這兩者在1964年才進入「核子俱樂部」）簽署了有限禁止核子試爆條約（由英國首相哈羅德·麥克米倫所主導），禁止在大氣層、水面下及太空試爆核子武器。蹊蹺的是，地下核試驗仍被允許。此條約的象徵意義居多，並未脫離軍備競賽的軌道。但它畢竟顯示了莫斯科和華盛頓能在某些事宜上達成一致。◀1957（2）
▶1969（8）

英國

性、間諜與醜聞

3 1963年，執政了12年的英國保守黨已是強弩之末。哈羅德·麥克米倫首相在位已6年，

1955年菲爾比在洗脫其為「第三人」的指控後，與記者們在一起。

雖然任職初期被稱為「超人麥克」，但後來的失敗卻遠遠超過他的成功。毫無生氣又游移不定的麥克米倫內閣，在1963年由於兩件轟動的醜聞——菲爾比和普羅富莫事件而下台。

菲爾比事件的複雜案情已是最後一幕，原劇自1951年即開演。高層外交官唐納德·麥克萊恩和蓋伊·伯吉斯被揭穿是蘇聯間諜並逃往俄國。而所謂第三人（即警告他們逃跑的幫凶），經過搜尋發現是哈羅德·「吉姆」·菲爾比（他的小名是他那冒險家父親以吉卜林少年英雄之名而取的）。他是英國特務機關與美國中央情報局的祕密聯絡員。但由於沒有證據，所以他只遭解雇，但之後又獲錄用並被派往貝魯特。

1963年1月，菲爾比消聲匿跡（最終在莫斯科露面）。調查人員發現，他其實是克里姆林宮的頭號間諜之一，涉及大批情報洩漏和上百條人命。這項意外發現在英國和

「在發生現實中的是兩個鄰居的相互認識……在這麼多代以來第一次，德國人和法國人意識到他們的團結」。

—— 戴高樂，在法德和解條約簽字儀式上

美國都造成很大的騷動。

普羅富莫性醜聞也是同時爆發。該事件肇始於一名叫克莉斯汀‧基勒的應召女郎不願爲她的一個情人作證（一個西印度大麻商，開槍掃射名醫的公寓）。很快地基勒揭露出她曾與這位醫生有染，而兩年以前，與戰爭部長約翰‧普羅富莫也有糾纏。她也同時宣稱，一直與蘇聯海軍武官有性關係。雖然沒有任何跡象顯示，普羅富莫曾洩露過任何祕密，但他還是顏面盡失地下台；6個月以後，麥克米倫也以健康原因爲藉口辭去首相職務。1964年舉行的下一屆議院選舉中，工黨成爲多數黨，由哈羅德‧威爾遜擔任首相一職。◀1951（6）▶1979（3）

科學
大陸漂移說

4 如同相對論對於物理學一樣，地理學上的革命性理論是板塊構造學說。該學說認爲地球外層地殼由巨大的漂移板塊組成，板塊之上是海洋和大陸。在板塊交會處會有山脈隆起，在分離處則會產生海盆地。板塊構造學說是自德國地理學家埃爾弗里德‧韋格納1912年的大陸漂移理論進一步發展。但後來的地理學家，如韋格納，都停留在假說階段。板塊構造學說言之成理，但未能證實。1963年，兩個英國人德拉蒙德‧馬修和弗雷德里克‧瓦因提出一個檢驗該學說的辦法。

馬修和瓦因由一個叫做「海床擴張」的概念（一年以前由美國地理學家哈里‧赫斯提出）開始。第二次世界大戰後，海洋學專家已探用一種類似聲納的新技術，畫出了世界海洋底部的地圖，並發現一些驚人的特徵，如深而長的海溝和中洋脊——海底「山脈」。當兩個板塊交會時，赫斯假設一個板塊的邊緣會被擠到另一板塊的下面，下沉到地幔層（地殼下的岩漿層）。海溝則顯示爲下沉點（潛沒點）。他認爲下降的板塊逐漸融化爲熔岩，循環進入地球地幔，其中一部分又經冷卻形成新的地殼。他估計中洋脊是出現在新地殼從地幔產生的地方。結果，地殼從山脊朝向海溝延展，新的岩石不斷地推移前面老的岩石。

馬修和瓦因的偉大貢獻在於找出一個辦法，證明赫斯引起爭論的理論：如果海床眞的一直在擴張，地殼的不同部位就有不同的磁極性，形成的年代不同，磁性也不同（加拿大地理學家勞倫斯‧莫利也提出類似觀點）。當60年代晚期對海底進行磁性測試時，赫斯、馬修和瓦因都已推出了他們的理論。◀1912（4）

外交
法德條約

5 1963年1月，在德國佔領者被逐出法國19年之後，戴高樂總統和艾德諾總理在巴黎簽署了和解條約。據此條約，法國和德國

在西德的一幅漫畫中，德國被夾在美國和法國中間。其說明文字爲「你決定吧，你是想要上衣還是褲子？」

的國家元首將就所有重要的外交政策問題進行磋商，兩國軍隊可共享計劃，並且相互提供人員協助，雙方文化交流也將會增加。據其簽署者宣稱，這項條約結束了「一個世紀之久的對抗」。戴高樂表示，「世上沒有人不能領會該條約的重要性。」

但就像1925年洛迦諾公約一樣（也曾預示法德互相仇視的化解），這項新條約也留下了解釋的空間。就在簽署條約一週以前，戴高樂總統阻止英國加入歐洲經濟共同體，他認爲倫敦與華盛頓的特殊關係將會將整個歐洲拉到美國的陣營去。戴高樂總統把法德和解條約看作是對英美龐大結合體的制衡基礎，亦即歐陸國家皆聚集在兩個最強國身邊，西德顯然是地位較低的合作夥伴。

但德國卻有不同的看法。由於有蘇聯集團在其邊境線上，他們幾乎不能冒著失去美國保護的風險，特別是在保持東西德分裂正符合法國利益的情況下。所以西德議會批准了這個條約，但卻附加上了決議和序言來制衡戴高樂的目的：西德波昂將繼續支援北大西洋公約組織，英國加入歐洲經濟共同體，德國統一。

法德兩國的「蜜月期」僅在條約開始幾個月後便告終止了。戴高樂對同事說了一句頗富哲理的話：「條約就像年輕的姑娘和玫瑰花，持續不了多久。」◀1955（4）▶1966（5）

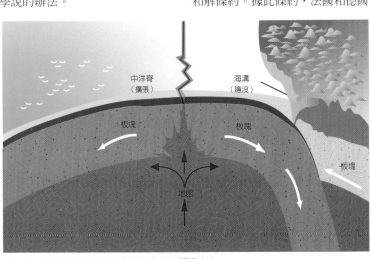

大陸漂移的現象可由海底的海溝和中洋脊顯現出來。

中洋脊（擴張）

海溝（隱沒）

板塊　板塊

板塊

地函

1963

「現在分離，明天分離，永遠分離！」
—— 阿拉巴馬州長喬治·華萊士在1963年1月14日的就職演說。

1963年新事物

- 立即重播
- 胎內輸血（紐西蘭）
- 健怡可樂
- 用五位號碼劃分美國郵區
- 全像圖（用雷射，在美國密西根大學）
- 克里姆林宮和白宮之間的「熱線」電話

- 柯達拍立得相機（帶膠卷）
- 美式足球名人堂
- 肺移植技術
- 卡式錄音機
- 按鍵式電話

美國萬花筒

小小奇蹟

經由知名資深音樂家介紹給車城唱片大亨貝利·高迪，年輕的史蒂夫蘭·尤金斯·莫以其表演（口琴）與舞蹈自力取得灌製唱片的合約。高迪為這位自幼眼盲的奇才取一個藝名，並在1963年發行了他的第一張專輯《小史提夫·汪達，12歲的天才》，是他後來25中23首暢銷專輯

與56首單曲的第一張專輯。他極其輝煌的演唱生涯是以新樂器和技術（鋼琴、鼓、風琴與混音器）以及綜合音樂新樂風（雷鬼音樂、饒舌歌）而受人矚目。
◀ 1959（10）

薛尼·鮑迪贏得奧斯卡獎

1963年影片《曠野中的百合花》中的薛尼·鮑迪以其細膩的演技（扮演一位善待一群修女的手腳俐落的傢伙），成為第一位榮獲影藝學院最佳男演員獎項的黑人。鮑迪在佛羅里達出生、巴

英國菲利普親王向喬莫·肯雅塔祝賀肯亞獨立。

東非

肯亞獲得獨立

1963年，肯亞實現了長期受挫的獨立之夢，這個原英屬東非殖民地在大英國協中獲得了獨立國家的地位。年高德劭的肯亞民族主義者喬莫·肯雅塔成為自由肯亞的第一任總理。此後的15年內，直到他1978年去世為止，肯雅塔主導肯亞轉型成一個現代化、資本主義且較為民主的國家。在經歷半個世紀的英國統治後，肯亞在第二次世界大戰後燃起了民族主義烽火。非洲政治組織的改進和茅茅叛變式的暴力反抗運動均凸顯出英國人的政權處於風雨飄搖之中。1960年的第一次自由選舉使得非洲人控制了立法機構；兩個民族主義政黨迅即出現 —— 肯亞非洲民族同盟（KANU）和肯亞非洲民主同盟（KADU）。而當時還在獄中服刑的肯雅塔（被惡意指控領導1952年的茅茅叛變）被任命為肯亞非洲民族同盟（多數黨）主席。他還在獄中之時候，兩個政黨便結合建立聯盟政府。

1961年肯雅塔獲釋，第二年便前往倫敦談判獨立問題。他寬宏大量又注重實際，並採取調解的論調說：「歐洲人將在未來的肯亞繼續存在，只要他們願意接受普通國民的待遇。」1963年，在全國的獨立肯亞第一屆政府選舉中，肯雅塔領導的肯亞非洲民族同盟大幅領先肯亞非民主同盟。12月12日他宣誓就任該國總理。一年以後，肯亞宣佈成為共和國，肯雅塔就任總統。
◀ 1952（4）

社會改革

權利鬥爭蜂擁而起

1963年，甘迺迪總統在經過幾個月的猶豫不決後宣佈明確的支援時，公民權利運動進入一個關鍵性的階段。4月，總統的壓力開始增大，因為南方基督教領導人會議在阿拉巴馬州伯明罕發動一項反種族隔離運動。該市公共安全署長「公牛」尤金·西奧菲勒斯·康納動用警犬和消防水龍頭來對付和平示威者（許多是孩子），且將南方基督教領導人會議主席馬丁·路德·金恩和其他數百人拘捕下獄。甘迺迪派調停者到伯明罕，而當地商界人士很快地就答應了南方基督教領導人會議的要求。但在白人至上主義者以炸彈攻擊黑人活動者的住宅後，騷亂又再爆發，直到甘迺迪派遣聯邦軍隊到附近的軍事基地威懾雙方的極端分子之後，才得以平息。

伯明罕事件激起了國際的憤怒，引發全國各地的示威活動，並說服甘迺迪總統盡全力支持反種族隔離運動。6月，當阿拉巴馬州長喬治·華萊士關閉州立大學之門拒收兩名黑人學生時，聯邦執行官便採取措施確保他們入學。當夜，甘迺迪號召通過新的公民權利法案，並以20世紀任何一位總統所沒有的強烈語氣聲援非裔美國人的平等權利。「失望和不和之火」，他警告說，「正燃遍每一座城市。」而好像是為了凸顯這一點，幾小時之後，黑人領導人埃弗斯在密西西比州他的家門前遭槍殺，家人嚇得縮在家裏。埃弗斯遇害促成甘迺迪和

公民權利領導人的第一次會晤，並且導致8月28日的華盛頓大遊行，為美國史上最大的民權示威運動。當天，將近30萬人匯集首都，其中歌手（包括鮑伯·迪倫）和好萊塢影星同台表演。金恩發表了他最偉大的演講，說出常被引用的「我有一個夢」。9月，這個夢卻得面對可怕的現實，4名黑人女學生在伯明罕的教堂裏禮拜時被種族主義分子的炸彈炸死。◀ 1962（邊欄）
▶ 1963（當年之音）

思想

一個婦女的地位

貝蒂·弗里丹1993年出版的《女性的祕密儀式》被描繪

成婦女運動的「湯姆叔叔的小屋」，發出了現代女權運動的戰鬥號令。弗里丹對後工業社會婦女地位的深入剖析，直接來自她身為一個感到灰心的家庭主婦和母親的親身經驗。生於1921年，也就是第19修正案給予美國婦女選舉權的翌年，弗里丹以全班第一名的成績畢業於史密斯女子學院，獲心理學研究員職位。但她卻更傾向一個更為傳統的角色，結了婚並做了3個孩子的母親，期望在郊區的華宅中獲得成就感。正當在籌組學院聯合會期間她才明白到其他女人同她一樣有所不滿。

《女性的祕密儀式》嘲弄郊區是「床、廚房和性的聚居區」，並譴責社會將婚姻當成婦女幸福的唯

「公牛」康納授權伯明翰警察用警犬對付示威者。

1963

> 「我們的夢想就是我們眞實的生命。」
> —— 費德里科・費里尼

一途徑。這個問題，弗里丹寫到，便是「我們身爲女人的生活現實與我們試圖順應的形象之間的奇特差異，而這個形象我稱之爲『女性的祕密儀式』」。在無數感到在傳統生活中受到虐待的美國婦女當中，弗里丹的話題以尖銳的事實獲得迴響。她還繼續致力於創辦國家婦女組織（NOW），該組織在1966年透過法律爲婦女爭取「與男人同處在眞正的平等夥伴」之地位，並且積極爲平等權利修正案（未獲通過）而奮鬥。此外，她在作品中繼續收錄受驚婦女的故事，如1993年《年齡之泉》一書中，指出一個觀念，即老年是既可怕而又只能全然承受的一種狀態。◀1949（13）▶1970（9）

文學
勒・卡雷的冷漠、冷戰
9 在《從寒冷中來的間諜》一書中，英國小說家約翰・勒・卡雷採用的主題和技巧使他成爲同時代最優秀也最暢銷的作家。1963年的驚聳小說以情節複雜、引人入勝，現實刻劃的人物個性以及行家的節奏見長。但眞正使其獨具一格的還是其對冷戰一貫的懷疑態度。這本書揭露了國際間諜活動的面貌，暴露出東方與西方的僞善。

勒雷（其名是英國外交官康威爾之筆名）獻給讀者的不是漫畫雜誌上迷人性感的間諜，像詹姆斯・龐德，而是亞歷克・利馬斯，一個精疲力竭的暗探。他奸詐的上司（一般認爲的好人）在他執行最後一次任務時像使用破舊機器一樣地利用和丟棄他。

《冷戰間諜》最後在全世界的銷售量達2000多萬冊。在他後來許多暢銷的間諜小說中（包括1974年的《補鍋匠、裁縫、士兵、間諜》，是本有關憤世嫉俗，心理狀態有缺陷的間諜頭目喬治・斯邁利三部曲中第一部），勒・卡雷繼續採用這種風格來探究道義的模稜兩可。◀1953（9）

1963年民謠遊唱者瓊・拜亞和鮑伯・迪倫同台表演。

電影
費里尼的另一個自我
10 在1963年所拍攝的狂想之作《八又二分之一》一片中，義大利導演費德里科・費里尼編織了一個事業有成的義大利導演（很像費里尼自己）的人生、愛情及其極限的故事。這是一部精彩絕倫的作品，用一種沈緬、焦慮而又超越純自傳的方式，深刻地描繪出一個身處危機中的現代藝術家的精彩形象。

早在50年代初期，費里尼就開始其拍片生涯，不久即創造出一種獨特的風格：結合了新現實主義的堅韌、小說式的自傳、感傷的比喻以及抒情的人文主義，經常在一種荒誕氣氛之中，刻畫賭棍和馬戲團裏的畸形人。1954年《大路》的問世，標誌著他的藝術風格的到來，1960年的《甜蜜生活》簡直就是當代歐洲頹廢風氣（以羅馬爲典型）放蕩的具體呈現，從而肯定了他的聲譽。

《八又二分之一》（以費里尼製作過的電影數量來命名，包括這部在內）將費里尼的長期合作者馬爾切洛・馬斯楚安尼塑造成一位因創造力受阻，身陷各種苦惱而喪失工作能力的導演，而其苦惱來自於同事、妻子、情婦、新聞界和教會等各方面。這部影片最後以這位導演想像力獲得解放，在競技場上同他過去和現在的朋友跳舞的一場高潮戲作爲結束。透過接受且熱愛其生命，一個咧嘴而笑的費里尼似乎在說，這位藝術家自己解放了自己。◀1948（14）

科學
最近的類星體
11 1963年，經過20年利用無線電天文望遠鏡的太空探索已徹底推翻了宇宙是穩定而有序的舊觀念。天文學家發現許多令人迷惑的「異常現象」，包括反常的發光恆星、鼓動的恆星、結構奇特的星雲、閃爍的能量泉源類星體——似星的無線電發射源等。當時大家還沒有對加州技術研究所天文學家馬爾滕・施密特的新發現作好準備。他證實了類星體在太空中比先前發現的任何星體離地球都遠（根據其無線電幅射的強度測試，一般認爲它離地球很近）。更不可思議的是，僅一顆類星體燃燒的亮度是

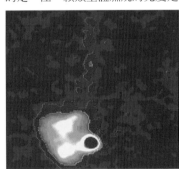
一個類星體或許是許多圍繞著一個巨大黑洞旋轉的物質團。

1000億顆恆星的100倍。類星體以每秒鐘4萬公里的速度遠離地球，速率比任何其他已知物體都高。

施密特透過研究都卜勒效應（即紅色「偏移」）對於類星體3C273號的偏差來顯示它以高速率遠離。運用哈伯定律，他認定這顆類星體在15億光年之外。當發現它發出的光時，已在宇宙旅行了15億光年。◀1929（9）▶1968（8）

哈馬長大。他在50年代闖入電影界（No way Out，《哭吧，心所愛的故鄉》《傲慢的人》）之前，於40年代末在紐約的美國黑人劇院中接受訓練。鮑迪的開創性事業爲非洲裔美國人打開了主流電影之門。

永垂不朽的形狀
1963年，美國戰後最具影響力的雕塑家大衛・史密斯，以其系列作品將其藝術提昇到新的抽象層次。如《立方體XIX》（下圖），巨大的磨光鋼鐵的形狀儘管很重，但卻傳達了一種動態的張力。史密斯的藝術象徵20世紀的生活，他說，20世紀是一個由「力量、結構、運動、進取、懷疑、破壞和殘忍」主導的時代（他曾是汽車廠中的金屬鍛造工）。

麗莎和迪克
1963年，主演《埃及豔后》的女星伊麗莎白・泰勒獲取史無前例的片酬100萬美元，此片也是當時耗資最鉅的電影。但是明星的魅力也無濟於事，這部過於講究的電影成爲好萊塢一大敗筆。而泰勒和波嫩之間爆發的愛火也是影城最變幻無常的羅曼史。麗莎和迪克幾經周折，於1964年結婚……幾年以後離婚……又復婚……1976年再次離婚……。◀1958（當年之音）

人之初
兒童書作家莫里斯・山戴克1963年推出此類型圖書的經典之作。《本性在哪裏》以表達極爲生動的插圖和大膽的主角（反叛男童麥克斯）爲特色，是一部並不感情用事但總是從心理學角度探討一般孩童時代的焦慮與幻想——受人擺佈，困惑茫然，想做老闆，想被發現。◀1957（當年之音）

1963

「一種特別的罪行一旦第一次發生，那麼就比最初的出現更可能再次發生。」

——漢娜·阿倫特的《艾希曼在耶路撒冷：平庸罪惡的報告》

環球浮世繪

厄勒風潮開始

阿根廷小說家朱利奧·科塔薩爾1963年的小說《跳房子》可以從前向後，也可從後向前閱讀，或根據作者設定的蛙跳式架構讀法。科塔薩爾試驗性的傑作是厄勒風潮的第一部主要小說，而也正好是拉丁美洲小說驚人的高產量時期。受超現實主義、存在主義以及其滑稽的顛覆性想像力的影響，科塔薩爾（由於厭惡貝隆政權，於1951年長期定居巴黎）對一些諸如傳統道德、時代的本質、生與死的意義等大的問題特別有興趣。◀1944（15）▶1967（7）

世界之外

1963年6月16日因升空執行一單項任務，蘇聯太空人瓦蓮蒂娜·捷列什科娃成為第一位到外太空的女性。她在回陸地前在太空中待了3天，繞行地球48圈。捷列

什科娃的成功，也是蘇聯一連串太空成就的另一個第一，是透過蘇聯電視台報導的。她榮獲列寧獎章，為蘇聯最高的榮譽。◀1961（3）▶1965（邊欄）

吳廷琰遇刺

正當國家陷入戰火中時，南越獨裁者吳廷琰於11月被自己的軍官殺死。吳廷琰是天主教貴族，自30年代起就一直是主要的政治領導人。二次大戰之後，胡志明邀他加入北越的獨立政府，這位頑固的反共產主義者開始了流亡生活。受美國支援，1954年他又回國，與入侵的共產黨作戰。然而天主教的信仰和腐化使他疏遠了自己的國人（絕大多數是佛教徒）。在吳廷琰關押並處決了幾百名佛教徒之後（他宣稱他們是共產主義的支持者），美國便取消了支援並承認這次致命的政變。◀1961（6）▶1964（1）

1963年民謠遊唱者瓊·拜亞和鮑伯·迪倫同台表演。

音樂

迪倫和拜亞在新港

⑫ 當民歌歌手瓊·拜亞在1963年新港（羅得島）民歌節出現時，她已有了一群陣容強大的追隨者。她的搭擋「民歌小子」，有時也是其情夫，鮑伯·迪倫，尚未受盛名之累，即將被譽為世代之音。他們的音樂源於30年代俱樂部民謠，而成為60年代青年運動的激進之聲。身為早期越戰的抗議者（她與稅務局抗爭過，她拒絕交稅，因為這些錢會流向建軍之用），拜亞對民歌賦予嚴肅及信賴的態度。她清楚、簡單的聲樂式歌聲吸引了有高度文化修養的聽眾，當她將衣衫不整、聲音刺耳的鮑伯·迪倫帶上台時，許多人都感到震驚。然而拜亞主要還是個民歌音樂家，迪倫則是一個音樂變形人，繼續不斷地做嘗試。

迪倫出生於明尼蘇達州杜魯司，原名為羅伯特·齊默爾曼，後改名為迪倫（以威爾斯詩人迪倫·托瑪斯命名）。由於擁有一種特別的鼻音而在60年代初期的表演中經常激怒咖啡屋的聽眾。他是一個有天賦的作曲家，受到華特·惠特曼，阿圖·韓波至阿倫·金斯堡等人的影響。到1963年末，他預言式的另類歌曲如《在風中飄揚》和《他們變幻的時代》使他成為民歌反叛風格之王。狄倫在被貼上。但他隱居遁世，不願與人來往，（尤其1966年一次摩托車肇事幾乎喪生後，更是如此。）並拒絕此稱號，

而選擇開發新音樂——城市民謠、鄉村搖滾、曖昧的超現實主義流行歌曲等。1965年羅得島民歌節上，不使用電子樂器的迪倫卻「開始電子起來」，使民歌界蒙羞。但這一舉動使得他在搖滾樂界佔有一席之地，也鞏固了他在當代中最重要的音樂家的地位。▶1969（4）

電影

電影界的問題兒童

⑬ 喜劇演員裘利·路易既是作家又是導演，又是流行低俗鬧劇明星，稱得上是專業電影愛好者眼中的問題人物。美國評論家通常將之鄙為粗俗自大的人，認為他幼稚不協調的電影即使連土狼也比不上；在法國他卻被讚譽為「瘋狂之王」，一個刻意顛覆電影傳統的天才改革者。兩方都同意其1963年的影片《隨身變》是原型的路易。

在紐約州的卡茨基爾山（「波喜特腰帶」）渡假旅館內，路易完成其註冊商標的特質——一個尖叫不斷，十分好動又早熟的孩童。1946年，他與三流的低吟歌手迪安·馬丁合作；馬丁性感的哼唱配合路易滑稽動作，使得他們成為秀場中最紅的搭檔。1956年這對搭檔拆夥。1960年執導其第一部影片《旅館侍者》之前，路易在多場收益頗豐的影片中獨任主角。

在他執導的第4部影片《隨身變》中，路易扮演一名大學教授。由於吞了一劑藥，教授成為整日搖擺哼唱「親愛寶貝」而又追蜂逐蝶的時髦人（路易否認此處的寶貝是指其往日合夥人馬丁）。在美國評論家看來，這部電影純屬「大雜燴」，而對法國人，它又是那麼的

路易（左）在《隨身變》裏與斯特拉·史蒂文斯一起擔當主角，表現傑基爾博士和海德先生現代式的瘋瘋癲癲。

「動人、獨創、意義深遠」。但爭得不可開交的局面卻從未困擾過路易的影迷——在大西洋兩岸均有一大票。◀1959（8）

思想

罪惡之平庸

⑭ 隨著納粹戰犯阿道夫·艾希曼被送上絞架，大多數人都認為，這個世界又除掉了一個惡魔，大屠殺的殘暴設計者。但政治哲學家漢娜·阿倫特卻提出引人注目的不同說法。她

在1963年出版《艾希曼在耶路撒冷》一書（頗有爭論的副標題為「平庸罪惡的報告」）。在這一系列有關審判艾希曼的文章中，阿倫特將極凶殘的殺手描繪成一個小丑，是官僚機構機制當中的一個小角色，主動或被動地迎合納粹的暴行。令人震驚的是在這組文章中，阿倫特提及許多猶太人團體的領導人也同納粹合作。

作為一個在德國出生的猶太人，她曾向思想家卡爾·雅斯培學習，並親身感受到納粹恐怖暴行的第一手資料。1933年，她逃離希特勒政權來到法國並在8年之後移居美國。她對艾希曼的報告，減輕了艾希曼的罪惡並帶有自我責難的意味，在猶太人團體中激起了爭論。憤怒的批評家譴責她低估了艾希曼罪行的詭詐而且還責備受害人的苦痛。而在那些理解阿倫特對政治哲學方面貢獻的知識分子當中，這本書則易於接受。阿倫特並不是為艾希曼脫罪，而是在研究極權主義（及其複雜的吸引力）的本質。這也是她先前在1951年版的《極權主義之源》一書中曾經探討過的課題。在這本書中，她將納粹主義同共產主義、19世紀的反猶太人主義和帝國主義聯繫起來。《艾希曼在耶路撒冷》鼓勵對情緒化問題的嚴肅思考：即探討極權主義政權何以得到受害者與艾希曼等人的同謀。◀1960（8）▶1987（11）

1963

超越歷史的運動

摘自馬丁・路德・金恩於1963年8月28日在華盛頓特區林肯紀念碑的演講，1963年春

1963年春，馬丁・路德・金恩在阿拉巴馬州伯明罕發動的非暴力運動喚起了甚至是最開明美國人對種族主義的意識。8月，金恩和其他民權領導人帶領大批開明的美國人到華盛頓遊行。曾創下當時記錄的30萬人的大遊行，其成員來自多樣的種族和社會背景，心手相連齊聚在首都，示威爭取基本自由：即受雇的權利、受教育的權利、在餐館用餐的權利。井然有序、和平的人群走在華盛頓紀念性建築群的陰影之中，爭取自由與正義，聚集於最令他們激動的林肯紀念碑前。在紀念碑的花崗岩台階上，金恩發表了他如唸聖經般抑揚頓挫的演講：《我有一個夢》，成為民權運動的卓越的典範。◀1963（7）▶1964（3）

今天，我很高興和你們一同參加這永載史冊的活動，在我國歷史上為爭取自由的最偉大的示威遊行。

100年前，一位偉大的美國人（我們正站在他象徵性的影子之面）簽署解放宣言。這重大的宣告對無數在不公平的毀滅之燄中煎熬的黑人奴隸來講，就像希望之燈塔，也像令人興奮的破曉即將趕走漫漫的、身為奴隸的長夜。

然而，100年後，我們必須面對悲慘的事實，黑人仍不自由。100年以後，黑人的生命仍悲慘地受種族隔離的鐐銬和歧視政策鎖鏈的摧殘。100年後，黑人生活在物質豐盛的大洋中的貧窮孤島上。100年後，黑人仍在美國社會的角落裏呻吟並在自己的國土上遭人放逐。因此，今天我們來到這裏呈現出這令人毛骨悚然的景象……

今天，我告訴你們，各位朋友，儘管有此時的困難與挫折，我仍有一個夢。這個夢深深植根於美國夢之中。

我有一個夢，夢想有一天這個國家要高舉並履行其信條的真正涵義：「我們信守這些不言自明的真理；人人生而

1963年8月28日，幾十萬支持者聚集在首都的華盛頓紀念碑前，聆聽金恩的演說。上圖為金恩在林肯紀念碑發表演講。

平等。」

我有一個夢，夢想有一天在喬治亞州的紅山上，先前奴隸的子孫與先前奴隸之主的子孫能情同手足地坐在一起。

我有一個夢，夢想有一天即使密西西比州這充滿不公與壓制之酷熱的沙漠之州，也將會變為自由和公平的綠洲。

我有一個夢，有一天我的4個孩子將生活在一個不以其膚色而以其人格的內涵來評判他們的國家。

今天，我有一個夢。

我有一個夢，夢想有一天在其州長還再大談干預與非法行徑的阿拉巴馬州也將會出現黑人小男孩和小女孩能夠與白人小男孩和小女孩手牽手，能像兄弟姐妹一樣走在一起的情形。

今天，我有一個夢。

我有一個夢，夢想有一天每一個山谷將能升起，每一座山頭變得低矮，崎嶇之地將成平原，蜿蜒之處變得筆直，上帝的榮光得到釋放，眾生同見。

這就是我們的希望。這就是我回到南方的信念。帶著這種信念我們將劈開絕望的大山來尋求一希望之石。帶著這種信念我們將能夠把我們國家刺耳的噪音，變成兄弟般美麗的和音。帶著這種信念我們能一起工作，一起祈禱，一起奮鬥，一起走向監獄，一起為自由而挺身而出，因為我們知道，有一天我們終將自由。

這就是那一天，此時上帝所有的孩子將能用新的意義歌唱「我的國家屬於你，甜蜜的自由土地，我為你歌唱。那是我父輩埋葬的土地，那是最初移民的驕傲之地，在每一座山坡，讓自由鳴響。」

如果美國要成為一個偉大的國度，這夢將必須實現。讓自由從新罕布夏州高聳的山巔敲響起來，讓自由從紐約州壯麗山脈中敲響，讓自由從賓夕法尼亞州阿勒格尼山脈頂峰上敲響起來。

讓自由從科羅拉多白雪覆蓋的岩石上敲響。

讓自由從加州優美的山巔敲響。

但不僅限於此，還要讓自由從喬治亞石山上敲響。

讓自由從田納西州守望山上敲響。

讓自由從每一座山上和密西西比州的鼴鼠丘上敲響。從每一座山坡，讓自由敲響。

當我們讓自由敲響的時候，當我們讓自由從每一個大小村莊，每一個州，每一座城市敲響的時候，我們就能使那一天快快到來，那一天，上帝所有的孩子，黑人和白人，猶太人和非猶太人，新教徒和天主教徒，都能手牽手用古老黑人靈歌唱著：「終將自由，終將自由，謝謝全能的上帝，我們終將自由！」

「我們不會派美國孩子到遠離家鄉9千或1萬英里的地方去做那些亞洲孩子自己應該做的事情。」

—— 林登·詹森，1964年競選演說

年度焦點

東京灣決議案

1 這場可能粉碎世界超強美國所向無敵的印象的戰爭從未正式宣佈。之所以沒有宣戰主要是拜1964年8月7日美國國會通過東京灣決議案之賜。在這之前幾天，兩艘美國驅逐艦據說在北越東部邊界的東京灣無故遭到北越魚雷快艇的攻擊。在下令進行報復轟炸襲擊後，詹森總統要求國會授權，以便能自由地干預越南事務。美國國會議員幾乎無異議地通過，詹森總統因此得以不須經過正式宣戰時所需之法律和政治上的複雜程序，即可立刻升高戰爭衝突。這個策略果然奏效：

詹森總統在美國參眾兩院議員的圍繞下，簽署東京灣決議案。

11月，詹森以美國歷史上最大的差距擊敗亞利桑那州參議員巴里·高華德而當選總統。就職典禮不久後，他便開始計畫性地轟炸北越，並派遣美國海軍陸戰隊投入戰爭。

東京灣事件是詹森總統祕密計畫的一部分，目的是刺激越共加深對美國的敵視，藉此給予美國報復的藉口（「五角大廈檔案」顯示美國軍艦曾攻擊北越，至於北越是否還擊則尚有爭論，這是1971年美國政府官員丹尼爾·埃爾斯柏格向新聞界洩露的國防部研究報告）。1964年，詹森似乎迫不及待地介入越戰，儘管美國已經在南越派駐1萬6千名軍事顧問。因為一連串的腐敗政權（最近一個是9個月前被暗殺的吳廷琰）越南已經將半個國家輸給越共。他害怕因「失去」越南受到指責（就如杜魯門總統曾由於「丟掉」中國而遭到嚴厲批評），而且他和大多數情報專家都相信，美國只要發動小規模攻擊就能瓦解胡志明所領導的農民游擊隊。

詹森顯然低估了越共游擊隊的堅定意志、胡志明將領的足智多謀以及南越士兵的不滿情緒。他也未預料到美國人民對於這場代價高昂、路途遙遠而又難以理解的戰爭後來會完全絕望。到1968年，美國派駐越南部隊已超過50萬人，美國飛機在越南投下的炸彈已超過同盟國在第二次世界大戰中投下炸彈的總數。然而美國並無法阻擋越共，美國人民對越戰的憤怒也使美國國內陷入分裂的狀況。更令詹森痛苦的是，他的聲望一落千丈，因此放棄競選連任。◀1963（邊欄）▶1965（1）

蘇聯

赫魯雪夫下台

2 尼基塔·赫魯雪夫傲慢、粗俗和急躁的個性，使得太多人與他疏遠，最後甚至因此失去蘇聯政府領導人的地位。1964年，蘇聯共產黨中央委員會投票一致通過免去赫魯雪夫所有的黨內職務時，這位歷經11年混亂政局的政治家，最後落得眾叛親離：黨內政務官員、行政官僚、軍人、知識分子、農民、工廠工人，都領教過他的個性和激進的改革，所有人都深受其害。是更換新領導人的時候了。

在史達林長期以來的暴行之後，赫魯雪夫執意進行改革，在掌權期間不斷嘗試實現自己的理念，但是實際的狀況與他的野心有所出入。他試圖以地方分權來提升政府效能，裁減黨內官僚，強調核子武器勝過一支傳統的軍隊（之後卻繼續與西方國家進行裁軍談判），疏遠強勢的軍方；他精心策劃了與資本主義列強「和平共存」的外交政策，卻因此激怒了過去寶貴的盟友中共及國內強硬派的官僚。赫魯雪夫一直亟欲超越美國，於是推行了許多過於樂觀但規劃拙劣的工業和農業政策。1963年他的農業計畫導致蘇聯這個世界上最大的農業國家陷入饑荒，人民對他的不滿達到了頂點。

赫魯雪夫在最高蘇維埃的最後任期。順時針從左上方起：格里辛、基里連科、波利揚斯基、沃羅諾夫、赫魯雪夫和布里茲涅夫。

1964年10月，赫魯雪夫在黑海的別墅度假時，蘇聯共黨領導人在莫斯科聚會，密謀推翻赫魯雪夫。程序相當清楚且符合憲法規定：將此計畫通知所有200名中央委員會成員之後，由政治局掌權者米哈伊爾·蘇斯洛夫和列昂尼德·

布里茲涅夫所領導的密謀者傳喚赫魯雪夫到莫斯科。10月13日午夜，經過一整天令人筋疲力竭的會議之後，起先還想反抗的赫魯雪夫同意「自願」辭職。第二天他便被解除職務，由布里茲涅夫接任黨主席，阿列克謝·柯錫金繼任總理。不像以往被趕下台的領導人，赫魯雪夫並未遭到大眾的責難，退休後回到鄉間老家，過著平靜的養老生活，並於1971年去世。◀1963（2）▶1966（11）

社會改革

民權法案獲得通過

3 美國民權運動人士發誓要讓1964年的夏天成為解放的季節，但死亡的威脅一直揮之不去。自由夏季運動是由設在芝加哥的非暴力學生協調委員會（SNCC）發起，聲援在密西西比州被剝奪公民權的黑人選民。6月，3名參與此項活動的青年被暗殺。來自北方的安德魯·古德曼、麥可·施韋納（兩者都是白人）和一個密西西比州的黑人詹姆斯·錢尼，因超速駕駛被攔下後失蹤。調查員在一個泥壩發現了他們遭受毒打和被子彈打成蜂窩狀的屍體，幾名三K黨成員（包括當地的警官）最後被判定犯下此樁謀殺案。

這項極其凶殘的罪行使人們意識到這類種族歧視的流氓行徑是全國的，而不僅是當地的恥辱。保障民權的呼籲成為公眾對詹森總統（曾拒絕自由夏季運動成員申請聯邦保護的要求）的支持，這正是他讓國會通過內容廣泛的民權法案時所需的助力。詹森的這項法案最早由甘迺迪提出，但內容較為侷限。7月簽署該法案，認定住宿、就業（包括性別平等）、工會、公立學校以及選民登記上的種族歧視行為規定是違法的。這項法案是由長期以來反對取消種族隔離政策的伊利諾州參議員埃弗里特·德克森和明尼蘇達州參議員休伯特·韓福瑞聯合提出的。在解釋立場的轉變時，德克森引用維克多·雨果的話表示：「當一種思想的時代到來時，

藝術與文化 　書籍：《到布魯克林的最後出口》休伯特·塞爾比；《上帝之劍》基努瓦·阿契貝；《查理和巧克力工廠》羅阿爾·達爾；《理解媒體》馬歇爾·麥克盧漢；《單次元的人》赫伯特·馬庫斯　　音樂：《哦，美麗的女人》羅伊·奧比森；《我在你左右》布萊安·威爾遜；《夜鶯》米爾頓·巴比特；《豐饒角》羅伊·

「巴勒斯坦是我們的，我們的，我們的，我們絕不接受其他替代的土地。」

—— 第一次巴勒斯坦國民大會上，350位巴勒斯坦代表的誓辭

1964年自由夏季運動期間，一個非暴力學生協調委員會的工作人員拜訪密西西比州的農民。

沒有人能夠阻止這種力量。」

但是儘管民權思想是無法阻擋的潮流，但在實現時仍面臨極大的障礙。整個夏季，種族歧視在北方的哈林區及其他地區都引發了騷亂。8月，民主黨拒絕以一個無種族隔離意識的代表團取代密西西比州的白人代表團參加全國大會。10月，密西西比州維克斯堡一個作為選民登記中心的教堂發生爆炸，兩名黑人喪生。◀1963（當年之音）▶1965（5）

醫藥
外科主任的警告

4 香煙在1964年失去吸引力，這一年美國政府公佈關於吸煙的劃時代報告。由10位獨立的生物醫學研究人員編纂的美國公共衛生局局長研究報告，證實民間的研究，指出抽煙習慣是導致肺癌和心臟病的主因。報告發表不到二年，美國國會便命令國內銷售的香煙包

Congress has acted The next step is yours.

Caution: Cigarette smoking may be hazardous to your health

這幅美國癌症協會的海報令人想起美國公共衛生局局長的報告。

裝上都要有標誌警語。英國也很快跟進；到了1972年，西德、美國和加拿大都已禁止電視出現香煙廣告。許多歐洲國家對煙商也開始提高稅率。

從50年代起，流行病學家就一直認為煙草與疾病有關。那時肺癌（在本世紀初幾乎不為人知）已成為健康的大殺手，它的肆虐大多與在第一次世界大戰期間，煙草廠商免費供應軍隊香煙，使吸煙人口增加有關。第二次世界大戰時香煙銷路又迅速增加，當時醫生甚至鼓勵士兵以吸煙來緩和緊張情緒。當危險警告出現時，過去聲稱香煙對健康有益的煙草公司也開始自我辯解。早在1949年，受歡迎的「駱駝牌」香煙廣告中宣稱那些不具名的「著名的咽喉病專家」並無法證明，駱駝牌香煙是引起喉嚨發炎的唯一原因。

至少，美國公共衛生局局長報告的警告在美國確實發揮了作用。60年代中期，有40%的美國成人吸煙。30年後，吸煙人口的比例下降到25%以下。◀1919（當年之音）▶1978（13）

中東
巴勒斯坦盟約

5 1964年巴勒斯坦解放組織成立的幕後推動者並非巴勒斯坦人，而是埃及總統賈邁勒·阿卜杜勒·納塞爾。身為阿拉伯民族主義鬥士和以色列不共戴天的仇敵，納塞認為要打敗以色列，阿拉伯世界

最好是在他的領導下團結起來。他建議巴解組織應結合所有活躍在巴勒斯坦（當地由於1948年以色列建國，導致200萬居民無家可歸）的游擊隊反抗組織。其他的阿拉伯國家領袖都贊同這個計畫，並在5月的會議上同意由他挑選的艾哈邁德·舒凱里（阿拉伯國家聯盟中的巴勒斯坦代表）出任巴解組織第一任主席。

起初，巴解組織聲勢浩大，但無明顯的作為。巴勒斯坦國家盟約（在成立大會上代表一致通過）對猶太人與巴勒斯坦的關係提出質疑，要求以「消滅猶太復國主義」為目的進行武裝鬥爭，並支持在以色列的所在地上建立一個「民主而世俗」的阿拉伯國家。另外還訂立

1968年，巴解組織主席亞西爾·阿拉法特。

了一支巴勒斯坦軍隊的條款。除了自吹自擂之外，巴解組織的權威性並不穩固。在挑戰其領導權的各派系團體中，以亞法他（聖戰勝利之意）和在埃及接受教育的年青工程師亞西爾·阿拉法特所共同創建的「解放巴勒斯坦軍事運動」勢力最為強大。

1967年以色列在六日戰爭中擊敗埃及之後，亞法他將巴解組織改組為一支強大的獨立軍事和政治組織部隊。1968年，阿拉法特被任命為巴解組織主席，開始以巴勒斯最高領導人的姿態出現，阿拉法特的組織成為巴勒斯坦主要的代議機構，最後連以色列也不得不承認它。◀1958（1）▶1967（3）

誕生名人錄

邦尼·布萊爾 美國競速滑冰運動員

何塞·坎塞科 美國棒球球員
崔西·查普曼 美國歌手
德懷特·古登 美國棒球球員
達西·基斯德勒 美國芭蕾舞者

邁克·鮑威爾 美國運動員
馬庫斯·羅伯茨 美國音樂家

逝世名人錄

埃米里奧·阿奎納多 菲律賓革命家

威廉·麥斯威爾·艾特肯，比佛布魯克勳爵
加拿大裔英國出版商和政治家

葛蕾茜·艾倫 美國喜劇演員

阿斯特子爵夫人
英國政治領導人

布倫丹·貝漢 愛爾蘭劇作家

瑞秋·卡森
美國生物學家和作家

斯圖爾特·戴維斯 美國畫家

格哈德·多馬克
德國生物化學家

伊恩·弗萊明 英國小說家

赫伯特·胡佛 美國總統

林黛 台灣影星

彼得·洛利
匈牙利裔美國演員

道格拉斯·麥克阿瑟
美國將軍

西蒙·馬克斯 英國零售商

阿瑟·馬克斯 美國喜劇演員

喬治·莫蘭迪 義大利藝術家

賈瓦哈拉爾·尼赫魯
印度總理

肖恩·奧凱西 愛爾蘭劇作家

佛蘭納里·奧康納 美國作家

科爾·波特 美國作曲家

伊迪絲·西特韋爾 英國作家

利奧·齊拉特
匈牙利裔美國物理學家

帕爾米羅·陶里亞蒂
義大利政治領導人

諾伯特·維納 美國數學家

于右任 中國政治家

哈里斯　繪畫與雕塑：《布里洛盒子》安迪·沃荷；《後座巧計'38》愛德華·肯諾爾茨；《洋紅煙霧》肯尼士·諾蘭德　電影：《窈窕淑女》喬治·寇克；《陌生之愛》史丹利·庫布里克；《瑪麗·波平斯》羅伯特·史蒂文生；《粉紅豹》布萊克·愛德華斯　戲劇：《招待斯隆先生》喬·奧頓；《秋天以後》阿瑟·米勒；《嗨，寶貝兒》傑里·赫爾曼　電視：《吉利甘的島》；《明斯特人》；《亞當一家》。

「約翰・科爾特蘭透過他的薩克斯風傳道。」
—— 薩克斯風演奏家卡洛斯・沃德

1964年新事物

● 福特野馬牌汽車

● 玩具兵喬
● 維拉札諾海峽吊橋完工通車（紐約市）
● 子彈列車（東京和大阪之間）
● 州政府發行彩券（新罕布夏州）
● 義大利麵西部片電影（《大把鈔票》）

美國萬花筒

冷淡的城市居民

3月13日，紐約皇后區的居民基蒂・傑諾維斯在她中產階級公寓的院子裏被刺死，當時有38個人曾目睹或聽到。雖然傑諾維斯尖叫呼救1個半小時，但一直到殘忍的攻擊結束為止，沒有人打電話給警察。這些目擊者這種可恥的無動於衷——因為不想「被捲進去」——成為美國城市生活的冷漠、孤寂以及價值淪喪的鮮活實例。

誰殺了甘迺迪？

根據華倫委員會（為調查甘迺迪遇刺案件而成立，全部由法學權威和政治家組成，主持人為大法官厄爾・華倫）鉅細靡遺的報告，此暗殺事件係由李・哈維・奧斯瓦德個人所為。該委員會在1964年提出報告；但那時已有一派陰謀論者列出一串可能的名單：包括卡斯楚、（前蘇聯）國家安全委員會（KGB）、黑手黨、美國中央情報局、反卡斯楚的古巴人及美國將領詭議會。
◀1963（1）▶1978（邊欄）

時裝

美國時裝設計師魯迪・格爾里希觀察到社會大眾對衣著限制有愈來愈少的趨勢，於是在1964年推出了「monokini」，一種上空的比基尼泳裝。這在較為保守的美國海灘並不

音樂
科爾特蘭的顛峰期

⑥ 薩克斯風演奏家約翰・科爾特蘭是爵士樂的一朵奇葩，他是優秀且富有革新精神的演奏者，受到同輩音樂家和聽眾的尊崇。1964年隨著令人癡迷的專輯《最愛》發行，科爾特蘭的音樂事業達到了顛峰。

他或許是60年代最著名和最具影響力的爵士音樂家。他在1959年的專輯《巨形台階》展現個人風格之前，曾在爵士樂團裏為「令人眩目的」吉萊斯皮、邁爾斯・戴維

科爾特蘭和妻子艾麗絲（在他的四重奏樂團裏演奏鋼琴）。他在60和70年代的影響力可與早期的查理・帕克相提並論。

斯和西洛紐斯・蒙克等人伴奏多年。他的專輯以輕快的旋律伴有緊湊、但十分清晰的和弦變化——這是他著名的「音樂樂譜」。科爾特蘭對中音和高音薩克斯風都很拿手，創造了打破傳統節奏與和音模式的和弦技巧。對於未入門的人來講，他的音樂可能聽起來雜亂無序，緊湊而不和諧，但是他的唱片銷路卻出奇地好。1960年的專輯《我的最愛》（主打歌是由電影《真善美》中的一段樂曲延伸而來）銷售了5萬張。

《最愛》的特點在於開拓了新的音樂領域。該專輯是在他41歲驟逝的前3年發行的，同時融合科爾特蘭多樣的演奏類型及以他宗教神祕主義的新奇傳達。如聖歌般又悅

耳動人，許多人都認為這張唱片是他最偉大的成就。◀1955（7）

東非
坦干伊喀吞併占吉巴

⑦ 坦干伊喀總統尤利烏斯・尼瑞稱自己的社會主義為「烏加瑪」（斯瓦希里語是「共同體」的意思）。在平安地渡過一次軍事政變之後不久，尼瑞於1964年4月1日將沿岸島嶼占吉巴併入坦干伊喀共同體，組成坦尚尼亞聯合共和國。這次併吞的行動顯示出尼瑞的憂慮，因為以黑人為主要民族的占吉巴小島上已在1月推翻其非洲裔阿拉伯蘇丹，並開始向中共陣營靠攏。趁親北京的外交部長正在國外時，尼瑞這位不結盟運動的倡導者與有類似想法的總統阿比德・阿曼尼・卡魯美取得共識。

在非洲的新國家中，坦尚尼亞似乎特別受上天眷顧。這個國家並無棘手的種族分裂，它近期的歷史也不像大多數非洲國家那樣傷痕纍纍；過去幾十年中，坦干伊喀一直是國際聯盟監督下的英國託管地（1961年時移交聯合國託管），而非殖民地。此外，尼瑞本身也十分優秀出眾。雖然他以單一政黨治理國家，但他領導的政府給予人民選舉的自由，也未曾進行什麼壓制行動。當其他非洲國家領袖喜好冠上偉大的稱號（例如迦納的獨裁者克瓦姆・恩克魯瑪自稱為「救贖者」）並在國家電台上竭力宣傳時，在愛丁堡受教育的尼瑞則將自

1961年尤利烏斯・尼瑞（持手杖者）和他的部隊準備一起向吉力馬札羅山作象徵性的行軍，以宣示坦干伊喀的獨立。

己定位為「教師」的角色，並在廣播發表有關家庭經濟的演講。事實上，尼瑞最大的成就就是國民義務教育，這項政策使該國成為非洲文盲最少的國家之一。但「烏加瑪」的效果並非都是正面的，工業國有化影響了生產，農業集體化也造成糧食短缺，資本主義異議份子和強制勞動的逃犯也使得監獄人滿為患（對一直是極權國家占吉巴而言，鎮壓是最劇烈的手段）。除了鐵路（諷刺的是，它是由中共支援建造的）之外，這個國家的基礎設施依然相當落後，離尼瑞追求自立的終極目標遙遙不可及。1985年他退休時，坦尚尼亞三分之一的預算來自國外。◀1957（4）▶1966（12）

文學
貝婁的內心之罪

⑧ 1964年，在《何索》這本小說中，索爾・貝婁將舊世界知識分子的世故和新世界知識分子的機智不羈結合在一起，塑造了一個完美的主角——摩西・何索，一個中年猶太知識分子，他對人生寶貴的思考經常為其輕浮的生活所打斷。在第二次婚姻破裂期間，面臨自己心智的遭遇使貝婁書中的主角了解到：「他，何索違背自己的心願犯了罪。」

「這個白人是羅得西亞的主人。他締造了它並想擁有。」
—— 史密斯，南羅得西亞領袖

這位美國最傑出的概念小說家是俄裔猶太移民之子，小時候住在魁北克的移民區。9歲時遷往芝加哥，另一個多種語言並存的地區。在其移居的家鄉鄉下講的均是希伯來語和意第緒語，而他竟日沉醉於舍伍德‧安德森、西奧多‧德萊塞以及艾德加‧李‧馬斯特斯等人的英文作品當中，這正是貝婁蘊育自己特色的時期（貝婁的作品活力四射，經常不顧忌地混合粗俗與文雅的語言，並將意第緒語的聲調節奏融入英語文句中）。

貝婁的第一本書是1944年的《追逐的人》，在他29歲時出版，並吸引了少部分讀者。在1953年的《奧吉‧瑪琪歷險記》中，貝婁塑造了一個急欲瞭解現代世界的都市化的哈克‧芬。貝婁在《奧吉‧瑪琪》中創造一個美國文學上的「新的猶太人傳說」，超越諸如馬克‧吐溫和海明威等作家所遵循的界限。在《何索》和之後的《施莫勒先生的星球》、《韓伯的禮物》（因感於其詩人朋友德爾摩爾‧施瓦茨悲劇的一生而寫成）等作品中，貝婁擴展這項傳統，將緊張不安的哲學探索帶到一個新的平穩時期。1976年，以「作品中融合人類對當代文化的認識和微妙分析」為由，他贏得諾貝爾文學獎委員會頒發的諾貝爾文學獎。◀1927（11）▶1969（13）

戲劇
百老匯的首席提琴手

⑨ 索爾‧貝婁引入美國主流文學的猶太人主題也出現在其

特維（澤羅‧莫斯特爾飾）在「如果我是一個富有的人」歌中與上帝爭論。

他藝術類別。1964年的音樂劇《屋頂上的提琴手》將老一輩猶太人的種族觀念介紹給百老匯的觀眾。該劇是描述沙皇時代俄國一個小村莊裏牛奶販特維和其家庭的故事。不過就算對現代的非猶太人觀眾有翻譯上的問題之外，此劇僅以深刻的人性描繪便足以深深打動觀眾。《屋頂上的提琴手》由是哈羅德‧普林斯製作，傑羅姆‧羅賓斯導演和編劇，是那個年代演出最久的百老匯劇目（8年間，演出3242場）。

《屋頂上的提琴手》也代表舞台和設計的新里程碑，其整體描繪與風格完全以傳統為中心主題。傑里‧博克和謝爾登‧哈尼克所創作的動人心弦的歌曲以及傳統猶太旋律（「如果我是富人」、「日出，日落」）烘托了約瑟夫‧施泰因所作的歌詞。歌詞是依照意第緒語幽默作家肖洛姆‧阿萊赫姆的故事所編寫，描寫受到內在與外在攻擊的傳統（內在是特維的女兒不願接受父母安排的婚姻，外在是俄國官方的反猶太政策）。該劇另一個成功要點是澤羅‧莫斯提爾，他精湛的舞台表演，表現了特維的樸實幽默以及誠摯情感。▶1966（8）

東非
英屬羅得西亞分裂

⑩ 北、南羅得西亞分別於1964年、1965年脫離英國的殖民統治，兩者發展的方向卻完全不同。前者獨立宣佈成立黑人統治的尚比亞共和國，後者單方面宣

稱成立白人至上的羅得西亞。這兩個新國家的差別大半緣於人口數量（羅得西亞的白人少數民族人數比尚比亞的多，而且掌握經濟實力），此外，也由於兩國領導人完全不一樣的性格：尚比亞的總統是肯尼士‧考翁達，而羅得西亞的領導人則是首相伊恩‧史密斯。

1965年11月11日，史密斯簽署羅得西亞獨立宣言。

1959年考翁達因擔任急進的尚比亞非洲民族議會主席（仿效非洲民族議會成立的組織，考翁達之前曾擔任其秘書長）而短暫入獄，他唯一的罪名是領導一場令人印象深刻的平民反抗運動，抗議英國統治。在爭取獨立的協商中，他用善意誠懇的語調，試圖平息殖民地360萬黑人對白人（約7萬5千人）的怨恨，減輕白人對黑人政府的恐懼，化解種族間的敵意。相反地，史密斯發誓絕不妥協——在對付羅得西亞的400萬黑人（與白人人數比例為16：1）是如此，對堅持多數民族統治為獨立先決條件的英國亦然（史密斯宣稱英國的要求是非法的）。

史密斯在羅得西亞的南非式政權導致國際制裁和多年的內戰，元氣大傷。尚比亞則面臨其他的考驗。在南非和羅得西亞的敵視與國內永無止境的貧困威脅下，考翁達趨向高壓政治，於1972年強行建立一黨專政國家。一直到1991年考翁達退休前不久，政治異議才合法化。至於羅得西亞，游擊隊的反抗終於耗盡非法政府的力量，1980年史密斯下台，羅得西亞成為獨立、由多數黑人統治的辛巴威。◀1902（5）▶1979（2）

實用，可以說是新世代驚世駭俗的宣言。▶1965（2）

勒殺者被捕

在兩年的恐怖陰霾下，「波士頓勒殺者」侵入被害人家中至少強姦並殺害了12名婦女。凶手懷疑是曾犯過詐欺罪的阿爾伯特‧亨利‧德薩沃。他向警察局坦承犯案，但他的律師拒絕讓他在法庭上認罪；因為沒有確實的證據，因此他一直未被起訴。德薩沃是最早接受審判和宣告有罪的「勒殺者」，成為連續殺人犯的早期樣本。

高爾夫高手

不斷打破現有記錄的阿諾德‧帕瑪是位最富戲劇性的運動員，在1964年贏得他運動生涯中的最高榮譽——高爾夫球名人賽，並且是史無前例的第4次贏得冠軍。這位成為第一個贏得100萬美元的高爾夫選手，也是成功的將聲譽運用於企業的第一人，從高爾夫球桿到巧克力棒，都有他的名字出現。▶1975（邊欄）

鷹派候選人

好戰的保守派參議員巴里‧高華德在1964年共和黨總統提名競選中，擊敗紐約的自由派州長納爾

遜‧洛克斐勒。雖然他的名字被拿來當作有趣的競選口號——像類似從周期表衍生的AuH2O金水，但高華德的鷹派作風使得大部分選民感到失望。「以極端主義捍衛自由並非罪惡」，這是他著名的宣言。後來是林登‧詹森在總統大選中脫穎而出。◀1964（1）

瓊斯的戲劇

勒羅伊‧瓊斯在其1964年發表的劇本《荷蘭人》中，以痛苦無望的情節，描寫一個在紐約地鐵中殺害黑人的白人婦女的故事，被認為是隱喻美國的種族關係。此劇也使瓊斯（後來改信回教並改名為阿米里‧巴拉卡）成為重要的非裔美籍作家。

1964

「你了解當美國黑人知道世界上最具運動天賦、或許最英俊而且是最有魅力的男人是黑人時，這對他們有何影響嗎？」
—— 棒球球員里吉・傑克遜對阿里的評語

環球浮世繪

班達執政

位於東南非洲的尼亞沙蘭，原與北、南羅得西亞（尚比亞和辛巴威）都是殖民地聯邦的一部分，於1964年獲得獨立，成為大英國協的一員，取名馬拉威。原本在英國開業行醫的黑斯廷斯・卡馬祖・班達回國領導殖民地的建國運動，並且兩年後在馬拉威宣布獨立成立共和國時，擔任總統。班達是個獨裁者，監禁或殺害其反對者，並禁止人民批評他的一黨政府。他也是第一個與南非採取種族隔離的政權建立關係的非洲黑人領導。

電子合奏

前衛的理論家和電子音樂倡導人，德國作曲家卡爾海因茨・施托克豪森在1964年建立自己的打擊樂團，表現他巧妙又具概念性的創作。12月在布魯塞爾首次

登台演奏以鑼、擴音器和濾波器等器材編寫的《麥克風一號》。施托克豪森和他的同伴努力開發電子樂器（後來還包括諸如錄音機和短波收音機等「儀器」）創作出一系列驚人的電子音樂。

布蘭卡在巴西

1964年卡斯特羅・布蘭卡將軍在巴西領導一場不流血的政變。起因是通貨膨脹失控，國家債台高築以及對外信用破產。總統若昂・古拉特的整治計畫是採用左派的改革方案，使得巴西傳統的權力掌控者——右派和軍隊——疏遠了他。此次政變使巴西這個南美洲最大面積、同時也是全世界第5大國成為一個軍事獨裁國家。往後的21年裏巴西沒有產生過平民總統，或者說25年內未出現過民選總統。◀1960（9）▶1989（8）

體育

最偉大的拳擊手

⑪ 1964年，當卡修斯・馬瑟勒斯・克萊這位來自肯塔基州路易斯維的22歲奧運金牌得主走入拳擊場中與索尼・利斯頓對峙時，拳擊場面令觀眾非常擔心。兇猛的利斯頓是重量級世界冠軍，與急躁、可愛、娃娃臉的克萊相比，利斯頓高大，粗暴且卑鄙。然而，實際情況卻相反，克萊一開始便以閃電般的速度和難以置信的力道居於優勢，飛快地擊倒這位世界冠軍，出拳速度之快令現場觀眾都沒來得及看清楚。而後，他豎起拳頭，彎曲肌肉，志得意滿地看著躺在地上的「巨人」。他後來告訴記者說：「我沒有必要照你們喜歡的去做，我希望自己是什麼樣子就是什麼樣子。」他驚人的勇猛及泰然自若的驕傲自大（他喜歡自誇說：「我是最棒的」）使得大眾，特別是黑人青年相當震驚。克萊不久皈依回教，改名為穆罕默德・阿里，並轉入職業拳擊賽，聞名於世。

1967年正值事業巔峰之時，阿里以宗教為由拒服兵役——代價是失去世界拳王頭銜。1970年最高法院判他理由正當，4年後，他在薩伊首府金夏沙與喬治・福爾曼比賽，再度贏得拳王頭銜。他一貫臭屁地吹噓其動作「如蝴蝶般敏捷，像蜜蜂般刺人」。不過他不是在 ˝rope-a-dope˝，而是把自己當成對手的欄索及靶子，直到福爾曼精疲力竭，狡猾的他再一躍而起，將對手擊倒。但此策略是要付出慘痛代價：日後阿里的帕金森症因此惡化，說話口齒不清，行動遲緩。◀1956（邊欄）▶1975（邊欄）

在他的第64次冠軍賽第三回合的較量中，克萊向利斯頓的眼睛擊出兇狠的左鉤拳。

科學

尋找夸克

⑫ 粒子物理學有了一個預言式跳躍的發展。物理學家檢測已知的原子，找出其結構上的缺漏，並描繪出他們認為還未發現的部分（此程序就好像從檢查建築物架構的大樑和桁柱來推論窗戶、門和水管裝置的位置）。1964年，粒子物理學家默雷・蓋耳曼提出夸克的存在，並認為素粒子是組成原子的基本粒子之一。根據蓋爾曼的模型，喬治・茨韋格——加州科技學會的一位物理學家——也自行研究證實這個模型，先是有原子、原子核、重子、介子、π介子、K介子，再來是夸克。茨韋格稱其假設

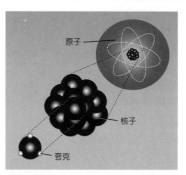

夸克之於基本粒子就像質子和中子之於原子核。

的粒子為么點（王牌），但還是蓋耳曼引自詹姆斯・喬伊斯的《芬那根的甦醒》取名稱才比較貼切。

蓋耳曼對粒子物理學第一個重大貢獻是在1953年提出的理論，它解釋了近期發現的次原子粒子的迅速變質（他稱之為「奇怪現象」）。1961年，他設計一個次原子元素周期表，以8為單位將粒子組合為族群，並以佛教徒獲得領悟的過程，將週期表戲稱為「八重之道」。這假設的系統（類似以色列

的尤瓦爾・內埃曼研究的）被後來陸續發現的新粒子加以證實。

因為結構的原因，夸克可分為6種，進而使其假設理論合理，使研究人員有跡可尋。60年代末，實驗證據支持夸克的存在，90年代，6個夸克中最後一個——最高夸克，經統計證實是存在的。◀1949（5）

戲劇

史翠珊扮演芬妮・布賴斯

⑬ 「我是最偉大的明星」，在《妙女郎》中芭芭拉・史翠珊如此唱道。該劇是齊格菲諷刺劇的喜劇女主角芬妮・布賴斯的舞台傳記，於1964年3月23日在百老匯開演。很明顯的，觀眾都相當滿意：她謝幕接受歡呼高達23次。史翠珊，這位21歲的百老匯獨唱表演

史翠珊：天生就是飾演芬妮・布賴斯的最佳人選。

好手，開始了她表演生涯，成為演藝界中最不平凡的傳奇人物之一。

該劇中，史翠珊的個性與女主角不謀而合。兩人都是來自紐約的猶太女孩，表情痴傻，有奇特的幽默感，且和台下觀眾有種特別的互動關係。僅管如此，當初史翠珊並非飾演女主角的第一人選（而是瑪麗・馬丁）。1968年她在大銀幕上再次飾演此角色，因而榮獲奧斯卡最佳女演員獎，開始她與好萊塢的長期合作，先是演員，而後成為作曲者和導演。

史翠珊因演出《妙女郎》而征服了百老匯，但卻沒有克服她長期以來的怯場。後來幾十年裏，她錄製了幾十張唱片，主演並執導電影，但直到1994年的巡迴演出獲得廣大迴響之前，她幾乎沒有做過現場表演。◀1910（9）

野營美學

摘自1964年秋季《黨人評論》中，蘇珊‧松塔的「野營筆記」

蘇珊‧松塔18歲從芝加哥大學畢業，之後在哈佛大學獲得文學和哲學碩士學位，是小說家（作品有《慈善家》、《死亡裝備》、《火山戀人》）、導演、劇作家、犀利的文化批評家，也是人權活躍分子，而以撰寫「野營」的美學成名。松塔的「野營筆記」首次在1964年秋季號的《黨人論壇》中發表，並收錄在1966年她第一本散文選集《對抗詮釋》。「野營筆記」將野營描寫為一種完全的現代敏感性，一種對於人為與誇張（例如葛麗泰‧嘉寶、通俗歌劇、新藝術燭台）的破壞性但卻溫和的昇華。在這些令人眩目的俗麗虛飾中，松塔相信野營事物肯定了生命。這篇有趣、引經據典的散文鞏固了松塔的學術地位，並改變了審美概念。除了好的、壞的、醜陋的之外，現在又多了野營。

1.從廣義上來講：野營是一種表現唯美主義的方式。這是一種將世界看作唯美現象的方式。這種野營的方式並不是從美的觀點來看，而是從風格而言。

3.不僅有野營觀點：看待事情的野營方式。野營事物和人類行為中發現的特質。有「野營」電影、服裝、設備、還有一種能從流行歌曲、小說、人和建築……。這種區分很重要的。說實在的，野營眼神具有一種力量可以轉變人生體驗。但不是每一件事物都能看成野營。在旁觀者的眼裏，這並不是全部。

4.隨意舉一些野營標準用品的例子：第凡內的燈；史考普頓的軟片；洛杉磯落日落大道上的布朗德比餐廳；《詢問者報》的頭條新聞與報導；奧布里‧比爾茲利的素描；《天鵝湖》；貝里尼的歌劇；維思康提導演的《莎樂美》以及《可憐她是個妓女》；世紀交替時的一些風景明信片；修迪沙卡的《大金剛》；古巴流行歌手拉‧盧佩；林恩‧沃德的木刻畫小說《上帝的人》；20年代女人的衣服（毛皮圍巾、流蘇串珠的禮服等）；羅納德‧弗班克和艾維‧康普頓‧伯內特夫人的小說；沒有色情的男性電影。

5.野營的審美觀最為接近藝術。比如服裝、設備以及所有各種視覺裝飾元素，構成了野營的主要部分。野營藝術多是裝飾性藝術，強調質感，具有美感的外表，而不在乎內容的風格。音樂會的音樂雖無什麼內容，卻很少屬於營地。因為在這裏沒有機會在愚蠢或奢侈的內容和華美的形式之間作比較……有時所有藝術的形式都充滿營地風味。古典的芭蕾、歌劇、電影似乎長期以來就已是如此。近兩年，流行音樂也是如此（後期的搖滾樂，法語稱之為yé yé）。電影評論（例如十大爛片排行榜）或許是今天營地風味最大的推廣者，因為大多數人仍然非常興奮而認真地去看電影……

10.野營將萬事萬物都放進引號中來看。這不是燈，而是「燈」；不是女人，而是個「女人」。從人和物來了解營地，就是了解存在即是在扮演角色。從感覺上說，是把人生比喻為一齣戲的最廣大的延伸。

11.野營是兩性時尚的成功（「男孩」與「女孩」，「人」與「物」的轉換）。但所有的時尚都是兩性的。「人生」不是追隨時尚，自然也不是。

34.野營品味脫離一般美學判斷好壞的標準。野營不顛倒是非。它不評論好的是壞的或壞的是好的。它只是為藝術（和人生）提供另一種不同（補充）的一套評價標準。

41.野營的重點在於廢除嚴肅事物。野營是愉悅而非嚴肅的。更精確地說，營地包括與「嚴肅事物」一種新的、更複雜的關係。一個人可嚴肅看待瑣屑之事，也可以對嚴肅事物不屑一顧。

45.不問世事是菁英分子的特權；就如紈褲子弟是19世紀貴族在文化上的替罪羔羊，野營可以說代表現代紈褲子弟作風。野營是下面這個問題的答案：在這個大眾文化的時代中如何作一個紈褲子弟？

這是松塔和她的兒子大衛‧里夫在1964年的合影，由戴安‧阿爾比斯拍攝。同松塔一樣，阿爾比斯的作品對後現代風格的形式影響深遠。

「自從我們捲進越南混亂的局勢以來，對美國來說第一次有了希望……戰爭輸贏的責任都歸林登・詹森總統。他使得越戰成為不能輸掉的戰爭。」
—— 薩姆・卡斯坦，1965年11月30日，《生活》雜誌編輯

年度焦點

美國升高越戰

1 1965年，美國開始積極地投入越戰，詹森總統知道美國民眾並不支持全面介入，因此決定先依靠空軍的力量。從3月份開始，美國對北越持續轟炸，幾天後第一批海軍陸戰隊在南方登陸，以保護位於峴港的空軍基地。但南越軍隊（常以字母縮寫ARVN稱之）同樣需要地面支援，詹森開始悄悄地答應威廉・魏摩蘭將軍（駐越美軍司令）的要求，增派更多部隊。到年底，已有18萬人派駐越南。

魏摩蘭的戰略是消耗敵軍而非佔領領土，轟炸的目標除了北方工業和胡志明地道（北方往南方運送人員和物資的通道網路，物資多是由蘇聯和中共提供）之外，還包括南方可能包庇游擊隊的人口聚集中心；地面作戰的基本目標則是盡可能消滅北方的滲透者和越共。「殺人率」與「屍體統計」都是源於越戰的殘酷新名詞，從一開始就震驚世人。在與北越正規軍的第一次交戰中（在德浪河邊），美軍殲滅對手1200人，美軍的代價僅為200人。

但數字並不代表一切。對美國士兵來說，大部分戰爭是在穿越叢林和在水田間追逐捉摸不定的目標。狙擊手和陷阱到處都是；朋友和敵人難以區分，開槍往往比問話來得安全。在執行「搜索和摧毀」戰鬥任務時，看來平靜的村莊也被放火摧毀，居民們被軍隊趕到荒涼而具戰略價值的村莊。這種戰爭方式逐漸削弱了美軍士氣，也造成南越人民（包括許多南越軍人）的反感，一如對腐敗高壓的西貢政府（由美國所支持）的厭惡。在美國國內，美軍用汽油彈轟炸平民的新聞圖片激起反戰情緒。11月，5萬名反戰人士在華府示威遊行。甚至詹森總統的顧問中有些人也開始懷疑這場戰爭是不是一個錯誤。◀1964（1）▶1966（6）

第一批海軍陸戰隊在峴港登陸，使美軍在越南人數達到2萬7千人左右。到該年底，則增加到18萬人。

甚至是在1月，迷你裙對匡特（右）來說還是非穿不可。

時尚

裙邊革命

2 當巴黎女裝設計師安德烈・庫雷熱於1965年冬天推出春夏時裝秀時，他知道自己又成為眾矢之的。他說道：「每次我傾注愛與熱情來搞點現代的東西時，都會受到批評，我已經受夠了。」即使這樣，他還是派了幾十個年輕的模特兒身著白色長靴、A字形禮服和迷你裙（一個令人咋舌的新發明，將裙子的長度縮短至膝蓋上10公分），在伸展舞台上表演。觀眾們目瞪口呆地坐在那裏，當表演結束時，庫雷熱不僅解放了時裝，也解放了穿時裝的女人。

海峽另一邊的英國，一個年輕設計師和時裝店老闆瑪麗・匡特則設計了自己的迷你裙（比庫雷熱的還短）。如果匡特的裙子長度是極端新潮的時裝，那麼在她倫敦時裝店「巴薩爾」的消費者也是走在潮流尖端的。匡特迎合了「真正」的女人，而不是社會名流。匡特中價位的產品很受歡迎，因此總是銷售一空。而後年僅21歲的匡特每天早上都帶來衣料，整天縫製，到晚上衣服就賣完了。很快地，她便被譽為對「時裝的民主化」有卓越貢獻，並被封上「工人階級的庫雷熱」稱號。

到這年年底，這次時裝革命又回到了原點：庫雷熱本人好像是受到匡特信念的影響（今日成衣的流行普及，日後甚至連巴黎的女裝設計師都會接受認同），也將其注意力從為有錢人製作完美的禮服轉向為一般大眾供應服裝。他有點虛偽地表示，「我想要每一個女人都有能力穿上庫雷熱品牌的服飾。」迷你裙便宜又性感，對任何敢穿它的女人來說都買得起。從匡特的「高等街區的女孩」到諸如格洛麗亞・斯坦納姆和碧姬・芭杜，數百萬人接受了迷你裙。◀1947（12）▶1970（邊欄）

東南亞

新加坡自馬來西亞聯邦脫離

3 1965年，成立僅兩年的馬來西亞聯邦將新加坡驅逐出去，新加坡島位於馬來半島南端，大都為華人。在決定與該島分離時，馬來西亞總理東古・阿卡杜勒・拉赫曼曾證實馬來人與華人間的種族衝突日益緊張。他告訴政府：「很顯然，目前的體制已無法再持續。」因此，新加坡成為一個獨立的城市國家，李光耀則是第一任總理。主張種族融合的李說，「現在這個夢已經破碎」。但如果說成立聯邦政府的理想已告結束，那麼一個經濟的夢想則正在起飛。以後的30年裏，這位總理將新加坡這個中世紀以來的貿易中心建設為東南亞的商業首都。同時，自然資源豐富的馬來西亞（錫、橡膠、石油）也享受相對的繁榮。

新加坡從18世紀就是英國的殖民地，在第二次世界大戰時被日本佔領；戰後英國又恢復統治，但日益茁壯的民族主義運動使獨立成為不可避免的結局。1959年新加坡獲得主權，一年以後馬來亞也獲取獨立。1963年，新加坡、馬來亞、沙勞越和沙巴一起組成馬來西亞。政治上的聯盟雖然並未持久，彼此間卻在經濟上形成了緊密的聯繫。

1967年，馬來西亞和新加坡聯合菲律賓、泰國和印尼（直到1949年還是荷蘭的殖民地）組成東南亞國協（ASEAN）。東南亞國協在

藝術與文化 **書籍：**《沙丘》法蘭克・赫伯特；《貴族花園中的戲劇》彼得・馬西森；《應許之地的男孩》克勞德・布朗；《繪製的鳥》耶日・柯辛斯基；《昔日光榮》羅伯特・洛威爾；《失去的世界》蘭德爾・賈雷爾 **音樂：**《我得到了你，寶貝》索尼・博諾；《昨日》藍儂和麥卡尼；《小鼓手先生》鮑伯・迪倫；《路之王》

「我信任人類的手足關係，所有的人，但我不信任那些不想和我有兄弟關係的人的兄弟關係。」

——麥爾坎·X

政治上堅決反共（印尼極右派領導人蘇哈托才剛推翻極左派獨裁者蘇卡諾的統治），促進了這個動亂地區的經濟穩定（常常以政治自由作爲代價）。其中新加坡進展最快，在李光耀統治下成爲國際投資的焦點。新加坡成爲亞洲商業貿易的火車頭，與香港、南韓、台灣成爲亞洲四小龍。然而在新加坡，政府也刻意避免民主政治的發展，即使是開明的李光耀，也採取嚴苛的獨裁政治，以保護他在新加坡所付出的心血。◀1946（3）▶1984（7）

社會改革
將美國最貧困的人組織起來

④ 1965年，一位先前移居美國的墨西哥裔農場工人塞薩爾·查維斯繼續他幾十年來積極投入又屢遭挫折的事業：將美國的農業工人聯合起來。在地球上最富裕的國家裏，農場勞工卻領取第三世界水準的工資；在工作中他們沒有乾淨的水，也沒有盥洗室，而且經常住在骯髒的帳篷裏。由於大部分是移民而且又四處流浪，他們一直被孤立在勞工運動之外。查維斯的背景帶給他優於前幾任領導者的好處：與其同袍具高度同質性。他一直是最富機智和奉獻精神的組織者之一。

查維斯在高中之前就輟學了，在參加（後來領導）了一個全國性的草根活動團體——社團服務組織——期間學習了各種技能。1962年，他辭職並成立全國農場工人協會。在朋友和親戚的幫助下，一文不名的查維斯召集了1千多名加州農場臨時工人（大多是像他一樣的墨西哥裔美國人）加入全國農場工人協會。3年以後，當協會加入由菲律賓葡萄採摘工人發起的罷工時，出現了轉機。在吸收民權運動的策略之後，查維斯主持群眾示威，說服數百萬人聯合拒絕購買葡萄，並爭取學生、工會（全國農場工人協會在1966年成爲強大的勞聯——產聯團體的會員）以及宗教領袖的支持。

罷工和杯葛活動一直持續到1970年，儘管有時種植者會以暴力干預，（當工人回擊的時候，身爲甘地非暴力不合作主義信徒的查維斯就用禁食懲罰他們），最後資方還是認可了這個協會，後來改名爲農場工人聯盟。此時，這個自然而然散發領袖魅力的查維斯已經成爲一位國際人物。◀1955（邊欄）▶1988（6）

社會改革
公民權，致命的錯誤

⑤ 1965年通過的投票權利法是非裔美國人爭取平等和世界爭取民主的劃時代勝利。這項法案禁止南方各州藉由操縱讀寫測驗或其他方式來剝奪黑人的公民權，在其支持者遭到惡毒攻擊的情況

下，這項法案終於獲得通過。在阿拉巴馬州，警方使用木棍和趕牛刺棒阻止由馬丁·路德·金恩所領導從塞爾馬到蒙哥馬利的遊行。甚至聯邦部隊（被派去保護2萬5千名遊行者）也未能挽救一個年輕女孩的生命，在從蒙哥馬利運送一些抗議同仁回塞爾馬後，她被兩名三K黨人殺害。

單單立法並無法結束種族歧視，緩慢的進展使許多黑人感到挫折。8月，當洛杉磯內城瓦茨街區發生暴亂時，黑人的憤怒爆發了。二萬名國民兵花了5天才平息住搶掠與縱火；34人被殺（大多是黑人）。財產損失總計4000萬美元。這個街區所受的傷害之後完全無法恢復過來。

在這一場兩敗俱傷的暴動中，另一個受害者是麥爾坎·X（上圖），對於憤怒的城市黑人而言，他是最具魅力的領導者。麥爾坎原爲街頭罪犯，後來成爲黑人回教徒的主要發言人。黑人回教徒是黑人民族主義的支派，其成員將白人視爲「惡魔」，以字母「X」來代替過去奴隸主人給予的姓氏。到麥加（各種族回教徒共同朝拜的地方）的啓發朝聖之旅使麥爾坎建立另一個組織，並抨擊黑人回教領袖伊萊賈·穆罕默德。他在2月被以前的同志在哈林區射殺。◀1964（3）▶1966（10）

1965年塞薩爾·查維斯在加州德拉諾會見葡萄採摘工人。

誕生名人錄

馬特·比昂迪　美國游泳運動員
尼可拉斯·凱吉　美國演員
琳達·伊凡吉利斯塔　加拿大模特兒
瑪麗·馬特林　美國演員
史考第·皮朋　美國籃球球員
大衛·羅賓遜　美國籃球球員

逝世名人錄

伯納德·巴魯克　美國金融家
克拉拉·鮑　美國演員
馬丁·布貝爾　奧地利裔以色列哲學家
納京·高　美國歌手
陳誠　中華民國副總統
溫斯頓·邱吉爾　英國首相
艾略特　美裔英國作家
法魯克　埃及國王
菲利克斯·法蘭克福特　美國法官
洛琳·漢斯伯里　美國劇作家
雪萊·傑克遜　美國作家
斯拜克·瓊斯　美國音樂家
多蘿茜·朗格　美國攝影家
斯坦·勞萊　英裔美國喜劇演員
夏爾·愛德華·加納雷（勒·柯比意）瑞士裔法國建築師
麥爾坎·X　美國民權領導人
薩莫塞特·毛姆　美國作家
愛德華·默羅　美國新聞廣播員
李承晚　韓國總統
阿爾伯特·史懷哲　亞爾薩斯傳教士
大衛·塞爾茲尼克　美國電影導演
大衛·史密斯　美國雕塑家
赫爾曼·施陶丁格　德國化學家
阿德萊·史蒂文生　美國政治家
埃德加·瓦雷茲　法裔美國作曲家
亨利·華萊士　美國副總統

羅傑·米勒；《管弦樂隊和電子樂器的交流》查爾斯·沃里寧；《第一交響曲》鞏特爾·舒勒　繪畫與雕塑：《利茲》安迪·沃霍　電影：《眞善美》羅勃·懷斯；《齊瓦哥醫生》大衛·連；《大街上的商店》揚·卡達爾　戲劇：《回到家鄉》哈羅德·品特；《搶劫》喬·奧頓；《奇怪的夫婦》尼爾·賽蒙；《拉曼查的男人》達隆和利　電視：《大峽谷》。

「我們從來不知道我們需要一位鬥士來對抗從未懷疑過的敵人，而這位鬥士就在這裏。」

——《生活》雜誌，提名納德為100位最偉大的美國人之一

1965年新事物

- 軟式隱形眼鏡
- 天冬胺酸衍生物（一種用於低卡路里甜味劑的物質，商標為Nutra-Sweet）

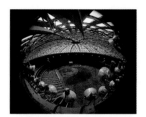

- 室內體育館落成（德州休斯頓天穹體育館）
- 熔岩燈

美國萬花筒

戴-格洛革命

1965年，吸食迷幻藥的年代迷開始。這一趨勢的跡象包括：心理學家蒂莫西·賴爾利在德州因吸毒罪名而被捕，哈佛大學撤銷其教職（「準備、開始、消失」成了這位迷幻藥吸食教主的口號）；在紐約，現代藝術博物館

推出「回應的眼睛」（一種震動的視覺虛擬的歐普藝術繪畫）展覽；在舊金山，一個臨時組織的民謠搖滾樂團「沃普科斯」成立（由傑里·加西亞領導，見上圖），稍後更名為「感恩的死人」合唱團。

大社會

林登·詹森提出的大社會計畫，以及其延伸計畫，向貧窮開戰，是自羅斯福總統的新政以來，範圍擴及最廣的社會福利計畫。1965年，長期被譏為「社會化的醫藥」的全民健康保險制度在美國第一次實施，這項制度包括醫療保險和醫療補助方案，為無數老人、殘障人士和窮人提供聯邦政府補助的保健照顧。在1964年和1967年間最初實施的方案中，包括了食物券、優先起

碰碰車幫助納德說明汽車的危險。

社會改革
最佳告發者

6 1965年，一名康乃狄格州的年輕律師發起維護消費者權益的新領域，在他所寫的一本書中剝去了自負的美國汽車工業的光環。孤獨的改革者拉爾夫·納德在他的暢銷書《任何車速都不安全》中，揭穿了60年來對汽車工業的過度讚揚。「半個多世紀以來」，納德爾宣稱，「汽車帶給無數人死亡、傷殘和無法估量的悲劇以及損失。」而後他舉出強有力的證據，儘管汽車工業經歷幾十年的競爭，汽車製造商們仍然忽視安全，隱瞞設計上的缺失危險，例如無法發揮功效的刹車。

納德的主要目標是100多萬輛特別容易出事的科瓦維車，通用汽車公司生產4年來卻沒有改進這型汽車有問題的後懸吊系統。因納德的揭露而被搞得頭昏腦脹、顏面盡失的底特律則伺機報復。通用汽車公司雇請私家偵探調查納德的私生活，希望發現能使其名譽掃地的消息，但卻得不償失。納德將所遭受到的騷擾告知參議員亞伯拉罕·黎比科夫的交通安全小組委員會，通用汽車公司總裁詹姆斯·洛希被迫在電視聽證會上公開道歉。此後不久，國會便通過了國家交通和汽車安全法，科瓦維車也被人們廢棄。在一群具有同樣理念人士的支持下，納德（誠懇、苦幹，並以監督

商業和政府為職志的異議人士）最後贏得雙重勝利。◀1906（11）▶1988（6）

藝術
簡單便是美

7 雖然「極限主義」這個名詞早在1929年就已運用於藝術上，但是「極限藝術」的表現方式在1965年才風行起來。當年在頗具影響力的《藝術雜誌》中，理查·沃爾海姆（英國哲學教授）以此作為一篇文章的題目。沃爾海姆觀察到帶有「極限藝術內涵」的物體已被接受為藝術，他將這種物體分為兩種類型：一種是「內容非常簡單」（就像第二世界大戰後美國藝術家阿德·賴恩哈特開始創作的單色繪畫）；另一種是「未加工過」的原物（類似法國藝術家馬塞爾·杜象在十幾歲和二十幾歲時首創以雕塑形式呈現的現成品）。

1965年美國雕塑家唐納德·賈德以其劃時代的作品《無題》系列，而成為「極限主義」的代表人物。《無題》是以掛在牆上的鋁盒為特點，它是對空間和質量進行一種幾乎不帶任何情感的、高度形式

化及特別令人訝異的探索。德國出生的美國雕塑家愛娃·赫斯從另一角度運用極限主義。她使用非傳統的物質（玻璃纖維、橡膠乳液、繩子），以邊緣粗糙又不對稱的形狀來挑戰形式的概念。這是對藝術原始形式的一種自我意識及分析的簡化（一根管子或簡單噴漆的飛機），極限主義是對藝術傳統定義和超越美感的反動。為了避免矯揉造作的自我表現，極限主義者尋求從他們的作品中去除形式、內容甚至意義。這種簡化主義者的趨勢在70年代達到頂點，當時的概念藝術認為，在藝術作品背後的理念便是藝術。◀1962（8）▶1970（10）

印度
喀什米爾爭奪戰

8 1965年，印度和巴基斯坦爆發戰爭，這是印度教徒和回教徒為了控制喀什米爾（位於印度北方崎嶇美麗的省分，以回教徒佔多數）而形成的衝突；加深了1947年印度分裂所產生的敵意，當

喀什米爾聯合國停火線已持續20多年。

時喀什米爾（超過三分之二的人口是回教徒）加入了印度教徒統治的印度，而非新成立的回教國家巴基斯坦。分裂不久後，巴基斯坦就發動進攻，與印度發生流血衝突並被擊退。自此以後，邊界衝突不斷持續發生。

喀什米爾的戰略位置（在巴基

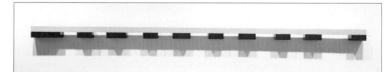

1965年，賈德的《無題》鋁盒子系列，尺寸為「8.25×253×8.25」。

體育 **棒球**：世界大賽，洛杉磯道奇隊以4勝3負擊敗明尼蘇達雙城隊；威廉·埃克特被選為委員 **美式足球**：NFL，綠灣包裝人隊以23:12擊敗克利夫蘭布朗隊；AFL，水牛城比爾隊以23:0擊敗聖地牙哥軍馬隊 **籃球**：NBA，波士頓塞爾提克隊以4勝1負擊敗洛杉磯湖人隊。

> 「我引誘觀眾……當然，我在做的是一件性感的事。我跳舞，所有的舞蹈都是爲了替代性。」
> ── 傑格

斯坦、中國和印度之間）使得這個地區的衝突有地緣關係之外的意涵：中共、蘇聯、美國在這一地區都有政治利益。1965年戰爭期間，當中共站在巴基斯坦這一邊時，蘇聯就大聲抗議（印度是蘇聯對抗中共的一個緩衝國）。美國表面上雖然在這場衝突中維持中立，然而也將印度視爲阻止中共擴張的路障。基於兩個超級大國的反對，巴基斯坦終被逼退。

戰爭持續不到一年，但是巴基斯坦發誓，直到喀什米爾人有權選擇自己的祖國爲止，和平將永遠不會到來。印度則聲稱這個問題在1947年已經解決。實際上，當年喀什米爾從屬於印度只是一個權宜措施，是爲了能夠在公民投票舉行之前維持秩序。印度從未認眞地把這個問題交付投票表決。即使1947年大多數喀什米爾人支持與印度成立聯盟（18年以後或許仍是如此），喀什米爾的地位至今仍模糊不清。這個世界上最質樸原始的地區之一，就這樣變成另一個20世紀悲劇性的衝突焦點。◀1948（5）▶1966（7）

外交
德國修補圍籬

9 1965年3月，德國人和猶太人採取了關鍵性的和解措施，以色列同意波昂提出建立全面外交關係的提議。許多因希特勒種族滅絕屠殺政策而受到傷害的以色列人反對這項決定，即將接任總理的梅納赫姆‧比金因其父母和一個弟弟都死於大屠殺，而要求議員同僑們「不要對德國毀滅性的一代表示友好」。但當時的以色列總理列維‧艾希科爾則認爲「在理智與情緒的權衡下」，以色列的實際利益應以理智爲重。

的確，兩國關係的和解具有實際的意義：與西德發展貿易以及近10億美元的良心賠款（最後一次分期付款在1965年付清），對於新建國的以色列來說非常重要。西德亟欲洗刷納粹的恥辱（願意冒惹怒阿拉伯國家的危險），以及猶太人的

雖然許多西德人民相當擔心，但在與以色列建立外交關係後，阿拉伯國家並未終止與西德的關係。

原諒，而以色列也需要與德國發展貿易。

但西德積極洗刷納粹歷史的做法並無法完全取悅以色列。在以色列與西德互換使節的幾天之後，西德國會便投票縮短追究納粹戰犯的期限，規定到1969年5月即終止。猶太領導人及一些西德人對此感到失望；他們向德國政府遊說延長10年期限。但考慮到西德的政治氣候（三分之二的民眾想要馬上結束審判納粹餘黨），4年已經是波昂立法當局最大的努力。◀1951（4）▶1993（6）

音樂
滾石不生苔

10 1965年，也就是參加英國搖滾樂進攻美國

的一年之後，滾石合唱團以一支單曲贏得了超級巨星的地位。在《（我不能什麼都沒有）滿足》這首歌中，好色的主唱米克‧傑格色瞇瞇地誇道：「我想把馬子」。這種公然涉及性慾的歌曲，與披頭四《我想握住你的手》的意境相距甚遠，改變了流行音樂的詞彙，並震撼了不少成年人。然而，叛逆的年輕一代熱愛它，而且《滿足》一曲很快攀升到美國排行榜的首位，在英國本土發行之前，便已在美國銷售了100多萬張。

《滿足》成爲60年代搖滾歌曲的經典，而滾石合唱團則是最具代表性的──煩躁易怒、粗鄙下流且爭強好鬥。早期的製作人極力想把他們與披頭四作一區別而將其冠以「壞男孩」的形象。合唱團成員也確實新聞接連不斷：1969年吉他手瓊斯‧布里安因吸毒死在自家游泳池；同年，一個樂迷在加州阿塔蒙舉辦的一場免費滾石音樂會上被刺身亡；首席吉他手基恩‧理查則飽受海洛因毒癮的痛苦折磨（但存活下來）。30多年過去了，合唱團繼續巡迴演出，並發行了許多風行一時的專輯：《下等酒吧裏的女人》、《共渡良宵》、《舞蹈娃娃的光芒》、《你不能隨心所欲》，使滾石合唱團成爲搖滾樂壇的長青樹。◀1962（6）▶1969（10）

滾石合唱團：（從上方順時針）米克‧傑格、查利‧瓦茨、基思‧理查、布里安‧瓊斯和比爾‧韋曼。

步計畫、VISTA、工作團等等，耗掉聯邦政府最多經費的是醫療保險方案和醫療補助方案。就長期而言，其中成就最佳的是優先起步計畫，這是爲了彌補貧困兒童學前教育不足所進行的計畫。◀1935（5）▶1969（5）

瓦茨暴動

在8月的6天時間裏，1萬名暴動分子將洛杉磯城內的瓦茨區變成了戰場，他們焚燒汽車和建築，以石塊、刀子和槍枝攻擊鎮暴警察，並搶劫商店。國民兵被召集

來維持秩序，在塵埃落定後，共有34人被殺，幾百人受傷，4千多人被捕。這場暴動肇因於一名黑人司機被捕；但黑人對貧窮、失業、歧視的不滿則是導致暴動的最根本原因。◀1964（3）▶1966（10）

1965年大停電

從加拿大安大略省，經過紐約州，橫越新英格蘭，下達曼哈頓，向西則遠及密西根，這一片約21萬平方公里的地區在11月9日這一天燈火全部熄滅而陷入黑暗當中，3000萬人沒有電力可使用，主要是由一場大規模的電衝所引起（而且缺乏備用系統）。紐約市停電長達13個小時，近100萬人被困在地鐵隧道裏，數千人待在漆黑的電梯和摩天大樓裏。▶1977（邊欄）

百老匯喬

阿拉巴馬州立大學實力強勁的美式足球隊四分衛明星喬‧納馬斯於1965年做了一項震驚職業球壇的決定：拒絕NFL，而加入新近崛起的AFL紐約噴射機隊，以破天荒的40萬美元簽下合約。

美國政治與經濟 國民生產毛額：6849億美元；劃撥10億多美元用於阿帕拉契的發展；最高法院裁決康乃狄格州的禁止計畫生育法違憲；1965年移民法案取消所有的限額，並建立每年核發的簽證限額（西半球12萬，東半球17萬）；通過水質法案。

「是感傷了點，但我不覺得那有什麼特別的錯。我認爲從電影中，人們可以得到很多希望。」
── 羅傑斯《真善美》

環球浮世繪

馬可仕當選

在菲律賓的立法機構服務15年後，斐迪南·馬可仕脫離執政的自由黨，並於1965年當選總統，其當選原因大部分歸因於其英雄戰蹟（後來被揭露出是僞造的）。馬可仕和他美麗的妻子伊美黛從此開始對菲律賓人民和國庫的長期蹂躪，並開始採取恐怖政策（早在1933年，他即因刺殺他父親的政敵被判刑），殘酷鎮壓異議人士並獨掌政治權利。
◀1946（5）▶1973（10）

西奧塞古接掌政權

在其指導者格奧爾吉·喬治烏－德治去世之後，忠誠的共產黨官員尼古拉·西奧塞古開始接掌羅

馬尼亞共產黨。他的掌權開啓了當代最奇怪且殘酷的獨裁統治。西奧塞古在外交政策上並不依附跟隨蘇聯，但在國內卻採取正統路線，對反史達林的人士建立其個人崇拜，並組織恐怖的貝利亞式祕密警察（編按：貝利亞是蘇聯內政部長）。他實行家族統治，監禁或殺害反對派人士，掠奪國家財富；當國家經濟失敗時，西奧塞古將食品和燃料售給出價最高的外國投標者，因而使國家陷入饑荒中。◀1947（9）▶1989（1）

太空漫步

蘇聯在太空競賽中繼續領先美國，3月時，蘇聯在太空探險中開啓新的一頁：太空人阿列克謝·列昂諾夫成爲第一個在太空漫步的人。兩個月後，美國太空人愛德華·懷特也依樣畫葫蘆。懷特是雙子星4號的4名太空人之一，用一條長長的臍帶管線與密閉的小艙聯結起來，在地球上空飄浮了21分鐘。他報告說：「我可以待在艙外，而且可以看到整個加州海岸。」◀1961（3）▶1966（2）

保羅·戴維斯所畫海報中的阿根廷革命家切·格瓦拉。

拉丁美洲
切·格瓦拉失蹤

⑪ 埃內斯托·切·格瓦拉這位傑出的陸軍中尉、卡斯楚的私人密友及古巴革命的策劃者，1965年突然從人們的視線中消失，讓西方強國情報機構發動了瘋狂的尋人活動。有關他在哪裏的謠言一時四起：在巴拿馬組織游擊隊；在祕魯密謀暴動；在哥倫比亞領導叛亂性襲擊；在執行一項對越南的任務等等。在哈瓦那，卡斯楚則保持沉默，「他在哪裏？」已被開玩笑地取代「你好」成爲問候語。

格瓦拉生於阿根廷一個富裕家庭，因煽動反對胡安·貝隆的獨裁統治而投身革命。1953年從布宜諾斯艾利斯的醫學院畢業後，首先前往瓜地馬拉，在那裏他目睹了雅各布·阿本茲改革派政府在中央情報局直接領導的政變中垮台。而後又去了墨西哥，結識流亡中的卡斯楚並與他聯合起來。1959年古巴革命成功之後，格瓦拉寫了《游擊戰》這本革命戰略的小冊子。對這本書著迷的讀者中，許多是美洲和歐洲大學裏左派的中產階級。對激進的崇拜者而言，他實現了共產主義平等（且過分誇大）的理想；對於西方情報機構來講，他是一個威脅。

格瓦拉認爲古巴已點燃拉丁美洲革命的火苗，而資本主義國家都認爲他是最難掌握的頭號危險人物。1967年切·格瓦拉「在哪裏」之謎終於揭曉，他在玻利維亞以游擊隊頭目的身分出現。（後來消息

顯示他於消失期間曾經在剛果組織馬克斯主義武裝勢力）。1967年10月，玻利維亞軍隊在中央情報局的幫助下抓獲格瓦拉，幾天以後便將其槍決。◀1959（1）

電影
成功之聲

⑫ 《眞善美》是影史上最賣座的電影之一，在1965年成爲議論的焦點。影評要不是批評其過於濫情，就是讚頌其生活情趣，但是大眾對該片的喜愛則是無庸置疑的。該電影創下新的票房紀錄，超過了電影《亂世佳人》。

《眞善美》以理查·羅傑斯和奧斯卡·哈默斯坦共同創作的1959年百老匯音樂爲基礎（這也是該創作小組最後一次合作，因爲哈默斯坦於1960年去世），背景是30年代的奧地利。電影明星克里斯托佛·普魯默和朱莉·安德魯斯扮演上校和瑪麗亞·馮·特拉普。上校是個貴族鰥夫，有許多孩子，瑪麗亞則是見習修女及孩子的家庭音樂教師。在他們新婚之時，夫婦二人便大膽地攜家帶眷逃出德國控制的奧地利，路途中大多以歌唱度過。

這部電影的感染力部分來自於歷史的眞實性：的確有一個瑪麗亞、一個上校和那些孩子，他們確實沿途歌唱地逃離了納粹魔爪。然而他們並不是唱類似《DO-Re-Mi》和《攀登每一座山》的歌曲，而是唱民歌和讚美詩。而且他們並未進入瑞士（從薩爾堡的老家到瑞士有

瑪麗亞（朱莉·安德魯斯，可唱4個八度音的女高音）教馮·特拉普的孩子們唱《Do-Re-Mi》。

160多公里），而是到了鄰近的義大利。「難道說沒有人肯花點工夫去查一下地圖？」當電影正式發行的時候，眞正的瑪麗亞如此問道。
◀1956（8）▶1966（8）

建築
薩里南的通往西部之門

⑬ 芬蘭出生的美國建築師埃羅·薩里南設計的通道拱門建築，優雅地屹立在密蘇里州聖路易市的密西西比河上，就像一條不鏽鋼彩虹，成爲美國西部拓荒的紀念物（劉易士與克拉克當初是由聖路易出發）。這座1965年完成的192公尺高拋物線建築是薩里南設計的第一個重要作品（在1948年就提出藍圖）。他後來包括華盛頓特區附近的杜勒斯國際機場（1963），以及紐約甘迺迪機場內環球航空翼狀的航站大廈（1962），這些作品使他成爲那時最具活力和折衷主義的建築師之一。就像通道拱門建築一樣，這些作品都是在1961年他以51歲之齡突然去世之後才建成。
◀1954（5）▶1966（4）

1965

一個詩人原始的呼喊

摘自《阿里爾》，西爾維亞·普拉斯，1965年出版

美國詩人西爾維亞·普拉斯1963年在倫敦的家中去世，當時她才30歲，有兩個孩子，婚姻觸礁。普拉斯把頭放在爐子上，然後打開瓦斯，她的自殺最初並未引起太多注意；她早期的詩作已展露嫻熟的技巧隱約顯現其縱橫的才氣，但直到她生前最後幾個月的悲慘日子裏，普拉斯由於丈夫，英國詩人特德·休斯惡意疏遠，才發現自己充滿詩情的聲音。這是一種嚴厲殘酷的聲音，它的侵略性特質使之失卻人性，但卻不失機智，是

一種完美調和的原始呼喊。這些詩收錄在1965年出版的《阿里爾》，描述了普拉斯從害羞少女、忠誠的妻子轉變成女權至上、亟思報復的復仇女神。她的死引起近乎偶像的崇拜和激烈的爭論：是精神病還是其父親和休斯愚蠢的性別歧視逼她走上絕路？像《婦人乞丐》和《爸爸》這類狂野控訴、病態又自傲的作品，至今仍令人震撼、質疑且驚愕。

◀1959（邊欄）　▶1969（當年之音）

婦人乞丐

我又做了一次
每十年裏就有一年
我處理它——
一種能走的奇蹟，我的皮膚
亮如納粹的燈罩，
我的右腳
像一個紙鎮
我的臉毫無特色，細緻
如同猶太人的亞麻布。
剝下衛生棉
哦！我的敵人
我嚇著你了嗎？——
鼻子、眼窩、全副牙齒？
口臭
會在一天內消散。
很快，很快地
被墓穴吞噬的人類
將會與我熟稔起來
而我，一個微笑的女人。
才30歲。
就像這隻貓，我有9條命。
這是第3次了。
多沒用的廢物啊，
每十年就要毀滅一次。
無數的遊絲
看熱鬧的人
爭相前來觀看
他們將我的手腳鬆綁——
剝光了來逗弄。
先生、女士們，
這是我的雙手，
我的膝蓋。
瘦得皮包骨，
然而，我一樣是
絕對是女人
第一次發生時，我10歲
是個意外。
第二次我打算
維持下去，根本不再回頭，
我堅持緊閉著
像一個貝殼。
他們不得不敲了又敲
他們從我身上抓出蟲子，就像取出黏
黏的珍珠一般。

瀕死
是一種藝術，像每一件事物一樣，
我表現得出奇的好。
我這麼做所以它感覺似地獄。
我這麼做因此它感覺很真實。
我猜你會說，我有天賦。
很簡單，在一個小房間就可以做。
很容易就可辦到而且一勞永逸。
這是在演戲
從明朗的日子裏回來
回到同樣的地方，面對同樣的臉，
同樣的畜生
好玩地大喊：
「一個奇蹟！」
將我完全擊倒
我要控訴
看到我的傷疤
我要控訴
聽到我的心跳
這是真的
我要控訴
重大的控訴
為了一個字或一個觸碰
或一滴血
或我的一根頭髮或一件衣服。
是這樣，是這樣，醫生先生。
是這樣，敵人先生。
我是你的作品
我是你的寶貝
純金的嬰孩
熔化成一聲尖叫
我變了且爆發出來了，
不要認為，我低估了你很在意。
灰，灰——
你又戳又攪
肉體、骨頭，那裏什麼也沒有——
一塊肥皂，
一枚結婚戒指，
一塊包金。
上帝先生，撒且先生，
當心　當心。
在骨灰之中
紅髮的我起身
將男人像空氣一樣吃掉。

爸爸

你不做，你不再做
黑色的鞋子
我像一隻腳一樣生活在那裏
30年來，貧窮而又蒼白，
只敢呼吸或打噴嚏。
爸爸，我不得不殺了你。
在我有時間前，你已死去——
大理石般沉重，滿口袋的上帝
鬼魂似的雕像，只有一隻灰色腳趾
大如舊金山的海豹。
在怪異的大西洋之海岬
豆綠傾瀉而入蔚藍之中
在美麗的瑙塞特外的水域裏
我過去曾祈禱讓你復活
啊，你。
以德語，在波蘭的城鎮
戰爭、戰爭、戰爭的
的巨浪夷為平地。
而這城鎮的名字，相當普通
我的波蘭朋友
據說有一打兩打
因而我絕不告訴你在哪裏落腳，哪
裏生根。
我絕不會告訴你。
我的舌頭卡住了。
它陷進帶倒鉤的鐵絲網陷阱
我、我、我、我，
我幾乎不能說話
我認為每一個德國人都是你。
語言是那樣地可憎
一個引擎，一個引擎
將我視為猶太人載走
一個到達考、奧斯維辛、伯森集中
營的猶太人
我開始像猶太人那般說話
我想我或許就是猶太人。
蒂羅爾的雪，維也納的純淨啤酒
不純、不真。
我的吉普賽女祖先和我的雜奇命運
我的塔羅牌，我的塔羅牌
我或許有點猶太人味道了。
我經常受你的恐嚇，
用你的德國空軍，你的官樣文章
你整齊的鬍子

你亞里安人的眼睛，明亮而澄藍
裝甲之人，裝甲之人，哦，你——
不是上帝而是納粹
一片黑暗無蒼穹可以穿過
每一個女人都傾慕法西斯主義者，
臉上踢了一腳，殘忍的
像你一樣殘忍的殘忍的心。
你站在黑板邊，爸爸，
在我擁有的一張你的照片中
是下巴，而不是你的腳有一個裂口
但不會輸給魔鬼，決不
輸給黑人
將我鮮紅的心臟切成兩半。
他們把你埋葬時，我10歲。
20歲時，我試圖去死
然後回來，回來，回到你身旁。
我曾想，即使僅餘是骨骸也要這
樣。
但，他們將我拉出麻袋，
他們用膠將我粘合在一起。
而後，我知道該做什麼。
我以你為榜樣，
一個穿黑衣、有著「我的奮鬥」面
容的人
以及刑架和拇指夾的愛。
我說好，我願意。
所以，我的爸爸，我終於走過來
了。
黑色的電話被斷線，
聲音就不能蠕行通過。
如果我已殺了一個人，我已
殺了兩個人——
吸血鬼據說就是你
長達一整年，吮吸我的血，
7年，如果你想知道。
爸爸，你現在可以往後靠著。
在你肥黑的心上有一個標記
村民們從不曾喜歡你。
他們在你身上跳舞踐踏。
他們總「知道」，那就是你。
爸爸，爸爸，你這個雜種，我已經
走過來了。

1965

「老子英雄兒好漢，老子反動兒混蛋。」
—— 紅衛兵的口號

紅衛兵高舉毛的畫像在大街上遊行。

年度焦點

毛澤東的最後一役

1 年邁勢衰的毛澤東，在1966年發動最後一場大規模的運動，目的是為了從他辛苦建立的共產黨政治體系剷除心腹大患。同年4月，毛澤東肅清對立的層峰之後，便聚集擁護者成立一個新的派系——中央文革小組。其工作是整肅頑冥不靈的政府官僚，藉此重新燃起全國的革命熱情，因為毛澤東覺得革命熱情正逐漸消退中。偉大的舵手毛主席為了取得進一步的援助，號召了中國最激進的一股勢力——大學生。他命令他們毀掉「修正主義」，根除「走資本主義路線」派，因而發動了「無產階級文化大革命」，據估計約40萬人在此運動中喪生。

運動的第一階段，即1966年6月到8月的50天內，學生接管了校園，攻擊校方當局，撤換黨內反毛官僚。隨著暴行日益猖獗，出現了最具破壞性的團體：紅衛兵——由青少年組成的突擊部隊。紅衛兵受毛「在革命中學習革命」的教導，成為鬥爭資產階級分子「牛鬼蛇神」的先鋒，使整個中國陷入混亂。同年底，約1000萬名紅衛兵在北京天安門前列隊行進，接受毛主席對他們革命熱情的檢閱。

經過紅衛兵的肆虐，毛鞏固了在黨內的地位，並剷除經濟改革的反動分子，即國家主席劉少奇、共產黨總書記鄧小平以及他們的同黨。在林彪（部隊總司令）和四人幫（毛的第3任妻子江青領導的激進派）的支持下，毛將黨轉變為擁載毛澤東思想和持續革命的軍事組織。毛成為個人崇拜的核心後，便在1968年解散紅衛兵（後來為他們的暴行致歉），開始以近乎皇帝的身分統治全中國，直到1976年去世為止。

◀1958（2）▶1967（邊欄）

太空探險

安全登陸月球

2 1966年2月3日，「月球9號」太空船在月球凹凸不平的岩漿表面緩降登陸，為蘇聯科學家創下壯舉。「月球9號」首度緩降登陸月球（相對於以前的衝撞登陸），為人類登陸月球鋪下坦途，也增進了科學家對月球表面的認識：蘇聯科學家在太空船放置了一個小型探測器，上面裝有特殊照相設備，掃描月球表面，並將這些歷史性畫面傳回蘇聯。但狡猾取巧的英國，利用巨大的喬德雷爾‧班克無線電望遠鏡截取整個傳訊過程，使西方天文學家得以一窺蘇聯準備長期保密的畫面。

在「月球9號」登陸前，有許多天文學家認為月球表面覆蓋著厚厚的灰塵，會使降落的交通工具陷入。有的科學家則擔心月球表面會像一位天文學家所說的，「充滿危險、易碎、尖銳的東西以及坑坑洞洞，難以通行」。結果「月球9號」所探測到的月球表面，只有許多崎嶇的岩石和小卵石，僅是一片不算險惡的不毛之地。這次登陸的成功也顯示，以驚人速度航行的太空船，也能減速，安全降落在月球表面，而不致於撞毀，人類若要登陸月球，這點尤其重要。

這次登陸月球的任務使蘇聯的

安全登陸月球的「月球9號」（上圖，在蘇聯齊奧爾科夫斯基太空紀念館內）為人類登陸月球鋪下坦途。

太空官員興奮不已。美國人也因此受到鼓舞。他們尚未精通讓太空船緩降月球的科技，但他們的雙子座載人太空飛行任務進展順利。而今因為「月球9號」的成功，使他們確信人類登陸月球是指日可待的。

◀1965（邊欄）▶1969（1）

大眾文化

「企業號」的航程

3 1966年9月9日，科幻電視節目《星際爭霸戰》在美國國家廣播公司首次開播，觀眾的反應相當冷淡。在電視上播映的3年期間，《星際爭霸戰》的收視排行從未擠進前50名。然而在世界其他地方，該片卻擁有大批狂熱的忠實觀眾。其79集原著被拍成6部電影，寫成100多本小說，製作成一系列動畫影集和兩個電視直播節目

4位「企業號」工作人員（順時針從下排左邊算起）史巴克、烏烏拉、麥科伊和寇克。

系列（即《星際爭霸戰：第二代》和《星際爭霸戰：第九太空奧祕》）。此外，還延伸出「星艦迷」的次文化，影迷發行簡訊，透過電腦網路交換意見，各國影迷並定期集會。

由作家基恩‧羅登伯里撰寫和執行製作的《星際爭霸戰》發生在23世紀，一群駕著星艦「USS企業號」執行任務的成員（根據宏亮的幕後旁白）「要去太空尋找新的生

「大樓是給建築精神的獻禮。」
——路易·卡恩

命和新的文明,大膽地去探訪人類從未到過的地方」。這一組人員是以種族混合為其特色,包括了英勇強壯的美國艦長詹姆斯·寇克(威廉·沙特納),聰明、尖耳,人類與華肯人(外星種族)混血的史巴克先生(李奧納德·尼莫),還有一名蘇格蘭男子,一個亞洲男子和一個非洲女人。該影集不論是在描寫種族關係或是外太空題材上,都是首開先河。(它是電視上第一次出現異族接吻的節目。)而「空間轉換槍」這種新奇的裝置和聽似專業化的高科技詞彙,使這部對未來充滿樂觀夢想的科幻影集更添真實性。◀1938(當年之音)▶1968(5)

建築
卡恩的新現代主義
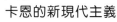
美國建築師路易·卡恩,是一位磚、水泥和木材哲學家,1966年在德州沃斯堡著手設計金貝爾藝術博物館。金貝爾博物館和卡恩其他建築一樣,以樸素簡單和歐幾里德式的純粹為主,使建築從當下現代主義的鋼筋和玻璃侷限中解放出來,回復到昔日的風采。

卡恩出生於愛沙尼亞,5歲移民美國,在費城度過了他的童年,因此始終心繫城市。他認為現代建築經常忽略掉公共建築比一般辦公大樓或公寓更需要強大的共鳴。他最偉大的貢獻是一種他稱為「永垂不朽」的特質,這是一種精神上的宏偉,多半來自「寂靜與光亮」而非磚塊與石頭。

金貝爾花了6年時間建造,卡恩不朽的特質比他其他公共建築更富人文色彩,如孟加拉占地廣大卻頗有內涵的政府大樓;加州荷雅宏偉卻樸素的薩克學會。金貝爾內部如教堂般莊嚴寧靜。為人師表和建築大師這兩種角色,使他在1974年死後聲名日隆,當金貝爾的董事在80年代提議擴建博物館時,引起全國建築師強烈的抗議:這座建築的整體美不應當(幸好也沒有)被改造。這也算是對卡恩最高的敬意吧!◀1965(13)▶1977(11)

法國
再見,北約!

戴高樂從不隱瞞他對北大西洋公約組織的反感,但1966

戴高樂總統在烏克蘭的基輔進行親善訪問。

年3月法國要脫離北約軍事司令部時,其大膽仍使其他西方領袖錯愕不已。戴高樂總統不顧公約有關在改變立場時要和其他會員國協商的規定,斷然宣佈7月以後法國軍隊將不再聽從北約的指揮;他給外國軍隊一年的時間撤離法國(北約也因此將總部從巴黎遷往布魯塞爾)。接著,他到蘇聯進行訪問。

戴高樂與莫斯科的親善,可說是他爭取自主,反對美國主導世界事務的矛盾結果。自從阿爾及利亞戰爭結束以後,他的行為變得越來越傲慢。1963年,他阻撓英國進入歐洲共同市場(違抗華盛頓當局),拒簽禁止核子試爆條約,並從北約撤回法國海軍。1964年,他承認了毛澤東的中國政權,冷淡拒絕詹森總統的邀請,且鼓吹南越中立。1965年,他寫信給北越的胡志明,表示與之同心,並斥責美國人干預越南事務,從東南亞國協撤回法國官員,並拒絕參加北約軍事演習。他還號召法國人杯葛歐洲共同市場,直到多項侵犯到法國主權的傾向修正為止(他所提出的要求多數得到回應)。

在西德回絕與他建立反美盟約之後,並非左派的戴高樂開始爭取蘇聯——「傳統聯盟」的支持,但莫斯科也和波昂一樣不願支持他對美國稱霸西歐的挑戰。1968年搖搖欲墜的聯盟徹底瓦解了,因為蘇聯侵犯捷克。到這時,戴高樂的輕內政重外交已使法國瀕臨革命的邊緣。◀1963(5)▶1968(1)

金貝爾博物館將卡恩的「費城學派」現代主義帶到了德州的沃斯堡。

1966

「我父親是政治家，我是政客；我父親是聖人，我不是。」

—— 英迪拉·甘地，印度第一任總統尼赫魯之女

1966年新事物

- 萬事達支付卡（後為萬事達卡）
- 湖人航空公司
- 光纖電話電纜

- 國家婦女組織（NOW）
- 出現第一位非洲裔美國人內閣成員（羅伯特·韋弗）

美國萬花筒

走出閨房，進入實驗室

研究員威廉·豪厄爾·馬斯特和維吉尼亞·埃謝爾曼·強生1966年出版的《人類的性反應》出乎意料地暢銷。這是第一本研究性行為生理學的著作。有別於過去研究人員以問卷和面談等方式蒐集資料，馬斯特和詹森將受試驗者接上電子設備，記下他們的身體反應，以此為根據。

◀1948（10）▶1970（邊欄）

風格迥異之作

堪薩斯兩名精神變態流浪漢的一場殺人狂歡，不太可能是江郎才盡的紐約作家及社交名流杜魯門·卡波特的題材。但卡波特在

1966

1966年風格迥異的「非小說」作品《冷血》（花了6年的心血），卻綜合了嚴肅的新聞報導、對殺人兇手的長篇訪談（有時是逐字照抄）和他自己對罪行的詭異重新構思。

流行音樂大爆炸

由1966年發行的五花八門唱片中可看出，不到10年歷史的搖滾樂已有極大的包容力可接受各式

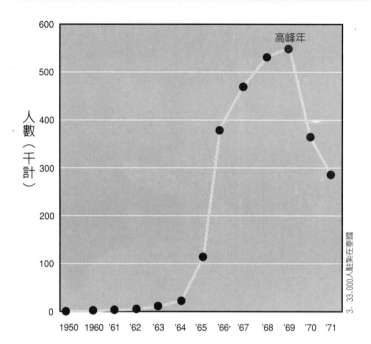

美國駐越南的部隊

人數（千計）

高峰年

3. 33,000人駐紮在榮河

1950 1960 '61 '62 '63 '64 '65 '66 '67 '68 '69 '70 '71

1950年據35名顧問的調查：美國駐越南的軍事人員在1969年達到54萬2500人的高峰。

越戰

美國涉入日深與分化

6 1966年8月，20名美軍士兵因被自己的一架飛機用強烈汽油彈誤炸而喪生南越。隨著戰事高張，這場悲劇揭開了美國社會分裂的序幕。反戰學生占領了紐約與芝加哥的大學校舍，而贊同戰爭的學生則呈上50萬人簽名請願書給副總統韓福瑞以表支持。在紐約，兩萬人的和平遊行隊伍遭到一群憤怒的暴徒襲擊。在華盛頓，有些當權的眾議員開始抨擊詹森總統為戰爭販子。

在南越也有自相殘殺的內訌。在1965年的選舉作弊勝選後，總理（原為空軍總司令）阮高祺向詹森承諾他將實施政治和經濟改革，使美國人覺得他們支援的是正義的政權。但幾乎沒有一項改革落實，而且1966年西貢佛教徒示威反貪污和爭取民主時，阮高祺還以暴力鎮壓。但每個月約10億美元的美援的40%左右仍不斷流入這個國家官僚的荷包中。

純粹從軍事角度來看，戰局對美國而言並非不利。B-52轟炸機已開始轟炸北越的城市，直升機將美

軍捲進鐵三角、湄公河三角洲和其他主要的戰區，而且敵軍的陣亡人數一向比美軍多。但南越的軍隊反應冷淡甚至抱持敵視的態度，而「敵人」的數量和士氣似乎源源不絕。實際上，這些受美國人保護的平民十分歡迎他們的「敵人」。從政治來看，局勢正開始崩潰瓦解。

◀1965（1）▶1967（當年之音）

印度

一代國母

7 經過短暫的間斷之後，尼赫魯王朝在1966年重掌印度政權，英迪拉·甘地（即甘地夫人）成為獨立以來的第3任總理。甘地

夫人在牛津受教育，是賈瓦哈拉爾·尼赫魯之女，接任其父的繼任者拉爾·巴哈杜爾·夏斯特里（執政18個月後即去世）的職位。甘地夫人的個性獨立且具有鋼鐵般意志，在其經常引起爭議的15年執政期間成為現代印度的化身，獲得「印度國母」的美譽。

執政不久，她即面臨嚴重的經

濟危機和本世紀國內最大的旱災，甘地單方決定將盧比貶值50%以上。這種激進的貶值政策使許多政府官員心生異心。更為糟糕的是，還引起物價大幅上漲，這成為其政敵在1971年的下一次選舉中攻擊的弱點。

在「消除貧困」的競選口號之下，甘地夫人又以壓倒性的優勢獲得連任。然而經濟狀況繼續惡化，引起普遍的不安。1975年，她武斷地宣佈國家進入緊急狀態，審查砲聲日隆的媒體評論，並監禁很多她的反對者。同時，腐敗和貪污也削弱了其行政能力。1977年，是她事業的最低潮時期，甘地夫人在選舉中遭徹底失敗。但兩年後她東山再起，執政到1984年被她的安全人員刺殺為止。

印度人經常說，「甘地夫人生而為統治」，「印度國母」從未抵觸這說法。若是較差的政治家或許會對印度岌岌可危的社會和經濟問題不知所措。然而完全認同國家和政府的甘地夫人，卻從未失去希望。◀1965（8）▶1984（2）

戲劇

哈德遜河畔的威瑪

8 1966年在百老匯首演的《酒店》，其主題和背景可說是美國音樂劇發展快速和成熟的指標。該劇以威瑪共和國末期的柏林為背景，創造了一種新的音樂劇類型——世故苛刻，且直接針對成人。這使得羅德傑和哈默斯坦（他們1959年轟動的《真善美》，也是發生在納粹統治社會的故事）似乎不像該劇的作者。

《酒店》改編自英國作家克里斯托弗·伊休伍德的《柏林故事》，以許多人的角度描述腐敗的威瑪政府如何敗於納粹之手，包括流亡異地的美國人，引誘他的二流歌手莎莉·鮑爾斯，他們的中產階級阿利安女房東，以及後來變成納粹的和藹騙子。此外，一個塗脂抹粉、頻送秋波、中性的夜總會節目主持人，為這齣戲增添了色彩及合唱團般的旁白註腳。有許多舞台設

體育 棒球：世界大賽，巴爾的摩金鶯隊以4勝0負擊敗洛杉磯道奇隊（桑迪·庫法克斯巴達在27連勝的球季後宣布退休） **美式足球**：NFL-AFL宣布合併 **籃球**：NBA，波士頓塞爾提克隊以4勝3負擊敗洛杉磯湖人隊 **冰上曲棍球**：芝加哥黑鷹隊的波比·赫爾得分達51分（這是在一個球季內第一位積分超過50的球員） **足球**：世界盃，英格蘭隊以4:2擊敗西德隊。

「暴力是必要的，它和櫻桃派一樣充滿美國味。」
—— 拉普·布朗

計，如抽象的布景、圍觀的人物和評論的歌曲，都令人連想起德國劇作家伯托特·布雷希特。（布雷希特合著者庫爾特·懷爾的未亡人洛特·蓮妮亞這角色的出現，更添該

在舞台上和1972年的電影中，喬爾·格雷扮演《酒店》劇中在夜總會頻送秋波的主持人。

劇的布雷希特色彩。）懸掛在舞台上的是一面巨大傾斜的鏡子，照射著現場的觀眾，這是製作兼導演哈羅德·普林斯讓觀眾融入台上悲劇的方法，他認為1960年代的美國也有類似的種族偏執。愛看戲的人對這種顛覆報以熱烈掌聲，《酒店》共演出了1165場。◀1928（4）

大災難
摧毀文藝復興

9 1966年猛烈的秋雨橫掃義大利中部和北部地區，造成嚴

洪水肆虐破壞佛羅倫斯的聖十字教堂。

重的水災、坍方和100多人喪生。暴風雨過後，全世界的注意力集中在佛羅倫斯。在這文藝復興的搖籃，洪水造成了數十人死亡，數千人無家可歸，大量珍貴的藝術品遭損壞或全毀。

暴漲的亞諾河淹沒了該城不良的排水系統，形成了一個目擊者所說的「一條巨大的水妖，在短短的3個小時內上升到史上的新高」。這條水妖對這座壯觀藝術之城的破壞力更甚於任何一場戰爭。由15世紀大師喬凡尼·契馬布耶所畫的教堂壁畫，耶穌釘在十字架上的巨幅圖像，有許多部分完全被水抹去。洶湧的浪濤擊碎了15世紀雕塑暨金飾大師洛倫佐·吉爾貝蒂為佛羅倫斯洗禮堂所塑的鍍金青銅雕塑《天堂之門》。維奇塞科斯圖書館25的萬冊浪漫主義文學的藏書，也全被淹沒。

這場災難震驚了全世界的藝術愛好者和古蹟維護者。教宗保祿六世為佛羅倫斯的修復捐獻了5000萬里拉；在美國，甘迺迪總統的遺孀賈桂琳·甘迺迪發起籌募資金的行動。全世界的神職人員、學生以及學者都投注許多時間和精力參與修復的工作。但是許多作品已經救不回來，而且因為原本是可以預防的而更令人扼腕：許多無價的藝術珍品原先就隨便收藏在地下室。▶1993（13）

社會改革
黑人權力

10 1966年，美國的民權運動發生分裂，非暴力學生協調委員會（SNCC）領袖斯托克利·卡邁克爾發誓絕不再「打不還手」。他宣佈，長久以來，黑人一直在乞求自由，如今該是強求的時候了。

「黑人權力」的大聲疾呼響遍全美並遠達南非。這表達出年輕黑人對他們老一輩一切按部就班來的態度，和警方不斷對民權運動積極分子找麻煩，已失去耐心。

緊握的拳頭公然挑釁焚燒城市——新黑人運動的新標誌。

雖然黑人權力倡導者最初主張暴力只用於自衛，但他們革命的態度嚇壞了大多白人和不少黑人。黑豹黨由鮑比·西爾和休伊·牛頓成立於加州，黨員常全副武裝攜帶步槍當街遊行。黑豹黨還在他們的社區設立義診，供應免費早餐，但緊張的美國當局利用臥底、監獄和炮彈破壞他們。

民權運動強調種族平等；黑人權力重點放在獨立。非暴力學生協調委員會和其他組織排斥白人成員。卡邁克爾的繼任者拉普·布朗坦白表達出新的理念：「弟兄們，如果美國不回心轉意，我們就把它燒掉。」1966、1967和1968年隨著暴動在內陸城市四起，黑人權力運動的卡頌曲《我們一定會贏》逐漸被《燒吧，孩子，燒吧》取代。◀1965（5）▶1968（4）

各樣的音樂風格。在東岸大學的咖啡屋，搖滾樂蔚為風尚，和聲美妙的賽門與葛芬柯，追隨鮑伯·迪倫將搖滾與民歌融合。流行一時的專輯「歐芹、鼠尾草、迷迭香和百里香」，都是描述城

市人焦慮和冷漠心態的流行民歌。在西岸，「海灘男孩」關心的事就開朗多了：海浪、車子和女孩。作為衝浪音樂的先鋒，他們那首《好的震顫》成為國際暢銷名曲。同為加州人的法蘭克·札帕（上圖）推出了《逃避現實》，這是搖滾樂界第一次出兩張唱片一套的專輯。該專輯的特色為尖銳的社會批判，偏執粗俗的歌詞和諷刺性的流行音樂，使札帕和他的「創意之母」成為反文化的棟樑。◀1965（10）▶1969（4）

紅男綠女

賈桂琳·蘇珊於1966年出版的《娃娃谷》被評為妨害風化，經過刻意的宣傳促銷，成為當年的暢銷小說。這本內容多處描寫毒品和性的書，是首次主流女作家生動描寫女性性生活的作品之一，也是第一次由作者本人宣傳造勢的作品之一。

賓州車站遭破壞

本世紀初由建築師麥金、米德和懷特設計的紐約市賓州車站，是仿卡拉卡拉的古羅馬浴池建造。面積占兩個方形街區，大而深的候車室以46公尺高的玻璃鋼筋天花板和84根巨柱構成。儘管菲利普·約翰遜和艾琳·薩里南（埃羅·薩里南的遺孀）這些建築專家堅持反對，該站還是在1966年遭拆除，繼而建立毫無美感但實用的公車總站和綜合體育館。

美國政治與經濟 國民生產毛額：7499億美元；交通部及住宅和都市開發部成立（住宅和都市開發部部長羅伯特·韋弗是第一位非裔美人的內閣成員）；海灣和西部人接管派拉蒙電影製片廠；議會通過公平包裝和標籤法案（誠實包裝）；道瓊工業指數首次突破1千點。

「他們不喜歡我們國家的一切，對他們來講沒什麼是神聖的……，他們動不動咒罵和貶低蘇聯人熱愛的一切，包括過去的和現在的。」

——《伊蘇維斯塔》，西亞尼夫斯基和丹尼爾作品評論

環球浮世繪

蒂皮特的突破

麥可·蒂皮特寫的音樂艱澀有思想，直到1960年代才華才受肯定。1966年，他開始創作第3部歌劇《難解之園》，其中一曲有所突破，大受歡迎。身為音樂及政治的獨立派，蒂皮特是第二次世界大戰的反對者；他所作的聖樂《這時代的孩子》（1941）表達出他反法西斯且愛好和平的觀點。◀1945（16）

毛語錄

中國人民解放軍總司令林彪，欲尋求一個方式讓他教育水準低落的新兵們熟悉革命精神。解決辦法是：將偉大舵手關於馬克斯主

義的激進言論編成《毛主席語錄》。《毛語錄》是文化大革命的聖經，橫行霸道的紅衛兵以此作為他們破壞行為的堂皇藉口。1966年，該書翻譯成英文，小冊子成為反文化的新潮玩意兒。◀1966（1）

多明尼加共和國的民主

1966年，經過5年的政變和內戰（以及美軍的介入），多明尼加共和國舉行自拉斐爾·特魯希略·莫利納被暗殺後的第二次大選。1960年被特魯希略任命為總統的華金·巴拉格爾，7月擊敗在任的胡安·波希（波希去年在美洲國家組織停戰的保護下恢復權力）。身為軍隊和教會擁護的人物，巴拉格爾為多明尼加共和國帶來了穩定，但仍承襲了一部分特魯希略的獨裁專制。1978年到1990年期間他連任4任總統。◀1961（8）

蘇聯

異議分子受審

11 1966年，蘇聯自由派作家安德烈·西尼亞夫斯基和尤里·丹尼爾在公開受審後被定罪，後史達林主義的溫和時期就突兀且毫無轉圜地結束了。這場審判顯示列昂尼德·布里茲涅夫領導的新政府將不容許任何批評。當時許多知識分子的因應之道是，轉往地下出版非法宣傳品，延續舊俄羅斯的異議傳統。

從1953年到1966年，蘇聯作家享有難得的自由，因赫魯雪夫揭露史達林主義的恐怖，小說家伊里亞·愛倫堡和亞歷山大·索忍尼辛等人乃放膽公開批評政府濫用權力。1962年索忍尼辛合法出版了小說《伊萬·丹尼索維奇的一日》，披露了史達林主義勞工營裡的殘暴情形，使得公開批評達的風潮到新的頂點。然而，1964年赫魯雪夫被趕下台之後，這種容忍雅量很快便消失無蹤了。

西亞尼夫斯基和丹尼爾兩人都在其作品中公開抨擊史達林主義的政治和社會寫實派藝術（蘇聯的樣板藝術）。他們被控捏造反蘇宣傳，且因其言論而遭到審判，政府當局引述作者作品中的諷刺段落作為起訴的證據。審判的結果只有一個下場。西亞尼夫斯基和丹尼爾被判刑勞動服務，但他們不認罪，堅決不妥協的姿態成為此次審判開啟的反抗運動的象徵。◀1964（2）▶1974（13）

丹尼爾（左）和西亞尼夫斯基於1966年2月的審判。

西非

「救贖者」流亡

12 迦納克瓦姆·恩克魯瑪的勢頹和1966年的倒台，代表了非洲脫離殖民地情況的不如人願。恩克魯瑪是第一個脫離歐洲統治而

獨立的下撒哈拉國家領袖，並因反殖民作風而受到全非洲的尊敬，卻在執政之後採取高壓政策。右派分子趁他赴北京訪問期間發動政變將其廢黜。

恩克魯瑪於1957年領導迦納脫離英國獨立，其對自由的崇尚給全世界留下深刻印象。但作為總理，他批准一項法令通過，規定為了「安全考量」，在未經審判下可以拘留危險分子。興建公路、學校和醫院使他剛開始頗受擁戴，1960年的公民投票讓他當上總統，在新憲法的規定下擁有無上的權力。然而，經濟生殺大權仍掌握在西方國家手中，持續的經濟衰退造成社會普遍的動盪不安。恩克魯瑪不斷向共產國家尋求援助，但經濟衰退繼續惡化。為了抑制反對的聲浪，總統組織了一個祕密警察部隊並且營造他自己的個人崇拜。

「救贖者」（官方新聞界對他的稱呼）的行藏越來越隱僻，不斷發表時而有見地，時而前後矛盾的有關馬克斯理論的著作。

而且，他將平時的國家事物交予那些無能力勝任的恩克魯瑪主義

的支持者，在60年代，甚至許多非洲民族主義者也都起來反對他們以前的英雄。恩克魯瑪對馬克斯主義的標榜終於激怒了西方的贊助者，而不再提供援助。閉關自守，負債纍纍，再加上高壓的政策，1966年當恩克魯瑪被推翻時，迦納已整裝待變。◀1957（4）

印尼

蘇卡諾失去控制

13 1966年，曾塑造出東南亞最大最多元化國家的人物被推翻。印尼總統蘇卡諾（他和許多國人一樣只用單名）在1945年宣布印尼脫離荷蘭獨立。當荷蘭人試圖重

新占領時，他予以反擊，成為這個有1萬3670個島嶼的群島國英雄，但後來卻變得獨裁專制。1956年他解散國會，壓制異議，而他的「計畫經濟」也從未奏效。1965年，蘇哈托（軍事戰略指揮總司令）向他挑戰。

起初，蘇卡諾以充沛的幹勁、廣大的群眾魅力，及用心離間共產黨和反共軍隊，加以確保了他的地位。他建立紀念碑、醫院、學校，喊出口號，讓多元文化的人民產生國民自豪和凝聚力。但他的政權腐敗，又與美國為敵（他曾經這樣叫罵：「去你的援助！」），雖使他成為第三世界的偶像，卻也使他與印尼保守的軍隊不和。

1965年，蘇哈托將軍領軍對抗假稱反蘇卡諾的共產黨陰謀分子。這位總司令的真正目標是總統本人，在幾個月的征戰中，軍隊及支持者總共殺了30萬名共產黨，包括真的共產黨員和有嫌疑者。大屠殺徹底破壞了社會大眾對蘇卡諾的信心：他連印尼軍隊都管不了，還管得了什麼？自命為終身總統的蘇卡諾失去了權位和自由，一直被軟禁到1970年去世。◀1949（邊欄）▶1975（邊欄）

諾貝爾獎 **和平獎**：從缺 **文學獎**：謝繆爾·約瑟夫·阿格農（以色列，小說家）和內莉·薩克斯（德裔瑞典，詩人暨劇作家） **化學獎**：羅伯特·馬利肯（美國，化學鍵結構） **醫學獎**：查爾斯·哈金斯（美國，前列腺癌的內分泌療法）和法蘭西斯·佩頓·勞斯（美國，會產生腫瘤的病毒） **物理學獎**：阿爾弗雷德·卡斯特勒（法國，原子能能級）。

1966

當年之音

保持沈默的權利

摘自1966年6月美國最高法院米蘭達訴訟亞利桑那州的裁決

1966年6月13日，美國最高法院宣布對4項案件的判決，這4個案件合稱米蘭達訴訟亞利桑那案。（歐內斯托·米蘭達是鳳凰城的23歲高中輟學生，因強姦和綁架而被捕。在一排嫌疑犯中被指證出來後，他簽了書面口供，卻沒有人告知他，根據憲法他擁有保持沉默或要求法院為其指派律師的權利）。在每件案子的例行訊問中，嫌犯向警方招供之後，便被判重刑。但法庭以5：4表決，推翻有罪的判決：因為執行逮捕的警官沒有告訴嫌犯，有關第5修正案針對自我認罪的保護條款，所以原書面口供不得用來作為呈堂供證。之後，明確的權利聲明——即今眾所周知的米蘭達權利（「你有權利保持沉默……」）——成為逮捕的必要程序之一。那些對這條法律一無所知或一時無法尋求法律建議的人，將與那些知道如何運用該條法律的人站在同一法律立足點上。以下是首席法官厄爾·華倫寫給大多數人的。法官拜倫·懷特則表示強烈的異議。◀1953（邊欄）　▶1973（5）

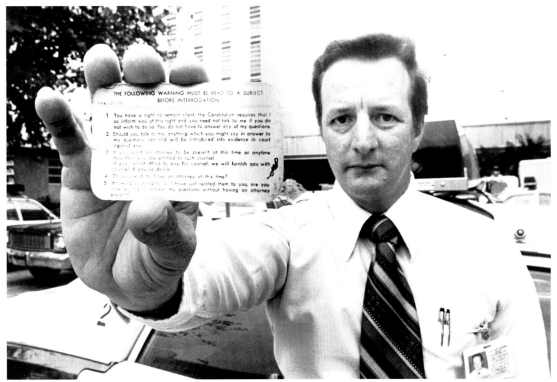

在米蘭達訴訟案中，最高法院首席法官厄爾·華倫（上圖）裁決：執行逮捕的警官必須告知嫌犯他或她的憲法權力，以保護嫌犯不會受到強制性審問。

首席法官厄爾·華倫：「如果一個人被扣押，將要接受偵訊，他必須首先被明確告知（不可使用模稜兩可的詞彙）他有權保持沉默，這種保持沉默權利的警告必須加以解釋，他說的任何事情將會被用來當作呈堂證供……

在憲法第5修正案的保護下，個人有權利在接受偵訊時請律師在場…

如果訊問是在沒有律師的情況下繼續進行的，並且供詞已被記錄，那麼政府將背負重大責任讓被告了解並理智地放棄自我認罪保護條款的特權……

法官拜倫·懷特：針對自我認罪的權利表示意見，這也即大多數人的意見，認為在沒有具體告誡和沒有明確棄權的情況下禁止對被拘留人的訊問，在歷史上或第5修正案的言詞中都找不到重大的佐證……

法院的決定明顯基於對所有供詞的極度不信任。法院宣佈在沒有律師在場，沒有放棄律師在場權的情況下，不能偵訊被告，而假如法院設有告誡律師建議被告保持沉默，則會導致合理的裁決，認定來自被告的證據，無論是不是被迫，都不能用於不利被告。這個意見並沒什麼微妙的暗示，只是說警察從被告本身收集證據是錯誤的。這也是這項異議的要點。我不覺得這裏頭有什麼錯誤或不道德，當然也不違憲，如果警方依據合理的推斷拘捕嫌犯，不管嫌犯有沒有殺他的妻子，或如果警方能使嫌犯面對其所以被捕的證據，起碼他已明確被告知他可以完全保持沉默，而且，也不能確定招供的程序就一定危害到被告。相反的，這樣反而能解除心理壓力，儘早還被告清白。

1966

「我是一個新的科學怪人。」
—— 華什坎斯基，第一位接受心臟移植的病患

年度焦點

首例心臟移植

心臟學先驅（從左到右）克里斯蒂安·巴納德、麥可·德巴基、阿德里安·康特洛威茲在電視新聞上討論心臟移植問題。

1 1967年，在南非的開普敦，外科醫生克里斯蒂安·巴納德在有30名助手的醫療小組協助下，以一名因車禍喪生的年輕婦女的心臟來為55歲的路易斯·華什坎斯基換心，使他獲得了新生。25歲的丹妮絲·達維爾頭部和下肢因受撞擊受創，但心臟完好，在自身神經系統的驅使下仍能跳動。這給了巴納德一個嘗試實驗性手術的機會，對於因心臟病而奄奄一息的華什坎斯基而言，這也意味著一線生機。

此乃第一次成功的人類心臟移植。手術引起了國際社會的極大迴響，新聞報導詳細地描述了整個程序。巴納德和他的小組先切開華什坎斯基的胸腔並分離出他的胸骨，然後把其肋骨拉開，打開心包囊（即心房），露出了一個腫大帶點灰色的心臟。他們用一個人工心肺機（一種保持血液充氧的機械唧筒）使華什坎斯基的血液在生病的心臟四周循環。在摘取心臟的過程中，醫生們保留了它的上部（左右心室的內壁）。然後他們將達維爾的95%健康心臟切除，縫到華什坎斯基的「心蓋」上。為了刺激心跳，巴納德在心臟接上兩個細電極，進行電擊。「這就像啟動汽車的點火裝置一樣」，一名助手說道。在華什坎斯基的胸腔，一顆新的心臟開始吸入血液。手術數小時後，醫生到恢復室探視病人。「你答應給我一個新的心臟」，華什坎斯基低聲說道。巴納德則回答道：「你已經有了。」

雖然移植手術成功，但華什坎斯基感染了肺炎，並於18天後死去。手術過程引起了道德上的爭論——即關於生死的定義及醫學應扮演的角色。傳統認為，心臟停止跳動即生命的終止。但現在醫生能夠救活或替換已停止跳動的心臟。一位受人尊敬的耶穌會神學家強調，心臟只不過是一個「會動的唧筒」，根本無需考慮心臟移植的道德問題；其他宗教領袖則認為徹底改變身體有違上帝旨意。物理學家提出了新的死亡定義：即腦內電波活動的終止。然而，關於何時終止生命，何時延長及誰具有決定權等相關問題仍沒有解決。◀1952（12）▶1982（11）

希臘

上校政變

2 1967年，希臘成為二次大戰以來第一個陷入獨裁統治的西歐國家。該年，兩大黨派各自計畫阻止前總理喬治斯·帕潘德里歐（1965年國王康斯坦丁迫使其離職）重掌大權。其中一派是在國王領導下由將軍組成的陰謀集團，他們決定一旦帕潘德里歐的中間派和左派聯盟贏得5月大選就採取行動。另一派由一群上校組成的密謀集團則準備先發制人。4月21日，上校們推翻了希臘的臨時政府，使得民主的發源地在往後7年中飽受獨裁統治之苦。

新政權用一位名叫康斯坦丁諾斯·克里亞斯的市民來避人耳目，但實際大權操縱在喬治·巴巴多普洛斯上校（上圖）手中。政府監禁了4萬5千名據稱是顛覆分子的人（帕潘德里歐也是其中受害人，他被軟禁，於1968年去世）。政府暫時中止議會和公民自由權，並禁止蓄鬍、迷你裙及抗議歌曲。12月，繼國王康斯坦丁的反政變失敗之後，軍政府採取掩飾措施，帕潘德里歐成了總理，政治犯則獲大赦。然而鎮壓仍在繼續。

儘管大部分歐洲政府拒絕承認希臘政府，華府方面卻暗地支持它。（總理帕潘德里歐解除對共產黨的禁令，其子安德烈斯提議退出北約。相形之下，上校們卻是高喊親美的。）大部分希臘人起初相當樂觀：因為先前政府腐敗、無能且又暴戾。到了70年代，民眾的不滿及內部鬥爭才使得該政權開始瓦解。◀1949（邊欄）▶1974（5）

中東

六日戰爭

3 以阿之間醞釀已久的敵對情緒終於在1967年爆發為一場短暫但規模空前的戰爭。以色列由於受到巴勒斯坦游擊隊襲擊，對阿拉伯世界中居領導地位的埃及發動了大規模的懲罰性攻擊。雖然埃及的挑釁觸發了六日戰爭，但自從1947年巴勒斯坦被分割給猶太人建國後，衝突一直是中東政局的一個事實。以色列在取得1967年戰事的決定性勝利之後，吞併了阿拉伯的大片領土，以致接下來的幾十年中暴力不斷。

在領土分割後，成千上萬的巴勒斯坦人從以色列逃到鄰近的阿拉伯國家，還有許多人組成游擊隊以打擊新成立的以色列。1964年，世界最著名的阿拉伯政治家，埃及總統賈邁勒·阿卜杜勒·納塞試圖把各派系游擊隊納入巴勒斯坦解放組織，以達到控制他們的目的。這一策略沒有成功：在敘利亞的支持之下，一些個別的巴勒斯坦組織逐漸地加強對以色列的進攻。1967年5月，以色列作出回應，在敘利亞的前線佈署大批軍隊。納塞為了維護其領導地位亦作出攻勢反應。他命令聯合國停火部隊離開以埃邊界戰區；封鎖了蒂朗的紅海海峽這條對以色列至關重要的運輸線，並與以色列東部好戰的鄰國約旦簽署軍事協定。敘利亞、約旦、伊拉克、科威特和阿爾及利亞共同宣誓，一旦以色列採取報復行動，就「使它從地圖上消失」。

以色列預料到會有一場入侵行動，於是採取了閃電式進攻。

在六日戰爭中，以色列攻佔西奈半島、耶路撒冷舊城、約旦河西岸及戈蘭高地。

地圖圖例：
以色列 1949
以色列 1967

地名：黎巴嫩、敘利亞、戈蘭高地、大馬士革、地中海、海法、特拉維夫、約旦河西岸、耶律哥、耶路撒冷、吉薩、以色列、約旦、蘇伊士、西奈半島、沙烏地阿拉伯、提蘭海峽、埃及、紅海

藝術與文化　書籍：《精選》哈伊姆·波托克；《納特·透納的自白》威廉·斯蒂隆；《壞人》史坦利·埃爾金；《白雪公主》唐納德·巴特黑爾梅；《危機中的孩子》羅伯特·柯爾斯；《我們的夥伴》史蒂芬·伯明罕　音樂：《點燃我的火燄》門合唱團；《奇幻之旅》披頭四，LP；《超現實枕頭》傑弗遜飛機，LP；《媽媽和

1967

「也許美國眞正的戰爭不是政治，而是生活方式。」
—— 60年代激進的傑里·魯賓在參加舊金山第一次「盛會」後表示

在6月5日的一次突擊中，摧毀了阿拉伯最富戰鬥力的埃及空軍，接著擊潰了埃及地面部隊，佔領加薩走廊和西奈半島。約旦加入戰爭，但也敗北：以色列佔領了約旦河西部所有領土，即約旦河西岸地區。然後它把敘利亞趕出戈蘭高地。6月11日，在聯合國調停下，雙方達成停火協議，結束了正面衝突，但終究是木已成舟。不久，以色列開始向佔領地區移民，而巴勒斯坦人對於埃及和敘利亞的庇護深感失望，決定開始掌握自己的命運並領導巴勒斯坦解放組織。◀ 1964（5）▶1970（3）

南葉門夕班的居民慶祝獨立。

中東
南北葉門內戰

4 1967年，位於阿拉伯半島南端的葉門共和國是由兩個各自獨立的國家組成，它們都在該年陷入內戰，而佔領北葉門的埃及和沙烏地阿拉伯及佔領南葉門的英國此時都各自撤走了軍隊。但是儘管如此，和平依然遙遙無期，就如同南北葉門宣稱它們想要合併的願望一樣。

1839年以來南葉門一直由英國統治。1965年，當英國宣佈即將撤離時，兩大民族主義黨派——由埃及支持的南葉門解放陣線和本地的民族解放陣線爲爭奪獨立後的政權而爆發內戰。流血衝突加速了英軍的退出。1967年11月，英國人把政權移交給實力較強的國家解放陣線，它後來成爲南葉門人民共和國所唯一認可的政黨。

北葉門（簡稱葉門）自從鄂圖曼帝國瓦解後即保持獨立。它的內戰始於1962年，當時軍隊推翻了阿勒-穆罕默德·拜德爾。政變領導人阿卜杜拉·阿勒-索拉爾上校（原是拜德爾的參謀長）宣佈成立葉門阿拉伯共和國，拜德爾則逃入山區與之宣戰。沙烏地阿拉伯派兵援助拜德爾，索拉爾則得到埃及的協助。到了1967年，索拉爾挫敗，埃及答應沙烏地阿拉伯撤兵。

一支反埃及的政變組織放逐了索拉爾。1970年內戰結束時，拜德爾的支持者加入政府，而南葉門此時則成爲蘇聯集團另一個「人民共和國」。1972年爆發邊境衝突後，兩國出人意料地向世界宣佈它們合併的意向。但雙方的政變、邊境衝突不斷及1986年南葉門的內戰皆延緩其合併。1990年葉門共和國成立，但4年後，南北葉門再次爆發戰爭。◀ 1920（2）

大衆文化
愛的夏季

5 1967年夏天，包括獲獎小說家、搖滾歌星、吸食迷幻藥的嬉皮、中產階級分子及反抗當局的教授在內等各類社會團體多次集會抗議越戰，並帶動人們「應當作愛，而非作戰」的全新時代。這年春天所舉辦的「愛的夏季」是一場啓發性的活動——4月15日在紐約的一次和平遊行，吸引了30萬人參加（至當時爲止美國史上人數最多的遊行）。在示威群衆中有小兒科醫生兼活躍分子班傑明·斯波克、民歌手皮特·西格和民權運動領導人馬丁·路德·金恩等。後者在對民衆的演說中強調爲和平鬥爭和種族平等鬥爭的關連（在越南的美軍人數中，少數民族的比例很低）。

反戰運動的參與者不分老少，且大部分人都生活在傳統社區。但對於越來越多幻想破滅的年輕人來說，反戰激勵他們去尋求一種「另類」的生活方式。都市嬉皮在全國各地聚集，最有名的大概是舊金山的海特-阿什伯里地區，有無數「花童」（指鼓吹愛情與和平的嬉皮）在此暫時居留，自由表達另類的價值觀——典型方式有演奏搖滾樂、體驗吸毒、穿著光怪陸離的服裝和性行爲等。有種說法是，如果在一個地方匯聚足夠的「好的共鳴」，那就沒有不可能的事了。爲了讓「花的力量」產生作用，頹廢派詩人艾倫·金斯堡於1965年在舊金山召集了第一場「盛會」。爲無組織活動而組織的「盛會」成爲美國和西歐最受歡迎的反文化活動。「愛的夏季」實際上是一種擴大的盛會。

在主辦人比爾·格雷姆委託製作的搖滾音樂會的海報上具體表現出嬉皮運動的精神。

但運動也有令人悲哀的一面。隨著越來越多年輕人雲集在海特區和其他嬉皮大本營，解放精神對某些經濟和化學方面的現實產生巨大衝擊，並助長吸毒、犯罪和心理及精神疾病的產生。◀ 1965（邊欄）▶1968（當年之音）

誕生名人錄

鮑里斯·貝克　德國網球球員
里迪克·鮑　美國拳擊手
西尼德·歐康諾　愛爾蘭歌手
茱莉亞·羅勃茲　美國演員

逝世名人錄

康拉德·艾德諾　德國總理
克萊門特·艾德禮　英國首相
普里莫·卡內拉
　義裔美國拳擊手
約翰·科爾特蘭　美國音樂家
伊里亞·愛倫堡　蘇聯作家
布里安·愛潑斯坦
　英國搖滾樂提倡者
卡西米爾·芬克
　波蘭裔美國生化學家
切·格瓦拉　阿根廷革命分子
伍迪·格思里　美國音樂家
愛德華·霍珀　美國藝術家
朗斯頓·休斯　美國詩人
亨利·凱澤　美國實業家
阿爾弗雷德·克魯伯
　德國製造商
費雯麗　英國演員
亨利·魯斯　美國出版商
阿爾伯特·魯瑟利
　南非民權領袖
汝內·馬格里特　比利時畫家
約翰·梅斯菲爾德　英國作家
卡森·麥卡勒斯　美國作家
穆罕默德·穆薩德　伊朗總理
羅伯特·歐本海默
　美國物理學家
多蘿茜·帕克　美國作家
格里戈里·平卡斯
　美國生物學家
溥儀　中國末代皇帝
克勞德·雷恩斯　英裔美國演員
巴西爾·拉斯伯恩
　英裔美國演員
奧蒂斯·雷丁　美國歌手
阿德·賴恩哈特　美國畫家
傑克·魯比　美國殺手
卡爾·桑德堡　美國詩人
路易斯·蘇慕沙·德瓦伊萊
　尼加拉瓜總統
田耕莘　天主教遠東區樞機主教
斯潘塞·崔西　美國演員

「我們認爲我們是在自己的國家。我們知道有許多問題，但這些都是發展過程中必然出現的問題……現在我不是一個奈及利亞人，對我來說這個身分已不存在了。」 —— 伊博人作家基努瓦·阿契貝在奈及利亞封鎖比亞夫拉時表示

1967年新事物

- 多彈頭洲際飛彈
- 《滾石》雜誌
- 公共廣播公司（PBS）
- 汽車駕駛的酒精濃度測定器（英國）
- 商用微波爐
- 石英錶

美國萬花筒

第一屆超級盃

正如預料一般，全國美式足球聯盟（NFL）在與其對手美國美式足球聯盟（AFL）的首場決賽中，輕易地贏得勝利。文斯·隆巴迪帶領綠灣包裝人隊以35：10挫敗了堪薩斯城酋長隊，捧走了世界錦標賽獎盃（1969年以「超級盃」而聞名）。精明而講究實際的教練隆巴迪以「獲勝並非一切，它是唯一的一件事」爲座右銘，任何低於此標準的事對他來說都無法接受。包裝人隊的四分衛隊員和後來進入名人堂的巴特·斯塔爾被票選爲最有價值球員。◀1960（邊欄）

奈維爾遜的回顧展

雕塑家路易絲·奈維爾遜是一位「現成物品」裝置藝術家：她利用木屑、廢棄的家具、日常小擺設來製作雕塑品。1967年在紐

約美國惠特尼美術館的回顧展體現了她著名的抽象風格（上圖，一份美國送給英國人民的賀禮），展示她的「牆壁雕塑」，這是將不加蓋的木條箱堆疊起來，並且在內部塞滿了精心安排以黑、白、金黃等單色漆成的加工品。◀1963（邊欄）

1967

戰爭最年幼的受害者：比亞夫拉的阿巴附近一難民營中營養不良的兒童。

西非

比亞夫拉飢荒

6 1967年5月的戰爭喚醒了全世界對現代非洲悲慘境遇的關注，當時伊博人居住的奈及利亞東部地區脫離成立了比亞夫拉共和國。比亞夫拉分離主義者（由奧杜梅吉·奧朱古中校領導）和奈及利亞軍隊（由雅庫布·戈翁領導）之間緊接而來的衝突迫使新國家瓦解。奈及利亞對比亞夫拉加以封鎖，不久，因飢餓而瘦骨嶙峋的兒童出現在國際新聞各個媒體，引起了恐懼和厭惡。

援救組織試圖對這個被包圍的國家空運物資，但由於缺乏官方支援，只能通過奈及利亞邊界輸送少量食品。比亞夫拉發生飢荒——而其政治上的原因是：世界上幾個最強大的政府都認爲，比亞夫拉的獨立會激起整個非洲的分裂主義。英國、埃及和蘇聯幫助奈及利亞武裝起來，並得到美國心照不宣的支。葡萄牙、南非和法國則支持持比亞夫拉——但力量薄弱。

衝突的根源至少可以回溯至30年代。在奈及利亞6700萬總人口中約有七分之一的伊博人大批向西湧入傳統上由約魯巴人和豪薩人佔領的地區。1966年，伊博人領導了一次政變，而豪薩人則緊接著發動一次反政變。3萬名左右的伊博人遭到屠殺，而有100多萬人逃回東部。這一事件使得曾在牛津大學受教育的奈及利亞東部軍事司令官奧朱古相信，這個國家對他的伊博人同胞而言已不再是一塊安全之地。他宣佈領土獨立，並吞併了更多的土地。一年之中，戈翁牢牢地控制了局面。到1970年叛軍投降時，有100多萬名比亞夫拉人喪生——大都是死於飢荒的平民。◀1914（6）▶1984（4）

文學

加西亞·馬奎斯的魔幻寫實

7 1967年，加布里埃爾·加西亞·馬奎斯的《百年孤寂》出版，向全世界介紹了豐富多

彩的拉丁美洲文學。它的起首句「多年以後，奧雷連諾·邦迪亞上校面向行刑隊時，準會想起很久以前父親帶他去發現冰塊的那個下午」，可以誇言是20世紀文學最有名的開場白。這部引人入勝、深奧而極富幽默感的小說使馬奎斯成爲魔幻寫實主義的代表人物。魔幻寫實主義是拉丁美洲獨特的文學形式，它以超現實主義爲出發點，把幻境和現世如詩一般地融合，以便完整捕捉當地豐富且往往不可思議的歷史和文化。

在哥倫比亞阿拉卡達恰長大的馬奎斯，其獨創的敘述手法得益於祖父母那兒聽到的故事。熟讀拉丁美洲歷史文學與塞萬提斯、福克納、卡夫卡和包赫士等寫作技巧的馬奎斯，把聽來的故事重新加工，讓它們成爲經典的文學作品。評論

家宣稱《百年孤寂》是「美洲偉大的鉅作」。

馬奎斯這本著作對各國作家產生了深遠的影響，但對於屬於60年代拉丁美洲文學「極盛時期」的其他作家而言，這部作品尤其令他們受益匪淺：在影響他們作品不斷發展的同時，甚至也提高了他們的知名度。在世界文學中佔有一席之地的作家如墨西哥的卡洛斯·富恩提斯，祕魯的馬里奧·瓦加斯·勞薩，阿根廷的朱利奧·科塔薩爾，智利的何塞·多諾索，巴西的喬治·亞馬洛，古巴的吉耶爾莫·卡夫雷拉·因凡特等人都曾經直接受益於《百年孤寂》的成功。馬奎斯在1982年榮獲諾貝爾文學獎。◀1963（邊欄）▶1990（邊欄）

音樂

阿蕾莎女王加冕

8 1967年《告示牌》雜誌把阿雷莎·富蘭克林列爲年度最佳女歌手，同時也奠定了她「靈魂樂女王」的地位。富蘭克林憑其天賦與積極進取精神所獲得的成就已超越其個人意義：黑人演唱家爲了打入主流音樂界，曾被迫迎合白人的標準。但富蘭克林以生動活潑的音色、醇厚而充滿感情的黑人福音音樂風格、以純正的非洲－美洲旋律爲主的歌曲獲得肯定。

富蘭克林始終以低調來看待種族議題。她曾這樣說道：「身爲黑人、猶太人、義大利人或其他別種人沒什麼大不了的，只要是活著並能四處走動就很棒了。不一定得是黑人才能有靈魂音樂。」她最初是在底特律教會的唱詩班中演唱，父親是該教會的浸信會牧師。她是在黑人福音音樂大師馬哈利亞·傑克遜和克拉拉·沃德等人的音樂薰陶中長大的。

1960年當富蘭克林18歲時，她曾試圖打入流行樂壇，但未獲成功：她的音域達4個8度，大部分聽眾還無法接受她這種突出、軟綿的嗓音。1967年，她和流行樂聽眾都已成熟，她爲大西洋唱片公司錄製的專輯（其主打歌曲爲《我從來沒

體育　棒球：世界大賽，聖路易雀隊以4勝3負擊敗波士頓紅襪隊　美式足球：AFL對NFL，綠灣包裝人隊以35：10擊敗堪薩斯城酋長隊；聖路易紅雀隊的吉姆·巴肯在一場比賽7次射門得分的紀錄　籃球：NBA，費城七六人隊以4勝2負擊敗舊金山勇士隊　網球：比莉·瓊·金恩在同一年贏得美國和英國單打及雙打冠軍

「她似乎並不只是在演唱，更證明了一個非常簡單和絕對的事實，而她是不可能捏造得出來。」

——《時代》週刊於1968年對富蘭克林的評價

富蘭克林正在錄音的情景，其歌唱生涯在1967年有了突破。

有愛過一個人像愛你這樣〉）銷售量超過100萬張。在1967年的十大最暢銷歌曲中，她的就佔了5首。其中的《尊重》不但同時成為美國黑人和發展中的女權主義運動的聖歌，也成為傳統老式舞會上的經典音樂。◀1947（邊欄）

電影
好萊塢的激進主義

9 1967年兩部轟動一時且大反傳統的影片《畢業生》和《雌雄大盜》具體而微地呈現出嚴肅的美國電影在其風格與內容上的轉變，同時反映了好萊塢正在迎合嬰兒潮世代的反叛精神。

導演邁克·尼古斯曾是一名即

興表演的喜劇演員。在《畢業生》一片中說話溫柔，鬱鬱寡歡的主角班傑明·布萊克多（由達斯汀·霍夫曼飾演）是一位剛畢業的大學生，他與父母的中上階級生活圈格格不入（一名商人送給班傑明在事業上的一字真言：「塑膠」——這正好象徵他父母欺世盜名的價值觀）。他先是被一位自厭的中年婦女羅賓遜太太勾引，後來愛上她的女兒（一位叫艾蓮的好女孩）。班傑明的反物質主義和倦怠無聊引起了年輕觀眾的共鳴，而當他從教堂把即將嫁給別人的艾蓮救出時，觀眾為其情緒爆發而大聲叫好。賽門和葛芬柯的配樂渲染了影片的氣氛，搖滾歌曲也被正式用來詮釋影片。霍夫曼的角色則摒棄了另一項傳統：銀幕偶像現在可以是有弱點並且相貌平凡。

亞瑟·潘的《我倆沒有明天》片中的反威權主義是以冷酷無情的經濟大恐慌時代為背景。這個關於德州兩名強盜邦妮·帕克（由費·唐娜薇飾演）和克萊·巴羅（華倫·比提飾演）的故事片充滿了暴力和虛無主義，是當代最具爭議的影片。《紐約客》的寶莉娜·凱爾讚美它是「一部藝術作品」；《紐約時報》的博斯利·克羅瑟卻說它是「毫無意義」和「乏善可陳」。潘則堅稱，人物犯罪時興高采烈的情緒和影片中極力渲染的暴力——

《畢業生》中的班傑明（達斯汀·霍夫曼飾）受到一名中年婦女勾引。

通常緊接在笑話之後，觀眾的笑聲結果往往卡在喉嚨之中——是對越戰時期美國社會動盪不安的評論。該片導演說：「如果英雄不是那麼令人崇拜，那就是了解這個時代的一條線索。」這部影片產生了空前影響：日後銀幕上強盜橫行，邦妮和克萊死於警方掃射的慢動作高潮戲也被濫加模仿。◀1960（11）▶1972（9）

科學
統一場論

10 1967年，哈佛大學物理學家史蒂文·溫伯格（下圖）向理論物理學長久以來冀望實現的「統一場論」邁出關鍵的一步。這

一理論包括4種看來各不相同的自然力：重力、電磁力、弱原子力和強原子力。重力即吸引物體落向地面的力；電磁力結合了電與磁之間相近的特性，其原子間的凝聚力可奠定化學的基礎；弱原子力從放射性蛻變中的原子核發射出的粒子表現出來；而強原子力將原子微粒凝聚在一起。溫伯格的模式是把電磁力和弱原子力描繪成同一種現象的不同表達方式。

溫伯格曾預言「中性電流」的存在，即沒有電荷交換的基本粒子之間的核反應。倫敦皇家學院的物理學家阿布杜斯·薩拉姆也獨自提出了同樣見解。儘管溫伯格－薩拉姆的模式巧妙高明，卻受到限制：它僅適用於基本粒子。1970年另一位哈佛物理學家謝爾登·格拉修將理論推廣到所有已知粒子。德國科學家戈哈特·霍夫特在一年後簡要證明此一理論。1979年，溫伯格、薩拉姆和格拉斯霍共同獲得諾貝爾物理學獎。到70年代後期，一種關於強作用力的場論，亦即量子色動力學（QCD），與溫伯格及薩拉姆的弱電理論結合形成了所謂的「模式」。在4種力中，只有重力未被納入統一場理論中。▶1929（邊欄）

反對建州
波多黎各自1952年以來一直是美國的屬地，在韓戰和越戰中對美軍貢獻良多。對許多當地居民來說，建州似乎合情合理，尤其是在夏威夷和阿拉斯加於1959年加入聯邦之後。但1967年關於這一問題所進行的全民公決中，絕大多數投票者贊成保持屬地地位，只有39%的人贊成建州，還有小部分主張獨立。（持獨立立場中，最大且最激進的一派抵制此次投票）◀1952（邊欄）

馬歇爾法官
1967年被詹森總統任命為第一位黑人法官的瑟古德·馬歇爾對最高法院並不陌生：身為全國有色人種促進協會的首席律師，馬歇爾在進入最高法院之前曾在32起案件中辯論，其中包括著名的布朗控訴教育委員會案（1954）。關於這一任命，詹森總統曾這樣說：「在適當的時間做了一件適

當的事，選擇了適當的人，並給了他適當的職位。」在最高法院任職的24年中，馬歇爾因其堅決維護少數民族權利、平等就業權、言論自由和隱私權而名聲顯赫。◀1954（6）

日報停刊
1967年，紐約一些最著名的報紙合併而成的《世界期刊論壇報》宣佈停刊。這是美國60年代159份停刊日報中的其中之一。在成為電視的犧牲品、日益減少的廣告收入和罷工不斷的衝擊下，這些最終以《世界期刊論壇報》形式出現的報紙發行不到一年。◀1900（2）

1967

「人們試圖模仿崔姬，咬指甲，腳呈內八字站立，但他們永遠學不像，永遠不可能是崔姬。」

── 攝影師梅爾·索科爾斯基

環球浮世繪

新哈姆雷特

1967年當《羅森克蘭茨和吉爾登斯特恩都已死去》上演時，捷克裔的英國劇作家湯姆·斯托帕特一躍成為戰後著名的諷刺作家之一。這齣模仿《哈姆雷特》的戲劇場面熱鬧、滑稽、言辭風趣，主要是描述憂鬱寡歡的戴恩他那兩個唯利是圖的朋友──兩個喃喃自語、存在主義式的反派英雄。

史達林之女投誠

她肯定會讓父親蒙羞：斯韋特蘭娜·阿利盧耶娃是約瑟夫·史達林的女兒，於4月投誠美國。1967年，當阿利盧耶娃去見美國駐印度新德里大使館官員時，他們剛開始還懷疑她的來歷。她

獲得政治庇護，但美國國務院以低調處理此一事件。美蘇的緊張關係正趨於緩和，就此事大作文章會導致關係冷卻。

戴高樂的加拿大之行

前往加拿大參加英國統治百週年慶典暨1967年蒙特婁世界博覽會的夏爾·戴高樂，因發言贊同法裔加拿大人的分離主義而導致了一場騷亂。這位法國總統在蒙特婁發表一場演說，並且高喊：「自由魁北克萬歲！」（贊成這個以法語為主的省分獨立者的口號）。由於遭到加拿大總理萊斯特·皮爾遜的指責，戴高樂取消在渥太華逗留的計畫而返國。
▶1968（邊欄）

氫彈在中國研製成功

6月17日，中國試爆了一枚氫彈，成為第5個擁有熱核武器的國家。中國是在中、蘇漸趨敵對的期間內進行試爆，讓莫斯科憂慮一場核子大對決即將來臨。美國也很擔心：該年稍後，它宣佈研製出了一種新型反彈道飛彈系統，以防禦中國的攻擊。
◀1963（2）▶1969（8）

電腦模擬的DNA模型。分子所攜帶的基因資訊由鹽基對所決定。

科學

試管DNA的產生

⑪ 1967年，在華生和克立克二人說明DNA（去氧核糖核酸）結構的14年之後，由美國生化學家阿瑟·科恩伯格帶領的基因研究小組在試管中合成了具生物活性的DNA。科恩伯格和研究同仁梅蘭·古里安及羅伯特·辛斯海梅爾用一種叫做聚合DNA的酵素製造出DNA分子的其中一鏈。就像通常的DNA一樣，科恩伯格的複製品包含了容許細胞進行複製所需的全部基因資訊。科恩伯格重申他只是複製而非創造DNA，但他的突破性發展前景大有可為。其中一項可能的應用就是用來治療癌症。

科恩伯格和西班牙出生的美國分子生物學家塞維羅·奧喬亞曾共同獲得1959年諾貝爾醫學獎──科恩伯格發現了聚合DNA，奧喬亞則分離出一種酵素來合成類似於RNA（核糖核酸）的化合物，而RNA是一種能使細胞產生蛋白質的基因物質。這些酵素是基因工程的核心：聚合DNA使科恩伯格得以首次合成DNA非活性分子，然後於1967年合成了活性複製品。奧喬亞的酵素又名多核酸化，這使他能夠合成RNA。

包括科學家和一般大眾對於基因的發現大感興趣。對許多人來說，DNA的複製聽來就像是某種科學怪人的實驗，這是邁向在實驗室創造人類，或者較低級之「複製人」（即真人的基因複製品）的第一步。（事實上，一位英國生物學家已於1967年成功地製造一隻無性繁殖的蝌蚪。）美國國會還組織了委員會調查此事。然而，基因工程的真正重要性很快得到分子生物學家的認同，終有一天它能使醫生成功地治癒遺傳疾病。（編按：英國生物學家於1997又成功複製出一隻羊，取名「桃莉」）◀1953（1）▶1976（5）

思想

一位文學破壞者

⑫ 1967年，法國哲學家雅克·德希達出版《文字系統學》，詳述他關於解構的革命性理論。該理論對法國哲學和美國文學評論具深遠影響，並使後來好幾代的研究生著迷不已。他在《文字系統學》中，對19世紀瑞士語言學家斐迪南·德索緒爾作了洞察入微的評論。不管是討論小說或哲學短文均可看出他以「解構」文本的策略，來揭露語言的不精確和意義的多樣性。

德希達的作品攻擊傳統的形上學：他認為任何絕對價值的陳述都毫無意義。解構主義的理論破除了作家長期自居的絕對權威。根據德希達的觀點，文本的意義不單來自作家的意圖，也來自讀者的臆測。

德希達的散文充滿精闢的見解和機智的文字遊戲，也有不可理喻的含糊之處：「中心是在整體的中心，」他曾在《寫作與差異》中寫道，「然而，由於中心並不屬於整體（不是整體的一部分），所以整體的中心在其他地方，所以中心也就不成為中心。」

解構理論在法國和美國大學的文學及哲學系引發了一種「內戰」：學生們不是欣賞就是厭惡德希達的理論。擅於利用語言的德希達，似乎像正為其作品引發之誤解調皮地略略大笑。◀1962（12）▶1984（13）

時尚

崔姬的時髦裝束

⑬ 操一口倫敦腔，名叫崔姬的17歲小女孩，於1967年得意洋洋地到達美國。除了披頭四之外，沒有一個外國人能像崔姬一樣有這麼多尖叫的崇拜者和亢奮的拍照者在機場迎接她。崔姬（本名萊斯莉·霍恩比，是倫敦一所高中的輟學生）留著短髮，大眼睛黏上了3層假睫毛，身材高挑，純真，散發青春氣息，還有某種近乎叛逆的魅力，令人耳目一新，絲毫沒有時裝界的世故老成。她的腳內八，喜歡咬指甲，像個小女孩一樣青澀，但最主要是她摩登前衛：裝扮和風格大膽，完全脫離了陳規舊習。

崔姬的形象正好迎合了中產階級子弟，他們正是一股深具潛力的消費力量。他們在新興青少年流行商品如服裝和搖滾唱片上花去數十億美元。崔姬的「流浪少女」形象──迷你裙，針織上衣，條紋絲襪，幾年來一直是最流行的裝束。但是她那168公分及41公斤的體型並非每個人理想中的美女。一位報紙編輯擔心崔姬會引起瘦身風潮而諷刺說：「事實上，我們在全國各個角落都聽到衣服縫線迸裂開來。」她大可以不用擔心：崔姬只是個完美的60年代孩子，她已隨著這時代退出歷史舞台。◀1965（2）▶1970（邊欄）

第一位超級模特兒，崔姬顛覆了長達一個世紀的審美標準。

1967

親愛的美國

1967年來自駐越南美軍的書信

長久以來士兵會從戰場寫信回家，以歷史學家所缺乏的臨場性來紀錄戰爭。其語言往往簡單而直接；想法坦誠，有時往往很粗野。在美國內戰期間，南北雙方士兵都寫出了文辭優美的書信、信中洋溢愛國主義和榮譽的崇高概念。第一次世界大戰中困在壕溝裏的美軍步兵由於受到慘無人道的殺戮衝擊，文字間流露出恐懼和痛苦。1967年，在一場曖昧戰爭中曖昧的一年——介於美軍增兵及新春攻勢的重大扭轉之間——從越南傳來的書信表達了士兵們的悲傷、挫折、痛苦、甚至還有一點希望。在此，海軍陸戰隊上尉羅德尼‧查斯坦（1968年陣亡）和排長弗雷德‧唐斯表達了他們對戰爭的矛盾情緒，反映出美國這一方的想法。◀1966（1）▶1968（3）

1967年9月10日
親愛的大衛：

……這兒越戰還繼續進行。儘管大部分人認為這場戰爭不太對勁，但士氣還很高。讓人吃驚的是，這裏大部份人相信我們不會打贏這場戰爭。雖然如此，他們仍每天冒險去執行所分配的任務，就好像他們是為美國本土的安全而戰一樣。是難以置信，但事實確是如此。

海軍陸戰隊在這兒正遭遇慘敗。他們的兵力不足。我們必須有更多的人，至少要多上兩倍，否則到這個冬天雨季來臨時我們都會完蛋。以海軍陸戰隊如此少的人數而言，分配給他們的任務是過於艱鉅。我們正奮戰在北方我們的所有人奮戰。在過去的15個星期中，我們在越南已經損失了47%的直升機……我們當初不該答應要完成這個任務的，但現在我們已經承諾了，我們又該怎麼做呢？我們必須迅速摧毀河內越共的意志，別再將美國人的生命糟蹋在不值錢的努力上。再撥給我們金錢和物資，以現有人員的2或3倍去消滅游擊隊……

1967年10月5日（或6日）
嗨！親愛的：

昨天真可怕……當我們正爬上這座山谷時，我接獲報告，我們目標旁的一條山路上埋伏有大約60名越共分子。我告訴我的哨兵改變方向朝那個地點前進。

1967年，日普分隊（以打火機命名）中的一名美國士兵在執行「先搜後毀」的任務。為了把越共趕盡殺絕，他燒毀了南越的一個村莊。

我們來到一條因大雨不斷而變得又寬又深的河流。當我們正在尋找一條過河的路時，6名越共從河對岸的一間茅屋裏鑽了出來……在右側，一名越共突然從洞中衝出，向我們投了一枚手榴彈。與此同時，我的M-79衝鋒槍手毫不退縮地向他開了火。M-79衝鋒槍手的腿上被手榴彈彈片擊中，那個扔手榴彈的越共也被M-79射倒。我的槍手鑽進了灌木叢。他的頭盔、錢包、照片和信散落一地，武器就更不用提了。他開始大叫「醫務兵」，所以我和衛生員跑過去，並呼叫救援直升機……

天正在下雨，他躺在水窪裏，血和水混在一起。他想握住我的手，因為他真的是痛苦難當。我握住他的手並告訴他有一個「價值百萬美元的傷口」。他非常痛苦，緊咬牙關，但聽到我的話後還試著露出一絲笑容。每個在戰場上的人都希望有一個「價值百萬美元的傷口」，這樣他們才會被送回到國內……我告訴手下，我會送第一個以武器殺死越共的小分隊一瓶威士忌。他們現在都已等不及地要去殺越共了。

我剛聽到路上有爆炸聲。從無線電中我聽到有一輛陸軍軍車碰到了一顆地雷，救援直升機也已經聯絡上了。地雷炸毀了這輛卡車並在路上炸開了一個一公尺的大洞。這就是戰爭。在這個國家沒有一個地方會讓人感到安全。我永遠也不會忘記，當我握住他的手時，他臉上的表情。

好了，我的摯愛，希望有一天我能收到你的信，並在信中讀到「我愛你」這幾個甜蜜的字。

愛你的弗雷德

1967年11月7日
親愛的：

……我的無線傳輸官崩潰了，而他還有28天就可以離開部隊。他渾身在顫抖，一邊在哭，雖然聲音不大，但還是淚流滿面。我把他叫了出來，讓他到我那兒去，有個人陪一會兒總是比較好。我摟著他的肩膀，直到他平靜下來。在他最後收到的幾封家書中，他的妻子說她不在乎他回不回來。他對從未謀面的兒子是真的感到自豪，對妻子也是。但這個臭婆娘不知道她在幹什麼。待在這個鬼地方本來就已經糟糕透頂。但當你的妻子寫了像那樣狗屎東西時，會讓一個人完全崩潰……昨晚我在安慰每一個人，但卻沒有人來安慰我。當我心情煩躁的時候，想想你和孩子們就會感覺好多了。

我愛妳，琳達。

你的丈夫弗雷德

「一律射殺。」
—— 這是戴利市長針對1968年民主黨全國大會期間爆發的遊行示威向芝加哥警方下達的命令

年度焦點

動亂的一年

① 動亂的60年代在這一年達到了鼎沸時期。從布拉格到祕魯，幻想破滅的民眾都在爭取政治、經濟、社會與文化自由。他們組織鬆散的「新左派」運動涵蓋了如無政府主義及毛澤東主義等各種意識形態，但是摒棄了任何沾有資產階級習氣的東西。墨西哥市的遊行示威者遭到警方屠殺。他們鼓動暴亂，把英國和西德的大學弄成了公社，使義大利和比利時的首相下台，逼迫南斯拉夫的獨裁者約瑟普·狄托作出讓步。巴黎學生也迫使戴高樂總統的第五共和國屈服。在美國，叛亂者甚至對選舉領袖的方式挑釁。

1968年春天巴黎街頭的學生暴動。

第二次世界大戰中名聲顯赫的人物之一戴高樂曾經說過，「我就是法蘭西。」但是他在就任總統期間卻忽視國內事務，而到了1968年，他的父權主義已顯得過時。5月，南戴爾的警察鎮壓為抗議陳舊設施與課程而罷課的學生。抗議活動延伸到巴黎大學，而後蔓延至街頭。3萬名新左派分子和5萬名警察用磚塊和路障相互對峙。全國各地聲援學生的工人佔據了工廠。許多法國人都認為文明已經結束了。

幾週的沉默之後，戴高樂同意讓工人們提高工資，然後解散國民議會並威脅要訴諸武力。秩序恢復了，而支持戴高樂的人卻在選舉中倒戈。但總統卻鋌而走險，誓言決不辭職，除非選民贊成重組政府的建議。1969年4月這項議案並未通過，戴高樂時代也隨之結束。

8月，在美國也發生了動亂，一萬名示威者——其中大部分為嬰兒潮世代的好鬥者——突擊了民主黨在芝加哥召開的全國大會。在主張無政府荒謬主義的青年國際黨（即易比派分子）以及較冷靜之民主社會學生組織的領導下，他們抨擊越戰、種族主義以及使副總統休伯特·韓福瑞篤定成為總統候選人的政治過程——而非主張和平的參議員尤金·麥卡錫的（青年國際黨則很諷刺地提名了一頭豬）。市長理查·戴利全權委任芝加哥警察處理，他們不但毆打投擲石塊的示威者，而且連路人、新聞記者以及麥卡錫的擁護者也遭殃。入秋，驚恐不已的選民勉強選了理查·尼克森為總統，這位主張法治的共和黨人宣稱有一個結束越戰的「祕密計畫」。◀1966（5）▶1968（2）

捷克

布拉格之春

② 在蘇聯坦克的碾壓之下，捷克共產黨領導人亞歷山大·德布西克的崇高試驗被殘酷地粉碎，他「帶有人性的社會主義」也在1968年滅絕，和12年前發生在匈牙利的一場革命如出一轍。布拉格之春代表了鐵幕背後的民主正在開花結果——在共產黨集團國家中試行史無前例的改革，實行新聞自由、司法獨立及允許宗教的存在。然而，8月20日華沙公約國65萬大軍入侵捷克，德布西克精心策劃的自由化嘗試在他們面前不堪一擊。

1968年1月，德布西克繼史達林主義獨裁者安東尼·諾沃提尼之後擔任捷克共產黨書記一職，在中央委員會的全力支持下，他開始推行政治與經濟改革。受到布拉格自由化氣氛的感召，一群知識分子在6月發表了一份呼籲實行真正民主的《兩千言書》宣言。密切關注事態發展的蘇聯此時無法再容忍下去，聯合波蘭和東德發佈了一項命令：中止和斷絕所有反革命活動。7月下旬，蘇聯共產黨主席布里茲涅夫對德布西克的執行不力不滿，將他召來懲戒一番。德布西克回到布拉格時受到英雄凱旋般的歡迎：因為他沒有向他的蘇聯頭子屈服，並平安歸來談論此行始末。可能發生的事似乎是永無止境——直到軍隊抵達。

捷克人用棍棒、石塊以及拳頭試圖阻止蘇聯的佔領。

但即使政治逆境襲擊了捷克，這個國家仍保有自己的理想：整個捷克共產黨及捷克總統路德維克·斯沃博達都全力支持德布西克。克里姆林宮無法找到賣國賊來取代他的位置。最後布里茲涅夫只得同意德布西克繼續當政，然而此時的實

權卻被布拉格各地的坦克與軍隊所掌控。改革告一段落，1969年4月蘇聯傀儡古斯塔夫·胡薩克進一步使德布西克下台。◀1956（5）▶1989（1）

越戰

新春攻勢

③ 越南共產黨在1968年1月發動了一場進攻，然而回首過去，每一次軍事上的失敗都會帶來心理上的轉折。6萬7千名越共和北越士兵趁著農曆新年假期的忙亂攻擊南越。新春攻勢是共產黨的第一次全國性大行動，擴及到以前未遭攻擊的城市。

美國人為此感到震驚。官方人士不久以前才聲稱大部分農村「已得到安全保障」，並已看見「隧道終點的亮光」。現在經過了多年戰

在南越的順化附近，美國士兵在把受傷戰友拖到安全地帶。

爭（儘管越共在這場攻勢中損失慘重）後，共產黨人似乎決不屈服。更糟糕的是，美國並沒有掌握南越人心：因為越共是藉由潛入來進行攻擊——（他們喬裝成平民，把武器藏在花盆及棺材裏偷運進西貢）——新春攻勢需要數以千計同情者合作。

美軍拼命地反擊。為了結束共產黨對順化長達一個月的佔領，他們將這座古城夷為平地。軍隊摧毀了檳知，而一名軍官解釋說這是為了拯救它。在一個名為美萊的村子

藝術與文化　　書籍：《邁拉·布雷布里奇》戈爾·維達爾；《我的麥可》阿莫斯·奧茲；《私事》肯札布羅·厄；《夫婦》約翰·厄普代克；《夜行軍》諾曼·梅勒
音樂：《雙方一起吧》瓊尼·米契爾；《哈囉，我愛你》門合唱團；《乞丐盛宴》滾石合唱團，LP　　繪畫與雕塑：《自畫像》查克·克洛斯；《泥塑》羅伯特·莫里

「我到過山巔，看見希望之土……我也許不能和你們一道抵達那裏，但今晚我希望你們能明白，我們全民族終將到達希望之土。」 —— 金恩，在被害前一天晚上向群眾發表的演說

裏，士兵們屠殺了500名手無寸鐵的男女及小孩。這雖不是戰爭中唯一的暴行，但美萊村是最恐怖的一次，它也象徵了這場戰爭的瘋狂。

美國政策因新春攻勢而急邃扭轉。詹森總統只增援魏摩蘭將軍一支1萬3500人的部隊，而他本來要求20萬6千人。詹森後來又解除其指揮權，並宣布暫時停止部分轟炸，以促使河內出席在巴黎舉行的和平會談。隨後，詹森決定放棄競選連任的打算：越戰已毀掉了他的政治前途。◀1967（當年之音）▶1969（6）

美國
兩起暗殺事件

④ 1968年的暗殺事件使本世紀一位最偉大的人權領袖和一位最有前途的政治家喪生。馬丁·路德·金恩和羅勃·甘迺迪分別死於39歲和43歲；他們各自在短暫的生命中永垂不朽，並在前景看好的個人發展中被奪去生命。暴力深深地震驚了美國。

由於金恩的卓越辯才、非暴力的堅定立場，以及為反對種族主義而忍受蹲監獄和痛苦折磨的意志，使他獲得全世界的景仰及一座諾貝爾獎。但金恩並不以此自滿，他擴大了自己的目標——凝聚黑人分離主義分子；在華盛頓籌劃一次包括黑人和白人在內的反貧窮露營大會；公開指責越戰。聯邦調查局則以加強進行騷擾的慣用計倆報復

——有一次，情報人員送去一張敦促他自殺的紙條。然而殺害他的凶手卻是一個名叫詹姆斯·厄爾·雷伊的白人流浪漢，4月4日他趁金恩在曼非斯市一家汽車旅館陽台上發表演說時射殺了他。這次謀殺引發全國哀悼及暴動。

甘迺迪是在1953年開始揚名，當時他任反共群眾領袖暨參議員約瑟夫·麥卡錫所主持的參議院小組委員會的顧問。在他的哥哥約翰·甘迺迪任職總統期間，身為首席檢察官的「鮑比」（小甘迺迪的暱稱）將改革家的熱誠都投注於打擊幫派及壟斷者，並全力支持民權運動。1964年在紐約當選為參議員後，他變得更加成熟：他譴責其過世的兄長所助長的越戰。許多人認為他可以結束那場戰爭，再加上他激勵民眾的才能及他的出身，使他在1968年總統選舉中備受青睞。6月5日當甘迺迪在洛杉磯一家旅館慶祝加州民主黨初選獲勝時，一名巴勒斯坦裔的美國青年西爾漢·錫爾漢因抗議美國庇護以色列而槍殺了他。◀1966（10）

電影
庫布里克的奧德賽

⑤ 導演史丹利·庫布里克（曾導過《一樹梨花壓海棠》、《密碼一一四》）1968年推出的作品《2001：太空漫遊》，在通常不起眼的科幻片中融入了道德與智慧的複雜性，而且在視覺和技術上是

蓋爾·杜力在庫布里克令人暈眩而神祕的電影中飾演男主角太空人。

一項無以倫比的藝術結晶。該片是根據阿瑟·克拉克所寫的一個故事拍攝（電影劇本也由他編寫），在兩個半小時對智慧演進及靈魂墮落的沈思中，以德國浪漫派作曲家理查·史特勞斯的音樂（查拉圖斯特拉如是說）配樂；引人的特殊效果；還有一台會說話、思考、出奇冷靜、據傳絕對精確，且極端邪惡的超級電腦HAL（該名並非傳聞所說是以和IBM各差一個字母來命名，而是Heuristic（啓發式）和Algorithmic（算術的）兩字字首的縮寫）。

該影片中的奇想是幻覺且常是難以言喻的，探討人類生活從史前時期的泥濘到未來純科學之冷漠客觀環境的演變。影片在不祥的氣氛中開場：地球與太陽排成一線，然後，飾演太空人的主角在一片光與色的伴隨下突然經歷死亡及再生之旅，這些謎樣般的影像表現不斷引發對該片含義的爭論。（庫布里克承認「上帝的概念深藏在影片中」）。許多觀眾覺得本片前後不連貫，且主題陰暗，但更多的人則讚嘆不已。同時，這部電影的賣座使本來認為它不值得一提的評論家們對它重新稱頌。◀1966（3）

誕生名人錄

加里·科爾曼　美國演員
哈里·康尼克　美國歌手
巴里·桑德斯
美國美式足球球員

逝世名人錄

彼得·阿諾　美國卡通畫家
卡爾·巴特　瑞士神學家
切斯特·卡爾森　美國發明家
馬塞爾·杜象　法國藝術家
埃德納·費伯　美國作家
尤里·加加林　蘇聯太空飛行員
奧托·哈恩　德國物理學家
海倫·凱勒　美國作家
羅勃·甘迺迪　美國政治領袖
馬丁·路德·金恩
美國人權領袖
特呂格弗·賴伊　挪威政治家
利斯·邁特納
奧裔瑞典物理學家
喬治斯·帕潘德里歐
希臘政治領袖
薩爾瓦托·夸齊莫多
義大利詩人
魯思·聖丹尼斯　美國編舞家
威廉·肖勒　美國外科醫師
厄普頓·辛克萊　美國作家
約翰·史坦貝克　美國作家

1968

金恩（左起第3位）和他的同伴霍齊亞·威廉斯、傑西·賈克遜以及阿伯那希牧師（從左到右）在一家汽車旅館的陽台上。第二天金恩就在該處被槍殺。

斯　電影：《孤雛淚》卡洛·李；《活死人》喬治·羅米洛；《面貌》約翰·卡薩維蒂；《上空英雌》羅傑·華丁姆；《狂沙十萬里》塞吉奧·李安尼；《製片人》梅爾·布魯克斯　戲劇：《白人拳擊英雄》霍華德·薩克勒；《樂團小子》馬特·克勞利；《代價》阿瑟·米勒；《賈克·布雷爾好生生地住在巴黎》賈克·布雷爾　電視：《朱莉亞》；《60分鐘》；《迪克·卡韋特秀》。

「農民弟兄們，地主再也不會壓榨你們的血汗了。」

—— 祕魯革命軍政府貝拉斯科·阿爾瓦拉多將軍

1968年新事物

● 水床
● 人工喉管
● 美國網球公開賽（福雷斯特希爾，紐約）

● 「伊麗莎白二世號」下水（肯納德輪船公司）
● 按摩浴缸
● 美國電影分級
● 白金唱片（格利姆的唱片《火戰車》銷售量達100萬張）

美國萬花筒

寶瓶座走紅

4月，第一齣重要的搖滾歌舞喜劇《頭髮》在紐約比爾穆爾劇院上演，使嬉皮世代堂而皇之進入

百老匯，且聲名大噪。「寶瓶座時代已經到來」，長髮、衣衫襤褸的表演者嬉鬧地謳頌和平與自由的愛情。這齣狂想劇共演出1742場。◀1967（5）

克利佛之魂

埃爾德里奇·克利佛在他的《冰上魂》一書中說：「我為了拯救自己而開始寫作。」這本書是他關於黑人權利的激憤自傳論述。年少時一直進出於少年感化院和監獄間的克利佛，在1968年假釋期間出版了《冰上魂》一書。該書很快成為暢銷書，克利佛也成為美國最受曯目的革命家。◀1966（10）

太空時代的音樂

1968年羅伯特·穆格推出太空時代樂器的4年後，電子音樂合成家、工程師兼作曲家沃爾特·卡洛斯和樂理家本傑明·福克曼用它來錄製一張唱片。《新潮巴哈》

美國

「普布洛號」偵查船事件

6 1968年1月，北韓砲艇在公海上俘獲了一艘美國海軍的偵察船，並且扣押船隻及83名船員。北韓共黨政府聲稱「普布洛號」侵入了韓國領海並且「進行活動」。華府方面駁斥了這項指控，譴責北韓的扣押是一次「無理的挑釁行為」。

1968年，在韓戰正式停火的15年後，衝突仍持續著——透過間諜活動、政治宣傳，加上北韓游擊隊不斷偷偷潛入邊界襲擊南方城市。南韓仍駐有5萬5千名美軍，而在美國，一般認為北韓的好戰意識（以普布洛號船事件最為明顯）是整個亞洲共產主義陰謀破壞美國在越南努力的一部分。國會中的主戰派議員要求對此作出強烈回應（即訴諸武力）。然而詹森總統已輸掉一場亞洲戰爭，所以選擇談判。

交涉的過程乏味而漫長，美國海軍水兵因此在北韓的監獄中苦熬了將近一年。由於經常被毆打，許多船員「招認」他們曾破壞北韓領土的完整。該船船長即指揮官勞埃德·布赫爾也簽下了自白書（他後來聲稱說那是為了拯救部屬的性命）。美國政府為使船員們安全獲釋而作了書面道歉——但是聲言僅僅是基於權宜之計。美方談判者說「自白書」並不代表什麼。它的存在「也只僅僅是為了救出船員」。12月，平安歸來的船員受到英雄般的歡迎，海軍也悄悄地結束這起尷

尬事件。北韓則沒收了「普布洛號」。◀1953（2）▶1994（3）

祕魯

祕魯的新一代將軍

7 1968年，坦克包圍祕魯的總統府，從而結束了費南度·貝朗德·特里5年文職總統的任

祕魯軍隊推翻費南度·貝朗德·特里（上圖）時，他大吃一驚。

期。貝朗德後來流亡到了阿根廷，祕魯則以胡安·貝拉斯科·阿爾瓦拉多將軍為首，又開始了一段長期的軍事統治。這個故事似乎非常耳熟，但1968年的事件顯然脫離了傳統故事路線：祕魯新的領導人都雄心勃勃地致力於改革，而且在政治上是左傾的。他們是「新一代的將軍」。

沒收標準石油公司所屬的國際石油公司是執政團行動的第一步——該公司被認為是外國剝削數百萬赤

貧祕魯人的象徵。貝拉斯科及其軍官隨即命令所有祕魯境內的公司均由祕魯人控制，將採礦、金融、漁業等基本工業都收歸國有。軍人統治者重視農業的程度並不亞於工業改革，他們在隨後10年內廢除了祕魯土地所有制度，把708萬公頃土地分配給貧窮的農民。

新一代將軍的改革政策並沒有為祕魯帶來繁榮。自然的災害也阻礙了發展。1970年的一場地震使7萬5千人喪生，並且造成了約5億多美元的財產損失。漁業也由於1972年南美西部沿海水溫急遽升高而遭到毀滅（由稱為聖嬰現象的水流週期變化所致）。生產停滯不前，外債卻激增。1975年，法朗西斯科·莫拉斯·貝穆德斯將軍驅逐了貝拉斯科並組成新的執政團。5年後，對軍事統治徹底厭倦的祕魯選民重新推選貝朗德為總統。然而，恢復憲政統治及自由市場政策的努力並未能阻止祕魯經濟的持續下滑。在80年代，通貨膨脹率及失業率急遽攀升，恐怖主義也隨之猖獗。◀1924（邊欄）▶1992（8）

科學

脈動電波引起的思索

8 1968年一位24歲的愛爾蘭研究生喬斯林·貝爾發現了自外太空發射的神祕電波訊號，許多人相信她找到了外太空生物存在的證據。和已知星球所發出的穩定訊號不同的是，貝爾接收到的訊號是脈動的。「這種智慧文明通常被誇大了，」剛剛發現類星體的天文學家馬爾滕·施密特評述說：「但是假如你想把任何東西都歸因於一種文明的話，那麼這是我們目前所能獲得的最佳例證。」

貝爾是劍橋大學天文物理學家安東尼·休伊什研究小組的成員，她利用一架休伊什所設計的電波望遠鏡發現了這種每隔15秒固定顯現一次的影像。找到了發射的來源之後，休伊什小組歸納出：它們來自一個快速自轉的物體，稱為「脈動電波星」，直徑不到6437公里且離地球200光年——以觀測星球的標準

除「普布洛號」上的軍官及水手（上圖）以外，北韓巡邏艇沒收了靈敏的電子偵視器材。

體育 **棒球**：世界大賽，底特律老虎隊（米基·洛里奇）以4勝3負擊敗聖路易紅雀隊　**奧林匹克運動會**：在格勒諾勃和墨西哥市舉行　**美式足球**：超級盃，綠灣包裝人隊以33:14擊敗奧克蘭突擊者隊　**籃球**：NBA，波士頓塞爾提克隊4勝2負擊敗洛杉磯湖人隊　**高爾夫球**：李·特雷維諾贏得美國公開賽（第一位在錦標賽中4回合成績皆低於標準桿）。

「我們正處於混亂邊緣。我並不善於誇大其辭，但今晚我一定得向你們說明，
往後幾天和幾週內的行動將決定我們的未來。」——1968年秋季暴亂之後，北愛爾蘭總理開普頓·特倫斯·奧尼爾發表談話

由於脈動電波星快速自轉，因此它所發射出一束極細微的無線電波被當成是脈動。

來看，它的體積小，距離也近。那一次的披露以及後來在各個非恆星的空間中更多脈動電波星的發現顯示訊號是出自與智慧文明不同的物體。

目前脈動電波星被廣泛認為是中子星——即被稱為超新星之巨大爆炸星體的殘餘物。儘管貝爾在此次的發現中扮演了關鍵的角色，但1974年諾貝爾獎仍頒給休伊什及其指導教授馬丁·賴爾爵士。他們是第一批獲得此殊榮的天文學家。
◀1963（11）▶1974（6）

巴拿馬
托里霍斯發動軍事政變

9 在巴拿馬反美情緒日益高漲之時，1968年，奧馬爾·托里霍斯·埃雷拉中校（下圖）將倒楣的總統阿努爾·阿里亞斯驅逐下台。身為人民黨黨員的托里霍斯推行一系列的社會與經濟改革：以

民主政體取代菁英派的國民議會；試圖打破巴拿馬主要豪族對經濟的控制；並領導巴拿馬擺脫美國的支配。在巴拿馬，由於運河為美國所有及經營，總是一個潛在的導火線。

1968年政變是對阿里亞斯的第3次打擊，他是曾在哈佛受過教育的外科醫生和小獨裁者：1940年到1941年擔任總統期間曾支援二次大戰中的納粹，因此在美國所支持的一場政變中被推翻；1949年他再度當選，兩年後又因取消憲法而遭國家衛兵隊驅逐。1968年他又取得機會，試圖再次強行獨裁統治。在選舉後兩週，托里霍斯和他的警衛將這位未來的獨裁者趕下台。阿里亞斯逃到美國控制的「運河地帶」尋求庇護（穿越巴拿馬中心地帶1443平方公里的狹長地區）。托里霍斯晉升自己為准將並控制全國。

托里霍斯上任第一件事就是要鞏固自己的地位。他實施鎮壓，囚禁共黨嫌疑分子，並攻佔了左派據點的國立大學。一俟地位穩固，他便支持尼加拉瓜的桑定左派分子，並且和卡斯楚統治的古巴交好，以此來刺激華府。為了降低對運河的經濟依賴，托里霍斯使金融及稅法自由化，並重新讓巴拿馬吸收國際資金（包括暗地裏在南美洲上百萬美元的古柯鹼交易）。1977年，他強力促成新的運河條約談判舉行，此舉使他在國內大受推崇——在美國卻成了眾矢之的。◀1914（9）
▶1977（7）

北愛爾蘭
橘黨和綠黨

10 1968年，在警方以警棍和水管驅散了和平的民權遊行隊

伍後，自20年代以來最嚴重的派系暴力爭鬥席捲了北愛爾蘭第二大城倫敦德里。倫敦德里的天主教徒佔了三分之二，而北愛爾蘭有三分之二的人口是新教徒，該城市（愛爾蘭共和黨人稱它為德立）曾歷經宗教紛爭：1689年，新教徒曾奮力抵抗國王詹姆斯二世的天主教軍隊長達100天的圍攻。

在倫敦德里商業中心的舊城區四周聳立著十七世紀的厚重石牆。該牆對新教烏斯特的橘黨成員（該名源於他們自視為奧倫吉的威廉，他曾將信奉天主教的詹姆斯二世罷黜）而言具有重大象徵意義，它代表堅強與活力；在住屋、工作和地方政府方面備受排拒的天主教徒則視之為偏見與歧視的堡壘。

1968年，暴動自然而然地在舊城圍牆一帶達到頂點。10月5日，為了抗議在住屋和投票方面歧視天主教徒，400名示威者不顧政府的禁令，在倫登德立市中心遊行（在

士兵以常用來對付示威者的高壓水槍，來撲滅一場倫敦德里暴動之後的街頭大火。

烏斯特，投票權僅限於地主，而倫敦德里由新教徒控制的住屋委員會經常不讓天主教徒進行住屋買賣的交易。）鎮暴警察先封鎖示威群眾，後來以棍棒猛烈地攻擊。包括英國國會議員傑拉爾德·菲特在內的100名示威者必須送醫治療。第二天晚上，約800名的憤怒市民湧進舊城區；他們四處掠奪，扔擲石塊與汽油彈，並在石牆下和警方發生衝突。

整個秋季暴力事件接二連三地發生，同時一個血腥動亂的新局面在北愛爾蘭展開。◀1949（9）
▶1969（2）

這張唱片選錄巴哈的巴洛克時期管風琴聖樂，1969年推出後一砲走紅。它在排行榜上停留了6年才漸被遺忘，但合成音樂效果及前衛的音色變化卻一直留存下來。◀1964（邊欄）

衝著我來吧
喜劇搭檔丹·羅萬和迪克·馬丁製作的節目《大家笑》打斷了國家廣播公司一月份的正常節目安排。他們將綜藝節目以嬉笑方式呈現低俗鬧劇、輕鬆歌舞劇、最新錄影技術以及諷刺劇等混雜在一起——以即興表演，並融入嘲諷時事的態度——成為通俗文化的珍貴資產，產生了許多留存至今的句子，如：「非——非非非常有意思」（不祥而且耳曼式的），「衝著我來吧！」（尼克森曾說過此話）以及「伯班克市區真漂亮。」（純粹諷刺）。
◀1951（9）▶1969（7）

1968年奧運
優雅的佩姬·佛萊明在1968年法國格勒勃勃冬季奧運會上贏得金牌，備受矚目。她曾連續5次入選為美國女子代表隊及3屆世界花式溜冰冠軍。而在墨西哥市舉行的夏季奧運會上，美國男子田徑代表隊所展現出來的速度與力量令人大為驚奇。吉姆·海因斯贏得百米短跑，成為打破10秒紀錄的第一人；迪克·福斯貝利在跳高比賽中以背滾式跳出2公尺10公分的成績，在比賽中發明了「福斯貝利式跳高法」；托米·史密斯和約翰·卡洛斯在200公尺賽跑中跑出截至當時最好的成績，分別取得第1名和第3名，他們在領獎台上高舉緊握的拳頭為

黑人的能力歡呼（這使他們被美國田徑隊停賽）。表現最精彩的當數鮑伯·比蒙，他在跳遠比賽中跳出8公尺90公分的佳績，超過世界紀錄近60公分。他的紀錄一直保持了24年。▶1968（13）

美國政治與經濟 國民生產毛額：8642億美元；理查·尼克森擊敗休伯特·韓福瑞當選美國總統；國會通過《1968年民權法案》（住屋權利）；通過徵收10%的附加所得稅（以控制通貨膨脹和降低赤字）；消費者信用保護法案保證銀行利率及財政費用完全公開；阿拉斯加發現石油。

「在我一生中從未停頓下來，我也絕不會停頓。我做不到。我從來不知道
什麼是害怕……滑雪對我而言就如呼吸一樣。」

—— 基利

環球浮世繪

天主教與避孕

教宗保祿六世可說是個改革家，他分階段取消了拉丁語彌撒，放寬了齋戒與異教通婚的規定，恢復和新教教會及共產主義政權的一般往來，並且四處遊歷。但是他在避孕問題上並不讓步。在他的1968年通論《關於人類生活》中，他重申教會對於人工節育的傳統觀點：完全不能接受。他還摒除了神職人員結婚或女性擔任神職人員的可能性，引起自由派天主教人士的強烈抗議。

披頭四在印度

1968年，披頭四合唱團來到印度，尋求精神領袖馬哈里希·馬雷斯·約吉的啓迪，繼續與時代完全同步的演進。披頭四是歷來在音樂和文化上最具影響力的搖

滾團體，他們開始留披肩長髮，穿東方服裝，散發神祕色彩（和迷幻藥物息息相關）——全都是60年代後期青少年不滿現實的特徵。他們1967年的第一張專輯《胡椒下士寂寞芳心俱樂部合唱團》融入印度西塔琴音樂，使得東方音樂首次在西方開始流行。
◀1962（6）▶1970（邊欄）

富有魅力的加拿大人

70多歲的加拿大總理萊斯特·皮爾遜於1968年退休，繼任的是該國最有身價的單身漢。48歲的皮埃爾·艾略特·杜魯道是一位空手道專家，偏愛華麗服飾，開快車，結交美女，還喜歡冒險旅行（他曾經搭便車穿越戰火蔓延的中南半島）。他是堅定的改革家，也是現實主義者，他警告選民說：「如果你們想得到一個不會兌現的承諾食物，你們就投票給另一個黨派。」雖然他是法裔加拿大人，卻反對魁北克省獨立。選民被新聞所稱的「杜魯道熱」所支配，使他的自由黨獲得多數選票。◀1967（邊欄）▶1970（11）

思想

新時代的先知

11 1968年，一位名叫卡洛斯·卡斯塔奈德的加州大學研究生前往沙漠，並帶回新時代唯心論的種子。卡斯塔奈德在亞利桑那州的一個不知名的邊境小鎮上遇到一

位亞基族印第安人的巫師時，正在加州大學攻讀人類學碩士。這位巫師引導卡斯塔奈德進入一條通往心靈啓蒙的古老途徑——路上佈滿了皮約特仙人掌和羅賽辛賓蘑菇之類的有機迷幻藥—— 卡斯塔奈德受到感召，將他的故事寫成《唐璜教旨：亞基族的知識》與讀者分享，在迷惘、吸食迷幻藥達到巔峰的60年代發表出來。

《唐璜教旨》集人種誌、心靈學、旅行記述於一體，得到大眾的共鳴；此書爲唯物論的時代提供了怡人的神祕主義。書序中稱頌道：「唐璜把我們從宇宙中光明與黑暗間的一個裂縫中帶到了一個不僅迥異於我們的宇宙，而且是一個現實秩序截然不同的世界。」以一本原爲碩士論文的書來說，它確實成就非凡。

犬儒學派人士懷疑卡斯塔奈德所謂的「藥師」是否存在（這問題顯然只有作者自己知道），而一些社會科學家批評他非正統的方法論（他允許主題和觀察者之間不必有傳統應保持的距離）。卡斯塔奈德在國際上所擁有的大批讀者並未被爭議困擾。無論其人類學之優劣，或只是普通的小說，《唐璜教旨》滿足了一種普遍關於存在的渴望。卡斯塔奈德於1998年4月過世，享年72歲。◀1923（當年之音）▶1990（邊欄）

宗教

解放天主教義

12 在梵諦岡二次會議改革的影響下，1968年在哥倫比亞麥德林出席第二屆拉丁美洲主教會議的教士檢討了教會在他們國家中適當的社會角色。經過充分多次討論之後，主教們發佈一項宣言。他們譴責對窮人有系統的壓迫，批評工業化國家對第三世界的剝削，並呼籲進行政治與社會改革。可是他們並未就此罷休，主教們接著表明，拉丁美洲的教會有一項不同於歐洲教會的使命，他們並且主張拉丁美洲教會應具有積極的政治職能。這種信仰的實際應用被稱爲解放神學論，它是現代天主教會內部最重要的發展之一，對整個中南美洲政治影響重大。

1971年，祕魯神學家古斯塔沃·古鐵雷斯神父出版了該運動的中心教義——《解放神學》，書中陳述教會必須和貧苦大眾息息相通，而不應凌駕於他們之上。一些活躍分子受該書的感召，建立了貧民教會，這是一個結合宗教教義和社會行動主義的民間組織。

巴西神學家李奧納多·博夫更進一步推展這項運動。博夫在《解放者耶穌基督》（1972）、《教會、神賜與權力》（1984）等書中批評教會過去容忍甚至幫助拉丁美洲的不法行爲，並極力爲階級鬥爭的道義辯護。

羅馬及拉丁美洲各國的保守政權都極厭惡解放神學論的馬克斯主義觀點：1979年，該運動的領導人被拒絕參加一項主教會議，而教宗若望·保祿二世盡可能以乖順的聖職人員來替代解放神學家。1984年，梵諦岡判定博夫一年不得傳

巴西的解放神學家李奧納多·博夫在1984年被召喚至梵諦岡，他因其馬克斯主義觀點而遭到訓斥。

教。世俗力量的反抗——如敢死隊的刺殺或牢獄折磨等——則更加激烈，使薩爾瓦多大主教奧斯卡·羅梅羅和巴西神父安東尼奧·佩雷拉·尼托等神職人員爲這項運動殉教。◀1962（1）▶1978（4）

體育

雪坡之星

13 1968年2月17日，世界各地數百萬觀眾都在收看冬季奧運會及法國格勒諾勃的滑雪坡道比

賽。所有目光都集中在法國滑雪選手尚-克勞德·基利及彎道滑雪比賽。他已經奪得大彎道滑雪及下坡項目的

金牌，如再奪魁，他將囊括所有阿爾卑斯山滑雪賽的金牌。在這之前，只有澳洲的托尼·塞勒曾於1954年獲此殊榮。當比賽快接近終點時，離基利最近的兩名競爭對手都沒有穿過門洞，金牌還是落入他手中。

基利的魅力與英俊正如他非凡的運動才能一樣廣爲人知，對他而言此次勝利代表業餘生涯的巔峰（他早在3歲時就在父親位於阿爾卑斯山的度假勝地練習滑雪），以及開始收入豐厚之職業生涯——成爲一名滑雪選手和一名商人。基利是表演「蛋姿」（一種符合空氣動力學的胎兒蜷縮姿勢，現已成爲標準動作）的高手，他的滑行時速在129公里以上。在參加格勒諾布爾冬季奧運的前一年，基利贏得每一場他參加的下坡比賽。

基利在奧運會上的輝煌成就使他成爲世界上最引人注目及最著名的運動員之一。國家滑雪隊是法國引以爲傲的對象（也是國家栽培的對象），而他在法國獲得了如電影明星般的待遇。▶1968（邊欄）

幻覺旅程

摘自湯姆・沃爾夫的《不同凡響：電子輔助藥物試驗》，1968年

在《不同凡響：電子輔助藥物試驗》中，文藝記者湯姆・沃爾夫揉合新聞報導體裁、敏銳的觀察力以及常見於小說的獨特敘述口吻於一體，講述小說家暨嬉皮早期代表人物・凱西奇特而真實的一生經歷以及其崇拜者所組成的樂團「快樂的惡作劇者」（他們搭乘一輛改裝校車巡迴全國）。「就我所知道的凱西，」作者在1968年出版的書中開頭透露，「是一位聲望極高的31歲小說家，還有就是他因毒品惹了不少麻煩。」（凱西剛從墨西哥回來接受一件關於大麻的審訊）。從那個概略的描述開始，沃爾夫為60年代反文化提出清楚的說明。他追溯嬉皮現象至60年代初期。當時，創作《飛越杜鵑窩》的凱西和他的「惡作劇者」發起最早的西海岸迷幻藥晚會——「藥物試驗」。沃爾夫在以下節選文章中說明，那些早期試驗推動了迷幻革命，並加強了敏感性。由此產生了風靡60年代流行文化的服裝、音樂及平面藝術的風格。◀1962（邊欄）

理查・阿爾伯特對「藥物試驗」也不滿意，他和蒂莫西・賴爾利一樣都為了迷幻運動而犧牲自己心理學家的學術生涯。即使在最好的情況下，都難以使那些正直的社會大眾不會聽到迷幻藥就開始歇斯底里——更不要說吸食藥物後在公共場合狂叫亂嚷了。在支持阿爾伯特和賴爾利觀點的人當中，很難相信「惡作劇者」會搞這樣該死的惡作劇。他們一直希望這些人在某種程度上徹底崩潰，在某種程度上全體進入幻覺狀態，這樣新聞界就可抓住機會大肆攻擊，將迷幻運動永遠埋葬。警方雖密切注意，但是除了偶爾逮捕吸食大麻的人之外，他們對此幾乎束手無策，因為當時還沒有禁止迷幻藥的法律。「惡作劇者」在帕洛阿爾托、波特蘭、奧勒岡一直進行「藥物試驗」，在舊金山進行了兩次，在洛杉磯一帶4次——墨西哥3次——而且在這兒並不違法，中尉——「除了上帝和人類的所有法則」——簡而言之，如果是該死的暴行，我們也「無能為力」。

「藥物試驗」就是暴行之一，也是開創一種新風格及世界觀的「醜事」之一。每個人對於低俗品味、道德敗壞、傲慢無禮、粗鄙庸俗、幼稚可笑、瘋瘋癲癲、刻毒殘忍、不負責任、欺詐蒙騙都是喋喋不休、怒氣沖沖、咬牙切齒的，而且其實逐漸陷入一種像是激昂和垂涎的亢奮狀態，以至無法自拔。這完全成了一種執念。現在，他們就要告訴你這是如何達到的。

「藥物試驗」是迷幻風格及幾乎所有與之相關事物的「新紀元」。我不僅是指「惡作劇者」開創迷幻風格，更恰當地說，這種風格直接源於與1966年1月「旅行盛會」同一發展體系的「藥物試驗」。這使整個事情完全公開。「混合媒體」娛樂是直接出自「藥物試驗」中燈光與電影放映、閃光、錄音帶、搖滾樂、不可見光的組合。「藥物搖滾」——披頭四與《胡椒中士》專輯的音樂以及「傑弗遜飛機」合唱團、「發明之母」合唱團及其他許多團體的高顫音電子音響，都源於「藥物試驗」運動中的「感恩的死人」合唱團。「感恩的死人」的高傳真音響效果可與羅伊・西本的光線投影比擬。奧斯利對此間接也頗有貢獻。他從迷幻盛會猛然抽身，開始給「感恩的死人」提供大筆資助，由此「藥物試驗」也得到支援。也許他已料到「藥物試驗」是未來的潮流，不管他是否進入迷幻狀態。也許他認為「藥物搖滾」是未來之音，而他會成為像「感恩的死人」的布里安・愛潑斯坦之類的人。我不知道。不管怎樣，他開始為「感恩的死人」添購過去搖滾樂隊不曾有過的設備（包括披頭四在內），各式調諧器、擴大機、接收器、擴音器、麥克風、唱針頭、磁帶、劇院喇叭、低音喇叭、燈光設備、唱盤、樂器、混音裝置、弱音器以及卑躬屈膝的中間膚色人等任何市面能買到的東西。聲音穿過如此多的麥克風，連接那麼多的混音裝置以及各種相位滯後器，在如此多的擴大器中爆發出來，及在如此多擴音器中迴繞，然後又回輸到那麼多的麥克風，結果就像一座化工廠。「感恩的死人」的音樂中有一種全新而古怪荒唐的東西，幾乎我聽到過的搖滾樂和搖滾爵士樂中所有新概念，都是由此而來。

即使像幻覺海報藝術、類似新藝術的渦形字母、設計及悸動的色彩、電子粉蠟筆畫及分光譜螢光油漆等細節都出自「藥物試驗」。日後，其他著名的表演者將以「惡作劇者」從未想到過的複雜微妙來改造「惡作劇者」風格。「年輕人，藝術並非永恆」。這些海報在既定的文化傳統中成為藝術品。有些人甚至比「感恩的死人」在商業方面更成功地演奏他們的音樂，有些人也會涉獵「混合媒體」，直到它對於腦子而言都是完全美味可口的奶油夾心糖果為止。對此凱西也許會說：「他們知道它在哪裏，卻不明白它究竟是什麼。」

湯姆・沃爾夫（左上圖）和諾曼・梅勒、瓊・迪迪恩及亨特・湯普森之類的作家對限制客觀報導感到失望，而開創把小說技巧應用於非小說寫作的「新新聞體」。上圖：70年代，肯・凱西和「快樂的惡作劇者」所使用的校車巴士。

「為了全人類我們和平地來到這裏。」
——「阿波羅11號」太空人留於月球表面的金屬銘牌

年度焦點

人類登上月球

1 1969年7月21日，美國太空人尼爾·阿姆斯壯步下阿波羅11號登月艇「鷹號」，站上了月球表面，也實現了約翰·甘迺迪總統1961年誓言在60年代末讓人類登上月球之語。阿姆斯壯對地球上億萬興奮的電視觀眾發表了他的不朽名言：「雖然這只是個人的一小步，卻是人類的一大步。」

19分鐘後，「嗡嗡叫」艾德溫·艾德林上校也繼阿姆斯壯之後，踏上月球，於是兩位登月先鋒腳步蹣跚地在月球上豎起一面美國國旗。艾德林跟阿姆斯壯在習慣了月球引力後（只有地心引力的六分之一），開始輕巧地躍過月球表面的火山口，使得地球上的電視觀眾又驚又喜。他們輕快的跳躍成為本世紀的不朽形象，象徵了探險精神及科學的無所不能。太空人花了兩個小時採集岩石標本和拍攝照片，然後返回登月艇並關上艙門，結束了登月行動。（他們總共在月球上停留了21小時又30分，然後回到在軌道上由麥可·科林斯中校駕駛的阿波羅11號指揮艇「哥倫比亞號」。）

美國太空人「嗡嗡叫」艾德溫·艾德林在月球表面行走，攝影者為他的夥伴、第一位登月者尼爾·阿姆斯壯。

就在美國登月計畫大獲成功前兩年半，曾經發生一場悲慘的災難，震驚美國國家航空暨太空總署以及全國上下。1967年1月，第二位上太空的美國人維吉爾·「格斯」格里索姆、第一位漫遊太空的美國人愛德華·懷特以及新人羅傑·查菲在甘迺迪角的一次例行試驗中不幸罹難。太空船在倒數計時的時候突然起火，船內純氧的空氣又助長火勢，在極度高溫下，他們易燃的太空服、尼龍質機艙網以及電線絕緣外層頃刻融毀殆盡，格里索姆、懷特和查菲也被燒死。之後美國國家航空暨太空總署停止了所有飛行計畫長達一年多的時間，並針對阿波羅號太空船的設計進行全面檢查。

再度升空後，美國國家航空暨太空總署發射了4次載人太空船，為阿姆斯壯、艾德林和科林斯的航行準備。這3位太空人完成劃時代的訪月行動，實現了自有人類以來便有的幻想後，於7月24日安全降落於夏威夷外的太平洋上。◀1966（2）▶1971（3）

北愛爾蘭

動亂加劇

2 1969年8月，貝爾發斯特的新教極端分子與天主教徒間的衝突引發一連串襲擊與報復。由於野蠻的教派暴動由貝爾發斯特蔓延到其他城市，英國派兵進駐北愛爾蘭以免引發內戰。這次的駐軍行動是自1916年「復活節起義」以來，英國首次動用軍隊對付愛爾蘭平民。

北愛爾蘭衝突焦點在於爭奪政治權力：佔人口三分之二的新教徒擁有政權，而天主教徒也想分杯羹。北愛的天主教活躍分子要求跟英國國民一樣享有「一人一票」的投票權，而這權利一直被新教徒掌權的北愛爾蘭議會所剝奪。因天主教與愛爾蘭共和國素有聯繫，新教激進派害怕天主教徒如執掌大權，將導致南方那個較大的國家吞併他們這個小國。到1969年時，雙方有越來越多的激進分子訴諸暴力。非法的愛爾蘭共和軍及其更激進的臨時派成員加緊進行恐怖活動，而新教組織「北愛爾蘭防衛團」也以恐怖手段回應。

由於當地的北愛爾蘭皇家警察常對天主教徒抱有偏見，因此英軍在1969年進駐時，受到許多天主教徒的歡迎，且視他們為保護者。然而當時的貝爾發斯特已是動亂的溫床，恐怖和仇恨歪曲了政治，英軍也不可避免地與天主教示威者發生衝突。天主教徒對當地政府的不滿漸漸地演變成對倫敦當局的忿恨。◀1968（10）▶1972（4）

社會改革

同性戀者自由權運動趨於成熟

3 1969年6月一個星期五晚上，警方對「石牆」酒館進行臨檢，它是一家同性戀酒吧，位在紐約放蕩不羈的格林威治村。這

雕塑家喬治·西格爾的作品「同性戀者的自由」（1980）被豎立在「石牆」酒館附近以紀念這次騷亂。

次行動只是例行性檢查：「石牆」酒館無賣酒執照，且常吸引一大群年輕人，他們多半不是白人，且喜歡「改裝」。然而這次他們的反應卻出人意料。這幫老主顧不但沒有鳥獸散，反而怒氣沖沖。隨後而來的混亂持續整個週末；「石牆」在混亂中被燒了，而衍生出的新議題——同性戀自由權——也獲得全世界的重視。

為維持和平進駐貝爾發斯特的英軍，不久也捲入衝突。

藝術與文化　**書籍**：《他們》喬伊斯·卡羅爾·歐茨；《教父》馬里奧·普佐；《繁音》多克托羅；《五號屠宰場》小庫爾特·馮內古特；《法國中尉的女人》約翰·福爾斯；《艾達》弗拉基米爾·納巴可夫；《詩歌全集》伊麗莎白·畢曉普　**音樂**：《躺下，夫人，躺下》鮑伯·迪倫；《任它流血》滾石合唱團，LP；《柔軟的地

「政府在全國的臥室裏是沒有地位的。」
—— 加拿大總理杜魯道，支持同性戀合法化

自50年代以來，許多國家便存在小規模、平靜的同性戀者爭權運動。然而，近年來由於受到黑人權利及婦女解放運動的影響，活躍分子改採激烈的態度。對那些希望不只終止針對同性戀者的歧視和騷擾，並建立一個性價值觀較寬鬆的社會的人而言，「石牆」暴動事件正是一個轉折點。同性戀自由權主義者結合其他激進分子；在西方各民主國家舉辦遊行，並吸引數以千計的人參加——遊行足跡甚至遍及獨裁時期的阿根廷。

隨壓力不斷增大，1969年，加拿大和德國承認同性戀行為合法（英國已在兩年前使之合法化），不久後，澳大利亞和美國一些州也跟進。1973年，美國精神病學協會將「同性戀行為」從精神病診斷手冊中刪除。坦誠自己是同性戀的政客也開始任職政府機構。然而，同性戀仍因眾人的恐懼及仇視而痛苦——而且不久後，他們又面臨另一種新的致命威脅。◀1964（3）▶1985（12）

音樂
充滿泥漿與音樂的日子

④ 伍茲塔克音樂藝術節是青年運動的創新之舉，民歌手瓊·拜亞的描述是：「這是60年代光鮮奪目、泥漿飛濺的寫照」，就許多方面而言，這一盛會可算是那個年代的縮影——反抗與純真同在，樂觀與放縱並存。1969年8月15日至17日，超過40萬青年聚集在紐約州北部的一個農場上，參加這歷時3天的盛會。期間驟雨突降；器材設施不足；且發生無數吸毒意外事故，然而儘管如此，大多數人對音樂節的記憶仍近乎神話般美妙。

一群自稱是「伍茲塔克冒險公司」的年輕人策劃並出資主辦這次音樂節，這個音樂節（實際上在貝瑟爾鎮舉行，而不是伍茲塔克）的海報上宣稱其概念為「充滿和平與音樂的三天」。參與的民謠及搖滾巨星包括：拜亞、CSN＆Y民謠合唱團、「Who」合唱團、珍妮絲·

對多數參加者而言，伍茲塔克音樂會不只是一個音樂節：它是戰亂時代一個和平與團結的象徵。

卓別林、吉米·漢垂克斯、史萊與家族石頭合唱團、傑佛遜飛機合唱團和山塔那合唱團等。許多參與的學生運動分子、地方自治主義者、吸大麻者、教授、嬉皮及青年國際黨（易比派分子），皆趕往音樂節會場馬克斯·雅什加爾山莊（為這次盛會租下的場地）。伍茲塔克是一次「所有族群的大結合」，一個非常政治性的事件。此後傳說不斷衍生，它寓含的意義更多了。後來在審判「芝加哥八君子」的法庭上，被指控在1968年民主黨大會上陰謀煽動暴亂的阿比·霍夫曼告訴法官說他不是美國人，而是「與世隔離的年輕人所組成的」伍茲塔克國國民。25年後舉行的「1994 伍茲塔克音樂節」（在離原址幾公里處），已成為嬰兒潮世代的傳說。◀1963（12）

大眾文化
大鳥和朋友們

⑤ 1969年，電視製作人瓊·甘茨·庫尼引進了一個以簡單且具啓發性概念所製作的兒童節目，這一概念便是電視的商業力量能迅速有效地傳遞資訊，可以用來銷售其最終產品——知識。身為紐約市公共電視廣播系統的執行製作，庫尼的創意啓發自多項研究，這些研究指出，學齡前兒童從簡短、斷續的廣告中所學到的東西，比從廣告後的電視長片中學到的東西還多。庫尼和同事採用廣告片的

手法來教導閱讀和算術，錄製成「芝麻街」，革新了兒童電視節目的設計。

節目中毛絨絨的提線布偶，都是由布偶表演大師吉姆·亨森所設計的，並有動人的歌曲、生動的情節；還有不同人種且和藹可親的主持人。因此，「芝麻街」一開播便大受歡迎。這個節目的目的在觸及都市中生活貧困的孩子——那些因無法接觸書本而閱讀及算術能力差的孩子，以及那些認為幼時在家自修效益最大的孩子——它也吸引無數中產階級收視戶。亨森塑造出的人物，如伯特、厄尼、大鳥和餅乾怪獸都成了國際電視明星（全球許多國家都曾播放這個節目）。

然而，正如評論家所指責的，這個節目太耽於大眾的掌聲，而忘了其所確立「幫助貧困兒童受教育」的使命（開播25年來，「芝麻街」並沒有對兒童觀眾的語言及算術能力產生具體的影響）。另外有人指出，由於把學習當作另一種可運用技巧來宣傳及出售的商品，這個節目反覆向觀眾鼓吹消費文化的價值觀，暗示性否定在獲取知識過程中必須不斷努力，並接受嚴格訓練的觀念。◀1965（邊欄）

大鳥——一個渾身羽毛、億萬孩子們的朋友。

1969

下》LP；《儘管和仍然》薩繆爾·巴伯；《廉價模仿，HPSCHD》約翰·凱奇；《歌頌沙恩》威廉·舒曼　繪畫與雕塑：《城市界限》菲利普·岡斯頓　電影：《午夜牛郎》約翰·薛里辛格；《大地驚雷》亨利·哈塞威；《日落黃沙》山姆·畢京柏　戲劇：《再一次·山姆》伍迪·艾倫；《蝴蝶是自由的》萊昂納德·加舒；《噢！加爾各答》肯尼士·泰南等著；《可可》艾倫·傑伊·勒納　電視：《嘿哈》；《馬庫斯·韋爾比，M.D.》。

「這隻鸚鵡不復存在。牠不再是鸚鵡了。牠已經斷氣了。鸚鵡去見牠的造物主了。這是一隻死鸚鵡……如果你沒有把牠釘在棲木上，牠就要被葬在地下了。」
—— 克利斯，摘自蒙帝巨蟒演出的《死鸚鵡》一節

1969新事物

- 風疹疫苗
- 《閣樓》雜誌
- 紐約化學銀行始用自動櫃員機
- 巨型噴射機波音747
- 單人駕船不停歇環球航行

- 諾貝爾獎金首設經濟學獎
- 耶魯大學開始招收女大學生

美國萬花筒

紐曼與瑞福

《虎豹小霸王》是拍攝於1969年的影片，描寫美國西部兩個最赫赫有名的槍手傳奇人物，由當時最受歡迎的兩名演員出任主角：保羅·紐曼（飾演布奇）和勞勃·瑞福（飾演小子）。這部

耗資巨大的影片（主題曲為伯特·巴克拉克主唱的《雨點打在我頭上》）完全不似傳統的西部片，拍攝得親切溫和，帶動「兄弟電影」這類古老題材的現代傳奇故事。

蓋雅荷加河的燃燒

飽受折磨的克利夫蘭人述說一個不幸的笑話，是有關他們市內那條深受污染毒害的河流：「如果誰掉進蓋雅荷加河裏，他一定不會淹死，只會腐爛罷了。」他們並沒有太誇張，這條小河浮滿當地工廠排入的油污廢料，在6月22日居然燃燒起來，持續20分鐘，火舌騰空達61公尺高，吞沒兩座鐵路高架橋。美國水道的嚴重污染由這次大火可見一般，因而促成70年代全國性淨化運動。

憤怒的日子

激進的「氣象員」組織是模仿第三世界國家的革命團體所組建起

按照慣例，美國陸軍士官約翰·卡梅倫從直升機上扔出一枚煙幕彈，以慶祝他從越南退役。

越戰

減少兵力，增加轟炸

6 理查·尼克森入主白宮不久，其競選時承諾的祕密謀求越南和平，逐步展開：總統撤回在越南的部隊，但是進一步擴大轟炸範圍。1969年1月，在越南的美軍達54萬3千人；到12月，尼克森已撤出7萬5千人。他同時擴大空戰，開始祕密轟炸越共在柬埔寨的避難所（此事很快被記者披露），並繼續轟炸北越。

尼克森預言「光榮和平」將在3年內實現。然而，北越領導人不以為然；巴黎和談到了第二年毫無進展。隨著尼克森擴大空襲，美國反戰分子也擴大其活動：學生封鎖越來越多學校，激進的「氣象員組織」開始進行一系列恐怖爆炸活動；兩次全國性「暫禁日」——和平反戰者全天候抗議活動——共數百萬人走上街頭示威。

在前線，「新春攻勢」後，與越共游擊隊的小規模戰鬥大多轉為與北越正規部隊進行的正式會戰。4月，美軍死亡名單已達3萬3650人，超過美軍在韓戰的陣亡總數。但戰爭目的依舊模糊不清，派往海外參戰的美軍缺乏來自祖國的精神支援，變得越來越煩燥不安。吸毒與逃跑的人數劇增；暗殺軍官事件屢見不鮮，因此「fragging（原意為軍人蓄意用手榴彈殺傷害長官和同伴）」一詞被創造來描述這種現象。和平標記常出現在美國大兵的隱蔽處。但當79歲的北越主席胡志明在9月過世時，他窮其一生進行的戰爭——先打日本，然後法國，最後是美國——距離結束還很早。

◀1968（3） ▶1970（1）

大眾文化

嚴肅喜劇

7 英國國家廣播公司（BBC）「蒙帝巨蟒的飛行雜技團」電視節目中的喜劇演員不只是跑龍套大師——他們同時是跳躍、跛腳、跌倒大王，且一舉一動自成笑料。自1969年10月首播震驚四座以來，直到1974年12月停演為止，這個節目在英語世界中倍受推

6名蒙帝巨蟒演出成員中的4位（從左後按順時針方向依次為）：瓊斯、伊德爾、克利斯和佩林。

崇。「巨蟒」演出人員天馬行空的喜劇——把一名愛賣弄的英國知識分子搞得像白癡一樣團團轉——從電視衍生出書籍、電影及舞台歌舞劇。在首張唱片專輯《蒙帝巨蟒又一集》中，也搬演同樣的戲法。

在首張LP中，6名演員——格雷厄姆·查普曼、約翰·克利斯、特里·吉列姆、埃里克·伊德爾、特里·瓊斯和麥克·佩林——創作表演的諷刺短劇瘋狂怪異，主要角色有：野蠻人、有易裝癖的伐木工人，還有一隻死鸚鵡。1974年，這節目在一家達拉斯的電視台首播，他們不拘形式及顛覆幽默的表演，吸引一群美國的忠實觀眾。幾個月間，美國有數十個城市播放他們的節目。在美國，蒙帝巨蟒的主要觀眾是青少年，而模仿英式口音一口氣逐字唸完短篇文章，成了聚會時流行的遊戲之一。

而「巨蟒」的成員分別在電影或電視表演上追求個人的發展（其中著名的有克利斯演出的情境喜劇「佛提塔」，此劇是英國國家廣播公司製播的另一個高收視節目，且橫越大西洋在PBS《公共廣播公司》長期播出），但是偶爾也會聚在一起做節目。他們總共一起拍過3部電影——嘲諷亞瑟王傳奇的《蒙帝巨蟒和聖杯》（1975），引起爭議的《新約》搞笑劇《蒙帝巨蟒在布賴恩的生活》（1979），以及一部荒唐諷刺劇《蒙帝巨蟒生活的意義》（1983年，從保險套到公司組織購併無一不是其諷刺對象）——在蒙帝巨蟒演員闖入娛樂圈20多年後，這3部電影仍在上映，而觀眾反應依舊熱烈。◀1968（邊欄）▶1975（當年之音）

外交

限制戰略武器談判（SALT）

8 1969年，業已形成核武均勢的美蘇兩國，開始就裁減軍備問題進行談判，這就是所謂的「限制戰略武器談判」。同時，作為1968年「禁止核子擴散條約」（NPT）的倡導者，兩國試圖防止核武技術流傳至他國。兩項措施的結果都是憂喜參半。

軍備競賽時期，兩大超級強國發展出確保相互毀滅（MAD）為基礎的核武嚇阻政策。只要雙方在飛彈技術上均不佔優勢，雙方因此也就不可能動武。當世界上只有少數國家儲有核武時，「確保相互毀滅」確實能達嚇阻效果。但到60年代初期，中國和法國也躋身這一行列，與英國、美國、蘇聯一樣成為核武國家，而且還有其他國家準備

1969

> 「我只是面鏡子，你看到的我就是你。」
> ——孟森

發展核武。1968年簽署的「反核子擴散條約」，旨在防止核武的擴散。美蘇兩國在此約中，同意不讓核武技術外流，其他43個國家也保證不再擴充軍備。不幸地，法國、中國以及其他正在研製核彈的國家拒絕簽約。

1969年11月，初期的限制戰略武器談判會議在赫爾辛基舉行。此後兩年半間，美蘇兩國代表團定期會商達434次。直到1972年，布里茲涅夫和尼克森才簽署了「第一次限制戰略核子武器談判」協議。協議中兩項約定的第一項是限制反彈道飛彈防衛系統：理論是，防衛

蘇聯外交次長謝苗諾夫（中立者）在赫爾辛基舉行的第一次限制戰略武器談判開幕典禮上發表演講。

系統能使一方有能力自衛而不受另一方的毀滅性攻擊，從而破壞雙方武力的平衡，而武力均等是「確保相互毀滅」達到嚇阻效果的基礎。第二項協議是暫時限制雙方的飛彈數量。沒有飛彈真的被銷毀；實際上是制定條款改良舊式武器。然而，會談的確促使核武外交談判制度化，並創立一個半永久性機構，讓兩大強國協商。◀ 1963（2）▶1972（7）

犯罪
孟森崇拜曝光
⑨ 1969年8月，警方開始調查導演羅曼·波蘭斯基之妻，演員莎朗·泰特及其4個朋友在洛杉磯家中被冷血謀殺的案子。5名被害者身上多處中彈，並被刺傷達50多處；一扇門上有用鮮血寫的「豬」字。遇害時，泰特已有8個月身孕。12月，另一起多重兇殺案——萊諾以及魯斯瑪麗·拉邊卡命案——被認為與泰特謀殺案有關。第二起兇殺案現場的牆上留有用血寫的「豬玀去死」、「狼狽」等神祕字眼。

被傳訊時，孟森宣稱他將為自己辯護。

被告為一名失意的詞曲作者查理·孟森，其一生大多在牢獄中度過。孟森和他的「家人」——一群四處飄泊、大多為女性崇拜者，成為嬉皮運動駭人夢魘的代表。在他們身上，可看到對社會的否定達到了病態的極端——對生命本身的否定。1969年，在孟森和他的信徒定居在洛杉磯市郊一個牧場後，謀殺和殘害不知為何竟成了和公社團體同甘共苦的表現，這套哲學部分源於他怪異解讀披頭四的歌詞。

孟森和5個同夥——2男3女皆被處死刑；1972年加州廢除死刑後，被減刑為無期徒刑。1975年，孟森從前的一個信徒萊內特·「刺耳」·弗羅姆曾經企圖行刺傑拉爾德·福特總統。孟森本人，慣例地拒絕假釋，成為一個混亂的60年代殘存的邪惡人物，不斷引人注意。▶1974（12）

音樂
彈球奇才
⑩ 英國搖滾樂團「Who」由於創作《我這一代》（宣稱「我希望死於未老之時」）這類叛逆青年頌歌而名噪一時，並在1969年推出一種融合音樂與戲劇的新類型搖滾樂：搖滾歌劇。其中《湯米》是描述一個「又聾又啞又瞎的孩子」，憑出神入化的彈球技術成為一位救星，藉由這作品，搖滾樂從流行樂發展為正統藝術形式。

「Who」合唱團的主吉他手兼詞曲作者皮特·湯森（以充滿活力、旋風般演奏風格著稱），首先在1966年出版的專輯《匆匆離去》中嘗試這種新形式。專輯中有幾條歌被串連起來，《湯米》則更進一步，講述一個完整的故事：這個殘障的男孩克服肉體、精神上的殘缺，成為一名「彈球奇才」，一個最終被其崇拜者所背叛的英雄和先知。一名評論家稱之為「病態」，也有人則稱之「愚蠢」，許多人認為是「革命性」創舉。無論是在紐約大都會歌劇院（首度在此演出的搖滾樂表演），還是在伍茲塔克音樂節上，《湯米》都廣受歡迎，並使「Who」合唱團成為一種青年文化的表徵，由那些認為體制對他們而言是又聾、又啞、又瞎的青年所形成的文化。1975年，導演肯·羅素把它拍成一部生氣勃勃的電影，演出者包括「Who」合唱團的主唱羅傑·達爾特雷（飾湯米）以及眾多搖滾巨星（艾里克·克萊普頓、蒂娜·透納和艾爾頓·強）。

在整個70年代及80年代初期，湯森和「Who」合唱團不斷推出暢銷金曲。人們認為他們影響了搖滾歌手吉米·漢垂克斯和「庭鳥」合唱團的風格，他們也是首開穿著英國國旗製成的普普藝術外套登台演唱的先例，也是「世界上最吵的樂團」。搖滾歌劇《湯米》一樣長紅，1993年再度上演時，仍是百老匯熱門音樂劇之一。◀1965（10）▶1970（4）

「Who」合唱團主唱達爾特雷，在1975年拍的電影《湯米》中擔任主角。

來的，它的名字源於鮑伯·迪倫的一句歌詞（「不必問氣象員風往哪邊吹」）。他們誓言要「領導白人小孩進行武裝革命」。10月，這組織剛從內部失和的「民主社會學生組織」中分離出來不久，在芝加哥進行了兩天瘋狂暴力活動。在「憤怒的日子」裏，戴頭盔的「氣象員」成員破壞停在路邊的汽車，並砸碎商業區內的玻璃。將近300人被捕。隨後，又在全國製造一系列爆炸事件，直到1970年才轉入地下。◀1968（4）▶1970（7）

結實又自豪
1969年，「脫線家族」節目首次上演。這是一個富於郊區風情又

極正派的節目。生氣勃勃且體格健壯的布雷迪一家，成了70年代露營者的偶像。

查帕奎迪克島事件
7月19日，36歲的麻州參議員愛德華·甘迺迪（約翰·甘迺迪的弟弟）在參加完一個聚會後駕車離開，當行至瑪莎葡萄園外查帕圭迪克島的一座小橋時，突然翻車墜入水中。28歲的瑪麗·科貝琴當時正在車中，由於未能及時脫困而溺水身亡。瑪麗曾是羅伯特·甘迺迪的競選助手。愛德華從未仔細說明這件意外，以及為何在事發10小時之後才報警，他的信譽因此蒙受永久的損害。◀1968（4）

一份文化大報停刊
已發行148年的「週末晚郵」於1969年停刊了。這份創刊於1821年的週報立場保守且支持共和黨，在內容上則非常大眾化，（以諾曼·羅克韋爾的封面插圖而著稱），刊載許多羅曼史、推理小說以及散文（供稿的作家風格迥異，從阿加莎·克里斯汀到威廉·福克納都曾在此發表作品），這些作品都反映了當時的國家狀況。

美國政治與經濟 國民生產毛額：9303億美元；首次試行彩券；食品和藥物管理署禁止出售含環己胺磺酸鹽（又稱糖精）製品；沃倫·伯格被任命為最高法院首席大法官；停止生產化學武器和細菌戰爭武器（用於越南戰場上的催淚瓦斯和去葉劑除外）；菲利普·莫里斯以約2億5000萬美元購進米勒啤酒公司；阿拉斯加州阿萊斯卡輸油線道工程開工。

「媽媽，使壞是一種眞正的煎熬：使壞——還要樂在其中！這使得男人都變得像我們小孩，媽媽……讓我們恢復猶太佬的身分吧！」 —— 羅斯的《波特諾伊的抱怨》

環球浮世繪

澳大利亞人的機敏

1969年，歷史上最偉大的網球球員之一，澳洲人羅德·拉弗奪得了美國網球公開賽冠軍。決賽中他與其同胞托尼·洛希苦戰4盤才取得勝利，汗灑球場，相當艱苦。贏得冠軍後，在一年中他囊括4項主要比賽的冠軍：澳洲、法國、美國和溫布頓網球公開賽。之前這種「大滿貫」戰績只有3次：一次是1939年唐·巴奇；一次是1953年莫琳·康諾利；第三次是「火箭」拉弗在1962年締造。◀1938（邊欄）▶1975（7）

梅爾總理

果爾達·梅爾是1948年《以色列獨立宣言》的簽署人之一，並於1969年當選以色列第4任總理。梅爾透過外交努力確保以色列與

埃及、敘利亞的和平。1974年，因指責未就「贖罪日戰爭」作好準備而下台。◀1948（9）▶1972（5）

賽車能人

1969年，蘇格蘭賽車手傑克·史都華奪得他的第一個世界冠軍，1971年和1973年又兩次贏得此一榮譽。史都華曾是汽車修理廠技師，在職業賽車生涯中不斷努力，曾史無前例地27次奪得國際賽車大獎。1973年，當他的幾名隊友在賽車場上喪生後，他便退休了。◀1957（11）

格達費政變

穆阿馬爾·阿爾－格達費生於利比亞沙漠，長大後成爲一名野心勃勃的陸軍軍官和忠誠的阿拉伯民族主義者。1969年，從國家軍事學院畢業4年的格達費上尉，時年27歲，領導政變推翻伊德里斯國王，隨後格達費出任武裝部隊司令，並領導新革命政府，開始將這富含石油的利比亞王國轉變爲一個回教社會主義國家。◀1937（14）▶1981（3）

圖中俄文字的含義為：強盜主義、誹謗和背叛；3個字的字尾合拼就是ＭＡＯ（毛）。

外交

中蘇衝突

1969年，世界上兩大共產國家爲了爭奪意識形態領域的支配權而展開較量。觀點相左的兩國不再只是口頭攻擊，而是在中蘇邊境線上雙方重兵相向。3月，中國軍隊砲轟珍寶島（蘇聯與中國東北部邊界，烏蘇里江中的一個小島）殺死了34名蘇聯軍人。對此蘇聯則報以大規模的報復行動。硝煙散盡後，一共有800名中國士兵被殺，珍寶島被夷爲平地，而北京與莫斯科之間的敵意也達到白熱化狀態。隨後在那個情勢緊張的夏季裏，中國官員宣稱，戰爭已經「迫在眉睫」。

中蘇原是舊敵，1949年毛澤東建立中華人民共和國後，兩國曾有一段友好時期。到了1956年，毛澤東注意到尼基塔·赫魯雪夫公然指責史達林，隨後又與南斯拉夫的狄托達成和解，因此與莫斯科疏遠。中國堅持北京路線才是正確的路線，1958年時更發動土法煉鋼的災難性經濟試驗——大躍進。第二年，莫斯科招回所有駐華顧問，兩國關係已然破裂。

中蘇意識形態上的裂痕，具體反映在兩國長達7274公里的邊境上。1962至1963年間，蘇聯使大約6萬2千名來自新疆的哈薩克人和維吾爾人歸化蘇聯。北京調兵進駐此區，加倍聲討蘇聯的「帝國主義」，要求收復「失地」，並在邊境上開始發動襲擊。雙方的爭執由來已久，卻轉成駭人的新局面：這

對敵視者如今都擁有核子武器。一連串小衝突在珍寶島事件達到高峰。在第三次世界大戰即將爆發的預言聲中，火力較強的中國在10月時態度緩和下來。邊境問題暫且被擱置，但衝突的潛在原因——意識形態的權威問題—— 依然沒有解決。◀1952（2）▶1972（2）

體育

默克斯的成功之旅

1969年的自由車環法賽中，比利時自行車選手艾迪·默克斯儘管出發較慢，還是奪得冠軍，這是他首次贏得這項世上最有名的自行車大賽冠軍，在這之後他又連續4年奪冠。他領先第二名足足18分鐘，這種成績至今無人超越。默克斯喜歡勝利的滋味；他那野性十足的意志爲他贏得「食人生番」的綽號。

默克斯從14歲起開始參加比賽。18歲時，已登上世界業餘自行車手的冠軍寶座。隨後很快地在職業比賽中大放光芒：在12年的職業比賽生涯中，共奪得400次冠軍，包括4次世界冠軍。默克斯在體育界獨領風騷，成爲歐洲最受敬愛的運動員。一家報紙寫到，對他的熱情崇拜者而言，他就是阿里，他就是貝多芬。

1972年的自由車環法賽上，默克斯的表現是他比賽生涯中的巔峰。在令人疲憊、長達3862公里的賽程中，要途經幾處法國最艱險的山峰。許多觀察家懷疑，法國官員故意設計這條路線來爲難這位比利時人，因爲他擅長衝刺而不善於爬坡。但默克斯還是贏了。1974年他再度奪得此項冠軍後便退休，從事自行車製造業，成爲百萬富翁，大

1974年默克斯奮力騎車翻越比利時的凱默爾山。

概也是史上最好的自行車選手。◀1903（邊欄）▶1989（邊欄）

文學

羅斯的抱怨

1969年，美國作家菲利普·羅斯出版了他猥褻、大言不遜的小說《波特諾伊的抱怨》，奠定他一代偶像的地位，成了暢銷書作家，同時也是飽受爭議的人物。這本書是以律師亞歷山大·波特諾伊對其心理醫生斯皮爾沃格爾的獨白形式寫成的，主要描述波特諾伊

內心的掙扎：他既得接續猶太的傳承（由其傳統保守的母親），又急欲塑造自我特質，要如何使兩者和諧令他苦惱不已。波特諾伊反抗的方式是不斷地與上層階級的白人女子發生性關係。在探討類似主題的作品中，從未有一本小說對主角頻繁更換性伴侶，或對青春期手淫之事如此興味盎然地加以描寫。

除作品大量充斥性描寫之外，更引人爭議的是羅斯對當代猶太裔美國人身分的嘲諷態度。波特諾伊對其出身感到鬱悶，於是試圖擺脫家庭中的猶太價值觀——但過去始終糾纏他。「這就是我的生活，我唯一的生活」，他對斯皮爾沃格爾醫生抱怨：「而我的日子是活在猶太笑話中！」這個人物性格讓許多讀者反感；更有評論家把羅斯稱爲「反猶主義的猶太人」的先鋒。

另一些讀者將書中人物的生活與作家本人的生活混淆。對此，羅斯故意利用之後的幾部小說加深這種誤解，其中尤以描寫一位名叫內森·查克曼的猶太系列小說家的小說爲甚，此人因寫了一部大膽露骨的小說而臭名昭彰。在羅斯的所有作品中，對自我身分的質疑一直是其基本主題，在其卡夫卡式的試驗性作品《乳房》中是這樣，在政治諷刺作品《我們的伙伴》（以美國總統特里奇·狄克遜及其朋友爲主人翁）中也是如此。◀1964（8）

大眾美國人——貝里曼

摘自《夢歌》，約翰·貝里曼，1969年

約翰·貝里曼以這本有時被稱為詩體小說的《夢歌》，欲摘下惠特曼的詩人桂冠。這首長篇詩作由於其威嚴宏大的美國之聲，而足可與惠特曼的大作《草葉集》相提並論。他是個不易相處的詩人，又是一位憂慮的男子（他於1973年從明尼阿波利斯的一座橋上跳河自殺），花了11年時間創作《夢歌》。這本書先以兩本單卷的形

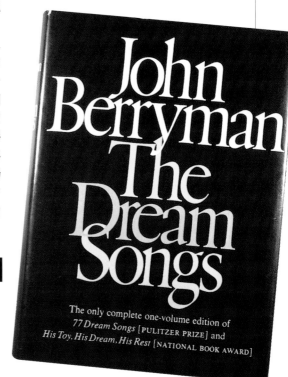

式出現，後來在1969年出版時才合成一集。《夢歌》由詩人主角亨利獨頌，將雅俗的語言、句法和韻律結合在一起。詩中句法有時支離破碎，有時傳統守舊，有很獨特的韻律效果。貝里曼訴說的主題有自殺、瘋癲、寂寞和信仰。他告訴別人，「亨利，既不是這位詩人，也不是我。」；或者可以這麼說，他是任何談吐極富詩才的美國人。◀1965（當年之音）

《夢歌76》

最近我沒遇到什麼倒楣的事
你如何解釋呢？——博恩斯先生，我來解
釋吧
用你費解的奇特清醒解釋
清醒得只有男人才能有，沒有女人，沒有
電話
博恩斯先生怎麼會發生什麼不幸呢？
——如果生活是一塊手帕三明治

在死之肅穆中，我和父親作伴
很久以前他便膽敢離我而去
混凝土門廊上的一顆子彈
靠近南面的沉悶大海上
躺在一個小島上，靠近我的膝蓋

——博恩斯先生，你來自飢渴

我給你這塊手帕，現在把
你的左腳放在我右腳旁，
肩並肩，諸如此類的，
手挽手，在美麗的大海邊，
博恩斯先生，哼上小曲一段
——我看沒人來，因而我前往

《夢歌90》

夜裏，他夢見更受寵愛
自由夢見解放，和鍾愛的臉蛋
就像現在，黎明前他在歌唱
適應這些事情可不簡單
放棄舊世界，他卻可以試試

讓它都平息，放聲大哭

讓蘭德爾安息，你的自我折磨
也不能恢復對他的一絲好意，安息
他已離我們而去
恐慌已經消失，在恐慌消失時
我的老朋友也將死去。我朝西去
同樣地，同樣地，以某種方法

在死亡的房間裏，我們再次相遇
我將說蘭德爾，他將說普西凱特
一切將如往昔
當我們尋覓時，在眾多鍾愛的面孔中
名利而名利已無法滿足我們
我們要更多

《夢歌256》

亨利休息了，服了許多安眠藥
還有琴酒和威士忌。他抬起雙腳
接著打開唱機聽舒伯特
他的平靜持續了5分鐘
因為一來有那些忙碌日子裏未完成的工作
二來有使他害怕的影像

一個雨天的週日清晨，假期中
以及團契，他無法休息
他痛苦地搖頭
——博恩斯先生，主會帶我們到一個國度

那裏人們只休息——我招認
這個念頭令我煩死了

因為那兒沒有工作，上天保佑
如果那樣，上天的長期工作經驗
並未教我他的慈愛
他的愛一定是無比奇特
看看它的傑作。不，我要在這兒休息
不是下面也不是上面。

貝里曼的《夢歌》（上圖）的確如夢如歌：語言模擬夢境中的特有的引喻及各類形式，但每首詩又遵從3段6行詩的格式。

當美國這個西方世界最強大的國家由於輸掉一場未曾宣戰的戰爭,顏面盡失而步履艱難時,幾乎所有的工業化國家都承受了太過依賴礦物燃料所導致的痛苦。同時,地球生態環境的惡化,充分暴露出技術進步所帶來的危機。

1970
1979

在近幾年裏,世界各國的財富正在進行徹底重組。這主要基於一個最可能的前提:有些國家生產石油,而另一些國家則需要輸入石油。石油輸出國家組織成立於1960年,但在1973年之前一直未能在世界舞台上扮演重要角色。該組織在1973年將全球石油價格提高了200%以上。當西方國家絞盡腦汁以尋求可替代的能源資源時,新進暴富的阿拉伯國家則與這個具雙刃劍特色的現代事物(石油)做搏鬥。圖為一個阿拉伯人在沙烏地阿拉伯的東部省分,觀看遠方預示巨大變化的天然氣火光。

1970年的世界

世界人口　　　　　　　　1960年：32億　　1970年：37億

1960-1970年：+15.6%

伊拉克　　伊朗
科威特

沙烏地
阿拉伯　　　　　卡達

阿拉伯
聯合大公國

OPEC的力量

到1970年，石油輸出國家組織（OPEC）已成立了10年，已接近成為一個強權。這個由擁有豐富石油資源的國家所組成的「卡特爾」包括伊拉克、伊朗、科威特、沙烏地阿拉伯、卡達和阿拉伯聯合大公國（以及委內瑞拉、印尼、利比亞、阿爾及利亞，和之後加入的奈及利亞、厄瓜多及加彭），在1973年藉著大幅度提高油價來對自身進行一次檢驗。石油輸出國家組織先將油價提高了70%，幾個月後又將油價再提高130%，並且對與以色列友好的國家實行石油禁運。直到一年後，美國促成了「贖罪日戰爭」各方能接受的停火談判時才解除禁運。而這次石油輸出國家組織的石油禁運，也預示了一個新興經濟超級強權的誕生。

1968年——蛇籠和拒馬充斥的一年

60年代的精神可謂70年代集體意識的先驅。人們普遍認為，整個60年代都可濃縮為一年，即1968年。該年爆發的「反體制」運動（通常由學生領導）在一年內席捲全球。

1月

西班牙：在學生抗議下，馬德里大學關閉。

日本：學生舉行示威。

波蘭：學生和知識分子抗議審查制度。

2月

西德：柏林、法蘭克福和波昂等地爆發激烈衝突。

英國：學生在累斯特靜坐示威。

波蘭：學生衝進文化部。

3月

義大利：羅馬大學在學生騷動後關閉。

英國：倫敦反越戰遊行吸引了1萬人參加。

波蘭：學生衝進文化部。

4月

美國：馬丁·路德·金恩遇刺身亡引發全國騷動。

中國：北京爆發紅衛兵派系之間的武鬥。

西班牙：馬德里爆發學生和工人的騷動。

5月

法國：警察巴黎大學神拒馬蛇籠之夜

西德：抗議法令。

美國：學生領舊金山州學。

技術之光

像一本平裝書大小的袖珍計算機於1969年面世，但直至1971年推出手持款式後，其銷售額才迅速上升。是年，北美和歐洲地區僅賣出1萬7千台，但到1973年，全球的銷售量估計已達到2500萬台。

時尚

安德烈・庫雷熱和瑪麗・匡特1965年對時裝進行革命，他們讓模特兒在伸展台上穿著高出膝蓋10公分的裙子。而到1970年，迷你裙變得更短，幾乎高出膝蓋25公分。

不公平的收入 （美國）■1970 ■1980 ■1990

以下3組人的收入占白人男性收入的百分比

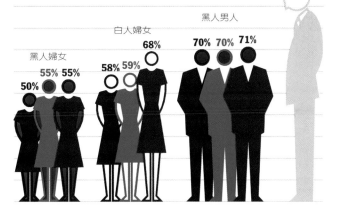

黑人婦女 50% 55% 55%
白人婦女 58% 59% 68%
黑人男人 70% 70% 71%

心臟移植

儘管克里斯蒂安・巴納德醫生於1967年進行第一次人類心臟移植手術，但是之後這類手術仍然罕見。直到1981年一種抗排斥的新藥物環孢黴素大幅地提高存活率，心臟移植人數才急遽增加，後來因捐贈的心臟短缺而又再次減少。

心臟移植人數

1967 ♥ 1
1970 ♥ 10
1980 ♥♥♥♥♥♥♥♥♥♥♥ 105
1990  3,332

我們所知道的

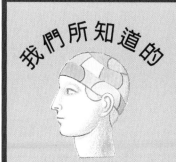

「在我這個時代，沒有婦女能夠在政府內閣中擔任首相、財政大臣或外交大臣。」在野的保守黨影子內閣的教育部長瑪格麗特・柴契爾夫人如是說，「我原不想擔任首相；你必須全心全意付出。」

■

雖然美國近50%的家庭至少擁有一張銀行信用卡，但「迄今為止，信用卡並未對消費者的消費習慣產生太大的衝擊。」美國聯邦儲備銀行如是說。該銀行同時還預測：「以目前的水準和成長率來看，信用卡計畫還不足以產生任何顯著的效果。」

■

儘管墮胎在大多數歐洲國家、蘇聯和中國（後兩個國家把墮胎視為控制人口的一種手段）是合法的，然而在美國，只有紐約、華盛頓、夏威夷和阿拉斯加4州允許自由的墮胎。因此，達拉斯的女侍者簡・羅伊和喬治亞州的家庭主婦瑪麗・多伊兩個有孕在身的婦女，就墮胎問題向有關當局提出訴訟，因為她們在家鄉無權進行墮胎。

■

美國眾議院以壓倒性多數通過一項憲法修正案，保證婦女的同等權力，禁止任何性別歧視。這項憲法修正案有望得到參議院的支持，並通過須經四分之三的州議會同意的門檻而得到批准。

警察攻入占領的工廠。

學生和警察萊人民發生衝突。

7月

墨西哥：學生在各大學舉行示威活動。

日本：東京大學因罷課關閉。

捷克：蘇聯領導人譴責捷克的修正主義。

8月

捷克：華沙公約組織的國家的軍隊入侵。

美國：在政治集會期間爆發騷亂和示威活動。

墨西哥：有3萬人在墨西哥城舉行抗議活動。

9月

墨西哥：1968年奧林匹克運動會舉行前夕，墨西哥學生和工人在墨西哥城與警察發生衝突。

西德：學生發動騷亂。

10月

法國：學生舉行示威活動。

日本：東京大學的校長在學生舉行示威活動後辭職。

英國：倫敦經濟學院被占領，不久後關閉。

11月

捷克：學生舉行罷課以抗議蘇聯入侵。

英國：學生占領伯明罕大學。

12月

法國：學生在各大學舉行抗議活動。

英國：學生占領布里斯托大學。

美國：武裝學生占領康乃爾大學行政大樓。

史蒂芬・傑伊・古爾德

門口之狼

環保主義已變得絕對必要

1970
1979

沒有一個單一事件能夠標示出70年代將成為倡導環保主義的10年。相反地，就像深夜的竊賊般，一項長期醞釀的中心議題已潛入我們的集體意識中，代表一個轉捩點。簡言之，我們已經認識到，人類已變成了莎士比亞所說的「一隻無所不在的狼」，再也不只是一個地方性的劫掠者。在《特洛伊圍城記》中，莎士比亞指出了當強取豪奪成為普遍現象時所發生的一切：

> 任何一切若包含在權力之中，
>
> 權力就會轉化為意願，意願又會變成貪婪，
>
> 而貪婪，就像一隻無所不在的狼，
>
> 追隨意願和權力而且變本加厲，
>
> 勢將成為一隻凶殘的猛獸，
>
> 最終將自己也一併吞食。

　　或許我們總是有所意願。人類已經徹底踐踏了自己的居所，但在這個世紀之前還無法對這個星球造成真正的損害。然而，由於人類力量的提昇以及認知到這種力量（藉由莎士比亞的隱喻）最終（可能是不久而不是未來）將毀滅自我時，就產生了原始動機，將環保主義從常被視為「神祕」和「古怪」的地區性工作，提昇至日益成長的全球性急迫努力且協調一致的政治運動，就如同百川匯聚成深淵般。未來的年鑑史家（如果我們能讓他們有機會出生的話）將會把這場與交通運輸和電子通信方面的技術革命並駕齊驅的環保運動，看作是在人類歷史上最重要一項發展上的主要關鍵。許多地區性的、獨自發展的社區，在20世紀將無可避免，也無法阻擋地融合成一個全球性的經濟和社會體系。

　　我們的祖先無須複雜的技術就輕易破壞了居住地的生態環境。毛利人，即12世紀最先抵達紐西蘭的玻里尼西亞人，發現了一個由大約25種大體形但不能飛行的鳥類組成的動物族群。這些鳥類有的和火雞一樣小，有的則比鴕鳥大得多。毛利人把這些鳥稱為「恐鳥」，並在500年內消滅了這些鳥類。同樣地，復活節島上雕像製造者的沒落和消失也不是什麼祕不可測的事（神祕主義者對此爭論不休，樂此不疲），而是破壞所導致的後果。破壞是如此的徹底（在一個資源極為有限的孤島上），以至於找不到一根圓木可以用來將業已完成的雕像從採石場運至安裝地。

　　工業革命產生新科技和日益增加的權力，但仍未導致全球性的貪婪主義。早在19世紀初，威廉・布萊克就抨擊那些在英國農田地區內「綠色山野」和「令人精神愉悅的牧場」上出現的「黑暗魔鬼」工廠，發誓要用他的劍和「精神奮戰」方式在「英國蓊鬱愉悅的土地」上建立耶路撒冷。當然，伯明罕和匹茲堡這上空所噴發的黑霧並未玷污遙遠的泰姬瑪哈陵（腐蝕的原因部分是因酸雨所致），也沒有污染太平洋孤島上的鳥類（但這些鳥類在許多方面感受到我們施加的迫害，例如殺蟲劑殘餘物已侵入鳥蛋和成長中的小鳥體內）。

　　70年代，有諸多因素促進各種環保議題的結合，並使之發展成為全球運動。從適當的

在20世紀人類首次見證到全球範圍的環境破壞，但實際上人類早已表現出其進行地區性劫掠的傾向。復活節島上的巨型石柱的製造者——這些石柱是由火山岩雕刻成的，而且大多數看起來時間約在800-1600年——在採石場遺留許多未完成的雕像以及散落四處的石塊。製造者的工作中斷似乎有點神祕，但事實上一點也不。他們如此徹底地破壞周遭的環境，以至於找不到一根圓木可以用來將雕像從採石場運至安裝地。

科學角度來了解對大氣層和生態環境的破壞，已經初成風氣。其他方面多半只具象徵意義，但卻影響深遠。太空探險從50年代開始嘗試、60年代逐步高漲，到70年代初因登月行動而達到高潮，人類對地球的認識也發生了自500年前探險時代之後最徹底的改變。

　　隨著人類對整個地球的不斷認識而長大的人，永遠不可能體會當我們這些老傢伙看到太空船第一次拍攝到月亮不為人知的另一面的照片（就整個宇宙而言，離我們如此近，但實際上卻總是無法看清楚），或清晰到令人訝異的天王星和海王星的遙遠衛星照片時，所感受到的那種美感和觀念上的戰慄激動。當我們將整個地球視為太空中一個絢爛的星球時，從中所獲得的知識和滿足簡直無與倫比。自從阿基米德時代就已知道地球是一個圓形球體（阿基米德因知道槓桿作用而大感興奮，他曾說，只要能找到立足點，他就能移動整個地球），但我們一直無法到達遠離地球的恰當位置來記錄地球的形狀。第一張拍攝到整個地球的照片讓人類知道自己的居所是有限的，各個地區都密切相關；在此之前，沒有其他單一圖片能產生這種影響。美國建築師和工程師巴克敏斯特·富勒在其令人難忘的隱喻「小如太空船的地球」中道出對這一事件的領悟，而這句話也已成為環保主義者的口號。

　　聯合國秘書長宇譚在1969年初警告：「我不想危言聳聽，但我卻只能說……聯合國會員國或許只剩下10年的時間來撇開自古以來的爭執，建立全球合作來抑制軍備競賽、改善人類環境、防止人口爆炸，以及提供發展所需的動力。如果這種全球合作不能在未來10年內形成，那麼恐怕我所指出的問題會嚴重到令人驚愕的地步，使我們根本無法控制。」

　　政治運動促使人類歷史上第一個「地球週」於1970年4月誕生。而一本記載從托里奧到瑞秋·卡森（其1962年出版的作品《寂靜的春天》一書已警告人們注意環境污染）等一些英雄人物的小書，也導致大量書籍的出版，從一般大眾的宣言（例如巴里·科莫納1971年出版的作品《封閉的圓周》）到更多的技術專著（像羅馬俱樂部1972年出版的《成長的限制》）。舊趨勢終於加速發展（或可能只是以對數狀態對地球產生影響），已足以引起我們的注意和警惕。

　　我們必須強迫自己記住和承認這樣一個違反直覺的事實，即有的過程會在固定時間間隔內加倍進行，也就是說總量的一半是在最後一步時自然增長的。可以引用一個古老的傳說：有種細小的水生植物的浮葉，面積每天擴大一倍。開始時只是池塘的一個小點，但在30天內就完全覆蓋整個池塘。池塘管理員覺得在池塘被覆蓋住一半之前，是不用擔心的，到時再修剪即可。那麼何時他才須清理呢？只剩下第30天，必須快而果斷地處理，否則就來不及了。但增長的速度並未改變。再者，儘管整個地質時代的環境變遷一直發生，但現代人類在人口和毀滅性新科技方面的大幅增長更破壞了原有的平衡狀態，加速了變化。

　　聯合國教科文組織創立的國際社會科學委員會於1991年出版的一本名為《全球環境變化的人類因素之研究架構》的書，確認破壞地球環境的4大類型（這些現在已為人熟知）。第一種是氣候的變化：在這方面（與人類起源對大氣層和海洋的影響無關）一直是如此清楚，完整地記錄，以及如此令人恐懼縈懷，就像可能導致溫室效應和全球暖化的大氣層中二氧化碳急遽增加那樣。第二種破壞是對地球具有保護作用的臭氧層變薄所致，可能是因為廣泛用於空調、冰箱和液化氣體推進器上的螢光碳和其他鹼性碳被排入大氣層所致。第三種全球性的環境問題是酸雨。可以說，由於酸雨挾帶了大量來自工業廢物的氧化

1970
1979

最早的環保主義者大都是些有錢人。他們之所以這樣熱衷於環保運動，其初衷僅僅是為了「休閒」需要，而保留了原始未開發的原野。為了保護諸如此類的土地免遭肆意開發，類似於謝拉俱樂部的自然主義組織在19世紀末就開始形成。早在1872年，美國就已創立了國家公園和野生動物保護場所。美國西部最大的原野是加州的優勝美地國家公園，左圖即為美國傑出的國家公園年鑑史家安塞爾·亞當斯，於1947年所攝。67年來，亞當斯每年都造訪該國家公園。

氮和二氧化硫，因此它會緩慢地破壞河流、湖泊、藝術品和建築物。

1970 1979

上述所提及的3大種類中的事件，雖然危險卻是可以補救的；即使無法恢復原狀，政治上的壓力也已經許諾了更多的希望，並顯示出一些環境破壞已減輕的跡象。但在與人類生活相關的任何時期，物種一旦滅絕便是無可挽回的。任何物種都是一種具有演化順序的獨特歷史產物，其生命起源可以追溯到幾十億年前。從一棵有生命的樹上採摘任何嫩枝（甚至一棵與其祖先只相差一地質秒時間的小樹芽），在自然界記錄珍貴差異的賬本都會記下這一次變化。若採摘過多，那麼本來充滿枝葉茂盛的樹木，就會變成太過稀疏且傾斜的、讓人不堪入目的枝枒，而且在樹底形成腐爛的泥層。

環保運動中一些思想錯誤或自私自利的敵人，都認為任何真正的困難總是可以用「科技上的補救措施」來克服，他們都強調因生物滅種而引起的悲哀其實只是一種自作多情。為什麼要擔心物種滅絕？他們問道。所有的物種最終都將滅亡，而動物化石的記錄也已經證明至少有5次物種大規模滅絕的事例，約佔了所有物種的95%（以海洋無脊椎動物在約2億2500萬年前的大滅亡所作的估計）。他們還認為，大規模物種滅絕就長期而言甚至是一件好事，因為那些老的和平凡的物種被滅絕，反而能為已歷經幾百萬年的改良演化「實驗」提供更好的生態環境空間。這種說法幾乎擊中要害，因為正是恐龍的滅絕最終才使人類的出現成為可能。哺乳動物以一種小動物的地位在恐龍的陰影下生活了一億年。如果恐龍（以及50%的海洋無脊椎動物）不是因為一個外太空巨大的天體撞擊而滅絕（極可能是白堊紀大規模物種滅絕的原因），哺乳動物很可能依然是恐龍世界夾縫中的小動物，而且也不復有那種具有自我意識的物種生活在我們這個行星上。

以百萬年為計量刻度的這種行星時間單位既宏偉又迷人（身為一名職業的古生物學家，我的大部分工作生涯都只能在這個刻度的概念下工作）。人類並無法在行星的時間刻度內對這個行星產生威脅。如果我們真把人類滅絕了，地球也將從人類的破壞死而復生；即使我們倖存下來，地球也會自我適應。就長期而言，人類並不如大自然那般強大。所有核子武器的爆炸威力也只相當於促使白堊紀滅絕的那個天體能量的萬分之一。

但我無法想像還有什麼是比自然界的行星時間與我們自己生命中正常的短暫時間刻度更毫不相干。我們非常關注（當我們可能時）孩子們的生命、我們的後代、壯麗的藝術、文學和音樂這些珍貴而又脆弱的文化，以及我們在建築和科技上的成就。我們以數十年、數百年、最多數千年作為衡量我們正常時間的刻度。儘管這些時間間隔在地質時間上只能算作是幾微秒，但對於我們而言，卻是所有的一切。

我們對於環境的破壞既危險亦令人恐懼。因為這種破壞對我們及演化上的鄰居（從有50萬種的甲蟲到只有一個種的南非土狼）的影響，在人類時間標度的正常時間內就可感受到。白堊紀的滅絕，可能對於大型哺乳動物1000萬年來邁向一個不可知的未來進化有影響，但對於一個目睹慧星撞擊的恐龍而言，除了自己的群體災難外還有什麼呢？假如我們能只記住這樣一個事實，亦即我們就是隱喻中的那個恐龍，而不是非常遙遠且不可預知的未來所可能出現的生物，那麼我們也許就能動員我們所具有的獨特意識的產物——我們的「精神鬥爭」，來抵禦針對我們自己所進行的內戰，也可以告訴地球，至少在它短暫的「一剎那」（對於我們而言，卻是從現在到永遠）製作了一項有價值的裝飾品。

作為工業主義的副產品，酸雨已對水生生物、植物，甚至諸多偉大的建築造成破壞。在德國巴伐利亞一個曾經草木茂盛青翠的森林中，那些遭受酸雨侵害的樹木都被標示白十字記號（右圖）。1983年發表的一項研究報告顯示，德國森林有34%遭到酸雨的腐蝕。由於瘋狂開採以及其他諸多人為因素造成的破壞，使更多的物種面臨滅絕的危險。在人類出現之前的時代，每年只有百萬分之一的物種自然滅絕，而現在每年就有好幾萬物種滅絕。在美國，灰熊僅剩不到一千隻（上圖），已被官方列為瀕臨絕種。

「我們不是弱小的民族。我們是個強大的民族……我們不會蒙受恥辱。世界最強大的國家（不會表現得）像個可憐無助的巨人。」

—— 美國總統尼克森於轟炸柬埔寨時宣告

年度焦點

戰爭的擴大

右派軍官在1970年3月驅逐了柬埔寨國家元首施亞努親王。施亞努曾給予越南共產黨部隊在柬埔寨的庇護，但該國新統治者龍諾將軍則試圖加以驅離。不過在龍諾將軍的士兵屠殺了數千名來自越南的平民後，卻受到北越軍隊及越共游擊隊的強力打擊；而龍諾向美國求援正是後者所一直等待的：亦即既不違反尼克森總統所承諾美軍逐步撤退的「越南化」政策，又可對敵人施以重擊。至於尼克森及其首席戰略專家，國家安全顧問季辛吉也同意此一想法。於是美國及南越部隊乃於4月30日湧進柬埔寨。

在國民兵對抗議美國入侵柬埔寨的示威者開火後，驚恐的旁觀者看著肯特州立大學學生的屍體。

尼克森總統堅稱這項行動並非侵略，而僅是「有限度的進入」。但不論名稱為何，它都觸怒了宣稱擁有半數以上民眾支持的美國和平運動團體。學生們發動全國性串聯罷課；在一些校園中，他們還燒毀了負責訓練學生進入軍隊之預備軍官訓練團所用的設備。在5月4日，當俄亥俄肯特州立大學的預備軍官訓練團建築物仍在悶燒時，國民兵部隊向示威者及旁觀人士開火並殺死了4名無武裝學生；10天之後，警方在類似事件中射殺了密西西比傑克森州立大學的2名抗議學生，由是而激起全美75所大專院校學生的憤怒浪潮，直到本學年結束為止。

入侵柬埔寨和肯特大學事件有助於加強美國人的反戰態度。在實質上並未切斷援助的情況下，國會以取消東京灣決議作為對政府的象徵性抗議行動。由尼克森所任命的斯克蘭頓委員會在一份報告中也警告說：美國自內戰後從未面臨這種分裂情勢，所以應該儘早結束美國對東南亞的涉入。

諷刺的是，這次「進入」可說完全失敗。由於尼克森拒絕事先通知龍諾將軍，因而缺乏與柬埔寨部隊間的協調；至於消息靈通的越共部隊則在敵人到達前就已撤離了。入侵者雖在6月離去，但美國仍持續地對柬埔寨進行密集轟炸，同時提供30億美元的援助；一直到因美軍轟炸與龍諾貪污而受人民支持的赤柬在1975年奪取政權為止。◀ 1969（6）▶ 1971（邊欄）

智利

選擇革命

當薩爾瓦多·阿連德·戈塞恩斯博士以些微多數擊敗右派的民族主義者和左傾的基督教民主黨人後，智利於1970年9月成為第一個經自由選舉而使一位馬克斯信徒成為國家元首的西方國家。他是一位受尊敬的激進派，雖系出名門，並曾任參議員、衛生部長以及多次的總統候選人，但他在30年代參與創建的社會黨卻經常與親蘇聯的左派智利共產黨站在同一線上。他的當選引發股市崩盤、銀行擠兌、收入優渥的銅礦工人因害怕失去特權而罷工；許多富人也隨之移民國外。

事實上，前任的基督教民主黨愛德華多·弗雷·蒙塔法總統名義上雖是中間派，卻早已採取左傾路線。由於銅礦是智利最主要的資源，政府乃取得開採銅礦之美國大公司51%的股份；弗雷同時也開始一項農業改革計畫，建立農民合作並進行土地徵收。然而智利人民多數仍是貧窮的，通貨膨脹也急速上揚。弗雷的改革實際上只提高了期望，並未真正提高其生活水準。

儘管美國中情局試圖干預1970年的選舉，但智利人民仍選出阿連德（上圖）為總統。

阿連德認為智利是由外國的資本、依賴廉價原料的出口與進口其他所有產品所共同形成之新殖民主義下的犧牲者。他建議將礦業、財政及主要產業全面國有化，並積極重新分配土地以及財富。阿連德同時承諾將在不損及智利引以為傲的民主傳統與政治自由的前提下，實

施上述措施。不過，各派的力量不斷對其嘗試橫加阻撓——使之在3年後終以血腥告終。◀ 1968（7）▶ 1973（4）

中東

騷動和哀悼

巴勒斯坦人將它視為「黑色九月」，而對埃及人來說，1970年的第9個月份則充滿了動亂。當約旦國王胡笙自9月16日開始將巴勒斯坦游擊隊驅逐出其王國後，埃及總統納塞也於9月28日以52歲之齡去世。

自從1967年戰爭的結束形成以色列佔領約旦河西岸後，約旦的危機便開始了。由於巴勒斯坦解放組織逐漸利用約旦作為攻擊以色列的基地，導致約旦人民成為以色列報復行動的代罪羔羊。在不願冒與以色列開戰的危險，以及擔心約旦境內巴勒斯坦勢力逐步上升的情況下，胡笙試圖將巴解組織中領導推翻他的軍事派系解除武裝。與巴解領袖阿拉法特的談判雖達成協議，但阿拉法特卻無法控制激進派成員，因此巴勒斯坦人和約旦人間的衝突乃持續升高，至1970年甚至出現兩次暗殺胡笙的企圖。

當巴解組織的次級團體解放巴勒斯坦人民陣線劫持了3架民航客機（分屬美國、瑞士和英國）到約旦，並在先撤退組織成員再將其炸毀後，胡笙的耐性已到了極限。他派出裝甲部隊到北部城鎮和難民營，計畫以快速行動來驅逐巴勒斯坦解放組織。約旦的敵國敘利亞則趁此機會進攻約旦，雖然最後終歸失敗，但巴解組織則一直抵抗到1971年7月。

在安排巴勒斯坦和約旦短暫停火的數小時後，賈邁勒·阿卜杜勒·納塞旋因心臟病去世；前一個月，他剛同意在美國調停下，針對埃及本身與以色列零星不斷的「消耗戰」達成停火協定；而兩個月前，他更發誓要完成象徵其18年統治的亞斯文水壩。在西方取消援助後，由蘇聯協助建設的此一水壩使這塊古老的土地普遍可獲得電力供

「我在舞台上向2萬5千人示愛，但回家後卻孤單寂寥。」

── 喬普林

哀悼者群集開羅參加10月5日的納塞葬禮。這位民族英雄的職位由沙達特接替。

應。各地的阿拉伯人紛紛哀悼這位偉大的現代化推動者、具挑戰精神的民族主義者，以及父權式的獨裁者。納塞的繼任者爲副總統安瓦爾·沙達特，他曾於1952年幫助納塞奪權。

◀1967（3）▶1972（8）

音樂

放蕩不羈的領導者

對60年代末期的叛逆青年而言，一直流傳至今的口號「性、毒品和搖滾樂」代表了神聖的三位一體，其中主要提倡者都是搖滾明星；而最偉大的音樂放蕩代表人物則是珍妮絲·喬普林、吉米·漢垂克斯和吉姆·莫里森（「門」合唱團的主唱）。他們在1970和1971年的過世，預示了一個安樂年代之後的文化大毀滅。

這些音樂家所傳達的和「披頭四」與早期「滾石」合唱團歌曲中所暗示的並無二致，都是以一種粗俗信念去頌揚沈溺於肉慾和毒品中所帶來的忘我境界。以咆哮式演出使自己成爲史上少數成功之白人藍

調歌手的喬普林，她用粗啞的嗓音唱出了孤獨以及人們在狂飲後的空虛。而或許是有史以來最具獨創性的搖滾吉他手漢垂克斯，他不但以舞台上的迴旋轉身聞名（他可以用牙齒彈奏吉他或將它置於腦後演奏；有時甚至將吉他與易燃液體一起丟入火裏），在某些地方還以充滿色情和讓人產生幻覺的表演著稱。至於因吸引知識分子的抒情歌曲和史詩般放蕩作品而令人敬仰的莫里森，則以吟唱一首涉及弒父和亂倫的歌曲《結束》而使得聽眾如痴如醉。由於他們3位表演者都涉嫌提倡「非法的」觀念，在被指控持有麻藥與暴露猥藝後均遭逮捕。莫里森對此的說法是：「我對所有反叛、失序和混亂的事都極感興趣……對我而言，它們似乎才是通向自由之路。」

奇妙的是，每位明星對於英年早逝處之泰然。1970年9月，在漢垂克斯因嘔吐（由於酒精和毒品混合所致）哽塞窒息而死之前不久，他曾開玩笑談論自己的葬禮。而數星期後因吸食海洛英過量致死的喬普林也曾對一位記者說：「我可能無法像其他歌手那樣持久，但我認爲你若能現在便摧毀自己的話，就無須擔心明天。」至於隔年因吸食毒品導致心臟病發死在其法國公寓裏的莫里森，則因受法國象徵主義影響，喜歡將詩般的病態滲入自己的抒情歌中。他在巴黎拉雪茲神父公墓的墳墓是這座公墓中最常被造訪的。數以千計的歌迷每年聚集於此，留下大批鮮花與情書，以及整瓶的威士忌。◀1960（10）▶1977（6）

生態節日

國際間對地球環境日益惡化的關注，終於在美國於1970年4月22日首次慶祝地球日時獲得官方支持。由威斯康辛州參議員蓋洛德·納爾遜和年輕的環保運動家丹尼斯·海斯所發起的全球第一個生態節日，包括討論會、遊行及回收廢金屬等活動。環保運動自此成爲一股強大力量。

藝術家彼得·馬克斯在1969年為美國加州戴維斯的地球週創作了一幅獨特的「幻覺」海報。

美國政府甚至還在兩個月後建立了環境保護署這個機構。到了1972年，聯合國也以在瑞典斯德哥爾摩召開環境會議而加入此一行列。至於像綠色和平組織（由反對美國進行核試的加拿大抗議者於1971年創建）等團體所採取的行動，更直接與那些造成污染的公司和政府進行對抗。

當第一個綠色政黨於1979年創立於德國不來梅後，環保運動可說已開始向下紮根。然而生態系統已遭到嚴重破壞；工廠將數十億噸水銀傾入世界各地的湖泊與河流，用於冰箱和噴霧劑的含氯氟烴化合物已經侵蝕了臭氧層，開發者也正以每分鐘將近20公頃的速度摧毀亞馬遜區及東南亞的雨林，使75萬種動植物瀕臨滅絕的威脅。在全球各地，人們愈來愈開始擔心，現在才設立地球日是否已爲時太晚。

◀1962（11）▶1983（5）

搖滾歌星莫里森（左）、漢垂克斯（中）和喬普林生活放蕩且都英年早逝。

1970

曲》約翰·凱奇　繪畫與雕塑：《對人體的三項研究》法蘭西斯·培根；《追逐幻想》羅馬勒·比爾頓　電影：《巴頓將軍》法蘭克林·雪夫納；《浪蕩子》鮑勃·拉佛遜；《外科醫生》羅伯·阿特曼；《愛的故事》亞瑟·希拉　戲劇：《童戲》羅伯特·馬拉斯科；《偵探》安東尼·謝弗；《家園》大衛·斯托里　電視：《瑪麗·泰勒·摩爾的表演秀》；《鶬鴼之家》；《我所有的孩子們》。

「你可以期待軍事性團體與警察間一定規模的激戰，而這將使60年代所有事物看起來就像主日學校的野餐一般。」——「氣象播報員」組織領袖馬克·拉德在宣布該組織70年代工作日程表時表示

1970年新事物

- 黃金時段足球（美國廣播公司的週一夜間美式足球賽）
- 世界貿易中心（紐約市）
- 兒童安全保護法

- 女騎師首次參加肯塔基德貝賽馬（黛安娜·克倫普）
- 紐約國際馬拉松賽
- 國家鐵路客運公司
- 墨西哥城的地下鐵
- 義大利允許離婚合法化
- 美國加州的無責任離婚（男女雙方均不須負責）

美國萬花筒

地景藝術

羅伯特·史密森於1970年運用一種尋求將陸地重塑入藝術中的形式，完成其開創性的地景作品《螺旋狀防波堤》，亦即一條直通猶他州大鹽湖的同心圓道路。在完成此一作品（並拍下其過

程）的兩年後，這位35歲的雕塑家在德州觀察景點時因飛機墜毀身亡。▶1983（11）

藥物新聞

鋰和左旋多巴這兩種藥物在1970年獲得美國食品藥物管理局的核准。以鹽結構形成的鋰元素對於治療躁鬱病的症狀相當有效，其廣泛應用已改變了精神藥物學並為抗鬱劑的普及與成功奠下基礎。而左旋多巴則藉由刺激腦部產生帕金森病患者嚴重缺乏的神經傳遞素多巴胺，而為美國每年約20萬名為帕金森症（一種漸進且難以治癒的神經機能疾病）所苦的人提供解脫的希望；但這種藥物不但有嚴重的副作用，更糟糕的是，經過一段時間後可能失去療效。這也促使人們繼續研究新的治療方法。

外交

莫斯科與波昂修好

⑥ 當西德與蘇聯在1970年簽署了一項「放棄動武」的條約後，該國社會黨總理布蘭特終於實現了其長期努力的政治目標。作為他致力於讓西歐與共黨集團和平共存之「東進政策」的傑出成就，此一協議解決了第二次世界大戰後所遺留下來的諸多問題；一方面使蘇聯與西德的關係得以正常化，同時也促成了整個歐洲的和解。樂觀的布蘭特在紅場的慶祝儀式上說：「這是個時代的結束，但也是一個好的開端。」

由於對中歐現狀（特別是東西德邊界以及二次大戰後由蘇聯從德國領土劃分出來的波蘭西部邊境）採取默認態度，布蘭德和外交部長沃爾特·奚爾從莫斯科方面贏得重大讓步；其中最主要者包括接受德國的「自決」權利（此為最終統一目標的委婉說法）以及不再阻止西方與被共黨包圍的柏林政府進行接觸。相對地，蘇聯則藉此促進與較繁榮之西方的貿易關係、獲得西德的先進科學技術，並保證帝國西部邊境的安全；而這些都比東方的中蘇對抗來得迫切。

同年12月，亦即波昂與莫斯科達成協議的4個月後，西德與波蘭簽署了一份類似的條約，進一步穩定東西方的關係；布蘭特也因其努力獲得1971年的諾貝爾和平獎。然而「東進政策」並未使一切變得更

德國小矮人和蘇聯小矮人共謀縛住冷戰格列佛。

樂觀；它在西歐引發一種害怕西德因偏離中立而侵蝕北約組織（西德為其成員）根基的心理，美國國務院雖謹慎地支持布蘭特，但也警告說，僅憑該項條約並不足以構成「蘇聯願意合作的實質證據」。

◀1963（5）▶1974（3）

美國

反抗與反動

⑦ 爆發於60年代初的國內反抗浪潮已演變成一種攻擊性，且經常具暴力傾向的激進主義（甚至連美國新左派那些受過良好教育並享有社會地位的成員也是如此）；而這在1970年一連串本質上不相干的事件中表現得更為明顯。一個由極端的「氣象播報員」組織（校園運動團體民主社會學生組織的旁支）控制的炸彈工廠在3月爆炸，炸傷3名年輕的激進分子，其中兩人倖存；至於那兩人在逃離後又組成了「氣象地下運動組織」，在其後10年間進行搶劫與爆炸活動。8月，4名學生為抗議威斯康辛大學麥迪遜分校參與政府的戰爭研究工作而炸毀學校一座實驗室，除炸死一名研究生之外並損毀了價值150萬美元的電腦。9月，兩名從反越戰進而決定推翻整個資本主義制度的布蘭迪斯大學的學生，在波士頓參與銀行搶劫並殺死了一名警察。這兩名女學生後來轉入地下活動；其中一人叫凱瑟林·安·鮑威爾，她在1993年自首前一直是名列

聯邦調查局長期通緝要犯名單上的激進分子。

投身地下活動的還包括一名叫丹尼爾·伯瑞根的羅馬天主教神父，以及其同為神職人員的弟弟菲利普和另外7個人（他們自稱「卡頓斯維爾九人組」）。丹尼爾因涉嫌於1968年在馬里蘭州卡頓斯維爾焚燒徵兵記錄而被判有罪；他公開宣稱：「我焚燒那些文件是為了強調，讓孩子們參戰是不人道且令人

鮑比·西爾於芝加哥受審時被綁且塞住嘴巴的法庭速寫。

難以容忍的。」4月，當局下令他入獄服刑但他卻逃之夭夭，但4個月後仍被聯邦調查局逮捕。

政府對這些少數分子的報復行動（一如往常）愈來愈嚴厲。在2月一次法官充滿敵意與被告無秩序喧囂的審判中，被告「芝加哥七君子」中的5人（均為白人）因企圖在1968年芝加哥民主黨大會中煽動暴亂而被判有罪；而身為黑豹黨成員的第8名被告鮑比·西爾則因大鬧法庭，被綁住並塞住嘴巴後，遭單獨審判和定罪；不過這些判決最後全都被推翻。至於因為加入共產黨而失去加州大學哲學講師身分的傑出黑人鬥士安琪拉·戴維斯，由於喬治·傑克遜（一個她在索勒達德監獄相識並相戀之囚友）的兄弟以用她名字登記的槍枝在法庭血腥劫持人質並殺死4人，使她在8月被控謀殺、綁架以及共謀犯罪。戴維斯隨即開始藏匿，但在聯邦調查局的全面搜索下於10月被捕；她於交保獲釋前在監獄待了一年多，但此期間傑克遜由於被警衛認定試圖脫

體育 棒球：世界大賽，巴爾的摩金鶯隊以4勝1負擊敗辛辛那提紅人隊　美式足球：超級盃，堪薩斯城酋長隊以23:7擊敗明尼蘇達維京人隊　籃球：NBA，紐約尼克隊以4勝3負擊敗洛杉磯湖人隊　網球：瑪格麗特·史密斯·考特贏得大滿貫冠軍　冰上曲棍球：博比·奧爾率領波士頓布魯因隊29年來首度贏得斯坦利盃　足球：世界盃，巴西隊以4:1擊敗義大利隊。

「就婦女而言，性別儼如是種社會責任。她們甚至不知道是否真的需要它；但每個人都這樣做了，幾乎沒有例外。」

—— 葛瑞爾

逃而死於獄中。當戴維斯終於在1972年接受審判後，一個全由白人組成的陪審團認定她罪證不足。
◀1969（邊欄）▶1974（4）

電影
探究法國的戰爭罪行

8 法國長期以來一直孕育此種傳說，亦即多數法國人在二次大戰期間都抵抗了納粹的占領行動。但法國紀錄片導演馬塞爾・奧菲爾斯（偉大的德國流亡電影導演馬克斯・奧菲爾斯之子）在他1970年名為《悲痛與憐憫》的電影中，藉孩童之口向同胞問了個問題：「爸爸，你在戰爭時做了些什麼？」其誠實的回答震驚了全國。

這部長達4個半小時的史詩將導演帶到一個距離維琪（戰時法國傀儡政府所在地）58公里，位處重要抵抗運動區域心臟地帶的克萊蒙－費朗城。在對當地居民的抽樣訪談中，奧菲爾斯溫和但冷酷地探索該區在被占領期間的活動。少數人曾協助抵抗運動；其他人在德國反猶太主義和恐英心態的驅使下，不是與其配合，便是為敵人工作。無論如何，大多數人採取的是被動的合作，僅是因為不在乎並想繼續活下去。這些合作者的自我合理化卻有明確的資料可加以反駁：在一位居民否認其城鎮曾被占領後，奧菲爾斯訪問了一名駐守過該地的德國軍官；而針對維琪時期總理皮埃爾・賴伐爾的女婿宣稱賴伐爾「做了一切能保護」法國人民的事，歷史學家克勞德・萊維則証實賴伐爾曾在納粹未要求的情況下，主動提供4千名猶太兒童。

奧菲爾斯的《悲痛與憐憫》最初是為法國電視台拍攝的，但官方的電視台拒絕播放。一位戴高樂派的官員解釋說：「某些神話是不能被摧毀的。」在本片於巴黎一家小戲院首映後，很快引發了社會非議。儘管奧菲爾斯被公認有先入為主的偏見，但這部電影本身由於讓主角們各自陳述自己的故事，可說是相當不偏不倚的。英國戰時外交大臣安東尼・艾登甚至也為該片謹

被佔領的象徵：巴黎眾議院被掛上一幅納粹標語。

慎地加以解釋：「如果你沒有經歷過被佔領的恐怖，就無權妄加評論。」◀1945（17）

思想
兩個女權運動里程碑

9 在1970年出版的兩本暢銷書不但讓女權運動的彈藥庫再度增添智識火力，同時也為其年輕作者奠下在全世界婦女運動中的領袖地位。31歲，生於澳大利亞的傑曼・葛瑞爾是畢業於劍橋大學的莎士比亞學者，她在名為《女太監》的書中檢視了女性的性特徵以及婦女的心理發展和文化歷史。她認為社會「對女性真實人格的去勢」迫使女性接受「羞怯、豐滿、沉悶、纖細柔弱且矯揉造作」等太監的特徵。她繼之指出，這種錯誤並非是男人造成的，而是「我們自己以及歷史」的責任。也因此，一名評論家讚揚此書是「婦女解放最真實和最不具反男性意義的宣言」。

雖然葛瑞爾堅決與走政黨路線的女權運動劃清界線（並反對這種運動多數只關注中產階級）以及她艷麗而公開的性感形象都曾遭致非議，但其觀念和所扮演的角色仍持續發展中。她在1984年出版的《性與命運：人類繁殖的政治學》中，嚴厲批評西方向第三世界國家施壓，迫使其透過人工流產來限制人口成長的作法，並鼓吹包括禁慾在內的自然節育方式。至於在1991年的《變化》一書中，她則以慣有的

敏銳性來論述婦女的停經和老化等問題。

凱特・米勒特的《性別政治學：對社會最專斷蠢行之令人驚訝的檢視》是她在哥倫比亞大學的博士論文。該書探討了家長制文化灌輸婦女卑下意識的方式，並對佛洛伊德（特別是其陽具崇拜理論）、勞倫斯、亨利・米勒以及諾曼・梅勒等人進行毫不留情的批判。（梅

葛瑞爾拒絕「成為一名扮演女性者」，並力圖從中產階級所界定的男女平等主義和女權運動中解脫出來。

勒對此極為憤怒，遂以《性的囚犯》一書作為回應。）這本書的暢銷使米勒特不自在地成為焦點人物。在一次女權運動的群眾集會上，她被迫承認是同性戀者；她出版於1974年的懺悔小說《飛翔》更招致猛烈的抨擊。至於1990年的《瘋人院之旅》則寫下她隨後與精神疾病奮鬥的經過。◀1963（8）
▶1972（當年之音）

沙漠烏托邦
出生於義大利的美國建築師並為「建築生態學」理論奠基者的保羅・索勒里，自1970年起開始在亞利桑那沙漠建築一個小型烏托邦。這個索勒里取名為「阿爾科散蒂」的計畫，被設計成一個可供4500人居住的太陽能自給居住區。在工程開始後，索勒里及其志願者已在此工作了近25年。

性暢銷書
美國新出現的性開放態度反映在1970年的暢銷書排行榜上。其中至少有3本書聲稱能告訴讀者如何促進性生活。《因「J」而感覺舒服的女郎》一書反映了女性日益增長的性意識（此一問題在傑曼・葛瑞爾和凱特・米勒特的書中各有不同看法）；而馬斯特和詹森合著的《人類的性無能》則強調性功能障礙的臨床經驗；至於大衛博士的暢銷書更自稱包含了《一切你想知道卻又羞於啟齒的性問題》。◀1970（9）

迷地裙
美國婦女因時裝界對裙子下擺離地高度的專橫主張所受的束縛，由於一個可直接追溯至1970年之「迷地裙」的失敗而告終結。這種半長裙（裙擺在小腿的一半處）最初是因春天的必備穿著而推出，然而其裙長卻遭新一代追求標新立異者冷落以對，後者不是已逐漸習慣短裙或偏愛牛仔褲，便是猶豫是否該投資添購新行頭。於是這些迷地裙便一直被掛在商店的衣架上。◀1965（2）

1970

「我們周圍有許多同情者並不願看到人們攜槍荷盔。我所能說的只是，情況的持續將增加死傷。」
—— 加拿大總理杜魯道在宣布魁北克戒嚴後表示

環球浮世繪

《聖經》暢銷書

一群英國的新教徒學者於1970年首度將整本《聖經》由古代版本直接譯成現代語言，名為《新英語版聖經》。這本暢銷書因偏離了詹姆士王《聖經》欽定本的表達語法，因而引起一場激烈論戰。◀1952（邊欄）

巴斯克分離主義

為試圖鎮壓巴斯克民族主義運動，西班牙的佛朗哥專制政權逮捕該運動領袖並於巴戈斯城進行審判。作為歐陸上留存至今最古老種族團體的民族主義（以及日益增長的恐怖主義）分支，「巴斯克家園與自由組織」在1970年被政府加以制裁後遭到軍事審判；然而此一審判卻為西班牙全國帶來一場政治鬥爭。◀1945（邊欄）▶1973（1）

發現石油

在靠近蘇格蘭北端風大浪急的北海深處進行探勘的過程中，菲利普石油公司在2月成為5年來100多家獲得授權進行鑽探的國際公司中最先發現石油者，而且蘊藏量還相當豐富。此一發現簡直像喜從天降：因為這塊巨大的油田

就位於政治穩定且近在咫尺的西歐門外，它同時也是全球發展最快的石油市場。儘管北海油田增加西歐原本匱乏的石油儲量並帶來數千個就業機會，但西歐希望完成經濟轉型並獨立於石油輸出國家組織（OPEC）之外的夢想仍未能成真。◀1960（邊欄）▶1973（11）

「披頭四」解散

在錄製第一首歌曲《愛我吧》的8個月後，史上最受歡迎、影響力最大，且最富創新精神的搖滾樂團已智盡力竭了。在「披頭四」於1970年解散之前，他們灌製了最後一張專輯，亦即未完成的《Let It Be》；其後所有成員便各奔前程。◀1968（邊欄）▶1980（當年之音）

在類似《黑色上的紅光》等繪畫中，羅思科探尋色彩蘊含的情感本質。

藝術

羅思科醜聞

10 馬克・羅思科以一種讓人難以忘懷的簡單畫風而聞名，其繪畫中巧妙色彩變化的長方條塊的組合似乎泛發出一股靈光；可說是最後一位抽象表現主義藝術家。他對「第57街的商人」極為藐視，因為他們只瞭解其作品中可見的貨幣價值。然而當疾病與絕望使這位生於俄國的藝術家於1970年在曼哈頓工作室中自殺時（時年66歲），卻引發了一樁本世紀最轟動的藝術醜聞。

紐約藝術界的翹楚幾乎都參加了羅思科的葬禮，但其經紀人馬博羅藝廊的法蘭西斯・勞埃德卻出人意料地缺席了。在3個月的時間裏，勞埃德以遠低於市價的價格獲取羅思科遺產中的800幅畫，很快便成為羅思科女兒凱特提出訴訟的主要對象；凱特指控勞埃德和羅思科的遺囑執行人合謀，以私下交易騙取羅思科的遺產。

這場纏訟4年並經過8個月刑事審判的事件是藝術史上耗時最久、也是花費最鉅的法律爭端；它顯示出看似優雅的藝術交易領域中不合法和不道德行為是如何的普遍。被告最後被判交付920萬美元的罰款和損害賠償；勞埃德且被罰以200小時的社區服務。至於羅思科的遺產則被重新分配，其中將近一半分給他的兩個小孩。◀1950（4）▶1982（10）

加拿大

魁北克的危機

11 魁北克解放陣線的成員於1970年10月在英國外交官詹姆斯・克羅斯位於蒙特婁的家中綁架他，並以此提出與50萬美元等值黃金的贖款、說出密告者的姓名及釋放23名政治犯等要求。幾天之後，該陣線另一基層組織又綁架了魁北克省勞工局長皮埃爾・拉波特。這個被加拿大人稱為「十月危機」的事件，同時震撼了魁北克省（法國境外最大的法語區）和全國。

加拿大有600萬人講法語，超過全國人口四分之一，儘管在社會和經濟上都屬於位居劣勢的少數，但以法裔佔多數的魁北克省在過去10年來有了相當大的進步。特別在1960年，當選民推翻了一個垂死的保守政權後，該省開始大力推動法語教學（過去由天主教會負責）的現代化，並實施具野心的社會福利計畫。然而，由於商業和金融大多仍控制於英裔加拿大人手中，使得一些魁北克人認為脫離聯邦乃是唯一解決之道。於是左派的魁北克解放陣線開始訴諸小規模的暴力行動，包括炸毀蒙特婁的郵箱以及向軍事設施投擲莫洛托夫燃燒彈等。

1970年的兩件綁架案使衝突明顯升級，同時直接挑戰加拿大總理。身為左傾的法裔加拿大人，皮埃爾・杜魯道因怕被人認為向該陣線示弱，而向魁北克省派出軍隊並宣布戒嚴，將近500人未經審訊便遭到拘留。儘管如此，拉波特仍然遇害，警察則直到12月才找到並救出克羅斯，不過綁架者被允許飛往古巴。（殺死拉波特的凶手被判處終生監禁。）

在危機過去後，主張分離主義且曾於4月該省選舉中贏得24%可

報紙頭條宣布在和平時期實施加拿大戰爭特別法。

觀選票的魁北克黨，失去了其8萬名黨員中超過半數者的支持。◀1968（邊欄）▶1976（6）

戲劇

桑德海姆與《陪伴》

12 史蒂芬・桑德海姆緊張且生硬的歌曲及其聰敏辛辣的抒情詩，在本世紀後半期使美國音樂劇改頭換面。桑德海姆自50年代起便以抒情詩人身分創作《西城故事》和《吉卜賽》，後來又為《到廣場路上的趣事》這部成功的喜劇作詞作曲。但是到了1970年，其創意天賦才藉由「概念音樂劇」《陪伴》表現得淋漓盡致。

《陪伴》一劇徹底解剖了曼哈頓區5對婚姻亮紅燈的夫妻，並透過這些夫妻一名未婚且不願負責的35歲男性朋友羅伯特來進行冷靜觀察。儘管該戲中的隱晦面極為別出

困惑的單身漢羅伯特（迪安・瓊斯飾）與一位已婚朋友（伊萊恩・斯特里奇飾）向「吃午餐的女士們」行酒醉禮。

心裁，但其風格卻是革命性的。鮑里斯・阿倫森利用格柵與平臺代表公寓的高技術布景，不但挑戰了百老匯式的自然主義，同時也成為都市疏離感的典型。舞台上沒有合唱舞蹈團，但每個角色都在表演、歌唱和舞蹈，並以劇中一連串的旁白來代替情節。其中心概念並非經由喬治・弗思的書，而是透過桑德海姆的歌曲來傳遞，包括從一對夫妻在《你們一起做的小事》（例如「孩子你們大家共同破壞」）的艱難描述到一名未婚女性對「充滿陌生人的城市」的悲嘆（《另一百個人》）等。

《陪伴》的成功極具重要性，指出了創作現代音樂劇的方向。但桑德海姆特定用於表演中的歌曲，也促使百老匯作為流行歌曲主要來源的時代宣告結束。◀1966（8）▶1975（12）

校園內的純樸小子和討厭者

摘自蓋瑞‧特魯多的《杜恩斯伯里》，1970年10月26至28日

當加勒森‧比克曼‧特魯多為《耶魯日報》所作的連環漫畫開始風靡全美時，年僅21歲。取名自「杜恩」（耶魯學生對善良又有點傻氣者的暱稱）和「皮爾斯伯里」（特魯多在耶魯的室友）合稱的漫畫《杜恩斯伯里》，很快就出現在400多家報紙上。從與漫畫同名的英雄麥克‧杜恩斯伯里和美式足球明星B.D.（取名自真實的耶魯大學四分衛布賴恩‧道林）為主角的前3組報紙連環漫畫（下圖）中，明顯可看出大學生活的痕跡；但《杜恩斯伯里》後來卻愈來愈政治化並具挑釁性，而「水門事件」使其諷刺更加尖刻化（尼克森、司法部長約翰‧米契爾和其他權貴角色頻頻在漫畫中露面）。令人驚訝的是，特魯多對越戰的態度也是如此：藉由讓B.D.參戰並引入一個北越人物（恐怖分子弗雷德），對左派（或許較少）和右派的偽裝虔誠同時加以鞭伐的特魯多，有助於啟發一些在這場導致激烈分裂之戰爭中的紊亂議題。1975年，《杜恩斯伯里》成為第一個獲得普立茲獎的連環漫畫；自此，更多報紙刊載它。◀1950（6）

DOONESBURY — by Garry Trudeau

DOONESBURY — by Garry Trudeau

DOONESBURY — by Garry Trudeau

1970

「這個世界並未履行對孟加拉的道義責任。多數國家只是保守地讚揚印度的援救……
卻不去譴責巴基斯坦人無情、不人道和恣意放縱的屠殺行爲。」

—— 甘地夫人

年度焦點

孟加拉建國

1 在長達數十年的怨懟與幾個月的血腥衝突之後，1971年誕生了一個新的國家，東巴基斯坦宣佈成立爲主權國家孟加拉。24年前印巴分治以來，與西巴基斯坦相隔千里之遙的東巴基斯坦，一直被排拒進入政治勢力而屈從於軍事統治。巴國首都設在西巴基斯坦中受旁遮普族控制的伊斯蘭馬巴德，東巴基斯坦則是孟加拉人聚居地。兩地區唯一的聯繫是回教，但隨著時間漸漸薄弱。

主張分離的東巴基斯坦人用槍威脅被懷疑效忠於西巴基斯坦政府的俘虜。

1970年主張民族自決的東巴基斯坦人民聯盟，在議會選舉獲得重大勝利，取得多數席位。按理該黨領導人謝赫·穆吉布·拉曼應擔任巴基斯坦總理，但是獨裁者阿迦·穆罕默德·亞哈汗卻中止國會，

逮捕穆吉布，然後派遣西巴基斯坦的旁遮普軍隊進入東巴基斯坦平亂，內戰爆發。

在這次鎮壓行動中，亞哈汗的軍隊屠殺約100萬孟加拉人，1000萬以上的孟加拉人穿越邊境逃至印度，印度甘地政府將這些難民留置在難民營。1971年4月，由齊亞·烏爾·拉曼（孟加拉未來的總統）領導的人民聯盟，宣告成立獨立的孟加拉，在印度的加爾各答組織流亡政府。一向不友好的印巴關係，隨即就徹底瓦解。12月，脾氣暴躁的亞哈汗轟炸8座印度空軍基地，對尋求獨立的孟加拉和強大的印度採敵對態勢。甘地夫人命令印度軍隊保衛孟加拉。雖然美國支持巴基斯坦成爲圍堵蘇聯擴散的一環（華府認爲不結盟的印度是蘇聯的爪牙），提供軍事援助，巴基斯坦還是在兩週內潰敗。自從印巴分治以來，這是印度第3次打敗巴基斯坦。

戰後，穆吉布·拉曼擔任孟加拉總理，國家首都設在達卡。戰爭以及數百年來的外來統治（巴基斯坦之前是英國）使孟加拉的物質經濟瀕於崩潰，政局也不安定。穆吉布·拉曼在1975年遇刺身亡，繼任的齊亞·拉曼於1981年也遭致同樣的命運。◀1965（8）▶1977（4）

美國

戰爭的試煉

2 1971年因爲控告丹尼爾·埃爾斯柏格和威廉·卡利中尉違法所引發的論戰，顯現越戰造成美國社會的分歧。約在4年前，埃爾斯柏格是政府顧問，協助國防部長羅伯特·麥克納馬拉編撰一項屬於最高機密的美國中南半島政策沿革。麥克納馬拉和埃爾斯柏格一樣（不像當時的總統詹森），曾轉而反對這場戰爭；他希望這份令人遺憾的記錄留存下來。尼克森入主白宮以後，政府官員對這份47卷的研究置之不理。埃爾斯柏格最後決定將其公諸於世。1971年6月《紐約時報》和《華盛頓郵報》刊載了這份研究的相關摘錄，在最高法院駁回聯邦政府的限制令後，其他報紙也跟進。

這些「五角大廈文件」揭露長久以來的失策和謊言。艾森豪總統漠視戰略顧問避免捲入越南內戰的警告，甘迺迪總統批准顛覆南越總統吳廷琰的行動，詹森總統對北越採取祕密行動，引發東京灣事件，稍後並故意少報慘重的平民傷亡人數。根據祕密檔案，戰爭發動的原因有70%是要避免美國蒙羞受挫，只有10%是爲了越南的利益。

儘管遭到政府指控違反祕密法，埃爾斯柏格卻成爲和平運動的英雄。而同時，幾千名保守派人士聚集法庭門口聲援卡利中尉，他被

1971年反越戰聲浪已達到頂點（上爲和平鈕扣）。圖爲卡利及其辯護律師在前往喬治亞州本寧堡的軍事法庭的途中。

控於1968年在南越的美萊村屠殺102名非武裝的男人和婦孺（他指揮的部隊曾屠殺500名左右的村民）。卡利中尉聲稱只是服從命令——這種抗辯在25年前的紐倫堡大審已經無效。不論支持或辱罵，民眾都認爲卡利中尉只是美國越南外交政策失敗的代罪羔羊。

儘管卡利的指揮官歐內斯特·麥地那上尉已經無罪開釋，另外8名被指控的士兵不是無罪釋放就是不起訴，但卡利仍被判22個謀殺罪，處以無期徒刑。然而尼克森總統旋即將其監禁時間減爲20年，1974年再減爲10年，1975年卡利中尉假釋。而早在1973年，聯邦政府已經撤銷對埃爾斯柏格的指控。◀1968（3）

探險

火星任務

3 1971年5月，美國和蘇聯發射無人駕駛太空船蒐集有關火星的資料，以期人類將來能夠登陸火星。因爲兩國都想利用15年一次火星最接近地球的機會，乃允諾合作。

11月14日，美國國家航空暨太空總署重約998公斤的太空船「水手」9號，成爲第一艘環繞其他行星的太空船。太空船除了備有電視攝影機記錄全部過程以外，另外還攜帶了遙測儀器：輻射溫度計測量火星表面溫度，分光計分析地表組成和大氣狀況。整個任務預計在3個月內傳送5千多幅影像，但火星卻以猛烈的塵暴招待首次訪客。儘管多數照片沒有價值，風暴卻提供科學家研究火星的風和表面侵蝕的機會。

11月27日，蘇聯重約4536公斤的太空船「火星」2號抵達火星。12月2日，同型的「火星」3號送出了一個太空艙進行緩慢登陸，在斷訊之前（可能是由於塵暴）傳送20秒的視訊信號。這次著陸讓蘇聯太空計畫的士氣大振，彌補不久之前發生的悲劇。6月時，經驗豐富的太空人格奧爾吉·多布羅沃爾斯基、維克托·帕察耶夫和弗拉迪

藝術與文化 **書籍**：《爪牙的末日》弗雷德里克·福賽恩；《房客》伯納德·馬拉默；《莫里斯》福斯特；《格倫德爾》約翰·加德納；《丹尼爾的書》多克托羅；《尊敬你父親》蓋伊·塔利斯；《1914年8月》亞歷山大·索忍尼辛　**音樂**：《爲時太晚》卡洛·金恩；《藍色》瓊尼·米契爾，LP；《下一個是誰》「Who」合唱

「火星可能是紅的，但肯定不是死的！」
—— 天文學家卡爾·薩根寫在「水手」號拍攝到火星火山的圖片上

在莫斯科展示的火星3號模型，蘇聯太空計畫送往火星的全自動行星間測站。

斯拉夫·沃爾克三人，破記錄地在外太空停留24天後，太空艙開始減壓返回地球。這3位太空人還在外太空熱鬧慶祝帕塔薩耶夫38歲的生日，讓蘇聯人十分欣喜，可是3人在著陸後發現已經死亡。

當火星上的塵暴在1月結束時，科學家發現火星上有4座巨大火山，1座大峽谷（比美國科羅拉多州大峽谷長10倍，深4倍），以及疑似水蝕跡象。儘管火星沒有生命形式出現，但就這個星球的歷史看來顯然十分壯麗。◀1969（1）▶1972（邊欄）

經濟
美國斬斷黃金的束縛

④ 面對貿易赤字擴大、黃金儲備萎縮、通貨膨脹加劇、失業人數劇增（聯合起來便可稱之為「經濟蕭條」）等，尼克森總統於1971年8月取用黃金支付的貨幣兌現方式，徹底揚棄金本位制。這項刺激經濟復甦的重大嘗試是將美元貶值，改進美國貿易平衡，放棄二次大戰期間布雷頓森林會議所創立的國際貨幣體系，當時多數國家都用美元來計算貨幣價值。缺乏黃金做後盾，美元在外匯市場浮動，以和其他貨幣兌換來決定價格。國家之間的匯率也不再固定不變。

為了讓國內經濟有喘息餘地，華府宣佈對進口貨物徵收10%的附加稅。歐洲的產業受害最重，誰都不願意見到的貿易戰即將到來。瑞士有位銀行家說：「過去幾年歐洲才剛完成主要貨幣的重整，我覺得沒有理由再來一次。」許多人都認

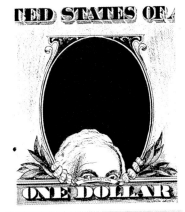

The dollar was devalued in 1971; when it happened a second time almost two years later, Carl Larsen drew *Down Again*.

美元貶值讓許多貨幣市場觀察者驚慌不已。

為，美國的問題不是貿易（美國對歐洲共同市場的貿易有盈餘）也不是匯率，而是軍費的揮霍。

整個秋季的美元價格持續浮動，對日圓和西德馬克等強勢貨幣小幅下跌。12月，全球非共產的主要工業國家「十國集團」舉行會議，討論終止此次的貨幣危機：美元貶值7.89%，美國取消進口稅。

從此之後，國際貿易普遍採用管制的浮動匯率體系。▶1979（邊欄）

科技
微處理器革命

⑤ 40年代建造的第一台電子數位電腦是重達幾噸的大怪獸。有人預測說，美國未來或許會戰略性部署一打的巨大電腦處理來自全國的資料。不過由於60年代晚期積體電路（IC）問世，電腦發展走向完全不同的路線。積體電路是微小的矽晶片，內含數以百計的電晶體、二極體和電阻器。60年代晚期，迷你電腦（大小和冰箱差不多）開始取代大型主機。

第三代的「微」電腦，大約只有電視機那麼大，由於微處理器的發展而於1971年開始生產。以包含數十萬個電子元件的單一矽晶片（稱作大型積體電路LSI）為基礎，微處理器最後包含了電腦所需的全部電路：處理經由鍵盤、滑鼠、光學掃描器傳來的資訊。大型積體電路也讓隨機存取記憶體（RAM）晶片得以實現，可供電腦內部儲存更新資料之用。隨機存取記憶體和唯讀記憶體（ROM）的分別是：唯讀記憶體是永久地儲存資料而無法加以更改，而隨機存取記憶體則是暫時的。

微處理器（也稱作中央處理單元，CPU）讓電腦體積減小，價格更便宜。到1973年，微處理器可以執行價錢貴好幾倍的迷你電腦的工作，而且很快運用在自動提款機、電話、交通號誌等日常事物上，為10年之後的「第四代」個人電腦鋪路。◀1951（1）▶1974（11）

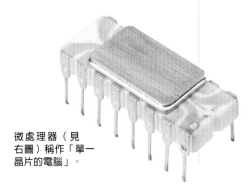

微處理器（見右圖）稱作「單一晶片的電腦」。

「我不能忍受音調不準的和絃。這好像把一大堆番茄醬潑在一件白襯衫上！」

—— 布萊

1971年新事物

- 甘迺迪表演藝術中心（華盛頓特區開幕）
- 禁止播放香煙廣告
- 儲存檔案的軟碟（IBM）
- 紐約和倫敦之間直撥電話
- 中華人民共和國取得聯合國會員國資格

- 迪士尼樂園（佛羅里達州的奧蘭多開張）

美國萬花筒

「新」星系

美國加州的9名天文學家在1971年確定，由義大利天文學家保羅·馬弗伊1968年觀察到的「馬弗伊1號」和「馬弗伊2號」兩個星體並沒有什麼特別，和銀河系一樣屬於相同的本星系群。馬弗伊及加州天文學家使用電波望遠鏡，穿透星際灰塵揭開這些星系的神祕面紗。◀1968（8）▶1974（6）

黑豹

在1971年出品的電影《黑豹》中，理查·朗特里扮演一名粗魯卻機警的私家偵探，而以其清一色黑人演員、黑人俚語、黑色布景和黑色時裝創造出一種新的動作片典型類別。這部電影洋溢著性與暴力，輔之以奧斯卡獎得主

艾薩克·海斯的令人恐怖的放克音樂，轟動一時，而原導演戈登·派克斯又拍了兩部續集——一部電視劇，和一系列其他的「黑人」電影，例如《超級弗萊》和《克利奧帕特拉·瓊斯》。◀1963（邊欄）▶1989（12）

駭人的舞台表演：齊柏林合唱團的佩奇吉（演奏吉他者）以及主唱羅伯特·普蘭特。

音樂
齊柏林飛上天

⑥ 搖滾樂史上最受歡迎的團體之一，齊柏林合唱團於1971年發表其主打歌曲。這首隱晦狂亂、長達8分鐘的《通往天國的階梯》，11月開始成為電台點播的熱門單曲，且歷久不衰，直到20年之後，調頻廣播聽眾還是把最喜愛的歌曲投給這首歌。到90年代中期為止，收錄這首歌的專輯《齊柏林合唱團 4》總共賣出1000萬張。

1969年初次發表專輯，齊柏林合唱團（歌迷簡稱這支英國樂團為齊普合唱團）即成為重金屬的先鋒。這種音樂風格充滿勢如脫韁野馬的誇大表演，震耳欲聾的反覆樂段，尖酸諷刺的唱腔，以及精巧的吉他獨奏，並受到勞動階級藍調、古典奏鳴曲、印度拉加音樂的影響。其歌詞多半交替表達原始的慾望和未知的渴望。《通往天國的階梯》混合著假異教徒的意象：神聖吹笛人、天國的水流、五朔節皇后等，迎合嬉皮運動熱潮中的超自然訴求。一般人對這首歌的感覺只是輕快的旋律，以及開頭簡單的音樂逐漸加劇，帶到狂亂激情的頂點。

但也有人把《通往天國的階梯》解釋為田園和諧和原子時代戰爭的結合，抑或是獻給魔鬼的讚美詩。美國的基督教基本教義派發誓，把這首曲子反向播放時，他們聽到撒旦的咒語。齊柏林合唱團根本不管別人如何猜想他們的信仰，

在專輯封面貼上神祕圖式，沉溺於放蕩無度的性與毒品。吉他手吉米·佩吉特別醉心於神祕主義，而其邪惡的氛圍越發增加齊柏林合唱團的魅力。當這個團體於1980年解散時，在搖滾樂壇已奠定神聖地位。◀1970（4）▶1969（10）

文學
聶魯達獲諾貝爾獎

⑦ 諾貝爾獎委員會把1971年文學獎頒給智利的巴勃羅·聶魯達，得獎評語是：「以一種原始力量的動力，其詩篇帶給全南美洲

生命和夢想」，許多讀者認為這是遲來的榮耀。聶魯達生於1904年，很早就立志用詩歌追尋「我族同胞乃至全人類的共通本質」。在此過程中，他在西班牙語系國家內外，成為千百萬人心中的英雄。

聶魯達曾採用多種形式進行探索：優雅的抒情詩《20首情詩和1首絕望之歌》（這本1924年的詩集毀譽參半）、超現實主義的《地球上的居所》（1935）、充滿社會批判意味的史詩《詩歌總集》（1950），以及晚期風格較為簡明的情詩和抗議詩。這些探索也引領他走入政治，聶魯達曾擔任各種外交職務：在西班牙內戰期間擔任駐

馬德里領事，成為左翼共和派的積極支持者。1945年，他代表共產黨選入智利參議院，但是由於該政黨違法而被流放，直至1953年才返回智利。

獲諾貝爾獎前不久，信奉馬克斯主義的總統薩爾瓦多·阿連德才任命他為駐法國大使，讓聶魯達覺得前景樂觀：「詩人相信奇蹟，看來這次奇蹟已經發生」，但隨即因健康狀況不佳離職。1973年阿連德總統被推翻不過幾天後，詩人便與世長辭，其葬禮擴大成為反抗新軍事政權的示威活動。◀1970（2）▶1973（4）

音樂
指揮台上的布萊

⑧ 60年代晚期到70年代早期，全美有1100個管弦樂團，其中搖搖欲墜的樂團要不是在節目中加上搖滾樂，改變品味走向，以解決預算危機，不然就是拼命演奏大師的作品。全美歷史最悠久的管弦樂團紐約愛樂，1971年秋季任命法國戰後最重要的作曲家，也是對前衛音樂抨擊最力的皮埃爾·布萊，接替李奧納德·伯恩斯坦擔任該樂團的音樂總監，表明與此潮流奮戰到底。

46歲的布萊以煽動言論和反對偶像崇拜而著名（有人問道：「我們能為歌劇做什麼？」他回答：「炸掉所有的歌劇院！」）。在擔

有人取笑布萊是20世紀有限公司，全心全意推動現代音樂。

1971

「同時擔負服務生領班和歷史學家職責的主持人。」

—— 庫克說明他在公共廣播公司《名作劇坊》扮演的角色

任紐約愛樂指揮期間，他迴避巴哈、貝多芬、布拉姆斯等標準曲目，偏好李斯特、華格納、白遼士等較少為人知的作品，演出馬勒、普羅高菲夫、荀百克等20世紀作曲家的「困難」曲目，還把團員的燕尾服換成半正式晚禮服。對於聽眾怒氣沖沖離開音樂廳和取消當季訂票，布萊並不想辯解。他說自己「是名園丁，砍除枯枝，好讓樹木起死回生，強壯挺拔。」樂評人士對於布萊的詮譯雖然不一定印象深刻，卻一致驚嘆他精準無比的聽力和即興的才智。

作為電子作曲的先驅，布萊把自己狂亂、源於數學的音樂風格（這是荀百克無調性12音列體系的外延）稱作是種「有組織的譫妄」。1977年他離開紐約愛樂後，更加全心全意地投入前衛音樂的研究，他並且在巴黎主持音樂-音響整合研究所，是當時世界上頂尖的電子音樂實驗室。◀1957（9）▶1971（9）

音樂
祖克曼與馬友友

⑨ 1971年，布萊開始備受爭議的紐約愛樂總監生涯時，小提琴家平沙斯·祖克曼和大提琴家馬友友首次在紐約舉行的獨奏會，使得兩人成為當時最受矚目的古典音樂演奏家。

祖克曼出生於以色列，是集中營倖存者的後裔。馬友友出生在法國，是中國移民後裔。兩位天才經歷非常相似：早期都曾受小提琴大師伊薩克·史坦和大提琴家兼指揮家巴勃羅·卡薩爾斯的指導；都在紐約的茱莉亞學院研修音樂；如今兩人都在曼哈頓獨奏會上贏得《紐約時報》樂評的讚揚。22歲的祖克曼（前一年在林肯中心與史坦的聯袂演出得到高度評價）演奏的曲目寬廣，從舒伯特到荀百克都能演奏，以「絕對權威的演繹和無懈可擊的小提琴技巧」大受讚揚。15歲的馬友友（8年前由伯恩斯坦介紹給全國的電視觀眾）演繹的曲目更是廣從貝多芬到亨德密特，有「讓

前輩忌妒眼紅的特質」。

在往後幾年，這兩位音樂家一直處在古典音樂演奏的頂峰。馬友友於1978年獲得夢寐以求的埃維里費希爾獎；身兼指揮的祖克曼，於1980年開始擔任明尼蘇達州的聖保羅室內管絃樂團的音樂總監。◀1971（8）

70年代初的天才大提琴家馬友友。

大眾文化
美國引進文化

⑩ 1971年前後，美國電視以粗魯低俗的娛樂聞名全球：遊戲節目、社會刑案寫實、歷險故事、搞笑喜劇。50年代大力製作的戲劇節目已經從商業電視台消失，就連公共電視都只保留每週一次的連續劇。但在1月，來自英國的節目讓高品質的娛樂又重返美國的電視螢幕。由波士頓公共電視WGBH-TV引進，並由全美非營利電視網播送的《名作劇坊》，是英國為美國人重新包裝製作的純文學性節目，以英國廣播公司12集的歷史故事《邱吉爾家族》掀開序幕。

這個系列（由英國出生的WGBH製片人克里斯托佛·薩爾森策劃）贏得好評和一群忠實觀眾。吸引觀眾的關鍵是白髮主持人，英國移民阿利斯泰爾·庫克，在每週的劇情開始之前，庫克把英國崇拜的幻夢帶入電視螢幕。

儘管這個系列屢獲艾美獎，但收視率一直不高，直到1974年1月推出《樓上樓下》這齣主僕戲才吸引大批觀眾。《樓上樓下》這齣由英國週末電視台製作的節目，連續播映長達3個月，緊接著又推出3部同樣深受歡迎的續集。這個遲來的成功刺激商業電視台播出戲劇系列，如1977年美國廣播公司播出《根》。不過評論者抱怨《名作劇坊》不過是讓美國樂於投資的平淡沉悶節目，卻讓公共電視背離了原本作為公眾論壇和為弱勢發言的任務。◀1956（邊欄）▶1977（5）

公共廣播公司以《邱吉爾家族》為《名作劇坊》打頭陣（見上圖）。批評家抱怨說美國公共電視淪落為英國廣播公司的子公司。

離開磐石

6月，聯邦執法官強迫一群印第安人撤出位於舊金山海灣的阿爾卡特拉斯島。根據1868年簽署的協議，印第安人有權使用政府的空地，89名示威者佔領「磐石」（此處在1934年至1963年是惡名昭彰的聯邦監獄，電影《絕地任務》即在此拍攝）長達一年半。他們並不是要阿爾卡特拉斯島，而是希望能得到政府的公平對待，不要像以往總是單方面撕毀與印第安人簽署的協議。直到1972年，這個島成為國家公園的一部分。▶1973（邊欄）

亞地加監獄大暴動

9月9日，在紐約州水牛城東部人滿為患的亞地加州立監獄裏，約1200名囚犯劫持了30名監獄警衛人員和其他監獄雇員作為人質，並控制了監獄的大部分地區。暴動分子要求改革刑法並大赦參與者。但是雙方談判破裂，紐約州州長納爾遜·洛克斐勒下

令州警（上圖）進攻亞地加州立監獄，1500名鎮暴警察開槍，28名囚犯和9名警衛被打死。這起暴動持續4天後宣告平息。紐約官方一直堅持說是因犯殺死警衛，而一份調查報告則顯示，全部受害者都是因警察開槍而喪生。▶1977（邊欄）

鄉村音樂女皇

鄉村歌星洛蕾塔·林恩1971年以自唱歌曲《礦工的女兒》而紅極一時（同名傳記在1976年名列暢銷書榜首，1980年改編成電影，由西斯·什帕切克主演）。林恩1935年出生於肯塔基州礦工家庭，14歲結婚，18歲已是4個孩子的媽。1961年開始職業歌唱生涯，三度獲選年度鄉村音樂協會最佳女歌手，是鄉村音樂界第一位百萬身價的女性。1980年，被鄉村音樂學院譽為70年代代表歌手。◀1961（邊欄）

1971

美國政治與經濟 國民生產毛額：1兆1049億美元；最高法院判決取消搭乘校車的種族隔離政策合法；最高法院法官雨果·布萊克和約翰·哈蘭辭職（劉易斯·鮑威爾和威廉·倫奎斯特被任命）；埃爾斯伯格和魯索被指控非法持有五角大廈文件；國會授權聯邦政府提供洛克希德公司緊急融資；通用汽車公司收回670萬台「雪佛萊」汽車。

「我不稱影片中的打鬥為暴力，那是動作。動作片是介乎現實和想像之間。」

—— 李小龍

環球浮世繪

生日快樂

10月，伊朗國王穆罕默德·雷沙·巴勒維舉行盛大的宴會，慶祝居魯士大帝建立波斯帝國2500年。伊朗政要和高級官員均出席這為期一週、耗資2億美元的慶典活動。巴勒維在活動期間把自己和居魯士與伊朗相提並論。這次奢侈的慶典活動在饑荒、政治壓迫和對巴勒維政權高漲的不滿情緒中舉行。◀1953（4）▶1979（1）

入侵寮國

在美國砲兵和空軍支援下，一支1萬2千多人的南越部隊於2月13日入侵寮國，試圖切斷胡志明小道，破壞北越經寮國抵達南越的供給路線。南越總統阮文紹稱這次入侵是「合法的自衛行動」，美國卻因參與攻擊中立國而飽受責難。南越軍隊被擊退，3月18日美國飛行員將1千名南越軍人載離寮國。◀1970（1）▶1975（4）

慈善演唱會

1971年，前披頭四成員喬治·哈里森為救濟孟加拉難民而舉行音樂會。這場熱鬧滾滾的慈善演出成為往後如人道賑災援助與農場援助等搖滾樂社會改革運動的榜樣。哈里森的良師益友拉維·尚爾卡（下圖）演奏西塔琴，成為紐約的頭條新聞（兩場都爆滿），艾里克·克萊普頓、利

昂·羅素參加演出，鮑伯·迪倫是特別來賓。尚爾卡雖然不喜歡把西塔琴和流行扯上關係（在60年代中期，西塔琴包含在毒品反文化中），他仍在同一年和身兼指揮、作曲的鋼琴家安德烈·普雷文合作，發表《西塔琴協奏曲》專輯。◀1970（邊欄）

豪斯菲爾德和科馬克因合作設計CAT掃描器，共享1979年的諾貝爾醫學獎。

醫學

醫學診斷的奇蹟

⑪ 1971年推出的電腦軸斷層影像（CAT）掃描，是自從倫琴1895年發現X射線以來，醫學診斷上最重大的突破。這項科技創舉可拍攝身體的橫斷面影像，讓醫生不必開刀就能「看見」頭顱、胸部、腹部裏面的柔軟組織。

第一台CAT掃描機設計用來拍攝清晰的大腦影像，是由英國EMI公司戈弗雷·豪斯菲爾德策劃。EMI掃描機是把X射線機接上一部數位電腦，讓放射學家辨識血液中的凝塊，檢查容納腦脊髓液體的腦室（過去X射線檢查必須先將腦室充氣，既痛苦又令人反感）。

此發明很快出現改良機型，最值得一提的是全身CAT掃描機，病人須躺在像棺材的圓柱體內一段時間。到70年代晚期，磁共振成像（MRI）更根本地改變了醫學。磁共振成像用非常高頻的無線電波，在強力磁場中重排身體的原子，讓電腦能完全發揮計算功能，可以將身體內部的運作，特別是液體流動等過程製作出清晰的影像。這些高科技醫療設備價格昂貴（早期的CAT掃描機約50萬美元），不過醫生和醫院不計代價想要擁有它，如此就可以準確診斷出初期腫瘤和早期出血，吸引更多病患前來求診。70年代中期醫療費用飛漲時，

廣泛使用掃描器（特別是在美國）引來批評。◀1960（4）

電影

動作片偶像

⑫ 美國的犯罪激增，加上尼克森時代關注法治問題，使1971年的警匪片票房暢旺。在美國電影學會的頒獎典禮上，影片《霹靂神探》風光地拿下5座奧斯卡獎，包括吉尼·海克曼獲得的最佳男主角獎。由克林·伊斯威特主演，低成本動作片也出乎意料地大為賣座。這部《緊急追緝令》是由B級低成本娛樂電影大師（法國新浪潮偶像）唐·西格監製導演，主角名叫哈利·卡拉漢，是生性殘忍、好窺探隱私的舊金山探員，經常一人扮演法官、陪審團和行刑者的角色。卡拉漢並不是斜眼粗嗓的伊斯威特第一次詮釋的男性氣概形象：早在60年代，演出電視《皮鞭》中的角色羅迪·耶茨成名之後，伊斯威特便開始在義大利導演塞吉奧·李安尼執導的3部充滿暴力的「義大利式西部電影」中扮演沒有名字的超級職業殺手。

1972年伊斯威特在電影《迷霧追魂》中自導自演，並上了《生活》雜誌的封面，旁注寫道：「世上最受歡迎的電影明星無疑是——克林·伊斯威特！」直到1990年，伊斯威特總計又拍了4次卡拉漢題

在《緊急追緝令》一片中，由伊斯威特扮演的警察哈利·卡拉漢，先開槍再說。

材，成為好萊塢最受敬仰的奇才，1992年他自導自演的《殺無赦》獲得奧斯卡最佳影片。◀1959（7）▶1971（13）

電影

龍抵美國

⑬ 因為在電視連續劇《青蜂俠》的成功表演，華裔演員和武術專家李小龍成為60年代的偶像。但一直到1971年，李小龍與香港製片人鄒文懷首次合作拍攝《精武門》之後，他才開始真正成為國際巨星。

在功夫片《精武門》（見上圖）賣座成功之後，李小龍開始成為全球最受矚目的電影明星。

這部狂掃全亞洲票房的影片，影評多半不予置評，認為這不過是部典型拳腳功夫片，對白荒謬可笑，情節支離破碎（一個設在冰廠的毒品走私網），人物呆板。但李小龍的表演、打鬥、武術指導都十分突出。他想拍出水準更高的武術片，動作更完美，武器更少，更具戲劇價值。1973年出品的《猛龍過江》和《龍回故鄉》兩部影片，確立他在這類影片的主導地位，引起對武術的狂熱，還讓香港電影受到西方電影界矚目。

李小龍芭蕾舞般的動作風格可以與魯道夫·紐瑞耶夫相媲美，他輕輕一跳就能夠殺死好幾個惡棍。1973年，他因腦水腫去世，享年32歲，武術片也因此留下了一片空白。◀1971（12）

1971

美國人最喜愛的吹牛者

摘自諾曼·利爾的《我們都是一家人》，1971年1月12日

阿爾奇坐在古董扶椅上。

美國搞笑喜劇還都是乏味的幽默和可愛的人物角色時，《我們都是一家人》為觀眾們推出了充滿諷刺意味且執拗頑固的人物——阿爾奇·邦克。製片人諾曼·利爾根據英國一部稱為《至死不渝》的轟動劇作改編，在劇中，勞工階層的中年人阿爾奇總想洗刷其保守古板的刻板印象——做為一家之主，他經常與妻子伊迪絲和鼓吹女權的女兒格洛麗亞吹鬍子瞪眼，老是羞辱思想開放的女婿邁克（稱他為「笨蛋」），而他那少數民族的含糊發音，則使他支離破碎且斷章取義的話變得妙趣橫生。但阿爾奇只是個無力的一家之主，影響所及只達他的扶手椅寶座，而愚鈍讓他身上的刺東倒西歪。他成了一個笑柄。以下是節錄利爾自己編寫的《我們都是一家人》，1971年1月首次播映後，它也成為它所評論的文化現象之一。此節目於1978年結束時，史密森協會收藏阿爾奇的扶手椅。◀1951（9）▶1988（邊欄）

畫面出現：（餐桌上，全家人吃飯，開談。氣氛有一點不同，他們都戴著宴會紙帽。）阿爾奇：把那邊的番茄醬遞過來，好嗎？

格洛麗亞：番茄醬加蛋？爸爸你當真！

阿爾奇：小姑娘，爸爸當真。打從妳還沒出生，就吃過加番茄醬的蛋，不要大驚小怪，好嗎？（他連打幾個飽嗝。）

伊迪絲：阿爾奇，那真噁心！

格洛麗亞：（起身）嘿，還有誰要蛋？

伊迪絲：女兒，真的不用我幫忙嗎？

格洛麗亞：今天不用，媽媽！今天你坐著休息。如果我需要協助，邁克會幫我的。

阿爾奇：這對他不大好吧！我最後一次看到他抬起手做事，是在這邊試驗除臭劑。

格洛麗亞：媽媽！

伊迪絲：阿爾奇——別逗人家！

邁克：欸！不然你要我怎麼樣？我真的沒有時間嘛！每天上課6小時，自修6小時。上大學可不是件輕鬆的事，很難的！

阿爾奇：對你來說，那簡直是蓋金字塔！我跟你說，唸社會學和那些福利垃圾，本來就不是容易的事。

格洛麗亞：爸爸，你饒了他吧！邁克想幫助可憐人，這是件好事嘛。

阿爾奇：他要幫助可憐人？先幫幫他自己吧！他沒有腦筋，沒有野心，如果這還不算可憐，我真不知道什麼才叫做可憐！

格洛麗亞：（站起來）好了！媽媽，我們要搬出去。我不要多待一分鐘，看我丈夫受到侮辱。

伊迪絲：（伸出一隻手臂攬住格洛麗亞的腰）阿爾奇，說對不起！如果格洛麗亞離開這個家，她活不過一年的！

阿爾奇：妳不必擔心！他們哪兒也去不了。

伊迪絲：阿爾奇，你不了解。格洛麗亞不能打掃房間、煮菜、上市場，範斯坦醫生說她貧血。

阿爾奇：別來這套！這些醫生哪，只要給個10塊錢，就會說你想聽的話。

伊迪絲：他真的是最好的醫生，我在醫院的表弟是這麼說的。

阿爾奇：你那個醫院的表弟是在清便盆的，別以為他是內行！而且，我知道範伯格醫生說了什麼。

伊迪絲：範斯坦——

阿爾奇：範斯坦，範伯格！反正都一樣啦，這種人我清楚得很。

邦克全家福，從左上：邁克（羅伯·雷納飾）、格洛麗亞（薩莉·斯特拉瑟斯飾）、伊迪絲（簡·斯特普爾頓飾）和阿爾奇（卡羅爾·奧康納飾）。

「這次要把這些混蛋炸得體無完膚。」
—— 美國總統尼克森，1972年5月

年度焦點

美國從越南撤軍

1972年3月，12萬名北越軍人湧入南越，在越共游擊隊的配合下展開進攻行動，使得美軍和南越軍隊大吃一驚。美軍此時僅剩下6千名士兵派駐在越南，美國越戰「越南化」的政策（使南越無須外界的援助也能保護自己）可說是徹底的失敗。當河內的軍隊攻陷廣治省後，美軍的B-52轟炸機以前所未有的強大火力轟炸北越地區，並在其港口佈雷以切斷越共的運輸補給線。然而到了8月，當美國最後一支地

這一觸目驚心的景象，肇因於1972年6月美軍的汽油彈誤投到親美的壯寵村。

面戰鬥部隊按照撤軍時間表撤出越南，越共則繼續揮軍南下。

但在外交方面，北越卻遭受重大挫敗：尼克森總統訪問中共；而在年初，蘇聯削弱了河內與其背後支持者的關係。因此，在10月份進行的巴黎和平談判中，北越談判代表黎德壽提出一份妥協方案。他表示，如果停戰後越共軍隊可以留在南越，那麼河內就不再堅持立即以新政府取代當時南越西貢的阮文紹政權；越南國內雙方可以在往後的日子裏達成協議。對此，美國談判代表亨利·季辛吉表示同意，他認為此舉可在美軍撤離越南與任何其他的政治動亂之間創造一個「合理的空間」。儘管阮文紹政府百般阻擾，但季辛吉宣佈和平「指日可待」。幾天後，尼克森以絕對優勢擊敗溫和派的民主黨總統候選人喬治·麥高文，連任總統。

隨後，季辛吉立即改變立場，堅持北越軍隊應該自南越撤離。黎德壽拒絕接受，並在原有的談判提議上增加其他條件。12月，尼克森下令對河內和海防兩地進行猛烈轟炸。這次「聖誕節轟炸」激起全世界的抗議，卻給予阮文紹喘息的機會，因為這顯示他尚未完全被拋棄。1973年1月27日，美國與北越簽署了一項和黎德壽於1972年10月提出的建議極為類似的停戰協定。尼克森聲稱美國贏得了「光榮的和平」。事實上，這場美國歷史上歷時最久的戰爭，是美國第一次以軍事潰敗收場的戰爭。被一個弱小且技術落後的國家擊敗，並且以5萬7千名美國軍人的生命作為代價。然而與越南人民的傷亡比較起來，這個代價顯得微不足道。◀1971（2）▶1973（8）

外交

尼克森在中國

經過20年的敵對狀態，中華人民共和國和美國於1972年達成戲劇性的和解。2月21日，全世界的人透過電視親眼目睹尼克森總統抵達中國，並與中共總理周恩來和共黨主席毛澤東進行一連串會談。由於雙方外交政策的重大改變，這次訪問也宣告過去中國視美國為「全世界人民最凶惡的敵人」，以及華府拒絕承認中共主權的時代正式結束。

促成這次高峰會的原因是中蘇兩國日益加劇的對立。1961年中蘇邊境爆發了小規模武裝衝突後，北京便開始對華府做出友善的表示。兩年後，中國邀請美國桌球隊訪問中國，在外交關係上獲得相當大的斬獲。「乒乓外交」使得許多美國人相信，長期以來被中國當作外交準繩的共產體制，只不過是神話一樁。而在各界認為並非軟化立場的情形下，尼克森（眾所周知的強硬派）成功地開創新的外交形勢。曾

尼克森總統（圖中）和其夫人帕特（右起第一位）在上海與中國領導人共進國宴。

於1971年7月祕密訪問中國的美國國家安全顧問季辛吉表示：「中國需要美國來打破孤立的狀態！」相對地，華盛頓也需要中共來對抗莫斯科。

由於季辛吉的破冰之行（季辛吉在返回華府後公開了此行的目地），美國承認了中共的主權並斷絕與台灣的官方關係。國會也表決改變聯合國（以及美國）自1949年毛澤東擊敗蔣介石之後，以臺灣的

國民黨政府做為中國的唯一合法政權的立場。尼克森的訪問促成中（共）美兩國簽訂上海聯合公報，公報中承認雙方岐見仍然存在，但雙方表示改善關係的強烈願望。兩個國家亦相互交換給予民眾的禮物：中國是一對大熊貓，美國則是一對麝牛。中（共）美建交也對美國文化產生了重大影響：從食品到針灸，所有關於中國的一切都蔚為流行。◀1949（1）▶1976（1）

烏干達

阿敏驅逐亞洲人

1972年8月，烏干達統治者伊迪·阿敏將軍要求所有非烏干達公民的亞洲居民（在總數7萬5千亞洲人中佔6萬人）在90天內離境。阿敏希望透過此舉轉移烏干達人對經濟崩潰的注意力，卻引來全世界的譴責。然而烏干達人卻為之雀躍，因為亞洲人人數雖少，卻控制了這個國家的商業命脈和各種專門職業領域。不過，許多被充公的商業機構被軍官佔有，並因經營不當而破產。

其實，烏干達的問題早在殖民時代就已漸露端倪。英國（由於並未大量移民烏干達）一直把發展重點放在布干達地區，並推薦土生土長的少數民族干達（只佔烏干達總人口的20%）擔任領導地位。結果，民眾對干達人普遍感到憤怒。1962年烏干達獨立後，米爾頓·奧博特總統加強軍隊的力量，並賦予軍隊自行鎮壓干達人的權利。而指揮鎮壓行動的正是阿敏，一名在殖民地軍隊不斷晉升、未受過教育的前拳擊運動員。

1971年，當不受歡迎的奧博特總統下野時，阿敏控制了奧博特總統的軍隊。阿敏與來自他故鄉西尼羅區的追隨者，屠殺了屬於奧博特系統的少數民族士兵。隨後，阿敏進一步擴軍，並把烏干達少的可憐的經費全數用來購置武器裝備。其

藝術與文化　書籍：《鐵匠吉米的讚美詩》托馬斯·肯尼里；《針眼》瑪格麗特·德拉布爾；《浮出水面》瑪格麗特·阿特伍德；《最佳的和最聰明的》大衛·哈伯斯塔姆　**音樂：**《美國派》唐·麥克萊恩；《破曉》史蒂文斯和法傑恩；《你真自負》卡利·西蒙；《高高的落磯山》約翰·丹佛；《風洞》盧卡斯·福士　**繪畫與**

「夏普維爾是我們的，我們絕不會忘記！」
—— 北愛爾蘭下議院議員貝納代特‧德弗林就倫敦德里慘案所發表的講話

部隊亦開始恐嚇烏干達人民以及外國人。被烏干達人稱作「偉大的爸爸」的狡詐阿敏，到處傳播令人噁心的幽默以及充滿妄想的長篇演說。他殺了幾名內閣成員，斷絕與以色列的關係（以色列是其以前的庇護人）以求獲得利比亞的援助，而後他宣佈支持納粹式的大屠殺。

在亞洲居民被逐出後，烏干達混亂無序的經濟狀況進一步惡化。1972年9月，烏干達的流亡分子在坦尚尼亞的支持下發動了一次拙劣的入侵，使得阿敏比以前更加好戰。1979年當坦尚尼亞軍隊將阿敏驅逐下台時，遭阿敏軍隊所屠殺的人數已超過30萬人。◀1901（7）▶1976（邊欄）

北愛爾蘭
另一個血腥星期天

4 1972年1月30日，一萬名北愛爾蘭人權示威者公然反抗一項政府禁令，舉行一次從博格賽德天主教住宅區至倫敦德里的遊行，英國軍隊則排成警戒線等候他們。雙方都採取慣常例行的做法：抗議者持續前進，軍隊將隊伍切斷；肇事者向警察投擲石塊，軍隊則還以催淚瓦斯、水柱和橡皮子彈作為報復；而後聚集的群眾四處逃散回家。但在之後被稱作「血腥星期天」的這一天，軍隊放棄了以往的克制，向人群開槍並殺傷了13名手無寸鐵的天主教徒。

一位目睹當時慘狀的教士說：「這個社區再也不可能接受英國軍隊了。」一名愛爾蘭共和軍恐怖分子更是義憤填膺：「我們的直接目標就是儘可能殺光英國士兵。」許多天主教徒認為，1969年為鎮壓北

愛爾蘭日漸高漲的分離暴力活動而派駐此地的英軍，只是繼歧視愛爾蘭天主教徒的當地政府之後，更進一步的迫害罷了。由於英國政府採行一項拘留政策，使英軍得以圍捕成千上萬的嫌疑犯，不經審訊便將其無限期監禁。更令人憤怒的是，軍隊經常出乎意料的對天主教家庭和公寓進行搜查。

血腥星期天的暴行可追溯到自12世紀英國征服愛爾蘭之時，但這次的暴動卻首度波及整個愛爾蘭共和國。2月2日，即悼念倫敦德里遇難者之日，暴動分子焚毀在都柏林的英國大使館。3月，倫敦政府中止由新教徒所控制的北愛爾蘭議會，結束50年失敗的自治方式。天主教激進分子雖對可恨的當地政府的結束欣喜若狂，但他們仍繼續在北愛爾蘭各地對抗英軍。北愛爾蘭成為與自己本身和過去歷史搏鬥的國家◀1969（2）▶1973（6）

恐怖主義
奧運大屠殺

5 第二次世界大戰結束後，奧林匹克運動會第一次在西德舉行時，這活動或許具有某種和解的象徵。然而，1972年的慕尼黑奧運會卻變成一場災難性的大屠殺，恐怖的納粹時代彷彿又回到現在，因為被害者全是猶太人。9月5日凌晨，巴勒斯坦解放組織「黑色九月」小組（依照約旦軍隊於1970年9月擊敗巴勒斯坦游擊隊而命名）的突擊隊員，穿越防守闖入奧運選手村以色列代表隊居住的大樓宿舍，殺死兩位教練並挾持9名運動員，其中包括兩名安全人員，其他14名運動員則死裏逃生。而後，

在「黑色九月」成員與西德官員談判期間，一位戴頭罩的巴勒斯坦恐怖分子冒險站在奧運選手村的陽台上不斷巡視。

1萬2千名警察包圍奧運選手村，雙方展開長達一天的對峙。

恐怖分子要求以色列釋放被押的200名巴勒斯坦游擊隊員，以色列總理果爾達‧梅爾斷然拒絕。隨後，西德官員與恐怖分子展開談判，恐怖分子拒絕阿拉伯國家聯盟代表介入。這8名巴勒斯坦恐怖分子拒絕西德提出的贖金以及將他們送至安全地點交換人質的建議。但他們將處死人質的時限延至午夜，最後並接受西德提出將他們及人質安全送往開羅的保證。

是夜直升飛機將「黑色九月」成員和以色列人質運往一個軍事機場，一架德國航空公司的飛機在跑道上等候。當兩名恐怖分子一下直升機時，德國警察部隊中的神槍手就向他們開槍。當硝煙散盡時，5名恐怖分子和1名德國警察喪生，而所有的以色列人質在此之前都已遭殺害。

在一項爭議性的決定中，奧運委員會宣佈奧運會將繼續進行，生還的以色列選手則返回國內。緊接著以色列空軍即對黎巴嫩和敘利亞的巴勒斯坦難民營展開猛烈轟炸。◀1970（3）▶1972（8）

一個小國的憤恨使得倫敦德里變成戰場（上為愛爾蘭共和軍成員被英國士兵按倒在地）。

雕塑：《毛澤東》安迪‧沃霍；《苗床》維托‧阿孔奇　電影：《教父》法蘭西斯‧福德‧波拉；《中產階級拘謹的魅力》路易‧布紐爾　戲劇：《跳高的人》湯姆‧斯托帕特；《月光小孩》麥可‧韋勒；《錦標季節》賈森‧米勒；《棍棒和骨頭》大衛‧拉伯；《賄賂》雅各布斯和凱西　電視：《沃爾頓的人們》；《面具》；《舊金山大街》。

「他們沒能造出駱駝，是確切的事實！」

── 迪安・桑頓在美國波音公司就空中巴士所發表的講話

1972年新事物

- 家庭電影院（HBO）
- 腦啡止痛藥（約翰・休斯醫生發明）

- 耐吉（Nike）運動鞋
- 視訊遊戲

美國萬花筒

伊格頓退出競選

密蘇里州參議員托馬斯・伊格頓因患嚴重的抑鬱症接受過電擊治療一事曝光後，民主黨總統候選人喬治・麥高文放棄與他搭檔競選此事，對提倡心靈啟發者而言是一項大挫敗。約翰・甘迺迪的內弟薩金特・施賴弗接替了伊格爾頓的位置。施賴弗是一位律師，也是美國和平工作團的第一主任，在此之前他從未競選過公

職。在11月舉行的總統大選中，麥高文和施賴弗僅僅贏得了麻州和華盛頓特區兩地的勝利。
▶1972（10）

華萊士遭槍擊

5月15日，種族隔離主義者及阿拉巴馬州州長喬治・華萊士為取得1972年民主黨總統候選人提名而在馬里蘭州的勞雷爾展開競選活動時，遭到一位21歲名叫阿瑟・布雷默爾的青年槍擊，因此終生癱瘓（還有另外3人受傷）。華萊士在1963年因阻止黑人學生在阿拉馬大學註冊入學而名噪一時。當時他放棄參選，但是在4年後又再次出馬。
▶1963（7）

任務完成

在完成了預定的6次登陸月球計畫中最後一次任務後，並於12月19日降落於太平洋，「阿波羅」17號太空船終為這項引人注目且成果豐碩的計畫劃下句點。「阿

航空

空中巴士

⑥ 第一架由歐洲各國設計並生產的廣體客機A300型空中巴士，於1972年10月28日展開處女航。這架飛機由法國、西德、荷蘭、西班牙和英國的5家航空公司合作製造，零件分別由這5個國家（每個國家提供3億8000萬美元的研製經費）以一架被稱作「超級孔雀魚」的超大型貨機運到法國土魯斯的航太工廠裝配。

美國的航空專家譏諷地把A300飛機比作一隻笨拙的駱駝──「由委員會設計出的一匹馬」，這個笑話並廣為流傳。但是這種經濟實惠且能容納280名乘客的飛機，對於使用頻繁和以中、短程為主的歐洲航線而言，卻再也合適不過了。這種空中巴士以兩個渦輪螺槳引擎取代波音747飛機使用的4個引擎，而且其技術先進的機翼能使起飛和降落的滑行距離減少到最低。空中巴士的早期客戶主要是來自諸如法國航空公司和德國航空公司這一類的國營航空公司。儘管美國公司抗議歐洲5國政府以補貼的方式使歐洲在航空領域上取得不公平的優勢，但卻未能阻止空中巴士成功地銷往北美的航空公司，例如環球航空、達美航空以及加拿大國際航空。

到1992年，空中巴士公司已在全球噴射客機市場上達到30%的佔有率，這對長期佔主導地位的美國航空工業無疑是個具威脅性的挑戰。◀1958（6）▶1977（9）

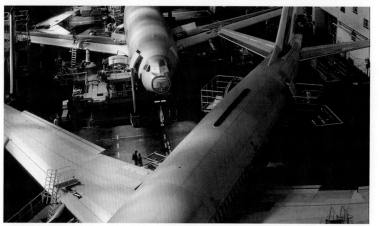

土魯斯生產線於1972年開始推出空中巴士。

仗恃著積存的核子武器，布里茲涅夫與尼克森在會議中都深具信心。

外交

莫斯科高峰會

⑦ 1972年5月，在尼克森總統結束對中國歷史性訪問的幾個星期之後，他又成為第一位訪問蘇聯的美國總統。尼克森幾乎一下飛機就與蘇聯共產黨主席列昂尼德・布里茲涅夫進行「類似商務」的會談。儘管雙方對東南亞戰爭的歧見一再打擾會議進度，但這次為期一週，包括貿易、科學合作和軍備管制等內容的一系列會談，無疑是第二次世界大戰結束以來美蘇雙方最成功的高峰會談。

這次的高峰會談最主要的成就莫過於簽署兩個限制戰略武器的條約（合稱為SALTI），即限制防禦性的反彈道飛彈系統（ABMs）以及暫時凍結侵略性的核子武器（在放棄防禦性飛彈方面，雙方一致同意解除給予兩國發動攻擊信心的防禦設施）。兩國還同意進行太空合作計畫，此計畫於1975年阿波羅號

和聯合號太空船進行太空接駁而得以實現。雖然尼克森因與中共改善關係而獲得美國國內普遍的肯定，然而仍有許多右派分子指責尼克森為追求和解而放棄意識型態。這項指控使得美國人民對尼克森政府更沒信心。然而美國和蘇聯兩國的多數民眾則興高采烈又半信半疑地迎接兩國關係的和解。不管怎樣，兩國政府至少在一定時期內可以停止談論如何埋葬對方。◀1969（8）
▶1977（邊欄）

埃及

沙達特驅逐蘇聯軍事顧問

⑧ 1972年7月，埃及總統安瓦爾・沙達特驅逐1萬5千名左右的蘇聯軍事顧問，大膽地改變前任總統依賴蘇聯的安全保證和技術

沙達特不顧納塞勾畫的藍圖而實行自己對埃及的計畫。

援助的政策。埃及的掌權者選擇沙達特接任賈邁勒・阿卜杜勒・納塞（90%的選民也肯定沙達特），相信他能成為一名傳統的納塞主義分子，並繼續堅持納塞這位獨裁者的既定政策。但在很多方面，例如給予部分言論自由、把左派分子從埃及唯一的合法政黨中驅逐出去，及重視宗教和私人企業等，沙達特一再顯示出自己的主張。這次大規模驅逐（此舉得到蘇方同意，以確保美蘇達成的和解，並避免對第三世界造成不良影響）就證明這一點。

埃及人民大加讚許沙達特按照納塞主義提倡國家獨立及準備與以色列作戰（蘇聯人在提供武器方面向來遲鈍）所採取的行動。事實上埃及並非想長久與蘇聯斷絕關係，此舉的目的是向其他幾個對象傳遞訊息，安撫那些因不滿蘇聯顧問自大傲慢和目中無人而威脅發動叛亂的埃及軍官，也想藉此使華府從此不再有忽視埃及而武裝以色列的冷

「這些鬼話，你全寫在報上嗎？沒人會相信！如果這些能出版的話，那麼凱蒂．葛萊姆（《華盛頓郵報》的老闆）就會將自己的乳頭放在呆笨的敲榨者手上。」 —— 前司法部長約翰．米契爾對《華盛頓郵報》記者伯恩斯坦說的話

戰藉口。他希望與反蘇、富裕的阿拉伯國家建立同盟關係；還明確地告訴蘇聯人，埃及並不像蘇聯想像中的軟弱。

沙達特所有的願望除了一點之外均得以實現，即期待從華府能得到意外的收穫，但最後卻空手而回。然而，埃及最終仍受益良多。由於莫斯科按照計畫退出中東舞台，美國得以將注意力放在美蘇對抗以外的其他事情上，蘇聯得以再度對埃及進行軍售。因此幾個月後，埃及的軍事裝備比以往更加充實。◀1970（3）▶1973（2）

電影
一部史詩般的幫派片

⑨ 因為擁有破紀錄的票房收入（在兩年半內盈利達3億3000萬美元）及影片中展現的高度智慧，1972年發行的電影《教父》可說是一部罕見的結合商業與藝術的好萊塢影片。電影基本情節是講述40年代一個著名匪幫感性激情、血腥殘忍的故事，但導演法蘭西斯．福德．柯波拉卻將普佐所寫的這部沒有內涵的小說拍攝成如歌劇般波濤壯闊的電影。

柯波拉和普佐合寫這部電影劇本，描繪這個犯罪集團的交易和表裏不一、忠實和背叛、榮譽準則及殘酷，成為美國自由企業精神的扭曲反射。唐．維托．科里昂（馬龍．白蘭度因優異演出而東山再起，曾以電影《歸鄉》而得到奧斯卡獎）以銀行家平和委婉的口吻說道：「我們會給他一個無法拒絕的報酬。」男人們開始鬥毆、搶劫和槍殺，一切都是以商業之名做藉口。這些罪惡的追求也同時伴隨著溫馨的家庭場景：婚禮、晚餐聚會以及與孫子們的嬉戲等等。這些黑手黨人也享有平常人的快樂。然而，對他們而言，熱愛家庭並不是一種平常的美德，只是掩飾其反社會的不道德行為的一種手段。它也導致悲劇的發生和道德的淪喪。在唐遭伏擊、長子被殺後，唐忠厚的小兒子麥克（艾爾．帕西諾飾演）就必須採取行動並謀殺報復。麥克勉強接

科里昂家族的男人分別由約翰．卡札萊、艾爾．帕西諾、馬龍．白蘭度和詹姆斯．肯恩飾演。

受家族最高領導權後，成為一名最冷酷無情的「商人」，也因此而迷失了自我。

《教父》片中充滿了戈登．威利斯所設計的哀傷肅穆的色調，並由偉大的作曲家尼羅．羅塔創作電影配樂。其續集《教父II》（1974）在這方面的掌握甚至超過原影片，這兩部電影均獲奧斯卡最佳影片獎。而1990年的《教父III》就顯得平淡無奇了。◀1947（13）▶1973（12）

美國
水門事件

⑩ 1972年6月，當理查．尼克森積極謀求連任總統時，華盛頓市水門大廈的一名警衛偶然發現一起針對民主黨全國總部的竊盜行為。警察當場逮捕5個人（均攜有竊聽裝置），另兩人——前聯邦調查局雇員戈登．利迪和前中央情報局雇員霍華德．韓特隨後被捕。之後警方很快便發現利迪、韓特及竊賊詹姆斯．麥科德與白宮、總統改選委員會（貼切的別名為CREEP）有關。這起醜聞引發的政治風暴因1974年尼克森下台而告一段落，他也成為美國歷史上第一位辭職下台的總統。

這起事件最初一直被掩蓋住，以便尼克森能以絕對優勢在11月當選連任。同時，尼克森和助手霍爾德曼以及約翰．埃里克曼則急忙掩飾其賄賂、逃稅和非法收取競選獻金的證據，以「航髒詭計」對付競選對手，以及非法透過中央情報局、聯邦調查局和一個白宮「堵漏防洩機構」（後者甚至潛入揭發「五角大廈文件」的丹尼爾．埃爾

斯柏格的精神病醫生的辦公室）監視其政治對手的情況。

當法官約翰．西里卡和兩位《華盛頓郵報》記者卡爾．伯恩斯坦和鮑伯．伍德弗德開始調查水門事件時，參議院也加入，並組成一個調查委員會，並由北卡羅來納州參議員小薩姆．歐文擔任主席。1973年3月，麥科德告訴西里卡法官，在1月進行的審訊中，涉嫌水門事件的被告在政府高級官員的指示下，或保持沉默，或作出偽證。聯邦調查局代理局長帕特里克．格雷三世因而引咎辭職，步其後塵的還有埃里克曼、霍爾德曼以及司法部長理查．克萊恩登斯特。總統顧問約翰．狄恩三世被解雇。哈佛大學法學教授阿基博德．考克斯被任命為特別檢查官。在美國人全神貫注觀看的電視實況轉播聽證會上，狄恩將尼克森也扯了出來，隨後一名白宮職員披露，總統在他的辦公

尼克森手下的人一個接一個地被拘押，最後自己也因此下台。

室裏安裝了自動錄音機。可以說，尼克森堅持為後代保留談話記錄的偏執行徑促使他走上政治的末路。◀1968（1）▶1973（當年之音）

波羅」計畫始於1961年，1968年進行第一次載人飛行，隨後完成登陸月球的壯舉，可說是截至目前最具野心的科技計畫之一。◀1969（1）▶1975（6）

偽造的自傳

3月14日，二流小說家克里福德．歐文承認自己一手捏造了出版界最大的騙局。在麥格勞希爾出版公司預定出版的《霍華德．休斯的自傳》（麥格勞希爾公司為此已付給歐文76萬5千美元）前兩個星期，歐文坦承這本手稿並非根據與休斯這位隱居的億萬富翁實業家100多次的訪談所寫成，而是完全憑空捏造的，休斯的筆記也全部是偽造的。為此，歐文和他的妻子均被判短期徒刑。◀1938（5）▶1983（6）

馬克．施皮茨奪金

在1972年舉行的慕尼黑夏季奧運會中，22歲的美國男子游泳選手馬克．施皮茨奪得了史無前例的

7面金牌。他贏得4面個人項目的金牌後，又以驚人的速度幫助美國接力隊贏得3項團體項目金牌。這7次勝利均打破原有的世界紀錄，也使施皮茨大出風頭，一下子便成為全球的風雲人物。◀1972（5）

羅伯托．克萊門特去世

棒球明星球員羅伯托．克萊門特在12月出席一項為尼加拉瓜遭受地震災害所辦的慈善任務時，因為飛機失事而喪生。在匹茲堡海盜隊的18個球季中，克萊門特的打擊率為3成17，創造了3千支安打和240支全壘打的記錄，而且其傑出的外野守備使他贏得12次金手套獎。由於羅伯托．克萊門是波多黎各人，在拉丁美洲地區具有很強號召力，因此在1973年榮登棒球名人堂。

美國政治與經濟 國民生產毛額：1兆2157億美元；尼克森擊敗喬治．麥高文連任總統；環保署禁止使用DDT；國會通過用來幫助老人、盲人和殘障人士的補助安全收入（50億社會安全法案的一部分）；聯邦選舉法案對競選支出作出限制；聯邦捷運公司創立。

「我自己不是出生於貧民區，個人也沒有任何那種體驗。雷鬼音樂透過深刻的感情理解因素對我產生深刻的影響。」
—— 牙買加總理曼利

環球浮世繪

蒲隆地內戰

位於中非東部的蒲隆地，在軍事政變推翻獨裁政權並建立第一共和（由圖西族所控制）之後6年（1972），被放逐的國王姆萬米·恩塔雷五世企圖重返執政。米切爾·米孔貝羅總統粉碎了這個計畫，但蒲隆地被壓制的多數民族胡圖人發動叛亂（他們因恩塔雷事件而遭受指責）。米孔貝羅下令鎮壓，引起一場種族大屠殺，約10萬到15萬胡圖人被殺，佔蒲隆地總人口的5%，胡圖族的知識分子幾乎被剷除殆盡。在隨後的幾年裏，胡圖族和圖西族之間的紛爭使得蒲隆地和鄰國盧安達成千上萬的人民喪生。 ▶1994 (2)

迷人的科爾布特

蘇聯體操運動員奧爾加·科爾布特在1972年慕尼黑奧運會的體操比賽大放異彩，一舉奪得3面金牌和1面銀牌。比賽中，這位來自白俄羅斯的16歲小女孩以迷

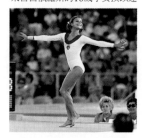

人的微笑和高低槓上史無前例的後空翻下槓動作征服了全世界觀眾。 ◀1972 (5) ▶1976 (3)

性美食家

英國老人病學家亞歷克斯·康福特於1972年出版《性的喜悅》，取代暢銷烹飪書《烹飪的歡樂》成為年度暢銷書。該書副標題為《享受做愛指南》，書中自由的觀點與當時流行的性革命並駕齊驅。「我們故意與生活中的道德背道而馳」康福特寫道，他鼓勵性體驗並斷言任何人都有雙重性向。 ◀1970 (邊欄)

沖繩回歸日本

經歷了美國長達27年的統治後，琉球群島於1972年歸還給日本。這一群島中最著名的是沖繩島。它也是第二次世界大戰最激烈的戰場之一。 ◀1945 (1)

雷鬼音樂歌星馬雷向全世界傳播加勒比地區的黑人意識。

加勒比海地區

社會主義和雷鬼音樂

11 對原本為殖民地的國家而言，獨立後最初幾年都會強調文化認同和政治、經濟自主。而這些主題都包括在1970年的牙買加大選中。自由人民民族黨的麥可·曼利在斥責英美對牙買加的持續控制時，借用了塔法里教的言論。塔法里教是牙買加窮人心中的共產主義偶像，把非洲視為天堂，海爾·塞拉西則為上帝的化身，並預言資本主義必將滅亡。曼利藉著「雷鬼音樂」（塔法里教的一種冥想舞蹈音樂）使自己的演講更溫柔悅耳。最後他輕易贏得大選。

曼利把鋁土礦（除非法的大麻外，牙買加最主要的出口貨物）視為提高其影響力的籌碼，仿照石油輸出國家組織的模式成立了一個鋁土出口國家之間的「卡特爾」，而後並提高牙買加鋁礦的開採權利金，以增加的稅收做為新社會福利的資金來源。但這個鋁土「卡特爾」很快就解散了，而礦產公司（大多數歸美國所有）也縮減產量。在他的第二個任期中，牙買加政府經由控制工業獲利良多，並與第三世界結盟。（曼利極為崇拜古巴的卡斯楚。）對此，華府展開報復，來自美國的援助、投資和旅遊逐漸枯竭，使牙買加更加貧窮。

在1980年的大選中，曼利輸給了保守派的愛德華·西加。儘管他的政策遭遇到挫敗，曼利挑釁的態度以及煽動性的演講卻再度激起牙買加人民的信心。在其任職期間，雷鬼音樂成為牙買加另一項重要的出口。而身為雷鬼音樂最偉大的作曲家和預言家的鮑伯·馬雷，也成了最有影響力的流行歌星之一。 ◀1982 (13) ▶1973 (邊欄)

體育

費希爾擊敗斯帕斯基

12 15歲榮獲西洋棋大師的稱號後不久，這位生於芝加哥的西洋棋天才鮑比·費希爾，便開始著迷於如何結束自40年代來由蘇聯棋手壟斷世界西洋棋冠軍（稱他們為共產黨騙徒）的歷史。1972年在冰島的首府雷克雅維克，費希爾終於得以和世界冠軍鮑里斯·斯帕斯基進行決賽，小小的西洋棋盤成為冷戰前線。

29歲的費希爾抵制開幕儀式，表示若未付更高的酬勞便拒絕出場比賽（後來一位好心的贊助人將他的獎金加倍）。他連續輸掉第一和第二盤比賽，並抗議賽場上出現相機。但之後他便以不可思議的精湛技巧開始還擊，在4盤比賽結束後以12.5：8.5戰勝斯帕斯基。對此結果，蘇聯安全人員堅持要拆除費希爾的坐椅，檢查是否裝有提供情報的電子設備。

費希爾的榮耀並未維持多久，

全球各地的西洋棋愛好者（圖上，在布拉格）注視比賽的一舉一動。

1975年他因拒絕與蘇聯的挑戰者安納托利·卡波夫比賽而被取消世界西洋棋冠軍的頭銜，之後隨即隱退。1992年他在戰火紛飛的南斯拉夫（違反國際制裁）與斯帕斯基再度交手。然而他的勝利並無實質意義：因為斯帕斯基在西洋棋界的排名早已落在世界前100名之外。 ▶1985 (邊欄)

音樂

華麗的搖滾樂

13 當70年代人與人間的變動取代了60年代的政治反抗時，青年文化中出現了一股新力量：華麗的搖滾樂。華麗的搖滾樂對傳統的性別角色發動了一次以音樂為助力的攻擊。其聲音範圍從《紐約玩偶》中原始的龐克硬式搖滾樂到《地質學家音樂》中古怪的民謠；它表面看來既像舊貨商店的衣服，又像是時髦的裝扮。這種音樂風格在1972年引起了強烈迴響，這一年英國搖滾歌手大衛·鮑伊為促銷專輯唱片《來自火星的宇宙塵和蜘蛛的沉淪與崛起》舉行了一次全球巡迴演出。

鮑伊是華麗搖滾樂的主要典範。

鮑伊以他漂亮的顴骨、起伏的音調和狂野的風格，為其表演帶來一種原創性的魅力。他的音樂綜合搖滾和歌劇的風格；他的舞台表演憑藉著精緻的布景和裝扮豔麗的伴舞，簡直可和百老匯的演出相提並論。不久他放棄具有女伶特質的角色，而轉向較樸實的中性角色。但他這種成功的風格也使一批華麗搖滾樂的表演者成為明星，最著名的像是艾爾頓·強，他們二人在90年代依然能賣出數百萬張的專輯。 ▶1976 (邊欄)

諾貝爾獎 和平獎：從缺 文學獎：海因里希·伯爾（西德，作家） 化學獎：克里斯蒂安·伯默爾、安芬森、史丹福、穆爾和霍華德、施泰因（美國，酵素） 醫學獎：傑拉德德·埃德爾曼和羅德尼·波特（美國、英國，抗體研究） 物理學獎：約翰·巴丁、利昂·庫柏和羅伯特·施里弗（美國，超導性） 經濟學獎：肯尼士·阿羅（美國）和約翰·希克斯（英國）

1972

一個配偶的願望清單

「我想要一個妻子」，朱迪·賽弗斯，摘自《女士》雜誌1972年春季號

在《紐約》雜誌的支援下，《女士》於1972年1月出版。這本雜誌的撰稿人全是女性，創辦編輯格洛麗亞·斯坦納姆（見左圖）表示這本雜誌目的是告訴「那些被解放的女性——不是如何做果凍，而是如何掌握自己的生活」。雜誌的創刊號僅標為「春季號」（因以後的資金籌措情況尚不明朗），但卻在短短8天內賣出30萬本。在華納傳播公司100萬美元的贊助下，《女士》雜誌於7月開始出版月刊，很快就吸引50萬名忠實的讀者。首期《女士》雜誌包括格洛麗亞·斯坦納姆、西爾維亞·普拉特（其作品死後發才發表）、辛西婭·奧札柯克和朱迪·賽弗斯（下面這篇諷刺性文章的作者）的文章，充分反映出雜誌創辦者的信念——女性主義將在此生根茁壯，而雜誌的讀者數目也已足以使編輯繼續出版和發行。◀1970（9）▶1982（邊欄）

我屬於人們稱爲「妻子」的那一類人。我就是個妻子。此外，我也是個母親。

不久以前，我偶爾碰見我的一位男性朋友，他最近才離婚，但看起來卻精神毅毅，他有一個孩子，被判歸前妻撫養。很顯然，他想再續弦。有天晚上，我在家燙衣服，並想到他時，一念頭閃進我的腦海中：我也需要一個妻子！但是 爲什麼我要一個妻子？

我想重返校園，使自己在經濟上能完全獨立，既足以支撐自己的生活，必要時也能幫助依賴我的人。我需要一個妻子，她不但能夠工作，還可以送我去上課。當我上課時，需要一個妻子來照顧孩子。我需要一個妻子帶孩子看醫生。當然，也要幫我約診。我需要一位妻子讓孩子吃得好而且保持乾乾淨淨。我需要一個妻子，她會清洗和縫補孩子的衣服。我需要一位會是好保姆的妻子，能安排孩子上學，讓孩子與其他小朋友玩在一起，並帶孩子們上公園、動物園等等。我需要一個妻子，當孩子們生病時能給予照顧，當孩子們需要特別看護時她能伴隨在左右，因爲我不能翹課。我的妻子必須減少工作時間但又不丟掉工作。雖然這可能表示她的收入減少，但我想我能忍受。當然，當我的妻子工作時，她必須安排並付錢請保姆帶小孩。

我需要一個妻子滿足「我的」生理需要。我需要一個妻子打掃屋子、整理房間。我需要一個妻子清洗、熨平、修補而且必要時重新購置衣物。她能夠把我的個人物品都放在妥當位置，讓我在需要時，只要一秒鐘就能找到。我需要一個妻子，計畫荣單、買日用品、煮飯，讓全家吃得舒舒服服，而後當我回書房唸書時，一切都整理乾淨。我需要一個妻子，當我生病時能照顧我，

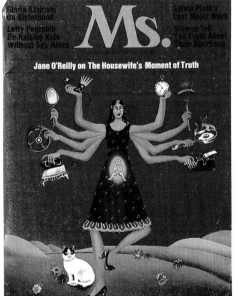

首期《女士》雜誌（上圖）宣告：「一個名稱包含多種意思」。它第一本是純粹以女性主義觀點為立場的重要雜誌。

體恤我的病痛和缺課。當全家旅行時，我需要一個妻子陪伴左右，在我想休息或到下一個地點時能照顧我和孩子們。我需要一個妻子，她不會抱怨妻子的責任來煩我。我需要一個妻子，能夠聽我解釋課業中遇到的難題。我需要一個妻子，替我打報告。

我需要一個妻子，照料我社交活動的瑣事。當我的妻子和我應朋友之邀外出時，我需要一個妻子安排保姆看顧小孩。當我想請學校認識的好朋友到家裏來玩時，我需要一個妻子把房間打掃乾淨，替我和朋友們準備一桌好菜，而且當我們聊的興起時，不會來打岔。

我需要一個妻子，在客人到達前，就餵飽孩子並帶他們上床睡覺，不會讓孩子吵到我們。

我也需要一個妻子，她了解有時候我需要一個人晚上出去。

我需要一個妻子，對我的性需求十分敏感，當我想做愛時她會表現的熱情又渴望；我需要一個妻子，讓我得到滿足。當然，當我沒有情緒做愛時，我需要一位沒有性需求的妻子。我需要一個妻子，會小心避孕，因爲我不想再有孩子了。我需要一個妻子，不會紅杏出牆，使我不致於因爲嫉妒而把唸不下書。而且，我也需要一個妻子能理解由於「我」的性需求，無法嚴格遵守一夫一妻制。我可以不受約束地與別人交往。

如果我碰到另一個人比我現在的妻子更適合當我的妻子，我可以隨意換掉目前的妻子。當然啦，我喜歡新鮮的生活。我的妻子必須獨自照顧孩子，這樣我才不會有負擔。

當我從學校畢業並找到工作時，我需要我的妻子放棄工作待在家裏，好完全盡一個妻子的責任。

天啊，誰「不」想要有一個妻子？

1972

「鑑於以色列的外援增加，沙烏地阿拉伯王國為表明立場，決定停止對美國輸出石油。」

—— 沙烏地阿拉伯政府所發佈之公報，1973年10月20日

年度焦點

石油輸出國家組織發揮影響力

1 1973年秋，石油輸出國家組織（OPEC）開始對全球經濟帶來一連串強烈衝擊。在阿拉伯國家和以色列之間爆發十月戰爭前夕，OPEC將石油價格提高一倍至每桶3美元。戰爭期間，OPEC將石油價格再度提高70％，同時阿拉伯決定減少四分之一的石油產量，並對援助以色列的國家實行石油禁運。最後在1974年1月，OPEC的石油價格再度提高一倍至每桶高11.56美元。這些舉動造成國際間日益恐慌。在美國，加油站前等待加油的車輛大排長龍；在歐洲，許多國家則禁止週末駕車；在整個非共產世界之中，車輛降低速限和空調使用

波士頓環球公司一位時事漫畫家所繪的「1973年的夏季」。

率、減少飛機航班及拆除廣告招牌以節約石油發電量。OPEC於1974年3月取消禁運措施後其深遠影響並未稍歇，包括使開發中國家更加貧窮；西方世界的財政赤字及通貨；還有歷史上最大的一次財富重新分配——從石油消費國落入石油生產國手中。

然而奇怪的是，石油產量減少和禁運對全球石油供應只造成一次些微和短暫的影響。石油短缺的主因是囤積以及各國政府採取緊急分配措施所致。跨國石油公司利用石油危機謀取暴利，政客也呼籲各國改變其親以色列政策。儘管石油危機為阿拉伯國家在國際間樹立許多敵人（而且雖然華盛頓方面阻止以色列在戰爭中獲得全面勝利的決定是出自於石油禁運前的地緣政治考慮），但也使得OPEC在國際事務上擁有成立以來較舉足輕重的發言權。

然而，此次危機所產生的衝擊已超出現實的政治以及經濟領域。再也無法將廉價能源的永遠供應視為理所當然，工業社會不得不重新評估其預期目標。國際生態環境保護運動在1973年之後獲得大批的新支持者，展望一個以保護自然資源及更簡單生活方式為基礎的未來。但是技術專家們仍主張開發國內的可用燃料以及核能。這項爭論成為近十年來最熱門的議題之一，最後引發了全球數萬名「反核分子」的和平抵抗行動。◀1960（邊欄）▶1979（邊欄）

中東

十月戰爭

2 1973年10月5日，當尖銳刺耳的空襲警報響起，許多以色列人正在會堂中進行贖罪日（猶太人最重要的節日）慶祝活動。而對發動攻擊的阿拉伯人而言，這一天則是回教齋戒月的第十天，也是先知穆罕默德所發動最重要戰爭之一的週年紀念日。對雙方的信眾來說，十月戰爭的影響甚鉅。

阿拉伯國家自1967年「六日戰爭」失利後即誓言報仇雪恥。然而在1971年2月後，埃及總統安瓦爾·沙達特和敘利亞總統哈非茲·阿薩德才開始認真策劃戰爭，因為當時以色列拒絕沙達特所提的和平建議，交換條件是以色列從佔領的阿拉伯領土上撤兵。這場新戰爭的一個有限目標是：在其他阿拉伯國家的物資（及其部分兵力）援助下，埃及和敘利亞意欲強迫以色列接受該項以土地換取和平的協議。

贖罪日的襲擊讓以色列疏於防備。埃及很快重新奪取了蘇伊士運河東岸；而敘利亞也取得戈蘭高地的大部分地區。雙方衝突趨於緊張之際，蘇聯和美國分別向阿拉伯國家和以色列提供武器與支援，核子戰爭頗有一觸即發的可能性。但是以色列軍隊的人數較多及訓練有素（由指揮1967年六日戰爭的國防部長摩西·戴揚將軍所統率），而且抱定誓死決心。到了10月22日，美國施壓要求以色列與埃及簽署停火協議，這時以色列所收復的爭議性領土比戰爭爆發前更多。儘管以色列與敘利亞的小規模衝突延續了好

幾個月，但戰爭終告結束。

然而衝突的決定性影響力在於政治上而不在軍事上。以色列被付出昂貴代價所取得的有限勝利感到震驚；阿拉伯國家在私底下懷疑他們是否能做得更好。沙達特則開始自忖埃及是否有能力領導另一場戰爭。◀1972（8）▶1974（10）

伊莎貝爾·貝隆在一次勞工組織大會向工人揮手致意。

阿根廷

貝隆捲土重來

3 18年來，阿根廷在不同的政府統治下日漸衰微，以致胡安·貝隆將軍（被推翻並放逐至西班牙的獨裁者）昔日的統治似乎顯得無限美好。終於，搖搖欲墜的軍事執政團於1973年3月允許貝隆的政黨參與競選公職。選舉後貝隆主義者贏得總統職位及議會中多數席位。新總統隨即辭職，並邀請貝隆回國另行參選。9月大選中，貝隆贏得全國62％的選票，在另一次勝選則獲77％選票。而他的第三任妻子伊莎貝爾（曾為夜總會舞女，且無任何政治經驗）當選為副總統。

數百萬阿根廷民眾慶祝貝隆重掌政權。但在他最後任期內卻麻煩不斷，而且顯然從其返國第一天就

十月戰爭的傷亡：兩名陣亡的埃及士兵躺在西奈沙漠中。

1973

「這個國家需要的是政治上的平靜。」
—— 智利新任內務部長奧斯卡‧博尼拉‧布拉德諾維克在軍事政變後所發表的談話

已存在,當時有名夾雜在接機人群中的槍手射殺了100多人。在貝隆被放逐期間,右派和左派貝隆主義者之間的矛盾即已明朗化。貝隆一直是善變的人:對於法西斯分子,他說起話來就像法西斯分子;對毛澤東主義者亦然。但是目前在大企業、軍隊和天主教階級制度的支持下,他對左派分子採取鎮壓行動。

然而,以學生佔多數的左派分子希望貝隆的勞動階層追隨者能夠發動一場社會主義革命,他們訴諸於理想化的貝隆主義,某些人並以其名義掀起都市游擊戰。投資人開始撤離阿根廷,使得國內經濟更趨惡化。為控制日漸嚴重的通貨膨脹,貝隆凍結工資和物價;結果導致貨物短缺、黑市猖獗以及罷工。混亂情況四處氾濫。

1974年7月,政治強人貝隆因心臟病去世。從此之後,阿根廷進入歷史上最令人恐懼的夢魘時期。
◀1952(9) ▶1976(7)

智利
血腥政變

4 1973年導致智利總統薩爾瓦多‧阿連德‧戈塞恩斯下台的政變或許是南美歷史上最血腥殘酷的一幕,死亡人數從5千人(據美國政府估計)至3萬人(據人權團體估計)不等。為使智利所選出的政府「失衡」,美國中央情報局向智利國內持反對立場的新聞、政客、商人、工會、破壞分子以及煽動挑撥者提供數百萬美元的資助經費。但這次政變就算沒有援助也可能會爆發:因為阿連德使智利改走馬克斯主義路線的民主企圖宣告失敗。

自1970年阿連德執掌政權以來,他提高工資,增加社會服務,加速進行土地重新分配,並使數百家國內和外商公司國有化。這些舉動取悅了農工階層,他們從此可以掌握屬於自己的財產。但卻激怒中上階層的智利人、美國的國際電話與電報公司及巨蟒銅礦等公司以及華盛頓當局。外國投資開始減少(蘇聯亦遲遲不肯伸出援手),貨

政變的幾個星期後,智利孩童在聖地亞哥被摧毀的社會黨總部外面玩戰爭遊戲。

物出現短缺以及通貨膨脹加劇。為此,貨車主人、農場主、店主及專業人員進行罷工,而阿連德的支持者也開始反示威活動。極右派分子開始訴諸恐怖主義;極左派分子則要求政府提供武器。由社會黨、共產黨、自由黨人士及一些激進小黨派組成的阿連德聯盟開始瓦解。

當阿連德最信任的將軍在右派分子的壓力下辭職時,阿連德推選奧古斯托‧皮諾契特接任——幾天後即由他領導政變。軍隊佔領了主要城市後,阿連德藏匿在首都聖地亞哥的總統府內。當空軍飛機襲擊總統府時,阿連德因而身亡(政委會聲稱其死因是自殺)。儘管在其他各處仍有小規模反抗行動,但叛軍在臨時集中營裡屠殺了數千名智利民眾。

皮諾契特的政委會取締各個政黨,實行嚴格的新聞審查制度,並對反對者採用監禁、嚴刑拷打及「失蹤」等手段。「芝加哥男孩」——一群曾受教於美國芝加哥大學經濟學家米爾頓‧弗利德曼門下的技術專家政治主義者——提出一種放任資本主義政體。但好景不長,經濟急劇惡化;抗議行動於80年代初期再次席捲全國。◀1970(2) ▶1988(邊欄)

美國
墮胎權

5 1973年,美國開始和大多數國家一樣允許婦女可以選擇是否要懷胎足月生產。對州法提出挑戰是兩位匿名上訴人——德克

薩斯州的「簡‧羅伊」和喬治亞州的「瑪麗‧多伊」(兩人都在要求墮胎被拒後產下原本不想要的小孩),美國最高法院以7票對2票裁定限制婦女在懷孕最初3個月內墮胎是為違憲。在「羅氏控韋德」(Roe v. Wade)一案中,法官聲明既然「在醫學、哲學和神學等個別領域中受過訓練的人」無法同意胎兒何時成為人,那麼法律就假定人格自受胎起即已存在的說法不成立。在胎兒脫離子宮前無法存活的前3個月,孕婦及其醫生有權決定是否墮胎。而在懷孕最後3個月,各州政府仍以保存可能的生命為考量,賦予各州禁止墮胎的權利。

你的身體就是戰場。藝術家芭芭拉‧克魯格於1989年製作的網版印刷海報,抗議將懷孕問題政治化。

「羅伊」案件也引發了全球最激烈的反墮胎運動。以天主教和福音基督教社區為據點,並且得到共和黨支持的美國「贊成生命」運動成為一股潛在的政治力量。到了90年代,其手段已從和平抵抗逐次升級為恐怖主義。◀1968(邊欄) ▶1993(邊欄)

誕生名人錄

埃里克‧林德魯斯
加拿大冰上曲棍球球員

維塔利‧謝爾博
蘇聯體操選手

莫妮卡‧謝蕾絲
南斯拉夫裔美國女子網球球員

逝世名人錄

康拉德‧艾肯　美國作家
薩爾瓦多‧阿連德‧戈塞恩斯
智利總統
奧登　英裔美國詩人
富爾簡西奧‧巴蒂斯塔‧薩爾迪瓦　古巴總統
大衛‧本-古里安
波蘭裔以色列總理
阿貝貝‧比拉
衣索比亞長跑選手
伊麗莎白‧鮑恩
愛爾蘭裔英國作家
賽珍珠‧巴克　美國作家
巴勃羅‧卡薩爾斯
西班牙音樂家
朗‧錢尼　美國演員
埃迪‧康登　美國音樂家
約瑟夫‧康乃爾　美國雕塑家
諾埃爾‧科沃德
英國劇作家暨作曲家
愛德華‧伊文思-普里查德
英國人類學家
約翰‧福特　美國電影導演
貝蒂‧格拉貝爾　美國演員
威廉‧英格　美國劇作家
林登‧貝恩斯‧詹森
美國總統
阿斯傑‧喬恩　丹麥藝術家
奧托‧克萊姆珀雷
德國指揮家
賈克‧里普希茨
立陶宛裔法國雕塑家
巴勃羅‧聶魯達
智利詩人暨外交官
帕沃‧努爾米　芬蘭長跑選手
巴勃羅‧畢卡索
西班牙藝術家
珍妮特‧蘭金　美國政治家
埃迪‧里肯巴奇
美國飛行員暨商人
愛德華‧羅賓遜　美國演員
托爾金　英國小說家
卡爾‧齊格勒　德國化學家

1973

李‧克拉斯納;《NRF拼貼作品第4號》羅伯特‧馬瑟韋爾　電影:《刺激》喬治‧羅伊‧希爾;《暗街》馬丁‧史柯席斯;《往日情懷》薛尼‧波拉克;《大法師》威廉‧弗里金;《婚姻鬧劇》英格瑪‧柏格曼　戲劇:《馬》彼得‧謝弗;《狂熱/巴爾的摩》蘭福德‧威爾遜;《最後一筆》尚‧克爾;《小夜曲》史蒂芬‧桑德海姆　電視:《科亞克》;《巴納比‧瓊斯》;《警察故事》。

「他因爲我吃的魚而中毒。我知道我不應該，但有時眞希望他能比我早死。
因爲我知道，未來的日子將會痛苦不堪！」

—— 水俣病受害者小崎貴代子，她將這種病傳給兒子

1973年新事物

- 超級市場條碼
- 機場實施防範恐怖主義的安全措施

- 雪梨歌劇院（由丹麥建築師約恩・烏特松設計，歷經16年工程後啓用）
- 大學頒發女性運動員體育獎學金（邁阿密大學）
- 只需在手臂上注射5次的狂犬病疫苗（取代以前在腹部注射14至21次的疫苗）
- 西爾斯大樓（位於芝加哥，高443公尺，爲全世界最高的建築物）

美國萬花筒

副總統辭職

由於對其逃稅指控放棄辯護，施皮羅・阿格紐於10月10日辭去副總統職位。在成爲副總統以前，阿格紐擔任過兩年馬里蘭州州長，是鮮爲人知的州級官員，他駁斥該指控爲「漫天撒謊」。阿格紐的辭職使他得以免除賄賂、陰謀和逃稅等50項起訴。
◀1972（10）　▶1974（1）

美國印第安人運動佔領傷膝鎮

在美國原住民活動分子拉塞爾・米恩斯和丹尼斯・班克斯的領導下，200名美國印第安人運動（AIM）的成員在2月佔領了南達科他州的傷膝鎮（1890年美國騎兵隊在此結束西征，並屠殺將近200名蘇族人）。該團體請願成立獨立的蘇族奧格拉國，

並對州政府提出一連串要求：保留地宗族委員會的自由選舉，重新審理AIM領導人認爲多年來

北愛爾蘭

投票決定去留

6　1973年，北愛爾蘭在羅馬天主教徒的廣泛抵制下舉行公民投票，決定是否仍爲聯合王國的一部分。由於該國有三分之二的人口是新教徒，所以一面倒的投票結

一名英國警察從附近一家商業大樓的破碎窗戶勘驗舊貝利炸彈爆炸現場。

果（英國史上這類選舉的第一次）並不讓人感到意外：英國當局以及甚至溫和的北愛爾蘭新教徒都私底下認爲，公民投票再次顯示非天主教徒厭惡與天主教徒佔大多數的南愛爾蘭共和國合併。當極端主義的新教徒團體正幸災樂禍地旁觀時，愛爾蘭共和軍（IRA）的一支非法臨時武裝分子在倫敦市中心製造恐怖行動以表達不滿。

3月8日下午，兩枚巨大的汽車炸彈在特拉法加廣場附近和舊貝利（中央刑事法院所在地）外爆炸，造成1人死亡及200多人受傷。大部分英國人雖然知道北愛爾蘭的動蕩不安，但直到此事件才感受到直接衝擊。許多人將該起爆炸案比喻爲第二次世界大戰的德軍空襲，其中一位目擊者說：「如果這就是終究要發生的，那麼願上帝幫助在貝爾法斯特的他們。」由於得到匿名的警告消息，警方發現並拆除另外兩枚炸彈，避免有更多人喪生於自1969年以來每年奪走數百條人命的暴力之下。

其間，英國政府決心對其動蕩不安的省分加以束縛，於是採取政治解決方法。首相愛德華・希斯於3月20日發佈《白皮書》成立北愛

爾蘭議會，由新教徒統治階層與向來不得參與政治、佔少數的天主教徒共享權力。雙方溫和派人士對此皆表支持，78席位的議會於6月選出並取代了北愛爾蘭的議會，此乃倫敦方面於1972年以其無法適當統治爲由而中止的新教徒據點。然而，英國國會仍保有最後否決權，英國安全部隊也繼續在北愛爾蘭境內的6個紛擾地區巡邏。◀1972（4）▶1979（6）

環保

中毒的民衆

7　死魚是有害物質侵入日本八代海灣的第一條線索。然後，烏鴉開始從空中墜落。接下來便是九州島水俣地區的貓。它們變得盲目而遲鈍，怪異地旋轉並跌入海灣中。在貓消失以後，鼠類開始橫行，但是「手舞足蹈病」不久也讓老鼠紛紛死亡。最後，這種神祕瘟疫開始肆虐人類，造成1千多人死亡及無數人失明及殘廢。1973年，即水俣病首次出現的20年後，日本法院判定責任歸屬於千索公司——一家在水俣設廠的化學公司。

多年以來，千索公司傾倒於八代海灣的460噸污染物中包括27噸的甲基水銀。水俣病根本不是一種疾病：它是因食用被污染魚類所引發的水銀中毒。早在1963年，來自附近熊本大學的科學家就已探測出水銀污染的來源。（一名公司方面

的博士後來承認千索公司自1959年起就知道該問題的存在，卻依然我行我素）。但日本政府直至1969年才承認原因。

千索公司同意支付超過6億美元的賠償金給大約2千名受害者作爲和解。然而，嚴格的證明標準使許多受害者未能得到賠償，這也促使無數民衆控告政府對此次災難的最初反應過於遲鈍。20年以後，該起訴訟案仍在法庭內爭執不休。

（一名律師表示：「政府的政策就是如果案子拖得夠久，原告可能舊都已經不在人世了。」1992年，東京法院免除政府的責任——但是仍在繼續上訴當中。◀1969（邊欄）▶1978（12）

東南亞

一場沒有美國介入的戰爭

8　1973年3月底，亦即美國與越共簽署巴黎和約之後兩個月，所有的美軍部隊以及公認的美軍戰俘都已經撤離中南半島（然而20年來，有關作戰中失蹤的數百名美軍命運未卜的嚴重問題使華盛頓與河內的關係呈現緊張狀態）。被釋放的美軍戰俘（POWS）在回國後受到熱烈歡迎，但其他返鄉士兵感受到的，卻是一個飽受屈辱的國家的稀落掌聲。而雖然叛軍領袖巴特寮和右派的寮國政府之間達成的停火協議於2月生效，但在越南和柬埔寨的殺戮行動尚未結束。

攝影家尤金・史密斯所拍攝因千索公司大量傾倒水銀而導致悲劇的檔案照片。圖中為一位日本母親在為其先天畸形的17歲女兒洗澡。

體育　棒球：世界大賽，奧克蘭運動員隊以4勝3負擊敗紐約梅茲隊；美國職棒聯盟採用指定打擊的規則　美式足球：超級盃，邁阿密海豚隊以14:7擊敗華盛頓紅人隊；辛普森成爲第一位衝過2000碼的球員　籃球：NBA，紐約尼克隊以4勝1負擊敗洛杉磯湖人隊　拳擊：喬治・福爾曼擊敗喬・弗雷澤，奪得世界重量級拳王頭銜

「有些人稱它爲專政；有些人稱它爲『危機政府』……我則稱它爲獨裁主義。」

—— 菲律賓總統馬可仕

美軍飛機對柬埔寨的轟炸持續至8月，當時由於尼克森總統下令從1969年至1970年祕密空襲柬埔寨的消息披露而觸怒國會，轟炸行動才終告停止。（11月，國會廢除尼克森的否決權並通過了戰爭權力法案，規定凡派遣美軍赴海外作戰，超過60天以上均需經由國會許可）。此時，成千上萬的農民被迫離家背井加入赤柬軍隊。後者在槍林彈雨下變得愈來愈狂熱，連轟炸

季辛吉和黎德壽（圖右）透過翻譯（中）進行協商。

也無法阻止他們向金邊持續推進。其間，儘管美國不斷向南越提供武器彈藥及經援，但是南越軍隊仍然在北越和越共的猛烈攻勢之下節節敗退（平均每月的傷亡人數約爲1千人）。

1973年，美國國務卿季辛吉和北越談判代表黎德壽由於促成兩國停戰而雙雙獲得1973年諾貝爾和平獎，但黎德壽拒絕領獎。他表示離和平仍然遙不可及。◀1972（1）▶1975（4）

體育
塞克雷塔里亞特贏得「三冠王」

⑨ 1973年夏天，塞克雷塔里亞特贏得「三冠王」，即授予在一季內奪得全美國3項美國最高級別馬賽桂冠者的非正式頭銜，成爲25年來首匹獲得比賽中最令人忌羨的榮譽的純種馬。在比賽中，這匹栗色雄馬贏得「有史以來最偉大的馬」的稱號。

在贏得普雷克尼斯和肯塔基比比賽的勝利後，塞克雷塔里亞特受到貝爾蒙特馬賽的熱烈邀請。儘管有人懷疑，但貝爾蒙特馬賽無疑

由約克·羅恩·特科特駕馭的塞克雷塔亞特贏得1973年貝爾蒙特馬賽冠軍。

成爲塞克雷塔里亞特給人留下最深刻印象的一場比賽：它早就遙遙領先，到達終點時已比其最近的對手超出前所未有的31個身長。騎手約克·羅恩·特科特在越過終線時悠閒地看了一下比賽的記時鐘，毫無疑問，他創造了一項新紀錄。

是年下旬，塞克雷塔里亞特獲得加拿大國際錦標賽冠軍，結束了職業比賽生涯，這次勝利的總收入高達130萬美元。隨後這匹馬以600萬美元賣出（創下歷史上的最高價），1974年用作種馬，與它配種每一次必須付款19萬美元。◀1920（邊欄）▶1977（13）

菲律賓
馬可仕暴政

⑩ 菲律賓的美國式的民主櫥窗常被稱作是「盜竊癖」（以盜竊取得獨裁）的轉型，在1973年1月後認眞的開始了。選民普遍支持繼續執行戒嚴法，且議會政府提出了一項新的憲法。4個月前，斐迪南·馬可仕在指出學生騷亂、民答那峨島的本土回教徒和基督徒居者之間的衝突和其他各地的共產主義者的叛亂等問題後，宣布菲律賓處於緊急狀態。他還宣布自己身兼菲律賓總統及總理二職，暫時不理會憲法有關條款的規定。

起初，大多數菲律賓人都接受

了這種一人統治的方式。作爲一名「二戰」英雄（後來證明其功績純爲捏造）和政治家，馬可仕聲名顯赫。1969年，他關於改革土地、發展文化以及擺脫對美國依賴的許諾，使他成爲菲律賓歷史上第一位經選舉出來的總統。事實上，新近頒布的憲法的特點爲取消每人只能擔任兩屆任期總統的限制。

馬可仕政權通過給鄉村修建道路、學校以及提供社會服務的方式，溫和地推行戒嚴法，而政治上的反對派和工人聯盟卻遭到殘酷的鎮壓。菲律賓的工資依然是東南亞地區最低的，且失業仍然普遍。土地改革則在馬可仕對大栽植者和美

只學到一鱗半爪美國式民主的馬可仕，在新組成的全民議會上大放厥詞。

國農商作出讓步後取消。急劇增長的債務和外國投資雖曾刺激菲律賓的經濟增長，但主要的受益者只是馬可仕及其政治盟友。回教徒和共產主義運動此起彼伏。10年以後，馬可仕一個主要的政治對手遇害，因而引發了一場非暴力的政治革命。◀1965（邊欄）▶1983（2）

一直被違反的300多項美國-印第安條約，以及參議院重新審理美國印第安人事務局和印第安女人在美國的全面待遇。活動分子佔據傷膝鎭達70天之久。米恩斯在投降後被捕，但由於政府在審判期間的錯誤處置而在1974年被取消控訴。◀1971（邊欄）

網球之王

在一場被稱爲「性別大戰」的1973年網球比賽中，比莉·瓊·金恩和前男子網球大滿貫冠軍博比·雷格斯之間的球技較量使婦女們歡欣鼓舞：在休士頓天穹體育館內的3萬名球迷注視下，金恩擊敗了驕傲自大的雷格斯。金恩是第一位在一年（1971）內賺進10萬美元的女子網球選手，史無前例地贏得了20項溫布頓網球賽冠軍（其中包括6項單打冠

軍），對於在網球界倡導男女平等更是不遺餘力。她擔任女子網球協會的首任主席，創辦了世界上第一本婦女運動雜誌，並且協助成立一項純粹由女子選手參加的網球巡迴賽。◀1916（邊欄）▶1975（7）

勞德這一家

1973年，電視觀眾被公共廣播公司的紀錄片《一個美國家庭》深深吸引，片中捕捉了位在加州聖塔芭芭拉、中上階層家庭勞德一家人的日常生活情形。製片人克雷格·吉爾伯特及其拍攝小組於1971年經過7個月拍攝出300小時左右的影片，剪輯後長達12小時的黑白電視影集描繪一個陷入混亂的家庭：長子蘭斯宣布自己是同性戀者，而帕特和比爾·勞德的婚姻宣告破裂。儘管吉爾伯特選擇勞德一家人來拍攝被批評爲過於做作，但是該影集反映出美國家庭生活中愈來愈嚴重的衝突。

1973

「淒厲的尖叫聲劃破天空！」
—— 平瓊，《重力彩虹》

環球浮世繪

希臘廢除君主制

希臘海軍軍官在5月發起的政變失敗後，希臘軍事政委會領導人喬治‧巴巴多普洛斯廢除了該國的君主政體（康斯坦丁國王自1967年起即被放逐），宣佈成立希臘共和國，並自命爲希臘總統。巴巴多普洛斯取消實施6年的戒嚴令，但許多人認爲這是帕帕多普洛斯的宣傳手法。軍隊中的右派分子並不懷疑他的民主熱誠：帕帕多普洛斯仍於11月25日被費登‧吉齊基斯中將驅逐下台。◀1967 (2) ▶1974 (5)

思想平克

英國的迷幻搖滾樂團平克‧佛洛伊德於1973年發行《月亮的黑暗面》（封面插圖，見下圖），

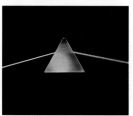

這張冷門唱片後來創下有史以來200大暢銷唱片的最長播放紀錄（在美國排行榜上保持74週之久）。平克‧佛洛伊德在其精心製作的現場演唱會上，實驗性且破天荒地嘗試雷使用射光、幻燈片展示以及笨重的機械道具。◀1971 (6) ▶1976 (邊欄)

巴哈馬宣佈獨立

歷經英國長達256年的殖民統治（其間曾有一年爲西班牙統治）的巴哈馬，於7月10日取得獨立。總理林登‧品德林是黑人佔多數之進步自由黨的領導人，他透過談判使得這個大西洋群島成爲大英國協內的主權國家。▶1981 (邊欄)

英國加入歐洲共同體

在簽署布魯塞爾條約後，英國、丹麥和愛爾蘭於1月1日正式加入歐洲經濟共同體。挪威也被歐體接納，但它拒絕加入。然而，其他國家的參與使共同市場的會員國擴大爲9個。◀1957 (5) ▶1985 (11)

當卡雷諾‧布蘭科在參加彌撒後上車時，被炸彈炸死。

西班牙

總理被殺

11 1973年12月，西班牙巴斯克分離主義者的炸彈炸死了西班牙總理路易斯‧卡雷諾‧布蘭科，其威力將其座車拋過馬德里一座公寓的屋頂，這起爆炸案也使得西班牙80多歲的法蘭西斯科‧佛朗哥將軍身後繼續獨裁的願望破滅。70歲的卡雷諾‧布蘭科是佛朗哥的摯友，也是西班牙內戰中右派民族主義的一名領導者。雖然胡安‧卡洛斯‧德‧波旁王子被提名在佛朗哥死後擔任西班牙元首（爲這個國家自30年代以來的第一位國王），但真正的權力無疑的會操縱在卡雷諾‧布蘭科的手上，至少等到年輕的君主「成熟」爲止。

當佛朗哥任命內政部長（前祕密警察頭子）卡洛斯‧阿里亞斯‧納瓦羅接替已故總理卡雷諾‧布蘭科時，政府的兩個派別間爆發了一場鬥爭。一派是在過去10年促進西班牙經濟現代化，而今要求有限民主的實用主義專家政治論者；另一派是保守的佛朗哥「堡壘」。阿里亞斯‧納瓦羅解除內閣中專家政治論者的職務，並繼續推行政治壓制。然而，他疏遠了與所謂的改革者和卡雷諾‧布蘭科關係親密、政治力量強大的天主教集團。他還令大多數西班牙人不滿，而這些人在準法西斯統治下已變得愈來愈不穩定。

西班牙的前途明顯落在胡安‧卡洛斯的身上。佛朗哥和阿里亞斯都不知道這位王子具有隱祕的民主觀，相形之下，專家政治論者才顯得這般蒼白無力。◀1970 (邊欄) ▶1975 (1)

電影

貝托魯奇的探戈

12 影評家寶莉娜‧凱爾把它稱作是「有史以來最具震撼力的色情電影」，是「改變了一種藝術形式」的突破之作。義大利法庭宣布這部電影「淫穢、下流，迎合性慾最低本能之需要」，暫停導演貝爾納多‧貝托魯奇的選舉權。這個時代沒有一部電影能比1973年發行的《巴黎最後探戈》引起如此多的讚揚、憤怒和媒體的關注。

這是第一次在電影裏出現這樣赤裸的性（毫無遮掩的裸體，毫不浪漫的愛情），不僅僅使人更加亢奮，而且成了一種藝術手段。影片中，中年的馬龍‧白蘭度飾演在巴黎的孤獨苦悶的美國人，其妻剛剛自殺；而瑪麗亞‧施奈德則飾演年輕、性感的法國待嫁新娘。男女主角在尋找公寓的過程中邂逅，並有一段短暫、熱烈，甚至未知對方姓名的偷情。（在性交前的互相挑逗中，他極力奉承她，而她同意吃他的嘔吐物。）而當他要求進一步的發展感情和愛情時，她殺了他。

一些觀眾認爲《巴黎最後探戈》簡直就是部色情電影；而另外一些人則認爲這部電影動人地描繪出，在一個令人窒息的社會中，透過性，兩人對溝通和解放的渴望。但對貝托魯齊的藝術才能卻毫無爭議。在這部影片中攝影師維托里奧‧斯托拉將它拍得美妙絕倫，加托‧巴比埃里的薩克斯風獨奏令人產生共鳴，而白蘭度創造了表演的里程碑，之前沒有任何大牌男星在螢幕上脫得如此乾淨。電影中，他以即席並帶自傳色彩的獨白，表

現出受折磨之人的靈魂及其在極度痛苦下的吶喊。

貝托魯奇後來執導政治史詩片《1900年》和奧斯卡獲獎影片《末代皇帝》。白蘭度隨年紀的增長，體重也增加，拍的戲少且只看重酬勞。施奈德則拍了一部佳作（安東尼奧的《旅客》）和幾部爛片。電影中的性變得無處不在，但此片的爭議性還是不減當年。◀1972 (9)

文學

一顆文學火箭

13 托馬斯‧平瓊創作的《重力彩虹》是一部有關戰後德國啓示錄式的妄想小說，在1973年2月引起的文壇震動，就如同書中主題，一顆U-2火箭的威力。貫穿這本700多頁的小說的有數百位人物（尋找一具能突破地球重力場的火箭）、多種語言、不同的情節、雙關語和巧妙機智的應答，並涉及一些深奧難懂的參考資料（包括本質不相同的神經學和喜劇書籍以及

火箭學、數學及塔羅牌）。

許多評論家都感到《重力彩虹》複雜得令人難以忍受。一位評論家抱怨說，閱讀這本小說需要「喀爾文派教徒的固執」，並說作者（從不公開露面的隱士）擁有「德國哲學家最吃力、笨拙的散文風格」。急劇增加崇拜他的讀者發現「這一龐雜、動人心弦、令人反胃、奇異怪誕的喜劇新里程碑」（另一位評論家描述此書）絕對是喬伊斯《尤里西斯》的傳承之作。◀1922 (1)

施奈德和白蘭度在電影《巴黎最後探戈》中飾演一對未知姓名但已發生性行爲的情侶。

1973

錄音帶的故事

摘自理查‧尼克森總統提交的白宮錄音帶，1973年至1974年

1973年12月8日，尼克森總統向水門事件調查法官約翰‧西里卡交出他私下錄製有關白宮交談內容的第一批錄音帶。以下是尼克森與白宮顧問約翰‧迪恩三世於1973年3月21日的談話內容——即水門事件竊賊詹姆斯‧麥科德指控白宮企圖掩蓋事實的前兩天。尼克森總統及其律師則早已策劃好辯護戰略。

白宮重要官員不斷地接獲大批起訴書，但最具關鍵性的會談記錄直至翌年8月才曝光。其中在1972年6月23日所進行代號

「煙槍」的會談中（在水門事件發生後不到一星期內），白宮幕僚長霍爾德曼曾向尼克森總統提出一項阻撓聯邦調查局調查水門事件的計劃：以國家安全為由，霍爾德曼將力促中央情報局局長理查‧赫爾姆斯和副局長維爾農‧沃爾特斯命令聯邦調查局局長帕特里克‧格雷三世撤回其部屬。尼克森總統同意此項計劃。但在交出罪證錄音帶的3天後，尼克森在面臨被彈劾的危險下辭去總統一職。◀1972（10）▶1974（1）

1973年3月21日，尼克森總統與約翰‧迪恩三世（P為尼克森總統，D為迪恩）。

P：假設最糟糕的情況就是鮑勃和埃利希曼都被控有罪。那麼我必須說，我們就得再三考慮了。你瞭解吧！

D：沒錯！

P：例如，如果他們說讓我們減少損失，你就說我們正要順道看看是否能減少我們的損失，而且不能再有黑函這類的事發生。如果東窗事發，那除掉鮑勃和其餘的人。約翰，你絕對無法全身而退的。

D：沒錯！

P：最好是堅持到底。然後以別的角度看它。最好是堅持到底，不能讓他們找到人證物證等等。而另一方面，我們現在了解到自己的弱點，也就是黑函所稱的弱點。

D：這有兩種方法。一是計算出如何減少損失，儘量降低對人的影響以及採取一切手段使自己脫身。就某種程度來說，它絕不會讓麻煩再找上你。這是個可行方法之一。二是順勢發展，只要儘量閃躲，清楚每一個細節，不讓落人口實——掩飾真相才是我們的真正目的。只要好好保密，而且希望我們辦得到，希望我們在正確時間作出正確決定，頭腦保持冷靜，我們就能採取正確行動。

P：打鐵趁熱？

D：打鐵趁熱！

P：現在來談談第二種攻擊策略。你希望怎麼討論這件（棘手）的事就怎麼談。但請你考慮我的建議，以非常普通的字眼向內閣及首長簡單說明，關於對我的調查或許也簡單陳述一下。要依據他們所言來回答問題，而非以你知道的來回答。霍爾德曼尚未牽扯進去，埃利希曼也沒有。

D：如果我們走第二條路線，總統先生，那我就可以表現一下，我們可以像說服惠

特伊斯接受我們的立場一樣來說服他們。

P：你的問題在於往後危機重重。我想，其中難題是誰要被關進監獄。我想你的看法是對的。

1972年6月23日，尼克森和霍爾德曼（P為尼克森，H為霍爾德曼）

H：現在，你也知道闖入民主黨總部水門大樓那件事正在調查當中，我們又碰上麻煩了，因為聯邦調查局並不在我們控制之下，因為格雷（聯邦調查局局長）並不知該如何控制此事，而且目前調查已經進展到一些關鍵性地步了……看來，事情的發展已經超乎我們意料之外。唉呀，還有其他一些事情——像是一名密告者已來到邁阿密的聯邦調查局，他可能是一名攝影師，或有朋友是攝影師，從該死的巴克那兒弄到一些照片，而照片上出現了民主黨全國委員會的信箋文件和其他內容。所以消息一定是這樣走漏出去的。〔前檢察總長約翰‧〕米契爾已在昨天提議，而且約翰‧迪恩昨晚仔細分析後認為並同意米契爾的建議是解決問題的唯一辦法，到目前為止我們都做得相當漂亮——昨晚對此唯一表示關注的是國家廣播公司，他們以大篇幅報導古巴消息。

P：沒錯。

H：對我們來說，目前的方法就是讓沃爾特斯召見格雷，並且只要對他說：「這件

費城詢問報時事漫畫家所描繪的尼克森白宮。

事到此為止！我們不想再有更多牽扯。」那樣的發展並非不尋常，總會解決的。

P：帕特‧格雷那方面呢——你的意思是他不想這麼做？

H：帕特是想這麼做。但他不知道該從何著手，他也沒有這樣做的依據。但只要我們給他，他就會有依據。我們可以找他來並告訴他，「我們已從河對岸得到信號，我們有把握了。」再加上正在調查此案的聯邦調查局幹員，如此一來真是再好也不過了。

P：是中央情報局查出錢的來源嗎？他們從誰身上追查出來的？

H：他們是根據一個名字追查到的，但還沒有找出那個傢伙。

P：會是這裡的某位仁兄嗎？

H：肯‧達爾伯格。

P：該死的達爾伯格做了些什麼？

H：他在明尼蘇達給了2萬5千美元，支票則直接到了巴克這傢伙手裡；

P：委員會並沒有經手，錢卻是出自莫利斯‧史坦斯（改選財政委員會主席）。

H：對呀！這就可以直接追查，而且還有更多的錢是透過與墨西哥銀行往來的一些德州人。

P：好，我懂了。這沒有辦法——我只是想，如果他們拒絕合作，那麼他們會說些什麼？他們已被古巴人賄賂。那是達爾伯格不得不說出來的，德州人也是一樣，他們——

H：好，如果他們會說的話。但我們總是要依靠更多的人。這才是問題的徵結所在，而且如果我們能採取另一條路線，他們就會停止。

P：好罷。

H：你似乎在思考下一步該如何阻止他們。

P：是的，沒錯！

「問題在於：總統先生知道些什麼以及他什麼時候知道的？」
—— 田納西州參議員霍華德·貝克就水門事件所發表的評論

年度焦點

水門事件拖垮尼克森

1974年中，理查·尼克森的總統職位因水門事件所衍生出的種種貪污及濫權問題而瀕臨不保。尼克森為此受創嚴重。7月上旬，尼克森將辦公室談話錄音存檔一事曝光後，他仍堅拒交出法庭所要求的錄音記錄。10月，特別檢察官阿基博德·考克斯拒絕尼克森總統僅提供錄音概要的提議，尼克森下令當初任命考克斯的司法部長埃利奧特·理查森解除考克斯的職務。結果理查森及其代表雙雙辭職，將這一大難題留給了司法部副部長羅伯特·博克。這一「週末夜大屠殺」激怒了美國大眾，而尼克森終於在11月作出部分讓步。

尼克森離開白宮時，最後一次比出其著名的勝利手勢。

在以傳票方式索取的9捲錄音帶中，白宮僅交出7捲，並聲稱其餘2捲並不存在。這7捲錄音帶中，有1捲出現一段可疑的18分鐘空白，據推測，是錄音者羅絲·瑪麗·伍茲（長期擔任尼克森私人秘書）的技術失誤所致。錄音記錄顯示出尼克森熱衷惡語咒罵「敵人」、冷嘲熱諷及不時出現的反猶太情結，但這些記錄仍無法構成指控尼克森有罪的有力憑據。而同時，在水門事件特別調查委員會主席、參議員薩姆·歐文主持並由電視轉播的水門事件聽證會上，白宮和尼克森陣營的官員承認，並且互相指控數十項陰謀，包括洗錢和非法竊聽等事。

之後，前司法部長理查·克萊恩登斯特、前國內事務顧問約翰·埃利希曼和前總統顧問約翰·狄恩也因與水門事件有牽連而被判有罪。而後遭到起訴的還有前白宮助理霍爾德曼和前司法部長（尼克森的競選委員會主席）瓊尼·米契爾。而此時，國會也起草了針對總統的彈劾報告。8月5日，尼克森被迫交出另一套錄音帶，這套錄音帶清楚地揭示出尼克森總統企圖掩蓋白宮的非法活動。8月8日，尼克森總統辭職。

尼克森總統對全國民眾說：「我從來不是一個懦弱的退卻者，在任職期限未滿之前離職實非我天性所願。但作為美國總統，我又必須把國家的需求擺在第一位。」事實上，水門醜聞事件已徹底動搖了美國人民對其政府的信心（雖然全世界大多數國家都覺得有點小題大作）。傑拉德·福特就任美國第38任總統一個月後，就先發制人地赦免了前總統尼克森，使其免遭刑事起訴。◀1973（當年之音）▶1986（8）

葡萄牙

獨裁統治結束

葡萄牙1974年爆發的「上尉革命」（所以這樣命名，是因為領導這次革命的都是陸軍軍官）推翻了西歐歷史上時間最長的獨裁統治。被推翻的是馬塞羅·卡埃塔諾總理，他是安東尼奧·薩拉查·德·奧利維拉於1933年建立的強硬政權的守護者。此外，薩拉查的恐怖祕密警察部隊、檢查制度和義務徵兵制也被推翻，取而代之的是安東尼奧·斯皮諾拉將軍以及民主的承諾。成千上萬的葡萄牙人在政變後的早晨，聚集在里斯本的各條大街，把紅色和白色的康乃馨拋向斯皮諾拉。

配戴單片眼鏡的斯皮諾拉脾氣粗暴，實在不像是個解放者。30年代，他曾在西班牙與佛朗哥的法西斯軍隊作戰；40年代，曾與納粹的國防軍共同受訓；60年代，因鎮壓葡萄牙非洲殖民地的騷亂而聲譽大噪。自從他於1968年擔任幾內亞比索（後為葡屬幾內亞）總督開始，斯皮諾拉就已認識到，葡萄牙是無法贏得負擔沉重的殖民地戰爭。（莫三比克、安哥拉和幾內亞比索自1964年開始為獨立而戰，葡萄牙每年需將年度預算的40%用於戰爭。）到了1974年，斯皮諾拉已開始積極鼓吹實行殖民地自治。他的這一立場撥動了葡萄牙廣大民眾的心弦，因此，政變策劃者推選斯皮諾拉擔任領導者。

政變爆發後，斯皮諾拉卻顯得

政變爆發之後，社會主義擁護者聚集在里斯本的聖本圖廣場，聲援葡萄牙的武裝力量運動執政團。

和革命一點都不搭調：葡萄牙人想一夜之間推翻幾十年來的壓制，但是按照一位年輕軍官的說法，這位將軍「過於悲觀、過於憂鬱、過於脆弱」。就任後的6個月，斯皮諾拉辭職了。葡萄牙執政團旋即左傾，其社會主義追求在1975年達到了頂點。是年，葡萄牙政府除了實行工業國有化和農業改革外，還同意安哥拉、幾內亞比索、莫三比克、聖多美及普林西比以及維德角等殖民地獨立。此外，當局還允許葡國境內實施選舉。◀1933（9）▶1975（2）

西德

威利·布蘭特下台

1974年，據官方估計，大約有1萬5千名共黨間諜在西德境內活動，而最令西德顏面無光的是其中竟包括總理威利·布蘭特的親密個人助理昆特·紀堯姆。紀堯姆案在4月曝光後，布蘭特總理被迫辭職。對於布蘭特而言，這是一次痛苦而諷刺的打擊：在任職總理的5年內，他的東進政策改善了西德與華沙公約組織國家的對立關係，並為美蘇關係的緩和奠定基礎，且因此榮獲諾貝爾和平獎。成千上萬的支持者要求布蘭特總理繼續留任，但布蘭特卻心意已決：「我必須負起疏忽紀堯姆間諜事件的政治責任。」

布蘭特在1957年至1966年間擔任西柏林市長，開始在政治上嶄露頭角，這期間對蘇聯侵犯的抵禦也使他成為自由象徵。這位被同胞暱稱為「我們的威利」的政治家致力於消滅納粹幽靈，並使德國人再次恢復民族自豪。他常說：「沒有一個民族能逃避自己的歷史。」他在1970年到波蘭進行具重大意義的訪問，跪下雙膝為二次大戰期間被德軍殺害的50萬名華沙猶太人祈禱。但因未能實現承諾的經濟改革，政治聲望逐漸下滑。

到1974年，通貨膨脹和東進政

「我可以選擇在一個安全地方被釋放，或加入共濟解放軍爲我和那些受壓迫者的自由而戰。我已決定留下來並參加戰鬥。」
—— 赫斯特

策（批評家認爲這項政策的付出與收穫不成比例）使許多西德選民背離了他。對於布蘭特而言，1956年佯裝投奔西德的東德間諜紀堯姆被逮捕，只是其最後的挫折。國家安全遭到破壞才是對其自信和政治才能的最致命打擊。◀ 1970（6）
▶1983（5）

美國
女繼承人的奇特遭遇

4 本世紀最令人驚奇的政治綁架案發生於1974年2月5日，芳齡19的報業繼承人派屈西亞·赫斯特在槍口的威脅下，於其與未婚夫同居的校園公寓遭劫持。事實上，她只是加州大學柏克萊分校一名對政治漠不關心的快樂女學生。綁架者自稱爲共濟解放軍，包括十幾位白膚色、中產階級的女性革命分子和兩個黑人逃犯，皆有精神病記錄。共濟解放軍（SLA）於1973年11月首次露面，他們用塗上氰化物的子彈槍殺一位當地的學校官員。由於赫斯特的被綁架，這支小「軍隊」從此「譽」滿全球。

劫持者要求赫斯特的「法西斯嘍囉」雙親（父親倫道夫，是威廉·倫道夫·赫斯特之子）向這個地區的窮人免費發放價值200萬美元的食物。但當她的家人履行了要求後，卻收到一個錄音口信及一張赫斯特手持衝鋒槍的照片。赫斯特宣告，「我已選擇留下來並參加戰鬥。」她以塔妮亞的假名，參加SLA的銀行搶劫行動，此外，還向沿街商店開槍掃射以幫助兩名在商店偷竊被捉的同夥脫逃。

5月，調查人員發現了SLA在洛杉磯的一處據點。400名警察及聯邦調查局幹員與他們交火，樓房被夷爲平地，但現場6具被燒焦的殘骸中卻沒有赫斯特。赫斯特在第二次公告中痛斥其未婚夫爲一隻「豬」，卻極力讚揚所有遇難的同夥，其中包括其情人游擊隊員古友和SLA首領「元帥」唐納德·欽奎·德弗理澤在內。

赫斯特最後於1975年9月被捕。在審訊中，知名的刑事辯護律

赫斯特的雙親交付了贖金，沒見著女兒卻收到了一張革命分子「塔妮亞」的照片。

師李·貝利聲稱，當事人遭到脅迫和洗腦（被蒙上眼睛鎖在一個小房間裏，受到饑餓、威嚇和訓斥等種種非人道的折磨）。但這些辯詞並沒有讓陪審團信服，他們依舊認定赫斯特武裝搶劫的罪名。赫斯特被判7年的有期徒刑，但22個月後，卡特總統減免其刑期。刑滿出獄後，赫斯特與保鏢成婚，遷居郊區成了一名家庭主婦。◀ 1970（7）
▶1975（10）

希臘
爲賽普勒斯而戰

5 面對廣大民眾因政治壓制和經濟蕭條而日益高漲的不滿情緒，希臘右派軍方的統治者急於贏得一次勝利以重獲民心。他們希望在賽普勒斯找到這種機會；賽普勒斯總統阿奇比夏普·馬卡里奧斯近來已放棄主張與希臘合併，轉而鼓勵繼續獨立。更糟糕的是，他竟

與當地共黨結成同盟，因爲後者贊同其冷戰中立主義的政策。1974年7月，希臘執政團開始支持賽普勒斯的國家衛隊（其成員大都爲希裔賽普勒斯人，將領則由希臘當局派遣）推翻馬卡里奧斯。而其結果對於賽普勒斯和雅典獨裁政府都是一場災難。

在發動政變的一週內，土耳其軍隊入侵賽普勒斯。其最初目的只是爲防止賽普勒斯與希臘合併（這是1960年成立賽普勒斯共和國時簽定的希土條約所禁止的），以及保護這個島國上佔少數的土耳其人。聯合國迅速促成雙方休戰；但8月和平談判破裂後，土耳其軍隊再度前進。幾天後，當土耳其單方宣佈停火，賽普勒斯北部五分之二的領土已由其佔領。由於轟炸和土耳其人的暴行極度恐懼，幾乎當地約18萬的希裔賽普勒斯人都逃往南方。而土裔的賽普勒斯人則定居在北方。希裔賽普勒斯人的傷亡達到6千人，是土裔傷亡者的兩倍。馬卡里奧斯從倫敦返回並重掌大權。至此賽普勒斯一分爲二，以聯合國和平部隊巡邏的一條「綠線」爲分界線。

由於缺乏直接干預的資源，希臘執政團只能無助地目睹悲劇的發生。在衝突結束以前，他們將流放在外的前保守派總理康斯坦丁·卡拉曼利斯召回雅典，以恢復希臘的民主及文人統治。◀ 1960（10）
▶1981（邊欄）

當土耳其和希臘爲賽普勒斯而發生衝突時，溫和的希裔賽普勒斯人爲與土裔同胞和平共處而舉行示威活動。

「黑洞似乎讓我們感到，上帝並不僅僅是在擲骰子，有時還將骰子扔到讓我們無法看見的地方。」
—— 霍金

1974年新事物

- 赫希霍恩博物館和雕塑公園落成（美國華盛頓）

- 黑人模特兒首登重要時裝雜誌封面（比佛莉·強森，《時尚》雜誌）
- 全國實行車輛限速為每小時55英里
- 女孩首度參加少棒聯盟
- 海姆利克氏急救法面世（由辛辛那提的胸腔外科醫生亨利·海姆利克發明）

美國萬花筒

避孕器回收

迫於美國食品藥物管理局的壓力，羅賓斯製藥公司於1974年從市場上收回其產品戴爾肯子宮內避孕器（IUD）。3年前上市的這種避孕器容易導致骨盆炎、長期疼痛甚或死亡，而且這種避孕器的失敗率極高。許多婦女由於使用此種產品不當而受孕，也有一些人因此而導致終生不孕。羅賓斯公司儘管對自己產品的缺陷十分清楚，但仍對深受其害的婦女們所提出的訴訟進行辯駁。◀1960（1）

女性牧師

7月，費城（基督教聖公會的誕生地）的4名聖公會牧師公然違反教會政策，任命了11名女性牧師。儘管教會管理機構之一的主教會聲明此任命非法，但是卻於10月頒佈了女性牧師守則，並於1976年才批准。◀1968（12）
▶1991（7）

亞倫使魯斯的紀錄作古

4月8日，亨利·亞倫在其職棒生涯中擊出了第715全全壘打，打破了「貝比」魯斯保持了39年的紀錄。從黑人聯盟崛起的黑人球員亞倫，因此傲人的成績而

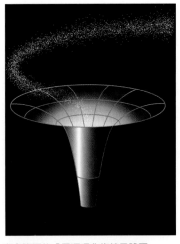

畫家筆下的「黑洞吸收旋轉星體圖」。

科學

有關黑洞的新理論

1974年英國物理學家和宇宙論學者史蒂芬·霍金徹底推翻了現有的宇宙論，他斷言黑洞能夠發出輻射。原本科學家認為，黑洞是一種假設的衰弱星體，其引力強到連光都無法逃脫的地步，不可能釋放任何東西。霍金在牛津大學附近舉行的一次天文會議上所提出的新論點，曾使他的一位同事暴跳如雷。

32歲的霍金似乎是魯莽地駁斥了愛因斯坦的相對論；相對論認為光速是宇宙最快的速度。但事實上，他一直試圖將愛因斯坦的相對論和量子理論結合，而這是愛因斯坦和其他人一直未能獲得成功的領域。霍金的方程式有助於解釋為什麼宇宙在150億年的時間裏由一點擴展成無限，以及為什麼它又以一種被稱為「宇宙大爆炸」的方式對其本身進行收縮。

霍金的研究因其所撰的暢銷書《時間簡史》而於1988年開始廣為人知。崇拜他的人，除了服膺他的新黑洞理論外，部分原因還是為了他那過人的勇氣。霍金在20出頭時被診斷患有「肌萎縮性側索硬化」（ALS，即盧·格里克症）而致全身癱瘓，醫生預測他只有兩年可活。但他推翻了這個推論，以輪椅代步，並靠電腦的發聲合成器說話。憑藉殘缺肢體下的堅強意志，他持續不懈努力解讀這個宇宙。
◀1968（8）

衣索比亞

一個皇帝的末日

在近50年的統治時間內，衣索比亞皇帝海爾·塞拉西將衣索比亞從一個中世紀的落後國家轉變成準現代國家。這個國家擁有非洲撒哈拉以南地區最龐大的軍隊，為區域衝突的重要調停國。然而，衣索比亞人卻無法享有政治權利，且是世界上最貧困、識字率最低的民族之一。1974年，衣索比亞人民推翻了他們82歲的君主。

這場政變是因一年前發生的一起嚴重饑荒而引起的，餓死了20萬人，而且根據報導，政府除了不提供救濟外，還向其他國家封鎖有關這一災難的所有消息。2月，罷工和示威浪潮興起，並且擴展延伸到4萬7千名的武裝部隊。起初，軍方只是要求提高薪餉。但經過精心策劃後，激進的軍官將騷亂轉變成革命。他們強迫海爾·塞拉西國王任命某位自由派貴族組織新內閣來取代現有的橡皮圖章內閣，但隨後又一個接一個地逮捕了新政府中的部長。接著又將塞拉西的13處皇宮收歸國有。9月，當塞拉西拒絕交出隱匿在國外銀行的100億美元時，他們將其廢黜並予以軟禁。

這個執政團體被稱為「德格」（影子），因其成員皆隱匿其名。原先執政團還由一位得人心的將軍掛名領導，但當這位將軍和另外59名官員於11月被槍殺後，此政權變

得更神祕。真正的軍事強人是馬克斯主義者門格斯圖·海爾·馬里亞姆少校。執政團不久將工業、銀行和農業收歸國有，但左派的城市游擊隊抵制軍事統治，而厄立特里亞和蒂格雷兩省的分離主義分子則為獨立而戰。因此，衣索比亞的痛苦進一步加劇。◀1962（當年之音）
▶1978（當年之音）

法國

社會黨小輸

儘管戴高樂已於1970年去世，但他對法國政界的影響卻持續到1974年喬治·龐畢度（曾經是對戴高樂言聽計從的總理和其總統職位的繼任者）因癌症去世為止。除了稍微緩和戴高樂的反英、美政策，龐畢度

幾無任何改變。只有當選民選出下一任總統時，後戴高樂時代才會來臨。兩個截然不同的總統候選人開始正面交鋒：社會黨人法朗索瓦·密特朗和走中間路線的財政部長瓦萊里·季斯卡·德斯汀。貴族派頭十足的季斯卡（見上圖）屬於規模甚小的獨立共和黨，他對戴高樂的態度可以表述為（按季斯卡的話講）「是的……但是」。他對戴高樂派堅持的民族主義不屑一顧，而致力於使法國成為一個光芒四射的國家，亦

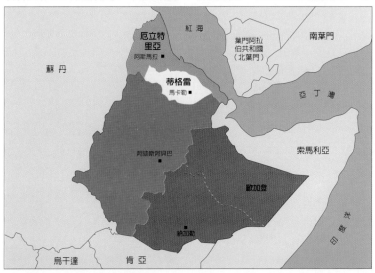

厄立特里亞省、蒂格雷省和索馬利省（後者位於歐加登地區，與索馬利亞接壤）的分離主義分子共同要求更多的衣索比亞領土。

1974

體育　棒球：世界大賽，奧克蘭運動家隊以4勝1負擊敗洛杉磯機道奇隊　**美式足球**：超級盃，邁阿密海豚隊以24:7擊敗明尼蘇達維京人隊　**籃球**：NBA，波士頓塞爾提克隊以4勝3負擊敗密爾瓦基公鹿隊　**網球**：吉米·康納斯贏得溫布頓、美國公開賽和澳洲公開賽三個大滿貫賽男子單打冠軍；克莉絲·艾芙特贏得溫布頓網球賽女子單打冠軍　**足球**：世界盃，西德隊以2:1擊敗荷蘭隊。

「藝術家和罪犯算是同路人；他們都有狂野的創造力、都不道德，且都只讓自由的力量驅使他們。」 —— 博伊於斯

即一個文明世界的燈塔，而不是一個超級強權。

就像其前任一樣，支持大型企業；但不同的是，他把大型企業視爲是謹慎推行自由改革的重要經濟來源。密特朗是一個火車站站長的孩子，倡言進行更爲大膽的改革，包括將銀行和大型工業國有化，以改善貧富不均和失業等問題。

在對好幾個候選人進行的第一輪投票中，密特朗在共產主義聯盟（其擁有約20％的選民）的幫助下，以多出200萬張選票擊敗季斯卡。但在最後投票中，因這一聯盟中的馬列主義內閣成員讓人感到一種無法擺脫的恐懼，使密特朗失去部分選票。更致命的打擊來自他在一次電視辯論中的不適宜表現。彬彬有禮的季斯卡以「安全改革」爲競選口號，最終僅以超出密特朗1％的選票當選法國總統。

儘管遭到挫敗，但這時的左派勢力比30年代以來任何時候都更爲強大。而且不久後，就佔得上風。
◀1968（1）▶1976（14）

藝術
與狼共處

9 1974年5月，西德雕塑家約瑟夫・博伊於斯剛抵達紐約的甘迺迪機場，就被毛氈包裹起來置於擔架上，然後由救護車送往雷奈布利科美術館，在那裏博伊於斯與一隻小狼共處了3天3夜，接著又被毛氈包裹起來置於擔架，再用救護車送回機場。這個名爲《我喜歡美國，美國也喜歡我》的晦澀戲劇，是博伊於斯一系列表演中最近的一次，而這些表演也使得他成爲那個時代最具爭議的藝術家之一。

博伊於斯的藝術風格是根據其二次大戰期間任德國空軍時的體驗所形成的。在克里米亞地區被擊落後，他被遊牧的韃靼人發現，這些牧民用動物脂肪治療其傷口，並用毛毯將他裹住保暖。他藉由雕塑、平面藝術和以各種詭異素材完成的「行爲」來喚醒那些記憶中的創傷。身爲60年代的弗魯斯卡斯藝術運動的中堅（拒絕藝術應遵循專業

德國表演藝術家約瑟夫・博伊於斯與一隻小狼共處在一間空的房子裏。

和固定作法），因爲作品《如何向一隻死野兔解說圖畫》（1965）而臭名昭著。他表示此作品是在探索「語言問題」；他以金箔和蜜包覆兔子的頭部，還讓這隻死動物作了一次美術館巡迴演出。

對於其崇拜者而言，博伊於斯就像一位巫醫，是一件活生生的藝術品。1972年他被杜塞爾多夫的一家藝術學院解聘，這也引發了一場騷動。作爲從西藏解放到德國綠黨等種種議題的支持者，博伊於斯的言論和他充滿原創力的作品一樣具深奧的影響力。他死於1986年。
◀1920（4）▶1983（12）

中東
以阿停戰

10 在1974年春季的4個星期中，美國國務卿亨利・季辛吉頻繁穿梭於耶路撒冷和大馬士革之間，以期使敵對已達25年之久的以敘兩國簽署一項和平協議。5月31日，以色列和敘利亞兩國代表在日內瓦簽署了一份文件，同意在戈蘭高地建立一個新的、由聯合國駐衛的邊境，並結束8個月來的零星戰鬥。季辛吉獨特的「穿梭外交」給正爲水門事件心力交瘁的尼克森總統在辭職之前獻上了一次最後的成功。這一協議的簽署也讓以色列總理果爾達・梅爾獲得最後一回歡呼，她因發動1973年戰爭遭到抨擊而宣布將辭去總理一職，且屬意其工黨同僚伊札克・拉賓繼任。

停戰協定要求以色列將777平方公里的土地和康奈特拉城還給敘

穿梭全球的季辛吉以「超人外交官」的形象出現在《新聞週刊》的封面上。

利亞，以改善美國與阿拉伯國家的關係。此協議的簽定也讓埃及總統沙達特感到寬慰，他因支持與以色列談判而受到百般指責。但這破壞了阿拉伯國家之間的團結，伊拉克和利比亞的強硬派領導人爲此協議而把敘利亞總統哈菲茲・阿薩德列入「叛徒」名單。事實上，此停戰協定也未能處理巴勒斯坦問題。

早在幾週之前，這個問題已使以色列的兩個城市出現恐怖活動。巴勒斯坦解放組織（PLO）游擊隊員在柯亞謝莫納鎮殺死了18位平民。在馬阿洛特，有16名兒童在政府軍進攻一所被另一支游擊隊佔領的學校過程中被打死。11月，當阿拉伯國家聯盟宣佈巴勒斯坦解放組織爲巴勒斯坦人的「唯一合法代表」時，其主席亞西爾・阿拉法特攜槍在聯合國大會發言：「我既帶來了橄欖枝，也帶來了自由戰士的槍，不要讓橄欖枝從我手中掉落。」◀1973（2）▶1977（1）

在幾個月內一直被嫉恨的郵件包圍。不懼壓力沈穩自若的「大榔頭漢克」於1976年退休，在此之前的21個球季一直效力於國家聯盟勇士隊。一般咸認他在大聯盟所擊出的755支全壘打無人可比。◀1972（邊欄）

迷人的豐齊
美國廣播公司（ABC）推出的《快樂時光》是部以瓦基高中生里奇・坎寧漢及其朋友爲主角，反映50年代生活及事件的懷舊喜劇，在1月15日播出後反應平平。但當其增加一個騎摩托車的硬漢角色亞瑟「豐齊」豐查雷利後，卻掀起全國收視熱潮。豐

齊（由亨利・溫克勒飾演）以其「豎起大拇指」的手勢、黑色皮夾克、滿口粗話，和使用自動點唱機的特別方式等特色，成爲50年代酷哥的縮影。◀1969（邊欄）▶1980（7）

裸奔
在這個崇尚流行的時代，最惹人議論的時尚，莫過於春季時學生爲了裸奔而盡褪羅衫。「裸奔」很快在各個地方、各個領域風靡盛行，包括夏威夷的州政府、奧斯卡頒獎典禮、體育活動、豪華晚宴甚至韋伯詞典。男人和女人都瘋狂追逐這一時尚，但男性裸奔者超過女性。文化學家們則把這一潮流視待是性解放的終極表現。◀1959（邊欄）

暫停DNA實驗
1974年，美國的高級醫學研究人員宣佈他們將自願暫緩幾種DNA重組實驗。之前科學家們已有能力控制基因中核苷酸的排列順序，這項突破可治療諸如鐮狀細胞性貧血之類的遺傳病疾，以及爲生物科技公司賺取鉅額利潤，但同時也可能意外創造出致命的新病原進入環境裏。這次凍結行動直至1976年才告結束。
◀1967（11）▶1976（5）

1974

544

「因爲當索忍尼辛説話時，他們（當權者）聽到了集中營的聲音，他們聽到成千上萬將軀體留在營中的鬼魂的聲音。這令他們害怕。」 —— 某匿名蘇聯作家對當局流放索忍尼辛抱持之理由所作的批評

環球浮世繪

特·卡納娃的大都會處女作

新崛起的抒情女高音歌唱家基莉·特·卡納娃於1974年在紐約大都會歌劇院做首次登台的首場演出，演出威爾第所寫歌劇《奧賽羅》中的女主角苔絲德蒙娜。其圓潤、動人的嗓音及樸實的演唱方式博得評論家的極力讚賞。卡納娃是毛利人和英國人混血的紐西蘭人，最初在奧克蘭學習歌唱，而後前往倫敦並得到喬治·蕭堤爵士和60年代末其他指揮家的幫助和指點。1981年，她在英國查爾斯王子和戴安娜王妃的婚禮上演出。1982年，被伊麗莎白女王二世冊封爲女爵士。
◀1959（6）▶1975（11）

米哈伊爾叛逃

米哈伊爾·巴里什尼科夫6月時投奔西方，當時他正以客座藝術家身分隨修瓦芭蕾舞團到加拿大巡演。米哈伊爾是這個時代最著名的芭蕾舞演員，也是富傳奇色彩的蘇聯芭蕾舞大師亞歷山大·普希金的最後一位得意門生。身爲列寧格勒著名的基洛夫芭蕾舞團首席男舞者，米哈伊爾追隨魯道夫·紐瑞耶夫（1961）和娜塔莉亞·瑪卡洛娃（1970）兩名傑出的芭蕾舞演員叛逃到西方。米哈伊爾到美國後仍是眾所矚目的焦點。◀1961（13）

印度測試原子彈

有個不太受歡迎的消息從印度傳來：核能發電廠廢料中的鈽經加工後可製成原子彈。印度於1974年試爆第一枚原子彈，成爲世界上第6個擁有核武的國家。然而，印度利用其「和平」資源製成原子彈的事實特別讓人感到不安。專家預測，到西元2000年全球核能發電廠提煉出來的鈽，將擁有投向長崎的那一顆原子彈100萬倍的威力。」
◀1969（8）

科技
再見，計算機

⑪ 最早期的袖珍電子計算機差不多只是電動算盤而已。但到了1974年，計算機開始以大型積體電路（LSI）製造，具備先進的三角函數及對數運算功能，才真正成爲一種科學化的工具。以前，具有這種先進功能的計算機因爲需要6片積體電路，使得其既龐大又昂貴。消費者立刻喜愛上這種新式、流線型的計算機，面世的第一年便賣出約1200萬台。對大多數人而言，改良後的多功能袖珍型計算機代表電腦先進科技首次以實用的方式融入他們的日常生活。

其對價格的影響也是顯而立見的：在一年的時間內，高級手持計算機的價格從每台400美元降至100美元。同一時間，單一功能的計算機則只需15美元，最後乾脆成了贈品。袖珍計算機滲入了社會各個階層，不僅深刻影響人們對於數學的態度，也改變了他們對電腦的認知，並使電腦很快喪失其神祕色彩。◀1971（5）▶1981（10）

多功能計算機使得數百萬人受益於微積體電路科技。

電影
波蘭斯基陰鬱的恐怖片

⑫ 在1974年出品的經典驚悚片《唐人街》中，導演羅曼·波蘭斯基的陰鬱氣質與美國當時的形勢是極爲吻合的：吃敗仗的越戰、令人厭煩的水門事件，整個社會頹廢不堪。這部以30年代洛杉磯爲背景的電影，充分揭示遍及政治、地產以及個人關係之中的頹廢墮落。它們加速了這座城市的演變，讓洛城從沙漠變成了全球電影工業重鎮以及「美國夢」的首都。編劇羅伯特·湯尼在老掉牙的偵探影片公式中增加了機智、生動及亂倫的情節：精明的私家偵探（傑克·

尼克遜飾演）、可疑的女士（費·唐納薇飾演）、怪異的百萬富翁（約翰·休斯頓飾演）以及一位神祕的殺手。湯尼想要一個歡樂、團圓的結尾，但波蘭斯基（他在電影裏客串演出一個用彈簧刀抵住尼克遜鼻子的小惡棍）卻堅持電影應以血腥事件的爆發作結果。

波蘭斯基最佳的作品包括《水中的小刀》（移居巴黎、倫敦和好萊塢之前於1962年在波蘭攝製）、《冷血驚魂》（1965）以及《失嬰記》（1968），都充滿了暴力、瘋狂和黑色幽默。波蘭斯基的宿命觀和他個人遭遇有關：孩童時代，他從克拉考的猶太人區逃出，其母死於集中營。1969年悲劇又一次光顧這位導演，一群查理·孟森信徒殺死了他已有身孕的妻子（女演員莎朗·泰特）和4個朋友。1977年，他被指控與一位13歲的女孩發生性行爲，他在交保候審時從美國逃到巴黎。◀1969（9）

蘇聯
索忍尼辛遭放逐

⑬ 儘管雙方正處於和解時期，但是隨著共產當局於1974年2月宣佈驅逐小說家亞歷山大·索忍尼辛後，西方對蘇聯的惡感進一步加遽。這位51歲的蘇聯作家，因爲在巴黎出版了紀念性質的「文學探討」蘇聯監獄制度的文集《古拉格群島》而以叛國罪遭逮捕。這本

電影《唐人街》中的男女主角：筋疲力竭的私家偵探吉特斯由傑克·尼克遜飾，伊芙林·穆爾雷（尼克遜意欲揭開其面紗的美麗神祕寡婦）由費·唐納薇飾。

書是根據他和當局稍早的一次爭執而寫成的：第二次世界大戰時，任砲兵軍官的索忍尼辛因在一封給朋友的信中批評史達林而遭逮捕。流放中亞3年多後，在未到場聆判的情況下，被判8年勞改。服刑時他記下其他受害者的故事，並於獲釋後將其訴諸筆墨。

索忍尼辛於1970年拿到諾貝爾文學獎之後（因爲擔心日後克里姆林宮不准他回國而未親赴斯德哥爾摩），定居於美國的佛蒙特郊區。儘管他的勇氣和創作才華（其他主要著作包括《伊萬·丹尼索維奇生命中的一天》和《癌症病房》）爲人尊敬，但在流亡期間也頗受爭議，尤以其對美國文化的無情鞭韃而遭到嚴厲批駁。他並非一名民主

美國國會盛宴款待索忍尼辛（圖左），但這位渾身是刺的蘇聯作家卻對美國政府不屑一顧。

人士，鼓吹以神祕的東正教爲基礎，在蘇聯建立溫和的專制政府。戈巴契夫於1990年恢復其蘇聯公民身分。1994年，索忍尼辛結束流亡生涯返回祖國。◀1966（11）▶1975（5）

1974

諾貝爾獎　和平獎：佐藤榮作和西恩·麥克布賴德（日本、愛爾蘭，裁軍運動）　　文學獎：艾文·詹森和哈利·馬丁森（瑞典，小說家）　　化學獎：保羅·弗洛里（美國，高分子）　醫學獎：帕拉德、德迪韋和克勞德（美國、比利時、比利時，細胞結構）　物理學獎：休伊什和賴爾（英國，電波天文物理學）　經濟學獎：米爾達和海耶克（瑞典、英國）。

當年之音

一個舞會皇后的復仇

摘自史蒂芬・金的《凱麗》，1974年

史蒂芬・金在第一部小說《凱麗》中，描述美國緬因州小鎮上一個笨拙的16歲少女，每天遭受惡毒的同學和宗教狂的母親無情羞辱。但她有一種祕密武器：遠距離探視和遙控能力。在畢業舞會上，她被逼到無法容忍的地步，於是這隻「天鵝群中的青蛙」利用超自然能力開始以牙還牙，發動血淋淋的報復。在下圖中的場景就是描述那些施暴者如何受到報應。這本1974年的暢銷書造就一次出版奇蹟並開啓了金的寫作生涯，他的恐怖小說在全球賣出一億多本。往後幾十年裏，他經常同時有兩本以上的暢銷書問世，當然還加上前本暢銷書的電影版，可以說是「一人工業」。這歸功於他發掘人際間驚悚成分的能力，並懂得用超能力來包裝此類題材。

他們上了他的車，而後他開始發動汽車。當他打開汽車的前燈時，克莉絲突然開始大聲尖叫起來，因爲有拳頭砸向她的臉頰。

比利也同時感覺到。某種東西浮現在他腦海

（凱麗 凱麗 凱麗 凱麗）。

凱麗正站在他們的前面，大約有21公尺遠。

汽車的遠光燈使她現了形，她就像身在黑白恐怖片中那樣可怕，渾身滴黏著鮮血，血大部分是從她自己身上流出來的。屠刀的柄依然插在她的肩上，晚禮服沾滿泥土和草屑。爲了破壞這棟旅館，她昏昏沈沈地從卡林大街朝此爬行了很長一段距離，或許這裏正是她開始進行死亡報復的地方。

她擺搖不定地站了起來，像個催眠家似地揮舞著她的手臂，而後跟蹌地朝他們走去。

這一切都發生於瞬間，克莉絲甚至沒有時間發出第一聲尖叫。反應敏捷的比利及時作出了反應，他把汽車換到低檔，鬆開離合器，把油門加到底。

雪佛蘭的輪胎與瀝青地面摩擦，發出了刺耳的聲音，而後就像一些又老又可怕的吃人者一樣突然向前衝去。擋風玻璃前的景物開始膨漲，同樣地，幽靈也更爲清楚了。

（凱麗 凱麗 凱麗 凱麗）

然後更大聲

（凱麗 凱麗 凱麗 凱麗）

就像收音機音量開到最大一樣。時間似乎靜止，他們就僵在那兒一動也不動：
比利

（凱麗像頭狗 凱麗像頭該死的狗 凱麗布魯西我希望凱麗會是凱麗你）

和克莉絲

（凱麗天啊沒有殺死她凱麗並不想殺死她凱麗比利我沒有凱麗去凱麗懂嗎凱）

以及凱麗本人。

（看車輪汽車車輪車輪我看到了車輪噢上帝我的心我的天我的心）

比利突然感到他的汽車失去了控制，有了自己的生命，在他手中滑動不已。雪佛蘭在煙霧中繞行了半圈，直排式排氣管轟然作響，隔板則急劇膨脹，膨脹，膨脹……

（這就是了）

他們盡力想把車速放慢到64公里，但車子仍然在加速，木頭在七彩的爆炸中飛濺開來。比利被拋向前，方向盤插入他身上。克莉絲則被拋進了儀表板。

油箱裂開了，汽油開始潑濺到車子的後部。一段直排式排氣管浸在氣油裏，汽油突然燃起一片火光。

在布萊恩・德帕瑪根據金的暢銷書改編並於1976年拍成的電影中，凱麗（西西・史派克飾演）對那些惡作劇者進行了可怕的報復。這些惡作劇者將她取名為舞會王后，只是為了羞辱她。滿身是豬血的凱麗，利用遙控功能使體育館著火，並對其敵人施予致命一擊。

「身爲西班牙人自有他的世界地位。西班牙萬歲！」

—— 大元帥佛朗哥在死前一個月，於1975年10月所做的最後一次公開演講

年度焦點

佛朗哥時代結束

1 82歲的法蘭西斯科・佛朗哥將軍對生命依舊執著，這種執著使他成爲西班牙的獨裁者達36年之久。他早已疾病纏身，但醫生和其鋼鐵意志屢屢將他挽回。1975年10月處死5個巴斯克恐怖主義分子後，引發全世界抗議，他集結15萬追隨者以打擊想廢黜他的「左派共濟會陰謀集團」。11月，這位強人的心臟終於停止跳動。他的繼承人，胡安・卡洛斯國王面臨一個可能引起內戰的選擇：繼續獨裁或實行民主政治。

對獨裁的不滿早已氾濫。當工業和觀光業的收入在60年代增長一倍後，新興中產階級開始渴求更大的政治和文化自由，抗議的學生冒著入獄和被刑求的危險大膽表達意願。以往親佛朗哥的天主教會也開始批判，受官方工會壓制的工人發動非法罷工。巴斯克分離主義分子進行恐怖行動，而加泰隆尼亞的分離主義者也在煽風點火。70年代當西班牙的「經濟奇蹟」轉爲經濟衰退時，騷亂四起。但儘管佛朗哥去世了，有軍方支持的

佛朗哥去世後兩天，卡洛斯王子被宣告爲西班牙國王，其妻索菲亞成爲王后。

右派少數獨裁者仍緊抓特權不放。

起初，大多數西班牙人都認爲才37歲的卡洛斯國王將不會或是無能挑戰舊秩序。他含糊地許諾將舉行選舉，但街頭抗議者依然常遭殘酷鎮壓。不過，新聞限制被廢止了，那些要求與佛朗哥主義進行「民主交戰」的人也有了公開討論的地方。事實上，國王個人渴求民主化但又耽心引來暴力活動。因此，他一邊與反對派領袖親密會談，一邊發表溫和談話並緩慢進行改革。1976年7月，他釋放大部分政治犯，並讓各政黨地位合法化（除了主張獨立者、無政府主義者和共產主義者之外）。他還以一位年輕鮮爲人知的專家政治論者阿道夫・蘇亞雷斯・岡薩雷斯換下了反動派總理卡洛斯・阿里亞斯・納瓦羅。9月，蘇亞雷斯總理公開一項提案，要以一個多黨議會（包括共產黨）取代目前的橡皮圖章議會，並於1977年舉行大選。

儘管佛朗哥時代的諸多壓制性法令在大選後仍然保留，但政府卻使其失去應有效用。而且，在佛朗哥去世一年內，西班牙便已享受到自30年代以來，從未享有的言論自由。◀1973（11）▶1981（5）

殖民主義

葡萄牙帝國的滅亡

2 1975年時，在作爲第一個殖民非洲（或其他大陸）的歐洲政權達5世紀之久後，葡萄牙也

1975年11月，安哥拉抗議者集結於羅安達總督府前。

成爲最後一個離開此大陸的國家。爲了對付安哥拉、莫三比克、葡屬幾內亞等地所發生的獨立運動，葡萄牙的右派獨裁政府進行代價高昂且不受歡迎的戰爭，也因此而於前一年被推翻。革命政權馬上解放幾內亞（後改名爲幾內亞比索），至此葡萄牙殖民帝國正式瓦解。

對上述3個殖民地國家，葡萄牙的統治嚴厲而苛刻，且不容許它們有自治權。但在莫三比克和安哥拉，後殖民時代的問題尤其複雜。莫三比克22萬名白人中的大多數由於擔心受到800萬黑人的報復，以及對薩莫拉・馬謝爾的毛澤東式政權不信任，紛紛逃往國外。有些人逃走時破壞資產，而且這些人的逃離亦造成了資金及技術人才的匱乏。其實，留下來的白人都得到了良好的對待。但馬謝爾致力於社會改革和集體化的努力，卻遭到鄰國南非和羅德西亞的破壞。這兩國襲擊莫三比克，以報復其支持聯合國制裁和反種族隔離游擊隊。同時，一支受南非支持，稱爲「莫三比克民族抵抗運動」的游擊隊，也發動一場反革命戰爭。

此外，白人也逃出安哥拉。同時，3個武裝民族主義團體爲權力

爭鬥不休。領導獨立戰爭的安哥拉人民解放運動組織（MPLA），是以詩人主席阿戈什蒂紐・內圖爲首的極左派，目的在凌駕各民族之上。受剛果人民支持，由奧爾登・羅伯多領導的安哥拉民族解放陣線（FNLA），與喬那斯・薩文比領導，以奧文本杜族爲主的安哥拉全國獨立民族同盟（UNITA）聯合，以挑戰內圖的統治。得到蘇聯武器和古巴軍隊援助的MPLA，與美國和南非支援的FNLA-UNITA，使安哥拉內戰從此不斷。◀1974（2）▶1984（邊欄）

中東

黎巴嫩衝突

3 長期混亂的黎巴嫩內戰，導因於基督教徒於1975年4月在貝魯特屠殺了一公車的巴勒斯坦人和回教徒。幾星期內，全國砲聲隆隆，政府處於癱瘓狀態。

內戰爆發前，貝魯特是中東沿岸地區的遊憩勝地。

衝突的根源須回溯到20年代，當法國從鄂圖曼土耳其帝國手中接收此區，而後建立了涵蓋黎巴嫩山區和敘利亞幾個地區的黎巴嫩共和國。由於這個國家的人口被均分爲回教徒和馬龍派天主教徒兩種，不穩定性一直隱隱浮現。黎巴嫩於1946年贏得全面獨立以後，便確立了一種將政權分散給各民族的制度。總統是標準的馬龍派天主教徒，總理是遜尼派回教徒，而國會議長則由什葉派回教徒擔任。1970年，由於成千上萬名巴勒斯坦人被逐出約旦進入黎巴嫩，大部分貧窮

藝術與文化　書籍：《拉格泰姆音樂》多克托羅；《精疲力竭的父親》唐納德・巴特黑爾梅；《JR》威廉・加迪斯；《幕府將軍》詹姆斯・克拉維爾；《韓伯的禮物》索爾・貝婁；《祕密傾聽》安東尼・鮑威爾；《時代之舞》的最後一冊；《凸面鏡自畫像》約翰・阿什伯利　**音樂：**《費城自由》約翰和托潘；《這些年後依然

「美國再也無力承擔好戰的冒險行動……15年前的美國，十分強大——但不再是了。」
——菲德爾·卡斯楚就美國越戰失敗所發表的談話

的農村回教徒，與較有特權的城市基督教徒之間緊張關係升高。回教徒人數因略佔多數，使基督教徒的地位受到威脅。巴解組織從黎巴嫩基地對以色列發動攻擊，遭到以色列轟炸黎巴嫩村莊做為報復（有許多馬龍派天主教徒也被炸死），促使右派的基督教分子也迅速攻擊他們的回教對手，其中包括巴勒斯坦人及本地人。

起初，敘利亞支持巴勒斯坦人，以及由卡邁勒·瓊卜拉特領導的左派回教運動。到1976年初，回教徒已處於勝利邊緣時，敘利亞總統阿薩德開始擔心以色列介入。他改變立場，派遣一支兩萬人軍隊赴黎巴嫩，從此基督教又重佔上風。這個國家被一條穿過貝魯特市瓦礫且備受爭議的「綠線」一分為二，基督教控制北部，回教徒統治南部。即使3萬名阿拉伯聯盟的和平部隊到達黎巴嫩，也未能使戰爭平息下來。黎巴嫩這個以前的中東金融和度假中心，從此成了地獄的前哨。◀1920（2）▶1982（2）

東南亞
西貢落入共產黨之手

④ 美軍撤出中南半島後，南越軍隊苦撐了兩年。當華府因面臨空前的預算赤字，決定中止援助之後，最後的結局終於在1975年來臨。3月，共軍佔領了順化和峴港。阮文紹總統於4月21日撤離。4月29日，美國政府下令在越南的一千名美國人聚集在西貢的美國大使館以進行撤僑。成千上萬的越南人也蜂擁而至，他們爬上美國大使館鎖上的大門及屋頂，爭相登上早已超載的直升機。共軍第二天到達西貢，西貢被改名為胡志明市，南北越合而為一。

1965年以來，大約有100萬共產黨人、20萬南越軍人及100萬名平民被殺，更多人因此殘廢。地上到處是未爆地雷、積滿水的彈坑（瘧疾媒介的蚊子在此孳生）。美國噴灑除草劑以使共黨無法播種或收成，同時也使越南的生態遭到破壞，化學物更導致疾病及殘障兒。

在美國駐西貢大使館的屋頂上，有幾十人衝向早已等候在此的直升機。

由於受到美國貿易禁運和共產黨政策限制，越南重建工作估計需要好幾代的時間。

美國的轟炸也對柬埔寨和寮國造成極大破壞，當地的共黨分別在4月及5月得到政權。柬埔寨的新統治者赤柬為了重建廢墟狀態的國家，撤出了城市；到了1979年，為追求政治及種族的純潔性，他們屠殺近200萬人民。5月，世界第一次見識到赤柬的偏執風格，他們俘獲一艘美國商船「馬亞圭號」，並扣押船員當人質3天之久。15個美國人在突擊船隻時死亡，但人質卻不在船上。後來，把人質藏起來的赤柬很快就釋放他們。◀1973（8）▶1977（8）

蘇聯
異議分子獲諾貝爾獎

⑤ 1975年，當諾貝爾獎委員會將該年度的和平獎頒給蘇聯物理學家安德烈·沙卡洛夫時，他們引用沙卡洛夫的話「世界和平除非是建立在尊重個人的基礎之上，否則將沒有永久的價值」。（蘇聯為了不讓他親自領獎而將其監禁。）身為蘇聯的氫彈之父，沙卡洛夫因從事反對侵犯人權的運動而背離他的政府。他對蘇聯政府的撻伐贏得全世界的讚揚，在國內卻遭到迫害。

1953年，32歲的沙卡洛夫成為最年輕的蘇聯國家科學院院士。他於1957年簽署的一項禁止核子武器試驗協議使他與政府產生隔閡，但政府仍給他一定的言論自由，因

為他太有價值，以至於只能把他視為一名古怪的天才加以保護。但到60年代中期，他的批評擴展到整個社會制度時便開始失寵。1968年，沙卡洛夫發表《對進步、和平共存

1977年沙卡洛夫在另一個異議分子列夫·科佩列夫的家中所拍的照片。

以及知識自由的反思》，一份呼籲公民自由、東西方關係緩和及停止軍備競賽的文章。這篇由《紐約時報》印刷、祕密流入蘇聯的文章，使沙卡洛夫一舉成為知名的國際政治人物。蘇聯政府對他的安全許諾馬上收回。

在獲得諾貝爾獎5年後，沙卡洛夫因為譴責蘇聯入侵阿富汗而遭逮捕，並被流放至一個高爾基的封閉城市。1987年戈巴契夫讓他重獲自由，又成為讓蘇聯政府頭痛的角色。1989年去世之前，他親眼目睹多項長期追求的改革已落實為法律。◀1974（13）▶1975（8）

瘋狂》保羅·賽門，LP；《反射》米爾頓·巴比特　繪畫與雕塑：《燒成的米色》肯尼士·諾蘭德；《囚籠環境》米開朗基羅·皮斯托萊托　電影：《飛越杜鵑窩》米洛斯·福曼；《大白鯊》史蒂芬·史匹伯；《洗髮精》哈爾·亞西比　戲劇：《美國野牛》大衛·馬默特；《明年此時》伯納德·斯萊德；《不毛之地》哈羅德·品特；《奇才》查利·斯莫爾斯　電視：《每次一天》。

「既沒有勝利也不存在失敗，既沒有贏家也沒有輸家。這是理性的勝利。」

—— 蘇聯共黨領袖列昂尼德·布里茲涅夫對赫爾辛基會議結果所作的評論

1975年新事物

- 家庭電腦（河鼓二號）
- 淡啤酒（米勒淡啤酒）

- 野牛和牛雜交成功（比法羅肉牛）
- 超級市場以電腦結帳
- 可拋棄式刮鬍刀
- 觸媒轉化器使用在汽車上
- 萊姆病（發現於康乃狄格州的萊姆，是因鹿蝨攜帶的病毒所致）
- 第一位美裔羅馬天主教聖人（伊麗莎白·安·賽頓）

美國萬花筒

胡佛失蹤

7月30日，頗具影響力的前卡車司機國際兄弟會主席吉米·胡佛從底特律城外的一間旅館失蹤。把兄弟會變成美國最大工會的胡佛，在1967年因藐視法庭、欺詐等罪名被判入獄，1971年被尼克森總統赦免13年的徒刑。可是他一出獄便違反釋放條件，試圖重掌兄弟會的領導權。在他失蹤的那天，按照程他應會晤黑社

會罪犯安東尼·普羅文札諾和安東尼·賈科隆。胡佛的屍體一直未能找到。◀1975（邊欄）

馬尼拉顫慄

1975年10月1日，穆罕默德·阿里和喬·弗雷澤在菲律賓進行了他們5年對峙以來最激烈的拳擊賽：「馬尼拉顫慄」（拳王阿里如是認為）。弗雷澤曾在1971年一場殘酷較量中擊敗過阿里，3年後兩人再度交手，則由阿里獲勝。全球共有65國、約7億電視觀眾觀看這場比賽，許多國家為此付出了高額的電視轉播費用。觀眾看到阿里快速有力的出拳將挑戰者打得落花流水，有一回合弗雷澤的教練甚至不等比賽終止

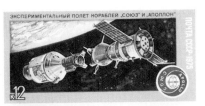

紀念太空對接的蘇聯郵票。

探險

兩個超級大國的太空連接

❻ 1975年7月17日，當他們的太空船繞著地球軌道運行時，美國空軍准將托馬斯·斯塔福和蘇聯空軍上校阿列克謝·列昂諾夫分別飄進連接兩艘太空船的通道，並相互握手。

發生於兩個敵對超級強國間的這一歷史性舉動（在太空的第一次國際會晤），起於理查·尼克森於1972年訪問蘇聯時所簽定的一項協議。蘇聯人一改慣常的保密做法，大方地請美國人參觀其太空基地，並直言不諱以前的太空探險失敗經驗，甚至出示聯盟16號太空船作為已克服困難的證據。美國國家航空暨太空總署（NASA）負責設計一個可供兩國太空船會合的指揮艙。按照雙方的協議，美國太空艙必須追逐蘇聯太空艙以進行對接，而蘇聯則在他們的太空艙上主持會晤。

兩國太空人都曾在雙方國家受訓，學習對方的語言以便溝通。共處的二天內，兩國太空人分別交換種子、紀念獎章及各自的徽章，並誓言友誼長存。然而在地面上，兩國的飛彈依然互相指向對方。◀1972（邊欄）▶1981（12）

體育

艾許贏得溫布頓網球賽冠軍

❼ 溫布頓一貫修剪如地毯的草皮和清一色的白色服裝，為1975年進入男子單打決賽的兩名美國選手提供了穩健背景。球網一端站著吉米·康諾斯，網壇有名的火爆浪子，但深受倫敦賭迷喜愛。另一邊站著亞瑟·艾許，一個少有的天才球員，以他的強力反手拍和砲彈式發球，搭配慣有的沈著。

艾許大獲全勝，才打4局就贏了，其中兩局還是一面倒，成為網壇最高賽事的第一位黑人冠軍。生長於維吉尼亞的里奇蒙，艾許的網球技巧是在市區的黑人公園裏學會的。他的父親是個喪妻的公園警察，不斷訓練艾許的自制力和維持尊嚴，這正是擊敗康諾斯跟後來的敵手的最佳武器。艾許共贏得51個公開賽冠軍，擔任職業網球球員聯盟的第一任主席，並成為網壇第一位非裔美國百萬富翁。因心臟病而於1980年退休後，艾許成為南非種族隔離政策和美國貧富不均現象的批評者。1988年，他出版一套3冊的黑人運動員史，書名為《走向光榮的艱辛之路》。

1992年，艾許宣佈感染了愛滋病，是心臟手術輸血時感染的。體認到愛滋病成為他下一個戰場後，建立一個為研究愛滋病籌措資金的

無論是在球場上還是在球場外，艾許（1991）都以鎮定自若及其勇氣聞名。

基金會，就成為他最後一次的良心之舉。艾許死於1993年，時年49歲。◀1957（邊欄）▶1976（9）

外交

赫爾辛基協定

❽ 歷經兩年馬拉松外交談判，歐洲安全與合作會議（CSCE）的與會者終於在1975年於赫爾辛基集會，簽訂了一套泛世界性的人權準則。至此，蘇聯陣營中的異議分子從此有了示威的依據。這項《赫爾辛基協定》的簽約國共包括33個歐洲國家、美國以及加拿大。

召開歐安會議的設想最初是由蘇聯外長維亞切斯拉夫·莫洛托夫於1953年提出的。莫洛托夫原本想以公開會議方式令戰後現狀成為定案，並使莫斯科的東歐帝國合法化。但歐洲安全與合作會議識破莫

布里茲涅夫在赫爾辛基會議上發表演講，但日後卻破壞該協定。

斯科慣常口惠不實的手法，提出蘇聯陣營各國家的憲法中須列有「主權平等」的條款。此外，奧地利還提出唯有國境內個人人權得到充分保障，國境的不可侵犯才有所憑仗。為了挽回面子並贏得貿易特惠權，蘇聯談判代表對以上兩項原則作出讓步。

《赫爾辛基協定》儘管沒有法律約束力，但政治影響力極大。再沒有一個國家敢大膽宣稱，該國對人權的侵犯僅僅是它自己的事。赫爾辛基會議之後，許多西方國家政府，特別是美國的卡特政府，開始將貿易問題與國家的人權狀況結合。而在蘇聯陣營內（特別是波蘭和捷克），持不同政見的領導者則視該協定為反對行動的強心劑。▶1977（2）

1975

「我不認爲這是首次登台。畢竟，沒有人看到我就説，『那就是首次登台的女高音！』」

—— 西爾斯在紐約大都會歌劇院首次登台發表的感言

科學
先天戰勝後天

⑨ 哈佛大學昆蟲學家愛德華·威爾遜在1975年出版《社會生物學：新的綜合》一書，成爲社會生物學中，以遺傳基因所導致的社會行爲做研究基礎的先鋒。作爲一名群居昆蟲學家，威爾遜斷言所有社會行爲都基於遺傳基因，且目

的是爲了提高遺傳密碼的存活率。他寫道：「生物體的主要功能，根本不是爲了複製其他的生物體；而是複製基因，並充當基因的載體。」換句話說，「生物體只是DNA爲製造出更多DNA的方式。」

威爾遜把動物界的利他主義現象，解釋爲一種本能性保護身旁共享基因者（例如「兵蟻」爲了抵禦入侵者，常不惜犧牲生命）。然而當他小心地將理論運用於人類時，卻招來知識界的騷動，特別是那些視環境爲社會行爲主要塑造者的學者（自然與天性相對）。他更被指控爲將複雜的人類行爲簡化爲簡單的化學規則。

事實上，威爾遜從不否認倫理所扮演的角色，也沒暗示10%以上的人類行爲是「預定的」。但是在天性與教養的爭論中，威爾遜的研究有助於「堅持天性重要」這派的理論思維建構。例如：皮亞傑深信智力的成長發生在生物上每個具決定性的階段；喬姆斯基的論點則是語言的「深層結構」是被編入大腦的程式中。◀1957（13）

恐怖主義
血腥的一年

⑩ 在那些表面和平的國家中，恐怖活動歷經10年後於1975年達到頂點，而且活動的動機和方法皆各不相同。2月，西德赤軍團中的成員（這個集團被稱作爲巴德爾－邁因霍夫幫）綁架一名西柏林政治家，成功地讓兩名入獄同

志被遣送至中東。4月，該組織在斯德哥爾摩的西德大使館劫持12名人質，要求西德政府釋放其26名成員。而後兩名外交官被殺，恐怖分子被俘。對於已經入獄的安德烈亞斯·巴德爾、烏爾麗克·邁因霍夫和其他領導人的審判於5月展開，最後以他們的自殺告終，邁因霍夫於1976年自殺，而巴德爾則於次年自殺。

10月，愛爾蘭共和軍綁架了一名荷蘭實業家，將他監禁於都柏林附近達數週之久。11月，愛爾蘭共和軍又炸毀了一名英國國會議員的倫敦寓所，炸死一名無辜民眾。同月，義大利赤軍旅綁架並毆打一名熱那亞工業官員，隨後在一個垃圾場釋放他。土耳其派駐維也納和巴黎的大使遇害，而亞美尼亞和希裔賽普勒斯的民族主義者則宣稱是他們的傑作。

12月，來自南摩鹿加群島（東印度尼西亞群島的一部分）的分離主義者，在阿姆斯特丹的印尼大使館脅持了幾名人質，乘上一輛荷蘭火車，一名工程師和兩名乘客被殺。前巴勒斯坦游擊隊隊員，在惡名昭彰的「卡洛斯」領導下（一個委內瑞拉的自由作家及恐怖分子，其真名爲伊里奇·拉米雷斯·桑切斯），在維也納俘虜了石油輸出國家組織的石油部長。脅持者帶俘虜劫往庇護殺手的利比亞和阿爾及利亞二國。新年前兩天，由波多黎各民族主義分子引爆的一顆炸彈，在紐約的拉瓜迪亞機場炸死14人。▶1978（6）

音樂
大都會的「氣泡」

⑪ 1975年4月7日貝弗利·西爾斯在紐約大都會歌劇院首演時，一出場便贏得全體觀眾起立鼓掌。自1955年加入紐約市歌劇院，這位45歲的花腔女高音（原名

西爾斯（中）在大都會歌劇院首次登台，飾演羅西尼《包圍科林斯》中的潘蜜拉。

貝莉·斯爾佛曼，因奔放沸騰的唱腔而享有「氣泡」美譽）成了美國第一位不曾在大都會歌劇院或歐洲一些大歌劇院演出的女明星。1969年她在斯卡拉劇院登台，從那時起便以絕妙嗓音（「清晰圓潤有如磷光」一位評論家寫道）和一流的舞台表演確立其最優秀的歌劇女首席地位。只因與大都會歌劇院的總導演魯道夫·賓爵士不和，西爾斯才一直被拒於他的林肯中心舞台外。

賓的繼任者，斯凱勒·柴品邀請西爾斯演唱該歌劇院作品：羅西尼《科林斯之圍》。許多女歌唱家在她這個年紀都已隱退，她卻仍以傑出的表演讓觀眾如癡如醉。她著名的轉唱方式是先採花腔女高音唱法，重複唱時再轉爲柔和高音唱法。後來，西爾斯嘲諷說：「這是我的最後一次首演。」5年後她隱退，但繼續擔任紐約市歌劇院的總導演。◀1959（6）▶1990（8）

的鈴響，便將毛巾丟上台自動認輸。◀1964（11）

大師中的大師

4月13日，傑克·尼克勞斯在喬治亞州的奧古斯塔第5度贏得名人高爾夫球賽的冠軍。不可諱言的，這位「金熊」是高爾夫球史上最優秀的選手，共贏得5次職業高爾夫球錦標賽冠軍、4次美國公開賽冠軍和3次英國公開賽冠軍，他在1963年贏得名人高爾夫球賽時是最年輕的冠軍得主（23歲）；而在1986年第6次獲

得名人高爾夫球賽冠軍時，他成了年紀最大的冠軍（46歲）。◀1964（邊欄）

僥倖脫險

9月5日，當福特總統巡視薩克拉門多時，被一位查理·孟森的信徒，名爲萊內特·弗羅姆的婦女用槍瞄準，但隨後馬上被特勤組探員奪下槍枝。17天後，一名曾是聯邦調查局線人的女子莎拉·珍·摩爾，從舊金山街上的人群中走出來，用手槍射擊總統，不過沒有打中。◀1974（1）▶1981（邊欄）

紐約市財政告急

6月到12月期間，紐約市一直爲每月高達10億美元的債務支出而苦惱。爲避免破產，投資銀行家菲利克斯·羅哈廷和市長休·凱里建立了市政府援助公司和緊急財政控制委員會，但這需得到聯邦資助。10月29日，福特總統宣佈他將否決此類所有提案，第二天《紐約每日新聞報》的頭條標題改變了福特的想法：「福特的城市觀：去死吧」。面對媒體炮轟的壓力及擔心紐約市財政崩潰將導致國際金融浩劫，福特讓步了。12月18日，批准近20億美元的聯邦融資案。▶1980（13）

爆破小組在倫敦舊龐德大街上，小心地通過遭愛爾蘭共和軍襲擊後造成的廢墟。

美國政治與經濟 國民生產毛額：1兆5991億美元；投票須有識字能力的要求被廢除（語言上的少數民族納入投票權法令中）；最高法院法官威廉·道格拉斯任職36年後宣佈退休（他在最高法院的任期最長）；福特總統簽署1975年能源政策和節約法（對石油進口採配額制）、公制轉換法令。

「舞者為了表演賣命演出。他們累得像狗一樣，拿的薪水比其他人少，而且從未得到真正的肯定。我想做一齣以所有舞者為主角的舞台劇。
——《歌舞線上》的導演兼編舞者班奈特

環球浮世繪

波蘭開門

拋開第二次世界大戰的傷痕，波蘭和西德共同簽署了《1975條約》，准許約12萬名生活在波蘭的德國人移民至西德。為了回報這些簽證，西德波昂的赫爾穆特‧施密特政府同意支付波蘭23億德國馬克（約9億美元），作為二次大戰期間納粹佔領波蘭的賠償。
◀ 1974（3）▶1976（邊欄）

中國埋藏的寶藏

在對公元前221年至206年中國統治者秦始皇的陵寢進行一次考古挖掘後，1975年一項宣佈指出，該陵寢的寶藏足可令圖坦卡門的皇陵相形見絀：大約有8千個真人大小的陶製士兵（見下圖），裝備有真正的石弓、矛和劍；青銅製的馬和戰車；還有

1萬多件金、玉、絲和鐵製品。這個古蹟地點在陝西省西北的西安市附近，是一位農民在鑿井時發現的。◀ 1922（3）

帝汶種族滅絕

印尼於1975年併吞了原葡萄牙殖民地東帝汶（地處帝汶島，距澳洲西北海岸約644公里）。右派蘇哈托政府把這次行動稱作是對共產主義滲透的防衛，聯合國則稱之為赤裸裸的侵略。在美國的默許下，蘇哈托繼續堅持。他的軍隊及戰爭導致的饑荒問題，在5年內使60萬總人口喪生一半。◀ 1966（13）

「不名譽」宣言

11月10日，聯合國大會挑釁性地將猶太復國主義（錫安主義）貼上「種族優越主義和種族歧視」的標籤。隨同這項煽情決議（美國代表丹尼爾‧帕特里克‧莫伊尼漢指它為「不名譽」），也要求巴勒斯坦解放組織參與中東和平談判。這一決議於1991年被撤銷。◀ 1904（邊欄）▶1993（1）

《歌舞線上》中參與甄試的舞者，奇怪且毫無個性地站在其8×10吋大頭照後。

戲劇

一種純粹的感覺

《歌舞線上》這齣戲既孤立又普遍，描述18位舞者應徵一齣百老匯歌舞劇演員的過程，觸及的主題引起激烈迴響，如雄心、競爭、個性和一致性。這齣戲於1975年4月在紐約莎士比亞節公共劇院首演，不久即被搬上百老匯的舒伯特劇院，連續演出15年，演出場次高達6137場。

這作品源於導演兼編舞（以前的舞蹈演員）麥可‧班奈特的信念，認為舞者是音樂劇團中最不受重視的一員。班奈特召集一批不同舞者進行兩次深夜會談，並且暗自錄下這些談話。在紐約莎士比亞節主持人約瑟夫‧帕普的支持下，班奈特與作家兼舞蹈家尼可萊‧丹第、劇作家兼小說家詹姆士‧柯克伍德、作曲家馬文‧漢米許以及作詞家愛德華‧克雷班共同完成編舞、劇本和歌曲，並請舞者排演。

評論家們在書上抨擊這齣舞台劇的劇本、單調佈景（黑佈景、一面巨大的排練鏡以及在地板上畫的一條白線），甚至舞蹈本身。該悠揚、創新（帶點笨拙）的配樂產生了一首暢銷曲：「為愛所做」。《歌舞線上》共獲得9次東尼獎和1次普立茲獎，而且到1990年時票房收入已高達5000萬美元左右。◀ 1970（12）

音樂

老闆

1975年發行具突破性的專輯《生來要跑》後，布魯斯‧史普林斯汀得到同時登上《時代》週刊和《新聞週刊》封面的殊榮。這位生於新澤西州的歌手兼吉他手被視為「新鮑伯‧迪倫」及「自貓王以來最偉大的歌手」。對歌迷而言，他對小城鎮及工人階級青少年的沙啞呼喚便如惠特曼的詩句。他樸實的樂風無疑為浮華的迪斯可和渲染、頹廢、無力的搖滾樂壇注入一股清流。這張唱片在6週內賣出了100萬張，事實證明「老闆」（大眾對他的慣稱）來了。

經營上的麻煩使他在之後3年未能灌製唱片，但早在《生來要跑》成功前，他那精力旺盛的現場演唱就贏得眾多崇拜者，因此他繼續巡迴演唱，並為其他歌手寫歌（《因為那一夜》是龐克搖滾歌手派蒂‧史密斯唯一的暢銷曲）。指針姊妹和羅伯特‧帕瑪則都灌錄了《激情》）。第二張憂鬱風格的《城市邊緣的黑暗》，證實他是位嚴肅的藝術家。1980年的《河流》是他首張登上榜首的專輯。1984年，《生於美國》產生4首熱門單曲（雷根甚至曾引用其主打歌歌詞），至此，史普林斯汀成為全球最偉大的搖滾歌星。◀ 1975（邊欄）▶1980（當年之音）

史普林斯汀（右者）及薩克斯風手克拉倫斯‧克萊蒙斯，向藍領階級致敬。

電影

納許維爾鎮

自40年前電影工業全盛時期以來，美國70年代主流電影的品質比任何時代都好，而羅伯特‧阿特曼於1975年出品的電影《納許維爾鎮》，無疑是這年代的巔峰產品。對此，影評家寶莉娜‧凱爾說：「我從未看過一部這樣讓我喜歡的電影，《納許維爾鎮》是美國電影史上最好的長篇電影。」

阿特曼因其反戰喜劇片《外科醫生》（1970）和修正主義派的西部片《花村》（1971），而早已備受讚揚。他以鄉村歌曲的商業首都納許維爾鎮為舞台，揭露美國的各種狀態。電影隨24個人物打轉，包括音樂家、追星族和一名殺手，全片氣氛詭譎貪婪。隨著親情和友情因背叛、疾病、死亡和性而分裂，這些個體破滅了；沒錯，阿特曼在

在半崩潰的狀態下，一個貌似洛雷塔‧林恩的歌手（羅尼‧布萊克利飾演）出席為他召開的返回納許維爾鎮記者會。

暗示的是整個國家已然殘破，而這皆拜暴力、拜金主義、空洞的政治及民眾的冷漠所賜。當一名鄉村歌手在一位無趣的總統候選人的集會上被槍殺時，其餘的表演者和聽眾卻因正唱著名為《它不令我煩惱》的歌而神情激昂。

阿特曼獨特的靈活手法，輕易地就使這部長達159分鐘的電影流暢俐落，此外電影的畫面跟配樂更是生動細微。演員陣容包括莉莉‧湯姆林、內德‧貝蒂、傑拉爾丁‧卓別林、亨利‧吉布森、羅尼‧布萊克利、基思‧卡拉丹和芭芭拉‧哈里斯，與阿特曼一起編寫對白的編劇胡安‧條克斯柏立。一些演員寫歌或幫著寫歌，結果令人驚訝：卡拉丹作的《輕鬆自在》甚至贏得奧斯卡音樂獎。▶1977（12）

諾貝爾獎　和平獎：安德烈‧沙卡洛夫（蘇聯）　　文學獎：歐根尼奧‧蒙塔萊（義大利，詩人）　　化學獎：約翰‧康福思和弗拉基米爾‧普雷洛格（澳大利亞、瑞士，生物分子）　　醫學獎：大衛‧巴爾的摩、霍華德‧特明和勒納托‧杜爾貝科（美國，病毒）　　物理學獎：詹姆斯‧雷恩沃特、本‧莫特爾松和奧耶‧波耳（美國、美國、丹麥，不對稱核子）　　經濟學獎：列昂尼德‧坎托羅維奇和恰林‧庫普曼斯（蘇聯、美國）。

紐約傳來的最新消息

摘自《週六夜現場》中的《週末快訊》，1975年11月

「這裡是週六夜現場！」這是1975年10月11日起，美國國家廣播公司在黃金時段後所播出的喜劇節目的開場白。這齣午夜節目大受歡迎，為繼羅萬和馬丁的《大家笑》以來，最有影響力的電視喜劇片。當時公告的常駐節目搞笑演員名單上，寫著「還沒準備好上黃金時段的演員」，而在今天看起來這份名單就像是超級喜劇明星的名單：丹·艾克洛德、約翰·貝盧旭、吉維·蔡斯、珍·寇汀、吉爾達·拉德納、加雷特·莫里斯、拉雷恩·紐曼以及之後加入的比爾·墨瑞和艾迪·墨菲。滑稽又諷刺的短劇——蔡斯的

《週末快訊》以挖苦新聞為主（見下文）；《錐頭一家》的演員有寇汀、艾克洛德以及紐曼，以一個外星球古怪家庭為主題，模仿並嘲弄50年代的家庭，吸引了大批年輕忠實觀眾。到1980年，最初的演員都已離開，大多去拍電影且相當出色，如貝盧旭和艾克洛德的《福祿雙霸天》以及艾克洛德和墨瑞合演的《魔鬼剋星》，但這節目因有新血不斷注入依舊成功。首播至今已有20年，丹納·卡維跟麥克·梅耶斯等人使得《週六夜現場》依舊生氣勃勃。

◀ 1969（7）

晚安！我是吉維·蔡斯，你不是！

今天最新消息，非洲小國查德已把國號改為布萊恩。依據第三世界團結一致的精神，坦尚尼亞則改國號為黛比。剛剛進來一則新聞：大元帥法蘭西斯科·佛朗哥仍處於死亡狀態。國務卿季辛吉今天宣稱，他已厭倦在大眾面前使用其可笑的鄉音，今後將用標準英語發表演說，而這對於他講話內容將毫無影響。在喬治亞州阿森斯的商會發表的演講中，總統候選人喬治·華萊士說：「我決不以人的膚色判斷一個人，我對人的判斷通常是根據他在黑暗中微笑時，你能不能看清

上圖，從左上方順時鐘方向，《週六夜現場》最早的演員陣容：吉維·蔡斯、吉爾達·拉德納、丹·艾克洛德、珍·寇汀、拉雷恩·紐曼、加雷特·莫里斯以及約翰·貝盧旭。上圖，蔡斯在《週末快訊》模仿一名奉承觀眾的新聞主播。

楚他。」聯合國兒童基金會本週飽受攻擊，原因是敘利亞對該會今年的慈善聖誕卡提出正式抗議。聖誕卡有10種不同語言版本，上面寫道：「讓我們殺了阿拉伯人並奪取他們的石油！」。剛到的新聞快報：消息來自西班牙馬德里，目前大將軍法蘭西斯科·佛朗哥依然處於死亡狀態。醫生說，他這種狀態並未改變。世界各國對安哥拉的局勢持續感到迷惘。據聞日本首相曾表示：「我一直以為安哥拉是羊毛衣。」

晚安，各位，祝您有個快樂的明天！

「我們的任務依然未竟，或許得花上一千年時間。鬥爭讓我們心力交瘁，頭髮也都白了！
你我交情匪淺，難道就這樣眼睜睜看著我們的所有努力毀於一旦嗎？」 —— 毛澤東致周恩來的一封信，1974年

年度焦點

毛澤東和周恩來去世：一個時代結束

1 毛澤東去世之前，已被神化到不可思議的地步。他是中國共產革命的首腦和中樞人物，地位有如帝王之尊。他無處不受到8億中國人民的崇拜：他的肖像掛在每一個家庭裏，他的話被奉爲經典，他的名字受到大力頌揚（「毛主席萬歲！萬萬歲！」），但他也愈來愈陷入帝王般的孤立——遠離人民，也遠離其一手成立的政府。疾病纏身的毛澤東於1976年9月9日去世，享年82歲。

上百萬人聚集在北京天安門廣場哀悼其領導人，他的遺體被安放在一個透明水晶棺木內。但悼念者未察覺到偉大舵手接班人的權力鬥爭已達高潮。1949年以來即擔任國務院總理的周恩來（在毛澤東晚年能發揮穩定作用的影響級人物）於1976年1月去世前，早已培養省級官員華國鋒爲繼任人選。當時華國鋒擔任中國共產黨黨主席一職。但其他人仍在旁虎視耽耽：毛澤東發動的破壞性社會運動及個人專制風格已使該黨分裂成對立派系。

極左派代表是爲人專橫的江青，她是毛澤東的遺孀，領導著名的「四人幫」（主導文化大革命的中共政治局小團體，文化大革命乃毛澤東爲肅清不純正思想意識而發動的無政府主義內戰）。右派代表則是中共政治局委員鄧小平，一位政治鬥爭的專家，也是江青及其盟友的死對頭。2000萬農民死於大躍進（開始於1958年釀成災難的經濟計畫）期間後，鄧小平試圖進

對中國人民而言，毛澤東（上圖）是一位幾乎如上帝般的領導人。

行改革。由於被整肅爲「走資派」，鄧小平被下放到一間拖拉機廠，直至周恩來於1973年恢復其官職；而後他在黨內培育溫和派人士。周恩來去世後，毛澤東再次將鄧小平打入政治冷宮。

爲了爭奪控制權，華國鋒發動首次攻勢。10月，他逮捕江青及其黨羽，爲鄧小平打開了政治大門。鄧小平於1977年再度復職後，掌握了黨內的政治實權，逐漸削弱華國鋒的權力。對思想意識的管束很快就被解除：其中一項是對貝多芬的禁令。毛澤東發動的大革命正轉向無法預知的方向。（編按：鄧小平於1997年去世）◀1972（2）▶1980（10）

瑞典
社會主義窒礙難行

3 1976年9月進行的國會選舉中，瑞典選民推翻社會民主黨長達44年的統治（主政最久的非

蘇維埃歐洲政黨），而讓中間派、溫和派及自由派等政黨獲得50.8%的多數票。中間派政黨領導人托比約恩·法爾丁（左圖）是一位如慈父般的農夫，接替溫文爾雅卻又驕傲自大的社會黨人奧洛夫·帕爾梅擔任瑞典總理。

就某方面來說，社會黨的統治和管理頗有建樹。由於瑞典實行全世界最高的稅率制度（高達國民總收入的40%），使瑞典成爲西歐諸國中社會福利最完備的國家。其內容包括健康保險、兒童津貼、租屋津貼、教育補助及老年救濟金等。瑞典的生活水準因此相當高，失業率極低，勞工關係普遍趨於平穩。但隨繁榮而來的卻是對政府權力日增的不滿。許多薪水階級對導演英格瑪·柏格曼表示同情，因爲他被收稅員逼迫而自我放逐。而且儘管90%的經濟仍爲私人掌控，但資本家擔心社會主義者計畫將商業的部分控制權轉移到工會手中。

然而，選舉的最大議題卻是核能問題。爲了減少瑞典對外國原油的依賴，帕爾梅擬定了一項有關興建核子反應爐的遠大計畫。法爾丁則認爲此舉勢必造成環境破壞，因此持反對態度。自從投票年齡放寬到18歲之後，法爾丁的立場在首次選舉中就吸引了關心生態環境的年輕人。

但事實證明法爾丁這位新總理並不能阻止核能計畫。由於遭到挫敗，法爾丁於1978年辭職；他的自由派政黨接班人奧拉·烏爾斯滕組成了一個自豪其女性成員比例達有史以來最高（佔三分之一）的內閣。經過1979年的大選，法爾丁重新執政。但是全球性經濟蕭條逐漸破壞其政策，而1982年，選民重新

選擇社會黨人士及帕爾梅來執政。
◀1950（邊欄）▶1986（ ）

體育
奧運會的寵兒

3 在1976年舉行的蒙特婁夏季奧運會上，一名14歲的羅馬尼亞女子體操選手跳上了高低槓。86磅的納迪亞·科馬內奇輕巧地躍入空中，開始一連串空中跳躍、回旋以及轉體動作，將其職業體操生涯推向一個新紀元。有時她似乎在槓上懸垂不動，擺脫了地心引力；有時她又以肢體表演出旋轉動作。比賽結束時，科馬內奇以7個滿分（完美的10分）的最高分獨得3面金牌。

教練貝拉·卡羅伊（在訓練出獲勝的羅馬尼亞體操隊後投誠美國）在一個學校操場上發掘科馬內奇，當時她才6歲。她很快成爲常勝軍，同時令其他年長對手如蘇聯的奧爾加·科布等黯淡失色。然而即使是一名體育明星，在羅馬尼亞獨裁統治下的生活卻極為艱難。勝利是屬於共產主義的，而失敗卻被視爲國家的恥辱並往往因此被國家隊開除。具有體育天賦和發展前途的孩子們被帶離家人，送往體育訓練營，在那裏他們每天進行連續數

在蒙特婁夏季奧運會上，科馬內奇所表現出的完美平衡。

小時的集中訓練。爲了提高競技水準，一些運動員被迫服用危險藥物。科馬內奇就曾經因爲服藥而飲食失控，並在15歲時企圖自殺。儘管她又連續贏得幾次國際比賽，但再也無法恢復蒙特婁奧運會時的體

1976

「我們受壓迫，不是因爲個人，也不是因爲我們是祖魯族人、克索薩斯人、文達什人或者是印第安人。因爲我們是黑人，所以受壓迫。」
—— 南非學生運動活躍分子比科

警方開火後，索韋托的一場學生示威遊行演變成大規模暴動。

能狀況。她於1989年投誠美國。
◀1972（邊欄）▶1976（邊欄）

南非
索韋托暴動

4 1976年6月16日，一萬名抗議歧視南非黑人學校的學童平和地經過索韋托鎮區（約翰尼斯堡零亂、貧困的黑人郊區），前往露天體育場參加一項集會。一名白人警察扔了一枚催淚瓦斯彈，之後，其他鎮暴警察將自動武器瞄向邊走邊唱的黑人遊行隊伍，至少殺死4人，引發了索韋托暴動，此乃自60年代初以來，警察鎮壓黑人暴亂最血腥的事件。至1977年底，暴力衝突已奪走了一千多條人命。

南非隔離性的班圖教育體制成立於50年代，強迫黑人自費到陳舊的學校上課，校內教室擁擠不堪、教師資格不符和課程粗糙（白人的學校教育則是免費的）。1975年，政府下令黑人中等學校中的主要科目（即與木工和縫紉等術科相對的）一律採用南非荷蘭語講授（以前所有課程均採用英語講授）。這種政策其實是認定黑人學術上的無能。黑人小學在教室裏採用各種不同的非洲方言（一種爲加深黑人種族分歧所設定的政策）；現在，黑人學生爲了完成學業，不得不同時

熟練兩種官方語言。這項法令引發了在索韋托屠殺中達到頂點的暴動浪潮。

南非學生運動的坎坷歷史曾造就一位偉大英雄：史蒂夫・比科。1968年，他還在醫學院就讀時便與他人共同成立南非學生組織，是該國第一個全部由黑人參加的反種族隔離青年團體（更早的學生組織由白人自由黨人士控制）。比科和南非學生組織是更爲廣泛的黑人自覺運動的一部分，後者致力於克服自卑感，因爲它使國內被壓迫的多數黑人受盡折磨。該運動強調黑色驕傲，堅持認爲黑人必須掌握他們自己的、理想上非暴力的解放運動。比科的行動處處遭到官方限制（即禁止他參加政治活動，禁止他離開小鎮，以及禁止他和一人以上交談），並且不斷遭到官方莫名的拘捕。1977年比科在警方監禁中死去，享年30歲。共有12位政府首長參加了他的葬禮。◀1960（6）▶1983（邊欄）

科學
能發揮作用的人造基因

5 印度裔美國生化學家哈爾・戈班德・科拉納領導的一個麻省理工學院科學小組，於1976年製造了第一個人造基因（遺傳的基

本單位），並且能在活細胞中起作用。這項成果與早期的試管合成基因有所不同，完全是自行製造而成，沒有使用自然基因作爲模型。科拉納的突破加劇了大眾對基因工程的不安：雖然重新組合去氣核糖核酸（DNA）的技術在未來能預防遺傳疾病，但是想到科學家們利用它來預先決定一個人之性別、膚色或智力，則讓人不寒而慄。

實際上，生物化學距離生產訂製人類的過程還很遠。科拉納及其24位博士後研究助理合成的是產生酪氨酸轉化核糖核酸（RNA）的基因，能修正基因突變。這種基因自然存在於一種常見的大腸桿菌 *Eschcrichia eoli* 中，而且它的控制部分由大約200個相連的核甘酸（DNA和RNA的基本成分，通知酵素在何處開始和停止建立RNA的化學信號）組成。單單一個人類細胞就包含大約60億個核甘酸。

這項實驗源自科拉納於1970年主持的一項實驗：利用酵母將產生

麻省理工學院的科拉納。他重新化合DNA的實驗使他贏得諾貝爾獎。

丙氨酸轉化RNA的基因，並予以合成，這是有史以來實驗室中製造出的第一個基因，無法在活細胞中運作。經由兩位美國生化學家先前的努力，才有可能用人工方法製造酵母基因。（後來科拉納與他們共同獲得1968年諾貝爾醫學獎。）馬歇爾・尼倫伯格證明DNA由4種基本化學物質組成，而羅伯特・霍利則確定（於1964年）丙氨酸轉化RNA的結構，使科拉納得以推演出產生它的基因結構。科拉納隨後以實驗室製造的核甘酸來組合基因，所費的工夫不亞於將一堆零件組裝成一部汽車。◀1967（11）▶1978（1）

1976

「不能如我們所願而生存，不能依我們應該生存的方式——用我們自己的語言和按照我們自己的方式，
那就像是缺了手和腳——或許也缺少一顆心。」

—— 萊韋斯克於1968年出版的《面臨選擇的魁北克》一書

1976年新事物

- 六星上將（授予已故喬治‧華盛頓的官階）
- 美國軍事院校招收女學員
- 美國電視新聞女主播（芭芭拉‧華特絲任職美國廣播公司）
- 羅德獎學金授予女性學者
- 插撥

CONRAIL

- 聯合鐵路公司（美國政府將東北部7家倒閉的鐵路公司重組而成）

美國萬花筒

200週年狂歡

7月4日，美國全國以各項活動慶祝200週年國慶。當太陽從東北端的緬因州海岸升起時，慶祝活動即正式開始，並延展到全美各

大城市（紐約市在紐約港舉行高桅船比賽來慶祝）以及小城鎮（華府喬治城的居民烘焙了一塊5.6平方公尺的大櫻桃派）。
▶1986（邊欄）

個人電腦革命

來自加州的大學退學學生史蒂文‧喬布斯和史蒂文‧沃茲尼亞克，1976年開始推銷蘋果一號電腦。這家公司專門生產廉價、好用的家庭電腦，其第一代產品掀起了個人電腦革命。由於沃茲尼亞克工程技術的天分，加上喬布斯企業家敏銳的洞察力，使得他們在車庫營運起家的蘋果電腦公司一躍成為美國歷史上發展最迅速的公司。◀1971（5）
▶1981（10）

美國退伍軍人受襲擊

在美國200週年的慶祝活動期間，一種類似肺炎的不知名疾病侵襲了在費城一家飯店召開的美國退伍軍人協會

加拿大
對分離主義者投贊成票

6 魁北克黨於1976年11月贏得魁北克省議會110個席位中的71席時，加拿大人無不感到驚訝：加拿大主張分離主義的黨派有史以來第一次贏得勝利。這個大部分說法語的省佔有全國四分之一的人口和國民生產毛額；一些加拿大最大企業的總部都設在魁北克省。如果新政府將其分離主義（和社會主義）思想付諸實施的話，國家貿易將遭到重創。

然而魁北克黨比好戰的魁北克解放陣線溫和得多，後者的恐怖主義甚至使許多分離主義者對它敬而遠之（據民意測驗顯示，主張分離主義者只佔魁北克人口的11%到18%）。新總理暨魁北克黨創始人及前電視評論家汝內‧萊韋斯克希望能達成共識。他的政黨以抨擊分離論和強調前任政府的經濟錯誤，打敗了執政的自由黨和保守的國家聯合黨而贏得多數席位。（事實上，魁北克的自由黨政府曾藉由使法語成為該省官方語言，和脫離渥太華尋求更大自治權來迎合魁北克人的國家主義；自由黨聯邦政府在法裔加拿大人皮埃爾‧杜魯道的領導下曾倡導官方雙語主義。）魁北克黨人士還指出，魁北克省的持續貧困，證明加拿大的英語系多數人口絕不會讓法語系的少數居民享有完全的平等。萊韋斯克政府也警告在這個英語佔優勢的國家中，法語文化已經衰微，並使越來越多的魁

北克人相信魁北克省必須是「一家之主」。但是當1980年為獨立與否舉行公投時，大多數人仍不願冒脫離聯邦後的經濟風險，選擇了「不」。
◀1970（11）
▶1992（5）

雙語言標示的路牌反映出加拿大的國家政策。

阿根廷「失蹤」人口的母親們高舉著人名和照片示威遊行。

阿根廷
骯髒的戰爭爆發

7 1976年推翻伊莎貝爾‧貝隆總統的官員期望此次政變是阿根廷的最後一次。20年來該國一直由無能的政府統治。1974年貝隆夫人接替已故丈夫胡安的總統職位，卻表現得比她的前任者更加無能：左派和右派的貝隆主義分子發動更多恐怖攻擊，通貨膨脹率超過300%。得到阿根廷中產階級（南美國家中規模最大）支持的反叛分子，在陸軍中將老熱‧拉費爾‧魏地拉領導下，將這位前舞蹈演員軟禁在家裏。當他們宣佈以「道德、正直和效率」再教育阿根廷人民時，一種「適合（他們的）現實、需要和發展」的民主政治便會應運而生。

為使那天早日到來，執政團開始根除阿根廷左派力量。為了避免70年代初巴西安全部隊試圖進行類似行動而招致的批評，執政團大多祕密進行其自稱的「骯髒的戰爭」。除了監禁和拷打數以千計所謂的顛覆分子外，軍方利用非官方的「敢死隊」綁架和暗殺（或失蹤）的人數高達二萬人。甚至連溫和派的政府評論家都噤若寒蟬；在失蹤人口中，實際參加左派游擊隊的比例仍不得而知。然而政府仍無力拯救經濟。起初一項緊縮計畫雖減緩了通貨膨脹，卻是以降低工資為代價。工業的非國有化和鼓勵外資導致投機現象猖獗，同時勞動生產率降低，失業率上升。1982年，隨著物價再次飆漲，執政團決定發

動另一類的戰爭。◀1973（3）
▶1982（1）

日本
洛克希德醜聞案

8 1976年，日本前首相田中角榮（下圖）因收受美國洛克希德飛機公司回扣而被逮捕一事轟動全日本。田中首相可能受賄之事於2月曝光，當時洛克希德總裁向美國國會證實，曾花費1200萬美元以上來賄賂商業鉅子。他認為行賄是控制日本（包括其他國家）商業的唯一途徑。7月，日本調查人員查出部分贓款與田中有關。田中成為醜聞案中第15個被捕的人。

田中是保守的自民黨（二次大戰以來該國的主要政黨）領導人，1974年由於為其個人財務過失辯解而辭去首相職位，但仍保留國會席

位，並且因與商界關係密切而繼續發揮無比的權力。但洛克希德醜聞對他相當不利，觀察家猜測其政治生涯

將因此結束，甚至可能毀了自民黨。事實是，當各個反對黨派（最著名的當屬公明黨）在1976年選舉中表現得十分出色時，自民黨仍繼續執政。外號「垂簾幕府將軍」的田中雖然被迫辭去自民黨職務，但是一直到80年代，仍然是日本重要的幕後權力操縱者。◀1973（7）
▶1989（5）

體育 **棒球**：世界大賽，辛辛那提紅人隊以4勝0負擊敗紐約洋基隊；舉行首次大聯盟自由經紀人選拔 **奧林匹克運動會**：在因斯布魯克和蒙特婁舉行（布魯斯‧詹納贏得十項全能冠軍） **美式足球**：超級盃，匹茲堡鋼鐵人隊以21:17擊敗達拉斯牛仔隊 **籃球**：NBA，波士頓塞爾提克隊以4勝2負擊敗鳳凰城太陽隊 **網球**：變性人勒妮‧理查茲被禁止參加美國網球公開賽

1976

「以傳統觀點來看我並不英俊。眼睛下垂、嘴巴歪扭，齒列也不正，聲音聽起來像某個黑手黨抬棺的傢伙，但不管怎樣還是發揮了作用。」

—— 史特龍

體育
冰人復出

⑨ 外號「冰人」的比約恩·柏格沒有被尖叫的女球迷嚇到，就像他毫不畏懼地與強敵比賽一樣。1976年，這位20歲球員已

柏格高舉他的1976年溫布頓網球賽獎盃。

成了網壇明星，早在前一年柏格再次贏得法國網球公開賽冠軍，並帶領瑞典隊首次取得台維斯盃網球賽冠軍時，即奠定其明星地位。贏得世界網球錦標賽冠軍後，他於6月來到溫布頓。這位堅忍不拔的瑞典人擁有強健腹肌，以狂烈的熱情投入比賽，在決賽中以全勝戰績打敗了羅馬尼亞的伊利耶·納斯塔塞。

柏格1976年唯一的挫敗是在美國網球公開賽（他總是與這項比賽的冠軍失之交臂）上輸給美國的吉米·康諾斯。但在接下來幾年內，柏格接二連三打敗溫布頓網球賽的所有挑戰者，1977年戰勝康諾斯、1980年戰勝美國的約翰·馬克安諾，皆獲得冠軍。從1978年到1981年，柏格還囊括了法國網球公開賽冠軍，創下獨獲6項比賽冠軍的紀錄。1983年退休後他告訴記者，「網球使我作嘔」。在90年代初他試圖重返球場，但婚姻觸礁和不願以新式有力的碳纖球拍換掉其木製球拍而告失敗。◀1975（7）▶1982（13）

音樂
葛拉斯導演的戲劇

⑩ 《海灘上的愛因斯坦》是一部長達4個多小時的四幕歌劇，既沒有情節也沒有詠歎調。相反地，導演、作者兼設計人羅伯特·威爾遜展現了夢幻般的意像：一艘發光的太空船、一個神祕審判、愛因斯坦正在拉小提琴。作曲家菲利普·葛拉斯創作了催眠般的音樂，管弦樂隊的演奏單調低沉，演員的對白毫無意義。這齣戲在紐約的大都會歌劇院連演兩場，場場爆滿，之前的1976年歐洲巡迴演出也大獲成功。該戲使其美國創作者一舉成為國際明星，葛拉斯不必在曼哈頓開計程車了。

葛拉斯曾經受教於備受尊崇的作曲老師納迪婭·布朗熱，在前往印度和北非的一次音樂朝聖旅行之後，發展出他的「極限主義」風格：一種輕快音調，起伏的結構和縈繞復奏的混合體。《海灘上的愛因斯坦》一劇的成功使葛拉斯又創作了更多的戲劇（包括紐約大都會歌劇院1992年的《航行》，為此葛拉斯獲該歌劇院有史以來最高酬金），並為電影配樂以及與當紅明星合作。威爾遜於1971年以《聲人一瞥》在巴黎首演而聲名大噪，並一直在古典歌劇的舞台設計和個人創作方面致力革新。（其作品之一的《內戰》冗長而複雜，只能演出其中片段。）他的劇本文本創造了氛圍，而不是意含，影響到前衛派劇作家的發展。▶1983（13）

電影
一部影片的轟動

⑪ 「他的一生就是以寡敵眾的一擊。」那句廣告詞是指洛基·巴博亞，1976年低成本製作賣座電影《洛基》中的拳擊英雄。這句話同樣也可指該片的創作者兼演員席維斯·史特龍。史特龍的半自傳性故事（以3天半時間寫成）講述一個不起眼的費城俱樂部拳擊手，奇蹟般地贏得比賽的故事。影片遵循了古老公式：好人努力奮鬥，強調善有善報，並與佳人喜結良緣。部分拜《洛基》令人震驚的成功所賜（成本不到100萬美元，只花了28天拍攝，但光是北美票房收入便超過一億美元），好萊塢開始摒棄自60年代後期主流電影中特有的複雜情節。

由小牌明星（史特龍的導演曾允諾他演男主角）和平庸的導演（約翰·艾維遜）合作的這部影片本來前景暗淡。但它卻以真實生活

中失敗者的角度為訴求重點進行宣傳活動，並巧妙地配合上富有積極意義的口號。由於受國內危機的打擊，且被女性主義者和少數民族呼籲所震驚（以及近來電影的赤裸表現），許多電影迷都為《洛基》塑造的白人拳擊英雄形象和感人肺腑的虔誠喝彩。這部影片贏得3項奧斯卡獎，包括最佳影片獎。◀1971（12）◀1977（10）

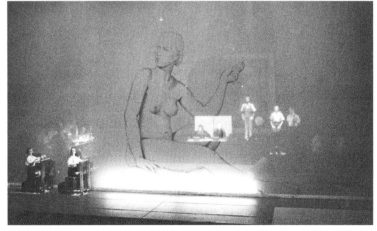

一位評論家認為，《海灘上的愛因斯坦》是一部「怪異，有時無聊，然而始終閃有美感乍現」的戲。上圖為1992年在巴黎演出的劇照。

代表大會人員，有182名退伍軍人受感染及29人死亡。美國疾病控制中心的醫學研究人員將這一種可怕的呼吸性疾病（又名為「退伍軍人症」），是歸因於一種被稱為 *Legionella pneumophilia* 的奇特細菌。它能在自來水中存活達一年之久。研究人員猜測是由於飯店空調系統的污染水源造成傳染。

10—4，好兄弟

私人波段無線電通訊在國內掀起風潮，此乃國際卡車司機經常使用的雙向設備，1976年使用情況達到頂點，每個月向聯邦通訊委員會申請私人波段無線電通訊執照者超過65萬6千人。數以百萬計的美國人對私人無線電的行話琅琅上口（「10-4」代表肯定；「好兄弟」代表空中熟人；「癮君子」表示州警察）。甚至第一夫人貝蒂·福特也承認她曾在白宮以「把柄」、「第一媽媽」（在私人無線電所取的代號）與人聯絡。

冰的誘惑

充滿活力的多蘿茜·哈米爾不僅以眾人爭相模仿的髮型（哈米爾型短髮）出名，也因獲得1976年

印斯布魯克冬季奧運會的女子花式溜冰金牌而聲名大噪。到了1977年，哈米爾開始與艾斯卡帕德斯公司簽約成為職業溜冰選手，後來更成為該公司的合夥人及總裁。◀1976（3）

醫療道德

3月，卡倫·安·奎蘭的雙親打贏官司，拔除女兒的呼吸器。這位22歲的新澤西女孩因藥物引起昏迷不醒將近一年。奎蘭在6月被摘除呼吸器後仍倖存了9年多，直到1985年死於肺炎。▶1990（11）

1976

美國政治與經濟 國民生產毛額：1兆7855億美元；吉米·卡特擊敗傑拉爾德·福特當選總統；加州醫生抗議提高醫療糾紛保險費用（發起了35天的怠工）；農業部長厄爾·布茨由於種族評論引發爭議而辭職；有毒物質管制法案通過；加州通過第一件保障死亡權利的法案；魯珀特·梅鐸購得《紐約郵報》。

「與布拉格有何相干？那是另一種情況，另一個有其他野心的共產黨。」

—— 義大利共產黨領導人貝林格

環球浮世繪

恩德比襲擊

7月4日，一支以色列突擊隊從以色列出發，經過4023公里飛行來到烏干達偷襲恩德貝機場，當時親巴勒斯坦的恐怖分子在此扣留了稍早前從法航班機上劫持的106名人質（之後被劫機飛往烏干達，並受到伊迪·阿敏總統的熱烈歡迎）。恐怖分子要求將53名巴勒斯坦和親巴勒斯坦囚犯從以色列及歐洲的監獄中釋放出來。震驚世界的以色列突擊隊員救出了除3名被殺人質以外的所有人質，擊斃好幾個恐怖分子和烏干達士兵，摧毀了11架烏干達戰機，在撤退時僅有一人傷亡。◀1972（3）▶1985（9）

超級巨星的熱門暢銷唱片

英國吉他手彼得·弗蘭普頓於1976年推出的兩片裝LP《弗蘭普頓不死》，是有史以來流行音樂中最暢銷的現場演奏唱片。弗蘭普頓為「獸群和動物內臟」搖滾樂團的老成員，受到以女性為

主的大批歌迷崇拜，使他登上青春偶像的永久地位。當70年代即將走到尾聲時，他也隨之沉寂，他在90年代初期試圖復出時已不復當年盛況。◀1973（邊欄）▶1982（12）

團結工會初露曙光

波蘭共黨政府為了讓消費者價格下降，在支付龐大農業補貼後面臨倒台，但他們不敢削減補貼以免農民扣留農產品，而於6月宣佈價格大幅上漲：日用品上漲30%，肉類上漲70%，糖上漲100%。工廠工人憤怒不已，在華沙和其他城市以罷工，甚至暴動來反抗。臨時發起的抗議奏效：物價上漲的計畫被暫停。受到鼓舞的工人試圖組織起來凝聚其政治力量。團結工聯運動開始逐漸成型。◀1975（邊欄）▶1980（1）

與克雷1號超級電腦（上圖）相較下，即使功能最強的大型主機都像是古董。

技術

克雷的高速機器

12 1976年電腦設計師西摩·克雷創造出日後長期用來評量所有「超級電腦」的典範。克雷1號只有以往機器大小的四分之一，卻具有10倍功能：由於「向量處理」此獨一無二的技術，而能夠同時解決一個問題的許多部分。克雷1號每秒可完成2億4000萬筆計算，首先在洛斯阿拉莫斯國家實驗室被採用。

克雷曾於1968年製造出常被認為是第一台超級電腦的CDC7600，它每秒能完成1500萬筆計算。當時克雷正在位於明尼阿波利斯的數據控制實驗室工作，此實驗室是11年前他基於（不僅僅是軍隊或政府）大型、高速科學電腦市場存在的想法而協助建立。（CDC使克雷在離家鄉威斯康辛州契皮瓦佛斯161公里處成立了他自己的實驗室）。1972年克雷成立了自己的公司——克雷研究公司。

克雷1號是他首次獨立完成的產品，並且是一項非凡成就。截至90年代初期，克雷研究公司已製造了世界上三分之二的超級電腦（數量達到300台左右）。在這之前，克雷已成立克雷電腦公司來開發更多的先進設備。克雷這種難以置信的快速機器已成為科學家和工程師必備的工具，他們現在才能預測地球大氣的變化，精確地模擬汽車碰撞、在外太空重新進行核爆……所有這一切都在幾小時或幾分鐘內完成，不再需要幾週、幾個月甚至幾年。◀1971（5）▶1981（10）

科技

匣子內的革命

13 兩款錄影機（VCR）由兩家競爭的日本公司於1976年推出，這是家庭視聽娛樂設備進行改革的一個指標。這種錄影機加入了逐漸擴大範圍的電視節目選擇，包括UHF台、有線系統和正在增長的各類家庭視訊遊戲，這最終會削弱電視網長期處於穩固地位的優勢，並改變媒體本身的角色。

儘管新力公司於1975年首先上市的Betamax（電視／錄影機機組的一部分）是這場革命的領導產品，但最終還是輸給了該年稍後由其對手日本勝利公司（JVC）推出的家庭系統VHS。與Beta不相容的VHS雖不比Beta高級，但松下卻使VHS迅速佔領美國市場。最後，VHS在經過12年的奮鬥，終於在全世界VCR的市場中一枝獨秀。這場錄影帶大戰最被人忽略的是發展中的影碟系統技術，該技術早在1927年就由約翰·洛吉·貝爾德示範過，但直到70年代中期才向消費者推出。

VCR大大擴展了觀眾在電視上的收視範圍，尤其在視訊傳輸受限的地方。時間安排不再是電視節目預報者唯一工作項目：如果擁有錄影機的人能正確使用設備的話（一種不斷的挑戰），就能隨時隨心所欲地錄下想看的節目，並跳過廣告。隨著錄影帶出租店和新型色情視訊產品如雨後春筍般地發展，電視廣告收視率和「本週電影」大受衝擊。而可攜式錄放影機幾乎立即使8厘米家庭電影設備過時。◀1958（3）

Betamax（新力公司1976年機型，上圖）是首創的，但VHS成為標準機型。

西歐

日益抬頭的歐洲共產主義

14 1976年，西歐各國共產主義的政黨明顯地影響力日增，其中在義大利尤然。6月，由恩里科·貝林格領導的共產黨在議會選舉中贏得了34%的選票。但重新改組的共產黨員公開宣稱是民主的，並已從莫斯科的殘酷中醒悟過來，許多人還認同北約組織和歐洲共同市場，在法國和西班牙也獲得支持，在葡萄牙的馬克斯主義者則控制了革命政府。

義大利共產黨領導人貝林格在阿末查諾發表演說。

在義大利，由於長期主政但無能的基督教民主黨人領導無方而出現經濟衰退，使得大批選民投票給共產黨（二次大戰後摒棄暴力革命）。貝林格的政黨實際並未加入政府，而是於翌年與基督教民主黨人共享權力。

連法國一直親蘇聯的政黨也表現出與莫斯科疏遠的跡象。2月，該黨領導人喬治·馬凱宣稱其政黨支持「法國旗幟下的社會主義」。社會主義者法朗索瓦·密特朗於1981年當選總統時，4名共產黨員加入了他的內閣。

也許關於歐洲共產主義者自治最強力的聲明是出自西班牙，該國共產黨領導人聖地亞哥·卡里略指責蘇聯擴張主義，認為只要蘇聯繼續支配捷克，他便支持美國軍隊繼續駐紮歐洲。這是一種新型態的共產主義，即華府和其盟國能勉強與之共存的共產主義。◀1968（2）▶1981（7）

諾貝爾獎 和平獎：梅雷亞德·科里根和貝蒂·威廉斯（愛爾蘭，北愛爾蘭和平運動） 文學獎：索爾·貝婁（美國，小說家） 化學獎：小威廉·利普斯科姆（美國，甲硼烷衍生物） 醫學獎：巴魯克·布隆伯格和卡爾頓·蓋達塞克（美國，傳染性病毒的傳播） 物理學獎：伯頓·芮克特和丁肇中（美國，次原子粒子；J粒子） 經濟學獎：米爾頓·弗利德曼（美國）。

直言無諱的卡特

摘自「花花公子專訪：吉米·卡特」，《花花公子》，1976年11月號

喬治亞州州長卡特，在他1976年的總統競選期間接受《花花公子》專訪，訪問內容並刊登在11月號的雜誌。這位虔誠的南方浸信教徒候選人，床邊非比尋常地出現休·海夫納的色情雜誌：他需要向全體選民證明他並不是常把聖經掛在嘴邊的人，身為主日學校教師、種植花生的農夫、核子工程師，他是個平常的男人。經過3個月時間，他熱情洋溢地與《花花公子》特派員羅伯特·舍爾談到越戰、醫療、稅制改革、民權和國際關係低盪等問題。在他們最後一次的訪談結束時，舍

卡特的3個表情：重生的基督徒出現在《花花公子》雜誌上，造成一時轟動。

爾問了最後一個問題：你是否覺得這篇採訪可使人民對你重拾信心，他們對你的宗教信仰感到不安，懷疑你會是一位強硬且剛愎的總統？卡特出人意外的回答立即使他聲名狼藉，因為他用了一些非常用的俗語（大多數報紙刪改了「螺絲」等字眼，並提及「以鄙俗用詞來描述性關係」）以及他對色慾的奇怪告白。然而11月，就在這篇採訪出現於書報攤的幾週後，卡特獲得51%的選票而當選，總統福特則以48%的選票落敗。◀1974（1）▶1977（2）

花花公子：你是否覺得這篇採訪可使人民對你重拾信心，他們對你的宗教信仰感到不安，並懷疑你會是一位強硬且剛愎的總統？

卡特：我不知道你有沒有去過這兒的主日學校，有些記者去上過課。我每隔3到4週在那裡教書。這是個越來越嚴重的問題，因為我們現在沒有足夠空間可容納每個人來上我的課。我不知道是否要發上課證之類的東西。這幾乎破壞了到主日學校上課做禮拜的一面。但上週日我們上了一堂精彩的課。這是瞭解我信仰什麼和浸信會教徒信仰什麼的好方法。

浸信會教徒信仰完全的自治。我不接受浸信教會主導我的生命，絕不。每個浸信教會都是獨立和自治的。我們不接受美南浸信會主宰我們的教會。浸信教會能在這個國家成立是因我們相信政教絕對完全分離。這些基本信念使我們獨一無二。我們不相信教會裏的階級制度。我們沒有主教。由教會選派的任何神職人員都只是公僕，而不是老闆。他們得幹粗活，保持教堂的清潔和粉刷等諸如此類的事。所以它是一個非常好、民主的組織架構。

我兒子還小的時候，我們去教堂，他們也去。但他們大到能自己作主時，他們便決定自己什麼時候去，而且他們的虔誠度各不相同。愛咪非常期盼去教堂，因為可以見到她在主日學校的教友。而我只知道要去教堂。我的妻子和我都生長在純真的年代。那時通常得做的事情便是去教堂。

耶穌教給我們最多的是關於驕傲，也就是一個人永遠不應認為他比其他任何人優秀。在耶穌所講的寓言中，最生動的一個故事便是關於兩個進入教堂的人。一個是教會的神職人員，一個是法利賽人，他說，「主啊，感謝你，讓我與其他人不同，我記住了你的所有聖訓，我獻出了我所擁有的十分之一。在此我要感謝你讓我在你心目中還可以接受。」另一個被大家蔑視的傢伙，進了教堂後便趴在地板上說：「主啊，寬恕我這個罪人吧。我連望

向天堂也不配。」耶穌問門徒這兩人之中誰證明了自己是無罪。答案明顯是謙恭的那一位。

我們一直被灌輸不要驕傲，不要比別人更好，不要小看人，而要藉由我們自己的行動來讓上帝覺得尚可，並要了解一個真理，那就是上帝恩賜拯救了我們。它不過是信耶穌所得到的免費禮物。我們則得到了能永遠與上帝溝通的技巧。對於別人我不敢說，但它卻給了我和平、平等和信心的感覺。

我試著不故意犯罪。我承認無論如何我都會犯錯，因為我是人，我也會被誘惑。而耶穌為我們立下了幾乎不可能做到的標準。耶穌說：「我告訴你們，任何人只要是以有色眼光看一個女人，他已在內心犯了通姦罪。」

我曾色瞇瞇地看過許多女人。我內心已犯下多次通姦罪。上帝知道我會這麼做，而且我也做了，上帝會寬恕我。但這不意味我譴責那些不僅以有色眼光看女人還拋下妻子與情婦同居的人。

耶穌說，不要認為自己比別人好，因為有的人與好幾個女人有染而有的人忠於自己的妻子。

忠於自己妻子的人不該因為罪孽的相對程度不同而自卑或自傲。保羅·田立克說過，宗教是在探求人的存在及人與上帝和其同胞關係的真理：一旦你停止追求，並認為你已經得到，那麼，你便失去了你的宗教。不斷地重新自我評估，探索內心，這讓我有自信感。我不會在回答你的非宗教性問題裏加入這些信仰。（卡特握緊拳頭，猛地做了一個手勢）

但我不認為我會和尼克森或詹森有一樣的想法：撒謊、欺騙和歪曲事實。除了我強硬的性格之外，我認為唯有我的宗教信仰可以阻止那些事發生在找身上。找有那份信心，找希望它經得起考驗。

1976

「爲孩子鳴鐘吧！告訴他們戰爭不再發生，悲痛結束了。」

——埃及總統沙達特向以色列國會發表的演說

年度焦點

埃及總統沙達特擁抱以色列

以色列在過去29年，一直和鄰近的阿拉伯國家兵戎相見，但雙方領導人卻從未謀面。事實上，阿拉伯領導人普遍質疑以色列的存在權利。1977年11月，埃及總統安瓦爾‧沙達特到達耶路撒冷，參觀了回教、天主教、猶太教聖殿，以及浩劫博物館。這一舉動，震驚了千百萬阿拉伯人。當沙達特在以色列國會發表演說時，全球的電視觀眾感動落淚。他向以色列保證說：「我十分真誠地，歡迎你們加入我們的行列當中……今天我宣佈……我們願意和你們永遠公正和平地共同生活在一起。」

沙達特的這次出訪是繼數月以來和以色列總理梅納赫姆‧比金進行的間接性會談之後進行的，之前埃及一直和以色列維持在交戰的狀態。斡旋者有羅馬尼亞領導人尼古拉‧西奧塞古、摩洛哥國王哈桑和美國國務院官員。和議開始的時候，比金顯得有一些靠不住，他領導的右派利庫德黨才在5月因爲醜聞不斷的工黨初選落敗而上台，比金因而當選總理，但是黨的立場卻拒絕對阿拉

突破性的握手：比金歡迎沙達特到訪耶路撒冷。

伯國家妥協。比金一向強硬（他曾在以色列爲獨立而戰時期統領過伊爾貢的恐怖主義組織），不會因爲與埃及政治家握手言和，而馬上被斥罵爲叛徒。

但是和平進程也只是一線曙光。沙達特在以色列國會的演說中，堅持以色列必須從阿拉伯占領區（包括耶路撒冷）撤軍，而且必須有「公平」的巴勒斯坦解決方案。比金則重申猶太人和他們聖經中的家園（包括占領區）之間有永恆的聯繫，並且強調以色列需要軍事緩衝區。這兩位大人物都處在詭譎多變的政治領域之中，沙達特雖然在回到埃及時受到國人熱烈的歡迎，但也受到阿拉伯強硬路線者強烈譴責。利比亞斷絕和埃及的外交關係，埃及官員在大馬士革、貝魯特、巴格達、甚至雅典都受到攻擊。比金儘管不能忽視由以色列和平運動所發起的盛大示威活動，但他也不敢疏遠他的鷹派支持者。

以色列領導人12月飛往埃及，和談很快陷入僵局。這回得由美國總統吉米‧卡特來親手突破。
◀1974（10）▶1978（3）

外交

人權焦點

2　幾乎世界上的各國政府都支持人權主張，即使是那些言行不一的政府也是如此。1977年12月，以倫敦爲基地的人權組織國際特赦得到諾貝爾和平獎，不久之後又提出報告，指控116個聯合國會員國僅因人的信仰和種族出身就予以監禁。國際特赦自1961年成立以來，幫助了一萬名囚犯獲得自由。成功有部分至少歸因於該組織不受政府約束。但是到了1977年，新任的美國總統卡特，開始一項新的嘗試，利用政府的政經手段來阻止對人權的侵犯。

卡特是幾十年來對侵犯人權問題最坦率的美國總統，並用政策支持自己冠冕堂皇的論述。阿根廷、烏拉圭、衣索比亞成爲首批失去美援的國家。但卡特的信念面臨挑戰：一、美國自己的人權狀況也非常差，國際特赦的報告引用了美國對黑人及美洲印第安人不公正的控訴；二、卡特的理論對人權的定義既模糊又廣泛。另外，地緣政治學的實用主義思想也造成了前後矛盾。在眾多的美國盟國中，巴勒維統治的伊朗卻幾乎沒有受到指責。在其他國家中，無論是指責還是認可，證明都是沒有效力或造成反效果。例如，美國爲了抑制蘇聯鎮壓異議分子而作的努力，反而激起了更殘酷的鎮壓。

不過，還是有點收穫。部分由於美國的壓力，越來越少有阿根廷人被國家組建的敢死隊帶走而「消失」，許多國家的政治犯得到釋放（從1977年到1980年光是在印尼一地就有3萬5千人得到釋放），獲得允許移民的蘇聯籍猶太人從1976年的1萬4千人增到1979年的5萬1千人。在捷克，大

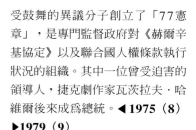

國際特赦組織因關注全球人權問題而獲得諾貝爾和平獎。

受鼓舞的異議分子創立了「77憲章」，是專門監督政府對《赫爾辛基協定》以及聯合國人權條款執行狀況的組織。其中一位曾受迫害的領導人，捷克劇作家瓦茨拉夫‧哈維爾後來成爲總統。◀1975（8）▶1979（9）

冷戰

中子彈恐慌

3　1977年，美國參議院以一票之差，通過了投資研製中子彈的決議。中子彈是種熱核武器，殺死人時還能讓建築物保持完整無損。此項決議引發國際社會的強烈

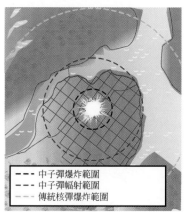

- - - 中子彈爆炸範圍
- - - 中子彈幅射範圍
- - - 傳統核彈爆炸範圍

中子彈設計用來殺傷爆炸範圍以外的人員。

抗議，卡特政府面臨嚴重的危機。

中子彈是美國氫彈計畫的副產品，從50年代以來就進入規劃階段。事實上這是「小型」的氫彈，約只有1千噸，不到廣島原子彈的一丁點，產生的爆炸和熱量很小，但是中子和γ射線會穿透掩體破壞細胞，範圍達2.6平方公里。（中子彈所放出的射線消失得很快，不同於其它核武射線）美國於1963年試驗過這種武器，之後放棄此項構想。

1975年，傑拉爾德‧福特總統重新開始祕密研製「改良型射線彈頭」，並把這項計劃列入1978財政年度預算。福特推斷：這種武器可以使北大西

AMNESTY INTERNATIONAL

1977

「我對選舉機構表示崇高的敬意，但不能眼看國家因為他們而陷入災難。」

—— 巴基斯坦的齊亞‧哈克將軍驅逐總理佐勒菲卡爾‧阿里‧布托之後

洋公約組織抵制華約對西德的入侵，而不必摧毀這個國家。卡特承接福特的預算方案，中子彈條款開始出現在1977年的議會討論中。這種武器的研製激起了全球性的恐慌，但國會還是贊成挹注經費。卡特最初支持生產這種武器，當他試圖讓西德領導人相信這種武器在戰場上的功效（中子彈將像榴彈砲殼和彈頭一樣作為戰術性飛彈佈置在西德）時，遊行示威席捲了美國和西歐。蘇聯指責這種「資本主義」武器傳播死亡和放射性疾病，而不破壞財產（指責的同時，蘇聯也正在自行研製中子彈）。

1978年，正當西德總理赫爾穆特‧施密特同意採用這種中子彈時，卡特卻決定延後生產。施密特感到被拋棄，卡特的反對者批評他的出爾反爾是個性優柔寡斷使然，而這也幾乎成了卡特的定評。1981年雷根政府恢復中子彈的生產，再度掀起了抗議的浪潮。◀1972（7）▶1979（4）

巴基斯坦
齊亞將軍政變

④ 這場不流血的政變發生在半夜。在當時的形勢下，政變顯得頗為突兀：在軍隊首領穆罕默德‧齊亞‧哈克驅逐巴基斯坦總理佐勒菲卡爾‧阿里‧布托的前幾個月內，已有300多人因抗議布托統治而死。後來齊亞將軍說，軍隊「注意國內的政治鬥爭已經很久」。1977年7月，當政治動盪導致巴基斯坦陷入經濟災難時，齊亞將軍被迫去「填補」國家領導人製造的「真空」。他許諾，一旦自由地選舉出新政府，軍隊統治就立即結束。然而11年過去了，齊亞將軍仍在執政。

出身貴族的布托是牛津大學畢業的律師，他於1971年第三次印巴戰爭後當選總統。那時東巴基斯坦脫離巴基斯坦成立獨立的孟加拉國，布托取代惡名昭彰的獨裁者阿迦‧穆罕默德‧亞哈‧汗將軍，成為十幾年來第一位非軍系領導人。1973年，一次新的組閣，布托成為

齊亞政變後，巴基斯坦到處可見士兵蹤影。

總理。儘管布托總理傾向於改革，但仍繼續兩年的戒嚴，拘捕了上千名反對者，之後又在1977年的大選舞弊，確保自己與他所領導的巴基斯坦人民黨再次獲勝。布托稱3月的大選是巴基斯坦有史以來「第一次完全民主的平民大選」。巴基斯坦國民陣線聯盟是一個反對派組織聯盟，稱這次大選是個騙局。

抗議擴大成暴亂。布托又開始實行戒嚴。7月，在日益惡化的騷亂中，總理布托勉強同意在10月舉行新的大選。但布托所任命、看似忠心耿耿的齊亞將軍，已經看夠了。布托被「保護起來」，齊亞取消了大選，開始在巴基斯坦加緊實施獨裁統治。1979年，軍人政府不顧國際社會的呼籲，絞死了布托。◀1971（1）▶1988（5）

大眾文化
對根的渴望

⑤ 1977年1月，連續8個晚上，美國各色人種圍坐在電視機前，觀賞黑人記者艾力克斯‧哈利虛構的家族史。據估計全國半數人口，大約1億3000萬人收看電視劇《根》。這部長篇家族史小說

開始於1750年的非洲，結束於1867年的美國南部。這部迷你影集改編自哈利1976年出版的同名小說，獲得6項艾美獎。在電視史上，很少有戲劇節目贏得如此廣泛的好評，吸引這麼多的觀眾。

獨立製片人大衛‧沃爾佩購下版權，打賭這個故事會吸引這個飽受種族問題困擾的國家，並獲得美國廣播公司認同。這部影集生動地描繪奴隸船和種植園裏殘酷惡劣的環境，從哈利的祖先昆塔‧金特（由萊瓦爾‧伯頓扮演）淪為奴隸開始，一直到金特的曾孫黑人鐵匠湯姆‧默里獲得自由。

電視劇和書的成功使哈利（曾與麥爾坎‧X合作撰寫這位黑人民族主義領導人1965年的自傳）從阿拉巴馬州名揚全球，包括北京在內。《根》取材於他聽到祖母與姨婆在田納西州亨寧的門廊上聊天講述的故事，那時他只有5歲。大約40多年後，哈利開始進行研究，這項研究最終帶引他回到甘比亞。哈利的工作激起美國各類人種去追尋種族根源。他在書中說道：他的書「喚起一個全球性的認知，那就是，不只是皇室才能有家譜。」

《根》贏得1977年的普立茲特別獎。批評家後來毫不客氣地指控哈利剽竊他人著作（一樁侵害版權的訴訟在庭外花了一大筆錢和解）和虛構內容。然而到1990年代初，《根》已售出600多萬冊，並且在24個國家出版。◀1971（10）▶1989（當年之音）

昆塔‧金特（萊瓦爾‧伯頓飾）被奴隸船從非洲運達美洲。

LP：《加利福尼亞旅館》老鷹合唱團‧LP：《戰爭吶喊》哈羅德‧費伯曼　繪畫與雕塑：《我的雙親》大衛‧霍克尼；《海洋公園》理查‧戴本科恩；《天文台》羅伯特‧莫里斯　電影：《安妮‧霍爾》伍迪‧艾倫；《大理石人》安德烈‧華依達；《教主》保羅和維托里奧‧塔維亞尼；《象人》伯納德‧波梅蘭斯；《雙子座》阿爾伯特‧因諾拉托；《安妮》米漢、斯特勞斯和沙爾寧　電視：《愛之船》。

「等到美國國旗降下，巴拿馬國旗升起時，這兒便開始一場大撤退。」

—— 一位住在巴拿馬運河地帶的美國人

1977年新事物

- 禁止使用二號紅色染料（發現這種染料會致癌）

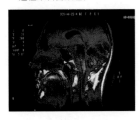

- 磁共振成像技術（MRI）
- 蘋果二號電腦
- 美國第一位男性聖徒（約翰‧諾曼）
- 未申請專利的產品
- 美國能源部成立
- 西班牙共產黨合法化

美國萬花筒

殺人狂

1月17日，殺人犯加里‧吉爾摩在猶他州監獄中被槍決。曾殘忍地殺害了兩名大學生的吉爾摩（下圖），為自己受到美國10年來首次死刑的判決而四處遊說。他的經歷成為諾曼‧梅勒1979年出版的《劊子手之歌》的主題。8月10日，另一個聾人聽聞

的殺人案發生了：紐約市警方逮捕了24歲的郵局工作人員大衛‧伯科威茨，因為他殺害了6名年輕女子和一名男子。伯科威茨稱自己為「山姆之子」（山姆是一隻黑狗，這隻狗的1千年靈魂「命令」伯科威茨去殺人）。他在一年的時間中持槍殺人為樂並與警方及小報保持祕密通信。由於被醫生診斷為妄想狂患者，伯科威茨最終被判有罪並被監禁在阿提卡監獄。▶1969（9）

韓國門事件

9月6日，腰纏萬貫的南韓商人，在華盛頓錦衣玉食的朴東宋‧帕克被指控犯有36條欺詐和行賄罪。「韓國門事件」起源於帕克協助南韓政府在長達7年的時間試圖非法影響美國國會議

音樂

天王去世

6 艾維斯‧普雷斯萊幾乎隻手奠定搖滾樂的基礎，他長期的衰落是擁護者和批評者都同樣關切的。他的衰微期自1958年起，當時普雷斯萊應召入伍，刮掉著名的鬢角，被迫離開熱愛他的大眾，他深愛的母親也在當年去世了。1977年8月16日，因猝死結束一生，年僅42歲。

1961年普雷斯萊已停止現場表演，專心拍電影。1968年他又回到舞台，參加一場電視轉播的重要音樂會。很快地，艾維斯身穿圖片裝飾的鬥牛士全套服裝低吟歌謠，再度變成貓王，但這回不是搖滾樂，而是拉斯維加斯的閒散表演。這種風格在1973年達到頂峰，並在一次夏威夷的廣播中受到全球10億歌迷的歡迎。

1974年以後，普雷斯萊的體重增加得很快，在舞台上有時氣喘得很厲害。他語無倫次喋喋不休，充闊的慷慨已超乎尋常（一位陌生人竟得到他送的一輛凱迪拉克）。他的死因是心臟衰竭，但在他死後，事情都暴露出來：由於有很深的不安全感，艾維斯空閒時總是躲在曼菲斯他的格雷斯蘭大宅裏，和一群朋友在一起，他們能夠實現他各種奇怪的想法。他總是成磅成磅地狼吞虎嚥垃圾食物，但他滴酒不沾，並且是個虔誠的基督徒。他還大量吞食醫生開出的興奮劑和安眠藥。

無論生死，普雷斯萊都擁有一群近乎宗教狂熱的追隨者。格雷斯蘭在1982年對外開放，成為成千上

1973年的艾維斯。上圖是格雷斯蘭的禮品店中印有艾維斯的牙籤盒紀念品。

萬歌迷朝聖的聖廟。買賣艾維斯遺骸的生意從來沒有衰落過，儘管一些忠實歌迷一直堅持他沒有死，關於有人看見過艾維斯的報導常常出現在小報上。◀1956（1）

巴拿馬

美國放棄運河

7 前加州州長羅納德‧雷根對巴拿馬運河作簡單的分析之後，用嘲笑口吻對美國人民說：「我們買下它，付了錢，就是我們的。」法律學者和巴拿馬人民對這個問題有不一樣的解釋。1903年簽署協議時，沒有巴拿馬人參與（巴拿馬的代表是一位親美的法國人）。而這個協議承認美國對這段具有戰略意義的水域具有永久控制權。對於居住在巴拿馬運河區的巴拿馬人來說，這簡直是個帝國主義者帶來的恥辱，美國只把運河區卑下工作交給巴拿馬人做，讓運河的經濟收益蒙上陰影。數十年來反美情緒高漲，美國官方逐漸認為這個條約站不住腳。1977年，卡特總統迫於黨派的抗議呼聲（他是第4位繼續致力於解決這個問題的美國總統），同意把巴拿馬運河所有權交還巴拿馬。

經過參議院三分之二的贊成票批准，第二年卡特和巴拿馬左派強人奧馬爾‧托里霍斯將軍簽署了兩份條約，規定分階段的移交程序，於1999年12月31日生效。地域包括了運河本身，以及由美國管轄寬16公里、面積1380平方公里的巴拿馬運河區。這一片土地已經成為一萬名左右美國人的家園。美國一方面承認巴拿馬的主權及運河的中

在奧利芬特的漫畫中，卡特在通往批准條約的危險湍流中奮力游泳。

立地位，一方面保持永久防禦權。

卡特說這兩份條約反映了美國的信念：「公平，而不是暴力，是我們處理世界關係的準則。」但很多美國人，包括住在巴拿馬的多數美國人，指責這是「運河贈品」，抱怨華府向第三世界的落後國家屈服。參議院為此爭論不休，最終仍批准。10年後雷根入主白宮，又重新採用武力解決巴拿馬和美國的關係。◀1968（9）▶1989（2）

東南亞

逃離家園的海上難民

8 戰爭結束，但和平還沒有到來。越南、寮國、柬埔寨在連年戰爭期間受到嚴重的破壞。越南和寮國在共產黨人手中變得更加窮困，共產黨沉溺於對非共產人士的改造（或懲罰），加深行政的弊病。柬埔寨則由屠殺成性的赤柬所控制。

1977年，每月有上千人逃離中南半島，是本世紀最大規模的移民

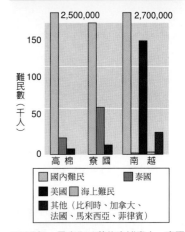

東南亞難民數

1997年，已有560萬的柬埔寨人，寮國人，及南越人出走。

體育 **棒球**：世界大賽：紐約洋基隊以4勝2負擊敗洛杉磯道奇隊 **美式足球**：超級盃，奧克蘭突擊者隊以32:14擊敗明尼蘇達維京人隊 **籃球**：NBA，波特蘭拓荒者隊以4勝2負擊敗費城七六人隊 **賽馬**：「西雅圖旋轉」隊獲得三冠王。

1977

「這部電影是從我12歲開始構思。所有喜歡的書、電影、漫畫，都是童年時代所看的。」

—— 盧卡斯，關於《星際大戰》

浪潮。有些難民經陸路逃到泰國，但多數還是越洋逃難。難民用積蓄買通偷渡者送他們到生活較好的地方，擠在小小的破船中，稱爲海上難民。

很多人死在海上。多數倖存者都在亞洲靠岸，或企圖靠岸。印尼、馬來西亞、菲律賓、香港等地受蜂擁而至的難民潮衝擊，轉而關閉門戶。法國、西德、加拿大、台灣收留一些難民。美國的政策是造成海上難民慘況的元兇，在共黨獲勝的頭兩年，美國收容了16萬5千名難民，1977年華府規定每年1萬5千人的限額。1978年，增加爲2萬5千人，到1979年提高到5萬人。這批難民潮一直持續到90年代。
◀1975（4） ▶1978（9）

航空
超音速的勝利

⑨ 世上第一架超音速飛機突破最後障礙，1977年10月從紐約甘迺迪國際機場起飛。這種速度兩倍於普通客機、能容納百人的「協和式」飛機由英國航空公司和法國航空公司聯合製造。飛機原型10年前就造出來了，但因糾紛不斷而無法啓用。

三角翼的「協和式」飛機從頭到尾長約爲62公尺。

「協和式」的製造商允諾雙方的政府（這種飛機的發起者），讓飛機在1968年2月前飛上天空，但是技術上的問題及增加4倍的製造費用超出最後期限，加上1968年5月法國學生暴動又使進度更加落

後。1968年12月，一架預定飛蘇聯國內中等距離航線的超音速飛機圖波烈夫Tu144，比「協和式」先完成處女航。環保主義者警告，這種飛機會導致噪音污染（超音速飛機引擎的噪音難以忍受），產生的音爆會造成窗戶玻璃震碎（在法國，超音速軍用飛機產生的衝擊波造成心臟病突發和一棟屋頂塌陷）、破壞地球的臭氧層、耗費大量的燃料等問題。研發這種飛機的工作開始受到法、英、美大眾的反對。1971年，美國政府取消撥給波音公司製造超音速飛機的研發經費，加深對「協和式」飛機前景的懷疑。

1976年，9架「協和式」飛機終於開始飛航任務，飛行倫敦、巴黎往巴林、華盛頓、卡拉卡斯等地的航線。此時除了法國航空公司和英國航空公司，沒有來自其他航空公司的訂單。經過長達19個月的法律抗爭，經過最高法院裁決，取消這種飛機在紐約的禁令，開闢一條重要的獲利航線。從紐約甘迺迪國際機場起飛時，這型豪華客機還在設法通過噪音測試，然後就開始定期越洋飛行。不過往後幾年，「協和式」飛機仍然只爲少數特權人士專用。◀1972（6）

電影
宇宙震撼

⑩ 「這部電影總歸一句話，就是有趣」。導演喬治·盧卡斯在談到他1977年的作品《星際大戰》時說。把各種冒險故事類型：少年小說、希臘神話、俠義愛情小說、武士史詩、西部片、通俗科幻

莉婭公主（卡麗·費希爾飾）和《星際大戰》的可愛的機器人R2-D2。該影片榮獲7項奧斯卡獎。

小說、午後連續劇等，融合在電影中。《星際大戰》的背景正如開頭字幕上所寫：「很久很久以前，在一個很遠很遠的星系裏。」由身穿黑甲、頭戴納粹頭盔的達爾斯·瓦德爾（戴著面具，低沈的聲音是由詹姆斯·艾爾·瓊斯配音，他沒有登錄在片尾人員名單中）統治的邪惡王國，遭受正義之士的反擊。學會掌握神奇力量的年輕騎士呂卡·斯蓋沃克；奧比·旺·肯諾比是呂卡的軍事及精神導師，總以語帶禪意的「希望力量與你同在」做結語；任性的公主莉婭；愛說俏皮話而又貪財的汗·索洛；一對丑角機器人C-3PO和R2-D2。

震懾逼真的特效（電影史中最壯觀的景象）、直接了當的劇情發展、黑白分明的道德觀、扣人心弦的情節，都讓觀眾喝采。然而批評家說，正是這些因素，加上影片中以無知、無性的純真裝成是一種優雅，使觀眾不加思索，把觀眾當成是小孩。此外，這部影片驚人的票房（在北美收入總計2億3200萬美元，而在國外票房，以及電視與錄影帶版權及許可製品收入也是好幾百萬以上）。像前一年的《洛基》一樣，《星際大戰》讓充滿挑戰、精緻、主題複雜的美國電影黃金時代成爲昨日黃花。

盧卡斯在《星際大戰》之後以製片人的身分又製作兩部續集，以及由史蒂芬·史匹柏執導的幾部轟動之作（包括1981年的成功作品《法櫃奇兵》）。盧卡斯位於北加州的「工業燈光和魔術工作室」還爲其他導演製作電腦輔助特效。
◀1976（11） ▶1982（9）

員。帕克在國會作證（以撤銷指控爲交換條件）時，供出31名國會議員，但說金錢的往來只是「送禮」而可以不必討論。3名眾議院議員受到申誡，一人入獄。
◀1974（1） ▶1980（邊欄）

輸油管道啓用

6月20日，耗資97億美元、長達1286公里的阿拉斯加輸油管開始啓用。經過3年的建造，輸油管從北極普魯荷灣北坡油田鋪設到威廉王子海灣的瓦爾德斯煉油廠。第一批石油在7月28日從北

美儲量最豐富的油田經輸油管送至瓦爾德斯。▶1984（6）

冰上曲棍球場的傳奇

1977年，曠世奇才戈登·「戈迪」·豪在他輝煌的冰上曲棍球生涯的第30個球季中，獲得了他的第1千分。豪曾經21次當選全美職業冰上曲棍球聯盟明星球員，在1971年43歲退休前代表底特律紅翼隊參加了25個球季。兩年後他加入國際冰上曲棍球協會的休斯頓航空隊（他的兩個兒子是他的隊友）。1978年他重返全美冰上曲棍球聯盟，爲哈特福律鯨人隊效力。1980年當他正式退休時，創下了全美冰上曲棍球聯盟得分最多、參加比賽場次最多和被罰下場時間最長的記錄。▶1994（邊欄）

再度停電

7月13日，當閃電擊中紐約西赤斯特郡的電線時，紐約市陷入了12年來的第二次黑暗之中。在停電的25個小時中，成千上萬的人湧到街上搶劫和焚燒包括紙尿布和汽車等等的的任何東西。警方逮捕了3776人；盜竊和財產破壞的損失，估計將近1億5000萬美元。◀1965（邊欄）

美國政治與經濟 國民生產毛額：1兆9946億美元；最低工資從每小時2.30美元增至3.05美元（1980）；卡特總統救免逃避越戰徵兵者；財政部長伯特·蘭斯在關於私人財務的爭論中辭職；卡特停止B-1轟炸機的生產；美國測試太空梭；最高法院裁決：郊區拒絕改變分區制並不違反憲法。

「我不想用作品達成不朽，我要用長生不老來達成。」

——伍迪·艾倫

環球浮世繪

深水溫室

1977年，在厄瓜多西部海底的加拉巴哥淺石灘，科學家吃驚地發現了流出熱液的出口或「煙囪」，並且在這周圍形成了奇特的生態系統。這些出口湧出豐富的礦物質，熱的岩漿水，創造了一個肥沃的環境，繁殖了大量的細菌，培植出餐盤那麼大的蛤，巨大的海蟲，還有其他海洋動物。所有的動物都以植物為食。這個地方太黑了（完全與太陽隔絕），人們原以為這裏不可能有任何生命，而這些植物不用通過光合作用就可以生長。後來，類似的出口和生物圈在太平洋和大西洋洋底，以及蘇聯的貝加爾湖底的一些地方相繼被發現。
◀1963（4）

拉帕西納里亞回來了

被稱為「拉帕西納里亞」的多洛雷絲·戈麥斯·伊巴露麗，結束了她38年的蘇聯流亡生活，於1977年82歲時返回西班牙。伊巴露麗在1936年號召共和派戰

士對抗法蘭西斯科·佛朗哥軍隊時，喊出了著名的口號：「寧願站著死，不願跪著活。他們不會得逞！」她回來後（佛朗哥死後18個月），立刻當選西班牙國會議員；她在1989年去世前一直任西班牙共產黨的榮譽領導人。
◀1975（1）▶1981（5）

最高蘇維埃

1977年，共產黨總書記列昂尼德·布里茲涅夫在統治蘇聯13年之際，又擔任最高蘇維埃主席，鞏固了他的權力（這樣他既是黨的領導人，也是國家領導人）。一年前，他已成了蘇聯大元帥，只有史達林曾有過的軍銜。從1960年代中期開始，名義上布里茲涅夫和阿列克謝·柯西金和尼古拉伊·波德戈爾內共同「集體領導」，其實掌權的是布里茲涅夫。他一直保有這些職務直到1982年逝世。◀1972（7）▶1979（4）

建築

巴黎內外顛倒的建築

11 就像之前的艾菲爾鐵塔一樣，1977年開放的巴黎龐畢度國家藝術與文化中心，引起建築界議論紛紛。年輕建築設計師義大利人倫佐·皮亞諾和英國人理查·羅傑斯，將這棟建築物構想為「活生生的都市機器」，是座充斥高科技的6層玻璃建築，展現相當異端的設計：把內部翻轉到外面。所有結構支撐物及機械設施：配電管、通風管、水管、電梯全在外側，分別塗上明亮的顏色：藍色是空調，黃色是配電管，紅色的電梯，綠色的水管。評論人士說：「難看、醜惡，令人作嘔。」有人稱這種設計是「內臟主義」，其他人則把此建築比作煉油廠。

把建築內部設施外露在建築物外面，內部空間可自由調配，如工廠的巨大樓層，用活動隔板區分博物館和教育機構（包括皮埃爾·布萊電子音樂中心，IRCAM）。

龐畢度中心（以法國前總統的名字命名）座落在博堡區，是巴黎最古老的鄰近地區，很快為眾人所喜愛，變成吸引遊客的地方，超過法國所有其他景點。但是龐畢度中心的成功（原規劃每天可容納8千人次，但卻來了3萬人），以及非比尋常的設計（把「內臟」放在外部，能量耗費很大，惡劣天候更容易損壞），因此損耗費用高，經常需要閉館很長一段時間重新整修。
◀1966（4）▶1984（9）

阿爾維告訴安妮說「愛」是不夠的：他要說愛一她。基頓的服裝掀起了「安妮·霍爾扮相」的流行風潮。

電影

艾倫的詼諧情書

12 70年代最美麗的愛情故事可能是《安妮·霍爾》。集導演、編劇、影星於一身的伍迪·艾倫，描寫一段尖酸喜劇：小氣嘮叨的白人新教徒安妮（黛安·基頓飾）和神經質的紐約猶太人阿爾維（艾倫飾）之間曲折的愛情故事。這部電影捕捉時代的甘苦迷惑，性革命、婦女解放運動、早期雅痞等，都為古老的戀愛困惑增添新的紊亂。

現實中艾倫和基頓曾是情人。基頓原名霍爾，艾倫則如他扮演的角色阿爾維，曾是喜劇作家和插科打諢的喜劇演員。《安妮·霍爾》略帶自傳色彩，令人信服的不是細節，而是來自敏銳的洞察力（藝術、死亡、兩性關係，以及紐約和洛杉磯的優劣比較）、隨性自然的表演風格、及兩位明星扮演喜劇角色的力道（基頓的角色新穎迷人，艾倫的則是濃縮自其早期影片中所

扮演過倒楣、妙語如珠的小人物）。

《安妮·霍爾》被稱為艾倫送給基頓的情人節禮物。該片有厭惡女性的細微傾向而導致批評：片中暗示安妮是個不穩定、忘恩負義、極端不忠的女人（阿爾維幫助她發揮才智，但她卻為了惡質的洛杉磯演藝業而拋棄他）。儘管如此，艾倫細膩深入描繪女性角色的名聲，從《安妮·霍爾》可充分證明。此片獲得奧斯卡最佳影片、最佳女主角、最佳電影劇本和最佳導演4項大獎。◀1975（14）

體育

各種競速運動的冠軍

13 1977年的各項競速比賽的報導大半成了體育版的頭條新聞。特德·透納率「勇敢者」隊，奪得美國盃帆船賽桂冠。「西雅圖旋轉」獲得三冠王，富瓦創下第4次獲得印第安納波利斯500英里賽車冠軍的紀錄。在同年的該項比賽中，珍妮特·格思里（左圖上）打破另一項紀錄，成為長達66年賽車史上首位女選手，但因機件故

障，耗盡格思里的汽油，使她在跑了27圈後不得不退出比賽。格思里是少數參加這種比賽的女性之一，表現出的毅力使她在隔年的比賽中克服手腕骨折的傷痛，獲得第9名。

但是最優異的是17歲的史蒂夫·考牒（上圖，下）。這位來自肯塔基的賽馬新手，春季在伯蒙特首次參賽（忍著秋季所負的重傷）後，即以極其驚人的速度開始創造記錄。緊貼馬鞍、彎腰急駛的考牒在6月結束前就創下了平均勝率30%的成績。截至當年底，他共獲得477場勝利，並贏得600萬美元。他短暫的職業生涯，在1978年騎「自信者」獲得三冠王時達到巔峰。◀1973（9）▶1986（邊欄）

皮亞諾和羅傑斯設計的龐畢度中心，每年吸引800萬名遊客。

諾貝爾獎 和平獎：國際特赦組織（倫敦） 文學獎：文生·亞歷山大（西班牙，詩人） 化學獎：伊里亞·普里戈金（比利時，熱力學） 醫學獎：羅莎琳·耶洛、羅傑·吉耶曼和安德魯·沙利（美國，荷爾蒙） 物理學獎：菲利普·安德森、約翰·范扶累克和內維爾·莫特（美國、美國、英國，磁性混雜系統） 經濟學獎：貝蒂爾·奧林和詹姆斯·米德（瑞典、英國）。

失去的伴侶

摘自《第二章》，尼爾·賽門，1977年

有百老匯王子之稱的尼爾·賽門，其一系列有關中產階級生活的情境喜劇，從1961年的《自吹自擂》到1976年的《加州的套房》，的確吸引一般大眾。雖然他的作品受到民眾喜愛，但是直到1977年推出《第二章》時才受到劇評家讚賞。《第二章》是他一連串陰鬱自傳劇作的第一本，表現出賽門說笑的長才，喜歡插科打諢而非正統的舞台演出。《第二章》充分展現賽門喜劇節奏，除了警句外，這部戲講述不得志的中年作家喬治·施奈德，試圖努力適應妻子死亡，以及想與別的女子發展另一段關係的渴望，顯現從未揭開的情感範疇。以下所節選的，是喬治和兄弟談到他難以接受妻子永久離開的事實。由於這個劇本及之後的作品，賽門在藝術界的地位已和他可觀的經濟收入相當。1991年，他以《美國人的迷失》獲得生平第一座普立茲獎，這是他第23部在百老匯極受歡迎的大作。

利奧：（試圖迴避往事）喬治，你剛到家，應該累了，去浴室洗個熱水澡吧？

喬治：只有一封信：「親愛的施奈德先生，我叫瑪麗·安·帕特森。我們從未謀面，但我在偶然的情況下認識你剛去世的妻子芭芭拉。我在薩布里納美容院工作，她以前常到那兒去剪頭髮。她十分美麗，待人熱忱。我常把遇到的麻煩告訴她，而她總是講一些有趣的事情讓我高興。我懷念她微笑的面孔，還有她像少女般蹦蹦跳跳到店裏來的樣子。我很榮幸認識她，只是想回報她對我的鼓勵。上帝保佑你，與你同在。瑪麗·安·帕特森。」（他放下信，利奧看著他，知道這個時候不要打擾他）見鬼！我讀這個東西作什麼？

利奧：不錯呀！這封信寫得很好，喬治。

喬治：芭芭拉認識全世界我不認識的人⋯⋯她認識郵差里科，是中央公園的賞鳥人。還有那個文斯，他是格里斯蒂德肉店的屠夫，每個週末會到他在斯塔滕島的地下室畫貓咪小畫像。⋯⋯她一年到頭跟別人交談，而我只在聖誕節向他們問好。

利奧：（看著他）我想你最好在歐洲再待一個月。

喬治：你的意思是，當我回來時就會忘掉和我一起生活了12年的妻子嗎？沒有用的，利奧。這可能是我這輩子最愚蠢的旅行。倫敦破產了，義大利在罷工，法國人討厭我，西班牙還在為佛朗哥哀弔⋯⋯為什麼美國人在想忘掉悲痛時，卻要到悲痛不堪的歐洲去？

利奧：這可難倒我。我總認為你回到美國

《第二章》取材於劇作家賽門第一任妻子死後真實的喪妻之痛及他突然追求女演員瑪莎·梅森並與之閃電結婚的故事。（左邊的漫畫描繪了瑪莎和賽門在一起）由這對夫婦衍生而來的虛構角色，在劇中分別由賈德·赫希和阿妮塔·吉勒扮演（右圖）。

這裏會頹廢一段時間。

喬治：我該怎麼處理這個房子呢，利奧？

利奧：我的建議？搬家，找一個新的地方住。

喬治：在倫敦的時候真像遊魂一樣⋯⋯我在街上走來走去到處尋找芭芭拉──在波托貝洛的國王路上的哈洛茲百貨公司⋯⋯商店售貨員問我，「先生，看到什麼中意的嗎？」我說：「不，她不在這兒。」我知道這很荒唐，利奧，但我真的這麼想，這是個玩笑。她沒死。她在倫敦等我。她只是在實現這個浪漫的想法：整個世界都認為她去了，但我們在倫敦祕密相會，住進了公寓，從人們眼中消失了，悄悄地過我們的生活！⋯⋯你知道，她應該想到這些事的。

利奧：她沒有，是你想像的。

喬治：在羅馬我一想到她就很痛苦，真的是氣死了。她怎麼能對我做這樣的事？我從來沒有這樣對她，從來沒有！有天晚上，我像個瘋子似的走在威內托路上，詛咒我死去的妻子。

「『設計』我們的後人，『製造』我們的下一代，使繁衍和產量成爲同義詞，這種前景將是一幅令人憎惡的圖畫。」

—— 新教神學家保羅・拉姆西

年度焦點

試管嬰兒

① 1932年，阿爾德斯・赫胥黎在他的經典科幻小說《美麗的新世界》裏，陰鬱地幻想出一個社會，在那裏，「嬰兒在實驗室的玻璃瓶裏以化學方法大量生產出來」。1978年，眾人眼見赫胥黎的夢魘實現。7月，第一個在子宮外受孕的人類路易斯・布朗出生於英格蘭。同年，新聞記者大衛・勒爾維克的書《照他的形象－人的無性生殖》（後經揭發爲惡作劇）引起轟動。書中68歲的單身富豪聲稱他以無性生殖方式生下了一個和其基因完全相同的嬰兒。幾個月之後，瑞士的卡爾・伊爾門西和美國的彼得・霍伯（兩位基因學家）用胚胎的細胞核培育出了活鼠。在實驗中，他們將胚胎的細胞核移植到除去細胞核的受精卵中（這種受精卵已失去原來的基因特徵），於是，每一個胚胎的細胞核，就像所有細胞的細胞核一樣，都含有完整的生物去氧核糖核酸。此次試驗被認爲是哺乳動物無性生殖的首次嘗試。

倫敦小報最先披露「試管嬰兒」的消息。

對萊斯莉和約翰・布朗來說，子宮外受孕不是一個夢魘而是一個奇蹟。由於不孕，這對夫婦便向婦科醫生帕特里克・斯特普托和他的合作者，劍橋大學的生理學家羅伯特・愛德華茲求助。當時，愛德華茲從事試管受精法的實驗已經10多年了。他從不孕患者的卵巢裏取出卵子，使之與捐贈人的精子結合（最理想是從不孕患者配偶的精液取出），並把受精卵移植到不孕患者的子宮裏，以期使人受孕。在萊斯莉・布朗的受孕成功之前，胚胎不是在移植之前就死亡就是在移植後自然流產。試管受精法，變得比較普遍（雖然懷孕成功率只有16%），但在當時卻激起眾人的憤怒和懷疑，部分歸因於斯特普托和愛德華茲沒有在醫學期刊上發表他們的試驗成果，卻把它賣給了一家倫敦小報。

很多人發覺對無性生殖的哺乳動物，尤其是人類的概念，愈來愈令人擔憂。羅維克的記述可能是謊言，但其他關於無性生殖的作品，例如艾拉・萊文的小說《來自巴西的男孩》，描寫「末日博士審判者」大量製造基因完全相同的「希特勒嬰兒」軍團的故事，引起大眾歇斯底里。雖然許多有關遺傳工程在倫理上的大議題尚未解決，但是其較妥善的應用，包括在生命開發上的許多突破，是毫無爭議的。例如大量生產蛋白質，像胰島素和抗病毒疫苗。◀1976（5）▶1987（7）

宗教

瓊斯鎮大屠殺

② 在60年代反傳統文化運動結束時，成千上萬的西方人開始對宗教頂禮膜拜。他們或許想以

密林中的公社中到處可見到飲用毒藥的信徒屍體和紙杯。

這種方式試著恢復對命運具有先知能力的知覺，追尋強烈的歸宿感，並對生命寄寓烏托邦式的希望。有證據顯示，一些組織採用洗腦術來奴役其成員。1978年11月，加州的國會議員利奧・瑞安帶領18人的團體飛到蓋亞納去調查一個宗教組織：人民聖殿。該組織由吉姆・瓊斯牧師領導。他曾經是舊金山受人尊敬的政治激進分子，現在聲稱他自己是耶穌和列寧的化身。這次調查任務以瑞安的死做爲結束，另外900人不是自殺就是他殺。

直到1977年，瓊斯在加州經營以教會爲基地的社會服務中心。他周濟貧民，吸引了成千上萬的會眾。然後，這位白人牧師（據說他的父親曾是三K黨黨員）帶領數百個絕大多數是黑人的追隨者，來到蓋亞納密林中。在那裏，他建立了一個農業公社，稱爲瓊斯鎮。瑞安接到居民遭到毒打、苦役、性虐待以及進行集體自殺練習（作爲「忠誠的考驗」）的控訴。

這位國會議員和助手團、記者、律師都受到熱誠的接待。但在抵達後的第二天時，瓊斯起了敵意。公社成員請求瑞安等人幫助他

們離開。正當一對夫婦爲了是否離開而爭吵時，有個人執刀砍殺瑞安。瑞安等人企圖登機逃離，卻與另外4人遭槍擊身亡。此後不久，瓊斯便舉行了自殺儀式。信徒排隊接受攙有氰化物並帶有果香的飲料。一些人心甘情願地接受，而另外的人則是在槍口下別無選擇。孩童由父母餵毒藥喝。（一些人設法逃了出去。）看著追隨者的屍體，瓊斯對著營地的播音系統說了他最後的一句話：「母親，母親，母親。」然後用槍結束了自己的生命。▶1993（邊欄）

中東

大衛營協定

③ 1978年，當以色列和埃及之間的談判陷入僵局時，美國總統吉米・卡特便邀請兩國領導人到馬里蘭州的總統度假地大衛營。9月，歷時12天，以色列總理梅納赫姆・比金和埃及總統安瓦爾・沙達特以及調解者美國、以色列和埃及的高級官員在原木的小屋裏碰面，或者一起在林間散步。雖然會談的環境及衣著並非正式，但是要完成的任務卻具有劃時代的嚴肅意義。因爲，結束中東兩大強國之間長達30年的戰爭狀態是解除可能引起核彈災難的區域敵對的第一步。

在大衛營，沙達特和比金之間的敵意有時變得非常尖銳，使會談似乎要宣告失敗。但由於卡特總統不屈不撓的個人外交（他經常花費數小時時間說服一位領導人作出一些承諾，然後就到另一位那裏重複會談的過程），達成了兩大協議。第一個是雙邊和平協議的框架，約定以軍分階段從西奈半島撤軍，且恢復以色列使用蘇伊士運河的權利

在大衛營，比金和沙達特握手寒暄，卡特站在一邊觀看。

1978

「當迪斯可到達密爾瓦基時，它將大勢已去。舉個例子來說，你要人家穿一定樣式的衣服，但是他們不會知道他們爲什麼要那樣做。」
—— 範德比爾特大學社會學教授理查‧彼得森

（1956年以後遭否認）。第二個協議較不明確，要求以色列逐漸地給予佔領地加薩走廊和約旦河西岸的巴勒斯坦人自治權，同時要求以色列從該領土部份撤軍，以此實現中東的全面和解。

由於兩人的努力，沙達特和比金一同獲得1978年的諾貝爾和平獎。接著在3月，他們正式簽署了條約。但是該條約的簽署在幾個國家的首都引起騷亂，阿拉伯國家聯盟譴責沙達特與以色列的「單獨講和」，把埃及逐出聯盟，並且對它實施經濟制裁。以色列對條約中有關巴勒斯坦人的條款避而不談。沙達特也因自己的冒險而送了命。
◀1977（1）▶1981（2）

宗教
本年3位教宗

④ 1978年8月，教宗保祿六世逝世，天主教徒雖感悲痛，但並不訝異，畢竟他已年高80，並且在過去的10年中，逐漸淡出教務。其65歲的繼任者，精力充沛的前威尼斯大主教若望‧保祿一世，卻在就職後的第34天死於心臟病突發，引起更大的震撼。而其接替者若望‧保祿二世則更令人驚訝。

這位原名叫卡羅爾‧沃伊蒂瓦的新教宗生於波蘭瓦多威次省，是456年來首位非義大利籍的教宗。他是繼若望‧保祿一世之後，第二位出身工人階級的教宗，時年58歲，是自1846年以來最年輕的教宗。在任聖職之前曾寫作並演出前衛的韻文詩劇。在二次大戰中，他參加過反納粹運動。作爲一位來自共產主義國家的神職人員，他本人就是譴責馬克斯主義無神論的活例子，且嫻熟於政治，能說7種語言，還會彈吉他。

若望‧保祿二世坦率地支援全世界的人權運動，其充沛的精力、非凡的領導力，以及不拘禮節的性格使他在教界以外也深受敬重。爲保祿六世（以「朝聖者的教宗」著稱）所不能及的是，保祿二世能夠周遊全球去關照其子民與其他的信仰範圍。在神學方面，他卻比保祿

生於波蘭瓦多威次省的教宗若望‧保祿二世走下飛機，開始了1979年教宗在波蘭訪問的里程碑。

六世保守。保祿六世曾支持梵諦岡二次會議，但若望‧保祿二世卻敦促恢復更嚴格的教律。他要求神職者與左派政治劃清界限，譴責主張自由的神學家，並堅持教宗對其主教有支配權。一些人希望這個世故的新教宗能夠解除教會許多引起爭議的禁令，諸如不許離婚、人工避孕、墮胎以及禁止婦女擔任神職人員等等，但若望‧保祿二世的作爲卻注定讓他們失望。◀1968（12）
▶1979（邊欄）

大眾文化
迪斯可風靡全球

⑤ 1978年，迪斯可熱潮席捲了全球。這應當歸功於新年前上映的一部新片，由約翰‧巴德姆導演、新星約翰‧屈伏塔主演的《週末狂熱》。此片敘述的是出身於工人階層，住在布魯克林區的托尼‧馬內羅在舞池中重生的故事。屈伏塔健美、挑逗的舞步使姑娘們爲之瘋狂，小伙子們爲之嫉妒。很快地，全美國都會的同性戀和黑人夜總會的次文化便開始迎合這股主流。比吉斯（一支澳洲樂團，在10年前仿效披頭四合唱團的演唱風格，後來改頭換面帶動潮流）的電影原聲帶，賣出3000萬張，打破全球的銷售記錄。

迪斯可風格終結了仍主導青年文化的叛逆60年代的審美觀。男性穿著浮華的套裝，配戴金項鍊，女性則穿著洋裝及高跟鞋。一對一對依規定的舞步一同起舞。甚至連服用的藥物都與以往不同：迪斯可舞迷不再服用扭曲心智的迷幻藥，而

選擇使自己感覺良好的安眠酮（戊烷基亞硝酸根），甚至爲了跳得精彩，服用古柯鹼。迪斯可音樂丟棄60年代搖滾樂的藝術及政治上的野心。以有力的、悸動的節奏貫穿全曲（唱片的標籤上標有每分數的節拍數，以利音樂廣播節目的DJ使用）；歌詞描述性及其相關隱喻。而一些藝術家，例如奇克和唐娜‧薩默把熱情的節奏藍調帶入這種音樂中，其無名的死忠者更是多而又多。由於受到德國空中電台奇才喬治‧莫羅德爾的鼓舞，許多製作人放棄聘請身價昂貴的音樂家，而開始採用電子合成音樂和打鼓機。

但是，使迪斯可充滿活力的卻是那滿室的浮誇忘我的舞蹈狂歡者。迪斯可文化眩目儀式的祭壇是曼哈頓的第54號攝影棚舞廳。在那裏，浪蕩的高手和其追隨者一起隨

《週末狂熱》中男主角約翰‧屈伏塔擺出完美的迪斯可舞姿。

著節奏起舞。舞廳外總是擠滿了人，希望手握大權的看門人能恩准他們在強勁的閃光燈下加入莉莎‧明尼利、比安卡‧賈格爾，以及安迪‧沃霍這些迪斯可明星的行列中。◀1967（5）▶1984（10）

逝世名人錄

埃德加‧伯根
美國腹語表演者

胡阿里‧布邁丁
阿爾及利亞總統

查爾斯‧博耶　法裔美國演員

賈克‧布雷爾
比利時裔法國歌手

佩德羅‧華金‧查莫洛
尼加拉瓜新聞編輯

盧修斯‧克萊　美國將軍

約瑟夫‧可倫坡
美國黑手黨頭子

詹姆斯‧科南特
美國教育家和科學家

喬治‧德‧基里科
義大利畫家

查爾斯‧埃姆斯　美國設計家

庫特‧哥德爾
捷克裔美國數學家

休伯特‧韓福瑞　美國副總統

若望‧保祿一世　羅馬教宗

喬莫‧肯雅塔　肯亞總統

凱思琳‧凱恩　英國考古學家

阿拉姆‧哈怡圖良
蘇聯作曲家

郭沫若　中國作家

法蘭克‧雷蒙德‧利維斯
英國評論家

約翰‧麥克阿瑟　美國金融家

瑪格麗特‧米德
美國人類學家

果爾達‧梅爾　以色列總理

阿納斯塔斯‧米高揚
蘇聯代總理

阿爾多‧莫羅　義大利總理

保祿六世　羅馬教宗

諾曼‧羅克韋爾　美國插畫家

伊格納齊奧‧西隆內
義大利作家

尤金‧史密斯　美國攝影記者

吉恩‧滕尼　美國拳擊運動員

1978

者》羅伯特‧莫斯科維茨　電影：《越戰獵鹿人》邁可‧西米諾；《返鄉》哈爾‧亞西比；《不結婚女人》保羅‧莫索斯基；《掏出你的手帕》貝特杭‧布里埃；《超人》李察‧唐納　戲劇：《死亡陷井》艾拉‧萊文；《大量》大衛‧黑爾；《出賣》哈羅德‧品特；《埋葬的孩子》薩姆‧謝潑德；《德州最好的小妓院》卡洛爾‧霍爾；《艾薇塔》安德魯‧洛伊‧韋伯‧賴斯　電視：《達拉斯》；《出租車》；《幻想島》。

「我跪下來請求你們無條件釋放阿爾多‧莫羅，不是因我謙遜和充滿愛意的求情，
而是他作為人類一份子的尊嚴而要求你們必須這樣做。」
　　　　　　　　　　　　　　　　　　　　── 教宗保祿六世致莫羅的綁架者的一封信

1978年新事物

- 超音波（超音波代替了X光線）
- 賭博在新澤西州大西洋城成為合法的活動
- 墮胎在義大利合法化
- 加菲貓

- 漢字拼音為中文姓名的正式音譯系統

美國萬花筒

污染的愛

靠近紐約州尼加拉大瀑布的愛情運河，在8月被宣佈為聯邦災難區。整個40年代及50年代早期，胡克化工廠已把好幾噸的有毒廢物倒進這條廢棄的工業運河，並將之填滿。1953年，胡克化工廠以一美元的價格把它賣給尼加拉瀑布城。該城在

這個垃圾堆上建了一所學校，隨之又蓋了民宅。多年來，這裏的居民飽受皮疹、頭痛、肝臟疾病、出生缺陷、直腸流血、流產、羊癇瘋之苦。直到1976年，一場大雨使居民的院子和地下室積滿了含有化學物質的污水，大家才意識到他們所受的苦難都與這條化膿的運河有關。環境保護機構估計，美國大約有1千多條的愛情運河潛伏著危險。◀ 1973（7）
▶1978（12）

舊金山刺殺事件

11月27日，舊金山市長喬治‧莫斯科尼和其首位公開的同性戀官員哈維‧米爾克雙雙在市政府辦公室裏遭到殺害。刺客丹‧懷特是一個保守的理論家，他剛收回最近向該市行政署提出的辭呈（米爾克是其中

莫羅的葬禮在羅馬北部的一個村莊裏舉行，他曾要求其葬禮不對政治人士開放。

義大利

莫羅綁架事件

6 阿爾多‧莫羅所受的折磨證明，在政治上的中立並不總是最安全的。莫羅是義大利執政黨基督教民主黨的領袖，曾經5次連任義大利總理，並且是總統的最佳候選人。1978年3月，他在羅馬被極左派的赤軍旅成員綁架。這些恐怖分子用機槍掃射莫羅的5個貼身保鏢之後，要求釋放在獄中的13名頭目。除了這眼前的目標之外，他們還希望對「國家心臟」的打擊（他們自己這樣稱呼這一事件）能夠激起政府的鎮壓，從而引發一場革命。

赤軍旅是由激進的學生於1970年所組成的。成員大約只有幾百人，但其支持者卻成千上萬。從1971年以來，他們已綁架30多名「抵制革命的官員」，謀殺了40多人，並且用槍擊穿許多人的膝蓋骨。莫羅曾是其目標中的最高階層官員，為他們所蔑視的體制的化身。彬彬有禮、談吐溫婉的莫羅，一直試著策動首屆的聯合政府接納共產黨（義大利的第二大黨）。莫羅稱左派和中間派恢復友好關係為「平行整合」，而赤軍旅則斥之為「對共產黨人的出賣」。

54天以來，警方為了尋找這位政治和解人和其綁架者而查遍了整個義大利。同時，莫羅寫了許多信給同僚和家人，要求釋放政治犯，並指責政府官員對他的痛苦漠不關心。義大利政府拒絕釋放罪犯，而教宗、阿拉法特、格達費和聯合國秘書長庫爾特‧華德翰的求情並無下文。最後，莫羅布滿彈孔的屍體被發現丟棄在一輛停放在基督教民主黨和共產黨總部大樓附近的轎車裏。29名赤軍旅成員終因謀殺莫羅而被判處15年的監禁（另外17人無罪釋放）。而革命並未發生。
◀ 1975（10）▶1985（9）

阿富汗

共產黨政變

7 1978年4月27日，喀布爾的景象給人一種變幻莫測的感覺。這一天大家很早下班（回教安息日祖瑪節的前夕），成千上萬的阿富汗人擠滿了這個古都的狹窄街道。而他們的周圍，坦克正在炮轟總統府。計程車和裝甲車競相爭道；交警揮

動旗幟指揮交通車避開擁擠的十字路口。眾人對眼下正在進行的左派政變漠不關心，他們所想的只是趕緊回家。那時，只極少數人對總統穆罕默德‧達烏德汗（上圖）表示忠誠。這一天快要結束時，反叛首領在電台向全國宣佈：革命委員會已經接管了政府。共產黨來到了阿富汗。

當叛軍最後攻破總統府時，槍殺了達烏德和其家人。達烏德於1973年奪取政權，廢除其堂兄穆罕默爾‧烏默爾‧沙阿的王位。他任總理時原還享有俄援的阿富汗軍隊以及左派阿富汗人民民主黨（PDPA）中的哈爾科和帕卡姆兩個敵對派系的重要支援。而1977年時，達烏德可汗轉向右派，逮捕了人民民主黨成員，並在政府中大量任用自己的爪牙。更重要的是，他疏遠了與莫斯科的聯繫，儘管蘇聯是對阿富汗影響最鉅的外國勢力。

蘇聯很重視其東南方的鄰國（因在戰略上阿富汗位於伊朗、巴基斯坦和中國之間），而達烏德則為其行動付出極大的代價。在克里姆林宮的支援下，哈爾科和帕卡姆兩派的領袖克服了彼此間的分歧，並於1977年與人民民主黨聯合。達烏德對此展開了殘酷的鎮壓，但是軍隊中的重要將領已經逃跑。蘇聯支援下的政變毫不費吹灰之力。人民民主黨總書記努爾‧穆罕默德‧塔拉基成為阿富汗的第一位馬克斯主義者總理。但是，內戰也從此開始了。◀ 1919（4）▶1979（5）

影視

德國的新一代

8 德國的電影工業一度是世界最偉大的，但30年代，隨佛烈茲‧朗和帕布斯特等著名導演紛紛逃離納粹的迫害以後，已大為衰退。到了60年代末，德國電影工業東山再起，主要是因為納粹時代已一去不復返，及德國政府大力支持富有革新精神的電影導演，例如亞歷山大‧克盧格、弗爾克爾‧施倫多和簡-麗‧施特勞布等人。1978年時，美國《時代》週刊稱德國的新電影是「歐洲最具活力」的電影工業。

當時，德國導演不斷竄起，其中最傑出的是雷納‧韋納‧法斯班德。他煞費苦心導演了33部影片，其中絕大多數是以悲涼、噁心且又不失譏諷的角度描述情感及社會的混亂。他31歲時，導演了《瑪麗‧布勞恩的婚姻》（1978），這是有

體育 **棒球**：世界大賽，紐約洋基隊以4勝2負擊敗洛杉磯道奇隊　**美式足球**：超級盃，達拉斯牛仔隊以27:10擊敗丹佛野馬隊　**籃球**：NBA，華盛頓子彈隊以4勝3負擊敗西雅圖超音速隊　**足球**：世界盃，阿根廷隊以3:1擊敗荷蘭隊　**拳擊**：穆罕默德‧阿里擊敗列昂，史賓克斯重新獲得重量級冠軍　**賽馬**：賽馬「堅決」贏得三冠王

「它是殉道者、聖人、夢想者以及神秘主義者的語言，充滿了人類難以忘懷的幽默和記憶。比喻來說，意第緒語是智慧和謙遜的語言……是受驚的和有希望的人性。」 ── 辛格

關戰後德國生活三部曲的第一部（其他兩部姊妹作品《蘿拉》和《薇羅妮卡·沃斯》在1982年上映）。漢娜·許古拉扮演劇中主角瑪麗·布勞恩，是西德的化身，在戰時的砲火中及和平時代浪漫的災難中倖存下來，最後卻因自己的火爐爆炸而死亡。

另外兩位德國電影導演維爾納·荷索和維姆·溫德斯也同樣地受到讚賞。荷索是個古怪的冒險家，為了追求影片絕對逼真的效果，在亞馬遜河拍攝了《天譴》，一個瘋狂的西班牙征服者的故事。為了表達揭露集體歇斯底里症的感覺，在探討一個吹製玻璃器者之死

法斯班德（左）在指導他最喜愛的女演員許古拉。

對一個小鎮的影響的《玻璃精靈》（1976）中，請人為演員催眠。溫德斯史詩式的公路電影，集好萊塢黑色影片的粗暴與德國哲理片的不安於一體。在《美國朋友》（1977）中，溫德斯讓丹尼斯·霍柏與偉大的B級電影導演薩姆·富勒和尼可拉斯·雷伊以及布魯諾·甘茨合作，後來在受里爾克影響的《慾望之翼》（1988）中，讓甘茨和彼得·法爾克合作。◀1959（7）▶1991（12）

東南亞
柬埔寨的集體大屠殺

9 3年以來，有關柬埔寨的恐怖謠言一直流傳著，但是直到1978年12月越南入侵之後，關於柬埔寨的完全真相才顯現出來。大量的墓穴和目擊者都證明：赤柬自從1975年奪權以來，已屠殺了數以十萬計的人民。這個數字，通常

只有在饑荒、苦役和疾病等災禍發生時才會出現。在波帕總理的極端民族主義黨的派系以謀略戰勝對手之後的幾個月以來，災難更進一步地加劇。

赤柬的頭目都是受過法式教育的共產黨員，在50年代就已開始游擊生涯，一直想顛覆施亞努親王政權。但是在70年代早期，美國毀滅性的轟炸迫使他們同親王（當時已被右派分子罷黜）結盟。轟炸的結果為他們帶來大量的擁護者及北越的援助，在叢林中的避難處躲避如雨點般的轟炸又使這些革命分子養成殘忍且狂妄自大的意識形態。

接管柬埔寨的幾個月來，新政府一直隱匿自己的身分，而施亞努只是虛位元首。受到毛澤東大躍進的影響，他們也荒謬地實行類似的自給自足政策。赤柬搞空了城市，把居民趕到農村，參加農奴的大軍團。由於滿腦都是種族和政治的純化思想，他們大批殺戮少數民族、知識分子、病人、發牢騷的人，甚至在性生活方面不檢點的人。對於外國人，除中國和北韓的顧問，一律禁止入境。

正是由於赤柬和中國（為越南的宿敵，雖然在戰時曾經支援過越南共產黨）結盟，才促使河內發動對柬埔寨的進攻。1979年1月，越南的軍隊佔領了金邊，波帕和他的部隊逃到了泰國邊境，施亞努則避走北京。越南入侵者擁立了一個新總理韓森，他宣佈柬埔寨人民共和國成立。但是由於他實行強權政治，內戰從此爆發。◀1977（8）▶1989（邊欄）

文學
辛格的世界性猶太語

10 諾貝爾文學獎很少頒發給那些以「非主要語言」寫作的作家，更別說是那種每天只有極少

數人使用的語言。如果有的話，那麼就要拜民族遭受種族大屠殺和流浪等苦難之賜。1978年，當伊薩克·巴舍維斯·辛格接受諾貝爾文學獎時，他肯定所選方言（一種德語和希伯來語的混合語，並借用猶太人所到之處的當地語言）的生命力。他說：「意第緒語中的寶藏尚未顯露在世人眼前。」

辛格生於1904年，1935年在波蘭發表小說《戈雷的魔鬼》（一則關於17世紀的空想與瘋狂的故事），之後不久便從華沙移民到紐約。在那裏，他開始為意第緒語的《猶太每日前進日報》撰稿。他的短篇故事和連載小說吸引了一些讀者。1953年，紹爾·貝婁發表在《黨羽評論》上的譯作《傻瓜金佩爾》把辛格介紹給更多的讀者。

辛格的作品裏充斥著惡靈、鬼、虔誠的傻子等等，有點像民間故事。這些作品生動地重現一個被大屠殺所毀滅的世界，猶太小村和華沙猶太區的現狀。但是這些作品很現代清新：道德寓言中，世俗和神聖相遇，貪欲和奉獻交會。一隻腳踏在舊世界，而另一腳踏在新世界的辛格能夠以同樣的心理洞察力和敏銳的智慧來描述關於同化主義和傳統主義者的故事。◀1964（8）

一員）。懷特的審判被譏之為「閃亮的辯護」（他的律師說懷特因服用過多的藥物而變得神志不清），法庭裁定為蓄意殺人，判處他5至7年的監禁。1985年10月，在假釋期間他自殺身亡。

陰謀理論

1978年，眾議院謀殺事件的特別調查委員會在對甘迺迪和馬丁·路德·金恩的刺殺者作了詳細的回顧之後認為，陰謀是有可能的。此觀點得到該委員會大多數

成員的贊同和支援，但卻與1964年華倫委員會的報告大相徑庭。雖然如此，特別調查委員會後來還是拒絕指出奧斯瓦爾德和詹姆斯·厄爾·雷伊（見上圖）的可能幫凶。其中，在1968年被控刺殺金恩的詹姆斯後來撤回了自己的招供。◀1964（邊欄）▶1991（6）

第十三號提議

6月6日，大約有65%的加州選民不顧政府的警告而支援第十三號條款。該提議是對州憲法的修改，規定政府削減57%財產稅。而政府警告選民，如果這樣做，該州將失去約70億美元的財政收入，其結果會損害政府的施政能力。這次投票公決預示80年代全美抗稅運動的來臨。▶1980（4）

扭轉歧視

6月28日，最高法院支持一個地方法院關於加州大學戴維斯分校的醫學院必須招收曾兩次遭到拒絕的申請人阿倫·巴克的判決。巴克說學校因政策的關係，必須招收不太合格的少數民族學生，而退回他的申請。雖然最高法院以5比4的多數認為加州大學戴維斯分校的配額制度（16%的名額保留給不太合格的學生）違反了人權法案，但也裁決在招收程序適當考慮民族和人種方面的問題是合理的。◀1964（3）

1978

在柬埔寨靠近EK村的刑場挖掘出的骷髏頭。

「這種生意會做得像麥當勞一樣大。」

—— 芝加哥健康俱樂部老闆唐·懷爾德曼，1978年

環球浮世繪

衣索匹亞

依靠莫斯科1978年，衣索匹亞掌權4年之久的臨時軍事管理委員會（PMAC，曾罷黜皇帝海爾塞拉西一世，是持社會主義的執政團體）與蘇聯簽訂一項貿易協定。PMAC（又叫德格）開始接受外國共產勢力（包括古巴軍隊和蘇聯顧問）的軍事援助。這個軍事管理委員會曾包括厄立特里亞和操索馬利亞語的奧加登地區主張退盟的反叛者。在門格斯圖·海爾·馬里亞姆中校的領導下，1984該政委會宣佈衣索匹亞成為人民民主共和國。
◀1974（7）▶1993（邊欄）

布雷爾的喪鐘

10月9日，49歲的比利時抒情詩人賈克·布雷爾死於癌症。自從50年代早期他開始咖啡店歌手和吉他手生涯之後，就一直住在法國。好色，有時尖刻，總是哀傷的布雷爾是60年代的一流藝人。1965年，首度在卡內基音樂廳登台。1968年在紐約舉辦了一場多人矚目的音樂秀《賈克·布雷爾還好生生地，住在巴黎》。他曾經有10年停止出唱片，但1977年重回歌壇的專輯《布雷爾》，銷量達200萬張。

偉大的瓦倫達逝世

3月22日，一個充滿悲劇色彩且令人矚目的走綱索家庭失去了其73歲的家長卡爾·瓦倫達。當瓦倫達在波多黎各聖胡安的兩棟濱

海旅館之間拉起的鋼索繩上行走時，時速48公里的大風將他自30公尺高處吹落，悲劇就這樣發生了。偉大的瓦倫達世家經常不使用安全網，這個致命的傳統，在卡爾摔死之前，已經剝奪了4個家庭成員的生命，還使一人癱瘓。卡爾總是這樣說：「死去的畢竟不在了，但演出還要繼續。」

維舍斯（貝斯手）和羅騰（拿麥克風者）表演龐克搖滾。

音樂

龐克搖滾的崛起

11 到了70年代末，主流搖滾樂已與其叛逆的根本脫離。「滾石」合唱團是大闊佬，信奉和平與愛的伍茲塔克的文化精神也被同化，一流的合唱團只是表演些啤酒舞會的樂曲或者冒充經典之作的「藝術搖滾」，而猛烈的重金屬樂的單獨表演也成為表現男子氣概的陳腔濫調。在搖滾的界限上，一種刺激的新搖滾樂出現了。龐克搖滾反叛了一個虎頭蛇尾的年代的流行文化，產生了大量不守成規的大眾化合唱團，並一直持續到90年代。但在1978年，錫德·維舍斯和他女朋友的慘死卻說明龐克搖滾也是絕望的吶喊。

維舍斯（原名約翰·西蒙·里奇）在一典型的龐克搖滾合唱團「性感手槍」裏擔任貝斯手。該團是由馬爾科姆·麥克拉倫，一個激進的商店老闆在倫敦成立的。此團以強尼·羅騰（原名約翰·萊登）尖叫的嗓音而著名，歌詞贊同無政府狀態且攻擊國家元首（儘管英國國家廣播公司禁播，但其《天佑吾王》仍居英國排行榜第二名），歌聲純為怒吼的挑釁。其他龐克搖滾合唱團，或有一定的政治傾向（如「碰撞」合唱團），或有更優秀的才能（如「布澤科克斯」合唱團），有的較接近「自己動手做」的理想，但沒有一個能像「性感手槍」合唱團那樣迅速給人一種啓示。當羅騰發出貓叫春般的聲音唱出「沒有未來」時，他在說服聽眾，隨著高失業率和社會衰退，不

僅英國，整個西方文明都已注定要滅亡。

但是該合唱團又唱又罵的憤怒並不僅是針對現存體制。龐克運動有自我摧殘的傾向，如破碎毀損的髮型，用安全別針刺穿過臉頰。維舍斯就這樣做過。他和他的美籍女友南茜·斯彭根都是絕望的毒癮者，他們的愛情遊戲常常使他們遍體鱗傷。10月，斯彭根在曼哈頓的切爾西旅館被刺殺，維舍斯被控謀殺，但是沒有受到審訊。1979年2月，在保釋期間，他因為服用海洛因過度而致死。◀1972（13）▶1994（邊欄）

災難

「卡迪斯號」漏油

12 自1978年3月以來，在16個月當中，南北半球連續發生了3次重大的原油洩漏事件。第一次所造成的嚴重危害提醒人們，依靠運輸的石化燃料所花費的錢財已大大超過原油每桶猛增的價格。這事件發生在法國布列塔尼海岸，超級油輪「阿莫利卡迪斯號」擱淺，洩漏了130萬桶原油。（油輪未及時拖到可以航行的水域，因為船長和拖船負責人為了拖船價格問題爭吵不休，耽誤了時間，造成了更嚴重的污染）。在復活節假期中，許多法國青年到海邊去幫助清理這股「黑潮」。這是本地區11年以來發生的第4次嚴重的原油洩漏事件，也是當時世界上最嚴重的一次。

海上浮油污染了法國最大的鳥類棲息地，破壞當地漁業、旅遊業以及海草養殖業。後來法國政府規

工人正清除「卡迪斯號」漏出的原油。

定禁止油輪在離法國海岸7海里以內的水域航行。◀1989（13）

大眾文化

健美成為時尚

13 紐約的一位編輯詹姆斯·菲克斯（下圖）認為「過多的馬丁尼酒和太少的運動」使他柔弱不堪，故剛步入中年的他開始跑步並愛上這運動。1978年，其《跑步完全手冊》成為全美最暢銷的書，巧妙地與全國民眾著迷的事物相契合。70年代末，許多人練習舉重，做有氧運動；在馬拉松冠軍比爾·羅傑斯之類的大眾英雄的帶動下，越來越多的人開始慢跑。

在以後的10年之中，這種運動現象風靡整個西方。各種不同的因素都與工作有關。「我這一代」的70年代崇尚自戀：在講究打扮的後

嬉皮時代，健康對那些在嬰兒潮中出生，逐漸衰老的人是極重要的。但些許60年代風格的精神主義也存在著，特別在跑步運動中。因跑步本質上是單獨的運動，在鍛鍊身體的同時，又能獲得精神的寧靜。羅傑斯（波士頓的一位教師，總開著一輛老舊的福斯小汽車，到處吹捧跑步者的快感，且不喝比薑汁汽水更濃烈的飲料）的例子就是健身者新清教徒式但模糊地反文化的一面。他也代表了狂熱風行的主要關鍵：消費主義。他到處推銷自己設計的運動裝。由俄勒岡州的兩個跑步者在60年代成立的耐吉運動鞋公司，賣出數十億美元的銷售額。另外，價格高昂的健康俱樂部也如雨後春筍般地出現。

菲克斯（《時人》雜誌認為，他是1978年最「迷人」的名人之一）也因為賣書及對其書的擔保而發了大財。但1984年，他在一次跑步中死於心臟病突發，既令人感傷又充滿了諷刺。◀1922（邊欄）▶1981（當年之音）

1978

克莉斯蒂娜和午夜突襲

摘自《最親愛的媽媽》，克莉斯蒂娜·克勞馥，1978年

好萊塢極受人愛戴的影星、銀幕傳奇人物瓊·克勞馥以其固執的性格，在變幻不定的影藝圈裏走紅了幾十年，但她從來沒有因此要求眾人對她表示尊敬。1978年，也就是這位73歲的影壇長青樹逝世的第二年，其39歲的養女克莉斯蒂娜發表了一本回憶錄，揭示出克勞馥「女王」殘酷暴虐的陰暗面。《最親愛的媽媽》，這部由家庭成員所寫的名人傳記毫不遮醜，（雖然克莉斯蒂娜一直

克勞馥只要一有機會，就會裝作一副和孩子們幸福快樂的樣子（她總共收養4個小孩、包括克莉絲蒂娜和克理斯托弗）。

堅持此書是她的自傳，不是她媽媽的）是當年美國出版界的一件大事。當克莉斯蒂娜詳述了她媽媽對他們在肉體和感情上的折磨時（包括毒打、當眾侮辱，以及下面這段關於鐵衣架的敘述，令人無法接受），她向那些追星的讀者展示了他們最想知道的兩點：名人以及建立在此基礎上的優越感。1981年，這本迅速走紅的暢銷書被拍成一部可笑的電影，由費·唐娜薇飾克勞馥。

一天晚上，一陣刺耳的聲音將我從睡夢中驚醒。我睜開眼，在床上坐得筆直。燈亮了，我看見我壁櫥的門開了，衣服在房間裏到處亂飛。媽媽在壁櫥裏直發火，連珠似地罵著，又喃喃自語。我怕她是衝著我發火，所以不敢下床。媽媽把我的壁櫥徹底毀掉、並把裏面所有東西都扔到我床上及地板上之後，她上氣不接下氣卻得意洋洋地走了出來。她的眼神變得很野蠻，並向我猛撲過來，我嚇死了。

她抓住我的頭髮把我拖到壁櫥裏。我眼前所有的東西都毀了，衣櫥一片狼藉。她可能用手把架子上的東西推掉，然後把衣服從衣架上扯下來，並把衣架連同衣服一起丟到房裏，滿地都是；最後她用力地把鞋子向牆上摔去。鞋子彈到百葉窗上，嘩啦作響。

她抓住我的頭髮，搖著我的頭，在我耳邊大喊：「鐵衣架哪兒去了？鐵衣架哪兒去了？」她用一隻手抓住我的頭髮，另一隻手打我的耳光，我耳邊轟轟直響，幾乎聽不到她的尖叫聲。打完了，她鬆開手把我扔在地上。然後她扯下床罩，把床單和毯子丟到地板上。把我的寢室徹底搞亂了之後，她又叉著腰站在門口，咆哮了一句：「把這些亂七八糟的東西收好」便轉身向自己的房間走去。隨後，我聽到她砰地一聲把雙層門關上。

如果當時我看看鐘，我就能知道已經是凌晨了。我沒「使那把勁」，因為這樣做很浪費體力。但我看了看隔床的克理斯是否還活著。當他確定媽媽已經走了，不會再回來了，他才敢慢慢地轉過身對著我。這或許是自午夜突襲開始以來他第一次敢動動自己的身子。他起不來，因為綁在床上。媽媽有一個叫做「安全入睡」的野蠻設備，靠著它可以確保克理斯下不了床。它是用帆布帶子做的，綁在克理斯的背上，看起來有點像馬具。它原本是為防止嬰兒掉下床去而設計的，但是媽媽做了些許改動，使它能容納下一個正在成長的男孩。這東西是這樣用的：讓人臉朝下躺在

床上，把4條帆布帶從床墊下穿過，並纏在人的腰部和肩部，最後用類似馬毯上用的大型安全鐵別針把所有帶子固定在一起。從我記事起，如果沒有特別的許可，晚上是不可下床上廁所或去喝水的。有時候，我們哭得撕肝裂肺，也沒有人來。有幾次，我弟弟非得上廁所不可，我就偷偷地幫他解開那可恨的「安全入睡」帶，並且在他上廁所時替他把風，然後跳回床上。我們做得如此神速，就如同汽車碰到一個印第安納波利斯的大坑需要及時停下來一樣，因為我們兩人都知道我們的命全靠這樣專業的「團隊工作」。如果我們被抓住，我會比克里斯更倒楣。他會因私自下床而遭到毒打，而我則可能會因放他下床而被打死。

這張是1946年拍的照片，7歲克莉絲蒂娜和媽媽頭戴由這位巨星設計的母女帽。

「這不是一場美國和伊朗之間的鬥爭。它是一場伊朗和褻瀆神祇行為之間的鬥爭。」

—— 阿亞圖拉·穆薩維·柯梅尼讚揚襲擊駐德黑蘭美國大使館的學生

年度焦點
伊朗的回教革命

1 「我還沒弄清楚發生什麼事,當我醒來時已失去了我的人民。」悲傷的穆罕默德·雷沙·巴勒維在1979年被推翻後說。20年來,巴勒維一直努力使伊朗走出封建時代。他重新分配土地,減少文盲,解放對婦女的傳統束縛。他利用石油稅收使國家工業多元化並建造公寓住宅。但他否定伊朗人民的政治自由,並利用中央情報局所培訓的殘酷祕密警察來加以威嚇。他還挪用鉅款為自己、軍隊和朋友們謀取私利。

他的開發努力成果幫助了富農而非貧民,修建的是公路而非下水道。他的文化西化運動也激怒了已在

1979年2月柯梅尼抵達德黑蘭。

土地改革中喪失實質資產的強勢什葉派回教教士。1978年,回教基本教義派信徒、左派分子和人權擁護者開始遊行示威,要求驅逐巴勒維。抗議人士是由1964年起就被流放的伊朗最著名宗教領袖阿亞圖拉·魯霍拉·穆薩維·柯梅尼從法國所策應。儘管在鎮壓行動中有上千人被殺,但起義行動仍持續到翌年,迫使巴勒維於1979年1月出逃。兩週之後,以救世主自居的柯梅尼返國並宣告成立臨時政府。終於,在4月一次被世俗論者抵制的草率公投之後,他宣告伊朗為回教共和國。

新政府處決了巴勒維的數百名官員,並且攻擊左派分子及少數派抵抗者。還有好幾千人因違反柯梅尼對回教法律的闡述而喪命或遭受嚴懲。世俗音樂被禁;婦女被迫戴上頭巾;褻瀆神祇成了一項死罪。但革命的群情憤慨卻留給了巴勒維的主要支持者美國。10月底,當巴勒維獲准入境美國治療癌症和膽結石時,大批群眾集會要求將他引渡。

11月4日,學生們襲擊德黑蘭的美國大使館,俘虜了66名使館工作人員。其中的非美國公民、黑人和大多數婦女很快獲得釋放,但是52名美國人被拘禁了444天(儘管巴勒維於1980年中去世)。此次人質危機導致柯梅尼政府的溫和主義分子被逐出高層職務,也使得美國總統吉米·卡特競選失利,而其地位由鷹派的隆納德·雷根取代後,亦開啓了美國超級強權政治的新紀元。◀1971(邊欄)▶1980(2)

南非
辛巴威的緩慢誕生

2 1979年12月,游擊隊領袖們同意一項委任多數黑人真正實行統治的新憲法後,羅德西亞的7年內戰(奪走2萬人性命)就此宣告結束。原本堅持白人優越主義的總理伊恩·史密斯,在一年前承諾逐漸將權力移交給黑人以來(白人有25萬,黑人有680萬),國家就朝該方向遲緩進展。史密斯這種勉強轉變反映出戰爭及國際制裁的代價。1978年,他成立了擁有3名溫和派黑人領袖的臨時政府。在1979年1月舉行的多種族選舉中,3人之中的衛理公會主教阿貝爾·穆佐雷瓦成為名義上由黑人統治之國家(辛巴威羅德西亞)的首任總理。但是此項安排有嚴重缺失:在10年之內,白人仍然享有司法制度、文職人員、軍隊和警察的控制權,並保證他們在100個國會席位中得到28席。

由左派分子羅伯特·穆加比領導的辛巴威非洲民族聯盟(ZANU)和中間路線分子喬舒亞·恩科莫的辛巴威非洲人民聯盟(ZAPU)共同組成的愛國陣線游擊隊,譴責政府並升高攻擊。在來自美國和英國的壓力下,穆佐雷瓦在倫敦與穆加比和恩科莫展開會

辛巴威非洲民族聯盟和辛巴威非洲人民聯盟的游擊隊從西面的尚比亞和東面的莫三比克基地襲擊羅德西亞。

談。12月的和平協議使國家處於英國的臨時管理之下。1980年,穆加比在新的選舉中成為總理,獨立的辛巴威終於誕生。

穆加比謹慎的社會主義改革在黑人中大受歡迎,與白人的初步交

涉也使他們不再驚慌出走。但是他與內政部長恩科莫的關係卻逐漸惡化。政治分歧(恩科莫反對穆加比實現一黨制國家的計畫)和種族對立(穆加比領導的是肖納多數黨,而恩科莫領導恩德貝勒少數黨)導致1982年恩科莫被撤職,以及後來幾年中其各自擁護者之間的暴力衝突。◀1964(10)▶1980(邊欄)

英國
鐵娘子崛起

3 1979年5月,英國選民為國家的新方向作了背書。工黨下台,保守黨執政並獲得44%選票及國會中的43個多數席位。瑪格麗特·柴契爾取代詹

姆斯·卡拉漢成為首相,是首位經選舉產生擔任國家最高職位的歐洲婦女。她執政11年(20世紀英國首相中最長的任期),領導所謂的「柴契爾革命」:英國在社會福利國家、政治機制以及傳統階級角色各方面的一次大轉變。柴契爾夫人很快就因為她的不撓意志,以及對被其政策所傷害的人漠不關心,而得到了「鐵娘子」的稱號。她誓言要達到3個目標——使英國脫離社會主義、恢復國家的經濟活力,以及駕馭工會運動。

近40年來,英國政府為了維持全民就業,造成生產力下降和通貨膨脹率上升。在導致1979年選舉的「不滿意的冬季」期間,罷工使國家處於癱瘓狀態。垃圾無人清理,燃料無人運送,學校關閉。舉國上下一致認為工會的力量過於強大。身為小店主之女的柴契爾夫人不同於其他統治階層的男性同仁,她擺脫貴族階級束縛,採取了堅決的鎮壓行動。她奉行供給面經濟學理論,緊縮銀根,減少公共工程或使其「民營化」,並大幅降低所得稅。她控制了通貨膨脹,任由失業率增加(80年代中期增加了3倍,幾乎達到14%),並鼓勵自由企業,強調努力工作的重要性。許多

藝術與文化 **書籍:**《柏格的女兒》納丁·戈迪默;《有生機的結束》史坦利·埃爾金;《幽靈作家》菲利普·羅斯;《演講的一部分》約瑟夫·布羅斯基;《白宮歲月》亨利·季辛吉 **音樂:**《按我的門鈴》弗雷德里克·奈特;《壞女孩》埃斯波西托、霍肯森、蘇達諾和桑瑪;《我們是一家人》史萊吉姐妹,LP;《牆》平克·

「俄國人在阿富汗待不下去，他們是如此格格不入，連動物都恨他們。」

—— 阿富汗反抗軍

選民對英國墨守成規的階級制度感到灰心，卻發現柴契爾夫人積極向上的眼光（儼然一位新興的企業精英）散發出一股與鬥志昂揚的首相本人並不相符的魅力。然而對於其他的英國人來說，經濟衰退卻是她任期內的現實問題。◀1963（3）▶1980（4）

外交
第二階段限制戰略武器談判失敗

④ 限制戰略武器談判於尼克森總統任內開始並由福特總統繼續進行，1979年6月在維也納高峰會上由總統卡特和蘇聯總理布里茲涅夫達成協議。1985年預定生效的第二階段限制戰略武器談判協定限制兩個超級強權的戰略核武體系（長程飛彈和轟炸機）不得超過2400種；在某種程度上允許美國擴建兵工廠，另一方面迫使蘇聯略作削減。即使如此，美國參議院的強硬派仍譴責此項談判，而且在1980年1月蘇聯入侵阿富汗之後，卡特總統即退出談判不予考慮。儘管第二階段的限武協定未曾得到批准，但雙方仍保證遵守其方針原則，至於戰術性（短程）武器及指定各自能佈署多少戰略彈頭的問題則隻字未提。

到了70年代後期，蘇聯擁有的飛彈數量已超過美國。然而大多數蘇聯飛彈只有一個彈頭，美國的飛彈卻可攜帶好幾個彈頭，可以分別瞄準不同目標。由於這些所謂的多彈頭分導式飛彈（MIRVs），美國人有了更強大的攻擊力。對軍備競賽的評論家來說，爭辯誰具有優勢是荒謬的：因為它們各自擁有足以毀滅對方多次以上的核武。但是五角大廈官員辯稱，蘇聯的飛彈過剩會使美國在面對第一次攻擊時無力招架；美國的嚇阻政策「相互保證摧毀」（MAD）正處於危險之中。入侵阿富汗一事更加深了美國人的恐懼。

雷根帶著關卜「脆弱之窗」的誓言於1981年就任總統，開始了歷史上和平時期費用最昂貴的軍備建

卡特和布里茲涅夫由幕僚陪同下，在維也納的霍夫堡宮簽署第二階段限制戰略武器談判協定。

設。與此同時克里姆林宮亦以同樣的方式回敬。在這種不穩定氣氛中，另一新回合的裁減軍備談判——戰略核武削減談判（START）——於1982年在瑞士日內瓦揭開序幕。9年後，在布希總統和戈巴契夫簽署戰略核武削減協定時，經濟崩潰的蘇聯正在走向瓦解，美國則陷入經濟蕭條的困境中。◀1977（3）▶1983（當年之音）

阿富汗
蘇聯入侵

⑤ 1979年12月26日，第一支蘇聯部隊空降進入阿富汗後，其數目穩定地增加。莫斯科對其南部鄰國內戰進行干涉，此為第二次世界大戰以來蘇聯在東方集團之外所進行的首次步兵佈署，在此偏遠多山的國家共駐紮了10萬名士兵之多。衣衫襤褸的「穆賈哈丁」游擊隊策動了堅毅的、受神明啓示的抵抗。甚至在最後一批運兵船登陸之前，權威評論家們就稱阿富汗

為俄屬越南了。一位西方外交官說：「他們已採取了最後步驟，終於掌握了這名塗滿焦油的嬰兒。」

在1978年宮廷政變中奪得政權後，阿富汗的首位馬克斯主義總統努爾·穆罕默德·塔拉基便試圖在這幾世紀以來都實行地方自主的土地上，建立一個極權的共產主義國家。塔拉基的成就僅在於激發回教基本教義派發動一場聖戰。在年底以前，他被副總統哈菲祖拉·阿敏驅逐並殺害。阿敏在鞏固政權方面更不成功：游擊隊迅速控制了阿富汗28個省的四分之三。反抗軍的進展使蘇聯心力交瘁：阿富汗被視為是蘇聯與有敵意的次大陸之間的緩衝地帶。對阿敏來說，更糟糕的是，他持有異議的共產主義傾向和游擊隊的反抗，幾乎同樣地激怒了克里姆林宮。

在追捕「穆賈哈丁」游擊隊而進入鄉村之前，蘇聯軍隊在喀布爾停留並驅逐阿敏，將順從的巴布拉克·卡默爾立為總統。這次政變是阿富汗冒險行動中唯一不費力的部分。美國率先發起國際譴責。當卡特總統對蘇聯採取的經濟制裁效果不彰時（由阿根廷帶頭的其他國家從經濟蕭條中復甦後，美國的小麥禁運制裁行動即告失敗），59個國家加入美國杯葛1980年莫斯科夏季奧運會的行動。然而，奧運依舊按計畫進行，這場戰爭也持續9年，並使蘇聯付出了1萬5千名性命以及3萬名傷兵的代價。◀1978（7）▶1988（邊欄）

配備簡陋卻士氣高昂的阿富汗反抗軍對抗中央政府及蘇聯入侵者。

1979

「尼加拉瓜人民沒有趕我出去，我是被一項國際陰謀趕走的，如今它以共產主義者佔多數，
並希望尼加拉瓜成為共產國家。」

—— 阿納斯塔西奧·蘇慕沙·德瓦伊萊

1979年的新生事物

- 道德協會（由傑里·富威爾在維吉尼亞州的林赤堡成立）
- 蘇珊·安東尼美元硬幣

- 新力牌隨身聽
- 純娛樂節目

美國萬花筒

天空實驗室墜落

7月11日，太空站「天空實驗室」重新進入大氣層，起火燃燒並在印度洋和澳大利亞西部上空落下大串碎片。使全世界感到欣慰的是，重達77噸的實驗室脫離並沒有造成任何傷亡。天空實驗室於1973年發射進入地球軌道，1974年美國太空總署為了將它推入新軌道而下令停止使用。在此之前它已完成了3次科學考察任務。然而美國太空總署錯估大氣阻力，導致天空實驗室於1978年脫離控制，它的燃燒回航引起國際恐慌。◀1975（6）▶1981（12）

與中共建交

在尼克森和毛澤東發表《上海聯合公報》7年之後，吉米·卡特總統和鄧小平（下圖）兩位新領袖完成了中（共）美關係正常化的進程。1979年鄧小平訪美期間，卡特和鄧之間的協議正式生

效。美國因重新承認中華人民共和國為中國唯一合法政府而與台灣斷交。但這兩個長期友邦的經濟關係依然密切。◀1972（2）▶1980（10）

石油價格上漲

在1979年上半年間，石油輸出國家組織將油價提高50%，結束了長達18個月的價格凍結。卡特

英國

愛爾蘭共和軍謀殺了蒙巴頓

6 英國最後的大戰英雄之一緬甸伯爵蒙巴頓沒有葬身戰場，而是死於1979年8月的暴力事件中。這名79歲的貴族是在愛爾蘭西海岸的別墅度假時遇害。當時，他正在多尼戈爾灣釣魚，愛爾蘭共和軍恐怖分子炸毀了他的漁船，蒙巴頓和他14歲的孫子及其朋友立即身亡。一名受驚的目擊者說：「前一分鐘漁船還在那兒，下一分鐘它

1947年，蒙巴頓擔任印度總督。

就像許多飄浮在水面上的火柴棒了。」蒙巴頓是維多利亞女王的曾孫和伊麗莎白女王的堂兄，也是在愛爾蘭共和軍為了把英國人趕出北愛爾蘭而進行長達10年游擊行動中最著名的一位受害者。他12歲時就加入英國皇家海軍並在兩次世界大戰中服役；第二次大戰中，他在率軍重新奪回緬甸之前統帥一支驅逐艦隊。戰後他是印度的最後一任英國總督，領導印度從英屬殖民地過渡到一個獨立國家。

上千名哀悼者參加了蒙巴頓在西敏寺舉行的葬禮。這是自從1852年為過世的英國司令官威靈頓公爵舉行葬禮以來最莊嚴的一次。愛爾蘭政府對蒙巴頓的死表示哀悼，並承諾會對共和軍的恐怖主義採取嚴厲手段。但是抱怨北愛爾蘭恐怖分子總是能在南方得到包庇的英國政府卻對此持懷疑態度。愛爾蘭政府的回答是：絕大多數愛爾蘭人民贊

成統一。英國則以同樣頑固和明白的措辭反駁：絕大多數的北愛爾蘭公民贊成維持現狀。◀1973（6）▶1981（9）

災難

核能災難中的死裏逃生

7 1979年3月，一系列人為和機械疏失使三哩島核電廠瀕於毀滅。當一個自動閥門錯誤地關閉，影響了工廠2號反應爐爐芯的冷卻水流循環時，賓夕法尼亞州核電廠（距該州首府哈立斯堡16公里處）的這場事故即告發生。鈾分裂產生能量的爐芯本身停止運作，這是為了以防萬一而設計的。情況應該已穩定下來。事實卻不然，一連串錯誤導致冷卻劑從爐芯中流失。當技術人員弄清楚發生什麼事時，放射性極強的燃料棒已部分外露了。隨著出現熔化而來的是周圍景觀變成有毒荒地。更糟糕的是，氫氣已在反應爐內部形成，增加了大爆炸的可能性。為此，數以千計的居民逃離此區。

這場危機持續了12天，足以讓全世界民眾歸結出核能具有極大的危險性。反對者驚恐地談起「中國症候群」（在事故發生兩週前放映的一部同名電影劇情），電影情節中提及過熱的爐芯在理論上會通過地殼一直燃燒到中國。然而，氫氣終於不再外洩，冷卻劑的循環也得以恢復。對溫度幾乎達到華氏5千度的爐芯進行檢查後顯示反應爐的一大半燃料已熔化。再過半小時可

能就會完全熔化。

事後，美國政府暫時關閉了幾座類似的核子反應爐，並且強制停建核電廠（也是暫時的）。由於迅速擴大的公眾反抗情緒，在多年之內聯邦創制權限制了核能工業的發展。其間為消除三哩島受損反應爐的核污染也花費了10多年的時間。◀1952（邊欄）▶1986（1）

尼加拉瓜

桑定陣線奪取政權

8 在一個被殘酷、腐敗政府所統治的地區，尼加拉瓜存在已久的王朝是每下愈況，並於1979年被推翻：三任連續繼位的蘇慕沙（一名父親和兩名兒子）統治這個中美洲共和國長達近半世紀，他們掠奪國庫，謀害政治上的反對者，並依賴華府的支援（據說富蘭克林·羅斯福提到此政權的建立者時說：「蘇慕沙可能是狗兒子，但他是我們的狗兒子。」後來歷任總統對此皆表贊同）。

70年代後期，對蘇慕沙政權的反抗愈演愈烈，即使美國在1975年至1978年間提供了1400萬美元的軍事援助，也無法挽救此獨裁政權。1979年7月，在桑定全國解放陣線游擊隊尚未抵達時，美國所訓練的國民兵早已潛逃，阿納斯塔西奧·蘇慕沙·德瓦伊萊帶著2000萬美元鉅款走避邁阿密。（他最後在巴拉圭重新安頓下來，1980年被刺身亡。）桑定陣線掌握了尼加拉瓜政權，形成一個由左派分子和溫和

三哩島事件的受害者之一是美國核能工業。

1979

「面對這樣一個法庭要想爲自己辯護是無望的。我的命運早已決定。」

—— 阿納托利．夏蘭斯基在1978年7月15日的審判上

在「最後攻勢」中，反抗軍在馬拿瓜燒燬了一名蘇慕沙密告者的汽車。

派商人組成的臨時聯合政府。

桑定陣線運動成立於1962年，是以1934年被蘇慕沙父親殺害的尼加拉瓜革命領袖奧古斯都．凱撒．桑定來命名。反抗軍在1972年之後得到更廣泛的支持，該年發生強烈地震，2萬人死亡，首都馬拿瓜被摧毀，但蘇慕沙卻將1600萬美元國際救濟金私吞。日益升高的輿論則遭到鎮壓。1978年，政府暗殺了頗受尊敬的報業出版家和改革家佩德羅．華金．查莫洛，使群眾的憤怒跨越階級界限而一發不可收拾，並促使桑定陣線發動最後攻勢。

然而，勝利凱旋只是曇花一現。蘇慕沙留下的錢少得可憐，而且外債累累。內戰奪走了4萬人的生命，並使60萬人無家可歸。更糟的是，美國不信任尼加拉瓜的新政府，並在不久之後藉由一場祕密戰爭使其陷入癱瘓。◀1936（7）▶1984（3）

蘇聯
猶太移民潮

⑨ 猶太人在帝俄時期已被壓迫了幾個世紀，儘管在蘇聯統治下集體屠殺已經停止，但是對猶太人的歧視並未結束。莫斯科由於害怕會導致國際訕笑和技術工人的流失，長期以來一直限制移民。但在70年代，美蘇和解讓蘇聯放鬆限制。1979年，當5萬1千多張出境證簽發時，移民潮達到高峰。人口外移的激增與第二階段美蘇限制戰略武器談判協定同時發生，普遍認

新的希望：俄國猶太人抵達以色列。

爲是企圖促成條約的批准。蘇聯對外政策的第二目標爲獲得美國的最惠國待遇，也是重要原因：1979年，美國官員們正在考慮廢除1974傑克遜-瓦尼克修正法，這是一項結合貿易補助與自由移民的法律。

即使移民人數劇增，克里姆林宮仍在壓制境內猶太人的積極精神，斥責拒絕出境許可的人是「世界猶太復國主義的代理人」，並且把許多人長期囚禁在勞改營或精神病院。1977年，青年數學家阿納托利．夏蘭斯基因爲對西方記者公開談論他無法取得出境許可而被逮捕，引起國際社會的公憤。夏蘭斯基被指控爲美國中央情報局進行間諜活動，並經由祕密審判定罪入獄，服刑9年後，才因作爲交換間諜活動的一部分，被釋放到以色列。他的案例僅在引起廣泛注意後才變得不同凡響。

據觀察組織估計，到1979年時已有18萬左右蘇聯猶太人排隊申請簽證。然而翌年，當第二階段限制戰略武器談判協定沒有被批准，以及卡特政府針對蘇聯入侵阿富汗實施了一次穀物禁運，移民人數就大幅減少。到1984年，人數已降到了896人。◀1977（2）▶1982（3）

文學
卡爾維諾的現代寓言

⑩ 伊托洛．卡爾維諾一向在他的小說中探索思想、現實和說故事的本質，並且以一種使他成爲當代最傑出義大利作家的輕巧筆觸及清晰語言來達到目的。1979年，卡爾維諾以他的第10部小說證

明自己是一位與包赫士或納博科夫同樣水準的「虛構小說家」：這部《如果在冬夜，一個旅人》是一部關於小說本身的小說。這本書是充滿想像和技巧的力作，內容隨著兩位因緣際會成爲戀人的讀者（一個被稱作「你」）展開：這兩人都買了一本卡爾維諾寫的書，書名是《如果在冬夜，一個旅人》，卻發現書本裝訂錯誤。在前言之後，小說被一部波蘭驚悚小說的開頭所打斷。

兩位讀者將有缺陷的卡爾維諾作品換成了更有趣的斯拉維奇寫的書，同時交換了電話號碼。但是新書還是裝訂錯誤；它是一本辛梅里安人式錯綜複雜的小說。最後，兩位讀者讀了10個不同國家的小說開頭（實際上，它們可能是一位有惡意的譯者所寫），並追求一種把他們帶入從編輯到校對等各種文學類型的哲學對質之中的神祕氛圍。卡爾維諾1947年初次問世的小說《蛛巢小徑》是以第二次世界大戰期間他在義大利抵抗運動中的經歷爲素材；他在50年代的三部曲《我們的祖先》贏得國際聲望。儘管他有了名氣，但仍繼續從事書籍編輯的工作，有意使自己身兼作家和讀者。◀1967（7）▶1979（13）

總統於7月要求以「戰爭的道德等價物」作爲反應——「在我國歷史上和平時期最龐大的資金和資源投入」來減少對進口石油的依賴（此時價格已達20美元一桶）。截至年底，石油輸出國組織已將價格提高到近30美元，汽油則打破每加侖1美元的標準，使美國人憂心忡忡。◀1973（1）▶1979（12）

馬文控告馬文

3月，被演員李．馬文疏遠的長期伴侶蜜雪兒．特里拉．馬文控告這名同居者，並要求贍養費。她要求得到馬文在與她共同生活期間所得收入的一半，遭到加州法庭的拒絕，但是法庭判決馬文須付出10萬4千美元以作爲所謂賠償，也因此首開法律上的先例：未婚同居者可以要求一定的財產權。

籃球熱

全美大學籃球錦標賽（NCAA）中的後起之秀印第安納州立大學隊（ISU）與球技高超的密西根州立大學隊（MSU）在3月26日交手，但全國電視觀眾感興趣的卻是ISU精明的前鋒賴瑞．柏德與MSU球技驚人的後衛埃文．「魔術強森」這兩位最佳球員之間的對抗。那一晚強森的得分超

過了柏德，他的球隊也奪得冠軍。他倆之間的戰火延續到NBA，並使垂死的籃球聯盟重新恢復活力。在使籃球成爲迷人運動的明星球員生涯中，妙傳「魔術強森」帶領洛杉磯湖人隊奪得5次冠軍，神射手柏德（獲選爲1980年NBA新人王）則帶領波士頓塞爾提克隊贏得3次桂冠。兩人皆曾榮獲3屆NBA最有價值球員。▶1991（邊欄）

美國政治與經濟 國民生產毛額：2兆5208億美元；物價上漲13.2%（自從1950年14.0%以來最大幅度的上漲）；最高法院刑事審判的旁聽出席限制；宣佈贍養費法，對已離婚前妻不付贍養費屬於違憲；蘇族在土地所有權的爭論中贏得一億美元；美國破紀錄地同意每年銷售給蘇聯2500萬噸穀物。

「最孤獨、最悲慘和垂死之人從她手中得到不求回報的同情，此乃建立在尊敬人類的基礎上。」

—— 諾貝爾獎委員會讚揚德蕾莎修女的諾貝爾和平獎頒獎詞

環球浮世繪

邁向單一貨幣

在一種醫治「歐洲僵化症」（西歐經濟癱瘓）的大膽努力之中，8個歐體成員國在1979年創立了歐洲貨幣體系。這種貨幣體系把比利時、盧森堡、法國、丹麥、西德、愛爾蘭、義大利和荷蘭的貨幣結合起來（最終目標是促成歐洲單一貨幣），希望藉由排除易波動的匯率和穩定通貨膨脹來促進貿易。新體系是由法國的瓦萊里·季斯卡·德斯汀和德國的赫爾穆特·施密特共同提出，他們兩人都曾經擔任過財政部長。◀1971（4）▶1979（12）

狂人被驅逐

1979年，中非共和國統治者讓貝－貝爾·博卡薩及其近衛軍屠殺了100名學童（據傳那時他還吃掉其中一些人），此項暴行促使法國軍隊發動政變將其推翻，並且讓博卡薩的前任者（也是他的堂兄）大衛·達科重新執政。博卡薩是一位擁有最高權力的暴

君，於1966年將民主派總統達科趕下台，並於1972年宣佈自己為終身總統。1977年他在耗資2億美元的儀式上（見上圖）加冕為皇帝（以他所崇拜的英雄拿破侖一世為榜樣）。1986年，他重返中非共和國後即被逮捕，並以謀殺罪被判處無期徒刑。◀1972（3）

教宗返鄉

自1523年以來的第一位非義大利籍教宗若望·保祿二世在停留32站的旅行訪問中，於6月回到了他的祖國波蘭，為向處萌芽階段的團結工聯運動提供動力。當教宗在華沙勝利廣場上向上千名瘋狂歡呼的波蘭人說明教廷對共產主義長期反對的態度時（並非公然表示），為期9天的參觀行程達到了高潮。◀1978（4）▶1980（11）

參觀印度東北部阿薩姆邦的一所孤兒院。

印度
德蕾莎修女獲諾貝爾和平獎

這位天主教修女及加爾各答腐敗貧民窟內的慈善機構代理人毫無爭議地獲得了1979年諾貝爾和平獎，她就是著名的德蕾莎修女。在一個充滿暴力、憤世嫉俗、政治分歧的世界中，她對貧苦人們無私的奉獻幾乎振奮全人類——正如她極度的謙恭一樣。這位身材瘦小的69歲婦女，告訴奧斯陸的諾貝爾獎委員會：「就個人來說，我微不足道，我代表窮人接受此獎。」

德蕾莎修女生於阿爾巴尼亞什庫普的阿格尼斯·格克斯哈·博賈克什（即現在馬其頓的斯科普耶），於1927年加入了洛雷托修女會，當時她才17歲，此後不久便移居印度。她在一所女修道院學校任教近20年，學生都是來自加爾各答上層社會階級。然後她得到了「呼喚中的呼喚」：即為「窮人中的最窮者」貢獻的一種新生活觀。1950年，她成為印度公民，建立慈善傳教士會，為減輕人類痛苦而奉獻。

在德蕾莎修女第一次照顧的病人中有位身患癌症而性命垂危的男子。該名男子問道：「你怎麼能忍受我身上的惡臭呢？」修女回答說：「與你必須感受的痛苦相比，這沒有什麼。」這種不可動搖的同情心，這種對病人尊嚴如此罕見的尊重正是她所屬教會的特色，該教會後來在全世界建立了孤兒院、麻瘋病院、免費餐廳以及保健診所。「有人告訴我說，我的工作溺愛窮人，」德蕾莎修女曾經表示，「那麼，至少有一個宗教團體在溺愛窮

人，因為其他人都在溺愛富人。」◀1988（12）

經濟
通貨膨脹猖獗

在整個70年代，世界上大多數國家的通貨膨脹率以空前的速度上揚，造成銀行帳戶減少，民眾的生活水準下降。隨著物價急遽上漲，一些消費者得了「現借現花」的症候群，因為今天不買下來，明天物價又要上漲了。結果是：流通中的貨幣量增多，通貨膨脹率以前所未有的速度直線上升。在政局不穩定的阿根廷，1979年高達172.6%的通貨膨脹率可能不使人感到驚訝（但是令人痛苦），但是在英、法、美等國，兩位數的通貨膨脹率就會引起另一次經濟大恐慌即將到來的恐懼。

能源價格居高不下是引起危機的最大因素，主要是因為石油輸出國家組織在1973年至1974年間將油價提高3倍。1979年油價又再調漲70%，更使經濟復甦無望。儘管採取高利率（美國各銀行把最低利率調到15.5%的最高紀錄）及降低消費支出，但全年物價依然飆漲，經濟狀況欠佳的10年就在憂鬱調子中斷然地落幕。◀1979（邊欄）▶1980（13）

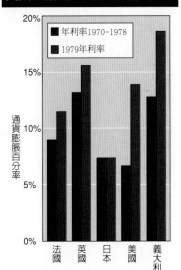

美國、歐洲、日本的通貨膨脹

縱軸：通貨膨脹百分率

圖例：年利率1970-1978、1979年利率

橫軸：法國、英國、日本、美國、義大利

在1970年至1978年期間，許多國家的通貨膨脹率不到10%，但到1979年，通貨膨脹率猛增。

文學
昆德拉的異議記憶

移居國外的捷克人米蘭·昆德拉把他1979年在法國出版的《笑忘書》稱為「一本以各種不同形式寫成的小說。」這本書是一種小說、自傳和現代捷克歷史的諷刺、憂鬱和抒情混合體。由圍繞單一事件的7個故事組成，該事件是有關一名共黨領袖的處決及他後來在一張著名官方照片上失蹤。這本書既有哲理、色情又富喜劇性，使昆德拉成為當代全世界最優秀的實驗主義作家之一。

它也使政府取消了他的國籍，這是一長串官方侮辱的最後一招。

「記憶製造者」昆德拉在他巴黎的書房裏。

昆德拉是1948年捷克共產主義革命的早期支持者，但也是早期的異議分子。1950年他被捷克共產黨開除黨籍，在史達林逝世後才得以恢復。1967年，他在「布拉格之春」時代的文化繁榮時期出版了第一本書《笑話》（一個關於政治壓迫的卡夫卡式故事），從此聞名全國。在蘇聯扼殺了捷克的自由共產主義實驗之後，他又被開除黨籍並被禁止出版文學作品。為了謀生，他只好以假名寫占星術方面的書。1975年，他選擇流放法國。

昆德拉在哲學觀上很保守，他了解到誠實面對過去的歲月亦即意味著反抗官方篡改歷史的企圖以及逃避或編纂記憶的自我衝動，而這是在現代社會心靈空虛下維持文明和自我不可或缺的。這種態度表現在《笑忘書》中，身為為異議分子的主角說：「人對抗權力的鬥爭，就是記憶對抗遺忘的鬥爭。」◀1974（13）▶1980（11）

1979

想像不可想像的

摘自《蘇菲的選擇》，威廉·斯蒂隆著，1979年

威廉·斯蒂隆於1979年出版的小說《蘇菲的選擇》是對邪惡的一種深思。故事發生在1947年的布魯克林，由一名22歲初入門的作家斯廷戈來講述，他和作者一樣來自維吉尼亞州的泰德沃特。白種英國血統新教徒的文書官斯廷戈邂逅並愛上了年輕貌美的波蘭女天主教徒蘇菲·札維斯托夫斯卡，她是波蘭奧斯維辛集中營的一名倖存者。一個夏天，蘇菲與一位才華橫溢的美裔猶太生物學家內森·藍道陷入強烈而病態的關係中不能自拔。她對斯廷戈傾訴了她的故事：在抵達死亡集中營時，一名納粹醫生強迫她要犧牲一個孩子。她的孩子一個被送進青年營，或許得以倖存；另一個孩子則和其他生病及殘廢的犯人一起被立刻送到毒氣室。蘇菲不得已的殘忍選擇後果便是她對自己的憎惡、酗酒行為、忍受內森吸食毒品後的暴力行為以及最後的自殺。斯蒂隆（左圖，1967年）巧妙運用敘述者南方出生地的種族仇恨、內森的猶太情緒和蘇菲的歷盡滄桑來探索粗野殘忍的真正內涵。

醫生又轉過身來。他揚起眉，用游移不定的酩酊淚眼，毫無笑意的注視著蘇菲。他現在離她如此之近，以致能清楚聞到一股酒氣（大麥或黑麥酒令人作嘔的香氣），而她沒有足夠勇氣回望他的凝視。直到那時她才知道自己說錯了什麼，也許是致命的錯誤。她轉頭一下，瞥見旁邊的囚犯隊伍正蹣跚步向他們所選擇的葬身之地，並看到伊娃的長笛老師札奧爾斯基正處於命運凝結的瞬間，一名醫生以幾乎不易覺察的點頭動作決定將他們分到左邊和死亡集中營去。現在她轉過頭來，聽到傑馬德·馮·尼曼德醫生說，「那麼你不是共產黨員。你只是一名教徒。」「是的，先生。我相信耶穌。」多麼愚蠢！她從他的神態、凝視中，閃現嚴屬目光，感覺到她所說的一切既未能幫助她，也未能保護她，而是莫名其妙地加速她的毀滅。她想：讓我失去知覺吧。

醫生的腳有點兒站不穩。他在一名手拿點名板的下士身上斜靠了一會兒，喃喃自語，同時專心地挖鼻孔。重重壓在蘇菲腿上的伊娃開始大哭。「那麼你信仰耶穌基督？」醫生用一種含糊不清但令人費解的聲音說道，就像演講者在醺酊的一個邏輯命題中巧妙隱蔽的面向。然後他說了些讓人一時迷惑的話：「祂難道沒有說過，容許孩子們到我這邊來嗎？」他有如醉漢般東倒西歪，慢條斯理地轉身面向她。

蘇菲不知要說什麼，恐懼更使她說不出話來。她正要試圖回答時，醫生又說：「你可以留下你的一個孩子。」「眞的嗎？」蘇菲說，「你可以留下一個孩子，」他重複道，「另一個必須離開，你要留下哪一個？」「你的意思是，我必須選擇？」「你是波蘭人，不是猶太人，所以你有選擇的特權。」她的思路退化、中止了。然後她感覺到雙腿也開始顫抖。「我無法選擇！我無法選擇！」她開始尖叫。噢！她是如何想起自己的尖叫聲呀！就連在地獄群魔殿之上受折磨的天使都不會尖叫得如此淒厲，「我無法選擇！」她尖叫。醫生察覺到已引起旁人注意。「閉嘴！」他命令道。「快點做出選擇。該死的，否則我要把兩個孩子全送到那邊去。快！」她不相信這一切。她不相信現在她正跪在會擦傷皮膚的水泥地上，把孩子幾乎令人窒息地緊緊拉向自己，緊得令她感到他們的體膚甚至隔著層層衣服都能和她連爲一體。她的恐懼是徹底和錯亂的。這從醫生的年輕副官（削瘦蒼白的德軍軍

在亞倫·派庫拉1982年導演的電影《蘇菲的選擇》中，女演員梅莉·史翠普由於扮演電影中對往事念念不忘的波蘭女主角而獲奧斯卡最佳女主角獎。

官）眼中反射出來，蘇菲很不解地發現自己懇切仰望著他。他看上去不知所措，張大眼睛用一種迷惑的表情來回答她的凝視，彷彿在說：我也不明白這一切。「別讓我選擇，」她聽到自己呢喃懇求，「我不能選擇。」「那麼把他倆全送到那邊去，」醫生對副官說，「聽清楚了嗎？」她一把推開伊娃，笨拙跌撞地站了起來。「把這個孩子帶去！」她叫喊出來，「把我的小女孩帶走！」「媽媽！」她立刻聽見伊娃細小但是尖聲的哭喊。這時，副官用一種蘇菲永遠忘不了的細心溫柔拉起伊娃的手並領她到等候死亡的人群中。她將永遠留下一個模糊印象，那就是孩子不停地回頭並苦苦哀求。但由於此刻她的眼睛幾乎被鹹濕渾濁的滾滾淚水所淹沒，因此看不見伊娃的淒慘表情，對此她始終有點慶幸，因爲以她內心最沮喪的誠實來說，她知道自己絕對無法忍受這慘痛的一幕。當她只對逐漸消失的瘦小身影瞥了最後的一眼時，就幾乎要發瘋了。

當一位銀幕英雄的名言
——「貪婪是美麗的」
——成為全球性信條後,
拜金主義自此便橫行無
阻了。更令幾乎所有人
驚訝的是,甚至共產國
家也染上這種狂熱,紛
紛推動以自由市場共和
國取代「工人國家」的
革命。

1980
1989

經過20年的劇變,資本主義國
家更完全變成企業中的企業。跨
國公司遍佈全世界,並在擁有廉
價勞工與投資環境友善之處落
腳。接管能手做成了數百萬起買
賣公司的生意,卻經常不太考慮
作為交易品的公司的利益。更甚
者,由於美國負債纍纍,使得日
本成為全球金融強權。東京證券
交易所(NIKKEI,右圖)到80
年代中期已成為全球最大的交易
市場之一。

1980年的世界

世界人口

1890年：15億　　1900年：16億

1890-1900年：+6.7%

中美洲暴動

中美洲在1980年爆發了一場持續10年的血戰。前一年的尼加拉瓜革命被鄰國與美國視為對本區穩定的直接威脅；因為尼加拉瓜可能帶來骨牌效應，進而造成本區其他壓迫性政權的垮台。尼加拉瓜新的桑定政府遭到以哥斯大黎加和宏都拉斯為基地之反革命游擊隊的對抗。由於擔心共產黨將接管其「後院」，美國在新任總統隆納德·雷根的領導下，不但援助尼加拉瓜反抗軍，並支持瓜地馬拉和薩爾瓦多等政策愈趨高壓的右派政權。10年之後，尼加拉瓜進行了普選，而薩爾瓦多則簽署了和平協議；至於冷戰的結束則為該區帶來相對的和平與穩定。

古巴

瓜地馬拉
宏都拉斯

維京群島

薩爾瓦多
巴拿馬
尼加拉瓜
哥斯大黎加

● 美國基地
● 桑定政權基地
■ 反對地區
■ 游擊隊活動地區

技術之光

「新力隨身聽」在1980年雖僅問世一年，卻已取得無比的成功。在該公司董事長盛田昭夫為他3個未成年小孩製造袖珍卡式錄音機後，便很快地發現，世界上其他地方也需要這種產品。到了1979年底，在日本已有超過10萬台手提式收錄音機被使用。而3年內，隨身聽的全球年銷量已高達250萬台。

家庭計劃

截至1980年為止，多數婦女都掌握了控制自己生育的辦法。避孕藥在20年間廣為流行，而墮胎也在多數已開發國家取得合法化。然而國家間所採取的辦法仍然各異其趣；例如結紮（對兩性均可）在印度是節育的普遍形式，然而蘇聯由於現代避孕工具的缺乏，每名婦女平均一生需墮胎6次。

汽油大戰 (每加侖汽油的價格，以美元計) ■1973 ■1980 ■1991

對於1980年的車主來說，可能對加油站前的大排長龍和加油幫浦前的高昂價格仍記憶猶新。油價在1975至1980年間不斷上漲，而石油輸出國家組織（OPEC）更於1981年將原油價格提高到每桶37美元的空前水準。之後由於已開發國家紛紛開採自己現有油田（例如北海和阿拉斯加油田便使歐州和美國受益匪淺），油價才逐漸趨穩。然而本身缺乏資源的國家，卻只能繼續任由國外供應者與其自身時常變動不居之經濟加以擺佈。

阿根廷　$ 0.72　$ 1.89　$ 3.07
義大利　$ 1.05　$ 3.15　$ 5.10
日　本　$ 0.98　$ 2.89　$ 3.90
美　國　$ 0.45　$ 1.31　$ 1.43

避孕工具的使用

（80年代已婚育齡婦女使用避孕措施的百分比）　墮胎（每千人次數）

使用避孕措施的百分比		墮胎（每千人次數）
66%	巴西	440
74%	中國	490
34%	印度	247
64%	日本	382*
83%	英國	223
69%	美國	422
18%	蘇聯	2,080

*為官方數字，實際數字可能更高。

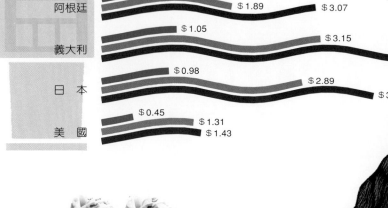

時尚

膠底運動鞋最初是白色的，由帆布和橡膠製成，每雙售價在10美元左右。然而它們到70年代後期已轉型為「慢跑鞋」，價格也拉高到50美元（一雙高級球鞋到1990年可能要讓消費者掏出170美元）。1980年平均每個美國人擁有1.2雙球鞋；此一數字到1990年更升為2.5雙。

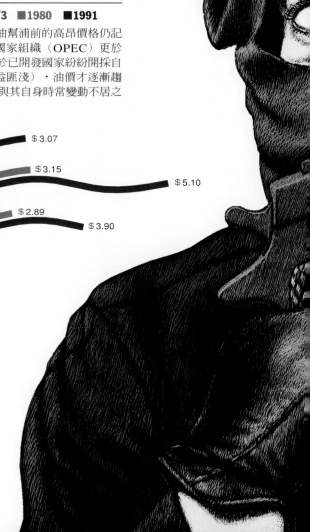

國際恐怖主義事件

	1970	1975	1980	1990
非洲	7	22	25	53
亞洲	24	22	29	92
西歐	81	131	174	77
東歐	1	2	3	6
中東	40	64	113	65
拉美	123	62	122	163
北美	24	46	34	0
總計	300	349	500	456

恐怖的年代

恐怖活動的定義通常包含了4個要素：預謀、政治動機、暴力及非戰鬥成員的犧牲。隨著巴勒斯坦解放組織（PLO）於1972年在慕尼黑奧運會謀殺了以色列運動員、西德的巴德爾 - 邁因霍夫幫發起一連串行動、義大利前首相阿爾多‧莫羅在1978年被綁架並遭謀殺、愛爾蘭共和軍（IRA）在1979年謀殺了蒙巴頓勳爵、無數次的劫機事件以及70年代末一起史上最高姿態的恐怖行動（伊朗學生於1979年11月從美國駐德黑蘭大使館抓走該國外交官），恐怖主義乃成為整個70年代十分受到公眾關注的趨勢。

我們所知道的

電腦被廣泛運用在資料處理上，但迪吉多儀器公司的總裁卻認為：「任何人都沒有必要在家中擺台電腦。」

■

美國醫生診斷出41起卡波西肉瘤的罕見癌症病例；其症狀包括皮膚斑點、肺炎、因濾過性病毒或寄生引發感染以及嚴重的免疫不全等。迄今為止，所有患者都是26至51歲的同性戀男子。醫學調查人員把該疾病之所以爆發在單一群體間的原因歸咎於環境因素，但《紐約時報》則認為：「間接證據指出傳染才是原因所在。」

■

儘管卡式錄音帶已廣泛普及，但用於電唱機轉盤之33又1/3轉乙烯基唱片仍不失為一種使原音重現的高傳真方式。

■

鐵幕被蘇維埃領袖列昂尼德‧布里茲涅夫牢牢地掌控在手中。最近在波蘭所爆發的幾次騷亂更堅定了布里茲涅夫的看法：「叛徒別想在不受懲罰下逃脫」。由於第二次限武談判（SALT II）破裂與蘇聯在1980年的入侵阿富汗，美蘇關係乃進一步惡化。

■

非洲民族議會領袖納爾遜‧曼德拉被監禁在南非開普敦的羅本島監獄已有18個年頭了；儘管要求釋放他的活動在南非與世界各地都極為高漲，但南非總理彼得‧波塔卻仍譴責曼德拉是個「頭號的馬克斯主義者」，並認為後者的暴力革命論調將保證他會在監獄中渡完漫長的一生。

詹姆斯・格萊克

資訊超載

電子革命

到 了80年代中期，一種特殊的統計形式已成為電子時代的陳腔濫調。一個典型的半導體晶片在10年前售價100美元，現在只賣5美元；而此晶片在10年前只能容納50顆晶體，現在已能容納5萬顆。當「口袋型」計算機於1971年首次問世時價值250美元，重量則超過2磅；但相同機器在10年後僅有幾盎司重，售價10美元，每年銷售量達1000萬台。一位早期超導體研究者富想像力地描繪了此種進步對於汽車的意義：「我們可以用10萬英里的時速舒適地操控著自己的車子，並以1加侖汽油行駛5萬英里。同時會發現，丟掉勞斯萊斯換上一輛新車，遠比把它在城裏停一個晚上來得便宜。」

在1981年裏，雷根就任美國總統，查爾斯王子與戴安娜成婚，而第一架太空梭也完成環繞地球軌道飛行的使命；不過更重要的里程碑是，IBM推出了一種售價2665美元，擁有64K記憶體的「個人」電腦。

電子革命開展後，人類突然感到自己是多麼地笨手笨腳；人類現在已可優雅且細緻地控制材料、設備、能量和數據。人類數世紀以來一直用銅鐘擺來測量時間，並以鼓和煙來傳遞訊息，而現在測量的精密度已達到分子和次原子的階段，甚至十億分之一秒也出現了。

當貝爾電話實驗室的3位科學家在40年前發明了晶體後，科技的進步便開始邁步向前。在此之前，電子技術還僅限於真空管（一個發出萬聖節前夕橘色燈光的玻璃罐）而已，它可以發出熱量，直到燒燬為止；對其利用的極限乃是內含1萬8千顆真空管的首部巨型電腦，電子數字積分器和計算機（ENIAC）。正如現代電腦理論之父約翰・馮・紐曼指出的：「每次開機都得燒掉兩個管子」，這個不可靠的龐然大物必須有一小隊士兵拎著整籃備用管子站在一旁守侯。真空管可在每分鐘內斷續地增強並轉換電流一萬次，但是由矽結晶轉化而成的電晶體不僅可達到同等效果，同時幾乎是不會壞的。不久之後，人類便可把與ENIAC相當的機器繫在腰間。人類已經知道如何將沙裏的物質利用在電腦中。

就像真空管會到達它的極限，機器也會，只不過更慢；儘管非電子機器可能包含了精巧與技術的驚人奇蹟，但正如在呂伯・戈爾德貝格荒謬主義式畫作中所捕捉的感覺一般，其根本限制使它終究不過是個「玩意兒」而已。電晶體意味著小型化，技術專家開始深入到了在槓桿和齒輪世界中所無法想像的領域。在貝爾實驗室於1947年宣告其發明的10年後，電晶體出現在助聽器與（引爆流行之）廉價且可靠的收音機中。無論如何，當第一代微晶片（用3或4個電晶體加上6個其他零件組合在小型而堅固外殼裏的積體電路）於1961年上市後，電子時代的命運便付諸實現了。

1963年售出了50萬塊晶片，而1970年更暴增至3億塊。這些晶片改變了美國太空計劃、電視與計算器，並迅速擴及手錶、烤箱和汽車。日常生活中最瑣碎的事務都有賴於晶片進行計時與控制。汽車製造商們長久以來一直未能在擋風玻璃的雨刷間設計出可靠的間隔，但電子技術使這個問題變得非常簡單。一位孤獨的發明家為此一特殊專利與整個汽車工業抗爭了20年，最後他贏了。

最早的電子電腦是個昂貴的龐然大物，它需要一群人來操作。IBM公司的「馬克一型」電腦（右圖）於1944年在哈佛大學用磁帶來處理資訊並開始進行運作，而且很快地被用於軍事研究。第一部完全使用記憶單元的全自動數位電腦曾是英國數學家查爾斯・巴貝治在1830年代的構想；1991年，英國的科學家們按照巴貝治未出版的筆記建造了一台他夢想中的機器（上圖），亦即「二號工作差分機」；透過從打孔卡所傳遞的指令，它可執行31位數的計算。

晶

片成為人們所熟悉的視覺圖像：在放大的照片中，由直線金屬柵欄所形成的電路像極了從幾公里外遠眺所看到的未來城市街道圖。在大量生產後，它們被作成鎮紙、雞尾酒杯墊、耳環與胸針。晶片乃是機器的新化身。被注入電子工程學的裝置似乎較不機械性且較不可測，並充滿了更多的魔力和感情。它們包含了以前機器所無的知識，對電子革命來說，真正媒介很明顯地便是資訊。

當技術帶來50%的快捷性與靈敏度時，其結果通常是另一項更為快捷而靈敏的技術。當它帶來100倍的快捷性與靈敏度時，其導致的現象必然是全新且難以想像地。在20世紀，沒有一項技術比電腦更能顯著地證明這個法則。

首部巨型電腦（ENIAC的後代）塞滿了整個房間，這使得和計算機溝通猶如在祈求神論一般。在1981年出版的《新機器探密》中，崔西·基德爾寫道：「一般說來，一台大機器要為整個機構服務。它通常被放在一扇厚玻璃後，身穿白色工作服的人員在裏面進出，至於想使用它的人必須透過媒介物；因而使用者就像一群哀求者。」巨型電腦工作的智力模型是：提出問題（愈難愈好）、建構出問題（經由打孔卡）、運作電腦，最後得到解答。

對於即將來臨時代的智力模型是：遊戲。

雖然巨型電腦在誕生時相當具有優勢，但同時也受到了不可見的衝擊。兩條看上去毫不相關的技術路線開始與它匯流在一起。一條是口袋型計算機：每一代量產的晶片都擁有更多函數和邏輯演算功能，諸如開方、正弦、餘弦、對數，以及正確的程式設計等。另一條則是業餘電子零件組裝：廉價的晶片處理器和晶片記憶體使得業餘愛好者忽然可以從自製門鈴，升級到自行組裝家庭電腦。

大型電腦文化與創立「蘋果」公司（第一家國內電腦公司）的企業家無關；奇怪的是，它與IBM於80年代開幕，並使個人電腦（PC）最終完成商品化的分公司也沒有關係。電腦終於從厚玻璃後走了出來。由於擁有滑鼠、數據機、軌跡球和觸摸式螢幕，電腦製造商隱藏了電腦與生俱來的必要能力；但此種能力的確存在。總括來說，古代及中古世界所有的抄寫員及圖書管理員數千年來所努力保存的知識，比隨便一個小孩子桌上型電腦磁碟機中所儲存的都要少。

科技起源於工業文明中的兩個小位置：商業會計與科學計算。此外，誰還需要計算呢？即使在科學界裏，也沒有人極明顯地需要具備每秒進行數千次、百萬次或幾十億次演算的能力。先是天文學家，其次是二次大戰期間洛塞勒摩斯的大砲設計者與炸彈製造商，以後呢……是否會是天氣預報者？

無論如何，電腦到了80年代末已從最初的領域迅速滲透到日常生活的各個層面。實際上電子工程學並未直接地起作用；電腦技術的整體範疇坦白說並非來自蒸汽機，而是源自鐘錶。其作用在於計時、控制，以及操作並積累資訊；這些功能是所有機器所不可或缺的。汽車、洗衣機與電話都變得電子化了；完全機式的手錶儘管不可靠卻因少見而極其昂貴，就像有溝紋的黑乙烯基唱片似的具有古味。變化的步調快得讓人眼花撩亂；在當年代末，一位在大型商場購物的美國總統曾由於不瞭解店員為何不按收銀機，而僅以紅光掃瞄其所購物品，因而當眾受窘。

1980
1989

到了80年代，類似英代爾432的微晶片（左圖中位於中間的小正方形，已約略為原先的5倍）引起了資訊革命；功能強大的432相當於同時代中型電腦主機的儲存量。計算機滑進了襯衫口袋裏，個人電腦使人們可在家工作，而從小汽車到空調冷氣等一般機器也開始模擬人腦。到了90年代初期，全球各地的陌生人可透過網路彼此連線交流，而無須離開辦公桌。

1980
1989

但我們幾乎看不到轉變的過程，因為很多變化都在幕後或小黑箱裏進行。類似《星際爭霸戰》等受歡迎科幻影片系列布景在10年內的發展，正反映出我們在本世紀而非未來的變化：燈泡被發光二極真空管所取代，而電腦則縮小到僅有口袋大小。

當80年代將近結束時，電子革命的焦點又發生了一大轉變，從計算本身轉向通訊用途；兩種趨向相互衝突抵觸。首先，有線和無線網路在多數工業世界中已達到高度互聯的階段；政府官員們雖倡言要建立一條「資訊高速公路」，其實高速公路已在他們眼前了，它是由電話公司、纖維企業與有線電視王國每週以新的光纖電纜和星羅棋布的傳輸網路所構成的。其次，電話、傳真機、呼叫器、鐘錶、羅盤、股市行情指示器和電視（還沒包括書籍此一非電子前驅）已開始將原先僅使用於電腦的特殊技術，整合為單一的多功能裝置，而且小得足以放進公文包或口袋裏。在衛星的幫助下，包括新聞片段、電話號碼、使用者在地球上的位置（誤差值在正負30公尺內）、物理學家的實驗結果與公司銷售數據等資料也源源不斷地湧入。「我們大家都連接在一起」乃是一家電話公司的廣告文案，但也正是這10年來的真實寫照。從柏林圍牆倒塌到天安門事件等政治動盪不再只單單是歷史：除了電視和傳真相輔相成外，資訊與願望的全球分享使得暴政即使不會馬上過時，至少也無法再逞其花言巧語。

有一種新社群已開始出現在全球電子村中。如果我們使用電腦並上網聯繫，我們的鄰居將不再只限於離家周圍3平方公里內的地區；我們已學會在人類世界中將自己重新定位在更廣闊的領域。過去，如果人們對中世紀的社會組織和軍事戰略遊戲不感興趣或沒有特別地感興趣的話，便設法到城裏或大學去，因為那兒是志同道合者所僅有可以聚集在一起的地方。但現在這種地方多的是。

科技乃是其創造者的鏡子。我們看著它們，並反躬自省，同時依我們所見進行改變。電腦此一電子智慧機器或許已開啟了我們自我形象的根本轉變。儘管很少有人能夠擊敗玩具店裏的下棋電腦而贏得100美元，但我們仍為機器能否真正思考而爭論不休。機器能寫詩、感到悲傷，或發明一個新構想嗎？在我們爭論的同時，很可能比以前更把自己也想成是一台機器（一部「超級」電腦）。「讓我來處理它。該重組我的想法了。我的感覺過載了。」貯存資料、流程圖、陣列或指標這些概念已穿越電腦科學而滲入了其他學科，即使並非答案，但思索著意識、欲望和記憶問題的哲學家和心理學家們至少已經發現一個新譬喻，該譬喻有助於理解為何一團如此混亂與複雜的神經元可哼唱著電影歌曲，卻同時犯下算術錯誤。

大衛·波爾特在本年代中期《杜林的人們》一書中寫道：「人類在使機器像人們一般思考的同時，也重塑並確定了自我，就像機器一樣。」不管好壞，事實總是無法逃避的。如同過去的工業革命，電子革命已轉變了我們和自然以及彼此的關係，而人類社會也將形成比以往更為緊密的聯繫網路。

對中年人來說，學會電腦通常是一件讓人頭痛的挑戰。但是對於那些電子時代的孩子（例如在蘋果電腦公司大本營，加州庫帕提諾的一年級學生）而言，他們對電腦的熟悉程度，就像其父母對鉛筆與橡皮擦一樣。

「外來事物植入我們的社會已有36年。」

—— 萊赫·華勒沙,波蘭團結工聯領導人

年度焦點

波蘭:團結工聯的誕生

1980年7月,由於共產黨領導人愛德華·蓋萊克10年來領導不善,波蘭政府將面臨破產,並宣布提高肉價。從波羅的海的灰色港口到西利西亞煤礦區的工人遂以非法罷工群起反抗,就像他們在1970年和1976年抗議物價上漲一樣。多數人第一次接管了工廠。罷工雖然聲勢浩大,但卻一直沒有訴求重點,只是一種對工作環境惡劣、長期缺乏食物、燃料和衣

華勒沙在波蘭一家工廠裏受到罷工工人英雄般的歡迎。

物感到挫折的大規模發洩。就在暴動即將瓦解時,一名頂個肚子、留有海象髭的失業電工將動亂導向成一場持久的運動。

萊赫·華勒沙在1970年的暴動中已是十分著名的人物,他因為組織了一個未經批准的工會而剛被格但斯克的列寧造船廠解雇。8月14日,他爬上造船廠的高牆,在那裏被推舉為罷工委員會領袖。波蘭政府急於結束這場導致癱瘓的罷工,而在3天內同意了該委員會的要求。但是其他地區企業的工人們要求造船廠工人為了團結而繼續罷工,華勒沙於是成為格但斯克–索波特–格地尼亞地區廠際罷工委員會的領袖。

華勒沙是個直率的領導人,具有粗暴的領袖氣質,因為受到群眾熱切擁戴而成為國際的知名人物。事實證明他還是名出色的談判者,議論的範圍遠超過生活消費。蓋萊克政府(聽從其蘇聯老大哥的建議尋求妥協)對工人作出驚人的讓步:允許罷工和成立自由工會的權利;放寬審查制度;媒體得以報導天主教教會和勞工組織。罷工者則同意不對共產黨的政治主權挑釁。8月31日,華勒沙和政府代表在一場電視轉播的儀式上簽約,舉國上下莫不為所謂的格但斯克協議慶祝。

廠際委員會就此成為新的全國性工會——團結工聯的核心組織。團結工聯不久便宣佈其擁有1000萬名成員,相當於共產黨員人數的4倍或波蘭總人口數的四分之一。華勒沙說:「我對政治不感興趣,我只是一名工會成員。」但事實上,他正領導著一場革命。

◀1976(邊欄) ▶1981(6)

1980

伊朗

扣押美國人質

1980年,美國的房屋、樹木和襯衫前襟都繫上黃絲帶,這是自1979年11月伊朗好戰分子襲擊德黑蘭美國駐伊朗大使館以來,代表與52名被俘人質團結一心的象徵。對綁架者而言,人質就是間諜,因為他們惡行重大,所以要遭到毆打和心理折磨。對阿亞圖拉·柯梅尼政權來說,他們則是抵押物:首先試圖將流亡在外的穆罕默德·列沙·巴勒維國王引渡回國,然後(7月時巴勒維死於埃及之後)盡力找回他從國庫掠奪的資金,迫使華府放棄不利於伊朗的財政聲明,並阻止美國更進一步干涉。然而對美國人來說,人質是他們國家腐敗政權的象徵,並越發凸顯吉米·卡特總統的軟弱。

希望強化自己形象的卡特,於4月派出突擊隊去營救人質。但一架救援直升機墜毀致使8名士兵身亡,其他直升機又故障連連,這項任務遂宣告失敗。曾經反對這次行動的國務卿賽勒斯·范錫於是遞出辭呈。人質則被押往各個分散的地點藏匿。

這場持續的危機,連同重重的經濟難關一直纏擾著卡特競選連任的活動。但是與柯梅尼的祕密間接磋商仍繼續進行著,當伊拉克於9月攻擊伊朗時,此階段的談判重點主要是達成和解。這場戰爭始於

邊界爭端(主要是具有戰略性地位的阿拉伯河水域和石油儲量豐富的胡齊斯坦省),結果卻拖了8年,尤其是因為伊拉克強人薩達姆·海珊和其他阿拉伯領導人害怕柯梅尼的革命會擴展下去。嚴陣以待的伊朗非常需要錢,而它的資產大部分卻被凍結在美國銀行裏。

在釋出伊朗70%資金的前提下,談判終於在1981年1月有了進展,但這一切對於在11月競選中失敗的卡特來說已經太遲了。美國人質在隆納德·雷根發表就職演說幾分鐘後即獲得自由。◀1979(1) ▶1980(邊欄)

古巴

卡斯楚的解續

1980年,12萬5千名古巴人逃亡至佛羅里達。這宗馬列爾港乘船逃亡事件被作「自由的船隊」。而古巴總理菲德爾·卡斯楚對此卻有不同的說法:「渣滓」的外流。長達5個月的移民事件使得古–美關係降至新的谷底。儘管雙方都宣稱在道義和政治上占上風,但有一項事實勝於雄辯:現在邁阿密成為哈瓦那之外古巴人口最多的地方。

美國國務院說:「再也沒有比目前這個戲劇性逃難事件更能證明卡斯楚的革命是失敗的。」但此次始於4月的逃亡事件全都衝著卡斯楚而來,在這之前,數千名古巴尋

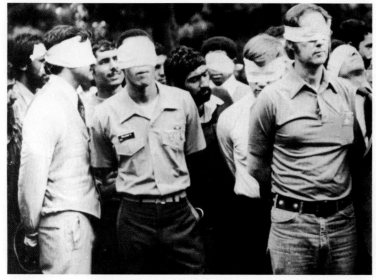

1979年11月4日,被蒙面捆綁的人質在德黑蘭的美國大使館開始漫長地等待自由。

藝術與文化 **書籍:**《地球的強權者》安東尼·伯吉斯;《玫瑰的名字》翁貝托·艾科;《全新世的人類》馬克斯·弗里施;《你鄰居的妻子》蓋伊·塔利斯;《宇宙》卡爾·薩根;《詩意的早晨》詹姆斯·斯凱勒 **音樂:**《航行》克里斯托夫·克羅斯;《牆上的另一塊磚》羅傑·沃特斯;《仍在光中》交頭接耳,LP;《一個

「古巴的問題在於年輕人無事可做。他們讓我們幹活，卻不讓我們過好日子。」

—— 勞爾，22歲，古巴人，在馬列爾港駕船逃亡期間來到美國

古巴移民駕著捕蝦船駛向佛羅里達的威斯特礁。

求政治庇護者曾闖入哈瓦那的祕魯駐古巴大使館。卡斯楚開放馬列爾港（古巴北方的港市）方便移民出國，他大膽地邀請在美國的古巴流亡者從該港口接走朋友和家人。然而直到抵達馬列爾港，許多古巴流亡者才發現，他們須將卡斯楚精心挑選的船客帶往國外才能離開，其中有相當多的罪犯和精神病患者。一名美國船長說：「幾乎沒有船接走親朋好友，我沒有看見任何一個人在馬列爾港擁抱和吻別。」即便如此，這次移民仍持續了好幾個月，成千上萬的漁船、遊艇和漏水的破船擠滿了佛羅里達海峽。

卡斯楚驅逐不受歡迎人物的作為，破壞了美國的移民政策（該政策曾一直給予那些古巴難民崇高的政治庇護者身分），讓人質疑美國邊界的管制效果。卡特總統背棄當初信誓旦旦會「張開手臂」和「敞開心胸」歡迎這些古巴難民的承諾，宣稱駕船逃亡是非法的。這些難民一到邁阿密便被扣押在難民營，造成大量安頓移民的問題，更加深美國人對古巴和卡特的怨恨。

◀ 1962（5） ▶ 1994（14）

美國

雷根的反革命

4 經過20年社會、政治和性的劇變，一種新的保守主義正在西方世界逐漸抬頭。這種反革命開始於1979年，那時瑪格麗特·柴契爾夫人當選英國首相，但該浪潮直到1980年11月才真正發揮力量，也就是當共和黨人隆納德·雷根，這位前電影演員和加州州長擊敗民主黨在職總統吉米·卡特，成為美國第40任總統時。這股保守主義的浪潮不久便席捲德國，基督教民主黨的赫爾穆特·柯爾於1982年取代社會黨的赫爾穆特·施密特成為總理；另外也影響到加拿大，皮埃爾·杜魯道總理的自由黨（1979年一度未主政）於1984年敗給了布里安·穆羅尼的保守黨；甚至還波及法國，1981年上台的社會黨總統法朗索瓦·密特朗，終於被迫在1986年與右派的雅克·席哈克總理共同掌權。

這位美國新的領導人捨棄了長期居主導地位的凱恩斯經濟模式，也就是依靠政府支出來刺激消費，而傾向於供給面經濟學政策——這種理論認為，讓民間機構免受官樣文章和稅收困擾，才能達到經濟繁榮。雷根廢除了數十項在羅斯福和詹森總統領導下執行的社會政策，並且將規範性法律數十年來的價值一筆勾銷（立意於安置工人、消費者、經濟和環境以防市場過剩，並保護少數民族免遭偏見傷害）。在美國，80年代史無前例地成為金融景氣，但伴隨著高失業的時代，也是一個高消費的雅痞（在城市中工作的年輕人）和無家可歸者暴增的時代。美國努力克服它的「越南徵候群」，卻又侵略性地介入格瑞那達、黎巴嫩、利比亞和尼加拉瓜。到80年代末，全球政治的動盪——

兩位領導人皆提倡保守主義：柴契爾夫人和雷根於1981年。

蘇聯的解體、歐洲聯盟的興起——使得雷根主義（如同柴契爾主義）已成為明日黃花。可以說，保守主義依然堅挺，但處境越來越窘迫。

◀ 1979（3） ▶ 1981（邊欄）

探險

「航海家」的土星照片

5 在太陽系之行的旅程中，無人駕駛的「航海家1號」行星探測船於1980年11月經過土星，向地球傳回這顆遙遠行星震驚世人的照片。1977年，美國國家航空暨太空總署發射了這艘與「航海家2號」掛接在一起的探測船，讓科學家對土星有了全新認識。其中最驚人的發現是：土星3個著名的光環係由上千個小光環組成。「航海家號」探測船在更深入太空的旅途中（「航海家2號」於1981年8月到達土星）還發現8顆圍繞土星的衛星，這些衛星由於太小而無法從地球上觀測到。探測船並傳回一張（上圖）數顆衛星的詳細照片，以前看到的只是幾個光點。◀ 1979（邊欄）

1980

「觀眾們喜歡看到富人們比自己更蠢，這使他們覺得很有優越感。」
—— 菲利普·卡皮斯，《朱門恩怨》的製作人

1980年新事物

- 可再貼便條紙問世（3M公司）
- 直排溜冰鞋出現

- 美國教育部成立
- RU-486「嗑胎」藥丸問世（巴黎的魯塞爾·烏克拉夫公司）
- 活體專利權（根據美國最高法院的一項判決）

美國萬花筒

運動員待在家裏

美國總統卡特於1月要求國際奧委會將1980年夏季奧運會從莫斯科移至政治中立國舉行，以抗議蘇聯入侵阿富汗。該委員會拒絕採取行動，因此卡特宣佈美國抵制莫斯科奧運會；另有59個國家響應。蘇聯則在1984年聯合共產集團國家抵制洛杉磯夏季奧運會作為報復。

火山爆發

可怕的隆隆聲持續兩個月之後，那座自1857年以來一直處於休眠狀態的華盛頓州聖海倫斯火山於5月18日爆發，噴出一層高達1萬8288公尺的灰雲。這是60多

年來美國大陸上第一次火山爆發（也是有史以來最激烈的一次），導致60人死亡、27億美元的財產損失，並嚴重破壞了該地區的動植物群。

24小時播報新聞

6月，41歲的亞特蘭大企業家特德·透納開辦了美國有線電視網（CNN），這是全球首家完全播放新聞的有線電視網。CNN是透納為了挽救瀕臨倒閉的地方UHF電台而成立。並且在說服了強勢的電視和電影工業國會遊說團體之後，轉型成為第一個透

玻利維亞一間臨時的古柯鹼加工廠。

玻利維亞

古柯鹼政變

⑥ 1980年7月17日，玻利維亞第一位女總統利迪婭·蓋萊爾·特哈達正在召開內閣會議時，20名武裝人員衝進房間。這個國家155年來第188屆政府被推翻後，玻利維亞數十年來最糟的政體從此掌權。陸軍司令路易斯·加西亞·梅薩奮力阻止前一個月贏得總統選舉的赫爾南·塞萊斯·蘇阿索上台。塞萊斯（1956年至1960年任總統）是溫和的左派人士，但他政治主張的主要目標在調查軍方介入該國價值5億美元的古柯鹼交易，而非針對暴動分子。

但玻利維亞毒品大王支持這個新政權已是公開的祕密。（玻利維亞人一般都稱7月的事件為「古柯鹼政變」。）在關閉國會、監禁數千名「不受歡迎分子」，並殺害主要反對派人物後，政變政權擬了一份所謂「集中生產」的軍方報告。中小盤毒品商被迫擔保上游生產者的利潤，後者同意在古柯鹼出口時付十分之一的稅。這個計畫是由納粹亡命分子克勞斯·巴比（蓋世太保的「里昂屠夫」）協助制定的，他曾經擔任先前玻利維亞獨裁者的顧問。

卡特政府立即中止對玻利維亞2億美元援助的大部分，儘管該政權強烈反對共產主義，甚至卡特的右派繼任者雷根也不再支援它。只

有透過不斷的暴力手段，才得以壓制境內的反抗，這當然激起天主教會和南美洲民主國家的抗議。到了1981年中，這個國家在外交上受到孤立，幾近破產。最後，軍隊倒戈，反對加西亞·梅薩，1982年10月塞萊斯重返總統職位。在政變期間，玻利維亞成為南半球第二貧窮的國家（僅次於海地），塞萊斯根本無力挽救這個每下愈況的國家。◀1952（邊欄）◀1985（8）

大眾文化

誰殺了J.R

⑦ 整個1980年夏天，「誰槍殺了J.R.？」這個熱門話題傳遍了整個企業界。收視率最高的電

誰殺了他？被《時代》週刊稱之為「油滑的人」的J.R.有許多仇敵。

視影集《朱門恩怨》中，德州石油富豪後裔的J.R.·尤因（由老牌電視演員拉里·哈格曼扮演）是個大爛人：油嘴滑舌、欺世盜名、凶殘

而貪得無厭，他對金錢、美女和權力都同樣貪求。以J.R被刺殺為主題的3月份影集造成春季最高的電視收視率。在11月份影集中，可能的兇手尚未揭曉（懷了J.R.孩子的小姨子），其收視率就已打破了記錄。

《朱門恩怨》最盛行的時候曾在91個國家播映；從1978年到1991年總共播出了14年，不過它卻屬於動盪起伏的雷根時代。燦爛輝煌和性感魅力，該劇貼切、諷刺地展現出一種集體貪婪的文化。其獨特之處在於沒有一個主角是完美的：尤因家族及其世仇巴恩斯家族的每個成員都是墮落荒唐的（或多或少）。但從乖張荒謬的一面來看，性格而邪惡的J.R卻是他那個時代的英雄。◀1971（當年之音）◀1988（邊欄）

電影

拳擊手的救贖

⑧ 導演馬丁·史柯席斯對男性氣概、暴力、兇殺、失敗和未定的成功等熱切的探索（《殘酷大街》、《計程車司機》、《紐約，紐約》）已備受推崇（雖然票房不佳）。1980年，他推出了許多電影專家認為是近10年來最好的電影：《蠻牛》。

勞勃·狄尼洛這位經常與史柯席斯合作的明星飾演「蠻牛」傑克·拉莫塔，一位40年代真實生活中的拳擊冠軍，代表史柯席斯心目中苦悶的反派英雄。史柯席斯與劇作家保羅·史瑞德和馬爾迪克·馬丁一起將《蠻牛》改編成一個犯罪和救贖的故事：自暴自棄、滿口髒話的拉莫塔欺騙他的第一任妻子，經常毆打第二任妻子，與地痞流氓廝混，打架鬥毆，疏遠關愛他的兄弟；有如天譴，他在拳擊場中被打得一敗塗地，失去了冠軍和家庭，並因惡行入獄。毀滅、孤獨和絕望通常是衝動的本我稍受到天主教感化所該付出的代價。曾經在神學院就讀的史柯席斯暗示，透過自覺，仍然可能得到救贖。

不論是否有這個可能性，該片

體育　棒球：世界大賽，費城費城人隊以4勝2負擊敗堪薩斯城皇家隊　奧林匹克運動會：在紐約普拉西雷克（美國競速溜冰選手埃里克·海登贏得五項金牌）和莫斯科舉行（美國抵制）　美式足球：超級盃，匹茲堡鋼鐵人隊以31:19擊敗洛杉磯公羊隊　籃球：NBA，洛杉磯湖人隊以4勝2負擊敗費城七六人隊　網球：比約恩·柏格擊敗約翰·馬克安諾（第5次蟬聯溫布頓冠軍）。

「如果捍衛人權是一種顛覆行為，那麼我就是顛覆分子。」

── 薩爾瓦多大主教奧斯卡·羅梅羅

勞勃狄尼洛扮演苦悶的拳擊手──傑克·拉莫塔。

卻避開《洛基》式的說教。對白充滿猥褻、侮辱和威脅。在拉莫塔血腥的拳擊過程中，攝影鏡頭（史柯席斯用黑白畫面處理）沒有退避：拳頭猛烈地揮向觀眾的臉。勞勃狄尼洛之所以能贏得奧斯卡獎就在於不妥協的精神，他不知疲倦地訓練自己成為拳擊手，並增加60磅體重來扮演中年的拉莫塔。

《蠻牛》只在票房上成功，而未得到奧斯卡最佳影片獎。一直到了90年代，史柯席斯仍未曾獲得奧斯卡獎。然而他是唯一仍在執導而能與威爾斯、福特、艾森斯坦、希區考克等大導演齊名的美國導演。◀1960（11）

薩爾瓦多
恐怖組織

⑨ 到1980年，愈演愈烈的民眾抗議和政府鎮壓使薩爾瓦多陷入全面的內戰。3月，大主教奧斯卡·羅梅羅在首都聖薩爾瓦多舉行彌撒時被暗殺，衝突演變成國際焦點。羅梅羅不是第一個被右派恐怖組織殺害的薩爾瓦多神父；事實上，大主教是由於一名與窮人並肩工作的耶穌會教士被謀殺而深受感動，因而成為國內社會改革的主要倡導者。為此，薩爾瓦多軍方把他列為顛覆分子。後來才知道，是羅伯托·多布伊森下令暗殺羅梅羅。多布伊森原是一名陸軍軍官，後創立了右派國民共和聯盟。

這個中美洲共和國的問題越來越棘手。50多年來腐敗的軍事統治使得大多數農民更加貧困；極少的一撮人控制了國家將近一半的財富。1979年10月，主張革新的軍官發動了一次政變，曾燃起一絲希望。但在3個月內，獨裁統治者重新奪回了軍事控制權，議會中的民間議員在挫敗中黯然下台。同時，改革派政治家何塞·拿破崙·杜華特（他於1972年贏得總統競選，但軍方禁止他就任）結束流亡回國。1980年1月新的議會宣告成立時，他即入閣並稍後就任總統。然而杜華特仍無力控制軍方。

1980年初，薩爾瓦多的反政府游擊隊合併為法拉邦多-馬蒂國民解放陣線（FMLN）。為了嚇阻更多人支持法拉邦多-馬蒂國民解放陣線，政府士兵和右派的準軍事組織開始每月殺害一千名左右非戰鬥人員。受害者包括薩爾瓦多司法部長馬里奧·札摩拉（在家裏與杜華特會面時，被多布伊森的特務射殺，這起事件促使札摩拉的兄弟魯本成為反叛組織領導人）；12月，3名美國修女和1名業餘社會工作者被恐怖組織襲擊、強姦和暗殺。

後一事件激起了國際強烈譴責，導致即將卸任的卡特政府中止對薩爾瓦多的援助（但一個月後，法拉邦多-馬蒂國民解放陣線出現勝利跡象時又予恢復）。繼任的雷根總統因唯恐「失去」薩爾瓦多（就像卡特「失去」尼加拉瓜一樣），於是不斷地承諾將援助金錢、武器和軍事顧問來支持該政權。◀1979（8）▶1981（8）

中國
審判四人幫

⑩ 曾是二流電影演員、毛澤東主席的遺孀、中國臭名昭著的四人幫頭子，66歲的江青於1980年站在被告席上受審。罪名是試圖於1976年毛死後奪政權，並得為1966年至1969年文化大革命中的暴行負責。文化大革命是年邁的毛試圖透過解放中國年輕人的反叛精力以復興中國社會而發動的。四人幫自認為是「毛澤東思想」的唯一解釋者，並指導這場遍及全國的流血運動。

江青在被告席上說：「受害者是我，毛的愛人。」

江青在共產黨政界長期不受重視，只有從毛那裏獲得政治實權。毛去世之後不久她便被逮捕。但是共產黨官員們面臨一個棘手的問題：怎樣驅除這場政府主導、災難性動亂所形成的陰影，而不削弱毛的神聖地位。

在法庭上，江青根本不願承認罪責（人們期望她會低頭坦承自己的罪行），她堅持她所做的一切都徵得毛澤東的完全同意。江青指責審判者是「修正主義者和罪人」。即使判處死刑的結果（後來改為無期徒刑）下來時，江仍拒不認罪。關於毛澤東在「文革」所扮演的角色，檢察官判決，一次錯誤並不能否定他光輝的一生。◀1976（1）▶1984（7）

過衛星向全國有線系統播送的電視台。CNN只有3000萬美元的預算（相當於大型電視網每天一小時新聞成本的四分之一）和200萬訂戶，所以一般人都認為那是唐吉訶德式的冒險。但到了90年代中期，這個電視網已經擁有6200萬個美國訂戶和多達6700萬全球訂戶。◀1941（14）▶1981（13）

阿布斯卡姆事件

聯邦調查局探員假扮成富裕的阿拉伯人，不斷提供現金給國會議員作為政治獻金。2月份，被稱作阿布斯卡姆（Abscam由「Abdul，一個虛構的酋長名字」和「scam，欺騙的行為」二字組成）這項頗具殺傷力的行動細節公諸於世。選民們看到他們的法律制定者將現金塞入口袋時被偷拍下來的錄影帶。儘管聲稱係受到欺騙，但仍有數名立法者被判有罪。◀1977（邊欄）▶1986（8）

斯卡斯代爾謀殺

3月10日，69歲的赫爾曼·塔爾諾韋博士、暢銷書《斯卡斯代爾醫學減肥大全》的作者，在他紐約郊區的家中被其多年同居女友珍·哈里絲槍殺。塔爾諾韋剛為了追求一名年輕的女人而拋棄了56歲的哈里絲。雖然哈里絲深得許多婦女的同情，仍在1981年被判15年徒刑。這位前女子學校的女校長在貝德福山管教所成為模範犯人，在那裏她為入獄的同伴們制定了一個教育計畫。紐約州州長科莫將她的刑期縮減至1992年底。

普賴爾的九死一生

三度葛萊美獎得主、喜劇演員理查·普賴爾在6月份逃過一劫。當時他用乙醚來精鍊古柯鹼（一種加熱後吸食毒品霧氣精華的方法），因為點火不慎而被全身著火。普賴爾以不加修飾的街頭式現場表演著稱，現在全身遭到嚴重的灼傷。普賴爾舉辦了一場引人注目的重返舞台表演；後來他總是會毫不留情地痛斥自己吸毒。

被右翼分子拷問並槍殺的5具薩爾瓦多婦女屍體正等著埋葬。

1980

美國政治與經濟 國民生產毛額：2兆7421億美元；隆納德·雷根擊敗吉米·卡特當選總統；19至20歲男子徵兵註冊登記設立；衛生、教育和社會福利部改為衛生暨人類服務部；存款機構放寬和資金控制法案確立一般銀行準備金和改革。

「通用汽車公司的徽章最後將會是一個穿著和服、坐在文字處理機前的機器人。」
—— 克萊斯勒公司經理本·比德韋爾，談通用汽車公司與日本的關係

環球浮世繪

祕魯東山再起

8月，前美國第一夫人羅莎琳·卡特和來自82個國家的代表參加了費南度·貝朗德·特里的總統就職典禮。他是祕魯12年來第一個民選總統。這位67歲的總統原是一位建築師，1968年曾被軍方驅逐，上台後立即釋放政治犯並解除國家對報紙和電視台的控制。◀1968（7）▶1992（8）

根絕天花

1980年，醫學界最古老的夢想之一終於成真。世界衛生組織宣

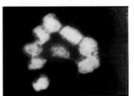

佈天花已經絕跡。這種病毒直到1967年，每年仍在世界各地造成兩百萬人喪生。◀1955（1）

辛巴威獨立

1980年，經過累月談判，白人統治的羅德西亞成為黑人掌權的辛巴威。在首次擴大多數黑人參與的2月選舉中，羅伯特·穆加比領導的溫和派馬克斯主義辛巴威非洲民族聯盟獲得壓倒性的勝利。在這位前游擊隊長誓就任總理的儀式上，英國查爾斯王子遞交出授予這個前殖民地獨立的文件。◀1979（2）

兩伊戰爭

伊拉克總統薩達姆·海珊的部隊於9月入侵伊朗西部地區。海珊的動機是出於貪婪和恐懼：他想控制石油儲量豐富的胡齊斯坦省和阿拉伯河水域，但又擔心阿亞圖拉·柯梅尼領導的伊朗回教基本教義派政權，會煽動伊拉克人造反。海珊的軍隊不久便佔領科藍沙，但伊朗奮力抵抗，防止重要的煉油中心阿巴丹淪陷。柯梅尼的軍隊是海珊的4倍，但伊拉克擁有優越的空軍和武器裝備（包括化學武器）。這個充滿血腥的僵局拖延了將近10年。
◀1980（2）▶1988（3）

文學
道德見證者

⑪ 1980年諾貝爾文學獎頒給波蘭語詩人、小說家和評論家切斯瓦夫·米沃什，以表彰他對自由、意志和極權主義的權力對個人肉體和心靈的操控等的深刻人道主義思辯。過去的經驗是他獲得第一手見聞的主題。

米沃什生於立陶宛的波蘭人家庭，那時立陶宛還在俄羅斯帝國統治之下。他到維爾紐斯（後來稱為維爾諾，成為波蘭的一部分）唸書。在1934年至1937年旅居巴黎期間，他吸收了那兒前衛派的審美觀和政治觀。對米沃什這個社會主義者而言，寫作始終是一種政治行為。他早年的作品準確地預測了迫在眉睫的國際災難，而被公認為波蘭尖銳的災變論詩學領導人。二次世界大戰爆發後，米沃什投身華沙的地下組織，對抗入侵的納粹，並祕密發表諸如《無敵之歌》之類的抗敵詩作。

戰後，米沃什在波蘭新的共黨政府中擔任文化官員，但是到1951年，由於他對該政權失望，而到巴黎投奔自由。1953年他發表《俘虜的心境》，引起西方注意，這本評論集討論並譴責波蘭知識分子心甘情願屈從於共黨集團。1960年他移居美國，仍繼續在詩作中思考人類的軟弱、凶殘和墮落。這些詩作風格古典，其道德的力量近乎《聖經》。◀1979（13）

工商業
反敗為勝

⑬ 1980年1月，卡特總統簽署了具爭議性的克萊斯勒擔保貸款法案，即提撥15億美元的貸款給美國第17大公司克萊斯勒公司。這項前所未有的資助是克萊斯勒公司在前一年發生每季高達2億700萬美元的虧損之後提供的，這同時也突顯美國逐漸走下坡的工業：從汽車和電子產品到鋼鐵和服裝，這些

巴西
亞馬遜叢林的淘金熱

⑫ 1月，當一個農場主人在其亞馬遜叢林深處的園區發現珍貴的礦藏後，淘金熱便席捲了巴西。大約2萬5千名採礦者帶著鋤和鏟蜂擁至該地區，頂著烈日挖出一個人造的峽谷。在淘金營地發生槍戰後，聯邦政府趕來維持秩序，並且買下淘金者挖出的任何東西。該年底，這個地方產出價值超過5000萬美元的金塊，一貧如洗的人變成富翁，並且為這個在發展中國家中外債最多的政府提供了亟需的資金。然而豐富的礦產對脆弱的雨林生態環境的衝擊卻沒有那樣仁慈。◀1964（邊欄）▶1988（6）

曾銷往世界各地的美國商品，如今正從世界各地銷回美國。

這種逆轉在美國的汽車工業表現得最明顯，而汽車工業長期以來一直是國家經濟景氣最顯著的指標之一。（「對國家有利的就對通用汽車公司有益，而對通用汽車公司

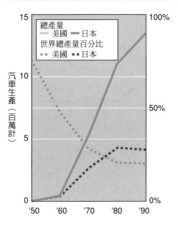

汽車產量，日本vs美國

到70年代中葉，日本在汽車產量和市場佔有率上均超過美國。

有益的便對國家有利」，1952年通用汽車公司總裁曾經這樣表示。）70年代的許多問題如經濟蕭條、工資昂貴、能源危機、美國汽車品質惡化和對省油的日本小型汽車日漸依賴等，不斷地破壞整體經濟。雷根政府試圖要求日本限制對美國的出口來扭轉這種局面。日本汽車製造商卻反而到美國建廠；尋求廉價勞動力的美國製造商於是紛紛往海外拓展。

在性急的總裁李·艾科卡領導下，1984年克萊斯勒公司第一季的利潤就達到7億500萬美元，並償還了政府貸款，這項業績使艾科卡（他的自傳1984年銷售了600萬冊）變成神奇的民族英雄。美國的工業大體而言都是上揚發展。但是在80年代，許多公司（包括克萊斯勒）係透過裁員和減薪來提高利潤，而美國工人首度嚐到自第二次世界大戰以來生活水準下降的痛苦。同時，企業界節衣縮食的趨勢也未能改善這個國家的貿易赤字。美國的貿易赤字從1980年的197億美元上升到1989年的1198億美元。◀1979（12）

諾貝爾獎 和平獎：阿道夫·佩雷斯·埃斯基韋爾（阿根廷，人權）　　文學獎：切斯瓦夫·米沃什（波蘭裔美國，作家）　　化學獎：保羅·伯格、沃爾特·吉爾伯特
和弗雷德里克·桑格（美國、美國、英國，DNA結構）　　醫學獎：巴魯赫·貝納塞拉夫、喬治·斯內爾和讓·多塞（美國、美國、法國，免疫學）　　物理學獎：詹姆斯·克羅寧和瓦爾·菲奇（美國、美國，中性K介子衰變）　　經濟學獎：勞倫斯·克萊因（美國）。

藍儂最後的沈思

摘自強納森·科特對約翰·藍儂的最後專訪，1980年12月5日

5年來，約翰·藍儂這個披頭四中的譏諷才子，與妻子小野洋子和兒子肖恩隱居在紐約市古老的達科他公寓裏，過著安逸的居家生活，扮演「家庭主夫」（他本人語）的角色。現在肖恩已經5歲，而藍儂這個60年代的青年叛逆者、流行音樂哲人及倡導和平的活躍分子已年居40，正覺得精神煥發。他推出與小野合作的專輯《雙重幻想曲》，再次開始對媒體發表意見。1980年12月5日，《滾石》雜誌記者強納森·科特採訪了藍儂，看著安於現狀的藍儂誇張地問道：「愛、和平及了解有那麼好笑嗎？」

藍儂才剛提到「即將邁向另一個多產的40年」，但卻只實行了3天。12月8日晚，藍儂和小野從錄音室返家時，一個患有精神病的歌迷馬克·大衛·查普曼（他曾經崇拜藍儂，但現在認為他心目中的英雄已變成一個富裕的叛徒）躲在達科他公寓外襲擊他們，藍儂中槍身亡。這個「致力以其音樂反抗暴力的人」（如《真理報》所講）慘遭橫死，引起全世界的震驚和激烈的反應。紐約州州長表示悲痛，數以千計的哀悼者自發地聚集守夜。1月份的《滾石》雜誌刊出對藍儂的最後一次採訪。◀1970（邊欄）

人們總是在評價你，或批評你在一小張唱片或一首短歌中想表達的東西，但對我而言，這是一輩子的工作。從孩提時代到我死時的繪畫和詩作，即是一個大作品的全部。我無須宣稱這張專輯是更龐大工作的一部分；如果它並不成功的話，那就忘掉它吧……

如果你仔細看看這張新專輯的標識——全世界的年輕人都已經見過了，從巴西到澳大利亞到波蘭，在任何買得到這張唱片的地方——其中寫著：一個世界，一種人類。

我真的被來自巴西或波蘭或奧地利的來信感動，這些地方我一直不太熟悉，只知道有人在那裏聽我的唱片。一個住在約克郡的小伙子在他出自肺腑的信中寫道，它既是東方也是英國的，是約翰和小野的融合。這個奇怪的小伙子真是上道。有許多這樣的小伙子都認同我們。他們不需要知道搖滾樂的歷史。他們認為我們是結合兩個不同人種的一對夫妻，代表了愛、和平、男女平等，以及世界上正面的事物。

你知道，給和平一個機會，不要為了和平殺人。我們需要的只是愛。我相信它，真他媽的難，但我絕對相信。我們不是第一個說：「想像沒有國家」或「給和平一個機會」，但是我們正舉著那支火炬，就像奧林匹克火炬，從這隻手傳給另一隻手，傳給每個

就在藍儂被暗殺前幾個小時，攝影師安妮·萊博維茨為《滾石》雜誌封面拍攝藍儂和小野在家中的情景。「你準確地捕捉了我們的關係。」當藍儂看到拍立得試拍毛片時對萊博維茨說。

人、每個國家、每個世代。那就是我們的工作。我們執行之前，必須先凝聚一個信念。

我從來不談神，不談靈魂的純潔，也從來沒說生命有答案。我只是創作歌曲，並盡可能誠實地回答問題；只是盡量誠實，不捏造，也不隱瞞。我不能生活在別人對我的期望當中，因為它們是虛幻的。而人們所期盼的遠超過我本身，或者鮑勃·迪倫或者米克·傑格……

以米克為例，他20年來佳作不斷，但他們讓他喘氣嗎？他們可曾如此說：「看看他，第一流的，36歲，曾發表過一首很好聽的歌曲《情感的拯救》，聽，就是這首。」我很喜歡這首歌，許多人都很喜歡它，所以它四處流行。當人們認為布魯斯·史普林斯汀不再是神時，上帝救了他。我從未見過他，我認人不太行，但我聽過關於他一些不錯的評論。如今他的歌迷高興了；他告訴他們酩酊大醉、追求女孩、車子及所有的東西，而這就是他們能夠欣賞的水準。但當他開始面對自己的成功，年紀又越來越大，且須不斷創作歌曲時，他們將會背棄他。我希望他能倖存下來。他唯一要做的只是看看我和米克……我不可能再是漢堡和利物浦的小伙子了。現在我老了，從不同角度看這個世界。我還是相信艾維斯·科斯洛所說的愛、和平及了解，而愛、和平及了解有那麼好笑嗎？

「這是一種非常、非常嚴重的疾病。我們可以很確切地說這是一種新的疾病。」

—— 1981年，喬治亞州亞特蘭大疾病控制中心的性病部門（後來的愛滋病醫療小組）主任詹姆斯·柯倫醫師

年度焦點

一場新的瘟疫

1 1981年6月5日，官方公佈愛滋病病例。當時《發病率和死亡率週報》（由美國政府疾病控制中心出版）報導了5起肺囊肺炎。這種病通常只發生在新生兒和正在使用免疫抑制藥的成人，但這5起病例卻是出現在洛杉磯醫院接受治療的男同性戀患者中。一個月後，據《紐約時報》報導，41個大多是年輕人的男同性戀者（包括兩個在丹麥的患者）罹患了卡波西肉瘤。通常只有年紀較大的白人或非洲的年

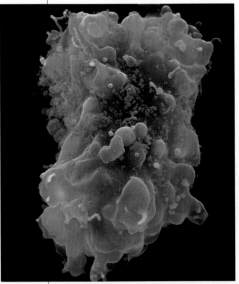

在電子顯微鏡放大下，HIV（藍色）襲擊一個T4淋巴白血球，直到1984年，這種病毒才被證明是愛滋病的病原。

輕人才會罹患這種罕見的皮膚癌，一般而言並不會致命，但這次卻很快地導致8名同性戀者死亡。而且因為癌症並不會傳染，所以這次病症的爆發使得醫生感到百思不解。

不久，男同性戀開始罹患許多其它的怪病，並出現與免疫功能減退有關的偶然感染；檢查顯示他們的T型淋巴細胞（對抗感染的血球）嚴重受損。最初稱為與同性戀相關的免疫缺乏症，但短短一年，當靜脈注射毒品者、妓女、輸血者，海地及非洲異性戀者更常罹患此病後，很多研究者開始改用另一較為廣義的稱呼：後天免疫缺乏症狀群（也就是愛滋病）。

根據報導，到1982年12月，全球將有1600個病例：美洲有750個，歐洲有100多個，其餘大多數在非洲。愛滋病的病例每6個月增加一倍；自此症被發現之後，已有將近半數患者死亡。（到1994年，全球估計約有300萬人成為愛滋病患者。）然而，此時尚不清楚引發此種病症的微生物。科學家認為，愛滋病的潛伏期可能長達數年，是透過血液或精液傳染，但除此以外，其他的相關資訊就非常有限。

在西方國家，特別是對同性戀者長久以來的偏見如今更為加劇，導致對其極端歧視。因為擔心感染愛滋病，人們對血源受污染的恐懼也日益加深。對於經歷10年平權運動才剛得到成果的同性戀者而言，愛滋病既是一個現實的悲劇，也是一項政治性的挑戰。對具有各種不同的性偏好的人，這種不治之症也為他們性生活投下了死亡的陰影。◀1984（5）

中東

動盪的和平

2 1981年，即以色列的梅納赫姆·比金和埃及的安瓦爾·沙達特簽署了以美國為中介的大衛營協定後3年，以色列與其鄰國的緊張關係已到一觸即發的地步。埃及陷入一片混亂。美國的新任總統也找不到解決辦法來避免劍拔弩張的局面演變為暴力衝突。

大衛營協定的目的在於藉由中立埃及這個阿拉伯地區最強大的國家來防止另一場針對以色列進行的重大戰爭。但在比金看來，以色列岌岌可危。他擔心一直想成為阿拉伯世界領導人的伊拉克統治者薩達姆·海珊可能發展核武。6月，比金下令轟炸伊拉克一座幾近完成的核子反應爐。對此，華府禁運一批戰鬥機來懲罰以色列，但3個月後就解除此禁令。在此同時，為了報復巴勒斯坦游擊隊的襲擊，以色列轟炸了貝魯特巴勒斯坦解放組織的指揮總部。這場空襲（使用了美國提供的飛機）造成300人喪生。儘管大衛營協定的條款承諾這些佔領區終將自治，然而比金卻還一直鼓勵猶太人在約旦河西岸和加薩走廊定居，此舉更加激怒了阿拉伯人及以色列的支持者。

沙達特在簽署大衛營協定後就受到阿拉伯人排斥，在國內也受到指責。很多埃及人對他「背叛」巴勒斯坦人感到憤怒。此外，他民主化的進展也並沒能彌補日益擴大的

國內經濟不平等。9月，在不斷升高的內亂中，他逮捕了1300名反對黨領袖。10月，當他校閱軍隊遊行時，被激進的回教基本教義派分子暗殺身亡。

沙達特的副總統霍斯尼·穆巴拉克誓言要繼續大衛營協定的有關程序，並且擴展沙達特的改革計畫。但是當比金強迫以色列國會通過一項旨在吞併敘利亞戈蘭高地（以色列在1967年六日戰爭所佔領的土地）之後，埃及加入了阿拉伯聯盟，美國譴責以色列的行動。大膽的比金很快就挑起了一場新的戰爭。◀1978（3）▶1982（2）

中東

雷根vs格達費

3 利比亞強人穆罕默爾·格達費是一個衣著華麗、迷惑人心的政客，他的政權支援從愛爾蘭

共和軍到巴勒斯坦解放組織等叛亂組織。他的情報組織在國外謀殺利比亞異議分子，而他染指其他地區的野心也使鄰國感到恐懼。因此，甚至蘇聯也只是勉強支援他罷了。在卡特執政期間，自從一群暴民燒燬美國在的黎波里的大使館後，美國驅逐了一些利比亞外交人員，卻避免與它的第三大石油供應國發生更尖銳的衝突。但到1981年，隆納德·雷根入主白宮後，全

沙達特鎮壓反對者一個月後，死在回教基本教義派分子的手中，他們認為他的親西方姿態是叛徒行為。

藝術與文化　　**書籍**：《午夜的兒童》薩爾曼·魯西迪；《新罕布什爾旅店》約翰·歐文；《七月的人們》納迪娜·哥蒂瑪；《兔子發財了》約翰·厄普代克；《預知死亡記事》加布里埃爾·加西亞·馬奎斯　　**音樂**：《銷魂》金髮女郎；《機器中的魔鬼》警察合唱團，LP；《面值》菲爾·柯林斯，LP；《敘事曲》喬治·珀爾；《離

「他們同樣具有幽默感，同樣喜歡芭蕾、歌劇和各種形式的運動，太完美了，他們真是天生的一對。」
—— 莎拉‧麥科克代爾夫人，在她妹妹黛安娜和查爾斯王子的訂婚儀式上

球石油供過於求，使得美國能夠放手一搏。

雷根增加對格達費周邊國家的軍事援助，核准了一項中央情報局顛覆計畫，並且驅逐了利比亞其他駐美外交使節。8月，他派遣第六艦隊在蘇爾特灣舉行軍事演習，格達費宣稱這個海峽歸其所有，但沒有任何其他國家承認。美國擊落了兩架試圖襲擊美國護衛艦的利比亞飛機。之後，格達費放出風聲要謀殺美國駐巴黎及羅馬的外交人員。12月，白宮宣稱，利比亞已派出恐怖分子，企圖暗殺雷根總統及其他高級官員。

是月，埃克森石油公司從利比亞撤出，雷根呼籲其他美國人離開利比亞。1982年3月，華府宣佈聯合抵制利比亞石油。不過，美國可以說讓格達費作了重大讓步：利比亞從查德撤軍，他們曾介入該地區之內戰。事實上，這次撤軍，主要是因為石油市場飽和的經濟壓力而不是美國的壓力。可以說，這兩國領導人之間的膽量較勁才剛剛開始。◀1969（邊欄）▶1986（6）

英國
神話般的婚禮

④ 儘管大英帝國早已不是「日不落國」，然而，皇室的婚禮卻從來沒有像今天這樣地吸引全球民眾的注意。1981年7月，查爾斯‧菲利普‧阿瑟‧喬治殿下，這位32歲的威爾斯王子（暨王位繼承人）和19歲的幼稚園教師（他的遠房表妹）黛安娜‧法蘭西斯‧史賓賽成婚。全球有7億5000萬人收看這場世紀婚禮的電視現場轉播。通往舉行婚禮儀式的倫敦聖保羅大教堂沿途擠滿了上百萬喧鬧的民眾。很多人為了搶佔一個位置而打地舖過夜。

大多數英國人都很高興能夠暫時忘卻引發失業青年午夜騷鬧的嚴重經濟蕭條。在婚禮現場不乏狂歡者。通往聖保羅教堂的婚禮隊伍中有民主國家和君主國家的領袖們，以及鍍金的馬車、用羽毛裝飾的馬匹和身著古代服飾的衛兵。查爾斯

在白金漢宮下方的群眾歡呼聲中，新婚夫婦在陽台上親吻。

和黛妃（就像他們的儷影永遠留在紀念盤、T恤和茶壺上）的婚禮是由坎特伯利大主教羅伯特‧朗西主持。新娘身著塔夫綢製成、飾有古式花邊的8公尺長拖裙，頭戴繡有一萬顆珍珠母小圓片的面紗，在背誦婚禮誓言時，由於緊張把新郎的姓和名給顛倒了。不過朗西還是宣佈他們成為丈夫和妻子，並且冒昧地加了一句：「這正是神話般的婚禮。」然而在經過10年和生了兩個孩子之後，這個王子、公主的神話卻變成了一齣痛苦的鬧劇。這個鬧劇就像當年的婚禮一樣，在全球睽睽眾目下熱鬧上演。◀1952（1）▶1992（11）

西班牙
未遂政變

⑤ 1981年，西班牙尚未成熟的民主政權面臨了一場恐怖的考驗，企圖發動政變的右派分子扣押了該國國會領導人。2月23日，200名保安部隊（附屬軍隊的安全警察）衝進國會，有人對著天花板開槍。當時，即將卸任的首相阿道夫‧蘇亞雷斯‧岡薩雷斯起身譴責他們，一個警察喊道：「坐下，豬！」，並又放了一槍。岡薩雷斯仍然站著，這就是電視新聞鏡頭所拍攝到的實況。

這些攻擊者由安東尼奧‧特赫羅‧莫利那中校（曾因前次政變陰謀而被拘押）領導，並得到一些佛朗哥時期的獨裁統治者和幾位將軍的支持。一個謀反者是瓦倫西亞省

的指揮官，宣佈他所管轄的區域實施戒嚴，他手下的軍官控制了幾個城鎮。這些謀反者顯然認為：一直為巴斯克恐怖主義和囂張議會所苦的胡安‧卡洛斯國王會站在他們這邊。但當另一名副官（也是謀反者之一）向國王報告了這場暴亂後，卡洛斯國王回答：「他們要想接管就先給我兩槍。」國王打電話給西

即將卸任的首相阿道夫‧岡薩雷斯（樓梯上）沒有向衝進議會的暴動分子屈服。胡安‧卡洛斯也沒有。

班牙其他地區指揮官以確保獲得他們的支持。然後國王身穿總指揮官制服，在國家電視台上警告說他將抵制任何「用武力破壞民主發展」的企圖。第二天，皇家部隊和警衛隊包圍議會，特赫羅投降。隨後，他的同謀者很快被逮捕。該週週末，上百萬名西班牙遊行支援民主體制。

這次事件令西方國家印象非常深刻，為此他們邀請西班牙加入北大西洋公約組織。在佛朗哥統治時期，北約拒絕讓西班牙加入。這次事件說服了藝術家巴勃羅‧畢卡索的繼承人讓畢卡索偉大的抗議畫作《格爾尼卡》（長期流落在紐約）得以重返西班牙的懷抱。◀1975（1）

逝世名人錄

羅傑‧鮑德溫　美國民權運動家

薩繆爾‧巴伯　美國作曲家

（小）阿爾弗雷德‧巴爾　美國藝術史學家

卡爾‧伯姆　奧地利指揮家

歐瑪‧納爾遜‧布萊德利　美國將軍

馬塞爾‧布羅伊爾　匈牙利裔美國家具設計師兼建築師

哈里‧柴品　美國音樂家

霍吉‧卡邁克爾　美國音樂家及作曲家

帕迪‧查耶夫斯基　美國作家

陳達　台灣民謠歌手

喬納森‧沃恩‧丹尼爾斯　美國編輯及作家

威爾‧杜蘭　美國歷史學家

摩西‧戴揚　以色列軍事和政治領導人

艾拉‧葛拉索　美國州長

比爾‧黑利　美國音樂家

威廉‧霍爾登　美國演員

席德進　台灣畫家

漢斯‧克雷布斯　德裔英國生化學家

喬‧路易　美國拳擊手

鮑伯‧馬利　牙買加音樂家和作曲家

安瓦爾‧沙達特　埃及總統

威廉‧薩洛揚　美國作家

阿爾伯特‧施佩爾　德國納粹官員兼建築師

宋慶齡　中國政治活躍分子

哈羅德‧尤里　美國化學家

德韋特‧華萊士　美國報刊出版商

娜妲麗‧華　美國女演員

威廉‧惠勒　德裔美國電影製片

斯特凡‧維辛斯基　波蘭羅馬天主教紅衣主教

葉公超　中國外交官

奇事件》；大衛‧德爾‧特里迪奇　繪畫與雕塑：《美式足球球員》杜安‧漢森；《七妹》羅伯特‧莫斯科維茨；《海洋》朱利安‧施納貝爾　電影：《火戰車》休‧赫遜；《赤軍》華倫‧比提；《法櫃奇兵》史蒂芬‧史匹柏；《梅菲斯特》伊斯達芬‧沙波　戲劇：《阿瑪迪斯》彼得‧謝弗；《芳心之罪》貝絲‧亨利；《火炬三部曲》哈維‧菲爾斯坦；《貓》安德魯‧洛伊‧韋伯　電視：《朝代》；《希爾街藍調》。

「我的意圖是要說服，而不是打敗對手。5月10日只有一個勝利者——希望。但願所有法國人都能分享這個希望。」

—— 密特朗，於就職演說

1981年新事物

- TGV高速列車（巴黎至里昂）

- 視訊遊戲機
- 美國主要城市中第一位墨西哥裔市長（德州聖安東尼奧市市長亨利·西斯內羅斯）
- 西班牙離婚合法化

美國萬花筒

女性擔任最高法官

參議院批准加利桑納州高等法院法官桑德拉·戴·奧康納於9月21日接替最高法院即將退休的法官波特·斯圖爾特。雷根這項提名令人吃驚。奧康納成為美國最高法院的第一名女法官。

雷根遇刺

3月30日，宣誓就任總統剛滿兩個多月的雷根，在他離開華盛頓一家旅館時被約翰·欣克利射中胸部。在這起暗殺中受傷的還有新聞秘書詹姆斯·布雷迪（他的

腦部永久性損傷，後來和他的妻子一起積極鼓吹槍枝管制）、一位特務和一位警官。雷根很快康復，並且贏得了公眾的廣大支持，因為他用俏皮話和眨眼來應付這場劫難（他和妻子南茜開玩笑說：「親愛的，我忘了躲開。」）欣克利把刺殺雷根作為一個獻給茱蒂·佛斯特的禮物。欣克利後來因被判定為精神錯亂而宣告無罪。雷根被送進醫院後，野心勃勃的國務卿亞歷山大·海格因為宣稱：「這裏由我負責」而引起風波◀1984（4）▶1981（邊欄）

波蘭
團結工聯垮台

6 從在格但斯克造船廠早期，當正在罷工的工人向仁慈的教堂神父跪下懺悔（儘管官方是無神論者，但宗教仍是波蘭人生活的重要支柱）開始，被稱為團結工聯的運動已經演變成一場革命。這場暴動純粹由工人發起，主要反對所謂的工人國家。這場暴動給波蘭帶來了17個月令人暈眩的自由。但在1981年12月12日晚上，沃伊切赫·賈魯塞斯基將軍的政府開始採取鎮壓行動。

電話線被剪斷。坦克衝進街道。軍隊與煤礦工人發生了激烈的戰鬥，至少7人死亡。警察逮捕了數千名工聯領導人。萊赫·華勒沙在凌晨3點被捕，他後來被關在監獄一年多。第二天清晨，賈魯塞斯基在廣播裏宣佈他「心痛」地實施戒嚴。他警告說：「我們的國家正如臨深淵。」其實，無論他或10萬名聚集在邊界的蘇聯軍隊，都不再會容忍團結工聯進一步挑釁。

賈魯塞斯基是一名職業軍人，在1981年2月被指定為總理。前任總理向50萬罷工者屈服，使團結工聯合法化，放鬆了對旅行及言論的管制，並且容許天主教眾傳教。但是工業生產仍然持續下跌，魯莽的罷工行動此起彼落。團結工聯還號召蘇聯集團中其他地區的工人組織自己的獨立工會。賈魯塞斯基接到莫斯科的命令：恢復秩序。

11月，他與華勒沙及大主教約瑟夫·格萊普（波蘭3000萬教徒的精神領袖）進行會談。賈魯塞斯基

一張夾帶出來的照片捕捉到華沙在鎮壓後的軍事情況。

提出妥協，並且建議協商。但談判仍是一無進展，1000萬人所組成的工聯開始不耐。不顧華勒沙的抗議，團結工聯的領導人仍提出舉行公民投票廢除共產主義制度。這就是引發鎮壓的最後關鍵：數小時內軍隊開始進駐，戒嚴一直持續到1983年。那年華勒沙獲得諾貝爾和平獎。◀1980（1）▶1989（1）

法國
社會黨的勝利

7 在1981年進行的法國總統角逐中，法朗索瓦·密特朗戰勝了瓦萊里·季斯卡·德斯汀（密特朗的政黨隨後在議會選舉大獲全勝）；其致勝的原因在於在位者的運氣不好；全球性的經濟衰退使得法國的經濟元氣大傷；同時也歸功於競爭者密特朗日漸改善的媒體形象。這一成功也是密特朗耐心地重建社會黨的結果。法國的第一位社會黨總統自1958年起就反對戴高樂主義；而直到1971年，他才加入社會黨；當時他也已是社會黨的黨魁。那年的選舉，社會黨一敗塗地，只獲得5%的選票。密特朗與勢力較強的共產黨人合作（儘管他公開批評莫斯科），然後霸占他們的根基，爭取中間左派人士。10年之後，社會黨成為法國的最大黨派，52%的投票者選擇密特朗治理國家。

執政第一年，這位新任總統把12個主要企業收歸國有。（很多法國工業已有幾十年國營的歷史。）他提高稅率及最低工資，縮短工時至每週39小時，將休假由4週強制

增加至5週，創造上千個公共事業的工作機會。他蔑視馬克斯主義者的傳統，將許多政府功能分權化。但世界性的經濟衰退迫使他強行實施經濟緊縮政策。隨後，他逐漸轉

密特朗在南特舉行競選活動。

向自由市場經濟。然而共產黨人背棄他，其聲望開始下降。

1986年，左派喪失了議會的多數席位，密特朗不得不與新戴高樂主義的首相雅克·席哈克共同執政。經濟衰退目前可以歸咎於右派人士，而諸如社會治安改善、犯罪率降低等好消息都歸功於社會黨的改革。1988年密特朗以壓倒性的優勢再次當選，社會黨人重新主控了國會和各部會，但是極端的右派卻投下新的陰影：反移民的全國陣線佔據法國了議會中的35個席次。◀1976（14）▶1993（8）

薩爾瓦多
莫佐特大屠殺

8 莫佐特並不是一個游擊隊要塞。這個村莊的大多數居民是福音派的基督徒。如果要他們支援薩爾瓦多內戰的哪一方的話，那一定是軍人掌控的政府，而不是法拉邦多·馬蒂國民解放陣線（FMLN）所領導的左派叛軍。莫佐特位於遙遠的莫拉桑省，由暴動者控制著。這種「警戒地區」正是政府軍隊無情搜索和破壞的地方。實際上，大多數在戰爭中喪生的是平民，他們是政府這些行動或右派敢死隊的受害者。1981年，一支由美國訓練並提供援助的軍隊在莫拉桑省發起了一場焦土戰役。這項戰役消滅了莫佐特及其鄰近村莊，造成這場戰爭中最殘酷的屠殺。

在中尉多明哥·蒙泰羅薩的率領下，薩爾瓦多主要的反游擊隊在

體育 棒球：世界大賽，洛杉磯道奇隊以4勝2負擊敗紐約洋基隊　美式足球：超級盃，奧克蘭突擊者隊以27:10擊敗費城老鷹隊　籃球：NBA，波士頓塞爾提克隊以4勝2負擊敗休斯頓火箭隊　網球：約翰·馬克安諾首次贏得溫布頓公開賽冠軍　賽車：鮑比·尤瑟被宣佈為印第安納波利斯500英里賽的勝利者（在違反規則的爭議平息之後）

「這兒所有的東西都死了，人和動物的死屍堆在一塊。到處都是禿鷹。
你不能忍受待在這兒，因爲太臭了。」

—— 一位薩爾瓦多軍事標兵描述大屠殺後莫佐特附近的一個村莊

12月猛攻莫佐特。先是審問村民，然後士兵們把他們按性別和年齡分開，他們先用大刀殺了男性村民，然後開槍打死其餘的人，婦女和少女們在被強暴後殺害，很快只剩兒童了。軍隊成員從窗戶和門朝囚禁兒童的房子射擊，然後燒掉房屋。屠殺持續了整整一天。當一切結束時，莫佐特已不復存在。

一名叫魯菲娜·阿瑪亞·馬克斯的婦女逃過屠殺，1982年1月，她的遭遇成爲美國媒體的頭版新聞。已提供薩爾瓦數億美元援助的美國政府卻否認阿瑪亞的說法。事實上，直到1991年薩爾瓦多法院公

莫佐特大屠殺的恐怖景象，爲第一批造訪現場的記者之一蘇珊·邁澤拉斯拍攝。

佈794名無辜的受害者名單前，並沒有人仔細調查這次暴行。法醫挖掘了那個村莊，挖出散落在骷髏堆間的幾百個美制M-16步槍彈匣。
◀1980（9）▶1984（邊欄）

北愛爾蘭
烈士誕生
9 儘管大多數愛爾蘭天主教徒同意地下組織愛爾蘭共和軍的目標：北愛爾蘭的少數教徒應該脫離英國人統治，獨立自主，並且與位於南方、天主教徒佔多數的愛爾蘭共和國統一。但幾乎沒人贊成愛爾蘭共和軍的作法。在他們的砲火和槍口下喪生的平民，比新教徒的非正規軍對手或英軍士兵還多。1981年，一個被監禁的愛爾蘭共和軍隊員試圖改變游擊隊員的形象。鮑比·山德斯在北愛爾蘭的英國監

山德斯的葬禮之後，致哀者聚集在其位於伯發斯特米爾敦公墓的墓地。

獄中絕食而死，愛爾蘭共和軍因而出現一個眞正的殉道者。

山德斯進行了66天絕食抗議，企圖爲被監禁的愛爾蘭共和軍成員爭取到戰俘地位；因爲英國政府堅持他們只是一般罪犯，而且特別具有暴力傾向。這項政策是1976年制定的，當時大不列顛廢除「特殊類」等級，這是爲被宣判爲政治犯的犯人所設的。該年9月，關在伯發斯特馬澤監獄的愛爾蘭共和軍成員用他們的監服來換取粗糙的地毯、並且將自已的排泄物塗在監所的牆上。這次「航髒抗爭」並沒有贏得讓步，隨後進行的絕食抗爭也因爲流產而未能奏效。山德斯決定堅持到底。

在他絕食的第40天時，由於北愛爾蘭天主教選區的支持，山德斯當選爲英國議會議員。26天之後，亦即5月5日，山德斯絕食而死，他是10名絕食抗爭者中第一位死亡，山德斯從此被神化爲英雄人物。對於許多僅見過愛爾蘭共和軍恐怖面罩的人來說，他們現在又以平常人的面孔示人：這位27歲的反叛者英年早逝了。無動於衷的英國首相柴契爾夫人說：「他選擇了結束自己的生命，他的組織（愛爾蘭共和軍）就不會允許他們的任何受害者可以有這樣的選擇。」◀1979（6）▶1994（4）

工商業
電腦個人化
10 個人電腦的市場從1981年開始蓬勃發展。這一年IBM公司推出自家的型號：PC個人電腦。其他製造廠家從1977年來就一直在銷售桌上型電腦，但IBM這家世界上最大的數據處理器製造商有其競爭優勢，它的規模已發展到除了生產相似的電腦產品外，更能夠積極加以行銷。1981年售出了2萬5千台。3年後，遽增到300萬台。

IBM的PC個人電腦的核心是加州聖塔克拉拉的英代爾公司生產的微處理器，以及一種作業系統（創始者將之稱爲「軟體」，一種有助其他程式執行的程式，由位於西雅圖的微軟公司授權給IBM）。由於一項重大的疏忽，IBM公司沒有阻止英代爾公司和微軟公司向其他製造商銷售這些產品。很快的，一大堆類似IBM機型的「相容型」機器充斥於市場，而且皆以英代爾的晶片和MS-DOS（微軟磁碟作業系統）的電腦爲基礎。

到90年代中期，全球幾乎90%的個人電腦都是IBM電腦或是與其相容的電腦，而一度各自使用獨門技術的工業則已幾乎完全標準化。由於PC的相容機種，IBM公司深陷經濟困境之中；英代爾公司成爲世界上最大的晶片製造廠商，而微軟的年輕總裁比爾·蓋茲（出生於1955年）則成爲世界上最富有的人之一。◀1976（邊欄）▶1984（12）

由於價值140億美元的農業受到地中海果蠅的侵擾，加州政府在7月採取緊急措施。在聯邦政府威脅進行一次全州農產品檢疫下，州長埃德蒙德·布朗採取了空中噴灑殺蟲劑malathion的方

法（二次世界大戰時發展出來的一種神經毒氣）。對環境保護者和布朗本人而言，這都是件憾事。但這項措施確實控制住這場蟲害蔓延。美國農業研究機構曾不斷定期放出數百萬隻不孕的雄性果蠅，它們與雌性果蠅交配後會中斷繁殖週期而抑制果蠅的數量。在採取緊急措施前一個月，一批這類不孕的雄性果蠅被引進加州，顯然已抑制了數十萬隻有繁殖力的果蠅。

PATCO工會關門
8月3日，美國1萬3千名空中導航管制員體會到雷根總統反工會的強硬態度。當時他們正在罷工，要求每年加薪1萬美元，並且實行週休3日制。從前也是工會領袖的雷根（他在40及50年代領導電影演員工會），命令他們在8月5日前復工。然而大多數人仍然堅持罷工。雷根解雇了他們。兩週內，FAA面試新人以填補職缺。10月，空中管制員工會PATCO被吊銷執照，並很快破產。雷根執政期間對待工人態度非常強硬。在整個80年代中，美國主要罷工次數降至每年50起左右（相較於70年代中期的每年700起）。工會組織成員急遽減少，很多工人領導者從傳統的關注點——爭取工資和福利，轉變爲試圖保住產業內的工會會務工作。◀1980（4）

IBM生產的首批個人電腦之一，PC/AT。

美國政治與經濟 國民生產毛額：3兆638億美元；優惠貸款利率達20.5%（南北戰爭後的最高利率）；最高法院確認公立大學學生組織舉行宗教儀式合法；杜邦公司用75億4000萬美元買下了科諾科公司（有史以來最大的企業合併案）；美國同意賣給沙烏地阿拉伯價值85億美元的空中防禦武器。

「這也能通往加利福尼亞，多奇特啊！」

—— 羅伯特·克里平機長，在太空梭「哥倫比亞」號降落愛德華空軍基地之後表示

環球浮世繪

希臘社會黨人

希臘前首相喬治斯·帕潘德里歐的兒子、也曾是美國公民的安德烈亞斯·帕潘德里歐於1981年當選爲希臘第一位社會黨總理。帕潘德里歐主張經濟改革政策，以及抵制美國軍事基地；然而這兩個原因並沒有使他受到他之前故國（美國）政府的喜愛。8年後，健康問題和離婚醜聞迫使他辭職。◀1974（5）

貝里斯獨立

9月，原稱英屬宏都拉斯的中美洲國家貝里斯——成爲美洲大陸最後一處獲得完全獨立的英國殖民地。但是問題隨之而來：原爲西班牙殖民地的鄰國瓜地馬拉長久以來一直宣稱貝里斯是爲其所有的，並且威脅準備入侵。瓜地馬拉終於在1991年承認貝里斯獨立。

時裝新浪潮

日本時裝設計川久保玲於1981年第一次在巴黎展示了其作品。她那生動、反傳統觀念的創作（如圖）使其列名於包括三宅一

生、三本洋次、松田光博在內的日本「新浪潮」設計大師之前。這些設計師的共同風格是用非傳統的材料設計成寬鬆、色彩平淡的衣服。這也使得東京在80年代成爲世界時裝中心。

教宗遇刺

5月13日，在羅馬聖彼得廣場，一名土耳其恐怖組織的極端右派份子穆罕默德·阿里·阿賈，從埋伏處近距離向60歲的教宗若望·保祿二世開了兩槍。教宗在經過5個半小時的緊急手術之後，已經完全清醒。阿賈被逮捕、審判，並被判處無期徒刑（仁慈的若望·保祿二世2年後到監獄去探望他），調查人員懷疑有保加利亞人參與這一事件，而且也可能是蘇聯情報人員想要教宗的命，但是並未獲得證實。

孟菲斯奠基人埃托雷·索特薩斯隨興且色彩豐富的卡爾頓房間隔板，展現義大利設計「新浪潮」的特質。

大眾文化

80年代的外觀

⑪ 位於米蘭的設計團體孟菲斯，是一個由世界各地的設計師組成的國際集團，該團體在1981年的米蘭家具展中以風格古怪、色調明亮、圖案誇張的家具出盡風頭；這些設計靈感是來自50年代鄉村低俗藝品、60年代的流行普普藝術和當代迷人特質。由頗具影響力的奧地利裔義大利設計家埃托雷·索特薩斯建立的孟菲斯，刻意地排斥傳統所喜愛的那種俗麗風格。例如，索特薩斯的卡爾頓房間隔板（很多孟菲斯的作品都以旅館名稱來命名）就是由貼上狂野的紫、黃、綠、紅色塑膠薄片的木頭製成；書架被古怪、傾斜的隔板區隔，書冊只能斜放。孟菲斯設計者喜歡呈現矛盾特質，因此設計出以保齡球作桌腳的桌子，和由鋼管及玻璃管所構成、看似要傾倒的滾動推車。

孟菲斯——此團體中30位左右的成員來自8個不同的國家，他們設計織品、陶瓷、玻璃製品及家具。他們試圖打破「嚴肅的」現代主義設計中的嚴謹原則：規律、實用和避免裝飾。受到鮑伯·迪倫的歌曲《再次與孟菲斯的藍調卡在車內》的啓發，索特薩斯以孟菲斯爲名，「因爲它會讓迥然不同的地點和文化之間產生許多聯想，例如貓王和古埃及。」這個團體後來成爲80年代義大利最知名、也是最被廣爲摹仿的「新浪潮」設計學派。◀1962（8）

探險

可重複使用的太空船

⑫ 「哥倫比亞號」太空梭於1981年4月從佛羅里達州的卡納維爾角升空，這是自6年前阿波羅-索尤茲升空計畫之後，美國太空梭第一次載人飛行。這架太空梭1972年開始製造，耗資100億美元，一度因小故障困擾而延誤發射。在經過10年被人比下去的羞辱之後，這次發射向美國人證明了他們的祖國還是能夠有偉大的成就。

儘管開銷超支，太空梭仍在預算刪減的年代中反映出實用性這個新重點。這個37公尺高的飛行器是第一個可重複使用的航空器，升空時像火箭，巡遊像是太空船，著陸就像滑翔機一般。起飛後，兩節固體燃料火箭助推器被推落海洋，以便收回，再用於下次飛行。太空梭的表面覆蓋著3萬1千塊陶瓷片，這種材料不像以前的隔熱片，在返回地球時，不會被高達華氏3千度的高溫熔化。這種航空器是設計來將衛星載入太空，而且還可讓太空人將軌道衛星拉近進行修理。儘管地面控制部門已經經過精減：發射「阿波羅號」時仍然用了500人，不過由於此次利用電腦使得太空梭僅需150人來控制升空。

同樣也是由太空梭上的電腦來自動導航：50歲的太空人約翰·楊（阿波羅計畫的資深老將）和44歲的羅伯特·克里平機長便負責監控設備。在太空中待了兩天後，這一

佛羅里達州卡納維爾角發射架上的「哥倫比亞號」太空梭。

組人成爲第一批降落在陸上、而非海上的美國太空人。他們降落在加州愛德華空軍基地所在的莫哈韋沙漠。美國航空暨太空總署用一架大型噴射機把「哥倫比亞號」運回佛羅里達州，爲11月的再次發射作準備。◀1975（6）▶1986（2）

大眾文化

搖動電視映像管

⑬ 1981年8月，華納·阿梅克斯衛星娛樂公司推出全球第一個24小時播放的音樂頻道——MTV音樂台。華納·阿梅克斯是美國最大的有線娛

樂節目製作公司，他們花費3000萬美元，爲48個州的250萬觀眾製作了一個融合音樂錄影帶（MTV，由VJ主持）、專訪以及演唱會的節目。主要針對12歲到34歲觀眾的MTV成爲「小眾」節目的先鋒，這與原來儘可能廣及所有觀眾群的電視台目標恰好相反。僅僅一年，這個頻道的訂戶已經增至原來的3倍；而在10年之間，MTV把英美搖滾樂（和其他風格的音樂）從蘇聯傳送到巴西等國家。

MTV由於忽視了黑人表演者而受到批評：它播放的MTV典型風格就是由穿著性感暴露的女郎圍繞在男表演者周圍。這種風格被指責有性別歧視。不過，該頻道仍很快地主導流行文化，不僅在音樂方面（在MTV音樂台播出可促進唱片銷售量15-20%之間），還有流行時尚，及其他的視覺媒體。MTV的特有畫面及拍攝風格（快速剪輯及神祕、超現實的影像）充斥在電視廣告和劇情片，而這些優秀的導演常是從拍攝MTV開始。小說家兼文化觀察家諾曼·梅勒認爲MTV「也許是美國人生活中唯一新的流行藝術形式。」在MTV出現，對於瑪丹娜及麥可·傑克遜能夠成爲超級明星而言，是關鍵所在。也由於MTV，一些歌手還沒開過現場演唱會就已成了明星。◀1980（邊欄）▶1982（8）

諾貝爾獎 和平獎：聯合國難民委員會（瑞士） 文學獎：伊萊亞斯·卡內提（英國，小說家） 化學獎：羅阿爾德·霍夫曼和福井健一（美國、日本，化學反應預測） 醫學獎：羅傑·斯佩里、大衛·休貝爾和托爾斯滕·魏瑟（美國、美國、瑞典，資訊處理） 物理學獎：尼古拉斯·布洛姆伯根、阿瑟·肖洛和卡伊·西格班（美國、美國、瑞典，雷射） 經濟學獎：詹姆斯·托賓（美國）。

怎樣使你更健美

《珍芳達健身操》，珍芳達著，1981年

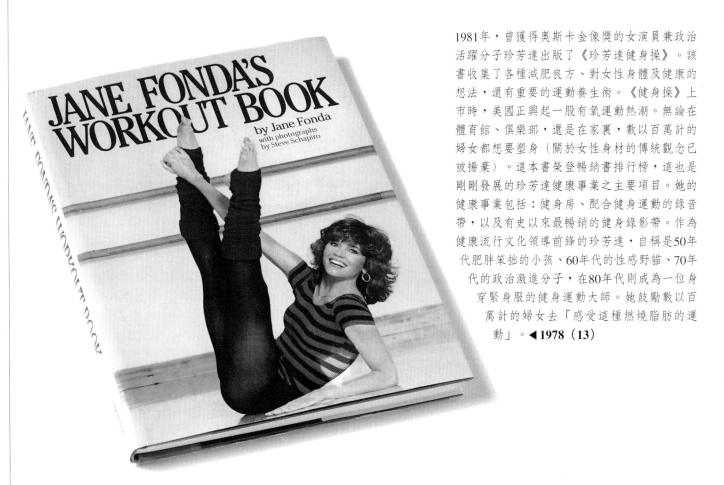

1981年，曾獲得奧斯卡金像獎的女演員兼政治活躍分子珍芳達出版了《珍芳達健身操》。該書收集了各種減肥良方、對女性身體及健康的想法，還有重要的運動養生術。《健身操》上市時，美國正興起一股有氧運動熱潮。無論在體育館、俱樂部，還是在家裏，數以百萬計的婦女都想要塑身（關於女性身材的傳統觀念已被揚棄）。這本書榮登暢銷書排行榜，這也是剛剛發展的珍芳達健康事業之主要項目。她的健康事業包括：健身房、配合健身運動的錄音帶，以及有史以來最暢銷的健身錄影帶。作為健康流行文化領導前鋒的珍芳達，自稱是50年代肥胖笨拙的小孩、60年代的性感野貓、70年代的政治激進分子，在80年代則成為一位身穿緊身服的健身運動大師。她鼓勵數以百萬計的婦女去「感受這種燃燒脂肪的運動」。◀1978（13）

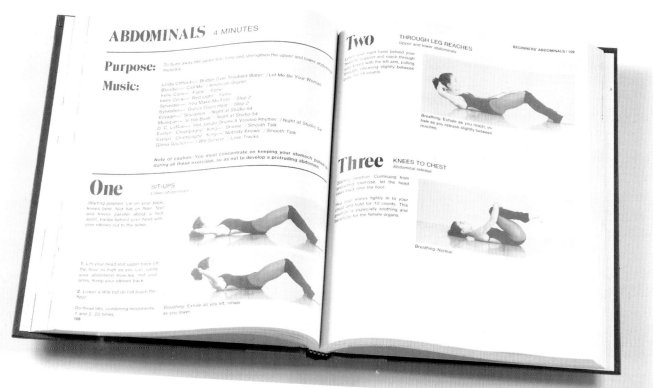

「我們在主權問題上從來沒有任何疑問。福克蘭群島的居民是英國人並且希望繼續做英國人。」

—— 首相瑪格麗特・柴契爾夫人

年度焦點

福克蘭群島戰役

1 1982年初，阿根廷的經濟處於災難狀態。通貨膨脹不斷惡化（3月份通貨膨脹率達146%），國民所得下降到70年代的水準，工業產能只有原來的一半。無畏於軍事統治者慘無人道的鎮壓，抗議者走上街頭。軍事執政團指派的總統萊奧波爾多・伽地亞利將軍為轉移民眾注意力，決定發動一場戰爭，目標是福克蘭群島。該群島從1833年就一直為英國所控制，但長久以來，阿根廷人也聲稱擁有此島主權（阿根廷人稱它「馬爾維納斯群島」）。伽地亞利指望不費吹灰之力就取得勝利：認為敵人不太可能冒傷亡慘重的危險來保護只有1800名英國人和60萬隻綿羊的遙遠領土。4月2日，阿根廷軍隊進攻兵力微薄的英國皇家海軍要塞，攻占福克蘭群島。

伽地亞利低估了英國對其殖民地寸土不讓的態度。英國首相柴契爾夫人譴責阿根廷侵犯島上居民的自治權，並動員由100多艘軍艦組成的海軍特遣部隊。美國是兩國的盟國，試圖從中調停，聯合國亦然，但都徒勞無功。4月25日，一支小型英國海軍分遣隊收復南喬治島；51日，爆發大型空戰及海戰。

一支阿根廷裝甲部隊進入史坦利港。阿根廷佔據福克蘭群島兩個月。

戰爭初期對阿根廷士氣的影響極為顯著，甚至在野的反對黨也基於愛國主義而熱烈參與。大多數拉丁美洲國家譴責英國的「侵略」行為，而美國雷根總統站在柴契爾夫人那邊頗使伽地亞利感到驚訝。儘管阿根廷空軍擊沉了4艘英國戰艦，但它那規模小得可憐的海軍卻寡不敵眾。英國軍隊在5月21日向海灘發動進攻，從東福克蘭的聖卡洛斯港轉戰南下。隨著歐洲經濟共同體對阿根廷實行禁運，而阿根廷軍隊也開始士氣潰散，此時戰事幾近結束。

阿根廷軍隊在6月14日投降，該戰役的慘敗造成阿根廷軍隊死亡712人，被俘擄1萬1千人（英方有255人陣亡）。這一慘敗使軍事執政團的信譽毀壞殆盡，伽地亞利辭職，阿根廷空軍和海軍推翻原政府。新總統是退役將軍雷納爾多・畢格農，宣佈於1983年舉行選舉。長達7年的軍事恐怖統治造成的創傷有賴文人政府來療傷止痛。◀1976（7）▶1983（邊欄）

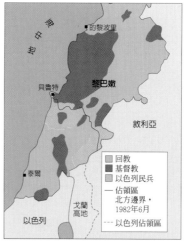

內部紛爭和外國入侵使黎巴嫩成為80年代的巴爾幹半島。

中東

以色列入侵黎巴嫩

2 1982年4月，以色列將西奈半島的最後一部分交還埃及，完成大衛營協定的第一階段目標（由於造化弄人，以色列右派政府發現得派軍隊驅逐定居該地區的猶太右派屯墾居民）。6月時，允許巴勒斯坦人在約旦河西岸和加薩走廊建立自治政府的第二階段目標卻被無限期延後，因為總理梅納赫姆・比金對黎巴嫩發動侵略。

最初，比金的目標是沿著邊界建立一道39公里的安全帶。因為，巴勒斯坦突擊隊常從黎巴嫩南部襲擊以色列。但當以色列軍隊再朝北推進時，更大的新目標出現了：把6千名游擊隊員從貝魯特的巴解組織總部驅逐；把佔據黎巴嫩的6萬名敘利亞軍隊驅逐出去；強行扶持一個親以色列的基督教政府。

當以色列圍攻西貝魯特的回教徒時，美國特使菲利普・哈比正在交戰國之間往返穿梭，試圖說服雙方停火。雷根政府最初在如何對付比金的問題上有歧見。主張懷柔的美國國務卿亞歷山大・海格在辯論中失敗並辭職。但是比金對巨大的外交壓力置之不理，他的軍隊繼續砲轟貝魯特。8月下旬，一支多國維持和平部隊抵達貝魯特，把巴解組織的戰士安全地疏散到一些阿拉伯國家。然而，殺戮並未結束。9月4日，不明身分的攻擊者炸死了黎巴嫩民選總統巴希爾・賈梅耶。

比金違反對雷根的承諾，藉著假裝制止流血事件，而派軍隊佔領了西貝魯特。以色列指派黎巴嫩基督教民兵監督薩伯拉和夏蒂拉這兩個地區的巴勒斯坦難民營。為了替死去的前任指揮官賈梅耶報仇，基督徒民兵在難民營裏殺害了大多數是婦孺的800名平民難民。

大屠殺在以色列和國外激起強烈公憤，引起人們對日趨溫和的巴解組織主席亞西爾・阿拉法特之同情（阿拉法特曾與教宗若望・保祿二世會面），同時這也使得維持和平部隊重新回到貝魯特，為更大的悲劇佈置好了舞台。◀1981（2）▶1983（3）

蘇聯

不景氣時代結束

3 列昂尼德・布里茲涅夫（下圖）於1982年11月以76歲高齡去世時，蘇聯國內日益嚴重的經濟不景氣狀況已持續18年了。然而，這並不是布里茲涅夫在他擔任共產黨主席和國家元首的統治時期毫無作為；他在1968年發動對捷克的侵略，並且在70年代初期促使國際關係緩和，但又眼睜睜地

看著這種緩和局面在80年代早期化為烏有（部分是由於他策兵入侵阿富汗）。他下令建立有史以來最龐大的蘇聯軍隊，並使蘇聯與美國在核武上平分秋色。在這段期間，國內生活水準稍有提升，特別是對於窮人而言。然而即便如此，後續的改革者仍有足夠的理由來指出布里茲涅夫掌權的時代是個「經濟不景氣的年代。」

布里茲涅夫想要增加工業和農業效率的努力多半是徒勞無功：1975年的農作物欠收，比目標產能低了7600萬噸，導致蘇聯自第二次世界大戰結束以來最嚴重的糧食短缺現象。在黨內，新思想被日益鞏固且老化的寡頭政治扼殺。當蘇聯共黨精英獲得特別是在住宅、購物

藝術與文化　　書籍：《思鄉飯店的晚餐》安妮・泰勒；《幸運的旅客》德里克・沃爾科特；《大趨勢》約翰・奈斯比　音樂：《檀木和象牙》麥肯尼和汪達；《萊昂內爾・里奇》LP；《螢火蟲》唐納德・費根，LP；《第一交響曲》埃倫・塔菲・茨維里克　繪畫與雕塑：《鑰匙孔》伊麗莎白・默里；《少女崇拜》吉爾伯特和喬

「我們的目標是重新建立理想家庭。而且，在建立理想家庭的同時，我們也能建立一個理想的世界。」
—— 莫塞·杜赫絲博士，美國統一教會會長

和教育等方面的特權時，腐敗現象也日益嚴重。儘管布里茲涅夫沒有訴諸史達林式的恐怖統治，但眾多異議分子仍然受到殘酷的對待：這是從沙皇時代以來一直頗為流行的手段，就是把製造麻煩的人監禁在精神病院裏。

一種國家癱瘓感為布里茲涅夫的晚年時期添加了色彩，甚至對共產黨內高級官員而言，他的去世也是一種解脫。然而劇烈的變革仍得伺機而動。68歲的繼任者尤里·安德洛波夫（身為格別烏首領，曾經主導對異議分子的鎮壓）開始了溫和的改革，但他在15個月後也去世了。取代他的人是73歲的康斯坦丁·契爾年科，但是也於一年之後去世。直到1985年，當米哈伊爾·戈巴契夫出現在政治舞台上時，一個新時代才真正開始出現在人們眼前。◀1979（9）▶1984（邊欄）

宗教
文鮮明的集體婚禮

4千多名文鮮明的信徒在紐約麥迪遜廣場公園宣誓。他們之中有許多人是在幾天前抵達美國。

④ 1982年7月1日，文鮮明牧師在紐約麥迪遜廣場公園為2075對同時結婚的新人主持婚禮，新娘身穿同樣的白色婚紗，新郎則身著同樣的藍色西裝。在婚禮上新婚夫婦們還被任命為統一教的傳道者。文鮮明宣稱，他們所建立的家庭將「發展成為一個真正的社會、真正的國家、真正的世界」。

文鮮明的信徒（全世界約有300萬）把他及他的妻子韓好姬稱為人類「真正的父母」。文鮮明1920年出生於當時還未成立的北韓，16歲時就宣稱自己是耶穌選定的新救世主（彌賽亞）。他被長老教會驅逐後，跟著又被共產主義政府囚禁。他把共產主義者視為撒旦的奴才，並於1954年在南韓創立自己的教派。他神聖的使命是發展企業資本主義和保守的神權國家。許多忠實信徒的家長控告文鮮明的教會對信徒洗腦。文鮮明的信徒放棄了一切獨立性，住在教會中心，在機場販賣鮮花，甚至讓文鮮明或教會中的長者為他們選擇配偶（某些丈夫和妻子分屬不同的語系，必須

透過翻譯才能溝通）。這次集體婚禮使得紐約的基督教及猶太教領袖共同發佈了少見的聯合譴責聲明。

文鮮明以美國為基地的世俗帝國包括漁獲船隊、報社及人參出口業務和兵工廠，而且還被控以更大的罪狀。5月，一個美國法庭判定他犯有逃稅和陰謀罪。1984年他開始服長達18個月的徒刑，雖然他透過右派組織來「壓制美國政府」（正如他在後來的一次演講中所說的那樣）的作為是合法的，但還是使許多觀察家們感到忐忑不安。
◀1978（2）▶1993（邊欄）

墨西哥
經濟崩潰

⑤ 墨西哥欣欣向榮的經濟在1982年被吸入一個債務上的黑洞而瀕臨崩潰，它的外債在發展中國家中僅次於巴西，8月份這個政府幾乎到了拖欠貸款的危險邊緣。30%左右貸款是向美國銀行舉

墨西哥的經濟問題使得數百萬人湧向城市。上圖是搭乘公車的人們緊緊抓住已經嚴重超載的車邊不放。

借的。在最後關頭，華府代為求情，為其支付近30億美元作為補缺援助。然而對墨西哥人民來說，問題才剛剛開始。

70年代，當墨西哥發現其石油蘊藏量是世界上最大的國家之一時，外國銀行爭先恐後地貸款給該國；而何塞·洛佩斯·波蒂略總統也因此大肆揮霍。然而目前國際上的石油供應過剩削減了預期的歲收；再者日益減少的國家歲入中超過60%必須先償付債款。當投資客在墨西哥以外的地區尋求安全避難所時，墨西哥披索幾乎一夜之間就貶值了一半，這更加劇了資本外流，通貨膨脹率也上升近100%。

聲望大跌的洛佩斯·波蒂略採銀行國有化和嚴格的外匯管制來因應這些情況，後者明顯地使墨西哥工業無法進口重要的重型設備。墨西哥經濟在以驚人的8%年增長率上升4年後，最後走向停滯狀態。

繼任的總統米格爾·德·拉·馬德里·烏爾塔多接過這一沉重的包袱，他是一位擁有哈佛大學學位的銀行律師，並且享有使人精神為之一振的清廉聲譽（波蒂略借的外債之中有許多都流入親朋好友的口袋裡）。12月，德·拉·馬德里上任，宣佈「我們正處於緊急狀態」，並制定了一個旨在使預算赤字減半的緊縮計劃。這次經濟危機讓這個國家試圖以石油促進繁榮的美夢破滅，數千個中產階級家庭陷入了貧窮，窮人變得日益絕望，墨西哥人開始把80年代稱為「失落的10年」。◀1934（2）▶1993（2）

1982

「有權有勢是一種絕妙的感覺。我的一生都在爲權力而奮鬥。我想這也正是每個人所追求的：權力。」

——瑪丹娜

1982年新事物

- 抽脂器
- 新力watchmen
- 明日世界萬國博覽會建成（佛羅里達州的奧蘭多）
- Halcion安眠藥片
- 引起公眾興趣的全國性日報《今日美國》發行

美國萬花筒

平等權修正案到期

「這是繼『大小一體通用』之後最令人誤解的詞彙。」幽默的專欄作家埃爾瑪·邦貝克關於平等權修正案說了這樣一句俏皮話。這個修正案提議「法律下的平等權在美國暨合眾國或是任何一州都不應該因爲性別不同而受到剝奪或縮減。」它在國會通過10年之後，由於比批准修正案所需要的票數還少3個州而於1982年壽終正寢（38）。◀1964（3）

越戰紀念碑

11月13日，越戰紀念碑在華盛頓特區落成。它是由越戰退伍軍人紀念基金會贊助，由一名21歲的耶魯大學建築系學生林櫻所設計的楔狀黑色花崗岩牆，牆上刻

有近6萬個在越戰中死亡或失蹤的美國人名單。起初，這種有別傳統的形狀受到非議（還有人建議在它附近放一個寫實性的士兵雕像），但是這座牆很快就成了首都內遊客人數最多的紀念碑。◀1975（4）

環保

酸雨

6 1982年，當加拿大控訴從美國東北部吹來的污染已經造成安大略省147個湖泊裏的所有魚類死亡，並正在使新斯科細亞島的鮭魚量減少時，全世界都意識到酸雨現象的存在。原本稱爲「酸沈澱」的酸雨會損害水道、樹木、農作物、建築物及人類的肺。當燃燒化石燃料而產生的二氧化硫和氧化氮氣體在大氣層中被轉化爲硫酸和硝酸，並以雨或灰塵的形式降落到地面上時，就會出現酸雨。

自50年代以來，當一項研究報告指出酸雨現象和日益減少的淡水魚數量有關時，斯堪地那維亞的居民就已開始擔心酸雨問題。70年代，人們也把西德森林受到嚴重破壞的責任歸之於酸雨。

雷根總統反對大部分致力於環境保護的法案，認爲此舉對商業及納稅人來說費用太昂貴。當他呼籲對環境問題進行更深入的研究時，這種爭議就升級成爲一場外交爭執。加拿大官員指責雷根在該議題上扯後腿。1984年紐約州通過一項規範產生酸性污染物的法律，但美國國會直到1988年（與其他24個國家一起）批准聯合國關於氧化氮的排放量限定在1987年水準的草案之前，根本無所作爲。（之後1990年美國清淨空氣法案要求：10年內將二氧化硫的污染減少一半。）

歐洲反應較爲迅速。1984年，10個國家加入了「百分之三十俱樂部」，保證要在1993年之前把二氧化硫的排放量從1980年的水準上再降低30%。次年，21個國家簽署赫爾辛基草案，保證同樣的排放量降

一幅到了90年代初期，西歐大多數國家的二氧化硫排放量已經下降了40%，而在環保意識強烈的西德則下降了70%。但是從生物學的角度來看，世界上數千個湖泊已經死亡，從美國緬因州到南非的森林都處境堪虞。而且，在前蘇聯集團境內，繼續燃燒含硫量高的煤炭，導致遙遠的順風地帶落下了含有腐蝕性化學物質的酸雨。◀1970（5）▶1983（5）

科學

精益求精的達爾文學說

7 1982年，在查爾斯·達爾文去世的100週年紀念會上，世界各地的演化論者舉行了一次會議以評價演化論的研究現狀。生物

學家們和古生物學家們一致認爲，達爾文著作《物種起源論》3個基本概念中的兩個——即「一切生命形體具有共同祖先（生物同源）」和「天擇造成生物演化」是非常合理的，而且一些分子生物學和遺傳學上的發現也肯定這兩種理念。但是第3個概念（相形之下也較不重要）——即「演化是以冰河推進的速度在持續進行」的概念則正在受到修正。根據另一種名爲「間斷衡論」的理論，新的物種是突然出現的（只需數千年，而非達爾文所認爲的幾百萬年），然後基本上長期維持不變（在均衡狀態

一幅德國卡通漫畫描繪一棵被酸雨所傷的樹木需要緊急醫療。

下），之後再突然被更新的物種所取代。

哈佛大學的古生物學家史蒂芬·傑伊·古爾德（左圖，上）和美國自然歷史博物館的奈爾斯·埃爾德里奇（下）兩人所創建的「間斷衡論」使得達爾文主義和古生物學上的現實狀況能夠相符合：因爲化石記錄明白地顯示了物種形成過程中的繁殖情況，然而卻沒有留下中間演化階段的痕跡。

但遺傳學家反對這種理論，他們認爲化石遺留物不可能記錄所有變化，不僅是重要變化，特別是那些細微的變化。這種爭議可追溯到達爾文本人，他自己也坦率承認，緩慢的演化並沒有與化石記錄相吻合。古爾德強調達爾文主義是「不完整，然而不能說是不正確」。儘管如此，間斷衡論被證明是對達爾文思想的一項重大修正，同時也可作爲從人類學到政治學等其他學科的一種實用模式。◀1937（6）

音樂

瑪丹娜的首支單曲

8 1982年，由密西根大學輟學的瑪丹娜（瑪丹娜·路易斯·奇科尼）一躍成爲國際流行文化的女神。那一年，她的第一首單曲《每個人》在美國舞廳和黑人電台風靡一時。4年前，她帶著37美元來到紐約。而到90年代中期，她成爲流行音樂的主要偶像已有10多年的時間，並在一個10億美元的媒體帝國裏獨領風騷。

瑪丹娜是MTV捧出的首批明星之一。儘管她的樂風與一般迪斯可沒什麼差別（至少一開始是如此），一個評論家批評其聲音似乎是卡通人物米妮吸過氦氣所發出的聲音。然而精心製作的MTV卻突顯了她姣好的面容、舞者的身段（曾在艾爾文·艾雷學校學過舞蹈）及她在舊貨店買來的古怪、性感衣飾。各地的少女開始模仿她露出肚臍、佩戴十字架形狀的首飾、妖豔的妝扮、洞洞裝及內衣外穿的衣著。MTV也確立她獨一無二的形象——融合過時的天主教特質和

體育 棒球：世界大賽，聖路易紅雀隊以4勝3負擊敗密爾瓦基釀酒人隊　美式足球：超級盃，舊金山四九人隊以26:21擊敗辛辛那提孟加拉虎隊　籃球：NBA，洛杉磯湖人隊以4勝2負擊敗費城七六人隊　網球：吉米·康納斯在溫布頓網球公開賽男單決賽中擊敗約翰·馬克安諾（迄今男子網球單打決賽時間最長的一場：歷時4小時14分鐘）　足球：世界盃，義大利隊以3:1擊敗西德隊。

「施納貝爾的作品刻意作成看似重要的樣子。它的形體很大，並且常常涉及其他的偉大藝術……它的意象雖未成熟，但頗具莊嚴肅穆之勢，是一種呈現表現主義小古玩的梅西百貨遊行。」

—— 藝術評論家羅伯特‧休斯評論畫家朱利安‧施納貝爾

從自戀到奴隸的迷戀。她的首張唱片《瑪丹娜》，賣出300萬張。

1984年，其單曲《宛若處女》連續6週名列美國流行歌曲排行榜第一名。儘管人們對她想成為電影明星的努力反應冷淡，她的歌曲卻不斷在90年代的排行榜上名列前茅。再者，她那刻意營造且令人震驚的古怪舉動（在富藝術情調、隱含女同性戀情愫的色情攝影刊物上表演）使她經常出現在小報上。

瑪丹娜的成功之所以經久不衰，關鍵在於她能確切掌握時代精神。在80年代的雅痞時期，她是個「物質女孩」（正如她在同名歌曲所唱的那樣），是身著象徵情慾冒

瑪丹娜建立了一個挑戰社會極限的帝國。

險精神的龐克服飾、且肌肉健美的商場女子。在90年代，她又轉向精緻流行時裝，展現純樸年代的逃避主義者身段。她被《富比世》雜誌譽為「美國最精明的女企業家」，並創立了自己的電影、音樂發行公司及錄音公司，為將來她的形象不再值錢的那一天預先做好了準備。◀1981（13）▶1982（12）

電影
科幻小說，光明和黑暗

⑨ 在1982年上映的兩部重要科幻電影中，出現了兩個面貌迥然不同的外星人。其中一部極為賣座的影片把外星人塑造成一種置身於猜忌的成人世界裏，卻又具有孩童般善良本質的溫和生物。另一部則不受歡迎，該片描繪出較為陰暗、惡毒的欲望。《外星人》是35歲的史蒂芬‧史匹柏第4部打破

藝術
繁華的極點

⑩ 80年代華爾街上的股市榮景帶來了立即的財富，而「當代藝術」市場也得益於此，在1982年進入了一個令人飄飄然的擴張時期。紐約的蘇活區成為使人感到興奮的藝術繁榮首都。畫家朱利安‧施納貝爾則經常被稱作是蘇活區的地下市長。他是一個自信、懂得自我促銷的人，從一名計程車司機，到後來他的油畫開價到6位數。施納貝爾的「新表現主義」——他經常把打碎的陶器粘著在他的畫布上——受到一些評論家的大力推崇；這些評論家認為，他把現代藝術從流行、保守藝術，以及60、70年代概念論運動的霸權中解救出來。

直言不諱的詆毀者則說，施納貝爾完全是個對此上了癮而非淺嘗即止的傢伙，還認為施納貝爾在開始作畫前應該好好學習一下畫法。其他令人難以置信的藝術明星還包括做了一個真人大小的麥可‧傑克遜瓷像和一個可以膨脹起來的巨大不鏽鋼兔子鑄像的傑夫‧庫恩斯，還有以訊息作為媒介的珍妮‧霍爾澤，將格言呈現在霍爾澤明信片、T恤，以及時代廣場的電子佈告欄上。庫恩斯的奇特作品被視為是對消費主義的一種評判，然而也正是這種消費主義使他成為百萬富翁。霍爾澤在1990年威尼斯雙年展上獲得了最高榮譽，他所展出的是一幅總結性的「文字」作品：「金錢創造品味。」◀1974（9）▶1987（13）

票房記錄的片子（其他3部是《大白鯊》、《第三類接觸》和《法櫃奇兵》）。史蒂芬‧史匹柏的《外星人E.T.》把他慣用的驚心動魄特殊效果（由喬治‧盧卡斯的「最新燈光與魔法工業公司」製作）和最動人心弦的故事作了最完美的結合：關於一個身處郊區的孤寂地球小男孩和一個受困地球的外星人之間的愛。這個「明星」，是模型製作和電子學的傑作，也是個迷人的傢伙，他善良、聰明、醜的有一點點可愛，喜歡看電視、Reese's Piecse、喝啤酒和打長途電話，並且還具有神奇的力量（他能用指尖治病）。「外星人打電話回家」這個外太空落難者用其語言拼組而成的求助語，成為一句國際口頭禪。

孩子和成年人都喜歡外星人。另一方面，瑞德利‧史高特導演的《銀翼殺手》卻沒有得到大多數人的喜愛。哈里遜‧福特扮演一個生活在2019年的洛杉磯警察，他的專長是追捕逃跑的「複製人」，那是一種在外太空殖民地充當奴隸、完美無缺且栩栩如生的機器人。原本在組合後第5年就會自行毀滅的這

個機器人思考、感覺並回憶起自己的模擬童年，並且為了生存而毫不留情地殘殺人類。對大多數電影觀眾來說，華納公司所剪輯的《銀翼殺手》節奏緩慢、劇情令人迷惑，劇本也寫得很糟糕。但是越來越多的影評家和影迷認為1993年出品的「導演剪輯」版本是80年代一部重要的影片，檢驗人類和機器的差別，以冷酷的方式讓人想起未來的一個日漸沒落城市及一種被稱作「網路龐克」的硬調科幻小說次類型。◀1977（10）▶1993（12）

史匹柏和他的明星——一個「矮胖、皮膚起皺、土色膚色而胸部總是冰冷的小動物」（一位評論家這樣評論）。

Tylenol（羥苯基乙醯）恐慌

10月5日，在7個芝加哥人吃了受氰化物污染的Tylenol（羥苯基乙醯）死亡後，生產這種屬於一般成藥止痛片的廠商強生公司回收了25萬多瓶藥。這一事件是幾起類似事件的開端，並促使藥品和其他產品為防止壞人下毒而採用新式包裝。Tylenol（羥苯基乙醯）重新贏回巨大的市場，這也是美國幾項商品東山再起的例證之一。只是，這個芝加哥凶手卻永遠逍遙法外。

貝爾母公司分裂

1982年，貝爾母公司在解決一樁費用昂貴、長達7年之久的司法部反托拉斯訴訟案時，同意放棄對其「貝爾子公司」（22個地區性電話公司）的控制。因此，這個古老且強大的家庭從此分裂了。這一協議留下美國電話電報公司獲利最豐的組成部分，包括長途電話網路、貝爾實驗室及其西方發電附屬公司。同時這也使

這一電信巨頭能自由地進入欣欣向榮的電腦和電子數據領域；自1956年以來，它就一直被排拒在這個市場之外。◀1915（7）

最富有的博物館

1982年成立的蓋提托信託公司將前石油大亨保羅‧蓋提（死於1976年）的私人藝術收藏品變成一處世界最富有的博物館。位於加州馬利布的保羅‧蓋提博物館擁有12億美元的捐贈基金，它的購買力突然之間就超過了羅浮宮和大都會博物館這些備受崇敬的機構。一個與之競爭的博物館館長說：「實際上，蓋提博物館將擁有市場上一切物品的優先考慮購買權。」它咄咄逼人地大肆購買（有時甚至是愚蠢地購買，它花了100多萬美元購買了一個真實性存疑的古希臘大理石頭像），迅速建立起世界級的館藏。◀1977（11）▶1987（13）

「天啊！他的動作美妙極了！」

—— 弗雷德·亞斯坦評麥可·傑克遜

環球浮世繪

世界音樂

1982年夏，在英國西南部的申頓·馬萊舉行了首次一年一度的世界音樂、藝術和舞蹈節。這個節目是由英國搖滾音樂家彼得·蓋布里爾所規劃，展示了「世界

音樂」（一種對非洲、拉丁美洲和亞洲不同音樂傳統的總稱）。在蓋布里爾擔任大使，而此節目作爲可移動大使館的情況下，世界音樂很快地成爲音樂工業中一種重要潮流。◀1971（邊欄）▶1986（邊欄）

基因工程所製造的胰島素

9月份，英國主管醫藥衛生的官員批准使用基因工程所製造的人類胰島素。一個月後，這種被稱作「Humulin」的荷爾蒙也在美國批准上市。「Humulin」是首批採重組DNA技術生產並經過官方批准可用於人體的產品。◀1978（1）▶1988（邊欄）

聯合國的新領袖

1982年，祕魯外交官哈維爾·裴瑞茲·德奎利亞爾接替庫爾特·華德翰當選爲聯合國第五屆秘書長。身爲這一國際組織的第一位拉丁美洲領袖，1986年他又連任第二屆，並且在1988年商定了兩伊之間的停火協議。◀1961（邊欄）

聖嬰效應

1982年，南美西海岸的水域開始遭遇一次特別嚴重的聖嬰效應。這一名字（El Niño）源於西班牙俚語對「聖嬰」的稱呼，指的是一股在聖誕節期間造成不可預知後果的海岸暖流。由於這股暖流，東太平洋的表面溫度升高了華氏18度，使當地的捕魚業遭到嚴重損失（魚群都遷徙到更舒適的水域去了），從厄瓜多到智利等地連降大雨，造成水患；也給澳大利亞帶來旱災，以及在1982年到1983年期間給遠東至大溪地等地區帶來颱風。

醫學

人工心臟

⑪ 1982年12月2日，在鹽湖城的猶他大學醫療中心，外科醫生威廉·德·夫里厄斯把第一個永久性人工心臟植入患者體內。從前，由猶他大學生物工程學家羅伯特·賈維克設計的賈維克-7型人工心臟只植入過綿羊和小牛體內。

病人巴尼·克拉克是個退休牙醫，得了心肌病——一種心肌逐漸弱化的疾病。若不更換心臟，將會危及生命。他時年61歲，已超過換心手術的年齡上限11歲，但是他心理非常穩定，且具有強烈求生意志，這使得德·夫里厄斯醫師認爲他是試行這種新設計的最佳人選。

長達7個半小時的手術完成後（由一個17人小組來進行的），克拉克最初是比手術前要健康的多，因爲塑膠心臟運作得很好。但是很快就出現併發症。第一週發作的痙攣使他喪失方向感；他的肺和腎也出了毛病，這或許是因爲這些器官長時間沒得到血液的正常循環。但他能四處走動，身上用管子接連到一輛裝載著375磅重機器的小汽車上，並與家人共同慶祝聖誕節及其生日。

克拉克活了112天。10年後，賈維克人工心臟的後續款式仍被用作「過渡心臟」，在病人等待心臟移植期間維持其生命。可以永久維持生命的人工心臟仍有待於未來。◀1967（1）

賈維克-7型人工心臟，兩個心室由聚氨酯做成。

音樂

麥可·傑克遜的超強單曲

⑫ 麥可·傑克遜憑1982年發行的專輯《戰慄》成爲歌壇的超級巨星。這張專輯共有7首單曲名列十大單曲排行榜；到1984年全球銷售量達3000萬張，是一張空前暢銷的唱片。其促銷錄影帶（特別是與專輯同名、長達14分鐘的單曲錄影帶中，傑克遜變成狼

超級巨星麥克·傑克遜在演唱會上的風采。

人）使得MTV更受歡迎，也使他成爲當代最著名且善變的歌手。

早在1969年，11歲的麥克擔任傑克遜五人樂團的主唱歌手，就贏得首度讚譽。這個樂團是由來自印第安納州蓋納市一個工人階級家庭的學齡兄弟組成，並獲得一連串重要成就。70年代初，麥克開始單飛。1979年，他的專輯《走開》超過了他的弟兄們。這是一張迪斯可風格的唱片，在靈魂樂排行榜（當代稱呼黑人流行音樂的最熱門稱號）高居最受歡迎唱片長達二年。

在《戰慄》專輯中，傑克遜創造出更富綜合性的聲音（與前披頭四歌手保羅·麥肯尼的合唱，及重金屬歌手埃迪·范海倫的吉他獨奏爲其特色）。與音樂本身一樣，神祕感也是傑克遜受到歡迎的原因。他的表演富張力、舞姿有如黑豹，且永遠「富有赤子之心」。他以一種微弱的男高音演唱，將他的華宅塑造成小型迪士尼樂園。他談及他的珍奇寵物就像談論自己的朋友一樣。他的穿著打扮就像卡通中的王子：穿著閃閃發亮的制服，還戴著一隻手套。在整形手術幫助下，他的面容越來越脫離種族和性別的限制。身爲一個遁世者，他仍是許多謠言的主題。1993年35歲的他被控猥褻一名13歲小男孩，該案後來在庭外和解；1994年，當局拒絕執行追訴，而傾向於將本案維持公開直到限制法令失效。在此同時，傑克遜成功地運用了可能是他事業中最煽情的妙計：和搖滾之王的公主——貓王的女兒麗莎·瑪麗·普雷斯萊結婚。◀1981（13）

體育

網球界的女強人

⑬ 1982年，女子網球協會授予馬汀納·娜拉提洛娃世界最佳女子網球選手的稱號，這是一項她在4年黃金生涯中每年都得到的榮譽。1982年到1986年間，娜拉提洛娃連續贏得12項大滿貫賽的女子單打冠軍，並創令人難以置信的勝427場、負14場的記錄。

娜拉提洛娃恪守重量訓練、跑步訓練和特殊設計的食譜，爲女子網球帶來了前所未有的「雄風」。她的發球速度每小時145公里。到1992年，她已贏得158次冠軍，勝過任何男、女球員。她也把影響擴展到球場之外，成爲一名婦女運動和同性戀權利的支持者。

1975年之前，她只是捷克的一位公民，但經常奔赴西方和伊沃尼·古拉賈和克莉絲·艾芙特等網球名將比賽。在1975年率領捷克代表隊贏得第一次聯合會盃冠軍後，18歲的娜拉提洛娃不願意成爲冷戰中的一名小卒，因而投奔美國。1986年，她重返布拉格，帶領美國隊大勝捷克隊，贏得了該年度的聯合會盃。◀1976（9）

1982年娜拉提洛娃在溫布頓公開賽上獲得女子單打冠軍，這也使得她在這一賽事所取得的冠軍次數達到創紀錄的9次。

在姊妹親情中尋求力量

摘自《紫色姊妹花》，愛麗絲・沃克

愛麗絲・沃克1982年的小說《紫色姊妹花》以第二次世界大戰前的農業南方為背景，以一系列信件方式寫成，是一個長期受虐待的非洲裔女性薩麗寫給上帝，及和她的姐姐納蒂（一個住在非洲的傳教士）之間的通信。這部小說因其常用慣用語的文筆、對當地風土刻劃入微，及對人性的洞察而大受讚譽。故事以薩麗克服了性和種族上的壓迫（並與失去聯絡很久的納蒂團圓）而美滿地結束，它頌揚了一種沃克稱為「婦女主義」的黑人女性之力量和驕傲。然而，一些評論家卻指責作者加強了種族的固定成見，尤其是愛欺負人且具有色情狂傾向的黑人男性形象。但是此書譽多於貶，《紫色姊妹花》贏得了普立茲獎和美國書卷獎。作者說，這是對早先受到忽視的黑人女作家，例如佐拉・尼爾・赫斯頓的部分補償。在下面摘錄中，薩麗向納蒂描述了當她向——先生（薩麗對丈夫的稱呼）說要離開他時，他的反應。◀1921（9）▶1993（當年之音）

親愛的納蒂：

你也知道，哪裏有男人，哪裏就會有麻煩。這是一個很簡單的常識，就像我們這次在去曼非斯的路上，格雷迪好像是車裏的主宰，無論我們怎樣換座位，他總想坐在斯奎克旁邊。

當我和莎格在睡覺而他在駕駛的時候，他就告訴斯奎克他在田納西州北曼非斯的生活情況。他嘮嘮叨叨，一次又一次談論俱樂部、服裝和49種啤酒的牌子時，我根本無法入睡。他談了這麼多關於喝酒的事，讓我很想小便。於是我們只好找到一條通往灌木叢的公路去方便一下。先生——努力地讓他自己看起來並不在乎我的離去。

「你會回來的」他說。北方並沒有你這種小人物可以容身之所。莎格有才華，他說。她會唱歌，她有膽量，他說。她能與任何人交談。莎格很漂亮，他說。她能嶄露頭角，引人注目。但是你有什麼呢？你很醜。你瘦得皮包骨頭。你的體型很滑稽。你還害怕張嘴與別人說話。你在曼非斯所適合做的就只是當莎格的女僕。給她端便盆，給她做飯。你菜也做得不好。這幢房子在我第一任妻子死後就從沒乾淨過。並且也沒有人瘋到或傻到想娶你的地步。你能幹什麼呢？去一個農場上幹活兒嗎？他笑著說。或許有人會讓你在鐵道上工作的。

還有我的信嗎？我問。

他說，什麼？

你聽到了我的話，我說。有納蒂來的信嗎？

作者愛麗絲・沃克攝於1992年，一位評論家說：「她的文章自然不造作，就像一面鏡子，裏面包含著她想要你看的任何東西。」《紫色姊妹花》是她的第3本小說，於1985年拍成電影，導演是史蒂芬・史匹柏，琥碧・戈珀飾演薩麗，這個角色是根據作者曾祖母所撰寫。

就算有信，他說，我也不會給你的。你們倆沆瀣一氣，他說。男人想對你們好，你們就對他不屑一顧。

我咀咒你，我說。

那是什麼意思？他問道。

我說，直到你好好待我之前，你所碰到的一切都將毀滅。

他笑了。你以為你是誰？他說。

你根本無法咀咒任何人。看看你自己的模樣。你又黑、又膽小、又難看，而且還是個女人。該死的，他說，你真是一無是處。

直到你好好待我，我說，在此之前甚至是你夢想的東西都將化成泡影。我直言不諱地對他說，就像這些話浮現我心頭一樣，而這些話彷彿是從樹上掉到我心中的一樣。

誰曾聽到這樣的事？先生表示。

你可能被修理得不夠？

你每次揍我將得到雙倍於此的痛苦，我說。然後我又說，你最好給我閉嘴，因為我告訴你的一切不僅僅是我的話。看起來好像我一張嘴，空氣就衝進來形成每一句話。

狗屎！他說。我該把你關起來，在你幹活時才放你出來。

你為我設計的監獄也正是你的葬身之地，我說。

莎格來到我們談話的地方。她瞥了一下我的臉，叫了一聲「薩麗！」然後她轉向——先生。不要說了！阿爾伯特！她說，不要再說了。你只是在和你自己過不去罷了。

我要好好修理她！——先生說，並向我撲過來。

一個灰塵形成的惡魔在我們之間的過道上飛了起來，並在我的嘴裏塞滿泥土。

泥土說，你對我所做的一切，你已經承受。

然後我感覺到莎格在搖我。「薩麗」，她叫著。然後我醒了。

我膽小，我很黑，我很難看，我不會做飯，一個聲音對靜靜聆聽著的一切在說話。但是我在這裏。

阿門，莎格說。阿門。阿門。

「在黎巴嫩和格瑞那達發生的事件……是緊密相關的。莫斯科不僅在這兩國中協助並鼓動暴力，還透過代理人和恐怖分子提供直接的援助。」

—— 雷根，1983年10月27日

年度焦點

美國入侵格瑞那達

古巴之外，在加勒比地區首次實踐的共產主義，1983年在腥風血雨中宣告結束。4年前，格瑞那達革命就已開始。當時，腐敗、殘酷且迷戀飛碟的埃里克·加里總理被一個武裝政黨的「新寶石運動」推翻。格瑞那達人民大都歡迎新寶石運動派的莫里斯·畢曉普成為新總理。此人在倫敦受教育，頗具政治魅力。當這個受援於古巴、蘇聯集團和激進阿拉伯國家的政權著手進行一項宏大的國內建設計畫時（最引人注目的項目是一座現代化的機場），

在格瑞納達聖喬治的一名美國海軍陸戰隊員和一名被俘的格瑞那達士兵。雷根政府對這一地區隱含的信念為：無馬克斯主義。

人們都為之歡呼雀躍。使非馬克斯主義者感到欣慰的是，新寶石運動把絕大部分經濟權留在私人手中。然而，政府對批評的壓制日緊，及其在行政、金融等方面的無能仍使許多人深感不安。

1983年10月，畢曉普和前任副總理伯納德·柯爾德進行權力爭鬥，畢曉普因而下台並被捕。約10萬的格瑞那達人（該國10%的人口）集會支援畢曉普，他重獲自由並領導追隨者包圍軍隊的總司令部，但連他在內好幾十人卻遭殺害。柯爾德派隨即宣佈戒嚴。

這場動亂使美國總統隆納德·雷根有機會贏得冷戰的勝利，並且使他在最近蒙受貝魯特恥辱之後重獲軍事上的聲望。（就在兩天前，241名美國海軍陸戰隊員在一起美國軍事設施汽車爆炸事件中死亡）很久以來雷根就聲稱格瑞那達的機場是為蘇聯戰鬥機而建的。在保守的加勒比國家呼籲之下，雷根總統以島上一千名美國人正面臨危險為由（大部分是醫科學生），對格瑞那達發動進攻。美國這支6千人的部隊幾乎沒遭到格瑞那達為數1500人的軍隊或「新寶石運動」的800名古巴援助者的抵抗，這些援助者絕大多數是建築工人（這與美國的指控相反）。

儘管這一次行動的傷亡很少（共58人），但因觸犯國際法而遭到廣泛譴責。但是對於普遍贊同「革命」過時的大多數格瑞那達人來說，這倒是他們所樂見的。1984年12月，赫伯特·布萊茲再度當選為總理。他在格瑞那達還是英國殖民地的60年代曾擔任過總理（格瑞那達於1974年獲得完全獨立）。布萊茲上任之後不久，美國佔領軍就從格瑞那達撤離了。

◀1961（5）▶1983（3）

菲律賓

馬可仕的頭號宿敵遇害

當貝尼奧·艾奎諾於1983年8月返回菲律賓時，他已明白自己有被暗殺的危險。自由派的艾奎諾出身顯赫且頗具政治魅力，這位50歲的前任議員在總統斐迪南·馬可仕於1972年宣佈戒嚴前就已是其主要敵手。深受反對黨領袖擁戴的艾奎諾後來由於一項莫須有的指控而被判處死刑。但是，馬可仕總統總不願使他的勁敵因此成為烈士，於是讓艾奎諾在1980年赴美進行心臟手術。在哈佛大學及其他地方做了3年政治研究後，艾奎諾決定碰碰運氣。他不顧朋友及敵人的忠告（包括馬可仕本人，他曾警告艾奎諾要當心來自政治宿敵的致命危險），登上飛往馬尼拉的班機。然而剛步下飛機，他就遇刺身亡。

儘管兇嫌是個無足輕重的歹徒，立即被指派來保衛艾奎諾的士兵們擊斃，馬可仕本人雖然譴責這次謀殺「窮凶極惡且令人髮指」，但大多數菲律賓人都相信有高級軍官和政府官員在幕後操縱。兩年之後，一項司法調查證明這種猜想是正確的。70年代中期以來，由於政府的壓制及因腐敗、管理不當、日益增加的外債、主要出口產品（糖和椰油）價格下跌等對經濟造成的影響，人們對馬可仕政權失望日深。而1978年國會選舉中的舞弊則進一步激化了民眾的憤怒。當馬可

艾奎諾（圖中心）和刺客陳屍於馬尼拉國際機場的跑道。

仕於1981年宣佈解除戒嚴令但仍保持他的獨裁政權時，已有更多上層階級菲律賓人加入反對派。

艾奎諾之死觸發了一次前所未有的抗議活動。當騷亂在全國各地蔓延開來時，舊的反對派系相繼聯合起來，而新的團體也不斷湧現。

艾奎諾的目標是在獨裁和共產主義革命之外提供另一種選擇。他的遇害使得他的民主夢想得以實現。

◀1973（10）▶1986（3）

中東

黎巴嫩悲歌

到1983年，入侵黎巴嫩的以色列雖然已把巴解組織驅逐出貝魯特，但仍無法將巴勒斯坦游擊隊趕出東黎巴嫩具有戰略地位的貝卡谷地。隨著時間的推移，災難性的後果陸續浮現。首次的打擊在2月降臨，當時，以色列的一個司

美國海軍陸戰隊員在挖掘被炸毀的司令部瓦礫堆。「自從越戰以來我還未見過這樣的大屠殺。」一個軍官說。

法委員會指控國防部長阿里爾·夏隆必須對日前發生於貝魯特內薩布拉和夏蒂拉巴勒斯坦難民營的大屠殺負「間接責任」，並迫使他下台。兩個月後，得到伊朗支持的回教聖戰組織用一輛裝有炸彈的卡車炸毀了美國駐貝魯特大使館，導致40人死亡。遇難的17名美國人包括中央情報局的中東問題高級專家及中央情報局貝魯特站站長。

這一事件促使美國國務卿喬治·舒茲飛往貝魯特，並居中安排簽署了一項協議，同意在黎南給予以色列一段安全地帶，以交換以色列撤軍。儘管巴解組織和敘利亞（敘利亞在黎巴嫩仍有4萬名駐軍）反對這項協議，不斷高漲的公眾輿論壓力仍迫使以色列於9月份開始撤軍。以色列總理梅納赫姆·比金因沮喪和健康狀況不佳而辭職，繼任者為同樣崇尚軍國主義的伊札克·夏米爾。

以色列撤軍使得5千名駐紮在貝魯特的多國維持和平部隊處於極端危險之中。敘利亞支持的德魯茲

1983

藝術與文化 書籍：《斑鳩菊》威廉·甘迺迪；《史坦利和女人》金斯利·艾米斯；《解剖課》菲利普·羅斯；《麥可的生活和時代》科爾特齊；《摩登時代》保羅·約翰遜；《越南：一部歷史》史坦利·卡諾 音樂：《激盪人心》麥可·傑克遜；《你的每一次呼吸》；警察合唱團；《一個無辜的人》比利·喬，LP；《夜色更濃》

「生態危機是整個世界徹底工業化的最終結果，就如同把一顆炸彈放在冰山頂上一樣。」

—— 魯道夫·巴赫羅，一名西德綠黨成員

民兵開始轟炸由1500名海軍陸戰隊員組成的美國分遣隊，美國戰艦也回擊德魯茲民兵。美國人因而擔心黎巴嫩會成為另一個越南。10月，回教基本教義派人士用汽車炸彈同時襲擊了美軍司令部和一個法國兵營，58名法國軍人和214名美國軍人遇難。

為維持尊嚴，維持和平部隊直至1984年2月才撤離。3月，敘利亞總統哈菲茲·阿塞德勸說黎巴嫩的阿明·賈梅耶停止與以色列的協議。無論如何，以色列仍逐步撤離。1985年中期，絕大多數以色列軍隊均已離開，只留下黎巴嫩的各武裝派系自相殘殺。◀1982（2）▶1989（6）

冷戰
飛彈擊落007班機

4 1983年8月31日清晨，大韓航空的007班機自紐約飛往南韓漢城，途中在阿拉斯加的安克治稍作停留。一個半小時後，這架波音747載著機上269名乘客重新起飛，開始此次夜間飛行任務中的最後一段航程。飛機離開安克治5小時之後，一架蘇聯戰鬥機在敏感的蘇聯軍事區薩哈林島上空將它擊落，機上所有乘客遇難，其中包括美國國會議員拉里·麥克唐納。除此之外，其他情況都還不清楚。

雷根總統立即對這次「對無辜乘客的謀殺」加以譴責。但是，這架飛機為何誤入美國及日本情報機構長期監視的蘇聯領空，美國方面一直沒提出令人滿意的解釋。蘇聯對自己的殘酷行為也無法自圓其說。起初，蘇聯官員否認他們知曉這次攻擊；繼而又說他們在開火前多次試圖以無線電與大韓航空的007班機聯繫（這種說法在1992年蘇聯交出班機飛行記錄「黑盒子」時被推翻。在此之前，他們一直否認找到了「黑盒子」。然而，蘇聯的記錄顯示，蘇聯軍方負責人確實沒有意識到這架飛機是一架民航客機）。最後，他們辯稱有權擊落任何入侵的飛機，而且，他們並未對此事道歉。

1993年，俄國海員為死者的親朋好友掘開了007班機遇難者的葬身之所。

007班機飛的是一條不合法的航線，依次經過堪察加半島（另一軍事區）、鄂霍次克海（蘇聯遠東艦隊的駐地）和庫頁島。基於考慮到這一飛行區域的重大戰略價值、美國情報局的不良記錄和沒人能提出任何確定的解釋，因此有些人甚至懷疑這架失事飛機是在進行一次間諜活動。總之，殘酷的事實是：007班機上的269名遇難者都是在空中被炸身亡的。◀1960（5）▶1985（1）

西德
綠黨進入國會

5 雷根進行軍事建設導致了一個意料之外的影響，亦即由反核人士、環保人士和女權運動者組成的「反黨派」政黨組織（綠黨）會進入西德平靜的聯邦眾議院。綠黨人士在1983年3月的選舉中獲得5.6%的選票後，高播非洲大鼓，身穿斜紋棉布，帶著綠色植物，大步踏進議院，坐上所取得的27個國會席位。他們的就職喧賓奪主，搶走了新任總理（保守的基督教民主黨主席赫爾穆特·柯爾）的鏡頭。

綠黨成立於1979年，這年北大西洋公約組織投票決定在歐洲部署中程的潘興2號飛彈和巡弋飛彈，以反制蘇聯瞄準西方的SS-20飛彈。在1981年時綠黨脫穎而出，當時美國新任總統宣稱美國將開始製造中子彈。數百萬的歐洲人擔心華府在他們的土地上進行核戰，因而參加了各種遊行示威。這些示威活動是由一些諸如丹麥婦女和平組織、大不列顛擁護核子裁軍運動及以比利時為基地的國際天主教和基督教和平團體等所組織的。在西德，約250個地方組織聯合起來組成綠黨，並且很快就贏得地方上的各項選舉。

在進入聯邦眾議院4年後，綠黨的選票增加到了8.3%。那時，整個歐洲都出現類似的政黨。但是，儘管創始人之一佩特拉·凱莉年輕、熱情又能幹（一名美國軍官的德國繼女），這一無政府主義組織還是因領導階層刻意出缺及派系鬥爭（務實的羅諾派和頑固的範迪派的分裂）而衰落。綠黨反對德國統一（除非兩個德國都採納他們的政策）的做法也產生了一定的破壞性，他們在1990年的選舉中失去了所有的席次。兩年後，凱莉被她的西德退役將軍情人殺死，而這位將軍隨後也自戕身亡。◀1977（3）▶1986（9）

歐洲反核團體促使類似綠黨的「反黨派」政黨崛起。圖為巴黎的一位反核示威者。

逝世名人錄

雷蒙德·阿龍 法國社會學家

喬治·巴蘭欽
俄裔美國舞蹈編導和芭蕾舞者

喬治·比多 法國政治領袖

尤比·布萊克
美國音樂家和作曲家

保羅·「熊」·布萊恩
美式足球教練

路易·布紐爾 西班牙電影導演

凱倫·卡本特 美國歌手

特倫斯·庫克 美國樞機主教

張大千 中國畫家

江文也 中國作曲家

錢思亮 中國學者

喬治·寇克 美國電影導演

傑克·登普西 美國拳擊手

林恩·芳婷 英裔美國演員

巴克敏斯特·富勒 美國發明家

艾拉·蓋許文 美國抒情詩人

阿瑟·戈弗雷 美國職業表演家

阿瑟·凱斯勒
匈牙利裔英國作家

利奧波德三世 比利時國王

瓊·米羅 西班牙畫家

大衛·尼文 英裔美國演員

尼古拉伊·波德戈爾內
蘇聯政治家

拉爾夫·理查森 英國演員

葛麗莉亞·斯旺森 美國演員

翁貝托二世 義大利國王

巴爾薩澤·約翰尼斯·伏斯特
南非政治領袖

穆迪·沃特斯
美國音樂家、歌手

田納西·威廉斯 美國劇作家

1983

「我不關心它們是眞實的還是僞造的。它們如此無聊，毫無意義，眞或假又有什麼區別呢？」

—— 德國聯邦檔案館的漢斯‧布盧姆評論「希特勒日記」

1983年新事物

- 電腦滑鼠（蘋果公司）
- 攝錄放影機

- 雷射唱片（CD）
- 用多餘衣料做成的補丁玩具拼布娃娃出現
- 馬丁‧路德‧金恩的忌日被定爲聯邦假日

美國萬花筒

女太空人

太空人薩利‧賴德在6月18日登上太空梭「挑戰者號」，從愛德華空軍基地起飛，成爲第一名在太空中飛行的美國婦女。她曾是

名網球球員，後來改行攻讀天文物理學的博士學位。在這次爲期6天的太空飛行任務中，賴德是5名成員中的一員，她協助部署了兩顆人造衛星。◀1981（12）▶1986（2）

處於險境的國家

優化教育全國委員會發佈了一篇關於美國教育狀況的報告，內容寫道：「瀕臨險境之國」。該委員會認爲「庸碌之輩正逐漸增加」，並推薦一種強調科學和人文科學的新高中課程，此外還建議給學校教師加薪、延長學年上課時間及「更多的家庭作業」。▶1987（當年之音）

瓦特辭職

內政部長詹姆斯‧瓦特於10月被迫辭職。由於錯誤的判斷，使自己在政治上陷於不利之地。他把美國說成是「自由主義者和美國人」的國家，把環保人士跟共產主義者和納粹分子相提並論，令人最無法容忍的是，在提及他監督的一個委員會時居然說道：

大眾文化

希特勒日記的騙局

6 1983年，西德《星座》週刊以通欄標題和召開長達3小時記者會的方式，宣佈獲得了一份長期珍藏的阿道夫‧希特勒日記，鬧出一椿令現代新聞界尷尬萬分的烏龍事件。《星座》週刊的資深記者格爾德‧海德曼宣稱，歷經長達4年的全球搜尋，他找到希特勒的62卷手稿。據推測，這些手稿（將這位德國元首描繪成非常不喜歡戰爭並對猶太人很友好）是1945年從一架墜落的納粹飛機搶救出來的，從東德被送至一個瑞士銀行的保險箱。爲防止這些資料來源洩露，海德曼拒絕透露更多訊息。

迫切想得知詳情的歐洲雜誌界給《星座》週刊開出300萬美元的高價，以購買日記連載權，這條獨家新聞在全球都上了頭版頭條。然而，即使是在記者會上也有麻煩：一位寫希特勒傳記的作家高嚷日記是假的，當場被警衛拉了出去；先前宣佈日記是眞實的著名歷史學家休‧特雷弗‧羅珀也開始變卦。各地專家或支持或反對，紛紛表態；各種描寫海德曼同情納粹及欺騙成性的文章也陸續出籠。在《星座》週刊編輯們的堅持下，管理部門才將日記樣品送至聯邦檔案館進行檢驗。但是主編彼得‧科霍卻在美國

電視螢幕上揮舞著兩卷日記，叫嚷說只有那些無能的學者和忌妒的出版商才會懷疑它們的眞實性。

在《星座》週刊刊出日記的第一期連載後，檔案分析員們對希特勒的日記作出了他們的判斷：「荒誕不經」的贗品。筆跡不符，日記本裏含有聚酯成分（而這種物質是第二次世界大戰結束後才生產出來的），這些日記大部分是從一本1962年出版的書中抄襲來的。在長時間的含糊其詞後，海德曼終於承認這些日記是他用《星座》週刊的400萬美元從一位對筆跡略知一二的納粹紀念品交易商手中買來的。那位交易商認罪並因此鋃鐺入獄；海德曼則被解雇並吃上官司，科霍和另一位主編辭職；幾家頗受推崇的定期刊物也因此形象大受損害。

◀1972（邊欄）

美國

新都市疾病

7 早在1983年，第一夫人南茜‧雷根呼籲美國青年戒除毒品時，一種有史以來最易令人上癮且危害極大的毒品「快克」就已出現在這個國家的街頭。快克是古柯鹼的一種，外型類似岩石，可吸食，是巴哈馬地區的一些毒品販者研製出來的（在任何一間廚房中都能輕易生產）。這就像顆專門敲碎

建築物的鐵球，給予美國沉重的一擊。沉溺快克和無家可歸使都市生活開始經歷一次可怕的、持久的大破壞。

廉價（一劑可能只需要3美元）、超效力及特別容易使人上癮，使得快克成爲一種危害至鉅的東西。人們對普通並且昂貴的古柯鹼上癮需要好幾個星期，而快克癮

美國城市遊民的狀況：一個男人在華盛頓特區中央公園的垃圾桶撿垃圾。

幾天內就能形成。與海洛因不同的是，快克常常使其使用者有攻擊性而且偏執。還有，快克的交易往往由一些揮舞自動武器的少年幫派所把持。一些血氣方剛的城市青年，由於往往沒有獲得正當經濟來源的機會，便成了當地經營毒品的地頭蛇。他們的顧客常常被迫偷竊或賣淫。當互相競爭的毒品幫派把附近的地方變爲戰鬥區時，雙方都有許多人死於非命。單單在紐約市，入獄人數在1986年到1988年之間就從1萬人增加到1萬8千人。因毒品影響導致的兒童虐待增加了二倍，謀殺率上升了10%。全國暴力犯罪的發生率在10年內上升了33%。

快克也加劇了遊民問題的嚴重性。吸毒者常常沈淪於街頭，而街頭遊民則常常沾染上毒品。然而，遊民是比濫用物品（包括酗酒）更爲嚴重的社會問題。一種全國性的「非機構化」潮流已使得幾十家國營精神病院的床位急遽減少或全面關閉。成千上萬的精神病人（絕大多數都沒有能力獨立生活）被趕到

這是一位德國漫畫家勾勒出的希特勒的日常生活。在最後一幅圖中，元首的手指向《星座》週刊的標識，建議讀者購買此雜誌以獲知更多詳情。

體育　棒球：世界大賽，巴爾的摩金鶯隊以4勝1負擊敗費城費城人隊　　美式足球：超級盃，華盛頓紅人隊以27:17擊敗邁阿密海豚隊　　籃球：NBA，費城七六人隊以4勝0負擊敗洛杉磯湖人隊　　冰上曲棍球：斯坦利盃，紐約島人隊以4:0擊敗艾德蒙呑油人隊（四連冠）　　田徑：瑪麗‧戴寇兒在世界田徑錦標賽中奪得1500公尺和3000公尺冠軍。

「把你們的妻子、孩子們和狗都叫醒……來慶祝澳大利亞體育運動史上最偉大的一天。」

——「澳大利亞2號」奪得美國盃後，一位澳大利亞電台播音員的評論

街頭上。而全國平價住宅的嚴重短缺，加上雷根主政時刪減了許多自詹森總統「大社會」時代以來就有的社會福利措施，更使得許多家庭流離失所，毫無「安全」可言。再者，由於以服務業為主的經濟不斷擴展，工業部門相對減縮，對於許多曾經在工廠裏享有優渥薪資的工人來說，失業或低薪工作已不可避免地成了一種長期狀況。80年代末期，在這個世界上最富有的國家裏，貧窮與犯罪已成為都市生活一大顯著的特徵。◀1965（邊欄）
▶1984（邊欄）

體育
澳大利亞勇奪美國盃

8 澳大利亞總理鮑伯·霍克在二次大戰結束以來國內最隆重的一次慶祝會上的開場白宣稱，「今天，哪個老闆因為職員不上班而炒人魷魚的話，他就是混蛋！」原因是澳大利亞奪得1983年美國盃遊艇賽冠軍，這項世界最頂級的遊艇大賽先前已由美國稱霸了132年之久。

美國盃並不是一直都屬於美國的。最初它被命名為「一百基尼盃」，是1851年英國皇家遊艇俱樂部為一次環繞威特島的競賽所提供的。一艘美國帆船「美國號」贏得了這一獎品，勝利者把它捐給紐約遊艇俱樂部，以便進行永久性的國際競賽。第一次挑戰是在1870年。在此後的24次錦標賽中，銀質獎盃一直拴在俱樂部的一張桌子上（部分原因是風靡一時的美國隊制定了這條規則並決定這種做法）。但是到1983年，曾於1974年第一次參賽的珀斯企業家阿蘭·邦德亮出了他們本國的祕密武器：「澳大利亞2號」，它那「倒三角翼」形狀的龍骨大大增加了船隻的靈活性、速度及平衡能力。儘管美國反對使用這種新式的船參賽，主辦單位卻認為這是符合比賽規則的。

「澳大利亞2號」克服了帆被撕破、設備損壞、起航太慢等種種困難，衝破波濤洶湧的海面返回了，但輸給美國的「自由號」（船

邦德（左一）、船長約翰·貝特朗（圖右）、和一名船員在把與美國領先的比分拉近到3比2（7場系列比賽中最好的一場）後登上「澳大利亞2號」離開羅得島的新港。

長為丹尼斯·康奈）2分。然而它最後在一次同分加賽中以4比3奪得冠軍。在白宮為雙方隊員舉行的頒獎儀式上，雷根總統警告勝利者：「不要把獎盃拴得太緊。」他確有先見之明，因為1987年美國又贏回該獎盃。◀1977（13）

外交
再會，聯合國教科文組織

9 當雷根於1983年12月宣佈他想使美國退出聯合國教科文組織的意圖時，他的兩項主要政治任務（削減社會開支和重申美國在不易掌控的第三世界國家中的權威）合而為一了。聯合國教科文組織是聯合國最大的機構之一，也是在各政府之間促進科學、教育和文化事業的唯一和主要的世界組織。但是在雷根看來，它那「錯誤的政策，偏頗的計畫，以及預算管理失當」已足以成為美國退出的理由。

聯合國教科文組織成立於1946年，旨在促進「對客觀真理不受限制的探求」和「思想知識的自由交流」。創始之初規模不大而且由西方所掌控。然而歷經數十年後，此組織擴展到吸收了幾十個剛擺脫殖民統治的國家時，它便開始提出一些導致西方國家和第三世界國家爭論的議題，如人權和裁減核子軍備問題。最令華府惱火的，也許是教科文組織對以色列的敵意及其對

「新世界資訊秩序」的認可，後者旨在透過對記者實行限制來加強對開發中國家的報導。

美國官員抱怨該組織「幾乎將每一主題都政治化！」事實上，教科文組織一直是政治性的，只是它的政治不再是美國的政治。美國還抨擊該組織日益膨脹的預算以及經費的80%都花在巴黎總部而非真正用於這個領域的相關事務上。教科文組織的代表反駁說該組織是一個資訊交流中心，不是一個就地發展的機構。

美國援引教科文組織的「對自由社會機構的地區性敵意」，退出了該組織。

抨擊教科文組織的國家都建議說，美國留下比退出更能達到改革的目的。西德認為美國的退出是「不可理解」的行為；西班牙則使用了「大發雷霆」一詞。但一年後，在強制的等候期結束時，美國仍然退出該組織，也停止每年佔教科文組織運作預算25%的4600萬美元捐助。一年後英國也效仿美國退出該組織。◀1946（2）

「我有一個黑人，一個女人，兩個猶太人和一個殘障者。」當瓦特的失言觸怒了公眾時，環保人士早已對他的土地政策極為反感。他鼓勵露天開採，建議開放美國僅存的原始森林用於軍事訓練和開礦，並把聯邦保留區以低利率租借給煤礦開採公司。

電腦駭客

8月21日，一群來自於密爾瓦基的年輕電腦專家（年齡分別在17歲至22歲）運用電腦科技闖入了美國20個最高電腦系統，其中包括十分機密的電腦系統：洛斯阿拉莫斯國家實驗室內管制嚴格的核子研究中心。◀1981（10）
▶1984（當年之音）

《浮華世界》復刊

《浮華世界》雜誌被埋葬了46年之後，於1983年3月推出了厚重的銅板印刷復刊號，自認為內容

清晰流暢，但書評家卻認為矛盾而紊亂。從1914年到它停刊的1936年這段期間，《浮華世界》是即將結束的爵士時代智慧和風格的大全，每月擁有將近10萬名的讀者。在科德·內斯特出版社耗資1000多萬美元將它重新出版後，立刻有60萬人在捐助表上簽名，成為這本新雜誌的贊助者。即使如此，它在長達11個月等待公眾認同的期間還是免不了危機四伏，一直到出版商們請出了30歲的英國編輯蒂娜·布朗為止。布朗使得《浮華世界》重新成為80年代高消費流行藝術（集名流崇拜、名利追求，以及容易推銷的紳士派頭之大成）的一本暢銷指南。

1983

「我去看電影，看到了一隻高達30英尺的巨犬。這隻巨犬完全是用燈光做成的。」

—— 安德森在《美國，1至4部分》中的台詞

環球浮世繪

克拉克西掌權

4月，義大利社會黨領袖貝蒂諾·克拉克西退出了基督教民主黨主導的聯合政府，加速了這個政府的垮台。在隨後進行的大選中，克拉克西被推舉出來組織新的聯合政府，因而成為義大利第一位社會主義派總理。作為一位政治改革家，克拉克西將他的政黨和共產主義者疏遠開來，支持美國的外交政策，並且實行一項控制通貨膨脹的緊縮貨幣政策，還取消了天主教的國教地位。
◀ 1976（14）▶ 1994（邊欄）

阿根廷實行文人統治

在實行了8年的軍事統治之後（在此期間政府殺害了成千上萬的異議分子），阿根廷民選總統走馬上任了。10月時，軍事政府因福克蘭群島戰爭失利而垮台後，溫和派的勞爾·阿方辛當選為總統，上任後他積極致力於起訴違反人權的軍事領袖和削減阿根廷的巨額外債。◀ 1982（1）
▶ 1989（8）

賽普勒斯分裂

1983年土裔賽普勒斯人宣佈自行實行種族隔離的賽普勒斯獨立出來。這個地中海島國自1974年以來一直分裂為土耳其區和希臘區。希裔賽普勒斯人逃到南部，土裔賽普勒斯人則聚集在北部。但新宣佈獨立的北賽普勒斯共和國卻只得到了土耳其的承認。
◀ 1974（5）

新憲法，換湯不換藥

南非於1983年採用了新憲法，授予有色人種（混血兒）和印第

安人有限的代表選舉權，但並不包括黑人。所有的政治實權仍掌握在波塔總統維持種族隔離制度的國民黨手中。這種「改革」在這一世代中挑起了對種族隔離政策最強烈的反彈。◀ 1976（4）
▶ 1984（8）

戲劇

馬默特筆下的滑頭業務員

⑩ 大衛·馬默特的戲劇《格倫加里·格倫·羅斯》獲得了1983年的普立茲獎，劇中描寫的是一群狡詐、無情的房地產業務員。馬默特從商業低級的一面來構思這部令人激賞的戲劇。他也把詩歌作為一種口頭挑釁的武器。業務員富有節奏、粗鄙的台詞十分寫實，同時拘於形式有如念咒般。劇中所有人物都把語言當作一種具有魔力的武器，用來擊敗自己的競爭對手，報復剝奪他們尊嚴的制度，並向自己證明自己還活著。大眾必然會將此劇跟《推銷員之死》來作對比。但與阿瑟·米勒這部經典之作不同

在赴紐約之前先在倫敦國家劇院演出《格倫加里》。上圖是兩個業務員在談一筆暗盤交易。

的是：《格倫加里·格倫·羅斯》中沒有說教。馬默特的作品擺脫了多愁善感，結合自然的演說語調和極高的文學風格，更接近哈羅德·品特和薩繆爾·貝克特的風格。

馬默特是芝加哥人，當他從事臨時廚師、計程車司機和「不值錢」的房地產員（《格倫加里》的靈感之源）時，就在當地有一群崇拜者。他咄咄逼人的語言風格、皮夾克和大雪茄都成了當地的傳奇。1974年，在他27歲時，他的戲劇《芝加哥的性變態》並未在百老匯演出；一年後，他寫的《美國水牛》在百老匯上演，是關於一群經營劣質古幣交易的小無賴故事。《格倫加里》使馬默特一下子躋身美國在世的最出色劇作家行列。他很快就開始為好萊塢編寫劇本並導演《遊戲之家》（1987）。1992年，馬默特自己將《格倫加里》改編為電影劇本，並且獲得好評。
◀ 1962（10）

一個本地居民把被包圍的島嶼稱為「佩普托·比斯摩爾紙包」，另一些人則對此驚嘆。

藝術

克里斯托的無所不「包」

⑪ 1983年，藝術家克里斯托用一個單名和狂熱的方式完成他迄今最浩大的工作：用61公尺寬的粉紅螢光塑膠布把邁阿密比斯開灣的11個小島環繞起來。這位保加利亞移民（1935年出生時名為克里斯托·弗拉基米羅夫·傑瓦喬夫）把被包圍的小島描繪是「我對莫內《睡蓮》的演繹」。（《睡蓮》是法國印象派朦朧的油畫）。但對許多邁阿密人來說，這只是顆耗資350萬美元的眼中釘。如他所有的藝術品一樣，它也是曇花一現：兩週後，他和助手拆除了此工程，包括60萬平方公尺的塑膠布。

克里斯托這項艱鉅的工程引起媒體的大肆宣揚和各方不同的反應。之前，他曾把瑞士博物館包裹起來；用一塊巨大無比的幕布懸掛在科羅拉多峽谷上空；用布匹建了一道39公里的籬笆穿過加州農場到太平洋。他的崇拜者吹捧說他的作品使熟悉的景物帶有一種神祕感，並將曇花一現和永垂不朽這兩種風格結合在一起。反對者則說它們是「垃圾似的雕塑」，並對環境有害。

雖然他的計畫幾乎不下於軍事行動，但它們卻受制於一種無法預知、有時甚至是悲劇性的力量。1991年，在一項用到上千個重達227公斤重的雨傘工程中，有兩人便因意外事故喪生。◀ 1970（邊欄）

藝術

前衛流行藝術的崛起

⑫ 如克里斯托的雕塑品一樣，在80年代方興未艾的冒險藝術氛圍中興盛的表演藝術也變成一種混合媒介。它將戲劇、音樂、雕塑及倡導者選擇的任何東西混合在一起。這種形式從20年代的達達主義和60年代的「偶發藝術」發展而來，並繼承這些形式的力量來激發情感。1983年，剛嶄露頭角的表演藝術家勞麗·安德森（其古怪單曲《啊，超人》在英國流行歌曲排行榜上排名第二）成功地在名重一時的布魯克林音樂學院首演她偉大的前衛鉅作《美國，1至4部分》。

這場持續6小時的表演分兩個晚上進行，運用高科技表現對20世紀生活的思考，它融合格言式獨白（透過一些設備使她能用不同的聲音說出或以和弦伴奏唱來），又穿插影片片段、卡通片、幻燈片和一些樂器（從風笛到小提琴）伴奏。

安德森的口白大都是暗喻，而非清晰有力道。她的音樂儘管缺乏抽象派作品的複雜性（如「嚴肅派」作曲家菲利普·葛拉斯、史蒂夫·瑞奇和特里·賴利的作品），卻能把影像和聲音有力地結合在一起。評論家們說她是「電子音樂的卡桑德拉，指引出未來歌劇的道路」。◀ 1976（10）

勞麗·安德森翱翔在流行文化群眾的前端。

太空時代的防禦

摘自雷根總統1983年3月23日的一次全國電視演說

就在譴責蘇聯為「現代世界的邪惡中心」和「邪惡帝國」的兩週後，雷根總統在 1983年3月23日的全國電視演說中勾勒出一個國家防禦系統的計畫。他說這個計畫將使核子武器顯得「無能和過時」。總統建議製造一種能使美國免於蘇聯飛彈攻擊的核子武器屏障。儘管雷根並沒有加以命名，但他提出的以未來太空和陸地為基地的戰略防禦系統建議，很快便得到了「星戰」計畫之名。從最初人們就對這項計畫有爭議。有賴想像且尚待研究的技術，違反了美蘇1972年關於反彈道飛彈防禦系統的禁令，使北大西洋公約組織的盟國感到被遺棄；尤其使

許多評論家感到恐懼的是，它使軍備競賽升級到了最大限度。然而，此項計畫卻成了雷根政府的重點方案。全靠總統的推銷員手段，將隨意輕鬆的訴求（「這一預算不僅僅只是一長串數字」）和恫嚇威脅的技巧（「預算需求已減裁到了安全界限」）相結合，許多美國人才對「星戰」有了好感。在「邪惡帝國」解體兩年後的1993年，美國才放棄這一計畫。在此之前，美國政府已在此計畫上耗資300億美元。

◀1979（4） ▶1986（5）

美國的國防政策是建立在以下這個簡單的前提上：美國不會發動戰爭。我們永遠不會成為侵略者。我們保存自己的力量以便阻止和回擊侵略，以維護自由及和平。

自從原子彈時代開始以來，我們一直以維持強大嚇阻和尋求真正的軍備控制的方式來減少發生戰爭的危險。「嚇阻」簡單來說，就是使任何企圖進攻美國、

在演講前，雷根總統向新聞界出示蘇聯設置在古巴的飛彈照片。

我們盟國或我們重大利益的敵人，認定他所冒的危險比他可能所得要大得多。一旦明白這一點，他便不會進攻。我們用自己的力量來維持和平，軟弱只會招來侵略。

這種嚇阻戰略並沒有改變，它依舊有效，但是賴以嚇阻的東西則已經變了。舉例來說，當我們擁有比任何國家多得多的核子武器時，我們可以用一種軍事力量來阻止攻擊；當蘇聯擁有足夠精密和強大的核子武器來摧毀我們地面上幾乎所有的飛彈時，我們就必須用另一種軍事力量了。這並不是說蘇聯在計畫著對我們的戰爭，我也並不認為戰爭無法避免。但是我們必須承認的一點就是：我們的安全是建立在做好迎擊所有威脅的準備之上。

曾經有一段時間我們依靠海岸要塞及砲兵群，因為那時候的武器發展，使得任何攻擊只能從海上進行。現在的世界不一樣了，我們必須承認並意識到，在這個核子時代中其他國家也擁有這種武器，並以此作為國防建設的基礎。

我們無法相信我們永不受威脅。在我一生中已看到兩次世界大戰。雖然我們並未發動這二次戰爭，事實上，我們也盡力避免捲入其中。但是我們卻沒有作好充分準備，如果那時我們準備得好一點的話，也許戰爭就可避免。

削減國防預算根據的是一種巧妙而簡單的算術。這種論調和30年代導致民主黨忽視他們的國防，並招致第二次世界大戰悲劇的呼聲如出一轍。我們絕不能讓歷史的無情篇章因冷漠或忽略而重演……。

如果蘇聯願意和我們一起進行大規模裁軍，我們就可穩定核子平衡。然而，這依然有賴於報復的幽靈和相互威脅。這對人類

的現狀真是一種可悲的論斷！拯救生命難道不比報復生命更好嗎？難道我們真的不能運用能力和才智來實現對和平的渴望？我認為我們能做到。事實上，我們也必須做到。

在和顧問（包括參謀長聯席會議的所有成員）仔細討論後，我相信有一種辦法。讓我為你們解說光明的未來景象。我們實施一項計畫，用防禦性措施來對抗蘇聯可怕的飛彈威脅。讓我們求助科技的力量，正是這種力量使我們的工業基礎如此牢固，並帶來今天我們所享有的生活品質。

如果自由世界的人們，知道他們的安全並不是依賴美國為嚇阻蘇聯攻擊而採取立即報復的威脅上，而是基於可以在蘇聯戰略彈道飛彈到達我們或盟國的領土之前，就將其攔截並毀滅。那麼，一切又會是怎樣呢？

我知道這是一項艱巨的、技術性的任務，也許在本世紀末之前都無法完成的任務。然而，目前的科技已經達到精密的水準，這就使我們的起步合情合理了……。

在目前，美國的確擁有技術，能大幅提高我們傳統武器及非核子武器效能的科技。大膽地繼續發展新科技，我們就能減少蘇聯威脅進攻美國或其盟國的任何誘因……。

我很明白防禦系統有其局限性並會引起某些問題和含糊不清。如果和攻擊系統相較，它們可能被視為會助長侵略性的政策，但是沒有人願意這樣。由於心裏牢記著這些，因而我請求國內的科學界，那些給了我們核子武器的人們，現在將他們偉大的才智用於人類及世界和平的目標上，提供我們使核子武器廢棄無用的方法。

今晚……我將邁出重要的第一步。我將主導廣範而密集的努力來確定一項長期的研究發展計畫，由此開始實現我們的最終目標，那就是：消除戰略核子飛彈造成的威脅……。

親愛的同胞，今晚我們正在進行一項必將改變人類歷史進程的重大努力。未來必有風險，也需要時間，但我相信我們能辦到。當我們邁過這道門檻的時候，我請求你們的祈禱和支持。

「我以爲我已見識了一切，但這比戰爭還要殘酷。」

—— 蘇伯達‧博塞爾，一個在印度波帕爾的士兵

年度焦點

最致命的毒氣外洩

1 1984年12月3日的午夜，印度波帕爾一家化學工廠內，一團有毒的甲基異氰酸鹽氣體由一個45噸的殺蟲劑儲氣罐上不合格的閥門洩出。這家工廠的總公司是在美國的聯合碳化物公司，此地的經營則完全交給印度人。這種毒氣與一種烈性的催淚瓦斯非常相似，當致命的毒氣包圍這座城市時，數百名的受害者在床上窒息而死；其餘的人逃出家門，但茫茫夜

許多波帕爾事件的受害者只得到基本醫療處理而留下永久的殘疾。

色中，看不見的毒氣使他們雙目失明。上千人在接著幾天中陸續死去，他們受損的肺部裡滿是流體物質。一個目睹了牛在田野倒地斃命的倖存者說：「我以爲這是一場瘟疫。」一週之內，這次事故演變爲歷史上最嚴重的工業災難。大約2千人死於非命，另外2千多人最終也難逃死亡。還有20萬人受傷或患病，大多數是肺病、腎病、肝病或眼疾。

當印度盡全力處理這次的災難時，聯合碳化物公司也面對著百般責難和攻擊。職員們說，公司在波帕爾廠因陋就簡，許多措施在安全標準較高的美國都是非法的。儘管官員們否認這一點，記錄卻顯示這家工廠已出現過無數次事故。這座工廠與西維吉尼亞工廠類似，但設備的安全系統卻付之闕如。公司主席華倫‧安德森飛往印度察看損失狀況，立即因爲「過失和犯罪團體責任」而被逮捕（在冗長的談判後被保釋）。爲了使受害者得到150億美元的賠償，一些印度和美國律師提起訴訟。一位聯合碳化物公司的代表說：「這樣的事一旦發生，人們便開始處處看到美元的記號。」

在國際上，波帕爾災難被視爲現代社會主要困境之一的例證：技術是爲了提高地球上的生活品質而創造出來的，然而它也會危及生命。最後，聯合碳化物公司用4億7000萬美元解決了所有索賠的要求，每位波帕爾災難中的死難者平均得到約15萬美元的賠償。

◀1973（7）▶1986（1）

印度

甘地夫人遇刺身亡

2 英迪拉‧甘地統治印度近20年，緊密地將這世上人口最多的民主國家團結在一起。10月31日，這位連任4屆的總理在花園裏遭到突襲，被她的兩名侍衛連開數槍喪生，這個在種族和宗教上都很難駕馭的國家面臨失控的威脅。

甘地夫人儘管不像她的父親（現代印度的創立者賈瓦哈拉爾‧尼赫魯）那樣受到愛戴，但她也贏得了「印度之母」的稱號。這一方面是由於她的專制作風，一方面則因她對國外的敵對者和國內的分裂分子打擊不遺餘力。她在1971年的戰爭中，徹底打敗巴基斯坦，並且制止了旁遮普省的錫克教分裂主義和喀什米爾的回教徒動亂，捍衛了印度的統一。最後，她被自己以嚴厲手段對抗過的種族衝突所吞噬。她的遇刺是錫克教分裂主義者對她的報復：7月間，甘地夫人下令軍隊進入旁遮普阿木里查的金廟（錫克教徒的聖地及正在興起的恐怖運動總部）鎮壓錫克教分裂主義者。在阿木里查，450多名錫克教徒被殺。這裏也是1919年英國軍隊對印度人進行臭名昭著的大屠殺現場。

遇刺一事激起更可怕的流血衝突：憤怒的印度人對錫克人發動一場瘋狂的攻擊，毆打無辜的人，焚

甘地夫人的兒子和繼任者拉吉夫（左二）肅立一旁，目視甘地夫人在傳統的印度火葬堆上被火化。

燒無辜的家庭。事件發生後一週內，暴動者在德里附近殺害了5千多人，其他各地也有數千人遇害。

使印度恢復秩序的艱難工作落在甘地夫人長子拉吉夫‧甘地身上。其弟桑賈伊在1980年一次特技飛行的墜機事件中身亡（這是他母親無法忘懷的悲劇），拉吉夫遂成了甘地夫人唯一的繼承人。12月，

拉吉夫被選爲執政的國大黨領袖並成爲總理，賡續尼赫魯‧甘地自獨立後迄今30年的王朝。「她不僅是我的母親，也是全國的母親」拉吉夫這樣頌揚他的母親，並倡導和平。但和平卻難以捉摸，他也在1991年發生的一起暴力事件中身亡。◀1966（7）▶1991（邊欄）

尼加拉瓜

美國在港口佈雷

3 對尼加拉瓜人來說，美國對尼加拉瓜的最近一次干涉已不足爲奇。因爲他們的國家在20世紀中已遭受過美國人3次入侵。但4月中情局在尼加拉瓜的港口佈雷時，美國人自己卻發起激烈抗議。批評家指責說，佈雷行動不僅違反國際法，並在預算困境下浪費稅金。國會的反應是：取消對尼加拉瓜反革命游擊隊的援助。1981年以來，在與尼加拉瓜左派桑定政府的戰鬥中，他們一直接受雷根政府私下（但幾乎無法保密）的支援。

桑定陣線在1979年驅逐了獨裁者阿納斯塔西奧‧蘇慕沙‧德瓦伊萊後，奪得政權。起初，不結盟的新政權和華府之間關係不錯，也比之前的任何政府都要民主，發動掃盲和公共健康運動，並把大多數財產留在私人手裏。在卡特總統的主張下，1980年美國國會投票同意給尼加拉瓜7500萬美元的援助（西歐國家所給的援助更多）。但是蘇慕沙留下了15億美元的債務，而且內戰使全國至少五分之一的人無家可歸。於是桑定陣線與蘇聯達成了一項1億美元的貿易協定。然而，來自莫斯科和哈瓦那的援助（及薩爾瓦多法拉邦多-馬蒂國民解放陣線游擊隊的友誼）使桑定政府付出了昂貴的代價：雷根上任後，便開始武裝尼加拉瓜的反革命游擊隊。

雷根稱反革命游擊隊爲「自由戰士」。但其他人卻注意到，他們大多數由蘇慕沙的保守黨人所領導。人權團體則提出檔案證明他們綁架、虐待和謀殺健康的工人、教師和其他的政府雇員等種種罪行。在海灣佈雷事件被公開的同時，中

藝術與文化 **書籍：**《愛之良藥》路易斯‧厄德瑞克；《生命中不能承受之輕》米蘭‧昆德拉；《外交部長》阿里森‧盧里；《林肯》戈爾‧維達爾；《城市和國家財富》簡‧雅各布斯 **音樂：**《它與愛有什麼干系》萊爾和布里滕；《生於美國》布魯斯‧史普林斯汀，LP；《宛如處女》瑪丹娜，LP；《不折不扣的陌生人》皮

「自然永遠沒有被真正征服。人類反轉錄病毒及它們與人類細胞的
複雜關係只是這個事實的例證之一。」

—— 愛滋病研究員加洛博士

在科林托的重要港口，尼加拉瓜人把漁船
組裝起來掃雷。

情局用來訓練反革命游擊隊的一本
小冊子出現了。這本手冊解釋如何
殺害政府官員及破壞經濟。後來美
國國會切斷對反革命游擊隊的援
助，但骯髒的戰爭仍繼續進行：合
法的金錢來源遭禁，白宮遂開始將
非法出售武器的款項轉給反革命游
擊隊。◀1979（8）▶1985（5）

災難
饑餓的非洲

④ 在饑餓奪走撒哈拉沙漠以南
地區約30萬名非洲人性命的
10年之後（多數是衣索比亞人），
一場更嚴重的饑荒於1984年又捲土
重來開始折磨這塊大陸。儘管自
1950年以來，植物遺傳學和其他農
業技術方面（即所謂的綠色革命）
的發展，使全球的穀物產量增加一
倍多，但大部分非洲國家卻獲益甚
少。內戰、人口過剩、過度放牧、
濫伐森林（導致土地侵蝕和把糞肥
作為燃料而不是肥料）、政府不鼓

勵糧食生產（而較注意軍事建設、
工業、或經濟作物），國際經濟蕭
條、基礎設施缺乏以及缺少外匯購
買糧食，所有這些再加上一場持續
的乾旱，使成千上萬名非洲人死於
饑餓。

儘管有關饑荒的報導已出現好
幾個月，但是直到1984年下半年，
當電視觀眾每晚都在電視上看到饑
民的鏡頭時，這些報導才在全球各
地引起吶喊。北美、歐洲、大洋洲
各國政府及慈善機構捐贈了10億美
元。但真正引起大眾想像的卻是各
界名流的救濟措施。由鮑伯·格爾
道夫（一個名叫作新興城鎮老鼠的
新潮樂隊的領隊）將一群英國音樂
家組成「援助樂隊」，以一首單曲
《他們知道聖誕節到了嗎？》籌募
到數百萬捐款。次年，北美類似的
團體「援助非洲的美國」，以麥可·
傑克遜和利昂·里奇創作的《我們
是整個世界》這張明星雲集的唱
片，募得更多的錢。然後衛星實況
轉播把這兩個組織連接在一起，使
全球約18億人觀看了一場聲勢浩大
的洲際「慈善搖滾」特別節目，被
稱之為「救救人命」。這次演出大
約籌集了5000萬美元。

儘管這些籌款的努力十分驚
人，但對1985年6月前就餓死的
200萬饑民（其中一半是衣索比亞
人）來說卻太遲了。而在乾旱和全
球的注意力消退時，有更多的人死
於饑餓。而陰魂不散的饑荒一直至
90年代還繼續折磨著非洲大陸。
◀1967（6）▶1992（6）

醫學
關於愛滋病毒的爭論

⑤ 1984年4月，一位美國高級
醫療官員宣稱發現導致愛滋
病的病毒。就在幾天前，另一位美
國官員宣佈說，這
病毒在1983年就被
巴黎一個由呂克·
蒙塔尼耶博士（左
圖）領導的小組所
發現。法國人把這
種病毒叫作「LAV」（一種與淋巴
腺有關的病毒）。華盛頓全國癌症
協會的羅伯特·加洛博士領導的美
國研究小組則把他們發現的病毒叫
HTLV-3（人類T細胞淋巴性病
毒），因而掀起激烈的爭論。

蒙塔尼耶小組已把「LAV」從
一位巴黎愛滋病患的淋巴瘤中分
離，但無法培植足夠的「LAV」來
證明是它引起愛滋病。加洛成了媒
體焦點，他說愛滋病是由HTLV-1
引起，是他在1980年發現的反轉錄
病毒，會引發免疫系統T細胞的罕
見癌症。與其他生物不同，反轉錄
病毒使核糖核酸（RNA）的遺傳資
訊轉換到去氧核糖核酸（DNA），
而非用其他方法。這樣它們自身遺傳
藍圖就被複印入寄主細胞的去氧核
糖核酸中，成為反轉錄病毒工廠。

加洛的發現顯示，他的HTLV
變體幾乎與「LAV」一樣。因病毒
常發生突發，美國的愛滋病毒不可
能擁有與「LAV」如此相似的結
構。法國科學家下結論說，加洛
（他們與加洛交換病毒樣本）培養
了他們的病毒。但加洛堅稱，他使
用的是自己的病毒。當他得到一項
愛滋病的驗血專利而勝法國人一籌
時，他們便惡言相向。1987年，這
兩國政府所作出的聯合決定使兩個
小組之間的信任和忠誠走向分裂。

那時，科學家已同意將這種愛
滋病病毒稱為HIV（人類免疫缺乏
病毒）。但是對加洛的指控還繼
續。1991年，他承認在無意中使用
了法國的病毒。調查者下結論說兩
種病毒都被另一種病毒所污染，這
就解釋了疏忽的情況及相似的原
因。◀1981（1）▶1985（12）

1985年7月的「救救人命」音樂會吸引10萬歌迷到費城的甘迺迪體育場；另外在倫敦
則有7萬2千人參加了這次音樂會。這次活動籌募到5000萬美元的捐款。

埃爾·布萊　繪畫與雕塑：《離開埃及》安塞爾姆·基弗；《第三部分》布賴思·馬登；《格里諾》尚-米契爾·巴斯克亞特　電影：《阿瑪迪斯》米洛斯·福曼；
《巴黎，德州》韋姆·溫德斯；《印度之旅》大衛·連　戲劇：《騷動》大衛·拉伯；《外國人》拉里·舒伊；《行善者》麥可·弗雷恩；《星光號快車》洛伊·韋
伯·斯蒂爾哥；《和喬治在公園度過的周日》桑德海姆、拉皮內　電視：《天才老爹》；《邁阿密風雲》。

「香港的現行社會和經濟制度將保持不變，生活方式也一樣。」

—— 中英關於香港問題的聯合聲明

1984年新事物

- 石洗布牛仔褲
- 百萬位元記憶晶片（貝爾實驗室）
- 橫越大西洋的單人熱汽球飛行（喬·紀汀吉，從緬因州的卡里布飛到義大利的沙弗納）
- 狒狒的心臟被移植給人類的嬰兒（「費伊嬰兒」死於15天之後）

- 一個主要政黨的美國副總統女性候選人競選（民主黨代表傑拉爾丁·費拉羅，競選夥伴為沃爾特·孟岱爾）

美國萬花筒

紫色王子

身材矮小的爵士搖滾音樂王子（原名是羅傑斯·納爾遜王子）在1984年因《紫雨》專輯而名噪一時。這張唱片（包括主打歌

《當鴿子哭泣時》和《讓我們一起瘋狂》）和這位被紫羅蘭覆蓋的明星所主演的同名MTV一起發片。這位在他第一張唱片中彈奏所有樂器的怪異王子，在他的歌中將宗教意象和性愛意象融合在一起。他隨時有保鏢護駕，後來又以符號取代自己的名字。

銀幕上的阿諾

影片《魔鬼終結者》給動作片樹立了一個新標準。這部影片由詹姆斯·卡麥隆導演，阿諾·史瓦辛格在影片中飾演一個在太空中旅行的機械殺手。影片中充滿了暴力和殘忍行為，是好萊塢以後的巨片例如《終極警探第三集》、《魔鬼終結者2》的典範。不過，它的成本相對較低。1991年的續集依舊由那時已是巨星的史瓦辛格主演，不同的是他這次扮演的是英雄好漢。

◀1982（9）

蘇聯管線工人安裝高爾基地區的最後一部分管線。

科技

蘇聯管線的衝擊

6 1984年1月，法國成為透過世界上最長的管線接收蘇聯天然氣的第一位顧客。這條管線從西伯利亞天然氣田延伸4506公里，直到捷克的邊界，在這裏它與供應西歐天然氣的網狀系統連為一體。它是一項具紀念性的浩大工程，也是一次重要的政治事件。美國對這項工程的反對（曾一度企圖阻止建設）疏遠了它的歐洲盟國。

兩年前，美國總統雷根強迫美國各公司取消一切有利可圖的合約，這些合約是供應給蘇聯耗資100億美元的管線工程零件。然後他又試圖使西歐實施禁運。但是嚴重的失業使管線合約成為久旱甘霖。並且，許多歐洲國家已簽訂了接受蘇聯廉價天然氣的協議。當盟國一致拒絕實施制裁時，華府便對那些在美國立案的歐洲公司實施了禁運。

歐洲的領袖怒不可抑，法國貿易部長說這是偽君子行為，指出由於美國農人不喜歡卡特的穀物禁運，雷根就加以解除。雷根嘗試許多策略，開始他說管線工程會使西歐在能源方面依賴蘇聯，這是很危險的。而後他又說天然氣買賣會給莫斯科帶來太多強勢貨幣，並用以購買武器。最後，他把制裁與波蘭團結工聯遭壓制聯繫在一起。然而，這些都起不了作用。1982年11月，他不得不解除了禁運。

蘇聯宣稱它已提前完成管線工程，但西方專家懷疑到達法國的第一批天然氣是從西伯利亞來的真實性。諷刺的是，到1984年，世界石油價格大跌，因而減少了對蘇聯天然氣的需求，訂貨量也大幅縮減。

◀1977（邊欄）

外交

一國兩制

7 1984年，中英雙方的政府官員在歷經兩年的談判之後，制定了一個解決「香港問題」的非正式架構：香港作為英國殖民地及一個位於中華人民共和國邊緣的資本主義堡壘，將在1997年完全歸還給中國。

根據這種「一國兩制」的獨特方案，中國將把這片土地作為一個特別行政區來統治，至少保留50年準民主的法律、英文及自由放任經濟，香港則幫助龐大的中國致富作為回報。

英國在1842年第一次鴉片戰爭後就獲得了這3塊殖民地中的一塊，即香港島。18年之後，英國通過第二次鴉片戰爭又得到了位於中國大陸的九龍半島。最後的一塊土地：新界，佔整個殖民地土地的94%，它是英國在1898年強迫軟弱的中國清政府簽訂協議，同意租借給英國99年。在香港走向繁榮的時候，它成了此後幾任中國政府貿易及貸款的來源。儘管國民黨及後來的共產主義者在原則上都要求主權，但他們卻願意讓這塊殖民地繼續留在英國手中。然而到了70年代，離新界的租期屆滿越來越近的時候，香港的投資者無法在香港做長期的生意了。中國的領導人明確地宣佈不再續訂租約，而沒有了新界，香港也小得無法生存。

「一國兩制」是使雙方都能感

到滿意的折衷方案。但是在1989年的北京天安門事件（對國內民運人士的血腥鎮壓）之後，香港600萬居民中的許多人開始擔心，中共可能不會履行其對自由的承諾。

◀1980（10）▶1989（4）

南非

屠圖主教獲諾貝爾和平獎

8 德斯蒙德·屠圖，南非聖公會教堂的第一位黑人主教，以他獨特的神態，帶了40名客人前往奧斯陸領取1984年的諾貝爾和平獎。屠圖說，和平獎屬於水深火熱之中的南非人民。

當波塔總統告訴屠圖政治和宗教不能合一的時候，這位諾貝爾獎得主引用了《聖經》中30個政教合一的例子。

屠圖利用自己的講壇將南非種族隔離的狀況公諸於世，他不僅譴責南非的白人統治者，而且還譴責那些不對南非實施制裁的國家。他對雷根總統的「建設性承諾」政策尤感憤怒。他警告說：「黑人將會牢記，華府勾結並支持一個自納粹之後實行最邪惡制度的政權。」在獲得諾貝爾獎之後不久，屠圖成為

資本主義的領地：香港商業區夜景。

體育 **棒球**：世界大賽，底特律老虎隊以4勝1負擊敗聖地牙哥教士隊 **奧林匹克運動會**：在薩拉耶佛和洛杉磯舉行（瓊·貝努瓦以2分24秒52的成績奪得第一次女奧林匹克馬拉松賽的冠軍） **美式足球**：超級盃，洛杉磯突擊者隊以38:9擊敗華盛頓紅人隊 **籃球**：NBA，波士頓塞爾提克隊以4勝3負擊敗洛杉磯湖人隊。

「在10年內，我保證所有的爭論都將被遺忘。金字塔將屹立在那兒，
法國人也將視其爲另一件法國經典之作。」

—— 埃米爾·畢亞斯尼，羅浮金字塔工程的主管

約翰尼斯堡的第一位黑人主教。兩年後，他被提升爲開普敦大主教，成爲整個南非聖公會教堂的領袖。

屠圖崛起之時，也是這個國家陷入史上最激烈的民族紛爭時期。1985年，南非總統波塔宣佈國家處於緊急狀態並把突擊隊派往黑人社區。同時，派系之間的暴力衝突導致黑人團體走向分裂。聯合民主陣線攻擊那些與政府合作的人。由曼戈勞圖·加查·布特萊齊（南非祖魯人的世襲領袖）建立的保守民族主義組織「因卡塔」成員，與多年來領導反對種族隔離的好戰團體「非洲民族議會」發生衝突。屠圖譴責一切種族暴力。然而，他卻公開支持非法並主張武裝叛亂的非洲民族議會。無論在南非之內還是之外，他的直言不諱都得罪許多人，但是他那顯要的高職及公認的正直卻賦予了他無庸置疑的道德權威。
◀1983（邊欄）▶1985（3）

建築
巴黎金字塔

9 1984年當著名的華裔美國建築師貝聿銘爲巴黎羅浮宮的增建提出藍圖時，在法國引發了一場兩極化的爭論。67歲的貝聿銘在1964年因設計波士頓的約翰·甘迺迪紀念館而出名。他計畫建造一座高21公尺的玻璃金字塔，兼作天窗以及羅浮宮地下設施的閃亮入口處。評論家說，貝的設計更適合埃及而不是巴黎。此外，他們還認爲，他無權擅改法國最神聖的殿堂。密特朗總統因爲同意此項設計而遭受特別的譴責。

然而當貝開始著手時，他設計的純淨風格及對幾何學的推崇（一種典型的法國式激情）卻將金字塔之戰扭轉爲對自己有利的局勢。儘管羅浮宮是貝在歐洲的第一個工程，但他十分了解博物館：由於1978年他爲華盛頓國家藝廊設計的三角形「東翼」強而有力，博得羅浮委員會的青睞。

金字塔於1989年開放，恰巧是艾菲爾鐵塔的興建發生類似爭議的一個世紀之後。大多數參觀者爲輝

貝的金字塔於1989年開放，被視爲建築界的經典之作。

煌的玻璃鑲板所吸引，這些鑲板由一個纖細的金屬纜線框成鑽石狀。最大的一座金字塔（建在從前作爲停車場的一個中庭裏）被一些較小的、有如衛星般排列的金字塔所包圍。在它螺旋狀的樓梯下面有一些新設施，這些新設施的目的主要是使羅浮宮擺脫「世界上最沒有吸引力的大博物館之一」的批評。貝聿銘躋身爲本世紀創意建築家之一的地位也從而奠定。◀1977（11）▶1994（6）

音樂
饒舌歌（Rap）的興起

10 1984年，Run-D.M.C合唱團錄製的同名專輯成爲有史以來登上雙白金唱片（賣出50萬張）又在MTV音樂台上播出MTV的第一張饒舌歌專輯，由貧民區黑人和拉美青少年所創造的這種音樂也開始傳播到美國的其他地區。當其他的饒舌歌手追隨這個三人合唱團使他們成爲明星時，扭扭舞——將音樂、舞蹈、時尚及俚語融入饒舌歌的一種綜合表演，開始在全世界風靡一時。

饒舌歌是在70年代的紐約市誕生的。當時那些對平凡的迪斯可感到厭倦及被排斥在昂貴的舞廳俱樂部之外的年輕人，開始用許多台電唱機和混合的舞台來當DJ。他們把不同歌曲混合在一起，重複段落，把唱片來回旋轉以增加一些有節奏

的摩擦聲。一些狂妄的打油詩詩人在這種混合的音樂中念念有詞，諸如對罵的繞口令比賽是非裔美國人的傳統。展示敏捷的旋轉及跌地動作的霹靂舞反映出這種音樂的活力。一種扭扭舞風貌出現了：熱身服（之後是寬鬆的牛仔服）、反戴的帽子、重金屬首飾和時髦的運動鞋，鞋帶則漫不經心地散開。

隨後，饒舌歌從街道邁入了錄音室。1979年休格希爾樂隊灌錄了一首有創意的單曲《說唱快樂》。隨著像「巨星閃爍和憤怒的五人

Run-D.M.C.樂隊的饒舌歌手參加1986年紐約麥迪遜廣場公園舉行的一次反毒音樂會。

隊」的歌《消息》（1982年）紛紛問世後，這種音樂成了反貧窮、暴力和種族主義的講壇。饒舌歌歌詞的主要內容是吹噓或貶低，Run-D.M.C.則強調社會上激動人心的事，但他們的後繼者卻推出「匪徒」饒舌歌，敘述罪犯的男子氣概。無論那些反對饒舌歌的成年人們希望如何，饒舌歌始終維持不墜的流行狂熱：到了90年代，仍空前流行。◀1978（5）

總部在芝加哥的大陸伊利諾全國銀行暨信託公司在投資一連串失敗的工程（發展房地產、鑽探油井）後，欠了幾十億美元債務，因而向聯邦政府求援。7月26日，政府給予這個在掙扎求生的機構45億美元的空前擔保貸款，從而制止了一件自經濟大恐慌以來就未曾發生過的銀行擠兌事件。◀1980（13）

持槍殺人者潛逃
12月22日，在紐約市的一個地鐵站裏，表面溫順並戴著眼鏡的伯恩哈德·格茨拔槍射擊4名黑人青少年。在跳出列車、從火車通

道裏逃跑之前，他告訴乘務員說那幾名青少年想搶劫他。他的攻擊行爲使紐約的種族緊張狀態加劇（他是一名白人，受害者們說根本沒有激怒他，其中一名受害者因此終生癱瘓），對暴力的恐懼席捲了整座城市。格茨在13個法庭上受審，但是1987年的一個陪審團只將他定爲非法擁有武器罪，被判處一年徒刑，但只服了8個月的刑期。◀1983（7）

痛失后冠
在美國小姐選美大賽63年歷史中的第一位黑人冠軍凡妮莎·威廉斯，在7月23日的《閣樓》雜誌刊登出她的裸照（攝於她獲冠之前）後，放棄了后冠。活躍的威廉斯後來成了一名流行歌手和百老匯演員，並在演藝生涯中飛黃騰達。

1984

「虛擬實境是物質世界之後第一件全新的客觀事物。正如物質世界一樣，它是存在於人們之間的
第一個新領域，與物質世界不同的，只是它全然處於我們的控制之下。」
—— 拉尼爾，VPL研究所的創建者

環球浮世繪

契爾年科上任

72歲的康斯坦丁·契爾年科，曾是列昂尼德·布里茲涅夫的最高助手，也是他親手挑選的繼任者。在2月9日尤里·安德洛波夫去世後，他獲得領導蘇聯的機會。安德洛波夫是一個改革者，在他15個月的任期間試圖消除布里茲涅夫時期的腐敗現象和社會衰落。但契爾年科卻是一個老牌的保守主義者。最後他一病不起，在就任的13個月後逝世。

◀1982（3）▶1985（1）

恩科馬蒂協定

3月16日，南非與莫三比克簽訂恩科馬蒂協定，這是南非與非洲黑人國家簽訂的第一個協定。此協定禁止莫三比克向非洲民族議會提供資金，也禁止南非支援莫三比克民族抵抗運動（這個游擊

隊部分是由南非種族隔離政權所支持，見上圖）。直到90年代，莫三比克民族抵抗運動仍繼續從事恐怖活動和破壞經濟，因而引起人們懷疑南非是否背棄這一協定。◀1975（2）▶1985（3）

杜華特獲選

溫和派改革家何塞·拿破崙·杜華特在5月被選為因戰爭而創傷纍纍的薩爾瓦多總統。他在美國受教育，1980到1982年間一直與薩爾瓦多的文人-軍人聯合執政團對抗，並擊敗了極右派國民共和聯盟和敢死隊的領袖羅伯托·多布伊森。多布伊森指稱杜華特的後台是美國中央情報局，並稱選舉是一場騙局。杜華特為政府增添了某種民主威信的成分，主要是為確保美國不斷增加經濟援助，以進行對抗左派反叛者的戰爭。由於制度腐敗而導致政府無能，1989年杜華特被國民共和聯盟候選人阿爾弗雷多·克里斯蒂亞尼擊敗，並於次年死於癌症。◀1981（8）▶1987（2）

音樂

西班牙情人

11 到1984年，當哥倫比亞廣播公司所屬的唱片公司發行了胡立歐·伊格萊西亞斯的第一張英語專輯《空中樓閣》的時候，這位溫文爾雅的西班牙人已將世界上大多數地區變成了自己的舞台。40歲的他已銷售出用6種語言演唱的1億張唱片。《新聞週刊》將他稱之為「今日世界最受歡迎的歌星」；金氏世界紀錄稱他為唱片史上最暢銷的音樂藝術家。

謹慎地針對北美市場推出的《空中樓閣》，以「獻給我從前愛過的所有女孩」為主題。胡立歐與威利·納爾遜進行二重唱，並且與戴安娜·蘿絲、海灘男孩及波因特姐妹等同台演出。在唱片發行前數個月，便進行了一系列令人眼花繚亂、也使「胡立歐」家喻戶曉的宣傳活動，《空中樓閣》在5天內就賣出100多萬張。這顯示在美國被主流的搖滾樂極度漠視的，但流暢而又輕柔曼妙的歌曲還是大有聽眾的。胡立歐的風格受到地中海傳統（流行音樂和歌劇音樂）和維克·戴蒙、強尼·馬西斯和納京高這些美國先輩的影響極大。

可口可樂公司與胡立歐簽訂一項高利潤的促銷合約，證明他那輕描淡寫的迷人魅力（主要吸引30歲以上的婦女）也為唱片業之外的行業所認同。（競爭者百事可樂的代言人則是中性的年輕人麥可·傑克遜。）可以說，可口可樂擁有了一位自魯道夫·范倫鐵諾以來最有影響力的拉丁情人偶像。

◀1943（16）

一個上百萬婦女喜愛的聲音：胡立歐的演唱。

蓄長髮辮的夢想家拉尼爾在矽谷工作。

科技

一種新型的數位維度

12 1984年，「虛擬實境」的先驅者獲得了探索這個領域的工具。24歲的發明家雅倫·拉尼爾建立第一家生產包括頭戴式耳機、手套、衣服和軟體等系列產品的公司。這一系列產品使「電腦操作者」可以看到、聽到並與拉尼爾命名為「虛擬實境」（VR）的三維及數位模擬世界互動。「這是每個兒童的夢想」，拉尼爾談到這種技術時，如此說道。這種技術是在位於北加州高科技發展地區矽谷的VPL研究所發展出來。

早期的VR有卡通片式的意象，耳機有時會引起嘔吐或頭痛；但仍大有希望成為其狂熱者所聲稱的一切：一種革命、一種全新的媒介，超越傳統電腦科技二維空間的限制。1993年，一個記者這樣寫道：「十幾年來，我們一直透過稱作監視器的魚缸來看這電腦化的世界，虛擬實境邀請我們步入一個三維世界並探索我們周圍的道路。」

90年代初期，已有許多其他公司和研究機構加入了VPL研究的行列，航空公司和軍隊也已經開始使用VR飛行模擬器來訓練飛行員：在頭戴式耳機內部的小型液晶螢幕上投影出一個虛擬的座艙（觀看者頭部的擺動可改變其角度），手套則供使用者操縱虛擬的控制器。VR的遊戲和一些使人身歷其境的消遣性產品（如3D立體電影）也應運而生。一些人則預言（儘管拉尼爾說他們是「迷惑不清」而不予理會），「最安全的性關係」就是虛擬的性行為。◀1981（10）▶1984（當年之音）

思想

性哲學家

13 1984年，當米歇爾·傅科攀上法國當代傑出知識分子的頂峰時，出版了《對本性的關心》，這是他預計要寫的6冊《性慾歷史》中的第3部分。此書對古希臘和古羅馬到現代社會以來，關於性的態度、認知和倫理之間的關係進行一次檢驗，也是傅科最後一次的學術研究。在這卷書出版後不久，他便死於愛滋病，享年57歲。

傅科是著名的馬克斯主義哲學家路易斯·阿圖塞（曾因勒死髮妻而在法國學術界製造了一件醜聞）的門生，在1961年出版《瘋狂與文明》而走紅。該書描寫社會歷來對

諷刺畫中的傅科：受監禁的人。

精神病人的種種反應：壓迫、監禁，並將此作為一種藉由排斥而認識自我的方式。在後來的研究《戒律與懲罰》中，他認為監獄、醫院和學校如出一轍，因為它們都是為達成文明的主要目的：壓制。

傅科對於權力的那些頗具爭議的看法（受尼采極大的影響）使他轉入「性」這一主題。他相信，性行為的規定（即人體本身）是個人最基本的社會控制經驗。在歷史上，這樣的結構使西方社會形成了「身分」這種概念。在《對本性的關心》中，他修改了他先前的絕對論立場，並且說在性的領域裏，一些社會（例如古羅馬）曾經在較大的程度上允許個人享樂。具有諷刺意味的是：傅科自己的性行為（他是同性戀及性虐待狂，並刻意使自己及他人染上愛滋病）在他死後被披露出來，損害了一些學者對他的信任。◀1943（10）

諾貝爾獎 和平獎：德斯蒙德·屠圖（南非，反種族隔離運動） 文學獎：雅羅斯拉夫·塞浮特（捷克斯洛伐克，詩人） 化學獎：布魯斯·梅里菲爾德（美國，固體相合成） 醫學獎：喬治·克勒、賽薩爾·米爾斯坦和尼爾斯·耶納（德國、英國、英國，免疫學） 物理學獎：卡洛·拉比亞和西蒙·范德米爾（義大利、荷蘭，次原子粒子） 經濟學獎：理查·斯通（英國）。

當年之音

網路空間的歷險

摘自《精神浪漫者》，威廉·吉布森，1984年

1984年，威廉·吉布森在他的第一部小說《精神浪漫者》中構思出一個凶險的、被霓虹燈照亮的21世紀。在這個時代，國家政府被陰森森的共同體所取代，太空則成為拉斯塔法里安猶太復國主義者和其他人的殖民地，生物科技的突破使人類能長命不死，市區的擴展將波士頓和亞特蘭大連接起來，「網路牛仔」將自己插入「矩陣」的虛擬實境中，這個矩陣包括了世界上所有電腦系統的巨大電子網路。從書的第一行開始——「港口上方的天空是那種被調到已取消的頻道時，電視螢幕上所呈現的顏色」，《精神浪漫者》展現了一幅電子啟示錄的清晰畫面。這本書受到不同作家例如雷蒙德·錢德勒、威廉·伯勒斯和托馬斯·平瓊的影響，它囊括了幾乎每一項科幻小說獎並創造了一種文學體裁「電腦龐克」，即把客觀、高科技的風格。吉布森，這位在60年代就移居到加拿大的美國人說道：「我認為我們生活的這個世界如此無望地詭譎和複雜，為了和它和平共處，你需要擁有科幻小說中被創造的工具。」值得一提的是，他本人對電腦卻幾乎一無所知：他的書提供虛擬實境的創造者靈感，而他卻是用一台古老的手動打字機寫出此書的。◀1984（12）　▶1993（3）

凱斯24歲了。他22歲時當過牛仔、偷牛賊，是斯布羅大都會這一帶最棒的一個。他曾拜個中好手麥科伊·波利和博比·奎因為師。由於年輕和熟練，他一直處在腎上腺素亢奮的情況下工作。他進入特製的網路空間座艙中，意識從軀體脫離，進入矩陣的交感虛幻中。作為小偷，他曾為其他更富有的小偷工作過。那些小偷提供奇怪軟體，可用來穿透公司系統的明亮牆壁，並打開進入豐富資料檔案的窗。

他曾犯過一個典型的錯誤，他發誓絕不再犯這樣的錯誤。他對他的雇主行竊。他給自己留了點東西，並試圖通過阿姆斯特丹的一條電子籬笆來移動它。他依然不確定他是如何被發現的，不過現在這個已無關緊要了。那時他期待一死，然而他們只是微笑。他們告訴他，他們當然很樂意讓他得到這筆錢，並且他將需要它。因為——依舊微笑著——他們將確定他再也不能工作了。

他們用一種俄國人戰時使用的真菌毒素破壞了他的神經系統。他被捆綁在孟菲斯一家醫院的床上，他的天資被一點一滴地耗盡，他陷入幻覺中長達30小時。這種神經系統的破壞很小，很巧妙，也很有效。

對曾經在網路空間無實體的狂喜中生活過的凱斯來說，這就是死亡。在囚禁的期間他常常像是一個熟練的牛仔，那種高雅的姿態包含某種對肉體不經意的

電腦時代的作家威廉·吉布森被框在電腦繪製的不規則碎片畫中。不規則碎片是一種函數（由波蘭籍法國數學家伯努瓦·曼德爾布羅特創立），它所繪出的圖像中，每一個形狀都可視為另一個較大圖像的小型複製品。

蔑視。凱斯陷入自己肉體的囚牢之中。

他所有的財產很快被兌換成新的日元，一種很厚的舊式紙幣。這種紙幣像特洛布里安島上居民使用的海貝一樣，在世界黑市封閉的圈子內無休止地流通。在斯布羅大都會中用現金來做合法的生意非常困難；在日本，這已經是非法的了。

他堅信在日本有他要的藥方，在千葉的註冊診所裏，或者是在一種黑色藥方的幻境中。千葉這個地名與移植、神經移接和微生物同義，對於斯布羅大都會那種在科技罪犯的次文化群來說，它有如一塊磁鐵。

家。

家，（BAMA）是波士頓-亞特蘭大的大都會軸心。

製一張圖來標明數據轉換的頻率，在一個很大的螢幕上，每一千個百萬位元形成一個電視圖像的像素。曼哈坦和亞特蘭大燒成一片灰燼。然後它們開始以一種令人承受不了的頻率開始脈動。你的圖將成為一顆新星。冷靜下來。提高你的比例。每100萬個百萬位元形成一個像素。到每秒鐘一億個百萬位元的時候，你開始辨認出曼哈坦中部的街區，勾勒出包圍亞特蘭大市中心，有上百年歷史的工業公園的輪廓……

「探索精神和創造力，立即對新現象和過程具備敏感性——這些是
所有意識形態陣線的工作者生命中應有的特質。」
　　　　　　　　　　　　　　—— 1984年一次對俄共中央委員會的講話

年度焦點

戈巴契夫的崛起

1 1985年3月，俄共總書記康斯坦丁·契爾年科去世的消息宣佈後幾個小時，克里姆林宮就把不怎麼知名的一位人物推上了蘇聯的最高領導職位。54歲的米哈伊爾·戈巴契夫是俄共中央政治局最年輕的常委，也是史達林之後第一位少壯派的蘇聯領導人。他是銳意改革但只是曇花一現的尤里·安德洛波夫（契爾年科的前任）的門徒，允諾要重振蘇聯搖搖欲墜的官僚政治。但事與願違，他所做的努力最終不但使蘇聯垮台，更動搖了世界政治秩序的根基。

契爾年科是布里茲涅夫時代癱瘓不起的化身。他在位的13個月內，常常臥床不起，有一次連續消聲匿跡了59天。契爾年科傳給戈巴契夫的是搖搖欲墜的經濟（70年代蘇聯人的平均壽命下降，這在工業國家中還是第一個）、未曾減弱的政治鎮壓、與西方的冷淡關係（1979年蘇聯入侵阿富汗所致）以及由來已久的公開失望（因災難性的阿富汗冒險行動而加深）。

受西方歡迎的戈巴契夫與法國總統密特朗。

甚至在獲得提升之前，戈巴契夫就已顯現出振興這個龐大國家的願望。「我們將不得不在經濟及社會關係的整套制度上，進行徹底的改革」，他在1984年的一次演講中提出警告。這一年戈巴契夫走訪英國，他的話讓觀察者留下深刻印象。他活力十足，富於魅力，時時迸發出幽默的火花。他的妻子蕾莎穿著時髦，口齒清晰，這與西方人心中克里姆林宮女主人的形象迥然不同。更重要的是，戈巴契夫很重視緩和與西方的關係，並談到打破傳統蘇聯式的諱莫如深。首相（也是堅定、冷靜的戰士）柴契爾夫人說：「我喜歡戈巴契夫先生，我們能夠共事。」

在任期間，戈巴契夫推動雙重改革。其一為「重建」：引進有限的自由市場機制並分散權力；其二為「開放」：鼓勵對蘇聯的政治、文化和歷史進行徹底的重新評價。戈巴契夫還譴責史達林時期的恐怖統治和布里茲涅夫時期的「停滯狀態」。他把蘇聯共產黨內的強硬派趕出中央政治局並釋放政治犯。在與雷根的軍備控制談判中，他作出了不尋常的讓步。戈巴契夫正在進行自上而下的改革，但很快就發展到他無法掌控的地步。◀1984（邊欄）▶1986（5）

環保

臭氧層出現缺口

2 1985年，英國氣象學家證實了長久以來的一項疑慮：在南極的上空，臭氧層出現一個缺口。臭氧層是大氣中阻擋99%太陽

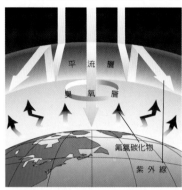
殘缺的臭氧層使太陽紫外線更加強烈。污染物攔截了被反射的太陽光，使大氣層的溫度升高。

光紫外線的屏障，科學家在1977年就已發現了這個問題，但是他們遲遲沒有公佈，直到找到了確鑿的證據。衛星數據顯示，每年10月，南極上空的臭氧層都會變得最稀薄，臭氧層的40%會消失，僅在5年之內，整個地球所擁有的臭氧已經消失2.5%。臭氧日益減少的後果十分可怕：因為紫外線輻射會損傷皮膚、殺死浮游植物（海洋食物鍊中最低層的細小生物體）、損害農作物、使動物失去方向感以及造成許多目前未知的破壞。

專家們懷疑，元凶可能是被稱作含氯氟烴（CFCs）的人造物質。早在11年前，加州的化學家舍伍德·羅蘭和馬里奧·莫利納就宣佈了用電腦得出的計算結果，顯示出含氯氟烴危害臭氧。1978年，美國政府禁止在噴霧劑中使用含氯氟烴，但是由於生產廠商的反對，它在冰箱、空調、工業溶劑和發泡塑膠中被繼續使用。而且在其他國家中，含氯氟烴依舊使用於噴霧劑。

更嚴重的是，含氯氟烴是造成最近發現的「溫室效應」現象的主要因素，這是指經過地面反射的太陽光熱被空氣中的一層污染物擋住。科學家預言，50年以後，地球的平均溫度將上升8度，這是人類歷史上前所未有的上升幅度。人們擔心全球變暖將使極區的冰帽融化而導致海平面上升和洪水氾濫，而且氣候的變化也可能使肥沃的土地變為沙漠。

1987年，53個工業國家簽署《蒙特婁公約》，一致同意2000年之前廢除含氯氟烴的使用。然而，在別的地方，生產一如既往地進行，而幾年前排放出來的含氯氟烴也繼續朝上空升騰。◀1982（6）▶1988（6）

南非

宣佈戒嚴

3 南非已處於戰時狀態。除了非法的非洲民族議會發動游擊隊突擊之外，少數白人的政府還面臨了聯合民主陣線150萬人（一個學生團體、工會和社區組織的聯盟）的暴動。與聯合民主陣線作戰的是一支裝備堪稱世界一流的軍隊，而他們自己卻只有石頭和瓶裝汽油。1985年7月，當總統波塔宣佈36個南非城市進入緊急狀態時，整個國際社會也都捲入這場風暴。

在數個西方國家裏，群眾運動呼籲政府對南非的種族隔離政權進行制裁。然而，採取的第一項制裁卻是私人性質的。在波塔實施軍事管制10天之後，總部在紐約的曼哈頓銀行以在南非做生意太過混亂困難為由，停止貸款。其他的美國銀行隨即跟進，這使得負債纍纍的南非經濟幾近崩潰。南非的貨幣「蘭特」在一個月之內貶值了30%。到了9月，美國（儘管雷根總統採取了「積極接觸」的懷柔政策）對南非進行了有限制裁，歐洲經濟共同體也採取了行動。在不斷增加的普遍壓力下，許多企業和大學開始撤離南非。

4個被手榴彈炸死的約翰尼斯堡黑人青年的葬禮。他們的死引起了全世界的震驚。

藝術與文化　　書籍：《偶然的旅行者》安妮·泰勒；《孤獨的鴿子》拉里·麥克默特里；《亞歷杭德羅·馬艾塔真實的一生》馬里奧·瓦加斯·勞薩；《安妮·約翰》傑梅卡·金凱德；《共同基礎：3個美國家庭生活中不平靜的10年》安東尼·盧卡斯　　音樂：《這就是朋友的用處》巴哈拉赫和塞傑；《我們是整個世界》傑克

1985

「創傷很深。」
—— 尼加拉瓜總統·奧特加評論尼加拉瓜與美國的關係

波塔毫不屈服地作出了反應，他警告道：「別把我們推得太遠」。但是南非大商人抓住了要害：9月份，一批企業家飛往尙比亞與非洲民族議會領袖進行前所未有的談判。1988年1月，南非政府在國內外日益孤立的狀態下宣佈進行有限的改革。然而在5月，黑人發動了該國歷史上規模最大的罷工後不久，波塔政府發動了一場意圖殲滅非洲民族議會的行動，轟炸鄰國波札那、尙比亞和辛巴威境內可能的游擊隊巢穴。由於公眾的憤怒倍增，美國國會不理會雷根的否決，通過了更嚴格的制裁；其他國家也加強了抵制。但是在南非，鎮壓仍然繼續地進行。◀1984（8）▶1988（2）

災難
地殼移動——頻頻不斷

4 1985年，地球不斷變動的地殼（和政治）給兩個拉丁美洲的國家帶來了悲劇。9月裏，墨西哥發生了兩起大地震（分別是芮氏8.1級和7.5級），造成了墨西哥市7千多人和其他城市幾百人死亡。首都有約450幢建築物被毀，其中包括可以防震的摩天大樓；另外有幾千幢建築物損壞，5萬名居民無家可歸。

1986年11月，沉默多年的哥倫比亞內華達·戴爾·魯伊茲火山爆發，釋放出的泥石流吞沒了阿麥羅鎮，導致2萬2千人死亡，這是在記載中毀滅性最大的火山爆發之一。在此之前還發生了一起人爲災難：當左派的M-19運動中的60名游擊隊員攻佔了波哥大的法官住宅，並且抓住40名高級法官作爲人質時，總統貝利薩里奧·貝坦庫爾下令士兵和警察攻擊。100人（包括高等法院院長和其他11名法官）在混戰中死亡。

這兩次天災使國際新聞媒體充滿可怕的相似畫面：成堆的屍體和從廢墟裏拉出的倖存者；一個深埋在泥土下，被死去的阿姨緊緊抱住的阿麥羅鎮小女孩和一個被埋在瓦礫堆下的墨西哥市小男孩（兩個孩

地震震毀了人口稠密的墨西哥市內450多幢建築。

子在救援者花了幾天時間將他們救出來後死亡）。每一次大災難都會引起政治上的交相指責：在墨西哥，建築工人和官僚被指責爲罔顧建築法規則；在哥倫比亞，受到指責的則是，已得知火山將要爆發，卻在人口疏散工作方面和制定救援計畫上遲遲不付諸行動的官員。值得慶幸的是，這兩次災難都獲得國際上的大力援助。◀1902（10）▶1989（邊欄）

尼加拉瓜
一位民選領袖

5 1985年宣誓就職的丹尼爾·奧特加·薩韋德拉（下圖）是尼加拉瓜第一位民選總統，但他並未大肆慶祝。他的桑定陣線面臨了許多難題，其中最主要是來自華

府的強烈反對。自從1979年推翻了巧取豪奪的獨裁者阿納斯塔西奧·蘇慕沙·德瓦伊萊，馬克特主義者領導下的桑定陣線就一直備受雷根政府攻擊，因爲雷根政府把他們視爲是西半球的威脅。美國官員警告說，尼加拉瓜的共產主義將會使左傾的骨牌效應擴展至美墨邊界的格蘭特河。爲了對抗這種已察覺的威脅，美國人支持反桑定

陣線的尼加拉瓜反革命游擊隊。雷根明言的目標是：要使奧特加「叫叔叔」。

桑定陣線已進行大規模的社會和經濟改革，將200萬畝土地分配給6萬個家無恆產的農民家庭；社會安全支出加倍；衛生醫療方面的進步贏得了世界衛生組織的褒揚；文盲數量急劇減少；經濟每年增長7％，令人刮目相看。然而華府仍頑固地保持敵對態度，主要是因爲奧特加擴展了尼加拉瓜與蘇聯和古巴的關係，也因爲他延遲早已承諾的選舉日期。

1984年，選舉終於舉行。桑定陣線贏得67％的選票。一個北美的投票監督團體把選舉稱作「正直和公平的模範」，然而美國國務院卻拒絕接受選舉的結果。這使許多觀察家迷惑不解，不知道桑定陣線將採取什麼行動來證明他們的合法性。同時，雷根的祕密戰爭則導致了毀滅性的影響。一位反對奧特加的尼加拉瓜傑出商人說：「不幸的是，反對派們燒燬了學校、家庭和健康中心，燒燬的速度和桑定陣線建立它們的速度一樣快。」奧特加因而鋌而走險，他於1985年向莫斯科尋求更大的援助，結果，正如華府所預言，尼加拉瓜越來越依賴蘇聯。5月，美國實行了經濟禁運；此後，尼加拉瓜的情況更加迅速惡化。◀1984（3）▶1986（8）

1985

「對民主政府來說，沒有比毒品走私更強大的不穩定力量。」

—— 玻利維亞內政部副部長古斯塔沃·桑切斯

1985年新事物

● 年曆中額外增加一秒

● 任天堂電視遊樂器
● 搖滾樂名人堂落成
● 美國禁止使用含鉛汽油

美國萬花筒

最大的原子撞擊器

10月，在伊利諾州的費米國家實驗室，科學家對一台新的高能量反物質粒子加速器進行試驗。結果令人滿意：次原子質子和反質子碰撞程序中釋放的能量相當於1兆6000億電子伏特，比以往地球上曾經取得的能量幾乎高出3倍。反物質（是指電荷方向與普通粒子電荷方向相反的特殊次原子粒子）碰撞使費米實驗室的科學家們充分證明愛因斯坦著名的 E＝MC² 公式：在反物質與

物質的碰撞中，100%的質被轉換成能量。（一枚核彈釋放的能量相當於不到1%的原子質量轉移的能量。）◀1930（14）

傾斜的藝術

1985年美國一般事務行政部門建議把一件巨大的雕塑品從紐約市一座聯邦辦公大樓前的廣場上移走，這件雕塑品原先是由一般事務行政部門自己擺放的。這一堵名為「傾斜的弧」的鋼牆，高4公尺，長37公尺，由美國藝術家理查·塞拉完成。自從它於1979年落成以來，許多上班族抱怨它不但礙眼且擋住去廣場的路。當政府官員決定拆除它時，塞拉提出控訴，表示說這件藝術品有「地點特色」，不能在其他任何地方擺放。這個案件引起一

環保
「彩虹戰士號」被炸

6 作為綠色和平組織旗艦的8年裏，「彩虹戰士號」駛遍全球，載著抗議者到各國參加反對核子武器試驗、輻射垃圾傾倒和殺害海洋哺乳動物的示威活動。這艘49公尺高的拖網漁船常遭到當地官員攔截，1985年7月，這艘船受到更具敵意的接待。當它停泊在紐西蘭的奧克蘭一個港口，準備領導一支小艦隊抗議法國在南太平洋進行核子試驗時，兩枚裝在船身的炸彈爆炸，炸死一名葡萄牙攝影師並使「彩虹戰士號」沉沒。最大的嫌疑犯很快出現：法國政府。

爆炸發生幾小時前，有目擊者看見一個渾身濕漉的男人將一艘橡皮艇拖上附近海灘。後來此人開了一輛租來的貨車離開，與一手持偽造瑞士護照的夫婦會合。後來發現這對夫婦是法國國際情報機構外部安全總部（DGSE）的官員。

總統密特朗下令調查，但在開始時卻遭到高級官員的刻意阻撓。這種欲蓋彌彰的行徑和陸續出現的醜聞導致法國國防部長辭職、法國情報機構首領被免職，以及法國政府最後承認涉入此爆炸事件。

自從加拿大環保人士於1971年成立綠色和平組織以來，其作法就常引起爭論。「彩虹戰士號」事件卻提升了該組織的聲譽。「我認為我們在使用和平、直接的行動方面是很成功的」，英國辦公室主任布萊恩·瓊斯說，「我們將繼續下去。」◀1983（5）▶1988（6）

阿爾巴尼亞
史達林最後的追隨者

7 76歲的恩維爾·霍查於1985年4月逝世時，他統治阿爾巴尼亞已長達40年。對這位最後的正統史達林主義者來說，連蘇

聯集團都算是太偏向修正主義了。這個小小的巴爾幹國家（歐洲最窮的國家，唯一回教徒佔多數的回教國家）沒有朋友，也沒夥伴。很少有來訪者，阿爾巴尼亞人也很少獲准出國。甚至霍查的葬禮都不對外公開。

二次大戰期間，當阿爾巴尼亞遭義大利侵佔並被一個軸心傀儡政府統治時，霍查（從前是法語教師）逃到山中領導抗戰。戰爭過後，他的國家是唯一沒有被蘇聯軍隊侵略而又奉行共產主義的歐洲國家。南斯拉夫的狄托幫助霍查成為阿爾巴尼亞新生共黨領袖，1946年進行單一候選人的選舉又使他登上總理寶座。

在霍查的統治下，阿爾巴尼亞的外交政策有如大風吹。1948年，當史達林與狄托決裂時，他仿效了此法；1961年當中國與蘇聯決裂時，他也跟進；1978年，在中（共）美重新接觸和毛澤東去世之後，他又與中國決裂了。霍查有如殘酷的暴君，經常清黨、監禁異議分子、襲擊境內的希臘裔人民，並進行宗教壓迫。該國過去一直是鄂圖曼帝國中較落後的地區，儘管已在工業、衛生和教育方面獲得令人

矚目的巨大進步，卻仍越來越落後於鄰國。霍查的繼任者拉米茲·阿里亞繼續阿爾巴尼亞的孤立政策，直到1990年日益嚴重的經濟危機迫使他開放國界。1992年，廣泛蔓延的動盪帶來了自由選舉，霍查的繼承者終於在選舉中喪失了執政權。◀1939（5）▶1991（4）

犯罪
古柯鹼氾濫

8 1985年2月，美國毒品管理署（DEA）宣佈，1994年在哥倫比亞、玻利維亞和祕魯（厄瓜多也成為主要出產國）的古柯鹼產量又增加了三分之一。數據反應了「美國」趨勢。對非常富有的人來說，古柯鹼是精選的毒品。但普通美國人也同樣與毒品打交道。在市區的窮人中，被稱為「快克」的廉價可吸食古柯鹼取代海洛因成為新的禍害。結果，成千上萬貧窮絕望的安地斯農民都在掙錢買古柯葉（傳統是用來咀嚼以壓制饑餓和減輕疲勞）。南美洲青少年也因吸食一種叫巴蘇科的古柯鹼副產品而死亡。一些大毒梟（大多以哥倫比亞為基地）因此成了億萬富翁。

80年代，古柯鹼在美國城市年輕的專業人士（又稱為「雅痞」）中得到了「精選毒品」的稱號。

哥倫比亞的首要毒梟包括極有特色的人物：英俊的卡洛斯·萊德，他的迪斯可酒吧因一尊約翰·藍儂的裸體塑像而大為增色；若熱·奧喬亞，他有私人動物園和鬥牛場；巴勃羅·埃斯科瓦爾，他建了一個巨大公共足球綜合體育館且在國會擁有席位。在這個貧窮的國家，許多同胞把他們當成工作和資

被法國政府機構炸沉的綠色和平組織「彩虹戰士號」。

體育 棒球：世界大賽，堪薩斯城皇家隊以4勝3負擊敗聖路易紅雀隊；皮特·羅斯打破泰·科布職業生涯中4191支安打的紀錄 美式足球：超級盃，舊金山四九人隊以38:16擊敗邁阿密海豚隊 籃球：NBA，洛杉磯湖人隊以4勝2負擊敗波士頓塞爾提克隊 網球：17歲的鮑里斯·貝克成為溫布頓網球公開賽最年輕的男子單打冠軍 狗拉雪撬比賽：利比·里德爾斯是第一位贏得冠軍的婦女。

「他們在毆打乘客。我們必須在貝魯特著陸。他已拉了手榴彈的安全梢，並準備在沒有辦法的情況下炸毀飛機。我們必須，我再重複一遍，我們必須在貝魯特著陸。」

—— 從雅典飛往羅馬途中被劫持的環球航空公司847班機的飛行員

在飛往羅馬途中，被劫的國際航空公司飛機停在貝魯特機場的跑道上，劫機者命令一位接近機尾且身分不明的平民舉起雙手。

金的提供者及慈善家而尊敬他們。

但隨古柯鹼交易而來的是暴力和腐敗。在哥倫比亞，敵對的麥德林和卡利集團之間發生槍戰，暗殺活動此起彼伏（4月份司法部長被殺），與此相關的還有右派敢死隊。在祕魯，毛派的「光明之路」游擊隊員爲了錢而保護古柯葉種植者。在墨西哥，高級官員涉及2月份一起兩名DEA執法者被綁架謀殺案。從玻利維亞到巴哈馬，從牙買加到邁阿密，銀行家、警察和官僚處處利用古柯鹼的錢來營私。美國軍隊很快開始幫助那些種植古柯鹼的國家進行雷根總統所稱的「毒品戰爭」。但是面對供給與需求這條古老的定律，這場戰爭終究徒勞無功。◀1980（6）▶1991（11）

恐怖主義
全球縱情狂歡

9 有時候，一個人口中的恐怖主義者是另一個人眼中的自由鬥士。但是按照最狹義的定義，恐怖主義就是，非政府軍隊對那些和引起爭議的土地或問題毫無關係的公民，所進行的暴力行爲。1985年，恐怖主義十分非常猖獗，在上百起事件中，有幾件特別突出。

6月，回教聖戰組織（一個親伊朗的黎巴嫩什葉派團體）劫持了一架從雅典飛往羅馬的環球航空公司班機。好幾天來，持槍歹徒毆打一些被俘者，釋放了幾人，並且殺害其中的一名，班機一直在貝魯特和阿爾及爾之間飛行。其餘的39名被俘乘客則被交給貝魯特的什葉派民兵。兩週之內，溫和派的阿馬勒民兵首領納比·貝里拿他們交換在以色列的735名犯人，其中大部分是什葉派成員；在釋放他們之前，他在一個海邊賓館裏爲他們舉行了一次聚會。同月，一顆炸彈炸毀了離愛爾蘭海岸不遠處的一架印度班機，殺死了329名從多倫多到孟買的乘客。雖然凶手一直沒有被抓到，但調查者們卻懷疑這起事件是錫克教極端主義分子幹的。

10月，儘管巴勒斯坦解放組織制定了一條只攻擊以色列的新政策，但巴勒斯坦解放陣線的突擊隊員仍攔截了一艘名叫「阿希爾·勞羅」的義大利遊艇。他們槍殺了一名叫做列昂·克林霍弗的年邁猶太裔紐約人，並將他和他的輪椅及所有物品全部沉入地中海中。然後在巴勒斯坦解放陣線首領阿布·阿巴斯的命令下，這些突擊隊員向埃及當局投降。埃及人不知道這次謀殺，同意用飛機把他們和他們的領袖送往突尼西亞。但是美國戰鬥機迫使這架飛機在義大利降落。然而阿布·阿巴斯很快就獲得自由，這激起了一陣幾乎推翻義大利政府的狂怒。11月，忠於阿布·尼達爾（一位由利比亞支持的巴勒斯坦解放組織前任首領）的巴勒斯坦分子劫持了一架埃及班機。班機上共有60人被殺，當埃及軍隊在馬爾他襲擊這架飛機時，又有57人喪生。阿布·尼達爾的軍隊在12月份再次進攻，用步槍和手榴彈襲擊在羅馬和維也納機場的人群。傷亡的情況是：19人死亡，112人受傷。◀1978（6）▶1988（4）

美國
間諜之年

10 不管是因爲最近的法律使得調查人員竊聽有間諜嫌疑者的電話更加容易，還是因爲地下工作者劇增，在1985年被指控出賣國家機密的美國人比以前任何一年的人數都要多。其中有兩件是美國歷史上最爲嚴重的案件。

第一件是沃克間諜案。47歲的小約翰·沃克是維吉尼亞州諾福克的私家偵探，他是反共產主義的約翰·伯奇組織和三K黨的成員。早在1968年還是個海軍軍官時，他就利用通過忠貞審查的身分和在核子潛艇及密碼方面的專業技術開始了一樁賺錢的生意，即提供蘇聯分類好的資料。後來，他又動員弟弟（一個有國防合約的工程師）、兒子（一名海軍上尉）以及他兒子最好的朋友（另一名海軍軍官）加入他的行列。是沃克的前妻告發了這個美國最大、歷史最悠久的間諜網。這4個人都被判處無期徒刑。

第二個案件引起了微妙的種族和外交問題。32歲的喬納森·傑伊·波拉德是一個在1984年開始幫助以色列從事間諜活動的海軍情報分析家。儘管華府與它的盟國分享了許多軍事機密，但身爲激進的錫安主義者，波拉德因道德使命的驅使而想要消弭這種差距。（他的酬勞在這一行的標準是不多的。）他在被捕之前，已移交出360多立方英尺的文件紙。1987年，他被判無期徒刑，他的妻子安妮因同謀也被判處5年徒刑。

波拉德案件使得美以關係緊張，震驚了以色列政府，並使以色列的國家情報機構「莫薩德」蒙上污點。事實上，波拉德的訓練者是在「莫薩德」一無所知的情況下進行工作的。◀1963（3）

一位聯邦保安官押著小約翰·沃克（左）：美國有史以來發現的最大家庭間諜網的頭目。

場關於藝術家權益、公眾藝術的性質及所有權意義的熱烈爭議。

最後，塞拉在這場戰役中敗北：這件藝術品於1989年被移走。◀1933（當年之音）

發現「鐵達尼號」

9月，「阿爾戈」研究潛艇發現了「鐵達尼號」的殘骸。「鐵達尼號」是艘豪華客輪，在1912年4月處女航行時連同1500名乘客一起沉入海底。1986年7月，一隊法國和美國的科學家多次潛入水底去查驗「鐵達尼號」，發現它雖然裂成了兩半，且生鏽地很厲害，但是其餘大部分船身完好無缺（因爲它太大，所以無法將它從3993公尺深的海底帶上海面）。◀1912（1）

費城大火

5月13日，在費城市長威爾遜·古德的同意下，警方炸毀了武裝激進分子「行動組織」的總部，結束了僵持的局面。爆炸殺死了11人並引起一場大火風暴。這場大火燒燬了鄰近的61戶人家的房屋。古德說，這場使200人無家可歸的大火「使他感到悲傷」，但是他還認這場爆炸是無法避免的。後來警察首長因而辭職。◀1970（7）

眞品牌（假配方）

世界上最大的飲料公司「可口可樂」公司爲了在不斷升級的「可樂戰爭」中重新佔優勢，於4月引進了「新」可口可樂。它比標準配方稍甜，目標是爭取百事可樂的忠實消費者。但事與願違，這種異常的飲料受到兩邊消費者的排斥。尷尬的可口可樂公司經營者們很快又重新採納原配方，稱爲古典可口可樂，並且將「新」可口可樂淘汰出局。

1985

「我不願把《摩訶婆羅多》與莎士比亞的某一部戲劇相比，而是把它與莎士比亞全集相比。」

——導演‧布魯克

環球浮世繪

門格勒的屍體被掘出

6月21日，一個由國際法庭專家和納粹逃犯追捕者組成的調查小組宣佈，在巴西聖保羅附近的一個墳墓挖掘出納粹分子約瑟夫‧門格爾的屍體。門格爾是第二次世界大戰中奧斯維辛集中營的軍醫首腦，被稱爲「死亡天使」；他是奧斯維辛的毒氣室選擇受害者，並在活的病人身上進行慘無人道的試驗。戰後他被美國軍隊逮捕，但設法逃到了阿根廷。1959年他利用假名取得巴拉圭國籍（於1979年被取消），並且一直住在南美，直到1979年在一個巴西旅遊勝地淹死。

停止空運

1985年，衣索比亞強迫以色列政府停止把法拉沙－衣索比亞的猶太人公開空運到以色列。自從1974年空運開始後（當衣索比亞皇帝海爾‧塞拉西垮台之後，

法拉沙人受到的迫害加劇），以色列已經把古代猶太支派約1萬2千名猶太人空運出來。這一猶太支派大約從公元前2世紀開始就和猶太世界的其他支派隔絕。1989年以色列又繼續空運，幾年之內，其餘1萬4千名左右的法拉沙人大部都已移民出來。◀1979（9）

棋逢對手

在一場年輕對抗成熟、激情對抗純智力，及反對蘇聯者對抗擁護蘇聯者的國際西洋棋錦標賽中，生於亞塞拜然的格雷‧卡斯帕洛夫在1985年擊敗了生於俄國並稱霸棋壇的冠軍阿納托利‧卡爾波夫。卡爾波夫是一名卓越分析能力的棋手，從70年代中期以來一直稱霸世界棋壇。22歲的卡斯帕洛夫是大膽的棋手，並且對共產政權直言不諱地批評，他繼卡爾波夫後成爲第二位最年輕的世界冠軍，也在1990年的那場激戰中獲勝。◀1972（12）

外交

歐洲主義席捲歐洲

⑪ 1985年，有12個成員國的歐洲共同體制定了單一歐洲法案，拿破崙和希特勒曾經徒勞地希望用戰爭達到的夢想，如今在和平中變爲可能。這一法案是對1957年羅馬條約的修

正，爲1992年底之前實現西歐經濟一體化勾勒出詳細的進程。法國外交家雅克‧德洛爾領導的歐體委員會開始採取行動，將這一地區變成世界最大的貿易集團時，「歐洲主義」開始風行起來。

儘管享有史上最長的40年持續和平時期，在80年代歐洲還是讓日本和美國佔了上風。歐體面臨了極大的難題，包括兩位數的失業率、低生產力和內部貿易障礙。單一經濟的古老夢想（由歐體的主要設計者，法國人尚‧莫內在40年代所構想）一直未能實現。爲了尋求一劑「歐洲主義」的解藥，1985年歐體委員會發佈了《完成內部市場》報告，以引導實現「四個自由」：即跨越歐體界線的貨物、服務、資金和人員的流動不受限制。這個報告指出了貿易上的物質、技術和財政障礙，並提出300項改進措施。

在簽署單一歐洲法案後，歐體獲得了實施這些建議的合法手段。該法案在1986年簽署，並於第二年生效。歐體的各成員國開始執行積極的新投資政策，生產和貿易也開始繁榮起來。政治上的一體化依然很遙遠，且東歐共產主義的衰落已導致一連串的政策問題，但是在這段時間內，經濟上的團結最終似乎還是有可能的。◀1973（邊欄）▶1993（8）

醫學

愛滋病奪走一名偶像

⑫ 在愛滋病被發現4年之後，它在美國依然沒有得到重視，儘管美國已出現1萬2千個病例（其中6千人死亡），而且這個國

家的愛滋病患者比其他任何國家都多。在歐洲，提倡使用保險套的教育節目正在深入地進行。但是美國的政策制定者卻不重視這種疾病，部分原因是這種疾病與同性戀有關。對許多美國人來說，愛滋病幾乎不適合在禮貌性的談話中提及。1985年7月，當一位發言人宣佈演員洛‧赫遜罹患免疫系統失調時，這種沉默才被打破。

這條新聞引起轟動，不僅是因爲日前洛‧赫遜在影集《朝代》中吻了女演員琳達‧伊文思，也因爲主演過《巨人》和《冰站斑馬》等影片的洛‧赫遜是名典型的好萊塢男主角。他是同性戀一事經披露之後，大家不得不重新評價原有的想法，也引發人們對受感染的同性戀者情況的強烈興趣。在此之前，新聞界對愛滋病的報導，集中在相對來說數量較少的、通過輸血而感染愛滋病的異性戀者身上。現在，記者爭相調查報導這種傳染病。對成千上萬的愛滋病患者來說，他們長期的痛苦（奇怪的癌症、偶然的感染、消瘦的身體）第一次開始進入人們的主流意識，而照顧他們的醫生、義工、朋友和愛人的勇氣也開始受到重視。但是雷根政府無視外科主治醫生埃弗雷特‧庫普的極力主張，拒絕國會增加愛滋病研究及防治的專款提案。洛‧赫遜（死於10月份，給愛滋病研究基金會留下25萬美元作爲基金）是雷根的一位朋友，但是總統卻直到1987年的演講中才第一次提到愛滋病。在那以前，世界上113個國家中一共出現了5萬1千個愛滋病病例，世界衛生

1985年的洛‧赫遜 與他從前的銀幕夥伴桃樂絲‧黛在一起。

組織預言1991年前這個數字將增加到300萬。不久，此傳染病造成的損失將無法估量。◀1984（5）

戲劇

一首現代化的印度史詩

⑬ 1985年，英國導演彼得‧布魯克在他偉大而富於創新的戲劇生涯中，完成了最有成就的工作：將一部有1500年（內文是聖經的15倍）歷史的印度史詩搬上了舞台。布魯克以法國劇作家尚‧克勞德‧卡里埃對梵文詩歌《摩訶婆羅多》的改編劇本，創造出一部長達9個半小時的戲劇，引發人們對愛情、戰爭、出生、死亡及宇宙的省思。這齣戲在法國西南部的亞威

布魯克改編的史詩劇中印度弓箭手在射箭。

農藝術節初次公演後，便在全世界巡迴演出。這次馬拉松奇觀中的一位演員說：「在將近10個小時的演出後我們幾乎要沒命了，但是這種付出是值得的。」

布魯克是一位沉緬於古典戲劇的改革者，他指導英國皇家莎士比亞劇團，於1970年演出一齣備受讚譽的《仲夏夜之夢》，劇中使用了鞦韆、高蹺和馬戲特技。在1964年完成了彼特‧威斯的《馬拉和薩德》，這一具有重大意義的作品，使安東尼‧阿爾托的「殘酷劇場」重獲生機。布魯克很讚賞古代《摩訶婆羅多》對全體人類困境的探索。他說：「它採取一些固定的觀念來判斷什麼是正確的，什麼是道德或不道德的；並且，藉由混合在一起的矛盾性角色，許多問題都成了人類的特質。」《摩訶婆羅多》中的演員大多數是從布魯克在巴黎的戲劇研究國際中心挑選出來的，他們幾乎與這個戲劇本身一樣地具有普遍性：24名演員來自18個國家。◀1957（12）

洛杉磯快車道上的厭倦

摘自小説《少於零》，布雷特·伊斯頓·埃利斯，1985年

年輕的作家布雷特·伊斯頓·埃利斯生動地以流行搖滾歌曲的歌詞，為他1985年的暢銷小説《少於零》寫了序言。這本書是關於洛杉磯富有的青少年之間極端空虛的故事，由一名叫克萊的人以第一人稱的散文體方式來敘述。看這本書有如觀賞MTV：精疲力竭，支離破碎，處處都有汽車、毒品和性。對那個據説不讀書的世代來説，它是一部文學作品。與紐約嬉皮小説家傑伊·麥金納尼（《明亮的光，大城市》）和塔馬·亞諾維茨（《紐約的奴隸》）一樣，埃利斯用80年代的風格完成了一套《聰明的年輕人》。這三位作家探討同樣的主題：中上層階級大學生和大學畢業生的都市焦慮和道德敗壞。這種狹隘性充分呈現出現代的時髦年輕人及金錢文化。◀1951（10）

在電影城的壽司吧裏，阿萊娜很少說話。她一個勁地低頭看她那杯可口可樂，點燃香煙，吸幾口又把它們熄滅。當我向她問起布萊爾時，她看著我說道：「你眞想知道嗎？」然後堅定地向我笑了笑說，「聽起來你像是眞的關心。」我扭過頭來，像是在逃避什麼似的，開始與這個要前往奧克伍德，名叫班傑明的傢伙聊天。看起來好像他的寶馬汽車被偷走了，他繼續告訴我當他在父親最初給他買的一個車庫中，找到一輛320型的新寶馬時，他覺得自己有多麼幸運。他說：「我的意思是，我不敢相信我找到了它，你能相信嗎？」

「不，我不能」我告訴他，並朝阿萊娜瞥了一眼。

金姆拿給班傑明一片壽司，然後啜了一口用假身分證買來的日本清酒，便開始聊起音樂。「新浪潮。強勁的流行音樂。原始風格的背景音樂。全是狗屎！只有鄉村搖滾音樂才是貨眞價實。我指的不是那些娘娘腔《迷途小貓》，而是眞正的鄉村搖滾音樂。我要在4月份去紐約確定一下鄉村搖滾音樂會的地點。我不太確定是否在那兒舉行，也許是在巴爾的摩。」

「對，巴爾的摩。」我說。

「對，我也喜歡鄉村搖滾樂。」金姆說，一邊擦她的手「但我依然看好《鮮麗皮毛》，也喜歡《人類聯盟》的新歌。」

班傑明說：「《人類聯盟》過時了，結束了，完了。你不知道現在流行什麼，金姆。」

金姆聳聳肩。我不知道迪米特里在哪兒；也不知道傑夫是否仍和某個衝浪運動員在馬里布某地隱匿。

「不，我的意思是，你眞的不知道，」他繼續說道。「我敢打賭，你甚至沒讀過《臉》這本書。你應該讀。」他點燃一支丁香味的香煙，「你應該讀。」

「你爲什麼必須這樣做？」我問。

班傑明看著我，用手指順他向後梳攏的頭髮，說：「否則你會感到厭倦。」我說我猜也是這樣，然後與金姆約定今天稍晚和布萊爾在她家與她會面，接著我回家和媽媽一起出去吃晚飯。當我吃完飯回到家後便沖了很久的冷水澡，坐在浴室的地上，讓自上而下的水流衝過我的全身。

我開車到了金姆家，發現布萊爾正坐在金姆的房間裏，把從傑森商場得到的購物袋頂在頭上。當我走進去時，她渾身緊張，受了驚嚇，探過身子把立體音響關掉。「是誰？」

「是我，」我告訴她，「克萊。」

她把袋子從頭上放下，笑了，並告訴我她在打嗝。在布萊爾腳邊有一隻巨犬，我俯下身去摸狗的頭。金姆從浴室裏出來了，從布萊爾嘴裏抽出香煙，吸了一口後扔在地板上。她重新打開音響，是王子的某一首歌曲。「天啊，克萊，你看起來像毒癮又發了，還是怎麼了，」布萊爾說，又點燃了另一支煙。「我剛和我媽媽一起吃過晚飯，」我告訴她。那隻狗用爪子把煙弄熄，然後把它吃掉了。金姆提到一位過去的男友，曾嗑藥嗑得一塌糊塗「他嗑藥，6個禮拜清醒不了。他父母把他送到瑞士去了。」金姆轉向正在看著那隻狗的布萊爾說道。那隻狗吞下了剩下的香煙。

「我穿得夠輕鬆吧？」金姆問我們。

布萊爾點點頭並叫她把帽子拿下來。

「我應該拿下帽子嗎？」金姆猶豫地問我。

「當然。爲什麼不呢？」我嘆口氣並坐在金姆的床上。

「聽著，現在時間還早。我們何不去看場電影？」金姆說著，朝鏡子裏望了一望，並把帽子拿了下來。

布萊爾站起身並說：「這是個好主意。在上映什麼電影？」

那隻狗咳嗽一聲，又開始吞嚥。

80年代滑頭小鬼小説中的3位主要先驅人物在1988年的一次聚會上：麥金納尼，亞諾維茨，及埃利斯。

「你有一種能看得見輻射的印象。許多束閃爍的光線四處跳躍，物質發出熾熱光芒，有點像是煙火。」

—— 梅傑·列昂尼德·捷利亞特尼科夫，車諾比消防小組組長

年度焦點

車諾比事故

1 1986年4月的一個早上，瑞典一核電廠的技術人員率先注意到周圍的空氣中出現高得不正常的輻射。經過檢查卻未發現核子外洩。當天下午，丹麥、挪威和芬蘭的監控站也發現類似情況。人們注意到當時吹來的是東風。驚恐的科學家意識到，在波羅的海以外的某地，一場前所未有的大災難已經發生

一位技術人員走近燒毀殆盡的車諾比反應爐。

了，亦即一場大規模的核熔化事件。發生事故的確切地點一直不為人所知。直到當天深夜，蘇聯電視台用寥寥數語宣佈「車諾比核電廠發生一樁意外。」

事實上，這次在烏克蘭核電廠發生的事故早在幾天前就已發生了。但即使在米哈伊爾·戈巴契夫的新開放政策下，蘇聯政府不願透露令其尷尬新聞的傳統還是佔了上風。車諾比4個反應爐中的一個發生了爆炸，將一億居里的輻射噴入大氣中，這比從美國賓州三哩島釋放出來的核子輻射多600萬倍（在車諾比事件前，這是世界上所發生最嚴重的核電廠事故）。核電廠燃燒了兩週，試圖阻止外洩的最初努力皆徒勞無功。31人立即死亡，大部分是患了輻射病；13萬5千人從面積777平方公里的地區撤離（一些人直到幾星期之後才撤出來）。車諾比周圍32公里之內的農場和地下水都受到嚴重污染，更遠的地方也同樣受到了影響：在斯堪地那維亞，人們發現牛奶中所含的輻射量是正常水準的15倍；在歐洲其他地方，受污染的農作物不得不銷毀。這次核熔化產生的劇毒影響將禍延不止一代。專家估計導致癌症病例的總數大約是4萬，可能有6500人將因此死亡。

人為疏失與設計不當造成這次事故。技術人員坦承若事先能做好安排，後來連串錯誤所產生的破壞性將不會那麼大；核電廠也缺乏對操作錯誤進行補救的適當安全控制。核熔化事件使得西歐對原本30%核能發電的政策重新評估，但是卻幾乎沒有什麼政策上的變動。儘管目前核能很明顯地具有危險性，卻依然被認為比化石燃料安全（當正確管理時）和乾淨（儘管輻射廢料的銷毀問題還未解決）。◀1979（7）

災難

「挑戰者號」爆炸

2 數以百萬計的美國人以驚恐的心情在電視機前觀看著太空探險史上最嚴重的災難反覆地重播，並在民眾心頭蝕刻成國家的集體記憶：1986年1月28日，「挑戰者號」太空梭在佛羅里達州的開普卡納維拉爾做一次似乎是例行的飛行。它是有9次成功飛行記錄的太空梭，然而就在起飛73秒後，卻在海拔不到16公里的空中爆炸。當太空人座艙墜入海裏時，爆炸產生的兩股濃煙意味機上所有7名成員的死亡。指揮官法蘭西斯·斯科比和他的駕駛員麥可·史密斯；經驗豐富的任務專家鬼塚、隆納德·麥克奈爾和朱迪斯·雷斯尼克；還有新手喬治里·賈維斯及克莉絲塔·麥考利夫。其中，麥考利夫是新罕布夏的學校教師，在全國性的「太空中的教師」競賽中奪魁，也是第一位獲准參加太空任務的普通公民。

「挑戰者號」太空梭在一陣硝煙裏消失在地面上人們的視野中。

在此悲劇發生的5個月後，政府調查委員會判定這次事故是可以避免的。工程師很早就提出警告，指出這架太空梭的一個重要零件有錯誤，即一組被稱作O形環的密封墊，是用於密封火箭推進器間的連接處。但是美國國家航空暨太空總署卻不做修正，執意按原計畫發射「挑戰者號」（上一次飛行任務被延遲過好幾次）。「挑戰者號」本身也被耽擱了4次，任務控制小組對零度以下的低溫會進一步地削弱O形環的危險性置之不理，做出致

命決定。結果，密封墊破裂，釋放出點燃主燃料箱的火燄。

幾位太空人對以犧牲安全作為權宜手段的太空發射計畫感到憤怒，而退出該項計畫。美國國家航空暨太空總署許多高層職員被更換，太空梭飛行計畫也被迫暫時終止直到1988年。翌年，美國國家航空暨太空總署宣佈，平民不得加入太空梭成員的行列。◀1981（12）▶1990（12）

菲律賓

「人民力量」革命

3 1986年2月，一股強大的反對運動壓力（以及來自共產主義游擊隊和美國國務院的壓力）迫使斐迪南·馬可仕在菲律賓舉行了17年以來第一次競爭激烈的總統選舉。這位身體不適的獨裁者面臨一位強勁對手：科拉蓉·艾奎諾夫人，她是已罹難的反對黨領袖貝尼奧·艾奎諾的遺孀。她不露鋒芒、充滿理想且深受民眾愛戴。馬可仕以舞弊手段贏得選舉，但失去了他的國家。

在這次不公正的選舉之後，艾奎諾夫人號召群眾進行公民反抗運動。幾天後，胡安·龐塞·安利爾和菲德爾·羅慕斯將軍領導軍事政變，佔據馬尼拉的兩個軍事基地。在與政府不分勝負的情況下，他們放棄原本的政變目的轉而支持艾奎諾。上千名沒有武器的老百姓包圍軍營，保衛反馬可仕的軍隊，擋住前來鎮壓起義的坦克車。「人民力量」革命（艾奎諾夫人的說法）立刻擴展到全國各地。

除了起義者朝一個忠於馬可仕的空軍基地和馬拉卡蘭宮（總統官邸）發射了幾枚火箭，幾乎沒有發生其他戰事。然而在起義開始幾天之後，馬可仕及其隨從人員就逃往夏威夷。歡騰的群眾衝進宮裏，發現被驅逐的「竊盜狂」許多罪證，最惡名昭彰的是馬可仕之妻伊美黛竟有1060雙鞋。

艾奎諾夫人立刻釋放政治犯並恢復民主機制的運作。而她與共產主義者的談判則促成停火協議，這

「我希望能昂首而問心無愧地被歷史記錄下來。因此，我決定將國家的命運託付給海地的武裝力量。」
—— 尚-克勞德「娃娃醫生」杜華利最後一次的全國演講

反馬可仕的菲律賓人在馬尼拉舉行集會。

是近20年來的第一次。但革命的喜悅很快便消逝。政府在社會政策和經濟政策上走向分裂。馬可仕黨羽手中依然保留重要權力（有時還得到私人軍隊的支持）。艾奎諾夫人常顯露政治經驗的不足，並違背對窮人的承諾。左派分子再度暴動。1992年之前，新生的民主政府已歷經7次右派分子的政變陰謀，其中一次是由安利爾將軍策劃。那一年，艾奎諾夫人決定不參加下屆總統選舉，轉而支持國防部長羅慕斯競選總統。後來，羅慕斯輕易當選總統。◀1983（2）▶1989（邊欄）

加勒比海地區
「娃娃醫生」被廢黜

④ 1986年2月的一個晚上，人民起義將尚-克勞德·杜華利趕出海地。這位獨裁者讓美國護衛在機場等了兩小時，他卻在家裏舉行香檳告別晚會，這種傲慢輕浮就是杜華利政權的特徵。他是從1971年開始統治，父親法朗索瓦在臨終前把終身總統的地位留給當時年方19歲的他。起初，「娃娃醫

生」（年老的杜華利則是「爸爸醫生」）釋放一些政治犯，並放鬆對新聞界的限制。但大量的外援並未能抵抗腐敗及管理不當所造成的經濟效應。當杜華利在1980年娶了一位海地黑白混血菁英分子（廣招人怨的特權階級，該階級的特權曾遭他父親刪減）的女兒為妻之後，民憤更加激烈，鎮壓也加倍殘酷。當他的妻子將這個半球上最貧窮國家的資金揮霍在上百萬元的巴黎狂熱購物時，民眾的憤怒便一發不可收拾了。

從1984年就開始出現斷斷續續的不穩定狀態。杜華利向來自美國和天主教會的壓力屈服，修改憲法並將政黨合法化。但在1985年「通頓斯·馬庫特斯」（老杜華利所建立的恐怖私人特務組織）的暴力恐嚇阻礙了憲法公民投票之後，就沒有再舉行過選舉。全國各地到處都有示威遊行，有幾次還動用槍彈來驅散人群。旅遊業和外國投資縮減。最後在美國官員指出他的政權已瓦解之後，「娃娃醫生」才逃到法國，由一個軍人和文人合組的執政團掌權。杜華利王朝歷經29年的統治，最後終告崩潰。

在接下來爆發的憤怒中，24名「通頓斯·馬庫特斯」隊員被處以私刑（這個團體隨後轉入地下），暴民將著名的杜華利家族財產洗劫一空，包括「爸爸醫生」的陵墓。執政團首領亨利·納菲中將為使暴民平靜下來，答應實施選舉並保證「對人權的承諾」。但是自由並沒有很快就來臨，即使到來了也不會持久。◀1957（3）▶1990（13）

反杜華利的抗議者舉起一副棺材，上面寫著：「尚-克勞德肥豬」。

外交
雷克雅維克高峰會

⑤ 1986年秋，在冰島雷克雅維克舉行的超級強國高峰會議（這是蘇聯總書記戈巴契夫和美國總統雷根的第一次會晤），以雙方領袖互控對方破壞談判而告終。這次談判因一種不尋常的自發性而饒富活力，但是卻因雙方都缺乏準備而遭破壞，淪為一場譁眾取寵的事

戈巴契夫和雷根在雷克雅維克。

件。不過卻促成了軍備管制的氣氛：戈巴契夫決心削減軍備以重振蘇聯經濟。

在一次私人的、一對一的會晤中，兩位領導人幾乎達成最後的協議：同意結束原子大決戰的威脅。雷根說：「如果我們能廢除一切核子武器的話，我將感到很高興。」「我們能做到這一點。」戈巴契夫表示贊同。但是他們的烏托邦式和平希望被雷根同樣不切實際的戰爭計畫所破壞，即龐大的「戰略防衛計畫」（簡稱「星戰計畫」）：建立一個以太空為基地的衛星和飛彈「防護罩」，使美國免於飛彈攻擊的威脅。戈巴契夫希望戰略防衛計畫被限制在實驗室裏，作為解除蘇聯核子武器庫存的交換條件。雷根拒絕了。雷克雅維克這種「零和」的氣氛，使得彼此間不可能讓步，雙方最終空手而返。

相對而言，1987年的會談則較冷靜且具成效。該年底，美國和蘇聯領導人簽訂第一個協議，同意縮小雙方境內核子軍械庫的規模。諷刺的是，星戰系統唯一的實際效用，就是將它視為討價還價的籌碼。在星戰計畫預計花費10年和300億美元，美國國會在1993年扼殺此一計畫。◀1983（當年之音）▶1987（10）

逝世名人錄

哈羅德·阿倫　美國作曲家
德西·阿納茲
古巴裔美國演員及電視製作人
西蒙·波娃　法國作家
約瑟夫·博伊於斯　德國藝術家
列恩·畢亞斯　美國籃球球員
喬治·路易斯·波赫士
阿根廷作家
羅伊·科恩　美國律師
布羅德里克·克勞福德
美國演員
馬塞爾·達騷　法國飛機設計師
尚·紀涅　法國劇作家
本尼·古德曼　美國爵士音樂家
卡萊·葛倫　英裔美國演員
埃維里爾·哈里曼　美國政治家
羅恩·哈伯德
美國作家及宗教領袖
克里斯托弗·伊休伍德
英裔美國作家
烏爾霍·吉科寧　芬蘭總統
雷蒙德·洛伊　法裔美國設計師
哈羅德·麥克米倫　英國首相
伯納德·馬拉默　美國作家
文生·明尼利　美國製片
亨利·摩爾　英國雕塑家
阿爾瓦·米爾達
瑞典社會學家及外交家
喬治亞·歐基芙　美國畫家
奧洛夫·帕爾梅　瑞典首相
奧托·普雷明格
奧地利裔美國製片
海曼·里科弗　俄裔美國將軍
阿爾伯特·森特-哲爾吉
匈牙利裔美國生物化學家
杜聰明　中國醫學家
西奧多·懷特　美國作家
泰迪·威爾遜　美國音樂家
葉劍英　中共軍事將領

1986

畫與雕塑：《藍色筆法的壁畫》羅伊·利希滕斯坦；《腿》路易絲·布爾茹瓦；《沒有標題的'88》唐納德·賈德　電影：《前進高棉》奧利佛·史東；《漢娜姐妹》伍迪·艾倫；《異形》詹姆斯·卡麥隆；《戀戀山城》克勞迪·貝里；《塔布布》朱佐·哈米　戲劇：《燃燒》蘭福德·威爾遜；《海岸邊的騷動》蒂娜·侯艾；《受縛的百老匯》尼爾·賽門；《回憶中的女人》阿蘭·艾克本　電視：《洛城法網》。

「我們這一代的其他人生存在機械戰中、恐懼中以及努力求生存中。」
— 華德翰

1986年新事物

- 強制性住屋改建（羅德島）
- 美國桂冠詩人（羅伯特·佩恩·華倫）

- AZT（疊氮胸甘）得到美國食品藥物管理局核准的抗愛滋病新藥面世
- 美國食品藥物管理局核准使用遺傳工程上的B型肝炎預防疫苗
- 西班牙和葡萄牙加入歐洲共同市場

美國萬花筒

魏斯的赫爾加圖集

安德魯·魏斯早先最為人所知的是他1948年所畫的《克里斯蒂娜的世界》，以及一種傳達出深度憂鬱感的寫實主義風格。

1986年，華盛頓國家藝廊展出他239幅赫爾加圖集的作品，再度轟動藝術界。魏斯暗地裏畫這位神祕女子（他在賓州鄉村居住時的鄰居）已有多年，但除他妻子外，直到最近其他人才知道這些畫的存在。◀1948（邊欄）

跑道上的巨人

威利·休梅克身高150公分，54歲，成為肯塔基德貝賽中年齡最大的賽馬騎士冠軍。5月3日，他在一年一度的玫瑰賽馬中騎著不被看好的斐迪南奪得了勝利。一年前，休梅克已成為第一位獲得職業獎金超過一億美元的騎士。◀1977（13）

伯格法官退休

隨著首席法官沃倫·伯格於7月退休，美國最高法院便急遽右傾。雷根總統提名法院裡最保守的副法官威廉·倫奎斯特來接任沃倫·伯格（他本人非自由主義者）。倫奎斯的職位則由一位相當保守的上訴法官安東尼·斯卡

中東

美國轟炸利比亞

6 沒有哪一位世界領袖比穆阿馬爾·格達費更激烈地咒罵美國，也沒有誰比他更公開地稱讚恐怖組織。國際制裁和中央情報局的破壞行動無法驅逐或改變他的做法。雷根曾因得不到利比亞與一場特定恐怖活動有關的明確證據，而猶豫是否動用武力來對抗這位利比亞強人。證據終於在1986年4月得到了。當時，西柏林一家迪斯可酒吧發生爆炸案（可能是針對美國軍機最近在錫德拉灣轟炸利比亞砲艇所做的報復），一名美國士兵與一名土耳其婦女死亡，230人受傷。美方聲稱已截獲格達費發給東柏林的利比亞大使館之訊息，確定他的罪行。兩週後，150架飛機襲擊利比亞。這是自二次大戰以來美國實施最大規模的單獨轟炸行動。

這次空襲的主要目標集中在格達費所居住的的黎波里軍營。自從1976年以來，美國法律禁止暗殺外國領袖，但空襲又是另一回事。儘管40位平民（包括格達費尚在強褓中的女兒）在這次空襲中死亡，這位獨裁者卻安然無恙地逃走。

美國還面臨其他令人失望的事。儘管英國允許美國使用其機場，其他大部分的盟國卻反對這種做法。法國和西班牙拒絕讓美國軍機飛越領空，迫使美國軍機不得不繞道而行，歐洲則提出強烈抗議。同時，恐怖主義依舊持續著，毫無

在的黎波里的一場彌撒葬禮中，一位為美國轟炸受難者抬棺的人作出「勝利」手勢。

衰減：幾天之內，在黎巴嫩，1名美國人質和3名英國人質被殺害以作為報復；倫敦、巴黎和維也納也發生爆炸事件。事實上，人們都知道敘利亞和伊朗較利比亞更支持恐怖主義，只是他們在軍事和外交的政治影響力使之成為更令人生畏的敵人。◀1981（3）▶1988（4）

奧地利

一位總統的納粹史

7 經歷了包括擔任聯合國秘書長（1972－1982）在內的40年政治生涯，庫爾特·華德翰對「你在戰爭中做過些什麼？」這個問題已建構好一篇說明自己無罪的傳記。他說從來沒加入過納粹，只

是在德奧合併後曾被徵召入伍為德軍，但是在1941年負傷之後就回到法律學校。然而在1986年，當華德翰成為奧地利右派人民黨的總統候選人時，新發現的一些文件揭露出一段不利於他的歷史。原來他不僅在1938年加入納粹學生組織，並在1942年和1943年出任參謀軍官，屠殺南斯拉夫公民並遣送數千名希臘猶太人到死亡集中營。

華德翰聲明與納粹的關係純然是實際主義的。起初，他否認知悉戰爭中的罪行（這些罪行曾使他的

指揮官在1947年被處決），之後他抗議：「僅僅知道此事並不構成犯罪。」這番迴避引起全世界的同聲譴責，但奧地利同胞則相當維護他。儘管過去許多奧地利人與希特勒有過勾結，但現在他們卻以1943年簽訂的一項盟國宣言說明奧地利也是納粹侵略的受害者。許多人同意華德翰競選文宣中所說的，世界猶太協會正引導一場反奧地利的「心理恐怖」運動。幾乎所有奧地利報紙都支持華德翰。（一家小報還刊載了反閃族的漫畫。）甚至他的社會主義對手也意識到這種公眾情緒，不再大肆利用該醜聞作文章。6月，華德翰以54%的選票獲得勝利。

儘管雷根寄上祝賀函，這位奧地利新總統還是被禁止訪問美國，並受到許多歐洲領導人的排斥。以色列也召回駐維也納大使。越來越多的奧地利人要求他們的領導人辭職。但華德翰還是完成了他6年的任期，並決定不參加1992年的競選。◀1938（2）▶1993（7）

美國

伊朗軍售醜聞案

8 1986年11月，一份黎巴嫩雜誌揭露一項令人震驚的事件：雷根政府曾向伊朗出售飛彈。這樁祕密交易的非法目的在迫使黎巴嫩親伊朗的游擊隊釋放美國人質；此外，這還違反雷根常聲稱的原則，即不與恐怖分子談判並孤立其支持者。幾週後，司法部長埃德溫·米茲又投下一枚更大的炸彈：涉案的美國官員已把軍火交易收益中的百萬美元撥來支援尼加拉瓜反革命游擊隊。這抵觸了1984年通過的博蘭修正案，該修正案禁止給予反革命游擊隊軍事援助。雷根的直接介入是一項應予彈劾的罪行。

米茲聲稱，海軍中校奧立佛·諾斯（他同時也是國家安全委員會的副官）獨自主導該軍售案。諾斯被革職，他的上司國家安全顧問約翰·波因德克斯特亦辭職。但接下來所進行的調查，不論是由國會、或總統指定的托爾委員會，或由一

體育 棒球：世界大賽，紐約大都會隊以4勝3負擊敗波士頓紅襪隊　美式足球：超級盃，芝加哥熊隊以46:10擊敗新英格蘭愛國者隊　籃球：NBA，波士頓塞爾提克隊以4勝2負擊敗休斯頓火箭隊　拳擊：邁克·泰森贏得世界重量級拳王稱號　高爾夫球：傑克·尼克勞斯第6次在優秀選手賽中獲勝　足球：世界盃，阿根廷隊（迪雅哥·馬拉度納率領）以3:2擊敗西德隊。

「如果總司令要我這位中校站在角落裏並表演倒立，我會照辦……如果他決定開除
我……我將驕傲地上前致敬，並說謝謝您……，然後離開。」
　　　　　　　　　　　　　　　　　　　　　　　　　　　　　　　──諾斯

名特別執法官勞倫斯·沃爾什所執行者，皆證明米茲的說詞不實。中央情報局、國家安全委員會以及幾個雷根的內閣成員（包括副總統喬治·布希）都受到牽連。

公眾對仍廣受歡迎的雷根的信任已經動搖。從好處想，他是疏忽了；往壞處想，他參與了犯罪陰謀。1987年，他承認曾鼓勵各方對反革命游擊隊給予私人援助；至於同意軍售伊朗的事，他說：「單純

白宮稱諾斯為「不精準的大砲」，以反駁他的說詞。

不過的事實是，我不記得了。」

諾斯沒有這樣的記憶失落。在電視轉播的國會聽證會上，這位海軍陸戰隊員以充滿愛國激情的言詞迷惑許多美國人。但在吹噓其對上司之忠誠時，諾斯指出一系列由上級所下的命令。他表明：「我以爲我從總統那裏得到授權。」

1989年，諾斯接受了伊朗軍售案中諸多重罪的首項。（後來一上訴法庭撤消關於一個技術性的許多判決。）雷根未被指控有罪；而對其他官員的起訴則一直延宕到1992年，布希（雷根的繼任者，那時已成爲跛腳鴨總統）在最後6名官員將受審前予以赦免。◀1984（3）

環保
萊因河的災難

9 1986年11月，瑞士巴塞爾附近的聖道斯化學工廠失火，造成歐洲近10年來最嚴重的環境災難。幾條救火水管將大約30頓的有毒物質沖入萊因河，其中包括32種殺蟲劑、殺菌劑及農業化學製品。幾小時之內，河流承受了通常要累積一年才會達到的污染程度。

儘管這次災難沒有造成人員傷亡，但水中生物死傷驚人。成頓的

在一幅德國漫畫中，一人控告德國化學公司扼殺了萊因河。在文字說明裏的另一人回答，「胡說，瑞士人早已那麼做了。」

死魚從河中被撈出，倖存下來的也已傷痕纍纍。毒素流往下游，一路造成河水中大量微生物的死亡，包括許多形成萊因河食物鍊最低層的水跳蚤。萊因河近322公里的水域幾乎已不適合任何生物生存，預計要10年的時間才能將情形復原。

以萊因河爲邊界的瑞士、法國、西德和荷蘭等國禁止捕魚，並關閉閘門以阻止污染流入境內的河流和地下水，以卡車供應飲用水。整個西歐爆發了示威遊行；在巴塞爾的一次公眾集會上，抗議者用死鰻魚和盛著河水的瓶子痛砸那些市政官員和一名聖道斯化學工廠的代表。瑞士作爲環境保護先進國家的聲譽受到嚴重破壞，它被控告沒有遵守安全規定。最後，瑞士承認要負起此次化學製品外洩事故的責任，並同意對鄰國提供賠償。

這次災難的唯一受益者是西德主張環保的綠黨，在號召採取強力措施（改採較安全的化學製品；並將傾倒有毒物質於河中的人送進監獄）來保護河流後，獲得更廣泛的支持。◀1983（5）▶1989（13）

藝術
普普藝術的民粹主義

10 80年代藝術的蓬勃發展使得藝術可能成爲另一種商品，同時也使藝術家一夕成名。紐約藝術家基思·哈林以粗線條刻畫色彩鮮明的嬰兒和狂吠的狗兒。這種特殊的表現手法使他聲名大噪，

身價暴漲。1986年，哈林公然地跨越介於藝術與商業之間那條總是難以界定的界線：他開了一家零售店。哈林的普普藝術商店座落在流行的蘇活區，出售T恤、鈕釦、冰箱磁鐵等並不昂貴的商品，這些商品上裝飾著他胡亂塗寫的文字。哈林被指責是唯利是圖的叫賣小販，但他卻認爲自己正在「打破高級藝術和低級藝術之間的藩籬」。這是他職業生涯中追求的一項目標。

哈林一開始是個「塗鴉藝術家」，用粉筆將心中的圖像畫在地鐵站的牆上，甚至在藝廊把5位數價格的標籤貼在油畫上時，他仍這麼做。他之後的藝術創作仍保留其民粹的傾向：他爲反毒和愛滋病研究宣傳活動創作，在市中心的藝術講習班任教，並在柏林圍牆上畫了一幅和諧的壁畫，不過這幅畫很快就被一位德國藝術家以黑色顏料蓋過，因爲該藝術家覺得其歡樂色調與該壁不適合。◀1982（10）

利亞來繼任。參議院批准了這兩項任命。▶1991（當年之音）

心手相連

5月25日，約600萬人手拉著手，形成一條從紐約延伸到加州長堤的人鍊（除少數幾段因沙漠而被阻隔開以外）。這次被稱爲「心手相連」的活動是爲了籌募資金並喚起民眾意識，以對抗無家可歸的現象。

自由女神的100歲生日

在一次歷經3年、耗資7000萬美元的修復工程之後，自由女神像終於可以在7月4日豪華地歡度她的100週年紀念日。紐約港的這座龐然大物是1886年法國總統格羅弗·克利夫蘭捐贈給美國的。

7月3日在雷根總統重新點燃女神像的火炬之後，旋即開始了這場生日。◀1976（邊欄）

邁向仙境

保羅·賽門1986年的專輯《仙境》，將新奧爾良的齊德科樂團（搖滾多普西）、墨西哥－美國搖滾樂團（洛斯·洛伯斯）、南非合唱小組（雷迪史密斯·布萊克·曼巴宙）、南非白人樂器演奏家（莫里斯·戈爾德貝格）、塞內加爾流行歌手（尤索·尼杜爾）、艾維斯·普雷斯萊的靈魂樂以及其他國際藝術家之間的特徵勾勒出來，形成一場跨文化的轟動大事。許多流行音樂評論家把《仙境》奉爲「80年代的專輯」。◀1982（邊欄）

古柯鹼受害者

6月19日，馬里蘭大學的一名全美籃球運動員列恩·畢亞斯由於服用過量古柯鹼而死亡。畢亞斯即將成爲NBA籃球明星，之前他還因爲在NBA大學球員選秀會中得到波士頓塞爾提克隊的第一輪提名，而參加了一場慶祝聚會。他的死引起了社會大眾對運動員濫用毒品的廣泛注意。

◀1985（8）

1986

「一個鋼琴家當他在彈奏巴伯的作品時，可以是一名優秀的美國人；當他在彈奏蕭邦的作品時，可以是一名優秀的波蘭人；當他在彈奏柴可夫斯基時，可以是一名優秀的俄國人……鋼琴家是世界公民。」 ——霍洛維茲

環球浮世繪

誰殺害了奧洛夫·帕爾梅

2月28日晚間，當瑞典首相奧洛夫·帕爾梅（他同時也是著名的和平主義者）與妻子利斯貝思在看完電影回家時，於斯德哥爾摩

的街道上被一名持槍歹徒殺害。他是自1792年以來第一位被謀殺的瑞典國家元首。警方懷疑國際恐怖集團中的某些成員和帕爾梅謀殺案有關，但是凶手卻一直沒有被逮捕歸案。◀1976（2）

尼奧斯災難

8月21日，尼奧斯附近的尼奧斯湖噴出一股致命的二氧化碳氣體，給喀麥隆的這個偏僻山村帶來了一場詭異的自然災難。這股毒氣在尼奧斯及附近的村落上空盤旋不去，一夜之間幾乎奪走了所有村民的生命，總共1700多人。由於事後匆忙掩埋屍體以防止疾病的傳播，軍隊無法做出確切的死亡人數統計。

高溫下的超導性

1月，瑞士物理學家亞歷克斯·穆勒及其德國夥伴約翰尼斯·喬治·貝德諾爾茨宣佈他們發現了一種物質，其轉變溫度較高，也就是在這溫度下，物質會失去電阻（處於一種稱為超導性的狀態）。1911年荷蘭物理學家海克·卡默林·翁內斯在攝氏零下268.8度的低溫下發現了超導性；穆勒和貝德諾爾茨（後者後來獲得諾貝爾獎）發現一種陶瓷金屬氧化物質，它的轉變溫度是攝氏零下196度，提升的幅度非常可觀。翌年，美國物理學家保羅·楚發現了另一種相似的化合物質，它能在攝氏零下179度產生超導性。超導體可用於創造巨大的、能量充分的磁場；在其他方面的應用還包括高效能的電腦、核熔合反應器及發電。◀1911（2）

克勞福德（左）與布萊曼在倫敦演出《歌劇魅影》。

戲劇

一個英國人進軍百老匯

11 1986年，音樂劇院繞了個圈又回到原點。本世紀初，逃避主義風格的英國花俏戲劇佔盡上風；本世紀末，它們再一次獨領風騷。至於世紀中間的那段時間裏，羅傑斯和哈默施坦因、傑羅米·克恩、歐文·伯林和科爾·波特主導了抒情劇壇。但是到了80年代，一般受歡迎的美國作曲家開始創作搖滾樂而非百老匯歌曲；而諸如史蒂芬·桑德海姆所堅持的作品對大眾來說常過於深奧。此時，一位英國人——安德魯·洛伊·韋伯走進百老匯，將百老匯的華麗、歌劇、流行搖滾樂、技巧炫目和庸俗融爲一體，因而成爲劇院史上最成功的作曲家。1986年10月在倫敦西區首演的《歌劇魅影》（1988年搬到百老匯表演）是韋伯的經典之作。

韋伯是倫敦音樂學院院長的兒子，《約瑟夫和神奇彩衣》一劇使他在1968年首度成名，接下來還有搖滾歌劇《萬世巨星》、《艾薇塔》、《貓》和《星光列車》。劇評家常常嘲弄這些作品爲輕歌劇（全部都是以歌唱演出），毫無創意的旋律、平庸的歌詞以及不具份量的劇本。但它們卻得到觀眾喜愛：1982年韋伯同時在紐約和倫敦成功地演出他的3部作品，在戲劇史上寫下光榮的一頁。

《歌劇魅影》是改編自加斯頓·勒魯的故事，訴說關於一名顏面受損的作曲家對一名年輕女高音鬼魅般的愛慕之情。該劇以驚人的特殊效果而自豪：巴黎一個頹敗的歌劇舞台頃刻間變得富麗堂皇；舞臺上的湖面升起蠟燭；巨大的枝形吊燈飛過劇院觀眾的頭上，最後墜落在女主角（由韋伯當時的妻子莎

拉·布萊曼飾演）身邊。音樂相當耳熟能詳，評論家說是受了浦契尼和披頭四音樂的影響，但是《歌劇魅影》中一首浪漫的詠唱調《夜晚的音樂》（由麥可·克勞福德演唱），觀眾的反應平平。《歌劇魅影》在首演後的10年中，仍是一齣觀眾滿座的戲劇。◀1975（12）

文學

索因卡獲頒諾貝爾文學獎

12 1986年，奈及利亞人沃萊·索因卡成爲獲得諾貝爾文學獎的第一位非洲黑人。奈及利亞政府承認該獎項的重要性，並頒給索因卡最高榮譽。

對這位在英國受教育的作家來說，這種官方的認可還是第一次。在動盪不安的60年代，即奈及利亞獨立的頭10年，索因卡由於從事政治活動而兩次入獄。第二次入獄是因爲在比亞夫拉衝突中，受人誣陷從事軍火走私而被單獨監禁了22個月。事實上，他極力主張和平，雖然是約魯巴人，卻反對針對伊博族脫離主義者所發動的種族滅絕戰爭。甚至在狹窄的牢房裏，索因卡還是設法寫作，在衛生紙上寫詩和信，然後偷偷將它們送出監獄給等待的讀者。

索因卡以英文寫作，常將宗教儀式、諷刺詩文、高尚悲劇和從歐洲及約魯巴神話中擷取的元素結合起來。儘管索因卡的自傳作品（最著名的是監獄回憶錄《死去的人》）和詩歌、小說及散文一樣受到讚賞，但他主要還是一名劇作家。他創設表演公司，並在艾芙大學任戲劇系系主任；其戲劇在紐約和倫敦的主要劇院不斷上演。作爲勇於面對非洲和西方弊端的觀察者，索因卡在《森林舞蹈》（1960）中戳穿了伴隨奈及利亞獨立而來的陶醉感；以《死亡和國王的騎士》（1975）攻擊英國的殖民主義；並以《巨人的一場戲》（1984）譏諷非洲獨裁者（以及超級強國對他們的態度）。◀1958（12）

音樂

霍洛維茲榮歸故里

13 1986年4月，弗拉基米爾·霍洛維茲（也許是本世紀最偉大的鋼琴家）趁著戈巴契夫的改革，重返逃離了61年的故鄉。

霍洛維茲於1904年生於基輔，1925年逃出蘇聯。在歐洲已是明星的霍洛維茲，在1928年與紐約交響樂團合作的首次登台演出就受到美國人矚目。他在該音樂會上與傳說中很難相處的指揮家托馬斯·畢勤搭檔。霍洛維茲在彈奏一首柴可夫斯基的作品時速度加快，而畢勤卻慢了下來；結果他比交響樂團的其他人提前4個小節結束，引起觀眾的熱烈掌聲。完成音樂會的計畫後，與阿圖羅·托斯卡尼尼的女兒閃電結婚（這婚姻維持56年），一連串的隱退和復出使霍洛維茲數十年來在公眾的注意中若隱若現。在他的蘇聯同胞心中，口碑以及他的唱片銷售成績都確保「大草原上的旋風」並沒有爲人遺忘。

在克服了幾種令人衰弱的疾病後，霍洛維茲在1985年重新復出。復出的高潮便是他衣錦還鄉，部分原因也是想在過世前再看看俄國。他在莫斯科音樂學院的大廳做首場表演，再列寧格勒舉行第二場音樂會。這位浪漫主義代表人物用他的招牌平指彈奏技巧爲熱淚盈眶的俄國聽眾彈奏舒曼、史克里亞賓、拉赫曼尼諾夫和蕭邦的作品。許多聽眾爲購買門票而排隊站了一夜。在莫斯科，瘋狂的音樂系學生甚至衝進音樂廳。一位評論家說，霍絡維茲演奏的情緒力量解除了「聽眾肩上的束縛…這是一種近似宗教的體驗。」◀1958（10）

霍洛維茲在列寧格勒舉行了歷史性的音樂會後，向他的樂迷們致意。

諾貝爾獎 和平獎：埃利·魏瑟（美國，爲大屠殺受害者所做的努力） 文學獎：沃萊·索因卡（奈及利亞，小說家） 化學獎：赫施巴赫、李遠哲和波拉尼（美國、美國、加拿大，反應動力學） 醫學獎：麗塔·萊維－蒙塔爾奇尼和史坦利·科恩（美國，細胞生長） 物理學獎：格爾德·賓尼、魯斯卡和羅勒（德國、德國、瑞士，顯微鏡學） 經濟學獎：詹姆斯·布坎南（美國）。

歐普拉的出現

摘自《無家可歸者》，歐普拉脫口秀，1986年12月3日

自1986年9月以芝加哥為主的歐普拉脫口秀晉升成為全國性的企業聯合組織之後的幾個月，感情豐富、自然率直且令人喜愛的歐普拉·溫弗里所主持的脫口秀，無可置疑地成為收視率最高的日間電視節目。如同她的對手菲爾（多納什），薩利·傑西（拉斐爾）及熱情爾多（里韋拉）一樣，歐普拉成了一位大家所熟悉，可直接以名相稱的名人，為日間談話節目提供標準模式，使觀眾熱切地參與其中；而歐普拉更有一種特殊才能，可使每次的談話看起來都像是個私人談話。在1967年開創這種

一位富有同情心而如朋友般的談話節目主持人：熱情洋溢的溫弗里在為1986年芝加哥電視台的節目錄影前問候她的觀眾。

溫弗里： 我下一位嘉賓是非常出眾的。他17年前離開成功的工作、妻子和兩個孩子之後，成為一名沒有報酬的改革鬥士，不顧一切地幫助流浪者擺脫悲慘的境遇。1984年他絕食抗議51天，直到雷根政府同意為流浪者修建一個收容所才終止，之後他得到國家的褒揚。他在絕食期間，除了喝水沒有吃任何食物。在停止絕食抗議之前，他告訴一名記者說，如果在迫使政府修建收容所的過程中有必要的話，他預備獻出自己的生命。今年感恩節，他走上街頭，在國會大廈的廣場前度過一天無家可歸者的生活，並為兩千多名貧困的人準備了一頓特別的晚餐。讓我們歡迎創造非暴力組織社群的領袖米奇·斯奈德先生。

米奇·斯奈德先生，歡迎您今天的到來。看來只要您還在工作，只要您還在為無家可歸者抗議並做些什麼，那麼現在這個國家中無家可歸者的情況就應該已經改變了，是嗎？

米奇·斯奈德： 是這樣的，但在情況好轉的同時它也在惡化。幾乎每一天都有更多的人在夾縫中求生存，更多的人住進了廢棄不用的建築物中並從垃圾桶裏尋找食物……現在街頭上有更多更多的人，那些在街頭流浪的人比自經濟大恐慌時期以來在任何時期所看到的都要多。

溫弗里： 為什麼？發生了什麼事？

斯奈德先生： 我認為，我們所看到的現象是削減預算、經濟衰退和可負擔其價格的房屋幾近消失等種種累積起來的影響。在國家一個又一個的城市裏，沒有可住的地方，你就是找不到地方住而且也負擔不起……

觀眾1： 我只想說說我與一名流浪漢一起工作，而他提到沒有地

談話節目形式的多納什可能會說教性地嘗試把「跳脫衣舞的少年和他們的母親」做成一次討論道德的座談會，里韋拉可能會以單純類似看馬戲心態主持「同性戀少女和她們的母親」的題目，而歐普拉卻傾向於和她的嘉賓們打成一片，泰然自若地討論她的性生活歷史或令她一直困擾的體重增加問題。對上百萬的忠實觀眾來說，她的節目使人有一種與老朋友促膝談心且得到共鳴的感覺。◀1955（當年之音）

方住的情形。我來自杜佩治鎮，在那裏住一間單人房公寓每個月就要花400美元，人們工資少得可憐，所以根本負擔不起。因此真正需要開始改善的是居住狀況，為那些一小時只掙得4美元或5美元的人們提供居所……

溫弗里： 對於能採取什麼措施我感到有些好奇，我的意思是，可以做的難道是走上街頭試圖去解救那些人，而這是我們這些有家的人的責任嗎？

斯奈德先生： 呃，對於這個問題有3種回答。第一種是在個人範圍所能做到的。我們每個人都能做到且應該做到，當下一次看到街頭上的流浪者時，我們至少應該正視他們的存在，向他們問聲好，給他們一杯咖啡或一些食物，做些什麼以示「你是一個人，我關心你。」

第二，我們每個人都有一種身為市民的責任，捲起衣袖投身於這項事業。這意味著去賑濟處、收容所、食物貯藏所或任何極需要人手的地方幫忙。

第三，我們要確認政府（包括國家、地方和聯邦政府，尤其是聯邦政府）已經開始做它應做的事情。至少截至目前為止，聯邦政府仍對美國無家可歸的人們置之不理，逃卸責任並聲稱那是各州和地方的問題。關心此議題的市民現在要告訴國會成員，應該是聯邦政府採取行動的時候了，以滿足那些流浪在這個國家街頭的人們的需要……

觀眾2： 我只想說，如果我們在孩子出世之前還沒有一個家，我們將會失去這個孩子，就是這樣。

溫弗里： 沒有一個家，那你怎麼辦？你們兩個怎麼辦？

觀眾3： 我們在伍德里奇租了一間公寓，現在屋主想賣掉它，因此他限定我們在7天之內離開。我們沒有存下什麼錢，所以我們一直在收容所裏、汽車裏或朋友的家裏，什麼地方都去過了……

溫弗里： 你瞭解他剛才所談到的那種絕望感嗎？

觀眾3： 是的，我瞭解。

溫弗里： 非常強烈嗎？

觀眾3： 是的。有許多人打從心底感到害怕。

溫弗里： 感謝大家。你是否認為我們之中的大多數人因為日子過得相當舒服所以才不瞭解呢？

斯奈德先生： 我認為是因為我們大多數人過於脆弱。當我們看見某人流落街頭時，內心深處會想到我們有可能也會走到那般境地。這是一個很可怕的想法，因此我們不想和它打交道。因此我們把帶來這種想法的人拒之門外。我們就是不想看到外面的流浪者，因為他們使我們想起自己的脆弱。

「你不能同時填飽銀行家和人民的肚子。」
── 巴西勞工領袖雅爾・梅內蓋利

年度焦點

巴西暫停償還外債

1 沒有一個開發中國家所欠的外債多過巴西。當巴西總統何塞・沙尼於1987年2月宣佈巴西停止償還1080億美元債務的利息時，擁有其債權的已開發國家即陷入恐慌。並不是因為沒有巴西每年支付的100億美元的利息，銀行就會倒閉。而是擔心，拉丁美洲最大的幾個債務國（巴西、墨西哥、阿根廷和委內瑞拉）共拖欠外債2850億美元，若它們都仿效巴西的作法，那麼全球金融秩序將遭嚴重破壞。正因如此，幾家主要的美國銀行被迫採取預防措施，把資金轉成應付這筆債務呆帳的準備金，以減少損失。

巴西人則認為這是債權國咎由自取。在軍人獨裁統治的20年間（1985年結束），外國銀行熱切地為統治者的宏偉計畫提供資助。這些將軍修建高速公路、水壩、核電廠和兵工廠，讓這農業國轉變成世界第8大資本主義經濟強國。然而，也有很多計畫從未完成，甚至根本沒順利執行過。為了償還不斷累積的債務，巴西的統治者狂熱地從事出口貿易，但所賺的錢還是連支付外債利息都嫌勉強。國內消費水準急遽下降。儘管國家富裕了，但營養不良和文盲現象仍然很嚴重。不計後果地肆意發展工業和開採自然資源導致生態環境的危機。此外，通貨膨脹也愈演愈烈。

經濟衰退導致抗議事件和暴力鎮壓不時發生。圖中里約的警察驅逐抗議公共汽車票價漲價的示威群眾。

1986年，沙尼為擺脫困境，採取凍結物價、提高工資、放鬆貨幣供應限制的措施，鼓舞了商界和民心，沙尼的政黨也因此贏得11月份的選舉。但不久物資又再度短缺，通貨膨脹率增加一倍。當控制全國過半經濟力量的政府提高國家提供的商品和服務的價格時，抗議風潮於焉爆發。到1987年初，國家貿易盈餘告罄，此時沙尼除了向債權國銀行挑戰外，已別無選擇。

就像祕魯和厄瓜多（這兩國也宣佈延期償還債務）一樣，沙尼發現，不管有無國際銀行催討債務，生存都一樣艱難。當巴西經濟進一步惡化，土地改革的承諾化為烏有，動盪因而不斷加劇，政府只有採取暴力手段來解決問題（最糟糕的事件發生在12月，武裝警察向罷工的金礦礦工開火，殺死100百多人。1988年2月，沙尼讓步，被迫支付3億5000萬美元以結束延期償付債務的措施）。◀1961（7）▶1989（8）

阿里亞斯希望能為這世界上最動盪紛擾的地區帶來和平。

中美洲

阿里亞斯和平計畫

2 哥斯大黎加總統奧斯卡・阿里亞斯・桑切斯試圖利用該國的中立傳統和他的調解才能，為飽經戰亂的中美洲謀求和平。由他斡旋達成的這項協議（1987年8月在瓜地馬拉城，由他和瓜地馬拉、宏都拉斯、薩爾瓦多和尼加拉瓜總統共同簽署）呼籲實現地區性停火、特赦政治犯及簽訂實施國內自由選舉。阿里亞斯這位和平倡議者，不僅是中美洲土生土長的子民，又能公正地把和平組織進程交給受其影響最深的人民來掌控，因而獲得廣泛讚許。而這項努力也使他贏得了諾貝爾和平獎。

儘管這項和平計畫得到諾貝爾獎評定委員會的熱情回應，然而華府的反應卻很冷淡。作為尼加拉瓜反馬克斯主義政府武裝游擊隊的支持者，雷根政府寧願支持反對派繼續戰鬥，直到推翻執政的桑定陣線。雷根要求另外撥款2億7000萬美元援助尼加拉瓜反革命武裝游擊隊，此舉普遍被認為是要瓦解這一脆弱的中美洲協議，但遭到了國會的拒絕。1988年1月，尼加拉瓜總統丹尼爾・奧特加宣佈單方面停火，同時放寬了新聞審查制度，釋放政治犯。這些作法受到阿里亞斯和平計畫各簽訂國的歡迎，被視為是奧特加信守承諾，力圖紓緩該地區緊張情勢的明證，然而白宮卻以「粉飾太平」為由全盤否定。

奧特加和反對黨領導人在2月舉行談判，這是尼加拉瓜爆發內戰7年以來，敵對雙方第一次直接會商。而它也註定要失敗。桑定陣線堅持要反對派放下武器，但反對派領導人甚至拒絕考慮停火，除非桑定陣線同意與其共享政權。即使是在會談進行期間，美國中央情報局也還繼續為反革命部隊提供武器。雷根所謂的「自由戰士」無視於這個呼籲排除外力干涉的和平計畫，繼續自尼加拉瓜的鄰國宏都拉斯駕著飛機升空，執行任務。與此同時，美國聯邦調查局在對那些反對政府「中美洲民主化」政策的公民進行監視的事跡也被揭露出來。◀1985（5）▶1990（6）

經濟

黑色星期一

3 1987年10月19日星期一，道瓊工業指數從2246.73點下跌至1738.41點，共暴跌508點，跌幅高達22%，幾乎是1929年引發經濟大恐慌的那場股市崩盤的兩倍。約8700億美元的股票面值頃刻化為烏有。儘管股市狂飆的80年代尚未正式結束，但喪鐘幾乎已同時敲響。

這次暴跌始自上一個星期五，當時下跌了108點，並迅即波及全球股市：東京跌幅為15%，倫敦為12%，香港為11%，巴黎為6%。引起這次全球性股市暴跌的原因很多，但分析家指出，最主要的因素是美國經濟的極度不景氣。投資者懷疑，美國政府是否能夠解決其巨額預算赤字和貿易逆差的問題。雷根總統沒有採取任何措施以緩和危機引起的恐慌，只是指責這場危機是因「某些人想牟取暴利」所引發，並堅稱「美國的基礎經濟仍維

股市暴跌後，焦慮不安的人們聚集於華爾街。

1987

「如果你擁有一本書，裏面有美麗的彩色插圖，是米開朗基羅所繪之西斯汀禮拜堂拱頂畫在修繕之前的亮麗原貌，那你應該好好保存它，因為它將成為珍貴的收藏品。」

—— 藝術史學家詹姆斯·貝克

藝術

教堂的艱鉅修復工程面臨藝術家的強烈挑戰

4 至1987年為止，梵諦岡西斯汀禮拜堂拱頂畫的修復工程已經進行了7年。自米開朗基羅在1512年完成此壁畫後，這是史上進行最徹底的修復工程，而這項充滿爭議性的工程也遭到最強烈的反對。1987年3月，15位著名的美國藝術家（包括羅伯特·馬瑟韋爾、羅伯特·羅森伯格、詹姆斯·羅森奎斯特、喬治·西格爾、安迪·沃霍）向教宗若望保祿二世提出請願，要求停止這項修復工程。他們認為，這項工程是在對這世界上最受崇敬的藝術品加以豔麗媚俗的修飾，將使其面目全非。抨擊最烈的反對者是哥倫比亞大學藝術史學家詹姆斯·貝克，將這次修復活動稱為藝術史上的「車諾比事件」。

不過，大部分藝術專家都贊成要設法清除首席修復者賈恩盧基·科拉盧奇所說的「晦暗、無神的表層」（主要是由灰塵、油煙和以前的修復痕跡所構成）。在歷史研究和高科技設備輔助之下，清理人員呈現壁畫的明亮色彩和清晰輪廓，其所展現的風格，與長期被認為是米開朗基羅美學觀念核心的那種陰沈黑暗基調迥然不同。

正如藝術評論家瓦爾德馬·雅努查克在1989年清理工作完成後寫道：「那層屏障的清理者已經穿越了西方藝術史上最偉大的繪畫作品，結束他們的旅程。在我看來，頌揚此作品是由一個理性辛勤而多才多藝的凡人完成的佳作，要比讚嘆它是一名賣力衝動且受上帝感召的天才所揮灑的神來之筆，更能確實地突顯這幅壁畫的宏偉之處。」事實上，這一次修復工程所展現的成果的確令人印象深刻，甚至讓之前反對修復工程的人士也為之大大改觀。

◀**1982（10）**

持穩定狀態」。赫伯特·胡佛總統在1929年也說過同樣的話。

在這一個星期裏，股價劇烈地波動，巨額成交量打破紀錄。許多分析家認為，股價高估的情況應該得到糾正。在「黑色星期一」（這一天立刻被冠上此封號）過後的那個星期四，雷根宣佈了將與國會商議削減財政赤字的計畫。這一計畫等於是默認了美國揮霍無度的作為再也不能繼續下去了。這個現象雖然長期遭到雷根總統的抨擊，卻也因為他的整軍經武而加劇。儘管股票市場最終得以恢復常態，但不管對華爾街還是其他地區而言，90年代都將會是一個緊縮銀根的年代。

◀**1929（1）** ▶**1992（4）**

義大利

審判黑手黨

5 針對世界頭號犯罪集團西西里黑手黨發起的一次空前盛大的法律控訴行動，於1987年在義大利巴勒莫達到了高潮。在歷經22個多月後，有474名黑手黨成員（其中100名仍逍遙法外）在這次馬拉松式的審判中，被控犯有勒索、販毒、謀殺等各種罪行。到了

12月，有300多名罪犯共被判處長達2665年的刑期。

自70年代後期，西西里匪幫就成為美國和歐洲境內海洛因毒品的主要供應者。敵對犯罪家族之間的火拼已經造成了300多人死亡（包括許多無辜的旁觀者）；一些記者、軍事警察、治安官員也遭到暗殺。然而一直要到1982年，巴勒摩市一位打擊黑手黨的高級官員與其妻子同遭謀殺後，才引發了這一次的制裁行動。

這場義大利人所稱的「大審判」，是在一所特別建造，裝有防炸彈設備，並有3千名警察守衛的法院進行。共有400多名證人（其中包括兩名內閣部長）出庭作證，有些人並因此受到性命威脅（一封警告信中曾附有人的舌頭）。由於法律規定，若被告未在特定時間裏被定罪，即可獲得釋放，故庭辯耗時甚長。律師試圖大聲宣讀總共長達70萬頁的法院檔案，而其中一名被告執意遵奉著名的黑手黨規矩「奧默塔」（沉默之意），始終三緘其口。在黑手黨控制的許多合法企業內謀生的西西里人，則舉行示威活動反對這次審判。然而，所有

的恫嚇和阻撓最終均告失敗。

在19名被判處無期徒刑的罪犯之中，包括邁克·格列柯，是科薩諾斯特拉犯罪組織的首領，因其權勢而被稱為「教皇」。然而，新一代的頭目很快就取代了前人的地位，仍繼續猖獗。1992年，主持這

在巴勒摩黑手黨「大審判」期間，被告被拘禁在柵籠裏。

次「大審判」的法官與妻子和貼身保鏢同於爆炸案中喪生。而到了1993年，犯罪勢力已有組織地滲透進義大利政府的醜聞更使舉國震驚。◀**1983（邊欄）** ▶**1993（13）**

1987

「如果你制定法規來管束代理孕母一事，那就是公開表明這是合法的。但是我們在100年前就已決定，不讓任何人在這個國家內被買賣。」

—— 全國收養委員會主席威廉·皮爾斯

1987年新事物

- 國立女性藝術博物館開幕（華盛頓特區）
- 保險套電視廣告出現
- 美國扶輪社同意接受女性成員
- 美國預算赤字高達上兆美元

美國萬花筒

博克出局

在經過激烈的辯論後，美國參議院於10月23日作出差距甚微的表決結果，否決了由保守的上訴法庭法官羅伯特·博克出任最高法院大法官的提案。雷根總統本欲推選曾在1973年為尼克森執行「週末夜晚大屠殺」的博克取代即將退休的大法官劉易斯·鮑威爾，而博克的對手們，尤其是參議員愛德華·甘迺迪，則成功地把他描繪成一名危險的極端分子。雷根提名的另一個人選——道格拉斯·金斯堡，後來也在承認學生時代曾嘗試吸食大麻後而遭否決。最後，由保守溫和的聯邦上訴法庭法官安東尼·甘迺迪雀屏中選，補上了這一空缺。◀1986（邊欄）

農場災難

美國農民在1987年倍受打擊，由於農產品價格下跌，利率不斷上升，逼使約24萬農民離開農地另謀生路。10多年裏，農業人口

下降了9%，已降至南北戰爭以來的最低點。銀行對家庭農場取消抵押品贖回權，獨立農場合併為龐大農業集團的狀況一直持續到90年代。

性醜聞

由於判斷力不佳、態度傲慢和對婚姻不忠，兩個美國名人在1987年遭受到事業上的嚴重挫

對峙：漢城楊森大學的學生奚落一群鎮暴警察。

南韓

民主示威活動迭起

6 1987年，韓國總統全斗煥操控選舉，引發有史以來最大的一次抗議活動。成千上萬的示威者每天在漢城遊行、攻擊市政廳、向鎮暴警察猛擲石頭和汽油彈。在政治局勢動盪不安的南韓，街頭衝突已是司空見慣的現象；而這次活動之所以特別引人注目，主要是因國內龐大穩定的中產階級也參與其中，全斗煥再也不能把動亂歸咎是年輕激進分子所策動的陰謀。

抗議活動在4月開始，當時處於須改革南韓選舉制度弊端壓力之下的全斗煥，中斷了和反對派人士的對話。由於其總統任期到1988年2月為止，全斗煥（曾在1980年為鞏固自身權力而對光州事件採取血腥鎮壓）於是指名其軍中老友盧泰愚為繼任者。學生運動中的激進分子早已與政府對立，並因一名異議學生遭警察凌虐和謀殺而驚駭不已，如今更是群起反抗。在隨後的鎮壓行動中，一名學生（數千名被拘留者之一）因遭催淚瓦斯罐猛擊頭部致死的事件，甚至使中產階級的成年人也被激怒而憤慨不已。

政府總是以必須保持局勢穩定以防北韓入侵作為鎮壓異己的理由。很多人擔心，若抗議活動繼續進行，軍隊將會出面干預；但示威者手中也有一張王牌：南韓將是明年夏季奧運會的主辦國，故全斗煥怕招致國際輿論譴責，不敢斷然實施戒嚴。他於是佯裝妥協，修改憲法以實施直接、自由的選舉。全斗煥的讓步最終還是使他達成目的：

盧泰愚在總統大選中贏得勝利。

◀1953（2）▶1994（3）

思想

M嬰兒之爭

7 「M嬰兒」（為法庭所取的代稱，其真名可以是梅利莎·斯特恩或薩拉·懷海德）案件在1987年成為全球矚目的焦點。事件起因是一對新澤西州的威廉和伊麗莎白·斯特恩夫婦想要個孩子，但又擔心懷孕會加重太太多發性硬化症的病情，於是便雇請瑪麗·貝斯·懷海德（育有兩個孩子的已婚母親）為代理孕母，透過人工受精方式懷了斯特恩夫婦的孩子。斯特恩夫婦答應付給懷海德1萬美元。然而，在這名女嬰於1986年出生後，懷海德卻拒絕交出孩子。她逃到佛羅里達州，最後被一名私家偵探查出行蹤，斯特恩夫婦乃向法院提出控告。隨著這場因爭奪孩子而起的法庭訴訟逐步擴大，此事不僅成為電視談話性節目探討的題材，也在法學家、女性主義者、科學家和哲學家之間引發激烈的爭論。

在西方國家，不能生育的人數逐漸增加，有人懷疑這可能是因生

威廉·斯特恩和M嬰兒在家中歡度她第二個生日時的情景。

育年齡較晚和環境裏包含有害物質所導致。大多數富裕父母「期盼」收養的健康白人嬰孩數量正在減少，促孕藥和試管嬰兒求子的失敗率也過高，致使越來越多的中上階級夫婦求助於「借腹生子」一途（此行為尚未有法律條文明令管束）。在此案爆發之前的10年中，單單在美國一地，就有500件「借腹生子」的個案發生，不過幾乎沒有一位代理孕母改變過主意，也沒有任何一件曾經鬧上法庭。

此案件引發了關於交易倫理和母子親情的棘手問題，也為家庭本質的界定增添更多爭議，包括同性戀伴侶和單身未婚父母是否能撫養孩子的問題。有關階級的爭論也因此衍生。斯特恩夫婦強調撫養梅利莎所能提供的經濟優勢，而丈夫只是一名垃圾清潔工的懷海德則提出駁斥，堅稱她對薩拉的母愛才是最重要的。3月，法官判定斯特恩夫婦勝訴，甚至還否決了懷海德的探視權。但第二年，新澤西州最高法院推翻這項判決，裁定給予斯特恩夫婦監護權和懷海德作為親生母親的權利，並宣佈「借腹生子」為非法行為。◀1978（1）

中東

黎巴嫩的人質

8 有5年的時間，由伊朗支持的真主黨游擊隊一直在黎巴嫩綁架外國人質，以抗議黎國境內的回教什葉派少數民族遭到壓迫，或是用以交換在其他地區因從事恐怖活動而被監禁的什葉基本教義派伙伴。1987年，英國聖公會特使特里·韋特因營救出3名人質而聲譽卓著，然而還是有23名人質（8名美國人、1名印度人、2名沙烏地阿拉伯人和12名歐洲人）被挾持。1月，特里·韋特以調停人身分第5度走訪戰亂不斷的貝魯特時宣告失蹤，自己也成了人質。

起初，由於沒有一個真主黨的派系承認綁架他，故推測韋特已經喪生。但1990年時，一名獲釋的人質說，他曾在無意中聽到一個守衛在隔壁的密室裏和韋特談話。一直

體育　棒球：世界大賽，明尼蘇達雙城隊以4勝3負擊敗聖路易紅雀隊　　美式足球：超級盃，紐約巨人隊以39:20擊敗丹佛野馬隊　　籃球：NBA，洛杉磯湖人隊以4勝2負擊敗波士頓塞爾提克隊　　拳擊：休格·雷·李奧納多擊敗馬文·哈格勒，成為世界中量級拳王　　帆船：美國星條旗隊（丹尼斯·康奈）戰勝澳大利亞的笑翠鳥3隊，重奪美國盃冠軍。

「很明顯地……實際動用武力或訴諸武力威脅已不可能，也不可以再作為外交政策使用的一種手段。這種觀念尤其適用於核子武器的使用上。」
—— 戈巴契夫

在被監禁5年後，韋特重獲自由。

到韋特在1991年11月被釋放後，他的經歷才公諸於眾。在被綁架之前，他實際上已不負責此事；而其新職務則是為奧立佛·諾斯欲向伊朗以武器換回人質的計畫擔任顧問（後來他堅稱是在不知情狀況下加入）。韋特遭到綁架後，被單獨監禁在一間小囚房裏長達4年。最後，他被移送至另一處，和美聯社的中東分處主任特·安德森關在一起；與他們同囚一地的還有兩名人質，分別是蘇格蘭裔的美國農學教授托馬斯·薩瑟蘭和英國攝影師約翰·麥卡錫（他在1991年8月被釋放）。

一直到1991年12月，在安德森獲得自由後（他是最後一名獲釋的美國人質，被關押將近7年之久），之前獲釋的其他人質才揭露了他們所遭受的恐怖折磨。他們被關在黎巴嫩各地的骯髒房間裏，被蒙上眼睛，銬上腳鐐手銬和毆打；他們必須忍受極差的伙食和惡劣的衛生環境，精神上也遭到虐待。有些人因而得承受永久性的傷害，有幾個人質（其中有兩個美國人）在被俘期間即死亡或遇害，而那些倖存者則是憑藉著互相依靠和內在精神力量的支撐，與困境奮戰，才得以保持正常的心智。◀1985（9）

環保
拯救加州神鷹

⑨　1987年，最後一隻加州野生神鷹被捕獲，意味著200萬年來北美最大的飛禽已自空中消失。然而對這群瀕臨絕種的神鷹而言，這無疑是一個全新的開始。

由於人類的侵犯，加州神鷹族群的數量自50年代起就開始不斷地減少。它們經常被含有滅鼠劑和馬錢子鹼（原是為對付土狼）的腐肉毒死或被槍殺。由於吃了接觸到DDT的動物，這些神鷹所孵的蛋外殼變得愈發脆弱（其他飛禽也是如此）。此外，由於雙翼展開長達2.7公尺，有些神鷹因此誤觸高壓電線而死。

1965年所進行的一次調查，估計當時存活的野生加州神鷹僅存60隻。8年以後，聖地牙哥和洛杉磯動物園開始實施一項計畫，欲將存活的神鷹置於妥善保護之下，直到繁殖增加至相當的數量為止。到了1992年，這些被餵養的神鷹已由27隻繁衍至52隻。那一年，一對8個月大的雌雄神鷹返回了洛斯帕卓斯國家森林。結果雄神鷹因喝了路邊池塘裏含有防凍劑的水而亡；但是到了1994年中，又有7隻神鷹返回了其天然棲息地。在此同時，繁殖計畫也仍繼續進行。

美國在1973年所制訂的「瀕臨絕種動植物保護法」其目的在保護因環境開發而受到威脅的動植物，而神鷹的野外生存能力則被視為是對該法案的重大考驗。但是到90年代時，這個法案本身也是岌岌可危，因為不斷增長的經濟利益（如伐木活動）和維護脆弱生態環境的需求是互相矛盾的。在許多國家，尤其是那些比較貧窮者，各種動植物正逐日消失，因為人類破壞了它們原始的棲息環境。◀1905（5）▶1990（邊欄）

外交
戈巴契夫訪美

⑩　蘇聯共黨總書記米哈伊爾·戈巴契夫於1987年12月挾盛大聲勢造訪華盛頓。軍備管制是此次美蘇元首會晤所討論的首要正式議題，而實際上，戈巴契夫與雷根的會談也確實促成超級強權雙方首次同意裁減核子軍備。不過，這3天的高峰會談同時也給了戈巴契夫向美國人民介紹自己的機會，而美國民眾對這位「重建」和「開放」政策的設計者原本就極感興

雷根夫婦設宴招待戈巴契夫夫婦，以慶祝中程核子武器條約的簽署。

趣。在停留期間，戈巴契夫的座車車隊總能引起習於冷嘲熱諷的華盛頓市民熱烈歡呼，而他也經常發揮精明政治家的天分，將座車停下問候群眾，激起他們的熱情與敬仰。在離開美國之前，戈巴契夫簽署了具有劃時代意義的中程核武條約。依條約規定，美蘇兩國同意清除射程為483至5472公里的陸基飛彈（蘇聯約有1750枚，美國則約有860枚）。雷根說：「我們只能希望，這項歷史性的協議本身不會就此成為一個句點。」◀1986（5）▶1989（1）

折。3月20日，電視佈道家吉姆·巴克（下圖，與妻子合照）在他和教會秘書傑西卡·哈恩幽會的消息曝光後，辭去了年薪1億美元的「讚美上帝」神職首領一職。他那酷愛美容化妝的妻

子塔米·費伊原先還是陪伴著他，但當這位墮落的牧師因詐騙會眾數百萬美元而於1989年被捕入獄後，費伊便與他離婚。此外，準備參加民主黨總統候選人提名競選，而且聲勢非常被看好的加里·哈特，在與模特兒唐娜·賴斯的婚外情曝光後，於5月8日退出競選活動。哈特在12月份又加入選戰，但是對其品行的質疑很快地就迫使他退出政壇。◀1950（12）

沒人要的貨船

3月份，當長島里斯普鎮上已無傾倒工業廢料的空間後，一個叫做洛厄爾·哈勒爾森的企業家突發奇想，要用船把里斯普的廢料運到北卡羅來納州，利用這些垃圾產生的沼氣賣錢獲利。然而，北卡羅來納州並不打算接收這重

達1437公斤的惡臭垃圾。因此，這艘做垃圾生意的「馬波羅號」貨船開始了歷時162天、行相繼程9656公里的海上流浪旅程。在被5個州和3個國家拒絕之後，臭氣衝天的「馬波羅號」又返回紐約，垃圾才在那裏被焚化。這次奇特的事件凸顯出美國的廢料處理危機。環保署並預言這種危機將在10年內達到臨界點，屆時美國境內將近一半的城市會用盡陸地上可掩埋垃圾的空間。▶1988（邊欄）

一隻加州神鷹在野生棲息地展翅的英姿。

1987

美國政治與經濟　國民生產毛額：4兆5445億美元；聯邦最高法院規定：公立學校教授演化論並未侵犯創世論者的權利；600名同性戀者在聯邦最高法院的台階上，因抗議同性戀不受憲法保護的決定而被捕。

「有什麼好懺悔的呢？」
——— 巴比就其戰時行為對記者之回答

環球浮世繪

日本超越美國

2月發表的一份日本方面對美國經濟所做的研究報告，指出經營不善和惡劣的勞資關係已成為美國經濟漸走下坡的主因，並可能會構成嚴重威脅，使之衰退至「漢堡攤經濟型態」。相反地，日本則是世界上首要的製造商和債權國。4月，美國總統雷根對一些日本進口商品課以100%的關稅，以對他所謂的不平等貿易行為採取報復行動。然而，這項措施並沒能遏制美國的貿易赤字在7月份時猛竄至空前的165億美元。◀1987（3）▶1988（12）

泰米爾暴動

印度和斯里蘭卡在疏遠了一段時間後，於6月簽訂一份協議，以終止由斯里蘭卡的泰米爾少數民族分離主義者發動並持續一年的游擊戰。泰米爾叛分子是印度人，以斯里蘭卡加夫納省（此處僅以一道狹窄的印度洋海峽與印度相隔）為基地，與印度關係密切。當斯里蘭卡在1987年4月派軍隊鎮壓時，印度即出動飛機到

加夫納執行救援任務。一俟協議簽定，印度就派出2萬名「和平維持部隊」到斯里蘭卡。然而反叛軍仍未停止戰鬥，而印度軍隊為保持和斯里蘭卡之間剛建立的緩和關係，於是向泰米爾人攻擊。即使1989年印度撤出斯里蘭卡時，衝突仍在進行，死亡人數接近2萬人。◀1960（邊欄）

施潘道監獄的最後一名囚犯

魯道夫·赫斯為希特勒的頭號仰慕者和親密摯友，8月17日在西柏林的施潘道監獄用電線自縊身亡。當時他已93歲的赫斯，自1941年帶著一項明顯的和平任務神祕飛往英國，而後一直遭到監禁。他在紐倫堡大審中因戰爭罪行而被定罪，並被判終身監禁，服刑地點則為施潘道監獄。他比所有其他施潘道監獄的獄友都還長壽，1966年後，他已成為唯一的囚犯。◀1946（當年之音）▶1987（11）

巴比少數的一次法庭露面。

犯罪

「里昂屠夫」落網

11 在50年代的法國，前里昂蓋世太保頭子克勞斯·巴比曾兩次在未出席狀況下，因在二次大戰期間謀殺6千名猶太人和反抗運動成員而遭定罪，並兩度被判死刑。而他被捕時，追訴戰爭罪行的20年有效期限已過，故1987年他出現在法國法庭上受審，所面對的指控只是曾下令進行842次將被俘者流放至死亡集中營的行動（「反人道罪」並無追訴時效限定），其大部分罪行（包括謀殺反抗運動領導人尚·穆蘭）均無從審理。

多年來，巴比一直逍遙法外。戰後，他和許多高級納粹分子一樣，為美軍反情報組織效力，在德國和其他地方偵察共產黨員和極右分子的行動。其上司掩護他逃過法國和美國的拘捕，並在1950年為他引見一名克羅埃西亞神職人員，這該人員曾將數千名納粹和法西斯分子偷渡出歐洲。在定居玻利維亞之後，巴比搖身一變成為歷任獨裁者的顧問。在被追捕納粹的塞爾日和比特·克拉斯費爾德夫婦查出行蹤後，法國於1972年試圖將其引渡回國。但直到1983年，玻利維亞新民主政權才交出巴比，其逃亡歷程也才公諸於世。

被新聞界稱為「里昂屠夫」的巴比，在受審的期間很少露面。其律師極力淡化「大屠殺」一事，而反覆申述法國在阿爾及利亞和美國在越南所犯的戰爭罪行。然而憤恨的證人則描述了巴比在用刑時的興奮狀態和他的虐待狂傾向（他最得意的行動之一是逮捕44個藏在鄉間農舍裏的猶太小孩）。陪審團認定

他有罪，但巴比卻又逃過一死，因為法國在1981年廢除了死刑，他只被判終身監禁。◀1963（14）

工商業

倒霉的交易

12 美國第8大工業企業，也是第3大石油公司的德士古石油公司，於1987年申請破產保護，而當時它仍擁有340億美元的資產。許多觀察家認為，這是在智於收購，動輒興訟的80年代裏，美國公司文化已扭曲的典型事件。

德士古石油公司在和賓州石油公司打了3年官司後提出這項申請，賓州公司指控德士古公司阻其購買原油產量位居第3的蓋提石油公司。這場官司開始於1984年，當時蓋提公司先答應以高於市場價格的每股40美元，把七分之三的股份賣給賓州公司；幾天後，蓋提公司違約，又以每股多16美元的價格（總價100億美元）將股份全賣給德士古石油公司。在簽約前，蓋提公司的律師群堅持，只有在德士古公司須保護蓋提公司免遭法律追究的條件下，這場交易才能生效。賓州公司因而提出告訴。1985年，一個德州陪審團判定德士古公司須支付賓州公司105億美元，這是有史以來賠償裁定額最高的一次判決。這場官司一路上訴至美國最高法院，德士古公司面臨兩種同樣不利的抉擇：不是賠償105億美元，就是將其資產納入賓州公司名下。德士古公司於是提出破產申請。

最後，兩方終以30億美元的賠償金額達成和解，而德士古石油公司也免於破產。然而在此之前，一大群爭吵不休的律師和銀行家已處

德士古石油公司的小阿爾弗雷德·德克拉納先生宣佈破產聲明。

心積慮地從這個案子中撈取了百萬美元的蠅頭小利，使兩家公司的股東皆激憤不已。▶1988（7）

藝術

百萬美元的交易市場

13 1987年11月，在紐約蘇富比拍賣會場，澳洲啤酒業大亨阿蘭·邦德以5390萬美元的天價買下後印象派畫家文生·梵谷的《鳶尾花》。這破記錄的金額把藝術品的價格推到前所未有的高度（一幅作品動輒定價上百萬美元已成慣例，就連健在畫家作品也是如此）。1990年，藝術品價格更是飆到頂峰。日本報業鉅子齋藤了英以8250萬美元買下梵谷最後一幅憂鬱風格的傑作《賈歇醫生肖像》，又以7810萬美元購買印象派畫家雷諾瓦描繪露天咖啡座歡樂景象的作品《煎餅磨坊》。儘管偏愛印象派作品的日本富豪為藝術品市場的繁榮

梵谷的《鳶尾花》：藝術之美的新記錄。

景氣注入另一股活力，但是在齋藤了英一擲千金之際，市場實已漸呈疲軟。

最能貼切說明市場盛衰更迭情況的即是邦德的事例，1990年時，他負債55億美元，而整個《鳶尾花》的交易變成了一樁醜聞：在一場道德性遭到質疑（而且成交價格幾乎肯定是過度膨脹）的交易中，蘇富比拍賣公司貸款2700萬美元給邦德購買《鳶尾花》，並以這幅畫本身作為抵押品。然後《鳶尾花》又被以未經透露的金額（據傳約是4000萬美元）賣給加州蓋提博物館。有無限制的捐贈作為後盾，蓋提博物館自然能以自身的名義大手筆地購買作品，並且成為一股強大的市場力量。◀1982（10）

1987

諾貝爾獎　和平獎：奧斯卡·阿里亞斯·桑切斯（哥斯大黎加，阿里亞斯和平計畫）　文學獎：約瑟夫·布羅斯基（俄裔美國，詩人）　化學獎：唐納德·克拉姆、查爾斯佩德森和瓊-瑪麗·萊恩（美國、美國、法國　人工合成分子）　醫學獎：利根川進（日本，抗體）　物理學獎：亞力士繆勒和卓格·柏諾茲（瑞士、德國，高溫超導體）　經濟學獎：羅伯特·索洛（美國）。

學生的閉塞靈魂

摘自《封閉的美國心智》，阿蘭・布盧姆，1987年

阿蘭・布盧姆（左圖），是一位原活躍於學術界一隅的哲學教授，然而在1987年，他寫出了一本當年最熱門的著作：《封閉的美國心智》（副標題是：高等教育如何敗壞民主及造成當今學生的貧瘠心智）。布盧姆最著名的觀點是，當代美國人放棄了古老的絕對真理，轉而擁抱有害的相對主義思想。布盧姆主張，這種令人遺憾的狀況在自由奔放的60年代已有相當規模的發展（他特指1969年武裝學生接管他當時任教的康乃爾大學，而軟弱無力的行政當局屈從了學生要求一事），而其後果是：大學失去了追求精神圓滿的渴望；學生們不能辨別書的優劣（如果他們會去閱讀的話）；美國人封閉自我心智，拒絕接受啓發。這部作品也確實由於廣受讚譽，它的攻擊基調也有蔓延之勢（而預測文明將衰落的災難性預言也已風行數世紀之久）。一位評論家說，學生們「應該要從老師那兒得到比此書更好的見解。」◀1983（邊欄）

當我在60年代末期第一次注意到讀書風氣逐漸式微，我開始問上我基礎課程的班級和任何與我交談的其他年輕學生，什麼書對他們是眞正有價值的。他們之中的大部分人都是緘默不語，而且被這個問題所困惑。以書爲伴的概念對他們而言已很陌生。這對他們來說並不是什麼意義深遠的學習榜樣。沒有一本印刷品能讓他們從中尋求指引、激發靈感或得到喜樂。偶爾有個學生會說是「聖經」（他是在家裏讀的，而且進大學後通常沒有持續鑽研下去）。此外，有個女孩常會提到艾恩・蘭迪的《源泉》一書，儘管這本書幾乎不能算是文學作品，但其中稍帶尼采色彩的武斷言論，的確刺激了一些總愛標新立異的年輕人去追求一種新的生活方式。有些學生則提到了一些打動他們，並與他們關切的自我詮釋相呼應的近期作品，像是《麥田捕手》。（這通常是最坦率的反應，同時也顯示出學生渴望獲得幫助，以完成自我詮釋的痛切需要，但這是一種沒有學問做根基而出現的反應。老師們應該充分利用在這種反應中表達出來的需要，讓這些學生明白，有更優秀的作家能夠給予他們更多的幫助）在結束這樣的討論後，常會有一兩個學生來找我，表明他們是眞的深受爲數眾多的書本影響與啓發，而不單只是一兩本。然後他們就會開始背誦出可能是在中學時期瀏覽過的一系列經典名著的書單。

像這樣的一個年輕人若是置身羅浮宮或烏菲茲博物館時，他

插畫家彼得・西斯心中的山姆大叔形象：一個迅速生產大量食物的飼料供給。

的精神感受狀態可想而知。由於他對聖經、希臘或古羅馬的故事一無所知，拉斐爾、達文西、米開朗基羅、林布蘭特和所有其他藝術家根本不能對他表達些什麼。他所見到的只有顏色和形式，亦即現代藝術的風格。簡言之，就像他精神世界裏的其它事物一樣，這些繪畫和雕塑都是抽象的。不管現代智慧持何武斷觀點，這些藝術家期望的是他們的作品能夠立即被辨識出來，而且進一步地對觀賞者產生重大意義。這些作品是那些意義的體現，賦予它們一種感官上的眞實性，並使其臻至完美境界。如果這些意義不復存在，也未對觀賞者造成某種道德、政治、宗教上的實質影響，這些作品也就失去了內在的精髓。當苦心傳頌千年的文明之聲就此靜默沉寂，我們所失去的將不只是傳統而已。

地平線消失之後就是自我的失落。我在教書生涯中得到過的最大奉承之一，就是我的一名得意門生在他首度造訪義大利時寄給我的明信片上所寫的話，他寫道：「你不是教政治哲學的教授，而是導遊」。沒有什麼比這句話，更能貼切地表達我作爲一個教育者所抱持的信念。他認爲我已經爲他做好準備以見識一切，然後他就可以開始獨立地思考他應該思考的東西了。馬基維利深信，佛羅倫斯所激發出的眞正感受，其價值應是所有形上學論點的10倍以上。我們的當代教育應該要試圖去發現那些渴望完美的學生們有何內在特質，並重建一套學習體系，讓他們得以自發地去追求完美。

少了些恢宏氣度的現代學生，缺少了像狄更斯的作品般的書籍，來幫助他們培養敏銳的洞察力，使其保有細膩敏感的特質去分辨各種不同的人格典型。狄更斯筆下曾塑造出眾多令人難忘的故事角色，像是佩克斯涅夫式的僞君子（編註：原指《馬丁・朱述爾維特》一書中的僞善人物）、米考伯式人物（原爲《塊肉餘生記》中之角色，後泛指無遠慮而老想走運的樂天派）和皮普（編註：《遠大前程》中的故事主人翁，爲一孤兒，後接受罪犯餽贈鉅款，而從善良青年變成勢利鬼，最後終醒悟悔改）。必然是生命中豐富多樣的閱歷，才讓一個人能用如此簡單的一句「他是個斯克魯奇（編註：狄更斯作品《聖誕頌歌》的主角，引用以形容受人憎恨的吝嗇鬼）」做出最貼切的形容。沒有文學，就不可能出現這樣的觀察，而精巧微妙的比喻藝術也就不會出現。現代學生的心靈遲鈍令人感到驚駭，因爲他們只能仰賴大眾心理學告訴他們人有那些性格類型和不同動機。當我們逐漸無力體認到天才文學家使我們裨益良多的這番道理時，人們就會變得更相似，因爲他們根本不了解自己能擁有不同的面貌。取代眞正的多樣性而出現的，將是染得五顏六色的頭髮和其他各形各色的外在裝扮，而這些東西完全無法告訴觀察者人們的內心世界究竟是何模樣。

「如果薩爾曼·魯西迪是人質，那我們也是。」

—— 德國小說家岡特·格拉斯代表他的作家同行們提出的言論

年度焦點

一個作家的死刑判決

① 如果說意氣風發的雅痞是80年代的代表象徵之一，那麼講究清規並嚴格監控意識的基本教義派信徒則是另一個鮮明標誌。隨著世界各地的宗教派別愈發好戰對立，任何對宗教表現不敬的藝術作品都會引起強烈反彈，就算是在那些以言論自由聞名的國家也不例外。1988年，馬丁·史柯席斯在美國所導演的一部以聖經故事為題材的另類電影《基督的最後誘惑》便引發福音教派基督徒的抗議，使大部分戲院拒絕放映。不過這10年間最引人注目的文化糾葛則是同一年在英國發生的事件。隨著《撒旦詩篇》的出版，作者薩曼·魯西迪也成了全世界最著名的逃亡者。

41歲的魯西迪，曾以小說《午夜的孩子》於1981年獲英國布克獎。這名在孟買出生的倫敦人是離經叛道的回教徒，以充滿熱愛、懷疑和戲謔機智的筆調來描寫他因多元身世背景而接觸到的豐富文化。而在《撒旦詩篇》中，則大膽挑戰回教基本教義派的主張，即回教是由一名不容質疑的先知建立的永恆宗教。這本書以充滿創意的文體，描寫兩名印度回教徒（一個在自己祖國是電影明星，另一個則為一千支英國廣告配過音）在錫克分

1988年，魯西迪在倫敦的家中。

離主義者製造的班機爆炸事件中奇蹟倖存之後的冒險經歷。流落到英國後，薩拉丁·沙姆查長了角、蹄和尾巴；吉布里爾·法里什塔則冒出光環，並夢見自己（和其他疑似可蘭經裏的人物）會見了名叫馬洪德（慣用來貶抑穆罕默德的名字）的先知，這位先知正在為確定3位女神的地位而猶豫不決。法里什塔還夢見許多妓女，她們的名字都和穆罕默德那些妻子一模一樣。

這本書在英國被回教好戰分子焚燒，在數個國家遭禁，在印度和巴基斯坦引發騷動。不過反應最激烈的是伊朗，因其領導人魯霍·阿亞圖拉·柯梅尼曾在吉布里爾的夢中以未透露其名的形式出現。1989年，柯梅尼宣判魯西迪死刑，並鼓勵回教徒勇於為教義獻身殺敵（伊朗的神職人員最後並把刺殺魯西迪的懸賞金額增加到600萬美元）。魯西迪於是開始藏匿生涯，由蘇格蘭警場保護。燒夷彈攻擊和各種威脅恐嚇使許多書商不敢販售此書，出版商也中止出版平裝本。儘管英國及其他國家提出官方抗議，知名學者紛紛請願，魯西迪也表示道歉，都無法使伊朗政府取消追殺令。直到柯梅尼死後的90年代，該書作者仍繼續遭到追緝。◀1979（1）

南部非洲

那米比亞-安哥拉協議

② 1988年12月，安哥拉和古巴聯合與南非簽定的條約是一次外交上的滿貫全壘打。22年來，西南非人民組織（SWAPO）的游擊隊一直以安哥拉為基地，為

那米比亞學童慶祝自由選舉和即將實現的獨立。

使那米比亞脫離南非統治而戰。自安哥拉脫離葡萄牙統治的13年來，古巴一直幫助安哥拉抵抗南非的入侵，以及其境內由普利托里亞和華府支持的安哥拉全國獨立民族同盟（UNITA）游擊隊。如今南非保證將5萬名部隊從那米比亞撤出，作為古巴5萬名部隊撤出安哥拉的交換條件。然後那米比亞將在聯合國監督下舉行選舉。這個曾為德國殖民地，自1915年一直被南非佔領的國家終於在1990年獲得自由。

這是由美國居中斡旋8年所獲得的成果。這項協議也反映華盛頓和莫斯科之間的新親善關係（莫斯科力促安哥拉和古巴平息爭端），和全球對南非施壓產生的效應。這個實施種族隔離政策的國家在1945年拒絕接受聯合國的要求，不願放棄對那米比亞的託管權，甚至否認1966年國際法庭宣示其佔領行為乃是非法的判決。它將那米比亞塑造成自己的縮影，以佔少數的7萬5千名白人統治100多萬名遭到褫奪公權和隔離待遇的黑人。然而，國際貿易制裁終於使南非認識到，為保護殖民地而和西南非人民組織（SWAPO）交戰，並直接干涉安哥拉內戰所付出的代價實在太高。普利托里亞的兩次撤軍也等於朝向促使解除制裁的目標跨近了一步。

在安哥拉，儘管政府放棄了馬克斯主義和一黨專制（這是受到蘇

聯陣營垮台的鼓舞），1991年也有一項和平協定簽署完成，但爭取安哥拉徹底獨立的全國同盟及其領導人喬納斯·薩文比仍拒絕放棄戰鬥，甚至在美國於1993年停止援助之後仍是如此。到了1994年末，爭取安哥拉徹底獨立全國同盟（仍在逃匿的薩文比並未在場）和安哥拉政府簽署了停火協議，和平才終於有了實現的可能。◀1975（2）

中東

兩伊戰爭結束

③ 歷時8年，導致至少100萬人死亡的兩伊戰爭在1988年8月宣告結束。就領土問題而言，並沒有任何明確的結論隨著戰爭落幕而出現：在進犯伊朗邊境後，伊拉克本身也遭到侵略，所以最後它也只是收回失土。然而從區域勢力的角度來看，伊拉克確實是贏家。

這結果與多數觀察家的預測不同。伊朗的人口比敵國多3倍，又抱持回教基本教義派的狂熱思潮，很有可能成為勝利者；而事實是伊拉克擁有較多的盟友。只有敘利亞和利比亞因其領導人與伊拉克的薩達姆·海珊對立，而和伊朗站在同一陣線。沙烏地阿拉伯和約旦則因懼怕回教革命大肆擴張，都願支持伊拉克，而法國（需要伊拉克供應石油）和蘇聯也是如此。

幾年來，戰況一直僵持不下，兩伊都各自向對方的城市、煉油廠、運油船舶發射火箭，施加攻擊。伊朗發動人海戰術，派出大群裝備貧乏的年輕戰士為國犧牲。但是伊拉克則不斷部署愈見強大的火力，其中包括用來對付親伊朗的庫德族叛軍村莊的毒氣（儘管國際間早已嚴禁此舉）。更重要的是，美國越來越傾向於支持伊拉克。從1983年開始，美國為海珊提供了大

庫德族兒童遭伊拉克施放的汽油彈毀容。

藝術與文化　　**書籍：**《巴黎鱒魚》彼得·戴克斯特；《愛在瘟疫蔓延時》加布里埃爾·加西亞·馬奎斯；《生存的教訓》安妮·泰勒；《分流》泰勒·布蘭奇　　**音樂：**《毀滅慾》槍與玫瑰，LP；《信念》喬治·麥可，LP；《古老時空的私語》羅格·雷諾茲　　**繪畫與雕塑：**《圖解兩行詩第一號》布賴斯·馬登；《撒馬爾罕斯蒂

「它就像隕石一樣從天空中墜落。」
—— 安·麥克弗爾，蘇格蘭洛克比的一名居民

散落在蘇格蘭洛克比附近的泛美航空103號次班機殘骸。

批穀糧和衛星情報，並鼓勵自己的盟國供應伊拉克武器裝備。1987年，由美國領軍的海軍護衛船艦開始在波斯灣內保護所謂的「中立國」科威特（其實是支持伊拉克）的油輪，並擊沉伊朗的戰艦。

伊朗經濟和士氣逐漸崩解。1988年7月，在美國巡洋艦溫森斯號意外擊落載有290人的伊朗客機後，伊朗領導人柯梅尼體認到，力抗超級強國是徒勞無功。他稱這個決定「比服毒還要致命」，而後即接受聯合國提出的停火方案。

許多國家都為伊朗的失敗而喝采，但是不久後，他們就將為伊拉克的勝利而懊悔。◀1980（邊欄）▶1990（7）

恐怖主義
洛克比空難

4 1988年12月21日晚上，從倫敦飛往紐約的泛美航空103號班機在蘇格蘭洛克比上空爆炸，屍體、聖誕禮物、燃燒的金屬如雨點般從天而降，落入這個村莊。這架波音七四七機上的285人全部罹難，地面上有11人喪生。調查人員迅速查出是什麼摧毀這架飛機：塑膠炸彈。肇事者則難以確認。

不久後，便有線索顯示，慘案發生前曾有匿名者打電話到赫爾辛基的美國大使館，警告有人密謀在從法蘭克福（103號次班機起飛地）飛往紐約的泛美航空公司班機上製造爆炸，並且暗示主謀者是阿布·尼達爾。他是巴勒斯坦突擊隊首領，反對巴勒斯坦解放組織最近主動向以色列提出和平建議。然而，芬蘭政府卻只把這個告密者當成一般異想天開的狂徒置之不理。泛美航空公司則因沒把這項暴行威脅先告知乘客，導致群情激憤，並面臨索賠5億美元的訴訟官司，而在1991年倒閉。爆炸案發生後，兩個組織宣稱對此事負責：其中一個可能是為報復7月美國戰艦擊落伊朗民航客機一事，另一個則是欲報復1986年美國空襲利比亞的行動。

有數百名調查人員全力偵辦此案，不過西德警方已掌握了強有力的證據，可確定是敘利亞支持的巴勒斯坦人民解放陣線總部（這是巴勒斯坦解放組織的一個叛離派系，由艾哈邁德·賈布里勒領導）應伊朗要求而安放炸彈。然而德國人可能是對他們讓主嫌溜走一事感到尷尬，因而封鎖了這個調查結果。1990年，美國官方則將兩名利比亞人依此罪予以起訴。評論家們指責這是布希政府為結合伊朗之力量，以在波灣戰爭中對抗伊拉克，而免除了伊朗為這件爆炸案所應擔負的罪責。利比亞拒絕交出這兩個公民，於是欲引渡罪犯的努力一直持續到90年代中期，這次事件所留下的謎團也始終未解。◀1986（6）

巴基斯坦
班娜姬·布托宦海浮沉

5 巴基斯坦獨裁者莫哈穆德·齊亞哈克在11年的統治時期，鎮壓所有政治對手。當他在1988年8月因神祕空難事件喪生後，既未培養出接班人，也沒有建立組織體系可供依循，以選出新領導人。巴基斯坦建國41年來，有25年均處於軍事統治下，與民主有關的活動與嘗試總是引發動亂和鎮壓。而在這個貧窮紛亂的國家中，仍有許多人要求回歸文明統治，其中以班娜姬·布托的反應最強烈，她的父親即是作風專橫，在1977年被齊亞哈克免職，隨後遭處決的前總理佐勒菲卡爾·阿里·布托。

「我不會對齊亞的死感到遺憾。」布托在這名獨裁者的飛機於沙漠上空爆炸後如此說道。這次爆炸不僅殺了齊亞，也讓他手下的10名將軍及美國大使阿諾德·拉斐爾一起喪命。（這次失事雖曾被懷疑是暗殺陰謀，卻從未獲得證實。）而事實上，身為巴基斯坦人民黨領袖的布托此時可坐享其成，因為選舉已有實施的可能。

在選舉中，布托放棄之前所宣示的反軍隊和反美的高調言論。（疏遠軍隊十分危險，而疏遠曾因齊亞反對蘇聯入侵鄰國阿富汗，而援助他數十億美元作為獎勵的華府，也可能會帶來相同程度的風險。）11月份，她在巴基斯坦10多年來首度舉行的自由選舉中獲勝，成為回教世界的第一位女性總理。她釋放政治犯，解除對工會和新聞界的限制，並承諾實行經濟改革。

但布托的任期僅持續20個月。她無力制止信地省發生的種族屠殺，甚至無力推動任何法令制定完成。相反地自己倒和反對派領袖結下宿怨。最後，她還是屈於巴基斯

布托是回教國家的第一位女性領袖。她身後掛的即是她父親的畫像。

坦特有的積弊：貪污腐敗和任人唯親。1990年，吳拉姆·伊沙克·汗總統導演一場「憲法政變」，罷黜布托並且解散國會和地方議會，然後選出一個聯合政府，這其實是讓軍方再次掌握實權。不過布托並未就一蹶不振：巴基斯坦人民在1993年又讓她重新復職。◀1977（4）

逝世名人錄

查爾斯·亞當斯 美國漫畫家
路易斯·阿爾瓦雷茨 美國物理學家
弗雷德里克·阿什頓 英國編舞家和舞蹈家
羅馬勒·比爾頓 美國藝術家
蔣經國 中華民國總統
威廉·德雷斯 荷蘭首相
恩佐·法拉利 義大利汽車製造商
理查·費曼 美國物理學家
克勞斯·富克斯 德裔英國物理學家和間諜
羅伯特·喬弗里 美國編舞家
梁漱溟 中國學者
法蘭西斯科·「奇科」·孟戴斯 巴西環保運動人士
路易絲·奈維爾遜 美國雕塑家
野口勇 美國雕塑家
阿蘭·佩頓 南非作家和政治運動家
基姆·菲比 英裔蘇聯間諜
拉比 澳洲裔美國物理學家
馬克斯·舒爾曼 美國作家
穆罕默德·齊亞·哈克 巴基斯坦總統

1988

「玩這個遊戲不需展現紳士風度，這種拍賣其實根本毫無規則。」

——羅斯·約翰遜的顧問所言

1988年新事物

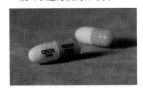

- 芝加哥瑞格利球場裝設照明設備（以進行夜間棒球賽）

- 百憂解（治療憂鬱症的藥物）
- 世界上最長的海底隧道完工（54公里長的日本福岡鐵路）
- 以鈽供給動力的心律調節器
- 蘇聯電視上開始出現美國廣告

美國萬花筒

藍領風尚

10月18日，隨著情境喜劇《我愛羅珊》在美國廣播公司首度播出，肥胖、活躍的女性主義者及喜劇演員羅珊·巴爾（後來叫羅

珊安娜·阿諾，接著就直呼羅珊安娜）將她獨特鮮明的市井小民形象帶進了電視螢幕。她扮演的是個工廠雇員，愛說笑話的妻子和母親，而這名演員也以往電視上所描繪的甜蜜家庭生活注入了些許現實色彩。這部情境喜劇後來在尼爾森收視率排行榜首位盤據許久。◀1969（邊欄）

布希當選

在雷根總統兩屆任期內擔任副手的布希，經過耐心等待後，終於在11月當選爲總統，他也是自1836年的馬丁·范布倫以來，第一位透過選舉繼任總統職位的副總統。布希和他的競選夥伴，印第安納州參議員丹·奎爾，戰勝了民主黨總統候選人，主張專家政治的麻州州長麥可·杜凱吉斯及其競選夥伴德州參議員勞埃德·本特森。杜凱吉斯擊敗了諸多民主黨角逐者而獲得提名，其中包括民權運動人士傑西·賈克遜（許多民主黨人均支持他再參

曾被認為是取之不盡的熱帶雨林遭到輕率隨意的開發。

環保

熱帶雨林保護者遇害

6 法蘭西斯科·「奇科」·孟戴斯是巴西工會的幹部，以積極從事環保運動而在國際間贏得聲譽。他爲亞馬遜盆地的橡膠樹液採集者而抗爭，因爲要使這些人得以維生，就必須妥善保護熱帶雨林及其中的橡膠樹。他在法庭內外力戰牧場主人（他們欲燃燒叢林，開闢牧地）、伐木業者和土地開發者，並率領數百名橡膠樹液採集者直入森林，逼使工人停止用鏈鋸伐樹。孟戴斯將橡膠樹液採集者和亞馬遜河地區的印第安人組成聯盟；他的組織並說服政府成立森林保留區，以對乳膠和巴西栗這類商品進行非破壞性的採收。他贏得聯合國獎勵，並赴美推廣其環保主義。但在司法不彰的巴西邊遠地區，那些地主對孟戴斯極為蔑視。1988年12月，44歲的孟戴斯在自家後院被一個牧場主人的兒子刺殺身亡。

孟戴斯的死引起世界對地球熱帶雨林所處困境的廣泛關注。短短幾世紀內，人類已使森林總面積從3885萬平方公里減少到1554萬平方公里。森林不僅對地球的氣候調節系統至關重要，還是無數動植物棲身的家園。到80年代，森林面積已不斷縮小。可供提煉製成藥物的各種植物即將絕跡；熱帶雨林的原住民也受困於同樣的厄運。巴西印第安人面臨的最大威脅之一乃是金礦的開採。在80年代有100萬名淘金者侵入亞馬遜盆地，以提煉黃金用的水銀污染毒化了河水，使致命疾病在揚諾瑪米人（編按：南美印第安人）和其他民族間傳播開來。

鑑於國際輿論對孟戴斯被害事件的激烈反彈，巴西總統何塞·沙尼和繼任者費南度·科爾·德梅羅均加強致力熱帶雨林的保護工作。焚燒叢林的速度雖然放慢了，但破壞仍在繼續。◀1980（12）

工商業

世紀交易

7 在1988年11月於史上最大宗公司併購案中被賣出之前，RJR納貝斯克公司乃是一個高資產企業，名列美國第19大公司，每年收益可達160億美元，其股票則維持著每股56美元的穩定價值。隨後，這個公司開始「玩起投機交易」，以拍賣方式尋找接管行家。

這場拍賣競價戰是在董事會會議室進行。因評估利潤可觀而借款進行收購的KKR公司，在競標時擊敗RJR納貝斯克公司，獲得這家大型食品－煙草私人企業。KKR爲收購這家公司支付了250億美元，每股價格約是109美元，幾乎是公認價格的2倍。在以垃圾債券和商業銀行貸款支援財務的情況下，這場交易使RJR納貝斯克公司欠下228億美元的債務。對總裁羅斯·約翰遜而言，他讓RJR納貝斯克公司參加投機交易，只是爲了要輸掉投標戰（和他的工作），股票價格上漲反使他的落敗有利可圖：

KKR集團核心人物（左起）：喬治·羅伯茨、亨利·克萊維斯和保羅·雷特爾。

他擁有的股份已價值2300萬美元。

對多數人來說，這場「世紀交易」體而微地顯出了華爾街的貪婪，乃80年代的時尚趨勢。公司併購者借一大筆錢買下一家像樣公司的全部產權，再一點點地將股份出售，賺錢支付債務。結果是：製造大批失業人口（其中很少有人像約翰遜一樣帶著「黃金降落傘」）。一位投資銀行家評論道，RJR納貝斯克公司的收購案反映出「資本主義已經嚴重脫序」。RJR納貝斯克這家超大型公司（主要產業包括奧利奧餅乾、麗池薄片餅乾、德爾·蒙特蔬菜和溫斯頓香煙）面臨解體的命運，其中某些部分將被賣掉，以償還每年約25億美元的債務。但是無須擔心，身爲RJR納貝斯克公司的新主人和KKR老板之一的亨利·克萊維斯聲稱：「奧利奧餅乾仍會出現在孩子的午餐盒裏。」◀1987（12）▶1989（10）

墨西哥

一次可疑的選舉

8 卡洛斯·薩利納斯·德·戈爾塔里，一位有哈佛大學博士學位的科技專家政治論者，在1988年7月贏得墨西哥總統選舉。這個結果並不令人意外：60年來墨西哥政壇一直是由革命制度黨獨佔，而薩利納斯正是該黨領導人。眞正令人震驚的是他贏得十分勉強：這位前預算計畫部長只獲得50.7%的選票，這是革命制度黨候選人有史以來表現最糟的一次。就算如此，很多墨西哥人仍懷疑他眞有這樣的成績。投票箱據說早已塞滿假選票，而這些選票的投票人都是去世許久的公民。於是約有25萬名抗議者到墨西哥國家宮殿前遊行示威，指控政府在選舉中作假。

薩利納斯並未被直接攻訐爲作假者。而反諷的是，他在競選中標榜的形象，乃是深知墨西哥陳腐體制須大幅重建的改革家。他宣稱：「我們已和一個多數黨及一個極具競爭力的反對黨共同邁入政治新紀元。」除蘇聯外，史上沒有任何政黨像革命制度黨般擁有如此強大的

體育 棒球：世界大賽，洛杉磯道奇隊以4勝1負擊敗奧克蘭運動家隊 奧林匹克運動會：在卡加立和漢城舉行（佛羅倫斯·葛瑞菲斯·喬伊娜締造了女子100公尺短跑紀錄，10秒5） 美式足球：超級盃，華盛頓紅人隊以42:10擊敗丹佛野馬隊 籃球：NBA，洛杉磯湖人隊以4勝3負擊敗底特律活塞隊 網球：施特菲·葛拉芙締造大滿貫賽稱后紀錄。

「如果有一天我失去了寫作的強烈欲望，我希望這一日就是我生命中的最後一天。」
—— 馬富茲

政治權力，上述言論既是由其領袖說出，就等於明白宣告該黨承認當前政治現況。但這觸怒許多革命制度黨的大老——即所謂的「恐龍」，掌控墨西哥的畸形政治體制。

在大選中為革命制度黨招惹麻煩的人乃是誇鳥特莫克·卡德納斯。他是前革命制度黨參議員，也是受人愛戴的革命黨主席拉薩羅·卡德納斯的兒子。作為左派黨派聯盟的候選人，年紀較輕的卡德納斯曾針對貪污和經濟兩項議題向薩利納斯提出挑戰。他說，革命制度黨不僅卑鄙腐敗，還出賣墨西哥的革命理想，欠下1030億美元的外債。

薩利納斯在12月就職後，曾誓言以「現代政治」為追求目標，同時也致力於經濟現代化。然而面對那些「恐龍」，他還有場艱難的仗要打。◀1985（4）▶1993（2）

許多墨西哥人相信，在1988年那場可疑的選舉中，卡德納斯才是真正的勝利者。

文學
阿拉伯作家獲得諾貝爾獎

⑨ 納吉布·馬富茲是埃及聲譽最高的作家，也是中東地區一位充滿爭議性的名人。然而，當他獲得1988年諾貝爾文學獎時（他是第一個獲得此獎的阿拉伯人），聚集在斯德哥爾摩等候消息發布的記者的反應則是：「納吉布是誰？」馬富茲的40部小說作品和12本短篇小說選集在西方幾乎是毫無名氣，但是評論家通常都稱他為現代阿拉伯小說之父。此外，由於納吉布的作品傳達出對社會的關懷、對城市生活的感觸，故事角色又刻劃得生動鮮明，評論家也認為他足以媲美巴爾札克或狄更斯。

得獎時76歲的馬富茲，其最受讚譽的作品是系列小說《開羅三部曲》。該系列小說於50年代後期問世，記錄一家三代在1952年那場導致賈邁勒·阿卜杜勒·納塞掌權的

政變之中及前後所遭遇的經歷。但他的一部寓言小說《格貝拉威的孩子們》因為對摩西、耶穌和穆罕默德有不敬的描寫，在遭到保守回教徒抗議後，被埃及列為禁書。另外一些作品則因技巧地批判了納塞政府，而釀成政治風暴。當馬富茲宣布支持埃及和以色列在1979年簽訂和平條約時，許多阿拉伯國家一度全面禁止出版他的所有作品。

在開羅咖啡店裏的馬富茲，每天早晨他都在此用早餐。

約旦作家聯盟的領導人稱這位諾貝爾文學獎得主是「犯過者」。然而，埃及總統霍斯尼·穆巴拉克還是立刻向他表達了祝賀之意；而在歐洲和美國，馬富茲的作品則是銷量猛增。◀1988（1）

中東
「印地法達」贏得支持

⑩ 1988年，一場在約旦河西岸及加薩走廊持續許久的暴動，使以色列和巴勒斯坦之間的衝突情勢急遽升高。暴動始於新年來臨的前幾天，一些阿拉伯年輕人越界來到西岸佔領區，向以色列巡邏部隊投擲石頭和汽油彈。儘管當地的巴勒斯坦解放組織、回教基本教義派信徒和左派領導人也聯合發起了抵制和罷工行動，然而一馬當先打頭陣的畢竟還是這些「石頭孩

子」。1990年時，大約有750多名巴勒斯坦人被殺（以色列方面則是40多名），數萬人受傷，數千人未經審判即入獄服刑，然而這次「印地法達」（intifada，阿拉伯語，「暴動」之意）對巴勒斯坦人的助益確實比40年來任何事件都重大。

儘管以色列曾為巴勒斯坦問題屢屢投入戰爭，但和巴勒斯坦人的衝突主要局限在與巴解組織突擊隊的交鋒。以色列境內的阿拉伯人至少在名義上享有平等待遇，所以相對上也較沒有聲音。別處的巴勒斯坦人雖常被關進難民營，也只是旁觀他人投入戰鬥。而現在，他們則是拿起武器保衛自己（就連以色列境內的阿拉伯人也引發暴動，並參加一次總罷工），就如同大衛力戰歌利亞（編按：聖經中的巨人，為大衛所殺），因而贏得全球前所未有的廣泛同情。他們都宣布效忠解放組織，並駁斥以色列指稱該組織非正統的說法。但他們也同時向巴解領導人施加壓力，要求儘早解決以巴問題，即使這意味做出妥協。

這次暴動迫使約旦國王胡笙放棄對約旦河西岸的領土主權聲明，確認巴勒斯坦人擁有自己的領地，並幫助巴解領袖亞西爾·阿拉法特壓制巴解強硬派成員。11月，阿拉法特宣布成立巴勒斯坦國，揚棄恐怖主義，首度默認以色列的存在。12月，在持懷疑態度的美國官員拒絕讓他進入聯合國後，聯合國大會在日內瓦召開會議聽取他的發言。阿拉法特重申巴解組織的溫和誓言，解決中東問題的新希望於焉誕生。◀1982（2）▶1993（1）

約旦河西岸的巴勒斯坦人以投擲石頭作為主要的挑釁方式。

加第二次競選。而在這場取決於形象（杜凱吉斯駕著戰車以證實他的強悍堅決，布希則大啖豬肉皮以顯示他的平易近人）的競賽中，最尖銳的一幕則是出現在副總統的辯論會上：守舊的本特森告訴年輕的奎爾（他曾援引第35屆總統之名），他可不是「傑克·甘迺迪」。◀1980（4）▶1992（4）

海灘上的醫療廢棄物
7月6號，當紐約州政府發現醫療廢棄物沖上海岸後，便封鎖了長島地區24公里的海灘。這些可能造成傳染的廢棄物包括裝血液的小瓶、針頭、注射器和球狀固體污物。幾天前，120多個裝著血液的容器（其中有些血液感染了愛滋病病毒）被海浪沖過紐約港，漂到新澤西的貝雲。幾天後，70個注射器和藥瓶衝上斯塔田島。調查人員無法查明這些廢棄物來自何處，但他們排除個人

污染者所為的可能性。含有醫院廢棄物的危險性浪潮，迫使新澤西的許多處海灘，在夏天結束前就已關閉。◀1987（邊欄）▶1989（13）

繪製基因圖
1988年，美國國立健康衛生機構和能源部開始進行一項人類基因工程，計畫投入30億美元對去氧核糖核酸（DNA）進行完整分析並繪製成圖（預計在2005年達成）。DNA是由叫做核甘酸的60億個化學聯結單位組成的鏈狀物。透過分析每個人類基因的功能，並確定基因上的染色體為何，從事基因工程的科學家即能得知所有疾病的基本分子結構，以及（他們希望能如此）正確的治療方法。◀1982（邊欄）▶1990（4）

1988

「如果能不靠藥物幫助就取得9秒79的成績，我們當然會這樣做。」

—— 班·強生的教練查利·法蘭西斯

環球浮世繪

皮諾契特的失敗

1988年，智利舉行一場公民投票。這次投票原本是為確認奧古斯托·皮諾契特將軍的執政權而設計，但全國選民卻打破慣例，投票反對讓這名獨裁者繼續連任。對1973年以來即已掌權，而後並查禁反對黨，剝奪民權的皮諾契特來說，這是一次羞辱的失敗。不過這名漸趨年邁的獨裁者還是鎮靜地接受了這個結果。第二年，智利即舉行自由選舉。

◀ **1973（4）** ▶ **1989（8）**

撤離阿富汗

5月，米哈伊爾·戈巴契夫為實現他在1985年日內瓦高峰會議上的承諾，開始讓蘇聯軍隊從阿富汗撤出。蘇聯於1979年開始介入這個中亞共和國的內政。這樣的干預已激起國際社會公憤，降低蘇聯軍隊士氣，並犧牲了大約1萬5千名蘇聯士兵的生命。最後，蘇聯軍隊還是未能擊敗由美國、英國、中國供給精密武器的阿富汗回教反叛勢力。最後一批蘇軍在1989年2月撤出阿富汗。穆罕默德·納吉布拉搖搖欲墜的馬克斯主義政權從此只能自謀生路。納吉布拉在1986年接替蘇聯扶植的傀儡領導人巴布拉克·卡默爾執政，而3年多之後，他的政府即遭結合起來的各股反叛勢力共同推翻。◀ **1979（5）** ▶ **1992（邊欄）**

屍衣年代獲確認

10月13號，杜林的主教平息了持續長達數世紀的一場關於杜林屍衣真實性的爭論，這件屍衣據稱是安葬耶穌基督時所用的亞麻布。主教認可了3個不同的實驗室為屍衣所測出的碳14測定，宣

布這塊布大約是在公元1260年到1390年編織的。不過天主教教會仍鼓勵信徒們繼續因這塊布所具有的圖像力量（許多信徒相信布上有耶穌的形象）而予以尊崇。◀ **1947（14）**

科技

傳真機的熱門時代

11 一度被視為辦公室稀奇舶來品的傳真機，幾乎在一夜之間成為標準的辦公設備，從最富有的500家公司到街角的披薩店都可見到其蹤影。1988年，僅在美國一地，就賣出100多萬台傳真機，比1983年的5萬台暴增許多。歐洲也不落人後。至於在傳真機的生產和使用上居領先地位的日本，這種快速通信設備的使用量已佔了總通訊量的20%。

傳真機的迅速增加是需求成長，因而追上可供應量的典型例子。自70年代初期開始，傳真機已盤據在辦公設備市場中一個僻靜而高遠的角落。80年代，更新規格的現代傳真機則使下列事實變成可能：把文件內容轉化成數位訊號，

傳真機，世界上最快的郵遞服務。

再透過一般電話線傳送出去，讓對方在一分鐘或更短的時間內接收到。此外，傳真機的價格也大幅下降，從1984年一部預算模型的索價2千美元降至1988年的每部400美元。許多小企業突然發現，如果沒有傳真機，他們的生意根本就做不成。傳真機比隔夜快遞服務更迅速便宜，功能也比電報強（在1984年到1988年之間，西方聯合電報公司的電報業務量減少了一半）。到了90年代，沒有傳真機的企業，簡直就像是一隻在崇尚快速的時代中緩步行走的笨重恐龍。◀ **1938（6）**

經濟

貿易鴻溝擴大

12 1988年時，美國的經濟開始面臨全球性的信任危機。以前是強勢貨幣的美元，對日圓的價格在3年裏貶值了一半。美國貿易赤字劇增，高達每個月平均100億

美元，而其中有一半源自於對日本的貿易逆差。美國（經濟規模世界最大）成為世界上最大的債務國，而日本（經濟規模全球第二）則是世界上最大的債權國。儘管雷根政府堅稱，貿易不平衡最終應歸因於外國資金在美國的投資，然而另一項流傳開來的預測卻沒有這麼樂觀：所謂的美國世紀已經結束，新巨人儼然已矗立在東方。

在美國，要求對日本進口貨品進行管制的聲浪越來越高，而此刻正是美國放寬對另外一個貿易夥伴限制的時候：1月份，加拿大和美國簽署了一項自由貿易協議，取消兩國之間的關稅。8個月後，美國國會又通過了一項綜合貿易法案，內容長達1千頁，宛如一個裝滿政治分肥和對日本採取貿易報復計畫等獎品的幸運袋。該法案除了要求日本開放國內市場，否則將遭制裁，同時也增加了煙草業的補助津貼和經營困難的路易斯安那糖廠所需的緊急融資。儘管對日本商品提出強烈抗議，但是美國對日本的出口數量從1月份到9月份還是增加了14.5%。此外，日本官員也抱怨，美國其實已透過美元貶值懲罰了日本，因為這使得美國購買進口商品的能力降低。

撇開這些激烈的爭辯不談，這兩個國家仍然維持著密切的經濟夥伴關係。日本需要偏愛其電器和汽車產品的龐大美國市場，正如美國需要依賴日本的巨額投資一樣。日本在美國付出的大筆投資金額乃是源於其貿易盈餘，而這筆豐厚的盈餘又是藉由美國的巨額財政赤字（1988年為1兆2000億美元）所獲得。◀ **1987（邊欄）** ▶ **1993（2）**

在國會山莊的一次抗議中，國會議員透過損毀一部東芝收音機來表示他們對日本產品的憤恨。

體育

強生玷污金牌

13 加拿大短跑選手班·強生參加了在韓國漢城舉辦的1988年夏季奧運會，準備摘取100公尺短跑徑賽的金牌。在奧運舉行一年前，他以9秒83的成績刷新了這個項目的世界紀錄，比舊的記錄快了整整0.1秒（在短跑記錄中，0.1秒可是很長）。這似乎證明強生終於勝過其美國對手卡爾·劉易士（史上最強的田徑運動員之一）。火爆、驕傲，素以起跑時的爆發力聞名的強生預測自己將在漢城奪金：「當槍響時，競賽就結束了。」事實確是如此：他締造了9秒79的新世界紀錄。然而兩天之後，例行的藥物檢驗卻證明強生過去一直在服用合成類固醇。他失去了奪冠的榮耀和約100萬美元的廣告合約。他的金牌也移交給了第二名的劉易士——世界上跑得最快的「清白之人」。

強生不得不歸還他的奧運獎牌。

長期以來，濫用類固醇一直是一個國際性問題，但從來沒有一個像強生這樣知名的運動員被查獲過。競賽者利用禁藥（會造成精神失常，對心臟和肝臟也有害）來增強肌肉。多年來，強生一直被懷疑使用禁藥，因為他的肌肉異常發達，雙眼則經常發黃，這正是類固醇會產生的副作用，但他卻總能順利通過藥物檢驗。在奧運會醜聞發生後，加拿大政府開始對類固醇使用狀況展開調查。強生證實：在他的教練查利·法蘭西斯慫恿下，他已注射藥物長達7年之久。法蘭西斯遭到終生不得再擔任教練的處分，強生則被停賽兩年。當他重返田徑場時，實力也明顯地不如以往，失去了競爭條件。兩年後，他因再次求助於非法藥物而被永遠逐出田徑場。▶ **1989（邊欄）**

諾貝爾獎　和平獎：聯合國維持和平部隊（紐約市）　文學獎：納吉布·馬富茲（埃及，小說家）　化學獎：約翰·戴森侯霍、羅伯特·胡伯爾和米歇爾（德國，蛋白質和光合作用）　醫學獎：傑爾屆德·埃利翁、喬治·希欽斯和詹姆斯·布萊克（美國、美國、英國，藥物治療）　物理學獎：利昂·萊德曼、馬爾文·施瓦茨和傑克和史坦伯格（美國，基本粒子）　經濟學獎：莫里斯·阿萊（法國）。

當年之音

一首愉悅的小曲

《不要憂傷，快樂起來》——鮑比·麥克費林主唱，1988年作品

在音樂會上，美國爵士歌手鮑比·麥克費林以他柔美靈活的4個八度音域創下驚人之舉，包括模仿一部收音機（還帶有靜電干擾聲），模仿一整個小型爵士樂隊，演唱美妙的巴哈樂曲，及利用對位法和自己一起唱歌。他的德國歌迷稱他是「斯蒂姆旺德」（Stimmwunder）——神奇之聲。除了神乎其技的歌唱天賦外，麥克費林並在1988年以一首投合世人喜好，帶有克利普索民謠（編按：千里達的傳統狂歡節音樂）風味的《不要憂傷，快樂起來》而聲名大噪。在7月份發行的這首曲子，到年底時已賣出了1000多萬張。甚至連自認是西部鄉村音樂愛好者的喬治·布希，也選了麥克費林的這首曲子作為他的非正式競選歌曲。這首曲子以其活潑輕快的加勒比地區節奏和歌詞中所流露的一種冷峻（可能帶著反諷意味）的樂觀主義，迎合當時在美國出現的一陣短暫的「愉悅」潮流——布希許諾要建立「更友好，更溫和」的時代；設計師們一度使久違的「微笑臉龐」重現，同時也與正在美國和歐洲逐漸引起注意的「世界音樂」風潮相呼應。世界音樂融合了西方流行樂和來自喀麥隆、巴西、保加利亞或海地（其實就是除了西歐和美國以外的任何地方）的各種民間傳統音樂，充滿活力，可隨之起舞，同時也滿足了一些樂見異族文化融合的渴望。

◀ **1986**（邊欄）

我寫了一首小曲，
你可能想把它一句句唱出來；
不要憂傷，快樂起來！
生活中總有些煩惱，
但當你憂傷時，困擾更會加倍；
不要憂傷，快樂起來！
你無處可躺，
因為有人拿走了你的床；
不要憂傷，快樂起來！
房東說你遲交房租，
他可能會跟你打起官司；
不要憂傷，快樂起來！
看看我，我是快樂的，
這是我的電話號碼，

當你難過時，就打電話給我，我會讓你快樂。
你沒有萬貫財富，也沒有堂堂儀表，
沒有女孩讓你燦然微笑；
不要憂傷，快樂起來！
因為當你憂傷時，你會緊鎖眉頭，
陰鬱的臉讓每個人情緒低落；
不要憂傷，快樂起來！
不要憂傷，不要憂傷，別這樣！
快樂起來，把微笑掛在臉上；
別讓每個人情緒低落，不要憂傷！
不管什麼事都會很快過去。
不要憂傷，快樂起來！
我不憂傷。我很快樂。

「在國際關係上，我們正告別一個時代，進入另一個時代。」
—— 戈巴契夫

年度焦點

歐洲的反共產革命

① 在米哈伊爾·戈巴契夫的改革及其再統一莫斯科帝國強權政治的推動下，以市場經濟和多元民主政治推翻共產專制為主的運動於1989年遍及東歐和中歐。而且，除了羅馬尼亞的祕密警察在起義人士處決獨裁者尼古拉·西奧塞古和他的夫人之前屠殺了7千多人以外，整個革命是不流血的。

柏林圍牆的拆除開創了一個德國統一的新生代。

轉變始於受到壓迫最少的蘇聯附庸國匈牙利。因經濟崩潰和群眾的不滿，1988年該國共產黨罷免了任職30年的領導人亞諾什·卡達爾。新總理米克洛什·內梅特逐漸制定自由政策；1989年10月，共產黨正式解散。1990年的選舉中，中間偏右派的民主論壇領導人約瑟夫·安塔爾當選總理。

到了1989年10月，在東德的反政府示威非常盛行；同時數以千計的不滿群眾蜂擁穿越匈牙利新近開放的奧地利邊界前往西德，或在布拉格和華沙的西德大使館尋求政治庇護。政治局以另一位強硬派人物替代了共黨頭子埃里希·何內克，但適度的放寬旅行限制卻導致政府垮台：11月，200萬東德人湧入西柏林，而柏林圍牆沿線的衛兵們袖手旁觀或加入群眾動手拆除這座可恨的建築。改革派的共產黨人漢斯·莫德羅隨後成為總理；1990年，該黨在東德進行的第一次自由選舉中敗給了剛被解禁的基督教民主黨，其領導人洛塔爾·德·邁齊埃取代了莫德羅。

1989年4月，經過數月的動亂和談判後，波蘭政府承認團結工聯運動（從1982年起被禁）為合法。在6月舉行的半自由選舉中，團結工聯從共產黨人或其盟友手中贏得了幾乎所有非保留議席；共黨頭子沃伊切赫·賈魯塞斯基將軍任命團結工聯官員塔德烏什·馬佐維茨基為總理。1990年12月，團結工聯領導人萊赫·華勒沙被選為總統。

捷克的「天鵝絨革命」始於學生的示威活動，以異議劇作家暨活躍分子瓦茨拉夫·哈維爾於12月當選總統時達到最高潮。而在保加利亞，共產黨領導人托多爾·日夫科夫於11月下台，為該國的自由選舉預作準備。儘管所有翼羽未豐的政府都得面臨搖擺不定的經濟和社會問題，但歐洲毫無疑義地獲得了新生。

◀1987（10）▶1990（1）

巴拿馬

美國推翻諾瑞加

② 美國政府對巴拿馬武裝部隊司令和該國實際統治者曼努爾·諾瑞加將軍一直別有企圖。雖然這位強人自60年代以來就一直為中央情報局提供情報，但他也向古巴出賣美國情報，並允許哥倫比亞麥德林販毒集團經巴拿馬向北美運送毒品。最後，華府方面忍無可忍，新當選的總統喬治·布希於1989年12月派遣了一支2萬5千人的部隊追捕這個獨裁者。

入侵行動（自1900年以來美國第4次對巴拿馬軍事入侵）造成了百姓生命和財產的重大損失。市區戰鬥摧毀1萬5千名巴拿馬人的家園；據美國國防部統計共有516名巴拿馬人喪生，其中459人是非戰

1988年諾瑞加正值權力顛峰。他擁有的4艘遊艇都命名為獨夫。

鬥人員。美方死者總計23人。此次「正義理由行動」的確達到了它的主要目標：諾瑞加被引渡到佛羅里達州並面對聯邦毒品走私和勒索罪的起訴。1989年當選但受到諾瑞加阻撓的總統吉列爾默·恩德拉宣誓就任巴拿馬總統。

諾瑞加是3年前人民黨的獨裁者奧馬爾·托里霍斯因直升機墜毀神祕死亡後，最後且最殘暴的軍人集團。他於1984年掌控國家大權。諾瑞加對國家安全的控制及與美國情報機構的良好關係使他一時風光不已。諾瑞加第一次與布希會晤是在1976年，當時布希任職中央情報局局長。後來，他又與奧立佛·諾斯策劃非法提供武器給尼加拉瓜反對派。當布希於1989年1月就任美國總統時，諾瑞加還期望利用老關

係獲得好處。然而就從那時候起，他奸詐的行為已然使他的利用價值大減。

審判於1992年在邁阿密進行，諾瑞加因以前的販毒同夥作證而被定罪，並判處40年有期徒刑。（全部的判決費用，包括入侵在內，超過1億6400萬美元）。儘管如此，來自巴拿馬的毒品走私依舊猖獗而未見稍減。◀1977（7）

南非

戴克拉克開始改革

③ 到了1989年，南非執政的國家黨已分裂成敵對派系。政府之中的改革者認定波塔總統應付反種族隔離運動的方式（殘暴鎮壓）無效，而開始尋求其他的解決方法。波塔及其支持者——即支持他們建立警察國家的「安全統治支持者」，有足夠的力量以對付政治挑戰。然而，由於國內經濟衰退、國際上的孤立以及被宣告非法的非洲民族議會頑強抗議政權歧視種族，其權威逐漸喪失。

波塔在2月份遭受一次打擊後，政府不再受制於安全統治支持者。儘管波塔保住了總統職位，但國家教育部部長戴克拉克取代他擔任國家黨的主席。7個月後戴克拉克及其盟友阻擋了波塔東山再起的企圖。失去信任的總統辭職，而在保守人士的末日討論之中，國會於9月選舉戴克拉克繼任總統，改革之門從此打開。

波塔任期的最後幾年是該國少數白人蒙受恥辱的一段時期。在持續的緊急狀態中，政府派軍隊佔領黑人區，但並無法阻絕游擊隊的活動。非洲民族議會的襲擊在1984年至1988年間實際上增加了5倍。同時，南非被迫放棄對安哥拉的不宣而戰，他們曾與當地的右派叛軍一同作戰，企圖推翻馬克斯主義政府，並從鄰國那米比亞撤退。

為消除本黨沒落的觀念，戴克拉克開始實行「進化」的改革。他在就職後的最初幾個月內就削減安全部隊的勢力，但取消南非種族隔離制度。1990年2月，他使非洲民

1989

「爲了恢復人民對政府的信任，我決定辭職。」
—— 日本首相竹下登

戴克拉克（左）在競選活動中。

族議會合法化並且開始放寬審查制度；接著，他作出了最偉大的友好表示，釋放納爾遜·曼德拉。這位反種族隔離運動最偉大的領導人和活生生的象徵，在歷經27年的監禁後終於重獲自由。◀1988（2）▶1990（當年之音）

中國
天安門事件

④ 1989年6月3日，人民解放軍的部隊和裝甲車輛聚集在40公頃的北京天安門廣場，學生在此靜坐以要求民主的示威已持續了3個星期。第二天拂曉，士兵命令抗議者解散，接著坦克開了進來，輾碎帳篷及裏面的東西。學生四處逃散，他們的領袖被逮捕或躲藏起來，中國自革命成功以來最大型的反政府示威就這樣結束了。毛澤東的繼承人鄧小平取得了勝利。

鄧小平於1987年就辭去了政治局的職務，但仍在幕後統治中國。

他本身是位改革家：極力主張經濟權限分散，將自由市場原則併入共產主義之中，並與西方維持更密切的關係。但政治上的自由化則是另一回事。學生的抗議早在4月就已開始，由前共產黨領導人胡耀邦的逝世所引發，他因爲對於稍早的一次動亂過於溫和，以致鄧小平迫使其辭職。隨著工人、知識分子和其他階層人士的加入，溫和的改革要求演變成激進的請願（包括要求鄧交出權力）。政府指控學生領袖意圖「否定黨的領導和社會主義制度」，因此劃下了界限。

5月13日，學生開始在天安門廣場絕食，並採取了極端的挑釁舉動，在廣場上豎起複製的美國自由女神像，而鄧小平則打算兩天後在此歡迎蘇聯領導人戈巴契夫來訪。西方記者報導戈巴契夫的訪問（爲30年來中蘇兩國最高領導人進行的第一次正式接觸），使天安門廣場成爲舉世矚目的焦點。5月20日，有上百萬的中國人湧向北京聲援絕食抗議者，政府被迫頒佈戒嚴令；當抗議者組成人身路障以阻擋坦克時形成了僵持局面。然後，鄧小平命令軍隊攻擊。有數以千計的人被殺害。西方的反應是直接了當地進行制裁，但鄧小平除了釋放幾名犯人以外，拒絕作出更大的讓步。他不允許這種正在動搖蘇聯集團的動亂在中國蔓延開來。◀1984（7）▶1994（14）

日本
醜聞動搖執政黨

⑤ 日本執政的自民黨深受醜聞困擾，在1989年的投票結果中遭到前所未有的挫折。自1955年以來一直執政的自民黨，在7月大選中第一次失去對上議院的控制。雖然憑藉其在下議院的優勢地位，自民黨依然高高在上，但也僅此而已。困窘的首相宇野宗佑將黨的領導權移交給海部俊樹（下圖）。宇野本人在1個月前才剛升任最高職位，當時他的前任自民黨重臣竹下登在輿論的一片譁然聲中下台。這才使得海部因此成爲3個月內的第3位日本首相。

自民黨一直與大財團利益勾結，但沒有人確切知道他們如何保持良好關係，直到1988年後期瑞克魯特公司醜聞案被揭露出來爲止。瑞克魯特是一家房地產和通訊事業的龐大集團公司，曾經送給自民黨政客價值約900萬美元的低價股票作爲政治利益的回饋。這些交易本身並不違法，所收的回扣也難以在法庭上證實。但公眾因此對政府的信任一落千丈，且迫使竹下於4月辭職。宇野剛上任，一名藝妓就又洩露了新任首相曾經付她2萬1千美元作爲性交易報酬的祕聞。再加上瑞克魯特案和自民黨剛通過恢復消費稅法案，注定了該黨在7月遭到挫敗的命運。

海部俊樹成爲竹下繼承人，最主要是因爲他未沾染腐敗習氣，但他也繼承了自民黨從1974年以來最糟的政治危機（1974年首相田中角榮即因財政過失而下台）。許多分析家預言，該黨在即將來臨的下議院選舉中會失去對國會的控制。事實上，日本人傾向維持現狀：1990年2月，自民黨擊敗分裂的反對黨。海部保住首相職務，但內部人士認爲竹下的地位依然舉足輕重。政客和政黨似乎平安度過了這場風暴。◀1976（8）▶1993（11）

逝世名人錄

阿爾文·艾利 美國編舞家

露西·鮑爾 美國演員

唐納德·巴特黑爾梅 美國作家

喬治·韋爾斯·比德爾 美國遺傳學家

薩繆爾·貝克特 愛爾蘭裔法國作家

歐文·伯林 俄裔美國作曲家

奧古斯特·安霍伊澤·布希 美國釀酒家

尼古拉·西奧塞古 羅馬尼亞總統

格雷厄姆·查普曼 英國喜劇演員

薩爾瓦多·達利 西班牙畫家

貝蒂·戴維斯 美國演員

達芬·杜莫里 英國作家

麥爾坎·福布斯 美國出版商

安德烈·葛羅米柯 蘇聯政治家

裕仁 日本天皇

弗拉基米爾·霍洛維茲 俄裔美國鋼琴家

胡耀邦 中共中央總書記

亞諾什·卡達爾 匈牙利總理

赫伯特·馮·卡拉揚 奧地利指揮家

魯霍·阿亞圖拉·柯梅尼 伊朗統治者暨宗教領袖

萊恩 英國精神病學家

斐迪南·馬可仕 菲律賓總統

勞倫斯·奧立佛 英國演員

十世班禪 西藏宗教領袖

休格·雷伊·魯賓遜 美國拳擊手

安德烈·沙卡洛夫 蘇聯物理學家和人權活躍分子

威廉·肖克萊 英裔美國物理學家

喬治·西默農 比利時小說家

弗吉爾·湯姆森 美國作曲家和評論家

在鄧小平進行殘暴鎮壓的兩週之前，學生在天安門廣場靜坐。

斯福德；《7月4日誕生》奧利佛·史東；《藥房牛仔》古斯·范桑特；《我的左腳》吉姆·薛蘭登；《甜姐兒》珍·康萍；《亨利五世》肯尼士拉·布萊納；《羅傑與我》麥可·穆爾 戲劇：《幾個好人》阿龍·索金；《虛無之境》威廉·尼科爾森；《情書》格尼；《西貢小姐》鮑比爾、恩貝格 電視：《黃金時段現場直播》。

「難道這場毫無意義的戰爭一直要持續到最後一個黎巴嫩人滅亡嗎？」

——貝魯特回教電台國家之聲

1989年新事物

● 全世界禁止象牙貿易

● 隱形轟炸機

● 忍者龜

● 時代華納公司（由時代公司與華納公司合併而成）

● 保險涵蓋電腦病毒所造成的損害

美國萬花筒

絕技

美國自由車選手克里格·萊蒙德在7月環法自由車賽中再次獲勝，追過法國的勞倫特·菲格農，贏得有史以來競爭最激烈的環法自由車賽。萊蒙德在為期3週、全程3259公里的比賽中，僅僅以超前8秒取勝，但是更令

人驚奇的是，他是在1987年一次狩獵意外重傷後東山再起。1990年他第3度奪得冠軍。

◀1969（12）

皮特·羅斯被禁賽

8月24日，棒球委員會委員暨前耶魯大學校長巴特利特·賈馬蒂宣佈，前棒球球員、現任辛辛那提紅人隊經理的皮特·羅斯，由於在球賽中賭博，被永遠禁止參加比賽。羅斯於1986年以球員身分退休，是有史以來參賽次數最多（3562次）以及安打數最高（4256分）的球員。這個禁令使他喪失了進入棒球名人堂的資格。賈馬蒂在宣佈這項引起爭議的決定8天後死於心臟病。1990年，羅斯由於逃稅被判刑5個月。

航空公司關閉

由於經濟不景氣、原油價格調漲和機械技師公會主席查爾斯·布

中東

貝魯特啓示錄

⑥ 1989年爆發的貝魯特衝突是14年內戰之中最激烈的一次。這次衝突始於3月份，當時2萬名基督教民兵的指揮官邁克·奧恩將軍，宣佈要對佔領黎巴嫩大半的4萬名敘利亞部隊進行一場「解放戰爭」。在伊拉克的武裝支援下（伊拉克獨裁者薩達姆·海珊對敘利亞在兩伊戰爭中援助伊朗極為不滿），奧恩開始砲擊西貝魯特的回教徒。這位將軍聲稱其目標是敘利亞陣地，但結果砲火卻使這座曾是中東明珠的城市慘遭破壞。

到了8月，貝魯特的150萬居民中已有一半成為難民。留下來的則忍受狙擊、衣食匱乏和經常性的轟炸。基督教、回教和德魯茲民兵的年輕戰士（主要來自失業者和情緒失常者中的自棄階層，且常與毒品有關）沿著劃分城市交戰區的綠線發生武裝衝突。敘利亞支持的德魯茲民兵領袖瓦利德·瓊布拉特悲嘆道：「我們正在自殺」。然而，即使在議會表決解散民兵並將他們併入非派系的正規軍隊後，戰鬥仍一直持續著。

問題是黎巴嫩既沒有健全的軍隊，也沒有一個健全的議會。敘利亞強人哈非茲·阿薩德堅持其目的是要幫助黎巴嫩「完成民族和解」並重建有效的政府。但許多觀察家相信他企圖永久稱霸黎巴嫩。奧恩本人則是希望保持基督教少數派在黎巴嫩政治上的優勢。被夾在中間

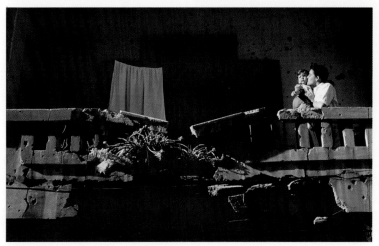

黎巴嫩內戰發生在該國人口最密集的城市。

的照例是絕大多數黎巴嫩人民。

◀1983（3）▶1990（邊欄）

巴拉圭

地位鞏固的獨裁者被罷黜

⑦ 1989年2月，巴拉圭的阿爾弗雷多·斯特羅斯納將軍被安德烈斯·羅德里格斯將軍推翻後，西半球持續時間最長的獨裁統治結束了。自從1954年掌政開始，斯特羅斯納就採用警察國家恐怖政策和政府成員黨內補選制（科羅拉多黨的黨員資格是從事最專業工作

的先決條件），將這個以混亂而惡名昭著的國家轉變成秩序井然的典範。最後，他的權勢是如此穩固，甚至允許象徵性的反對活動。但腐敗也隨著個人專制而來。

巴拉圭變成了納粹餘孽（包括奧斯維辛集中營的醫生約瑟夫·門格勒）、被罷黜之獨裁者和國際販毒分子的避難地。只要付出龐大金額就可以得到庇護。但有利可圖的簽證買賣比起走私來還是小巫見大巫。該國每年從非法出口中獲利近7億美元，是合法交易的2倍。斯特羅斯納和他的夥伴（包括羅德里格斯在內）過著帝王般的生活。同時，未開發的經濟使大多數人陷於貧困之中。

斯特羅斯納的地位在70年代開始動搖，當時吉米·卡特的人權政策導致美國中止援助。在80年代，

隨著經濟惡化爆發了街頭抗議；在斯特羅斯納的擁護者和一支標榜為「傳統派」反動團體之間的精英分子中，矛盾開始出現。當這位生病的76歲獨裁者準備指定其子為繼承人時，羅德里格斯在傳統派的支持下發動政變。至少有300人在此次政變中喪生，斯特羅斯納則逃往國外。令人意外的是羅德里格斯舉行幾十年來首次多位候選人競選的選舉；而意料之中的是他贏得選舉。1993年，選民選擇一位文職官員，即科羅拉多黨的胡安·卡洛斯·瓦斯穆西來接替他。◀1954（邊欄）▶1989（8）

南美

改革家的沈重包袱

⑧ 在南美洲新興的3個民主政體中，選民們於1989年選出新領導人來設法解決問題重重的獨裁遺緒。

在一個廣泛聯盟（從共產黨到中間偏右勢力）的支持下，基督教民主黨人帕特里希奧·艾爾文·阿索卡爾在智利19年來第一次總統選舉中，擊敗奧古斯托·皮諾契特將軍精心挑選的候選人。但根據1981年皮諾契特頒佈的憲法，將軍本人將留任總司令。由於擔心軍事干預，艾爾文不太敢改變智利犧牲窮人利益使富人更富的政策，更不敢起訴在舊政權下涉嫌數千起政治謀殺案的士兵。

阿根廷已經執政6年的文人政府也處於軍隊的陰影下。即將卸職的總統勞爾·阿方辛經歷了一次次政變企圖和報復，起事者是一批遭其起訴，涉嫌多起謀殺案的高級軍官。此外，他還被獨裁者殘留的財政混亂整慘了：到1989年初，外債達660億美元，月通貨膨脹率高達200％，而且食物暴動遍及了全國。5月，貝隆主義者卡洛斯·薩烏爾·梅內姆被選為阿方辛的繼任人。梅內姆是光芒四射的人民黨黨員，他承諾增加工資並放寬信貸。就職後，就立刻強行通過一項嚴屬法案，削減補貼和出售國有企業。他還赦免了280名軍人，選擇自身

體育　棒球：世界大賽，奧克蘭運動家隊以4勝0負擊敗舊金山巨人隊；皮特·羅斯因為在球賽賭博證據鑿而被禁賽　　美式足球：超級盃，舊金山四九人隊以20:16擊敗辛辛那提孟加拉虎隊；皮特·羅澤爾在擔任國家美式足球聯盟委員29年後退休　　籃球：NBA，底特律活塞隊以4勝0負擊敗洛杉磯湖人隊。

「對我而言，要暸解內部情報與一篇優秀研究報告之間有何不同，是極爲困難。」

—— 前公民聯盟主席沃爾特·芮斯頓

1988年智利群衆集會反對皮諾契特：一年後，他們又投票反對其挑選的候選人。

安全而放棄公義。

12月，巴西人選舉年輕而富有魅力的費南度·科洛爾·德梅羅爲29年來首任的直選總統。科洛爾的前任文職總統何塞·沙尼已承繼了被揮霍無度的執政團搞糟的經濟。到了1990年3月科洛爾就職時，債務爲1億1500萬美元，而年通貨膨脹率高達100000%。科洛爾在巴西採取了嚴厲的財政電擊療法，但中下階層首當其衝受害最深。而他本人由於攫取不義之財，不久就下台了。◀1988（邊欄）▶1992（7）

科學
冷熔合掀起的騷動

⑨ 1989年3月，兩位電化學家在猶他大學舉行的一場記者會上掀起科學狂熱。猶他大學的斯坦利·龐斯和英國南安普頓大學的馬丁·弗萊希曼聲稱他們在室溫下

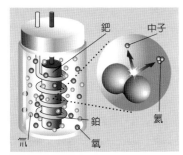

瓶內熔合（理論上）：當鈀吸引氘原子，氘核聚合，釋放能量、中子和氦。

的一個容器內完成了核子熔合，即供給太陽動力的過程。這種現象被命名爲冷熔合，它違背了已知的物理定律。如果這是眞的（而大多數科學家對此持懷疑態度），冷熔合可預言未來將出現廉價、乾淨及事實上無限的能源。

這個實驗極爲簡單：龐斯和弗萊希曼將包含兩極（一極爲鈀，一極爲鉑）的電池浸在重水（以氘製成，氘即重氫）中。電流通過這組裝置產生大量過剩的能量（熱氣形式），使鈀電極熔解。研究人員由此推論，唯一合理的解釋就是熔合發生了。猶他大學校長得意地將此發現標榜爲「與火的發明具有同等意義」。各地的科學家開始嘗試如法泡製；有些人聲稱實驗成功。龐斯和弗萊希曼則在國會前作證，期望獲得數百萬美元的聯邦基金。

然而到了夏末，科學家紛紛提出質疑。龐斯和弗萊希曼的錯誤包括有：一個簡單的化學反應就能夠產生他們所觀察到的熱量；他們無法測到熔合產生的氦；眞正的熔合會釋出足以致命的中子。某位物理學家說，整個事件是「蹩腳的科學把戲」。弗萊希曼和龐斯的聲譽則大受打擊，從此默默無名。但是他們和其他支持者在90年代仍繼續從事冷熔合的實驗。◀1951（3）

工商業
高收益債券之王覆滅

⑩ 麥可·米爾肯是從事高風險、高收益債券的先驅，若他不是自摩根以來最具創新精神的金融家，就是一名騙子。只有他的財富是毋庸置疑的。他是德雷克塞爾·伯納姆·蘭伯特公司在比佛利山的高收益債券部門主任，於1989年被起訴98項詐騙和勒索罪行以前，至少積聚了10億美元的個人資產。他曾在短短的一年內就賺進了5億5000萬美元。

當華爾街的投機家爭奪億萬元大企業的控制權時，米爾肯卻以開創高收益債券市場取得信任，助長了80年代企業併購的風氣。他出售手上握有的商品（主要對象是保險公司和信貸機構）以便爲博納·皮肯斯和卡爾·伊卡因等併購高手提高投資資本，他們則提供目標企業作爲向米爾肯借錢的抵押品。結果是：米爾肯和他的客戶獲得巨額利潤，而美國企業卻債台高築。

支持者盛讚米爾肯是個怪才，但聯邦檢察官指控他和他的老板德雷克塞爾公司操縱高收益債券市場。該項指控是從1986年起經過兩年的調查後確定，當時野心勃勃的套匯者及米爾肯的長期生意合夥人伊萬·伯斯基捲入了華爾街龐大的內線交易醜聞。德雷克塞爾公司於

米爾肯（圖中，在妻子和律師陪同下）在其宣判前的審問後。

1988年認罪，並繳交6億5000萬美元的罰金，公司也因而破產。1990年，米爾肯承認6項指控重罪。法官痛斥他的「貪婪信條」，判處他10年有期徒刑（後減爲3年）並限令其償付6億美元。◀1988（7）▶1991（9）

賴恩領導的激烈罷工，使東方航空公司陷於癱瘓，損失了數百萬美元，並於3月9日依據破產保護法第11章申請免受債權人催討。5月，無計可施的東方航空公司董事長法蘭克·洛倫佐，將苟延殘喘的波士頓－紐約－華盛頓線東方區間航運公司以3億6500萬美元出售給一擲千金的房地產巨頭唐納德·川普，根本不指望能因此挽救成立於1928年並曾爲全球最成功之一的東方航空公司。1991年1月，耗盡了現金並面臨10億美元債務的東方航空被變賣。另外兩家運輸公司、中途公司和當時的航空業巨人泛美航空公司，在該年稍後也遭到同樣命運。川普吞併了東方區間航運公司並迅速重新命名爲川普區間航運公司，但他也面臨自己的財務危機。到了1992年，川普區間航運公司已經破產。

鮑威爾上任

8月，布希總統提名柯林·鮑威爾爲三軍聯合參謀總部主席。四星上將鮑威爾是雷根的前國家安全顧問，成爲第一位在美國擔任最高軍職的黑人軍官。他是在越南服役兩次的老兵，在策劃和執行1991年波斯灣的戰爭行動中扮演重要角色。▶1990（7）

舊金山地震

10月17日，舊金山發生芮氏7.1級的地震。沿著聖安德里斯斷層發生的強震持續15秒鐘，估計造成了90人死亡，許多人則因爲高速公路變形倒塌被擠壓在自己的車裏，所有損失共計約60億美元。較新的建築由於有防震設計

而通過考驗保存下來。地震影響了世界棒球大賽的第3場比賽，即地主隊舊金山巨人隊和奧克蘭運動家隊的比賽。賽程就像舊金山灣區一樣暫停了11天，不久之後又繼續進行。◀1985（4）▶1994（12）

美國政治與經濟 國民生產毛額：5兆2668億美元；《拘禁補償法案》決定支付每位在二次大戰中曾被拘禁的日裔美國人2萬美元（總計是172億美元；最高法院判決各州可以限制墮胎，確認公開焚燒美國國旗的權力；亞伯拉罕和斯特勞斯公司併購紐約的金貝爾斯公司。

「我不知道。但我知道有一件事是錯誤的：那就是種族岐視。」

—— 當有人問到什麼是「正確的事」時，電影導演史派克‧李的回答

環球浮世繪

越南從柬埔寨撤軍

9月26日，越南政府從鄰國柬埔寨撤出最後20萬名部隊，結束了近11年的佔領。越南於1978年12月入侵柬埔寨，推翻實行種族滅絕之獨裁者波帕的赤柬政府，並扶植一個親越政權。越南撤軍後由於赤柬企圖奪回政權而爆發內戰。◀ 1978（9）

緬甸易名

緬甸執政的軍政府在一年前推翻了奈溫將軍領導26年的政權，於6月更換國名為Myanmar（首都仰光也易名為Yangon）。一年後軍政府舉行選舉，奈溫的下台就是由於要求民主的激烈抗議所引起。但當民主全國聯盟在議會中贏得壓倒性席位時，軍政府宣佈選舉結果無效並逮捕民主全國聯盟領袖翁山蘇姬。翁山蘇姬

（上圖，居中）是二次大戰反法西斯主義鬥士和民族主義領袖翁山的女兒，她於1991年獲得諾貝爾和平獎。政府拒絕釋放她，除非她能發誓不再涉足政界。◀ 1948（邊欄）

竊佔者之死

曾詐取國家數十億美元的菲律賓獨裁者斐迪南‧馬可仕於9月28日在夏威夷逝世，享年72歲。他生命中的最後3年是在美國流亡，以逃避盜用國帑的法律追訴。馬可仕生前一直由妻子伊美黛陪伴，她是一位專橫的前選美皇后，她的1060雙鞋子成為這個家族「巧取豪奪」的永久象徵。1990年時，馬可仕夫人因詐欺罪在美國受審。她被宣告無罪，並於1991年返回菲律賓，嘗試競選總統，但並未成功。◀ 1986（3）

體育

致命的混亂

⑩ 1989年4月，在利物浦隊和諾丁罕森林隊所進行的一場英國足球錦標賽中造成95人死亡。數千球迷擠入雪菲耳市希爾斯伯勒體育場早已水洩不通的看台，將許多觀眾擠壓在環繞球場的金屬「安全」圍欄上。雪菲耳事件是英國和運動有關最慘的一次悲劇，在足球比賽臭名昭著的暴力記錄中又新添了血腥的污點。

受害者並沒有鬧事，而且這些圍欄本來就是為防止好鬥的觀眾進入場中鬧事而設置。這要命的擁擠是因為警察擔心關在門外遲到的利物浦支持者會在街頭暴動，於是打開出口大門讓他們進來所造成。

4年前一場在布魯塞爾舉行的歐洲盃比賽中，英國足球流氓在球場鬧事，造成39名觀眾死亡。事件

希爾斯伯勒體育場的球迷因為被推向用於管制群眾的圍欄而喪生。

發生後，英國球迷和球隊被禁止參加歐洲大陸錦標賽。希爾斯伯勒體育場的不幸事件後，政府在5年內進行第二次調查。足球比賽的問題包括：管理單位拒絕翻新維多利亞時代的體育場；不人道的群眾控制措施，包括將雙方球迷分隔的籠式圍欄；被稱為「公司」的英國足球流氓幫派藉機在比賽中滋事。《經濟學人》社論指出，「希爾斯伯勒體育場發生的事，絕不僅僅是一個不幸事件，它是制度失敗的殘酷證明。」◀ 1930（13）

電影

史派克‧李的正事

⑪ 史派克‧李於1989年出品的電影《為所應為》，描寫關

李和丹尼‧艾洛飾演穆基和塞爾。

於種族仇恨的苦澀、滑稽而活潑有趣的爭論影片成為10年來最具爭議性的電影。影片以當年最酷熱的一天裏布魯克林的一個黑人社區為背景，探討當地黑人與在該處工作的非黑人之間的關係。當地的黑人包括一名非洲中心論的好戰者，一名語無倫次、脾氣暴躁的饒舌歌迷，一名態度謹慎曖昧名叫穆基（由李飾演）的披薩外送員和少數的街頭哲人。其他人包括一位正直的義大利披薩店主人塞爾及其兩個兒子、一位易怒的韓裔雜貨店老板及凶狠的白人警察。緊張的氣氛一直持續到一名黑人青年被殺和塞爾的店被焚毀。

32歲的李從他的第一部商業作品起就已經成名，那是一部低成本探討女性性別問題的影片《穩操勝算》（1986），在坎城影展中獲獎並贏得800萬美元的獎金。《為所應為》是李第二部在大製片廠拍攝的電影（第一部是《校園迷情》，討論了淺膚色和深膚色黑人之間的對立），引起媒體的騷動。他被指責贊同以暴力來回應種族主義；專家預測這部電影將會引起暴動（其實並沒有）。事實上，李在影片最後的字幕上以馬丁‧路德‧金恩和麥爾坎‧X（李後來將其拍成了電影）自我辯護的矛盾引言來表明其內心的衝突。然而，其成就是顯而易見的：雖然其他非裔美國電影導演也頗為成功（特別是60年代和70年代的戈登‧派克斯和梅爾文‧范皮布爾斯），但由於李誠實、生動地記述黑人經驗，而成為首位一致贏得主流文化認可的黑人導演，為新一代的黑人導演開啓了大門。◀ 1971（邊欄）

環保

「埃克森－瓦爾迪茲號」油輪災難

⑫ 1989年3月，「埃克森－瓦爾迪茲號」油輪在阿拉斯加輸油管線南端附近觸礁，5000萬公升的原油因而洩入威廉王子海灣的純淨海水中。結果，在世界上生態最敏感的地區之一有1700公里的海岸線被浮油污染。儘管埃克森公司（和數百名志願者）努力撈回浮油，但僅有一小部分原油能被回收；即使是仔細清洗海岸也無法除去滲入地表以下的原油。

「埃克森－瓦爾迪茲號」洩油事件是美國有史以來最嚴重的一

在「埃克森-瓦爾迪茲號」洩油事件後，志願者在努力清洗威廉王子海灣。

次，對野生動物造成前所未有的損害。據統計，死亡的動物中有58萬隻鳥和5500隻海獺。

環保人士從1968年發現阿拉斯加北坡油田起就發出危險警告。但石油公司強調他們的安全程序可防止災害發生，並能清除任何漏油。然而，「埃克森－瓦爾迪茲號」事件純粹是由於人為疏忽造成：船長約瑟夫‧黑茲爾伍德將油輪交給資歷不足的三副掌握，而且海岸警衛隊未能警告油輪已偏離航道數公里。

1990年，對黑茲爾伍德在這起事故中所有的嚴重指控都不予起訴，包括危害罪和酒後駕駛等。然而在1994年，他承認當時在喝酒。而此時他的雇主埃克森石油公司已支付1億美元的罰金（是環境違法案中被罰款最高的），動用20億美元繼續清理（以大約9億美元解決民事訴訟），而且被迫支付50億美元作為阿拉斯加漁民的懲罰賠償。◀ 1978（12）

諾貝爾獎 和平獎：達賴喇嘛（西藏，西藏獨立） 文學獎：卡米諾‧何塞‧塞拉（西班牙，作家） 化學獎：托馬斯‧切赫和西德尼‧奧爾特曼（美國，核糖核酸與化學反應） 醫學獎：麥可‧畢曉普和哈羅德‧瓦盧穆斯（美國，癌症） 物理獎：諾曼‧拉姆西（美國，原子鐘）、漢斯‧德默爾特和保羅（美國、德國，次原子粒子） 經濟學獎：特呂格弗‧哈韋爾莫（挪威）。

同化之夢

摘自《喜福會》，譚恩美，1989年

加州作家譚恩美是中國移民之女，她與其他數百萬美國人一樣經歷了同化的過程，即少數民族在這個種族大熔爐的成長。在她1989年的小說《喜福會》中，譚探討了4位中國婦女和其徹底美國化之成年女兒們的生活，她們於1949年因逃避共產黨和個人悲劇而離開中國。在美國，這4個母親聚在「喜福會」（該會的標誌圖樣也出現在書中──見下圖）裏打麻將，並且為女兒的疏遠感到焦慮。女兒則繼續過著現代生活，與母親們因觀念截然不同而產生摩擦。對譚以及美國本土作家路易斯・厄德瑞克、日裔作家山本九久江、古巴裔的奧斯卡・希居洛斯等愈來愈多跨文化的小說家而言，美國經驗是使血緣與祖國相互認同的束縛之一。

父親要我代替母親打「喜福會」的第4家。自從母親在兩個月前去世後，她在麻將桌上的位置就一直空著。父親認為她是被她自己的想法害死的。父親說：「她腦袋裏有個新念頭，但還沒能說出之前，這想法已經膨脹得就要迸裂。八成是個壞念頭。」醫生診斷她死於腦動脈腫瘤。而她「喜福會」的朋友說她死得像隻兔子：死得快，而且身後留下未了的事。母親本來應該是下一回「喜福會」打牌的東道主。

在她死前一個星期，母親很高興自豪地告訴我：「林阿姨為喜福會燉了紅豆湯。我這回打算作個芝麻糊。」

「別班門弄斧。」我說。

「不是賣弄。」她說，兩種湯「差不多」。或者她說的是壓根兒「不同」。這是她用的眾多中文語彙之一，意味著錯雜心緒中比較好的那一半。反正我永遠也記不住我本來就聽不懂的話。

1949年，也就是在我出生的前兩年，母親在舊金山發起了「喜福會」。就在這一年，父母親提著一只硬皮箱離開中國，裏頭塞滿了真絲華服。上船後母親對父親解釋說，實在沒時間收拾其他東西了。然而，父親仍充滿急切地用雙手在柔滑的絲綢中亂翻，想找他的棉布衫和毛褲。

當他們到了舊金山，父親讓母親把那些光豔的衣服收起來。她總穿著同一件褐色格子的唐裝，直到難民歡迎會給了她兩件舊衣裳，連美國女人穿上都嫌太大。此會是由華人浸信會的一群年邁美國修女所組成。而既然收了他們的禮，父母親也就無法拒絕加入教會的邀請。他們還因此遵從這些老太太的忠告，利用每週三晚上的查經班，以及參加每週六早上的唱詩班來加強英文。

我的父母就是這樣結識了蘇家、江家和聖克萊爾夫婦。母親可以感覺得到，這些家庭的女性也曾經在中國大陸遭逢難言的悲劇，而希望她們用蹩腳的英語講出來。或者至少，母親從她們臉上察覺到麻木的神情。當母親向她們提到有關喜福會的主意時，她們馬上就眼睛一亮。

「喜福會」這主意是得自母親在桂林第一次婚姻歲月裏的回憶，那是日本人來中國以前的事。因此我把「喜福」想成她的桂林故事。這段故事就是她總是要說給我聽的故事……在她生活中投下長久的陰影，最後又投射到我的生活中。

譚恩美在其父母從中國移民兩年半後，出生在加州。譚雖然已完全美國化，但提起她第一次造訪中國時說：「一旦我的腳踏上中國大陸，我就成了中國人。」

漫長的冷戰並未在轟然巨響中結束，而是伴隨著嗚咽低泣；其中沒有任何人是勝利者，也未留下多少戰利品。由於只有一個超級強權依然屹立，使民主得以在令人驚訝的地方生根；儘管如此，同時也出現了經濟失序、犯罪充斥以及內戰不斷。

1990
1994

在索威托（位於白人居住之約翰尼斯堡郊區的黑人大鎮），長期以來被剝奪民主政治最基本之表達權力的南非黑人，排隊參加該國1994年大選投票；這是首度開放給所有種族參與的選舉。至於在前蘇聯所進行的改革，則有助於解決漫長冷戰中諸多政局不穩地區的危機。然而在其他地方，因共產主義不再壓抑民族主義熱情，卻使得一度受到克里姆林宮鐵拳扼制的恐怖運動開始氾濫開來。

1990年的世界

世界人口

1980年：45億　　1990年：53億

1980-1990年：+17.8%

■ 獨立國協
■ 獨立國家
■ 俄羅斯聯邦

蘇聯解體

儘管鐵幕在1990年到來時倒塌了，但在戈巴契夫領導下的蘇維埃社會主義共和國聯邦卻依然完整。到了次年12月31日，戈巴契夫和共產黨終於也雙雙退出歷史舞台，使得列寧口中的「無敵共和國」在歷經共黨統治69年後結束。取而代之的是獨立國協（CIS），一個由俄羅斯、烏克蘭、白俄羅斯、哈薩克、吉爾吉斯、塔吉克、土庫曼、烏茲別克、亞美尼亞、亞塞拜然和摩爾多瓦等8個前加盟共和國所共同組成的聯合體（喬治亞，立陶宛、拉脫維亞和愛沙尼亞決定抵制任何正式聯合）。這些國家均表示要加強相互合作，但隨著各自的獨立，族群衝突與經濟崩潰也跟著出現。至1992年，俄羅斯和其他10個前蘇聯加盟共和國合組了全球最大的國家：俄羅斯聯邦。

不確定的未來

在快速發展的20世紀，初期所表現的是一種世紀末的沉思和重新審視。到1990年，地球上的人已經把目光放到下一個千禧年，但卻是以不確定的心情，並且強烈質疑過去以為進步是無可避免的這一概念。這個世界雖見證了人類近乎奇蹟式的消滅肺結核和小兒麻痺等「長期殺手」，卻也經歷了被癌症和愛滋病奪去成千上萬條生命的挫折。全球各地每天所爆發的數百起「武裝衝突」造成幾百萬名難民，其他因犯罪激增與核戰威脅引發的「生活品質」問題也迫使我們必須尋出新的解決方法。然而當文明世界即將邁入21世紀時，解決方法卻仍像以前一樣令人難以捉摸。

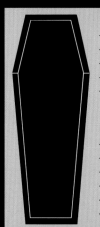

愛滋病	1990年愛滋病病例	預計到1995年成人病例	男／女比例（1992年病例）
下撒哈拉非洲	116,568	11,449,000	1/1
北美洲	180,337	1,495,000	8/1
拉丁美洲	28,850	1,407,000	4/1
東南亞	273	1,220,000	2/1*
西歐	51,527	1,186,000	5/1

*依據有限數據進行的保守估計

癌症

（全球每10萬人中的死亡人數）	1950	1960	1970	1980	1990
法國	1,726	1,968	2,074	2,315	2,457
東德	3,320	1,056	2,327	N.A.	10,558
西德	1,696	2,084	2,396	2,547	3,345
日本	777	1,004	1,166	1,384	1,761
英國	1,946	2,159	2,362	2,624	2,816
美國	1,393	1,487	1,615	1,855	1,991

1990年因手槍致死人數

澳大利亞	10
瑞典	13
英國	22
加拿大	68
日本	87
美國	10,567

武裝衝突
儘管1990年的世界尚稱「和平」，但全球在本年仍爆發了220多起的武裝衝突。

全球十大銀行排行榜

1970

		資產
美國銀行	美國	$22.2
第一國家金融銀行	美國	$19.1
蔡斯曼哈頓銀行	美國	$19.0
巴克利銀行	英國	$12.5
漢諾威工商銀行	美國	$10.4
加拿大皇家銀行	加拿大	$9.1
摩根擔保信託公司	美國	$9.0
國家銀行	義大利	$8.8
西德投資銀行	西德	$8.8
國家銀行	法國	$8.7

（以十億美元計）

1990

		資產
第一勸業銀行	日本	$428.2
住友銀行	日本	$409.2
櫻花銀行	日本	$408.2
三和銀行	日本	$402.7
富士銀行	日本	$399.5
三菱銀行	日本	$391.5
農業信貸銀行	法國	$305.2
巴黎國家銀行	法國	$291.9
日本工業銀行	日本	$290.1
里昂信貸銀行	法國	$287.3

（以十億美元計）

全球人口分布百分比

	亞洲	歐洲	非洲	蘇聯	拉丁美洲	北美	大洋洲
1950	54.7	15.6	8.8	7.2	6.6	6.6	
1990	58.8	9.4	12.1	5.4	8.5	5.2	
2025	57.8	6.1	18.8	4.1	8.9	3.9	

時尚

從T恤與帆布背包到珠寶和馬克杯，這些「註冊商品」的全球年銷售額已達910億美元左右（美國銷售額佔了68%）。華納公司（右圖）、國家籃球協會（NBA），甚至各市鎮的消防隊都將其名稱、商標圖案和最受歡迎的名人印在世界各地的產品上。

技術之光

到1990年，「視訊遊戲」已成為青少年生活中不可缺少的一部分。世界上第一個電玩遊戲（Pong）於1972年成功地商業化，隨後1981年又出現更成功的遊戲（Pac-Man）；但直到以日本京都為基地的任天堂公司及其超級馬利兄弟遊戲（1985年出品）問世之後，才使打電玩成為一種全球性現象。至1994年，電視遊樂器已成為產值60億美元的工業（其中任天堂控制了80%）。

難民人數

	1980	1991
非洲	2,655,200	5,340,800
亞洲	2,092,500	4,716,250
拉丁美洲	1,085,300 / 119,600	
中東	1,819,050	5,770,200

擁有核武的國家

	蘇聯	美國	法國	英國	中共	俄羅斯	烏克蘭	白俄羅斯	哈薩克	印度	巴基斯坦	伊朗	伊拉克	利比亞	北韓	南韓	阿爾及利亞	台灣
1950																		
1970																		
1994																		

不確定情況

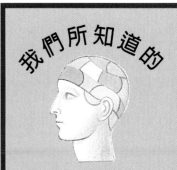

我們所知道的

許多免疫學家相信，多種硬化症、風濕性關節炎以及有賴胰島素治療的糖尿病到2000年都將能夠徹底預防。於此同時，透過人類蛋白質選殖，基因工程師將可創造出超過一千種新藥物；其中一種藥物可防止某特定酵素從轉換中的睪丸激素進入能收縮毛髮濾泡的衍生物（DHT），而使得禿頂生髮。

由於掩埋式垃圾處理場的容量已超出其能力範圍（紐約斯塔頓島的佛拉西基爾垃圾掩埋場在1990年已成為全球最大的人造結構體），許多專家估計，焚化爐到2000年將負責處理四分之一的城市垃圾。而環保署也預測，該時美國每年將產生2.16億噸垃圾，平均每人每天2公斤。

《生活》雜誌預測，人類將自2050年起開始火星旅行。這趟為期7個月的太空旅行必須在一個約有1.5個足球場大的太空站作短暫停留；該站繞地球軌道運轉，並且擔任太空探險的跳板。

《環境年鑑》預測，由於地球溫暖化導致格陵蘭島和南極洲的冰層溶化，因此全球海平面到2030年將上升20公分；而21世紀初，地球的溫度將比今天高出6度。

《財星》雜誌預測三度空間立體電視將出現在人們的客廳裏，而自動語音翻譯也將消除語言的障礙；這些發明都是與電腦相關技術進步的結果。英代爾公司副總裁羅伯特·羅伊說：「生產出含有10億顆晶體的積體電路晶片到了2000年絕不是夢。」

泰勒・布蘭奇

自由冉冉升起

民主的挑戰

自　古希臘後便沈寂許久的民主，於20世紀初重生時猶如一個興高采烈又孤獨的稚齡孤兒，但如今才過沒多久就已像個孤寂的老爺爺；世界上幾乎沒有人考慮到另一個取而代之，或由自身另行演變的政治秩序的未來性，在此情況下，它對所取得的勝利顯得興味索然。這種歷史現實的轉變甚至使1991年見證蘇聯革命性解體的人們都顯得茫然。我們僅能猜測維多利亞時代的人對這種轉變可能引起的反應。當時極權獨裁者尚未出現，他們期盼的是能在未來改良王室世襲的傳統；儘管有年代長久的繼承和異國文化間的相互承認王權，但隨著整個世紀付出數百萬人命的代價，以試驗用於領導或統治大眾的各種替代性「主義」，皇室還是凋零了。就在不久前，新生的民主政治還仰望國王、蘇丹、沙皇、皇帝和領袖的蔭庇，而今在平民霸權首次展露光芒下，君主制卻陰魂不散地提醒大家，民主政治並不是穩定的許諾。

　　為了先行壓制傾向共和政府的熱烈情緒，歐洲各王室在1905年勸說瑞典國王奧斯卡允許挪威脫離，成立獨立國家，並提議讓丹麥王儲查理和其妻子（英國國王愛德華七世的女兒穆德）來治理新國家。同年，愛德華拒絕承認塞爾維亞的國王彼得，因其前任是被塞爾維亞民族主義者暗殺致殘。愛德華說：「我們會自毀長城；如果我們這些國王認為暗殺國王一事是沒什麼大不了。」這些溝通當然是私下的，例如哈布斯堡皇帝法蘭茲・約瑟夫在1908年以私人信函通知幾個關係密切的君王，他已從土耳其蘇丹那兒兼併波士尼亞和赫塞哥維那，以便對塞爾維亞進行先發制人。由於王室的整個觀念仍是王權高於公眾對正當性的要求，因此即使當其他人在報紙、汽車、收音機、電話和飛機等新世紀的風暴中狂吼之際，王室對君主制的合理性卻奇怪地一直保持沈默；無可避免地，如此決然多數的互動將公眾注意力強化為民主主權的論壇。90年代的電腦時期來臨後，只有像約旦的胡笙和沙烏地阿拉伯的法赫德等握有實權的國王，才能設法免於對其王權的宿命性辯論。

　　1914年自薩拉耶佛爆發一次大戰時，維多利亞女王至少有7個孫子在敵對的交戰國中擁有王位；但其後如同阿斯奎思勳爵對喬治五世報告的：「皇帝們聲望大跌。」德皇威廉二世和哈布斯堡王室遠走高飛；布爾什維克謀殺了不俄國沙皇尼古拉二世（他被其他王室表兄弟稱為「可憐的尼基」）；另一個表姊妹，羅馬尼亞的瑪麗女王曾開玩笑地預言，不穩定的共和制度將「重新回歸君主制，就像辛苦又疲累的流浪漢回到其最熟悉的地方」。

　　美國是世界上第一個民主強權。威爾遜總統曾斷言：「只有包含新大陸人民在內的相互和平盟約，才足以保證未來不會發生戰爭。」其國際名望卻觸怒了那些依然記得1910年愛德華七世葬禮上，羅斯福排在多麼後面的人。全球天主教徒在官方形式上仍把美國視為「傳教區域」，認為該國充滿了教宗利奧十三世於1899年呼籲抵制「美國主義」時描述的自以為是的唯物論者。利奧雖譴責人民主權論，但身為改革派人士，他又不得不放寬其視民主為異端的定見，因為民主是反對教義上一個上帝、一個教宗，一個國王的和諧。

　　由於在大戰末期加入的美國步兵發揮了決定性的力量，一個遭詆毀而採守勢的舊秩序

本世紀初強大而嚴峻的君主統治，甚至在第一次世界大戰導致其錯綜複雜聯繫開始磨損前便已逐漸地削弱。當瘦小而孤獨的沙皇尼古拉二世於1914年5月站在聖彼得堡冬宮（右圖）的陽臺上對大批臣民宣佈俄國的宣戰聲明時，他的下台已在不滿情緒中開始醞釀了。在其他地方，戰爭的熱情和伴隨而來的民族主義壓力，甚至使最牢固的王室也被降格為毫無作用或被蔑視的象徵。

接受了威爾遜藉以擬定凡爾賽和約的平等主義說法。威爾遜主張「對所有殖民地的要求進行一種自由、開放心胸且絕對公正的調整」，並要求將「人民所關心的利益」與諸如獲得德國在亞洲殖民地的日本等盟國的領土要求放在「同等地位」，儘管他實際上並沒有讓殖民地實際參與。隨著選民迅速成長3倍並包含了大多數的成年男性，自由國家內部的政治平衡也不再取決於統治階層，而開始傾向於由大眾控制。

就在英國仔細評估而將普選權擴及30歲以上的婦女後，美國的男性沙文主義因彼此勾心鬥角而遭致廣泛懷疑，乃自1920年起賦予女性投票權；而在此之前，芬蘭、挪威、澳大利亞和紐西蘭早已建立婦女參政權，至於瑞士則一直到1971年才同意。儘管在義大利、西班牙、德國和中國等地產生新共和政體的過程充滿艱辛，甚至其失敗遠比其建立更引人注目，但隨著美國聲望的上升，對於民主的恐懼和期盼也開始傳播到各地。

1990
1994

在本世紀中期，全球只有不到三分之一的人口生活在穩定的民主體制中（其中部分國家仍與王室保持著穩定的緊密聯繫）。雖然慘遭二次大戰的砲火，但代價還是值得的。由於擊敗了日本，道格拉斯·麥克阿瑟將軍乃藉由解散皇室家族的7500名僱員來「貶抑天皇」；他隨後強迫裕仁天皇放棄關於他具有神性的古老神話，並頒佈一部美國式憲法。至於在希特勒自焚於柏林的地窖後，戰勝國雖合力消除作為皇室命定繼承者的法西斯主義，但卻各憑己意分割了德國：一半是民主共和國，而另一半則是蘇維埃共產國家；隨後則展開了一場環繞並擠壓全世界的攤牌式對決。

冷戰兩大陣營都藉由意識型態來許諾自由和繁榮，但在發現本身都極缺乏見聞廣博的傑弗遜派與馬克斯主義者（是在西貢或喀土木就更不必說了）後，便揮舞起更鮮豔的旗幟：以炸彈、美元和可口可樂對抗炸彈、游擊隊和亞斯文水壩。在恐懼和引誘之外，兩邊都把對方當作魔鬼來合理解釋自己運用古代政權的方法。蘇聯的史達林採取了屠殺、公開審判、駐軍、武裝政變和大批放逐等手段；美國的中央情報局（CIA）則借重英國祕密機構的殖民技巧，在1953年暗中推翻了受歡迎的伊朗政府，重建與其較友善的巴勒維政權。

不是所有的事都能瞞天過海。相對於西方國家慣以自由守護者自居，作為其在抗議連連的第三世界進行控制的藉口，來自共產主義的競爭卻支持反民主剝削的口號，並因而導致雙方的重新盤算。從1947年甘地時期的印度開始，一股自治的潮流吹往非洲大陸，然後到達印尼乃至更多地方。60年代初，非洲黑奴後裔把對自由的訴求轉向美國自身，強烈要求民主黨人應抵制掌權者忽視暴政的一貫傾向。試圖透過自我克制的反對以牙還牙與以暴制暴，以創造新的公民契約的自由運動，其回響也遠遠超過美國人對於投票權的爭議。

在自由運動的提倡者中，最著名的當屬馬丁·路德·金恩；他透過美國革命的政治哲學，將民主回溯到早期希伯來先知精神的一對立足點上（「讓正義像水般順流而下……」）。正如林肯的蓋茨堡演說也是在美國遭逢歷史最嚴峻考驗的時刻，金恩從民主的核心召喚出巨大的道德力量。靈魂平等與投票權平等間的驚人關聯性超越表面的差異性而對僵化的階級制度進行挑戰，並進而逼問上帝和領袖是否必然都是白人或是「他」。

在美國和多數共和國中，政治中心為了不在文化界線間進行煩雜的調整而退縮了一個世代。從70到80年代，經濟混亂使得人們對進步產生懷疑，例如薩伊和黎巴嫩等前殖民地共和國令人沮喪的表現，也為自由世界的樂觀主義潑上冷水；共產世界內部類似的自信

民主不斷向既存實踐者，甚至對世界上據稱為民主國家者提出挑戰。在美國南部的許多地方，選舉權（民主最基本的表達方式）對非裔美國人若非不存在，便是設有一個複雜且幾乎無法滲透的登記程序。圖中一位來自維吉尼亞州彼得斯堡、以前從未投過票的65歲婦女，正於1960年聽一堂由彼得斯堡促進協會所提供，關於非暴力糾察與如何登記投票的課程。

喪失則鮮爲人知，如世界革命時間表與民主（列寧稱其爲「資本主義最有可能的政治外殼」）終將崩潰的口號已幾近悄然無聲。可確信的是，在冷戰的長期角力中雙方一直以大量的末日武器相互威脅。

1990 1994

蘇聯領導人米哈伊爾・戈巴契夫在80年代末期所追求的改革運動，最初被多疑的西方領袖視爲刻意塑造的氣氛而加以摒棄，但他對權威貶抑的暗示比制度化的鋼硬姿態更能引發出內部的渴望。即使在極權的嚴密掌控下，戈巴契夫1989年的北京之行仍像磁石般地將25萬名民主示威者吸引到天安門廣場。4個月後，由於造訪柏林的戈巴契夫拒絕派蘇聯軍隊支持共黨德國，柏林圍牆隨之倒塌，同時也成爲其後從拉脫維亞到保加利亞等共產衛星政權瓦解的先聲。歷史狂潮在1992年也吞沒了蘇聯本身。蘇聯祕密警察頭子忿忿不平地說道：「民主不是法律和秩序的替代品。」然而他的熱月政變與護衛民主人士在街頭所造成的聲勢相比，卻相當軟弱無力；而後者不久亦將無法勝任鼓動者的戈巴契夫趕下了台。於此同時，有若狂哮猛獅般的南非種族隔離政策和跨種族民主的羔羊握手言和，而坐了27年牢的納爾遜・曼德拉則在他最後的獄吏合作下當選總統。

即使最爲訓練有素的政治情報機構也無法預測出任何一個民主奇蹟，無論聖賢或愚人，連做夢也想不到這些奇蹟會完全跳過原先所預想的善惡大決戰，而以和平的方式突然降臨。只有在北京，非暴力英雄在殉難後被迫轉爲全球聞名的暫時撤退；至於從布拉格到普利托里亞，其他唱出非暴力讚美詩者則在新秩序中贏得了試驗的主導權。

然而在那些更古老共和國裏的慶祝活動，卻因驚嚇與擔心而保持著出奇的沈默；從冷戰中消除的憂慮仍在到處蹣跚地尋找出路。當民主的使命不再被降低成只是反共產的十字軍時，其更完善的承諾便轉而指向國內日益麻木的體質及國外未經試驗的信念上。從一項殘酷的早期預兆可以看出，在薩拉耶佛附近所進行之恢復國土戰爭乃是過往世紀所做過最早的蠢事，而絕非千禧年降臨前的祝福。在其他地方，後意識形態的世界正開始懷疑民主和資本主義間傳說般的關係。在波蘭和其他奮鬥中的國家裏，舉行首度自由選舉的歡呼不久便被對空盪盪貨架所發出的抱怨所取代。但在頑強抗拒的中國則恰好相反，共黨領導人在引進自由市場經濟改革之餘，卻毫不留情地壓制政治自由。

在過去的歷史轉折點中，疫癘與糧荒似乎更能壓抑傲慢自大的心態；現代社會則必須創造一些對人類野心的限制。老朽的社會主義高度推崇開放市場中流線形的誠實，但資本家卻試圖從職業體育魚源枯竭的海洋到分配醫療等領域中，將競爭動力磨得無比鋒利。民主必須在自治的核心觀念上衍生出一種無所不包的自律。獨裁者堅持人類本質乃是純真無邪的，因而需要外在的指導；民主人士則重視關鍵性選民清楚的頭腦所帶來的辨識力。

除自治本身的嚴苛要求外，民主活力中最難捉摸是不同文化間自由公民的堅決參與。在下個世紀中，只有在免於種族與宗教衝突的地區，對民主的稱讚才會壓過對它的指摘。但世界日益縮小，這樣的樂土又豈能置之度外？在另一種極端情況中，民主復原中的承諾正好觸及神學的邪惡謎題，而種族滅絕所引起的仇恨可能隨之爆發。當人類從民主中學到政治教訓時，或許能在新的世紀看到極端中類似南非、波士尼亞和第二次天安門事件的重演，就如在過去世紀裏，人類從貴族的命運學到的。這些國王有的卑劣，有的崇高，也有的是在不得已的情況下長存人類的記憶裏。

受雇於法國《個人本位》雜誌的攝影師理查・艾夫登在1989年除夕夜裏，記錄下本世紀最有影響的事件之一：東西柏林統一。圖中在勃蘭登堡大門的瘋狂慶祝和煙火聲中，一位柏林年輕人戒慎的表情說明了他對不確定未來的預感。

「馬克斯一列寧主義被擺在歷史的垃圾堆上。」

—— 1990年在紅場舉行勞動節遊行期間由抗議者所持之標語

年度焦點

冷戰結束，戈巴契夫步履蹣跚

① 蘇聯領導人米哈伊爾·戈巴契夫5年來一直實行令人窒息的危險政策，推動前瞻性的外交政策和經濟改革，大力排擠那些抵制改革的黨內精英分子，阻止蘇聯各共和國獨立。在這期間，始終與他站在同一線上的是外交部長謝瓦納澤，他是蘇聯重建計畫的共同創立者及戈巴契夫的得力助手。直到1990年前，兩人的合夥關係似乎堅不可摧。然而，隨著危機接踵而至，其關係終告瓦解，地位動搖的謝瓦納澤於12月辭職。

謝瓦納澤於1989年在對最高蘇維埃發表的演說中宣佈與蘇聯幾十年來外交政策相反的聲明：蘇聯集團中的各國有「絕對自由」選擇自己的政府。華沙條約不再有效，民主的種子已經播下。到了1990年，蘇聯已開始裁減50萬兵員並從東歐撤軍；這些重大進展讓西方盟國相信戈巴契夫的真誠。歐洲45年的夢魘（即蘇聯入侵的威脅）已蕩然無存，北大西洋公約組織成員宣佈冷戰結束。

雄辯自負的謝瓦納澤使蘇聯易於獲得國際援助，這對經濟急遽萎縮及食物嚴重短缺的蘇聯來說極為重要：經濟上的挫敗更把黨內強硬派帶到反叛邊緣，除了從東歐撤離及戈巴契夫放棄共產主義意識形態正統路線之外，15個蘇聯共和國都堅決主張獨立的事實進一步加重其不滿。

1月，戈巴契夫派1萬1千名士兵進駐亞塞拜然以鎮壓一場分離主義暴動。鎮壓行動顯示戈巴契夫被逼到進退兩難的悲慘境地：為了持續改革，他必須保住職位；然而，這位資深守衛者寧願被趕下台也不願讓蘇聯帝國分崩離析。

到了年底，左派勢力復活的惡夢使謝瓦納澤深感絕望，夥伴的見解更讓他決定放棄抵抗。在辭職前，他警告說「改革者已經陷入困境，獨裁即將到來。」戈巴契夫目前也只能蹣跚獨自前行了。◀1989（1）
▶1991（3）

致力於改革的謝瓦納澤辭職，使戈巴契夫必須獨力奮鬥。

羅馬尼亞

首次自由選舉

② 1990年，羅馬尼亞人民在無任何鼓勵之下參與了選舉：53年來他們都沒有參加過自由選舉。在5月進行的投票中，他們成群結隊地湧進投票處，支持由救國陣線候選人揚·伊利埃斯庫領導羅

羅馬尼亞孤兒院裏的孤兒大都是西奧塞古政策下的犧牲品。

馬尼亞邁向後共產主義時代。1989年12月，在採行史達林主義的獨裁者尼古拉·西奧塞古垮台之後，臨時政府的領導人立即接管政權。前共產黨官員伊利埃斯庫誓言要朝向溫和的改革之路。

5個月以前，任何改革似乎都不可能。24年來，甚至在戈巴契夫就任蘇聯領導人並積極主張改革之後，西奧塞古及其助手（他的妻子埃麗娜）仍然冷酷無情地統治羅馬尼亞。蘇聯的塔斯社（曾經是史達林主義的代言人）稱西奧塞古為「20世紀最可惡的獨裁者之一」。他的6萬名保安部隊（即祕密警察）到處製造恐怖，隨意執行他的「系統化」怪誕構想。將古老村莊夷為平地並在廢墟上建起監獄般的住宅街區；囤積燃料和食品以便出口，但該項無情計畫使羅馬尼亞人民饑寒交迫。1989年12月發生暴動時，保安部隊殺害成千上萬的示威者和旁觀民眾，然而，正規軍隊卻倒戈偏向人民這邊。西奧塞古在1週內徹底垮台。

這對死不改悔的夫婦被軍事法庭判處種族滅絕、濫用權力以及貪污等罪名，並於聖誕節當天將二人槍決。但是甚至在大整肅及伊利埃斯庫當選之後，羅馬尼亞人的生活仍很艱苦。新總統上任第一個舉動就是號召煤礦工人拿起鎬和剷去鎮壓反共示威（後來他雇用6千名保安部隊組成一支新的祕密警察部隊）。而儘管鎮壓終告結束，但由於經濟改革步伐太慢，國家的貧困仍日益加深。◀1989（1）

德國

加快統一的步伐

③ 「投向再統一」是媒體用來形容兩德統一步伐的名言。正式統一日期是1990年10月3日，但是早在東歐共產體制開始崩潰時，統一就已成定局。

統一的障礙非常多：西德必須為合併經濟落後的東德付出極大的代價；蘇聯反對統一的德國留在北約（西方列強所要求的再統一條件）；歐洲歷史上對重建德國巨人的恐懼。但是西德總理赫爾穆特·柯爾確信統一必將會到來，他決心抓住它，他將成為再統一之後的德國總理。

3月的東德大選印證了稍早的一項民意測驗，柯爾在該次測驗中始料未及地獲得一致贊同。這是第二次世界大戰以來的第一次自由選舉，東德人在選舉中壓倒性地贊成支持柯爾快速統一計畫的聯合政黨。7月，統一的另一個主要障礙（經濟整合）也迎刃而解。當時在柯爾的主張之下，1630萬東德人將他們原先的弱勢貨幣換成強勢的西德馬克。為了使東德輕鬆地進入具有競爭力的市場經濟，富裕的西德政府在社會安全領域中投資了上百億馬克。

柯爾的最後一擊也是他最偉大之處：在7月與戈巴契夫的高峰會上，柯爾成功地從中斡旋使統一後的德國加入北大西洋公約組織，超級列強之間的攤牌得以避免，排除了最後的重要障礙。柯爾得到的回饋則是：他在12月新德國的首次選

藝術與文化 **書籍：**《兔子休息了》約翰·厄普代克；《中途》查爾斯·詹森；《我兒子的故事》納迪娜·哥蒂瑪；《葡萄栽培區》托馬斯·平瓊；《女扮男裝》卡米爾·帕利亞；《奧梅羅斯》德里克·沃爾科特　**音樂：**《無與倫比》王子；《無法觸知》詹姆斯·米勒·哈默；《複製品》梅爾·鮑威爾　**繪畫與雕塑：**《曼哈頓

「當然一個人不可能永不毀滅——的確如此。」
——1988年，瑪格麗特・柴契爾

在柏林大教堂的影子下，兩名德國兒童慶祝再統一。

舉中輕鬆獲勝。但是一條可怕的鴻溝依舊使國家產生了分裂，這是由45年來政治、文化、經濟的疏遠所造成。但是，對於大多數德國人來說，比起分裂來，因整合而引起的所有相關作業的夢魘，畢竟是好多了。◀1989（1）▶1993（6）

醫學
基因療法首次亮相

4 在所有基因疾病中，ADA不足是最致命的疾病之一，這是由指示細胞產生腺苷酸脫胺苷之基因內缺陷所造成的一種罕見失調，而腺苷酸脫胺酶是一種可以預防破壞免疫系統之毒素形成的酵素。一旦成為受害者就不得不在無菌室中渡過他們短暫的一生，或者接受危險的骨髓移植手術；1980年

血液被輸到旅行袋中以便運往實驗室進行基因變更。

代出現一種叫做PEG-ADA的藥物治療法，但是每週一次的昂貴注射並非始終奏效。1990年9月有了具深遠意義的突破：一名患有ADA不足（並且對PEG-ADA反應遲鈍）的4歲小女孩成為世界上第一位接受基因療法的患者，也就是利

用存在於人類DNA中大約10萬多個基因中的任何一個來修復或改變身體細胞。

馬里蘭州貝什斯達國家醫療協會的法蘭西・安德森、麥可・布萊澤以及肯尼士・卡爾弗博士首先將一個健康細胞的ADA基因結合到老鼠的白血球反轉錄病毒內，其身上的危險基因則已切除。接著他們從女孩血液中萃取10億個左右的成熟T細胞（在血管內存活數月的免疫系統細胞），並且以在遺傳學上巧妙運作的反轉錄病毒感染它們。然後需做的是所有反轉錄病毒（例如愛滋病毒）都會做的事：它把基因訊息複製到寄主的細胞之中。最後把含有ADA基因的T細胞注回女孩的靜脈中。

兩個月的注射很快地帶給病人幾乎正常的免疫系統。（但如何解決必須一直注射的問題仍有待科學家計算出如何隔離大量的骨髓莖細胞——可以產生其他血液細胞的長壽細胞——並用ADA基因「感染」它們。）同時，基因療法的試驗為癌症、愛滋病、膀胱纖維變性及其他疾病開闢了一條道路，新的基因資訊可能為它們帶來復原的生機。◀1988（邊欄）

英國
柴契爾夫人下台

5 1990年11月瑪格麗特・柴契爾離職，當時她已經是本世紀英國在位時間最久的首相。在

11年執政期間，她為國家帶來深遠的變革。她崇尚自由市場，對於她確信會削弱英國的社會主義制度發起反革命運動。她主張產業私有化，破壞社會福利國家和貿易聯盟的內部。她在福克蘭群島戰爭中捍衛大英帝國的領地，抵抗歐洲共同體無休止的擴張，而且對於妨礙她的人毫不留情。

「活命稅」結束了鐵娘子11年的首相生涯。

3月，當政府以「公共費用」代替財產稅作為支付地方設施的費用時，柴契爾夫人開始垮台。此即所謂的「人頭稅」（激進的反對者稱它為：「活命稅」），對每位成年人強徵沉重稅收，窮人則略作縮幅調整。支持者深信此稅可鼓勵市政節約，因為它使政府花費由每個人平均分攤。事實上，它就像任何房屋稅一樣，受惠的仍然是有錢人。許多英國人拒絕納稅，暴動席捲了全國各地。柴契爾夫人的聲望急遽下跌。過去一直沒有被她放在眼裏的保守黨同僚也與在野的工黨聯手，逼迫她下台。而11月，在她試圖阻止歐洲共同貨幣計畫失利後，她的對手要求她辭職。經過激烈的鬥爭，保守黨人士選擇了年輕且平易近人的財政大臣約翰・梅傑作為該黨領袖和英國首相。（梅傑政府於1991年取消人頭稅。）

柴契爾夫人功過參半。在她執政期間，住屋所有權、股票持有數量、個人消費水準和工業生產率都大幅地提高。但是失業、未充分就業、無家可歸、無力償還債務以及犯罪人數等等也急遽上升。英國國內通貨膨脹正以10%的速度增長。簡而言之，英國正逐步走向蕭條。

◀1981（1）▶1993（8）

逝世名人錄

珀爾・貝利　美國歌手

李奧納德・伯恩斯坦
美國作曲家暨指揮家

布魯諾・貝特爾海姆
奧裔美國心理學家

阿倫・科普蘭　美國作曲家
羅阿爾・達爾　英國作家
山姆・戴維斯　美國藝人
勞倫斯・達雷爾　英國作家
埃爾泰　俄裔法國藝術家
葛麗泰・嘉寶
瑞典裔美國演員

阿瓦・加德納　美國演員
波萊蒂・高達德　美國演員
雷克斯・哈里森　英國演員
吉姆・亨森
美國木偶戲操縱者

羅伯特・霍夫斯塔特
美國物理學家

吉爾・愛爾蘭　英裔美國演員
克勞倫斯・約翰遜
美國工程師

布魯諾・克賴斯基
奧地利總理

黎德壽　越南政治領袖
潔曼・勒費弗爾（卡普奇內）
法國演員

瑪麗・馬丁　美國演員
阿爾伯托・摩拉維亞
義大利作家

劉易斯・芒福德　美國作家
諾曼・帕金森　英國攝影家
沃克・柏西　美國小說家
莫汗・錢德拉・勞伊尼斯
印度宗教領袖

斯金納　美國心理學家
莎拉・佛漢　美國歌手
帕特里克・懷特
英裔澳大利亞小說家

1990

> 「她是一尊聖像，就像聖母瑪利亞一樣。她不需言辭就能領導這場運動。」
>
> —— 一位國家反對黨聯盟成員對查莫洛夫人的看法

1990年新事物

- 食品藥物管理局通過諾普蘭皮下植入避孕法
- 國內航空班機上禁煙
- 低熱量減肥餐（辛普萊塞）
- NC－17電影分級（美國）

- 麥當勞在莫斯科開設分店

美國萬花筒

斑鴞面臨危機

美國內政部於6月將斑鴞列入瀕臨絕種動物名單，環保主義者為此興奮不已。但是拯救鳥類的決定與伐木工業發生了衝突，因為該工業每年要從聯邦經營的太平洋西北海岸森林中砍伐大約4億6500萬平方公尺的木材，而那裏正是斑鴞唯一的棲息地。伐木

工業的陳情則聲稱，瀕臨絕種動植物保護法所規定保留斑鴞棲息地的措施將造成大約5萬名伐木工人失業。局外分析家們說可能的失業人數被誇大了，同時指出保護斑鴞也就意味著拯救原始森林。◀1987（9）

基亭五人聽證會

參議院道德委員會於11月15日召開關於所謂「基亭五人團體」行為的聽證會，此團體是指控曾為查爾斯·基亭之行為向聯邦金融監察委員會說情的參議員小組。基亭是一名貪污的儲貸董事，曾捐贈大筆款項作為議員們的競選基金。由於管理不當和欺騙行為，基亭和其他多位儲貸董事造成了80年代末的金融衰退，

查莫洛夫人成為中美洲第一位女總統，奧特加（右）鼓掌祝賀。

尼加拉瓜

桑定陣線選舉失利

6 1990年2月，就在推翻獨裁者阿納斯塔西奧·蘇慕沙·德瓦伊萊的11年後，尼加拉瓜桑定陣線進行了第二次大選。維奧萊塔·巴里奧斯·德·查莫洛以55%對41%的選票打敗桑定陣線領導人丹尼爾·奧特加·薩韋德拉而當選。雖然左派政權的管理不當和意識形態改革是令人不滿的原因，但決定因素仍是美國所支持的反革命游擊隊不停發動戰鬥及伴隨而來的經濟衰頹。查莫洛（14個黨派組成的國民反對陣線聯盟候選人）的當選等於投了和平與正常化一票。

現年60歲的查莫洛夫人對自己的政治觀點似乎不很清楚。她以佩德羅·華金·查莫洛之遺孀身分從政，後者是活躍的報紙出版商，於1978年被蘇慕沙的刺客暗殺，引發了尼加拉瓜桑定陣線領導的人民暴動。取得政權後，她應桑定陣線邀請成為五人執政團的一員。由於對該政體馬克斯主義傾向不再抱持幻想，她很快退出，而家族發行的日報《拉普倫薩》再次為反對派言論喉舌。桑定陣線不時查封該報紙；而查莫洛的一個兒子成為桑定陣線刊物《巴里卡達》的編輯。

奧特加令人意外地坦然承認選舉失敗，頑固的美國政府則拒絕曾允諾對查莫洛政府的援助，除非她肅清軍隊和警察中的桑定陣線指揮官。（查莫洛夫人解除了警察局長的職務，卻不願斷絕與桑定陣線的關係，以便讓奧特加的兄弟擔任軍隊領導者。）此外，由於桑定陣線仍保持軍事控制權，所以反革命游擊隊拒絕解除武裝。尼加拉瓜的民主制度雖充滿活力並發展良好，但

是要達到穩定發展仍有很長的路要走。◀1987（2）

中東

沙漠盾牌行動

7 這場導致後冷戰時期第一次多國戰爭的危機始於1990年8月，當時伊拉克強人薩達姆·海珊正急於建立區域霸權和補償近年來兩伊戰爭的損耗，因而入侵弱小、富裕的科威特。在侵略科威特之前，海珊花了好幾個月時間試探西方的容忍度，並且只得到一些溫和回應。之後，他的反美言辭逐步升級，處決了一名在伊朗出生的英國記者，並利用化學武器威脅以色列。更過分的是，他譴責科威特使伊拉克的石油收入減少，並開始在邊界偷採石油。而當科威特的讓步無法滿足其要求時（而且他向美國大使阿普里爾·格拉斯皮發出的暗示性最後警告只被認為是一項外交手段），海珊便派10萬大軍入侵科威特。

大多數科威特士兵臨陣脫逃，科威特國王謝赫·賈比爾·阿－艾哈邁德·阿－薩巴赫也逃逸無蹤，而伊拉克士兵則長驅直入逼近沙烏地阿拉伯邊界。他們將可能鬧事的人（數以千計的外國人，包括美國外交官員在內都被扣作人質，直到12月為止）關進監獄或放逐，並開始掠奪科威特。但海珊對於入侵行動遭到全世界譴責感到訝異。阿拉伯國家聯盟以14：5表決通過要求

伊拉克撤軍，甚至蘇聯（伊拉克最大的武器供應國）也加入了美國領導的禁運行動。美國原先支持海珊的總統喬治·布希採取更具進攻性的行動：派兵以維護「世界新秩序」。

布希經常用這句話來表示對美、蘇權力鬥爭減緩的歡迎，以及美國成為唯一超級強國的迫切願望。現在，為回應沙烏地阿拉伯向美國尋求保護，他發起「沙漠盾牌行動」。約有50萬名美軍集結在沙烏地阿拉伯的沙漠中及波斯灣；支持美國的部隊不僅來自其傳統盟國，還包括受蘇聯保護的敘利亞。莫斯科在外交上聲援美國，其以前的衛星國也提供技術顧問。數月之內，防禦性的「沙漠盾牌行動」發展為攻擊性的「沙漠風暴行動」。

◀1988（3）▶1991（1）

音樂

三大男高音的合作

8 對於世界上的歌劇愛好者來說，在羅馬舉行的1990年世界盃足球賽決賽的重點不是運動員，而是音樂家。面對6千名現場觀眾和15億電視觀眾，著名指揮家祖賓·梅塔主持一場盛況空前的音樂會，由當代3位傑出的歌劇男高音獻唱。

何塞·卡列拉斯現年43歲，他以音色優美和樂句純淨而深受大眾喜愛。1988年，他在罹患白血病而臥病一年後又戲劇般地回到巴塞隆

「沙漠盾牌」阻止了伊拉克軍隊入侵沙烏地阿拉伯，但是，薩達姆·海珊的「飛毛腿」飛彈（能發射化學武器彈頭）仍威脅大部分地區。

體育 棒球：世界大賽，辛辛那提紅人隊以4勝0負擊敗奧克蘭運動家隊　　美式足球：超級盃，舊金山四九人隊以55：10大勝丹佛野馬隊　　籃球：NBA，底特律活塞隊以4勝1負擊敗波特蘭拓荒者隊　　網球：馬汀納·娜拉提洛娃九度蟬連溫布頓公開賽女子單打冠軍　　足球：世界盃，西德隊以1：0擊敗阿根廷隊。

「當我漸漸長大，偉大的男高音有30位，而不是3位。我不知道爲什麼事情會發展到現在這種地步。」

—— 帕華洛蒂

三大男高音和祖賓‧梅塔在羅馬（左起：多明哥、卡列拉斯、梅塔、帕華洛蒂）。

納的凱旋門下。49歲的普拉西多‧多明哥也出生於西班牙，在墨西哥長大，早期生涯大多在以色列度過。他在《奧賽羅》一劇中的出色表演使其成爲傳奇人物，被公認爲當代最優秀的抒情男高音。最後一位則是世界最著名歌劇明星，現年54歲的義大利男高音盧恰諾‧帕華洛蒂。他以明亮的升C調、充滿魅力的激情和明星般面對媒體時的熟練技巧而被稱爲現代卡羅素，深受各大洲人民喜愛。

在一輪滿月下，三大男高音演唱了人們耳熟能詳的曲目。雖然他們的嗓音已過了顛峰期，但音樂造詣和演出技巧仍使這場音樂會成功而轟動。它的副產品同樣受到歡迎：在英國，瑪丹娜的專輯一度被擠出電視歌曲排行榜的榜首；在美國，該張唱片登上流行排行榜的第43名，是自1960年以來古典唱片所獲得的最高排名。4年後在洛杉磯的道奇體育館，三大男高音再度攜手合作演出另一場盛況空前的音樂會。◀1902（11）

西非
賴比瑞亞爆發戰爭

9 1990年，非洲最古老的獨立共和國實際已不存在了。賴比瑞亞是獲得解放的美國奴隸於1847年所建立，並由其後代子孫經營管理，他們無情地奴役當地土著居民，直到1980年薩繆爾‧多伊領導一場軍事政變爲止。在美國的慷慨援助下，多伊比其前任者更加獨裁腐敗。但前執政團成員查爾斯‧泰勒（稍早曾因盜用公款而潛逃國外）帶領150名由利比亞訓練的游擊隊員於1989年12月「入侵」賴比瑞亞時，很少有人意識到血腥無政府狀態的來臨。

泰勒領導的賴比瑞亞民族愛國陣線（NPFL）起初僅是以士兵和官員爲目標。但即使泰勒是美裔賴

高壓的獨裁者薩繆爾‧多伊（中）是賴比瑞亞第一位土生土長的領導者。

比瑞亞人，身爲少數民族克朗人的多伊仍視他爲佔多數之基奧人和瑪諾人的代理人。多伊派遣以克朗人爲主的軍隊去摧毀基奧人和瑪諾人的村莊。成千上的萬復仇者加入了民族愛國陣線，開始屠殺克朗人和有親克朗人嫌疑的曼丁戈人。到了8月，陸軍准將普林斯‧詹森（一名基奧人）帶領的突擊隊抵達首都蒙羅維亞，泰勒的部隊也已逼近。被圍困的多伊軍隊繼續屠殺平民，包括在一座教堂避難的600人。

難民如洪水般湧向鄰國，而聯合國拒絕採取任何行動，於是西非國家經濟共同體的16個會員國決定派遣維持和平部隊到賴比瑞亞。但是其士兵多來自支持多伊的奈及利亞，因此泰勒視它爲敵軍並且發動攻擊。隨後，當多伊前往蒙羅維亞訪問西非維持和平部隊總部時，他遭到詹森所轄部隊的綁架、折磨及殺害。

多伊的軍隊撤出蒙羅維亞，並沿途燒燬所見的任何東西。維持和平部隊因此不得不進行自我防禦。11月，泰勒控制除蒙羅維亞之外的整個賴比瑞亞並宣佈停火。但是饑荒不斷擴大，且更多的戰鬥一觸即發。▶1992（9）

藝術
馬普爾索普風波

10 1990年，名爲「美妙瞬間」的羅伯特‧馬普爾索普（1989年死於愛滋病）攝影回顧展在辛辛那提當代藝術中心展出，該博物館的經理丹尼斯‧巴里被控猥藝，因而爆發近10年來美國最激烈的藝術論戰。因爲展出的175幅照片中，有5幅是描繪同性戀行爲和性虐待；兩幅展示兒童的生殖器。

北卡羅來納州參議員傑西‧赫姆斯堅持否決給予「猥藝」藝術家的聯邦補助金，此舉引發全國上下關於藝術作品審查和公共投資的爭戰。對赫姆斯及其支持者來說，馬普爾索普的巧妙、技術純熟和無可挑剔的照片就是重要的呈堂證物。在保守主義日益增長的氛圍中，藝術機構如履薄冰。（就在這次辛辛那提展覽開幕的10個月前，華府一間博物館曾取消內容雷同的馬普爾索普攝影回顧展。）許多觀察家預期在極端保守的辛辛那提，法院將作出不利巴里的判決，但陪審團認爲馬普爾索普的作品具有藝術價值而宣判他無罪。◀1986（10）

馬普爾索普在去世前10個月於1988年拍攝的照片。

其5000億美元的呆帳被轉嫁到美國納稅人身上。道德委員會判定加州民主黨參議員阿蘭‧克蘭斯頓犯了瀆職罪（他沒有參加改選），而另外4名參議員也受到適度懲戒。

與狼共舞
電影明星凱文‧科斯納在1990年執導的首部影片中創作了一封長3小時的情書給拉科他蘇族印第安人。《與狼共舞》極受歡迎且場面浩大（也極其浪漫），不僅賦予印第安人良好形象，而且使70年代以來即昏睡不已的西部電

影重新煥發出活力。片中有細膩的拉科他語對白，贏得7項奧斯卡大獎，包括最佳影片獎和最佳導演獎。

布萊筆下的怪人
獲獎詩人和初露頭角的神話作家羅伯特‧布萊於1990年出版了《鐵約翰》，這是一本關於萌芽中「人類進展」的初級讀本。在虛構人物鐵約翰這個任性卻自我要求嚴厲的森林隱士身上，布萊呈現出一位強壯的、好萊塢式男性偶像的替代品，他認爲男性保持良好心理狀態的訣竅就是在自己身上找到野蠻、原始的人類。森林研討會以營火晚會和擊鼓儀式爲特色，開始吸引著未來的鐵約翰。

麥克馬丁學校洗清罪嫌
美國歷史上最長的一次犯罪審判於1月宣告結束，當時加州的一個陪審團判決幼稚園園長佩吉‧麥克馬丁‧巴克和她的成年兒子雷蒙德‧巴克並未對52名兒童有虐待和騷擾行爲。巴克母子於1983年因一名學生母親宣稱其女兒遭到雷蒙德的性虐待而被捕。雷蒙德已入獄5年，直到最近才被保釋；他的母親被監禁了兩年。這次長達30個月的審訊花費聯邦政府1500萬美元。

美國政治與經濟 國民生產毛額：5兆5678億美元；殘障法保護生理和心理殘障、愛滋病患者和濫用藥物者的工作機會；聯邦儲備局授權J.P.摩根公司認購股票（在1933年取消後的復權）；清淨空氣法案通過。

「我已對恐懼免疫。」
——尚－貝特朗·阿里斯蒂德

環球浮世繪

夏米爾聯合政府

1990年，以色列保守的自由黨領導人伊札克·夏米爾與幾個極右黨派組成聯合政府。夏米爾在1940年代初期曾和以色列自由戰士組織並肩作戰，爭取以色列從巴勒斯坦脫離出來。後來他成為以色列情報機關「莫薩德」的成員，曾擔任過兩屆自由黨-工黨聯合政府的總理。夏米爾是一位強硬派，他的目標是「鞏固猶太人存在於國土的各個角落」。1992年，他的政府在大選中輸給工黨，夏米爾也隨之下台。
▶1993（1）

帕斯獲諾貝爾獎

墨西哥作家、抒情詩人、優美散文家、哲學家及外交家奧克塔維奧·帕斯獲得1990年諾貝爾文學獎。帕斯是現代拉丁美洲最有影響力的純文學家之一，在涉獵廣泛的職業生涯中將世界宗教訓誡和本世紀主要的哲學理論融入

作品中，如詩集《太陽石》（1967）和探究墨西哥歷史、社會及人物的《孤獨的迷宮》（1950）。◀1944（15）

奧恩被逐出黎巴嫩

10月，敘利亞部隊在黎巴嫩東部擊潰黎巴嫩陸軍司令邁克·奧恩的基督教部隊。身為黎巴嫩軍政府的首腦，奧恩在一年前曾否決了在黎巴嫩新國會中給予黎巴嫩回教徒同等席位的憲法。稍後，他拒絕承認伊萊亞斯·赫拉維當選黎巴嫩總統，並繼續進行其反敘利亞的「解放戰爭」，他的部隊幾乎在15年內戰開始時便已佔領黎巴嫩。奧恩被驅逐以後，敘利亞和以色列軍隊仍留在黎巴嫩境內，但是到了1992年，黎巴嫩局勢已經穩定下來並且舉行大選（受到許多基督教徒的杯葛），拉菲爾·哈里當選總理。
◀1989（6）

克沃爾基安和其IV-drip「自殺機器」。

醫學

「死亡醫生」

⑪ 54歲的簡內特·阿德金斯罹患了老年痴呆症，於1990年6月在傑克·克沃爾基安醫生的協助下自殺。阿德金斯是這位退休的底特律病理學家在之後3年中協助自殺的20名末期或慢性病人中的第一位，她按下克沃爾基安自製的「自殺機器」上的紅色按鈕，機器放出止痛藥，接著將致命的氯化鉀注入她的靜脈，5分鐘後她的心臟就停止跳動。

由於幫助垂死病人自殺，克沃爾基安違反了2千年來西方醫生所信奉希波克拉底誓言的中心信條：「我決不把致命藥物給任何人，即使有人要求，也決不提出此類建議。」對此，克沃爾基安則自有準則：「當病人的病情證明非這樣不可時，我將幫助飽受折磨的病人……無論如何。」克沃爾基安是在訪問荷蘭以後才成為一位安樂死的擁護者，該國是最早廣泛接受實行安樂死的國家之一（繼納粹德國之後）。美國法律禁止安樂死，但克沃爾基安的一意孤行觸及到了它的痛處。老年人口加上甚至讓腦死病人存活的科技，使有關「死亡權力」的古老道德爭論又重新開始。

在受到同事排擠，處於迫害者及立法官員的不斷攻擊之下，「死亡醫生」已成為異乎尋常的著名人士。他的禁慾主義、救世主思想（「我並非不道德，社會才是」）和頑冥不靈更使他聲名狼藉。他還是醫學院學生時，他就拍攝過末期病人的眼睛，試圖正確表示死亡時刻。他是個業餘畫家，曾繪過憎惡和屠殺喻意的圖畫，而後者是用人血畫的。◀1976（邊欄）

科學

哈伯惹禍

⑫ 經過40多年研製，哈伯太空望遠鏡終於在1990年進入了距離地球595公里的軌道。哈伯望遠鏡（以美國天文學家埃德溫·哈伯來命名）是美國國家航空暨太空總署的驕傲，價值150萬美元，是設計來探索黑暗及遙遠宇宙的機械眼。太空總署官員稱它是自伽利略以來天文學界最偉大的進步，但是事實證明它是一具昂貴且失敗的光學儀器。

直徑239公分的主要反射鏡被磨成錯誤曲度，造成儀器的外緣有28萬分之一公分過於平坦，這個極小但具破壞性的疏失導致影像傳遞模糊。瑕疵反射鏡只是其中一個不足之處；到1993年，哈伯的3具航空迴轉儀也出現故障，而它的太陽光板支撐架隨著溫度變化而劇烈晃動，使整個機件面臨毀壞的危險。

值得注意的是，該望遠鏡仍然在設法收集有關宇宙大小、形狀的新資訊，這使得美國國家航空暨太空總署決定派出一名維修人員搭乘「發現者號」太空梭前往修復。1993年12月，7名太空人參與挽救哈伯及太空總署形象的危險任務

遠離地球的哈伯望遠鏡被裝置在一艘「自動操縱」太空梭上。

（他們在夏季經歷了另一個打擊，9億美元的火星「觀察者號」消逝在太空中）。5天之中，外太空機師史無前例地進行5次太空漫步。飽經磨難的哈伯又煥然一新了，雖然這筆費用足夠製造一具新一代功率更大的陸地望遠鏡。◀1986（2）

加勒比海地區

海地對自由的嘲弄

⑬ 1990年12月，在獨裁者尚·克勞德·杜華利垮台4年之後，一名左派牧師當選為海地總統。在此以前，海地僅舉行過一次選舉：1988年，亨利·納菲將軍的執政團曾經安排了一位文人候選人，但6個月後即將其廢除。納菲本人也被普羅斯佩爾·阿夫里爾中將所推翻，後者的部隊曾參與前通通·馬考蒂斯組織肆無忌憚的搶劫和謀殺活動。暴動和美國的壓力迫使阿夫里爾終於在1990年1月辭職；11個月後，臨時總統埃薩·巴斯卡-特魯約舉行了海地第一次真正的自由選舉，尚-貝特朗·阿里斯蒂德神父（下圖）以壓倒性勝利當選。

阿里斯蒂德是一位解放神學的代言人，已得到國內貧苦百姓的強

烈擁護。但是他的激進主義令海地的天主教階級制度（他的神父地位被褫奪）和寡頭政治頗為苦惱。由於在數次屠殺和謀殺中倖免於難，阿里斯蒂德被冠以「奇蹟先生」的綽號。

但是奇蹟在阿里斯蒂德的就職典禮後就離他而去。儘管其政黨沒能在國民大會中獲得多數席位，但他還是任命沒有從政經驗的朋友進入內閣。在那些將燃燒輪胎掛在頸上以控訴壓迫者的群眾支持下，他拒絕在其他任命上徵詢國民大會的意見。他因組成由瑞士訓練的專屬祕密部隊而激怒了軍方，高稅收及關於集體化農業的言論也使他失去商業界的支持。

1991年8月，阿里斯蒂德的支持者包圍議會大樓以制止進行不信任投票。不過才一週以後，當他前往聯合國發表演講時，軍隊解散了他的私人部隊。返回海地後，阿里斯蒂德便立即號召全民起義。但此時陸軍准將胡爾·塞德拉斯掌握了權力，因此他被迫流亡。另一個恐怖統治開始了，成千上萬的海地人搭乘破舊小船追隨阿里斯蒂德逃到美國，倖免於難者被送進難民營。多數人最後仍被遣送回國去自謀生路。◀1986（4）▶1994（10）

諾貝爾獎 和平獎：米哈伊爾·戈巴契夫（蘇聯，重建及開放） 文學獎：奧克塔維奧·帕斯（墨西哥，詩人暨散文家） 化學獎：伊萊亞斯·科里（美國，有機合成） 醫學獎：約瑟夫·默里和托馬斯（美國，移植） 物理學獎：泰勒、傑羅姆·弗里德曼和肯德爾（加拿大、美國、美國、確定夸克） 經濟學獎：馬科威茨、夏和米勒（美國）。

1990

當年之音

邁向新南非

摘自1990年2月11日納爾遜·曼德拉在南非開普敦的一次演講

在南非監獄裏忍受了近30年之後，1990年2月11日，南非黑人反對種族隔離制度的國際性代表人物納爾遜·曼德拉勝利地站在開普敦市政廳陽台上，向滿懷期待的人民發表演說。他高貴、優雅，並未被今早才結束的監禁所屈服，現年71歲，過去及未來都是非洲民族議會領袖的曼德拉用南非黑人語言適切地展開動人心魄的演說。「萬歲！萬歲！非洲屬於我們！」他接著讚揚反種族隔離制度運動的英雄們，鼓勵他們繼續奮鬥，並嘉許釋放他的白人總統戴克拉克。曼德拉的獲釋是戴克拉克致力於南非改革的一次壯舉，曼德拉於1994年當選為南非總統更使此行動達到高潮。◀1989（3）▶1994（1）

「萬歲！萬歲！非洲屬於我們！」

我的朋友、同志及南非同胞們，我以和平、民主和自由之名向你們全體致意！我不是以先知，而是以一位人民的僕人身分站在你們面前。

你們的不懈怠、英勇犧牲才使我今天能夠站在這裡。因此，我將餘生交付給你們。

今天，絕大多數的南非人，無論黑人或白人都意識到種族隔離是沒有前途的。為了建立和平與安全，必須由我們自己的堅決行動來結束它。我們的組織及人民所發動的反抗運動和其他行動，只有在民主確立之時才能達到最高點。

種族隔離制度在我們南非次大陸上所造成的破壞是無法估量的，成千上萬民眾的家庭支離破碎，數百萬人失業及無家可歸。

我們的經濟——我們的經濟趨於崩潰，而我們的人民被捲入政治衝突之中。1960年，我們組建非洲民族議會的軍事力量以進行武裝鬥爭，這只不過純粹是反抗種族隔離暴行的一次防禦行動。

使武裝鬥爭成為必要的因素至今依然存在。除了繼續戰鬥，我們別無選擇。我們希望盡快創造以談判來達成協議的局勢，如此將不再需要武裝鬥爭。

我是一名忠誠及守紀律的非洲民族議會成員。因此，我完全贊成它的目標、戰略和策略。

目前，將全國人民聯合起來的任務和以往一樣重要。沒有任何一位領袖能夠獨自承擔起如此艱鉅的使命。身為領導人的任務是向組織提出自己的看法，讓民主政體去決定前進的道路。

關於取消種族隔離制度的談判必須滿足人民對於建立一個民主、非種族歧視和統一南非的強烈要求。必須結束白人對政治權力的壟斷……

我們的抗爭已經到了決定性階段，我們號召人民抓住時機以便快速持續地推進民主過程。我們等待自由已經太久了，不能再等下去了。現在已經到了抗爭的最關鍵時刻。

現在放鬆努力將對後代造成不可寬恕的錯誤，自由的曙光將鼓勵我們加倍努力。我們的勝利只能靠紀律嚴明的行動來保證。

我們號召白人同胞們一起建立新南非，自由運動也是你們的政治歸宿。我們呼籲國際社會繼續孤立採行種族隔離的政權。

現在解除制裁可能使根除種族隔離的進程受阻。奔向自由的進程是不可逆轉的，我們不能讓恐懼阻擋去路。

在一個統一的民主和非種族歧視的南非，實行普選是通往和平與種族和諧的唯一途徑。

最後，我想重申一下我於1964年受審期間所寫的一段話，它至今依舊歷歷在目：「我為反對白人統治而抗爭，我也為反對黑人統治而抗爭。我憧憬一個民主自由的社會，在那裏人人機會平等，和睦共處。」

這就是我希望實現的理想，我為這個理想而活。但是如果需要，我隨時準備為這一理想而奉獻生命。

（以下這句話是用克索薩語講的）

我的朋友們，今天我沒有什麼長篇大論來奉獻給你們，我只想說，我的餘生是你們的。（他繼續用英語說道）我希望你們有秩序地離去。你們之中任何人都不要做任何事，以免讓別人說我們無法控制自己的人民。

在這幅安尼塔·孔茨於1994年所繪的插圖中，納爾遜·曼德拉是一位聰明而疲憊的牧羊人，正照料著他的一群白羊和黑羊。

「我們將可以驕傲、自信、昂首地回家……因爲我們是美國人。」

—— 布希總統

年度焦點

第二次海灣戰爭：沙漠風暴

1 1月16日，在伊朗和伊拉克間歷時8年的海灣戰爭結束僅30個月，以及伊拉克入侵科威特的6個月後，波斯灣沿岸又爆發了另一場戰爭。聯合國早在去年11月便宣佈，假若伊拉克部隊未於今年1月15日之前撤離科威特的話，將授權採取軍事行動；而其間眾多的調停者（包括聯合國、美國、蘇聯、法國、甚至親伊拉克的巴勒斯坦解放組織）與獨裁者薩達姆·海珊的談判都以失敗告終。雖然反對動武者強調貿易制裁需要更長的時間才能奏效，但統率國際反伊拉克聯軍的美國指揮官們還是按計劃發動了「沙漠風暴行動」。

隨著油井燃燒，一名伊拉克傷兵和一輛損壞的坦克被拋棄在科威特。

第一波攻擊來自空中；多國部隊使用巡航飛彈、「精靈」炸彈和其他高科技火器猛擊伊拉克的軍事設施和地面部隊。因武器裝備落後，多數伊拉克飛行員逃至伊朗；儘管兩國關係正在好轉，伊朗還是扣留其戰。而海珊則以向波斯灣傾倒石油，最後並點燃數百口科威特油井作爲報復；其坦克部隊試圖入侵沙烏地阿拉伯，但被擊退。伊拉克不時向以色列和沙烏地阿拉伯發射蘇聯製的飛雲飛彈，但海珊並未使用他長期用以威脅的毒氣彈頭。爲保護以色列並避免使阿拉伯盟國陷入與以色列並肩作戰的尷尬情況，華府在該國邊界部署「愛國者」反彈道飛彈。

在伊拉克大部分設施於2月底變成廢墟後，根據美國諾曼·史瓦茲科夫將軍制定的戰略，聯軍地面部隊開始向科威特境內的伊軍發動攻擊；伊拉克士兵隨之成群地投降，而臨陣退縮的部隊則遭到屠殺。2月27日，經過100個小時的戰鬥後，聯軍解放科威特並佔領伊拉克南部的大片地區；美國總統喬治·布希宣佈停火。至此，「沙漠風暴」的基本目標已告完成。

這場戰爭造成大約20萬伊拉克人死亡，其中包括數百名平民，而盟國陣亡人數爲148人。雖然伊拉克境內的庫德人和什葉派回教徒在布希總統的慈恩下發動暴亂，但海珊仍掌握政權；其殘餘部隊鎮壓騷亂，並把近200萬庫德人趕入土耳其和伊朗境內的難民營中。同時，除了科威特環境受到災難性破壞外，其境內的巴勒斯坦居民也因被控協助伊拉克而面臨迫害和被驅逐的危機。第二次海灣戰爭和前次一樣，爲此區留下無窮麻煩。◀1990（7）▶1992（邊欄）

南斯拉夫

分裂

2 在第一次世界大戰後由6個巴爾幹共和國拼湊起來的南斯拉夫聯邦是個不太眞實的國家；共產主義很快地掌握這個國家並持續了45年。隨著體系的崩潰，種族仇恨吞噬了該國整個社會結構。當各國共產黨中最開放的南斯拉夫共黨於1991年放棄對政權的壟斷後，這個曾是第一次世界大戰源頭並將東南歐籠罩在血腥裡的國家便陷入分裂之中。

早在南斯拉夫的最大共和國塞爾維亞境內，以阿爾巴尼亞人爲主的科索伏省所爆發的地區性種族衝突已成爲一種預兆；1989年，科索伏的大批回教徒發動了反對塞爾維亞人統治的暴動，而塞爾維亞當局則派出軍隊進行鎮壓。1990年，當共產主義搖搖欲墜時，該地再度傳出槍戰。

古代的種族仇恨沸騰於南斯拉夫各共和國間。

同年，馬其頓、斯洛維尼亞（南斯拉夫最爲富有的共和國）以及作爲塞爾維亞歷史宿敵的克羅埃西亞都選出了非共黨政府。1991年6月，在塞國總統斯洛博丹·米洛塞維奇（好戰的塞爾維亞民族主義者和強硬的共產黨徒）阻撓克羅埃西亞領袖斯蒂佩·梅西奇擔任南斯拉夫的集體總統後，克羅埃西亞和斯洛維尼亞乃宣佈脫離南斯拉夫；由塞爾維亞主導的聯邦軍隊隨即進入這兩個共和國。聯邦軍隊在7月從斯洛維尼亞撤出；但克羅埃西亞境內的戰鬥以及屠殺克羅埃西亞人或將其逐出塞族控制區之「種族淨化」則一直持續到1992年1月，亦即由1萬4千名聯合國和平維持部隊監督的停火協議生效後。至此已有2萬5千人喪生，而聯邦軍隊和塞爾維亞民兵則佔領了30%的克羅埃西亞領土；老一輩民族主義者希望合併其他共和國中塞裔佔多數的地區以建立「大塞爾維亞」的夢想正逐步實現了。

雖然鄰近的希臘由於國內也有個稱爲馬其頓的地區，因而延遲國際承認並堅持要該國更名，馬其頓仍在沒有發生暴力下於1991年9月宣佈獨立。然而當波士尼亞與赫塞哥維那共和國宣佈脫離之後（南斯拉夫至此只剩下塞爾維亞和狹小的門地內哥羅兩個共和國），塞爾維亞人向其發動了空前猛烈的攻擊。◀1948（6）▶1992（1）

蘇聯

波羅的海國家獲得獨立

3 1991年1月，蘇聯總統米哈伊爾·戈巴契夫的自由化政策的限制在立陶宛受到了考驗。在這個小型的波羅的海國家宣佈脫離蘇聯獨立的一年後，紅軍開進該國鎮壓分離主義運動。在一個漆黑的夜晚，坦克碾壓進該國首都維尼斯，並於攻佔該城中一座由民族主義者控制的主要電視台時造成了14個平民的死亡。

西方將這次入侵與1956年的匈牙利、1968年的捷克以及蘇聯對其他自由思想衛星國所進行的干涉相提並論。但戈巴契夫則作了另一番比喻：正如林肯向持分離主義的聯邦州發動戰爭以維護美國共和一般，這位蘇聯總統也發誓要拯救蘇聯。儘管造成人民死亡是可悲的，但戈巴契夫認爲自己不過是在「執行憲法」而已；事實上這位處於困境中的總統幾乎別無選擇：由於他改造蘇聯的努力有賴於軍方的支持，一旦蘇維埃帝國在他的手中解體，軍隊也將難以維持忠誠度。事實證明，這次對立陶宛的攻擊是這個帝國所作的垂死掙扎。

就像波羅的海沿岸另外兩個國家愛沙尼亞和拉脫維亞一般，立陶宛在第一次世界大戰以後也有過一

1991

「無論什麼樣的災難將降臨下來，我們蘇維埃共和國都是頑強不屈的。」

—— 列寧，1918年

被立陶宛民族主義者釘在柵欄上的蘇聯內護照。

段短暫而多災多難的獨立時期。蘇聯於1940年吞併了這3個國家；但一年後它們又被德國侵佔（到了1991年，3國中以立陶宛人口最多，也不過相當於美國的康乃狄格州），並追隨納粹參加了第二次世界大戰；其後史達林又將3國重新併入蘇聯。

從1991年的春天到夏天，蘇聯一直在盡最大的努力迫使波羅的海三小國就範；但是它們不但未曾屈服，反抗則日趨強烈。在強硬派反對戈巴契夫之八月政變失敗後，蘇維埃政權也隨之崩潰。拉脫維亞和愛沙尼亞也加入立陶宛宣佈獨立的行列。在克里姆林宮於9月勉強予以承認之後，這個世界則歡迎3個最新國家的到來。◀1990（1）▶1991（5）

阿爾巴尼亞
移民熱

④ 由於長期孤立而導致經濟狀況惡化後，數萬難民在1991年夏天從阿爾巴尼亞這個低度開發國家橫渡亞得里亞海到達義大利。到8月份為止，大約有4萬名衣衫襤褸的人民奮力登上巴利和布林底希這兩個海港，義大利政府在此制訂了嚴苛的政策以阻止繼續湧入的尋求庇護者。在把難民安置在碼頭邊

一艘滿載阿爾巴尼亞難民的輪船抵達義大利。

陰暗的難民營後，義大利政府開始用飛機把他們送回貧窮的阿爾巴尼亞首都地拉那。即使如此，仍有兩萬名阿爾巴尼亞人留在義大利；另外還有數千人從陸路湧入希臘。

當席捲其他前共黨國家的民主革命未能撼動阿爾巴尼亞的拉米茲·阿里亞（其為掌權40年的史達林派獨裁者恩維爾·霍查親手挑選之接班人）後，在1990年出現了移民浪潮。失望的阿爾巴尼亞人開始闖入外國使館區。由於被切斷外援以及為人民大規模外逃所困擾，阿里亞開始於年底進行改革；他與美國建立外交關係，解除旅行限制，並允許一定限度的自由市場經濟。

但阿爾巴尼亞的經濟仍繼續滑落，並於1991年3月阿里亞同意與一個聯合政府分享政權後達於極點。甚至在自稱為民主分子的沙利·貝里沙贏得1992年選舉上台執政後，移民對許多人而言仍是最好的選擇。從失業率高達50%、半公斤肉可抵3天花費、而嬰兒死亡率則高達令人驚愕的3%看來，民主也並不是萬靈丹。◀1985（7）

蘇聯
末日來臨

⑤ 蘇聯從政變中誕生，也在政變中死亡。在列寧及其黨羽等冷酷的夢想家推翻亞歷山大·克倫斯基臨時政府的74年後，保守的共黨分子於1991年8月嘗試向戈巴契夫總統奪權；其目標在重建共產黨的最高權威並阻止蘇聯的解體，但這次政變以失敗告終。在俄羅斯共和國總統鮑利斯·葉爾辛的領導下，數以萬計的莫斯科市民起來響應民主的號召。他們在俄羅斯國會

四週築起防禦工事，使叛軍無法對其開火；最後這些無能的陰謀者終於和蘇聯一起被劃上句號。

在政變領導人當中有許多是戈巴契夫拉攏失敗的黨內高級官員，他們聲稱這場權力鬥爭是為了帶來新的領導人以防止這個國家陷入貧困的境地；但事實上其真正的理由並非如此高尚。戈巴契夫剛簽署了裁減戰略武器條約，該條約要求蘇聯削減25%的核武，而美國卻只削減15%，這對強硬派來說是一種令人無法忍受的恥辱。此外戈巴契夫正準備簽訂一個「邦聯條約」並賦予蘇聯15個加盟共和國前所未有的主權程度，於是舊體制的衛道人士決心阻止這項削弱他們權威的立

俄羅斯總統兼反抗領袖葉爾辛慶祝政變的失敗。

法。但始料未及的是此一陰謀會遭到公眾的英勇抵抗，被扣留在克里米亞鄉間別墅的80個小時之後，戈巴契夫這位被推翻的總統又重返莫斯科。

但戈巴契夫重返的是一座完全不同的城市：列寧的畫像被扔得滿街都是，而激昂的示威者正在KGB總部門口推倒祕密警察創建者菲利克斯·多辛斯基的巨型塑像。雖然戈巴契夫仍然在位，但是實際權力已落入葉爾辛手中。在葉爾辛的促使下，戈巴契夫解散了名譽掃地的共產黨，並允許各個加盟共和國脫離蘇聯。該年12月，作為一個已不復存在之國家的領導人，戈巴契夫宣佈辭職。◀1990（1）▶1992（2）

逝世名人錄

貝雷妮絲·艾博特
美國攝影家

卡爾·安德森　美國物理學家
克勞迪奧·阿勞　智利音樂家
李·阿特沃特　美國政治顧問
法蘭克·卡普拉
義大利裔美國電影導演
江青　中國共黨四人幫成員
科琳·杜赫斯特
加拿大裔美國演員
瑪戈·芳婷　美國芭蕾舞蹈家
雷德·福克斯　美國喜劇演員
西奧多·瑟斯·蓋澤爾（蓋澤爾博士）　美國作家
史坦·蓋茨　美國音樂家
瑪莎·葛蘭姆
美國編舞家兼舞蹈家
葛蘭姆·格林　英國作家
本田宗一郎　日本汽車製造商
耶日·柯辛斯基
波蘭裔美國作家
恩斯特·克雷內克
澳大利亞裔美國作曲家
埃德溫·赫伯特·蘭德
美國發明家、物理學家
麥可·蘭登　美國演員
大衛·連　英國電影導演
弗雷德·麥克默里　美國演員
羅伯特·麥斯威爾
捷克裔英國出版商
尤·蒙頓
義大利裔法國歌唱家兼演員
羅伯特·馬瑟韋爾　美國畫家
奧拉夫五世　挪威國王
約瑟夫·帕普
美國戲劇舞台監督
西爾維亞·波特　美國作家
湯尼·李察遜
英國戲劇導演兼電影導演
三毛　台灣作家
以撒·巴舍維斯·辛格
波蘭裔美國作家
魯菲諾·塔馬尤　墨西哥畫家

里戈利亞諾；《克林霍弗之死》約翰·亞當斯　繪畫與雕塑：《荷蘭藝術家》拉里·里弗斯；《傘》克里斯托　電影：《沉默的羔羊》喬納森·德默；《西爾馬和路易斯》瑞德利·史考特；《歐羅巴，歐羅巴》阿格涅茲卡·霍蘭；《巴黎在燃燒》珍妮·李文斯頓　戲劇：《迷失在揚克斯》尼爾·西蒙；《火的永恆》約恩·羅賓·拜茨；《威爾·羅傑斯的荒唐事》科爾曼、孔布登和格林　電視：《娛樂台》首播。

「這是祕密地篡改教規，教規現在一文不值。」

—— 高教會派牧師大衛‧斯特里特對聖公會授予女性神職的評論

1991年新事物

- 美國食品藥物管理局批准愛滋病的治療計劃
- 國際奧林匹克委員會結束對南非長達21年的抵制

- 英國女王伊麗莎白二世於1991年5月16日在美國國會發表演說
- 美國前總統札查里‧泰勒的遺體被掘出，以確定其1850年是死於砒霜中毒還是急性腸胃炎，但沒有發現砒霜的痕跡

美國萬花筒

沙漠動植物培養槽

當一個4男4女的團隊準備在亞利桑那沙漠裏一座由鋼鐵和玻璃密封的圓頂建築中度過兩年時，一項精密的準科學實驗在10月於焉展開。這個佔地達1.2公頃的地域被稱爲第二生物圈（第一生物

圈是地球），它包含了雨林、莽原和海洋等幾個生態系統的縮影，動植物種類多達3800種。第二生物圈居民希望能自給自足（雖然必須依靠一個520萬瓦的發電站提供動力），並希望以此獲得殖民火星的有用資料。這項由德州石油億萬富翁愛德華‧貝思提供1億5000萬美元資金的私人計畫因爲種植作物的一連串失敗，以及於1992年由於氧氣耗盡而被迫向圓頂屋內輸送新鮮空氣而失去可信度。其居民於1993年重返地球。

魔術師染上愛滋病毒

平易近人且深爲觀眾喜愛的籃球明星「魔術」強森在得知染上將導致愛滋病的人體免疫不全病毒之後，於11月7日宣佈退休。曾

電影
誰殺了甘迺迪？

6 根據1991年的民意測驗，56%的美國人對美國政府關於1963年11月22日約翰‧甘迺迪總統在達拉斯遇刺一事的官方解釋持否定態度；而導演奧利佛‧史東也是這群懷疑者之一。在12月上映的《誰殺了甘迺迪？》中，這部長達3個小時的電影對1964年華倫委員會報告提出抨擊；該報告曾斷言李‧哈維‧奧斯瓦德獨自槍殺了總統。但這部電影再度引起了關於誰是謀殺總統之「真正」凶手的爭辯，並迫使政府澄清這起本世紀最神祕的疑案之一。

自從華倫報告問世以來，陰謀理論家們已出版了數百種書籍和幾千篇文章來駁斥此種獨行刺客的解釋，並宣稱此案可能單獨或聯合地涉及到黑手黨、中央情報局、卡斯楚或蘇聯；而史東的這部作品似乎包涵了上述所有的可能性。本片敘述了前新奧爾良州檢察官吉姆‧葛里森（由凱文‧科斯納飾演）的故事，他企圖控告一名地方商人涉及一起暗殺陰謀，但失敗了。以葛里森的調查爲出發點，史東把文獻記載、戲劇性推理、好萊塢的傳說和一連串自由揣測融合起來，主張甘迺迪是一個軍事工業複合體的犧牲品，而該複合體擔心他計畫結束美國在東南亞的干涉。

許多政治家和專家權威抨擊史東的誠實與判斷力，美國電影協會主席與前總統詹森（史東暗示他曾涉及掩蓋事實）的助手傑克‧瓦倫丁甚至把《誰殺了甘迺迪？》與納

粹宣傳片《意志的勝利》相提並論；但史東仍堅持其資料的可靠性並要求政府公開那些祕密檔案和證據。華府因此特意挑選了一些無關緊要的資料給議員們。在隨後的兩年內，國會、聯邦調查局和中央情報局公開了數千份有關此案的文件，它們都證明了華倫委員會報告是不容置疑的。但因爲國家安全的理由，一些最敏感的資料並未公佈；而懷疑者仍然繼續持疑。

◀ **1978（邊欄）**

宗教
英國國教的新血

7 對於在全世界擁有7000萬教徒的英國聖公會而言，新任的坎特柏立大主教於1991年4月的就職爲這個陷入困境的教派帶來了新希望。作爲此教派總會與英國國家宗教之英格蘭教會的首席教士，大主教乃是各地聖公會教徒和主教派教友的精神領袖；但英國教會中自由派分子、強調英國國教中天主教成分的高教會派和強調保守新教徒價值的低教會派之間的鬥爭已造成英國國教的分裂，雖然有60%的英國人加入教會，但是只有2.3%的人定期參加禮拜。

身爲美以美教派成員的瑪格麗特‧柴契爾夫人選定巴斯與威爾斯主教喬治‧凱里為即將離職之大主教羅伯特‧倫西的繼任者，後者是一個優柔寡斷且具自由主義傾向的高教會派信徒。和倫西相反，凱里屬於出身工人階級的低教會派，並爲正統禮拜儀式和「傳統」道德的強硬捍衛者。和柴契爾一樣，他同

時是個破除迷信者與保守分子。他把陷入困境的教會比喻爲一個「大部分時間中被遺忘，而在角落裏喃喃自語的老婦人」。

然而凱里卻作出了一個比倫西更開明的決定：對女性授予神職。

一位女性牧師在聖公會按手禮儀式上進行祈禱。

雖然英國聖公會的一些支派早已任命了一些女性牧師，但英格蘭教會在數千名教士的堅持之下始終加以抗拒。在就任大主教的前幾天，凱里因爲宣佈這些教士是「異端」而引起了一場爭端；但他很快地便將這字眼改稱爲「神學錯誤」，並由該教管理機構之一的總宗教會議於1992年投票更正。兩年後，英格蘭教會終於任命了第一位女性牧師。

◀ **1974（邊欄）**

建築
越簡單越單調

8 對於費城建築師羅伯特‧文圖里來說，1991年是以事實證明其論點的一年。在四分之一個世紀之前，他一本名爲《建築的複雜性及其矛盾》的著作成爲建築設計中後現代主義的開端。作爲對現代主義中崇拜幾何學並否定裝飾和歷史參考文獻態度的玩笑性抨擊，該書用「越簡單越單調」的警語反駁了密斯‧凡‧德‧羅尼所謂的「越簡單越好」。他指出建築應具有「混雜的生命力」，並宣稱美國各城市中雜亂無章的大街（Main

史東重現了札普魯德電影（有關甘迺迪遇刺的唯一電影史料）的畫面以使《誰殺了甘迺迪》呈現紀實色彩。

「我們尋求任何可資利用或代理的商業合作或軍事和工業祕密……
在美國有錢能使鬼推磨，我們找到許多可被收買的政客。」 —— 某位匿名的國際信貸暨商業銀行職員

文圖里設計的塞恩斯伯里側廳與國家畫廊的主體建築和諧地組合在一起。

Streets)「都很不錯」。雖然文圖里自己並不喜歡「後現代主義者」這個標籤，但是他仍然鼓勵各地的建築師拋棄無裝飾的盒子狀之國際風格建築，進而選擇由希臘神廟和拉斯維加斯賭場建築所複合組成的要素。然而一直到90年代的第二年，文圖里氏（新聞界對文圖里和他的妻子兼搭檔狄妮斯‧史考特‧布朗的稱呼）才首度發表第一批主要的都市建築：亦即西雅圖美術館和古老的倫敦國家畫廊的塞恩斯伯里側廳。

位於摩天大樓之間的西雅圖美術館正如文圖里的著作一般生動；這個由窗戶、圓拱和方柱組成之和諧的混雜體，在刻有凹槽的大理石和彩色赤土陶器的裝飾下顯得生意盎然；《紐約時報》對其評價是「莫大的享受」。然而倫敦的計畫卻顯得有些矛盾：它沒有任何獨特的「文圖里式樣」；為了創造出適合周圍環境的建築，文圖里夫婦使塞恩斯伯里側廳忠實地反映出其主體建築的1830年代結構。創新僅出現在一些細節部分，例如一根穿過特拉法加廣場而與納爾遜圓柱連在一起的孤零零的柱子，或是一堵與新古典主義拱門並列的玻璃牆。英國對該建築的評論是截然不同的：惡意批評者稱其呆板、低俗、做作，甚至「是一塊生動而平庸的爛泥巴」；但曾把另一家公司的設計方案比做是國家畫廊臉上「恐怖瘡疤」的查爾斯王子對此建築的評價則是代表多數意見的「相當滿意」。◀1984（9）▶1994（6）

工商業
犯罪銀行

9 1991年7月，來自全球69個國家的銀行管理者關閉了被稱為有史以來最大的犯罪企業的國際信貸暨商業銀行，並凍結了其估計為200億美元資產的75%以上。這個惡棍銀行的作為包括了洗錢、非法軍火交易、走私、詐騙、勒索和行賄。稽查人員指出，自從巴基斯坦金融家阿迦‧哈桑‧阿貝迪於1972年在盧森堡創辦以來，總共有120億美元以上消失在該銀行裏。

阿貝迪受領的任務是創造回教世界的第一家大銀行，但事實上他把這個機構變成如巴拿馬獨裁者曼努爾‧諾瑞加和哥倫比亞毒梟等大富翁的經紀人。藉由將國際信貸暨商業銀行設計成一家控股公司而非銀行，阿貝迪即可巧妙地利用盧森堡以寬鬆著名的銀行法規；當他向其他國家擴張時，沒有國家可對此一窮兇極惡的複合組織行使嚴格的司法權，因為它是家完美的「海外」公司。

該銀行與包括美國中央情報局在內的各情報機構以及許多國家高級官員的聯繫維持了其業務推展。

其承辦業務包括：教唆雷根政府進行對伊朗的武器轉移；提供核武技術給伊拉克；祕密買下3家美國銀行，包括由美國政界要人暨前國防部長克拉克‧克利福德所領導的華盛頓第一美國銀行。在1978至1990年間曾代表國際信貸暨商業銀行的克利福德及其法律合夥人羅伯特‧阿特曼於1992年7月受到聯邦起訴，指控他們蓄意協助國際信貸暨商業銀行祕密收購第一美國銀行。由於兩人堅稱自己是無辜的受騙者，聯邦起訴於1993年撤消；其中克利福德由於健康不佳而免於在紐約州法庭中受審，至於阿特曼則出庭並於1993年8月在4項詐騙起訴中獲判無罪。國際信貸暨商業銀行培養克利福德成為其出面人物的技巧正如一名記者所言，亦即「滲透權力菁英，甚至使其成為恐怖分子、軍火走私者和販毒集團的現金通道。」阿貝迪同樣也與吉米‧卡特建立聯繫，並向這位前總統創立的全球2000基金會捐贈了一大筆款項，該基金會主要是關心第三世界健康問題。

雖然國際信貸暨商業銀行因洗錢而於1990年被指控有罪，但甚至在美國一家會計公司經稽查而披露

克拉克‧克利福德（左）及其合夥人羅伯特‧阿特曼被捲入國際信貸暨商業銀行的醜聞中。

其帳簿上的誤差後，該銀行仍無處地繼續營業。在醜聞爆發後，調查員們曾指責美國司法部忽視他們的調查結果。該銀行的垮台為100萬名以上的存款客戶帶來災難；1994年，阿布達比的一家法院指控國際信貸暨商業銀行的12名管理者犯下多種罪行。但即使被缺席判處8年徒刑，阿貝迪仍然在巴基斯坦逍遙法外。◀1989（10）

3度榮獲美國籃球協會（NBA）最有價值球員和助攻記錄保持人的強森立刻成為該國最引人注目的愛滋病代言人；隨著全國參加愛滋病毒檢驗的人數急遽上升，布希總統乃任命強森負責該疾病的一個全國委員會，但強森於聲稱該組織效率不彰後宣佈辭職。
◀1979（邊欄）▶1992（10）

海軍的暴行

一個由海軍高級飛行員組成的尾鉤協會在拉斯維加斯集會期間，一夥酒醉的男性飛行員對83名婦女和至少7名男子進行了性騷擾。據五角大廈的報告，在9月份這次約4千人參加的3天集會中，婦女們被不斷地「猥褻、撐捅或撫摸其乳房、臀部和生殖器」，一些婦女甚至「被摔倒在地，而衣服則被撕破或脫掉」。由於此一醜聞的調查受到了海軍高級官員的阻撓，透露出這種性騷擾一直受到制度性的容忍。
▶1991（當年之音）

達默被捕

一名雙手被銬的被害人從傑佛利‧達默在密爾瓦基市的寓所逃出並向警察報案後，連續殺人犯達默於7月被捕。在過去13年來，這位31歲的罐頭工廠雇員至少殺害了17名被他領回住處性交再加以麻醉的青年男子；他總是不斷姦屍後再將其肢解，有時甚至把他們烹煮吃掉。法庭在1992年判處達默15個終生監禁；而他在兩年後被一名同室犯人打死。

美國政治與經濟 國民生產毛額：5兆7371億美元；道瓊工業指數首次突破3000點大關；最高法院確認在聯邦資助的診所墮胎為非法，並支持各州要求未成年者墮胎須經父母同意的權力；東方航空公司停止營運。

「如果我搶銀行，就會坐牢。但麥斯威爾更卑鄙，他劫貧濟富，而富人就是他自己。」

—— 艾維·尼達姆，麥斯威爾公司的一位養老金領取者

環球浮世繪

另一位甘地被暗殺

印度國大黨領袖拉吉夫·甘地於5月在塔米納杜進行國會議員競選時，被一名自殺性炸彈刺客所殺，而一個現代政治王朝也隨之終結。甘地在其母親英迪拉於1984年被暗殺後接替了印度總理職務，並且正準備於國大黨在1989年競選失敗後捲土重來。該名刺客（她和15名旁觀者也一起被炸死）據信與鄰國斯里蘭卡的塔米叛軍分離主義者有所聯繫，而印度曾試圖鎮壓該組織。納拉辛哈·拉奧接替甘地成為國大黨領袖並於6月當選為印度總理。◀ 1984（2）▶ 1993（9）

本世紀第一場霍亂

一直為武裝叛亂和大筆外債所困擾的祕魯，在1月又爆發了流行性霍亂。這種由遭糞便污染的水源所導致的高傳染性細菌疾病在

短短幾個月內已造成數千名祕魯人的死亡；雖然其他拉丁美洲國家已限制前往祕魯旅行，但霍亂還是傳播到了厄瓜多和哥倫比亞。這是自19世紀以來世界上第一度霍亂大流行。◀ 1907（3）

哥蒂瑪的桂冠

南非白人小說家納迪娜·哥蒂瑪在10月成為近25年來首位獲得諾貝爾文學獎的女性。作為非洲民族議會成員，哥蒂瑪以《愛情》和《伯格的女兒》等心理探索小說揭露種族隔離制度所帶來的創傷，這些小說一度被南非宣佈為禁書。她也是繼民族議會領袖阿爾伯特·魯瑟利主席（1960年和平獎）和德斯蒙德·圖屠主教（1984年和平獎）之後，第3位獲得諾貝爾獎的南非種族隔離制度反對者。◀ 1984（8）

麥斯威爾和他最後的成果之一。

工商業

超級騙子

這位報業大亨的死亡和他本人同樣轟動一時：1991年11月，英國新聞界鉅子羅伯特·麥斯威爾在搭乘自己的豪華快艇「吉斯納女士號」週遊加納利群島時失蹤；一個搜尋隊發現他的屍體漂浮在特內利非島附近的大西洋上。

這位狂暴、粗魯和誇張之白手起家的億萬富翁曾是80年代頂尖的風雲人物之一。在他去世幾個星期後，一項對其擁有400家公私營公司之商業王國的調查顯示，這位大人物同時也是一位史上空前的騙子。作為舉世矚目的王室知己與政治家，麥斯威爾從其公司私吞20億美元，其中大部分來自雇員的養老基金；這使得包括麥斯威爾擁有的倫敦《每日鏡報》和紐約《每日新聞》等小報有了忙碌的一天。

幻想與無恥是他的慣用伎倆。原名為揚·路德維希·霍奧什的麥斯威爾出生於捷克的喀爾巴阡山區，於第二次世界大戰期間來到英國；在最後名為羅伯特·麥斯威爾之前，他曾用過許多上流社會的姓名。透過魅力、諂媚與矇騙等手段，他靠借貸織成了一張商業網；許多世界知名的金融機構競相給予貸款。隨著80年代末經濟的惡化與債權人開始追還貸款，麥斯威爾只好從公司裏抽出資金；其負債額估計為40億美元。

正當事情搞得一團糟時，這位大亨卻突然死亡。有人懷疑他是自殺的，另一些人則杜撰了一個離奇的故事：他是裝死以逃避起訴。不管哪一種說法屬實，屍體解剖證明心肺衰竭，可能是淹死或心臟病發作；而麥斯威爾留下的爛攤子提出了一個嚴峻的問題，亦即國際金融

管理的鬆散使其計畫成為可能。◀ 1989（10）

哥倫比亞

艾斯科巴的最後逃亡

在哥倫比亞擁有億萬美元財富之麥德林古柯鹼集團的冷酷領袖巴勃羅·艾斯科巴·加弗里亞終於在1991年厭倦了逃亡生涯，於6月自首並進入監獄；這令他的追捕者們喜出望外。透過與不同意將其引渡至美國受審之當局的談判，艾斯科巴被安排囚禁在特別為其建造的豪華監獄裏，並在獄中不

受阻礙地繼續操縱其非法王國。13個月後，當政府準備把他移至較不舒適的藏身處時，艾斯科巴及其武裝心腹（不受限地探視是其投降的條件之一）將兩名官員作為人質；而在400名士兵於次日衝進要塞時，艾斯科巴已經逃走了。

艾斯科巴在80年代把美德因這座安地斯山區的工業城市變成了全球古柯鹼貿易中心，1千名民兵負責保衛這個企業，並將包括警察、競爭對手及不忠的部下在內之阻礙者格殺勿論。哥倫比亞在美國壓力下，於1989年起全力將艾斯科巴逐出此一事業，而他的反應則是向政府宣戰。在其後一年間，他不斷地變換藏身處，而其手下則繼續謀殺敵人，甚至炸毀一架哥倫比亞客機並造成107名乘客的死亡。

在全國引起恐怖的同時，為了躲避追捕而估計每天要花費100萬美元的艾斯科巴在與政府達成協定後，同意被關入恩維加多「監獄」；但他隨後的逃跑使塞薩爾·加維里亞·特魯希略總統極為憤怒。對艾斯科巴尤為不利的是，他肆無忌憚的謀殺為自己樹立了數千計的敵人；相較之下還不如在監獄裏反倒更安全些。終日躲避仇敵的艾斯科巴終於在1993年被一營士兵追蹤至藏身處並將其擊斃；儘管如此，古柯鹼交易在新的管理下仍然生意興隆。◀ 1985（8）

電影

被禁的「燈籠」

張藝謀在1991年拍攝完成了可能是中國自革命以來最偉大的一部電影，然而《大紅燈籠高高掛》這部第二度獲得奧斯卡金像獎最佳外語片提名的中國電影卻在其祖國遭禁。在天安門風波後，任何被外國人認可的中國東西都會引起官方的懷疑，而這部電影也的確包含對中國牢固領導階層之隱蔽性批評：片中的反派角色正如其上部電影《菊豆》（也被禁演）中一樣，是個貪婪而專制的男人。

背景設定在20年代的《大紅燈籠高高掛》追溯一位受過大學教育的年輕女性，在成為富有而自大的族長第四房姨太太（由鞏俐飾演）之後的墮落。每個妻子都盼望象徵主人臨幸的大紅燈籠掛在自己門上，因為這賦予她優於其他妻子的特權；爭取寵幸使得女人們相互猜疑，最終導致背叛、瘋狂和死亡。

如果張藝謀想以電影隱喻即使是良善專政也會帶來邪惡，他個人的豐富經歷倒是好題材。作為一個反共的國民黨軍隊少校之子，他曾受到排擠；儘管相當有才華，政府仍安排他當工廠管理員。不過他自學攝影，並在毛澤東死後的解凍期間被位於北京的中國唯一電影學校所錄取。他曾在同學陳凱歌所導演的《黃土地》（1984）裏擔任攝影師，那是第一部受全球讚譽的中國電影，然後自己拍攝了《紅高粱》（1987）；但這兩部電影在中國的受歡迎並不能保證藝術自由。陳凱歌不久後移民紐約，張藝謀則因不願放棄那片給他靈感的土地而繼續留在國內。◀ 1950（11）

《大紅燈籠高高掛》使演技細膩與美麗非凡的鞏俐（上圖）成為明星。

諾貝爾獎　和平獎：翁山蘇姬（緬甸，民主運動領導人）　　文學獎：納迪娜·哥蒂瑪（南非，小說家）　　化學獎：理查德·恩斯特（瑞士，核磁共振光譜研究）　醫學獎：埃德溫·內爾和伯爾特·薩克曼（德國，細胞功能）　　物理學獎：皮埃爾-吉勒·德熱納（法國，液晶）　　經濟學獎：隆納德·科塞（美國）。

當年之音

性騷擾聽證會

摘自參議院司法委員會對克拉倫斯・托馬斯被提名為最高法院法官所召開的聽證會，1991年10月11日

參議院司法委員會在1991年10月11日所舉行的這場激烈聽證會成為美國發展中女權運動的分水嶺；俄克拉荷馬大學法律教授阿妮塔・希爾在會中指控被提名為最高法院法官的克拉倫斯・托馬斯曾於10年前對她進行過性騷擾。在托馬斯領導負責監控性別歧視之公平就業機會委員會此一聯邦機構期間，希爾曾與其共事；她指控這位前任老闆曾強迫她約會，誇耀自己的性技巧，並向她描繪色情電影的內容。身為保守律師且曾擔任過聯邦法官的托馬斯否認該項指控，並藉由指責這場經電視轉播的聽證會是「高科技私刑」而打出種族歧視的牌（他和希爾都是黑人）；至於全神貫注的電視觀眾則注視著他們在彼此攻訐中進行攤牌。共和黨參議員們為托馬斯辯護，並以各種名稱暗示希爾是一個騙子、蕩婦，或者是一個精神不正常的老處女。這場轟動一時的事件表明托馬斯不適合在最高法院任職：他只有一年的法官經驗且並未簽署過重要判決。然而參議院仍以52-48票同意任命托馬斯，這也是歷屆被提名成功者所得到的最高反對票數。

（摘自阿妮塔・希爾教授的公開陳述）

自從托馬斯法官開始利用工作環境談論性問題之後，我的工作關係變得更為壓抑。在某些情況下他會藉口討論教育議題和計畫而把我叫進他的辦公室，或者藉口其日程安排太緊而建議一起去政府餐廳用餐。在短暫的工作討論後，他總是把話題轉移到性問題上頭，並談得眉飛色舞。他提及在色情電影裏看到的行為，例如女人和動物性交或有關群交和強姦鏡頭的電影；並講述一些關於有粗大陰莖和豐乳者間進行各種性行為的色情故事。有好幾次，托馬斯總是向我誇耀自己的性技巧。

（摘自最高法院法官被提名人克拉倫斯・托馬斯的公開陳述）

雖然我絕非是個完美的人——絕不是——但我絕沒有做過她所指控的行為。至今我仍不明白，我到底做了什麼使她做出這種控告。

當我在肯納邦克波特站在總統身邊被提名進入美國最高法院時，那是項極高的榮譽。但在103天以後，我在這裏坐在你

們面前，而榮譽已被粉碎了……。

沒有什麼工作值得我付出這麼多，絕沒有。在我一生中也沒有哪項榮譽如此不堪一擊。如果你們願意，請批准對我的提名；否則就別批准，如果你們被誤導的話。只請求你們儘快結束，以讓我和我的家庭恢復正常生活。

（參議員阿里恩・斯佩克特的詢問）

問：如同你回答我有關為何沒有告訴聯邦調查局他的生殖器的大小、性技巧以及有關其他情況，那麼，這些關於托馬斯喜歡談論特殊行為及性交頻率的陳述是否僅是引用他說過的話？

答（阿妮塔・希爾）：我並沒有說這些陳述包含在那裏頭，我記不清當時說了什麼。我想我並沒有把方才的情況告訴過聯邦調查員，而只是在接受調查時盡可能與其合作並回憶起更多的情況，以回答他們提出的問題。

問：希爾教授，你說你想以此說明托馬斯法官想和你發生性關係，但事實是，他從未向你提出過這方面的要求，是嗎？

答：是的，他沒有要求和我發生性關係。但他的確不斷地強迫我和他約會，不斷地。並且他總是認為我的拒絕是沒有道理的。

問：因此，當你想試圖說明他這麼做是在暗示：我們應該發生性關係。這只是個推斷，是嗎？

答：是的。

（回答參議員奧林・哈奇的詢問）

答（克拉倫斯・托馬斯）：整個事件讓我

十分困擾，議員先生。我認為這是對我人格的污辱。

問：因此它只是一個因為連續約會與意見不同所造成的單方面的聲明……

答：的確是的。

問：這個人在近10年來是否一直和你保持一種她認為是真誠的工作關係嗎？

答：議員先生，我與阿妮塔・希爾的關係直到9月25日之前都是真誠的且屬工作方面的。我還想再補充一點，如果你們真的想知道我是如何對待女性的，那麼就請去問問為我工作過的大部分女性，她們就在外面。請給她們同樣多的時間，正如你們給予這個我職員中唯一拿這類事來控告我的女人一樣。

問：我可以原諒你的失態。

希爾（右圖）在作證前宣誓。而在上圖中，托馬斯正與委員會主席約瑟夫・拜登參議員握手。

1991

「我們必須接受戰爭，因為其他的選擇——投降和通敵——對於我們來說是不存在的。」

——塞爾維亞陸軍參謀長布拉戈耶‧阿季奇將軍

年度焦點

薩拉耶佛圍城

1 在波士尼亞塞爾維亞民族主義分子煽動下，1992年由狂熱的民族主義總統斯洛博丹‧米洛塞維奇領導的塞爾維亞南斯拉夫共和國向波士尼亞與赫塞哥維那共和國（簡稱波士尼亞）發動了殘酷的戰爭以併吞其部分領土，引起第二次世界大戰以來歐洲最血腥的衝突。在此之前，南斯拉夫已因種族分裂而支離破碎：斯洛維尼亞和克羅埃西亞共和國已經獨立（後者經歷了與塞爾維亞的戰爭浩劫），馬其頓共和國也宣佈脫離。當波士尼亞與赫塞哥維那共和國的獨立在4月得到國際社會承認後，由塞族控制的南斯拉夫軍隊及波士尼亞的塞爾維亞民兵便開始盡可能地攫取該國大部分領土，以實現所謂的「大塞爾維亞」。

波士尼亞是由各種族和宗教團體組成的拼湊體，包括44%的回教徒，31%的塞爾維亞人，及17%的克羅埃西亞人；典雅且歷史悠久的薩拉耶佛是宗教和政治中心。過去500年來，除了由民族主義狂熱子製造如引發第一次世界大戰的暴動外，城裏的各族人民一直非常和諧地生活在一起，並於1984年成功地舉辦過冬季奧林匹克運動會。如今這個首府在無情的圍困中已失去往日的繁華；人民蜷縮在地下室和寒冷的公寓中，被不斷的砲轟和狙擊折磨，同時缺少食物、藥品和燃料。

薩拉耶佛居等候領救濟品的民眾遭迫擊砲攻擊後，居民在旁觀望滿目瘡痍的慘象。

波士尼亞境內的其他宗教族群也遭到塞爾維亞人的「種族淨化」。米洛塞維奇的軍隊滅絕了所有回教徒村落，使得14世紀土耳其回教徒征服塞爾維亞所結下的世仇再度被挑起，塞爾維亞士兵公開地屠殺居民，常在集中營強姦、拷打平民並慢慢地將其餓死。到本年底，已有100多萬人流離失所，成千上萬的人遇害。而波士尼亞境內克羅埃西亞人和回教徒的準軍事組織力量則不時聯合或分裂，犯下一些規模較小的暴行。

歐洲共同體、美國和聯合國對塞爾維亞實施制裁，並按塞爾維亞安排的路線進行系統化的救濟任務；但無論是斡旋者還是3月份抵達該區的聯合國和平維持部隊都無法制止戰鬥。於此同時，克羅埃西亞也開始侵佔波士尼亞領土。由於武器裝備較敵人落後，因此由回教徒控制的波士尼亞政府軍隊雖也頑強抵抗，但仍徒勞無功。◀1991（2）▶1994（9）

蘇聯

解體後的混亂

2 前蘇聯（現在的獨立國協）南部的幾個共和國在1992年都捲入內戰。從西邊的摩達維亞，穿過喬治亞、亞美尼亞和亞塞拜然等高加索國家，一直到與阿富汗接壤的塔吉克，到處都爆發種族衝突。儘管莫斯科的集權統治已被打

隨著分離主義盛行，種族純淨再度受到重視。圖為一名克里米亞韃靼人的頭蓋骨正接受「純種」鑑定。

破，但維持秩序的任務一部分仍落在俄羅斯這個本區最強大的國家身上；而俄羅斯歷史上第一位經自由選舉產生的國家元首鮑利斯‧葉爾辛也必須對該國在後蘇聯時期的角色加以定位。

葉爾辛的困境有大部分是約瑟夫‧史達林造成的；為保證莫斯科的統治地位，這位獨裁者力圖使蘇聯境內每個共和國的多數民族都由另一個重要的少數民族加以制衡，最後更鼓勵俄羅斯人向全國各地移民。根據分治以及征服的原則，他在劃定各共和國疆界時打破了按種族劃定的方式；例如納哥諾卡拉巴克自治區是以篤信基督教的亞美尼亞人為主，但卻被併入信奉回教之亞塞拜然的一部分，而此種差異在80年代末便成為亞美尼亞和亞塞拜然間殘酷戰爭的焦點所在；至於以俄羅斯人和烏克蘭人為主的聶斯特地區被劃入羅馬尼亞人佔多數的摩達維亞，也為90年代血腥的聶斯特分離主義運動埋下禍根。

曾任前蘇聯外長的喬治亞總統愛德華‧謝瓦納澤接到兩個這類定時炸彈：首先是南奧塞悌（直到1990年還說伊朗語的喬治亞境內自治區）一直在尋求獨立，並於1992年5月重獲自治；其次是阿布哈茲，這個黑海邊的回教地區也企圖脫離喬治亞。由於暴力活動不斷增

加，儘管謝瓦納澤曾在克里姆林宮裏大力鼓吹民族自決，也不得不要求俄羅斯出面干涉。而葉爾辛隨即派出軍隊。

事實上任何地方只要有內戰爆發，俄羅斯部隊都會出現；雖然葉爾辛宣稱其所扮演的是一個中立且維持和平的角色，但由俄羅斯的帝國主義歷史看來，許多觀察家們仍對其動機存疑。至於另一些人則認為，這位致力於與共產黨強硬派進行權力鬥爭的總統根本無力制止自己國家的軍方四處隨意進行干涉。

◀1991（5）▶1993（4）

薩爾瓦多

連年戰爭後的和平

3 隨著阿爾弗雷多‧克里斯蒂亞尼總統領導的右派國民共和聯盟（ARENA）政府和左派法拉邦多-馬蒂國民解放陣線（FMLN）的反叛分子簽署和平協議，薩爾瓦多災難性的內戰終於在1992年2月結束。長達12年的戰爭造成7萬5千多人死亡，使激進派學生、知識分子、工會主義者、牧師及由馬克斯主義者所領導的農民軍聯合起來，共同反抗強硬的寡頭獨裁者及其殘暴軍隊所控制的政權。如今雙方都放棄勝利，而選擇大多數薩爾瓦多人衷心期盼的和平。

這項由聯合國中介的協議要求在叛軍逐步解除武裝後立即停火。克里斯蒂亞尼同意肅清軍隊中的腐敗軍官（政府軍犯了85%的戰爭罪行，包括拷打、屠殺平民以及謀殺牧師和修女等）、裁減近半數軍隊，並開放國家政治體系。在兩年的過渡期中，一千名聯合國維持和平部隊將負責維持秩序。

冷戰結束是促使薩爾瓦多重獲和平的最重要因素。中歐和東歐的非暴力民主革命、蘇聯的解體，以及尼加拉瓜桑定政權在選舉中的挫敗都迫使反抗勢力重新思考自己的使命。同時，該國政府也無法繼續獲得來自華盛頓的援助；過去為防止薩爾瓦多成為莫斯科掌握的工具之一，華府在這場內戰中已投入了40多億美元。

藝術與文化　　書籍：《一千英畝》簡‧斯邁利；《老骨頭》威廉‧甘迺迪；《外橋河區》羅伯特‧史東；《所有的駿馬》科爾馬克‧麥卡錫　　音樂：《歌劇女主角》安妮‧勒內克斯，LP；《田納西》被阻止的發展，LP；《你來了》超脫合唱團，LP；《十》珍珠果醬合唱團，LP；《沒有籬笆》加思‧布魯克斯，LP；《夜晚的臉》

「我們希望挽回我們的前途，而我會設法協助你們得到它。」

—— 柯林頓在1992年總統競選時的講話

薩爾瓦多游擊隊員跳舞慶祝內戰的結束。

儘管在和平進程中仍存有許多障礙，包括戰犯被赦免、裁軍一再被延遲、一些右派暗殺組織繼續進行謀殺活動等，但大選仍於1994年舉行。右派國民共和聯盟候選人阿卡曼多·卡爾德隆·索爾戰勝法拉邦多-馬蒂民族解放陣線所領導聯盟候選人魯本·札摩拉而當選為總統，但前游擊隊贏得了國民議會中多數席位。即使右派國民共和聯盟採取了諸如讓死人參加投票，或禁止許多活人參加投票等有利於自己的舞弊手段，仍無法抑制人民用選票代替子彈的熱情。◀1987（2）

美國
雷根-布希時代的結束

4 1992年的美國總統大選中，現任共和黨總統喬治·布希與競爭對手民主黨的比爾·柯林頓的主要分歧點在於經濟方面。作為石油公司繼承人、雷根細水長流式經濟政策的後繼者，及著名「不加稅」誓言的違背者，布希悲傷地堅持美國目前的經濟衰退並沒那麼嚴重，並強調其外交成就。柯林頓則相反地以經濟復甦作為中心論點：「經濟，糟透了！」並以此作為競選總部的警語標誌；他提出了刺激經濟增長的綜合方案，一再向選民們強調其工人階級背景，呼籲：「工作，工作，還是工作」。

柯林頓的戰略獲得成功。他和其競選夥伴田納西州參議員且以環境主義著稱的阿爾伯特·高爾在11月大選中贏得最多選票：柯林頓獲得43%選票，布希獲得38%，作

在1993年1月的就職晚會上的希拉蕊和柯林頓。

為第三黨候選人暨民粹主義者的德州億萬富豪羅斯·裴洛則獲得19%選票。評論家宣稱，柯林頓的勝利非但打破了共和黨連續12年入主白宮的局面，並象徵了雷根革命的結束。而柯林頓本身的年輕、精力旺盛和咬字清晰等優點，不僅用詞錯誤可笑的布希形成鮮明的對比，同時也成了「變革」的典型。

然而柯林頓的有限勝利及美國龐大的預算赤字使得變革不可能是劇烈的。作為後冷戰時期與二次大戰後出生的首位美國總統，柯林頓在1993年3月就職後發現其創造就業方案被節儉的國會所刪除，而提供廣泛醫療保險的計畫也遇到類似困境。在國際事務上，曾公開反對越戰的柯林頓儘管原則上並未公開抨擊，但放棄了前幾任總統所持的軍事冒險主義；不過也因未能在諸如海地和波士尼亞等是非地區迅速採取干預行動而受到廣泛的批評。

事實上，柯林頓的競選戰略已經使他及其政黨從原先被認為是「稅收和支出之自由主義者」的堡壘，轉而成為一個謹慎的中立主義

者。不過當共和黨執政時期籠罩美國的文化保守主義氣氛有些上升時，柯林頓革命的跡象仍未出現。
◀1988（邊欄）▶1994（邊欄）

加拿大
魁北克問題懸而未決

5 1992年，加拿大人民否決政府亟欲嘗試解決魁北克地位這個最具分裂性的議題。自從60年代以來，分離問題一直支配著魁北克這個面積廣大並以法語為主之省分的政治，這對加拿大的統一造成嚴峻的挑戰。雖然魁北克人在1980年投票否決了一個主權計畫，但即使是非分離主義分子的各省官員也開始爭取更大的自治權。儘管聯邦當局已通過了妥協性的米奇湖協定，但是在1990年其他省分並未批

反對修改憲法的人們在蒙特婁舉行集會。

准該協定。其後聯邦和省方領袖在1992年擬定了一個修改憲法的計畫，旨在使較為獨立的魁北克省能為加拿大其它區接受。

該修正提議幾使每人都各有所得。魁北克可獲得對經濟、地方自治事務和文化活動的優先控制權，該省將被視為一個「特區」；西部省分直接選出國家參議員的要求獲得滿足；原住民則得到一定程度的自治。但魁北克的部分並不符合多數法語人民的期望，同時自治的反對者也抱怨讓步太多。許多加拿大人都傾向反對總理布里恩·穆羅尼所倡導的「任何」措施，這位保守分子因無力控制經濟衰退而成為50年來最不得人心的總理。

當有關修憲方案的全國公民複決在10月舉行後，54%的選民投了反對票；加拿大人再度決定不作決定。◀1976(6)

逝世名人錄

伊薩克·阿西莫夫　美國作家
法蘭西斯·培根　英國畫家
梅納赫姆·比金
波蘭裔以色列總理

約翰·凱奇　美國作曲家
仙蒂·丹尼斯　美國演員
瑪琳·黛德麗　德裔美國演員
亞歷山大·德布西克
捷克政治領袖
何塞·費瑞爾
美國演員兼導演

文森特·加登尼亞　美國演員
艾力克斯·哈利　美國作家
本尼·希爾　英國喜劇演員
皮特拉·凱利　德國政治領袖
山姆·基尼森　美國喜劇演員
巴巴拉·麥克林托克
美國遺傳學家
伯特·派克斯　美國戲劇演員
安東尼·柏金斯　美國演員
埃米利奧·普奇
義大利時裝設計師
薩繆爾·列舍夫斯基
波蘭裔美國西洋棋士

南希·沃克　美國演員
勞倫斯·韋爾克
美國樂隊領隊

《黑暗的心》韋恩·彼得森；《航行》菲利普·葛拉斯　**繪畫與雕塑**：《裸男，回顧》盧西恩·佛洛伊德；《卡利芬的花園》安東尼·卡羅　**電影**：《不可饒恕》克林·伊斯威特；《選手》羅伯特·阿曼；《此情可問天》詹姆斯·艾沃里；《黑潮麥爾坎》史派克·李；《亂世浮生》尼爾·喬丹　**戲劇**：《奧莉娜》大衛·馬默特；《羅森茨韋克的姐妹們》溫蒂·百瑟斯坦；《詹利的最後困境》路德維希·莫頓和伯肯黑德　**電視**：《巴尼和朋友們》；《皮克特的籠笆》。

「讓那些豬去泥巴裏翻土吧，那不是我們待的地方。」
—— 巴西總統科洛爾‧德梅洛對記者及調查他被控貪汙的國會委員會所說的話

1992年新事物

● 《紐約客》雜誌上出現照片

● 位於明尼蘇達州，佔地達32公頃的美國購物商場成為美國最大的購物中心，其中包括一個世界上最大的室內遊樂場

● 互動式電影問世

● 美國食品藥物管理局批准尼古丁去斑術

美國萬花筒

格蒂落網

4月2日，在近10年來最引人注目的一次審判中，陪審團宣布紐約暴徒約翰‧格蒂犯下包括勒索和謀殺在內的13條罪狀。當格蒂的支持群眾於6月在法院外示威時，鑑於此人因其脫身能力而被稱為「鐵氟龍先生」，法官利奧‧格拉澤判處其終身監禁且不

准假釋。這項判決是根據薩爾瓦多‧格拉瓦諾的證詞所作出的，外號公牛薩米的格拉瓦諾曾經是格蒂親密的合夥人。

支票與餘額不足

據報導，美國眾議院銀行在12個月內於資金不足的情況下抵付了8千多張開出的支票，國會因而於10月投票決定關閉只對眾議員服務的該行。而10月3日，在獲知眾議員在國會餐廳總共還有約30萬美元的帳單未付時，公眾對支票醜聞的憤怒更為加劇。

颶風殺手

當安德魯颶風8月間在海灣沿岸肆虐時，聯邦官員在邁阿密和勞德岱堡間疏散了100萬人。儘管如此，每小時241公里的風暴仍然在佛羅里達和路易斯安那州造成14人喪生和25萬人無家可歸。由於僅在佛羅里達南部就造

東非
索馬利亞的無政府狀態

⑥ 在飽受一年多的內戰和饑荒後，700萬人口的索馬利亞終於在1992年8月引起全球的注意。由於電視台播放了大饑荒的景象，加上西方國家普遍被譴責對非洲危機漠不關心；於是8月起，西歐、美國和聯合國開始將食物運到索馬利亞，美國和聯合國並在年底前派出和平維濟部隊。然而此一悲劇很快便呈現不同的恐怖新面貌。

掌權22年的獨裁者穆罕默德‧西亞德‧巴里於1991年1月被陸軍總司令穆罕默德‧法拉赫‧艾迪德將軍推翻時，戰鬥就開始了。該國的政治常與部族忠誠度有關，而此次政變是由艾迪德的哈維克族和巴里的達洛德族之間的激烈戰鬥引起的。當出身哈維克族且為艾迪德之反叛派系索馬利亞聯合議會成員之一的穆罕默德‧阿里‧馬赫迪成為臨時總統時，哈維克族各敵對派系間又爆發戰鬥。因此當西方的援助物資抵達時，索馬利亞甚至沒有政府來監督分發工作，而忠於各交戰派系的民兵則不斷搶劫救濟品。

喬治‧布希在12月採取了任內的最後一個行動，亦即派遣美國軍隊前往維持秩序。但因沒有任何索馬利亞領袖能贏得全民支持，無政府狀態乃持續下去。雖然大批救濟物品加上一個豐富的雨季抒解了饑荒，但美軍迫使敵對派系放下武器的努力卻告失敗，而對索馬利亞暫時性的援助也引起了不滿和怨恨。

索馬利亞民兵在瓦礫遍地的首都摩加迪休巡邏。

當艾迪德的部隊在6月槍殺了24名來自巴基斯坦的聯合國和平維持部隊士兵後，新任總統柯林頓命令其軍隊逮捕艾迪德；4個月後，在一場拙劣襲擊艾迪德指揮部的過程中導致18名美軍死亡。而索馬利亞人拖著一個殘缺不全的美軍士兵屍體穿過首都摩加迪休的圖片澆熄了美國人的熱情。到了1994年春天，美軍已全部撤出；但索馬利亞全國仍陷於混亂之中。◀1984（4）

巴西
不光彩的總統

⑦ 巴西雖然自然資源豐富，但卻因腐敗的獨裁者和採高壓政策的軍政府而日趨貧困；然而沒有一位領導人的貪污程度能企及費南度‧科洛爾‧德

梅羅（左圖），他在1992年因對他開始進行彈劾而辭職。在位3年期間，這位巴西30年來首位直選產生的總統被指控從政府竊取了超過3200萬美元。最諷刺的是，這位能言善辯且頗上鏡頭的43歲總統是以一位致力掃除腐敗的改革者而當選；經過多年臭名昭著的軍人統治後，其上台同時受到群眾和名流菁英的擁護。

在其弟弟於5月指稱這位總統曾吸食毒品和捻花惹草的同時，揭露科洛爾的弄權和侵吞公款對巴西未成熟的民主制度是一項嚴峻的挑戰。在過去，不受歡迎的領導人可

能被政變推翻或由於軍隊的支持而繼續執政；但國會這次決定以法律程序將這名罪犯免職。在「科洛爾門」的調查提出有關轉移資金與回扣的有力證據後，議員們投票通過彈劾。科洛爾聲稱無辜並誓言：「我不是那種辭職的人，我要抗爭。」但是12月開始進行審判時，他的抗爭顯然失敗（雖然在1994年最終獲判無罪），成為在拉丁美洲紛爭不斷的歷史上首位在任期內依照憲法被撤職的國家元首。

巴西的民主經過科洛爾的欺瞞仍存留著，但是全國信心已驟然下降。儘管被無數問題困擾，包括每月超過20%的通貨膨脹率、國內最富有者與一般人的巨大貧富差距、沉重的外債負擔（雖然近期曾重新談判協商過），及遊民比率、嬰兒死亡率和西半球最高兇殺比率等社會問題，但隨著費南度‧恩里克‧卡多佐於1994年當選總統，巴西人民又重新燃起新希望。卡多佐這位保守的金融經濟學家及前財政部長已完成貨幣改革，抑制了巴西的惡性通貨膨脹。◀1989（8）

祕魯
光明之路首領落網

⑧ 祕魯總統藤森於1992年4月宣佈中止憲法並解散國會，他堅持此舉對擊敗「光明之路」游擊隊是必要的。在12年的暴力歲月中，屬於毛派的「光明之路」造成200多億美元的財產損失，還有大部分是非戰鬥成員的2萬5千名祕魯人民喪生，其中將近一半是被大約5千名小型叛亂部隊所殺，其餘則死於嗜殺的政府軍之手。

「光明之路」的領袖是阿比梅爾‧古斯曼‧雷諾索，他自稱是排在馬克斯、列寧和毛澤東之後的第4號馬克斯主義者。古斯曼曾是位哲學教授，在脫離持「修正主義」的祕魯共產黨後，開始鼓吹以毛澤東文化大革命為典範來進行無情的階級鬥爭，並仿效柬埔寨的波帕進行滅絕種族的屠殺；其烏托邦憧憬混合了理想化的共產中國與重振之印加帝國。1980年，古斯曼的追隨

「這太像是在和12個搖滾巨星一起旅行了。」
——「夢幻球隊」教練查克·戴利

者(Senderistas)開始在靠近安地斯山脈的阿雅庫喬城進行恐怖活動。很快地，「光明之路」和「岡札洛同志」（古斯曼的自稱）便控制了多數農村地區並開始在利馬和其他城市展開活動。這個團體透過汽車炸彈、暗殺、破壞發電廠、謀殺貧民窟的社會工作者、屠殺不合作的農民，以及用一些稀奇古怪的方式來展現武力，例如有一次他們在利馬商業區的路燈柱子上掛滿了死狗，這也使得古斯曼成為這個國家最讓人恐懼的人。

於1990年的競選中擊敗小說家馬里奧·瓦加斯·勞薩而當選總統的日裔祕魯農學家藤森在攫取獨裁式權力之前，「光明之路」的恐怖活動、飛漲的通貨膨脹以及貧窮農

被捕的祕魯恐怖分子古斯曼被關在籠子裏示眾時向外咆哮。

民湧入利馬市都已使祕魯接近無政府狀態。對藤森而言幸運的是，儘管其「自我政變」受到國際社會的譴責，但政府的探員不久就在利馬逮捕了古斯曼。這位恐怖活動的主謀者被判終身監禁，但藤森先是把這個大腹便便、戴眼鏡的傢伙關在籠子裏示眾，以消除其神話光環。到1993年12月時，祕魯已重新恢復了憲法秩序。◀1985（8）

西非
賴比瑞亞重燃戰火

9 在停戰17個月之後，賴比瑞亞的多方內戰又於1992年3月重新展開。在由14個非洲國家共同中介的停戰前，賴比瑞亞250萬人口中約有2萬5千人在戰鬥中喪生。但是停戰之後，不但饑荒日益擴大，稱為經濟共同體監督團（ECOMOG）之西非和平維持部隊的救援努力也受阻於叛軍首領查爾斯·泰勒；後者領導的賴比瑞亞

體育
夢幻球隊

10 在職業運動員獲准參加奧運會的新規定實施後，美國便在1992年巴塞隆納夏季奧運會中派出了一支最優秀的藍球隊，事實上它也是有史以來所有體育項目中的最佳隊伍之一。在天才球員麥可·喬丹的領軍下，這支由包括大衛·羅賓遜、約翰·史塔克頓、卡爾·馬龍、賴瑞·柏德、「魔術」強森、克里斯·莫寧、派屈克·尤恩、查爾斯·巴克利、克里斯坪·拉特納、史考第·皮朋和克萊德·崔斯勒等12名隊員組成的「夢幻球隊」，以7場平均最勝44分的戰績摘冠，並在每場獲勝後為崇拜他們的對手簽名。

雖然足球仍是最流行的運動，但速度快、觀賞性強，且以美國黑人為主的藍球乃是世界上發展最快的體育項目；而使藍球運動大受歡迎的最主要3名球員柏德、強森和喬丹全部參加了巴塞隆納奧運會。對柏德和強森來說，這次選派赴賽也是他們的告別賽；由於背部受傷，柏德在為期兩週的比賽結束後退休，而強森在1991年被診斷帶有愛滋病毒後本已退休，這次完全為了參加奧運而重返球場。至於喬丹與芝加哥公牛隊再打完一個更輝煌的球季後，也將宣佈引退。◀1991（邊欄）▶1993（邊欄）

愛國民族陣線（NPFL）控制了除首都蒙羅維亞外的賴比瑞亞全境。經濟共同體監督團在首都扶植了一個由薩繆爾·多伊獨裁統治末期著名異議分子阿莫斯·索耶所領導的臨時政府；而泰勒的對手普林斯·詹森及其部隊則藏匿在郊區。當衝突的第四方，亦即更名為賴比瑞亞聯合解放運動（ULIMO）的多伊軍隊殘餘向位於獅子山國邊境的泰勒部隊發動攻擊時，不穩定的和平情勢演變成戰爭局面。

隨著戰爭情勢的緊張，泰勒指責賴比瑞亞聯合解放運動像經濟共同體監督團和平維持部隊一般濫殺無辜；8月在聯合國拒絕泰勒派遣和平維持部隊後，他也開始攻擊經濟共同體監督團，獅子山國軍隊很快地也因加入戰爭，向一個由泰勒支持的獅子團游擊隊開火。當愛國民族陣線部隊攻擊一座政府軍基地並向該城發射火箭後，蒙羅維亞也受到戰火波及，經濟共同體監督團則以轟炸其陣地作為報復。賴比瑞

亞的苦痛並未引起外在世界太多的關注，直到11月當首都附近一家孤兒院的5位美國修女顯然遭到泰勒的人暗殺後，情況才有所轉變。

賴比瑞亞叛軍總是穿著令人憎惡的裝束上戰場。

最後，聯合國決定對賴比瑞亞進行武器禁運，除了負責鞏固掌握蒙羅維亞的經濟共同體監督團之外。交戰各方雖在1993年7月簽署了停火並舉行選舉的協議；但是到次年夏天為止，和平依舊未見曙光。◀1990（9）

成206億美元的損失，因此安德魯颶風可說是美國史上造成最大損失的颶風。◀1990（邊欄）

強尼退休後
在主持深夜節目30年後，強尼·卡森（下圖，和貝蒂·米勒在倒數第二次的節目中）於今年5月退休，不再主持《今夜話題》。國家廣播公司的執行製作推選下巴厚斗的喜劇演員，且經常頂替

卡森主持的傑伊·雷諾接替其位；但此決定使另一位主要競爭者，在國家廣播公司主持卡森後段節目長達10年的大衛·賴特曼另謀高就。1993年，大衛·賴特曼出現在新的紐約市攝影棚（位於百老匯上剛翻修的埃德·蘇利文劇院），亦即在一個新的廣播電視網（CBS）、新的時段與雷諾的節目對打。《大衛·賴特曼之午夜漫談》很快地在深夜收視率佔了上風。◀1954（邊欄）

艾美和喬伊
艾美·費希爾於9月23日認罪，承認她射殺舊情人的妻子喬伊·布塔福科。又稱「長島洛麗塔」的費希爾在與32歲的粗壯汽車技工喬伊·布塔福科陷入情網時才只是個16歲的高中生，據費希爾說，後者支持她的謀殺企圖（布塔福科太太的聽力受損且顏面部分麻痺）。在一些小報和諸如「時事報導」等「垃圾電視節目」鉅細靡遺的報導下，這個低級的故事最後在1993年喬伊·布塔福科被判誘姦罪後收場。

泰森有罪
7月，邁克·泰森這位連續3屆奪得重量級冠軍的拳王（他20歲時便成為最年輕的冠軍得主）被宣判強暴了18歲的美國黑人小姐德茜蕾·華盛頓。1990年慘敗在布斯特·道格拉斯拳下而失去寶座的泰森雖聲稱無辜，但仍被判處6年徒刑。

「人們啊！我們能不能和睦相處？」
—— 警察暴行受害者羅德尼·金恩在洛杉磯暴動期間呼籲和平

環球浮世繪

蘇丹內戰

當獨裁者奧馬爾·阿梅德·阿巴希爾將軍試圖在游擊隊爲爭取自治權而奮戰的蘇丹南部地區，對泛靈論者與基督教徒強制推行回教律法時，蘇丹這個已經歷10年內戰和饑荒的非洲最大國在1992年又面臨新一階段的災難。而政府在2月將40萬名難民驅離位於北方的首都喀土木，流離失所的問題原已極爲嚴重，現在則更形複雜。同時，當戰爭所造成的饑荒席捲南部後，政府把國際救援物資全運到北方，並且發動戰鬥夷平所有可能藏匿叛軍的村莊。9月，由於救援人員同時遭到政府軍和游擊隊攻擊，聯合國中止了援助行動。爲此，超過150萬名蘇丹人面臨饑餓的威脅。

阿富汗政變

在最後一名蘇聯士兵撤出阿富汗這個被內戰蹂躪的國家3年多之後，共產主義獨裁者穆罕默德·納吉布拉在4月間被推翻。由於新的聯合政府無法整合，因而阿富汗很快地又重新陷入了內戰之中。◀1988（邊欄）

伊拉克的貓抓老鼠

海灣戰爭的盟國在8月於伊拉克南部設置了一個「禁航區」，以阻止獨裁者薩達姆·海珊向反抗的什葉派回教徒發動攻擊。此外，海珊也與伊拉克境內的敵人進行戰鬥：在北部，他使用重型武器對抗庫德族分離主義者，但庫德族不但沒有屈服，在9月兩個主要的叛軍派系還聯合起來。而在巴格達，聯合國的核子視察團一整個夏天則和海珊玩貓抓老鼠的遊戲；不過他們在秋天宣佈伊拉克沒有製造核武的能力。
◀1991(1) ▶1993（邊欄）

這對苦惱的夫婦互不相視。

英國

可怕的一年

原應是慶祝英國女王伊麗莎白二世登基40週年舉國同歡的一年，結果卻轉成一場皇室的災難。受到溫莎王室年輕一代肥皂劇般的婚姻糾紛、公眾對女王免稅特權的攻擊，及具900年歷史的溫莎城堡慘遭祝融之災，1992年可說是王室自16世紀以來最糟糕的一年。

在3對王室怨偶中，首先是安德魯王子與其原名爲莎拉·佛格森的妻子在3月間開始分居；稍早攝影記者曾拍下了「佛姬」和其「財務顧問」在里維拉一起上空狂歡的鏡頭。女王唯一的女兒安妮公主則在4月與其放蕩的丈夫離婚。但這些與不相配的威爾斯王子查爾斯和王妃戴安娜之間的婚姻風波相較之下，就相形見絀了。

一本在戴安娜默許下（她曾經允許其朋友與作者交談）的傳記於6月出版；該書透露查爾斯的不忠和他美麗的妻子嘗試自殺。同時，倫敦的小報拿到兩則淫穢的電話錄音：一則屬於查爾斯王子和他的謠傳戀人，另一個關於戴安娜和她傳說中的情夫。至於尷尬的白金漢宮則於12月正式宣佈這對夫婦分居。

但怒火在11月便已席捲溫莎王室；由於許多英國人已對顏面盡失的王室不再同情，金錢成了主要話題：儘管女王擁有數十億英鎊的財產，仍希望公眾出錢維修王宮。王室維修費已每年高達一億英鎊。不滿的臣民抱怨說，女王至少應該承擔其一千個房間的翻新費用。傷心的伊麗莎白嘆道：「這真是可怕的一年。」數日後，她同意交納所得稅。（編按：查爾斯與黛安娜於1996年8月協議離婚。翌年，黛安娜在巴黎因車禍喪生。）◀1981(4)

美國

洛杉磯暴動

由於一個全由白人組成的陪審團在1992年8月宣布毆打黑人駕駛羅德尼·金恩的4名洛杉磯警察無罪開釋，引發了本世紀美國最嚴重的一場公民騷亂。這場暴動從非裔美國人聚居的中南部地區蔓延到城市的其他地區，除了黑人外，並波及墨裔美人、韓裔美人和一些白人；在持續3天的暴動中，共奪走51條人命和造成大約10億美元的財產損失。

就一捲被業餘攝影者於1991年拍到金恩被毆打情景並到處公開播放的錄影帶而言，審判結果令人大吃一驚；該帶顯示4名白人警察對毫不反抗的金恩（從未有前科紀錄）用棍棒毒打，用腳踹踢，從而使警察的暴行成爲公眾爭論的焦點。洛杉磯警察局長達里爾·蓋茨把洛杉磯警局塑造成一支以種族歧視聞名的準軍事力量，長久以來在當地一直是議論話題。指控警察粗暴是很普遍的；該城僅在1990年便爲此付出800萬美元的和解費用。在金恩被毆事件後，數以千計的示威者要求蓋茨下台，但他一直堅持到暴動發生之後才辭職並到一家電台主持脫口秀。指揮毆打金恩被毆的警佐斯特西·庫恩結果以侵犯金恩人權而被聯邦法院宣判有罪。

在一個奇特的類似例子中，有人拍下了一群黑人青年在暴動中無情地毆打一名叫雷吉納德·丹尼之白人卡車司機的情景。雖然大部分中南區居民都對此感到恐怖，然而許多人認爲1993年宣判襲擊丹尼的兩名黑人青年有罪，是進一步證明法律對待白人比對待黑人採更寬鬆

回教國家人員在發生暴動的中南區進行調查。

的標準。馬丁·路德·金恩被暗殺近25年後，美國的種族歧視問題仍然十分嚴重。◀1966（當年之音）

瓜地馬拉

人權鬥士獲得諾貝爾和平獎

在哥倫布首航美洲500週年之際，諾貝爾獎委員會作出了一項政治意味濃厚的聲明，決定將和平獎頒給瓜地馬拉人權活躍分子里格伯塔·曼祖。曼祖是一名基切族印第安人，10多年來一直致力於揭露佔該國人口80%的原住民如何受到計畫性壓迫的事實。在長達32年的民眾判

亂中（爲拉丁美洲史上時間最長的一次叛亂），一連串軍人及由軍人控制的瓜地馬拉政權已屠殺了約15萬人，其中許多是反對該國農場制度的印第安農民；此外還有5萬多人「失蹤」及數千人流離失所。

曼祖本人也失去了5名親人。一個在咖啡園工作的兄弟死於農藥中毒，另一個兄弟死於營養不良，第3個被當作「共產黨」而遭到安全部隊剝皮並活活燒死；她的父親爲農民協會的創辦者，和另外38名示威者在西班牙大使館避難時被政府軍一起縱火燒死，至於她的母親則遭到士兵強姦並被折磨致死。1980年，曼祖冒著生命危險組織了吸引8萬名支持者參加的農場工人大罷工；當安全部隊鎮壓時，她逃離了該國。

曼祖獲得了著名的國際人權活躍分子的支持，但在祖國卻被官方視爲顛覆分子。她用120萬美元的諾貝爾獎金設立了一個以墨西哥爲基地的人權基金會，旨在幫助全美洲的原住民。儘管壓迫仍持續發生，曼祖仍於1993年返回祖國。次年，瓜地馬拉官員和游擊隊簽署了一個史無前例的和平協定；其中一條規定由聯合國調查過去權力濫用的情形。◀1984（8）

諾貝爾獎 和平獎：里格伯塔·曼祖（瓜地馬拉，原住民人權） 文學獎：德里克·沃爾科特（千里達，詩人和劇作家） 化學獎：魯道夫·馬卡斯（美國，預測分子溶解變化） 醫學獎：埃德蒙德·費希爾和埃德溫·克雷布斯（美國，細胞蛋白） 物理學獎：喬治·恰巴克（法國，粒子檢測） 經濟學獎：蓋瑞·貝克（美國）。

隨著星光前來的使者

摘自《美國天使第一部：千禧年來臨》，東尼·庫許納，1992年

在排練成功後，托尼·庫許納史詩般的兩部曲戲劇《美國天使》，其完整的第一部「千禧年來臨」於1992年在英國引起評論家熱烈討論和觀眾蜂擁而至，次年在百老匯的首演也非常成功。副標題為「針對國家主題的同性戀幻想曲」的《天使在美國》（包括第二部「重建」）是對20世紀的美國的概述，以愛滋病來隱喻社會、政治及道德的墮落。庫許納以超現實、常帶些惡作劇般可笑的角度來描寫一對「正直」的摩門夫婦（妻子嗜安眠藥如命，丈夫對妻子沒有一點性慾望）、一對同性戀人（一個是猶太人，另一個是盎格魯撒克遜白人新教徒）以及雷根時代憤世嫉俗的權力經紀人，其後死於愛滋病的麥卡錫派律師羅伊·科恩。1953年被當成間諜處死的埃塞爾·羅森伯格也出現在劇中，在一場高潮戲中扮演天使。在下面的這場戲中，兩個進行時間旅行的同名者前來拜訪年輕的愛滋病患者兼劇中的道德見證人普賴爾·華特。

第三幕：1986年1月。恍惚間，黎明前。

第一場：第二幕結束後三天的深夜，舞台一片漆黑。普賴爾躺在寓所的床上做著惡夢；他驚醒，坐起身並打開床頭燈。他看著鐘。一個穿著13世紀英國地主服裝的男子正坐在床邊的桌子旁。

普賴爾（恐懼地）：你是誰？

普賴爾1：我是普賴爾·華特。

（停頓）

普賴爾：我才是普賴爾·華特。

普賴爾1：我知道。

普賴爾：怎麼會這樣。

普賴爾1：你還活著，而我已死了。我們同名同姓，不然是怎樣？

普賴爾：你是鬼嗎？

普賴爾1：我是你的祖先。

普賴爾：難道你真是普賴爾·華特？那個巴游掛毯上的普賴爾·華特？

普賴爾1：我是他的曾曾孫，家族中第5個取這個名字的人。

普賴爾：我想我是第34個。

普賴爾1：應該是第32個。

普賴爾：我媽說是第34個。

普賴爾1：她把那兩個私生子算在內；但我認為應把他們排除在外。私生子不能算再內。你吞下的那些小東西是……？

普賴爾：藥丸。

普賴爾1：藥丸。治療黑死病的吧，我也……

普賴爾：黑死病？你也怎麼了？

普賴爾1：我那個時代的黑死病比現在屬害多了；整個村莊都只剩下空蕩蕩的房子。早晨你可以看見死神在門口徘徊，清晨的露水把他破舊的黑袍布邊都沾濕了。我看你現在的情形也是這樣。

普賴爾：你死於黑死病。

普賴爾1：長滿斑點的怪病，和你一樣孤伶伶死掉的。

普賴爾：才不是一個人。

普賴爾1：但你沒有妻小。

普賴爾：我是玻璃圈的人。

普賴爾1：是嗎？玻璃就是玻璃，你要去搞海狸還是水梨我也不管你，這跟沒有小孩有什麼關係？但沒有孩子怎麼辦？

普賴爾：玻璃就是同性戀，不是透明的那個……不過，算了。

普賴爾1：我死的時候有12個孩子。

（第二個鬼魂出現了，他穿著打扮像個17世紀上流社會的倫敦人。）

普賴爾1（指著普賴爾2）：我死的時後比他還小3歲。

（普賴爾看見另一個鬼魂，尖叫一聲。）

普賴爾：天啊！又來了一個！

普賴爾2：我是普賴爾·華特，你之前第17個普賴爾。

普賴爾1：他把那些私生子也算在內。

普賴爾：我們這是要開會嗎？

普賴爾2：我們被派來宣告，她就要在你面前現身了。他們習慣先把一切準備妥當，再讓人進去，門口要有很多傳令，然後……

普賴爾1：使者現身。引領我們，世世代代，如風中的氣息……

普賴爾2：我在想他們選擇我們是因為我們有人類血緣的關係；像華特這樣久遠的家族，注定要有一些人是死於黑死病。

普賴爾1：那個有斑點的怪物。

普賴爾2：黑色殺手。你能想像它從一個抽水機冒出來，整個倫敦有一半的人都遭到它的毒手。他是被跳蚤傳染的，而你的我想是縱慾的悲慘後果……

普賴爾1：說不定也是老鼠身上的跳蚤？

普賴爾：我快死了嗎？

哭泣的天使：平面設計師和插畫家米爾頓·格拉澤為庫許納這部獲得普立茲獎的劇本所繪的標識（本頁上方）和封面。

普賴爾2：他們不允許我們討論……

普賴爾1：你要死的時候，不會有祖先來幫助你過去。有人也許會有子孫圍繞在身旁，但子孫可不會陪你一塊走。

普賴爾：我好怕。

普賴爾1：你肯定害怕，那裏甚至沒有火把，一路上又黑又陡，顛簸不平……

普賴爾2：你別嚇他，先說好消息再說壞消息。我們倆是負責在凱旋的行列前撒玫瑰花瓣和棕櫚樹葉的。向預言家，先知，天啓者致敬，這是我們家族的榮耀。

普賴爾1：他沒有家人。

普賴爾2：我指的是華特家族，比較廣義的家人。

普賴爾（唱）：
我祈求一個容身之所，
免遭惡夜寒風吹襲……

普賴爾2：（把一隻手放在普賴爾的額頭上）：靜一靜，不要激動……

（普賴爾平靜下來，但閉著雙眼。舞台燈光開始變化。遠處傳來雄壯的樂聲。）

普賴爾1（低聲吟唱）：
聖靈在上，
宇宙一統，
賢哲偉人，
光熱無倫
光明之女，
榮耀之女
螢光！磷光！
明光！燭光！

普賴爾2（同時）：
此刻，
在明鏡般光亮底天堂聖殿中，
使者跨越無窮盡冰冷死寂，
隨著星光前來，
在您面前，
展現神蹟，
噫，先知……

普賴爾1和普賴爾2：
請引領我們，
世世代代，
似一縷氣息，如一葉鴻羽，
榮耀歸於……

（他們消失）

「巴勒斯坦人，是我們一直和你們戰鬥，但今天我要以洪亮而清晰的聲音告訴你們：
鮮血和眼淚已經流得太多了，夠了。」

—— 以色列總理拉賓

年度焦點

以色列與巴解組織簽署和平協議

1 這個握手言和的畫面震驚了全球：在白宮草坪上，巴勒斯坦解放組織領袖亞西爾·阿拉法特熱切地趨步向前，而以色列總理伊札克·拉賓則在主持簽署儀式的柯林頓總統以肘輕推示意下伸出手來。就在1993年9月13日，代表雙方人民的領袖終於在持續45年的戰爭之後，將雙手緊緊地握在一起。儘管雙方只是達成了一個初步的協議，但它卻帶來了自1978年大衛營協定之後最光明的中東和平希望。

促使和解的原動力可從幾方面來看。自1987年12月以來，被稱作「印地法達」的暴動迫使巴解組織領導人拿出一些具體成果，以向人民交待。由於好戰的回教基本教義派加入這次反抗行動，以色列領導人才開始認為巴解組織不是最邪惡的團體。冷戰的結束意味著沒有任何一方能再依靠互相敵對的超級強國支持以維持永久的交戰狀態。巴解組織在1990年至1991年的海灣戰爭中支持伊拉克，使得阿拉伯各國政府斷絕其經濟援助。許多以色列人對佔領巴勒斯坦領土所付出的道德上代價，也感到困擾。況且，1991年開始的以巴談判（巴解組織在該談判扮演了幕後角色）陷入一片僵局。最近達成的協議是由挪威中介安排的會談所促成，會談內容列為機密，只有雙方高級官員知曉。

震驚世界的握手——在柯林頓（中）的伴隨下，拉賓（左）和阿拉法特在白宮草坪上相互握手致意。

和平協議規定巴勒斯坦人在被佔領土上擁有5年的過渡自治權，首先在加薩走廊和哲立科兩地實施。永久性解決的談判則定於1995年進行。往後9個月內，以色列軍隊在約旦河西岸採取較低的姿態，並選舉產生一個巴勒斯坦國會。以色列將繼續負責維持邊境安全並保護其公民（約13萬4千人）。其他細節如貨幣、耶路撒冷的地位等，則有待進一步談判。

儘管存在著嚴重誤與持續衝突（這來自持對立立場但又各自感到被出賣的巴勒斯坦人和猶太人），該協議還是於1994年開始生效執行。巴勒斯坦警察開始承擔責任；阿拉法特在歡呼聲中返回傑里科。但是未來仍充滿迷團與障礙，特別是在難民營裡仍持續激烈流血衝突的加薩走廊。巴解組織領導人告誡說：「任何人想開戰都很容易，但實現和平卻異常艱辛。」◀1988（10）▶1994（5）

經濟

核准北美自由貿易協定

2 政治上野心勃勃的巨頭、也是相當特立獨行的加拿大前總統候選人羅斯·裴洛以最令人難忘的聲音指稱：那個「巨大的吸吮聲」，意味著「我們的國家驟然間失去了大批的就業機會」。他指的是北美自由貿易協定。這一協定在1993年成為爭論的焦點。爭論的其中一方是裴洛及其追隨者；另一方則是環保主義者，他們擔心美國的抗污染標準降低至與墨西哥相類似；還有一方是貿易聯合主義者及國會的保護主義者，他們宣稱在開放美洲大陸的自由市場之後，美國的就業機會將會被墨西哥的廉價勞工所取代。至於北美自由貿易協定的支持者，包括柯林頓政府和大多數的製造業經營者，強調外國市場對美國商品的開放只會刺激國內經濟增長。

1992年由加拿大、美國和墨西哥領導人簽署的北美自由貿易協定規定，三國將在15年的期限內解除彼此的關稅與貿易壁壘。（事實上，美國和加拿大於1988年已簽署了類似的協議。）布希總統在北美自由貿易協定上簽字，而柯林頓則完成了讓國會最後核准該項協定的使命，期能藉此提高美國在日益複雜之全球經濟中的競爭力。他們認為這項貿易協定會為北美洲取得與歐洲經濟共同體或其它國際貿易集團同等的地位。

北美自由貿易協定在國會勉強

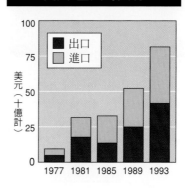

美國-墨西哥貿易

（縱軸）美元（十億計）：0, 25, 50, 75, 100

（圖例）■出口 □進口

（橫軸）1977 1981 1985 1989 1993

美國－墨西哥貿易：即使在北美自由貿易協定之前，美國對墨西哥的進出口也一直在成長中。

通過，得益於副總統艾爾·高爾戰勝了與裴洛針鋒相對的電視辯論。當該說的都說了，該做的都做了，北美自由貿易協定並不可能會對龐大的美國經濟產生立即的影響。然而，墨西哥卻能成為從中獲利者，該國總統卡洛斯·薩利納斯·德戈塔里的自由市場改革有賴與美國的合作。由此看來，支持者們認為北美自由貿易協定是一個有利於區域安全的方案：一個繁榮的墨西哥將會保證該區域的政治穩定。諷刺的是，反對該協議的墨西哥人不久即發動了自1926年克里斯泰羅起義以來最嚴重的暴動。◀1982（5）▶1994（8）

科技

資訊高速公路

3 美國國家科學基金會是最初的全球電腦網際網路資本家，他們於1993年採用新的高速T3系統取代了網路的技術中樞。

網際網路將全世界孤立的電腦使用者連接起來。

T3系統的傳輸能力為每秒4500萬位元（位元為電子資訊單位），比上一代的系統快了30倍。由於網際網路廣泛地被運用於電子通訊，於是產生了網際網路由鄉村小路升格為高速公路的隱喻，「資訊超高速公路」則是電子愛好者為其描繪的遠景。現在網際網路以網路空間的形式滲透到公眾意識中，這種網路空間可以讓人們很容易地使用個人電腦連線上網，與遙遠的伙伴進行資訊交流。

美國國防部於1969年建立了後來演變成網際網路的系統。網際網路最初是為了連接軍事研究人員的電腦而設計的，而後擴展並容納了其他政府部門、大學和圖書館，最後演變為包含有45個國家和1萬2千

藝術與文化　　**書籍：**《航運新聞》安妮·普羅斯特；《拉雷多街頭》拉里·麥克默特里；《塞洛克行動》菲利普·羅思；《種族事務》科爾內爾·韋斯特；《午夜經營者》約翰·勒卡雷　**音樂：**《如果我失去對你的忠誠》史汀，LP；《不息的渴望》朗，LP；《夢之河》比利·喬，LP；《在鳥泰羅》超脫合唱團，LP；《ＶＳ》

「人們既沒有錢也沒有食物，而生活只是為了投機者。」

—— 一位俄羅斯選民對1993年俄羅斯大選中弗拉基米爾‧季里諾夫斯基大出風頭的註解

個電腦網站。到1993年，全世界有1500萬人定期地忙於加強系統以參加自由流通的「新聞群」——持續的電子交談。其日益增加的多元話題有：哈伯望遠鏡、甘迺迪陰謀論、槍枝管制和戀腳癖等。

網路系統的使用費是便宜的：商業網站的使用，大約是一個月20美元；而一些市鎮當局也開始提供民眾上網系統，運作方式就像過去的圖書館一般。網際網路是非常迅速的：使用者能夠在頃刻將最新資訊傳遞給幾千公里之外的朋友或同事。電腦網路可傳輸的資訊較以往更多且更有效率。做為一種通訊工具的網際網路，它的革命性不亞於當初印刷術、電報和電話的發明問世。◀1984（當年之音）

俄羅斯
葉爾辛的困境

4　1993年是俄羅斯自共產黨垮台後最混亂的一年。總統鮑利斯‧葉爾辛苦心經營以維持他對政府的控制，並努力捍衛他的自由市場經濟改革，而挑戰他的人正是

莫斯科白宮在俄羅斯軍隊解放後顯得彈痕累累。

國會中頑強的共產黨員。在經過和以國會議長魯斯蘭‧哈斯布拉托夫和副總統亞歷山大‧魯茨科伊為首的反動派勢力一番論戰之後，葉爾辛於9月份宣佈解散國會，並要求進行新的選舉。哈斯布拉托夫、魯茨科伊和數百名強硬派同盟者（他們其中許多人主張擴張領土）於是

踞守在莫斯科市中心的國會大廈（亦稱之為白宮）進行抗爭。葉爾辛下令封鎖該建築，雙方隨之陷入僵持狀態。

反動者號召一場全國性的大罷工，並要求葉爾辛下台。但是絕大多數的俄羅斯人，其中包括軍隊和警察，則仍舊保持對總統的忠誠。雙方的談判於10月1日毫無所獲地結束，因為反動者拒絕放下武器。3天後，在約一萬名反動支持者衝破哨兵線佔領白宮的5個樓層之後，葉爾辛命令部隊平息暴亂。當這場自1917年革命以來最嚴重的暴動煙消雲散時，估計約有500人喪生，而哈斯布拉托夫和魯茨科伊被拘禁，叛亂於是被鎮壓。

然而，葉爾辛和俄羅斯的問題仍未解決。12月的選舉產生新的國會，為數驚人的選民傾向極端右派的候選人弗拉基米爾‧季里諾夫斯基。身為資本主義反對者、好戰的國家主義者以及公認的反閃族者（儘管他的父親是猶太人），季里諾夫斯基敏銳洞察出人民對蘇聯解體後經濟衰退和社會動亂的普遍不滿。葉爾辛也曾經利用類似的焦慮

心理使選民投票支持一部總統集權的新憲法（這是俄國共產黨倒台後俄羅斯的第一部憲法）。儘管葉爾辛是個有缺陷的民主主義者，許多俄羅斯自由派改革者以及幾乎每位西方國家領袖仍聲援支持葉爾辛：這一抉擇似乎又回到了專制主義。◀1992（2）

捷克
無可挽回的分裂

5　經過74年的統一之後，捷克和斯洛伐克聯邦共和國於1993年元旦正式解體。原來的捷克斯洛伐克現在變成了捷克共和國和斯洛伐克共和國，兩個都是主權獨

立的國家，並擁有各自的語言、政府以及經濟和社會問題。但仍有一樣東西是兩個共和國所共有的，那就是一般民眾對分裂的看法，不論他們是否真的渴望分裂，他們已明白這分裂局勢是無可避免的了。慶祝兩方分裂的活動並不多，大多數僅局限在斯洛伐克，而且為期短暫。

由於脫胎於奧匈帝國，捷克斯洛伐克在1918年被統一。之後，國家主權就被為數較多的都市捷克人所掌控，而集中於東部的鄉村斯洛伐克人地位則始終低下。1989年捷克斯洛伐克的「天鵝絨革命」不流血地推翻了共產黨政權之後，民眾渴望自由之風於是橫掃全國，斯洛伐克亦要求更多的自治權。到了1992年，一個心懷不滿的斯洛伐克少數民族團體在聯邦議會中勢力日益壯大，足以阻礙捷克斯洛伐克總統瓦茨拉夫‧哈維爾（上圖）維護統一的主張。這位理想主義的劇作家和政治家宣稱由於無法阻止國家分裂，於是引咎辭職。總理瓦斯拉夫‧克勞斯則沒有感到任何的不安，並於8月份宣佈雙方分裂。

弗拉基米爾‧米奇爾是一位自負的民粹主義者和前國會議員，並當選斯洛伐克首任總統。為了贏得支持，他企圖煽動民族主義情緒，將斯洛伐克比喻為長期受壓迫的殖民地，將失業率的升高和通貨膨脹怪罪於捷克陰謀者。其經濟復甦藍圖是：由國家發動更多的經濟干預，並重振斯洛伐克的軍工廠（儘管華沙公約的結束已削弱傳統的市場需求）。新的捷克共和國則繼續施行自由市場改革，哈維爾於1993年再次當選總統。◀1989（1）

珍珠果醬合唱團，LP；《浩劫交響曲》理查‧南斯，LP　繪畫與雕塑：《艾略特》拉伊‧史密斯；《救生員》大衛‧薩萊　電影：《辛德勒名單》史蒂芬‧史匹柏；《費城》強納森‧丹米；《西雅圖夜未眠》諾拉‧埃夫龍；《鋼琴師和她的情人》珍‧康萍；《霸王別姬》陳凱歌　戲劇：《瘋狂的喬治三世》艾倫‧貝內特；《蜘蛛女之吻》哈羅德‧普林斯；《日落大道》安德魯‧洛伊‧韋伯　電視：《紐約警局的憂鬱》；《火中的格蕾斯》

「我們這裡失業的人夠多了，我們不需要任何外國人再到這兒來。他們佔了我們的工作和住宅。」

—— 一位來自德國羅斯托克的工人

1993年新事物

- 美國首任女性司法部長（珍妮特‧雷諾）
- 洛杉磯地鐵通車
- 安樂死合法化（荷蘭）
- 女性在美國軍隊開始承擔作戰任務
- 白金漢宮對公眾收費開放

美國萬花筒

世界貿易中心爆炸

2月26日，一場嚴重的爆炸在紐約世界貿易中心發生。這一爆炸案導致5人死亡，數百人受傷，數萬名在辦公室的工作人員被困

在黑暗的110層雙塔中。這次爆炸事件是一群以新澤西州為基地的回教基本教義派策劃的，他們企圖以爆炸世界貿易中心來抗議美國的中東政策。1994年3月，埃及教主奧馬爾‧阿卜杜勒‧拉赫曼的4名追隨者，以爆炸罪被起訴（造成7億500萬美元的損失），每人被判處240年的徒刑。◀1916（邊欄）

威科廢墟

自2月份起，聯邦調查局與大衛派教徒在德州威科市郊形成緊張的對峙局面，其起因是4名調查局人員在教徒聚居處調查該教派在非法軍械庫儲藏槍支和爆炸物時被開槍打死。這場對峙在持續51天後，於4月19日一場致命的烈火燒燬了教徒的聚所後結束。大火是在聯邦調查局飽受質疑的行動，即以武裝直升機和催淚瓦斯對該教派據點建築進行攻擊後，由教徒們點燃的。烈火不到一個小時就摧燬了建築體，並造成85人死亡（其中17名是兒

德國
反移民浪潮

6 90年代整個歐洲持續的經濟衰退，引發了大眾爭相指責移民奪佔工作、住屋和福利基金的呼聲。瓊－瑪麗‧勒賓的排外民族陣線吸引了法國選民中為數眾多的少數族群；「雅痞法西斯主義者」約爾格‧海德爾的自由黨成為奧地利的第三大政治勢力；剃光頭的新納粹年輕黨員到處襲擊「外國人」，包括任何族裔的非白人。（英國的光頭黨進行過最多次攻擊行動，是其他人仿效的榜樣。）但是直到1993年6月，縱火犯在德國索林根燒死了5名土耳其人，其中有3名婦女與2名女孩，這才在全世界引起了特別關注。

主要是針對土耳其人和越南人的光頭黨襲擊事件在德國已是司空見慣，在1992年就有2280起這樣的事件，包括17名兇手。但這次事件卻引起了土耳其人的激烈反應，尤其是這次襲擊事件就發生在國會屈從於反移民勢力的壓力，而對政治庇護權利做了極為苛刻限制後的數天內。自由庇護條款（和德國的中心位置）從1991年起就吸引了70萬名聲稱受到迫害的難民，他們大多數來自前共產黨集團。雖然大多數的難民最後還是無法取得居留權，但他們較來自土耳其或其他各地的廉價外籍勞工更容易依法取得居留權，而那些勞工在歐洲大部分地區對經濟有更實質的貢獻。

的確，德國的兩難處境只是歐洲的一個縮影，法國和義大利最近也更嚴格限制移民法。但這還反映了一個特別的問題：富裕的西德兼併了貧窮的東德而不堪重負；而共產主義的餘波致使東德人面臨嚴重的失業和喪失社會福利。雖然光頭黨只是一個小團體（數百萬德國人已示威表示反對他們），而且警方也展開了為時略晚的鎮壓行動，許多觀察家仍然擔心納粹主義有朝一日會在德國的困境中找到捲土重來的溫床。◀1990（3）

大屠殺
一樁戰時懸案

7 烏克蘭出生的約翰（奈‧伊凡）‧德米揚尤克因為在第二次世界大戰期間涉嫌殺害數千名猶太人，於6年前曾在耶路撒冷法庭被判處絞刑，但卻在1993年9月的上訴中被宣判無罪。有13名目擊證人指認，這位退休的俄亥俄州機械師就是當年的「恐怖伊凡」——一名特雷布林卡集中營的衛兵。當時他雖然沒有管理毒氣室，卻喜歡槍擊、刀刺或棒打囚犯。然而，德米揚尤克聲稱自己是個身分被指證錯誤的犧牲者，以色列最高法院後來亦發現其中有若干可疑之處。

德米揚尤克承認他於1942年身為紅軍的新兵時，曾被德軍俘虜。但他否認起訴中的指陳——說他在當戰俘時曾被送到培訓集中營衛兵的訓練中心，而後在特雷布林卡工作。根據他的供述，他其實是被遣送到親納粹的烏克蘭民族解放

軍。他承認在1951年移民美國時，對美國政府隱瞞了此一事實。

除了目擊證人外，該案的關鍵在一張訓練中心的身分證上。儘管德米揚尤克辯稱此證是蘇聯偽造，目的是使烏克蘭流亡團體難堪，但其他證據卻顯示他確實曾經在許多的集中營服役過。由於納粹分子燒燬了特雷布林卡的檔案記錄，文字上的線索因而就此打住。然而，並非所有的證人都認為德米揚尤克就是伊凡。有些人認為那個虐待狂衛兵早在1943年的囚犯暴動

德米揚尤克在以色列受審。

中被殺；有些人則記得伊凡的姓氏是馬爾琴科。雖然德米揚尤克在他的美國簽證申請上偽稱其母親的本名為馬爾琴科，但是那或許只是個巧合。

最高法院法官根據古猶太律法進行判決，在缺乏足夠確實證據下，拒絕宣判德米揚尤克有罪。其總結是：「真正的真理不是人類所能判斷的。」雖然此說法令許多報復心理的人失望。◀1987（11）

經濟
朝著歐洲聯盟緩慢前進

8 在分別代表12個國家的歐洲共同體領導人簽字近兩年後，歐洲聯盟條約終於在1993年10月被批准，並以簽字所在地的荷蘭城鎮命名為馬斯垂克條約。該條約已在歐洲人間引起極大的爭議。他們在公決中通過它，但卻是以最低限度勉強通過的，最後一個核准的國家是德國。條約目的是創造歐洲共同體統一貨幣和央行，並擴大歐洲議會的權力，及促使歐洲共同體執行共同的外交和國防政策。然而，早先意欲邁向「無國界歐洲」的樂觀主義已煙消雲散。

德勒斯登的新納粹光頭黨分子。反移民浪潮並非僅發生在德國。

體育 棒球：世界大賽，多倫多藍鳥隊以4勝2負擊敗費城費城人隊；佛羅里達馬林魚隊和科羅拉多落磯山隊為國家聯盟新增球隊，首度獲准參加該球季的比賽　美式足球：超級盃，達拉斯牛仔隊以52:17擊敗水牛城比爾隊　籃球：NBA，芝加哥公牛隊以4勝2負擊敗鳳凰城太陽隊　拳擊：伊萬德‧霍利菲爾德在12回合決鬥中擊敗里迪克‧鮑，重新榮獲重量級冠軍。

「人們注視著你，而你看得出他們心裡正想著——他是印度教徒還是回教徒？」

——拉梅什‧謝蒂，孟買的一位會計

法國農民在大街上傾倒馬鈴薯，抗議歐洲共同體提出津貼削減計畫。

自1986年簽署單一歐洲法案起，西歐的貿易壁壘便開始大幅度減小，但勞務報酬的增長則較生產力高。於是，在一陣短暫的繁榮後，歐洲共同體在世界市場的佔有率呈現衰退。目前失業率平均已超過10%，西班牙還高達21%。農業方面，過剩的農產品使得華府要求歐洲共同體國家減少津貼補助。1992年，法國農民發生暴動以抗議津貼削減計畫，並反對馬斯垂克條約，他們認為該條約將會把他們出賣給美國人。貨幣統一條款核准的前置步驟則遭到德國的反對，因其需要提高利率以消化兼併東德造成的通貨膨脹。前南斯拉夫由於在戰亂中意見紛歧，並未達成外交政策的一致協定。而英國在原則上已放棄做任何會喪失國家主權的讓步。

最後，英國選擇不加入此條約的該項條款，使得歐洲共同體的部長們在社會福利方面有了更多的說詞。英國和丹麥退出歐洲貨幣體系。歐洲統一貨幣本來預計要在1999年完成實施，但對此或是對於馬斯垂克條約的任何一個理想目標是否能在本世紀末之前實現，許多觀察家表示懷疑。◀1985（11）

宗教
聖戰

⑨ 早在本世紀初，理性主義思想家就預言宗教將要消失。但到了90年代，宗教多樣化的發展卻證明它完全未遭到遺棄，特別是在發展中國家，現代化政府持續與神權政治捍衛者進行戰鬥。1993

年，埃及總統霍斯尼‧穆巴拉克針對回教徒兄弟會襲擊旅客和其他人的恐怖活動，採取了一系列反制的行動。回教徒兄弟會還曾經謀殺前任總統安瓦爾‧沙達特。1991年12月，回教救國陣線在首輪投票中擊敗執政的民族解放陣線後，阿爾及利亞仍處於軍法管制下。（基本教義派的勝利促使總統沙德利‧本

印度教暴徒搗毀了阿約提亞的一座清真寺，引發了維持數月的血腥衝突。

賈迪德辭職讓位給文人和軍人合組的執政團，並取消第二輪投票；回教激進分子謀殺了執政團領袖，但未能奪取政權。）在印度，回教徒本身就是宗教極端主義者的犧牲品。

問題於1992年12月開始出現，當時北部城鎮阿約提亞數千名好鬥的印度教徒在右派印度人民黨（BJP）領袖的慫恿下，搗毀了矗立在印度神祇羅摩傳說中的出生地旁464年之久的回教清真寺。騷亂迅速蔓延到全國，且持續到2月，造成約3千人死亡，大多數是回教徒。當許多人被闖入家中的印度教暴徒殺害時，警察就站在一旁。總理納拉辛哈‧拉奧由於沒有事先制止衝突的發生（印度人民黨早就顯

出製造衝突的意圖），之後對事件的反應又軟弱無能，而受到廣泛的譴責。到了3月，也許是為了替慘遭屠殺的回教徒報仇，13枚炸彈在孟買引爆，317人死亡。然而，之後一場巨大的天然災害使得社群暴力衝突變得較微不足道：9月份，馬哈拉施特拉邦發生強烈地震，造成3萬人死亡。單是一個這樣的天然災害，說明了神祇的作為仍舊使瘋狂崇拜神祇的人之行為黯然失色。◀1991（邊欄）

藝術
一位激進的前衛藝術家

⑩ 在1993年第45屆威尼斯當代藝術雙年展展出常是前後矛盾的「震撼藝術」作品中（包括一個女性生殖器的攝影展），81歲的劉易斯‧布爾茹瓦的雕塑因質樸和情感豐沛而引人注目。她被禮遇在美國館舉辦個展，擺上《小囚房（歇斯底里的拱門）》（1992－1993）這樣的作品，一塊粉紅色大理石描繪她童年時期在法國的家，周圍環繞著鐵鍊及一個不祥預兆的斷頭台。她的意圖是：「我想騷擾人們，讓他們感到憂慮。」

布爾茹瓦1938年從法國移民到美國，曾在40年代被視為紐約學派的主要雕塑家。但她表現性焦慮的構思在提倡極限主義的60年代卻淪為過時的東西。當時一幅經她署名為《刀子》的作品，是一座裸女的大理石雕像，頭部和底部到處刻有短劍般的尖刺。80年代，布爾茹瓦的藝術經歷復甦，並且在頗負盛名的威尼斯雙年展上有圓滿的表現。◀1982（10）

布爾茹瓦在1993年威尼斯雙年展展出的作品《乳房》（牆上）和《斷手》。

童），也包括了33歲的教派領袖和自稱是先知的大衛‧科雷什。◀1978（2）

墮胎醫生被殺

3月，在佛羅里達州朋沙科拉鎮墮胎診所外，一位反墮胎抗議人士槍殺了大衛‧岡恩醫生。這次槍殺顯然是該類殺人動機的首例，反映了日益極端的反墮胎傾向。手術救援團體曾張貼通緝令要幹掉這個醫生，並在特定幾家診所安置炸彈。儘管1994年的一項聯邦立法明文禁止妨礙墮胎診所正常營運所做的非法行為，但暴力事件仍持續進行：在岡恩醫生血案後的17個月，約翰‧巴亞爾‧布里頓醫生也喪命在刺客的槍下。◀1973（5）

中西部水災

一場令人難以置信的連續49天降雨，使得密西西比河水位暴漲，達到春夏季降雨量的紀錄，是中西部地區有史以來最嚴重的水災。8月，柯林頓總統簽署了一項62億美元的洪水救濟法案，旨在對美國境內損失最嚴重的災區進行救援。◀1992（邊欄）

喬丹退役

10月，在率領芝加哥公牛隊得到第3次NBA冠軍的3個月後，被公認為有史以來最偉大的籃球球員麥可‧喬丹，在他30歲時退

役。喬丹曾7次成為NBA冠軍決賽的最佳得分手、3次當選為最有價值球員，以及2次榮獲奧運金牌。對媒體友善的他，如他的許多商業贊助商之一所說的，使數百萬人也想成為「像麥可一樣的人」。在他的父親於8月遇害後，這位超級巨星為繼承父業冒險轉而投身於棒球界。後來，他加入一支小聯盟棒球隊；17個月後，經過一番委婉的勸說之後，他重新加入芝加哥公牛隊。◀1992（10）

美國政治與經濟　國民生產毛額：6兆3781億美元；柯林頓提議解除同性戀者服兵役的禁令；解除對墮胎諮詢服務和胎兒組織研究的限制；家庭和醫院遺棄法案簽署；魯斯‧巴德‧金斯堡成為最高法院第二位女法官；能源部透露：40年代聯邦政府曾注射鈽元素於人體中作實驗。

「數百萬的鬼魂每天在這裏出沒。」

—— 演員本·金斯利，《辛德勒的名單》的配角

環球浮世繪

共產主義垮台後的波蘭

9月的國會大選原本給波蘭人民一個新的機會選出更有效運作的議會（難以駕馭的舊議會由29個不同的政黨組成），然而其結果卻使萊赫·華勒沙總統沮喪到極點：兩個繼承前共產黨的組織共贏得國會460席中的301席。民主左派聯盟和波蘭農民黨因為在競選政綱中主張放慢經濟改革步伐與改善人民生活，而贏得了該選舉；波蘭農民黨更以提高農業投入為號召爭取選票。華勒沙超黨派支持改革的主張僅僅獲得了20個席位。若從光明的一面來看，波蘭的經濟每年以3％增長，是前共產黨國家中最高的。

◀1989（1）

厄立特里亞獨立

在4月份的全民公決中，99.8%的厄立特里亞投票民眾選擇了與

衣索比亞分離。這一投票結果在幾天內便得到國際社會的民眾承認，同時也結束了這個衣索比亞北部省分長達30年的獨立戰爭。

◀1978（邊欄）

打擊伊拉克

海灣戰爭所造成的影響一直持續到1993年。1月，獨裁者薩達姆·海珊因違抗聯合國銷毀具大規模殺傷力武器和遵守禁飛區的命令，美、英、法軍轟炸並發射火箭攻擊伊拉克軍事和工業區域（包括一個被懷疑是製造核子原料的工廠）。7月初，為報復伊拉克支持者揚言對前美國總統布希的暗殺陰謀行動，柯林頓總統發射了23枚戰斧式巡弋飛彈，摧毀巴格達的伊拉克情報局總部。在兩次襲擊中，偏航的飛彈也殃及了無辜的平民（7月襲擊的犧牲者中，有一位是萊拉·阿塔爾，阿拉伯世界著名的畫家）。

◀1992（邊欄）

日本

打破傳統

⑪ 儘管頂著自由民主的名號，日本自民黨其實是非常保守的。這個官僚政治和大財閥的結合

體已緊密地合作執政近40年。日趨腐敗的自民黨擅長「金錢政治」，為了拿回扣而熱衷於工業合約交易，卻罔顧一般日本民眾的需求。日本的都市消費者承受的是全世界最高的物價。1993年，沮喪的選民發動了一場革命：打破了該黨在國會佔大多數的局面，意外地由保守黨與社會黨組成聯盟來接管政府，並由細川護熙（上圖）出任首相。

在他就職前的14個月間，身為幕府時代將軍後裔的細川只是一位自民黨黨員。由於厭倦該黨的僵化保守，他毅然脫黨並建立具改革姿態的新黨。這傳奇般的行徑使得細川幾乎被摒棄為異數，但卻為反對一黨專政之風開啟先端。自民黨歷經一連串的醜聞影響，已失去相當的支持。而最後激起民忿的是1993年6月，當首相宮澤喜一許諾的政改法案遭到擱淺之時。其自民黨同僚有39名國會議員加入反對派，並通過對宮澤內閣的不信任案。

宮澤被迫同意提前舉行大選，而且在7月（就在德仁皇太子打破了另一個皇室傳統，與一位在美國受教育的外務省工作人員和田雅子結婚後不久），選民們終於掙脫了自民黨的束縛。

細川就職後立誓制止腐敗，並改進垂死的選舉制度。脆弱的多黨聯盟當初只是為了對付自民黨才結合，因此他面臨一場艱困的奮戰。不過，新上任的首相擁有一項優勢：即他的民眾支持率是有史以來最高的。儘管如此，1994年初，他還是因為涉入一樁弊案醜聞而下台。隨後一連串的繼任者在幾個月間更替頻繁，致使日本無法維持一個穩定的聯合政權。◀1989（5）
▶1994（邊欄）

電影

好萊塢與大屠殺

⑫ 電影導演史蒂芬·史匹柏在1993年拍攝兩部劃時代影片。第一部是《侏羅紀公園》，由於拍攝出驚人逼真的凶猛恐龍，成為史上最賣座的影片，甚至超越先前自己拍攝的《外星人》。第二部影片具有更嚴肅的特性：探索好萊塢很少觸及的主題「大屠殺」。《辛德勒名單》是根據托馬斯·肯尼里的紀實小說改編的3小時電影，講述一位德國商人奧斯卡·辛德勒在最初只想剝削波蘭裔猶太人為他的工廠出賣勞力，最後卻從奧斯維辛集中營拯救1100人的性命。

經過謹慎地研究調查，並以生動的寫實主義手法拍攝，史匹柏使這部影片贏得7項奧斯卡獎，包括最佳影片獎和他垂涎已久的最佳導演獎。教育界人士帶著學生去觀賞這部電影。在德國、波蘭和以色列，觀眾因這部影片而流淚昏厥。對於那些對大屠殺知之甚少的數百萬人來說，這部電影確實是一部瞭解人間地獄的指南。然而，它也無可避免地引起了爭議和批評浪潮。

《辛德勒名單》採用仿紀錄片形式拍攝，非常好萊塢式的片製作手法。該片主角有缺點，但同時又是超然、有魅力的神祕男子。當面臨關鍵時刻時，表現出高尚的情操贏來讚許，這是經典影片中常被塑造的英雄典型。該部電影採用朦朧的黑白底片，銀幕上看不到殺人的場景，它甚至還有個愉快結尾。

批評者指責史匹柏（本身也是猶太人）沒將猶太人的英勇事蹟表現出來，忽略了集中營裏的其他屠殺，並且讓非猶太人都遠離危險。但辛德勒只是反常的特例，大多數

奧斯卡·辛德勒由利亞姆·尼桑飾演（左）：工業家、騙子、英雄。

的歐洲基督徒對大屠殺是無動於衷的。一位評論家寫道，「《辛德勒名單》對史匹柏而言是再一次地證明世上存有一股超越善與惡的力量，那就是電影。」◀1982（9）

義大利

烏菲茲爆炸案

⑬ 1993年5月，汽車炸彈在佛羅倫斯的烏菲茲美術館引爆，損毀了3幅文藝復興時期油畫、30件其他的藝術品，及一座中世紀古塔，裏頭有許多古代農業的記錄。另外還造成5人喪生，包括古塔管理員和其家人。但該事件並未引起義大利人特別關注，因為此時人們早已被二次大戰後政府最大宗醜聞所震驚，2500名政治家和公司領導人涉嫌與黑手黨勾結貪污。

調查人員懷疑爆炸案與黑手黨有關，已在警方最近的搜捕行動中將黑手黨老大薩爾瓦托雷·里納逮捕。所幸此次爆炸並未損害烏菲茲美術館的無價之寶，即波提切利、米開朗基羅、達文西和卡拉瓦喬的

世界最著名的藝術博物館之一的烏菲茲美術館，成為恐怖分子的目標。

作品，它們被防彈玻璃保護住了。但此次這座全世界最偉大的博物館（當初是為麥迪西家族而蓋的）遭受攻擊，對義大利衝擊甚鉅。

4月，選民通過表決要求採取嚴厲措施斬斷犯罪組織與政府間的聯繫。現在，又有兩萬名佛羅倫斯人走上街頭呼籲「終止屠殺暴力」（一起明顯與本案有關的爆炸案徹底破壞一棟羅馬公寓，造成23人喪生）。但「屠殺暴力」仍持續進行：不久炸彈又摧毀羅馬兩座最古老的教堂，及米蘭的歷史中心。

1994年，眾多罪犯仍逍遙法外，選民舉行大型示威，表達對腐敗的政治制度之憤怒，引起全球關注。◀1987（5）▶1994（邊欄）

諾貝爾獎　和平獎：戴克拉克和納爾遜·曼德拉（南非，結束種族隔離）　文學獎：托妮·莫里森（美國，小說家）　化學獎：卡雷·慕尼斯和麥可·史密斯（美國、加拿大，遺傳學）　醫學獎：菲利普·夏普和理查·羅伯茲（美國，基因分裂）　物理學獎：約瑟夫·泰勒和羅素·賀爾斯（美國，脈衝雙星）　經濟學獎：羅伯特·弗蓋爾和道格拉斯·諾斯（美國）。

文字工作的崇高

托妮·莫里森於1993年12月7日接受諾貝爾獎時發表的演說

1993年，美國小説家托妮·莫里森成為第一位獲得諾貝爾文學獎的黑人女性。莫里森抒情詩般的小説是探討非裔美籍女性內心情感的文藝作品先驅之一。在《最藍的眼睛》中，「一個黑人小女孩渴望能擁有一雙白人小女孩的藍眼睛。」；在《心愛的人》中，講述一名叫莎絲的女性，她回顧其曾經身為奴隸的一生悲慘經歷。瑞典諾貝爾獎委員會稱讚莫里森「對語言本身具有獨特的感受性，她希望藉由語言的釋放，擺脫種族界線的藩籬。她用如詩般的光澤向我們傾訴。」莫里森的表達能力在她接受諾貝爾獎時發表的演說中得到證實，她將一則古老的傳説轉變成一個展現語言多變功力的寓言。在這個故事中，一群年輕人藉由詢問一位眼盲老嫗他們手裏握著的鳥是生是死，來否認這位老嫗具有過人的洞察力。◀1950（當年之音）

小説家托妮·莫里森於1978年在紐約格蘭德維尤的家中。

一般人從巴別塔的故事所得到的啟示是：這座塔的倒塌是一場不幸。由於許多語言的紛亂或壓迫才造成這座塔在建築上的失敗，如果當時使用同一種語言來加快築塔速度的話，那麼我們早就築成這座通往天堂的聖塔了。然而，是通往誰的天堂呢？她感到迷惑。又是個什麼樣的天堂？如果沒有人能夠理解其他人的語言、其他人的觀點與其他人的敘述，那麼到達天堂的時機也許並未成熟，而人們太急於求成了。如果人們能夠做到相互理解，那麼他們亦將發現，其實天堂就在他們的腳下。是的，他們感到迷惑，他們追根究底。但是，這個天堂是活著時的天堂，而不是死後的天堂。

她希望讓那些來拜訪她的年輕人明白，語言應該是以動態的形式存在。語言的生命力就在於它能夠去描繪那些說它、讀它、寫它的人的生活，無論是出於實際、杜撰或是可能性的想像。雖然有時候語言是經驗的呈現，但它絕不能替代人的經驗。語言是不斷地探索意義所在之處。當一位美國總統認為他的國家已經變成了一塊墓地時，他說：「世界既不會記載也不會長久地記住我們在這裏說的話，但是世界永遠不會忘記人們在這裏所做的一切。」他這段簡單的話語聽起來讓人感到窩心，因為人們不願意將一場大規模種族戰爭死了60萬人的事實予以塵封，拒絕只是建個紀念碑，不屑於「蓋棺論定」和精確的「總而言之」，而承認他們對事實的「無力增刪」。他的話表示語言所哀戚的生命的無從捕捉。這種無奈使其感觸良多，使她意識到語言終究不是生命本身。語言不能廢除奴隸制度、杜絕滅種屠殺與消弭戰爭。語言也不能驅使傲慢的人去這麼做。語言的力量及其巧妙就是在企及那不可言喻之處。

無論是宏偉的還是渺小的，對神聖的探索、破壞還是拒絕；無論是放聲大笑還是無言啜泣，無論是選擇說話還是保持沉默，不受限制的語言是朝向知識邁進，而不是去毀滅它。我們知道，有的文學作品被禁是因為它提出疑問，被懷疑是因為它具有批判性，被清除是因為它要求變革。有多少人因其對自毀性敘述方式的斟酌而被迫害？

莫里森認為，文字工作是崇高的，因為它具有創造力，使得我們人類與其他生物的差異有意義。

凡人皆有死，這也許正是生命意義之所在。但是，我們能夠運用語言，這也許就是我們判斷生命價值的工具。

「永遠、永遠、永遠不要再讓這塊美麗的土地遭受人與人之間的壓迫，
以及受到被世人污辱與鄙視之苦。」

—— 南非總統曼德拉

年度焦點

南非的新生

① 1994年4月，南非黑人在他們國家飽經磨難的歷史上，喜出望外地第一次被允許參加全國大選。這使得非洲國民大會領導人納爾遜‧曼德拉在總統選舉中大獲全勝。這場選舉象徵了民主的誕生，尤其是在這塊不公義、殘暴和受到種族迫害長期統治的土地上。此外，它也象徵了一個英雄為對抗種族隔離所做的長期奮鬥。曼德拉終身致力於促進種族平等的領導，曾被囚禁在國家監獄中27年，業已75歲高齡卻仍具政治家風度且深受尊崇，正有待實現其夢想：「一個所有族裔南非人皆平等共容，共同為國家帶來安全、和平與民主的新南非。」

這場富有歷史意義的選舉持續了4天，投票所外排隊的人潮有1.6公里多長，1600萬的黑人與950萬的白人、亞裔人和其他有色人種（不同族裔混血的人）都出來行使其公民權。當選舉結束並統計選票後發現，曼德拉贏得超過60%的選票，遠遠領先他最強勁的競選對手，亦即當時的總統戴克拉克。戴克拉克早在5年之前就開始著手進行廢除種族隔離制度。在全國各地，代表各族裔共存共容的新南非多彩旗幟，替代了象徵種族隔離仇恨的舊政權旗幟。

曼德拉和南非共同走了一段漫長的道路。然而，數十年的積弊不可能立即得到解決。總統選舉本身就曾遭到白人至上主義分子與黑人分離主義分子的強烈干預。像波耳人抵抗運動（ARM）曾利用彈械恫嚇以建立純屬白人的家園；以祖魯族為基礎且反非洲民族議會的因卡薩自由黨領導人曼戈蘇圖‧布特萊齊亦訴諸暴力來杯葛選舉，目的在於阻撓人們參加投票，以確保在後種族隔離制度的南非仍能保有祖魯人的自治權。在投票前的一個星期，希望終於戰勝了敵意，布特萊齊宣佈放棄杯葛。選舉在出乎意料的平靜氣氛中順利進行。

在南非，非洲民族議會的支持者慶祝曼德拉當選總統。

曼德拉在南非人民過高期望的沉重壓力下就職。許多當地黑人還身處在沒有電力和自來水的生活環境；南非種族隔離的教育制度使得有50%的南非人是文盲；87%的可耕地被白人佔據而有待重新分配。曼德拉提醒人民，「不要期待奇蹟出現」。他就任南非總統之後講的這句話，正是針對過往的積弊有感而發。◀1990（當年之音）

在薩伊境內哥馬地區最大的盧安達難民營，聚集上百萬的男人、婦女和小孩。每天有數千人因疾病而死亡。

中非

盧安達慘劇

② 1994年4月，載有盧安達和蒲隆地總統的專機在盧安達首都基加利被擊落，開啓了盧安達的屠殺慘劇。之後3個月內，50萬盧安達人被殺，全國800萬人口中有一半流離失所。殺戮大都是由胡圖族人進行的，但到了年底，圖西少數民族卻意外地獲得了可能只是暫時的軍事勝利。

盧安達的種族問題是近年來才發生的現象。胡圖族和圖西族長期以來一直和平共處，前者從事農耕，後者則為從事畜牧業的王族。這兩個民族信奉同樣的神祇，說相同的語言，也互相通婚。但是在1916年，比利時接替德國對該國進行殖民統治後，加劇了兩族間的社會隔閡。比利時統治者讓白皮膚的圖西人接受較好的教育並擔任高級的政府官員。1959年胡圖人造反，屠殺了2萬圖西人，並且又驅逐了15萬人。3年後，比利時終於准許盧安達獨立，並將政權移交給胡圖族。新的胡圖族統治者對殘存的圖西人（約佔總人口的15%）進行殘酷迫害。1993年，經過與圖西族領導而以烏干達為基地的盧安達愛國陣線（PRF）進行3年內戰之後，胡圖族總統朱韋納爾‧海巴利馬拉被迫釋出權力，與圖西族共享。

這一行動使海巴利馬拉付出生命的代價。在他結束兩族和平會議搭機返回時，強硬派的胡圖族軍隊擊落了他的座機，卻把責任歸咎給盧安達愛國陣線。之後，胡圖族士兵與民兵採取野蠻行動，屠殺了圖西人、溫和派的胡圖人（包括盧安達總理）、天主教牧師和聯合國維持和平部隊中的10名比利時士兵。但盧安達愛國陣線部隊擊敗了政府軍，他們擁有更佳的裝備和更嚴格的紀律，約有2萬人之眾，大批的胡圖人不久也加入了鄰國的圖西族難民營。

7月，盧安達愛國陣線佔領了基加利，並建立民族聯合政府；起義領導人保羅‧卡加梅敦促所有難民重返家園。大多數圖西人回來了，但是流亡的胡圖族官員不相信盧安達愛國陣線所做的安全保證，並企圖利用營地作為游擊隊的基地，要他們的族人留在原地。霍亂開始在難民營裏流行，造成數千人死亡。與此同時，胡圖族士兵囤積食物並阻止他們的同胞離開。看來由圖西人所掌控的政權是相當脆弱的。◀1972（邊欄）

韓國

核子問題攤牌

③ 北韓共產黨無視於1968年所簽定的《禁止核武擴散條約》，在1994年進行了一項令人恐懼的活動。在歷經數月的阻撓國際原子能總署進行例行檢查之後，是年3月份，年邁的獨裁者金日成拒絕聯合國機構對北韓9個核能廠中的一個進行安全調查。北韓否認正在發展核子武器，但是根據美國方面提供的情報，北韓這個世界上信奉史達林主義的僅存國家之一，正在從核電廠提取鈽以製造原子彈。

一幅諷刺聯合國努力制止北韓核子計畫的漫畫。

藝術與文化 **書籍**：《在伍茲湖》提姆‧奧布萊恩；《自尋樂趣》威廉‧加迪斯；《公開的祕密》愛麗絲‧蒙羅；《故事精選》格雷絲‧佩利；《鐘聲繚樑：美國生活中的資訊和階級結構》理查‧赫恩斯坦、查爾斯‧默里 **音樂**：《伏都漫步》滾石合唱團，LP；《維特洛基》珍珠果醬合唱團，LP；《怪物》R.E.M合唱團，LP

1994

「這頭名喚『和平』的熊還沒有被找到，但他早已被剝了皮，而且人們正在利用他的皮作外衣。」
—— 以色列小說家梅厄·沙萊夫，在聽到阿拉法特、拉賓和西蒙·裴瑞斯獲得1994年諾貝爾和平獎的消息後所說的話

中國與北韓的傳統聯盟關係使聯合國行動顯得軟弱無力。當美國尋求國際支持對孤立而貧困的北韓實行貿易制裁時，金日成立誓要報復南韓。然而在6月份，原本緊張的僵局竟出現了突破性的發展：美國前總統卡特會晤金日成，並得到北韓暫時中止原子彈計畫的保證。於是卡特宣稱「這場危機已經結束」。但就某種程度來說，這僅僅是個開端。兩週後，美國與北韓在日內瓦的核子會談才剛開始，這位82歲的強人金日成過世了。金日成生前被尊崇為「偉大領袖」，他從1948年開始掌權，是該國眾所周知的唯一領導人。

做為共產黨政權第一代王朝的接班人金正日，是金日成52歲的兒子，很明顯地繼承了權力，但地位仍不明朗。日內瓦會談繼續進行，一份10月協議要求北韓拆除鈽原子爐反應器，為此美國將提供經濟援助（包括讓與無放射性的輕水原子爐反應器），及外交上的正式承認。但在12月末，該協議陷入僵局，因北韓擊落一架誤闖入其領空的美國直升機，一名飛行員被擊斃，而另一名被扣押了一個星期。令人不安的冷戰後遺症仍然持續進行。◀1968（6）

北愛爾蘭
希望的曙光

④ 非法的愛爾蘭共和軍聲明「完全停止軍事行動」，並於1994年8月31日開始生效。英國統治的北愛爾蘭領地內的公民、天主教徒和聖公會教徒自動發起許多街頭慶祝活動。促成停火的動力來自前一年12月，英國首相約翰·梅傑和愛爾蘭總理阿爾伯特·雷諾茲的初步構想：如果游擊隊永久停止敵對活動，英國就同意與愛爾蘭共和軍的合法政治組織新芬黨談判北愛爾蘭問題。最後兩位總理達成協議，原由聖公會控制的北愛爾蘭命運將由全民公決。

一方面擔心會顯得太快遭棄忠誠的英國子民，一方面又急於解決每年耗費45億美元的經濟問題，梅傑在9月時堅持必須在愛爾蘭共和軍正式停火3個月後才開始談判（過去在1972年和1975年曾有過類似的停火，但皆為期不久）。聖公會的準軍事化組織陸續同意放下武器，但通往和平的道路仍有許多障礙：愛爾蘭共和軍拒絕交出軍械庫；而愛爾蘭共和軍和聖公會亦留下棘手的政治犯問題；新芬黨領袖格雷·亞當斯（當他在2月拿到美國簽證時，得到其政治可信性）要求英國從北愛爾蘭撤走1萬7600名英軍。儘管如此，情況還是有所進展。亞當斯表示「會與英國及北愛爾蘭統一黨黨員進行讓步和解。」這新的彈性空間為北愛爾蘭問題的解決帶來一絲希望。◀1981（9）

在貝爾法斯特，25年來的教派衝突為這一代成人留下難以抹滅的烙印。

中東
和平運動和屠殺

⑤ 中東地區的和平從來不曾像1994年那樣撲朔迷離。在以色列與巴勒斯坦解放組織簽署的劃時代條約才滿5個月，一名以色列宗教狂熱分子2月份在希布倫陵寢的清真寺中掃射29名朝拜者。凶手是布魯克林出生的醫師，遭倖存者毒打；驚慌的以色列士兵對著逃散的人群射擊，使得更多人喪命。之後，阿拉伯游擊隊和猶太民兵的報復行動隨即而起（包括在阿根廷宜諾斯艾利斯猶太中心的爆炸案，造成100人死亡）。

這場暴力延遲了在以色列佔領區實行巴勒斯坦人有限自治的初步階段，此即為上述即條約的主要條款規定；直到5月，以色列軍隊才將耶利哥和加薩走廊移交給巴勒斯坦政府。兩個月後，阿拉法特結束流亡生活，凱旋歸來。然而，他卻是個不稱職的管理者，甚至拒絕說明外國資助的用途，造成捐贈者扣押資金。民主派的巴勒斯坦人因為他的專橫而被疏遠；強硬派則斥責他與以色列合作。

10月時，一個武裝的回教基本教義派組織「哈瑪斯」，對阿拉法特當局發動全面攻擊，企圖阻撓和平進程。恐怖主義分子綁架一名以色列士兵，將他錄影下來並以此錄影帶要脅釋放被捕的哈瑪斯成員，接著又在以色列突擊隊突襲他們隱

仇恨的慘象：哈瑪斯成員在特拉維夫公車上發動自殺攻擊所造成的慘案。

匿處時將該名士兵擊斃。就在同一天，阿拉法特和拉賓獲頒1994年的諾貝爾和平獎。數天之後，一枚自殺式炸彈在特拉維夫的公車上引爆，炸死23人。即使以色列與約旦簽署協定，共享較誠摯的關係，也未能使形勢恢復樂觀。11月，巴勒斯坦安全部隊在加薩走廊擊斃了15名哈瑪斯暴徒，以巴條約的履行被迫無限期延緩。◀1993（1）

《讚歌》聖多明哥的聖本篤修會修士，LP；《第7號交響樂》阿爾弗雷德·施尼特克　電影：《阿甘正傳》勞勃·辛密克斯；《黑色追緝令》昆汀·塔倫提諾；《益智遊戲》勞勃·瑞福；《巴塞隆納》懷特·斯蒂爾曼　戲劇：《三位高挑女人》愛德華·阿爾比；《郊外》埃里克·博戈西安；《衰退：洛杉磯1992》安娜·迪弗·史密斯；《激情》史蒂芬·桑德海姆；《日落大道》安德魯·洛伊·韋伯　電視：《急診室的春天》；《我所謂的生活》。

「我們的敵人想要戰爭，他就將得到它。」
—— 塞爾維亞領導人卡拉季奇

1994年新事物

- 以色列和梵諦岡建立外交關係

- 現存的吳川牛（1992年在獵人之家發現頭蓋骨，經鑑定而生的物種；發現於越南）
- 全部由女選手組成的美國盃帆船船隊
- 發現黑洞存在的真憑實據（由新修復的哈伯望遠鏡所發現）

美國萬花筒

罷賽

由於球隊老闆不願意加薪，大部分的棒球大聯盟球員於8月份罷賽。這是棒球球員在過去22年內第8次罷賽，而且這是第一次影響世界棒球大賽的進行。9月時，球迷們再次受到打擊。當全美職業冰上曲棍球聯盟開始新的一輪激烈球季時，曾創造空前得分記錄的洛杉磯國王隊球員韋恩·格里斯基，阻止球員在新球季出場比賽，目的也是為了爭取提高球員的薪水。

冰上奇聞

1994年1月，也就是在冬季奧運會於挪威利勒哈麥開幕的前一個月，著名滑冰種子選手托尼婭·哈丁企圖排除競爭對手南茜·

克麗根，找人去棍擊她的膝部（不過，她很快便痊癒）。哈丁受到指責但缺乏證據定罪，她上訴要求保留她在美國國家代表隊的資格。在「好女孩與壞女孩」的利勒哈麥之戰中，哈丁表現不佳。克麗根則發揮正常，緊跟在烏克蘭選手奧克薩拉·巴尤爾之後得到亞軍。

搖滾巨星之死

庫爾特·科貝恩融合了重金屬的

格里將美國中心的鍍鋅遮陽篷比喻為「芭蕾舞者的短裙」。

建築

在巴黎的一個美國人

⑥　1994年6月，被譽為本世紀最傑出的建築師之一的法蘭克·格里向他的美國故鄉展現了一座在巴黎的建築物。他的美國中心參考了洛杉磯設計者隨興拼湊的「解構主義」風格。顧及到當地的環境，他採用傳統巴黎的石灰岩來建造該中心（作為展示美國文化所用）。一些當地的批評家表示失望：這棟建築看起來太法國式了。◀1991（8）

科學

恐龍新發現

⑦　1994年4月，一支由美國自然史博物館和蒙古科學院的科學家所組成的聯合探險隊，自前一年夏天於戈壁沙漠出土的化石中得到驚人發現，其中包括了140個8000萬年前哺乳動物的頭蓋骨，以及如火雞般大小近似恐龍和鳥類的動物。接著在11月分，探險隊宣佈一項更為重要的發現：首枚經明確鑑定的一種肉食性恐龍胚胎。

這個偷蛋龍的胚胎是由探險隊成員馬克·諾雷爾在一個被風化的15公分化石蛋中發現，這對恐龍繁

一個在8000萬年之久的蛋殼裏尚未孵化的恐龍化石骨骸。

殖習性研究有新的助益。早在70年前，古生物學家羅伊·查普曼·安德魯斯就在戈壁發現了一副成年偷蛋龍的骨骸，其下有一堆同類的蛋。安德魯斯曾認為這些是被偷蛋龍（源於拉丁的「偷蛋者」）吞食的其他物種的卵。1994年的發現說明這種偷蛋恐龍正在照料其尚未孵化的後代，這行為曾被認為只有草食性恐龍才會這樣做。◀1959（5）

墨西哥

動亂的一年

⑧　1994年元旦所爆發的農民起義，使得墨西哥一段時期內的經濟改革和相對穩定以激烈的衝突告終。起事的嘉帕斯州位於墨西哥的最南部，也是最貧窮的一州。當地的薩帕蒂斯塔國民解放軍曾一度佔領了7座城鎮，而後在政府軍的猛烈攻擊下被迫撤退到山區。這支2千人游擊隊的目標是為了結束革命制度黨（PRI）65年來的一黨專政。

不巧的是，就在薩帕蒂斯塔起義的那天，北美自由貿易協定生效。該協定規定在美國、加拿大和墨西哥之間進行自由貿易，這是持專家政治論的總統卡洛斯·薩利納斯·德戈塔里重建墨西哥6年計畫中的首要目標。他的許多經濟改革措施吸引了第一世界的投資者。但是起義者指出，腐敗的一黨政治使得絕望的貧苦農民與繁榮富足無緣：不計其數的金錢仍然落該黨老朽官僚們的口袋裏。

墨西哥在4月份時遭受另一打擊，薩利納斯選定的接班人，也是呼聲最高的總統候選人路易斯·唐納多·科洛西奧在選舉中被槍殺。其位置是由歐內斯托·澤迪洛·龐塞·德萊昂代替，他贏得了8月的大選。科洛西奧是自1928年迄今第一個被謀殺的全國性政治人物，但不是該年的最後一次：革命制度黨內傾向改革的總書記何塞·法蘭西斯科·魯伊斯·馬謝烏在9月被謀殺。兩個月後，他的兄弟指控該黨為共犯。

12月，塞迪洛就職，墨西哥既有的裂痕彷彿有擴大的趨勢。當驚慌失措的外國投資者紛紛放棄投資時，薩帕蒂斯塔再次起義，而墨

在薩帕蒂斯塔起義者和墨西哥政府軍的衝突中，造成100多人的死亡。

西哥貨幣披索則大幅貶值。其實，在塞迪洛試圖緩解國際上的恐懼之前，他應該先讓人民相信他對改革的態度是嚴肅認真的，不論是社會改革或是經濟改革。◀1993（2）

波士尼亞

血腥的巴爾幹

⑨　波士尼亞-赫塞哥維那境內敵對交戰的塞爾維亞人和回教徒於1994年2月所簽訂的停火協議，就象徵著波士尼亞的災難性衝突：雖然國際上認為這項協議是和平的開端，最後證明只是外交上的「櫥窗展示」。波士尼亞的塞族砲轟薩拉耶佛和其他波士尼亞城市，其目的是希望與南斯拉夫的塞族人共組「大塞爾維亞」；回教徒掌控的波士尼亞軍隊仍在拚死戰鬥，捍衛還未被塞族佔領的30%波士尼亞領土；雙方（尤其是塞族）持續折磨、屠殺和蹂躪平民，進行滅種的「種族清洗」運動。北大西洋公約

「我的夢想是實現民主。要我停止這個夢想就好比是要我停止呼吸。」

—— 復職的海地總統阿里斯蒂德

聯合國「藍盔」部隊搶救一位在塞族進攻戈拉日代中受傷的平民。

組織和聯合國繼續採取拖延政策，無法制止屠殺事件的發生。

1994年春，死亡人數達20萬人（85%是平民），400萬人流離失所。北約多次以發動空襲為要脅，企圖迫使波士尼亞的塞族領導人拉多萬·卡拉季奇回到談判桌上。但是受到塞爾維亞總統斯洛博登·米洛塞維奇支持的卡拉季奇，只想讓自己部隊免遭懲戒。同時，塞族對位於波士尼亞西北部被聯合國宣佈為安全區的回教徒領地「比哈奇」發動攻擊，更突顯出2萬2千名聯合國維持和平部隊的無能。北約採取了最大的一次軍事行動，轟炸塞族的空軍基地。塞族則扣留聯合國部隊為人質做報復。事後卡拉季奇幸災樂禍地說：「當比哈奇為塞族佔領後，就會成為安全區。」

使情況更加惡化的是，北約本身也分裂了。美國指責塞族並主張武裝回教徒；英、法則譴責交戰雙方，並且認為提供更多的槍械只會帶來更多的問題。當戰事苦撐到第3個年頭時，一位聯合國官員提出尖銳的批評：「我們都是共犯。」

◀ 1992（1）

加勒比海地區

阿里斯蒂德重返海地

⑩ 海地首次自由選舉產生的總統已在美國度過3年的流亡生活，推翻他的陸軍軍官實行恐怖統治，約有3千名平民被準軍事人員殺害。由美國發起的貿易禁運更加深了這個半球上最貧窮國家的悲慘命運，然而對具統治者似乎沒有產生任何影響。當軍政權一再背棄恢復民主的許諾後，數千名難民逃往佛羅里達（大多數被扣留在古巴關塔那木灣的美國海軍基地，那裏

還有數千名逃亡的古巴人）。最後在1994年，美國終於同意以武力協助尚·貝特朗·阿里斯蒂德神父。

柯林頓總統在5月份首次暗示可能採取入侵行動，但是在面對責難後卻又躊躇不定。反對派強調阿里斯蒂德是一個激進的「火苗」，且海地對美國的利益無足輕重；大多數美國人亦反對出兵。但是，當美國發現嚴厲的制裁只是加深軍政權的抵抗之後，柯林頓在9月份集結戰艦。接著，他派出由前總統卡特、柯林·鮑威爾將軍和喬治亞州參議員薩姆·納恩組成的代表團前往太子港，進行11個小時的外交努力。這項努力的確奏效：海地的三巨頭胡爾·塞德拉斯將軍、菲利普·賓巴將軍和約瑟夫·米歇爾·法朗索瓦中校同意讓位。

約2萬名美國士兵迅速抵達海地。他們的任務是幫助海地政府在過渡期間維持當地秩序。但是在準軍事人員引發流血事件，以及海地警察和美國海軍陸戰隊互相襲擊（10名警察死亡）之後，任務範圍便擴大了。

雖然暴徒洗劫了警察和軍隊的大樓，大多數海地人仍聽從阿里斯蒂德的呼籲放棄報復。就在他10月15日返回海地的前兩天，塞德拉斯和賓巴前往巴拿馬（法朗索瓦則更早就逃離海地了）。這位資本主義和美國帝國主義的宿敵感激柯林頓的援助並著手重建商人的信心。當海地人民在街頭歡呼時，這位國家的新領導人正在沒有任何可用電話的辦公室中工作，努力重建他的國家。◀ 1990（13）

海地人歡迎阿里斯蒂德和美國軍隊結束獨裁統治。

科技

海底通行

⑪ 從拿破崙時代起，工程師就夢想建造一條30公里的海底通道，以連接不論是在心理上或是物理上都分隔英國和歐陸的海峽。拿破崙時代的計畫是建造通行驛馬車的隧道，並設計浮出水面「煙

歐洲之星高速火車TGV在加來進入海底隧道。

囪」作為通風口。近200年後的1994年5月，當英國女王伊麗莎白二世和法國總統密特朗為這條耗資150億美元的海底隧道命名時，這夢想便奇蹟般地實現了。這是歷史上耗資最大的民間投資工程項目。

海平面底下平均深度45公尺的這座「海底隧道」，是由1萬5千名工人持續工作7年多才完成的。它在11月開放通車，英、法兩國之間的通行只需35分鐘的火車行程。

◀ 1959（3）

誇張、龐克的侵略和黑人流行音樂的抒情，形成了一種被稱之為格林吉的音樂。當西雅圖尼爾瓦納樂團（最典型的「西雅圖之

聲」）的團長科貝恩於4月結束了自己27歲的生命時，許多人是在他尖銳而通常是絕望的音樂聲中，得知其死訊——就像是個X世代的寓言。

止血

互相競爭的兩家美國頂尖生物技術公司的科學家，於6月時宣布已分解了血栓（一種刺激骨髓產生血小板或是血凝塊細胞的荷爾蒙）。這種血栓研究已有35年的時間毫無進展，但是採用基因療法和細胞突變的新方法，促成了這次的突破性發展。這對困難的生物技術工業而言，產生了極高效益：因為每年的藥物專利就高達10億美元。◀ 1900（12）

白水事件

司法部長珍妮特·雷諾於1月份任命律師羅伯特·菲斯克為特別檢查官，調查阿肯色州的白水開發公司。該公司是比爾·柯林頓、希拉蕊·柯林頓，和以阿肯色州為基地的麥迪遜儲蓄貸款公司經理詹姆斯·麥克杜格爾在70年代末期一同成立的。麥克杜格爾涉嫌在公司破產以前動用儲蓄和貸款作為阿肯色政治家們的活動經費；他可能還動用儲蓄款充當白水公司的運用資金（明顯地他賠了錢）。在缺乏證據的情況下，醜聞的曝光仍足以使柯林頓的形象受到損害。他的行政績效在關鍵的改革上遭到挫敗，如健康保險改革計畫。而共和黨在11月中期選舉中驚人地控制了國會，亦使柯林頓總統開始步履維艱。◀ 1992（4）

1994

「我們不再稱它們爲災害，我們將稱爲瘟疫。而且我們正在步古埃及的後塵—只剩下蛙聲和瘡。」
—— 南非總統曼德拉

環球浮世繪

巨頭的興衰

3月，義大利在連續兩年緊密調查揭露政府腐敗的同時，受夠了的義大利人選了企業大亨西爾維奧·貝魯斯科尼爲新任總理。但是在12月，無情的調查深入貝魯斯科尼的商業王國。在承認他的經理們賄賂稅務檢查官（但他否認有任何的個人疏失）之後不久，貝魯斯科尼便以辭職收場。

◀1993（13）

社會主義者在日本

與義大利的貝魯斯科尼一樣，日本首相細川護熙由於反對「金錢政治」而當上總理。然而，細川護熙由於在12年前曾經接受了一筆有問題的貸款，執政不到一年就被迫下台。他的接任者也僅僅在位59天，而爲村山富市領導的新聯合政府執政鋪路。村山是日本傳統上弱勢的社會黨領袖。

◀1993（11）

死亡祭典

10月初，53名參加太陽神廟祭典（一個晦暗的最後審判日祭

典）的成員，死於一場精心策劃的集體自殺活動。血腥事件在兩個相距遙遠的地點同時發生，一個在瑞士，一個在加拿大。命令顯然是由儀式的組織者呂克·茹爾特和約瑟夫·迪芒布爾下達的。他們的動機不明，但是據權威人士透露，在瑞士該教派的農莊裏發現，這兩個人涉嫌國際槍枝走私和洗黑錢的非法活動。

◀1993（邊欄）

藝術珍品祕藏處

聖彼得堡著名的愛爾米塔什博物館館長10月時透露，在第二次世界大戰期間，蘇聯士兵從德國掠奪的700幅油畫從1945年起就典藏於該館。而藝術史學家長期以來則一直以爲，包括竇加、莫內、土魯斯-羅特列克和梵谷等傑出藝術家在內的70多幅畫早已被毀。

洛杉磯主幹線5號州際公路在地震中崩塌的情況。該次地震強度為芮氏6.6級。

災害

洛杉磯大地震

12 在1994年1月17日的朦朧大清早，洛杉磯發生了一場大地震。雖然這並不是南加州居民數十年來一直擔心的「最大地震」，但是這場地震也造成了極大的災害，包括57人喪生與150億美元的損失。震央在鄰近的諾斯瑞脊。一公寓建築群倒塌壓死了16人，整個城市的成千戶家庭、商家、教堂以及學校全被摧毀。當地11條主要的公路、繁忙的安赫萊諾斯主幹線都

科學

天體碰撞

13 1994年7月，當蘇梅克－李維9號彗星碎裂成的21個大碎塊和不計其數小碎片撞擊至木星時，在接下來的6天中，世界各地的天文學家和業餘天文觀察家用望遠鏡緊盯著木星。這次碰撞產生的威力遠大於地球上所有的核子炸彈和飛彈，產生高達3219公里的火球，並在木星表層留下了黑斑。和天文學家卡羅琳與尤金·蘇梅克夫婦於1993年共同發現這顆彗星的業餘天文觀察家，也是亞利桑那州的作家大衛·李維觀察後認爲，「這場大碰撞揭開了木星的祕密」。科學家們經由研究這起有史以來最劇烈的撞擊來瞭解木星。一般人想想知道，如果一顆彗星以每小時21萬6千公里的速度撞擊地球將會發生什麼事情。實際上，或許類似這樣的碰撞在6500萬年前使恐龍滅絕了。◀1990（12）

無法通行。

與物質損失相比較，精神損失則無法統計。這個城市最近遭受了一連串不可思議的天災人禍：從羅德尼·金恩事件所引發的暴亂到森林大火。數千次餘震在接著的幾星期內不斷發生，惶恐不安的居民只有以黑色幽默表達他們的無奈。他們說，氣候溫暖的南加州，其實也是有四季之分的：即地震、火災、洪水與乾旱四季。很多人把地震視爲最後容忍的極限，並且收拾起行李前往狀況較穩定的地方居住。

◀1992（12）

冷戰

後共產主義的矛盾

14 到1994年，僅剩下屈指可數的國家仍然堅持奉行共產主義而且，在大部分的國家中，資本主義的實踐很快就戰勝了馬克斯主義的理論。中國自誇是世界上經濟成長最快速的國家，正醞釀孕育出一群百萬富翁。曾經是反帝國主義典範的越南，則急於取悅於外國的投資者，促成柯林頓總統在2月份解除了19年來對越南的禁運；此外在5月，柯林頓不顧人權維護者們的失望，再次給予中國最惠國的的待遇。

甚至強硬的古巴也試探性地加

入這股潮流，它的經濟由於失去蘇聯援助而舉步維艱。是年夏末，哈瓦那在遭逢35年來最嚴重的一次暴動後，菲德爾·卡斯楚允許3萬5千名難民前往佛羅里達。卡斯楚希望人流（雖然比1980年那一次要少）能夠促使美國結束對他的禁運。但是柯林頓反而撤銷對古巴人提供庇護的保證，美國海軍和海岸警備隊拘禁了這些船民，而且美國談判代表拒絕解除經濟制裁。爲了安撫古巴人民和美國，卡斯楚再次開放了自由企業的農民市場。這是自80年

列寧的夢魘：俄羅斯年輕人沉迷於資本主義生活方式。

代短暫地開放市場之後，最實際的一項經濟改革。他停止發表反美的言論，甚至在12月份接受《紐約時報》採訪時，特地向保守的美國國會議員們致意。

耐人尋味的是，許多正式取消施行共產黨的國家卻逐漸發現資本主義的缺陷。被猛增的失業率和通貨膨脹嚇慌的波蘭選民，在1993年第一次選擇了在國會中佔多數的前共產黨人組成聯合政府。和其他東歐的國家一樣，自從1989年反共產革命以來，選民們（例如像是匈牙利）重新選擇讓共產黨掌握政權。波蘭人擔心改革步伐過快可能會造成混亂。

但是動亂和發展緩慢並不是不能共存的，在改革進行緩慢的前蘇聯，一群土生土長的黑社會幫派操縱合法的經濟行爲，並且走私販賣從海洛因到鏷元素的各類物品。破舊的油管在寒冷的西伯利亞苦原到處漏油。俄羅斯帝國的解體持續進行著；頹喪的莫斯科軍隊與車臣回教共和國的分離主義者依然發生戰鬥。◀1993（4）

明星逃亡

辛普森的信，1994年6月17日

1994年6月13日子夜，妮科爾·布朗·辛普森和羅納德·戈德曼被發現躺在妮科爾的布倫特伍德別墅外的血泊中。從那時起，辛普森案件在美國掀起了一陣名人事件熱潮。洛杉磯警察立刻就懷疑兇手是辛普森（美式足球英雄與電影演員），他殘暴地以利刃殺害前妻及其男友。公眾不願意起訴這位名列美國名人堂的人，尤其他又堅持自己是無辜的。6月17日，警察預計在這天逮捕辛普森，他與他多年的摯友阿爾·柯林斯突然駕著白色福特野馬汽車逃亡，留下了一封絕書（見下文）給一位朋友，以提供媒體發表。數千人為辛普森與大批警車進行一場離奇低速的公路追逐而喝彩；數百萬人為一個名人公開的絕望掙扎所吸引，密切注意直升機從空中拍攝的新聞現場直播。最後，辛普森返回布倫特伍德別墅，用車上電話與警方經過一番交涉後投案。接著就開始了曠日持久的審判。在美國，每個人似乎都對辛普森案件有自己的看法，而且實際上每個人也都與此有著某種聯繫—從法官、律師到辛普森的佣人卡托·凱林。簡而言之，幾乎和這位名被告有關的人也都因此出了名。這就是美國人對名人永不滿足的嗜好：即使這個名人不是英雄，至少要是個明星。◀1907（當年之音）

致所有關心的人：

首先，請大家理解，我與妮科爾謀殺案沒有任何關係。我愛她，從過去、現在直到永遠。如果我們之間存在問題，那就是因為我實在太愛她了。

最近，我才逐漸明白我們彼此之間的不合適，至少此時此刻是這樣的。除了之間的愛，我們有許多不同之處，為此我們協議分手。

這是第二次痛苦的割裂，但我們雙方都知道這是個不得已的選擇。我深信將來我們仍會是很親近的朋友或是更好。與報刊上所報導的有所出入，事實上，我與妮科爾在我們共同生活的大部分時間裏，保持著親密的關係。像所有的長期關係一樣，我們也有起伏。1989年新年，我曾因某事而情緒激動震怒，但在當時那是不得不然的。我不會因為任何的理由放棄抗辯，但是為了保護我們之間的隱私，我要奉勸新聞界停止過度誇張的鼓噪。

我並不想責難新聞界，但我不能相信他們的說詞，有絕大部分都是杜撰的。我知道新聞是你們的工作，但我真心懇求你們網開一面，讓我的孩子們得到安寧，他們的生活已受到太多的干擾。

我要將我的摯愛和感激之情奉獻給我所有的朋友。我很抱歉不能列舉你們每一個人的名字。曼，特別感謝你出現在我的生命中。我得到許多支持和友誼：韋恩·休斯、劉易斯·馬克斯、法蘭克·奧爾森、馬克·佩克、本德、鮑比·卡爾達西恩。我真希望我們還能共度更多的時光。我的高爾夫球友豪斯、亞倫·奧斯汀、邁克、克雷格、本德、懷勒、桑迪、傑伊、多尼。感謝你們所給我帶來的歡樂。

所有我多年來的隊友們！雷吉，你是支持我事業的靈魂人物；艾哈邁德，我一直以你為榮；馬庫斯，你在凱瑟琳擁有一位可人的太太，請珍惜這一切；鮑比·錢德勒，感謝你總是在我身旁。斯基和凱茜，我愛你們，如果不是因為你們，我不會有今天。

瑪格麗特，感謝你在早期所給予我的一切。我們擁有過歡樂。波拉，讓我說什麼好呢？你是一個特別的人，很遺憾我們再也沒有機會了。我現在明白，是主將你帶給我。即使我離開人世，你也永遠存在我的心中。

回顧我的一生，自認過去所做的事大部分都是對的，為什麼會落得這樣的結果呢？我無法接受。無論結果如何，人們都將指指點點。我不想這樣。更不能讓我的孩子面對這些。只有如此做，他們才能好好繼續他們自己的生活。

如果我在我的生命中做過任何一點有益的事，懇請你們，讓我的孩子遠離媒體而生活在安寧之中。

我曾經擁有美好的生活，我為我過去的生活感到自豪。我的媽媽教導我，你要別人怎樣待你，你就要先怎樣待人。我如此奉行。我努力奮發向上且樂於助人，但這一切為什麼會發生呢？

我為戈德曼的家庭感到遺憾。我知道他們受到了很大的傷害。

妮科爾和我曾共同擁有過一段美好的生活。對於所有經歷過長期共同生活的關係而言，新聞界說我們的關係發岌可危是不公允的。她的所有朋友將確信，我一直全心全意愛她，並理解發生在她身上的任何事情。

有時候我覺得自己是一個粗暴的丈夫和男友，但我是愛她的。每個人都必須明白這點。而且為了她，我付出了全力。

不要為我感到難過，我曾擁有美好生命和朋友。請懷念真正的辛普森，而不是現在這個懦夫。

感謝你們使我的生命變得如此特別。我希望我也曾如此幫助過你們。

平安與愛，

辛普森

在辛普森（犯罪檔案照片，最上）涉嫌謀殺他前妻之前的5年，就曾因家庭暴力而被捕。辛普森和妮科爾於1992年離婚，這是1993年試圖重修舊好時在紐約夜總會露面的照片（上右）。在追捕辛普森時，洛杉磯警察擔心他會自殺：當他的朋友阿爾·柯林斯駕駛福特野馬汽車（上）沿著公路行駛，辛普森躺在座位上用槍指著自己的腦袋。

索引

</>

致謝

Picture credits are listed alphabetically by source, followed by the year in which the photograph appears and its placement by story number. The Editors have used their best efforts to obtain proper copyright clearance and credit for each of the images in *Our Times*. If, despite all of these precautions, an unavoidable and inadvertent credit error has occurred, it will be corrected in future editions. The following abbreviations are used: m=Marginalia; v=Voice; a,b,c,d=order of pictures from top to bottom, left to right.

3M Corporation: 30.2
A. Kertész © Ministère de la Culture: 20's opener
A & M Records: 76m.d
Abbeville Press: 10c.b
Academy of Motion Picture Arts and Sciences: 29.2.
©AFF/AFS Amsterdam: 47v.
AFL-CIO: 55m.b.
Al Hirschfeld/Margo Feiden Galleries: 19m.c, 77v.b, 77v.c.
Alan Magee: 80.7.
Allen Ginsberg/Wylie, Aitken & Stone: 59v.a.
Alphonse van Woerkom: 72.7
American Express: 58m.a
American Heritage Publishing Company: 03v.b, 04.12, 06.10, 17.1, 32.5, 36.10, 40m.d-f, 42.15
American Museum of Natural History: 02.10, 82.7b
American Superconductor Corporation, photo: TR Productions: 11.2
Amnesty International: 77.2
Anita Kunz: 90
Ansel Adams ©1994 Publishing Rights Trust: 70essay.b
AP/Los Angeles Police Department: 94v.a
AP/Wide World Photo: 03m.b, 05m.b, 18.1, 21.1, 22m.b, 29v.b, 33m.d, 34.4, 35m.b, 37v.a, 38.10, 39m.d, 41.4, 41.15, 41.17, 42.5, 43m.c, 43m.g, 43v.b, 44.12, 44m.c, 45.4, 45.13, 46.3, 46.5, 46.8, 48.11, 48m.d, 53m.c, 58.2, 58v.c, 58v.d, 59.9, 59m.e, 60.8, 60.13, 64.4, 64.11, 68.4, 68m.d, 70.7, 71.2b, 72.1, 73.6, 73.10, 74.4, 76.8, 76.14, 78.13, 80.3, 80essay.b, 82.13, 82v.a, 83.2, 83.8, 85.9, 85.10, 86.8, 86.12, 87.1, 87.7, 87m.e, 87m.d, 87v.a, 88.7, 88.12, 89.5, 90's opener, 91m.a, 91m.c, 92.9, 94.c
Architectural Association, London: 51m.d
Archiv für Kunst und Geschichte, Berlin: 09.1, 15v.c, 23.2, 24.5, 31.1, 39.17, 40 essay b, 43.8, 45.3, 48.2, 53.12, 59.13
Archive Photos: 06.7, 10.4a, 12.12, 12m.a, 12m.c, 17v.a, 19m.d, 20.5, 20.6, 22.8, 22.11, 23m.c, 26.5, 27.5, 27.12, 28.13, 29.6, 30m.b, 31.10, 32.3, 32.11, 32v.b, 34.2, 34.8, 34.11, 34m.d, 36.1, 36.8, 37.10, 40.2, 40.11, 40m.c, 40m.g, 40v.a, 41.2, 41.10, 42.5, 42.6, 42.11, 42m.a, 42v.a, 43.3, 43.5, 45.8, 45.17, 45v.a, 46m.a, 47m.b, 49v, 50.1, 50.7, 50v.b, 51.1, 51.2, 51.10, 52.2, 52.11, 53.5, 53.13, 54.4, 55.12, 55v, 57.4, 57.7, 59.3, 60.1, 60.10, 60m.d, 61.4, 61m.b, 61m.c, 62.3, 62.4, 62.7, 62.9, 62.12, 62m.b, 62m.d, 63.12, 63m.b, 64.1, 64.2, 64.7, 64m.c, 65.1, 65.2, 65.7, 65.9, 65m.b, 65m.c, 65m.d, 66.9, 66m.c, 67.6, 67m.d, 68.9, 68.13, 68m.c, 69m.d, 71.1, 76.9, 77.10, 78.10
© Arnold Eagle: 44.14
Art Institute of Chicago: Edward Hopper, *Nighthawks*, 1942/42.17; 81.11
Art Resource: Bridgeman, 13.2; Giraudon, 10.6, 16.4, 18.12, 37.7; Giraudon@ARS, 28m.d; Erich Lessing, 1900.6, 25.7; Foto Marburg © VAGA, 06m.d; Lauros Giraudon, 09.4b; Museum of Modern Art, 07.1; Roos, 05.10; Scala, 01.2, 09.9, 22.3b; Schaikwijk, 33v.b; Spadem @ARS, 01.6; Tate, © 1995 Estate of David Smith, VAGA, 63m.c, 32.13, 37m.d, 44.16, 44.16b, 44.16c, 67m.d, 70.10; Art Resource: 02m.d
Arthur Murray Dance Studios: 14.7b
Artists Rights Society: Joseph Beuys: © 1995 by ARS, New York, NY/VG Bild-Kunst, Bonn, 74.9; Constantin Brancusi: SPADEM, Paris, 28m.d; Alexander Calder: © 1995 by ARS, New York, NY, 37m.d; Marcel Duchamp: SPADEM, Paris, 13,2. 17.4; Alberto Giacometti: © 1995 by ARS, New York, NY, 47m.e; Salvador Dali: © 1995 Demart Pro Arte, Geneva, 1900essay.d; Willem De Kooning: ©1995 Willem De Kooning, 50.4; Max Ernst: SPADEM/ADAGP, Paris, 24.3; Wassily Kandinsky: SPADEM, Paris, 10.6; Marie Laurencin: © 1995 by ARS, New York, NY/ADAGP, Paris, 18.9; Le Corbusier: SPADEM, Paris, 23.8; Man Ray: The Man Ray Trust & ADAGP, Paris, 26.2; Henri Matisse: ADAGP, Paris, © 1995 Les Heritiers Matisse, Paris, 5.10; Claude Monet: SPADEM, Paris, 16.4; Edvard Munch: BONO, Oslo, 06.2; Georgia O'Keefe: © 1995 The Georgia O'Keeffe Foundation, 29.8; Pablo Picasso: SPADEM, 01.6, 07.1, 18.12, 37.7; Jackson Pollock: © 1995 The Pollock-Krasner Foundation for the Visual Arts, 50.4; Mark Rothko: © 1995 Kate Rothko-Prizel & Christopher Rothko, 70.10; Richard Serra: © 1995 Richard Serra, 85m.c; Gino Severini: SPADEM, Paris, 9.9; Andy Warhol: © 1995 The Andy Warhol Foundation for the Visual Arts, 62.8
ASAP/Government Press Office: 51.4
Associated Newspapers Group, Ltd.: 78.1
Associated Press Ltd.: 53.4
AT&T Archives: 15.7, 19m.a, 47.1, 62.13, 64m.a, 82m.c
Australian War Memorial: 42m.f
Automobile Club of France: 1900m.d
Automotive History Collection, Detroit: 03.8
Barbara Gladstone Gallery, New York: 82.10c
Barbie/Mattel Toys: 59m.c, 60chart
Bassano & Vandyk Studios: 37.11. BBC: 71.10
Bettmann Archive: 1900.4, 01.1, 01m.d, 02.1, 03.7, 04.13, 06m.b, 07.6, 07.7, 07v.a, 08m.d, 08m.e, 10.4b, 10essay.b, 11.8, 11v.a, 13.11, 13m.a, 17m.b, 18.4, 20.7, 20.12, 20v.a, 21.10, 21m.d, 21v.a, 22.7, 23.1, 23.4, 23.7, 23.13, 24.1, 24.12, 24v.a, 25.13, 26.10, 26v.a, 27.2, 28.5, 28m.b, 28v.b, 29.5, 29.12, 29.13, 29m.b, 31.9, 30.12, 32.1a, 32.9, 32m.c, 32v.a, 33.9, 33.10, 33.13, 33m.e, 34.14, 35.10, 35m.c, 35m.d, 36v.b, 37.3, 37.4, 37.9, 37v.b, 38.5, 38m.c, 38v.a, 39.2, 40.7, 40.17, 40m.a, 41.5, 41m.b, 41m.d, 41m.e, 43.12, 43.17, 44v.a, 45.6, 45.7, 45.9, 45.14, 45m.c, 45m.e, 46.11, 47.5, 48m.b, 49.7, 49.8, 50.5, 50.9, 51.2, 51.5, 51m.b, 51m.c, 52.10a, 52.10b, 52.5, 54.7, 54.9, 55.4, 55.7, 55.13, 55m.e, 56.11, 56m.b, 56m.c, 57.9, 57m.b, 59m.d, 60.7, 60v, 61.2, 61.8, 61.12, 62.5, 62v, 63.1, 63.3, 63.8, 64.10, 65v, 66v, 67.1, 67m.c, 68.7, 68.10, 68.12, 69v, 70m.a, 70m.c, 73.8, 73m.c, 74.1, 74m.b, 74v.a, 75.4, 75m.c, 77.13a, 77m.b, 78m.c, 78m.d, 78v.c, 80.2, 80m.b, 83v.a, 84m.d, 86.9, 86m.b, 87.4, 89m.b, 89m.d, 89v.a, 90.13, 92.10, 93.11, 93.5
Bilderdienst Suddeutscher Verlag: 15v.a, 35.14, 41.6, 49.3, 51.13
Bill Graham Enterprises: 67.5
Black Star: Harry Benson, 57.3; Charles Bonnay, 54.3; Gillhausen, 56.5; Charles Moore, 63.7; Peter Northall, 92.1; W. Eugene Smith, 55m.c, 73.7; R. Swanson, 69.6; Werner Wolff, 49m.a
Boeing Commercial Airplane Group: 69m.a
Bonnie Shnayerson: 18m.a
Brigham and Women's Hospital: 54.12
British Library: 1900.5
British Museum: 22m.d
Bronx Museum of the Arts: 54.11
Brookhaven National Laboratory: 58.3
Brooks Brothers: 50chart
Brown Brothers: 01.12, 01m.c, 01v.a, 02.5, 02.7, 07.9, 09m.c, 10.7, 10m.b, 11.5, 11.11, 12.5, 12m.d, 13.1, 13.6, 14.8, 15m.b, 16.3, 16.6, 16.12, 16m.c, 17.10, 18.3, 19.3, 19.7, 19m.b, 23.6, 24.9, 25.5, 26.4, 27.9, 27v.b, 30.5, 31.12, 32m.b, 33m.c, 35.4, 36.7, 36.12, 38v.b, 38v.c, 38v.d, 39m.b, 41.12, 44.1, 46.7, 46v, 52.6, 54.8, 56.9, 58.7
Buckminster Fuller Foundation: 47m.c
Cahiers du Cinema: 70.8
California Institute of Technology: 49.5
Calmann & King Limited: 90essay.a
Camera Press, Ltd.: 56m.d, 62.6, 64.5, 67.13, 69.2, 92.11, 93.6
Canapress Photo Service: 70.11, 92.5
Capitol Records: 73m.d
Carl Larsen © 1972 Pelican Publishing Co., Inc.: 71.4
Caroline Tisdall: 74.9
Cartoon - Caricature - Contor: 63.5, 65.1, 70.6, 82.6, 83.6, 86.9
Casterman, Paris: Centre de 29m.a.
Documentation Juive: 43.1
Charles B. Slackman: 09.3
Charles Dana Gibson: 07v.b
Charles Skaggs: 69v.b
Chesley Bonestell/Space Art Int.: 50essay.a
Chevrolet: 53m.a
Chicago Historical Society: 32v.c
China Quarterly: 31.2
Chiquita Brands International: 44m.a
Cleveland Museum of Art: 20essay.b
Clive Barda: 28.4
Collection Franklin LaCava: 72m.b
Columbia University: 12.10, 33.12
Commes des Garcons: Peter Lindbergh, 81m.d
Communist Party Library: 35.9, 38.4
Conrail: 76m.a
Contact Press: Gianfranco Gorgoni, 70m.b; Adriana Groisman, 17.3; © 1988 Annie Leibovitz, 80v; Liu Heung Shing, 80.10.
Cooper-Hewitt Design Museum, Smithsonian/Art Resource: 28m.a.
Corning, Inc: 15m.a
Courtesy Campbells: 54m.a

Courtesy Cartier: 10chart
Courtesy Doubleday: 18v.a
Courtesy Gary Trudeau: 8v
Courtesy of WLS-TV/Ch.7 Chicago: 86v.a
Cray Computers: 76.12
Culver Pictures, Inc.: 1900 chart, 1900m.c, 01.3, 01.11, 02m.c, 03.3, 03v.a, 05.4, 05.5, 05m.d, 07.2, 07.11, 07v.c, 08.3, 08.11, 09.6, 10.9, 10m.c, 10v, 11.6, 11m.b, 12.9, 13.4, 13.7, 13.10, 13m.c, 13v.a, 14.1b, 15.8, 15m.d, 16m.b, 16v.b, 17v.b, 17v.c, 17v.d, 17v.e, 18m.b, 19.4, 20 chart, 20m.c, 20m.d, 21m.b, 21m.c, 21v.b, 22.12, 22v.a, 22v.b, 23.5, 23m.b, 24m.c, 24m.d, 25m.c, 26.11, 26m.b, 26m.e, 26v.b, 28v.a, 29.1, 29.14, 30m.a, 30m.c, 32.6, 33v.a, 34.5, 35m.a, 37.5, 38.11, 39.7, 39m.c, 39v.b, 42m.c, 43.7, 43.13, 50.13, 53.8
Curatorial Assistance, Inc.: 15.11
D.C. Comics: 38m.a
David King Collection: 18.11, 30 essay.b, 39.3, 40 essay.a, 43.2, 32.8
David Levine: 48v
De Brunhoff, Abrams Publishing Co.: 31v.a, 31v.b, 31v.c
Decca/V. Purdom & G. Di Ludovico: 90.8
Department of Immigration, Australia: 46.12
Detroit Institute of Arts, Founders Society: 10 essay.c
Diane Arbus ©1965 Robert Miller Gallery: 64v
Dick Busher: 20 essay.a
Disney Productions: 23m.e, 28.10a, 28.10b
Donald Cooper: Photostage: 25.12, 45.16, 53.11, 57.12, 83.10, 86.11
Doonesbury@1970 GB Trudeau/Universal Press Syn.: 70v
Dr. Dennis Kunkel: 12.6
Dr. Seuss © 1957 Random House: 57v.a, 57v.b
Du Pont: 34.9, 38.12
Edgar Rice Burroughs Inc. © 1936: 14v.a
Edward Steichen, Vanity Fair ©1935, 1963 Conde Nast: 34v.a
Elizabeth Boyer: 42m.d
Elvis Presley Enterprises: 77.6a
Esto: Peter Aaron, 32m.a; Scott Frances, 37m.b, 94.6; Ezra Stoller, 49m.c, 54.5, 66.4
Everett Collection: 57m.c, 69.5, 79v.b, 84m.b
Farrar, Straus and Giroux: 19.12
FDR Library: 33.4, 44.11, 45.5
Florida State Archives: 25m.b
Ford Motor Company: 10 essay.a, 18.2
Foreign and Commonwealth Office: 01.7
Foundation Le Corbusier: 23.8
FPG: 40.3, 45m.d, 45m.f, 70 chart, 77.6b, 77m.c, 81m.a, 83.11, 85.8, 89m.a, 93m.a
Frank Maresca: 9.7
Frederick Warne & Company: 2v.a
French Embassy: 26.3
Freud Museum: 1900 essay.ab
Galen Rowell/Mountain Light: 12v.b
Gamma/Liasion: Anchorage Daily News, 89.13; Forrest Anderson, 88.5, 89.4; P. Aventunier, 83.5; David Barritt, 85.3; Bassignac-Gaillarde. 94.11; Jeremy Bigwood, 92.3; Bosio, 90.6; Eric Bouvet, 86.6, 88.13; Jim Bryant, 87m.b; John Chiasson, 88m.c; Karim Daher, 89.6; Malcolm Denemark, 86.2; Claudio Edinger, 75.7; Edmonson/NASA, 83m.b; Michael Evans, 77.13b; Ferry, 86m.c; Stephen Ferry, 84m.c; Jean Claude Francolon, 86.4; Porter Gifford, 93m.b; Eric Girard, 84m.e; Grabet, 79m.b; Olivier Grand, 93m.d; Louise Gubb, 83m.d; Dirk Halstead, 73m.b; Yvonne Hemsey, 87.12, 87.12; Paul Howell, 92.13; Tom Keller, 77.1; David Hume Kennerly, 72.8; Liaison, 75.1, 81.5, 82.9, 85.6, 92.8, 94m.b, 94m.d; Francois Lochon, 79.13; George Merillon, 91.5; Anticoli Micozzi, 91.4; Mingam G/L, 79.5; Roland Neveu, 83.3; Scott Petersen, 88.2; Presse Images, 76.6; Bill Pugliano, 90.11; Raymond Roig, 93.8; Shock Photography, 88.11; Daniel Simon, 78.6; Simonel, 79.1; Bill Swersey, 94.14; Thomas, 89.11; Eric Vandeville, 91.11; Diana Walker, 80.4; Zoom, 93.7
General Motors: 08m.c
George Eastman House: 1900.3, 31m.b, 36m.b, 60 essay.a, 63m.a
German Information Center: 18.1
Gilles Abegg: 85.13
Glasgow Herald & Evening Times: 05.8
Globe Photos: 54.13, 57.8, 60m.c, 64m.b, 91.10, 93m.c
Good Housekeeping Magazine: 10m.a
Granger Collection: 1900.11, 1900m.b, 01.4, 01.8, 01.9, 01v.b, 02m.b, 03.2, 04.5, 04.6, 05.3, 05.6, 05.11, 06.9, 07.4, 07.13, 08.2, 10.12a, 10.12b, 12.3, 12.11,14v.d, 15.1, 15v, 16.13, 17.5, 18.9, 19.6, 20.4, 20m.a, 21.3, 23.3, 23.9, 24.8, 24.10, 24.11, 25.2, 25.3, 25.4, 25.8, 26.8, 26.12, 27m.b, 27m.d, 28.1, 28.2, 30.8, 30.11, 31.3, 31.4, 33.8, 34.3, 35.1,35.5, 37.1, 37.13, 37m.e, 40.1, 41.7, 42.8, 42.12, 44m.b, 47.7, 50m.a, 52.13, 55.2
Hagley Museum: 40 chart
Hale Observatories: 10.5a
Harcourt, Brace Jovanovich: 20.9, 43.15
Harley Davidson, Inc.: 03m.c, .03m.c
Hasbro, Inc.: 64m.a
Hebrew University Of Jerusalem: 05.1
Helene Jeanbrau: 16v.d, 17m.e
Herman Miller © Eames: 46m.c
Hogan Jazz Archive, Tulane University: 25.6
Horst: 21.4.
Hubert Josse: 9.11, 9v.b, 28.7
Hulton Deutsch: 04.4, 04.7, 06m.a, 11.7, 14.4, 16.8, 20.3, 21.2, 22.3a, 22.5 ,25.1, 29m.d, 30.1, 30.3, 30 essay.a, 36m.d, 36v.a, 37.2, 39.12, 41.9, 50m.d, 52.1, 52m.d, 54.2, 56.7, 63.2, 67.4, 73.11, 75.10, 76.4, 94m.a
IBM: 24.7, 81.10
ICM Artists, Ltd: 71.9
Illustrated London News: 06.1, 07.10, 10.1, 10.8, 11.10, 12.1, 26.1, 29.7, 37.14
Image Select/Nick Birch: 28.11
Impact Visuals: Fuminori Sato, 94.10
Imperial War Museum: 16.1, 16v.a, 18m.d, 19.1, 1910's opener, 40m.e, 41m.f
INTEL: 71.5
Interfoto: 16m.e, 27.4, 32.7, 33.5, 45.10, 47.9, 58.12
International Speedway Corp.: 10.2
J. Paul Getty Museum: 87.13
Jack Gescheidt: 80m.a
JB Pictures: Cedric Galbe, 94.9
Jean Paul Filo: 70.1
Jeff Koons: 82.1b
Jimmy Carter Library: 78.3
Joe McTyre: 53v.a
John Vickers/University of Bristol: 44.18
Johnson and Johnson: 21m.a
Ken Regan/Camera 5: 76m.c, 82.4
Kentucky Fried Chicken Archives: 55m.a
Kharbine-Tapabor: 57.5
Kimberly Clarke: 42m.a
Kobal Collection: 14v.c, 18v.b, 30m.d, 33.2, 33m.b, 36.9, 37m.c, 38.7, 41.11, 41.18, 42m.b, 42v.b, 45m.b, 46.9, 51.7, 52m.b, 53.9, 53m.b, 57m.d, 58m.c, 59.7, 61.11, 63.10, 63.13, 66.3, 67.9, 73.12, 75.14, 77.12, 78.5, 80.8, 89.12
Kraft Foods: 17.12
Ladies Home Journal: 1900v.a, 1900v.b, 1900v.c
Landslides/Alex S. MacLean: 40essay.d
Laurie Platt Winfrey, Inc.: 1900.7, 01.5, 01m.b, 04.1, 08.1, 10.1, 13.9, 13m.d, 16.1, 17.11, 20.1, 20.9, 28.12, 36.3, 42.13, 44.5, 47.12, 67.7, 69.1,
Lear Jet: 62m.a
Lennart Nilsson: 81.1
Leo Castelli Gallery © ARS: 85m.c
LGI: Carlos Arthur, 94m.c
Library of Congress/Holocaust Museum: 42.10
Library of Congress: 04.3, 06.4, 06.5, 06.8, 06.11, 07m.c, 09.1, 12v.a, 14.5, 15.4, 15.9, 17m.c, 20.11, 24m.b, 26.7, 27.1, 27.6, 30's opener, 30.6, 32.2, 35.3, 41v.a, 50m.c, 57.10, 61.9, 63.14, 67.12, 68.11, 68v.a, 73.13, 17m.a.
LIFE Magazine © Time Inc.: Margaret Bourke-White, 36m.c, 39.4, 48.5; Loomis Dean, 56.6, 61v.a; John Dominis, 61.6, 66.13, 72m.d; Alfred Eisenstaedt, 31.14, 43v.a, 48.12, 62.11, 78.8; Eliot Elisofon, 42.16; Bill Eppridge, 69.4; J.R. Eyerman, 52m.c; Andreas Feininger, 45.2; Johnny Florea, 49m.d; Bernard Hoffman, 45.1a; Hugo Jaeger, 38.2; Dmitri Kessel, 60.9, 61v.b; Wallace Kirkland, 48.10 Anthony Linck, 47.8; Thomas McAvoy, 39.14; Vernon Merritt, 69.9; Gjon Mili, 43.11; Ralph Morse, 40.9; Carl Mydans, 44.8, 50.2; Hy Peskin, 41m.c, 47.10; Bob Petersen, 68v.b; John Phillips, 43.9; Art Riekerby, 75m.b; Michael Rougier, 50m.b, 52.9; Arthur Schatz, 65.4; Frank Scherschel, 42.14; Paul Schutzer, 60.2, 63v.b; John Shearer, 71m.c; Howard Sochurek, 45.11, 53m.d, 54.1, 55.3; Terence Spencer, 70.9; Peter Stackpole, 51v.a; George Stroch, 44.9; Greg Villet, 62m.c; Hank Walker, 54v; Baron Wolman, 37m.a;
Magnum Photos, Inc.: 54m.d, 58.1, 72.2; Abbas, **(Magnum Photos, Inc con't.)** 81.3, 85.4, 88.8, 91.1, 91.3, 92m.d, 93.4; Bob Adelman, 52.8, 63v.a; Alecio de Andrade, 79.9; Eve Arnold, 45.12, 52.7, 62.2, 65.5, 90essay.b; Bruno Barbey, 68.1, 70.3, 77.9, 80.1, 93.13; Ian Berry, 60.6, 66.12, 91.7; Rio Branco, 80.12, 92.7; Rene Burri, 46.6, 65.13, 81.12, 88.9; Cornell Capa, 50v.a, Robert Capa, 77.4; Henri Cartier-Bresson, 34.12, 43.10, 46.1, 49.1, 61.1, 79.6; Bruce Davidson, 64v.a, 66m.b, 68v.b; de Andrede, 74.2; Raymond Depardon, 70.2, 72.5, 76.3, Elliot Erwitt, 50's opener, 50.12, 54.6, 59.4; Misha Erwitt, 89.10, 92m.b; Martine Franck, 84.5; Stuart Franklin, 88.4; Leonard Freed, 74.5, 77m.d; Paul Fusco, 90.4, 94.8; Jean Gaumy, 78.12, 91.7; Burt Glinn, 49.11, 55.10, 56.3, 58.9, 59.1, 62.10, 80's opener; Lee Goff, 72v.a; Philip Jones Griffiths, 67v, 92.4; H. Gruyaert, 72.6; Rich Hartmann, 41m.h, 63.9, 70essay.d; Bob Henriques, 61.5; Thomas Hoepker, 86.10; Ivleva, 86.1; Richard Kalvar, 85.11; Hiroji Kobota, 66.10; Joserf Koudelka, 68.2; Elliot Landy, 70.4a, 70.4b, 70.4c; Sergio Larrain, 71.7; Erich Lessing, 62.1, 74.3; Guy Le Querrec, 74.8; Danny Lyon, 64.3; Costa Manos, 57.13, 67.2; Peter Marlow, 92m.b; Fred Mayer, 84.7; Steve McCurry, 89.7; Gideon Medel, 85m.d, 89.3; Susan Meiselas, 75.5, 79.8, 81.8, 84.3, 86.3, 89.2, 89.8, 90m.d; Rick Merron, 73.3; Wayne Miller, 60essay.b; Inge Morath, 69.13, 75.3, 79v.a; Don McCullin, 68.3; Jim Nachtwey, 87.6, 87m.e, 88.3, 88.10, 90.2, 94.1; Michael Nichols, 87.10, 88.6, 89m.c; Naul A. Ojeda, 73.4; Gilles Peress, 71.11, 72.4, 74.13, 81.9, 84m.a, 87.3, 88.1, 89.1; Chris Steele Perkins, 64m.d, 80.9, 92.6, 94.2; Photo MCP, 81.6; Nitin Rai, 93.9; Raghu Rai, 79.11, 84.1; Seymon Raskin, 56.2; Eli Reed, 84.10, 92.12; Marc Riboud, 55.8, 60's opener, 77.4, 87.11; Eugene Richards, 78m.b; George Rodger, 41.13, 52.4; Sebastio Salgado, Jr., 79.10, 81m.b, 82.5; Scianna, 44.15, 80.6, 87.5; T. Sennett, 84.2; Marilyn Silverstone, 66.7, 71m.d; Dennis Stock, 40.14, 45.15, 56.12, 60.12; A.Venzago, 84.8; Alex Webb, 83.1, 85m.b; P. Zachman, 95.1
Mall of America: 92m.a
Marineschule Oluvwik: 41m.g
Maria Kittler: 1900.13, 01m.a, 11m.c, 21.12, 30.13, 61.3, 71.2a, 75.6a, 75.6c, 76.1, 76.6b, 78.7
Martha Swope: 70.12, 75.12
Martin Breese/Retrograph Archive: 39.10
Mary Boone Gallery: 73.5
Mary Evans Picture Library: 1900.10 10.3, 16.5, 18.5, 19.11,
Maurice Sendak © 1963 Harper Collins: 63m.e
Mayibue Center: 48.1
McCall's Magazine: 52v
Metropolitan Museum of Art © 1995 The Georgia O'Keeffe Foundation/ARS: 29.8
MGM/United Artists: 59.8
MGM: 68.5, 74v.b
Michael Barson: 51v, 54.10, 58v.b, 58v.e
Michael Ochs Archives: 01.8, 23m.d, 35.7, 46.13, 49.10, 55m.d, 59.10, 59.11, 67.8, 83.12
Mick Ellison/D.V.P./American Museum of Natural History: 94.7
Miguel Fairbanks: 60essay.c
Miles,Inc.: 31m.a
Milton Glaser, Vanity Fair ©1983 Conde Nast: 83m.c; Milton Glaser: 92v.a, 92v.b
Mirror Syndication International: 90.5
MIT Museum: 35.12
MIT News Office: 76.5
MOMA Film Stills Archive: 34m.c; 03.4, 28.6, 31.7, 31m.c, 33.11, 39.15
Mosfilm International: 25.9
Ms. Magazine: 72v.b
MTV Networks: 81.13
Munch Museum: 06.2
Municipal Archives of the City of New York: 13m.b
Munson Williams Proctor Institute: 08.4
Museo Aereonautico, Trento/H. Serra: 22.4
Museum of Fine Arts, Boston/Tompkins Collection: 03.5
Museum of Modern Art, New York/©VAGA: 58.5; Museum of Modern Art, New York: 06.6, 06.6, 19.9, 19.9, 24.3, 24.3, 29m.c, 47m.e, 48m.c, 50.4a, 50.4b
Museum of the City of New York: 02.11, 04.11, 04m., 06v.a, 06v.b, 06v.c, 08.10, 31.6, 64.13, 66.8, 68m.b
Museum Sztudki,Lodz: 23.12
NASA: 50essay.b, 60m.a,80.5, 90.12, 94.13
National Air and Space Museum: 14.3
National Archives: 05.7a, 05.7b, 15.5, 19.6, 33.14, 41.1
National Baseball Hall of Fame: 39v.a,c
National Foundation March of Dimes: 55.1
National Gallery of Art: 02.13
National General Pictures: 71.13
National Geographic Society: 27.10
National Library of Medicine: 1900.1, 43.18
National Museum of American History: 36m.a, 45m.a,
National Museum of Racing: 20m.b
National Museum of Women in the Arts: 87m.a
National Organization for Women: 66m.a
National Park Service: 17.2
National Portrait Gallery, London: 02.3,15.10, 29v.a, 30.9, 46.4, 58.13
National Portrait Gallery: 03.12, 21.9, 24.6, 72m.c, 26m.d
NBC: Alice Hall, 92m.b; 26m.a, 54m.b, 75v.a
NEB Cartoon Study Centre, Univ. of Kent, Solo Syndication: 42.3
Neil Leifer: 73.9
Nevada Historical Society: 08.6
New China News Agency, London: 21.6
New Jersey Historical Society: 17m.d
New York Newsday: Marlette: 94.3
New York Public Library /Performing Arts: 64.6
New York Public Library: 02.12, 03.9, 03m.e, 04.2, 05.2, 05v.a, 05v.b, 07m.b, 08m.b, 11v.b, 11v.c, 13.3, 13.8, 13v.b, 13v.c, 14.7a, 16v.c, 21v.c, 23.11, 23v.a, 23v.b, 26.6, 26m.c, 27v.a, 29.11, 31.11, 33.1, 35.11, 36.13, 40.18, 49.4, 49.12
New-York Historical Society: 06v.d, 18m.b
Newark Museum: 30v.a
Newsweek Inc., ©1974: 74.10
Nike: 72m.a, 80chart
NY Academy of Medicine Library: 12.2
NYC Parks Photo Archive/© 1995 George Segal/VAGA: 69.3
Outline: Gerardo Somoza: 94.b
Pace Wildenstein Gallery: 82.10a
Panama Canal Company: 14.9
Parker Brothers: 33m.a
Pat Oliphant/Susan Conway Gallery: 77.7
Patrick McMullan: 85v.a
Paul Davis: 65.11
Paul Szep,The Boston Globe: 73.1
Peace Corps: 61m.a
Penguin Books: 35.6
Peter Max: 70.5
Peter Menzel: 84.12
Peter Sis: 87v.b
Philip Lief Group: 72.10
Photo Edit/Bruce Zuckerman: 47.6
Photo: F. Brandani - T. DeTullio: 76.10
Photo Reseachers: 53.10, 65m.a; Benelux, 10essay.d; Dale Boyer, 73m.a; Brian Brake, 50.11, 56.10; John Bryson, 31m.d; Camera Pix, 59.5; Explorer, 84.9; David Frazier, 28m.c; A. Louis Goldman, 14m.c; Spencer Grant, 54m.c; Farrell Grehan, 09.4a; B. Hemphill, 71m.a; George Holton, 77.11; Dana Hyde, 1900m.a; T. Leeson 70essay.c, 90m.b; Bill Longacre, 1900.12; Peter B. Kaplan, 68m.a; Patrick Lynch, 81m.c; Tom McHugh, 38m.d, 75m.a; W&D McIntyre, 70's opener, 86m.a; Joe Monroe, 59m.b; Hank Morgan, 85m.a; William Mullins, 39m.f; Stan Pantovic, 58.11; D. Parker, 83m.a; Rapho Agence, 47.11; Gary Retherford, 88m.a; Science Source, 11m.e, 53.1, 80m.d; SPL, 05.9, 09.2, 09.12, 22.2, 31.8, 40.8, 41.16, 44.17, 47.14, 63.11, 67.11, 68.8, 77m.a; Don Carl Steffen, 41m.a; Gianni Tortoli, 88m.d; Van Bucher, 47m.a, 55.6; Jeanne White, 04m.d; Henry Young, 30.7
Photofest: 1900essay.d, 06m.c, 14v.b, 30.10, 34.6, 37.8, 40m.b, 41.14, 43.16, 45v.b, 46m.b, 46m.d, 47.13, 47m.d, 48.14, 49m.b, 50.8, 50chart, 51.9, 51.11, 55.9, 55.11, 56.4, 56.8, 56.13, 57.6, 58.8, 58.10, 58v.a, 59.6, 59.12, 60.11, 60m.b, 61m.d, 64.9, 69.10, 69m.b, 69m.c, 71.12, 71m.b, 71v.a, 71v.b, 72.9, 74.12, 74m.c, 74m.d, 75v.b, 76.11, 78v.a, 78v.b, 80m.c, 82.8, 88m.b, 88v.a, 90m.c, 91.6, 91.12, 93.12
Photosport International: 69.12
©Playbill: 49v, 77v.a
Playboy Enterprises: 53.6, 76v.a, 76v.b, 76v.c
Popperfoto: 07.12, 09.5, 52.3
Porsche: 48m.a
Posters, Please: 16.7
Press Association: 32.4
Private Collection: 1900.8, 04m.c, 08.8, 13.5a, 14m.b, 15m.c, 15m.e, 16m.d, 17.4, 17.8, 18.6, 22m.c, 23m.a, 26.2, 28.8, 29.3, 40.13, 42m.g, 43.14, 48.7
Pro Golf Association: 16m.a
Proctor & Gamble: 30chart, 56m.a
Punch: 22.9, 35.13, 39.11, 43.6, 47.4, 48.6, 48.13, 49.6,
Putnam Publishing Group: 89v.b, 89v.c
R.G. Smith: 42.1
Rainbow/©1985 Art Matrix: 84v.b
Rea Irvin ©1925, 1953 The New Yorker: 25m.a
Retna Ltd. NYC: 56.1, 71.6, 72.11, 72.13, 75.13, 78.11, 82.12,
Rex Photos: 34.10
Rich Clarkson © 1979 Sports Illustrated: 79m.c
Richard Avedon: 90essay.c
Robert Burger: 93.3
Robert Doisneau/Rapho: 49.13
Robert E. Mates, Guggenheim Foundation: 59m.a
Robert Hunt Library: 40.16
Robert Lorenz: 35v.a, 39m.a
Robert Miller Gallery/©VAGA: 93.10
Robert Tesoro: 77.6a
Rockefeller University: 37.6
Roger Viollet: 1900's opener, 1900.9, 02.2, 02.4, 02.6, 03.6, 03m.a, 05.12, 06.12, 06.13, 07.5, 07.8, 08.5, 08.7, 09.8, 09.10, 09m.e, 09v.a, 11.1, 11.9, 11.12, 11m.a, 12.7, 13.5bc, 14.1a, 15.3, 15.6, 16.11, 17.9 ,19.2a, 19.2b, 19.8, 21.5, 21.7, 21.11, 24.4, 25.10, 26.9, 26.13, 27.7, 29.10, 30.4, 31.13, 33.7, 35.2, 35.8, 36.4, 36.5, 37.12, 39.5, 39.16, 40.4, 40m.d, 41.3, 42.9, 58.4
Rolling Stone Magazine: 67m.a
Rolls Royce: 04.10
Rotary Club International: 05m.a

Cover Photography Credits

Text Credits

Illustration